LEGISLAÇÃO
DO
SECTOR ENERGÉTICO

RUI PENA
Advogado

MÓNICA CARNEIRO PACHECO
Advogada

MARISA APOLINÁRIO
Advogada
Doutoranda FDUNL

LEGISLAÇÃO DO SECTOR ENERGÉTICO

Vol. I – Gás Natural
Lei de Bases Comentada

ALMEDINA

LEGISLAÇÃO DO SECTOR ENERGÉTICO
VOL. I – GÁS NATURAL

AUTORES
RUI PENA
MÓNICA CARNEIRO PACHECO
MARISA APOLINÁRIO

EDITOR
EDIÇÕES ALMEDINA. SA
Av. Fernão Magalhães, n.º 584, 5.º Andar
3000-174 Coimbra
Tel.: 239 851 904
Fax: 239 851 901
www.almedina.net
editora@almedina.net

PRÉ-IMPRESSÃO | IMPRESSÃO | ACABAMENTO
G.C. GRÁFICA DE COIMBRA, LDA.
Palheira – Assafarge
3001-453 Coimbra
producao@graficadecoimbra.pt

Outubro, 2008

DEPÓSITO LEGAL
282509/08

Os dados e as opiniões inseridos na presente publicação
são da exclusiva responsabilidade do(s) seu(s) autor(es).

Biblioteca Nacional de Portugal – Catalogação na Publicação

PORTUGAL. Leis, decretos, etc.

Legislação do sector energético : sector do gás natural, lei de
bases comentadas / [anot.] Rui Pena, Mónica Carneiro Pacheco,
Marisa Apolinário - (Legislação anotada)
ISBN 978-972-40-3557-4

I - PENA, Rui, 1939
II - PACHECO, Mónica Carneiro - 1967
III - APOLINÁRIO, Marisa - 1978

CDU   349
       346
       620
       662

NOTA DE AGRADECIMENTO

Uma nota de agradecimento a todos os nossos Colegas e Amigos da Rui Pena, Arnaut & Associados, pelo seu apoio e incentivo na publicação desta obra, com um agradecimento especial, pelo seu contributo, aos Drs. Henrique Peyssonneau Nunes, Vasco Rodrigues, Margarida Vila Franca, Pedro Ribeiro e Castro e João Novais.

Os Autores

PREFÁCIO

É a primeira vez que se leva a cabo em Portugal a compilação e anotação dos diplomas legais que enquadram o sector do gás natural. Este facto, só por si, já merecia uma referência especial. Com excepção de uma brochura publicada pela Imprensa Nacional no início dos anos 90, quando da introdução do gás natural no nosso País, e que esgotou rapidamente, nunca os gestores e os técnicos das empresas de energia, os diferentes órgãos de regulação, os juristas interessados, os investidores, os decisores políticos, os analistas, os próprios consumidores e a opinião pública em geral, tiveram ao seu alcance qualquer publicação com o repositório legal e regulamentar do sector, sendo obrigados a criar os seus próprios *"vade-mecum"* cujas fotocópias eram disputadas entre amigos e conhecidos.

Só que esta obra não é apenas uma compilação fiável, sistematizada e referenciada, das leis e regulamentos do sector, mas também o repositório de uma prática vivida e experimentada com as múltiplas e por vezes complexas questões que a aplicação destas leis e regulamentos tem vindo a colocar nos dois breves anos que leva de vigência.

Tive o privilégio de sugerir às Autoras a elaboração deste trabalho que sempre me pareceu indispensável e testemunhei o entusiasmo com que o levaram a cabo nas poucas intermitências das suas vidas profissionais intensas e preenchidas. Creio que foi muito bem conseguido. Acompanhei muitas das discussões que precederam a elaboração das diferentes anotações e posso referir por isso a cuidadosa análise e ponderação com que abordaram as muitas dúvidas com que se debateram e a utilização que fizeram dos melhores métodos de hermenêutica jurídica.

Elas próprias divergiram de opinião em algumas situações mas souberam adoptar, na interpretação que acabou por condensar a anotação das disposições pertinentes, de entre as várias soluções possíveis, aquela que lhes pareceu mais objectiva e que obteve um consenso mais alargado na discussão com os restantes colegas da área de prática.

As Autoras são brilhantes advogadas e estão habituadas, naturalmente, a tomar partido nas questões que patrocinam. Mas são essencialmente detentoras de uma sólida formação jurídica que lhes permite compreender e explicitar com lucidez e isenção, em termos simples mas muito objectivos, o complexo regime jurídico do sector do gás natural no seu modelo actual, combinando adequadamente os princípios gerais do Direito Administrativo tradicional com as exigências e especificidades deste novo ramo de direito público que é o Direito da Energia.

A energia, quer seja considerada como bem ou como serviço, é essencial para a vida em sociedade, pelo que não pode deixar de ser regulada pelo Direito.

E é bom que assim seja, não só na defesa e garantia dos interesses divergentes dos produtores, dos operadores e dos utentes, mas também na tutela do relacionamento destas partes interessadas com a Administração Pública.

Mas sendo, igualmente, um factor de desenvolvimento, do bem-estar social e económico e da qualidade de vida das pessoas, é natural que o Estado se preocupe também em definir e estabelecer uma política nacional de energia como uma das suas incumbências prioritárias.

Esta justificada preocupação do Poder Público pela energia serviu de mote à sua intervenção no sector nas primeiras décadas do século passado criando verdadeiros serviços públicos para a respectiva prestação e fomentando o aparecimento de incumbentes nos domínios da electricidade, do petróleo e, mais recentemente, do gás natural, a quem atribuiu a concessão administrativa da prestação dos respectivos serviços.

A concessão é um acto jurídico de direito público que sob a forma de acto administrativo ou de contrato administrativo transfere o direito de gestão de um serviço público para uma entidade privada, criando, assim, uma relação de colaboração entre o Estado, titular do serviço público, e um sujeito privado, gestor desse mesmo serviço.

Considerando a sua dimensão contratual, a concessão estabelece primacialmente a existência dos direitos e deveres entre as partes contratantes, mas não deixa também de possuir eficácia normativa e regulamentar no que respeita às cláusulas relativas à prestação do serviço e à relação entre o concessionário e os utentes do serviço público.

Estes assumem-se como titulares de direitos face ao concessionário, designadamente no que se refere à prestação, podendo invocá--los e vê-los tutelados quer em Juízo, quer pela própria Administração Pública.

O sistema funcionou por muitos anos no âmbito de uma efectiva acção tutelar e fiscalizadora directa do Estado através dos seus órgãos competentes e de um enquadramento jurídico de protecção do consumidor.

O aumento de preços da energia decorrentes de um mercado mundial pressionado pelo consumo e de uma política de estabilização da oferta por parte dos produtores, um benchmarking apressado com outros países europeus, sem cuidar da sua centralidade ou periferia e das especificidades do respectivo regime fiscal e regulatório, e a diabolização dos monopólios naturais que tinham sido criados pela intervenção exclusivista do poder público, tudo isto, pôs em causa este sistema tão comum no direito e nas instituições europeias continentais.

As novas ideias liberais da desregulamentação e da livre concorrência, sopradas pelas instâncias comunitárias a partir da Declaração de Lisboa de Março de 2000 e plasmadas em sucessivas directivas, têm insistido na criação onírica de um mercado interno de energia livre de barreiras nacionais e, sobretudo, com preços mais competitivos.

Portugal aderiu com entusiasmo a esta nova concepção, chegando ao ponto de renunciar simbolicamente, no que respeita ao gás natural, ao estatuto de mercado emergente permitido pela União Europeia, antecipando assim o calendário de elegibilidade dos diversos tipos de clientes.

A Resolução do Conselho de Ministros n.º 169/2005, de 24 de Outubro, que definiu a estratégia nacional para a energia, aponta como vectores de orientação essenciais da nova política a liberalização e a promoção da concorrência, fazendo acto de fé nas leis de mercado para garantir a segurança do abastecimento e a sua continuidade, a qualidade e eficiência das prestações e a satisfação dos utentes.

O diploma ora anotado concretiza no plano normativo esta linha de orientação estratégica, alterando substancialmente o enquadramento legal que havia presidido à introdução do gás natural em Portugal e aproveitando a posição accionista do Estado nos anteriores incumbentes para restringir significativamente o seu estatuto, quando não o seu próprio objecto.

Manteve os regimes da concessão e da licença, mas apenas como procedimentos de autorização e de legitimação dos operadores retirando a estes institutos tradicionais do nosso direito a maior parte do seu conteúdo normativo.

Este foi transferido para a regulação, instituto importado dos Estados Unidos e dos países anglo-saxónicos, e portanto estranho às raízes da nossa Ordem Jurídica, mas que apesar de tudo se tem vindo a implantar com sucesso, devido não só ao apoio teórico do Conselho Europeu e ao proselitismo de alguns *opinion makers* mas também, na prática, aos poderes que o Estado entendeu dever passar para o Regulador, designadamente o poder regulamentar que este passou a exercer com total autonomia e independência.

Competindo à regulação assegurar a não discriminação, uma concorrência efectiva e o bom funcionamento do mercado, seria adequado que exercesse os seus poderes apenas quanto às actividades exercidas em regime de monopólio natural, assegurando o livre acesso às respectivas redes e infra-estruturas e definindo o respectivo tarifário, mas já não quanto às actividades exercidas em regime de livre concorrência.

A verdade é que tem vindo a ocupar cada vez mais o espaço normativo do relacionamento entre os diversos operadores e destes com os utentes, quando não a própria regulamentação das actividades e a imposição de regras de transparência para uma melhor ordenação do sector.

O Regulador que devia assumir primacialmente o papel de facilitador e de árbitro, como acontece na cultura de que é originário, metamorfoseou-se, no sistema normativo definido pelo Governo, em definidor desse mesmo sistema, *ultra-legem* quando não *contra-legem*, e no seu efectivo gestor. Devia ser independente apenas dos interesses do sector mas, por abdicação do Estado, tem vindo progressivamente a capturar uma parte substancial das competências da

Administração Pública, quando não do próprio poder político, influenciando decisivamente a própria definição da estratégia da energia.

A evolução das ideias prega-nos por vezes as suas partidas.

O Regulador assume hoje as responsabilidades que algumas décadas atrás eram assumidas pelos serviços públicos de energia do Estado, porventura com mais sofisticação, agora enfarpelado em múltiplos regulamentos normativos com proibições, restrições e limitações, numa teia complexa de direitos e obrigações de conteúdo e dimensão variáveis e de difícil sistematização, que se intromete na vida dos operadores e na dos utentes, definindo o respectivo relacionamento e estabelecendo o preço das prestações. É muito.

O Estado, na gestão directa ou indirecta dos seus serviços públicos, nunca tinha ido tão longe.

Sob a invocação da liberalização, o Estado foi afastado da intervenção que exercia no sector de energia para dar lugar a um novo avatar, o Regulador, que exerce uma forma de intervenção administrativa na vida das empresas e das pessoas muito mais complexa e minuciosa. Só os principais Regulamentos emitidos recentemente pela ERSE ocupam cerca de cinco centenas de artigos com milhares de disposições.

Não nos podemos esquecer, no entanto, que os princípios que enformam a regulação não são apenas de carácter económico e organizacional, mas sobretudo de ordem jurídica. Logo, a regulação não é, nem pode ser, alheia ao Direito, nem pode escapar a uma análise cuidada de acordo com os princípios e os valores que o regem.

Justifica-se, assim, que os actos em que se traduz a regulação sejam escrutinados juridicamente, do ponto de vista formal e material.

Compete aos juristas desempenhar esta função.

Neste sentido acreditamos que este livro lhes possa ser muito útil. Constitui um contributo importante no reforço das garantias jurídicas da liberdade das partes interessadas no sector do gás natural.

Merece por isso a nossa homenagem e o nosso aplauso.

Lisboa, Abril de 2008

RUI PENA

ABREVIATURAS

CCP	–	Código dos Contratos Públicos
CRP	–	Constituição da República Portuguesa
CPA	–	Código do Procedimento Administrativo
CUR	–	Comercializador de último recurso
CURG	–	Comercializador de último recurso grossista
CURR	–	Comercializador de último recurso retalhista
DGEG	–	Direcção Geral de Energia e Geologia
DIRECTIVA	–	Directiva 2003/55/CE de 26 de Junho, publicada no JO L 16, de 23 de Janeiro de 2004
ERSE	–	Entidade Reguladora dos Serviços Energéticos
GN	–	Gás natural
GNL	–	Gás natural liquefeito
MIBEL	–	Mercado Ibérico de Electricidade
MIBGAS	–	Mercado Ibérico de Gás Natural
RARII	–	Regulamento de Acesso às Redes e Infra-estruturas e às Interligações
RCM	–	Resolução do Conselho de Ministros
RNDGN	–	Rede Nacional de Distribuição de Gás Natural
RNTGN	–	Rede Nacional de Transporte de Gás Natural
RNTIAT	–	Rede Nacional de Transporte, Infra-estruturas de Armazenamento e Terminais de GNL
ROI	–	Regulamento de Operação das Infra-estruturas
RPGN	–	Rede Pública de Gás Natural
RQS	–	Regulamento da Qualidade de Serviço
RRC	–	Regulamento de Relações Comerciais
RRT	–	Regulamento da Rede de Transporte
RT	–	Regulamento Tarifário
SNGN	–	Sistema Nacional de Gás Natural
SPGN	–	Sistema Público de Gás Natural
TCE	–	Tratado da Comunidade Europeia
UAG's	–	Unidades autónomas de regaseificação de GNL

DECRETO-LEI N.º 30/2006
DE 15 DE FEVEREIRO

O enquadramento e a introdução do gás natural em Portugal tiveram lugar na última década do século passado. Numa bem sucedida operação de implantação das infra-estruturas do gasoduto de transporte e das redes de distribuição, realizada com fortes apoios comunitários, tornou-se possível que o primeiro contrato comercial de fornecimento de gás natural ocorresse em Abril de 1997. Nos últimos 10 anos assistiu-se, ao nível nacional, ao desenvolvimento das infra-estruturas de recepção em terminal de gás natural liquefeito (GNL), de armazenamento subterrâneo, de transporte e de distribuição, bem como à utilização do gás natural como uma nova forma de energia. Criaram-se, assim, as condições necessárias ao aprovisionamento, à recepção, ao armazenamento, ao transporte, à distribuição e ao consumo de gás natural.

O quadro legislativo vigente, baseado no Decreto-lei n.º 374/89, de 25 de Outubro, com as alterações que lhe foram sucessivamente introduzidas, e no Decreto-lei n.º 14/2001, de 27 de Janeiro, organiza o funcionamento do sector do gás natural numa concessão de importação, aprovisionamento, recepção, armazenamento, transporte e fornecimento através da rede de alta pressão, em concessões de distribuição regional e em licenças de distribuição em redes locais autónomas de serviço público ou privativas. Salvo as licenças privativas, que têm uma expressão prática muito diminuta, cuja atribuição está sujeita a condições específicas, as concessões e as demais licenças são exercidas em regime de serviço público e em exclusivo. Neste quadro, está condicionado o acesso às actividades de comercialização de gás natural e, consequentemente, da escolha do comercializador, condicionamento que foi possível manter porque o mercado português de gás natural, nos termos da Directiva n.º 98/30/CE, do Parlamento

Europeu e do Conselho, de 22 de Junho, foi considerado mercado emergente, beneficiando de derrogação quanto à liberalização do mercado.

Na linha da Cimeira de Lisboa, a Directiva n.º 2003/55/CE, do Parlamento Europeu e do Conselho, de 26 de Junho, estabeleceu as regras comuns para o mercado interno do gás natural, com vista à constituição de um mercado livre e concorrencial.

A Resolução do Conselho de Ministros n.º 169/2005, de 24 de Outubro, que aprovou a estratégia nacional para a energia, estabelece como uma das linhas de orientação a liberalização e a promoção da concorrência nos mercados energéticos, através da alteração dos respectivos enquadramentos estruturais.

O presente Decreto-lei, concretizando no plano normativo a linha estratégica da Resolução do Conselho de Ministros n.º 169/2005, de 24 de Outubro, define para o sector do gás natural um quadro legislativo coerente e articulado com a legislação comunitária e os principais objectivos estratégicos aprovados na referida resolução. Neste quadro, são estabelecidos os princípios de organização e funcionamento do Sistema Nacional de Gás Natural, bem como as regras gerais aplicáveis ao exercício das actividades de recepção, armazenamento e regaseificação de GNL, armazenamento subterrâneo, transporte, distribuição e comercialização, transpondo-se, desta forma, os princípios da Directiva n.º 2003/55/CE, do Parlamento Europeu e do Conselho, de 26 de Junho, tendo por finalidade o incremento de um mercado livre e concorrencial.

A organização do Sistema Nacional de Gás Natural assenta fundamentalmente na exploração da rede pública de gás natural, constituída pela Rede Nacional de Transporte, Instalações de Armazenamento e Terminais e pela Rede Nacional de Distribuição de Gás Natural. A exploração destas infra-estruturas processa-se através de concessões de serviço público, ou de licenças de serviço público no caso de redes locais autónomas de distribuição. Simultaneamente, nas condições a estabelecer em legislação complementar, permite-se a distribuição privativa de gás natural através de licença para o efeito.

A exploração das infra-estruturas referidas relaciona-se com o exercício das actividades que integram o Sistema Nacional de Gás Natural, nos termos expressos no Decreto-lei.

A actividade de transporte de gás natural é exercida mediante a exploração da Rede Nacional de Transporte de Gás Natural, que corresponde a uma única concessão do Estado, exercida em regime de serviço público. A actividade de transporte é separada jurídica e patrimonialmente das demais actividades desenvolvidas no âmbito do Sistema Nacional de Gás Natural, assegurando-se a independência e a transparência do exercício da actividade e do seu relacionamento com as demais.

Considerando que a Rede Nacional de Transporte de Gás Natural assume um papel crucial no Sistema Nacional de Gás Natural, a sua exploração integra a gestão global do sector, assegurando a coordenação sistémica das infra-estruturas de armazenamento, dos terminais e das redes de distribuição de gás natural, tendo em vista a continuidade e a segurança do abastecimento e o funcionamento integrado e eficiente do sistema de gás natural.

A distribuição de gás natural processa-se através da exploração da Rede Nacional de Distribuição de Gás Natural, mediante atribuição pelo Estado de concessões de serviço público, exercidas em exclusivo e em regime de serviço público, bem como por licenças de distribuição em redes locais autónomas, não ligadas ao sistema interligado de gasodutos e redes, igualmente exercidas em exclusivo e em regime de serviço público. Fora desta rede, prevê-se a atribuição de licenças de distribuição para utilização privativa de gás natural.

A actividade de distribuição é juridicamente separada da actividade de transporte e das demais actividades não relacionadas com a distribuição, não sendo obrigatória esta separação quando os distribuidores abasteçam um número de clientes inferior a 100 000. As actuais concessionárias e licenciadas continuam a explorar as respectivas concessões e redes licenciadas pelo prazo de duração das mesmas.

A actividade de comercialização de gás natural é livre, ficando, contudo, sujeita a atribuição de licença pela entidade administrativa competente, definindo-se claramente o elenco dos direitos e dos deveres na perspectiva de um exercício transparente da actividade. No exercício da sua actividade, os comercializadores podem livremente comprar e vender gás natural. Para o efeito, têm o direito de acesso às instalações de armazenamento e terminais de GNL, às redes de transporte e às redes de distribuição, mediante o pagamento de uma tarifa regulada. O livre exercício de comercialização de gás natural fica sujeito ao regime transitório estabelecido para a abertura gradual do mercado, tendo em consideração o estatuto de mercado emergente e da derrogação que lhe está associada.

Os consumidores, destinatários dos serviços de gás natural, vão poder, nas condições do mercado e segundo um calendário de elegibilidade a estabelecer para a liberalização do sector, escolher livremente o seu comercializador, não sendo esta mudança onerada do ponto de vista contratual. Para o efeito, os consumidores são titulares do direito de acesso às instalações e às redes abrangidas pelo âmbito de aplicação deste Decreto-lei. Com vista a simplificar e tornar efectiva a mudança do comercializador, é criada a figura do «operador logístico de mudança de comercializador», sendo o seu regime de exercício objecto de legislação complementar.

No âmbito da protecção dos consumidores, definem-se obrigações de serviço público, caracterizadas pela garantia de fornecimento, em condições de regularidade e de continuidade, de qualidade de serviço, de protecção quanto a preços e tarifas e de acesso a informação em termos simples e compreensíveis.

As associações de defesa do consumidor têm o direito de participação e de ser consultadas quanto ao enquadramento das actividades que directamente se relacionem com os direitos dos consumidores.

Relacionada com a protecção dos consumidores, consagra-se a figura do comercializador de último recurso, sujeito a regulação, assumindo o papel de garante do fornecimento de gás natural aos consumidores que não optem pela mudança de comercializador, nomeadamente dos consumidores mais frágeis, em condições de regularidade e continuidade e de qualidade de serviço. Trata-se de uma figura que actuará enquanto o mercado liberalizado não estiver a funcionar com plena eficácia e eficiência, em condições de assegurar a todos os consumidores o fornecimento de gás natural segundo as suas necessidades. Neste sentido, as funções de comercializador são atribuídas provisoriamente às actuais concessionárias, tendo em conta a natureza e o prazo de duração da sua concessão.

Nos termos referidos no Decreto-lei, as actividades que se integram na rede pública de gás natural, a comercialização de gás natural de último recurso e a operação logística de mudança de fornecedor estão sujeitas a regulação. Sem prejuízo das competências de outras entidades administrativas, a regulação sectorial é da competência da

Entidade Reguladora dos Serviços Energéticos (ERSE), cabendo-lhe, na esfera das suas atribuições, elaborar periodicamente um relatório sobre o funcionamento do sector, que será entregue ao Ministro da Economia e da Inovação, à Assembleia da República e à Comissão Europeia.

A segurança do abastecimento do Sistema Nacional de Gás Natural cabe ao Governo, sendo atribuída à Direcção-Geral de Geologia e Energia (DGGE) a competência para a monitorização da segurança do abastecimento, com a colaboração da entidade concessionária da Rede Nacional de Transporte de Gás Natural. A DGGE elaborará periodicamente um relatório que deve apresentar ao Ministro da Economia e da Inovação para posterior envio à Assembleia da República e à Comissão.

No quadro da convergência do Sistema Nacional de Gás Natural, o Decreto-lei é aplicável às Regiões Autónomas dos Açores e da Madeira através de acto legislativo regional pelos seus órgãos competentes, no respeito dos princípios dos seus Estatutos.

Os regimes de exercício das actividades previstas neste Decreto-lei, incluindo os procedimentos para atribuição das concessões e das licenças, são objecto de desenvolvimento em legislação complementar. Finalmente, prevê-se um regime transitório que tem em consideração as actuais concessões e licenças e a abertura de mercado.

Foram ouvidos os órgãos de governo próprio das Regiões Autónomas e a Associação Nacional de Municípios Portugueses.

Assim:

Nos termos da alínea a) do n.º 1 do artigo 198.º da Constituição, o Governo decreta o seguinte:

[...]

Promulgado em 2 de Fevereiro de 2006.

Publique-se.

O Presidente da República, JORGE SAMPAIO.

Referendado em 3 de Fevereiro de 2006.

O Primeiro-Ministro, José Sócrates Carvalho Pinto de Sousa.

DECRETO-LEI N.º 30/2006

COMENTADO

ENQUADRAMENTO

A introdução do gás natural em Portugal teve consagração legislativa expressa através da publicação do Decreto-lei n.º 374/89, de 25 de Outubro, que definiu o regime de importação, armazenagem, transporte e distribuição de gás natural.

Tratando-se de um mercado emergente e não liberalizado, o sector do gás natural foi organizado através de contratos de concessão de serviço público.

As actividades de importação de GNL e de GN, armazenagem de GNL e o tratamento, transporte e distribuição de GN foram assim entregues a empresas vocacionadas para o efeito mediante a atribuição de concessões de serviço público pelo Conselho de Ministros na sequência da realização de concurso público, estabelecendo-se dois tipos de concessões: importação, armazenagem e tratamento do gás natural liquefeito (GNL) e distribuição regional de gás natural.

A estrutura empresarial então criada foi baseada, por um lado, na existência de uma concessionária das actividades de importação, armazenagem e tratamento do gás natural e do seu transporte (concurso de atribuição estabelecido pelo Decreto-lei n.º 284/90, de 18 de Setembro) e, por outro, em distribuidoras regionais, concessionárias da actividade de distribuição regional de gás natural (concurso de atribuição estabelecido pelo Decreto-lei n.º 33/91, de 16 de Janeiro).

O Decreto-lei n.º 374/89 foi, posteriormente, objecto de duas alterações relevantes: primeiro pelo Decreto-lei n.º 274-A/93, de 4 de Agosto, que redefiniu o regime da concessão da importação, armazenagem e transporte do gás natural e possibilitou a sua atribuição mediante ajuste directo à Transgás S.A. e, depois, pelo Decreto-lei n.º 8/2000, de 8 de Fevereiro, que introduziu o regime de atribuição de licenças, permitindo-se a possibilidade de a exploração do serviço público de distribuição de GN ocorrer em regime de licença em coexistência com o regime de concessão, para a implantação e exploração de redes locais autónomas de gás natural liquefeito (UAG's), bem como para postos de enchimento de veículos abastecidos a gás natural.

Na sequência do primeiro dos referidos diplomas, os Decretos-lei n.º 274-B/93 e 274-C/93, ambos de 4 de Agosto, estabeleceram, respectivamente, as regras aplicáveis ao ajuste directo e às novas bases da concessão do serviço público de importação de gás natural e do seu transporte e fornecimento através da rede de alta pressão. Por sua vez, os regimes das licenças de distribuição local e licenças de postos de enchimento foram regulamentados, respectivamente, pela Portaria n.º 5/2002, de 4 de Janeiro, e pela Portaria n.º 468/2002, de 24 de Abril.

Posteriormente, o Decreto-lei n.º 14/2001, de 27 de Janeiro, viria a proceder à transposição da Directiva n.º 98/30/CE, de 22 de Junho, do Parlamento Europeu e do Conselho, que estabeleceu as regras comuns para o mercado interno de gás natural, inserida no objectivo de criação do Mercado Interno de Energia. Este diploma estabeleceu as regras aplicáveis à organização e funcionamento do sector do gás natural, remetendo, quanto à organização, para o regime do Decreto-lei n.º 374/89 (na redacção que lhe foi dada pelo Decreto-lei n.º 8/2000) e, estabelecendo, quanto ao funcionamento, mecanismos aplicáveis ao sector do gás natural, para além de prever uma entidade administrativa de regulação que assegurasse a sua aplicação.

Foi assim atribuída à Entidade Reguladora dos Serviços Energéticos (ERSE), que resultou da transformação da Entidade Reguladora do Sector Eléctrico operada pelo Decreto-lei n.º 97/2002, de 12 de Abril, a regulação do sector do gás natural.

Já em 2003, a Resolução do Conselho de Ministros n.º 63/2003, de 28 de Abril, aprovaria as orientações da política energética nacional, antecipando a liberalização do mercado do gás natural, enquanto a Resolução do Conselho de Ministros n.º 68/2003, de 10 de Maio, estabeleceria as linhas gerais do quadro estratégico e organizativo do sector energético nacional e das empresas envolvidas.

No entanto, com a queda do XVI Governo Constitucional, estas orientações viriam a ser alteradas, tendo a Resolução do Conselho de Ministros n.º 169/2005, de 24 de Outubro, revogado as anteriores resoluções e aprovado a nova estratégia nacional para a energia.

A estratégia nacional para a energia definida pela Resolução do Conselho de Ministros n.º 169/2005 serviu, assim, como pano de fundo para as diversas intervenções legislativas, regulamentares e administrativas que, no que respeita ao sector do gás natural, tiveram início com a publicação do Decreto-lei n.º 30/2006 em 15 de Fevereiro de 2006 e, posteriormente, com o Decreto-lei n.º 140/2006, em 26 de Julho do mesmo ano. Em relação ao mercado da electricidade foi o Decreto-lei n.º 29/2006, de 15 de Fevereiro, que deu início a esse processo, posteriormente desenvolvido pelo Decreto-lei n.º 172/2006, de 23 de Agosto, tendo, no caso do mercado do petróleo, sido aprovado o Decreto-lei n.º 31/2006, também a 15 de Fevereiro.

A estratégia definida na citada RCM tem em vista a liberalização do mercado da energia de acordo com as regras comunitárias e assenta em três pilares fundamentais: (i) estimular e favorecer a concorrência, por forma a promover a defesa dos consumidores, bem como a competitividade e a eficiência das empresas, quer as do sector da energia quer as demais empresas do tecido produtivo nacional; (ii) garantir a segurança do abastecimento através da diversificação dos recursos primários e dos serviços energéticos e da promoção da eficiência energética na cadeia da oferta e na procura de energia e, (iii) a adequação ambiental de todo o processo energético, reduzindo os impactes ambientais às escalas local, regional e global, nomeadamente no que respeita à intensidade carbónica do PIB.

A nova estratégia nacional para a energia foi delineada tendo por base a harmonização comunitária das regras aplicáveis ao sector, que conheceu o seu último desenvolvimento com a aprovação das Directivas n.º 2003/54/CE e 2003/55/CE, relativas aos mercados da electricidade e gás natural, respectivamente.

Ora, como é de conhecimento generalizado, a energia teve um papel fundamental na construção da Europa em que vivemos presentemente. Basta recuar até 1951, ano em que foi criada a Comunidade Europeia do Carvão e do Aço, pelo Tratado de Paris, (organização que precedeu a União Europeia que hoje conhecemos), a qual tinha, já naquela época, como principal propósito abolir as fronteiras comerciais dos respectivos membros fundadores (França, Alemanha Federal, Itália, Bélgica, Luxemburgo e Holanda), criando um mercado comum para a troca de carvão e aço, ou seja, no caso do primeiro, a livre circulação de uma fonte de energia primária.

Hoje, como no passado, a energia continua a ocupar um lugar cimeiro na lista de prioridades dos órgãos de decisão europeus. Em primeiro lugar, porque assume uma importância fundamental na vida dos europeus, quer dos cidadãos, quer, sobretudo, das empresas. Em segundo lugar, porque apesar do consumo energético dos Estados membros aumentar progressivamente, a Europa mostra-se cada vez mais dependente de fontes energéticas estrangeiras, sejam elas o petróleo ou o gás natural.

Dentro do contexto europeu de liberalização visa-se, assim, actualmente, a criação de um mercado de energia único, liberalizado e concorrencial através da promoção e dinamização do mercado, proporcionando a livre escolha dos consumidores, bem como a garantia do acesso livre às redes de transporte e de distribuição.

Para atingir este objectivo, a RCM n.º 169/2005 determinou a criação de um quadro legislativo transparente e estável que clarificasse os papéis do Estado e dos operadores e desse confiança a todos os agentes económicos que actuam, ou pretendem actuar, nas indústrias e serviços da energia e, por outro lado, que protegesse adequadamente os consumidores.

Se é certo, como se viu, que até 2005 a legislação do sector energético se encontrava dispersa e pouco articulada, não é menos certo que este objectivo de unificação é muito ambicioso e de difícil concretização: basta ver os diplomas regulamentares para os quais remetem quer o Decreto-lei n.º 30/2006, quer mesmo o Decreto-lei n.º 140/2006, para concluir que, no que toca a dispersão, a situação se manterá e que até à estabilização das normas, dificilmente se poderá falar de um "código para o sector energético".

Em todo o caso, com estes diplomas procurou-se estabelecer o que chamaríamos o quadro jurídico mínimo do sector energético, o que é, desde já, de aplaudir.

Uma nota final para referir que em Setembro de 2007 foi apresentada pela Comissão Europeia uma Proposta de Directiva do Parlamento Europeu e do Conselho que altera a Directiva n.º 2003/55/CE, e que vai no sentido da adopção de medidas que permitam resolver os problemas já identificados no funcionamento do mercado interno da electricidade e do gás (concentração do mercado e poder de mercado, encerramento vertical do mercado, falta de integração do mercado, falta de transparência, mecanismos de formação dos preços, mercados a jusante para o gás, mercados de equilibração e mercados do GNL) e possibilitar o mais rápido desenvolvimento de mercados concorrenciais.

Entre essas medidas salientam-se (i) a separação patrimonial dos operadores das redes de transporte (que o legislador nacional já adoptou, ainda que a Directiva n.º 2003/55 não a impusesse), (ii) o reforço dos reguladores nacionais, (iii) a cooperação entre os reguladores da energia na UE mediante a criação de uma agência, (iv) o reforço da coordenação dos operadores das redes de transporte mediante a atribuição de novas e mais formalizadas tarefas às suas associações (European Transmission System Operators – ETSO e Gas Transmission System – GTE), e (v) o aumento da transparência mediante o seu alargamento a matérias como informações sobre a rede, sobre o equilíbrio entre a oferta e a procura no mercado e sobre as práticas comerciais.

Em termos sistemáticos, o Decreto-lei n.º 30/2006 divide-se em nove capítulos:

Capítulo I – Disposições gerais;
Capítulo II – Organização, regime de actividade e funcionamento;
Capítulo III – Consumidores;
Capítulo IV – Regulação;
Capítulo V – Segurança do abastecimento;
Capítulo VI – Prestação de informação;
Capítulo VII – Regiões Autónomas;
Capítulo VIII – Regime transitório;
Capítulo IX – Disposições finais.

No capítulo I contêm-se as disposições relativas ao objecto e âmbito do diploma (artigos 1.º e 2.º), as definições (artigo 3.º), a enunciação dos princípios gerais e obrigações de serviço público (artigos 4.º a 7.º) e as medidas de salvaguarda e competências do Governo (artigos 8.º e 9.º).

No capítulo II, que se ocupa da organização, regime de actividade e funcionamento dos sujeitos do procedimento, existem cinco secções: a primeira trata da composição do sistema de gás natural (artigos 10.º a 14.º), e as quatro secções seguintes de cada uma das actividades do sector (artigos 15.º a 46.º). Cada secção compreende várias subsecções para cada um dos aspectos a regular em cada uma das actividades. A subsecção I da secção II trata do regime de exercício, composição e operação da RNTIAT (artigos 15.º a 22.º), a subsecção II da ligação e acesso às infra-estruturas que a compõem (artigos 23º e 24º), a subsecção III do relacionamento comercial (artigo 25.º) e a subsecção IV do seu planeamento (artigo 26.º). Por sua vez, a subsecção I da Secção III relativa à actividade de distribuição, trata do regime de exercício, composição e operação (artigos 27.º a 32.º), a subsecção II da ligação e acesso às redes de distribuição (artigos 33.º e 34.º), a subsecção III do relacionamento comercial (artigo 35.º) e a secção IV do planeamento das redes (artigo 36.º). Na secção IV estão contidas as regras relativas à comercialização, tratando a subsecção I do regime de exercício (artigos 37.º e 38.º), a subsecção II do relacionamento comercial (artigo 39.º) e a subsecção III da comercialização de último recurso (artigos 40.º a 43.º). Finalmente a secção IV trata da gestão dos mercados organizados (artigos 44.º a 46.º).

O capítulo III ocupa-se dos consumidores, estabelecendo os direitos e deveres que lhes correspondem (artigos 47.º a 49.º).

No capítulo IV é estabelecida a matéria relacionada com a regulação, compreendendo uma secção I onde são enumeradas as finalidades e atribuições da regulação (artigos 50.º a 54.º) e uma secção II sobre o sistema tarifário (artigos 55.º e 56.º).

No capítulo V são estabelecidas regras relativamente à segurança do abastecimento, designadamente sobre a monitorização do sistema e a constituição de reservas (artigos 57.º e 58.º).

O capítulo VI ocupa-se da matéria relativa à informação a que é dada grande relevância dada a sua importância para a liberalização do mercado (artigo 59.º).

O capítulo VII é dedicado às Regiões Autónomas estabelecendo um regime especial aí aplicável (artigos 60.º a 63.º).

No capítulo VIII estabelece-se um regime transitório para a abertura do mercado (artigos 64.º a 67.º) que é regulamentado no Decreto-lei n.º 140/2006.

Finalmente, o capítulo IX contém as disposições finais, designadamente as relativas à arbitragem, regulamentação e revogação de normas anteriormente em vigor (artigos 68.º a 74.º).

As remissões feitas ao longo dos comentários para normas sem referência a um diploma específico, deverão ser consideradas como feitas para o presente Decreto-lei.

NOTA PRÉVIA AO CAPÍTULO I

O primeiro capítulo do Decreto-lei n.º 30/2006 contém as disposições gerais aplicáveis a todas as actividades do sector do gás natural, cujo regime é, depois, estabelecido e desenvolvido no capítulo II.

Começa por definir o objecto do diploma que é, como já se disse, o estabelecimento das bases gerais da organização e funcionamento do SNGN e as bases gerais aplicáveis ao exercício das actividades de recepção, armazenamento, transporte, distribuição e comercialização de gás natural e a organização dos mercados organizados, sendo estas duas últimas actividades as que constituem a grande novidade relativamente ao regime anterior.

Quanto ao âmbito de aplicação, o diploma estende-se a todo o território nacional (continente e Regiões Autónomas), mas a verdade é que a sua aplicação às Regiões Autónomas dos Açores e da Madeira é pontual, salvo o capítulo VII que lhes é especificamente dedicado. De resto, conforme se escreve no artigo 2.º, as disposições contidas no capítulo II, que são as que respeitam à organização, ao funcionamento e ao regime das actividades, aplicam-se, apenas, ao continente, estando excluída a sua aplicação às Regiões Autónomas dos Açores e da Madeira dada a especificidade insular, já que não encontramos menção expressa em nenhuma das disposições desse capítulo quanto à sua aplicação às Regiões.

Definem-se no artigo 4.º os princípios gerais aplicáveis ao exercício das actividades, enunciando-se também o regime de exercício das actividades, a sua sujeição (ou não) a regulação e elencam-se os direitos dos interessados numa técnica jurídica que julgamos não ser a melhor para efeitos de sistematização.

Na linha da Directiva n.º 2003/55/CE estabelecem-se nos artigos 5.º a 8.º as regras gerais para a organização do sector que incluem as obrigações de serviço público a que ficam sujeitos todos os intervenientes do SNGN (elencados no artigo 14.º), as regras relativas à protecção dos consumidores e à protecção do ambiente e ainda as medidas de salvaguarda.

Finalmente, o artigo 9.º é uma norma atributiva de competências específicas ao Governo no âmbito da definição da política do SNGN e da sua organização e funcionamento, matéria que não é reservada à Assembleia da República.

CAPÍTULO I
Disposições gerais

Artigo 1.º
Objecto

1 – O presente Decreto-lei estabelece as bases gerais da organização e do funcionamento do Sistema Nacional de Gás Natural (SNGN) em Portugal, bem como as bases gerais aplicáveis ao exercício das actividades de recepção, armazenamento, transporte, distribuição e comercialização de gás natural e à organização dos mercados de gás natural.

2 – O presente Decreto-lei transpõe para a ordem jurídica nacional os princípios da Directiva n.º 2003/55/CE, do Parlamento e do Conselho, de 26 de Junho, que estabelece regras comuns para o mercado interno de gás natural e que revoga a Directiva n.º 98/30/CE.

→ Decreto-lei n.º 140/2006, de 26 de Julho; Directiva n.º 2003/55/CE, de 26 de Junho; Directiva n.º 91/148/CEE, publicada no JO L 75, de 21 de Março de 1991; Directiva n.º 91/296/CEE, publicada no JO L 147, de 12 de Junho de 1991; Directiva n.º 1998/30/CE, publicada no JO L 204, de 21 de Julho de 1998; RCM n.º 169/2005, de 24 de Outubro; Directiva n.º 90/377/CEE, publicada no JO L 185, de 17 de Julho de 1990; Despacho da ERSE n.º 19 624-A/2006, de 25 de Setembro publicado na II série, do Diário da República de 25 de Setembro de 2006; Despacho da ERSE n.º 5/2007 publicado na II série, 2.º suplemento do Diário da República de 6 de Julho de 2007; Resolução do Parlamento Europeu COS/2000/2097, publicada no JO C 121, de 24 de Abril de 2001; Relatório da Comissão (COM(2005)568), de 15 de Novembro de 2005; Regulamento n.º 1775/2005/CE, de 28 de Setembro, publicado no JO L 289, de 3 de Novembro de 2005; Comunicação COM(2006) 841, de 10 de Janeiro de 2007.

I. A estratégia nacional para a energia e a definição do modelo de organização e funcionamento do sector de gás natural.

II. Definição de sistema nacional de gás natural. As actividades abrangidas.

III. O processo de construção do mercado interno de electricidade e do gás. A transposição das Directivas Comunitárias nos Estados membros.

IV. Os principais problemas de transposição.

V. A transposição da Directiva efectuada pelo presente diploma.

I. A Resolução do Conselho de Ministros n.º 169/2005, de 24 de Outubro, definiu os objectivos e medidas globais para o sector da energia determinando a criação de um quadro jurídico que viesse estabelecer os modelos de organização e funcionamento subjacentes.

Este desiderato foi levado a cabo numa primeira fase e no que respeita ao sector do GN pelo presente diploma que aprova, como se estipula no **n.º 1** desta disposição, as bases gerais da organização e funcionamento do SNGN e do exercício de cada uma das actividades que integram este sistema, posteriormente desenvolvidas pelo Decreto-lei n.º 140/2006, de 26 de Julho.

Muita foi a regulamentação subjacente às matérias tratadas por ambos os diplomas que foi deixada, no entanto, para a entidade reguladora, a qual aprovou, pelo Despacho n.º 19 624-A/2006, de 25 de Setembro, publicado na II série do Diário da República de 25 de Setembro de 2006, quatro importantes regulamentos (os regulamentos de relações comerciais, tarifário, de acesso às redes e infra-estruturas e de qualidade de serviço). Posteriormente foi aprovado pelo Despacho n.º 5/2007, publicado na II série 2.º suplemento do Diário da República de 6 de Julho de 2007, o Regulamento de Operação de Infra-estruturas. Mais recentemente foi aprovado, pela ERSE, o Despacho n.º 15544/2008, publicado no Diário da República, II série, n.º 107, de 4 de Junho, que procedeu a alterações e aditamento de alguns artigos do RRC.

II. A referência constante no n.º 1 a um "Sistema Nacional de GN", definido no artigo 10.º como o *"conjunto de princípios, organizações, agentes e infra-estruturas relacionadas com as actividades abrangidas pelo presente diploma no território nacional"*, recua aos anos 90 e ao paradigma usado para a electricidade, parecendo-nos contrário a um figurino moderno e concorrencial do sector. Teria sido preferível referir mercado ou sector do gás natural.

Ficam, desde já, elencadas as actividades desenvolvidas no sector do gás natural de (i) recepção, armazenamento e regaseificação de GNL, (ii) armazenamento subterrâneo de GN, (iii) transporte, (iv) distribuição e (v) comercialização de gás natural, cujo regime é desenvolvido no capítulo II.

O legislador optou por incluir os mercados organizados de gás natural entre as actividades do sector. Ora, os mercados bilaterais e organizados são bolsas e portanto instrumentos financeiros da liberalização e da concorrência, tal como os leilões ou outros, e não uma actividade típica do sector, o que suscita, desde logo, a dúvida sobre a aplicabilidade das disposições gerais constantes deste diploma à organização dos mercados de gás natural.

III. O processo de construção do mercado interno de electricidade e do gás natural foi iniciado pela Comissão Europeia em 1989.

Em 1990 foi aprovada a Directiva da Transparência de Preços (90/377/CEE, publicada no JO L 185, de 17 de Julho de 1990) e foi revogada a restrição de uso para produção de electricidade (Directiva 91/148/CEE, publicada no JO L 75, de 21 de Março de 1991).

Em 1991 foi aprovada a primeira Directiva sobre trânsito de gás natural na União Europeia (91/296/CEE, publicada no JO L 147, de 12 de Junho de 1991).

Em 1998 foi aprovada a primeira Directiva sobre liberalização do mercado de gás natural (1998/30/CE, publicada no JO L 204, de 21 de Julho de 1998).

Entretanto, no ano de 2000, o Parlamento Europeu, através da Resolução COS/2000/2097, publicada no JO C 121, de 24 de Abril de 2001, sugeriu à Comissão a adopção de um rigoroso calendário para o cumprimento dos vários objectivos definidos para o sector.

Em 2003 foi aprovada a segunda Directiva sobre liberalização dos mercados (2003/55/CE, publicada no JO L 16, de 23 de Janeiro de 2004), que revogou a Directiva de 1998 e entre algumas inovações, reconheceu finalmente o papel dos Reguladores na criação do mercado interno.

A Directiva n.º 2003/55/CE estabelece as regras comuns relativas ao armazenamento, ao transporte, ao fornecimento e à distribuição de gás natural, definindo as modalidades de organização e de funcionamento do sector do gás natural, incluindo o gás natural liquefeito (GNL), o biogás, o gás proveniente da biomassa e os outros tipos de gás. Paralelamente, a nova Directiva regula o acesso ao mercado, os critérios e procedimentos aplicáveis no que diz respeito à concessão ou atribuição de licenças de transporte, de armazenamento, de distribuição e de fornecimento de gás natural e à exploração das redes.

De entre os princípios e regras constantes da Directiva são de salientar os seguintes:

– A protecção adequada aos clientes vulneráveis, incluindo a adopção de medidas apropriadas destinadas a evitar a interrupção do fornecimento de gás.
– A separação jurídica dos operadores da rede de transporte e distribuição, impondo-se que, no caso de fazer parte de uma empresa verticalmente integrada, o operador da rede de transporte deve ser independente, pelo menos no plano jurídico, da organização e da tomada de decisões, em relação às outras actividades não ligadas ao transporte e distribuição.
– A possibilidade de os Estados membros poderem obrigar as empresas de distribuição e/ou de fornecimento a abastecerem os clientes localizados em determinada zona e/ou pertencentes a determinada categoria, bem como a possibilidade de as tarifas a aplicar a esse abastecimento poderem ser regulamentadas para garantir a igualdade de tratamento dos clientes em causa.
– A exigência de separação e transparência das contas.
– O princípio de acesso à rede segundo duas fórmulas: um acesso negociado à rede, com base na publicação das principais condições comerciais aplicáveis à utilização da rede ou um regime de acesso regulamentado, com base nas tarifas e/ou outras cláusulas e obrigações publicadas para a utilização da rede.
– As situações em que é admissível a recusa do acesso (que deve ser motivada e justificada).

Neste processo de criação do mercado interno de energia merecem ainda destaque o Regulamento 1775/2005/CE, de 28 de Setembro, publicado no JO L 289 de 3 de Novembro de 2005 e a Comunicação COM(2006) 841, de 10 de Janeiro de 2007.

O primeiro aponta para a criação de princípios comuns nos vários Estados membros no que respeita a pontos importantes para o efectivo funcionamento do mercado interno do gás natural, como a definição de tarifas ou de metodologias de cálculo das tarifas comuns, a transparência do mercado, a harmonização das regras quanto à capacidade e ao congestionamento e o acesso não discriminatório à rede, entre outros.

A Comunicação da Comissão apresenta as "perspectivas para o mercado interno do gás e da electricidade" e faz um balanço da evolução da implementação dos respectivos mercados internos, incluindo algumas críticas, em especial, quanto à eficiência e à factura dos clientes finais e ao facto de os clientes não terem ainda alternativas viáveis para mudar de fornecedor. É também realçada a necessidade de transpor correctamente a legislação comunitária, de modo a permitir a entrada efectiva de novos operadores no mercado apontando como aspectos cruciais a separação dos operadores de redes de transporte dos operadores de redes de distribuição e o acesso não discriminatório às redes. São ainda apontadas outras insuficiências e deficiências no que respeita à livre concorrência, à transparência e ao papel das entidades reguladoras.

IV. Os principais problemas na transposição da Directiva pelos diversos Estados membros reconduzem-se essencialmente à persistência de tarifas reguladas para os clientes elegíveis (o que bloqueia a entrada de novos *players* e impede a livre escolha dos fornecedores, bem como constitui um desincentivo ao investimento), à insuficiente separação entre os operadores de redes verticalmente integrados com as actividades de produção e aprovisionamento, ao acesso discriminatório de terceiros às redes com a manutenção do acesso preferencial aos operadores dominantes com contratos históricos de longo prazo e à insuficiente regulação.

Todos estes problemas são referidos pela Comissão no relatório emitido no final de 2005 (COM(2005)568), de 15 de Novembro de 2005.

Em Abril de 2006, a Comissão remeteu no âmbito de processos de incumprimento da Directiva pareceres circunstanciados (*letters of formal notice*) a 17 Estados membros (Alemanha, Áustria, Bélgica, Republica Checa, Estónia, Espanha, Finlândia, França, Grécia, Irlanda,

Itália, Lituânia, Letónia, Polónia, Suécia, Eslováquia e Reino Unido).
A segunda fase deste processo de incumprimento teve início em
Dezembro de 2006 com o envio de 26 pareceres fundamentados
(*reasoned opinions*) para 16 desses Estados membros. Aliás, o Tribunal de Justiça já decidiu contra o Luxemburgo (gás e electricidade) e
contra a Espanha (gás), respectivamente, em 19 de Maio e 16 de
Novembro de 2006.

Um dos aspectos em que se tem verificado um maior incumprimento e/ou dificuldade de cumprimento das regras da Directiva respeita à separação funcional das actividades. Quase todos os Estados
membros têm persistido na incapacidade de transpor as medidas impostas pela Directiva e, mesmo quando a separação existe, nem sempre é garantindo um acesso não discriminatório de todos os fornecedores às redes e infra-estruturas.

Paralelamente, a manutenção de uma posição dominante dos
anteriores incumbentes nos respectivos mercados nacionais juntamente com a insuficiente interligação entre os mercados nacionais
têm impedido a efectiva existência de um mercado interno de gás (e
também de electricidade).

V. Na medida em que procura não só regular o sector mas também transpor a Directiva, o Decreto-lei n.º 30/2006 aparece desequi-
librado avançando com princípios gerais ao lado de muitos pormenores meramente regulamentares que decorrem da Directiva. O diploma
foi, aliás, nalguns casos mais longe do que a Directiva – impondo,
por exemplo, a separação jurídica e patrimonial na actividade de
transporte quando a Directiva só impõe a primeira – e menos longe
noutros, como, por exemplo, na omissão de regulação das condutas
directas tratada no artigo 24.º da Directiva (cfr. Nota Prévia ao Capítulo II e comentário ao artigo 26.º)

ARTIGO 2.º
Âmbito

**1 – O presente Decreto-lei aplica-se a todo o território nacio-
nal, sem prejuízo do disposto no capítulo VII.**

2 – Salvo menção expressa no presente Decreto-lei, as refe-rências à organização, ao funcionamento e ao regime das activi-dades que integram o SNGN reportam-se ao continente.

3 – O disposto no número anterior não prejudica, ao nível nacional, a unidade e a integração do SNGN.

→ Artigos 60.º, 61.º, n.º 2 e 63.º do Decreto-lei n.º 30/2006; Directiva n.º 2003/55/CE, de 26 de Junho.

O diploma aplica-se a todo o território nacional, ou seja, o seu âmbito territorial de aplicação abrange o continente e as Regiões Autónomas, sem prejuízo das regras constantes do capítulo VII (arti-gos 60.º a 63.º) que contêm normas específicas apenas aplicáveis às regiões.

A esta excepção acresce a que resulta do **n.º 2** desta disposição: as normas sobre a organização, o funcionamento e o regime das actividades que integram o SNGN aplicam-se só ao continente, salvo quando mandadas aplicar expressamente nas Regiões Autónomas o que acaba por nunca acontecer no texto deste diploma.

A isto soma-se ainda o facto de o diploma ser aplicável às Regiões Autónomas, sem prejuízo das respectivas competências estatutárias em matéria de energia, que veremos adiante quais são no comentário ao artigo 60.º.

Para além dos princípios gerais e da regulação da ERSE se estender às Regiões Autónomas, pouco sobrará então deste diploma que a elas se aplique, o que nos leva a concluir que a determinação da sua aplicabilidade àquelas regiões não teve minimamente em con-ta a sua natureza insular e a dificuldade económica de ali introduzir o GN. Falar de transporte de GN nas ilhas é, no mínimo, improvável. Quando muito podem estabelecer-se pequenos terminais oceânicos nas ilhas mais densamente povoadas e industrializadas.

O **n.º 3** ao referir-se à unidade e integração do SNGN ao nível nacional só pode significar abrir uma porta para o que mais adiante, no n.º 2 do artigo 61.º, se estabelece: que a regulação, cuja mão se estende às Regiões Autónomas, tem por finalidade contribuir para a correcção das desigualdades resultantes da insularidade e do seu carácter periférico. Resta saber de que forma e quanto vai custar.

Artigo 3.º

Definições

Para efeitos do presente Decreto-lei, entende-se por:

a) «Alta pressão (AP)» a pressão superior a 20 bar;

b) «Armazenamento» a actividade de constituição de reservas de gás natural em cavidades subterrâneas ou reservatórios especialmente construídos para o efeito;

c) «Baixa pressão (BP)» a pressão inferior a 4 bar;

d) «Cliente» o comprador grossista ou retalhista e o comprador final de gás natural;

e) «Cliente doméstico» o consumidor final que compra gás natural para uso doméstico, excluindo actividades comerciais ou profissionais;

f) «Cliente elegível» o consumidor livre de comprar gás natural ao produtor ou comercializador de sua escolha;

g) «Cliente final» o cliente que compra gás natural para consumo próprio;

h) «Cliente grossista» a pessoa singular ou colectiva distinta dos operadores das redes de transporte e dos operadores das redes de distribuição que compra gás natural para efeitos de revenda;

i) «Cliente retalhista» a pessoa singular ou colectiva que compra gás natural não destinado a utilização própria, que comercializa gás natural em infra-estruturas de venda a retalho, designadamente de venda automática, com ou sem entrega ao domicílio dos clientes;

j) «Comercialização» a compra e a venda de gás natural a clientes, incluindo a revenda;

l) «Comercializador» a entidade titular de licença de comercialização de gás natural cuja actividade consiste na compra a grosso e na venda a grosso e a retalho de gás natural;

m) «Comercializador de último recurso» a entidade titular de licença de comercialização de energia eléctrica sujeita a obrigações de serviço universal;

n) «Conduta directa» um gasoduto de gás natural não integrado na rede interligada;

o) «Consumidor» o cliente final de gás natural;

p) «Distribuição» a veiculação de gás natural em redes de distribuição de alta, média e baixa pressão, para entrega ao cliente, excluindo a comercialização;

q) «Empresa coligada» uma empresa filial, na acepção do artigo 41.º da Sétima Directiva n.º 83/349/CEE, do Conselho, de 13 de Junho, baseada na alínea g) do n.º 2 do artigo 44.º do Tratado da Comunidade Europeia e relativa às contas consolidadas, ou uma empresa associada, na acepção do n.º 1 do artigo 33.º da mesma Directiva, ou ainda empresas que pertençam aos mesmos accionistas;

r) «Empresa horizontalmente integrada» uma empresa que exerce pelo menos uma das seguintes actividades: recepção, transporte, distribuição, comercialização e armazenamento de gás natural e ainda uma actividade não ligada ao sector do gás natural;

s) «Empresa verticalmente integrada» uma empresa ou um grupo de empresas cujas relações mútuas estão definidas no n.º 3 do artigo 3.º do Regulamento (CEE) n.º 4064/89, do Conselho, de 21 de Dezembro, relativo ao controlo das operações de concentração de empresas, e que exerce, pelo menos, duas das seguintes actividades: recepção, transporte, distribuição, armazenamento e comercialização de gás natural;

t) «GNL» o gás natural na forma liquefeita;

u) «Interligação» uma conduta de transporte que atravessa ou transpõe uma fronteira entre Estados membros vizinhos com a única finalidade de interligar as respectivas redes de transporte;

v) «Média pressão (MP)» a pressão entre 4 bar e 20 bar;

x) «Mercados organizados» os sistemas com diferentes modalidades de contratação que possibilitam o encontro entre a oferta e a procura de gás natural e de instrumentos cujo activo subjacente seja gás natural ou activo equivalente;

z) «Operador da rede de distribuição» a pessoa singular ou colectiva que exerce a actividade de distribuição e é responsável, numa área específica, pelo desenvolvimento, exploração e manutenção da rede de distribuição e, quando aplicável, das suas interligações com outras redes, bem como por assegurar a garantia de capacidade da rede a longo prazo, para atender pedidos razoáveis de distribuição de gás natural;

aa) «Operador da rede de transporte» a pessoa singular ou colectiva que exerce a actividade de transporte e é responsável, numa área específica, pelo desenvolvimento, exploração e manutenção da rede de transporte e, quando aplicável, das suas interligações com outras redes, bem como por assegurar a garantia de capacidade da rede a longo prazo, para atender pedidos razoáveis de transporte de gás natural;

bb) «Recepção» a actividade de recepção, armazenamento e regaseificação de GNL;

cc) «Rede interligada» um conjunto de redes ligadas entre si;

dd) «Rede Nacional de Distribuição de Gás Natural (RNDGN)» o conjunto das infra-estruturas de serviço público destinadas à distribuição de gás natural;

ee) «Rede Nacional de Transporte de Gás Natural (RNTGN)» o conjunto das infra-estruturas de serviço público destinadas ao transporte de gás natural;

ff) «Rede Nacional de Transporte, Infra-Estruturas de Armazenamento e Terminais de GNL (RNTIAT)» o conjunto das infra-estruturas de serviço público destinadas à recepção e ao transporte em gasoduto, ao armazenamento subterrâneo e à recepção, ao armazenamento e à regaseificação de GNL;

gg) «Rede pública de gás natural (RPGN)» o conjunto que abrange as infra-estruturas que constituem a RNTIAT e as que constituem a RNDGN;

hh) «Serviços (auxiliares) de sistema» todos os serviços necessários para o acesso e a exploração de uma rede de transporte e de distribuição de uma instalação de GNL e de uma instalação de armazenamento, mas excluindo os meios exclusivamente reservados aos operadores da rede de transporte, no exercício das suas funções;

ii) «Sistema» o conjunto de redes e de infra-estruturas de recepção e de entrega de gás natural, ligadas entre si e

localizadas em Portugal, e das interligações a sistemas de gás natural vizinhos;

jj) **«Sistema nacional de gás natural (SNGN)» o conjunto de princípios, organizações, agentes e infra-estruturas relacionados com as actividades abrangidas pelo presente Decreto-lei no território nacional;**

ll) **«Transporte» a veiculação de gás natural numa rede interligada de alta pressão para efeitos de recepção e entrega a distribuidores, a comercializadores ou a grandes clientes finais;**

mm) **«Utilizador da rede» a pessoa singular ou colectiva que entrega gás natural na rede ou que é abastecida através dela.**

→ Artigo 3.º do Decreto-lei n.º 140/2006.

As definições constantes desta disposição foram repetidas, em alguns casos corrigidas e melhoradas e, noutros, acrescentadas, no artigo 3.º do Decreto-lei n.º 140/2006.

É o caso, por exemplo, da alínea m) que contém uma referência a energia eléctrica (quando deveria ser gás natural), a qual foi "rectificada" na correspondente definição no Decreto-lei n.º 140/2006 (cfr. alínea m) do artigo 3.º do Decreto-lei n.º 140/2006).

Artigo 4.º
Objectivo e princípios gerais

1 – O exercício das actividades abrangidas pelo presente Decreto-lei tem como objectivo fundamental contribuir para o desenvolvimento e para a coesão económica e social, assegurando, nomeadamente, a oferta de gás natural em termos adequados às necessidades dos consumidores, quer qualitativa quer quantitativamente.

2 – O exercício das actividades abrangidas pelo presente Decreto-lei deve obedecer a princípios de racionalidade e eficiência dos meios a utilizar, desde a recepção ao consumo, de forma a contribuir para a progressiva melhoria da competitividade e eficiên-

cia do SNGN, no quadro da realização do mercado interno de energia, desenvolvendo-se tendo em conta a utilização racional dos recursos, a sua preservação e a manutenção do equilíbrio ambiental.

3 – O exercício das actividades previstas no presente Decreto-lei processa-se com observância dos princípios da concorrência, sem prejuízo do cumprimento das obrigações de serviço público.

4 – O exercício da actividade de comercialização de gás natural processa-se em regime de livre concorrência.

5 – O exercício das actividades de recepção e armazenamento de GNL, de armazenamento subterrâneo, de transporte e de distribuição de gás natural processa-se em regime de concessão ou de licença, nos termos definidos neste Decreto-lei e em legislação complementar.

6 – As actividades referidas no número anterior, exercidas em regime de serviço público, bem como a actividade de comercialização de último recurso, estão sujeitas a regulação.

7 – Nos termos do presente Decreto-lei, são assegurados a todos os interessados os seguintes direitos:

a) Liberdade de acesso ou de candidatura ao exercício das actividades;
b) Não discriminação;
c) Igualdade de tratamento e de oportunidades;
d) Imparcialidade nas decisões;
e) Transparência e objectividade das regras e decisões;
f) Direito à informação e salvaguarda da confidencialidade da informação comercial considerada sensível;
g) Liberdade de escolha do comercializador de gás natural.

→ Artigos 5.º, 15.º, 18.º, 19.º, 20.º, 24.º, 27.º, 30.º, 32.º, 37.º, 42.º, 50.º e seguintes, 52.º, alínea d), 64.º do Decreto-lei n.º 30/2006; artigos 5.º, 7.º, n.º 6, 24.º, n.º 1, 30.º, n.º 2, alínea e), 31.º, 32.º, 34.º, n.º 2 e n.º 6, 47.º, 49.º e 64.º do Decreto-lei n.º 140/2006; artigos 4.º e 6.º da Lei n.º 18/2003, de 11 de Junho, com as alterações introduzidas pelo Decreto-lei n.º 219/2006, de 2 de Novembro; artigo 81.º, alínea d) e f) da CRP; RCM n.º 169/2005, de 24 de Outubro; artigos 87.º e seguintes, 97.º e 98.º do RT; artigo 5.º do RRC; artigos 41.º e seguintes do RARII.

I.   Objectivo do exercício das actividades que integram o sector do gás natural.

II.   Princípios orientadores do exercício das actividades.

III. O princípio da concorrência e as obrigações de serviço público.

IV.   Regime de exercício das actividades. A distinção entre concessão e licença. Evolução.

V.   A livre concorrência.

VI.   O regime de concessão e de licença de serviço público. Remissão.

VII. Actividades reguladas e não reguladas. Significado.

VIII. Direitos dos interessados.

I. Sendo a energia um elemento vital da economia e sendo também certo que, não obstante os esforços para aumentar a eficiência energética e os investimentos no desenvolvimento de novas tecnologias energéticas, o petróleo e o gás natural, enquanto energia de origem fóssil, continuarão ainda a ser decisivos por muitos anos, o modo de desenvolvimento das actividades do sector do gás natural revela-se crucial para o desenvolvimento económico.

Por outro lado, a introdução do gás natural facilita o desenvolvimento social e o bem-estar das populações ao mesmo tempo que melhora a segurança do abastecimento energético. Foi o que sucedeu com a construção do gasoduto entre Portalegre e Guarda que veio diminuir as assimetrias existentes entre o litoral e o interior.

Tudo razões óbvias para o legislador ter elegido como objectivo fundamental do exercício das actividades deste sector a sua contribuição para o desenvolvimento e para a coesão económica e social, que é constitucionalmente uma das incumbências prioritárias do Estado (cfr. alínea d) do artigo 81.º da CRP).

Como escrevem Gomes Canotilho e Vital Moreira *"a promoção da coesão económica e social de todo o território nacional (...) supõe o desenvolvimento equilibrado de todos os sectores e, sobretudo de todas as regiões, assumindo particular relevo num país em que alguns sectores e em muitas regiões persistem importantes assimetrias de desenvolvimento, criando disparidades profundas"* (*CRP, Constituição da República Portuguesa Anotada*, volume I, 4.ª edição, Coimbra Editora, Coimbra, 2007, página 969).

II. Os princípios orientadores do exercício das actividades do sector do gás natural (racionalidade e eficiência dos meios e utilização racional dos recursos, sua preservação e manutenção do equilíbrio ambiental) estabelecidos no **n.º 2** decorrem das linhas definidoras da estratégia nacional para a energia aprovadas pela RCM n.º 169/2005.

A racionalidade e a eficiência dos meios a utilizar significa que o desenvolvimento, designadamente das infra-estruturas do gás natural, deve ter em conta a racionalidade dos respectivos investimentos. Por sua vez, o desenvolvimento das actividades tendo em conta a utilização racional dos recursos, a sua preservação e a manutenção do equilíbrio ambiental têm em vista assegurar que a procura do gás natural seja apenas a que se justifique à luz de critérios de eficiência e racionalidade do uso dos recursos.

A eficiência no consumo é de tal forma relevante que o Regulamento Tarifário previu (no âmbito da competência que foi atribuída à regulação no artigo 52.º, alínea d) deste diploma), numa secção própria, a existência de um plano de promoção da eficiência no consumo do gás natural sendo os respectivos custos recuperados pela tarifa de uso global do sistema (cfr. artigos 97.º e 98.º do RT).

Da mesma forma prevêem-se incentivos à melhoria do desempenho ambiental, através de planos de promoção do desempenho ambiental, cujos custos são, neste caso, recuperados através das tarifas de acesso ao terminal, acesso às redes e uso do armazenamento subterrâneo (cfr. artigos 87.º e seguintes do RT).

III. Sem prejuízo de o objectivo do legislador ser o da criação de um mercado liberalizado onde se desenvolva a concorrência entre os agentes que aí intervenham (cujo objectivo final é o de que cada consumidor tenha, não só o direito legal de escolher livremente o seu fornecedor de gás natural mas também que esse direito seja exercido de uma forma real, eficaz e fácil), não se deixa de determinar no **n.º 4** desta disposição o cumprimento de obrigações de serviço público no exercício das actividades deste sector.

De que obrigações de serviço público se trata?

Desde logo, das elencadas no n.º 3 do artigo seguinte, ou seja, obrigações de segurança, de regularidade e a qualidade do abastecimento, de garantia de ligação dos clientes às redes nos termos previstos nos contratos de concessão ou nos títulos das licenças, de protecção dos consumidores mais vulneráveis, designadamente quanto a tarifas e preços, de promoção da eficiência energética e da utilização racional e a protecção do ambiente (cfr. comentário ao artigo 5.º).

Aliás, estas obrigações acabam por ser especificamente referidas no elenco dos deveres que competem a cada um dos agentes do sector.

Deste modo, os operadores de terminal de GNL devem "assegurar a exploração e manutenção do terminal e da capacidade de armazenamento em condições de segurança, fiabilidade e qualidade de serviço" (cfr. alínea a) do n.º 2 do artigo 18.º). Dever este replicado para o operador de armazenamento subterrâneo (na alínea a) do n.º 2 do artigo 19.º), para o operador da rede de transporte (na alínea a) do n.º 2 do artigo 20.º) e para os operadores das redes de distribuição (na alínea a) do n.º 2 do artigo 30.º).

Do mesmo modo, o operador do terminal, o operador de armazenamento subterrâneo, o operador da rede de transporte e o operador da rede de distribuição no momento de atender os utilizadores das respectivas infra-estruturas e redes deverão respeitar o princípio da igualdade (cfr. respectivamente, alíneas c) dos n.º 2 dos artigos 18.º e 19.º, alínea f) do artigo 20.º e alínea e) do artigo 30.º).

Por outro lado, os comercializadores estão obrigados a manter reservas mínimas de segurança e a diversificar os fornecedores de GN e GNL e ainda a garantir a segurança do fornecimento de gás natural aos seus clientes (cfr. artigos 47.º e 49.º do Decreto-lei n.º 140/2006).

Acresce que o comercializador de último recurso está obrigado a fornecer gás natural aos clientes que o requisitem que estejam situados nas áreas abrangidas pela RPGN e preencham os requisitos legais definidos para o efeito, o que representa uma das mais importantes manifestações da existência de obrigações próprias de serviço público (cfr. n.º 1 do artigo 42.º).

Para protecção dos consumidores estabelece-se ainda um regime muito restritivo em matéria de suspensão do fornecimento, determinando-se que, salvo casos fortuitos ou de força maior, este só pode ser interrompido *por razões de interesse público, de serviço ou de segurança ou por facto imputável ao cliente*, nos termos que são densificados no RRC (cfr. nota III ao artigo 42.º)

Prevê-se ainda o exercício de competências públicas em torno da gestão técnica do sistema de gás natural com o objectivo de propiciar um correcto funcionamento do sistema e garantir a continuidade, qualidade e segurança do fornecimento de gás natural.

A existência destas obrigações de serviço público, em especial a existência de tarifas reguladas (controlo dos preços ao utilizador final) para protecção dos clientes finais, não deve, no entanto, impedir a abertura do mercado conforme previsto na Directiva e consagrado no artigo 64.º do Decreto-lei n.º 140/2006.

IV. Embora os n.º 4 e 5 desta disposição pareçam fazer uma distinção entre o regime de exercício das actividades neles referidas, estabelecendo por sua vez o n.º 6 a sua sujeição ou não a regulação, na prática o que resulta destas disposições é uma distinção entre as actividades cujo exercício se processa através de concessão ou licença e as actividades reguladas ou não reguladas, pois são estas últimas que são exercidas em regime de livre concorrência.

Os critérios de distinção entre concessão e licença ou autorização têm vindo a evoluir na teoria geral do acto administrativo ao longo do século XX. De acordo com o entendimento tradicional a concessão era vista como um acto constitutivo de direitos novos que não existiam na esfera jurídica do destinatário e a autorização como um acto de remoção de limites legais ao exercício de direitos já existentes na esfera jurídica dos particulares.

Como refere Pedro Gonçalves, a grande contribuição da Doutrina posterior *"deve-se aos Autores que souberam destacar devidamente o efeito derivativo da concessão. O facto de os direitos novos que a concessão integra na esfera jurídica do destinatário derivarem de direitos da Administração é que identifica a essência da concessão, distinguindo-a dos actos de autorização (...)"* (*A Concessão de Serviços Públicos*, Almedina, Coimbra, 1999, página 73).

Mais tarde, o conceito de autorização é reconstruído no sentido de passar a ser uma categoria de actos integrando, assim, diversas espécies de actos que, de outra forma, não caberiam num ou noutro conceito: as dispensas, as licenças (ou autorizações constitutivas) e as autorizações em sentido estrito (ou permissivas).

Perante a categoria de actos que integram a autorização, a Doutrina mais recente afasta-se do conceito tradicional de concessão passando o critério distintivo a ser um critério subjectivo, o da natureza jurídica da actividade implicada em cada um desses actos. Assim, a concessão é definida como o acto que atribui a um sujeito o direito de exercer uma actividade pública, própria da Administração, e a autorização o acto que habilita ao exercício de uma actividade privada não reservada à Administração. Por nós acompanhamos também a Doutrina mais recente nesta matéria.

Quanto às situações intermédias relativas a actividades que não são públicas mas também não são puramente privadas, a Doutrina divide-se, considerando uns que os actos que atribuem títulos para o exercício deste tipo de actividades são autorizações especiais e outros qualificam-nos como concessões, concessões impróprias ou concessões encobertas.

V. O regime de livre concorrência em que se exerce a actividade de comercialização não é propriamente um regime de exercício da actividade (que é o da licença) mas significa que a actividade de comercialização livre é exercida em regime de mercado livre (pois a de último recurso essa já é regulada). Da mesma forma há outras actividades cujo regime é o da licença que não são reguladas, como é o caso da actividade de distribuição privativa.

Ora, até à entrada em vigor do Decreto-lei n.º 30/2006, o sector do gás natural era caracterizado em Portugal, como nos restantes países europeus, pela existência de monopólios concedidos pelo Estado. Segundo o novo regime, estes monopólios mantêm-se ao nível do transporte e distribuição (através de concessões exclusivas), uma vez que a construção/funcionamento de redes alternativas não seria economicamente eficiente tendo em conta os custos decorrentes do investimento que seria necessário (monopólios naturais). Estas infra-estruturas têm, desta forma, a natureza de infra-estruturas essenciais.

Em termos teóricos, a liberalização deveria ser implementada a dois níveis distintos, um a montante, na actividade de produção de gás natural e outro a jusante, na sua comercialização, sendo as infra-estruturas exploradas de forma exclusiva, pelos motivos acima expostos. O facto de até agora não terem sido descobertas jazidas de gás natural em Portugal implica a inexistência de actividade de produção do recurso natural em causa, o que fez com que o legislador focasse a política de liberalização apenas na actividade de comercialização.

A possibilidade de livre escolha pelo utilizador de gás natural do seu comercializador (fornecedor) é, assim, o fim último de todo o processo de liberalização do mercado. Ora, essa escolha passa necessariamente pela capacidade de optar por um dos *players* existentes no mercado cuja actividade se caracterize pela compra e venda de gás natural. Neste contexto, assume especial relevância a eliminação das barreiras que ainda existem e que impedem a entrada de novos comercializadores.

A regulação das restantes actividades (que, nomeadamente, por se tratarem de monopólios naturais, não estão sujeitas ao regime de mercado) destina-se, por seu turno, a evitar que os agentes actuem de forma anti-concorrencial, discriminatória e que explorem abusivamente outros agentes. A regulação das actividades do SNGN é, aliás, absolutamente vital de forma a garantir a verdadeira liberalização no mercado da comercialização, a jusante, nomeadamente ao nível do acesso não discriminatório às infra-estruturas.

Ora, o Estado tem como incumbência prioritária assegurar o funcionamento eficiente dos mercados de modo a garantir a equilibrada concorrência entre as empresas (alínea f) do já citado artigo 81.º da CRP), constituindo a livre concorrência "*a principal componente de uma economia de mercado e a base dos mecanismos de defesa da concorrência, que são um dos princípios essenciais da ordem jurídica comunitária (TCE, artigos 86º e seguintes)*" (Gomes Canotilho e Vital Moreira, *CRP, Constituição da República Portuguesa Anotada*, volume I, 4.ª edição, Coimbra Editora, Coimbra, 2007, páginas 969 e seguintes).

A livre concorrência é, assim, a trave mestra para o desenvolvimento da economia. Concorrência significa disputa, em condições de igualdade, de cada espaço com objectivos lícitos e compatíveis com as aspirações nacionais. No sector económico, consiste na disputa entre todas as empresas para conseguir maior e melhor espaço no mercado.

A livre concorrência deve, deste modo, ser entendida como liberdade de concorrência enquanto direito subjectivo a competir no mercado, sempre sob o manto da protecção da legislação *anti trust*, que garante a igualdade de oportunidades entre os concorrentes.

O contrário da livre concorrência significa monopólio e oligopólio que potenciam abusos de posição dominante.

O exercício da actividade de comercialização em regime de mercado significa, assim, essencialmente a existência de diversos comercializadores de gás natural (que compram e vendem GN), os quais deverão competir entre si, o que, por sua vez, permitirá que sejam criadas condições mais favoráveis para os consumidores.

Significa, também, que os comercializadores não têm apenas o direito subjectivo de competirem no mercado mas também o dever jurídico de não adoptarem práticas restritivas da concorrência proibidas pela legislação da concorrência (actualmente a Lei n.º 18/2003, de 11 de Junho com as alterações introduzidas pelo Decreto-lei n.º 219/2006, de 2 de Novembro), nomeadamente as denominadas práticas restritivas *stricto sensu* (acordos, práticas concertadas entre empresas ou decisões de associações de empresas que tenham como objecto ou como efeito impedir, falsear ou restringir de forma sensível a concorrência no mercado nacional – cfr. artigo 4.º da Lei n.º 18/2003) e os abusos de posição dominante (cfr. artigo 6.º da citada lei).

Mas nem todos os comercializadores de gás natural exercem a sua actividade neste regime. É que, embora o n.º 4 desta disposição não distinga, a verdade é que a actividade de comercialização de último recurso não é exercida em regime de livre concorrência mas em mercado regulado, sendo os preços previamente fixados pelo regulador e não determinados livremente através da oferta e procura.

VI. O regime de exercício de cada uma das actividades enunciado no n.º 5 desta disposição é desenvolvido nos artigos 15.º, n.º 1 (para as actividades de recepção, armazenamento e regaseificação de GNL, de armazenamento subterrâneo e de transporte), 27.º, n.º 1 (para a actividade de distribuição) e 37.º, n.º 1 (para a actividade de comercialização) e ainda nos artigos 5.º e 32.º do Decreto-lei n.º 140/2006.

Assim, enquanto a actividade de comercialização fica sujeita a um regime de licença sendo exercida em livre concorrência tal como referimos no ponto anterior, as actividades de recepção e armazenamento de GNL, de armazenamento subterrâneo, de transporte e de distribuição de gás natural são exercidas em regime de concessão (de serviço público) ou de licença (de serviço público ou de utilização privativa), isto é, o Estado incumbe a entidades privadas a prossecução dessas actividades estabelecendo, por via legal e contratual, regras para a sua prossecução.

Quanto ao alcance e significado que se deve dar ao regime de concessão ou de licença de serviço público a que se encontram sujeitas as actividade de recepção, armazenamento e regaseificação de GNL, de armazenamento subterrâneo, de transporte e de distribuição ver o comentário ao artigo 15.º.

VII. Diferente do regime de exercício (através de atribuição de concessão ou licença) é a sujeição (ou não) das actividades a regulação, ou seja, às regras emitidas pelas entidades reguladoras, diferença esta que deve ser sublinhada embora o legislador por vezes trate estas matérias em termos que podem originar confusão, designadamente no n.º 4 do artigo 32.º do Decreto-lei n.º 140/2006 (sobre a finalidade e amplitude da regulação ver os nossos comentários aos artigos 50.º e seguintes).

Todas as actividades referidas no **n.º 5**, ou seja, as actividades de recepção e armazenamento de GNL, de armazenamento subterrâneo, de transporte e de distribuição, que são exercidas em regime de serviço público, e ainda a comercialização de último recurso, estão sujeitas a regulação. Fora da regulação fica pois e apenas a actividade de comercialização livre, isto é a comercialização que é exercida no mercado livre, não regulado.

A referência no n.º 6 às *"actividades referidas no número anterior exercidas em regime de serviço público"*, pretende ressalvar apenas a existência de licenças de distribuição para utilização privativa, previstas no n.º 5 do artigo 27.º e reguladas nos artigos 30.º e 31.º do Decreto-lei n.º 140/2006, que são as únicas que não são de serviço público. Todas as demais concessões e licenças são atribuídas (e exercidas) em regime de serviço público.

VIII. Teria sido melhor tratar dos "direitos" de todos os interessados constante do **n.º 7** numa disposição autónoma e não numa disposição que trata dos objectivos e princípios gerais aplicáveis às actividades do sector, embora acabando também por tratar do respectivo regime de exercício e da sua sujeição ou não a regulação.

De resto, tratando-se de direitos de natureza e alcance tão diferentes e sendo referidos nas disposições que tratam de cada um dos "interessados" nem teria sido preciso listá-los autonomamente.

Um elenco semelhante ao previsto no n.º 7 encontra-se também no artigo 5.º do RRC que tem como epígrafe "princípios gerais de relacionamento comercial", os quais se aplicam nas relações entre as entidades que operam no SNGN, entre estas entidades e os respectivos clientes, bem como com os demais sujeitos intervenientes.

Deste modo, e em relação à liberdade de acesso ou candidatura ao exercício das actividades (que poderia ser inserida num número logo no início desta disposição ou mesmo no artigo 1.º ou 2.º), a mesma significa que todos aqueles que reúnam os requisitos necessários podem ter acesso ao exercício das actividades do SNGN (com a excepção da actividade de operador da rede de transporte pois essa é exclusiva). A título de exemplo refiram-se os artigos 7.º, n.º 6, 24.º, n.º 1, 34.º, n.º 2 e n.º 6 do Decreto-lei n.º 140/2006, em que se estabelecem os requisitos que os candidatos devem possuir para a atribuição de concessões da RNTIAT e da RNDGN, de licenças de distribuição local e para a atribuição da licença de comercializador (livre).

Em relação ao direito à não discriminação, o mesmo traduz-se, essencialmente, na obrigação que impende sobre os operadores das infra-estruturas de não discriminar os utilizadores ou categorias de utilizadores dessas infra-estruturas (cfr. artigos 18.º, n.º 2, alínea c), 19.º, n.º 2, alínea c), 20.º, n.º 2, alínea f), 30.º, n.º 2, alínea e)).

O direito à igualdade de tratamento e de oportunidades, bem como a exigência de que as decisões tomadas sejam imparciais são princípios gerais que devem nortear a actuação de todos os agentes do SNGN. Em particular, e como exemplo do princípio da imparcialidade, refira-se o mecanismo previsto nos artigos 41.º e seguintes do RARII, de resolução de congestionamentos na RNTGN, nos terminais de GNL ou nas instalações de armazenamento subterrâneo. Este mecanismo assenta na existência de um leilão de atribuição da capacidade, o qual deverá ser organizado pelo operador da rede de transporte e que traduz, precisamente, uma preocupação pela existência de uma decisão imparcial em matéria de atribuição de capacidade nas infra-estruturas.

O direito à transparência e objectividade das regras e decisões, em rigor, faz ainda parte do princípio da imparcialidade, sendo um vector daquele princípio e da exigência de um tratamento justo e imparcial dos agentes do sector.

Em relação ao direito à informação e salvaguarda da confidencialidade da informação comercial considerada sensível, podemos encontrar exemplos nos artigos 18.º, n.º 2, alíneas d), e), f) e g), 19.º, n.º 2, alíneas d), e), f) e g), 20.º, n.º 2, alíneas g), h), i) e m), 30.º, n.º 2, alíneas f), g) e h), 48.º e 53.º.

Finalmente, o direito à escolha do comercializador de gás natural, que surge na alínea g), é um direito atribuído aos consumidores, embora, de forma gradual, conforme se dispõe no artigo 64.º, para cujo comentário se remete.

ARTIGO 5.º
Obrigações de serviço público

1 – Sem prejuízo do exercício das actividades em regime livre e concorrencial, são estabelecidas obrigações de serviço público, nos termos previstos no presente Decreto-lei.

2 – As obrigações de serviço público são da responsabilidade dos intervenientes no SNGN, nos termos previstos no presente Decreto-lei e em legislação complementar.

3 – São obrigações de serviço público, nomeadamente:

a) A segurança, a regularidade e a qualidade do abastecimento;

b) A garantia de ligação dos clientes às redes nos termos previstos nos contratos de concessão ou nos títulos das licenças;

c) A protecção dos consumidores, designadamente quanto a tarifas e preços;

d) A promoção da eficiência energética e da utilização racional e a protecção do ambiente.

→ Artigos 4.º, 6.º, 7.º, 14.º, 18.º, n.º 2, alínea c), 19.º, n.º 2, alínea c), 20.º, n.º 2, alínea f), 24.º, 30.º, n.º 2, alínea e), 34.º, 57.º e seguintes e 70.º do Decreto-lei n.º 30/2006; artigos 8.º, n.º 2, alínea b), 49.º e 50.º do Decreto-lei n.º 140/2006; artigo 3.º da Directiva n.º 2003/55/CE; Lei n.º 31/2007, de 31 de Agosto; Livro Branco da Comissão sobre os serviços de interesse geral, 2004; artigos 97.º e seguintes do RT; artigos 46.º e seguintes, 58.º, 186.º e 217.º do RRC.

    I.   Actual significado e alcance das obrigações de serviço público. Remissão.
   II. Entidades responsáveis pelas obrigações de serviço público.
  III. Elenco não taxativo.

I. O **n.º 1** repete o princípio já estabelecido no n.º 3 do artigo anterior para cujos comentários remetemos (cfr. ponto III, artigo 4.º).

Ora, e como justamente escrevem Pedro Gonçalves e Licínio Lopes Martins, "(...) *partindo-se do pressuposto realista de que o mercado não consegue ou não pode só por si garantir ao conjunto dos cidadãos a prestação dos serviços indispensáveis aos mais diversos níveis (...), e a custos rentáveis do ponto de vista comercial ou económico, impõe-se a necessidade de encontrar uma nova fórmula que permita conciliar ou conjugar a prossecução daquele fim, que é o objectivo típico do clássico serviço público de titularidade da Administração, com o desenvolvimento das actividades pela livre iniciativa privada num contexto de mercado concorrencial entre os operadores*" (Pedro Gonçalves, Licínio Lopes Martins, "Os Serviços Públicos Económicos e a Concessão no Estado Regulador", in AAVV, *Estudos de Regulação Pública I*, org. Vital Moreira, Coimbra Editora, Coimbra, 2004, p. 300).

A fórmula consiste, precisamente, no estabelecimento de obrigações de serviço público a que todos os agentes de mercado ficam sujeitos, independentemente de serem pessoas colectivas públicas ou privadas e independentemente de exercerem a sua actividade em regime livre e concorrencial ou sujeito a regulação.

A expressão "obrigações de serviço público" designa, assim, as obrigações específicas impostas pelas autoridades públicas a um fornecedor de serviços a fim de garantir a realização de certos objectivos de interesse público (cfr. definição constante do Livro Branco da Comissão sobre os serviços de interesse geral, 2004).

Com efeito, e ao contrário do que se poderia ser levado a pensar, o processo de liberalização não significa uma ruptura com o anterior sistema de serviços públicos, nem, tão pouco, uma diminuição ou total desaparecimento dos direitos dos seus utilizadores.

Neste contexto, ganham, assim, renovada importância obrigações como a de garantir o acesso aos serviços em condições de igualdade e de transparência, de acordo com elevados padrões de qualidade e de segurança, assegurando-se, em última instância, o funcionamento correcto, regular e contínuo do serviço em causa.

II. Responsáveis pelas obrigações de serviço público são os intervenientes no SNGN que estão referidos no artigo 14.º, isto é, os operadores das redes, do terminal, do armazenamento subterrâneo, os comercializadores, os operadores dos mercados organizados, o operador logístico de mudança de comercializador e os próprios consumidores.

Note-se que os consumidores, na maior parte dos casos, não são responsáveis por estas obrigações de serviço público sendo antes os sujeitos dos direitos que lhes são correlativos. Existem, no entanto, algumas excepções, como por exemplo a da obrigação de promoção da eficiência energética que lhes está também cometida.

Os termos da responsabilidade de cada um destes sujeitos no cumprimento destas obrigações estão previstos não só ao longo deste diploma, mas também no Decreto-lei n.º 140/2006 e nos regulamentos já aprovados pela ERSE.

Pela sua importância para o desenvolvimento económico e social do país coloca-se à cabeça a *segurança, a regularidade e a qualidade do abastecimento*. A obrigação de segurança do abastecimento é (parcialmente) da responsabilidade dos comercializadores, pois sendo estes os sujeitos que introduzem gás natural no mercado nacional é sobre eles que impende a obrigação de constituição de reservas de segurança (cfr. n.º 1 do artigo 58.º e artigo 186.º do RRC) que constitui um dos mecanismos para assegurar a segurança do abastecimento. Os termos em que essa obrigação deve ser cumprida encontram-se nos artigos 49.º e 50.º do Decreto-lei n.º 140/2006 (ver comentários aos artigos 57.º e seguintes).

As obrigações de *regularidade e a qualidade do abastecimento* são da responsabilidade dos operadores das redes, bem como dos comercializadores, traduzindo-se a primeira na proibição de interrupção do abastecimento salvo em situações excepcionais definidas no RRC (cfr. artigos 46.º e seguintes e 186.º do RRC). Assim, a interrupção do serviço prestado pelos operadores das redes que afecte o fornecimento de gás natural só pode verificar-se por força da ocorrência de casos fortuitos ou de força maior, por razões de interesse público, de serviço ou de segurança, por facto imputável ao cliente e por acordo com o cliente (artigo 48.º do RRC). Mesmo nos casos de facto imputável ao cliente só os comercializadores de último recurso (grossista e retalhista) podem solicitar a interrupção do fornecimento nas situações de falta de pagamento no prazo estipulado e falta de prestação da caução quando exigível (artigo 217.º do RRC).

A responsabilidade pela obrigação de *não discriminação* (que embora não constando deste elenco expresso, é uma das obrigações de serviço público mais importantes – cfr. artigo 8.º, n.º 2, alínea b) do Decreto-lei n.º 140/2006), que se consubstancia na obrigação de dar acesso às redes e infra-estruturas em condições de igualdade a todos os utilizadores, recai sobre o operador do terminal (cfr. alínea c) do n.º 2 do artigo 18.º), sobre o operador de armazenamento subterrâneo (cfr. alínea c) do n.º 2 do artigo 19.º), sobre o operador da rede de transporte (cfr. alínea f) do n.º 2 do artigo 20.º) e, finalmente, sobre o operador da rede de distribuição (cfr. alínea e) do n.º 2 do artigo 30.º).

Os termos em que esta obrigação deve ser exercida encontram-se genericamente estabelecidos nos artigos 24.º (para as concessionárias da RNTIAT) e 34.º (para os operadores das redes de distribuição) que determinam a obrigação de proporcionar aos interessados, de forma não discriminatória e transparente o acesso às redes e infra-estruturas, baseado em tarifas aplicáveis a todos os clientes. Os termos e forma específicos em que se concretiza esta obrigação são tratados no RARII que estabelece as condições técnicas e comerciais segundo as quais se processa o acesso às redes e infra-estruturas (cfr. comentário aos artigos 24.º e 34.º respectivamente para as infra-estruturas e redes).

A *protecção dos consumidores, designadamente quanto a preços e tarifas* é uma obrigação que recai sobre os operadores de redes, bem como sobre os comercializadores e que é desenvolvida no artigo 6.º para cujo comentário remetemos.

Quanto à *promoção da eficiência energética e da utilização racional dos recursos* (embora o legislador aqui se tenha esquecido de fazer referência a recursos) a que já nos referimos a propósito do n.º 2 do artigo 4.º, na sua vertente de eficiência no consumo, é também uma obrigação dos operadores das redes, bem como dos comercializadores, competindo-lhes, designadamente, apresentar propostas de medidas de promoção de eficiência até à aprovação pela ERSE das regras para aprovação dos procedimentos associados ao Plano de Promoção de Eficiência no Consumo. Os custos com este Plano acabam por ser suportados por todos os consumidores que, por essa via, e ainda pelo dever que lhes compete de contribuir para a melhoria da eficiência energética e para a utilização racional dos recursos, assumem, também, esta obrigação (artigo 97.º e seguintes do RT).

À *protecção do ambiente* refere-se o artigo 7.º para o qual remetemos.

O legislador optou por não estabelecer desde já quaisquer sanções para o incumprimento destas e de outras obrigações deixando para Decreto-lei específico a aprovação do regime sancionatório, ainda não publicado (cfr. artigo 70.º).

III. De sublinhar que o elenco de obrigações de serviço público previstas neste artigo não é taxativo, o que, aliás, resulta, desde logo, da redacção do **n.º 3**. No artigo 8.º, n.º 2 do Decreto-lei n.º 140/2006 existe também um elenco de obrigações de serviço público, aplicável às concessionárias, o qual repete, com excepção da alínea b) (garantia de acesso dos utilizadores, de forma não discriminatória e transparente, às infra-estruturas e serviços concessionados), o elenco deste n.º 3.

ARTIGO 6.º
Protecção dos consumidores

1 – Para efeitos do presente Decreto-lei, entende-se por consumidor o cliente final de gás natural.
2 – No exercício das actividades objecto do presente Decreto-lei, é assegurada a protecção dos consumidores, nomeadamente quanto à prestação do serviço, ao exercício do direito de informação, à qualidade da prestação do serviço, às tarifas e preços, à repressão de cláusulas abusivas e à resolução de litígios, em parti-

cular aos consumidores abrangidos pela prestação de serviços públicos considerados essenciais, nos termos da Lei n.º 23/96, de 26 de Julho.

3 – As associações de consumidores têm o direito de ser consultadas quanto aos actos de definição do enquadramento jurídico das actividades previstas no presente Decreto-lei.

→ Artigos 3.º, alíneas g), h), i) e o) e 14.º, alínea h) do Decreto-lei n.º 30/2006; artigos 2.º e 3.º, n.º 3 da Directiva n.º 2003/55/CE; artigo 50.º, n.º 3 da CRP; artigos 1.º, n.º 2 e 2.º da Lei n.º 23/96, de 26 de Julho, na redacção dada pela Lei n.º 12/2008, de 26 de Fevereiro; artigos 41.º, n.º 1, alínea j) e 46.º, n.º 1, alínea i) do Decreto-lei n.º 97/2002, de 12 de Abril; artigos 5.º, 8.º e 184.º do RRC.

I.   A definição de consumidor para efeitos deste diploma.
II. O gás natural enquanto serviço público essencial. Implicações.
III. Principais implicações das alterações introduzidas pela Lei n.º 12/2008.
IV. Audição das associações de consumidores.

I. O n.º 1 repete a definição de consumidor que já consta da alínea o) do artigo 3.º: "Consumidor" é o cliente final, isto é, todo aquele que compra gás natural para consumo próprio.

Para efeitos do presente diploma consumidor é, assim, apenas o cliente que compra gás natural para consumo próprio. Distingue-se, assim, a figura do consumidor da figura do cliente grossista e do cliente retalhista que compram gás natural para revenda (cfr. artigo 3.º, alíneas g), h) e i)). Para maiores desenvolvimentos remetemos, neste ponto, para o comentário ao artigo 14.º, alínea h).

II. O n.º 2 inclui, preto no branco, o fornecimento de GN entre os serviços públicos essenciais, regulados pela Lei n.º 23/96, de 26 de Julho. Com efeito, só recentemente, com a alteração do art. 1.º, n.º 2, alínea c) da Lei n.º 23/96, aprovada pela Lei n.º 12/2008, de 26 de Fevereiro aquele diploma passou a abranger, de forma expressa, o serviço de fornecimento de gás natural.

Antes da mencionada Lei n.º 12/2008, foi pois este n.º 2 que veio pôr fim às dúvidas que se colocavam nesta matéria.

Quanto à questão de saber quais são os consumidores abrangidos pela prestação de serviços públicos considerados essenciais, nos termos da Lei n.º 23/96, em especial no que toca aos serviços de fornecimento de gás natural, entendemos que se devem considerar abrangidos todos os clientes que compram gás natural para consumo próprio, ou seja, incluem-se quer os clientes domésticos, quer os industriais.

Consideramos também abrangidos na noção de consumidores de que trata esta norma, os clientes finais do comercializador livre muito embora, à data em que foi publicada a Lei n.º 23/96, se tenha pretendido proteger apenas os consumidores dos serviços considerados essenciais, sendo estes caracterizados por serem prestados em regime de monopólio e por deverem atender a envolventes especiais que não a uma mera óptica puramente comercial ou economicista, deixando estas razões de ter aplicação no regime de comercialização livre, pois a óptica é precisamente a da livre concorrência e comercial.

Esta questão mereceu, aliás, também uma alteração com a publicação da Lei n.º 12/2008 que aditou um novo n.º 4 ao artigo 2.º considerando prestador dos serviços a entidade pública ou privada que preste qualquer dos serviços abrangidos por esta lei, independentemente da sua natureza jurídica, do título a que o faça ou da existência ou não de contrato de concessão.

O RRC estabelece, também, algumas normas importantes em matéria de protecção dos consumidores, designadamente o artigo 5.º, sobre a garantia da oferta de gás natural nos termos adequados às necessidades dos consumidores, o artigo 8.º, que se refere à obrigação de fornecimento por parte dos comercializadores de último recurso retalhistas e o artigo 184.º, que contém princípios gerais de informação e de protecção dos consumidores, concretizados nos artigos seguintes.

III. A Lei n.º 12/2008, de 26 de Fevereiro e posteriormente a Lei n.º 24/2008, de 2 de Junho procederam a alterações à Lei n.º 23/96, de 26 de Julho, a qual criou no ordenamento jurídico português alguns mecanismos destinados a proteger o utente de serviços públicos essenciais, entre os quais se destaca o serviço de fornecimento de gás natural e gases de petróleo liquefeitos canalizados.

Um dos princípios subjacentes à publicação da Lei n.º 12/2008 prende-se com a necessidade de prevenir a acumulação de dívidas que os utentes de serviços públicos essenciais podem (devem) pagar periodicamente, mas que têm dificuldades em solver se acumuladas ao longo de vários meses, dando-lhes mais certeza e segurança ao não os deixar, nesta medida, à mercê de credores retardatários na exigência judicial de créditos periódicos decorrentes da prestação de tais serviços.

Entre os mecanismos consagrados na Lei n.º 12/2008, no sentido de assegurar a protecção dos utentes de serviços públicos essenciais, salienta-se i) a prescrição do direito ao recebimento do preço do serviço prestado (cfr. artigo 10.º, n.º 1) e ii) a caducidade do direito ao recebimento da diferença entre o valor do consumo erradamente apurado e facturado e o valor do consumo efectivamente realizado (cfr. artigo 10.º, n.º 2).

Em matéria de prescrição do direito ao recebimento do preço do serviço prestado, a Lei n.º 12/2008 procedeu apenas a uma clarificação do teor da anterior redacção do n.º 1, do artigo 10.º, da Lei n.º 23/96 e não a uma verdadeira alteração do regime ali consagrado, pelo que o impacto da Lei n.º 12/2008 nestas situações afigura-se despiciendo.

Nos termos do artigo 10.º, n.º 1 da Lei n.º 23/96 "*o direito ao recebimento do preço do serviço prestado prescreve no prazo de seis meses após a sua prestação*". Significa isto que o prestador do serviço tem um prazo de seis meses, a contar da prestação do serviço, para, em caso de não pagamento voluntário da correspectiva factura por parte do utente, exigir judicialmente o seu pagamento.

Com efeito, dispõe o artigo 323.º, n.º 1 do Código Civil (CC) que "*a prescrição interrompe-se pela citação ou notificação judicial de qualquer acto que exprima, directa ou indirectamente, a intenção de exercer o direito* (...).", pelo que a mera apresentação a pagamento de factura que titule a prestação do serviço não se afigura suficiente para obviar o decurso do prazo prescricional, exigindo-se, pois, para o efeito, a apresentação de uma acção judicial, de uma injunção ou de uma notificação judicial avulsa contra o utente.

A Lei n.º 12/2008 introduziu, assim, uma importante clarificação nesta matéria, ao afastar, agora expressamente, o entendimento até aqui sustentado por alguma Doutrina no que se refere à alegada possibilidade legal de se proceder à interrupção do prazo prescricional através da mera emissão e envio da factura ao utente.

A Lei n.º 12/2008 introduziu ainda os actuais n.º 3 e n.º 4 ao referido artigo 10.º, nos termos dos quais *"a exigência do pagamento por serviços prestados é comunicada ao utente, por escrito, com uma antecedência de 10 dias úteis relativamente à data limite para efectuar o pagamento"*, sendo que *"o prazo para a propositura da acção pelo prestador do serviço é de seis meses, contados após a prestação do serviço (...)"*.

É, pois, este prazo de seis meses para a propositura da acção pelo prestador do serviço, e só este, que releva para efeitos de determinação da verificação ou não da prescrição do direito ao recebimento do preço do serviço prestado.

Quanto ao eventual impacto que poderá ter a existência de reclamação por parte do utente sobre determinada factura em matéria de prescrição e considerando que as reclamações apresentadas pelos utentes sobre as facturas que lhes digam respeito não são susceptíveis de interromper qualquer prazo de prescrição, o direito ao recebimento do preço do serviço prestado titulado por facturas objecto de reclamação não deixará de se considerar prescrito se não for apresentada, pelo prestador do serviço contra o utente, no prazo de seis meses a contar da prestação do serviço, a acção judicial referida no parágrafo anterior.

Quanto à matéria da caducidade, a Lei n.º 12/2008 introduziu também uma importante alteração ao regime consagrado pela Lei n.º 23/96, ao alterar a redacção do n.º 2, do artigo 10.º deste último diploma legal.

Dispõe agora o artigo 10.º, n.º 2 que *"se, por qualquer motivo, incluindo o erro do prestador do serviço, tiver sido paga importância inferior à que corresponde ao consumo efectuado, o direito do prestador ao recebimento da diferença caduca dentro de seis meses após aquele pagamento"*, sendo que a anterior redacção do preceito legal em apreço determinava que *"se, por erro do prestador do serviço, foi paga importância inferior à que corresponde ao consumo efectuado, o direito ao recebimento da diferença de preço caduca dentro de seis meses após aquele pagamento."*.

Ou seja, enquanto a anterior redacção desta norma reduzia o seu âmbito de aplicação da mesma aos casos em que se verificasse um erro do prestador do serviço, a nova redacção daquele preceito legal veio alargar o seu âmbito de aplicação, sujeitando, em caso de pagamento pelo utente de importância inferior à que corresponde o consumo efectuado, e independentemente do motivo, o direito ao recebimento da diferença ao prazo de caducidade de seis meses já anteriormente previsto.

Significa isto que, verificada a previsão legal constante da mencionada norma, o prestador do serviço tem um prazo de seis meses, a contar do pagamento referente ao valor do consumo erradamente apurado, para exercer o direito ao recebimento da diferença entre tal valor e o valor do consumo efectivamente realizado.

Outra importante alteração respeita ao dever de informar, de forma clara e conveniente, o utente das condições em que o serviço é fornecido, impondo-se ao prestador do serviço o dever de prestar todos os esclarecimentos que se justifiquem de acordo com as circunstâncias. O dever de informar é, aliás, um aspecto decisivo para a tutela dos direitos do consumidor.

Este dever genérico de informação está também consagrado numa dimensão mais concreta da prestação do serviço de fornecimento, qual seja a facturação.

Com efeito, estabelece-se no artigo 9.º, n.º 1 da Lei n.º 23/96 que o utente tem direito a uma factura que especifique devidamente os valores que apresenta. Este normativo não foi alterado com a publicação da Lei n.º 12/08.

Não obstante, a Lei n.º 12/08 veio introduzir nesta matéria uma importante alteração ao regime anterior, ao prever no n.º 2 do artigo 9.º que a factura a que se refere o n.º 1 daquela disposição legal deve ter uma periodicidade mensal, devendo descriminar os serviços prestados e as correspondentes tarifas.

A alteração da Lei n.º 23/96 pela Lei n.º 12/2008 motivou, por sua vez, a aprovação de um conjunto de alterações ao RRC, de forma a compatibilizar a redacção de alguns dos seus artigos com as alterações introduzidas por esta lei (cfr. Despacho n.º 15544/2008, publicado no Diário da República, II série, n.º 107, de 4 de Junho).

IV. A imposição do **n.º 3** (de audição das associações de consumidores) foi cumprida com a audição do Conselho Nacional do Consumo e das associações cooperativas de consumidores no âmbito da aprovação do Decreto-lei n.º 140/2006 que enquadrou juridicamente as actividades abrangidas por este diploma.

As associações de defesa dos consumidores foram também ouvidas no âmbito da consulta pública da proposta regulamentar da ERSE, conforme é referido no preâmbulo do Despacho n.º 19 624-A/2006 que aprovou o Regulamento das Relações Comerciais, o Regulamento Tarifário, o Regulamento de Acesso às Redes e Infra-estruturas e Regulamento da Qualidade de Serviço.

Em termos genéricos, estas associações fazem ainda parte do conselho consultivo e do conselho tarifário da ERSE (cfr. artigos 41.º, n.º 1, alínea j) e 46.º, n.º 1. alínea i) do Decreto-lei n.º 97/2002, de 12 de Abril, diploma que aprovou os Estatutos da ERSE).

ARTIGO 7.º
Protecção do ambiente

1 – No exercício das actividades abrangidas pelo presente Decreto-lei, os intervenientes devem adoptar as providências adequadas à minimização dos impactes ambientais, observando as disposições legais aplicáveis.

2 – O Governo deve promover políticas de utilização racional de energia tendo em vista a eficiência energética e a promoção da qualidade do ambiente.

→ Artigos 4.º, n.º 2, 5.º, n.º 3, alínea d), 9.º n.º 2, alínea d), 49.º, alínea c) e 51.º, alínea d) do Decreto-lei n.º 30/2006; artigo 8.º, n.º 2, alínea d) do Decreto-lei n.º 140/2006; Lei n.º 11/87, de 7 de Abril; Decreto-lei n.º 69/2000, de 3 de Maio republicado pelo Decreto-lei n.º 197/2005, de 8 de Novembro; Decreto-lei n.º 194/2000, de 21 de Agosto; Despacho Normativo n.º 683/94, Diário da República, I-B Série, n.º 223, de 26 de Setembro; Despacho Normativo n.º 684/94, Diário da República, I-B Série, n.º 223, de 26 de Setembro; Despacho Conjunto n.º 576/2004 dos Ministérios das Actividades Económicas e do Trabalho, das Cidades, Administração Local, Habitação e Desenvolvimento Regional, da Agricultura, Pescas e Florestas, da Ciência, Inovação e Ensino Superior, das Obras Públicas, Transportes e Comunicações e do Ambiente e do Ordenamento do Território, publicado no Diário da República, II Série, n.º 223, de 21 de Setembro de 2004; Lei n.º 31/2007, de 31 de Agosto; Decretos-lei n.º 78/2006, n.º 79/2006 e n.º 80/2006, todos de 4 de Abril; artigo 186.º do RRC; artigos 87.º e seguintes do RT; RCM n.º 80/2008, publicada no Diário da República, I Série, n.º 97, 20 de Maio de 2008.

I. Medidas de minimização dos impactes ambientais.
II. As políticas de utilização racional de energia.

I. O disposto no **n.º 1** obriga a que os intervenientes no sector do gás natural, ou mais concretamente, as entidades que levem a cabo as actividades de recepção, armazenamento, transporte, distribuição e comercialização de gás natural abrangidas por este diploma, adoptem as providências adequadas a minimizar os impactes ambientais nos termos das disposições que, em concreto, forem aplicáveis.

Trata-se de um princípio geral que implica o respeito pelas várias disposições legais que contenham regras nesta matéria.

A protecção e a manutenção do ambiente é um aspecto considerado fundamental na estratégia nacional para a energia sendo, logo no artigo 4.º, n.º 2, apontado como objectivo primordial das actividades do sector. Também o artigo 5.º, n.º 3, alínea d), inclui a protecção do ambiente entre as obrigações de serviço público, implicando todos os intervenientes do SNGN. Na mesma linha, mas na óptica dos consumidores, veja-se o disposto no artigo 49.º, alínea c).

A defesa do meio ambiente constitui também uma atribuição da regulação (cfr. artigo 51.º, alínea d)).

São várias as referências feitas à matéria ambiental nos regulamentos publicados pela ERSE.

O artigo 186.º do RRC refere que a protecção do ambiente é uma obrigação de serviço público, mas apenas no âmbito da actividade da comercialização livre e da comercialização de último recurso, retalhista e grossista.

Noutro campo, o RT trata dos "Planos de Promoção do Desempenho Ambiental" no artigo 87.º e seguintes.

Também o Decreto-lei n.º 140/2006, no que respeita especialmente à RNTIAT e à RNDGN, integra a protecção do meio ambiente como uma obrigação de serviço público das concessionárias (Cfr. artigo 8.º, n.º 2, alínea d)).

Sobre a avaliação de impacte ambiental e medidas de minimização de impactes ambientais importa citar, entre outros, os seguintes diplomas:

– Lei de Bases do Ambiente, aprovada pela Lei n.º 11/87, de 7 de Abril (define as bases da política de ambiente, em cumprimento do disposto nos artigos 9.º e 66.º da CRP).

- Decreto-lei n.º 69/2000, de 3 de Maio – republicado pelo Decreto-lei n.º 197/2005, de 8 de Novembro (transpõe para a ordem jurídica interna a Directiva 85/337/CEE, do Conselho de 27 de Junho, com as alterações introduzidas pela Directiva 97/11/CE, do Conselho, de 3 de Março de 1997, e aprova o regime jurídico da avaliação de impacte ambiental).
- Decreto-lei n.º 194/2000, de 21 de Agosto (transpõe para a ordem jurídica interna a Directiva 96/61/CE, do Conselho, de 24 de Setembro, relativa à prevenção e controlo integrados da poluição, de certas actividades e o estabelecimento de medidas destinadas a evitar ou a reduzir as emissões dessas actividades para o ar, água ou solo).
- Despacho Normativo n.º 683/94, Diário da República, I-B Série, n.º 223 de 26 de Setembro (regulamenta o regime de apoio às infra-estruturas públicas de distribuição de gás natural, previsto na alínea b) do n.º 1 do ponto I da Resolução do Conselho de Ministros n.º 68/94, de 11 de Agosto, tendo como objecto a continuação do apoio aos investimentos dirigidos a infra-estruturas de distribuição adaptadas para o gás natural, iniciado com o programa PROTEDE, contribuindo assim para a diversificação energética e a redução dos impactes ambientais).
- Despacho Normativo n.º 684/94, Diário da República, I-B Série, n.º 223 de 26 de Setembro (regulamenta o regime de apoio às infra-estruturas públicas de transporte de gás natural, previsto na alínea a) do n.º 1 do ponto I da RCM n.º 68/94, de 11 de Agosto, tendo como objecto a continuação do apoio aos investimentos em infra-estruturas de transporte de gás natural, iniciado com o programa REGEN, contribuindo assim para a diversificação energética e a redução dos impactes ambientais).

II. O disposto no **n.º 2** impõe ao Governo, por sua vez, em matéria de protecção do ambiente, *"a promoção das políticas de utilização racional de energia tendo em vista a eficiência energética e a promoção da qualidade do ambiente"*. Trata-se de uma obrigação de conteúdo programático na linha da estratégia nacional para a energia que o legislador entendeu aqui repetir (ver também o disposto no artigo 9.º, n.º 2, alínea d)).

Aliás, já o Despacho Conjunto n.º 576/2004 dos Ministérios das Actividades Económicas e do Trabalho, das Cidades, Administração Local, Habitação e Desenvolvimento Regional, da Agricultura, Pescas e Florestas, da Ciência, Inovação e Ensino Superior, das Obras Públicas, Transportes e Comunicações e do Ambiente e do Ordenamento do Território, publicado no Diário da República, II Série, n.º 223, de 21 de Setembro de 2004, ainda antes da aprovação da nova estratégia nacional para a energia, promovia a realização de um relatório que estabelecesse um plano de acção com medidas, nomeadamente, destinadas a incentivar o uso de outros tipos de energia, bem como a utilização racional de energia.

O Plano Nacional de Acção para Eficiência Energética (PNAEE) (2008-2015) foi aprovado por RCM n.º 80/2008, de 17 de Abril, publicada no Diário da República, I Série, n.º 97, de 20 de Maio de 2008.

Sublinhe-se, por outro lado, que, de acordo com a Lei n.º 31/2007, de 31 de Agosto – que aprovou as grandes opções do plano para 2008 – a actuação no âmbito da eficiência energética deverá ser prioritária, na área da energia, em 2008.

Neste sentido, em Julho de 2007 iniciou-se a aplicação do sistema de certificação aos grandes edifícios a construir, tendo a mesma sido alargada, em Janeiro de 2008, a todos os novos edifícios. Paralelamente, e de acordo com o mesmo diploma, será lançado um programa de eficiência energética no consumo e fomentada a produção descentralizada de energia através de soluções de microgeração inovadoras, com especial ênfase no solar térmico, onde será lançado um programa de apoio à instalação de 50.000 sistemas até 2010.

Entre os diplomas já publicados, destacam-se os Decretos-lei n.ºs 78, 79 e 80/2006, todos de 4 de Abril, que aprovaram, respectivamente, o Sistema Nacional de Certificação Energética e da Qualidade do Ar Interior nos Edifícios, o Regulamento dos Sistemas Energéticos de Climatização em Edifícios e o Regulamento das Características de Comportamento Térmico dos Edifícios.

ARTIGO 8.º

Medidas de salvaguarda

1 – Em caso de crise energética como tal definida em legislação específica, nomeadamente de crise súbita no mercado ou de ameaça à segurança de pessoas e bens, enquadrada na definição do regime jurídico aplicável às crises energéticas, o Governo pode adoptar medidas excepcionais de salvaguarda, comunicando essas medidas de imediato à Comissão Europeia, sempre que sejam susceptíveis de provocar distorções de concorrência e afectem negativamente o funcionamento do mercado.

2 – As medidas de salvaguarda, tomadas nos termos do número anterior, devem ser limitadas no tempo, restringidas ao necessário para solucionar a crise ou ameaça que as justificou, minorando as perturbações no funcionamento do mercado de gás natural.

→ Artigo 48.º do Decreto-lei n.º 140/2006; Decreto-lei n.º 114/2001, de 7 de Abril, com as alterações introduzidas pelo Decreto-lei n.º 224/2002, de 30 de Outubro; Portaria n.º 469/2002, de 24 de Abril; Decreto-lei n.º 153/91, de 23 de Abril alterado pelo Decreto-lei n.º 287/92, de 26 de Dezembro e pelo Decreto-lei n.º 128/2002, de 11 de Maio; Decreto Regulamentar n.º 13/93, de 5 de Maio alterado pelos Decretos Regulamentares n.º 9/98, de 12 de Maio e n.º 1/2001, de 2 de Fevereiro e pelo Decreto-lei n.º 128/2002, de 11 de Maio.

I.   Definição de crise energética. Regime jurídico.
II. Requisitos das medidas de salvaguarda.

I. Sendo a energia um bem essencial ao desenvolvimento económico e ao bem-estar das sociedades modernas, a garantia de um regular abastecimento energético e a minoração dos efeitos de eventuais perturbações nesse abastecimento, constitui uma preocupação fundamental da acção governativa.

Porém, até 2001, data em que foi publicado o Decreto-lei n.º 114/2001, de 7 de Abril, que aprovou o regime jurídico aplicável em situações de crise energética, a imposição de medidas resultou de resoluções avulsas: assim aconteceu na crise petrolífera verificada nos finais de 1973, na qual Portugal, à semelhança do que aconteceu na maioria dos países da OCDE, adoptou um conjunto de medidas restritivas do consumo dos produtos derivados do petróleo. Da mesma forma, entre 1974 e 1979, as dificuldades de abastecimento e a subida dos preços da energia, aliadas às condições económicas do país, conduziram à adopção de medidas de restrição do consumo de energia, em especial de combustíveis petrolíferos e de energia eléctrica.

É portanto no Decreto-lei n.º 114/2001, de 7 de Abril, alterado pelo Decreto-lei n.º 224/2002, de 30 de Outubro, que se encontram não só a definição de crise energética, mas também o seu regime jurídico, designadamente, os requisitos da respectiva declaração, bem como o planeamento, regulamentação e aplicação das medidas excepcionais a adoptar e respectivo regime sancionatório.

Cite-se ainda o Decreto-lei n.º 153/91, de 23 de Abril, alterado pelo Decreto-lei n.º 287/92, de 26 de Dezembro e pelo Decreto-lei n.º 128/2002, de 11 de Maio, que aprovou a reorganização do Conselho Nacional de Planeamento Civil de Emergência e das comissões sectoriais respectivas, bem como o Decreto Regulamentar n.º 13/93, de 5 de Maio, alterado pelos Decretos Regulamentares n.º 9/98, de 12 de Maio e n.º 1/2001, de 2 de Fevereiro, e pelo Decreto-lei n.º 128/2002, de 11 de Maio, que regula a composição, competência e funcionamento das comissões sectoriais de planeamento civil de emergência.

É, pois, neste regime jurídico que o **n.º 1** desta disposição manda enquadrar *"a crise súbita no mercado ou de ameaça à segurança de pessoas e bens"*.

A definição de crise energética assenta na ocorrência de dificuldades no aprovisionamento ou na distribuição de energia que perturbem gravemente o funcionamento do mercado, obrigando à aplicação de medidas de excepção destinadas a garantir os abastecimentos de energia essenciais à defesa do País, ao funcionamento do Estado e dos sectores prioritários da economia, bem como à satisfação das necessidades fundamentais da população (cfr. n.º 1 do artigo 1.º do Decreto-lei n.º 114/2001).

Neste conceito integram-se situações que possam ocorrer dentro ou fora do país, no sistema de aprovisionamento ou nos sistemas logísticos ou de abastecimento (cfr. n.º 2 do artigo 2.º do Decreto-lei n.º 114/2001).

A declaração de situação de crise energética é da competência do Governo e reveste a forma de Resolução do Conselho de Ministros. Quando a situação de crise energética afectar exclusivamente as Regiões Autónomas, a declaração de situação de crise energética é da competência dos respectivos Governos Regionais sem prejuízo de a Resolução do Conselho de Ministros poder ser extensiva a todo o território nacional.

A declaração da situação de crise energética é feita sem prejuízo da declaração do estado de sítio ou de emergência, ou da declaração de crise no âmbito da protecção civil, devendo harmonizar-se e articular-se com estas situações.

Por sua vez, a definição da aplicação de medidas de carácter excepcional, que se articulará, concertadamente, no quadro do planeamento civil de emergência, assenta no primado da sua previsão legal sendo classificáveis nos seguintes tipos:

- Medidas para atenuar o desequilíbrio entre a oferta e a procura de energia que têm por objectivo reduzir as tensões existentes no mercado em resultado do défice de aprovisionamento, podendo actuar em duas vertentes:
  - Redução da procura de energia;
  - Aumento da oferta de energia.
- Medidas para optimizar a distribuição dos recursos energéticos disponíveis que têm por objectivo promover a sua repartição equilibrada, garantindo o abastecimento dos consumidores prioritários e a satisfação das necessidades básicas da generalidade da população, podendo traduzir-se em medidas de:
  - Condicionamento dos fornecimentos de energia aos consumidores;
  - Partilha dos recursos entre os operadores, a nível nacional;
  - Partilha dos recursos a nível internacional, em cumprimento de decisões de organismos que vinculem o Estado Português.
- Medidas complementares que têm por objectivo assegurar a eficácia das medidas anteriores, apoiando a sua aplicação, podendo traduzir-se em medidas de:
  - Fiscalização e controlo extraordinários;
  - Imposição a entidades públicas e privadas do desempenho de procedimentos e a adopção de mecanismos auxiliares para implementação das medidas extraordinárias.

Todas estas medidas são especificadas no citado Decreto-lei n.º 114/2001 e foram objecto de regulamentação, ao abrigo do disposto no seu artigo 24.º, através da Portaria n.º 469/2002, de 24 de Abril (que estabelece as medidas a tomar em situação de crise energética no sector dos combustíveis).

À DGEG compete apoiar o Governo na tomada de decisões em situações de crise ou de emergência.

A parte final do n.º 1 impõe a comunicação à Comissão Europeia, apenas no caso das medidas tomadas poderem prejudicar a livre concorrência e o normal funcionamento do mercado.

À adopção de medidas de salvaguarda refere-se também o artigo 48.º do Decreto-lei n.º 140/2006, estipulando que a competência para tomar as medidas (que qualifica de "emergência") é do ministro que tutela o sector da energia, o qual, em caso de perturbações de abastecimento, pode determinar a utilização de reservas de segurança e a imposição de medidas de restrição da procura remetendo também para a "legislação aplicável" que é, como se referiu, o Decreto-lei n.º 114/2001.

II. O **n.º 2** dispõe que as medidas tomadas, além de excepcionais, revestem carácter temporário.

Este aspecto é também referido no artigo 48.º, n.º 1, do Decreto--lei n.º 140/2006. De resto, o seu n.º 3 acrescenta que as medidas de salvaguarda *"devem garantir aos operadores de mercado, sempre que tal seja possível ou adequado, a oportunidade para darem uma primeira resposta às situações de emergência".*

Importa ainda realçar que o legislador consagrou nesta matéria o princípio da proporcionalidade e da adequação. Com efeito, no n.º 2 deste artigo é referido que as medidas se devem restringir ao absolutamente necessário. Já o artigo 48.º do Decreto-lei n.º 140/2006 dispõe sobre a utilização das reservas de segurança e sobre a restrição da procura.

Efectivamente, pretende-se que as medidas de salvaguarda tenham um impacto muito reduzido sobre o funcionamento do mercado de gás natural, tentando que este mantenha a sua normalidade tanto quanto possível.

ARTIGO 9.º

Competências do Governo

1 – O Governo define a política do SNGN e a sua organização e funcionamento, com vista à realização de um mercado competitivo, eficiente, seguro e ambientalmente sustentável, de acordo
com o presente Decreto-lei, competindo-lhe, neste âmbito:

a) Promover a legislação complementar relativa ao exercício
das actividades abrangidas pelo presente Decreto-lei;

b) Promover a legislação complementar relativa ao projecto,
ao licenciamento, à construção e à exploração das infra-
estruturas de gás natural.

2 – Compete, ainda, ao Governo garantir a segurança do
abastecimento do SNGN, designadamente através da:

a) Definição das obrigações de constituição e manutenção de
reservas e da sua mobilização em situações de crise energética;

b) Promoção da adequada diversificação das fontes de aprovisionamento;

c) Promoção da eficiência energética e da utilização racional
de gás natural;

d) Promoção da adequada cobertura do território nacional
com infra-estruturas de gás natural;

e) Declaração de crise energética nos termos da legislação
aplicável e adopção das medidas restritivas nela previstas,
de forma a minorar os seus efeitos e garantir o abastecimento de gás natural às entidades consideradas
prioritárias.

→ Artigos 7.º, 26.º e 58.º do Decreto-lei n.º 30/2006; artigos 47.º a 53.º e 58.º do
Decreto-lei n.º 140/2006; Decreto-lei n.º 232/90, de 16 de Julho alterado pelo Decreto-lei
n.º 7/2000, de 3 de Fevereiro; Portarias n.º 386/94, de 16 de Junho, n.º 390/94, de 17 de
Junho, n.º 361/98, de 26 de Junho, n.º 568/2000, de 7 de Agosto, n.º 765/2002, de 1 de
Julho e n.º 690/2001, 10 de Julho (que altera as Portarias n.º 386/94 e n.º 361/98); ponto 5
da alínea B) da Portaria n.º 930/2006, de 7 de Setembro.

I.   Competências do Governo no âmbito da definição da política do SGNG.
II. A segurança do abastecimento. Medidas. Em especial as reservas de segurança.

I. Repete-se no **n.º 1** o objectivo da criação de um mercado competitivo, eficiente, seguro e ambientalmente sustentável, atribuindo-se ao Governo a competência para promoção da legislação complementar relativa ao exercício das actividades abrangidas por este Decreto-lei, bem como a legislação complementar relativa ao projecto, licenciamento, à construção e à exploração das infra-estruturas de gás natural. A primeira foi já concretizada com a publicação do Decreto-lei n.º 140/2006.

A matéria relativa ao projecto, ao licenciamento, à construção e à exploração das infra-estruturas de gás natural encontra-se actualmente dispersa num conjunto de diplomas, designadamente no Decreto-lei n.º 232/90, de 16 de Julho, alterado pelo Decreto-lei n.º 7/2000, de 3 de Fevereiro e nas Portarias n.ºs 386/94, de 16 de Junho (Regulamento Técnico Relativo ao Projecto, Construção, Exploração e Manutenção de Redes de Distribuição de Gases Combustíveis), 390/94, de 17 de Junho (Regulamento Técnico relativo ao Projecto, Construção, Exploração e Manutenção de Gasodutos de Transporte de Gases Combustíveis), 361/98, de 26 de Junho (Regulamento Técnico Relativo ao Projecto, Construção, Exploração e Manutenção das Instalações de Gás Combustível Canalizado em Edifícios) 568/2000, de 7 de Agosto (regulamento que estabelece as condições a que deve obedecer o projecto, a construção e a manutenção das unidades autónomas de gás natural liquefeito) 765/2002, de 1 de Julho (Regulamento de Segurança Relativo ao Projecto, Construção, Exploração e Manutenção de Oleodutos de Transporte de Hidrocarbonetos Líquidos e Liquefeitos) e 690/2001, de 10 de Julho (que altera as Portarias n.º 386/94 e 361/98).

Seria, assim, conveniente aproveitar a oportunidade da aprovação do novo regime do sector do GN para juntar num único diploma toda a regulamentação relacionada com esta matéria.

II. As competências constantes do **n.º 2** revelam a preocupação pela segurança do abastecimento de gás natural, justificado num país dependente da sua importação.

Com efeito, o abastecimento de GN tem uma importância tal para o desenvolvimento da vida económica, que o Estado assume a obrigação de velar pela segurança do abastecimento através da adopção de um conjunto de medidas elencadas neste normativo.

A segurança do abastecimento é regulamentada num capítulo próprio (o capítulo XI) do Decreto-lei n.º 140/2006 (artigos 47.º a 53.º) onde se começa por repetir as medidas já elencadas neste n.º 2, atribuindo-se à DGEG a responsabilidade pela elaboração de um relatório de monitorização da segurança do abastecimento a apresentar ao ministro responsável pela área da energia no final do primeiro semestre de cada ano.

Às medidas de emergência (ou de salvaguarda), referidas na alínea e), já nos referimos no comentário ao artigo anterior para o qual remetemos.

Quanto à obrigação de constituição e de manutenção de reservas de segurança prevista na alínea a), esta impende sobre as entidades que introduzam gás natural no mercado interno nacional para consumo não interruptível, ou seja, sobre os comercializadores (cfr. artigo 49.º do Decreto-lei n.º 140/2006). Aliás, é o próprio titulo da licença de comercialização que refere que constitui dever dos comercializadores *"constituir e manter reservas de segurança de gás natural, relativamente aos contratos para consumo não interruptível celebrados com os seus clientes, nos termos do artigo 49.º do Decreto-lei n.º 140/2006, de 26 de Julho"* (cfr. ponto 5 da alínea B) da Portaria n.º 930/2006, de 7 de Setembro).

As reservas são constituídas prioritariamente em território nacional com duas excepções: em caso de acordo bilateral que preveja a possibilidade de estabelecimento de reservas de segurança noutros países, caso em que poderão ser constituídas noutros países ao abrigo dos acordos bilaterais existentes; no caso de impossibilidade de constituição de reservas em território nacional, podem ser utilizadas instalações de armazenamento de gás localizadas no território de outros Estados membros com adequado grau de interconexão, sujeitando-se, no entanto, essa utilização a duas condições:

– autorização do Ministro da Economia (ministro responsável pela área de energia);
– celebração prévia de acordos bilaterais que garantam a sua introdução no mercado nacional.

Para mais desenvolvimentos sobre o regime de constituição de reservas de segurança remete-se para o comentário ao artigo 58.º.

Relativamente à medida de promoção da adequada diversificação das fontes de aprovisionamento (cfr. alínea b)), esta é uma medida fundamental tendo em vista a segurança do abastecimento, uma vez que Portugal não é um país produtor de GN. Com efeito, só promovendo a diversificação das fontes de abastecimento de GN se poderá garantir que o nosso país não será afectado, ou pelo menos, será menos afectado, no caso de ocorrer uma crise que ameace algum dos países que asseguram o nosso abastecimento (actualmente, Portugal importa GN da Argélia e GNL da Nigéria, tendo sido acordado recentemente passar também a importar GNL do Brasil e da Venezuela).

Em relação à promoção da eficiência energética e da utilização racional de gás natural (cfr. alínea c)) remetemos para os comentários ao artigo 7.º.

Finalmente, quanto à medida de promoção da adequada cobertura do território nacional com infra-estruturas, a mesma encontra-se relacionada com o planeamento da RNTIAT, bem como da RNDGN, pelo que remetemos para o comentário ao artigo 26.º.

NOTA PRÉVIA AO CAPÍTULO II

O segundo capítulo do Decreto-lei n.º 30/2006 trata da organização, regime de actividades e funcionamento do Sistema Nacional de Gás Natural (SNGN).

Salvo algumas excepções devidamente assinaladas, as disposições contidas neste capítulo aplicam-se, apenas, ao continente, estando excluída a sua aplicação às Regiões Autónomas dos Açores e da Madeira (cfr. artigo 2.º, n.º 2). É o caso, nomeadamente, das disposições relativas à separação jurídica das actividades de transporte, distribuição e comercialização de gás natural que, de acordo com o artigo 60.º, n.º 2, não se aplicam às Regiões Autónomas.

A grande novidade deste capítulo, face ao regime anterior, prende-se com a imposição, de origem comunitária, da separação jurídica de todas as actividades que compõem o sector. No caso da actividade de transporte foi-se, no entanto, mais longe e, para além da separação jurídica, impôs-se também a separação patrimonial do operador daquela rede das entidades que exerçam directamente ou através de empresas coligadas, as actividades de distribuição e comercialização de gás natural. Também relativamente às actividades de recepção, armazenamento e regaseificação de GNL e de armazenamento subterrâneo o nosso legislador nacional foi para além do estabelecido nesta matéria na Directiva, impondo a sua separação jurídica, quando a Directiva exigia apenas a separação contabilística.

Tratou-se aqui também da consagração de uma das principais orientações do Governo em matéria de política energética e que passa pela criação de dois grupos empresariais no sector energético (formados pela EDP e pela GALP), actuando em regime de concorrência, simultaneamente, nos sectores da electricidade e do gás (cfr. Resolução do Conselho de Ministros n.º 169/2005, de 24 de Outubro).

Neste sentido, foi publicada, em 30 de Junho de 2006, a Resolução do Conselho de Ministros n.º 85/2006, que autorizou a REN – Rede Eléctrica Nacional, S.A. (que era desde a entrada em vigor do Decreto-lei n.º 182/95, de 27 de Julho, que estabeleceu as bases de organização do Sistema Eléctrico Nacional, a entidade concessionária, em regime de serviço público, da rede nacional de transporte de energia eléctrica (RNT), cuja actividade constituía o núcleo central daquele sistema), a proceder à constituição de novas sociedades, cujo objecto visa assegurar o exercício das concessões do serviço público de transporte de gás natural em alta pressão, de armazenamento subterrâneo de gás natural e de recepção, armazenamento e regaseificação de gás natural na forma liquefeita, no âmbito do Sistema Nacional de Gás Natural.

Entretanto, o exemplo que melhor ilustra a separação jurídica a que se fez referência acima, diz respeito às actividades de distribuição e de comercialização de gás natural que até 2006 eram exercidas em conjunto pelas concessionárias de distribuição regional de gás natural, e que por via da entrada em vigor do Decreto-lei n.º 30/2006 passaram a ser juridicamente separadas – com excepção das distribuidoras que sirvam um número inferior a 100 000 clientes.

Paralelamente, assiste-se também ao aparecimento de novas actividades, para além das actividades tradicionais e que são uma consequência da liberalização do mercado do gás natural: a actividade de operação de mercados de gás natural e a operação logística de mudança de comercializador de gás natural.

Relativamente ao regime de actividades, grande parte destas continua a ser exercida em regime de concessão de serviço público, havendo, no entanto, actividades que são exercidas em regime de concessão ou de licença (caso da distribuição) ou só de licença (caso da comercialização) ou de autorização (caso da gestão de mercados organizados).

Quanto aos intervenientes verificam-se também importantes alterações, de que cumpre destacar a novidade da figura do comercializador. O Decreto-lei n.º 30/2006 distingue, no entanto, entre comercializador livre e comercializador de último recurso que é aquele que está obrigado a fornecer GN a todos os clientes que o requisitem, desde que situados nas áreas abrangidas pela RPGN e que preencham os requisitos legais definidos para o efeito. Por sua vez, o Decreto-lei n.º 140/2006 cria uma nova distinção entre a figura do comercializador de último recurso grossista (grandes clientes) e o comercializador de último recurso retalhista (pequenos clientes).

Apresentam-se em seguida dois quadros, um com as empresas intervenientes até 2006/2007 e outro com os principais intervenientes, no momento actual, do SNGN.

Quadro I
Principais Intervenientes até 2006/2007

Aquisição/ Importação	Recepção e Armazenamento de GNL	Armazenamento Subterrâneo	Transporte	Fornecimento/ Distribuição
Transgás	Transgás Atlântico (em regime de subconcessão da Transgás)	Transgás	Transgás	Transgás Lisboagás Portgás Setgás Tagusgás Beiragás Duriensegás Dianagás Medigás Paxgás

Quadro II
Principais Intervenientes SNGN

Operador da Rede de Transporte	Operador do terminal de Recepção, Armazenamento e Regaseificação de GNL	Operador de Armazenamento Subterrâneo	Operadores das redes de distribuição	Comercializadores
REN, Gasodutos	REN Atlântico, Terminal GNL	REN Armazenagem Transgás Armazenagem	Lisboagás EDP Gas Distribuição Setgás Tagusgás** Beiragás** Duriensegás** Dianagás** Medigás** Paxgás**	• Galp Gás Natural • EDPGás.COM - Comércio de Gás Natural • ENDESA Gas Natural • GAS NATURAL COMERCIALIZADORA • EDP Gás Serviço Universal** • Lisboagás Comercialização** • Lusitâniagás Comercialização** • Setgás Comercialização** • Transgás*

* comercializador de último recurso grossista (CURG), titular de licença até 2028.
** comercializador de último recurso retalhista (CURR).

Finalmente, e ainda no campo das novidades, consagra-se também um genérico direito de acesso de todos os agentes de mercado às infra-estruturas que compõem o SNGN. Esta é também, tal como a separação jurídica das actividades, uma consequência da liberalização do mercado de gás natural e da sua abertura à concorrência. Com efeito, só assegurando a existência de um livre acesso de terceiros às infra-estruturas, nomeadamente às redes de transporte e de distribuição e ao armazenamento, com base em critérios não discriminatórios e transparentes, se garante a liberdade de fornecimento de gás, bem como o direito dos clientes escolherem o seu fornecedor.

O legislador não trata neste capítulo, como seria de esperar, a matéria das condutas directas. Na verdade, embora na linha do previsto na Directiva n.º 2003/55/CE, se tenha incluído no artigo 3.º a definição de conduta directa como sendo "um gasoduto de gás natural não interligado na rede interligada", não existem, depois, regras sobre a forma de exercício (concessão, licença ou autorização) e exploração destas condutas.

A definição do regime que, de acordo com a Directiva, deverá estabelecer critérios de concessão ou autorização objectivos, transparentes e não discriminatórios, terá, assim, necessariamente, de ocorrer por via de uma alteração legislativa a este diploma, não obstante a aplicação directa da Directiva conforme defendemos em comentário ao artigo 24.º (cfr. ponto IV).

CAPÍTULO II
Organização, regime
de actividades e funcionamento

SECÇÃO I
Composição do Sistema Nacional de Gás Natural

Artigo 10.º
Sistema Nacional de Gás Natural

Para efeitos do presente Decreto-lei, entende-se por SNGN o conjunto de princípios, organizações, agentes e infra-estruturas relacionados com as actividades abrangidas pelo presente Decreto-lei no território nacional.

→ Artigos 2.º, n.º 3 e 3.º, alínea jj) do Decreto-lei n.º 30/2006.

  I.   Sistema Gasista Misto.
  II. Aplicação ao território nacional

I. Este artigo repete a definição de "Sistema nacional de gás natural" já constante do artigo 3.º, alínea jj). O legislador português optou, à semelhança de outros sistemas europeus, designadamente o sistema espanhol, por um sistema gasista misto, em que alia referências objectivas (como as instalações) a referências subjectivas (em que se atende aos intervenientes no sistema). Deste modo, não obstante a menção a princípios e organizações, o sistema é definido na alínea ii) daquele mesmo artigo como tendo por referência apenas os elementos materiais, i.e. as infra-estruturas e as interligações.

II. A referência ao território nacional deve ser entendida no contexto da unidade e integração do SNGN a que alude o artigo 2.º, n.º 3 do Decreto-lei n.º 30/2006.

Com efeito, não obstante as competências estatutárias das Regiões Autónomas em matéria de funcionamento, organização e regime de actividades, bem como de monitorização da segurança do abastecimento do gás natural, o SNGN é um só, vigorando em todo o território nacional.

ARTIGO 11.º
Rede pública de gás natural

1 – No continente, a RPGN abrange o conjunto das infra-estruturas de serviço público destinadas à recepção, ao armazenamento, ao transporte e à distribuição de gás natural que integram as concessões da RNTIAT e as concessões e licenças das redes de distribuição de gás natural de serviço público (RNDGN).

2 – Nas Regiões Autónomas dos Açores e da Madeira, a estrutura das respectivas RPGN é estabelecida pelos órgãos competentes regionais, nos termos definidos no artigo 2.º.

3 – Os bens que integram a RPGN só podem ser onerados ou transmitidos nos termos previstos em legislação complementar.

→ Artigos 5.º e 29.º do Decreto-lei n.º 30/2006; artigos 10.º, 66.º, n.º 2 e 68.º, n.º 1 do Decreto-lei n.º 140/2006; artigo 6.º, n.º 3 do Anexo I da Portaria n.º 1296/2006, de 22 de Novembro.

I.   A Rede Pública de Gás Natural.
II. As infra-estruturas.
III. Oneração e transmissão os bens que integram a RPGN.

I. A Rede Pública de Gás Natural (RPGN) abrange as infra-estruturas que constituem a Rede Nacional de Transporte, Infra-Estruturas de Armazenamento e Terminais de GNL (RNTIAT) e as que constituem a Rede Nacional de Distribuição de Gás Natural (RNDGN).

A RNTIAT, por sua vez, é composta pelo conjunto das infra-estruturas destinadas à recepção e ao transporte de gás natural em gasoduto, ao armazenamento subterrâneo e à recepção, ao armazenamento e à regaseificação de GNL. Da RNTIAT distingue-se a RNTGN que abrange, apenas, as infra-estruturas destinadas ao transporte de gás natural.

A RNDGN, por seu lado, integra o conjunto das infra-estruturas destinadas à distribuição de gás natural, ou seja, as instalações que integram as concessões de distribuição regional e as instalações afectas às licenças de distribuição local.

De acordo com o n.º **1**, estas infra-estruturas são consideradas de serviço público. A expressão não nos parece, no entanto, a mais correcta. Com efeito, as infra-estruturas não são de serviço público, antes encontram-se sujeitas a um regime de serviço público, na medida em que estão afectas a concessões ou a licenças de serviço público. Neste sentido, as infra-estruturas devem ser utilizadas de acordo com as exigências de um regular, contínuo e eficiente funcionamento do serviço.

Enquanto durar a concessão, a posse, bem como a propriedade destes bens é detida pelo concessionário. Com a extinção da concessão, os bens a ela afectos transferem-se para o concedente (cfr. a título de exemplo, a base XI das bases da concessão da actividade de transporte de gás natural através da Rede Nacional de Transporte de Gás Natural).

Da mesma forma, enquanto durar a licença de distribuição local os bens a ela afectos estão na titularidade da licenciada (cfr. artigo 6.º da Portaria n.º 1296/2006, de 22 de Novembro). Com a extinção da licença, os bens integrantes da respectiva rede transferem-se para o Estado (cfr. artigo 29.º).

Nas Regiões Autónomas dos Açores e da Madeira, a estrutura das respectivas RPGN é determinada pelos órgãos competentes a nível regional, que, em princípio, serão as assembleias legislativas regionais.

Para além das infra-estruturas que integram a RPGN existem ainda bens que não estão afectos a nenhuma concessão ou licença de distribuição local, sendo de propriedade privada (designadamente, as redes privativas de distribuição, os postos de enchimento, as colunas a montante instaladas nas partes de uso comum dos prédios e que permitem o abastecimento de gás aos diferentes pisos do edifício, entre outros).

II. As principais infra-estruturas de gás natural são: (i) na actividade de transporte, os gasodutos de alta pressão para transporte de
gás natural; (ii) na actividade de recepção, armazenamento e
regaseificação de GNL, os terminais de recepção, armazenamento e
regaseificação de gás natural; (iii) na actividade de armazenamento
subterrâneo de gás natural, as cavidades subterrâneas ou os reservatórios especialmente construídos para o efeito; e, finalmente na (iv)
actividade de distribuição, as redes de média e baixa pressão.

No nosso país, neste momento, fazem parte do SNGN, entre
outras, as seguintes infra-estruturas: os gasodutos de alta pressão de
Leiria-Braga, Leiria-Campo Maior, Setúbal-Leiria, Sines-Setúbal,
Braga-Tuy, Portalegre-Guarda, Coimbra-Viseu; o Terminal de GNL
de Sines; as cavernas de armazenamento subterrâneo no sítio da
Guarda Norte, Carriço, no concelho de Pombal; as redes de distribuição regional e locais autónomas.

O gás natural entra no território nacional através do gasoduto de
Campo Maior, mais concretamente através das interligações internacionais, ou através do Terminal de Sines.

O gás natural que circula no gasoduto de Campo Maior é proveniente, na sua maior parte, da Argélia, sendo transportado através do
gasoduto do Maghreb até Tânger e através do Estreito de Gibraltar
até Tarifa. Desta localidade segue em gasoduto até próximo de
Badajoz, entrando no território nacional em Campo Maior, onde está
instalada a estação de recepção que constitui a interligação com o
gasoduto em Portugal.

O gasoduto de alta pressão tem 1.218 Km de extensão, transpor-
tando o gás natural no estado gasoso a uma pressão superior a 20
bar. Actualmente, o gasoduto tem uma capacidade de 3,5 bcm ano
estando, no entanto, apenas a ser utilizados 2,7 bcm.

O fornecimento de gás natural, pelas suas características físicas,
obriga ao seu armazenamento em cavernas ou depósitos.

No nosso território, o armazenamento é feito nas cavernas subterrâneas existentes no sítio da Guarda Norte, Carriço, no concelho
de Pombal. Actualmente, estão em operação três cavernas (duas pertencentes à REN Armazenagem, S.A. – cfr. artigo 68.º, n.º 1 do
Decreto-lei n.º 140/2006 – e outra à Transgás Armazenagem, S.A. –
cfr. artigo 66.º, n.º 2 do Decreto-lei n.º 140/2006) com uma capacidade de 0,2, bcm. Encontram-se em construção duas outras cavernas

que ficarão a pertencer uma à REN Armazenagem, S.A., e outra à Transgás Armazenagem, S.A., estando prevista a possibilidade de construção de, pelo menos, mais duas cavernas.

Ao Terminal de GNL de Sines chega, por sua vez, o gás natural liquefeito proveniente da Nigéria ou do mercado spot, transportado através de navios metaneiros. Aí, o gás é armazenado e posteriormente regaseificado para ser colocado na rede (através dos gasodutos), podendo ser, no entanto, também transportado em camiões cisterna (GNL) sendo posteriormente regaseificado nas UAG's. O Terminal de Sines tem, neste momento, em funcionamento dois tanques, estando em construção um terceiro. O Terminal tem uma capacidade de regaseificação actual de 5,3, bcm/ano, que pode ser expandida até 8,0 bcm com a construção do terceiro tanque.

Finalmente, o abastecimento aos consumidores é feito através das redes de distribuição. A adaptação às condições de pressão requeridas pelas redes de distribuição realiza-se mediante estações de regulação e medida que adequam a pressão à pressão da rede de distribuição e constituem um ponto de medida na saída daquelas redes. O gás natural pode também entrar na rede de distribuição a partir das UAG's que recebem, armazenam e regaseificam o GNL transportado, desde o Terminal de Sines, em camiões cisterna.

III. De acordo com o **n.º 3** os bens que integram a RPGN só podem ser onerados ou transmitidos nos termos previstos em legislação complementar.

Neste sentido, prevê-se no artigo 10.º do Decreto-lei n.º 140/ 2006, de 26 de Julho, que *"sob pena de nulidade dos respectivos actos ou contratos, as concessionárias não podem onerar ou transmitir os bens que integram as concessões sem prévia autorização do concedente (...)".*

Do mesmo modo, estabelece-se no artigo 6.º, n.º 3 do Anexo I da Portaria n.º 1296/2006, de 22 de Novembro – que aprova os requisitos para a atribuição e transmissão de licenças de distribuição local de gás natural e o regime de exploração da respectiva rede – que *"o titular da licença não pode alienar ou onerar, por qualquer forma, quaisquer bens ou direitos que integrem a citada licença sem prévia autorização do ministro responsável pela área da energia".*

Quer isto significar que, apesar de os bens que integram as concessões da RNTIAT, bem como as concessões e as licenças da RNDGN, serem propriedade das respectivas concessionárias ou entidades licenciadas e estarem na sua posse enquanto durar a concessão ou a licença, não podem, no entanto, ser onerados ou transmitidos sem prévia autorização do ministro responsável pela área da energia.

Este regime justifica-se atendendo ao facto de estarmos perante serviços de interesse económico geral, sujeitos a obrigações de serviço público (cfr. comentário ao artigo 5.º, *supra*). Com efeito, parece claro que a regularidade do abastecimento não só pressupõe, como exige, que as redes de gás natural geridas pelas concessionárias ou pelas licenciadas, enquanto estruturas que suportam o desempenho de uma actividade que visa satisfazer necessidades colectivas, se devem encontrar, de modo permanente, operacionais, o que passa, em última análise, pela sua manutenção. Só assim não será se houver uma prévia autorização do concedente ou da entidade licenciadora para que as mesmas sejam oneradas ou transmitidas a terceiros.

Artigo 12.º
Utilidade pública das infra-estruturas da RPGN

1 – As infra-estruturas da RPGN são consideradas, para todos os efeitos, de utilidade pública.

2 – O estabelecimento e a exploração das infra-estruturas da RPGN ficam sujeitos à aprovação dos respectivos projectos nos termos da legislação aplicável.

3 – A aprovação dos projectos confere ao seu titular os seguintes direitos:

a) Utilizar, nas condições definidas pela legislação aplicável, os bens do domínio público ou privado do Estado e dos municípios para o estabelecimento ou passagem das partes integrantes da RPGN;

b) Solicitar a expropriação, por utilidade pública urgente, nos termos do Código das Expropriações, dos imóveis necessários ao estabelecimento das partes integrantes da RPGN;

c) Solicitar a constituição de servidões sobre os imóveis necessários ao estabelecimento das partes integrantes da RPGN, nos termos da legislação aplicável.

→ Artigos 11.º, 18.º, n.º 2, alínea c), 19.º, alínea c) e 20.º, alíneas e) e f) do Decreto-lei n.º 30/2006; Base XVI e Base XVII anexas ao Decreto-lei n.º 140/2006; artigos 2.º e 6.º do Decreto-lei n.º 232/90, de 16 de Julho, na redacção dada pelo Decreto-lei n.º 7/2000, de 3 de Fevereiro; artigo 17.º do Decreto-lei n.º 380/99, de 22 de Setembro, com a redacção dada pelo Decreto-lei n.º 316/2007, de 19 de Setembro; artigos 7.º, n.º 1, alínea e) e 102.º do Decreto-lei n.º 555/99, de 16 de Dezembro, com as alterações introduzidas pelo Decreto-lei n.º 177/2001, de 4 de Junho e pela Lei n.º 60/2007, de 4 de Setembro; artigo 10.º, n.º 1 do Código das Expropriações (aprovado pela Lei n.º 168/99, de 18 de Setembro); Decreto-lei n.º 11/94, de 13 de Janeiro, com as alterações introduzidas pelo Decreto-lei n.º 23/2003, de 4 de Fevereiro.

I.   A utilidade pública das infra-estruturas que integram a RPGN.
II. A aprovação dos projectos das infra-estruturas.
III. Direitos dos titulares das infra-estruturas.

I. Dispõe-se no **n.º 1** que as infra-estruturas que integram a RPGN têm utilidade pública. E percebe-se que assim seja, tendo em conta que se trata de infra-estruturas que suportam o desempenho de uma actividade que se destina a satisfazer necessidades colectivas. Assim se explica, por exemplo, que a aprovação dos projectos destas infra-estruturas confira ao seu titular os direitos previstos no n.º 3 deste artigo.

Por outro lado, o facto de estas instalações serem consideradas de utilidade pública significa também que a exploração das mesmas está sujeita a certas limitações, nomeadamente, o direito de acesso de terceiros e o dever, que impende sobre o respectivo operador, de não discriminar os utilizadores da infra-estrutura (vd., a título de exemplo, o que se estabelece no artigo 18.º, n.º 2, alínea c), artigo 19.º, alínea c) e artigo 20.º, alíneas e) e f).

No fundo, há que distinguir, como fazem alguns autores, a propriedade das infra-estruturas do seu uso. Deste modo, Ariño Ortiz considera que as infra-estruturas *"são propriedade privada, mas afectas a um uso público, sendo que o que é relevante não é a sua titularidade, mas o seu destino: todos os operadores do sector têm direito a usar as infra-estruturas, independentemente de quem seja o seu proprietário este será mais um utilizador, em condições de igualdade com os restantes"* (cfr. G. Ariño Ortiz, *"Instalaciones esenciales"*, citado por M. Matilde Sánchez Gutiérrez, *La regulación del sector del gas natural*, Tirant monografías, Valencia, 2006, página 355).

Note-se, no entanto, que o facto de se dizer que estas infra-estruturas têm utilidade pública não significa que as mesmas integram o domínio público. Com efeito, trata-se de conceitos diferentes. O regime do domínio público é um regime muito mais exigente do que o regime de utilidade pública a que se encontram sujeitas as instalações que compõem o SNGN.

Efectivamente, os bens do domínio público são bens que, pela sua natureza pública, se encontram fora do mercado, não podendo ser alienados ou onerados, o mesmo não acontecendo com as infra-estruturas da RPGN, que são propriedade das respectivas concessionárias ou licenciadas, pelo menos enquanto durar a concessão, e que podem ser oneradas ou transmitidas mediante prévia autorização do ministro da tutela (cfr. anotação ao artigo 11.º, números 1 e 3).

"No fundo e sem surpresa, a distinção entre dominialidade e limitações (de direito público) à propriedade privada relaciona-se com as especificidades dos poderes (exclusivos e excludentes, como já observámos) exercidos pela Administração sobre os bens, poderes esses que intentam justamente subtrair a coisa ao comércio jurídico privado, objectivo que, em caso algum, intenta o legislador prosseguir quando se circunscreve ao estabelecimento de limitações à propriedade privada" (cfr. Ana Raquel Gonçalves Moniz, *O Domínio Público – O Critério e o Regime Jurídico da dominialidade*, Almedina, Coimbra, 2005, página 338).

II. A matéria da aprovação dos projectos das infra-estruturas que compõem o sistema continua a ser regulada pelo Decreto-lei n.º 232/90, de 16 de Julho, na redacção dada pelo Decreto-lei n.º 7/2000, de 3 de Fevereiro. Com efeito, este diploma não foi revogado com a entrada em vigor quer do Decreto-lei n.º 30/2006, quer do Decreto-lei n.º 140/2006, pelo que deve entender-se que o mesmo continua em vigor, salvo relativamente àquelas matérias que sejam objecto de tratamento expresso nos novos diplomas, e que assim se devem considerar implicitamente revogadas.

De acordo com o disposto no artigo 2.º, n.º 1 do Decreto-lei n.º 232/90, com a redacção dada pelo Decreto-lei n.º 7/2000, a construção de terminais de recepção, armazenagem e tratamento de GNL, de gasodutos de 1.º e 2.º escalão, bem como de instalações de armazenagem, incluindo nestas as ligadas aos gasodutos ou às redes de distribuição, fica sujeita a aprovação dos respectivos projectos base pelo Ministro da Economia.

Já a construção das redes de distribuição – quer as regionais, quer as locais autónomas, incluindo as unidades autónomas de GNL –, bem como das estações de compressão, postos de redução de pressão e demais instalações fica sujeita à aprovação dos respectivos projectos base ou de detalhe pelo Director Geral de Geologia e Energia, caso se trate da rede de transporte, ou pelo Director Regional do Ministério da Economia e da Inovação territorialmente competente, nos restantes casos.

Em qualquer dos casos acima referidos, a aprovação do projecto base ou de detalhe é sempre precedida da ponderação dos interesses que envolver – nomeadamente, os de segurança, preservação do ambiente e ordenamento do território.

Devem, por outro lado, ser também consultadas diferentes entidades para emissão de parecer prévio, nomeadamente tendo em vista a harmonização das construções que integram o projecto com os instrumentos de gestão territorial aplicáveis (cfr. artigo 2.º, n.º 4 e 5 do Decreto-lei n.º 232/90).

Com efeito, as redes de infra-estruturas e equipamentos de nível fundamental, entre as quais se incluem as infra-estruturas energéticas, devem ser identificadas nos instrumentos de gestão territorial (cfr. artigo 17.º do Decreto-lei n.º 380/99, de 22 de Setembro, com a redacção dada pelo Decreto-lei n.º 316/2007, de 19 de Setembro). Neste sentido, dispõe-se no n.º 2 do artigo 17.º do Decreto-lei n.º 380/99 que o Programa Nacional da Política de Ordenamento do Território, os planos regionais e os planos intermunicipais de ordenamento do território, os planos sectoriais relevantes e os planos municipais de ordenamento do território definirão uma estratégia coerente de instalação, de conservação e de desenvolvimento daquelas infra-estruturas ou equipamentos, considerando as necessidades sociais e culturais da população e perspectivas de evolução.

Finalmente, estabelece-se no artigo 2.º, n.º 9 do Decreto-lei n.º 232/90 que *"a construção das redes de distribuição em vias públicas em zonas abrangidas por planos municipais e intermunicipais de ordenamento do território, pelas concessionárias ou pelas entidades titulares de licença, não carece de aprovação dos projectos previstos no presente artigo, devendo aquelas ponderar todas as eventuais inter-ferências, designadamente junto das respectivas câmaras municipais".*

III. A norma constante do **n.º 3** corresponde ao disposto no artigo 2.º, n.º 6 e n.º 7 do Decreto-lei n.º 232/90, na redacção dada pelo Decreto-lei n.º 7/2000.

Deste modo, e em relação àquela disposição do Decreto-lei n.º 232/90, deve entender-se que a mesma foi implicitamente revogada com a entrada em vigor do Decreto-lei n.º 30/2006.

Vejamos em concreto cada uma das alíneas.

A **alínea a)** não constava do elenco do artigo 2.º, n.º 6 do Decreto-lei n.º 232/90.

O direito de utilização do domínio público para efeitos de implantação e exploração das infra-estruturas da concessão encontrava-se, no entanto, previsto na alínea c) do artigo 23.º, do Decreto-lei n.º 374/89, de 25 de Outubro, na redacção dada pelo Decreto-lei n.º 8/2000, de 8 de Fevereiro, bem como na Base XVII, constante do Decreto-lei n.º 33/91, de 16 de Janeiro, que aprovou as Bases de exploração, em regime de serviço público, das redes de distribuição regional de gás natural. Ambos os diplomas foram, no entanto, revogados, respectivamente, pelo Decreto-lei n.º 30/2006 e pelo Decreto-lei n.º 140/2006.

O legislador optou agora por, em vez de uma enumeração dos diferentes bens que são afectados pelo estabelecimento ou passagem das infra-estruturas, fazer uma remissão genérica para o domínio público ou privado do Estado e dos municípios. Aproveitou-se também para clarificar que o titular de projectos de infra-estruturas que tenham sido aprovados (seja o concessionário ou o licenciado) pode não só utilizar o domínio público, como o domínio privado estadual, bem como os correspondentes domínios municipais. Concretamente, não resultava claro do regime anterior que fosse possível ao concessionário utilizar, para além do domínio público estadual, também o domínio público municipal.

O Decreto-lei n.º 30/2006 faz, no entanto, depender a utilização dos bens do domínio público ou privado do cumprimento das condições definidas na legislação aplicável, o que, de resto, também já acontecia na legislação anterior.

O artigo 23.º, alínea c) do Decreto-lei n.º 374/89, na redacção dada pelo Decreto-lei n.º 8/2000, remetia ainda para as condições constantes do contrato de concessão, ao dispor que essa utilização seria feita *"nos termos que venham a ser fixados"*. Não obstante a redacção da alínea a) do n.º 3 do artigo 12.º do Decreto-lei n.º 30/2006 ser diferente, pensamos, contudo, que continua a justificar-se o entendimento de que as condições de utilização do domínio público, qualquer que ele seja, bem como dos bens do domínio privado são, não só as constantes da lei, mas também as definidas no contrato de concessão ou na licença de distribuição local.

Relativamente à questão de saber quais são essas condições, a dúvida que se colocava no regime anterior residia em saber se o titular do projecto necessitava de obter, previamente, uma licença para utilizar os bens do domínio público que fossem afectados pelo estabelecimento ou passagem das infra-estruturas de gás.

A questão continua a colocar-se no novo regime, sobretudo, a propósito da utilização de bens dominiais municipais, uma vez que relativamente aos bens do domínio público do Estado se pode considerar que essa permissão (de utilização) está implícita com a celebração do contrato de concessão ou com a atribuição da licença de distribuição local, sendo o Estado simultaneamente titular dos bens e concedente ou entidade licenciadora.

No caso dos bens municipais, estando em causa um serviço público concedido pelo Estado – e não pelo Município –, e constituindo encargo e responsabilidade da concessionária, bem como da licenciada, o planeamento, o desenvolvimento e a expansão da respectiva rede, a cedência e utilização dos bens do domínio público municipal não poderá ficar, em nossa opinião, dependente da vontade discricionária do titular desse domínio, sob pena de, se assim fosse, ficarem ameaçados o cumprimento das obrigações da concessionária ou do titular da licença e – o que é o mais importante – a regularidade, continuidade e eficiência do serviço.

Deste modo, é nosso entendimento que, quer a concessionária, quer o titular da licença de distribuição local não necessitam de obter uma prévia licença de utilização de bens do domínio público municipal quando esteja em causa o estabelecimento ou exploração de infra-estruturas integrantes da RPGN.

Aliás, são estes mesmos argumentos que justificam que, nos termos do artigo 7.º, n.º 1, alínea e), do Decreto-lei n.º 555/99, de 16 de Dezembro (Regime Jurídico da Urbanização e da Edificação), na redacção que lhe foi dada pelo Decreto-lei n.º 177/2001, de 4 de Junho, estejam isentas de licença ou autorização *"as obras de edificação ou de demolição e os trabalhos promovidos por entidades concessionárias de obras ou serviços públicos, quando se reconduzam à prossecução do objecto da concessão"* (redacção que se mantém inalterada com a entrada em vigor das alterações ao Decreto-lei n.º 555/99, aprovadas pela Lei n.º 60/2007, de 4 de Setembro).

Assim sendo, e por maioria de razão, se os titulares dos projectos estão dispensados de requerer o licenciamento para a construção das redes de gás natural, também se deve entender que os mesmos estão dispensados de requerer o licenciamento para ocupar o domínio público municipal.

Aliás, nem faria sentido que aquelas entidades fossem dispensadas do prévio licenciamento municipal para a realização dos trabalhos com a implantação das redes, mas que, pelo contrário, já estivessem obrigadas a requerer uma licença para ocupar o domínio público.

Do artigo 2.º, n.º 6, alínea c) do Decreto-lei n.º 232/90, na redacção dada pelo Decreto-lei n.º 7/2000, também resultava, aliás, que a aprovação dos projectos de construção das redes tinha como efeito, entre outros, a atribuição da licença necessária para a execução das obras integrantes do projecto e para a entrada em funcionamento das respectivas instalações. Do elenco do novo artigo 12.º, n.º 3 do Decreto-lei n.º 30/2006 não consta, no entanto, nenhuma alínea com este conteúdo.

De qualquer forma, prevendo o citado artigo 7.º, n.º 1, alínea e), do Decreto-lei n.º 555/99 aquela isenção de licenciamento, quer as concessionárias das infra-estruturas, quer as entidades titulares das licenças de distribuição local podem continuar a prevalecer-se deste regime.

Em última análise, e em caso de desacordo da autarquia quanto às condições de utilização do domínio público municipal, o Estado poderá sempre, no entanto, assegurar directamente o uso em causa, através de uma mutação dominial, reafectando para o efeito o domínio público necessário à implantação e exploração das infra-estruturas da rede de gás natural (esta era, aliás, uma hipótese que se encontrava prevista nos anteriores contratos de concessão da rede de distribuição regional).

Ainda em matéria de licenças, uma última nota, para referir que nas Bases das concessões de transporte, armazenamento subterrâneo, recepção, armazenamento e regaseificação e de distribuição de gás natural, publicadas em anexo ao Decreto-lei n.º 140/2006 (e de acordo com as quais foram alterados os anteriores contratos de concessão), se estabelece que *"as licenças e autorizações exigidas por lei para a exploração das redes e demais infra-estruturas consideram-se outorgadas à concessionária com a aprovação dos respectivos projectos, sem prejuízo da verificação por parte das entidades licenciadoras da conformidade na sua execução"* (cfr., respectivamente, Base XVI, Base XVII, Base XVII e Base XVII anexa ao Decreto-lei n.º 140/2006).

Finalmente, uma questão com esta relacionada e que tem estado no cerne de vários litígios entre as autarquias e as concessionárias da rede de distribuição regional de gás natural é a questão de saber se a ocupação do domínio público municipal com as instalações integrantes da RPGN está ou não sujeita a pagamento de taxas municipais pela ocupação do subsolo.

Com efeito, por diversas vezes estas questões têm surgido ligadas. Trata-se, no entanto, de um erro: a matéria do licenciamento do domínio público ou das obras de colocação de redes de tubagem para distribuição de gás não se confunde com a matéria das taxas pela ocupação do subsolo do domínio público municipal. Efectivamente, uma coisa é estar isento, ou não, de prévio licenciamento municipal de obras e de ocupação da via pública, outra coisa é ter de pagar taxas pela ocupação do subsolo municipal.

Em todo o caso, e relativamente à questão da exigência ou não do prévio pagamento de taxas pela ocupação do subsolo, refira-se que a orientação da jurisprudência maioritária tem sido no sentido de as mesmas serem devidas, entendendo-se que estamos perante verdadeiras taxas e que a atribuição de uma concessão de serviço público a uma sociedade comercial não estende a essa pessoa colectiva as isenções tributárias de que goze o concedente (cfr. Acórdão proferido pelo Supremo Tribunal Administrativo, no processo n.º 648/06, de 8 de Novembro de 2006).

Pela nossa parte temos defendido a posição oposta, invocando, basicamente, dois argumentos. Por um lado, estamos perante bens públicos utilizados na sua função própria de satisfação de necessidades colectivas, sem que se possa individualizar quem, e em que medida, pode individualmente usufruir das utilidades dessa ocupação, pelo que, em rigor, estamos perante um imposto e não uma taxa. Por outro lado, e por força do contrato de concessão, apenas o Estado pode definir, enquanto entidade concedente, as condições em que o concessionário poderá exercer o direito que lhe é atribuído pelo contrato de implantar no domínio público, qualquer que ele seja, a rede de gás natural. Deste modo, não podem os municípios, sob pena de invasão das atribuições do Estado-concedente, pretender regular as condições de uso pelo concessionário do domínio público municipal necessário à implantação da rede de gás natural.

Entretanto, com a assinatura em 11 de Abril de 2008 dos novos contratos de concessão da actividade de distribuição de GN, esta questão surge resolvida no sentido de se considerar que assiste à concessionária o direito de repercutir sobre os utilizadores das suas infra-estruturas, quer se trate de entidades comercializadoras de gás ou de consumidores finais, o valor integral de quaisquer taxas, independentemente da sua designação, desde que não constituam impostos directos que lhe venham a ser cobrados por quaisquer entidades públicas, directa ou indirectamente atinentes à distribuição de gás, incluindo as taxas de ocupação do subsolo cobradas pelas autarquias locais, parecendo-nos, assim, dar razão ao nosso primeiro argumento (cfr. Resolução do Conselho de Ministros n.º 98/2008, publicada no Diário da República, n.º 119, II Série, de 23 de Junho).

A **alínea b)** deste n.º 3 corresponde à anterior alínea a) do n.º 6 do artigo 2.º do Decreto-lei n.º 232/90, na redacção resultante do Decreto-lei n.º 7/2000. Existem, no entanto, diferenças importantes entre as duas alíneas.

Com efeito, enquanto na alínea a) do n.º 6 do artigo 2.º do Decreto-lei n.º 232/90 se dispunha que a aprovação dos projectos tinha como efeito *"a declaração de utilidade pública da expropriação urgente dos bens imóveis e dos direitos a eles inerentes necessários à sua execução"*, a alínea b) do artigo 12.º, n.º 3 do Decreto-lei n.º 30/2006, estabelece que aquela aprovação confere ao titular do projecto o direito de solicitar a expropriação, por utilidade pública urgente, dos imóveis necessários ao estabelecimento das partes integrantes da RPGN.

As diferenças são, portanto, óbvias.

Efectivamente, enquanto no regime anterior a aprovação dos projectos tinha, desde logo, como efeito a declaração de utilidade pública urgente dos bens imóveis que fossem afectados pelo estabelecimento das infra-estruturas, actualmente, a aprovação do projecto apenas confere ao seu titular o direito de solicitar a expropriação, por utilidade pública urgente. Deste modo, o titular do projecto tem agora sempre, primeiro, de requerer a declaração de utilidade pública, com carácter urgente, mediante resolução fundamentada, conforme previsto no artigo 10.º, n.º 1 do Código das Expropriações (aprovado pela Lei n.º 168/99, de 18 de Setembro) e aguardar pela emissão da declaração de utilidade pública. A norma habilitante a que se refere o artigo 10.º, n.º 1, alínea a) do Código das Expropriações será, assim, o artigo 12.º, n.º 3, alínea b) do Decreto-lei n.º 30/2006.

Em nosso entender, esta norma representa um claro retrocesso face ao regime anterior, já que passam agora a ser necessários dois actos: o acto de aprovação do projecto e o acto de declaração de utilidade pública urgente.

Com esta alteração, estes projectos vão passar, assim, a demorar mais tempo desde a data da sua aprovação, até ao início efectivo das obras de execução.

Pode, aliás, agora colocar-se também a hipótese de, apesar de o projecto de construção de uma determinada infra-estrutura integrante da RPGN ter sido aprovado pelas entidades competentes, não ser emitida a declaração de utilidade pública urgente da expropriação do(s) imóvel(is) necessários para o seu estabelecimento.

A solução anterior, ao atribuir, desde logo, à aprovação do projecto como efeito a declaração de utilidade pública urgente da expropriação, ao invés, obviava, de forma evidente, a estes inconvenientes.

Pensamos, no entanto, que tendo o projecto sido já aprovado, nos termos que referimos acima no comentário ao n.º 2 deste artigo, a margem de livre conformação da entidade competente para emitir a declaração de utilidade pública urgente fica, manifestamente, reduzida, o que é particularmente evidente nos casos em que os projectos são aprovados pelo Ministro da tutela que será também a entidade competente para emitir aquela declaração de utilidade pública.

A atribuição de carácter urgente à expropriação confere de imediato à entidade administrativa a posse administrativa dos bens expropriados.

A **alínea c)** corresponde, por sua vez, à anterior alínea b) do n.º 2 do artigo 6.º do Decreto-lei n.º 232/90, na redacção dada pelo Decreto-lei n.º 8/2000. Com efeito, tal como no regime anterior, prevê-se também agora que a aprovação do projecto confere ao seu titular o direito a solicitar a constituição de servidões administrativas sobre os imóveis necessários ao estabelecimento das partes integrantes da RPGN. A norma remete para a legislação aplicável que continua a ser o Decreto-lei n.º 11/94, de 13 de Janeiro, alterado pelo Decreto-lei n.º 23/2003, de 4 de Fevereiro.

Com efeito, se bem que se pudesse colocar a questão de saber se, tendo este diploma sido aprovado como desenvolvimento do revogado Decreto-lei n.º 374/89, o mesmo se mantinha em vigor, parecem não existir dúvidas de que até que seja aprovado um novo regime sobre as denominadas "servidões de gás", aquele diploma continua a vigorar.

Finalmente, ao comparar o elenco constante do artigo 2.º, n.º 6 do Decreto-lei n.º 232/90 com o elenco constante do actual artigo 12.º, n.º 3 do Decreto-lei n.º 30/2006, constata-se ainda que do novo normativo não faz parte uma alínea com o conteúdo da antiga alínea c) do referido artigo 2.º, n.º 6 do Decreto-lei n.º 232/90.

Com efeito, dispunha-se naquela alínea que a aprovação dos projectos de construção das infra-estruturas de gás natural tinha como efeito *"a proibição de embargar administrativamente as obras de execução, salvo com fundamento em não serem conformes com o respectivo projecto"*.

Não obstante a existência desta norma, a verdade é que a mesma não constituía, em rigor, uma excepção ao previsto no artigo 102.º do Regime Jurídico da Urbanização e da Edificação (aprovado pelo Decreto-lei n.º 555/99, de 16 de Dezembro, com a redacção dada pelo Decreto-lei n.º 177/2001, de 4 de Junho), cuja epígrafe é, precisamente, "Embargos".

Efectivamente, dispõe-se naquele artigo (na redacção dada pela Lei n.º 60/2007, de 4 de Setembro) que:

"1 – (...) O presidente da câmara municipal é competente para embargar obras de urbanização, de edificação ou de demolição, bem como quaisquer trabalhos de remodelação de terreno, quando estejam a ser executadas:

- *Sem a necessária licença ou admissão de comunicação prévia; ou*
- *Em desconformidade com o respectivo projecto ou com as condições do licenciamento ou comunicação prévia admitida, salvo o disposto no artigo 83.º; ou*
- *Em violação das normas legais e regulamentares aplicáveis."*

Deste modo, tendo em conta que estas obras não necessitam de prévio licenciamento municipal como referimos *supra* em comentário à alínea a), a única situação em que as mesmas poderiam ser embargadas, à luz deste regime, seria apenas quando fossem desconformes com o respectivo projecto ou quando violassem as normas legais e regulamentares aplicáveis.

Assim sendo, comparando esta disposição com a anterior alínea b) do n.º 2 do artigo 6.º do Decreto-lei n.º 232/90, na redacção dada pelo Decreto-lei n.º 8/2000, concluímos que a única diferença entre as duas, pelo menos, objectivamente, residia no facto de, à primeira vista, as obras de implantação das infra-estruturas de gás não poderem ser embargadas quando desconformes com as normas legais e regulamentares aplicáveis.

E dizemos à primeira vista, uma vez que, naturalmente, estando as obras a ser realizadas em violação das normas regulamentares e legais aplicáveis sempre teriam de ser embargadas, não obstante aquela alínea não fazer expressa referência a esta situação.

Desta forma, e em nossa opinião, apesar de o novo artigo 12.º, n.º 3 do Decreto-lei n.º 30/2006 não fazer expressa referência às hipóteses de embargo das obras de execução da RPGN, tal não significa que esta situação fique sem previsão legal, tendo em conta o disposto no artigo 102.º do RJUE que se passará a aplicar directamente.

Artigo 13.º
Actividades do SNGN

O SNGN integra o exercício das seguintes actividades:
a) Recepção, armazenamento e regaseificação de GNL;
b) Armazenamento subterrâneo de gás natural;
c) Transporte de gás natural;
d) Distribuição de gás natural;
e) Comercialização de gás natural;
f) Operação de mercados de gás natural;
g) Operação logística de mudança de comercializador de gás natural.

→ Artigos 2.º, 15.º, 27.º, 38.º, 40.º e 44.º do Decreto-lei n.º 30/2006; artigos 5.º, 16.º, 18.º e 45.º do Decreto-lei n.º 140/2006; Directiva n.º 2003/55/CE, de 26 de Junho; artigo 29.º do RRC.

I.   A actividade de recepção, armazenamento e regaseificação de GNL.
II. A actividade de armazenamento subterrâneo de gás natural.
III. A actividade de transporte de gás natural.
IV. A actividade de distribuição de gás natural.
V.   A actividade de comercialização de gás natural.
VI. A actividade de operação de mercados de gás natural.
VII. A actividade de operação logística de mudança de comercializador de gás natural.

I. O GNL é o gás natural na forma liquefeita. O GNL é transportado, desde a sua origem, em navios metaneiros, sendo posteriormente armazenado e regaseificado em terminal, antes do seu transporte através da rede de transporte ou do seu carregamento em camiões cisterna, caso em que será transportado na forma liquefeita, sendo regaseificado em UAG's. Nisto consiste a actividade de recepção, armazenamento e regaseificação de GNL (cfr. artigo 18.º do Decreto-lei n.º 140/2006).

Esta actividade é exercida em regime de concessão de serviço público (cfr. artigo 15.º, n.º 1).

II. A actividade de armazenamento subterrâneo compreende:

a) o recebimento, a injecção, o armazenamento subterrâneo, a extracção, o tratamento e a entrega de gás natural, quer para a constituição e manutenção de reservas de segurança, quer para fins operacionais e comerciais;

b) a construção, manutenção, operação e exploração de todas as infra-estruturas e, bem assim, das instalações que são necessárias para a sua operação (cfr. artigo 16.º do Decreto-lei n.º 140/2006).

Também esta actividade é exercida em regime de concessão de serviço público (cfr. artigo 15.º, n.º 1).

III. A actividade de transporte de gás natural compreende a manutenção e desenvolvimento de uma rede de gasodutos de alta pressão e das suas interligações com outras redes, bem como a manutenção da capacidade da rede a longo prazo, nomeadamente através do planeamento da rede. Esta actividade integra ainda, de acordo com o disposto no artigo 29.º, n.º 1 e 2 do RRC, o transporte de GNL por rodovia para abastecimento de clientes ligados às redes de distribuição locais de gás natural.

Tal como as actividades referidas nas alíneas anteriores, também a actividade de transporte é exercida em regime de concessão de serviço público (cfr. artigo 15.º, n.º 1).

Ao contrário daquelas, esta é, no entanto, uma actividade exercida em regime de exclusivo em todo o território continental (cfr. artigo 5.º, n.º 5 do Decreto-lei n.º 140/2006).

IV. A actividade de distribuição de gás natural integra a exploração, manutenção e o desenvolvimento de redes regionais ou locais de gasodutos para entrega a clientes numa área específica e das suas interligações com outras redes, bem como a manutenção da capacidade da rede a longo prazo. Esta actividade não inclui, no entanto, a venda de GN a clientes.

A actividade de distribuição pode ser exercida em regime de concessão ou de licença de serviço público (cfr. artigo 27.º, n.º 1). As concessões regionais e as licenças de distribuição local são exercidas, respectivamente, em regime de exclusivo nas áreas concessionadas ou nos pólos de consumo licenciados (cfr. artigo 5.º, n.º 6 do Decreto-lei n.º 140/2006).

V. A actividade de comercialização de gás natural é a grande novidade deste diploma. Com efeito, como tivemos oportunidade de referir na Nota Prévia a este capítulo, esta actividade resulta da obrigatoriedade de separação jurídica das actividades de transporte e de distribuição relativamente ao fornecimento de gás natural (comercialização), imposta pela Directiva n.º 2003/55/CE do Parlamento Europeu e do Conselho, de 26 de Junho.

Neste sentido, estabelece-se no artigo 38.º deste diploma que a actividade de comercialização é separada juridicamente das restantes actividades do SNGN.

A actividade de comercialização consiste na compra e venda de gás natural a clientes, incluindo a revenda (cfr. artigo 3.º, alínea j)). Trata-se de uma actividade que é exercida de forma livre, em mercado, estando os comercializadores sujeitos, apenas, à prévia obtenção de uma licença de comercialização.

A Directiva impunha ainda aos Estados membros a adopção de medidas adequadas para proteger os clientes vulneráveis, nomeadamente a designação de um fornecedor de último recurso para os clientes ligados à rede de gás. Neste sentido, o nosso legislador consagrou, quer neste Decreto-lei, quer no Decreto-lei n.º 140/2006, a figura do comercializador de último recurso, o qual está obrigado a fornecer gás natural aos clientes que o requisitem e que estejam situados nas áreas abrangidas pela RPGN. Sobre esta figura ver o comentário aos artigos 40.º e seguintes.

VI. A actividade de operação de mercados de gás natural traduz-se na gestão dos mercados organizados criados no âmbito deste sector.

Mas o que é um mercado organizado de gás natural?

A resposta é-nos dada no artigo 45.º do Decreto-lei n.º 140/2006 que esclarece que o mercado organizado (que pode ser a prazo e/ou a contado) corresponde *a um sistema de diferentes modalidades de contratação que possibilitam o encontro entre a oferta e a procura de gás natural e de instrumentos cujo activo subjacente seja o gás natural ou activo equivalente"*. O exercício desta actividade é livre, ficando sujeito apenas a autorização (cfr. artigo 44.º, n.º 1). Com efeito, a entidade gestora do mercado deverá ser autorizada pelo ministro responsável pela área da energia e, nos casos em que a legislação assim obrigue, pelo Ministro das Finanças (cfr. artigo 45.º, n.º 3 do Decreto-lei n.º 140/2006).

VII. A actividade de operação logística de mudança de comercializador de gás natural consiste na gestão dos processos de mudança de comercializador. Com efeito, tendo em conta que, num contexto de liberalização do mercado de gás natural, passa a ser possível aos consumidores escolherem livremente o seu comercializador, torna-se necessário gerir e acompanhar os referidos processos de mudança de comercializador. Trata-se de uma actividade sujeita a regulação da ERSE.

As funções, as condições e os procedimentos aplicáveis ao exercício da actividade de operação logística de mudança de comercializador, bem como a data da sua entrada em funcionamento serão objecto de legislação complementar, que ainda não foi aprovada.

Artigo 14.º
Intervenientes no SNGN

São intervenientes no SNGN:
a) Os operadores das redes de transporte de gás natural;
b) Os operadores de terminal de recepção, armazenamento e regaseificação de GNL;
c) Os operadores de armazenamento subterrâneo de gás natural;
d) Os operadores das redes de distribuição de gás natural;
e) Os comercializadores de gás natural;
f) Os operadores de mercados organizados de gás natural;
g) O operador logístico da mudança de comercializador de gás natural;
h) Os consumidores de gás natural.

→ Artigos 3.º, 5.º, 17.º, 31.º, n.º 3 e 64.º do Decreto-lei n.º 30/2006; artigos 7.º, n.º 4, 13.º, 14.º, 22.º, 44.º, 45.º, 46.º, 64.º, 66.º, 67.º e 70.º do Decreto-lei n.º 140/2006; artigo 17.º, n.º 3 da Directiva n.º 2003/55/CE; artigos 6.º, n.º 2, 9.º, 10.º e 11.º do RRC.

I.   Intervenientes no SNGN. Enquadramento.
II.   O operador da rede de transporte.
III.   Os operadores de terminal de recepção, armazenamento e regaseificação de GNL.
IV.   Os operadores de armazenamento subterrâneo de gás natural.
V.   Os operadores das redes de distribuição de gás natural.
VI.   Os comercializadores de gás natural.
VII.   Os operadores de mercados organizados de gás natural.
VIII. O operador logístico da mudança de comercializador de gás natural.
IX.   Os consumidores de gás natural.

I. Os intervenientes no SNGN são definidos, no que respeita às alíneas a), b), c) e d) por referência às respectivas infra-estruturas e relativamente às restantes alíneas, com excepção da alínea h), por referência às respectivas actividades.

O artigo 14.º inclui também, entre os intervenientes do SNGN, os consumidores de gás natural.

II. De acordo com o disposto no artigo 3.º, alínea aa), o operador da rede de transporte é a pessoa singular ou colectiva que exerce a actividade de transporte e é responsável, numa área específica, pelo desenvolvimento, exploração e manutenção da rede de transporte e, quando aplicável, das suas interligações com outras redes, bem como por assegurar a garantia da capacidade da rede a longo prazo, para atender pedidos razoáveis de transporte de gás natural. Ao operador da rede de transporte compete ainda a gestão técnica global do sistema, enquanto entidade concessionária da RNTGN (cfr. artigo 17.º, n.º 2 do presente Decreto-lei e artigo 13.º do Decreto-lei n.º 140/2006).

Como referimos na Nota Prévia ao presente capítulo, a REN – Gasodutos, S.A. é o actual operador da rede de transporte, exercendo a actividade de transporte de gás natural em exclusivo em todo o território continental, ao contrário dos restantes operadores. Não está, assim, correcta a utilização do plural na **alínea a)** deste artigo, uma vez que só existe um operador da rede de transporte e não, como se podia concluir a partir da leitura daquela disposição, vários *operadores das redes de transporte* (cfr. artigo 14.º, n.º 4 do Decreto-lei n.º 140/2006).

III. O operador de terminal de recepção, armazenamento e regaseificação de GNL é a entidade concessionária do respectivo terminal. Neste momento, a entidade concessionária do Terminal de Sines (único terminal de recepção, armazenamento e regaseificação de GNL existente no nosso país) é a REN Atlântico, Terminal de GNL, S.A..

Nada impede, no entanto, que venham a existir outros operadores, nomeadamente se se construir um novo terminal (cfr. artigo 7.º, n.º 4 do Decreto-lei n.º 140/2006).

IV. O operador de armazenamento subterrâneo de gás natural é, tal como relativamente à alínea anterior, a entidade concessionária do respectivo armazenamento.

Actualmente são operadores de armazenamento subterrâneo a REN Armazenagem, S.A. e a Transgás Armazenagem, S.A., podendo, no futuro, vir a surgir novos operadores (cfr. artigo 7.º, n.º 4 do Decreto-lei n.º 140/2006).

V. É operador da rede de distribuição, nos termos do artigo 3.º, alínea z), a pessoa singular ou colectiva que exerce a actividade de distribuição e é responsável, numa área específica, pelo desenvolvimento, exploração e manutenção da rede de distribuição e, quando aplicável, das suas interligações com outras redes, bem como por assegurar a garantia de capacidade da rede a longo prazo e para atender pedidos razoáveis de distribuição de gás natural.

Os operadores das redes de distribuição actuam em exclusivo nas zonas do território nacional abrangidas pelas concessões ou pelas licenças de distribuição local.

As anteriores concessões e licenças de distribuição de gás natural mantiveram-se na titularidade das respectivas concessionárias e licenciadas, impondo-se a alteração dos contratos de concessão, bem como as licenças de distribuição local (cfr. artigo 70.º, n.º 1 e 2 do Decreto-lei n.º 140/2006). Esta alteração teria de ocorrer, de acordo com o artigo 70.º, n.º 1 e 2, no prazo de um ano a contar da data da entrada em vigor do Decreto-lei n.º 140/2006, no entanto só foi formalizada em Abril de 2008, com a assinatura dos novos contratos de concessão da actividade de distribuição.

Nada impede, também neste caso, que possam vir a ser criadas novas concessões ou ser atribuídas novas licenças de distribuição local (cfr. artigos 7.º, n.º 4 e 22.º, n.º 1 do Decreto-lei n.º 140/2006).

VI. O comercializador é a entidade titular de licença de comercialização de gás natural cuja actividade consiste na compra a grosso e na venda a grosso e a retalho de gás natural (cfr. artigo 3.º, alínea l)). Nada impede que o comercializador de gás natural seja também, simultaneamente, comercializador de energia eléctrica. Neste caso, a única obrigação que recai obre o comercializador, e que se encontra prevista na Directiva n.º 2003/55/CE, será a de assegurar a existência de contas separadas relativamente à(s) outra(s) actividades, não ligadas ao sector do gás natural, onde se inclui, nomeadamente, a compra e venda de electricidade (cfr. artigo 17.º, n.º 3 da Directiva).

Os comercializadores podem adquirir gás natural para abastecimento aos seus clientes através da celebração de contratos bilaterais ou da participação nos mercados organizados.

Desta figura (comercializador livre, uma vez que actua no mercado livre) deve distinguir-se a figura do comercializador de último recurso que é a entidade titular de licença de comercialização de gás natural que está sujeita a obrigações de serviço universal (cfr. artigo 3.º, alínea m)). Ao contrário do comercializador (livre), o comercializador de último recurso actua no mercado regulado.

O RRC distingue ainda os comercializadores de último recurso grossistas (CURG) dos comercializadores de último recurso retalhistas (CURR), dando corpo, de forma expressa, a uma distinção já presente no Decreto-lei n.º 140/2006 (cfr. artigos 66.º, n.º 5 e 67.º, n.º 2 deste diploma).

Deste modo, e de acordo com o RRC, o CURG é a entidade titular de licença de comercialização de último recurso que está obrigada a assegurar o fornecimento de gás natural aos comercializadores de último recurso retalhistas, bem como aos grandes clientes que, por opção ou por não reunirem as condições, não exerçam o seu direito de elegibilidade (cfr. artigo 9.º RRC). A Transgás, S.A. é, nos termos do artigo 66.º, n.º 5 do Decreto-lei n.º 140/2006, desde 1 de Janeiro de 2007, o CURG.

Por sua vez, e também de acordo com o RRC, os CURR são as entidades titulares de licença de comercialização de último recurso que estão obrigadas a assegurar o fornecimento de gás natural a todos os consumidores com consumo anual inferior a 2 milhões de metros cúbicos ligados à rede que, por opção ou por não reunirem as condições de elegibilidade para manter uma relação contratual com outro comercializador, ficam sujeitos ao regime de tarifas e preços regulados.

São comercializadores de último recurso retalhistas, de acordo com o disposto no artigo 67.º, n.º 2 do Decreto-lei n.º 140/2006, as entidades concessionárias de distribuição regional ou as titulares de licenças de distribuição local com mais de 100 000 clientes, bem como as sociedades concessionárias ou titulares de licenças de distribuição com menos de 100 000 clientes. Deste modo, e de forma a exercer esta actividade, as entidades concessionárias de distribuição regional, bem como as detentoras de licenças de distribuição local com mais de 100 000 clientes estavam obrigadas a constituir, até 27 de Julho de 2007, sociedades em regime de domínio total inicial. Refira-se ainda que se estas sociedades (as referidas no n.º 2 do artigo 67.º do Decreto-lei n.º 140/2006) estiverem interessadas em actuar no mercado livre, enquanto comercializadores (livres) poderão também fazê-lo, embora estejam, nesse caso, obrigadas a constituir uma outra sociedade que, à semelhança da sociedade que constituíram para exercer a actividade de comercializador de último recurso, terá de ser também em regime de domínio total inicial.

No caso das sociedades concessionárias de distribuição regional ou titulares de licenças de distribuição local com mais de 100 000 clientes a constituição dessas sociedades deveria ter ocorrido também no prazo de um ano a contar da entrada em vigor do Decreto-lei n.º 140/2006, ou seja, até 27 de Julho de 2007 (cfr. artigo 70.º, n.º 6 e 7 do Decreto-lei n.º 140/2006). Em nossa opinião este prazo deve ser entendido, no entanto, como meramente ordenador e não vinculativo, pelo que se aquelas sociedades não tiverem constituído sociedades em regime de domínio total inicial para exercer a actividade de comercialização livre até àquela data e se, depois de 27 de Julho de 2007, estiverem interessadas em fazê-lo, entendemos que o poderão fazer.

Com efeito, pensamos que não foi completamente alheio à *ratio* daquela norma, a convicção do legislador de que as anteriores sociedades distribuidoras ou titulares de licenças de distribuição local com mais de 100 000 clientes tivessem intenções de prosseguir a actividade de comercialização que sempre exerceram a par da actividade de distribuição. No entanto, atendendo à imposição deste diploma, mais tarde confirmada pelo Decreto-lei n.º 140/2006, de que estas actividades teriam de passar a ser juridicamente separadas (quando as sociedades em causa tivessem mais de 100 000 clientes – cfr. artigo 31.º, n.º 3), poder-se-ia ser levado a pensar que o legislador sentiu necessidade de balizar temporalmente essa obrigação, vinculando aquelas sociedades ao seu cumprimento. O legislador não teve, no entanto, em conta – isto partindo do pressuposto de que, de facto, foi com base nesse entendimento que se fixou o prazo previsto no artigo 70.º, n.º 7 do Decreto-lei n.º 140/2006 – que pudessem existir sociedades que não tivessem interesse em constituir outras sociedades autónomas para prosseguir aquela actividade (comercialização livre), designadamente por já existir no mesmo grupo económico (casos, por exemplo, do Grupo Galp Energia e do Grupo EDP) uma outra sociedade com aquele mesmo objecto.

O RRC autonomiza ainda uma outra figura que é a figura do comercializador do SNGN. De acordo com o artigo 10.º daquele Regulamento, o comercializador do SNGN é a entidade titular dos contratos de longo prazo e em regime de *take or pay* celebrados antes da entrada em vigor da Directiva n.º 2003/55/CE.

Decorre, por seu turno, do artigo 66.º, n.º 11 do Decreto-lei n.º 140/2006, que esta entidade é a actual Galp Gás Natural, S.A. que foi a entidade que no Grupo Galp manteve aqueles contratos.

Esta figura não resulta, no entanto, nem do Decreto-lei n.º 30/2006, nem do Decreto-lei n.º 140/2006, pelo que o regulador foi, quanto a este aspecto, mais longe do que o legislador.

VII. Os operadores de mercados organizados de gás natural, ou entidades gestores do mercado, como são referidos no Decreto-lei n.º 140/2006 (cfr. artigos 45.º e 46.º) são as entidades responsáveis pela gestão do mercado organizado, como o próprio nome indica, bem como pela concretização de actividades conexas, nomeadamente a determinação de índices e a divulgação de informação.

A entidade gestora do mercado deverá ser autorizada pelo ministro responsável pela área da energia e, nos casos em que a legislação assim obrigue, pelo Ministro das Finanças (cfr. artigo 45.º, n.º 3 do Decreto-lei n.º 140/2006).

Cabe ao gestor de mercado, entre outras funções, a comunicação ao operador da RNTGN de toda a informação relevante para a gestão global do sistema, designadamente para a monitorização da capacidade de interligação (cfr. artigo 46.º, n.º 3 do Decreto-lei n.º 140/2006).

VIII. O operador logístico de mudança de comercializador de gás natural é a entidade que tem atribuições no âmbito da gestão da mudança de comercializador, cabendo-lhe, nomeadamente, a gestão dos equipamentos de medida e de recolha de informação local ou à distância.

Prevê-se no artigo 44.º, n.º 5 do Decreto-lei n.º 140/2006 que esta entidade será comum para o SNGN e para o Sistema Eléctrico Nacional (SEN). Em todo o caso, o operador logístico de mudança de comercializador deve ser independente, nos planos jurídico, organizativo e da tomada de decisões relativamente a entidades que exerçam actividades no âmbito do SNGN (cfr. artigo 44.º, n.º 2 do Decreto-lei n.º 140/2006).

Como referimos atrás, ainda não foi aprovado o diploma complementar que estabelecerá o regime de exercício da actividade do operador logístico da mudança de comercializador.

Dispõe-se no artigo 11.º do RRC que, enquanto não for definido esse regime, previsto no artigo 44.º do Decreto-lei n.º 140/2006, as suas atribuições serão desenvolvidas, transitoriamente, pelas seguintes entidades:

a) A gestão do processo de mudança de comercializador é desenvolvida pelo operador da RNTGN;

b) As actividades de gestão e leitura dos equipamentos de medição são desenvolvidas pelos operadores das redes, relativamente aos equipamentos de medição das instalações ligadas às suas redes.

IX. Pode ler-se no artigo 3.º, alínea o) do Decreto-lei n.º 30/2006 que consumidor é o cliente final, i.e., o cliente que compra gás natural para consumo próprio (cfr. artigo 3.º, alínea g)). Deste modo, embora pudéssemos ser levados a pensar que os conceitos de "cliente" e de "consumidor" são sinónimos, uma análise das definições constantes do artigo 3.º, leva-nos a concluir que as duas noções são distintas. Com efeito, dispõe-se no artigo 3.º, alínea d) que "cliente" é o comprador grossista ou retalhista e o comprador final de gás natural. Quer isto significar que "consumidor" é, para efeitos do Decreto-lei n.º 30/2006, apenas um dos subtipos em que se subdivide o conceito de "cliente".

Com efeito, para além da definição de *"cliente final"* (que coincide com a noção de consumidor), o artigo 3.º contém ainda as definições de *"cliente grossista"* (pessoa singular ou colectiva distinta dos operadores das redes de transporte e dos operadores das redes de distribuição que compra gás natural para efeitos de revenda – cfr. artigo 3.º, alínea h)) e *"cliente retalhista"* (pessoa singular ou colectiva que compra gás natural não destinado a utilização própria, que comercializa gás natural em infra-estruturas de venda a retalho, designadamente de venda automática, com ou sem entrega ao domicílio dos clientes – cfr. artigo 3.º, alínea i)).

Estas duas noções correspondem, no fundo, à figura do comercializador.

Por sua vez, no RRC, estabelece-se no artigo 6.º, n.º 2 que para efeitos daquele regulamento, se considera que os conceitos de cliente e de consumidor são utilizados como tendo o mesmo significado. Apesar de parecer existir uma contradição com o disposto no Decreto-lei n.º 30/2006, não é isso, no entanto, que acontece. Com efeito, a noção de cliente que se encontra consagrada no RRC corresponde, no fundo, apenas e tão só, às definições de cliente final e de cliente doméstico e não doméstico que estão previstas no Decreto-lei n.º 30/2006, ou seja, excluindo as noções de cliente grossista e de cliente retalhista.

É neste sentido que se dispõe no artigo 6.º, n.º 3 do RRC que as classes de clientes são as seguintes:

a) Clientes domésticos;
b) Clientes não-domésticos com consumo anual inferior ou igual a 10 000 m3;
c) Clientes não-domésticos com consumo anual superior a 10 000 m3 e inferior a 2 milhões de m3;
d) Clientes com consumo anual igual ou superior a 2 milhões de m3.

Ainda relacionada com a definição de consumidor encontra-se a noção de cliente elegível, que é uma das noções centrais do SNGN. Com efeito, cliente elegível é o cliente livre de escolher o seu comercializador de gás natural, respeitando o calendário previsto no artigo 64.º do Decreto-lei n.º 140/2006. Para maiores desenvolvimentos sobre esta questão remetemos para o comentário ao artigo 64.º.

SECÇÃO II
Exploração de redes de transporte, de infra-estruturas de armazenamento subterrâneo e de terminais de GNL

SUBSECÇÃO I
Regime de exercício, composição e operação

ARTIGO 15.º
Regime de exercício

1 – As actividades de recepção, armazenamento e regaseificação de GNL, de armazenamento subterrâneo e de transporte, que integram a gestão técnica global do sistema, são exercidas em regime de concessão de serviço público, integrando, no seu conjunto, a exploração da RNTIAT.

2 – As concessões da RNTIAT são atribuídas na sequência de realização de concursos públicos, salvo se forem atribuídas a entidades sob o controlo efectivo do Estado, mediante contratos outorgados pelo Ministro da Economia e da Inovação, em representação do Estado.

3 – As concessões referidas no número anterior podem ser adjudicadas por ajuste directo no caso de os concursos ficarem desertos.

4 – As bases das concessões da RNTIAT, bem como os procedimentos para a sua atribuição, são estabelecidos em legislação complementar.

→ Artigos 18.º, n.º 1, 19.º, n.º 1, 20.º, n.º 1, 27.º e 30.º, n.º 1 do Decreto-lei n.º 30/ 2006; artigos 7.º, 22.º e 68.º do Decreto-lei n.º 140/2006; artigo 3.º do Decreto-lei n.º 558/ 99, de 17 de Dezembro, com as alterações introduzidas pelo Decreto-lei n.º 300/2007, de 23 de Agosto; artigos 3.º a 7.º e 18.º da Directiva n.º 2004/17/CE, do Parlamento Europeu e do Conselho, de 31 de Março de 2004; Directiva n.º 2004/18/CE da mesma data; RCM n.º 105/2006, n.º 106/2006 e n.º 107/2006, todas de 23 de Agosto; artigos 1.º e 2.º do CCP.

I. As concessões de serviço público no sector do gás natural.
II. O Concessionário.
III. Atribuição das concessões através de concurso público.
IV. O Código dos Contratos Públicos.

I. O contrato de concessão de serviço público pode ser definido como *"um acto constitutivo de uma relação jurídica administrativa pelo qual a pessoa titular de um serviço público atribui a outra pessoa o direito de esta, no seu próprio nome, organizar, explorar e gerir um serviço público"* (cfr. Pedro Gonçalves/ Licínio Lopes Martins, "Os Serviços Públicos Económicos e a Concessão no Estado Regulador", ob. cit., páginas 247-248).

Esta é, portanto, a definição tradicional de concessão de serviço público. Tem-se assistido, no entanto, sobretudo na última década, a um recuo na utilização desta figura, em virtude dos processos de privatização e de liberalização dos tradicionais sectores de serviços públicos económicos.

Com efeito, se as actividades são privatizados e liberalizados, com o estabelecimento do livre acesso às mesmas pela iniciativa privada, um dos pressupostos da concessão – titularidade pública do serviço – deixa de existir, não fazendo sentido falar de concessão de serviço público (cfr. Ob. cit., página 245).

"A nova ideia de serviço público mantém pois a dimensão material ou substantiva do conceito de serviço público em sentido objectivo (actividade de interesse público, na medida em que satisfaz necessidades colectivas). Mas, insiste-se, essa nova ideia já não se refere hoje a uma actividade pública, que a lei tenha reservado ao Estado ou a outra entidade pública, tendo-se verificado assim a perda da dimensão orgânica ou subjectiva do conceito." (cfr. Ob. cit., página 297).

O que acabámos de escrever é particularmente evidente nas denominadas indústrias de rede, onde se insere o sector do gás natural.

Com efeito, e por influência do direito comunitário, tem-se usado a expressão serviço económico geral para designar os serviços fornecidos pelas grandes indústrias de rede, sendo abandonada a tradicional referência ao serviço público. Deste modo, existe um consenso geral, na prática comunitária, de que esta expressão se refere aos serviços de natureza económica que os Estados membros ou a Comunidade sujeitam a obrigações específicas de serviço público em virtude de um critério de interesse geral (cfr. Livro Branco sobre os Serviços de Interesse Geral, 2004).

Os termos "serviço de interesse geral" e "serviço de interesse económico geral" não devem ser, assim, confundidos com a expressão "serviço público", como se refere expressamente no Livro Branco, uma vez que esta última expressão é menos específica. Com efeito, pode referir-se ao facto de um serviço ser oferecido ao grande público ou quando um papel particular lhe é atribuído no interesse público, ou ainda referir-se ao regime de propriedade ou ao estatuto do organismo que fornece o serviço em questão.

Ora, o que é determinante quando se tem em mente os serviços de interesse económico geral é que estamos perante um serviço que visa a satisfação de necessidades colectivas, isto independentemente de ser de titularidade pública ou privada.

Aliás, em virtude do processo de liberalização a que se tem assistido nos últimos anos neste sector, e com ele ao fim dos monopólios legais, a tendência europeia será cada vez mais a de que estas actividades sejam prestadas em regime de mercado e de livre concorrência e que, portanto, à gestão privada se passe a associar a própria titularidade privada do serviço.

Assim, escreve M. Matilde Sánchez Gutiérrez que *"o facto de que as mencionadas actividades deixarem de ser um serviço público e passarem a ser exercidas por empresas que actuam no mercado em regime de livre concorrência, implica determinadas alterações no regime jurídico do sector. Duas delas podem ser destacadas pela sua importância: em primeiro lugar, se o serviço deixa de ser um serviço público de titularidade do Estado, não será possível continuar a usar a figura da concessão para levar a cabo a sua gestão; em segundo lugar, não podem deixar de se ter em conta os objectivos do serviço público que devem continuar a ser assegurados no novo mercado liberalizado"* (cfr. M. Matilde Sánchez Gutiérrez, *La regulación del sector del gas natural, (...),* ob. cit., página 339).

Estas alterações são, de resto, bem visíveis na organização do sector gasista espanhol. Com efeito, uma das principais consequências da abertura do mercado à concorrência foi, no país vizinho, a conversão das concessões em autorizações.

Deste modo, assistiu-se, em Espanha, à introdução de um novo regime jurídico em matéria de exercício das actividades do ciclo do gás, em que aquelas deixaram de ser exercidas em regime de concessão para passarem a ser exercidas mediante prévia autorização/licença.

Em Portugal, no entanto, o regime de exercício das actividades que integram a exploração da RNTIAT, manteve-se fiel à figura da concessão.

Assim, dispõe-se no **n.º 1** que as actividades de recepção, armazenamento e regaseificação de GNL, de armazenamento subterrâneo e de transporte são exercidas em regime de concessão de serviço público.

A primeira conclusão é, pois, a de que não obstante a liberalização, bem como a progressiva privatização do sector, induzida por via comunitária, o regime de exercício destas actividades se manteve igual ao regime até aqui em vigor, o que, quanto a nós, não faz sentido.

Com efeito, se deixamos de estar perante um serviço de titularidade pública, uma vez que o mesmo deixa de estar reservado aos poderes públicos, não podemos estar também, em rigor, perante uma concessão de serviço público.

A isto acresce ainda o facto de, no novo contexto regulatório, o objecto das concessões da RNTIAT, e bem assim da RNDGN, passar a ser a gestão e exploração da própria rede ou infra-estrutura e já não a gestão do serviço proporcionado pela mesma.

O nosso legislador foi, aliás, sensível a esta diferença, conforme se pode ver pela redacção dos artigos 18.º, n.º 1, 19.º, n.º 1, 20.º, n.º 1 e 30.º, n.º 1 – em que os operadores são definidos como sendo as entidades concessionárias *das* redes ou *das* infra-estruturas –, embora não tenha tirado daí todas as consequências.

Com efeito, face a este novo paradigma (em que estão em causa actividades devolvidas ao mercado) o instrumento jurídico mais adequado teria sido a licença e não a concessão de serviço público –

como de resto já se prevê, em certas situações, no caso da actividade de distribuição (cfr. anotação ao artigo 27.º).

O que acabámos de escrever não é posto em causa pelo facto de algumas destas actividades serem verdadeiros monopólios naturais (caso da actividade de transporte e da actividade de distribuição). Com efeito, nada impede que, tal como acontece já hoje com as licenças de distribuição local, as licenças não pudessem também ser exercidas, nesses casos, em regime de exclusivo (cfr. artigo 22.º do Decreto-lei n.º 140/2006).

Assim, é nossa opinião que teria bastado prever que o exercício destas actividades, por serem monopólios naturais, seria feito em exclusivo, não sendo necessário adoptar a figura da concessão para conseguir tal desiderato.

Por outro lado, ao prever que o regime de exercício destas actividades (transporte, armazenamento subterrâneo, terminal de GNL e distribuição (em parte)) é feito através da concessão de serviço público, o legislador acaba também por sujeitar os respectivos operadores a uma dupla tutela, que, pensamos nós, poderá acabar por revelar-se excessiva: para além da tutela da ERSE, no papel de entidade reguladora sectorial, com poderes dedicados, os concessionários ficam ainda submetidos ao controle e fiscalização directo da DGEG, em representação do concedente, sendo que este controlo (da parte da DGEG) é muito mais intenso estando em causa uma actividade concessionada do que uma actividade licenciada.

Quanto a nós teria sido, assim, preferível adoptar a figura da licença em vez da concessão como forma de exercício destas actividades, à semelhança do que aconteceu em Espanha. Faltou, no entanto, coragem para ir mais longe e operar um corte total com o passado, assumindo na plenitude as consequências da nova configuração do sector, e que são fruto do movimento de liberalização e de privatização que o mesmo tem sofrido muito por causa do Direito Comunitário.

II. Em relação a quem pode ser concessionário, tem-se colocado a questão de saber se uma entidade pública (nomeadamente uma empresa pública numa das definições constantes do Decreto-lei n.º 558/99, de 17 de Dezembro, com a redacção dada pelo Decreto-lei n.º 300/2007, de 23 de Agosto) pode ser concessionário ou se este só poderá ser uma entidade pertencente ao sector privado.

De acordo com o artigo 3.º do Decreto-lei n.º 558/99, consideram-se empresas públicas as sociedades constituídas nos termos da lei comercial, nas quais o Estado ou outras entidades públicas estaduais posam exercer, isolada ou conjuntamente, de forma directa ou indirecta, uma influência dominante em virtude de alguma das seguintes circunstâncias (i) detenção da maioria do capital ou direitos de voto; (ii) direito de designar ou de destituir a maioria dos membros dos órgãos de administração ou fiscalização. São também empresas públicas as pessoas colectivas de direito público com natureza empresarial.

A jurisprudência do Tribunal de Justiça Europeu (TJE) tem admitido a celebração deste tipo de contratos – denominados de "contratos *in house*", quando o concessionário seja também ele uma entidade pública -, exigindo, apenas, que as duas entidades envolvidas sejam juridicamente distintas (cfr. Acórdão *Teckal Srl et Comune di Viano, Azienda Gás-Acqua Consorziale (AGAC) di Reggio Emilia*, de 18 de Novembro de 1999, proc. C-107/98, Colect. 1999-I-8121, ponto 50).

Neste sentido, dispõe-se, aliás, quer no, n.º 2 deste artigo, quer no artigo 7.º, n.º 2 do Decreto-lei n.º 140/2006.

Por outro lado, estabelece-se também no artigo 7.º, n.º 6 do Decreto-lei n.º 140/2006 que, sem prejuízo de outros requisitos que venham a ser fixados no âmbito dos procedimentos de atribuição das concessões, só podem ser concessionárias das concessões que integram a RNTIAT as pessoas colectivas que:

a) Sejam sociedades anónimas com sede e direcção efectiva em Portugal;
b) Tenham como objecto social principal o exercício das actividades integradas no objecto da respectiva concessão;
c) Demonstrem possuir capacidade técnica para a construção, gestão e manutenção das respectivas infra-estruturas e instalações;
d) Demonstrem possuir capacidade económica e financeira compatível com as exigências, e inerentes responsabilidades, das actividades a concessionar.

III. De acordo com o **n.º 2**, as concessões da RNTIAT (que integra as actividades de recepção, armazenamento e regaseificação de GNL, de armazenamento subterrâneo e de transporte) são atribuídas na sequência de concurso público.

Só assim não será quando as concessões forem atribuídas a entidades sob controlo efectivo do Estado ou se os referidos concursos públicos ficarem desertos, casos em que podem ser atribuídas por ajuste directo (cfr. n.º 3 do artigo 15.º e artigo 7.º, n.º 2 do Decreto-lei n.º 140/2006).

A propósito do que sejam entidades sob controlo efectivo do Estado, escreve-se no artigo 7.º, n.º 2 do Decreto-lei n.º 140/2006, que são entidades dominadas, directa ou indirectamente, pelo Estado. Apesar de a norma não adiantar nada mais sobre este conceito, é nossa opinião que podemos socorrermo-nos do disposto no artigo 3.º do Decreto-lei n.º 558/99, na redacção dada pelo Decreto-lei n.º 300/2007, de 23 de Agosto para caracterizar os termos em que essa influência dominante se traduz – cfr. comentário ao ponto III do artigo 27.º.

Na origem do procedimento de atribuição pode estar um pedido de criação de nova concessão (cfr. artigo 7.º, n.º 4 do Decreto-lei n.º 140/2006) ou, pura e simplesmente, uma decisão do ministro responsável pela área de energia.

A atribuição das actuais concessões das actividades de recepção, armazenamento e regaseificação de GNL, de armazenamento subterrâneo e de transporte foi feita, no entanto, de forma directa, com a aprovação das Resoluções do Conselho de Ministros n.º 105/2006, 106/2006, 107/2006, todas de 23 de Agosto, que aprovaram as minutas dos respectivos contratos de concessão elaborados de acordo com os Anexos I a III do Decreto-lei n.º 140/2006 (cfr. n.º 6 do artigo 68.º do Decreto-lei n.º 140/2006).

Uma nota final para referir que não foi ainda aprovada a legislação complementar a que se faz referência no **n.º 4** relativamente aos procedimentos para atribuição de novas concessões (bem como as bases dessas novas concessões, embora admitamos que as mesmas sejam muito semelhantes às que já se encontram nos Anexos I a III do Decreto-lei n.º 140/2006).

Com efeito, o Decreto-lei n.º 140/2006 limita-se a conter, no seu artigo 7.º, uma norma de carácter geral sobre o regime de atribuição das concessões, remetendo também para legislação específica a matéria dos procedimentos para a atribuição das concessões da RNTIAT por concurso público ou por ajuste directo (cfr. artigo 7.º, n.º 7). Sobre esta questão remetemos para os comentários feitos no ponto seguinte e no artigo 27.º.

IV. Foi entretanto publicado o Código dos Contratos Públicos, no dia 29 de Janeiro de 2008. Este diploma transpõe para a ordem jurídica interna a Directiva n.º 2004/17/CE, do Parlamento Europeu e do Conselho, de 31 de Março de 2004 (relativa à coordenação dos processos de adjudicação de contratos nos sectores da água, da energia, dos transportes e dos serviços postais), bem como a Directiva n.º 2004/18/CE da mesma data (relativa à coordenação dos processos de adjudicação dos contratos de empreitada de obras públicas, dos contratos públicos de fornecimento e dos contratos públicos de serviços).

O Código dos Contratos Públicos estabelece a disciplina aplicável à contratação pública e o regime substantivo dos contratos públicos que revistam a natureza de contrato administrativo.

De acordo com o disposto no artigo 1.º, n.º 2 do CCP o regime da contratação pública estabelecido na Parte II do Código é aplicável à formação dos contratos públicos, entendendo-se por tal todos aqueles que, independentemente da sua designação e natureza, sejam celebrados pelas entidades adjudicantes referidas no Código.

Ora, sendo o Estado uma das entidades adjudicantes previstas no Código (cfr. artigo 2.º, n.º 1, alínea a)), qualquer contrato de concessão que venha a ser celebrado pelo Estado estará, à partida, submetido ao regime da contratação pública estabelecido na Parte II do Código.

A publicação do CCP não afasta, no entanto, a possibilidade de virem a ser estabelecidos regimes especiais de contratação pública, aplicáveis a determinados sectores ou actividades.

Neste sentido, e não obstante a publicação do CCP, entendemos que o que está em causa neste n.º 4 e no artigo 7.º, n.º 7 do Decreto-lei n.º 140/2006, é a criação de um regime específico sobre os procedimentos de concurso público e de ajuste directo para atribuição das concessões das actividades de armazenamento subterrâneo, terminal de GNL, de transporte e de distribuição, regime esse que ainda não foi, no entanto, aprovado.

Artigo 16.º
Composição da rede de transporte, infra-estruturas de armazenamento subterrâneo e terminais de GNL

1 – A RNTIAT compreende a rede de alta pressão, as infra-estruturas para operação da rede de transporte, as interligações, os terminais de GNL e as infra-estruturas de armazenamento subterrâneo de gás natural.

2 – Os bens que integram a RNTIAT são identificados nas bases das respectivas concessões.

→ Artigo 11.º do Decreto-lei n.º 30/2006; Base VII do Anexo I, Base VII do Anexo II e Base VII do Anexo III ao Decreto-lei n.º 140/2006.

I. A RNTIAT.
II. Os bens que compõem a RNTIAT.

I. A Rede Nacional de Transporte, Infra-Estruturas de Armazenamento e Terminais de GNL integra, como referimos no comentário ao artigo 11.º, o conjunto das infra-estruturas de serviço público destinadas à recepção e ao transporte em gasoduto, ao armazenamento subterrâneo e à recepção, ao armazenamento e à regaseificação de GNL. O **n.º 1** limita-se assim a repetir esta descrição.

II. Os bens que compõem a rede de transporte constam da Base VII do Anexo I ao Decreto-lei n.º 140/2006 e são os seguintes:

"*a) O conjunto de gasodutos de alta pressão para transporte de gás natural em território nacional, com as respectivas tubagens e antenas;*

b) As instalações afectas à compressão, ao transporte e à redução de pressão para entrega às redes de distribuição ou a clientes finais, incluindo todo o equipamento de controlo, regulação e medida indispensável à operação e funcionamento do sistema de transporte de gás natural e os postos de redução de pressão de 1.ª classe, nos quais se concretiza a ligação com as redes de distribuição ou com clientes finais;

c) As UAG quando excepcionalmente substituam ligações à rede de distribuição, nos termos do n.º 5 do artigo 14.º do presente Decreto-lei;

d) As instalações e os equipamentos de telecomunicações, telemedida e telecomando afectos à gestão de todas as instalações de recepção, transporte e entrega de gás natural;

e) As instalações e os equipamentos necessários à gestão técnica global do SNGN;

f) As cadeias de medida, incluindo os equipamentos de telemetria instalados nas instalações dos utilizadores da RNTGN;

g) Os imóveis pertencentes à concessionária em que estejam implantados os bens referidos no número anterior, assim como as servidões constituídas em benefício da concessão;

h) Os bens móveis ou direitos relativos a bens imóveis utilizados ou relacionados com o exercício da actividade objecto da concessão;

i) Os direitos privativos de propriedade intelectual e industrial de que a concessionária seja titular;

j) Quaisquer fundos ou reservas consignados à garantia do cumprimento das obrigações da concessionária, por força de obrigação emergente da lei ou do contrato de concessão e enquanto durar essa vinculação;

k) As relações e posições jurídicas directamente relacionadas com a concessão, nomeadamente laborais, de empreitada, de locação e de prestação de serviços."

Os bens que integram a concessão de armazenamento subterrâneo constam da Base VII do Anexo II ao Decreto-lei n.º 140/2006 e são os seguintes:

"a) As cavidades de armazenamento subterrâneo de gás natural;

b) As instalações afectas à injecção, à extracção, à compressão, à secagem e à redução de pressão para entrega à RNTGN, incluindo todo o equipamento de controlo, regulação e medida indispensável à operação e ao funcionamento das infra-estruturas e das instalações de armazenamento subterrâneo de gás natural;

c) As instalações e os equipamentos de lexiviação;

d) As instalações e os equipamentos de telecomunicações,
telemedida e telecomando afectas à gestão de todas as infra-
estruturas e instalações de armazenamento subterrâneo;

e) Os imóveis pertencentes à concessionária em que estejam
implantados os bens referidos no número anterior, assim
como as servidões constituídas em benefício da concessão;

f) Outros bens móveis ou direitos relativos a bens imóveis utilizados ou relacionados com o exercício da actividade objecto
da concessão;

g) Os direitos inerentes à construção de cavidades subterrâneas;

h) Os direitos de expansão do volume físico de armazenamento
subterrâneo de gás natural necessários à garantia da segurança do abastecimento no âmbito do SNGN;

i) O cushion gas associado a cada cavidade;

j) Os direitos privativos de propriedade intelectual e industrial
de que a concessionária seja titular;

k) Quaisquer fundos ou reservas consignados à garantia do
cumprimento das obrigações da concessionária por força de
obrigação emergente da lei ou do contrato de concessão e
enquanto durar essa vinculação;

l) As relações e posições jurídicas directamente relacionadas
com a concessão, nomeadamente laborais, de empreitada,
de locação e de prestação de serviços."

Os bens que integram a concessão da actividade de recepção,
armazenamento e regaseificação de gás natural liquefeito em terminais de GNL constam, por sua vez, da Base VII do Anexo III ao
Decreto-lei n.º 140/2006 e são os seguintes:

"*a)* O terminal e as instalações portuárias integradas no mesmo;

b) As instalações afectas à recepção, ao armazenamento, ao
tratamento e à regaseificação de GNL, incluindo todo o
equipamento de controlo, regulação e medida indispensável
à operação e funcionamento das infra-estruturas e instalações do terminal;

c) As instalações afectas à emissão de gás natural para a
RNTGN, e à expedição e à carga de GNL em camiões-cisterna e navios metaneiros;

d) As instalações e equipamentos, de telecomunicações, telemedida e telecomando afectas à gestão de todas as infra-estruturas e instalações do terminal;

e) Os imóveis pertencentes à concessionária em que estejam implantados os bens referidos no número anterior, assim como as servidões constituídas em benefício da concessão;

f) Os bens móveis ou direitos relativos a bens imóveis utilizados ou relacionados com o exercício da actividade objecto da concessão;

g) Os direitos de expansão da capacidade do terminal necessários à garantia da segurança do abastecimento no âmbito do SNGN;

h) Os direitos privativos de propriedade intelectual e industrial de que a concessionária seja titular;

i) Quaisquer fundos ou reservas consignados à garantia do cumprimento das obrigações da concessionária, por força de obrigação emergente da lei ou do contrato de concessão e enquanto durar essa vinculação;

j) As relações e posições jurídicas directamente relacionadas com a concessão, nomeadamente laborais, de empreitada, de locação e de prestação de serviços."

ARTIGO 17.º
Gestão técnica global do SNGN

1 – A gestão técnica global do SNGN consiste na coordenação sistémica das infra-estruturas que o constituem, tendo em vista a segurança e a continuidade do abastecimento de gás natural.

2 – A gestão técnica global do SNGN é da responsabilidade da entidade concessionária da RNTGN.

→ Artigos 13.º e 53.º do Decreto-lei n.º 140/2006; artigos 30.º, 31.º e 32.º do RRC; artigo 6.º do ROI.

I. Gestão técnica global do sistema.
II. Entidade responsável. Direitos e Deveres.

I. A gestão técnica global do sistema consiste, como se dispõe no **n.º 1**, *"na coordenação sistémica das infra-estruturas que o constituem, de forma a assegurar o funcionamento integrado e harmonizado do sistema de gás natural e a segurança e a continuidade do abastecimento de gás natural"* (cfr. também artigo 13.º, n.º 2 do Decreto-lei n.º 140/2006).

Por seu turno, o RRC refere-se à gestão técnica global do sistema como uma actividade que compreende as seguintes funções:

   a) Gestor do SNGN (cfr. artigo 30.º do RRC);
   b) Acerto de Contas (cfr. artigo 30.º do RRC).

Assim, enquanto a gestão do SNGN é a função da actividade de Gestão Técnica Global do SNGN que assegura a coordenação do funcionamento das infra-estruturas do SNGN e das infra-estruturas ligadas a este sistema, o Acerto de Contas é a função daquela actividade que procede às repartições e balanços associados ao uso das infra-estruturas, bem assim como à determinação das existências dos agentes de mercado nas infra-estruturas, permitindo identificar desequilíbrios e assegurar a sua resolução (cfr. artigos 31.º e seguintes do RRC).

Todos os operadores que exerçam qualquer das actividades que integram o SNGN ficam sujeitos à gestão técnica global do sistema (cfr. artigo 13.º, n.º 3 do Decreto-lei n.º 140/2006).

II. A entidade responsável pela gestão técnica global do sistema é a entidade concessionária da RNTGN, ou seja, a REN Gasodutos, S.A. (cfr. artigo 13.º, n.º 1 do Decreto-lei n.º 140/2006).

No exercício da sua função (de gestão técnica global do sistema, que o RRC denomina de actividade), a concessionária da RNTGN goza de determinados direitos e tem também alguns deveres.

O artigo 13.º, n.º 4, do Decreto-lei n.º 140/2006 elenca o conjunto desses direitos que podemos, basicamente, dividir em direitos de informação (cfr. alíneas a) e b)), direito a ser remunerado (cfr. alínea d)) e o direito genérico a exigir o cumprimento das instruções que emita para a correcta exploração do sistema, manutenção das instalações e adequada cobertura da procura (cfr. alínea c)).

Quanto aos deveres que impendem sobre a concessionária da RNTGN no exercício da actividade de gestão técnica global do sistema estes encontram-se previstos quer no artigo 13.º, n.º 5 do Decreto-lei n.º 140/2006, quer no artigo 31.º (quanto à função de gestor técnico global do sistema), quer no artigo 32.º (quanto à função de acerto de contas) do RRC.

Deste conjunto podemos destacar, pela sua relevância no contexto da liberalização do sector, o dever de informar sobre a viabilidade de acesso solicitado por terceiros às infra-estruturas da RNTIAT. Com efeito, e como tivemos oportunidade de referir atrás, o acesso de terceiros às redes (ATR) é uma das bases fundamentais em que assenta o quadro regulatório do sector do gás natural, uma vez que é garantia da existência de concorrência mesmo quanto a actividades que, por razões técnicas, são monopólios naturais.

Sobre a concessionária da RNTGN, no seu papel de entidade responsável pela gestão técnica global do SNGN, recaem ainda obrigações em matéria de segurança do abastecimento (cfr. artigo 53.º, n.º 1 do Decreto-lei n.º 140/2006).

Finalmente, estabelece-se ainda no ROI que na sua função de Gestor Técnico Global do SNGN, o operador da rede de transporte está também sujeito à observância de determinados princípios, a saber (cfr. artigo 6.º):

a) Salvaguarda do interesse público, incluindo a manutenção da segurança de abastecimento;
b) Igualdade de tratamento e de oportunidades;
c) Não discriminação;
d) Transparência e objectividade das regras e de decisões, designadamente através de mecanismos de informação e de auditoria;
e) Imparcialidade nas decisões;
f) Maximização dos benefícios que podem ser extraídos da operação técnica conjunta das infra-estruturas da RNTIAT.

ARTIGO 18.º

Operador de terminal de GNL

1 – O operador de terminal de GNL é a entidade concessionária do respectivo terminal.

2 – São deveres do operador de terminal de GNL, nomeadamente:

a) Assegurar a exploração e a manutenção do terminal e da capacidade de armazenamento em condições de segurança, fiabilidade e qualidade de serviço;

b) Gerir os fluxos de gás natural no terminal e no armazenamento, assegurando a sua interoperacionalidade com a rede de transporte a que está ligado, no quadro da gestão técnica global do sistema;

c) Assegurar a não discriminação entre os utilizadores ou as categorias de utilizadores do terminal;

d) Facultar aos utilizadores do terminal as informações de que necessitem para o acesso ao terminal;

e) Fornecer ao operador da rede com a qual esteja ligado e aos agentes de mercado as informações necessárias ao funcionamento seguro e eficiente do SNGN;

f) Preservar a confidencialidade das informações comercialmente sensíveis obtidas no exercício das suas actividades;

g) Receber dos operadores de mercados e de todos os agentes directamente interessados toda a informação necessária à gestão das infra-estruturas.

3 – Não é permitido ao operador de terminal a aquisição de gás natural para comercialização.

→ Artigos 19.º, 20.º, 21.º, 24.º, 30.º e 51.º do Decreto-lei n.º 30/2006; artigos 7.º, 19.º, 53.º, 72.º, 73.º do Decreto-lei n.º 140/2006; artigo 27.º da Directiva n.º 2003/55/CE; Despacho n.º 24145/2007, publicado no Diário da República, II série, de 27 de Outubro; Despacho n.º 17630/2008, publicado no Diário da República, II série, de 30 de Junho de 2008; Despacho n.º 14669-AZ/2007, publicado no Diário da República, II série, de 6 de Junho de 2007; artigos 21.º, 22.º e 23.º do RRC; artigos 8.º, 13.º, 16.º, 26.º, 33.º e 41.º do RARII; artigo 12.º do RQS; artigos 34.º e 168.º do RT.

I.   O operador do terminal de GNL.

II. Deveres do operador do terminal de GNL.

III. Separação jurídica de actividades. Remissão.

I. O operador do terminal de GNL é a entidade a quem é atribuída a concessão da actividade de recepção, armazenamento e regaseificação de GNL em terminal de GNL, sendo responsável por assegurar a exploração e manutenção do terminal, bem como a sua capacidade de armazenamento e regaseificação em condições de segurança, fiabilidade e qualidade de serviço.

De acordo com o disposto no artigo 21.º, n.º 2 do RRC, no desempenho da sua actividade o operador do terminal de GNL deve individualizar as funções de recepção de GNL, da função de armazenamento de GNL e da função de regaseificação de GNL. Esta separação de funções deverá ser realizada em termos contabilísticos (cfr. artigo 21.º, n.º 3 do RRC).

II. Sobre o operador do terminal de GNL (apesar de se fazer a referência sempre no singular, nada impede, no entanto, que, existindo mais do que um terminal, também possa existir mais do que um operador – cfr. artigo 7.º, n.º 4 do Decreto-lei n.º 140/2006) recaem determinados deveres ou obrigações que se encontram estabelecidos quer no artigo 18.º, n.º 2 do presente Decreto-lei, quer no artigo 19.º do Decreto-lei n.º 140/2006, quer ainda no artigo 22.º do RRC, sendo, em grande parte, coincidentes.

Aliás, este conjunto de obrigações é, inclusivamente, na sua maioria, comum relativamente aos operadores de armazenamento subterrâneo e da rede de transporte (cfr. artigos 19.º e 20.º).

Estes deveres podem subdividir-se, basicamente, em (i) dever de exploração e de manutenção do terminal (cfr. artigo 18.º, n.º 2, alínea a) do Decreto-lei n.º 30/2006, artigo 19.º, alínea a) do Decreto-lei n.º 140/2006 e artigo 22.º, n.º 2, alínea a) do RRC), (ii) dever de gestão dos fluxos de gás natural no terminal (cfr. artigo 18.º, n.º 2, alínea b) do Decreto-lei n.º 30/2006, artigo 19.º, alínea b) do Decreto-lei n.º 140/2006 e artigo 22.º, n.º 2, alíneas b) e h) do RRC), (iii) dever de facultar o acesso ao terminal de todos os agentes de mercado numa base não discriminatória e transparente (cfr. artigo 18.º, n.º 2, alínea c) do Decreto-lei n.º 30/2006, artigo 19.º, alínea c) do Decreto-lei n.º 140/2006 e artigo 22.º, n.º 2, alínea c) do RRC), (iv) deveres de informação e correspectivo direito de ser informado (cfr. artigo 18.º, n.º 2, alíneas d), e) e g) do Decreto-lei n.º 30/2006, artigo 19.º, alíneas d), e) e f) do Decreto-lei n.º 140/2006 e artigo 22.º, n.º 2, alíneas d), e) e f) do RRC) e (v) dever de confidencialidade (cfr. artigo 18.º, n.º 2, alínea f) do Decreto-lei n.º 30/2006, artigo 19.º, alínea g) do Decreto-lei n.º 140/2006 e artigo 22.º, n.º 2, alínea g) do RRC).

Vejamos, com maior detalhe, cada um destes deveres.

O operador do terminal **deve assegurar a exploração, bem como a manutenção do terminal**, nomeadamente realizando os investimentos necessários no terminal. Os projectos de investimento devem ser elaborados pelo operador e enviados à ERSE (cfr. artigo 26.º do RARII). O operador do terminal deve ainda garantir a capacidade de armazenamento do terminal em condições de segurança e fiabilidade, cumprindo os padrões de qualidade de serviço previstos no Regulamento da Qualidade de Serviço (RQS). Neste sentido, estabelecem-se no artigo 12.º do RQS indicadores de qualidade geral que o operador do terminal de recepção, armazenamento e regaseificação de GNL deve respeitar.

O **dever de gestão dos fluxos de gás natural** no terminal pode ser visto, por um lado, como estando relacionado com a programação da utilização do terminal que é da responsabilidade do respectivo operador e, por outro lado, com a operação da RNTIAT.

Assim, e relativamente ao primeiro aspecto, no artigo 33.º do RARII estabelecem-se os princípios gerais da atribuição da capacidade das infra-estruturas, os quais se aplicam também à gestão da capacidade dos terminais.

Os mecanismos de atribuição de capacidade no Terminal de GNL foram aprovados pelo Despacho n.º 7927/2008, publicado no Diário da República, II Série, de 17 de Março.

Sem prejuízo de quanto fica dito a propósito da liberdade do operador do terminal de, respeitando os referidos princípios, definir a utilização da capacidade do terminal, refira-se que, nos termos do artigo 53.º, n.º 2 do Decreto-lei n.º 140/2006, as entidades concessionárias de terminal de GNL devem dar prioridade, em termos de utilização da capacidade de armazenamento, à constituição e manutenção de reservas de segurança.

Caso se verifique a inviabilidade de uma programação ou nomeação no terminal de GNL, resultando num congestionamento do terminal, está prevista a realização de leilões de atribuição de capacidade durante esse período, os quais são organizados pelo operador da rede de transporte na sua actividade de Gestão Técnica Global do SNGN (cfr. artigo 41.º, n.º 1 do RARII).

Embora no artigo 41.º, n.º 7 do RARII se previsse que a proposta do mecanismo de resolução de congestionamentos, incluindo a organização dos leilões de atribuição de capacidade de cada infra-estrutura deveria ser apresentada, pelo operador da rede de transporte à ERSE, para aprovação, no prazo de 150 dias após a entrada em vigor do RARII, a verdade é que, até ao momento, continua sem se conhecer este mecanismo.

Relativamente à operação da RNTIAT os procedimentos a que o operador de terminal de GNL se encontra obrigado a cumprir, sob coordenação do Gestor Global do Sistema encontram-se previstos no ROI.

O ROI foi publicado no Diário da República, II série, em 6 de Julho de 2007 (cfr. Despacho n.º 14 669-AZ/2007).

O **dever de facultar o acesso ao terminal de todos os agentes de mercado numa base não discriminatória e transparente** é, sem sombra de dúvida, um dos deveres mais importantes deste conjunto. E percebe-se que assim seja. Com efeito, o acesso livre e não discriminatório de todos os agentes de mercado às infra-estruturas é a base de um sistema que se quer cada vez mais aberto e concorrencial. Efectivamente, só garantindo que os agentes de mercado (nomeadamente os comercializadores) podem aceder, em condições de igualdade de tratamento com outros agentes (nomeadamente com outros comercializadores que pertençam ao mesmo grupo empresarial a que pertencem as empresas concessionárias das redes e das demais infra-estruturas) se conseguirá abrir o mercado da comercialização (a jusante) a novos agentes e, bem assim, dar lugar à concorrência, o que se traduz, em última análise, no direito dos clientes escolherem, livremente, o seu fornecedor de GN.

Deste modo, para acederem ao terminal, os agentes de mercado têm de celebrar, previamente, com o operador do terminal, um Contrato de Uso do Terminal de GNL. As condições a integrar neste contrato encontram-se genericamente previstas no artigo 8.º do

RARII. No entanto, e porque estamos no âmbito de uma actividade regulada (como teremos oportunidade de ver melhor à frente em comentário ao artigo 51.º), as condições gerais que devem integrar estes contratos foram aprovadas pela ERSE, na sequência de proposta apresentada pelo operador, o que garante, à partida, que não serão introduzidos nos contratos aspectos que possam, de alguma forma, falsear a concorrência – cfr. Despacho n.º 24145/2007, publicado no Diário da República, II série, de 27 de Outubro.

Mas existem outras formas de garantir que o acesso dos agentes, neste caso, ao terminal de GNL, é feito de forma não discriminatória, desde logo, em matéria de remuneração pelo uso das infra-estruturas, que é feita através de tarifas aprovadas pela ERSE.

Deste modo, no cálculo destas tarifas reguladas são tidos em conta diversos factores, que não têm, minimamente, em conta, quem é o utilizador da infra-estrutura.

Assim, e no que toca à estrutura geral da tarifa de Uso do Terminal de Recepção, Armazenamento e Regaseificação de GNL, dispõe-se no artigo 34.º do RT que a mesma é composta pelos seguintes preços:

a) Preço de capacidade de regaseificação utilizada, definido em euro por KWh/dia, por mês;
b) Preço da energia, definido em euros por kWh;
c) Preço diário de energia armazenada, definido em euros por kWh;
d) Preço do termo fixo de carregamento de camiões cisterna, em euros por operação de carregamento.

De acordo com o disposto no artigo 168.º, n.º 2 do RT as tarifas da actividade de armazenamento e regaseificação de GNL seriam fixadas pela ERSE, para entrarem em vigor a partir de 1 de Julho de 2007.

Neste sentido, depois de obtido o parecer do Conselho Tarifário relativamente à proposta de tarifas apresentada a 15 de Abril, a ERSE elaborou a decisão final sobre os valores das tarifas de acesso às infra-estruturas do terminal de GNL, de armazenamento subterrâneo e da RNTGN, para o ano gás 2007-2008, tendo o respectivo Despacho n.º 13 315/2007, de 25 de Maio, sido publicado no Diário da República, II série, de 27 de Junho de 2007.

Entretanto, a ERSE desencadeou o procedimento para a fixação de tarifas previsto no artigo 149.º do RT, tendo aprovado, para vigorar no Ano Gás de Julho de 2008 a Julho de 2008 a Junho de 2009, os valores das tarifas e preços do GN – cfr. Despacho n.º 17630/2008, publicado no Diário da República, II série, n.º 124, de 30 de Junho.

Se bem que o direito de acesso de terceiros às instalações de GNL seja, em princípio, livre, existem, no entanto, algumas situações em que o mesmo pode ser derrogado.

Com efeito, estabelece-se no artigo 73.º do Decreto-lei n.º 140/2006, na sequência, aliás, do disposto no artigo 27.º da Directiva n.º 2003/55/CE, que *"se uma empresa de gás natural se deparar, ou considerar que vem a deparar-se, com graves dificuldades económicas e financeiras devido aos compromissos inerentes a contratos de aquisição de gás em regime take or pay, celebrados antes da entrada em vigor da Directiva n.º 2003/55/CE, do Parlamento e do Conselho, de 26 de Junho, essa sociedade pode requerer ao ministro responsável pela área da energia a derrogação do acesso de terceiros"* às instalações de GNL (bem como, às redes de transporte e de distribuição).

O ministro deverá decidir, após parecer da DGEG, bem como da ERSE, atendendo aos critérios previstos no n.º 3 do artigo 27.º da Directiva. Estes critérios ponderam, por um lado, a necessidade de garantir a existência de um mercado aberto e concorrencial e, por outro lado, a gravidade das dificuldades económicas e financeiras em que se encontra a empresa requerente da derrogação.

Em alternativa à decisão de derrogação, o ministro pode decidir facultar aos agentes de mercado a possibilidade de adquirirem gás natural dos contratos *take or pay*, nas quantidades necessárias ao cumprimento dos referidos contratos, mediante a realização de um leilão de que ainda não se conhecem os respectivos termos, uma vez que ainda não foi publicada a respectiva portaria (cfr. artigo 73.º, n.º 5 do Decreto-lei n.º 140/2006).

Por outro lado, quer as novas infra-estruturas (no caso novos terminais de GNL), quer os aumentos significativos de capacidade nas infra-estruturas existentes ou as alterações nas infra-estruturas que permitam o desenvolvimento de novas fontes de fornecimento de gás podem também beneficiar de uma derrogação ao direito de acesso de terceiros sob as seguintes condições (cfr. artigo 72.º do Decreto-lei n.º 140/2006):

a) O investimento deve promover a concorrência e a segurança do abastecimento;

b) face ao risco associado, o investimento não seria realizado se não fosse concedida a derrogação;

c) a infra-estrutura deve ser propriedade de pessoa separada, pelo menos no plano jurídico, dos operadores em cujas redes a referida infra-estrutura venha a ser construída;

d) devem ser cobradas taxas de utilização aos utilizadores dessa infra-estrutura;

e) a derrogação não pode prejudicar a concorrência, nem o funcionamento eficaz do mercado interno do gás ou o funcionamento eficiente do sistema regulado a que está ligada a infra-estrutura.

Veremos com mais detalhe o regime destas derrogações no comentário ao artigo 24.º.

Os **deveres de informação** a que o operador do terminal está obrigado, nomeadamente de facultar aos utilizadores do terminal as informações de que necessitem para o acesso ao terminal (cfr. alínea d)), estão também intimamente ligados com o dever de dar acesso referido nos parágrafos anteriores. Com efeito, a base de qualquer sector que se quer concorrencial assenta, necessariamente, na partilha de informação, de forma não discriminatória e transparente entre todos os agentes de mercado.

Os deveres de informação a que está sujeito o operador do terminal podem, essencialmente, subdividir-se em deveres de informação relativamente aos utilizadores do terminal, por um lado, e deveres de informação relativamente ao operador da rede com a qual esteja ligado, ou seja, o operador da rede de transporte, por outro lado.

Relativamente ao primeiro conjunto de deveres de informação (para com os utilizadores do terminal), podemos encontrar um elenco destes quer no artigo 13.º do RARII (prestação de informação pelos operadores das infra-estruturas no âmbito dos contratos de uso das infra-estruturas), quer no artigo 16.º do RARII (informação para efeitos do acesso às infra-estruturas). A informação para efeitos de acesso às infra-estruturas deve estar, aliás, disponível quer nas páginas de *Internet*, quer nos centros de atendimento dos operadores das infra-estruturas que deles disponham.

Finalmente, prevê-se no artigo 23.º, n.º 1 do RRC que os procedimentos relativos à troca de informação entre o operador de terminal, o operador da rede de transporte, na sua actividade de Gestão Técnica Global do SNGN e os agentes de mercado, deverão constar do Manual de Procedimentos de Operação do Sistema.

Em matéria de informação, os operadores de terminais de GNL não têm, no entanto, só deveres.

Com efeito, assiste também aos operadores o direito de receberem quer do operador da rede de transporte, no quadro da Gestão Técnica Global do Sistema, quer dos operadores de mercado, quer de todos os agentes directamente interessados, toda a informação necessária à gestão das suas infra-estruturas.

Finalmente, o operador de terminal de GNL tem ainda o **dever de preservar a confidencialidade das informações comercialmente sensíveis** que obtenha no exercício da sua actividade. Visa-se, deste modo, impedir a violação do segredo comercial ou industrial das empresas agentes do mercado (cfr. comentário ao artigo 30.º, ponto VI).

III. O **n.º 3** veda ao operador de terminal a aquisição de gás natural para comercialização. Esta proibição encontra-se directamente relacionada com a imposição, constante da Directiva n.º 2003/55/CE e transposta para os Decretos-lei n.º 30/2006 e 140/2006, da separação jurídica e contabilística das actividades do sector.

Com efeito, a liberalização do mercado do gás natural, com a consequente abertura do mesmo à concorrência, pressupõe o desmantelamento dos antigos monopólios (na sua maior parte públicos) e, consequentemente, a separação jurídica das empresas verticalmente integradas que até a esta data eram responsáveis pela exploração das diferentes actividades do sector.

Deste modo, existindo uma obrigação de separação jurídica das actividades, isso quer significar que as diferentes actividades do ciclo do gás natural passam a estar confiadas a empresas juridicamente distintas, com o que se evita, desta forma, a existência de práticas restritivas da concorrência. O legislador nacional foi, no entanto, mais longe em matéria de separação de actividades do que o legislador comunitário, tendo imposto, inclusivamente, a separação patrimonial da actividade de transporte relativamente às actividades de distribuição e comercialização de gás natural. Esta matéria será, no entanto, objecto de um tratamento mais desenvolvido no comentário ao artigo 21.º para o qual remetemos.

A norma do **n.º 3** torna, assim, claro que o objecto principal da concessão de recepção, armazenamento e regaseificação de GNL é a operação e exploração do terminal, não fazendo parte da mesma a comercialização de gás natural (compra e venda de gás natural), excepto a compra para uso da infra-estrutura.

ARTIGO 19.º
Operador de armazenamento subterrâneo

1 – O operador de armazenamento subterrâneo é uma entidade concessionária do respectivo armazenamento.

2 – São deveres do operador de armazenamento subterrâneo, nomeadamente:

   a) **Assegurar a exploração e manutenção das capacidades de armazenamento, bem como das infra-estruturas de superfície em condições de segurança, fiabilidade e qualidade de serviço;**

   b) **Gerir os fluxos de gás natural, assegurando a sua interoperacionalidade com a rede de transporte, no quadro da gestão técnica global do sistema;**

   c) **Assegurar a não discriminação entre os utilizadores ou as categorias de utilizadores do armazenamento;**

   d) **Facultar aos utilizadores as informações de que necessitem para o acesso ao armazenamento;**

   e) **Fornecer ao operador da rede com a qual esteja ligado e aos agentes de mercado as informações necessárias ao funcionamento seguro e eficiente;**

   f) **Preservar a confidencialidade das informações comercialmente sensíveis obtidas no exercício das suas actividades;**

   g) **Receber dos operadores de mercados e de todos os agentes directamente interessados toda a informação necessária à gestão das infra-estruturas.**

3 – Não é permitido ao operador do armazenamento subterrâneo adquirir gás natural para comercialização.

→ Artigos 18.º, 21.º e 51.º do Decreto-lei n.º 30/2006; artigos 17.º, 19.º e 72.º do Decreto-lei n.º 140/2007; Directiva n.º 2003/55/CE; Despacho n.º 24145/2007, publicado no Diário da República, II série, de 27 de Outubro; Despacho n.º 17630/2008, publicado no Diário da República, II série, de 30 de Junho de 2008; artigos 25.º e 26.º do RRC; artigos 8.º e 26.º do RARII; artigo 13.º do RQS; artigos 38.º e 168.º do RT.

I.   O operador de armazenamento subterrâneo.
II. Deveres do operador de armazenamento subterrâneo. Remissão.
III. Separação jurídica de actividades. Remissão.

I. O operador de armazenamento subterrâneo de GN é a entidade concessionária do respectivo armazenamento subterrâneo, sendo responsável pela exploração e manutenção das capacidades de armazenamento e das infra-estruturas de superfície, em condições de segurança, fiabilidade e qualidade de serviço.

Tal como referimos em relação ao operador de terminal de GNL, apesar de o legislador usar o singular (operador de armazenamento subterrâneo) nada impede que exista mais do que um operador. Aliás, actualmente, existem dois operadores de armazenamento subterrâneo, a REN Armazenagem, S.A. e a Transgás Armazenagem, S.A.

Da mesma forma, e tal como o operador de terminal de GNL deve separar as suas funções, também o operador de armazenamento subterrâneo deve, no desempenho da sua actividade, individualizar as funções de (a) injecção de gás natural, (b) armazenamento de gás natural e (c) extracção de gás natural (cfr. artigo 26.º do RRC). Esta separação de funções deverá ser realizada também em termos contabilísticos (cfr. artigo 26.º, n.º 2 do RRC).

II. Os deveres do operador de armazenamento subterrâneo são idênticos aos fixados para o operador de terminal de GNL. Basta percorrer o elenco do artigo 18.º, n.º 2 e compará-lo com o elenco constante do artigo 19.º, n.º 2 para assim concluir (idêntico exercício pode ser feito relativamente aos artigos 19.º e 17.º do Decreto-lei n.º 140/2006).

Estes deveres podem subdividir-se, assim, basicamente, em (i) dever de exploração e de manutenção das capacidades de armazenamento (cfr. artigo 19.º, n.º 2, alínea a) do Decreto-lei n.º 30/2006, artigo 17.º, alínea a) do Decreto-lei n.º 140/2006 e artigo 25.º, n.º 2, alínea a) do RRC), (ii) dever de gestão dos fluxos de gás natural (cfr. artigo 19.º, n.º 2, alínea b) do Decreto-lei n.º 30/2006, artigo 17.º, alínea b) do Decreto-lei n.º 140/2006 e artigo 25.º, n.º 2, alíneas b) e h) do RRC), (iii) dever de facultar o acesso às instalações de armazenamento de todos os agentes de mercado numa base não discriminatória e transparente (cfr. artigo 19.º, n.º 2, alínea c) do Decreto-lei n.º 30/2006, artigo 17.º, alínea c) do Decreto-lei n.º 140/ 2006 e artigo 25.º, n.º 2, alínea c) do RRC), (iv) deveres de informação e correspectivo direito de ser informado (cfr. artigo 19.º, n.º 2, alíneas d), e) e g) do Decreto-lei n.º 30/2006, artigo 17.º, alíneas d), e) e f) do Decreto-lei n.º 140/2006 e artigo 25.º, n.º 2, alíneas d), e) e f) do RRC) e (v) dever de confidencialidade (cfr. artigo 19.º, n.º 2, alínea f) do Decreto-lei n.º 30/2006, artigo 17.º, alíneas g) do Decreto-lei n.º 140/2006 e artigo 25.º, n.º 2, alínea g) do RRC).

Vejamos, em concreto, cada um destes deveres.

O operador de armazenamento subterrâneo **deve explorar e manter a infra-estrutura de armazenamento subterrâneo em condições de segurança e de fiabilidade**, nomeadamente realizando os investimentos necessários nas infra-estruturas (incluindo infra-estruturas de superfície). Os projectos de investimento devem ser elaborados pelo operador e enviados à ERSE (cfr. artigo 26.º do RARII).

Na exploração das infra-estruturas afectas à concessão o operador deve ainda cumprir os padrões de qualidade de serviço previstos no RQS. Neste sentido, estabelecem-se no artigo 13.º do RQS indicadores de qualidade geral que o operador deve respeitar.

Relativamente ao conteúdo do **dever gestão dos fluxos de gás natural** remete-se, com as necessárias adaptações, para tudo quanto se escreveu no artigo anterior a propósito de idêntico dever que recai sobre o operador do terminal. Os mecanismos de atribuição da capacidade de armazenamento subterrâneo de GN foram aprovados pelo Despacho n.º 7927/2008, publicado no Diário da República, II Série, de 17 de Março.

A propósito do **dever de facultar o acesso às infra-estruturas de armazenamento de todos os agentes de mercado** numa base não discriminatória e transparente, remete-se também para o artigo anterior e para o comentário do dever idêntico que recai sobre o operador de terminal.

Neste caso concreto, para acederem às infra-estruturas de armazenamento subterrâneo, os agentes de mercado têm de celebrar, previamente, com o operador respectivo, um Contrato de Uso do Armazenamento Subterrâneo de Gás Natural. As condições a integrar neste contrato encontram-se genericamente previstas no artigo 8.º do RARII. No entanto, e porque estamos no âmbito de uma actividade regulada (como teremos oportunidade de ver melhor à frente em comentário ao artigo 51.º), as condições gerais que devem integrar estes contratos são aprovadas pela ERSE, na sequência de proposta apresentada pelo operador, o que garante, à partida, que não serão introduzidos nos contratos aspectos que possam, de alguma forma, falsear a concorrência – cfr. Despacho n.º 24145/2007, publicado no Diário da República, II série, de 27 de Outubro.

Em relação à remuneração pelo uso das infra-estruturas de armazenamento, a Directiva n.º 2003/55/CE concedia aos Estados a possibilidade de optarem entre a existência de um sistema de acesso negociado ou de um sistema de acesso regulado (cfr. artigo 19.º). O nosso legislador optou pelo segundo destes sistemas, ou seja, pela fixação de tarifas reguladas que visam remunerar o uso destas infra--estruturas, sem discriminar entre utilizadores ou categorias de utilizadores.

Relativamente à estrutura geral da tarifa de Uso do Armazenamento Subterrâneo, dispõe-se no artigo 38.º do RT que a mesma é composta pelos seguintes preços:

a) Preço da energia injectada, definido em euros por kWh;
b) Preço da energia extraída, definido em euros por kWh;
c) Preço diário de energia armazenada, definido em euros por kWh.

De acordo com o disposto no artigo 168.º, n.º 2 do RT as tarifas da actividade de armazenamento subterrâneo seriam fixadas pela ERSE, para entrarem em vigor a partir de 1 de Julho de 2007.

Neste sentido, depois de obtido o parecer do Conselho Tarifário relativamente à proposta de tarifas apresentada a 15 de Abril, a ERSE elaborou a decisão final sobre os valores das tarifas de acesso às infra-estruturas do terminal de GNL, de armazenamento subterrâneo e da RNTGN, para o ano gás 2007-2008, tendo o respectivo despacho n.º 13 315/2007, de 25 de Maio, sido publicado no Diário da República, II série, de 27 de Junho de 2007.

Entretanto, a ERSE desencadeou o procedimento para a fixação de tarifas previsto no artigo 149.º do RT, tendo aprovado, para vigorar no Ano Gás de Julho de 2008 a Junho de 2009, os valores das tarifas e preços do GN – cfr. Despacho n.º 17630/2008, publicado no Diário da República, II série, n.º 124, de 30 de Junho.

O acesso de terceiros às infra-estruturas de armazenamento subterrâneo pode ser, no entanto, derrogado na situação prevista no artigo 72.º do Decreto-lei n.º 140/2006 (vd. o comentário a idêntico dever de acesso do operador de terminal de GNL no ponto II do comentário ao artigo 18.º).

Os deveres **de informação e correspectivo direito de ser informado** são idênticos relativamente aos deveres de informação que recaem sobre o operador de terminal, pelo que se remete para o comentário ao artigo anterior.

Remete-se, quanto ao **dever de confidencialidade**, também para o comentário ao artigo anterior.

III. Dispõe-se no **n.º 3** que o operador de armazenamento subterrâneo se encontra impedido de adquirir gás natural para comercialização. As razões que estão por detrás desta imposição que, como vimos *supra*, em comentário ao artigo 18.º, n.º 3, são de raiz comunitária, são as mesmas que estão na origem de idêntica proibição relativamente ao operador de terminal de GNL e que se ligam, em última análise, à imposição da separação jurídica e contabilística das actividades que compõem a cadeia de valor do sector.

Remetemos, no entanto, a análise das questões relacionadas com esta temática (separação jurídica e contabilística de actividades) para o comentário *infra* ao artigo 21.º.

ARTIGO 20.º

Operador da rede de transporte

1 – O operador da RNTGN é a entidade concessionária da rede de transporte.
2 – São deveres do operador da RNTGN, nomeadamente:
a) Assegurar a exploração e a manutenção da RNTGN em condições de segurança, fiabilidade e qualidade de serviço;

b) Gerir os fluxos de gás natural na RNTGN, assegurando a sua interoperacionalidade com as redes a que esteja ligada;

c) Disponibilizar serviços de sistema aos utilizadores da RNTGN, nomeadamente através de mecanismos eficientes de compensação de desvios de energia, assegurando a respectiva liquidação;

d) Assegurar a oferta de capacidade a longo prazo da RNTGN, contribuindo para a segurança do fornecimento;

e) Assegurar o planeamento da RNTIAT e a construção e a gestão técnica da RNTGN, de forma a permitir o acesso de terceiros, e gerir de forma eficiente as infra-estruturas e os meios técnicos disponíveis;

f) Assegurar a não discriminação entre os utilizadores ou as categorias de utilizadores da rede;

g) Facultar aos utilizadores da RPGN as informações de que necessitem para o acesso à rede;

h) Fornecer ao operador de qualquer outra rede com a qual esteja ligado e aos intervenientes do SNGN as informações necessárias para permitir um desenvolvimento coordenado das diversas redes e um funcionamento seguro e eficiente do SNGN;

i) Preservar a confidencialidade das informações comercialmente sensíveis obtidas no exercício das suas actividades;

j) Prever o nível de reservas necessárias à garantia de segurança do abastecimento nos curtos e médio prazos;

k) Prever a utilização das infra-estruturas da RNTIAT;

l) Receber dos operadores de mercados e de todos os agentes directamente interessados toda a informação necessária à gestão do sistema.

3 – Para efeitos do disposto nas alíneas b) e c) do número anterior, devem ser aplicados mecanismos transparentes e competitivos, definidos no Regulamento de Operação das Infra-Estruturas.

4 – Não é permitido ao operador de rede de transporte adquirir gás natural para comercialização.

→ Artigos 17.º, 18.º, 19.º, 21.º, 26.º, 57.º e seguintes do Decreto-lei n.º 30/2006; artigos 14.º, 15.º, 53.º e 73.º do Decreto-lei n.º 140/2006; artigos 28.º e 29.º do RRC; artigo 46.º do RT.

I.   O operador da rede de transporte.
II. Deveres do operador da rede de transporte. Remissão.
III. Separação jurídica de actividades. Remissão.

I. O operador da rede de transporte é a entidade concessionária da respectiva rede. Como referimos anteriormente, o operador da rede de transporte exerce, para além da actividade de transporte, propriamente dita, a gestão técnica global do sistema.

O operador da rede de transporte opera em exclusivo em todo o território nacional, como resulta do disposto no artigo 14.º, n.º 4 do Decreto-lei n.º 140/2006.

Tal como relativamente aos operadores de terminal e de armazenamento subterrâneo, dispõe-se também no artigo 28.º do RRC que, no desempenho das suas atribuições, o operador da rede de transporte deve individualizar as actividades de (a) transporte de gás natural, (b) gestão técnica global do sistema e (c) acesso à RNTGN. A individualização destas actividades deve ser realizada também em termos contabilísticos.

II. Os deveres a que se encontra sujeito o operador da rede de transporte podem distinguir-se em (i) dever de assegurar a exploração e a manutenção da RNTGN (cfr. artigo 20.º, n.º 2, alínea a) do Decreto-lei n.º 30/2006, artigo 15.º, alínea a) do Decreto-lei n.º 140/2006 e artigo 29.º, n.º 3, alínea b) do RRC), (ii) dever de gerir os fluxos de gás natural na RNTGN (cfr. artigo 20.º, n.º 2, alíneas b) e l) do Decreto-lei n.º 30/2006 e artigo 15.º, alínea b) do Decreto-lei n.º 140/2006), (iii) dever de disponibilizar serviços de sistema aos utilizadores da RNTGN (cfr. artigo 20.º, n.º 2, alínea c) do Decreto-lei n.º 30/2006, artigo 15.º, alínea c) do Decreto-lei n.º 140/2006), (iv) dever de assegurar a oferta de capacidade da RNTGN a longo prazo (cfr. artigo 20.º, n.º 2, alínea d) do Decreto-lei n.º 30/2006, artigo 15.º, alínea d) do Decreto-lei n.º 140/2006 e artigo 29.º, n.º 3, alínea a) do RRC), (v) dever de planear a RNTIAT (cfr. artigo 20.º, n.º 2, alínea e) do Decreto-lei n.º 30/2006, artigo 15.º, alínea e) do Decreto-lei n.º 140/2006 e artigo 29.º, n.º 3, alínea a) do RRC), (vi) dever de facultar o acesso às infra-estruturas a todos os agentes de mercado numa base não discriminatória e transparente (cfr. artigo 20.º, n.º 2, alíneas e) e f) do Decreto-lei n.º 30/2006, artigo 15.º,

alíneas e) e f) do Decreto-lei n.º 140/2006 e artigo 29.º, n.º 3, alínea
c) do RRC), (vii) deveres de informação e correspectivo direito de
ser informado (cfr. artigo 20.º, n.º 2, alíneas f), g) e m) do Decreto-lei
n.º 30/2006, artigo 15.º, alíneas g) e h) do Decreto-lei n.º 140/2006 e
artigo 29.º, n.º 3, alínea d) do RRC), (viii) dever de confidencialidade
(cfr. artigo 20.º, n.º 2, alínea i) do Decreto-lei n.º 30/2006, artigo
15.º, alínea i) do Decreto-lei n.º 140/2006 e artigo 29.º, n.º 3, alínea
e) do RRC), (ix) deveres em matéria de segurança de abastecimento
(cfr. artigo 20.º, n.º 2, alínea j) do Decreto-lei n.º 30/2006, artigo 15.º,
alínea j) do Decreto-lei n.º 140/2006) e (x) dever de gestão técnica
global do sistema (cfr. artigo 15.º, alínea l) do Decreto-lei n.º 140/2006).

Deste conjunto de deveres vale a pena destacar, nomeadamente
pela sua novidade face aos deveres elencados nos dois artigos anteriores relativamente aos operadores de terminal de GNL e de armazenamento subterrâneo, o dever de disponibilizar serviços de sistema aos
utilizadores da RNTGN; o dever de assegurar a oferta de capacidade
da RNTGN a longo prazo; o dever de planear a RNTIAT; os deveres
em matéria de segurança de abastecimento e o dever de gestão técnica global do sistema.

Deste modo, e quanto aos restantes deveres remete-se para o
acima exposto relativamente ao operador de terminal de GNL (cfr.
comentário ao artigo 18.º). Uma nota apenas para referir que no que
concerne ao dever de facultar o acesso às infra-estruturas de todos os
agentes de mercado numa base não discriminatória e transparente, no
caso do operador da rede de transporte, a estrutura geral da tarifa de
Uso da Rede de Transporte é composta pelos seguintes preços (cfr.
artigo 46.º, n.º 2 do RT):

a) Preços de capacidade utilizada, definidos em euros por kWh/
   dia, por mês;
b) Preço de energia com diferenciação entre períodos de ponta e
   fora de ponta, definidos em euros por kWh;

Relativamente às derrogações ao direito de acesso de terceiros
remete-se igualmente para o comentário de idêntico dever do operador de terminal de GNL. Os mecanismos de atribuição da capacidade
na RNTGN foram aprovados pelo Despacho n.º 7927/2008, publicado no Diário da República, II Série, de 17 de Março.

Vejamos, no entanto, com mais detalhe, cada um dos seguintes
deveres.

Estabelece-se na alínea c) do n.º 2, que é dever do operador da rede de transporte **disponibilizar serviços de sistema aos utilizadores da RNTGN**, nomeadamente através de mecanismos eficientes de compensação de desvios de energia, assegurando a respectiva liquidação. Esta alínea deve ser depois conjugada com o disposto no n.º 3, nos termos do qual os mecanismos a aplicar pelo operador da rede de transporte devem ser transparentes e competitivos, remetendo-se para o disposto no ROI.

Os **deveres de assegurar a oferta de capacidade da RNTGN a longo prazo e de planear a RNTIAT** encontram-se relacionados. Com efeito, o dever que impende sobre o operador da rede de transporte de assegurar a oferta de capacidade da RNTGN a longo prazo, de forma a garantir a segurança do abastecimento, encontra-se directamente relacionado com a obrigação que o mesmo operador tem de planear a RNTIAT, nomeadamente realizando os investimentos necessários em infra-estruturas e, bem assim, em instalações necessárias à operação da rede de transporte.

Como referimos atrás, a RNTGN faz parte da RNTIAT que é mais abrangente, uma vez que integra, para além das infra-estruturas de transporte, as infra-estruturas destinadas à recepção e ao armazenamento em terminal, bem como as infra-estruturas destinadas ao armazenamento subterrâneo. Sobre o planeamento da RNTIAT ver o comentário ao artigo 26.º.

Em relação ao **dever em matéria de segurança de abastecimento**, recorde-se que a concessionária da rede de transporte, enquanto responsável pela gestão técnica global do sistema, tem também obrigações em matéria de segurança de abastecimento (cfr. artigo 53.º do Decreto-lei n.º 140/2006). Estas obrigações prendem-se, no essencial, com a monitorização da constituição e manutenção de reservas de segurança.

É neste contexto que se deve interpretar o disposto na alínea j) do n.º 2 deste artigo, de que é dever do operador da rede de transporte prever o nível de reservas necessárias à garantia de segurança do abastecimento nos curto e médio prazos. No artigo 15.º, alínea j) do Decreto-lei n.º 140/2006 estabelece-se, por sua vez, que é obrigação do operador da rede de transporte prestar informação relativa à constituição e manutenção de reservas de segurança.

Sobre a segurança no abastecimento ver o comentário aos artigos 57.º e seguintes.

Finalmente, quanto ao **dever de gestão técnica global do sistema**, e como tivemos oportunidade de referir acima, em comentário ao artigo 17.º, a gestão técnica global do sistema é da responsabilidade da entidade concessionária da RNTGN.

Deste modo, e sobre este dever que, no fundo, mais não é do que a reafirmação de que aquela função (de gestão técnica global do sistema) está entregue ao operador da rede de transporte remetemos para tudo quanto dissemos em comentário ao referido artigo 17.º.

III. Tal como relativamente ao operador de terminal de GNL e ao operador de armazenamento subterrâneo, também em relação ao operador da rede de transporte se estabelece no **n.º 4** que o mesmo não pode adquirir gás natural para comercialização. Trata-se, como referimos atrás relativamente aos operadores das restantes infra-estruturas da RNTIAT, de uma imposição comunitária (embora com matizes diferentes consoante as actividades, mas que o nosso legislador entendeu estender a todas as actividades do sector) que analisaremos melhor no comentário ao próximo artigo.

ARTIGO 21.º
Separação jurídica e patrimonial das actividades

1 – O operador da RNTGN é independente, no plano jurídico e patrimonial, das entidades que exerçam, directamente ou através de empresas coligadas, as actividades de distribuição e comercialização de gás natural.

2 – O operador de armazenamento subterrâneo é independente, no plano jurídico, das entidades que exerçam, directamente ou através de empresas coligadas, qualquer das restantes actividades previstas no presente Decreto-lei.

3 – O operador de terminal de GNL é independente, no plano jurídico, das entidades que exerçam, directamente ou através de empresas coligadas, qualquer das restantes actividades previstas no presente Decreto-lei.

4 – De forma a assegurar a independência prevista nos números anteriores, devem ser garantidos os seguintes critérios mínimos:

a) Os gestores dos operadores referidos nos números anteriores não podem integrar os órgãos sociais nem participar nas estruturas de empresas que tenham o exercício de uma outra actividade de gás natural;

b) Os interesses profissionais dos gestores referidos na alínea anterior devem ficar devidamente salvaguardados, de forma a assegurar a sua independência;

c) O operador da RNTGN deve dispor de um poder decisório efectivo, independente de outros intervenientes no SNGN, designadamente no que respeita aos activos necessários para manter ou desenvolver a rede;

d) Cada operador da RNTIAT deve dispor de um código ético de conduta relativo à independência funcional da respectiva operação e proceder à sua publicitação;

e) Nenhuma pessoa singular ou colectiva pode deter, directamente ou sob qualquer forma indirecta, mais de 10% do capital social de cada empresa concessionária da RNTIAT, na actual configuração;

f) A limitação imposta na alínea anterior é de 5% para as entidades que exerçam actividades no sector do gás natural, nacional ou estrangeiro.

5 – O disposto nas alíneas e) e f) do número anterior não se aplica ao Estado directamente, a empresa por ele controlada, à empresa operadora da RNTGN ou à empresa que a controle.

6 – As restrições previstas nas alíneas e) e f) do n.º 4 não se aplicam às novas infra-estruturas de armazenamento subterrâneo e de terminal de GNL a concessionar após a entrada em vigor do presente Decreto-lei.

→ Artigo 7.º do Decreto-lei n.º 140/2006; artigo 9.º da Directiva n.º 2003/55/CE; artigo 3.º do Decreto-lei n.º 558/99, com as alterações introduzidas pelo Decreto-lei n.º 300/2007, de 23 de Agosto; RCM n.º 169/2005, de 24 de Outubro; RCM n.º 85/2006, de 30 de Junho de 2006; artigo 18.º, nᵒˢ 2 e 3 do RRC.

I.   O fim dos monopólios legais no sector do gás natural.

II. Separação Jurídica e Patrimonial das actividades.

III. Separação Funcional.

I. Até 2006, as actividades do sector do gás natural estavam entregues, no nosso país, a uma empresa verticalmente integrada (no caso concreto, um grupo de empresas que exercia várias actividades do sector: recepção, transporte, distribuição, armazenamento e comercialização de gás natural), o Grupo Galp Energia (de que fazia parte o Grupo GDP). Na prática, existia, portanto, um monopólio legal da Galp Energia no sector do gás.

Para perceber a origem deste monopólio temos de recuar até ao ano de 1976, altura em que ainda só se falava de gás de cidade. Com efeito, foi neste ano que a distribuição de gás passou a ser assegurada pela EDP – Electricidade de Portugal, Empresa Pública, tendo a produção de gás sido entregue, um ano depois, à Empresa de Petroquímica e Gás, E.P. A cisão total entre o gás e a electricidade só se dá, no entanto, dez anos mais tarde, em 1988, com a transferência da distribuição pública do gás de cidade (Lisboa) da EDP, EP para a Petroquímica e Gás de Portugal, EP – que entretanto tinha sucedido à Empresa de Petroquímica e Gás, E.P. Entretanto, logo no ano seguinte, em 1989, a Petroquímica e Gás de Portugal, EP, é transformada em pessoa colectiva de direito privado, sob a forma de sociedade anónima, com maioria de capitais públicos, passando a denominar-se GDP – Gás de Portugal, SA (cfr. Decreto-lei n.º 226/89, de 7 de Julho).

O ano de 1989 ficaria, no entanto, marcado por ser o ano em que pela primeira vez é publicado um diploma sobre o gás natural (o Decreto-lei n.º 374/89, de 25 de Outubro). A importância que revestiu a introdução desta forma de energia em Portugal, levou o Governo a considerar, desde o início, o exercício da actividade ligada à sua utilização como serviço público que deveria ser desenvolvido com eficácia e dinamismo. É neste sentido que, quatro anos mais tarde, em 1993, viria a ser constituída a Transgás – Sociedade Portuguesa de Gás Natural, SA, a quem seria adjudicada, em 14 de Outubro de 1993, a concessão de serviço público de importação, transporte e fornecimento de gás natural. Àquela concessão seguiram-se depois outras para a distribuição regional de gás natural, atribuídas, na sua maior parte, a empresas do grupo GDP.

Em 1995, através do Decreto-lei n.º 132/95, de 6 de Junho, a GDP – Gás de Portugal, SA será transformada em sociedade gestora de participações sociais, passando a denominar-se GDP – Gás de

Portugal, SGPS. Com efeito, com a aprovação daquele diploma, a GDP – Gás de Portugal, SA procedeu à constituição de novas sociedades mediante destaques do seu património, passando a ter como objecto único a gestão de participações sociais.

Com a criação da GALP – Petróleos e Gás de Portugal, SGPS, SA, em 22 de Abril de 1999, a GDP passa a ser detida a 100 % por aquela empresa.

Deste modo, as actividades de importação, transporte e fornecimento de gás natural, de recepção, armazenamento e regaseificação de gás natural liquefeito, e de armazenamento subterrâneo passam a ser exploradas em exclusivo, no território nacional, por empresas ligadas ao Grupo Galp. Da mesma forma, pertenciam também ao Grupo Galp a esmagadora maioria das distribuidoras regionais, bem como das empresas titulares de licença de distribuição regional.

Entretanto, e com a publicação da segunda geração de Directivas Comunitárias em matéria de energia (a primeira geração data de 1997/98) este monopólio legal passou a ser posto em causa.

Com efeito, se bem que durante muitos anos, o Direito Comunitário tenha demonstrado um certo desinteresse por alguns domínios tradicionalmente integrados na categoria de serviço público – por se entender que estávamos perante zonas politicamente sensíveis –, a verdade é que *"passada esta fase inicial e em face da constatação de que a manutenção ou alargamento dos domínios tradicionalmente considerados de serviço público sem qualquer margem de conformação activa comunitária poderia acabar por perturbar a construção do mercado único, iniciou-se um processo dinâmico de compatibilização das exigências tradicionais do serviço público com as regras da concorrência"* (cfr. Pedro Gonçalves/ Licínio Lopes Martins, "Os Serviços Públicos Económicos e a Concessão no Estado Regulador", ob. cit., página 188).

No caso concreto do gás natural, estamos perante uma indústria de rede, que assenta em monopólios naturais (uma vez que, por razões essencialmente económicas, não é viável a multiplicação de redes paralelas de transporte e de distribuição), sendo quatro as condições fundamentais para garantir a existência de concorrência, a saber:

– acesso de terceiros às redes;
– separação jurídica das actividades;

– a actividade de comercialização de gás natural deve ser uma actividade livre, exercida em regime de mercado;
– direito dos clientes escolherem livremente o seu comercializador.

Todos estes aspectos foram incluídos na Directiva n.º 2003/55/CE, tendo sido, inclusivamente, melhorados e desenvolvidos face aos resultados da aplicação da Directiva n.º 98/30/CE do Parlamento Europeu e do Conselho de 22 de Junho de 1998.

Ora, neste contexto de liberalização do sector do gás natural, a separação jurídica das diferentes actividades que compõem a cadeia de valor apresenta-se fundamental tendo em vista a compatibilização da liberdade de escolha dos clientes (quanto ao seu comercializador) com a existência de uma única rede de transporte e de distribuição.

É, pois, com base nestas razões que o Direito Comunitário impôs a separação jurídica das actividades do sector, e com isso pôs termo aos monopólios legais em vigor nos vários países europeus.

II. Pode ler-se no preâmbulo da Directiva n.º 2003/55/CE que *"para assegurar um acesso eficiente e não discriminatório às redes é conveniente que as redes de transporte e de distribuição sejam exploradas por entidades juridicamente separadas nos casos em que existam empresas verticalmente integradas"*.

Com efeito, apenas mediante a separação jurídica das diferentes actividades a montante – nomeadamente das actividades de transporte e de distribuição relativamente à actividade de comercialização – se pode garantir, a jusante, um mercado livre de comercialização de gás natural, assegurando-se aos consumidores o direito de escolherem livremente o seu fornecedor.

Neste sentido, a RCM n.º 169/2005, de 24 de Outubro de 2005, que define a estratégia nacional para a energia, consagra, na sequência da Directiva n.º 2003/55/CE, como medidas a adoptar em matéria de enquadramento estrutural da concorrência nos sectores da electricidade e do gás, entre outras, as seguintes:

– A criação de condições para o alargamento do âmbito de actividade das empresas do sector energético, de modo que haja mais de um operador integrado relevante nos sectores da electricidade e do gás natural, em concorrência;

– A revisão do contrato de concessão com a TRANSGÁS e a cisão desta empresa, com o destaque das actividades de transporte, armazenamento e operação do terminal do gás liquefeito;

– A integração, numa empresa, das redes de transporte de electricidade e de gás natural, das actuais instalações de armazenamento e do terminal de gás liquefeito, garantindo a separação jurídica entre as actividades destas duas fileiras de energia;

– A separação da actividade de comercialização da de distribuição, quer no caso da electricidade quer no do gás natural.

O legislador português acabaria, no entanto, por ir mais longe do que o legislador comunitário, em matéria de separação das actividades.

Com efeito, enquanto na Directiva n.º 2003/55/CE expressamente se afirma que a separação jurídica não implica a separação da propriedade, uma das orientações dadas pelo Governo, constante da RCM n.º 169/2005, e que foi seguida pelos Decretos-lei n.º 30/2006 e 140/2006, foi precisamente a de consagrar a separação dos operadores das redes de transporte de energia (electricidade e gás), não só juridicamente mas também ao nível da propriedade, de outras empresas com interesses no sector – produção, distribuição, comercialização – assegurando-se a sua independência, bem como a existência de condições não discriminatórias de acesso.

Deste modo, foi determinada a autonomização dos activos regulados do sector do gás natural (recepção, transporte e armazenamento), tendo sido realizada a sua junção à empresa operadora da rede de transporte de electricidade. Para tal, a REN – Rede Eléctrica Nacional, S.A. foi autorizada, pela RCM n.º 85/2006, de 30 de Junho de 2006, a proceder à constituição de novas sociedades, cujo objecto visava assegurar o exercício das concessões do serviço público de transporte de gás natural em alta pressão, de armazenamento subterrâneo de gás natural e de recepção, armazenamento e regaseificação de gás natural na forma liquefeita, no âmbito do SNGN.

A separação de actividades e em particular a separação de propriedade das infra-estruturas de alta pressão (rede de transporte, terminal de recepção, armazenamento e regaseificação de GNL e armazenamento subterrâneo) da empresa verticalmente integrada veio a ocorrer a 26 de Setembro de 2006, data da celebração dos contratos de concessão.

Assim sendo, não só em relação à actividade de transporte se foi mais longe do que o disposto na Directiva, como relativamente às actividades de recepção, armazenamento e regaseificação de GNL e de armazenamento subterrâneo o legislador nacional foi mais ambicioso do que o legislador comunitário.

Com efeito, no caso da actividade de transporte não só se impôs a sua separação jurídica em relação a outras actividades que não o transporte, como também a separação patrimonial em relação às actividades de distribuição e de comercialização. Já relativamente às actividades de recepção, armazenamento e regaseificação de GNL e de armazenamento subterrâneo, embora a Directiva apenas impusesse a separação contabilística destas actividades face às restantes actividades do sector, o nosso legislador impôs também a sua separação jurídica.

O legislador nacional acabaria, assim, por antecipar uma medida que, entretanto, e com a aplicação das Directivas comunitárias, viria a revelar-se fundamental. Efectivamente, conforme referimos atrás, uma das medidas recentemente apresentada pela Comissão Europeia, na Proposta de Directiva do Parlamento Europeu e do Conselho, de Setembro de 2007, que altera a Directiva n.º 2003/55/CE, passa pela consagração da separação patrimonial dos operadores da rede de transporte.

III. Para além da separação jurídica das actividades de transporte (neste caso acompanhada também da separação patrimonial), de recepção, armazenamento e regaseificação de GNL e de armazenamento subterrâneo, a nossa legislação consagra ainda a separação funcional das mesmas (ou seja, no campo da organização e da tomada de decisões), na linha do previsto na Directiva para a actividade de transporte (cfr. artigo 9.º).

A separação funcional é, pois, um *plus* relativamente à separação jurídica e patrimonial destas actividades. Com efeito, à partida, e se não se impusesse este nível de separação (funcional), nada impediria que, embora tivéssemos entidades juridicamente distintas, os órgãos de direcção dessas mesmas entidades não pudessem ser os mesmos.

Precisamente para impedir esta situação, garantindo a total independência destas entidades, o legislador comunitário, e por sua influência também o legislador nacional, impuseram a separação funcional, para além da separação jurídica (e patrimonial, no caso do transporte).

Com efeito, e conforme se pode ler no preâmbulo da Directiva n.º 2003/55/CE *"deverá assegurar-se a existência de um processo de tomada de decisões não discriminatório mediante medidas de organização em matéria de independência dos responsáveis pelas decisões".*

Em bom rigor, no entanto, a exigência de independência funcional prevista na Directiva, tendo a sua justificação na necessidade de garantir a independência das pessoas responsáveis pela gestão do operador face às estruturas da empresa integrada responsáveis, directa ou indirectamente, pela distribuição e comercialização de gás natural, nem se colocaria no nosso caso.

Com efeito, à partida, a exigência de separação funcional só faz sentido numa situação de grupo, ou seja de integração vertical, que inclua, para além da actividade de transporte, também o exercício das actividades de produção, de distribuição ou de fornecimento de GN.

Ora, estabelecendo o nosso legislador a separação da propriedade dos activos de transporte, face à propriedade dos activos de distribuição e comercialização não existiria, em princípio, este risco de menor independência dos responsáveis pelos operadores das infra-estruturas face aos operadores das redes de distribuição e comercializadores.

O nosso legislador foi, no entanto, também aqui mais longe e impôs a separação funcional mesmo entre os operadores das infra-estruturas. Neste sentido, dispõe-se no **n.º 4, alínea a)** que os gestores dos operadores referidos nos números anteriores não podem integrar os órgãos sociais nem participar nas estruturas de empresas que tenham o exercício de uma outra actividade de gás natural.

Esta solução, se interpretada à letra, parece-nos, no entanto, altamente criticável.

Com efeito, uma interpretação literal daquele normativo seria, em nossa opinião, bastante redutora, na medida em que não tem em conta a íntima relação existente entre a rede de transporte, as instalações de armazenamento subterrâneo e o terminal de recepção, armazenamento e regaseificação de GNL, que constituem no seu conjunto a RNTIAT.

Seria ainda redutora por contrariar a Estratégia Nacional para a Energia, a atribuição do respectivo conjunto de activos gasistas à REN operada pelo Decreto-Lei n. º 140/2006, e ainda a razão de ser da Resolução do Conselho de Ministros n.º 85/2006 que reestruturou a REN, colocando o respectivo grupo de sociedades sob o controlo de uma sociedade gestora de participações sociais, cujo poder de direcção contraria a separação e a independência apontadas.

Somos, por isso, levados a interpretar restritivamente o n.º 4 deste artigo, no sentido de aquela separação funcional e a consequente independência no campo da organização e tomada de decisões não ser exigida relativamente aos gestores dos operadores de qualquer outra actividade de gás natural, mas apenas quanto às actividades de distribuição e de comercialização, tal como refere o n.º 1 a respeito do operador da RNTGN.

Com efeito, não faz sentido e é contrário às mais elementares regras de eficiência da gestão que preconizam uma economia de meios, impedir que num grupo de empresas verticalmente integrado como é o Grupo REN (expressamente desenhado por decisão política e consagrado na própria legislação que integra este n.º 4), os órgãos societários de cada um dos operadores, no caso de transporte de gás natural, armazenamento subterrâneo e recepção armazenamento e regaseificação de GNL, não pudessem ser coincidentes na sua composição, no todo ou em parte.

Que assim deve ser resulta também do poder de direcção que a lei confere a uma sociedade gestora de participações sociais, como é a REN SGPS, sobre as suas participadas e, muito particularmente, no caso de sociedades dominadas a 100%, como são os casos da REN Gasodutos, da REN Armazenagem e da REN ATLÂNTICO.

Esta interpretação é, assim, a que melhor harmoniza os critérios políticos e legislativos e melhor se adequa às finalidades da Directiva n.º 2003/55/CE que se pretenderam plasmar no presente Decreto-lei e no Decreto-lei n.º 140/2006.

Feito este esclarecimento inicial, vejamos o conteúdo das **alíneas b)** e **c)** deste normativo.

Estas alíneas retomam o disposto nas alíneas b) e c) do n.º 2 do artigo 9.º da Directiva.

Deste modo, na **alínea b)** exige-se que sejam tomadas medidas que assegurem que os interesses profissionais dos gestores dos operadores das infra-estruturas da RNTIAT são devidamente salvaguardados. Em nossa opinião estão em causa medidas quanto a condições remuneratórias, bem como relativas a condições profissionais.

Relativamente à **alínea c)**, pretende-se garantir que o operador da RNTGN dispõe de um efectivo poder decisório – portanto, independente em relação aos demais intervenientes no SNGN – sobre os activos necessários para manter ou desenvolver a rede de transporte.

Finalmente na **alínea d)** exige-se a adopção, por cada operador da RNTIAT, de um código ético de conduta relativo à independência funcional da respectiva operação.

Sobre os Códigos de Conduta de cada operador dispõe-se no artigo 18.º, n.º 2 do RRC que os mesmos devem conter as regras a observar pelos operadores das infra-estruturas no que se refere à independência, imparcialidade, isenção e responsabilidade dos seus actos, designadamente no relacionamento entre os operadores e os agentes de mercado.

Os Códigos de Conduta devem ser publicados na página de Internet de cada operador, devendo ser enviado um exemplar à ERSE, no prazo de 150 dias a contar da data da constituição das sociedades decorrentes da separação das actividades (cfr. artigo 18.º, n.º 3 do RRC).

Por último, as **alíneas e)** e **f)** impõem limitações à estrutura accionista das empresas concessionárias da RNTIAT (de transporte, de recepção, armazenamento e regaseificação de GNL e de armazenamento subterrâneo), visando garantir não só a sua independência, como também procurando impedir que as mesmas possam ser controladas quer por entidades que não sejam intervenientes no SNGN, quer por entidades que exerçam actividades no sector do gás natural, sejam nacionais ou estrangeiras.

Deste modo, estabelece-se na **alínea e)** que nenhuma pessoa singular ou colectiva pode deter, directamente ou sob qualquer forma indirecta, mais de 10% do capital social de cada empresa concessionária da RNTIAT.

Esta limitação é de 5% para as entidades que exerçam actividades no sector do gás natural, nacional ou estrangeiro.

Estas limitações não se aplicam, no entanto, quer ao Estado directamente, quer a empresas por ele controladas (ou seja, a empresas públicas na acepção do artigo 3.º do Decreto-lei n.º 558/99, com as alterações que foram introduzidas pelo Decreto-lei n.º 300/2007, de 23 de Agosto), quer ainda à empresa operadora da RNTGN ou à empresa que a controle (que é, aliás, o que se verifica, uma vez que a REN Redes Energéticas Nacionais, SGPS, SA controla, a 100% a REN Gasodutos, SA e detém, também a 100%, a REN Atlântico e a REN Armazenagem).

Estas restrições também não se aplicam às novas infra-estruturas de armazenamento subterrâneo e do terminal de GNL, a serem concessionadas após a entrada em vigor do Decreto-lei n.º 30/2006, (cfr. n.º 6). Sobre a construção de novas infra-estruturas, estabelece-se no artigo 7.º, n.º 4 do Decreto-lei n.º 140/2006, que os pedidos de criação de novas concessões de armazenamento subterrâneo, de recepção, armazenamento e regaseificação de GNL devem ser dirigidos ao ministro responsável pela área da energia e ser acompanhados dos elementos e dos estudos justificativos da sua viabilidade económica e financeira. Estes elementos são estabelecidos por portaria do ministro responsável pela área da energia, a qual não foi, no entanto, ainda publicada.

ARTIGO 22.º

Qualidade de serviço

A prestação de serviços pelos operadores previstos na presente secção deve obedecer aos padrões de qualidade de serviço estabelecidos no Regulamento da Qualidade de Serviço.

→ Artigos 32.º e 68.º do Decreto-lei n.º 30/2006; artigos 12.º a 17.º, 30.º, 35.º e seguintes do RQS.

   I.   Qualidade de Serviço.
  II. Reclamações.

I. Estabelece-se neste artigo que a prestação de serviços pelos operadores de terminal de GNL, de armazenamento subterrâneo e de transporte deve obedecer aos padrões de qualidade de serviço previstos no RQS.

O RQS foi aprovado pelo Despacho n.º 19 624-A/2006, de 11 de Setembro, da ERSE, publicado no Diário da República, II série, de 25 de Setembro de 2006.

Do RQS constam, por um lado, indicadores e padrões de qualidade geral e individuais que se destinam a permitir aos operadores das infra-estruturas a caracterização da continuidade de serviço da rede que operam (artigos 12.º a 17.º do RQS) e, por outro lado, indicadores e padrões gerais e individuais de qualidade comercial (artigos 35.º e seguintes do RQS).

O RQS prevê também regras sobre a monitorização das características do gás natural que deve ser também realizada pelos operadores das infra-estruturas. Para maiores desenvolvimentos ver o comentário ao artigo 32.º.

II. Dispõe-se no artigo 30.º do RQS que, sempre que qualquer entidade abrangida pelo âmbito de aplicação daquele Regulamento considere não terem sido devidamente acautelados os seus direitos ou satisfeitas as suas expectativas respeitantes às exigências de qualidade de serviço, pode apresentar uma reclamação junto da entidade com quem se relaciona.

Esta entidade deve responder às reclamações no prazo máximo de 20 dias úteis após a data da sua recepção. O artigo 30.º, n.º 5 do RQS refere-se apenas ao operador da rede de transporte, mas parece-nos que estão igualmente sujeitos ao mesmo dever de resposta os operadores de terminal de GNL e de armazenamento subterrâneo.

Se a reclamação não for integralmente decidida a favor do reclamante, a entidade que recebeu a reclamação deve ainda informar o reclamante que lhe assiste o direito de reclamar junto da ERSE daquela decisão (cfr. comentário ao artigo 68.º).

SUBSECÇÃO II
Ligação e acesso às infra-estruturas da RNTIAT

ARTIGO 23.º
Ligação à RNTGN

1 – A ligação das infra-estruturas de armazenamento subterrâneo, de terminais de GNL, de distribuição e de consumo à RNTGN deve ser efectuada em condições técnica e economicamente adequadas, nos termos estabelecidos no Regulamento de Relações Comerciais, no Regulamento da Rede de Transporte, no Regulamento de Operação das Infra-Estruturas e no Regulamento de Qualidade de Serviço.

2 – A responsabilidade pelos encargos com a ligação à RNTGN é estabelecida nos termos previstos no Regulamento de Relações Comerciais.

→ Artigo 22.º do Decreto-lei n.º 30/2006; artigos 80.º, 91.º, 92.º, 93.º, 97.º, 98.º e 99.º do RRC.

    I.   Ligação das infra-estruturas à RNTGN.
   II.   Responsabilidade pelos encargos com a ligação.

I. Dispõe-se no **n.º 1** desta disposição que a ligação das infra-estruturas de armazenamento subterrâneo, de terminais de GNL, de distribuição e de consumo, à RNTGN deve ser realizada nos termos previstos no RRC, RRT, ROI e no RQS.

Refira-se, no entanto, que o RRT ainda não foi aprovado pela ERSE.

A ligação à rede consiste no conjunto de infra-estruturas físicas, canalizações e acessórios que permitem a ligação entre a instalação a ligar e a rede existente.

O operador da rede de transporte é obrigado, dentro da sua área de intervenção, a proporcionar a ligação à sua rede das instalações dos clientes, dos terminais de recepção, armazenamento e regaseificação de GNL e das instalações de armazenamento de gás natural que o requisitem, uma vez reunidos os requisitos técnicos e legais necessários à sua exploração (cfr. artigo 80.º, n.º 1, RRC).

O operador da rede de transporte e o operador da rede de distribuição devem ainda estabelecer as ligações necessárias entre as respectivas redes de forma a permitir a veiculação de gás natural para abastecimento dos clientes ligados às redes de distribuição (cfr. artigo 80.º, n.º 2 do RRC).

A ligação das diferentes infra-estruturas à RNTGN deve ser feita, no respeito, pelos padrões de qualidade de serviço de natureza técnica estabelecidos no RQS para os vários operadores (cfr. comentário ao artigo 22.º).

II. A ligação à rede pode tornar necessário o pagamento de encargos relativos a:

   a) rede a construir (troços de tubagem e acessórios necessários à satisfação de uma requisição de ligação ou conjunto de requisições, que se desenvolvem entre a rede existente e os ramais de distribuição e que, uma vez construídos, integram o conceito de rede existente);
   b) ramais de distribuição (troços de tubagem destinados a assegurarem em exclusivo a ligação de uma instalação ou pequeno conjunto de instalações consumidoras de gás natural e que se desenvolvem entre os troços principais de rede e a válvula de corte geral da instalação a ligar);
   c) alterações de ligações já existentes.

Os encargos com a rede a construir e com a alteração das ligações já existentes constituem responsabilidade do requisitante (cfr. artigos 92.º e 93.º do RRC). Já os encargos com a construção de ramais de distribuição de novas ligações são responsabilidade do operador da rede (cfr. artigo 91.º do RRC).

Quando esteja em causa a ligação de clientes à rede, com um consumo anual igual ou inferior a 10 000 m3, a responsabilidade pela construção dos elementos necessários à ligação é do operador da rede (cfr. artigo 97.º, n.º 1 do RRC). Se forem clientes com um consumo anual superior a 10 000 m3, o requisitante poderá optar, mediante acordo com o operador, por promover a construção dos elementos necessários à ligação, respeitando as normas técnicas aplicáveis, bem como o estudo e projecto efectuados pelo operador da rede (cfr. artigo 97.º, n.º 2 do RRC). Depois de construídos, e a partir do momento em que forem considerados pelo operador em condições técnicas de exploração, os elementos necessários à ligação integram a propriedade do respectivo operador da rede (cfr. artigo 98.º do RRC).

As condições de ligação às redes de instalações de grandes clientes (com um consumo superior a 2 milhões de m3) são, por sua vez, objecto de acordo entre o requisitante e o operador da rede à qual se pretende efectuar a ligação (cfr. artigo 99.º, n.º 1 do RRC). Na ausência de acordo, caberá à ERSE decidir sobre os termos em que se procede à repartição de encargos.

O Despacho n.º 1129/2008 da ERSE, publicado no Diário da República, II Série, de 17 de Abril procedeu à aprovação das condições comerciais de ligação às redes e codificação de instalações de GN, fixando os valores e condições a aplicar no âmbito do estabelecimento de ligações às redes (cfr. Legislação anexa).

ARTIGO 24.º
Acesso às infra-estruturas da RNTIAT

1 – As concessionárias da RNTIAT devem proporcionar aos interessados, de forma não discriminatória e transparente, o acesso às suas infra-estruturas, baseado em tarifas aplicáveis a todos os clientes, nos termos do Regulamento do Acesso às Redes, às Infra-Estruturas e às Interligações e do Regulamento Tarifário.

2 – O disposto no número anterior não impede a celebração de contratos a longo prazo, desde que respeitem as regras da concorrência.

→ Artigos 18.º, n.º 2, alínea c), 19.º, n.º 2, alínea c) e 20.º, n.º 2, alíneas e) e f), 21.º do Decreto-lei n.º 30/2006; artigos 8.º, 72.º e 73.º do Decreto-lei n.º 140/2006; artigos 18.º, 19.º, 20.º, 21.º, 22.º e 27.º da Directiva n.º 2003/55/CE; Despacho n.º 24145/2007, publicado no Diário da República, II série, de 27 de Outubro de 2007; Despacho n.º 17630/2008, publicado no Diário da República, II série, de 30 de Junho de 2008; artigos 3.º, 5.º, 6.º e 10.º do RARII.

I. Direito de Acesso de Terceiros.

II. Derrogações.

III. Duração dos contratos de acesso às infra-estruturas.

I. O livre acesso de terceiros às infra-estruturas de gás natural (seja ao terminal de GNL, seja às infra-estruturas de armazenamento subterrâneo, seja ainda à rede de transporte) é uma das pedras angulares do SNGN. Com efeito, o livre acesso de terceiros é um dos pressupostos chave para a existência de um mercado concorrencial de gás natural.

Até 2006, a maior parte das empresas europeias do sector eram verticalmente integradas (e Portugal não era uma excepção, como vimos no comentário ao artigo 21.º). Na prática tal significava que uma mesma empresa oferecia simultaneamente o serviço de transporte ou de distribuição de gás e a sua comercialização. Deste modo, com a abertura dos mercados à concorrência surge um duplo risco: por um lado, o risco dos incumbentes (enquanto operadores das infra-estruturas) poderem discriminar os seus concorrentes, dando preferência aos seus próprios comercializadores (empresas do mesmo grupo empresarial) em detrimento de outros comercializadores; por outro lado, o risco de serem cobradas tarifas de uso das redes/infra-estruturas muito elevadas atendendo a que estamos perante monopólios naturais (cfr. Michael Albers, *The New EU Directives on Energy Liberalization from a competition point of view*, in AAVV, *Legal Aspects of EU Energy Regulation – Implementing the New Directives on Electricity and Gas Across Europe*, ed. Peter Cameron, Oxford University Press, Oxford, 2005, página 42).

Deste modo, e de forma a evitar estes riscos, o legislador comunitário ao mesmo tempo que impôs a separação jurídica das diferentes actividades do sector, consagrou também o acesso de terceiros às infra-estruturas de forma não discriminatória e transparente (cfr. artigos 18.º, 19.º e 20.º da Directiva n.º 2003/55/CE).

A nível nacional, os Decretos-lei n.º 30/2006 e 140/2006 seguiram as orientações comunitárias. Deste modo, e para além da imposição da separação jurídica das actividades (cfr. artigo 21.º do presente Decreto-lei), estabeleceram, para cada operador, o dever de facultar o acesso às infra-estruturas de todos os agentes de mercado numa base não discriminatória e transparente (cfr. artigos 18.º, n.º 2, alínea c), 19.º, n.º 2, alínea c) e 20.º, n.º 2, alíneas e) e f) do presente Decreto-lei).

Aliás, a importância deste direito de livre acesso é tal que o nosso legislador o incluiu entre as obrigações de serviço público a que se encontram sujeitas as concessionárias (cfr. artigo 8.º, n.º 2, alínea b) do Decreto-lei n.º 140/2006).

Deste modo, têm direito de acesso às infra-estruturas da RNTIAT todos os agentes de mercado. O acesso às infra-estruturas processa-se de acordo com os seguintes princípios gerais (cfr. artigo 5.º do RARII):

a) Salvaguarda do interesse público, incluindo a manutenção da segurança do abastecimento;
b) Garantia da oferta de gás natural nos termos adequados às necessidades dos clientes, quantitativamente e qualitativamente;
c) Igualdade de tratamento e de oportunidades;
d) Não discriminação;
e) Transparência e objectividade das regras e decisões relativas ao acesso às infra-estruturas;
f) Imparcialidade nas decisões;
g) Direito à informação;
h) Reciprocidade no uso das interligações por parte das entidades responsáveis pela gestão das redes com que o SNGN se interliga;
i) Pagamento das tarifas aplicáveis.

O direito de acesso às infra-estruturas é formalizado mediante a celebração, por escrito, de um contrato de uso das infra-estruturas (cfr. artigo 6.º do RARII).

As condições gerais que devem integrar os contratos de uso das infra-estruturas já foram aprovadas pela ERSE, após consulta aos agentes de mercado – cfr. Despacho n.º 24145/2007, publicado no Diário da República, II série, 27 de Outubro.

Finalmente, os operadores das infra-estruturas têm direito a receber uma retribuição pelo uso das suas instalações físicas e serviços inerentes, através da aplicação de tarifas relativas ao uso de cada infra-estrutura, nos termos definidos no RT (cfr. comentários aos artigos 18.º e seguintes).

As tarifas das actividades de transporte, de armazenamento subterrâneo e de recepção, armazenamento e regaseificação de GNL são fixadas pela ERSE, sendo, portanto, tarifas reguladas. A fixação de tarifas reguladas garante não só a igualdade de tratamento dos utilizadores das infra-estruturas, evitando o risco de discriminação entre utilizadores, mas também que o montante das tarifas não é exageradamente inflacionado pelos respectivos operadores, mercê do facto de as redes serem monopólios naturais.

Neste sentido, a ERSE aprovou as Tarifas e Preços do GN para o Ano Gás de 2008-2009, cfr. Despacho n.º 17630/2008, publicado no Diário da República, II série, n.º 124, de 30 de Junho.

Por sua vez, o Despacho n.º 7927/2008 da ERSE, publicado no Diário da República, II Série, de 17 de Março aprovou os mecanismos de atribuição de capacidade no Terminal de GNL, na RNTGN e no armazenamento subterrâneo.

O direito de livre acesso deve valer não só a nível interno de cada Estado, mas também relativamente ao acesso às interligações internacionais. Neste sentido, dispõe-se no artigo 20.º da Directiva que *"os Estados membros devem tomar as medidas necessárias para assegurar que as empresas de gás natural e os clientes elegíveis, onde quer que se encontrem, possam aceder às redes de gasodutos a montante (...)"*.

Apesar de previsto na Directiva não encontramos, no entanto, nenhuma norma com este conteúdo quer no Decreto-lei n.º 30/2006, quer no Decreto-lei n.º 140/2006, o que revela uma lacuna criticável destes diplomas. Com efeito, temos dúvidas de que estejamos perante uma norma clara, precisa e incondicional e de que, portanto, esta norma possa ter efeito directo na ordem jurídica portuguesa, i.e, ser directamente aplicada não obstante a ausência da sua transposição.

II. As disposições sobre o direito de acesso às infra-estruturas podem ser derrogadas em três situações:

- falta de capacidade das infra-estruturas;
- existência de sérias dificuldades económicas e financeiras resultantes da celebração de contratos *take or pay*; e
- novas infra-estruturas.

Qualquer recusa deve ser, no entanto, devidamente fundamentada.

Assim, e no seguimento do disposto no artigo 21.º da Directiva n.º 2003/55/CE, estabelece-se no artigo 8.º, n.º 1, alínea i) do Decreto-lei n.º 140/2006 que os operadores das infra-estruturas podem recusar, fundamentadamente, o acesso às respectivas infra-estruturas com base na falta de capacidade ou se esse acesso os impedir de cumprir as suas obrigações de serviço público.

Nestes casos, prevê-se ainda no artigo 21.º, n.º 2 da Directiva que os Estados membros podem tomar as medidas necessárias para assegurar que as empresas de gás natural, que recusem o acesso à rede com base em falta de capacidade ou em falta de ligação, efectuem os melhoramentos necessários, na medida em que tal seja economicamente viável ou quando um potencial cliente esteja interessado em pagar por isso (uma nota para o facto de a tradução do artigo 21.º, n.º 2 constante da versão portuguesa da Directiva n.º 2003/55/CE não corresponder à versão inglesa).

Esta norma não foi, no entanto, transposta pelo nosso legislador, o que configura, em nossa opinião, uma lacuna dos diplomas nacionais merecedora de críticas. Com efeito, o nosso legislador deveria ter tomado medidas que garantissem que, no caso de recusa de acesso às infra-estruturas por parte de um dos operadores, com fundamento em falta de capacidade, esse operador fosse obrigado a realizar os melhoramentos necessários nas infra-estruturas, sempre que tal fosse economicamente viável ou quando um potencial cliente estivesse interessado, pagando os respectivos encargos.

Outra derrogação ao direito de acesso às infra-estruturas é a constante do artigo 73.º do Decreto-lei n.º 140/2006, nos termos da qual, se uma empresa de gás natural se deparar, ou considerar que vem a deparar-se, com graves dificuldades económicas e financeiras devido aos compromissos inerentes a contratos de aquisição de gás em regime *take or pay*, celebrados antes da entrada em vigor da Directiva n.º 2003/55/CE, essa sociedade pode requerer ao ministro responsável pela área da energia a derrogação do acesso de terceiros prevista no artigo 27.º da Directiva. Em causa estão, apenas, os compromissos assumidos no âmbito de contratos *take or pay* celebrados antes da entrada em vigor da Directiva, o que aconteceu a 4 de Agosto de 2003.

Esta derrogação é, tal como a anterior, temporária, limitando-se ao acesso de terceiros às redes de transporte e de distribuição e às instalações de GNL (não se aplicando, portanto, às infra-estruturas de armazenagem subterrânea – cfr. artigo 27.º da Directiva).

O pedido de derrogação carece de parecer prévio da DGEG, bem como da ERSE, sendo aprovado pelo ministro depois de ponderados os critérios previstos no artigo 27.º, n.º 3 da Directiva. Estes critérios têm em conta, por um lado, a necessidade de garantir a existência de um mercado aberto e concorrencial e, por outro lado, a gravidade das dificuldades económicas e financeiras em que se encontra a empresa que requer a derrogação.

Em alternativa à decisão de derrogação, o ministro pode, no entanto, decidir facultar aos agentes de mercado a possibilidade de adquirirem gás natural dos contratos *take or pay*, nas quantidades necessárias ao cumprimento dos referidos contratos, mediante leilão cujos termos ainda não se conhecem (cfr. artigo 73.º, n.º 5 do Decreto-lei n.º 140/2006).

Finalmente, prevê-se também no artigo 72.º do Decreto-lei n.º 140/2006 (seguindo o disposto no artigo 22.º da Directiva) que as novas infra-estruturas relativas a interligações, a armazenamento subterrâneo e a terminais de GNL, bem como os aumentos significativos de capacidade nas infra-estruturas existentes e as alterações das novas fontes de fornecimento de gás, podem beneficiar de derrogações ao direito de acesso de terceiros.

Neste caso, a concessão da derrogação deve ter em conta as seguintes condições:

a) o investimento deve promover a concorrência e a segurança do abastecimento;

b) face ao risco associado, o investimento não seria realizado se não fosse concedida a derrogação;

c) a infra-estrutura deve ser propriedade de pessoa separada, pelo menos no plano jurídico, dos operadores em cujas redes a referida infra-estrutura venha a ser construída;

d) devem ser cobradas taxas de utilização aos utilizadores dessa infra-estrutura;

e) a derrogação não pode prejudicar a concorrência, nem o funcionamento eficaz do mercado interno do gás ou o funcionamento eficiente do sistema regulado a que está ligada a infra-estrutura.

Estas derrogações podem abranger a totalidade ou parte da nova infra-estrutura, ou da infra-estrutura existente significativamente alterada ou ampliada. Podem, no entanto, ser impostas condições quanto à duração da derrogação, bem como ao acesso não discriminatório à interligação.

Tal como no caso das derrogações relacionadas com compromissos assumidos no âmbito de contratos de *take or pay*, também estas derrogações são precedidas de prévio parecer da DGEG e da ERSE.

III. Dispõe-se no **n.º 2** que a existência de um direito de acesso de terceiros às infra-estruturas da RNTIAT, em termos não discriminatórios e transparentes, não impede a celebração de contratos a longo prazo, desde que os mesmos respeitem as regras em matéria de concorrência. Trata-se de uma regra constante também da Directiva (cfr. artigo 18.º, n.º 3 da Directiva).

De acordo com o artigo 10.º do RARII os contratos de uso das infra-estruturas têm a duração de um ano gás (período compreendido entre as 00:00h de 1 de Julho e as 24:00h de 30 de Junho do ano seguinte – cfr. artigo 3.º, n.º 1, alínea c) do RARII), com vigência até ao final do ano gás, considerando-se automática e sucessivamente renovados por iguais períodos.

Da mesma forma, estabelece-se nas cláusulas 4.ª dos Anexos ao Despacho n.º 24145/2007, publicado no Diário da República, II série, 27 de Outubro, que aprova as condições gerais dos contratos de uso das infra-estruturas, que os contratos têm a duração de um ano (que coincide com o início e com o termo do ano gás), considerando-se automática e sucessivamente renovado por iguais períodos, salvo denúncia pelo agente de mercado, sujeita à forma escrita, com a antecedência mínima de 60 dias em relação ao termo do contrato ou da sua renovação.

SUBSECÇÃO III

Relacionamento comercial

ARTIGO 25.º

Relacionamento das concessionárias da RNTIAT

As concessionárias da RNTIAT relacionam-se comercialmente com os utilizadores das respectivas infra-estruturas, tendo direito a receber, pela utilização destas e pela prestação dos serviços inerentes, uma retribuição por aplicação de tarifas reguladas, definidas no Regulamento Tarifário.

→ Artigo 35.º do Decreto-lei n.º 30/2006; Despacho n.º 17630/2008, de 25 de Maio, publicado no Diário da República, II série, de 30 de Junho de 2008; artigo 5.º do RRC; artigos 14.º e 15.º do RARII.

I.   Princípios gerais de relacionamento comercial.
II. Tarifas Reguladas.

I. Este artigo é idêntico ao artigo 35.º relativamente ao relacionamento das concessionárias e licenciadas das redes de distribuição com os utilizadores das respectivas infra-estruturas.

Dispõe-se neste artigo que as concessionárias da RNTIAT, ou seja, a concessionária do terminal de GNL, as concessionárias de armazenamento subterrâneo e a concessionária da rede de transporte, relacionam-se comercialmente com os utilizadores das respectivas infra-estruturas (clientes elegíveis, comercializadores, comercializadores de último recurso grossista, comercializadores de último recurso retalhistas).

O relacionamento comercial destas entidades faz-se de acordo com os princípios estabelecidos no artigo 5.º do RRC, ou seja:

a) garantia da oferta de gás natural nos termos adequados às necessidades dos consumidores;
b) igualdade de tratamento e de oportunidades;
c) não discriminação;
d) transparência e objectividade das regras e decisões relativas ao relacionamento comercial;

e) imparcialidade nas decisões;

f) direito à informação e salvaguarda da confidencialidade da informação comercial considerada sensível.

II. A disponibilização pelos operadores das infra-estruturas, nomeadamente pelas concessionárias da RNTIAT, das suas instalações físicas, bem como a prestação dos serviços inerentes é feita mediante o pagamento, da responsabilidade do utilizador, de uma tarifa que é estabelecida pela ERSE (cfr. artigo 14.º do RARII).

A fixação, pela entidade reguladora, dos valores das tarifas aplicáveis quer à utilização das infra-estruturas, quer à prestação dos serviços inerentes garante, neste momento de transição em que o mercado de gás natural está ainda a dar os seus primeiros passos de abertura à concorrência, que não são criadas condições que discriminem utilizadores ou categorias de utilizadores, favorecendo uns em detrimento de outros.

Para além dos serviços "inerentes", prevêem-se também no RRC serviços regulados, cujo pagamento é feito de acordo com os preços anualmente publicados pela ERSE (artigo 15.º do RARII).

De acordo com o RRC, são serviços regulados, os serviços de interrupção e de restabelecimento e a leitura extraordinária. Para além destes, não encontramos quaisquer outros serviços que possam ser assim qualificados.

Assim, enquanto os serviços regulados em sentido estrito estão especificamente previstos no RRC, a qualificação como serviços inerentes depende da natureza que estes assumirem: deverão ser assim qualificados os serviços que sejam necessários à actividade em si mesma, não já os serviços que não sendo indispensáveis (essenciais) possam ser prestados pela mesma entidade sem descaracterizar o objecto da actividade prosseguida.

A possibilidade de as concessionárias da RNTIAT prestarem estes outros serviços (não indispensáveis ou não essenciais) resulta do próprio contrato de concessão que permite que a concessionária possa exercer outras actividades para além das que se integram no objecto da concessão, "*com fundamento no proveito daí resultante para a concessão ou com vista a optimizar a utilização dos bens afectos à mesma*" (cfr. bases dos respectivos contratos de concessão anexas ao Decreto-lei n.º 140/2006). De salientar que estas actividadedes devem ser acessórias ou complementares (o que se enquadra na natureza destes serviços) não devendo prejudicar a regularidade e a continuidade da prestação do serviço. Impõe-se ainda a prévia autorização do Concedente que deve ser ponderada casuisticamente.

Assim, a previsão de serviços inerentes e de serviços regulados não impede que as partes acordem na prestação de outros serviços - que não se relacionem directamente com o uso das infra-estruturas (e que serão todos os serviços que não sejam estritamente necessários à actividade) ou que não digam respeito a nenhum dos serviços regulados – estabelecendo livremente os preços devidos pela sua prestação. Em todo o caso, devem aplicar-se os princípios da não discriminação e da transparência, agora como princípios gerais, e já não como princípios relacionados com a obrigação de dar acesso a terceiros, de forma a proteger a livre concorrência.

As tarifas de acesso às infra-estruturas do terminal de GNL, de armazenamento subterrâneo e da RNTGN, para o ano gás 2008-2009, foram publicadas, pela ERSE, através do Despacho n.º 17630/2008, publicado no Diário da República, II série, de 30 de Junho de 2008.

SUBSECÇÃO IV
Planeamento

Artigo 26.º
Planeamento da RNTIAT

1 – O planeamento da RNTIAT tem por objectivo assegurar a existência de capacidade nas partes que a integram, com níveis adequados de segurança e de qualidade de serviço, no âmbito do mercado interno de gás natural.

2 – O planeamento da RNTIAT deve ser coordenado com o planeamento das redes com que esta se interliga, nomeadamente as redes de distribuição e as redes de sistemas vizinhos.

3 – O planeamento da RNTIAT bem como os respectivos procedimentos obedecem aos termos estabelecidos no Regulamento de Operação das Infra-Estruturas e em legislação complementar.

→ Artigo 3.º do Decreto-lei n.º 30/2006; artigos 3.º, 8.º, 12.º e 75.º do Decreto-lei n.º 140/2006; artigo 3.º e 24.º da Directiva n.º 2003/55/CE; Portaria n.º 390/94, de 17 de Junho; artigos 3.º, 26.º e seguintes do RARII; artigos 97.º e 99.º do RRC.

I. Os Investimentos na RNTIAT.
II. A quem compete o planeamento da RNTIAT.
III. O PDIR.
IV. Condutas Directas.

I. Ligados com a questão do planeamento da RNTIAT encontram-se, naturalmente, os investimentos nas infra-estruturas.

Com efeito, só através de adequado planeamento da RNIAT e da realização dos correspondentes investimentos, se pode assegurar a existência de capacidade das infra-estruturas que integram a RNTIAT (terminal de GNL, infra-estruturas de armazenamento subterrâneo e rede transporte) e assim garantir a segurança do abastecimento e a qualidade de serviço. Aliás, a segurança, a regularidade e a qualidade do abastecimento fazem parte do catálogo de obrigações de serviço público que as concessionárias do SNGN têm de respeitar (cfr. artigo 8.º, n.º 2, alínea a) do Decreto-lei n.º 140/2006).

A matéria dos investimentos nas infra-estruturas encontra-se prevista nos artigos 26.º e seguintes do RARII.

Assim, os operadores das infra-estruturas devem enviar à ERSE, para aprovação, os projectos de investimento que pretendem efectuar, identificando as infra-estruturas abrangidas e a calendarização da sua execução. Os projectos devem contemplar os três anos gás seguintes ao ano gás (período compreendido entre as 00:00h de 1 de Julho e as 24:00h de 30 de Junho do ano seguinte, cfr. artigo 3.º, n.º 1, alínea c) do RARII) em que são apresentados.

Os diferentes operadores devem ainda estabelecer adequados mecanismos de troca de informação entre si, de forma a assegurar a coerência entre os projectos de investimento, designadamente informação quanto às alternativas de ligação.

Da mesma forma, o operador da rede de transporte deve também prever, em conjunto com o operador do sistema de gás natural com o qual a sua rede está interligada a nível internacional, a prestação recíproca de informação. É neste sentido que se deve entender o disposto no **n.º 2** quando se refere à necessidade de o planeamento da RNTIAT ser coordenado com o planeamento das redes com que esta se interliga, nomeadamente as redes de distribuição e as redes de sistemas vizinhos.

Finalmente, estabelece-se no artigo 27.º do RARII (embora tal não fosse necessário, uma vez que já decorre da legislação sobre contratação pública) que os investimentos nas infra-estruturas devem ser realizados de acordo com os procedimentos previstos no Decreto-lei n.º 223/2001, de 9 de Agosto (este diploma foi, no entanto, revogado pelo Código dos Contratos Públicos, aprovado pelo Decreto-lei n.º 18/2008, de 29 de Janeiro, pelo que esta remissão deve ser entendida como feita para o CCP).

II. O planeamento da RNTIAT compete à DGEG (cfr. artigo 12.º, n.º 2 do Decreto-lei n.º 140/2006), em coordenação com os operadores das infra-estruturas.

III. Apesar de o planeamento da RNTIAT caber à DGEG, compete, no entanto, ao operador da RNTGN a elaboração dos documentos que servem de base ao referido planeamento.

Assim, o operador da rede de transporte deve elaborar um documento com a caracterização da RNTIAT, o qual deve conter informação técnica que permita conhecer a situação das redes e restantes infra-estruturas, designadamente as capacidades nos vários pontos da rede, a capacidade de armazenamento e dos terminais de GNL, bem como o seu grau de utilização. Na elaboração deste documento a concessionária da RNTGN conta com a colaboração dos operadores das restantes infra-estruturas. Este documento deve ser entregue à DGEG (cfr. artigo 12.º, n.º 2, alínea a) do Decreto-lei n.º 140/2006).

O documento mais relevante nesta matéria é, no entanto, o PDIR (Plano de Desenvolvimento e Investimento da RNTIAT), cujas propostas são elaboradas pelos operadores da RNTIAT e da RNDGN e submetidas ao operador da RNTGN (cfr. artigo 12.º, n.º 2, alínea b) do Decreto-lei n.º 140/2006). Ao operador da RNTGN cabe, depois, a integração e harmonização das referidas propostas, observando, para além de critérios de racionalidade económica, as orientações de política energética, designadamente o que se encontrar definido relativamente à capacidade e tipo das infra-estruturas de entrada de gás natural no sistema, as perspectivas de desenvolvimento dos sectores de maior e mais intenso consumo, as conclusões e recomendações contidas nos relatórios de monitorização, os padrões de segurança para planeamento das redes e as exigências técnicas e regulamentares aplicáveis.

O operador da RNTGN deverá depois submeter esta proposta à DGEG (a proposta deve ser apresentada com a periodicidade de três anos, até ao final do primeiro trimestre), a qual, por sua vez, a submete à apreciação da ERSE para parecer.

O PDIR final é elaborado pela DGEG, sendo submetido ao ministro responsável pela área da energia para aprovação, acompanhado do parecer da ERSE.

De acordo com o artigo 75.º do Decreto-lei n.º 140/2006, o primeiro PDIR deveria ser apresentado pela DGEG até ao final do primeiro trimestre de 2008. De acordo com a informação disponibilizada, o período de consulta pública do PDIR terminou em 18 de Abril de 2008, aguardamdo-se, assim, a sua aprovação.

IV. Embora a questão das condutas directas não seja uma matéria directamente relacionada com a questão do planeamento da RNTIAT, diz respeito, no entanto, à realização de investimentos nas infra-estruturas de forma a assegurar a ligação dos clientes às redes.

Uma conduta directa é um gasoduto de gás natural não integrado na rede interligada (cfr. artigo 3.º, alínea n)).

Estabelece-se no artigo 24.º da Directiva n.º 2003/55/CE que os Estados membros devem tomar as medidas necessárias para permitir que:

a) as empresas de gás natural estabelecidas no seu território possam abastecer por conduta directa os clientes elegíveis;
b) quaisquer clientes elegíveis situados no seu território possam ser abastecidos por conduta directa pelas empresas de gás natural.

A verdade, no entanto, é que não obstante o conceito de "conduta directa" constar do elenco de definições contido no artigo 3.º, bem como no artigo 3.º do Decreto-lei n.º 140/2006, não existe nenhuma referência a esta figura em qualquer um daqueles diplomas. Trata-se, assim, de uma matéria que não foi transposta pelo legislador nacional.

A definição do regime que, de acordo com a Directiva, deverá estabelecer critérios de concessão ou autorização objectivos, transparentes e não discriminatórios, terá, assim, necessariamente, de ocorrer por via de uma alteração legislativa ao presente diploma.

No entanto, muito embora aquela norma não tenha sido transposta, somos da opinião que a Directiva pode ser directamente aplicável, uma vez que a norma é clara, precisa e incondicional, dela resultando um direito quer para as empresas de gás natural, quer para os clientes elegíveis de serem abastecidos através de condutas directas.

Deste modo, uma empresa que pretenda abastecer um (ou mais) cliente elegível e que, por força de inexistência de rede ou de uma recusa de acesso à rede somente o possa fazer através de conduta directa, pode requerê-lo ao ministro responsável pelo sector, desde que justifique o interesse e comprove deter a necessária capacidade técnica e económico-financeira para a sua instalação.

Às condutas directas aplicar-se-ão as normas relativas ao projecto, construção, exploração e manutenção de gasodutos de transporte de gases combustíveis (cfr. Portaria n.º 390/94, de 17 de Junho, que não foi revogada com a entrada em vigor do pacote legislativo de 2006).

O RRC contém, aliás, normas relacionadas com esta questão a propósito da ligação às redes.

Assim, e no que toca a clientes com um consumo anual superior a 10 000 m3, o requisitante poderá optar, mediante acordo com o operador, por promover a construção dos elementos necessários à ligação, respeitando as normas técnicas aplicáveis, bem como o estudo e projecto efectuados pelo operador da rede (cfr. artigo 97.º, n.º 2 do RRC). Depois de construídos, e a partir do momento em que forem considerados pelo operador em condições técnicas de exploração, os elementos necessários à ligação integram a propriedade do respectivo operador da rede (cfr. artigo 99.º do RRC).

Estabelecem-se também as condições comerciais de ligação às redes de instalações de grandes clientes (com um consumo superior a 2 milhões de m3) que são objecto de acordo entre o requisitante e o operador da rede à qual se pretende efectuar a ligação (cfr. artigo 99.º, n.º 1 do RRC). Na ausência de acordo, caberá à ERSE decidir sobre os termos em que se procede à repartição de encargos.

SECÇÃO III
Exploração das redes de distribuição de gás natural

SUBSECÇÃO I
Regime de exercício, composição e operação

ARTIGO 27.º
Regime de exercício

1 – A actividade de distribuição de gás natural é exercida em regime de concessão ou de licença de serviço público, mediante a exploração das respectivas infra-estruturas que, no seu conjunto, integram a exploração da RNDGN.

2 – As concessões da RNDGN são atribuídas mediante contratos outorgados pelo Ministro da Economia e da Inovação, em representação do Estado.

3 – As bases das concessões da RNDGN, bem como os procedimentos para a sua atribuição, são estabelecidas em legislação complementar.

4 – As licenças de distribuição de serviço público, bem como os procedimentos para a sua atribuição, são estabelecidas em legislação complementar.

5 – O disposto nos números anteriores não prejudica o exercício da actividade de distribuição de gás natural para utilização privativa, nos termos a definir em legislação complementar.

→ Artigos 13.º e 15.º do Decreto-lei n.º 30/2006; artigos 2.º, 5.º a 10.º, 20.º a 29.º, 30.º, 31.º, 70.º e 71.º, n.º 2 do Decreto-lei n.º 140/2006; Decreto-lei n.º 65/2008, de 9 de Abril; Decreto-lei n.º 558/99, de 17 de Dezembro com as alterações introduzidas pelo Decreto-lei n.º 300/2007, de 23 de Agosto; Portaria n.º 1296/2006, de 22 de Novembro; Portaria n.º 568/2000, de 7 de Agosto.

I.   Regime de concessão ou de licença de serviço público. Remissão.
II.   Âmbito da actividade de distribuição.

III.   Regime e forma de atribuição das concessões. Novas Concessões.
IV.   Concessões já existentes.
V.   As bases das concessões. Procedimentos para atribuição.
VI.   Licenças de distribuição de serviço público. Procedimento para atribuição. Regime.
VII. Licenças para utilização privativa. Regime.
VIII. Postos de enchimento.

I. O regime de exercício da actividade de distribuição através de concessão ou de licença (cujo alcance e significado tratamos no artigo 15.º para o qual remetemos) não se altera. Era já este o regime que vigorava no quadro jurídico anterior. O que se altera é o seu âmbito, pois a actividade de distribuição passa a abranger apenas a exploração (ou, melhor dizendo, o desenvolvimento, a exploração e a manutenção) das infra-estruturas que compõem a rede, enquanto antes abrangia também a compra e venda de gás natural que é agora separada juridicamente desta actividade (excepto no caso das distribuidoras que sirvam um número de clientes inferior a 100 000).

O n.º 3 do artigo 5.º do Decreto-lei n.º 140/2006 reitera a sujeição a concessão ou a licença da actividade de distribuição. Apenas acrescenta, no n.º 6, que as actividades de concessão de distribuição regional ou de licenças de distribuição local são exercidas em regime de exclusivo nas áreas concessionadas ou pólos de consumo licenciados, respectivamente.

No seu conjunto, as concessões de distribuição regional e as licenças de distribuição local de todas as redes de distribuição integram a exploração da RNDGN, definida como "*o conjunto das infra-estruturas de serviço público destinadas à distribuição de gás natural*" (cfr. alínea dd) do artigo 2.º).

II. Conforme referimos já no comentário ao artigo 13.º a actividade de distribuição tem por objecto a veiculação de gás natural desde a rede de transporte até ao ponto de entrega na instalação do cliente.

O âmbito da actividade de distribuição encontra-se densificado no artigo 20.º do Decreto-lei n.º 140/2006, e inclui, o recebimento, a veiculação e entrega de gás natural a clientes finais através das redes de baixa e média pressão (ou seja das redes com uma pressão inferior a 4 bar ou com uma pressão entre 4 e 20 bar respectivamente) e a construção, a manutenção, operação e exploração de todas as infra-estruturas que integram a respectiva rede e das interligações às redes e infra-estruturas a que estejam ligadas, bem como as instalações necessárias à sua operação.

No caso de pólos de consumo, a actividade de distribuição abrange ainda o recebimento, armazenamento e regaseificação de GNL nas UAG's, a emissão de gás natural, e a sua veiculação e entrega a clientes finais através das respectivas redes.

III. Os distribuidores adquirem essa condição através de atribuição de uma concessão ou de uma licença para o exercício desta actividade.

As concessões regem-se pelo disposto neste diploma, no Decreto-lei n.º 140/2006 (artigos 7.º e seguintes), na legislação e regulamentação aplicáveis e ainda, no caso das concessões actuais, nas bases das concessões anexas ao Decreto-lei n.º 140/2006 e nos respectivos contratos que têm de respeitar aquelas bases.

Para enquadrar o regime a que se encontram sujeitas as concessões há pois que recorrer a um conjunto de disposições dispersas distinguindo, desde logo, as concessões ou licenças já existentes das novas concessões ou licenças.

Quanto a novas concessões a sua aprovação é da competência do Conselho de Ministros, através de resolução, e a sua atribuição está sujeita a concurso público, salvo quando atribuídas a entidades dominadas, directa ou indirectamente, pelo Estado ou quando os concursos públicos ficarem desertos, caso em que podem ser atribuídas por ajuste directo (n.º 2 do artigo 7.º do Decreto-lei n.º 140/2006).

Por "entidades dominadas directa ou indirectamente pelo Estado" entende-se aquelas em que o Estado exerce uma influência dominante em virtude da detenção da maioria do capital ou de mais de metade dos votos ou da possibilidade de designar mais de metade dos membros do órgão de administração ou do órgão de fiscalização (artigo 486.º do Código das Sociedades Comerciais). Equivalem às designadas empresas públicas que, nos termos do regime do sector empresarial do Estado, são "as sociedades constituídas nos termos da lei comercial nas quais o Estado ou outras entidades públicas estaduais possam exercer, isolada ou conjuntamente, de forma directa ou indirecta, uma influência dominante em virtude da detenção da maioria do capital ou dos direitos de voto" ou do "direito de designar ou de destituir a maioria dos membros dos órgãos de administração ou de fiscalização" (cfr. Decreto-lei n.º 558/99, de 17 de Dezembro, com as alterações introduzidas pelo Decreto-lei n.º 300/2007, de 23 de Agosto).

Na origem do procedimento de atribuição pode estar um pedido de criação de nova concessão ou, pura e simplesmente, uma decisão do ministro responsável pela área de energia.

Efectivamente, o legislador prevê, no n.º 4 do artigo 7.º do Decreto-lei n.º 140/2006, que os interessados possam requerer, mediante requerimento dirigido ao ministro responsável pela área de energia, a criação de novas concessões de distribuição regional, o que dará necessariamente origem à abertura de um procedimento concursal. No caso de não se apresentarem outros interessados ao procedimento então a concessão poderá ser atribuída por ajuste directo ao "requerente" da concessão.

Para além dos que sejam especificamente estabelecidos no procedimento concursal concreto, são requisitos para atribuição das concessões (i) tratar-se de uma pessoa colectiva na forma de sociedade anónima com sede e direcção efectiva em Portugal, (ii) ter por objecto principal o exercício das actividades integradas no objecto da respectiva concessão, (iii) demonstrar que tem a capacidade técnica para a construção, gestão e manutenção das respectivas infra-estruturas e instalações e, (iv) demonstrar possuir capacidade económica e financeira compatível com as exigências, e inerentes responsabilidades, das actividades a concessionar.

O concurso culmina com a celebração de um contrato no qual outorga pelo Estado o Ministro da Economia, sendo que a aprovação da atribuição da concessão compete ao Conselho de Ministros através de resolução, sob proposta do ministro responsável pela área da energia (actualmente o Ministro da Economia) (cfr. n.º 1 do artigo 7.º do Decreto-lei n.º 140/2006).

No que respeita ao procedimento para atribuição, para além do que ficou referido e que resulta das disposições do Decreto-lei n.º 140/2006 que fomos citando, há que deixar claro que os procedimentos para atribuição de novas concessões serão objecto de legislação específica (cfr. comentário ao artigo 15.º).

No que toca já não ao procedimento de atribuição mas ao regime das concessões, além dos direitos e obrigações das concessionárias de que falaremos a propósito do n.º 2 do artigo 30.º, o Decreto-lei n.º 140/2006 estabelece o prazo das concessões que não poderá exceder 40 anos a contar da data de celebração do contrato, com possibilidade de renovação por uma única vez mediante a verificação de duas condições: se o interesse público o justificar e as concessionárias tiverem cumprido as obrigações legais e contratuais (cfr. artigo 9.º do Decreto-lei n.º 140/2006).

Estabelece-se ainda a proibição de oneração ou transmissão dos bens que integram as concessões sem prévia autorização do concedente, e a sua reversão para o Estado no termo da concessão (cfr. artigo 10.º do Decreto-lei n.º 140/2006). Finalmente, determina-se a obrigação de celebração de seguro de responsabilidade civil cujo montante mínimo será estabelecido em portaria do ministro responsável pela área da energia.

IV. As concessões já existentes, tituladas pelos contratos de concessão de distribuição regional em vigor celebrados entre o Estado Português e as anteriores distribuidoras regionais, deveriam ser alteradas em conformidade com o anexo IV do Decreto-lei n.º 140/2006 no prazo de um ano a contar da data de entrada em vigor daquele diploma, ou seja até 27 de Julho de 2007. O legislador salvaguardou, no entanto, expressamente o direito à manutenção do equilíbrio económico e financeiro das respectivas concessões nos novos contratos.

A alteração decorreu da necessidade de acomodar nos contratos de concessão as modificações introduzidas no quadro jurídico aplicável.

Embora a modificação dos contratos de concessão devesse ter ocorrido até àquela data (o que acabou por ocorrer apenas em Abril de 2008), os fornecimentos das anteriores concessionárias aos seus clientes continuaram a efectuar-se, até 1 de Janeiro de 2008, nos termos dos contratos de fornecimento existentes.

É também possível o alargamento das áreas geográficas respeitantes a concessões já em exploração mediante pedido da respectiva concessionária. O alargamento é aprovado por Resolução do Conselho de Ministros após a audição das concessionárias das áreas de concessão confinantes com aquela para que seja requerido o alargamento (cfr. n.º 3 do artigo 7.º do Decreto-Lei n.º 140/2006).

A distribuição regional de GN (consumidores com consumos anuais inferiores a 2 milhões de m3 de Gás Natural por ano) é da responsabilidade de 6 concessionárias regionais: a EDP Gás Distribuição (anteriormente denominada Portgás) (na região litoral norte), a Lusitaniagás (na região litoral centro), a Lisboagás (no distrito de Lisboa), a Setgás (na península de Setúbal), a Beiragás (na região interior centro) e a Tagusgás (na região do Vale do Tejo), que, como referimos atrás, mantêm a operação das respectivas redes.

V. Embora o **n.º 3** refira que as bases das concessões, bem como os procedimentos para a sua atribuição, são estabelecidas em legislação complementar, não deve entender-se que as bases aprovadas através do anexo IV do Decreto-lei n.º 140/2006 (na medida em que é legislação complementar) são genericamente aplicáveis a todas as concessões.

É que a interpretação conjugada do disposto no n.º 1 do artigo 70.º (que determinava que os anteriores contratos de concessão regional deveriam ser alterados de acordo com o estabelecido no Anexo IV) com o título do Anexo IV, leva-nos a concluir que estas bases apenas valem para as anteriores concessões devendo os contratos ser modificados com base nelas, o que aconteceu, como referimos, em Abril de 2008. Admitimos, no entanto, que o regime deve ser o mesmo, ou semelhante, para as novas concessões.

Quer o procedimento de atribuição, quer as bases de quaisquer novas concessões terão de ser, assim, aprovadas por legislação específica (cfr. comentário ao artigo 15.º).

VI. É algo equívoca a referência ao longo deste diploma e do Decreto-lei n.º 140/2006 a "licenças de distribuição de serviço público" (no n.º 4 deste artigo 27.º) ou "em regime de serviço público" (epígrafe do artigo 22.º do Decreto-lei n.º 140/2006) ou "licenças de distribuição local" (citado artigo 22.º e ainda o artigo 23.º do mesmo diploma legal).

Todas estas expressões querem dizer o mesmo: as licenças são de distribuição local e o regime de exercício da actividade de distribuição por elas licenciado é que é de serviço público, isto é, de interesse geral ou colectivo, ou como a lei também refere, de utilidade pública, por contraposição às licenças "de utilização privativa" de que trata o n.º 5 deste artigo.

As licenças de distribuição local surgiram com a necessidade de abastecimento antecipado de gás natural em zonas do território nacional que, pela sua localização, não podiam usufruir a curto/médio prazos da expansão das redes de transporte e distribuição ou cujo potencial de mercado não justificava essa expansão.

Trata-se, pois, de um sistema de distribuição de GN apoiado em unidades autónomas de GNL, isto é, em reservatórios criogénicos sob pressão destinados a armazenar gás natural liquefeito.

Foi somente com a publicação do Decreto-lei n.º 8/2000, de 8 de Fevereiro, que alterou o Decreto-lei n.º 374/89, de 25 de Outubro (ambos revogados pelo presente diploma), que o regime de licença foi devidamente enquadrado e legalizado, permitindo-se, pela primeira vez no sector do gás, a possibilidade de a exploração do respectivo serviço público de distribuição poder ocorrer em regime de licença, ou seja através de acto administrativo que permite o exercício desta actividade.

Aliás, como o próprio preâmbulo Decreto-lei n.º 8/2000 indicava, *"Este regime será utilizado para a distribuição de gás natural em zonas do território nacional não incluídas na área de concessão de uma distribuidora regional desde que seja estimada uma potencialidade de consumo que justifique a construção e exploração de uma rede autónoma de distribuição"*. A Portaria n.º 5/2002, de 5 de Janeiro, veio mais tarde aprovar a respectiva regulamentação.

As licenças de distribuição local são exercidas em regime de serviço público, e em exclusivo, em zonas do território nacional não abrangidas pelas concessões de distribuição regional (cfr. artigo 22.º do Decreto-lei n.º 140/2006).

Excepcionalmente, podem ser concedidas licenças de distribuição local em zonas abrangidas por concessões de distribuição regional no caso de a respectiva concessionária entender que não pode proceder à respectiva cobertura, de acordo com justificação técnica ou económica devidamente fundamentada e reconhecida pelo concedente (cfr. o n.º 2 do artigo 22.º do mesmo diploma).

A importância do serviço público desempenhado pelos titulares destas licenças foi recentemente reconhecida pelo Decreto-lei n.º 65/2008, de 9 de Abril, diploma que veio equiparar os direitos das entidades titulares das licenças de serviço público de distribuição local de gás natural exercidas em regime de exclusivo de serviço público aos direitos das entidades concessionárias previstos no artigo 8.º, n.º 1 do Decreto-lei n.º 140/2006.

Estas licenças compreendem a distribuição de gás natural, ou dos seus gases de substituição, a pólos de consumo e a recepção, o armazenamento e a regaseificação em unidades autónomas afectas à respectiva rede (cfr. n.º 2 do artigo 23.º do Decreto-lei n.º 140/2006 e artigo 2.º da Portaria n.º 1296/2006, de 22 de Novembro).

Na prática, o GNL é transportado em camiões cisterna até à unidade autónoma de regaseificação, na qual se procede à regaseificação do gás natural liquefeito, introduzindo-o depois na rede de distribuição local que procede à veiculação do gás até às instalações consumidoras.

O procedimento para atribuição de novas licenças de distribuição local inicia-se com um pedido de atribuição de licença, dirigido ao ministro responsável pela área de energia (actualmente, já o dissemos, o Ministro da Economia) e entregue na DGEG, instruído com elementos elencados no n.º 2 do artigo 3.º da Portaria n.º 1296/2006, de 22 de Novembro.

Esta Portaria, que aprovou o modelo da licença, os requisitos para a sua atribuição e transmissão e o regime de exploração da respectiva rede de distribuição, revogando a anterior Portaria n.º 5/2002, de 4 de Janeiro, determina ainda os requisitos técnicos, económicos e outros para atribuição da licença a que ficam obrigados os requerentes caso esta lhes seja atribuída.

A DGEG publicita o pedido através de aviso na II série do Diário da República e no Jornal Oficial da União Europeia bem como no respectivo sitio da Internet durante um prazo não inferior a seis meses podendo, durante esse prazo, ser apresentados outros pedidos para o mesmo pólo de consumo.

Havendo outros pedidos, procede-se a um concurso limitado entre os requerentes sendo critérios de selecção e de avaliação das propostas a verificação ponderada dos seguintes factores: (i) área geográfica compreendida na rede de distribuição, (ii) prazos de construção das infra-estruturas, (iii) compromissos mínimos de implantação e desenvolvimento das infra-estruturas da rede, (iv) demonstração da capacidade económica e financeira e respectivas garantias e, (v) demonstração da capacidade técnica na construção e exploração das infra-estruturas gasistas (cfr. n.º 2 do artigo 25.º do Decreto-lei n.º 140/2006).

A responsabilidade pelo projecto e construção das instalações de recepção, armazenamento e regaseificação de GNL e das infra-estruturas de distribuição local, bem como da aquisição dos equipamentos necessários em cada momento à exploração da rede é do titular da licença, que responde perante o Estado pelos eventuais defeitos de construção do equipamento (cfr. artigo 8.º da Portaria n.º 1296/2006). De referir, também, que o projecto deve ser submetido à entidade licenciadora para aprovação, no prazo máximo de seis meses após a atribuição da licença, sob pena da sua revogação (artigo 9.º da citada Portaria).

As licenças de distribuição local são atribuídas por um prazo máximo de 20 anos, tendo em conta, designadamente, a expansão do sistema de gás natural e a amortização dos custos de construção, instalação e desenvolvimento da respectiva rede e são transmissíveis mediante prévia autorização do ministro responsável verificadas determinadas condições, designadamente, a de se encontrarem executadas, pelo menos, 50% das infra-estruturas definidas na licença, salvo apresentação de garantia bancária *on first demand* de valor correspondente ao montante actualizado do investimento das infra-estruturas por executar e de se manterem os pressupostos que determinaram a sua atribuição.

A extinção das licenças de distribuição local ocorre por caducidade (no caso de decurso do prazo ou integração do pólo de consumo objecto de licença numa concessão de distribuição regional) ou por revogação (que pode verificar-se em caso de incumprimento culposo das condições estabelecidas na licença nomeadamente no que se refere à regularidade, à qualidade e à segurança da prestação do serviço).

A previsão da integração do pólo de consumo numa rede de distribuição regional vem de encontro à natureza transitória destes pólos pois estes tendem a integrar-se em redes de distribuição mais alargadas, o que obriga a que a concessionária indemnize o titular da licença tendo em conta o período de tempo que falta para o termo do prazo por que foi atribuída, considerando os investimentos não amortizados e os lucros cessantes (n.º 3 do artigo 28.º do Decreto-lei n.º 140/2006).

O modelo da licença de distribuição local consta do anexo à referida Portaria n.º 1296/2006, de 22 de Novembro (ver, também, a Portaria n.º 568/2000, de 7 de Agosto, que aprovou o regulamento de segurança das instalações de armazenagem de GNL em reservatórios criogénicos sob pressão).

VII. A licença para a exploração de distribuição privativa prevista no **n.º 5** deste artigo foi também introduzida na nossa ordem jurídica pelo Decreto-lei n.º 8/2000, de 8 de Fevereiro, que aditou um novo artigo ao Decreto-lei n.º 374/89, de 25 de Outubro, e mandou proceder à sua republicação, referindo-se a esta licença no artigo 22.º (ambos os diplomas foram, como referimos supra, revogados por este diploma).

O Decreto-lei n.º 140/2006 dá um tratamento específico, em capítulo próprio, a este tipo de licenças (cfr. artigos 30.º e 31.º).

Uma distribuição privativa corresponde a um abastecimento próprio de GNL ou abastecimento de GNL para fornecimento a terceiros quando o mesmo se efectue em zonas fora de áreas concessionadas ou dos pólos de consumo abrangidos por licença de exploração de redes locais autónomas e a entidade concessionária ou licenciada não garanta a ligação.

Através da obtenção de uma licença de utilização privativa qualquer potencial consumidor ou conjunto de consumidores determinado tem a possibilidade de se abastecer de GN, ainda que para este efeito tenha de construir uma rede própria abastecida por ramal ou por uma unidade autónoma de recepção e de regaseificação de GNL.

O legislador não refere qualquer condicionamento à quantidade previsível do consumo. Basta que o candidato à licença justifique o seu interesse e cumpra as *"condições impostas para a sua atribuição bem como a lei e os regulamentos estabelecidos para o exercício da actividade*" (n.º 2 do artigo 30.º do Decreto-lei n.º 140/2006).

Quanto à *lei e os regulamentos estabelecidos para o exercício da actividade* tem-se em vista os regulamentos técnicos e de segurança referentes aos diversos equipamentos necessários a esse abastecimento: armazenamento de GNL criogénico e sob pressão, equipamento de regaseificação e redes a jusante.

Já quanto às condições de atribuição da licença, não se determina, ao contrário do que sucede para as licenças de distribuição local no artigo 24.º do Decreto-lei n.º 140/2006, que estas condições venham a ser definidas por legislação complementar, pelo que entendemos que o legislador as deixou ao poder discricionário da DGEG, não carecendo o seu regime de qualquer tipo de regulamentação.

Claro que do artigo 30.º se podem extrair algumas condições para a sua atribuição: a demonstração pelo requerente de justificado interesse e o abastecimento se efectuar em zonas fora de áreas concessionadas ou dos pólos de consumo abrangidos por licença de exploração de redes locais autónomas não garantindo estas a ligação.

De resto, implicando o abastecimento a existência de um ramal ou de uma UAG de dimensão adequada, à qual se liga uma rede de GN e que quer o ramal ou a UAG, quer a rede, carecem de licenciamento próprio em termos técnicos e de segurança, (que é distinto da licença para exploração de distribuição privativa) este licenciamento será também uma condição "implícita" para a atribuição da licença.

Entendemos que no caso de abastecimento (distribuição) a entidades terceiras poderá ser também exigida a identificação das entidades abastecidas e do seu relacionamento com a entidade licenciada, através de determinada relação jurídica preexistente. É o caso, entre outros, de um parque industrial, de um conjunto residencial ou turístico, de um ninho de empresas, de um condomínio fechado, etc. Existirá, nestes casos, entre a entidade licenciada e os consumidores uma relação jurídica preexistente de natureza locativa, societária ou outra.

Também nos parece óbvio que a licença só deve ser concedida se existir um racional económico devidamente demonstrado, considerando o investimento necessário, quer do ponto de vista do consumo, quer do fornecimento, pelo que não nos choca que a DGEG imponha este tipo de condições, para além de outras que entenda e que, obviamente, se justifiquem.

Como se depreende dos n.º 4 e seguintes do artigo 30.º do Decreto-lei n.º 140/2006, o legislador procurou moldar o regime das licenças para a exploração de distribuição privativa pelo das licenças para a exploração de redes locais autónomas, estabelecendo apenas de modo expresso as respectivas diferenças.

Deste modo, à duração, transmissão e extinção das licenças aplica-se tudo quanto dissemos no ponto VI anterior.

A diferença mais relevante é que a extinção da licença não implica a reversão das instalações para o Estado (uma vez que as respectivas instalações não fazem parte da RPGN) devendo antes o licenciado, no prazo de seis meses, proceder ao seu levantamento quando estas tenham sido instaladas em bens do domínio público, excepto em caso de transmissão para uma concessionária ou licenciada de distribuição local.

VIII. Embora este artigo 27.º não faça referência explícita à actividade de distribuição através de licenças para a exploração de postos de enchimento estas são tratadas ainda no capítulo VIII do Decreto-lei n.º 140/2006, juntamente com as licenças para utilização privativa (artigo 31.º), na esteira do tratamento autónomo que já lhes era dado na versão dada ao Decreto-lei n.º 374/89 pelo Decreto-lei n.º 8/2000.

Enquanto as licenças para utilização privativa são exercidas em regime privativo, as licenças para exploração de postos de enchimento podem ser exercidas em regime de serviço público ou privativo e são concedidas já não pelo director da DGEG mas pelo Director Regional de Economia territorialmente competente.

O fornecimento de gás natural em baixa pressão através de postos de enchimento (incluído na actividade de distribuição de gás natural) encontrava-se anteriormente regulado pelo Decreto-lei n.º 374/89, de 25 de Outubro, na redacção dada pelo Decreto-lei n.º 8/2000, de 8 de Fevereiro, tendo sido regulamentado pela Portaria n.º 468/2002, de 24 de Abril.

Esta actividade era já exercida através de licença para distribuição e fornecimento sendo o respectivo regime, resumidamente, o seguinte:

– As licenças para exploração de postos de enchimento eram exercidas em regime de serviço público ou de regime privativo, consoante visassem o abastecimento do público em geral ou de veículos da empresa detentora da licença.
– Os candidatos às licenças tinham de demonstrar a titularidade sobre a propriedade do terreno onde pretendiam exercer a actividade ou qualquer título que legitimasse a utilização do mesmo.
– O prazo inicial de duração das licenças era de 10 anos.
– As licenças podiam ser transmitidas mediante autorização do Ministro da Economia, encontrando-se a transmissão sujeita à verificação e manutenção dos pressupostos que determinaram a sua atribuição.
– A licença extinguia-se por caducidade (que ocorria pelo decurso do prazo por que foi atribuída) ou por revogação, tendo por base o incumprimento das condições nela estabelecidas.
– No caso de postos de enchimento de serviço público, a licença englobava o direito de aquisição de gás natural e da sua venda, inerente à exploração comercial (alínea b) do artigo 3.º da Portaria n.º 468/2002).
– A aquisição de gás natural pela entidade exploradora do posto era negociada livremente com as entidades concessionadas ou licenciadas distribuidoras de GN.
– A venda de GN para abastecimento de veículos em postos de serviço público efectuava-se em regime de preço livre.

A Portaria n.º 468/2002 deve considerar-se revogada na medida em que o Decreto-lei n.º 30/2006 procedeu à revogação do Decreto-lei n.º 374/89 na redacção que lhe foi dada pelo Decreto-lei n.º 8/2000 tendo, pois, desaparecido do ordenamento jurídico o diploma que regulamentava.

Porém, o novo regime jurídico, que consta do artigo 31.º do Decreto-lei n.º 140/2006, não difere muito do regime anterior.

Assim à semelhança do que acontecia no regime anterior, as licenças podem ser requeridas por quaisquer entidades que demonstrem possuir capacidade técnica e financeira para o exercício da actividade de exploração do posto, e são também exercidas em regime de serviço público ou privativo.

Por outro lado, e tal como no quadro legal anterior, o candidato continua a ter de apresentar um título de propriedade ou outro que legitime a posse do terreno onde pretende instalar o posto, exigindo-se agora expressamente autorização da autarquia competente e, sendo caso disso, de outras entidades com jurisdição na área de acesso ao terreno se bem que esta autorização fosse já exigida em sede de licenciamento da construção das instalações e infra-estruturas.

Dado que a lei já define as condições gerais para atribuição de licença para exploração de postos de enchimento e a entidade a quem o pedido deve ser dirigido, põe-se a questão de saber se o regime contido no artigo 31.º é bastante para a sua atribuição ou se carece de posterior regulamentação. É que as matérias relacionadas com a instrução do pedido, assim como a transmissão, extinção e exploração comercial não se encontram ainda reguladas.

Entendemos que não existe qualquer impedimento para que estas licenças possam ser imediatamente concedidas, uma vez que o respectivo regime não carece de qualquer tipo de regulamentação, para que com base nele sejam atribuídas estas licenças.

Aliás, o artigo 31.º do Decreto-lei n.º 140/2006 é bem claro ao prever que as licenças podem ser requeridas por quaisquer entidades que demonstrem possuir capacidade técnica e financeira para o exercício da actividade, não determinando que a atribuição das mesmas fique dependente de posterior regulamentação, ao contrário do que estabeleceu para as licenças de distribuição local.

Deste modo, a única condição para a atribuição destas licenças é a demonstração pelo requerente de adequada capacidade técnica e financeira para o exercício da actividade, bem como de que dispõe de título de propriedade, ou outro, sobre o terreno no qual vai ser instalado o posto e, bem assim, autorização da autarquia ou de outras entidades administrativas competentes para o licenciamento.

O prazo inicial das licenças é de 10 anos podendo ser prorrogado por sucessivos períodos de 5 anos (cfr. n.º 2 do artigo 31.º do Decreto-lei n.º 140/2006).

ARTIGO 28.º

Composição das redes de distribuição

1 – As redes de distribuição compreendem, nomeadamente, as condutas, as válvulas de seccionamento, os postos de redução de pressão, os aparelhos e os acessórios.

2 – Os bens referidos no número anterior são identificados nas bases da respectiva concessão ou nos termos da atribuição da licença.

→ Anexo IV, Base VII do Decreto-lei n.º 140/2006.

O sistema de distribuição de gás natural tem por fonte parte do gasoduto de alta pressão e é constituído por postos de redução e medida (PRM) e por redes de distribuição de média e baixa pressão.

São elementos constitutivos da rede de distribuição as condutas de distribuição de GN a jusante das estações de redução de pressão com as respectivas tubagens, válvulas de seccionamento, antenas e estações de compressão, as instalações afectas à redução de pressão para entrega a clientes finais, incluindo todo o equipamento de controlo, regulação e medida e as instalações e equipamentos de telecomunicações, telemedida e telecomando afectas à gestão das instalações de distribuição de GN a clientes finais.

Para além dos bens que, em sentido literal, compõem as redes de distribuição, estão normalmente afectos às concessões e são identificados nas respectivas bases outros bens, designadamente os terrenos, as servidões, bens móveis ou direitos relativos a imóveis utilizados ou relacionados com o exercício da actividade de distribuição, os fundos ou reservas consignados à garantia do cumprimento das obrigações das concessionárias e as relações e posições jurídicas relacionadas com a concessão, designadamente laborais, de empreitada e outras (Vd. Base VII, Anexo IV ao Decreto-lei n.º 140/2006).

Quer os bens que compõem as redes como determina o **n.º 2**, quer aqueles que não a compondo ficam a elas afectos são sempre identificados nas bases das concessões (cfr. Base VII do Anexo IV do Decreto-lei n.º 140/2006) e também nos contratos.

De acordo com as citadas bases consideram-se afectos à concessão:

"*a)* *O conjunto de condutas de distribuição de gás natural a jusante das estações de redução de pressão de 1.ª classe com as respectivas tubagens, válvulas de seccionamento, antenas e estações de compressão;*

b) *As instalações afectas à redução de pressão para entrega a clientes finais, incluindo todo o equipamento de controlo, regulação e medida indispensável à operação e funcionamento do sistema de distribuição de gás natural;*

c) *As instalações e equipamentos de telecomunicações, telemedida e telecomando afectas à gestão das instalações de distribuição e entrega de gás natural aos clientes finais.*"

Nos termos do n.º 2 daquela Base, consideram-se ainda afectos à concessão:

"*a)* *Os imóveis pertencentes à concessionária em que estejam implantados os bens referidos no número anterior, assim como as servidões constituídas em benefício da concessão;*

b) *Outros bens móveis ou direitos relativos a bens imóveis utilizados ou relacionados com o exercício da actividade objecto da concessão;*

c) *Os direitos privativos de propriedade intelectual e industrial de que a concessionária seja titular;*

d) *Quaisquer fundos ou reservas consignados à garantia do cumprimento das obrigações da concessionária, por força de obrigação emergente da lei ou do contrato de concessão e enquanto durar essa vinculação;*

e) *As relações e posições jurídicas directamente relacionadas com a concessão, nomeadamente laborais, de empreitada, de locação e de prestação de serviços;*

f) *Os activos incorpóreos correspondentes aos investimentos realizados pelas concessionárias associados aos processos de conversão de clientes para gás natural.*"

Artigo 29.º
Operação da rede de distribuição

1 – A concessão de distribuição integra a operação da respectiva rede de distribuição.

2 – A operação da rede de distribuição é realizada pelo operador da rede de distribuição e está sujeita às disposições do Regulamento de Operação das Infra-Estruturas.

→ Artigo 56.º do Decreto-lei n.º 140/2006; Despacho da ERSE n.º 14 669-AZ/2007, publicado no Diário da República, 2.ª série, n.º 129, de 6 de Julho de 2007.

A concessão integra, para além da operação da rede, um conjunto mais alargado de actividades, desde o recebimento, veiculação e entrega de gás natural em média e baixa pressões, à construção, operação, exploração, manutenção e expansão de todas as infra-estruturas.

O **n.º 2** sujeita a operação da rede de distribuição ao Regulamento de Operação e Infra-estruturas (ROI), aprovado por Despacho da ERSE n.º 14 669-AZ/2007, publicado no Diário da República, 2.ª série, n.º 129 de 6 de Julho de 2007, que regulamenta o funcionamento do Sistema Nacional de Gás Natural (SNGN), com enfoque na operação coordenada das redes e infra-estruturas da rede pública de gás natural, em conformidade com o disposto no artigo 56.º do Decreto-lei n.º 140/2006, de 26 de Julho.

O ROI integra, fundamentalmente, disposições associadas à gestão diária das infra-estruturas que compõem a Rede Nacional de Transporte, Infra-estruturas de Armazenamento e Terminais de GNL (RNTIAT), salientando-se as disposições relativas à Programação da Operação da RNTIAT, à Operação diária da RNTIAT, à coordenação de indisponibilidades das diversas infra-estruturas, incluindo a elaboração do Plano Anual de Manutenção da RNTIAT e o Plano de Indisponibilidades.

ARTIGO 30.º

Operador de rede de distribuição

1 – O operador de rede de distribuição é uma entidade concessionária da RNDGN ou titular de uma licença de distribuição.

2 – São deveres do operador de rede de distribuição, nomeadamente:

a) **Assegurar a exploração e a manutenção da rede de distribuição em condições de segurança, fiabilidade e qualidade de serviço;**

b) **Gerir os fluxos de gás natural na rede, assegurando a sua interoperacionalidade com as redes a que esteja ligada e com as infra-estruturas dos clientes, no quadro da gestão técnica global do sistema;**

c) **Assegurar a capacidade da respectiva rede de distribuição de gás natural, contribuindo para a segurança do abastecimento;**

d) **Assegurar o planeamento, a construção e a gestão da rede, de forma a permitir o acesso de terceiros, e gerir de forma eficiente as infra-estruturas;**

e) **Assegurar a não discriminação entre os utilizadores ou as categorias de utilizadores da rede;**

f) **Facultar aos utilizadores as informações de que necessitem para o acesso à rede;**

g) **Fornecer ao operador de qualquer outra rede com a qual esteja ligada, aos comercializadores e aos clientes as informações necessárias ao funcionamento seguro e eficiente, bem como ao desenvolvimento coordenado das diversas redes;**

h) **Preservar a confidencialidade das informações comercialmente sensíveis obtidas no exercício da sua actividade.**

3 – Salvo nos casos previstos no presente Decreto-lei, o operador de rede de distribuição não pode adquirir gás natural para comercialização.

→ Artigos 34.º, 36.º e 70.º do Decreto-lei n.º 30/2006; artigos 12.º, 20.º, 21.º e 75.º do Decreto-lei n.º 140/2006; Decreto-lei n.º 18/2008, de 29 de Janeiro; Lei n.º 46/2007, de 24 de Agosto; artigo 61.º, n.º 1 do CPA; Código dos Contratos Públicos, aprovado pelo Decreto-lei n.º 18/2008, de 29 de Janeiro; artigos 19.º e 44.º do RRC; artigos 3.º, n.º 1, alínea g), 5.º,15.º, 17.º, 26.º e 44.º do RARII.

I. Operador da rede de distribuição.

II. Os deveres ou obrigações do operador da rede de distribuição.

III. A proibição de comercialização e a separação jurídica das actividades. Remissão para o artigo seguinte.

I. O **n.º 1** que, com uma redacção diferente, consta também do n.º 1 do artigo 20.º do Decreto-lei n.º 140/2006, faz corresponder o operador da rede de distribuição à entidade concessionária ou titular de licença, afirmando deste modo e mais uma vez que a qualidade de operador de rede se adquire em virtude da atribuição de uma concessão ou de uma licença.

II. Elencam-se no **n.º 2** os deveres ou obrigações que os operadores das redes estão sujeitos no exercício da respectiva actividade.

O Decreto-lei n.º 140/2006, em vez de regulamentar ou desenvolver cada um deles acabou por quase limitar-se a repeti-los no seu artigo 21.º. Também o RRC os repete no artigo 44.º com alterações de redacção mas não no conteúdo que, aliás, nem podia alterar.

Vejamos qual o conteúdo que deve ser dado a cada um destes deveres assinalando as diferenças (ou acrescentos) constantes do mencionado artigo 21.º do Decreto-lei n.º 140/2006 e do RRC.

O dever de *assegurar a exploração e a manutenção da rede de distribuição em condições de segurança, fiabilidade e qualidade de serviço* constante da alínea a) do n.º 2 corresponde a uma obrigação relacionada com a operação da infra-estrutura e do sistema gasista em geral, pois a operação e manutenção é o cerne da actividade que os operadores desenvolvem.

Os operadores estão obrigados a explorar e a manter a rede de tal modo que serão responsáveis por quaisquer danos ou prejuízos que decorram do incumprimento desta obrigação.

Independentemente de outros pressupostos que possam ocorrer em cada caso e que devam ser submetidos às regras gerais sobre o incumprimento das obrigações e sobre responsabilidade contratual e extra contratual, serão aplicáveis ao incumprimento deste dever as sanções que venham a ser estabelecidas no Decreto-lei específico que vier a aprovar o regime sancionatório (previsto no artigo 70.º) já que, não se estabelece qualquer indemnização em virtude do incumprimento.

A alínea b) do artigo 21.º do Decreto-lei n.º 140/2006 prevê no caso dos pólos de consumo a obrigação de *assegurar a exploração e manutenção das instalações de recepção, armazenagem e regaseificação de GNL, em condições de segurança, fiabilidade e qualidade de serviço,* aplicando-se, pois, o que dissemos relativamente à responsabilidade adveniente do seu incumprimento.

A obrigação de *gerir os fluxos de gás natural na rede assegurando a sua interoperacionalidade com as redes a que esteja ligada e com as infra-estruturas dos clientes, no quadro da gestão técnica global do sistema* estipulada na alínea b) decorre da necessidade que os operadores das redes de distribuição têm de assegurar a ligação da sua rede, quer à rede de transporte (de alta pressão), quer às instalações dos consumidores, pois só assim cumprirão a sua função de veiculação do gás natural aos clientes da zona geográfica correspondente à sua concessão. Esta obrigação está directamente relacionada com o direito que lhes assiste de acederem às redes de transporte pois os gasodutos dão lugar às canalizações de média ou baixa pressão para conduzir o GN até às instalações dos clientes domésticos ou das empresas.

A obrigação de *assegurar a capacidade da respectiva rede de distribuição de gás natural, contribuindo para a segurança do abastecimento* previsto na alínea c), que no artigo 21.º do Decreto-lei n.º 140/2006 (cfr. alínea d)) é referida como "capacidade a longo prazo" prende-se com o planeamento das redes de distribuição de que trata o artigo 36.º que comentaremos adiante. Esta obrigação assume particular importância porquanto a operação das redes de distribuição é levada a cabo através de concessões ou licenças exclusivas para determinada área do território, como já vimos designadas por monopólios naturais, o que confere uma posição particular que protege os operadores e de que resulta a necessidade de desenvolver a rede para atender a novos pedidos.

A capacidade é definida nos termos do RARII e do RRC como "o caudal de gás natural expresso em termos de energia por unidade de tempo" (cfr. alínea g) do n.º 1 do artigo 3.º de ambos os regulamentos), ou seja, a capacidade é definida para pontos específicos das redes como a quantidade de gás natural que pode atravessar esse ponto, por unidade de tempo (reflecte assim um conceito de transferência de massa, associada a uma quantidade de energia, por unidade de tempo).

Os pontos relevantes da RPGN, cuja lista será elaborada anualmente pelo operador da rede de transporte, na sua actividade de Gestão Técnica do Sistema, adoptando para o efeito a metodologia do Regulamento CE n.º 1775/2005, de 28 de Setembro, são referidos no artigo 17.º do RARII e configuram as entradas e saídas da RNTGN, incluindo as ligações ao terminal de armazenamento subterrâneo de gás natural, as entradas e saídas das redes de distribuição de média pressão e as entradas e saídas nas redes de distribuição de baixa pressão, incluindo as estabelecidas por intermédio das UAG.

No que especificamente diz respeito às redes de distribuição, a respectiva capacidade deve ser avaliada nas entradas a partir das estações de regulação e medida de 1ª classe, no caso das redes abastecidas a partir da RNTGN ou nas entradas a partir das UAG ou terminais de GNL, no caso das redes não abastecidas a partir da RNTGN e nos pontos de ligação entre diferentes níveis de pressão das redes de distribuição.

O cumprimento da obrigação de assegurar a capacidade a longo prazo entendida nos termos sumariamente descritos, passa pela elaboração do plano de desenvolvimento das respectivas redes que é coordenado com o plano de desenvolvimento das redes de transporte (cfr. comentário ao artigo 36.º e ainda artigos 12.º e 75.º do Decreto-lei n.º 140/2006).

A capacidade das redes de distribuição a longo prazo depende em larga medida dos projectos de investimentos nas redes e da sua calendarização que os operadores estão obrigados a enviar à ERSE até ao dia 15 de Dezembro de cada ano (artigo 26.º do RARII).

Os projectos de investimento devem contemplar os três anos gás seguintes ao ano gás em que são apresentados, devendo incluir o orçamento de investimentos para o ano gás seguinte ao de apresentação dos projectos. O conteúdo dos orçamentos de investimento para o primeiro ano gás e para o segundo e terceiros anos está definido, respectivamente, nos n.º 3 e 10 do artigo 26.º do RARII.

Os projectos de investimento, depois de aprovados pela ERSE, são divulgados nas páginas da Internet dos respectivos operadores.

A realização dos investimentos obedece às regras comunitárias de contratação pública e às disposições do recentemente aprovado

Código dos Contratos Públicos, ou seja, a procedimentos de contratação pública (cfr. Decreto-lei n.º 18/2008, de 29 de Janeiro que revogou, entre outros, o Decreto-lei n.º 223/2001, de 9 de Agosto, com as alterações introduzidas pelo Decreto-lei n.º 234/2004, de 15 de Dezembro).

É mais ampla a redacção do dever de *assegurar o planeamento, a construção e a gestão da rede* que se segue no elenco das obrigações dos operadores das redes de distribuição na versão do Decreto-lei n.º 140/2006 (cfr. alínea e) do artigo 21.º correspondente à alínea d) deste artigo 36.º).

O planeamento, a construção e a gestão técnica da rede têm por finalidade permitir o acesso de terceiros, de forma não discriminatória e gerir de modo eficiente as infra-estruturas e meios técnicos disponíveis. À obrigação de proporcionar aos interessados o acesso às redes refere-se o artigo 34.º para o qual remetemos. Remetemos, também, a matéria relativa ao planeamento para os comentários ao artigo 36.º

Os maiores problemas com que se podem confrontar os comercializadores no exercício do direito de acesso às redes de distribuição referem-se à falta de informação de que dispõem para poderem exercer correctamente o seu direito de acesso e à intenção dos operadores das redes imporem determinadas prestações de carácter acessório, que vão para além do que estritamente constitui o conteúdo do direito de acesso, ou mesmo estabelecerem condições particulares no momento de prestarem certos serviços acessórios.

Daí que o legislador tenha consagrado nas alíneas e) e f) deste artigo 30.º duas obrigações fundamentais, a de *assegurar a não discriminação entre os utilizadores e a de facultar as informações de que necessitem para o acesso à rede*, obrigações estas que constituem, aliás, princípios gerais aplicáveis ao acesso às infra-estruturas (cfr. artigo 5.º do RARII).

Estas obrigações assumem particular relevo quando se trata de operadores de redes de distribuição que pertencem a grupos de empresas que têm empresas próprias de comercialização de gás natural e que, como tal, concorrem com os terceiros que solicitam o acesso.

À obrigação de prestar informação que concretiza a obrigação (ou princípio) de não discriminação ou transparência referimo-nos no ponto IV do comentário ao artigo 34.º para o qual remetemos.

Outra questão é a da prestação de serviços acessórios pelos operadores das redes que pode constituir um elemento potenciador de discriminação entre utilizadores. É de notar que o RARII prevê a prestação de serviços "inerentes" ao acesso cuja retribuição é, do mesmo modo que o acesso, feita pela aplicação das tarifas nos termos do RT.

Para além destes serviços "inerentes" prevêem-se ainda serviços "regulados" (previstos no RRC) cujo pagamento é feito de acordo com preços anualmente publicados pela ERSE (artigo 15.º do RARII) e que, de acordo com o RRC, correspondem aos serviços de interrupção e de restabelecimento e de leitura extraordinária.

A previsão dos serviços inerentes e dos "serviços regulados" quando se trata do acesso às redes de distribuição, não impede que as partes acordem na prestação de outros serviços de valor acrescentado (não regulados) estabelecendo livremente os preços, devendo, no entanto, aplicar-se o principio da não discriminação e transparência como principio geral, e já não como principio relacionado com a obrigação de dar acesso a terceiros, por forma a proteger a livre concorrência.

Teria sido bom acrescentar nas obrigações de informação dos operadores das redes de distribuição, a de divulgar nas respectivas páginas de Internet, nos termos do artigo 44.º do RARII, os serviços não regulados que prestam para, dessa forma, garantir o cumprimento do princípio da não discriminação.

São diversas as disposições que se referem à obrigação dos operadores das redes de distribuição de fornecer informações aos outros agentes de mercado, o que é demonstrativo do relevo que os fluxos de informação têm no processo liberalizador do mercado.

Já vimos nas alíneas anteriores a relevância dessas informações no âmbito do acesso às redes.

Ao referir-se às *informações necessárias ao funcionamento seguro e eficiente, bem como ao desenvolvimento coordenado das diversas redes*, a alínea g) desta disposição acaba por abranger as informações relativas ao acesso às redes mas integra, também, quaisquer outras informações que visem aquele objectivo, designadamente as que se referem aos projectos de investimento em relação aos quais devem existir mecanismos de troca de informações recíproca entre os operadores das infra-estruturas que devem incluir a informação relativa às alternativas de ligação.

À **preservação da informação comercialmente sensível** obtida no exercício da actividade prevista na alínea h) refere-se, também, o artigo 19.º do RRC determinando que os operadores devem submeter à ERSE uma *"proposta fundamentada sobre a lista de informação comercialmente sensível obtida no exercício das suas actividades, que pretendam considerar de natureza confidencial"*. Esta proposta deveria ser apresentada no prazo de 150 dias a contar da constituição das sociedades decorrentes da separação das actividades imposta pelo artigo 31.º.

Trata-se de um limite à obrigação de informação já que quanto à informação que, por ser comercialmente sensível, é considerada confidencial, cede aquela primeira obrigação.

Por informação comercialmente sensível deve entender-se aquela que contenha segredos comerciais, industriais ou sobre a vida interna de uma empresa. Aliás, de acordo com a Lei n.º 46/2007, de 24 de Agosto, que regula o acesso aos documentos administrativos (tendo revogado a anterior Lei n.º 65/93, de 29 de Agosto) esta "classificação" constitui uma restrição ao direito de acesso já que, de acordo com o n.º 6.º do artigo 6.º, um terceiro só tem direito de acesso a documentos administrativos que contenham segredos comerciais, industriais ou sobre a vida interna de uma empresa *"se estiver munido de autorização escrita desta ou demonstrar interesse directo, pessoal e legítimo suficientemente relevante segundo o princípio da proporcionalidade"* (ver, também, artigo 61.º, n.º 1 do CPA).

A exacta delimitação da informação que pode ser comunicada e da que permanece sob sigilo exige sempre uma cuidadosa ponderação do conflito de direitos e interesses constitucionalmente protegidos e uma demonstração da necessidade da restrição da informação, o que equivale à enunciação das circunstâncias ou dos pressupostos de facto em que o direito prevalece e das circunstâncias ou dos pressupostos de facto em que o direito é restringido.

O artigo 19.º do RRC dispõe ainda que os operadores devem tomar na sua organização e funcionamento internos as providências necessárias para que fiquem limitados aos serviços, ou às pessoas que directamente intervêm em cada tipo específico de actividade e operação, as informações de natureza confidencial aprovadas pela

ERSE de que hajam tomado conhecimento em virtude do exercício das suas funções, as quais ficam sujeitas a segredo profissional.

III. O **n.º 3** estabelece a proibição dos operadores das redes de distribuição adquirirem gás natural para comercialização o que não é mais do que um reflexo da imposição da separação jurídica das actividades que fazem parte do SNGN tratada no artigo seguinte para o qual remetemos.

ARTIGO 31.º

Separação jurídica da actividade de distribuição

1 – O operador de rede de distribuição é independente, no plano jurídico, da organização e da tomada de decisões de outras actividades não relacionadas com a distribuição.

2 – De forma a assegurar a independência prevista no número anterior, devem ser garantidos os seguintes critérios mínimos:

a) Os gestores do operador de rede de distribuição não podem integrar os órgãos sociais nem participar nas estruturas de empresas integradas que tenham o exercício de uma outra actividade de gás natural;

b) Os interesses profissionais dos gestores referidos na alínea anterior devem ficar devidamente salvaguardados, de forma a assegurar a sua independência;

c) O operador de rede de distribuição deve dispor de um poder decisório efectivo e independente de outros intervenientes no SNGN, designadamente no que respeita aos activos necessários para manter ou desenvolver as redes;

d) O operador de rede de distribuição deve dispor de um código ético de conduta relativo à independência funcional da respectiva operação da rede e proceder à sua publicitação.

3 – Sem prejuízo da separação contabilística das actividades, a separação jurídica prevista no presente artigo não é exigida aos distribuidores que sirvam um número de clientes inferior a 100 000.

→ Artigos 14.º, 21.º, 37.º e seguintes e 66.º do Decreto-lei n.º 30/2006; artigos 34.º e seguintes, 66.º, 67.º, 70.º e 71.º do Decreto-lei n.º 140/2006; artigo 13.º da Directiva 2003/55/CE; artigos 42.º e 43.º do RRC.

I.   A separação jurídica das actividades: significado e alcance.
II. Enquadramento do *unbundling* pelo Decreto-lei n.º 140/2006.
III. A modificação dos contratos e licenças e a reavaliação dos activos como consequência da separação jurídica imposta.
IV. Manutenção transitória do fornecimento nos termos dos anteriores contratos.
V.   A separação funcional imposta pelo n.º 2. Critérios.
VI. A separação contabilística.

I. A actividade de distribuição é uma actividade regulada, pelo que o regime de separação jurídica (e contabilística) é aplicável aos respectivos operadores constituindo um aspecto crucial para a liberalização do mercado, pois só assim se garante o acesso não discriminatório às redes e à informação, por um lado, e se incentiva o investimento nas redes, por outro.

Ao contrário do que se estabeleceu para os operadores da rede de transporte, a separação é apenas jurídica e não patrimonial (da propriedade).

A separação jurídica implica que um mesmo operador (a mesma entidade/pessoa jurídica) não poderá acumular uma outra actividade no sector do GN, excepto nos casos em que o operador de rede de distribuição sirva um número de clientes inferior a 100 000, caso em que bastará a mera separação contabilística (cfr. n.º 3 desta disposição).

Esta opção de imposição de mera separação jurídica que é permitida pela Directiva n.º 2003/55/CE (cfr. n.º 1 do artigo 13.º) e que foi introduzida na maioria dos Estados membros, tem a desvantagem de exigir uma regulação mais pormenorizada e prescritiva que assegure um acesso equitativo às redes por parte de terceiros e garanta a criação de incentivos suficientes para que os operadores proporcionem uma capacidade adequada, nomeadamente através de investimentos em novas infra-estruturas.

A verdade é que, intrinsecamente, a separação jurídica não elimina o conflito de interesses decorrente da integração vertical de empresas, com o risco de as redes serem vistas como activos estratégicos que servem o interesse comercial da entidade integrada e não o interesse global dos clientes das redes.

II. O Decreto-lei n.º 140/2006 concretiza, nos n.º 2 a 4 do artigo 67.º e nos n.º 6 a 8 do artigo 70.º, a obrigação de separação jurídica prevista neste artigo 31.º.

No comentário ao artigo 21.º já vimos quais as operações que ocorreram ao nível da separação jurídica das actividade de transporte relativamente às actividade de distribuição e de comercialização.

A concretização da separação jurídica entre a actividade de distribuição (que passa a abranger apenas a operação das redes) e de comercialização de GN, passou pela constituição, pelas anteriores concessionárias de distribuição regional e titulares de licenças locais com mais de 100 000 clientes, de sociedades autónomas constituídas em regime de domínio total inicial (cfr. n.º 2 e 3 do artigo 67.º).

Esta distinção entre o número de clientes advém do facto de a separação jurídica não ser exigível em conformidade com o n.º 3 deste artigo 31.º, à luz do permitido pela Directiva, pelo que a separação jurídica (através da constituição de novas sociedades) só é imposta àquelas sociedades.

Assim, cada uma das concessionárias ou licenciadas de distribuição de GN abrangidas naquela situação – que eram a Lisboagás, Portgás, Setgás e Lusitâniagás – procederam já à separação, de entre o conjunto de actividades que actualmente exercem, da actividade de distribuição propriamente dita, reservando as actividades de comercialização (de último recurso) para sociedades autónomas. Foram assim constituídas, respectivamente, a Lisboagás Comercialização, a EDP Gás Serviço Universal, a Setgás Comercialização e a Lusitâniagás Comercialização (cfr. comentário ao artigo 39.º).

Quer às sociedades constituídas em domínio total inicial pelas referidas concessionárias com mais de 100 000 clientes para as quais passaram, em 1 de Janeiro de 2008, os contratos de fornecimento em vigor celebrados entre as concessionárias e os respectivos clientes, quer às concessionárias e licenciadas locais com menos de 100 000 clientes, foi atribuída *ope legis* (ou seja sem necessidade de qualquer procedimento administrativo de atribuição) uma licença de comercialização de último recurso de todos os clientes com consumos anuais iguais ou inferiores a 2 milhões de metros cúbicos normais que se situem nas áreas das respectivas concessões ou licenças.

Sobre a comercialização de último recurso, sua razão de ser e enquadramento legal falaremos a propósito dos artigos 37.º e seguintes, para os quais remetemos.

Estas sociedades estão obrigadas ao fornecimento aos clientes que o solicitem nas respectivas áreas de intervenção, podendo também fornecer GN no mercado livre.

Colocam-se aqui duas questões: por um lado a de saber se querendo os comercializadores de último recurso fornecer GN em mercado livre têm de requerer licença de comercialização nos termos legalmente previstos (cfr. artigos 34.º e seguintes do Decreto-lei n.º 140/2006), por outro, se estão obrigadas para efeitos de exercício dessa actividade de comercialização livre a constituir novas sociedades separadas juridicamente da sociedade que opere as redes de distribuição.

A resposta à primeira questão é simples: não tendo a lei atribuído, sem dependência de qualquer formalidade, esse tipo de licença quer às novas sociedades comercializadoras constituídas pelas concessionárias com mais de 100 000 clientes, quer às distribuidoras com menos de 100 000 clientes a quem foi atribuída a qualidade de comercializador de último recurso, estas terão de requerer a atribuição de licença de comercializador livre seguindo o procedimento estabelecido no artigo 34.º do Decreto-lei n.º 140/2006.

A resposta à segunda questão encontramo-la na lei. Efectivamente, o n.º 6 do artigo 70.º determina que *"as actuais concessionárias de distribuição regional ou titulares de distribuição local com mais de 100 000 clientes devem exercer a actividade de comercialização através de sociedades autónomas a constituir por elas em regime de domínio total inicial"*, devendo estas sociedades estar constituídas até 27 de Julho de 2007 (um ano após a entrada em vigor do Decreto-lei n.º 140/2006).

De resto, o artigo 41.º do presente diploma impõe expressamente a separação jurídica da actividade de comercialização de último recurso das restantes actividades incluindo outras formas de comercialização, excepcionando apenas o caso dos distribuidores com menos de 100 000 clientes a quem foi atribuída a qualidade de comercializador de último recurso e a correspondente licença.

Questão diferente será a da falta de interesse prático que a constituição de novas sociedades, para efeitos de comercialização livre, terá no caso das distribuidoras que se integrem num grupo empresarial que tenha já uma empresa que detenha ou venha a deter licença de comercialização livre. Nesta situação está já, por força da lei, a Galp Gás Natural S.A. (constituída pela Transgás) a quem foi atribuída desde 1 de Janeiro de 2007 uma licença de comercialização livre (cfr. n.º 12 e 13 do artigo 66.º do Decreto-lei n.º 140/2006). É o caso também da EDP Gás. Com comércio de Gás Natural a quem foi atribuída, pela DGEG, uma licença de comercialização livre. Com efeito, nestes casos, à partida, não haverá interesse, da parte da Lisboagás, da Lusitâniagás ou da Setgás (no caso do grupo Galp) ou da EDP Gás Distribuição anteriormente denominada Portgás (no caso do grupo EDP), em constituir novas sociedades para efeitos de comercialização livre (cfr. comentário ao artigo 14.º, ponto VI).

III. A separação jurídica das actividades implicou necessariamente a alteração dos anteriores contratos de concessão e licenças de distribuição pois verificou-se, desde logo, uma alteração no respectivo objecto.

É o que determinava o artigo 66.º deste diploma (cfr. comentário ao mesmo) e é concretizado nos n.º 1 e 2 do artigo 70.º do Decreto-lei n.º 140/2006, impondo que esta modificação fosse efectuada no prazo de um ano a contar da data da entrada em vigor deste diploma.

Os n.º 3 a 5 do artigo 70.º daquele diploma previam a realização de uma reavaliação dos activos da RNDGN reportada à data de alteração dos contratos e licenças em vigor (pois o valor dos activos devia reflectir o valor do balanço à data do início das novas concessões ou licenças), cuja iniciativa competia às entidades concessionárias ou licenciadas, a efectuar no prazo máximo de 45 dias, por uma entidade financeira ou auditora designada pelo Ministro das Finanças.

Foi, no entanto, já só em 3 de Abril de 2008 que o Conselho de Ministros aprovou, através de Resolução, as minutas dos contratos de concessão de serviço público de distribuição regional de gás natural a celebrar entre o Estado Português e as sociedades Beiragás, Companhia de Gás das Beiras, S. A., Lisboagás GDL, Sociedade Distribuidora de Gás Natural de Lisboa, S. A., Lusitaniagás, Companhia de Gás do Centro, S. A., Portgás, Sociedade de Produção e Distribuição

de Gás, S. A., Setgás, Sociedade de Produção e Distribuição de Gás
S. A., e Tagusgás, Empresa de Gás do Vale do Tejo, S. A.
   Os respectivos contratos foram assinados a 11 de Abril de 2008.

   IV. Sem prejuízo da efectivação de todas as operações referidas,
as concessionárias de distribuição regional e as titulares das licenças
de distribuição local mantiveram, até 1 de Janeiro de 2008, os fornecimentos de GN a todos os seus clientes, ao abrigo dos anteriores
contratos de concessão e licenças. É o que se dispunha no n.º 2 do
artigo 71.º do Decreto-lei n.º 140/2006.

   V. Não concordamos com a redacção do **n.º 2** deste artigo 31.º
que, afastando-se do efectivamente disposto na Directiva, vem introduzir um elemento perturbador naquilo que se deve entender por
separação jurídica e independência funcional (ou organizacional se
se quiser).
   Efectivamente, enquanto a Directiva começa por determinar a
separação jurídica e depois, para além dessa separação, impõe a
independência da actividade de distribuição, no plano da organização e da tomada de decisões, das outras actividades estabelecendo
critérios mínimos (separação funcional), o nosso legislador ao determinar que estes critérios destinam-se a "*assegurar a independência
prevista no número anterior*" parece tratar estes dois aspectos como
se de um só se tratasse.
   Trata-se de um *plus* e não propriamente de uma decorrência da
separação jurídica. É que efectivada a separação imposta, com a
consequente constituição das novas sociedades para as quais se re-
servam as actividades de comercialização e, simultaneamente, reduzindo o objecto das sociedades dominantes à actividade de distribuição, nada impediria que os titulares dos órgãos sociais (designadamente os administradores) da sociedade que vai exercer a actividade
de distribuição fossem os mesmos das sociedades comercializadoras.
   Ora, isto desvirtuaria o objectivo que se pretende atingir com a
criação de novas sociedades para o exercício das diferentes actividades, designadamente a garantia do acesso não discriminatório às redes e o acesso à informação necessária sem os quais será impossível
liberalizar o sector.

É, por isso, que a Directiva impõe, para além da separação jurídica, a implementação de independência ao nível da gestão organizacional ou funcional estabelecendo critérios mínimos que o legislador nacional transpôs para o n.º 2 deste artigo 31.º e que são os seguintes:

– Os gestores do operador da rede de distribuição não podem integrar os órgãos sociais nem participar nas estruturas de empresas integradas que tenham o exercício de uma outra actividade de gás natural;
– Os interesses profissionais destes gestores devem ficar devidamente salvaguardados, de forma a assegurar a sua independência;
– O operador da rede de distribuição deve dispor de um poder decisório efectivo e independente de outros intervenientes no SNGN, designadamente no que respeita aos activos necessários para manter ou desenvolver as redes;
– O operador da rede de distribuição deve dispor de um código ético de conduta relativo à independência funcional da respectiva operação e proceder à sua publicitação, dever este replicado no artigo 43.º do RRC.

Esta independência funcional é densificada pelo RRC que, no seu artigo 18.º, determina que os operadores devem elaborar códigos de conduta com as regras a observar no exercício das actividades que deverão ser publicitados nas respectivas páginas da Internet e enviados à ERSE no prazo de 150 dias a contar da data da constituição das sociedades decorrentes da separação das actividades.

Estas regras de independência, imparcialidade, isenção e responsabilidade dos actos dos responsáveis pela actividade traduzem-se, designadamente (i) no dever de não integrar os órgãos sociais nem participar, por qualquer forma, nas estruturas de empresas integradas que prossigam o exercício de uma outra actividade de gás natural (ii) no dever de evitarem que surjam ou existam conflitos de interesses e de actuarem de forma objectiva e imparcial dando prioridade aos interesses do operador da rede e não a interesses de terceiros ou pessoais que possam influir nas suas decisões e actos e, (iii) no dever de absterem-se de participar na adopção ou influir, em benefício de terceiros ou do próprio, naquelas decisões que possam estar relacionadas com negócios, empresas e actividades profissionais ou particulares, de qualquer tipo, nos quais directa ou indirectamente, participem ou tenham um interesse pessoal.

VI. Relativamente às distribuidoras e licenciadas com menos de 100 000 clientes às quais é atribuída a qualidade de comercializador de último recurso não é imposta a sua separação jurídica, na linha do permitido pela Directiva.

No entanto, quer para estas, quer para as obrigadas à separação nos termos que vimos no ponto anterior, é imposta pelo **n.º 3** deste artigo, a separação contabilística das actividades.

O RRC concretiza esta imposição ao determinar a individualização das actividades de distribuição de gás natural e de acesso à RNTGN e à RNDGN, individualização (ou separação) esta que deve ser realizada em termos contabilísticos (cfr. artigo 42.º do RRC).

ARTIGO 32.º
Qualidade de serviço

A prestação do serviço de distribuição aos clientes ligados às redes de distribuição deve obedecer a padrões de qualidade de serviço estabelecidos no Regulamento da Qualidade de Serviço.

→ Despacho n.º 19 624-A/2006, de 25 de Setembro; artigos 7.º e seguintes, 18.º e seguintes do RQS.

O RQS foi aprovado pelo Despacho n.º 19 624-A/2006, de 25 de Setembro e distingue a qualidade de serviço técnica e comercial (o capítulo II contém as disposições de natureza técnica e o capítulo III as de natureza comercial) estabelecendo padrões (gerais e individuais) em cada uma delas.

Relativamente à qualidade técnica que abrange o desempenho de todas as infra-estruturas, e portanto também as redes de distribuição, distinguem-se dois aspectos – a continuidade de serviço e as características do fornecimento do gás natural (cfr., respectivamente, artigo 7.º e seguintes e artigo 18.º e seguintes).

A continuidade do serviço é avaliada através de indicadores gerais (artigo 15.º) – que se destinam a avaliar o desempenho global das diversas infra-estruturas do sistema de GN – e indicadores individuais (artigo 17.º) – que avaliam a qualidade do serviço prestado a cada um dos clientes individualmente considerados.

A avaliação da continuidade de serviço das redes de distribuição está associada à ocorrência de interrupções de fornecimento e fundamenta-se na quantificação do número de interrupções e da sua duração.

Relativamente às interrupções de fornecimento, o RQS define o conceito, a forma de identificação de uma interrupção e as situações em que o fornecimento pode ser interrompido, repetindo nesta parte o RRC (cfr. artigo 7.º e seguintes). Na caracterização das redes e do serviço prestado ao cliente, as interrupções devem ser diferenciadas, nomeadamente, de acordo com a sua previsibilidade (e consequente impacto da sua ocorrência na instalação do cliente) e a possibilidade de actuação do operador da rede, no sentido da interrupção poder ou não ser evitada, traduzindo a classificação das interrupções essa diferenciação. Cada uma das classes previstas no RQS indica se a interrupção é acidental ou prevista, e controlável ou não controlável.

Para efeitos de aplicação do RQS, consideram-se as interrupções verificadas nos pontos de ligação entre as infra-estruturas exploradas por diferentes operadores e entre as redes e as instalações dos clientes.

Os indicadores gerais são os seguintes:

– Número médio de interrupções por cliente – quociente do número total de interrupções a clientes, durante determinado período, pelo número total de clientes existentes, no fim do período considerado.
– Duração média das interrupções por cliente - quociente da soma das durações das interrupções nos clientes, durante determinado período, pelo número total de clientes existentes no fim do período considerado.
– Duração média das interrupções – quociente da soma das durações das interrupções nos clientes, pelo número total de interrupções nos clientes no período considerado.

Os indicadores individuais que avaliam as interrupções sentidas pelos clientes individualmente são os seguintes:

– Número de interrupções: número de interrupções por cliente, durante determinado período.
– Duração das interrupções: duração acumulada das interrupções, durante determinado período.

Por sua vez, os indicadores individuais devem ser determinados diferenciando as seguintes classes de interrupções:

– Interrupções previstas controláveis.
– Interrupções não controláveis.
– Interrupções acidentais controláveis.

Para além do cálculo dos indicadores gerais de continuidade de serviço, os operadores das redes de distribuição devem cumprir um nível de qualidade de serviço mínimo estabelecido por padrões. O RQS estabelece padrões para os indicadores gerais "Número médio de interrupções por cliente" e "Duração média das interrupções", considerando a classificação das interrupções.

Também a qualidade de serviço comercial é avaliada através de indicadores gerais e indicadores individuais. Os indicadores gerais destinam-se, fundamentalmente, a permitir a monitorização da qualidade de serviço comercial, não estando previsto o pagamento de qualquer compensação aos clientes em caso de se verificar o seu incumprimento. Estes indicadores aplicam-se a diversos agentes que possuem um relacionamento directo com o cliente.

Os indicadores gerais de qualidade de serviço comercial, aos quais estão associados padrões para cada ano gás (com excepção do indicador relativo à frequência de leitura dos contadores), aplicáveis aos operadores das redes de distribuição são os seguintes:

– percentagem em que o tempo de espera presencial é inferior a 20 minutos;
– percentagem em que o tempo de espera no atendimento telefónico centralizado é inferior a 60 segundos;
– frequência de leitura de contadores;
– percentagem em que a assistência técnica após a comunicação pelos clientes domésticos de avaria na sua instalação é inferior ou igual a 4 horas;

– percentagem em que a assistência técnica após a comunicação pelos clientes não domésticos de avaria na sua instalação é inferior ou igual a 4 horas;

– percentagem em que o tempo de resposta a situações de emergência de cada operador de rede de distribuição é inferior ou igual a 60 minutos;

– percentagem em que o tempo de resposta a pedidos de informação escritos é inferior ou igual a 15 dias úteis.

SUBSECÇÃO II
Ligação e acesso às redes de distribuição

ARTIGO 33.º
Ligação às redes de distribuição

1 – A ligação da rede de transporte e das infra-estruturas de consumo às redes de distribuição, bem como entre estas, deve ser efectuada em condições técnica e economicamente adequadas, nos termos estabelecidos no Regulamento da Qualidade de Serviço, no Regulamento de Relações Comerciais, no Regulamento da Rede de Distribuição e no Regulamento de Operação das Infra-Estruturas.

2 – A responsabilidade pelos encargos com a ligação às redes de distribuição é estabelecida nos termos previstos no Regulamento de Relações Comerciais.

→ Artigo 36.º, n.º 2 do Decreto-lei n.º 30/2006; artigos 77.º a 118.º e 122.º do RRC; Despacho n.º 11209/2008, publicado no Diário da República, II Série, de 17 de Abril.

I.   Disposições aplicáveis sobre a ligação às redes.
II. Obrigação de ligação e condições.
III. Elementos de ligação e propriedade.
IV. Encargos.

I. Os termos em que deve ser efectuada a ligação às redes encontram-se actualmente no RRC já que, por um lado, nem o RQS, nem o ROI contêm disposições sobre esta matéria e, por outro, não foi ainda aprovado (e publicado) o Regulamento da Rede de Distribuição.

Aliás, o RRC compreende um capítulo (capítulo VI) dedicado só a esta matéria da ligação às redes (artigos 83.º a 118.º) mas só no que toca às condições comerciais já que conforme aí se diz "as condições técnicas são estabelecidas na legislação aplicável". A ERSE veio subregulamentar o referido capítulo através do Despacho n.º 11209/ 2008, publicado no Diário da República, II Série, de 17 de Abril, acabando por incluir, naquele Despacho, algumas disposições do RRC.

As condições legais de ligação das instalações às redes consistem na prévia emissão de licença ou autorização por parte das entidades competentes.

Em especial no que toca à ligação da rede de transporte e das infra-estruturas de consumo às redes de distribuição, bem como entre estas, haverá que atender ao que dispõem os artigos 77.º a 82.º, que compreendem disposições gerais, os artigos 100.º a 105.º, que tratam da integração dos pólos de consumo existentes e da ligação de novos pólos de consumo, os artigos 112.º e 113.º, que estabelecem as condições para o estabelecimento da ligação entre a rede de transporte e as redes de distribuição e ainda os artigos 114.º a 118.º que compreendem várias disposições sobre a informação no âmbito da ligação às redes.

II. A ligação à rede (que se considera como o conjunto das infra-estruturas físicas, canalizações e acessórios, que permitem a ligação entre a instalação a ligar e a rede existente) constitui uma obrigação das concessionárias e licenciadas dentro das suas áreas de intervenção. A única condição que se exige é que estejam reunidos os requisitos técnicos e legais necessários (cfr. artigo 80.º do RRC).

Por outro lado, é ainda obrigação dos operadores das redes de distribuição e dos operadores das redes de transporte estabelecerem as ligações entre as respectivas redes, de forma a permitir a veiculação de GN para abastecimento dos clientes ligados às redes de distribuição, de acordo com os planos de desenvolvimento das redes. Daí a obrigação de coordenação entre os respectivos planeamentos de redes estabelecida no n.º 2 do artigo 36.º (cfr. comentário ao artigo 36.º).

As condições para o estabelecimento de ligação entre as respectivas redes são objecto de acordo entre o operador da rede de transporte e os operadores das redes de distribuição devendo respeitar os princípios da transparência e igualdade de tratamento, bem como as condições de eficiência técnica e económica comprovada para cada situação em particular. Este acordo tem por objecto quer as condições comerciais (encargos), quer as demais condições de ligação e, na sua ausência, compete à ERSE, sob proposta das entidades em causa, decidir os termos em que se procede à repartição dos encargos com base em princípios de equidade, transparência, igualdade de tratamento e racionalidade técnico-económica da ligação a estabelecer (cfr. artigo 122.º do RRC).

III. Os elementos necessários à ligação integram a rede a construir, que é constituída pelos troços necessários para efectuar a ligação entre a rede já existente e os ramais de distribuição necessários para satisfazer a ligação de uma ou mais instalações e os ramais de distribuição que são constituídos pelos troços de tubagem destinados a assegurarem em exclusivo a ligação de uma instalação ou pequeno conjunto de instalações (cfr. artigo 82.º do RRC e artigo 5.º do Despacho n.º 11209/2008).

Após a sua construção, cada um dos elementos necessários à ligação fica a fazer parte integrante das redes de transporte ou de distribuição.

Não integram as infra-estruturas necessárias à ligação quaisquer elementos a jusante da válvula de corte geral da instalação que requisita a ligação, nem as alterações na instalação necessárias à satisfação dessa mesma requisição.

IV. A matéria dos encargos com a ligação das instalações às redes é tratada nos artigos 90.º a 96.º do RRC e nos artigos 8.º e 9.º do Despacho n.º 11209/2008. Já quanto aos encargos da ligação entre as redes de transporte e as redes de distribuição já vimos que são objecto de acordo entre os respectivos operadores.

No caso da ligação às redes de instalações de clientes com consumo anual igual ou inferior a 10 000 m3, o cálculo dos encargos com o estabelecimento da ligação é efectuado considerando que o ponto de ligação é o ponto da rede existente que, no momento da ligação, se encontra fisicamente mais próximo da referida instalação. Os encargos com os ramais de distribuição são da responsabilidade do operador da rede até ao comprimento máximo de 10 metros (cfr. n.º 1 do artigo 9.º do Despacho n.º 11209/2008). Os encargos resultantes da construção da rede a construir são função da sua extensão, sendo calculados nos termos previstos no artigo 8.º do Despacho n.º 11209/2008.

As regras a observar na elaboração dos orçamentos, nas condições de pagamento dos encargos de ligação e na construção dos elementos necessários à ligação encontram-se também estabelecidas no RRC e no mencionado Despacho.

Merecem aí tratamento especial as regras a observar na integração de pólos de consumo existentes e a ligação à rede de novos pólos de consumo. Consideram-se pólos de consumo existentes o conjunto de instalações de utilização já servidas por fornecimento de outros gases combustíveis e que se encontram no âmbito geográfico das concessões ou licenças de distribuição de gás natural. Os novos pólos de consumo correspondem a um conjunto de instalações de utilização ainda não servidas pelo fornecimento de gás natural ou qualquer outro gás combustível.

ARTIGO 34.º

Acesso às redes de distribuição

Os operadores das redes de distribuição devem proporcionar aos interessados, de forma não discriminatória e transparente, o acesso às suas redes, baseado em tarifas aplicáveis a todos os clientes, nos termos do Regulamento de Acesso às Redes, às Infra-Estruturas e às Interligações.

→ Artigos 9.º, 24.º, n.º 2, 31.º, 40.º e 41.º do Decreto-lei n.º 30/2006; artigos 8.º, n.º 1, alínea i), 67.º, n.º 2, 70.º, 72.º, 73.º e n.º 2, Base VI do Anexo IV do Decreto-lei n.º 140/2006; artigos 18.º, 20.º, 21.º e 27.º da Directiva n.º 2003/55/CE; artigos 6.º, 9.º 10.º a 13.º, 16.º, 21.º, 31.º a 45.º do RARII.

I. A relevância do acesso às redes.
II. O contrato de uso das infra-estruturas. Princípios aplicáveis.
III. Recusa de acesso.
IV. Informação para efeitos do acesso.
V. Relacionamento entre os agentes de mercado e os operadores das infra-estruturas.
VI. Congestionamentos das redes. Mecanismos de resolução.

I. As redes de distribuição são uma peça chave no sistema regulado de acesso aos activos gasistas de terceiros uma vez que a actividade de comercialização exige uma correcta coordenação com as instalações de distribuição que constituem o último escalão da cadeia gasista até ao consumidor.

O n.º 1 do artigo 18.º da Directiva n.º 2003/55/CE prevê que seja estabelecido um sistema de acesso de terceiros às redes de transporte e distribuição e às instalações de GNL baseado em tarifas publicadas aplicáveis a todos os clientes elegíveis, incluindo as empresas de fornecimento, aplicadas objectivamente e sem discriminação entre os utilizadores da rede. Essas tarifas, ou as metodologias em que se baseia o respectivo cálculo, são aprovadas pela entidade reguladora. O referido direito de acesso é estendido aos operadores das redes de distribuição, através do artigo 20.º, que estabelece o acesso às redes de gasodutos a montante.

O artigo 27.º da Directiva prevê que possa ser estabelecida uma derrogação das condições de livre acesso estabelecidas para as redes de transporte e de distribuição e para o terminal de GNL se existirem graves dificuldades económicas e financeiras devido aos contratos de *take or pay* (cfr. nossos comentários ao artigo 24.º).

Prevê-se ainda no n.º 3 do artigo 18.º da Directiva que possam continuar a ser celebrados contratos a longo prazo desde que respeitem as regras comunitárias em matéria de concorrência.

As condições técnicas e comerciais, incluindo as condições em que é facultado ou recusado o acesso, a retribuição devida ao titular da rede, as condições de utilização e ainda os sujeitos com direito de acesso, encontram-se definidas no RARII.

O RARII estabelece o livre acesso de todos os agentes de mercado (clientes elegíveis, comercializadores, comercializadores de último recurso grossista e retalhista) baseado em tarifas publicadas pela

ERSE no âmbito do Regulamento Tarifário, às redes de distribuição (cfr. artigo 6.º do RARII). Não foi considerado nesta fase o livre acesso às redes de distribuição ao contrário do que acontece em Espanha onde existe livre acesso às redes de distribuição, incluindo as abastecidas através de UAG.

À obrigação de dar acesso às redes corresponde um direito dos agentes de mercado que, no entanto, depende, como se verá, da celebração de contrato de uso das redes e da capacidade das redes sendo que, os mecanismos para a atribuição das capacidades, bem como a metodologia dos estudos para a determinação da capacidade na RNTIAT foram aprovados pelo Despacho da ERSE n.º 7927/2008, publicado no Diário da República, II Série, de 17 de Março.

A criação de um verdadeiro mercado de energia – repita-se – depende, em grande parte, da forma como for (ou puder ser) exercido este direito.

II. Embora a obrigação de facultar o acesso de terceiros às redes a que estão obrigados os operadores das redes de distribuição tenha um conteúdo e força similares ao que afecta o operador da rede de transporte, o acesso é formalizado através de um contrato especifico de uso das redes de distribuição cujas condições gerais foram aprovadas pela ERSE através do Despacho n.º 1677/2008, publicado no Diário da República, II série, n.º 10, de 15 de Janeiro (cfr. n.º 2 do artigo 9.º do RARII).

Esta similitude leva a que em Espanha seja celebrado um único contrato de acesso com diversos anexos para a contratação do ponto de saída.

A celebração de contrato de uso das redes é dispensada no caso de comercializadores retalhistas constituídos no âmbito de sociedades concessionárias ou detentoras de licenças de distribuição com menos de 100 000 clientes sem separação jurídica de actividade (cfr. n.º 3 do artigo 31.º e comentários aos artigos 40.º e 41.º e ainda artigos 67.º, n.º 2 e 70.º, n.º 6 do Decreto-lei n.º 140/2006). As condições gerais deverão ser divulgadas pelos operadores nas respectivas páginas da Internet (cfr. n.º 3 do artigo 9.º e artigo 44.º do RARII).

As condições gerais, aprovadas pelo Despacho da ERSE n.º 1677/2008, respeitam o conjunto de princípios já estabelecidos nos artigos 10.º a 13.º do RARII que são os seguintes:

– A duração dos contratos será de um ano gás considerando-se automática e sucessivamente renovados, salvo denúncia do agente de mercado com a antecedência mínima de 60 dias em relação ao termo do Contrato ou da sua renovação. Embora não se preveja expressamente, ao contrário do que acontece com o acesso às infra-estruturas da RNTIAT (cfr. n.º 2 do artigo 24.º), a celebração de contratos de longo prazo, deve admitir-se esta possibilidade. A Directiva é clara neste sentido impondo apenas o respeito pelas regras da concorrência. Esta possibilidade está, aliás, prevista na Base VI das concessões de distribuição regional que expressamente prevê a possibilidade de celebração de contratos de longo prazo naquelas condições (cfr. n.º 2 da Base VI do Anexo IV do Decreto-lei n.º 140/2006).

– A cessação dos contratos poderá ocorrer por acordo das partes, por caducidade (denúncia ou extinção da licença de comercializador) e por rescisão (incumprimento das disposições aplicáveis, designadamente dos regulamentos e respectiva sub-regulamentação e incumprimento do disposto no contrato, nomeadamente falta de pagamento das facturas e falta de prestação ou de actualização de garantia válida).

– O direito à prestação de garantia por parte dos agentes de mercado cujo valor é calculado com base no conjunto das tarifas relativas ao Uso Global do Sistema, Uso da Rede de Transporte e Uso das Redes de Distribuição e garantirá um período de 60 dias de facturação. O operador pode exigir a alteração do valor da garantia quando se verifique, nomeadamente, um aumento da capacidade utilizada ou alteração das referidas tarifas.

A retribuição pelo uso das redes e serviços inerentes é feita através de aplicação de tarifas definidas no RT podendo ser transferidas dos clientes para os comercializadores. A responsabilidade pela prestação da garantia e de todas as obrigações, nomeadamente serviços regulados e compensações por incumprimento dos padrões de qualidade de serviço pode, também, ser transferida dos clientes para os comercializadores.

III. As condições em que o acesso pode ser recusado estão estabelecidas no artigo 21.º da Directiva n.º 2003/55/CE que prevê a recusa com base na falta de capacidade ou se o acesso impedir de cumprir as obrigações de serviço público, ou ainda com base em sérias dificuldades económica e financeiras, no âmbito de contratos de *take or pay*. Esta recusa deve ser devidamente fundamentada. Podem ser estabelecidas medidas para assegurar que os operadores das infra-estruturas que recusem o acesso com base em falta de capacidade ou em falta de ligação efectuem os melhoramentos necessários, na medida em que tal seja economicamente viável ou sempre que um potencial cliente esteja interessado em pagar por isso.

Disposições idênticas constam dos artigos 8.º, n.º 1, alínea i) (falta de capacidade/ cumprimento de obrigações de serviço público), 72.º (para a novas infra-estruturas) e 73.º (no âmbito dos contratos de *take or pay*) do Decreto-lei n.º 140/2006.

Em especial, admite-se no artigo 73.º como motivo de recusa de acesso às infra-estruturas *"graves dificuldades económicas e financeiras devido aos compromissos inerentes a contratos de aquisição de gás em regime de take or pay, celebrados antes da entrada em vigor da Directiva n.º 2003/55/CE, do Parlamento e do Conselho de 26 de Junho, essa sociedade pode requerer ao ministro responsável pela área da energia a derrogação do acesso de terceiros, nos termos previstos no artigo 27.º da mesma Directiva"*.

Este artigo dispõe sobre as "derrogações relacionadas com compromissos assumidos no âmbito dos contratos de *take or pay*" e estabelece que este tipo de derrogações deve ser concedida pelo Estado Membro e comunicada à Comissão sem demora. Igual obrigação está consagrada no n.º 3 do citado artigo 73.º.

Note-se que o RARII não estabeleceu as condições de recusa de acesso.

IV. Um dos aspectos mais importantes no exercício do direito de acesso refere-se à informação a prestar pelos operadores das redes de distribuição já que esta informação é essencial para que os comercializadores possam exercer correctamente este seu direito. Daí que o

RARII estabeleça não só a obrigação de disponibilização da informação mas defina o respectivo conteúdo (cfr. artigo 16.º do RARII).

Este conteúdo abrange, nomeadamente:

– A descrição pormenorizada e localização geográfica das infra-estruturas com a indicação de todos os pontos relevantes da RPGN; estes pontos relevantes, cuja lista será elaborada anualmente pelo operador da rede de transporte conforme referimos no ponto II do comentário ao artigo 30.º, são para as rede de distribuição os pontos de ligação da RNTGN com a RNDGN, os pontos de ligação entre diferentes níveis de pressão das redes de distribuição e os pontos de ligação entre as UAG e as respectivas redes de distribuição local.

– As características dos principais equipamentos.

– Os valores máximos e mínimos da utilização mensal da capacidade, nos últimos três anos.

– Os fluxos médios mensais em todos os pontos relevantes da RPGN nos últimos três anos gás.

– Os valores da capacidade técnica, da capacidade máxima efectiva considerando as restrições técnicas, da capacidade disponível para fins comerciais e da capacidade efectivamente utilizada.

– Identificação e justificação dos principias congestionamentos e restrições da capacidade das infra-estruturas.

– Informação relativa à qualidade do fornecimento de gás natural, nomeadamente a pressão e as características do gás natural estabelecidas no RQS.

– Indicadores da continuidade de serviço previsto no RQS.

A informação deve ainda permitir avaliar a situação actual e futura das infra-estruturas.

A informação é disponibilizada não só nas páginas da Internet dos operadores mas também nos centros de atendimento quando os operadores deles disponham.

Ainda ao nível da informação, prevê-se a divulgação anual de informação sobre as capacidades disponíveis (capacidades actualizadas para cada mês, com detalhe semanal, e para cada semana, com detalhe diário) nas várias infra-estruturas para o ano seguinte, nomeadamente através das páginas da Internet (cfr. artigos 31.º e 45.º do RARII).

São publicados nas respectivas páginas de Internet:

– As metodologias de determinação das capacidades disponíveis para fins comerciais das infra-estruturas.
– Os valores das capacidades disponíveis para fins comerciais nas infra-estruturas determinados anualmente e actualizados mensal e semanalmente, bem como os estudos que serviram de base à determinação.
– Os mecanismos de resolução de congestionamentos.

A informação sobre as capacidades disponíveis, actualizada para cada mês, com detalhe semanal e, para cada semana, com detalhe diário, deve incluir:

– A capacidade técnica máxima.
– A capacidade máxima efectiva, considerando as restrições técnicas.
– A capacidade disponível para fins comerciais.
– A capacidade prevista na rede de transporte e no terminal de GNL de Sines, no âmbito dos contratos de aprovisionamento de GN de longo prazo.
– A identificação e justificação dos congestionamentos previstos.

V. Prevêem-se quatro fases no relacionamento entre os agentes de mercado e os operadores das infra-estruturas:

– uma fase prévia de celebração dos contratos de uso das infra-estruturas;
– uma fase anterior ao dia gás para atribuição de capacidade das infra-estruturas, que inclui as programações (anual, trimestral e semanal) e as nomeações (dia gás);
– uma fase associada ao dia de gás na qual se incluem todos os procedimentos associados à operação do sistema e à gestão no dia gás dos fluxos de GN (ROI); e finalmente
– uma fase posterior ao dia gás em que se realizam os processos de repartição dos volumes de GN processados por cada agente de mercado nas diversas infra-estruturas e de apuramento de balanço das existências de cada agente de mercado – acerto de contas (RRC).

VI. Embora não estejam ainda determinados os mecanismos de resolução de congestionamentos, prevê-se desde já a realização de leilões de capacidade quando ocorram congestionamentos na RNTGN, nos terminais de GNL ou no armazenamento subterrâneo (cfr. artigo 41.º).

Entendemos que este mecanismo não está já previsto para a resolução de congestionamentos das redes de distribuição porque não obstante estas integrarem a definição de "infra-estruturas" para efeitos do RARII, o n.º 1 do artigo 41.º deste regulamento refere expressamente quais as infra-estruturas a que se aplica o mecanismo de leilão não referindo as redes de distribuição. Isto não significa que a realização de leilões não venha a ser considerada como mecanismo para a resolução de congestionamentos nestas redes.

Terá assim de se esperar pela divulgação do mecanismo de resolução de congestionamentos das redes de distribuição nas páginas de internet dos respectivos operadores, depois da proposta (coordenada entre o operador da rede de transporte e o operador do sistema de gás natural com o qual a sua rede está interligada) ser aprovada pela ERSE (cfr. n.º 6, 7 e 8 do artigo 41.º do RARII).

SUBSECÇÃO III
Relacionamento comercial

Artigo 35.º
Relacionamento das concessionárias e licenciadas das redes de distribuição

As concessionárias e licenciadas das redes de distribuição relacionam-se comercialmente com os utilizadores das respectivas infra-estruturas, tendo direito a receber, pela utilização destas e pela prestação dos serviços inerentes, uma retribuição por aplicação de tarifas reguladas, definidas no Regulamento Tarifário.

→ Artigo 25.º do Decreto-lei n.º 30/2006; artigos 5.º, 17.º, 18.º e 43.º do RRC.

Este artigo cuja redacção é igual ao do artigo 25.º (relaciona-mento comercial das concessionárias da RNTIAT) é muito redutor pois resume o relacionamento comercial à utilização das redes e correspondente retribuição por aplicação das tarifas reguladas.

Ora, o RRC estabelece outras normas e princípios importantes aplicáveis na relação entre os operadores das redes e os utilizadores.

Desde logo, nessa relação, as concessionárias e licenciadas de-vem observar os princípios gerais de igualdade de tratamento e de oportunidades, não discriminação, transparência e objectividade das regras e decisões relativas ao relacionamento comercial, imparciali-dade nas decisões e o direito à informação e salvaguarda da confiden-cialidade da informação comercial considerada sensível (cfr. artigo 5.º do RRC).

Por outro lado, no exercício da sua actividade, as concessionárias e licenciadas estão obrigadas à observância dos seguintes princípios gerais (cfr. artigo 17.º):

– Salvaguarda do interesse público, incluindo a manutenção da segurança no abastecimento;
– Igualdade de tratamento e de oportunidades;
– Não discriminação;
– Independência no exercício das suas actividades;
– Transparência das decisões, designadamente através de meca-nismos de informação e auditoria.

Relevante nesta relação é, também, a divulgação da informação a que estão obrigados as concessionárias e licenciadas, enquanto operadores de redes, e as regras estabelecidas quanto à reserva de informação de natureza confidencial às pessoas que intervêm directa-mente em cada tipo especifico de actividade.

De resto, os Códigos de Conduta que estes operadores estão obrigados a divulgar visam proteger aspectos que têm também relevo nessa relação com os utilizadores, como a independência, a imparci-alidade e a isenção e responsabilidade dos actos dos responsáveis pela actividade (cfr. artigo 18.º e 43.º do RRC).

SUBSECÇÃO IV
Planeamento das redes de distribuição

ARTIGO 36.º
Planeamento das redes de distribuição

1 – O planeamento da expansão das redes de distribuição tem por objectivo assegurar a existência de capacidade nas redes para a recepção e entrega de gás natural, com níveis adequados de qualidade de serviço e de segurança, no âmbito do mercado interno de gás natural.

2 – Para efeitos do disposto no número anterior, os operadores das redes de distribuição devem elaborar o plano de desenvolvimento das respectivas redes.

3 – O planeamento das redes de distribuição deve ser coordenado com o planeamento da rede de transporte, nos termos do Regulamento de Operação das Infra-Estruturas.

4 – O planeamento das redes de distribuição bem como os respectivos procedimentos obedecem aos termos estabelecidos no Regulamento de Operação das Infra-Estruturas e em legislação complementar.

→ Artigo 30.º, n.º 2, alínea c) do Decreto-lei n.º 30/2006; Artigos 12.º e 75.º do Decreto-lei n.º 140/2006; artigo 26º do RARII.

I. A relevância do planeamento das redes e a sua forma de concretização.

II. Coordenação com o planeamento da rede de transporte e procedimento de elaboração dos planos de desenvolvimento.

I. Já vimos que a possibilidade de acesso às infra-estruturas desempenha um papel fundamental no desenvolvimento de um mercado liberalizado e é, por isso, necessário que estas contribuam para o desenvolvimento da concorrência no sector. Daí a obrigação que impende sobre os operadores das redes de distribuição de assegurar a oferta de capacidade a longo prazo das respectivas redes a que se refere a alínea c) do n.º 2 do artigo 30.º. A expansão das redes não pode contudo ser levada a cabo de qualquer forma pois tem de assegurar do mesmo passo níveis adequados de qualidade de serviço e de segurança.

As infra-estruturas devem possibilitar o trânsito de gás natural, desde a injecção de gás natural na RNTGN por intermédio das interligações transfronteiriças, terminais de recepção, armazenagem e regaseificação de GNL e armazenamentos subterrâneos até à extracção de GN da RNTGN para entrega nas redes de distribuição ou aos clientes ligados directamente à RNTGN, tendo em conta não só o cenário actual como também a entrada de novos consumidores.

Este planeamento deve ser efectuado com eficiência e a preços adequados, garantindo ainda níveis adequados de qualidade de serviço e de segurança de abastecimento.

Actualmente existe em Portugal um sobredimensionamento das infra-estruturas verificando-se que, em regime normal de funcionamento, existe capacidade suficiente nas infra-estruturas para satisfazer todas as solicitações.

No entanto, o mercado nacional apresenta um forte potencial de crescimento com relevo para os segmentos da geração e cogeração pelo que para manter-se a situação actual será necessário um correcto planeamento das infra-estruturas, designadamente das redes de distribuição.

O planeamento da expansão das redes é efectuado através da elaboração pelos operadores das redes de distribuição, do respectivo plano de desenvolvimento das redes que é coordenado, nos termos estabelecidos no artigo 12.º do Decreto-lei n.º 140/2006, com o planeamento da RNTIAT.

II. Ao contrário do referido nos **n.ᵒˢ 3 e 4** deste artigo, o ROI não estabelece nem a forma de coordenação com o planeamento da rede de transporte, nem o procedimento de elaboração do planeamento das redes de distribuição.

As normas que dispõem sobre esta matéria são o já referido artigo 12.º do Decreto-lei n.º 140/2006, assim como o seu artigo 75.º e o RARII que, no artigo 26.º, prevê o envio à ERSE, para aprovação, para efeitos de reconhecimento na base de activos e para cálculo das tarifas, de projectos de investimento para os três anos gás seguintes ao ano gás em que são apresentados.

De resto, o citado artigo 12.º do Decreto-lei n.º 140/2006 prevê que sejam elaborados pelos operadores da RNTGN e entregues à DGEG, para efeitos do planeamento da RNTIAT que é da sua competência, os seguintes documentos:

– Caracterização da RNTIAT contendo a informação técnica que permita conhecer a situação das redes e restantes infra-estruturas, designadamente as capacidades nos vários pontos da rede, a capacidade de armazenamento dos terminais de GNL e o seu grau de utilização.
– Integração e harmonização das propostas de plano de desenvolvimento e investimento da RNTIAT (PDIR) elaboradas pelos operadores da RNTIAT e da RNDGN, observando, para além de critérios de racionalidade económica, as orientações de política energética, designadamente o que se encontrar definido relativamente à capacidade e tipo das infra-estruturas de entrada de gás natural no sistema, as perspectivas de desenvolvimento dos sectores de maior e mais intenso consumo, as conclusões e recomendações contidas nos relatórios de monitorização, os padrões de segurança para planeamento das redes e as exigências técnicas e regulamentares.

As propostas de desenvolvimento e investimento nas redes são submetidas até ao final do primeiro trimestre e com uma periodicidade de três anos pelos operadores das redes ao operador da rede nacional de transporte de gás natural (RNTGN). O operador da RNTGN submete as propostas à DGEG que, por sua vez, as submete à ERSE para parecer que deverá ser emitido no prazo de 60 dias (cfr. n.º 4 do mencionado artigo 12.º).

O PDIR final é elaborado pela DGEG no prazo de 30 dias (a contar da recepção do parecer da ERSE) e submetido ao ministro responsável pela área da energia (o Ministro da Economia) para aprovação.

O artigo 75.º do Decreto-lei n.º 140/2006 previa que o primeiro PDIR fosse apresentado pela DGEG no primeiro trimestre de 2008. Neste momento aguarda-se a sua aprovação, tendo em conta que o período de consulta pública terminou em 18 de Abril de 2008.

A nível regulamentar, para além das disposições referidas, não encontramos qualquer outra referência ao planeamento das redes.

SECÇÃO IV
Comercialização de gás natural

SUBSECÇÃO I
Regime do exercício

ARTIGO 37.º
Regime do exercício

1 – O exercício da actividade de comercialização de gás natural é livre, ficando sujeito a licença e às demais condições estabelecidas em legislação complementar.

2 – O exercício da actividade de comercialização de gás natural consiste na compra e venda de gás natural, para comercialização a clientes finais ou outros agentes, através da celebração de contratos bilaterais ou da participação em outros mercados.

→ Artigos 4.º, 18.º, 19.º, 32.º, 34.º, 39.º e 40.º a 43.º do Decreto-lei n.º 30/2006; artigos 32.º a 44.º, 49.º, 66.º e 69.º do Decreto-lei n.º 140/2006; artigo 121.º do CPA; Portarias n.º 929/2006 e n.º 930/2006 de 7 de Setembro de 2006; artigos 55.º a 76.º e 161.º a 218.º do RRC.

I.   Enquadramento geral da actividade de comercialização. Remissão.
II.   Comercialização exercida em livre concorrência e comercialização regulada.
III. Licença. Procedimento de atribuição, conteúdo (modelos) e taxas.
IV. Demais condições.
V.   O reconhecimento de comercializadores estrangeiros.
VI. Tipos de comercializadores: o comercializador do SNGN.
VII. O comercializador de último recurso grossista.
VIII. O comercializador de último recurso retalhista.
IX. Os comercializadores (em mercado livre).
X.   Contratação bilateral e mercados organizados.

I. Remete-se para o que, em comentário preliminar ao capítulo II, se disse sobre o enquadramento geral da actividade de comercialização.

II. O regime de exercício da actividade de comercialização é enunciado logo no início do diploma, no artigo 4.º, e aqui repetido, sendo desenvolvido nos artigos 32.º a 44.º do Decreto-lei n.º 140/2006 e 55.º a 76.º do RRC e ainda nos capítulos VIII e IX deste regulamento no que respeita às modalidades de contratação e relacionamento comercial com os clientes.

A actividade de comercialização é exercida em livre concorrência com o sentido e alcance a que já nos referimos no comentário ao artigo 4.º para o qual remetemos (cfr. ponto V). Mas a verdade é que nem toda a comercialização é exercida em livre concorrência pois, como excepciona o n.º 4 do artigo 32.º do Decreto-lei n.º 140/2006, a comercialização de GN de último recurso (quer a retalhista, quer a grossista) fica sujeita a regulação.

Por outro lado, o RRC veio criar (e regular não obstante tratar-se de um comercializador livre, como veremos adiante) um tipo de comercializador a que nem este Decreto-lei, nem o Decreto-lei n.º 140/2006 se referem: o comercializador do SNGN.

É, pois, essencial estabelecer desde já esta distinção que releva desde logo no regime de licença e na sua forma de atribuição como se verá de seguida.

III. A sujeição a licença significa que a actividade de comercialização depende de um acto administrativo da entidade administrativa competente (a DGEG) que decida favoravelmente a pretensão de exercício desta actividade. É a decisão que a DGEG tome sobre essa pretensão que permite pois o exercício desta actividade.

A produção e prática deste acto insere-se num procedimento (administrativo) que se inicia com a apresentação pelo interessado de requerimento à DGEG. É o que determina o artigo 34.º do Decreto-lei n.º 140/2006.

A sequência procedimental é aparentemente simples e célere, resumindo-se a um requerimento dirigido ao Director Geral de Energia e Geologia, instruído com um conjunto de elementos, que deve ser objecto de decisão no prazo de trinta dias a contar do termo da instrução do procedimento (cfr. n.º 4 do artigo 34.º do Decreto-lei n.º 140/2006).

Não se podem, porém, esquecer as questões que venham a suscitar-se durante a actividade de instrução do procedimento administrativo que abrange o *"complexo de actos e operações tendentes a identificar e valorar os dados jurídicos e factuais relevantes para a decisão a produzir, actos e operações que podem consistir no exame de documentos, em inspecções, em convocações e informações várias, em investigações, em exames, em buscas e peritagens, em auditorias, em discussões, em pareceres e relatórios, em testes, em reconstituições, sabe-se lá mais o quê"* e que, na prática, podem tornar a decisão mais morosa (cfr. Mário Esteves de Oliveira, Pedro Costa Gonçalves e J. Pacheco de Amorim *in* Código do Procedimento Administrativo, 2ª edição, página 413).

O requerimento deve obrigatoriamente ser instruído com um conjunto de elementos listados no n.º 2 do artigo 34.º do Decreto-lei n.º 140/2006 e que são os seguintes:

– identificação completa do requerente, que deve ser uma sociedade comercial registada em Portugal e revestir uma das formas societárias permitidas pela lei portuguesa;
– documento em que o requerente declare (sob compromisso de honra) que se encontra regularizada a sua situação relativa a contribuições fiscais e parafiscais;
– documentos demonstrativos de adequada capacidade técnica, nomeadamente perfil profissional do respectivo responsável e estrutura operacional da empresa;
– demonstração da adequada capacidade económico-financeira do requerente;
– certidão actualizada do registo comercial e cópia dos respectivos estatutos devidamente certificada pela gerência, direcção ou administração;
– declaração (assinada pelo representante legal sob compromisso de honra) demonstrativa dos meios que vai utilizar para actuar nos mercados organizados, quer a nível de comunicação e interface, quer de compensação e liquidação das suas responsabilidades.

Caso se trate de entidade não residente (por exemplo sucursal de sociedade estrangeira) terão ainda de ser apresentados certidão actualizada da constituição e funcionamento da sociedade de acordo com a lei do respectivo Estado, cópia dos respectivos estatutos devidamente certificados pela gerência, direcção ou administração e documento emitido pela autoridade competente do respectivo Estado de que se encontra nele habilitado e que exerce legalmente a actividade de comercialização de gás natural (cfr. n.º 6 do citado artigo 34.º do Decreto-lei n.º 140/2006).

Dado que não existe uma disposição específica que indique quais os requisitos necessários à obtenção da qualidade de comercializador e de cuja verificação depende a atribuição da licença é dos elementos que a lei exige para a instrução do pedido que podemos retirá-los.

Deles resulta (pelo menos) que o requerente deverá:

– ser uma sociedade comercial registada em Portugal, revestindo uma das formas societárias permitida pela lei portuguesa ou sucursal de sociedade estrangeira desde que, neste caso, apresente os documentos exigidos;
– ter adequada capacidade técnica;
– ter adequada capacidade económico-financeira;
– não ser devedor de contribuições fiscais e parafiscais (segurança social).

Por outro lado, como os comercializadores não podem exercer directamente as actividades de transporte e distribuição de GN (com excepção da distribuição a um número de clientes inferior a 100 000) o não exercício destas actividades será um requisito negativo.

Poderá, também, constituir um requisito de atribuição da licença de comercialização a constituição de "*garantia ou garantias exigidas*" a que o legislador se refere na alínea n) do artigo 33.º do Decreto-lei n.º 140/2006 se bem que, não estando estas "exigidas" em lado nenhum, terá primeiro de prever-se a sua constituição para que a DGEG as possa efectivamente exigir.

O legislador determina ainda no n.º 4 do artigo 34.º do Decreto-lei n.º 140/2006 que vimos citando, que da licença devem constar as "condições" em que é atribuída.

Não se deve entender que as condições estão aqui referidas no sentido de que a licença deve estabelecer a sua sujeição a condição no sentido do artigo 121.º do CPA (i.e. da sujeição da produção dos efeitos do acto a uma cláusula acessória).

Estas condições devem ser entendidas como as imposições (direitos e deveres) a que fica adstrito o comercializador, assim como o regime da licença (prazo, transmissão, extinção, etc.). Basta compulsar os modelos das licenças aprovados pelas Portarias n.º 929/2006, de 7 de Setembro, para a comercialização livre, e n.º 930/2006, da mesma data, para a comercialização de último recurso, para concluir que é este o sentido que o legislador quis quando se referiu naquela disposição a condições. De resto, o conteúdo (as condições) das licenças encontra-se genericamente determinado no artigo 33.º do Decreto-lei n.º 140/2006, sendo depois desenvolvido nestas Portarias que aprovaram os respectivos modelos.

Desses modelos resulta que as licenças contemplarão:

O **âmbito da actividade de comercialização**, sendo este, no caso da comercialização livre "*a importação e a exportação ou o comércio intracomunitário de gás natural (GN ou GNL), a compra e venda por grosso de gás natural (GN ou GNL) e a venda a retalho de gás natural (GN ou GNL)*" e, no caso da comercialização de último recurso, a comercialização de gás natural de último recurso em exclusivo pela Transgás S.A. "*a todos os clientes com consumo anual igual ou superior a dois milhões de metros cúbicos normais que não queiram usufruir do estatuto de cliente elegível, com excepção dos produtores de electricidade em regime ordinário*" e pelas "*concessionárias de distribuição regional, as titulares de licenças de distribuição local de gás natural, bem como as licenciadas de comercialização de último recurso referidas no n.º 2 do artigo 67.º do Decreto-lei n.º 140/2006, de 26 de Julho*".

Os **direitos dos titulares da licença**, sendo estes direitos no caso dos comercializadores livres (i) o direito de transaccionarem GN ou GNL através de contratos bilaterais livremente negociados com outros agentes do mercado de gás natural ou através dos mercados organizados, devendo, neste caso, cumprir os requisitos para aceder a esses mercados, (ii) o direito de terem acesso às infra-estruturas da RNTIAT e à RNDGN e às interligações mediante o pagamento das respectivas tarifas e (iii) o direito de contratarem livremente com os seus clientes a venda de gás natural e, no caso dos comercializadores de último recurso (i) o direito de transaccionarem gás natural através de contratos bilaterais com outros agentes do mercado de gás natural ou através dos mercados organizados se cumprirem os requisitos que lhes permitam aceder a esses mercados (ii) o direito de terem acesso à RNTIAT e RNDGN e às interligações, nos termos legalmente estabelecidos, para venda de gás natural aos respectivos clientes e, (iii) o direito de receberem uma remuneração que assegure o equilíbrio económico e financeiro da actividade licenciada em condições de gestão eficiente, nos termos que vierem a ser regulados pela ERSE.

Os **deveres dos titulares da licença**, sendo estes deveres para os comercializadores livres, além da obrigação genérica de cumprirem todas as normas, disposições e regulamentos aplicáveis, (i) a entrega de gás natural à RNTIAT e à RNDGN para fornecimento aos seus clientes cumprindo os procedimentos técnicos e financeiros aplicáveis e aprovados pelo gestor técnico global do SNGN e, se for o caso, pelo competente operador de mercado, de acordo com a regulamentação aplicável, (ii) a colaboração na promoção das políticas de eficiência energética e de gestão da procura nos termos legalmente estabelecidos, (iii) a constituição e manutenção de reservas de segurança de gás natural, relativamente aos contratos para consumo não interruptível celebrados com os seus clientes, nos termos do artigo 49.º do Decreto-lei n.º 140/2006, de 26 de Julho, como se verá no comentário a esta disposição, (iv) a obrigação de informarem mensalmente o Gestor Técnico Global do SNGN da quantidade de reservas constituídas relativamente ao mês anterior, (v) o dever de aplicar as regras da mudança de comercializador que vierem a ser definidas no âmbito do Operador Logístico de Mudança de Comercializador de Gás Natural logo que este seja constituído, (vi) o dever de prestar a informação devida aos clientes, nomeadamente sobre as opções tarifárias mais apropriadas ao seu perfil de consumo, (vii) o dever de emitir a facturação discriminada de acordo com a legislação e regulamentação aplicáveis, (viii) o dever de proporcionarem aos clientes meios de pagamento diversificados, (ix) a não discriminação entre clientes e o dever de praticar nas suas operações transparência comercial, (x) o dever de manter o registo de todas as operações comerciais, cumprindo os requisitos legais para manutenção de bases de dados, (xi) a manutenção por um prazo de 5 (cinco) anos, do registo das queixas ou reclamações que lhe tenham sido apresentadas pelos respectivos clientes, (xii) o dever de prestarem à DGEG e à ERSE, consoante as suas competências, a informação prevista na legislação e regulamentação aplicáveis, designadamente sobre consumos e preços das diversas categorias de clientes, com salvaguarda do respectivo sigilo, e (xiii) a manutenção da capacidade técnica, legal e financeira necessária para o exercício da actividade objecto da licença. Deve notar-se que os comercializadores de último recurso gossistas estão sujeitos a estes mesmos deveres competindo-lhes ainda a prestação do serviço público de venda de gás natural a todos os clientes abrangidos pela RPGN, que consumam anualmente quantidades de gás natural iguais ou superiores a 2 milhões de m3 normais, com excepção dos centros produtores de electricidade em regime ordinário, e aos comercializadores de último recurso retalhistas e, bem assim, a aquisição de gás natural para o exercício da actividade de comercialização nas condições previstas no artigo 42.º do Decreto-lei n.º 140/2006, que veremos adiante em comentário ao artigo 40.º.

As **regras quanto aos contratos a celebrar com os clientes**, designadamente quanto ao respectivo conteúdo (cfr. desenvolvimento deste tema no comentário ao artigo 39.º), à possibilidade de exigir prestação de caução nos termos legal e regulamentarmente previstos, ao conhecimento prévio das condições contratuais, ao dever de informação prévia do cliente quanto à intenção de alterar o contrato e inerente direito de rescisão, à obrigação de notificação de qualquer aumento de encargos resultante de alteração das condições contratuais e correspondente direito de rescisão em caso de desacordo, ao dever de informação sobre preços e tarifas, que são iguais para os comercializadores livres e de último recurso com a única excepção de se estabelecer quanto aos contratos dos primeiros que *"os clientes não devem ser obrigados a efectuar qualquer pagamento por mudarem de comercializador, sem prejuízo do respeito pelos compromissos contratualmente assumidos"* (cfr. alínea C) ponto 9 da Portaria n.º 929/2006).

As **regras quanto à interrupção do fornecimento**, remetendo-se neste ponto para o estabelecido no RQS e no RRC (cfr. ainda comentário ao artigo 32.º).

As **regras quanto a preços e tarifas**, determinando-se, no caso do titular de licença de comercialização livre, a obrigação de publicitação dos preços que pratica em cada momento, designadamente nas suas páginas de *Internet* e em conteúdos promocionais, bem como o envio trimestral à ERSE dos preços praticados no trimestre anterior e, anualmente, a tabela de preços de referência que se propõe praticar no âmbito da comercialização e estabelecendo-se, no caso dos comercializadores de último recurso que as tarifas a aplicar são fixadas no Regulamento Tarifário.

O **prazo das licenças** que, no caso da comercialização livre são concedidas por prazo indeterminado sem prejuízo da sua extinção por caducidade (em caso de dissolução, insolvência ou cessação de actividade do seu titular) ou por revogação (por incumprimento dos deveres relativos ao exercício da actividade) pela entidade licenciadora e, no caso da comercialização de último recurso são concedidas a partir de 1 de Janeiro de 2007 até 31 de Dezembro de 2028 sem prejuízo da sua extinção nos mesmos termos da licença de comercialização livre.

A **transmissão** da licença, que se prevê apenas no caso da comercialização livre estando dependente da autorização da entidade emitente e da manutenção dos pressupostos que determinaram a sua atribuição.

Pela apreciação do procedimento de emissão ou transmissão da licença de comercialização livre é devida uma taxa fixada pela Portaria n.º 929/2006, de 7 de Setembro, respectivamente, em Euros 2500 e Euros 1250. Estes valores serão actualizados anualmente de acordo com o índice de preços no consumidor, no continente, com exclusão da habitação, publicado pelo Instituto Nacional de Estatística (cfr. artigo 2.º da citada Portaria). Esta taxa é devida com a apresentação do pedido e liquidada no prazo de 30 dias após a emissão de guia pela DGEG (cfr. artigo 3.º da mesma Portaria).

Deste modo, quer obtenha ou não a licença, o requerente custeará as despesas incorridas com a apreciação do pedido.

Porque as licenças de último recurso são conferidas *ex lege* (por força da lei) quer a Transgás S.A., quer as distribuidoras regionais ou licenciadas locais, a quem foram atribuídas licenças de último recurso não suportaram qualquer taxa pela respectiva atribuição.

IV. Para além da sua sujeição a licença que contempla um (vasto) conjunto de condições, o legislador determina ainda no **n.º 1** deste artigo que o exercício da actividade de comercialização fica sujeito *"às demais condições estabelecidas em legislação complementar"*.

Que condições são estas?

Cotejando o conteúdo dos modelos das licenças a que nos referimos no ponto anterior com o disposto no artigo 33.º do Decreto-lei n.º 140/2006 (que fixa o que deve constar das licenças) e com as demais disposições que se referem à comercialização neste decreto lei regulamentar, verificamos que apenas ficou de fora dos modelos aprovados pelas já citadas Portarias uma condição: a constituição e manutenção da garantia ou garantias exigidas (alínea n) do artigo 33.º).

Sucede que, para além do seguro a que é feita referência no artigo 69.º, daquele mesmo diploma, sob a epígrafe de "garantias", em mais lado nenhum encontramos qualquer exigência à prestação de "garantia ou garantias" e então das duas uma: ou o legislador usou a expressão garantias em sentido lato querendo com isso referir-se a qualquer outra garantia que seja exigida nos termos da legislação geral aplicável (com excepção do seguro pois a este é feita, como se viu, referência expressa no artigo 69.º do Decreto-lei n.º 140/2006) ou usou-a em sentido jurídico pensando na caução (garantia de bom cumprimento dos deveres a que está sujeito o comercializador) mas não a exigiu ou sequer previu no diploma regulamentar ou em qualquer outro.

De resto, não consta no modelo de qualquer uma das licenças a referência à obrigação de constituição (e manutenção) de qualquer garantia que, em bom rigor deveria constar, por força até do que expressamente prevê a já mencionada alínea n) do artigo 33.º do Decreto-lei n.º 140/2006.

Pensamos, pois, que se trata de uma opção do legislador até porque para a comercialização de electricidade está expressamente prevista a prestação de garantia(s) mínima(s) à primeira solicitação de Euro 2,000,000,00 subscrita(s) por entidade(s) bancária(s) de comprovada e reconhecida idoneidade a favor da DGGE, bem como seguro de responsabilidade civil não inferior a Euro 2,500,000,00 com menção à DGEG.

Ora, se o seguro de responsabilidade civil está expressamente previsto no artigo 69.º (embora o seu montante não esteja ainda definido) a caução, por opção política (reforço da concorrência), não ficou já prevista, embora haja base legal para a vir a exigir desde que por diploma legal (sendo bastante uma Portaria) e não em mero regulamento ou despacho. A caução pode, assim, vir a ser exigida se acaso as condições económicas e financeiras não forem garantia bastante.

V. Embora nem este artigo, nem qualquer outro deste diploma, façam referência ao reconhecimento dos comercializadores estrangeiros (que é feita no n.º 3 do artigo 32.º e no artigo 39.º do Decreto-lei n.º 140/2006) é este o lugar certo para tratar deste tema já que o regime de atribuição de licença terá de ter em conta *as normas de reconhecimento dos agentes de comercialização decorrentes de acordos em que o Estado Português seja parte, designadamente no âmbito do mercado interno de energia*" (cfr. n.º 3 do citado artigo 32.º do Decreto-lei n.º 140/2006).

Esta determinação é complementada pelo artigo 39.º daquele mesmo diploma legal que dispõe que *"no âmbito do funcionamento de mercados constituídos ao abrigo de acordos internacionais de que o Estado seja parte signatária, o reconhecimento de comercializador por uma das partes determina o reconhecimento automático pela outra, nos termos previstos nos respectivos acordos"*.

Actualmente, Portugal não é signatário de qualquer acordo que permita aos comercializadores de gás natural prevalecerem-se deste reconhecimento.

Embora a estratégia nacional para a energia preveja a antecipação da criação do Mercado Ibérico de Gás Natural (MIBGAS), estando já em curso os trabalhos para a sua criação, este não está implementado nem assinado o respectivo acordo. Foi apenas aprovada, em Janeiro de 2008, a proposta da sua criação pelas entidades reguladoras dos dois países. Esta proposta prevê um processo de harmonização e construção do MIBGAS a desenvolver gradualmente e de mútuo acordo e supõe uma contribuição activa dos dois países para o que é apontado um plano de acção, a desenvolver em 2008, centrado na harmonização da comercialização de gás, na convergência da estrutura das tarifas de acesso e na planificação conjunta das redes de gás.

Assim, ao contrário do que sucede já quanto aos comercializadores de electricidade no âmbito do MIBEL, os comercializadores de gás natural, caso queiram comercializar GN em Espanha, terão de seguir o procedimento de licenciamento aí aplicável sem poderem invocar o seu estatuto de comercializador em Portugal. Da mesma forma, a aquisição da qualidade de comercializador por uma entidade em Portugal implica a sujeição ao procedimento administrativo para obtenção de licença nos moldes que vimos acima.

VI. Conforme estabelece o **n.º 2** deste artigo, a comercialização de gás natural consiste na compra e venda de gás natural para comercialização a clientes finais ou outros agentes (de mercado).

Embora toda esta secção IV se refira a "comercializadores", distinguindo os comercializadores de último recurso apenas na subsecção III (cfr. artigos 40.º a 43.º), não é feita uma distinção clara dos tipos de comercializadores.

O Decreto-lei n.º 140/2006 vem introduzir um outro tipo de comercializador, o comercializador de último recurso grossista que vende GN a grandes clientes, i.e. a clientes com consumos anuais superiores a 2 milhões de metros cúbicos, mas também não contém uma distinção clara dos tipos de comercializadores e do âmbito das respectivas actividades.

O RRC cria ainda um outro tipo de comercializador (o comercializador do SNGN – cfr. alínea a) do artigo 55.º) não previsto neste Decreto-lei, nem no Decreto-lei n.º 140/2006, que corresponde, efectivamente e como se verá, a um comercializador livre (a Galp Gás Natural, S.A.), que, não obstante esta sua natureza, regula nos artigos 58.º a 60.º.

A distinção entre os diversos comercializadores é apenas feita de um modo claro no RRC que começa por estabelecer quais os tipos de comercializadores (artigo 55.º) e depois dedica uma secção própria à regulamentação de cada um (cfr. artigos 58.º a 72.º).

Estabelecem-se, deste modo, quatro tipos de comercializadores: o comercializador do SNGN, o comercializador de último recurso grossista, os comercializadores de último recurso retalhistas e os comercializadores (que designamos por "comercializadores livres").

O comercializador do SNGN corresponde à Galp Gás Natural, S.A. que manteve a titularidade dos contratos de aprovisionamento de gás natural de longo prazo e em regime de *take or pay,* celebrados antes da entrada em vigor da Directiva n.º 2003/55/CE e é responsável pela compra e venda de gás natural no âmbito da gestão daqueles contratos (cfr. artigo 58.º do RRC).

Estes contratos de longo prazo celebrados antes daquela data, ou seja antes de 4 de Agosto de 2003, são os seguintes (cfr. n.º 2 do artigo 59.º do RRC):

– O contrato de fornecimento de GN com origem na Argélia, celebrado em 16 de Abril de 1994, válido até 2020, relativamente ao aprovisionamento através da ligação entre a Rede Nacional de Transporte de Gás Natural e as redes fora do território nacional;
– O contrato de fornecimento de GNL com origem na Nigéria, celebrado em 1998, válido até 2020, relativamente ao aprovisionamento através do terminal de recepção, armazenamento e regaseificação de GNL;
– O contrato de fornecimento de GNL com origem na Nigéria, celebrado em 17 de Junho de 1999, válido até 2023, relativamente ao aprovisionamento através do terminal de recepção, armazenamento e regaseificação de GNL;
– O contrato de fornecimento de GNL com origem na Nigéria, celebrado em Fevereiro de 2002, válido até 2025/6, relativamente ao aprovisionamento através do terminal de recepção, armazenamento e regaseificação de GNL.

O gás natural adquirido no âmbito destes contratos destina-se prioritariamente, nos termos do n.º 11 do artigo 66.º do Decreto-lei n.º 140/2006, "*à satisfação das necessidades dos comercializadores de último recurso e dos contratos referidos nos n.º s 9 e 10*", ou seja aos contratos de fornecimento em vigor com clientes com consumo anual igual ou superior a 2 milhões de metros cúbicos normais e aos contratos de fornecimento em vigor com os produtores de electricidade em regime ordinário.

Esta prioridade é reiterada no n.º 3 do artigo 59.º do RRC que sujeita a venda de gás natural no âmbito daqueles contratos à obrigação de fornecimento prioritário "*à actividade de compra e venda de*

*gás natural para fornecimento aos comercializadores de último re-
curso do comercializador de último recurso grossista"* e ao *"fornecimento aos centros electroprodutores com contrato de fornecimento
outorgado em data anterior à publicação do Decreto-lei n.º 140/
2006, de 26 de Julho".*

Atendendo a que *"a actividade de compra e venda de gás natural para fornecimento aos comercializadores de último recurso do
comercializador de último recurso grossista"* abrange a venda de gás
natural aos comercializadores retalhistas e a actividade de último
recurso a grandes clientes, conclui-se que o gás natural adquirido
pela Galp Gás Natural S.A. no âmbito dos contratos de aprovisionamento de longo prazo e em regime de *take or pay* destina-se:

- Primeiro, à venda do GN ao comercializador de último recurso
  grossista que, por sua vez, o vende aos comercializadores de
  último recurso retalhistas (que correspondem às anteriores
  distribuidoras regionais e licenciadas locais) e aos grandes
  clientes (clientes com consumos anuais iguais ou superiores a
  2 milhões de m3).
- Depois, ao fornecimento dos centros electroprodutores com
  contratos em vigor à data da publicação do Decreto-lei n.º
  140/2006, isto é, aos contratos que se mantiveram na titularidade da Transgás (que corresponde hoje à Galp Gás Natural,
  S.A.) conforme determina o n.º 10 do artigo 66.º daquele
  diploma legal.

No caso das quantidades globais adquiridas no âmbito dos referidos contratos de aprovisionamento não serem suficientes para satisfazer estes fornecimentos, o RRC determina – na linha do n.º 11 do
artigo 66.º do Decreto-lei n.º 140/2006 – que sejam prioritariamente
asseguradas as necessidades da actividade de compra e venda de gás
natural para fornecimento aos comercializadores de último recurso
do comercializador de último recurso grossista e que a diferença
entre as quantidades globais disponíveis naqueles contratos e as
quantidades previstas para a satisfação das necessidades prioritariamente asseguradas sejam objecto de *"afectação por cada uma das
restantes entidades que beneficiam da obrigação de fornecimento
pelo comercializador do SNGN, em respeito da proporcionalidade
directa entre os respectivos consumos globais abastecidos no último*

ano gás e a quantidade apurada de gás natural disponível para o fornecimento" (cfr. artigo n.º 4 do artigo 59.º do RRC).

Na prática, isto significa que se a quantidade de gás natural adquirida ao abrigo dos contratos de aprovisionamento pela Galp Gás Natural, S.A., não chegar para fornecer o comercializador de último recurso grossista (denominada Transgás, S.A.) na sua actividade de venda aos comercializadores de último recurso retalhistas e na sua actividade de venda a grandes clientes e aos centros electro-produtores com contratos anteriores a 27 de Julho de 2007, então são satisfeitas em primeiro lugar as necessidades dos comercializadores de último recurso retalhistas e a diferença entre as quantidades disponíveis e as previstas para a satisfação destas necessidades é rateada pelas restantes entidades que beneficiam de obrigação de fornecimento com base na proporcionalidade directa entre os consumos globais abastecidos no último ano gás e a quantidade disponível para o fornecimento.

O RRC estabelece ainda, na secção II do capítulo IV que dedica ao comercializador do SNGN, o regime aplicável às situações em que ao invés de serem insuficientes, as quantidades de gás natural adquiridas ao abrigo dos contratos de aprovisionamento são excedentárias, determinando a realização de leilões em que poderão participar os comercializadores em regime de mercado e os clientes elegíveis. Aliás, a ERSE, no Despacho n.º 15544/2008, publicado no Diário da República, II série, n.º 107, de 4 de Junho, que alterou o RRC (cfr. artigo 60.º) tendo calendarizado e defenido as quantidades mínimas a leiloar pelo comercializador de SNGN na fase inicial da liberalização do mercado de GN.

Nos termos do referido Despacho, os termos e condições de realização destes leilões são aprovados pela ERSE, na sequência de proposta apresentada pelo comercializador do SNGN, até 30 de Setembro do ano anterior ao da disponibilização do gás natural.

É muito questionável o modo como o regulador decidiu regulamentar esta matéria dos leilões que, prevista no n.º 5 do artigo 73.º do Decreto-lei n.º 140/2006 em alternativa à decisão de derrogação do acesso de terceiros, depende não só de decisão do ministro responsável pela área de energia mas também da aprovação e publicação de uma portaria do mesmo ministro que regule os termos em que são realizados. Entendemos, assim, que a ERSE excedeu, nesta matéria, a sua competência regulamentadora, podendo a portaria estabelecer termos diferentes para a realização de leilões derrogando assim os termos acima sumariamente descritos.

VII. O segundo tipo de comercializador é o designado comercializador de último recurso grossista que designamos abreviadamente por CURG (por contraposição ao comercializador de último recurso retalhista) que o Decreto-lei n.º 140/2006 veio a criar, no número 5 do artigo 66.º, ao atribuir a uma sociedade detida pela Transgás em regime de domínio total (que veio a ser a Transgás S.A.) uma *"licença de último recurso de todos os clientes que consumam anualmente quantidades de gás natural iguais ou superiores a 2 milhões de metros cúbicos normais, excluindo os produtores de electricidade em regime ordinário"*.

Deve notar-se que a figura de comercializador de último recurso foi consagrada pelo legislador no presente diploma (ver adiante os artigos 40.º a 43.º) nos termos da Directiva n.º 2003/55/CE que permite que os Estados Membros adoptem medidas destinadas a assegurar a protecção dos clientes finais, em especial dos clientes mais vulneráveis, designadamente através da designação de um comercializador de último recurso sobre o qual impendem obrigações de serviço público. Não foi, porém, feita qualquer distinção entre diferentes tipos de comercializadores de último recurso estando esta figura pensada como a entidade que garante o fornecimento de GN aos clientes finais, isto é, aos clientes que compram gás natural para uso próprio (como os clientes domésticos) e que não têm, na maioria dos casos, qualquer capacidade negocial.

Sucede que para protecção do anterior incumbente – a quem se exigiu, em virtude da liberalização do sector que, abrisse mão de um conjunto de infra-estruturas e dos seus próprios clientes à medida que o mercado se fosse abrindo – e como forma de não comprometer a rentabilidade dos investimentos realizados (ver nota prévia ao capítulo II), foi decidido criar transitoriamente (até 2028) um comercializador de último recurso grossista fazendo-o corresponder ao anterior incumbente e mantendo nele os contratos de fornecimento em vigor com as concessionárias de distribuição regional e titulares de licenças locais, bem como os contratos com os clientes com consumos anuais iguais ou superiores a 2 milhões de metros cúbicos normais.

De resto, como se sabe, estes últimos contratos porque celebrados com grandes indústrias que usam o GN no seu processo produtivo são, na maioria das vezes, contratos com prazos de duração longos e com cláusulas de *take or pay*, pelo que seria difícil pura e simplesmente determinar a sua extinção sem estabelecer qualquer salvaguarda quer de quem fornece, quer de quem recebe GN. Estes contratos poderão apenas ser rescindidos por qualquer das partes a partir de 1 de Janeiro de 2008, o que significa que o legislador veio criar uma causa de extinção legal (não contratual) permitindo a qualquer das partes, sem necessidade de invocar uma das causas contratuais de extinção, terminar o contrato naquela data, sem prejuízo obviamente dos compromissos contratuais que tenha de assumir em virtude dessa extinção (designadamente quanto a obrigações de *take or pay*).

Já vimos no ponto anterior quais as actividades deste comercializador que o RRC distingue de forma expressa no artigo 61.º determinando o respectivo âmbito e a obrigação de separação contabilística:

- A compra e venda de GN para fornecimento aos comercializadores de último recurso (retalhistas) que corresponde à aquisição de GN, nas quantidades e condições definidas no Decreto-lei n.º 140/2006, e a sua venda aos comercializadores retalhistas e à actividade de comercialização de último recurso a grandes clientes;
- A comercialização de último recurso a grandes clientes que corresponde à aquisição de GN para fornecimento a clientes com consumos anuais iguais ou superiores a 2 milhões de metros cúbicos normais e que compreende três funções: a compra e venda de GN, a compra e venda do acesso à RNTGN e RNDGN e a comercialização de GN.

Com vista a garantir o abastecimento necessário à satisfação dos contratos com os seus clientes, o comercializador de último recurso grossista deve adquirir o GN no âmbito dos contratos de aprovisionamento ao comercializador do SNGN (ou seja à Galp Gás Natural S.A.) até aos montantes disponíveis no âmbito daqueles contratos (cfr. n.º 1 do artigo 42.º do Decreto-lei n.º 140/2006 e artigo 62.º do RRC alterado pelo Despacho n.º 15544/2008, publicado no Diário da

República, II série, n.º 107, de 4 de Junho. O preço de aquisição é estabelecido no RT acrescido das tarifas aplicáveis (cfr. n.º 2 do artigo 42.º do Decreto-lei n.º 140/2006).

Sempre que as quantidades assim adquiridas se revelarem insuficientes para atender aos consumos globais, a prioridade de abastecimento vai para o fornecimento aos comercializadores retalhistas o que é lógico já que são estes que abastecem os clientes domésticos e que dificilmente, como já dissemos, poderão contratar o GN com um comercializador em mercado livre estando, deste modo, garantidos através de uma tarifa regulada. Quando, respeitada esta prioridade, as quantidades forem insuficientes para atender às necessidades de fornecimento a grandes clientes, o CURG poderá adquirir as quantidades de que necessite por recurso à participação nos mercados organizados ou através de contratação bilateral, em condições ainda não aprovadas pela ERSE. Para este efeito, o CURG deverá enviar à ERSE a informação necessária à avaliação das condições de aquisição de gás natural (cfr. n.ºs 3 a 4 do artigo 62.º do RRC).

Quanto ao relacionamento comercial com os grandes clientes, aplicam-se as regras do capítulo IX do RRC, que referimos a propósito do n.º 3 do artigo 39.º para o qual remetemos e que são as genericamente aplicáveis aos comercializadores.

Já o relacionamento comercial entre o CURG e os comercializadores retalhistas é estabelecido através de um contrato de fornecimento cujas condições gerais são aprovadas pela ERSE através de proposta conjunta a apresentar no prazo de 180 dias a contar da aprovação do RRC (cfr. n.ºs 2 e 3 do artigo 63.º do RRC). Estas condições gerais foram aprovadas pelo Despacho n.º 9178/2008 da ERSE, publicado no Diário da República, II Série de 28 de Março.

De resto, o RRC estabelece ainda a periodicidade mensal para a facturação entre o CURG e os comercializadores retalhistas sendo as formas e meios de pagamento acordados entre ambos, embora se determine já um prazo de pagamento de 20 dias a contar da apresentação da factura e bem assim a sujeição a juros de mora à taxa legal em vigor em caso de atraso no pagamento (cfr. artigos 4.º e 65.º e cláusula 12.ª das mencionadas Condições Gerais). Os encargos com as quantidades fornecidas no âmbito das suas actividades são estabelecidos no RT (cfr. n.º 2 do artigo 64.º).

Por sua vez, o relacionamento comercial com os operadores das infra-estruturas é estabelecido através da celebração de um contrato de uso das infra-estruturas nos termos do RARII (cfr. comentário aos artigos 18.º, 19.º e 34.º).

VIII. Já vimos que os comercializadores de último recurso retalhistas, que designamos por "CURR's" surgem assim autonomizados apenas no Decreto-lei n.º 140/2006 sendo certo que é neles que o legislador do Decreto-lei n.º 30/2006 pensou quando regula o comercializador de último recurso nos artigos 40.º a 43.º que veremos adiante. Deixaremos, assim, os comentários destas disposições para o seu lugar procurando agora ver em que termos o RRC trata estes comercializadores.

À semelhança do que faz para o CURG, o RRC estabelece de forma expressa as funções que incumbem aos CURR's determinando o âmbito de cada uma (cfr. artigo 66.º do RRC):

A função de **compra e venda de gás natural** que corresponde à aquisição de gás natural necessária à satisfação dos consumos dos seus clientes, sendo que os CURR's se obrigam a adquirir ao comercializador de último recurso grossista as quantidades de gás natural necessárias àquele fornecimento e, caso estas não sejam suficientes, poderão adquirir as quantidades em falta através da celebração de contratos bilaterais com outros comercializadores ou da participação em mercados organizados (cfr. artigo 67.º); caso recorram a estes tipos de contratação, os CURR's devem submeter à ERSE, para aprovação e num prazo não superior a 30 dias, as condições detalhadas de aquisição de gás natural e podem livremente contratar o transporte do GNL através de rodovia (cfr. n.º. s 3 a 6 do artigo 67.º do RRC). A venda do GN é feita de acordo com os termos previstos no capítulo IX do RRC a que nos referimos adiante em comentário ao artigo 39.º para o qual remetemos.

A função de **compra e venda do acesso à RNTGN e à RNDGN** corresponde à transferência para os operadores da RNDGN dos valores relativos ao uso global do sistema, uso da rede de transporte e uso da rede de distribuição dos seus clientes.

Finalmente, a função de **comercialização** engloba a estrutura comercial afecta à venda de GN aos seus clientes, bem como a contratação, a facturação e o serviço de cobrança do fornecimento de GN.

Sobre os CURR's impende uma obrigação de informação à ERSE sobre as condições de aquisição de GN com detalhe separado sobre as quantidades e respectivas condições de compra relativamente a cada modalidade de contratação (cfr. artigo 68.º do RRC). No caso de contratação em mercados organizados a informação deverá, sempre que possível, ser comunicada à ERSE previamente à contratação (cfr. n.º 3 do artigo 68.º do RRC).

O relacionamento com os respectivos clientes processa-se através de um contrato de fornecimento cujas condições gerais foram aprovadas pelo Despacho da ERSE n.º 14 553/2007, datado de 14 de Junho e publicado no Diário da República, II série, de 6 de Julho de 2007 (cfr. n.ºs 6 a 8 do artigo 189.º do RRC).

O relacionamento com os operadores das infra-estruturas estabelece-se através de contrato de uso das infra-estruturas (cfr. comentário aos artigos 18.º,19.º e 34.º).

IX. O quarto e último tipo de comercializador corresponde aos comercializadores (livres) que compram GN para abastecimento dos clientes agregados na sua carteira através da contratação em mercados organizados, da contratação bilateral e da contratação com entidades externas ao SNGN (cfr. artigo 70.º do RRC e artigo seguinte).

Quanto ao relacionamento comercial com os seus clientes ver adiante comentário ao artigo 39.º. O relacionamento comercial com os operadores das infra-estruturas é estabelecido através de contrato de uso das infra-estruturas.

Na secção que dedica a este tipo de comercializadores, o RRC determina ainda a obrigação de publicitar os preços através das modalidades de atendimento e de informação aos clientes previstas no RQS, o que se compreende, pois trata-se da obrigação correspondente a um direito de informação (imprescindível) destes (cfr. n.º 1 do artigo 72.º). Já não se compreende a obrigação de enviar à ERSE informação sobre preços a que se refere o n.º 2 do artigo 72.º (tabela de preços de referência que se propõem praticar anualmente e com uma periodicidade trimestral os preços efectivamente praticados nos meses anteriores) pois estes comercializadores exercem a sua actividade em mercado livre.

Tratando-se de preços livres, embora se entenda que os comercializadores os devam divulgar e que a ERSE com base nessa divulgação os divulgue também periodicamente, não nos parece legítimo que se obrigue (a não ser em termos de informação estatística e sujeita a sigilo) estes comercializadores a prestar o tipo de informação prevista no RRC pois como vimos está em causa a comercialização em mercado livre.

X. O **n.º 2** estabelece ainda as formas como os comercializadores podem comprar e vender gás natural: através da celebração de contratos bilaterais ou da participação em outros mercados. Porque esta norma é repetida no n.º 1 do artigo 39.º remetemos para aí os nossos comentários.

ARTIGO 38.º

Separação jurídica da actividade

A actividade de comercialização de gás natural é separada juridicamente das restantes actividades, sem prejuízo do disposto no n.º 3 do artigo 31.º

→ Artigos 31.º, n.º 3 e 41.º do Decreto-lei n.º 30/2006; artigo 13.º da Directiva n.º 2003/55/CE; artigo 61.º, n.º 4 do RRC.

Determina-se nesta norma a separação jurídica da actividade de comercialização das restantes actividades do sector, ou seja, da actividade de recepção, armazenamento e regaseificação de GNL, de armazenamento subterrâneo de GN, de transporte e de distribuição de GN.

Apenas se excepciona desta obrigatoriedade de separação o caso dos operadores das redes de distribuição que sirvam um número de clientes inferior a 100 000, excepção prevista no n.º 3 do artigo 31.º. A fonte desta excepção é a Directiva n.º 2003/55/CE que permite que os Estados membros não imponham a separação dos operadores das redes de distribuição a *"empresas de gás natural integradas que abasteçam menos de 100 000 clientes ligados à rede"* (cfr. parte final do artigo 13.º da Directiva).

Ao sentido e alcance da separação jurídica já nos referimos precisamente quando comentámos o artigo 31.º para o qual remetemos.

A separação jurídica é imposta não só quanto às restantes actividades do sector mas também quanto a outras formas de comercialização o que resulta, como veremos, do artigo 41.º.

Assim, caso a actividade de comercialização seja exercida por uma empresa verticalmente integrada que tenha também por actividade a produção, o transporte ou a distribuição de electricidade deverá assegurar-se a separação jurídica das actividades de comercialização das restantes actividades, podendo os activos manter-se na empresa-mãe.

Esta independência deve verificar-se quer relativamente à empresa-mãe que exerce a actividade de produção ou outra, quer a outras empresas do grupo que exerçam aquela actividade já que – como se viu – a noção de empresa verticalmente integrada abrange uma empresa ou grupo de empresas onde se verifique o exercício de uma influência dominante.

A separação jurídica deverá ser assegurada no plano organizacional e da tomada de decisões através dos seguintes critérios (consagrados de forma expressa no artigo 31.º para os operadores das redes de distribuição) que são na verdade, como referimos, critérios de separação funcional (e não jurídica) e que assentam na independência.

- Os gestores da [área funcional/unidade de negócio/empresa] que se dedicar à actividade de comercialização não devem integrar os órgãos sociais nem participar nas estruturas de sociedades integradas que tenham o exercício de uma outra actividade de GN;
- Os interesses profissionais dos referidos gestores devem ficar devidamente salvaguardados, de forma a assegurar a sua independência;
- A [área funcional/unidade de negócio/empresa] deve dispor de um poder decisório efectivo e independente no que respeita aos activos necessários para manter ou desenvolver a actividade de comercialização (sem prejuízo da empresa-mãe dispor de mecanismos de coordenação adequados à protecção dos seus direitos de supervisão económica e de gestão, designadamente a aprovação do plano financeiro anual) –

cfr., no entanto, a nossa crítica a esta opção do legislador no ponto V do comentário ao artigo 31º.

Por outro lado, a empresa deve manter também contas separadas para cada uma das actividades do sector do GN que exerça e, quando adequado, devem manter contas consolidadas para as outras actividades, não ligadas ao sector do GN (separação contabilística).

De resto, relembre-se a necessidade de separação contabilística imposta no n.º 4 do artigo 61.º do RRC para as diversas actividades e funções do comercializador de último recurso grossista.

SUBSECÇÃO II
Relacionamento comercial

ARTIGO 39.º
Relacionamento dos comercializadores de gás natural

1 – Os comercializadores de gás natural podem contratar o gás natural necessário ao abastecimento dos seus clientes, através da celebração de contratos bilaterais ou através da participação em outros mercados.

2 – Os comercializadores de gás natural relacionam-se comercialmente com os operadores das redes e demais infra-estruturas da RNTIAT, às quais estão ligadas as infra-estruturas dos seus clientes, assumindo a responsabilidade pelo pagamento das tarifas de uso das redes e outros serviços, bem como pela prestação das garantias contratuais legalmente estabelecidas.

3 – O relacionamento comercial com os clientes decorre da celebração de um contrato de compra e venda de gás natural, que deve observar as disposições estabelecidas no Regulamento de Relações Comerciais.

4 – Os comercializadores de gás natural podem exigir aos seus clientes, nos termos da lei, a prestação de caução a seu favor, para garantir o cumprimento das obrigações decorrentes do contrato de compra e venda de gás natural.

5 – Compete aos comercializadores de gás natural exercer as funções associadas ao relacionamento comercial, nomeadamente a facturação da energia fornecida e a respectiva cobrança, bem como o cumprimento dos deveres de informação relativos às condições de prestação de serviço, na observância do Regulamento de Relações Comerciais e do Regulamento da Qualidade de Serviço.

6 – Constitui obrigação dos comercializadores de gás natural a manutenção de um registo actualizado dos seus clientes e das reclamações por eles apresentadas.

→ Artigos 18.º, 24.º, 30.º, 37.º, 39.º, 43.º, 44.º a 46.º e 72.º do Decreto-lei n.º 30/2006; artigos 36.º, 44.º e 45.º do Decreto-lei n.º 140/2006; anexo A da Directiva n.º 2003/55/CE; Decreto-lei n.º 446/85, de 25 de Outubro, com as alterações introduzidas pelos Decretos-lei n.º 220/95, de 31 de Agosto, n.º 249/89, de 7 de Julho e n.º 323/2001, de 17 de Dezembro; Lei n.º 67/98, de 26 de Outubro; Decreto-lei n.º 195/99, de 9 de Junho, com as alterações introduzidas pelo Decreto-lei n.º 200/2007, de 7 de Abril; artigo 624.º do Código Civil; Portaria n.º 597/2005, de 19 de Julho; Portaria n.º 930/2006; artigos 177.º a 179.º do RRC (contratação bilateral); artigos 166.º a 169.º, 170.º a 176.º do RRC (mercados organizados); artigos 53.º, 56.º, n.º 2, 63.º, 184.º, 185.º, 188.º e 193.º a 216.º do RRC alterado pelo Despacho n.º 15544/2008, publicado no Diário da República, II série, n.º 107, de 4 de Junho; artigos 7.º e 12.º do RARII; artigos 26.º, 31.º, 47.º a 51.º e 58.º e seguintes do RQS; Lei n.º 23/96, de 26 de Julho, alterada pela Lei n.º 12/2008, de 26 de Fevereiro e pela Lei n.º 24/2008, de 2 de Junho.

I. Âmbito desta disposição.

II. Modalidades de contratação de GN.

III. Relacionamento comercial com os operadores das redes e infra-estruturas. Contrato de acesso às redes e uso das infra-estruturas.

IV. Relacionamento comercial com clientes. Condições gerais dos contratos. Regras.

V. A mudança de comercializador.

VI. Casos em que pode ser exigida caução.

VII. Serviços associados ao fornecimento. Facturação e cobrança.

VIII. Obrigação de manutenção de registo actualizado de clientes e reclamações.

I. Sob a epígrafe "relacionamento dos comercializadores de gás natural" este artigo, que é o único de uma subsecção também denominada "relacionamento comercial", trata de matérias tão diferentes (desde as modalidades de contratação até à caução do contrato) que teria sido preferível tê-las tratado em disposições distintas.

Por outro lado, vai para além do propriamente dito "relacionamento comercial" pois, como veremos, os n.ºs 5 e 6 elencam obrigações dos comercializadores. É verdade que estas obrigações prendem-se com o relacionamento com os clientes mas teria sido melhor (nem que fosse para efeitos de arrumação lógica) separá-las num artigo próprio.

Acresce que esta disposição aplica-se, aparentemente, a todos os tipos de comercializadores sendo certo que, como veremos, o artigo 43.º, na secção dedicada ao comercializador de último recurso, contém uma disposição própria sobre o relacionamento comercial, o que complica ainda mais a interpretação desta norma.

II. Os comercializadores podem adquirir gás natural através de dois processos: celebração de contratos de compra e venda (bilaterais) fora do mercado organizado e dentro deste.

Já vimos que há certas limitações pois os comercializadores de último recurso adquirem o GN prioritariamente ao comercializador do SNGN (no caso do comercializador de último recurso grossista) ou ao comercializador grossista (no caso dos comercializadores de último recurso retalhistas) e só no caso das quantidades assim adquiridas não serem suficientes para a satisfação das necessidades dos seus clientes é que uns e outros podem recorrer à contratação bilateral ou aos mercados organizados (cfr. comentário ao artigo 37.º).

A celebração de contratos de compra e venda pode ter lugar com outros comercializadores ou com agentes externos desde o seu mercado de origem.

Da mesma forma, os comercializadores podem vender GN a agentes externos para colocação nos seus mercados.

Os contratos bilaterais podem, assim, ser estabelecidos entre dois comercializadores ou entre um comercializador e uma entidade externa ao SNGN comprometendo-se uma das partes a vender e a outra a comprar o GN contratado aos preços (caso aplicável, à tarifa regulada) e condições fixados no mesmo contrato.

Os contratos bilaterais que envolvam um comercializador de último recurso (os referidos nas alíneas b), c) e e) do n.º 1 do artigo 177.º do RRC) estão sujeitos a aprovação da ERSE.

O RRC estabelece uma obrigação de comunicação ao operador da rede de transporte, no âmbito da função de Acerto de Contas, da celebração de contratos bilaterais com a indicação dos períodos em que o contrato é executado, obrigação esta que pode ser assumida por uma das partes do contrato. O formato, o conteúdo e os procedimentos a observar na apresentação de comunicações de concretização de contratos bilaterais são estabelecidos no âmbito do Manual de Acertos de Contas aprovado pelo Despacho n.º 12187/2008, da ERSE, publicado no Diário da República, II Série, n.º 83, de 29 de Abril.

O processo de liquidação relativo ao GN contratado é da responsabilidade exclusiva dos contraentes.

Por sua vez, a transacção de GN através dos mercados organizados depende do cumprimento pelos comercializadores dos requisitos que lhes permitam aceder a estes mercados. Estes requisitos e demais termos de admissão são regulamentados através de portaria conjunta do Ministro das Finanças e do ministro responsável pela área da energia (ainda não publicada). Em qualquer caso, o acesso ao mercado organizado depende da celebração, pelo comercializador, de um contrato com um participante do sistema de liquidação das operações realizadas nesse mercado (cfr. artigo 45.º do Decreto-lei n.º 140/2006).

Note-se que para além disto a admissão nos mercados processa-se de acordo com regras próprias definidas pelos operadores de mercado, regras estas sujeitas a registo ou autorização pelas entidades competentes (a CMVM) nos termos do Código do Mercado dos Valores Mobiliários e cuja existência os operadores devem divulgar (cfr. artigos 173.º e 175.º do RRC).

O mercado organizado traduz-se num sistema com diferentes modalidades de contratação que possibilitam o encontro entre a oferta e a procura de gás natural e de instrumentos cujo activo subjacente seja gás natural ou activo equivalente, baseando-se o seu funcionamento nos princípios da transparência, da concorrência, da liquidez, da objectividade, da auto-organização e do auto-financiamento.

Os mercados organizados são:

(i) Mercados a prazo, que compreendem as transacções referentes a blocos de GN com entrega posterior ao dia seguinte da contratação, de liquidação quer por entrega física, quer por diferenças.

(ii) Mercados diários, que compreendem as transacções referentes a blocos de GN com entrega no dia seguinte ao da contratação, de liquidação necessariamente por entrega física.

A gestão dos mercados organizados incumbirá a uma entidade designada por gestor de mercado que deve ser autorizada pelo ministro responsável pela área da energia e pelo Ministro das Finanças.

Sobre esta actividade, que foi integrada pelo legislador no âmbito do sector do gás natural (cfr. nosso comentário ao artigo 1.º), remete-se para os artigos 44.º a 46.º.

Tal como no caso da contratação bilateral prevê-se a comunicação (a efectuar pelos operadores de mercado) ao Acerto de Contas, para cada membro participante, das quantidades físicas de gás natural contratadas desagregadas por dia, individualizando as quantidades em que o agente de mercado actua como comprador e como vendedor.

III. O fornecimento de gás natural através de contratos de fornecimento com o comercializador de último recurso grossista, no âmbito da actividade de comercialização de último recurso a grandes clientes, com os comercializadores de último recurso retalhistas ou com os comercializadores, isenta o cliente da celebração de qualquer contrato de uso das redes. Nestes casos, são os comercializadores os responsáveis pelo cumprimento das obrigações decorrentes do acesso às redes dos seus clientes, designadamente a responsabilidade pelo pagamento dos encargos decorrentes do acesso às redes, relativamente aos operadores das redes a que as instalações dos seus clientes estão ligadas e, bem assim, das obrigações relativas à utilização de outras infra-estruturas integrantes do SNGN.

É o que determina o **n.º 2** desta disposição, repetida no n.º 2 do artigo 56.º do RRC.

Na prática isto significa que, caso o fornecimento seja levado a cabo por um comercializador, quem celebra o contrato de uso do terminal de GNL, o contrato de uso do armazenamento subterrâneo, o contrato de uso da rede de transporte e o contrato de uso das redes de distribuição, todos tratados no RARII, são os comercializadores (seja qual for o tipo de comercializador) assumindo os respectivos encargos, incluindo as garantias contratuais legalmente estabelecidas (cfr. n.º 2 do artigo 7.º do RARII; ver ainda n.º 2 do artigo 56.º do

RRC). É claro que estes encargos se repercutem depois na tarifa (ou preço) a cobrar ao cliente.

De resto, sublinhe-se que, dentro da lógica da não obrigatoriedade de separação jurídica das actividades de comercialização e distribuição, os comercializadores de último recurso retalhistas constituídos no âmbito das concessionárias ou detentoras de licenças de distribuição local com menos de 100 000 clientes, estão isentos de celebrar contrato de uso das redes de distribuição, enquanto esta actividade estiver atribuída ao operador da rede de distribuição a que pretendam ter acesso (cfr. n.º 3 do citado artigo 7.º do RARII).

Embora se fale predominantemente em "uso de infra-estruturas" as mesmas abrangem quer as infra-estruturas propriamente ditas (terminal e instalações de armazenamento subterrâneo) quer o uso das redes (de transporte e de distribuição).

Ou seja, os comercializadores, com a excepção referida, celebram os contratos de uso das infra-estruturas e assumem as respectivas responsabilidades. Estas responsabilidades são todas as que decorrem do contrato para o utilizador da rede ou da infra-estrutura.

Desde logo, a do pagamento atempado das facturas emitidas pelos operadores das redes e infra-estruturas que respeitam à tarifa de uso e ao pagamento de serviços inerentes, nomeadamente os serviços regulados previstos no RRC que, como vimos no comentário ao artigo 30.º, correspondem aos serviços de interrupção e de restabelecimento e de leitura extraordinária. Pode, também, ser devida retribuição pela prestação de outros serviços que as partes acordem. Esta obrigação é reiterada no n.º 2 do artigo 214.º do RRC a propósito do pagamento das facturas, acrescentando, o n.º 3 dessa disposição, que os comercializadores são também responsáveis pelo pagamento de eventuais compensações definidas nos termos do RQS perante os seus clientes, uma vez recebidos os valores dos operadores das redes. Trata-se de compensações estabelecidas naquele regulamento em virtude do incumprimento pelo operador da rede de transporte, pelos operadores das redes de distribuição ou pelos comercializadores de último recurso retalhistas dos indicadores de qualidade individual de natureza comercial (cfr. artigos 47.º a 51.º do RQS).

Depois, a da prestação de garantia do bom cumprimento das obrigações decorrentes do contrato. Esta garantia pode ser prestada em numerário, cheque, transferência electrónica, garantia bancária ou seguro caução sendo o seu valor e as regras aplicáveis à utilização, restituição, alteração ou reforço estabelecidas no respectivo contrato (cfr. artigo 12.º do RARII).

Finalmente, e genericamente, todas as obrigações relacionadas com deveres de informação, cumprimento de prazos e procedimentos estabelecidos nas condições contratuais.

Quanto às demais questões relacionadas com o acesso às redes e infra-estruturas e respectivos contratos (aprovação das condições, duração, formas de cessação) ver o que já se disse nos comentários aos artigos 18.º, 24.º e 30.º.

IV. O relacionamento comercial dos comercializadores livres (pois do relacionamento comercial entre os comercializadores de último recurso e os respectivos clientes trata o artigo 43.º embora a matéria seja regulamentada para ambos os casos no capítulo IX do RRC) estabelece-se através da celebração de um contrato, que, conforme determina o **n.º 3** desta disposição deve obedecer às disposições constantes do RRC.

Discordamos desta solução legal que revela resquícios de um sector demasiadamente regulado. No âmbito da comercialização livre, os contratos e as respectivas condições deveriam ser livremente estabelecidos entre as partes ainda que balizados por princípios gerais, esses sim determinados pelo legislador.

Não foi esta a opção do legislador que desta forma abriu a porta para que o RRC viesse, pormenorizadamente, no seu capítulo IX, regular a matéria contratual.

Antes do RRC já o artigo 36.º do Decreto-lei n.º 140/2006 tinha fixado o conteúdo mínimo do contrato a celebrar com os clientes mas aí na linha do estabelecido no Anexo A da Directiva 2003/55/CE que determina quais as especificações que têm de constar dos contratos como medida de protecção dos consumidores.

Deste modo, e ainda antes da regulamentação desta matéria pelo RRC já o citado artigo 36.º determinava, numa quase réplica daquele Anexo A, que os contratos entre os comercializadores e os clientes *"devem especificar os seguintes elementos e oferecer as seguintes garantias"*:

- A identidade e o endereço do comercializador;
- Os serviços fornecidos, suas características e data do início de fornecimento de gás natural;
- O tipo de serviços de manutenção, caso sejam oferecidos;
- Os meios através dos quais podem ser obtidas informações actualizadas sobre as tarifas e as taxas de manutenção aplicáveis;
- A duração do contrato, as condições de renovação e termo dos serviços e do contrato e a existência de um eventual direito de rescisão;
- A compensação e as disposições de reembolso aplicáveis se os níveis de qualidade dos serviços contratados não forem atingidos;
- O método a utilizar para a resolução de litígios, que deve ser simples e eficaz.

Ainda nos exactos termos do estabelecido no mencionado Anexo A da Directiva, determina, o citado artigo 36.º, que as condições contratuais devem ser equitativas, transparentes, redigidas em linguagem clara e compreensível, assegurando aos clientes a possibilidade de escolha quanto aos métodos de pagamento.

As condições contratuais devem ainda proteger os clientes contra métodos de venda abusivos ou enganadores e serem previamente conhecidas, devendo, em qualquer caso, ser prestadas antes da celebração ou confirmação do contrato. Determina-se, ainda, a obrigatoriedade de notificar os clientes de qualquer intenção de alterar as condições contratuais e de informar do seu direito de rescisão aquando dessa notificação (cfr. n.ᵒˢ 2, 3 e 6 do citado artigo 36.º).

Os comercializadores estão obrigados a notificar directamente os seus clientes de qualquer aumento dos encargos resultante de alteração das condições contratuais, em momento oportuno que não pode ser posterior a um período normal de facturação após a entrada em vigor do aumento, tendo os clientes o direito de rescisão caso não aceitem as novas condições (cfr. n.º 4 do citado artigo 36.º). Os comercializadores estão também obrigados a prestarem informações transparentes sobre os preços e tarifas aplicáveis e condições normais de acesso e utilização dos serviços (cfr. n.º 5 da mesma disposição).

Note-se que o momento desta notificação não é uniforme nas disposições constantes do n.º 4 do artigo 188.º, do RRC e do ponto 5 da alínea C) da Portaria n.º 930/2006. Enquanto esta última norma corresponde ao n.º 4 do artigo 36.º do Decreto-lei n.º 140/2006, já o n.º 4 do artigo 188.º do RRC prevê a notificação em momento anterior ao período normal de facturação que incluiria esse aumento. Em todo o caso, prevalece a norma do artigo 36.º, n.º 4, uma vez que tratando-se de um acto legislativo prevalece sobre uma norma regulamentar.

Finalmente, estipula-se que qualquer diferença nos termos e condições de pagamento dos contratos com os clientes deve reflectir os custos dos diferentes sistemas de pagamento para o comercializador, e bem assim a regra de que a mudança de comercializador não implica qualquer encargo para o cliente (cfr. n.ºs 7 e 8 do citado artigo 36.º).

Devem ainda estar disponíveis procedimentos transparentes, simples e acessíveis para o tratamento de queixas dos clientes de modo a que os litígios sejam resolvidos de forma rápida e justa e prevendo, quando for caso disso, um sistema de reembolso e de indemnização por eventuais prejuízos (n.º 9 da mesma disposição).

Estas normas correspondem a regras existentes no regime jurídico em vigor sobre cláusulas contratuais gerais (cfr. Decreto-lei n.º 446/85, de 25 de Outubro, com as alterações introduzidas pelos Decretos-lei n.º 220/95, de 31 de Agosto, 249/89, de 7 de Julho e 323/2001, de 17 de Dezembro), ao qual estas condições contratuais acabam também por ficar sujeitas, na medida em que embora inseridas em contratos individualizados contêm cláusulas cujo conteúdo previamente elaborado não pode ser influenciado pelo destinatário.

O artigo 188.º inserido no capítulo IX do RRC relativo ao relacionamento comercial com os clientes de gás natural integra algumas das disposições do artigo 36.º do Decreto-lei n.º 140/2006, encontrando-se as restantes dispersas por outros artigos.

Acrescentou-se, porém, a obrigação de constarem das condições gerais a possibilidade de registo como cliente com necessidades especiais que está prevista no RQS (cfr. artigos 53.º e seguintes) e a indicação do prazo máximo de resposta a pedidos de informação e a reclamações (cfr. alíneas d) e h) do artigo 188.º do RRC).

Nas disposições gerais deste capítulo IX, dedicado ao relacionamento comercial, o RRC consagra um dever de informação (já fixado pelo artigo 36.º do Decreto-lei n.º 140/2006) que recai sobre
todos os tipos de comercializadores, relativamente às condições normais de utilização dos serviços associados ao fornecimento de gás
natural, nomeadamente sobre as tarifas e preços mais adequados ao
seu consumo, bem como sobre os impactes ambientais relacionados
com os fornecimentos de gás natural efectuados (n.º 1 do artigo
184.º). De resto, determina-se a observância das normas de protecção dos consumidores, designadamente quanto à prestação do serviço de gás natural, ao direito à informação, à repressão das cláusulas
abusivas e à resolução dos litígios (cfr. n.º 2 da mesma disposição).

De salientar que, não obstante o relacionamento comercial se
estabelecer directamente entre os comercializadores e os seus clientes, estes podem tratar directamente com o respectivo operador de
rede de distribuição das matérias relacionadas com a ligação às redes, avarias e leitura dos equipamentos de medição. Para este efeito
os comercializadores devem não só informar os seus clientes de que
estas matérias podem ser tratadas directamente com os operadores,
como indicar os meios de contacto destes (cfr. n.ºs 3 e 4 do artigo
185.º do RRC).

Refira-se ainda que os clientes estão proibidos de ceder a terceiros (incluindo veiculação de gás entre instalações de utilização distintas ainda que tituladas pelo mesmo cliente), a título gratuito ou
oneroso, o gás natural que adquirem salvo autorização pelas autoridades administrativas competentes conforme expressamente previsto
no n.º 1 do artigo 192.º do RRC. Estranhamos que seja a autoridade
administrativa competente (a DGEG) e não os comercializadores a
autorizarem esta cedência pelo menos no caso do comercializador
livre. A violação desta obrigação pode constituir fundamento para a
interrupção do fornecimento regulada no artigo 53.º do RRC.

V. Já vimos que a mudança de comercializador não pode originar qualquer encargo para o cliente. Mas pode o cliente mudar de
comercializador quando bem entender?

Embora não estejam ainda definidas todas as regras quanto à
mudança de comercializador, designadamente o regime da entidade
que vai gerir o processo de mudança, o denominado "Operador

Logístico de Mudança de Comercializador" (cfr. artigo 72.º deste diploma e artigo 44.º do Decreto-lei n.º 140/2006), o RRC contém já os termos gerais em que se pode processar essa mudança.

Desde logo, nos artigos 166.º e seguintes e, depois, no n.º 6 do artigo 188.º onde se estipula que a cessação do contrato do fornecimento só poderá ocorrer depois de decorrido um prazo definido na metodologia a adoptar na gestão do processo de mudança de comercializador.

Não esquecer que só pode mudar de comercializador o cliente que for considerado cliente elegível e que este pode escolher o comercializador mediante a celebração de um contrato de fornecimento ou pela contratação em mercado organizado (quando se trate de clientes que sejam agentes de mercado) sendo que a verificação das condições de elegibilidade compete, no primeiro caso, ao operador logístico de mudança de comercializador e, no segundo caso, ao Acerto de Contas.

A mudança de comercializador obedece aos seguintes princípios gerais estabelecidos no artigo 167.º do RRC:

– Os clientes podem mudar de comercializador até 4 vezes em cada período de 12 meses consecutivos sem que, como se referiu, sobre eles recaia qualquer encargo;

– Esta limitação não se aplica quando se trate de clientes que sejam agentes de mercado (i.e. clientes que, por cumprirem os requisitos exigíveis, acedam aos mercados organizados para aí adquirirem gás natural ou adquirirem por contratação bilateral);

– A mudança deve observar os princípios da transparência, objectividade e tratamento não discriminatório e, bem assim, as regras de protecção de dados actualmente estabelecidas na Lei n.º 67/98, de 26 de Outubro;

– Para efeitos de apuramento dos valores a repercutir em cada contrato, na mudança de comercializador envolvendo facturações que abranjam um período inferior ao acordado para facturação, designadamente dos encargos de acesso à rede, considerar-se-á uma distribuição diária uniforme desses encargos;

– A existência de valores em dívida de um cliente junto de um comercializador não deve impedir a mudança para outro, excepto no caso de existência de valores em dívida vencida para com o operador da rede a que a instalação consumidora esteja ligada, ou para com o comercializador de último recurso retalhista ou grossista, que não tenham sido contestadas junto de tribunais ou de entidades com competência para a resolução extrajudicial de conflitos. Discordamos desta solução na medida em que ao não incluir nesta excepção os comercializares (livres) se viola o princípio da igualdade. Não vemos qualquer razão para que existindo dívidas para com um comercializador livre vencidas e não contestadas, o cliente faltoso possa mudar para outro comercializador mas esteja impedido de o fazer caso as dívidas sejam em relação a um comercializador de último recurso. A obrigação de fornecimento que impende sobre os comercializadores não constitui, em nossa opinião, fundamento para este diferente tratamento que deverá ser considerado ilegal. Esperamos que a regulamentação do Operador Logístico de Mudança do Comercializador venha a reparar esta anomalia.

– O processo de mudança de comercializador deve ser objecto de auditorias externas realizadas com uma periodicidade mínima bianual, por entidades independentes devendo os resultados ser enviados à ERSE, no prazo de 30 dias a contar da sua conclusão.

Também no âmbito da mudança de comercializador é dado relevo pelo RRC à matéria da informação estabelecendo-se um conjunto de informações a prestar pelo Operador Logístico de Mudança de Comercializador à ERSE, até ao dia 15 de cada mês, designadamente sobre o número de clientes que no mês findo solicitaram mudança de comercializador, por carteira de comercializador de destino e de origem, e que solicitaram a celebração de contrato de fornecimento com os comercializadores de último recurso grossista e retalhistas.

Haverá ainda que aguardar a aprovação (e divulgação) pela ERSE dos procedimentos e os prazos a adoptar na gestão do processo de mudança para que se possa ter o quadro geral deste procedimento. O RRC previa, aliás, que o Operador Logístico de Mudança de Comercializador apresentasse à ERSE proposta fundamentada para efeitos daquela aprovação no prazo de 120 dias a contar da entrada em vigor do regulamento. Sucede que, à data desta anotação, não foi ainda publicado o diploma que aprova aquela entidade.

VI. A matéria da caução, a que se refere o n.º 4 desta disposição prevendo que os comercializadores possam exigir aos seus clientes a prestação de caução para garantir o cumprimento das obrigações decorrentes do contrato, é também regulamentada no mesmo capítulo IX do RRC a que nos temos vindo a referir nas notas anteriores (cfr. artigos 193.º a 199.º) mas somente para os comercializadores de último recurso grossista e retalhistas.

A compreensão do alcance deste normativo, designadamente da remissão genérica que opera para os *"termos da lei"* no que respeita à temática da prestação da caução por parte dos clientes, impõe, desde logo, que se estabeleça uma diferenciação entre clientes domésticos, por um lado, e demais clientes, por outro, uma vez que a uns e a outros são aplicáveis regras diferentes.

Com efeito, e na senda do princípio constitucional da tutela dos consumidores, à prestação de caução por parte dos clientes domésticos é aplicável o Decreto-lei n.º 195/99, de 8 de Junho, alterado pelo Decreto-lei n.º 100/2007, de 2 de Abril, que regula a exigência de prestação de caução no âmbito dos *"contratos de fornecimento dos serviços públicos essenciais mencionados no n.º 2 do artigo 1.º da Lei n.º 23/96, de 26 de Julho, em que sejam parte consumidores como tal definidos no n.º 1 do artigo 2.º da Lei n.º 24/96, de 31 de Julho, qualquer que seja o fornecedor e a forma do respectivo fornecimento"* (cfr. artigo 1.º, n.º 1).

No que respeita aos serviços incluídos no âmbito do Decreto-lei n.º 195/99, a Lei n.º 23/96, na sua nova redacção aprovada pela Lei n.º 12/2008, qualifica expressamente como serviço público essencial os *"serviços de fornecimento de gás natural"* (cfr. artigo 1.º, n.º 2 alínea c)). No que concerne aos sujeitos abrangidos pelo referido Decreto-lei, estabelece a Lei n.º 24/96 que é consumidor *"todo aquele a quem sejam fornecidos bens, prestados serviços ou transmitidos quaisquer direitos, destinados a uso não profissional, por pessoa que exerça com carácter profissional uma actividade económica que vise a obtenção de benefícios"* (cfr. artigo 2.º, n.º 1).

Nos termos do Decreto-lei n.º 195/99, para cuja leitura se remete para integral apreensão das regras nele consagradas, os comercializadores apenas podem exigir aos seus clientes domésticos prestação de caução para cumprimento das obrigações decorrentes do contrato de fornecimento nas situações de restabelecimento de fornecimento, na sequência de interrupção decorrente de incumprimento contratual imputável ao consumidor. Não será prestada caução se, regularizada a dívida objecto do incumprimento, o consumidor optar pela transferência bancária como forma de pagamento das respectivas obrigações. Por outro lado, sempre que o consumidor, que haja prestado caução, opte pela transferência bancária como forma de pagamento, a caução prestada será devolvida (cfr. artigo 2.º).

Havendo lugar à prestação de caução, a mesma poderá ser prestada em numerário, cheque ou transferência electrónica ou através de garantia bancária ou seguro-caução, sendo o seu valor e forma de cálculo fixados pela ERSE.

No caso dos clientes não domésticos, e à falta de lei especial, vigora o princípio da autonomia contratual, estando na livre disponibilidade das partes – comercializador e cliente –, designadamente, a exigência de caução, a modalidade, o montante e o momento da sua prestação. As partes podem acordar noutras formas de prestação da caução, para além das admitidas, para o caso do contrato de fornecimento celebrado com clientes domésticos, fixar o valor que considerarem equilibrado para a mesma ou acordar na prestação da caução independentemente da existência de qualquer incumprimento prévio do contrato.

Caso o contrato de fornecimento estabeleça a obrigatoriedade de prestação de caução sem especificar a natureza da mesma, aplicar-se-á o disposto no artigo 624.º, n.º 1, do Código Civil, podendo o cliente dar satisfação a essa obrigação mediante a prestação de garantia real (v.g. hipoteca ou penhor) ou pessoal (v.g. fiança, aval ou garantia autónoma).

Já no caso dos contratos celebrados entre os comercializadores de último recurso quer seja o grossista, quer os retalhistas, o RRC estabelece um conjunto de regras que referiremos no comentário ao artigo 43.º.

VII. O **n.º 5** desta disposição contém dois tipos de obrigações dos comercializadores (sendo que o princípio e as normas regulamentadoras não se aplicam somente aos comercializadores livres): a

obrigação de exercer "as funções associadas ao relacionamento comercial" dando como exemplos destas funções a facturação e a cobrança, e a obrigação de cumprimento dos deveres de informação
relativos às condições de prestação de serviços.

A esta última obrigação já nos referimos quer quanto às especificações que devem constar das condições gerais dos contratos (entre
as quais figuram algumas directamente relacionadas com as condições da prestação dos serviços), quer quanto à obrigação genérica de
informação e protecção dos consumidores de que trata o artigo 184.º
do RRC (ver ponto IV supra).

O RQS refere-se também no artigo 26.º ao cumprimento do
dever de informação começando por estabelecer que os clientes têm
o direito de solicitar ao respectivo comercializador informações sobre
aspectos técnicos ou comerciais relacionados com o serviço de fornecimento de gás natural e serviços conexos. Este dever impende
sobre todos os tipos de comercializadores.

No dever de informação (rigorosa e actualizada) incluem-se um
conjunto de matérias diversas: desde a informação sobre o contrato,
as opções tarifárias ou preços, os serviços disponíveis, as modalidades de facturação e pagamento, os padrões de qualidade de serviço e
eventuais compensações pelo seu incumprimento até à informação
sobre apresentação e tratamento de reclamações, os factos imputáveis aos clientes que podem levar à interrupção do fornecimento, os
procedimentos associados à resolução de conflitos e as entidades
competentes e regime de preços vigentes relativamente à segurança
das instalações, reparações e inspecções obrigatórias (cfr. n.º 2 do
citado artigo 26.º). Reitera-se, no n.º 4 deste artigo 26.º do RQS, a
obrigação de divulgar previamente junto dos clientes as alterações às
condições do serviço já constante do n.º 4 do artigo 188.º do RRC
por referência às matérias sobre as quais recai o dever de informar.

Determina-se ainda o dever de informar sobre as condições técnicas e comerciais associadas ao estabelecimento de ligação à rede e
sobre o acesso aos seus serviços, designadamente aos centros de
atendimento presencial e de atendimento telefónico centralizado.

De resto, para salvaguarda deste dever impõe-se aos comercializadores que usem métodos de venda agressivos, como por exemplo
contratos celebrados à distância ou vendas ao domicílio e que publiquem códigos de conduta que estabeleçam as práticas que utilizam
neste tipo de vendas.

Especificamente sobre os comercializadores de último recurso (grossista e retalhistas) recai ainda o dever de divulgar as tarifas em vigor.

O RQS estabelece ainda a obrigação dos comercializadores disporem de uma página de *internet* onde sejam disponibilizadas informações, nomeadamente sobre contactos (dos comercializadores e do operador de rede), modalidades de atendimento e horário, serviços disponibilizados, preços e opções tarifárias disponíveis, os códigos de conduta quando existam e as entidades competentes relativamente à segurança das instalações, reparações e inspecções obrigatórias, bem como o regime de preços vigente.

Já as funções associadas ao relacionamento comercial, ou melhor dito ao fornecimento de gás natural, de facturação e cobrança, são extensivamente regulamentadas nos artigos 199.º a 216.º do RRC. Esta é uma das matérias onde entendemos que o regulador deveria ter deixado mais liberdade aos comercializadores livres definindo apenas princípios a respeitar por aqueles.

Começa por se estabelecer que a facturação tem por base a informação sobre os dados de consumo disponibilizada pelos operadores das redes (nos termos do capítulo VII) sendo que, para este efeito, os dados disponibilizados que sejam obtidos por estimativas de consumo devem ter em conta o direito do cliente à escolha da metodologia a aplicar, de entre as opções existentes, no momento da celebração do contrato de fornecimento (cfr. n.ºs 1 e 2 do artigo 199.º do RRC).

A facturação de GN é efectuada em kWh, sendo que nos casos em que é utilizado o m3 como unidade de medida, a factura deve conter informação clara sobre o modo de conversão daquela unidade para kWh.

A periodicidade da facturação é objecto de acordo com os clientes (por qualquer um dos tipos de comercializadores) excepto no caso de falta de acordo expresso nos contratos entre os comercializadores retalhistas e clientes com consumo anual inferior ou igual a 10 000 m3 (n) em que será bimestral (cfr. artigo 200.º do RRC na versão dada pelo Despacho n.º 15544/2008, publicado no Diário da República, II série, n.º 107, de 4 de Junho). Temos as maiores dúvidas sobre esta norma do RRC face à imposição feita pela Lei n.º 12/2008 da facturação passar a ser mensal e da nulidade de quaisquer convenções em contrário (cfr. artigos 9.º e 13.º da Lei n.º 23/96, na redacção que lhe foi dada pela Lei n.º 12/2008).

Os preços a aplicar pelos comercializadores livres são acordados entre as partes sem prejuízo de, como já se viu, incluírem uma parcela referente às tarifas de acesso às redes que resultam da soma dos preços das Tarifas de Uso Global do Sistema, Tarifa de Uso da Rede de Transporte e Tarifas de Uso da Rede de Distribuição (cfr. artigo 201.º RRC e RT).

A factura em si mesma deve proceder à desagregação dos valores facturados evidenciando, no caso de clientes elegíveis, os valores relativos às tarifas de acesso às redes e pode incluir, inserida no seu conteúdo ou em separado, informação aos clientes relativa ao fornecimento de gás. A factura deve incluir também, se for o caso, informação sobre a interrupção do fornecimento (data e duração) – cfr. artigo 213.º do RRC.

Quanto ao pagamento já vimos que os comercializadores devem proporcionar aos seus clientes diversos meios de pagamento (electrónico, cheque, etc.) devendo a modalidade ser acordada entre as partes. Da mesma forma e no que respeita aos comercializadores livres o prazo de pagamento é livremente acordado (para os comercializadores de último recurso retalhistas o prazo de pagamento é de 10 dias para os clientes em baixa pressão com consumo anual igual ou inferior a 10 000 m3 (n) com facturação bimestral e 30 dias para os restantes).

O atraso no pagamento constitui o cliente em mora e sujeita-o à cobrança de juros de mora à taxa legal em vigor calculados a partir do dia seguinte ao do vencimento da factura (cfr. n.os 1 e 2 do artigo 216.º do RRC).

Uma vez que se trata de um crédito comercial a taxa será a fixada pela Portaria, n.º 597/2005, publicada no Diário da República, I ª Série-B, n.º 137, de 19 de Julho, que fixou a taxa supletiva de juros moratórios relativamente a créditos de que sejam titulares empresas comerciais, singulares ou colectivas, nos termos do § 3.º do artigo 102.º do Código Comercial, em vigor no 1.º semestre de 2008, em 11,2% (cfr. www.dgtf.pt).

Em nossa opinião, esta disposição não impede, como vimos, que no caso dos comercializadores livres seja livremente acordada uma taxa de juro diferente da legal ou mesmo que se isente o cliente do pagamento de juros de mora.

O regulador incluiu nos n.ºˢ 3 e 4 do citado artigo 216.º do RRC uma disposição inovadora aplicável apenas aos comercializadores retalhistas que prevê que caso o valor resultante do cálculo dos juros não atinja uma quantia mínima a publicar anualmente pela ERSE (sob proposta dos comercializadores retalhistas), então os atrasos no pagamento podem ficar sujeitos ao pagamento dessa quantia mínima de modo a cobrir os custos administrativos originados pelo atraso. Trata-se, no fundo, de libertar os retalhistas do procedimento de cobrança de juros de mora em caso de atrasos no pagamento que são comuns, permitindo-lhes cobrar uma quantia mínima e que deve corresponder aos custos administrativos originados pelo atraso.

De resto, note-se que os clientes podem reclamar sobre a prestação destes serviços de facturação e cobrança pelos comercializadores de último recurso, grossista e retalhistas, nada impedindo que assim seja também quanto aos serviços do comercializador livre dado tratar-se do exercício de um direito que lhes é conferido (cfr. alínea d) do n.º 2 do artigo 47.º). Quando a reclamação for sobre a facturação, suspende-se o prazo de pagamento da respectiva factura relativamente ao valor reclamado, devendo o cliente pagar atempadamente o valor não reclamado (cfr. artigo 31.º do RQS).

VIII.   O **n.º 6** desta disposição elenca mais um dever que incide sobre os comercializadores: o de manter um registo actualizado dos seus clientes e das reclamações por estes apresentadas.

Este registo das reclamações vai servir depois, no caso dos comercializadores de último recurso, para a elaboração do relatório de qualidade de serviço que estão obrigados a publicar até 15 de Novembro de cada ano e a remete-lo à ERSE (cfr. artigo 58.º e seguintes do RQS).

Este registo deverá conformar-se com a Lei de Protecção de Dados Pessoais a que já fizemos menção no comentário V.

SUBSECÇÃO III
Comercializador de último recurso

ARTIGO 40.º
**Exercício da actividade
de comercialização de último recurso**

1 – Considera-se comercializador de último recurso aquele que está sujeito a obrigações de serviço público nas áreas abrangidas pela RPGN.

2 – O exercício da actividade de comercializador de último recurso está sujeito à atribuição de licença.

3 – O comercializador de último recurso fica sujeito à obrigação de fornecimento, garantindo, nas áreas abrangidas pela RPGN, a todos os clientes que o solicitem, a satisfação das suas necessidades, na observância da legislação aplicável, nomeadamente a relativa à protecção do consumidor.

4 – As actividades do comercializador de último recurso estão sujeitas à regulação prevista no presente Decreto-lei.

→ Artigos 6.º, 37.º, 39.º, 47.º a 49.º, 50.º e seguintes, 66.º, 67.º e 70.º do Decreto-lei n.º 30/2006; artigos 34.º, 40.º a 43.º, 66.º, 67.º e 70.º do Decreto-lei n.º 140/2006; artigo 3.º da Directiva n.º 2003/55/CE; Portaria n.º 930/2006, de 7 de Setembro; artigos 8.º, 9.º, 59.º, 60.º, 61.º a 69.º, 186.º e 187.º, 189.º a 192.º do RRC.

I.   Âmbito da actividade de comercialização de último recurso. A distinção feita pelo Decreto-lei n.º 140/2006: grossista e retalhistas.
II. Obrigações de serviço público: obrigação de fornecimento.
III. Licenças.
IV. Regulação. Remissão.

I. Vimos já na Nota Prévia ao capítulo II onde se insere esta disposição que, não obstante o objectivo último do legislador ser o da liberalização do mercado do gás natural, houve a necessidade, decorrente desde logo do facto das actividades do sector do gás natural terem sido até aqui exercidas em regime de monopólio, e ao abrigo do permitido pela Directiva n.º 2003/55/CE, de criar a figura do comercializador de último recurso destinado a assegurar a garantia de fornecimento de GN aos consumidores, nomeadamente aos mais frágeis, em condições de qualidade e continuidade do serviço enquanto o mercado liberalizado não estiver a funcionar com plena eficácia e eficiência.

Vimos também que, enquanto este diploma não criou diferentes tipos de comercializadores de último recurso, essa distinção veio a ser feita pelo Decreto-lei n.º 140/2006 que trata dos comercializadores de último recurso também nos artigos 40.º a 43.º fazendo, no n.º 1 do artigo 42.º, essa distinção ao remeter para os diferentes tipos de comercializadores regulados nos artigos 66.º e 67.º.

Há pois que, com base nesta panóplia de disposições, assentar em cada uma destas entidades e no âmbito da actividade de cada um dos comercializadores de último recurso, que tratámos genericamente no comentário ao artigo 37.º a propósito dos diferentes tipos de comercializadores.

O comercializador de último recurso grossista é a entidade (a Transgás S.A.) titular de licença de comercialização de último recurso que está obrigada a assegurar o fornecimento de gás natural aos comercializadores de último recurso retalhistas e aos grandes clientes (clientes com consumos anuais iguais ou superiores a 2 milhões de m3 (n)) que, por opção ou por não reunirem as condições de elegibilidade, não exerçam o seu direito à elegibilidade. É o que se retira do n.º 5 e seguintes do artigo 66.º e n.º 1 do artigo 67.º do Decreto-lei n.º 140/2006.

Para cumprir esta obrigação, o comercializador grossista adquire o gás natural no âmbito dos contratos de aprovisionamento tendo para o efeito prioridade (cfr. comentário ao artigo 39.º). O preço destas aquisições é estabelecido no RT e, conforme determina o n.º 2 do artigo 42.º do Decreto-lei n.º 140/2006, deve corresponder ao custo médio das quantidades de GN contratadas pela Transgás no âmbito dos contratos de aprovisionamento acrescido das tarifas aplicáveis. No caso das necessidades de abastecimento excederem as quantidades previstas nos contratos de aprovisionamento este comercializador pode, como já vimos, adquirir novas quantidades em mercados organizados ou através de contratação bilateral em condições previamente aprovadas pela ERSE.

O comercializador de último recurso grossista desempenha, assim, duas actividades (cfr. artigo 61.º do RRC):

– A de compra e venda de GN para fornecimento aos comercializadores de último recurso (retalhistas) que corresponde à aquisição de GN no âmbito dos contratos de aprovisionamento e a sua venda aos retalhistas e aos grandes clientes;
– A de comercialização de último recurso a grandes clientes que compreende a compra e venda de gás natural, a compra e venda do acesso à RNTGN e à RDGN e a comercialização de GN;

Por sua vez, os comercializadores de último recurso retalhistas são as entidades (que correspondem às anteriores distribuidoras regionais ou licenciadas locais) titulares de licença de comercialização de último recurso que estão obrigadas a assegurar o fornecimento de gás natural a todos os consumidores com consumo anual inferior a 2 milhões de m3 ligados à rede que, por opção ou por não reunirem as condições de elegibilidade para celebrarem um contrato com outro comercializador, estão sujeitos ao regime de tarifas e preços regulados. Estas licenças foram atribuídas transitoriamente às mencionadas concessionárias de distribuição regional ou titulares de licenças de distribuição local nas respectivas áreas de actuação. É o que resulta dos artigos 67.º e 70.º do Decreto-lei n.º 140/2006.

Para satisfação das necessidades dos seus clientes, os CURR obrigam-se a adquirir ao comercializador de último recurso grossista as quantidades de gás natural necessárias a essa satisfação e quando as quantidades de GN assim disponibilizadas não forem suficientes poderão também adquirir as quantidades em falta através da celebração de contratos bilaterais ou através da participação em mercados organizados. Neste caso, devem submeter à ERSE as condições em que o fizeram, podendo contratar livremente o transporte de GNL por rodovia estando, no entanto, os respectivos contratos sujeitos a aprovação prévia da ERSE (cfr. artigo 67.º do RRC).

Os comercializadores retalhistas asseguram, assim, as seguintes funções (cfr. artigo 66.º do RRC):

– A de compra e venda de GN que corresponde à aquisição de GN necessária à satisfação dos consumos dos seus clientes e o seu fornecimento nos termos que veremos no artigo 43.º;

– A de compra e venda do acesso à RNTGN e à RNDGN que corresponde à transferência para os operadores da RNDGN dos valores relativos ao uso global do sistema, uso da rede de transporte e uso da rede de distribuição dos seus clientes;

– A comercialização de gás natural que engloba a estrutura comercial afecta à venda de gás natural aos seus clientes, bem como a contratação, a facturação e o serviço de cobrança.

II. A obrigação de fornecimento corresponde à obrigação de serviço público a que se refere o **n.º 1** e que é densificada no **n.º 3** que acrescenta a referência a "todos os clientes que o solicitem e nos termos da legislação aplicável designadamente das normas de protecção dos consumidores". Esta obrigação de fornecimento nas áreas abrangidas pela concessão ou licença vem reiterada no artigo 187.º do RRC e dela trata também o artigo 42.º como se verá adiante.

Embora esta norma estabeleça uma obrigação de serviço público (de fornecimento de GN) para todos os clientes que o requisitem e que estejam situados nas áreas abrangidas pela RPGN, a verdade é que logo a seguir o Decreto-lei n.º 140/2006, e mais tarde o RRC, vieram restringir essa obrigação na medida em que estabeleceram condições relativamente ao fornecimento.

Na verdade, a obrigação de fornecimento de GN e a correlativa obrigação de aquisição de GN para esse fornecimento de último recurso estão balizadas nos seguintes termos:

– A obrigação de fornecimento apenas existe quando solicitada por clientes abrangidos pela RPGN e quando as respectivas instalações de GN estiverem licenciadas e inspeccionadas, nos termos da legislação aplicável, e efectuada a respectiva ligação à rede;

– Não existe obrigação de fornecimento quando não se encontre regularizado o pagamento de dívidas vencidas provenientes de contratos de fornecimento celebrados entre o mesmo comercializador de último recurso retalhista ou grossista e o mesmo cliente, independentemente da instalação em causa, desde que essas dívidas não tenham sido contestadas junto dos tribunais ou de entidades com competência para a resolução extrajudicial de conflitos;

– A obrigação de fornecimento do comercializador grossista está limitada às condições legal e regulamentarmente estabelecidas para a aquisição de GN, ou seja, a obrigação de aquisição de GN está limitada às quantidades disponíveis no âmbito da gestão dos contratos de aprovisionamento de longo prazo e em regime de *take or pay* que são destinados prioritariamente à satisfação das necessidades dos comercializadores de último recurso retalhistas, depois à satisfação dos contratos com grandes clientes em vigor e, finalmente, aos contratos em vigor com os produtores de electricidade em regime ordinário (cfr. artigo 42.º n.º 1 e n.ºs 9,10 e 11 do artigo 66.º do Decreto-lei n.º 140/2006 e 62.º do RRC);

– Caso as necessidades de abastecimento excedam as quantidades previstas nos contratos de aprovisionamento, os comercializadores de último recurso (quer grossistas, quer retalhistas) podem efectuar novas aquisições em mercados organizados ou através de contratos bilaterais mas não estão obrigados a fazê-lo (cfr. n.º 3 do artigo 42.º do Decreto-lei n.º 140/2006, n.º 3 do artigo 62.º e n.º 3 do artigo 67.º ambos do RRC).

A obrigação de fornecimento do comercializador de último recurso grossista está, assim, limitada às obrigações de fornecimento do comercializador do SNGN e às próprias regras de prioridades fixadas no RRC (cfr. artigos 59.º e 60.º).

Deste modo, embora haja uma obrigação de fornecimento dos comercializadores de último recurso esta exerce-se nos termos da regulamentação aplicável que definiu obrigações de fornecimento e prioridades de abastecimento.

III. À semelhança do que sucede com os comercializadores livres, o exercício da actividade de comercialização de último recurso está sujeita a licença.

Essa licença foi atribuída aos actuais comercializadores de último recurso pela lei o que fez com que o legislador não regulasse, como fez para o comercializador livre, o procedimento da sua atribuição mandando apenas aplicar à extinção e transmissão da licença dos comercializadores de último recurso o disposto no artigo 37.º (para a licença dos comercializadores livres).

Isto não significa, em nossa opinião, que terminando as actuais licenças não se venha a colocar a questão de qual o procedimento administrativo para atribuição de novas licenças. Efectivamente, embora o legislador tenha estipulado, no n.º 2 do artigo 40.º, que o exercício da actividade de comercialização de último recurso está sujeita a licença, pensamos que só o fez a pensar na atribuição *ex lege* das licenças de comercialização de último recurso a que procedeu nesta reestruturação legislativa. Simplesmente, o procedimento para atribuição de licenças de comercialização previsto no artigo 34.º do Decreto-lei n.º 140/2006 adequa-se à actividade de comercialização livre mas não à comercialização de último recurso.

Com efeito, a Directiva determina que os Estados possam designar um "fornecedor de último recurso" como forma de assegurar o cumprimento de obrigações de serviço público (cfr. artigo 3.º da Directiva). Ora, para passar pelo crivo do Estado e assegurar o cumprimento daquelas obrigações, haverá que, no mínimo, atribuir estas licenças na sequência de um procedimento concursal e não através de um procedimento cuja iniciativa pode ser de qualquer interessado que reúna os requisitos previstos. Deste modo, alertamos, mesmo correndo o risco de ser acusados de tanta antecipação, para o facto de ser necessária uma alteração legislativa neste sentido, isto é que preveja o procedimento de atribuição das licenças de comercialização de último recurso agora omisso.

A licença de comercialização de último recurso grossista foi atribuída por via do n.º 5 do artigo 66.º e n.º 1 do artigo 67.º à Transgás S.A. até 2028.

As licenças de comercializadores retalhistas foram atribuídas, por força do n.º 2 do artigo 67.º, às sociedades constituídas em regime de domínio total inicial pelas anteriores distribuidoras regionais ou locais para os clientes com consumos inferiores a 2 milhões de m3 (foram constituídas a Lisboagás Comercialização S.A., a Setgás Comercialização, S.A., a Lusitâniagás Comercialização S.A. e a EDP Gás S.A.), no caso de terem mais de 100 000 clientes e ás antigas concessionárias e licenciadas no caso de terem menos de 100 000 clientes. Estas licenças têm uma duração correspondente à dos contratos de concessão ou das licenças de distribuição.

O facto de terem sido atribuídas *ex lege* não significa que os correspondentes títulos não devam ser emitidos pela DGEG, sendo que no caso da licença atribuída à Transgás S.A o título deveria ter sido emitido nos termos do modelo aprovado pela Portaria n.º 930/2006, de 7 de Setembro.

IV. Já nos referimos à obrigação de fornecimento a que se refere o n.º 3, que corresponde à obrigação de serviço público do n.º 1, no comentário no ponto II anterior para o qual remetemos. Quanto à protecção do consumidor veja-se o que dissemos a propósito do artigo 6.º e ainda os comentários aos artigos 47.º a 49.º.

Quanto ao significado da sujeição das actividades de comercialização de último recurso a regulação ver os comentários aos artigos 50.º e seguintes.

ARTIGO 41.º
Separação jurídica da actividade de comercializador de último recurso

1 – A actividade de comercialização de gás natural de último recurso é separada juridicamente das restantes actividades, incluindo outras formas de comercialização, sendo exercida segundo critérios de independência definidos em legislação complementar.

2 – A separação referida no número anterior não se aplica enquanto a qualidade de comercializador de último recurso for atribuída ao distribuidor que se encontre nas condições do n.º 3 do artigo 31.º

→ Artigos 21.º, 31.º e 38.º do Decreto-lei n.º 30/2006; artigo 13.º da Directiva n.º 2003/55/CE; artigos 18.º, 31.º e 61.º, n.º 4 do RRC.

I.   A separação jurídica. Critérios.
II. Excepção.

I. Impõe-se aqui a separação jurídica das actividades de comercialização de último recurso, quer de outras actividades do sector do gás natural, quer de outras formas de comercialização, à semelhança do que se impõe para as restantes actividades (cfr. artigos 21.º e 31.º) e para a comercialização em geral no artigo 38.º.

Enquanto para a separação jurídica da actividade de distribuição o legislador estabeleceu desde logo critérios mínimos de independência (funcional e não jurídica como já vimos) que foi buscar ao artigo 13.º da Directiva n.º 2003/55/CE (cfr. n.º 2 do artigo 31.º) aqui optou por remeter para *"critérios de independência a fixar em legislação complementar"*.

Tal remissão nem seria verdadeiramente necessária pois, colocando-se a questão da separação jurídica com mais acutilância entre as actividades de comercialização e de operação das redes de distribuição de uma mesma empresa verticalmente integrada, a verdade é que sempre se aplicariam nessa separação os critérios mínimos do artigo 31.º.

Aliás, se procurarmos na regulamentação até hoje publicada não encontramos estabelecidos quaisquer critérios de independência por referência a esta norma.

A única disposição regulamentar específica que se encontra a respeito da separação de actividade de comercialização é no âmbito do comercializador grossista onde se determina que as diferentes actividades e funções por ele exercidas (cfr. artigo anterior) devem ser separadas contabilisticamente (cfr. n.º 4 do artigo 61.º do RRC).

Somos, pois, levados a pensar que o legislador disse mais do que queria e que os critérios de independência segundo os quais deve ser exercida a actividade de comercialização de último recurso mais não são do que os critérios de independência funcional estabelecidos no artigo 31.º deste diploma e no artigo 18.º do RRC (este aplicável aos operadores das infra-estruturas e, portanto, também, aos operadores das redes de distribuição).

Esta independência funcional é, conforme já dissemos no comentário ao artigo 21.º, um *plus* relativamente à separação jurídica das actividades. Com efeito, à partida, e se não se impusesse este nível de separação (funcional) nada impediria que embora tivéssemos entidades juridicamente distintas (por exemplo, uma sociedade como operadora da rede de distribuição de Lisboa e outra para a comercialização do GN nessa zona, ambas verticalmente integradas, i.e. detidas por uma mesma terceira sociedade), os órgãos de direcção dessas mesmas entidades não pudessem ser os mesmos.

Foi para impedir esta situação, garantindo a total independência destas entidades, que o legislador comunitário, e por sua influência também o legislador nacional, impuseram também a separação funcional, para além da separação jurídica (e patrimonial no caso dos operadores das redes de transporte).

É disso que se trata quando se refere que *"deverá assegurar-se a existência de um processo de tomada de decisões não discriminatório mediante medidas de organização em matéria de independência dos responsáveis pelas decisões"* (cfr. preâmbulo da Directiva n.º 2003/55/CE) e se estabelecem os critérios mínimos no artigo 13.º que o nosso legislador transpôs para o artigo 31.º.

É pois a esses critérios de independência e ao princípio da independência funcional adoptando para o efeito Códigos de Conduta (conforme dispõe o artigo 18.º do RRC) que se deve atender para assegurar o disposto nesta norma.

II. O **n.º 2** reitera a excepção já estabelecida no n.º 3 do artigo 31.º para o qual aliás remete: não existe obrigatoriedade de separação jurídica quando a licença for atribuída às distribuidoras com menos de 100 000 clientes.

ARTIGO 42.º
Obrigação de fornecimento de gás natural

1 – O comercializador de último recurso está obrigado a fornecer gás natural aos clientes que o requisitem, estejam situados nas áreas abrangidas pela RPGN e preencham os requisitos legais definidos para o efeito.

2 – A comercialização de gás natural deve obedecer às condições estabelecidas no presente Decreto-lei, no Regulamento Tarifário, no Regulamento de Relações Comerciais e no Regulamento da Qualidade de Serviço.

3 – O fornecimento, salvo casos fortuitos ou de força maior, só pode ser interrompido por razões de interesse público, de serviço ou de segurança, ou por facto imputável ao cliente ou a terceiros, nos termos previstos no Regulamento de Relações Comerciais.

→ Artigo 40.º do Decreto-lei n.º 30/2006; artigos 40.º a 43.º do Decreto-lei n.º 140/2006; Decreto-lei n.º 114/2001, de 7 de Abril, com as alterações introduzidas pelo Decreto-lei n.º 224/2002, de 30 de Outubro; artigos 24.º a 32.º, 55.º e 56.º, 71.º a 79.º do RT; artigos 46.º e seguintes, 61.º a 69.º e 183.º a 217.º do RRC; artigos 7.º a 17.º, 22.º a 51.º, 56.º e 57.º, 58.º a 64.º do RQS.

I.   Âmbito desta disposição. Obrigação de Fornecimento. Remissão.
II. Condições de exercício e aplicabilidade dos regulamentos.
III. Interrupção do fornecimento.

I. Mais uma vez a técnica legislativa não é a melhor. Teria feito mais sentido incluir o teor do **n.º 2** desta disposição no artigo 40.º, que trata genericamente do exercício da actividade de comercialização de último recurso, e deixar a matéria da obrigação de fornecimento para esta disposição em vez de a tratar no n.º 3 daquele artigo e voltar a repeti-la no n.º 1 desta disposição. Remetemos, pois, para aí as considerações feitas a propósito da obrigação de fornecimento a que estão sujeitos os comercializadores de último recurso.

II. O exercício desta actividade faz-se em conformidade não só com as condições estabelecidas no presente Decreto-lei mas também do que a propósito da comercialização de último recurso se determina nos artigos 40.º a 43.º do Decreto-lei n.º 140/2006, que o complementou e que referimos nos comentários aos artigos anteriores.

Para além disso, haverá que atender a tudo quanto se estabelece a propósito da comercialização de último recurso nos diversos regulamentos sendo que o n.º 2 remete apenas para o RT, RRC e o RQS (cfr. artigos 24.º a 32.º, 55.º e 56.º, 71.º a 79.º do RT, 61.º a 69.º e 183.º a 217.º do RRC e 22.º a 51.º, 56.º e 57.º 58.º a 64.º do RQS).

III. O princípio é o da continuidade ou regularidade do fornecimento (cfr. n.º 1 do artigo 7.º do RQS) mas existem situações em que pode ser interrompido e que o **n.º 3** desta disposição elenca taxativamente: por razões de interesse público, de serviço ou de segurança, ou por facto imputável ao cliente ou a terceiros.

Salvo estes casos só por força da ocorrência de um caso de força maior é que o comercializador de último recurso pode interromper o fornecimento.

Este n.º 3 remete a matéria da interrupção para o RRC que a trata efectivamente nos artigos 46.º e ss. e 217.º. Mas a verdade é que o RQS contém também importantes disposições sobre esta matéria da interrupção que veremos adiante.

A interrupção do fornecimento é aliás definida no n.º 1 do artigo 8.º do RQS como "a ausência de fornecimento de gás natural a uma infra-estrutura de rede ou à instalação de um cliente".

Embora os artigos 49.º (interrupção por casos fortuitos ou de força maior), 50.º (interrupção por razões de interesse publico), 51.º (interrupção por razões de serviço), 52.º (interrupção por razões de segurança) e 53.º (interrupção por facto imputável ao cliente) do RRC, se insiram numa secção que trata da interrupção do serviço prestado pelos operadores das infra-estruturas, a verdade é que são estas as disposições aplicáveis à interrupção do fornecimento porque na prática a entidade que interrompe o serviço que impede o fornecimento é o operador da rede a pedido (ou não) do comercializador.

As **interrupções por razões de interesse público** são as que decorrem de execução de planos nacionais de emergência energética, declarada ao abrigo de legislação específica, designadamente do planeamento nacional de emergência e das crises energéticas. Esta legislação específica é actualmente o Decreto-lei n.º 114/2001, de 7 de Abril alterado pelo Decreto-lei n.º 224/2002, de 30 de Outubro a que nos referimos no comentário ao artigo 8.º para o qual remetemos. Consideram-se, também, razões de interesse público as determinadas por entidade administrativa competente sendo que, neste caso, o restabelecimento fica sujeito a autorização prévia dessa entidade (cfr. artigo 50.º do RRC).

Quando ocorra uma interrupção com este fundamento, os operadores das redes devem avisar as entidades que possam ser afectadas através dos meios de comunicação social de grande audiência na região ou por outros meios ao seu alcance que proporcionem uma adequada divulgação, com uma antecedência mínima de trinta e seis horas.

As **interrupções por razões de serviço** (cuja duração máxima anual é de 8 horas para cada cliente) **ou de segurança** são as que decorrem da necessidade imperiosa de realizar manobras, trabalhos de ligação, reparação ou conservação da rede ou de situações em que a continuação do serviço pode pôr em causa a segurança de pessoas e bens, respectivamente (cfr. artigos 51.º e 52.º do RRC).

Note-se, de resto, que as interrupções por razões de serviço só podem ter lugar quando esgotadas todas as possibilidades de alimentação alternativa e obrigam os operadores a minimizar os impactes das interrupções adoptando determinados procedimentos, designadamente, a intervir na rede com a rede em carga, a pôr em prática procedimentos e métodos de trabalho que, sem pôr em risco a segurança de pessoas e bens, minimizem a duração da interrupção e a acordar com os clientes afectados o momento da interrupção sempre que a razão de ser desta ou o número de clientes possibilite este acordo (cfr. artigo 51.º do RRC).

Nestas medidas inclui-se também a comunicação às entidades que possam vir a ser afectadas, por aviso individual ou através dos meios de comunicação social de grande audiência na região ou por outros meios ao seu alcance que proporcionem uma adequada divulgação, com uma antecedência mínima de trinta e seis horas (alínea d) do n.º 3 do citado artigo 51.º).

O comercializador de último recurso grossista e os comercializadores de último recurso retalhistas podem também solicitar ao operador da rede a interrupção do fornecimento de GN **por facto imputável aos clientes** nas seguintes situações (cfr. artigos 53.º e 217.º do RRC):

– Quando o cliente deixa de ser titular de um contrato de fornecimento, ou no caso de um agente de mercado, de um contrato de uso das redes;
– Impedimento de acesso aos equipamentos de medição;
– Impossibilidade de acordar uma data para leitura extraordinária dos equipamentos de medição;
– Alteração da instalação de utilização não aprovada pela entidade administrativa competente;
– Incumprimento das disposições legais e regulamentares relativas às instalações de gás natural, no que respeita à segurança de pessoas e bens;
– Cedência de GN a terceiros, quando não autorizada nos termos previstos no artigo 192.º do RRC;

– Falta de pagamento no prazo estipulado dos montantes devidos em resultado de acertos de facturação, excepto quando seja invocada a prescrição ou caducidade, nos termos e meios previstos na lei, em virtude de mora no pagamento e em resultado de direito a ressarcimento em virtude de procedimento fraudulento;

– Falta de prestação ou de actualização da caução quando exigível.

Salvo se o fundamento da interrupção for o incumprimento das disposições legais e regulamentares relativas às instalações de gás natural ou a cedência não autorizada de GN, a interrupção por facto imputável ao cliente só pode ocorrer após pré-aviso a efectuar pelo operador da rede com uma antecedência de dez dias relativamente à data em que a interrupção vai ocorrer (cfr. n.º 2 do artigo 53.º do RRC na Redacção que lhe foi dada pelo Despacho n.º 15544/2008). Deste pré-aviso devem constar os motivos, os meios ao dispor do cliente para evitar a interrupção, as condições de restabelecimento e os preços dos serviços de interrupção e restabelecimento.

Dado tratar-se de um serviço hoje considerado essencial, quando estejam em causa clientes com consumos anuais iguais ou inferiores a 10 000 m3 (n) a interrupção com este fundamento não pode ter lugar no último dia útil da semana ou na véspera de feriado (cfr. n.º 3 do artigo 217.º do RRC).

A responsabilidade pelo pagamento dos serviços de interrupção e de restabelecimento é dos comercializadores embora estes tenham, obviamente, direito de regresso sobre os respectivos clientes. Os preços destes serviços são aprovados anualmente pela ERSE sob proposta dos operadores das redes.

A matéria do restabelecimento do serviço, após interrupção por facto imputável ao cliente, é tratada no artigo 45.º do RQS que dispõe que ultrapassada a situação que deu origem à interrupção e efectuados todos os pagamentos, o operador deve repor o fornecimento dentro dos seguintes prazos:

– Até às 17 horas do dia útil seguinte àquele em que se verificou a regularização da situação, no caso dos clientes domésticos e das pequenas empresas;

– No período de oito horas a contar do momento da regularização da situação para os restantes clientes;

– No prazo de quatro horas a contar do momento da regularização da situação, caso o cliente pague o preço para restabelecimento urgente.

O RQS trata ainda de outras matérias relacionadas com a interrupção estabelecendo, designadamente, os indicadores e padrões de qualidade relativamente a interrupções (cfr. artigos 7.º a 17.º).

Para efeito de cálculo dos indicadores de qualidade, as classes de interrupção (prevista, acidental, controlável e não controlável) são identificadas consoante as causas que lhe dão origem (razões de interesse público, segurança, serviço, caso fortuito ou de força maior), sendo que não contam as interrupções por facto imputável ao cliente ou por acordo com o cliente.

Os indicadores gerais são determinados trimestralmente pelos operadores das redes não devendo exceder os valores que constam do artigo 16.º do RQS quando se trate de operadores de redes de distribuição com mais de 100 000 clientes no ano gás anterior ao ano gás a que se referem.

De resto, no âmbito de dever de informação consagra-se um importante dever que impende sobre todos os tipos de comercializadores no caso de interrupções de fornecimento em resultado de avarias na rede: o de assegurar informação aos clientes sobre as causas de interrupção, bem como a hora prevista para o restabelecimento do fornecimento do gás natural (cfr. n.º 8 do artigo 26.º do RQS).

ARTIGO 43.º
Relacionamento comercial
do comercializador de último recurso

1 – O comercializador de último recurso é obrigado a adquirir o gás natural de que necessite nos termos definidos em legislação complementar.

2 – O comercializador de último recurso é obrigado a fornecer gás natural a quem lho requisitar, de acordo com as características da instalação de consumo, nos termos estabelecidos no

Regulamento de Relações Comerciais e com observância das demais exigências regulamentares.

3 – O comercializador de último recurso deve aplicar tarifas reguladas a clientes finais, de acordo com o estabelecido em legislação complementar e no Regulamento Tarifário.

→ Artigos 30.º, 37.º, 39.º, 40.º e 42.º do Decreto-lei n.º 30/2006; artigo 2.º do Decreto-lei n.º 140/2006; Lei n.º 18/2003, de 11 de Junho; artigos 81.º e 82.º do Tratado da Comunidade Europeia (TCE); Despacho n.º 14553/2007, de 14 de Junho, publicado no Diário da República, II série, de 6 de Julho de 2007; artigos 53.º, 62.º a 67.º, 69.º, 189.º a 192.º e 193.º a 198.º do RRC.

I.   Âmbito desta disposição: a aquisição e fornecimento de GN pelo comercializador de último recurso e o relacionamento comercial. Normas aplicáveis.

II. Aquisição de gás natural pelos comercializadores de último recurso grossista e retalhistas.

III. Fornecimento. Obrigação de fornecimento. Remissão.

IV. Contrato. Características. Diferenças relativamente ao contrato do comercializador livre.

V.   Caução: artigos 193.º e seguintes do RRC.

VI. Tarifas reguladas.

I. Embora a aquisição e fornecimento de gás de que tratam os n.ᵒˢ **1** e **2** deste artigo e a aplicação das tarifas se enquadrem no sentido lato de relacionamento comercial, o legislador acaba por não tratar propriamente desta matéria que é depois regulamentada pelo RRC. Haverá pois que recorrer não só ao artigo 39.º, mas também às normas regulamentares.

Aliás, esta disposição não distingue sequer a aquisição de GN pelo comercializador de último recurso grossista da dos comercializadores de último recurso retalhistas que é diferente.

Tentaremos pois arrumar as diferentes matérias: como é que os comercializadores de último recurso adquirem GN e como se relacionem com os seus clientes, analisando no âmbito desta disposição os aspectos mais relevantes quanto ao contrato que celebram e demais matérias com ele relacionadas.

II. À aquisição do GN pelos comercializadores refere-se o artigo 42.º do Decreto-lei n.º 140/2006, fazendo a distinção entre CURG e CURR's, e depois os artigos 62.º e 67.º do RRC, respectivamente para o comercializador de último recurso grossista e para os retalhistas.

A primeira daquelas disposições determina, como já vimos, para os comercializadores de último recurso grossista e retalhistas (por referência ao n.º 5 do artigo 66.º e n.º 2 do artigo 67.º que atribuem as respectivas licenças) a obrigação de aquisição no âmbito dos contratos de aprovisionamento de longo prazo e em regime de *take or pay* que são referidos no n.º 11 do artigo 66.º.

Estes contratos correspondem aos contratos celebrados pela Transgás anteriormente à entrega em vigor da Directiva n.º 2003/55/CE que se mantiveram na titularidade da sociedade hoje denominada Galp Gás Natural, S.A. e que são identificados no n.º 1 do artigo 59.º do RRC (cfr. ponto VI do comentário ao artigo 37.º).

Dizpõe-se ainda no citado artigo 42.º que, sem prejuízo desta obrigação de aquisição, o preço de aquisição é estabelecido no regulamento tarifário e deve corresponder ao custo médio das quantidades de gás natural contratadas pela Transgás (leia-se Galp Gás Natural, S.A.) no âmbito daqueles contratos acrescido das tarifas aplicáveis.

Por outro lado, admite-se que caso as quantidades de GN necessárias ao abastecimento de último recurso não cheguem para a satisfação das necessidades, podem os comercializadores de último recurso adquirir novas quantidades em mercados organizados ou através de contratos bilaterais cujas condições são, em ambos os casos, aprovadas pela ERSE (cfr. n.º 3 do mesmo artigo 42.º).

O artigo 62.º do RRC repete estas normas para o comercializador de último recurso grossista especificando que a entidade a quem adquire o GN, por ser a titular daqueles contratos de aprovisionamento, é o comercializador que o RRC qualificou como "comercializador do SNGN" mas estabelece uma prioridade de fornecimento aos comercializadores de último recurso retalhistas. Ou seja, se as quantidades adquiridas no âmbito daqueles contratos não forem suficientes para o abastecimento dos comercializadores retalhistas e dos grandes clientes então o comercializador de último recurso grossista abastece com prioridade os primeiros uma vez que são estes que têm a obrigação de fornecimento aos clientes ligados à RPGN.

Este artigo 62.º estabelece ainda, que se em virtude daquela insuficiência de quantidades, o comercializador de último recurso recorrer aos mercados organizados ou à contratação bilateral então deve, no âmbito da sua actividade de comercialização de último recurso a grandes clientes, enviar à ERSE a informação necessária para que esta possa avaliar as condições de aquisição de gás natural. Por outro lado, sempre que o CURG adquira desta forma gás natural poderá contratar livremente o transporte de GNL por rodovia, embora os contratos estejam sujeitos a aprovação prévia da ERSE.

Sobre a aquisição de GN pelos comercializadores retalhistas dispõe o artigo 67.º do RRC, determinando, desde logo, o princípio da responsabilidade pela aquisição do GN necessário para satisfação dos consumos dos seus clientes e, depois, a obrigação da aquisição daquelas quantidades ao comercializador de último recurso grossista.

Também somente no caso insuficiência das quantidades disponibilizadas pelo comercializador de último recurso grossista é que os CURR's poderão contratar GN através de contratação bilateral ou mercados organizados devendo dar as informações sobre as condições de aquisição à ERSE para efeitos da sua repercussão nas tarifas de fornecimento a clientes do SPGN (cfr. n.ºs 3 e 4 do citado artigo 67.º).

A contratação livre do transporte de GNL, bem como a aprovação dos respectivos contratos pela ERSE é aqui exactamente igual.

De resto, os comercializadores retalhistas estão obrigados a fornecer à ERSE a informação necessária à avaliação das condições de aquisição de GN para satisfação dos consumos dos seus clientes, detalhando as modalidades de contratação e, relativamente a cada uma, os preços, quantidades e horizonte temporal de cada um dos contratos celebrados e as quantidades de gás natural contratadas e respectivos preços no âmbito do mercado organizado. Prevê-se ainda a prestação desta informação à ERSE previamente à contratação, a confirmar posteriormente, no caso de aquisições em mercados organizados o que nos parece extremamente difícil de conseguir.

III. Ao fornecimento, designadamente às entidades que cada um dos comercializadores de último recurso fornece, bem como ao sentido e extensão da obrigação do fornecimento já nos referimos nos comentários aos artigos 40.º e 42.º para os quais remetemos.

IV. Como os comercializadores livres, também os comercializadores de último recurso se relacionam com os seus clientes mediante a celebração de um contrato.

No caso do contrato entre o comercializador de último recurso grossista e os comercializadores de último recurso retalhistas, as respectivas condições gerais foram aprovadas pela ERSE mediante o Despacho n.º 9178/2008, publicado no Diário da República, II Série, n.º 62, de 28 de Março (cfr. n.ºs 2 e 3 do artigo 63.º do RRC).

As condições gerais dos contratos a celebrar pelos CURR's com os seus clientes com consumos anuais iguais ou inferiores a 10 000 m3 são também aprovadas pela ERSE, com consulta prévia às associações de consumidores de âmbito nacional e de interesse genérico e às de interesse especifico para o sector do gás natural, na sequência de proposta apresentada por todos os comercializadores retalhistas (cfr. n.ºs 6 a 8 do artigo 189.º). Já as alterações às condições gerais só serão submetidas à ERSE caso os comercializadores entendam necessário (cfr. n.º 9 do mesmo artigo).

Estas condições foram aprovadas pela ERSE por Despacho n.º 14553/2007, datado de 14 de Junho de 2007 e publicado na II série do Diário da República de 6 de Julho de 2007.

Os contratos em si mesmos estão sujeitos às regras que já mencionámos a propósito do contrato do comercializador livre (cfr. comentário ao artigo 30.º) e ainda às normas constantes do artigo 189.º do RRC.

Os contratos têm de ser reduzidos a escrito (*formalizados por contrato titulado por documento escrito*), excepto no caso de contratos com clientes com consumos anuais iguais ou inferiores a 10 000 m3 que podem ser celebrados por outra forma legalmente admitida sem prejuízo de posterior suporte durável (v.g. via internet quando esta forma for admitida). Neste caso, os comercializadores devem remeter as condições gerais e particulares do contrato considerando-se o contrato aceite se o cliente nada disser no prazo de 15 dias e já se tenha iniciado o fornecimento.

A celebração do contrato não está sujeita a qualquer encargo e, salvo acordo em contrário, cada contrato deve ter por objecto uma instalação para a qual é definida a pressão do fornecimento, a capacidade utilizada ou o escalão de consumo e a opção tarifária a considerar para efeitos de facturação (cfr. n.ºs 11 e 12 do mencionado artigo 189.º).

Os contratos entre os comercializadores retalhistas e os clientes com consumos anuais iguais ou inferiores a 10 000 m3 têm uma duração de um mês, salvo se as partes acordarem outra duração, e renovam-se automática e sucessivamente por iguais períodos, salvo denúncia com uma antecedência de 15 dias relativamente à data do termo ou da renovação.

Os contratos com os restantes clientes (com consumos anuais superiores a 10 000 m3 (n)) têm a duração que as partes acordarem não podendo, no entanto, essa duração violar as regras da concorrência.

Estas regras (Lei n.º 18/2003, de 11 de Junho, caso a prática restritiva afecte exclusivamente o mercado nacional ou os artigos 81.º e 82.º do Tratado da Comunidade Europeia no caso de afecta-rem também o comércio entre os Estados membros) são no sentido de proibir a inclusão simultânea de cláusulas que tenham como efeito a restrição da concorrência impedindo ou criando obstáculos signifi-cativos à entrada de novos concorrentes no mercado.

Ou seja, um prazo de duração alargado (superior a um ano ou qualquer outro) pode só por si não ter um efeito restritivo da concor-rência mas pode tê-lo quando associado a outro tipo de cláusulas ou quando não haja justificação para uma maior duração. Poderá ocorrer essa justificação quando o fornecedor suporte investimentos necessá-rios à realização do fornecimento desde que a duração corresponda ao período de amortização desse investimento, o que no caso dos comercializadores será residual.

Tem sido, designadamente, entendimento das autoridades com-petentes em matéria de concorrência que a inclusão simultânea de uma obrigação de exclusividade (obrigação de compra exclusiva da totalidade das necessidades) e de um prazo alargado são práticas que, não sendo objectivamente justificadas, poderão conduzir ao seu sancionamento.

Note-se que nesta matéria releva ainda a posição no mercado do fornecedor sendo que, de acordo com a jurisprudência comunitária, presume-se a dominância de uma empresa que ocupe uma posição superior a 50% do mercado relevante.

De resto, estas cláusulas podem ser incluídas nos contratos de uma forma expressa (obrigação de compra a um determinado forne-cedor durante um determinado prazo fixo, eventualmente renovável) ou por meio de obrigações de consumo de quantidades equivalentes às quantidades previsíveis do cliente durante um determinado período mas, em qualquer dos casos, coloca-se a questão da sua admissibilidade nos termos que ficaram sumariamente descritos.

No que toca à transmissão da instalação determina-se que a responsabilidade se mantém no cliente até à celebração de novo contrato ou até à comunicação da transmissão, por escrito, aos comercializadores retalhistas. Caso se comunique a transmissão, mas não se proceda à celebração de novo contrato no prazo de 15 dias, os operadores das redes podem interromper o fornecimento de gás natural (cuja causa é, neste caso, imputável ao cliente aplicando-se o artigo 53.º do RRC).

Relembre-se ainda a proibição de cedência de gás natural a terceiros salvo autorização da entidade administrativa competente que é a DGEG.

Quanto à facturação e pagamento determina-se o carácter mensal das facturas a emitir pelo comercializador de último recurso grossista ao retalhista (cfr. n.º 1 do artigo 64.º). Os encargos com as quantidades fornecidas pelo grossista em qualquer das suas actividades são calculados com base no RT.

As formas e meios de pagamento entre o comercializador de último recurso grossista e retalhista são objecto de acordo entre as partes, sendo o prazo de pagamento de vinte dias findo o qual vencem juros de mora à taxa legal em vigor (cfr. artigo 65.º do RRC).

V. A possibilidade de exigir aos clientes caução para garantia do cumprimento das obrigações contratuais está regulamentada nos artigos 193.º a 198.º do RRC para os comercializadores de último recurso grossista e retalhistas, conforme demos nota no ponto VI do comentário ao artigo 39.º quando tratámos da caução que é uma matéria que se insere no relacionamento comercial e está directamente ligada ao contrato.

Trata-se de uma possibilidade e não de uma obrigação, pelo que pode o comercializador entender não a exigir aquando da celebração do contrato e vir a exigi-la mais tarde em virtude de um aumento da capacidade ou do escalão do consumo.

No caso de clientes domésticos os comercializadores não podem, no entanto, exigir a prestação de caução. Só têm direito a fazê-lo no caso de restabelecimento do fornecimento, na sequência de interrupção decorrente de incumprimento contratual imputável ao cliente (cfr. n.º 3 do artigo 193.º do RRC). E, mesmo neste caso, os clientes podem obstar à prestação de caução se optarem como forma de pagamento pela transferência bancária (cfr. n.º 4 do mesmo artigo). Por outro lado, se o cliente for cumpridor durante um período de dois anos, a caução ser-lhe-á restituída.

A caução, quando exigível, pode ser prestada em numerário, cheque ou transferência electrónica ou através de garantia bancária ou seguro-caução (cfr. artigo 194.º) e é calculada por correspondência aos valores médios de facturação, por cliente, verificados nos últimos 12 meses, num período de consumo igual ao período de facturação acrescido do prazo de pagamento da factura (cfr. n.º 1 do artigo 195.º na redacção dada pelo Despacho n.º 15544/2008). Tratando-se de um cliente sem histórico calcula-se o valor da caução com base no consumo médio, naqueles períodos, referente ao escalão de consumo a que pertence o cliente.

O valor da caução pode ser alterado em caso de aumento da capacidade utilizada ou do escalão de consumo.

A caução pode, obviamente, ser utilizada pelos comercializadores para satisfação do seu crédito, caso em que ficam impedidos de proceder à interrupção do fornecimento. Em caso de utilização da caução, os comercializadores poderão exigir a sua reconstituição ou reforço num prazo não inferior a dez dias úteis (cfr. artigo 197.º).

A caução é restituída no termo do contrato ou na data da sua resolução e tendo sido prestada em numerário, ou outro meio de pagamento à vista, a quantia a restituir resultará da actualização do valor da caução com base no índice de preços do consumidor (IPC), depois de deduzidos os montantes eventualmente em dívida (último índice mensal de preços no consumidor publicado pelo Instituto Nacional de Estatística – INE).

VI. Como já repetidamente referimos, o preço do gás natural fornecido por estes comercializadores é regulado, pelo que o preço a aplicar resulta das tarifas reguladas calculadas de acordo com a metodologia constante do RT.

SECÇÃO V

Gestão de mercados organizados

ARTIGO 44.º

Regime de exercício

1 – O exercício da actividade de gestão de mercados organizados de gás natural é livre, ficando sujeito a autorização.

2 – O exercício da actividade de gestão de mercados organizados é da responsabilidade dos operadores de mercados, de acordo com o estabelecido em legislação complementar, sem prejuízo das disposições da legislação financeira que sejam aplicáveis aos mercados em que se realizem operações a prazo.

→ Artigo 1.º do Decreto-lei n.º 30/2006; artigos 45.º e 46.º do Decreto-lei n.º 140/2006; Decreto-lei n.º 486/99, de 13 de Novembro republicado pelo Decreto-lei n.º 357-A/2007, de 31 de Outubro (Código dos Valores Mobiliários); artigos 16.º e 170.º a 176.º do RRC.

I.   Sujeição a autorização da constituição dos mercados e do exercício da actividade e das respectivas entidades gestoras (operadores de mercado).
II.   O que são e quais os tipos de mercados previstos.
III. Os operadores de mercado.

I. Como dissemos no ponto II do comentário ao artigo 1.º, o legislador optou por incluir a gestão dos mercados organizados entre as actividades do sector do gás natural o que é criticável na medida em que os mercados organizados são bolsas onde se dá o encontro entre a oferta e a procura de gás natural e não correspondem, por isso, a uma actividade típica deste sector.

Conforme resulta do **n.º 1** trata-se de uma actividade exercida em regime livre (i.e., em concorrência) e sujeita apenas a autorização e não a licenciamento.

No caso do mercado a prazo, essa autorização é concedida por portaria conjunta do Ministro das Finanças e do ministro responsável pela área da energia nos termos do n.º 2 do artigo 258.º do Código dos Valores Mobiliários aprovado pelo Decreto-lei n.º 486/99, de 13 de Novembro e republicado pelo Decreto-lei n.º 357-A/2007, de 31 de Outubro (cfr. n.º 2 do artigo 45.º do Decreto-lei n.º 140/2006).

Será, provavelmente, também esta portaria que aprovará os requisitos para a admissão como membros do mercado a prazo à semelhança do que sucedeu no sector da electricidade no qual a Portaria n.º 945/2004, de 28 de Julho, que autorizou a constituição do OMIP, definiu as entidades que aí podem actuar como membros. O n.º 5 do citado artigo 45.º do Decreto-lei n.º 140/2006 prevê que esta portaria seja uma portaria conjunta do Ministro das Finanças e do ministro responsável pela área da energia (actualmente o Ministro da Economia).

Além da constituição do mercado a prazo estão também sujeitos a autorização as entidades gestoras (os operadores de mercado) devendo essa autorização ser do ministro responsável pela área de energia e, nos casos em que a legislação a isso obrigue, também do Ministro das Finanças (cfr. n.º 3 do artigo 45.º do Decreto-lei n.º 140/2006).

II. Embora, quer o Decreto-lei n.º 140/2006, quer o RRC contenham já algumas disposições sobre os mercados organizados, a verdade é que toda a matéria relativa à sua constituição, organização e funcionamento deve ser objecto de legislação específica ainda não publicada (cfr. n.º 4 do artigo 45.º do Decreto-lei n.º 140/2006).

O mercado organizado traduz-se num sistema com diferentes modalidades de contratação que possibilitam o encontro entre a oferta e a procura de gás natural e de instrumentos cujo activo subjacente seja o gás ou activo equivalente baseando-se o seu funcionamento nos princípios da transparência, da concorrência, da liquidez, da objectividade, da auto-organização e do auto-financiamento (cfr. n.º 1 do artigo 45.º do Decreto-lei n.º 140/2006 e 170.º a 176.º do RRC).

Nos termos do artigo 45.º do Decreto n.º 140/2006 e ainda do artigo 171.º do RRC prevêem-se dois tipos de mercados organizados: o mercado a prazo, que compreende as transacções referentes a quantidades de gás natural com entrega posterior ao dia seguinte da contratação, de liquidação quer por entrega física, quer por diferenças, e o mercado diário, que compreende as transacções referentes a quantidades de gás natural com entrega no dia seguinte ao da contratação, de liquidação necessariamente por entrega física.

No mercado diário deverão participar como vendedores todas as unidades de produção disponíveis que não estejam vinculadas a um contrato bilateral físico, assim como os agentes externos registados como vendedores e como compradores, os comercializadores, os clientes que sejam agentes externos e os agentes externos registados como compradores.

O mercado a prazo tem a vantagem de oferecer contratos totalmente estandardizados, o que permite aos participantes beneficiar da potencial liquidez e transparência do mercado e do anonimato na negociação, bem como da interposição de uma entidade que se assume como Contraparte Central de todas as operações, permitindo a eliminação do risco de crédito de contraparte.

São também estes os dois tipos de mercados a funcionar no âmbito do MIBEL sendo que o mercado à vista (diário e intradiário) é gerido pelo OMIE – Operador do Mercado Ibérico de Energia (Pólo espanhol), e o mercado a prazo pelo OMIP – Operador do Mercado Ibérico de Energia (Pólo português). Admite-se que os dois operadores de mercado – OMIP e OMIE – venham a ser fundidos e criado um operador único para o mercado ibérico de electricidade: o OMI, sendo que o mesmo pode vir a admitir-se no sector do gás natural.

Para além de definir os princípios aplicáveis e os tipos de mercados que existirão, o RRC trata dos operadores de mercado, que referimos no ponto seguinte, e determina que estes devem assegurar a existência e divulgação das regras de participação (admissão) e operação dos mercados organizados (cfr. n.º 1 do artigo 175.º). Ou seja, quer a admissão de agentes de mercado, quer as respectivas condições de participação, incluindo direitos, obrigações e prestação de garantias, são definidas por aquelas regras (cfr. artigos 173.º e 174.º).

III. O exercício desta actividade mais não é do que a gestão (económica) desses mercados organizados que, de acordo com o **n.º 2**, compete aos operadores de mercado, os quais são designados, no artigo 46.º do Decreto-lei n.º 140/2006, como "gestores de mercado" ou como "entidade gestora" no n.º 3 do artigo 45.º desse diploma.

Os operadores são, assim, as entidades, constituídas nos termos da legislação específica que vier a ser publicada, que mediante autorização a conceder pelo ministro da área de energia e, no caso dos operadores dos mercados a prazo, pelo Ministro das Finanças, gerem os mercados organizados.

Os princípios a que obedece o exercício desta actividade vêm já enunciados no artigo 172.º do RRC: transparência, objectividade e independência. Para os assegurar os operadores deverão implementar sistemas internos de controlo e promover a realização de auditorias externas por entidades independentes, bem como justificar as decisões tomadas perante todos os agentes de mercado.

A ressalva feita na parte final deste n.º 2 deve entender-se como feita para o Código de Mercado dos Valores Mobiliários.

Artigo 45.º
Deveres dos operadores de mercados

São deveres dos operadores de mercados, nomeadamente:
a) **Gerir mercados organizados de contratação de gás natural;**
b) **Assegurar que os mercados referidos na alínea anterior sejam dotados de adequados serviços de liquidação;**
c) **Divulgar informação relativa ao funcionamento dos mercados de forma transparente e não discriminatória, devendo, nomeadamente, publicar informação, agregada por agente, relativa a preços e quantidades transaccionadas;**
d) **Comunicar ao operador da RNTGN toda a informação relevante para a gestão técnica global do SNGN e para a gestão comercial da capacidade de interligação, nos termos do Regulamento de Operação das Infra-Estruturas.**

→ Artigos 45.º, n.º 6, 46.º do Decreto-lei n.º 140/2006; artigo 28.º, n.º 2 ROI.

Enquanto entidades gestoras responsáveis pela gestão dos mercados, os operadores de mercado desempenham um conjunto de funções necessárias ao seu regular funcionamento, designadamente as referidas nesta disposição.

Às funções ou deveres aqui elencados acrescenta o artigo 46.º do Decreto-lei n.º 140/2006 o da determinação de índices de preço que, aliás, também é referido no n.º 6 do artigo 45.º daquele diploma, ressalvando ainda a responsabilidade pela concretização de outras actividades conexas (à gestão propriamente dita) para além das que refere.

Nestas "actividades conexas" devem incluir-se a admissão dos participantes, a gestão da negociação dos contratos, o registo das operações, etc.

A **gestão dos mercados organizados de contratação de gás natural** referida na alínea a), corresponde ao âmago desta actividade e corresponde à gestão económica dos mercados organizados (a prazo e diário). Os operadores de cada um destes mercados são, assim, responsáveis pela organização do respectivo mercado assegurando a sua gestão.

Os **serviços de liquidação** de que devem estar dotados estes mercados e que os operadores deverão assegurar correspondem a serviços destinados a assegurar a liquidação física e financeira dos negócios registados.

No âmbito do MIBEL e no que toca ao mercado a prazo, a liquidação é uma das funções da OMIClear – Sociedade de Compensação de Mercados de Energia S.A., sociedade constituída e totalmente detida pelo OMIP, que assegura as funções de Câmara de Compensação e Contraparte Central das operações realizadas no mercado.

O **dever de divulgação de informação relativa ao funcionamento do mercado de forma transparente e não discriminatória** encontra-se repetidamente referido no n.º 1 e n.º 2 do artigo 46.º do Decreto-lei n.º 140/2006. Esta prestação de informação faz-se, em grande parte, através da publicação de um Boletim de Mercado.

Finalmente, o **dever de comunicar ao operador da RNTGN toda a informação relevante para a gestão técnica global do SNGN e para a gestão comercial da capacidade de interligação** referido na alínea d) deste artigo é também mencionado no artigo 46.º do Decreto-lei n.º 140/2006 já citado. Note-se que neste artigo 46.º não se distingue a gestão técnica global da gestão comercial da capacidade de interligação, mas determina-se a comunicação ao operador da RNTGN de toda a informação relevante para a gestão técnica que tem, designadamente, como objectivo a monitorização da capacidade de interligação.

De resto, é de salientar que ao contrário do referido nesta alínea d), o ROI não contém qualquer norma que respeite ao conteúdo ou termos da comunicação entre os operadores dos mercados e o operador da RNTGN enquanto Gestor Técnico Global do Sistema. Aliás,

no capitulo V dedicado à informação refere-se apenas o relacionamento do Gestor Técnico Global do SNGN com os agentes de mercado, os operadores das infra-estruturas, os operadores das redes de
distribuição e os operadores das redes com as quais a RNTGN está
interligada (cfr. n.º 2 do artigo 28.º). A experiência irá certamente
determinar a relevância desta informação.

ARTIGO 46.º
Integração da gestão de mercados organizados

**A gestão de mercados organizados integra-se no âmbito do
funcionamento dos mercados constituídos ao abrigo de acordos
internacionais celebrados entre o Estado Português e outros Estados membros da União Europeia.**

Antevê-se nesta disposição a integração da gestão dos mercados
organizados no âmbito do MIBGAS à semelhança do que sucedeu
no MIBEL no qual se constituíram dois tipos de mercados sendo
geridos pelo OMIE – Operador do Mercado Ibérico de Energia (Pólo
espanhol), e pelo OMIP – Operador do Mercado Ibérico de Energia
(Pólo português). Admite-se, aliás, que estes dois operadores de mercado – OMIP e OMIE – venham a ser fundidos e criado um operador
único para o mercado ibérico de electricidade. O mesmo é natural
que aconteça quando forem constituídos os mercados organizados
no sector do gás natural, o que se espera venha a ocorrer no futuro
próximo.

NOTA PRÉVIA AO CAPÍTULO III

O capítulo III trata dos consumidores que, como vimos acima, são considerados, a par dos operadores das redes e das infra-estruturas, dos comercializadores e dos operadores de mercados organizados e do operador logístico da mudança de comercializador, intervenientes no SNGN.

O capítulo tem apenas três artigos, sendo o primeiro dedicado aos direitos dos consumidores, o segundo aos direitos de informação e o terceiro aos deveres a que os consumidores se encontram sujeitos.

A autonomização, num capítulo separado, da temática dedicada aos consumidores é demonstrativa, em nossa opinião, da importância que o legislador quis conferir a esta matéria.

Com efeito, a liberalização do mercado do gás natural tem em vista, como já escrevemos noutro ponto, antes de mais, o bem-estar dos consumidores (sejam os consumidores domésticos ou os industriais). Neste sentido, pode ler-se no preâmbulo da Directiva n.º 2003/55/CE que *"os benefícios resultantes do mercado interno deverão ser colocados, o mais rapidamente possível, à disposição de todos os sectores da indústria e do comércio da Comunidade, incluindo as pequenas e médias empresas, e de todos os cidadãos da Comunidade, por razões de equidade, competitividade e, indirectamente, para a criação de emprego em consequência dos ganhos de eficiência de que beneficiarão as empresas"*.

Destaca-se, por isso, de entre o conjunto de direitos atribuídos aos consumidores, o direito que surge logo no n.º 1 do artigo 47.º e que não é mais do que o direito de escolher o seu comercializador de gás natural, ressalvando, no entanto, o regime transitório previsto no presente Decreto-lei e desenvolvido no Decreto-lei n.º 140/2006. Ora, a liberdade de escolha para ser plenamente exercida exige o acesso a informação objectiva, não discriminatória, completa e adequada (cfr. artigo 48.º). Porém, os consumidores, tal como, aliás, os restantes intervenientes no SNGN, não têm apenas direitos, sendo-lhes também atribuídos deveres (cfr. artigo 49.º). Destes, merecem especial enfoque, os deveres de contribuir para a melhoria da protecção do ambiente e para a melhoria da eficiência energética e da utilização racional de energia, atendendo aos desafios assumidos pelo Governo nesta matéria.

CAPÍTULO III
Consumidores

Artigo 47.º
Direitos

1 – Todos os consumidores têm o direito de escolher o seu comercializador de gás natural, sem prejuízo do regime transitório previsto no presente Decreto-lei, podendo adquirir gás natural directamente a comercializadores ou através dos mercados organizados.

2 – Os consumidores têm o direito ao fornecimento de gás natural em observância dos seguintes princípios:

a) Acesso às redes a que se pretendam ligar;

b) Ausência de pagamento pelo acto de mudança de comercializador;

c) Acesso à informação sobre os seus direitos quanto a obrigações de serviço público;

d) Disponibilização de procedimentos transparentes, simples e a baixo custo para o tratamento de queixas e reclamações relacionadas com o fornecimento de gás natural, permitindo que os litígios sejam resolvidos de modo justo e rápido, prevendo um sistema de compensação.

→ Artigos 3.º, 4.º, n.º 7, alínea g), 6.º, 24.º, 34.º, 39.º, 44.º e 64.º do Decreto-lei n.º 30/2006; artigo 64.º do Decreto-lei n.º 140/2006; considerando 18 da Directiva n.º 2003/55/CE; artigo 4.º da Lei n.º 24/96, de 31 de Julho; artigo 6.º, 72.º, 86.º 114.º, 167.º, 180.º, 181.º, 184.º, 186.º e 187.º do RRC; artigos 23.º a 33.º e 47.º a 51.º do RQS.

I. Conceito de consumidor para efeitos deste artigo.

II. A elegibilidade. Regime transitório.

III. Formas de aquisição de GN pelos consumidores.

IV. Direito a fornecimento. Princípios aplicáveis.

I. Já vimos que o artigo 6.º determina que, para efeitos do presente Decreto-lei, consumidor é "o cliente final de gás natural", sendo que cliente final é aquele que "compra gás natural para consumo próprio" (cfr. comentário ao artigo 6.º). É este pois o sentido que tem de ser dado aos consumidores alvo deste artigo 47.º e dos dois que se lhe seguem.

Para este efeito incluem-se, assim, as empresas que compram gás natural para consumo próprio mas que o utilizam no respectivo processo produtivo. Excluídos ficam os clientes grossistas, que compram gás natural para revenda, e os clientes retalhistas que não compram para consumo próprio mas sim para comercializar (cfr. respectivas definições no artigo 3.º).

A esta conclusão chega-se também na análise do artigo 6.º do RRC que, aliás, faz corresponder a definição de consumidor à de cliente definindo-o como "*a pessoa singular ou colectiva que compra gás natural para consumo próprio*", estabelecendo apenas a diferença entre as várias espécies de clientes (domésticos, não domésticos com consumos anuais inferiores ou iguais a 10 000 m3 (n), não domésticos com consumos anuais superiores a 10 000 m3 (n) e inferiores a 2 milhões de m3 (n) e clientes com consumos anuais iguais ou superiores a 2 milhões de m3 (n) (designados por grandes clientes).

Nas espécies de clientes incluem-se os domésticos que, de acordo com o n.º 4 daquele mesmo artigo 6.º, são os que compram gás para o consumo privado no agregado familiar e os clientes não domésticos que compram gás para o destinar a uma actividade profissional ou comercial.

O que lança a confusão no citado dispositivo é a parte final que refere "*considerando o disposto na Lei n.º 24/96, de 31 de Julho, relativamente ao conceito de consumidor*". É que nesta lei considera-se consumidor "*todo aquele a quem sejam fornecidos bens, prestados serviços ou transmitidos quaisquer direitos, destinados a uso não profissional (...)*" daqui decorrendo que se o gás natural (bem) se destinar a uso profissional da entidade que o adquire esta já não é considerada consumidor ou cliente para efeitos daquela lei. Nesta categoria estão os comercializadores, quer os que compram para revenda, quer os que compram para venda a retalho.

Parece pois que o único sentido útil que desta remissão se pode retirar é que para efeitos da distinção entre clientes domésticos e não domésticos estes são os que não são considerados consumidores na Lei n.º 24/96.

Assentemos, pois, que este artigo e os dois seguintes se aplicam aos consumidores no sentido dos clientes que adquirem gás para consumo próprio abrangendo quer os domésticos quer as empresas que adquirem gás para consumo (próprio) no respectivo processo produtivo.

II. O objectivo último da liberalização do mercado é o de que todos os consumidores possam escolher livremente o seu fornecedor de gás natural de uma forma real, eficaz e fácil sendo esse direito referido logo nos primeiros artigos do diploma (cfr. alínea g) do n.º 7 do artigo 4.º).

Não seria possível, no entanto, alcançar esse objectivo de um dia para outro sendo conveniente, conforme a Directiva n.º 2003/55/ CE reconhece, adoptar uma abordagem por etapas *"a fim de permitir à indústria adaptar-se e assegurar a introdução de medidas e sistemas adequados para proteger os interesses dos clientes e garantir o seu direito real e efectivo de escolher o seu fornecedor"* (cfr. respectivo considerando 18).

O regime transitório, ressalvado no n.º 1 deste artigo 47.º, contém por isso uma norma (o artigo 64.º) sobre a abertura progressiva do mercado, remetendo para legislação complementar a definição da introdução gradual dessa liberdade de escolha (cfr. comentário ao artigo 64.º).

Foi, porém, somente com o Decreto-lei n.º 140/2006, através do seu artigo 64.º, que se estabeleceu um calendário para a abertura do mercado designando como "clientes elegíveis" aqueles clientes que podem livremente escolher o seu fornecedor.

Nos termos daquele calendário são clientes elegíveis:

- a partir de 1 de Janeiro de 2007, os produtores de electricidade em regime ordinário;
- a partir de 1 de Janeiro de 2008, os clientes cujo consumo seja igual ou superior a 1 milhão de metros cúbicos normais;
- a partir de 1 de Janeiro de 2009, os clientes cujo consumo anual é igual ou superior a 10 000 metros cúbicos normais;
- a partir de 1 de Janeiro de 2010, todos os demais clientes.

Para mais desenvolvimento sobre esta matéria ver o comentário ao artigo 64.º.

III. O **n.º 1** estabelece ainda as formas pelas quais os consumidores podem adquirir gás natural que são duas: ou celebrando um contrato com um comercializador ou através dos mercados organizados. Neste caso, os consumidores são agentes de mercado mas para tal têm de cumprir os requisitos para admissão àqueles mercados a definir por legislação específica (cfr. comentário ao artigo 44.º).

IV. No **n.º 2** estabelecem-se os princípios que devem ser observados no direito ao fornecimento que assiste aos consumidores. Vimos, a propósito do artigo 42.º, que esse direito não é um direito absoluto já que os clientes têm, desde logo, que situar-se numa área abrangida pela RPGN, assim como requisitar o fornecimento e preencher os requisitos legais definidos.

Ao princípio do **acesso às redes** (e infra-estruturas se bem que a alínea a) só se refira às redes), já nos referimos a propósito da obrigação de proporcionar esse acesso que impende sobre os respectivos operadores nos artigos 24.º e 34.º para cujos comentários remetemos. Aqui sublinhamos, mais uma vez e pela sua importância, a necessidade do acesso às redes, de uma forma não discriminatória e transparente, ser essencial para uma efectiva abertura à concorrência deste sector.

A **ausência de pagamento pelo acto de mudança de comercializador** é um princípio que terá de ser respeitado na legislação que vier a aprovar os procedimentos relativos ao Operador Logístico de Mudança de Comercializador que será a entidade responsável pela gestão deste processo. Os demais princípios que presidem a essa mudança vêm referidos no artigo 167.º do RRC que já analisámos no comentário ao artigo 39.º para o qual remetemos.

O **acesso à informação** sobre os direitos dos consumidores quanto a obrigações de serviço público insere-se no direito mais abrangente de informação a que se refere o artigo seguinte.

Neste âmbito existem diversas disposições no RRC a que importa atender: o artigo 72.º relativo à informação sobre preços (relacionado com a protecção dos consumidores designadamente quanto a tarifas e preços), o artigo 114.º que trata da informação a prestar pelos operadores das redes no âmbito da ligação às redes, o artigo 180.º sobre a informação a prestar pelos operadores de mercado, o artigo 181.º, no âmbito da contratação bilateral e o artigo 184.º relativo à informação sobre as condições de utilização dos serviços associados ao fornecimento de gás natural aqui se incluindo também a informação sobre preços e tarifas.

Sobre o cumprimento do dever de informação aos clientes ver ainda a secção II do capítulo III do RQS, que regula não só as matérias sobre as quais deve ser disponibilizada informação mas ainda o modo como deve ser efectivada e a secção I, que estabelece as condições gerais para o exercício deste direito.

Finalmente, o princípio da **disponibilização de procedimentos transparentes, simples e de baixo custo para o tratamento de queixas e reclamações relacionadas com o fornecimento de gás natural permitindo que os litígios sejam resolvidos de modo justo e rápido, prevendo um sistema de compensação,** referido na alínea d), está também concretizado no RQS que consagra já esses procedimentos.

Assim, quando um cliente considere que não foram devidamente acautelados os seus direitos ou satisfeitas as suas expectativas respeitantes às exigências de qualidade de serviço definidas legal e regulamentarmente pode apresentar reclamação junto do comercializador (ou de outra entidade com que se relaciona). Estas reclamações podem ser apresentadas através das diversas modalidades de atendimento previstas que, no caso dos operadores das redes de distribuição e dos comercializadores retalhistas, são o atendimento presencial em centros de atendimento, o atendimento telefónico centralizado e o atendimento escrito, incluindo o correio electrónico e, nos restantes casos, as modalidades que os operadores ou comercializadores considerem adequadas ao tipo de cliente e que assegurem um atendimento completo e eficaz sendo que no caso dos comercializadores terá de ser uma das referidas modalidades (cfr. artigos 30.º e 23.º do RQS).

No caso dos operadores das redes de transporte e de distribuição e dos comercializadores de último recurso retalhistas e grossista o prazo para a resposta a estas reclamações é de 20 dias, se a reclamação não for decidida a favor das pretensões do consumidor, este deve ser informado do direito que tem de reclamar junto da ERSE.

Os artigos 31.º, 32.º e 33.º do RQS tratam, respectivamente, das reclamações relativas à facturação, medição e às características do fornecimento estabelecendo regras específicas designadamente quanto aos elementos descritivos e/ou informativos que devem instruir os pedidos de reclamação.

Relativamente ao sistema de compensação a que se refere a parte final da alínea d) também ele foi regulado no RQS nos seus artigos 47.º a 51.º.

Os clientes têm direito a compensação correspondente a 20 euros por cada incumprimento pelo operador da rede de transporte, pelo operador da rede de distribuição ou pelos comercializadores de último recurso retalhistas, dos indicadores de qualidade individual de natureza comercial relativos à activação de fornecimento (artigo 43.º), a visitas combinadas (artigo 44.º), a restabelecimento do fornecimento após interrupção por facto imputável ao cliente (artigo 45.º) e à resposta a reclamações (artigo 46.º).

Em especial, no que se refere a resposta a reclamações, que é a compensação a que se refere especificamente esta alínea d), está em causa a compensação no caso de incumprimento do referido prazo máximo de 20 dias úteis, ou do prazo expectável indicado ao cliente para a resposta a reclamações. Saliente-se que ao comercializador de último recurso grossista ou retalhista restará, em caso de impossibilidade de cumprimento deste prazo, o dever de informar o seu cliente das diligências efectuadas, bem como dos factos que impossibilitam a resposta naquele prazo e indicar o prazo expectável e, sempre que possível, uma pessoa para contacto (cfr. artigo 46º RQS). Se incumprir o prazo expectável indicado ao cliente deverá compensá-lo.

De referir ainda que as compensações são pagas o mais tardar na primeira factura emitida após terem decorrido 45 dias contados a partir da data em que se verificou o facto que fundamenta o direito à compensação. Para este efeito, o cliente deve ser informado e proceder-se ao crédito de modo automático do valor da compensação.

É claro que no caso de reclamação, caso o cliente não disponibilize informação indispensável ao seu tratamento, nomeadamente a identificação e morada do local de consumo ou não observe os procedimentos para apresentação de reclamações, fica excluída a obrigação de pagamento de compensações (cfr. alíneas b) e c) do n.º 2 do artigo 51.º do RQS).

Artigo 48.º
Direitos de informação

Sem prejuízo do disposto na Lei n.º 24/96, de 31 de Julho, com as alterações introduzidas pelo Decreto-lei n.º 67/2003, de 8 de Maio, e na Lei n.º 23/96, de 26 de Julho, que cria mecanismos destinados a proteger os utentes de serviços públicos essenciais, os consumidores, ou os seus representantes, têm direito a:

a) **Informação não discriminatória e adequada às suas condições específicas, em particular os consumidores com necessidades especiais;**

b) **Informação completa e adequada de forma a permitir a sua participação nos mercados de gás natural;**

c) **Informação, de forma transparente e não discriminatória, sobre preços e tarifas aplicáveis e condições normais de acesso e utilização dos serviços energéticos;**

d) **Informação completa e adequada de forma a promover a eficiência energética;**

e) **Acesso atempado a toda a informação de carácter público, de uma forma clara e objectiva, capaz de permitir a liberdade de escolha sobre as melhores opções de fornecimento;**

f) **Consulta prévia sobre todos os actos que possam a vir a pôr em causa os seus direitos.**

→ Artigos 4.º, 39.º, 45.º, alínea b) e 49.º, alínea d) do Decreto-lei n.º 30/2006, Artigos 7.º e 8.º da Lei n.º 24/96, de 31 de Julho; artigo 4.º da Lei n.º 23/96, de 26 de Julho, alterada pela Lei n.º 12/2008, de 26 de Fevereiro e pela Lei n.º 24/2008, de 2 de Junho; Lei n.º 27/2007, de 30 de Julho (Lei da Televisão); Lei n.º 4/2001, de 23 de Fevereiro (Lei da Rádio); artigos 61.º a 65.º do CPA; artigos 53.º e seguintes do RQS; artigo 184.º do RRC.

I. A Lei n.º 24/96 e a Lei n.º 23/96. Âmbito e principais direitos conferidos aos consumidores.

II. As diversas vertentes e conteúdo do direito de informação: alíneas a) a f).

I. Uma vez que este artigo trata, como a epígrafe desde logo indica, do direito de informação nas suas diversas vertentes, faria mais sentido ter ressalvado a designada Lei de Defesa dos Consumidores, a Lei n.º 24/96, de 31 de Julho com as alterações introduzidas aos artigo 4.º e 12.º pelo Decreto-lei n.º 67/2003, de 8 de Abril, e bem assim a Lei n.º 23/96, de 26 de Julho, alterada pela Lei n.º 12/2008, de 12 de Fevereiro e pela Lei n.º 24/2008, de 2 de Junho relativa à protecção de utente de serviços públicos essenciais, no artigo anterior que é mais genérico, uma vez que estas leis consagram outros direitos dos consumidores para além do direito de informação.

Mas, como a opção do legislador foi claramente a de ressalvar o disposto nessas leis quando se tratou do direito de informação, vamos pressupor que a intenção foi só essa e, como tal, ver o que dispõem estas leis apenas quanto a este direito.

A primeira contém duas disposições relativas ao direito de informação, o artigo 7.º que trata do direito à informação em geral, e o artigo 8.º do direito à informação em particular.

O primeiro daqueles artigos mais do que delimitar o conteúdo do direito dispõe sobre medidas/meios para o efectivar, incumbindo ao Estado, às Regiões Autónomas e às autarquias locais a obrigação de desenvolver acções e adoptar medidas tendentes à informação em geral ao consumidor. Exemplos destas acções são, por exemplo, o apoio às acções de informação promovidas pelas associações dos consumidores, a criação de serviços municipais de informação ao consumidor, a constituição de conselhos municipais de consumo, a criação de bases de dados e arquivos digitais acessíveis neste domínio do consumo com o objectivo de difundir informação geral e especifica.

Determina-se ainda o dever de o serviço público de rádio e de televisão reservarem espaços para a promoção dos interesses e direitos do consumidor. Assim é que, quer a Lei da Televisão (cfr. alínea d) do n.º 2 do artigo 59.º da Lei n.º 27/2007, de 30 de Julho), quer a Lei da Rádio (alínea c) do n.º 3 do artigo 52.º da Lei n.º 4/2001, de 23 de Fevereiro) determinam e regulam o direito a tempo de antena das associações de defesa do consumidor.

Impõe-se ainda que a informação seja prestada em língua portuguesa, que a publicidade seja lícita, inequivocamente identificada e respeite a verdade e os direitos dos consumidores e que as informações concretas e objectivas contidas em mensagens publicitárias de determinado bem, serviço ou direito se considerem integradas no conteúdo dos contratos que venham a ser celebrados após a sua emissão, tendo-se por não escritas as cláusulas contratuais em contrário.

O segundo dos referidos artigos refere-se à informação em particular começando por impor ao fornecedor de bens ou prestador de serviços, tanto nas negociações como na celebração de um contrato, a obrigação de informar de forma clara, objectiva e adequada o consumidor, nomeadamente sobre as características, composição e preço e ainda sobre o prazo de duração do contrato, garantias, prazos de entrega e assistência.

Esta obrigação impende também sobre todos os demais intervenientes do ciclo produção-consumo de modo a que cada elo desta cadeia possa informar o elo imediato até ao consumidor. Note-se que este dever de informar não pode ser denegado ou condicionado por invocação de segredo de fabrico não tutelado na lei nem pode prejudicar o regime jurídico das cláusulas contratuais gerais ou outra legislação mais favorável ao consumidor.

A obrigação de informação abrange a relativa aos riscos para a saúde e segurança que possam resultar da normal utilização dos bens ou serviços perigosos.

Em caso de falta, insuficiência ou inelegibilidade ou ambiguidade da informação que comprometa a utilização adequada do bem ou do serviço, o consumidor tem o direito de "retractação" do contrato, no prazo de sete dias úteis, a contar da data de recepção do bem ou da data de celebração do contrato. Desconhecemos o que seja retractação do contrato. Arrependimento? Voltar atrás? Revogação? O legislador deveria ter usado uma expressão com correspondência na lei, mas pensamos que o consumidor poderá terminar (por resolução) o contrato.

A violação do dever de informação faz incorrer o fornecedor em responsabilidade pelos danos causados ao consumidor sendo solidariamente responsável com os demais intervenientes na cadeia de produção que hajam também violado aquele dever.

Por sua vez, a Lei n.º 23/96 trata do dever de informação no respectivo artigo 4.º, impondo ao prestador do serviço (fornecedor de gás natural) que informe a outra parte das condições em que o serviço é fornecido e bem assim lhe preste todos os esclarecimentos que se justifiquem, de acordo com as circunstâncias. Não há, assim, qualquer novidade a assinalar relativamente ao conteúdo do dever de informação que não exista já na legislação específica do sector do gás natural.

II. As diversas alíneas deste artigo além de disporem sobre as vertentes do direito de informação qualificam-nas. A informação deve ser "não discriminatória" e "adequada" (alínea a)), "completa e adequada" (alíneas b) e d)), "transparente e não discriminatória" (alínea c)) e "atempada" (alínea e)).

A **informação adequada às condições específicas do consumidor** impõe-se especialmente, conforme refere a alínea a), quando estejam em causa consumidores com necessidades especiais que são aqueles que têm limitações no domínio da visão (cegueira total ou hipovisão), da audição (surdez total ou hipoacusia), da comunicação oral e no olfacto que impossibilitem a identificação de gás natural ou clientes que tenham no seu agregado familiar pessoa com esta deficiência (cfr. artigos 53.º e seguintes do RQS).

Relativamente a estes clientes, os comercializadores (de último recurso retalhistas ou livres) têm além do mais de adoptar as medidas e os meios de comunicação adequados de modo a garantir o exercício do direito àqueles à informação e a um relacionamento comercial de qualidade (cfr. n.º 1 do artigo 56.º do RQS).

Estes clientes deverão ser informados das condições especiais ou tratamento especial que o fornecedor ou operador oferece, designadamente no caso de clientes com limitações no olfacto que impossibilitem a identificação de gás natural ou clientes que tenham no seu agregado familiar pessoa com esta deficiência, que têm direito a que sejam instalados e mantidos operacionais equipamentos que permitam a detecção e sinalização de fugas nas suas instalações.

Compete, aliás, aos operadores das redes de distribuição elaborar folhetos informativos sobre estes tipos de clientes devendo consultar o Secretariado Nacional para a Reabilitação e Integração das Pessoas com Deficiência quanto ao seu conteúdo (cfr. n.º 3 do artigo 56.º do RQS).

Para assegurar que o tratamento especial e/ou personalizado lhes seja efectivamente garantido, estes clientes deverão registar-se junto do operador da rede de distribuição e devem apresentar declaração médica que comprove as condições em que se encontram. A solicitação do registo é contudo efectuada junto dos comercializadores com quem celebrem contrato de fornecimento. No caso de incapacidade temporária, o registo tem a validade de um ano devendo ser renovado ao fim desse período, caso se mantenha a situação que justificou a sua aceitação (cfr, artigo 55.º do RQS).

Consultando as páginas de Internet dos operadores encontram-se informações relativamente a clientes com necessidades especiais que vêm de encontro a estas disposições.

Também já nos referimos aos **deveres de informação** que impendem sobre os operadores de mercado a propósito da alínea b) do artigo 45.º que é o dever correlativo ao direito a que se refere a alínea b) deste artigo. Para participarem nos mercados de gás natural os consumidores têm não só de saber quais as condições de participação mas também de ser informados sobre o seu funcionamento, designadamente quanto a preços, volumes, produtos, comissões de negociação e de participação etc.

À **informação sobre tarifas e preços e condições normais de acesso e utilização dos serviços energéticos**, prevista na alínea c), já vimos que se refere também o artigo 184.º do RRC (cfr. ponto IV no comentário ao artigo 39.º). O consumidor tem direito a receber informação, designadamente sobre as tarifas e preços mais adequados ao seu consumo, assim como (e em que condições) pode utilizar os serviços associados ao fornecimento de gás natural.

A informação sobre os impactes ambientais relacionados com o fornecimento de gás natural que aquele artigo 184.º também refere como um dever dos fornecedores (e, portanto, a que corresponde um direito do lado do consumidor) está directamente relacionada com a "**informação completa e adequada de forma a promover a eficiência energética**" a que se refere a alínea d) e que foi erigida no artigo 5.º em obrigação de serviço público.

Esta informação é essencial para que os consumidores possam cumprir a melhoria da eficiência energética e da utilização racional da energia que lhes é cometida no artigo 49.º (cfr. alínea d)). Trata-se de informação sobre formas de poupança, instalação de equipamentos com eficiência energética, manutenção dos equipamentos, etc., que alguns comercializadores têm já disponibilizado através de folhetos informativos distribuídos aos consumidores.

Com esta matéria relaciona-se o Plano de Promoção da Eficiência no Consumo previsto no RT a que nos referimos no comentário do ponto II do artigo 4.º para que se remete.

O acesso atempado a toda a informação de carácter público, de forma clara e objectiva, capaz de permitir a escolha sobre as melhores opções, consagrado na alínea e), é um direito de conteúdo mais genérico que se relaciona com o direito à informação em geral e que, inclusivamente, integra algumas das vertentes do direito de informação constantes das alíneas anteriores, designadamente a informação sobre tarifas e preços.

Finalmente, o direito à **consulta prévia sobre todos os actos que possam a vir pôr em causa os seus direitos**, previsto na alínea f), é um direito já conferido pelo CPA (aprovado pelo Decreto-lei n.º 442/91, de 15 de Novembro, com as alterações introduzidas pelo Decreto-lei n.º 6/96, de 31 de Janeiro) no âmbito do direito à informação (artigos 61.º a 65.º) nos procedimentos em que sejam directamente interessados.

O direito à consulta, consagrado no artigo 62.º do CPA, abrange não só a consulta do processo que não contenha documentos classificados ou que revelem segredo comercial ou industrial ou segredo relativo à propriedade literária, artística ou científica como a obtenção de certidão, reprodução ou declaração autenticada dos documentos mediante o pagamento das importâncias que forem devidas.

Assim, se no âmbito de um determinado procedimento forem praticados actos que ponham em causa os direitos dos consumidores, estes podem requerer a consulta, bem como certidão, reprodução ou declaração autenticada relativa a esses actos.

ARTIGO 49.º

Deveres

Constituem deveres dos consumidores:
a) **Prestar as garantias a que estejam obrigados por lei;**
b) **Proceder aos pagamentos a que estiverem obrigados;**
c) **Contribuir para a melhoria da protecção do ambiente;**
d) **Contribuir para a melhoria da eficiência energética e da utilização racional de energia;**
e) **Manter em condições de segurança as suas infra-estruturas e equipamentos, nos termos das disposições legais aplicáveis, e evitar que as mesmas introduzam perturbações fora dos limites estabelecidos regulamentarmente nas redes a que se encontram ligados;**
f) **Facultar todas as informações estritamente necessárias ao fornecimento de gás natural.**

→ Artigos 39.º e 43.º do Decreto-lei n.º 30/2006; Decreto-lei n.º 195/99, de 8 de Junho, com as alterações introduzidas pelo Decreto-lei n.º 100/2007, de 2 de Abril; Decreto-lei n.º 314/2001, de 10 de Dezembro; Decreto-lei n.º 80/2006, de 4 de Abril; Decreto-lei n.º 363/2007, de 2 de Novembro; Decreto-lei n.º 521/99, de 10 de Dezembro; Decreto-lei n.º 263/89, com as alterações introduzidas pelo Decreto-lei n.º 232/90; Decreto-lei n.º 78/2007, de 4 de Abril; Portaria n.º 361/98, de 26 de Junho, com as alterações introduzidas pela Portaria n.º 690/2001, de 10 de Julho; Portaria n.º 362/2000, de 20 de Junho, com as alterações introduzidas pela Portaria n.º 690/2001, de 10 de Julho; RCM n.º 169/2005, de 24 de Outubro; artigos 53.º, n.º 1, alínea e), 115.º, 120.º, 123.º, 124.º, 193.º a 199.º, 216.º e 217.º do RRC.

I.   As garantias a prestar pelos consumidores.
II.   O dever de efectuar os pagamentos a que estiverem obrigados. Sanção.
III. O dever de contribuir para melhoria do ambiente e da eficiência energética e da utilização racional da energia.
IV.   O dever de manter em condições de segurança as infra-estruturas e equipamentos. Relevância da conformidade do projecto e das inspecções.
V.   O dever de informação no âmbito do fornecimento.

I. Consagram-se nas diversas alíneas desta norma um conjunto de deveres que impendem sobre os consumidores sendo que os deveres das alíneas c) e d) são meramente programáticos.

O dever de **prestar as garantias que estejam obrigados por lei** consagrado na alínea a) é o correlativo do direito a que se refere o n.º 4 do artigo 39.º que prevê que os comercializadores possam exigir aos seus clientes a prestação de caução para garantir o cumprimento das obrigações decorrentes do contrato.

Efectivamente, já vimos no comentário àquela norma que essas garantias que a lei prevê (o Decreto-lei n.º 195/99, de 8 de Junho, alterado pelo Decreto-lei n.º 100/2007, de 2 de Abril) correspondem à caução do contrato que, no caso dos consumidores domésticos (quando o contrato de fornecimento seja celebrado com os CURR's o que será a maioria dos casos) só é exigível na sequência de restabelecimento do fornecimento no seguimento de interrupção do fornecimento decorrente de incumprimento contratual imputável ao cliente.

Mesmo neste caso o cliente pode obstar à prestação da caução regularizando a dívida e optando pela transferência bancária como forma de pagamento. Por outro lado, a caução poderá ser restituída se o cliente vier a optar posteriormente pela transferência bancária como meio de pagamento ou permanecer em cumprimento contratual durante um período contínuo de dois anos.

Havendo lugar à prestação de caução, a mesma poderá ser prestada em numerário, cheque ou transferência electrónica ou através de garantia bancária ou seguro-caução, sendo o seu valor e forma de cálculo fixados pela ERSE.

À matéria da caução referem-se os artigos 193.º a 199.º do RRC para os comercializadores de último recurso grossista e retalhistas nos termos já referidos a propósito do artigo 43.º para o qual remetemos.

No caso dos clientes não domésticos, e à falta de lei especial, vigora o princípio da autonomia contratual, estando na livre disponibilidade das partes – comercializador e cliente –, designadamente, a existência de caução, a modalidade, o montante e o momento da sua prestação.

II. O dever de **proceder aos pagamentos a que estiverem obrigados** constante da alínea b) nem precisaria de estar expressamente consagrado. O pagamento dos serviços ou de outros valores que sejam devidos corresponde a uma obrigação além do mais contratual cujo incumprimento é sancionado através do pagamento de juros de mora, à taxa legal em vigor, calculados a partir do dia seguinte ao do vencimento da factura (cfr. artigo 216.º do RRC) e pode fundamentar a interrupção do fornecimento no caso de falta de pagamento de acerto de facturação que seja a favor do comercializador, falta de pagamento de juros de mora e falta de pagamento das quantias que venham a ser devidas em razão das correcções efectuadas no caso de procedimentos fraudulentos (cfr. n.º 1 do artigo 217.º do RRC). No caso dos comercializadores livres pode ser livremente acordada uma taxa de juro diferente da legal ou o cliente pode mesmo ser isento do pagamento de juros de mora (cfr. ponto VII no comentário ao artigo 39.º).

III. Os deveres de contribuir para **a melhoria do ambiente e para a melhoria da eficiência energética e da utilização racional da energia** estão directamente relacionados um com o outro e ambos, mais do que os clientes domésticos (mas não os excluindo), têm como alvo os clientes industriais que como vimos caem no âmbito destas disposições.

A preocupação de integração das políticas energética e ambiental está vertida quer a nível nacional (Estratégia Nacional para a Energia, aprovada pela RCM n.º 169/2005, de 24 de Outubro), quer a nível comunitário (nova "Política Energética para a Europa"). A promoção da eficiência energética é de tal forma importante que é uma das medidas consagradas no artigo 47.º para a garantia da segurança do abastecimento.

A adopção de medidas no domínio da eficiência energética é essencial para alcançar os objectivos de Portugal (e da Europa) em matéria de diminuição das emissões de gases com efeito de estufa, energias renováveis e eficiência energética fixados para 2020 e 2050.

Ora, o correspondente esforço de redução das emissões tem de ser feito por todos, incluindo os consumidores de GN. É que embora o gás natural se caracterize por ser mais ecológico (é uma energia limpa) não dispensa a sua utilização racional e a adopção de padrões de gestão de energia eficientes.

A nível comunitário a preocupação de integração das políticas energética e ambiental está vertida na nova "Política Energética para a Europa", lançada em Janeiro de 2007 pela Comissão e que assenta em 4 pilares:

– Um mercado de energia funcional;
– A passagem para uma economia de baixo carbono;
– Aumentar a eficiência energética;
– Criar uma nova abordagem nas relações com os países terceiros.

Pretende-se transformar a Europa numa economia energética altamente eficiente e com baixa produção de CO_2, satisfazendo em simultâneo os requisitos energéticos e ambientais, sendo o Plano de Acção para a Política Energética um instrumento fundamental para que a nível da UE se venham a cumprir os objectivos de:

– Uma redução de GEE (Gases com Efeito de Estufa) de 20% até 2020, em relação a 1990;
– Uma meta vinculativa de 20% para as Renováveis em 2020, e uma meta mínima vinculativa de 10% de biocombustíveis nos transportes;
– Uma redução de 20% do consumo energético em 2020, de acordo com o Plano de Acção da Eficiência Energética.

A nível nacional, o Centro para a Conservação da Energia criado pelo Decreto-lei n.º 147/84, de 10 de Maio, que tinha como finalidade essencial contribuir para a utilização racional da energia nos sistemas de produção, transporte, distribuição e consumo, foi transformado, pelo Decreto-lei n.º 223/2000, de 9 de Setembro, na Agência para a Energia (AGEN) com vista a potenciar a capacidade de actuação nacional e de um maior aproveitamento dos recursos endógenos. Posteriormente, na sequência da Resolução do Conselho de Ministros n.º 154/2001, de 19 de Outubro, o Decreto-lei n.º 314/2001, de 10 de Dezembro, procedeu à alteração da designação da AGEN que passou a designar-se ADENE, ajustou a missão, âmbito e atribuições da agência e republicou o Decreto-lei n.º 223/2000. A ADENE é uma pessoa colectiva de utilidade pública de tipo associativo que é financiada através de contratos-programa com organismos do Ministério da Economia e outras entidades concessionárias de serviços públicos.

Um dos objectivos da ADENE é precisamente o de induzir junto dos consumidores uma atitude de mudança face às questões energéticas. Basta consultar o site da ADENE (www.adene.pt) para perceber quais as medidas que estão a ser implementadas das quais salientamos as acções tendentes à sensibilização e informação do público em geral e das empresas para as questões da energia.

Uma das áreas onde a ADENE vem intervindo é em acções de promoção dos edifícios energeticamente eficientes e da sua certificação energética (cfr. Decreto-lei n.º 78/2007, de 4 de Abril). A este propósito vale a pena uma referência ao Regulamento das Características de Comportamento Térmico dos Edifícios (RCCTE), aprovado em Abril de 2006, que visa favorecer a difusão de sistemas colectores solares, ou outras alternativas renováveis, em especial para o aquecimento de águas sanitárias (cfr. Decreto-lei n.º 80/2006, de 4 de Abril de 2006) com o objectivo de melhorar a qualidade dos edifícios e reduzir os seus consumos de energia e as correspondentes emissões de gases que contribuem para o aquecimento global ou efeito de estufa.

As regras estabelecidas neste regulamento permitem, não apenas a diminuição da factura e dependência energéticas, mas também a criação de condições para o desenvolvimento do mercado da energia solar, nomeadamente ao nível da instalação de painéis solares, algo a ter em conta tendo também presente o Decreto-lei n.º 363/2007, de 2 de Novembro, que prevê a possibilidade de venda da energia eléctrica excedentária proveniente da microprodução.

O RCCTE aplica-se a cada uma das fracções autónomas de todos os novos edifícios de habitação e de serviços sem sistemas de climatização centralizados, a edifícios já construídos que sejam alvo de grande remodelação ou alteração na envolvente ou nas instalações de preparação de águas quentes sanitárias (entendendo-se por grande remodelação ou alteração as intervenções cujo custo seja superior a 25% do valor do edifício calculado com base num valor de referência por metro quadrado) e a ampliações de edifícios existentes, exclusivamente na nova área construída.

No que respeita aos sistemas para aquecimento de água sanitária, torna-se obrigatório (nos edifícios abrangidos pelo Regulamento) o recurso a sistemas de colectores solares térmicos (ou equipamento equivalente de produção de energia renovável) sempre que os edifícios disponham de uma exposição solar adequada.

Estas regras são acompanhadas da existência de incentivos fiscais com o intuito de tornar mais atractiva a aquisição destes equipamentos (tributados à taxa intermédia de IVA de 12%), permitindo-se a dedução à colecta do IRS de 30% do montante gasto (até um máximo de € 777), bem como a sua amortização gradual em sede de IRC.

De resto, estes deveres dos consumidores quanto à melhoria do ambiente e da eficiência energética terão de ter do lado da administração, designadamente da ERSE e da DGEG, apoio ao nível da elaboração de normas, regulamentos e especificações técnicas relativos ao incremento da eficiência no uso da energia, da informação sobre os reais custos das soluções energéticas a adoptar pelos consumidores e sobre as melhores alternativas, por forma a estimular comportamentos mais eficientes e uma utilização mais racional da energia e, bem assim, na gestão dos sistemas de incentivos e regimes de apoio estabelecidos a nível nacional ou comunitário, destinados aos recursos endógenos e à eficiência energética.

Daí que, para além do que referimos a propósito da ADENE, o RT preveja a elaboração pela ERSE de um Plano de Promoção da Eficiência no Consumo cujos custos são considerados para efeitos tarifários já que integram os proveitos da actividades de Gestão Técnica Global do Sistema, ou seja, fazem parte da Tarifa de Uso Global do Sistema.

IV. O **dever de manter em condições de segurança as suas infra-estruturas e equipamentos**, nos termos das disposições legais aplicáveis, previsto na alínea e) encontra-se concretizado no Decreto-lei n.º 521/99, de 10 de Dezembro, e na Portaria n.º 362/2000, de 20 de Junho, alterada pela Portaria n.º 690/2001, de 10 de Julho.

Nos termos do artigo 13.º do primeiro daqueles diplomas as instalações de gás, quando abastecidas, estão sujeitas a manutenção que integra quer (i) a conservação da parte visível das instalações, incluindo a ventilação e exaustão dos produtos de combustão, em bom estado de funcionamento de acordo com as recomendações estabelecidas pela operadora da rede de distribuição (e pelo comercializador) quer (ii) a promoção de inspecções periódicas executadas pelas entidades inspectoras reconhecidas pela DGEG (cfr. também o artigo 8.º da Portaria n.º 362/2000).

Enquanto a obrigação relativa à conservação da parte visível das instalações em bom estado de funcionamento e respectivos custos recaem sobre "os utentes" (o utilizador do edifício ou fracção), a promoção das inspecções é da responsabilidade dos proprietários ou senhorios.

Sempre que no seguimento da realização de inspecções periódicas às instalações de gás forem detectadas deteriorações, falhas ou deficiências de funcionamento, as entidades inspectoras devem dar disso conhecimento à empresa distribuidora (operadora da rede de distribuição) e ao comercializador.

Sublinhe-se que, após recepção de comunicação nesse sentido, a operadora deverá proceder com urgência à verificação do bom estado de funcionamento da instalação do gás, sendo que só poderá manter ou restabelecer o abastecimento do gás após verificação do bom estado de funcionamento da instalação, atento o disposto no artigo 13.º, n.º 6, do referido Decreto-lei n.º 521/99.

Relativamente às inspecções periódicas, o artigo 3.º da Portaria n.º 362/2000 determina que devem realizar-se inspecções sempre que ocorra uma das seguintes situações:

– alteração no traçado, na secção ou na natureza da tubagem, nas partes comuns ou no interior dos fogos;
– fuga de gás combustível;
– novo contrato de fornecimento de gás combustível.

As inspecções periódicas (cuja promoção, como vimos, constitui obrigação dos proprietários ou senhorios) devem realizar-se com a periodicidade de (i) 2 anos, para as instalações de gás afectas à indústria turística e de restauração, às escolas, aos hospitais e outros serviços de saúde, a quartéis e a quaisquer estabelecimentos públicos ou particulares com capacidade superior a 250 pessoas, (ii) 3 anos, para instalações industriais com consumos anuais superiores a 50.000m3 de gás natural, ou equivalente noutro gás combustível e (iii) 5 anos, para instalações de gás executadas há mais de 20 anos e que não tenham sido objecto de remodelação.

Por sua vez, as inspecções extraordinárias de quaisquer instalações de gás podem ter lugar em três situações:

– Quando tendo estado abrangidas pelo âmbito da aplicação do Decreto-lei n.º 262/89, de 17 de Agosto (diploma que estabeleceu as normas relativas ao projecto, execução, abastecimento e manutenção das instalações de gás combustível em imóveis, entretanto revogado pelo Decreto-lei n.º 521/99), na redacção que lhe foi dada pelos Decretos-lei n.º 219/91, de 17 de Junho, e n.º 178/92, de 14 de Agosto, não tiver sido cumprido o disposto nos seus artigos 11.º e 12.º;

– Quando tenham sido convertidas para a utilização do gás natural e não tenha sido cumprido o disposto nos artigos referidos no ponto anterior;

– Quando as instalações de gás estejam integradas em edifícios localizados na área geográfica da "concessão da rede de distribuição regional de gás natural de Lisboa" e tenham de ser convertidas para utilização de gás natural por força da aplicação das disposições conjugadas dos Decretos-lei n.º 33/91, de 16 de Janeiro e n.º 333/91, de 6 de Setembro, ambos revogados pelo Decreto-lei n.º 140/2006.

Já vimos que as inspecções devem ser realizadas pelas entidades inspectoras reconhecidas pela DGEG cujo estatuto constitui o anexo II da Portaria n.º 362/2000. As respectivas competências e atribuições estão definidas quer no artigo 4.º do anexo I da citada Portaria, quer no artigo 3.º desse anexo que contém os estatutos das entidades inspectoras e estabelece como suas atribuições:

– a apreciação dos projectos das instalações de gás com a finalidade de verificar a sua conformidade com os regulamentos técnicos e outros requisitos de segurança que lhes sejam aplicáveis;

– a inspecção, tendo em vista a entrada em serviço, da execução das redes e ramais de distribuição, das instalações de gás, e a verificação dos materiais, equipamentos e aparelhos de gás;

– a realização das inspecções periódicas ou extraordinárias, nos termos da legislação aplicável.

Estas atribuições são exercidas mediante solicitação da DGEG, das DRE, dos operadores das redes de distribuição e/ou dos comercializadores ou dos proprietários e/ou utentes das instalações, consoante os casos, nos termos do artigo 3.º, n.º 4, do anexo II da Portaria que vimos citando.

De resto, as entidades inspectoras devem verificar obrigatoriamente diversos elementos listados no n.º 2 do artigo 4.º do anexo I da referida portaria dos quais salientamos (i) o cumprimento do projecto de instalação do gás e regulamentos e procedimentos técnicos aplicáveis, (ii) os termos de responsabilidade, (iii) a estanquidade das instalações, (iv) a natureza dos materiais, (v) o estado, prazo de validade, estanquidade, comprimento das ligações dos aparelhos de gás e a acessibilidade dos respectivos dispositivos de corte e (vi) a estabilidade das chamas dos aparelhos de gás.

De sublinhar que, se no âmbito de uma inspecção forem detectadas anomalias, a entidade inspeccionada deverá ser notificada das correcções a introduzir, não sendo emitido certificado de inspecção até que as mesmas sejam executadas, nos termos do n.º 3 do artigo 4.º do anexo I da referida Portaria.

No caso de tais anomalias serem caracterizadas como defeitos críticos, a entidade inspectora deve notificar o promotor da inspecção para que a sua eliminação seja imediata, bem como comunicar tal facto ao operador da rede de distribuição para que este cesse o fornecimento de gás enquanto tal situação não estiver resolvida (cfr. alínea e) do n.º 1 do artigo 53.º do RRC).

Se tais anomalias forem caracterizadas como defeitos não críticos, a entidade inspectora deverá notificar o promotor da inspecção, nos termos do n.º 5 do artigo 4.º do anexo I daquela mesma Portaria, para que este proceda à respectiva correcção, no prazo máximo de 3 meses, após o qual deverá ser realizada nova inspecção.

Por outro lado, nos termos do artigo 13.º, n.º 7, da Decreto-lei n.º 521/99 sempre que em resultado da inspecção das instalações de gás a entidade inspectora detectar fugas ou deficiências de funcionamento nos aparelhos, deverá informar, por escrito, o proprietário dos equipamentos.

Obviamente que no caso de não serem detectadas desconformidades, entre a execução da instalação e a legislação e normas aplicáveis, a entidade inspectora deverá emitir um certificado de inspecção, garantindo, deste modo, que a utilização do gás será feita em condições de segurança (cfr. n.º 3 do artigo 5.º do anexo I e artigo 14.º do anexo II da Portaria n.º 362/2000).

Note-se ainda que, nos termos conjugados do artigo 5.º, n.º 1, do anexo I da Portaria em apreço, e do artigo 12.º, n.º 1 do Decreto-lei n.º 521/99, não se poderá dar início ao abastecimento enquanto não tiver na sua posse o termo de responsabilidade emitido pela Entidade Instaladora e o certificado de inspecção emitido pela Entidade Inspectora.

Além da obrigatoriedade de realização de inspecções às instalações de gás, a comprovação da conformidade dos projectos também constitui um instrumento relevante para a garantia da segurança.

No que toca aos projectos, temos de distinguir os projectos das instalações de gás e da instalação dos aparelhos de queima.

Assim, os projectos das instalações de gás em edifícios, nos termos conjugados do artigo 4.º da Portaria n.º 361/98, de 26 de Junho (alterada pela Portaria n.º 690/2001, de 10 de Julho), e do artigo 4.º do Decreto-lei n.º 521/99, deverão ser efectuados por projectistas acreditados nos termos da legislação aplicável e subsequentemente apreciados por uma entidade inspectora, a qual deverá comprovar a conformidade dos projectos com a legislação aplicável, devendo tal comprovação ser apresentada junto da entidade competente para licenciamento do edifício, sem a qual a respectiva licença não poderá ser concedida.

Refira-se também que, nos termos do artigo 4.º, n.º 6 do Decreto-lei n.º 521/99, o projectista das instalações de gás é responsável pelas soluções técnicas adoptadas, pelo dimensionamento das tubagens e selecção dos materiais adequados, tendo em consideração as características do gás a distribuir, as características dos diversos aparelhos utilizados e o valor da pressão de abastecimento indicado pela entidade distribuidora (leia-se operadora da rede de distribuição) para efeitos de dimensionamento das tubagens, devendo juntar ao projecto, termo de responsabilidade.

De resto, o projectista das instalações de gás deverá assumir a responsabilidade técnica da execução dos projectos (cfr. artigo 6.º, n.º 2 do Decreto-lei n.º 263/89, alterado pelo Decreto-lei n.º 232/90).

No que toca à execução da instalação esta deve ser levada a cabo por uma entidade instaladora qualificada e credenciada, sendo que a direcção técnica das obras de execução de instalações de gás só poderá ser exercida por técnicos qualificados e detentores de licença (cfr. artigo 7.º, n.º 1 e n.º 2, do Decreto-lei n.º 521/99).

Por seu turno, nos termos do artigo 44.º da Portaria n.º 361/98, deverá a Entidade Instaladora, na colocação em obra, cumprir com rigor os projectos das instalações (previamente aprovados) e, bem assim, as disposições regulamentares previstas em tal diploma legal.

Em idêntico sentido o artigo 6.º, n.º 3 do Decreto-lei n.º 263/89 alterado pelo Decreto-lei n.º 232/90, dispõe que o técnico de gás responsável pela execução de redes de gás deve assegurar, com rigor, o cumprimento do projecto, acompanhar e controlar a sua execução material, assim como verificar os materiais utilizados, de acordo com as normas regulamentares aplicáveis.

Antes da entrada em funcionamento de uma instalação a gás, a Entidade Instaladora e a Entidade Exploradora devem proceder aos ensaios e verificações previstos no artigo 63.º da referida Portaria n.º 361/98.

Por outro lado, e nos termos do artigo 11.º, n.º 1, do citado Decreto-lei n.º 521/99, sempre que sejam executadas novas instalações de gás, ou quando as existentes sofram alteração, a entidade instaladora deverá emitir um termo de responsabilidade do qual conste que foram observadas, na execução das mesmas, as normas legais e regulamentares aplicáveis. O duplicado daquele termo de responsabilidade deverá ser entregue à empresa distribuidora (agora comercializadora) de gás, a qual só poderá iniciar o abastecimento na posse do mesmo, nos termos do n.º 3 da aludida disposição legal, e, como a seguir se elucidará, após estar na posse do respectivo certificado de inspecção emitido por uma entidade inspectora.

A instalação de aparelhos de gás deverá ser executada por Entidades Montadoras (e no âmbito destas por mecânicos de aparelhos de gás), devidamente inscritas na DGEG e por esta reconhecidas, nos termos dos artigos 6.º, n.º 4 e 7.º do Decreto-lei n.º 263/89, com as alterações introduzidas pelo Decreto-lei n.º 232/90.

De sublinhar que as Entidades Inspectoras têm como uma das suas atribuições justamente a verificação, tendo em vista a entrada em serviço, dos aparelhos de gás, nos termos do anexo II da Portaria n.º 362/2000, de 20 de Junho, bem como a obrigação de verificar o estado, prazo de validade, estanquicidade, comprimento das ligações dos aparelhos de gás, acessibilidade dos respectivos dispositivos de corte e estabilidade das chamas dos aparelhos de gás, nos termos do artigo 4.º do anexo I da Portaria n.º 362/2000, de 20 de Junho.

Finalmente, no que toca aos equipamentos de medição, o RRC contém disposições sobre a respectiva verificação (obrigatória e extraordinária) cujos termos e periodicidade constarão do Guia de Medição, Leitura e Disponibilização de Dados ainda não aprovado pela ERSE (cfr. artigos 123.º e 124.º). De referir que os encargos com a verificação ou ajuste dos equipamentos são, em princípio, do proprietário do equipamento que é o operador de rede. Efectivamente, de acordo com o artigo 120.º do RRC, o fornecimento e a instalação dos equipamentos constitui encargo dos operadores de redes. Só não será assim no caso de verificação extraordinária se comprovar que o equipamento estava a funcionar fora dos limites de tolerância definidos no referido Guia.

V. O **dever de facultar ao operador da rede todas as informações estritamente necessárias ao fornecimento de gás natural** inclui designadamente, o perfil de consumo, dados de consumo, disponibilização da informação indispensável ao tratamento das reclamações, nomeadamente a identificação e morada do local de consumo.

No âmbito das ligações às redes ou de alterações de ligações existentes, os clientes (ou requisitantes) devem disponibilizar, ao operador da rede à qual pretendem estabelecer a ligação, a informação técnica necessária à elaboração dos estudos para avaliar a possibilidade de facultar a ligação ou de alterar a ligação já existente (cfr. artigo 115.º do RRC).

No caso de instalações de clientes, para as quais se prevê consumo anual superior a 10 000 m3 (n), aquela informação deve incluir as características técnicas específicas das instalações, designadamente no que respeita a consumos ou capacidades de injecção de gás natural nas redes.

O RRC prevê que para efeitos deste dever de informação os operadores das redes deveriam propor, no prazo de 120 dias após a data de entrada em vigor do regulamento, para aprovação pela ERSE, uma lista com os elementos necessários a incluir na requisição de ligação, que poderá ser diferenciada por pressão de fornecimento, tipo de instalação e consumo previsto anual.

De resto, o operador de rede a que a instalação está ligada pode, sempre que o considere necessário, solicitar a actualização da informação referida.

Esta informação, bem como a que integra a requisição de ligação à rede e a que consta de orçamento aceite pelo requisitante, são consideradas para efeitos de caracterização da instalação em causa.

NOTA PRÉVIA AO CAPÍTULO IV

A abertura do sector do gás natural à iniciativa privada, acompanhada pela transferência das suas actividades para o sector privado, não significa, ao contrário do que se poderia ser levado a pensar, o fim da intervenção do Estado neste sector da economia.

"(...) O facto de as actividades serem privatizadas e liberalizadas em caso algum pode significar a extinção de toda a responsabilidade pública. O que se alterou foi decerto o tipo e grau de responsabilidade: se antes era uma responsabilidade de execução, de satisfação directa das necessidades pelo próprio Estado, hoje é cada vez mais uma responsabilidade de garantia das prestações" (Pedro Gonçalves e Licínio Lopes Martins, "Os Serviços Públicos Económicos e a Concessão no Estado Regulador", ob. cit., p. 299).

Deste modo, embora o Estado seja hoje, cada vez menos, produtor de bens e de serviços, tendo sido substituído por privados nessa sua função, a verdade é que a sua função de regulador da economia tem vindo, pelo contrário, a crescer.

Assiste-se, portanto, a uma alteração de papéis: de jogador, o Estado passa a árbitro, cabendo-lhe agora estabelecer as regras do jogo, autorizar a entrada de novos jogadores e puni-los quando violam essas regras.

Ao regular a actividade económica, o Estado define, assim, as regras e os condicionamentos a que os operadores económicos estão sujeitos, procurando, por um lado, reprimir os comportamentos que põem em causa a concorrência e o funcionamento de um mercado aberto, ao mesmo tempo que, por outro lado, corrige as falhas do mercado e contribui para a satisfação dos consumidores, assegurando que os serviços são prestados em condições de igualdade de acesso e de transparência.

Não estamos, no entanto, perante o aparecimento de uma nova função do Estado. Com efeito, mesmo quando a maioria destas actividades era exercida em regime de monopólio, também já existia regulação. A novidade reside, no entanto, na autonomização desta função – em relação à tradicional função de produtor de bens e de serviços que também era desempenhada pelo Estado –, a par de uma alteração dos seus objectivos. Assim, se antes a regulação visava, essencialmente, o controlo dos preços e da qualidade de serviço, hoje privilegia, acima de tudo, a introdução da concorrência e a sua promoção, em condições de igualdade.

Um aspecto importante desta "nova" regulação, nomeadamente da actual regulação do sector do gás natural (tal como a de outros sectores económicos), é que a regulação deixou de ser feita, apenas, a nível nacional. Com efeito, tal como noutros domínios, também aqui se assiste à (inevitável) influência do direito comunitário. Neste sentido, deve-se à Comissão Europeia a fixação das linhas gerais do sector, através de Directivas aprovadas pelo Parlamento Europeu e pelo Conselho, que os Estados transpuseram depois para os seus ordenamentos.

A nível interno, de cada Estado membro, existem também diferentes níveis de regulação. Com efeito, a par da regulação estadual directa, temos também a regulação por entidades independentes.

Podemos, assim, falar em três grandes níveis de regulação: supra-estadual (da responsabilidade da União Europeia), estadual (da responsabilidade de organismos do Estado) e infra-estadual (da responsabilidade de entidades administrativas independentes).

CAPÍTULO IV
Regulação

SECÇÃO I
Disposições e atribuições gerais

ARTIGO 50.º
Finalidade da regulação do SNGN

A regulação do SNGN tem por finalidade contribuir para assegurar a eficiência e a racionalidade das actividades em termos objectivos, transparentes, não discriminatórios e concorrenciais, através da sua contínua supervisão e acompanhamento, integrada nos objectivos da realização do mercado interno do gás natural.

I. Finalidades da regulação nas indústrias de rede.

II. Duração da regulação especializada.

I. A principal finalidade da regulação do SNGN é, tal como nas demais indústrias de rede, suprimir as falhas do mercado, promover a concorrência entre os operadores e assegurar o acesso de todos às redes em condições de igualdade, garantindo, assim, em última análise, aos consumidores, o seu direito a um serviço competitivo e eficiente.

A finalidade última da regulação é, afinal, a realização do mercado interno de gás natural.

A regulação intervém, assim, onde não há mercado ou onde existem sérios constrangimentos ao seu funcionamento (caso, por exemplo, de monopólios naturais como as redes de transporte e de distribuição de gás natural).

Podemos falar, deste modo, como Juan Miguel de la Cuétara Martínez, em dois tipos de regulação. De um lado, a *regulação de "transição para a concorrência"*, ou seja, a que organiza a transformação do sector (tradicionalmente fechado, exercido em monopólio e com direitos exclusivos) tendo em vista a sua abertura a novos operadores e ao exercício do direito de livre escolha dos consumidores (ex. a regulação tarifária que deve manter-se enquanto não existir uma concorrência efectiva e com ela a livre formação de preços mediante o mecanismo da oferta e da procura). De outro lado, a *regulação que "garante a concorrência"* e que se destina a estabelecer as condições necessárias para que a concorrência se desenvolva eficientemente em condições de mercado (ex. a regulação das interconexões e do direito de acesso às redes nos sectores que delas dependem) – "La regulación subsiguiente a la liberalization y privatización de servicios públicos", in AAVV, *Os Caminhos da Privatização da Administração Pública*, IV Colóquio Luso-Espanhol de Direito Administrativo, Boletim da Faculdade de Direito de Coimbra, Coimbra Editora, Coimbra, 2001, p. 193.

No fundo, a regulação antecede a formação de um verdadeiro mercado, onde passará a actuar o direito da concorrência.

II. Coloca-se a questão de saber qual a duração da regulação especializada: será apenas transitória ou manter-se-á por muito tempo?

Há quem entenda que após uma fase de transição para a concorrência, o mercado passará a funcionar plenamente, suprimindo-se, nessa altura, as autoridades reguladoras e passando a actuar a autoridade da concorrência. Para outros, as características dos serviços de rede, com a existência de monopólios naturais e de obrigações de serviço público, tenderão a manter uma diferença profunda entre estes sectores e outros domínios económicos e a exigir a actuação de uma entidade reguladora sectorial em permanência.

Trata-se, no entanto, de uma questão para a qual, por enquanto, ainda é difícil encontrar resposta.

ARTIGO 51.º

Incumbência da regulação

1 – As actividades de recepção, armazenamento e regaseificação de GNL e de armazenamento subterrâneo, transporte, distribuição e comercialização de último recurso de gás natural, bem como as de operação logística de mudança de comercializador e de gestão de mercados organizados, estão sujeitas a regulação.

2 – A regulação a que se refere o número anterior é atribuída à Entidade Reguladora dos Serviços Energéticos (ERSE), sem prejuízo das competências atribuídas à Direcção-Geral de Geologia e Energia (DGGE), à Autoridade da Concorrência, à Comissão do Mercado de Valores Mobiliários e a outras entidades administrativas, no domínio específico das suas atribuições.

3 – A regulação exerce-se nos termos previstos no presente Decreto-lei e na legislação que define as competências das entidades referidas no número anterior.

→ Artigo 55.º do Decreto-lei n.º 30/2006; artigo 25.º da Directiva n.º 2003/55/CE; artigo 16.º do TCE; artigos 2.º, 28.º, 29.º, 30.º, 58.º e 61.º do Decreto-lei n.º 97/2002, de 12 de Abril, com as alterações introduzidas pelo Decreto-lei n.º 200/2002, de 25 de Setembro; Decreto-lei n.º 10/2003, de 18 de Janeiro; Decreto-lei n.º 473/99, de 8 de Novembro, com as alterações introduzidas pelo Decreto-lei n.º 183/2003, de 19 de Agosto; Decreto-lei n.º 139/2007, de 27 de Abril; Decisão n.º 2003/796/CE, da Comissão, de 11 de Novembro; Proposta de Directiva do Parlamento Europeu e do Conselho que altera a Directiva 2003/55/ CE, apresentada pela Comissão Europeia em 19 de Setembro de 2007; artigo 4.º, n.º 1, alínea e) do Estatuto dos Tribunais Administrativos e Fiscais; artigo 267.º, n.º 3 da CRP.

I.   Actividades reguladas e actividades não reguladas.
II.   Entidades reguladoras. As Autoridades Administrativas Independentes.
III. A ERSE (Entidade Reguladora dos Serviços Energéticos).

I. O **n.º 1** procede a uma distinção entre actividades reguladas (que são as actividades de recepção, armazenamento e regaseificação de GNL, de armazenamento subterrâneo, transporte, distribuição e comercialização de último recurso, operação logística de mudança de comercializador e gestão de mercados organizados) e actividades não reguladas (apenas a actividade de comercialização (livre)).

Essa distinção significa, portanto, tal como o próprio nome indica, que apenas o primeiro conjunto de actividades se encontra sujeito a regulação (ou seja, são actividades que são exercidas de acordo com as regras estabelecidas pelas entidades reguladoras, nomeadamente em matéria de acesso às redes, qualidade de serviço ou de fixação de tarifas), enquanto o segundo grupo – que se resume à actividade de comercialização – é exercido de forma livre, em pleno mercado.

Esta distinção não é, no entanto, isenta de críticas. Com efeito, em última análise, todas as actividades estão submetidas a certa regulação. *"(…) (N)ão existe desregulação, mas antes neoregulação com um novo sentido de regulação económica no qual se distinguem duas intensidades ou actividades consoante estejamos, ou não, perante actividades competitivas"* (Cfr. Gaspar Ariño Ortiz, *Principios de Derecho Público Económico. Modelo de Estado, gestión pública, regulación económica*, 3.ª edição ampliada, Comares, Granada, 2004, p. 767).

Deste modo, enquanto a comercialização é uma actividade submetida ao regime de mercado, em concorrência, as restantes actividades do sector (nomeadamente pelo facto de se tratarem, como no caso da actividade de transporte e da actividade de distribuição, de autênticos monopólios naturais) estão excluídas deste regime. A principal consequência desta diferença, no que à matéria da regulação diz respeito, reside, apenas, seguindo aquele autor, no nível ou intensidade de regulação a que aquelas actividades se encontram sujeitas, estando, à partida, por exemplo, as actividades de transporte e de distribuição sujeitas a um maior nível de regulação do que a actividade de comercialização (livre).

Vimos, aliás, no comentário a alguns artigos, certas situações em que a ERSE não se coibiu de estabelecer regras, nomeadamente nos seus Regulamentos, mesmo quando em causa estava uma actividade livre, exercida em regime de mercado, como é o caso da comercialização (livre).

Com efeito, a verdade é que em qualquer dos casos, o exercício das actividades do sector é, sempre, (mais ou menos) controlado, seja através da regulação, seja através das normas da concorrência. Deste modo, é comum dizer-se que a regulação é um controlo *ex ante* e que a concorrência é um controlo *ex post*. Com efeito, mesmo num cenário em que o mercado se encontra completamente liberalizado e a concorrência entre operadores perfeitamente instalada, continua a ser necessária uma certa fiscalização, nomeadamente tendo em vista o respeito das leis da concorrência (por exemplo, visando impedir práticas restritivas e abusos de posição dominante).

II. Apesar do **n.º 2** se referir apenas a entidades reguladoras nacionais, a verdade é para além de um nível regulatório nacional, existe também um nível regulatório supra-nacional ou supra-estadual, onde se encontram os órgãos comunitários, nomeadamente a Comissão Europeia.

A tendência que se verifica nesta matéria não é, no entanto, a de centralizar os poderes regulatórios na Comissão, por via de delegação dos Estados membros, mas antes uma opção pela cooperação entre os órgãos comunitários e as autoridades nacionais, assente no princípio da subsidiariedade. Neste sentido, veja-se a norma do artigo 16.º do TCE (versão introduzida pelo Tratado de Amesterdão), nos termos da qual constitui obrigação dos Estados membros e da Comunidade, dentro do limite das respectivas competências, assegurar que os serviços de interesse económico geral funcionem com base em princípios e em condições que lhes permitam cumprir as suas missões. *"Também aqui se manifesta, pois, o princípio da subsidiariedade, residindo o seu fundamento provavelmente no facto de a Comunidade se ver confrontada, no momento actual, com a impossibilidade de adoptar um regime comum a todos os Estados-membros em matéria de obrigações de serviço público, entendendo, consequentemente, que estes estarão melhor colocados para assegurarem essas obrigações e definirem o seu conteúdo"* (Pedro Gonçalves, Licínio Lopes Martins, "Os Serviços Públicos Económicos e a Concessão no Estado Regulador" (…), ob. cit., p. 313).

Em relação ao nível nacional de regulação, podemos distinguir, por sua vez, dois sub-níveis de regulação: um estadual e outro infra-estadual. Como o próprio nome indica, ao nível estadual a regulação é assegurada por órgãos do governo. Verifica-se, no entanto, que a maior parte dos países europeus tem optado por confiar a novas entidades, independentes do Governo, as funções de regulação. São as, entre nós, denominadas Autoridades Administrativas Independentes (cfr. artigo 267.º, n.º 3 da Constituição da República Portuguesa).

A justificação é simples: não obstante se assistir a uma progressiva diminuição do papel do Estado enquanto produtor de bens e de serviços, a verdade é que, em vários sectores, nomeadamente no sector do gás natural, o Estado continua, ainda, em certas situações, a actuar no mercado, muito embora o tenha passado a fazer em concorrência com outros operadores (privados). Deste modo, sendo o Estado um dos vários *players* do mercado, não seria curial que continuasse a estabelecer (pelo menos, com carácter de exclusividade) as regras de funcionamento do mercado.

Assim, entre a regulação directa a cargo do Estado e a regulação independente, tem-se preferido este último modelo, atendendo às suas vantagens, em que se destaca, precisamente, a separação entre operadores e reguladores. Com efeito, a existência de uma regulação independente é garantia de uma concorrência real e efectiva, uma vez que, podendo o Estado continuar a actuar no mercado, em concorrência com o sector privado, podia criar-se aqui uma situação em que o Estado seria (novamente) operador e regulador.

"Tão importante como a liberalização e a privatização é a separação entre as funções de regulação pública e o sector empresarial do Estado remanescente: as empresas públicas deixam de ser um instrumento de regulação ou de deter funções de regulação, passando a estar sujeitas, em pé de igualdade com os operadores privados do sector, ao poder regulatório de entidades reguladoras dedicadas, com funções exclusivamente reguladoras" (cfr. Vital Moreira, "Lamentável recuo", in *A mão visível: mercado e regulação*, Maria Manuel Leitão Marques / Vital Moreira, Coimbra Editora, Coimbra, 2003, p. 137). Efectivamente, *"a abertura dos sectores económicos à concorrência não comportaria uma verdadeira concorrência se uma das partes, que continua a actuar no mercado, agora liberalizado, mantivesse o poder de definir as regras do jogo"* (Joaquín Torno Mas, "La actividad de regulación", in AAVV, *El derecho administrativo en el umbral del siglo XXI: homenage al Profesor Dr. D. Ramón Martín Mateo*, coord. Francisco Sosa Wagner, Vol. I, tirant lo blanch, Valencia, 2000, p. 1330). Mas a criação de Autoridades Administrativas Independentes constitui também o meio adequado *"(...) a garantir a observância do princípio da separação de poderes entre política e burocracia na medida em que a generalidade das estruturas administrativas são dirigidas e/ou controladas pelos*

órgãos políticos" (José Lucas Cardoso, *Autoridades administrativas independentes e Constituição*, Coimbra Editora, Coimbra, 2002, p. 414).

As Autoridades Administrativas Independentes caracterizam-se, assim, pela sua independência orgânica e pela sua independência funcional. A independência orgânica é-lhes conferida pela inamovibilidade dos seus membros, ou seja, estes são designados por um período fixo e longo, sendo impossível a sua destituição, excepto nos casos especiais previstos na lei. A independência funcional significa que a entidade reguladora está apenas sujeita à lei e ao controlo dos tribunais, não estando submetida a uma tutela de mérito nem à superintendência governamental.

A isto acresce ainda a especialização, flexibilidade e celeridade de acção que é também característica da actuação destas entidades.

Estas autoridades são, pois, o rosto de uma nova Administração Pública, que se caracteriza por um elevado nível de especialização técnica e uma ampla margem de discricionariedade, tendo em vista o adequado cumprimento das suas funções.

Não se pense, no entanto, que esta opção por um modelo de regulação independente não tem suscitado críticas.

Aliás, uma das principais críticas prende-se, precisamente, com a independência destas entidades em relação ao Governo, a qual se traduz, por sua vez, em independência em relação ao Parlamento e, consecutivamente, num corte da relação de legitimidade democrática. Estas críticas saem reforçadas quando se atenta nos poderes quase-legislativos e quase-jurisdicionais que são reconhecidos a estas entidades. A isto junta-se ainda o perigo da "captura do regulador pelos regulados". Mas as críticas fazem especialmente ouvir-se, sobretudo, a propósito da tentativa, da parte de algumas destas entidades independentes, de definição das próprias políticas dos sectores em que actuam.

Quanto a nós, somos da opinião que as vantagens da criação de Autoridades Administrativas Independentes e, por conseguinte, da existência de uma regulação independente, superam, ainda assim, as suas desvantagens.

Sobre esta matéria dispõe o artigo 25.º da Directiva n.º 2003/55/CE que os Estados membros devem designar um ou mais organismos competentes com funções de entidades reguladoras aos quais competirá assegurar a não discriminação, uma concorrência efectiva e o bom funcionamento do mercado.

Estas entidades devem ser totalmente independentes das empresas do sector do gás. Nem sempre, no entanto, esta independência é suficiente para evitar o risco de "captura do regulador pelos regulados" (cfr. Nota Prévia ao capítulo VI). De qualquer forma, não deixa de ser um primeiro passo (fundamental) nesse sentido.

Ora, embora a Directiva seja bastante clara sobre a necessidade de as entidades reguladoras serem independentes em relação ao sector, nada adianta sobre o grau de independência das mesmas relativamente aos Governos nacionais.

Pode ler-se, no entanto, na Nota da Direcção-Geral de Energia e Transportes da Comissão sobre as Directivas n.º 2003/54/CE e 2003/55/CE, de 14 de Janeiro de 2004 que, se bem que nada imponha que estas autoridades sejam independentes das estruturas governamentais existentes, esse é o modelo desejável.

Esta foi, aliás, também a linha de orientação seguida pela Comissão Europeia na proposta de Directiva do Parlamento Europeu e do Conselho que altera a Directiva n.º 2003/55/CE, apresentada em 19 de Setembro de 2007. Com efeito, propõe-se que *"(...) que a entidade reguladora seja juridicamente distinta e funcionalmente independente de qualquer outra entidade pública ou privada e que o seu pessoal e membros do seu órgão de decisão actuem independentemente de qualquer interesse do mercado e não solicitem nem recebam instruções de qualquer entidade governamental ou outra, pública ou privada. Para tal propõe-se que a entidade reguladora tenha personalidade jurídica, autonomia orçamental, recursos humanos e financeiros adequados e uma direcção independente"* (cfr. parágrafo 2.2. do Preâmbulo).

No nosso país, assiste-se, contudo, a uma partilha dos poderes regulatórios, em matéria de energia, entre, por um lado, autoridades independentes como a Entidade Reguladora do Sector Energético (ERSE) (Entidade que resultou da atribuição à Entidade Reguladora do Sector Eléctrico da regulação das actividades do gás natural, com o consequente alargamento das suas atribuições – cfr. Estatutos aprovados pelo Decreto-lei n.º 97/2002, de 12 de Abril), a Autoridade da Concorrência (cujos estatutos foram aprovados pelo Decreto-lei n.º 10/2003, de 18 de Janeiro) e a Comissão do Mercado de Valores

Mobiliários (cuja lei orgânica foi aprovada pelo Decreto-lei n.º 473/99, de 8 de Novembro, alterado pelo Decreto-lei n.º 183/2003, de 19 de Agosto) e, por outro lado, organismos governamentais, como a DGEG (cfr. Decreto-lei n.º 139/2007, de 27 de Abril).

Neste figurino é evidente a preferência, até por influência comunitária, por uma regulação sectorial, em detrimento de uma regulação exclusivamente transversal da Autoridade da Concorrência. Deste modo, a ERSE detém a maior fatia de poderes nesta matéria (com amplos poderes regulamentares, para além de poderes tarifários e de resolução de conflitos entre os intervenientes no SNGN).

Com efeito, a orientação manifestada consiste em privilegiar a actuação da Autoridade da Concorrência apenas em mercados onde já existe concorrência efectiva (regulação *ex post*) e da entidade reguladora sectorial quando ocorre regulação económica (regulação *ex ante*).

Entretanto, alguns meses depois da publicação das Directivas n.º 2003/54/CE e 2003/55/CE foi criado, a nível europeu, o Grupo Europeu de Reguladores da Electricidade e do Gás (ERGEG) (Decisão n.º 2003/796/CE, da Comissão, de 11 de Novembro) que tem como objectivo principal encorajar a cooperação e a coordenação das entidades reguladoras nacionais, visando promover o desenvolvimento do mercado interno da electricidade e do gás e contribuir para a aplicação coerente, em todos os Estados membros, das Directivas em matéria de energia.

Do pacote apresentado em Setembro de 2007 pela Comissão faz também parte uma proposta de criação, em substituição do ERGEG, de uma futura Agência de Cooperação dos Reguladores da Energia, que funcionará como uma espécie de rede reforçada de reguladores nacionais de energia, com poderes mais alargados, nomeadamente em matéria de supervisão da cooperação entre operadores de redes de transporte.

III. A ERSE, cujos estatutos foram aprovados pelo Decreto-lei n.º 97/2002, de 12 de Abril, posteriormente alterados pelos Decreto-lei n.º 200/2002, de 25 de Setembro, é a autoridade reguladora sectorial no sector do gás natural e da electricidade.

À ERSE cabe, entre outras tarefas, assegurar a objectividade das regras de regulação e a transparência das relações comerciais entre operadores e entre estes e os consumidores, velar pelo cumprimento por parte dos operadores dos sectores do gás natural e da electricidade das obrigações de serviço público e contribuir para a melhoria das condições técnicas, económicas e ambientais nos sectores regulados, promovendo a qualidade do serviço e a defesa do meio ambiente.

A ERSE tem ainda importantes competências no âmbito da fixação de preços e tarifas (cfr. artigo 55.º), devendo observar na sua fixação os princípios de igualdade de tratamento e oportunidades, transparência, utilização eficiente das redes e demais infra-estruturas do projecto, protegendo sempre os clientes face à evolução dos preços, e procurando, ao mesmo tempo, assegurar o equilíbrio financeiro e económico da actividade regulada.

A ERSE é uma pessoa colectiva de direito público, dotada de autonomia administrativa e financeira e de património próprio.

Pode ler-se no artigo 2.º, n.º 2 dos seus Estatutos que *"a ERSE é independente no exercício das suas funções, no quadro da lei, sem prejuízo dos princípios orientadores de política energética fixados pelo Governo, nos termos constitucionais e legais, e dos actos sujeitos a tutela ministerial, nos termos previstos na lei e no presente diploma"*.

Em relação aos actos sujeitos a tutela ministerial dispõe-se no artigo 58.º do Decreto-lei n.º 97/2002 que a ERSE está sujeita a tutela do Ministro da Economia e, quando for caso disso, do Ministro das Finanças. Chamamos a atenção para o facto de esta tutela apenas poder ser de legalidade e não também de mérito, caso contrário seria posta em causa a independência desta entidade.

Neste sentido, pode, aliás, ler-se no artigo 61.º dos seus Estatutos que a ERSE apenas está sujeita à lei e ao controlo dos tribunais – que serão os tribunais administrativos quando estiver em causa a actividade de natureza administrativa da ERSE (cfr. artigo 4.º, n.º 1, alínea e) do Estatuto dos Tribunais Administrativos e Fiscais, aprovado pela Lei n.º 13/2002, de 19 de Fevereiro, na redacção dada pela Lei n.º 107-D/2003, de 31 de Dezembro) e os tribunais judiciais quando estiverem em causa recursos de decisões tomadas em processos de contra-ordenação.

Mas a independência da ERSE traduz-se também a nível orgânico (para além do nível funcional). Com efeito, os membros do conselho de administração da ERSE são independentes no exercício das suas funções, não estando sujeitos a instruções ou orientações específicas (cfr. artigo 30.º, n.º 1 dos Estatutos). A sua independência é assegurada também pela forma como são nomeados (por resolução do Conselho de Ministros, sob proposta do Ministro da Economia, de entre pessoas que possuam qualificações adequadas e reconhecida competência técnica e profissional) e pela duração do período da sua nomeação (cinco anos, renovável por uma vez) (cfr. artigo 28.º dos Estatutos).

Por outro lado, os membros do conselho de administração não podem também ser exonerados do cargo antes de terminar o seu mandato, a não ser em caso de (i) incapacidade permanente ou incompatibilidade superveniente do titular; (ii) falta grave comprovadamente cometida pelo titular no desempenho das suas funções ou no cumprimento de quaisquer outras obrigações inerentes ao cargo; (iii) trânsito em julgado de sentença a que corresponda condenação pela prática de qualquer crime que ponha em causa a idoneidade para o exercício da função (cfr. artigo 30.º, n.º 2 dos Estatutos).

Por seu turno, o conselho de administração também só pode ser dissolvido por resolução do Conselho de Ministros num dos seguintes casos: (a) graves irregularidades no funcionamento do órgão e (b) considerável excesso das despesas realizadas sobre as orçamentadas sem justificação adequada (cfr. artigo 30.º, n.º 4 dos Estatutos).

Em relação à independência da ERSE face às empresas dos sectores regulados, estabelece-se no artigo 29.º, n.º 1 do Decreto-lei n.º 97/2002 que *"não pode ser nomeado para o conselho de administração da ERSE quem seja ou tenha sido membro dos corpos gerentes das empresas dos sectores da electricidade ou do gás natural nos últimos dois anos ou seja ou tenha sido trabalhador ou colaborador permanente das mesmas com funções de direcção ou chefia no mesmo período de tempo"*. Da mesma forma, após o termo das suas funções, os membros do conselho de administração ficam impedidos, pelo período de dois anos, de desempenhar qualquer função ou prestar qualquer serviço às empresas dos sectores regulados (cfr. artigo 29.º, n.º 5 dos Estatutos).

Para além destes impedimentos específicos, os membros do conselho de administração não podem também ter interesses de natureza financeira ou participações nas empresas reguladas dos sectores do gás natural e da electricidade (cfr. artigo 29.º, n.º 2 dos Estatutos).

ARTIGO 52.º

Atribuições da regulação

Sem prejuízo das atribuições e competências das entidades referidas no artigo 51.º, são atribuições da regulação, nomeadamente:

a) Proteger os direitos e os interesses dos clientes em relação a preços, serviços e qualidade de serviço, promovendo a sua informação e esclarecimento;

b) Assegurar a existência de condições que permitam, à actividade regulada, a obtenção do equilíbrio económico e financeiro, nos termos de uma gestão adequada e eficiente;

c) Velar pelo cumprimento, por parte dos agentes, das obrigações de serviço público e demais obrigações estabelecidas na lei e nos regulamentos, bem como nas bases das concessões e respectivos contratos e nas licenças;

d) Contribuir para a progressiva melhoria das condições técnicas e ambientais das actividades reguladas, estimulando, nomeadamente, a adopção de práticas que promovam a eficiência energética e a existência de padrões adequados de qualidade de serviço comercial e de defesa do meio ambiente;

e) Cooperar com as outras entidades reguladoras nacionais e com as entidades reguladoras de outros países e exercer as funções que lhe são atribuídas no âmbito do mercado interno de energia, designadamente no mercado ibérico.

→ Artigos 5.º, 7.º, 50.º, 51.º, 55.º e 70.º do Decreto-lei n.º 30/2006; artigos 3.º, n.º 1, alíneas d) e e) e 12.º, n.º 1 do Decreto-lei n.º 97/2002; Decisão n.º 2003/796/CE, da Comissão, de 11 de Novembro; artigos 2.º, 64.º, 87.º e 97.º do RT.

I.　Poderes das Entidades Reguladoras. Enquadramento.

II.　Competências regulatórias. Análise.

I. Em nosso entender a epígrafe deste artigo "atribuições da regulação" não é a mais correcta. Com efeito, de acordo com a noção clássica de Direito Administrativo "atribuições" são os fins ou interesses que a lei incumbe as pessoas colectivas públicas de prosseguir. Aliás, o próprio artigo 52.º refere-se, e bem, às atribuições das entidades mencionadas no artigo 51.º. A regulação sendo definida, em termos amplos, como uma função não tem, propriamente, "atribuições", mas antes fins ou objectivos. Ora, as finalidades ou objectivos da regulação do SNGN já se encontram enunciados, ainda que em termos gerais, no artigo 50.º.

Neste artigo estabelecem-se, assim, não as *atribuições da regulação*, mas, os poderes ou competências das entidades reguladoras. Aliás, só deste modo se justifica a ressalva feita no intróito do artigo, às atribuições e competências das entidades referidas no artigo anterior (cfr. artigo 51.º, n.º 2), ou seja, para além das atribuições e competências específicas daquelas entidades, constantes dos seus Estatutos ou diplomas orgânicos, são-lhes ainda, em geral, reconhecidos os poderes enunciados neste artigo.

Naturalmente, que o elenco de poderes constante deste normativo é genérico, pelo que o mesmo terá de ser adaptado, em concreto, a cada entidade reguladora, nomeadamente tendo em conta as suas atribuições e competências específicas. Em todo o caso, refira-se que a grande maioria das alíneas constantes deste artigo está pensada para a ERSE, que é, como referimos no comentário ao artigo anterior, a entidade reguladora sectorialmente competente em matéria de gás natural.

II. A regulação visa, antes de mais, a protecção dos clientes (cfr. alínea a)). Esta protecção é especialmente necessária em matéria de preços e de condições de prestação do serviço de fornecimento de gás natural.

Em relação aos preços, chama-se, desde logo, a atenção para o facto de o legislador ter usado o termo comum (preço), que corresponde ao valor de um bem ou serviço, e que resulta do encontro da oferta e da procura no mercado, em detrimento do termo específico (tarifa), normalmente usado para designar os "preços" determinados em função de metodologias previamente aprovadas pelo regulador. Deste modo, e uma vez que o que se trata neste artigo é de enunciar os poderes das entidades reguladoras, o que está aqui em causa é, sobretudo, a protecção dos clientes em matéria de tarifas. Neste sentido, a aprovação de tarifas (cujo elenco consta do artigo 2.º do RT) obedece a uma metodologia previamente definida, sendo as mesmas aprovadas pela ERSE em obediência a um conjunto de princípios que também têm em conta os interesses dos clientes (cfr. adiante o artigo 55.º).

Relativamente aos preços praticados pelos comercializadores (livres), apesar de os mesmos serem livremente acordados entre as partes, os comercializadores ficam, ainda assim, obrigados a publicitar os preços de referência que praticam.

Em relação às condições de prestação do serviço de fornecimento de gás natural estas encontram-se dispersas pelos vários regulamentos, com especial incidência no RQS.

Outro aspecto fundamental, do ponto de vista dos clientes, é a existência de mecanismos que lhes permitam o acesso a informação sobre o mercado e sobre os agentes que nele actuam, bem como a disponibilização de esclarecimentos sempre que os solicitem. Nos diversos regulamentos encontram-se previstos deveres de informação dos agentes de mercado para com os seus clientes, nomeadamente sobre as condições do serviço praticado, bem como deveres de informação daqueles para com as entidades reguladoras, nomeadamente a ERSE, e que em última análise dizem respeito a informação que se destina a ser publicamente divulgada pela ERSE.

Na alínea b) deste artigo refere-se, por sua vez, que compete às entidades reguladoras *"assegurar a existência de condições que permitam, à actividade regulada, a obtenção do equilíbrio económico e financeiro, nos termos de uma gestão adequada e eficiente"*. Está aqui ainda em causa a matéria da fixação de tarifas, agora da perspectiva das empresas reguladas e não já, como na alínea anterior, do ponto de vista dos clientes. Com efeito, no âmbito da actividade de supervisão do SNGN compete às entidades reguladoras, e à ERSE, em especial, assegurar que as empresas que actuam no mercado regulado não são prejudicadas em relação às empresas que actuam no mercado livre (nomeadamente em relação à obtenção de lucros). Este aspecto é particularmente evidente em matéria de fixação de tarifas, o que determina que na sua fixação se tenham em conta os proveitos (permitidos) das actividades reguladas, definidos no capítulo IV do RT (Proveitos das actividades reguladas).

Na prática, o que se tem verificado é, no entanto, precisamente o inverso, ou seja, os valores muito competitivos das tarifas reguladas (nomeadamente de venda de gás natural pelo comercializador de

último recurso), acabam por dificultar a entrada de novos comercializadores no mercado livre.

Compete também às entidades reguladoras velar pelo cumprimento, por parte dos agentes de mercado, das obrigações de serviço
público e demais obrigações a que os mesmos se encontrem adstritos
(cfr. alínea c)).

O incumprimento daquelas obrigações deverá determinar a aplicação das sanções adequadas, cujo regime não foi, no entanto, ainda
aprovado (cfr. artigo 70.º). A aprovação do regime sancionatório é,
aliás, fundamental de forma a conferir plena operatividade não só a
esta norma, mas também a outras normas com conteúdo semelhante
ao desta alínea, nomeadamente as normas constantes dos artigos 3.º,
n.º 1, alínea d) e 12.º, n.º 1 do Decreto-lei n.º 97/2002.

O disposto na alínea d) consta igualmente da alínea e) do n.º 1
do artigo 3.º do Decreto-lei n.º 97/2002. Trata-se de estimular a
eficiência energética e a protecção do meio ambiente no exercício das
actividades reguladas. A norma contém, assim, um lapso de escrita
quando se refere à *"existência de padrões adequados de qualidade
de serviço comercial"*, uma vez que o que está em causa é a existência de padrões de qualidade de serviço em matéria ambiental (cfr.
alínea e) do n.º 1 do artigo 3.º do Decreto-lei n.º 97/2002). Sobre as
obrigações que recaem sobre os agentes do SNGN de promoção da
eficiência energética e da utilização racional dos recursos e de protecção do ambiente já nos referimos no comentário aos artigos 5.º,
7.º e 49.º para os quais remetemos

Em concreto, uma medida que visa, precisamente, contribuir
para a melhoria das condições técnicas, mas sobretudo, ambientais
das actividades reguladas é a aprovação, pela ERSE, de Planos de
Promoção do Desempenho Ambiental e do Plano de Promoção da
Eficiência no Consumo (cfr. artigos 87.º e 97.º do RT). Os primeiros
são mecanismos de incentivo à melhoria do desempenho ambiental
que podem ser apresentados pelo operador de terminal de recepção,
armazenamento e regaseificação de GNL, pelo operador do armazenamento subterrâneo, pelo operador da rede de transporte e pelos
operadores das redes de distribuição de gás natural (cfr. artigo 87.º,
n.º 2 do RT). A apresentação destes Planos é condição necessária
para a aceitação de determinados custos no cálculo das tarifas aplicáveis aos operadores (cfr. n.º 4 do artigo 87.º do RT).

O Plano de Promoção da Eficiência no Consumo é, por sua vez, composto por um conjunto de medidas que têm por objectivo a melhoria da eficiência no consumo de gás natural (cfr. artigo 97.º, n.º 1 do RT). Cabe à ERSE estabelecer as regras para aprovação dos procedimentos associados ao Plano, bem como as regras a seguir na avaliação das medidas para a promoção da eficiência no consumo (cfr. artigo 97.º, n.º 2 do RT). Os custos com este Plano são também considerados para efeitos tarifários nos termos do artigo 64.º do RT (proveitos da actividade de Gestão Técnica Global do Sistema) e reflectem-se na Tarifa de Uso Global do Sistema.

Finalmente, estabelece-se na alínea e) que as entidades reguladoras devem cooperar quer com as outras entidades reguladoras nacionais, quer com as entidades reguladoras internacionais. Em relação ao último caso, já referimos, no comentário ao artigo anterior o exemplo da criação do Grupo Europeu de Reguladores da Electricidade e do Gás (ERGEG) (Decisão n.º 2003/796/CE, da Comissão, de 11 de Novembro) que tem como objectivo principal encorajar a cooperação e a coordenação das entidades reguladoras nacionais, visando promover o desenvolvimento do mercado interno da electricidade e do gás e contribuir para a aplicação coerente, em todos os Estados membros, das Directivas em matéria de energia.

Esta alínea refere-se também ao exercício de funções no âmbito do Mercado Ibérico de Gás Natural (MIBGAS), o qual não foi, no entanto, ainda criado. Não obstante, existe já uma colaboração instituída com o regulador espanhol, ou seja, com a CNE – Comisión Nacional de Energia. Neste sentido, e no âmbito do "Plano de Compatibilização da Regulação do Sector Energético entre Espanha e Portugal", assinado pelos Governos Português e Espanhol em 8 de Março de 2007, foi decidido que aquelas duas entidades deveriam preparar, em conjunto, um documento que identificasse os princípios de funcionamento e organização do MIBGAS.

Em Novembro de 2007, aquelas duas entidades efectuaram uma Consulta Pública sobre o Modelo de Organização e os Princípios de Funcionamento do MIBGAS com o objectivo de receber dos agentes de mercado e demais interessados as suas opiniões, previamente à tomada de decisão.

Assim, e na sequência dos comentários recebidos no âmbito da realização da Consulta Pública, em 15 de Janeiro de 2008, a ERSE e a CNE apresentaram uma Proposta de "Modelo de Organização e Princípios de Funcionamento do MIBGAS".

Nessa proposta são tratadas diversas matérias, agrupadas em quatro temas centrais:

- Definição do marco institucional e princípios básicos de funcionamento do MIBGAS;
- Considerações sobre a comercialização do gás natural;
- Considerações sobre a gestão técnica do sistema e segurança de fornecimento;
- Considerações sobre a supervisão e desenvolvimento do mercado ibérico de gás natural.

A proposta descreve ainda o plano de acção para a criação e desenvolvimento do MIBGAS para 2008, onde figuram os seguintes aspectos principais:

- Harmonização das licenças de comercialização de gás natural a nível ibérico;
- Convergência na estrutura de tarifas de acesso;
- Planeamento conjunto do sistema de gás natural ibérico.

ARTIGO 53.º
Direito de acesso à informação

1 – As entidades referidas no artigo 51.º têm o direito de obter dos intervenientes no SNGN a informação necessária ao exercício das suas competências específicas e ao conhecimento do mercado.

2 – As entidades referidas no artigo 51.º preservam a confidencialidade das informações comercialmente sensíveis, podendo, no entanto, trocar entre si ou divulgar as informações que sejam necessárias ao exercício das suas funções.

→ Artigo 59.º do Decreto-lei n.º 30/2006; artigo 38.º do Decreto-lei n.º 140/2006; artigos 19.º, n.º 2 e 72.º do RRC; artigo 27.º do RQS.

I.   Direito de acesso à informação.
II. Dever de confidencialidade sobre informações comercialmente sensíveis.

I. O **n.º 1** atribui, em termos genéricos, à DGEG, ERSE, Autoridade da Concorrência e à Comissão do Mercado de Valores Mobiliários, bem como a outras entidades administrativas com atribuições no sector do gás natural, o direito de obter dos intervenientes no SNGN as informações necessárias ao exercício das suas competências.

Este direito cria, assim, na esfera jurídica dos diversos operadores do mercado, o correlativo dever de prestarem estas informações (cfr. comentário ao artigo 59.º).

À partida, as informações que os operadores estão obrigados a prestar encontram-se previstas quer na legislação aplicável, quer nos diferentes regulamentos, quer ainda nos respectivos contratos de concessão e nos títulos de licença. Nada impede, no entanto, que para além das informações tipificadas naqueles documentos, aquelas entidades possam solicitar ainda outras informações, desde que as mesmas sejam fundamentadas.

Com efeito, a formulação demasiado genérica com que é atribuído às entidades reguladoras este direito de acesso à informação deixa pouca margem aos agentes para fundamentarem uma eventual recusa de prestação de informação. Deste modo, um agente de mercado apenas se poderá recusar a prestar alguma informação se, não tendo a mesma suporte legal, e não se encontrando prevista nem no contrato de concessão ou no título de licença, não se mostrar necessária ao exercício das atribuições da entidade que solicita a informação e ao conhecimento do mercado.

Em todo o caso, o exercício daquele direito, por parte daquelas entidades, é temperado pelo disposto no **n.º 2**, i.e., pelo dever de confidencialidade que recai sobre as entidades reguladores em relação a informações comercialmente sensíveis.

II. Estabelece-se no **n.º 2** que as entidades reguladoras devem preservar a confidencialidade das informações comercialmente sensíveis que lhes sejam fornecidas pelos intervenientes no SNGN.

Neste sentido, estabelece-se no artigo 19.º, n.º 2 do RRC que os operadores das infra-estruturas deverão submeter à aprovação da ERSE uma proposta fundamentada sobre a lista de informações comercialmente sensíveis obtida no exercício das suas actividades, que pretendam considerar de natureza confidencial e que, portanto, não poderá ser divulgada. Esta proposta deveria ser elaborada no prazo de 150 dias a contar da constituição das sociedades decorrente da separação de actividades imposta pelo presente diploma.

Aparte as informações de natureza confidencial, permite-se às entidades com funções de regulação e supervisão do mercado a possibilidade de trocarem entre si ou de divulgarem as informações que sejam necessárias ao exercício das suas funções.

Em relação à divulgação, por estas entidades, e em especial pela ERSE, de informações obtidas dos agentes de mercado, nomeadamente dos comercializadores, existe um aspecto que tem gerado alguma discussão e que diz respeito à obrigação dos comercializadores publicitarem os preços que se propõem praticar (cfr. artigo 38.º do Decreto-lei n.º 140/2006, artigo 72.º do RRC e artigo 27.º do RQS). Com efeito, sendo estes preços livremente acordados entre os comercializadores e os clientes, questiona-se até que ponto não estaremos, neste caso concreto, perante uma informação comercialmente sensível que, como tal, não deveria ser divulgada publicamente.

Efectivamente, sendo esta actividade exercida em regime livre, de mercado, a divulgação dos preços praticados será, naturalmente, um aspecto sensível para os comercializadores, uma vez que se trata de um factor crucial na negociação com potenciais clientes (sobretudo, quando estão em causa clientes industriais).

Levanta-nos, assim, dúvidas a obrigação prevista no artigo 72.º, n.º 2 do RRC dos comercializadores enviarem à ERSE, com periodicidade anual, a tabela de preços de referência que se propõem praticar e, com periodicidade trimestral, os preços efectivamente praticados nos meses anteriores. Com efeito, embora a primeira daquelas obrigações ainda se possa justificar, já que ao divulgar essa informação, a ERSE procura manter informados os clientes das diversas opções de preço disponíveis no mercado, dificilmente se encontrará justificação para a obrigação de envio trimestral, pelos comercializadores, dos preços efectivamente praticados nos meses anteriores. Parece-nos que há aqui um excesso de controle e de fiscalização que não se coaduna bem com uma actividade exercida em regime de mercado aberto.

ARTIGO 54.º

Dever de informação

1 – A ERSE apresenta ao Ministro de Economia e da Inovação, em data estabelecida em legislação complementar, um relatório sobre o funcionamento do mercado de gás natural e sobre o grau de concorrência efectiva, indicando também as medidas adoptadas e a adoptar, tendo em vista reforçar a eficácia e eficiência do mercado.

2 – A ERSE faz publicar o relatório referido no número anterior e dele dá conhecimento à Assembleia da República e à Comissão Europeia.

→ Artigo 51.º do Decreto-lei n.º 30/2006; artigo 59.º do Decreto-lei n.º 97/2002.

I.　Independência *versus* responsabilização.
II.　Audições parlamentares.

I. Como referimos acima, em comentário ao artigo 51.º, e a propósito das Autoridades Administrativas Independentes, uma das principais críticas que é apontada a estas novas entidades é precisamente a sua independência face ao Governo e, consequentemente, face ao Parlamento. A independência destas entidades é, no entanto, também a sua característica mais relevante. O dilema é, portanto, evidente: *"ou as agências reguladoras são parte da Administração Pública e, nesse caso, não podem ser independentes, ou são independentes, mas, neste caso, perante quem respondem?"* (Giandomenico Majone, "The Rise of the Regulatory State in Europe", West European Politics 17 (3), 1994, p. 93).

A resposta a esta questão passa por entender que a independência não pode nunca significar ausência de controlo da assembleia representativa dos cidadãos, *"sob pena de as Autoridades Reguladoras Independentes constituírem verdadeiros "governos de sábios" ou "enclaves não democráticos da Administração". A independência face ao Executivo exige a compensação da fiscalização parlamentar"* (João Calvão da Silva, "O Estado Regulador, as Autoridades Reguladoras Independentes e os Serviços de Interesse Económico Geral", Temas de Integração, n.º 20, 2.º semestre de 2005, p. 195).

O artigo 54.º acaba por compatibilizar a necessária independência da ERSE no exercício das suas atribuições, com a sua responsabilização, quer perante o Governo, quer perante a Assembleia da República, ao exigir a apresentação de um relatório sobre o funcionamento do mercado de gás natural e sobre o grau de concorrência efectiva existente no mesmo. Neste relatório, devem ser indicadas as medidas adoptadas pela ERSE, bem como as medidas que serão adoptadas tendo em vista reforçar a eficácia (no sentido dos resultados a alcançar) e eficiência (do ponto de vista dos recursos a utilizar) do mercado.

Deste relatório é também dado conhecimento à Comissão Europeia. O Relatório é, de qualquer forma, tornado público pela ERSE que o deve publicitar.

Quanto à data de apresentação do Relatório, estabelece-se no artigo 59.º, n.º 1 dos Estatutos da ERSE que *"a ERSE enviará ao Governo, para ser presente igualmente à Assembleia da República, um relatório anual, sobre as suas actividades de regulação"*.

II. O dever de informação da ERSE em relação aos órgãos de soberania não ficaria completo se não se estabelecesse o dever de colaboração do presidente do conselho de administração da ERSE no sentido de responder aos pedidos de audição que lhe sejam dirigidos, pela comissão competente da Assembleia da República, para prestar informações ou esclarecimentos sobre as suas actividades (cfr. artigo 59.º, n.º 2 dos Estatutos da ERSE).

Trata-se de mais um dado relevante em matéria de fiscalização parlamentar da actividade da ERSE e que funciona – a par da apresentação do relatório anual sobre as suas actividades de regulação –, como um modo de legitimação desta entidade, promovendo a sua ligação à vontade popular, corporizada na Assembleia da República.

ARTIGO 55.º

Princípios aplicáveis ao cálculo e à fixação das tarifas

O cálculo e a fixação das tarifas aplicáveis às diversas actividades obedecem aos seguintes princípios:

a) Igualdade de tratamento e de oportunidades;

b) **Harmonização dos princípios tarifários, de modo que o mesmo sistema tarifário se aplique igualmente a todos os clientes;**

c) **Transparência na formulação e fixação das tarifas;**

d) **Inexistência de subsidiações cruzadas entre actividades e entre clientes, através da adequação das tarifas aos custos e da adopção do princípio da aditividade tarifária;**

e) **Transmissão dos sinais económicos adequados a uma utilização eficiente das redes e demais infra-estruturas do SNGN;**

f) **Protecção dos clientes face à evolução das tarifas, assegurando, simultaneamente, o equilíbrio económico e financeiro às actividades reguladas em condições de gestão eficiente;**

g) **Criação de incentivos ao desempenho eficiente das actividades reguladas das empresas;**

h) **Contribuição para a promoção da eficiência energética e da qualidade ambiental.**

→ Artigos 5.º, 58.º, 59.º, 60.º, 61.º, 65.º, 69.º, 87.º e seguintes do RT.

Estes princípios são replicados no artigo 5.º do RT inserido no capítulo I que contém as disposições e princípios gerais aplicáveis. Estes princípios (como veremos adiante) nem sempre são, no entanto, conciliáveis.

A **igualdade de tratamento no cálculo e fixação das tarifas** reflecte-se em diversas opções constantes do RT das quais destacamos a de os custos com os programas de eficiência energética serem recuperados através da Tarifa do Uso Global do Sistema o que permite repartir estes custos por todos os utilizadores.

A **harmonização dos princípios tarifários, de modo que o mesmo sistema tarifário se aplique igualmente a todos os clientes** prende-se com o principio da igualdade e com a justiça do sistema tarifário na medida em que o RT estabelece metodologias que permitem que os custos de determinada actividade são imputados apenas aos consumidores que dela tiram partido, o que é feito de forma não discriminatória utilizando a mesma tarifa para facturar os vários clientes.

Por sua vez, a **transparência na formulação e fixação das tarifas** concretiza-se no facto de a tarifa paga por cada cliente ser composta de parcelas identificadas e directamente imputáveis ao seu fornecimento.

Este princípio impõe a revelação pela entidade reguladora de informações aos participantes no mercado. Deste modo, todas as medidas aprovadas têm de ser submetidas a prévia audiência das empresas reguladas, pela Autoridade da Concorrência e pelo Conselho Tarifário onde estão representados o Instituto do Consumidor, o operador de transporte, o operador do terminal, o operador de armazenamento, os operadores das redes de distribuição, o comercializador de último recurso (grossista e retalhistas), os clientes de mercado, e a autoridade de defesa do consumidor.

Por outro lado, prevê-se todo um procedimento destinado a garantir essa transparência. A ERSE apresenta (até 15 de Abril) proposta justificada que é objecto de parecer a emitir por aquelas três entidades (até 15 de Maio). As tarifas são objecto de publicação em Diário da República até 15 de Junho devendo ser divulgado até à mesma data o documento justificativo, bem como o parecer do conselho tarifário.

A **inexistência de subsidiações cruzadas entre actividades e entre clientes, através da adequação das tarifas aos custos** alcança-se através da aproximação das tarifas aos custos marginais mas é temperado com outros princípios: "igualdade de tratamento e de oportunidades", "harmonização dos princípios tarifários" e "equilíbrio económico-financeiro das empresas do sector".

O principio da **aditividade tarifária**, consagrado na alínea d), corresponde ao princípio segundo o qual as tarifas são calculadas através da soma dos diversos componentes de custo ao longo de toda a cadeia de valor do sector do gás natural e é aplicado ao cálculo das tarifas de acesso às redes e das tarifas de venda a clientes finais. A aditividade tarifária permite assegurar a inexistência de subsidiações cruzadas entre actividades e entre clientes, bem como a transparência e a justiça do sistema tarifário consagrados nas alíneas a) a c).

Assim, conforme se pode ver no esquema seguinte, a cada actividade regulada da cadeia de valor do GN está associada uma tarifa regulada e a tarifa final de venda a cada cliente é composta pela soma das diversas tarifas das actividades imputáveis a esse fornecimento.

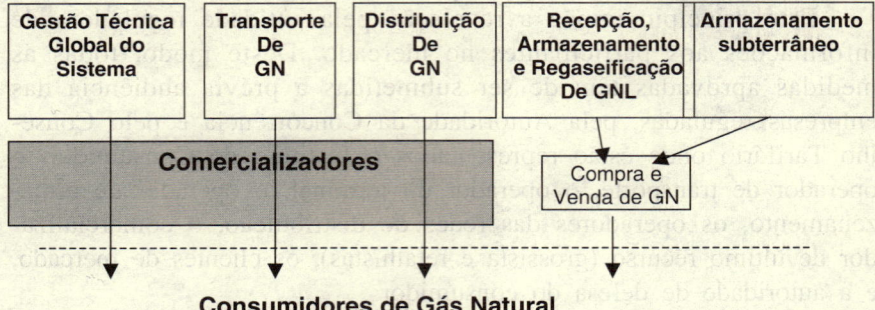

Consumidores de Gás Natural

No caso da comercialização livre, os custos de fornecimento de GN decorrem do pagamento das tarifas de acesso às redes e dos custos de aquisição de GN em regime de mercado e dos custos relativos ao relacionamento comercial, mas o preço de venda é livremente fixado (no entanto, o comercializador paga as tarifas de acesso às redes que integra no preço).

Por sua vez, no caso da comercialização de último recurso, o aprovisionamento de GN e o relacionamento comercial com os clientes são regulados, quer na perspectiva de custos de cada actividade, quer no tipo de serviços a oferecer e respectivas tarifas de venda a clientes finais, sendo que as tarifas são fixadas anualmente pela ERSE em função dos proveitos permitidos nas actividades de Compra e Venda de GN e de comercialização e do pagamento das tarifas de acesso.

No âmbito da concretização do princípio da aditividade tarifária, o RT estabelece um regime transitório de convergência para as tarifas aditivas. Consagrou-se ainda o princípio da uniformidade tarifária estando-lhe associado um mecanismo de compensação, estabelecido no equilíbrio e na salvaguarda do princípio da aditividade tarifária. Prevê-se a uniformidade tarifária recebendo quer os CURR's, quer os distribuidores uma compensação regulada.

O princípio da **transmissão dos sinais económicos adequados a uma utilização eficiente das redes e demais infra-estruturas do SNGN** prende-se também com a equidade de tratamento entre os diversos consumidores de GN na medida em que se estabelece que o preço de cada bem ou serviço deve ser igual ao seu custo marginal de produção. Ora, caso se verifique esta igualdade cada consumidor irá pagar efectivamente os custos associados ao bem ou serviço que adquire. Por sua vez, estes preços induzem uma afectação óptima de recursos e permitem atingir uma máxima eficiência económica no sector.

O principio da **protecção dos clientes face à evolução das tarifas, assegurando, simultaneamente, o equilíbrio económico e financeiro às actividades reguladas em condições de gestão eficiente** não é de fácil concretização pois nem sempre é possível assegurar o equilíbrio económico financeiro das empresas (que se obteria permitindo que as empresas recuperassem os seus custos totais incluindo uma remuneração adequada do capital investido) e ao mesmo tempo proteger os clientes face à evolução das tarifas. A opção do RT foi a de estabelecer tarifas baseadas em custos marginais.

Os princípios estabelecidos nas alíneas g) (**criação de incentivos ao desempenho eficiente das actividades reguladas das empresas**) e h) (**contribuição para a promoção da eficiência energética e da qualidade ambiental**) encontram-se concretizados no RT através da previsão da existência de planos de promoção do desempenho ambiental e de promoção da eficiência no consumo de gás natural. Aliás, o RT dedica uma secção a cada um daqueles planos (respectivamente secção X e XI – artigos 87.º e seguintes).

Os custos com estes programas são recuperados através da Tarifa do Uso Global do Sistema, no caso do plano de promoção de eficiência no consumo (o que permite repartir estes custos por todos os utilizadores do SNGN), ou através das tarifas de acesso ao terminal (artigo 58.º), de armazenamento de GNL (artigo 59º.), de regaseificação (artigo 60.º), de armazenamento subterrâneo (artigo 61.º), de transporte (artigo 65.º) e de distribuição (artigo 69.º) no caso dos planos de promoção do desempenho ambiental que podem ser apresentados por qualquer dos respectivos operadores.

Artigo 56.º

Regulamento Tarifário

1 – As regras e as metodologias para o cálculo e fixação das tarifas, bem como a estrutura tarifária, são estabelecidas no Regulamento Tarifário.

2 – As disposições do Regulamento Tarifário devem adequar--se à organização e ao funcionamento do mercado interno de gás natural.

→ Artigos 54.º, 58.º, 64.º e 69.º do Decreto-lei n.º 140/2006; Despacho n.º 13 315/ 2007, publicado no Diário da República, II série, n.º 122, de 22 de Junho; Despacho n.º 731/2008, publicado no Diário da República, II série, n.º 4, de 7 de Janeiro; artigos 24.º, 25.º, 35.º, 42.º, 43.º, 55.º e 71.º do RT.

O RT foi aprovado pelo Despacho n.º 19 624-A/2006, de 25 de Setembro e estabelece os critérios e métodos para o cálculo de fixação das tarifas.

O RT inclui a definição das tarifas reguladas, o processo de cálculo e a determinação das tarifas, a determinação dos proveitos permitidos e os procedimentos a adoptar para a fixação das tarifas, sua alteração e publicitação.

São definidas tarifas para cada uma das actividades reguladas, determinadas de modo a proporcionar os proveitos regulados.

Definem-se ainda as tarifas de Venda a Clientes Finais que devem proporcionar o conjunto de proveitos imputáveis aos fornecimentos de cada comercializador de último recurso relativos a cada uma das diversas actividades reguladas.

Assim, no caso do operador da rede de transporte este aplica às suas entregas aos clientes e operadores das redes de distribuição a Tarifa de Uso Global do Sistema e a Tarifa de Uso da Rede de Transporte e recupera os proveitos da Gestão Técnica e do Transporte de GN.

Os operadores de redes de distribuição aplicam às suas entregas aos clientes as tarifas de Uso da Rede de Distribuição (proveitos da actividade de distribuição) e as tarifas de Uso Global do Sistema e a tarifa de Uso da Rede de Transporte (proveitos da actividade de Compra e Venda do Acesso à RNTG e RNDGN). Daqui resultam as tarifas de Acesso às Redes a pagar por todos os clientes pela utilização das redes.

Por seu turno, a Tarifa de Energia a aplicar por cada comercializador de último recurso proporciona os proveitos permitidos na sua função de Compra e Venda de GN.

Os comercializadores de último recurso aplicam a tarifa de Comercialização que proporciona os proveitos permitidos na sua função de Comercialização de GN. Adicionalmente, aplicam aos fornecimentos dos seus clientes as tarifas de Acesso às Redes que incluem as tarifas de Uso Global do Sistema, de Uso da Rede de Transporte e de Uso da Rede de Distribuição do respectivo operador de rede de distribuição permitindo recuperar os proveitos da actividade de Compra e Venda de Acesso à RNTGN e RNDGN (montantes transferidos para os operadores das redes de distribuição).

No que toca ao calendário para aprovação das tarifas e tendo em conta o calendário da abertura do mercado, previsto no artigo 64.º do Decreto-lei n.º 140/2006 e o regime provisório, estabelecido no artigo 69.º, o regime transitório para a fixação das tarifas pela ERSE é o seguinte:

– Durante o ano de 2007 as tarifas de venda a clientes finais reguladas foram ainda homologadas pelo Ministro da Economia e Inovação mediante proposta das empresas;

– Em 1 de Julho de 2007 foram aprovadas pela ERSE as Tarifas de Acesso às infra-estruturas de alta pressão (terminal de GNL, armazenamento subterrâneo, rede de transporte) (cfr. Despacho n.º 13 315/2007, publicado no Diário da República, II série, n.º 122, de 22 de Junho aprovou as tarifas e preços de gás natural para o Ano Gás 2007-2008 e os parâmetros de regulação);

– Em 1 de Janeiro de 2008 foram homologadas pela ERSE as tarifas de venda a clientes finais reguladas (cfr. Despacho da ERSE n.º 731/2008, publicado no Diário da República, II série, n.º 4, de 7 de Janeiro – homologação das tarifas de venda a clientes finais de GN a vigorarem no primeiro semestre de 2008).

– A partir de 1 de Julho de 2008, entraram em vigor as tarifas de acesso às infra-estruturas (terminal de GNL, armazenamento subterrâneo, rede de transporte, redes de distribuição) e as tarifas de venda a clientes finais reguladas (tarifas a aplicar pelos comercializadores de último recurso), aprovadas pela ERSE, através do Despacho n.º 17630/2008, publicado no Diário da República, II série, n.º 124, de 30 de Junho.

NOTA PRÉVIA AO CAPÍTULO V

O consumo de gás natural nos Estados membros tem aumentado progressivamente nos últimos anos, assumindo, cada vez mais, um papel fundamental no aprovisionamento energético da União Europeia.

Deste modo, face à cada vez maior dependência dos países da Comunidade desta fonte de energia, torna-se necessário adoptar medidas que garantam a segurança do abastecimento de gás natural, nomeadamente em situações de ruptura do aprovisionamento. Com efeito, neste contexto, é preciso ter presente que qualquer dificuldade que tenha como efeito uma redução do aprovisionamento de gás pode causar perturbações graves na actividade económica da Comunidade.

Uma dessas medidas passa pela obrigatoriedade de as entidades que fornecem gás natural constituírem reservas de segurança, que serão utilizadas, mediante prévia autorização do ministro responsável pela área da energia, no caso de grave perturbação do abastecimento.

O Capítulo V do Decreto-lei n.º 30/2006 procede à transposição da Directiva n.º 2004/67/CE do Conselho, de 26 de Abril de 2004, relativa a medidas destinadas a garantir a segurança do aprovisionamento em gás natural.

As competências nesta matéria estão atribuídas ao Governo, através da DGEG, e à entidade concessionária da RNTGN, enquanto responsável pela gestão técnica global do SNGN.

CAPÍTULO V
Segurança do abastecimento

ARTIGO 57.º
Monitorização da segurança do abastecimento

1 – Compete ao Governo, através da DGGE, com a colaboração da entidade concessionária da RNTGN, a monitorização da segurança do abastecimento do SNGN, nos termos do número seguinte e da legislação complementar.

2 – A monitorização deve abranger, nomeadamente, o equilíbrio entre a oferta e a procura no mercado nacional, o nível de procura prevista e dos fornecimentos e das reservas disponíveis e a capacidade suplementar prevista ou em construção, bem como a qualidade e o nível de manutenção das infra-estruturas e as medidas destinadas a fazer face aos picos de procura e às falhas de um ou mais comercializadores.

3 – A DGGE apresenta ao Ministro da Economia e da Inovação, em data estabelecida em legislação complementar, uma proposta de relatório de monitorização, indicando, também, as medidas adoptadas e a adoptar tendo em vista reforçar a segurança de abastecimento do Sistema Eléctrico Nacional (SEN).

4 – O Governo faz publicar o relatório sobre a monitorização da segurança de abastecimento previsto no número anterior e dele dá conhecimento à Assembleia da República e à Comissão Europeia.

→ Artigos 8.º, 18.º, 19.º e 30.º do Decreto-lei n.º 30/2006; artigos 47.º, 48.º, 53.º e 74.º do Decreto-lei n.º 140/2006.

I. Segurança do abastecimento.
II. Monitorização da segurança do abastecimento. Competências.
III. Medidas de emergência. Remissão.

I. A segurança do abastecimento é um dos pilares do SNGN. Com efeito, este é um aspecto fundamental para o funcionamento seguro e eficiente do sistema. Assim, estabelece-se no artigo 47.º do Decreto-lei n.º 140/2006 que a promoção das condições de garantia e segurança do abastecimento de gás natural do SNGN, em termos transparentes, não discriminatórios e compatíveis com os mecanismos de funcionamento do mercado é feita, nomeadamente, através da:

– Constituição e manutenção de reservas de segurança;
– Promoção da eficiência energética;
– Diversificação das fontes de abastecimento de gás natural;
– Existência de contratos de longo prazo para o aprovisiona-mento de gás natural;
– Desenvolvimento da procura interruptível, nomeadamente pelo incentivo à utilização de combustíveis alternativos de substituição nas instalações industriais e nas instalações de produção de electricidade;
– Recurso a capacidades transfronteiriças de abastecimento e de transporte, nomeadamente pela cooperação entre operadores de sistemas de transporte e coordenação das actividades de despacho;
– Definição e aplicação de medidas de emergência.

II. A monitorização da segurança do abastecimento visa assegurar o regular abastecimento de gás natural aos clientes. Deste modo, a monitorização tem em conta o equilíbrio entre a oferta e a procura no mercado nacional, o nível de procura prevista e dos fornecimentos, bem como as reservas disponíveis e a capacidade suplementar prevista ou em construção, a qualidade e o nível de manutenção das infra-estruturas, bem como as medidas destinadas a fazer face aos picos de procura e às falhas de um ou mais comercializadores.

A monitorização da segurança do abastecimento é, em primeiro lugar, uma responsabilidade do Governo.

Neste sentido, compete à DGEG elaborar e apresentar ao ministro responsável pela área da energia, no final do 1.º semestre de cada ano, um relatório de monitorização da segurança do abastecimento, incluindo no mesmo quer as medidas já adoptadas, quer uma proposta das medidas adequadas a reforçar a segurança do abastecimento do SNGN (cfr. artigo 47.º, n.º 2 do Decreto-lei n.º 140/2006). Por manifesto lapso, refere-se o **n.º 3**, à segurança de abastecimento do SEN, quando, na realidade, o que está em causa é a segurança de abastecimento do SNGN.

Este relatório deve ainda incluir, nos termos do artigo 47.º, n.º 3 do Decreto-lei n.º 140/2006, os seguintes elementos:

a) O nível de utilização da capacidade de armazenamento;
b) O âmbito dos contratos de aprovisionamento de gás a longo prazo, celebrados por empresas estabelecidas e registadas em território nacional e, em especial, o prazo de validade remanescente desses contratos e o nível de liquidez do mercado do gás natural;
c) Quadros regulamentares destinados a incentivar de forma adequada novos investimentos nas infra-estruturas de gás natural.

O relatório de monitorização da segurança do abastecimento é publicado pelo Governo, dele sendo dado conhecimento à Assembleia da República e à Comissão Europeia (cfr. artigo 57.º, n.º 4).

O primeiro relatório deveria ter sido apresentado pela DGEG ao Ministro da Economia e da Inovação ainda durante o ano de 2007, o que, no entanto, não ocorreu (cfr. artigo 74.º do Decreto-lei n.º 140/2006).

Para além da DGEG, a concessionária da RNTGN tem também responsabilidades nesta matéria enquanto entidade responsável pela gestão técnica global do sistema, nomeadamente em relação à monitorização da constituição de reservas de segurança. Com efeito, dispõe-se no artigo 53.º do Decreto-lei n.º 140/2006 que compete à concessionária da RNTGN, em matéria de segurança do abastecimento:

a) Monitorizar a constituição e a manutenção das reservas de segurança;

b) Proceder à libertação das reservas de segurança, quando devidamente autorizada pelo ministro responsável pela área da energia;

c) Enviar à DGEG, até ao dia 15 de cada mês, as informações referentes ao mês anterior relativas às quantidades constituídas em reservas de segurança, sua localização e respectivos titulares;

d) Reportar à DGEG as situações verificadas de incumprimento das obrigações de constituição de reservas, com vista à aplicação do respectivo regime sancionatório.

Por outro lado, não obstante o presente artigo não os referir, a verdade é que os restantes operadores das infra-estruturas (para além do operador da rede de transporte) desempenham também um papel importante neste domínio, uma vez que sobre eles recai o dever de fornecerem ao operador da rede com a qual estejam ligados e aos agentes de mercado as informações necessárias ao funcionamento seguro e eficiente do SNGN (cfr. artigos 18.º, 19.º e 30.º).

III. A segurança do abastecimento passa também pela previsão de medidas de emergência que devem ser tomadas em situações excepcionais, nomeadamente em caso de crise energética.

O legislador previu dois tipos de acontecimentos em concreto que podem dar lugar à adopção destas medidas, são eles (cfr. artigo 48.º, n.os 1 e 2 do Decreto-lei n.º 140/2006):

– Caso de crise, de ameaça à segurança física ou outra, de pessoas, equipamentos, instalações, ou à integridade das redes, designadamente por via de acidente grave ou razão de força maior;

– Caso de perturbação do abastecimento.

Em qualquer uma destas situações, cabe ao ministro responsável pela área da energia a decisão de adoptar as medidas de emergência necessárias, as quais deverão ser sempre temporárias, vigorando, apenas, por um período transitório até que estejam restabelecidas as condições normais de funcionamento do SNGN. Existe aqui uma considerável margem de livre apreciação do ministro quanto às medidas a serem adoptadas nestas situações.

No caso de perturbação de abastecimento essas medidas passam, entre outras, pela utilização das reservas de segurança e pela imposição de medidas de restrição da procura.

Em ambos os casos, as medidas de emergência adoptadas devem garantir aos operadores de mercado a oportunidade, sempre que tal seja possível ou adequado, de darem uma primeira resposta às situações de emergência (cfr. artigo 48.º, n.º 3 do Decreto-lei n.º 140/2006).

As medidas de emergência ou de salvaguarda devem ser comunicadas à Comissão Europeia pelo Governo.

Sobre a definição de crise energética e sobre os requisitos em concreto das medidas de emergência (ou de salvaguarda, como são designadas no artigo 8.º) remetemos para os comentários ao artigo 8.º.

ARTIGO 58.º
Reservas de segurança de gás natural

1 – Os operadores que introduzam gás natural no mercado interno nacional estão sujeitos à obrigação de constituição e de manutenção de reservas de segurança.

2 – O regime da constituição de reservas de segurança e das condições da sua utilização é objecto de legislação complementar.

3 – A utilização das reservas de segurança deve ter em consideração a legislação aplicável às crises energéticas.

→ Artigos 8.º, 50.º, 51.º, 52.º, 57.º e 70.º do Decreto-lei n.º 30/2006; artigos 49.º, 50.º, 51.º, 52.º, 53.º, 65.º e 66.º do Decreto-lei n.º 140/2006; Decreto-lei n.º 114/2001, de 7 de Abril, com as alterações introduzidas pelo Decreto-lei n.º 224/2002, de 30 de Outubro; artigo 4.º da Directiva n.º 2004/67/CE do Conselho, de 26 de Abril.

I. Obrigação de constituição de reservas de segurança.

II. Regime de constituição de reservas de segurança.

III. Utilização das reservas de segurança.

I. Como tivemos oportunidade de referir no comentário ao artigo anterior, uma das medidas que visa garantir a segurança do abastecimento é, precisamente, a constituição e manutenção de reservas de segurança.

Deste modo, as entidades que introduzam gás natural no mercado interno nacional para consumo não interruptível (ou seja, os comercializadores) estão sujeitas à obrigação de constituição e de manutenção de reservas de segurança.

Estas reservas são constituídas prioritariamente em instalações de armazenamento de gás localizadas no nosso território, excepto em duas situações (cfr. artigo 49.º, n.ºˢ 3 e 4 do Decreto-lei n.º 140/ 2006):

– Quando exista um acordo bilateral que preveja a possibilidade de estabelecimento de reservas de segurança noutros países; *ou*
– No caso de não ser possível constituir reservas de segurança em território nacional, situação em que podem ser também utilizadas instalações de armazenamento de gás localizadas no território de outros Estados membros com adequado grau de interconexão, desde que exista um prévio acordo bilateral que garanta a introdução do gás natural no território nacional e que a utilização daquelas instalações seja autorizada previamente pelo ministro responsável pela área da energia.

Existe uma excepção, no entanto, quanto à obrigatoriedade de constituição de reservas de segurança. Com efeito, os comercializadores podem não constituir reservas de segurança relativamente a novos centros produtores de electricidade em regime ordinário. Estes centros têm, no entanto, de ter uma autorização da DGEG para celebrar contratos de fornecimento de gás natural que permitam a interrupção do fornecimento nas situações referidas no n.º 2 do artigo 52.º do Decreto-lei n.º 140/2006, ou seja, em situações em que exista perturbação do abastecimento e em que, por essa razão, serão prioritariamente abastecidos os clientes domésticos, os serviços de saúde e de segurança e outros clientes que não têm a possibilidade de substituir o seu consumo de gás por outras fontes energéticas (cfr. artigo 49.º, n.º 7 do Decreto-lei n.º 140/2006).

Embora não se conheça ainda a quantidade global mínima de reservas de segurança de gás natural que cada comercializador deverá constituir, em princípio, não teremos dificuldades nesta matéria no nosso País, dada a existência de cavernas salinas em determinadas zonas do território nacional. Actualmente existem cinco cavernas de armazenamento subterrâneo, três em operação (com uma capacidade de 0,2, bcm) e duas cavernas em construção (0,06 bcm), com a possibilidade de construção de mais cavernas (cfr. alínea c) do n.º 1 do artigo 65.º, e n.ºˢ 2 e 3 do artigo 66.º, ambos do Decreto-lei n.º 140/2006).

É da competência da DGEG a fiscalização do cumprimento das obrigações de constituição e manutenção de reservas de segurança (cfr. artigo 49.º, n.º 5 do Decreto-lei n.º 140/2006). A concessionária da RNTGN também tem importantes competências nesta matéria, sobretudo de monitorização e de informação (cfr. artigo 53.º do Decreto-lei n.º 140/2006).

O regime sancionatório aplicável às situações em que os agentes de mercado violem a obrigação de constituição e manutenção de reservas de segurança ainda não foi aprovado (cfr. artigo 70.º).

II. O regime de constituição de reservas de segurança passa, por um lado, pela definição da quantidade global de reservas de segurança que as entidades sujeitas à obrigação da sua constituição devem possuir e, por outro lado, pelas regras que presidem à sua contagem. Este regime consta dos artigos 50.º e 51.º do Decreto-lei n.º 140/ 2006.

Deste modo, sem prejuízo de ainda não ter sido fixada, por portaria do Ministro da Economia e da Inovação, a quantidade global mínima de reservas de segurança que cada entidade deve constituir e manter, a mesma nunca poderá ser inferior a 15 dias de consumos não interruptíveis dos produtores de electricidade em regime ordinário e a 20 dias dos restantes consumos não interruptíveis (cfr. artigo 50.º, n.º 1 do Decreto-lei n.º 140/2006).

Para os novos produtores de electricidade em regime ordinário e para os primeiros 12 meses do respectivo funcionamento, será tomada como referência a média diária dos consumos verificados, a cumprir um mês após a entrada em funcionamento (cfr. artigo 50.º, n.º 3 do Decreto-lei n.º 140/2006).

Para o cumprimento das obrigações de constituição e manutenção das reservas de segurança será considerado, apenas, de acordo com o artigo 51.º, n.º 1 do Decreto-lei n.º 140/2006, o gás natural e o GNL detidos em:

– Instalações de armazenamento subterrâneo;
– Instalações de armazenamento de GNL em terminais de recepção, armazenagem e regaseificação de GNL;
– Navios metaneiros que se encontrem em trânsito devidamente assegurado para um terminal de GNL existente em território nacional, no máximo de nove dias de trajecto.

Não são, assim, considerados, para efeitos de contagem de reservas de segurança, os volumes de gás natural detidos (cfr. artigo 51.º, n.º 2 do Decreto-lei n.º 140/2006):

– Em instalações de armazenamento em redes de distribuição (UAG's);
– Em reservatórios de consumidores ligados à rede de distribuição;
– Em redes de transporte e de distribuição (*line-pack*);
– Em camiões cisterna de transporte.

III. As reservas de segurança são utilizadas em condições de perturbação grave do abastecimento. Com efeito, e como referimos no comentário ao artigo anterior, uma das medidas de emergência que o ministro responsável pela área da energia deve tomar, no caso de haver uma perturbação do abastecimento, é, precisamente, a utilização de reservas de segurança.

A competência para autorizar a utilização das reservas de segurança pertence, assim, ao ministro responsável pela área da energia, tendo em consideração o interesse nacional e as obrigações assumidas em acordos internacionais (cfr. artigo 52.º, n.º 1 do Decreto-lei n.º 140/2006). Trata-se, portanto, de uma decisão com algum grau de discricionariedade.

A este propósito remetemos, no entanto, para o disposto no Decreto-lei n.º 114/2001, de 7 de Abril, alterado pelo Decreto-lei n.º 224/2002, de 30 de Outubro, onde se encontra não só a definição de crise energética, mas também o seu regime jurídico, designadamente, os requisitos da respectiva declaração, bem como o planeamento, regulamentação e aplicação das medidas excepcionais a adoptar e respectivo regime sancionatório (cfr. comentário ao artigo 8.º).

No artigo 52.º, n.º 2 do Decreto-lei n.º 140/2006, estabelece-se, por sua vez, uma relação de prioridade no abastecimento de gás natural aos clientes domésticos, dos serviços de saúde e segurança e de outros clientes que não tenham a possibilidade de substituir o seu consumo de gás por outras fontes energéticas, em situações de perturbação do abastecimento. Esta norma procede, assim, à transposição do artigo 4.º da Directiva n.º 2004/67/CE do Conselho, de 26 de Abril.

Deste modo, em caso de (i) ruptura parcial do aprovisionamento nacional de gás natural durante um período determinado; (ii) temperaturas extremamente baixas durante um período de pico determinado e (iii) procura excepcionalmente elevada, aqueles clientes deverão ser abastecidos com prioridade relativamente a quaisquer outros.

Ainda não foi, no entanto, aprovada a Portaria que definirá as normas específicas destinadas a garantir a prioridade na segurança do abastecimento destes clientes.

NOTA PRÉVIA AO CAPÍTULO VI

O modelo regulatório desenhado para o sector do gás natural assenta, entre outros aspectos, na transparência e na partilha de informação entre os diversos agentes do sector e os consumidores e, bem assim, as entidades administrativas competentes. Com efeito, a prestação de informação pelos intervenientes no SNGN (todos, menos os consumidores) quer aos consumidores, quer às respectivas entidades administrativas revela-se fundamental não só de forma a permitir o conhecimento exacto do mercado por todos os que nele intervêm, como a favorecer a sã concorrência entre os diversos agentes – daí a importância de as entidades administrativas terem acesso a um conjunto diversificado de informação que depois publicam.

Efectivamente, a partilha de informação é um dos vectores chave de um mercado liberalizado, que se quer, cada vez mais, aberto à concorrência. Deste modo, torna-se necessário fixar aos agentes do SNGN um conjunto de deveres que garantam o acesso a toda a informação relevante sobre o exercício da sua actividade.

Por sua vez, exige-se às entidades administrativas uma também cada vez maior transparência no processo regulatório (no sentido de se conhecerem os processos e métodos de decisão das entidades reguladoras).

Estes dois aspectos (deveres de informação dos agentes do SNGN e transparência do processo regulatório) estão, aliás, bastante relacionados, como é evidenciado pela *teoria da captura do regulador pelos regulados*. Com efeito, uma das vertentes desta teoria realça, precisamente, o facto de existir sempre informação assimétrica sobre o mercado – i.e., o regulador nunca saberá tanto sobre o regulado como ele próprio –, o que poderá ser um limite importante à actividade do regulador. Assim, e como escreve Rui Cunha Marques, "*a partir do momento em que o processo regulatório se torna suficiente-*

mente transparente (que se conhecem em profundidade os métodos estatísticos, econométricos, contabilísticos e outros, aplicados pelo regulador), a entidade regulada controla e manobra os seus resultados e o seu desempenho, de forma a maximizar os benefícios" (*Regulação de Serviços Públicos*, Edições Sílabo, Lisboa, 2005, p. 89).

Esta é, pois, uma das maiores preocupações da regulação nos dias de hoje, que justifica, por vezes, que os processos de decisão do regulador não sejam descritos em detalhe (o que, por sua vez, põe em causa a transparência e responsabilização do próprio processo regulatório).

CAPÍTULO VI
Prestação de informação

ARTIGO 59.º
Deveres

1 – Os intervenientes no SNGN devem prestar às entidades administrativas competentes e aos consumidores a informação prevista nos termos da regulamentação aplicável, designadamente no Regulamento do Acesso às Redes, às Infra-Estruturas e às Interligações, no Regulamento de Operação das Infra-Estruturas, no Regulamento da Qualidade de Serviço, no Regulamento da Rede de Transporte, no Regulamento da Rede de Distribuição, no Regulamento de Relações Comerciais e no Regulamento Tarifário, bem como nos respectivos contratos de concessão e títulos de licença.

2 – Sem prejuízo do estabelecido no número anterior, a DGGE e a ERSE, no âmbito das suas atribuições, em articulação com o Instituto Nacional de Estatística e nos termos previstos na Lei n.º 6/89, de 15 de Abril, podem solicitar aos intervenientes do SEN as informações necessárias ao exacto conhecimento do mercado.

3 – Os operadores e os comercializadores do SNGN devem comunicar às entidades administrativas competentes o início, a alteração ou a cessação da sua actividade, no prazo e nos termos dos respectivos contratos de concessão ou licenças.

→ Artigo 53.º do Decreto-lei n.º 30/2006; artigo 6.º do Decreto-lei n.º 97/2002, de 12 de Abril, com as alterações introduzidas pelo Decreto-lei n.º 200/2002, de 25 de Setembro; Lei n.º 6/89, de 15 de Abril.

I. Dever de informação.
II. Direito de acesso à informação.

I. A norma do **n.º 1** limita-se a remeter, em matéria de deveres de prestação de informação pelos intervenientes no SNGN, para os diversos Regulamentos que complementam quer o presente Decreto-lei, quer o Decreto-lei n.º 140/2006 (dos quais, ainda não foram aprovados o Regulamento da Rede de Transporte e o Regulamento da Rede de Distribuição), bem como para os respectivos contratos de concessão e títulos de licenças.

Com efeito, aqueles Regulamentos contêm inúmeras disposições sobre prestação de informações, seja ao nível do acesso às infra-estruturas ou de informação geral sobre infra-estruturas, seja em matéria de informação sobre tarifas e preços ou sobre o mercado, seja ainda em matéria de aspectos técnicos e comerciais relacionados com o serviço de fornecimento de gás natural, bem como sobre os serviços conexos.

Destaca-se, neste particular, atenta a sua importância, a obrigação que recai sobre os agentes que exercem actividades reguladas, de prestar à ERSE informação periódica sobre custos, proveitos, activos, passivos e capitais próprios associados à respectiva actividade, para efeitos de fixação das tarifas reguladas (cfr. RT).

As informações devem ser prestadas quer aos consumidores, quer às entidades administrativas competentes (nomeadamente a DGEG e a ERSE), nos prazos previstos nos regulamentos e nos contratos.

Na ausência de disposição específica, estabelece-se no artigo 6.º dos Estatutos da ERSE (aprovados pelo Decreto-lei n.º 97/2002, de 12 de Abril, alterado pelo Decreto-lei n.º 200/2002, de 25 de Setembro) que *"incumbe às entidades concessionárias ou licenciadas e aos demais operadores prestar à ERSE toda a cooperação que esta lhes solicite para o cabal desempenho das suas funções, designadamente as informações e os documentos que lhes sejam solicitados, os quais devem ser fornecidos no prazo máximo de 30 dias, salvo se outro prazo menor for estabelecido por motivos de urgência, devidamente fundamentados".*

II. O **n.º 2** e o **n.º 3** estabelecem dois níveis de informação que os intervenientes no SNGN estão ainda obrigados a facultar às entidades administrativas competentes, para além da informação prevista nos Regulamentos, nos contratos de concessão e nos títulos das licenças.

O reverso destes deveres de informação específicos traduz-se no direito de acesso à informação que é reconhecido às entidades competentes (genericamente previsto no artigo 53.º) quer para efeitos de estatísticas sobre o mercado (primeiro nível), quer para efeitos de conhecimento sobre o exercício da actividade de cada agente (segundo nível).

No primeiro caso, dispõe-se no n.º 2 do artigo 59.º que a DGEG e a ERSE, no âmbito da suas atribuições, se devem articular com o Instituto Nacional de Estatística para efeitos de obter dos intervenientes no SNGN informação exacta sobre o mercado de gás natural, a qual será depois tratada e divulgada ao público. O Instituto Nacional de Estatística é, de acordo com a Lei n.º 6/89, de 15 de Abril, o instituto público com funções de notação, apuramento, coordenação e difusão de dados estatísticos que interessem ao País.

Em relação ao segundo nível de informação exigida aos agentes de mercado, dispõe-se no n.º 3 que os operadores e comercializadores do SNGN estão obrigados a comunicar às entidades administrativas competentes o início, a alteração ou a cessação da sua actividade. Esta obrigação justifica-se atendendo a que esses factos influem, necessariamente, sobre o contrato de concessão ou sobre a licença, consoante for o caso.

Deste modo, e na ausência de um prazo, no contrato ou na licença, para a comunicação destes factos – a qual deverá ser feita, em princípio, à DGEG e à ERSE – o agente deverá fazê-lo no prazo mais curto possível que, em nosso entender, nunca deverá ser superior a dez dias (úteis) a contar da data da ocorrência do facto que motiva a comunicação.

NOTA PRÉVIA AO CAPÍTULO VII

No quadro da convergência do Sistema Nacional de Gás Natural, o Decreto-lei é aplicável às Regiões Autónomas dos Açores e da Madeira mas, como já vimos, a sua aplicação às Regiões é pontual, salvo este capítulo VII que lhes é especificamente dedicado.

De resto, conforme se refere no comentário ao artigo 2.º, as disposições contidas no capítulo II que são as mais relevantes (organização, funcionamento e regime das actividades), aplicam-se, apenas, ao continente, estando excluída a sua aplicação às Regiões Autónomas dada a sua especificidade insular, uma vez que não encontramos menção expressa em nenhuma das disposições desse capítulo quanto à sua aplicação às Regiões.

Por outro lado, o facto de o diploma ser aplicável às Regiões Autónomas, não prejudica as respectivas competências estatutárias em matéria de energia.

Deste modo, para além dos princípios gerais e da regulação da ERSE se estender às Regiões Autónomas, pouco sobrará deste diploma que a elas se aplique, o que nos leva a concluir que a determinação da sua aplicabilidade àquelas regiões não teve minimamente em conta a sua natureza insular e a dificuldade económica de ali introduzir o GN. Falar de transporte de GN nas ilhas é, no mínimo, improvável. Quando muito, podem estabelecer-se pequenos terminais oceânicos nas ilhas mais densamente povoadas e industrializadas.

CAPÍTULO VII
Regiões Autónomas

ARTIGO 60.º
Âmbito de aplicação do Decreto-lei às Regiões Autónomas

1 – O presente Decreto-lei aplica-se às Regiões Autónomas dos Açores e da Madeira, sem prejuízo das suas competências estatutárias em matéria de funcionamento, organização e regime das actividades nele previstas e de monitorização da segurança do abastecimento de gás natural.

2 – Exceptuam-se do âmbito de aplicação estabelecido no número anterior as disposições relativas ao mercado organizado, bem como as disposições relativas à separação jurídica das actividades de transporte, distribuição e comercialização de gás natural, nos termos do capítulo VII da Directiva n.º 2003/55/CE, do Parlamento Europeu e do Conselho, de 26 de Junho.

3 – Nas Regiões Autónomas dos Açores e da Madeira, as competências cometidas ao Governo da República, à DGGE e a outros organismos da administração central são exercidas pelos correspondentes membros do Governo Regional e pelos serviços e organismos das administrações regionais com idênticas atribuições e competências, sem prejuízo das competências da ERSE, da Autoridade da Concorrência e de outras entidades de actuação com âmbito nacional.

→ Artigos 3.º, 9.º, 60.º e 61.º do Decreto-lei n.º 30/2006; Directiva n.º 2003/55/CE; Decreto-lei n.º 29/2006, de 15 de Fevereiro; Lei n.º 10/2003, de 18 de Janeiro; artigos 227.º e 228.º da CRP; Lei n.º 130/99, de 21 de Março; Lei n.º 61/98, de 27 de Agosto; Decreto Regulamentar Regional n.º 15/2001/M, de 9 de Julho; Decreto Regulamentar Regional n.º 21/2006/A, de 16 de Junho.

I. Aplicação às Regiões Autónomas. As competências estatutárias das Regiões Autónomas em matéria de energia.
II. Excepções.
III. Procedimento de concessão de derrogação.
IV. Entidades competentes em matéria de energia nas Regiões Autónomas.

I. Como referimos no comentário ao artigo 2.º o legislador começou por incluir as Regiões Autónomas no âmbito de aplicação deste diploma para, depois, confrontado com as suas especificidades quase esvaziar de conteúdo essa aplicação.

As competências estatutárias das Regiões Autónomas em matéria de funcionamento, organização e regime das actividades previstas no presente diploma, isto é em matéria de energia, especificamente do sector do gás natural, decorrem da CRP (artigos 227.º e 228.º) e são estabelecidas pelos respectivos Estatutos Político-Administrativos aprovados pela Lei n.º 130/99, de 21 de Agosto, que publica o novo texto do Estatuto Político-Administrativo da Madeira e a Lei n.º 61/98, de 27 de Agosto, que publica a segunda alteração ao Estatuto Político Administrativo da Região Autónoma dos Açores (entretanto, em 11 de Junho de 2008 foi aprovada pela Assembleia da República, em votação final global, a terceira alteração a este Estatuto, não publicada à data deste comentário).

Em ambas as Regiões são consideradas matérias de interesse específico "*a energia de produção local*" e "*outras matérias que respeitem exclusivamente à Região ou que nela assumam particular configuração*" devendo considerar-se aí abrangidas as matérias relacionadas com a energia (cfr. artigos 40.º (alíneas l) e vv)) e 8.º (alíneas f) e hh) para a Região Autónoma da Madeira e Região Autónoma dos Açores, respectivamente), competindo à Assembleia Legislativa Regional legislar, através de decreto legislativo regional, sobre estas matérias.

II. O **n.º 2** excepciona a aplicação às Regiões Autónomas das disposições relativas quer ao mercado organizado (artigos 44.º a 46.º), quer as disposições que determinam a separação jurídica das actividades de transporte, distribuição e comercialização de gás natural (artigos 21.º, 31.º e 38.º) nos termos do capítulo VII da Directiva n.º 2003/55/CE.

Por esta via ficam também excepcionadas todas as normas do Decreto-lei n.º 140/2006 que desenvolvam estas matérias, designadamente os artigos 45.º e 46.º.

A remissão para o capítulo VII da Directiva n.º 2003/55/CE deve entender-se feita apenas para o artigo 28.º daquele capítulo, especificamente para os n.ºs 1 e 3 que são os que prevêem a derrogação dos artigos 9.º e 13.º que determinam a separação jurídica dos operadores das redes de transporte e de distribuição e comercialização, ou deve considerar-se mais abrangente englobando todas as disposições desse capítulo VII?

Julgamos que a letra da lei impõe uma interpretação restritiva embora o legislador pudesse (e devesse) ter sido mais preciso nessa remissão – como o foi na disposição equivalente (artigo 66.º) do Decreto-lei n.º 29/2006, de 15 de Fevereiro, que remete para o artigo 26.º da Directiva nos seguintes termos: *"não se aplicam às Regiões Autónomas as disposições relativas ao mercado organizado, bem como as disposições relativas à separação jurídica das actividades"* – pois o capítulo VII da Directiva não só abrange outras derrogações, como trata de diversas matérias, desde as medidas de salvaguarda à apresentação de relatórios da Comissão ao Parlamento Europeu.

No entanto, devendo as Regiões Autónomas ser consideradas mercados emergentes – pois não dispõem de uma ligação directa à rede interligada de qualquer dos Estados membros – para efeitos da Directiva, devem considerar-se aplicáveis outras derrogações previstas naquele mesmo capítulo VII em especial no artigo 28.º. Um exemplo da aplicação que defendemos é a derrogação da imperatividade da separação jurídica da actividade de operador do terminal de GNL das restantes actividades do SNGN (e não só quanto às actividades de transporte, distribuição e comercialização de gás natural referidas neste n.º 2) com fundamento no n.º 4 do artigo 28.º, que dispõe que, caso a aplicação da Directiva cause problemas graves numa zona geográfica limitada de um Estado membro, este poderá, a fim de encorajar o investimento, solicitar à Comissão uma derrogação temporária de algumas das normas da Directiva, designadamente as dos artigos 7.º (designação dos operadores das redes de transporte) e 9.º (separação dos operadores das redes de transporte).

A análise conjugada destes últimos artigos permite concluir que os Estados membros deverão adoptar as medidas necessárias para assegurar que os operadores de terminais de GNL devem ser independentes das actividades não relacionadas com essa exploração. O conceito de independência é mesmo concretizado, ficando estabelecido que deve haver uma separação – pelo menos no plano jurídico – na organização e tomada de decisões da sociedade.

Deste modo, decorre do artigo 28.º, n.º 4 da Directiva que a obrigação de separação jurídica da actividade de operação de terminais de GNL, bem como das actividades de operador de rede de transporte, de distribuição e comercialização (expressamente enunciadas no n.º 2 artigo 60.º), poderão ser derrogadas, devendo para o efeito ser solicitada à Comissão Europeia uma derrogação temporária do disposto nos artigos relevantes.

Nada impedirá, assim, em nosso entender, que nas Regiões Autónomas dos Açores e da Madeira a entidade operadora de um terminal seja simultaneamente concessionária da actividade de transporte de gás natural e de distribuição ou que a mesma entidade acumule as actividades de distribuição e comercialização de gás natural.

III. A decisão da Comissão Europeia de conceder uma derrogação temporária deverá ter em conta os seguintes critérios:

– A necessidade de investimento em infra-estruturas cuja exploração não seria economicamente viável num ambiente de mercado competitivo;
– O nível e as perspectivas do período de retorno dos investimentos necessários;
– A dimensão e maturidade da rede de gás na zona em questão;
– As perspectivas do mercado do gás em questão; e
– A dimensão e as características geográficas da zona ou região abrangida e os factores socioeconómicos e demográficos.

Uma derrogação temporária para as infra-estruturas de distribuição não deverá exceder os 20 anos.

Já as derrogações concedidas às restantes infra-estruturas de gás, nas quais se incluem os terminais de GNL, não deverão exceder os 10 anos após o primeiro fornecimento de gás através dessa infra-estrutura, sendo que apenas serão concedidas nos seguintes casos:

– A infra-estrutura não existe na zona em questão; ou
– A infra-estrutura existe há menos de 10 anos na zona em questão.

Todos os Estados membros deverão ser informados dos pedidos de derrogação solicitados à Comissão Europeia, sendo a decisão objecto de publicação no Jornal Oficial da União Europeia.

IV. O **n.º 3** determina que nas Regiões Autónomas as competências cometidas ao Governo da Republica, à DGEG e a outros organismos da administração central são exercidas pelos correspondentes membros do Governo Regional e pelos serviços e organismos das administrações regionais com idênticas atribuições e competências, sem prejuízo das competências da ERSE, da Autoridade da Concorrência e de outras entidades de âmbito nacional.

Nos termos da alínea a) do n.º 1 do artigo 227.º da CRP as Regiões Autónomas podem legislar, *"com respeito pelos princípios fundamentais das leis gerais da República em matérias de interesse especifico para as regiões que não estejam reservadas à competência própria dos órgãos de soberania"*.

Tem-se defendido como sendo de "interesse específico" quaisquer matérias que respeitem exclusivamente ao interesse da respectiva região ou que nela assumam particular configuração. Conforme dissemos no comentário ao n.º 1 deste artigo as matérias relacionadas com o sector energético das Regiões Autónomas são de considerar de "interesse específico", dada a configuração geográfica e dimensão deste mercado nas Regiões.

O n.º 1 do artigo 232.º da CRP determina que *"é da exclusiva competência da assembleia legislativa regional o exercício das atribuições referidas nas alíneas a) (...) do n.º 1 do artigo 227.º (...)"*.

No âmbito da competência legislativa os aspectos relacionados com o sector energético são, assim, da exclusiva competência da Assembleia Legislativa Regional.

Deste modo, tendo em vista a harmonização entre as definições da política do SNGN e a organização e funcionamento do mercado por parte do Governo central, competirá à Assembleia Legislativa Regional de cada uma das regiões nomeadamente:

– Promover a legislação complementar relativa ao exercício das actividades abrangidas pelo Decreto-lei n.º 30/2006;
– Promover a legislação complementar relativa ao projecto, ao licenciamento, à construção das infra-estruturas de gás natural (cfr. artigo 9.º deste diploma).

Em particular, no que se refere às bases da concessão, é o próprio legislador que determina no artigo 63.º que sejam aprovadas *"por acto legislativo regional dos órgãos competentes"*, pelo que caberá à Assembleia Legislativa Regional a sua aprovação ainda que sob proposta do Governo Regional.

Nessa proposta legislativa poderão também intervir, no caso da Região Autónoma da Madeira, a vice-presidência do Governo uma vez que o sector energético lhe está afecto e, no caso da Região Autónoma dos Açores, a Secretaria Regional da Economia que tutela a área da Energia podendo a Direcção Regional do Comércio, Indústria e de Energia propor legislação reguladora do sector energético.

As competências que incumbem no continente à DGEG, são exercidas nas duas regiões pela Direcção Regional de Comércio, Industria e de Energia (DRCIE) que é o órgão operativo ao qual incumbe a execução da política regional nas áreas do comércio, indústria e energia.

A orgânica da Direcção Regional do Comércio, Indústria e Energia da Região Autónoma da Madeira foi aprovada pelo Decreto Regulamentar Regional n.º 15/2001/M, de 9 de Julho, cabendo-lhe genericamente apoiar o Vice-Presidente na execução da política definida pelo Governo Regional para os sectores do comércio, indústria e energia.

Designadamente, compete à DRCIE promover a execução da política definida para as áreas do comércio, indústria e energia (alínea a) do n.º 2 do artigo 2.º do DRR 15/2001/M), aprovar, em articulação com outros organismos competentes na área da energia, projectos do sector e licenciar instalações e equipamentos que produzam, utilizem, transformem, transportem ou armazenem produtos energéticos, promovendo e colaborando na elaboração de normas regulamentares e especificações técnicas adequadas (alínea h) da citada disposição) e propor, com outras entidades competentes, as medidas adequadas para fazer face a eventuais situações de interferência no normal abastecimento de combustíveis.

É a Direcção de Combustíveis da Direcção de Energia da DRCIE que tem as competências que aqui interessam, competindo-lhe nomeadamente:

– Colaborar com outros organismos na preparação de legislação nacional ligada ao sector energético;
– Aprovar, em articulação com outros organismos competentes na matéria, projectos do sector e licenciar instalações e equipamentos que produzam, utilizem, transformem, transportem ou armazenem produtos energéticos, promovendo e colaborando na elaboração de normas regulamentares e especificações técnicas adequadas, salvaguardando as incidências negativas para o ambiente;
– Licenciar, fiscalizar e controlar a qualidade dos combustíveis armazenados;
– Proceder à recolha e tratamento da informação científica e técnica para o sector energético, assim como da correspondente legislação nacional e comunitária, em articulação com outros serviços, e recolher os dados estatísticos indicadores da evolução da situação energética regional;
– Avaliar as interacções dos preços das diferentes formas de energia e acompanhar a progressiva liberalização do sector energético.

Nos Açores, a DRCIE está integrada na Secretaria Regional de Economia e as suas competências encontram-se estabelecidas no DRR n.º 21/2006/A, de 16 de Junho, que aprovou a orgânica desta secretaria regional.

Entre as competências que mais relevam no sector destacam-se:

– Coadjuvar e apoiar o Secretário Regional na formulação e concretização das políticas do sector energético;
– Assegurar a cooperação com outros organismos e entidades em assuntos de relevância para o sector energético;
– Propor legislação reguladora das actividades do sector energético;
– Colaborar na definição de linhas orientadoras para os sectores da sua competência e zelar pelo seu cumprimento;

– Licenciar, orientar e fiscalizar as actividades comerciais, industrial e as instalações e equipamentos de produção, armazenagem, transporte e utilização de produtos energéticos, de acordo com a legislação em vigor;
– Promover o cumprimento dos regulamentos que disciplinam o sector energético e divulgar aspectos técnicos sobre a utilização racional de energia.

Em particular é a Divisão de Combustíveis dentro da DRCIE que detém competências específicas neste âmbito, designadamente as de:

– Propor a adopção de regulamentos de segurança e especificações para as instalações e equipamentos que produzam, armazenem ou utilizem combustíveis e zelar pelo seu cumprimento;
– Propor legislação reguladora do sector, assim como promover adaptações legislativas, nacionais ou comunitárias;
– Organizar e informar os processos de licenciamento de instalações de produção, armazenagem, manuseamento, utilização e distribuição de combustíveis e matérias perigosas, de acordo com a legislação aplicável, e proceder contra os que não respeitam as normas no estabelecimento ou exploração de instalações.

As competências das referidas entidades regionais são exercidas, conforme se dispõe ainda neste **n.º 3**, sem prejuízo das competências da ERSE (cfr. ponto III comentário ao artigo 51.º), da Autoridade da Concorrência e de outras entidades que actuem no âmbito nacional.

Esta ressalva tem em conta o facto das competências da ERSE serem extensíveis às Regiões Autónomas, sem prejuízo, no entanto, das competências próprias que estas detenham, pelo que, em caso de sobreposição, deverão prevalecer as competências próprias das Regiões.

No que toca à Autoridade da Concorrência criada pela Lei n.º 10/2003, de 18 de Janeiro, as suas competências estendem-se a todo o território nacional abrangendo pois as Regiões Autónomas.

ARTIGO 61.º
Extensão da regulação às Regiões Autónomas

1 – A regulação da ERSE exercida no âmbito do SNGN é extensiva às Regiões Autónomas.

2 – A extensão das competências de regulação da ERSE às Regiões Autónomas assenta no princípio da partilha dos benefícios decorrentes da convergência do funcionamento do SNGN, nomeadamente em matéria de convergência tarifária e de relacionamento comercial.

3 – A convergência do funcionamento do SNGN por via da regulação tem por finalidade, ao abrigo dos princípios da cooperação e da solidariedade do Estado, contribuir para a correcção das desigualdades das Regiões Autónomas resultantes da insularidade e do seu carácter ultraperiférico.

→ Artigos 51.º e 60.º do Decreto-lei n.º 30/2006; artigo 2.º, n.º 2 do Decreto-lei n.º 97/2002, de 12 de Abril; artigo 66.º do Decreto-lei n.º 29/2006, de 15 de Fevereiro; artigo 103.º do Estatuto Político-Administrativo da Madeira; artigo 99.º do Estatuto Político-Administrativo dos Açores.

I.   As competências da ERSE. Remissão. Sua extensão às Regiões Autónomas.
II. O sentido dos n.ºs 2 e 3.

I. Quanto à natureza e competências da ERSE já nos pronunciámos a propósito do artigo 51.º remetendo pois para aí esta matéria.

A extensão das competências da ERSE no âmbito do SNGN tem de ter em conta o que a este respeito determina o Decreto-lei n.º 97/2002, de 12 de Abril, que, no n.º 2 do artigo 2.º, ressalva a competência das Regiões Autónomas.

Aliás, prevê-se ainda nessa mesma norma que as competências da ERSE são exercidas nas Regiões Autónomas dos Açores e da Madeira nos termos definidos em diploma específico, que até hoje não foi publicado.

Bastaria atentar nas competências das entidades que nas Regiões Autónomas actuam neste sector a que nos referimos a propósito do artigo 60.º, n.º 3, para concluir que a regulação da ERSE não pode ter nas Regiões Autónomas, face à descontinuidade, dispersão e dimensões geográficas e de mercado, o mesmo âmbito de aplicação que tem no continente.

No sector eléctrico, o Decreto-lei n.º 69/2002, de 25 de Março, ainda no âmbito do Decreto-lei n.º 185/95, de 27 de Julho, entretanto revogado pelo Decreto-lei n.º 29/2006, dispunha sobre a extensão às Regiões Autónomas dos Açores e da Madeira da regulação das actividades de produção, transporte e distribuição de energia eléctrica, estabelecendo que a ERSE dispunha das competências em matéria de informação, inquérito, resolução de conflitos e auditoria e ainda a fixação das tarifas e preços para a energia eléctrica e outros serviços para as Regiões Autónomas. No entanto, essa extensão da regulação devia ser adaptada às especificidades que se verificam nas regiões.

Não nos parece pois que, sem antes determinar quais as competências de regulação (e em que termos são exercidas), a extensão pura e simples da regulação da ERSE às Regiões Autónomas tenha sido a melhor opção legislativa.

II. De acordo com os **n.º 2** e **3**, a extensão das competências de regulação às Regiões Autónomas assenta no principio da partilha dos benefícios decorrentes da convergência do funcionamento do SNGN, nomeadamente em matéria de convergência tarifária e de relacionamento comercial, tendo por finalidade, ao abrigo do cumprimento dos princípios da cooperação e da solidariedade do Estado, contribuir para a correcção das desigualdades das Regiões Autónomas resultantes da insularidade e do seu carácter ultraperiférico.

Estas disposições são iguais às consagradas para o sector eléctrico no artigo 66.º do Decreto-lei n.º 29/2006, de 15 de Fevereiro.

A autonomia regional é um princípio fundamental da nossa ordem jurídico-constitucional mas que se deve articular com outros princípios igualmente importantes, como sejam o da solidariedade recíproca entre Regiões e a Administração Central.

O princípio da solidariedade do Estado-Regiões Autónomas está consagrado a propósito do regime financeiro, económico e fiscal nos Estatutos Político Administrativos respectivos (artigo 103.º do Estatuto Político-Administrativo da Madeira e artigo 99.º do Estatuto Político--Administrativo dos Açores) e vincula o Estado a suportar os custos das desigualdades derivadas da insularidade, designadamente no que se refere a transportes, comunicações, energia, educação, cultura, saúde e segurança social.

Trata-se no fundo de compensar os custos de insularidade e da perifericidade e ajudar à convergência das Regiões para a média do desenvolvimento nacional, o que lhes permite beneficiar de um regime financeiro privilegiado traduzido nas transferências do Orçamento do Estado.

A convergência tarifária a que se refere o n.º 2 deste artigo enquadra-se neste princípio.

ARTIGO 62.º

Aplicação da regulamentação

O Regulamento Tarifário, o Regulamento de Relações Comerciais, o Regulamento do Acesso às Redes, às Infra-Estruturas e às Interligações e o Regulamento da Qualidade de Serviço são aplicáveis às Regiões Autónomas dos Açores e da Madeira.

→ Artigo 68.º do Decreto-lei n.º 29/2006; Despacho n.º 19 624-A/2006, de 11 de Setembro, D.R., II série, de 25 de Setembro (suplemento) da ERSE.

Não se compreende esta aplicação *tout court* dos regulamentos a que se refere este artigo, todos eles aliás já aprovados pelo Despacho n.º 19 624-A/2006, de 11 de Setembro, D.R. (II série) de 25 de Setembro (suplemento) da ERSE.

No sector eléctrico, o artigo 68.º do Decreto-lei n.º 29/2006 embora determine a aplicação dos regulamentos às Regiões Autónomas não deixa de ressalvar as suas especificidades, nomeadamente as que estão relacionadas com a descontinuidade, a dispersão e a dimensão geográfica e do mercado.

Deve entender-se, portanto, esta aplicação com as necessárias adaptações tendo em conta as referidas especificidades que se verificam tanto no sector eléctrico como (até com maior relevância) no sector do gás natural.

ARTIGO 63.º
Adaptação específica às Regiões Autónomas

Nas Regiões Autónomas dos Açores e da Madeira, as bases das concessões e as condições de atribuição das licenças são aprovadas mediante acto legislativo regional dos seus órgãos competentes, tendo em conta os princípios estabelecidos no presente Decreto-lei e legislação complementar sobre concessões e licenças.

→ Artigo 60.º do Decreto-lei n.º 30/2006.

As bases das concessões das actividades reguladas por este diploma e as matérias respeitantes ao projecto, ao licenciamento e à construção das infra-estruturas de gás natural deverão ser objecto de acto legislativo da Assembleia Legislativa Regional conforme se referiu no comentário ao artigo 60.º.

NOTA PRÉVIA AO CAPÍTULO VIII

O Decreto-lei n.º 30/2006 ao estabelecer as bases gerais da organização e do funcionamento do SNGN, bem como as bases gerais aplicáveis ao exercício das actividades de recepção, armazenamento, transporte, distribuição e comercialização de gás natural abriu caminho ao processo de liberalização do sector de gás natural no nosso país, seguindo a tendência europeia nesta matéria.

Deste modo, e por via deste novo pacote legislativo, de que o Decreto-lei n.º 30/2006 foi pioneiro, passámos de um sector fortemente fechado, assente num monopólio legal e em exclusivos legais, controlado por uma empresa verticalmente integrada, para um sector aberto à concorrência e cada vez mais dominado por privados, assente agora em direitos de acesso a infra-estruturas, na separação jurídica e patrimonial de actividades, no direito de escolha dos consumidores em relação ao seu fornecedor, em tarifas reguladas a par de preços fixados livremente no mercado.

O futuro encarregar-se-á, no entanto, de demonstrar se a (r)evolução que, neste momento, já está no papel, se concretizará, ou não, na prática.

A verdade, porém, é que num contexto de tantas mudanças seria utópico pensar-se que o novo modelo do sector passaria imediatamente a vigorar, sem atender, no entanto, aos direitos e interesses legitimamente criados à luz do regime anterior. Deste modo, uma vez que as mudanças que o Decreto-lei n.º 30/2006, e na sua senda, o Decreto-lei n.º 140/2006, preconizam para este sector são demasiado profundas, as mesmas não poderiam ser feitas sem se garantir, previamente, a existência de um período transitório destinado a acomodar as novidades, salvaguardando os direitos adquiridos das empresas incumbentes, sem, contudo, frustrar as legítimas expectativas das empresas que se preparam para entrar no sector.

É, portanto, neste contexto que se devem entender as normas que fazem parte deste Capítulo VIII, as quais estabelecem o regime transitório para a plena entrada em vigor destes novos diplomas. Não existe, no entanto, uma data única para o fim deste regime transitório, uma vez que as normas em causa têm diferentes prazos de vigência, como teremos oportunidade de referir a propósito do comentário a cada uma.

CAPÍTULO VIII
Regime transitório

ARTIGO 64.º
Abertura do mercado

A liberdade de escolha do comercializador de gás natural por parte dos clientes, referida na alínea g) do artigo 4.º do presente Decreto-lei, é introduzida gradualmente, nos termos estabelecidos em legislação complementar e considerando a derrogação de que beneficia o mercado nacional de gás natural.

→ Artigos 64.º, 66.º, n.ºs 7 a 9 do Decreto-lei n.º 140/2006; artigos 23.º, n.º 1 e 28.º da Directiva n.º 2003/55/CE; RCM n.º 169/2005, de 24 de Outubro.

I.   Mercado emergente.
II. Calendário de elegibilidade.

I. Enquanto no sector eléctrico todos os consumidores podem, desde Setembro de 2006, escolher o seu comercializador, tal não acontece, ainda, no sector do gás natural. Porém, o rápido desenvolvimento registado e as vantagens que decorrerão para a economia nacional da criação de um mercado de gás natural verdadeiramente competitivo levaram o Governo a adoptar, como uma das medidas centrais da sua Estratégia Nacional para a Energia, constante da Resolução do Conselho de Ministros n.º 169/2005, de 24 de Outubro, a progressiva antecipação da liberalização do sector do gás natural, permitindo aos consumidores escolherem, antes do previsto, o seu comercializador.

Com efeito, sendo Portugal um mercado emergente, uma vez que o primeiro fornecimento de gás natural ocorreu menos de dez anos antes da entrada em vigor da Directiva n.º 2003/55/CE, gozou, até Abril de 2007, da derrogação constante do artigo 28.º, n.º 2 da Directiva, o que lhe permitiu adiar a abertura do mercado que, nos termos do artigo 23.º, n.º 1 da Directiva, estava prevista ocorrer, num primeiro momento, logo a partir de Julho de 2004. Previa-se, assim, na Directiva que, após um processo gradual, a partir de 1 de Julho de 2007 os clientes de todos os Estados membros deveriam poder escolher, livremente, o seu comercializador (cfr. artigo 23.º da Directiva).

Em relação aos mercados emergentes, a Directiva contém um calendário diferente que deveria ser implementado na data em que caducasse a respectiva derrogação (cfr. artigo 28.º, n.º 3 da Directiva).

Foi este calendário "especial" que o nosso Governo decidiu antecipar, numa primeira fase, logo para Janeiro de 2007 e assim por diante, ainda que a nossa derrogação só tenha caducado em Abril de 2007.

II. Como se dispõe nesta norma, a liberdade de escolha, por parte dos clientes, do seu comercializador de gás natural deverá ser introduzida progressivamente, o que, pressupõe, aliás, de acordo com a própria Directiva n.º 2003/CE/55, que existam diferentes etapas de abertura do mercado, atingindo, em diferentes momentos, diferentes grupos de clientes.

Com efeito, pode ler-se no preâmbulo da Directiva que "(...) *é conveniente adoptar uma abordagem por etapas no que respeita à concretização do mercado interno do gás, combinada com um prazo específico, a fim de permitir à indústria adaptar-se e assegurar a introdução de medidas e sistemas adequados para proteger os interesses dos clientes e garantir o seu direito real e efectivo de escolher o seu fornecedor"*.

Deste modo, estabelece-se no artigo 64.º do Decreto-lei n.º 140/2006 que são considerados clientes elegíveis (ou seja, clientes que podem escolher livremente o seu comercializador):

– Os produtores de electricidade em regime ordinário, a partir de 1 de Janeiro de 2007;

– Os clientes cujo consumo anual é igual ou superior a 1 milhão de metros cúbicos normais, a partir de 1 de Janeiro de 2008;
– Os clientes cujo consumo anual é igual ou superior a 10 000 metros cúbicos normais, a partir de 1 de Janeiro de 2009;
– Todos os demais clientes, a partir de 1 de Janeiro de 2010.

A existência deste calendário de abertura progressiva do mercado visa, assim, em primeira linha salvaguardar as expectativas do anterior incumbente relativamente aos contratos já celebrados à data da entrada em vigor da nova legislação, concedendo-lhe um período de adaptação, não só tendo em conta a necessidade de salvaguardar as obrigações de consumo de quantidades mínimas (contratos com grandes clientes), como também os investimentos realizados.

Com efeito, até à data em que são considerados elegíveis, os clientes mantêm-se, transitoriamente, na comercialização de último recurso (grossista ou retalhista) que é assegurada, precisamente, pelos anteriores operadores (Transgás, SA e anteriores concessionárias de distribuição e licenciadas de distribuição local, seja directamente, seja por sociedades constituídas por aquelas sociedades).

Porém, mesmo quando adquiram o estatuto de cliente elegível, os clientes podem, ainda assim, optar por não usufruir do mesmo, continuando a adquirir gás natural aos comercializadores de último recurso (cfr. artigo 64.º, n.º 2 do Decreto-lei n.º 140/2006). Esta poderá ser, aliás, uma opção muito comum se se vierem a confirmar os valores altamente competitivos das tarifas de venda de gás pelos comercializadores de último recurso.

No n.º 1 do artigo 64.º do Decreto-lei n.º 140/2006, ressalvam-se expressamente os compromissos com quantidades mínimas de gás natural a adquirir, assumidos em contratos de fornecimento anteriormente celebrados, por remissão para o disposto no n.º 7 do artigo 66.º do mesmo diploma.

Acontece que o n.º 7 desta disposição não contém qualquer disposição quanto a estes compromissos. Pensamos que o que terá sucedido é que o artigo 66.º sofreu alterações à sua versão inicial – que provavelmente tratava deste tema – tendo o legislador esquecido aquela remissão.

Cabe pois ao intérprete dar um sentido útil ao disposto no n.º 1 do artigo 64.º do Decreto-lei n.º 140/2006 tendo em conta o que se estabelece naquele artigo 66.º para o qual remete, que possa estar ligado a esta ressalva.

Ora, o n.º 7, determinou, além do mais, que em 1 de Janeiro de 2007 passassem para a titularidade do comercializador de último recurso grossista (que é a sociedade a constituir pela Transgás referida no n.º 5 e que veio a ser a Transgás, S.A.) a titularidade dos contratos com os clientes com consumo anual igual ou superior a 2 milhões de metros cúbicos normais. Seguem-se os n.º s 8 e 9 que, no seu seguimento, dispõem que (i) aqueles contratos sejam revistos, no que se refere ao preço, de acordo com o regulamento tarifário, a partir de 1 de Janeiro de 2008, e (ii) que aqueles contratos possam ser rescindidos por qualquer das partes a partir também de 1 de Janeiro de 2008.

Desta sequência, conjugada com o n.º 1 do artigo 64.º do Decreto-lei n.º 140/2006, pensamos ser de retirar o seguinte: determinando o legislador que a partir de 1 de Janeiro de 2008 os consumidores destes contratos passem a poder escolher livremente o seu fornecedor, deu-lhes o direito de poderem rescindir a partir daquela data os respectivos contratos, pois de outra forma – a não ser que os termos contratuais acordados o permitissem – não o poderiam fazer dado estarem em causa contratos com uma duração muitas vezes longa. Mas, ao mesmo tempo que lhes deu esse direito, o legislador salvaguardou, do lado do fornecedor, a possibilidade deste poder reclamar destes consumidores os compromissos por estes assumidos relativamente à aquisição de quantidades mínimas no âmbito desses contratos.

Deste modo, estes consumidores que consomem uma quantidade de GN igual ou superior a 2 milhões de metros cúbicos cujos contratos passaram para o comercializador de último recurso grossista, passando pois o preço a ser um preço regulado, e que se tornaram clientes elegíveis a partir de 1 de Janeiro de 2008, podem ou manter-se com o comercializador grossista caso não queiram usufruir desse direito de escolha de um outro fornecedor ou então rescindir os contratos e escolher outro fornecedor. Caso o façam, terão de cumprir as obrigações que tenham assumido nos contratos anteriores quanto a quantidades mínimas de aquisição de gás natural, pois estas reflectem, designadamente, os investimentos realizados pelo anterior incumbente e o preço acordado.

Outra das salvaguardas consagradas neste regime transitório desenvolvido no Decreto-lei n.º 140/2006 é a atribuição à Transgás, anterior incumbente, de uma licença para o exercício da comercialização em regime de mercado livre. Esta sociedade corresponde hoje à GALP Gás Natural, S.A. após alteração da denominação daquela.

Por outro lado, embora desde 1 de Janeiro de 2007 os produtores de electricidade em regime ordinário possam escolher livremente o seu fornecedor, o legislador manteve os contratos em vigor com a Transgás (cfr. n.º 10 do citado artigo 66.º do Decreto-lei n.º 140/2006). Deste modo, só os novos produtores de electricidade, sem contrato em vigor, é que podem escolher o seu fornecedor sendo certo que não podem recorrer à comercialização de último recurso grossista pois estão expressamente excluídos da obrigação de fornecimento desta (cfr. n.º 5 do artigo 66.º do Decreto-lei n.º 140/2006).

ARTIGO 65.º
**Modificação do actual contrato de concessão
da rede de alta pressão**

O actual contrato do serviço público de importação de gás natural e do seu transporte e fornecimento através da rede de alta pressão, celebrado entre o Estado e a Transgás, S. A., deve ser modificado por força das alterações decorrentes do presente Decreto-lei e da legislação complementar, salvaguardando-se o princípio do equilíbrio contratual nos termos nele previstos.

→ Artigos 37.º, 40.º e seguintes do Decreto-lei n.º 30/2006; artigo 66.º do Decreto-lei n.º 140/2006; RCM n.º 85/2006, de 30 de Junho; artigos 58.º e 59.º do RRC.

I.   Pressupostos da modificação do contrato de concessão celebrado com a Galp Gás Natural, SA.
II. Salvaguarda do princípio do equilíbrio contratual.
III. Comercializador livre e comercializador do SNGN.
IV. Comercialização de último recurso grossista.

I. Como já referimos, a Transgás, SA sofreu, entretanto, uma alteração da sua denominação, passando agora a denominar-se Galp Gás Natural, SA.

A obrigatoriedade de separação jurídica da actividade de transporte relativamente às restantes actividades do sector, que o nosso legislador reforçou ainda com a exigência da separação patrimonial desta actividade em relação às actividades de distribuição e comercialização, tornou imperativa a modificação do contrato de concessão celebrado entre o Estado português e a Transgás, SA. Com efeito, por via daquele contrato, a Transgás, SA era, até 2006, o operador responsável pela importação de gás natural, pelo seu transporte e fornecimento através da rede de alta pressão.

Entretanto, seguindo a estratégia delineada pelo Governo para a nova organização do sector, a REN – Rede Eléctrica Nacional, S. A., foi autorizada a proceder à constituição de novas sociedades, cujo objecto visava assegurar o exercício das concessões do serviço público de transporte de gás natural em alta pressão, de armazenamento subterrâneo de gás natural e de recepção, armazenamento e regaseificação de gás natural na forma liquefeita (cfr. RCM n.º 85/2006, de 30 de Junho).

Desta forma, e mercê da reestruturação do sector definida pelo Governo, a Transgás, SA (actual Galp Gas Natural, SA) manteve, apenas, de entre as suas anteriores actividades, directamente, a actividade de fornecedor de gás natural (no novo quadro regulatório, denominada actividade de comercialização) e, indirectamente, através de participação na Transgás Armazenagem, SA, a actividade de armazenamento subterrâneo de gás natural.

II. A modificação do contrato de concessão celebrado entre o Estado e a Transgás, SA, tendo por base os pressupostos referidos no número anterior, foi entretanto celebrada em 26 de Setembro de 2006.

Naturalmente, que uma das condições previstas para que aquela modificação fosse realizada foi a de se salvaguardar o equilíbrio económico e financeiro do contrato inicial (cfr. artigo 66.º, n.º 1 do Decreto-lei n.º 140/2006).

Deste modo, e tendo em vista este objectivo, previu-se no artigo 66.º do Decreto-lei n.º 140/2006 um conjunto de medidas, como:

– a manutenção na Transgás, SA (Galp Gás Natural, SA), através da sociedade detida por ela em regime de domínio total (a Transgás Armazenagem, SA), de duas cavidades de armazenamento subterrâneo de gás natural no sítio da Guarda Norte, Carriço, no concelho de Pombal;
a manutenção na titularidade da Transgás, SA (Galp Gás Natural, SA) das suas participações accionistas nas sociedades Europe Maghreb Pipeline Ltd., Gasoducto Al-Andaluz, SA e Gasoducto de Extremadura, SA, titulares dos direitos de uso dos gasodutos a montante da fronteira portuguesa e, ainda, a titularidade da sua participação accionista na sociedade operadora do troço marroquino Societé pour la Construction et L'Exploitation Technique du Gazoduc Maghreb-Europe, Metragaz, SA;
– a manutenção na titularidade da Transgás, SA (Galp Gás Natural, SA) dos contratos de fornecimento em vigor, em Julho de 2006, com os produtores de electricidade em regime ordinário;
– a manutenção na titularidade da Transgás, SA (Galp Gás Natural, SA) dos contratos de aprovisionamento de gás natural de longo prazo e em regime de *take or pay*, celebrados antes da entrada em vigor da Directiva n.º 2003/55/CE, de 26 de Junho;
– a atribuição a uma sociedade detida pela Transgás, SA (Galp Gás Natural, SA), em regime de domínio total, de uma licença de comercialização de último recurso de todos os clientes que consumam anualmente quantidades de gás natural iguais ou superiores a 2 milhões de metros cúbicos normais, excluindo os produtores de electricidade em regime ordinário (essa sociedade denomina-se, actualmente, Transgás, SA).
– a atribuição à Transgás, SA (Galp Gás Natural, SA), pela DGEG, da licença de comercializador (livre), a partir de 1 de Janeiro de 2007, independentemente de qualquer formalidade.

III. A partir de 1 de Janeiro de 2007, a Galp Gás Natural, SA (anterior Transgás, SA) passou a exercer a actividade de comercialização de gás natural em regime de mercado livre. Para tal, e como referimos atrás, foi-lhe atribuída, automaticamente, pela DGEG, uma licença de comercializador (cfr. artigo 66.º, n.os 12 e 13 do Decreto--lei n.º 140/2006).

Para além de comercializador (livre), a Galp Gás Natural, SA exerce também a actividade do comercializador do SNGN. Trata-se de uma figura criada pelo RRC e que surge ao lado da figura do comercializador e dos comercializadores de último recurso (grossista e retalhistas). A razão da distinção desta figura é simples: prende-se com a manutenção na titularidade da Galp Gás Natural, SA (anterior Transgás, SA) dos contratos de *take or pay*.

Deste modo, de acordo com o disposto no artigo 58.º do RRC, o comercializador do SNGN é o responsável pela compra e venda de gás natural no âmbito da gestão de contratos de longo prazo em regime de *take or pay*, celebrados em data anterior à entrada em vigor da Directiva n.º 2003/CE/55.

Em causa estão, assim, os seguintes contratos:

– Contrato de fornecimento de gás natural com origem na Argélia, celebrado em 16 de Abril de 1994, válido até 2020, relativamente ao aprovisionamento através da ligação entre a Rede Nacional de Transporte de Gás Natural e as redes fora do território nacional.
– Contrato de fornecimento de gás natural liquefeito com origem na Nigéria, celebrado em 1998, válido até 2020, relativamente ao aprovisionamento através do terminal de recepção, armazenamento e regaseificação de GNL.
– Contrato de fornecimento de gás natural liquefeito com origem na Nigéria, celebrado em 17 de Junho de 1999, válido até 2023, relativamente ao aprovisionamento através do terminal de recepção, armazenamento e regaseificação de GNL.
– Contrato de fornecimento de gás natural liquefeito com origem na Nigéria, celebrado em Fevereiro de 2002, válido até 2025/6, relativamente ao aprovisionamento através do terminal de recepção, armazenamento e regaseificação de GNL.

O comercializador do SNGN (designação do RRC) está obrigado a vender o gás natural adquirido no âmbito destes contratos,
prioritariamente, à actividade de Compra e Venda de Gás Natural
para Fornecimento aos Comercializadores de Último Recurso do
comercializador de último recurso grossista – ou seja, a actividade de
compra e venda de gás natural aos comercializadores de último recurso retalhistas e aos grandes clientes – e, em segundo lugar, aos
centros electroprodutores com contrato de fornecimento outorgado
em data anterior à publicação do Decreto-lei n.º 140/2006 (cfr. artigo
59.º, n.º 3 do RRC) – sobre esta questão ver o nosso comentário ao
artigo 37.º (ponto VI).

IV. Os contratos de fornecimento de gás natural celebrados pela
actual Galp Gás Natural com as anteriores concessionárias de distribuição regional de gás natural, bem como com os anteriores titulares
de licenças de distribuição local e, ainda, com os clientes com consumo anual igual ou superior a 2 milhões de metros cúbicos normais,
que se encontravam em vigor em Julho de 2006, passaram, a partir
de 1 de Janeiro de 2007, para a titularidade da Transgás, SA – tal
como a Transgás, SA, a Transgás Indústria, SA também sofreu uma
redenominação, passando agora a denominar-se, simplesmente,
Transgás, SA.

Trata-se de uma sociedade detida pela Galp Gás Natural, SA
(anterior Transgás, SA), em regime de domínio total, à qual foi atribuída, transitoriamente, até 2028, e independentemente de qualquer
formalidade, uma licença de comercialização de último recurso
(grossista).

A criação de um comercializador de último recurso grossista
(CURG) é, como já se disse, uma das originalidades do sistema
português, já que a Directiva n.º 2003/55/CE apenas previa a existência desta figura para proteger os clientes vulneráveis. O nosso legislador resolveu, no entanto, prever a figura do comercializador de
último recurso, responsável por fornecer os grandes clientes, pelo
menos, até que estes se tornem elegíveis ou, se estes assim optarem,
mesmo após essa data, quando não queiram usufruir do estatuto de
cliente elegível. De fora deste regime ficaram, no entanto, os produtores de electricidade em regime ordinário que apenas podem adquirir gás natural aos comercializadores livres e a preços de mercado.

Sobre esta e outras questões com ela relacionadas remetemos para o comentário aos artigos 40.º e seguintes.

Artigo 66.º
Concessões e licenças de distribuição de gás natural

1 – As actuais concessões e licenças de distribuição de gás natural mantêm-se na titularidade das respectivas concessionárias e licenciadas, sem prejuízo do estabelecido nos números seguintes.

2 – A exploração das concessões e das licenças de gás natural passa a processar-se nos termos do presente Decreto-lei e da legislação complementar.

3 – A modificação dos contratos decorrentes do presente Decreto-lei deve ocorrer em prazo a definir em legislação complementar.

→ Artigos 14.º, alínea e), 31.º, n.º 3, 40.º e seguintes do Decreto-lei n.º 30/2006; artigos 67.º e 70.º do Decreto-lei n.º 140/2006.

I.   Modificação dos contratos de concessão e das licenças de distribuição de gás natural.

II. Prazo de constituição de sociedades autónomas para exercerem a actividade de comercialização (livre).

I. Durante o período transitório de um ano a contar da entrada em vigor do Decreto-lei n.º 140/2006, ou seja, a contar de 27 de Julho de 2006, as anteriores concessões, bem como as anteriores licenças de distribuição de gás natural mantiveram-se na titularidade das respectivas concessionárias e licenciadas.

A exploração daquelas concessões e licenças passou a fazer-se, no entanto, nos termos do presente decreto-lei e do Decreto-lei n.º 140/2006.

Os anteriores contratos de concessão, bem como as anteriores licenças de distribuição local deviam, no entanto, ser alterados até 27 de Julho de 2007 (fim do período transitório), de forma a concretizar a separação jurídica imposta pelo Decreto-lei n.º 30/2006 entre a actividade de distribuição e a actividade de comercialização (cfr. artigo 70.º, números 1 e 2 do Decreto-lei n.º 140/2006).

Apesar de no início de 2008 ainda não estarem assinadas as versões definitivas dos referidos contratos, operacionalizou-se, no entanto, no início deste ano, a separação jurídica referida no parágrafo anterior.

Deste modo, a partir daquela data, as anteriores concessionárias de distribuição e as anteriores licenciadas passaram a exercer, apenas, a actividade de distribuição. Paralelamente, e através de sociedades constituídas em domínio total inicial por aquelas mesmas sociedades, passaram também a exercer a actividade de comercialização de último recurso (retalhista) – cfr. artigo 67.º, n.º 2 do Decreto-lei n.º 140/2006. Esta exigência de constituir sociedades autónomas para exercer a comercialização de último recurso apenas se aplica, no entanto, às anteriores concessionárias de distribuição regional ou titulares de licenças de distribuição local com mais de 100 000 clientes (cfr. artigo 67.º, n.º 2 do Decreto-lei n.º 140/2006).

Entretanto, no dia 3 de Abril de 2008 o Conselho de Ministros aprovou, mediante Resolução, as minutas dos contratos de concessão de serviço público de distribuição regional de gás natural a celebrar entre o Estado Português e as sociedades Beiragás, Companhia de Gás das Beiras, S. A., Lisboagás GDL, Sociedade Distribuidora de Gás Natural de Lisboa, S. A., Lusitaniagás, Companhia de Gás do Centro, S. A., Portgás, Sociedade de Produção e Distribuição de Gás, S. A., Setgás, Sociedade de Produção e Distribuição de Gás S. A., e Tagusgás, Empresa de Gás do Vale do Tejo, S. A.. Os respectivos contratos foram assinados no dia 11 de Abril seguinte, tendo aquela RCM sido publicado no Diário da República, II Série, n.º 119, de 23 de Junho.

Remetemos também aqui para os nossos comentários aos artigos 40.º e seguintes.

II. Dispõe-se no artigo 70.º, n.º 6 do Decreto-lei n.º 140/2006 que as anteriores sociedades concessionárias de distribuição regional ou titulares de licenças de distribuição local com mais de 100 000 clientes devem exercer a actividade de comercialização (livre) através de sociedades autónomas a constituir por elas em regime de domínio total inicial.

Conforme já referimos anteriormente, entendemos que não estamos aqui perante uma obrigação – apesar dos termos em que se encontra redigida a norma –, mas sim de uma faculdade. Assim, estas sociedades podem – se o entenderem e se tiverem nisso interesse prático – constituir uma sociedade para desenvolver a actividade de comercialização livre, com autonomia em relação à actividade de distribuição e à actividade de comercialização de último recurso.

Relacionada ainda com esta matéria está a questão de saber se, face à norma do artigo 70.º, n.º 7 do Decreto-lei n.º 140/2006, que fixava o prazo de um ano a contar da entrada em vigor daquele diploma para serem constituídas sociedades comercializadoras (livres), mesmo depois de findo aquele prazo, uma concessionária, ou licenciada, que ainda não o tenha feito, poderá constituir uma sociedade autónoma para exercer aquela actividade.

Como já referimos atrás (cfr. comentário ao artigo 14.º, alínea e)), em nossa opinião, este prazo deve ser entendido como meramente ordenador e não vinculativo. Quer isto dizer que, se aquelas sociedades não tiverem constituído sociedades em regime de domínio total inicial para exercerem a actividade de comercialização livre até àquela data e se, depois de 27 de Julho de 2007, estiverem interessadas em fazê-lo, entendemos que ainda o poderão fazer. Com efeito, pensamos que não foi completamente alheio à *ratio* daquela norma, a convicção do legislador de que as anteriores sociedades distribuidoras ou titulares de licenças de distribuição local com mais de 100 000 clientes tivessem intenções de prosseguir a actividade de comercialização que sempre exerceram até aqui a par da actividade de distribuição. No entanto, atendendo à imposição do presente Decreto-lei, mais tarde confirmada pelo Decreto-lei n.º 140/2006, de que estas actividades teriam de passar a ser juridicamente separadas (quando as sociedades em causa tivessem mais de 100 000 clientes – cfr. artigo 31.º, n.º 3 do presente Decreto-lei), poder-se-ia ser levado a pensar que o legislador sentiu necessidade de balizar temporalmente essa obrigação, vinculando aquelas sociedades ao seu cumprimento. O legislador não teve, no entanto, em conta – isto partindo do pressuposto de que, de facto, foi com base nesse entendimento que se fixou o prazo previsto no artigo 70.º, n.º 7 do Decreto-lei n.º 140/2006 – que pudessem existir sociedades que não tivessem interesse em constituir outras sociedades autónomas para prosseguir aquela actividade (comercialização livre), designadamente por já existir no mesmo grupo uma outra sociedade com aquele mesmo objecto.

Assim sendo, entendemos que se, em última análise, uma antiga concessionária, ou licenciada, não quiser exercer a actividade de comercialização, não está sequer obrigada a constituir uma sociedade autónoma com esse objecto. De qualquer forma, se esse interesse surgir mais tarde, poderá ainda, em nossa opinião, vir a fazê-lo.

ARTIGO 67.º
**Atribuição transitória da qualidade
de comercializador de último recurso**

Sem prejuízo do disposto no artigo 41.º, é atribuída às entidades concessionárias ou detentoras de licenças de distribuição a qualidade de comercializador de último recurso dentro das respectivas áreas de concessão ou licença, nos termos da legislação complementar.

→ Artigo 41.º, n.º 2 do Decreto-lei n.º 30/2006; artigo 67.º do Decreto-lei n.º 140/2006.

I.   Atribuição transitória da qualidade de comercializador de último recurso.
II. Constituição de sociedades autónomas.

I. Tal como referimos no comentário ao artigo anterior, as anteriores concessionárias de distribuição regional, bem como as anteriores detentoras de licenças de distribuição local passaram a ser titulares – através de sociedades autónomas quando tenham mais de 100 000 clientes – de licenças de comercialização de último recurso de todos os clientes que consumam anualmente quantidades de gás natural inferiores a 2 milhões de metros cúbicos normais e se situem nas áreas das respectivas concessões ou licenças (cfr. artigo 67.º, n.º 2 do Decreto-lei n.º 140/2006).

Estas licenças são concedidas, como se estabelece no artigo 67.º, n.º 3 do Decreto-lei n.º 140/2006, independentemente de qualquer formalidade e têm uma duração correspondente à dos contratos de concessão ou à das licenças de distribuição.

II. No caso das concessionárias de distribuição e das licenciadas que tenham mais de 100 000 clientes, tal actividade terá de ser exercida, autonomamente, através de sociedades detidas em regime de domínio total inicial por aquelas sociedades (cfr. artigo 41.º, n.º 2 do Decreto-lei n.º 30/2006), as quais deveriam ser constituídas até 27 de Julho de 2007 (cfr. artigo 67.º, n.º 4 do Decreto-lei n.º 140/2006).

Em rigor, a actividade de comercialização de último recurso (retalhista), a exercer por estas sociedades (quer directamente, quer através de sociedades autónomas constituídas para o efeito) iniciou-se, apenas, em 1 de Janeiro de 2008, altura em que foram transferidos para a sua titularidade os contratos de fornecimento em vigor celebrados com os respectivos clientes.

NOTA PRÉVIA AO CAPÍTULO IX

O último capítulo do Decreto-lei n.º 30/2006 contém, em matéria de disposições finais, normas sobre resolução de conflitos (artigo 68.º), normas sobre garantias que alguns agentes de mercado, por força da sua actividade, estão obrigados a assumir (artigo 69.º), e ainda um conjunto de normas sobre a legislação que deverá ser publicada, tendo em vista a regulamentação do presente diploma, para além, de uma norma revogatória.

CAPÍTULO IX
Disposições finais

Artigo 68.º
Arbitragem

1 – Os conflitos entre o Estado e as respectivas entidades concessionárias emergentes dos respectivos contratos podem ser resolvidos por recurso a arbitragem.

2 – Os conflitos entre as entidades concessionárias e os demais intervenientes no SNGN, no âmbito das respectivas actividades, podem ser igualmente resolvidos por recurso a arbitragem.

3 – Das decisões dos tribunais arbitrais cabe recurso para os tribunais judiciais, nos termos da lei geral.

4 – Compete ao Estado, através da ERSE, promover a arbitragem, tendo em vista a resolução de conflitos entre os agentes e os clientes.

→ Artigos 1.º, n.º 4 e 29.º da Lei n.º 31/86, de 29 de Agosto (Lei da Arbitragem Voluntária); artigos 180.º e seguintes do Código de Processo nos Tribunais Administrativos (CPTA); artigo 407.º, n.º 2 do CCP; artigo 24.º do Decreto-lei n.º 97/2002, de 12 de Abril; artigos 3.º, 5.º e 8.º do Regulamento de Mediação e Conciliação de Conflitos da ERSE, aprovado através do Despacho n.º 22674-A/2002 da ERSE; artigo 15.º da Lei n.º 23/96, de 26 de Julho, na redação dada pela Lei n.º 12/2008, de 26 de Fevereiro.

   I.   Recurso à Arbitragem.
  II. Competência da ERSE. Regulamento de Mediação e Conciliação de Conflitos da ERSE.

I. A possibilidade de recurso à arbitragem, como forma de resolução dos litígios que surjam entre o Estado e as concessionárias, ou entre as entidades concessionárias e os demais intervenientes no

SNGN consta, para além desta norma, das Bases dos diferentes contratos de concessão (cfr., a título de exemplo, a Base XLVII do contrato de concessão da actividade de transporte de gás natural através da Rede Nacional de Transporte de Gás Natural, constante do Decreto-lei n.º 140/2006).

Trata-se de uma forma extrajudicial de resolução de conflitos, geralmente mais célere do que o recurso à via judicial comum, que se justifica, particularmente, quando estejam em causa contratos complexos como são os contratos de concessão.

Deste modo, quer o Estado e a concessionária, quer a concessionária e os demais operadores e utilizadores da respectiva infra-estrutura podem celebrar convenções de arbitragem destinadas à resolução dos litígios emergentes dos respectivos contratos, nos termos do Código de Processo nos Tribunais Administrativos (artigos 180.º e seguintes) e da Lei n.º 31/86, de 29 de Agosto (Lei da Arbitragem Voluntária), consoante os casos.

Com efeito, estabelece-se no artigo 1.º, n.º 4 da Lei da Arbitragem Voluntária que *"o Estado e outras pessoas colectivas de direito público podem celebrar convenções de arbitragem, se para tanto forem autorizados por lei especial ou se elas tiverem por objecto litígios respeitantes a relações de direito privado"*.

Desta norma resulta, assim, *"(...) clara e directamente a arbitrabilidade dos litígios – isto é, a susceptibilidade de os litígios serem submetidos a arbitragem – em matérias respeitantes a relações de direito privado, no âmbito das quais as entidades públicas figurem como se fossem sujeitos privados. Trata-se de matérias que não pertencem à jurisdição dos tribunais administrativos, mas sim dos tribunais judiciais."* (cfr. Mário Aroso de Almeida, *O Novo Regime do Processo nos Tribunais Administrativos*, 4.ª edição, Almedina, Coimbra, 2005, pp. 401-402).

Nestes casos, aplicam-se as regras da Lei da Arbitragem Voluntária que se aplicam também aos litígios entre privados. Estão aqui em causa, sobretudo, os conflitos entre as entidades concessionárias e os demais intervenientes no SNGN.

Quanto aos conflitos entre o Estado e as respectivas concessionárias, decorrentes dos contratos de concessão, aplicam-se os preceitos do CPTA (cfr. artigo 180.º, n.º 1, alínea a)). Com efeito, não restam dúvidas de que estamos perante contratos administrativos e, por isso, no âmbito de relações jurídico-administrativas (cfr. artigo 407.º, n.º 2 do CCP).

"(...) (C)ontinua, assim, a existir, com o artigo 180.º do CPTA, "lei especial", para o efeito do disposto no artigo 1.º, n.º 4 da LAV, a permitir, em amplos termos, o recurso à arbitragem em matéria de contratos e responsabilidade da Administração" (cfr. Mário Aroso de Almeida, ob. cit., pp. 403-404).

À arbitragem dos litígios emergentes de relações jurídico-administrativas é aplicável, com pequenas alterações, o regime geral da arbitragem voluntária (cfr. artigo 181.º, n.º 1 do CPTA). É, pois, neste sentido que se deve entender a remissão constante dos diferentes contratos de concessão (cfr. Anexos ao Decreto-lei n.º 140/2006) para a Lei n.º 31/86.

Das decisões dos tribunais arbitrais cabe, quando a tal as partes não hajam renunciado, recurso para os tribunais comuns, conforme decorre do disposto no **n.º 3**. Este recurso será para o Tribunal da Relação ou para o Tribunal Central Administrativo, conforme o regime aplicável (cfr. artigo 29.º da Lei da Arbitragem Voluntária e artigo 186.º, n.º 1 do CPTA).

II. De acordo com a norma do **n.º 4**, compete ao Estado, através da ERSE, promover a arbitragem, tendo em vista a resolução de conflitos entre agentes e clientes.

Com efeito, estabelece-se no artigo 24.º, n.º 1 do Decreto-lei n.º 97/2002, de 12 de Abril (diploma que aprova os Estatutos da ERSE), que a ERSE deve fomentar a arbitragem voluntária para a resolução de conflitos de natureza comercial ou contratual entre as entidades concessionárias e licenciadas e entre elas e os consumidores.

Neste sentido, dispõe-se no n.º 2 do mesmo artigo 24.º que a ERSE pode cooperar na criação de centros de arbitragem (institucionalizados) e estabelecer acordos com centros de arbitragem. Não foi ainda, no entanto, criado nenhum centro de arbitragem neste domínio.

Não obstante, em 2002, a ERSE fez aprovar o Regulamento de Mediação e Conciliação de Conflitos da ERSE, aprovado pelo Despacho n.º 22674-A/2002.

A mediação e conciliação são também, tal como a arbitragem, procedimentos de resolução extrajudicial de conflitos, tendo carácter voluntário. Através destes mecanismos, a ERSE limita-se a recomendar uma solução (mediação) ou a sugerir às partes que encontrem de comum acordo uma solução para o litígio que as opõe (conciliação), sem nunca impor, no entanto, qualquer solução.

A mediação e conciliação de conflitos são realizadas por funcionários da ERSE, designados para o efeito.

A ERSE tem competência para a mediação e conciliação de conflitos de natureza comercial e contratual emergentes do relacionamento entre as concessionárias e as licenciadas e entre elas e os consumidores de gás natural, ocorridos em território continental Português (cfr. artigo 3.º, n.º1 do Regulamento de Mediação e Conciliação de Conflitos da ERSE).

Considera-se que existe um conflito quando, na sequência de reclamação apresentada pelo interessado, não tenha sido obtida uma resposta atempada ou fundamentada ou a mesma não resolva satisfatoriamente a pretensão do reclamante (cfr. artigo 3.º, n.º 2 do Regulamento de Mediação e Conciliação de Conflitos da ERSE).

A intervenção da ERSE através destes procedimentos suspende os prazos de recurso às instâncias judiciais e outras que se mostrem competentes (cfr. artigo 15.º, da Lei n.º 23/96, de 26 de Julho na redação dada pela Lei n.º 12/2008 de 26 de Fevereiro).

Finalmente, estes procedimentos de mediação e de conciliação de conflitos são gratuitos (cfr. artigo 8.º do Regulamento de Mediação e Conciliação de Conflitos da ERSE).

ARTIGO 69.º
Garantias

Para garantir o cumprimento das suas obrigações, os operadores e os comercializadores devem constituir e manter em vigor um seguro de responsabilidade civil, proporcional ao potencial risco inerente às actividades, de montante a definir nos termos da legislação complementar.

→ Artigo 6.º do Decreto-lei n.º 140/2006.

Os operadores das infra-estruturas encontram-se obrigados a constituir um seguro de responsabilidade civil, destinando-se o mesmo à cobertura dos danos materiais e corporais causados a terceiros e resultantes do exercício da respectiva actividade (cfr. artigo 6.º do Decreto-lei n.º 140/2006). O montante mínimo obrigatório do seguro é fixado por portaria do ministro responsável pela área da energia e actualizável de três em três anos, ouvido o Instituto de Seguros de Portugal (cfr., a título de exemplo, a Base XXV do contrato de concessão da actividade de transporte de gás natural através da Rede Nacional de Transporte de Gás Natural – Decreto-lei n.º 140/2006). Esta Portaria ainda não foi, no entanto, aprovada.

Para além deste seguro, as concessionárias ficam ainda obrigadas a constituir seguros envolvendo todas as infra-estruturas e instalações que integram a concessão contra riscos de incêndio, explosão e danos devido a terramoto ou temporal, nos termos a fixar nos respectivos contratos de concessão.

Da mesma forma, também os comercializadores se encontram obrigados a constituir um seguro de responsabilidade civil destinado a garantir a cobertura dos danos causados a terceiros resultantes do exercício da sua actividade. O regime deste seguro, bem como o seu montante mínimo serão também definidos em legislação complementar, legislação que ainda não foi publicada.

ARTIGO 70.º

Regime sancionatório

O regime sancionatório aplicável às disposições do presente Decreto-lei e da legislação complementar é estabelecido em Decreto-lei específico.

O diploma sobre o regime sancionatório aplicável à violação das disposições do presente diploma, bem como à violação de disposições constantes de legislação complementar, nomeadamente do Decreto-lei n.º 140/2006, de 26 de Julho, ainda não foi publicado.

O atraso na publicação deste regime constitui um aspecto negativo, uma vez que da sua entrada em vigor dependerá, em última análise, o efectivo cumprimento de normas significativas destes diplomas.

Artigo 71.º

Regulamentação

1 – Os regimes jurídicos das actividades previstas no presente Decreto-lei, incluindo as respectivas bases de concessão e procedimentos para atribuição das concessões e licenças, são estabelecidos por Decreto-lei.

2 – Para efeitos da aplicação do presente Decreto-lei, são previstos os seguintes regulamentos:

    a) O Regulamento do Acesso às Redes, às Infra-Estruturas e às Interligações;

    b) O Regulamento Tarifário;

    c) O Regulamento de Relações Comerciais;

    d) O Regulamento da Qualidade de Serviço;

    e) O Regulamento da Rede de Transporte;

    f) O Regulamento da Rede de Distribuição;

    g) O Regulamento de Operação das Infra-Estruturas.

→ Artigos 7.º, 24.º, 25.º, 30.º, 31.º, 34.º, 54.º e 63.º do Decreto-lei n.º 140/2006; Despacho n.º 5/2007, de 6 de Junho, da ERSE; Despacho n.º 19 624-A/2006, publicado no Diário da República, II série, n.º 185, de 25 de Setembro; Despacho n.º 14669-AZ/2007, publicado no Diário da República, II série, n.º 129, de 6 de Julho.

I.   O Decreto-lei n.º 140/2006.

II. Regulamentos.

I. O regime jurídico aplicável às actividades de transporte de gás natural, de armazenamento subterrâneo, de recepção, armazenamento e regaseificação em terminais de GNL e de distribuição de gás natural, incluindo as respectivas bases das concessões, foi estabelecido pelo Decreto-lei n.º 140/2006, de 26 de Julho. Este diploma contém ainda disposições específicas sobre o procedimento de atribuição das concessões e das licenças (cfr. artigos 7.º, 24.º, 25.º, 30.º, 31.º e 34.º).

Com efeito, o Decreto-lei n.º 140/2006 completa a transposição, nas matérias que constituem o seu objecto, das Directivas n.º 2003/55/CE e 2004/67/CE, iniciada com o presente Decreto-lei.

II. Dos Regulamentos previstos no n.º 2 deste artigo, ainda não foram aprovados os Regulamentos da Rede de Transporte e da Rede de Distribuição.

Os restantes Regulamentos foram aprovados logo em 2006, pelo Despacho n.º 19 624-A/2006, de 11 de Setembro, da ERSE, publicado no Diário da República, II série, n.º 185, de 25 de Setembro de 2006, cumprindo-se assim o disposto no artigo 63.º, n.º 3 do Decreto-lei n.º 140/2006 que fixava o prazo de três meses a contar da data da entrada em vigor daquele diploma para serem aprovados e publicados todos os regulamentos previstos no artigo 54.º do mesmo diploma. O ROI só foi, no entanto, aprovado mais tarde, através do Despacho da ERSE n.º 14 669-AZ/2007, publicado no Diário da República, II série, n.º 129, de 6 de Julho.

No artigo 54.º do Decreto-lei n.º 140/2006 prevê-se ainda a aprovação, para efeitos da sua aplicação, dos Regulamentos de Armazenamento Subterrâneo (cfr. alínea g)) e de Terminal de Recepção, Armazenamento e Regaseificação de GNL (cfr. alínea h)). De referir, no entanto, que até a esta data nenhum destes Regulamentos foi também ainda aprovado.

Estabelece-se no artigo 63.º, n.º 2 do Decreto-lei n.º 140/2006 que qualquer um destes Regulamentos (Regulamentos de Armazenamento Subterrâneo e de Terminal de Recepção, Armazenamento e Regaseificação de GNL), bem como o Regulamento da Rede de Transporte, serão aprovados por portaria do ministro responsável pela área da energia, sob proposta da DGEG, que deverá solicitar o parecer da ERSE e propostas às respectivas concessionárias. Embora esta norma nada refira a propósito da aprovação do Regulamento da Rede de Distribuição, até porque o mesmo não consta do elenco do artigo 54.º do Decreto-lei n.º 140/2006, pensamos que tal se fica a dever a um lapso e que, como tal, se deverá também aplicar o disposto na norma do n.º 2 do artigo 63.º do Decreto-lei n.º 140/2006 quanto à competência para a sua aprovação.

Em relação aos Regulamentos já aprovados, o seu objecto é o seguinte:

– o **Regulamento do Acesso às Redes, às Infra-Estruturas e às Interligações do Sector do Gás Natural** estabelece as condições técnicas e comerciais segundo as quais se processa o acesso às redes de transporte e de distribuição, às instalações de armazenamento subterrâneo de gás natural, aos terminais de GNL e às interligações.

– o **Regulamento Tarifário**, por sua vez, contém disposições sobre critérios e métodos para a formulação de tarifas e preços de gás natural a aplicar pelas entidades por ele abrangidas.

– o **Regulamento das Relações Comerciais** estabelece as disposições aplicáveis às relações comerciais entre os vários sujeitos intervenientes no SNGN.

– o **Regulamento da Qualidade de Serviço** fixa os padrões de qualidade de serviço de natureza técnica e comercial a que devem obedecer os serviços prestados no SNGN.

– o **Regulamento de Operação das Infra-estruturas** estabelece os critérios e os procedimentos de gestão de fluxos de gás natural, a prestação dos serviços de sistema e as condições técnicas que permitem aos operadores das infra-estruturas da RNTIAT a gestão destes fluxos.

ARTIGO 72.º
**Operação logística de mudança
de comercializador de gás natural**

O regime de exercício da actividade de operação logística de mudança de comercializador de gás natural é estabelecido em legislação complementar.

O diploma que estabelecerá o regime de exercício da actividade de operação logística de mudança de comercializador de gás natural ainda não foi aprovado, o que constitui também um aspecto negativo em matéria de publicação da legislação que enforma o novo SNGN. Com efeito, a aprovação deste diploma afigura-se de primordial importância tendo em vista a concretização de um verdadeiro mercado livre, sendo fundamental para que os clientes elegíveis possam, de forma consciente e esclarecida, optar por exercer o seu direito à livre escolha de um comercializador.

ARTIGO 73.º

Norma revogatória

São revogados os Decretos-leis n.os 14/2001, de 27 de Janeiro, e 374/89, na redacção que lhe foi dada pelo Decreto-lei n.º 8/2000, de 8 de Fevereiro, que manterão a sua vigência nas matérias que não forem incompatíveis com o presente Decreto-lei até à entrada em vigor da legislação complementar.

→ Artigo 12.º do Decreto-lei n.º 30/2006; Decreto-lei n.º 232/90, de 16 de Julho, com as alterações introduzidas pelo Decreto-lei n.º 7/2000, de 3 de Fevereiro; Decreto-lei n.º 14/2001; Decreto-lei n.º 374/89.

Para além destes diplomas, o Decreto-lei n.º 140/2006 revoga também os Decretos-lei n.º 32/91 e 33/91, de 16 de Janeiro, 333/91, de 6 de Setembro, 203/97, de 8 de Agosto, 274-B/93, de 4 de Agosto e 274-C/93, também de 4 de Agosto, completando, assim, a revogação do quadro legislativo que até 2006 regulava o sector do gás natural no nosso país. Em vigor mantém-se, no entanto, o Decreto-lei n.º 232/90, de 16 de Julho, na redacção dada pelo Decreto-lei n.º 7/2000, de 3 de Fevereiro, embora parte das suas disposições se devam considerar, entretanto, revogadas, nomeadamente com a entrada em vigor do Decreto-lei n.º 30/2006 (cfr. comentário ao artigo 12.º).

Sublinhe-se, no entanto, que esta norma ressalva, expressamente, a manutenção em vigor das disposições dos Decretos-lei n.º 14/2001 e 374/89 que não forem incompatíveis com o presente diploma até à entrada em vigor da legislação complementar (nomeadamente em matéria de regime de constituição de servidões de gás natural – cfr. também o comentário ao artigo 12.º).

ARTIGO 74.º

Entrada em vigor

O presente Decreto-lei entra em vigor no dia seguinte ao da sua publicação.

ANEXOS

ANEXO I

MAPA PORTUGAL CONTINENTAL (REDES)(¹)

(¹) Mapa cedido pela REN Gasodutos, SA.

ANEXO II
MAPA IBÉRICO (REDES)([1])

GÁS NATURAL: REDE IBÉRICA

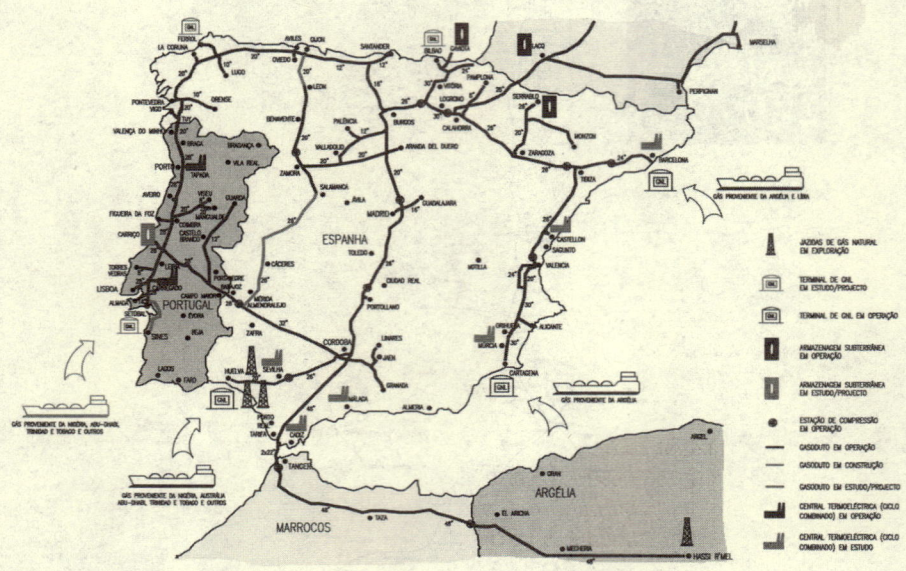

_____

([1]) Mapa cedido pela REN Gasodutos, SA.

LEGISLAÇÃO ANEXA

LEGISLAÇÃO COMUNITÁRIA

Directiva 2003/55/CE do Parlamento Europeu e do Conselho, de 26 de Junho de 2003
que estabelece regras comuns para o mercado interno de gás natural e que revoga a Directiva 98/30/CE

O PARLAMENTO EUROPEU E O CONSELHO DA UNIÃO EUROPEIA,

Tendo em conta o Tratado que institui a Comunidade Europeia e, nomeadamente, o n.º 2 do seu artigo 47.º e os seus artigos 55.º e 95.º,

Tendo em conta a proposta da Comissão[1],

Tendo em conta o parecer do Comité Económico e Social Europeu[2],

Após consulta ao Comité das Regiões,

Deliberando nos termos do artigo 251.º do Tratado[3],

Considerando o seguinte:

(1) A Directiva 98/30/CE do Parlamento Europeu e do Conselho, de 22 de Junho de 1998, relativa a regras comuns para o mercado do gás natural[4], contribuiu de forma importante para a criação do mercado interno do gás.

(2) A experiência adquirida com a aplicação da referida directiva demonstra os benefícios que podem a resultar do mercado interno do gás em termos de aumento de eficiência, reduções de preços, padrões de serviço mais elevados e maior competitividade. Todavia, subsistem deficiências significativas e possibilidades de melhorar o funcionamento do mercado, sendo necessárias medidas concretas, nomeadamente, para assegurar condições de concorrência equitativas

---

[1] JO C 240 E de 28.8.2001, p. 60 e JO C 227 E de 24.9.2002, p. 393.

[2] JO C 36 de 8.2.2002, p. 10.

[3] Parecer do Parlamento Europeu de 13 de Março de 2002 (JO C 47 E de 27.2.2003, p. 367), posição comum do Conselho de 3 de Fevereiro de 2003 (JO C 50 E de 4.3.2003, p. 36) e decisão do Parlamento Europeu de 4 de Junho de 2003 (ainda não publicada no Jornal Oficial).

[4] JO L 204 de 21.7.1998, p. 1.

e para reduzir os riscos de ocorrência de posições dominantes no mercado e de comportamentos predatórios, garantindo tarifas de transporte e distribuição não discriminatórias através do acesso à rede com base em tarifas publicadas antes da sua entrada em vigor e garantindo a protecção dos direitos dos pequenos clientes e dos clientes vulneráveis.

(3) O Conselho Europeu, reunido em Lisboa, em 23 e 24 de Março de 2000, apelou a uma acção rápida tendo em vista concretizar totalmente o mercado interno nos sectores da electricidade e do gás e acelerar a liberalização nestes sectores, com o objectivo de conseguir um mercado interno plenamente operacional. Na sua resolução, de 6 de Julho de 2000, sobre o segundo relatório da Comissão relativo à liberalização dos mercados da energia, o Parlamento Europeu solicitou à Comissão que adoptasse um calendário pormenorizado para a consecução de objectivos rigorosamente definidos, tendo em vista proceder a uma liberalização gradual mas total do mercado da energia.

(4) As liberdades que o Tratado garante aos cidadãos europeus, nomeadamente a liberdade de circulação de mercadorias, de prestação de serviços e de estabelecimento, pressupõem um mercado plenamente aberto que permita a todos os consumidores a livre escolha de fornecedores e a todos os fornecedores o livre abastecimento dos seus clientes.

(5) Atendendo ao aumento previsto da dependência no que se refere ao consumo de gás natural, afigura se oportuno considerar iniciativas e medidas destinadas a favorecer a reciprocidade das condições de acesso às redes de países terceiros e a integração do mercado.

(6) Os principais obstáculos à realização de um mercado interno plenamente operacional e concorrencial encontram-se associados, entre outras, a questões de acesso à rede, ao acesso ao armazenamento, a questões de tarifação, à interoperabilidade entre sistemas e à diversidade de graus de abertura do mercado existentes nos Estados-Membros.

(7) Uma concorrência eficaz implica um acesso à rede não discriminatório, transparente e a preços justos.

(8) Para a plena realização do mercado interno do gás é da máxima importância o acesso não discriminatório às redes dos operadores das redes de transporte e de distribuição. O operador de uma rede de transporte ou de distribuição pode compreender uma ou mais empresas.

(9) No caso de uma empresa de gás natural que desempenhe actividades relacionadas com o transporte, o armazenamento ou o gás natural liquefeito (GNL) e que se encontre separada, no plano jurídico, das empresas que desempenham actividades de produção e/ou de fornecimento, o operador designado da rede pode ser a mesma empresa que é proprietária da infra-estrutura.

(10) Para assegurar um acesso eficiente e não discriminatório às redes é conveniente que as redes de transporte e de distribuição sejam exploradas por entidades juridicamente separadas nos casos em que existam empresas verticalmente integra-

das. A Comissão deverá avaliar medidas de efeito equivalente, desenvolvidas pelos Estados-Membros para realizar o objectivo da presente exigência, e, sempre que adequado, apresentar propostas de alteração da presente directiva.

É também conveniente que os operadores das redes de transporte e de distribuição tenham o direito efectivo de tomar decisões no tocante aos activos necessários para manter, explorar e desenvolver as redes, se os activos em questão forem propriedade de empresas verticalmente integradas e forem por elas explorados.

É todavia importante distinguir entre essa separação jurídica e a separação da propriedade. A separação jurídica não implica uma mudança de propriedade dos bens e nada impede a aplicação de condições de emprego semelhantes ou iguais em toda a empresa verticalmente integrada. Contudo, deverá assegurar-se a existência de um processo de tomada de decisões não discriminatório mediante medidas de organização em matéria de independência dos responsáveis pelas decisões.

(11) A fim de não impor encargos financeiros e administrativos desproporcionados às pequenas empresas de distribuição, é conveniente autorizar os Estados-Membros a dispensá-las, se for caso disso, das exigências legais de separação da distribuição.

(12) A fim de facilitar a celebração de contratos por uma empresa do sector do gás estabelecida num Estado-Membro para o fornecimento de gás a clientes elegíveis de outro Estado-Membro, os Estados-Membros e, sempre que adequado, as entidades reguladoras nacionais devem procurar estabelecer condições mais homogéneas e o mesmo grau de elegibilidade para todo o mercado interno.

(13) A existência de uma regulação eficaz por parte de uma ou mais entidades reguladoras nacionais é um factor importante na garantia de acesso não discriminatório à rede. Os Estados-Membros devem especificar as funções, competências e poderes administrativos dessas entidades reguladoras. É importante que as entidades reguladoras de todos os Estados-Membros partilhem o mesmo conjunto mínimo de competências. Essas entidades deverão ter competência para fixar ou aprovar as tarifas ou, pelo menos, as metodologias subjacentes ao cálculo das tarifas de transporte e distribuição e das tarifas de acesso às instalações de GNL. A fim de se evitar situações de incerteza e diferendos dispendiosos e prolongados, essas tarifas deverão ser publicadas antes da sua entrada em vigor.

(14) A Comissão manifestou a intenção de criar um Grupo Europeu de Entidades Reguladoras para os Mercados da Electricidade e do Gás, que constituiria um mecanismo consultivo adequado para encorajar a cooperação e a coordenação das entidades reguladoras nacionais, visando promover o desenvolvimento do mercado interno da electricidade e do gás e contribuir para a aplicação coerente, em todos os Estados-Membros, da presente directiva, da Directiva 2003/54/CE do Parlamento Europeu e do Conselho, de 26 de Junho de 2003,

que estabelece regras comuns para o mercado interno da electricidade([5]), e do Regulamento (CE) n.º 1228/2003 do Parlamento Europeu e do Conselho, de 26 de Junho de 2003, relativo às condições de acesso à rede para o comércio transfronteiriço de electricidade([6]).

(15) A fim de assegurar o acesso efectivo ao mercado a todos os agentes, incluindo novos operadores, são necessários mecanismos de compensação não discriminatórios e que reflictam os custos. Para o conseguir, deverão criar-se, logo que a liquidez do mercado do gás o permita, mecanismos transparentes e baseados no mercado para o fornecimento e a compra do gás necessário aos requisitos de compensação. Na ausência de mercados em situação de liquidez, as entidades reguladoras nacionais deverão desempenhar um papel activo no senti-do de garantir que as tarifas de compensação não sejam discriminatórias e reflic-tam os custos. Simultaneamente, deverão ser criados os incentivos adequados para manter o equilíbrio entre o aprovisionamento e a retirada de gás, evitando colocar a rede em perigo.

(16) As entidades reguladoras nacionais deverão ter a possibilidade de fixar ou aprovar tarifas, ou as metodologias subjacentes ao cálculo das mesmas, com base numa proposta do(s) operador(es) das redes de transporte, do(s) operador(es) das redes de distribuição ou dos operadores das redes de GNL, ou numa proposta acordada entre esse(s) operador(es) e os utilizadores das redes. Na exercício destas funções, as entidades reguladoras nacionais deverão assegurar que as tarifas de transporte e distribuição não sejam discriminatórias e reflictam os custos, e tomem em consideração os custos marginais a longo prazo da rede que as medidas de gestão da procura permitem evitar.

(17) Os benefícios resultantes do mercado interno deverão ser colocados, o mais rapidamente possível, à disposição de todos os sectores da indústria e do comércio da Comunidade, incluindo as pequenas e médias empresas, e de todos os cidadãos da Comunidade, por razões de equidade, competitividade e, indirec-tamente, para a criação de emprego em consequência dos ganhos de eficiência de que beneficiarão as empresas.

(18) Os clientes do sector do gás deverão poder escolher livremente os seus fornecedores. Não obstante, é conveniente adoptar uma abordagem por etapas no que respeita à concretização do mercado interno do gás, combinada com um prazo específico, a fim de permitir à indústria adaptar-se e assegurar a introdução de medidas e sistemas adequados para proteger os interesses dos clientes e ga-rantir o seu direito real e efectivo de escolher o seu fornecedor.

(19) A abertura progressiva do mercado, tendo em vista a plena concorrên-cia, deverá eliminar logo que possível as diferenças entre os Estados-Membros. É necessário assegurar a transparência e a certeza na aplicação da presente directiva.

([5]) Ver página 37 do presente Jornal Oficial.
([6]) Ver página 1 do presente Jornal Oficial.

(20) A Directiva 98/30/CE contribui para o acesso ao armazenamento como parte da rede de gás. À luz da experiência adquirida na realização do mercado interno, é necessário tomar medidas adicionais para clarificar as disposições de acesso ao armazenamento e aos serviços auxiliares.

(21) As instalações de armazenamento constituem um meio essencial, nomeadamente, para dar execução às obrigações de serviço público, como seja a segurança do fornecimento. Não devem, contudo, criar distorções de concorrência ou gerar discriminações no acesso ao armazenamento.

(22) Devem igualmente ser tomadas medidas para assegurar tarifas transparentes e não discriminatórias de acesso ao transporte. Essas tarifas devem ser aplicáveis a todos os utilizadores numa base não discriminatória. Quando a instalação de armazenamento, o armazenamento na rede ou os serviços auxiliares funcionarem num mercado suficientemente competitivo, poderá permitir-se o acesso com base em mecanismos assentes no mercado, transparentes e não discriminatórios.

(23) Tendo em vista a segurança do fornecimento, é necessário monitorizar o equilíbrio entre a oferta e a procura em cada um dos Estados-Membros e elaborar um relatório sobre a situação a nível comunitário, tendo em conta a capacidade de interligação de zonas. Esta monitorização deverá ser efectuada atempadamente, a fim de permitir a adopção de medidas adequadas, caso seja comprometida a segurança do fornecimento. A construção e a manutenção das infra-estruturas de rede necessárias, incluindo a capacidade de interligação, deverão contribuir para garantir a estabilidade do fornecimento de gás.

(24) Os Estados-Membros deverão garantir que, tendo em conta as necessárias exigências de qualidade, o biogás e o gás proveniente da biomassa ou outros tipos de gás beneficiem de acesso não discriminatório à rede de gás, desde que esse acesso seja permanentemente compatível com a regulamentação técnica e as normas de segurança relevantes. Essa regulamentação e normas devem garantir que os referidos gases possam ser injectados e transportados na rede de gás natural, do ponto de vista técnico e de segurança, e devem abranger igualmente as características químicas desses gases.

(25) Os contratos a longo prazo continuarão a ser uma componente importante do abastecimento dos Estados-Membros em gás, pelo que deverão manter-se como uma opção para as empresas de fornecimento de gás, na medida em que não comprometam os objectivos da presente directiva e sejam compatíveis com o Tratado, e nomeadamente com as regras de concorrência. Por conseguinte, é necessário tê-los em conta no planeamento da capacidade de fornecimento e transporte das empresas de gás.

(26) A fim de garantir a manutenção de elevados padrões de serviço público na Comunidade, os Estados-Membros deverão notificar periodicamente a Comissão de todas as medidas adoptadas para alcançar os objectivos da presente directiva. A Comissão deverá publicar periodicamente um relatório que analise

as medidas adoptadas a nível nacional para alcançar os objectivos de serviço público e compare a sua eficácia, com o objectivo de recomendar a adopção de medidas à escala nacional que permitam alcançar elevados padrões de serviço público.

Os Estados-Membros deverão garantir que os clientes, ao serem ligados à rede de gás, sejam informados dos seus direitos ao fornecimento de gás natural de uma qualidade específica a preços razoáveis. As medidas tomadas pelos Estados-Membros para proteger os consumidores finais poderão ser diferentes consoante se trate de consumidores domésticos ou de pequenas e médias empresas.

(27) O cumprimento dos requisitos de serviço público constitui uma exigência fundamental da presente directiva, e é importante que nela sejam especificadas normas mínimas comuns, a respeitar por todos os Estados-Membros, que tenham em conta os objectivos de protecção do consumidor, de segurança do fornecimento, de protecção do ambiente e de equivalência dos níveis de concorrência em todos os Estados-Membros. É importante que os requisitos de serviço público possam ser interpretados numa base nacional, tendo em conta as circunstâncias nacionais, e sujeitos ao respeito do direito comunitário.

(28) As medidas postas em prática pelos Estados-Membros para alcançar os objectivos de coesão social e económica podem incluir, em especial, a oferta de incentivos económicos adequados, mediante o recurso, quando apropriado, a todos os instrumentos nacionais e comunitários existentes. Esses instrumentos poderão incluir mecanismos de responsabilidade para garantir o investimento necessário.

(29) Na medida em que as disposições tomadas pelos Estados-Membros para dar cumprimento às obrigações de serviço público constituam um auxílio estatal na acepção do n.º 1 do artigo 87.º do Tratado, os Estados-Membros devem notificá-las à Comissão nos termos do n.º 3 do artigo 88.º do Tratado.

(30) Atendendo a que o objectivos da acção encarada, nomeadamente a criação de um mercado interno do gás plenamente operacional e em que prevaleça a lealdade de concorrência, não pode ser suficientemente realizado pelos Estados-Membros e pode, pois, devido à dimensão e aos efeitos da acção prevista, ser melhor alcançado ao nível comunitário, a Comunidade pode tomar medidas em conformidade com o princípio da subsidiariedade consagrado no artigo 5.º do Tratado. Em conformidade com o princípio da proporcionalidade consagrado no mesmo artigo, a presente directiva não excede o necessário para atingir aquele objectivo.

(31) À luz da experiência adquirida com a aplicação da Directiva 91/296/CEE do Conselho, de 31 de Maio de 1991, relativa ao trânsito de gás natural por redes(7), devem ser tomadas medidas para assegurar regimes homogéneos e não

---

(7) JO L 147 de 12.6.1991, p. 37. Directiva com a última redacção que lhe foi dada pela Directiva 95/49/CE da Comissão (JO L 233 de 30.9.1995, p. 86).

discriminatórios de acesso ao transporte, incluindo os fluxos transfronteiriços de gás entre Estados-Membros. A fim de garantir um tratamento homogéneo do acesso às redes de gás também no caso do trânsito, a referida directiva deverá ser revogada, sem prejuízo da continuidade dos contratos celebrados nos termos da mesma. A revogação da Directiva 91/296/CEE não é impeditiva da futura celebração de contratos a longo prazo.

(32) Dada a amplitude das alterações introduzidas na Directiva 98/30/CE, é conveniente, por razões de clareza e racionalização, refundir as disposições em questão.

(33) A presente directiva respeita os direitos fundamentais e observa os princípios reconhecidos, nomeadamente, na Carta dos Direitos Fundamentais da União Europeia.

(34) As medidas necessárias para a execução da presente directiva serão aprovadas nos termos da Decisão 1999/468/CE do Conselho, de 28 de Junho de 1999, que fixa as regras de exercício das competências de execução atribuídas à Comissão[8],

APROVARAM A SEGUINTE DIRECTIVA:

CAPÍTULO I
Âmbito de Aplicação e Definições

ARTIGO 1.º
Âmbito de aplicação

1. A presente directiva estabelece regras comuns para o transporte, distribuição, fornecimento e armazenamento de gás natural. Define as normas relativas à organização e ao funcionamento do sector do gás natural e ao acesso ao mercado, bem como os critérios e mecanismos aplicáveis à concessão de autorizações de transporte, distribuição, fornecimento e armazenamento de gás natural e à exploração das redes.

2. As regras estabelecidas na presente directiva para o gás natural, incluindo o gás natural liquefeito (GNL), são igualmente aplicáveis ao biogás e ao gás proveniente da biomassa ou a outros tipos de gás, na medida em que esses gases possam ser, do ponto de vista técnico e de segurança, injectados e transportados na rede de gás natural.

---

[8] JO L 184 de 17.7.1999, p. 23 (rectificação no JO L 269 de 19.10.1999, p. 45).

Artigo 2.º

Definições

Para efeitos da presente directiva, entende se por:

1) "Empresa de gás natural", uma pessoa singular ou colectiva que exerce, pelo menos, uma das seguintes actividades: produção, transporte, distribuição, fornecimento, compra ou armazenamento de gás natural, incluindo GNL, e que é responsável pelas funções comerciais, técnicas e/ou de manutenção ligadas a essas actividades, com excepção dos clientes finais;

2) "Rede de gasodutos a montante", um gasoduto ou rede de gasodutos explorados e/ou construídos como parte de uma instalação de produção de petróleo ou de gás ou utilizados para transportar gás natural de uma ou mais dessas instalações para uma instalação de processamento, um terminal ou um terminal costeiro de descarga;

3) "Transporte", o transporte de gás natural através de uma rede de gasodutos de alta pressão que não seja uma rede de gasodutos a montante, para efeitos de fornecimento a clientes, mas não incluindo o fornecimento;

4) "Operador da rede de transporte", a pessoa singular ou colectiva que exerce a actividade de transporte e é responsável pela exploração, pela garantia da manutenção e, se necessário, pelo desenvolvimento da rede de transporte numa área específica e, quando aplicável, das suas interligações com outras redes, bem como por assegurar a capacidade a longo prazo da rede para atender pedidos razoáveis de transporte de gás;

5) "Distribuição", o transporte de gás natural através de redes locais ou regionais de gasodutos para efeitos de fornecimento a clientes, mas não incluindo o fornecimento;

6) "Operador da rede de distribuição", a pessoa singular ou colectiva que exerce a actividade de distribuição e é responsável pela exploração, pela garantia da manutenção e, se necessário, pelo desenvolvimento da rede de distribuição numa área específica e, quando aplicável, das suas interligações com outras redes, bem como por assegurar a capacidade a longo prazo da rede para atender pedidos razoáveis de distribuição de gás;

7) "Fornecimento", a venda, compreendendo a revenda, de gás natural, incluindo GNL, a clientes;

8) "Empresa de fornecimento", a pessoa singular ou colectiva que exerce a actividade de fornecimento;

9) "Instalação de armazenamento", uma instalação utilizada para o armazenamento de gás natural, pertencente e/ou explorada por uma empresa de gás natural, incluindo a parte das instalações de GNL utilizada para o armazenamento, mas excluindo as instalações exclusivamente reservadas aos operadores das redes de transporte no exercício das suas funções;

10) "Operador do sistema de armazenamento", a pessoa singular ou colectiva que exerce a actividade de armazenamento e é responsável pela exploração de uma instalação de armazenamento;

11) "Instalação de GNL", um terminal utilizado para a liquefacção de gás natural ou para a importação, descarga e regaseificação de GNL, incluindo os serviços auxiliares e as instalações de armazenamento temporário necessários para o processo de regaseificação e subsequente entrega à rede de transporte, mas excluindo as partes dos terminais de GNL utilizadas para o armazenamento;

12) "Operador da rede de GNL", a pessoa singular ou colectiva que exerce a actividade de liquefacção de gás natural ou de importação, descarga e regaseificação de GNL e é responsável pela exploração de uma instalação de GNL;

13) "Rede", qualquer rede de transporte ou distribuição, instalação de GNL e/ou instalação de armazenamento pertencente e/ou explorada por uma empresa de gás natural, incluindo os sistemas de armazenamento na rede (linepack) e as instalações prestadoras de serviços auxiliares, bem como as das empresas coligadas, necessárias para garantir o acesso ao transporte, à distribuição e ao GNL;

14) "Serviços auxiliares", todos os serviços necessários ao acesso e à exploração de redes de transporte e/ou distribuição e/ou instalações de GNL e/ou instalações de armazenamento, incluindo sistemas de compensação de carga e de mistura, mas excluindo os meios exclusivamente reservados aos operadores da rede de transporte no exercício das suas funções;

15) "Armazenamento na rede", (*linepack*), o armazenamento de gás por compressão em redes de transporte e distribuição de gás, excluindo as instalações reservadas aos operadores das redes de transporte no exercício das suas funções;

16) "Rede interligada", um conjunto de redes ligadas entre si;

17) "Interligação", uma conduta de transporte que atravessa ou transpõe uma fronteira entre Estados-Membros com a única finalidade de ligar as respectivas redes de transporte nacionais;

18) "Conduta directa", um gasoduto de gás natural não integrado na rede interligada;

19) "Empresa de gás natural integrada", uma empresa vertical ou horizontalmente integrada;

20) "Empresa verticalmente integrada", uma empresa ou um grupo de empresas cujas relações mútuas estão definidas no n.º 3 do artigo 3.º do Regulamento (CEE) n.º 4064/89 do Conselho, de 21 de Dezembro de 1989, relativo ao controlo das operações de concentração de empresas([9]), e que exerce, pelo menos, uma das seguintes actividades: transporte, distribuição, GNL ou armazenamento

---

([9]) JO L 395 de 30.12.1989, p. 1. Regulamento com a última redacção que lhe foi dada pelo Regulamento (CE) n.º 1310/97 (JO L 180 de 9.7.1997, p. 1).

e, pelo menos, uma das actividades de produção ou fornecimento de gás natural;

21) "Empresa horizontalmente integrada", uma empresa que exerce, pelo menos, uma das seguintes actividades: produção, transporte, distribuição, fornecimento ou armazenamento de gás natural, e ainda uma actividade não ligada ao sector do gás;

22) "Empresa coligada", uma empresa filial, na acepção do artigo 41.º da Sétima Directiva 83/349/CEE do Conselho, de 13 de Junho de 1983, baseada no n.º 2, alínea g), do artigo 44.º([10]) do Tratado e relativa às contas consolidadas([11]), e/ou uma empresa associada, na acepção do n.º 1 do artigo 33.º da mesma directiva, e/ou empresas que pertençam aos mesmos accionistas;

23) "Utilizador da rede", uma pessoa singular ou colectiva que fornece a rede ou é por ela fornecida;

24) "Cliente", um comprador por grosso ou um comprador final de gás natural ou uma empresa de gás natural que compra gás natural;

25) "Cliente doméstico", o cliente que compra gás natural para uso doméstico próprio;

26) "Cliente não-doméstico", o cliente que compra gás natural não destinado ao seu uso doméstico próprio;

27) "Cliente final", o cliente que compra gás natural para uso próprio;

28) "Cliente elegível", o cliente livre de comprar gás ao fornecedor da sua escolha, na acepção do artigo 23.º;

29) "Cliente grossista", a pessoa singular ou colectiva, distinta dos operadores das redes de transporte e dos operadores das redes de distribuição, que compra gás natural para fins de revenda no interior ou no exterior da rede em que está estabelecida;

30) "Planeamento a longo prazo", o planeamento da capacidade de fornecimento e transporte das empresas de gás natural segundo uma perspectiva a longo prazo, a fim de satisfazer a procura de gás natural da rede, de diversificar as fontes, e de garantir o fornecimento aos clientes;

31) "Mercado emergente", um Estado-Membro em que o primeiro fornecimento comercial no âmbito do seu primeiro contrato de fornecimento de gás natural a longo prazo tenha sido efectuado há menos de 10 anos;

32) "Segurança", a segurança do fornecimento de gás natural e a segurança técnica;

33) "Nova infra estrutura", uma infra estrutura não terminada à data da entrada em vigor da presente directiva.

([10]) O título da Directiva 83/349/CEE foi adaptado para tomar em conta a renumeração dos artigos do Tratado que institui a Comunidade Europeia, nos termos do artigo 12.º do Tratado de Amesterdão; originalmente o título referia a alínea g) do n.º 3 do artigo 54.º

([11]) JO L 193 de 18.7.1983, p. 1. Directiva com a última redacção que lhe foi dada pela Directiva 2001/65/CE do Parlamento Europeu e do Conselho (JO L 283 de 27.10.2001, p. 28).

CAPÍTULO II
Regras Gerais para a Organização do Sector

ARTIGO 3.º
Obrigações de serviço público e protecção dos consumidores

1. Os Estados-Membros devem assegurar, com base na sua organização institucional e no respeito pelo princípio da subsidiariedade, e, sem prejuízo do disposto no n.º 2, que as empresas de gás natural sejam exploradas de acordo com os princípios constantes da presente directiva, na perspectiva da realização de um mercado de gás natural competitivo, seguro e ambientalmente sustentável, e não devem fazer discriminações entre essas empresas no que respeita a direitos ou obrigações.

2. Tendo plenamente em conta as disposições pertinentes do Tratado, nomeadamente do artigo 86.º, os Estados-Membros podem impor às empresas que operam no sector do gás, no interesse económico geral, obrigações de serviço público em matéria de segurança, incluindo a segurança do fornecimento, de regularidade, qualidade e preço dos fornecimentos, assim como de protecção do ambiente, incluindo a eficiência energética e a protecção do clima. Essas obrigações devem ser claramente definidas, transparentes, não discriminatórias, verificáveis e garantir a igualdade de acesso das empresas do sector do gás da União Europeia aos consumidores nacionais. Relativamente à segurança do fornecimento, à eficiência energética/gestão de procura e ao cumprimento dos objectivos ambientais referidos no presente número, os Estados-Membros podem instaurar um sistema de planeamento a longo prazo, tendo em conta a possibilidade de terceiros procurarem aceder à rede.

3. Os Estados-Membros devem adoptar medidas adequadas para garantir a protecção dos clientes finais e assegurar níveis elevados de protecção dos consumidores e devem, em especial, garantir a existência de salvaguardas adequadas para proteger os clientes vulneráveis, incluindo medidas adequadas que contribuam para evitar o corte da ligação. Neste contexto, podem adoptar medidas adequadas para proteger os clientes de zonas afastadas ligados à rede de gás. Os Estados-Membros podem designar um fornecedor de último recurso para os clientes ligados à rede de gás. Os Estados-Membros devem garantir níveis elevados de protecção dos consumidores, especialmente no que respeita à transparência das condições contratuais gerais, às informações gerais e aos mecanismos de resolução de litígios. Devem ainda assegurar que os clientes elegíveis possam efectivamente mudar de fornecedor. Pelo menos no que respeita aos clientes domésticos, essas medidas devem incluir as fixadas no anexo A.

4. Os Estados-Membros devem aplicar medidas adequadas para a consecução dos objectivos de coesão social e económica, de protecção do ambiente, que podem incluir meios de combate às alterações climáticas, e de segurança do fornecimento. Essas medidas podem incluir, em especial, a concessão de incentivos económicos adequados, mediante o recurso, quando apropriado, aos instrumentos nacionais e comunitários disponíveis, para a manutenção e construção das infra estruturas de rede necessárias, incluindo capacidade de interligação.

5. Os Estados-Membros podem decidir não aplicar as disposições do artigo 4.º no que respeita à distribuição, na medida em que a sua aplicação possa dificultar, de direito ou de facto, o cumprimento das obrigações impostas às empresas de gás natural no interesse económico geral e desde que o desenvolvimento do comércio não seja afectado de maneira contrária aos interesses da Comunidade. Os interesses da Comunidade incluem, nomeadamente, a concorrência no que respeita aos clientes elegíveis, nos termos do disposto na presente directiva e no artigo 86.º do Tratado.

6. Ao darem execução à presente directiva, os Estados-Membros devem informar a Comissão de todas as medidas adoptadas para o cumprimento das obrigações de serviço público, incluindo a protecção dos consumidores e do ambiente, e dos seus eventuais efeitos na concorrência a nível nacional e internacional, independentemente de tais medidas implicarem ou não uma derrogação à presente directiva. Os Estados-Membros devem informar subsequentemente a Comissão, de dois em dois anos, das alterações de que tenham sido objecto essas medidas, independentemente de implicarem ou não uma derrogação à presente directiva.

ARTIGO 4.º

Procedimento de autorização

1. Nos casos em que é exigida uma autorização (nomeadamente sob a forma de licença, permissão, concessão, consentimento ou aprovação) para a construção ou exploração de instalações de gás natural, os Estados-Membros ou as autoridades competentes por eles designadas devem conceder autorizações de construção e/ou exploração no seu território dessas instalações, gasodutos e equipamento conexo, em conformidade com os n.ºs 2 a 4. Os Estados-Membros ou as autoridades competentes por eles designadas podem igualmente conceder autorizações nos mesmos termos às empresas de fornecimento de gás natural e aos clientes grossistas.

2. No caso de possuírem um regime de autorização, os Estados-Membros devem estabelecer critérios objectivos e não discriminatórios a cumprir por qualquer empresa que apresente um pedido de autorização de construção e/ou exploração de instalações de gás natural, ou um pedido de autorização para o

fornecimento de gás natural. Esses critérios e procedimentos não discriminatórios para a concessão de autorizações devem ser tornados públicos.

3. Os Estados-Membros devem garantir que os motivos de toda e qualquer recusa de concessão de uma autorização sejam objectivos e não discriminatórios e sejam comunicados ao requerente. Os motivos das recusas devem ser comunicados à Comissão, a título informativo. Os Estados-Membros devem estabelecer um procedimento de recurso contra essas recusas.

4. Para efeitos do desenvolvimento de zonas que sejam abastecidas há pouco tempo e para o seu eficaz funcionamento em geral, e sem prejuízo do disposto no artigo 24.º, os Estados-Membros podem não conceder novas autorizações de construção e exploração de redes de gasodutos de distribuição numa determinada zona se tiverem já sido construídas ou estiverem em vias de construção redes de gasodutos de distribuição nessa mesma zona, e se a capacidade existente ou proposta não estiver saturada.

Artigo 5.º
Monitorização da segurança do fornecimento

Os Estados-Membros devem assegurar a monitorização das questões relacionadas com a segurança do fornecimento. Sempre que o considerem adequado, os Estados-Membros podem delegar essa tarefa às entidades reguladoras mencionadas no n.º 1 do artigo 25.º Essa monitorização deve abranger, nomeadamente, o equilíbrio entre a oferta e a procura no mercado nacional, o nível de procura futura prevista e dos fornecimentos disponíveis, a capacidade suplementar prevista ou em construção, bem como a qualidade e o nível de manutenção das redes e as medidas destinadas a fazer face aos picos de procura e às falhas de um ou mais fornecedores. As autoridades competentes devem publicar, até 31 de Julho de cada ano, um relatório com um resumo das conclusões da monitorização destas questões, bem como das medidas adoptadas ou previstas para as enfrentar, e enviar imediatamente esse relatório à Comissão.

Artigo 6.º
Normas técnicas

Os Estados-Membros devem assegurar que sejam definidos critérios técnicos de segurança e elaboradas e publicadas normas técnicas que estabeleçam os requisitos mínimos de concepção e funcionamento em matéria de ligação à rede de instalações de GNL, instalações de armazenamento, outras redes de transporte ou distribuição e condutas directas. Essas normas técnicas devem garantir a interoperabilidade das redes e ser objectivas e não discriminatórias. Deverão ser notificadas à Comissão nos termos do artigo 8.º da Directiva 98/34/CE do Parlamento Europeu e do Conselho, de 22 de Junho de 1998, relativa a um procedimento de informação no domínio das normas e regulamentações técnicas e das regras relativas aos serviços da sociedade da informação[12].

CAPÍTULO III
Transporte, Armazenamento e GNL

ARTIGO 7.º
Designação dos operadores das redes de transporte

Os Estados-Membros devem designar, ou solicitar às empresas de gás natural proprietárias de instalações de transporte, de armazenamento ou de GNL que designem, por um período a determinar pelos Estados-Membros em função de considerações de eficácia e equilíbrio económico, o ou os operadores dessas redes. Os Estados-Membros devem adoptar as medidas necessárias para assegurar que os operadores das redes de transporte, de armazenamento e de GNL actuem de acordo com o disposto nos artigos 8.º a 10.º

ARTIGO 8.º
Atribuições dos operadores das redes de transporte

1. O operador da rede de transporte, armazenamento e/ou GNL deve:

a) Explorar, manter e desenvolver, em condições economicamente viáveis, instalações de transporte, de armazenamento e/ou de GNL seguras, fiáveis e eficientes, no devido respeito pelo ambiente;

b) Abster se de discriminar entre utilizadores ou categorias de utilizadores da rede, em especial a favor das empresas suas coligadas;

c) Facultar a todos os outros operadores de redes de transporte, de armazenamento, de GNL e/ou de distribuição informações suficientes para assegurar que o transporte e o armazenamento de gás natural possam ser efectuados de forma compatível com uma exploração segura e eficiente da rede interligada;

d) Fornecer aos utilizadores da rede as informações de que necessitem para um acesso eficiente à mesma.

2. As normas adoptadas pelos operadores das redes de transporte para assegurar a compensação da rede de transporte de gás, incluindo as regras para a

---

[12] JO L 204 de 21.7.1998, p. 37. Directiva com a redacção que lhe foi dada pela Directiva 98/48/CE (JO L 217 de 5.8.1998, p. 18).

facturação dos desequilíbrios energéticos aos utilizadores da rede, devem ser objectivas, transparentes e não discriminatórias. As condições, incluindo as regras e tarifas, de prestação de tais serviços pelos operadores das redes de transporte devem ser estabelecidas de acordo com uma metodologia compatível com o disposto no n.º 2 do artigo 25.º, de forma não discriminatória e que reflicta os custos, e devem ser publicadas.

3. Os Estados-Membros podem exigir que os operadores das redes de transporte satisfaçam requisitos mínimos no que respeita à manutenção e desenvolvimento da rede de transporte, incluindo a capacidade de interligação.

4. Os operadores das redes de transporte devem adquirir a energia que utilizam para exercer as suas actividades de acordo com procedimentos transparentes, não discriminatórios e baseados nas regras do mercado.

Artigo 9.º
Separação dos operadores das redes de transporte

1. No caso do operador da rede de transporte fazer parte de uma empresa verticalmente integrada, deve ser independente, pelo menos no plano jurídico, da organização e da tomada de decisões, das outras actividades não relacionadas com o transporte. Estas normas não criam a obrigação de separar a propriedade dos activos da rede de transporte da empresa verticalmente integrada.

2. A fim de assegurar a independência do operador da rede de transporte referido no n.º 1, são aplicáveis os seguintes critérios mínimos:

a) As pessoas responsáveis pela gestão do operador da rede de transporte não podem participar nas estruturas da empresa de gás natural integrada responsáveis, directa ou indirectamente, pela exploração diária da produção, distribuição e fornecimento de gás natural;

b) Devem ser tomadas medidas adequadas para garantir que os interesses profissionais das pessoas responsáveis pela gestão do operador da rede de transporte sejam tidos em conta de maneira a assegurar a sua capacidade de agir de forma independente;

c) O operador da rede de transporte deve dispor de poder de decisão efectivo e independente da empresa de gás integrada no que respeita aos activos necessários para manter, explorar ou desenvolver a rede. Tal não impede que exista um mecanismo de coordenação adequado para assegurar a protecção dos direitos de supervisão económica e de gestão da empresa mãe, regulados indirectamente, nos termos do n.º 2 do artigo 25.º, no que se refere à rentabilidade de uma sua filial. Tal deve permitir, em particular, que a empresa mãe aprove o plano financeiro anual, ou instrumento equivalente, do operador da rede de transporte e estabeleça limites globais aos níveis de endividamento da sua filial. Tal não deve permitir que a empresa-mãe dê instruções relativamente à exploração diária, nem relativamente às decisões específicas sobre a construção ou o melhoramento das condutas de transporte que não excedam os termos do plano financeiro aprovado ou instrumento equivalente;

d) O operador da rede de transporte deve elaborar um programa de conformidade, que enuncie as medidas adoptadas para garantir a exclusão de comportamentos discriminatórios e garanta que a sua observância é controlada de forma adequada. O programa deve definir as obrigações específicas dos empregados com vista à consecução deste objectivo. A pessoa ou entidade responsável pela observância do programa de conformidade deve apresentar à entidade reguladora referida no n.º 1 do artigo 25.º um relatório anual que descreva as medidas adoptadas, o qual deve ser publicado.

ARTIGO 10.º

Confidencialidade para os operadores de redes de transporte

1. Sem prejuízo do disposto no artigo 16.º ou de qualquer outra obrigação legal de revelar informações, os operadores das redes de transporte, de armazenamento e/ou de GNL devem preservar a confidencialidade das informações comercialmente sensíveis obtidas no exercício das suas actividades, e impedir que as informações relativas às suas próprias actividades e que possam representar uma vantagem comercial sejam reveladas de forma discriminatória.

2. Os operadores das redes de transporte não devem, no âmbito da compra ou venda de gás natural por empresas coligadas, utilizar abusivamente informações comercialmente sensíveis obtidas de terceiros no âmbito do fornecimento ou negociação do acesso à rede.

CAPÍTULO IV

Distribuição e Fornecimento

ARTIGO 11.º

Designação dos operadores das redes de distribuição

Os Estados-Membros devem designar, ou solicitar às empresas proprietárias ou responsáveis pelas redes de distribuição que designem, por um período a determinar pelos Estados-Membros em função de considerações de eficácia e equilíbrio económico, o ou os operadores das redes de distribuição, e devem assegurar que esses operadores actuem de acordo com o disposto nos artigos 12.º a 14.º

Artigo 12.º
Atribuições dos operadores das redes de distribuição

1. O operador da rede de distribuição deve explorar, manter e desenvolver, em condições economicamente viáveis, uma rede segura, fiável e eficiente, no devido respeito pelo ambiente.

2. O operador da rede de distribuição não deve, em caso algum, discriminar entre utilizadores ou categorias de utilizadores da rede, em especial a favor das empresas suas coligadas.

3. O operador da rede de distribuição deve facultar a todos os outros operadores de redes de distribuição e/ou de transporte e/ou de GNL e/ou de armazenamento informações suficientes para assegurar que o transporte e o armazenamento de gás natural sejam efectuados de forma compatível com uma exploração segura e eficiente da rede interligada.

4. O operador da rede de distribuição deve fornecer aos utilizadores da rede as informações de que necessitem para um acesso eficiente à mesma.

5. Caso os operadores das redes de distribuição sejam responsáveis pela compensação da rede de distribuição de gás, as regras por eles adoptadas para esse efeito, incluindo as regras para a facturação dos desequilíbrios energéticos aos utilizadores da rede, devem ser objectivas, transparentes e não discriminatórias. As condições, incluindo as regras e tarifas, de prestação de tais serviços pelos operadores das redes devem ser estabelecidas de acordo com uma metodologia compatível com o disposto no n.º 2 do artigo 25.º, de forma não discriminatória e que reflicta os custos, e devem ser publicadas.

Artigo 13.º
Separação dos operadores das redes de distribuição

1. No caso de o operador da rede de distribuição fazer parte de uma empresa verticalmente integrada, deve ser independente, pelo menos no plano jurídico, da organização e da tomada de decisões, das outras actividades não relacionadas com a distribuição. Estas normas não criam a obrigação de separar a propriedade dos activos da rede de distribuição da empresa verticalmente integrada.

2. Para além dos requisitos constantes do n.º 1, o operador da rede de distribuição, nos casos em que fizer parte de uma empresa verticalmente integrada, deve ser independente, nos planos da organização e da tomada de decisões, das outras actividades não relacionadas com a distribuição. Para o efeito, são aplicáveis os seguintes critérios mínimos:

a) As pessoas responsáveis pela gestão do operador da rede de distribuição não podem participar nas estruturas da empresa de gás natural integrada responsáveis, directa ou indirectamente, pela exploração diária da produção, transporte e fornecimento de gás natural;

b) Devem ser tomadas medidas adequadas para garantir que os interesses profissionais das pessoas responsáveis pela gestão do operador da rede de distribuição sejam tidos em conta de maneira a assegurar a sua capacidade de agir de forma independente;

c) O operador da rede de distribuição deve dispor de poder de decisão efectivo e independente da empresa de gás integrada no que respeita aos activos necessários para explorar, manter ou desenvolver a rede. Tal não impede que exista um mecanismo de coordenação adequado para assegurar a protecção dos direitos de supervisão económica e de gestão da empresa-mãe, regulados indirectamente, nos termos do n.º 2 do artigo 25.º, no que se refere à rentabilidade de uma sua filial. Tal deve permitir, em particular, que a empresa-mãe aprove o plano financeiro anual, ou instrumento equivalente, do operador da rede de distribuição e estabeleça limites globais aos níveis de endividamento da sua filial. Tal não deve permitir que a empresa-mãe dê instruções relativamente à exploração diária, nem relativamente às decisões específicas sobre a construção ou o melhoramento das condutas de distribuição que não excedam os termos do plano financeiro aprovado ou instrumento equivalente;

d) O operador da rede de distribuição deve elaborar um programa de conformidade que enuncie as medidas adoptadas para garantir a exclusão de comportamentos discriminatórios e garanta que a sua observância é controlada de forma adequada. O programa deve definir as obrigações específicas dos empregados com vista à consecução deste objectivo. A pessoa ou organismo responsável pela observância do programa de conformidade deve apresentar à entidade reguladora referida no n.º 1 do artigo 25.º um relatório anual que descreva as medidas adoptadas, o qual deve ser publicado.

Os Estados-Membros podem decidir não aplicar os n.os 1 e 2 a empresas de gás natural integradas que abasteçam menos de 100 000 clientes ligados à rede.

Artigo 14.º
Confidencialidade para os operadores das redes de distribuição

1. Sem prejuízo do disposto no artigo 16.º ou de qualquer outra obrigação legal de revelar informações, os operadores das redes de distribuição devem preservar a confidencialidade das informações comercialmente sensíveis obtidas no exercício das suas actividades, e impedir que as informações relativas às suas próprias actividades e que possam representar uma vantagem comercial sejam reveladas de forma discriminatória.

2. Os operadores das redes de distribuição não devem, no âmbito da compra ou venda de gás natural por empresas coligadas, utilizar abusivamente informações comercialmente sensíveis obtidas de terceiros no âmbito do fornecimento ou negociação do acesso à rede.

Artigo 15.º
Operadores de redes combinadas

As normas do n.º 1 do artigo 9.º e do n.º 1 do artigo 13.º não impedem a exploração de uma rede combinada de transporte, GNL, armazenamento e distribuição por um operador que seja independente, no plano jurídico, da organização e da tomada de decisões, das outras actividades não relacionadas com a exploração da rede de transporte, GNL, armazenamento e distribuição e que satisfaça as condições estabelecidas nas alíneas a) a d). Estas normas não criam a obrigação de separar a propriedade dos activos da rede combinada da empresa verticalmente integrada:

a) As pessoas responsáveis pela gestão do operador da rede combinada não podem participar nas estruturas da empresa de gás natural integrada responsáveis, directa ou indirectamente, pela exploração diária da produção e fornecimento de gás natural;

b) Devem ser tomadas medidas adequadas para garantir que os interesses profissionais das pessoas responsáveis pela gestão do operador da rede combinada sejam tidos em conta de maneira a assegurar a sua capacidade de agir de forma independente;

c) O operador da rede combinada deve dispor de poder de decisão efectivo e independente da empresa de gás integrada no que respeita aos activos necessários para explorar, manter ou desenvolver a rede. Tal não impede que exista um mecanismo de coordenação adequado para assegurar a protecção dos direitos de supervisão económica e de gestão da empresa-mãe, regulados indirectamente, nos termos do n.º 2 do artigo 25.º, no que se refere à rentabilidade de uma sua filial. Tal deve permitir, em particular, que a empresa-mãe aprove o plano financeiro anual, ou instrumento equivalente, do operador da rede combinada e estabeleça limites globais aos níveis de endividamento da sua filial. Tal não deve permitir que a empresa-mãe dê instruções relativamente à exploração diária, nem relativamente às decisões específicas sobre a construção ou o melhoramento das condutas de transporte ou distribuição que não excedam os termos do plano financeiro aprovado ou instrumento equivalente;

d) O operador da rede combinada deve elaborar um programa de conformidade que enuncie as medidas adoptadas para garantir a exclusão de comportamentos discriminatórios e garanta que a sua observância é controlada de forma adequada. O programa deve definir as obrigações específicas dos empregados com vista à consecução deste objectivo. A pessoa ou organismo responsável pela observância do programa de conformidade deve apresentar à entidade reguladora referida no n.º 1 do artigo 25.º um relatório anual que descreva as medidas adoptadas, o qual deve ser publicado.

CAPÍTULO V
Separação e Transparência das Contas

ARTIGO 16.º
Direito de acesso à contabilidade

1. Os Estados-Membros ou qualquer autoridade competente por eles designada, nomeadamente as entidades reguladoras mencionadas no n.º 1 do artigo 25.º e as autoridades competentes para a resolução de litígios referidas no n.º 3 do artigo 20.º, devem, na medida do necessário ao exercício das suas funções, ter direito de acesso às contas das empresas de gás natural elaboradas de acordo com o disposto no artigo 17.º

2. Os Estados-Membros e as autoridades competentes designadas, incluindo as entidades reguladoras referidas no n.º 1 do artigo 25.º e as autoridades competentes para a resolução de litígios, devem preservar a confidencialidade das informações comercialmente sensíveis. Os Estados-Membros podem prever que essas informações tenham de ser reveladas se tal for necessário ao exercício das funções das autoridades competentes.

ARTIGO 17.º
Separação das contas

1. Os Estados-Membros devem tomar as medidas necessárias para garantir que a contabilidade das empresas de gás natural seja efectuada de acordo com o disposto nos n.ᵒˢ 2 a 5. As empresas que beneficiem de uma derrogação à presente disposição com base no n.ᵒˢ 2 e 4 do artigo 28.º devem, pelo menos, efectuar a sua contabilidade interna em conformidade com o disposto no presente artigo.

2. Independentemente do seu regime de propriedade e da sua forma jurídica, as empresas de gás natural devem elaborar, apresentar para auditoria e publicar as suas contas anuais nos termos das normas nacionais relativas às contas anuais das sociedades de responsabilidade limitada, aprovadas de acordo com a Quarta Directiva 78/660/CEE do Conselho, de 25 de Julho de 1978, baseada na alínea g) do n.º 2 do artigo 44.º[13] do Tratado e relativa às contas anuais de certas formas de sociedades[14]. As empresas que não sejam legalmente obriga-

---

[13] O título da Directiva 83/349/CEE foi adaptado para tomar em conta a renumeração dos artigos do Tratado que institui a Comunidade Europeia, nos termos do artigo 12.º do Tratado de Amesterdão; originalmente o título referia a alínea g) do n.º 3 do artigo 54.º

[14] JO L 222 de 14.8.1978, p. 11. Directiva com a última redacção que lhe foi dada pela Directiva 2001/65/CE do Parlamento Europeu e do Conselho (JO L 283 de 27.10.2001, p. 28).

das a publicar as suas contas anuais devem manter um exemplar dessas contas à disposição do público na sua sede social.

3. As empresas de gás natural devem manter, na sua contabilidade interna, contas separadas para cada uma das suas actividades de transporte, distribuição, GNL e armazenamento, como lhes seria exigido se as actividades em questão fossem exercidas por empresas distintas, a fim de evitar discriminações, subvenções cruzadas e distorções de concorrência. Devem também manter contas, que poderão ser consolidadas, para as restantes actividades no sector do gás não ligadas às actividades de transporte, distribuição, GNL e armazenamento. Até 1 de Julho de 2007 devem manter ainda contas separadas para as actividades de fornecimento a clientes elegíveis e a clientes não elegíveis. Os rendimentos provenientes da propriedade da rede de transporte/distribuição devem ser especificados nas contas. Quando adequado, tais empresas devem manter contas consolidadas para as outras actividades, não ligadas ao sector do gás. A contabilidade interna deve incluir um balanço e uma demonstração de resultados de cada actividade.

4. A auditoria referida no n.º 2 deve verificar, em particular, a observância da obrigação de precaver a discriminação e as subvenções cruzadas referidas no n.º 3.

5. Na sua contabilidade interna, as empresas devem especificar as regras para a imputação dos elementos do activo e do passivo, dos encargos e rendimentos, bem como para a depreciação, sem prejuízo das normas contabilísticas aplicáveis a nível nacional, que utilizam na elaboração das contas separadas referidas no n.º 3. Tais regras internas só podem ser alteradas em casos excepcionais. As alterações devem ser indicadas e devidamente fundamentadas.

6. As contas anuais devem referir em notas quaisquer transacções de certa importância efectuadas com empresas coligadas.

CAPÍTULO VI
Organização do Acesso à Rede

ARTIGO 18.º
Acesso de terceiros

1. Os Estados-Membros devem garantir a aplicação de um sistema de acesso de terceiros às redes de transporte e distribuição e às instalações de GNL baseado em tarifas publicadas aplicáveis a todos os clientes elegíveis, incluindo as empresas de fornecimento, e aplicadas objectivamente e sem discriminação entre os utilizadores da rede. Os Estados-Membros devem assegurar que essas

tarifas, ou as metodologias em que se baseia o respectivo cálculo, sejam aprovadas pela entidade reguladora referida no n.º 1 do artigo 25.º antes de entrarem em vigor, bem como a publicação dessas tarifas – e das metodologias, no caso de apenas serem aprovadas metodologias – antes da respectiva entrada em vigor.

2. Se necessário para o exercício das suas actividades, incluindo o transporte transfronteiriço, os operadores das redes de transporte devem ter acesso às redes de transporte dos outros operadores.

3. O disposto na presente directiva não impede a celebração de contratos a longo prazo desde que respeitem as regras comunitárias em matéria de concorrência.

ARTIGO 19.º
Acesso ao armazenamento

1. Para efeitos de organização do acesso às instalações de armazenamento e ao armazenamento na rede, quando tal seja técnica e/ou economicamente necessário para permitir um acesso eficiente à rede com vista ao abastecimento dos clientes, bem como para a organização do acesso aos serviços auxiliares, os Estados-Membros podem optar por um ou ambos os sistemas previstos nos n.ᵒˢ 3 e 4. Estes sistemas devem funcionar de acordo com critérios objectivos, transparentes e não discriminatórios.

2. O disposto no n.º 1 não se aplica aos serviços auxiliares e unidades de armazenamento temporário relacionados com instalações de GNL e necessários para o processo de regaseificação e subsequente entrega à rede de transporte.

3. Em caso de acesso negociado, os Estados-Membros devem tomar as medidas necessárias para que as empresas de gás natural e os clientes elegíveis, dentro ou fora do território abrangido pela rede interligada, possam negociar o acesso ao armazenamento e ao armazenamento na rede, quando tal seja técnica e/ou economicamente necessário para permitir um acesso eficiente à rede, bem como para a organização do acesso a outros serviços auxiliares. Na negociação do acesso ao armazenamento, ao armazenamento na rede e a outros serviços auxiliares, as partes devem agir de boa fé.

Os contratos de acesso ao armazenamento, ao armazenamento na rede e a outros serviços auxiliares devem ser negociados com o operador do sistema de armazenamento ou com as empresas de gás natural em causa. Os Estados-Membros devem exigir que os operadores do sistema de armazenamento e as empresas de gás natural publiquem as suas principais condições comerciais de utilização do armazenamento, do armazenamento na rede e de outros serviços auxiliares durante o primeiro semestre subsequente à execução da presente directiva, e anualmente nos anos seguintes.

4. Caso se opte por um regime de acesso regulado, os Estados-Membros devem tomar as medidas necessárias para conferir às empresas de gás natural e

aos clientes elegíveis, dentro e fora do território abrangido pela rede interligada, o direito de acesso ao armazenamento, ao armazenamento na rede e a outros serviços auxiliares com base nas tarifas e/ou noutras condições e obrigações publicadas para utilização desse mesmo armazenamento ou armazenamento na rede, quando tal seja técnica e/ou economicamente necessário para permitir um acesso eficiente à rede, bem como para a organização do acesso a outros serviços auxiliares. O direito de acesso dos clientes elegíveis pode ser concedido mediante a autorização para firmarem contratos de fornecimento com empresas de gás natural concorrentes que não o proprietário e/ou o operador da rede ou uma empresa coligada.

Artigo 20.º
Acesso às redes de gasodutos a montante

1. Os Estados-Membros devem tomar as medidas necessárias para assegurar que as empresas de gás natural e os clientes elegíveis, onde quer que se encontrem, possam aceder às redes de gasodutos a montante, incluindo as instalações que prestam serviços técnicos relacionados com tal acesso, nos termos do presente artigo, excepto às partes dessas redes e instalações que sejam utilizadas para operações de produção local nos campos onde o gás é produzido. Essas medidas devem ser comunicadas à Comissão de acordo com o disposto no artigo 33.º

2. O acesso referido no n.º 1 deve ser proporcionado em condições determinadas por cada Estado-Membro de acordo com os instrumentos jurídicos adequados. Os Estados-Membros devem pautar se pelos objectivos de um acesso justo e aberto, tendo em vista a realização de um mercado competitivo do gás natural e a prevenção de abusos resultantes de uma posição dominante, e devem ter em conta a segurança e a regularidade do fornecimento, as capacidades existentes ou que possam ser razoavelmente disponibilizadas e a protecção do ambiente. Pode ser tido em consideração o seguinte:

a) A necessidade de recusar o acesso quando houver incompatibilidade nas especificações técnicas que não possa ser razoavelmente ultrapassada;

b) A necessidade de evitar dificuldades que não possam ser razoavelmente vencidas e que sejam susceptíveis de prejudicar a produção eficaz, actual e futura, de hidrocarbonetos, incluindo os produzidos em campos de viabilidade económica marginal;

c) A necessidade de respeitar as necessidades razoáveis, devidamente comprovadas, do proprietário ou operador da rede de gasodutos a montante, para o transporte e processamento de gás, e os interesses de todos os outros utilizadores da rede de gasodutos a montante ou respectivas instalações de processamento ou tratamento que possam ser afectados; e

d) A necessidade de aplicar as suas disposições legislativas e processos administrativos, de acordo com o direito comunitário, para efeitos da concessão de autorização para a produção ou para o desenvolvimento a montante.

3. Os Estados-Membros devem garantir a tomada de medidas para a resolução de litígios, incluindo a existência de uma autoridade independente das partes com acesso a todas as informações pertinentes, por forma a permitir a rápida resolução dos litígios relacionados com o acesso às redes de gasodutos a montante, tendo em conta os critérios definidos no n.º 2 e o número de partes eventualmente envolvidas na negociação do acesso a essas redes.

4. Em caso de litígio transfronteiras, devem ser aplicadas as regras de resolução de litígios em vigor no Estado-Membro sob cuja jurisdição se encontra a rede de gasodutos a montante que recuse o acesso a essa mesma rede. Se, no caso de litígios transfronteiras, a rede estiver sob a jurisdição de mais de um Estado-Membro, os Estados-Membros em causa devem proceder a consultas tendo em vista assegurar uma aplicação coerente do disposto na presente directiva.

Artigo 21.º
Recusa de acesso

1. As empresas de gás natural podem recusar o acesso à rede com base na falta de capacidade, ou se esse acesso à rede as impedir de cumprir as obrigações de serviço público referidas no n.º 2 do artigo 3.º que lhes tenham sido atribuídas, ou ainda com base em sérias dificuldades económicas e financeiras, no âmbito de contratos take or pay, tendo em conta os critérios e procedimentos previstos no artigo 27.º e a alternativa escolhida pelo Estado-Membro de acordo com o n.º 1 do mesmo artigo. Esta recusa deve ser devidamente fundamentada.

2. Os Estados-Membros podem tomar as medidas necessárias para assegurar que as empresas de gás natural que recusem o acesso à rede com base em falta de capacidade ou em falta de ligação efectuem os melhoramentos necessários, na medida em que tal seja economicamente viável e sempre que um potencial cliente esteja interessado em pagar por isso. Nos casos em que apliquem as disposições do n.º 4 do artigo 4.º, os Estados-Membros devem tomar tais medidas.

Artigo 22.º
Novas infra-estruturas

1. As novas infra-estruturas importantes do sector do gás, ou seja, as interligações entre Estados-Membros e as instalações de GNL e de armazenamento, podem, a pedido, beneficiar de derrogações ao disposto nos artigos 18.º, 19.º e 20.º, e nos n.ºs 2, 3 e 4 do artigo 25.º, sob as seguintes condições:

a) O investimento deve promover a concorrência no fornecimento de gás e promover a segurança do fornecimento;

b) O nível de risco associado ao investimento é de tal ordem que este não se realizaria se não fosse concedida a derrogação;

c) A infra-estrutura deve ser propriedade de uma pessoa singular ou colectiva separada, pelo menos no plano jurídico, dos operadores em cujas redes a referida infra-estrutura será construída;

d) Devem ser cobradas taxas de utilização aos utilizadores dessa infra--estrutura;

e) A derrogação não prejudica a concorrência nem o funcionamento eficaz do mercado interno do gás ou o funcionamento eficiente do sistema regulado a que está ligada a infra-estrutura.

2. O n.º 1 aplica-se igualmente aos aumentos significativos de capacidade nas infra estruturas existentes e às alterações dessas infra-estruturas que permitam o desenvolvimento de novas fontes de fornecimento de gás.

3. a) A entidade reguladora referida no artigo 25.º pode decidir, caso a caso, sobre a derrogação referida nos n.ºs 1 e 2. Todavia, os Estados-Membros podem determinar que as entidades reguladoras submetam o seu parecer sobre o pedido de derrogação à apreciação do organismo competente do Estado-Membro, para decisão formal. Este parecer será publicado juntamente com a decisão;

b) i) A derrogação poderá abranger a totalidade ou partes, respectivamente, da nova infra-estrutura, da estrutura existente significativamente ampliada ou da alteração da infra estrutura existente;

ii) Ao decidir conceder uma derrogação, há que analisar, caso a caso, se é necessário impor condições no que se refere à duração da derrogação e ao acesso não discriminatório à interligação;

iii) Aquando do processo decisório sobre as condições desta alínea, dever-se-á ter em conta, em particular, a duração dos contratos, a capacidade adicional a construir ou a alteração da capacidade existente, o horizonte temporal do projecto e as circunstâncias nacionais;

c) Ao conceder uma derrogação, a autoridade competente pode decidir sobre a regulamentação e os mecanismos de gestão e repartição de capacidades desde que tal não impeça a realização dos contratos a longo prazo;

d) A decisão de derrogação, incluindo quaisquer condições referidas em b), deve ser devidamente justificada e publicada;

e) No caso das interligações, qualquer decisão de derrogação deve ser tomada após consulta com os outros Estados-Membros ou entidades reguladoras interessadas.

4. A decisão de derrogação deve ser imediatamente notificada pela autoridade competente à Comissão, acompanhada de todas as informações relevantes acerca da decisão. Essas informações podem ser apresentadas à Comissão de forma agregada, para que esta possa formular uma decisão bem fundamentada.

As referidas informações devem incluir nomeadamente:

a) As razões pormenorizadas em que se baseou a entidade reguladora ou o Estado-Membro que concedeu a derrogação, incluindo as informações financeiras que justificam a necessidade dessa derrogação;

b) A análise realizada sobre os efeitos, em termos de concorrência e de eficácia de funcionamento do mercado interno do gás, que resultam da concessão dessa derrogação;

c) As razões em que se fundamentam o período da derrogação e a percentagem da capacidade total da infra-estrutura de gás em questão a que a mesma é concedida;

d) Caso a derrogação diga respeito a uma interligação, o resultado da consulta com os Estados-Membros ou as entidades reguladoras interessados;

e) O contributo da infra-estrutura para a diversificação do fornecimento de gás.

No prazo de dois meses após recepção da notificação, a Comissão pode solicitar que a entidade reguladora ou o Estado-Membro em questão altere ou anule a decisão de conceder a derrogação. Esse prazo de dois meses pode ser prorrogado por mais um mês sempre que a Comissão pretenda obter informações complementares.

Caso a entidade reguladora ou o Estado-Membro em questão não dêem seguimento a um pedido no prazo de quatro semanas, deve ser tomada uma decisão nos termos do n.º 2 do artigo 30.º

A Comissão deve preservar a confidencialidade das informações comercialmente sensíveis.

Artigo 23.º

Abertura dos mercados e reciprocidade

1. Os Estados-Membros devem garantir que os clientes elegíveis sejam:

a) Até 1 de Julho de 2004, os clientes elegíveis referidos no artigo 18.º da Directiva 98/30/CE. Os Estados-Membros devem publicar os critérios de definição destes clientes elegíveis até 31 de Janeiro de cada ano;

b) A partir de 1 de Julho de 2004, o mais tardar, todos os clientes não domésticos;

c) A partir de 1 de Julho de 2007, todos os clientes.

2. A fim de evitar desequilíbrios na abertura dos mercados do gás:

a) Os contratos de fornecimento celebrados com um cliente elegível da rede de outro Estado-Membro não devem ser proibidos se o cliente for elegível em ambas as redes;

b) Nos casos em que as transacções referidas na alínea a) sejam recusadas pelo facto do cliente só ser elegível numa das redes, a Comissão pode, tendo em conta a situação do mercado e o interesse comum, obrigar a parte que recusa o pedido a executar o fornecimento solicitado, a pedido de um dos dois Estados-Membros onde se encontram as redes.

Artigo 24.º
Condutas directas

1. Os Estados-Membros devem tomar as medidas necessárias para permitir que:

a) As empresas de gás natural estabelecidas no seu território possam abastecer por conduta directa os clientes elegíveis;

b) Quaisquer clientes elegíveis situados no seu território possam ser abastecidos por conduta directa pelas empresas de gás natural.

2. Nos casos em que é exigida uma autorização (nomeadamente sob a forma de licença, permissão, concessão, consentimento ou aprovação) para a construção ou exploração de condutas directas, os Estados-Membros ou as autoridades competentes por eles designadas devem definir os critérios de concessão das autorizações de construção ou de exploração dessas condutas no respectivo território. Tais critérios devem ser objectivos, transparentes e não discriminatórios.

3. Os Estados-Membros podem subordinar a autorização de construção de uma conduta directa quer a uma recusa de acesso à rede com base no artigo 21.º, quer à abertura de um processo de resolução de litígios, nos termos do artigo 25.º

Artigo 25.º
Entidades reguladoras

1. Os Estados-Membros devem designar um ou mais organismos competentes com funções de entidades reguladoras. Estas entidades devem ser totalmente independentes dos interesses do sector do gás. Compete-lhes, mediante a aplicação do presente artigo, no mínimo, assegurar a não discriminação, uma concorrência efectiva e o bom funcionamento do mercado, acompanhando em especial:

a) As normas relativas à gestão e atribuição de capacidade de interligação, conjuntamente com a ou as entidades reguladoras nacionais dos Estados-Membros com os quais existe interligação;

b) Os mecanismos destinados a lidar com situações de congestionamento da rede nacional de gás;

c) Os períodos de espera para a execução de ligações e reparações pelos operadores das redes de transporte e distribuição;

d) A publicação pelos operadores das redes de transporte e distribuição das informações adequadas relativas às interligações, à utilização da rede e à atribuição de capacidade aos interessados, tendo em conta a necessidade de considerar sujeitos a sigilo comercial os dados não agregados;

e) A separação efectiva das contas, conforme previsto no artigo 17.º, para garantir que não haja subvenções cruzadas entre as actividades de transporte, distribuição, armazenamento, GNL e fornecimento;

f) As condições de acesso ao armazenamento em instalações e na rede e a outros serviços auxiliares, conforme previsto no artigo 19.º;

g) Em que medida os operadores das redes de transporte e de distribuição cumprem as suas atribuições, em conformidade com os artigos 8.º e 12.º;

h) O nível de transparência e de concorrência.

As entidades instituídas nos termos do presente artigo devem publicar um relatório anual sobre os resultados das suas actividades de acompanhamento enunciadas nas alíneas a) a h).

2. As entidades reguladoras são responsáveis por fixar ou aprovar, antes da sua entrada em vigor, pelo menos as metodologias a utilizar para calcular ou estabelecer as condições de:

a) Ligação e acesso às redes nacionais, incluindo as tarifas de transporte e distribuição. Estas tarifas ou metodologias devem permitir que os investimentos necessários nas redes sejam realizados de molde a garantir a sua viabilidade;

b) Prestação de serviços de compensação.

3. Não obstante o disposto no n.º 2, os Estados-Membros podem determinar que as entidades reguladoras apresentem ao organismo competente do Estado-Membro, para decisão formal, as tarifas ou, pelo menos, as metodologias referidas no dito número, bem como as alterações a que se refere o n.º 4. Nesse caso, o organismo competente deve ter poderes para aprovar ou rejeitar um projecto de decisão apresentado pela entidade reguladora.

Essas tarifas ou metodologias, e as respectivas alterações, devem ser publicadas juntamente com a decisão de aprovação formal. Qualquer rejeição formal de um projecto de decisão deve ser igualmente publicada, incluindo a respectiva justificação.

4. As entidades reguladoras devem dispor de competência para obrigar, se necessário, os operadores das redes de transporte, GNL e distribuição a alterarem as condições, incluindo as tarifas e metodologias referidas nos n.ºs 1, 2 e 3, a fim de garantir que sejam proporcionadas e aplicadas de forma não discriminatória.

5. Qualquer parte que tenha uma queixa contra um operador de uma rede de transporte, GNL ou distribuição sobre os elementos referidos nos n.ºs 1, 2 e 4 e no artigo 19.º pode apresentá la à entidade reguladora que, agindo na qualidade de autoridade competente para a resolução de litígios, proferirá uma decisão no prazo de dois meses após a recepção da queixa. Este prazo pode ser prorrogado por mais dois meses se a entidade reguladora necessitar de informações complementares. Pode ainda ser prorrogado por um período adicional, com o acordo

do demandante. A referida decisão produz efeitos vinculativos salvo se for, ou até ser, revogada por decisão tomada após a interposição de recurso.

6. Qualquer parte afectada que tenha o direito de apresentar queixa acerca de uma decisão sobre metodologia tomada nos termos dos n.ºs 2, 3 ou 4 ou, nos casos em que a entidade reguladora tenha o dever de consultar, acerca das metodologias propostas, pode, no prazo máximo de dois meses a contar da publicação dessa decisão ou proposta de decisão, ou num prazo inferior se assim for determinado pelos Estados-Membros, apresentar um pedido de revisão. Esse pedido não tem efeito suspensivo.

7. Os Estados-Membros devem tomar medidas para garantir que as entidades reguladoras possam desempenhar as funções referidas nos n.ºs 1 a 5 com eficiência e rapidez.

8. Os Estados-Membros devem criar mecanismos adequados e eficazes de regulação, supervisão e transparência que permitam evitar abusos de posição dominante, especialmente em detrimento dos consumidores, e comportamentos predatórios. Os mecanismos referidos devem ter em conta o disposto no Tratado, nomeadamente no artigo 82.º

9. Em caso de desrespeito das normas de confidencialidade impostas pela presente directiva, os Estados-Membros devem garantir a aplicação de medidas adequadas, incluindo acções administrativas ou a instauração de processos penais em conformidade com a legislação nacional, contra as pessoas singulares ou colectivas responsáveis.

10. Em caso de litígio transfronteiriço, a entidade reguladora que decide é a entidade reguladora com competência em relação ao operador que recusa a utilização ou o acesso à rede.

11. As queixas e pedidos referidos nos n.ºs 5 e 6 não prejudicam o exercício dos direitos de recurso previstos no direito comunitário e na legislação nacional.

12. As entidades reguladoras nacionais devem contribuir para o desenvolvimento do mercado interno e de condições de concorrência equitativas mediante a cooperação entre si e com a Comissão numa base de transparência.

CAPÍTULO VII
Disposições Finais

ARTIGO 26.º
Medidas de salvaguarda

1. Em caso de crise súbita no mercado da energia ou de ameaça à segurança física ou outra de pessoas, equipamentos ou instalações ou à integridade da

rede, os Estados-Membros podem tomar temporariamente as medidas de salvaguarda necessárias.

2. Essas medidas devem causar a menor perturbação possível no funcionamento do mercado interno, não devendo ser de âmbito mais vasto do que o estritamente necessário para solucionar as dificuldades súbitas verificadas.

3. O Estado-Membro em causa deve comunicar sem demora essas medidas aos outros Estados-Membros e à Comissão, que pode decidir que o referido Estado-Membro tenha de as alterar ou anular, na medida em que provoquem distorções de concorrência e afectem negativamente o comércio de modo incompatível com o interesse comum.

Artigo 27.º
Derrogações relacionadas com compromissos assumidos no âmbito de contratos *take-or-pay*

1. Se uma empresa de gás natural se deparar ou considerar que se virá a deparar com graves dificuldades económicas e financeiras devido aos compromissos assumidos no âmbito de um ou mais contratos de aquisição de gás em regime *take-or-pay*, essa empresa pode enviar ao Estado-Membro em causa, ou à autoridade competente designada, um pedido de derrogação temporária do artigo 18.º. Conforme a preferência dos Estados-Membros, os pedidos devem ser apresentados, caso a caso, antes ou depois da recusa de acesso à rede. Os Estados-Membros podem igualmente permitir que sejam as empresas de gás natural a optar por apresentar o pedido antes ou depois da recusa de acesso à rede. Se uma empresa de gás natural recusar o acesso, o pedido deve ser apresentado sem demora. Os pedidos devem ser acompanhados de todas as informações pertinentes sobre a natureza e dimensão do problema e sobre os esforços desenvolvidos pela empresa de gás natural para o resolver.

Caso não existam soluções alternativas adequadas e tendo em conta o disposto no n.º 3, o Estado-Membro, ou a autoridade competente designada, pode decidir conceder uma derrogação.

2. O Estado-Membro, ou a autoridade competente designada, deve comunicar sem demora à Comissão a sua decisão de conceder a referida derrogação, acompanhada de todas as informações relevantes sobre essa derrogação. Essas informações podem ser apresentadas à Comissão sob forma agregada, de modo a permitir-lhe tomar uma decisão bem fundamentada. No prazo de oito semanas após recepção dessa comunicação, a Comissão poderá solicitar ao Estado-Membro, ou à autoridade competente designada, que altere ou revogue a decisão de concessão da derrogação.

Se o Estado-Membro, ou a autoridade competente designada, não der seguimento a este pedido no prazo de quatro semanas, deverá ser tomada rapidamente uma decisão definitiva nos termos do n.º 2 do artigo 30.º

A Comissão deve preservar a confidencialidade das informações comercialmente sensíveis.

3. Ao decidir sobre as derrogações referidas no n.º 1, o Estado-Membro, ou a autoridade competente designada, e a Comissão devem ter em conta, nomeadamente, os seguintes critérios:

a) O objectivo da realização de um mercado do gás competitivo;

b) A necessidade de cumprir com as obrigações de serviço público e de garantir a segurança do fornecimento;

c) A posição da empresa de gás natural no mercado do gás e a real situação da concorrência nesse mercado;

d) A gravidade das dificuldades económicas e financeiras encontradas pelas empresas de gás natural e de transporte ou pelos clientes elegíveis;

e) As datas de assinatura e os termos do contrato ou contratos em causa, incluindo o seu grau de adaptabilidade às mutações do mercado;

f) Os esforços desenvolvidos para encontrar uma solução para o problema;

g) A medida em que, ao aceitar os seus compromissos de compra obrigatória, a empresa poderia ter razoavelmente previsto, tendo em conta o disposto na presente directiva, que se viria a defrontar com sérias dificuldades;

h) O nível de ligação da rede com outras redes e o grau de interoperabilidade dessas redes; e

i) Os efeitos que a concessão de uma derrogação poderá ter na correcta aplicação da presente directiva no que diz respeito ao bom funcionamento do mercado interno do gás natural.

Uma decisão sobre um pedido de derrogação relativo a contratos take-or-pay celebrados antes da entrada em vigor da presente directiva não deve conduzir a uma situação em que não seja possível encontrar soluções alternativas economicamente viáveis. Em todo o caso, não se deve considerar que existem sérias dificuldades quando as vendas de gás natural não forem inferiores ao nível da quantidade mínima de compra garantida que figura no contrato de aquisição de gás em regime take-or-pay, ou na medida em que o referido contrato possa ser adaptado ou a empresa de gás natural seja capaz de encontrar soluções alternativas.

4. As empresas de gás natural às quais não tenha sido concedida uma derrogação na acepção do n.º 1 não podem recusar, nem continuar a recusar, o acesso à rede devido aos compromissos assumidos no âmbito de um contrato de aquisição de gás em regime *take-or-pay*. Os Estados-Membros devem assegurar o cumprimento das disposições pertinentes do Capítulo VI, designadamente nos artigos 18.º a 25.º

5. Qualquer derrogação concedida nos termos do acima disposto deve ser devidamente fundamentada. A Comissão deve publicar a decisão no Jornal Oficial da União Europeia.

6. No prazo de cinco anos a contar da entrada em vigor da presente directiva, a Comissão deve apresentar um relatório de avaliação da experiência adquirida com a aplicação do presente artigo, a fim de permitir que o Parlamento Europeu e o Conselho ponderem, em devido tempo, da necessidade de o adaptar.

ARTIGO 28.º
Mercados emergentes e isolados

1. Os Estados-Membros que não disponham de uma ligação directa à rede interligada de qualquer dos demais Estados-Membros e tenham apenas um fornecedor externo principal podem derrogar o disposto nos artigos 4.º, 9.º, 23.º e/ou 24.º É considerada fornecedor principal a empresa de fornecimento que detenha uma quota de mercado superior a 75 %. Tal derrogação cessa automaticamente de produzir efeitos no momento em que pelo menos uma das condições mencionadas deixe de se verificar. Qualquer derrogação desta natureza deve ser notificada à Comissão.

2. Qualquer Estado-Membro considerado mercado emergente que, por força da aplicação da presente directiva, seja confrontado com sérios problemas pode derrogar o disposto nos artigos 4.º e 7.º, nos n.ºs 1 e 2 do artigo 8.º, nos artigos 9.º e 11.º, no n.º 5 do artigo 12.º, nos artigos 13.º, 17.º e 18.º, no n.º 1 do artigo 23.º e/ou no artigo 24.º Tal derrogação cessa automaticamente de produzir efeitos no momento em que o Estado-Membro deixe de ser considerado mercado emergente. Qualquer derrogação desta natureza deve ser notificada à Comissão.

3. Na data em que caducar a derrogação referida no n.º 2, a definição de clientes elegíveis deve dar origem a uma abertura do mercado igual, no mínimo, a 33 % do consumo total anual do mercado nacional do sector do gás. Dois anos mais tarde deve ser aplicável a alínea b) do n.º 1 do artigo 23.º e passados três anos deve aplicar-se a alínea c) do n.º 1 do mesmo artigo. Enquanto não for aplicável a alínea b) do n.º 1 do artigo 23.º, os Estados-Membros referidos no n.º 2 podem decidir não aplicar o artigo 18.º aos serviços auxiliares e unidades de armazenamento temporário necessários para o processo de regaseificação de GNL e subsequente entrega à rede de transporte.

4. Se a aplicação da presente directiva causar problemas graves numa zona geográfica limitada de um Estado-Membro, em particular no que respeita ao desenvolvimento da infra-estrutura de transporte e distribuição principal, o Estado-Membro em causa pode, a fim de encorajar o investimento, solicitar à Comissão uma derrogação temporária do disposto no artigo 4.º, no artigo 7.º, nos n.ºs 1

e 2 do artigo 8.º, no artigo 9.º, no artigo 11.º, no n.º 5 do artigo 12.º, no artigo 13.º, no artigo 17.º, no artigo 18.º, no n.º 1 do artigo 23.º e/ou no artigo 24.º, para o desenvolvimento nessa zona.

5. A Comissão pode conceder a derrogação referida no n.º 4, tendo em conta, nomeadamente, os seguintes critérios:

– a necessidade de investimento em infra estruturas cuja exploração não seria económica num ambiente de mercado competitivo,

– o nível e as perspectivas do período de retorno dos investimentos necessários,

– a dimensão e maturidade da rede de gás na zona em questão,

– as perspectivas do mercado de gás em questão,

– a dimensão e as características geográficas da zona ou região abrangida e os factores socioeconómicos e demográficos.

a) No que se refere às infra-estruturas do sector do gás que não sejam infra-estruturas de distribuição, só pode ser concedida uma derrogação se na zona não existir nenhuma infra-estrutura de gás, ou se essa infra-estrutura existir há menos de 10 anos. A derrogação temporária não pode exceder 10 anos a contar da data do primeiro fornecimento de gás nessa zona;

b) Para as infra-estruturas de distribuição, pode ser concedida uma derrogação por um período não superior a 20 anos a contar da data do primeiro fornecimento de gás através dessa rede na zona em questão.

6. O Luxemburgo pode beneficiar da derrogação do n.º 3 do artigo 8.º e do artigo 9.º por um período de cinco anos a contar de 1 de Julho de 2004. Essa derrogação deve ser analisada antes do final do período de cinco anos e qualquer decisão no sentido de a renovar por mais cinco anos deve ser tomada nos termos do n.º 2 do artigo 30.º A referida derrogação deve ser notificada à Comissão.

7. A Comissão deve informar os Estados-Membros dos pedidos formulados ao abrigo do n.º 4, antes de tomar uma decisão nos termos do n.º 5, no respeito pelo princípio da confidencialidade. Essa decisão, bem como as derrogações a que se referem os n.ºs 1 e 2, deve ser publicada no *Jornal Oficial da União Europeia*.

8. A Grécia pode derrogar os artigos 4.º, 11.º, 12.º, 13.º, 18.º, 23.º e/ou 24.º nas áreas geográficas e pelos prazos especificados nas licenças por si emitidas antes de 15 de Março de 2002 nos termos da Directiva 98/30/CE, para o desenvolvimento e exploração exclusiva de redes de distribuição em certas áreas geográficas.

ARTIGO 29.º

Processo de revisão

Caso no relatório referido no n.º 3 do artigo 31.º a Comissão chegue à conclusão que, dada a eficácia com que a abertura da rede foi efectuada num

Estado-Membro – dando origem a um acesso sem obstáculos plenamente efectivo e não discriminatório –, determinadas obrigações impostas às empresas pela presente directiva (incluindo as obrigações em matéria de separação jurídica, no que se refere aos operadores das redes de distribuição) não são proporcionadas atendendo ao objectivo em vista, o Estado-Membro em questão pode apresentar à Comissão um pedido de isenção do requisito em causa.

Este pedido deve ser notificado sem demora pelo Estado-Membro à Comissão, acompanhado de todas as informações necessárias para demonstrar que a conclusão alcançada no relatório – de que está de facto assegurado o acesso efectivo à rede – se manterá.

No prazo de três meses a contar da recepção da referida notificação, a Comissão deve aprovar um parecer sobre o pedido do Estado-Membro interessado e, se for caso disso, apresentar propostas ao Parlamento Europeu e ao Conselho no sentido de alterar as disposições pertinentes da directiva. A Comissão pode propor, no âmbito das propostas de alteração da presente directiva, isentar o Estado-Membro interessado de requisitos específicos, na condição deste, caso seja necessário, implementar medidas igualmente eficazes.

ARTIGO 30.º
Comité

1. A Comissão é assistida por um Comité.

2. Sempre que seja feita referência ao presente número, são aplicáveis os artigos 3.º e 7.º da Decisão 1999/468/CE, tendo se em conta o disposto no seu artigo 8.º

3. O Comité aprovará o seu regulamento interno.

ARTIGO 31.º
Apresentação de relatórios

1. A Comissão deve acompanhar e analisar a aplicação da presente directiva e deve apresentar um relatório da situação ao Parlamento Europeu e ao Conselho antes do final do primeiro ano após a entrada em vigor da presente directiva, bem como, seguidamente, todos os anos. O relatório deve contemplar, pelo menos:

a) A experiência adquirida e os progressos realizados na criação de um mercado interno do gás natural completo e plenamente operacional, bem como os obstáculos que subsistem a esse respeito, incluindo posições dominantes e/ou concentrações no mercado e comportamentos predatórios ou anti-concorrenciais;

b) As derrogações concedidas ao abrigo da presente directiva, incluindo a aplicação da derrogação prevista no n.º 2 do artigo 13.º com vista a uma eventual revisão do limiar;

c) O grau de eficácia dos requisitos de separação e tarifação da presente directiva na garantia de um acesso equitativo e não discriminatório à rede de gás da Comunidade e a níveis de concorrência equivalentes, bem como as consequências económicas, ambientais e sociais da abertura do mercado do gás no que se refere aos clientes;

d) Uma análise das questões relativas aos níveis de capacidade da rede e à segurança do fornecimento de gás natural na Comunidade e, nomeadamente, o equilíbrio existente e previsto entre a oferta e a procura, tendo em conta a capacidade física de realização de trocas entre zonas e o desenvolvimento do armazenamento (incluindo a questão da proporcionalidade da regulação do mercado neste domínio);

e) As medidas tomadas nos Estados-Membros para fazer face aos picos de procura e às falhas de um ou mais fornecedores, as quais serão objecto de uma atenção especial;

f) Uma avaliação geral dos progressos efectuados no âmbito das relações bilaterais com os países terceiros produtores e exportadores ou transportadores de gás natural, incluindo a evolução da integração do mercado, das trocas comerciais e do acesso às redes dos referidos países terceiros;

g) A eventual necessidade de requisitos de harmonização não relacionados com as disposições da presente directiva.

Se necessário, o relatório pode incluir recomendações e medidas destinadas a combater os efeitos negativos de posições dominantes e de concentração no mercado.

2. De dois em dois anos, o relatório referido no n.º 1 deve também incluir uma análise das diferentes medidas tomadas pelos Estados-Membros para dar cumprimento às obrigações de serviço público, bem como uma análise da eficácia dessas medidas e em particular dos seus efeitos na concorrência no mercado do gás. Se necessário, o relatório pode incluir recomendações sobre as medidas a adoptar a nível nacional para atingir elevados padrões de serviço público ou sobre medidas destinadas a evitar a compartimentação do mercado.

3. A Comissão deve apresentar ao Parlamento Europeu e ao Conselho, até 1 de Janeiro de 2006, um relatório detalhado descrevendo os progressos realizados na criação do mercado interno do gás. Esse relatório deve abordar, em particular:

– a existência de acesso não discriminatório às redes,

– a eficácia da regulação,

– o desenvolvimento das infra-estruturas de interligação, as condições de trânsito e a situação da Comunidade em termos de segurança do fornecimento,

– a medida em que as pequenas empresas e os consumidores domésticos estão a tirar pleno benefício da abertura do mercado, nomeadamente em termos de padrões de serviço público,

– a medida em que os mercados estão abertos, na prática, a uma concorrência efectiva, incluindo aspectos relativos a posições dominantes e/ou concentrações no mercado e comportamentos predatórios ou anti concorrenciais,

– a medida em que os consumidores estão efectivamente a mudar de fornecedores e a renegociar as tarifas,

– a evolução dos preços, incluindo os preços de fornecimento, em função do grau de abertura do mercado,

– se existe acesso efectivo e não discriminatório de terceiros ao armazenamento de gás quando técnica e/ou economicamente necessário para proporcionar um acesso eficiente à rede,

– a experiência adquirida na aplicação da directiva no que se refere à efectiva independência dos operadores das redes nas empresas verticalmente integradas e se, para além da independência funcional e da separação das contas, foram desenvolvidas outras medidas com efeitos equivalentes à separação jurídica.

A Comissão deve, sempre que adequado, apresentar propostas ao Parlamento Europeu e ao Conselho, especialmente para garantir elevados padrões de serviço público.

A Comissão deve, sempre que adequado, apresentar propostas ao Parlamento Europeu e ao Conselho, especialmente para assegurar a total e efectiva independência dos operadores das redes de distribuição antes de 1 de Julho de 2007. Se necessário, essas propostas devem, em conformidade com o direito da concorrência, dizer igualmente respeito a medidas que visem abordar as questões que se prendem com posições dominantes e/ou concentrações no mercado e comportamentos predatórios ou anti-concorrenciais.

Artigo 32.º

Revogação

1. A Directiva 91/296/CEE é revogada com efeitos a partir de 1 de Julho de 2004, sem prejuízo dos contratos celebrados nos termos do n.º 1 do artigo 3.º da Directiva 91/296/CEE, que continuarão a ser válidos e executados nos termos da referida directiva.

2. A Directiva 98/30/CE é revogada com efeitos a partir de 1 de Julho de 2004, sem prejuízo das obrigações dos Estados-Membros relativas aos prazos de transposição e aplicação da referida directiva. As remissões para a directiva revogada devem entender-se como sendo feitas para a presente directiva e devem ser lidas de acordo com o quadro de correspondência constante do anexo B.

Artigo 33.º
Execução

1. Os Estados-Membros devem pôr em vigor as disposições legislativas, regulamentares e administrativas necessárias para dar cumprimento à presente directiva até 1 de Julho de 2004 e informar imediatamente a Comissão desse facto.

2. Sem prejuízo dos requisitos a que se refere o n.º 2 do artigo 13.º, os Estados-Membros podem adiar a execução do n.º 1 do artigo 13.º até 1 de Julho de 2007.

3. Quando os Estados-Membros aprovarem essas disposições, estas devem incluir uma referência à presente directiva ou ser acompanhadas dessa referência aquando da sua publicação oficial. As modalidades dessa referência são aprovadas pelos Estados-Membros.

Artigo 34.º
Entrada em vigor

A presente directiva entra em vigor 20 dias após a sua publicação no *Jornal Oficial da União Europeia*.

Artigo 35.º
Destinatários

Os Estados-Membros são os destinatários da presente directiva.

Feito em Bruxelas, em 26 de Juhno 2003.

Pelo Parlamento Europeu   *Pelo Conselho*
O Presidente   *O Presidente*
P. Cox   A. Tsochatzopoulos

ANEXO A

Medidas de protecção dos consumidores

Sem prejuízo das regras comunitárias em matéria de protecção dos consumidores, em especial da Directiva 97/7/CE do Parlamento Europeu e do Conselho([1]) e da Directiva 93/13/CEE do Conselho([2]), as medidas referidas no artigo 3.º destinam se a garantir que os clientes:

a) Tenham direito a um contrato com o seu fornecedor de serviços de gás que especifique:

– a identidade e o endereço do fornecedor,

– os serviços fornecidos, os níveis de qualidade dos serviços fornecidos, bem como a data de ligação inicial,

– se forem oferecidos serviços de manutenção, o tipo desses serviços,

– os meios através dos quais podem ser obtidas informações actualizadas sobre as tarifas e as taxas de manutenção aplicáveis,

– a duração do contrato, as condições de renovação e termo dos serviços e do contrato, a existência de um eventual direito de rescisão,

– qualquer compensação e as disposições de reembolso aplicáveis se os níveis de qualidade dos serviços contratados não forem atingidos e

– o método a utilizar para dar início aos procedimentos de resolução de litígios de acordo com a alínea f).

As condições devem ser equitativas e previamente conhecidas. Essas informações deverão, em qualquer caso, ser prestadas antes da celebração ou confirmação do contrato. Caso os contratos sejam celebrados através de intermediários, as referidas informações serão igualmente prestadas antes da celebração do contrato;

b) Sejam notificados de modo adequado de qualquer intenção de alterar as condições contratuais e sejam informados do seu direito de rescisão ao serem notificados. Os prestadores de serviços devem notificar directamente os seus assinantes de qualquer aumento dos encargos, em momento oportuno, não posterior a um período normal de facturação após a entrada em vigor do aumento. Os Estados-Membros devem garantir que os clientes sejam livres de rescindir os contratos se não aceitarem as novas condições que lhes forem notificadas pelos respectivos fornecedores de serviços de gás;

c) Recebam informações transparentes sobre os preços e tarifas aplicáveis e as condições normais de acesso e utilização dos serviços de gás;

([1]) JO L 144 de 4.6.1997, p. 19.
([2]) JO L 95 de 21.4.1993, p. 29.

d) Disponham de uma ampla escolha quanto aos métodos de pagamento. Qualquer diferença nos termos e condições deverá reflectir os custos dos diferentes sistemas de pagamento para o fornecedor. As condições gerais devem ser equitativas e transparentes e ser redigidas em linguagem clara e compreensível. Os clientes devem ser protegidos contra métodos de venda abusivos ou enganadores;

e) Não tenham de efectuar qualquer pagamento por mudarem de fornecedor;

f) Disponham de procedimentos transparentes, simples e baratos para o tratamento das suas queixas. Tais procedimentos devem permitir que os litígios sejam resolvidos de modo justo e rápido, prevendo, quando justificado, um sistema de reembolso e/ou compensação. Os procedimentos devem seguir, sempre que possível, os princípios fixados na Recomendação 98/257/CE da Comissão([3]);

g) Ligados à rede de gás sejam informados do seu direito de serem abastecidos, nos termos da legislação nacional aplicável, com gás natural de qualidade especificada, a preços razoáveis.

([3]) JO L 115 de 17.4.1998, p. 31.

ANEXO B
Quadro de correspondência

Directiva 98/30/CE	Presente directiva
Artigo 1.º	Artigo 1.º Âmbito de aplicação
Artigo 2.º	Artigo 2.º Definições
Artigo 3.º	Artigo 3.º Obrigações de serviço público e protecção dos consumidores
Artigo 4.º	Artigo 4.º Procedimento de autorização
—	Artigo 5.º Monitorização da segurança do fornecimento
Artigo 5.º	Artigo 6.º Normas técnicas
Artigo 6.º	Artigo 7.º Designação dos ORT
Artigo 7.º	Artigo 8.º Atribuições dos ORT
—	Artigo 9.º Separação dos ORT
Artigo 8.º	Artigo 10.º Confidencialidade para os ORT
N.º 1 do artigo 9.º	Artigo 11.º Designação dos ORD
Artigo 10.º	Artigo 12.º Atribuições dos ORD
—	Artigo 13.º Separação dos ORD
Artigo 11.º	Artigo 14.º Confidencialidade para os ORD
—	Artigo 15.º Operadores de redes combinadas
Artigo 12.º	Artigo 16.º Direito de acesso à contabilidade
Artigo 13.º	Artigo 17.º Separação das contas
Artigos 14.º a 16.º	Artigo 18.º Acesso de terceiros
—	Artigo 19.º Acesso ao armazenamento
Artigo 23.º	Artigo 20.º Acesso às redes de gasodutos a montante
Artigo 17.º	Artigo 21.º Recusa de acesso
—	Artigo 22.º Novas infra-estruturas
Artigos 18.º e 19.º	Artigo 23.º Abertura dos mercados e reciprocidade
Artigo 20.º	Artigo 24.º Condutas directas
N.ºs 2 e 3 do artigo 21.º e artigo 22.º	Artigo 25.º Entidades reguladoras
Artigo 24.º	Artigo 26.º Medidas de salvaguarda
Artigo 25.º	Artigo 27.º Derrogações relacionadas com compromissos assumidos no âmbito de contratos take-or-pay
Artigo 26.º	Artigo 28.º Mercados emergentes e isolados
—	Artigo 29.º Processo de revisão
—	Artigo 30.º Comité
Artigos 27.º e 28.º	Artigo 31.º Apresentação de relatórios
—	Artigo 32.º Revogação
Artigo 29.º	Artigo 33.º Execução
Artigo 30.º	Artigo 34.º Entrada em vigor
Artigo 31.º	Artigo 35.º Destinatários
	Anexo A Medidas de protecção dos consumidores

Directiva 2004/67/CE do Conselho, de 26 de Abril de 2004

relativa a medidas destinadas a garantir a segurança do aprovisionamento em gás natural

(Texto relevante para efeitos do EEE)

O CONSELHO DA UNIÃO EUROPEIA,

Tendo em conta o Tratado que institui a Comunidade Europeia e, nomeadamente, o seu artigo 100.º,

Tendo em conta a proposta da Comissão[1],

Tendo em conta o parecer do Comité Económico e Social Europeu[2],

Após consulta ao Comité das Regiões,

Tendo em conta o parecer do Parlamento Europeu[3],

Considerando o seguinte:

(1) O gás natural (a seguir designado "gás") está a tornar-se um componente cada vez mais importante do aprovisionamento energético da Comunidade e, como indica o livro verde "Para uma estratégia europeia de segurança do aprovisionamento energético", prevê-se que a União Europeia se torne, a longo prazo, cada vez mais dependente das importações de gás proveniente de fontes de fornecimento fora da União Europeia.

(2) Na sequência da Directiva 98/30/CE do Parlamento Europeu e do Conselho, de 22 de Junho de 1998, relativa a regras comuns para o mercado do gás natural[4] e da Directiva 2003/55/CE do Parlamento Europeu e do Conselho, de 26 de Junho de 2003, relativa a regras comuns para o mercado interno do gás natural[5], o mercado comunitário do gás tem vindo a ser liberalizado. Consequentemente, no que se refere à segurança do aprovisionamento, qualquer dificuldade que tenha como efeito uma redução do aprovisionamento de gás pode causar perturbações graves na actividade económica da Comunidade. Por esta razão, torna-se cada vez mais necessário garantir a segurança do aprovisionamento em gás.

---

[1] JO C 331 E de 31.12.2002, p. 262.
[2] JO C 133 de 6.6.2003, p. 16.
[3] Parecer ainda não publicado no Jornal Oficial.
[4] JO L 204 de 21.7.1998, p. 1.
[5] JO L 176 de 15.7.2003, p. 57.

(3) A realização do mercado interno do gás necessita de uma abordagem comum mínima relativamente à segurança do aprovisionamento, em especial através da adopção de políticas transparentes e não discriminatórias em matéria de segurança do aprovisionamento compatíveis com os requisitos desse mercado, a fim de evitar distorções do mercado. A definição precisa do papel e das responsabilidades de todos os operadores no mercado é, por conseguinte, essencial para a salvaguarda da segurança do aprovisionamento em gás e para o bom funcionamento do mercado interno.

(4) As obrigações impostas às empresas em matéria de segurança do aprovisionamento não deverão impedir o bom funcionamento do mercado interno e não deverão constituir uma sobrecarga desmedida e desproporcionada para os intervenientes no mercado do gás, nomeadamente para os novos e pequenos operadores no mercado.

(5) Perante o crescimento do mercado do gás na Comunidade, é importante que seja mantida a segurança do aprovisionamento em gás, em especial no que se refere aos consumidores domésticos.

(6) A indústria e, quando apropriado, os Estados-Membros têm à sua disposição uma vasta gama de instrumentos que lhes permitem cumprir as obrigações em matéria de segurança do aprovisionamento. A realização de acordos bilaterais entre Estados-Membros poderá ser um dos meios de contribuir para a concretização das normas mínimas de segurança do aprovisionamento, tendo devidamente em consideração o Tratado e o direito derivado, nomeadamente o n.º 2 do artigo 3.º da Directiva 2003/55/CE.

(7) Poderão ser fixados objectivos mínimos indicativos de armazenamento de gás, quer a nível nacional, quer pela indústria. Fica assente que tal não criará quaisquer obrigações de investimento adicionais.

(8) Dada a importância da segurança do aprovisionamento de gás, nomeadamente com base em contratos de longo prazo, a Comissão deverá acompanhar a evolução do mercado do gás com base nos relatórios dos Estados-Membros.

(9) A fim de satisfazer a procura crescente de gás e de proceder à diversificação dos aprovisionamentos em gás como uma condição para o desenvolvimento da concorrência no mercado interno do gás, a Comunidade deverá mobilizar quantidades suplementares importantes de gás ao longo das próximas décadas, a maior parte das quais serão provenientes de fontes muito distantes e transportadas a longa distância.

(10) A Comunidade partilha de um interesse fundamental com os países fornecedores de gás e com os países de trânsito: assegurar a continuidade dos investimentos nas infra-estruturas de aprovisionamento em gás.

(11) Os contratos de longo prazo desempenharam um papel muito importante na segurança dos aprovisionamentos em gás da Europa e continuarão a ter esse papel. O nível actual de contratos a longo prazo é adequado no plano comunitário e espera-se que esses contratos continuem a ser largamente utiliza-

dos no conjunto dos aprovisionamentos em gás, dado que as empresas continuarão a integrá-los na carteira global de contratos de aprovisionamento em gás.

(12) Foram realizados progressos consideráveis neste sentido graças à criação de plataformas comerciais com liquidez e de programas de desbloqueamento de existências de gás a nível nacional. Esta tendência deverá manter-se.

(13) É essencial estabelecer uma solidariedade genuína entre os Estados-Membros em importantes situações de emergência de aprovisionamento, tanto mais que os Estados-Membros se estão a tornar cada vez mais interdependentes no que diz respeito à segurança do aprovisionamento.

(14) Os direitos soberanos dos Estados-Membros sobre os seus próprios recursos naturais não são afectados pela presente directiva.

(15) Dever-se-á criar um grupo de coordenação do gás, com o objectivo de facilitar uma coordenação da segurança das medidas de aprovisionamento a nível comunitário em caso de ruptura importante do aprovisionamento, e que poderá igualmente assistir os Estados-Membros na coordenação de medidas tomadas a nível nacional. Além disso, esse grupo poderá permitir o intercâmbio de informação relevante sobre a segurança do aprovisionamento de gás numa base regular, devendo considerar os aspectos relevantes no contexto de uma ruptura importante do aprovisionamento.

(16) Os Estados-Membros deverão aprovar e publicar disposições de emergência nacionais.

(17) A presente directiva deverá estabelecer regras para o caso de ocorrerem rupturas importantes no aprovisionamento. A duração previsível dessas rupturas do aprovisionamento deverá abranger um período de tempo significativo de, pelo menos, oito semanas.

(18) No que respeita à solução a dar ao problema de uma ruptura importante do aprovisionamento, a presente directiva deverá estabelecer um mecanismo baseado numa abordagem em três fases. A primeira fase implicaria as respostas da indústria à ruptura de aprovisionamento. Caso tal não seja suficiente, os Estados-Membros deverão tomar medidas destinadas a resolver a ruptura de aprovisionamento. Só no caso de as medidas tomadas na primeira e na segunda fases falharem deverão ser tomadas medidas adequadas ao nível comunitário.

(19) Atendendo a que o objectivo da presente directiva, a saber, garantir um nível adequado de segurança para o aprovisionamento em gás, em especial no caso de ruptura importante do aprovisionamento, e contribuir ao mesmo tempo para o funcionamento correcto do mercado interno do gás, não pode ser suficientemente realizado pelos Estados-Membros em todas as circunstâncias, especialmente à luz da interdependência cada vez maior dos Estados-Membros no que se refere à segurança do aprovisionamento em gás, e pode, pois, devido à dimensão e aos efeitos da acção prevista, ser melhor alcançado ao nível comunitário, a Comunidade pode tomar medidas em conformidade com o princípio da subsidiariedade consagrado no artigo 5.º do Tratado. Em conformidade com o

princípio da proporcionalidade consagrado no mesmo artigo, a presente directiva não excede o necessário para atingir aquele objectivo,

ADOPTOU A PRESENTE DIRECTIVA:

Artigo 1.º
Objectivo

A presente directiva estabelece medidas destinadas a garantir um nível adequado de segurança do aprovisionamento de gás. Estas medidas contribuem igualmente para o funcionamento correcto do mercado interno do gás. A presente directiva estabelece um quadro comum no âmbito do qual os Estados-Membros devem definir políticas gerais, transparentes e não discriminatórias em matéria de segurança do aprovisionamento, compatíveis com os requisitos de um mercado interno do gás competitivo, especificar o papel e responsabilidades gerais dos diferentes operadores no mercado e aplicar procedimentos específicos não discriminatórios para a salvaguarda da segurança do aprovisionamento de gás.

Artigo 2.º
Definições

Para efeitos da presente directiva, entende-se por:

1. "Contrato de aprovisionamento de gás a longo prazo", um contrato de fornecimento de gás com uma duração superior a 10 anos.

2. "Ruptura importante no aprovisionamento", uma situação em que a Comunidade corra o risco de perder mais de 20 % do seu aprovisionamento de gás fornecido por países terceiros e a situação a nível da Comunidade não possa ser adequadamente resolvida através de medidas nacionais.

Artigo 3.º
Políticas para garantir o aprovisionamento de gás

1. Ao estabelecerem as suas políticas gerais no que se refere à garantia de níveis adequados de segurança de aprovisionamento de gás, os Estados-Membros devem definir o papel e as responsabilidades dos diferentes intervenientes no mercado no que diz respeito à implementação dessas políticas, e especificar as normas mínimas adequadas de segurança do aprovisionamento a respeitar pelos intervenientes no mercado do gás do Estado-Membro em causa. Essas normas devem ser aplicadas de uma forma transparente e não discriminatória e devem ser publicadas.

2. Os Estados-Membros tomam as medidas adequadas para assegurar que as medidas referidas na presente directiva não constituam uma sobrecarga pouco razoável e desproporcionada para os intervenientes no mercado do gás e sejam compatíveis com os requisitos de um mercado interno do gás competitivo.

3. Consta do anexo uma lista, não exaustiva, de instrumentos para garantir a segurança do aprovisionamento de gás.

ARTIGO 4.º

Segurança do aprovisionamento de clientes específicos

1. Os Estados-Membros devem garantir que, dentro do território respectivo, o aprovisionamento dos clientes do sector doméstico é assegurado de forma adequada, pelo menos em caso de:

a) Ruptura parcial do aprovisionamento nacional de gás durante um período a determinar pelos Estados-Membros, atendendo a circunstâncias nacionais;

b) Temperaturas extremamente baixas durante um período de pico determinado a nível nacional;

c) Períodos em que a procura de gás é excepcionalmente elevada durante as maiores vagas de frio que ocorrem, estatisticamente, de 20 em 20 anos.

Estes critérios são designados na presente directiva por "normas de segurança do aprovisionamento".

2. Os Estados-Membros podem alargar o âmbito do n.º 1 em especial às pequenas e médias empresas e a outros clientes que não tenham a possibilidade de substituir o seu consumo de gás por outras fontes energéticas, incluindo medidas para a segurança do seu sistema eléctrico nacional, caso este dependa do aprovisionamento de gás.

3. Uma lista não exaustiva constante do anexo apresenta exemplos de instrumentos que podem ser utilizados a fim de satisfazer as normas de segurança do aprovisionamento.

4. Os Estados-Membros, tendo devidamente em conta as condições geológicas do seu território e a viabilidade económica e técnica, podem igualmente tomar as medidas necessárias para garantir que as instalações de armazenagem de gás localizadas no seu território contribuam, em grau adequado, para satisfazer as normas de segurança do aprovisionamento.

5. Caso esteja disponível um nível adequado de interconexão, os Estados-Membros podem tomar as medidas necessárias, em cooperação com um outro Estado-Membro, incluindo acordos bilaterais, para garantir as normas de segurança de aprovisionamento, utilizando instalações de armazenagem de gás localizadas no território desse outro Estado-Membro. Essas medidas, nomeadamente os acordos bilaterais, não devem impedir o funcionamento correcto do mercado interno do gás.

6. Os Estados-Membros podem definir ou solicitar à indústria que defina objectivos indicativos mínimos quanto a uma possível contribuição futura da armazenagem, localizada dentro ou fora do Estado-Membro, para a segurança do aprovisionamento. Esses objectivos devem ser publicados.

ARTIGO 5.º

Elaboração de relatórios

1. No relatório publicado pelos Estados-Membros, nos termos do artigo 5.º da Directiva 2003/55/CE, os Estados-Membros devem incluir igualmente os seguintes elementos:

a) Repercussões na concorrência das medidas tomadas em aplicação dos artigos 3.º e 4.º para todos os operadores no mercado do gás;

b) Os níveis de capacidade de armazenagem;

c) O âmbito dos contratos de aprovisionamento de gás a longo prazo, celebrados por empresas estabelecidas e registadas no seu território e, em especial, o prazo de validade remanescente desses contratos, com base em informações facultadas pelas empresas em causa, mas excluindo as informações sensíveis do ponto de vista comercial, e o nível de liquidez do mercado do gás;

d) Quadros regulamentares destinados a incentivar de forma adequada novos investimentos na exploração, produção, armazenagem, GNL e transporte de gás natural, tendo igualmente em conta o disposto no artigo 22.º da Directiva 2003/55/CE, em caso de implementação por parte do Estado-Membro;

2. Essas informações devem ser analisadas pela Comissão, nos relatórios por si apresentados nos termos do artigo 31.º da Directiva 2003/55/CE, tendo em conta as consequências dessa directiva para a Comunidade no seu conjunto e para a segurança e a eficiência do funcionamento geral do mercado interno do gás.

ARTIGO 6.º

Supervisão

1. Com base nos relatórios referidos no n.º 1 do artigo 5.º, a Comissão supervisiona:

a) A quantidade de novos contratos de importação de gás a longo prazo, provenientes de países terceiros;

b) A existência de uma liquidez adequada de aprovisionamentos de gás;

c) O nível de capacidade útil de armazenagem de gás e o nível da capacidade de extracção de gás armazenado;

d) O nível da interconexão das redes nacionais de gás dos Estados-Membros;

e) A situação previsível em matéria de aprovisionamento de gás, em função da procura, da autonomia em termos de aprovisionamento e das fontes de aprovisionamento disponíveis a nível comunitário no que diz respeito a zonas geográficas específicas no interior da Comunidade.

2. Se a Comissão concluir que a oferta de gás na Comunidade é insuficiente para suprir a procura previsível de gás a longo prazo, poderá apresentar propostas nos termos do Tratado.

3. Até.. de Maio de 2008, a Comissão deve apresentar ao Parlamento Europeu e ao Conselho um relatório de análise sobre a experiência adquirida na aplicação do presente artigo.

Artigo 7.º
Grupo de coordenação do gás

1. É criado um grupo de coordenação do gás (a seguir designado "grupo") para facilitar a coordenação das medidas de segurança do aprovisionamento.

2. O grupo é constituído por representantes dos Estados-Membros e por organismos representativos da indústria em causa e de importantes consumidores de energia, sob a presidência da Comissão.

3. O grupo aprovará o seu regulamento interno.

Artigo 8.º
Medidas de emergência nacionais

1. Os Estados-Membros devem preparar atempadamente medidas de emergência nacionais e, se necessário, actualizá-las, e comunicar essas medidas à Comissão. Os Estados-Membros devem publicar as suas medidas de emergência nacionais.

2. As medidas de emergência previstas pelos Estados-Membros devem garantir, sempre que adequado, que seja dada oportunidade suficiente aos operadores no mercado para dar uma primeira resposta às situações de emergência.

3. Sem prejuízo do n.º 1 do artigo 4.º, os Estados-Membros podem indicar ao presidente do grupo as situações que, em seu entender, devido à sua magnitude e carácter excepcional, não podem ser geridas adequadamente com medidas nacionais.

Artigo 9.º

Mecanismo comunitário

1. Se se verificar uma situação que possa implicar uma ruptura importante no aprovisionamento durante um período de tempo significativo ou uma das situações indicadas por um Estado-Membro nos termos do n.º 3 do artigo 8.º, a Comissão convoca o mais rapidamente possível, a pedido de um Estado-Membro ou por sua própria iniciativa, o grupo.

2. O grupo analisa e, sempre que adequado, presta assistência aos Estados-Membros na coordenação das medidas tomadas a nível nacional para resolver a ruptura importante do aprovisionamento.

3. No desempenho das suas funções, o grupo tem plenamente em conta:

a) As medidas tomadas pela indústria do gás como primeira reacção à ruptura importante no aprovisionamento;

b) As medidas tomadas pelos Estados-Membros, nomeadamente as medidas tomadas nos termos do artigo 4.º, incluindo os acordos bilaterais pertinentes.

4. Caso as medidas tomadas a nível nacional referidas no n.º 3 sejam inadequadas para resolver as consequências de uma das situações referidas no n.º 1, a Comissão pode, em consulta com o grupo, fornecer orientações aos Estados-Membros relativamente a novas medidas para prestar assistência aos Estados-Membros particularmente afectados pela ruptura importante de aprovisionamento.

5. Caso as medidas tomadas a nível nacional nos termos do n.º 4 sejam inadequadas para resolver as consequências de uma das situações referidas no n.º 1, a Comissão pode apresentar uma proposta ao Conselho sobre as novas medidas necessárias.

6. As medidas de nível comunitário mencionadas no presente artigo devem conter disposições destinadas a assegurar uma indemnização justa e equitativa das empresas afectadas pelas medidas a tomar.

Artigo 10.º

Monitorização da aplicação

1. Até.. de Maio de 2008, e com base no modo como os Estados-Membros aplicaram a presente directiva, a Comissão deve apresentar um relatório sobre a eficácia dos instrumentos utilizados no que diz respeito ao disposto nos artigos 3.º e 4.º e os seus efeitos sobre o mercado interno do gás e sobre a evolução da concorrência no mercado interno do gás.

2. À luz dos resultados dessa monitorização e sempre que adequado, a Comissão pode formular recomendações ou apresentar propostas de outras medidas destinadas a reforçar a segurança do aprovisionamento.

ARTIGO 11.º
Transposição

Os Estados-Membros devem pôr em vigor as disposições legislativas, regulamentares e administrativas necessárias para dar cumprimento à presente directiva até.. de Maio de 2006. Os Estados-Membros devem comunicar à Comissão o texto dessas disposições bem como um quadro de correspondência entre essas disposições e as da presente directiva.

Quando os Estados-Membros aprovarem essas disposições, estas devem incluir uma referência à presente directiva ou ser acompanhadas dessa referência aquando da sua publicação oficial. As modalidades dessa referência serão aprovadas pelos Estados-Membros.

ARTIGO 12.º
Entrada em vigor

A presente directiva entra em vigor 20 dias após o da sua publicação no *Jornal Oficial da União Europeia*.

ARTIGO 13.º

Os Estados-Membros são os destinatários da presente directiva.

Feito no Luxemburgo, em 26 de Abril de 2004.

Pelo Conselho
O Presidente
J. WALSH

ANEXO

Lista não exaustiva dos instrumentos para reforçar a segurança do aprovisionamento de gás mencionados no n.º 3 do artigo 3.º e no n.º 3 do artigo 4.º

– capacidade útil de armazenagem de gás
– capacidade de extracção de gás armazenado
– disponibilização de capacidade em gasodutos para diversificar o abastecimento de gás às regiões afectadas
– mercados líquidos de gás transaccionável
– flexibilidade do sistema
– desenvolvimento de uma procura interruptível
– utilização de combustíveis alternativos de substituição nas instalações industriais e nas instalações de produção de energia
– capacidades transfronteiriças
– cooperação entre os operadores de sistemas de transporte de Estados-Membros vizinhos para a coordenação das actividades de despacho
– coordenação das actividades de despacho entre os operadores dos sistemas de distribuição e de transporte
– produção doméstica de gás
– flexibilidade na produção
– flexibilidade na importação
– diversificação das fontes de aprovisionamento de gás
– contratos de longo prazo
– investimentos em infra-estrutura para a importação de gás através de terminais de regaseificação e de gasodutos

LEGISLAÇÃO NACIONAL

Sistema Nacional de Gás Natural

DECRETO-LEI N.º 140/2006,
de 26 de Julho

Na sequência da Resolução do Conselho de Ministros n.º 169/2005, de 24 de Outubro, que aprovou a estratégia nacional para a energia, o Decreto-Lei n.º 30/2006, de 15 de Fevereiro, veio estabelecer as bases gerais da organização e funcionamento do Sistema Nacional de Gás Natural (SNGN) em Portugal, bem como as bases gerais aplicáveis ao exercício das actividades de recepção, armazenamento e regaseificação de gás natural liquefeito (GNL), de armazenamento subterrâneo, transporte, distribuição e comercialização de gás natural, incluindo a comercialização de último recurso, e à organização dos mercados de gás natural, transpondo, assim, para a ordem jurídica nacional os princípios da Directiva n.º 2003/55/CE, do Parlamento Europeu e do Conselho, de 26 de Junho.

De acordo com o Decreto-Lei n.º 30/2006, de 15 de Fevereiro, compete ao Governo promover a legislação complementar relativa ao exercício das actividades abrangidas pelo referido decreto-lei, nomeadamente os regimes jurídicos das actividades nele previstas, incluindo as respectivas bases de concessão e procedimentos para atribuição das concessões e licenças. Compete, igualmente, ao Governo garantir a segurança do abastecimento do SNGN.

Deste modo, são estabelecidos no presente decreto-lei os regimes jurídicos aplicáveis às actividades reguladas de recepção, armazenamento e regaseificação de GNL em terminais oceânicos, de armazenamento subterrâneo, transporte e distribuição de gás natural, incluindo as respectivas bases das concessões, bem como os regimes jurídicos da comercialização de gás natural, incluindo a de último recurso. É, também, estabelecida a organização dos respectivos mercados e prevista a criação do operador logístico de mudança de comercializador. Neste decreto-lei procede-se, igualmente, à definição do tipo de procedimentos aplicáveis à atribuição das concessões e licenças, das regras relativas à gestão técnica global do SNGN e ao planeamento da rede nacional de transporte, infra-estruturas de armazenamento e terminais de GNL a cargo da entidade concessionária da rede nacional de transporte de gás natural.

Pela importância que assumem no SNGN, este decreto-lei estabelece as regras relativas à segurança do abastecimento e sua monitorização, bem como à constituição e manutenção de reservas de segurança de gás natural.

Nas matérias que constituem o seu objecto, o presente decreto-lei completa a transposição da Directiva n.º 2003/55/CE, do Parlamento Europeu e do Conselho, de 26 de Junho, iniciada com o Decreto-Lei n.º 30/2006, de 15 de Fevereiro, e procede ainda à transposição da Directiva n.º 2004/67/CE, do Conselho, de 26 de Abril.

Prevê-se, ainda, neste decreto-lei a atribuição da concessão da rede nacional de transporte de gás natural em alta pressão, de uma concessão de armazenamento subterrâneo de gás natural no sítio da Guarda Norte, Carriço, no concelho de Pombal, e da concessão da exploração do terminal de GNL de Sines, por ajuste directo, a três sociedades em relação de domínio total inicial com a REN – Rede Eléctrica Nacional, S. A., na sequência da separação dos respectivos activos e actividades e da transmissão dos mesmos às referidas sociedades pela TRANSGÁS – Sociedade Portuguesa de Gás Natural, S. A. Consequentemente, e em conformidade com o disposto no artigo 65.º do Decreto-Lei n.º 30/2006, de 15 de Fevereiro, definem-se os termos em que é modificado o actual contrato de concessão do serviço público de importação de gás natural e do seu transporte e fornecimento através da rede de alta pressão, celebrado entre o Estado e esta última sociedade, mantendo-se numa sociedade em regime de domínio total pela TRANSGÁS a concessão de armazenamento subterrâneo de gás natural, ainda que alterada em conformidade com este decreto-lei.

Por último, estabelece-se o regime transitório, até à publicação da regulamentação prevista no Decreto-Lei n.º 30/2006, de 15 de Fevereiro, das actividades objecto das concessões e do sistema de acesso de terceiros à rede de transporte, ao armazenamento subterrâneo e ao terminal de GNL.

Foi promovida a audição do Conselho Nacional do Consumo e das associações e cooperativas de consumidores que integram o Conselho.

Foram ouvidas a Comissão Nacional de Protecção de Dados e a Associação Nacional de Municípios Portugueses.

Assim:

Nos termos da alínea a) do n.º 1 do artigo 198.º da Constituição, o Governo decreta o seguinte:

CAPÍTULO I
Disposições gerais

ARTIGO 1.º
Objecto

1 – O presente decreto-lei estabelece os regimes jurídicos aplicáveis às actividades de transporte de gás natural, de armazenamento subterrâneo de gás natural, de recepção, armazenamento e regaseificação em terminais de gás natural liquefeito (GNL) e de distribuição de gás natural, incluindo as respectivas bases das concessões e a definição do tipo de procedimentos aplicáveis à respectiva atribuição, e, bem assim, as alterações da actual concessão do serviço público de importação de gás natural e do seu transporte e fornecimento através da rede de alta pressão da TRANSGÁS – Sociedade Portuguesa de Gás Natural, S. A., adiante designada por TRANSGÁS, na sequência do disposto no artigo 65.º do Decreto-Lei n.º 30/2006, de 15 de Fevereiro.

2 – O presente decreto-lei determina a abertura do mercado de gás natural, antecipando os prazos estabelecidos para a sua liberalização, e define, ainda, o seu regime de comercialização e a organização dos respectivos mercados, bem como as regras relativas à gestão técnica global do sistema nacional de gás natural (SNGN), ao planeamento da rede nacional de transporte, infra-estruturas de armazenamento (subterrâneo) e terminais de GNL (RNTIAT), à segurança do abastecimento e à constituição e manutenção de reservas de segurança de gás natural.

3 – Nas matérias que constituem o seu objecto, o presente decreto-lei procede à transposição, iniciada com o Decreto-Lei n.º 30/2006, de 15 de Fevereiro, das Directivas n.ºs 2003/55/CE, do Parlamento Europeu e do Conselho, de 26 de Junho, que estabelece regras comuns para o mercado interno de gás natural, e 2004/67/CE, de 26 de Abril, do Conselho, relativa a medidas destinadas a garantir a segurança do aprovisionamento de gás natural.

ARTIGO 2.º
Âmbito de aplicação

O presente decreto-lei aplica-se a todo o território nacional, sem prejuízo do disposto no capítulo VII do Decreto-Lei n.º 30/2006, de 15 de Fevereiro.

Artigo 3.º

Definições

Para os efeitos do presente decreto-lei, entende-se por:

a) «Alta pressão (AP)» a pressão superior a 20 bar;

b) «Armazenamento» a actividade de constituição de reservas de gás natural em cavidades subterrâneas ou reservatórios especialmente construídos para o efeito;

c) «Baixa pressão (BP)» a pressão inferior a 4 bar;

d) «Cliente» o comprador grossista ou retalhista e o comprador final de gás natural;

e) «Cliente doméstico» o consumidor final que compra gás natural para uso doméstico, excluindo actividades comerciais ou profissionais;

f) «Cliente elegível» o consumidor livre de comprar gás natural ao produtor ou comercializador de sua escolha;

g) «Cliente final» o cliente que compra gás natural para consumo próprio;

h) «Cliente grossista» a pessoa singular ou colectiva distinta dos operadores das redes de transporte e dos operadores das redes de distribuição que compra gás natural para efeitos de revenda;

i) «Cliente retalhista» a pessoa singular ou colectiva que compra gás natural não destinado a utilização própria, que comercializa gás natural em infra-estruturas de venda a retalho, designadamente de venda automática, com ou sem entrega ao domicílio dos clientes;

j) «Comercialização» a compra e a venda de gás natural a clientes, incluindo a revenda;

l) «Comercializador» a entidade titular de licença de comercialização de gás natural cuja actividade consiste na compra a grosso e na venda a grosso e a retalho de gás natural;

m) «Comercializador de último recurso» a entidade titular de licença de comercialização de gás natural sujeito a obrigações de serviço público, designadamente a obrigação de fornecimento, nas áreas abrangidas pela rede pública de gás natural (RPGN), a todos os clientes que o solicitem;

n) «Conduta directa» um gasoduto de gás natural não integrado na rede interligada;

o) «Consumidor» o cliente final de gás natural;

p) «Contrato de aprovisionamento de gás a longo prazo» um contrato de fornecimento de gás com uma duração superior a 10 anos;

q) «Distribuição» a veiculação de gás natural em redes de distribuição de alta, média e baixa pressões, para entrega ao cliente, excluindo a comercialização;

r) «Distribuição privativa» a veiculação de gás natural em rede alimentada por ramal ou por UAG destinada ao abastecimento de um consumidor;

s) «Empresa coligada» uma empresa filial, na acepção do artigo 41.º da Sétima Directiva n.º 83/349/CEE, do Conselho, de 13 de Junho, baseada na alínea g) do n.º 2 do artigo 44.º do Tratado da Comunidade Europeia e relativa às contas consolidadas, ou uma empresa associada, na acepção do n.º 1 do artigo 33.º da mesma directiva, ou ainda empresas que pertençam aos mesmos accionistas;

t) «Empresa horizontalmente integrada» uma empresa que exerce, pelo menos, uma das seguintes actividades: recepção, transporte, distribuição, comercialização e armazenamento de gás natural e ainda uma actividade não ligada ao sector do gás natural;

u) «Empresa verticalmente integrada» uma empresa ou um grupo de empresas cujas relações mútuas estão definidas no n.º 3 do artigo 3.º do Regulamento (CEE) n.º 4064/89, do Conselho, de 21 de Dezembro, relativo ao controlo das operações de concentração de empresas, e que exerce, pelo menos, duas das seguintes actividades: recepção, transporte, distribuição, armazenamento e comercialização de gás natural;

v) «GNL» o gás natural na forma liquefeita;

x) «Interligação» uma conduta de transporte que atravessa ou transpõe uma fronteira entre Estados membros vizinhos com a única finalidade de interligar as respectivas redes de transporte;

z) «Média pressão (MP)» a pressão entre 4 bar e 20 bar;

aa) «Mercados organizados» os sistemas com diferentes modalidades de contratação que possibilitam o encontro entre a oferta e a procura de gás natural e de instrumentos cujo activo subjacente seja gás natural ou activo equivalente;

bb) «Operador de rede de distribuição» a pessoa singular ou colectiva que exerce a actividade de distribuição e é responsável, numa área específica, pelo desenvolvimento, exploração e manutenção da rede de distribuição e, quando aplicável, das suas interligações com outras redes, bem como por assegurar a garantia de capacidade da rede a longo prazo para atender pedidos razoáveis de distribuição de gás natural;

cc) «Operador de rede de transporte» a pessoa singular ou colectiva que exerce a actividade de transporte e é responsável, numa área específica, pelo desenvolvimento, exploração e manutenção da rede de transporte e, quando aplicável, das suas interligações com outras redes, bem como por assegurar a garantia de capacidade da rede a longo prazo para atender pedidos razoáveis de transporte de gás natural;

dd) «Operador de terminal de GNL» a entidade responsável pela actividade de recepção, armazenamento e regaseificação num terminal de GNL e pela sua exploração e manutenção;

ee) «Pólos de consumo» as zonas do território nacional não abrangidas pelas concessões de distribuição regional como tal reconhecidas pelo ministro responsável pela área da energia, para efeitos de distribuição de gás natural sob licença;

ff) «Postos de enchimento» as instalações destinadas ao abastecimento de veículos movidos por motores alimentados por gás natural;

gg) «Recepção» o recebimento de GNL para armazenamento, tratamento e regaseificação em terminais;

hh) «Rede de distribuição regional» uma parte da rede nacional de distribuição de gás natural (RNDGN) afecta a uma concessionária de distribuição de gás natural;

ii) «Rede interligada» um conjunto de redes ligadas entre si;

jj) «Rede nacional de distribuição de gás natural (RNDGN)» o conjunto das infra-estruturas de serviço público destinadas à distribuição de gás natural;

ll) «Rede nacional de transporte de gás natural (RNTGN)» o conjunto das infra-estruturas de serviço público destinadas ao transporte de gás natural;

mm) «Rede nacional de transporte, infra-estruturas de armazenamento e terminais de GNL (RNTIAT)» o conjunto das infra-estruturas de serviço público destinadas à recepção e ao transporte em gasoduto, ao armazenamento subterrâneo e à recepção, ao armazenamento e à regaseificação de GNL;

nn) «Rede pública de gás natural (RPGN)» o conjunto que abrange as infra-estruturas que constituem a RNTIAT e as que constituem a RNDGN;

oo) «Reservas de segurança» as quantidades armazenadas com o fim de serem libertadas para consumo, quando expressamente determinado pelo ministro responsável pela área da energia, para fazer face a situações de perturbação do abastecimento;

pp) «Ruptura importante no aprovisionamento» uma situação em que a União Europeia corra o risco de perder mais de 20% do seu aprovisionamento de gás fornecido por países terceiros e a situação a nível da União Europeia não possa ser adequadamente resolvida através de medidas nacionais;

qq) «Serviços (auxiliares) de sistema» todos os serviços necessários para o acesso e a exploração de uma rede de transporte e de distribuição de uma instalação de GNL e de uma instalação de armazenamento, mas excluindo os meios exclusivamente reservados aos operadores da rede de transporte, no exercício das suas funções;

rr) «Sistema» o conjunto de redes e de infra-estruturas de recepção e de entrega de gás natural, ligadas entre si e localizadas em Portugal, e de interligações a sistemas de gás natural vizinhos;

ss) «Sistema nacional de gás natural (SNGN)» o conjunto de princípios, organizações, agentes e infra-estruturas relacionados com as actividades abrangidas pelo presente decreto-lei no território nacional;

tt) «Terminal de GNL» o conjunto das infra-estruturas ligadas directamente à rede de transporte destinadas à recepção e expedição de navios metaneiros, armazenamento, tratamento e regaseificação de GNL e à sua posterior emissão para a rede de transporte, bem como o carregamento de GNL em camiões-cisterna;

uu) «Transporte» a veiculação de gás natural numa rede interligada de alta pressão para efeitos de recepção e entrega a distribuidores, comercializadores ou grandes clientes finais;

vv) «UAG» a instalação autónoma de recepção, armazenamento e regaseificação de GNL para emissão em rede de distribuição ou directamente ao cliente final;

xx) «Utilizador da rede» a pessoa singular ou colectiva que entrega gás natural na rede ou que é abastecida através dela.

Artigo 4.º
Princípios gerais

1 – O exercício das actividades abrangidas pelo presente decreto-lei deve processar-se com observância dos princípios de racionalidade económica e de eficiência energética, sem prejuízo do cumprimento das respectivas obrigações de serviço público, devendo ser adoptadas as providências adequadas para minimizar os impactes ambientais, no respeito pelas disposições legais aplicáveis.

2 – O exercício das actividades abrangidas pelo presente decreto-lei depende da atribuição de concessões, em regime de serviço público, ou de licenças, nos termos previstos no presente decreto-lei.

3 – Sem prejuízo das competências atribuídas a outras entidades administrativas, designadamente à Direcção-Geral de Geologia e Energia (DGGE) e à Autoridade da Concorrência, as actividades de transporte de gás natural, de armazenamento subterrâneo de gás natural, de recepção, armazenamento e regaseificação em terminais de GNL, de distribuição de gás natural e de comercialização de último recurso estão sujeitas a regulação pela Entidade Reguladora dos Serviços Energéticos (ERSE), nos termos previstos no capítulo IV do Decreto-Lei n.º 30/2006, de 15 de Fevereiro, no presente decreto-lei e demais legislação aplicável.

CAPÍTULO II
Regime de exercício das actividades da RNTIAT e RNDGN

Artigo 5.º
Regime de exercício

1 – As actividades de transporte de gás natural, de armazenamento subterrâneo de gás natural e de recepção, armazenamento e regaseificação de GNL em terminais de GNL são exercidas em regime de concessão de serviço público.

2 – As actividades referidas nos números anteriores integram, no seu conjunto, a exploração da RNTIAT.

3 – A actividade de distribuição de gás natural é exercida mediante a atribuição de concessão ou de licença de serviço público para a exploração de cada uma das respectivas redes, que, no seu conjunto, constituem a RNDGN.

4 – A exploração da RNTIAT e da RNDGN compreende as seguintes concessões:

a) Concessão da RNTGN;
b) Concessões de armazenamento subterrâneo de gás natural;
c) Concessões de recepção, armazenamento e regaseificação de GNL;
d) Concessões e licenças da RNDGN.

5 – As concessões referidas no número anterior regem-se pelo disposto no Decreto-Lei n.º 30/2006, de 15 de Fevereiro, e ainda pelo disposto no presente decreto-lei, na legislação e na regulamentação aplicáveis, nas respectivas bases de concessão anexas ao presente decreto-lei, e que dele fazem parte integrante, e nos respectivos contratos de concessão.

6 – A actividade da concessão da RNTGN é exercida em regime de exclusivo em todo o território continental, sendo as actividades das concessões de distribuição regional, ou das licenças de distribuição local, exercidas em regime de exclusivo nas áreas concessionadas ou pólos de consumo licenciados, respectivamente.

ARTIGO 6.º
Seguro de responsabilidade civil

1 – Para garantir o cumprimento das suas obrigações, as entidades concessionárias e licenciadas, nos termos do presente decreto-lei, devem celebrar um seguro de responsabilidade civil em ordem a assegurar a cobertura de eventuais danos materiais e corporais sofridos por terceiros e resultantes do exercício das respectivas actividades.

2 – O montante do seguro mencionado no número anterior tem um valor mínimo obrigatório a estabelecer e a actualizar nos termos a definir por portaria do ministro responsável pela área da energia, ouvido o Instituto de Seguros de Portugal.

3 – O Instituto de Seguros de Portugal define, em norma regulamentar, o regime do seguro de responsabilidade civil referido no n.º 1.

Artigo 7.º
Regime de atribuição das concessões

1 – Compete ao Conselho de Ministros, sob proposta do ministro responsável pela área da energia, aprovar, por resolução, a atribuição de cada uma das concessões referidas no artigo 5.º

2 – As concessões são atribuídas mediante contratos de concessão, nos quais outorga o ministro responsável pela área da energia, em representação do Estado, na sequência da realização de concursos públicos, salvo se forem atribuídas a entidades dominadas, directa ou indirectamente, pelo Estado ou se os referidos concursos públicos ficarem desertos, casos em que podem ser atribuídas por ajuste directo.

3 – O alargamento das áreas geográficas respeitantes a concessões da RNDGN já em exploração é igualmente aprovado por resolução do Conselho de Ministros, sob proposta do ministro responsável pela área da energia, mediante pedido da respectiva concessionária e após serem ouvidas as concessionárias das áreas de concessão confinantes com aquela para que seja pretendida a extensão da concessão.

4 – Os pedidos de criação de novas concessões de armazenamento subterrâneo, de recepção, armazenamento e regaseificação de GNL ou de distribuição regional devem ser dirigidos ao ministro responsável pela área da energia e ser acompanhados dos elementos e dos estudos justificativos da sua viabilidade económica e financeira.

5 – Os elementos referidos no número anterior, que devem instruir os requerimentos dos interessados, são estabelecidos por portaria do ministro responsável pela área da energia.

6 – Sem prejuízo de outros requisitos que venham a ser fixados no âmbito dos procedimentos de atribuição das concessões, só podem ser concessionárias das concessões que integram a RNTIAT e a RNDGN as pessoas colectivas que:

a) Sejam sociedades anónimas com sede e direcção efectiva em Portugal;

b) Tenham como objecto social principal o exercício das actividades integradas no objecto da respectiva concessão;

c) Demonstrem possuir capacidade técnica para a construção, gestão e manutenção das respectivas infra-estruturas e instalações;

d) Demonstrem possuir capacidade económica e financeira compatível com as exigências, e inerentes responsabilidades, das actividades a concessionar.

7 – Com excepção das concessões atribuídas nos termos do artigo 68.º, os procedimentos para a atribuição de outras concessões da RNTIAT e da RNDGN, por concurso público ou por ajuste directo, são objecto de legislação específica.

Artigo 8.º
Direitos e obrigações das concessionárias

1 – São direitos das concessionárias, nomeadamente, os seguintes:

a) Explorar as concessões nos termos dos respectivos contratos de concessão, legislação e regulamentação aplicáveis;

b) Constituir servidões e solicitar a expropriação por utilidade pública e urgente dos bens imóveis, ou direitos a eles relativos, necessários ao estabelecimento das infra-estruturas e instalações integrantes das concessões, nos termos da legislação aplicável;

c) Utilizar, nos termos legalmente fixados, os bens do domínio público ou privado do Estado e de outras pessoas colectivas públicas para o estabelecimento ou passagem das infra-estruturas ou instalações integrantes das concessões;

d) Receber dos utilizadores das respectivas infra-estruturas, pela utilização destas e pela prestação dos serviços inerentes, uma retribuição por aplicação de tarifas reguladas definidas no regulamento tarifário;

e) Exigir aos utilizadores que as instalações a ligar às infra-estruturas concessionadas cumpram os requisitos técnicos, de segurança e de controlo que não ponham em causa a fiabilidade e eficácia do sistema;

f) Exigir dos utilizadores que introduzam gás no sistema que o gás natural introduzido nas instalações concessionadas cumpra ou permita que sejam cumpridas as especificações de qualidade estabelecidas;

g) Exigir aos utilizadores com direito de acesso às infra-estruturas concessionadas que informem sobre o seu plano de utilização e qualquer circunstância que possa fazer variar substancialmente o plano comunicado;

h) Aceder aos equipamentos de medição de quantidade e qualidade do gás introduzido nas suas instalações e aceder aos equipamentos de medição de gás destinados aos utilizadores ligados às suas instalações;

i) Recusar, fundamentadamente, o acesso às respectivas infra-estruturas com base na falta de capacidade ou se esse acesso as impedir de cumprir as suas obrigações de serviço público;

j) Todos os que lhes forem conferidos por disposição legal ou regulamentar referente às condições de exploração das concessões.

2 – Constituem obrigações de serviço público das concessionárias:

a) A segurança, regularidade e qualidade do abastecimento;

b) A garantia de acesso dos utilizadores, de forma não discriminatória e transparente, às infra-estruturas e serviços concessionados, nos termos previstos na regulamentação aplicável e nos contratos de concessão;

c) A protecção dos utilizadores, designadamente quanto a tarifas e preços dos serviços prestados;

d) A promoção da eficiência energética e da utilização racional dos recursos, a protecção do ambiente e a contribuição para o desenvolvimento equilibrado do território;

e) A segurança das infra-estruturas e instalações concessionadas.

3 – Constituem obrigações gerais das concessionárias:

a) Cumprir a legislação e a regulamentação aplicáveis ao sector do gás natural e, bem assim, as obrigações emergentes dos contratos de concessões;

b) Proceder à inspecção periódica, à manutenção e a todas as reparações necessárias ao bom e permanente funcionamento, em perfeitas condições de segurança, das infra-estruturas e instalações pelas quais sejam responsáveis;

c) Permitir e facilitar a fiscalização pelo concedente, designadamente através da DGGE, facultando-lhe todas as informações obrigatórias ou adicionais solicitadas para o efeito;

d) Prestar todas as informações que lhe sejam exigidas pela ERSE, no âmbito das respectivas atribuições e competência;

e) Pagar as indemnizações devidas pela constituição de servidões e expropriações, nos termos legalmente previstos;

f) Constituir o seguro de responsabilidade civil referido no n.º 1 do artigo 6.º

ARTIGO 9.º

Prazo das concessões

1 – O prazo das concessões é determinado pelo concedente, em cada contrato de concessão, e não pode exceder 40 anos contados a partir da respectiva data de celebração.

2 – Os contratos podem prever a renovação do prazo da concessão por uma única vez se o interesse público assim o justificar e as concessionárias tiverem cumprido as obrigações legais e contratuais.

ARTIGO 10.º

Oneração ou transmissão dos bens que integram as concessões e transferência dos bens no termo das concessões

1 – Sob pena de nulidade dos respectivos actos ou contratos, as concessionárias não podem onerar ou transmitir os bens que integram as concessões sem prévia autorização do concedente, nos termos estabelecidos nas respectivas bases das concessões anexas ao presente decreto-lei.

2 – No respectivo termo, os bens que integram as concessões transferem-se para o Estado, de acordo com o que seja estabelecido na lei e definido nos respectivos contratos de concessão.

CAPÍTULO III

Composição e planeamento da RNTIAT e da RNDGN
e gestão técnica global do SNGN

Artigo 11.º

Composição da RNTIAT e da RNDGN

1 – A RNTIAT compreende a rede de transporte de gás natural em alta pressão, as infra-estruturas para a respectiva operação, incluindo as estações de redução de pressão e medida de 1.ª classe, as infra-estruturas de armazenamento subterrâneo de gás natural e os terminais de GNL e as respectivas infra-estruturas de ligação à rede de transporte.

2 – A RNDGN compreende as redes regionais de distribuição de gás natural em média e baixa pressão, a jusante das estações de redução de pressão e medida de 1.ª classe, e todas as demais infra-estruturas necessárias à respectiva operação e de ligação a outras redes ou a clientes finais.

3 – As infra-estruturas que integram a RNTIAT e a RNDGN são consideradas, para todos os efeitos, de utilidade pública.

4 – O projecto, licenciamento, construção e modificação das infra-estruturas que integram a RNTIAT e a RNDGN devem ser objecto de legislação específica.

5 – Os bens que integram cada uma das concessões da RNTIAT e da RNDGN devem ser identificados nos respectivos contratos.

6 – A ligação das infra-estruturas de armazenamento subterrâneo, de terminais de GNL e de redes de distribuição à RNTGN deve ser efectuada em condições técnica e economicamente adequadas, nos termos estabelecidos na lei e nos regulamentos aplicáveis.

Artigo 12.º

Planeamento da RNTIAT

1 – O planeamento da RNTIAT deve ser efectuado de forma a assegurar a existência de capacidade das infra-estruturas e o desenvolvimento sustentado e eficiente da rede.

2 – O planeamento da RNTIAT compete à DGGE e deve ser devidamente coordenado com o planeamento das infra-estruturas e instalações com que se interliga.

3 – Para os efeitos do planeamento referido nos números anteriores, devem ser elaborados pelo operador da RNTGN e entregues à DGGE os seguintes documentos:

a) Caracterização da RNTIAT, que deve conter informação técnica que permita conhecer a situação das redes e restantes infra-estruturas, designadamente as capacidades nos vários pontos da rede, a capacidade de armazenamento e dos terminais de GNL, assim como o seu grau de utilização;

b) Integração e harmonização das propostas de plano de desenvolvimento e investimento da RNTIAT (PDIR) elaboradas pelos operadores da RNTIAT e da RNDGN, observando, para além de critérios de racionalidade económica, as orientações de política energética, designadamente o que se encontrar definido relativamente à capacidade e tipo das infra-estruturas de entrada de gás natural no sistema, as perspectivas de desenvolvimento dos sectores de maior e mais intenso consumo, as conclusões e recomendações contidas nos relatórios de monitorização, os padrões de segurança para planeamento das redes e as exigências técnicas e regulamentares.

4 – As propostas de PDIR são submetidas pelos respectivos operadores ao operador da RNTGN e por este à DGGE, com a periodicidade de três anos, até ao final do 1.º trimestre.

5 – As propostas de PDIR, referidas no número anterior, devem ser submetidas pela DGGE à ERSE para parecer, a emitir no prazo de 60 dias.

6 – O PDIR final é elaborado pela DGGE no prazo de 30 dias e submetido ao ministro responsável pela área da energia, para aprovação, acompanhado do parecer da ERSE.

ARTIGO 13.º

Gestão técnica global do SNGN

1 – Compete à concessionária da RNTGN a gestão técnica global do SNGN.

2 – A gestão técnica global do SNGN consiste na coordenação sistémica das infra-estruturas que o constituem, de forma a assegurar o funcionamento integrado e harmonizado do sistema de gás natural e a segurança e continuidade do abastecimento de gás natural.

3 – Todos os operadores que exerçam qualquer das actividades que integram o SNGN ficam sujeitos à gestão técnica global do SNGN.

4 – São direitos da concessionária da RNTGN no âmbito da gestão técnica global do SNGN, nomeadamente:

a) Exigir e receber dos titulares dos direitos de exploração das infra-estruturas, dos operadores dos mercados e de todos os agentes directamente interessados a informação necessária para o correcto funcionamento do SNGN;

b) Exigir aos terceiros com direito de acesso às infra-estruturas e instalações a comunicação dos seus planos de entrega e de levantamento e de qualquer circunstância que possa fazer variar substancialmente os planos comunicados;

c) Exigir o estrito cumprimento das instruções que emita para a correcta exploração do sistema, manutenção das instalações e adequada cobertura da procura;

d) Receber adequada retribuição pelos serviços prestados.

5 – São obrigações da mesma concessionária no exercício desta função, nomeadamente:

a) Informar sobre a viabilidade de acesso solicitado por terceiros às infra-estruturas da RNTIAT;

b) Monitorizar e reportar à ERSE a efectiva utilização das infra-estruturas da RNTIAT, com o objectivo de identificar a constituição abusiva de reservas de capacidade;

c) Desenvolver protocolos de comunicação com os diferentes operadores do SNGN com vista a criar um sistema de comunicação integrado para controlo e supervisão das operações do SNGN e actuar como coordenador do mesmo;

d) Emitir instruções sobre as operações de transporte, incluindo o trânsito no território continental, de forma a assegurar a entrega de gás em condições adequadas e eficientes nos pontos de saída da rede de transporte, em conformidade com protocolos de actuação e de operação a estabelecer;

e) Informar a DGGE, a ERSE e os operadores do SNGN, com periodicidade trimestral, sobre a capacidade disponível da RNTIAT e, em particular, dos pontos de acesso ao sistema e sobre o quantitativo das reservas a constituir.

6 – A gestão técnica global do SNGN processa-se nos termos previstos no presente decreto-lei, na regulamentação aplicável e no contrato de concessão da RNTGN.

CAPÍTULO IV
Actividade de transporte de gás natural

Artigo 14.º
Âmbito

1 – A actividade de transporte de gás natural é exercida através da exploração da RNTGN.

2 – O operador da RNTGN é a entidade concessionária da rede de transporte de gás natural.

3 – Sem prejuízo do disposto nas respectivas bases da concessão, o exercício da actividade de transporte de gás natural compreende:

a) O recebimento, o transporte, os serviços de sistema e a entrega de gás natural através da rede de alta pressão;

b) A construção, manutenção, operação e exploração de todas as infra-estruturas que integram a RNTGN e das interligações às redes e infra-estruturas a que esteja ligada e, bem assim, das instalações que são necessárias para a sua operação.

4 – A concessão da RNTGN tem como âmbito geográfico todo o território continental e é exercida em regime de exclusivo, sem prejuízo do direito de acesso de terceiros às várias infra-estruturas que a integram, nos termos da legislação e da regulamentação aplicáveis.

5 – Excepcionalmente, mediante autorização do ministro responsável pela área da energia, a concessionária da RNTGN pode substituir a ligação à rede de distribuição por UAG, quando tal se justifique por motivos de racionalidade económica.

ARTIGO 15.º
Obrigações da concessionária da RNTGN

Sem prejuízo das outras obrigações referidas no presente decreto-lei, são obrigações da concessionária da RNTGN, nomeadamente:

a) Assegurar a exploração e a manutenção da RNTGN, em condições de segurança, fiabilidade e qualidade de serviço;

b) Gerir os fluxos de gás natural da RNTGN, assegurando a sua interoperacionalidade com as redes e demais infra-estruturas a que esteja ligada, no respeito pela regulamentação aplicável;

c) Disponibilizar serviços de sistema aos utilizadores da RNTGN, nomeadamente através de mecanismos eficientes de compensação de desvios, assegurando a respectiva liquidação, no respeito pelos regulamentos aplicáveis;

d) Assegurar a oferta de capacidade a longo prazo da RNTGN, contribuindo para a segurança do abastecimento, nos termos do PDIR;

e) Fazer o planeamento da RNTIAT e garantir a expansão e gestão técnica da RNTGN, para permitir o acesso de terceiros, de forma não discriminatória e transparente, e gerir de modo eficiente as infra-estruturas e meios técnicos disponíveis;

f) Assegurar a não discriminação entre os utilizadores ou as categorias de utilizadores da rede;

g) Facultar aos utilizadores da RNTGN as informações de que necessitem para o acesso à rede;

h) Fornecer ao operador de qualquer outra rede com a qual esteja ligada e aos intervenientes do SNGN as informações necessárias para permitir um desenvolvimento coordenado das diversas redes e um funcionamento seguro e eficiente do SNGN;

i) Assegurar o tratamento de dados de utilização da rede no respeito pelas disposições legais de protecção de dados pessoais e preservar a confidencialidade das informações comercialmente sensíveis obtidas no exercício das suas actividades;

j) Prestar informação relativa à constituição e manutenção de reservas de segurança;

l) Assegurar a gestão técnica global do SNGN nos termos definidos no artigo 13.º

CAPÍTULO V

Actividade de armazenamento subterrâneo de gás natural

Artigo 16.º
Âmbito

1 – Os operadores de armazenamento subterrâneo são as entidades concessionárias do respectivo armazenamento.

2 – Sem prejuízo do disposto nas respectivas bases das concessões, o exercício da actividade de armazenamento subterrâneo de gás natural compreende:

a) O recebimento, a injecção, o armazenamento subterrâneo, a extracção, o tratamento e a entrega de gás natural, quer para constituição e manutenção de reservas de segurança quer para fins operacionais e comerciais;

b) A construção, manutenção, operação e exploração de todas as infra-estruturas e, bem assim, das instalações que são necessárias para a sua operação.

3 – A área e a localização geográfica das concessões de armazenamento subterrâneo são definidas nos respectivos contratos de concessão.

Artigo 17.º
Obrigações das concessionárias de armazenamento subterrâneo

São obrigações das concessionárias de armazenamento subterrâneo, nomeadamente:

a) Assegurar a exploração das infra-estruturas e manutenção das capacidades de armazenamento, bem como das infra-estruturas de superfície, em condições de segurança, fiabilidade e qualidade do serviço;

b) Gerir os fluxos de gás natural, assegurando a sua interoperacionalidade com a rede de transporte a que está ligada, no quadro da gestão técnica global do SNGN;

c) Assegurar a não discriminação entre os utilizadores ou as categorias de utilizadores das instalações de armazenamento;

d) Facultar aos utilizadores das instalações de armazenamento as informações de que estes necessitem para o acesso ao armazenamento;

e) Fornecer ao operador da rede à qual esteja ligada e aos agentes de mercado as informações necessárias ao funcionamento seguro e eficiente do SNGN;

f) Solicitar, receber e tratar todas as informações de todos os operadores de mercados e de todos os agentes directamente interessados necessárias à boa gestão das respectivas infra-estruturas;

g) Assegurar o tratamento de dados de utilização do armazenamento no respeito pelas disposições legais de protecção de dados pessoais e preservar a confidencialidade das informações comercialmente sensíveis obtidas no exercício das suas actividades.

CAPÍTULO VI

Actividade de recepção, armazenamento e regaseificação de GNL em terminais de GNL

Artigo 18.º
Âmbito

1 – Os operadores de terminais de GNL são as respectivas entidades concessionárias.

2 – Sem prejuízo do disposto nas respectivas bases das concessões, o exercício da actividade de recepção, armazenamento e regaseificação em terminais de GNL compreende:

a) A recepção, o armazenamento, o tratamento e a regaseificação de GNL e a emissão de gás natural para a RNTGN, bem como o carregamento de GNL em camiões cisternas ou navios metaneiros;

b) A construção, manutenção, operação e exploração das respectivas infra-estruturas e instalações.

3 – A área e a localização geográfica dos terminais de GNL são definidas nos respectivos contratos de concessão.

Artigo 19.º
Obrigações das concessionárias de terminais de GNL

São obrigações das concessionárias de terminais de GNL, nomeadamente:

a) Assegurar a exploração e manutenção do terminal e da capacidade de armazenamento associada em condições de segurança, fiabilidade e qualidade do serviço;

b) Gerir os fluxos de gás natural no terminal e no armazenamento associado, assegurando a sua interoperacionalidade com a rede de transporte a que está ligado, no quadro da gestão técnica global do SNGN;

c) Assegurar a não discriminação entre os utilizadores ou as categorias de utilizadores do terminal;

d) Facultar aos utilizadores do terminal as informações de que estes necessitem para o acesso ao terminal;

e) Fornecer ao operador da rede com a qual esteja ligada e aos agentes de mercado as informações necessárias ao funcionamento seguro e eficiente do SNGN;

f) Solicitar, receber e tratar todas as informações de todos os operadores de mercados e de todos os agentes directamente interessados necessárias à boa gestão das respectivas infra-estruturas;

g) Assegurar o tratamento de dados de utilização do terminal no respeito pelas disposições legais de protecção de dados pessoais e preservar a confidencialidade das informações comercialmente sensíveis obtidas no exercício das suas actividades.

CAPÍTULO VII
Actividade de distribuição de gás natural em regime de serviço público

Artigo 20.º
Âmbito

1 – O operador de rede de distribuição é a entidade concessionária ou licenciada de uma infra-estrutura de distribuição de gás natural.

2 – Sem prejuízo do disposto nas respectivas bases da concessão ou nos termos de licença, o exercício da actividade de distribuição de gás natural compreende:

a) O recebimento, a veiculação e a entrega de gás natural a clientes finais através das redes de média e baixa pressão;

b) No caso de pólos de consumo, o recebimento, armazenamento e regaseificação de GNL nas UAG, a emissão de gás natural, a sua veiculação e entrega a clientes finais através das respectivas redes;

c) A construção, manutenção, operação e exploração de todas as infra-estruturas que integram a respectiva rede e das interligações às redes e infra-estruturas a que estejam ligadas, bem como das instalações necessárias à sua operação.

Artigo 21.º
Direitos e Obrigações[1]

1 – O disposto no n.º 1 do artigo 8.º do presente decreto-lei é aplicável, com as necessárias adaptações, às entidades titulares das licenças de serviço público de distribuição local de gás natural exercidas em regime de exclusivo público, nos termos do artigo 22.º.

2 – Sem prejuízo das outras obrigações referidas no presente decreto-lei, são obrigações da concessionária ou licenciada de rede de distribuição, nomeadamente:

a) Assegurar a exploração e a manutenção das respectivas infra-estruturas de distribuição em condições de segurança, fiabilidade e qualidade de serviço;

b) No caso de pólos de consumo, assegurar a exploração e manutenção das instalações de recepção, armazenamento e regaseificação de GNL, em condições de segurança, fiabilidade e qualidade de serviço;

c) Gerir os fluxos de gás natural na respectiva rede de distribuição, assegurando a sua interoperacionalidade com as redes e demais infra-estruturas a que esteja ligada, no respeito pela regulamentação aplicável;

d) Assegurar a oferta de capacidade a longo prazo da respectiva rede de distribuição, contribuindo para a segurança do abastecimento, nos termos do PDIR;

e) Assegurar o planeamento, a expansão e gestão técnica da respectiva rede de distribuição, para permitir o acesso de terceiros, de forma não discriminatória e transparente, e gerir de modo eficiente as infra-estruturas e meios técnicos disponíveis;

f) Assegurar a não discriminação entre os utilizadores ou as categorias de utilizadores da rede;

g) Facultar aos utilizadores da respectiva rede de distribuição as informações de que necessitem para o acesso à rede;

h) Fornecer ao operador de qualquer outra rede à qual esteja ligada e aos agentes de mercado as informações necessárias para permitir um desenvolvimento coordenado das diversas redes e um funcionamento seguro e eficiente do SNGN;

i) Assegurar o tratamento de dados de utilização da rede no respeito pelas disposições legais de protecção de dados pessoais e preservar a confidencialidade das informações comercialmente sensíveis obtidas no exercício da sua actividade.

---

[1] Alterado pelo Decreto-Lei n.º 65/2008, de 9 de Abril.

Artigo 22.º

Licenças em regime de serviço público

1 – As licenças de distribuição local de gás natural são exercidas em regime de serviço público e em exclusivo, em zonas do território nacional não abrangidas pelas concessões de distribuição regional de gás natural e são atribuídas pelo ministro responsável pela área da energia na sequência de pedido dos interessados.

2 – Excepcionalmente, o ministro responsável pela área da energia pode conceder licenças de distribuição local de gás natural em zonas do território nacional abrangidas por concessões de distribuição regional no caso de a respectiva concessionária entender que não pode proceder à respectiva cobertura, de acordo com justificação técnica ou económica devidamente fundamentada e reconhecida pelo concedente.

Artigo 23.º

Licenças de distribuição local

1 – As actividades e as instalações que integram as licenças de distribuição local são consideradas, para todos os efeitos, de utilidade pública, devendo ser garantido pelos respectivos titulares o acesso às mesmas dos utilizadores de forma não discriminatória e transparente.

2 – As licenças de distribuição local compreendem:

a) A distribuição de gás natural, ou dos seus gases de substituição, a pólos de consumo;

b) A recepção, o armazenamento e a regaseificação em unidades autónomas afectas à respectiva rede.

3 – Os pólos de consumo podem ser considerados mercados isolados nos termos da Directiva n.º 2003/55/CE, do Parlamento Europeu e do Conselho, de 26 de Junho, depois de terem sido formalizados os requisitos nela previstos.

4 – A licença define o âmbito geográfico do pólo de consumo, bem como a calendarização da construção e expansão das instalações e sua exploração.

Artigo 24.º

Condições para a atribuição de licenças de distribuição local

1 – As licenças de distribuição local devem ser atribuídas a sociedades que demonstrem possuir capacidade técnica, financeira e de gestão adequada à natureza do serviço, e tendo em conta a área a desenvolver.

2 – O modelo da licença, os requisitos para a sua atribuição e transmissão e o regime de exploração da respectiva rede de distribuição são definidos por portaria do ministro responsável pela área da energia.

ARTIGO 25.º

Procedimentos da atribuição de licenças de distribuição local

1 – Os pedidos para atribuição de licenças de distribuição da RNDGN para pólos de consumo são dirigidos ao ministro responsável pela área da energia e entregues na DGGE, que os publicita, através de aviso, na 2.ª série do Diário da República e no Jornal Oficial da União Europeia, bem como no respectivo sítio da Internet, durante um prazo não inferior a seis meses.

2 – Durante o prazo referido no número anterior podem ser apresentados outros pedidos para o mesmo pólo de consumo, caso em que se deve proceder a um concurso limitado entre os requerentes, sendo critérios de selecção e de avaliação das propostas a verificação ponderada dos seguintes factores:

a) Área geográfica compreendida na rede de distribuição;

b) Prazos de construção das infra-estruturas;

c) Compromissos mínimos de implantação e desenvolvimento das infra-estruturas da rede;

d) Demonstração de capacidade económica e financeira e respectivas garantias;

e) Demonstração de capacidade técnica na construção e exploração das infra-estruturas gasistas.

3 – Os factores de ponderação previstos no número anterior são definidos por portaria do ministro responsável pela área da energia.

4 – O disposto nos números anteriores não se aplica à atribuição de licenças cujo pedido seja anterior à data de entrada em vigor do presente decreto-lei.

ARTIGO 26.º

Duração das licenças de distribuição local

A duração da licença é estabelecida por um prazo máximo de 20 anos, tendo em conta, designadamente, a expansão do sistema de gás natural e a amortização dos custos de construção, instalação e desenvolvimento da respectiva rede.

Artigo 27.º
Transmissão da licença de distribuição local

1 – As licenças de distribuição local podem ser transmitidas, mediante autorização do ministro responsável pela área da energia, em condições a definir na portaria referida no n.º 2 do artigo 24.º

2 – A transmissão das licenças fica sujeita à verificação e manutenção dos pressupostos que determinaram a sua atribuição.

Artigo 28.º
Extinção das licenças de distribuição local

1 – A licença extingue-se por caducidade ou por revogação.

2 – A caducidade da licença ocorre:

a) Pelo decurso do prazo por que foi atribuída;

b) Pela integração do pólo de consumo objecto de licença numa concessão de distribuição regional de gás natural.

3 – No caso previsto na alínea b) do número anterior, a concessionária deve indemnizar a entidade titular da licença tendo em conta o período de tempo que faltar para o termo do prazo por que foi atribuída, considerando os investimentos não amortizados e os lucros cessantes.

4 – A revogação da licença pode ocorrer sempre que o seu titular falte, culposamente, ao cumprimento das condições estabelecidas, nomeadamente no que se refere à regularidade, à qualidade e à segurança da prestação do serviço.

Artigo 29.º
Transferência dos bens afectos às licenças de distribuição local

1 – Com a extinção da licença de distribuição local, os bens integrantes da respectiva rede e instalação, incluindo as instalações de GNL, transferem-se para o Estado.

2 – A transferência de bens referida no número anterior confere à entidade licenciada o direito ao recebimento de uma indemnização correspondente aos investimentos efectuados que não se encontrem ainda amortizados, devendo os investimentos realizados durante o período de três anos que antecede a data da extinção da licença ser devidamente autorizados pelo ministro responsável pela área da energia.

3 – Por decisão do ministro responsável pela área da energia, os bens referidos nos números anteriores podem vir a integrar o património da concessionária de distribuição regional em cuja área a rede de distribuição local se situava.

CAPÍTULO VIII
Licenças para utilização privativa de gás natural e para a exploração de postos de enchimento

ARTIGO 30.º
Licenças para utilização privativa de gás natural

1 – As licenças para utilização privativa são atribuídas pelo director-geral de Geologia e Energia e podem ser requeridas por quaisquer entidades que justifiquem interesse na veiculação de gás natural em rede, alimentada por ramal ou por UAG, destinada ao abastecimento de um consumidor, em qualquer das seguintes situações:

a) A actividade seja exercida fora das áreas concessionadas e cobertas pela rede de distribuição ou dos pólos de consumo abrangidos pela atribuição de licenças de serviço público;

b) A entidade concessionária ou licenciada para a área em que a licença para utilização privativa é pedida não garanta a ligação.

2 – A entidade requerente deve cumprir as condições impostas para a atribuição da licença, bem como respeitar a lei e os regulamentos estabelecidos para o exercício da actividade.

3 – No caso de a rede privativa ser abastecida por UAG, deve ligar-se à rede de distribuição quando a mesma se estender à respectiva área.

4 – À duração, transmissão e extinção das licenças privativas aplica-se, com as devidas adaptações, o estabelecido nos artigos 26.º a 28.º

5 – Sem prejuízo do disposto no número seguinte, os bens integrantes das instalações licenciadas ao abrigo do presente artigo não se transferem para o Estado com a extinção da licença, qualquer que seja a sua causa.

6 – O titular da licença fica obrigado, a expensas suas, a proceder, no prazo máximo de seis meses a contar a partir da data da extinção da licença, ao levantamento das instalações situadas em terrenos do domínio público, repondo, se for caso disso, a situação anterior.

7 – A obrigação a que se refere o número anterior não se verifica se houver lugar à transmissão das instalações para uma concessionária ou para uma entidade titular de licença de distribuição local.

ARTIGO 31.º
Licenças para a exploração de postos de enchimento

1 – As licenças para exploração de postos de enchimento, em regime de serviço público ou privativo, são concedidas pelo director regional de Economia

territorialmente competente e podem ser requeridas por quaisquer entidades que demonstrem possuir capacidade técnica e financeira para o exercício desta actividade, devendo instruir o seu requerimento com:

a) Título de propriedade ou outro que legitime a posse do terreno em que pretendem instalar o posto;

b) Autorização da autarquia competente e, sendo caso disso, autorização de outras entidades administrativas com jurisdição na área de acesso ao terreno de implantação do posto de enchimento.

2 – O prazo inicial de duração das licenças referidas neste artigo é de 10 anos, podendo ser prorrogado por sucessivos períodos de 5 anos.

CAPÍTULO IX
Comercialização de gás natural

Artigo 32.º
Regime de exercício

1 – A comercialização de gás natural processa-se nos termos estabelecidos no Decreto-Lei n.º 30/2006, de 15 de Fevereiro, no presente decreto-lei e demais legislação e regulamentação aplicáveis.

2 – A actividade de comercialização de gás natural é exercida em livre concorrência, ficando sujeita ao regime de licença concedida nos termos previstos no presente decreto-lei.

3 – O regime de licença deve ter em conta as normas de reconhecimento dos agentes de comercialização estrangeiros decorrentes de acordos em que o Estado Português seja parte, designadamente no âmbito do mercado interno de energia.

4 – Exceptua-se do disposto no n.º 2 a actividade de comercialização de gás natural de último recurso, que fica sujeita a regulação nos termos previstos no presente decreto-lei e em legislação e regulamentação complementares.

Artigo 33.º
Conteúdo da licença

As licenças de comercialização de gás natural devem mencionar expressamente os direitos e deveres dos comercializadores de gás natural, nomeadamente:

a) Transaccionarem gás natural através de contratos bilaterais com outros agentes do mercado de gás natural ou através dos mercados organizados, se cumprirem os requisitos que lhes permitam aceder a estes mercados;

b) Terem acesso à RNTIAT e à RNDGN, e às interligações, nos termos legalmente estabelecidos, para entrega de gás natural aos respectivos clientes;

c) Contratarem livremente a venda de gás natural com os seus clientes;

d) Entregarem gás natural à RNTIAT e à RNDGN para o fornecimento aos seus clientes de acordo com a planificação prevista e cumprindo os regulamentos técnicos e procedimentos financeiros aprovados pelo gestor técnico global do SNGN e, se for o caso, pelo competente operador de mercado, de acordo com a regulamentação aplicável;

e) Colaborarem na promoção das políticas de eficiência energética e de gestão da procura nos termos legalmente estabelecidos;

f) Prestarem a informação devida aos clientes, nomeadamente sobre as opções tarifárias mais apropriadas ao seu perfil de consumo;

g) Emitirem facturação discriminada de acordo com as normas aplicáveis;

h) Proporcionarem aos seus clientes meios de pagamento diversificados;

i) Não discriminarem entre clientes e praticarem nas suas operações transparência comercial;

j) Manterem o registo de todas as operações comerciais, cumprindo os requisitos legais de manutenção de bases de dados;

l) Prestarem informações à DGGE e à ERSE sobre consumos e tarifas das diversas categorias de clientes, com salvaguarda do respectivo sigilo;

m) Manterem a capacidade técnica, legal e financeira necessárias para o exercício da função;

n) Constituírem e manterem actualizadas a garantia ou garantias exigidas.

Artigo 34.º
Atribuição de licença de comercialização

1 – O procedimento para atribuição da licença de comercialização inicia-se com a apresentação, pela entidade interessada, de requerimento à DGGE.

2 – O requerimento referido no número anterior deve ser instruído com os seguintes elementos:

a) Identificação completa do requerente, que deve ser uma sociedade comercial registada em Portugal e revestir uma das formas societárias permitidas pela lei portuguesa;

b) Documento em que o requerente declare que se encontra regularizada a sua situação relativa a contribuições fiscais e parafiscais;

c) Documentos demonstrativos de adequada capacidade técnica, nomeadamente perfil profissional do respectivo responsável e estrutura operacional da empresa;

d) Demonstração da adequada capacidade económico-financeira do requerente;

e) Certidão actualizada do registo comercial e cópia dos respectivos estatutos devidamente certificada pela gerência, direcção ou administração;

f) Declaração demonstrativa dos meios que vai utilizar para actuar nos mercados organizados, quer a nível de comunicação e interface quer de compensação e liquidação das suas responsabilidades.

3 – As declarações exigidas aos requerentes da licença devem ser assinadas sob compromisso de honra pelos respectivos representantes legais.

4 – Terminada a instrução do procedimento, o director-geral de Geologia e Energia deve emitir a licença no prazo de 30 dias, da qual devem constar as condições em que é atribuída.

5 – Pela apreciação do procedimento e emissão da licença é devida uma taxa que reverte a favor da DGGE, cujo montante é fixado por portaria do ministro responsável pela área da energia.

6 – Tratando-se de entidade não residente em território nacional, deve, ainda, apresentar os seguintes documentos:

a) Certidão actualizada da sua constituição e funcionamento de acordo com a lei do respectivo Estado e cópia dos respectivos estatutos devidamente certificados pela gerência, direcção ou administração;

b) Documento emitido pela autoridade competente do respectivo Estado de que se encontra habilitado a exercer e que exerce legalmente nesse Estado a actividade de comercialização de gás natural.

7 – O modelo da licença de comercialização é definido por portaria do ministro responsável pela área da energia.

ARTIGO 35.º

Direitos e deveres dos comercializadores de gás natural

1 – Constitui direito dos titulares de licenças de comercialização de gás natural o exercício da actividade, nos termos da legislação e da regulamentação aplicáveis.

2 – São deveres dos titulares das licenças de comercialização de gás natural, nomeadamente:

a) Enviar às entidades competentes a informação prevista na legislação e na regulamentação aplicáveis;

b) Cumprir todas as normas, disposições e regulamentos aplicáveis ao exercício da actividade.

Artigo 36.º
Relações com os clientes

1 – Sem prejuízo do disposto nos artigos anteriores, os contratos dos comercializadores com os clientes devem especificar os seguintes elementos e oferecer as seguintes garantias:

a) A identidade e o endereço do comercializador;

b) Os serviços fornecidos, suas características e data do início de fornecimento de gás natural;

c) O tipo de serviços de manutenção, caso sejam oferecidos;

d) Os meios através dos quais podem ser obtidas informações actualizadas sobre as tarifas e as taxas de manutenção aplicáveis;

e) A duração do contrato, as condições de renovação e termo dos serviços e do contrato e a existência de um eventual direito de rescisão;

f) A compensação e as disposições de reembolso aplicáveis se os níveis de qualidade dos serviços contratados não forem atingidos;

g) O método a utilizar para a resolução de litígios, que deve ser acessível, simples e eficaz.

2 – As condições contratuais devem ser equitativas e previamente conhecidas, devendo, em qualquer caso, ser prestadas antes da celebração ou confirmação do contrato.

3 – Os clientes devem ser notificados de modo adequado de qualquer intenção de alterar as condições contratuais e informados do seu direito de rescisão quando da notificação.

4 – Os comercializadores devem notificar directamente os seus clientes de qualquer aumento dos encargos resultante de alteração de condições contratuais, em momento oportuno, que não pode ser posterior a um período normal de facturação após a entrada em vigor do aumento, ficando os clientes livres de rescindir os contratos se não aceitarem as novas condições que lhes sejam notificadas pelos respectivos comercializadores.

5 – Os clientes devem receber, relativamente ao seu contrato, informações transparentes sobre os preços e tarifas aplicáveis e as condições normais de acesso e utilização dos serviços do comercializador.

6 – As condições gerais devem ser equitativas e transparentes e ser redigidas em linguagem clara e compreensível, assegurando aos clientes escolha quanto aos métodos de pagamento e protegê-los contra métodos de venda abusivos ou enganadores.

7 – Qualquer diferença nos termos e condições de pagamento dos contratos com os clientes deve reflectir os custos dos diferentes sistemas de pagamento para o comercializador.

8 – Os clientes não devem ser obrigados a efectuar qualquer pagamento por mudarem de comercializador, sem prejuízo do respeito pelos compromissos contratualmente assumidos.

9 – Os clientes devem dispor de procedimentos transparentes, simples e acessíveis para o tratamento das suas queixas, devendo estes permitir que os litígios sejam resolvidos de modo justo e rápido, prevendo, quando justificado, um sistema de reembolso e de indemnização por eventuais prejuízos.

ARTIGO 37.º

Prazo, extinção e transmissão da licença de comercialização

1 – As licenças de comercialização de gás natural são concedidas por prazo indeterminado, sem prejuízo da sua extinção nos termos do presente decreto-lei.

2 – A licença de comercialização de gás natural extingue-se por caducidade ou por revogação.

3 - A extinção da licença por caducidade ocorre em caso de dissolução, insolvência ou cessação da actividade do seu titular.

4 – A licença pode ser revogada quando o seu titular faltar ao cumprimento dos deveres relativos ao exercício da actividade, nomeadamente:

a) Não cumprir, sem motivo justificado, as determinações impostas pelas autoridades administrativas;

b) Violar reiteradamente o cumprimento das disposições legais e as normas técnicas aplicáveis ao exercício da actividade licenciada;

c) Não cumprir, reiteradamente, a obrigação de envio da informação estabelecida na legislação e na regulamentação aplicáveis;

d) Não começar a exercer a actividade no prazo de um ano após a sua emissão ou inscrição, ou, tendo-a começado a exercer, a haja interrompido por igual período, sendo esta inactividade confirmada pelo gestor técnico global do SNGN.

5 – A transmissão da licença de comercialização depende de autorização da entidade emitente, desde que se mantenham os pressupostos que determinaram a sua atribuição.

ARTIGO 38.º

Informação sobre preços de comercialização de gás natural

1 – Os comercializadores ficam obrigados a enviar anualmente à ERSE, nos termos que venham a ser regulamentados por esta entidade, uma tabela de preços de referência que se propõem praticar no âmbito da comercialização de gás natural.

2 – Os comercializadores ficam ainda obrigados a:

a) Publicitar os preços de referência que praticam designadamente nos seus sítios da Internet e em conteúdos promocionais;

b) Enviar à ERSE trimestralmente os preços praticados nos meses anteriores.

3 - A ERSE deve publicitar os preços de referência relativos aos fornecimentos dos comercializadores no seu sítio da Internet, podendo complementar esta publicitação com outros meios adequados, tendo em vista informar os clientes das diversas opções ao nível de preços existentes no mercado, por forma que possam, em cada momento, optar pelas melhores condições oferecidas pelo mercado.

Artigo 39.º
Reconhecimento de comercializadores

No âmbito do funcionamento de mercados constituídos ao abrigo de acordos internacionais de que o Estado Português seja parte signatária, o reconhecimento de comercializador por uma das partes determina o reconhecimento automático pela outra, nos termos previstos nos respectivos acordos.

Artigo 40.º
Comercializador de último recurso

1 – A actividade de comercializador de último recurso é exercida nos termos estabelecidos no Decreto-Lei n.º 30/2006, de 15 de Fevereiro, e no presente decreto-lei, ficando sujeita à atribuição de licença.

2 – O exercício da actividade de comercialização de gás natural de último recurso é regulada pela ERSE.

Artigo 41.º
Direitos e deveres do comercializador de último recurso

1 – Constitui direito dos comercializadores de último recurso o exercício da actividade licenciada nos termos da legislação e da regulamentação aplicáveis.

2 – Pelo exercício da actividade de comercialização de último recurso é assegurada uma remuneração que assegure o equilíbrio económico e financeiro da actividade licenciada em condições de gestão eficiente, nos termos da legislação e da regulamentação aplicáveis.

3 – São, nomeadamente, deveres dos comercializadores de último recurso:

a) Prestar o serviço público de fornecimento de gás natural a todos os clientes abrangidos pela RPGN que o solicitem nos termos da regulamentação aplicável;

b) Adquirir gás natural para comercialização de último recurso nas condições previstas no presente decreto-lei;

c) Enviar às entidades competentes a informação prevista na legislação e na regulamentação aplicáveis;

d) Cumprir todas as normas previstas na respectiva regulamentação e as obrigações previstas nos termos das licenças.

Artigo 42.º
Aquisição de gás natural pelos comercializadores de último recurso

1 – Com vista a garantir o abastecimento necessário à satisfação dos contratos com clientes finais, os comercializadores de último recurso, referidos no n.º 5 do artigo 66.º e no n.º 2 do artigo 67.º, devem adquirir gás natural no âmbito dos contratos de aprovisionamento referidos no n.º 11 do artigo 66.º

2 – Sem prejuízo do disposto no número anterior, o preço de aquisição pelos comercializadores de último recurso é estabelecido no regulamento tarifário e deve corresponder ao custo médio das quantidades de gás natural contratadas pela TRANSGÁS no âmbito dos contratos de aprovisionamento referidos no n.º 11 do artigo 66.º do presente decreto-lei, acrescido das tarifas aplicáveis.

3 – No caso de as necessidades de abastecimento de gás natural destinadas à comercialização de último recurso excederem as quantidades previstas nos contratos de aprovisionamento referidos nos números anteriores, os comercializadores de último recurso podem efectuar novas aquisições em mercados organizados ou através de contratos bilaterais, cujas condições, em ambos os casos, sejam previamente aprovadas pela ERSE.

Artigo 43.º
Extinção e transmissão da licença
de comercialização de último recurso

À extinção e transmissão da licença de comercialização de último recurso aplicam-se, com as devidas adaptações, as disposições previstas no artigo 37.º

Artigo 44.º
Operador logístico da mudança de comercializador

1 – O operador logístico de mudança de comercializador é a entidade que tem atribuições no âmbito da gestão da mudança de comercializador de gás

natural, cabendo-lhe nomeadamente a gestão dos equipamentos de medida e a recolha de informação local ou à distância.

2 – O operador logístico de mudança de comercializador deve ser independente nos planos jurídico, organizativo e da tomada de decisões relativamente a entidades que exerçam actividades no âmbito do SNGN e estar dotado dos recursos, das competências e da estrutura organizativa adequados ao seu funcionamento como fornecedor dos serviços associados à gestão da mudança de comercializador.

3 – As funções, as condições e os procedimentos aplicáveis ao exercício da actividade de operador logístico de mudança de comercializador, bem como a data da sua entrada em funcionamento, são estabelecidos em legislação complementar.

4 – O operador logístico de mudança de comercializador fica sujeito à regulação da ERSE, sendo a sua remuneração fixada nos termos do regulamento de relações comerciais e no regulamento tarifário.

5 – O operador logístico de mudança de comercializador deve ser comum para o SNGN e para o Sistema Eléctrico Nacional (SEN).

CAPÍTULO X
Mercado organizado

Artigo 45.º
Mercado organizado

1 – O mercado organizado, a prazo e a contado corresponde a um sistema de diferentes modalidades de contratação que possibilitam o encontro entre a oferta e a procura de gás natural e de instrumentos cujo activo subjacente seja gás natural ou activo equivalente.

2 – O mercado organizado em que se realizem operações a prazo sobre gás natural está sujeito a autorização, mediante portaria conjunta do Ministro das Finanças e do ministro responsável pela área da energia, nos termos do n.º 2 do artigo 258.º do Código dos Valores Mobiliários.

3 – A entidade gestora do mercado deve ser autorizada pelo ministro responsável pela área da energia e, nos casos em que a legislação assim obrigue, pelo Ministro das Finanças.

4 – A constituição, a organização e o funcionamento do mercado organizado devem constar de legislação específica.

5 – Para além dos que constam do artigo 203.º do Código dos Valores Mobiliários, podem ser admitidos como membros do mercado organizado os comercializadores e outros agentes, nos termos a regulamentar por portaria conjunta do Ministro das Finanças e do ministro responsável pela área da energia,

desde que, em qualquer dos casos, tenham celebrado contrato com um participante do sistema de liquidação das operações realizadas nesse mercado.

6 – Compete aos operadores de mercado fixar os critérios para a determinação dos índices de preço referentes a cada um dos tipos de contratos.

Artigo 46.º

Gestor de mercado

1 – O gestor de mercado é a entidade responsável pela gestão do mercado
organizado e pela concretização de actividades conexas, nomeadamente a determinação de índices e a divulgação da informação.

2 – O gestor de mercado é responsável pela divulgação de informação de
forma transparente e não discriminatória.

3 – Cabe ainda ao gestor de mercado a comunicação ao operador da
RNTGN de toda a informação relevante para a gestão técnica global do sistema,
designadamente para a monitorização da capacidade de interligação.

CAPÍTULO XI

Segurança do abastecimento

Artigo 47.º

Garantia da segurança do abastecimento de gás natural

1 – A promoção das condições de garantia e segurança do abastecimento
de gás natural do SNGN, em termos transparentes, não discriminatórios e compatíveis com os mecanismos de funcionamento do mercado, é feita, nomeadamente, através das seguintes medidas:

a) Constituição e manutenção de reservas de segurança;

b) Promoção da eficiência energética;

c) Diversificação das fontes de abastecimento de gás natural;

d) Existência de contratos de longo prazo para o aprovisionamento de gás
natural;

e) Desenvolvimento da procura interruptível, nomeadamente pelo incentivo à utilização de combustíveis alternativos de substituição nas instalações industriais e nas instalações de produção de electricidade;

f) Recurso a capacidades transfronteiriças de abastecimento e transporte,
nomeadamente pela cooperação entre operadores de sistemas de transporte e
coordenação das actividades de despacho;

g) Definição e aplicação de medidas de emergência.

2 - A DGGE deve elaborar e apresentar ao ministro responsável pela área da energia, no final do 1.º semestre de cada ano, um relatório de monitorização da segurança do abastecimento, incluindo no mesmo as medidas adoptadas e uma proposta de adopção das medidas adequadas a reforçar a segurança do abastecimento do SNGN.

3 - O relatório referido no número anterior deve incluir, igualmente, os seguintes elementos:

a) O nível de utilização da capacidade de armazenamento;

b) O âmbito dos contratos de aprovisionamento de gás a longo prazo, celebrados por empresas estabelecidas e registadas em território nacional e, em especial, o prazo de validade remanescente desses contratos e o nível de liquidez do mercado do gás natural;

c) Quadros regulamentares destinados a incentivar de forma adequada novos investimentos nas infra-estruturas de gás natural.

Artigo 48.º
Medidas de emergência

1 – Em caso de crise, de ameaça à segurança física, ou outra, de pessoas, equipamentos, instalações, ou à integridade das redes, designadamente por via de acidente grave ou razão de força maior, o ministro responsável pela área da energia pode tomar, a título transitório e temporariamente, as medidas de salvaguarda necessárias.

2 – Em caso de perturbação do abastecimento, o ministro responsável pela área da energia pode tomar, temporariamente, as medidas de salvaguarda necessárias, determinando, em particular, a utilização das reservas de segurança e impondo medidas de restrição da procura, nos termos previstos no presente decreto-lei e na legislação específica de segurança.

3 – As medidas de emergência são comunicadas à Comissão Europeia e devem garantir aos operadores de mercado, sempre que tal seja possível ou adequado, a oportunidade para darem uma primeira resposta às situações de emergência.

Artigo 49.º
Obrigação de constituição e manutenção
de reservas de segurança

1 – As entidades que introduzam gás natural no mercado interno nacional para consumo não interruptível estão sujeitas à obrigação de constituição e de manutenção de reservas de segurança.

2 – As reservas de segurança devem estar permanentemente disponíveis para utilização, devendo os seus titulares ser sempre identificáveis e os respectivos volumes contabilizáveis e controláveis pelas autoridades competentes.

3 – As reservas de segurança são constituídas prioritariamente em instalações de armazenamento de gás localizadas no território nacional, excepto em caso de acordo bilateral que preveja a possibilidade de estabelecimento de reservas de segurança noutros países.

4 – No caso de impossibilidade de constituição de reservas de segurança em território nacional, mediante autorização do ministro responsável pela área da energia, podem ser utilizadas instalações de armazenamento de gás localizadas no território de outros Estados membros com adequado grau de interconexão, mediante a celebração prévia de acordos bilaterais que garantam a sua introdução no mercado nacional.

5 – Sem prejuízo das competências da concessionária da RNTGN, compete à DGGE fiscalizar o cumprimento das obrigações de constituição e manutenção de reservas de segurança.

6 – Os encargos com a constituição e manutenção de reservas de segurança devem ser suportados pelas entidades referidas no n.º 1, nos termos da legislação e da regulamentação aplicáveis.

7 – Os comercializadores só podem deixar de constituir reservas de segurança relativamente a novos centros produtores de electricidade em regime ordinário desde que estes obtenham autorização da DGGE para celebrar contratos de fornecimento de gás natural que permitam a interrupção nas situações referidas no n.º 2 do artigo 52.º

8 – Quando solicitada para os efeitos do número anterior, a DGGE deve obter o parecer prévio das entidades responsáveis pela gestão técnica global do SEN e do SNGN e decidir a pretensão no prazo de 30 dias.

9 – No caso de resposta favorável ou de falta de resposta da DGGE no prazo referido no número anterior, os centros produtores podem informar o respectivo comercializador de gás natural de que pode deixar de constituir reservas de segurança.

10 – As quantidades de reservas de segurança a constituir e a manter nos termos dos números anteriores não podem prejudicar a existência de capacidades livres e reservas operacionais necessárias à operação de cada uma das infraestruturas e à gestão técnica global do SNGN, nos termos que venham a ser regulamentados.

11 – As entidades sujeitas à obrigação de constituição de reservas de segurança devem enviar à DGGE e à concessionária da RNTGN, até ao dia 15 de cada mês, as informações referentes aos consumos efectivos da sua carteira de clientes no mês anterior, discriminando as quantidades interruptíveis e não interruptíveis e fazendo prova dos respectivos contratos de interruptibilidade.

ARTIGO 50.º
Quantidades das reservas de segurança

1 – Com observância dos critérios de contagem estabelecidos no presente decreto-lei, a quantidade global mínima de reservas de segurança de gás natural é fixada por portaria do ministro responsável pela área da energia, não podendo ser inferior a 15 dias de consumos não interruptíveis dos produtores de electricidade em regime ordinário e a 20 dias dos restantes consumos não interruptíveis.

2 – As reservas de segurança são expressas em dias da quantidade média diária dos consumos não interruptíveis nos 12 meses anteriores ao mês de contagem, a cumprir com um mês de dilação.

3 – Para os novos produtores de electricidade em regime ordinário e para os primeiros 12 meses do respectivo funcionamento, é tomada como referência a média diária dos consumos verificados, a cumprir um mês após a entrada em funcionamento.

ARTIGO 51.º
Contagem das reservas de segurança

1 – Para o cumprimento das obrigações de constituição e manutenção das reservas de segurança, são considerados o gás natural e o GNL, desde que detidos em:

a) Instalações de armazenamento subterrâneo;

b) Instalações de armazenamento de GNL em terminais de recepção, armazenagem e regaseificação de GNL;

c) Navios metaneiros que se encontrem em trânsito devidamente assegurado para um terminal de GNL existente em território nacional, no máximo de nove dias de trajecto.

2 – Não são considerados, para contagem das reservas, os volumes de gás natural detidos nas seguintes situações:

a) Em instalações de armazenamento em redes de distribuição (UAG);

b) Em reservatórios de consumidores ligados à rede de distribuição;

c) Em redes de transporte e de distribuição (*line-pack*);

d) Em camiões-cisterna de transporte.

3 – O cumprimento das obrigações de constituição e manutenção das reservas de segurança é verificado no final de cada mês, com um mês de dilação relativamente ao período de referência.

Artigo 52.º

Utilização das reservas de segurança

1 – A competência para autorizar ou para determinar o uso das reservas de segurança em caso de perturbação grave do abastecimento pertence ao ministro responsável pela área da energia, tendo em consideração o interesse nacional e as obrigações assumidas em acordos internacionais.

2 – Através de portaria do ministro responsável pela área da energia são definidas normas específicas destinadas a garantir prioridade na segurança do abastecimento dos clientes domésticos, dos serviços de saúde e de segurança e de outros clientes que não tenham a possibilidade de substituir o seu consumo de gás por outras fontes energéticas, em caso de:

a) Ruptura parcial do aprovisionamento nacional de gás durante um período determinado;

b) Temperaturas extremamente baixas durante um período de pico determinado;

c) Procura excepcionalmente elevada de gás natural.

3 – No caso de ocorrer uma situação de dificuldade de abastecimento, as decisões relativas à utilização de reservas de segurança que sejam tomadas pelo ministro responsável pela área da energia devem ser obrigatoriamente cumpridas por todas as entidades envolvidas na constituição de reservas.

Artigo 53.º

Obrigações da concessionária da RNTGN

1 – Enquanto responsável pela gestão técnica global do SNGN, compete à concessionária da RNTGN em matéria de segurança do abastecimento:

a) Monitorizar a constituição e a manutenção das reservas de segurança;

b) Proceder à libertação das reservas de segurança nos casos previstos no presente decreto-lei, quando devidamente autorizados pelo ministro responsável pela área da energia;

c) Enviar à DGGE, até ao dia 15 de cada mês, as informações referentes ao mês anterior relativas às quantidades constituídas em reservas de segurança, sua localização e respectivos titulares;

d) Reportar à DGGE as situações verificadas de incumprimento das obrigações de constituição de reservas, com vista à aplicação do respectivo regime sancionatório.

2 – As entidades concessionárias de armazenamento subterrâneo e de terminal de GNL devem dar prioridade, em termos de utilização da capacidade de armazenamento, à constituição e manutenção das reservas de segurança, sem prejuízo do disposto no n.º 10 do artigo 49.º

CAPÍTULO XII
Regulamentação

ARTIGO 54.º
Regulamentação

Para os efeitos da aplicação do presente decreto-lei, são previstos os seguintes regulamentos:

a) Regulamento do acesso às redes, às infra-estruturas e às interligações;
b) Regulamento de operação das infra-estruturas;
c) Regulamento da RNTGN;
d) Regulamento tarifário;
e) Regulamento de qualidade de serviço;
f) Regulamento de relações comerciais;
g) Regulamento de armazenamento subterrâneo;
h) Regulamento de terminal de recepção, armazenamento e regaseificação de GNL.

ARTIGO 55.º
Regulamento do acesso às redes,
às infra-estruturas e às interligações

1 – O regulamento do acesso às redes, às infra-estruturas e às interligações estabelece, segundo critérios objectivos, transparentes e não discriminatórios, as condições técnicas e comerciais segundo as quais se processa o acesso às redes de transporte e de distribuição, às instalações de armazenamento, aos terminais de recepção, armazenamento e regaseificação de GNL e às interligações.

2 – O regulamento do acesso às redes, às infra-estruturas e às interligações estabelece, ainda, as condições em que pode ser recusado o acesso às redes, às infra-estruturas e às interligações.

3 – As entidades que pretendam ter acesso às redes, às instalações de armazenamento, aos terminais de recepção, armazenamento e regaseificação de GNL e às interligações, bem como as entidades responsáveis pelas mesmas, ficam obrigadas ao cumprimento das disposições deste regulamento.

Artigo 56.º

Regulamento de operação das infra-estruturas

O regulamento de operação das infra-estruturas estabelece os critérios e procedimentos de gestão dos fluxos de gás natural, a prestação dos serviços de sistema e as condições técnicas que permitem aos operadores da RNTIAT a gestão destes fluxos, assegurando a sua interoperacionalidade com as redes a que estejam ligados, bem como os procedimentos destinados a garantir a sua concretização e verificação.

Artigo 57.º

Regulamento da RNTGN

1 – O regulamento da RNTGN estabelece as condições técnicas de ligação e de exploração da respectiva rede e ainda as condições técnicas e de segurança, incluindo os procedimentos de verificação, que asseguram o adequado fluxo de gás natural e a interoperabilidade com as redes a que esteja ligada.

2 – Este regulamento deve estabelecer, também, as disposições técnicas relativas à segurança de pessoas e bens relacionados com a exploração da RNTGN.

Artigo 58.º

Regulamento tarifário

O regulamento tarifário estabelece os critérios e métodos para o cálculo e fixação de tarifas, designadamente as de acesso às redes, às instalações de armazenamento subterrâneo, aos terminais de recepção, armazenamento e regaseificação de GNL e às interligações e aos serviços de sistema, bem como as tarifas de venda de gás natural do comercializador de último recurso, segundo os princípios definidos no Decreto-Lei n.º 30/2006, de 15 de Fevereiro, no presente decreto-lei e tendo em conta o equilíbrio económico e financeiro das concessões e licenças.

Artigo 59.º

Regulamento de qualidade de serviço

1 – O regulamento de qualidade de serviço estabelece os padrões de qualidade de serviço de natureza técnica e comercial, designadamente em termos das características técnicas do gás a fornecer aos consumidores, das condições ade-

quadas a uma exploração eficiente e qualificada das redes e das instalações e das interrupções do serviço.

2 – Os padrões de qualidade de serviço referidos no número anterior podem ser globais ou específicos das diferentes categorias de clientes ou, ainda, variarem de acordo com circunstâncias locais.

ARTIGO 60.º
Regulamento de relações comerciais

O regulamento de relações comerciais estabelece as regras de funcionamento das relações comerciais entre os vários intervenientes no SNGN, designadamente sobre as seguintes matérias:

a) Relacionamento comercial entre os comercializadores e os seus clientes;

b) Condições comerciais para ligação às redes públicas;

c) Medição de gás natural e disponibilização de dados aos agentes de mercado;

d) Procedimentos de mudança de comercializador;

e) Condições de participação e regras de funcionamento dos mercados organizados;

f) Interrupção do fornecimento de gás natural;

g) Resolução de conflitos.

ARTIGO 61.º
Regulamento de armazenamento subterrâneo

1 – O regulamento de armazenamento subterrâneo estabelece as condições técnicas de construção e de exploração das infra-estruturas de armazenamento subterrâneo.

2 – O regulamento de armazenamento subterrâneo estabelece, ainda, as condições técnicas e de segurança, incluindo os procedimentos de verificação, que asseguram o adequado funcionamento das infra-estruturas e a interoperabilidade com as redes a que estejam ligadas.

3 – O regulamento de armazenamento subterrâneo estabelece, também, as disposições técnicas relativas à segurança de pessoas e bens relacionados com a exploração das infra-estruturas de armazenamento subterrâneo.

4 – Os utilizadores das infra-estruturas de armazenamento subterrâneo e as respectivas concessionárias ficam obrigados ao cumprimento das disposições deste regulamento.

Artigo 62.º

**Regulamento de terminal de recepção,
armazenamento e regaseificação de GNL**

1 – O regulamento de terminal de recepção, armazenamento e regaseificação de GNL estabelece as condições técnicas de construção e de exploração das infra-estruturas de terminais de GNL.

2 – O regulamento de terminal de recepção, armazenamento e regaseificação de GNL estabelece, ainda, as condições técnicas e de segurança, incluindo os procedimentos de verificação, que asseguram o adequado funcionamento das infra-estruturas e a interoperabilidade com as redes a que estejam ligadas.

3 – O regulamento do terminal de recepção, armazenamento e regaseificação de GNL estabelece, também, as disposições técnicas relativas à segurança de pessoas e bens relacionados com a exploração das infra-estruturas de terminais de GNL.

4 – Os utilizadores de terminais de recepção, armazenamento e regaseificação de GNL e as respectivas concessionárias ficam obrigados ao cumprimento das disposições deste regulamento.

Artigo 63.º

Competência para aprovação dos regulamentos

1 – A aprovação e aplicação do regulamento de acesso às redes, às infra-estruturas e às interligações, do regulamento das relações comerciais, do regulamento de operação das infra-estruturas, do regulamento de qualidade de serviço e do regulamento tarifário é da competência da ERSE, obtido o parecer da DGGE e ouvidas as entidades concessionárias e licenciadas das redes que integram a RPGN, nos termos da legislação aplicável.

2 – O regulamento de armazenamento subterrâneo, o regulamento de terminal de recepção, armazenamento e regaseificação de GNL e o regulamento da rede de transporte são aprovados por portaria do ministro responsável pela área da energia, sob proposta da DGGE, a qual na sua preparação deve solicitar o parecer da ERSE e propostas às respectivas entidades concessionárias.

3 – Os regulamentos referidos nos números anteriores devem ser aprovados e publicados no prazo de três meses a contar a partir da data da entrada em vigor do presente decreto-lei.

CAPÍTULO XIII
Disposições transitórias

ARTIGO 64.º
Abertura do mercado de gás natural

1 – Sem prejuízo do disposto no n.º 7 do artigo 66.º quanto aos compromissos com quantidades mínimas de gás natural a adquirir, assumidos em contratos de fornecimento anteriormente celebrados, são considerados clientes elegíveis, para os efeitos do presente decreto-lei:

a) Os produtores de electricidade em regime ordinário, a partir de 1 de Janeiro de 2007;

b) Os clientes cujo consumo anual é igual ou superior a 1 milhão de metros cúbicos normais, a partir de 1 de Janeiro de 2008;

c) Os clientes cujo consumo anual é igual ou superior a 10 000 m3 normais, a partir de 1 de Janeiro de 2009;

d) Todos os demais clientes, a partir de 1 de Janeiro de 2010.

2 – Os clientes que não queiram usufruir do estatuto de cliente elegível podem optar por continuar a adquirir gás natural aos comercializadores de último recurso nos termos previstos neste decreto-lei.

ARTIGO 65.º
Transmissão de activos no âmbito do actual contrato de concessão do serviço público de importação, transporte e fornecimento de gás natural

1 – De forma a concretizar a separação das actividades de transporte de gás natural, armazenamento subterrâneo de gás natural e de recepção, armazenamento e regaseificação de GNL prevista no Decreto-Lei n.º 30/2006, de 15 de Fevereiro, a TRANSGÁS é autorizada a transmitir à REN – Rede Eléctrica Nacional, S. A., adiante designada por REN, ou a sociedades em relação de domínio total inicial com esta, o seguinte conjunto de bens e outros activos que se encontram afectos à actual concessão do serviço público de importação, transporte e fornecimento de gás natural:

a) A rede de transporte de gás natural em alta pressão, incluindo a estação de transferência de custódia existente em Valença do Minho e a estação de junção de Campo Maior;

b) O terminal de recepção, armazenamento e regaseificação de GNL de Sines;

c) Três cavidades de armazenamento subterrâneo de gás natural no sítio da Guarda Norte, Carriço, no concelho de Pombal, incluindo as inerentes instalações de superfície, estando duas já em operação e a terceira em construção, bem como os direitos de utilização do subsolo para a construção de pelo menos mais duas cavidades no mesmo local;

d) As instalações e equipamentos necessários à adequada operação de todas as infra-estruturas referidas nas alíneas anteriores;

e) Os direitos, obrigações e responsabilidades associados aos referidos bens e às actividades de transporte de gás natural em alta pressão, de armazenamento subterrâneo e de recepção, armazenamento e regaseificação de GNL, relativas ao terminal de GNL de Sines.

2 – A relação dos activos transmitidos, devidamente identificados, que faz parte integrante do contrato de compra e venda, serve de título bastante para o averbamento das novas proprietárias ou titulares de direitos para efeito de registo predial, comercial, automóvel ou de propriedade intelectual ou industrial.

3 – Inclui-se nos activos a ceder pela TRANSGÁS à REN ou à futura concessionária de transporte de gás natural a sua posição accionista nas sociedades Gasoduto Braga Tuy, S. A., e Gasoduto Campo Maior-Leiria-Braga, S. A.

4 – A TRANSGÁS, SGPS, S. A., e a GDP, SGPS, S. A., são autorizadas a transmitir à REN, ou a sociedade em relação de domínio total inicial com a REN, as acções representativas da totalidade do capital social da SGNL – Sociedade Portuguesa de Gás Natural Liquefeito, S. A.

5 – O contrato de compra e venda, que dá corpo à transferência dos activos referidos nos números anteriores, é negociado entre as partes.

6 – Os gasodutos de MP afectos à actual concessão da TRANSGÁS, bem como as UAG que ainda se mantêm sua propriedade, devem ser alienados à concessionária de distribuição regional ou licenciada de distribuição local da respectiva área, no prazo de um ano a contar a partir da data da entrada em vigor do presente decreto-lei.

7 – O contrato de compra e venda destes activos é negociado entre as partes, devendo o preço ser fixado tendo em conta o valor contabilístico do activo alienado, líquido de amortizações e subsídios, e o valor da tarifa aplicável nos termos do regulamento tarifário.

8 – Os acordos relativos à partilha de infra-estruturas em vigor entre a TRANSGÁS e as distribuidoras regionais, que estabelecem direitos e obrigações relativos a gasodutos de MP e de BP, devem cessar em 1 de Janeiro de 2008.

9 – Pela cessação dos acordos referidos no número anterior, a TRANSGÁS deve receber das distribuidoras uma compensação calculada com base na sua compartição no investimento, líquida de amortizações e de subsídios, e no valor da tarifa aplicável nos termos do regulamento tarifário.

10 – Quaisquer conflitos entre as partes decorrentes do disposto nos números anteriores devem ser resolvidos por recurso a arbitragem, nos termos do artigo 68.º do Decreto-Lei n.º 30/2006, de 15 de Fevereiro.

11 – Todas as declarações de utilidade pública prestadas a favor da TRANSGÁS, necessárias para a expropriação de terrenos ou para a constituição de servidões administrativas de gás natural relativas à implantação de infra-estruturas integradas nos activos a alienar, passam a beneficiar as concessionárias ou licenciadas das actividades a que se referem os activos transferidos, prosseguindo a realização dos fins de interesse público que as determinaram.

ARTIGO 66.º
Modificação do contrato de concessão da TRANSGÁS

1 – Conforme previsto no artigo 65.º do Decreto-Lei n.º 30/2006, de 15 de Fevereiro, o objecto do actual contrato de concessão do serviço público de importação de gás natural e do seu transporte e fornecimento através da rede de alta pressão, celebrado entre o Estado e a TRANSGÁS, é alterado de acordo com os números seguintes, com salvaguarda do princípio do equilíbrio económico e financeiro decorrente do actual contrato de concessão, devendo essa alteração ser formalizada através de contrato a celebrar entre o Estado e a TRANSGÁS, no prazo máximo de 30 dias a contar a partir da data da entrada em vigor do presente decreto-lei.

2 – A TRANSGÁS, através de sociedade por ela detida em regime de domínio total, mantém a concessão de armazenamento subterrâneo de gás natural no sítio da Guarda Norte, Carriço, no concelho de Pombal, nas cavidades que detém, com exclusão das cavidades identificadas na alínea c) do n.º 1 do artigo anterior, ou que venha a construir, devendo o respectivo contrato ser modificado de acordo com as bases constantes do anexo II do presente decreto-lei, que dele faz parte integrante.

3 – As cavidades de armazenamento subterrâneo, concessionadas à sociedade detida em regime de domínio total pela TRANSGÁS referida no número anterior, devem ser alienadas, em condições a acordar entre as partes, à concessionária de armazenamento subterrâneo a que se refere o n.º 1 do artigo 68.º, após esgotada a capacidade de expansão de armazenamento subterrâneo da referida concessionária, conforme o previsto na alínea c) do n.º 1 do artigo anterior, no caso de as mesmas virem a ser consideradas pelo ministro responsável pela área da energia como necessárias ao reforço da capacidade de reservas de segurança.

4 – Podem manter-se na titularidade da TRANSGÁS as suas participações accionistas nas sociedades Europe Maghreb Pipeline Ltd., Gasoducto Al-Andaluz, S. A., e Gasoducto de Extremadura, S. A., titulares dos direitos de uso dos gasodutos a montante da fronteira portuguesa e, ainda, a titularidade da sua

participação accionista na sociedade operadora do troço marroquino Société pour la Construction et l'Exploitation Technique du Gazoduc Maghreb-Europe, Metragaz, S. A.

5 – É atribuída a uma sociedade detida pela TRANSGÁS, em regime de domínio total, uma licença de comercialização de último recurso de todos os clientes que consumam anualmente quantidades de gás natural iguais ou superiores a 2 milhões de metros cúbicos normais, excluindo os produtores de electricidade em regime ordinário.

6 – Os termos da licença referida no número anterior são definidos no contrato a celebrar entre o Estado e a TRANSGÁS referido no n.º 1.

7 – Em 1 de Janeiro de 2007, passam para a titularidade da sociedade referida no n.º 5 os contratos de fornecimento em vigor celebrados com as actuais concessionárias de distribuição regional de gás natural e com os actuais titulares de licenças de distribuição local e, ainda, com os clientes com consumo anual igual ou superior a 2 milhões de metros cúbicos normais.

8 – Os contratos de fornecimento referidos no número anterior são revistos, no que se refere ao preço, de acordo com o regulamento tarifário, a partir de 1 de Janeiro de 2008.

9 – Os contratos de fornecimento em vigor com os clientes com consumo anual igual ou superior a 2 milhões de metros cúbicos normais, excluindo os produtores de electricidade em regime ordinário, podem ser rescindidos por qualquer das partes a partir de 1 de Janeiro de 2008.

10 – Mantêm-se na titularidade da TRANSGÁS os contratos de fornecimento em vigor com os produtores de electricidade em regime ordinário.

11 – Mantêm-se na titularidade da TRANSGÁS os contratos de aprovisionamento de gás natural de longo prazo e em regime de take or pay, celebrados antes da entrada em vigor da Directiva n.º 2003/55/CE, do Parlamento e do Conselho, de 26 de Junho, que são destinados, prioritariamente, à satisfação das necessidades dos comercializadores de último recurso e dos contratos referidos nos n.os 9 e 10.

12 – A partir de 1 de Janeiro de 2007, a TRANSGÁS passa a exercer, em regime de licença, a actividade de comercialização de gás natural em regime de mercado livre.

13 – A licença para o exercício da actividade de comercialização referida no número anterior é concedida pela DGGE, independentemente de qualquer formalidade, na data referida no número anterior.

14 – Os estatutos da TRANSGÁS devem ser alterados antes da outorga dos contratos a que se refere o n.º 8 do artigo 68.º, devendo as alterações ser previamente aprovadas pelo ministro responsável pela área da energia.

Artigo 67.º
Comercialização de último recurso exercida transitoriamente pela TRANSGÁS e pelas sociedades de distribuição

1 – A licença referida no n.º 5 do artigo anterior é concedida até 2028, independentemente de qualquer formalidade.

2 – São atribuídas a sociedades a constituir em regime de domínio total inicial pelas entidades concessionárias de distribuição regional ou pelas detentoras de licenças de distribuição local com mais de 100 000 clientes, ou às sociedades concessionárias ou detentoras de licenças de distribuição com menos de 100 000 clientes, licenças de comercialização de último recurso de todos os clientes que consumam anualmente quantidades de gás natural inferiores a 2 milhões de metros cúbicos normais e se situem nas áreas das respectivas concessões ou licenças.

3 – As licenças referidas no número anterior são concedidas independentemente de qualquer formalidade e têm uma duração correspondente à dos actuais contratos de concessão ou à das actuais licenças de distribuição.

4 – As sociedades em regime de domínio total inicial referidas no n.º 2 devem ser constituídas no prazo de um ano a contar a partir da data da entrada em vigor do presente decreto-lei.

Artigo 68.º
Atribuição das novas concessões da RNTIAT

1 – As concessões da RNTGN, de armazenamento subterrâneo de gás natural em três cavidades situadas em Guarda Norte, Carriço, no concelho de Pombal, e do terminal de GNL de Sines são atribuídas, respectivamente, a três sociedades em relação de domínio total inicial com a REN, de acordo com as bases constantes dos anexos I, II e III do presente decreto-lei, que dele fazem parte integrante, após a conclusão do processo de transmissão dos activos referidos no n.º 1 do artigo 65.º

2 – Para os efeitos de regulação, o valor dos activos referidos no número anterior deve reflectir o correspondente valor de balanço da TRANSGÁS, à data do início das novas concessões, depois de reavaliados e líquidos de amortizações e subsídios a fundo perdido.

3 – A reavaliação referida no número anterior é promovida pelas respectivas entidades concessionárias e efectuada, no prazo máximo de 45 dias, por uma entidade financeira ou auditora, de reconhecido prestígio, designada pelo Ministro das Finanças.

4 – A reavaliação referida nos números anteriores deve ter em atenção a inflação ocorrida durante o período de vida útil dos activos já decorrido e está sujeita à aprovação do Ministro das Finanças.

5 – O processo de transmissão referido no n.º 1 do artigo 65.º deve estar concluído no prazo máximo de 30 dias após a entrada em vigor do presente decreto-lei.

6 – A atribuição das concessões referidas no n.º 1 é feita directamente por resolução do Conselho de Ministros, que aprove as minutas dos respectivos contratos de concessão elaboradas de acordo com as bases anexas ao presente decreto-lei.

7 – As minutas do contrato que opera a modificação do actual contrato de concessão da TRANSGÁS e do contrato de concessão de armazenamento subterrâneo referido no n.º 2 do artigo 66.º são aprovadas através de resolução do Conselho de Ministros.

8 – Os novos contratos de concessão a que se refere o presente artigo, bem como os contratos que operam a modificação do actual contrato de concessão da TRANSGÁS, são celebrados, em simultâneo, no prazo máximo de 30 dias após a entrada em vigor do presente decreto-lei, devendo neles outorgar o ministro responsável pela área da energia, em representação do Estado.

9 – As minutas dos contratos referidos no número anterior devem ser apresentadas e negociadas com as várias entidades concessionárias e licenciadas no prazo de 30 dias após a entrada em vigor do presente decreto-lei.

Artigo 69.º
Regime provisório de exploração das novas concessões da RNTIAT

1 – Até à entrada em vigor do regime regulatório, a fixar pela ERSE, das actividades de transporte, de armazenamento subterrâneo e de recepção, armazenamento e regaseificação de GNL, as concessionárias, sem prejuízo dos direitos e demais obrigações fixados no presente decreto-lei, devem:

a) Contratar, em condições transparentes, o acesso às infra-estruturas e à prestação de serviços de sistema que se mostrem necessários;

b) Contratar, em condições transparentes, os preços e as tarifas de transporte, armazenamento subterrâneo, recepção, armazenamento e regaseificação de GNL, bem como de carregamento de GNL em camiões e, ainda, dos serviços de sistema;

c) Prestar os serviços contratados nas condições acordadas e de acordo com as directrizes da concessionária responsável pela gestão técnica global do sistema.

2 – As concessionárias, no período referido no número anterior, devem assegurar o regular funcionamento de todas as infra-estruturas para garantia da segurança do abastecimento e da qualidade de serviço.

3 – As concessionárias devem assegurar a resolução dos contratos celebrados ao abrigo do disposto no n.º 1 imediatamente após o início do regime regulatório e, relativamente aos contratos de longo prazo, assegurar a respectiva modificação, em conformidade com a regulamentação que venha a ser aprovada.

4 – As concessionárias devem publicitar as condições de acesso às infra-estruturas e aos serviços de sistema e remeter à DGGE e à ERSE, no prazo de 15 dias a contar a partir da respectiva celebração, cópia dos contratos celebrados transitoriamente ao abrigo do disposto no n.º 1.

Artigo 70.º
Modificação das concessões e licenças
de distribuição de gás natural

1 – Os actuais contratos de concessão de distribuição regional devem ser alterados de acordo com o estabelecido no anexo IV do presente decreto-lei, que dele faz parte integrante, no prazo de um ano a contar a partir da data da entrada em vigor do presente decreto-lei, assegurando-se nos novos contratos o direito das concessionárias à manutenção do equilíbrio económico e financeiro das respectivas concessões.

2 – As actuais licenças de distribuição local devem ser alteradas de acordo com o estabelecido no Decreto-Lei n.º 30/2006, de 15 de Fevereiro, e no presente decreto-lei, no prazo de um ano a contar a partir da data da entrada em vigor do presente decreto-lei, sem prejuízo do respeito pelo princípio do equilíbrio económico e financeiro das entidades licenciadas.

3 – Para os efeitos de regulação, o valor dos activos de cada uma das redes da RNDGN deve reflectir o correspondente valor do balanço à data do início das novas concessões ou licenças, depois de reavaliados e líquidos de amortizações e subsídios a fundo perdido.

4 – A reavaliação referida no número anterior é promovida pelas entidades concessionárias ou licenciadas da RNDGN e efectuada no prazo máximo de 45 dias por uma entidade financeira ou auditora, de reconhecido prestígio, designada pelo Ministro das Finanças.

5 – A reavaliação referida nos números anteriores deve ter em atenção a inflação ocorrida durante o período de vida útil dos activos já decorrido e está sujeita à aprovação do Ministro das Finanças.

6 – As actuais sociedades concessionárias de distribuição regional ou titulares de licenças de distribuição local com mais de 100 000 clientes devem exercer a actividade de comercialização através de sociedades autónomas a constituir por elas em regime de domínio total inicial.

7 – As sociedades referidas no número anterior devem ser constituídas no prazo de um ano a contar a partir da data da entrada em vigor do presente decreto-lei.

8 – Em 1 de Janeiro de 2008, passam para a titularidade das sociedades referidas no n.º 2 do artigo 67.º os contratos de fornecimento em vigor celebrados com os respectivos clientes.

9 – Os contratos de fornecimento referidos no número anterior são revistos no que se refere ao preço, de acordo com o Regulamento Tarifário, a partir de 1 de Janeiro de 2008.

10 – Os contratos de fornecimento referidos nos números anteriores podem ser rescindidos por qualquer das partes a partir das datas em que os respectivos clientes se tornam elegíveis.

ARTIGO 71.º
Manutenção transitória do fornecimento de gás natural

1 – Até 1 de Janeiro de 2007, a TRANSGÁS é autorizada a manter os fornecimentos de gás natural às actuais concessionárias de distribuição regional e titulares das licenças de distribuição local, aos produtores de electricidade em regime ordinário e, bem assim, aos clientes com consumo anual igual ou superior a 2 milhões de metros cúbicos normais, ao abrigo do actual contrato de concessão e nos termos previstos nos respectivos contratos.

2 – Até 1 de Janeiro de 2008, as actuais concessionárias de distribuição regional e titulares das licenças de distribuição local são autorizadas a manter os fornecimentos de gás natural a todos os seus clientes, ao abrigo dos actuais contratos de concessão e licenças, nos termos previstos nos respectivos contratos.

CAPÍTULO XIV
Disposições finais

ARTIGO 72.º
Derrogação relacionada com novas infra-estruturas

1 – As novas infra-estruturas relativas a interligações, a armazenamento subterrâneo e a terminais de GNL, bem como os aumentos significativos de capacidade nas infra-estruturas existentes e as alterações das infra-estruturas que permitam o desenvolvimento de novas fontes de fornecimento de gás, podem beneficiar das derrogações previstas nos termos do artigo 22.º da Directiva n.º 2003/55/CE, do Parlamento e do Conselho, de 26 de Junho, tendo em consideração o seguinte:

a) Que o investimento deve promover a concorrência e a segurança do abastecimento;

b) Que, face ao risco associado, o investimento não seria realizado se não fosse concedida a derrogação;

c) Que a infra-estrutura deve ser propriedade de pessoa separada, pelo menos no plano jurídico, dos operadores em cujas redes a referida infra-estrutura venha a ser construída;

d) Que devem ser cobradas taxas de utilização aos utilizadores dessa infra-estrutura;

e) Que a derrogação não prejudique a concorrência nem o funcionamento eficaz do mercado interno do gás ou o funcionamento eficiente do sistema regulado a que está ligada a infra-estrutura.

2 – As derrogações referidas no número anterior carecem de parecer prévio da DGGE e da ERSE.

3 – As derrogações podem abranger a totalidade ou parte da nova infra-estrutura, ou da infra-estrutura existente significativamente alterada ou ampliada, e impor condições no que se refere à duração da derrogação e ao acesso não discriminatório à interligação.

4 – A decisão de derrogação e quaisquer condições a que a mesma fique sujeita devem ser devidamente justificadas e publicadas e são imediatamente notificadas à Comissão Europeia, acompanhada das informações relevantes sobre a mesma, para que esta possa formular uma decisão bem fundamentada.

5 – Ao conceder uma derrogação, o ministro responsável pela área da energia pode decidir sobre a regulamentação e os mecanismos de gestão e repartição de capacidades desde que tal não impeça a realização dos contratos de longo prazo.

Artigo 73.º
Derrogação relacionada com compromissos assumidos no âmbito de contratos de *take or pay*

1 – Se uma empresa de gás natural se deparar, ou considerar que vem a deparar-se, com graves dificuldades económicas e financeiras devido aos compromissos inerentes a contratos de aquisição de gás em regime *take or pay*, celebrados antes da entrada em vigor da Directiva n.º 2003/55/CE, do Parlamento e do Conselho, de 26 de Junho, essa sociedade pode requerer ao ministro responsável pela área da energia a derrogação do acesso de terceiros, nos termos previstos no artigo 27.º da mesma directiva.

2 – A derrogação solicitada nos termos do número anterior carece de parecer prévio da DGGE e da ERSE.

3 – O ministro responsável pela área da energia deve verificar da razoabilidade do pedido, tendo em conta os critérios previstos no n.º 3 do mesmo artigo 27.º da Directiva e, caso o confirme, pode deferi-lo em decisão devidamente fundamentada.

4 – A decisão de derrogação deve ser comunicada à Comissão Europeia acompanhada de todas as informações relevantes para que esta possa tomar posição sobre a mesma.

5 – Em alternativa à decisão de derrogação, o ministro responsável pela área da energia pode decidir no sentido de facultar aos agentes do mercado a possibilidade de adquirirem gás natural dos contratos de *take or pay*, nas quantidades necessárias ao cumprimento dos referidos contratos, mediante leilão cujos termos são estabelecidos por portaria do ministro responsável pela área da energia.

ARTIGO 74.º

Relatório de monitorização da segurança de abastecimento

A DGGE apresenta, em 2007, ao ministro responsável pela área da energia o relatório de monitorização da segurança de abastecimento, a que se refere o n.º 2 do artigo 47.º

ARTIGO 75.º

Apresentação do PDIR

O primeiro PDIR, elaborado nos termos do artigo 12.º, é apresentado à DGGE até ao final do 1.º trimestre de 2008.

ARTIGO 76.º

Norma revogatória

São revogados os Decretos-Leis n.ºˢ 32/91 e 33/91, ambos de 16 de Janeiro, 333/91, de 6 de Setembro, 203/97, de 8 de Agosto, 274-B/93, de 4 de Agosto, e 274-C/93, de 4 de Agosto, sem prejuízo do disposto no n.º 1 do artigo 71.º

ARTIGO 77.º

Entrada em vigor

O presente decreto-lei entra em vigor no dia seguinte ao da sua publicação. Visto e aprovado em Conselho de Ministros de 22 de Junho de 2006. – *José Sócrates Carvalho Pinto de Sousa – Diogo Pinto de Freitas do Amaral – Fernando Teixeira dos Santos – António José de Castro Guerra.*

Promulgado em 14 de Julho de 2006.
Publique-se.
O Presidente da República, ANÍBAL CAVACO SILVA.
Referendado em 17 de Julho de 2006.
O Primeiro-Ministro, *José Sócrates Carvalho Pinto de Sousa.*

ANEXO I

(a que se refere o n.º 1 do artigo 68.º)

Bases da concessão da actividade de transporte de gás natural através
da Rede Nacional de Transporte de Gás Natural

CAPÍTULO I
Disposições e princípios gerais

BASE I
Objecto da concessão

1 – A concessão tem por objecto a actividade de transporte de gás natural em alta pressão, exercida em regime de serviço público, através da RNTGN.

2 – Integram-se no objecto da concessão:

a) O recebimento, o transporte e a entrega de gás natural em alta pressão;

b) A operação, a exploração e a manutenção de todas as infra-estruturas que integram a RNTGN e das interligações às redes a que esteja ligada e, bem assim, das instalações necessárias para a sua operação.

3 – Integram-se ainda no objecto da concessão:

a) O planeamento, o desenvolvimento, a expansão e a gestão técnica da RNTGN e a construção das respectivas infra-estruturas e, bem assim, das instalações necessárias para a sua operação;

b) A gestão da interligação da RNTGN com a rede internacional de transporte de alta pressão e da ligação com as infra-estruturas de armazenamento subterrâneo e com os terminais de GNL;

c) A gestão técnica global do SNGN;

d) O planeamento da RNTIAT e da utilização das respectivas infra-estruturas;

e) O controlo da constituição e da manutenção das reservas de segurança de gás natural.

4 – A concessionária pode exercer outras actividades para além das que se integram no objecto da concessão, no respeito pela legislação aplicável ao sector do gás natural, com fundamento no proveito daí resultante para a concessão ou com vista a optimizar a utilização dos bens afectos à mesma, desde que essas actividades sejam acessórias ou complementares e não prejudiquem a regularidade e a continuidade da prestação do serviço público e sejam previamente autorizadas pelo concedente.

5 – A concessionária é desde já autorizada, nos termos do número anterior, a explorar, directa ou indirectamente, ou a ceder a exploração da capacidade excedentária da rede de telecomunicações instalada para a operação da RNTGN.

BASE II
Âmbito e exclusividade da concessão

1 – Sem prejuízo do disposto no número seguinte, a concessão tem como âmbito geográfico todo o território do continente e é exercida em regime de exclusivo, sem prejuízo do direito de acesso de terceiros às várias infra-estruturas que a integram nos termos previstos nas presentes bases e na legislação e na regulamentação aplicáveis.

2 – As actividades referidas nas alíneas c) e e) do n.º 3 da base anterior abrangem todo o território nacional, sem prejuízo das competências e dos poderes das autoridades regionais.

3 – O regime de exclusivo referido no n.º 1 pode ser alterado em conformidade com a política energética aprovada pela União Europeia e aplicável ao Estado Português.

BASE III
Prazo da concessão

1 – O prazo da concessão é fixado no contrato de concessão e não pode exceder 40 anos contados a partir da data da celebração do respectivo contrato.

2 – A concessão pode ser renovada se o interesse público assim o justificar e a concessionária tiver cumprido as suas obrigações legais e contratuais.

3 – A intenção de renovação da concessão deve ser comunicada à concessionária pelo concedente com a antecedência mínima de dois anos relativamente ao termo do prazo da concessão.

BASE IV
Serviço público

1 – A concessionária deve desempenhar as actividades concessionadas de acordo com as exigências de um regular, contínuo e eficiente funcionamento do serviço público e adoptar, para o efeito, os melhores procedimentos, meios e tecnologias utilizados no sector do gás com vista a garantir, designadamente, a segurança do abastecimento e a de pessoas e bens.

2 – Com o objectivo de assegurar a permanente adequação da concessão às exigências da regularidade, da continuidade e da eficiência do serviço público, o concedente reserva-se o direito de alterar, por via legal ou regulamentar, as condições da sua exploração.

3 – Quando, por efeito do disposto no número anterior, se alterarem significativamente as condições de exploração da concessão, o concedente compromete-se a promover a reposição do equilíbrio económico e financeiro da concessão, nos termos previstos na base XXXVI, desde que a concessionária não possa legitimamente prover a tal reposição recorrendo aos meios resultantes de uma correcta e prudente gestão.

BASE V
Direitos e obrigações da concessionária

A concessionária beneficia dos direitos e encontra-se sujeita às obrigações estabelecidas no Decreto-Lei n.º 30/2006, de 15 de Fevereiro, e demais legislação e regulamentação aplicáveis à actividade que integra o objecto da concessão, sem prejuízo dos demais direitos e obrigações estabelecidos nas presentes bases e no contrato de concessão.

BASE VI
Princípios aplicáveis às relações com os utilizadores da RNTGN

1 – A concessionária deve proporcionar aos utilizadores da RNTGN, de forma não discriminatória e transparente, o acesso às respectivas infra-estruturas, nos termos previstos nas presentes bases e na legislação e na regulamentação aplicáveis, não podendo estabelecer diferenças de tratamento entre os referidos utilizadores que não resultem da aplicação de critérios ou de condicionalismos legais, regulamentares ou técnicos, ou ainda de condicionalismos de natureza contratual desde que aceites pela ERSE.

2 – O disposto no número anterior não impede a concessionária de celebrar contratos a longo prazo, no respeito pelas regras da concorrência.

3 – A concessionária deve manter um registo das queixas ou reclamações que lhe tenham sido apresentadas pelos utilizadores.

CAPÍTULO II
Bens e meios afectos à concessão

BASE VII
Bens e meios afectos à concessão

1 – Consideram-se afectos à concessão os bens que constituem a RNTGN, designadamente:

a) O conjunto de gasodutos de alta pressão para transporte de gás natural em território nacional, com as respectivas tubagens e antenas;

b) As instalações afectas à compressão, ao transporte e à redução de pressão para entrega às redes de distribuição ou a clientes finais, incluindo todo o equipamento de controlo, regulação e medida indispensável à operação e funcionamento do sistema de transporte de gás natural e os postos de redução de pressão de 1.ª classe, nos quais se concretiza a ligação com as redes de distribuição ou com clientes finais;

c) As UAG quando excepcionalmente substituam ligações à rede de distribuição, nos termos do n.º 5 do artigo 14.º do presente decreto-lei;

d) As instalações e os equipamentos de telecomunicações, telemedida e telecomando afectos à gestão de todas as instalações de recepção, transporte e entrega de gás natural;

e) As instalações e os equipamentos necessários à gestão técnica global do SNGN;

f) As cadeias de medida, incluindo os equipamentos de telemetria instalados nas instalações dos utilizadores da RNTGN.

2 – Consideram-se ainda afectos à concessão:

a) Os imóveis pertencentes à concessionária em que estejam implantados os bens referidos no número anterior, assim como as servidões constituídas em benefício da concessão;

b) Os bens móveis ou direitos relativos a bens imóveis utilizados ou relacionados com o exercício da actividade objecto da concessão;

c) Os direitos privativos de propriedade intelectual e industrial de que a concessionária seja titular;

d) Quaisquer fundos ou reservas consignados à garantia do cumprimento das obrigações da concessionária, por força de obrigação emergente da lei ou do contrato de concessão e enquanto durar essa vinculação;

e) As relações e posições jurídicas directamente relacionadas com a concessão, nomeadamente laborais, de empreitada, de locação e de prestação de serviços.

BASE VIII
Inventário do património

1 – A concessionária deve elaborar e manter permanentemente actualizado e à disposição do concedente um inventário do património afecto à concessão.

2 – No inventário a que se refere o número anterior devem ser mencionados os ónus ou encargos que recaem sobre os bens afectos à concessão.

3 – Os bens e direitos patrimoniais tornados desnecessários à concessão são abatidos ao inventário, nos termos previstos no n.º 2 da base X.

BASE IX
Manutenção dos bens afectos à concessão

A concessionária fica obrigada a manter, durante o prazo de vigência da concessão, em permanente estado de bom funcionamento, conservação e segurança os bens e meios afectos à concessão, efectuando para tanto as reparações, renovações, adaptações e modernizações necessárias ao bom desempenho do serviço público concedido.

BASE X
Regime de oneração e transmissão dos bens afectos à concessão

1 – A concessionária não pode onerar ou transmitir, por qualquer forma, os bens que integram a concessão, sem prejuízo do disposto nos números seguintes.

2 – Os bens e direitos que tenham perdido utilidade para a concessão são abatidos ao inventário referido na base VIII, mediante prévia autorização do concedente, que se considera concedida se este não se opuser no prazo de 30 dias contados da recepção do pedido.

3 – A oneração ou transmissão de bens imóveis afectos à concessão fica sujeita a autorização do ministro responsável pela área da energia.

4 – A oneração ou transmissão de bens e direitos afectos à concessão em desrespeito do disposto na presente base acarreta a nulidade dos respectivos actos ou contratos.

BASE XI

Posse e propriedade dos bens

1 – A concessionária detém a posse e propriedade dos bens afectos à concessão até à extinção desta.

2 – Com a extinção da concessão, os bens a ela afectos transferem-se para o concedente nos termos previstos nas presentes bases e no contrato de concessão.

CAPÍTULO III
Sociedade concessionária

BASE XII

Objecto social, sede e acções da sociedade

1 – O projecto de estatutos da sociedade concessionária deve ser submetido a prévia aprovação do ministro responsável pela área da energia.

2 – A sociedade concessionária deve ter como objecto social principal, ao longo de todo o período de duração da concessão, o exercício das actividades integradas no objecto da concessão, devendo manter ao longo do mesmo período a sua sede em Portugal e a forma de sociedade anónima, regulada pela lei portuguesa.

3 – O objecto social da concessionária pode incluir o exercício de outras actividades para além das que integram o objecto da concessão e, bem assim, a participação no capital de outras sociedades desde que seja respeitado o disposto nas presentes bases e na legislação aplicável ao sector do gás natural.

4 – Todas as acções representativas do capital social da concessionária são obrigatoriamente nominativas.

5 – A oneração e a transmissão de acções representativas do capital social da concessionária depende, sob pena de nulidade, de autorização prévia do concedente, a qual não pode ser infundadamente recusada e se considera tacitamente concedida se não for recusada, por escrito, no prazo de 30 dias a contar a partir da data da respectiva solicitação.

6 – Exceptua-se do disposto no número anterior a oneração de acções efectuada em benefício das entidades financiadoras da actividade que integra o objecto da concessão e no âmbito dos contratos de financiamento que venham a ser celebrados pela concessionária para o efeito desde que as entidades financiadoras assumam, nos referidos contratos, a obrigação de obter a autorização prévia do concedente em caso de execução das garantias de que resulte a transmissão a terceiros das acções oneradas.

7 – A oneração de acções referida no número anterior deve, em qualquer caso, ser comunicada ao concedente, a quem deve ser enviada, no prazo de 30 dias a contar a partir da data em que seja constituída, cópia autenticada do documento que formaliza a oneração e, bem assim, informação detalhada sobre quaisquer outros termos e condições que sejam estabelecidos.

BASE XIII
Deliberações da concessionária e acordos entre accionistas

1 – Sem prejuízo de outras limitações previstas nas presentes bases e no contrato de concessão, ficam sujeitas a autorização prévia do concedente, através do ministro responsável pela área da energia, as deliberações da concessionária relativas à alteração do objecto social e à transformação, fusão, cisão ou dissolução da sociedade.

2 – Os acordos parassociais celebrados entre os accionistas da concessionária, bem como as respectivas alterações, devem ser objecto de aprovação prévia pelo concedente, dada através do ministro responsável pela área da energia.

3 – As autorizações e aprovações previstas na presente base não podem ser infundadamente recusadas e consideram-se tacitamente concedidas se não forem recusadas, por escrito, no prazo de 30 dias a contar a partir da data da respectiva solicitação.

BASE XIV
Financiamento

1 – A concessionária é responsável pela obtenção do financiamento necessário ao desenvolvimento do objecto da concessão, por forma a cumprir cabal e atempadamente todas as obrigações que assume no contrato de concessão.

2 – Para os efeitos do disposto no número anterior, a concessionária deve manter no final de cada ano um rácio de autonomia financeira superior a 20%.

CAPÍTULO IV
Construção, planeamento, remodelação e expansão das infra-estruturas

BASE XV
Projectos

1 – A construção e a exploração das infra-estruturas da RNTGN ficam sujeitas à aprovação dos respectivos projectos nos termos da legislação aplicável.

2 – A concessionária é responsável, no respeito pelas legislação e regulamentação aplicáveis, pela concepção, pelo projecto e pela construção de todas as infra-estruturas e instalações da RNTGN, incluindo as necessárias à remodelação e à expansão da RNTGN.

BASE XVI
Direitos e deveres decorrentes da aprovação dos projectos

1 – A aprovação dos respectivos projectos confere à concessionária, nomeadamente, os seguintes direitos:

a) Utilizar, de acordo com a legislação aplicável, os bens do domínio público ou privado do Estado e de outras pessoas colectivas públicas para o estabelecimento ou passagem das infra-estruturas ou instalações integrantes da RNTGN;

b) Constituir, nos termos da legislação aplicável, as servidões sobre os imóveis necessários ao estabelecimento das infra-estruturas ou instalações integrantes da RNTGN;

c) Proceder à expropriação, por utilidade pública e urgente, nos termos da legislação aplicável, dos bens imóveis ou dos direitos a eles relativos necessários ao estabelecimento das infra-estruturas ou das instalações integrantes da RNTGN.

2 – As licenças e autorizações exigidas por lei para a exploração das infra-estruturas da RNTGN consideram-se outorgadas à concessionária com a aprovação dos respectivos projectos, sem prejuízo da verificação por parte das entidades licenciadoras da conformidade na sua execução.

3 – Cabe à concessionária o pagamento das indemnizações decorrentes do exercício dos direitos referidos no n.º 1.

4 – No atravessamento de terrenos do domínio público ou dos particulares, a concessionária deve adoptar os procedimentos estabelecidos na legislação aplicável e proceder à reparação de todos os prejuízos que resultem dos trabalhos executados.

BASE XVII

Planeamento, remodelação e expansão da RNTGN

1 – O planeamento da RNTGN deve ser coordenado com o planeamento da RNTIAT e da RNDGN, nos termos previstos na legislação e na regulamentação aplicáveis.

2 – Constitui encargo e responsabilidade da concessionária o planeamento, a remodelação, o desenvolvimento e a expansão da RNTGN, com vista a assegurar a existência permanente de capacidade nas infra-estruturas que a integram.

3 – A concessionária deve observar na remodelação e na expansão da RNTGN os prazos de execução adequados à permanente satisfação das necessidades do abastecimento de gás natural, identificadas no respectivo PDIR.

4 – A concessionária deve elaborar e apresentar ao concedente, nos termos previstos no contrato de concessão e de forma articulada com o PDIR, o plano de investimentos na RNTGN.

5 – Por razões de interesse público, nomeadamente as relativas à segurança, à regularidade e à qualidade do abastecimento, o concedente pode determinar a remodelação ou a expansão da RNTGN, nos termos fixados no contrato de concessão.

CAPÍTULO V
Exploração das infra-estruturas

BASE XVIII

Condições de exploração

1 – A concessionária é responsável pela exploração das infra-estruturas que integram a RNTGN e as respectivas instalações, no respeito pelas legislação e regulamentação aplicáveis.

2 – A concessionária deve assegurar-se de que o gás natural a transportar na RNTGN cumpre as características técnicas e as especificações de qualidade estabelecidas e que o seu transporte é efectuado em condições técnicas adequadas, de forma a garantir a segurança de pessoas e bens.

BASE XIX

Informação

A concessionária tem a obrigação de fornecer ao concedente todos os elementos relativos à concessão que este entenda dever solicitar-lhe.

BASE XX

Participação de desastres e acidentes

1 – A concessionária é obrigada a participar imediatamente à DGGE todos os desastres e acidentes ocorridos nas suas instalações.

2 – Sem prejuízo das competências atribuídas às autoridades públicas, sempre que dos desastres ou acidentes resultem mortes, ferimentos graves ou prejuízos materiais importantes, a concessionária deve elaborar, e enviar ao concedente, um relatório técnico com a análise das circunstâncias da ocorrência e com o estado das instalações.

BASE XXI

Ligação dos utilizadores à RNTGN

1 – A ligação dos utilizadores à RNTGN, quer nos pontos de recepção quer nos postos de redução de pressão e entrega às redes com as quais esteja ligada ou a clientes finais, faz-se nas condições previstas nos regulamentos aplicáveis.

2 – A concessionária pode recusar, fundamentadamente, o acesso às suas infra-estruturas com base na respectiva falta de capacidade ou de ligação ou se esse acesso a impedir de cumprir as suas obrigações de serviço público.

3 – A concessionária pode ainda recusar a ligação dos utilizadores à RNTGN sempre que as instalações e os equipamentos de entrega ou recepção daqueles não preencham as disposições legais e regulamentares aplicáveis, nomeadamente as respeitantes aos requisitos técnicos e de segurança.

4 – A concessionária pode impor aos utilizadores da RNTGN, sempre que o exijam razões de segurança, a substituição, a reparação ou a adaptação dos respectivos equipamentos de ligação.

5 – A concessionária tem o direito de montar nas instalações dos utilizadores equipamentos para a recolha de dados e para a realização de operações de telecomando e de telecomunicação, bem como sistemas de protecção nos pontos de ligação da sua rede com as instalações daquelas entidades, e de aceder aos equipamentos de medição do gás dos utilizadores ligados às suas instalações.

6 – Os utilizadores devem prestar à concessionária todas as informações que esta considere necessárias à ligação dos utilizadores à RNTGN e à correcta exploração das respectivas infra-estruturas e instalações.

BASE XXII
Interrupção por facto imputável ao utilizador

1 – A concessionária pode interromper a prestação do serviço público concessionado aos utilizadores nos termos da regulamentação aplicável e nomeadamente nos seguintes casos:

a) Alteração não autorizada do funcionamento de equipamentos ou sistemas de ligação à RNTGN que ponha em causa a segurança ou a regularidade da entrega;

b) Incumprimento grave dos regulamentos aplicáveis ou, em caso de emergência, das suas ordens e instruções;

c) Incumprimento de obrigações contratuais pelo cliente final, designadamente em caso de falta de pagamento a qualquer comercializador de gás natural, incluindo o comercializador de último recurso.

2 – A concessionária pode, ainda, interromper unilateralmente a prestação do serviço público concessionado aos utilizadores da RNTGN que causem perturbações que afectem a qualidade do serviço prestado, quando, uma vez identificadas as causas perturbadoras, os utilizadores, após aviso da concessionária, não corrijam as anomalias em prazo adequado, tendo em consideração os trabalhos a realizar.

BASE XXIII
Interrupções por razões de interesse público ou de serviço

1 – A prestação do serviço público concessionado pode ser interrompida por razões de interesse público, nomeadamente quando se trate da execução de planos nacionais de emergência, declarada ao abrigo de legislação específica.

2 – As interrupções das actividades objecto da concessão por razões de serviço num determinado ponto de entrega têm lugar quando haja necessidade imperiosa de realizar manobras ou trabalhos de ligação, reparação ou conservação das instalações, desde que tenham sido esgotadas todas as possibilidades alternativas.

3 – Nas situações referidas nos números anteriores, a concessionária deve avisar os utilizadores da RNTGN que possam vir a ser afectados com a antecedência mínima de trinta e seis horas, salvo no caso da realização de trabalhos que a segurança de pessoas e bens torne inadiáveis ou quando haja necessidade urgente de trabalhos para garantir a segurança das infra-estruturas e instalações do SNGN.

BASE XXIV
Medidas de protecção

1 – Em situação de emergência que ponha em risco a segurança de pessoas ou bens, deve a concessionária promover imediatamente as medidas que entender necessárias em matéria de segurança.

2 – As medidas referidas no número anterior devem ser imediatamente comunicadas à DGGE, às respectivas autoridades concelhias, à autoridade policial da zona afectada e, se for caso disso, ao Serviço Nacional de Protecção Civil.

BASE XXV
Responsabilidade civil

1 – A concessionária é responsável, nos termos gerais de direito, por quaisquer prejuízos causados ao concedente ou a terceiros, pela culpa ou pelo risco, no exercício da actividade objecto da concessão.

2 – Para os efeitos do disposto no artigo 509.º do Código Civil, entende-se que a utilização das infra-estruturas e instalações integradas na concessão é feita no exclusivo interesse da concessionária.

3 – A concessionária fica obrigada à constituição de um seguro de responsabilidade civil para cobertura dos danos materiais e corporais causados a terceiros e resultantes do exercício da respectiva actividade, cujo montante mínimo obrigatório é fixado por portaria do ministro responsável pela área da energia e actualizável de três em três anos.

4 – A concessionária deve apresentar ao concedente os documentos comprovativos da celebração do seguro, bem como da actualização referida no número anterior.

BASE XXVI
Cobertura por seguros

1 – Para além do seguro referido na base anterior, a concessionária deve assegurar a existência e a manutenção em vigor das apólices de seguro necessárias para garantir uma efectiva cobertura dos riscos da concessão.

2 – No âmbito da obrigação referida no número anterior, a concessionária fica obrigada a constituir seguros envolvendo todas as infra-estruturas e instalações que integram a RNTGN contra riscos de incêndio, explosão e danos devido a terramoto ou a temporal, nos termos fixados no contrato de concessão.

3 – O disposto nos números anteriores pode ser objecto de regulamentação pelo Instituto de Seguros de Portugal.

CAPÍTULO VI
Gestão técnica global do SNGN, planeamento da RNTIAT e segurança do abastecimento

BASE XXVII
Gestão técnica global do SNGN

1 – No âmbito da gestão técnica global do SNGN, a concessionária deve proceder à coordenação sistémica das infra-estruturas que constituem o SNGN, por forma a assegurar o seu funcionamento integrado e harmonizado e a segurança e a continuidade do abastecimento de gás natural.

2 – Todos os operadores que exerçam qualquer das actividades que integram o SNGN e, bem assim, os seus utilizadores ficam sujeitos à gestão técnica global do SNGN.

3 – São direitos da concessionária, nomeadamente:

a) Supervisionar a actividade dos operadores e utilizadores do SNGN e coordenar as actividades dos operadores da RNTIAT;

b) Exigir aos titulares dos direitos de exploração das infra-estruturas e instalações a informação necessária para o correcto funcionamento do sistema;

c) Exigir aos terceiros com direito de acesso às infra-estruturas e instalações a comunicação dos seus planos de aprovisionamento e consumo e de qualquer circunstância que possa fazer variar substancialmente os planos comunicados;

d) Exigir o estrito cumprimento das instruções que emita para a correcta exploração do sistema, a manutenção das instalações e a adequada cobertura da procura;

e) Coordenar os planos de manutenção das infra-estruturas da RNTIAT, procedendo aos ajustes necessários à garantia da segurança do abastecimento;

f) Receber adequada retribuição pelos serviços prestados.

4 – São obrigações da concessionária, nomeadamente:

a) Actuar nas suas relações com os operadores e utilizadores do SNGN de forma transparente e não discriminatória;

b) Informar sobre a viabilidade de acesso solicitado por terceiros às infra-estruturas da RNTIAT;

c) Informar a DGGE, a ERSE e os operadores do SNGN, com periodicidade anual, sobre a capacidade disponível da RNTIAT e em particular dos pontos de acesso ao sistema e sobre o quantitativo das reservas a constituir;

d) Disponibilizar serviços de sistema aos utilizadores da RNTGN, nomeadamente através de mecanismos eficientes de compensação de desvios, assegurando a respectiva liquidação, no respeito pela regulamentação aplicável;

e) Proceder ao controlo da constituição e da manutenção das reservas de segurança, nos termos previstos na base XXX.

BASE XXVIII
Planeamento da RNTIAT

1 – No âmbito do planeamento de RNTIAT, compete à concessionária da RNTGN elaborar os seguintes documentos:
a) Caracterização da RNTIAT;
b) Proposta de PDIR.
2 – O projecto de PDIR deve ser submetido pela concessionária à DGGE, com a periodicidade de três anos, até ao final do 1.º trimestre do respectivo ano, com início em 2008.

BASE XXIX
Colaboração na monitorização da segurança do abastecimento

A concessionária da RNTGN deve colaborar com o Governo, através da DGGE, na promoção das condições de garantia e segurança do abastecimento de gás natural do SNGN e respectiva monitorização, nos termos previstos na legislação e na regulamentação aplicáveis.

BASE XXX
Controlo da constituição e manutenção das reservas de segurança

1 – Constitui obrigação da concessionária da RNTGN controlar a constituição e a manutenção das reservas de segurança de gás natural de forma transparente e não discriminatória e proceder à sua libertação nos termos previstos na legislação e na regulamentação aplicáveis.
2 – A concessionária da RNTGN deve enviar à DGGE, até ao dia 15 de cada mês, as informações referentes ao mês anterior relativas às quantidades constituídas em reservas, à sua localização e aos respectivos titulares.
3 – A concessionária da RNTGN deve reportar à DGGE as situações verificadas de incumprimento das obrigações de constituição e manutenção de reservas de segurança.

CAPÍTULO VII
Garantias e fiscalização do cumprimento das obrigações da concessionária

BASE XXXI
Caução

1 – Para garantia do pontual e integral cumprimento das obrigações emergentes do contrato de concessão e da cobrança das multas aplicadas, a concessionária deve, antes da assinatura do contrato de concessão, prestar a favor do concedente uma caução no valor de € 10 000 000.

2 – O concedente pode utilizar a caução sempre que a concessionária não cumpra qualquer obrigação assumida no contrato de concessão.

3 – O recurso à caução é precedido de despacho do ministro responsável pela área da energia, não dependendo de qualquer outra formalidade ou de prévia decisão judicial ou arbitral.

4 – Sempre que o concedente utilize a caução, a concessionária deve proceder à reposição do seu montante integral no prazo de 30 dias a contar a partir da data daquela utilização.

5 – O valor da caução é actualizado de três em três anos de acordo com o índice de preços no consumidor no continente, excluindo habitação, publicado pelo Instituto Nacional de Estatística.

6 – A caução só pode ser levantada pela concessionária um ano após a data da extinção do contrato de concessão, ou antes de decorrido aquele prazo por determinação expressa do concedente, através do ministro responsável pela área da energia, mas sempre após a extinção da concessão.

7 – A caução prevista nesta base bem como outras que a concessionária venha a estar obrigada a constituir a favor do concedente devem ser prestadas por depósito em dinheiro ou por garantia bancária autónoma, à primeira solicitação, cujo texto deve ser previamente aprovado pela DGGE.

BASE XXXII
Fiscalização e regulação

1 – Sem prejuízo das competências atribuídas a outras entidades públicas, cabe à DGGE o exercício dos poderes de fiscalização da concessão, nomeadamente no que se refere ao cumprimento das disposições legais e regulamentares aplicáveis e do contrato de concessão.

2 – Sem prejuízo das competências atribuídas a outras entidades públicas, cabe à ERSE o exercício dos poderes de regulação das actividades que integram o objecto da concessão, nos termos previstos na legislação e na regulamentação aplicáveis.

3 – Para os efeitos do disposto nos números anteriores, a concessionária deve prestar todas as informações e facultar todos os documentos que lhe forem solicitados pelas entidades fiscalizadora e reguladora no âmbito das respectivas competências, bem como permitir o livre acesso do pessoal das referidas entidades devidamente credenciado e no exercício das suas funções a todas as suas instalações.

CAPÍTULO VIII
Modificações objectivas e subjectivas da concessão

Base XXXIII
Alteração do contrato de concessão

1 – O contrato de concessão pode ser alterado unilateralmente pelo concedente, sem prejuízo da reposição do respectivo equilíbrio económico e financeiro, nos termos previstos na base XXXVI.

2 – O contrato de concessão pode também ser alterado por força de disposição legal imperativa, designadamente decorrente das políticas energéticas aprovadas pela União Europeia e aplicáveis ao Estado Português.

Base XXXIV
Transmissão e oneração da concessão

1 – A concessionária não pode, sem prévia autorização do concedente, onerar, subconceder, trespassar ou transmitir, por qualquer forma, no todo ou em parte, a concessão ou realizar qualquer negócio jurídico que vise atingir ou tenha por efeito, mesmo que indirecto, idênticos resultados.

2 – Os actos praticados ou os contratos celebrados em violação do disposto no número anterior são nulos, sem prejuízo de outras sanções aplicáveis.

3 – No caso de subconcessão ou de trespasse, a concessionária deverá comunicar ao concedente a sua intenção de proceder à subconcessão ou ao trespasse, remetendo-lhe a minuta do respectivo contrato de subconcessão ou de trespasse que se propõe assinar e indicando todos os elementos do negócio que pretende realizar, bem como o calendário previsto para a sua realização e a identidade do subconcessionário ou do trespassário.

4 – No caso de haver lugar a uma subconcessão devidamente autorizada, a concessionária mantém os direitos e continua sujeita às obrigações decorrentes do contrato de concessão.

5 – Ocorrendo trespasse da concessão, consideram-se transmitidos para o trespassário todos os direitos e obrigações da concessionária, assumindo aquele ainda os deveres, obrigações e encargos que eventualmente venham a ser-lhe impostos pelo concedente como condição para a autorização do trespasse.

6 – A concessionária é responsável pela transferência integral dos seus direitos e obrigações para o trespassário, incluindo as obrigações incertas, ilíquidas ou inexigíveis à data do trespasse, em termos em que não seja afectada ou interrompida a prestação do serviço público concessionado.

CAPÍTULO IX
Condição económica e financeira da concessionária

BASE XXXV
Equilíbrio económico e financeiro da concessão

1 – É garantido à concessionária o equilíbrio económico e financeiro da concessão, nas condições de uma gestão eficiente.

2 – O equilíbrio económico e financeiro baseia-se no reconhecimento dos custos de investimento, de operação e de manutenção e na adequada remuneração dos activos afectos à concessão.

3 – A concessionária é responsável por todos os riscos inerentes à concessão, sem prejuízo do disposto na legislação aplicável e nas presentes bases.

BASE XXXVI
Reposição do equilíbrio económico e financeiro

1 – Tendo em atenção a distribuição de riscos estabelecida no contrato de concessão, a concessionária tem direito à reposição do equilíbrio económico e financeiro da concessão nos seguintes casos:

a) Modificação unilateral, imposta pelo concedente, das condições de exploração da concessão, nos termos previstos nos n.os 2 e 3 da base IV, desde que, em resultado directo da mesma, se verifique, para a concessionária, um determinado aumento de custos ou uma determinada perda de receitas e esta não possa legitimamente proceder a tal reposição por recurso aos meios resultantes de uma correcta e prudente gestão;

b) Alterações legislativas que tenham um impacte directo sobre as receitas ou custos respeitantes às actividades integradas na concessão.

2 – Os parâmetros, termos e critérios da reposição do equilíbrio económico e financeiro da concessão são fixados no contrato de concessão.

3 – Sempre que haja lugar à reposição do equilíbrio económico e financeiro da concessão, tal reposição pode ter lugar através de uma das seguintes modalidades:

a) Prorrogação do prazo da concessão;

b) Revisão do cronograma ou redução das obrigações de investimento previamente aprovadas;

c) Atribuição de compensação directa pelo concedente;

d) Combinação das modalidades anteriores ou qualquer outra forma que seja acordada.

CAPÍTULO X
Incumprimento do contrato de concessão

Base XXXVII
Responsabilidade da concessionária por incumprimento

1 – A violação pela concessionária de qualquer das obrigações assumidas no contrato de concessão fá-la incorrer em responsabilidade perante o concedente.

2 – A responsabilidade da concessionária cessa sempre que ocorra caso de força maior, ficando a seu cargo fazer prova da ocorrência.

3 – Consideram-se unicamente casos de força maior os acontecimentos imprevisíveis e irresistíveis cujos efeitos se produzam independentemente da vontade ou das circunstâncias pessoais da concessionária.

4 – Constituem, nomeadamente, casos de força maior actos de guerra, hostilidades ou invasão, terrorismo, epidemias, radiações atómicas, graves inundações, raios, ciclones, tremores de terra e outros cataclismos naturais que afectem a actividade objecto da concessão.

5 – A ocorrência de um caso de força maior tem por efeito exonerar a concessionária da responsabilidade pelo não cumprimento das obrigações emergentes do contrato de concessão que sejam afectadas pela ocorrência do mesmo, na estrita medida em que o respectivo cumprimento pontual e atempado tenha sido efectivamente impedido.

6 – No caso de impossibilidade de cumprimento do contrato de concessão por causa de força maior, o concedente pode proceder à sua rescisão, nos termos fixados no mesmo.

7 – A concessionária fica obrigada a comunicar ao concedente a ocorrência de qualquer evento qualificável como caso de força maior, bem como a indicar, no mais curto prazo possível, quais as obrigações emergentes do contrato de concessão cujo cumprimento, no seu entender, se encontra impedido ou dificultado por força de tal ocorrência e, bem assim, se for o caso, as medidas que tomou ou pretende tomar para fazer face à situação ocorrida, a fim de mitigar o impacte do referido evento e os respectivos custos.

8 – A concessionária deve, em qualquer caso, tomar imediatamente as medidas que sejam necessárias para assegurar a retoma normal das obrigações suspensas, constituindo estrita obrigação da concessionária mitigar, por qualquer meio razoável e apropriado ao seu dispor, os efeitos da verificação de um caso de força maior.

Base XXXVIII
Multas contratuais

1 – Sem prejuízo das situações de incumprimento que podem dar origem a sequestro ou rescisão da concessão nos termos previstos nas presentes bases e no contrato de concessão, o incumprimento pela concessionária de quaisquer obrigações assumidas no contrato de concessão pode ser sancionado, por decisão do concedente, pela aplicação de multas contratuais, cujo montante deve variar em função da gravidade da infracção cometida e do grau de culpa do infractor, até € 10 000 000.

2 – A aplicação de multas contratuais está dependente de notificação prévia da concessionária pelo concedente para reparar o incumprimento e do não cumprimento do prazo de reparação fixado nessa notificação, nos termos do número seguinte, ou da não reparação integral da falta pela concessionária naquele prazo.

3 – O prazo de reparação do incumprimento é fixado pelo concedente de acordo com critérios de razoabilidade e tem sempre em atenção a defesa do interesse público e a manutenção em funcionamento da concessão.

4 – Caso a concessionária não proceda ao pagamento voluntário das multas contratuais que lhe forem aplicadas no prazo de 20 dias a contar a partir da sua fixação e da notificação pelo concedente, este pode utilizar a caução para pagamento das mesmas.

5 – O valor máximo das multas estabelecido na presente base é actualizado em Janeiro de cada ano de acordo com o índice de preços no consumidor no continente, excluindo habitação, publicado pelo Instituto Nacional de Estatística, referente ao ano anterior.

6 – A aplicação de multas não prejudica a aplicação de outras sanções contratuais, nem de outras sanções previstas na lei ou regulamento, nem isenta a

concessionária de responsabilidade civil, criminal e contra-ordenacional em que incorrer perante o concedente ou terceiro.

BASE XXXIX
Sequestro

1 – Em caso de incumprimento grave pela concessionária das obrigações emergentes do contrato de concessão, o concedente, através de despacho do ministro responsável pela área da energia, pode, mediante sequestro, tomar conta da concessão.

2 – O sequestro da concessão pode ter lugar, nomeadamente, quando se verifique qualquer das seguintes situações por motivos imputáveis à concessionária:

a) Estiver iminente ou ocorrer a cessação ou interrupção, total ou parcial, do desenvolvimento da actividade objecto da concessão;

b) Deficiências graves na organização, no funcionamento ou no regular desenvolvimento da actividade objecto da concessão, bem como situações de insegurança de pessoas e bens;

c) Deficiências graves no estado geral das infra-estruturas, das instalações e dos equipamentos que comprometam a continuidade ou a qualidade da actividade objecto da concessão.

3 – A concessionária está obrigada a proceder à entrega da concessão no prazo que lhe seja fixado pelo concedente quando lhe seja comunicada a decisão de sequestro da concessão.

4 – Verificando-se qualquer facto que possa dar lugar ao sequestro da concessão, observar-se-á, com as devidas adaptações, o processo de sanação do incumprimento previsto nos n.ºs 4 e 5 da base XLIV.

5 – Verificado o sequestro, a concessionária suporta todos os encargos que resultarem para o concedente do exercício da concessão, bem como as despesas extraordinárias necessárias ao restabelecimento da normalidade.

6 – Logo que cessem as razões do sequestro e seja restabelecido o normal funcionamento da concessão, a concessionária é notificada para retomar a concessão no prazo que lhe seja fixado.

7 – A concessionária pode optar pela rescisão da concessão caso o sequestro se mantenha por seis meses após ter sido restabelecido o normal funcionamento da concessão, sendo então aplicável o disposto na base XLV.

8 – Se a concessionária não retomar a concessão no prazo que lhe seja fixado, pode o concedente, através do ministro responsável pela área da energia, determinar a imediata rescisão do contrato de concessão.

9 – No caso de a concessionária ter retomado o exercício da concessão e continuarem a verificar-se graves deficiências no mesmo, pode o concedente,

através do ministro responsável pela área da energia, ordenar novo sequestro ou determinar a imediata rescisão do contrato de concessão.

CAPÍTULO XI
Extinção da concessão

Base XL
Casos de extinção da concessão

1 – A concessão extingue-se por acordo entre o concedente e a concessionária, por rescisão, por resgate e pelo decurso do respectivo prazo.

2 – A extinção da concessão opera a transmissão para o concedente de todos os bens e meios a ela afectos, nos termos previstos nas presentes bases e no contrato de concessão, bem como dos direitos e das obrigações inerentes ao seu exercício, sem prejuízo do direito de regresso do concedente sobre a concessionária pelas obrigações por esta assumidas que sejam estranhas à actividade da concessão ou que hajam sido contraídas em violação da lei ou do contrato de concessão ou, ainda, que sejam obrigações vencidas e não cumpridas.

3 – Da transmissão prevista no número anterior excluem-se os fundos ou reservas consignados à garantia ou à cobertura de obrigações da concessionária de cujo cumprimento lhe seja dada quitação pelo concedente, a qual se presume se, decorrido um ano sobre a extinção da concessão, não houver declaração em contrário do concedente, através do ministro responsável pela área da energia.

4 – A tomada de posse da concessão pelo concedente é precedida de vistoria *ad perpetuam rei memoriam*, realizada pelo concedente, a que assistem representantes da concessionária, destinada à verificação do estado de conservação e manutenção dos bens, devendo ser lavrado o respectivo auto.

Base XLI
Procedimentos em caso de extinção da concessão

1 – O concedente reserva-se no direito de tomar, nos últimos dois anos do prazo da concessão, as providências que julgar convenientes para assegurar a continuação do serviço no termo da concessão ou as medidas necessárias para efectuar, durante o mesmo prazo, a transferência progressiva da actividade objecto da concessão para a nova concessionária.

2 – No contrato de concessão são previstos os termos e os modos pelos quais se procede, em caso de extinção da concessão, à transferência para o concedente da titularidade de eventuais direitos detidos pela concessionária

sobre terceiros e que se revelem necessários para a continuidade da prestação dos serviços concedidos e, em geral, à tomada de quaisquer outras medidas tendentes a evitar a interrupção da prestação do serviço público concessionado.

Base XLII
Decurso do prazo da concessão

1 – Decorrido o prazo da concessão, transmitem-se para o Estado concedente todos os bens e meios afectos à concessão, livres de ónus ou encargos, em bom estado de conservação, funcionamento e segurança, sem prejuízo do normal desgaste do seu uso para os efeitos do contrato de concessão.

2 – Cessando a concessão pelo decurso do prazo, é paga pelo Estado à concessionária uma indemnização correspondente ao valor contabilístico dos bens afectos à concessão adquiridos pela concessionária com referência ao último balanço aprovado, líquido de amortizações e de comparticipações financeiras e subsídios a fundo perdido.

3 – Caso a concessionária não dê cumprimento ao disposto no n.º 1, o concedente promove a realização dos trabalhos e aquisições que sejam necessários à reposição dos bens aí referidos, correndo os respectivos custos pela concessionária e podendo ser utilizada a caução para os liquidar no caso de a concessionária não proceder ao pagamento voluntário e atempado dos referidos custos.

Base XLIII
Resgate da concessão

1 – O concedente pode resgatar a concessão sempre que o interesse público o justifique, decorridos que sejam, pelo menos, 15 anos sobre a data do início do respectivo prazo, mediante notificação feita à concessionária, por carta registada com aviso de recepção, com pelo menos um ano de antecedência.

2 – O concedente assume, decorrido o período de um ano sobre a notificação do resgate, todos os bens e meios afectos à concessão anteriormente à data dessa notificação, incluindo todos os direitos e obrigações inerentes ao exercício da concessão e ainda aqueles que tenham sido assumidos pela concessionária após a data da notificação, desde que tenham sido previamente autorizados pelo concedente, através do ministro responsável pela área da energia.

3 – A assunção de obrigações por parte do concedente é feita sem prejuízo do seu direito de regresso sobre a concessionária pelas obrigações por esta contraídas que tenham exorbitado da gestão normal da concessão.

4 – Em caso de resgate, a concessionária tem direito a uma indemnização cujo valor deve atender ao valor contabilístico à data do resgate dos bens rever-

tidos para o concedente, livres de quaisquer ónus ou encargos, e ao valor de eventuais lucros cessantes.

5 – O valor contabilístico dos bens referidos no número anterior, à data do resgate, entende-se líquido de amortizações e de comparticipações financeiras e subsídios a fundo perdido, incluindo-se nestes o valor dos bens cedidos pelo concedente.

6 – Para os efeitos do cálculo da indemnização, o valor dos bens que se encontrem anormalmente depreciados ou deteriorados devido a deficiência da concessionária na sua manutenção ou reparação é determinado de acordo com o seu estado de funcionamento efectivo.

BASE XLIV

Rescisão do contrato de concessão pelo concedente

1 – O concedente pode rescindir o contrato de concessão no caso de violação grave, não sanada ou não sanável, das obrigações da concessionária decorrentes do contrato de concessão.

2 – Constituem, nomeadamente, causas de rescisão do contrato de concessão por parte do concedente os seguintes factos ou situações:

a) Desvio do objecto e fins da concessão;

b) Suspensão ou interrupção injustificada das actividades objecto da concessão;

c) Oposição reiterada ao exercício da fiscalização, repetida desobediência às determinações do concedente ou sistemática inobservância das leis e dos regulamentos aplicáveis à exploração, quando se mostrem ineficazes as sanções aplicadas;

d) Recusa em proceder aos investimentos necessários às adequadas conservação e reparação das infra-estruturas ou à necessária ampliação da rede;

e) Recusa ou impossibilidade da concessionária em retomar a concessão nos termos do disposto no n.º 8 da base XXXIX ou, quando o tiver feito, verificar-se a continuação das situações que motivaram o sequestro;

f) Cobrança dolosa das tarifas com valor superior aos fixados;

g) Dissolução ou insolvência da concessionária;

h) Transmissão ou oneração da concessão, no todo ou em parte, sem prévia autorização;

i) Recusa da reconstituição atempada da caução.

3 – Não constituem causas de rescisão os factos ocorridos por motivos de força maior.

4 – Verificando-se um dos casos de incumprimento referidos no número anterior ou qualquer outro que, nos termos do disposto no n.º 1, possa motivar a rescisão da concessão, o concedente, através do ministro responsável pela área

da energia, deve notificar a concessionária para, no prazo que razoavelmente lhe seja fixado, cumprir integralmente as suas obrigações e corrigir ou reparar as consequências dos seus actos, excepto tratando-se de uma violação não sanável.

5 – Caso a concessionária não cumpra as suas obrigações ou não corrija ou repare as consequências do incumprimento nos termos determinados pelo concedente, este pode rescindir o contrato de concessão mediante comunicação enviada à concessionária, por carta registada com aviso de recepção, sem prejuízo do disposto no número seguinte.

6 – Caso o concedente pretenda rescindir o contrato de concessão, designadamente pelos factos referidos na alínea g) do n.º 1, deve previamente notificar os principais credores da concessionária que sejam conhecidos para, no prazo que lhes seja determinado, nunca superior a três meses, proporem uma solução que possa sobrestar à rescisão, desde que o concedente com ela concorde.

7 – A comunicação da decisão de rescisão referida no n.º 5 produz efeitos imediatos, independentemente de qualquer outra formalidade.

8 – A rescisão do contrato de concessão pelo concedente implica a transmissão gratuita de todos os bens e meios afectos à concessão para o concedente sem qualquer indemnização e, bem assim, a perda da caução prestada em garantia do pontual e integral cumprimento do contrato, sem prejuízo do direito de o concedente ser indemnizado pelos prejuízos sofridos, nos termos gerais de direito.

Base XLV
Rescisão do contrato de concessão pela concessionária

1 – A concessionária pode rescindir o contrato de concessão com fundamento em incumprimento grave das obrigações do concedente se do mesmo resultarem perturbações que ponham em causa o exercício da actividade concedida.

2 – A rescisão prevista no número anterior implica a transmissão de todos os bens e meios afectos à concessão para o concedente, sem prejuízo do direito da concessionária a ser ressarcida dos prejuízos que lhe sejam causados, incluindo o valor dos investimentos efectuados e dos lucros cessantes calculados nos termos previstos anteriormente para o resgate.

3 – A rescisão do contrato de concessão produz efeitos reportados à data da sua comunicação ao concedente por carta, registada com aviso de recepção.

4 – No caso de rescisão do contrato de concessão pela concessionária, esta deve seguir o procedimento previsto para o concedente nos n.os 4 e 5 da base anterior.

CAPÍTULO XII
Disposições diversas

Base XLVI
Exercício dos poderes do concedente

Os poderes do concedente referidos nas presentes bases, excepto quando devam ser exercidos pelo ministro responsável pela área da energia, devem ser exercidos pela DGGE, sendo os actos praticados pelo respectivo director-geral ou pela ERSE, consoante as competências de cada uma destas entidades.

Base XLVII
Resolução de diferendos

1 – O concedente e a concessionária podem celebrar convenções de arbitragem destinadas à resolução de quaisquer questões emergentes do contrato de concessão, nos termos da Lei n.º 31/86, de 29 de Agosto.

2 – A concessionária e os operadores e utilizadores da RNTGN podem, nos termos da lei, celebrar convenções de arbitragem para solução dos litígios emergentes dos respectivos contratos.

ANEXO II
(a que se refere o n.º 2 do artigo 66.º e o n.º 1 do artigo 68.º)

Bases das concessões da actividade
de armazenamento subterrâneo de gás natural

CAPÍTULO I
Disposições e princípios gerais

Base I
Objecto da concessão

1 – A concessão tem por objecto a actividade de armazenamento subterrâneo de gás natural exercida em regime de serviço público.

2 – Integram-se no objecto da concessão:

a) O recebimento, a injecção, o armazenamento subterrâneo, a extracção, o tratamento e a entrega de gás natural;

b) A construção, a operação, a exploração, a manutenção e a expansão das respectivas infra-estruturas e, bem assim, das instalações necessárias para a sua operação.

3 – A concessionária pode exercer outras actividades para além das que se integram no objecto da concessão, no respeito pela legislação aplicável ao sector do gás natural, com fundamento no proveito daí resultante para a concessão ou com vista a optimizar a utilização dos bens afectos à mesma, desde que essas actividades sejam acessórias ou complementares e não prejudiquem a regularidade e a continuidade da prestação do serviço público e sejam previamente autorizadas pelo concedente.

BASE II

Área da concessão

A área e a localização geográfica da concessão são definidas no contrato de concessão.

BASE III

Prazo da concessão

1 – O prazo da concessão é fixado no contrato de concessão e não pode exceder 40 anos contados a partir da data da celebração do respectivo contrato.

2 – A concessão pode ser renovada se o interesse público assim o justificar e a concessionária tiver cumprido as suas obrigações legais e contratuais.

3 – A intenção de renovação da concessão deve ser comunicada à concessionária pelo concedente com a antecedência mínima de dois anos relativamente ao termo do prazo da concessão.

BASE IV

Serviço público

1 – A concessionária deve desempenhar as actividades concessionadas de acordo com as exigências de um regular, contínuo e eficiente funcionamento do serviço público e adoptar, para o efeito, os melhores procedimentos, meios e tecnologias utilizados no sector do gás, com vista a garantir, designadamente, a segurança de pessoas e bens.

2 – Com o objectivo de assegurar a permanente adequação da concessão às exigências da regularidade, da continuidade e da eficiência do serviço público, o concedente reserva-se o direito de alterar, por via legal ou regulamentar, as condições da sua exploração.

3 – Quando, por efeito do disposto no número anterior, se alterarem significativamente as condições de exploração da concessão, o concedente compromete-se a promover a reposição do equilíbrio económico e financeiro da concessão, nos termos previstos na base XXXIV, desde que a concessionária não possa legitimamente prover a tal reposição recorrendo aos meios resultantes de uma correcta e prudente gestão.

BASE V
Direitos e obrigações da concessionária

A concessionária beneficia dos direitos e encontra-se sujeita às obrigações estabelecidas no Decreto-Lei n.º 30/2006, de 15 de Fevereiro, e demais legislação e regulamentação aplicáveis à actividade que integra o objecto da concessão, sem prejuízo dos demais direitos e obrigações estabelecidos nas presentes bases e no contrato de concessão.

BASE VI
Princípios aplicáveis às relações com os utilizadores

1 – A concessionária deve proporcionar aos utilizadores, de forma não discriminatória e transparente, o acesso às respectivas infra-estruturas nos termos previstos nas presentes bases e na legislação e na regulamentação aplicáveis, não podendo estabelecer diferenças de tratamento entre os referidos utilizadores que não resultem da aplicação de critérios ou de condicionalismos legais, regulamentares ou técnicos ou ainda de condicionalismos de natureza contratual, desde que aceites pela ERSE.

2 – O disposto no número anterior não impede a concessionária de celebrar contratos a longo prazo, no respeito pelas regras da concorrência.

3 – A concessionária pode recusar, fundamentadamente, o acesso às respectivas infra-estruturas com base na falta de capacidade ou se esse acesso a impedir de cumprir as suas obrigações de serviço público.

4 – Os utilizadores devem prestar à concessionária todas as informações que esta considere necessárias à correcta exploração das respectivas infra-estruturas e instalações.

5 – A concessionária deve manter um registo das queixas ou reclamações que lhe tenham sido apresentadas pelos utilizadores.

CAPÍTULO II
Bens e meios afectos à concessão

BASE VII
Bens e meios afectos à concessão

1 – Consideram-se afectos à concessão os bens que constituem o armazenamento subterrâneo de gás natural, designadamente:

a) As cavidades de armazenamento subterrâneo de gás natural;

b) As instalações afectas à injecção, à extracção, à compressão, à secagem e à redução de pressão para entrega à RNTGN, incluindo todo o equipamento de controlo, regulação e medida indispensável à operação e ao funcionamento das infra-estruturas e das instalações de armazenamento subterrâneo de gás natural;

c) As instalações e os equipamentos de lexiviação;

d) As instalações e os equipamentos de telecomunicações, telemedida e telecomando afectas à gestão de todas as infra-estruturas e instalações de armazenamento subterrâneo.

2 – Consideram-se ainda afectos à concessão:

a) Os imóveis pertencentes à concessionária em que estejam implantados os bens referidos no número anterior, assim como as servidões constituídas em benefício da concessão;

b) Outros bens móveis ou direitos relativos a bens imóveis utilizados ou relacionados com o exercício da actividade objecto da concessão;

c) Os direitos inerentes à construção de cavidades subterrâneas;

d) Os direitos de expansão do volume físico de armazenamento subterrâneo de gás natural necessários à garantia da segurança do abastecimento no âmbito do SNGN;

e) O cushion gas associado a cada cavidade;

f) Os direitos privativos de propriedade intelectual e industrial de que a concessionária seja titular;

g) Quaisquer fundos ou reservas consignados à garantia do cumprimento das obrigações da concessionária por força de obrigação emergente da lei ou do contrato de concessão e enquanto durar essa vinculação;

h) As relações e posições jurídicas directamente relacionadas com a concessão, nomeadamente laborais, de empreitada, de locação e de prestação de serviços.

Base VIII
Inventário do património

1 – A concessionária deve elaborar e manter permanentemente actualizado e à disposição do concedente um inventário do património afecto à concessão.

2 – No inventário a que se refere o número anterior devem ser mencionados os ónus ou encargos que recaem sobre os bens afectos à concessão.

3 – Os bens e direitos patrimoniais tornados desnecessários à concessão são abatidos ao inventário, nos termos previstos no n.º 2 da base X.

Base IX
Manutenção dos bens afectos à concessão

A concessionária fica obrigada a manter, durante o prazo de vigência da concessão, em permanente estado de bom funcionamento, conservação e segurança os bens e meios afectos à concessão, efectuando para tanto as reparações, renovações, adaptações e modernizações necessárias ao bom desempenho do serviço público concedido.

Base X
Regime de oneração e transmissão dos bens afectos à concessão

1 – A concessionária não pode onerar ou transmitir, por qualquer forma, os bens que integram a concessão, sem prejuízo do disposto nos números seguintes.

2 – Os bens e direitos que tenham perdido utilidade para a concessão são abatidos ao inventário referido na base VIII, mediante prévia autorização do concedente, que se considera concedida se este não se opuser no prazo de 30 dias contados a partir da recepção do pedido.

3 – A oneração ou transmissão de bens imóveis afectos à concessão fica sujeita a autorização do ministro responsável pela área da energia.

4 – A oneração ou transmissão de bens e direitos afectos à concessão em desrespeito do disposto na presente base acarreta a nulidade dos respectivos actos ou contratos.

Base XI
Posse e propriedade dos bens

1 – A concessionária detém a posse e propriedade dos bens afectos à concessão enquanto durar a concessão e até à extinção desta.

2 – Com a extinção da concessão, os bens a ela afectos transferem-se para o concedente nos termos previstos nas presentes bases e no contrato de concessão.

CAPÍTULO III
Sociedade concessionária

BASE XII
Objecto social, sede e forma

1 – O projecto de estatutos da sociedade concessionária deve ser submetido a prévia aprovação do ministro responsável pela área da energia.

2 – A concessionária deve ter como objecto social principal, ao longo de todo o período de duração da concessão, o exercício das actividades integradas no objecto da concessão, devendo manter ao longo do mesmo período a sua sede em Portugal e a forma de sociedade anónima, regulada pela lei portuguesa.

3 – O objecto social da concessionária pode incluir o exercício de outras actividades para além das que integram o objecto da concessão e, bem assim, a participação no capital de outras sociedades, desde que seja respeitado o disposto nas presentes bases e na legislação aplicável ao sector do gás natural.

BASE XIII
Acções da concessionária

1 – Todas as acções representativas do capital social da concessionária são obrigatoriamente nominativas.

2 – A oneração ou transmissão de acções representativas do capital social da concessionária depende, sob pena de nulidade, de autorização prévia do concedente, a qual não pode ser infundadamente recusada e se considera tacitamente concedida se não for recusada, por escrito, no prazo de 30 dias a contar a partir da data da respectiva solicitação.

3 – Exceptua-se do disposto no número anterior a oneração de acções efectuada em benefício das entidades financiadoras de qualquer das actividades que integram o objecto da concessão e no âmbito dos contratos de financiamento que venham a ser celebrados pela concessionária para o efeito, desde que as entidades financiadoras assumam, nos referidos contratos, a obrigação de obter a autorização prévia do concedente em caso de execução das garantias de que resulte a transmissão a terceiros das acções oneradas.

4 – A oneração de acções referida no número anterior deve, em qualquer caso, ser comunicada ao concedente, a quem deve ser enviada, no prazo de 30

dias a contar a partir da data em que seja constituída, cópia autenticada do documento que formaliza a oneração e, bem assim, informação detalhada sobre quaisquer outros termos e condições que sejam estabelecidos.

BASE XIV
Deliberações da concessionária e acordos entre accionistas

1 – Sem prejuízo de outras limitações previstas nas presentes bases e no contrato de concessão, ficam sujeitas a autorização prévia do concedente, através do ministro responsável pela área da energia, as deliberações da concessionária relativas à alteração do objecto social e à transformação, fusão, cisão ou dissolução da sociedade.

2 – Os acordos parassociais celebrados entre os accionistas da concessionária, bem como as respectivas alterações, devem ser objecto de aprovação prévia pelo concedente, através do ministro responsável pela área da energia.

3 – As autorizações a aprovações previstas na presente base não podem ser infundadamente recusadas e considerar-se-ão tacitamente concedidas se não forem recusadas, por escrito, no prazo de 30 dias a contar a partir da data da respectiva solicitação.

BASE XV
Financiamento

1 – A concessionária é responsável única pela obtenção do financiamento necessário ao desenvolvimento do objecto da concessão, por forma a cumprir cabal e atempadamente todas as obrigações que assume no contrato de concessão.

2 – Para os efeitos do disposto no n.º 1, a concessionária deve manter no final de cada ano um rácio de autonomia financeira superior a 20%.

CAPÍTULO IV
Construção, planeamento, remodelação e expansão das infra-estruturas

BASE XVI
Projectos

1 – A construção e a exploração das infra-estruturas de armazenamento subterrâneo ficam sujeitas à aprovação dos respectivos projectos nos termos da legislação aplicável.

2 – A concessionária é responsável, no respeito pelas legislação e regulamentação aplicáveis, pela concepção, pelo projecto e pela construção de todas as infra-estruturas e instalações de armazenamento subterrâneo que integram a concessão, incluindo as necessárias à sua remodelação e à sua expansão.

3 – A aprovação dos projectos pelo concedente não implica, para este, qualquer responsabilidade derivada de erros de concepção, de projecto, de construção ou da inadequação das instalações e do equipamento ao serviço da concessão.

Base XVII
Direitos e deveres decorrentes da aprovação dos projectos

1 – A aprovação dos respectivos projectos confere à concessionária, nomeadamente, os seguintes direitos:

a) Utilizar, de acordo com a legislação aplicável, os bens do domínio público ou privado do Estado e de outras pessoas colectivas públicas para o estabelecimento ou para a passagem das respectivas infra-estruturas ou instalações;

b) Constituir, nos termos da legislação aplicável, as servidões sobre os imóveis necessários ao estabelecimento das respectivas infra-estruturas ou instalações;

c) Proceder à expropriação, por utilidade pública e urgente, nos termos da legislação aplicável, dos bens imóveis ou dos direitos a eles relativos necessários ao estabelecimento das respectivas infra-estruturas ou instalações.

2 – As licenças e autorizações exigidas por lei para a exploração das infra-estruturas da RNTGN consideram-se outorgadas à concessionária com a aprovação dos respectivos projectos, sem prejuízo da verificação por parte das entidades licenciadoras da conformidade na sua execução.

3 – Cabe à concessionária o pagamento das indemnizações decorrentes do exercício dos direitos referidos no n.º 1.

4 – No atravessamento de terrenos do domínio público ou dos particulares, a concessionária deve adoptar os procedimentos estabelecidos na legislação aplicável e proceder à reparação de todos os prejuízos que resultem dos trabalhos executados.

Base XVIII
Planeamento, remodelação e expansão das infra-estruturas

1 – O planeamento das infra-estruturas está integrado no planeamento da RNTIAT, nos termos previstos na legislação e na regulamentação aplicáveis.

2 – Constitui encargo e responsabilidade da concessionária o planeamento, a remodelação e a expansão das infra-estruturas de armazenamento subterrâneo que integram a concessão, com vista a assegurar a existência permanente de capacidade de armazenamento.

3 – A concessionária deve observar na remodelação e na expansão das infra-estruturas os prazos de execução adequados à permanente satisfação das necessidades identificadas no PDIR.

4 – A concessionária deve elaborar e apresentar ao concedente, nos termos previstos no contrato de concessão e de forma articulada com o PDIR, o plano de investimentos nas infra-estruturas de armazenamento subterrâneo que integram a concessão.

5 – Por razões de interesse público, nomeadamente as relativas à segurança, à regularidade e à qualidade do abastecimento, o concedente pode determinar a remodelação ou a expansão das infra-estruturas de armazenamento subterrâneo que integram a concessão, nos termos fixados no contrato de concessão.

CAPÍTULO V
Exploração das infra-estruturas

Base XIX
Condições de exploração

1 – A concessionária é responsável pela exploração das infra-estruturas que integram a concessão e pelas respectivas instalações, no respeito pela legislação e pela regulamentação aplicáveis.

2 – A concessionária deve assegurar-se de que o gás natural injectado, armazenado ou extraído cumpre as características técnicas e as especificações de qualidade estabelecidas e que o seu armazenamento subterrâneo é efectuado em condições técnicas adequadas, de forma a garantir a segurança de pessoas e bens.

Base XX
Informação

A concessionária tem a obrigação de fornecer ao concedente todos os elementos relativos à concessão que este entenda dever solicitar-lhe.

Base XXI
Participação de desastres e acidentes

1 – A concessionária é obrigada a participar imediatamente à DGGE todos os desastres e acidentes ocorridos nas suas instalações, e se tal não for possível no prazo máximo de três dias a contar a partir da data da ocorrência.

2 – Sem prejuízo das competências atribuídas às autoridades públicas, sempre que dos desastres ou acidentes resultem mortes, ferimentos graves ou prejuízos materiais importantes, a concessionária deve elaborar, e enviar ao concedente, um relatório técnico com a análise das circunstâncias da ocorrência e com o estado das instalações.

Base XXII
Ligação das infra-estruturas à RNTGN

A ligação das infra-estruturas de armazenamento subterrâneo à RNTGN faz-se nas condições previstas nos regulamentos aplicáveis.

Base XXIII
Relacionamento com a concessionária da RNTGN

A concessionária encontra-se sujeita às obrigações que decorrem do exercício por parte da concessionária da RNTGN das suas competências em matéria de gestão técnica global do SNGN, planeamento da RNTIAT e segurança do abastecimento, nos termos previstos na legislação e na regulamentação aplicáveis.

Base XXIV
Interrupção por facto imputável ao utilizador

1 – A concessionária pode interromper a prestação do serviço público concessionado nos termos da regulamentação aplicável e, nomeadamente, nos seguintes casos:

a) Alteração não autorizada do funcionamento de equipamentos ou sistemas de ligação às infra-estruturas e instalações de armazenamento subterrâneo que ponha em causa a segurança ou a regularidade do serviço;

b) Incumprimento grave dos regulamentos aplicáveis ou, em caso de emergência, das suas ordens e instruções;

c) Incumprimento de obrigações contratuais que expressamente estabeleçam esta sanção.

2 – A concessionária pode, ainda, interromper unilateralmente a prestação do serviço público concessionado aos utilizadores que causem perturbações que afectem a qualidade do serviço prestado quando, uma vez identificadas as causas perturbadoras, os utilizadores, após aviso da concessionária, não corrijam as anomalias em prazo adequado, tendo em consideração os trabalhos a realizar.

Base XXV
Interrupções por razões de interesse público ou de serviço

1 – A prestação do serviço público concessionado pode ser interrompida por razões de interesse público, nomeadamente quando se trate da execução de planos nacionais de emergência declarada ao abrigo de legislação específica.

2 – As interrupções das actividades objecto da concessão por razões de serviço têm lugar quando haja necessidade imperiosa de realizar manobras ou trabalhos de ligação, reparação ou conservação das infra-estruturas ou instalações, desde que tenham sido esgotadas todas as possibilidades alternativas.

3 – Nas situações referidas nos números anteriores, a concessionária deve avisar os utilizadores das respectivas infra-estruturas e instalações que possam vir a ser afectados, com a antecedência mínima de trinta e seis horas, salvo no caso da realização de trabalhos que a segurança de pessoas e bens torne inadiáveis ou quando haja necessidade urgente de trabalhos para garantir a segurança das infra-estruturas ou instalações.

Base XXVI
Medidas de protecção

1 – Sem prejuízo das medidas de emergência adoptadas pelo Governo, quando se verifique uma situação de emergência que ponha em risco a segurança de pessoas ou bens, deve a concessionária promover imediatamente as medidas que entender necessárias em matéria de segurança.

2 – As medidas referidas no número anterior devem ser imediatamente comunicadas à DGGE, às respectivas autoridades concelhias, à autoridade policial da zona afectada e, se for caso disso, ao Serviço Nacional de Protecção Civil.

Base XXVII
Responsabilidade civil

1 – A concessionária é responsável, nos termos gerais de direito, por quaisquer prejuízos causados ao concedente ou a terceiros, pela culpa ou pelo risco, no exercício da actividade objecto da concessão.

2 – Para os efeitos do disposto no artigo 509.º do Código Civil, entende-se que a utilização das infra-estruturas e instalações integradas na concessão é feita no exclusivo interesse da concessionária.

3 – A concessionária fica obrigada à constituição de um seguro de responsabilidade civil para a cobertura dos danos materiais e corporais causados a terceiros e resultantes do exercício da respectiva actividade, cujo montante mínimo obrigatório é fixado por portaria do ministro responsável pela área da energia e actualizável de três em três anos.

4 – A concessionária deve apresentar ao concedente os documentos comprovativos da celebração do seguro, bem como da actualização referida no número anterior.

BASE XXVIII

Cobertura por seguros

1 – Para além do seguro referido na base anterior, a concessionária deve assegurar a existência e a manutenção em vigor das apólices de seguro necessárias para garantir uma efectiva cobertura dos riscos da concessão.

2 – No âmbito da obrigação referida no número anterior, a concessionária fica obrigada a constituir seguros envolvendo todas as infra-estruturas e instalações que integram a concessão contra riscos de incêndio, explosão e danos devido a terramoto ou temporal, nos termos fixados no contrato de concessão.

3 – O Instituto de Seguros de Portugal pode estabelecer regulamentação nos termos e para os efeitos do disposto nos números anteriores.

CAPÍTULO VI
Garantias e fiscalização do cumprimento das obrigações da concessionária

BASE XXIV
Caução

1 – Para a garantia do pontual e integral cumprimento das obrigações emergentes do contrato de concessão e da cobrança das multas aplicadas, a concessionária deve, antes da assinatura do contrato de concessão, prestar a favor do concedente uma caução no valor de € 5 000 000.

2 – O concedente pode utilizar a caução sempre que a concessionária não cumpra qualquer obrigação assumida no contrato de concessão.

3 – O recurso à caução é precedido de despacho do ministro responsável pela área da energia, não dependendo de qualquer outra formalidade ou de prévia decisão judicial ou arbitral.

4 – Sempre que o concedente utilize a caução, a concessionária deve proceder à reposição do seu montante integral no prazo de 30 dias a contar a partir da data daquela utilização.

5 – O valor da caução é actualizado de três em três anos de acordo com o índice de preços no consumidor no continente, excluindo habitação, publicado pelo Instituto Nacional de Estatística.

6 – A caução só pode ser levantada pela concessionária um ano após a data de extinção do contrato de concessão, ou antes de decorrido aquele prazo, por determinação expressa do concedente, através do ministro responsável pela área da energia, mas sempre após a extinção da concessão.

7 – A caução prevista nesta base bem como outras que a concessionária venha a estar obrigada a constituir a favor do concedente devem ser prestadas por depósito em dinheiro ou por garantia bancária autónoma à primeira solicitação, cujo texto deve ser previamente aprovado pelo concedente.

BASE XXX

Fiscalização e regulação

1 – Sem prejuízo das competências atribuídas a outras entidades públicas, cabe à DGGE o exercício dos poderes de fiscalização da concessão, nomeadamente no que se refere ao cumprimento das disposições legais e regulamentares aplicáveis e do contrato de concessão.

2 – Sem prejuízo das competências atribuídas a outras entidades públicas, cabe à ERSE o exercício dos poderes de regulação das actividades que integram o objecto da concessão, nos termos previstos na legislação e na regulamentação aplicáveis.

3 – Para os efeitos do disposto nos números anteriores, a concessionária deve prestar todas as informações e facultar todos os documentos que lhe forem solicitados pelas entidades fiscalizadora e reguladora no âmbito das respectivas competências, bem como permitir o livre acesso do pessoal das referidas entidades devidamente credenciado e no exercício das suas funções a todas as suas instalações.

CAPÍTULO VII
Modificações objectivas e subjectivas da concessão

Base XXXI
Alteração do contrato de concessão

1 – O contrato de concessão pode ser alterado unilateralmente pelo concedente, sem prejuízo da reposição do respectivo equilíbrio económico e financeiro, nos termos previstos na base XXXIV.

2 – O contrato de concessão pode também ser alterado por força de disposição legal imperativa, designadamente decorrente das políticas energéticas aprovadas pela União Europeia e aplicáveis ao Estado Português.

3 – O contrato de concessão pode ainda ser modificado por acordo entre o concedente e a concessionária desde que a modificação não envolva a violação do regime jurídico da concessão nem implique a derrogação das presentes bases.

Base XXXII
Transmissão e oneração da concessão

1 – A concessionária não pode, sem prévia autorização do concedente, através do ministro responsável pela área da energia, onerar, subconceder, trespassar ou transmitir, por qualquer forma, no todo ou em parte, a concessão ou realizar qualquer negócio jurídico que vise atingir ou tenha por efeito, mesmo que indirecto, idênticos resultados.

2 – Os actos praticados ou os contratos celebrados em violação do disposto no número anterior são nulos, sem prejuízo de outras sanções aplicáveis.

3 – No caso de subconcessão ou de trespasse, a concessionária deve comunicar ao concedente a sua intenção de proceder à subconcessão ou ao trespasse, remetendo-lhe a minuta do respectivo contrato de subconcessão ou de trespasse e indicando todos os elementos do negócio que pretende realizar, bem como o calendário previsto para a sua realização e a identidade do subconcessionário ou do trespassário.

4 – No caso de haver lugar a uma subconcessão devidamente autorizada, a concessionária mantém os direitos e continua sujeita às obrigações decorrentes do contrato de concessão.

5 – Ocorrendo trespasse da concessão, consideram-se transmitidos para o trespassário todos os direitos e obrigações da concessionária, assumindo aquele ainda os deveres, as obrigações e os encargos que eventualmente venham a ser-lhe impostos pelo concedente como condição para a autorização do trespasse.

6 – A concessionária é responsável pela transferência integral dos seus direitos e obrigações para o trespassário, incluindo as obrigações incertas, ilíquidas ou inexigíveis à data do trespasse, em termos em que não seja afectada ou interrompida a prestação do serviço público concessionado.

CAPÍTULO VIII
Condição económica e financeira da concessionária

BASE XXXIII
Equilíbrio económico e financeiro da concessão

1 – É garantido à concessionária o equilíbrio económico e financeiro da concessão, nas condições de uma gestão eficiente.

2 – O equilíbrio económico e financeiro baseia-se no reconhecimento dos custos de investimento, de operação e de manutenção e na adequada remuneração dos activos afectos à concessão.

3 – A concessionária é responsável por todos os riscos inerentes à concessão, sem prejuízo do disposto na legislação aplicável e nas presentes bases.

BASE XXXIV
Reposição do equilíbrio económico e financeiro

1 – Tendo em atenção a distribuição de riscos estabelecida no contrato de concessão, a concessionária tem direito à reposição do equilíbrio financeiro da concessão nos seguintes casos:

a) Modificação unilateral imposta pelo concedente das condições de exploração da concessão, nos termos previstos nos n.ºs 2 e 3 da base IV, desde que, em resultado directo da mesma, se verifique para a concessionária um determinado aumento de custos ou uma determinada perda de receitas e esta não possa legitimamente proceder a tal reposição por recurso aos meios resultantes de uma correcta e prudente gestão;

b) Alterações legislativas que tenham um impacte directo sobre as receitas ou custos respeitantes às actividades integradas na concessão.

2 – Os parâmetros, termos e critérios da reposição do equilíbrio económico e financeiro da concessão são fixados no contrato de concessão.

3 – Sempre que haja lugar à reposição do equilíbrio económico e financeiro da concessão, tal reposição pode ter lugar através de uma das seguintes modalidades:

a) Prorrogação do prazo da concessão;

b) Revisão do cronograma ou redução das obrigações de investimento previamente aprovadas;

c) Atribuição de compensação directa pelo concedente;

d) Combinação das modalidades anteriores ou qualquer outra forma que seja acordada.

CAPÍTULO IX
Incumprimento do contrato de concessão

BASE XXXV
Responsabilidade da concessionária por incumprimento

1 – A violação pela concessionária de qualquer das obrigações assumidas no contrato de concessão fá-la incorrer em responsabilidade perante o concedente.

2 – A responsabilidade da concessionária cessa sempre que ocorra caso de força maior, ficando a seu cargo fazer prova da ocorrência.

3 – Consideram-se unicamente casos de força maior os acontecimentos imprevisíveis e irresistíveis cujos efeitos se produzam independentemente da vontade ou das circunstâncias pessoais da concessionária.

4 – Constituem, nomeadamente, casos de força maior actos de guerra, hostilidades ou invasão, terrorismo, epidemias, radiações atómicas, graves inundações, raios, ciclones, tremores de terra e outros cataclismos naturais que afectem a actividade objecto da concessão.

5 – A ocorrência de um caso de força maior tem por efeito exonerar a concessionária da responsabilidade pelo não cumprimento das obrigações emergentes do contrato de concessão que sejam afectadas pela ocorrência do mesmo, na estrita medida em que o respectivo cumprimento pontual e atempado tenha sido efectivamente impedido.

6 – No caso de impossibilidade de cumprimento do contrato de concessão por causa de força maior, o concedente pode proceder à sua rescisão, nos termos fixados no mesmo.

7 – A concessionária fica obrigada a comunicar ao concedente a ocorrência de qualquer evento qualificável como caso de força maior, bem como a indicar, no mais curto prazo possível, quais as obrigações emergentes do contrato de concessão cujo cumprimento, no seu entender, se encontra impedido ou dificultado por força de tal ocorrência e, bem assim, se for o caso, as medidas que tomou ou pretende tomar para fazer face à situação ocorrida a fim de mitigar o impacte do referido evento e os respectivos custos.

8 – A concessionária deve, em qualquer caso, tomar imediatamente as medidas que sejam necessárias para assegurar a retoma normal das obrigações suspensas, constituindo estrita obrigação da concessionária mitigar, por qualquer meio razoável e apropriado ao seu dispor, os efeitos da verificação de um caso de força maior.

BASE XXXVI
Multas contratuais

1 – Sem prejuízo das situações de incumprimento que podem dar origem a sequestro ou rescisão da concessão nos termos previstos nas presentes bases e no contrato de concessão, o incumprimento pela concessionária de quaisquer obrigações assumidas no contrato de concessão pode ser sancionado, por decisão do concedente, pela aplicação de multas contratuais, cujo montante varia em função da gravidade da infracção cometida e do grau de culpa do infractor, até € 5 000 000.

2 – A aplicação de multas contratuais está dependente de notificação prévia da concessionária pelo concedente para reparar o incumprimento, do não cumprimento do prazo de reparação fixado nessa notificação, nos termos do número seguinte, ou da não reparação integral da falta pela concessionária naquele prazo.

3 – O prazo de reparação do incumprimento é fixado pelo concedente de acordo com critérios de razoabilidade e tem sempre em atenção a defesa do interesse público e a manutenção em funcionamento da concessão.

4 – Caso a concessionária não proceda ao pagamento voluntário das multas contratuais que lhe forem aplicadas no prazo de 20 dias a contar a partir da sua fixação e notificação pelo concedente, este pode utilizar a caução para pagamento das mesmas.

5 – O valor máximo das multas estabelecido na presente base é actualizado em Janeiro de cada ano de acordo com o índice de preços no consumidor no continente, excluindo habitação, publicado pelo Instituto Nacional de Estatística, referente ao ano anterior.

6 – A aplicação de multas não prejudica a aplicação de outras sanções contratuais nem de outras sanções previstas na lei ou regulamento nem isenta a concessionária da responsabilidade civil, criminal e contra-ordenacional em que incorrer perante o concedente ou terceiro.

Base XXXVII
Sequestro

1 – Em caso de incumprimento grave, pela concessionária, das obrigações emergentes do contrato de concessão, o concedente, através de despacho do ministro responsável pela área da energia, pode, mediante sequestro, tomar conta da concessão.

2 – O sequestro da concessão pode ter lugar, nomeadamente, quando se verifique qualquer das seguintes situações, por motivos imputáveis à concessionária:

a) Estiver iminente, ou ocorrer, a cessação ou interrupção, total ou parcial, do desenvolvimento da actividade objecto da concessão;

b) Deficiências graves na organização, no funcionamento ou no regular desenvolvimento da actividade objecto da concessão, bem como situações de insegurança de pessoas e bens;

c) Deficiências graves no estado geral das infra-estruturas, instalações e dos equipamentos que comprometam a continuidade ou a qualidade da actividade objecto da concessão.

3 – A concessionária está obrigada a proceder à entrega da concessão no prazo que lhe for fixado pelo concedente quando lhe for comunicada a decisão de sequestro da concessão.

4 – Verificando-se qualquer facto que possa dar lugar ao sequestro da concessão, observar se-á, com as devidas adaptações, o processo de sanação do incumprimento previsto nos n.os 4 a 5 da base XLII.

5 – Verificado o sequestro, a concessionária suporta todos os encargos que resultarem, para o concedente, do exercício da concessão, bem como as despesas extraordinárias necessárias ao restabelecimento da normalidade.

6 – Logo que cessem as razões do sequestro e seja restabelecido o normal funcionamento da concessão, a concessionária é notificada para retomar a concessão, no prazo que lhe for fixado.

7 – A concessionária pode optar pela rescisão da concessão caso o sequestro se mantenha por seis meses após ter sido restabelecido o normal funcionamento da concessão, sendo então aplicável o disposto na base XLIII.

8 – Se a concessionária não retomar a concessão no prazo que lhe for fixado, pode o concedente, através do ministro responsável pela área da energia, determinar a imediata rescisão do contrato de concessão.

9 – No caso de a concessionária ter retomado o exercício da concessão e continuarem a verificar-se graves deficiências no mesmo, pode o concedente, através do ministro responsável pela área da energia, ordenar novo sequestro ou determinar a imediata rescisão do contrato de concessão.

CAPÍTULO X
Suspensão e extinção da concessão

BASE XXXVIII
Casos de extinção da concessão

1 – A concessão extingue-se por acordo entre o concedente e a concessionária, por rescisão, por resgate e pelo decurso do respectivo prazo.

2 – A extinção da concessão opera a transmissão para o concedente de todos os bens e meios a ela afectos, nos termos previstos nas presentes bases e no contrato de concessão, bem como dos direitos e das obrigações inerentes ao seu exercício, sem prejuízo do direito de regresso do concedente sobre a concessionária pelas obrigações assumidas pela concessionária que sejam estranhas às actividades da concessão ou hajam sido contraídas em violação da lei ou do contrato de concessão ou, ainda, que sejam obrigações vencidas e não cumpridas.

3 – Da transmissão prevista no número anterior excluem-se os fundos ou reservas consignados à garantia ou cobertura de obrigações da concessionária de cujo cumprimento lhe seja dada quitação pelo concedente, a qual se presume se decorrido um ano sobre a extinção da concessão não houver declaração em contrário do concedente, através do ministro responsável pela área da energia.

4 – A tomada de posse da concessão pelo concedente é precedida de vistoria *ad perpetuam rei memoriam*, realizada pelo concedente, a que assistem representantes da concessionária, destinada à verificação do estado de conservação e manutenção dos bens, devendo ser lavrado o respectivo auto.

BASE XXXIX
Procedimentos em caso de extinção da concessão

1 – O concedente reserva-se no direito de tomar, nos últimos dois anos do prazo da concessão, as providências que julgar convenientes para assegurar a continuação do serviço no termo da concessão ou as medidas necessárias para efectuar, durante o mesmo prazo, a transferência progressiva da actividade objecto da concessão para a nova concessionária.

2 – No contrato de concessão são previstos os termos e os modos pelos quais se procede, em caso de extinção da concessão, à transferência para o concedente da titularidade de eventuais direitos detidos pela concessionária sobre terceiros e que se revelem necessários para a continuidade da prestação dos serviços concedidos e, em geral, à tomada de quaisquer outras medidas tendentes a evitar a interrupção da prestação do serviço público concessionado.

Base XL

Decurso do prazo da concessão

1 – Decorrido o prazo da concessão, transmitem-se para o concedente todos os bens e meios afectos à concessão, livres de ónus ou encargos, em bom estado de conservação, funcionamento e segurança, sem prejuízo do normal desgaste do seu uso para os efeitos do contrato de concessão.

2 – Cessando a concessão pelo decurso do prazo, é paga pelo Estado à concessionária uma indemnização correspondente ao valor contabilístico dos bens afectos à concessão, adquiridos pela concessionária, com referência ao último balanço aprovado, líquido de amortizações e de comparticipações financeiras e subsídios a fundo perdido.

3 – Caso a concessionária não dê cumprimento ao disposto no n.º 1, o concedente promove a realização dos trabalhos e aquisições que sejam necessários à reposição dos bens aí referidos, correndo os respectivos custos pela concessionária e podendo ser utilizada a caução para os liquidar no caso de a concessionária não proceder ao pagamento voluntário e atempado dos referidos custos.

Base XLI

Resgate da concessão

1 – O concedente, através do ministro responsável pela área da energia, pode resgatar a concessão sempre que o interesse público o justifique, decorridos que sejam, pelo menos, 15 anos sobre a data do início do respectivo prazo, mediante notificação feita à concessionária, por carta registada com aviso de recepção, com pelo menos, um ano de antecedência.

2 – O concedente assume, decorrido o período de um ano sobre a notificação do resgate, todos os bens e meios afectos à concessão anteriormente à data dessa notificação, incluindo todos os direitos e obrigações inerentes ao exercício da concessão, e ainda aqueles que tenham sido assumidos pela concessionária após a data de notificação desde que tenham sido previamente autorizados pelo concedente, através do ministro responsável pela área da energia.

3 – A assunção de obrigações por parte do concedente é feita, sem prejuízo do seu direito de regresso sobre a concessionária, pelas obrigações por esta contraídas que tenham exorbitado da gestão normal da concessão.

4 – Em caso de resgate, a concessionária tem direito a uma indemnização cujo valor deve atender ao valor contabilístico, à data do resgate, dos bens revertidos para o concedente, livres de quaisquer ónus ou encargos, e ao valor de eventuais lucros cessantes.

5 – O valor contabilístico dos bens referidos no número anterior, à data do resgate, entende-se líquido de amortizações e de comparticipações financeiras e subsídios a fundo perdido, incluindo-se nestes o valor dos bens cedidos pelo concedente.

6 – Para os efeitos do cálculo da indemnização, o valor dos bens que se encontrem anormalmente depreciados ou deteriorados devido a deficiência da concessionária na sua manutenção ou reparação, é determinado de acordo com o seu estado de funcionamento efectivo.

Base XLII

Rescisão do contrato de concessão pelo concedente

1 – O concedente pode rescindir o contrato de concessão no caso de violação grave, não sanada ou não sanável, das obrigações da concessionária decorrentes do contrato de concessão.

2 – Constituem, nomeadamente, causas de rescisão do contrato de concessão por parte do concedente, os seguintes factos ou situações:

a) Desvio do objecto e dos fins da concessão;

b) Suspensão ou interrupção injustificadas das actividades objecto da concessão;

c) Oposição reiterada ao exercício da fiscalização, repetida desobediência às determinações do concedente, ou sistemática inobservância das leis e dos regulamentos aplicáveis à exploração, quando se mostrem ineficazes as sanções aplicadas;

d) Recusa em proceder aos investimentos necessários à adequada conservação e reparação das infra-estruturas;

e) Recusa ou impossibilidade da concessionária em retomar a concessão nos termos do disposto no n.º 8 da base XXXVII ou, quando o tiver feito, verificar-se a continuação das situações que motivaram o sequestro;

f) Cobrança dolosa das tarifas com valor superior aos fixados;

g) Dissolução ou insolvência da concessionária;

h) Transmissão ou oneração da concessão, no todo ou em parte, sem prévia autorização;

i) Recusa da reconstituição atempada da caução.

3 – Não constituem causas de rescisão os factos ocorridos por motivos de força maior.

4 – Verificando-se um dos casos de incumprimento referidos no número anterior ou qualquer outro que, nos termos do disposto no n.º 1 desta base, possa motivar a rescisão da concessão, o concedente, através do ministro responsável pela área da energia, deve notificar a concessionária para, no prazo que razoavelmente lhe for fixado, cumprir integralmente as suas obrigações e corrigir ou

reparar as consequências dos seus actos, excepto tratando-se de uma violação não sanável.

5 – Caso a concessionária não cumpra as suas obrigações ou não corrija ou repare as consequências do incumprimento nos termos determinados pelo concedente, este pode rescindir o contrato de concessão mediante comunicação enviada à concessionária, por carta registada com aviso de recepção, sem prejuízo do disposto no número seguinte.

6 – Caso o concedente pretenda rescindir o contrato de concessão, designadamente pelos factos referidos na alínea g) do n.º 1, deve previamente notificar os principais credores da concessionária que sejam conhecidos para, no prazo que lhes for determinado, nunca superior a três meses, proporem uma solução que possa sobrestar à rescisão, desde que o concedente com ela concorde.

7 – A comunicação da decisão de rescisão referida no n.º 5 produz efeitos imediatos, independentemente de qualquer outra formalidade.

8 – A rescisão do contrato de concessão pelo concedente implica a transmissão gratuita de todos os bens e meios afectos à concessão para o concedente sem qualquer indemnização e, bem assim, a perda da caução prestada em garantia do pontual e integral cumprimento do contrato, sem prejuízo do direito de o concedente ser indemnizado pelos prejuízos sofridos nos termos gerais de direito.

Base XLIII
Rescisão do contrato de concessão pela concessionária

1 – A concessionária pode rescindir o contrato de concessão com fundamento em incumprimento grave das obrigações do concedente, se do mesmo resultarem perturbações que ponham em causa o exercício da actividade concedida.

2 – A rescisão prevista no número anterior implica a transmissão de todos os bens e meios afectos à concessão para o concedente, sem prejuízo do direito da concessionária a ser ressarcida dos prejuízos que lhe foram causados, incluindo o valor dos investimentos efectuados e lucros cessantes calculados nos termos previstos anteriormente para o resgate.

3 – A rescisão do contrato de concessão produz efeitos à data da sua comunicação ao concedente por carta registada com aviso de recepção.

4 – No caso de rescisão do contrato de concessão pela concessionária, esta deve seguir o procedimento previsto para o concedente nos n.ºs 4 e 5 da base anterior.

CAPÍTULO XI
Disposições diversas

Base XLIV
Exercício dos poderes do concedente

Os poderes do concedente referidos nas presentes bases, excepto quando devam ser exercidos pelo ministro responsável pela área da energia, devem ser exercidos pela DGGE, sendo os actos praticados pelo respectivo director-geral, ou pela ERSE, consoante as competências de cada uma destas entidades.

Base XLV
Resolução de diferendos

1 – O concedente e a concessionária podem celebrar convenções de arbitragem destinadas à resolução de quaisquer questões emergentes do contrato de concessão, nos termos da Lei n.º 31/86, de 29 de Agosto.

2 – A concessionária e os operadores e utilizadores da RNTGN podem, nos termos da lei, celebrar convenções de arbitragem para solução dos litígios emergentes dos respectivos contratos.

ANEXO III
(a que se refere o n.º 1 do artigo 68.º)

Bases das concessões da actividade de recepção, armazenamento e regaseificação de gás natural liquefeito em terminais de GNL

CAPÍTULO I
Disposições e princípios gerais

Base I
Objecto da concessão

1 – A concessão tem por objecto a actividade de recepção, armazenamento e GNL em terminal de GNL exercida em regime de serviço público.

2 - Integram-se no objecto da concessão:

a) A recepção, o armazenamento, o tratamento e a regaseificação de GNL;

b) A emissão de gás natural em alta pressão para a RNTGN;

c) A carga e expedição de GNL em camiões-cisterna e navios metaneiros;

d) A construção, a operação, a exploração, a manutenção e a expansão das respectivas infra-estruturas e, bem assim, das instalações necessárias para a sua operação.

3 – A concessionária pode exercer outras actividades para além das que se integram no objecto da concessão, no respeito pela legislação aplicável ao sector do gás natural, com fundamento no proveito daí resultante para a concessão ou com vista a optimizar a utilização dos bens afectos à mesma, desde que essas actividades sejam acessórias ou complementares e não prejudiquem a regularidade e a continuidade da prestação do serviço público e sejam previamente autorizadas pelo concedente.

BASE II

Área da concessão

A área e localização geográfica da concessão são definidas no contrato de concessão.

BASE III

Prazo da concessão

1 – O prazo da concessão é fixado pelo concedente no contrato de concessão e não pode exceder 40 anos contados a partir da data da celebração do respectivo contrato.

2 – A concessão pode ser renovada se o interesse público assim o justificar e a concessionária tiver cumprido as suas obrigações legais e contratuais.

3 – A intenção de renovação da concessão deve ser comunicada à concessionária pelo concedente com a antecedência mínima de dois anos relativamente ao termo do prazo da concessão.

BASE IV

Serviço público

1 – A concessionária deve desempenhar as actividades concessionadas de acordo com as exigências de um regular, contínuo e eficiente funcionamento do serviço público e adoptar, para o efeito, os melhores procedimentos, meios e

tecnologias utilizados no sector do gás, com vista a garantir, designadamente, a segurança de pessoas e bens.

2 – Com o objectivo de assegurar a permanente adequação da concessão às exigências da regularidade, da continuidade e eficiência do serviço público, o concedente reserva-se no direito de alterar, por via legal ou regulamentar, as condições da sua exploração.

3 – Quando, por efeito do disposto no número anterior, se alterarem significativamente as condições de exploração da concessão, o concedente compromete-se a promover a reposição do equilíbrio económico e financeiro da concessão, nos termos previstos na base XXXIV, desde que a concessionária não possa legitimamente prover a tal reposição recorrendo aos meios resultantes de uma correcta e prudente gestão.

Base V
Direitos e obrigações da concessionária

A concessionária beneficia dos direitos e encontra-se sujeita às obrigações estabelecidas no Decreto-Lei n.º 30/2006, de 15 de Fevereiro, e demais legislação e regulamentação aplicáveis à actividade que integra o objecto da concessão, sem prejuízo dos demais direitos e obrigações estabelecidos nas presentes bases e no contrato de concessão.

Base VI
Princípios aplicáveis às relações com os utilizadores

1 – A concessionária deve proporcionar aos utilizadores, de forma não discriminatória e transparente, o acesso às respectivas infra-estruturas, nos termos previstos nas presentes bases e na legislação e na regulamentação aplicáveis, não podendo estabelecer diferenças de tratamento entre os referidos utilizadores que não resultem da aplicação de critérios ou de condicionalismos legais, regulamentares ou técnicos, ou ainda de condicionalismos de natureza contratual desde que aceites pela ERSE.

2 – O disposto no número anterior não impede a concessionária de celebrar contratos a longo prazo, no respeito pelas regras da concorrência.

3 – A concessionária pode recusar, fundamentadamente, o acesso às respectivas infra-estruturas com base na falta de capacidade, ou se esse acesso a impedir de cumprir as suas obrigações de serviço público.

4 – A concessionária deve manter um registo das queixas ou reclamações que lhe tenham sido apresentadas pelos utilizadores.

CAPÍTULO II
Bens e meios afectos à concessão

BASE VII

Bens e meios afectos à concessão

1 – Consideram-se afectos à concessão os bens necessários à prossecução da actividade de recepção, armazenamento e regaseificação de GNL, designadamente:

a) O terminal e as instalações portuárias integradas no mesmo;

b) As instalações afectas à recepção, ao armazenamento, ao tratamento e à regaseificação de GNL, incluindo todo o equipamento de controlo, regulação e medida indispensável à operação e funcionamento das infra-estruturas e instalações do terminal;

c) As instalações afectas à emissão de gás natural para a RNTGN, e à expedição e à carga de GNL em camiões-cisterna e navios metaneiros;

d) As instalações, e equipamentos, de telecomunicações, telemedida e telecomando afectas à gestão de todas as infra-estruturas e instalações do terminal.

2 – Consideram-se ainda afectos à concessão:

a) Os imóveis pertencentes à concessionária em que estejam implantados os bens referidos no número anterior, assim como as servidões constituídas em benefício da concessão;

b) Os bens móveis ou direitos relativos a bens imóveis utilizados ou relacionados com o exercício da actividade objecto da concessão;

c) Os direitos de expansão da capacidade do terminal necessários à garantia da segurança do abastecimento no âmbito do SNGN;

d) Os direitos privativos de propriedade intelectual e industrial de que a concessionária seja titular;

e) Quaisquer fundos ou reservas consignados à garantia do cumprimento das obrigações da concessionária, por força de obrigação emergente da lei ou do contrato de concessão e enquanto durar essa vinculação;

f) As relações e posições jurídicas directamente relacionadas com a concessão, nomeadamente laborais, de empreitada, de locação e de prestação de serviços.

3 – Os bens referidos no n.º 1 e na alínea a) do n.º 2 são considerados, para os efeitos da aplicação do regime de oneração e transmissão dos bens afectos à concessão, como infra-estruturas de serviço público que integram a concessão.

BASE VIII
Inventário do património

1 – A concessionária deve elaborar e manter permanentemente actualizado, e à disposição do concedente, um inventário do património afecto à concessão.

2 – No inventário a que se refere o número anterior devem ser mencionados os ónus ou encargos que recaem sobre os bens afectos à concessão.

3 – Os bens e direitos patrimoniais tornados desnecessários à concessão são abatidos ao inventário, nos termos previstos no n.º 2 da base X.

BASE IX
Manutenção dos bens afectos à concessão

A concessionária fica obrigada a manter, durante o prazo de vigência da concessão, em permanente estado de bom funcionamento, conservação e segurança, os bens e meios afectos à concessão, efectuando para tanto as reparações, renovações, adaptações e modernizações necessárias ao bom desempenho do serviço público concedido.

BASE X
Regime de oneração e transmissão dos bens afectos à concessão

1 – A concessionária não pode onerar ou transmitir, por qualquer forma, os bens que integram a concessão, sem prejuízo do disposto nos números seguintes.

2 – Os bens e direitos que tenham perdido utilidade para a concessão são abatidos ao inventário referido na base VIII, mediante prévia autorização do concedente, que se considera concedida se este não se opuser no prazo de 30 dias contados da recepção do pedido.

3 – A oneração ou transmissão de bens imóveis afectos à concessão fica sujeita a autorização do ministro responsável pela área da energia.

4 – A oneração ou transmissão de bens, e direitos, afectos à concessão em desrespeito do disposto na presente base acarreta a nulidade dos respectivos actos ou contratos.

BASE XI
Posse e propriedade dos bens

1 – A concessionária detém a posse e propriedade dos bens afectos à concessão até à extinção desta.

2 – Com a extinção da concessão, os bens a ela afectos transferem-se para o concedente nos termos previstos nas presentes bases e no contrato de concessão.

CAPÍTULO III
Sociedade concessionária

Base XII
Objecto social, sede e forma

1 – O projecto de estatutos da sociedade concessionária deve ser submetido a prévia aprovação do ministro responsável pela área da energia.

2 – A sociedade concessionária deve ter como objecto social principal, ao longo de todo o período de duração da concessão, o exercício das actividades integradas no objecto da concessão, devendo manter ao longo do mesmo período a sua sede em Portugal e a forma de sociedade anónima, regulada pela lei portuguesa.

3 – O objecto social da concessionária pode incluir o exercício de outras actividades, para além das que integram o objecto da concessão, e bem assim a participação no capital de outras sociedades, desde que seja respeitado o disposto nas presentes bases e na legislação aplicável ao sector do gás natural.

Base XIII
Acções da concessionária

1 – Todas as acções representativas do capital social da concessionária são obrigatoriamente nominativas.

2 – A oneração e a transmissão de acções representativas do capital social da concessionária depende, sob pena de nulidade, de autorização prévia do concedente, a qual não pode ser infundadamente recusada e se considera tacitamente concedida se não for recusada, por escrito, no prazo de 30 dias a contar a partir da data da respectiva solicitação.

3 – Exceptua-se do disposto no número anterior a oneração de acções efectuada em benefício das entidades financiadoras de qualquer das actividades que integram o objecto da concessão, e no âmbito dos contratos de financiamento que venham a ser celebrados pela concessionária para o efeito, desde que as entidades financiadoras assumam, nos referidos contratos, a obrigação de obter a autorização prévia do concedente em caso de execução das garantias de que resulte a transmissão a terceiros das acções oneradas.

4 – A oneração de acções referida no número anterior deve, em qualquer caso, ser comunicada ao concedente, a quem deve ser enviada, no prazo de 30 dias a contar a partir da data em que seja constituída, cópia autenticada do documento que formaliza a oneração e bem assim informação detalhada sobre quaisquer outros termos e condições que sejam estabelecidos.

Base XIV

Deliberações da concessionária e acordos entre accionistas

1 – Sem prejuízo de outras limitações previstas nas presentes bases e no contrato de concessão, ficam sujeitas a autorização prévia do concedente, através do ministro responsável pela área da energia, as deliberações da concessionária relativas à alteração do objecto social, à transformação, fusão, cisão ou dissolução da sociedade.

2 – Os acordos parassociais celebrados entre os accionistas da concessionária, bem como as respectivas alterações, devem ser objecto de aprovação prévia pelo concedente, dada através do ministro responsável pela área da energia.

3 – As autorizações a aprovações previstas na presente base não podem ser infundadamente recusadas e consideram-se tacitamente concedidas se não forem recusadas, por escrito, no prazo de 30 dias a contar a partir da data da respectiva solicitação.

Base XV

Financiamento

1 – A concessionária é responsável pela obtenção do financiamento necessário ao desenvolvimento do objecto da concessão, por forma a cumprir cabal e atempadamente todas as obrigações que assume no contrato de concessão.

2 – Para os efeitos do disposto no número anterior, a concessionária deve manter no final de cada ano um rácio de autonomia financeira superior a 20%.

CAPÍTULO IV
Construção, planeamento, remodelação
e expansão das infra-estruturas

BASE XVI
Projectos

1 – A construção e a exploração das infra-estruturas que integram a concessão ficam sujeitos à aprovação dos respectivos projectos nos termos da legislação aplicável.

2 – A concessionária é responsável, no respeito pela legislação e regulamentação aplicáveis, pela concepção, projecto e construção de todas as infra-estruturas e instalações que integram a concessão de terminal de GNL, incluindo as necessárias à sua remodelação e expansão.

3 – A aprovação de quaisquer projectos pelo concedente não implica qualquer responsabilidade derivada de erros de concepção, de projecto, de construção ou da inadequação das instalações e do equipamento ao serviço da concessão.

BASE XVII
Direitos e deveres decorrentes da aprovação dos projectos

1 – A aprovação dos respectivos projectos confere à concessionária, nomeadamente, os seguintes direitos:

a) Utilizar, de acordo com a legislação aplicável, os bens do domínio público ou privado do Estado e de outras pessoas colectivas públicas para o estabelecimento ou passagem das respectivas infra-estruturas ou instalações;

b) Constituir, nos termos da legislação aplicável, as servidões sobre os imóveis necessários ao estabelecimento das respectivas infra-estruturas ou instalações;

c) Proceder à expropriação, por utilidade pública e urgente, nos termos da legislação aplicável, dos bens imóveis, ou direitos a eles relativos, necessários ao estabelecimento das respectivas infra-estruturas ou instalações.

2 – As licenças e autorizações exigidas por lei para a exploração das infra-estruturas e instalações consideram-se outorgadas com a aprovação dos respectivos projectos, sem prejuízo da verificação por parte das entidades licenciadoras da conformidade na sua execução.

3 - Cabe à concessionária o pagamento das indemnizações decorrentes do exercício dos direitos referidos no n.º 1.

4 – No atravessamento de terrenos do domínio público ou dos particulares, a concessionária deve adoptar os procedimentos estabelecidos na legislação aplicável e proceder à reparação de todos os prejuízos que resultem dos trabalhos executados.

BASE XVIII
Planeamento, remodelação e expansão das infra-estruturas

1 – O planeamento das infra-estruturas está integrado no planeamento da RNTIAT, em particular com a RNTGN, nos termos previstos na legislação e na regulamentação aplicáveis.

2 – Constitui encargo e responsabilidade da concessionária o planeamento, remodelação e expansão das infra-estruturas que integram a concessão, com vista a assegurar a existência permanente de capacidade nas mesmas.

3 – A concessionária deve observar na remodelação e expansão das infra-estruturas os prazos de execução adequados à permanente satisfação das necessidades identificadas no PDIR.

4 – A concessionária deve elaborar periodicamente, nos termos previstos no contrato de concessão, e apresentar ao concedente, o plano de investimentos nas infra-estruturas.

5 – Por razões de interesse público, nomeadamente as relativas à segurança, regularidade e qualidade do abastecimento, o concedente pode determinar a remodelação ou expansão das infra-estruturas que integram a concessão, nos termos fixados no contrato de concessão.

CAPÍTULO V
Exploração das infra-estruturas

BASE XIX
Condições de exploração

1 – A concessionária é responsável pela exploração das infra-estruturas que integram a concessão, e respectivas instalações, no respeito pela legislação e regulamentação aplicáveis.

2 – A concessionária deve assegurar-se de que o gás recebido no terminal cumpre as características técnicas e as especificações de qualidade estabelecidas e que o seu armazenamento, tratamento, regaseificação e expedição é efectuado em condições técnicas adequadas, de forma a garantir a segurança de pessoas e bens.

BASE XX

Informação

A concessionária tem a obrigação de fornecer ao concedente todos os elementos relativos à concessão que este entenda dever solicitar-lhe.

BASE XXI

Participação de desastres e acidentes

1 – A concessionária é obrigada a participar imediatamente à DGGE todos os desastres e acidentes ocorridos nas suas instalações e, se tal não for possível, no prazo máximo de três dias a contar a partir da data da ocorrência.

2 – Sem prejuízo das competências atribuídas às autoridades públicas, sempre que dos desastres ou acidentes resultem mortes, ferimentos graves ou prejuízos materiais importantes, a concessionária deve elaborar, e enviar ao concedente, um relatório técnico com a análise das circunstâncias da ocorrência e com o estado das instalações.

BASE XXII

Ligação das infra-estruturas à RNTGN

A ligação das infra-estruturas do terminal de GNL à RNTGN faz-se nas condições previstas nos regulamentos aplicáveis.

BASE XXIII

Relacionamento com a concessionária da RNTGN no âmbito da gestão técnica global do SNGN, planeamento da RNTIAT e segurança do abastecimento

A concessionária encontra-se sujeita às obrigações que decorrem do exercício, por parte da concessionária da RNTGN, das suas competências em matéria de gestão técnica global do SNGN, planeamento da RNTIAT e segurança do abastecimento, nos termos previstos na legislação e na regulamentação aplicáveis.

BASE XXIV

Interrupção por facto imputável ao utilizador

1 – A concessionária pode interromper a prestação do serviço público concessionado nos termos da regulamentação aplicável, e nomeadamente nos seguintes casos:

a) Alteração não autorizada do funcionamento de equipamentos ou sistemas de ligação às respectivas infra-estruturas e instalações que ponha em causa a segurança ou a regularidade do serviço;

b) Incumprimento grave dos regulamentos aplicáveis ou, em caso de emergência, das suas ordens e instruções;

c) Incumprimento de obrigações contratuais que expressamente estabeleçam esta sanção.

2 – A concessionária pode, ainda, interromper unilateralmente a prestação do serviço público concessionado aos utilizadores que causem perturbações que afectem a qualidade do serviço prestado, quando, uma vez identificadas as causas perturbadoras, os utilizadores, após aviso da concessionária, não corrijam as anomalias em prazo adequado, tendo em consideração os trabalhos a realizar.

Base XXV
Interrupções por razões de interesse público ou de serviço

1 – A prestação do serviço público concessionado pode ser interrompida por razões de interesse público, nomeadamente, quando se trate da execução de planos nacionais de emergência, declarada ao abrigo de legislação específica.

2 – As interrupções das actividades objecto da concessão, por razões de serviço, têm lugar quando haja necessidade imperiosa de realizar manobras ou trabalhos de ligação, reparação ou conservação das infra-estruturas ou instalações, desde que tenham sido esgotadas todas as possibilidades alternativas.

3 – Nas situações referidas nos números anteriores, a concessionária deve avisar os utilizadores das respectivas infra-estruturas e instalações que possam vir a ser afectados, com a antecedência mínima de trinta e seis horas, salvo no caso da realização de trabalhos que a segurança de pessoas e bens torne inadiáveis ou quando haja necessidade urgente de trabalhos para garantir a segurança das infra-estruturas ou instalações.

Base XXVI
Medidas de protecção

1 – Sem prejuízo das medidas de emergência adoptadas pelo Governo, quando se verifique uma situação de emergência que ponha em risco a segurança de pessoas ou bens, deve a concessionária promover imediatamente as medidas que entender necessárias em matéria de segurança.

2 – As medidas referidas no número anterior devem ser imediatamente comunicadas à DGGE, às respectivas autoridades concelhias, à autoridade policial da zona afectada e, se for caso disso, ao Serviço Nacional de Protecção Civil.

Base XXVII
Responsabilidade civil

1 – A concessionária é responsável, nos termos gerais de direito, por quaisquer prejuízos causados ao concedente ou a terceiros, pela culpa ou pelo risco, no exercício da actividade objecto da concessão.

2 – Para os efeitos do disposto no artigo 509.º do Código Civil, entende-se que a utilização das infra-estruturas e instalações integradas na concessão é feita no exclusivo interesse da concessionária.

3 – A concessionária fica obrigada à constituição de um seguro de responsabilidade civil para cobertura dos danos materiais e corporais causados a terceiros e resultantes do exercício da respectiva actividade, cujo montante mínimo obrigatório é fixado por portaria do ministro responsável pela área da energia e actualizável de três em três anos.

4 – A concessionária deve apresentar ao concedente os documentos comprovativos da celebração do seguro, bem como da actualização referida no número anterior.

Base XXVIII
Cobertura por seguros

1 – Para além do seguro referido na base anterior, a concessionária deve assegurar a existência e manutenção em vigor das apólices de seguro necessárias para garantir uma efectiva cobertura dos riscos da concessão.

2 – No âmbito da obrigação referida no número anterior, a concessionária fica obrigada a constituir seguros envolvendo todas as infra-estruturas e instalações que integram a concessão, contra riscos de incêndio, explosão e danos devido a terramoto ou temporal, nos termos fixados no contrato de concessão.

3 – O disposto nos números anteriores pode ser objecto de regulamentação pelo Instituto de Seguros de Portugal.

CAPÍTULO VI
Garantias e fiscalização do cumprimento das obrigações da concessionária

BASE XXIX
Caução

1 – Para garantia do pontual e integral cumprimento das obrigações emergentes do contrato de concessão e da cobrança das multas aplicadas, a concessionária deve, antes da assinatura do contrato de concessão, prestar a favor do concedente uma caução no valor de € 5 000 000.

2 – O concedente pode utilizar a caução sempre que a concessionária não cumpra qualquer obrigação assumida no contrato de concessão.

3 – O recurso à caução é precedido de despacho do ministro responsável pela área da energia, não dependendo de qualquer outra formalidade ou de prévia decisão judicial ou arbitral.

4 – Sempre que o concedente utilize a caução, a concessionária deve proceder à reposição do seu montante integral no prazo de 30 dias a contar a partir da data daquela utilização.

5 – O valor da caução é actualizado de três em três anos de acordo com o índice de preços no consumidor, no continente, excluindo habitação, publicado pelo Instituto Nacional de Estatística.

6 – A caução só pode ser levantada pela concessionária um ano após a data de extinção do contrato de concessão, ou, antes de decorrido aquele prazo, por determinação expressa do concedente, através do ministro responsável pela área da energia, mas sempre após a extinção da concessão.

7 – A caução prevista nesta base, bem como outras que a concessionária venha a estar obrigada a constituir a favor do concedente, devem ser prestadas por depósito em dinheiro ou por garantia bancária autónoma, à primeira solicitação, cujo texto deve ser previamente aprovado pela DGGE.

BASE XXX
Fiscalização e regulação

1 – Sem prejuízo das competências atribuídas a outras entidades públicas, cabe à DGGE o exercício dos poderes de fiscalização da concessão, nomeadamente no que se refere ao cumprimento das disposições legais e regulamentares aplicáveis e do contrato de concessão.

2 – Sem prejuízo das competências atribuídas a outras entidades públicas, cabe à ERSE o exercício dos poderes de regulação das actividades que integram o objecto da concessão, nos termos previstos na legislação e na regulamentação aplicáveis.

3 – Para os efeitos do disposto nos números anteriores, a concessionária deve prestar todas as informações e facultar todos os documentos que lhe forem solicitados pelas entidades fiscalizadora e reguladora, no âmbito das respectivas competências, bem como permitir o livre acesso do pessoal das referidas entidades, devidamente credenciado e no exercício das suas funções, a todas as suas instalações.

CAPÍTULO VII
Modificações objectivas e subjectivas da concessão

Base XXXI
Alteração do contrato de concessão

1 – O contrato de concessão pode ser alterado unilateralmente pelo concedente, sem prejuízo da reposição do respectivo equilíbrio económico e financeiro nos termos previstos na base XXXIV.

2 – O contrato de concessão pode também ser alterado por força de disposição legal imperativa, designadamente decorrente das políticas energéticas aprovadas pela União Europeia e aplicáveis ao Estado Português.

3 – O contrato de concessão pode ainda ser modificado por acordo entre o concedente e a concessionária, desde que a modificação não envolva a violação do regime jurídico da concessão nem implique a derrogação das presentes bases.

Base XXXII
Transmissão e oneração da concessão

1 – A concessionária não pode, sem prévia autorização do concedente, onerar, subconceder, trespassar ou transmitir, por qualquer forma, no todo ou em parte, a concessão ou realizar qualquer negócio jurídico que vise atingir ou tenha por efeito, mesmo que indirecto, idênticos resultados.

2 – Os actos praticados ou os contratos celebrados em violação do disposto no número anterior são nulos, sem prejuízo de outras sanções aplicáveis.

3 – No caso de subconcessão ou de trespasse, a concessionária deve comunicar ao concedente a sua intenção de proceder à subconcessão ou ao trespasse, remetendo-lhe a minuta do respectivo contrato de subconcessão ou de trespasse

que se propõe assinar e indicando todos os elementos do negócio que pretende realizar, bem como o calendário previsto para a sua realização e a identidade do subconcessionário ou do trespassário.

4 – No caso de haver lugar a uma subconcessão devidamente autorizada, a concessionária mantém os direitos e continua sujeita às obrigações decorrentes do contrato de concessão.

5 – Ocorrendo trespasse da concessão, consideram-se transmitidos para o trespassário todos os direitos e obrigações da concessionária, assumindo aquele ainda os deveres, as obrigações e os encargos que eventualmente venham a ser-lhe impostos pelo concedente como condição para a autorização do trespasse.

6 – A concessionária é responsável pela transferência integral dos seus direitos e obrigações para o trespassário, incluindo as obrigações incertas, ilíquidas ou inexigíveis à data do trespasse, em termos em que não seja afectada ou interrompida a prestação do serviço público concessionado.

CAPÍTULO VIII
Condição económica e financeira da concessionária

Base XXXIII
Equilíbrio económico e financeiro do contrato

1 – É garantido à concessionária o equilíbrio económico e financeiro da concessão, nas condições de uma gestão eficiente.

2 – O equilíbrio económico e financeiro baseia-se no reconhecimento dos custos de investimento, de operação e manutenção e na adequada remuneração dos activos afectos à concessão.

3 – A concessionária é responsável por todos os riscos inerentes à concessão, sem prejuízo do disposto na legislação aplicável e nas presentes bases.

Base XXXIV
Reposição do equilíbrio económico e financeiro

1 – Tendo em atenção a distribuição de riscos estabelecida no contrato de concessão, a concessionária tem direito à reposição do equilíbrio económico e financeiro da concessão, nos seguintes casos:

a) Modificação unilateral, imposta pelo concedente, das condições de exploração da concessão, nos termos previstos nos n.os 2 e 3 da base IV, desde que, em resultado directo da mesma, se verifique, para a concessionária, um determinado aumento de custos ou uma determinada perda de receitas e esta não possa legitimamente proceder a tal reposição por recurso aos meios resultantes de uma correcta e prudente gestão;

b) Alterações legislativas que tenham um impacte directo sobre as receitas ou custos respeitantes às actividades integradas na concessão.

2 – Os parâmetros, termos e critérios da reposição do equilíbrio económico e financeiro da concessão são fixados no contrato de concessão.

3 – Sempre que haja lugar à reposição do equilíbrio económico e financeiro da concessão, tal reposição pode ter lugar através de uma das seguintes modalidades:

a) Prorrogação do prazo da concessão;

b) Revisão do cronograma ou redução das obrigações de investimento previamente aprovados;

c) Atribuição de compensação directa pelo concedente;

d) Combinação das modalidades anteriores ou qualquer outra forma que seja acordada.

CAPÍTULO IX
Incumprimento do contrato de concessão

Base XXXV
Responsabilidade da concessionária por incumprimento

1 – A violação, pela concessionária, de qualquer das obrigações assumidas no contrato de concessão fá-la incorrer em responsabilidade perante o concedente.

2 – A responsabilidade da concessionária cessa sempre que ocorra caso de força maior, ficando a seu cargo fazer prova da ocorrência.

3 – Consideram-se unicamente casos de força maior os acontecimentos imprevisíveis e irresistíveis cujos efeitos se produzam independentemente da vontade ou circunstâncias pessoais da concessionária.

4 – Constituem, nomeadamente, casos de força maior actos de guerra, hostilidades ou invasão, terrorismo, epidemias, radiações atómicas, graves inundações, raios, ciclones, tremores de terra e outros cataclismos naturais que afectem a actividade compreendida na concessão.

5 – A ocorrência de um caso de força maior tem por efeito exonerar a concessionária da responsabilidade pelo não cumprimento das obrigações emergentes do contrato de concessão que sejam afectadas pela ocorrência do mesmo, na estrita medida em que o respectivo cumprimento pontual e atempado tenha sido efectivamente impedido.

6 – No caso de impossibilidade de cumprimento do contrato de concessão por causa de força maior, o concedente pode proceder à sua rescisão nos termos fixados no mesmo.

7 – A concessionária fica obrigada a comunicar ao concedente de imediato a ocorrência de qualquer evento qualificável como caso de força maior, bem como, no mais curto prazo possível, a indicar as obrigações emergentes do contrato de concessão cujo cumprimento, no seu entender, se encontra impedido ou dificultado por força de tal ocorrência e, bem assim, se for o caso, as medidas que tomou ou pretende tomar para fazer face à situação ocorrida, a fim de mitigar o impacte do referido evento e os respectivos custos.

8 – A concessionária deve, em qualquer caso, tomar imediatamente as medidas que sejam necessárias para assegurar a retoma normal das obrigações suspensas, constituindo estrita obrigação da concessionária mitigar, por qualquer meio razoável e apropriado ao seu dispor, os efeitos da verificação de um caso de força maior.

Base XXXVI
Multas contratuais

1 – Sem prejuízo das situações de incumprimento que podem dar origem a sequestro ou rescisão da concessão nos termos previstos nas presentes bases e no contrato de concessão, o incumprimento pela concessionária de quaisquer obrigações assumidas no contrato de concessão pode ser sancionado, por decisão do concedente, pela aplicação de multas contratuais, cujo montante varia em função da gravidade da infracção cometida e do grau de culpa do infractor, até € 5 000 000.

2 – A aplicação de multas contratuais está dependente de notificação prévia da concessionária pelo concedente para reparar o incumprimento e do não cumprimento do prazo de reparação fixado nessa notificação, nos termos do número seguinte, ou da não reparação integral da falta pela concessionária naquele prazo.

3 – O prazo de reparação do incumprimento é fixado pelo concedente de acordo com critérios de razoabilidade e tem sempre em atenção a defesa do interesse público e a manutenção em funcionamento da concessão.

4 – Caso a concessionária não proceda ao pagamento voluntário das multas contratuais que lhe forem aplicadas no prazo de 20 dias a contar a partir da sua fixação e notificação pelo concedente, este pode utilizar a caução para pagamento das mesmas.

5 – O valor máximo das multas estabelecido na presente base é actualizado em Janeiro de cada ano, de acordo com o índice de preços no consumidor no continente, excluindo habitação, publicado pelo Instituto Nacional de Estatística, referente ao ano anterior.

6 – A aplicação de multas não prejudica a aplicação de outras sanções contratuais nem de outras sanções previstas na lei ou em regulamento nem isenta a concessionária da responsabilidade civil, criminal e contra-ordenacional em que incorrer perante o concedente ou terceiro.

BASE XXXVII
Sequestro

1 – Em caso de incumprimento grave, pela concessionária, das obrigações emergentes do contrato de concessão, o concedente, através de despacho do ministro responsável pela área da energia, pode, mediante sequestro, tomar conta da concessão.

2 – O sequestro da concessão pode ter lugar, nomeadamente, quando se verifique qualquer das seguintes situações, por motivos imputáveis à concessionária:

a) Estiver iminente ou ocorrer a cessação ou interrupção, total ou parcial, do desenvolvimento da actividade objecto da concessão;

b) Deficiências graves na organização, no funcionamento ou no regular desenvolvimento da actividade objecto da concessão, bem como situações de insegurança de pessoas e bens;

c) Deficiências graves no estado geral das infra-estruturas, das instalações e dos equipamentos que comprometam a continuidade ou a qualidade da actividade objecto da concessão.

3 – A concessionária está obrigada a proceder à entrega da concessão no prazo que lhe for fixado pelo concedente quando lhe for comunicada a decisão de sequestro da concessão.

4 – Verificando-se qualquer facto que possa dar lugar ao sequestro da concessão, observar se-á, com as devidas adaptações, o processo de sanação do incumprimento previsto nos n.ᵒˢ 4 a 5 da base XLII.

5 – Verificado o sequestro, a concessionária suporta todos os encargos que resultarem, para o concedente, do exercício da concessão, bem como as despesas extraordinárias necessárias ao restabelecimento da normalidade.

6 – Logo que cessem as razões do sequestro e seja restabelecido o normal funcionamento da concessão, a concessionária é notificada para retomar a concessão, no prazo que lhe for fixado.

7 – A concessionária pode optar pela rescisão da concessão caso o sequestro se mantenha por seis meses após ter sido restabelecido o normal funcionamento da concessão, sendo então aplicável o disposto na base XLIII.

8 – Se a concessionária não retomar a concessão no prazo que lhe for fixado, pode o concedente, através do ministro responsável pela área da energia, determinar a imediata rescisão do contrato de concessão.

9 – No caso de a concessionária ter retomado o exercício da concessão e continuarem a verificar-se graves deficiências no mesmo, pode o concedente, através do ministro responsável pela área da energia, ordenar novo sequestro ou determinar a imediata rescisão do contrato de concessão.

CAPÍTULO X
Suspensão e extinção da concessão

BASE XXXVIII
Casos de extinção da concessão

1 – A concessão extingue-se por acordo entre o concedente e a concessionária, por rescisão, por resgate e pelo decurso do respectivo prazo.

2 – A extinção da concessão opera a transmissão para o concedente de todos os bens e meios a ela afectos, nos termos previstos nas presentes bases e no contrato de concessão, bem como dos direitos e das obrigações inerentes ao seu exercício, sem prejuízo do direito de regresso do concedente sobre a concessionária pelas obrigações por esta assumidas que sejam estranhas às actividades da concessão ou que hajam sido contraídas em violação da lei ou do contrato de concessão ou, ainda, que sejam obrigações vencidas e não cumpridas.

3 – Da transmissão prevista no número anterior excluem-se os fundos ou reservas consignados à garantia ou cobertura de obrigações da concessionária de cujo cumprimento lhe seja dada quitação pelo concedente, a qual se presume se decorrido um ano sobre a extinção da concessão não houver declaração em contrário do concedente, através do ministro responsável pela área da energia.

4 – A tomada de posse da concessão pelo concedente é precedida de vistoria *ad perpetuam rei memoriam*, realizada pelo concedente, à qual assistem representantes da concessionária, destinada à verificação do estado de conservação e manutenção dos bens, devendo ser lavrado o respectivo auto.

BASE XXXIX
Procedimentos em caso de extinção da concessão

1 – O concedente reserva-se o direito de tomar, nos últimos dois anos do prazo da concessão, as providências que julgar convenientes para assegurar a continuação do serviço no termo da concessão ou as medidas necessárias para efectuar, durante o mesmo prazo, a transferência progressiva da actividade objecto da concessão para a nova concessionária.

2 – No contrato de concessão são previstos os termos e os modos pelos quais se procede, em caso de extinção da concessão, à transferência para o concedente da titularidade de eventuais direitos detidos pela concessionária sobre terceiros e que se revelem necessários para a continuidade da prestação dos serviços concedidos e, em geral, à tomada de quaisquer outras medidas tendentes a evitar a interrupção da prestação do serviço público concessionado.

Base XL

Decurso do prazo da concessão

1 – Decorrido o prazo da concessão, transmitem-se para o Estado todos os bens e meios afectos à concessão, livres de ónus ou encargos, em bom estado de conservação, funcionamento e segurança, sem prejuízo do normal desgaste do seu uso para efeitos do contrato de concessão.

2 – Cessando a concessão pelo decurso do prazo, é paga pelo Estado à concessionária uma indemnização correspondente ao valor contabilístico dos bens afectos à concessão, adquiridos pela concessionária, com referência ao último balanço aprovado, líquido de amortizações e de comparticipações financeiras e subsídios a fundo perdido.

3 – Caso a concessionária não dê cumprimento ao disposto no n.º 1, o concedente promove a realização dos trabalhos e aquisições que sejam necessários à reposição dos bens aí referidos, correndo os respectivos custos pela concessionária e podendo ser utilizada a caução para os liquidar no caso de a concessionária não proceder ao pagamento voluntário e atempado dos referidos custos.

Base XLI

Resgate da concessão

1 – O concedente pode resgatar a concessão sempre que o interesse público o justifique, decorridos que sejam, pelo menos, 15 anos sobre a data do início do respectivo prazo, mediante notificação feita à concessionária, por carta registada com aviso de recepção, com, pelo menos, um ano de antecedência.

2 – O concedente assume, decorrido o período de um ano sobre a notificação do resgate, todos os bens e meios afectos à concessão anteriormente à data dessa notificação, incluindo todos os direitos e obrigações inerentes ao exercício da concessão, e ainda aqueles que tenham sido assumidos pela concessionária após a data da notificação desde que tenham sido previamente autorizados pelo concedente, através do ministro responsável pela área da energia.

3 – A assunção de obrigações por parte do concedente é feita, sem prejuízo do seu direito de regresso sobre a concessionária, pelas obrigações por esta contraídas que tenham exorbitado da gestão normal da concessão.

4 – Em caso de resgate, a concessionária tem direito a uma indemnização cujo valor deve atender ao valor contabilístico, à data do resgate, dos bens revertidos para o concedente, livres de quaisquer ónus ou encargos, e ao valor de eventuais lucros cessantes.

5 – O valor contabilístico dos bens referidos no número anterior, à data do resgate, entende-se líquido de amortizações e de comparticipações financeiras e subsídios a fundo perdido, incluindo-se nestes o valor dos bens cedidos pelo concedente.

6 – Para efeitos do cálculo da indemnização, o valor dos bens que se encontrem anormalmente depreciados ou deteriorados devido a deficiência da concessionária na sua manutenção ou reparação, é determinado de acordo com o seu estado de funcionamento efectivo.

BASE XLII
Rescisão do contrato de concessão pelo concedente

1 – O concedente pode rescindir o contrato de concessão no caso de violação grave, não sanada ou não sanável, das obrigações da concessionária decorrentes do contrato de concessão.

2 – Constituem, nomeadamente, causas de rescisão do contrato de concessão por parte do concedente, os seguintes factos ou situações:

a) Desvio do objecto e dos fins da concessão;

b) Suspensão ou interrupção injustificadas das actividades objecto da concessão;

c) Oposição reiterada ao exercício da fiscalização, repetida desobediência às determinações do concedente, ou sistemática inobservância das leis e dos regulamentos aplicáveis à exploração, quando se mostrem ineficazes as sanções aplicadas;

d) Recusa em proceder à adequada conservação e reparação das infra-estruturas ou ainda à sua necessária ampliação;

e) Recusa ou impossibilidade da concessionária em retomar a concessão, nos termos do disposto no n.º 8 da base XXXVII, ou, quando o tiver feito, continuação das situações que motivaram o sequestro;

f) Cobrança dolosa das tarifas com valor superior ao fixado;

g) Dissolução ou insolvência da concessionária;

h) Transmissão ou oneração da concessão, no todo ou em parte, sem prévia autorização;

i) Recusa da reconstituição atempada da caução.

3 – Não constituem causas de rescisão os factos ocorridos por motivos de força maior.

4 – Verificando-se um dos casos de incumprimento referidos no número anterior ou qualquer outro que, nos termos do disposto no n.º 1 desta base, possa motivar a rescisão da concessão, o concedente, através do ministro responsável pela área da energia, deve notificar a concessionária para, no prazo que razoavelmente lhe for fixado, cumprir integralmente as suas obrigações e corrigir ou reparar as consequências dos seus actos, excepto tratando-se de uma violação não sanável.

5 – Caso a concessionária não cumpra as suas obrigações ou não corrija ou repare as consequências do incumprimento nos termos determinados pelo concedente, este pode rescindir o contrato de concessão mediante comunicação enviada à concessionária, por carta registada com aviso de recepção, sem prejuízo do disposto no número seguinte.

6 – Caso o concedente pretenda rescindir o contrato de concessão, designadamente pelos factos referidos na alínea g) do n.º 1, deve previamente notificar os principais credores da concessionária que sejam conhecidos para, no prazo que lhes for determinado, nunca superior a três meses, proporem uma solução que possa sobrestar à rescisão, desde que o concedente com ela concorde.

7 – A comunicação da decisão de rescisão referida no n.º 5 produz efeitos imediatos, independentemente de qualquer outra formalidade.

8 – A rescisão do contrato de concessão pelo concedente implica a transmissão gratuita de todos os bens e meios afectos à concessão para o concedente sem qualquer indemnização e, bem assim, a perda da caução prestada em garantia do pontual e integral cumprimento do contrato, sem prejuízo do direito de o concedente ser indemnizado pelos prejuízos sofridos nos termos gerais de direito.

BASE XLIII

Rescisão do contrato de concessão pela concessionária

1 – A concessionária pode rescindir o contrato de concessão com fundamento no incumprimento grave das obrigações do concedente, se do mesmo resultarem perturbações que ponham em causa o exercício da actividade concedida.

2 – A rescisão prevista no número anterior implica a transmissão de todos os bens e meios afectos à concessão para o concedente, sem prejuízo do direito da concessionária ser ressarcida dos prejuízos que lhe foram causados, incluindo o valor dos investimentos efectuados e lucros cessantes calculados nos termos previstos anteriormente para o resgate.

3 – A rescisão do contrato de concessão produz efeitos à data da sua comunicação ao concedente por carta registada com aviso de recepção.

4 – No caso de rescisão do contrato de concessão pela concessionária, esta deve seguir o procedimento previsto para o concedente nos n.ºs 4 e 5 da base anterior.

CAPÍTULO XI
Disposições diversas

BASE XLIV
Exercício dos poderes do concedente

Os poderes do concedente referidos nas presentes bases, excepto quando devam ser exercidos pelo ministro responsável pela área da energia, devem ser exercidos pela DGGE, sendo os actos praticados pelo respectivo Director-Geral, ou pela ERSE, consoante as competências de cada uma destas entidades.

BASE XLV
Resolução de diferendos

1 – O concedente e a concessionária podem celebrar convenções de arbitragem destinadas à resolução de quaisquer questões emergentes do contrato de concessão, nos termos da Lei n.º 31/86, de 29 de Agosto.

2 – A concessionária e os operadores e utilizadores da RNTGN podem, nos termos da lei, celebrar convenções de arbitragem para solução dos litígios emergentes dos respectivos contratos.

ANEXO IV
(a que se refere o n.º 1 do artigo 70.º)
Bases das concessões da actividade de distribuição de gás natural

CAPÍTULO I
Disposições e princípios gerais

BASE I
Objecto da concessão

1 – A concessão tem por objecto a actividade de distribuição regional de gás natural em baixa e média pressão exercida em regime de serviço público através da RNDGN na área que venha a ser definida no contrato de concessão.

2 – Integram-se no objecto da concessão:

a) O recebimento, veiculação e entrega de gás natural em média e baixa pressões;

b) A construção, operação, exploração, manutenção e expansão de todas as infra-estruturas que integram a RNDGN, na área correspondente à concessão e, bem assim, das instalações necessárias para a sua operação.

3 – Integram-se ainda no objecto da concessão:

a) O planeamento, desenvolvimento, expansão e gestão técnica da RNDGN e a construção das respectivas infra-estruturas e das instalações necessárias para a sua operação;

b) A gestão da interligação da RNDGN com a RNTGN.

4 – Sem prejuízo do disposto no artigo 31.º do Decreto-Lei n.º 30/2006, de 15 de Fevereiro, a concessionária pode exercer outras actividades, para além das que se integram no objecto da concessão, no respeito pela legislação aplicável ao sector do gás natural, com fundamento no proveito daí resultante para a concessão ou com vista a optimizar a utilização dos bens afectos à mesma, desde que essas actividades sejam acessórias ou complementares e não prejudiquem a regularidade e a continuidade da prestação do serviço público e sejam previamente autorizadas pelo concedente.

5 – A concessionária é desde já autorizada, nos termos do número anterior, a explorar, directa ou indirectamente, ou ceder a exploração, da capacidade excedentária da rede de telecomunicações instalada para a operação da RNDGN.

Base II
Âmbito e exclusividade da concessão

1 – A concessão tem como âmbito geográfico os concelhos indicados no contrato de concessão e é exercida em regime de exclusivo, sem prejuízo do direito de acesso de terceiros às várias infra-estruturas que a integram nos termos previstos nas presentes bases e na legislação e na regulamentação aplicáveis.

2 – O regime de exclusivo referido no n.º 1 pode ser alterado em conformidade com a política energética aprovada pela União Europeia e aplicável ao Estado Português.

Base III
Prazo da concessão

1 – O prazo da concessão é fixado no contrato de concessão e não pode exceder 40 anos contados a partir da data da celebração do respectivo contrato.

2 – A concessão pode ser renovada se o interesse público assim o justificar e a concessionária tiver cumprido as suas obrigações legais e contratuais.

3 – A intenção de renovação da concessão deve ser comunicada à concessionária, pelo concedente, com a antecedência mínima de dois anos relativamente ao termo do prazo da concessão.

BASE IV

Serviço público

1 – A concessionária deve desempenhar a actividade concessionada de acordo com as exigências de um regular, contínuo e eficiente funcionamento do serviço público e adoptar, para o efeito, os melhores procedimentos, meios e tecnologias utilizados no sector do gás, com vista a garantir, designadamente, a segurança de pessoas e bens.

2 – Com o objectivo de assegurar a permanente adequação da concessão às exigências da regularidade, da continuidade e eficiência do serviço público, o concedente reserva-se o direito de alterar, por via legal ou regulamentar, as condições da sua exploração.

3 – Quando, por efeito do disposto no número anterior, se alterarem significativamente as condições de exploração da concessão, o concedente compromete-se a promover a reposição do equilíbrio económico e financeiro da concessão, nos termos previstos na base XXXIV, desde que a concessionária não possa legitimamente prover a tal reposição recorrendo aos meios resultantes de uma correcta e prudente gestão.

BASE V

Direitos e obrigações da concessionária

1 – A concessionária beneficia dos direitos e encontra-se sujeita às obrigações estabelecidas no Decreto-Lei n.º 30/2006, de 15 de Fevereiro, e demais legislação e regulamentação aplicáveis à actividade que integra o objecto da concessão, sem prejuízo dos demais direitos e obrigações estabelecidos nas presentes bases e no contrato de concessão.

2 – A concessionária deve contribuir para a segurança do abastecimento de gás natural, assegurando nomeadamente a capacidade das respectivas redes e demais infra-estruturas.

Base VI

Princípios aplicáveis às relações com os utilizadores

1 – A concessionária deve proporcionar aos utilizadores da RNDGN, de forma não discriminatória e transparente, o acesso às respectivas infra-estruturas, nos termos previstos nas presentes bases e na legislação e na regulamentação aplicáveis, não podendo estabelecer diferenças de tratamento entre os referidos utilizadores que não resultem da aplicação de critérios ou de condicionalismos legais, regulamentares ou técnicos, ou ainda de condicionalismos de natureza contratual desde que aceites pela ERSE.

2 – O disposto no número anterior não impede a concessionária de celebrar contratos a longo prazo, no respeito pelas regras da concorrência.

3 – A concessionária tem o direito de receber pela utilização das redes e demais infra-estruturas e pela prestação dos serviços inerentes uma retribuição por aplicação de tarifas reguladas definidas no Regulamento Tarifário.

4 – A concessionária deve preservar a confidencialidade das informações comercialmente sensíveis obtidas no seu relacionamento com os utilizadores, bem como a de quaisquer outros dados no respeito pelas disposições legais aplicáveis à protecção de dados pessoais.

5 – A concessionária deve manter, por um prazo de cinco anos, um registo das queixas ou reclamações que lhe tenham sido apresentadas pelos utilizadores.

CAPÍTULO II

Bens e meios afectos à concessão

Base VII

Bens e meios afectos à concessão

1 – Consideram-se afectos à concessão os bens que constituem a RNDGN na parte correspondente à área da mesma, designadamente:

a) O conjunto de condutas de distribuição de gás natural a jusante das estações de redução de pressão de 1.ª classe com as respectivas tubagens, válvulas de seccionamento, antenas e estações de compressão;

b) As instalações afectas à redução de pressão para entrega a clientes finais, incluindo todo o equipamento de controlo, regulação e medida indispensável à operação e funcionamento do sistema de distribuição de gás natural;

c) As instalações e equipamentos de telecomunicações, telemedida e telecomando afectas à gestão das instalações de distribuição e entrega de gás natural aos clientes finais.

2 – Consideram-se ainda afectos à concessão:

a) Os imóveis pertencentes à concessionária em que estejam implantados os bens referidos no número anterior, assim como as servidões constituídas em benefício da concessão;

b) Outros bens móveis ou direitos relativos a bens imóveis utilizados ou relacionados com o exercício da actividade objecto da concessão;

c) Os direitos privativos de propriedade intelectual e industrial de que a concessionária seja titular;

d) Quaisquer fundos ou reservas consignados à garantia do cumprimento das obrigações da concessionária, por força de obrigação emergente da lei ou do contrato de concessão e enquanto durar essa vinculação;

e) As relações e posições jurídicas directamente relacionadas com a concessão, nomeadamente laborais, de empreitada, de locação e de prestação de serviços;

f) Os activos incorpóreos correspondentes aos investimentos realizados pelas concessionárias associados aos processos de conversão de clientes para gás natural.

Base VIII
Inventário do património

1 – A concessionária deve elaborar e manter permanentemente actualizado, e à disposição do concedente, um inventário do património afecto à concessão.

2 – No inventário a que se refere o número anterior devem ser mencionados os ónus ou encargos que recaem sobre os bens afectos à concessão.

3 – Os bens e direitos patrimoniais tornados desnecessários à concessão são abatidos ao inventário, nos termos previstos no n.º 2 da base X.

Base IX
Manutenção dos bens afectos à concessão

A concessionária fica obrigada a manter, durante o prazo de vigência da concessão, em permanente estado de bom funcionamento, conservação e segurança, os bens e meios afectos à concessão, efectuando para tanto as reparações, renovações, adaptações e modernizações necessárias ao bom desempenho do serviço público concedido.

Base X

Regime de oneração e transmissão dos bens afectos à concessão

1 – A concessionária não pode onerar ou transmitir, por qualquer forma, os bens que integram a concessão, sem prejuízo do disposto nos números seguintes.

2 – Os bens e direitos que tenham perdido utilidade para a concessão são abatidos ao inventário referido na base VIII, mediante prévia autorização do concedente, que se considera concedida se este não se opuser no prazo de 30 dias contados da recepção do pedido.

3 – A oneração ou transmissão de bens imóveis afectos à concessão fica sujeita a autorização do ministro responsável pela área da energia.

4 – A oneração ou transmissão de bens, e direitos, afectos à concessão em desrespeito do disposto na presente base determina a nulidade dos respectivos actos ou contratos.

Base XI

Posse e propriedade dos bens

1 – A concessionária detém a posse e propriedade dos bens afectos à concessão enquanto durar a concessão e até à extinção desta.

2 – Com a extinção da concessão, os bens a ela afectos transferem-se para o concedente nos termos previstos nas presentes bases e no contrato de concessão.

CAPÍTULO III
Sociedade concessionária

Base XII

Objecto social, sede e forma

1 – O projecto de estatutos da sociedade concessionária deve ser submetido a prévia aprovação do ministro responsável pela área da energia.

2 – A concessionária deve ter como objecto social principal, ao longo de todo o período de duração da concessão, o exercício da actividade integrada no objecto da concessão, devendo manter ao longo do mesmo período a sua sede em Portugal e a forma de sociedade anónima, regulada pela lei portuguesa.

3 – O objecto social da concessionária pode incluir o exercício de outras actividades, para além das que integram o objecto da concessão e, bem assim, a participação no capital de outras sociedades, desde que seja respeitado o disposto nas presentes bases e na legislação aplicável ao sector do gás natural.

Base XIII
Acções da concessionária

1 – Todas as acções representativas do capital social da concessionária são obrigatoriamente nominativas.

2 – A oneração ou transmissão de acções representativas do capital social da concessionária depende, sob pena de nulidade, de autorização prévia do concedente, a qual não pode ser infundadamente recusada e se considera tacitamente concedida se não for recusada, por escrito, no prazo de 30 dias a contar a partir da data da respectiva solicitação.

3 – Exceptua-se do disposto no número anterior a oneração de acções efectuada em benefício das entidades financiadoras de qualquer das actividades que integram o objecto da concessão, e no âmbito dos contratos de financiamento que venham a ser celebrados pela concessionária para o efeito, desde que as entidades financiadoras assumam, nos referidos contratos, a obrigação de obter a autorização prévia do concedente em caso de execução das garantias de que resulte a transmissão a terceiros das acções oneradas.

4 – A oneração de acções referida no número anterior deve, em qualquer caso, ser comunicada ao concedente, a quem deve ser enviada, no prazo de 30 dias a contar a partir da data em que seja constituída, cópia autenticada do documento que formaliza a oneração e, bem assim, informação detalhada sobre quaisquer outros termos e condições que sejam estabelecidos.

Base XIV
Deliberações dos órgãos da sociedade concessionária e acordos entre accionistas

1 – Sem prejuízo de outras limitações previstas nas presentes bases e no contrato de concessão, ficam sujeitas a autorização prévia do concedente, através do ministro responsável pela área da energia, as deliberações da concessionária relativas à alteração do objecto social, à transformação, fusão, cisão ou dissolução da sociedade.

2 – Os acordos parassociais celebrados entre os accionistas da concessionária, bem como as respectivas alterações, devem ser objecto de aprovação prévia pelo concedente, através do ministro responsável pela área da energia.

3 – As autorizações a aprovações previstas na presente base não podem ser infundadamente recusadas e considerar-se-ão tacitamente concedidas se não forem recusadas, por escrito, no prazo de 30 dias a contar a partir da data da respectiva solicitação.

BASE XV
Financiamento

1 – A concessionária é responsável pela obtenção do financiamento necessário ao desenvolvimento do objecto da concessão, de forma a cumprir cabal e atempadamente todas as obrigações que assume no contrato de concessão.

2 – Para os efeitos do disposto no n.º 1, a concessionária deve manter, no final de cada ano, um rácio de autonomia financeira superior a 20%.

CAPÍTULO IV
Construção, planeamento, remodelação e expansão das infra-estruturas

BASE XVI
Projectos

1 – A construção e a exploração da rede e demais infra-estruturas de distribuição de gás natural ficam sujeitas à aprovação dos respectivos projectos nos termos da legislação aplicável.

2 – A concessionária é responsável pela concepção, projecto e construção de todas as infra-estruturas e instalações que integram a concessão, bem como pela sua remodelação e expansão.

3 – A aprovação dos projectos pelo concedente não implica, para este, qualquer responsabilidade derivada de erros de concepção, projecto, construção ou da inadequação das instalações e do equipamento ao serviço da concessão.

BASE XVII
Direitos e deveres decorrentes da aprovação dos projectos

1 – A aprovação dos respectivos projectos confere à concessionária, nomeadamente, os seguintes direitos:

a) Utilizar, de acordo com a legislação aplicável, os bens do domínio público ou privado do Estado e de outras pessoas colectivas públicas para o estabelecimento ou passagem das respectivas infra-estruturas ou instalações;

b) Constituir, nos termos da legislação aplicável, as servidões sobre os imóveis necessários ao estabelecimento das respectivas infra-estruturas ou instalações;

c) Proceder à expropriação, por utilidade pública e urgente, nos termos da legislação aplicável, dos bens imóveis, ou direitos a eles relativos, necessários ao estabelecimento das respectivas infra-estruturas ou instalações.

2 – As licenças e autorizações exigidas por lei para a exploração das redes e demais infra-estruturas consideram-se outorgadas à concessionária com a aprovação dos respectivos projectos, sem prejuízo da verificação por parte das entidades licenciadoras da conformidade na sua execução.

3 – Cabe à concessionária o pagamento das indemnizações decorrentes do exercício dos direitos referidos no n.º 1.

4 – No atravessamento de terrenos do domínio público ou dos particulares, a concessionária deve adoptar os procedimentos estabelecidos na legislação aplicável e proceder à reparação de todos os prejuízos que resultem dos trabalhos executados.

BASE XVIII

Planeamento, remodelação e expansão
das redes e demais infra-estruturas

1 – O planeamento das redes e demais infra-estruturas está integrado no planeamento da RNDGN, nos termos previstos na legislação e na regulamentação aplicáveis.

2 – Constitui encargo e responsabilidade da concessionária o planeamento, remodelação e expansão das redes e demais infra-estruturas de distribuição de gás natural que integram a concessão, tendo em conta as condições exigíveis à satisfação do consumo na área da concessão de acordo a expansão previsional do mercado de gás natural.

3 – A concessionária deve observar na remodelação e expansão das infra-estruturas os prazos de execução adequados à permanente satisfação das necessidades identificadas no respectivo PDIR.

4 – A concessionária deve elaborar e apresentar ao concedente, nos termos previstos no contrato de concessão e de forma articulada com a gestão técnica global do sistema e com os utilizadores, o plano de investimentos nas redes e demais infra-estruturas que integram a concessão.

5 – Por razões de interesse público, nomeadamente as relativas à segurança, regularidade e qualidade do abastecimento, o concedente pode determinar a remodelação ou expansão das redes e infra-estruturas que integram a concessão, nos termos que venham a ser fixados no respectivo contrato.

CAPÍTULO V
Exploração das infra-estruturas

BASE XIX
Condições de exploração

1 – A concessionária, enquanto operadora da RNDGN na área da sua concessão, é responsável pela exploração e manutenção das redes e infra-estruturas que integram a concessão, no respeito pela legislação e regulamentação aplicáveis.

2 – Compete à concessionária gerir os fluxos de gás natural na rede, assegurando a sua interoperacionalidade com as outras redes a que esteja ligada e com as instalações dos consumidores, no quadro da gestão técnica global do sistema.

3 – A concessionária deve assegurar que a distribuição de gás natural é efectuada em condições técnicas adequadas, de forma a garantir a segurança de pessoas e bens.

BASE XX
Informação

A concessionária tem a obrigação de fornecer ao concedente todos os elementos relativos à concessão que este entenda dever solicitar-lhe.

BASE XXI
Participação de desastres e acidentes

1 – A concessionária é obrigada a participar imediatamente à DGGE todos os desastres e acidentes ocorridos nas suas instalações e, se tal não for possível, no prazo máximo de três dias a contar a partir da data da ocorrência.

2 – Sem prejuízo das competências atribuídas às autoridades públicas, sempre que dos desastres ou acidentes resultem mortes, ferimentos graves ou prejuízos materiais importantes, a concessionária deve elaborar, e enviar ao concedente, um relatório técnico com a análise das circunstâncias da ocorrência e com o estado das instalações.

BASE XXII

Ligações das redes de distribuição à RNTGN e aos consumidores

1 – A ligação das redes de distribuição à RNTGN deve fazer-se nas condições previstas nos regulamentos aplicáveis.

2 – A ligação das redes de distribuição aos consumidores deve fazer-se nas condições previstas nos regulamentos aplicáveis.

3 – A concessionária pode recusar, fundamentadamente, o acesso às respectivas redes e infra-estruturas com base na falta de capacidade ou falta de ligação, ou se esse acesso a impedir de cumprir as suas obrigações de serviço público.

4 – A concessionária pode ainda recusar a ligação aos consumidores finais sempre que as instalações e os equipamentos de recepção dos mesmos não preencham as disposições legais e regulamentares aplicáveis, nomeadamente as respeitantes aos requisitos técnicos e de segurança.

5 – A concessionária pode impor aos consumidores, sempre que o exijam razões de segurança, a substituição, reparação ou adaptação dos respectivos equipamentos de ligação ou de recepção.

6 – A concessionária tem o direito de montar, nas instalações dos consumidores, equipamentos de medida ou de telemedida, bem como sistemas de protecção nos pontos de ligação da sua rede com essas instalações.

BASE XXIII

Relacionamento com a concessionária da RNTGN

A concessionária encontra-se sujeita às obrigações que decorrem do exercício, por parte da concessionária da RNTGN, das suas competências em matéria de gestão técnica global do SNGN, planeamento da RNTIAT e segurança do abastecimento, nos termos previstos na legislação e na regulamentação aplicáveis.

BASE XXIV

Interrupção por facto imputável ao consumidor

1 – A concessionária pode interromper a prestação do serviço público concessionado nos termos da regulamentação aplicável e, nomeadamente, nos seguintes casos:

a) Alteração não autorizada do funcionamento de equipamentos de queima ou sistemas de ligação às redes de distribuição de gás natural que ponha em causa a segurança ou a regularidade da entrega;

b) Incumprimento grave dos regulamentos aplicáveis ou, em caso de emergência, das suas ordens e instruções;

c) Incumprimento de obrigações contratuais pelo cliente final, designadamente em caso de falta de pagamento a qualquer comercializador de gás natural, incluindo o comercializador de último recurso.

2 – A concessionária pode, ainda, interromper unilateralmente a prestação do serviço público concessionado aos consumidores que causem perturbações que afectem a qualidade do serviço prestado quando, uma vez identificadas as causas perturbadoras, os consumidores, após aviso da concessionária, não corrijam as anomalias em prazo adequado, tendo em consideração os trabalhos a realizar.

Base XXV

Interrupções por razões de interesse público ou de serviço

1 – A prestação do serviço público concessionado pode ser interrompida por razões de interesse público, nomeadamente quando se trate da execução de planos nacionais de emergência, declarada ao abrigo de legislação específica.

2 – As interrupções das actividades objecto da concessão, por razões de serviço, têm lugar quando haja necessidade imperiosa de realizar manobras ou trabalhos de ligação, reparação ou conservação das infra-estruturas ou instalações, desde que tenham sido esgotadas todas as possibilidades alternativas.

3 – Nas situações referidas nos números anteriores, a concessionária deve avisar os utilizadores das redes e os consumidores que possam vir a ser afectados, com a antecedência mínima de 36 horas, salvo no caso da realização de trabalhos que a segurança de pessoas e bens torne inadiáveis ou quando haja necessidade urgente de trabalhos para garantir a segurança das redes e demais infra-estruturas de distribuição de gás natural.

Base XXVI

Medidas de protecção

1 – Sem prejuízo das medidas de emergência adoptadas pelo Governo, quando se verifique uma situação de emergência que ponha em risco a segurança de pessoas ou bens, deve a concessionária promover imediatamente as medidas que entender necessárias em matéria de segurança.

2 – As medidas referidas no número anterior devem ser imediatamente comunicadas à DGGE, às respectivas autoridades concelhias, à autoridade policial da zona afectada e, se for caso disso, ao Serviço Nacional de Protecção Civil.

Base XXVII
Responsabilidade civil

1 – A concessionária é responsável, nos termos gerais de direito, por quaisquer prejuízos causados ao concedente ou a terceiros, pela culpa ou pelo risco, no exercício da actividade objecto da concessão.

2 – Para os efeitos do disposto no artigo 509.º do Código Civil, entende-se que a utilização das infra-estruturas e instalações integradas na concessão é feita no exclusivo interesse da concessionária.

3 – A concessionária fica obrigada à constituição de um seguro de responsabilidade civil para cobertura dos danos materiais e corporais causados a terceiros e resultantes do exercício da respectiva actividade, cujo montante mínimo obrigatório é fixado por portaria do ministro responsável pela área da energia e actualizável de três em três anos.

4 – A concessionária deve apresentar ao concedente os documentos comprovativos da celebração do seguro, bem como da actualização referida no número anterior.

Base XXVIII
Cobertura por seguros

1 – Para além do seguro referido na base anterior, a concessionária deve assegurar a existência e manutenção em vigor das apólices de seguro necessárias para garantir uma efectiva cobertura dos riscos da concessão.

2 – No âmbito da obrigação referida no número anterior, a concessionária fica obrigada a constituir seguros envolvendo todas as infra-estruturas e instalações que integram a concessão, contra riscos de incêndio, explosão e danos devido a terramoto ou temporal, nos termos fixados no contrato de concessão.

3 – O disposto nos números anteriores pode ser objecto de regulamentação pelo Instituto de Seguros de Portugal.

CAPÍTULO VI
Garantias e fiscalização do cumprimento das obrigações da concessionária

Base XXIX
Caução

1 – Para a garantia do pontual e integral cumprimento das obrigações emergentes do contrato de concessão e da cobrança das multas aplicadas, a concessionária deve, antes da assinatura do contrato de concessão, prestar a favor do concedente uma caução a definir no contrato de concessão entre € 1 000 000 e € 5 000 000.

2 – O concedente pode utilizar a caução sempre que a concessionária não cumpra qualquer obrigação assumida no contrato de concessão.

3 – O recurso à caução é precedido de despacho do ministro responsável pela área da energia, não dependendo de qualquer outra formalidade ou de prévia decisão judicial ou arbitral.

4 – Sempre que o concedente utilize a caução, a concessionária deve proceder à reposição do seu montante integral no prazo de 30 dias a contar a partir da data daquela utilização.

5 – O valor da caução é actualizado de três em três anos de acordo com o índice de preços no consumidor no continente, excluindo habitação, publicado pelo Instituto Nacional de Estatística.

6 – A caução só pode ser levantada pela concessionária um ano após a data da extinção do contrato de concessão ou antes de decorrido aquele prazo por determinação expressa do concedente, através do ministro responsável pela área da energia, mas sempre após a extinção da concessão.

7 – A caução prevista nesta base bem como outras que a concessionária venha a estar obrigada a constituir a favor do concedente devem ser prestadas por depósito em dinheiro ou por garantia bancária autónoma à primeira solicitação, cujo texto deve ser previamente aprovado pelo concedente.

Base XXX
Fiscalização e regulação

1 – Sem prejuízo das competências atribuídas a outras entidades públicas, cabe à DGGE o exercício dos poderes de fiscalização da concessão, nomeadamente no que se refere ao cumprimento das disposições legais e regulamentares aplicáveis e do contrato de concessão.

2 – Sem prejuízo das competências atribuídas a outras entidades públicas, cabe à ERSE o exercício dos poderes de regulação das actividades que integram o objecto da concessão, nos termos previstos na legislação e na regulamentação aplicáveis.

3 – Para efeitos do disposto nos números anteriores, a concessionária deve prestar todas as informações e facultar todos os documentos que lhe forem solicitados pelas entidades fiscalizadora e reguladora no âmbito das respectivas competências, bem como permitir o livre acesso do pessoal das referidas entidades devidamente credenciado e no exercício das suas funções a todas as suas instalações.

CAPÍTULO VII
Modificações objectivas e subjectivas da concessão

Base XXXI
Alteração do contrato de concessão

1 – O contrato de concessão pode ser alterado unilateralmente pelo concedente, sem prejuízo da reposição do respectivo equilíbrio económico e financeiro nos termos previstos na base XXXIV.

2 – O contrato de concessão pode também ser alterado por força de disposição legal imperativa, designadamente a decorrente das políticas energéticas aprovadas pela União Europeia e aplicáveis ao Estado Português.

3 – O contrato de concessão pode ainda ser modificado por acordo entre o concedente e a concessionária, desde que a modificação não envolva a violação do regime jurídico da concessão nem implique a derrogação das presentes bases.

Base XXXII
Transmissão e oneração da concessão

1 – A concessionária não pode, sem prévia autorização do concedente, através do ministro responsável pela área da energia, onerar, subconceder, trespassar ou transmitir, por qualquer forma, no todo ou em parte, a concessão ou realizar qualquer negócio jurídico que vise atingir ou tenha por efeito, mesmo que indirecto, idênticos resultados.

2 – Os actos praticados ou os contratos celebrados em violação do disposto no número anterior são nulos, sem prejuízo de outras sanções aplicáveis.

3 – No caso de subconcessão ou de trespasse, a concessionária deve comunicar ao concedente a sua intenção de proceder à subconcessão ou ao trespasse,

remetendo-lhe a minuta do respectivo contrato de subconcessão ou de trespasse e indicando todos os elementos do negócio que pretende realizar, bem como o calendário previsto para a sua realização e a identidade do subconcessionário ou do trespassário.

4 – No caso de haver lugar a uma subconcessão devidamente autorizada, a concessionária mantém os direitos e continua sujeita às obrigações decorrentes do contrato de concessão.

5 – Ocorrendo trespasse da concessão, consideram-se transmitidos para o trespassário todos os direitos e obrigações da concessionária, assumindo ainda aquele os deveres, as obrigações e os encargos que eventualmente venham a ser-lhe impostos pelo concedente como condição para a autorização do trespasse.

6 – A concessionária é responsável pela transferência integral dos seus direitos e obrigações para o trespassário, incluindo as obrigações incertas, ilíquidas ou inexigíveis à data do trespasse, em termos em que não seja afectada ou interrompida a prestação do serviço público concessionado.

CAPÍTULO VIII
Condição económica e financeira da concessionária

Base XXXIII
Equilíbrio económico e financeiro da concessão

1 – É garantido à concessionária o equilíbrio económico e financeiro da concessão, nas condições de uma gestão eficiente.

2 – O equilíbrio económico e financeiro baseia-se no reconhecimento dos custos de investimento, de operação e manutenção e na adequada remuneração dos activos afectos à concessão.

3 – A concessionária é responsável por todos os riscos inerentes à concessão, sem prejuízo do disposto na legislação aplicável e nas presentes bases.

Base XXXIV
Reposição do equilíbrio económico e financeiro

1 – Tendo em atenção a distribuição de riscos estabelecida no contrato de concessão, a concessionária tem direito à reposição do equilíbrio financeiro da concessão, nos seguintes casos:

a) Modificação unilateral, imposta pelo concedente, das condições de exploração da concessão, nos termos previstos nos n.ºs 2 e 3 da base IV, desde que, em resultado directo da mesma, se verifique, para a concessionária, um determinado aumento de custos ou uma determinada perda de receitas e esta não possa legitimamente proceder a tal reposição por recurso aos meios resultantes de uma correcta e prudente gestão;

b) Alterações legislativas que tenham um impacte directo sobre as receitas ou custos respeitantes às actividades integradas na concessão.

2 – Os parâmetros, termos e critérios da reposição do equilíbrio económico e financeiro da concessão são fixados no contrato de concessão.

3 – Sempre que haja lugar à reposição do equilíbrio económico e financeiro da concessão, tal reposição pode ter lugar através de uma das seguintes modalidades:

a) Prorrogação do prazo da concessão;

b) Revisão do cronograma ou redução das obrigações de investimento previamente aprovadas;

c) Atribuição de compensação directa pelo concedente;

d) Combinação das modalidades anteriores ou qualquer outra forma que seja acordada.

CAPÍTULO IX
Incumprimento do contrato de concessão

Base XXXV
Responsabilidade da concessionária por incumprimento

1 – A violação, pela concessionária, de qualquer das obrigações assumidas no contrato de concessão fá-la incorrer em responsabilidade perante o concedente.

2 – A responsabilidade da concessionária cessa sempre que ocorra caso de força maior, ficando a seu cargo fazer prova da ocorrência.

3 – Consideram-se unicamente casos de força maior os acontecimentos imprevisíveis e irresistíveis cujos efeitos se produzam independentemente da vontade ou circunstâncias pessoais da concessionária.

4 – Constituem, nomeadamente, casos de força maior actos de guerra, hostilidades ou invasão, terrorismo, epidemias, radiações atómicas, graves inundações, raios, ciclones, tremores de terra e outros cataclismos naturais que afectem a actividade objecto da concessão.

5 – A ocorrência de um caso de força maior tem por efeito exonerar a concessionária da responsabilidade pelo não cumprimento das obrigações emergentes do contrato de concessão que sejam afectadas pela ocorrência do mesmo, na estrita medida em que o respectivo cumprimento pontual e atempado tenha sido efectivamente impedido.

6 – No caso de impossibilidade de cumprimento do contrato de concessão por causa de força maior, o concedente pode proceder à sua rescisão, nos termos fixados no mesmo.

7 – A concessionária fica obrigada a comunicar ao concedente a ocorrência de qualquer evento qualificável como caso de força maior, bem como a indicar, no mais curto prazo possível, quais as obrigações emergentes do contrato de concessão cujo cumprimento, no seu entender, se encontra impedido ou dificultado por força de tal ocorrência e, bem assim, se for o caso, as medidas que tomou ou pretende tomar para fazer face à situação ocorrida, a fim de mitigar o impacte do referido evento e os respectivos custos.

8 – A concessionária deve, em qualquer caso, tomar imediatamente as medidas que sejam necessárias para assegurar a retoma normal das obrigações suspensas, constituindo estrita obrigação da concessionária mitigar, por qualquer meio razoável e apropriado ao seu dispor, dos efeitos da verificação de um caso de força maior.

Base XXXVI
Multas contratuais

1 – Sem prejuízo das situações de incumprimento que podem dar origem a sequestro ou rescisão da concessão nos termos previstos nas presentes bases e no contrato de concessão, o incumprimento pela concessionária de quaisquer obrigações assumidas no contrato de concessão pode ser sancionado, por decisão do concedente, pela aplicação de multas contratuais, cujo montante varia em função da gravidade da infracção cometida e do grau de culpa do infractor, até € 5 000 000.

2 – A aplicação de multas contratuais está dependente de notificação prévia da concessionária pelo concedente para reparar o incumprimento e do não cumprimento do prazo de reparação fixado nessa notificação, nos termos do número seguinte, ou da não reparação integral da falta pela concessionária naquele prazo.

3 – O prazo de reparação do incumprimento é fixado pelo concedente de acordo com critérios de razoabilidade e tem sempre em atenção a defesa do interesse público e a manutenção em funcionamento da concessão.

4 – Caso a concessionária não proceda ao pagamento voluntário das multas contratuais que lhe forem aplicadas no prazo de 20 dias a contar a partir da sua fixação e notificação pelo concedente, este pode utilizar a caução para pagamento das mesmas.

5 – O valor máximo das multas estabelecido na presente base é actualizado em Janeiro de cada ano, de acordo com o índice de preços no consumidor no continente, excluindo habitação, publicado pelo Instituto Nacional de Estatística, referente ao ano anterior.

6 – A aplicação de multas não prejudica a aplicação de outras sanções contratuais nem de outras sanções previstas na lei ou em regulamento nem isenta a concessionária da responsabilidade civil, criminal e contra-ordenacional em que incorrer perante o concedente ou terceiro.

Base XXXVII
Sequestro

1 – Em caso de incumprimento grave pela concessionária das obrigações emergentes do contrato de concessão, o concedente, através de despacho do ministro responsável pela área da energia, pode, mediante sequestro, tomar conta da concessão.

2 – O sequestro da concessão pode ter lugar, nomeadamente, quando se verifique qualquer das seguintes situações por motivos imputáveis à concessionária:

a) Estiver iminente ou ocorrer a cessação ou interrupção, total ou parcial, do desenvolvimento da actividade objecto da concessão;

b) Deficiências graves na organização, no funcionamento ou no regular desenvolvimento da actividade objecto da concessão, bem como em situações de insegurança de pessoas e bens;

c) Deficiências graves no estado geral das redes e demais infra-estruturas que comprometam a continuidade ou a qualidade da actividade objecto da concessão.

3 – A concessionária está obrigada a proceder à entrega do estabelecimento da concessão no prazo que lhe for fixado pelo concedente quando lhe for comunicada a decisão de sequestro da concessão.

4 – Verificando-se qualquer facto que possa dar lugar ao sequestro da concessão, observar-se-á, com as devidas adaptações, o processo de sanação do incumprimento previsto nos n.ºs 4 e 5 da base XLII.

5 – Verificado o sequestro, a concessionária suporta todos os encargos que resultarem para o concedente do exercício da concessão, bem como as despesas extraordinárias necessárias ao restabelecimento da normalidade.

6 – Logo que cessem as razões do sequestro e seja restabelecido o normal funcionamento da concessão, a concessionária é notificada para retomar a concessão no prazo que lhe for fixado.

7 – A concessionária pode optar pela rescisão da concessão caso o sequestro se mantenha por seis meses após ter sido restabelecido o normal funcionamento da concessão, sendo então aplicável o disposto na base XLIII.

8 – Se a concessionária não retomar a concessão no prazo que lhe for fixado, pode o concedente, através do ministro responsável pela área da energia, determinar a imediata rescisão do contrato de concessão.

9 – No caso de a concessionária ter retomado o exercício da concessão e continuarem a verificar-se graves deficiências no mesmo, pode o concedente, através do ministro responsável pela área da energia, ordenar novo sequestro ou determinar a imediata rescisão do contrato de concessão.

CAPÍTULO X
Suspensão e extinção da concessão

BASE XXXVIII
Casos de extinção da concessão

1 – A concessão extingue-se por acordo entre o concedente e a concessionária, por rescisão, por resgate e pelo decurso do respectivo prazo.

2 – A extinção da concessão determina a transmissão para o concedente de todos os bens e meios a ela afectos, nos termos previstos nas presentes bases e no contrato de concessão, bem como dos direitos e das obrigações inerentes ao seu exercício, sem prejuízo do direito de regresso do concedente sobre a concessionária pelas obrigações assumidas pela concessionária que sejam estranhas às actividades da concessão ou hajam sido contraídas em violação da lei ou do contrato de concessão ou, ainda, que sejam obrigações vencidas e não cumpridas.

3 – Da transmissão prevista no número anterior excluem-se os fundos ou reservas consignados à garantia ou cobertura de obrigações da concessionária de cujo cumprimento lhe seja dada quitação pelo concedente, a qual se presume se decorrido um ano sobre a extinção da concessão não houver declaração em contrário do concedente, através do ministro responsável pela área da energia.

4 – A tomada de posse do estabelecimento da concessão pelo concedente é precedida de vistoria *ad perpetuam rei memoriam*, realizada pelo concedente, à qual assistem representantes da concessionária, destinada à verificação do estado de conservação e manutenção dos bens, devendo ser lavrado o respectivo auto.

BASE XXXIX
Decurso do prazo da concessão

1 – Decorrido o prazo da concessão, transmitem-se para o concedente todos os bens e meios afectos à concessão, livres de ónus ou encargos, em bom estado de conservação, funcionamento e segurança, sem prejuízo do normal desgaste do seu uso para os efeitos do contrato de concessão.

2 – Cessando a concessão pelo decurso do prazo, é paga pelo Estado à concessionária uma indemnização correspondente ao valor contabilístico dos

bens afectos à concessão adquiridos pela concessionária com referência ao último balanço aprovado, líquido de amortizações e de comparticipações financeiras e subsídios a fundo perdido.

3 – Caso a concessionária não dê cumprimento ao disposto no n.º 1, o concedente promove a realização dos trabalhos e aquisições que sejam necessários à reposição dos bens aí referidos, correndo os respectivos custos pela concessionária e podendo ser utilizada a caução para os liquidar no caso de a concessionária não proceder ao pagamento voluntário e atempado dos referidos custos.

Base XL
Procedimentos em caso de extinção da concessão

1 – O concedente reserva-se o direito de tomar, nos últimos dois anos do prazo da concessão, as providências que julgar convenientes para assegurar a continuação do serviço no termo da concessão ou as medidas necessárias para efectuar, durante o mesmo prazo, a transferência progressiva da actividade objecto da concessão para a nova concessionária.

2 – No contrato de concessão são previstos os termos e os modos pelos quais se procede, em caso de extinção da concessão, à transferência para o concedente da titularidade de eventuais direitos detidos pela concessionária sobre terceiros e que se revelem necessários para a continuidade da prestação dos serviços concedidos e, em geral, à tomada de quaisquer outras medidas tendentes a evitar a interrupção da prestação do serviço público concessionado.

Base XLI
Resgate da concessão

1 – O concedente, através do ministro responsável pela área da energia, pode resgatar a concessão sempre que o interesse público o justifique, decorridos que sejam, pelo menos, 15 anos sobre a data do início do respectivo prazo, mediante notificação feita à concessionária, por carta registada com aviso de recepção, com, pelo menos, um ano de antecedência.

2 – O concedente assume, decorrido o período de um ano sobre a notificação do resgate, todos os bens e meios afectos à concessão anteriormente à data dessa notificação, incluindo todos os direitos e obrigações inerentes ao exercício da concessão e ainda aqueles que tenham sido assumidos pela concessionária após a data da notificação desde que tenham sido previamente autorizados pelo concedente, através do ministro responsável pela área da energia.

3 – A assunção de obrigações por parte do concedente é feita, sem prejuízo do seu direito de regresso sobre a concessionária, pelas obrigações por esta contraídas que tenham exorbitado da gestão normal da concessão.

4 – Em caso de resgate, a concessionária tem direito a uma indemnização cujo valor deve atender ao valor contabilístico à data do resgate dos bens revertidos para o concedente, livres de quaisquer ónus ou encargos, e ao valor de eventuais lucros cessantes.

5 – O valor contabilístico dos bens referidos no número anterior, à data do resgate, entende-se líquido de amortizações e de comparticipações financeiras e subsídios a fundo perdido, incluindo-se nestes o valor dos bens cedidos pelo concedente.

6 – Para efeitos do cálculo da indemnização, o valor dos bens que se encontrem anormalmente depreciados ou deteriorados devido a deficiência da concessionária na sua manutenção ou reparação é determinado de acordo com o seu estado de funcionamento efectivo.

BASE XLII

Rescisão do contrato de concessão pelo concedente

1 – O concedente pode rescindir o contrato de concessão no caso de violação grave, não sanada ou não sanável, das obrigações da concessionária decorrentes do contrato de concessão.

2 – Constituem, nomeadamente, causas de rescisão do contrato de concessão por parte do concedente os seguintes factos ou situações:

a) Desvio do objecto e dos fins da concessão;

b) Suspensão ou interrupção injustificada da actividade objecto da concessão;

c) Oposição reiterada ao exercício da fiscalização, repetida desobediência às determinações do concedente ou sistemática inobservância das leis e dos regulamentos aplicáveis à exploração, quando se mostrem ineficazes as sanções aplicadas;

d) Recusa em proceder aos investimentos necessários à adequada conservação e reparação das redes e demais infra-estruturas ou à respectiva ampliação;

e) Recusa ou impossibilidade da concessionária em retomar a concessão, nos termos do disposto no n.º 8 da base XXXVII, ou, quando o tiver feito, verificar-se a continuação das situações que motivaram o sequestro;

f) Cobrança dolosa das tarifas com valor superior ao fixado;

g) Dissolução ou insolvência da concessionária;

h) Transmissão ou oneração da concessão, no todo ou em parte, sem prévia autorização;

i) Recusa da reconstituição atempada da caução.

3 – Não constituem causas de rescisão os factos ocorridos por motivos de força maior.

4 – Verificando-se um dos casos de incumprimento referidos no número anterior ou qualquer outro que, nos termos do disposto no n.º 1 desta base, possa motivar a rescisão da concessão, o concedente, através do ministro responsável pela área da energia, deve notificar a concessionária para, no prazo que razoavelmente lhe for fixado, cumprir integralmente as suas obrigações e corrigir ou reparar as consequências dos seus actos, excepto tratando-se de uma violação não sanável.

5 – Caso a concessionária não cumpra as suas obrigações ou não corrija ou repare as consequências do incumprimento nos termos determinados pelo concedente, este pode rescindir o contrato de concessão mediante comunicação enviada à concessionária, por carta registada com aviso de recepção, sem prejuízo do disposto no número seguinte.

6 – Caso o concedente pretenda rescindir o contrato de concessão, designadamente pelos factos referidos na alínea g) do n.º 1, deve previamente notificar os principais credores da concessionária que sejam conhecidos para, no prazo que lhes for determinado, nunca superior a três meses, proporem uma solução que possa sobrestar à rescisão, desde que o concedente com ela concorde.

7 – A comunicação da decisão de rescisão referida no n.º 5 produz efeitos imediatos, independentemente de qualquer outra formalidade.

8 – A rescisão do contrato de concessão pelo concedente implica a transmissão gratuita de todos os bens e meios afectos à concessão para o concedente sem qualquer indemnização e, bem assim, a perda da caução prestada em garantia do pontual e integral cumprimento do contrato, sem prejuízo do direito de o concedente ser indemnizado pelos prejuízos sofridos nos termos gerais de direito.

BASE XLIII

Rescisão do contrato de concessão pela concessionária

1 – A concessionária pode rescindir o contrato de concessão com fundamento no incumprimento grave das obrigações do concedente se do mesmo resultarem perturbações que ponham em causa o exercício da actividade concedida.

2 – A rescisão prevista no número anterior implica a transmissão de todos os bens e meios afectos à concessão para o concedente, sem prejuízo do direito da concessionária ser ressarcida dos prejuízos que lhe foram causados, incluindo o valor dos investimentos efectuados e dos lucros cessantes calculados nos termos previstos anteriormente para o resgate.

3 - A rescisão do contrato de concessão produz efeitos reportados à data da sua comunicação ao concedente por carta registada com aviso de recepção.

4 – No caso de rescisão do contrato de concessão pela concessionária, esta deve seguir o procedimento previsto para o concedente nos n.ºs 4 e 5 da base anterior.

CAPÍTULO XI
Disposições diversas

Base XLIV
Exercício dos poderes do concedente

Os poderes do concedente referidos nas presentes bases, excepto quando devam ser exercidos pelo ministro responsável pela área da energia, devem ser exercidos pela DGGE, sendo os actos praticados pelo respectivo director-geral ou pela ERSE, consoante as competências de cada uma destas entidades.

Base XLV
Resolução de diferendos

1 – O concedente e a concessionária podem celebrar convenções de arbitragem destinadas à resolução de quaisquer questões emergentes do contrato de concessão, nos termos da Lei n.º 31/86, de 29 de Agosto.

2 – A concessionária e os operadores e consumidores da RNTGN podem, nos termos da lei, celebrar convenções de arbitragem para solução dos litígios emergentes dos respectivos contratos.

Estratégia Nacional para a Energia

RESOLUÇÃO DO CONSELHO DE MINISTROS
N.º 169/2005

A política energética, nas suas diversas vertentes, é um factor importante do crescimento sustentado da economia portuguesa e da sua competitividade, pela sua capacidade em criar condições concorrenciais favoráveis ao desenvolvimento de empresas modernas, eficientes e bem dimensionadas, pelo seu efeito potencial na redução do preço dos factores e, também, pela sua capacidade em gerar novo investimento em áreas com uma elevada componente tecnológica. Paralelamente, a política energética deve articular-se de modo estreito com a política de ambiente, integrando a estratégia de desenvolvimento sustentável do País.

Atento a esta realidade, o Governo estabelece uma estratégia nacional para a energia, que tem como principais objectivos:

I) Garantir a segurança do abastecimento de energia, através da diversificação dos recursos primários e dos serviços energéticos e da promoção da eficiência energética na cadeia da oferta e na procura de energia;

II) Estimular e favorecer a concorrência, por forma a promover a defesa dos consumidores, bem como a competitividade e a eficiência das empresas, quer as do sector da energia quer as demais do tecido produtivo nacional;

III) Garantir a adequação ambiental de todo o processo energético, reduzindo os impactes ambientais às escalas local, regional e global, nomeadamente no que respeita à intensidade carbónica do PIB.

Em conformidade, o Governo está fortemente empenhado em:

Reduzir a dependência energética face ao exterior, aumentando a capacidade de produção endógena. Tal implica, inevitavelmente, um aumento do investimento nas energias renováveis, em particular na energia eólica, cujas metas de referência foram elevadas por este Governo para os 5100 MW, tendo já sido lançado, com vista a alcançar este objectivo, um concurso público para a atribuição até 1800 MW de licenças para parques eólicos;

Aumentar a eficiência energética e reduzir as emissões de CO_2, com diminuição do peso dos combustíveis fósseis nas fontes primárias de energia e através de medidas que, dos transportes à construção de edifícios e à procura pública, insiram a variável energética na escolha dos consumidores;

Reduzir o custo da energia e aumentar a qualidade de serviço, através do aumento da concorrência nos segmentos da produção e comercialização do sector eléctrico, da regulação e da antecipação do calendário de liberalização do sector do gás natural.

A concretização destes objectivos implica a definição de uma estratégia global e coerente para o sector energético, que, sem prejuízo da linha de continuidade quanto a muitas das políticas que vêm do passado, espelhe as novas prioridades e materialize os novos objectivos deste Governo.

A Resolução do Conselho de Ministros n.º 63/2003, de 28 de Abril, aprovou um conjunto de orientações quanto à política energética portuguesa. Embora algumas dessas orientações se mantenham actuais e permaneçam válidas, outras há que se encontram já ultrapassadas, devido à rápida evolução que o sector tem vindo a registar. Por outro lado, é intenção deste Governo actualizar as metas que aí foram traçadas, nomeadamente no que diz respeito às energias renováveis e à eficiência energética, tornando-as mais ambiciosas. Por fim, há que corrigir pontualmente algumas das medidas previstas, conformando-as com o novo enfoque que se pretende atribuir à concorrência e à defesa dos consumidores de energia. Tudo isto aconselha a que, sem proceder a grandes rupturas, se opere uma revisão do anterior quadro de referência, aprovando uma nova estratégia nacional para a energia, que servirá como pano de fundo para as diversas intervenções legislativas, regulamentares e administrativas que se prevê virem a ocorrer na área da energia.

Esta nova estratégia nacional para a energia tem como fonte inspiradora o Programa do XVII Governo em que, entre outros desígnios, se defende a intenção de «estimular a rápida modernização do sistema electroprodutor, mobilizando e atraindo investimento privado - nacional e estrangeiro», de «dar um novo impulso à liberalização do mercado da electricidade, em todos os seus segmentos e antecipar o calendário de liberalização do mercado do gás natural», de «assumir uma reforçada ambição no desenvolvimento da produção de electricidade a partir de fontes renováveis» e de «apostar na eficiência energética».

Qualquer política energética não pode deixar de ter em conta o tecido empresarial subjacente, pelo que importa reflectir também sobre esta matéria e corrigir algumas das orientações anteriores, designadamente as previstas na Resolução do Conselho de Ministros n.º 68/2003, de 10 de Maio, no que respeita à orientação estratégica de juntar numa única entidade empresarial as actividades de distribuição e de comercialização de electricidade e gás e respectivas infra-estruturas.

O programa do XVII Governo Constitucional aponta, na área da energia, entre outros objectivos, o de incentivar a concorrência através da adopção de um modelo de organização das empresas com capitais públicos do sector energético.

O incentivo da concorrência recomenda que as empresas incumbentes dos sectores da electricidade e do gás natural em vez de se limitarem a manter as suas áreas de actividades as alarguem, tornando-se operadores em concorrência. Por outras palavras, cada operador deve poder estar simultaneamente presente nos sectores do gás e da electricidade, de modo a contribuir para o reforço da concorrência e a redução do poder de mercado, em benefício dos consumidores.

O caminho para o alargamento das áreas de actividade das empresas do sector energético e para o reforço da concorrência há-de ser encontrado, fundamentalmente, por essas próprias empresas e pelos seus accionistas, tendo em conta a política do Governo. O Estado tem, por isso mesmo, a obrigação de definir claramente as suas orientações, seja como accionista seja como regulador.

Na vertente do exercício dos direitos do Estado enquanto accionista, o Governo pretende estimular alterações das participações nos capitais sociais das empresas relevantes que facilitem o cumprimento dos objectivos definidos. Pretende ainda o Governo, através da orientação prevista no seu Programa, continuar a reduzir significativamente a presença do Estado no capital dessas sociedades.

Na vertente regulamentar e regulatória, o Governo pretende introduzir regras que incentivem a eficiência e o ambiente concorrencial nas fileiras da electricidade, do gás natural e do petróleo. Merece também destaque o trabalho de harmonização de regras que tem vindo a ser desenvolvido, e se deve aprofundar, com vista à efectiva criação do MIBEL.

Assim:

Nos termos da alínea g) do artigo 199.º da Constituição, o Conselho de Ministros resolve:

1 – Aprovar a estratégia nacional para a energia, que consta do anexo à presente resolução e que dela faz parte integrante.

2 – Promover a revisão do quadro legislativo e regulamentar, com vista à liberalização do mercado da energia, ao reforço das energias renováveis, à promoção da eficiência energética, à introdução do aprovisionamento público energeticamente eficiente e ambientalmente relevante, à reorganização da fiscalidade e dos sistemas de incentivos do sistema energético, à prospectiva e inovação e à comunicação e sensibilização nos domínios da energia.

3 – Fixar como orientação estratégica para o sector energético o alargamento do âmbito de actividade das empresas que nele operam, de modo a que haja mais de um operador integrado relevante nos sectores da electricidade e do gás natural, em ambiente de concorrência.

4 – Autonomizar os activos regulados do sector do gás natural (recepção, transporte e armazenamento) e operacionalizar a sua junção à empresa operadora da rede de transporte de electricidade.

5 – Determinar que a função accionista do Estado nas empresas do sector energético seja exercida em conformidade com a orientação fixada nos n.ºs 3 e 4.

6 – Revogar as Resoluções do Conselho de Ministros n.ºs 63/2003, de 28 de Abril, e 68/2003, de 10 de Maio.

Presidência do Conselho de Ministros, 6 de Outubro de 2005. – O Primeiro-
-Ministro, *José Sócrates Carvalho Pinto de Sousa.*

ANEXO

Estratégia nacional para a energia

A estratégia para o sector energético ocupa um papel verdadeiramente central na política da presente legislatura, na medida em que constitui um factor importante de crescimento da economia portuguesa e da sua competitividade, para além de ser uma peça vital ao desenvolvimento sustentável do País.

Com efeito, a política energética pode funcionar como uma alavanca da economia, pela capacidade de criar condições concorrenciais favoráveis ao desenvolvimento de empresas modernas, eficientes e bem dimensionadas, pelo seu efeito potencial na redução do preço dos factores, pela sua capacidade em gerar novo investimento, pela oportunidade de poder suscitar o aparecimento de novos projectos industriais em áreas com uma elevada componente tecnológica e, também, pelas oportunidades que cria para o desenvolvimento de centros de competência nacionais.

Paralelamente, a política energética deve visar o bem-estar das populações e articular-se de modo estreito com a política de ambiente, integrando a estratégia de desenvolvimento sustentável do País.

Portugal é um país fortemente dependente de recursos energéticos importados – em valores que atingem cerca de 85% da energia primária, o que é claramente superior à média na União Europeia (UE). Tal situação reveste-se de particular gravidade, atendendo a que aquela dependência é expressa quase na sua totalidade em combustíveis fósseis.

A factura energética dos combustíveis importados tem vindo a sofrer um crescimento significativo, na medida em que, para além de acompanhar o aumento do consumo, é dependente de factores exógenos, nomeadamente dos que provocam as variações dos preços das matérias-primas e das taxas de câmbio nos mercados internacionais. Desde 1998 que o preço do barril de petróleo não pára de crescer, tendo nos últimos seis meses aumentado mais de 40%.

O aumento dos preços das matérias-primas energéticas tem provocado um desequilíbrio crescente na balança de pagamentos. As importações de petróleo em 1998 representavam 6% das importações totais, tendo este valor aumentado, em 2004, para 11%. Em consequência, as nossas empresas têm vindo a perder competitividade e os consumidores poder de compra. Com uma tal taxa de dependência energética e uma das maiores intensidades energéticas do PIB da UE, Portugal tem pela frente importantes desafios no domínio energético.

A utilização de combustíveis fósseis é uma das principais causas de emissões para a atmosfera de dióxido de carbono (CO_2), o mais significativo dos gases com efeito de estufa (GEE). Com a adesão ao Protocolo de Quioto, Portugal assumiu, no contexto da co-responsabilidade no seio da UE, uma contenção no crescimento das suas emissões para o período de 2008-2012 de um máximo de mais 27% relativamente a 1990. O acréscimo dessas emissões, à data actual, ultrapassa significativamente este limiar, o que implica um esforço acrescido na redução da intensidade carbónica da economia portuguesa.

Os instrumentos de planeamento em vigor, designadamente o PNAC (Plano Nacional para as Alterações Climáticas) e o PNALE (Plano Nacional para a Atribuição de Licenças de Emissão), integram medidas e instrumentos de mercado aplicáveis aos processos energéticos. O PNAC, ao prever um défice remanescente em relação às metas nacionais de emissões de GEE, coloca a necessidade de o colmatar através de novas políticas e medidas, que vão para além do comércio de licenças de emissão.

Nos últimos 10 anos, Portugal assistiu ao lançamento do gás natural como novo vector energético. Porém, tendo o gás natural origem fóssil, o ajustamento ambiental do nosso mix de produção e consumo de energia terá de passar, também, pelo recurso a outro tipo de fontes de energia, nomeadamente as energias renováveis. A introdução destas energias contribuirá não só para tornar mais eficaz e menos poluente o sistema energético nacional mas também para garantir a segurança do abastecimento.

Neste quadro, Portugal assumiu o compromisso de produzir, em 2010, 39% da sua electricidade final com origem em fontes renováveis de energia. Tendo tal valor sido já atingido pontualmente no passado, em anos húmidos, alcançá-lo no futuro tem-se revelado poder ser problemático, dado que a taxa de crescimento anual dos consumos de electricidade (5% a 6%, por ano, em média) tem superado a capacidade de incremento da produção baseada em fontes renováveis de energia, tanto mais que a variabilidade da hidraulicidade afecta seriamente esses resultados.

O consumo da energia em Portugal tem mantido um crescimento elevado ao longo dos anos, em correspondência com o progresso económico e social verificado nas últimas décadas, mas também em resultado de uma elevada ineficiência energética induzida pelo crescimento dominante de consumos nos sectores doméstico, dos serviços e dos transportes, em contracorrente com a tendência verificada na generalidade dos Estados membros.

As mais altas taxas de crescimento dos consumos têm-se verificado, sobretudo, nos edifícios e nos transportes. Isto, por razões que se ligam directamente com o tipo de comportamento dos cidadãos, menos sujeitos à disciplina do mercado do que as empresas, bem como à ausência de políticas coerentes e consensuais sobre o ordenamento do território e a energia, em particular no que toca a medidas de controlo dos custos, de eficiência energética e de sustentação ambiental.

De notar que os edifícios, residenciais e de serviços, são responsáveis por mais de 60% de toda a electricidade disponibilizada ao consumo, o que revela que, se a electricidade é um problema para as emissões de CO_2, os edifícios têm de ser parte da sua solução. Do mesmo modo, os transportes, cuja prevalência do privado face ao público tem sido condicionada pelas opções de ordenamento do território, constituem um enorme desafio à eficiência no planeamento e na gestão dos sistemas urbanos. Um melhor ordenamento de território bem como edifícios e transportes energeticamente eficientes deverão ser objectivos nacionais, que não podem deixar de ser também traduzidos a nível autárquico. Em suma, é necessário alterar hábitos e padrões de consumo, através de políticas que incentivem os cidadãos às melhores opções energéticas e ambientais, por via de instrumentos económicos adequados e do reforço do acesso à informação e à educação naqueles domínios.

A promoção da eficiência energética e das energias renováveis pode constituir também uma importante contribuição para o crescimento da economia, ao gerar volumes significativos de investimento e oportunidades à investigação. Estima-se que o volume de investimento em produção de energia eléctrica a realizar até 2010 seja superior a 7 mil milhões de euros, cabendo a maior parte às energias renováveis.

As condições técnicas específicas da inserção, na rede de transporte e de distribuição, da energia eléctrica com origem em fontes renováveis, assim como toda a fileira das actividades associadas à eficiência energética, nomeadamente os serviços de energia, constituem, por outro lado, estímulos à inovação e ao desenvolvimento tecnológico aplicados à energia por parte dos centros de I & D nacionais. O desenvolvimento de uma indústria fornecedora de bens de equipamento e de serviços para as energias renováveis, se for bem sucedido, poderá ser uma resposta às necessidades de crescimento e de modernização do País e, bem assim, potenciar as exportações portuguesas, à semelhança do que já aconteceu noutros países.

Na Europa, a evolução do mercado interno da energia tem privilegiado, a par da promoção das fontes renováveis de energia e da eficiência energética, um aumento da concorrência nos sectores da electricidade e do gás natural. Assim, a liberalização destes mercados constitui um vector estratégico, com vista à redução dos custos e à atenuação da factura energética.

No quadro da UE, o mercado interno de energia far-se-á por integração de mercados regionais através de um continuado reforço das interligações transfronteiriças no espaço comunitário. O espaço ibérico, pela sua situação geográfica e pela configuração das suas interligações com os restantes Estados membros, constitui um importante mercado regional, cujas interligações com França deverão ser reforçadas como condição fundamental à criação do mercado interno de energia. Assim, nesta fase, é fundamental analisar as políticas energéticas relativamente à liberalização do mercado da energia, ao desenvolvimento da concorrência, à penetração das energias renováveis, à eficiência energética, às alterações climáticas e outras incidências ambientais, tendo em conta a necessidade de harmonização das políticas nacionais à escala ibérica.

Um domínio em que Portugal tem tido e continuará a ter uma posição próactiva é o da criação do mercado ibérico da electricidade. Estarão agora reunidas as condições de estabilidade para prosseguir, com determinação, o aprofundamento deste mercado, a que deve seguir-se a criação do mercado ibérico de gás natural, desde que tenha lugar num quadro de reciprocidade e de harmonização dos instrumentos regulatórios, nomeadamente a nível do cálculo e fixação de tarifas.

A liberalização do mercado ibérico constituirá um desafio para as empresas de produção, transporte, distribuição e comercialização de energia eléctrica, bem como para as actividades de aprovisionamento, recepção, armazenamento, transporte, distribuição e comercialização de gás natural.

A política energética não pode deixar de ter em conta o tecido empresarial subjacente e, neste domínio, as orientações contidas na Resolução do Conselho de Ministros n.º 68/2003, de 10 de Maio, no sentido de juntar numa única entidade empresarial as actividades de distribuição e de comercialização de electricidade e gás natural e respectivas infra-estruturas, têm de ser revistas. A actuação do Governo nesta matéria é urgente, para criar um novo enquadramento para o sector energético portador de mais concorrência, eficiência e investimento.

Elaborado o diagnóstico, importa formular uma política energética, que se configure num conjunto de linhas de orientação estratégica e de medidas de execução coerentes com o contexto energético definido no quadro da UE, o qual assenta na liberalização, na diversificação, na descentralização e na eficiência energéticas, com a abrangência sectorial, a coerência técnica e a consistência com os valores do mercado, do ambiente e, em termos gerais, com os objectivos da sustentabilidade na óptica da Estratégia de Lisboa.

Os objectivos da política energética nacional são:

I) Garantir a segurança do abastecimento de energia, através da diversificação dos recursos primários e dos serviços energéticos, e da promoção da eficiência energética, tanto na cadeia da oferta como na da procura de energia. Neste contexto, importa contribuir para alcançar o objectivo do mercado interno da energia, que agilizará o sistema energético português, colocando-o a par dos desenvolvimentos nos outros Estados membros e, tanto quanto possível, auxiliará a harmonização das políticas dos vários países, em particular na Península Ibérica. Dever-se-á, ainda, neste quadro, manter os adequados níveis das reservas estratégicas dos principais combustíveis, atenuar a dependência energética do exterior pela exploração mais intensiva e mais racional dos recursos energéticos próprios ou endógenos, tendo especialmente em conta a eficiência energética, por forma a reduzir a intensidade energética do PIB;

II) Estimular e favorecer a concorrência, por forma a promover a defesa dos consumidores, bem como a competitividade e a eficiência das empresas, quer as do sector da energia quer as demais do tecido produtivo nacional, promovendo as alternativas energéticas e a adopção de enquadramentos incentivadores que lhes assegurem os menores custos de produção, no pleno respeito pelas normas ambientais exigidas pelo desenvolvimento sustentável;

III) Garantir a adequação ambiental de todo o processo energético, reduzindo os impactes ambientais às escalas local, regional e global, nomeadamente no que respeita à intensidade carbónica do PIB. Do ponto de vista das políticas públicas, para além de um recurso indispensável ao desenvolvimento sócio-económico, a energia deve ser, também, um forte factor de correcção da pressão ambiental com impacte positivo na qualidade de vida, em particular a das gerações futuras.

O cumprimento dos objectivos acima referenciados determina a adopção de uma estratégia nacional para a energia, que se traduz nas seguintes linhas de orientação política, as quais, por sua vez, se desenvolverão em medidas a definir e a adoptar pelos instrumentos legislativos e regulamentares adequados:

1 – *Liberalização do mercado da electricidade, do gás e dos combustíveis.* – A primeira linha de estratégia é, sem dúvida, a do processo de liberalização dos mercados energéticos, tendo em vista, antes de mais, melhorar a eficiência das cadeias energéticas e, assim, aumentar a competitividade da economia.

O programa do XVII Governo Constitucional para a área da energia baseia-se no pressuposto de que «o Estado não deve nem substituir-se ao mercado e impedir o seu normal funcionamento nem tão-pouco agir no campo próprio dos agentes empresariais, afastando-os ou levando-os à adopção de modelos ineficientes de organização de sectores ou empresas».

Nestes termos, a orientação estratégica do Governo para o sector energético assenta num desígnio de progressiva liberalização e de promoção da concorrência. Este processo, que decorre de forma coordenada com os nossos parceiros europeus, tem como objectivo final o estabelecimento de um mercado único de energia, no qual qualquer consumidor poderá escolher livremente, no espaço europeu, o seu fornecedor de serviços energéticos.

A liberalização destes mercados requer acções a três níveis: i) o da definição do enquadramento legal e das regras gerais de funcionamento do mercado, que é da responsabilidade do Governo; ii) o da regulação e supervisão, a cargo das instituições competentes; iii) o da execução que compete às empresas, as quais devem operar num quadro concorrencial.

Para além da constituição de um mercado liberalizado de energia ao nível europeu, Portugal também se encontra empenhado na concretização próxima de um mercado regional de energia, plenamente liberalizado – primeiro, no sector da electricidade e, seguidamente, no sector do gás natural –, no âmbito da Península Ibérica. O sucesso do mercado ibérico dependerá da eficiência, simetria e transparência das suas regras de funcionamento, a definir de forma a que todas as empresas, independentemente da composição do seu capital, possam competir em igualdade. Importa, pois, que as empresas e os investidores portugueses se preparem adequadamente para essa competição.

A abertura à concorrência do sector energético é essencial para gerar maior capacidade competitiva nos operadores de energia e para melhor servir os interesses dos consumidores, industriais e domésticos. Embora existam regras comuns relativas à organização dos mercados da electricidade e do gás natural, as quais devem ser respeitadas por todos os Estados membros da UE, ao Governo compete definir:

Objectivos de política energética;

Metas a atingir na perspectiva do desenvolvimento sustentável;

Instrumentos que enquadrem e incentivem o cumprimento das orientações estratégicas.

Neste sentido, é urgente criar um quadro legislativo transparente e estável que clarifique os papéis do Estado e dos operadores, dê confiança a todos os agentes económicos que actuam, ou pretendem actuar, nas indústrias e serviços da energia e proteja adequadamente os consumidores.

Um novo quadro legislativo para os sectores da electricidade, do gás natural e do petróleo é justificado por várias razões, entre as quais se salientam:

A necessidade de, pela primeira vez e em sede própria, debater amplamente a política energética nacional, que, sendo estratégica, deve ser precedida por uma discussão pública largamente participada;

A transposição para o direito nacional das directivas do mercado interno da electricidade e do gás natural;

A necessidade de conferir ao sector do petróleo um quadro legislativo adequado às novas realidades;

A vontade comum de Portugal e Espanha construírem, em condições de reciprocidade e de harmonização regulatória, um mercado ibérico de electricidade, claramente afirmada em Novembro de 2001 e recentemente reafirmada por ambos os Governos;

A vontade comum de Portugal e Espanha construírem, em condições de reciprocidade e de harmonização regulatória, um mercado ibérico de gás natural, anunciada em Abril de 2005 por ambos os Governos.

São medidas a adoptar neste domínio:

A aprovação das leis de bases da electricidade, do gás natural e do petróleo e legislação complementar;

A antecipação da liberalização do mercado do gás natural;

A operacionalização do MIBEL, num quadro de simetria tarifária e paridade de regulação;

O reforço das redes de transporte e distribuição de electricidade, incluindo as interligações Portugal-Espanha e Espanha-França;

A monitorização, em permanência, da evolução da capacidade de ligação à rede;

O desenvolvimento das infra-estruturas do gás natural em todo o território nacional, tendo em conta a racionalidade dos respectivos investimentos;

A reorganização da estrutura empresarial do sector da energia.

2 – *Enquadramento estrutural da concorrência nos sectores da electricidade e do gás natural.* – O desenvolvimento da concorrência nos sectores da electricidade e do gás natural ocorrerá em sintonia com as regras do mercado interno da energia e de modo harmonizado no espaço do mercado ibérico. Por tal motivo, é fundamental analisar os elementos estruturantes da concorrência na electricidade e no gás natural à escala ibérica, em diálogo com as autoridades espanholas e com a Comissão Europeia.

A liberalização dos mercados da electricidade e do gás natural e a constituição do mercado ibérico visam, antes de mais, proporcionar aos consumidores portugueses condições mais vantajosas de acesso à energia, com a consequente redução da sua factura energética.

A criação de um mercado regional ibérico é também benéfica para as empresas de produção e de comercialização de energia estabelecidas em Portugal que pretendam alargar o seu âmbito geográfico de actuação no espaço da UE.

Neste sentido, reforçar a dimensão das nossas empresas de energia e promover a concorrência na produção e na comercialização de electricidade e de gás natural em Portugal são objectivos compatíveis, que se reforçam mutuamente.

Importa, contudo, estabelecer condições estruturais adequadas ao desenvolvimento de um mercado competitivo e eficiente.

As orientações estabelecidas na presente resolução, que serão em breve vertidas nas leis de bases da electricidade e do gás natural e objecto de subsequente desenvolvimento legislativo e regulamentar, definem as condições estruturais que o Governo considera mais adequadas à obtenção desse duplo objectivo.

As medidas de política do Governo, traduzidas em legislação e regulamentação adequadas, e as acções conjugadas dos serviços competentes da Administração Pública, designadamente da Direcção-Geral de Geologia e Energia, da Entidade Reguladora dos Serviços Energéticos e da Autoridade da Concorrência, serão decisivas para gerar maior capacidade competitiva nos operadores portugueses de energia e para melhor servir os interesses dos consumidores, industriais e domésticos.

2.1 – Produção de energia eléctrica. – A liberalização da produção de electricidade pressupõe a agilização dos mecanismos de instalação de novos centros eléctroprodutores e, no quadro do mercado ibérico, a harmonização dos princípios de compensação aos produtores vinculados que passem a operar em regime de mercado livre.

O Governo adoptará as medidas adequadas para o alargamento do âmbito de actividade das empresas do sector energético, de modo que haja mais de um operador integrado relevante nos sectores da electricidade e do gás natural, em concorrência.

2.2 – Transporte. – Um elemento essencial ao desenvolvimento da concorrência nos sectores de electricidade e do gás natural consiste no estabelecimento de condições de acesso às redes. A separação dos operadores das redes de transporte de energia, não só jurídica mas também ao nível da propriedade, de outras empresas com interesses no sector – produção, distribuição, comercialização – constitui uma garantia crucial da sua independência e da existência de condições não discriminatórias de acesso.

O exemplo do transporte de electricidade deve também ser seguido no sector do gás natural. A rede de transporte, as actuais instalações de armazenamento e o terminal de gás liquefeito, infra-estruturas essenciais ao bom funcionamento do mercado, assim como a respectiva operação, devem ser separados, em termos de propriedade, das actividades de natureza comercial.

Neste domínio, será promovida a constituição dē uma empresa detentora das redes de transporte de energia eléctrica e de gás natural, das actuais instalações de armazenamento e do terminal de gás liquefeito. Esta empresa deverá assegurar a separação jurídica dos operadores dos activos regulados dos dois sistemas – electricidade e gás natural. A participação individual de empresas do sector da energia no capital da empresa atrás referida será significativamente limitada, de forma a assegurar a completa independência dos operadores dos sistemas eléctrico e do gás natural, face a outros interesses.

2.3 – Distribuição e comercialização. – Atendendo à dimensão de Portugal no contexto do mercado interno de energia e, em particular, no contexto do mercado ibérico, não se justifica, no actual momento de desenvolvimento dos mercados, a separação das redes de distribuição de electricidade numa pluralidade de empresas regionais.

No que respeita ao gás natural, deverá ser promovido o desenvolvimento coerente e racional da infra-estrutura no território continental, por forma a estimular uma maior capilaridade da rede de distribuição, introduzindo, tendencialmente, o princípio da uniformidade tarifária de acesso.

As empresas de distribuição de energia eléctrica e de gás natural veiculam a energia aos clientes ligados fisicamente às respectivas redes. Enquanto no sector eléctrico todos os consumidores têm já o direito de escolher o seu comercializador, tal não acontece, ainda, no sector do gás natural. No entanto, o rápido desenvolvimento registado e as vantagens para a economia nacional decorrentes da criação de um mercado ibérico de gás natural verdadeiramente competitivo justificam que o Governo promova, em condições de reciprocidade, a progressiva antecipação da liberalização do sector do gás natural, permitindo aos consumidores escolherem, também, o seu comercializador.

Neste contexto de abertura dos mercados de electricidade e de gás natural, importa criar as condições estruturais para que a concorrência entre comercializadores de energia se possa desenvolver. Assim, importa garantir a operacionalidade e a transparência dos procedimentos associados à mudança de comercializador. A entidade responsável da gestão da mudança deverá ser independente da operação de produção e de comercialização de energia, cabendo-lhe recolher, processar e transmitir toda a informação relevante aos consumidores, aos comercializadores, aos operadores de rede e aos operadores de mercado.

Esta medida facilitará a actuação da regulação, a quem incumbe garantir o acesso não discriminatório de todos os consumidores e comercializadores de energia às redes de distribuição, incentivar a maior eficiência técnica e económica da sua operação, definir metas e incentivos que garantam a melhoria da qualidade do serviço prestado pelos operadores e defender activamente os consumidores.

As soluções institucionais e tecnológicas a adoptar deverão ser compatíveis com o funcionamento do mercado ibérico de energia – electricidade e gás natural – e com o desenvolvimento de serviços de energia que permitam incentivar a eficiência energética, nomeadamente através de formas flexíveis de relacionamento comercial entre consumidores e comercializadores e da participação activa dos consumidores na gestão do sistema.

2.4 – Importação de gás natural. – A liberalização do sector do gás natural vai implicar a alteração do actual relacionamento comercial entre a entidade concessionária da rede de transporte e as entidades concessionárias das redes de distribuição, os produtores de energia eléctrica a partir de gás natural e os grandes consumidores.

Nas alterações a introduzir aos actuais contratos, o Governo terá em conta os direitos das empresas envolvidas, assim como a necessidade de estimular o desenvolvimento da concorrência na comercialização de gás natural, no quadro dinâmico do mercado ibérico.

2.5 – Medidas a adoptar. – No âmbito do enquadramento estrutural da concorrência nos sectores da electricidade e do gás, são medidas a adoptar:

A agilização do regime geral de atribuição de capacidade de produção de energia eléctrica e, no quadro do mercado ibérico, a harmonização dos princípios de compensação aos produtores vinculados que passem a operar em regime de mercado livre;

A criação de condições para o alargamento do âmbito de actividade das empresas do sector energético, de modo que haja mais de um operador integrado relevante nos sectores da electricidade e do gás natural, em concorrência;

A revisão do contrato de concessão com a TRANSGÁS e a cisão desta empresa, com o destaque das actividades de transporte, armazenamento e operação do terminal do gás liquefeito;

A integração, numa empresa, das redes de transporte de electricidade e de gás natural, das actuais instalações de armazenamento e do terminal de gás liquefeito, garantindo a separação jurídica entre as actividades destas duas fileiras de energia;

A separação da actividade de comercialização da de distribuição, quer no caso da electricidade quer no do gás natural;

A operacionalização, com transparência e celeridade, dos procedimentos associados à mudança de comercializador pelos consumidores.

3 – *Reforço das energias renováveis*. – A diversificação dos abastecimentos, através da pluralidade de fornecedores e de fontes de energia, deve contribuir não só para garantir a segurança do abastecimento mas também para tornar mais eficaz e menos poluente o sistema energético nacional. De facto, há que ter presentes os compromissos assumidos por Portugal no âmbito do Protocolo de Quioto, bem como as medidas previstas no PNAC, os quais visam uma redução das emissões de gases de efeito de estufa. Sabendo-se que grande parte dessas emissões decorrem da produção da energia eléctrica à base de combustíveis fósseis, urge investir em fontes alternativas de energia que se revelem menos poluentes.

Portugal deve assegurar, em 2010, a produção de 39% da energia eléctrica final com origem em fontes renováveis de energia. Neste sentido, é estratégico maximizar o contributo destas fontes no abastecimento energético, enquanto instrumento de reduções da factura energética externa, da dependência dos combustíveis fósseis e das emissões de GEE e, em geral, da melhoria do impacte ambiental na energia final.

Por outro lado, a produção a partir de fontes renováveis propicia a entrada de novos actores no mercado de produção, sendo também um factor de acrescida concorrência, pelo que importa criar incentivos a uma maior participação desta produção no mercado, nomeadamente através da criação de uma plataforma de negociação de certificados verdes.

As componentes hídrica e eólica, sendo as fontes renováveis que apresentam o menor custo de produção, são vectores fundamentais para o cumprimento dos objectivos, com menor impacte nas tarifas médias dos consumidores. Tal implica, por um lado, uma maior atenção à utilização do potencial hídrico nacional ainda por explorar. Implica, ainda, um grande reforço da nossa capacidade de produção de electricidade a partir do vento, cujas metas foram já elevadas por este Governo para os 5100 MW. O cumprimento desta meta exigirá, inevitavelmente, a realização de fortes investimentos, nomeadamente no âmbito do concurso recentemente lançado para a atribuição de até 1800 MW de licenças para parques eólicos. Dadas as características da energia eólica, a sua recepção pela rede requer o desenvolvimento de novas ferramentas para apoio à gestão, previsão, controlo e despacho.

No ritmo de introdução das restantes fontes de energia renovável – biomassa e biogás, sol e oceanos – deve ponderar-se a evolução dos custos das tecnologias, em linha com as externalidades positivas associadas às correspondentes formas de energia. Neste sentido, a biomassa florestal assume especial relevância, devendo ser aumentado o nível de potência a instalar.

Para além das energias renováveis que podem ser usadas pela via eléctrica, abrem-se também oportunidades significativas para usos directos da energia solar, nomeadamente no que diz respeito à produção de água quente sanitária e industrial – dando sequência ao Projecto Água Quente Solar para Portugal –, às tecnologias solares passivas em arquitectura e no urbanismo e à biomassa sob todas as suas formas, incluindo, naturalmente, os biocombustíveis.

No tocante aos biocombustíveis, impõe-se um acelerado esforço face à situação actual, abrindo oportunidades de investimento industrial na transformação da matéria-prima e, na actividade agrícola, para a sua produção.

A produção de energia eléctrica e a expansão de outros usos directos sob a forma de calor ou de luz a partir de fontes renováveis de energia constituirão, indiscutivelmente, factores de desenvolvimento do País. O desenvolvimento de uma indústria fornecedora dos bens de equipamento e de serviços para as energias renováveis, quando bem sucedido, poderá mesmo potenciar o emprego e as exportações portuguesas, à semelhança do que já sucedeu noutros países. São medidas a adoptar neste âmbito:

A intensificação e diversificação do aproveitamento das fontes renováveis de energia para a produção de electricidade, com especial enfoque na energia eólica e no potencial hídrico ainda por explorar;

A clarificação e a agilização dos mecanismos administrativos de licenciamento, nomeadamente aqueles que se situam no interface entre a economia e o ambiente, eliminando todos os obstáculos burocráticos desnecessários e correspondentes custos;

A elaboração de um código de procedimentos de operação da produção em regime especial;

O enquadramento legislativo dos certificados verdes e a criação de uma plataforma para a sua negociação;

A valorização da biomassa florestal, em regime a compatibilizar com as indústrias da madeira e da pasta de papel.

A transposição da directiva sobre biocombustíveis e a introdução de biocarburantes no nosso país;

A redinamização do Programa Água Quente Solar para Portugal tirando partido, nomeadamente, da nova legislação sobre essa matéria no âmbito da revisão do Regulamento das Características de Comportamento Térmico dos Edifícios (RCCTE);

A avaliação dos critérios de remuneração da electricidade produzida, tendo em conta as especificidades tecnológicas e critérios ambientais.

4 – *Promoção da eficiência energética.* – A eficiência energética, do lado da oferta, é assumida como uma prioridade estratégica, pelo seu contributo para a redução dos custos da produção e dos impactes ambientais, com o consequente aumento de produtividade das empresas e da qualidade de vida.

A electricidade proveniente dos combustíveis fósseis é a que comporta maiores impactes ambientais, cujo ónus deve impender sobre a utilização final, a menos que sejam encontradas soluções eficientes para o tratamento das emissões. Esta prática vai sendo cada vez mais tida em conta ao reportar os consumos de energia, onde quer que ocorram, expressos em termos de energia primária.

Por sua vez, entre a energia final e a energia útil há igualmente perdas que são, agora, da responsabilidade dos utilizadores finais e dos responsáveis pela organização e administração do território, em particular das cidades, onde se desenvolvem e organizam aqueles sectores. Mas são sobretudo as ineficiências e perdas induzidas pela procura que são a causa última da pressão ambiental imputada à energia, seja dos combustíveis consumidos directamente seja da electricidade, cuja origem é predominantemente fóssil.

Quanto à eficiência na procura, estão em causa todos os sectores: a indústria, a mais exposta às condicionantes do mercado global e, por isso, mais disponível para acolher as exigências da eficiência e do ambiente; também os edifícios e os transportes, sectores com maiores taxas de crescimento entre nós, e que se apresentam não só como um problema social – relacionado com o maior bem-estar das populações – e cultural – decorrente de usos ineficientes ou desnecessários –, mas também como o maior desafio à política energética e às políticas sectoriais do urbanismo e mobilidade.

A diversidade e a dispersão dos respectivos actores, geralmente de pequena dimensão, são obstáculos sérios à actuação em favor da eficiência do lado da procura, exigindo, por isso, objectivos claros e uma coordenação adequada entre os diversos órgãos da administração central e da administração local, para a intensificação da eficiência energética do parque construído e dos sistemas de mobilidade de pessoas e de mercadorias e para um ordenamento urbano que sustente soluções de transporte público.

Quer do lado da procura, quer do lado da oferta, intervém fortemente o papel favorável da tecnologia expressa em equipamentos, em processos e em sistemas mais eficientes, que importa promover e incentivar, para atenuar, também por esta via, o crescimento dos consumos.

Tão importante como garantir a segurança do aprovisionamento, nomeadamente de electricidade, é assegurar que a sua procura e, de uma maneira geral, de qualquer forma de energia seja apenas a que se justifique à luz de critérios de eficiência e de racionalidade do uso dos recursos. Por isso, em termos políticos, é indefensável tomar o crescimento dos consumos como uma fatalidade, antes devendo as políticas públicas contrariá-lo, pela qualificação e certificação dos usos, pela informação sobre boas práticas em matéria de utilização de energia e através da fiscalidade e regulação económica.

Se ao investimento na produção de electricidade proveniente de fontes renováveis de energia se acrescentar o mercado dos serviços energéticos, a ser estimulado por novos regulamentos e pela aplicação da directiva sobre a eficiência energética dos edifícios, ter-se-á demonstrado a relevância económica e social da energia, também na inovação, no emprego e na produtividade, ou seja, nas práticas de fazer bem com menos recursos. Isto é também particularmente relevante no sector dos transportes, onde é necessário criar condições para alterar os hábitos de consumo e pressionar comportamentos ambientalmente sustentáveis.

No quadro de um programa de acção para a eficiência energética, que retoma o essencial do programa E4, são medidas a adoptar:

A promoção de políticas de eficiência energética por parte das empresas da oferta da electricidade;

A aprovação de nova legislação sobre a eficiência energética dos edifícios, em substituição dos actuais RCCTE e RSECE e em conformidade com a directiva sobre a eficiência energética dos edifícios, a transpor;

A reforma do Regulamento de Gestão do Consumo de Energia (RGCE), com vista a compatibilizá-lo com as novas exigências ao nível das emissões de gases de efeito estufa, com a revisão da fiscalidade do sector energético e com a necessidade de promover acordos voluntários para a utilização racional de energia;

A implementação de acordos voluntários com os diferentes sectores de actividade relevantes para a problemática da energia, envolvendo as associações empresariais, os centros tecnológicos e a Administração Pública;

A transposição da Directiva de Cogeração, de forma a permitir o cumprimento dos objectivos de instalação de nova potência desta tecnologia;

A criação de mecanismos de âmbito nacional que promovam práticas de eficiência energética através da etiquetagem de equipamentos;

O aumento da eficiência do transporte de passageiros, designadamente pela qualificação e expansão racional do transporte público, bem como de mercadorias, particularmente pelo ordenamento logístico do território, incluindo infra-estruturas adequadas;

A redução do consumo nos transportes privados, promovendo os veículos mais eficientes, nomeadamente através das medidas fiscais recentemente aprovadas, que fazem depender o montante do imposto automóvel do nível de emissões de CO_2, e incentivando o abate de veículos menos eficientes;

A introdução de fontes de energia alternativas ao petróleo, principalmente nos transportes públicos, designadamente através da disponibilização de gás natural, de biocombustíveis, de hidrogénio ou de soluções híbridas, incluindo a recuperação da energia de frenagem;

Melhorar a articulação da intervenção das agências locais e regionais da energia;

Financiar acções de promoção da eficiência energética.

5 – *Aprovisionamento público «energeticamente eficiente e ambientalmente relevante».* – A procura pública de bens e serviços energeticamente eficiente e ambientalmente relevante assume em muitos países um papel importante no que se refere à participação do sector público no esforço de utilização racional de energia e de redução de emissões de gases poluentes. Seja na gestão dos múltiplos edifícios detidos pelo Estado, na gestão da frota de viaturas ou nas compras para a gestão corrente, existem múltiplas oportunidades para a assumpção de critérios de racionalidade energética e ambiental.

Trata-se de assumir o papel liderante do Estado na criação de boas práticas de organização de compras de equipamentos utilizadores de energia, promoção de projectos e execução de obras, que se traduzam em exemplos de desempenho eficiente em termos energéticos e ambientais.

Neste âmbito, e com envolvimento da generalidade da Administração Pública, serão adoptadas as medidas necessárias e criados instrumentos de monitorização e avaliação. Concretamente, será designada uma entidade que assumirá a coordenação da procura pública energeticamente eficiente da Administração Pública. Esta tarefa será financiada a partir dos próprios resultados operacionais da actividade de aquisição de energia para os serviços do Estado. São medidas a adoptar:

A elaboração de caderno de encargos tipo, com observância de critérios de eficiência energética e ambiental;

A aprovação de normas de aquisição de bens e serviços, por parte da Administração Pública, relativos à energia ou com reflexo no seu consumo;

A elaboração de auditorias energéticas e ambientais aos edifícios mais energívoros;

A organização dos processos de aquisição de energia, nomeadamente eléctrica, no mercado;

A atribuição a uma instituição da esfera do Ministério da Economia e da Inovação da função de coordenação da procura pública de energia.

6 – *Reorganização da fiscalidade e dos sistemas de incentivos do sistema energético*. – Um sistema fiscal coerente, tendo em conta, nomeadamente, as vertentes económica e ambiental, pode dar um contributo decisivo para o cumprimento dos objectivos da política energética nacional, dando sinais que compatibilizem as opções dos operadores e dos consumidores com aqueles objectivos.

De facto, à semelhança das alterações recentemente aprovadas quanto ao imposto automóvel, é possível e desejável incentivar, pela via fiscal, comportamentos económicos e consumos energeticamente mais eficientes. Nestes termos, a fiscalidade pode e deve ser usada como mais um instrumento de política energética, aproveitando todas as suas potencialidades na gestão da energia.

Importa ainda sublinhar que este instrumento deve assumir uma particular acuidade no quadro do MIBEL e da harmonização fiscal da actividade de distribuição e comercialização da energia.

No mesmo sentido, será criada uma taxa de carbono, cujo montante deve corresponder ao valor das externalidades geradas pelas emissões de CO_2, as quais deverão ser reflectidas no preço dos produtos energéticos. Este instrumento, a par da introdução da figura dos «acordos voluntários com os grandes consumidores de energia», permitirá comportamentos racionais em termos de energia e de ambiente. Dando sequência às recomendações do PNAC, a taxa de carbono deverá ser regulamentada e estudadas as condições para a sua aplicação generalizada.

Para além do sistema fiscal, também os sistemas de incentivos deverão reflectir as externalidades positivas associadas a alguns vectores do sistema energético, cuja valorização e consequente transferência do valor em causa para os agentes que as originam permitirá a criação de situações sustentáveis do ponto de vista financeiro. Contudo, os incentivos, pela sua natureza, deverão ter sempre um carácter transitório, devendo ser revistos em função da evolução tecnológica.

A organização dos sistemas de incentivos deverá ter presente a história da sua aplicação no passado, procurando atender, por um lado, à prioridade estratégica, à coerência da natureza dos recursos ou vectores energéticos com o serviço requerido e, por outro, ao impacte nacional, regional ou local à luz dos três objectivos estratégicos: segurança no abastecimento, competitividade do sistema produtivo e adequação ambiental.

Isto pressupõe, em termos práticos, a diversidade de fontes, a promoção descentralizada de acções de eficiência energética e o estímulo ao desenvolvimento de investimentos na produção de bens e serviços que lhe estejam associados.

São medidas a adoptar:

A reapreciação dos princípios de tributação da energia, de forma a tornar a fiscalidade num instrumento adequado de política energética;

A criação da taxa de carbono;

A concepção de um sistema de incentivos que integre as externalidades e hierarquize as diversas fontes renováveis de energia, a cogeração e os projectos de eficiência energética de acordo com os princípios, objectivos e critérios de política aqui expressos.

7 – *Prospectiva e inovação em energia*. – O plano tecnológico é o instrumento fundamental para aumentar o potencial de crescimento da economia portuguesa. Neste sentido, promover-se-á a actividade de investigação e desenvolvimento tecnológico orientada, prioritariamente, para o estímulo à concretização da inovação tecnológica com fins energéticos e ao estabelecimento de parcerias das empresas com instituições científicas que potenciem a produção e a transferência de novas tecnologias.

Acresce ainda que o desenvolvimento das energias renováveis e a sua inserção no sistema energético português colocam algumas questões técnicas que necessitam de tratamento adequado, quer ao nível dos componentes quer ao nível dos sistemas. De facto, à medida que a sua participação se torna mais significativa no sistema eléctrico, as características de algumas das fontes renováveis de energia, como a dispersão dos centros electroprodutores, a intermitência da produção e a especificidade dos sistemas de conversão eléctrica, tornam necessária uma abordagem específica com novas ferramentas, que permitam garantir a segurança do sistema e a sua qualidade. O mesmo se pode dizer do gás natural e de outras energias cujas tecnologias estão em permanente evolução. Ora, a engenharia nacional, apesar da existência de alguns centros de excelência, não tem sido suficientemente direccionada e apoiada neste sentido.

Por outro lado, importa dinamizar a função prospectiva e inovação, na abordagem holística das problemáticas energéticas, com ênfase nas vertentes da política energética mais estratégicas e inovadoras e nas que estiverem mais carentes em termos conceptuais e de método, como são as da gestão da procura.

Esta função deverá ser atribuída a uma instituição da esfera do Ministério da Economia e da Inovação. Esta instituição deverá assegurar o desenvolvimento de estudos de situação e de prospectiva, com vista à observação e verificação dos resultados da estratégia energética do Governo e das políticas públicas de gestão da procura.

São medidas a adoptar:

A criação de instrumentos que permitam aos centros de I & D nacionais uma participação mais intensa e mais oportuna no esforço de maximização de penetração das energias renováveis, de promoção da eficiência energética e da melhoria do tratamento de emissões, incluindo a captura e deposição de CO_2;

A atribuição a uma instituição da esfera do Ministério da Economia e da Inovação das funções de prospectiva e inovação.

8 – *Comunicação, sensibilização e avaliação da estratégia nacional para a energia.* – No cumprimento do Programa do XVII Governo importa «assegurar que empresas e famílias dispõem de informação sobre os reais custos das suas soluções energéticas e sobre as melhores alternativas, por forma a estimular comportamentos mais eficientes e uma utilização mais racional da energia». Torna--se, por isso, necessário promover e apoiar mecanismos de sensibilização e formação no âmbito dos serviços de energia.

Neste sentido, entende o Governo estimular a adesão aos objectivos da política energética, criando mecanismos de outorga de prémios à excelência, em parceria com entidades relevantes em cada caso. É uma forma de demonstrar o apreço pelas iniciativas das instituições e dos cidadãos que, já alertados para a problemática ambiental, carecem de um envolvimento adequado para identificar as boas relações da energia com o ambiente, com a produtividade e com a eficiência das organizações.

Por outro lado, há que garantir um acompanhamento público e um escrutínio permanente do cumprimento e da execução da Estratégia Nacional para a Energia. Assim, a implementação desta estratégia deve ser acompanhada de uma constante monitorização, que permita aos decisores públicos, mas também à população em geral, ir conhecendo e avaliando os resultados obtidos.

Neste sentido são medidas a adoptar:

A criação de um prémio à excelência nas várias vertentes da energia;

A promoção da melhoria do acesso dos cidadãos e de todos os agentes em geral à informação sobre a energia, organizada e disponibilizada de forma transparente e coerente com os objectivos e linhas de política;

A promoção de iniciativas de sensibilização orientadas para a importância da energia na formação dos cidadãos, especialmente nos ensinos básico e secundário e nos meios de comunicação social;

A criação de um sistema de monitorização do cumprimento da Estratégia Nacional para a Energia.

Transporte e Armazenagem
de Gás Natural e Terminal de GNL

DECRETO-LEI N.º 11/94,
DE 13 DE JANEIRO

Com a publicação do Decreto-Lei n.º 374/89, de 25 de Outubro, ficaram criadas as condições legais básicas para o desenvolvimento do processo conducente à introdução do gás natural no nosso país.

Entre os vários princípios e normas consagrados por aquele diploma figuram os atinentes às servidões e outras restrições administrativas sobre os imóveis abrangidos pelos projectos de traçado das infra-estruturas afectas às actividades do gás natural em função da utilidade pública destas.

Dado que, pela própria natureza de regime de base reivindicado para o Decreto-Lei n.º 374/89, nas invocadas disposições apenas foram estabelecidas as regras gerais conformadoras daqueles encargos e restrições, torna-se agora necessário proceder não só ao seu desenvolvimento como também à definição de múltiplos aspectos de natureza processual e procedimental adequados à sua concretização e exercício, tal como, aliás, constitui a previsão da alínea d) do seu artigo 18.º, aditada pelo Decreto-Lei n.º 274-A/93, de 4 de Agosto.

Do conteúdo do presente diploma destacam-se, enquanto vectores estruturantes da sua elaboração: a faculdade conferida às entidades responsáveis pela instalação e exploração das infra-estruturas relativas ao gás natural de opção por um regime legal potenciador de menores custos para o exercício dessas actividades e, bem assim, de menores desvantagens para os titulares dos bens abrangidos pela oneração do que o resultante do recurso ao instituto da expropriação por causa de utilidade pública; a afirmação de que o direito dos titulares dos bens abrangidos pelos projectos de traçado das infra-estruturas do gás natural a uma indemnização contemporânea não prejudica a prioridade absoluta do desenvolvimento contínuo e ininterrupto das actividades do gás natural, sobretudo na fase inicial da implantação das instalações e equipamentos; a consagração do princípio segundo o qual as servidões de gás serão sempre exercidas por forma a causar os menores prejuízos e embaraços possíveis aos titulares dos imóveis; a obrigatoriedade – não obstante a publicidade dos actos – do registo das servidões e outras restrições de utilidade pública, visando, exclusivamente, a segurança do comércio jurídico imobiliário; o estabelecimento de mecanismos de informação e comunicação entre todas as entidades públicas e privadas envolvidas, por forma a originar a maior compatibilização e harmonização de interesses possíveis entre elas; finalmente, as especiais obrigações cometidas às entidades públicas de divulgação e difusão dos aspectos mais relevantes do presente regime de encargos e restrições, com vista a fomentar a lúcida participação dos particulares envolvidos nos respectivos processos.

Assim:

Nos termos da alínea a) do n.º 1 do artigo 201.º da Constituição, o Governo decreta o seguinte:

CAPÍTULO I
Disposições gerais

ARTIGO 1.º
Âmbito

1 – O presente diploma estabelece, conforme previsto na alínea d) do artigo 18.º do Decreto-Lei n.º 374/89, de 25 de Outubro, aditada pelo artigo 1.º do Decreto-Lei n.º 274-A/93, de 4 de Agosto, e em complemento do previsto nos artigos 10.º e 11.º daquele diploma, o regime aplicável às servidões necessárias à implantação e exploração das infra-estruturas das concessões de serviço público relativas ao gás natural, no seu estado gasoso (GN) ou líquido (GNL), e dos seus gases de substituição, adiante designadas por «servidões de gás».

2 – As restrições de utilidade pública que se mostrem necessárias em função das actividades referidas no número anterior ficam sujeitas ao regime estabelecido no presente diploma, em especial ao disposto no capítulo III.

ARTIGO 2.º
Princípio geral

1 – As servidões de gás visam, em especial, permitir e assegurar a progressão contínua e ininterrupta dos trabalhos de implantação das infra-estruturas das concessões do serviço público de importação de gás natural e do seu transporte e fornecimento através da rede de alta pressão e de distribuição e fornecimento de GN através das redes regionais de baixa pressão, de acordo com os respectivos projectos.

2 – Sobre os titulares dos imóveis abrangidos pelos projectos a que se refere o número anterior recai a obrigação da criação de todas as condições adequadas àquela progressão, bem como da pronta e eficaz colaboração, sempre que possível, em face das solicitações da respectiva entidade instaladora ou exploradora das infra-estruturas do gás natural.

3 – Os direitos e obrigações previstos neste diploma para os titulares dos imóveis afectados pela construção e exploração das infra-estruturas do gás natural serão extensíveis, com as necessárias adaptações exigidas para cada caso, aos titulares de qualquer outro direito real ou ónus sobre os referidos imóveis, bem como aos respectivos arrendatários.

ARTIGO 3.º
Opção pelo regime das servidões

1 – Tendo em conta o interesse público subjacente ao serviço de gás natural, compete exclusivamente às respectivas concessionárias optar, com vista à implantação e exploração das infra-estruturas, pelo recurso ao regime de servidões previsto no presente diploma ou ao das expropriações por causa de utilidade pública nos termos do Código das Expropriações.

2 – O disposto no número anterior não prejudica o recurso, pelas concessionárias, à aquisição dos imóveis por via negocial.

ARTIGO 4.º
Objecto das servidões

1 - Ficam sujeitos a servidões de gás, nos termos deste diploma, os prédios rústicos ou urbanos que não tenham sido objecto de expropriação ou de aquisição por via negocial e que sejam abrangidos pelos projectos de traçado aprovados para:

a) Gasodutos de transporte de GN, estações de compressão, postos de redução de pressão e respectivas infra-estruturas;

b) Instalações de produção, armazenagem, tratamento ou condicionamento de gás a enviar às redes de distribuição, bem como pelos postos de compressão, redução de pressão, controlo e medida que façam parte das redes de distribuição e das respectivas infra-estruturas;

c) Terminais de recepção, armazenagem e regasificação de GNL e respectivas infra-estruturas.

2 – Sem prejuízo do disposto na alínea d) do n.º 1 do artigo seguinte, consideram-se abrangidos pelos projectos de traçado a que se refere o número anterior os bens imóveis ou as respectivas parcelas compreendidos nos limites

previstos nos n.ºˢ 4 e 5 do artigo 10.º do Decreto-Lei n.º 374/89 e no artigo 7.º do presente diploma.

Artigo 5.º
Finalidades das servidões

As servidões de gás e as outras restrições de utilidade pública têm por finalidades:

a) Permitir a ocupação do solo e do subsolo na exacta medida requerida pela instalação das infra-estruturas necessárias às actividades do gás natural;

b) Permitir, em cada momento, às entidades titulares dos direitos de construção ou exploração dos componentes do sistema referidos nas alíneas do n.º 1 do artigo anterior o efectivo exercício desses poderes, nomeadamente a passagem e a ocupação temporária de terrenos ou outros bens em virtude das necessidades de estudo, construção, ampliação, vigilância, exploração, conservação e reparação das infra-estruturas afectas às concessões de serviço público relativas ao gás natural;

c) Garantir a eficiência e a segurança no funcionamento das infra-estruturas afectas às concessões de serviço público relativas ao gás natural;

d) Garantir a segurança das pessoas e dos bens nas áreas a que se refere o artigo anterior, nas zonas com estas confinantes, bem como em quaisquer outras potencialmente abrangidas pelos riscos inerentes e previsíveis do funcionamento das várias instalações e equipamentos.

CAPÍTULO II
Das servidões de gás e respectivas indemnizações

SECÇÃO I
Exercício e conteúdo das servidões de gás

Artigo 6.º
Exercício das servidões

1 – O exercício dos poderes resultantes da constituição das servidões de gás compete à respectiva concessionária ou, na medida necessária e adequada, às entidades suas contratadas para a execução do objecto da concessão.

2 – Os poderes conferidos pelas servidões de gás serão sempre exercidos por forma que os titulares dos imóveis referidos no artigo 4.º sofram o mínimo de

prejuízo ou embaraço em consequência da existência das infra-estruturas das concessões de serviço público relativas ao gás natural, preservando-se-lhes os melhores gozo e disposição dos bens na medida do compatível com o exercício das actividades do gás natural.

3 – O exercício dos poderes conferidos pelas servidões de gás deverá ainda ter em conta as demais servidões e restrições administrativas já constituídas em proveito de outras utilidades públicas, de natureza diversa das do gás natural, designadamente as relativas ao aproveitamento dos recursos geológicos a que se referem a alínea f) do n.º 1 do artigo 23.º e os artigos 35.º e seguintes do Decreto-Lei n.º 90/90, de 16-3, bem como o artigo 85.º do Decreto-Lei n.º 141/90, de 2 de Maio.

ARTIGO 7.º
Conteúdo das servidões

1 – Para além dos encargos a que se refere o artigo 10.º do Decreto-Lei n.º 374/89, ficam as áreas abrangidas pelas servidões de gás sujeitas às seguintes limitações:

a) Os depósitos permanentes ou temporários de matérias explosivas, inflamáveis, corrosivas ou perigosas que possam prejudicar a segurança das infra-estruturas afectas às concessões de serviço público relativas ao gás natural não podem encontrar-se situados a uma distância inferior a 10 m da extremidade mais próxima daquelas infra-estruturas, sem prejuízo de legislação específica aplicável aos casos mencionados na qual sejam estabelecidas distâncias superiores;

b) A instalação de vias férreas ou rodoviárias, ou de postes, linhas, tubagens ou cabos de qualquer natureza, enterrados, à superfície ou aéreos, bem como a realização de quaisquer trabalhos de natureza similar, apenas poderão ser efectuados com a estrita observância das disposições regulamentares aplicáveis, nomeadamente do estatuído nos artigos 33.º e 34.º do Regulamento Técnico aprovado pela Portaria n.º 695/90, de 20 de Agosto, e no artigo 24.º do Regulamento Técnico aprovado pela Portaria n.º 788/90, de 4 de Setembro, ou de outros que porventura os venham a substituir;

c) As medas de palha, de feno ou de qualquer arbusto combustível não podem encontrar-se situadas a uma distância inferior a 5 m da extremidade mais próxima das infra-estruturas afectas às concessões de serviço público relativas ao gás natural.

2 – Para efeitos de cumprimento do disposto na alínea b) do número anterior, deverão as entidades promotoras ou responsáveis pela implantação das instalações aí mencionadas contactar previamente as respectivas concessionárias do serviço público de gás natural, com vista à obtenção da melhor harmonização técnica da concretização dos seus projectos com a existência e o funcionamento das infra-estruturas do gás natural.

Artigo 8.º

Responsabilidade dos titulares dos imóveis e de terceiros

1 – Para além do previsto no n.º 2 do artigo 2.º, os titulares dos imóveis referidos no artigo 4.º ficam obrigados:

a) A cumprir e a fazer cumprir nesses prédios o disposto quer no artigo 10.º do Decreto-Lei n.º 374/89, quer no presente diploma;

b) A comunicar às autoridades públicas, aos representantes das respectivas concessionárias do gás natural, à Direcção-Geral de Energia (DGE) ou às competentes delegações regionais do Ministério da Indústria e Energia a ocorrência de quaisquer factos do seu conhecimento que possam consubstanciar infracções aos preceitos a que se refere a alínea anterior.

2 – Os titulares dos imóveis devem reclamar a presença de um representante da respectiva concessionária de gás natural, por carta registada com aviso de recepção, sempre que tenham de efectuar quaisquer trabalhos dos quais possam resultar danos para as infra-estruturas do gás natural.

3 – A presença do representante da respectiva concessionária de gás natural e a observância das suas determinações sobre o modo de execução dos trabalhos a que se refere o número anterior ou, ainda, a não manifestação expressa da concessionária sobre o assunto no prazo de cinco dias isentam os titulares dos imóveis das responsabilidades pelos danos nas infra-estruturas que eventualmente se possam verificar em tais condições.

4 – Os titulares dos imóveis terão direito a ser indemnizados por quaisquer danos ou prejuízos causados pelas determinações do representante da respectiva concessionária de gás natural no que respeita ao modo de execução dos trabalhos referidos no n.º 2 deste artigo.

5 – À excepção do disposto nos n.os 2 e 3, a respectiva concessionária de gás natural terá sempre o direito de ser indemnizada, nos termos do número seguinte, de quaisquer prejuízos causados às infra-estruturas de gás natural por pessoas estranhas aos seus serviços.

6 – Sempre que não exista acordo entre as partes no tocante ao valor da indemnização, será este fixado nos termos previstos no presente diploma.

Artigo 9.º

Divulgação das limitações

As concessionárias do gás natural promoverão, em articulação com a DGE, a divulgação, nos termos previstos neste diploma, aos níveis regional e local, dos encargos e limitações a que ficam sujeitas as áreas abrangidas pelas respectivas servidões de gás ou por outras restrições de utilidade pública relativas ao gás natural.

Artigo 10.º
Prioridade dos objectivos das servidões

1 – O exercício dos poderes conferidos pelas servidões de gás não depende de prévio início ou conclusão dos processos de determinação, cálculo e pagamento das correspondentes indemnizações, sem prejuízo do disposto no número seguinte.

2 – Nos casos de existência de elementos de facto susceptíveis de desaparecerem e cujo conhecimento seja de interesse para o respectivo processo de determinação, cálculo e pagamento de indemnização poderá ser realizada, a requerimento de qualquer das partes e previamente ao exercício dos poderes conferidos pelas servidões de gás, uma vistoria *ad perpetuam rei memoriam*.

3 - O requerimento referido no número anterior deverá ser endereçado por escrito ao presidente do tribunal da relação competente, nos termos do artigo seguinte, no prazo de 10 dias contados, conforme o caso:

a) Da recepção da notificação pessoal a que se refere o n.º 1 do artigo 12.º;

b) Da publicação do mapa a que se refere o n.º 6 do artigo 12.º;

c) Da descoberta posterior, por qualquer das partes, dos elementos de facto a que se refere o n.º 2.

Artigo 11.º
Vistoria *ad perpetuam rei memoriam*

1 – A vistoria *ad perpetuam rei memoriam* será realizada por perito escolhido de entre os constantes da lista oficial do distrito da localização do imóvel.

2 – Para os efeitos referidos no número anterior, o tribunal da relação do distrito da localização do imóvel nomeará o número de peritos considerado necessário para a realização de todas as vistorias que se venham a concretizar.

3 – Para a realização de cada vistoria, o presidente do tribunal da relação designará qual dos peritos a ela procederá.

4 – O perito designado deverá realizar a vistoria no prazo de 10 dias contados da data da designação.

5 – Nos casos em que a realização da vistoria tenha sido requerida pela respectiva concessionária do gás natural, esta dará conhecimento escrito da data daquela ao titular do imóvel, sempre que este seja ou possa ser identificado, tendo ele o direito de à mesma assistir.

6 – A parte que requereu a vistoria deverá facultar ao perito designado todos os meios adequados à realização da mesma, nos precisos termos em que por este lhe tenha sido solicitado por escrito.

7 – Os encargos decorrentes da realização da vistoria correm por conta da parte que a requereu.

SECÇÃO II
Publicidade das servidões

ARTIGO 12.º
Comunicação aos interessados

1 – Após a aprovação de um projecto de traçado de redes e equipamentos de gás natural, a que se referem o n.º 2 do artigo 12.º e o artigo 13.º do Decreto-Lei n.º 374/89, e o artigo 2.º do Decreto-Lei n.º 232/90, de 16 de Julho, a respectiva concessionária dará a conhecer aos titulares dos imóveis referidos no artigo 4.º, quando identificados, mediante carta registada com aviso de recepção:

a) A delimitação precisa da área dos bens sobre a qual incide a oneração destes, resultante da servidão de gás ou de outras restrições de utilidade pública;

b) Os encargos e as limitações a que ficam sujeitos os bens abrangidos pelo projecto de traçado, evidenciando designadamente, a sua natureza, extensão, data do início e faseamento da duração;

c) Sempre que possível e com base em relatório de perito, o quantitativo proposto para a indemnização a que se refere o artigo 16.º, bem como as demais condições a que se refere o seu n.º 4;

d) A proposta do acordo a que se refere o n.º 3 do artigo 16.º;

e) A caracterização das diligências previsíveis nas quais será o notificando chamado a participar, com a indicação das respectivas datas expectáveis, locais de realização e duração;

f) O endereço, telefone e outras referências da entidade notificante e, havendo-os, dos seus representantes regionais ou locais, aos quais poderá o notificando recorrer em caso de necessidade;

g) A possibilidade de o notificando requerer uma vistoria *ad perpetuam rei memoriam*, bem como o prazo e os termos em que o pode fazer, de acordo com o disposto nos n.ºs 2 e 3 do artigo 10.º

2 – A comunicação a que se refere o número anterior deverá ser expedida pela entidade notificante com a antecedência mínima de 30 dias relativamente à data de início do exercício dos poderes conferidos pelas servidões de gás.

3 – Para determinação dos imóveis e seus titulares referidos no artigo 4.º, deverá a concessionária enviar a respectiva parcela do mapa à repartição de finanças e à conservatória do registo predial de cada município abrangido pelo traçado das infra-estruturas de gás natural aprovado pelo Ministro da Indústria e Energia, solicitando a comunicação dessa informação no prazo fixado no número seguinte.

4 – A repartição de finanças e a conservatória do registo predial deverão, no prazo de 30 dias, informar a concessionária sobre os elementos identificativos dos prédios abrangidos, respectivas áreas a afectar às servidões de gás e titulares inscritos de direitos sobre os mesmos.

5 – Com a informação referida no número anterior, deverão as repartições de finanças remeter à concessionária as plantas identificativas dos imóveis afectados.

6 – Se, apesar de realizadas as diligências referidas no n.º 3 do presente artigo, não for possível à entidade notificante identificar todos os titulares dos imóveis onerados pelas servidões de gás, nomeadamente pela falta de resposta das entidades a isso obrigadas dentro do prazo fixado, será suficiente, para notificação dos titulares desconhecidos dos imóveis afectados nos termos e para os efeitos deste diploma a publicação pela DGE no Diário da República, de acordo com o disposto no artigo 4.º, das plantas do traçado das infra-estruturas do gás natural relativo a cada município, em escala adequada que permita a indicação legível dos prédios servientes.

Artigo 13.º
Publicitação

1 – O conteúdo das alíneas a), b), f) e g) do n.º 1 do artigo anterior será tornado público pela DGE, a solicitação e a expensas da respectiva concessionária, através, cumulativamente:

a) De editais, a afixar nas respectivas sedes, por um período mínimo de 30 dias, pelo município e pela freguesia da localização dos imóveis a que se refere o artigo 4.º ou, se estes se situarem em mais de um município ou freguesia, pelos municípios e pelas respectivas freguesias a que corresponder maior extensão desses bens, com base nos elementos para o efeito remetidos pela DGE;

b) Da publicação de anúncios num jornal diário de grande expansão nacional e no jornal local ou regional de maior divulgação, contemporânea do envio da comunicação a que se refere o n.º 2 do artigo anterior.

2 – Qualquer interessado poderá pronunciar-se, num prazo de 10 dias contados da publicação a que se refere a alínea b) do número anterior, sobre a legalidade dos encargos a que se refere o n.º 1 do artigo anterior, mediante exposição escrita enviada por carta registada com aviso de recepção à respectiva concessionária do gás natural.

3 – A concessionária deverá enviar à DGE, no prazo de 10 dias sobre a data da sua recepção, todas as exposições escritas recebidas, podendo juntar-lhes, querendo, observações de resposta.

4 – Para efeitos do presente diploma, considera-se cumprido o estatuído na alínea a) do n.º 1 mediante a prova da remessa dos elementos pela DGE.

Artigo 14.º
Poderes da DGE quanto às exposições recebidas

1 – Em face do conteúdo das exposições escritas recebidas e das eventuais observações de resposta, a que se referem os n.ºs 2 e 3 do artigo anterior, poderá a DGE, sempre que o entenda oportuno e conveniente, emitir, no prazo de 15 dias, recomendações ou determinar à respectiva concessionária do gás natural a adopção de condutas tendentes à melhor harmonização dos interesses desta, inerentes à actividade do serviço público, com os interesses locais.

2 – Caso a DGE não se pronuncie nos termos do número anterior, será considerado como não aceite o conteúdo das exposições escritas recebidas.

SECÇÃO III
Implantação das infra-estruturas

Artigo 15.º
Implantação das infra-estruturas do gás natural

1 – Decorridos os prazos previstos nos artigos 12.º, 13.º e 14.º, e desde que a realização da vistoria a que se refere o artigo 11.º o não impeça objectivamente, a entidade responsável pela instalação e exploração das infra-estruturas de gás natural poderá dar início ao exercício efectivo dos poderes englobados nas servidões de gás.

2 – Nos casos de levantamento injustificado, pelos titulares dos bens onerados pelas servidões de gás, de obstáculos ou oposições à progressão contínua e ininterrupta dos trabalhos de implantação das infra-estruturas do gás natural de que possam resultar danos para o desenvolvimento da actividade, poderá a entidade responsável pela instalação e exploração da respectiva rede e equipamentos de gás natural solicitar às autoridades públicas competentes a intervenção destas com vista ao desbloqueamento da situação.

3 – As autoridades referidas na parte final do número anterior, nomeadamente as policiais, prestarão, de imediato, todo o apoio e acompanhamento requeridos, em ordem a garantir as condições indispensáveis ao normal desenvolvimento das actividades relacionadas com as concessões relativas ao gás natural.

SECÇÃO IV
Indemnização

Artigo 16.º
Direito à indemnização

1 – Os titulares dos imóveis onerados com servidões de gás ou outras restrições de utilidade pública para a implantação das infra-estruturas das concessões de serviço público relativas ao gás natural serão indemnizados, pela concessionária do gás natural, em função da efectiva redução do respectivo rendimento ou de quaisquer prejuízos objectivamente apurados e derivados da ocupação desses prédios, ainda que posteriores ao exercício desta.

2 – Para efeitos do disposto no número anterior, serão ainda considerados os eventuais prejuízos resultantes da redução ou impossibilidade do uso e fruição pelos respectivos titulares das parcelas dos imóveis não directamente afectas ao exercício dos direitos referidos nos artigos 4.º e 5.º do presente diploma.

3 – O montante da indemnização será determinado de comum acordo entre as partes ou, na falta de acordo, será fixado por arbitragem nos termos do disposto no artigo seguinte.

4 – O quantitativo da indemnização corresponderá a um valor unitário, o qual poderá, no todo ou em parte, mediante acordo das partes ou por determinação da arbitragem, ser pago em prestações, sem prejuízo da sua satisfação através da cedência de bens ou direitos.

Artigo 17.º
Arbitragem

1 – Qualquer das partes interessadas poderá requerer à DGE a constituição da arbitragem.

2 – Os árbitros serão designados um por cada uma das partes, sendo o terceiro por acordo de ambas, ou, na falta deste, pela DGE.

3 – Os árbitros deverão iniciar os seus trabalhos no prazo de 30 dias contados da data da sua nomeação.

4 – A decisão dos árbitros será dada em conferência, servindo de relator o árbitro designado pela DGE.

5 – A decisão da comissão arbitral será tomada por maioria ou, não sendo possível obtê-la desse modo, valerá como tal a média aritmética dos laudos que mais se aproximarem, ou o laudo intermédio se as diferenças forem iguais.

6 – Da decisão haverá recurso para os tribunais, nos termos do Código das Expropriações.

7 – As despesas originadas com a participação do árbitro designado pela DGE no grupo serão da responsabilidade de ambas as partes.

ARTIGO 18.º

Renúncia à indemnização

Aos titulares dos imóveis abrangidos pelo disposto no artigo 4.º é legítimo renunciar à indemnização.

ARTIGO 19.º

Forma e conteúdo dos actos

1 – O acordo a que se refere a primeira parte do n.º 3 do artigo 16.º será reduzido a escrito e autenticado por notário, dele devendo constar:
a) A identificação das partes e das suas testemunhas;
b) O objecto e o conteúdo do acordo, incluindo a identificação completa do prédio ou prédios onerados, com indicação do artigo matricial e do número da descrição predial na respectiva conservatória do registo predial, salvo os casos de omissão, comprovada por certidão, e também a indemnização acordada e sua forma de pagamento;
c) O local e data em que foi assinado;
d) A assinatura das partes e das suas testemunhas.

2 – A renúncia a que se refere o anterior artigo revestirá a forma de declaração escrita do titular do imóvel onerado, dela devendo constar:
a) A identificação do titular dos bens e das suas testemunhas;
b) O objecto e o conteúdo da renúncia;
c) O local e a data da renúncia;
d) A assinatura do titular dos bens e das suas testemunhas.

3 – O número de testemunhas a que se referem as alíneas a) e d) dos números anteriores não poderá exceder, em caso algum, o de duas por cada declarante.

ARTIGO 20.º

Comunicação dos actos

1 – O original do acordo celebrado nos termos do n.º 1 do artigo anterior será entregue, pela concessionária do gás natural, na respectiva delegação regional do Ministério da Indústria e Energia, devendo esta remeter uma cópia do mesmo a cada uma das partes após certificação da conformidade do seu conteúdo e forma com o disposto no n.º 1 daquele artigo.

2 – O original da declaração de renúncia a que se refere o n.º 2 do artigo anterior será apresentado, por qualquer das partes interessadas, na respectiva delegação regional do Ministério da Indústria e Energia, devendo esta adoptar procedimento análogo ao previsto no número anterior.

SECÇÃO V
Registo

ARTIGO 21.º
Registo

O registo das servidões de gás e de outras restrições de utilidade pública na conservatória do registo predial respectiva é da responsabilidade e encargo da concessionária do gás natural.

CAPÍTULO III
Das restrições de utilidade pública relativas ao terminal e à armazenagem de GN

ARTIGO 22.º
Restrições relativas a terminais de GNL

1 – Sem prejuízo das demais atribuições e competências cometidas a outras entidades, designadamente em matéria de licenciamento, nos terrenos e instalações contíguos a qualquer terminal de GNL e referidos em planta a aprovar por portaria do Ministro da Indústria e Energia, ficam sujeitos a prévio parecer favorável da DGE:

a) A aprovação de quaisquer planos de urbanização ou de licenças de loteamento;

b) A aprovação de projectos de construção, ampliação ou reconstrução de edificações;

c) O licenciamento de quaisquer actividades não cometidas às entidades exploradoras das infra-estruturas do gás natural.

2 – Com vista ao integral acatamento das restrições referidas no número anterior, deverá a DGE promover junto das entidades públicas abrangidas os necessários contactos e esclarecimentos.

ARTIGO 23.º

Restrições em função das instalações de armazenagem de GN

As restrições de utilidade pública referidas no artigo anterior são aplicáveis às áreas nas quais se implantem instalações de armazenagem de GN para abastecimento público, nos termos que vierem a ser estabelecidos em diploma regulamentar.

CAPÍTULO IV
Disposições finais

ARTIGO 24.º

Extinção das servidões

1 – As servidões de gás e outras restrições de utilidade pública caducam, observado o disposto no número seguinte, com a cessação definitiva de todas as actividades que as fundamentaram.

2 – Ao cessar definitivamente alguma das actividades do gás natural por força das quais tenha havido lugar à existência de encargos ou restrições sobre imóveis nos termos do disposto no Decreto-Lei n.º 374/89 e no presente diploma, fica a entidade exploradora das respectivas infra-estruturas obrigada:

a) A eliminar todos os elementos ou factores potenciadores de qualquer tipo de risco para a saúde e segurança das pessoas e bens;

b) A repor, sempre que e na medida do razoavelmente possível, a situação originária dos bens de terceiros sobre os quais recaíram os encargos ou restrições;

c) A comunicar aos titulares desses bens, mediante carta registada com aviso de recepção, a data a partir da qual se verificam as condições referidas na alínea a) deste número;

d) A promover, até 30 dias após a data a que se refere a parte final da alínea anterior, o registo da extinção dos ónus ou encargos na competente conservatória do registo predial.

3 – A extinção das servidões de gás e de outras restrições de utilidade pública não acarretam, para os titulares dos bens referidos na alínea b) do n.º 2, o direito a qualquer indemnização ou do recebimento de contraprestação para além da prevista na parte final do n.º 1 do artigo 16.º

Artigo 25.º

Legislação subsidiária

Em tudo o que se não encontre expressamente previsto no presente diploma e no Decreto-Lei n.º 374/89 e for compatível com os princípios e objectivos expressos nestes textos legais, será aplicável, com as necessárias adaptações, o regime constante do Código das Expropriações, aprovado pelo Decreto-Lei n.º 438/91, de 9 de Novembro.

Visto e aprovado em Conselho de Ministros de 21 de Outubro de 1993. – *Aníbal António Cavaco Silva. – Manuel Dias Loureiro – Jorge Braga de Macedo – Luís Francisco Valente de Oliveira – Álvaro José Brilhante Laborinho Lúcio – Arlindo Marques da Cunha – Luís Fernando Mira Amaral – Joaquim Martins Ferreira do Amaral – Eduardo Eugénio Castro de Azevedo Soares.*

Promulgado em 23 de Dezembro de 1993.

Publique-se.

O Presidente da República, Mário Soares.

Referendado em 28 de Dezembro de 1993.

O Primeiro-Ministro, *Aníbal António Cavaco Silva.*

PORTARIA N.º 390/94,
DE 17 DE JUNHO

A Portaria n.º 695/90, de 20 de Agosto, aprovou, ao abrigo do disposto no artigo 13.º do Decreto-Lei n.º 232/90, de 16 de Julho, o Regulamento Técnico Relativo ao Projecto, Construção, Exploração e Manutenção de Gasodutos de Transporte de Gases Combustíveis.

Entretanto, a Resolução do Conselho de Ministros n.º 41/90, de 27 de Setembro, publicada no Diário da República, 1.ª série, de 13 de Outubro de 1990, ao proceder à transposição da Directiva do Conselho das Comunidades Europeias n.º 83/189/CEE, de 28 de Março, com as alterações que lhe foram introduzidas pela Directiva do Conselho das Comunidades Europeias n.º 88/182/CEE, de 22 de Março, instituiu o procedimento de informação e notificação respeitante a normas e regras técnicas à Comissão das Comunidades Europeias. Torna-se, assim, necessário dar cumprimento ao processo previsto na citada resolução do Conselho de Ministros, resultando daí a revogação do regulamento aprovado pela Portaria n.º 695/90, de 20 de Agosto, e a aprovação do projecto de regulamento que foi objecto de notificação à Comissão das Comunidades Europeias.

Assim:

Manda o Governo, pelo Ministro da Indústria e Energia, o seguinte:

1.º É aprovado o Regulamento Técnico Relativo ao Projecto, Construção, Exploração e Manutenção de Gasodutos de Transporte de Gases Combustíveis, que constitui o anexo da presente portaria e que dela faz parte integrante.

2.º É revogada a Portaria n.º 695/90, de 20 de Agosto.

Ministério da Indústria e Energia.

Assinada em 13 de Abril de 1994.

O Ministro da Indústria e Energia, *Luís Fernando Mira Amaral.*

ANEXO

Regulamento Técnico Relativo ao Projecto, Construção, Exploração
e Manutenção de Gasodutos de Transporte de Gases Combustíveis

CAPÍTULO I
Disposições gerais

Artigo 1.º
Objecto

Pelo presente Regulamento são estabelecidas as condições técnicas a que devem obedecer o projecto, a construção, a exploração e a manutenção de gasodutos de transporte de gases combustíveis, adiante designados abreviadamente «gasodutos».

Artigo 2.º
Âmbito

1 – Este Regulamento aplica-se aos gasodutos de transporte de gás combustível cujas pressões de serviço sejam superiores a 4 b.

2 – Relativamente à pressão de serviço, consideram-se os seguintes escalões:

1.º escalão – pressão de serviço superior a 20 b;

2.º escalão – pressão de serviço igual ou inferior a 20 b e superior a 4 b.

3 – Estes valores podem ser alterados por despacho do Ministro da Indústria e Energia.

Artigo 3.º
Limitação da pressão

Para garantir as necessárias condições de segurança devem ser instalados nos gasodutos dispositivos limitadores da pressão devidamente aprovados.

Artigo 4.º
Diâmetro das tubagens

As tubagens devem ser de diâmetro igual ou superior a 100 mm.

ARTIGO 5.º

Representação cartográfica das redes

As redes devem ser representadas cartograficamente, em escala adequada, com indicação:

a) Do seu posicionamento, em projecção horizontal, com indicação da profundidade de enterramento;

b) Do diâmetro da tubagem;

c) Dos acessórios (válvulas, juntas e outros) e da respectiva localização;

d) De eventuais pormenores relativos a obras especiais.

ARTIGO 6.º

Sinalização dos gasodutos

1 – As tubagens enterradas devem ser sinalizadas com uma banda de cor amarela, situada a 0,3 m acima da geratriz superior e com uma largura mínima de 0,2 m, contendo os termos «Atenção – Gás», bem visíveis e indeléveis, inscritos a intervalos não superiores a 1 m.

2 – Fora dos núcleos habitacionais devem ser colocados e mantidos, na vertical do eixo dos gasodutos, sinalizadores que indiquem a sua correcta localização e que não fiquem espaçados em mais de 500 m.

ARTIGO 7.º

Temperatura do gás transportado

A temperatura do gás transportado deve ser compatível com a perfeita conservação dos revestimentos interiores, caso existam, e exteriores das tubagens, nunca excedendo 120°C em qualquer ponto destas.

ARTIGO 8.º

Corrosividade do gás

1 – O gás deve ser não corrosivo.

2 – É admissível o grau máximo de corrosividade 1 A, de acordo com a NP-1333, ou de outra tecnicamente equivalente.

CAPÍTULO II
Disposições relativas ao fabrico dos tubos

Artigo 9.º
Disposição geral

Na construção das tubagens devem ser utilizados tubos de aço, fabricados, ensaiados e controlados de acordo com as normas técnicas indicadas neste capítulo.

Artigo 10.º
Diâmetro e espessuras nominais

Os diâmetros e espessuras nominais dos tubos devem ser os que constam das normas aplicáveis, designadamente da NP-1641.

Artigo 11.º
Alongamento relativo, limite de elasticidade e resistência à rotura

1 – O alongamento relativo dos tubos não deve ser inferior aos valores indicados nas normas mencionadas no artigo 61.º do presente Regulamento.

2 – A relação entre o limite elástico e a resistência à rotura do metal dos tubos não deve exceder 0,85.

3 – A determinação do alongamento relativo, do limite elástico e da resistência à rotura do metal dos tubos deve ser efectuada de acordo com as normas mencionadas no artigo 61.º do presente Regulamento.

Artigo 12.º
Temperatura de transição do metal

1 – A temperatura de transição do metal deve ser inferior à temperatura mais baixa que as tubagens possam vir a sofrer durante os ensaios indicados nos artigos 53.º e 54.º ou durante a exploração.

2 – A verificação do requisito expresso no número anterior será concretiza-da pela medição da resiliência, de acordo com as normas referidas no artigo 61.º

Artigo 13.º
Processo de fabricação

Os tubos a utilizar na construção dos gasodutos devem ser fabricados com aço vazado pré-desoxigenado, podendo ser sem costura, com costura longitudinal ou com costura helicoidal.

Artigo 14.º
Composição química do aço

A composição química do aço utilizado na fabricação dos tubos deve assegurar boas condições de soldabilidade, ductibilidade e resiliência, tendo estas, como critério, os valores do alongamento relativo e da temperatura de transição mencionados nos artigos 11.º e 12.º e obedecer aos valores indicados nas normas aplicáveis previstas no artigo 61.º

Artigo 15.º
Certificados de fabrico

1 – O fabricante dos tubos deve fazer acompanhar cada lote de um certificado, no qual se discriminem:

a) A qualidade do material, com a indicação da composição química e teor limite dos componentes, características mecânicas, tolerâncias dimensionais e defeitos encontrados;

b) O processo de fabrico dos tubos;

c) O procedimento da execução das soldaduras e condições da sua aceitação, quando se trate de tubos soldados;

d) As modalidades dos controlos e ensaios efectuados nas diversas fases do fabrico dos tubos, nomeadamente o tipo, método, número e critérios de aceitação;

e) As condições de realização da prova hidráulica e, sendo caso disso, dos ensaios não destrutivos.

2 – Os tubos devem ser marcados de acordo com a norma de fabrico aplicável.

Artigo 16.º
Ensaios e controlos dos tubos

No seu fabrico, cada tubo está obrigatoriamente sujeito aos ensaios e controlos previstos nas normas aplicáveis mencionadas no artigo 61.º, nomeadamente ao estabelecido no n.º 2 do artigo 12.º

Artigo 17.º
Pressões

1 – As pressões de ensaio devem provocar tensões de tracção perimetrais (sigma), função da espessura fixada pelas normas, que, tendo em conta a tolerância mínima, devem estar compreendidas entre 95% e 100% do limite elástico mínimo indicado.

2 – As pressões referidas no presente Regulamento, sem qualquer outra indicação, são pressões relativas.

Artigo 18.º
Determinação das pressões máxima e mínima para os ensaios

1 – As pressões máxima e mínima do ensaio em fábrica, expressas em bars, correspondendo respectivamente às tensões limite, são determinadas pela forma indicada no quadro seguinte:

QUADRO I

Tensão de tracção perimetral (σ)		Pressões de ensaio (P)	
Mínima	Máxima	Mínima	Máxima
$0,95 . E$	E	$\dfrac{20 . 0,95 . E . e}{D} \cdot \dfrac{100-\delta}{100}$	$\dfrac{20 . E . e}{D} \cdot \dfrac{100-\delta}{100}$

sendo:

E = limite elástico mínimo do metal, fixado nas especificações dos tubos, expresso em newtons por milímetro quadrado;
D = diâmetro exterior nominal do tubo, expresso em milímetros;
e = espressura nominal da parede do tubo, expressa em milímetros;
δ = tolerância da espessura mínima, expressa em percentagem de e.

2 – Os valores de E, D, e e δ que devem ser considerados para a determinação das pressões mínima e máxima de ensaio após fabrico são os indicados nos certificados de fornecimento dos tubos referidos no artigo 15.º

3 – Se, para determinação do limite elástico, as especificações de fornecimento dos tubos utilizarem um método diferente do prescrito no n.º 1 deste artigo, a expressão das tensões de tracção perimetral (σ), máxima e mínima, e das

pressões de prova correspondentes, em função do valor do limite elástico assim medido, devem ser tais que as tensões (σ) e as pressões de prova assim calculadas sejam idênticas às determinadas como indicado no quadro I.

4 – No âmbito do presente Regulamento, entende-se por «tensão perimetral (σ)» o esforço de tracção actuando tangencialmente à circunferência exterior da secção recta das tubagens, produzida pela pressão do fluido no seu interior.

5 – O «limite elástico convencional», abreviadamente designado «limite elástico», pretende designar a carga necessária para, em relação à secção inicial do provete, provocar o alongamento, plástico e elástico em carga, de 0,5% do comprimento inicial entre marcas, de acordo com as normas mencionadas no artigo 61.º do Regulamento.

Artigo 19.º
Limite máximo de pressão e objectivo da prova

1 - O limite máximo da pressão de prova hidráulica é e 210 b e visa apenas o controlo de fabrico.

2 - As pressões de prova hidráulica referidas no número anterior são controlos de fabrico e não têm relação com as pressões de serviço a que os tubos possam vir a ser submetidos.

CAPÍTULO III
Curvas, uniões e outros acessórios

Artigo 20.º
Materiais

As curvas, uniões e outros acessórios utilizados na construção dos gasodutos devem ser de aço, compatíveis com as condições de serviço previstas para o troço em que se inserem, e satisfazer as normas aplicáveis previstas no artigo 61.º

Artigo 21.º
Prova hidráulica

Os dispositivos e acessórios referidos no presente capítulo devem ser submetidos, em fábrica, a uma prova hidráulica com a duração mínima de quinze minutos, a uma pressão não inferior a 150% da pressão de serviço máxima.

ARTIGO 22.º

Modelo e requisitos

1 – Todos os acessórios devem ser de modelo aprovado e obedecer aos requisitos estabelecidos nas normas ou especificações técnicas previstas no artigo 61.º e adoptadas pelo projectista.

2 – Todos os acessórios devem ser marcados de acordo com a norma de fabrico.

ARTIGO 23.º

Ligações flangeadas

As ligações flangeadas devem obedecer às normas aplicáveis, previstas no artigo 61.º e adoptadas pelo projectista.

CAPÍTULO IV

Cálculo das tubagens, definição das categorias de localização e valor da tensão de tracção perimetral máxima admissível

ARTIGO 24.º

Determinação da pressão de cálculo

1 – A pressão de cálculo para uma tubagem de espessura nominal dada ou a espessura nominal para uma pressão de cálculo fixada devem ser determinadas pela seguinte fórmula:

$$P = \frac{20 \cdot E \cdot e}{D} \cdot F$$

sendo:

P = pressão de cálculo, expressa em bars;

E = limite elástico mínimo do metal fixado nas especificações dos tubos, expresso em newtons por milímetro quadrado;

D = diâmetro exterior nominal dos tubos, expresso em milímetros;

e = espessura nominal da parede dos tubos, expressa em milímetros;

F = factor de segurança correspondente à categoria do local de implantação das tubagens aplicável nos termos do quadro II do artigo 29.º

2 – A pressão de cálculo é a pressão máxima permitida, em função dos materiais utilizados e da categoria do local de implantação das tubagens.

3 – A fórmula mencionada no n.º 1 do presente artigo pode também ser usada para calcular a espessura da parede dos tubos, não devendo, contudo, neste caso, ser consideradas as tolerâncias para menos admitidas nas normas de fabrico dos tubos.

4 – O valor máximo da pressão de serviço não deve, sem caso algum, ultrapassar o valor da pressão de cálculo.

ARTIGO 25.º

Classificação dos locais para a implantação das tubagens, por categorias

1 – Em matéria de segurança, os locais para a implantação das tubagens são classificados em quatro categorias, definidas tendo em atenção, entre outros factores:

a) A densidade da população;

b) A natureza, importância e fim a que se destinam as edificações, construções e obras de arte aí existentes;

c) A intensidade dos tráfegos ferroviário e rodoviário.

2 – A cada categoria de local corresponde a obrigação de respeitar:

a) O tipo de construção, caracterizado por um valor máximo determinado para o valor σ admissível para os tubos, de acordo com as normas mencionadas no artigo 61.º;

b) A distância mínima entre as tubagens e os edifícios, construções e obras de arte vizinhas.

ARTIGO 26.º

Categorias 1 e 2

1 – As categorias 1 e 2 correspondem a regiões desérticas ou montanhosas, pastagens, terras de cultivo, zonas rurais, zonas na proximidade de aglomerações e, em geral, a todas as localizações não compreendidas nas categorias 3 e 4.

2 – O índice da densidade de edifícios por 10 km é obtido a partir da média aritmética dos 10 índices de densidade de edifícios por quilómetro.

3 – Para se obter a densidade de edifícios por quilómetro, apenas são contabilizáveis os imóveis susceptíveis de serem ocupados por pessoas, situados no interior de uma faixa de terreno com 0,4 km de largura para cada lado do eixo do traçado da tubagem projectada e 1 km de comprimento.

4 – Pela categoria 1 são abrangidos os locais nos quais a densidade de edifícios por 10 km seja inferior a 8 e a densidade de edifícios por quilómetro inferior a 13.

5 – Incluem-se na categoria 2 os locais em que a densidade de edifícios por 10 km seja igual ou superior a 8 e a densidade de edifícios por quilómetro seja igual ou superior a 13.

ARTIGO 27.º

Categoria 3

A categoria 3 corresponde a zonas residenciais ou comerciais, nos casos em que as edificações ocupem, pelo menos, 10% das parcelas de terreno adjacentes à rua ou à faixa segundo a qual se desenvolve o gasoduto, desde que a altura dos referidos edifícios não exceda três pisos acima do nível do solo.

ARTIGO 28.º

Categoria 4

A categoria 4 integra as zonas nas quais se verifiquem cumulativamente as seguintes condições:

a) Predominância de edifícios de quatro ou mais pisos acima do nível do solo;

b) Tráfego intenso;

c) Existência, no subsolo, de numerosas instalações, nomeadamente canalizações e cabos eléctricos.

ARTIGO 29.º

Valor da tensão de tracção perimetral máxima admissível

As tensões máximas de tracção perimetral (σ) admissíveis para o metal dos tubos, em função do limite elástico E, são fixadas no quadro seguinte:

QUADRO II

Categoria de localização	Factor de segurança (F)	Valor correspondente da tensão de tracção perimetral máxima (σ)
Categoria 1	0,72	$0,72 \cdot E$
Categoria 2	0,60	$0,60 \cdot E$
Categoria 3	0,50	$0,50 \cdot E$
Categoria 4	0,40	$0,40 \cdot E$

Artigo 30.º

Implantação de gasodutos nos locais de categoria 4

Só é permitida a implantação de gasodutos nos locais de categoria 4 desde que as suas pressões de serviço não ultrapassem 20 b.

Artigo 31.º

Localização do eixo longitudinal

1 – O eixo longitudinal dos gasodutos deve situar-se a uma distância mínima de 25 m de qualquer edifício habitado.

2 – Relativamente às construções que recebem público ou que apresentem riscos particulares, nomeadamente de incêndio ou explosão, o eixo longitudinal dos gasodutos deve ficar situado a uma distância igual ou superior a 75 m.

3 – As distâncias referidas nos n.ºs 1 e 2 podem ser reduzidas para os valores constantes do quadro III desde que o projectista adopte alguma ou algumas das medidas de segurança suplementares previstas nas alíneas seguintes:

a) Reforço da espessura da própria tubagem que deverá ser definida com base na fórmula estabelecida no n.º 1 do artigo 24.º utilizando um valor de pressão *P*, aumentado de 25%;

b) Adopção de uma ou mais protecções adicionais a seguir indicadas:

Envolvimento da tubagem por uma manga metálica;

Interposição de um muro cego de betão;

Galeria com segmentos de betão armado, em forma de «U» invertido de acordo com a figura (a);

Cobertura de chapa sobre camada de betão, de acordo com a figura (b);

Cobertura com caleira invertida de chapa reforçada, de acordo com a figura (c);

Caleira invertida de betão armado, de acordo com a figura (d);

Cofragem lateral de chapa de aço, de acordo com a figura (e);

Cobertura de placas de betão armado de acordo com a figura (f).

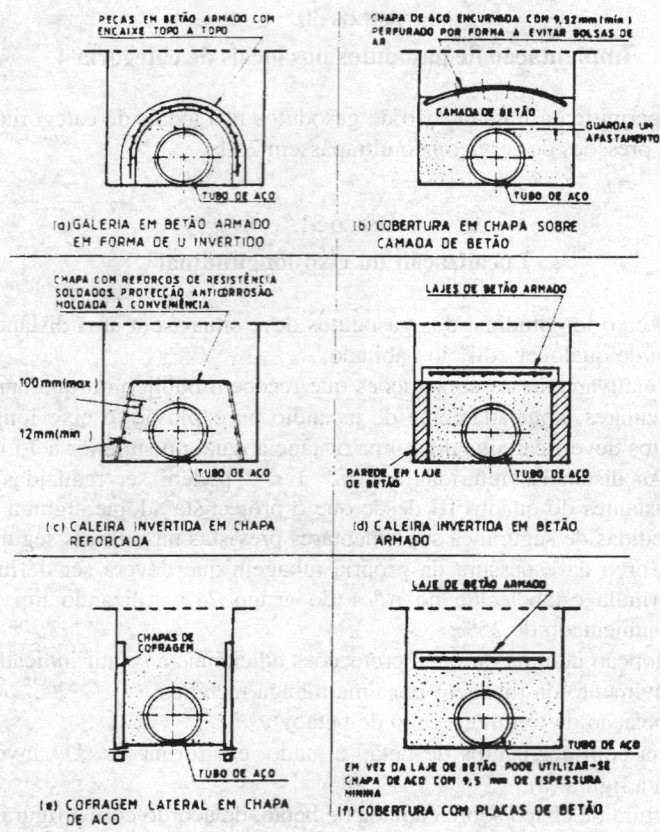

(a) GALERIA EM BETÃO ARMADO EM FORMA DE U INVERTIDO

(b) COBERTURA EM CHAPA SOBRE CAMADA DE BETÃO

(c) CALEIRA INVERTIDA EM CHAPA REFORÇADA

(d) CALEIRA INVERTIDA EM BETÃO ARMADO

(e) COFRAGEM LATERAL EM CHAPA DE AÇO

(f) COBERTURA COM PLACAS DE BETÃO

QUADRO III

Diâmetro nominal (milímetros)	Distância, em metros, para		
	P_s (*) > 20 b	4 < P_s (*) < 20 b	
		Edifícios futuros	Edifícios existentes
100–150	2,5	2,0	1,0
175–250	4,0	3,0	1,5
300–450	7,0	5,0	2,0
> 500...................	10,0	7,5	3,0

(*) P_s: pressão de serviço.

4 – Quando se adoptar uma das soluções previstas na alínea b) do número anterior, o elemento de protecção deve ser colocado de modo que as distâncias entre os seus extremos e os pontos mais próximos dos edifícios obedeçam ao estabelecido no quadro III.

CAPÍTULO V
Colocação em obra

Artigo 32.º
Instalação das tubagens no subsolo

1 – As tubagens devem assentar uniformemente sobre o fundo da vala e ser acondicionadas com os materiais adequados, por forma a ser evitada a deterioração quer dos tubos quer dos seus revestimentos.

2 – Sempre que a natureza do terreno possa ser considerada agressiva para a tubagem, deve esta ser instalada sobre uma camada de areia doce ou material equivalente, uniformemente distribuído no fundo da vala, com uma espessura mínima de 0,1 m.

3 – A tubagem deve, ainda, ficar completamente envolvida com o material referido no número anterior, mantendo-se, em todas as direcções, a espessura mínima aí indicada.

4 – Os revestimentos das tubagens devem ser inteiramente reparados ou completados, no caso de terem sido danificados ou estarem incompletos.

5 – Os troços da tubagem, ao serem colocados nas valas, devem ser obturados com tampões provisórios, a retirar quando da sua interligação, ocasião em que se verificará da inexistência de corpos estranhos no seu interior.

Artigo 33.º
Profundidade

1 – A profundidade normal de implantação das tubagens, determinada pela distância entre a geratriz superior da tubagem e o nível do solo, deve ser pelo menos de 0,8 m, tendo-se em consideração as características dos terrenos.

2 – A profundidade mínima de implantação das tubagens sob as vias férreas e as estradas de grande circulação deve ser de 1 m, sendo as mesmas, em tais casos, protegidas com uma manga, nos termos definidos no n.º 5 do artigo 35.º

3 – Em casos especiais, devidamente justificados, pode a profundidade mínima das tubagens ser reduzida, desde que estas não colidam com outras tubagens e fiquem protegidas em termos adequados contra cargas excessivas,

nomeadamente com uma manga de protecção, de modo a garantir condições de segurança equivalentes às de um enterramento normal.

Artigo 34.º
Tubagens situadas na proximidade de outras instalações subterrâneas

1 – Quando as tubagens se encontrarem situadas na proximidade de outras instalações subterrâneas preexistentes, deve ser respeitada, entre os pontos mais próximos das duas obras, uma distância mínima de 0,8 m.

2 – Quando não for possível respeitar a distância mínima referida no n.º 1, a tubagem de gás deve ser instalada no interior de uma manga de protecção, prolongada, para ambos os lados do ponto de maior proximidade, de um mínimo de:

a) 1 m, quando a tubagem do gás se situa a um nível superior aos das outras canalizações;

b) 3 m, quando a tubagem do gás se situa a um nível inferior aos das outras tubagens.

3 – No caso de percursos paralelos entre tubagens de gás e outras canalizações preexistentes destinadas a outros fins, nomeadamente cabos eléctricos e telefónicos, águas ou esgotos, a distância mínima entre as duas superfícies externas deve ser igual ou superior à profundidade de implantação imposta no artigo 33.º, excepto se a tubagem de gás ficar protegida por uma barreira contínua de separação.

4 – Os valores referidos no número anterior devem ser aumentados, por forma a serem obviados os riscos decorrentes da execução de quaisquer trabalhos de uma instalação sobre outra que se encontre na sua proximidade.

Artigo 35.º
Precauções na instalação dos gasodutos e situações especiais

1 – Devem ser evitados os cruzamentos sobre componentes susceptíveis de intervenções mais frequentes ou que requeiram a utilização de equipamentos de manutenção especialmente volumosos.

2 – Para a travessia de obstáculos hidrográficos, pântanos, terras inundáveis, terrenos de fraca consistência ou movediços, devem ser tomadas medidas especiais adequadas a assegurar a estabilidade da tubagem no nível fixado, impedindo-a, quando for caso disso, de subir para a superfície do solo ou flutuar.

3 – De igual modo devem ser adoptadas as adequadas medidas em caso de se verificarem eventuais vibrações provocadas pelas estações de compressão, nos troços de tubagem a montante e a jusante das mesmas.

4 – Depois de instaladas nas valas e antes de realizados os ensaios de recepção, deve o interior das tubagens ser cuidadosamente limpo e desembaraçado de quaisquer corpos estranhos.

5 – Nas travessias das vias férreas, cursos de água ou estradas, devem as tubagens ser instaladas com uma manga de protecção de resistência adequada aos esforços a que vai ser submetida, em toda a extensão da travessia.

6 – O espaço anelar entre a tubagem e a manga deve ser convenientemente ventilado de modo que eventuais fugas de gás sejam conduzidas até aos extremos da manga, os quais devem descarregar essas fugas por forma a não constituírem perigo.

7 – Quando como elementos de protecção forem utilizadas as mangas metálicas, devem estas ser equipadas com diafragmas de seccionamento da coroa circular espaçados no máximo de 150 m e cada um destes segmentos dispor de tubos de ventilação, situados na proximidade de ambas as extremidades, com diâmetro interno igual ou superior a 30 mm, cujas saídas devem ser protegidas com uma rede metálica do tipo corta-chama, descarregando em locais onde não constituam perigo para pessoas e bens.

8 – As mangas de protecção metálica devem ser protegidas:

a) Contra a corrosão, interna e externamente;

b) Com isolamento eléctrico, em relação à tubagem que envolvem;

c) Com protecção catódica, sempre que necessário.

ARTIGO 36.º

Protecção das tubagens enterradas contra as acções corrosivas

1 – As tubagens de aço enterradas devem possuir um revestimento de protecção contra as acções agressivas do meio em que são instaladas e contra as corrosões provocadas por correntes eléctricas naturais ou vagabundas.

2 – Os revestimentos devem ser de materiais adequados, nomeadamente dos seguintes tipos:

a) Betume ou alcatrão isentos de fenóis, suportados com banda de fibra de vidro ou outro material imputrescível;

b) Resinas sintéticas.

3 – A espessura do revestimento deve ter valor apropriado ao tipo de material utilizado e às condições de instalação e ser controlada por meios adequados, nomeadamente ultra-sons.

4 – A rigidez dieléctrica do revestimento dos tubos de aço deve ser de 5000 V, acrescida de 5000 V por milímetro de espessura de camada isolante, até um máximo de 25000 V.

5 – Quando os gasodutos tiverem de ser implantados nas proximidades de estruturas de suporte de linhas aéreas de alta tensão ou em paralelo com cabos

eléctricos enterrados, devem ser tomadas medidas que garantam a manutenção da protecção e do isolamento eléctricos dos gasodutos.

Artigo 37.º
Protecção catódica

1 – As tubagens de aço enterradas devem ser providas de um sistema de protecção catódica sempre que, tecnicamente, a natureza do terreno o justifique.

2 – A protecção catódica aplicada deve fornecer à tubagem um potencial negativo do tubo em relação à terra de valor adequado.

3 – A protecção catódica pode ser dispensada nos troços que disponham de revestimento eficiente e estejam electricamente isolados da restante tubagem por meio de juntas isolantes.

Artigo 38.º
Tubagens aéreas ou à superfície

1 – A instalação dos gasodutos pode incluir troços aéreos ou à superfície, no atravessamento de regiões pantanosas, montanhosas ou susceptíveis de serem afectadas por movimentos dos terrenos ou por desmoronamentos.

2 – Nos casos do atravessamento de cursos de água, desníveis ou similares, pode ser autorizada a utilização das obras de arte existentes, à excepção das estruturas metálicas importantes, sempre na condição de serem tomadas as medidas de segurança específicas de cada caso particular.

3 – Nestes casos, os gasodutos não podem ser instalados em espaços não ventilados ou não acessíveis para inspecção e manutenção.

Artigo 39.º
Determinação da espessura das paredes das tubagens aéreas

1 – A espessura das paredes das tubagens aéreas deve ser determinada tendo em atenção o conjunto das forças longitudinais e transversais que agem simultaneamente sobre a tubagem.

2 – Os projectos de construção de tubagens aéreas devem ter ainda em conta os problemas de compensação das deformações longitudinais devidas à temperatura.

Artigo 40.º

**Cruzamento da tubagem aérea ou à superfície
com uma linha eléctrica aérea**

Quando a tubagem aérea ou à superfície se cruze com uma linha eléctrica aérea de alta tensão, ou dela se encontre próxima, a uma distância inferior à altura dos cabos eléctricos em relação ao solo, devem ser observadas as seguintes medidas:
a) Aplicação de juntas isolantes;
b) Ligação da tubagem à terra.

Artigo 41.º

Protecção da tubagem aérea ou à superfície

Os troços de gasodutos aéreos ou instalados à superfície devem ser externamente protegidos contra os agentes atmosféricos e eventuais acções mecânicas, mediante pintura, metalização, guarda mecânica ou qualquer outro processo adequado.

Artigo 42.º

Equipamento de limpeza e inspecção

1 – Em ordem a permitir a utilização de equipamentos de limpeza e inspecção (*pigs*), sem interrupção de serviço, devem os gasodutos ser equipados com os necessários dispositivos de introdução e remoção do equipamento de limpeza e inspecção.

2 – Devem ser utilizados raios de curvatura, ligações de ramais ou outro tipo de equipamentos, de dimensões adequadas à limpeza e inspecção do interior dos gasodutos, com o auxílio de equipamentos de limpeza e inspecção (*pigs*).

Artigo 43.º

Soldaduras

1 – As soldaduras dos tubos devem ser executadas em conformidade com procedimentos certificados por soldadores devidamente qualificados, nos termos do artigo 10.º do anexo I ao Decreto-Lei n.º 263/89, de 17 de Agosto.

2 – Os procedimentos de soldadura, o controlo visual, os ensaios destrutivos e não destrutivos relativos à qualidade das soldaduras devem satisfazer os requisitos das normas aplicáveis, previstas no artigo 61.º

3 – As soldaduras devem ser controladas a 100%, por exames radiográficos ou por outros meios não destrutivos, com interpretação dos resultados feita por um técnico certificado.

4 – O metal de adição a usar nas soldaduras deve corresponder às características do aço dos tubos a soldar.

5 – A ligação dos diversos elementos constituintes do gasoduto, designadamente tubos, acessórios de ligação e dispositivos diversos, deve ser realizada, no decorrer da construção, por meio de soldadura eléctrica topo a topo, quando se trate de tubagem enterrada.

6 – As soldaduras topo a topo devem ser executadas com os topos dos tubos devidamente chanfrados.

7 – Os tubos de aço com costura longitudinal ou helicoidal devem ser ligados entre si por forma que as respectivas soldaduras fiquem desfasadas.

Artigo 44.º
Juntas flangeadas

Nas ligações de dispositivos ou acessórios podem ser utilizadas juntas flangeadas.

Artigo 45.º
Materiais utilizados nas juntas

1 – As mudanças de direcção das tubagens podem ser realizadas mediante a utilização de:

a) Curvas de grande raio de curvatura, produzidas a partir de tubos com ou sem costura, empregando máquinas de dobrar tubo sem formação de pregas, quer na fábrica, a frio ou a quente, quer no estaleiro, somente a frio, depois de submetidas aos ensaios previstos no artigo 16.º;

b) Curvas de reduzido raio de curvatura, produzidas na fábrica e com os requisitos estabelecidos no artigo 22.º;

c) Curvas feitas por soldadura de troços direitos, que só excepcionalmente devem ser aplicadas.

2 – São formalmente proibidas as curvas referidas na alínea c) do número anterior nos seguintes casos:

a) Em tubagens previstas para serem utilizadas com pressões de serviço máximas, correspondendo a tensões de tracção perimetrais nos tubos direitos, iguais ou superiores a 40% do limite elástico mínimo especificado;

b) Quando o ângulo entre os dois elementos direitos adjacentes da curva for superior a 12º 30'.

Artigo 46.º
Controlo da soldadura de curvas

Todas as soldaduras de curvas realizadas em tubos direitos soldados devem ser controladas a 100% por processos não destrutivos, em conformidade com o artigo 16.º

Artigo 47.º
Derivações

Na instalação de uma derivação devem ser tomadas as medidas adequadas a assegurar que a resistência do conjunto seja igual à dos elementos originais.

Artigo 48.º
Instalação de válvulas de seccionamento

Nas tubagens devem ser instaladas válvulas de seccionamento, automáticas ou telecomadadas, com intervalos não superiores a:
a) 30 km, nas zonas correspondentes à categoria 1;
b) 20 km, nas zonas correspondentes à categoria 2;
c) 10 km, nas zonas correspondentes à categria 3;
d) 5 km, nas zonas correspondentes à categoria 4.

Artigo 49.º
Válvula de corte

Todas as derivações ou ligações ao gasoduto de transporte devem incluir uma válvula de corte colocada o mais perto possível do ponto de ligação.

Artigo 50.º
Isolamento de troços do gasoduto

1 – Cada troço do gasoduto de transporte compreendido entre duas válvulas deve poder ser isolado da rede, por forma a manter condições de segurança.

2 – Devem ser instaladas uma ou mais válvulas de purga entre cada duas válvulas de seccionamento, por forma a poder purgar a tubagem com rapidez e segurança.

CAPÍTULO VI
Ensaios em obra

Artigo 51.º
Disposições gerais

1 – Antes da entrada em serviço, devem as tubagens ser submetidas aos ensaios de resistência mecânica e de estanquidade em todo o seu comprimento, de uma só vez ou por troços, depois de adoptadas as adequadas precauções tendentes à garantia da segurança de pessoas e bens.

2 – Os ensaios dos troços de tubagem a colocar dentro de mangas de protecção devem ser feitos, separadamente e fora destas, antes da montagem no local.

3 – As verificações previstas no número anterior não dispensam o ensaio final do conjunto da rede.

Artigo 52.º
Execução dos ensaios

1 – Deve proceder-se à medição contínua de pressões e temperaturas durante todo o ensaio, com o auxílio de aparelhos registadores e de um indicador de pressão calibrado, para as leituras inicial e final.

2 – Os valores das pressões devem ser corrigidos tendo em conta variações das temperaturas do fluido utilizado no ensaio, da parede do tubo, do terreno e do ambiente.

3 – O ensaio propriamente dito só deve começar após ter sido atingido o equilíbrio de temperaturas, o que exige um período de condicionamento prévio.

4 – Os instrumentos de medida devem dispor de certificado de calibração válido e ter a incerteza máxima de 0,5%.

Artigo 53.º
Prova de resistência mecânica

1 – A prova de resistência mecânica deve ser efectuada de acordo com as condições referidas no quadro IV:

QUADRO IV

Categoria do local	Fluido utilizado no ensaio	Pressão de ensaio	
		Mínima	Máxima
1	Água	1,1 p. s. m.	p. e. f.
2	Água	1,25 p. s. m.	p. e. f.
3	Água	1,4 p. s. m.	p. e. f.
4	Água	1,4 p. s. m.	p. e. f.

sendo:
p. e. f. = pressão de ensaio na fábrica;
p. s. m. = pressão de serviço máxima.

2 – Salvo decisão em contrário do técnico responsável pela inspecção e certificação, as condições constantes do quadro IV relativas às categorias 3 e 4 não terão aplicação nos seguintes casos:

a) Se no momento da realização do ensaio de resistência, a temperatura do solo à profundidade da tubagem for inferior ou igual a 0°C ou puder baixar até esse nível do fim do ensaio ou ainda se não se dispuser de água em quantidade e qualidade convenientes;

b) Se o relevo da zona atravessada for de forma a obrigar a um secciona-mento excessivo da tubagem para se poder efectuar o ensaio hidráulico.

3 – Nos casos indicados no número anterior, a prova de resistência será efectuada com ar a uma pressão igual ao produto de 1,1 pela pressão de serviço máxima.

4 – Os ensaios de resistência terão a duração mínima de seis horas, à pressão máxima de ensaio.

ARTIGO 54.º

Ensaios de estanquidade

1 – Nos casos em que o ensaio tenha sido efectuado com água, o ensaio de estanquidade deve ser feito com o ar ou com o gás.

2 – O ensaio de estanquidade pode também ser realizado com água, devendo, neste caso, a pressão situar-se entre os limites fixados para os ensaios de resistência mecânica efectuados com água, para a categoria do local de implementação correspondente, de acordo com o quadro IV do artigo 53.º

3 – Se o ensaio da resistência for feito com ar ou com o gás, o ensaio de estanquidade deve ser efectuado com o mesmo fluido à pressão de serviço máxima.

4 – Os ensaios de estanquidade devem ter a duração mínima de seis horas, depois de estabilizada a temperatura do fluido.

Artigo 55.º

Relatório dos ensaios

1 – Deve ser elaborado um relatório de cada ensaio, da rede ou de qualquer troço, donde constem as seguintes indicações:

a) Referência dos troços ensaiados;

b) Data, hora e duração do ensaio;

c) Valores das temperaturas verificadas no fluido durante o ensaio;

d) Valores da pressão inicial e final do ensaio;

e) Conclusões;

f) Observações particulares.

2 – Os relatórios devem ser elaborados por um técnico ou um organismo de inspecção reconhecidos.

CAPÍTULO VII

Entrada em serviço, inspecção e manutenção dos gasodutos

Artigo 56.º

Disposições gerais

1 – As concessionárias devem elaborar procedimentos de garantia de segurança relativos aos aspectos de operação, manutenção, inspecção e controlo dos gasodutos.

2 – As concessionárias devem dispor dos meios humanos, técnicos e materiais que lhes permitam assegurar o cumprimento do disposto no número anterior e intervir com a necessária rapidez e eficácia.

3 – As tubagens só podem entrar em serviço depois de efectuados, com bons resultados, os ensaios de resistência e estanquidade.

4 – Na vizinhança das tubagens não podem realizar-se trabalhos susceptíveis de as afectar, directa ou indirectamente, sem que sejam tomadas as precauções consideradas suficientes pela concessionária.

5 – Em caso de desacordo entre o autor dos trabalhos e a concessionária, o diferendo será submetido ao parecer da Direcção-Geral de Energia.

6 – A concessionária deve dispor de, pelo menos, um serviço de atendimento permanente para receber informações, quer do seu pessoal quer de estranhos, relativas a eventuais anomalias nas tubagens.

7 – A concessionária deve comunicar as ocorrências de relevo ao serviço nacional de protecção civil, sem prejuízo do contacto directo com as autoridades locais e os bombeiros para tomada de medidas imediatas.

8 – Deve ser impedido o acesso de estranhos à concessionária a troços visíveis dos gasodutos.

9 – Quando se usarem vedações para este efeito, devem as mesmas ter, pelo menos, 1,8 m de altura.

Artigo 57.º
Forma de introdução do gás

1 – A introdução do gás combustível nas tubagens deve ser feita de modo a evitar-se a formação de misturas de ar-gás.

2 – Para assegurar a separação dos dois fluidos deve ser feita a introdução prévia de um tampão de azoto ou de equipamento de limpeza e inspecção (*pig*).

Artigo 58.º
Controlo da exploração dos gasodutos

1 – A concessionária é obrigada a controlar pelos métodos apropriados e com a periodicidade adequada:

a) A qualidade do gás;

b) O valor da pressão efectiva nos gasodutos;

c) A estanquidade dos gasodutos.

2 – Devem ser devidamente registadas todas as anomalias surgidas, bem como as respectivas acções correctoras efectuadas e outros dados considerados relevantes.

Artigo 59.º
Inspecção

1 – A inspecção dos gasodutos deve ser de dois tipos:

a) A que tem por objectivo a detenção de danos causados por terceiros – tipo A -, a qual pode ser efectuada por meios aéreos, veículos terrestres ou a pé.

b) A que tem por objectivo a detenção de possíveis anomalias – tipo B –, a qual deve ser feita a pé.

2 – O processo utilizado para a detecção de fugas deve garantir a necessária eficácia.

3 – Os intervalos máximos entre inspecções ou controlos consecutivos devem ser os referidos no quadro V, salvo o disposto nos números seguintes:

QUADRO V

Categoria da localização	1 e 2	3	4
Tipo A	Meio ano	Meio ano	Meio ano
Tipo B	Dois anos	Um ano	Um ano
Fugas	Seis anos	Quatro anos	Quatro anos

4 – Nos troços submersos e aéreos os intervalos entre inspecções e detecção de fugas ficam ao critério das concessionárias, não podendo, porém, exceder três anos.

5 – A inspecção da operacionalidade e a detecção de fugas nas válvulas do gasoduto ficam sujeitas aos intervalos máximos da inspecção tipo B.

6 – As instalações de protecção catódica devem ser controladas com a periodicidade preconizada pelo seu fabricante.

7 – O funcionamento dos principais dispositivos de corte deve ser verificado periodicamente.

ARTIGO 60.º

Manutenção

1 – Os troços da tubagem em que as inspecções tenham detectado deteriorações devem ser reparados, substituídos, colocados fora de serviço ou com pressão de serviço reduzida, segundo o critério do responsável da manutenção da rede.

2 – Os materiais utilizados nas reparações das tubagens devem ser compatíveis com o material destas e de qualidade aprovada.

3 – As reparações definitivas nas tubagens devem realizar-se, de preferência, por soldadura, sendo estas posteriormente controladas por meio de ensaios não destrutivos.

4 – Todas as reparações que impliquem a substituição de mais de três varas de tubagem obrigam à execução dos ensaios de resistência mecânica e de estanquidade mencionados no capítulo VI deste Regulamento.

5 – Quando se proceda ao esvaziamento de gás de uma tubagem, devem tomar-se as medidas de segurança necessárias.

CAPÍTULO VIII
Normalização e certificação

ARTIGO 61.º
Normas técnicas aplicáveis

1 – Para efeitos da aplicação do disposto no presente Regulamento, serão aceites as normas a seguir indicadas ou outras tecnicamente equivalentes:

a) NP-1333 – Produtos petrolíferos. Ensaios de corrosão em lâmina de cobre com gases liquefeitos;

b) NP-1641 – Redes de distribuição de gases combustíveis. Tubos de aço sem costura. Características e ensaios;

c) AINSI B 31.8 – Gas transmission and distribution piping systems;

d) AINSI B 16.9 – Wrought steel butt-welding fittings;

e) AINSI B 16.5 – Steel pipe flanges and flanged fitting;

f) AIP 5 L – Specification for line pipe;

g) AIP 6 D – Specification for steel gate, plug, ball and check valves for pipeline service;

h) API std 1104 – Standard for welding pipelines and related facilities.

2 – Sem prejuízo do disposto no presente Regulamento, não é impedida a comercialização dos produtos, materiais, componentes e equipamentos por ele abrangidos, desde que acompanhados de certificados emitidos, com base em especificações e procedimentos que assegurem uma qualidade equivalente à visada por este diploma, por organismos reconhecidos segundo critérios equivalentes aos previstos na norma de série NP EN 45000, aplicáveis no âmbito do Sistema Português da Qualidade (SPQ) a que se refere o Decreto-Lei n.º 234/93, de 2 de Julho.

PORTARIA N.º 568/2000,
DE 7 DE AGOSTO

Com a alteração ao Decreto-Lei n.º 374/89, de 25 de Outubro, introduzida pelo Decreto-Lei n.º 8/2000, de 8 de Fevereiro, o fornecimento de gás natural em baixa pressão através de redes locais autónomas, abastecidas a partir de instalações autónomas de gás natural liquefeito (GNL), ficou a compreender o âmbito de exercício da actividade de distribuição de gás natural.

Por seu turno, pela alteração ao artigo 1.º do Decreto-Lei n.º 232/90, de 16 de Julho, operada pelo Decreto-Lei n.º 7/2000, de 3 de Fevereiro, as unidades autónomas de gás natural liquefeito ficaram a fazer parte integrante do sistema de gás natural definido no citado preceito.

Nos termos previstos no artigo 13.º do Decreto-Lei n.º 232/90, de 16 de Julho, a regulamentação do projecto, construção, exploração e manutenção dos componentes do sistema de gás natural é estabelecido por portaria do Ministro da Economia.

Importando dinamizar a implantação das unidades autónomas de GNL, a presente portaria tem por finalidade proceder à aprovação do regulamento de segurança aplicável ao projecto, construção e exploração das instalações de armazenagem de gás natural daquelas unidades.

Assim:

Ao abrigo do artigo 13.º do Decreto-Lei n.º 232/90, de 16 de Julho, na redacção que lhe foi dada pelo Decreto-Lei n.º 7/2000, de 3 de Fevereiro:

Manda o Governo, pelo Ministro da Economia, que seja aprovado o Regulamento de Segurança das Instalações de Armazenagem de Gás Natural Liquefeito em Reservatórios Criogénicos sob Pressão, designadas por Unidades Autónomas de GNL, que constitui o anexo da presente portaria e dela fica a fazer parte integrante.

O Ministro da Economia, *Joaquim Augusto Nunes Pina Moura*, em 12 de Julho de 2000.

ANEXO

**Regulamento de Segurança das Instalações de Armazenagem
de Gás Natural Liquefeito em Reservatórios Criogénicos
sob Pressão-Unidades Autónomas de GNL.**

CAPÍTULO I
Generalidades

ARTIGO 1.º
Objecto e âmbito

1 – O presente Regulamento estabelece as condições a que deve obedecer
o projecto, a construção e a manutenção das unidades autónomas de gás natural
liquefeito, adiante designadas por UAGNL, licenciadas nos termos do Decreto-
Lei n.º 374/89, de 25 de Outubro, na redacção que lhe foi dada pelos Decretos-
Leis n.os 274-A/93, de 4 de Agosto, e 8/2000, de 8 de Fevereiro.

2 – Estão abrangidas pelo âmbito de aplicação do presente Regulamento
as UAGNL com capacidade de armazenagem de gás natural liquefeito não superior a 300 m3, por reservatório, e com pressões máximas de serviço superiores a
100 kPa, bem como os equipamentos auxiliares e de segurança e de controlo, as
tubagens e os acessórios da instalação, destinados a abastecer as redes de distribuição ou os consumidores finais.

ARTIGO 2.º
Definições

Para efeitos do presente Regulamento, entende-se por:

Bacia de segurança – bacia destinada a conter eventuais derrames de produto dos reservatórios nela contidos;

Entidade responsável pela exploração – proprietário ou possuidor da instalação responsável pelo seu funcionamento;

Equipamentos auxiliares – sistemas acessórios e auxiliares da instalação,
tais como tubagens de ligação, válvulas, equipamentos de controlo e segurança,
vaporizadores, protecções para baixa temperatura, sapatas, vedações;

Gás natural liquefeito (GNL) – fluido que, no estado líquido, é composto
fundamentalmente por misturas de hidrocarbonetos leves, com predomínio do
metano;

Isolamento – meio utilizado para reduzir o fluxo térmico entre o reservatório exterior e o reservatório interior, podendo o espaço entre os reservatórios encontrar-se sob vácuo;

Líquido criogénico – líquido cuja temperatura de ebulição à pressão atmosférica é inferior a -40°C;

Pressão de cálculo – pressão utilizada para calcular a espessura mínima do equipamento;

Pressão máxima de serviço – pressão máxima admissível na câmara do gás do reservatório;

Reservatório criogénico – conjunto formado por reservatório interior, isolamento, reservatório exterior, suportes, tubagens, válvulas, manómetros, indicadores de nível e outros elementos acessórios, destinado a armazenar gás natural liquefeito;

Reservatório exterior – envolvente externa do reservatório interior, com resistência adequada à contenção, no espaço anelar, do material de isolamento térmico;

Reservatório interior – reservatório destinado a armazenar GNL;

UAGNL – instalação constituída pelo conjunto de reservatórios criogénicos destinados à armazenagem de GNL, assim como os equipamentos auxiliares necessários às operações de recepção do produto, de regasificação do GNL e de condicionamento do mesmo para emissão, incluindo os respectivos acessórios e o equipamento de controlo e de segurança que lhes esteja associado, bem como os respectivos sistemas de alimentação de energia eléctrica;

Vaporizador ou gaseificador – conjunto de equipamentos de permuta térmica destinados a regasificar o GNL, tanto nas operações de descarga das cisternas de transporte como nas operações de condicionamento do gás para emissão, assim como todos os acessórios de controlo e segurança associados à operação;

Zona 1 – área na qual é possível a ocorrência de misturas de gás com o ar dentro dos limites de inflamabilidade, nas condições de funcionamento corrente;

Zona 2 – área na qual é possível a ocorrência acidental de misturas de gás com o ar, dentro dos limites de inflamabilidade, mas nunca em condições de funcionamento corrente.

Artigo 3.º

Normalização e certificação

Sem prejuízo do disposto no presente Regulamento, não é impedida a comercialização dos produtos, materiais, componentes e equipamentos por ele abrangidos, desde que acompanhados de certificados emitidos, com base em especificações e procedimentos que assegurem uma qualidade equivalente à visada por este diploma, por organismos reconhecidos segundo critérios equivalentes aos previstos na norma da série NP EN 45 000, aplicáveis no âmbito do Sistema Português da Qualidade, a que se refere o Decreto-Lei n.º 234/93, de 2 de Julho.

CAPÍTULO II
Projecto, construção e exploração das UAGNL

SECÇÃO I
Generalidades

ARTIGO 4.º
Função, concepção e delimitação das UAGNL

1 – A função das UAGNL é receber e armazenar GNL e prepará-lo para ser emitido, para o sistema de distribuição ou consumidores finais, em fase gasosa, de acordo com as especificações e nas condições de segurança requeridas.

2 – As UAGNL devem ser concebidas e dimensionadas de modo a permitir manter o controlo do processo, qualquer que seja a combinação de pressões e temperaturas a que possam estar sujeitas, tanto em condições de funcionamento normal, como de emergência.

3 – As UAGNL devem ser dimensionadas de modo a ter uma via de circulação de sentido único, com entrada e saída distintas, por forma que o veículo-cisterna seja impedido de fazer marcha atrás.

4 – A instalação está limitada, a jusante, pela válvula de corte colocada na linha de gás à saída do contador e que faz parte integrante da unidade.

ARTIGO 5.º
Projecto das UAGNL

1 – Os projectos de construção das UAGNL devem cumprir os requisitos exigidos pelo Decreto-Lei n.º 232/90, de 16 de Julho, alterado pelos Decretos-Leis n.ºs 183/94, de 1 de Julho, e 7/2000, de 3 de Fevereiro, e integrar, no mínimo, os seguintes documentos:

a) Memória descritiva e justificativa identificando as temperaturas exteriores mínimas e máximas previsíveis, as regras de dimensionamento, os elementos essenciais da instalação, a descrição detalhada dos dispositivos de comando, controlo e segurança de que a instalação fica dotada, comunicações e telecomunicações internas e externas previstas;

b) Planta de localização, com implantação dos principais componentes, identificando toda a envolvente, numa área periférica até 50 m da UAGNL;

c) Plano de segurança e emergência para casos de acidentes;

d) Comprovativo da marcação CE nos equipamentos sob pressão, de acordo com disposto no Decreto-Lei n.º 211/99, de 14 de Junho, devendo explicitar o gradiente máximo da temperatura, entre o interior e o exterior, e a temperatura mínima no interior do reservatório;

e) Normas técnicas a observar no projecto, na construção, nos ensaios, nas inspecções e na manutenção;

f) Diagrama processual de funcionamento.

2 – À Direcção-Geral da Energia (DGE) compete, a solicitação dos interessados, proceder à aprovação de projectos tipo das UAGNL.

3 – Os interessados que pretendam instalar UAGNL com projectos tipo aprovados ficam isentos da apresentação dos elementos constantes das alíneas a), e) e f) do n.º 1.

SECÇÃO II
Reservatórios

Artigo 6.º
Projecto dos reservatórios

1 – O projecto e fabrico dos reservatórios criogénicos, dos vaporizadores e dos equipamentos auxiliares devem cumprir o disposto no Decreto-Lei n.º 211/99, de 14 de Junho.

2 – Os materiais usados no fabrico do reservatório interior e juntas devem satisfazer os requisitos de qualidade e segurança exigidos para a utilização de GNL.

Artigo 7.º
Isolamento

1 – O reservatório interior deve estar termicamente isolado.

2 – O isolamento entre os reservatórios exterior e interior pode ser conseguido por uma das seguintes soluções:

a) Câmara de vácuo;

b) Interposição de material isolante térmico;

c) Solução mista resultante da conjugação das soluções das alíneas a) e b).

ARTIGO 8.º

Reservatório exterior

1 – Os reservatórios, quando o isolamento for conseguido por vácuo, devem dispor de um sistema de protecção capaz de eliminar qualquer pressão que possa criar-se na câmara de isolamento.

2 – O sistema deve funcionar a uma pressão inferior à menor das duas:

a) Pressão de cálculo do reservatório exterior;

b) Pressão de 100 kPa.

3 – A secção de passagem deve possuir uma área mínima de 0,20 mm2 por cada decímetro cúbico de capacidade do reservatório.

SECÇÃO III

Equipamentos de segurança e controlo

ARTIGO 9.º

Equipamentos auxiliares dos reservatórios

1 – Os reservatórios devem ser dotados de equipamentos, devidamente certificados, que garantam a sua segurança e o seu bom funcionamento, nomeadamente:

a) Válvulas de segurança;

b) Indicadores de nível;

c) Indicadores de temperatura;

d) Manómetros, em contacto com a fase gasosa, com marcação da pressão máxima de serviço ou da pressão de disparo da válvula de segurança;

e) Dispositivo de verificação das condições de vácuo;

f) Tubagens de ligação.

2 – Os equipamentos auxiliares, qualquer que seja a sua posição no reservatório, devem:

a) Apresentar garantias de segurança não inferiores às do reservatório interior;

b) Ser construídos com materiais compatíveis com a utilização de GNL;

c) Suportar o ensaio de pressão do reservatório;

d) Funcionar à temperatura mínima de serviço;

e) Suportar as dilatações e contracções devidas à variação de temperatura e às vibrações.

3 – Os elementos de fixação, bem como as juntas dos equipamentos auxiliares no reservatório, devem ser de materiais resistentes à corrosão e compatíveis com a temperatura mínima de serviço.

4 – As uniões desmontáveis das tubagens devem ser feitas por acessórios de ligação.

5 – Nos reservatórios com isolamento a vácuo não devem existir uniões roscadas ou acessórios de ligação no interior da câmara de isolamento.

Artigo 10.º
Reservatório interior

1 – O reservatório interior deve estar protegido por válvulas de segurança, colocadas na fase gasosa, em comunicação permanente com o interior do reservatório.

2 – A saída das válvulas deve estar dirigida de forma que, em caso de descarga, não afecte pessoas ou bens que possam estar próximos, minimize danos ao ambiente e não danifique os elementos estruturais do reservatório.

3 – Uma das válvulas deve estar tarada à pressão máxima de serviço e estar projectada de modo a evitar que a pressão ultrapasse 110% da pressão máxima de serviço, considerando-se o fornecimento máximo de calor ao líquido nas seguintes condições simultâneas:

a) Operação contínua, à sua capacidade máxima, do sistema que permite aumentar a pressão, designadamente resistências de calor e serpentinas de aquecimento, ou de outro sistema adicional que exista para prever a possibilidade de falha daquele;

b) Operação contínua dos elementos exteriores capazes de aumentar a pressão do reservatório e que estejam permanentemente ligados ao mesmo, designadamente bombas, ou de outro sistema adicional que seja instalado para o caso de se prever a possibilidade de falha do mesmo;

c) Fornecimento de calor através do isolamento, calculado de acordo com o anexo II do presente Regulamento e que dele fica a fazer parte integrante.

4 – A segunda válvula de segurança deve ser tarada para um máximo de 130% da pressão máxima de serviço e ser capaz de aliviar, conjuntamente com a primeira válvula, a uma pressão de 130% da pressão máxima de serviço, o caudal de gás calculado de acordo com o anexo II do presente Regulamento, nas condições de fornecimento de calor, através do isolamento em caso de fogo próximo.

5 – As válvulas de segurança devem colocar-se de forma que, se houver possibilidade de ficarem bloqueadas pela formação de gelo, este bloqueio seja mínimo, devendo, além disso, existir a possibilidade de pré-fixar o sistema de taragem de molde que a sua regulação permita garantir que a válvula comece a abrir a uma pressão não superior à pressão máxima de serviço.

6 – As válvulas de segurança do reservatório devem ter gravada a pressão da taragem e ser de abertura total com sistema de mola, devendo a abertura da

mesma assegurar uma secção de passagem mínima de 80% da secção de passagem livre na sede.

7 – As válvulas de segurança devem estar instaladas de forma que estejam em comunicação permanente com a câmara de fase gasosa do reservatório, no seu ponto mais alto.

8 – Não deve existir nenhuma válvula de seccionamento entre o reservatório e o sistema de segurança, mas no caso de existir um sistema de segurança duplo, de quatro válvulas, este pode ter um sistema de válvulas de seccionamento que permita isolar um dos sistemas, deixando o outro em serviço.

9 – Os sistemas de disparo das válvulas de segurança devem evitar reduzir o caudal exigido pela descarga, assim como a acumulação de materiais estranhos.

10 – As válvulas de segurança devem estar providas de quebra-chamas.

11 – Não é permitida a utilização de válvulas de peso morto ou de contrapeso.

12 – As válvulas de segurança devem ser munidas de um dispositivo de protecção inamovível, destinado a evitar a entrada de água e outros corpos estranhos que possam torná-las inoperantes, não podendo o mesmo, no entanto, constituir obstáculo quando as válvulas actuem.

13 – As válvulas de segurança devem ser instaladas de forma que a descarga se realize em pontos onde não seja possível criar uma atmosfera explosiva.

SECÇÃO IV
Outros equipamentos

Artigo 11.º
Qualidade dos materiais

Os materiais usados no fabrico das tubagens e de todos os componentes da instalação, em contacto real ou potencial com o GNL, devem satisfazer os requisitos de qualidade e segurança exigidos nos códigos ou normas de construção, tendo em conta as condições de funcionamento do tipo de instalações a que se destinam.

Artigo 12.º
Vaporizadores

1 – Os vaporizadores devem estar protegidos por uma válvula de segurança capaz de descarregar o gás suficiente para evitar que a pressão possa exceder 110% da pressão máxima de serviço, devendo a pressão de taragem da válvula ser, no máximo, a pressão de cálculo do vaporizador.

2 – Todos os componentes a montante da válvula de seccionamento da saída de gás devem ser projectados para operar a -165ºC.

3 – Deve colocar-se um sistema automático de seccionamento por baixa temperatura, para protecção do sistema de emissão.

4 – Cada vaporizador deve ser isolado mediante válvulas de seccionamento, tanto no circuito do gás natural como no circuito da chegada de calor, que possam ser accionadas a uma distância mínima de 15 m do mesmo quando se verifique:

a) Uma redução de pressão na linha de alimentação de gás;
b) Uma temperatura anormal junto do gaseificador;
c) Uma temperatura baixa na linha de descarga do gaseificador.

5 – O seccionamento de cada vaporizador deverá poder efectuar-se manualmente em instalações com assistência permanente e de forma automática nas restantes.

ARTIGO 13.º
Tubagens

1 – Os troços das tubagens compreendidos entre válvulas de seccionamento devem estar protegidos por um sistema de descarga de pressão que evite a rotura das mesmas no caso de ficar líquido criogénico ou gás frio acumulado entre ambas as válvulas.

2 - Os sistemas referidos no número anterior devem ter um troço de tubagem de comprimento mínimo de 10 cm, que os separe da zona fria, para evitar que fiquem bloqueados pelo gelo.

3 – A pressão de taragem dos sistemas deve ser inferior à pressão nominal de serviço da tubagem protegida.

4 – Para impedir a eventual passagem de gás frio, abaixo de -40ºC, será instalada, no limite da instalação, uma válvula automática de seccionamento resistente ao frio.

5 – As tubagens que se encontrem ligadas ao sistema de segurança devem ter secção suficiente para dar passagem ao gás libertado no referido sistema, não devendo em caso algum, ser inferior a 18 mm de diâmetro (3/4").

6 – Os tubos de descarga da válvula de segurança ou de alívio devem ser projectados e instalados de forma a prevenir a acumulação de água, gelo, neve ou qualquer outro material estranho e ser colocados de forma a descarregar directamente para a atmosfera sem obstrução e no sentido ascendente.

SECÇÃO V
Implantação

ARTIGO 14.º
Local de implantação

1 – A implantação das UAGNL deve observar as distâncias previstas nos quadros I e II do anexo I deste Regulamento e que dele faz parte integrante.

2 – Sem prejuízo do estabelecido no número anterior, a implantação deve observar uma distância superior a 100 m, de qualquer edifício de acesso público, designadamente escolas, hospitais e centros comerciais.

3 – Os reservatórios só podem ser instalados no exterior dos edifícios, não sendo permitida a sua colocação sob edifícios, linhas eléctricas, pontes e viadutos.

4 – Os reservatórios devem ser instalados por forma que, em caso de necessidade, sejam facilmente acessíveis aos bombeiros e ao seu equipamento.

ARTIGO 15.º
Regras de implantação

1 – Não é permitida a implantação de reservatórios em alinhamento coaxial ou em «T», a menos que entre os reservatórios em causa seja interposta uma estrutura de protecção resistente a um eventual impacte.

2 – A distância entre cada reservatório e a estrutura referida no número anterior deve ser dupla da fixada no n.º 3 do quadro I do anexo I deste Regulamento.

3 – Não é permitida a implantação de reservatórios sobrepostos nem em posição de eixo diferente da correspondente ao respectivo projecto de aprovação de construção.

ARTIGO 16.º
Fundações e pavimento

1 – As fundações dos reservatórios devem ser calculadas para os suportar com a carga correspondente ao seu total enchimento com água.

2 – No pavimento do local dos reservatórios não devem existir quaisquer materiais combustíveis.

Artigo 17.º
Ligação à terra

1 – Os reservatórios e os equipamentos devem dispor de uma ligação à terra com resistência inferior a 20 Ohm.

2 – Os reservatórios devem possuir um sistema que permita estabelecer uma ligação equipotencial com o veículo-cisterna durante as operações de trasfega.

CAPÍTULO III
Regras de instalação

Artigo 18.º
Zonas de segurança

1 – Para efeitos das precauções a tomar contra os riscos de incêndio, são estabelecidas duas categorias de zonas de segurança:
a) Zona 1;
b) Zona 2.

2 – A zona 1 corresponde ao espaço circundante dos reservatórios até 1 m em todas as direcções.

3 – A zona 2 corresponde ao espaço situado entre a zona 1 e os limites definidos pelas distâncias de segurança previstos no quadro I do anexo I deste Regulamento.

Artigo 19.º
Localização dos equipamentos

1 – Os equipamentos de vaporização devem ficar situados no exterior da zona 1 e cumprir as distâncias mínimas de segurança referidas no quadro II do anexo I deste Regulamento.

2 – Os equipamentos de bombagem podem ficar situados no interior da zona 1 desde que sejam do tipo antideflagrante.

3 – As caldeiras e grupos geradores devem ficar no exterior da zona 1.

Artigo 20.º

Bacias de segurança

1 – Os reservatórios criogénicos com capacidade superior a 50 m3 devem ser instalados numa bacia de segurança, como protecção contra derrames acidentais.

2 – As bacias de segurança podem ser construídas por barreiras naturais, diques ou muros de contenção e devem ser dimensionadas para resistir às acções mecânicas, térmicas ou químicas do produto armazenado.

3 – A capacidade das bacias de segurança deve ter em conta os seguintes pressupostos:

a) Se a bacia contiver um só reservatório, o volume útil mínimo daquela deve ser igual à capacidade do reservatório nela contido;

b) Se a bacia contiver dois ou mais reservatórios e se forem implementadas medidas para evitar que baixas temperaturas ou exposição ao fogo causem derrames em qualquer reservatório, o volume daquela deve ser, no mínimo, igual à capacidade do reservatório de maior capacidade;

c) Se a bacia contiver mais de um reservatório e não tiverem sido implementadas as medidas referidas na alínea anterior, o volume daquela deve ser a soma das capacidades de todos os reservatórios supostamente cheios.

4 – Para além do disposto no número anterior, as dimensões das bacias de segurança e as alturas das suas paredes devem cumprir a seguinte fórmula:

$$x \geq y + \frac{P}{10\gamma}$$

em que:

P – pressão máxima de serviço na fase gasosa, em Pa;

γ – peso específico do líquido no ponto de ebulição à pressão atmosférica, em kg/m3;

y – distância máxima, em metros, entre o nível máximo de líquido e um possível ponto de derrame do líquido, designadamente nos equipamentos auxiliares, conforme se encontra indicada na figura;

x – distância, em metros, da parede exterior do reservatório à parede interior da bacia, conforme se encontra indicada na figura;

h – altura da bacia, em metros, conforme se encontra indicada na figura.

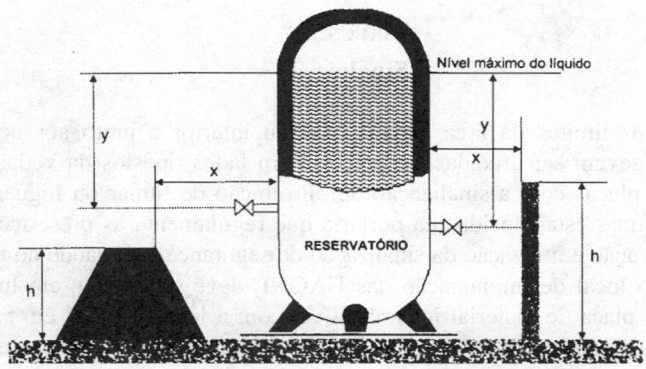

Se *h* for maior que a altura do ponto mais alto de possível derrame, *x* poderá ter qualquer valor, sempre que a bacia proporcione o volume, exigido no n.º 3 deste artigo.

Figura

ARTIGO 21.º
Vedações

1 – A área afecta à UAGNL deve ser circundada por uma vedação.

2 – A vedação deve ter, pelo menos, 2 m de altura, podendo ser reduzida para 1,2 m, se a implantação da UAGNL estiver compreendida no perímetro de um local vedado que assegure protecção suficiente contra a entrada de pessoas estranhas.

3 – A vedação deve ser executada com materiais incombustíveis.

4 – A vedação deve possuir no seu perímetro duas portas metálicas, abrindo para o exterior, equipadas com fecho não autoblocante, ambas devendo permanecer abertas sempre que decorra qualquer operação de trasfega de GNL de modo a permitirem uma saída rápida e em segurança.

5 – A vedação deve permitir a circulação junto aos equipamentos e garantir em toda a envolvente, medida a partir da projecção horizontal dos reservatórios, dos equipamentos de bombagem e vaporização ou outros equipamentos complementares, uma área livre de qualquer obstáculo, com largura mínima de 1 m.

6 – As portas devem ser de duas folhas, ter largura igual ou superior a 0,9 m por folha e localizarem-se em lados opostos, podendo a entidade licenciadora autorizar outra solução em casos devidamente fundamentados.

7 – No interior das áreas vedadas não devem existir raízes, ervas secas ou quaisquer materiais combustíveis, devendo ser assegurada uma adequada limpeza.

Artigo 22.º
Sinalização

1 – Nos limites da área vedada, no seu interior e junto aos acessos às instalações, devem ser afixadas, se possível em lados opostos da vedação, pelo menos duas placas com a sinalização de «Proibição de fumar ou foguear», com as características estabelecidas na portaria que regulamenta as prescrições mínimas de colocação e utilização da sinalização de segurança e de saúde no trabalho.

2 – No local de implantação das UAGNL deve ser fixada, em lugar bem visível, uma placa de material incombustível com a identificação, em caracteres indeléveis, legíveis do exterior, da entidade responsável e o seu contacto para situações de emergência.

Artigo 23.º
Protecção contra incêndios

1 - O local onde forem instalados os reservatórios criogénicos deve ser dotado de extintores portáteis em proporção de 10 kg de pó químico seco, do tipo ABC, por cada 1000 kg de produto, com um mínimo de 6 kg nos extintores.

2 – Os extintores devem ser colocados em locais de fácil acesso.

3 – Devem ser promovidos pela entidade responsável pelas instalações, com intervalos inferiores a seis meses, exercícios de combate a incêndios.

Artigo 24.º
Medição

1 – Todas as distâncias de segurança devem ser medidas a partir da projecção horizontal do reservatório mais próximo.

2 – As distâncias de segurança são determinadas em função da capacidade de cada reservatório, de acordo com o valor «V» do quadro I no anexo I do presente Regulamento.

Artigo 25.º
Distâncias de segurança

1 – As distâncias de segurança devem satisfazer os valores mínimos constantes do quadro I do anexo I deste Regulamento.

2 – No caso de existirem vários reservatórios na mesma bacia de segurança, a distância de segurança entre eles deve ser a semi-soma dos seus diâmetros e sempre superior a 0,5 m.

Artigo 26.º
Instalações eléctricas

1 – Nas UAGNL o material e equipamento eléctrico bem como as respecti-vas regras de montagem deverão obedecer às disposições de segurança aplicá-veis às instalações de utilização de energia eléctrica, nos termos da legislação específica do sector eléctrico.

2 – As distâncias de segurança entre a projecção horizontal das linhas eléctricas aéreas e as UAGNL devem satisfazer o disposto no n.º 9 do quadro I do anexo I deste Regulamento.

CAPÍTULO IV
Manutenção

ARTIGO 27.º
Reservatórios

1 – A manutenção dos reservatórios criogénicos deve efectuar-se de acordo com as instruções do fabricante.

2 – Para além do disposto no número anterior, os reservatórios devem, ainda, ser submetidos aos seguintes ensaios:

a) De estanquidade e de comprovação do sistema de segurança, de cinco em cinco anos;

b) De pressão pneumática, a uma pressão de $1,1 \times P_{ms}$, de 15 em 15 anos.

3 – No caso de reservatórios com isolamento por vácuo, o ensaio de estanquidade pode ser substituído por uma medida do vácuo, mas se este valor for superior a 60 Pa deve realizar-se um ensaio de estanquidade.

4 – O ensaio pneumático pode ser realizado com gás no reservatório, não sendo necessário retirar o isolamento.

ARTIGO 28.º
Vaporizadores

A manutenção do circuito de gás dos vaporizadores deve processar-se de acordo com as instruções do fabricante.

ARTIGO 29.º

Acessórios e outros componentes

A manutenção dos acessórios e outros componentes montados nos reservatórios e nos vaporizadores devem observar os procedimentos constantes do quadro III do anexo I deste Regulamento.

ARTIGO 30.º

Obrigação de manutenção

Os procedimentos a que se referem os artigos deste capítulo constituem obrigação da entidade responsável pelas instalações, que deverá manter em arquivo, durante um período mínimo de seis anos, toda a documentação relativa às acções de manutenção realizadas.

ANEXO I

QUADRO I

Distâncias mínimas ao reservatório

(em metros)

Tipo de riscos	V — Capacidade unitária dos reservatórios (em metros cúbicos)				
	0,45<V≤5	5<V≤20	20<V≤60	60<V≤200	200<V≤300
1 — Edifícios habitados	7,5	10	12,5	15	15
2 — Edifícios ocupados	5	10	15		
3 — Fogos e equipamentos eléctricos	5	10			
4 — Depósitos de materiais inflamáveis aéreos	5	10			
5 — Depósitos de materiais inflamáveis subterrâneos	5				
6 — Vias públicas, estradas e caminhos de ferro	5	10	15	25	30
7 — Instalações com perigo de incêndio . . .	8	10	15	25	30
8 — Chamas controladas	7,5	10	15	25	30
9 — Projecção vertical mais próxima de linhas eléctricas	8	15			

QUADRO II

Distâncias de segurança dos vaporizadores

(em metros)

	Capacidade de vaporização C (kg/h)		
	C ≤ 50	50 < C ≤ 200	C > 200
A edificações interiores ao perímetro da instalação industrial	1	3	7,5
A edifícios, linhas divisórias de propriedade, vias públicas, fogos nus, equipamento eléctrico não antideflagrante e produtos inflamáveis ...	3	7,5	15

QUADRO III

Verificação periódica dos acessórios dos reservatórios

Acessórios	Procedimentos a executar		Observações
	Cada 5 anos	Cada 10 anos	
Válvulas de segurança	Verificação com substituição dos elastómeros.	Substituição.	Substituição sempre que haja disparo ou surjam suspeitas na inspecção visual periódica.
Colector/adaptador de válvulas de segurança	Inspecção visual.	Substituição para inspecção rigorosa, com substituição dos elastómeros.	
Indicadores de nível variável	Inspecção visual. Lubrificação da junta, quando exista.	Inspecção visual com substituição de parafusos e anilhas. Lubrificação da junta, quando exista.	Deve ser montado com o braço do flutuador paralelo ao diâmetro do reservatório.
Nível de enchimento máximo admissível	Comprovação de funcionamento.	Comprovação de funcionamento.	
Válvulas de enchimento	Verificação com substituição dos elastómeros.	Substituição.	
Válvulas de fase gasosa	Inspecção dos órgãos de corte do caudal.	Substituição.	
Válvulas de fase líquida	Verificação visual com comprovação do funcionamento.	Inspecção rigorosa, com eventual substituição.	
Adaptadores para válvulas de fase líquida	Verificação visual com comprovação do funcionamento.	Inspecção rigorosa, com eventual substituição.	Quando existirem.
Válvulas de equilíbrio	Verificação visual, com substituição dos elastómeros e comprovação do funcionamento.	Inspecção rigorosa, com eventual substituição.	Quando existirem.
Válvulas de purga	Comprovação de funcionamento.	Comprovação de funcionamento.	

ANEXO II

Cálculo do fornecimento de calor e do caudal a descarregar pelas válvulas de segurança

1 – O cálculo do fornecimento de calor, através do isolamento, é determinado segundo a seguinte fórmula:

$$Q = C \times 100 \times A^{0,82}$$

sendo:

Q – fornecimento de calor, em kcal/h;

C – coeficiente de transferência de calor do isolamento, kcal/(m2h°C);

A – superfície do recepiente interior, em metros quadrados.

2 – Se o reservatório estiver isolado a vácuo, o coeficiente de transferência calcula-se sem vácuo. Se o reservatório não estiver isolado a vácuo, o coeficiente de transferência calcula-se como se 20% do isolamento estivesse danificado.

3 - O cálculo do fornecimento de calor através do isolamento, em caso de fogo próximo (temperatura exterior de 900°C), é determinado segundo as seguintes fórmulas:

a) Isolamento resistente ao fogo:

$$Q = 565 \times C \times A^{0,82}$$

b) Isolamento não resistente ao fogo:

$$Q = 37000 \times A^{0,82}$$

4 - O cálculo do caudal do gás a descarregar pelas válvulas de segurança é determinado segundo a seguinte fórmula:

$$M = 3Q / 2L$$

sendo:

Q – quantidade de calor total recebido segundo as fórmulas anteriores, em kcal/h;

L – calor latente de vaporização do gás à pressão de saturação de 110% da pressão máxima de serviço, em kcal/kg;

M – massa de gás a evacuar, em kg/h.

5 – Com base nos caudais determinados nos termos dos números anteriores, calculam-se as secções das válvulas de acordo com o código ou norma de construção aplicável

ANEXO II

Cálculo do fornecimento de calor (...) de vapor
a descarregar pelas válvulas de segurança

1 — Cálculo do fornecimento de calor através do isolamento e aterramento do depósito e tubagem fria.

$$Q = C \times 100 \ldots$$

sendo:

C — temperatura de absorção de calor;

c — coeficiente de transferência de calor do revestido, ícalima W/m^2

1 — Superfície ocupada pelo material num equipamento.

2 — Se um equipamento estiver isolado e a vácuo, o coeficiente de transferência calcula-se vazio. Se o revestimento não estiver isolado a vácuo, o coeficiente num revestimento calcula-se como se fosse de $20%$ de isolamento entre as fianguado.

— Cálculo do fornecimento de calor através do isolamento, em caso de fogo máximo e temperatura exterior de 900 °C, é determinado a seguinte expressão fórmula.

a) Isolamento resistente ao fogo:

$$Q = 16 \times A \ldots$$

b) Isolamento não resistente ao fogo:

$$Q = 100/A \times 1 \ldots$$

4 — O cálculo de caudal do gás a descarregar pelas válvulas de segurança é determinado, aplica-se a este a seguinte fórmula:

$$M = 3Q/V \ldots$$

sendo:

Q — quantidade de calor fornecido segundo as fórmulas anteriores, em kJ/h;

V — calor latente de vaporização do gás a descarga de caudal às $10%$, (...)

pressão/máxima de serviço, em kJ/kg;

M — massa de gás a vaporizar, em kg/h.

5 — Com base nos caudais determinados nos termos dos itens anteriores, os cálculos ser-se-ão efectuados como a (...) com a cédula os termos de (...) aplicável.

RESOLUÇÃO DO CONSELHO
DE MINISTROS N.º 85/2006

A REN – Rede Eléctrica Nacional, S. A., é, desde a entrada em vigor do Decreto-Lei n.º 182/95, de 27 de Julho, que estabeleceu as bases de organização do Sistema Eléctrico Nacional, a entidade concessionária, em regime de serviço público, da rede nacional de transporte de energia eléctrica (RNT), cuja actividade constitui o núcleo central daquele sistema.

O Governo, no âmbito das suas competências em matéria de condução da política económica, aprovou, mediante a Resolução do Conselho de Ministros n.º 169/2005, de 24 de Outubro, a estratégia nacional para a energia, com o fim de promover o desenvolvimento sustentável do País, garantindo a segurança do abastecimento, aumentando a eficiência energética, reforçando a concorrência do mercado e a competitividade das empresas e ainda melhorando as condições ambientais à escala nacional.

Neste contexto, o Governo determinou que se procedesse à revisão do quadro legislativo e regulamentar do sector, com vista à liberalização do mercado da energia, e preconizou ainda a autonomização dos activos regulados do sector do gás natural e a sua junção à empresa operadora da rede de transporte de electricidade.

O referido quadro legislativo, no que respeita ao sector do gás natural e em concretização daquela estratégia, foi objecto de renovação com a publicação do Decreto-Lei n.º 30/2006, de 15 de Fevereiro, que estabeleceu os princípios gerais de organização e funcionamento do Sistema Nacional de Gás Natural (SNGN).

Com a autonomização dos activos regulados prevê-se que as concessões da rede de transporte de gás natural em alta pressão (RNTGN), de armazenamento subterrâneo de gás natural em três cavidades situadas em Guarda Norte, Carriço, no concelho de Pombal, e do terminal de GNL de Sines sejam atribuídas, respectivamente, a três sociedades em relação de domínio total inicial com a REN, para as quais serão transferidos os activos afectos a essas actividades, actualmente na titularidade da TRANSGÁS – Sociedade Portuguesa de Gás Natural, S. A., e da Transgás Atlântico – Sociedade Portuguesa de Gás Natural Liquefeito, S. A.

No contexto da estratégia nacional para a energia, aprovada pela Resolução do Conselho de Ministros n.º 169/2005, de 24 de Outubro, determinou-se a alteração da estrutura empresarial do sector energético, sendo, agora, oportuno estabelecer com maior detalhe as orientações necessárias para que a REN - Rede Eléctrica Nacional, S. A., possa dar cumprimento às directrizes acima referidas.

Assim:

Nos termos da alínea g) do artigo 199.º da Constituição, o Conselho de Ministros resolve:

1 – Autorizar a REN – Rede Eléctrica Nacional, S. A, adiante designada por REN, a proceder, ao abrigo do disposto no artigo 488.º do Código das Sociedades Comerciais, à sua modificação como sociedade concessionária da rede nacional de transporte de energia eléctrica (RNT).

2 – Autorizar ainda a REN a constituir novas sociedades, cujos objectos visem assegurar o exercício das concessões do serviço público, respectivamente, de transporte de gás natural em alta pressão, de armazenamento subterrâneo de gás natural e de recepção, armazenamento e regaseificação de GNL.

3 – Determinar, nos termos do referido no número anterior, que as sociedades a criar pela REN são as seguintes:

a) Três novas sociedades, que devem obedecer às denominações de REN, Gasodutos, S. A., REN – Armazenagem, S. A., e REN Atlântico, Terminal de GNL, S. A.;

b) A REN, Gás, S. A., sociedade de gestão e coordenação das actividades do sector do gás natural, à qual ficará atribuída a titularidade do capital das concessionárias referidas na alínea anterior, se assim julgar conveniente proceder, nos termos do artigo 488.º do Código das Sociedades Comerciais;

c) A REN – Rede Eléctrica Nacional, S. A., por cisão ou destaque dos activos respeitantes à concessão da RNT, que manterá a denominação actual.

4 – Fixar que, em qualquer caso, ficam a pertencer à REN as acções representativas do capital da sociedade referida na alínea c) do número anterior.

5 – Determinar que, efectuadas as operações previstas nas alíneas a), b) e c) do n.º 3, a REN passa a ter por objecto único a gestão de participações sociais, devendo modificar em conformidade o seu contrato de sociedade e adoptar a denominação REN – Redes Energéticas Nacionais, SGPS, S. A.

6 – Fixar que o capital das sociedades cuja constituição é referida na alínea a) do n.º 3 deve ser realizado em espécie, com a entrada dos activos que fiquem inicialmente afectos às concessões de que as mesmas venham a ser titulares, nos termos a prever no desenvolvimento do regime jurídico previsto no Decreto-Lei n.º 30/2006, de 15 de Fevereiro, que estabeleceu as bases gerais da organização e funcionamento do Sistema Nacional de Gás Natural (SNGN), podendo esse valor ser ajustado em função de eventuais passivos associados aos bens que integram aquela entrada.

7 – Estabelecer que a verificação do valor dos activos a que se refere o número anterior deve observar o disposto no artigo 28.º do Código das Sociedades Comerciais.

8 – Determinar que sejam automaticamente transmitidas para a sociedade prevista na alínea c) do n.º 3 as posições jurídicas em contratos celebrados pela REN relativamente aos interesses que por ela passem a ser prosseguidos, sem prejuízo de manutenção das garantias a elas inerentes.

9 – Determinar que os trabalhadores cujos contratos sejam transmitidos nos termos do número anterior mantêm, perante a nova sociedade a que ficam afectos, todos os direitos e regalias de que eram titulares ao serviço da REN.

10 – Determinar que, sem prejuízo do estabelecido na presente resolução, o conselho de administração da REN deve submeter à aprovação da assembleia geral o projecto de constituição das novas sociedades, bem como o da cisão ou destaque de activos, nos termos do disposto no n.º 3, indicando o património a afectar a cada uma das sociedades, a proposta dos respectivos contratos de sociedade, os respectivos quadros de pessoal e juntando os relatórios de verificação a que alude o n.º 7.

11 – Estabelecer que a constituição e a modificação das sociedades referidas na presente resolução sejam tituladas pela acta da assembleia geral que contenham as correspondentes deliberações, a qual constitui título suficiente para efeitos de registo, com isenção de emolumentos.

12 – Determinar que a função accionista do Estado na REN seja exercida em conformidade com as orientações fixadas na presente resolução.

Presidência do Conselho de Ministros, 22 de Junho de 2006. – O Primeiro-Ministro, *José Sócrates Carvalho Pinto de Sousa.*

RESOLUÇÃO DO CONSELHO
DE MINISTROS N.º 105/2006

O Decreto-Lei n.º 30/2006, de 15 de Fevereiro, ao estabelecer as bases gerais da organização e do funcionamento do Sistema Nacional de Gás Natural (SNGN) em Portugal, bem como as bases gerais aplicáveis ao exercício das várias actividades que integram o SNGN e à organização dos mercados de gás natural, prevê que a recepção, o armazenamento e a regaseificação de gás natural liquefeito (GNL) e o armazenamento subterrâneo, o transporte e a distribuição são actividades exercidas em regime de concessão de serviço público.

No desenvolvimento dos princípios acima referidos, o Decreto-Lei n.º 140/2006, de 26 de Julho, dispõe que a atribuição das concessões para o exercício de cada uma das actividades acima mencionadas compete ao Conselho de Ministros, sendo os respectivos contratos de concessão outorgados pelo ministro responsável pela área da energia, em representação do Estado.

O mesmo diploma estabelece ainda, no seu artigo 68.º, que a concessão do serviço público da actividade de transporte de gás natural através da rede de alta pressão (RNTGN) é atribuída a uma sociedade em relação de domínio total inicial com a Rede Eléctrica Nacional, S. A. – REN.

Tendo em consideração a alteração do quadro legal do sector, iniciada com o Decreto-Lei n.º 30/2006, de 15 de Fevereiro, a Resolução do Conselho de Ministros n.º 85/2006, de 30 de Junho, veio autorizar a REN a constituir novas sociedades cujos objectos visem assegurar o exercício das concessões de serviço público, nomeadamente de transporte de gás natural na rede de alta pressão. Neste caso, a referida resolução determinou a designação desta nova sociedade como REN, Gasodutos, S. A.

Considerando, por último, que o Decreto-Lei n.º 140/2006, de 26 de Julho, contém as bases das concessões nele previstas, estão, pois, reunidas as condições para atribuir a concessão do serviço público de transporte de gás natural através da rede de alta pressão, aprovando a minuta do respectivo contrato a celebrar entre o Estado Português e a sociedade REN, Gasodutos, S. A.

Assim:

Nos termos da alínea g) do artigo 199.º da Constituição, o Conselho de Ministros resolve:

1 – Aprovar a minuta do contrato de concessão do serviço público de transporte de gás natural através da rede de alta pressão a celebrar entre o Estado Português e a sociedade REN, Gasodutos, S. A., bem como os respectivos anexos.

2 – Determinar que a presente resolução produz efeitos a partir da data da sua aprovação.

Presidência do Conselho de Ministros, 3 de Agosto de 2006. – O Primeiro-Ministro, José Sócrates Carvalho Pinto de Sousa.

Minuta do contrato de concessão da actividade de transporte de gás natural através da Rede Nacional de Transporte de Gás Natural entre o Estado Português e a REN, Gasodutos, S. A.

CLÁUSULA 1.ª
Definições e interpretação

1 – Para efeitos do presente contrato, incluindo os seus anexos, os termos e siglas abaixo indicados terão o significado que a seguir lhes é apontado, salvo se do contexto resultar sentido diferente:

«Concedente» – Estado Português, enquanto signatário do contrato ou primeiro outorgante;

«Concessionária» – REN, Gasodutos, S. A., sociedade signatária do contrato ou segunda outorgante;

«DGGE» – Direcção-Geral de Geologia e Energia;

«GNL» – gás natural na forma liquefeita;

«Ministro» – Ministro da Economia e da Inovação ou o membro do Governo com outra designação que, de acordo com a respectiva lei orgânica, superintenda no sector da energia;

«Partes» – o concedente, por um lado, e a concessionária, por outro;

«PDIR» – Plano de Desenvolvimento e Investimento da RNTIAT;

«RNDGN» – rede nacional de distribuição de gás natural, enquanto conjunto das infra-estruturas de serviço público destinadas à distribuição de gás natural;

«RNTGN» – rede nacional de transporte de gás natural, enquanto conjunto das infra-estruturas de serviço público destinadas ao transporte de gás natural;

«RNTIAT» – rede nacional de transporte, infra-estruturas de armazenamento e terminais de GNL, enquanto conjunto das infra-estruturas de serviço público destinadas à recepção e ao transporte em gasoduto, ao armazenamento subterrâneo e à recepção, ao armazenamento e à regaseificação de GNL;

«SNGN» – Sistema Nacional de Gás Natural, enquanto conjunto de princípios, organizações, agentes e infra-estruturas relacionadas com as actividades de recepção, armazenamento e regaseificação de GNL, armazenamento subterrâneo de gás natural, transporte de gás natural, distribuição de gás natural, comercialização de gás natural, operação de mercados de gás natural e operação logística de mudança de comercializador de gás natural;

«UAG» – instalação autónoma de recepção, armazenamento e regaseificação de GNL para emissão em rede de distribuição ou directamente a cliente final;

«Utilizador» – pessoa singular ou colectiva que entrega gás natural na rede ou é abastecida através dela.

2 – Neste contrato, a menos que o respectivo contexto imponha um sentido diverso:

a) As referências a preceitos legais ou contratuais serão interpretadas como abrangendo as modificações de que os mesmos sejam objecto;

b) As referências a cláusulas, números ou anexos devem interpretar-se como visando as cláusulas, os números ou os anexos do presente contrato;

c) As referências a este contrato abrangem os respectivos anexos;

d) As expressões definidas no singular poderão ser utilizadas no plural, e vice-versa, com a correspondente alteração do respectivo significado.

3 – As epígrafes das cláusulas do presente contrato são utilizadas por razões de simplificação, não constituindo suporte da interpretação ou integração do mesmo.

4 – Os anexos ao presente contrato fazem parte integrante do mesmo para todos os efeitos legais e contratuais.

5 – Caso alguma das cláusulas do presente contrato venha a ser julgada nula ou por qualquer forma inválida, ineficaz ou inexequível por uma entidade competente para o efeito, tal nulidade, invalidade, ineficácia ou inexequibilidade não afectará a validade das restantes cláusulas do contrato, comprometendo-se as partes a acordar, de boa fé, uma disposição que substitua aquela e que, tanto quanto possível, produza os mesmos efeitos.

6 – Na interpretação e integração do regime do presente contrato, prevalece o disposto nos Decretos-Leis n.os 30/2006, de 15 de Fevereiro, e 140/2006, de 26 de Julho, bem como o disposto na respectiva base de concessão aplicável.

7 – Nos casos omissos aplica-se o disposto na respectiva base de concessão aprovada pelo Decreto-Lei n.º 140/2006, de 26 de Julho.

8 – Na interpretação e integração do regime do presente contrato entender-se-á que à prevalência do concedente na boa e atempada execução do serviço público corresponde a prevalência do interesse económico da concessionária.

CLÁUSULA 2.ª
Objecto da concessão

1 – O presente contrato tem por objecto a concessão da actividade de transporte de gás natural em alta pressão, exercida em regime de serviço público, através da RNTGN.

2 – Integram-se no objecto da concessão:

a) O recebimento, o transporte e a entrega de gás natural através da rede de alta pressão;

b) A construção, a manutenção, a operação e a exploração de todas as infra-estruturas que integram a RNTGN e das interligações às redes a que esteja ligada e, bem assim, das instalações necessárias para a sua operação.

3 – Incluem-se ainda no objecto desta concessão:

a) O planeamento, o desenvolvimento, a expansão e a gestão técnica da RNTGN e a construção das respectivas infra-estruturas e, bem assim, das instalações necessárias para a sua operação;

b) A gestão da interligação da RNTGN com a rede internacional de transporte de alta pressão e da ligação com as infra-estruturas de armazenamento subterrâneo e com os terminais de GNL;

c) A gestão técnica global do SNGN, incluindo os serviços de sistema;

d) O planeamento da RNTIAT e da utilização das respectivas infra-estruturas;

e) O controlo da constituição e a manutenção das reservas de segurança de gás natural.

CLÁUSULA 3.ª
Outras actividades

1 – Precedendo autorização do Ministro, dada caso a caso, a concessionária pode exercer outras actividades para além da que se integra no objecto deste contrato, no respeito pela legislação aplicável ao sector do gás natural, com fundamento no proveito daí resultante para a presente concessão ou com vista a optimizar a utilização dos bens afectos à mesma, desde que essas actividades sejam acessórias ou complementares e não prejudiquem a regularidade e a continuidade da prestação do serviço público.

2 – A concessionária é desde já autorizada, nos termos do número anterior, a explorar, directa ou indirectamente, ou ceder a exploração da capacidade excedentária de rede de telecomunicações instalada para a operação da RNTGN.

CLÁUSULA 4.ª
Âmbito e exclusividade da concessão

1 – Sem prejuízo do disposto no número seguinte, a concessão tem como âmbito geográfico todo o território do continente, de acordo com a planta que constitui o anexo I ao presente contrato, e é exercida pela concessionária em regime de exclusivo, sem prejuízo do direito de acesso de terceiros às várias infra-estruturas que a integram, nos termos previstos nas respectivas bases e na legislação e regulamentação aplicáveis.

2 – As funções referidas nas alíneas c) e e) do n.º 3 da cláusula 2.ª abrangem todo o território nacional, sem prejuízo das competências e dos poderes das autoridades regionais.

CLÁUSULA 5.ª
Prazo da concessão

1 – A concessão tem a duração de 40 anos contados a partir da data da celebração deste contrato.

2 - A concessão pode ser renovada se o interesse público assim o justificar e a concessionária tiver cumprido as suas obrigações legais e contratuais.

3 – A intenção de renovação da concessão deverá ser comunicada à concessionária pelo concedente com a antecedência mínima de dois anos relativamente ao termo do prazo da concessão previsto no presente contrato.

4 – No cômputo do prazo de concessão não se contam os atrasos na implantação de infra-estruturas ou a suspensão da exploração do serviço devidos a:

a) Casos de força maior;

b) Acções ou omissões imputáveis ao concedente que contrariem a lei ou o presente contrato;

c) Suspensões da construção ou da exploração do serviço determinadas pelo concedente por razões de interesse público e que não sejam devidas a incumprimento da lei ou deste contrato imputáveis à concessionária;

d) Quaisquer outras circunstâncias consideradas atendíveis pelo Ministro.

5 – A concessionária deve notificar o concedente, através da DGGE, de quaisquer factos que ocorram nos termos do número anterior e que sejam susceptíveis de suspender o cômputo do prazo da concessão.

CLÁUSULA 6.ª
Serviço público

1 – A concessionária deve desempenhar a actividade concessionada de acordo com as exigências de um regular, contínuo e eficiente funcionamento do

serviço público e adoptar, para o efeito, os melhores procedimentos, meios e tecnologias utilizados no sector do gás, com vista a garantir, designadamente, a segurança de pessoas e bens e a segurança do abastecimento.

2 – Com o objectivo de assegurar a permanente adequação da concessão às exigências da regularidade, da continuidade e da eficiência do serviço público, o concedente reserva-se no direito de alterar, por via legal ou regulamentar, as condições da sua exploração.

3 – Quando, por efeito do disposto no número anterior, se alterem significativamente as condições de exploração da concessão, o concedente compromete-se a promover a reposição do equilíbrio económico e financeiro da concessão, nos termos previstos na cláusula 41.ª, desde que a concessionária não possa legitimamente prover a tal reposição recorrendo aos meios resultantes de uma correcta e prudente gestão.

CLÁUSULA 7.ª

Direitos e obrigações da concessionária

A concessionária beneficia dos direitos e encontra-se sujeita às obrigações estabelecidos nos Decretos-Leis n.ºs 30/2006, de 15 de Fevereiro, e 140/2006, de 26 de Julho, e demais legislação e regulamentação aplicáveis à actividade que integra o objecto da concessão, sem prejuízo dos demais direitos e obrigações estabelecidos no presente contrato.

CLÁUSULA 8.ª

Princípios aplicáveis às relações com os utilizadores da RNTGN

1 – A concessionária deve proporcionar aos utilizadores da RNTGN, de forma não discriminatória e transparente, o acesso às respectivas infra-estruturas, nos termos previstos no presente contrato e na legislação e na regulamentação aplicáveis, não podendo estabelecer diferenças de tratamento entre os referidos utilizadores que não resultem da aplicação de critérios ou de condicionalismos legais, regulamentares ou técnicos, ou ainda de condicionalismos de natureza contratual desde que aceites pela ERSE.

2 – O disposto no número anterior não impede a concessionária de celebrar contratos a longo prazo com quaisquer utilizadores, no respeito pelas regras da concorrência e da regulamentação aplicável.

3 – A concessionária fica obrigada a disponibilizar serviços de sistema aos utilizadores da RNTGN, nomeadamente através de mecanismos eficientes de compensação de desvios, assegurando a respectiva liquidação, no respeito pelos regulamentos aplicáveis.

4 – A concessionária deve, ainda, facultar aos utilizadores da RNTIAT as informações de que estes necessitem para o acesso às respectivas infra-estruturas.

5 – A concessionária deve assegurar o tratamento de dados de utilização da RNTIAT no respeito pelas disposições legais de protecção de dados pessoais e preservar a confidencialidade das informações comercialmente sensíveis obtidas no seu relacionamento com os utilizadores.

6 – A concessionária deve manter um registo, por um prazo de cinco anos, das queixas ou reclamações que lhe tenham sido apresentadas pelos utilizadores.

CLÁUSULA 9.ª

Bens e meios afectos à concessão

1 – Consideram-se afectos à concessão os bens que constituem a RNTGN, designadamente:

a) O conjunto de gasodutos de alta pressão para transporte de gás natural em território nacional, com as respectivas tubagens e antenas;

b) As instalações afectas à compressão, ao transporte e à redução de pressão para entrega às redes de distribuição ou a clientes finais, incluindo todo o equipamento de controlo, regulação e medida indispensável à operação e ao funcionamento do sistema de transporte de gás natural e os postos de redução de pressão de 1.ª classe, nos quais se concretiza a ligação com as redes de distribuição ou com clientes finais;

c) As UAG quando, excepcionalmente, substituam as ligações à rede de distribuição, nos termos previstos no n.º 5 do artigo 14.º do Decreto-Lei n.º 140/2006, de 26 de Julho;

d) As instalações e equipamentos de telecomunicações, telemedida e telecomando afectas à gestão de todas as instalações de recepção, transporte e entrega de gás natural;

e) As instalações e os equipamentos necessários à gestão técnica global do SNGN;

f) As cadeias de medida, incluindo os equipamentos de telemetria instalados nas instalações dos utilizadores da RNTGN.

2 – Consideram-se ainda afectos à concessão:

a) Os imóveis pertencentes à concessionária em que estejam implantados os bens referidos no número anterior, assim como as servidões constituídas em benefício da concessão;

b) Os bens móveis ou direitos relativos a bens imóveis utilizados ou relacionados com o exercício da actividade objecto da concessão;

c) Os direitos privativos de propriedade intelectual e industrial de que a concessionária seja titular;

d) Quaisquer fundos ou reservas consignados à garantia do cumprimento das obrigações da concessionária, por força de obrigação emergente da lei ou do contrato de concessão e enquanto durar essa vinculação;

e) As relações e posições jurídicas directamente relacionadas com a concessão, nomeadamente laborais, de empreitada, de locação e de prestação de serviços.

CLÁUSULA 10.ª
Inventário do património

1 – A concessionária deve elaborar e manter permanentemente actualizado, e à disposição do concedente, um inventário do património afecto à concessão.

2 – No inventário a que se refere o número anterior devem mencionar-se os ónus ou encargos que recaem sobre os bens afectos à concessão.

3 – Os bens e direitos tornados desnecessários à actividade concedida devem ser abatidos ao inventário da concessão nos termos do n.º 2 da cláusula 12.ª

CLÁUSULA 11.ª
Manutenção dos meios afectos à concessão

1 – A concessionária obriga-se a manter, durante o prazo de vigência da concessão, em permanente estado de bom funcionamento, conservação e segurança os bens e meios afectos à concessão, efectuando para tanto as reparações, renovações, adaptações e modernizações necessárias ao bom desempenho do serviço público concedido.

2 – Não se tratando de reparações, renovações ou adaptações urgentes, deve a concessionária, sempre que elas impliquem interrupção, diminuição ou condicionamento da actividade objecto da presente concessão, comunicá-las com antecedência razoável aos utilizadores afectados por tais medidas.

CLÁUSULA 12.ª
Regime de oneração e transmissão dos bens afectos à concessão

1 – A concessionária não pode onerar ou transmitir, por qualquer forma, os bens que integram a concessão, sem prejuízo do disposto nos números seguintes.

2 – Os bens e direitos que tenham perdido utilidade para a concessão devem ser abatidos ao inventário referido na cláusula 10.ª, mediante prévio pedido de autorização da concessionária ao concedente, que se considera deferida se este não se opuser no prazo de 30 dias contados desde a recepção do pedido.

3 – A oneração ou transmissão de bens imóveis afectos à concessão fica sujeita a autorização do Ministro.

4 – A oneração ou transmissão de bens ou direitos afectos à concessão em desrespeito do disposto no presente contrato determina a nulidade dos respectivos actos ou contratos.

CLÁUSULA 13.ª

Posse e propriedade dos bens

1 – A concessionária detém a posse e propriedade dos bens afectos à concessão até à extinção desta.

2 – Com a extinção da concessão, os bens a ela afectos transmitem-se para o concedente nos termos previstos nos n.ᵒˢ 2 e 3 da cláusula 46.ª

CLÁUSULA 14.ª

Concessionária, objecto social, sede e forma

1 – A concessionária deve ter como objecto social principal, ao longo de todo o período de duração do presente contrato, o exercício da actividade integrada no objecto da concessão, devendo manter ao longo do mesmo período a sua sede em Portugal e a forma de sociedade anónima, regulada pela lei portuguesa.

2 – O objecto social da concessionária pode incluir o exercício de outras actividades, para além da que integra o objecto da concessão e, bem assim, a participação no capital de outras sociedades, desde que seja respeitado o disposto na legislação aplicável ao sector do gás natural.

CLÁUSULA 15.ª

Acções da sociedade concessionária

1 – Todas as acções representativas do capital social da concessionária são obrigatoriamente nominativas.

2 – A oneração e a transmissão de acções representativas do capital social da concessionária dependem, sob pena de nulidade, de autorização prévia do Ministro, a qual não pode ser infundadamente recusada e considera-se tacitamente concedida se não for recusada, por escrito, no prazo de 60 dias a contar a partir da data da respectiva solicitação.

3 – Exceptua-se do disposto no número anterior a oneração de acções efectuada em benefício das entidades financiadoras da actividade que integra o objecto da presente concessão e no âmbito dos contratos de financiamento que

venham a ser celebrados pela concessionária para o efeito, desde que as entidades financiadoras assumam, nos referidos contratos, a obrigação de obter a autorização prévia do concedente em caso de execução das garantias de que resulte a transmissão a terceiros das acções oneradas.

4 – A oneração de acções referida no número anterior deve, em qualquer caso, ser comunicada ao concedente, a quem deve ser enviada, no prazo de 30 dias a contar a partir da data em que seja constituída, cópia autenticada do documento que formaliza a oneração e, bem assim, informação detalhada sobre quaisquer outros termos e condições que forem estabelecidos.

CLÁUSULA 16.ª

**Deliberações dos órgãos da sociedade concessionária
e acordos entre accionistas**

1 – Ficam sujeitas a autorização prévia do concedente, através do Ministro, as deliberações da concessionária relativas à alteração do objecto social e à transformação, fusão, cisão ou dissolução da sociedade.

2 – Os acordos parassociais celebrados entre os accionistas da concessionária, bem como as respectivas alterações, devem ser objecto de aprovação prévia pelo concedente, dada através do Ministro.

3 – As autorizações e aprovações, pelo concedente, previstas na presente cláusula não podem ser infundadamente recusadas e consideram-se tacitamente concedidas se não forem recusadas, por escrito, no prazo de 60 dias a contar a partir da data da respectiva solicitação.

CLÁUSULA 17.ª

Financiamento

1 – A concessionária deve promover o financiamento adequado ao desenvolvimento do objecto da concessão de forma a cumprir cabal e atempadamente todas as obrigações que assume no presente contrato.

2 – Para os efeitos do disposto no número anterior, a concessionária deve manter no final de cada ano um rácio de autonomia financeira superior a 20%.

CLÁUSULA 18.ª

Projectos

1 – A construção e a exploração das infra-estruturas da RNTGN ficam sujeitas à aprovação dos respectivos projectos nos termos da legislação aplicável.

2 – A concessionária é responsável, no respeito pela legislação e pela regulamentação aplicáveis, pela concepção, pelo projecto e pela construção de todas as infra-estruturas e instalações da RNTGN abrangidas pela concessão, incluindo as suas remodelação e expansão.

3 – A aprovação de quaisquer projectos pelo concedente não implica, para este, qualquer responsabilidade derivada de erros de concepção, de projecto, de construção ou da inadequação das instalações e do equipamento ao serviço da concessão.

CLÁUSULA 19.ª

Direitos e deveres decorrentes da aprovação dos projectos

1 – A aprovação dos respectivos projectos confere à concessionária, nomeadamente, os seguintes direitos:

a) Utilizar, de acordo com a legislação aplicável, os bens do domínio público ou privado do Estado e de outras pessoas colectivas públicas para o estabelecimento ou a passagem das infra-estruturas ou instalações integrantes da RNTGN;

b) Constituir, nos termos da legislação aplicável, as servidões sobre os imóveis necessárias ao estabelecimento das infra-estruturas ou instalações integrantes da RNTGN;

c) Proceder à expropriação, por utilidade pública e urgência, nos termos da legislação aplicável, dos bens imóveis ou dos direitos a eles relativos necessários ao estabelecimento das infra-estruturas ou instalações integrantes da RNTGN.

2 – As licenças e autorizações exigidas por lei para a exploração das infra-estruturas e instalações da RNTGN consideram-se outorgadas à concessionária com a aprovação dos respectivos projectos, sem prejuízo da verificação por parte das entidades licenciadoras da conformidade na sua execução.

3 – Cabe à concessionária o pagamento das indemnizações decorrentes do exercício dos direitos referidos no n.º 1.

CLÁUSULA 20.ª

Planeamento, remodelação e expansão da RNTGN

1 – O planeamento da RNTGN deve ser coordenado com o planeamento da RNTIAT e da RNDGN, nos termos previstos na legislação e na regulamentação aplicáveis.

2 – Constituem encargo e responsabilidade da concessionária o planeamento, a remodelação, o desenvolvimento e a expansão da RNTGN, com vista a assegurar a existência permanente de capacidade nas infra-estruturas que a integram.

3 – Excepcionalmente, mediante autorização do concedente, a concessionária pode substituir a ligação à rede de distribuição por UAG, quando tal se justifique por motivos de racionalidade económica.

4 – A concessionária deve observar na remodelação e expansão da RNTGN os prazos de execução adequados à permanente satisfação das necessidades do abastecimento de gás natural, identificadas no respectivo PDIR.

5 – Por razões de interesse público, nomeadamente as relativas a segurança, regularidade e qualidade do abastecimento, o concedente poderá determinar a remodelação ou a expansão da RNTGN, sem prejuízo do disposto na cláusula 41.ª

CLÁUSULA 21.ª

Direitos de propriedade industrial e serviços de terceiros

A concessionária deve respeitar, no exercício da sua actividade, as normas relativas à tutela e à salvaguarda dos direitos privativos de propriedade industrial, sendo da sua exclusiva responsabilidade os efeitos decorrentes da sua violação.

CLÁUSULA 22.ª

Condições de exploração da concessão

1 – A concessionária é responsável pela exploração e pela manutenção das infra-estruturas que integram a RNTGN e respectivas instalações em condições de segurança, fiabilidade e qualidade de serviço no respeito pela legislação e regulamentação aplicáveis.

2 – A concessionária deve assegurar-se de que o gás natural a transportar na RNTGN cumpre as características técnicas e as especificações de qualidade estabelecidas na regulamentação aplicável e que o seu transporte é efectuado em condições técnicas adequadas, de forma a garantir a segurança de pessoas e bens.

3 – Cabe à concessionária assegurar a oferta de capacidade a longo prazo da RNTGN, contribuindo para a segurança do abastecimento, nos termos do PDIR.

4 – No âmbito do exercício da actividade concessionada, a concessionária deve gerir os fluxos de gás natural da RNTGN, assegurando a sua interoperacionalidade com as redes e demais infra-estruturas a que esteja ligada, no respeito pela regulamentação aplicável.

CLÁUSULA 23.ª
Deveres de informação

1 – A concessionária fica obrigada a fornecer ao concedente, através da DGGE, todos os elementos que esta lhe solicitar relativos à concessão e a outras actividades autorizadas nos termos da cláusula 3.ª, designadamente os necessários à resposta a quaisquer pedidos da Comissão Europeia.

2 – A concessionária deve fornecer ao operador de qualquer outra rede com a qual esteja ligada e aos intervenientes do SNGN as informações necessárias para permitir um desenvolvimento coordenado das diversas redes e um funcionamento seguro e eficiente do SNGN.

CLÁUSULA 24.ª
Participação de desastres e acidentes

1 – A concessionária fica obrigada a participar imediatamente à DGGE todos os desastres e acidentes ocorridos nas suas instalações e, se tal não for possível, no prazo máximo de três dias a contar desde a data da ocorrência.

2 – Sem prejuízo das competências atribuídas às autoridades públicas, sempre que dos desastres ou acidentes resultem mortes, ferimentos graves ou prejuízos materiais importantes, a concessionária deve elaborar, e enviar ao concedente, um relatório técnico com a análise das circunstâncias da ocorrência e com o estado das instalações.

CLÁUSULA 25.ª
Ligação dos utilizadores à RNTGN

1 – A ligação dos utilizadores à RNTGN, quer nos pontos de recepção quer nos postos de redução de pressão e entrega às redes com as quais esteja ligada ou a clientes finais, faz-se nas condições previstas nos regulamentos aplicáveis.

2 – A concessionária pode recusar, fundamentadamente, o acesso às respectivas infra-estruturas com base na falta de capacidade ou falta de ligação ou se esse acesso a impedir de cumprir as suas obrigações de serviço público.

3 – A concessionária pode ainda recusar a ligação dos utilizadores à RNTGN sempre que as instalações e os equipamentos de entrega ou recepção daqueles não preencham as disposições legais e regulamentares aplicáveis, nomeadamente as respeitantes aos requisitos técnicos e de segurança.

4 – A concessionária pode impor aos utilizadores da RNTGN, sempre que o exijam razões de segurança, a substituição, a reparação ou a adaptação dos respectivos equipamentos de ligação.

5 – A concessionária tem o direito de montar nas instalações dos utilizadores equipamentos para a recolha de dados e para a realização de operações de telecomando e de telecomunicação, bem como sistemas de protecção nos pontos de ligação da sua rede com as instalações daquelas entidades, e de aceder aos equipamentos de medição do gás dos utilizadores ligados às suas instalações.

6 – Os utilizadores devem prestar à concessionária todas as informações que esta considere necessárias à ligação dos utilizadores à RNTGN e à correcta exploração das respectivas infra-estruturas e instalações.

Cláusula 26.ª
Interrupção por facto imputável ao utilizador

1 – A concessionária pode interromper a prestação do serviço público concessionado aos utilizadores nos termos da regulamentação aplicável e nomeadamente nos seguintes casos:

a) Alteração não autorizada do funcionamento de equipamentos ou sistemas de ligação à RNTGN que ponha em causa a segurança ou a regularidade da entrega;

b) Incumprimento grave dos regulamentos aplicáveis ou, em caso de emergência, das suas ordens e instruções;

c) Incumprimento de obrigações contratuais pelo cliente final, designadamente em caso de falta de pagamento a qualquer comercializador de gás natural, incluindo o comercializador de último recurso.

2 – A concessionária pode, ainda, interromper unilateralmente a prestação do serviço público concessionado aos utilizadores da RNTGN que causem perturbações que afectem a qualidade do serviço prestado quando, uma vez identificadas as causas perturbadoras, os utilizadores, após aviso da concessionária, não corrijam as anomalias em prazo adequado, tendo em consideração os trabalhos a realizar.

Cláusula 27.ª
Interrupções por razões de interesse público ou de serviço

1 – A prestação do serviço público pode ser interrompida pela concessionária por razões de interesse público, nomeadamente quando se trate da execução de planos nacionais de emergência declarada ao abrigo de legislação e regulamentação aplicáveis.

2 – A concessionária pode, ainda, interromper a actividade objecto da concessão por razões de serviço, num determinado ponto de entrega, quando

haja necessidade imperiosa de realizar manobras ou trabalhos de ligação, reparação ou conservação das instalações, desde que tenham sido esgotadas todas as possibilidades alternativas.

3 – Nas situações previstas nos números anteriores, a concessionária deverá avisar os utilizadores da RNTGN que possam vir a ser afectados, com a antecedência mínima de trinta e seis horas, salvo no caso da realização de trabalhos que a segurança de pessoas e bens torne inadiáveis ou quando haja necessidade urgente de trabalhos para garantir a segurança das infra-estruturas e instalações do SNGN.

CLÁUSULA 28.ª

Medidas de protecção

1 – Sem prejuízo das medidas de emergência que podem ser adoptadas pelo concedente, se se verificar uma situação que ponha em risco a segurança de pessoas ou bens, deve a concessionária promover imediatamente as medidas que entender necessárias em matéria de segurança.

2 – As medidas referidas no número anterior devem ser imediatamente comunicadas à DGGE, às respectivas autoridades concelhias, à autoridade policial da zona afectada e, se for caso disso, ao Serviço Nacional de Bombeiros e Protecção Civil.

CLÁUSULA 29.ª

Responsabilidade civil

1 – A concessionária é responsável, nos termos gerais de direito, por quaisquer prejuízos causados ao concedente ou a terceiros, pela culpa ou pelo risco, no exercício da actividade objecto da concessão.

2 – Para os efeitos do disposto no artigo 509.º do Código Civil, entende-se que a utilização das infra-estruturas e instalações que integram a RNTGN é feita no exclusivo interesse da concessionária.

CLÁUSULA 30.ª

Cobertura por seguros

1 – Para garantir o cumprimento das suas obrigações, a concessionária fica obrigada a celebrar e manter um seguro de responsabilidade civil.

2 – O montante do seguro mencionado no número anterior tem um valor mínimo obrigatório definido no anexo II do presente contrato, cujo montante será actualizado trienalmente.

3 – A concessionária deverá apresentar ao concedente, no prazo de 30 dias a contar desde a assinatura do presente contrato, os documentos comprovativos da celebração do seguro e, quando lhe for exigido, apresentar os documentos comprovativos da actualização referida no número anterior.

4 – Para além do seguro referido na cláusula anterior, a concessionária deve assegurar a existência e a manutenção em vigor das apólices de seguro necessárias para garantir uma efectiva cobertura dos riscos da concessão.

5 – No âmbito da obrigação referida no número anterior, a concessionária fica obrigada a constituir seguros, nos termos a definir no anexo II do presente contrato, envolvendo todas as infra-estruturas e instalações que integram a concessão, contra riscos de incêndio, explosão e danos devidos a terramoto ou temporal.

Cláusula 31.ª
Gestão técnica global do SNGN

1 – No âmbito da gestão técnica global do SNGN, a concessionária deve proceder à coordenação sistémica das infra-estruturas que constituem o SNGN de forma a assegurar o seu funcionamento harmonizado e a segurança e a continuidade do abastecimento de gás natural.

2 – Todos os operadores que exerçam qualquer das actividades que integram o SNGN e, bem assim, os seus utilizadores ficam sujeitos à gestão técnica global do SNGN.

3 – São direitos da concessionária no âmbito da gestão técnica global do SNGN, nomeadamente:

a) Supervisionar a actividade dos operadores e utilizadores do SNGN e coordenar as actividades dos operadores da RNTIAT;

b) Exigir e receber dos titulares dos direitos de exploração das infra-estruturas, dos operadores dos mercados e de todos os agentes directamente interessados a informação necessária para o correcto funcionamento do SNGN;

c) Exigir aos terceiros com direito de acesso às infra-estruturas e instalações a comunicação dos seus planos de entrega e de levantamento e de qualquer circunstância que possa fazer variar substancialmente os planos comunicados;

d) Exigir o estrito cumprimento das instruções que emita para a correcta exploração do sistema, a manutenção das instalações e a adequada cobertura da procura;

e) Coordenar os planos de manutenção das infra-estruturas da RNTIAT, procedendo aos ajustes necessários à garantia da segurança do abastecimento;

f) Receber adequada retribuição pelos serviços prestados.

4 – São obrigações da concessionária no exercício desta função, nomeadamente:

a) Actuar nas suas relações com os operadores e utilizadores do SNGN de forma transparente e não discriminatória;

b) Informar sobre a viabilidade de acesso solicitado por terceiros às infra-estruturas da RNTIAT;

c) Informar a DGGE, a ERSE e os operadores do SNGN, com periodicidade trimestral, sobre a capacidade disponível da RNTIAT e em particular dos pontos de acesso ao sistema, e sobre o quantitativo das reservas a constituir;

d) Monitorizar e reportar à ERSE a efectiva utilização das infra-estruturas da RNTIAT, com o objectivo de identificar a constituição abusiva de reservas de capacidade;

e) Desenvolver protocolos de comunicação com os diferentes operadores do SNGN, com vista a criar um sistema de comunicação integrado para controlo e supervisão das operações do SNGN e actuar como coordenador do mesmo;

f) Emitir instruções sobre as operações de transporte, incluindo o trânsito no território continental, de forma a assegurar a entrega de gás em condições adequadas e eficientes nos pontos de saída da rede de transporte, em conformidade com protocolos de actuação e de operação a estabelecer;

g) Proceder ao controlo da constituição e da manutenção das reservas de segurança, nos termos previstos da cláusula 34.ª

5 - A gestão técnica global do SNGN processa-se nos termos previstos no Decreto-Lei n.º 140/2006, de 26 de Julho, na regulamentação aplicável e no presente contrato.

Cláusula 32.ª
Planeamento da RNTIAT

1 – O planeamento da RNTIAT deve ser efectuado de molde a assegurar a existência de capacidade das infra-estruturas e o desenvolvimento sustentado e eficiente da rede.

2 – O planeamento da RNTIAT compete à DGGE e deve ser devidamente coordenado com o planeamento das infra-estruturas e das instalações com que se interliga.

3 – Para os efeitos do planeamento previsto nos números anteriores, devem ser elaborados pela concessionária e entregues à DGGE os seguintes documentos:

a) Caracterização da RNTIAT, que deve conter informação técnica que permita conhecer a situação das redes e restantes infra-estruturas, designadamente as capacidades nos vários pontos da rede, a capacidade de armazenamento e dos terminais de GNL, assim como o seu grau de utilização;

b) Integração e harmonização das propostas de PDIR elaboradas pelos operadores da RNTIAT e da RNDGN, observando, para além de critérios de racionalidade económica, as orientações de política energética, designadamente

o que se encontra definido relativamente à capacidade e ao tipo das infra-estruturas de entrada de gás natural no sistema, as perspectivas de desenvolvimento
dos sectores de maior e mais intenso consumo, as conclusões e recomendações
contidas nos relatórios de monitorização, os padrões de segurança para planeamento das redes e as exigências técnicas e regulamentares.

4 – A caracterização da RNTIAT deve ser entregue à DGGE, com a periodicidade de três anos, até ao final do 1.º trimestre, com início em 2008.

5 – As propostas de PDIR serão submetidas pelos respectivos operadores à
concessionária, e por esta à DGGE, com a periodicidade de três anos, até ao final
do 1.º trimestre, com início em 2008.

CLÁUSULA 33.ª
Colaboração na monitorização da segurança do abastecimento

A concessionária deve colaborar com o concedente, através da DGGE, na
promoção de condições de garantia e segurança do abastecimento de gás natural
do SNGN e respectiva monitorização, nos termos da legislação e da regulamentação aplicáveis.

CLÁUSULA 34.ª
Reservas de segurança

1 – A concessionária fica obrigada a controlar a constituição, a manutenção e a libertação das reservas de segurança de gás natural, de forma transparente
e não discriminatória, nos termos previstos na legislação e na regulamentação
aplicáveis.

2 – A concessionária deve enviar à DGGE, até ao dia 15 de cada mês, as
informações referentes ao mês anterior relativas às quantidades constituídas em
reservas, à sua localização e aos respectivos titulares.

3 – A concessionária deve, ainda, reportar à DGGE as situações verificadas
de incumprimento das obrigações de constituição e manutenção de reservas de
segurança com vista à aplicação do respectivo regime sancionatório.

CLÁUSULA 35.ª
Caução

1 – Com a assinatura do presente contrato, a concessionária prestou uma
caução a favor do concedente no valor de € 10 000 000 como garantia do
pontual e integral cumprimento das obrigações emergentes do contrato de concessão e da cobrança das multas aplicadas.

2 – O concedente poderá utilizar a caução sempre que a concessionária não cumprir qualquer obrigação assumida no presente contrato.

3 – Sem prejuízo do disposto no número seguinte, o recurso à caução deve ser precedido de despacho do Ministro, não dependendo de qualquer outra formalidade ou de prévia decisão judicial ou arbitral.

4 – O concedente deve ouvir a concessionária, nos termos gerais do direito de audiência, antes de proceder à utilização da caução.

5 – Sempre que o concedente utilize a caução, a concessionária deve proceder à reposição do seu montante integral no prazo de 30 dias a contar a partir da data daquela utilização.

6 – O valor da caução deve ser actualizado no início do 1.º trimestre de cada triénio, com referência à data da celebração do presente contrato, de acordo com o índice mensal de preços no consumidor no continente, excluindo habitação, publicado pelo Instituto Nacional de Estatística.

7 – A caução só pode ser levantada pela concessionária um ano após a data de extinção deste contrato ou, antes de decorrido aquele prazo, por determinação expressa do concedente, através de despacho do Ministro, mas sempre após a extinção do presente contrato.

8 – A caução a que se refere a presente cláusula, bem como outras que a concessionária venha a estar obrigada a constituir a favor do concedente, deve ser prestada por depósito em dinheiro ou por garantia bancária autónoma, à primeira solicitação, cujo texto deve ser previamente aprovado pela DGGE.

CLÁUSULA 36.ª
Fiscalização e regulação

1 – Sem prejuízo das competências atribuídas a outras entidades públicas, cabe à DGGE o exercício dos poderes de fiscalização da concessão, nomeadamente no que se refere ao cumprimento das disposições legais e regulamentares aplicáveis e do presente contrato.

2 – Sem prejuízo das competências atribuídas a outras entidades públicas, cabe à ERSE o exercício dos poderes de regulação da actividade que integra o objecto desta concessão, nos termos previstos nas disposições legais e regulamentares aplicáveis e do presente contrato.

3 – Para os efeitos do disposto nos números anteriores, a concessionária deve prestar todas as informações e facultar todos os documentos que lhe forem solicitados pelas entidades fiscalizadora e reguladora, no âmbito das respectivas competências, bem como permitir o livre acesso dos funcionários e agentes das referidas entidades, devidamente credenciados e no exercício das suas funções, a todas as suas instalações.

Cláusula 37.ª
Seguro de fiscalização

1 – No exercício da actividade fiscalizadora nas instalações da concessionária, o pessoal das entidades fiscalizadora e reguladora fica coberto por um seguro de acidentes pessoais, de montante a definir no anexo II do presente contrato.

2 – Para o cumprimento do disposto no número anterior, as entidades fiscalizadora e reguladora devem comunicar previamente à concessionária a identificação dos fiscais e a data da realização da acção fiscalizadora.

Cláusula 38.ª
Alteração do contrato

1 – O presente contrato pode ser alterado unilateralmente pelo concedente por razões de interesse público, sem prejuízo da reposição do respectivo equilíbrio económico e financeiro nos termos previstos na cláusula 41.ª

2 – O contrato de concessão pode também ser alterado por força de disposição legal imperativa, designadamente decorrente das políticas energéticas aprovadas pela União Europeia e aplicáveis ao Estado Português, sem prejuízo da reposição do respectivo equilíbrio económico e financeiro, nos termos previstos na cláusula 41.ª

3 – No exercício do seu direito de alteração deste contrato, nos termos previstos nos números anteriores, o concedente deve, além de invocar tal direito, concretizar os respectivos fundamentos.

4 – O concedente deve, ainda, ouvir a concessionária, nos termos gerais do direito de audiência, antes de proceder a qualquer modificação a este contrato.

5 – Este contrato pode, ainda, ser modificado por acordo entre o concedente e a concessionária, desde que a modificação não envolva a violação do regime jurídico da concessão nem implique a derrogação das respectivas bases.

Cláusula 39.ª
Transmissão e oneração da concessão

1 – A concessionária não pode, sem prévia autorização do concedente, dada através do Ministro, onerar, subconceder, trespassar ou transmitir, por qualquer forma, no todo ou em parte, a concessão ou realizar qualquer negócio jurídico que vise atingir ou tenha por efeito, mesmo que indirecto, idênticos resultados.

2 – Os actos praticados ou os contratos celebrados em violação do disposto no número anterior são nulos, sem prejuízo de outras sanções aplicáveis.

3 – No caso de subconcessão ou de trespasse, a concessionária deve comunicar ao concedente a sua intenção de proceder à subconcessão ou ao trespasse, remetendo-lhe a minuta do respectivo contrato de subconcessão ou de trespasse que se propõe assinar e indicando todos os elementos do negócio que pretende realizar, bem como o calendário previsto para a sua realização e a identidade do subconcessionário ou do trespassário.

4 – No caso de haver lugar a uma subconcessão devidamente autorizada, a concessionária mantém os direitos e continua sujeita às obrigações decorrentes do presente contrato.

5 – Ocorrendo trespasse da concessão, consideram-se transmitidos para o trespassário todos os direitos e obrigações da concessionária, assumindo aquele ainda os deveres, obrigações e encargos que eventualmente venham a ser-lhe impostos pelo concedente como condição para a autorização do trespasse.

6 – A concessionária é responsável pela transferência integral dos seus direitos e obrigações para o trespassário, incluindo as obrigações incertas, ilíquidas ou inexigíveis à data do trespasse, em termos em que não seja afectada ou interrompida a prestação do serviço público concessionado.

CLÁUSULA 40.ª
Equilíbrio económico e financeiro do contrato

1 – É garantido à concessionária o equilíbrio económico e financeiro da concessão nas condições de uma gestão eficiente.

2 – O equilíbrio económico e financeiro baseia-se no reconhecimento dos custos de investimento, de operação e de manutenção e na adequada remuneração dos activos afectos à concessão, a serem reflectidos nas tarifas aplicáveis à actividade concessionada.

3 – A concessionária é responsável, nos termos do presente contrato, por todos os riscos inerentes à concessão, sem prejuízo do disposto na legislação aplicável.

CLÁUSULA 41.ª
Reposição do equilíbrio económico e financeiro

1 – Tendo em atenção a distribuição de riscos estabelecida no presente contrato, a concessionária tem direito à reposição do equilíbrio económico e financeiro da concessão nos seguintes casos:

a) Modificação unilateral, imposta pelo concedente, das condições de exploração da concessão, nos termos do presente contrato, desde que, em resultado directo da mesma se verifique para a concessionária um determinado aumento de custos ou uma determinada perda de proveitos;

b) Alterações legislativas que tenham um impacte directo sobre os proveitos ou custos respeitantes à actividade integrada nesta concessão.

2 – Nos casos previstos no número anterior, a concessionária apenas tem direito à reposição do equilíbrio económico e financeiro da concessão na medida em que o impacte sobre os proveitos ou custos não seja susceptível de consideração no âmbito da actividade reguladora.

3 – Havendo lugar à reposição do equilíbrio económico e financeiro da presente concessão, tal reposição pode ter lugar através de uma das seguintes modalidades:

a) Prorrogação do prazo da concessão;

b) Revisão do cronograma ou redução das obrigações de investimento previamente aprovados;

c) Atribuição de compensação directa pelo concedente;

d) Combinação das modalidades anteriores ou qualquer outra forma que seja acordada.

4 – A reposição do equilíbrio económico e financeiro efectuada nos termos desta cláusula será, relativamente ao evento que lhe deu origem, única, completa e final para todo o período da concessão, sem prejuízo de tal reposição poder ser parcialmente diferida em relação a quaisquer efeitos específicos do evento em causa que, pela sua própria natureza, não sejam susceptíveis de uma razoável avaliação imediata ou sobre cujas existência, incidência ou quantificação as partes não hajam ainda chegado a acordo.

5 – Para os efeitos previstos na presente cláusula, a concessionária deve notificar o concedente da ocorrência de qualquer evento que, individual ou cumulativamente, possa dar lugar à reposição do equilíbrio económico e financeiro da concessão, no prazo de 30 dias após a data da sua ocorrência, e solicitar o início de negociações no prazo máximo de 30 dias a contar da citada notificação.

6 – O concedente e a concessionária devem, no prazo máximo de 90 dias, prorrogáveis uma única vez por igual período, tentar alcançar um acordo sobre os termos da reposição do equilíbrio contratual.

7 – Na falta de acordo, pode a concessionária recorrer aos meios de composição de litígios, nos termos previstos na cláusula 53.ª

Cláusula 42.ª
Responsabilidade do concedente por incumprimento

A violação pelo concedente das obrigações decorrentes do presente contrato confere à concessionária o direito a ser indemnizada dos prejuízos causados, sem embargo da faculdade de rescisão do mesmo.

Cláusula 43.ª
Responsabilidade da concessionária por incumprimento

1 – A violação pela concessionária de uma qualquer das obrigações assumidas no presente contrato fá-la incorrer, nos termos legais, em responsabilidade perante o concedente.

2 – A responsabilidade da concessionária cessa sempre que ocorra caso de força maior, ficando a seu cargo fazer prova da ocorrência.

3 – Consideram-se unicamente casos de força maior os acontecimentos imprevisíveis e irresistíveis cujos efeitos se produzam independentemente da vontade ou das circunstâncias pessoais da concessionária.

4 – Constituem nomeadamente casos de força maior actos de guerra, hostilidades ou invasão, terrorismo, epidemia, radiação atómica, grave inundação, incêndio, raio, ciclone, tremor de terra e outros cataclismos naturais que afectem o exercício da actividade compreendida na presente concessão.

5 – A ocorrência de um caso de força maior tem por efeito exonerar a concessionária da responsabilidade pelo não cumprimento das obrigações emergentes deste contrato que sejam afectadas pela ocorrência do mesmo, na estrita medida em que o respectivo cumprimento pontual e atempado tenha sido efectivamente impedido ou, salvo no que respeita à segurança das populações, se torne desproporcionadamente oneroso.

6 – No caso de impossibilidade de cumprimento do presente contrato por causa de força maior, o concedente pode proceder à rescisão nos termos fixados na cláusula 50.ª

7 – A concessionária fica obrigada a comunicar ao concedente a ocorrência de qualquer evento qualificável como caso de força maior, bem como a indicar, no mais curto prazo possível, quais as obrigações emergentes do contrato de concessão cujo cumprimento, no seu entender, se encontra impedido ou dificultado por força de tal ocorrência e, bem assim, se for o caso, as medidas que tomou ou pretende tomar para fazer face à situação ocorrida, a fim de mitigar o impacte do referido evento e os respectivos custos.

8 – Enquanto esta retoma não for possível, subsistem as obrigações da concessionária na medida em que a sua execução seja materialmente possível.

9 – A concessionária deve mitigar, por qualquer meio razoável e apropriado ao seu dispor, os efeitos da verificação de um caso de força maior.

CLÁUSULA 44.ª
Multas contratuais

1 – Sem prejuízo das situações de incumprimento que podem dar origem a sequestro ou rescisão deste contrato nos termos previstos nas cláusulas 45.ª e 50.ª, pelo incumprimento de quaisquer obrigações assumidas no presente contrato que não ponha em causa a subsistência da relação de concessão, a concessionária pode ser sancionada, por decisão do concedente, pela aplicação de multas contratuais, cujo montante é variável, em função da gravidade da infracção cometida e do grau de culpa do infractor, até € 10 000 000.

2 – A aplicação de multas contratuais está dependente de notificação prévia da concessionária pelo concedente para reparar o incumprimento e do não cumprimento do prazo de reparação fixado nessa notificação nos termos do número seguinte ou da não reparação integral da falta pela concessionária naquele prazo.

3 – O prazo de reparação do incumprimento é fixado pelo concedente de acordo com critérios de razoabilidade e deve ter sempre em atenção a defesa do interesse público e a manutenção em funcionamento da concessão.

4 – A concessionária pode, no prazo fixado na notificação a que se refere o número anterior, e em momento anterior ao da aplicação de quaisquer multas contratuais, exercer por escrito o seu direito de defesa.

5 – É da competência do director-geral de Energia a aplicação das multas previstas nesta cláusula.

6 – Caso a concessionária não proceda ao pagamento voluntário das multas contratuais que lhe forem aplicadas no prazo de 20 dias a contar desde as suas fixação e notificação pelo concedente, este pode utilizar a caução para pagamento das mesmas.

7 – O valor máximo das multas estabelecido na presente cláusula deve ser actualizado em Janeiro de cada ano, de acordo com o índice de preços no consumidor no continente, excluindo habitação, publicado pelo Instituto Nacional de Estatística, referente ao ano anterior.

8 – A aplicação de multas não prejudica a aplicação de outras sanções contratuais nem isenta a concessionária de responsabilidade civil, criminal e contra-ordenacional em que incorrer perante o concedente ou terceiro.

Cláusula 45.ª
Sequestro

1 – Em caso de incumprimento grave pela concessionária das obrigações emergentes do presente contrato, pode o concedente, através de despacho do Ministro, tomar conta da concessão mediante sequestro.

2 – O sequestro da concessão pode ter lugar, nomeadamente, quando se verifique uma qualquer das seguintes situações, por motivos imputáveis à concessionária:

a) Estiver iminente, ou ocorrer, a cessação ou interrupção, total ou parcial, do desenvolvimento da actividade objecto da presente concessão;

b) Deficiências graves na organização, no funcionamento ou no regular desenvolvimento da actividade objecto desta concessão, bem como situações de insegurança de pessoas e bens;

c) Deficiências graves no estado geral das infra-estruturas, das instalações e dos equipamentos que comprometam a continuidade ou a qualidade da actividade objecto da presente concessão.

3 – A concessionária fica obrigada a proceder à entrega da concessão no prazo que lhe for fixado pelo concedente quando lhe for comunicada a decisão de sequestro da concessão.

4 – Verificando-se qualquer facto que possa dar lugar ao sequestro da concessão, deve observar-se, com as devidas adaptações, o processo de sanação do incumprimento previsto nos n.os 4 e 5 da cláusula 50.ª

5 – Verificado o sequestro, a concessionária suporta todos os encargos que resultarem para o concedente do exercício da concessão, bem como as despesas extraordinárias necessárias ao restabelecimento da normalidade.

6 – Logo que cessem as razões do sequestro, seja restabelecido o normal funcionamento da concessão e o concedente o julgue oportuno, deve notificar a concessionária para retomar a concessão, no prazo que lhe for fixado.

7 – No caso de o sequestro se manter por seis meses após ter sido restabelecido o normal funcionamento da concessão, a concessionária pode optar pela rescisão da concessão, sendo então aplicável o disposto na cláusula 51.ª

8 – Se a concessionária não retomar a concessão no prazo que lhe for fixado, pode o concedente, através do Ministro, determinar a imediata rescisão deste contrato.

9 – No caso de a concessionária ter retomado o exercício da concessão e continuarem a verificar-se graves deficiências no mesmo, pode o concedente, através do Ministro, ordenar novo sequestro ou determinar a imediata rescisão do contrato de concessão.

CLÁUSULA 46.ª
Extinção da concessão

1 – A concessão extingue-se por acordo entre o concedente e a concessionária, por rescisão, por resgate e pelo decurso do prazo fixado na cláusula 5.ª

2 – A extinção da concessão determina a transmissão para o concedente de todos os bens e meios a ela afectos, bem como dos direitos e das obrigações inerentes ao seu exercício, sem prejuízo do direito de regresso do concedente sobre a concessionária pelas obrigações por esta assumidas que sejam estranhas à actividade objecto da concessão ou que hajam sido contraídas em violação da lei ou deste contrato ou, ainda, que sejam obrigações vencidas e não cumpridas.

3 – Da transmissão prevista no número anterior excluem-se, além dos bens e meios não afectos à concessão, os fundos ou reservas consignados à garantia ou cobertura de obrigações da concessionária de cujo cumprimento lhe seja dada quitação pelo concedente, a qual se presume se decorrido um ano sobre a extinção da concessão não houver declaração em contrário do concedente, através do Ministro.

4 – A tomada de posse da concessão pelo concedente é precedida de vistoria *ad perpetuam rei memoriam*, realizada pelo concedente, através da DGGE, a que assistem representantes da concessionária, destinada à verificação do estado de conservação e manutenção dos bens, devendo ser lavrado o respectivo auto.

CLÁUSULA 47.ª
Procedimento no caso de extinção do contrato por termo

1 – O concedente reserva-se no direito de tomar nos últimos dois anos do prazo da presente concessão as providências que julgar convenientes para assegurar a continuação do serviço no termo deste contrato ou as medidas necessárias para efectuar, durante o mesmo prazo, a transferência progressiva da actividade objecto desta concessão para a nova concessionária.

2 – Se, no momento do termo do prazo da concessão, o concedente ainda não tiver tomado decisão quanto ao novo modo ou entidade encarregada da gestão do serviço, poderá acordar com a concessionária que esta continue a prestá-lo até ao limite máximo de um ano, mediante a prestação de serviços ou qualquer outro título jurídico público-contratual.

3 – Em caso de extinção da concessão, transferem-se para o concedente os direitos detidos pela concessionária sobre terceiros que se revelem necessários para a continuidade da prestação do serviço concedido e, em geral, à tomada de medidas tendentes a evitar a interrupção da prestação do serviço público concessionado.

Cláusula 48.ª
Decurso do prazo da concessão

1 – Decorrido o prazo da concessão, sem necessidade de qualquer comunicação entre as partes nesse sentido, transmitem-se para o concedente todos os bens e meios afectos à concessão, livres de ónus ou encargos, em bom estado de conservação, funcionamento e segurança, sem prejuízo do normal desgaste do seu uso para efeitos do contrato de concessão.

2 – Cessando a concessão pelo decurso do prazo, deve ser paga pelo concedente à concessionária uma indemnização correspondente ao valor contabilístico dos bens afectos à concessão, adquiridos pela concessionária, com referência ao último balanço aprovado, líquido de amortizações e de comparticipações financeiras e subsídios a fundo perdido.

3 – Caso a concessionária não dê cumprimento ao disposto no n.º 1 da presente cláusula, o concedente deve promover a realização dos trabalhos e aquisições que sejam necessários à reposição dos bens aí referidos, correndo os respectivos custos pela concessionária e podendo ser utilizada a caução para os liquidar no caso de a concessionária não proceder ao pagamento voluntário e atempado dos referidos custos, se o Ministro assim o determinar.

Cláusula 49.ª
Resgate da concessão

1 – O concedente poderá, através do Ministro, resgatar a concessão, desde que o interesse público o justifique, decorridos 15 anos desde a data de celebração do presente contrato, mediante notificação feita à concessionária, por carta registada com aviso de recepção, com pelo menos um ano de antecedência.

2 – O concedente assume, decorrido o período de um ano sobre a notificação do resgate, todos os bens e meios afectos à concessão anteriormente à data dessa notificação, incluindo todos os direitos e obrigações inerentes ao exercício da concessão e ainda aqueles que tenham sido assumidos pela concessionária após a data de notificação, desde que tenham sido previamente autorizados pelo concedente, através do Ministro.

3 –A assunção de obrigações por parte do concedente é efectuada sem prejuízo do seu direito de regresso sobre a concessionária pelas obrigações por esta contraídas que tenham exorbitado da gestão normal da concessão.

4 – Pelo resgate, a concessionária tem direito a uma indemnização cujo valor deve atender ao valor contabilístico, à data do resgate, dos bens transmitidos para o concedente, livres de quaisquer ónus ou encargos, e ao valor de eventuais lucros cessantes.

5 – O valor contabilístico dos bens referidos no número anterior, à data do resgate, entende-se líquido de amortizações e de comparticipações financeiras e subsídios a fundo perdido, incluindo-se nestes o valor dos bens cedidos pelo concedente.

6 – Para os efeitos do cálculo da indemnização, o valor dos bens que se encontrem anormalmente depreciados ou deteriorados devido a deficiência da concessionária na sua manutenção ou reparação deve ser determinado de acordo com o seu estado de funcionamento efectivo.

CLÁUSULA 50.ª
Rescisão do contrato pelo concedente

1 – O concedente pode rescindir o presente contrato no caso de violação grave, não sanada ou não sanável, das obrigações contratuais da concessionária.

2 – Constituem, nomeadamente, causas de rescisão do contrato por parte do concedente os seguintes factos ou situações:

a) Desvio do objecto e fins da concessão;

b) Suspensão ou interrupção injustificadas da actividade objecto da concessão;

c) Oposição reiterada ao exercício da fiscalização, repetida desobediência às determinações do concedente ou sistemática inobservância das leis e dos regulamentos aplicáveis à exploração, quando se mostrem ineficazes as sanções aplicadas;

d) Recusa em proceder aos investimentos necessários à adequada conservação e reparação das infra-estruturas ou à necessária ampliação da rede;

e) Recusa ou impossibilidade da concessionária em retomar a concessão nos termos do disposto no n.º 8 da cláusula 45.ª ou, quando o tiver feito, a continuação das situações que motivaram o sequestro;

f) Cobrança dolosa das tarifas com valor superior aos fixados;

g) Dissolução ou insolvência da concessionária;

h) Transmissão ou oneração da concessão, no todo ou em parte, sem prévia autorização;

i) Recusa da reconstituição atempada da caução.

3 – Não constituem causas de rescisão os factos ocorridos por motivos de força maior.

4 – Verificando-se um dos casos de incumprimento referidos na presente cláusula ou qualquer outro que, nos termos do disposto no n.º 1 desta cláusula, possa motivar a rescisão do contrato, o concedente, através do Ministro, deve notificar a concessionária para, no prazo que razoavelmente lhe for fixado, cumprir integralmente as suas obrigações e corrigir ou reparar as consequências dos seus actos, excepto tratando-se de uma violação não sanável.

5 – Caso a concessionária não cumpra as suas obrigações ou não corrija ou repare as consequências do incumprimento, nos termos determinados pelo concedente, este pode rescindir o presente contrato mediante comunicação enviada à concessionária, por carta registada com aviso de recepção, sem prejuízo do disposto no número seguinte.

6 – Caso o concedente pretenda rescindir este contrato, designadamente pelos factos referidos na alínea g) do n.º 1, deve previamente notificar os principais credores da concessionária que sejam conhecidos para, no prazo que lhes for determinado, nunca superior a três meses, proporem uma solução que possa sobrestar à rescisão, desde que o concedente com ela concorde.

7 – A comunicação da decisão de rescisão referida no n.º 5 desta cláusula produz efeitos imediatos, independentemente de qualquer outra formalidade.

8 – A rescisão prevista no n.º 1 implica a transmissão gratuita de todos os bens e meios afectos à concessão para o concedente, sem qualquer indemnização, e, bem assim, a perda da caução prestada nos termos da cláusula 35.ª, sem prejuízo do direito de o concedente ser indemnizado pelos prejuízos sofridos, nos termos gerais de direito.

CLÁUSULA 51.ª
Rescisão do contrato pela concessionária

1 – A concessionária pode rescindir o presente contrato com fundamento em incumprimento grave das obrigações do concedente se daí resultarem perturbações que ponham em causa o exercício da actividade concedida.

2 – A rescisão prevista no número anterior implica a transmissão de todos os bens e meios afectos à concessão para o concedente, sem prejuízo do direito da concessionária a ser ressarcida dos prejuízos que lhe foram causados, incluindo o valor dos investimentos efectuados e dos lucros cessantes calculados nos termos previstos anteriormente para o resgate.

3 – A rescisão deste contrato produz efeitos reportados à data da sua comunicação ao concedente por carta registada com aviso de recepção.

4 – No caso de rescisão prevista no n.º 1 desta cláusula, a concessionária deve seguir o procedimento previsto para o concedente nos n.ºs 4 e 5 da cláusula anterior.

CLÁUSULA 52.ª
Exercício dos poderes do concedente

Os poderes do concedente referidos no presente contrato, excepto quando devam ser exercidos pelo Ministro, devem ser exercidos pela DGGE, sendo os actos praticados pelo respectivo director-geral ou pela ERSE, consoante as competências de cada uma destas entidades.

CLÁUSULA 53.ª

Litígios entre concedente e concessionária

1 – As partes manifestam o seu empenho no bom relacionamento entre si e acordam que, constatada por uma qualquer delas a existência de um litígio ou diferendo relativo à interpretação, à integração, à aplicação, à execução ou ao cumprimento do presente contrato, bem como relativamente à respectiva validade ou à necessidade de precisar, completar ou actualizar o seu conteúdo, ou ainda relativamente a actos administrativos referentes à execução do contrato, nos termos previstos no Código de Processo nos Tribunais Administrativos, será o mesmo, em primeiro lugar, objecto de uma tentativa de resolução amigável.

2 – Caso o diferendo não seja resolvido de uma forma consensual no prazo de 15 dias a contar a partir da data da remissão do litígio para a outra parte para a tentativa de resolução amigável, será o mesmo dirimido por um tribunal arbitral nos termos da presente cláusula.

3 – O tribunal arbitral será constituído nos termos dos números seguintes e, supletivamente, de acordo com a Lei n.º 31/86, de 29 de Agosto.

4 – O tribunal será constituído por um árbitro único se as partes acordarem na respectiva designação ou, na falta desse acordo no prazo de 10 dias, cada uma das partes designará um árbitro, cabendo aos dois árbitros nomeados, nos cinco dias seguintes, a designação do terceiro árbitro, que presidirá.

5 – Na falta de acordo entre os árbitros designados pelas partes, verificado ao fim de cinco dias, o terceiro árbitro será indicado pelo presidente do Tribunal da Relação de Lisboa, a requerimento de qualquer das partes.

6 – O tribunal arbitral considera-se constituído na data em que o terceiro árbitro aceitar a sua nomeação e comunicar a sua decisão às partes.

7 – Se decorrer mais de um mês sobre a data da indicação do primeiro árbitro sem que o tribunal arbitral se encontre constituído, pode qualquer das partes recorrer ao tribunal judicial competente para a resolução do litígio em causa.

8 – Caso não se verifique acordo quanto ao objecto do litígio, este será o que resultar da petição do demandante e da eventual reconvenção do demandado.

9 – O tribunal arbitral funcionará em Lisboa, cabendo ao árbitro único ou ao árbitro presidente escolher o local em que o mesmo reunirá, e utilizará a língua portuguesa, funcionando o tribunal de acordo com as regras fixadas no presente contrato, com as regras estabelecidas pelo próprio tribunal arbitral e, ainda, subsidiariamente, pelo disposto na Lei n.º 31/86, de 29 de Agosto.

10 – O tribunal arbitral julgará segundo o direito português constituído, podendo as partes recorrer das respectivas decisões.

11 – As decisões do tribunal arbitral devem ser proferidas no prazo de três meses a contar a partir do termo da instrução do processo ou do encerramento da audiência de discussão e julgamento, se a esta houver lugar.

12 – O prazo referido no número anterior é prorrogável, por decisão do árbitro único ou do árbitro presidente, consoante o caso, até ao máximo de seis meses.

13 – No caso de o tribunal arbitral ser constituído por dois árbitros designados pelas partes e um árbitro presidente, as respectivas decisões são tomadas por maioria.

14 – A determinação dos honorários dos árbitros será feita de acordo com a «Tabela de cálculo dos honorários dos árbitros», anexa ao Regulamento do Centro de Arbitragem da Associação Comercial de Lisboa, tendo por base o valor da causa, o qual será igual ao valor do pedido da parte demandante ou ao cúmulo dos valores deste e do pedido reconvencional da parte demandada, caso haja reconvenção, devendo a repartição pelas partes do montante daqueles honorários constar da decisão que for proferida a final.

15 – Sem prejuízo do disposto nos números anteriores, as partes reservam-se o direito de, na vigência e após o termo do presente contrato, e antes ou na pendência de um litígio instaurado no tribunal arbitral, requerer nos tribunais comuns as providências cautelares previstas na lei de processo civil que entenderem por convenientes para a defesa dos seus direitos.

16 – Caso as providências previstas no número anterior sejam requeridas antes de constituído o tribunal arbitral, deve iniciar-se imediatamente o procedimento da sua constituição e ser-lhe submetido o litígio para a respectiva resolução.

CLÁUSULA 54.ª
Litígios entre concessionária e utilizadores

1 – A concessionária e os seus utilizadores podem celebrar convenções de arbitragem nos termos fixados na cláusula anterior para a solução dos litígios emergentes dos respectivos contratos ou para superar as dificuldades na celebração de acordos de que dependa, nos termos da lei ou do presente contrato, o exercício de direitos ou o cumprimento de deveres de que são titulares.

2 – Os actos da concessionária praticados por via administrativa, nos casos em que a lei, os regulamentos ou este contrato lhe conferem essa prerrogativa, são sempre imputáveis para efeitos de recurso contencioso ao respectivo conselho de administração.

CLÁUSULA 55.ª

Litígios entre concessionária e terceiros

A responsabilidade contratual ou extracontratual geral da concessionária por actos de gestão privada ou de gestão pública efectiva-se nos termos e pelos meios previstos na lei civil e administrativa.

CLÁUSULA 56.ª

Comunicações

Qualquer comunicação entre as partes contratantes relativa ao presente contrato será feita mediante carta registada com aviso de recepção, sem prejuízo da utilização cumulativa de outro meio considerado idóneo para os endereços constantes da identificação das partes no presente contrato.

CLÁUSULA 57.ª

Prazos

1 – Na falta de disposição especial prevista na lei ou neste contrato, o prazo para os actos a praticar pela concessionária ou pelo concedente, quer por intermédio do Ministro, da DGGE e do director-geral de Energia, ou de qualquer outro órgão administrativo, é de 10 dias.

2 – Sempre que o exercício de um direito por parte da concessionária dependa de aprovação ou autorização do concedente, quer por intermédio do Ministro, da DGGE e do director-geral de Energia, ou de qualquer outro órgão administrativo, consideram-se estas concedidas se a decisão não for proferida no prazo de 90 dias a contar a partir da formulação do pedido ou da apresentação do processo para esse efeito.

3 – Se a concessão da aprovação ou da autorização depender de quaisquer formalidades, designadamente de pareceres de quaisquer outras entidades, os mesmos devem ser solicitados em conjunto, cominando-se um prazo para a sua elaboração, que não deverá exceder 30 dias.

4 – Para os efeitos do n.º 2, consideram-se dependentes de aprovação ou autorização do concedente os casos de:

a) Aprovação de projectos;

b) Licenciamento de obras, trabalhos e actividades;

c) Redução de caução.

5 – Para o cômputo dos prazos previstos nesta cláusula, considera-se que os mesmos se suspendem sempre que o procedimento estiver parado por motivo imputável à concessionária.

6 – Os prazos fixados em dias neste contrato são contados nos termos do artigo 72.º do Código do Procedimento Administrativo.

ANEXO I
Mapa

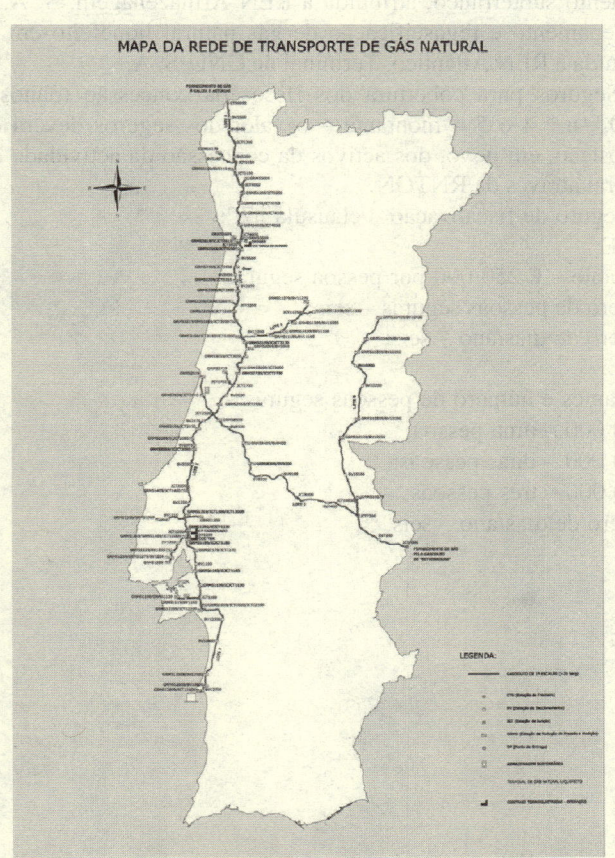

ANEXO II

Seguros

1 – Seguro de responsabilidade civil – cláusula 30.ª, n.ᵒˢ 1 e 2 – montante – € 44 239 763, para o conjunto das concessões da actividade de transporte de gás natural através da RNTGN, atribuída à REN, Gasodutos, S. A., de armazenamento subterrâneo, atribuída à REN Armazenagem, S. A., e de recepção, armazenamento e regaseificação de gás natural liquefeito em terminais de GNL, atribuída à REN Atlântico, Terminal de GNL, S. A.

2 – Seguros para cobertura dos riscos da concessão (danos próprios) – cláusula 30.ª, n.ᵒˢ 4 e 5 – montante – o valor dos seguros deverá corresponder aos de reposição, em novo, dos activos da concessão da actividade de transporte de gás natural através da RNTGN.

3 – Seguro de fiscalização – cláusula 37.ª:

DGGE:

Montante – € 250 000 por pessoa segura;

Número de pessoas seguras – seis;

Número de dias/ano – seis;

ERSE:

Montantes e número de pessoas seguras:

€ 560 000 – uma pessoa;

€ 400 000 – duas pessoas;

€ 300 000 – três pessoas;

Número de dias/ano – seis.

RESOLUÇÃO DO CONSELHO
DE MINISTROS N.º 106/2006

O Decreto-Lei n.º 30/2006, de 15 de Fevereiro, ao estabelecer as bases gerais da organização e do funcionamento do Sistema Nacional de Gás Natural (SNGN) em Portugal, bem como as bases gerais aplicáveis ao exercício das várias actividades que integram o SNGN e à organização dos mercados de gás natural, prevê que a recepção, armazenamento e regaseificação de gás natural liquefeito (GNL), o armazenamento subterrâneo, o transporte e a distribuição são actividades exercidas em regime de concessão de serviço público.

No desenvolvimento dos princípios acima referidos, o Decreto-Lei n.º 140/2006, de 26 de Julho, dispõe que a atribuição das concessões para o exercício de cada uma das actividades acima mencionadas compete ao Conselho de Ministros, sendo os respectivos contratos de concessão outorgados pelo ministro responsável pela área da energia, em representação do Estado.

O mesmo diploma estabelece ainda, no seu artigo 68.º, que a concessão do serviço público da recepção, armazenamento e regaseificação no terminal de gás natural na forma liquefeita (GNL) de Sines é atribuída a uma sociedade em relação de domínio total inicial com a Rede Eléctrica Nacional, S. A. – REN. Tendo em consideração a alteração do quadro legal do sector, iniciada com o Decreto-Lei n.º 30/2006, de 15 de Fevereiro, a Resolução do Conselho de Ministros n.º 85/2006, de 30 de Junho, veio autorizar a REN a constituir novas sociedades cujos objectos visem assegurar o exercício das concessões de serviço público, nomeadamente de recepção, armazenamento e regaseificação de GNL. Neste caso, a referida resolução determinou a sua designação como REN Atlântico, Terminal de GNL, S. A.

Considerando, por último, que o Decreto-Lei n.º 140/2006, de 26 de Julho, contém as bases das concessões nele previstas, estão, pois, reunidas as condições para atribuir a concessão do serviço público da recepção, armazenamento e regaseificação no terminal de GNL de Sines, aprovando a minuta do respectivo contrato a celebrar entre o Estado Português e a sociedade REN Atlântico, Terminal de GNL, S. A.

Assim:

Nos termos da alínea g) do artigo 199.º da Constituição, o Conselho de Ministros resolve:

1 – Aprovar a minuta do contrato de concessão do serviço público da recepção, armazenamento e regaseificação no terminal de GNL de Sines, a celebrar entre o Estado Português e a sociedade REN, Atlântico, Terminal de GNL, S. A., bem como os respectivos anexos.

2 – Determinar que a presente resolução produz efeitos a partir da data da sua aprovação.

Presidência do Conselho de Ministros, 3 de Agosto de 2006. – O Primeiro-Ministro, *José Sócrates Carvalho Pinto de Sousa.*

Minuta do contrato de concessão da actividade de recepção, armazenamento e regaseificação de gás natural liquefeito (GNL) em terminal de GNL entre o Estado Português e a REN Atlântico, Terminal de GNL, S. A.

CLÁUSULA 1.ª
Definições e interpretação

1 – Para efeitos do presente contrato, incluindo os seus anexos, os termos e siglas abaixo indicados terão o significado que a seguir lhes é apontado, salvo se do contexto resultar sentido diferente:

«Concedente» – Estado Português, enquanto signatário do contrato ou primeiro outorgante;

«Concessionária» – REN Atlântico, Terminal de GNL, S. A., sociedade signatária do contrato ou segundo outorgante;

«DGGE» – Direcção-Geral de Geologia e Energia;

«ERSE» – Entidade Reguladora dos Serviços Energéticos;

«GNL» – gás natural na forma liquefeita;

«Ministro» – Ministro da Economia e da Inovação ou o membro do Governo com outra designação que, de acordo com a respectiva lei orgânica, superintenda no sector da energia;

«Partes» – o concedente, por um lado, e a concessionária, por outro;

«PDIR» – Plano de Desenvolvimento e Investimento da RNTIAT;

«RNDGN» – rede nacional de distribuição de gás natural, enquanto conjunto das infra-estruturas de serviço público destinadas à distribuição de gás natural;

«RNTGN» – rede nacional de transporte de gás natural, enquanto conjunto das infra-estruturas de serviço público destinadas ao transporte de gás natural;

«RNTIAT» – rede nacional de transporte, infra-estruturas de armazenamento e terminais de GNL, enquanto conjunto das infra-estruturas de serviço público destinadas à recepção e ao transporte em gasoduto, ao armazenamento subterrâneo e à recepção, ao armazenamento e à regaseificação de GNL;

«SNGN» – Sistema Nacional de Gás Natural, enquanto conjunto de princípios, organizações, agentes e infra-estruturas relacionado com as actividades de recepção, armazenamento e regaseificação de GNL, armazenamento subterrâneo de gás natural, transporte de gás natural, distribuição de gás natural, comercialização de gás natural, operação de mercados de gás natural e operação logística de mudança de comercializador de gás natural;

«Terminal de GNL» – conjunto das infra-estruturas ligadas directamente à rede de transporte destinadas à recepção e expedição de navios metaneiros, armazenamento, tratamento e regaseificação de GNL e à sua posterior emissão para a rede de transporte, bem como o carregamento de GNL em camiões-cisterna;

«Utilizador» – pessoa singular ou colectiva que entrega ou recebe gás natural através do terminal de GNL.

2 – Neste contrato, a menos que o respectivo contexto imponha um sentido diverso:

a) As referências a preceitos legais ou contratuais serão interpretadas como abrangendo as modificações de que os mesmos sejam objecto;

b) As referências a cláusulas, números ou anexos devem interpretar-se como visando as cláusulas, números ou anexos do presente contrato;

c) As referências a este contrato abrangem os respectivos anexos;

d) As expressões definidas no singular poderão ser utilizadas no plural e vice-versa, com a correspondente alteração do respectivo significado.

3 – As epígrafes das cláusulas do presente contrato são utilizadas por razões de simplificação, não constituindo suporte da interpretação ou integração do mesmo.

4 – Os anexos ao presente contrato fazem parte integrante do mesmo para todos os efeitos legais e contratuais.

5 – Caso alguma das cláusulas do presente contrato venha a ser julgada nula ou por qualquer forma inválida, ineficaz ou inexequível por uma entidade competente para o efeito, tal nulidade, invalidade, ineficácia ou inexequibilidade não afectará a validade das restantes cláusulas do contrato, comprometendo-se as Partes a acordar, de boa fé, uma disposição que substitua aquela e que, tanto quanto possível, produza os mesmos efeitos.

6 – Na interpretação e integração do regime do presente contrato, prevalece o disposto nos Decretos-Leis n.os 30/2006, de 15 de Fevereiro, e 140/2006, de 26 de Julho, bem como o disposto na respectiva base de concessão aplicável.

7 – Nos casos omissos aplica-se o disposto na respectiva base de concessão aprovada pelo Decreto-Lei n.º 140/2006, de 26 de Julho.

8 – Na interpretação e integração do regime do presente contrato entender-se-á que à prevalência do concedente na boa e atempada execução do serviço público corresponde a prevalência do interesse económico da concessionária.

CLÁUSULA 2.ª

Objecto da concessão

1 – O presente contrato tem por objecto a actividade de recepção, armazenamento e regaseificação de GNL em terminal de GNL exercida em regime de serviço público.

2 – Integram-se no objecto desta concessão:

a) A recepção, armazenamento, tratamento e regaseificação de GNL;

b) A emissão de gás natural em alta pressão para a RNTGN;

c) A carga e expedição de GNL em camiões-cisterna e navios metaneiros;

d) A construção, operação, exploração, manutenção e expansão das respectivas infra-estruturas e, bem assim, das instalações necessárias para a sua operação.

CLÁUSULA 3.ª

Outras actividades

Precedendo autorização do Ministro, dada caso a caso, a concessionária pode exercer outras actividades, para além da que se integra no objecto deste contrato, no respeito pela legislação aplicável ao sector do gás natural, com fundamento no proveito daí resultante para a presente concessão ou com vista a optimizar a utilização dos bens afectos à mesma, desde que essas actividades sejam acessórias ou complementares e não prejudiquem a regularidade e a continuidade da prestação do serviço público.

CLÁUSULA 4.ª

Área e localização geográfica da concessão

A presente concessão compreende o terminal de recepção, armazenamento e regaseificação de GNL de Sines, conforme identificado na planta que constitui o anexo I do presente contrato.

CLÁUSULA 5.ª
Prazo da concessão

1 – A concessão tem a duração de 40 anos contados a partir da data da celebração deste contrato.

2 – A concessão pode ser renovada se o interesse público assim o justificar e a concessionária tiver cumprido as suas obrigações legais e contratuais.

3 – A intenção de renovação da concessão deve ser comunicada à concessionária pelo concedente com a antecedência mínima de dois anos relativamente ao termo do prazo da concessão.

4 – No cômputo do prazo de concessão não se contam os atrasos na implantação de infra-estruturas ou a suspensão da exploração do serviço devidos a:

a) Casos de força maior;

b) Acções ou omissões imputáveis ao concedente que contrariem a lei ou o presente contrato;

c) Suspensões da construção ou da exploração do serviço determinadas pelo concedente, por razões de interesse público e que não sejam devidas a incumprimento da lei ou deste contrato imputáveis à concessionária;

d) Quaisquer outras circunstâncias consideradas atendíveis pelo Ministro.

5 – A concessionária deve notificar o concedente, através da DGGE, de quaisquer factos que ocorram nos termos do número anterior e que sejam susceptíveis de suspender o cômputo do prazo da concessão.

CLÁUSULA 6.ª
Serviço público

1 – A concessionária deve desempenhar a actividade concessionada de acordo com as exigências de um regular, contínuo e eficiente funcionamento do serviço público e adoptar, para o efeito, os melhores procedimentos, meios e tecnologias utilizados no sector do gás, com vista a garantir, designadamente, a segurança de pessoas e bens.

2 – Com o objectivo de assegurar a permanente adequação da concessão às exigências da regularidade, da continuidade e eficiência do serviço público, o concedente reserva-se no direito de alterar, por via legal ou regulamentar, as condições da sua exploração.

3 – Quando, por efeito do disposto no número anterior, se alterem significativamente as condições de exploração da concessão, o concedente compromete-se a promover a reposição do equilíbrio económico e financeiro da concessão, nos termos previstos na cláusula 38.ª, desde que a concessionária não possa legitimamente prover a tal reposição recorrendo aos meios resultantes de uma correcta e prudente gestão.

CLÁUSULA 7.ª

Direitos e obrigações da concessionária

A concessionária beneficia dos direitos e encontra-se sujeita às obrigações estabelecidas nos Decretos-Leis n.ºˢ 30/2006, de 15 de Fevereiro, e 140/2006, de 26 de Julho, e demais legislação e regulamentação aplicáveis à actividade que integra o objecto da concessão, sem prejuízo dos demais direitos e obrigações estabelecidos no presente contrato.

CLÁUSULA 8.ª

Princípios aplicáveis às relações com os utilizadores

1 – A concessionária deve proporcionar aos utilizadores, de forma não discriminatória e transparente, o acesso às respectivas infra-estruturas, nos termos previstos no presente contrato e na legislação e regulamentação aplicáveis, não podendo estabelecer diferenças de tratamento entre os referidos utilizadores que não resultem da aplicação de critérios ou de condicionalismos legais, regulamentares ou técnicos, ou ainda de condicionalismos de natureza contratual desde que aceites pela ERSE.

2 – O disposto no número anterior não impede a concessionária de celebrar contratos a longo prazo, no respeito pelas regras da concorrência e da regulamentação aplicável.

3 – A concessionária deve facultar aos utilizadores as informações de que estes necessitem para o acesso ao terminal de GNL.

4 – A concessionária pode recusar, fundamentadamente, o acesso às respectivas infra-estruturas com base na falta de capacidade ou se esse acesso a impedir de cumprir as suas obrigações de serviço público.

5 – Os utilizadores devem prestar à concessionária todas as informações que esta considere necessárias à correcta exploração das respectivas infra-estruturas e instalações.

6 – A concessionária deve assegurar o tratamento de dados de utilização do terminal de GNL no respeito pelas disposições legais de protecção de dados pessoais e preservar a confidencialidade das informações comercialmente sensíveis obtidas no seu relacionamento com os utilizadores.

7 – A concessionária deve manter um registo, pelo prazo de cinco anos, das queixas ou reclamações que lhe tenham sido apresentadas pelos utilizadores.

CLÁUSULA 9.ª
Bens e meios afectos à concessão

1 – Consideram-se afectos à presente concessão os bens necessários à prossecução da actividade de recepção, armazenamento e regaseificação de GNL, designadamente:

a) O terminal de GNL e as instalações portuárias integradas no mesmo;

b) As instalações já existentes e as que a concessionária venha a construir afectas à recepção, ao armazenamento, ao tratamento e à regaseificação de GNL, incluindo todo o equipamento de controlo, regulação e medida indispensável à operação e funcionamento das infra-estruturas e instalações do terminal de GNL;

c) As instalações afectas à emissão de gás natural para a RNTGN e à expedição e à carga de GNL em camiões-cisterna e navios metaneiros;

d) As instalações e equipamentos de telecomunicações, telemedida e telecomando afectas à gestão de todas as infra-estruturas e instalações do terminal de GNL.

2 – Consideram-se ainda afectos à concessão:

a) Os imóveis pertencentes à concessionária em que estejam implantados os bens referidos no número anterior, assim como as servidões constituídas em benefício da concessão;

b) Os bens móveis ou direitos relativos a bens imóveis utilizados ou relacionados com o exercício da actividade objecto da concessão;

c) Os direitos de expansão da capacidade do terminal de GNL necessários à garantia da segurança do abastecimento no âmbito do SNGN;

d) Os direitos privativos de propriedade intelectual e industrial de que a concessionária seja titular;

e) Quaisquer fundos ou reservas consignados à garantia do cumprimento das obrigações da concessionária, por força de obrigações legais e contratuais e enquanto durar esta vinculação;

f) As relações e posições jurídicas directamente relacionadas com a concessão, nomeadamente laborais, de empreitada, de locação e de prestação de serviços.

3 – Os bens referidos no n.º 1 e na alínea a) do n.º 2 da presente cláusula são considerados, para efeitos da aplicação do regime de oneração e transmissão dos bens afectos à concessão, como infra-estruturas de serviço público que integram a concessão.

CLÁUSULA 10.ª
Inventário do património

1 – A concessionária deve elaborar e manter permanentemente actualizado e à disposição do concedente um inventário do património afecto à concessão.

2 – No inventário a que se refere o número anterior devem mencionar-se os ónus ou encargos que recaem sobre os bens afectos à concessão.

3 – Os bens e direitos tornados desnecessários à actividade concedida devem ser abatidos ao inventário da concessão nos termos do n.º 2 da cláusula 12.ª

CLÁUSULA 11.ª
Manutenção dos meios afectos à concessão

1 – A concessionária obriga-se a manter, durante o prazo de vigência da concessão, em permanente estado de bom funcionamento, conservação e segurança, os bens e meios afectos à concessão, efectuando para tanto as reparações, renovações, adaptações e modernizações necessárias ao bom desempenho do serviço público concedido.

2 – Não se tratando de reparações, renovações ou adaptações urgentes, deve a concessionária, sempre que elas impliquem interrupção, diminuição ou condicionamento da actividade objecto da presente concessão, comunicá-las com antecedência razoável aos utilizadores afectados por tais medidas.

CLÁUSULA 12.ª
Regime de oneração e transmissão dos bens afectos à concessão

1 – A concessionária não pode onerar ou transmitir, por qualquer forma, os bens que integram a concessão, sem prejuízo do disposto nos números seguintes.

2 – Os bens e direitos que tenham perdido utilidade para a concessão devem ser abatidos ao inventário referido na cláusula 10.ª, mediante prévio pedido de autorização da concessionária ao concedente, que se considera deferida se este não se opuser no prazo de 30 dias contados da recepção do pedido.

3 – A oneração ou transmissão de bens imóveis afectos à concessão fica sujeita a autorização do Ministro.

4 - A oneração ou transmissão de bens ou direitos afectos à concessão em desrespeito do disposto no presente contrato determina a nulidade dos respectivos actos ou contratos.

CLÁUSULA 13.ª
Posse e propriedade dos bens

1 – A concessionária detém a posse e propriedade dos bens afectos à concessão até à extinção desta.

2 – Com a extinção da concessão, os bens a ela afectos transmitem-se para o concedente nos termos previstos nos n.ᵒˢ 2 e 3 da cláusula 43.ª

CLÁUSULA 14.ª

Concessionária, objecto social, sede e forma

1 – A concessionária deve ter como objecto social principal, ao longo de todo o período de duração do presente contrato, o exercício da actividade integrada no objecto da concessão, devendo manter ao longo do mesmo período a sua sede em Portugal e a forma de sociedade anónima, regulada pela lei portuguesa.

2 – O objecto social da concessionária pode incluir o exercício de outras actividades, para além da que integra o objecto da concessão, e bem assim a participação no capital de outras sociedades, desde que seja respeitado o disposto na legislação aplicável ao sector do gás natural.

CLÁUSULA 15.ª

Acções da sociedade concessionária

1 – Todas as acções representativas do capital social da concessionária são obrigatoriamente nominativas.

2 – A oneração e a transmissão de acções representativas do capital social da concessionária depende, sob pena de nulidade, de autorização prévia do Ministro, a qual não pode ser infundadamente recusada e considera-se tacitamente concedida se não for recusada, por escrito, no prazo de 60 dias a contar da data da respectiva solicitação.

3 – Exceptua-se do disposto no número anterior a oneração de acções efectuada em benefício das entidades financiadoras da actividade que integra o objecto da presente concessão e no âmbito dos contratos de financiamento que venham a ser celebrados pela concessionária para o efeito, desde que as entidades financiadoras assumam, nos referidos contratos, a obrigação de obter a autorização prévia do concedente em caso de execução das garantias de que resulte a transmissão a terceiros das acções oneradas.

4 – A oneração de acções referida no número anterior deve, em qualquer caso, ser comunicada ao concedente, a quem deve ser enviada, no prazo de 30 dias a contar da data em que seja constituída, cópia autenticada do documento que formaliza a oneração e, bem assim, informação detalhada sobre quaisquer outros termos e condições que forem estabelecidos.

CLÁUSULA 16.ª

**Deliberações dos órgãos da sociedade concessionária
e acordos entre accionistas**

1 – Ficam sujeitas a autorização prévia do concedente, através do Ministro, as deliberações da concessionária relativas à alteração do objecto social e à transformação, fusão, cisão ou dissolução da sociedade.

2 – Os acordos parassociais celebrados entre os accionistas da concessionária, bem como as respectivas alterações, devem ser objecto de aprovação prévia pelo concedente, dada através do Ministro.

3 – As autorizações e aprovações, pelo concedente, previstas na presente cláusula não podem ser infundadamente recusadas e consideram-se tacitamente concedidas se não forem recusadas, por escrito, no prazo de 60 dias a contar da data da respectiva solicitação.

CLÁUSULA 17.ª

Financiamento

1 – A concessionária deve promover o financiamento adequado ao desenvolvimento do objecto da concessão, de forma a cumprir cabal e atempadamente todas as obrigações que assume no presente contrato.

2 – Para efeitos do disposto no número anterior, a concessionária deve manter no final de cada ano um rácio de autonomia financeira superior a 20%.

CLÁUSULA 18.ª

Projectos

1 – A construção e a exploração das infra-estruturas que integram a concessão ficam sujeitas à aprovação dos respectivos projectos nos termos da legislação aplicável.

2 – A concessionária é responsável, no respeito pela legislação e regulamentação aplicáveis, pela concepção, projecto e construção de todas as infra-estruturas e instalações abrangidas pela concessão, incluindo a sua remodelação e expansão.

3 – A aprovação de quaisquer projectos pelo concedente não implica, para este, qualquer responsabilidade derivada de erros de concepção, de projecto, de construção ou da inadequação das instalações e do equipamento ao serviço da concessão.

CLÁUSULA 19.ª
Direitos e deveres decorrentes da aprovação dos projectos

1 – A aprovação dos respectivos projectos confere à concessionária, nomeadamente, os seguintes direitos:

a) Utilizar, de acordo com a legislação aplicável, os bens do domínio público ou privado do Estado e de outras pessoas colectivas públicas para o estabelecimento ou passagem das respectivas infra-estruturas ou instalações;

b) Constituir, nos termos da legislação aplicável, as servidões sobre os imóveis necessárias ao estabelecimento das respectivas infra-estruturas ou instalações;

c) Proceder à expropriação, por utilidade pública e urgente, nos termos da legislação aplicável, dos bens imóveis, ou direitos a eles relativos, necessários ao estabelecimento das respectivas infra-estruturas ou instalações.

2 – As licenças e autorizações exigidas por lei para a exploração das infra-estruturas e instalações consideram-se outorgadas à concessionária com a aprovação dos respectivos projectos, sem prejuízo da verificação por parte das entidades licenciadoras da conformidade na sua execução.

3 – Cabe à concessionária o pagamento das indemnizações decorrentes do exercício dos direitos referidos no n.º 1.

4 – No atravessamento de terrenos do domínio público ou do domínio privado do Estado, de terrenos de outras pessoas colectivas de direito público e de terrenos de particulares, a concessionária deve adoptar os procedimentos estabelecidos na legislação aplicável e proceder à reparação de todos os prejuízos que resultem dos trabalhos executados.

CLÁUSULA 20.ª
Planeamento, remodelação e expansão das infra-estruturas

1 – O planeamento das infra-estruturas está integrado no planeamento da RNTIAT, em particular com a RNTGN, nos termos previstos na legislação e regulamentação aplicáveis.

2 – Constitui encargo e responsabilidade da concessionária o planeamento, remodelação e expansão das infra-estruturas que integram a concessão, com vista a assegurar a existência permanente de capacidade nas mesmas.

3 – A concessionária deve observar na remodelação e expansão das infra-estruturas os prazos de execução adequados à permanente satisfação das necessidades identificadas no respectivo PDIR.

4 – Por razões de interesse público, nomeadamente as relativas à segurança, regularidade e qualidade do abastecimento, o concedente pode determinar a remodelação ou expansão das infra-estruturas que integram a concessão, sem prejuízo do disposto na cláusula 38.ª

CLÁUSULA 21.ª

Direitos de propriedade industrial e serviços de terceiros

A concessionária deve respeitar, no exercício da sua actividade, as normas relativas à tutela e salvaguarda dos direitos privativos de propriedade industrial, sendo da sua exclusiva responsabilidade os efeitos decorrentes da sua violação.

CLÁUSULA 22.ª

Condições de exploração

1 – A concessionária é responsável pela exploração das infra-estruturas que integram a concessão, e respectivas instalações, em condições de segurança, fiabilidade e qualidade do serviço, no respeito pela legislação e regulamentação aplicáveis.

2 – A concessionária deve assegurar-se de que o gás recebido no terminal de GNL cumpre as características técnicas e as especificações de qualidade estabelecidas na regulamentação aplicável e que o seu armazenamento, trata- mento, regaseificação e expedição é efectuado em condições técnicas adequa- das, de forma a garantir a segurança de pessoas e bens.

3 – A concessionária deve, ainda, gerir os fluxos de gás natural no terminal de GNL e no armazenamento associado, assegurando a sua interoperacionali- dade com a rede de transporte a que está ligado, no quadro da gestão técnica global do SNGN.

CLÁUSULA 23.ª

Deveres de informação

1 – A concessionária está obrigada a fornecer ao concedente, através da DGGE, todos os elementos que esta lhe solicitar relativos à concessão e a outras actividades autorizadas nos termos da cláusula 3.ª, designadamente os necessários à resposta a quaisquer pedidos da Comissão Europeia.

2 – A concessionária deve fornecer ao operador da rede com a qual esteja ligada e aos agentes de mercado as informações necessárias ao funcionamento seguro e eficiente do SNGN.

3 – A concessionária deve, ainda, solicitar, receber e tratar todas as infor- mações de todos os operadores de mercados e de todos os utilizadores directa- mente interessados necessárias à boa gestão das respectivas infra-estruturas.

CLÁUSULA 24.ª
Participação de desastres e acidentes

1 – A concessionária está obrigada a participar imediatamente à DGGE todos os desastres e acidentes ocorridos nas suas instalações e, se tal não for possível, no prazo máximo de três dias a contar da data da ocorrência.

2 – Sem prejuízo das competências atribuídas às autoridades públicas, sempre que dos desastres ou acidentes resultem mortes, ferimentos graves ou prejuízos materiais importantes, a concessionária deve elaborar e enviar ao concedente um relatório técnico com a análise das circunstâncias da ocorrência e com o estado das instalações.

CLÁUSULA 25.ª
Ligação das infra-estruturas à RNTGN

A ligação das infra-estruturas do terminal de GNL à RNTGN faz-se nas condições previstas nos regulamentos aplicáveis.

CLÁUSULA 26.ª
Relacionamento com a concessionária da RNTGN no âmbito da gestão técnica global do SNGN

A concessionária encontra-se sujeita às obrigações que decorrem do exercício, por parte da concessionária da RNTGN, das suas competências em matéria de gestão técnica global do SNGN, planeamento da RNTIAT e segurança do abastecimento, nos termos previstos na legislação e regulamentação aplicáveis.

CLÁUSULA 27.ª
Interrupção por facto imputável ao utilizador

1 – A concessionária pode interromper a prestação do serviço público concessionado aos utilizadores nos termos da regulamentação aplicável e, nomeadamente, nos seguintes casos:

a) Alteração não autorizada do funcionamento de equipamentos ou sistemas de ligação às infra-estruturas e instalações que ponha em causa a segurança ou a regularidade do serviço;

b) Incumprimento grave dos regulamentos aplicáveis ou, em caso de emergência, das suas ordens e instruções;

c) Incumprimento de obrigações contratuais que expressamente estabeleçam esta sanção.

2 – A concessionária pode, ainda, interromper unilateralmente a prestação do serviço público concessionado aos utilizadores que causem perturbações que afectem a qualidade do serviço prestado, quando, uma vez identificadas as causas perturbadoras, os utilizadores, após aviso da concessionária, não corrijam as anomalias em prazo adequado, tendo em consideração os trabalhos a realizar.

CLÁUSULA 28.ª
Interrupções por razões de interesse público ou de serviço

1 – A prestação do serviço público pode ser interrompida pela concessionária por razões de interesse público, nomeadamente quando se trate da execução de planos nacionais de emergência, declarada ao abrigo de legislação e regulamentação aplicáveis.

2 – A concessionária pode, ainda, interromper a actividade objecto da concessão, por razões de serviço, quando haja necessidade imperiosa de realizar manobras ou trabalhos de ligação, reparação ou conservação das infra-estruturas ou instalações, desde que tenham sido esgotadas todas as possibilidades alternativas.

3 – Nas situações previstas nos números anteriores, a concessionária deve avisar os utilizadores das respectivas infra-estruturas que possam vir a ser afectados, com a antecedência mínima de trinta e seis horas, salvo no caso da realização de trabalhos que a segurança de pessoas e bens torne inadiáveis ou quando haja necessidade urgente de trabalhos para garantir a segurança das infra-estruturas ou instalações.

CLÁUSULA 29.ª
Medidas de protecção

1 – Sem prejuízo das medidas de emergência que podem ser adoptadas pelo concedente, se se verificar uma situação que ponha em risco a segurança de pessoas ou bens, deve a concessionária promover imediatamente as medidas que entender necessárias em matéria de segurança.

2 – As medidas referidas no número anterior devem ser imediatamente comunicadas à DGGE, às respectivas autoridades concelhias, à autoridade policial da zona afectada e, se for caso disso, ao Serviço Nacional de Bombeiros e Protecção Civil.

Cláusula 30.ª
Responsabilidade civil

1 – A concessionária é responsável, nos termos gerais de direito, por quaisquer prejuízos causados ao concedente ou a terceiros, pela culpa ou pelo risco, no exercício da actividade objecto da concessão.

2 – Para efeitos do disposto no artigo 509.º do Código Civil, entende-se que a utilização das infra-estruturas e instalações integradas na concessão é feita no exclusivo interesse da concessionária.

Cláusula 31.ª
Cobertura por seguros

1 – Para garantir o cumprimento das suas obrigações, a concessionária fica obrigada a celebrar e manter um seguro de responsabilidade civil.

2 – O montante do seguro mencionado no número anterior tem um valor mínimo obrigatório definido no anexo II do presente contrato, cujo montante será actualizado trienalmente.

3 – A concessionária deverá apresentar ao concedente, no prazo de 30 dias a contar da assinatura do presente contrato, os documentos comprovativos da celebração do seguro e, quando lhe for exigido, apresentar os documentos comprovativos da actualização referida no número anterior.

4 – Para além do seguro referido na cláusula anterior, a concessionária deve assegurar a existência e manutenção em vigor das apólices de seguro necessárias para garantir uma efectiva cobertura dos riscos da concessão.

5 – No âmbito da obrigação referida no número anterior, a concessionária fica obrigada a constituir seguros, nos termos a definir no anexo II do presente contrato, envolvendo todas as infra-estruturas e instalações que integram a concessão, contra riscos de incêndio, explosão e danos devido a terramoto ou temporal.

Cláusula 32.ª
Caução

1 – Com a assinatura do presente contrato a concessionária prestou uma caução a favor do concedente no valor de € 5 000 000 como garantia do pontual e integral cumprimento das obrigações emergentes do contrato de concessão e da cobrança das multas aplicadas.

2 – O concedente pode utilizar a caução sempre que a concessionária não cumprir qualquer obrigação assumida no presente contrato.

3 – Sem prejuízo do disposto no número seguinte, o recurso à caução deve ser precedido de despacho do Ministro, não dependendo de qualquer outra formalidade ou de prévia decisão judicial ou arbitral.

4 – O concedente deve ouvir a concessionária, nos termos gerais do direito de audiência, antes de proceder à utilização da caução.

5 – Sempre que o concedente utilize a caução, a concessionária deve proceder à reposição do seu montante integral no prazo de 30 dias a contar da data daquela utilização.

6 – O valor da caução deve ser actualizado no início do 1.º trimestre de cada triénio, com referência à data da celebração do presente contrato, de acordo com o índice mensal de preços no consumidor, no continente, excluindo habitação, publicado pelo Instituto Nacional de Estatística.

7 – A caução só pode ser levantada pela concessionária um ano após a data de extinção deste contrato ou, antes de decorrido aquele prazo, por determinação expressa do concedente, através de despacho do Ministro, mas sempre após a extinção do presente contrato.

8 – A caução a que se refere a presente cláusula bem como outras que a concessionária venha a estar obrigada a constituir a favor do concedente devem ser prestadas por depósito em dinheiro ou por garantia bancária autónoma, à primeira solicitação, cujo texto deve ser previamente aprovado pela DGGE.

CLÁUSULA 33.ª
Fiscalização e regulação

1 – Sem prejuízo das competências atribuídas a outras entidades públicas, cabe à DGGE o exercício dos poderes de fiscalização da concessão, nomeadamente no que se refere ao cumprimento das disposições legais e regulamentares aplicáveis e do presente contrato.

2 – Sem prejuízo das competências atribuídas a outras entidades públicas, cabe à ERSE o exercício dos poderes de regulação da actividade que integra o objecto desta concessão, nos termos previstos nas disposições legais e regulamentares aplicáveis e do presente contrato.

3 – Para efeitos do disposto nos números anteriores, a concessionária deve prestar todas as informações e facultar todos os documentos que lhe forem solicitados pelas entidades fiscalizadora e reguladora no âmbito das respectivas competências, bem como permitir o livre acesso dos funcionários e agentes das referidas entidades, devidamente credenciados e no exercício das suas funções, a todas as suas instalações.

CLÁUSULA 34.ª

Seguro de fiscalização

1 – No exercício da actividade fiscalizadora nas instalações da concessionária, o pessoal das entidades fiscalizadora e reguladora fica coberto por um seguro de acidentes pessoais, de montante a definir no anexo II do presente contrato.

2 – Para o cumprimento do disposto no número anterior, as entidades fiscalizadora e reguladora devem comunicar previamente à concessionária a identificação dos fiscais e a data da realização da acção fiscalizadora.

CLÁUSULA 35.ª

Alteração do contrato

1 – O presente contrato pode ser alterado unilateralmente pelo concedente, por razões de interesse público, sem prejuízo da reposição do respectivo equilíbrio económico e financeiro nos termos previstos na cláusula 38.ª

2 – O contrato de concessão pode também ser alterado por força de disposição legal imperativa, designadamente decorrente das políticas energéticas aprovadas pela União Europeia e aplicáveis ao Estado Português, sem prejuízo da reposição do respectivo equilíbrio económico e financeiro, nos termos previstos na cláusula 38.ª

3 – No exercício do seu direito de alteração deste contrato, nos termos previstos nos números anteriores, o concedente deve, além de invocar tal direito, concretizar os respectivos fundamentos.

4 – O concedente deve, ainda, ouvir a concessionária, nos termos gerais do direito de audiência, antes de proceder a qualquer modificação a este contrato.

5 – Este contrato pode, ainda, ser modificado por acordo entre o concedente e a concessionária, desde que a modificação não envolva a violação do regime jurídico da concessão nem implique a derrogação das respectivas bases.

CLÁUSULA 36.ª

Transmissão e oneração da concessão

1 – A concessionária não pode, sem prévia autorização do concedente, dada através do Ministro, onerar, subconceder, trespassar ou transmitir, por qualquer forma, no todo ou em parte, a concessão ou realizar qualquer negócio jurídico que vise atingir ou tenha por efeito, mesmo que indirecto, idênticos resultados.

2 – Os actos praticados ou os contratos celebrados em violação do disposto no número anterior são nulos, sem prejuízo de outras sanções aplicáveis.

3 – No caso de subconcessão ou de trespasse, a concessionária deve comunicar ao concedente a sua intenção de proceder à subconcessão ou ao trespasse, remetendo-lhe a minuta do respectivo contrato de subconcessão ou de trespasse que se propõe assinar, indicando todos os elementos do negócio que pretende realizar, bem como o calendário previsto para a sua realização e a identidade do subconcessionário ou do trespassário.

4 – No caso de haver lugar a uma subconcessão devidamente autorizada, a concessionária mantém os direitos e continua sujeita às obrigações decorrentes do presente contrato.

5 – Ocorrendo trespasse da concessão, consideram-se transmitidos para o trespassário todos os direitos e obrigações da concessionária, assumindo aquele ainda os deveres, obrigações e encargos que eventualmente lhe venham a ser impostos pelo concedente como condição para a autorização do trespasse.

6 – A concessionária é responsável pela transferência integral dos seus direitos e obrigações para o trespassário, incluindo as obrigações incertas, ilíquidas ou inexigíveis à data do trespasse, em termos em que não seja afectada ou interrompida a prestação do serviço público concessionado.

Cláusula 37.ª
Equilíbrio económico e financeiro do contrato

1 – É garantido à concessionária o equilíbrio económico e financeiro da concessão, nas condições de uma gestão eficiente.

2 – O equilíbrio económico e financeiro baseia-se no reconhecimento dos custos de investimento, de operação e manutenção e na adequada remuneração dos activos afectos à concessão, a serem reflectidos nas tarifas aplicáveis à actividade concessionada.

3 – A concessionária é responsável, nos termos do presente contrato, por todos os riscos inerentes à concessão, sem prejuízo do disposto na legislação aplicável.

Cláusula 38.ª
Reposição do equilíbrio económico e financeiro

1 – Tendo em atenção a distribuição de riscos estabelecida no presente contrato, a concessionária tem direito à reposição do equilíbrio económico e financeiro da concessão, nos seguintes casos:

a) Modificação unilateral, imposta pelo concedente, das condições de exploração da concessão, nos termos do presente contrato, desde que, em resultado directo da mesma se verifique para a concessionária um determinado aumento de custos ou uma determinada perda de proveitos;

b) Alterações legislativas que tenham um impacte directo sobre os proveitos ou custos respeitantes à actividade integrada nesta concessão.

2 – Nos casos previstos no número anterior, a concessionária apenas tem direito à reposição do equilíbrio económico e financeiro da concessão na medida em que o impacte sobre os proveitos ou custos não seja susceptível de consideração no âmbito da actividade reguladora.

3 – Havendo lugar à reposição do equilíbrio económico e financeiro da presente concessão, tal reposição pode ter lugar através de uma das seguintes modalidades:

a) Prorrogação do prazo da concessão;

b) Revisão do cronograma ou redução das obrigações de investimento previamente aprovados;

c) Atribuição de compensação directa pelo concedente;

d) Combinação das modalidades anteriores ou qualquer outra forma que seja acordada.

4 – A reposição do equilíbrio económico e financeiro efectuada nos termos desta cláusula será, relativamente ao evento que lhe deu origem, única, completa e final para todo o período da concessão, sem prejuízo de tal reposição poder ser parcialmente diferida em relação a quaisquer efeitos específicos do evento em causa que, pela sua própria natureza, não sejam susceptíveis de uma razoável avaliação imediata ou sobre cuja existência, incidência ou quantificação as Partes não hajam ainda chegado a acordo.

5 – Para os efeitos previstos na presente cláusula, a concessionária deve notificar o concedente da ocorrência de qualquer evento que, individual ou cumulativamente, possa dar lugar à reposição do equilíbrio económico e financeiro da concessão no prazo de 30 dias após a data da sua ocorrência, e solicitar o início de negociações no prazo máximo de 30 dias a contar da citada notificação.

6 – O concedente e a concessionária devem, no prazo máximo de 90 dias, prorrogáveis uma única vez por igual período, tentar alcançar um acordo sobre os termos da reposição do equilíbrio contratual.

7 – Na falta de acordo, pode a concessionária recorrer aos meios de composição de litígios, nos termos previstos na cláusula 50.ª

CLÁUSULA 39.ª

Responsabilidade do concedente por incumprimento

A violação, pelo concedente, das obrigações decorrentes do presente contrato confere à concessionária o direito a ser indemnizada dos prejuízos causados, sem embargo da faculdade de rescisão do mesmo.

CLÁUSULA 40.ª

Responsabilidade da concessionária por incumprimento

1 – A violação, pela concessionária, de qualquer das obrigações assumidas no presente contrato fá-la incorrer, nos termos legais, em responsabilidade perante o concedente.

2 – A responsabilidade da concessionária cessa sempre que ocorra caso de força maior, ficando a seu cargo fazer prova da ocorrência.

3 – Consideram-se unicamente casos de força maior os acontecimentos imprevisíveis e irresistíveis cujos efeitos se produzam independentemente da vontade ou de circunstâncias pessoais da concessionária.

4 – Constituem, nomeadamente, casos de força maior actos de guerra, hostilidades ou invasão, terrorismo, epidemia, radiação atómica, grave inundação, incêndio, raio, ciclone, tremor de terra e outros cataclismos naturais que afectem o exercício da actividade compreendida na presente concessão.

5 – A ocorrência de um caso de força maior tem por efeito exonerar a concessionária da responsabilidade pelo não cumprimento das obrigações emergentes deste contrato que sejam afectadas pela ocorrência do mesmo, na estrita medida em que o respectivo cumprimento pontual e atempado tenha sido efectivamente impedido ou, salvo no que respeita à segurança das populações, se torne desproporcionadamente oneroso.

6 – No caso de impossibilidade de cumprimento do presente contrato por causa de força maior, o concedente pode proceder à rescisão nos termos fixados na cláusula 47.ª

7 – A concessionária fica obrigada a comunicar ao concedente a ocorrência de qualquer evento qualificável como caso de força maior, bem como a indicar, no mais curto prazo possível, quais as obrigações emergentes do contrato de concessão cujo cumprimento, no seu entender, se encontra impedido ou dificultado por força de tal ocorrência e, bem assim, se for o caso, as medidas que tomou ou pretende tomar para fazer face à situação ocorrida, a fim de mitigar o impacte do referido evento e os respectivos custos.

8 – Enquanto esta retoma não for possível, subsistem as obrigações da concessionária na medida em que a sua execução seja materialmente possível.

9 – A concessionária deve mitigar, por qualquer meio razoável e apropriado ao seu dispor, os efeitos da verificação de um caso de força maior.

CLÁUSULA 41.ª

Multas contratuais

1 – Sem prejuízo das situações de incumprimento que podem dar origem a sequestro ou rescisão deste contrato nos termos previstos nas cláusulas 42.ª e 47.ª, pelo incumprimento de quaisquer obrigações assumidas no presente contrato, que não ponha em causa a subsistência da relação de concessão, a concessionária pode ser sancionada, por decisão do concedente, pela aplicação de multas contratuais, cujo montante é variável, em função da gravidade da infracção cometida e do grau de culpa do infractor, até € 5 000 000.

2 – A aplicação de multas contratuais está dependente de notificação prévia da concessionária pelo concedente para reparar o incumprimento e do não cumprimento do prazo de reparação fixado nessa notificação nos termos do número seguinte, ou da não reparação integral da falta, pela concessionária, naquele prazo.

3 – O prazo de reparação do incumprimento é fixado pelo concedente de acordo com critérios de razoabilidade e deve ter sempre em atenção a defesa do interesse público e a manutenção em funcionamento da concessão.

4 – A concessionária pode, no prazo fixado na notificação a que se refere o número anterior e em momento anterior ao da aplicação de quaisquer multas contratuais, exercer por escrito o seu direito de defesa.

5 – É da competência do director-geral de Geologia e Energia a aplicação das multas previstas nesta cláusula.

6 – Caso a concessionária não proceda ao pagamento voluntário das multas contratuais que lhe forem aplicadas no prazo de 20 dias a contar da sua fixação e notificação pelo concedente, este pode utilizar a caução para pagamento das mesmas, precedendo despacho ministerial, sob proposta do director-geral de Geologia e Energia.

7 – O valor máximo das multas estabelecido na presente cláusula deve ser actualizado em Janeiro de cada ano, de acordo com o índice de preços no consumidor no continente, excluindo habitação, publicado pelo Instituto Nacional de Estatística, referente ao ano anterior.

8 – A aplicação de multas não prejudica a aplicação de outras sanções contratuais nem isenta a concessionária de responsabilidade civil, criminal e contra-ordenacional em que incorrer perante o concedente ou terceiro.

CLÁUSULA 42.ª

Sequestro

1 – Em caso de incumprimento grave, pela concessionária, das obrigações emergentes do presente contrato, pode o concedente, através de despacho do Ministro, tomar conta da concessão mediante sequestro.

2 – O sequestro da concessão pode ter lugar, nomeadamente, quando se verifique qualquer das seguintes situações, por motivos imputáveis à concessionária:

a) Estiver iminente, ou ocorrer, a cessação ou interrupção, total ou parcial, do desenvolvimento da actividade objecto da presente concessão;

b) Deficiências graves na organização, no funcionamento ou no regular desenvolvimento da actividade objecto da presente concessão, bem como situações de insegurança de pessoas e bens;

c) Deficiências graves no estado geral das infra-estruturas, das instalações e dos equipamentos que comprometam a continuidade ou a qualidade da actividade objecto da presente concessão.

3 – A concessionária fica obrigada a proceder à entrega da concessão no prazo que lhe for fixado pelo concedente quando lhe for comunicada a decisão de sequestro da concessão.

4 – Verificando-se qualquer facto que possa dar lugar ao sequestro da concessão, deve observar-se, com as devidas adaptações, o processo de sanação do incumprimento previsto nos n.ºs 4 e 5 da cláusula 47.ª

5 – Verificado o sequestro, a concessionária suporta todos os encargos que resultarem, para o concedente, do exercício da concessão, bem como as despesas extraordinárias necessárias ao restabelecimento da normalidade.

6 – Logo que cessem as razões do sequestro, seja restabelecido o normal funcionamento da concessão e o concedente o julgue oportuno, deve notificar a concessionária para retomar a concessão, no prazo que lhe for fixado.

7 – No caso de o sequestro se manter por seis meses após ter sido restabelecido o normal funcionamento da concessão, a concessionária pode optar pela rescisão da concessão, sendo então aplicável o disposto na cláusula 48.ª

8 – Se a concessionária não retomar a concessão no prazo que lhe for fixado, pode o concedente, através do Ministro, determinar a imediata rescisão deste contrato.

9 – No caso de a concessionária ter retomado o exercício da concessão e continuarem a verificar-se graves deficiências no mesmo, pode o concedente, através do Ministro, ordenar novo sequestro ou determinar a imediata rescisão do contrato de concessão.

CLÁUSULA 43.ª

Extinção da concessão

1 – A concessão extingue-se por acordo entre o concedente e a concessionária, por rescisão, por resgate e pelo decurso do prazo fixado na cláusula 5.ª

2 – A extinção da concessão determina a transmissão para o concedente de todos os bens e meios a ela afectos, bem como dos direitos e das obrigações inerentes ao seu exercício, sem prejuízo do direito de regresso do concedente sobre a concessionária pelas obrigações por esta assumidas que sejam estranhas à actividade objecto da concessão ou que hajam sido contraídas em violação da lei ou deste contrato ou, ainda, que sejam obrigações vencidas e não cumpridas.

3 – Da transmissão prevista no número anterior excluem-se, além dos bens e meios não afectos à concessão, os fundos ou reservas consignadas à garantia ou cobertura de obrigações da concessionária de cujo cumprimento lhe seja dada quitação pelo concedente, a qual se presume se, decorrido um ano sobre a extinção da concessão, não houver declaração em contrário do concedente, através do Ministro.

4 – A tomada de posse da concessão pelo concedente é precedida de vistoria *ad perpetuam rei memoriam*, realizada pelo concedente, através da DGGE, a que assistem representantes da concessionária, destinada à verificação do estado de conservação e manutenção dos bens, devendo ser lavrado o respectivo auto.

CLÁUSULA 44.ª

Procedimento no caso de extinção do contrato por termo

1 – O concedente reserva-se no direito de tomar nos últimos dois anos do prazo da presente concessão as providências que julgar convenientes para assegurar a continuação do serviço no termo deste contrato ou as medidas necessárias para efectuar, durante o mesmo prazo, a transferência progressiva da actividade objecto desta concessão para a nova concessionária.

2 – Se, no momento do termo do prazo da concessão, o concedente ainda não tiver tomado decisão quanto ao novo modo ou entidade encarregada da gestão do serviço, poderá acordar com a concessionária que esta continue a prestá-lo até ao limite máximo de um ano, mediante prestação de serviços ou qualquer outro título jurídico público-contratual.

3 – Em caso de extinção da concessão, transferem-se para o concedente os direitos detidos pela concessionária sobre terceiros que se revelem necessários para a continuidade da prestação do serviço concedido e, em geral, à tomada de medidas tendentes a evitar a interrupção da prestação do serviço público concessionado.

CLÁUSULA 45.ª

Decurso do prazo da concessão

1 – Decorrido o prazo da concessão, sem necessidade de qualquer comunicação entre as Partes nesse sentido, transmitem-se para o concedente todos os bens e meios afectos à concessão, livres de ónus ou encargos, em bom estado de conservação, funcionamento e segurança, sem prejuízo do normal desgaste do seu uso para efeitos do contrato de concessão.

2 – Cessando a concessão pelo decurso do prazo, deve ser paga pelo concedente à concessionária uma indemnização correspondente ao valor contabilístico dos bens afectos à concessão, adquiridos pela concessionária, com referência ao último balanço aprovado, líquido de amortizações e de comparticipações financeiras e subsídios a fundo perdido.

3 – Caso a concessionária não dê cumprimento ao disposto no n.º 1 da presente cláusula, o concedente deve promover a realização dos trabalhos e aquisições que sejam necessários à reposição dos bens aí referidos, correndo os respectivos custos pela concessionária e podendo ser utilizada a caução para os liquidar no caso de a concessionária não proceder ao pagamento voluntário e atempado dos referidos custos, se o Ministro assim o determinar.

CLÁUSULA 46.ª

Resgate da concessão

1 – O concedente poderá, através do Ministro, resgatar a concessão, desde que o interesse público o justifique, decorridos 15 anos da data da celebração do presente contrato, mediante notificação feita à concessionária, por carta registada e com aviso de recepção, com pelo menos um ano de antecedência.

2 – O concedente assume, decorrido o período de um ano sobre a notificação do resgate, todos os bens e meios afectos à concessão anteriormente à data dessa notificação, incluindo todos os direitos e obrigações inerentes ao exercício da concessão, e ainda aqueles que tenham sido assumidos pela concessionária após a data de notificação desde que tenham sido previamente autorizados pelo concedente, através do Ministro.

3 – A assunção de obrigações por parte do concedente é efectuada, sem prejuízo do seu direito de regresso sobre a concessionária, pelas obrigações por esta contraídas que tenham exorbitado da gestão normal da concessão.

4 – Pelo resgate, a concessionária tem direito a uma indemnização cujo valor deve atender ao valor contabilístico, à data do resgate, dos bens transmitidos para o concedente, livres de quaisquer ónus ou encargos, e ao valor de eventuais lucros cessantes.

5 – O valor contabilístico dos bens referidos no número anterior, à data do resgate, entende-se líquido de amortizações e de comparticipações financeiras e subsídios a fundo perdido, incluindo-se nestes o valor dos bens cedidos pelo concedente.

6 – Para efeitos do cálculo da indemnização, o valor dos bens que se encontrem anormalmente depreciados ou deteriorados devido a deficiência da concessionária na sua manutenção ou reparação deve ser determinado de acordo com o seu estado de funcionamento efectivo.

CLÁUSULA 47.ª

Rescisão do contrato pelo concedente

1 – O concedente pode rescindir o presente contrato no caso de violação grave, não sanada ou não sanável, das obrigações contratuais da concessionária.

2 – Constituem, nomeadamente, causas de rescisão do contrato por parte do concedente os seguintes factos ou situações:

a) Desvio do objecto e fins da concessão;

b) Suspensão ou interrupção injustificadas da actividade objecto da concessão;

c) Oposição reiterada ao exercício da fiscalização, repetida desobediência às determinações do concedente, ou sistemática inobservância das leis e regulamentos aplicáveis à exploração, quando se mostrem ineficazes as sanções aplicadas;

d) Recusa em proceder à adequada conservação e reparação das infra-estruturas ou ainda à sua necessária ampliação;

e) Recusa ou impossibilidade da concessionária em retomar a concessão nos termos do disposto no n.º 8 da cláusula 42.ª ou, quando o tiver feito, continuação das situações que motivaram o sequestro;

f) Cobrança dolosa das tarifas com valor superior aos fixados;

g) Dissolução ou insolvência da concessionária;

h) Transmissão ou oneração da concessão, no todo ou em parte, sem prévia autorização;

i) Recusa da reconstituição atempada da caução.

3 – Não constituem causas de rescisão os factos ocorridos por motivos de força maior.

4 – Verificando-se um dos casos de incumprimento referidos na presente cláusula ou qualquer outro que, nos termos do disposto no n.º 1 desta cláusula, possa motivar a rescisão do contrato, o concedente, através do Ministro, deve notificar a concessionária para, no prazo que razoavelmente lhe for fixado, cumprir integralmente as suas obrigações e corrigir ou reparar as consequências dos seus actos, excepto tratando-se de uma violação não sanável.

5 – Caso a concessionária não cumpra as suas obrigações ou não corrija ou repare as consequências do incumprimento, nos termos determinados pelo concedente, este pode rescindir o presente contrato mediante comunicação enviada à concessionária, por carta registada e com aviso de recepção, sem prejuízo do disposto no número seguinte.

6 – Caso o concedente pretenda rescindir este contrato, designadamente pelos factos referidos na alínea g) do n.º 1, deve previamente notificar os principais credores da concessionária que sejam conhecidos para, no prazo que lhes for determinado, nunca superior a três meses, proporem uma solução que possa sobrestar à rescisão, desde que o concedente com ela concorde.

7 – A comunicação da decisão de rescisão referida no n.º 5 desta cláusula produz efeitos imediatos, independentemente de qualquer outra formalidade.

8 – A rescisão prevista no n.º 1 implica a transmissão gratuita de todos os bens e meios afectos à concessão para o concedente, sem qualquer indemnização, e bem assim a perda da caução prestada nos termos da cláusula 32.ª, sem prejuízo do direito do concedente ser indemnizado pelos prejuízos sofridos, nos termos gerais de direito.

CLÁUSULA 48.ª

Rescisão do contrato pela concessionária

1 – A concessionária pode rescindir o presente contrato com fundamento em incumprimento grave das obrigações do concedente, se daí resultarem perturbações que ponham em causa o exercício da actividade concedida.

2 – A rescisão prevista no número anterior implica a transmissão de todos os bens e meios afectos à concessão para o concedente, sem prejuízo do direito da concessionária de ser ressarcida dos prejuízos que lhe foram causados, incluindo o valor dos investimentos efectuados e lucros cessantes calculados nos termos previstos anteriormente para o resgate.

3 – A rescisão deste contrato produz efeitos à data da sua comunicação ao concedente por carta registada com aviso de recepção.

4 – No caso de rescisão prevista no n.º 1 desta cláusula, a concessionária deve seguir o procedimento previsto para o concedente nos n.ºs 4 e 5 da cláusula anterior.

CLÁUSULA 49.ª

Exercício dos poderes do concedente

Os poderes do concedente referidos no presente contrato, excepto quando devam ser exercidos pelo Ministro, devem ser exercidos pela DGGE, sendo os actos praticados pelo respectivo director-geral, ou pela ERSE, consoante as competências de cada uma destas entidades.

CLÁUSULA 50.ª
Litígios entre concedente e concessionária

1 – As Partes manifestam o seu empenho no bom relacionamento entre si e acordam que, constatada por qualquer delas a existência de um litígio ou diferendo relativo à interpretação, integração, aplicação, execução ou cumprimento do presente contrato, bem como relativamente à respectiva validade, ou à necessidade de precisar, completar ou actualizar o seu conteúdo, ou ainda relativamente a actos administrativos referentes à execução do contrato, nos termos previstos no Código de Processo nos Tribunais Administrativos, será o mesmo, em primeiro lugar, objecto de uma tentativa de resolução amigável.

2 – Caso o diferendo não seja resolvido de uma forma consensual no prazo de 15 dias a contar da data da remissão do litígio para a outra parte para a tentativa de resolução amigável, será o mesmo dirimido por um tribunal arbitral nos termos da presente cláusula.

3 – O tribunal arbitral será constituído nos termos dos números seguintes e, supletivamente, de acordo com a Lei n.º 31/86, de 29 de Agosto.

4 – O tribunal será constituído por um árbitro único, se as Partes acordarem na respectiva designação, ou, na falta desse acordo no prazo de 10 dias, cada uma das Partes designará um árbitro, cabendo aos dois árbitros nomeados, nos cinco dias seguintes, a designação do terceiro árbitro, que presidirá.

5 – Na falta de acordo entre os árbitros designados pelas partes verificado ao fim de cinco dias, o terceiro árbitro será indicado pelo presidente do Tribunal da Relação de Lisboa, a requerimento de qualquer das partes.

6 – O tribunal arbitral considera-se constituído na data em que o terceiro árbitro aceitar a sua nomeação e comunicar a sua decisão às partes.

7 – Se decorrer mais de um mês sobre a data de indicação do primeiro árbitro sem que o tribunal arbitral se encontre constituído, pode qualquer das partes recorrer ao tribunal judicial competente para a resolução do litígio em causa.

8 – Caso não se verifique acordo quanto ao objecto do litígio, este será o que resultar da petição do demandante e da eventual reconvenção do demandado.

9 – O tribunal arbitral funcionará em Lisboa, cabendo ao árbitro único ou ao árbitro presidente escolher o local em que o mesmo reunirá, e utilizará a língua portuguesa, funcionando o tribunal de acordo com as regras fixadas no presente contrato, com as regras estabelecidas pelo próprio tribunal arbitral e, ainda, subsidiariamente, pelo disposto na Lei n.º 31/86, de 29 de Agosto.

10 – O tribunal arbitral julgará segundo o direito português constituído, podendo as partes recorrer das respectivas decisões.

11 – As decisões do tribunal arbitral devem ser proferidas no prazo de três meses a contar do termo da instrução do processo ou do encerramento da audiência de discussão e julgamento, se a esta houver lugar.

12 – O prazo referido no número anterior é prorrogável, por decisão do árbitro único ou do árbitro presidente, consoante o caso, até ao máximo de seis meses.

13 – No caso de o tribunal arbitral ser constituído por dois árbitros designados pelas partes e um árbitro presidente, as respectivas decisões são tomadas por maioria.

14 – A determinação dos honorários dos árbitros será feita de acordo com a tabela de cálculo dos honorários dos árbitros, anexa ao Regulamento do Centro de Arbitragem da Associação Comercial de Lisboa, tendo por base o valor da causa, o qual será igual ao valor do pedido da parte demandante ou ao cúmulo dos valores deste e do pedido reconvencional da parte demandada, caso haja reconvenção, devendo a repartição pelas Partes do montante daqueles honorários constar da decisão que for proferida a final.

15 – Sem prejuízo do disposto nos números anteriores, as partes reservam-se o direito de, na vigência e após o termo do presente contrato e antes ou na pendência de um litígio instaurado no tribunal arbitral, requerer nos tribunais comuns as providências cautelares previstas na lei de processo civil que entenderem por convenientes para defesa dos seus direitos.

16 – Caso as providências previstas no número anterior sejam requeridas antes de constituído o tribunal arbitral, deve iniciar-se imediatamente o procedimento da sua constituição e ser-lhe submetido o litígio para respectiva resolução.

CLÁUSULA 51.ª

Litígios entre concessionária e utilizadores

1 – A concessionária e os seus utilizadores podem celebrar convenções de arbitragem nos termos fixados na cláusula anterior, para a solução dos litígios emergentes dos respectivos contratos ou para superar as dificuldades na celebração de acordos de que dependa, nos termos da lei ou do presente contrato, o exercício de direitos ou o cumprimento de deveres de que são titulares.

2 – Os actos da concessionária praticados por via administrativa, nos casos em que a lei, os regulamentos ou este contrato lhe conferem essa prerrogativa, são sempre imputáveis, para efeitos de recurso contencioso, ao respectivo conselho de administração.

CLÁUSULA 52.ª

Litígios entre concessionária e terceiros

A responsabilidade contratual ou extracontratual geral da concessionária por actos de gestão privada ou de gestão pública efectiva-se nos termos e pelos meios previstos na lei civil e administrativa.

CLÁUSULA 53.ª

Comunicações

Qualquer comunicação entre as Partes contratantes relativa ao presente contrato será feita mediante carta registada com aviso de recepção, sem prejuízo da utilização cumulativa de outro meio considerado idóneo, para os endereços constantes da identificação das partes no presente contrato.

CLÁUSULA 54.ª

Prazos

1 – Na falta de disposição especial prevista na lei ou neste contrato, o prazo para os actos a praticar pela concessionária ou pelo concedente, quer por intermédio do Ministro, da DGGE e do director-geral de Geologia e Energia ou de qualquer outro órgão administrativo, é de 10 dias.

2 – Sempre que o exercício de um direito por parte da concessionária dependa de aprovação ou autorização do concedente, quer por intermédio do Ministro, da DGGE e do director-geral de Geologia e Energia ou de qualquer outro órgão administrativo, consideram-se estas concedidas se a decisão não for proferida no prazo de 90 dias a contar da formulação do pedido ou da apresentação do processo para esse efeito.

3 – Se a concessão da aprovação ou da autorização depender de quaisquer formalidades, designadamente de pareceres de quaisquer outras entidades, os mesmos devem ser solicitados em conjunto, cominando-se um prazo para a sua elaboração, que não deverá exceder os 30 dias.

4 – Para efeitos do n.º 2, consideram-se dependentes de aprovação ou autorização do concedente os casos de:

a) Aprovação de projectos;

b) Licenciamento de obras, trabalhos e actividades;

c) Redução de caução.

5 – Para o cômputo dos prazos previstos nesta cláusula considera-se que os mesmos se suspendem sempre que o procedimento estiver parado por motivo imputável à concessionária.

6 – Os prazos fixados em dias neste contrato são contados nos termos do artigo 72.º do Código do Procedimento Administrativo.

CLÁUSULA 55.ª

Anexos

Integram o presente contrato os seguintes anexos:
Anexo I – planta;
Anexo II – seguros.

ANEXO I

Planta

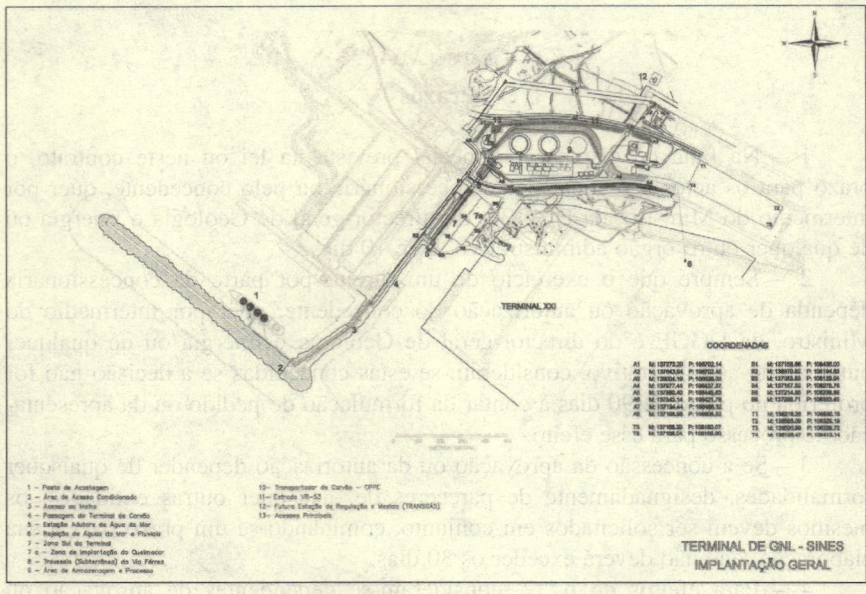

ANEXO II

Seguros

1 – Seguro de responsabilidade civil (cláusula 31.ª, n.ºs 1 e 2) – montante – € 44 239 763, para o conjunto das concessões da actividade de transporte de gás natural através da RNTGN, atribuída à REN – Gasodutos, S. A., de armazenamento subterrâneo, atribuída à REN – Armazenagem, S. A., e de recepção, armazenamento e regaseificação de gás natural liquefeito em terminais de GNL, atribuída à REN Atlântico, Terminal de GNL, S. A.

2 – Seguros para cobertura dos riscos da concessão (danos próprios) – cláusula 31.ª, n.ºs 4 e 5 – montante – de recepção, armazenamento e regaseificação de gás natural liquefeito em terminais de GNL, atribuída à REN Atlântico, Terminal de GNL, S. A.

3 – Seguro de fiscalização (cláusula 34.ª):

DGGE:

Montante – € 250 000 por pessoa segura;

Número de pessoas seguras – seis;

Número de dias/ano – seis;

ERSE:

Montantes e número de pessoas seguras:

€ 560 000 – uma pessoa;

€ 400 000 – duas pessoas;

€ 300 000 – três pessoas;

Número de dias/ano – seis.

RESOLUÇÃO DO CONSELHO
DE MINISTROS N.º 107/2006

O Decreto-Lei n.º 30/2006, de 15 de Fevereiro, ao estabelecer as bases gerais da organização e do funcionamento do Sistema Nacional de Gás Natural (SNGN) em Portugal, bem como as bases gerais aplicáveis ao exercício das várias actividades que integram o SNGN e à organização dos mercados de gás natural, prevê que a recepção, o armazenamento e a regaseificação de GNL e o armazenamento subterrâneo, o transporte e a distribuição são actividades exercidas em regime de concessão de serviço público.

No desenvolvimento dos princípios acima referidos, o Decreto-Lei n.º 140/2006, de 26 de Julho, dispõe que a atribuição das concessões para o exercício de cada uma das actividades acima mencionadas compete ao Conselho de Ministros, sendo os respectivos contratos de concessão outorgados pelo ministro responsável pela área da energia, em representação do Estado.

O mesmo diploma estabelece ainda, no seu artigo 68.º, que a concessão do serviço público de armazenamento subterrâneo de gás natural em cavidades situadas em Guarda Norte, Carriço, concelho de Pombal, é atribuída a uma sociedade em relação de domínio total inicial com a Rede Eléctrica Nacional, S. A. – REN.

Tendo em consideração a alteração do quadro legal do sector, iniciada com o Decreto-Lei n.º 30/2006, de 15 de Fevereiro, a Resolução do Conselho de Ministros n.º 85/2006, de 30 de Junho, veio autorizar a REN a constituir novas sociedades cujos objectos visem assegurar o exercício das concessões de serviço público, nomeadamente de armazenamento subterrâneo. Neste caso, a referida resolução determinou a sua designação como REN – Armazenagem, S. A.

Considerando, por último, que o Decreto-Lei n.º 140/2006, de 26 de Julho, contém as bases das concessões nele previstas, estão, pois, reunidas as condições para atribuir a concessão de serviço público do armazenamento subterrâneo de gás natural em cavidades situadas em Guarda Norte, Carriço, concelho de Pombal, aprovando a minuta do respectivo contrato a celebrar entre o Estado Português e a sociedade REN – Armazenagem, S. A.

Assim:

Nos termos da alínea g) do artigo 199.º da Constituição, o Conselho de Ministros resolve:

1 – Aprovar a minuta do contrato de concessão do serviço público do armazenamento subterrâneo de gás natural em cavidades situadas em Guarda Norte, Carriço, concelho de Pombal, a celebrar entre o Estado Português e a sociedade REN – Armazenagem, S. A., bem como os respectivos anexos.

2 – Determinar que a presente resolução produz efeitos a partir da data da sua aprovação.

Presidência do Conselho de Ministros, 3 de Agosto de 2006. – O Primeiro Ministro, *José Sócrates Carvalho Pinto de Sousa.*

Minuta do contrato de concessão da actividade de recepção e armazenamento subterrâneo de gás natural entre o Estado Português e a REN - Armazenagem, S. A.

CLÁUSULA 1.ª
Definições e interpretação

1 – Para os efeitos do presente contrato, incluindo os seus anexos, os termos e as siglas abaixo indicados terão o significado que a seguir lhes é apontado, salvo se do contexto resultar sentido diferente:

«Concedente» – Estado Português, enquanto signatário do contrato ou primeiro outorgante;

«Concessionária» – REN – Armazenagem, S. A., sociedade signatária do contrato ou segunda outorgante;

«Cushion gas» – fracção de gás natural armazenado abaixo da pressão mínima absoluta de segurança e que apenas é utilizável no momento em que a cavidade for desactivada;

«DGGE» – Direcção-Geral de Geologia e Energia;

«ERSE» – Entidade Reguladora dos Serviços Energéticos;

«Gás condicionado» - fracção de gás natural armazenado entre a pressão mínima operacional e a pressão mínima absoluta de segurança, apenas utilizável em períodos limitados;

«GNL» – gás natural na forma liquefeita;

«Ministro» – Ministro da Economia e da Inovação ou o membro do Governo com outra designação que, de acordo com a respectiva lei orgânica, superintenda no sector da energia;

«Partes» – o concedente, por um lado, e a concessionária, por outro;

«PDIR» – Plano de Desenvolvimento e Investimento da RNTIAT;

«RNDGN» – rede nacional de distribuição de gás natural, enquanto conjunto das infra-estruturas de serviço público destinadas à distribuição de gás natural;

«RNTGN» – rede nacional de transporte de gás natural, enquanto conjunto das infra-estruturas de serviço público destinadas ao transporte de gás natural;

«RNTIAT» – rede nacional de transporte, infra-estruturas de armazenamento e terminais de GNL, enquanto conjunto das infra-estruturas de serviço público destinadas à recepção e ao transporte em gasoduto, ao armazenamento subterrâneo e à recepção, ao armazenamento e à regaseificação de GNL;

«SNGN» – Sistema Nacional de Gás Natural, enquanto conjunto de princípios, organizações, agentes e infra-estruturas relacionados com as actividades de recepção, armazenamento e regaseificação de GNL, armazenamento subterrâneo de gás natural, transporte de gás natural, distribuição de gás natural, comercialização de gás natural, operação de mercados de gás natural, operação logística de mudança de comercializador de gás natural;

«Utilizador» – pessoa singular ou colectiva que entrega ou recebe gás natural através da infra-estrutura de armazenamento.

2 – Neste contrato, a menos que o respectivo contexto imponha um sentido diverso:

a) As referências a preceitos legais ou contratuais serão interpretadas como abrangendo as modificações de que os mesmos sejam objecto;

b) As referências a cláusulas, números ou anexos devem interpretar-se como visando as cláusulas, números ou anexos do presente contrato;

c) As referências a este contrato abrangem os respectivos anexos;

d) As expressões definidas no singular poderão ser utilizadas no plural, e vice-versa, com a correspondente alteração do respectivo significado.

3 - As epígrafes das cláusulas do presente contrato são utilizadas por razões de simplificação, não constituindo suporte da interpretação ou integração do mesmo.

4 - Os anexos ao presente contrato fazem parte integrante do mesmo para todos os efeitos legais e contratuais.

5 - Caso alguma das cláusulas do presente contrato venha a ser julgada nula ou por qualquer forma inválida, ineficaz ou inexequível, por uma entidade competente para o efeito, tal nulidade, invalidade, ineficácia ou inexequibilidade não afectará a validade das restantes cláusulas do contrato, comprometendo-se as partes a acordar, de boa-fé, uma disposição que substitua aquela e que, tanto quanto possível, produza os mesmos efeitos.

6 – Na interpretação e integração do regime do presente contrato, prevalece o disposto nos Decretos-Leis n.os 30/2006, de 15 de Fevereiro, e 140/2006, de 26 de Julho, bem como o disposto na respectiva base de concessão aplicável.

7 – Nos casos omissos aplica-se o disposto na respectiva base de concessão aprovada pelo Decreto-Lei n.º 140/2006, de 26 de Julho.

8 – Na interpretação e integração do regime do presente contrato entender-
-se-á que à prevalência do concedente na boa e atempada execução do serviço público corresponde a prevalência do interesse económico da concessionária.

CLÁUSULA 2.ª
Objecto da concessão

1 – A presente concessão tem por objecto a actividade de armazenamento subterrâneo de gás natural, exercida em regime de serviço público.

2 – Integram-se no objecto da concessão:

a) O recebimento, a injecção, o armazenamento subterrâneo, a extracção, o tratamento e a entrega de gás natural, quer para a constituição e manutenção de reservas de segurança quer para fins operacionais e comerciais;

b) A construção, a operação, a exploração, a manutenção e a expansão das respectivas infra-estruturas e, bem assim, das instalações necessárias para a sua operação.

CLÁUSULA 3.ª
Outras actividades

Precedendo autorização do Ministro, dada caso a caso, a concessionária pode exercer outras actividades para além da que se integra no objecto deste contrato, no respeito pela legislação aplicável ao sector do gás natural, com fundamento no proveito daí resultante para a presente concessão ou com vista a optimizar a utilização dos bens afectos à mesma, desde que essas actividades sejam acessórias ou complementares e não prejudiquem a regularidade e a conti-nuidade da prestação do serviço público.

CLÁUSULA 4.ª
Área e localização geográfica da concessão

1 – A presente concessão compreende as três cavidades de armazenamento subterrâneo de gás natural, no sítio da Guarda Norte, Carriço, concelho de Pom-bal, identificadas como TGC-5, TGC-3 e TGC-4, identificadas na planta que constitui o anexo I do presente contrato, incluindo as inerentes instalações de superfície, estando as duas primeiras já em operação e a terceira em construção, bem como os direitos de utilização do subsolo para a construção de pelo menos mais duas cavidades de armazenamento subterrâneo no mesmo local.

2 – Integram ainda a presente concessão as cavidades de armazenamento subterrâneo de gás natural localizadas no mesmo sítio referido no número anterior que a concessionária vier a adquirir à sociedade Transgás Armazenagem, S. A., nos termos do n.º 3 do artigo 66.º do Decreto-Lei n.º 140/2006, de 26 de Julho.

CLÁUSULA 5.ª

Prazo da concessão

1 – A concessão tem a duração de 40 anos contados a partir da data da celebração deste contrato.

2 – A concessão pode ser renovada se o interesse público assim o justificar e a concessionária tiver cumprido as suas obrigações legais e contratuais.

3 – A intenção de renovação da concessão deve ser comunicada à concessionária pelo concedente com a antecedência mínima de dois anos relativamente ao termo do prazo da concessão.

4 – No cômputo do prazo de concessão não se contam os atrasos na implantação de infra-estruturas ou a suspensão da exploração do serviço devidos a:

a) Casos de força maior;

b) Acções ou omissões imputáveis ao concedente que contrariem a lei ou o presente contrato;

c) Suspensões da construção ou da exploração do serviço determinadas pelo concedente por razões de interesse público e que não sejam devidas a incumprimento da lei ou deste contrato imputável à concessionária;

d) Quaisquer outras circunstâncias consideradas atendíveis pelo Ministro.

5 – A concessionária deve notificar o concedente, através da DGGE, de quaisquer factos que ocorram nos termos do número anterior e que sejam susceptíveis de suspender o cômputo do prazo da concessão.

CLÁUSULA 6.ª

Serviço público

1 – A concessionária deve desempenhar a actividade concessionada de acordo com as exigências de um regular, contínuo e eficiente funcionamento do serviço público e adoptar, para o efeito, os melhores procedimentos, meios e tecnologias utilizados no sector do gás, com vista a garantir, designadamente, a segurança de pessoas e bens e a segurança do abastecimento.

2 – No âmbito da sua capacidade de armazenamento subterrâneo de gás natural, a concessionária deve dar prioridade às entidades sujeitas à obrigação de constituição e de manutenção de reservas de segurança, nos termos da regulamentação aplicável e sem prejuízo da capacidade necessária à operação das próprias infra-estruturas e à gestão técnica global do SNGN.

3 – O volume de gás condicionado existente nas cavernas da concessionária deve ser considerado para os efeitos do cômputo das reservas de segurança a que os utilizadores estão obrigados.

4 – Com o objectivo de assegurar a permanente adequação da concessão às exigências da regularidade, da continuidade e da eficiência do serviço público, o concedente reserva-se o direito de alterar, por via legal ou regulamentar, as condições da sua exploração.

5 – Quando, por efeito do disposto no número anterior, se alterem significativamente as condições de exploração da concessão, o concedente compromete-se a promover a reposição do equilíbrio económico e financeiro da concessão, nos termos previstos na cláusula 38.ª, desde que a concessionária não possa legitimamente prover a tal reposição recorrendo aos meios resultantes de uma correcta e prudente gestão.

CLÁUSULA 7.ª

Direitos e obrigações da concessionária

A concessionária beneficia dos direitos e encontra-se sujeita às obrigações estabelecidos nos Decretos-Leis n.os 30/2006, de 15 de Fevereiro, e 140/2006, de 26 de Julho, e demais legislação e regulamentação aplicáveis à actividade que integra o objecto da concessão, sem prejuízo dos demais direitos e obrigações estabelecidos no presente contrato.

CLÁUSULA 8.ª

Princípios aplicáveis às relações com os utilizadores

1 – Sem prejuízo do disposto no n.º 2 da cláusula 6.ª, a concessionária deve proporcionar aos utilizadores, de forma não discriminatória e transparente, o acesso às respectivas infra-estruturas nos termos previstos no presente contrato e na legislação e regulamentação aplicáveis, não podendo estabelecer diferenças de tratamento entre os referidos utilizadores que não resultem da aplicação de critérios ou de condicionalismos legais, regulamentares ou técnicos ou ainda de condicionalismos de natureza contratual desde que aceites pela ERSE.

2 – O disposto no número anterior não impede a concessionária de celebrar contratos a longo prazo com quaisquer utilizadores, no respeito pelas regras da concorrência e da regulamentação.

3 – A concessionária deve facultar aos utilizadores do armazenamento as informações de que estes necessitem para o acesso ao armazenamento.

4 – A concessionária pode recusar, fundamentadamente, o acesso às respectivas infra-estruturas com base na falta de capacidade ou se esse acesso a impedir de cumprir as suas obrigações de serviço público.

5 – Os utilizadores devem prestar à concessionária todas as informações que esta considere necessárias à correcta exploração das respectivas infra-estruturas e instalações.

6 – A concessionária deve assegurar o tratamento de dados de utilização do armazenamento no respeito pelas disposições legais de protecção de dados pessoais e preservar a confidencialidade das informações comercialmente sensíveis obtidas no seu relacionamento com os utilizadores.

7 – A concessionária deve manter um registo, por um prazo de cinco anos, das queixas ou reclamações que lhe tenham sido apresentadas pelos utilizadores.

CLÁUSULA 9.ª
Bens e meios afectos à concessão

1 – Consideram-se afectos à concessão os bens que constituem o armazenamento subterrâneo de gás natural, designadamente:

a) As cavidades de armazenamento subterrâneo de gás natural, identificadas na cláusula 4.ª;

b) Outras cavidades de armazenamento subterrâneo que a concessionária venha a construir;

c) As cavidades de armazenamento subterrâneo que a concessionária venha a adquirir nos termos do n.º 2 da cláusula 4.ª;

d) As instalações afectas à injecção, à extracção, à compressão, à secagem e à redução de pressão para entrega à RNTGN, incluindo todo o equipamento de controlo, regulação e medida indispensável à operação e ao funcionamento das infra-estruturas e das instalações de armazenamento subterrâneo de gás natural;

e) As instalações e os equipamentos de lixiviação;

f) As instalações e os equipamentos de telecomunicações, telemedida e telecomando afectas à gestão de todas as infra-estruturas e instalações de armazenamento subterrâneo.

2 – Consideram-se ainda afectos à concessão:

a) Os imóveis pertencentes à concessionária em que estejam implantados os bens referidos no número anterior, assim como as servidões constituídas em benefício da concessão;

b) Outros bens móveis ou direitos relativos a bens imóveis utilizados ou relacionados com o exercício da actividade objecto da concessão;

c) Os direitos inerentes à construção de cavidades subterrâneas;

d) Os direitos de expansão do volume físico de armazenamento subterrâneo de gás natural necessários à garantia da segurança do abastecimento no âmbito do SNGN;

e) O «cushion gas» associado a cada cavidade;

f) Os direitos privativos de propriedade intelectual e industrial de que a concessionária seja titular;

g) Quaisquer fundos ou reservas consignados à garantia do cumprimento das obrigações da concessionária, por força de obrigação emergente da lei ou deste contrato e enquanto durar essa vinculação;

h) As relações e posições jurídicas directamente relacionadas com a presente concessão, nomeadamente laborais, de empreitada, de locação e de prestação de serviços.

CLÁUSULA 10.ª
Inventário do património

1 – A concessionária deve elaborar e manter permanentemente actualizado e à disposição do concedente um inventário do património afecto à concessão.

2 – No inventário a que se refere o número anterior devem mencionar-se os ónus ou encargos que recaem sobre os bens afectos à concessão.

3 – Os bens e direitos tornados desnecessários à actividade concedida devem ser abatidos ao inventário da concessão nos termos do n.º 2 da cláusula 12.ª

CLÁUSULA 11.ª
Manutenção dos meios afectos à concessão

1 – A concessionária obriga-se a manter, durante o prazo de vigência da concessão, em permanente estado de bom funcionamento, conservação e segurança os bens e meios afectos à concessão, efectuando para tanto as reparações, renovações, adaptações e modernizações necessárias ao bom desempenho do serviço público concedido.

2 – Não se tratando de reparações, renovações ou adaptações urgentes, deve a concessionária, sempre que elas impliquem interrupção, diminuição ou condicionamento da actividade objecto da presente concessão, comunicá-las com antecedência razoável aos utilizadores afectados por tais medidas.

CLÁUSULA 12.ª
Regime de oneração e transmissão dos bens afectos à concessão

1 – A concessionária não pode onerar ou transmitir, por qualquer forma, os bens que integram a concessão, sem prejuízo do disposto nos números seguintes.

2 – Os bens e direitos que tenham perdido utilidade para a concessão devem ser abatidos ao inventário referido na cláusula 10.ª, mediante prévio pedido de autorização da concessionária ao concedente, que se considera

deferida se este não se opuser no prazo de 30 dias contados a partir da recepção do pedido.

3 – A oneração ou transmissão de bens imóveis afectos à concessão fica sujeita a autorização do Ministro.

4 – A oneração ou transmissão de bens ou direitos afectos à concessão em desrespeito do disposto no presente contrato determina a nulidade dos respectivos actos ou contratos.

CLÁUSULA 13.ª
Posse e propriedade dos bens

1 – A concessionária detém a posse e propriedade dos bens afectos à concessão até à extinção desta.

2 – Com a extinção da concessão, os bens a ela afectos transmitem-se para o concedente nos termos previstos nos n.os 2 e 3 da cláusula 43.ª

CLÁUSULA 14.ª
Concessionária, objecto social, sede e forma

1 – A concessionária deve ter como objecto social principal, ao longo de todo o período de duração do presente contrato, o exercício da actividade integrada no objecto da concessão, devendo manter ao longo do mesmo período a sua sede em Portugal e a forma de sociedade anónima, regulada pela lei portuguesa.

2 – O objecto social da concessionária pode incluir o exercício de outras actividades para além da que integra o objecto da concessão e, bem assim, a participação no capital de outras sociedades, desde que seja respeitado o disposto na legislação aplicável ao sector do gás natural.

CLÁUSULA 15.ª
Acções da sociedade concessionária

1 – Todas as acções representativas do capital social da concessionária são obrigatoriamente nominativas.

2 – A oneração e a transmissão de acções representativas do capital social da concessionária dependem, sob pena de nulidade, de autorização prévia do Ministro, a qual não pode ser infundadamente recusada, e considera-se tacitamente concedida se não for recusada, por escrito, no prazo de 60 dias a contar da data da respectiva solicitação.

3 – Exceptua-se do disposto no número anterior a oneração de acções efectuada em benefício das entidades financiadoras da actividade que integra o objecto da presente concessão e no âmbito dos contratos de financiamento que venham a ser celebrados pela concessionária para o efeito, desde que as entidades financiadoras assumam, nos referidos contratos, a obrigação de obter a autorização prévia do concedente em caso de execução das garantias de que resulte a transmissão a terceiros das acções oneradas.

4 – A oneração de acções referida no número anterior deve, em qualquer caso, ser comunicada ao concedente, a quem deve ser enviada, no prazo de 30 dias a contar da data em que seja constituída, cópia autenticada do documento que formaliza a oneração e, bem assim, informação detalhada sobre quaisquer outros termos e condições que forem estabelecidos.

CLÁUSULA 16.ª

Deliberações dos órgãos da sociedade concessionária e acordos entre accionistas

1 – Ficam sujeitas a autorização prévia do concedente, através do Ministro, as deliberações da concessionária relativas à alteração do objecto social e à transformação, fusão, cisão ou dissolução da sociedade.

2 – Os acordos parassociais celebrados entre os accionistas da concessionária, bem como as respectivas alterações, devem ser objecto de aprovação prévia pelo concedente, dada através do Ministro.

3 – As autorizações e aprovações, pelo concedente, previstas na presente cláusula não podem ser infundadamente recusadas e consideram-se tacitamente concedidas se não forem recusadas, por escrito, no prazo de 60 dias a contar da data da respectiva solicitação.

CLÁUSULA 17.ª

Financiamento

1 – A concessionária deve promover o financiamento adequado ao desenvolvimento do objecto da concessão de forma a cumprir cabal e atempadamente todas as obrigações que assume no presente contrato.

2 – Para os efeitos do disposto no número anterior, a concessionária deve manter no final de cada ano um rácio de autonomia financeira superior a 20%.

CLÁUSULA 18.ª

Projectos

1 – A construção e a exploração das infra-estruturas que integram esta concessão ficam sujeitas à aprovação dos respectivos projectos nos termos da legislação aplicável.

2 – A concessionária é responsável, no respeito pela legislação e pela regulamentação aplicáveis, pela concepção, pelo projecto e pela construção de todas as infra-estruturas e instalações abrangidas pela concessão, incluindo a sua remodelação e expansão.

3 – A aprovação de quaisquer projectos pelo concedente não implica, para este, qualquer responsabilidade derivada de erros de concepção, de projecto, de construção ou da inadequação das instalações e do equipamento ao serviço da concessão.

CLÁUSULA 19.ª

Direitos e deveres decorrentes da aprovação dos projectos

1 – A aprovação dos respectivos projectos confere à concessionária, nomeadamente, os seguintes direitos:

a) Utilizar, de acordo com a legislação aplicável, os bens do domínio público ou privado do Estado e de outras pessoas colectivas públicas para o estabelecimento ou a passagem das respectivas infra-estruturas ou instalações;

b) Constituir, nos termos da legislação aplicável, as servidões sobre os imóveis necessárias ao estabelecimento das respectivas infra-estruturas ou instalações;

c) Proceder à expropriação, por utilidade pública e urgente, nos termos da legislação aplicável, dos bens imóveis ou dos direitos a eles relativos necessários ao estabelecimento das respectivas infra-estruturas ou instalações.

2 – As licenças e autorizações exigidas por lei para a exploração das infra-estruturas e instalações consideram-se outorgadas à concessionária com a aprovação dos respectivos projectos, sem prejuízo da verificação por parte das entidades licenciadoras da conformidade na sua execução.

3 – Cabe à concessionária o pagamento das indemnizações decorrentes do exercício dos direitos referidos no n.º 1.

4 – No atravessamento de terrenos do domínio público ou do domínio privado do Estado, de terrenos de outras pessoas colectivas de direito público e de terrenos de particulares, a concessionária deve adoptar os procedimentos estabelecidos na legislação aplicável e proceder à reparação de todos os prejuízos que resultem dos trabalhos executados.

CLÁUSULA 20.ª
Planeamento, remodelação e expansão das infra-estruturas

1 – O planeamento das infra-estruturas da concessionária deve integrar-se no planeamento da RNTIAT, nos termos previstos na legislação e na regulamentação aplicáveis.

2 – Constitui encargo e responsabilidade da concessionária o planeamento, a remodelação e a expansão das infra-estruturas de armazenamento subterrâneo que integram a concessão, com vista a assegurar a existência permanente de capacidade de armazenamento.

3 – A concessionária deve observar na remodelação e na expansão das infra-estruturas os prazos de execução adequados à permanente satisfação das necessidades identificadas no respectivo PDIR.

4 – A concessionária fica obrigada ao cumprimento do plano de investimentos nas infra-estruturas de armazenamento subterrâneo que integram a concessão, que elaborou e apresentou ao concedente, que o aprovou, e que constitui o anexo II do presente contrato.

5 – O plano de investimentos previsto no número anterior deve ser integrado, enquadrado e eventualmente ajustado pelos PDIR que subsequentemente vierem a ser aprovados.

CLÁUSULA 21.ª
Direitos de propriedade industrial e serviços de terceiros

A concessionária deve respeitar, no exercício da sua actividade, as normas relativas à tutela e à salvaguarda dos direitos privativos de propriedade industrial, sendo da sua exclusiva responsabilidade os efeitos decorrentes da sua violação.

CLÁUSULA 22.ª
Condições de exploração

1 – A concessionária é responsável pela exploração das infra-estruturas e pela manutenção das capacidades de armazenamento em condições de segurança, fiabilidade e qualidade do serviço, no respeito pela legislação e pela regulamentação aplicáveis.

2 – A concessionária deve assegurar-se de que o gás natural injectado, armazenado ou extraído cumpre as características técnicas e as especificações de qualidade estabelecidas na regulamentação aplicável e que o seu armazenamento subterrâneo é efectuado em condições técnicas adequadas de forma a garantir a segurança de pessoas e bens.

3 – A concessionária deve, ainda, no âmbito do exercício da actividade concessionada, gerir os fluxos de gás natural assegurando a sua interoperacionalidade com a rede de transporte a que está ligada, no quadro da gestão técnica global do SNGN.

CLÁUSULA 23.ª
Deveres de informação

1 – A concessionária fica obrigada a fornecer ao concedente, através da DGGE, todos os elementos que esta lhe solicitar relativos à concessão e a outras actividades autorizadas nos termos da cláusula 3.ª, designadamente os necessários à resposta a quaisquer pedidos da Comissão Europeia.

2 – A concessionária deve fornecer ao operador da rede à qual esteja ligada e aos agentes de mercado as informações necessárias ao funcionamento seguro e eficiente do SNGN.

3 – A concessionária deve, ainda, solicitar, receber e tratar todas as informações de todos os operadores de mercados e de todos os agentes directamente interessados necessárias à boa gestão das respectivas infra-estruturas.

CLÁUSULA 24.ª
Participação de desastres e acidentes

1 – A concessionária fica obrigada a participar imediatamente à DGGE todos os desastres e acidentes ocorridos nas suas instalações e, se tal não for possível, no prazo máximo de três dias a contar desde a data da ocorrência.

2 - Sem prejuízo das competências atribuídas às autoridades públicas, sempre que dos desastres ou acidentes resultem mortes, ferimentos graves ou prejuízos materiais importantes, a concessionária deve elaborar e enviar ao concedente um relatório técnico com a análise das circunstâncias da ocorrência e com o estado das instalações.

CLÁUSULA 25.ª
Ligação das infra-estruturas à RNTGN

A ligação das infra-estruturas de armazenamento subterrâneo à RNTGN faz-se nas condições previstas nos regulamentos aplicáveis.

CLÁUSULA 26.ª

Relacionamento com a concessionária da RNTGN no âmbito da gestão técnica global do SNGN

A concessionária fica sujeita às obrigações que decorrem do exercício por parte da concessionária da RNTGN das suas competências em matéria de gestão técnica global do SNGN, planeamento da RNTIAT e segurança do abastecimento, nos termos previstos na legislação e na regulamentação aplicáveis.

CLÁUSULA 27.ª

Interrupção por facto imputável ao utilizador

1 – A concessionária pode interromper a prestação do serviço público concessionado aos utilizadores nos termos da regulamentação aplicável e, nomeadamente, nos seguintes casos:

a) Alteração não autorizada do funcionamento de equipamentos ou sistemas de ligação às infra-estruturas e instalações de armazenamento subterrâneo que ponha em causa a segurança ou a regularidade do serviço público;

b) Incumprimento grave dos regulamentos aplicáveis ou, em caso de emergência, das suas ordens e instruções;

c) Incumprimento de obrigações contratuais que expressamente estabeleçam esta sanção.

2 – A concessionária pode, ainda, interromper a prestação do serviço público concessionado aos utilizadores que causem perturbações que afectem a qualidade do serviço prestado quando, uma vez identificadas as causas perturbadoras, os utilizadores, após aviso da concessionária, não corrijam as anomalias em prazo adequado, tendo em consideração os trabalhos a realizar.

CLÁUSULA 28.ª

Interrupções por razões de interesse público ou de serviço

1 – A prestação do serviço público pode ser interrompida pela concessionária por razões de interesse público, nomeadamente quando se trate da execução de planos nacionais de emergência, declarada ao abrigo de legislação e regulamentação aplicáveis.

2 – A concessionária pode, ainda, interromper a actividade objecto da concessão por razões de serviço, quando haja necessidade imperiosa de realizar manobras ou trabalhos de ligação, reparação ou conservação das infra-estruturas ou instalações, desde que tenham sido esgotadas todas as possibilidades alternativas.

3 – Nas situações previstas nos números anteriores, a concessionária deve avisar a DGGE, a concessionária da RNTGN e os utilizadores das respectivas infra-estruturas que possam vir a ser afectados com a antecedência mínima de trinta e seis horas, salvo no caso da realização de trabalhos que a segurança de pessoas e bens torne inadiáveis ou quando haja necessidade urgente de trabalhos para garantir a segurança das infra-estruturas e das instalações.

CLÁUSULA 29.ª
Medidas de protecção

1 – Sem prejuízo das medidas de emergência que podem ser adoptadas pelo concedente, se se verificar uma situação que ponha em risco a segurança de pessoas ou bens, deve a concessionária promover imediatamente as medidas que entender necessárias em matéria de segurança.

2 – As medidas referidas no número anterior devem ser imediatamente comunicadas à DGGE, às respectivas autoridades concelhias, à autoridade policial da zona afectada e, se for caso disso, ao Serviço Nacional de Protecção Civil.

CLÁUSULA 30.ª
Responsabilidade civil

1 – A concessionária é responsável, nos termos gerais de direito, por quaisquer prejuízos causados ao concedente ou a terceiros, pela culpa ou pelo risco, no exercício da actividade objecto da concessão.

2 – Para os efeitos do disposto no artigo 509.º do Código Civil, entende-se que a utilização das infra-estruturas e das instalações integradas na concessão é feita no exclusivo interesse da concessionária.

CLÁUSULA 31.ª
Cobertura por seguros

1 - Para garantir o cumprimento das suas obrigações, a concessionária fica obrigada a celebrar e manter um seguro de responsabilidade civil.

2 – O montante do seguro mencionado no número anterior tem um valor mínimo obrigatório definido no anexo III do presente contrato, cujo montante será actualizado trienalmente.

3 – A concessionária deverá apresentar ao concedente, no prazo de 30 dias a contar da assinatura do presente contrato, os documentos comprovativos da

celebração do seguro e, quando lhe for exigido, apresentar os documentos comprovativos da actualização referida no número anterior.

4 – Para além do seguro referido na cláusula anterior, a concessionária deve assegurar a existência e a manutenção em vigor das apólices de seguro necessárias para garantir uma efectiva cobertura dos riscos da concessão.

5 – No âmbito da obrigação referida no número anterior, a concessionária fica obrigada a constituir seguros, nos termos a definir no anexo III do presente contrato, envolvendo todas as infra-estruturas e instalações que integram a concessão, contra riscos de incêndio, explosão e danos devidos a terramoto ou a temporal.

CLÁUSULA 32.ª
Caução

1 - Com a assinatura do presente contrato, a concessionária prestou uma caução a favor do concedente no valor de € 5 000 000 como garantia do pontual e integral cumprimento das obrigações emergentes do contrato de concessão e da cobrança das multas aplicadas.

2 – O concedente pode utilizar a caução sempre que a concessionária não cumprir qualquer obrigação assumida no presente contrato.

3 – Sem prejuízo do disposto no número seguinte, o recurso à caução deve ser precedido de despacho do Ministro, não dependendo de qualquer outra formalidade ou de prévia decisão judicial ou arbitral.

4 – O concedente deve ouvir a concessionária, nos termos gerais do direito de audiência, antes de proceder à utilização da caução.

5 – Sempre que o concedente utilize a caução, a concessionária deve proceder à reposição do seu montante integral no prazo de 30 dias a contar da data daquela utilização.

6 – O valor da caução deve ser actualizado no início do 1.º trimestre de cada triénio, com referência à data da celebração do presente contrato, de acordo com o índice mensal de preços no consumidor no continente, excluindo habitação, publicado pelo Instituto Nacional de Estatística.

7 – A caução só pode ser levantada pela concessionária um ano após a data de extinção deste contrato, ou, antes de decorrido aquele prazo, por determinação expressa do concedente, através de despacho do Ministro, mas sempre após a extinção do presente contrato.

8 – A caução a que se refere a presente cláusula, bem como outras que a concessionária venha a estar obrigada a constituir a favor do concedente, devem ser prestadas por depósito em dinheiro ou por garantia bancária autónoma, à primeira solicitação, cujo texto deve ser previamente aprovado pela DGGE.

CLÁUSULA 33.ª
Fiscalização e regulação

1 – Sem prejuízo das competências atribuídas a outras entidades públicas, cabe à DGGE o exercício dos poderes de fiscalização da concessão, nomeadamente no que se refere ao cumprimento das disposições legais e regulamentares aplicáveis e do presente contrato.

2 – Sem prejuízo das competências atribuídas a outras entidades públicas, cabe à ERSE o exercício dos poderes de regulação da actividade que integra o objecto desta concessão, nos termos previstos nas disposições legais e regulamentares aplicáveis e do presente contrato.

3 – Para os efeitos do disposto nos números anteriores, a concessionária deve prestar todas as informações e facultar todos os documentos que lhe forem solicitados pelas entidades fiscalizadora e reguladora, no âmbito das respectivas competências, bem como permitir o livre acesso dos funcionários e agentes das referidas entidades, devidamente credenciado e no exercício das suas funções, a todas as suas instalações.

CLÁUSULA 34.ª
Seguro de fiscalização

1 – No exercício da actividade fiscalizadora nas instalações da concessionária, o pessoal das entidades fiscalizadora e reguladora fica coberto por um seguro de acidentes pessoais, de montante a definir no anexo III do presente contrato.

2 – Para o cumprimento do disposto no número anterior, as entidades fiscalizadora e reguladora devem comunicar previamente à concessionária a identificação dos fiscais e a data da realização da acção fiscalizadora.

CLÁUSULA 35.ª
Alteração do contrato

1 – O presente contrato pode ser alterado unilateralmente pelo concedente por razões de interesse público, sem prejuízo da reposição do respectivo equilíbrio económico e financeiro nos termos previstos na cláusula 38.ª

2 – O contrato de concessão pode também ser alterado por força de disposição legal imperativa, designadamente decorrente das políticas energéticas aprovadas pela União Europeia e aplicáveis ao Estado Português, sem prejuízo da reposição do respectivo equilíbrio económico e financeiro, nos termos previstos na cláusula 38.ª

3 – No exercício do seu direito de alteração deste contrato, nos termos previstos nos números anteriores, o concedente deve, além de invocar tal direito, concretizar os respectivos fundamentos.

4 – O concedente deve, ainda, ouvir a concessionária, nos termos gerais do direito de audiência, antes de proceder a qualquer modificação a este contrato.

5 – Este contrato pode, ainda, ser modificado por acordo entre o concedente e a concessionária, desde que a modificação não envolva a violação do regime jurídico da concessão nem implique a derrogação das respectivas bases.

CLÁUSULA 36.ª
Transmissão e oneração da concessão

1 – A concessionária não pode, sem prévia autorização do concedente, dada através do Ministro, onerar, subconceder, trespassar ou transmitir, por qualquer forma, no todo ou em parte, a concessão ou realizar qualquer negócio jurídico que vise atingir ou tenha por efeito, mesmo que indirecto, idênticos resultados.

2 – Os actos praticados ou os contratos celebrados em violação do disposto no número anterior são nulos, sem prejuízo de outras sanções aplicáveis.

3 – No caso de subconcessão ou de trespasse, a concessionária deve comunicar ao concedente a sua intenção de proceder à subconcessão ou ao trespasse, remetendo-lhe a minuta do respectivo contrato de subconcessão ou de trespasse que se propõe assinar e indicando todos os elementos do negócio que pretende realizar, bem como o calendário previsto para a sua realização e a identidade do subconcessionário ou do trespassário.

4 – No caso de haver lugar a uma subconcessão devidamente autorizada, a concessionária mantém os direitos e continua sujeita às obrigações decorrentes do presente contrato.

5 – Ocorrendo trespasse da concessão, consideram-se transmitidos para o trespassário todos os direitos e obrigações da concessionária, assumindo aquele ainda os deveres, obrigações e encargos que eventualmente venham a ser-lhe impostos pelo concedente como condição para a autorização do trespasse.

6 – A concessionária é responsável pela transferência integral dos seus direitos e obrigações para o trespassário, incluindo as obrigações incertas, ilíquidas ou inexigíveis à data do trespasse, em termos em que não seja afectada ou interrompida a prestação do serviço público concessionado.

CLÁUSULA 37.ª
Equilíbrio económico e financeiro do contrato

1 – É garantido à concessionária o equilíbrio económico e financeiro da concessão, nas condições de uma gestão eficiente.

2 – O equilíbrio económico e financeiro baseia-se no reconhecimento dos custos de investimento, de operação e manutenção e na adequada remuneração dos activos afectos à concessão, a serem reflectidos nas tarifas aplicáveis à actividade concessionada.

3 – A concessionária é responsável, nos termos do presente contrato, por todos os riscos inerentes à concessão, sem prejuízo do disposto na legislação aplicável.

CLÁUSULA 38.ª
Reposição do equilíbrio económico e financeiro

1 – Tendo em atenção a distribuição de riscos estabelecida no presente contrato, a concessionária tem direito à reposição do equilíbrio económico e financeiro da concessão, nos seguintes casos:

a) Modificação unilateral imposta pelo concedente das condições de exploração da concessão, nos termos do presente contrato, desde que em resultado directo da mesma se verifique para a concessionária um determinado aumento de custos ou uma determinada perda de proveitos;

b) Alterações legislativas que tenham um impacte directo sobre os proveitos ou custos respeitantes à actividade integrada nesta concessão.

2 – Nos casos previstos no número anterior, a concessionária apenas tem direito à reposição do equilíbrio económico e financeiro da concessão na medida em que o impacte sobre os proveitos ou custos não seja susceptível de consideração no âmbito da actividade reguladora.

3 – Havendo lugar à reposição do equilíbrio económico e financeiro da presente concessão, tal reposição pode ter lugar através de uma das seguintes modalidades:

a) Prorrogação do prazo da concessão;

b) Revisão do cronograma ou redução das obrigações de investimento previamente aprovados;

c) Atribuição de compensação directa pelo concedente;

d) Combinação das modalidades anteriores ou qualquer outra forma que seja acordada.

4 – A reposição do equilíbrio económico e financeiro efectuada nos termos desta cláusula será, relativamente ao evento que lhe deu origem, única, completa e final para todo o período da concessão, sem prejuízo de tal reposição poder

ser parcialmente diferida em relação a quaisquer efeitos específicos do evento em causa que, pela sua própria natureza, não sejam susceptíveis de uma razoável avaliação imediata ou sobre cuja existência, incidência ou quantificação as partes não hajam ainda chegado a acordo.

5 – Para os efeitos previstos na presente cláusula, a concessionária deve notificar o concedente da ocorrência de qualquer evento que, individual ou cumulativamente, possa dar lugar à reposição do equilíbrio económico e financeiro da concessão, no prazo de 30 dias após a data da sua ocorrência, e solicitar o início de negociações no prazo máximo de 30 dias a contar da citada notificação.

6 – O concedente e a concessionária devem, no prazo máximo de 90 dias, prorrogáveis uma única vez por igual período, tentar alcançar um acordo sobre os termos da reposição do equilíbrio contratual.

7 – Na falta de acordo, pode a concessionária recorrer aos meios de composição de litígios, nos termos previstos na cláusula 50.ª

CLÁUSULA 39.ª

Responsabilidade do concedente por incumprimento

A violação pelo concedente das obrigações decorrentes do presente contrato confere à concessionária o direito a ser indemnizada dos prejuízos causados, sem embargo da faculdade de rescisão do mesmo.

CLÁUSULA 40.ª

Responsabilidade da concessionária por incumprimento

1 – A violação pela concessionária de qualquer das obrigações assumidas no presente contrato fá-la incorrer, nos termos legais, em responsabilidade perante o concedente.

2 – A responsabilidade da concessionária cessa sempre que ocorra caso de força maior, ficando a seu cargo fazer prova da ocorrência.

3 – Consideram-se unicamente casos de força maior os acontecimentos imprevisíveis e irresistíveis cujos efeitos se produzam independentemente da vontade ou das circunstâncias pessoais da concessionária.

4 – Constituem, nomeadamente, casos de força maior actos de guerra, hostilidades ou invasão, terrorismo, epidemia, radiação atómica, grave inundação, incêndio, raio, ciclone, tremor de terra e outros cataclismos naturais que afectem o exercício da actividade compreendida na presente concessão.

5 – A ocorrência de um caso de força maior terá por efeito exonerar a concessionária da responsabilidade pelo não cumprimento das obrigações emergentes deste contrato que sejam afectadas pela ocorrência do mesmo, na estrita

medida em que o respectivo cumprimento pontual e atempado tenha sido efectivamente impedido ou, salvo no que respeita à segurança das populações, se torne desproporcionadamente oneroso.

6 – No caso de impossibilidade de cumprimento do presente contrato por causa de força maior, o concedente pode proceder à rescisão nos termos fixados na cláusula 47.ª

7 – A concessionária fica obrigada a comunicar ao concedente a ocorrência de qualquer evento qualificável como caso de força maior, bem como a indicar, no mais curto prazo possível, quais as obrigações emergentes do contrato de concessão cujo cumprimento, no seu entender, se encontra impedido ou dificultado por força de tal ocorrência e, bem assim, se for o caso, as medidas que tomou ou pretende tomar para fazer face à situação ocorrida a fim de mitigar o impacte do referido evento e os respectivos custos.

8 – Enquanto esta retoma não for possível, subsistirão as obrigações da concessionária na medida em que a sua execução seja materialmente possível.

9 – A concessionária deve mitigar, por qualquer meio razoável e apropriado ao seu dispor, os efeitos da verificação de um caso de força maior.

CLÁUSULA 41.ª
Multas contratuais

1 – Sem prejuízo das situações de incumprimento que podem dar origem a sequestro ou rescisão deste contrato nos termos previstos nas cláusulas 42.ª e 47.ª, pelo incumprimento de quaisquer obrigações assumidas no presente contrato que não ponha em causa a subsistência da relação de concessão, a concessionária pode ser sancionada, por decisão do concedente, pela aplicação de multas contratuais, cujo montante é variável em função da gravidade da infracção cometida e do grau de culpa do infractor, até € 5 000 000.

2 – A aplicação de multas contratuais está dependente de notificação prévia da concessionária pelo concedente para reparar o incumprimento e do não cumprimento do prazo de reparação fixado nessa notificação nos termos do número seguinte ou da não reparação integral da falta pela concessionária naquele prazo.

3 – O prazo de reparação do incumprimento é fixado pelo concedente de acordo com critérios de razoabilidade e deve ter sempre em atenção a defesa do interesse público e a manutenção em funcionamento da concessão.

4 – A concessionária pode, no prazo fixado na notificação a que se refere o número anterior e em momento anterior ao da aplicação de quaisquer multas contratuais, exercer por escrito o seu direito de defesa.

5 – É da competência do director-geral de Energia a aplicação das multas previstas nesta cláusula.

6 – Caso a concessionária não proceda ao pagamento voluntário das multas contratuais que lhe forem aplicadas no prazo de 20 dias a contar a partir das suas fixação e notificação pelo concedente, este pode utilizar a caução para pagamento das mesmas.

7 – O valor máximo das multas estabelecido na presente cláusula deve ser actualizado em Janeiro de cada ano de acordo com o índice de preços no consumidor no continente, excluindo habitação, publicado pelo Instituto Nacional de Estatística referente ao ano anterior.

8 – A aplicação de multas não prejudica a aplicação de outras sanções contratuais nem isenta a concessionária de responsabilidade civil, criminal e contra-ordenacional em que incorrer perante o concedente ou terceiro.

CLÁUSULA 42.ª

Sequestro

1 – Em caso de incumprimento grave pela concessionária das obrigações emergentes do presente contrato, pode o concedente, através de despacho do Ministro, tomar conta da concessão mediante sequestro.

2 – O sequestro da concessão pode ter lugar, nomeadamente, quando se verifique qualquer das seguintes situações por motivos imputáveis à concessionária:

a) Se estiver iminente, ou ocorrer, a cessação ou a interrupção, total ou parcial, do desenvolvimento da actividade objecto da presente concessão;

b) Deficiências graves na organização, no funcionamento ou no regular desenvolvimento da actividade objecto desta concessão, bem como situações de insegurança de pessoas e bens;

c) Deficiências graves no estado geral das infra-estruturas, das instalações e dos equipamentos que comprometam a continuidade ou a qualidade da actividade objecto da presente concessão.

3 – A concessionária fica obrigada a proceder à entrega da concessão no prazo que lhe for fixado pelo concedente quando lhe for comunicada a decisão de sequestro da concessão.

4 – Verificando-se qualquer facto que possa dar lugar ao sequestro da concessão, deve observar-se, com as devidas adaptações, o processo de sanação do incumprimento previsto nos n.ᵒˢ 4 e 5 da cláusula 47.ª

5 – Verificado o sequestro, a concessionária suporta todos os encargos que resultarem para o concedente do exercício da concessão, bem como as despesas extraordinárias necessárias ao restabelecimento da normalidade.

6 – Logo que cessem as razões do sequestro, seja restabelecido o normal funcionamento da concessão e o concedente o julgue oportuno, deve notificar a concessionária para retomar a concessão no prazo que lhe for fixado.

7 – No caso de o sequestro se manter por seis meses após ter sido restabelecido o normal funcionamento da concessão, a concessionária pode optar pela rescisão da concessão, sendo então aplicável o disposto na cláusula 48.ª

8 - Se a concessionária não retomar a concessão no prazo que lhe for fixado, pode o concedente, através do Ministro, determinar a imediata rescisão deste contrato.

9 – No caso de a concessionária ter retomado o exercício da concessão e continuarem a verificar-se graves deficiências no mesmo, pode o concedente, através do Ministro, ordenar novo sequestro ou determinar a imediata rescisão do contrato de concessão.

CLÁUSULA 43.ª
Extinção da concessão

1 – A concessão extingue-se por acordo entre o concedente e a concessionária, por rescisão, por resgate e pelo decurso do prazo fixado na cláusula 5.ª

2 – A extinção da concessão determina a transmissão para o concedente de todos os bens e meios a ela afectos, bem como dos direitos e das obrigações inerentes ao seu exercício, sem prejuízo do direito de regresso do concedente sobre a concessionária pelas obrigações por esta assumidas que sejam estranhas à actividade objecto da concessão ou que hajam sido contraídas em violação da lei ou deste contrato ou, ainda, que sejam obrigações vencidas e não cumpridas.

3 – Da transmissão prevista no número anterior excluem-se, além dos bens e meios não afectos à concessão, os fundos ou reservas consignados à garantia ou cobertura de obrigações da concessionária de cujo cumprimento lhe seja dada quitação pelo concedente, a qual se presume se, decorrido um ano sobre a extinção da concessão, não houver declaração em contrário do concedente, através do Ministro.

4 – A tomada de posse da concessão pelo concedente é precedida de vistoria *ad perpetuam rei memoriam*, realizada pelo concedente, através da DGGE, a que assistem representantes da concessionária, destinada à verificação do estado de conservação e manutenção dos bens, devendo ser lavrado o respectivo auto.

CLÁUSULA 44.ª
Procedimento no caso de extinção do contrato por termo

1 – O concedente reserva-se o direito de tomar, nos últimos dois anos do prazo da presente concessão, as providências que julgar convenientes para assegurar a continuação do serviço no termo deste contrato ou as medidas necessárias para efectuar, durante o mesmo prazo, a transferência progressiva da actividade objecto desta concessão para a nova concessionária.

2 – Se no momento do termo do prazo da concessão o concedente ainda não tiver tomado decisão quanto ao novo modo ou à entidade encarregada da gestão do serviço, poderá acordar com a concessionária que esta continue a prestá-lo até ao limite máximo de um ano, mediante a prestação de serviços ou qualquer outro título jurídico público-contratual.

3 – Em caso de extinção da concessão, transferem-se para o concedente os direitos detidos pela concessionária sobre terceiros que se revelem necessários para a continuidade da prestação do serviço concedido e, em geral, à tomada de medidas tendentes a evitar a interrupção da prestação do serviço público concessionado.

CLÁUSULA 45.ª

Decurso do prazo da concessão

1 – Decorrido o prazo da concessão, sem necessidade de qualquer comunicação entre as partes nesse sentido, transmitem-se para o concedente todos os bens e meios afectos à concessão, livres de ónus ou encargos, em bom estado de conservação, funcionamento e segurança, sem prejuízo do normal desgaste do seu uso para os efeitos do contrato de concessão.

2 – Cessando a concessão pelo decurso do prazo, deve ser paga pelo concedente à concessionária uma indemnização correspondente ao valor contabilístico dos bens afectos à concessão adquiridos pela concessionária, com referência ao último balanço aprovado, líquido de amortizações e de comparticipações financeiras e subsídios a fundo perdido.

3 – Caso a concessionária não dê cumprimento ao disposto no n.º 1 da presente cláusula, o concedente deve promover a realização dos trabalhos e aquisições que sejam necessários à reposição dos bens aí referidos, correndo os respectivos custos pela concessionária e podendo ser utilizada a caução para os liquidar no caso de a concessionária não proceder ao pagamento voluntário e atempado dos referidos custos, se o Ministro assim o determinar.

CLÁUSULA 46.ª

Resgate da concessão

1 – O concedente poderá, através do Ministro, resgatar a concessão, desde que o interesse público o justifique, decorridos 15 anos da data da celebração do presente contrato, mediante notificação feita à concessionária, por carta registada com aviso de recepção, com pelo menos um ano de antecedência.

2 – O concedente assume, decorrido o período de um ano sobre a notificação do resgate, todos os bens e meios afectos à concessão anteriormente à data

dessa notificação, incluindo todos os direitos e obrigações inerentes ao exercício da concessão, e ainda aqueles que tenham sido assumidos pela concessionária após a data de notificação desde que tenham sido previamente autorizados pelo concedente, através do Ministro.

3 – A assunção de obrigações por parte do concedente é efectuada, sem prejuízo do seu direito de regresso sobre a concessionária, pelas obrigações por esta contraídas que tenham exorbitado da gestão normal da concessão.

4 – Pelo resgate, a concessionária tem direito a uma indemnização cujo valor deve atender ao valor contabilístico, à data do resgate, dos bens transmitidos para o concedente, livres de quaisquer ónus ou encargos, e ao valor de eventuais lucros cessantes.

5 – O valor contabilístico dos bens referidos no número anterior, à data do resgate, entende-se líquido de amortizações e de comparticipações financeiras e subsídios a fundo perdido, incluindo-se nestes o valor dos bens cedidos pelo concedente.

6 – Para os efeitos do cálculo da indemnização, o valor dos bens que se encontrem anormalmente depreciados ou deteriorados devido a deficiência da concessionária na sua manutenção ou reparação deve ser determinado de acordo com o seu estado de funcionamento efectivo.

CLÁUSULA 47.ª
Rescisão do contrato pelo concedente

1 – O concedente pode rescindir o presente contrato no caso de violação grave, não sanada ou não sanável, das obrigações contratuais da concessionária.

2 – Constituem, nomeadamente, causas de rescisão do contrato por parte do concedente os seguintes factos ou situações:

a) Desvio do objecto e dos fins da concessão;

b) Suspensão ou interrupção injustificada da actividade objecto da concessão;

c) Oposição reiterada ao exercício da fiscalização, repetida desobediência às determinações do concedente ou sistemática inobservância das leis e dos regulamentos aplicáveis à exploração, quando se mostrem ineficazes as sanções aplicadas;

d) Recusa em proceder à adequada conservação e à reparação das infra-estruturas;

e) Recusa ou impossibilidade da concessionária em retomar a concessão nos termos do disposto no n.º 8 da cláusula 42.ª ou, quando o tiver feito, a continuação das situações que motivaram o sequestro;

f) Cobrança dolosa das tarifas com valor superior aos fixados;

g) Dissolução ou insolvência da concessionária;

h) Transmissão ou oneração da concessão, no todo ou em parte, sem prévia autorização;

i) Recusa da reconstituição atempada da caução.

3 – Não constituem causas de rescisão os factos ocorridos por motivos de força maior.

4 – Verificando-se um dos casos de incumprimento referidos na presente cláusula ou qualquer outro que, nos termos do disposto no n.º 1 desta cláusula, possa motivar a rescisão do contrato, o concedente, através do Ministro, deve notificar a concessionária para, no prazo que razoavelmente lhe for fixado, cumprir integralmente as suas obrigações e corrigir ou reparar as consequências dos seus actos, excepto tratando-se de uma violação não sanável.

5 – Caso a concessionária não cumpra as suas obrigações ou não corrija ou repare as consequências do incumprimento, nos termos determinados pelo concedente, este pode rescindir o presente contrato mediante comunicação enviada à concessionária, por carta registada com aviso de recepção, sem prejuízo do disposto no número seguinte.

6 – Caso o concedente pretenda rescindir este contrato, designadamente pelos factos referidos na alínea g) do n.º 1, deve previamente notificar os principais credores da concessionária que sejam conhecidos para, no prazo que lhes for determinado, nunca superior a três meses, proporem uma solução que possa sobrestar à rescisão, desde que o concedente com ela concorde.

7 – A comunicação da decisão de rescisão referida no n.º 5 desta cláusula produz efeitos imediatos, independentemente de qualquer outra formalidade.

8 – A rescisão prevista no n.º 1 implica a transmissão gratuita de todos os bens e meios afectos à concessão para o concedente, sem qualquer indemnização, e, bem assim, a perda da caução prestada nos termos da cláusula 32.ª, sem prejuízo do direito de o concedente ser indemnizado pelos prejuízos sofridos, nos termos gerais de direito.

Cláusula 48.ª
Rescisão do contrato pela concessionária

1 – A concessionária pode rescindir o presente contrato com fundamento em incumprimento grave das obrigações do concedente se daí resultarem perturbações que ponham em causa o exercício da actividade concedida.

2 – A rescisão prevista no número anterior implica a transmissão de todos os bens e meios afectos à concessão para o concedente, sem prejuízo do direito de a concessionária ser ressarcida dos prejuízos que lhe foram causados, incluindo o valor dos investimentos efectuados e os lucros cessantes calculados nos termos previstos anteriormente para o resgate.

3 – A rescisão deste contrato produz efeitos à data da sua comunicação ao concedente por carta registada com aviso de recepção.

4 – No caso de rescisão prevista no n.º 1 desta cláusula, a concessionária deve seguir o procedimento previsto para o concedente nos n.ºs 4 e 5 da cláusula anterior.

Cláusula 49.ª
Exercício dos poderes do concedente

Os poderes do concedente referidos no presente contrato, excepto quando devam ser exercidos pelo Ministro, devem ser exercidos pela DGGE, sendo os actos praticados pelo respectivo director-geral ou pela ERSE, consoante as competências de cada uma destas entidades.

Cláusula 50.ª
Litígios entre concedente e concessionária

1 – As partes manifestam o seu empenho no bom relacionamento entre si e acordam que, constatada por qualquer uma delas a existência de um litígio ou diferendo relativo à interpretação, à integração, à aplicação, à execução ou ao cumprimento do presente contrato, bem como relativamente à respectiva validade ou à necessidade de precisar, completar ou actualizar o seu conteúdo, ou ainda relativamente a actos administrativos referentes à execução do contrato, nos termos previstos no Código de Processo nos Tribunais Administrativos, será o mesmo, em primeiro lugar, objecto de uma tentativa de resolução amigável.

2 – Caso o diferendo não seja resolvido de uma forma consensual no prazo de 15 dias a contar a partir da data da remissão do litígio para a outra parte para a tentativa de resolução amigável, será o mesmo dirimido por um tribunal arbitral nos termos da presente cláusula.

3 – O tribunal arbitral será constituído nos termos dos números seguintes e, supletivamente, de acordo com a Lei n.º 31/86, de 29 de Agosto.

4 – O tribunal será constituído por um árbitro único se as partes acordarem na respectiva designação, ou, na falta desse acordo, no prazo de 10 dias cada uma das partes designará um árbitro, cabendo aos dois árbitros nomeados, nos 5 dias seguintes, a designação do terceiro árbitro, que presidirá.

5 – Na falta de acordo entre os árbitros designados pelas partes verificado ao fim de cinco dias, o terceiro árbitro será indicado pelo presidente do Tribunal da Relação de Lisboa, a requerimento de qualquer das partes.

6 – O tribunal arbitral considera-se constituído na data em que o terceiro árbitro aceitar a sua nomeação e comunicar a sua decisão às partes.

7 – Se decorrer mais de um mês sobre a data da indicação do primeiro árbitro sem que o tribunal arbitral se encontre constituído, pode qualquer uma partes recorrer ao tribunal judicial competente para a resolução do litígio em causa.

8 – Caso não se verifique acordo quanto ao objecto do litígio, este será o que resultar da petição do demandante e da eventual reconvenção do demandado.

9 – O tribunal arbitral funcionará em Lisboa, cabendo ao árbitro único ou ao árbitro presidente escolher o local em que o mesmo reunirá, e utilizará a língua portuguesa, funcionando o tribunal de acordo com as regras fixadas no presente contrato, com as regras estabelecidas pelo próprio tribunal arbitral e, ainda, subsidiariamente, pelo disposto na Lei n.º 31/86, de 29 de Agosto.

10 – O tribunal arbitral julgará segundo o direito português constituído, podendo as partes recorrer das respectivas decisões.

11 – As decisões do tribunal arbitral devem ser proferidas no prazo de três meses a contar do termo da instrução do processo ou do encerramento da audiência de discussão e julgamento, se a esta houver lugar.

12 – O prazo referido no número anterior é prorrogável por decisão do árbitro único ou árbitro presidente, consoante o caso, até ao máximo de seis meses.

13 – No caso de o tribunal arbitral ser constituído por dois árbitros designados pelas partes e um árbitro presidente, as respectivas decisões são tomadas por maioria.

14 – A determinação dos honorários dos árbitros será feita de acordo com a tabela de cálculo dos honorários dos árbitros, anexa ao Regulamento do Centro de Arbitragem da Associação Comercial de Lisboa, tendo por base o valor da causa, o qual será igual ao valor do pedido da parte demandante ou ao cúmulo dos valores deste e do pedido reconvencional da parte demandada, caso haja reconvenção, devendo a repartição pelas partes do montante daqueles honorários constar da decisão que for proferida a final.

15 – Sem prejuízo do disposto nos números anteriores, as partes reservam-se o direito de, na vigência e após o termo do presente contrato e antes ou na pendência de um litígio instaurado no tribunal arbitral, requerer nos tribunais comuns as providências cautelares previstas na lei de processo civil que entenderem por convenientes para a defesa dos seus direitos.

16 – Caso as providências previstas no número anterior sejam requeridas antes de constituído o tribunal arbitral, deve iniciar-se imediatamente o procedimento da sua constituição e ser-lhe submetido o litígio para respectiva resolução.

CLÁUSULA 51.ª

Litígios entre concessionária e utilizadores

1 – A concessionária e os seus utilizadores podem celebrar convenções de arbitragem nos termos fixados na cláusula anterior para a solução dos litígios emergentes dos respectivos contratos ou para superar as dificuldades na celebração de acordos de que dependa, nos termos da lei ou do presente contrato, o exercício de direitos ou o cumprimento de deveres de que são titulares.

2 – Os actos da concessionária praticados por via administrativa, nos casos em que a lei, os regulamentos ou este contrato lhe conferem essa prerrogativa, são sempre imputáveis para os efeitos de recurso contencioso ao respectivo conselho de administração.

CLÁUSULA 52.ª

Litígios entre concessionária e terceiros

A responsabilidade contratual ou extracontratual geral da concessionária por actos de gestão privada ou de gestão pública efectiva-se nos termos e pelos meios previstos na lei civil e administrativa.

CLÁUSULA 53.ª

Comunicações

Qualquer comunicação entre as partes contratantes relativa ao presente contrato deve ser feita mediante carta registada com aviso de recepção, sem prejuízo da utilização cumulativa de outro meio considerado idóneo para os endereços constantes da identificação das partes no presente contrato.

CLÁUSULA 54.ª

Prazos

1 – Na falta de disposição especial prevista na lei ou neste contrato, o prazo para os actos a praticar pela concessionária ou pelo concedente, quer por intermédio do Ministro, da DGGE e do director-geral de Energia ou de qualquer outro órgão administrativo, é de 10 dias.

2 – Sempre que o exercício de um direito por parte da concessionária dependa de aprovação ou autorização do concedente, quer por intermédio do Ministro, da DGGE e do director-geral de Energia ou de qualquer outro órgão administrativo, consideram-se estas concedidas se a decisão não for proferida no

prazo de 90 dias a contar da formulação do pedido ou da apresentação do processo para esse efeito.

3 – Se a concessão da aprovação ou da autorização depender de quaisquer formalidades, designadamente de pareceres de quaisquer outras entidades, os mesmos devem ser solicitados em conjunto, cominando-se um prazo para a sua elaboração que não deverá exceder 30 dias.

4 – Para os efeitos do n.º 2, consideram-se dependentes de aprovação ou autorização do concedente os casos de:

a) Aprovação de projectos;
b) Licenciamento de obras, trabalhos e actividades;
c) Redução de caução.

5 – Para o cômputo dos prazos previstos nesta cláusula, considera-se que os mesmos se suspendem sempre que o procedimento estiver parado por motivo imputável à concessionária.

6 – Os prazos fixados em dias neste contrato são contados nos termos do artigo 72.º do Código do Procedimento Administrativo.

CLÁUSULA 55.ª
Anexos

Integram o presente contrato os seguintes anexos:
Anexo I - planta;
Anexo II - plano de investimentos nas infra-estruturas;
Anexo III - seguros.

ANEXO I

Planta

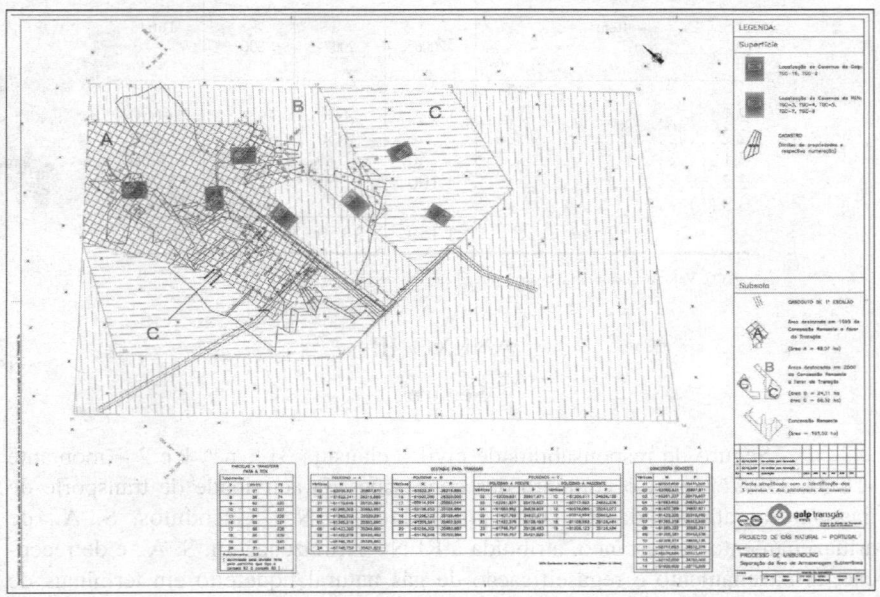

ANEXO II

Plano de investimentos nas infra-estruturas

1 – Introdução – o plano apresentado neste anexo respeita apenas à conclusão da construção e à operacionalização das três primeiras cavernas que integram a concessão: TGC-5, TGC-3 e TGC-4.

2 – Estação de gás e instalações de lixiviação:

2.1 – Conclusão da ligação da cavidade TGC-4 à estação de gás;

2.2 – Reposição da capacidade das instalações de lixiviação.

3 – Cavernas:

3.1 – Sonar em gás natural na TGC-5;

3.2 – Conclusão da caverna TGC-4;

3.3 – Imobilização do cushion gás da caverna TGC-4 [volume estimado em 40 milhões de metros cúbicos (n)].

Cronograma e valores de investimento

(Em milhares de euros)

Item	Ano			Total
	2006	2007	2008	
2.1		600		600
2.2		650		650
3.1	50			50
3.2	1 100	1 900	2 200	5 200
3.3 (*)			10 000	10 000
Total	1 150	3 150	12 200	16 500

(*) Valor a ajustar em função do preço efectivo do gás.

ANEXO III

Seguros

1 – Seguro de responsabilidade civil – cláusula 31.ª, n.ᵒˢ 1 e 2 – montante – € 44 239 763 para o conjunto das concessões da actividade de transporte de gás natural através da RNTGN, atribuída à REN – Gasodutos, S. A., de armazenamento subterrâneo, atribuída à REN - Armazenagem, S. A., e de recepção, armazenamento e regaseificação de gás natural liquefeito em terminais de GNL, atribuída à REN Atlântico, Terminal de GNL, S. A.

2 – Seguros para cobertura dos riscos da concessão (danos próprios) – cláusula 31.ª, n.ᵒˢ 4 e 5 – montante – o valor dos seguros deverá corresponder aos de reposição, em novo, dos activos da concessão da actividade de armazenamento subterrâneo, atribuída à REN – Armazenagem, S. A.

3 – Seguro de fiscalização – cláusula 34.ª: DGGE:

Montante – € 250 000 por pessoa segura;

Número de pessoas seguras – seis;

Número de dias/ano – seis;

ERSE:

Montantes e número de pessoas seguras:

€ 560 000 – uma pessoa;

€ 400 000 – duas pessoas;

€ 300 000 – três pessoas;

Número de dias/ano – seis.

RESOLUÇÃO DO CONSELHO
DE MINISTROS N.º 108/2006

O Decreto-Lei n.º 30/2006, de 15 de Fevereiro, ao estabelecer as bases gerais da organização e do funcionamento do Sistema Nacional de Gás Natural (SNGN) em Portugal, bem como as bases gerais aplicáveis ao exercício das várias actividades que integram o SNGN e à organização dos mercados de gás natural, prevê que a recepção, armazenamento e regaseificação de GNL, o armazenamento subterrâneo, o transporte e a distribuição são actividades exercidas em regime de concessão de serviço público.

No desenvolvimento dos princípios acima referidos, o Decreto-Lei n.º 140/2006, de 26 de Julho, dispõe que a atribuição das concessões para o exercício de cada uma das actividades acima mencionadas compete ao Conselho de Ministros, sendo os respectivos contratos de concessão outorgados pelo ministro responsável pela área da energia, em representação do Estado.

O mesmo diploma estabelece ainda, no n.º 2 do seu artigo 66.º, que a concessão de armazenamento subterrâneo de gás natural no sítio da Guarda Norte, Carriço, no concelho de Pombal, é mantida pela TRANSGÁS, através de sociedade por ela detida em regime de domínio total, nas cavidades que detém ou nas que vier a construir.

Da manutenção desta concessão estão excluídas as cavidades que o mesmo diploma atribui a sociedades em relação de domínio total da Rede Eléctrica Nacional, S. A. – REN.

Por outro lado, a referida manutenção da concessão de armazenamento subterrâneo de gás natural no sítio da Guarda Norte, Carriço, no concelho de Pombal, pela TRANSGÁS, através de sociedade por ela detida em regime de domínio total, implica a modificação do actual contrato de concessão. Em cumprimento do estabelecido no mencionado Decreto-Lei n.º 140/2006, de 26 de Julho, que contém as bases desta concessão, estão, pois, reunidas as condições para aprovar a minuta do contrato modificado da concessão de serviço público de armazenamento subterrâneo de gás natural no sítio da Guarda Norte, Carriço, no concelho de Pombal, pela Transgás Armazenagem, S. A., a celebrar com o Estado Português.

Assim:

Nos termos da alínea g) do artigo 199.º da Constituição, o Conselho de Ministros resolve:

1 – Aprovar a minuta do contrato modificado da concessão de serviço público de armazenamento subterrâneo de gás natural no sítio da Guarda Norte, Carriço, no concelho de Pombal, nas cavidades indicadas no mapa anexo ou nas que venha a construir, a celebrar entre o Estado Português e a Transgás Armazenagem, S. A., bem como os respectivos anexos.

2 – Determinar que a presente resolução produz efeitos a partir da data da sua aprovação.

Presidência do Conselho de Ministros, 3 de Agosto de 2006. – O Primeiro-
-Ministro, *José Sócrates Carvalho Pinto de Sousa.*

Minuta do contrato de concessão da actividade de armazenamentosubterrâneo de gás natural entre o Estado Português e a Transgás Armazenagem, S. A.

Cláusula 1.ª
Definições e interpretação

1 – Para efeitos do presente contrato, incluindo os seus anexos, os termos e siglas abaixo indicados terão o significado que a seguir lhes é apontado, salvo se do contexto resultar sentido diferente:

«Concedente» – Estado Português, enquanto signatário do contrato ou primeiro outorgante;

«Concessionária» – Transgás Armazenagem, S. A., sociedade signatária do contrato ou segunda outorgante;

«*Cushion gas*» – fracção de gás natural armazenado abaixo da pressão mínima absoluta de segurança e que apenas é utilizável no momento em que a cavidade for desactivada;

«DGGE» – Direcção-Geral de Geologia e Energia;

«ERSE» – Entidade Reguladora dos Serviços Energéticos;

«Gás condicionado» – fracção de gás natural armazenado entre as pressões mínima operacional e pressão mínima absoluta de segurança, apenas utilizável em períodos limitados;

«GNL» – gás natural na forma liquefeita;

«Ministro» – Ministro da Economia e da Inovação ou o membro do Governo com outra designação que, de acordo com a respectiva lei orgânica, superintenda no sector da energia;

«Partes» – o concedente, por um lado, e a concessionária, por outro;

«PDIR» – Plano de Desenvolvimento e Investimento da RNTIAT;

«REN Armazenagem» – a sociedade REN Armazenagem, S. A., detida em regime de domínio total inicial pela REN, que será concessionária da actividade de armazenamento subterrâneo de gás natural para além da concessionária;

«RNDGN» – rede nacional de distribuição de gás natural, enquanto conjunto das infra-estruturas de serviço público destinadas à distribuição de gás natural;

«RNTGN» – rede nacional de transporte de gás natural, enquanto conjunto das infra-estruturas de serviço público destinadas ao transporte de gás natural;

«RNTIAT» – rede nacional de transporte, infra-estruturas de armazenamento e terminais de GNL, enquanto conjunto das infra-estruturas de serviço público destinadas à recepção e ao transporte em gasoduto, ao armazenamento subterrâneo e à recepção, ao armazenamento e à regaseificação de GNL;

«SNGN» – Sistema Nacional de Gás Natural, enquanto conjunto de princípios, organizações, agentes e infra-estruturas relacionadas com as actividades de recepção, armazenamento e regaseificação de GNL, armazenamento subterrâneo de gás natural, transporte de gás natural, distribuição de gás natural, comercialização de gás natural, operação de mercados de gás natural, operação logística de mudança de comercializador de gás natural;

«Utilizador» – pessoa singular ou colectiva que entrega ou recebe gás natural através da infra-estrutura de armazenamento.

2 – Neste contrato, a menos que o respectivo contexto imponha um sentido diverso:

a) As referências a preceitos legais ou contratuais serão interpretadas como abrangendo as modificações de que os mesmos sejam objecto;

b) As referências a cláusulas, números ou anexos devem interpretar-se como visando as cláusulas, números ou anexos do presente contrato;

c) As referências a este contrato abrangem os respectivos anexos;

d) As expressões definidas no singular poderão ser utilizadas no plural e vice-versa, com a correspondente alteração do respectivo significado.

3 – As epígrafes das cláusulas do presente contrato são utilizadas por razões de simplificação, não constituindo suporte da interpretação ou integração do mesmo.

4 – Os anexos ao presente contrato fazem parte integrante do mesmo para todos os efeitos legais e contratuais.

5 – Caso alguma das cláusulas do presente contrato venha a ser julgada nula ou por qualquer forma inválida, ineficaz ou inexequível por uma entidade competente para o efeito, tal nulidade, invalidade, ineficácia ou inexequibilidade não afectará a validade das restantes cláusulas do contrato, comprometendo-se as partes a acordar, de boa fé, uma disposição que substitua aquela e que, tanto quanto possível, produza os mesmos efeitos.

6 – Na interpretação e integração do regime do presente contrato prevalece o disposto nos Decretos-Leis n.ᵒˢ 30/2006, de 15 de Fevereiro, e 140/2006, de 26 de Julho, bem como o disposto na respectiva base de concessão aplicável.

7 – Nos casos omissos aplica-se o disposto na respectiva base de concessão aprovada pelo Decreto-Lei n.º 140/2006, de 26 de Julho.

8 – Na interpretação e integração do regime do presente contrato entender--se-á que à prevalência do concedente na boa e atempada execução do serviço público corresponde a prevalência do interesse económico da concessionária.

CLÁUSULA 2.ª

Objecto da concessão

1 – A presente concessão tem por objecto a actividade de armazenamento subterrâneo de gás natural, exercida em regime de serviço público.

2 – Integram-se no objecto da concessão:

a) O recebimento, injecção, armazenamento subterrâneo, extracção, tratamento e entrega de gás natural, quer para a constituição e manutenção de reservas de segurança quer para fins operacionais e comerciais;

b) A construção, operação, exploração, manutenção e expansão das respectivas infra-estruturas e, bem assim, das instalações necessárias para a sua operação.

3 – O volume de gás condicionado existente nas cavernas da concessionária deve ser considerado para efeitos do cômputo das reservas de segurança a que os utilizadores estão obrigados.

CLÁUSULA 3.ª

Outras actividades

Precedendo autorização do Ministro, dada caso a caso, a concessionária pode exercer outras actividades para além da que se integra no objecto deste contrato, no respeito pela legislação aplicável ao sector do gás natural, com fundamento no proveito daí resultante para a presente concessão ou com vista a optimizar a utilização dos bens afectos à mesma, desde que essas actividades sejam acessórias ou complementares e não prejudiquem a regularidade e a continuidade da prestação do serviço público.

CLÁUSULA 4.ª
Área e localização geográfica da concessão

1 – A presente concessão compreende as cavidades que a concessionária detém ou venha a construir no sítio da Guarda Norte, Carriço, concelho de Pombal, de acordo com a planta que constitui o anexo I do presente contrato.

2 – As cavidades de armazenamento subterrâneo a que se refere o número anterior devem ser alienadas à REN Armazenagem, em condições a acordar entre ambas, após esgotada a capacidade de expansão de armazenamento subterrâneo desta última nas cavidades que adquirir de acordo com o previsto na alínea c) do n.º 1 do artigo 65.º do Decreto-Lei n.º 140/2006, de 26 de Julho, no caso de as mesmas virem a ser consideradas pelo Ministro como necessárias ao reforço da capacidade de reservas de segurança, nos termos do n.º 3 do artigo 66.º do mesmo diploma.

CLÁUSULA 5.ª
Prazo da concessão

1 – A concessão tem a duração de 40 anos contados a partir da data da celebração deste contrato.

2 – A concessão pode ser renovada se o interesse público assim o justificar e a concessionária tiver cumprido as suas obrigações legais e contratuais.

3 – A intenção de renovação da concessão deve ser comunicada à concessionária pelo concedente com a antecedência mínima de dois anos relativamente ao termo do prazo da concessão.

4 – No cômputo do prazo de concessão não se contam os atrasos na implantação de infra-estruturas ou a suspensão da exploração do serviço devidos a:

a) Casos de força maior;

b) Acções ou omissões imputáveis ao concedente que contrariem a lei ou o presente contrato;

c) Suspensões da construção ou da exploração do serviço determinadas pelo concedente, por razões de interesse público e que não sejam devidas a incumprimento da lei ou deste contrato imputáveis à concessionária;

d) Quaisquer outras circunstâncias consideradas atendíveis pelo Ministro.

5 – A concessionária deve notificar o concedente, através da DGGE, de quaisquer factos que ocorram nos termos do número anterior e que sejam susceptíveis de suspender o cômputo do prazo da concessão.

CLÁUSULA 6.ª

Serviço público

1 – A concessionária deve desempenhar a actividade concessionada de acordo com as exigências de um regular, contínuo e eficiente funcionamento do serviço público e adoptar, para o efeito, os melhores procedimentos, meios e tecnologias utilizados no sector do gás com vista a garantir, designadamente, a segurança de pessoas e bens e a segurança do abastecimento.

2 – Com o objectivo de assegurar a permanente adequação da concessão às exigências da regularidade, da continuidade e da eficiência do serviço público, o concedente reserva-se no direito de alterar, por via legal ou regulamentar, as condições da sua exploração.

3 – Quando, por efeito do disposto no número anterior, se alterem significativamente as condições de exploração da concessão, o concedente compromete-se a promover a reposição do equilíbrio económico e financeiro da concessão, nos termos previstos na cláusula 38.ª, desde que a concessionária não possa legitimamente prover a tal reposição recorrendo aos meios resultantes de uma correcta e prudente gestão.

CLÁUSULA 7.ª

Direitos e obrigações da concessionária

A concessionária beneficia dos direitos e encontra-se sujeita às obrigações estabelecidas nos Decretos-Leis n.ºs 30/2006, de 15 de Fevereiro, e 140/2006, de 26 de Julho, e demais legislação e regulamentação aplicáveis à actividade que integra o objecto da concessão, sem prejuízo dos demais direitos e obrigações estabelecidos no presente contrato.

CLÁUSULA 8.ª

Princípios aplicáveis às relações com os utilizadores

1 – A concessionária deve proporcionar aos utilizadores, de forma não discriminatória e transparente, o acesso às respectivas infra-estruturas, nos termos previstos no presente contrato e na legislação e regulamentação aplicáveis, não podendo estabelecer diferenças de tratamento entre os referidos utilizadores que não resultem da aplicação de critérios ou de condicionalismos legais, regulamentares ou técnicos ou ainda de condicionalismos de natureza contratual desde que aceites pela ERSE.

2 – O disposto no número anterior não impede a concessionária de celebrar contratos a longo prazo com quaisquer utilizadores, no respeito pelas regras da concorrência e da regulamentação aplicável.

3 – A concessionária deve facultar aos utilizadores do armazenamento as informações de que estes necessitem para o acesso ao armazenamento.

4 – A concessionária pode recusar, fundamentadamente, o acesso às respectivas infra-estruturas com base na falta de capacidade ou se esse acesso a impedir de cumprir as suas obrigações de serviço público.

5 – Os utilizadores devem prestar à concessionária todas as informações que esta considere necessárias à correcta exploração das respectivas infra-estruturas e instalações.

6 – A concessionária deve assegurar o tratamento de dados de utilização do armazenamento no respeito pelas disposições legais de protecção de dados pessoais e preservar a confidencialidade das informações comercialmente sensíveis obtidas no seu relacionamento com os utilizadores.

7 – A concessionária deve manter um registo, por um prazo de cinco anos, das queixas ou reclamações que lhe tenham sido apresentadas pelos utilizadores.

CLÁUSULA 9.ª
Bens e meios afectos à concessão

1 – Consideram-se afectos à concessão os bens que constituem o armazenamento subterrâneo de gás natural, designadamente:

a) A cavidade de armazenamento subterrâneo de gás natural, identificada como TGC-1S na planta que constitui o anexo I do presente contrato;

b) Outras cavidades de armazenamento subterrâneo que a concessionária venha a construir na zona de expansão identificada na planta que constitui o anexo I do presente contrato;

c) As instalações afectas à injecção, à extracção, à compressão, à secagem e à redução de pressão para entrega à RNTGN, incluindo todo o equipamento de controlo, regulação e medida indispensável à operação e funcionamento das infra-estruturas e instalações de armazenamento subterrâneo de gás natural, se e quando vierem a ser construídas pela concessionária;

d) As instalações e equipamentos de telecomunicações, telemedida e telecomando afectas à gestão das infra-estruturas previstas nas alíneas anteriores.

2 – Consideram-se ainda afectos à concessão:

a) Os imóveis pertencentes à concessionária em que estejam implantados os bens referidos no número anterior, assim como as servidões constituídas em benefício da concessão;

b) Outros bens móveis ou direitos relativos a bens imóveis utilizados ou relacionados com o exercício da actividade objecto da concessão;

c) Os direitos inerentes à construção de cavidades subterrâneas;

d) O direito de utilização do subsolo na zona de expansão indicada no anexo I e os direitos de expansão do volume físico de armazenamento subterrâneo de gás natural;

e) O *cushion gas* associado a cada cavidade;

f) Os direitos privativos de propriedade intelectual e industrial de que a concessionária seja titular;

g) Quaisquer fundos ou reservas consignados à garantia do cumprimento das obrigações da concessionária, por força de obrigação emergente da lei ou deste contrato e enquanto durar essa vinculação;

h) As relações e posições jurídicas directamente relacionadas com a presente concessão, nomeadamente laborais, de empreitada, de locação e de prestação de serviços, designadamente as posições contratuais decorrentes para a concessionária dos contratos celebrados com a REN Armazenagem relativos à utilização de instalações de superfície sitas no Carriço.

CLÁUSULA 10.ª

Inventário do património

1 – A concessionária deve elaborar e manter permanentemente actualizado e à disposição do concedente um inventário do património afecto à concessão.

2 - No inventário a que se refere o número anterior devem mencionar-se os ónus ou encargos que recaem sobre os bens afectos à concessão.

3 – Os bens e direitos tornados desnecessários à actividade concedida devem ser abatidos ao inventário da concessão nos termos do n.º 2 da cláusula 12.ª

CLÁUSULA 11.ª

Manutenção dos meios afectos à concessão

1 – A concessionária obriga-se a manter, durante o prazo de vigência da concessão, em permanente estado de bom funcionamento, conservação e segurança os bens e meios afectos à concessão, efectuando para tanto as reparações, renovações, adaptações e modernizações necessárias ao bom desempenho do serviço público concedido.

2 – Não se tratando de reparações, renovações ou adaptações urgentes, deve a concessionária, sempre que elas impliquem interrupção, diminuição ou condicionamento da actividade objecto da presente concessão, comunicá-las com a antecedência razoável aos utilizadores afectados por tais medidas.

Cláusula 12.ª
Regime de oneração e transmissão dos bens afectos à concessão

1 – A concessionária não pode onerar ou transmitir, por qualquer forma, os bens que integram a concessão, sem prejuízo do disposto nos números seguintes.

2 – Os bens e direitos que tenham perdido utilidade para a concessão devem ser abatidos ao inventário referido na cláusula 10.ª, mediante prévio pedido de autorização da concessionária ao concedente, que se considera deferida se este não se opuser no prazo de 30 dias contados da recepção do pedido.

3 – A oneração ou transmissão de bens imóveis afectos à concessão fica sujeita a autorização do Ministro.

4 – A oneração ou transmissão de bens ou direitos afectos à concessão em desrespeito do disposto no presente contrato determina a nulidade dos respectivos actos ou contratos.

Cláusula 13.ª
Posse e propriedade dos bens

1 – Sem prejuízo do disposto no n.º 2 da cláusula 4.ª, a concessionária detém a posse e propriedade dos bens afectos à concessão até à extinção desta.

2 – Com a extinção da concessão, os bens a ela afectos transmitem-se para o concedente nos termos previstos nos n.ºs 2 e 3 da cláusula 43.ª

Cláusula 14.ª
Concessionária, objecto social, sede e forma

1 – A concessionária deve ter como objecto social principal, ao longo de todo o período de duração do presente contrato, o exercício da actividade integrada no objecto da concessão, devendo manter ao longo do mesmo período a sua sede em Portugal e a forma de sociedade anónima, regulada pela lei portuguesa.

2 – O objecto social da concessionária pode incluir o exercício de outras actividades para além da que integra o objecto da concessão e, bem assim, a participação no capital de outras sociedades desde que seja respeitado o disposto na legislação aplicável ao sector do gás natural.

Cláusula 15.ª
Acções da sociedade concessionária

1 – Todas as acções representativas do capital social da concessionária são obrigatoriamente nominativas.

2 – A oneração e a transmissão de acções representativas do capital social da concessionária depende, sob pena de nulidade, de autorização prévia do Ministro, a qual não pode ser infundadamente recusada e considera-se tacitamente concedida se não for recusada, por escrito, no prazo de 60 dias a contar da data da respectiva solicitação.

3 – Exceptua-se do disposto no número anterior a oneração de acções efectuada em benefício das entidades financiadoras da actividade que integra o objecto da presente concessão e no âmbito dos contratos de financiamento que venham a ser celebrados pela concessionária para o efeito desde que as entidades financiadoras assumam, nos referidos contratos, a obrigação de obter a autorização prévia do concedente em caso de execução das garantias de que resulte a transmissão a terceiros das acções oneradas.

4 – A oneração de acções referida no número anterior deve, em qualquer caso, ser comunicada ao concedente, a quem deve ser enviada, no prazo de 30 dias a contar da data em que seja constituída, cópia autenticada do documento que formaliza a oneração e, bem assim, informação detalhada sobre quaisquer outros termos e condições que forem estabelecidos.

Cláusula 16.ª
Deliberações dos órgãos da sociedade concessionária e acordos entre accionistas

1 – Ficam sujeitas a autorização prévia do concedente, através do Ministro, as deliberações da concessionária relativas à alteração do objecto social e à transformação, fusão, cisão ou dissolução da sociedade.

2 – Os acordos parassociais celebrados entre os accionistas da concessionária, bem como as respectivas alterações, devem ser objecto de aprovação prévia pelo concedente, dada através do Ministro.

3 – As autorizações e aprovações, pelo concedente, previstas na presente cláusula não podem ser infundadamente recusadas e consideram-se tacitamente concedidas se não forem recusadas, por escrito, no prazo de 60 dias a contar da data da respectiva solicitação.

CLÁUSULA 17.ª

Financiamento

1 – A concessionária deve promover o financiamento adequado ao desenvolvimento do objecto da concessão de forma a cumprir cabal e atempadamente todas as obrigações que assume no presente contrato.

2 – Para efeitos do disposto no número anterior, a concessionária deve manter no final de cada ano um rácio de autonomia financeira superior a 20%.

CLÁUSULA 18.ª

Projectos

1 – A construção e a exploração das infra-estruturas que integram esta concessão ficam sujeitas à aprovação dos respectivos projectos nos termos da legislação aplicável.

2 – A concessionária é responsável, no respeito pela legislação e regulamentação aplicáveis, pela concepção, projecto e construção de todas as infra-estruturas e instalações abrangidas pela concessão, incluindo a sua remodelação e expansão.

3 – A aprovação de quaisquer projectos pelo concedente não implica, para este, qualquer responsabilidade derivada de erros de concepção, de projecto, de construção ou da inadequação das instalações e do equipamento ao serviço da concessão.

CLÁUSULA 19.ª

Direitos e deveres decorrentes da aprovação dos projectos

1 – A aprovação dos respectivos projectos confere à concessionária, nomeadamente, os seguintes direitos:

a) Utilizar, de acordo com a legislação aplicável, os bens do domínio público ou privado do Estado e de outras pessoas colectivas públicas para o estabelecimento ou passagem das respectivas infra-estruturas ou instalações;

b) Constituir, nos termos da legislação aplicável, as servidões sobre os imóveis necessárias ao estabelecimento das respectivas infra-estruturas ou instalações;

c) Proceder à expropriação, por utilidade pública e urgente, nos termos da legislação aplicável, dos bens imóveis, ou direitos a eles relativos, necessários ao estabelecimento das respectivas infra-estruturas ou instalações.

2 – As licenças e autorizações exigidas por lei para a exploração das infra-estruturas e instalações consideram-se outorgadas à concessionária com a apro-

vação dos respectivos projectos, sem prejuízo da verificação por parte das entidades licenciadoras da conformidade na sua execução.

3 – Cabe à concessionária o pagamento das indemnizações decorrentes do exercício dos direitos referidos no n.º 1.

4 – No atravessamento de terrenos do domínio público ou do domínio privado do Estado, de terrenos de outras pessoas colectivas de direito público e de terrenos de particulares, a concessionária deve adoptar os procedimentos estabelecidos na legislação aplicável e proceder à reparação de todos os prejuízos que resultem dos trabalhos executados.

CLÁUSULA 20.ª

Planeamento, remodelação e expansão das infra-estruturas

1 – O planeamento das infra-estruturas da concessionária deve integrar-se no planeamento da RNTIAT, nos termos previstos na legislação e regulamentação aplicáveis.

2 – Constitui encargo e responsabilidade da concessionária o planeamento, remodelação e expansão das infra-estruturas de armazenamento subterrâneo que integram a concessão com vista a assegurar a existência permanente de capacidade de armazenamento.

3 – A concessionária deve observar na remodelação e expansão das infra-estruturas os prazos de execução adequados à permanente satisfação das necessidades identificadas no respectivo PDIR.

4 – A concessionária fica obrigada ao cumprimento do plano de investimentos nas infra-estruturas de armazenamento subterrâneo que integram a concessão, que elaborou e apresentou ao concedente que o aprovou, e que constitui o anexo II do presente contrato.

5 – O plano de investimentos previsto no número anterior deve ser integrado, enquadrado e eventualmente ajustado pelos PDIR que subsequentemente vierem a ser aprovados.

CLÁUSULA 21.ª

Direitos de propriedade industrial e serviços de terceiros

A concessionária deve respeitar, no exercício da sua actividade, as normas relativas à tutela e salvaguarda dos direitos privativos de propriedade industrial, sendo da sua exclusiva responsabilidade os efeitos decorrentes da sua violação.

Cláusula 22.ª

Condições de exploração

1 – A concessionária é responsável pela exploração das infra-estruturas e manutenção das capacidades de armazenamento, em condições de segurança, fiabilidade e qualidade do serviço, no respeito pela legislação e regulamentação aplicáveis.

2 – A concessionária deve assegurar-se de que o gás natural injectado, armazenado ou extraído cumpre as características técnicas e as especificações de qualidade estabelecidas na regulamentação aplicável e que o seu armazenamento subterrâneo é efectuado em condições técnicas adequadas de forma a garantir a segurança de pessoas e bens.

3 – A concessionária deve, ainda, no âmbito do exercício da actividade concessionada, gerir os fluxos de gás natural, assegurando a sua interoperacionalidade com a rede de transporte a que está ligada, no quadro da gestão técnica global do SNGN.

Cláusula 23.ª

Deveres de informação

1 – A concessionária fica obrigada a fornecer ao concedente, através da DGGE, todos os elementos que esta lhe solicitar relativos à concessão e a outras actividades autorizadas nos termos da cláusula 3.ª, designadamente os necessários à resposta a quaisquer pedidos da Comissão Europeia.

2 – A concessionária deve fornecer ao operador da rede à qual esteja ligada e aos agentes de mercado as informações necessárias ao funcionamento seguro e eficiente do SNGN.

3 – A concessionária deve, ainda, solicitar, receber e tratar todas as informações de todos os operadores de mercados e de todos os agentes directamente interessados necessárias à boa gestão das respectivas infra-estruturas.

Cláusula 24.ª

Participação de desastres e acidentes

1 – A concessionária fica obrigada a participar imediatamente à DGGE todos os desastres e acidentes ocorridos nas suas instalações e, se tal não for possível, no prazo máximo de três dias a contar da data da ocorrência.

2 – Sem prejuízo das competências atribuídas às autoridades públicas, sempre que dos desastres ou acidentes resultem mortes, ferimentos graves ou prejuízos materiais importantes, a concessionária deve elaborar e enviar ao

concedente um relatório técnico com a análise das circunstâncias da ocorrência e com o estado das instalações.

Cláusula 25.ª
Ligação das infra-estruturas à RNTGN

A ligação das infra-estruturas de armazenamento subterrâneo à RNTGN faz-se nas condições previstas nos regulamentos aplicáveis.

Cláusula 26.ª
Relacionamento com a concessionária da RNTGN no âmbito da gestão técnica global do SNGN

A concessionária fica sujeita às obrigações que decorrem do exercício, por parte da concessionária da RNTGN, das suas competências em matéria de gestão técnica global do SNGN, planeamento da RNTIAT e segurança do abastecimento, nos termos previstos na legislação e regulamentação aplicáveis.

Cláusula 27.ª
Interrupção por facto imputável ao utilizador

1 – A concessionária pode interromper a prestação do serviço público concessionado aos utilizadores nos termos da regulamentação aplicável e nomeadamente nos seguintes casos:

a) Alteração não autorizada do funcionamento de equipamentos ou sistemas de ligação às infra-estruturas e instalações de armazenamento subterrâneo que ponha em causa a segurança ou a regularidade do serviço público;

b) Incumprimento grave dos regulamentos aplicáveis ou, em caso de emergência, das suas ordens e instruções;

c) Incumprimento de obrigações contratuais que expressamente estabeleçam esta sanção.

2 – A concessionária pode, ainda, interromper a prestação do serviço público concessionado aos utilizadores que causem perturbações que afectem a qualidade do serviço prestado quando, uma vez identificadas as causas perturbadoras, os utilizadores, após aviso da concessionária, não corrijam as anomalias em prazo adequado, tendo em consideração os trabalhos a realizar.

CLÁUSULA 28.ª
Interrupções por razões de interesse público ou de serviço

1 – A prestação do serviço público pode ser interrompida pela concessionária por razões de interesse público, nomeadamente quando se trate da execução de planos nacionais de emergência, declarada ao abrigo de legislação e regulamentação aplicáveis.

2 – A concessionária pode, ainda, interromper a actividade objecto da concessão, por razões de serviço, quando haja necessidade imperiosa de realizar manobras ou trabalhos de ligação, reparação ou conservação das infra-estruturas ou instalações desde que tenham sido esgotadas todas as possibilidades alternativas.

3 – Nas situações previstas nos números anteriores, a concessionária deve avisar a DGGE, a concessionária da RNTGN e os utilizadores das respectivas infra-estruturas que possam vir a ser afectados, com a antecedência mínima de trinta e seis horas, salvo no caso da realização de trabalhos que a segurança de pessoas e bens torne inadiáveis ou quando haja necessidade urgente de trabalhos para garantir a segurança das infra-estruturas e instalações.

CLÁUSULA 29.ª
Medidas de protecção

1 – Sem prejuízo das medidas de emergência que podem ser adoptadas pelo concedente, se se verificar uma situação que ponha em risco a segurança de pessoas ou bens, deve a concessionária promover imediatamente as medidas que entender necessárias em matéria de segurança.

2 – As medidas referidas no número anterior devem ser imediatamente comunicadas à DGGE, às respectivas autoridades concelhias, à autoridade policial da zona afectada e, se for caso disso, ao Serviço Nacional de Protecção Civil.

CLÁUSULA 30.ª
Responsabilidade civil

1 – A concessionária é responsável, nos termos gerais de direito, por quaisquer prejuízos causados ao concedente ou a terceiros, pela culpa ou pelo risco, no exercício da actividade objecto da concessão.

2 – Para efeitos do disposto no artigo 509.º do Código Civil, entende-se que a utilização das infra-estruturas e instalações integradas na concessão é feita no exclusivo interesse da concessionária.

Cláusula 31.ª

Cobertura por seguros

1 – Para garantir o cumprimento das suas obrigações, a concessionária fica obrigada a celebrar e manter um seguro de responsabilidade civil.

2 – O montante do seguro mencionado no número anterior tem um valor mínimo obrigatório definido no anexo III do presente contrato, cujo montante será actualizado trienalmente.

3 – A concessionária deverá apresentar ao concedente, no prazo de 30 dias a contar da assinatura do presente contrato, os documentos comprovativos da celebração do seguro e, quando lhe for exigido, apresentar os documentos comprovativos da actualização referida no número anterior.

4 – Para além do seguro referido na cláusula anterior, a concessionária deve assegurar a existência e manutenção em vigor das apólices de seguro necessárias para garantir uma efectiva cobertura dos riscos da concessão.

5 – No âmbito da obrigação referida no número anterior, a concessionária fica obrigada a constituir seguros, nos termos a definir no anexo III do presente contrato, envolvendo todas as infra-estruturas e instalações que integram a concessão, contra riscos de incêndio, explosão e danos devido a terramoto ou temporal.

Cláusula 32.ª

Caução

1 – Com a assinatura do presente contrato a concessionária prestou uma caução a favor do concedente no valor de € 5 000 000 como garantia do pontual e integral cumprimento das obrigações emergentes do contrato de concessão e da cobrança das multas aplicadas.

2 – O concedente pode utilizar a caução sempre que a concessionária não cumprir qualquer obrigação assumida no presente contrato.

3 – Sem prejuízo do disposto no número seguinte, o recurso à caução deve ser precedido de despacho do Ministro, não dependendo de qualquer outra formalidade ou de prévia decisão judicial ou arbitral.

4 – O concedente deve ouvir a concessionária, nos termos gerais do direito de audiência, antes de proceder à utilização da caução.

5 – Sempre que o concedente utilize a caução, a concessionária deve proceder à reposição do seu montante integral no prazo de 30 dias a contar da data daquela utilização.

6 – O valor da caução deve ser actualizado no início do 1.º trimestre de cada triénio, com referência à data da celebração do presente contrato, de acordo com o índice mensal de preços no consumidor, no continente, excluindo habitação, publicado pelo Instituto Nacional de Estatística.

7 – A caução só pode ser levantada pela concessionária um ano após a data de extinção deste contrato ou, antes de decorrido aquele prazo, por determinação expressa do concedente, através de despacho do Ministro, mas sempre após a extinção do presente contrato.

8 – A caução a que se refere a presente cláusula bem como outras que a concessionária venha a estar obrigada a constituir a favor do concedente devem ser prestadas por depósito em dinheiro ou por garantia bancária autónoma, à primeira solicitação, cujo texto deve ser previamente aprovado pela DGGE.

CLÁUSULA 33.ª

Fiscalização e regulação

1 – Sem prejuízo das competências atribuídas a outras entidades públicas, cabe à DGGE o exercício dos poderes de fiscalização da concessão, nomeadamente no que se refere ao cumprimento das disposições legais e regulamentares aplicáveis e do presente contrato.

2 – Sem prejuízo das competências atribuídas a outras entidades públicas, cabe à ERSE o exercício dos poderes de regulação da actividade que integra o objecto desta concessão, nos termos previstos nas disposições legais e regulamentares aplicáveis e do presente contrato.

3 – Para efeitos do disposto nos números anteriores, a concessionária deve prestar todas as informações e facultar todos os documentos que lhe forem solicitados pelas entidades fiscalizadora e reguladora no âmbito das respectivas competências, bem como permitir o livre acesso dos funcionários e agentes das referidas entidades, devidamente credenciado e no exercício das suas funções, a todas as suas instalações.

CLÁUSULA 34.ª

Seguro de fiscalização

1 – No exercício da actividade fiscalizadora nas instalações da concessionária, o pessoal das entidades fiscalizadora e reguladora fica coberto por um seguro de acidentes pessoais de montante a definir no anexo III do presente contrato.

2 – Para o cumprimento do disposto no número anterior, as entidades fiscalizadora e reguladora devem comunicar previamente à concessionária a identificação dos fiscais e a data da realização da acção fiscalizadora.

Cláusula 35.ª
Alteração do contrato

1 – O presente contrato pode ser alterado unilateralmente pelo concedente, por razões de interesse público, sem prejuízo da reposição do respectivo equilíbrio económico e financeiro nos termos previstos na cláusula 38.ª

2 – O contrato de concessão pode também ser alterado por força de disposição legal imperativa, designadamente decorrente das políticas energéticas aprovadas pela União Europeia e aplicáveis ao Estado Português, sem prejuízo da reposição do respectivo equilíbrio económico e financeiro, nos termos previstos na cláusula 38.ª

3 – No exercício do seu direito de alteração deste contrato, nos termos previstos nos números anteriores, o concedente deve, além de invocar tal direito, concretizar os respectivos fundamentos.

4 – O concedente deve, ainda, ouvir a concessionária, nos termos gerais do direito de audiência, antes de proceder a qualquer modificação a este contrato.

5 – Este contrato pode, ainda, ser modificado por acordo entre o concedente e a concessionária desde que a modificação não envolva a violação do regime jurídico da concessão nem implique a derrogação das respectivas bases.

Cláusula 36.ª
Transmissão e oneração da concessão

1 – A concessionária não pode, sem prévia autorização do concedente, dada através do Ministro, onerar, subconceder, trespassar ou transmitir, por qualquer forma, no todo ou em parte, a concessão ou realizar qualquer negócio jurídico que vise atingir ou tenha por efeito, mesmo que indirecto, idênticos resultados.

2 – Os actos praticados ou os contratos celebrados em violação do disposto no número anterior são nulos, sem prejuízo de outras sanções aplicáveis.

3 – No caso de subconcessão ou de trespasse, a concessionária deve comunicar ao concedente a sua intenção de proceder à subconcessão ou ao trespasse, remetendo-lhe a minuta do respectivo contrato de subconcessão ou de trespasse que se propõe assinar e indicando todos os elementos do negócio que pretende realizar, bem como o calendário previsto para a sua realização e a identidade do subconcessionário ou do trespassário.

4 – No caso de haver lugar a uma subconcessão devidamente autorizada, a concessionária mantém os direitos e continua sujeita às obrigações decorrentes do presente contrato.

5 – Ocorrendo trespasse da concessão, consideram-se transmitidos para o trespassário todos os direitos e obrigações da concessionária, assumindo aquele ainda os deveres, obrigações e encargos que eventualmente lhe venham a ser impostos pelo concedente como condição para a autorização do trespasse.

6 – A concessionária é responsável pela transferência integral dos seus direitos e obrigações para o trespassário, incluindo as obrigações incertas, ilíquidas ou inexigíveis à data do trespasse, em termos em que não seja afectada ou interrompida a prestação do serviço público concessionado.

CLÁUSULA 37.ª
Equilíbrio económico e financeiro do contrato

1 – É garantido à concessionária o equilíbrio económico e financeiro da concessão, nas condições de uma gestão eficiente.

2 – O equilíbrio económico e financeiro baseia-se no reconhecimento dos custos de investimento, de operação e de manutenção e na adequada remuneração dos activos afectos à concessão, a serem reflectidos nas tarifas aplicáveis à actividade concessionada.

3 – A concessionária é responsável, nos termos do presente contrato, por todos os riscos inerentes à concessão, sem prejuízo do disposto na legislação aplicável.

CLÁUSULA 38.ª
Reposição do equilíbrio económico e financeiro

1 – Tendo em atenção a distribuição de riscos estabelecida no presente contrato, a concessionária tem direito à reposição do equilíbrio económico e financeiro da concessão nos seguintes casos:

a) Modificação unilateral, imposta pelo concedente, das condições de exploração da concessão, nos termos do presente contrato, desde que, em resultado directo da mesma, se verifique para a concessionária um determinado aumento de custos ou uma determinada perda de proveitos;

b) Alterações legislativas que tenham um impacte directo sobre os proveitos ou custos respeitantes à actividade integrada nesta concessão.

2 – Nos casos previstos no número anterior, a concessionária apenas tem direito à reposição do equilíbrio económico e financeiro da concessão na medida em que o impacte sobre os proveitos ou custos não seja susceptível de consideração no âmbito da actividade reguladora.

3 – Havendo lugar à reposição do equilíbrio económico e financeiro da presente concessão, tal reposição pode ter lugar através de uma das seguintes modalidades:

a) Prorrogação do prazo da concessão;

b) Revisão do cronograma ou redução das obrigações de investimento previamente aprovados;

c) Atribuição de compensação directa pelo concedente;

d) Combinação das modalidades anteriores ou qualquer outra forma que seja acordada.

4 – A reposição do equilíbrio económico e financeiro efectuada nos termos desta cláusula será, relativamente ao evento que lhe deu origem, única, completa e final para todo o período da concessão, sem prejuízo de tal reposição poder ser parcialmente diferida em relação a quaisquer efeitos específicos do evento em causa que, pela sua própria natureza, não sejam susceptíveis de uma razoável avaliação imediata ou sobre cuja existência, incidência ou quantificação as partes não hajam ainda chegado a acordo.

5 – Para os efeitos previstos na presente cláusula, a concessionária deve notificar o concedente da ocorrência de qualquer evento que, individual ou cumulativamente, possa dar lugar à reposição do equilíbrio económico e financeiro da concessão, no prazo de 30 dias após a data da sua ocorrência, e solicitar o início de negociações no prazo máximo de 30 dias a contar da citada notificação.

6 – O concedente e a concessionária devem, no prazo máximo de 90 dias, prorrogáveis uma única vez por igual período, tentar alcançar um acordo sobre os termos da reposição do equilíbrio contratual.

7 – Na falta de acordo, pode a concessionária recorrer aos meios de composição de litígios, nos termos previstos na cláusula 50.ª

CLÁUSULA 39.ª

Responsabilidade do concedente por incumprimento

A violação, pelo concedente, das obrigações decorrentes do presente contrato confere à concessionária o direito a ser indemnizada dos prejuízos causados, sem embargo da faculdade de rescisão do mesmo.

CLÁUSULA 40.ª

Responsabilidade da concessionária por incumprimento

1 – A violação, pela concessionária, de qualquer das obrigações assumidas no presente contrato fá-la incorrer, nos termos legais, em responsabilidade perante o concedente.

2 – A responsabilidade da concessionária cessa sempre que ocorra caso de força maior, ficando a seu cargo fazer prova da ocorrência.

3 – Consideram-se unicamente casos de força maior os acontecimentos imprevisíveis e irresistíveis cujos efeitos se produzam independentemente da vontade ou circunstâncias pessoais da concessionária.

4 – Constituem nomeadamente casos de força maior actos de guerra, hostilidades ou invasão, terrorismo, epidemia, radiação atómica, grave inundação, incêndio, raio, ciclone, tremor de terra e outros cataclismos naturais que afectem o exercício da actividade compreendida na presente concessão.

5 – A ocorrência de um caso de força maior terá por efeito exonerar a concessionária da responsabilidade pelo não cumprimento das obrigações emergentes deste contrato que sejam afectadas pela ocorrência do mesmo, na estrita medida em que o respectivo cumprimento pontual e atempado tenha sido efectivamente impedido ou, salvo no que respeita à segurança das populações, se torne desproporcionadamente oneroso.

6 – No caso de impossibilidade de cumprimento do presente contrato por causa de força maior, o concedente pode proceder à rescisão nos termos fixados na cláusula 47.ª

7 – A concessionária fica obrigada a comunicar ao concedente a ocorrência de qualquer evento qualificável como caso de força maior, bem como a indicar, no mais curto prazo possível, quais as obrigações emergentes do contrato de concessão cujo cumprimento, no seu entender, se encontra impedido ou dificultado por força de tal ocorrência e, bem assim, se for o caso, as medidas que tomou ou pretende tomar para fazer face à situação ocorrida a fim de mitigar o impacte do referido evento e os respectivos custos.

8 – Enquanto esta retoma não for possível, subsistirão as obrigações da concessionária na medida em que a sua execução seja materialmente possível.

9 – A concessionária deve mitigar, por qualquer meio razoável e apropriado ao seu dispor, os efeitos da verificação de um caso de força maior.

CLÁUSULA 41.ª
Multas contratuais

1 – Sem prejuízo das situações de incumprimento que podem dar origem a sequestro ou rescisão deste contrato nos termos previstos nas cláusulas 42.ª e 47.ª, pelo incumprimento de quaisquer obrigações assumidas no presente contrato, que não ponha em causa a subsistência da relação de concessão, a concessionária pode ser sancionada, por decisão do concedente, pela aplicação de multas contratuais, cujo montante é variável, em função da gravidade da infracção cometida e do grau de culpa do infractor, até € 5 000 000.

2 – A aplicação de multas contratuais está dependente de notificação prévia da concessionária pelo concedente para reparar o incumprimento e do não cumprimento do prazo de reparação fixado nessa notificação nos termos do

número seguinte ou da não reparação integral da falta, pela concessionária, naquele prazo.

3 – O prazo de reparação do incumprimento é fixado pelo concedente de acordo com critérios de razoabilidade e deve ter sempre em atenção a defesa do interesse público e a manutenção em funcionamento da concessão.

4 – A concessionária pode, no prazo fixado na notificação a que se refere o número anterior e em momento anterior ao da aplicação de quaisquer multas contratuais, exercer por escrito o seu direito de defesa.

5 – É da competência do director-geral de Energia a aplicação das multas previstas nesta cláusula.

6 – Caso a concessionária não proceda ao pagamento voluntário das multas contratuais que lhe forem aplicadas no prazo de 20 dias a contar da sua fixação e notificação pelo concedente, este pode utilizar a caução para pagamento das mesmas.

7 – O valor máximo das multas estabelecido na presente cláusula deve ser actualizado em Janeiro de cada ano, de acordo com o índice de preços no consumidor no continente, excluindo habitação, publicado pelo Instituto Nacional de Estatística, referente ao ano anterior.

8 – A aplicação de multas não prejudica a aplicação de outras sanções contratuais nem isenta a concessionária de responsabilidade civil, criminal e contra-ordenacional em que incorrer perante o concedente ou terceiro.

CLÁUSULA 42.ª

Sequestro

1 – Em caso de incumprimento grave pela concessionária das obrigações emergentes do presente contrato, pode o concedente, através de despacho do Ministro, tomar conta da concessão mediante sequestro.

2 – O sequestro da concessão pode ter lugar, nomeadamente, quando se verifique qualquer das seguintes situações, por motivos imputáveis à concessionária:

a) Estiver iminente ou ocorrer a cessação ou interrupção, total ou parcial, do desenvolvimento da actividade objecto da presente concessão;

b) Deficiências graves na organização, no funcionamento ou no regular desenvolvimento da actividade objecto desta concessão, bem como situações de insegurança de pessoas e bens;

c) Deficiências graves no estado geral das infra-estruturas, das instalações e dos equipamentos que comprometam a continuidade ou a qualidade da actividade objecto da presente concessão.

3 – A concessionária fica obrigada a proceder à entrega da concessão no prazo que lhe for fixado pelo concedente quando lhe for comunicada a decisão de sequestro da concessão.

4 – Verificando-se qualquer facto que possa dar lugar ao sequestro da concessão, deve observar-se, com as devidas adaptações, o processo de sanação do incumprimento previsto nos n.ºs 4 e 5 da cláusula 47.^{a}

5 – Verificado o sequestro, a concessionária suporta todos os encargos que resultarem para o concedente do exercício da concessão, bem como as despesas extraordinárias necessárias ao restabelecimento da normalidade.

6 – Logo que cessem as razões do sequestro, seja restabelecido o normal funcionamento da concessão e o concedente o julgue oportuno, deve notificar a concessionária para retomar a concessão, no prazo que lhe for fixado.

7 – No caso de o sequestro se manter por seis meses após ter sido restabelecido o normal funcionamento da concessão, a concessionária pode optar pela rescisão da concessão, sendo então aplicável o disposto na cláusula 48.^{a}

8 – Se a concessionária não retomar a concessão no prazo que lhe for fixado, pode o concedente, através do Ministro, determinar a imediata rescisão deste contrato.

9 – No caso de a concessionária ter retomado o exercício da concessão e continuarem a verificar-se graves deficiências no mesmo, pode o concedente, através do Ministro, ordenar novo sequestro ou determinar a imediata rescisão do contrato de concessão.

CLÁUSULA 43.^{a}
Extinção da concessão

1 – A concessão extingue-se por acordo entre o concedente e a concessionária, por rescisão, por resgate e pelo decurso do prazo fixado na cláusula 5.^{a}

2 – A extinção da concessão determina a transmissão para o concedente de todos os bens e meios a ela afectos, bem como dos direitos e das obrigações inerentes ao seu exercício, sem prejuízo do direito de regresso do concedente sobre a concessionária pelas obrigações por esta assumidas que sejam estranhas à actividade objecto da concessão ou que hajam sido contraídas em violação da lei ou deste contrato ou, ainda, que sejam obrigações vencidas e não cumpridas.

3 – Da transmissão prevista no número anterior excluem-se, além dos bens e meios não afectos à concessão, os fundos ou reservas consignados à garantia ou cobertura de obrigações da concessionária de cujo cumprimento lhe seja dada quitação pelo concedente, a qual se presume se, decorrido um ano sobre a extinção da concessão, não houver declaração em contrário do concedente, através do Ministro.

4 – A tomada de posse da concessão pelo concedente é precedida de vistoria *ad perpetuam rei memoriam*, realizada pelo concedente, através da DGGE, a que assistem representantes da concessionária, destinada à verificação do estado de conservação e manutenção dos bens, devendo ser lavrado o respectivo auto.

CLÁUSULA 44.ª

Procedimento no caso de extinção do contrato por termo

1 – O concedente reserva-se no direito de tomar, nos últimos dois anos do prazo da presente concessão, as providências que julgar convenientes para assegurar a continuação do serviço no termo deste contrato ou as medidas necessárias para efectuar, durante o mesmo prazo, a transferência progressiva da actividade objecto desta concessão para a nova concessionária.

2 – Se, no momento do termo do prazo da concessão, o concedente ainda não tiver tomado decisão quanto ao novo modo ou entidade encarregada da gestão do serviço, poderá acordar com a concessionária que esta continue a prestá-lo até ao limite máximo de um ano, mediante prestação de serviços ou qualquer outro título jurídico público-contratual.

3 – Em caso de extinção da concessão, transferem-se para o concedente os direitos detidos pela concessionária sobre terceiros que se revelem necessários para a continuidade da prestação do serviço concedido e, em geral, à tomada de medidas tendentes a evitar a interrupção da prestação do serviço público concessionado.

CLÁUSULA 45.ª

Decurso do prazo da concessão

1 – Decorrido o prazo da concessão, sem necessidade de qualquer comunicação entre as partes nesse sentido, transmitem-se para o concedente todos os bens e meios afectos à concessão, livres de ónus ou encargos, em bom estado de conservação, funcionamento e segurança, sem prejuízo do normal desgaste do seu uso para efeitos do contrato de concessão.

2 – Cessando a concessão pelo decurso do prazo, deve ser paga pelo concedente à concessionária uma indemnização correspondente ao valor contabilístico dos bens afectos à concessão, adquiridos pela concessionária, com referência ao último balanço aprovado, líquido de amortizações e de comparticipações financeiras e subsídios a fundo perdido.

3 – Caso a concessionária não dê cumprimento ao disposto no n.º 1 da presente cláusula, o concedente deve promover a realização dos trabalhos e aquisições que sejam necessários à reposição dos bens aí referidos, correndo os respectivos custos pela concessionária e podendo ser utilizada a caução para os liquidar no caso de a concessionária não proceder ao pagamento voluntário e atempado dos referidos custos se o Ministro assim o determinar.

CLÁUSULA 46.ª
Resgate da concessão

1 – O concedente poderá, através do Ministro, resgatar a concessão desde que o interesse público o justifique, decorridos 15 anos da data de celebração do presente contrato, mediante notificação feita à concessionária, por carta registada com aviso de recepção, com, pelo menos, um ano de antecedência.

2 – O concedente assume, decorrido o período de um ano sobre a notificação do resgate, todos os bens e meios afectos à concessão anteriormente à data dessa notificação, incluindo todos os direitos e obrigações inerentes ao exercício da concessão, e ainda aqueles que tenham sido assumidos pela concessionária após a data de notificação desde que tenham sido previamente autorizados pelo concedente, através do Ministro.

3 – A assunção de obrigações por parte do concedente é efectuada sem prejuízo do seu direito de regresso sobre a concessionária pelas obrigações por esta contraídas que tenham exorbitado da gestão normal da concessão.

4 – Pelo resgate, a concessionária tem direito a uma indemnização cujo valor deve atender ao valor contabilístico, à data do resgate, dos bens transmitidos para o concedente, livres de quaisquer ónus ou encargos, e ao valor de eventuais lucros cessantes.

5 – O valor contabilístico dos bens referidos no número anterior, à data do resgate, entende-se líquido de amortizações e de comparticipações financeiras e subsídios a fundo perdido, incluindo-se nestes o valor dos bens cedidos pelo concedente.

6 – Para efeitos do cálculo da indemnização, o valor dos bens que se encontrem anormalmente depreciados ou deteriorados devido a deficiência da concessionária na sua manutenção ou reparação deve ser determinado de acordo com o seu estado de funcionamento efectivo.

CLÁUSULA 47.ª
Rescisão do contrato pelo concedente

1 – O concedente pode rescindir o presente contrato no caso de violação grave, não sanada ou não sanável, das obrigações contratuais da concessionária.

2 – Constituem, nomeadamente, causas de rescisão do contrato por parte do concedente os seguintes factos ou situações:

a) Desvio do objecto e fins da concessão;

b) Suspensão ou interrupção injustificadas da actividade objecto da concessão;

c) Oposição reiterada ao exercício da fiscalização, repetida desobediência às determinações do concedente ou sistemática inobservância das leis e regulamentos aplicáveis à exploração quando se mostrem ineficazes as sanções aplicadas;

d) Recusa em proceder à adequada conservação e reparação das infra-estruturas;

e) Recusa ou impossibilidade da concessionária em retomar a concessão nos termos do disposto no n.º 8 da cláusula 42.ª ou, quando o tiver feito, continuação das situações que motivaram o sequestro;

f) Cobrança dolosa das tarifas com valor superior aos fixados;

g) Dissolução ou insolvência da concessionária;

h) Transmissão ou oneração da concessão, no todo ou em parte, sem prévia autorização;

i) Recusa da reconstituição atempada da caução.

3 – Não constituem causas de rescisão os factos ocorridos por motivos de força maior.

4 – Verificando-se um dos casos de incumprimento referidos na presente cláusula ou qualquer outro que, nos termos do disposto no n.º 1 desta cláusula, possa motivar a rescisão do contrato, o concedente, através do Ministro, deve notificar a concessionária para, no prazo que razoavelmente lhe for fixado, cumprir integralmente as suas obrigações e corrigir ou reparar as consequências dos seus actos, excepto tratando-se de uma violação não sanável.

5 – Caso a concessionária não cumpra as suas obrigações ou não corrija ou repare as consequências do incumprimento, nos termos determinados pelo concedente, este pode rescindir o presente contrato mediante comunicação enviada à concessionária, por carta registada com aviso de recepção, sem prejuízo do disposto no número seguinte.

6 – Caso o concedente pretenda rescindir este contrato, designadamente pelos factos referidos na alínea g) do n.º 1, deve previamente notificar os principais credores da concessionária que sejam conhecidos para, no prazo que lhes for determinado, nunca superior a três meses, proporem uma solução que possa sobrestar à rescisão desde que o concedente com ela concorde.

7 – A comunicação da decisão de rescisão referida no n.º 5 desta cláusula produz efeitos imediatos, independentemente de qualquer outra formalidade.

8 – A rescisão prevista no n.º 1 implica a transmissão gratuita de todos os bens e meios afectos à concessão para o concedente, sem qualquer indemnização, e, bem assim, a perda da caução prestada nos termos da cláusula 32.ª, sem prejuízo do direito de o concedente ser indemnizado pelos prejuízos sofridos, nos termos gerais de direito.

CLÁUSULA 48.ª

Rescisão do contrato pela concessionária

1 – A concessionária pode rescindir o presente contrato com fundamento em incumprimento grave das obrigações do concedente se daí resultarem perturbações que ponham em causa o exercício da actividade concedida.

2 – A rescisão prevista no número anterior implica a transmissão de todos os bens e meios afectos à concessão para o concedente, sem prejuízo do direito de a concessionária ser ressarcida dos prejuízos que lhe foram causados, incluindo o valor dos investimentos efectuados e lucros cessantes calculados nos termos previstos anteriormente para o resgate.

3 – A rescisão deste contrato produz efeitos à data da sua comunicação ao concedente por carta registada com aviso de recepção.

4 – No caso da rescisão prevista no n.º 1 desta cláusula, a concessionária deve seguir o procedimento previsto para o concedente nos n.ºs 4 e 5 da cláusula anterior.

CLÁUSULA 49.ª
Exercício dos poderes do concedente

Os poderes do concedente referidos no presente contrato, excepto quando devam ser exercidos pelo Ministro, devem ser exercidos pela DGGE, sendo os actos praticados pelo respectivo director-geral ou pela ERSE, consoante as competências de cada uma destas entidades.

CLÁUSULA 50.ª
Litígios entre concedente e concessionária

1 – As partes manifestam o seu empenho no bom relacionamento entre si e acordam que, constatada por qualquer delas a existência de um litígio ou diferendo relativo à interpretação, integração, aplicação, execução ou cumprimento do presente contrato, bem como relativamente à respectiva validade, ou à necessidade de precisar, completar ou actualizar o seu conteúdo, ou ainda relativamente a actos administrativos referentes à execução do contrato, nos termos previstos no Código de Processo nos Tribunais Administrativos, será o mesmo, em primeiro lugar, objecto de uma tentativa de resolução amigável.

2 – Caso o diferendo não seja resolvido de uma forma consensual no prazo de 15 dias a contar da data da remissão do litígio para a outra Parte para a tentativa de resolução amigável, será o mesmo dirimido por um tribunal arbitral nos termos da presente cláusula.

3 – O tribunal arbitral será constituído nos termos dos números seguintes e, supletivamente, de acordo com a Lei n.º 31/86, de 29 de Agosto.

4 – O tribunal será constituído por um árbitro único se as partes acordarem na respectiva designação ou, na falta desse acordo no prazo de 10 dias, cada uma das partes designará um árbitro, cabendo aos dois árbitros nomeados, nos 5 dias seguintes, a designação do terceiro árbitro que presidirá.

5 – Na falta de acordo entre os árbitros designados pelas partes, verificado ao fim de cinco dias, o terceiro árbitro será indicado pelo presidente do Tribunal da Relação de Lisboa, a requerimento de qualquer das partes.

6 – O tribunal arbitral considera-se constituído na data em que o terceiro árbitro aceitar a sua nomeação e comunicar a sua decisão às partes.

7 – Se decorrer mais de um mês sobre a data de indicação do primeiro árbitro sem que o tribunal arbitral se encontre constituído, pode qualquer das partes recorrer ao tribunal judicial competente para a resolução do litígio em causa.

8 – Caso não se verifique acordo quanto ao objecto do litígio, este será o que resultar da petição do demandante e da eventual reconvenção do demandado.

9 – O tribunal arbitral funcionará em Lisboa, cabendo ao árbitro único ou ao árbitro presidente escolher o local em que o mesmo reunirá, e utilizará a língua portuguesa, funcionando o tribunal de acordo com as regras fixadas no presente contrato, com as regras estabelecidas pelo próprio tribunal arbitral e, ainda, subsidiariamente, pelo disposto na Lei n.º 31/86, de 29 de Agosto.

10 – O tribunal arbitral julgará segundo o direito português constituído, podendo as partes recorrer das respectivas decisões.

11 – As decisões do tribunal arbitral devem ser proferidas no prazo de três meses a contar do termo da instrução do processo ou do encerramento da audiência de discussão e julgamento se a esta houver lugar.

12 – O prazo referido no número anterior é prorrogável, por decisão do árbitro único ou árbitro presidente, consoante o caso, até ao máximo de seis meses.

13 – No caso de o tribunal arbitral ser constituído por dois árbitros designados pelas partes e um árbitro presidente, as respectivas decisões são tomadas por maioria.

14 – A determinação dos honorários dos árbitros será feita de acordo com a tabela de cálculo dos honorários dos árbitros, anexa ao Regulamento do Centro de Arbitragem da Associação Comercial de Lisboa, tendo por base o valor da causa, o qual será igual ao valor do pedido da parte demandante ou ao cúmulo dos valores deste e do pedido reconvencional da parte demandada, caso haja reconvenção, devendo a repartição pelas partes do montante daqueles honorários constar da decisão que for proferida a final.

15 – Sem prejuízo do disposto nos números anteriores, as partes reservam-se o direito de, na vigência e após o termo do presente contrato, e antes ou na pendência de um litígio instaurado no tribunal arbitral, requerer nos tribunais comuns as providências cautelares previstas na lei de processo civil que entenderem por convenientes para defesa dos seus direitos.

16 – Caso as providências previstas no número anterior sejam requeridas antes de constituído o tribunal arbitral, deve iniciar-se imediatamente o procedimento da sua constituição e ser-lhe submetido o litígio para respectiva resolução.

CLÁUSULA 51.ª
Litígios entre concessionária e utilizadores

1 – A concessionária e os seus utilizadores podem celebrar convenções de arbitragem nos termos fixados na cláusula anterior para a solução dos litígios emergentes dos respectivos contratos ou para superar as dificuldades na celebração de acordos de que dependa, nos termos da lei ou do presente contrato, o exercício de direitos ou o cumprimento de deveres de que são titulares.

2 – Os actos da concessionária praticados por via administrativa, nos casos em que a lei, os regulamentos ou este contrato lhe conferem essa prerrogativa, são sempre imputáveis para efeitos de recurso contencioso ao respectivo conselho de administração.

CLÁUSULA 52.ª
Litígios entre concessionária e terceiros

A responsabilidade contratual ou extracontratual geral da concessionária por actos de gestão privada ou de gestão pública efectiva-se nos termos e pelos meios previstos na lei civil e administrativa.

CLÁUSULA 53.ª
Comunicações

Qualquer comunicação entre as partes contratantes relativa ao presente contrato deve ser feita mediante carta registada com aviso de recepção, sem prejuízo da utilização cumulativa de outro meio considerado idóneo para os endereços constantes da identificação das partes no presente contrato.

CLÁUSULA 54.ª
Prazos

1 – Na falta de disposição especial prevista na lei ou neste contrato, o prazo para os actos a praticar pela concessionária ou pelo concedente, quer por intermédio do Ministro, da DGGE e do director-geral de Energia, ou de qualquer outro órgão administrativo, é de 10 dias.

2 – Sempre que o exercício de um direito por parte da concessionária dependa de aprovação ou autorização do concedente, quer por intermédio do Ministro, da DGGE e do director-geral de Energia, ou de qualquer outro órgão administrativo, consideram-se estas concedidas se a decisão não for proferida no

prazo de 90 dias a contar da formulação do pedido ou da apresentação do processo para esse efeito.

3 – Se a concessão da aprovação ou da autorização depender de quaisquer formalidades, designadamente de pareceres de quaisquer outras entidades, os mesmos devem ser solicitados em conjunto, cominando-se um prazo para a sua elaboração que não deverá exceder os 30 dias.

4 – Para efeitos do n.º 2, consideram-se dependentes de aprovação ou autorização do concedente os casos de:

a) Aprovação de projectos;

b) Licenciamento de obras, trabalhos e actividades;

c) Redução de caução.

5 – Para o cômputo dos prazos previstos nesta cláusula, considera-se que os mesmos se suspendem sempre que o procedimento estiver parado por motivo imputável à concessionária.

6 – Os prazos fixados em dias neste contrato são contados nos termos do artigo 72.º do Código do Procedimento Administrativo.

CLÁUSULA 55.ª

Anexos

Integram o presente contrato os seguintes anexos:

Anexo I – planta;

Anexo II – plano de investimentos nas infra-estruturas;

Anexo III – seguros.

ANEXO I

Planta

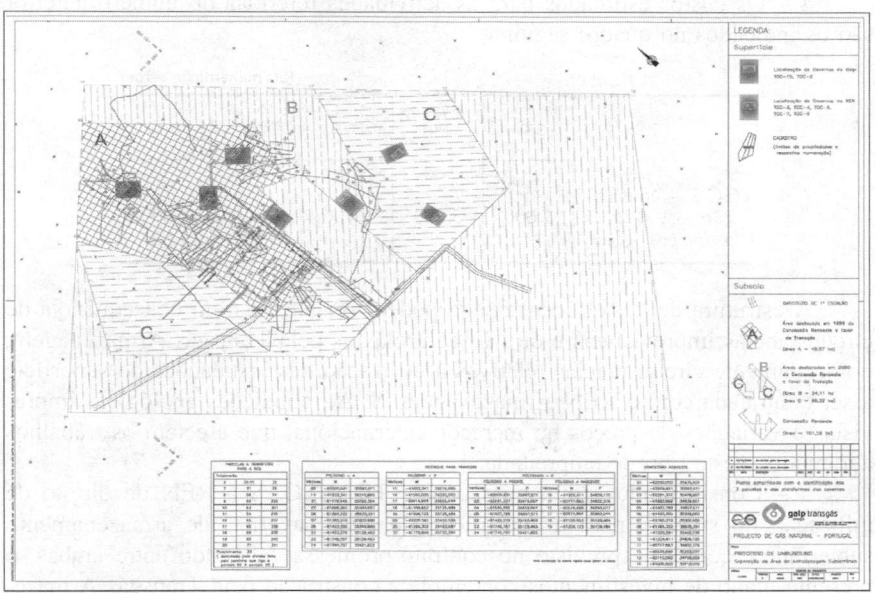

ANEXO II

Plano de investimentos nas infra-estruturas

Plano de investimentos relativo a infra-estruturas
de armazenamento subterrâneo de gás natural

1 – A Transgás Armazenagem pretende expandir a sua actividade de armazenamento subterrâneo no âmbito da respectiva concessão, de acordo com aquilo que se mostrar técnica e economicamente viável, designadamente em termos de recurso geológico.

2 – No âmbito do presente plano de investimentos, a Transgás Armazenagem propõe-se concluir a construção de uma caverna (TGC-1S), que está neste momento a ser objecto do primeiro enchimento, e construir três cavernas adicionais na área abrangida pela respectiva concessão de armazenamento subterrâneo, no Carriço, nos termos estabelecidos nos números seguintes.

3 – O calendário previsto para a execução das actividades relativas à construção da 2.ª caverna da TRANSGÁS (TGC-2), cujo furo já está executado (embora necessitando de ser reparado) é o seguinte:

Reparação do furo – até ao final do ano de 2006;
Lixiviação – de 2007 a 2009;
Primeiro enchimento – 2009-2010.

4 – Os custos estimados para as actividades referidas no número anterior são os indicados no quadro seguinte:

(Em milhares de euros)

	2006	2007	2008	2009	Total
TGC 2 — construção	1 000	3 000	2 500	1 500	8 000
Cushion gas				3 827	3 827

A estrutura de custos identificada poderá ser alterada em consequência de circunstâncias imprevisíveis e ou não controláveis pela Transgás Armazenagem, nomeadamente circunstâncias relativas à utilização das instalações de superfície a ser contratada com a REN Armazenagem, S. A., condições geológicas imprevistas e variações de preços no mercado internacional que afectem os trabalhos abrangidos neste tipo de empreitada.

5 – Considerando a transmissão pela TRANSGÁS à REN do direito de utilização do subsolo para a construção de duas cavernas de armazenamento subterrâneo, conforme previsto no contrato-promessa celebrado entre ambas, o presente plano de investimentos contempla a construção pela Transgás Armazenagem de duas cavernas para além da TGC-1S e da TGC-2 acima referidas.

6 – Para além do disposto nos n.ºs 1 a 3 supra, o desenvolvimento de duas novas cavernas a construir no Carriço, por iniciativa da Transgás Armazenagem, depende de um conjunto de factores, entre os quais o próprio desenvolvimento da concessão de armazenamento subterrâneo da REN Armazenagem, S. A., e a determinação, ou não, pelo ministro responsável pelo sector da energia da venda de cavernas pela Transgás Armazenagem àquela sociedade nos termos previstos no n.º 3 do artigo 66.º do Decreto-Lei n.º 140/2006, de 26 de Julho. A coordenação dos projectos de expansão de infra-estruturas de armazenamento subterrâneo entre a Transgás Armazenagem e a REN justifica-se com o objectivo de permitir uma mais eficiente gestão dos custos associados ao projecto.

7 – Considerando o acima exposto, a previsão indicativa da TRANSGÁS quanto à construção das referidas duas cavernas adicionais é a seguinte:

Realização de dois novos furos durante o ano de 2008;
Desenvolvimento de uma caverna até 2011;
Desenvolvimento de uma outra caverna até 2014.

8 – Quanto aos custos estimados para a construção das cavernas referidas no número anterior, inclui-se no quadro seguinte uma previsão meramente indicativa, que será certamente influenciada pelas vicissitudes que se verifica-

rem no mercado durante os próximos anos e até às datas de execução dos trabalhos em causa:

(Em milhares de euros)

	2008	2009	2010	2011	2012	2013	2014	Total
6.ª caverna	4 403	3 335	3 335	2 268				13 341
7.ª caverna	4 403				3 335	3 335	2 268	13 341
Cushion gas				5 068			10 859	15 926

ANEXO III

Seguros

1 – Seguro de responsabilidade civil – cláusula 31.ª, n.ºs 1 e 2 – montante – valor a fixar por portaria do ministro responsável pela área da energia.

2 – Seguros para cobertura dos riscos da concessão (danos próprios) - cláusula 31.ª, n.ºs 4 e 5 – montante – o valor dos seguros deverá corresponder aos de reposição, em novo, dos activos objecto da concessão da actividade de armazenamento subterrâneo atribuída à Transgás Armazenagem, S. A.

3 – Seguro de fiscalização – cláusula 34.ª:

DGGE:

Montante – € 250 000 por pessoa segura;

Número de pessoas seguras – seis;

Número de dias/ano – quatro;

ERSE:

Montantes e número de pessoas seguras:

€ 560 000 – uma pessoa (director);

€ 400 000 – duas pessoas (consultor);

€ 300 000 – três pessoas (outros);

Número de dias/ano – um.

RESOLUÇÃO DO CONSELHO
DE MINISTROS N.º 109/2006

O Decreto-Lei n.º 30/2006, de 15 de Fevereiro, ao estabelecer as bases gerais da organização e do funcionamento do Sistema Nacional de Gás Natural (SNGN) em Portugal, bem como as bases gerais aplicáveis ao exercício das várias actividades que integram o SNGN e à organização dos mercados de gás natural, impôs a independência, no plano jurídico e patrimonial, do operador da rede nacional de transporte de gás natural relativamente às entidades que exerçam as actividades de distribuição e comercialização de gás natural.

No desenvolvimento dos princípios acima referidos, o Decreto-Lei n.º 140/2006, de 26 de Julho, veio estabelecer as condições da modificação do contrato de concessão celebrado entre o Estado Português e a TRANSGÁS em 14 de Outubro de 1993, através do qual foi atribuída a esta Sociedade a concessão de serviço público de importação, transporte e fornecimento de gás natural.

O decreto-lei mencionado define, assim, as actividades cujo exercício a TRANSGÁS mantém e aquelas que passa a exercer, directa ou indirectamente, no âmbito da concessão e licenças que lhe são atribuídas, bem como as actividades relativamente às quais dá quitação.

Considerando que as actividades que são actualmente prosseguidas pela TRANSGÁS lhe estão atribuídas pelo já referido contrato de concessão celebrado em 1993, importa agora redefinir a situação no que respeita a cada uma das actividades que nele se encontram incluídas, com vista a concretizar a separação de actividades, designadamente a modificação relativamente às que se mantêm concessionadas e às que passarão a ser exercidas em regime de licença.

Assim:

Nos termos da alínea g) do artigo 199.º da Constituição, o Conselho de Ministros resolve:

1 – Aprovar a minuta do contrato a celebrar entre o Estado Português e a TRANSGÁS – Sociedade Portuguesa de Gás Natural, S. A., que regula a modificação do contrato de concessão celebrado entre estas partes em 14 de Outubro de 1993, definindo as actividades cujo exercício a TRANSGÁS – Sociedade Portuguesa de Gás Natural, S. A., mantém e aquelas que passa a exercer, directa ou indirectamente, em regime de concessão e de licença, bem como as actividades de que dá quitação.

2 – Determinar que a presente resolução produz efeitos a partir da data da sua aprovação.

Presidência do Conselho de Ministros, 3 de Agosto de 2006. – O Primeiro--Ministro, *José Sócrates Carvalho Pinto de Sousa.*

Minuta do contrato entre o Estado Português e a TRANSGÁS – Sociedade Portuguesa de Gás Natural, S. A., que modifica o contrato de concessão de serviço público de importação, transporte e fornecimento de gás natural outorgado em 14 de Outubro de 1993.

I – Objecto

CLÁUSULA 1.ª
Definições, interpretação e prazos

1 – Para efeitos do presente contrato, os termos e siglas abaixo indicados terão o significado que a seguir lhes é apontado, salvo se do contexto resultar sentido diferente:

«Clientes finais» – clientes que compram gás natural para consumo próprio;

«Comercialização de gás natural» – importação, compra e venda de gás natural a clientes finais ou outros operadores, incluindo a sua revenda, através da celebração de contratos bilaterais ou da participação em outros mercados;

«Comercializador de último recurso» – sociedade Transgás Indústria, S. A., detida pela TRANSGÁS em regime de domínio total, titular de uma licença de comercialização de gás natural de último recurso, sujeita a obrigações de serviço público, designadamente a obrigação de fornecimento nas áreas abrangidas pela rede pública de gás natural a todos os clientes que o solicitem e que consumam anualmente quantidades de gás natural iguais ou superiores a 2 000 000 m3 normais;

«Contrato de concessão» – contrato de concessão do serviço público de importação, transporte e fornecimento de gás natural celebrado entre as partes em 14 de Outubro de 1993;

«Contrato de concessão de armazenamento subterrâneo» - contrato de concessão de armazenamento subterrâneo de gás natural celebrado nesta data entre o Estado e a sociedade Transgás Armazenagem, S. A., detida pela TRANSGÁS em regime de domínio total;

«DGGE» – Direcção-Geral de Geologia e Energia;

«ERSE» – Entidade Reguladora dos Serviços Energéticos;

«Estado» – primeiro outorgante;

«Gasodutos de BP» – gasodutos com uma pressão de serviço cujo valor relativamente à pressão atmosférica é igual ou inferior a 4 bar;

«Gasodutos de MP» – gasodutos com uma pressão de serviço cujo valor relativamente à pressão atmosférica é igual ou inferior a 20 bar e superior a 4 bar;

«GNL» –– gás natural na forma liquefeita;

«Grandes clientes» – clientes com consumo anual igual ou superior a 2 000 000 m3 normais, com excepção dos produtores de electricidade em regime ordinário, das concessionárias de distribuição regional e das titulares de licenças de distribuição local;

«Mercados organizados» – sistemas com diferentes modalidades de contratação, a prazo e a contado, que possibilitam o encontro entre a oferta e a procura de gás natural e de instrumentos cujo activo subjacente seja gás natural ou activo equivalente;

«Ministro» – Ministro da Economia e da Inovação ou o membro do Governo com outra designação que, de acordo com a respectiva lei orgânica, superintenda no sector da energia;

«Partes» – o Estado, por um lado, e a TRANSGÁS, por outro;

«REN» – REN – Rede Eléctrica Nacional, S. A.;

«RNDGN» – rede nacional de distribuição de gás natural, enquanto conjunto das infra-estruturas de serviço público destinadas à distribuição de gás natural;

«RNTGN» – rede nacional de transporte de gás natural, enquanto conjunto das infra-estruturas de serviço público destinadas ao transporte de gás natural;

«RNTIAT» – rede nacional de transporte, infra-estruturas de armazenamento e terminais de GNL, enquanto conjunto das infra-estruturas de serviço público destinadas à recepção e ao transporte em gasoduto, ao armazenamento subterrâneo e à recepção, ao armazenamento e à regaseificação de GNL;

«RPGN» – rede pública de gás natural, enquanto conjunto que abrange as infra-estruturas que constituem a RNTIAT e as que constituem a RNDGN;

«Reservas de segurança» – as quantidades de gás natural armazenadas com o fim de serem libertadas para consumo, quando expressamente determinado pelo Ministro, para fazer face a situações de perturbação do abastecimento;

«SNGN» – Sistema Nacional de Gás Natural, enquanto conjunto de princípios, organizações, agentes e infra-estruturas relacionados com as actividades de recepção, armazenamento e regaseificação de GNL, armazenamento subterrâneo de gás natural; transporte de gás natural, distribuição de gás natural, comercialização de gás natural, operação de mercados de gás natural e operação logística de mudança de comercializador de gás natural;

«TRANSGÁS» – TRANSGÁS – Sociedade Portuguesa de Gás Natural, S. A., na qualidade de segundo outorgante;

«UAG» – instalação autónoma de recepção, armazenamento e regaseificação de GNL para emissão em rede de distribuição local ou directamente ao cliente final.

2 – Neste contrato, a menos que o respectivo contexto imponha um sentido diverso:

a) As referências a preceitos legais ou contratuais serão interpretadas como abrangendo as modificações de que os mesmos sejam objecto;

b) As referências a cláusulas ou a números devem interpretar-se como visando as cláusulas e os números do presente contrato;

c) As referências a este contrato abrangem os respectivos anexos;

d) As expressões definidas no singular poderão ser utilizadas no plural, e vice-versa, com a correspondente alteração do respectivo significado.

3 – As epígrafes das cláusulas do presente contrato são utilizadas por razões de simplificação, não constituindo suporte da interpretação ou integração do mesmo.

4 – Caso alguma das cláusulas do presente contrato venha a ser julgada nula ou por qualquer forma inválida, ineficaz ou inexequível por uma entidade competente para o efeito, tal nulidade, invalidade, ineficácia ou inexequibilidade não afectará a validade das restantes cláusulas do contrato, comprometendo-se as partes a acordar, de boa-fé, uma disposição que substitua aquela e que, tanto quanto possível, produza os mesmos efeitos.

5 – O presente contrato rege-se e deve ser interpretado de acordo com a lei portuguesa.

6 – Os prazos fixados em dias neste contrato contam-se nos termos do artigo 72.º do Código do Procedimento Administrativo.

CLÁUSULA 2.ª
Objecto

1 – O presente contrato tem por objecto regular a modificação do contrato de concessão prevista no artigo 65.º do Decreto-Lei n.º 30/2006, de 15 de Fevereiro, nos termos dos artigos 65.º a 68.º e 71.º do Decreto-Lei n.º 140/2006, de 26 de Julho, definindo as actividades cujo exercício a TRANSGÁS mantém e aquelas que passa a exercer, directa ou indirectamente, no âmbito da concessão e licenças que lhe são atribuídas.

2 – A TRANSGÁS continua a exercer, nos termos definidos no presente contrato, as seguintes actividades que lhe foram concessionadas nos termos do contrato de concessão:

a) Aprovisionamento de gás natural;

b) Venda de gás natural no âmbito de contratos de fornecimento celebrados com os produtores de electricidade em regime ordinário;

c) Venda de gás natural a título transitório no âmbito dos contratos de fornecimento em vigor celebrados com as actuais concessionárias de distribuição regional de gás natural, com os actuais titulares de licenças de distribuição local e com os grandes clientes;

d) Exercício a título transitório da actividade de distribuição de gás natural através dos gasodutos de MP e das UAG que ainda detém.

3 – A TRANSGÁS, através da sociedade Transgás Armazenagem, S. A., por ela detida em regime de domínio total, mantém, nos termos do contrato de concessão de armazenamento subterrâneo, a concessão dessa actividade nas instalações que detém e venha a construir no sítio da Guarda Norte, Carriço, concelho de Pombal, com exclusão das instalações de armazenamento subterrâneo e do direito de utilização do subsolo transmitidos ou prometidos transmitir à REN – Armazenagem, S. A.

4 – A partir de 1 de Janeiro de 2007, a TRANSGÁS passa a exercer a actividade de comercialização de gás natural em mercado livre, em regime de licença, conforme estabelecido no Decreto-Lei n.º 140/2006, de 26 de Julho.

5 – A TRANSGÁS passa, ainda, a exercer a partir de 1 de Janeiro de 2007, através do comercializador de último recurso, a respectiva actividade, em regime de licença, conforme estabelecido no Decreto-Lei n.º 140/2006, de 26 de Julho.

II – Actividades que continuam a ser exercidas pela TRANSGÁS

CLÁUSULA 3.ª
Aprovisionamento de gás natural

1 – A TRANSGÁS continua a exercer a actividade de aprovisionamento de gás natural, quer no âmbito dos contratos de longo prazo e em regime de *take-or-pay* celebrados antes da entrada em vigor da Directiva n.º 2003/55/CE, do Parlamento e do Conselho, de 26 de Junho, quer de novos contratos que venha a celebrar.

2 – Os contratos de longo prazo e em regime de *take-or-pay* celebrados antes da entrada em vigor daquela directiva são destinados, prioritariamente, à satisfação das necessidades relativas aos contratos de fornecimento a que se refere a cláusula seguinte e dos comercializadores de último recurso.

CLÁUSULA 4.ª
Venda de gás natural

1 – Até 1 de Janeiro de 2007, a TRANSGÁS está autorizada a manter a venda de gás natural nos termos dos respectivos contratos celebrados ao abrigo do contrato de concessão com:

a) Os produtores de electricidade em regime ordinário;
b) As actuais concessionárias de distribuição regional de gás natural;
c) Os actuais titulares de licenças de distribuição local de gás natural;
d) Os grandes clientes.

2 – Em 1 de Janeiro de 2007, os contratos de venda de gás natural identificados no número anterior, com excepção dos contratos referidos na alínea a) do número anterior, passam para a titularidade do comercializador de último recurso que, para o efeito, deve adquirir gás natural à TRANSGÁS nos termos previstos da cláusula 14.ª

3 – Os contratos de venda de gás natural em vigor celebrados com os produtores de electricidade em regime ordinário, ao abrigo do contrato de concessão, mantêm-se na titularidade da TRANSGÁS.

4 – Em 1 de Janeiro de 2008, os contratos referidos no n.º 2 devem ser revistos, no que se refere ao preço, de acordo com o regulamento tarifário.

5 – Os contratos de venda de gás natural celebrados com os grandes clientes, em vigor, podem ser rescindidos por qualquer dos respectivos contratantes a partir de 1 de Janeiro de 2008.

6 – A partir de 1 de Janeiro de 2008, os grandes clientes são livres de escolher o comercializador que melhor entenderem, designadamente a TRANSGÁS, sem prejuízo de poderem optar por continuar a adquirir gás natural ao comercializador de último recurso.

CLÁUSULA 5.ª

Relações com clientes

1 – No exercício da actividade prevista na cláusula anterior e sem prejuízo do disposto no regulamento de relações comerciais, a TRANSGÁS, até 1 de Janeiro de 2007, e o comercializador de último recurso, a partir dessa data, não podem recusar o fornecimento aos clientes que satisfaçam as condições legais e os regulamentos aplicáveis, devendo, no caso de a procura exceder a respectiva capacidade de resposta imediata, dar preferência no fornecimento às actuais concessionárias de distribuição regional, aos actuais titulares de licenças de distribuição local e aos grandes clientes já anteriormente abastecidos, por esta ordem.

2 – A TRANSGÁS e o comercializador de último recurso não podem estabelecer diferenças de tratamento entre clientes que não resultem da aplicação de critérios ou de condicionalismos legais ou regulamentares, tais como os respeitantes a prazo, lugar ou interruptibilidade próprios de cada um dos contratos de fornecimento ou de circunstâncias técnicas como a pressão e os diagramas de carga, diários ou anuais.

3 – A TRANSGÁS e o comercializador de último recurso devem manter, por um prazo de cinco anos, um registo das queixas ou reclamações que lhe tenham sido apresentadas pelos respectivos clientes.

CLÁUSULA 6.ª

Gasodutos de MP e UAG

1 – A TRANSGÁS mantém, transitoriamente, a actividade de distribuição de gás natural através dos gasodutos de MP afectos ao contrato de concessão e, bem assim, das UAG que ainda detém, até à respectiva alienação à concessionária de distribuição regional ou titular da licença de distribuição local da respectiva área, nos termos dos números seguintes.

2 – Os gasodutos de MP e as UAG referidos no número anterior devem ser alienados à concessionária de distribuição regional ou titular da licença de distribuição local da respectiva área, no prazo de um ano a contar da data da publicação do Decreto-Lei n.º 140/2006, de 26 de Julho.

3 – O contrato de compra e venda destes activos deve ser negociado entre a TRANSGÁS e a adquirente, devendo o respectivo preço ter em conta o valor contabilístico do activo alienado, líquido de amortizações e subsídios, e o valor da tarifa aplicável nos termos do regulamento tarifário.

4 – Na falta de acordo entre a TRANSGÁS e a adquirente, qualquer uma delas pode recorrer à arbitragem, de acordo com as regras do Centro de Arbitragem da Associação Comercial de Lisboa.

5 – O não cumprimento culposo e por razões exclusivamente imputáveis à TRANSGÁS do disposto nesta cláusula constitui incumprimento grave deste contrato susceptível de determinar a sua rescisão.

6 – As declarações de utilidade pública prestadas a favor da TRANSGÁS, necessárias para a expropriação de terrenos ou para a constituição de servidões administrativas de gás natural relativas à implantação de infra-estruturas integradas nos activos a alienar, passam a beneficiar, nos termos da legislação aplicável, as concessionárias ou licenciadas adquirentes, prosseguindo a realização dos fins de interesse público que as determinaram.

CLÁUSULA 7.ª

Acordos de partilha de infra-estruturas

1 – Os acordos relativos à partilha de infra-estruturas celebrados, na vigência do contrato de concessão, entre a TRANSGÁS e as concessionárias de distribuição regional e licenciadas de distribuição local que estabelecem direitos e obrigações relativos a gasodutos de MP e BP cessam em 1 de Janeiro de 2008.

2 – Pela cessação dos acordos referidos no número anterior, a TRANSGÁS deve receber das distribuidoras regionais uma compensação calculada com base na sua comparticipação no investimento, líquida de amortizações e de subsídios, e no valor da tarifa aplicável nos termos do regulamento tarifário.

3 – Na falta de acordo entre a TRANSGÁS e a distribuidora regional interessada, qualquer uma delas pode recorrer à arbitragem, de acordo com as regras do Centro de Arbitragem da Associação Comercial de Lisboa.

4 - O não cumprimento culposo e por razões exclusivamente imputáveis à TRANSGÁS do disposto nesta cláusula constitui incumprimento grave deste contrato susceptível de determinar a sua rescisão.

III – Actividade objecto de concessão de serviço público

CLÁUSULA 8.ª
Concessão de armazenamento subterrâneo de gás natural

1 – O Estado e a sociedade Transgás Armazenagem, S. A., detida pela TRANSGÁS em regime de domínio total, outorgam nesta data o contrato de concessão de armazenamento subterrâneo, que modifica nesta parte o contrato de concessão, e que tem por objecto, designadamente, as cavidades que a TRANSGÁS detém e venha a construir, com exclusão das cavidades de armazenamento subterrâneo e do direito de utilização do subsolo para a construção de pelo menos mais duas cavidades no mesmo local, transmitidos ou prometidos transmitir à REN ou a sociedade por esta detida em regime de domínio total inicial.

2 – A actividade objecto do contrato de concessão de armazenamento subterrâneo visa quer a constituição e manutenção de reservas de segurança quer fins operacionais e comerciais, não obstante competir prioritariamente à sociedade REN – Armazenagem, S. A., a disponibilização de capacidade para a constituição e manutenção de reservas de segurança.

3 – As cavidades de armazenamento subterrâneo integradas no objecto da concessão outorgada à sociedade Transgás Armazenagem, S. A., devem ser alienadas por esta última à REN – Armazenagem, S. A., em condições a acordar entre ambas, após esgotada a capacidade de expansão de armazenamento subterrâneo desta última no que respeita às cavidades que adquirir de acordo com o previsto na alínea c) do n.º 1 do artigo 65.º do Decreto-Lei n.º 140/2006, de 26 de Julho, no caso de as mesmas virem a ser consideradas pelo Ministro como necessárias ao reforço da capacidade de reservas de segurança, nos termos previstos no n.º 3 do artigo 66.º do mesmo diploma.

IV – Actividades que passam a ser exercidas em regime de licença

A – Licença de comercialização de gás natural em regime de mercado livre

CLÁUSULA 9.ª
Comercialização de gás natural

1 – A partir de 1 de Janeiro de 2007, a TRANSGÁS passa a exercer, sob licença, a actividade de comercialização de gás natural em regime de mercado livre.

2 – A licença para o exercício da actividade de comercialização referida no número anterior é concedida pela DGGE, independentemente de qualquer formalidade, nos termos da portaria do Ministro, que aprova o respectivo modelo.

3 – Até 1 de Janeiro de 2007, a TRANSGÁS continua a exercer a actividade de comercialização de gás natural nos termos do contrato de concessão.

4 – De acordo com o calendário de abertura do mercado de gás natural, previsto no artigo 64.º do Decreto-Lei n.º 140/2006, de 26 de Julho, a TRANSGÁS pode vender gás natural em regime de mercado livre aos clientes elegíveis, independentemente dos respectivos consumos anuais serem iguais ou superiores a 2 000 000 m3 normais.

CLÁUSULA 10.ª
Direitos e deveres no exercício de comercialização de gás natural

1 – Constitui direito da TRANSGÁS, enquanto titular da licença de comercialização de gás natural em regime de mercado livre, o exercício dessa actividade nos termos da legislação e regulamentação aplicáveis.

2 – Da licença de comercialização de gás natural em regime de mercado livre devem constar os direitos e deveres da TRANSGÁS no exercício dessa actividade, designadamente no que respeita à sua relação com os clientes e publicitação dos preços.

3 – Uma vez cumpridas pela TRANSGÁS as obrigações de venda de gás natural ao comercializador de último recurso, no âmbito dos contratos referidos no n.º 1 da cláusula 14.ª, a TRANSGÁS é livre de vender as quantidades disponíveis no âmbito da sua actividade de comercialização de gás natural em regime de mercado livre.

4 – As operações de venda previstas na parte final do número anterior não têm qualquer impacte ao nível de preço de venda de gás natural pela TRANSGÁS ao comercializador de último recurso, nos termos previstos no n.º 2 da cláusula 14.ª

CLÁUSULA 11.ª

Utilização da RPGN

1 – A TRANSGÁS, no exercício da actividade de comercialização de gás natural em regime de mercado livre, pode utilizar as infra-estruturas que integram a RPGN destinadas à recepção, ao armazenamento, ao transporte e à distribuição de gás natural que integram as respectivas concessões nas condições de acesso que vierem a ser estabelecidas nos termos da regulamentação aplicável.

2 – A TRANSGÁS acordou, simultaneamente com a celebração do contrato de transmissão de activos com a REN ou sociedade por ela detida em regime de domínio total inicial, contratos de prestação de serviços de transporte de gás natural, de armazenamento e de regaseificação de GNL, de carregamento de GNL em camiões-cisterna e em navios metaneiros, de armazenamento subterrâneo de gás natural e de outros serviços necessários, contratos esses em que são definidos os termos e as condições das respectivas prestações, designadamente a reserva de capacidade contratada em cada um dos casos e a sua eventual modificação, as obrigações e as responsabilidades das partes e respectivas penalizações e a definição das respectivas tarifas transitórias.

3 – Os termos e condições subjacentes aos contratos referidos no número anterior devem ser substituídos em conformidade com o regime regulatório das actividades de transporte, de armazenamento subterrâneo e de recepção, armazenamento e regaseificação de GNL a fixar pela ERSE, nos termos da regulamentação aplicável, operando-se a resolução automática desses contratos caso tal seja determinado pelo novo quadro regulatório.

B – Licença de comercialização
de gás natural de último recurso

CLÁUSULA 12.ª

Comercialização de último recurso

1 – Deve ser atribuída, independentemente de qualquer formalidade, à sociedade Transgás Indústria, S. A., detida pela TRANSGÁS, em regime de domínio total, uma licença de comercialização de gás natural de último recurso de todos os grandes clientes e dos titulares das concessões de distribuição regional e das licenças de distribuição local, nos termos do modelo aprovado por portaria do Ministro.

2 – A licença prevista no número anterior é concedida até 2028.

3 – O exercício da actividade de comercialização de último recurso é regulado pela ERSE a partir de 1 de Janeiro de 2007, sem prejuízo do disposto no n.º 8 do artigo 66.º do Decreto-Lei n.º 140/2006, de 26 de Julho.

CLÁUSULA 13.ª

Direitos e deveres do comercializador de último recurso

1 – Constitui direito do comercializador de último recurso o exercício desta actividade, nos termos da respectiva licença e da legislação e regulamentação aplicáveis.

2 – Da licença de comercialização de gás natural de último recurso devem constar os direitos e deveres do comercializador de último recurso, designadamente no que respeita às obrigações de serviço público de venda e ao regime de aprovisionamento de gás natural previsto na cláusula seguinte.

3 – Pelo exercício da actividade de comercialização de último recurso é assegurada à respectiva licenciada uma remuneração, nos termos previstos no regulamento tarifário, que lhe assegure o equilíbrio económico e financeiro da actividade em condições de gestão eficiente nos termos da legislação e regulamentação aplicáveis.

CLÁUSULA 14.ª

**Aprovisionamento de gás natural
pelo comercializador de último recurso**

1 – Com vista a garantir o abastecimento necessário à satisfação dos seus contratos com clientes finais, o comercializador de último recurso deve adquirir gás natural à TRANSGÁS no âmbito dos contratos de aprovisionamento de longo prazo e em regime de *take-or-pay* celebrados por esta Sociedade antes da entrada em vigor da Directiva n.º 2003/55/CE, do Parlamento e do Conselho, de 26 de Junho.

2 – As condições de aquisição de gás natural pelo comercializador de último recurso à TRANSGÁS serão fixadas no regulamento tarifário e devem corresponder ao custo médio das quantidades de gás natural contratadas pela TRANSGÁS no âmbito dos contratos de aprovisionamento referidos no número anterior acrescido das tarifas aplicáveis.

3 – No caso de as necessidades de abastecimento de gás natural destinadas à comercialização de último recurso excederem as quantidades previstas nos contratos referidos no n.º 1, o comercializador de último recurso pode efectuar novas aquisições em mercados organizados ou através de contratos bilaterais, cujas condições sejam previamente aprovadas pela ERSE.

V – Disposições gerais

Cláusula 15.ª
Segurança de abastecimento

1 – No exercício das respectivas actividades de comercialização, a TRANSGÁS e o comercializador de último recurso estão sujeitos à obrigação de constituição e de manutenção de reservas de segurança, na medida em que cada um contribua para a introdução de gás natural no mercado interno nacional para consumo não interruptível, nos termos da legislação e regulamentação aplicáveis.

2 – As reservas de segurança devem estar permanentemente disponíveis para utilização, devendo o seu titular ser sempre identificável e os respectivos volumes contabilizáveis e controláveis pelas autoridades competentes.

3 – As reservas de segurança devem ser constituídas prioritariamente em instalações de armazenamento de gás natural localizadas no território nacional.

4 – A possibilidade de constituir reservas fora do território nacional, carece de autorização do Ministro, podendo apenas para o efeito ser utilizadas instalações de armazenamento de gás natural localizadas no território de outros Estados membros com adequado grau de interconexão, mediante a celebração prévia de acordos bilaterais que garantam a sua introdução no mercado nacional.

5 – Os encargos com a constituição e manutenção de reservas de segurança devem ser suportados pelo respectivo titular, nos termos da legislação e regulamentação aplicáveis.

6 – A TRANSGÁS e o comercializador de último recurso só podem deixar de constituir reservas de segurança relativamente a novos centros produtores de electricidade em regime ordinário, desde que estes obtenham autorização da DGGE para celebrar contratos de venda de gás natural que permitam a interrupção nos termos fixados na legislação e regulamentação aplicáveis.

7 – A TRANSGÁS e o comercializador de último recurso devem enviar à DGGE e à concessionária da RNTGN, até ao dia 15 de cada mês, as informações referentes aos consumos efectivos da sua carteira de clientes no mês anterior, discriminando as quantidades interruptíveis e não interruptíveis e fazendo prova dos respectivos contratos de interruptibilidade.

Cláusula 16.ª
Características do gás natural

O gás natural entregue pela TRANSGÁS e pelo comercializador de último recurso nas redes que integram a RPGN deve satisfazer as condições e respeitar as características definidas nos termos da regulamentação em vigor.

CLÁUSULA 17.ª

Menções a incluir na facturação

A TRANSGÁS e o comercializador de último recurso devem incluir no documento de facturação todos os elementos informativos necessários ao cálculo da importância facturada que vierem a ser definidos respectivamente nos contratos e no regulamento de relações comerciais.

CLÁUSULA 18.ª

Interrupção de fornecimento

1 – Sem prejuízo dos contratos de venda em regime de interruptibilidade, a TRANSGÁS e o comercializador de último recurso podem interromper unilateralmente, nos termos da legislação aplicável, o fornecimento de gás natural aos seus clientes nos seguintes casos:

a) Falta de pagamento das quantias devidas pela ligação e pelo fornecimento de gás natural, decorridos 60 dias após a data de vencimento da respectiva factura, de acordo com o disposto no n.º 2 desta cláusula;

b) Alteração não autorizada ao funcionamento de equipamentos ou sistemas de queima e de ligação à RNTGN que ponha em causa a segurança ou a regularidade do abastecimento;

c) Incumprimento grave das obrigações de segurança definidas regulamentarmente ou, em caso de emergência, das ordens e instruções da TRANSGÁS ou do comercializador de último recurso;

d) Incumprimento de obrigações contratuais que expressamente estabeleçam esta sanção.

2 – O disposto na alínea a) do número anterior é aplicável no que diz respeito à TRANSGÁS até 1 de Janeiro de 2007 e no que diz respeito ao comercializador de último recurso a partir dessa data.

3 – A retoma do serviço interrompido pressupõe o pagamento de uma taxa, que será fixada pela ERSE e incluída no respectivo contrato de fornecimento.

CLÁUSULA 19.ª

Preços

1 – De acordo com o calendário de abertura do mercado de gás natural previsto no artigo 64.º do Decreto-Lei n.º 140/2006, de 26 de Julho, os preços referentes aos contratos de comercialização celebrados entre a TRANSGÁS e os seus clientes são negociados de acordo com as regras do mercado livre.

2 – Os preços praticados pelo comercializador de último recurso a partir de 1 de Janeiro de 2008 serão fixados no regulamento tarifário.

CLÁUSULA 20.ª
Deveres de informação

Além dos demais deveres de informação a que estão obrigados pelo presente contrato e legislação aplicável às actividades que exercem, a TRANSGÁS e o comercializador de último recurso devem fornecer ao Estado, através da DGGE ou da ERSE, consoante as respectivas competências, todos os elementos que estas lhes solicitarem, relativos às actividades de serviço público por eles exercidas, designadamente os necessários à resposta a quaisquer pedidos da Comissão Europeia.

CLÁUSULA 21.ª
**Relacionamento com a concessionária da RNTGN
no âmbito da gestão técnica global do SNGN**

A TRANSGÁS e o comercializador de último recurso encontram-se sujeitos às obrigações que decorrem do exercício por parte da concessionária da RNTGN das suas competências em matéria de gestão técnica global do SNGN e segurança do abastecimento, nos termos previstos na legislação e regulamentação aplicáveis.

CLÁUSULA 22.ª
Medidas de prevenção de risco

Sempre que detectarem ou forem alertadas para uma situação que ponha em risco a segurança de pessoas ou bens, a TRANSGÁS e o comercializador de último recurso devem comunicar imediatamente tal facto às concessionária da RNTGN e da RNDGN, a fim de serem tomadas as medidas necessárias para prevenção e eliminação do risco.

CLÁUSULA 23.ª
Responsabilidade civil

1 – A TRANSGÁS e as sociedades concessionária e licenciada por ela detidas em regime de domínio total são responsáveis, nos termos gerais de direito, por quaisquer prejuízos causados ao Estado ou a terceiros no exercício das actividades objecto do presente contrato.

2 – Para garantir o cumprimento das respectivas obrigações no âmbito do contrato de concessão de armazenamento subterrâneo, a sociedade Transgás Armazenagem, S. A., detida pela TRANSGÁS em regime de domínio total, deve celebrar contratos de seguro de responsabilidade civil em ordem a assegurar a cobertura de eventuais danos materiais e corporais sofridos por terceiros e resultantes do exercício da respectiva actividade, nos termos definidos nesse contrato.

CLÁUSULA 24.ª
Fiscalização e regulação

1 – Sem prejuízo das competências atribuídas a outras entidades públicas, cabe à DGGE o exercício dos poderes de fiscalização do cumprimento das disposições legais aplicáveis às actividades objecto do presente contrato.

2 – Sem prejuízo das competências atribuídas a outras entidades públicas, cabe à ERSE o exercício dos poderes de regulação das actividades que integram o objecto deste contrato, nos termos previstos nas disposições legais e regulamentares aplicáveis.

3 – Para efeitos do disposto nos números anteriores, a TRANSGÁS e as sociedades concessionária e licenciada por ela detidas em regime de domínio total devem:

a) Prestar todas as informações e facultar todos os documentos a que estejam obrigadas nos termos da lei e do regime regulatório aplicável que lhes forem solicitados pelas entidades fiscalizadora e reguladora ao abrigo das respectivas atribuições; e

b) Permitir o acesso dos funcionários e agentes das referidas entidades, devidamente credenciados e no exercício das suas funções, a quaisquer instalações e equipamentos, nos termos em que tal seja obrigatório de acordo com o regime jurídico aplicável.

CLÁUSULA 25.ª
Rescisão do contrato pelo Estado

1 – O Estado pode rescindir o presente contrato no caso de violação grave, não sanada ou não sanável, das obrigações assumidas no seu âmbito directamente pela TRANSGÁS.

2 – Não constituem causas de rescisão os factos ocorridos por motivos de força maior.

3 – Verificando-se qualquer caso de incumprimento que, nos termos do disposto no n.º 1 desta cláusula, possa motivar a rescisão do presente contrato, o Estado, através do Ministro, deve notificar a TRANSGÁS para, no prazo que

razoavelmente lhe for fixado, cumprir integralmente as suas obrigações e corrigir ou reparar as consequências dos seus actos.

4 – Caso a TRANSGÁS não cumpra as suas obrigações ou não corrija ou repare as consequências do incumprimento, nos termos determinados pelo Estado, este poderá rescindir o presente contrato mediante comunicação enviada à TRANSGÁS, com efeitos imediatos.

CLÁUSULA 26.ª

Rescisão do contrato pela TRANSGÁS

1 – A TRANSGÁS pode rescindir o presente contrato com fundamento em incumprimento grave das obrigações do Estado, se daí resultarem perturbações que ponham em causa o exercício das actividades objecto do presente contrato.

2 – No caso de rescisão, a TRANSGÁS deve seguir o procedimento previsto para o Estado na cláusula anterior.

CLÁUSULA 27.ª

Litígios entre o Estado e a TRANSGÁS

1 – As partes manifestam o seu empenho no bom relacionamento entre si e acordam que constatada por qualquer delas a existência de um litígio ou diferendo relativo à interpretação, integração, aplicação, execução ou cumprimento do presente contrato, bem como relativamente à respectiva validade, ou à necessidade de precisar, completar ou actualizar o seu conteúdo, e ainda relativamente a actos administrativos referentes à execução do presente contrato nos termos do Código de Processo nos Tribunais Administrativos será o mesmo, em primeiro lugar, objecto de uma tentativa de resolução amigável.

2 – Caso o diferendo não seja resolvido de uma forma consensual no prazo de 15 dias a contar da data da remissão do litígio para a outra parte para a tentativa de resolução amigável, será o mesmo dirimido por um tribunal arbitral nos termos da presente cláusula.

3 – O tribunal arbitral será constituído nos termos dos números seguintes e, supletivamente, de acordo com a Lei n.º 31/86, de 29 de Agosto.

4 – O tribunal será constituído por um árbitro único, se as partes acordarem na respectiva designação ou, na falta desse acordo no prazo de 10 dias, cada uma das partes designará um árbitro, cabendo aos dois árbitros nomeados, nos 5 dias seguintes, a designação do terceiro árbitro, que presidirá.

5 – Na falta de acordo entre os árbitros designados pelas partes, verificado ao fim de cinco dias, o terceiro árbitro será indicado pelo presidente do Tribunal da Relação de Lisboa, a requerimento de qualquer uma das partes.

6 – O tribunal arbitral considera-se constituído na data em que o terceiro árbitro aceitar a sua nomeação e comunicar a sua decisão às partes.

7 – Se decorrer mais de um mês sobre a data de indicação do primeiro árbitro sem que o tribunal arbitral se encontre constituído, pode qualquer uma das partes recorrer ao tribunal judicial competente para a resolução do litígio em causa.

8 – Caso não se verifique acordo quanto ao objecto do litígio, este será o que resultar da petição do demandante e da eventual reconvenção do demandado.

9 – O tribunal arbitral funcionará em Lisboa, cabendo ao árbitro único ou ao árbitro presidente escolher o local em que o mesmo reunirá, e utilizará a língua portuguesa, funcionando o tribunal de acordo com as regras fixadas no presente contrato, com as regras estabelecidas pelo próprio tribunal arbitral e, ainda, subsidiariamente, pelo disposto na Lei n.º 31/86, de 29 de Agosto.

10 – O tribunal arbitral julgará segundo o direito português constituído e das suas decisões não cabe recurso, desde que o objecto da decisão respeite exclusivamente à interpretação, integração, aplicação, execução ou cumprimento do presente contrato, bem como à respectiva validade ou à necessidade de precisar, completar ou actualizar o respectivo conteúdo.

11 – As decisões do tribunal arbitral devem ser proferidas no prazo de três meses a contar do termo da instrução do processo ou do encerramento da audiência de discussão e julgamento, se a esta houver lugar.

12 – O prazo referido no número anterior é prorrogável, por decisão do árbitro único ou árbitro presidente, consoante o caso, até ao máximo de seis meses.

13 – No caso de o tribunal arbitral ser constituído por dois árbitros designados pelas partes e um árbitro presidente, as respectivas decisões são tomadas por maioria.

14 – A determinação dos honorários dos árbitros será feita de acordo com a tabela de cálculo dos honorários dos árbitros, anexa ao Regulamento do Centro de Arbitragem da Associação Comercial de Lisboa, tendo por base o valor da causa, o qual será igual ao valor do pedido da parte demandante ou ao cúmulo dos valores deste e do pedido reconvencional da parte demandada, caso haja reconvenção, devendo a repartição pelas partes do montante daqueles honorários constar da decisão que for proferida a final.

15 – Sem prejuízo do disposto nos números anteriores, as partes reservam-se o direito de, na vigência e após o termo do presente contrato, e antes ou na pendência de um litígio instaurado no tribunal arbitral, requerer nos tribunais comuns as providências cautelares previstas na lei de processo civil que entenderem por convenientes para defesa dos seus direitos.

16 – Caso as providências previstas no número anterior sejam requeridas antes de constituído o tribunal arbitral, deve iniciar-se imediatamente o procedimento da sua constituição e ser-lhe submetido o litígio para respectiva resolução.

CLÁUSULA 28.ª

Litígios entre a TRANSGÁS e clientes

A TRANSGÁS e os seus clientes podem celebrar convenções de arbitragem para a solução dos litígios emergentes dos respectivos contratos de fornecimento ou para superar as dificuldades na celebração de acordos de que dependa, nos termos da lei ou do presente contrato, o exercício de direitos ou o cumprimento de deveres de que são titulares.

CLÁUSULA 29.ª

**Quitação à reposição do equilíbrio económico
e financeiro do contrato de concessão**

1 – A TRANSGÁS dá plena quitação à reposição do equilíbrio económico e financeiro do contrato de concessão decorrente da modificação operada com o presente contrato, considerando os seguintes aspectos:

a) Cumprimento integral pela TRANSGÁS das suas obrigações no âmbito do contrato de concessão e observância dos condicionalismos financeiros nele estabelecidos no exercício das respectivas actividades;

b) Distribuição de riscos estabelecida no contrato de concessão;

c) Actividades exercidas pela TRANSGÁS no âmbito do presente contrato;

d) Atribuição da concessão de armazenamento subterrâneo da cavidade de armazenamento subterrâneo de gás natural no Carriço à sociedade Transgás Armazenagem, S. A., detida pela TRANSGÁS em relação de domínio total, nos termos do contrato de concessão de armazenamento subterrâneo;

e) Outorga da licença de comercialização de gás natural de último recurso a uma sociedade constituída em regime de domínio total com a TRANSGÁS;

f) A outorga à TRANSGÁS de uma licença de comercialização de gás natural em regime de mercado livre; e

g) O enquadramento legal e regulamentar aplicável às actividades previstas no presente contrato, a serem desenvolvidas pela TRANSGÁS, pelo comercializador de último recurso e pela Transgás Armazenagem, S. A.

2 – A quitação a que se refere a presente cláusula deixa de produzir efeitos caso o concedente proceda à extinção das licenças de comercialização de gás natural em regime de mercado livre e de comercialização de gás natural de último recurso sem que se tenha verificado a falta de cumprimento de deveres relativos ao exercício das respectivas actividades por parte da TRANSGÁS ou do comercializador de último recurso, nos termos previstos nessas licenças e demais legislação aplicável.

Cláusula 30.ª

Comunicações

Qualquer comunicação entre as partes contratantes relativa ao presente contrato será feita mediante carta registada com aviso de recepção, sem prejuízo da utilização cumulativa de outro meio considerado idóneo, para os endereços constantes da identificação das partes no presente contrato.

DESPACHO N.° 24145/2007

O Regulamento do Acesso às Redes, às Infra-Estruturas e às Interligações do Sector do Gás Natural (RARII), aprovado pelo despacho, da ERSE, n.° 19 624-A/2006, de 11 de Setembro, publicado em suplemento ao *Diário da República,* 2ª série, de 25 de Setembro de 2006, estabelece as condições técnicas e comerciais segundo as quais se processa o acesso às redes de transporte e de distribuição às instalações de armazenamento subterrâneo de gás natural, aos terminais de GNL e às interligações.

O capítulo II deste Regulamento estabelece as condições específicas a que deve obedecer o acesso às referidas infra-estruturas, o qual, por força do seu artigo 6.°, concretiza, consoante as situações, com a celebração, por escrito, dos seguintes contratos:

Contrato de uso de terminal de GNL;

Contrato de uso do armazenamento subterrâneo de gás natural;

Contrato de uso da rede de transporte;

Contrato de uso das redes de distribuição.

Os contratos de uso das infra-estruturas, a celebrar pelas entidades referidas no artigo 7.°, devem integrar as condições relacionadas com o uso das infra-estruturas, diferindo consoante o tipo de agente de mercado em causa, previstas no artigo 8.°

De acordo com o disposto no artigo 9.°, as condições gerais destes contratos são aprovadas pela Entidade Reguladora dos Serviços Energéticos (ERSE), na sequência de consulta aos agentes de mercado, tendo por base uma proposta apresentada pelo operador de infra-estrutura a que o contrato diz respeito.

Em cumprimento das citadas disposições, os operadores das respectivas infra-estruturas apresentaram à ERSE propostas de condições gerais dos seguintes contratos:

Contrato de uso do terminal de GNL;

Contrato de uso do armazenamento subterrâneo de gás natural;

Contrato de uso de rede de transporte.

A ERSE procedeu à análise das referidas propostas, tendo em sequência e com base nas mesmas elaborado a sua proposta, que enviou aos operadores e agentes de mercado para comentários.

Considerando os comentários e sugestões apresentados, a ERSE elaborou as condições gerais dos contratos que, pelo presente despacho, passa a aprovar.

Assim:

Ao abrigo das disposições conjugadas do artigo 9.º do Regulamento do Acesso às Redes, às Infra-Estruturas e às Interligações do Sector do Gás Natural e da alínea b) do n.º 1 do artigo 31.º dos Estatutos da ERSE anexos ao Decreto--Lei n°97/2002, de 12 de Abril, o conselho de administração da ERSE deliberou:

1.º Aprovar as condições gerais do contrato de uso do terminal do GNL, que constitui o anexo I do presente despacho.

2.º Aprovar as condições gerais do contrato de uso do armazenamento subterrâneo de gás natural, que constitui o anexo II do presente despacho.

3.º Aprovar as condições gerais do contrato de uso da rede de transporte que constitui o anexo III do presente despacho.

4.º Os anexos referidos nos números anteriores ficam a fazer parte integrante do presente despacho.

5.º Os agentes de mercado abrangidos pelos contratos de uso das infra-estruturas identificados nos números anteriores em exercício das suas actividades à data da publicação do presente despacho devem proceder à celebração dos respectivos contratos de uso das correspondentes infra-estruturas até 31 de Dezembro de 2007.

6.º O presente despacho entra em vigor no dia seguinte ao da sua publicação.

9 de Outubro de 2007 – O Conselho de Administração: *Vítor Santos – Maria Margarida de Lucena Corrêa de Aguiar – José Braz.*

ANEXO I

Condições gerais do contrato de uso do terminal de GNL

CLÁUSULA 1.ª

Definições e siglas

No âmbito do presente contrato de uso do terminal de GNL, entende-se por:

a) «Contrato» o presente contrato de uso do terminal de GNL;

b) «ERSE» Entidade Reguladora dos Serviços Energéticos;

c) «GNL» gás natural liquefeito;

d) «RARII» Regulamento do Acesso às Redes, às Infra-estruturas e às Interligações;

e) «RNTGN» Rede Nacional de Transporte de Gás Natural;

f) «RRC» Regulamento de Relações Comerciais;

g) «SNGN» Sistema Nacional de Gás Natural.

CLÁUSULA 2.ª
Objecto

Constitui objecto deste contrato o estabelecimento das condições técnicas e comerciais a que deve obedecer o acesso às instalações do terminal de GNL, por parte dos agentes de mercado, nos termos previstos na legislação e regulamentação aplicáveis, nomeadamente no RARII.

CLÁUSULA 3.ª
Âmbito de aplicação

1 – Para efeitos do previsto no número anterior, o operador do terminal de GNL assegura a recepção, o armazenamento e a regaseificação de GNL, segundo as condições contratadas com os vários agentes de mercado;
a) Clientes elegíveis;
b) Comercializadores;
c) Comercializador de último recurso grossista;
d) Comercializadores de último recurso retalhistas;
e) Comercializador do SNGN.
2 – Os contratos de uso do terminal de GNL incluem a trasfega de navios metaneiros e o enchimento de camiões-cisterna com GNL, bem como outros serviços acessórios.

CLÁUSULA 4.ª
Duração

1 – Sem prejuízo do disposto no número seguinte, o contrato tem a duração de um ano, considerando-se automática e sucessivamente renovado por iguais períodos, salvo denúncia pelo agente de mercado, sujeita à forma escrita, com a antecedência mínima de 60 dias em relação ao termo do contrato ou da sua renovação.
2 – O início e o termo do prazo contratual coincidirão com o início e o termo do ano gás, à excepção do primeiro período de vigência do contrato, cuja duração será até ao final do ano gás em curso, se tiver início entre 1 de Julho e 31 de Dezembro, ou até final do ano gás seguinte se tiver início entre 1 de Janeiro e 30 de Junho.
3 – A denúncia prevista no n.º 1 da presente cláusula só terá eficácia após o agente de mercado em questão retirar ou transferir para terceira entidade, interveniente no SNGN, todo o GNL de sua propriedade que esteja armazenado nas instalações do terminal de GNL.

CLÁUSULA 5.ª

Regras aplicáveis

1 – O contrato de uso do terminal de GNL submete-se às regras constantes da legislação e dos regulamentos aplicáveis, em vigor para o SNGN, nomeadamente os seguintes:

a) Regulamento do Acesso às Redes, às Infra-Estruturas e às Interligações;

b) Regulamento de Relações Comerciais;

c) Regulamento da Qualidade de Serviço;

d) Regulamento Tarifário;

e) Regulamento de Operação das Infra-estruturas;

f) Regulamento do Terminal de GNL.

2 – Além dos citados regulamentos, o contrato submete-se a toda a sub-regulamentação decorrente dos mesmos, sem prejuízo do estabelecido nas condições particulares que integrem o contrato.

CLÁUSULA 6.ª

Obrigações e responsabilidades das partes

1 – Sem prejuízo do disposto nos números seguintes, as obrigações e responsabilidade das partes são as constantes no mecanismo de atribuição de capacidade de trasfega e de enchimento dos camiões-cisterna nos terminais de GNL e na demais legislação e regulamentação em vigor.

2 – Sem prejuízo do disposto em qualquer outra norma, regulamento ou procedimento aplicável, cabe ao agente de mercado, enquanto utilizador da infra-estrutura de descarga de navios, assegurar as seguintes obrigações:

a) Garantir a obtenção e manutenção de todas as licenças ou outras autorizações que devam ser obtidas para a importação ou comércio de GNL e para a utilização do porto;

b) Utilizar exclusivamente navios totalmente compatíveis com a especificação e características operacionais do terminal de GNL e que estejam aprovados e certificados de acordo com o determinado pelo operador do terminal de GNL, nos termos do Manual de Procedimentos de Operação do Sistema;

c) Assegurar o transporte marítimo de GNL até ao terminal, suportando os respectivos encargos, bem como os relativos à acostagem e amarração dos navios no cais;

d) Acordar com o fornecedor do transporte marítimo de GNL que os navios, as tripulações e qualquer pessoa contratada ou sub-contratada, cumprem toda a legislação, directivas e normas aplicáveis, bem como outros requisitos aplicáveis à exploração do porto, incluindo a aproximação ao porto, pilotagem, assistência de rebocadores, manobras, atracação e questões de segurança;

e) Pagar ou fazer com que sejam pagos atempadamente a todas as entidades relevantes todos e quaisquer impostos, tarifas portuárias, tarifas de carga ou outros encargos.

3 – Sem prejuízo do disposto em qualquer outra norma, regulamento ou procedimento aplicável, cabe ao operador da rede de transporte ou ao agente de mercado, enquanto utilizadores da infra-estrutura de enchimento de camiões-cisterna, o cumprimento das seguintes obrigações:

a) Transporte de GNL por via rodoviária desde o terminal até a seu ponto de destino e vice-versa;

b) Acordar com o fornecedor do Iransporte rodoviário de GNL que os condutores cumprem todos os regulamentos e requisitos de segurança em vigor no terminal GNL, designadamente o Manual de Procedimentos de Operação do Sistema, e que possuem formação adequada ao desempenho da sua função;

c) Acordar com o fornecedor do transporte rodoviário de GNL que os camiões-cisterna utilizados são construídos, explorados e mantidos de acordo com toda a legislação, directivas e normas aplicáveis, bem como as boas práticas da indústria internacional do GNL e da indústria de transportes rodoviários, de uma forma totalmente compatível com a especificação e características operacionais do terminal;

d) Acordar com o fornecedor do transporte rodoviário de GNL que os camiões--cisterna, os condutores e qualquer pessoa contratada ou subcontratada cumprem toda a legislação, directivas e normas aplicáveis, bem como outros requisitos aplicáveis ao transporte rodoviário de matérias perigosas.

4 – De acordo com os termos deste contrato e sem prejuízo do disposto em quaisquer outro(s) contrato(s) celebrado(s) com o(s) agente(s) de mercado, cabe ao operador do terminal de GNL o seguinte:

a) Manter, em bom estado de funcionamento, conservação e segurança, em respeito pelo ambiente, o cais de acostagem do terminal, efectuando para tal as reparações, renovações e adaptações necessárias ao seu bom desempenho;

b) Disponibilizar um cais seguro em que os navios possam permanecer e descarregar em segurança e um passadiço (portaló) para acesso ao navio;

c) Devolver ao navio em causa o vapor de gás natural necessário para a descarga do GNL em segurança e para a viagem de regresso nas condições relativas a quantidade, débito, pressão e temperatura acordadas na reunião de pré-descarga e tendo em consideração as capacidades do terminal e do navio em causa;

d) Proporcionar um sistema de acesso não discriminatório de navios ao terminal;

e) Assumir o risco de perda em relação ao gás natural, desde a sua descarga até à disponibilização nos pontos de ligação entre o terminal de GNL e a RNTGN ou RNDGN e até ao enchimento de camiões-cisterna;

f) Obter, manter ou fazer com que sejam obtidas e mantidas todas as licenças ou outras autorizações de qualquer tipo que devam ser obtidas por si ou por quaisquer entidades que contrate ou subcontrate relativamente à descarga, recepção, armazenamento e processamento de GNL;

g) Enviar cópia ao agente de mercado de toda a informação relevante referente à descarga por este contratada com o navio, empresa de navegação ou autoridade portuária;

h) Proporcionar um sistema de acesso não discriminatório ao terminal de GNL e respectiva estação de enchimento de camiões-cisterna, exportando GNL de uma forma imparcial a todos os agentes de mercado que o solicitem;

i) Efectuar o investimento necessário à manutenção e aumento da capacidade de enchimento de cisternas no terminal de GNL, de forma a garantir a continuidade do abastecimento;

j) Velar pelas condições de segurança durante a operação de enchimento.

Cláusula 7.ª
Informação para efeitos de acesso ao terminal de GNL

1 – Para efeitos ao acesso ao terminal de GNL, em conformidade com o disposto no RARII, o operador deve disponibilizar na sua página da Internet informação geral relativa à sua infra-estrutura, incluindo as seguintes matérias:

a) Informação técnica que permita caracterizar o terminal de GNL;

b) Projectos de investimento relativos à infra-estrutura do terminal de GNL.

2 – Além da informação referida no número anterior, o operador do terminal de GNL deverá ainda disponibilizar em conformidade com o disposto no RARII, na sua página na Internet, informação relativa à capacidade da sua infra-estrutura, incluindo:

a) Metodologia para a determinação de capacidade do terminal de GNL;

b) Os valores indicativos das capacidades disponíveis para fins comerciais na sua infra-estrutura, bem como as suas actualizações;

c) Mecanismo de atribuição de capacidade de trasfega e de enchimento de camiões-cisterna nos terminais de GNL.

Cláusula 8.ª
Procedimentos

1 – Os agentes de mercado devem cumprir com as disposições do mecanismo de atribuição de capacidade de trasfega e de enchimento de camiões-cisterna nos terminais de GNL.

2 – Os agentes de mercado devem participar nos processos de programação, nomeação e renomeação, tendo em vista a atribuição de capacidade no ponto de ligação entre o terminal de GNL e a RNTGN, cumprindo o disposto no RARII e no ROL cujos procedimentos se encontram detalhados no mecanismo de atribuição de capacidade na RNTGN e no Manual de Procedimentos de Operação do Sistema.

3 – A utilização de capacidade no terminal de GNL, por parte dos agentes de mercado, é acordada nas condições particulares e só poderá ser concretizada após a atribuição de capacidade por parte do operador do terminal de GNL em coordenação com o operador da RNTGN, na sua qualidade de gestor técnico global do SNGN, em resultado do processo de programação ou nomeação em respeito pelos princípios gerais da atribuição da capacidade das infra-estruturas definidos no RARII.

CLÁUSULA 9.ª
Alteração da identificação do agente de mercado

1 – Qualquer alteração dos elementos constantes no contrato, relativos à identificação, residência ou sede do agente de mercado, deve ser comunicada ao operador do terminal de GNL, através de carta registada com aviso de recepção, no prazo de 30 dias a contar da data da alteração.

2 – O agente de mercado deve apresentar comprovativos da alteração verificada, quando tal lhe for exigido pelo operador do terminal de GNL.

CLÁUSULA 10.ª
Calibrações e ensaios

O operador do terminal de GNL tem o dever de proceder à manutenção e calibração dos equipamentos de medição das suas instalações, podendo, para o efeito, proceder às medições, verificações, calibrações e ensaios que entender convenientes, nos termos previstos na regulamentação vigente.

CLÁUSULA 11.ª
Facturação e pagamento

1 – O operador do terminal de GNL tem o direito de receber uma retribuição pelo uso das suas infra-estruturas físicas e serviços inerentes, pela aplicação da tarifa relativa ao uso do terminal de recepção, armazenamento e regaseificação de GNL, nos termos definidos no Regulamento Tarifário.

2 – Os períodos tarifários aplicáveis na facturação das tarifas referidas no número anterior são publicados pela ERSE no despacho anual que estabelece as tarifas e preços do gás natural para o ano gás seguinte.

3 – As grandezas a utilizar para o cálculo das tarifas referidas no n.° 1 da presente cláusula são determinadas nos termos definidos no RRC e no Regulamento Tarifário.

4 – Até ao 5.° dia útil de cada mês, o operador do terminal de GNL enviará ao agente de mercado a factura relativa ao uso do terminal de recepção, armazenamento e regaseificação de GNL prestados no mês anterior, incluindo eventuais compensações, penalidades ou acertos respeitantes aos meses anteriores.

5 – As facturas emitidas pelo operador do terminal deverão ser pagas pelos agentes de mercado no prazo de 17 dias úteis a partir da data da apresentação.

6 – Os atrasos de pagamento ficam sujeitos a cobrança de juros de mora, à taxa de juro legal, calculados a partir do 1.° dia seguinte ao vencimento da factura.

7 – O atraso no pagamento das facturas ao operador do terminal de GNL, bem como dos respectivos juros de mora, pode constituir fundamento para a rescisão do contrato, nos termos previstos na cláusula 15.ª

8 – Os agentes de mercado podem reclamar das facturas nos termos da legislação e regulamentação aplicáveis.

CLÁUSULA 12.ª

Garantia

1 – O operador do terminal de GNL pode exigir a prestação de uma garantia a seu favor, destinada a assegurar o cumprimento das obrigações decorrentes do contrato. A garantia será prestada sob a forma de garantia bancária à primeira solicitação ou, se acordado entre as partes nas condições particulares, sob a forma de numerário, cheque, transferência electrónica, seguro-caução ou outra que ofereça ao operador do armazenamento subterrâneo as mesmas garantias.

2 – O valor da garantia prestada a favor do operador do terminal de GNL é calculado com base nas tarifas referidas no n.° 1 da cláusula 11.ª e garantirá um período de $(45 + n)$ dias da facturação estimada, sendo n o número de dias de opção do agente de mercado, com máximo de 15 dias, a acordar nas condições particulares do contrato.

3 – A execução da garantia pelo operador do terminal de GNL é antecedida de um pré-aviso de n dias ao agente de mercado.

4 – O operador do terminal de GNL pode exigir a alteração do valor da garantia quando se verifique, nomeadamente, um aumento da capacidade utilizada ou alteração das tarifas. A execução parcial ou total da garantia para satisfação dos créditos do operador do terminal de GNL confere-lhe o direito de exigir a sua reconstituição ou o seu reforço em prazo não inferior a 10 dias úteis.

CLÁUSULA 13.ª
Procedimento fraudulento

1 – Qualquer procedimento susceptível de falsear o funcionamento normal ou a leitura dos equipamentos de medição ou controlo da qualidade do gás natural constitui violação do contrato.

2 – A verificação e as consequências de práticas e procedimentos fraudulentos submetem-se ao regime estabelecido no RRC.

CLÁUSULA 14.ª
Interrupção de fornecimento do serviço

1 – O fornecimento do serviço pode ser interrompido, para além do disposto nos n.ºs 2 e 3 da presente cláusula, de acordo com o disposto no RRC e Regulamento da Qualidade de Serviço, nas seguintes situações:
a) Casos fortuitos ou de força maior;
b) Razões de interesse público.

2 – O terminal tem o direito de interromper quaisquer trabalhos a bordo do navio ou fornecimento de serviços se entender que estes podem prejudicar a segurança ou coordenação das operações de descarga, nomeadamente:
a) Se o GNL a descarregar no terminal não cumprir com as especificações regulamentarmente estabelecidas, caso em que o agente de mercado deverá notificar o terminal imediatamente. No caso de se verificar durante a descarga, e através das análises efectuadas pelos cromatógrafos existentes no cais de descarga, que o GNL não cumpre os requisitos acima referidos, o operador do terminal de GNL procederá à interrupção imediata da descarga. Em ambos os casos o operador do terminal de GNL, em coordenação com o gestor técnico global do SNGN, terá sempre o direito de recusar a execução da descarga sem criar qualquer responsabilidade da sua parte, devendo obrigatoriamente informar o agente de mercado;
b) Mantendo o seu direito em proceder à recusa do GNL, e garantindo a salvaguarda da segurança e disponibilidade da instalação, o operador do terminal de GNL, em coordenação com o gestor técnico global do SNGN, deverá exercer os esforços razoáveis no sentido de receber, armazenar e processar o GNL em causa.

3 – Se durante a operação de carregamento de camiões-cisterna for detectada alguma avaria ou ocorrência que coloque em causa a segurança da operação de enchimento, ou do próprio terminal de GNL, o abastecimento deverá ser interrompido até à regularização da anomalia ocorrida.

CLÁUSULA 15.ª

Cessação do contrato

1 – O contrato de uso do terminal de GNL pode cessar por:

a) Acordo entre as partes;

b) Caducidade por denúncia do agente de mercado ou por extinção da licença de comercializador;

c) Rescisão por:

I) Incumprimento do disposto no contrato, nomeadamente:

i) Falta de pagamento, por parte dos agentes de mercado, quer das facturas referidas em na cláusula 11.ª, quer dos montantes devidos pelas penalidades incorridas, em consequência de desequilíbrios individuais no terminal de GNL, conforme definido no Manual de Procedimentos do Acerto de Contas;

ii) Falta de prestação ou actualização de garantia válida;

II) Incumprimento das disposições aplicáveis, designadamente as constantes do RARII, do RRC, do Regulamento da Qualidade de Serviço e do Regulamento de Operação das Infra-estruturas e respectiva sub-regulamentação;

III) Incumprimento do disposto no Regulamento do Terminal de GNL de Sines.

2 – A rescisão do contrato prevista na alínea c) do n.º 1 da presente cláusula deve ser precedida de um aviso prévio ao agente de mercado, por notificação do operador do terminal de GNL, concedendo a este um prazo mínimo de oito dias para regularizar a situação que constituiu causa para o incumprimento, sob pena de cessar este contrato.

3 – Com a cessação do contrato extinguem-se os direitos e obrigações das partes, conforme previsto no RARII, sem prejuízo das obrigações que incumbam ao agente de mercado, da exigibilidade das quantias em dívida e da possibilidade de execução das garantias. O operador do terminal de GNL tem o direito de fazer cessar o acesso à infra-estrutura e respectivos serviços.

CLÁUSULA 16.ª

Resolução de conflitos

As partes comprometem-se a aceitar a resolução de conflitos de natureza contratual emergentes do contrato de uso do terminal de GNL nos termos acordados nas condições particulares, nomeadamente através da arbitragem voluntária.

CLÁUSULA 17.ª
Integração de obrigações legais e regulamentares

Salvo disposição em contrário, considera-se que o contrato passa a integrar automaticamente as condições, direitos e obrigações, bem como todas as modificações decorrentes de normas legais e regulamentares aplicáveis, posteriormente publicadas.

CLÁUSULA 18.ª
Entrada em vigor

1 – O contrato de uso do terminal de GNL entra em vigor no 1º dia do mês seguinte ao da data da sua assinatura, sem prejuízo do disposto nos números seguintes.

2 — A entrada em vigor do contrato na data referida no número anterior fica condicionada a:

a) Data de início de operação du agente de mercado, comunicada pelo gestor técnico global do SNGN ao agente de mercado e aos restantes intervenientes no SNGN envolvidos;

b) Obtenção das licenças referidas no Decreto-Lei n.º 30/2006, de 15 de Fevereiro, para o exercício da actividade de agente de mercado, quando aplicável.

Se à data de início de vigência referida no n.º 1 da presente cláusula não estiverem reunidas as condições previstas no número anterior, o contrato entrará em vigor no 1.º dia do mês seguinte ao da data em que aquelas condições estiverem reunidas.

ANEXO II
Condições gerais do contrato de uso do armazenamento subterrâneo de gás natural

CLÁUSULA 1.ª
Definições e siglas

No âmbito do presente contrato de uso do armazenamento subterrâneo de gás natural, entende-se por:

a) «Contrato» o presente contrato de uso do armazenamento subterrâneo de gás natural;

b) «ERSE» Entidade Reguladora dos Serviços Energéticos;

c) «RARII» Regulamento do Acesso às Redes, às Infra-estruturas e às Interligações;

d) «RNTGN» Rede Nacional de Transporte de Gás Natural;

e) «RRC» Regulamento de Relações Comerciais;

f) «SNGN» Sistema Nacional de Gás Natural.

CLÁUSULA 2.ª

Objecto

Constitui objecto deste contrato a definição das regras aplicáveis às condições técnicas e comerciais a que deve obedecer o acesso às instalações de armazenamento subterrâneo de gás natural, por parte dos agentes de mercado, nos termos previstos na legislação e regulamentação aplicáveis, nomeadamente no RARII.

CLÁUSULA 3.ª

Âmbito de aplicação

1 – Para efeitos do previsto no número anterior, o operador do armazenamento subterrâneo de gás natural segundo as condições contratadas com os vários agentes de mercado:

a) Clientes elegíveis;

b) Comercializadores;

c) Comercializador de último recurso grossista;

d) Comercializadores de último recurso retalhistas;

e) Comercializador do SNGN.

2 – Os contratos de uso do armazenamento subterrâneo de gás natural incluem o uso dos sistemas associados à injecção e extracção de gás natural, bem como de outros serviços acessórios.

CLÁUSULA 4.ª

Duração

1 – Sem prejuízo do disposto no número seguinte, o contrato tem a duração de um ano, considerando-se automática e sucessivamente renovado por iguais períodos, salvo denúncia pelo agente de mercado, sujeita à forma escrita, com a antecedência mínima de 60 dias em relação ao termo do contrato ou da sua renovação.

2 – O início e o termo do prazo contratual coincidirão com o início e o termo do ano gás, à excepção do primeiro período de vigência do contrato, cuja duração será até ao final do ano gás em curso, se tiver início entre 1 de Julho e 31 de Dezembro, ou até final do ano gás seguinte se tiver início entre 1 de Janeiro e 30 de Junho.

3 – A denúncia prevista no n.º 1 da presente cláusula só terá eficácia após o agente de mercado em questão retirar ou transferir para terceira entidade, interveniente no SNGN, todo o gás natural de sua propriedade que esteja armazenado nas instalações de armazenamento subterrâneo.

Cláusula 5.ª
Regras aplicáveis

1 – O contrato de uso do armazenamento subterrâneo de gás natural submete-se às regras constantes da legislação e dos regulamentos aplicáveis, em vigor para o SNGN, nomeadamente os seguintes:
   a) Regulamento do Acesso às Redes, às Infra-estruturas e às Interligações;
   b) Regulamento de Relações Comerciais;
   c) Regulamento da Qualidade de Serviço;
   d) Regulamento Tarifário;
   e) Regulamento de Operação das Infra-Estruturas;
   f) Regulamento do Armazenamento Subterrâneo.

2 – Além dos citados regulamentos, o contrato submete-se a toda a sub-regulamentação decorrente dos mesmos, sem prejuízo do estabelecido nas condições particulares que integrem o contrato.

Cláusula 6.ª
Obrigações e responsabilidade das partes

1 – Sem prejuízo do disposto nos números seguintes, as partes estão sujeitas às obrigações e responsabilidade constantes do mecanismo de atribuição de capacidade no armazenamento subterrâneo e na demais legislação e regulamentação em vigor.

2 – No âmbito das suas atribuições, o operador do armazenamento subterrâneo deve atender ao estabelecido na legislação aplicável relativamente à obrigação de constituição e de manutenção de reservas de segurança.

3 – Sem prejuízo das perdas e autoconsumos reconhecidos pela ERSE, o operador do armazenamento subterrâneo assumirá perante o agente de mercado o risco de dano ou perda de gás natural na sua infra-estrutura.

4 – Cada uma das partes será exclusivamente responsável perante a outra e perante terceiros, na obtenção e manutenção de licenças, permissões e autorizações que sejam necessárias para o desenvolvimento das suas actividades no âmbito do contrato.

5 – Cada uma das partes assinará e manterá actualizadas as correspondentes apólices de seguros relativos ao exercício das respectivas actividades.

CLÁUSULA 7.ª
Informação para efeitos de acesso ao armazenamento subterrâneo

1 – Para efeitos ao acesso ao armazenamento subterrâneo de gás natural, o operador deve, em conformidade com o disposto no RARII, disponibilizar na sua página da Internet informação geral relativa à sua infra-estrutura, incluindo as seguintes matérias:

a) Informação técnica que permita caracterizar a infra-estrutura de armazenamento subterrâneo de gás natural;

b) Projectos de investimento relativos à infra-estrutura de armazenamento subterrâneo de gás natural.

2 – Além da informação referida no número anterior, o operador do armazenamento subterrâneo deverá ainda disponibilizar, em conformidade com o disposto no RARII, na sua página na Internet, informação relativa à capacidade das sua infra-estrutura, incluindo:

a) Metodologia para a determinação de capacidade de armazenamento subterrâneo de gás natural;

b) Os valores indicativos das capacidades disponíveis para fins comerciais na sua infra-estrutura, bem como as suas actualizações;

c) O mecanismo de atribuição de capacidade de armazenamento subterrâneo de gás natural.

CLÁUSULA 8.ª
Procedimentos

1 – Os agentes de mercado devem cumprir com as disposições do mecanismo de atribuição de capacidade de armazenamento subterrâneo de gás natural.

2 – Os agentes de mercado devem participar nos processos de programação, nomeação e renomeação, tendo em vista a atribuição de capacidade no ponto de ligação entre o armazenamento subterrâneo de gás natural e a RNTGN, nos termos do disposto no RARH, no mecanismo de atribuição de capacidade na RNTGN e no Manual de Procedimentos de Operação do Sistema.

3 – A utilização de capacidade no armazenamento subterrâneo de gás natural, por parte dos agentes de mercado, é acordada nas condições particulares e só poderá ser concretizada após a atribuição de capacidade por parte do operador do armazenamento subterrâneo em coordenação com o operador da RNTGN, na sua qualidade de gestor técnico global do SNGN, em resultado do processo de programação ou nomeação em respeito pelos princípios gerais da atribuição da capacidade das infra-estruturas definidos no RARII.

CLÁUSULA 9.ª
Alteração da identificação do agente de mercado

1 – Qualquer alteração dos elementos constantes no contrato, relativos à identificação, residência ou sede do agente de mercado, deve ser comunicada ao operador do armazenamento subterrâneo, através de carta registada com aviso de recepção, no prazo de 30 dias a contar da data da alteração.

2 – O agente de mercado deve apresentar comprovativos da alteração verificada, quando tal lhe for exigido pelo operador do armazenamento subterrâneo.

CLÁUSULA 10.ª
Calibrações e ensaios

O operador do armazenamento subterrâneo tem o dever de proceder à manutenção e calibração dos equipamentos de medição das suas instalações, podendo, para o efeito, proceder às medições, verificações, calibrações e ensaios que entender convenientes, nos termos previstos na regulamentação vigente.

CLÁUSULA 11.ª
Facturação e pagamento

1 – O operador do armazenamento subterrâneo tem o direito de receber uma retribuição pelo uso das suas infra-estruturas físicas e serviços inerentes, pela aplicação da tarifa relativa ao uso do armazenamento subterrâneo, nos termos definidos no Regulamento Tarifário.

2 – Os períodos tarifários aplicáveis na facturação das tarifas referidas no número anterior são os publicados pela ERSE no despacho anual que estabelece as tarifas e preços do gás natural para o ano gás seguinte.

3 – As grandezas a utilizar para o cálculo das tarifas referidas no n.º 1 da presente cláusula são determinadas nos termos definidos no RRC e no Regulamento Tarifário.

4 – Até ao 5.º dia útil de cada mês, o operador do armazenamento subterrâneo enviará ao agente de mercado a factura relativa ao uso do armazenamento subterrâneo prestados no mês anterior, incluindo eventuais compensações, penalidades ou acertos respeitantes aos meses anteriores.

5 – As facturas emitidas pelo operador do armazenamento subterrâneo deverão ser pagas pelos agentes de mercado no prazo de 17 dias úteis a partir da data da apresentação.

6 – Os atrasos de pagamento ficam sujeitos a cobrança de juros de mora, à taxa de juro legal, calculados a partir do 1.º dia seguinte ao vencimento da factura.

7 – O atraso no pagamento das facturas ao operador do armazenamento subterrâneo, bem como dos respectivos juros de mora, pode constituir fundamento para a rescisão do contrato, nos termos previstos na cláusula 14.º

8 – Os agentes de mercado podem reclamar das facturas nos termos da legislação e regulamentação aplicáveis.

CLÁUSULA 12.ª
Garantia

1 – O operador do armazenamento subterrâneo pode exigir a prestação de uma garantia a seu favor, destinada a assegurar o cumprimento das obrigações decorrentes do contrato. A garantia será prestada sob a forma de garantia bancária á primeira solicitação ou, se acordado entre as partes nas condições particulares, sob a forma de numerário, cheque, transferência electrónica, seguro-caução ou outra que ofereça ao operador do armazenamento subterrâneo as mesmas garantias.

2 – O valor da garantia prestada a favor do operador do armazenamento subterrâneo é calculado com base nas tarifas referidas no n.º 1 da cláusula 11.ª e garantirá um período de $(45 + n)$ dias da facturação estimada, sendo n o número de dias de opção do agente de mercado, com máximo de 15 dias, a acordar nas condições particulares do contrato.

3 – A execução da garantia pelo operador do armazenamento subterrâneo é antecedida de um pré-aviso de n dias ao agente de mercado.

4 – O operador do armazenamento subterrâneo pode exigir a alteração do valor da garantia quando se verifique, nomeadamente, um aumento da capacidade utilizada ou alteração das tarifas. A execução parcial ou total da garantia para satisfação dos créditos do operador do armazenamento subterrâneo confere-lhe o direito de exigir a sua reconstituição ou o seu reforço em prazo não inferior a 10 dias úteis.

Cláusula 13.ª
Procedimento fraudulento

1 – Qualquer procedimento susceptível de falsear o funcionamento normal ou a leitura dos equipamentos de medição ou controlo da qualidade do gás natural constitui violação do contrato.

2 – A verificação e as consequências de práticas e procedimentos fraudulentos submetem-se ao regime estabelecido no RRC.

Cláusula 14.ª
Cessação do contrato

1 – O contrato de uso do armazenamento subterrâneo de gás natural pode cessar por:

a) Acordo entre as partes;

b) Caducidade por denúncia do agente de mercado ou por extinção da licença de comercializador;

c) Rescisão por:

I) Incumprimento do disposto no contrato, nomeadamente:

i) Falta de pagamento, por parte dos agentes de mercado, quer das facturas referidas na cláusula 11.ª, quer dos montantes devidos pelas penalidades incorridas, em consequência de desequilíbrios individuais no armazenamento subterrâneo, conforme definido no Manual de Procedimentos do Acerto de Contas;

ii) Falta de prestação ou actualização de garantia válida;

II) Incumprimento das disposições aplicáveis, designadamente as constantes do RARII, do RRC, do Regulamento da Qualidade de Serviço e do Regulamento de Operação das Infra-estruturas e respectiva sub-regulamentação;

III) incumprimento do disposto no Regulamento de Armazenamento Subterrâneo.

2 – A rescisão do contrato prevista na alínea c) do n.º 1 da presente cláusula deve ser precedida de um aviso prévio ao agente de mercado, por notificação do operador do armazenamento subterrâneo, concedendo a este um prazo mínimo de oito dias para regularizar a situação que constituiu causa para o incumprimento, sob pena de cessar este contrato.

3 – Com a cessação do contrato extinguem-se os direitos e obrigações das partes, conforme previsto no RARII, sem prejuízo das obrigações que incumbam ao agente de mercado, da exigibilidade das quantias em dívida e da possibilidade de execução das garantias. O operador do armazenamento subterrâneo tem o direito de fazer cessar o acesso à infra-estrutura e respectivos serviços.

Cláusula 15.ª
Resolução de conflitos

As partes comprometem-se a aceitar a resolução de conflitos de natureza contratual emergentes do contrato de uso do armazenamento subterrâneo de gás natural nos termos acordados nas condições particulares, nomeadamente através da arbitragem voluntária.

Cláusula 16.ª
Integração de obrigações legais e regulamentares

Salvo disposição em contrário, considera-se que o contrato passa a integrar automaticamente as condições, direitos e obrigações, bem como todas as modificações decorrentes de normas legais e regulamentares aplicáveis, posteriormente publicadas.

Cláusula 17.ª
Entrada em vigor

1 – O contrato de uso do armazenamento subterrâneo de gás natural entra em vigor no 1.º dia do mês seguinte ao da data da sua assinatura, sem prejuízo do disposto nos números seguintes.

2 – A entrada em vigor do contrato na data referida no número anterior fica condicionada a:

a) Data de início de operação do agente de mercado, comunicada pelo gestor técnico global do SNGN ao agente de mercado e aos restantes intervenientes no SNGN envolvidos;

b) Obtenção das licenças referidas no Decreto-Lei n.º 30/2006, de 15 de Fevereiro, para o exercício da actividade de agente de mercado, quando aplicável;

c) Existência de um contrato de uso da rede de transporte em vigor.

3 – Se à data de início de vigência referida no n.º 1 da presente cláusula não estiverem reunidas as condições previstas no número anterior, o contrato entrará em vigor no 1.º dia do mês seguinte ao da data em que aquelas condições estiverem reunidas.

ANEXO III

Condições gerais do contrato de uso da rede de transporte

CLÁUSULA 1.ª
Definições e siglas

No âmbito do presente contrato de uso da rede de transporte, entende-se por:
a) «Contrato» o presente contrato de uso da rede de transporte;
b) «ERSE» Entidade Reguladora dos Serviços Energéticos;
e) «RARII» Regulamento do Acesso às Redes, às infra-estruturas e às Interligações;
d) «RNTGN» Rede Nacional de Transporte de Gás Natural;
e) «RRC» Regulamento de Relações Comerciais;
f) «SNGN» Sistema Nacional de Gás Natural.

CLÁUSULA 2.ª
Objecto

Constitui objecto deste contrato a definição das regras aplicáveis às condições técnicas e comerciais a que deve obedecer o acesso à RNTGN, por parte dos agentes de mercado, nos termos previstos na legislação e regulamentação aplicáveis, designadamente no RARII.

CLÁUSULA 3.ª
Âmbito de aplicação

1 – Para efeitos do previsto no número anterior, o operador da RNTGN assegura o transporte do gás natural através da rede de alta pressão segundo as condições contratadas, as quais diferem consoante o tipo de agente de mercado em causa:
a) Clientes elegíveis;
b) Comercializadores;
c) Comercializador de último recurso grossista;
d) Comercializadores de último recurso retalhistas;
e) Comercializador do SNGN.

2 – Os contratos de uso da rede de transporte celebrados pelos comercializadores e comercializadores de último recurso integram o uso da RNTGN por parte das instalações dos seus clientes, sendo os respectivos comercializadores responsáveis pelo cumprimento das obrigações decorrentes do acesso à RNTGN por parte dos seus clientes.

CLÁUSULA 4.ª
Duração

1 – Sem prejuízo do disposto no número seguinte, o contrato tem a duração de um ano, considerando-se automática e sucessivamente renovado por iguais períodos, salvo denúncia pelo agente de mercado, sujeita à forma escrita, com a antecedência mínima de 60 dias em relação ao termo do contrato ou da sua renovação.

2 – O início e o termo do prazo contratual coincidirão com o início e o termo do ano gás, à excepção do primeiro período de vigência do contrato, cuja duração será até ao final do ano gás em curso, se tiver início entre 1 de Julho e 31 de Dezembro, ou até final do ano gás seguinte se tiver início entre 1 de Janeiro e 30 de Junho.

CLÁUSULA 5.ª
Regras aplicáveis

1 – O contrato de uso da rede de transporte submete-se às regras constantes da legislação e dos regulamentos aplicáveis, em vigor para o SNGN, nomeadamente os seguintes:

a) Regulamento do Acesso às Redes, às Infra-estruturas e às Interligações;
b) Regulamento de Relações Comerciais;
c) Regulamento da Qualidade de Serviço;
d) Regulamento Tarifário;
e) Regulamento de Operação das Infra-Estruturas;
f) Regulamento da RNTGN.

2 – Além dos citados regulamentos, o contrato submete-se a toda a sub-regulamentação decorrente dos mesmos, sem prejuízo do estabelecido nas condições particulares que integrem o contrato.

CLÁUSULA 6.ª
Responsabilidades

1 – Nos termos do contrato, os comercializadores e comercializadores de último recurso são responsáveis pelo cumprimento das obrigações decorrentes do acesso às redes dos seus clientes, nos termos previstos no RARII e no RRC, sem prejuízo do direito de regresso sobre estes, ao abrigo dos contratos de fornecimento de gás natural celebrados entre eles, e do disposto no número seguinte.

2 – Sem prejuízo do estabelecido nas condições particulares do contrato, os comercializadores e comercializadores de último recurso devem assegurar,

através dos contratos de fornecimento de gás natural celebrados com os seus clientes, que sejam observadas as regras constantes da legislação e regulamentação vigentes, relativas a matérias que integram o âmbito da actividade do operador da RNTGN.

CLÁUSULA 7.ª
Divulgação da informação

Os comercializadores e comercializadores de último recurso devem informar os seus clientes das matérias a tratar directamente pelos operadores das redes de distribuição da zona geográfica onde se localizam as respectivas instalações consumidoras de gás natural e pelo operador da RNTGN, relativamente às instalações ligadas fisicamente à RNTGN, indicando os meios adequados para o efeito, sem prejuízo de as partes acordarem, nas condições particulares do contrato, que a totalidade da informação sobre as referidas matérias é prestada pelo respectivo comercializador.

CLÁUSULA 8.ª
Informação para efeitos de acesso à RNTGN

1 – Para efeitos de acesso à rede de transporte, o operador da RNTGN deve disponibilizar, em conformidade com o disposto no RARII, através da sua página na Internet, informação geral relativa à RNTGN, incluindo as seguintes matérias:
a) Informação técnica que permita caracterizar a rede de transporte;
b) Projectos de investimento na rede de transporte.
2 – Além da informação referida no número anterior, o operador da RNTGN deverá ainda disponibilizar, em conformidade como disposto no RARII, na sua página na Internet, informação relativa à capacidade da rede de transporte, incluindo:
a) Metodologia para a determinação de capacidade na RNTGN;
b) Os valores indicativos das capacidades disponíveis para fins comerciais nos pontos relevantes da rede de transporte, bem como as suas actualizações;
c) O mecanismo de atribuição da capacidade na RNTGN;
d) O mecanismo de resolução de congestionamentos.

CLÁUSULA 9.ª

Procedimentos

1 – Para a adequada aplicação e execução do contrato, os agentes de mercado obrigam-se perante o operador da RNTGN, relativamente aos pontos de ligação à rede de transporte, a adoptar os seguintes procedimentos:

a) Participar nos processos de programação, nomeação e renomeação, tendo em vista a atribuição de capacidade nos pontos de entrada e de saída na RNTGN, em cumprimento do disposto RARIL, cujos procedimentos se encontram detalhados no mecanismo de atribuição da capacidade na RNTGN e no Manual de Procedimentos de Operação do Sistema;

b) Comunicar ao gestor técnico global do SNGN qualquer anomalia que se verifique nas suas instalações, nas instalações dos seus clientes ou nos equipamentos localizados em pontos de ligação à RNTGN, em particular a ruptura de selos ou a violação de qualquer equipamento de medição, logo que da mesma tenha conhecimento.

2 – A utilização de capacidade na RNTGN, por parte dos agentes de mercado, é acordada nas condições particulares e só poderá ser concretizada após a atribuição de capacidade por parte do operador da RNTGN, em resultado do processo de programação ou nomeação, em respeito pelos princípios gerais da atribuição da capacidade das infra-estruturas definidos no RARII.

3 – O operador da RNTGN deve prestar informação aos agentes de mercado sobre eventuais interrupções programadas de fornecimento de gás natural, problemas de pressão na rede de transporte e intervenções nas instalações dos clientes, como sejam a substituição de equipamentos de medição ou a realização de leituras extraordinárias.

CLÁUSULA 10.ª

Reservas operacionais

A utilização da RNTGN pressupõe a constituição, por parte dos agentes de mercado, dos quantitativos de gás natural destinados à reserva operacional e às existências mínimas, determinados anualmente pelo gestor técnico global do SNGN e de seu uso exclusivo, nos termos definidos no Regulamento de Operação das infra-estruturas e no Manual de Procedimentos do Acerto de Contas.

CLÁUSULA 11.ª
Alteração da identificação do agente de mercado

1 – Qualquer alteração dos elementos constantes no contrato, relativos à identificação, residência ou sede do agente de mercado, deve ser comunicada ao operador da RNTGN, através de carta registada com aviso de recepção, no prazo de 30 dias a contar da data da alteração.

2 – O agente de mercado deve apresentar comprovativos da alteração verificada, quando tal lhe for exigido pelo operador da RNTGN.

CLÁUSULA 12.ª
Medição, leitura e disponibilização de dados

1 – O operador da RNTGN, relativamente às instalações fisicamente ligadas à RNTGN, é responsável pelo fornecimento, instalação e manutenção dos equipamentos de medição, em conformidade com o disposto no RRC.

2 – O operador da RNTGN pode proceder às medições, verificações, calibrações e ensaios que entender convenientes, sem prejuízo da regulamentação vigente.

3 – De cada intervenção efectuada nos equipamentos de medição será lavrado um relatório de manutenção e calibração, assinado pelo técnico que operou a referida intervenção e pelo técnico indicado pelo agente de mercado.

4 – Cabe ao operador da RNTGN a recolha de indicações dos equipamentos de medição dos clientes com instalações ligadas directamente à rede de transporte, bem como a disponibilização dos dados de consumo recolhidos aos comercializadores e aos comercializadores de último recurso.

CLÁUSULA 13.ª
Facturação e pagamento

1 – O operador da RNTGN tem o direito de receber uma retribuição pelo uso das suas infra-estruturas físicas e serviços inerentes, pela aplicação das tarifas relativas ao uso da rede de transporte e ao uso global do sistema, nos termos definidos no Regulamento Tarifário.

2 – Os períodos tarifários aplicáveis na facturação das tarifas referidas no número anterior são publicados pela ERSE no despacho anual que estabelece as tarifas e preços do gás natural para o ano gás seguinte.

3 – As grandezas a utilizar para o cálculo das tarifas referidas no n.º 1 da presente cláusula são determinadas nos termos definidos no Regulamento de Relações Comerciais e no Regulamento Tarifário.

4 – Até ao 5.º dia útil de cada mês, o operador da RNTGN enviará ao agente de mercado a factura relativa ao uso da RNTON e ao uso global do sistema prestados no mês anterior, incluindo eventuais compensações, penalidades ou acertos respeitantes aos meses anteriores.

5 – As facturas emitidas pelo operador da RNTGN deverão ser pagas pelos agentes de mercado no prazo de 17 dias úteis a partir da data da apresentação.

6 – Os atrasos de pagamento ficam sujeitos a cobrança de juros de mora, à taxa de juro legal, calculados a partir do 1.º dia seguinte ao vencimento da factura.

7 – O atraso no pagamento das facturas ao operador da RNTGN, bem como dos respectivos juros de mora, pode constituir fundamento para a rescisão do contrato, nos termos previstos na cláusula 16.ª

8 – Os comercializadores ou comercializadores de último recurso que integrem o uso da RNTGN por parte das instalações dos seus clientes são responsáveis pelo pagamento da tarifas referidas no n.º 1 da cláusula 13.ª relacionadas com as instalações dos clientes pertencentes às suas carteiras, devendo o operador da RNTGN proceder à elaboração das facturas em nome do respectivo comercializador ou comercializador de último recurso, sendo estes últimos igualmente responsáveis pela prestação da garantia referida na cláusula 14.ª

9 – Os agentes de mercado podem reclamar das facturas nos termos da legislação e regulamentação aplicáveis.

CLÁUSULA 14.ª

Garantia

1 – O operador da RNTGN pode exigir a prestação de uma garantia a seu favor, destinada a assegurar o cumprimento das obrigações decorrentes do contrato. A garantia será prestada sob a forma de garantia bancária à primeira solicitação ou, se acordado entre as partes nas condições particulares, sob a forma de numerário, cheque, transferência electrónica, seguro-caução ou outra que ofereça ao operador da RNTGN as mesmas garantias.

2 – O valor da garantia prestada a favor do operador da RNTGN é calculado com base no conjunto das tarifas referidas no n.º 1 da cláusula 13.ª e garantirá um período de $(45 + n)$ dias da facturação estimada, sendo n o número de dias de opção do agente de mercado, com máximo de 15 dias, a acordar nas condições particulares do contrato.

3 – A execução da garantia pelo operador da RNTGN é antecedida de um pré-aviso de n dias ao agente de mercado.

4 – O operador da RNTGN pode exigir a alteração do valor da garantia quando se verifique, nomeadamente, um aumento da capacidade utilizada ou alteração das tarifas referidas no n.º 1 da cláusula 13.ª A execução parcial ou

total da garantia para satisfação dos créditos do operador da RNTGN confere-lhe o direito de exigir a sua reconstituição ou o seu reforço em prazo não inferior a 10 dias úteis.

CLÁUSULA 15.ª
Procedimento fraudulento

1 – Qualquer procedimento susceptível de falsear o funcionamento normal ou a leitura dos equipamentos de medição ou controlo da qualidade do gás natural constitui violação do contrato.

2 – A verificação e as consequências de procedimentos fraudulentos submetem-se ao regime estabelecido no RRC.

CLÁUSULA 16.ª
Cessação do contrato

1 – O contrato de uso da rede de transporte pode cessar por:

a) Acordo entre as partes.

b) Caducidade por denúncia do agente de mercado ou por extinção da licença de comercializador.

c) Rescisão por:

I) Incumprimento do disposto no contrato, nomeadamente:

i) Falta de pagamento, por parte dos agentes de mercado, quer das facturas referidas na cláusula 13.ª quer dos montantes devidos pelas penalidades incorridas, em consequência de desequilíbrios individuais da RNTGN, conforme definido no Manual de Procedimentos do Acerto de Contas;

ii) Falta de prestação ou de actualização de garantia válida;

II) Incumprimento das disposições aplicáveis, designadamente as constantes do RARII, do RRC, do Regulamento da Qualidade de Serviço e do Regulamento de Operação das Infra-estruturas e respectiva sub-regulamentação;

III) Incumprimento do disposto no Regulamento da RNTGN.

2 – A rescisão do contrato prevista na alínea c) do n.º 1 da cláusula 16.ª, deve ser precedida de um aviso prévio ao agente de mercado, por notificação do operador da RNTGN, concedendo a este um prazo mínimo de oito dias para regularizar a situação que constituiu causa para o incumprimento, sob pena de cessar este contrato.

3 – Com a cessação do contrato extinguem-se os direitos e obrigações das partes, conforme previsto no RARII, sem prejuízo das obrigações que incumbam ao agente de mercado, da exigibilidade das quantias em dívida e da possibilidade de execução das garantias. O operador da RNTGN tem o direito de fazer

cessar o acesso à infra-estrutura e respectivos serviços e de proceder ao levantamento do material e equipamento que lhe pertencer.

CLÁUSULA 17.ª

Resolução de conflitos

As partes comprometem-se a aceitar a resolução de conflitos de natureza contratual emergentes do contrato de uso da RNTGN nos termos acordados nas condições particulares, nomeadamente através da arbitragem voluntária.

CLÁUSULA 18.ª

Integração de obrigações legais e regulamentares

Salvo disposição em contrário, considera-se que o contrato passa a integrar automaticamente as condições, direitos e obrigações, bem como todas as modificações decorrentes de normas legais e regulamentares aplicáveis, posteriormente publicadas.

CLÁUSULA 19.ª

Entrada em vigor

1 – O contrato entra em vigor no 1.º dia do mês seguinte ao da data da sua assinatura, sem prejuízo do disposto nos números seguintes.

2 – A entrada em vigor do contrato na data referida no número anterior fica condicionada a:

a) Data de início de operação do agente de mercado, comunicada pelo gestor técnico global do SNGN ao agente de mercado e aos restantes intervenientes no SNGN envolvidos;

b) Obtenção das licenças referidas no Decreto-Lei n.º 30/2006, de 15 de Fevereiro, para o exercício da actividade de agente de mercado, quando aplicável.

3 – Se a data de início de vigência referida no n.º 1 da cláusula 19.ª não estiverem reunidas as condições previstas no número anterior, o contrato entrará em vigor no 1.º dia do mês seguinte ao da data em que aquelas condições estiverem reunidas.

Distribuição

DECRETO-LEI N.º 232/90,
DE 16 DE JULHO

O Decreto-Lei n.º 374/89, de 25 de Outubro, veio definir o regime jurídico do serviço público de aprovisionamento, armazenagem e tratamento de gás natural liquefeito, transporte e distribuição de gás natural e dos seus gases de substituição.

O funcionamento deste serviço exige a criação de complexas estruturas materiais.

A publicação do presente diploma visa estabelecer as normas a que deve obedecer a constituição do sistema de infra-estruturas, composto pelo terminal de recepção, armazenagem e tratamento, pelos gasodutos de transporte, pelas redes de distribuição, pelas estações de compressão e pelos postos de redução de pressão.

A natureza e a importância da construção deste sistema justificam a adopção de um processo especial de aprovação administrativa, bem como uma regulamentação específica a estabelecer por portarias.

Assim:

Nos termos da alínea a) do n.º 1 do artigo 201.º da Constituição, o Governo decreta o seguinte:

ARTIGO 1.º
Objecto([1])

1 – O presente diploma estabelece os princípios a que deve obedecer o projecto, a construção, a exploração e a manutenção do sistema de abastecimento dos gases combustíveis canalizados referidos no artigo 1.º do Decreto-Lei n.º

([1]) A redacção do presente artigo foi alterada pelo Decreto-Lei n.º 7/2000, de 3 de Fevereiro.

374/89, de 25 de Outubro, com a redacção resultante das alterações que lhe foram sucessivamente introduzidas, adiante designado abreviadamente por 'sistema'.

2 – Compõem o sistema:

a) Os terminais de recepção, armazenagem e tratamento, adiante designado por 'terminal';

b) Os gasodutos do 1.º e 2.º escalão;

c) As redes de distribuição, quer as regionais quer as locais autónomas, incluindo as unidades autónomas de gás natural liquefeito;

d) As estações de compressão, postos de redução de pressão e demais instalações incluídas no projecto do gás natural;

e) As instalações de armazenagem, incluindo-se nestas as ligadas aos gasodutos ou às redes de distribuição;

f) Os postos de enchimento de gás natural veicular;

g) As redes de distribuição privativa.

3 – A construção dos componentes do sistema deverá obedecer a projectos elaborados nos termos do presente diploma e dos regulamentos aplicáveis.

4 – Os projectos a que se refere o número anterior devem ser submetidos a aprovação das entidades competentes pelas sociedades concessionárias ou licenciadas, nos termos do artigo seguinte.

ARTIGO 2.º

Aprovação(²)

1 – A construção dos componentes do sistema referidos nas alíneas a), b) e e) do n.º 2 do artigo anterior fica sujeita a aprovação dos respectivos projectos base pelo Ministro da Economia.

2 – A construção dos demais componentes do sistema, referidos nas alíneas c), d), f) e g) do n.º 2 do artigo anterior fica sujeita à aprovação dos respectivos projectos base ou de detalhe pelo director-geral da Energia, caso se trate da rede de transporte, ou pelo director regional do Ministério da Economia territorialmente competente, nos restantes casos.

3 – A aprovação do projecto base ou de detalhe, neste caso quando não tenha havido lugar a projecto base, é precedida da ponderação dos interesses sociais que envolver, designadamente os de segurança, preservação do ambiente e ordenamento do território.

(²) A redacção do presente artigo foi alterada pelo Decreto-Lei n.º 183/94, de 1 de Julho e pelo Decreto-Lei n.º 7/2000, de 3 de Fevereiro.

4 – Os projectos dos componentes do sistema referidos no n.º 1 são objecto de parecer prévio dos Ministérios da Defesa, do Equipamento Social, da Agricultura, do Desenvolvimento Rural e das Pescas e do Ambiente e do Ordenamento do Território, bem como dos municípios abrangidos pelas obras a executar, com vista à harmonização das construções que integram o projecto com os instrumentos de gestão territorial daqueles ministérios e municípios.

5 – Os projectos dos componentes do sistema referidos no n.º 2 ficam sujeitos ao parecer das entidades administrativas cujos interesses possam ser afectados pela construção, devendo os projectos, sempre que possível, identificar esses interesses, competindo ao director-geral da Energia ou ao director regional do Ministério da Economia determinar, nos termos da legislação aplicável, as consultas a efectuar.

6 – A aprovação dos projectos a que se refere o n.º 1 tem, nomeadamente, como efeitos:

a) A declaração de utilidade pública da expropriação urgente dos bens imóveis e direitos a eles inerentes necessários à sua execução;

b) O direito a constituir as servidões administrativas necessárias, nos termos da lei;

c) A atribuição da licença necessária para a execução das obras integrantes do projecto e para a entrada em funcionamento das respectivas instalações;

d) A proibição de embargar administrativamente as obras de execução, salvo com fundamento no não cumprimento do projecto aprovado.

7 – No caso de aprovação dos projectos a que se refere o n.º 2, os efeitos previstos no número anterior dependem da prévia declaração de utilidade pública dos mesmos por parte do Ministro da Economia, a requerimento dos interessados.

8 – Serão publicadas no Diário da República as plantas dos imóveis abrangidos por uma declaração de utilidade pública, sendo a publicação promovida pela Direcção-Geral da Energia, ou pelas direcções regionais do Ministério da Economia, consoante os casos, e os seus custos suportados pelas sociedades concessionária ou licenciadas.

9 – A construção das redes de distribuição em vias públicas em zonas abrangidas por planos municipais e intermunicipais de ordenamento do território, pelas concessionárias ou pelas entidades titulares de licença, não carece de aprovação dos projectos previstos no presente artigo, devendo aquelas ponderar todas as eventuais interferências, designadamente junto das respectivas câmaras municipais.

Artigo 3.º

Projectos de construção(³)

1 – Os projectos base de construção para qualquer dos componentes do sistema mencionados no n.º 2 do artigo 1.º devem integrar:

a) Memória descritiva e justificativa;

b) Planta de localização, com implantação dos principais componentes;

c) Descrição detalhada dos dispositivos de segurança de que a instalação fica dotada, incluindo comunicações e telecomunicações internas e externas, sempre que necessárias;

d) Planos de segurança e emergência para casos de acidentes;

e) Indicação das principais normas e códigos técnicos a observar no projecto, na construção e na operação;

f) Análise dos impactes ambientais resultantes da construção e da exploração da instalação, através da realização do respectivo estudo, devendo este obrigatoriamente mencionar as medidas necessárias para minimizar os impactes negativos evidenciados;

g) Planeamento da construção, com a indicação das previsíveis ampliações ou extensões;

h) Estrutura organizacional.

2 – O disposto na alínea f) do número anterior não é aplicável às redes de distribuição.

3 – Os projectos de detalhe para cada um dos componentes do sistema a seguir indicados devem integrar:

a) Para o terminal:

I) Estudos geológicos do local;

II) Diagrama processual de funcionamento;

III) Diagrama de massas;

IV) Descrição das áreas destinadas aos serviços técnicos e administrativos de apoio ao funcionamento;

V) Indicação de que o projecto tem em conta as regras aplicáveis ao acesso de navios de transporte de gases combustíveis liquefeitos;

VI) Projecto e programa das dragagens de estabelecimento e manutenção a realizar;

VII) Indicação do limite máximo do calado dos navios que venham a utilizar o terminal;

b) Para os gasodutos do 1.º e 2.º escalão:

I) Implantação das tubagens e dos diversos equipamentos;

(³) A redacção do presente artigo foi alterada pelo Decreto-Lei n.º 183/94, de 1 de Julho e pelo Decreto-Lei n.º 7/2000, de 3 de Fevereiro.

II) Indicação das cotas do terreno e das profundidades de assentamento das tubagens;

III) Localização dos pontos fixos ou sinalizadores que assinalam a presença das tubagens;

IV) Indicação dos diâmetros, espessuras e tipos de materiais da tubagem, assim como dos dispositivos para a sua protecção;

V) Indicação dos locais e áreas reservados à serventia para construção, inspecção e operações de manutenção;

VI) Localização dos dispositivos de regulação e corte de caudal de gás, de segurança, de manutenção e da aparelhagem de medição e controlo;

c) Para as redes de distribuição:

I) Implantação das tubagens e dos diversos equipamentos;

II) Indicação das cotas do terreno e das profundidades de assentamento das tubagens;

III) Indicação dos diâmetros, espessuras e tipos dos materiais de toda a tubagem da rede, assim como dos dispositivos para a sua protecção;

IV) Localização dos dispositivos de regulação e corte do caudal de gás, de segurança, de manutenção e da aparelhagem de medição e controlo;

d) Para as estações de compressão, postos de redução de pressão:

I) Diagrama processual de funcionamento;

II) Implantação das tubagens e dos diversos equipamentos;

III) Indicação dos diâmetros, espessuras e tipos de materiais das tubagens, assim como dos dispositivos para a sua protecção;

IV) Indicação dos dispositivos de regulação e corte do caudal de gás, de segurança, de manutenção e da aparelhagem de medição e controlo;

V) Indicação dos locais e áreas reservados às serventias para construção, inspecção e operações de manutenção;

e) Para as instalações de armazenagem subterrânea:

I) Estudos de prospecção geológica, geofísica e geomecânica;

II) Arquitectura dos poços, designadamente programas e técnicas de perfuração, testes dos testemunhos, cimentação, tubagem e cabeças dos poços;

III) Diagramas mecânicos e eléctricos relativos às instalações;

IV) Especificações dos materiais e equipamentos;

V) Implantação das instalações;

VI) Descrição das instalações auxiliares;

VII) Indicação dos locais e áreas reservadas a serventia para a construção, inspecção e operações de manutenção, quando impliquem utilização de prédios de terceiros;

f) Para as instalações autónomas de gás natural liquefeito e para os postos de enchimento as especificações definidas nos respectivos regulamentos técnicos.

Artigo 3.º-A

Normas de construção e de segurança das instalações, gasodutos e redes de distribuição([4])

1 – As normas de construção e de segurança das instalações, gasodutos e redes de distribuição constam de regulamento.

2 – No caso de levantamento de terrenos ou de pavimentos, a empresa transportadora ou distribuidora de gás obriga-se a proceder à reposição dos mesmos, bem como à reparação de todos os prejuízos que resultarem das obras executadas, quer nos pavimentos quer nas propriedades particulares ou públicas, de acordo com os regulamentos aplicáveis.

3 – Verificando-se a situação prevista na primeira parte do número anterior e concorrendo, para o mesmo local, trabalhos ou obras, da responsabilidade de outras entidades, que, pela sua natureza, impliquem uma operação final de reposição de terrenos ou pavimentos, deverá a forma da concretização da mesma ser acordada entre a empresa transportadora ou distribuidora do gás e aquelas entidades, de modo à realização dessa tarefa por uma única operação.

4 – Os casos urgentes de reparações, nomeadamente roturas eventuais, não estão sujeitos à concessão prévia de licenças de obras.

5 – Nos casos previstos no número anterior, a empresa transportadora ou distribuidora de gás deverá proceder com urgência às reparações necessárias e comunicá-las à entidade competente, no prazo máximo de três dias úteis, para regularização da respectiva licença da obra.

6 – Ao proceder ao tipo de reparações de emergência referidas no n.º 4, o pessoal técnico da empresa transportadora ou distribuidora de gás poderá ordenar as medidas que entender necessárias em matéria de segurança de zona afectada, nomeadamente no que respeita ao trânsito, à permanência de pessoas, ao corte de energia eléctrica ou outras medidas de emergência eventualmente necessárias.

7 – As medidas referidas no número anterior devem ser prontamente comunicadas às entidades oficiais competentes, as quais prestarão, de imediato, todo o apoio e acompanhamento requeridos, em ordem à manutenção da segurança das pessoas e bens.

([4]) O presente artigo foi aditado pelo Decreto-Lei n.º 7/2000, de 3 de Fevereiro.

Artigo 4.º
Normas técnicas aplicáveis(⁵)

A hierarquia de preferência das normas técnicas aplicáveis aos projectos, construção, manutenção e exploração a que se refere o presente diploma deve obedecer à seguinte ordem:

a) Normas europeias;
b) Normas internacionais;
c) Normas portuguesas;
d) Na falta das normas referidas nas alíneas anteriores, as aceites, para o efeito, pela Direcção-Geral de Energia.

Artigo 5.º
Características e controlo dos componentes do sistema

As características dos componentes do sistema e os controlos a que ficam submetidos durante e após o seu fabrico constarão dos regulamentos técnicos respectivos, a aprovar por portaria do Ministro da Indústria e Energia.

Artigo 6.º
Capacidade técnica

Só podem projectar, executar e manobrar componentes do sistema técnicos profissionalizados devidamente habilitados para as respectivas funções, nos termos do Decreto-Lei n.º 263/89, de 17 de Agosto.

Artigo 7.º
Telas finais dos projectos(⁶)

1 – Terminados os trabalhos de construção e os ensaios de qualquer dos componentes do sistema, deve a entidade concessionária entregar ao Ministério da Indústria e Energia as correspondentes telas finais, concebidas com o mesmo grau de especificação requerido para a elaboração do projecto e incluindo todas as alterações que lhe tenham sido introduzidas.

_____

(⁵) A redacção do presente artigo foi alterada pelo Decreto-Lei n.º 183/94, de 1 de Julho.

(⁶) A redacção do presente artigo foi alterada pelo Decreto-Lei n.º 7/2000, de 3 de Fevereiro.

2 – Para além de todas as peças escritas e desenhadas correspondentes ao projecto, tal como executado, consideram-se parte integrante das telas finais os respectivos suportes informáticos, os quais devem ser compatíveis com o sistema a definir pela concessionária.

3 – A entrega deve ser feita no prazo de 90 dias contados a partir da data em que a entidade fiscalizadora tenha dado a execução do projecto por concluída.

4 – A concessionária deve conservar em arquivo o cadastro, histórico e actualizado, de todo o processo.

5 – As plantas finais das redes de distribuição não sujeitas a licenciamento prévio devem ser apresentadas, pelas entidades distribuidoras, em suporte informático, até 15 de Janeiro ou até 15 de Julho de cada ano, relativamente às obras efectuadas respectivamente no 1.º ou 2.º semestre, devendo constar devidamente referenciados todos os elementos exigíveis num projecto de detalhe, a sua localização, bem como as eventuais interferências com outras instalações existentes.

ARTIGO 8.º

Verificação das ligações

As entidades às quais incumbe a fiscalização das actividades a que se refere o presente diploma devem verificar as ligações dos componentes, podendo, para o efeito, exigir cópias dos documentos definidores dos métodos de soldadura utilizados e ainda dos comprovativos da qualificação dos soldadores, assim como dos certificados de qualidade dos materiais utilizados.

ARTIGO 9.º

Manutenção

1 – A concessionária fica obrigada a proceder à inspecção periódica, à manutenção e a todas as reparações necessárias ao bom funcionamento dos componentes do sistema pelos quais seja responsável.

2 – Ao proceder a reparações de emergência, o pessoal técnico da concessionária pode ordenar as medidas que entender necessárias em matéria de segurança da zona afectada, nomeadamente no que respeita ao trânsito, à permanência de pessoas, ao corte de energia eléctrica ou outras medidas de emergência eventualmente necessárias.

3 – As medidas referidas no número anterior devem ser prontamente comunicadas às entidades oficiais competentes, as quais devem prestar, de imediato, todo o apoio e acompanhamento requeridos, em ordem à salvaguarda da segurança das pessoas e bens.

4 – Sempre que se verifique qualquer acidente, deve a concessionária tomar as medidas adequadas e enviar à Direcção-Geral de Energia, no prazo máximo de 15 dias, um relatório circunstanciado.

ARTIGO 10.º
Fiscalização

A competência para a fiscalização do cumprimento do disposto no presente diploma, bem como na legislação que o regulamenta, cabe à Direcção-Geral de Energia e às delegações regionais do Ministério da Indústria e Energia, que podem recorrer, para tal efeito, a organismos de capacidade reconhecida pelo Ministro da Indústria e Energia.

ARTIGO 11.º
Sanções

1 – Constitui contra-ordenação punível com coima de 2 000 000$00 a 6 000 000$00 a infracção ao disposto no n.º 1 do artigo 2.º

2 – A violação do disposto nos n.os 1 e 4 do artigo 9.º constitui contra-ordenação punível com coima de 1 500 000$00 a 5 000 000$00.

3 – A infracção ao disposto no n.º 4 do artigo 7.º e, bem assim, o fornecimento de dados a que alude o artigo 8.º, quando errados ou incompletos, bem como a sua recusa, constituem contra-ordenações puníveis com coima de 1 000 000$00 a 4 000 000$00.

4 – A negligência é punível.

5 – O regime sancionatório relativo à violação das normas fixadas pelas portarias referidas no artigo 5.º e no artigo 13.º será estabelecido por decreto regulamentar.

ARTIGO 12.º
Tramitação processual

1 – A iniciativa para a instauração e instrução dos processos de contra-ordenação previstas no presente diploma compete às entidades às quais, nos termos do artigo 10.º, fica cometida a fiscalização.

2 – A aplicação das coimas é da competência do director-geral de Energia e o produto das mesmas é distribuído da seguinte forma:

a) 60% para o Estado;

b) 20% para a Direcção-Geral de Energia;

c) 20% para as delegações regionais respectivas do Ministério da Indústria e Energia.

Artigo 13.º

Regulamentação

As normas técnicas de execução necessárias à regulamentação do presente diploma, nomeadamente as respeitantes ao projecto, construção, exploração e manutenção dos componentes do sistema, são fixadas por portaria do Ministro da Indústria e Energia.

Artigo 14.º

Requisitos para o exercício da actividade de projectista

O artigo 8.º do estatuto anexo ao Decreto-Lei n.º 263/89, de 17 de Agosto, passa a ter a seguinte redacção:

Artigo 8.º
[...]

...
a) ...
b) Fazer parte dos departamentos de engenharia do gás das empresas distribuidoras há mais de seis meses ou declarar, por escrito e sob compromisso de honra, conhecer e dar integral cumprimento ao conteúdo de legislação, normas e documentos técnicos DT Gás aplicáveis.

Artigo 15.º

Definição de servidões

O artigo 10.º do Decreto-Lei n.º 374/89, de 25 de Outubro, passa a ter a seguinte redacção:

Artigo 10.º
[...]

1 – ...
2 – ...
3 – ...
4 – ...
5 – A ocupação temporária de terrenos para depósitos de materiais e equipamento necessários à colocação dos gasodutos, sua reparação ou renovação não poderá exceder 36 m de largura numa faixa sobre as tubagens.

Visto e aprovado em Conselho de Ministros de 17 de Maio de 1990. – *Aníbal Cavaco Silva – Joaquim Fernando Nogueira – Luís Miguel Couceiro Pizarro Beleza – Luís Francisco Valente de Oliveira – Luís Fernando Mira Amaral – Joaquim Martins Ferreira do Amaral – Fernando Nunes Ferreira Real.*

Promulgado em 27 de Junho de 1990.

Publique-se.

O Presidente da República, MÁRIO SOARES.

Referendado em 30 de Junho de 1990.

O Primeiro-Ministro, *Aníbal António Cavaco Silva.*

PORTARIA N.º 386/94,
DE 16 DE JUNHO

A Portaria n.º 788/90, de 4 de Setembro, aprovou, ao abrigo do disposto no artigo 13.º do Decreto-Lei n.º 232/90, de 16 de Julho, o Regulamento Técnico Relativo ao Projecto, Construção, Exploração e Manutenção de Redes de Distribuição de Gases Combustíveis.

Entretanto, a Resolução do Conselho de Ministros n.º 41/90, de 27 de Setembro, publicada no Diário da República, 1.ª série, de 13 de Outubro de 1990, ao proceder à transposição da Directiva do Conselho das Comunidades Europeias n.º 83/189/CEE, de 28 de Março, com as alterações que lhe foram introduzidas pela Directiva do Conselho das Comunidades Europeias n.º 88/182/CEE, de 22 de Março, instituiu o procedimento de informação e notificação respeitante a normas e regras técnicas à Comissão das Comunidades Europeias.

Tornou-se, assim, necessário dar cumprimento ao processo previsto na citada resolução do Conselho de Ministros, resultando daí a revogação do Regulamento aprovado pela Portaria n.º 788/90, de 4 de Setembro, e a aprovação do projecto de regulamento que foi objecto de notificação à Comissão das Comunidades Europeias.

Assim:

Manda o Governo, pelo Ministro da Indústria e Energia, o seguinte:

1.º É aprovado o Regulamento Técnico Relativo ao Projecto, Construção, Exploração e Manutenção de Redes de Distribuição de Gases Combustíveis, que constitui o anexo à presente portaria e que dela faz parte integrante.

2.º É revogada a Portaria n.º 788/90, de 4 de Setembro. Ministério da Indústria e Energia.

Assinada em 13 de Abril de 1994.

O Ministro da Indústria e Energia, *Luís Fernando Mira Amaral.*

ANEXO

Regulamento Técnico Relativo ao Projecto, Construção, Exploração e Manutenção de Redes de Distribuição de Gases Combustíveis

CAPÍTULO I
Disposições gerais

Artigo 1.º
Objecto[1]

1 – O presente Regulamento estabelece as condições técnicas a que devem obedecer o projecto, a construção, a exploração e a manutenção das redes de distribuição de gases combustíveis cuja pressão de serviço não exceda 4 bar.

2 – Este valor pode ser alterado por despacho do Ministro da Indústria e Energia.

3 – São partes integrantes das redes de distribuição as tubagens enterradas, comummente designadas «ramais de edifício», ou «ramais de imóvel», que, partindo da tubagem principal da rede de distribuição, alimentam os edifícios, indo até à válvula de corte ao edifício, também designada por «dispositivo de corte geral ao imóvel».

4 – Se na área de uma concessão de distribuição também existirem troços cuja pressão de serviço exceda 4 bar, ser-lhes-ão aplicáveis as disposições constantes da portaria que regulamenta o projecto, a construção, a exploração e a manutenção de gasodutos de transporte de gases combustíveis.

Artigo 2.º
Dimensionamento das redes

1 – As redes de distribuição devem ser dimensionadas para funcionar com gás natural, com índice de Wobbe compreendido entre 48,1 MJ/m3 e 58,0 MJ/m3, calculado nas condições de referência em relação ao poder calorífico superior, exceptuando-se as que se integrem na rede de «gás de cidade» de Lisboa, que podem ser dimensionadas para funcionar com um gás da 1.ª família.

2 – As características do gás a utilizar, bem como a pressão de alimentação da rede, serão obrigatoriamente fornecidas pela distribuidora ao projectista das redes.

---

[1] A redacção do presente artigo foi rectificada através da Declaração de Rectificação n.º 173/94.

ARTIGO 3.º

Pressões(²)

1 – As pressões referidas no presente Regulamento, sem qualquer outra indicação, são pressões relativas.

2 – Todas as tubagens, acessórios e válvulas devem ser previstos para a pressão de serviço máxima de 4 bar.

ARTIGO 4.º

Limitação de pressão de serviço

1 – A pressão de serviço máxima definida no artigo 3.º não deve ser excedida, salvo na situação prevista no n.º 4 do artigo 1.º

2 – Para cumprimento do estabelecido no número anterior, devem ser usados dispositivos devidamente aprovados.

3 – Para além dos postos de redução da pressão, devem ser instalados dispositivos de segurança que actuem sempre que a pressão efectiva na tubagem a jusante ultrapasse em mais de 10% o valor da pressão de serviço máxima.

4 – O disposto nos números anteriores não é aplicável às redes alimentadas com gases das 1.ª e 3.ª famílias.

ARTIGO 5.º

Materiais constituintes da rede

1 – Todos os componentes devem ser fabricados com materiais que garantam condições de funcionamento e segurança adequadas à sua utilização e que obedeçam aos requisitos das normas aplicáveis.

2 – Devem ser tidas em conta as solicitações mecânicas possíveis e os efeitos químicos, internos e externos, sempre que haja ligação de tubagens de diferentes materiais.

3 – Os materiais admitidos para a execução das redes de distribuição são:

a) Tubos de aço, conforme o previsto no capítulo II;

b) Tubos de cobre conformes com a NP-1638;

c) Tubos de polietileno, de acordo com o disposto no capítulo III.

_____

(²) A redacção do presente artigo foi rectificada através da Declaração de Rectificação n.º 173/94.

ARTIGO 6.º

Seccionamento das tubagens

1 – As redes devem possuir dispositivo de corte, designadamente nas derivações importantes, por forma a permitir isolar grupos de 200 consumidores ou troços de tubagem de comprimento não superior a 2 km.

2 – Devem ser instalados órgãos de seccionamento:

a) Em tubagens apoiadas em pontes, nos acessos a estas;

b) No atravessamento de linhas rodoviárias e ferroviárias, a montante e a jusante do atravessamento;

c) Na entrada e na saída dos equipamentos de redução de pressão, a uma distância compreendida entre 5 m e 10 m.

3 – Nas passagens em pontes de vão superior a 300 m, os dispositivos de corte devem ser do tipo de corte automático.

4 – Os dispositivos de corte devem ser facilmente acessíveis e manobráveis.

ARTIGO 7.º

Representação cartográfica da rede

1 – As tubagens devem ser representadas cartograficamente, em escala adequada, com a indicação:

a) Do seu posicionamento em projecção horizontal, mencionando a profundidade de enterramento;

b) Das características da tubagem, designadamente quanto a diâmetro e material;

c) Dos acessórios, nomeadamente válvulas e juntas dieléctricas, e da respectiva posição;

d) De eventuais pormenores relativos a obras especiais.

2 – O disposto no número anterior não é aplicável às redes alimentadas com gases da 3.ª família.

ARTIGO 8.º

Sinalização das tubagens enterradas

1 – Deve ser colocada, 0,30 m acima da geratriz superior da tubagem, uma banda avisadora de cor amarela contendo os termos «ATENÇÃO – GÁS», bem visíveis e indeléveis, inscritos a intervalos não superiores a 1 m.

2 – Os acessórios importantes para a exploração e manutenção da rede, nomeadamente as válvulas de corte e as juntas dieléctricas, devem ser assinalados por placas indicadoras colocadas na sua vizinhança imediata, em posição com eles facilmente relacionável.

CAPÍTULO II
Tubagem de aço

ARTIGO 9.º
Características dos tubos de aço

1 – Os tubos de aço a utilizar na construção das redes devem ser fabricados com aço de qualidade, podendo ser sem postura, com costura longitudinal ou com costura helicoidal.

2 – O processo de fabrico do tubo, as características químicas, mecânicas e dimensionais, os ensaios e os controlos de fabrico devem satisfazer as normas a que se refere o artigo 40.º

3 – Não é permitido o uso de tubos com uma espessura de parede inferior aos seguintes valores:

Diâmetro externo (milímetros)	Espessura (milímetros)
42,4	2,3
48,3	2,3
60,4	2,3
76,1	2,6
88,9	2,6
114,3	2,6
141,3	2,6
168,3	
219,1	
273,1	3,5
323,9	3,5
355,6	4,5
406,4	4,5
457,0	4,6
508,0	5,1

4 – As espessuras mínimas indicadas no número anterior são aplicáveis aos tubos roscados, excepto se estes transportarem fase líquida, caso em que devem ser da série «de parede reforçada».

5 – Nos tubos de diâmetro externo superior a 508 mm, a espessura mínima deve ser igual ou superior a 1% do valor do diâmetro externo.

6 – Os tubos devem ser transportados e armazenados de modo a impedir a entrada de matérias estranhas e ser protegidos da acção dos agentes atmosféricos.

Artigo 10.º
Certificado de qualidade

1 – O fabricante dos tubos deve fazer acompanhar cada lote de um certificado, no qual se discriminem:

a) A qualidade do material, com a indicação da composição química e do teor limite dos componentes, as características mecânicas, as tolerâncias dimensionais e os defeitos encontrados;

b) O processo de fabrico dos tubos;

c) O procedimento de execução das soldaduras e as condições da sua aceitação, quando se trate de tubos soldados;

d) As modalidades dos controlos em ensaios efectuados nas diversas fases do fabrico dos tubos, nomeadamente o tipo, o método, o número e os critérios de aceitação;

e) As condições de realização da prova hidráulica e de marcação dos tubos, bem como dos ensaios não destrutivos, quando se trate de tubos com costura.

2 – Os tubos devem ser marcados de acordo com a norma de fabrico aplicável.

Artigo 11.º
Acessórios para tubagem de aço([3])

1 – As curvas, as uniões e outros acessórios, designadamente os sifões e as juntas dieléctricas, utilizados na construção das redes devem ser em aço e compatíveis com as condições de serviço previstas para o troço em que são instalados.

2 – É permitida a utilização de curvas enformadas a frio com máquina, desde que o raio de curvatura (R), em relação ao diâmetro externo (De), não seja inferior aos seguintes valores:

De (milímetros)	R (milímetros)
De < 60,3..	R = 10.De
60,3 =< De < 355,6...............................	R = 20.De
De => 355,6...	R = 30.De

3 – Podem ser utilizadas curvas segmentadas, no caso de grandes diâmetros, devendo, todavia, o ângulo entre dois elementos consecutivos estar compreendido entre 15º e 25º e o respectivo raio de curvatura não ser inferior a dois diâmetros da tubagem.

([3]) A redacção do presente artigo foi rectificada através da Declaração de Rectificação n.º 173/94.

4 – As válvulas de corte devem corresponder às mesmas características de resistência à pressão de serviço e de estanquidade da tubagem em que se inserem.

5 – O corpo das válvulas deve ser de material compatível com as condições de serviço.

6 – As válvulas devem ser submetidas a um ensaio hidráulico à pressão mínima de 1,5 vezes a pressão nominal.

7 – Os acessórios devem ser de modelo oficialmente aprovado.

8 – As válvulas e outros acessórios devem satisfazer os requisitos estabelecidos no artigo 5.º

9 – As flanges a utilizar devem ser previstas para uma pressão de serviço mínima de 10 bar.

ARTIGO 12.º

Ligações, uniões e acessórios

1 – As ligações de tubos, uniões e acessórios de aço realizadas no local da obra devem ser executadas por soldadura de penetração.

2 – As ligações por flanges, roscas e juntas especiais, de modelo aprovado, devem ser limitadas ao mínimo possível e satisfazer os requisitos de resistência e estanquidade.

3 – Nos casos em que as ligações sejam roscadas, devem ser utilizadas roscas cónicas segundo a norma ANSI B 2,1 ou equivalente.

ARTIGO 13.º

Soldaduras

1 – As soldaduras nos tubos de aço devem ser executadas, em conformidade com procedimentos certificados, por soldadores devidamente qualificados, nos termos do disposto no artigo 10.º do anexo I ao Decreto-Lei n.º 263/89, de 17 de Agosto.

2 – Os procedimentos de soldadura, o controlo visual e os ensaios, destrutivos e não destrutivos, relativos à qualidade das soldaduras devem satisfazer os requisitos de códigos aceites pela Direcção-Geral de Energia.

3 – As soldaduras devem ser controladas por exames radiográficos ou por outros meios não destrutivos.

4 – Quando o código de soldadura não especificar de modo diferente, deve fazer-se o exame de:

a) 10% das soldaduras, seleccionadas aleatoriamente, nas tubagens enterradas;

b) Até 100% das soldaduras, nas tubagens aéreas ou instaladas em galerias ou mangas.

5 – A interpretação dos resultados dos exames realizados ao abrigo do número anterior deve ser feita por um técnico especializado.

6 – No caso de tubagens de diâmetro exterior igual ou inferior a 60,3 mm, os controlos referidos no n.º 3 devem ser substituídos pelo exame visual e controlo da estanquidade com solução espumífera em todas as soldaduras.

7 – O metal de adição a utilizar nas soldaduras deve ser compatível com as características do aço dos tubos a soldar.

8 – Os tubos de aço com costura longitudinal ou helicoidal devem ser ligados entre si por forma que as respectivas soldaduras fiquem desfasadas.

9 – As soldaduras topo a topo devem ser executadas com os topos dos tubos devidamente chanfrados.

ARTIGO 14.º

Protecção das tubagens contra as acções corrosivas([4])

1 – As tubagens de aço enterradas devem possuir um revestimento de protecção contra as acções agressivas do meio em que são instaladas e contra as corrosões provocadas por correntes eléctricas, naturais ou vagabundas.

2 – Os revestimentos devem ser de materiais adequados, nomeadamente dos seguintes tipos:

a) Betume ou alcatrão, isentos de fenóis, suportados com banda de fibra de vidro ou outro material imputrescível;

b) Resinas sintéticas.

3 – A espessura do revestimento deve ter valor adequado ao tipo de material utilizado e às condições de instalação e ser controlada por meios apropriados, nomeadamente ultra-sons.

4 – A rigidez dieléctrica do revestimento dos tubos de aço deve ser de 5000 V, acrescida de 5000 V por milímetro de espessura da camada isolante, até um máximo de 25000 V.

5 – As tubagens aéreas de aço devem ser protegidas externamente com um revestimento anticorrosivo adequado, nomeadamente metalização ou outro procedimento equivalente, e pintura com cor amarela.

6 – Nos casos de tubagens aéreas instaladas em obras de arte de estrutura metálica, deve proceder-se ao isolamento eléctrico das tubagens em relação à estrutura de apoio.

7 – As válvulas, uniões soldadas e acessórios em aço devem, de igual modo, ser providos de um revestimento protector, com características equivalentes às da tubagem.

([4]) A redacção do presente artigo foi rectificada através da Declaração de Rectificação n.º 173/94.

ARTIGO 15.º
Protecção catódica

1 – As tubagens de aço enterradas devem ser providas de um sistema de protecção catódica sempre que, tecnicamente, a natureza do terreno o justifique.

2 – A protecção catódica aplicada deve fornecer à tubagem um potencial negativo do tubo em relação à terra.

3 – A protecção catódica pode ser dispensada nos troços que disponham de revestimento eficiente e estejam electricamente isolados da restante tubagem por meio de juntas isolantes.

CAPÍTULO III
Tubagem de polietileno

ARTIGO 16.º
Características dos tubos de polietileno

1 – Os tubos de polietileno a utilizar na construção das redes de distribuição devem ser fabricados com resinas derivadas da polimerização do etileno, devidamente estabilizadas.

2 – As características físicas e dimensionais, os ensaios e os controlos de produção devem satisfazer os requisitos das normas a que se refere o artigo 41.º

3 – Devem ser utilizados tubos com espessura nominal não inferior à definida pela série SDR 11, se a resina for do tipo PE 80, e da série SDR 17,6, se a resina for do tipo PE 100, ou de outras séries tecnicamente equivalentes.

4 – Para os diâmetros exteriores iguais ou inferiores a 32 mm, a espessura mínima deve ser igual ou superior a 3 mm.

5 – Os tubos devem ser transportados e armazenados de modo a impedir a entrada de matérias estranhas e ser protegidos da acção dos agentes atmosféricos.

ARTIGO 17.º
Certificado de controlo

1 – O fabricante deve certificar a correspondência da matéria-prima e do tubo à norma de fabrico.

2 – Cada lote de tubagem deve ainda ser acompanhado das seguintes indicações:

a) Qualidade do material, precisando o tipo e a massa volúmica da resina utilizada;

b) Características mecânicas e dimensionais, por amostragem estatística;

c) Resultado dos ensaios e das provas, mencionando o tipo, a norma aplicada, o método e o número de ensaios efectuados.

3 – Todos os tubos devem ser marcados de acordo com a norma aplicada.

Artigo 18.º
Acessórios para tubagem de polietileno

1 – As curvas, uniões e outros acessórios para a construção de redes devem ser de polietileno e compatíveis com as pressões de serviço previstas na tubagem em que são instalados.

2 – As resinas usadas no fabrico dos acessórios devem ser compatíveis, do ponto de vista da soldabilidade, com o material dos tubos, o que será declarado pelo respectivo fabricante.

3 – As mudanças de direcção devem ser executadas, quer com o auxílio de acessórios, quer por dobragem a frio dos tubos, com raios de curvatura mínimos iguais a 30 vezes o diâmetro externo dos tubos.

4 – Os acessórios devem ser de modelo oficialmente aprovado.

5 – As válvulas e outros acessórios devem satisfazer os requisitos estabelecidos no artigo 5.º

Artigo 19.º
Tomadas em carga

1 – Na utilização de tomadas em carga só devem ser usados os modelos do tipo «sela», electrossoldáveis, não sendo permitida a interposição de juntas elásticas, nomeadamente anilhas ou tóricos, entre aquela e o tubo.

2 – Só é admissível o uso de tomadas em carga com dispositivo de furação incorporado.

3 – O orifício de ligação da tomada em carga ao tubo não pode constituir um ponto de enfraquecimento da tubagem, pelo que a relação entre o diâmetro do orifício e o diâmetro externo do tubo não deve exceder 0,4.

Artigo 20.º
Ligações, uniões e acessórios

1 – Não são permitidas ligações roscadas.

2 – São admissíveis os seguintes métodos de ligação:

a) Em tubos de diâmetro igual ou superior a 90 mm, soldadura topo a topo, com o auxílio de um elemento de aquecimento;

b) Acessórios electrossoldáveis com resistência eléctrica incorporada;

c) Flanges, que devem ser da classe PN 10, devendo a junta utilizada ser de qualidade aprovada.

3 – É permitida a utilização de acessórios compostos, fabricados em estaleiro ou oficina a partir de elementos simples soldados topo a topo, desde que aqueles sejam previamente ensaiados por entidade reconhecida pela Direcção-Geral de Energia, sendo obrigatório que na sua inserção na rede se utilize o método de electrossoldadura, quando se trate de diâmetros inferiores a 90 mm.

4 – As ligações por juntas flangeadas e por juntas mecânicas devem ser limitadas ao mínimo imprescindível.

Artigo 21.º

Soldaduras

1 – As soldaduras de tubos de polietileno devem ser executadas por soldadores devidamente qualificados, nos termos do disposto no artigo 10.º do anexo I ao Decreto-Lei n.º 263/89, de 17 de Agosto.

2 – Os procedimentos de soldadura, os controlos visíveis e os ensaios, destrutivos e não destrutivos, relativos à qualidade das soldaduras devem obedecer aos códigos de boa prática aplicáveis.

3 – A ovalização das extremidades dos tubos deve ser verificada, e eventualmente corrigida, sempre que a diferença entre os valores mínimo e máximo do diâmetro exterior em relação ao diâmetro nominal do tubo exceda 2% do valor desta.

4 – Nos tubos de diâmetro igual ou superior a 90 mm, deve proceder-se à inspecção das soldaduras topo a topo, por meios não destrutivos, no mínimo de 10% do número de soldaduras.

Artigo 22.º

Protecção contra a corrosão dos componentes metálicos da rede

Os revestimentos protectores dos componentes metálicos da rede devem ser quimicamente não agressivos para o polietileno, não podendo ser aplicados a quente.

CAPÍTULO IV
Colocação em obra

ARTIGO 23.º
Abertura de valas

1 – A profundidade das valas depende das condições locais, do tráfego, do diâmetro da tubagem a instalar e do material utilizado.

2 – O recobrimento da tubagem deve ser, no mínimo, de 0,6 m.

3 – O fundo das valas deve ser regularizado, com eliminação de qualquer saliência de rochas, pedras ou outros materiais que possam causar danos na tubagem ou no seu revestimento, quando exista.

4 – No caso de o gás distribuído poder originar condensados, o fundo da vala deve apresentar uma inclinação mínima de 2 por 1000, no sentido do dispositivo de recolha dos condensados.

5 – Em casos excepcionais, a tubagem pode ser instalada a uma profundidade menor do que a indicada no n.º 2, desde que não colida com outras tubagens e fique adequadamente protegida contra cargas excessivas, nomeadamente pelo recurso à sua instalação no interior de uma manga de protecção, de modo a garantir condições de segurança equivalentes às de um enterramento normal.

6 – O espaço anelar entre as mangas ou caleiras e as tubagens deve ser convenientemente ventilado, de modo que eventuais fugas de gás sejam conduzidas até aos extremos da manga, os quais devem descarregar essas fugas por forma a não constituírem perigo.

7 – No caso de mangas de protecção metálicas, devem estas ser protegidas:
a) Contra a corrosão, interna e externamente;
b) Com isolamento eléctrico, em relação à tubagem que envolvem;
c) Com protecção catódica, sempre que necessário.

ARTIGO 24.º
Instalação das tubagens(⁵)

1 – Os troços de tubagem, quando colocados nas valas, devem ser obturados com tampões provisórios, a retirar quando da interligação desses troços de tubagem, devendo verificar-se a inexistência de corpos estranhos no seu interior.

(⁵) A redacção do presente artigo foi alterada pela Portaria n.º 690/2001, de 10 de Julho.

2 – A tubagem deve ser instalada sobre uma camada de areia doce ou material equivalente, uniformemente distribuído no fundo da vala, com uma espessura mínima de 0,10 m e completamente envolvida com o referido material, mantendo-se a espessura mínima indicada em todas as direcções.

3 – Na colocação da tubagem deve ser observado o disposto no n.º 1 do artigo 8.º

4 – Os revestimentos das tubagens de aço devem ser inteiramente reparados ou completados, se tiverem sido danificados ou se encontrarem incompletos.

5 – Nos troços aéreos devem ter-se em conta as possíveis deformações térmicas e solicitações mecânicas a que as tubagens possam ser submetidas, a fim de garantir as respectivas segurança e estabilidade.

6 – Os tubos de polietileno só podem ser utilizados no exterior dos edifícios em troços enterrados.

7 – Na ligação das redes de distribuição aos edifícios, os tubos de polietileno só podem emergir do solo, no exterior dos edifícios ou embebidos na face exterior da parede dos mesmos até 1,1 m e com observância do disposto no n.º 10.

8 – Nos casos especiais de atravessamento de ferrovias ou rodovias de tráfego intenso, as tubagens enterradas serão protegidas com uma manga, devendo o espaço anelar entre a tubagem e a manga envolvente satisfazer o disposto no n.º 6 do artigo 23.º

9 – No caso de o gás poder originar a formação de condensados, deve prever-se a instalação de sifões de recolha.

10 – As tubagens em polietileno emergentes do solo devem ser protegidas por uma manga ou bainha metálica, obedecendo aos seguintes requisitos:

a) Ser cravada no solo até uma profundidade mínima de 0,2 m;

b) Ser convenientemente fixada;

c) Acompanhar a tubagem de gás até 1,1 m.

11 – A extremidade superior do espaço anelar entre a tubagem e a manga ou bainha deve ser obturada com um material inerte.

12 – Quando a tubagem de polietileno ficar embebida na parede exterior do edifício, deve ser protegida por uma manga de acompanhamento que resista ao ataque químico das argamassas.

Artigo 25.º

Tubagens de gás na vizinhança de outras tubagens

1 – A distância entre as geratrizes das tubagens de gás e as de quaisquer outras, quer em percursos paralelos quer nos cruzamentos, não pode ser inferior a 0,2 m.

2 – Quando não for possível respeitar a distância referida no número anterior, devem as tubagens ficar separadas entre si por um dispositivo adequado.

3 – A distância entre as geratrizes das tubagens de gás e as dos cabos eléctricos, telefónicos e similares, quer em percursos paralelos quer em cruzamentos, também não pode ser inferior a 0,2 m, com excepção das ligações à terra.

4 – Nos troços em que não for possível respeitar a distância mínima mencionada no número anterior, deve a tubagem de gás ter uma manga electricamente isolante, de fibrocimento, betão ou outros materiais não combustíveis, cujas extremidades distem, pelo menos, 0,2 m dos cabos eléctricos, telefónicos e similares.

5 – A distância mínima entre as geratrizes das tubagens de gás e as das tubagens de redes de esgotos, quer em percursos paralelos quer nos cruzamentos, não deve ser inferior a 0,5 m.

6 – Nos troços em que não for possível respeitar esta distância, a tubagem de gás deve ser envolvida por uma manga cujas extremidades distem, pelo menos, 0,5 m da rede do esgoto.

7 – A posição relativa das tubagens de gás e de outras tubagens deve ter em conta a densidade do gás.

8 – Nos cruzamentos ou traçados paralelos de tubagens de polietileno com condutas transportadoras de calor devem ter-se em conta a distância e o isolamento necessários para que a temperatura da tubagem de gás nunca ultrapasse os 20ºC.

Artigo 26.º
Reposição do terreno

O enchimento da vala acima da camada mencionada no n.º 2 do artigo 24.º pode ser feito com os materiais disponíveis do desaterro, isentos de elementos que constituam eventual perigo para a tubagem ou para o seu revestimento, quando existir.

CAPÍTULO V
Ensaios em obra

ARTIGO 27.º
Disposições gerais([6])

1 – Todas as tubagens, antes de entrarem em serviço, devem ser submetidas, em todo o seu comprimento, de uma só vez ou por troços, aos ensaios estabelecidos neste capítulo.

2 – O ensaio dos troços de tubagem a colocar dentro de mangas de protecção deve ser feito separadamente, com o tubo fora destas, antes da montagem no local.

3 – As verificações previstas no número anterior não dispensam o ensaio final do conjunto da rede.

ARTIGO 28.º
Fluidos de ensaio

Os fluidos de ensaio admissíveis são o ar, o azoto ou o gás distribuído na rede, tomando as medidas de segurança necessárias.

ARTIGO 29.º
Pressões de ensaio([7])

A pressão de ensaio deve ser, no mínimo, 1,5 vezes a pressão de serviço da tubagem, mas nunca inferior a 1 bar.

ARTIGO 30.º
Execução dos ensaios

1 – Deve proceder-se à medição contínua das pressões e temperaturas durante os ensaios, com o auxílio de aparelhos registadores e de um indicador de pressão calibrado, para as leituras inicial e final.

([6]) A redacção do presente artigo foi rectificada através da Declaração de Rectificação n.º 173/94.

([7]) A redacção do presente artigo foi rectificada através da Declaração de Rectificação n.º 173/94.

2 – Os valores das pressões devem ser corrigidos tendo em conta as variações das temperaturas do fluido utilizado nos ensaios, da parede do tubo, do terreno ou do ambiente e, no caso dos tubos de polietileno, do comportamento elástico do material.

3 – Os ensaios só podem começar após ter sido atingido o equilíbrio de temperaturas, o que exige um período de condicionamento prévio, nos termos estabelecidos no artigo 31.º

4 – Os instrumentos de medida devem dispor de certificado de calibração válido e ter a incerteza máxima de 0,5%.

5 – Quando os troços a ensaiar tiverem um comprimento inferior a 500 m, o ensaio pode ser realizado com o gás distribuído, à pressão de serviço, desde que se faça a verificação da estanquidade de todas as juntas desse troço com o auxílio de um produto espumífero, sendo dispensável o cumprimento das disposições relativas à correcção das pressões em função da temperatura.

ARTIGO 31.º

Resultado dos ensaios

1 – O resultado é considerado satisfatório se, após a estabilização das condições de ensaio, a pressão se mantiver constante nas seis horas seguintes, com eventual correcção face às variações da temperatura.

2 – No caso de troços não enterrados, de reduzido comprimento, com equipamentos e dispositivos de corte ou similares, os ensaios podem ter a sua duração reduzida a um mínimo de quatro horas e ser executados antes da sua colocação em obra.

ARTIGO 32.º

Relatórios dos ensaios

1 – Deve ser elaborado um relatório de cada ensaio, da rede ou de qualquer dos seus troços, do qual constem as seguintes indicações:

a) Referência dos troços ensaiados;
b) Data, hora e duração;
c) Valores das temperaturas verificadas no fluido durante o ensaio;
d) Valores da pressão inicial e final do ensaio;
e) Conclusões;
f) Observações particulares.

2 – Os relatórios devem ser elaborados por um técnico de gás ou por um organismo de inspecção devidamente reconhecidos.

CAPÍTULO VI
Exploração e manutenção das redes

Artigo 33.º
Disposições gerais

1 – A exploração e manutenção das redes de distribuição é da exclusiva responsabilidade das respectivas concessionárias.

2 – As concessionárias devem dispor de um plano com os procedimentos de garantia de segurança relativos aos aspectos de operação, manutenção, inspecção e controlo das tubagens.

3 – As concessionárias devem dispor dos meios humanos, técnicos e materiais que lhes permitam assegurar o cumprimento do disposto no número anterior.

4 – A concessionária deve dispor de um serviço de manutenção permanente, dotado de meios técnicos, materiais e humanos que a habilitem, em caso de acidente, a intervir com a necessária rapidez e eficácia.

5 – As concessionárias devem dispor de, pelo menos, um serviço de atendimento permanente para receber informações, do seu pessoal ou de terceiros, relativas a eventuais anomalias nas tubagens.

6 – Sempre que se verifiquem quaisquer acidentes, devem as concessionárias tomar as adequadas medidas e enviar à Direcção-Geral de Energia um relatório circunstanciado da ocorrência.

7 – Na vizinhança das tubagens não podem realizar-se trabalhos susceptíveis de as afectar, directa ou indirectamente, sem que sejam tomadas as precauções consideradas suficientes pela concessionária.

8 – Em caso de desacordo entre a entidade responsável pelos trabalhos referidos no número anterior e a concessionária, o diferendo será submetido a parecer da Direcção-Geral de Energia.

Artigo 34.º
Entrada em serviço

1 – Antes de o gás ser introduzido na tubagem dever-se-á verificar se todas as saídas desta estão fechadas ou obturadas e se os orifícios de purga se encontram abertos e protegidos com dispositivos anti-retorno de chama.

2 – A purga deve fazer-se através de um tubo vertical cuja boca de saída esteja, pelo menos, 2 m acima do solo, da porta ou da janela mais próxima.

3 – Não deve existir qualquer fonte de ignição ou chama na vizinhança dos orifícios de purga.

4 – A distância entre orifícios de purga e linhas aéreas de transporte de energia eléctrica de tensão superior a 380 V deve ser igual à altura que vai do ponto mais próximo do cabo eléctrico à sua projecção vertical no solo.

5 – A tubagem deve ser totalmente purgada do ar contido, não devendo a velocidade do fluxo de purga no interior da tubagem exceder 12 m/s.

6 – Sempre que o volume interno da tubagem exceda 1 m3, deve intercalar-se um «tampão» de azoto entre o ar a purgar e o gás a introduzir.

7 – O fim da purga deve ser verificado quer por queima do gás quer por medições com aparelhagem adequada.

8 – Antes de se proceder à ligação definitiva da tubagem à rede existente, deve ser realizado um ensaio de queima do gás da referida tubagem, com a duração suficiente para assegurar a homogeneidade e estabilidade da chama.

9 – Antes de se proceder à ligação de um novo troço de tubagem à rede em serviço, deve estabelecer-se a equipotencialidade eléctrica entre ambos.

10 – Após a ligação da tubagem à rede existente e terminados todos os trabalhos complementares, deve proceder-se à detecção de eventuais fugas no troço em causa.

ARTIGO 35.º
Retirada de serviço ou reparação da rede

1 – As tubagens que, durante os trabalhos de ligação, reparação ou retirada definitiva de serviço, tenham de ser separadas da rede devem ser totalmente purgadas do gás contido.

2 – Quando houver que proceder ao esvaziamento de uma tubagem, devem cumprir-se os requisitos dos n.ºs 2, 3 e 4 do artigo 34.º

ARTIGO 36.º
Controlo de exploração da rede

1 – A concessionária fica ainda obrigada a controlar:
a) A qualidade do gás;
b) O valor da pressão efectiva nas tubagens;
c) A estanquidade das tubagens.

2 – Devem ser devidamente registadas todas as anomalias surgidas, bem como as respectivas acções correctoras efectuadas e outros dados considerados relevantes.

Artigo 37.º
Pesquisa de fugas

1 – Após a entrada em serviço das redes de distribuição, deve proceder-se à pesquisa de fugas em intervalos máximos de cinco anos.

2 – Os intervalos entre os controlos consecutivos fixados no número anterior devem ser reduzidos nos troços que tenham apresentado fugas e nos casos em que as características da zona assim o aconselhem.

3 – Nos troços submersos e aéreos, a pesquisa de fugas fica ao arbítrio das concessionárias, devendo, todavia, ser efectuada com um intervalo máximo de dois anos.

Artigo 38.º
Controlo dos dispositivos de corte

O funcionamento dos principais dispositivos de corte deve ser verificado periodicamente, por forma a assegurar a sua operacionalidade.

Artigo 39.º
Controlo da protecção catódica

O controlo da protecção catódica deve incluir visitas periódicas aos dispositivos de protecção e a verificação do potencial da tubagem em relação ao solo.

Artigo 40.º
Trabalhos de reparação nas redes

1 – Sempre que possível, devem as avarias nas redes ser reparadas sem interrupção do fornecimento de gás aos consumidores.

2 – Quando se configurem necessárias interrupções de fornecimento de gás superiores a vinte e quatro horas ou que afectem mais de 100 consumidores, deve a concessionária proceder ao pré-aviso dos consumidores abrangidos.

3 – Devem ser tomadas as medidas de segurança necessárias para a execução dos trabalhos de reparação.

4 – Sempre que tenha de proceder a reparações de emergência, a concessionária deverá adoptar as medidas que os seus técnicos considerem necessárias em matéria de segurança na zona afectada, nomeadamente no que respeita ao trânsito, à permanência de pessoas e ao corte de energia eléctrica, de acordo com o disposto no Decreto-Lei n.º 374/89, de 25 de Outubro.

5 – Quando se verificar a situação referida no número anterior e a concessionária tiver de interromper o fornecimento do gás, deverá avisar de imediato e por forma eficaz os consumidores afectados.

6 – Nas intervenções a executar nas tubagens em serviço para substituição de um troço ou para ligação de tubagens novas, o corte provisório do gás deve ser feito com equipamentos adequados à pressão de serviço da rede.

7 – A obturação permanente das tubagens deve ser feita utilizando flanges cegas, salvo o disposto no número seguintes.

8 – Nas operações temporárias de manutenção, a obturação pode ser feita por meio de válvulas de corte ou de «balões», desde que sejam tomadas as necessárias medidas de segurança.

9 – Antes de se efectuar o corte de tubagens de aço ou de polietileno, deve proceder-se ao corte do gás e garantir-se a equipotencialidade eléctrica entre os troços a separar.

10 – Antes de cada intervenção em tubos de polietileno, deve executar-se a ligação destes à terra, de modo a evitar a existência de cargas electrostáticas.

11 – As soldaduras a realizar nas intervenções referidas nos n.ᵒˢ 6, 7 e 8 só devem ser executadas se:

a) O troço for obturado em cada extremo e completamente purgado com ar ou azoto;

b) For mantido um fluxo de gás a uma pressão não superior a 40 mb, com permanente controlo desta.

12 – Nas reparações admite-se o uso de uniões deslizantes com dispositivos de aperto, desde que o modelo esteja aprovado por um organismo devidamente reconhecido.

13 – Os colares de reparação, os acessórios especiais, os sifões e outros dispositivos só podem ser soldados às tubagens em serviço na condição de o seu encaixe ter sido previamente guarnecido com meios de estanquidade inalteráveis com o calor.

14 – A purga das redes após as reparações deve ser efectuada em conformidade com o disposto nos n.ᵒˢ 2 a 6 do artigo 34.º

CAPÍTULO VII
Normalização e certificação

ARTIGO 41.º
Normas técnicas aplicáveis[8]

1 – Para efeitos da aplicação do disposto no presente Regulamento, serão aceites as normas a seguir indicadas ou outras tecnicamente equivalentes:

a) Tubos de cobre:

NP-1638 – Redes de distribuição de gases combustíveis. Características e ensaios;

b) Tubos de aço:

NP-1641 – Redes de distribuição de gases combustíveis. Tubos de aço sem costura. Características e ensaios;

ANSI B 2,1 – Pipe Threads (except Dryseal) – NPT;

ANSI B 16,5 – Steel pipe flanges and flanged fittings;

ANSI B 16,9 – Wrought steel butt-welding fittings;

API 5 L – Specification for line pipe;

API 6 D – Specification for steel gate, plug, ball and check valves for pipelines service;

API Std 1104 – Standard for welding pipelines and related facilities;

c) Tubos de polietileno:

ISO 1183 – Plastics. Methods for determining the density of non celular plastics;

ISO 1133 – Plastics. Determination of the melt mass-flow rate (MFR) and the melt volume rate (MVR) of thermoplastics;

ISO 4437 – Buried polyethilene (PE) for the supply of gaseous fuels. Metric series. Specification.

2 – Sem prejuízo do disposto no presente Regulamento, não é impedida a comercialização dos produtos, materiais, componentes e equipamentos por ele abrangidos, desde que acompanhados de certificados emitidos, com base em especificações e procedimentos que assegurem uma qualidade equivalente à visada por este diploma, por organismos reconhecidos segundo critérios equivalentes aos previstos na norma da série NP EN-45000, aplicáveis no âmbito do Sistema Português da Qualidade (SPQ), a que se refere o Decreto-Lei n.º 234/93, de 2 de Julho.

---

[8] A redacção do presente artigo foi rectificada através da Declaração de Rectificação n.º 173/94.

PORTARIA N.º 1296/2006,
DE 22 DE NOVEMBRO

A continuação da política de extensão a todo o país da distribuição de gás natural, forma de energia comparativamente mais favorável ao ambiente do que as tradicionalmente utilizadas e de grande comodidade de utilização, constitui um objectivo relevante e que vem sendo implementado progressivamente.

A recente reforma da legislação relativa ao Sistema Nacional de Gás Natural, operada pelos Decretos-Leis n.ºs 30/2006, de 15 de Fevereiro, e 140/2006, de 26 de Julho, que definiram novas regras de organização e funcionamento do mercado do gás natural em Portugal e das respectivas actividades, mantém o objectivo dinamizador do desenvolvimento regional, continuando a permitir a atribuição de licenças para distribuição de gás natural em pólos de consumo isolados.

A actividade contemplada por estas licenças é exercida em regime de serviço público, como forma de garantir aos clientes a qualidade do serviço, a estabilidade do fornecimento e a regulação tarifária.

O Decreto-Lei n.º 140/2006, de 26 de Julho, estabelece, ainda, que o modelo da licença e os requisitos para a sua atribuição, transmissão e o regime de exploração da respectiva rede de distribuição sejam objecto de regulamentação por portaria.

Assim:

Ao abrigo do n.º 2 do artigo 24.º do Decreto-Lei n.º 140/2006, de 26 de Julho, manda o Governo, pelo Ministro da Economia e da Inovação, aprovar:

1 – Os requisitos, que constam do anexo I desta portaria e que dela faz parte integrante, para a atribuição e transmissão de licenças de distribuição local de gás natural, bem como o regime de exploração da respectiva rede de distribuição.

2 – O modelo de licença, que constitui o anexo II desta portaria e que dela faz parte integrante.

O Ministro da Economia e da Inovação, *Manuel António Gomes de Almeida de Pinho*, em 8 de Novembro de 2006.

ANEXO I

Requisitos para a atribuição e transmissão de licenças de distribuição local de gás natural e o regime de exploração da respectiva rede

ARTIGO 1.º

Objecto

O presente anexo define os requisitos de atribuição de licenças de distribuição local de gás natural em regime de serviço público através da exploração de redes locais, adiante denominadas simplesmente por licença, bem como da respectiva transmissão e regime de exploração, nos termos do artigo 22.º do Decreto-Lei n.º 140/2006, de 26 de Julho.

ARTIGO 2.º

Âmbito

A licença a que refere o artigo anterior compreende a distribuição de gás natural ou dos seus gases de substituição a pólos de consumo, bem como a recepção, o armazenamento e a regaseificação de GNL em unidades autónomas afectas à respectiva rede.

ARTIGO 3.º

Pedido da licença

1 – O pedido de licença é dirigido ao ministro responsável pela área da energia e entregue na Direcção-Geral de Geologia e Energia (DGGE), nos termos do n.º 1 do artigo 25.º do Decreto-Lei n.º 140/2006, de 26 de Julho.

2 – O pedido referido no número anterior deve incluir:

a) Declaração indicando a denominação ou firma, a sede, o número do cartão de pessoa colectiva ou documento equivalente, os nomes dos titulares dos corpos gerentes e de outras pessoas com poderes para obrigar a entidade requerente, o registo comercial de constituição e das alterações do pacto social ou documento equivalente e a composição do capital accionista;

b) Declaração, sob compromisso de honra, do requerente de que tem regularizada a sua situação relativa a contribuições para a segurança social, bem como a sua situação fiscal;

c) Indicação do esquema de financiamento, incluindo, nomeadamente, o montante do capital social inicial e o faseamento de sucessivos aumentos de capital, bem como o montante dos suprimentos, prestações suplementares e adicionais que os sócios se proponham disponibilizar para o respectivo financiamento;

d) Declaração, sob compromisso de honra, da entidade requerente de que se compromete, nomeadamente:

i) A respeitar a legislação aplicável à construção e à exploração das infra-estruturas e à distribuição de gás natural;

ii) A cumprir os requisitos de natureza técnica e financeira que lhe forem impostos, nomeadamente os enunciados no artigo seguinte;

iii) A aceitar, no que for transponível para a entidade titular da licença, as disposições constantes do Decreto-Lei n.º 140/2006, de 26 de Julho, nomeadamente quanto às exigências de um regular, contínuo e eficiente funcionamento do serviço público, e adoptar, para o efeito, os melhores procedimentos, meios e tecnologias utilizados no sector do gás, com vista a garantir, designadamente, a segurança de pessoas e bens;

iv) A apresentar o seguro de responsabilidade civil a que se refere o artigo 6.º do Decreto-Lei n.º 140/2006, de 26 de Julho;

v) A aceitar, no que for transponível para a entidade titular da licença, as disposições constantes do Decreto-Lei n.º 140/2006, de 26 de Julho, e a obrigação de manter, durante o prazo de vigência da licença, em permanente estado de bom funcionamento, conservação e segurança, os bens afectos à licença, efectuando para tanto as reparações, renovações, adaptações e modernizações necessárias ao bom desempenho do serviço público concedido;

e) Elementos comprovativos da capacidade técnica, financeira e de gestão da requerente adequadas à natureza da actividade, bem como a experiência detida, pela sociedade ou por algum dos seus sócios ou accionistas maioritários;

f) Indicação do responsável técnico, respectivo currículo e termo de aceitação de responsabilidade técnica;

g) Memória justificativa do projecto que inclua, nomeadamente, a planta da área geográfica, a calendarização da construção das instalações e da expansão da cobertura dos clientes finais na área objecto da licença, elementos elucidativos sobre a disponibilidade de utilização dos terrenos necessários à implantação das infra-estruturas e a data do início da actividade de distribuição local de gás natural;

h) Caracterização e perspectivas de desenvolvimento do mercado;

i) Indicação do número previsível e do potencial de clientes finais a servir, nos sectores doméstico, comercial e industrial;

j) Previsão dos volumes de venda a médio prazo após o início da actividade licenciada;

l) Análise da viabilidade económico-financeira do projecto, incluindo adequados estudos de sensibilidade.

Artigo 4.º

Requisitos a satisfazer

1 – Constituem requisitos técnicos, cuja satisfação a entidade candidata deve garantir, e a que fica obrigada caso lhe seja concedida a licença:

a) Dispor do pessoal técnico previsto nas alíneas a) a c) do n.º 1 do artigo 6.º do anexo I do Decreto-Lei n.º 263/89, de 17 de Agosto;

b) Dispor de equipamento adequado à detecção de fugas;

c) Assegurar a capacidade para a realização de intervenções nos meios afectos ao exercício da actividade, referidos nas alíneas a) e b) do n.º 1 do artigo 6.º do presente anexo;

d) Dispor de meios que assegurem a assistência em situações de emergência relacionadas com a segurança de pessoas e bens;

e) Dispor de um serviço de atendimento permanente.

2 – A satisfação do cumprimento do número anterior será garantida por meios próprios ou mediante contratos firmados com entidades qualificadas, devendo, neste caso, fazer-se prova da existência do respectivo contrato, que não poderá ser rescindido sem autorização do director-geral de Geologia e Energia.

3 – Constitui requisito financeiro, a satisfazer pela entidade licenciada, dispor, no final de cada ano civil e durante todo o período da licença, de recursos financeiros próprios iguais ou superiores a 20% do investimento total acumulado em activos fixos.

4 – Para efeitos do número anterior, entende-se por recursos financeiros próprios:

a) O capital social, constituído por acções ordinárias ou preferenciais, remíveis ou não;

b) Os empréstimos subordinados dos accionistas;

c) Os suprimentos;

d) As prestações acessórias;

e) Os prémios de emissão.

5 – Dispor dos terrenos necessários à construção das instalações de recepção, armazenamento e regaseificação de GNL.

6 – Outros requisitos a satisfazer:

a) Manter em bom estado de funcionamento, conservação e segurança, a expensas suas e durante todo o prazo de vigência da licença, as infra-estruturas necessárias ao exercício da actividade;

b) Submeter o projecto a licenciamento, em conformidade com os requisitos legais e nos termos da legislação aplicável.

ARTIGO 5.º
Conteúdo da licença

1 – A licença, a emitir pelo ministro responsável pela área da energia, deve conter, nomeadamente:
a) A identificação da entidade beneficiária;
b) O objecto da licença;
c) O âmbito geográfico do pólo de consumo;
d) O prazo da licença;
e) A data de início de actividade;
f) Os bens afectos à licença;
g) Os compromissos mínimos em termos de cobertura de número de clientes e de área geográfica;
h) O calendário da construção das infra-estruturas;
i) Os requisitos mínimos de financiamento da construção das infra-estruturas;
j) As obrigações de relatório periódico de acompanhamento da construção das infra-estruturas;
l) Os direitos e obrigações da entidade licenciada;
m) O montante mínimo de seguro de responsabilidade civil a constituir;
n) Outras condições.
2 – A licença é emitida de acordo com o modelo constante do anexo II da presente portaria.

ARTIGO 6.º
Bens afectos à licença

1 – Consideram-se afectos à licença os seguintes bens e direitos da titularidade da licenciada:
a) O equipamento destinado à recepção, armazenagem e regaseificação do GNL e para emissão do gás natural a distribuir, até à válvula de entrada da rede de distribuição, exclusive;
b) A rede de distribuição, constituída pelo conjunto das tubagens e dos equipamentos de controlo, de regulação e de medida e respectivos acessórios destinados à distribuição do gás situados entre a válvula de entrada do gás na rede, inclusive, e as válvulas de corte geral das instalações de clientes finais, exclusive;
c) Os imóveis em que se implantem as infra-estruturas para o exercício da actividade licenciada;
d) Os bens móveis, equiparados a imóveis, utilizados no exercício da actividade objecto da licença;

e) Outros imóveis onde se encontrem instalados serviços da entidade licenciada, para o exercício da actividade objecto da licença;

f) Eventuais fundos ou reservas consignados à garantia do cumprimento de obrigações do titular da licença, nos termos da legislação em vigor e da presente portaria;

g) As relações jurídicas que, em cada momento, sejam inerentes à actividade licenciada, nomeadamente relações laborais, de mútuo, de empreitada, de locação e de prestação de serviços de fornecimento de gás natural;

h) As instalações e demais equipamentos afectos ao serviço e ao apoio técnico aos clientes da rede.

2 – O titular da licença deve elaborar e manter permanentemente actualizado e à disposição da DGGE um inventário do património afecto à licença, no qual se mencionarão os ónus ou encargos que recaem sobre os bens afectos à licença.

3 – O titular da licença não pode alienar ou onerar, por qualquer forma, quaisquer bens ou direitos que integrem a citada licença sem prévia autorização do ministro responsável pela área da energia.

Artigo 7.º
Características do gás a distribuir

O gás natural a distribuir pelo titular da licença deve observar as características técnicas definidas no Regulamento de Qualidade de Serviço, nos termos do artigo 59.º do Decreto-Lei n.º 140/2006, de 26 de Julho.

Artigo 8.º
Responsabilidade pelo projecto e construção

1 – Constituem encargo e são responsabilidade do titular da licença o projecto e a construção das instalações de recepção, armazenamento e regaseificação de GNL e das infra-estruturas de distribuição, bem como a aquisição dos equipamentos necessários, em cada momento, à exploração da rede local.

2 – O titular da licença responde perante o Estado pelos eventuais defeitos de construção e dos equipamentos.

Artigo 9.º

Projecto das infra-estruturas

1 – O projecto das infra-estruturas deve ser submetido à entidade licenciadora para aprovação, no prazo máximo de seis meses após a atribuição da licença, salvo se esta definir outro prazo.

2 - O incumprimento do prazo estabelecido em conformidade com o número anterior constitui fundamento para a revogação da licença nos termos do artigo 28.º do Decreto-Lei n.º 140/2006, de 26 de Julho.

Artigo 10.º

Transmissão da licença

1 – A licença pode ser transmitida a pedido do respectivo titular, mediante prévia autorização do ministro responsável pela área da energia, verificadas as condições dos números seguintes.

2 – O licenciado só pode requerer a transmissão depois de executados pelo menos 50% das infra-estruturas definidas na licença, salvo se o promitente transmissário apresentar garantia bancária autónoma, irrevogável e pagável à primeira solicitação de valor correspondente ao montante actualizado do investimento das infra-estruturas por executar.

3 – O disposto no número anterior não se aplica no caso de sociedades em relação de domínio com o titular da licença.

4 – O pedido de transmissão deve ser apresentado com a antecedência mínima de 90 dias sobre a data em que se pretende efectivar a cedência, acompanhado de documento que exprima explicitamente a vontade das partes e dos elementos relativos ao promitente transmissário referidos no artigo 3.º, com excepção das alíneas g) e seguintes do seu n.º 2, bem como da demonstração do cumprimento dos requisitos enumerados no artigo 4.º

5 – O transmissário fica sujeito aos mesmos deveres, obrigações e encargos do transmitente, bem como a todos os demais que eventualmente lhe tenham sido impostos na autorização de transmissão.

6 – A autorização para a transmissão caduca se não for celebrado o negócio jurídico que a titula dentro do prazo fixado na mesma autorização.

7 – A entidade transmitente apresenta, em documento que terá de manter-se válido até à data da transmissão, a identificação dos meios e do património afectos à licença.

ANEXO II

Modelo de licença para exploração de rede de distribuição local de gás natural

Nos termos do disposto nos artigos 23.º e 24.º do Decreto-Lei n.º 140/ 2006, de 26 de Julho, atribuo à empresa ..., aqui designada por licenciada, licença para a exploração da rede de distribuição local do pólo de consumo de ..., concelho de ..., distrito de ...

Sem prejuízo dos direitos e obrigações resultantes da legislação e regulamentação aplicáveis, a presente licença define os termos e condições a que fica sujeito o seu titular.

CLÁUSULA 1.ª

Objecto da licença

A licença destina-se a outorgar o direito ao exercício, em regime de exclusivo, da actividade de distribuição de gás natural nas áreas do pólo de consumo definido na cláusula 2.ª

CLÁUSULA 2.ª

Âmbito geográfico do pólo de consumo

Áreas urbana e industrial do concelho de ..., distrito de ..., conforme mapa anexo.

CLÁUSULA 3.ª

Prazo da licença

A presente licença é concedida pelo prazo de ... anos, contados da data da sua emissão, caducando no final deste prazo.

CLÁUSULA 4.ª

Licenciamento da infra-estrutura e início de actividade

1 – A licenciada obriga-se a promover todas as acções necessárias à obtenção do licenciamento das infra-estruturas e, neste âmbito, submeter o respectivo projecto à aprovação da entidade competente nos termos da legislação aplicável.

2 – O início da actividade de distribuição de gás natural deve ocorrer no prazo de ... após a data de emissão da presente licença.

CLÁUSULA 5.ª
Calendário da construção das infra-estruturas

A construção das infra-estruturas decorrerá até ... de ... de ..., conforme plano apresentado pela licenciada.

CLÁUSULA 6.ª
Financiamento da construção das infra-estruturas

1 – A licenciada deve providenciar ao financiamento adequado da construção das infra-estruturas necessárias ao exercício da actividade objecto da presente licença, recorrendo, designadamente, a fundos comunitários, nas condições dos respectivos programas.

2 – Os recursos financeiros próprios realizados pela empresa licenciada não podem ser, em cada ano civil, inferiores a 20% do total dos investimentos acumulados em activos fixos líquidos, não sendo considerados, para o efeito, os subsídios a fundo perdido concedidos pelos fundos comunitários referidos no número anterior.

CLÁUSULA 7.ª
Implantação das infra-estruturas

1 – A construção das instalações de recepção, armazenamento e regaseificação de GNL pressupõe a aquisição, por via negocial ou por expropriação, ou o aluguer a longo prazo, dos terrenos necessários à sua implantação.

2 – A passagem da tubagem de gás pode beneficiar de servidões nos termos do disposto do n.º 3 do artigo 12.º do Decreto-Lei n.º 30/2006, de 15 de Fevereiro.

3 – A indemnização pela servidão e a respectiva sinalização obedecem aos termos da legislação aplicável.

CLÁUSULA 8.ª
Relatório de acompanhamento da construção

A licenciada enviará, semestralmente, à Direcção-Geral Geologia e Energia (DGGE) um relatório de execução física e financeira da construção das infra-

-estruturas, evidenciando a comparação da realização com o plano referido na cláusula 5.ª

CLÁUSULA 9.ª
Compromissos mínimos em termos de cobertura de número de clientes e de área geográfica

O titular da licença está obrigado a realizar os seguintes compromissos mínimos em termos de cobertura de clientes e de área geográfica: ...

CLÁUSULA 10.ª
Seguro de responsabilidade civil

1 – A licenciada deve dispor de um seguro de responsabilidade civil com o valor mínimo estabelecido e actualizado em conformidade com a Portaria n.º ...

2 – A licenciada deverá demonstrar que o pólo, a que se refere a presente licença está incluído na apólice prevista no número anterior.

3 – A licenciada deve fazer prova junto da DGGE da constituição do seguro previsto no n.º 1 no prazo de 30 dias anteriores à data de início da actividade.

CLÁUSULA 11.ª
Características do gás a distribuir na rede local objecto da licença

O gás natural a distribuir pela licenciada, através da sua rede, deve obedecer às características técnicas definidas no Regulamento de Qualidade de Serviço, nos termos previstos no artigo 59.º do Decreto-Lei n.º 140/2006, de 26 de Julho.

CLÁUSULA 12.ª
Direitos e obrigações da licenciada

1 – São direitos da licenciada, nomeadamente, os seguintes:

a) Explorar a actividade de distribuição local de gás natural, nos termos da presente licença e da legislação e regulamentação aplicáveis;

b) Receber dos utilizadores das respectivas infra-estruturas, pela utilização destas e pela prestação dos serviços inerentes, uma retribuição por aplicação de tarifas reguladas definidas no Regulamento Tarifário;

c) Exigir aos utilizadores que as instalações a ligar às infra-estruturas licenciadas cumpram os requisitos técnicos, de segurança e de controlo que não ponham em causa a fiabilidade e eficácia do sistema autónomo de distribuição local de gás natural;

d) Exigir dos utilizadores que introduzam gás no sistema que o gás natural introduzido nas infra-estruturas licenciadas cumpra as especificações de qualidade estabelecidas;

e) Exigir aos utilizadores com direito de acesso às infra-estruturas licenciadas que informem sobre o seu plano de utilização e qualquer circunstância que possa fazer variar substancialmente o plano comunicado;

f) Aceder aos seus equipamentos de medição de gás destinados aos utilizadores ligados às suas infra-estruturas;

g) Recusar, fundamentadamente, o acesso às respectivas infra-estruturas, com base na falta de capacidade ou se esse acesso as impedir de cumprir as suas obrigações de serviço público;

h) Todos os que lhes forem conferidos por disposição legal ou regulamentar referente às condições de exploração da presente licença.

2 – Constituem obrigações de serviço público da licenciada:

a) A segurança, regularidade e qualidade do fornecimento de gás natural;

b) A garantia de acesso dos utilizadores, de forma não discriminatória e transparente, às infra-estruturas licenciadas, nos termos previstos na regulamentação aplicável;

c) A protecção dos utilizadores, designadamente quanto a tarifas do serviço prestado, nos termos da legislação aplicável;

d) A promoção da eficiência energética e da utilização racional dos recursos, a protecção do ambiente e a contribuição para o desenvolvimento equilibrado do território;

e) A segurança das infra-estruturas e instalações licenciadas.

3 – Constituem obrigações gerais da licenciada:

a) Cumprir a legislação e a regulamentação aplicáveis ao sector do gás natural e, bem assim, as obrigações emergentes da presente licença;

b) Proceder à inspecção periódica, à manutenção e a todas as reparações necessárias ao bom e permanente funcionamento, em perfeitas condições de segurança, das infra-estruturas e instalações pelas quais a licenciada é responsável;

c) Permitir e facilitar a fiscalização pelo Estado, designadamente através da DGGE e das direcções regionais da economia (DRE), facultando-lhe todas as informações obrigatórias ou adicionais solicitadas para o efeito;

d) Prestar todas as informações que lhe sejam exigidas pela DGGE, no âmbito das respectivas atribuições e competências;

e) Pagar as indemnizações devidas pela constituição de servidões e expropriações, nos termos legalmente previstos.

CLÁUSULA 13.ª

Prestação de informação

É aplicável ao titular da licença o regime de prestação de informação estabelecido no artigo 59.º do Decreto-Lei n.º 30/2006, de 15 de Fevereiro.

CLÁUSULA 14.ª

Suspensão de fornecimento

1 – O titular da licença pode suspender o fornecimento aos consumidores finais por razões de segurança, por falta de contrato ou por solicitação de comercializador, nos termos previstos no Regulamento de Relações Comerciais, nomeadamente:

a) Por alteração não autorizada ou deficiência de funcionamento dos equipamentos ou sistemas de utilização e de ligação à rede de distribuição local;

b) Por incumprimento das ordens e instruções do titular da licença e seus agentes, em caso de emergência.

2 – A ligação do serviço após interrupção por responsabilidade do consumidor obriga ao pagamento do serviço de interrupção e restabelecimento do fornecimento, cujo valor é fixado pela Entidade Reguladora dos Serviços Energéticos (ERSE), nos termos previstos no Regulamento de Relações Comerciais.

CLÁUSULA 15.ª

Tarifas de acesso a terceiros

As tarifas de uso da rede de distribuição local a praticar aos utilizadores com direito de acesso são determinadas pelo Regulamento Tarifário elaborado e aprovado pela ERSE, conforme disposto no n.º 1 do artigo 63.º do Decreto-Lei n.º 140/2006, de 26 de Julho.

CLÁUSULA 16.ª

Revogação da licença

Para efeitos do disposto no artigo 28.º do Decreto-Lei n.º 140/2006, de 26 de Julho, constitui motivo para a revogação, nomeadamente, o incumprimento das obrigações constantes da presente licença.

Emitida em ... de ... de ...

DESPACHO Nº 1677/2008

O Regulamento do Acesso às Redes, às Infra-Estruturas e às Interligações do Sector do Gás Natural (RARII), aprovado pelo Despacho da ERSE n.º 19624-A/2006, de 11 de Setembro, publicado em suplemento ao *Diário da República*, 2.ª Série, de 25 de Setembro, estabelece as condições técnicas e comerciais segundo as quais se processa o acesso às redes de transporte e de distribuição às instalações de armazenamento subterrâneo de gás natural, aos terminais de GNL e às interligações.

O Capitulo II deste regulamento estabelece as condições específicas a que deve obedecer o acesso às referidas infra-estruturas, o qual, por força do seu artigo 6.º concretiza, consoante as situações, com a celebração, por escrito, dos seguintes contratos:

Contrato de Uso de Terminal de GNL.

Contrato de Uso do Armazenamento Subterrâneo de Gás Natural,

Contrato de Uso da Rede de Transporte.

Contrato de Uso das Redes de Distribuição.

Os contratos de uso das infra-estruturas, a celebrar pelas entidades referidas no artigo 7.º, devem integrar as condições relacionadas com o uso das infra-estruturas, diferindo consoante o tipo de agente de mercado em causa, previstas no artigo 8.º.

De acordo com o disposto no artigo 9.º, as condições gerais destes contratos são aprovadas pela Entidade Reguladora dos Serviços Energéticos (ERSE), na sequência de consulta aos agentes de mercado, tendo por base uma proposta apresentada pelo operador de infra-estrutura a que o contrato diz respeito.

Através do seu Despacho n.º 24145/2007, publicado no *Diário da República*, 2.ª Série, de 27 de Outubro, a ERSE procedeu a aprovação das condições gerais do contrato de Uso do Terminal de GNL, do Contrato de Uso do Armazenamento Subterrâneo de Gás Natural e do Contrato de Uso de Rede de Transporte.

Em cumprimento das citadas disposições, os operadores das redes de distribuição de gás natural apresentaram á ERSE as condições gerais do Contrato de Uso das Redes de Distribuição.

A ERSE procedeu à análise das referidas propostas, tendo em sequência e com base nas mesmas elaborado a sua proposta que enviou aos operadores e agentes de mercado para comentários.

Considerando os comentários e sugestões apresentados, a ERSE elaborou as condições gerais do Contrato de Uso das Redes de Distribuição que, pelo presente despacho, passa a aprovar.

Assim:

Ao abrigo das disposições conjugadas do artigo 9.º do Regulamento do Acesso às Redes, às Infra-Estruturas e às Interligações do sector do gás natural e da alínea b) do n.º 1 do artigo 31.º dos Estatutos da ERSE anexos ao Decreto-Lei n.º 97/2002, de 12 de Abril, o Conselho de administração da ERSE deliberou:

1.º Aprovar as condições gerais do Contrato de Uso das Redes de Distribuição, que constitui o Anexo do presente despacho e que dele fica a fazer parte integrante.

2.º O presente despacho entra em vigor no dia seguinte ao da sua publicação.

27 de Dezembro de 2007. – O Conselho de Administração: *Vítor Santos – Maria Margarida de Lucena Corrêa de Aguiar – José Braz.*

ANEXO

Condições gerais do contrato de uso da rede de distribuição

Cláusula 1.º

Definições e siglas

No âmbito do presente contrato de uso da rede de distribuição, entende-se por:

Contrato – o presente contrato de uso da rede de distribuição;

Agente de mercado – comercializadores, comercializadores de último recurso retalhistas, comercializador de último recurso grossista ou clientes elegíveis que adquirem gás natural nos mercados organizados ou por contratação bilateral;

RARII – Regulamento do Acesso às Redes, às Infra-estruturas e ás Interligações;

RNDGN – Rede Nacional de Distribuição de Gás Natural;

RNTGN – Rede Nacional de Transporte de Gás Natural;

RRC – Regulamento de Relações Comerciais;

SNGN – Sistema Nacional de Gás Natural.

CLÁUSULA 2.ª
Objecto

Constitui objecto deste Contrato o estabelecimento das condições contratuais a que deve obedecer o acesso à RNDGN, por parte dos agentes de mercado, nos termos previstos na legislação e regulamentação aplicável, designadamente no RARII.

CLÁUSULA 3.ª
Âmbito de aplicação

1 – Para efeitos do previsto na Cláusula 2.ª do presente contrato, o operador da rede de distribuição assegura veiculação de gás natural através das suas infra-estruturas segundo as condições contratadas, aos seguintes agentes de mercado:
   a) Clientes elegíveis;
   b) Comercializadores;
   c) Comercializador de último recurso grossista;
   d) Comercializadores de último recurso retalhistas.

2 – Para efeitos do previsto no número anterior, consideram-se abrangidas pelo presente contrato as infra-estruturas de distribuição seguintes:
   a) Rede de média pressão;
   b) Redes e ramais de baixa pressão;
   e) Postos de regulação de pressão, integrados na rede de média e baixa pressão;
   d) Unidades Autónomas de Gás Natural Liquefeito.

CLÁUSULA 4.ª
Duração

1 – Sem prejuízo do disposto no número seguinte, o contrato tem a duração de um ano, considerando-se automática e sucessivamente renovado por iguais períodos, salvo denúncia pelo agente de mercado, sujeita à forma escrita, com a antecedência mínima de 60 (sessenta) dias em relação ao termo do Contrato ou da sua renovação.

2 – O início e o termo do prazo contratual coincidirão com o início e o termo do ano gás, à excepção do primeiro período de vigência do Contrato, cuja duração será até ao final do ano gás em curso, se tiver início entre 1 de Julho e 31 de Dezembro, ou até final do ano gás seguinte se tiver início entre 1 de Janeiro e 30 de Junho.

CLÁUSULA 5.ª
Regras aplicáveis

1 – O Contrato de Uso da Rede de Distribuição submete-se às regras constantes da legislação e dos regulamentos aplicáveis, em vigor para o SNGN, nomeadamente os seguintes:

a) Regulamento do Acesso às Redes, às Infra-estruturas e às Interligações;

b) Regulamento de Relações Comerciais;

d) Regulamento da Qualidade de Serviço;

d) Regulamento Tarifário;

e) Regulamento de Operação das Infra-estruturas.

2 – Além dos citados regulamentes, o Contrato submete-se a toda a regulamentação complementar decorrente dos mesmos e do estabelecido nas condições particulares que integrem o Contrato.

CLÁUSULA 6.ª
Responsabilidades

1 – Nos termos do Contrato, os comercializadores e comercializadores de último recurso são responsáveis pelo cumprimento das obrigações decorrentes do acesso à RNDGN dos seus clientes, nos termos previstos no RARJI e no RRC sem prejuízo do direito de regresso sobre estes, ao abrigo dos contratos de fornecimento de gás natural celebrados entre eles, e do disposto no número seguinte.

2 – Sem prejuízo do estabelecido nas condições particulares do Contrato, os comercializadores e comercializadores de último recurso devem assegurar através dos contratos de fornecimento de gás natural celebrados com os seus clientes, que sejam observadas as regras constantes da legislação e regulamentação vigentes, relativas a matérias que integram o âmbito da actividade dos operadores das redes de distribuição.

CLÁUSULA 7.ª
Informação para efeitos de acesso à RNDGN

1 – Para efeitos de acesso á RNDGN os operadores das redes de distribuição devem disponibilizar em conformidade como disposto no RARII, através das suas páginas na Internet, informação geral relativa às suas infra-estruturas de distribuição, incluindo as seguintes matérias:

a) Informação técnica que permita caracterizar as suas infra-estruturas de distribuição;

b) Projectos de investimento para as infra-estruturas de distribuição.

2 – Além da informação referida no número anterior, os operadores das redes de distribuição devem ainda disponibilizar em conformidade com o disposto no RARII, nas suas páginas na Internet, informação relativa à capacidade das infra-estruturas de distribuição, incluindo:

a) Metodologia para a determinação de capacidade na rede de distribuição;

b) Os valores indicativos das capacidades disponíveis para fins comerciais nos pontos relevantes da rede de distribuição, bem como as suas actualizações.

CLÁUSULA 8.ª

Procedimentos

1 – O operador da rede de distribuição deverá comunicar a entrada em vigor do presente contrato ao Gestor Técnico Global do SNGN.

2 – Para a adequada aplicação e execução do Contrato, os agentes de mercado obrigam-se perante o operador da rede de distribuição, a participar nos processos de programação, nomeação e renomeação, tendo em vista a atribuição de capacidade nos pontos de saída da RNTGN para as redes de distribuição, em cumprimento do disposto no RARII, cujos procedimentos se encontram detalhados no Mecanismo de Atribuição da Capacidade na RNTGN e no Manual de Procedimentos de Operação do Sistema.

3 – O operador da rede de distribuição deve prestar informação aos agentes de mercado sobre eventuais interrupções programadas de fornecimento de gás natural, problemas de pressão na rede de distribuição e intervenções nas instalações dos clientes, como sejam a substituição de equipamentos de medição ou a realização de leituras extraordinárias.

CLÁUSULA 9.ª

Qualidade de Serviço Técnica

Os operadores das redes são responsáveis pela qualidade de serviço técnica prestada aos clientes dos comercializadores, nos termos previstos no Regulamento da Qualidade de Serviço.

CLÁUSULA 10.ª

Relacionamento comercial directo entre o operador da rede de distribuição e os clientes dos comercializadores

As matérias que devem ser tratadas directamente entre os clientes dos comercializadores e o operador da rede de distribuição, nos termos do RRC, devem constar das condições particulares do contrato.

CLÁUSULA 11.ª

Intervenções no local de consumo

1 – O agente de mercado poderá solicitar ao operador da rede de distribuição intervenções nos locais de consumo dos clientes.

2 – O agendamento das intervenções do operador da rede de distribuição nos locais de consumo é efectuado pelos agentes de mercado em coordenação com o respectivo operador da rede de distribuição.

CLÁUSULA 12.ª

**Troca de informações entre os agentes de mercado
e os operadores das redes de distribuição**

1 – O operador da rede de distribuição e os agentes de mercado devem, no âmbito do acompanhamento do cumprimento do Contrato, colocar à disposição número(s) de fax, endereço postal e endereços electrónicos, comunicando oportunamente eventuais alterações.

2 – Os pontos de entrega devem ser identificados através do código universal da instalação em todas as comunicações entre o operador da rede de distribuição e o agente de mercado.

3 – O agente de mercado deve comunicar ao operador da rede de distribuição qualquer anomalia que se verifique nas instalações dos clientes ou no equipamento de medição aí localizado, em particular, a ruptura de selos, logo que da mesma tenha conhecimento.

4 – Entre o agente de mercado e o operador da rede de distribuição será estabelecido um canal de comunicação adequado, preferencialmente informático, a definir pelo operador da rede de distribuição, com o fim de assegurar a eficiência das trocas de informação necessárias quer à satisfação das solicitações dos clientes, quer à prestação aos clientes das informações e avisos previstos no Contrato, ou nos regulamentos e leis em vigor.

5 – Devem ser adoptados mecanismos de cooperação entre o agente de mercado e o operador da rede de distribuição, tendo em vista assegurar que nas situações de denúncia dos contratos de fornecimento com os clientes, estes sejam devidamente informados das consequências da não celebração de novo contrato de fornecimento, de modo a prevenir uma eventual interrupção do fornecimento de gás no ponto de entrega ao cliente.

6 – Em caso de alteração nos sistemas de informação do operador da rede de distribuição, este deverá desenvolver acções de informação junto dos agentes de mercado.

7 – O operador da rede de distribuição e os agentes de mercado devem garantir que a informação inerente á actividade de distribuição de gás natural,

bem como as transacções são tratadas e custodiadas de modo a assegurar uma adequada protecção, quer contra o risco de perda acidental, quer contra os acessos ou processamentos não autorizados.

8 – O operador da rede de distribuição e os agentes de mercado são responsáveis pela segurança dos seus sistemas informáticos e pelo cumprimento das disposições em vigor relativas à protecção e utilização dos dados disponíveis nas respectivas bases de dados.

CLÁUSULA 13.ª
Alteração da identificação do agente de mercado

1 – Qualquer alteração dos elementos constantes no Contrato, relativos à identificação, residência ou sede do agente de mercado, deve ser comunicada ao operador da rede de distribuição, através de carta registada com aviso de recepção, no prazo de 30 dias a contar da data da alteração.

2 – O agente de mercado deve apresentar comprovativos da alteração verificada, quando tal lhe for exigido pelo operador da rede de distribuição.

CLÁUSULA 14.ª
Clientes com necessidades especiais e clientes prioritários

1 – Para efeitos da actualização do registo do ponto de entrega de clientes com necessidades especiais ou clientes prioritários previsto no Regulamento da Qualidade de Serviço, o agente de mercado deve comunicar ao operador da rede de distribuição, quais os clientes da sua carteira abrangidos pela definição de clientes com necessidades especiais ou clientes prioritários.

2 – Cabe ao comercializador fazer a confirmação que seus clientes verificam a condição de clientes com necessidades especiais ou clientes prioritários, nomeadamente solicitando-lhes documentos que as comprovem.

3 – O operador da rede de distribuição pode solicitar ao agente de mercado que seja feita a comprovação das necessidades especiais ou prioridade dos seus clientes.

4 – Se a comprovação referida no número anterior não puder ser efectuada por falta de documento comprovativo ou outra, o cliente será retirado do registo referido no número 1 da presente Cláusula.

5 – Quando solicitado pelo operador da rede de distribuição, o agente de mercado deve verificar, para o conjunto dos seus clientes com necessidades especiais ou prioritários, no prazo de 60 dias a contar da data da solicitação, se estão mantidas as condições que determinaram a sua inclusão no registo referido no número 1 da presente Cláusula.

CLÁUSULA 15.ª

Medição, leitura e disponibilização de dados

1 – O operador da rede de distribuição, relativamente às instalações fisicamente ligadas às suas infra-estruturas, é responsável pelo fornecimento, instalação e manutenção dos equipamentos de medição, em conformidade com o disposto no RRC.

2 – O operador da rede de distribuição pode proceder às medições, verificações, calibrações e ensaios que entender convenientes, nos termos da regulamentação vigente.

3 – De cada intervenção efectuada nos equipamentos de medição será lavrado um relatório de manutenção e calibração, assinado pelo técnico que operou a referida intervenção e pelo técnico indicado pelo agente de mercado.

4 – Cabe ao operador da rede de distribuição a recolha de indicações dos equipamentos de medição dos clientes com instalações ligadas directamente às suas infra-estruturas, bem como a disponibilização dos dados de consumo nos termos estabelecidos no Guia de Medição, Leitura e Disponibilização de Dados e Manual de Procedimentos do Acerto de Contas.

5 – Sempre que tal seja solicitado pelo operador da rede de distribuição, os comercializadores devem avisar os seus clientes para que comuniquem leituras ao operador da rede de distribuição ou que acordem com este uma data para a realização de leitura extraordinária.

CLÁUSULA 16.ª

Facturação e pagamento

1 – A facturação dos operadores das redes de distribuição aos agentes de mercado é efectuada por aplicação das tarifas de acesso às redes de distribuição que incluem as tarifas relativas ao Uso Global do Sistema, Uso da Rede de Transporte e Uso das Redes de Distribuição previstas no Regulamento Tarifário.

2 – A facturação incluirá as compensações de qualidade de serviço, os serviços regulados e outros a acordar caso a caso, no âmbito das condições particulares do contrato.

3 – As tarifas e os preços dos serviços regulados serão aprovados e publicados pela ERSE.

4 – O operador da rede de distribuição enviará diariamente aos comercializadores uma factura relativa ao conjunto dos seus clientes cujos consumos, reais ou estimados, são apurados nesse dia, acompanhados da informação que permita a desagregação por cliente.

5 – As grandezas a utilizar para o cálculo das tarifas referidas no número 1 são determinadas nos termos definidos no Regulamento de Relações Comerciais e no Regulamento Tarifário.

6 – As compensações de qualidade de serviço, os serviços regulados e outros a acordar caso a caso, incluídos na factura de um comercializador, deverão ser desagregados de forma a permitir identificar os valores imputáveis a cada cliente.

7 – Os comercializadores devem assegurar o pagamento ao operador da rede de distribuição das quantias que sejam devidas pelos clientes relativamente às visitas às suas instalações, nos termos previstos no Regulamento da Qualidade de Serviço.

8 – As facturas emitidas pelo operador da rede de distribuição deverão ser pagas pelos agentes de mercado no prazo de 20 (vinte) dias a partir da data da apresentação.

9 – Em caso de discordância relativamente aos valores facturados, os comercializadores dispõem de um prazo de 15 dias a contar da data de recepção da factura para contestarem junto do operador da rede de distribuição os valores em causa, sem prejuízo dos montantes não contestados da factura deverem ser pagos no prazo previsto no número anterior.

10 – Os atrasos de pagamento ficam sujeitos a cobrança de juros de mora, à taxa de juro legal, calculados a partir do primeiro dia seguinte ao vencimento da factura.

11 – O atraso no pagamento das facturas ao operador da rede de distribuição, bem como dos respectivos juros de mora, pode constituir fundamento para a rescisão do Contrato, nos termos previstos na Cláusula 19ª

12 – Os comercializadores ou comercializadores de último recurso são responsáveis pelo pagamento da tarifas referidas no número 1 da presente Cláusula relacionadas com as instalações dos clientes pertencentes às suas carteiras, devendo o operador da rede de distribuição proceder à elaboração das facturas em nome do respectivo comercializador ou comercializador de último recurso, sendo estes últimos igualmente responsáveis pela prestação da garantia referida na Cláusula 17ª

13 – Os agentes de mercado podem reclamar das facturas nos termos da legislação e regulamentação aplicáveis.

CLÁUSULA 17.ª
Garantia

1 – O operador da rede de distribuição pode exigir a prestação de uma garantia a seu favor, destinada a assegurar o cumprimento das obrigações decorrentes do Contrato. A garantia será prestada sob a forma de garantia bancária à

primeira solicitação ou, se acordado entre as partes nas condições particulares, sob a forma de numerário, cheque, transferência electrónica, seguro-caução ou outra que ofereça ao operador da rede de distribuição as mesmas garantias.

2 – No caso do operador da rede de distribuição solicitar a prestação de uma garantia, o agente de mercado deve apresentá-la num prazo não superior a 10 dias úteis, contados a partir da data de recepção do referido pedido.

3 – O valor da garantia prestada a favor do operador da rede de distribuição é calculado com base no conjunto das tarifas referidas no número 1 da cláusula 16º e garantirá um período de 60 dias da facturação estimada.

4 – A execução da garantia pelo operador da rede de distribuição é antecedida de um pré-aviso de 10 dias ao agente de mercado.

5 – O operador da rede de distribuição pode exigira alteração do valor da garantia quando se verifique, nomeadamente um aumento da capacidade utilizada ou alteração das tarifas referidas no número 1 da Cláusula 16ª

6 – A execução parcial ou total da garantia para satisfação dos créditos do operador da rede de distribuição confere-lhe o direito de exigir a sua reconstituição ou o seu reforço em prazo não inferior a 10 (dez) dias úteis.

Cláusula 18.ª
Procedimento fraudulento

1 – Qualquer procedimento susceptível de falsear o funcionamento normal ou a leitura dos equipamentos de medição ou controlo da qualidade do gás natural constitui violação do Contrato.

2 – A verificação e as consequências de procedimentos fraudulentos submetem-se ao regime estabelecido no RRC.

Cláusula 19.ª
Cessação do contrato

1 – O Contrato pode cessar por:

a) Acordo entre as partes,

b) Caducidade por denúncia do agente de mercado ou por extinção da licença de comercializador.

c) Rescisão por:

I. Incumprimento do disposto no Contrato, nomeadamente:

i. Falta de pagamento, por parte dos agentes de mercado, das facturas referidas na cláusula 16.ª

ii. Falta de prestação ou de actualização de garantia válida.

II. Incumprimento das disposições aplicáveis, designadamente as constantes do RARII, do RRC, do Regulamento da Qualidade de Serviço e do Regulamento de Operação das Infra-estruturas e respectiva sub-regulamentação.

2 – A rescisão do Contrato prevista na alínea c) do número 1 da presente Cláusula deve ser precedida de um aviso prévio ao agente de mercado, por notificação do operador da rede de distribuição, concedendo a este um prazo mínimo de 10 (dez) dias para regularizar a situação que constituiu causa para o incumprimento, sob pena de cessar este Contrato,

3 – Com a cessação do Contrato extinguem-se os direitos e obrigações das Partes, conforme previsto no RARII, sem prejuízo das obrigações que incumbam ao agente de mercado, da exigibilidade das quantias em dívida e da possibilidade de execução das garantias. O operador da rede de distribuição tem o direito de fazer cessar o acesso à infra-estrutura e respectivos serviços e de proceder ao levantamento do material e equipamento que lhe pertencer.

CLÁUSULA 20.ª
Resolução de Conflitos

As partes comprometem-se a aceitar a resolução de conflitos de natureza contratual emergentes do Contrato nos termos acordados nas condições particulares, nomeadamente através da arbitragem voluntária.

CLÁUSULA 21.ª
Integração de obrigações legais e regulamentares

Salvo disposição em contrário, considera-se que o Contrato passa a integrar automaticamente as condições, direitos e obrigações, bem como todas as modificações decorrentes de normas legais e regulamentares aplicáveis, posteriormente publicadas.

CLÁUSULA 22.ª
Entrada em vigor

1 – O Contrato entra em vigor no primeiro dia do mês seguinte ao da data da sua assinatura, sem prejuízo do disposto nos números seguintes.

2 – A entrada em vigor do Contrato na data referida no número anterior fica condicionada a:

a) Data de início de operação do agente de mercado, comunicada pelo Gestor Técnico Global do SNGN ao agente de mercado e aos restantes intervenientes no SNGN envolvidos.

b) Obtenção das licenças referidas no Decreto-Lei n.° 30/2006, de 15 de Fevereiro, para o exercício da actividade de agente de mercado, quando aplicável.

3 – Se à data de início de vigência referida no número 1 da presente Cláusula não estiverem reunidas as condições previstas no número anterior, o Contrato entrará em vigor no primeiro dia do mês seguinte ao da data em que aquelas condições estiverem reunidas.

RESOLUÇÃO DO CONSELHO DE MINISTROS
N.º 98/2008, DE 23 DE JUNHO

O Decreto-Lei n.º 30/2006, de 15 de Fevereiro, ao estabelecer as bases gerais da organização e do funcionamento do Sistema Nacional de Gás Natural (SNGN) em Portugal, bem como as bases gerais aplicáveis ao exercício das várias actividades que integram o SNGN e à organização dos mercados de gás natural, prevê que a distribuição de gás natural é uma actividade exercida em regime de concessão de serviço público.

No desenvolvimento dos princípios acima referidos, o artigo 7.º do Decreto-Lei n.º 140/2006, de 26 de Julho, dispõe que a atribuição das concessões para o exercício desta actividade compete ao Conselho de Ministros, sendo os respectivos contratos de concessão outorgados pelo ministro responsável pela área da energia, em representação do Estado.

O mesmo diploma estabelece ainda no n.º 1 do artigo 70.º que os actuais contratos de concessão de distribuição regional devem ser alterados de acordo com as bases estabelecidas no anexo IV do Decreto-Lei n.º 140/2006, de 26 de Julho, assegurando-se nos novos contratos o direito das concessionárias à manutenção do equilíbrio económico e financeiro das respectivas concessões.

Obtido o acordo de cada uma das concessionárias sobre as alterações introduzidas nos respectivos contratos, encontram-se reunidas as condições para atribuir as concessões de distribuição regional de gás natural, em regime de serviço público, a celebrar entre o Estado Português e as sociedades BEIRAGÁS – Companhia de Gás das Beiras, S. A., LISBOAGÁS GDL – Sociedade Distribuidora de Gás Natural de Lisboa, S. A., LUSITANIAGÁS – Companhia de Gás do Centro, S. A., PORTGÁS – Sociedade de Produção e Distribuição de Gás, S. A., SETGÁS – Sociedade de Produção e Distribuição de Gás, S. A., e TAGUSGÁS – Empresa de Gás do Vale do Tejo, S. A.

Assim:

Ao abrigo do disposto no n.º 1 do artigo 7.º do Decreto-Lei n.º 140/2006, de 26 de Julho, e nos termos da alínea g) do artigo 199.º da Constituição, o Conselho de Ministros resolve:

1 – Aprovar, sob proposta do Ministro da Economia e da Inovação, as minutas dos contratos de concessão de serviço público de distribuição regional

de gás natural a celebrar entre o Estado Português e as sociedades BEIRAGÁS – Companhia de Gás das Beiras, S. A., LISBOAGÁS GDL – Sociedade Distribuidora de Gás Natural de Lisboa, S. A., LUSITANIAGÁS – Companhia de Gás do Centro, S. A., PORTGÁS – Sociedade de Produção e Distribuição de Gás, S. A., SETGÁS – Sociedade de Produção e Distribuição de Gás, S. A., e TAGUSGÁS – Empresa de Gás do Vale do Tejo, S. A.

2 – Determinar que os originais dos contratos referidos no número anterior fiquem arquivados na Secretaria-Geral do Ministério da Economia e da Inovação.

3 – Determinar que a presente resolução produz efeitos a partir da data da sua aprovação.

Presidência do Conselho de Ministros, 3 de Abril de 2008. – O Primeiro--Ministro, *José Sócrates Carvalho Pinto de Sousa.*

Minuta do contrato de concessão da actividade de distribuição de gás natural entre o Estado Português e a BEIRAGÁS – Companhia de Gás das Beiras, S. A.

Aos ... dias do mês de ... do ano de 2008, nas instalações do Ministério da Economia e da Inovação, sitas na Rua da Horta Seca, 15, da cidade de Lisboa, compareceram perante mim, ..., investido das funções de oficial público nos actos e contratos em que participem como outorgantes os membros do Governo, nos termos legais:

Como primeiro outorgante o Estado Português, representado pelo Prof. Doutor Manuel António Gomes de Almeida de Pinho, na qualidade de Ministro da Economia e da Inovação, ao abrigo do disposto no n.º 2 do artigo 7.º do Decreto-Lei n.º 140/2006, de 26 de Julho, doravante designado «Estado», e como segunda outorgante a BEIRAGÁS – Companhia de Gás das Beiras, S. A., com sede na ..., com o capital social de € ...,00, matriculada na Conservatória do Registo Comercial de ..., sob o n.º ..., pessoa colectiva n.º ..., representada por ... e por ..., na qualidade de ..., doravante designada «concessionária».

Pelos outorgantes na qualidade em que outorgam foi dito:

Considerando:

1) A qualidade da BEIRAGÁS – Companhia de Gás das Beiras, S. A., de concessionária da exploração, em regime de serviço público, da rede de distribuição regional de gás natural de região Centro Interior, bem como da construção e instalação dos inerentes equipamentos;

2) O cumprimento integral, pela concessionária, do contrato de concessão da rede de distribuição regional de gás natural da região Centro Interior, celebrado com o Estado Português em 29 de Novembro de 1998;

3) As alterações introduzidas ao regime de exercício da actividade de distribuição de gás natural pelos Decretos-Leis n.ᵒˢ 30/2006, de 15 de Fevereiro, e 140/2006, de 26 de Julho, alterações essas decorrentes da implementação das regras comuns para o mercado interno do gás natural objecto da Directiva n.º 2003/55/CE, do Parlamento Europeu e do Conselho, de 26 de Junho;

4) O disposto nos artigos 66.º do Decreto-Lei n.º 30/2006 e 70.º do Decreto-Lei n.º 140/2006, de 26 de Julho;

5) As bases das concessões da actividade de distribuição de gás natural constantes do anexo IV do Decreto-Lei n.º 140/2006;

6) O calendário de abertura do mercado do gás natural fixado no artigo 64.º do Decreto-Lei n.º 140/2006 que completa a transposição da referida Directiva n.º 2003/55/CE, do Parlamento Europeu e do Conselho;

7) A carta da Entidade Reguladora dos Serviços Energéticos (ERSE) à Direcção-Geral de Energia e Geologia de 17 de Janeiro de 2008, sobre a «modificação dos actuais contratos de concessão de distribuição regional de gás», da qual se deu conhecimento à concessionária:

Acordam o seguinte:

1 – O contrato de concessão da rede de distribuição regional de gás natural da região Centro Interior celebrado entre o Estado e a concessionária por escritura de 29 de Novembro de 1998 é modificado nos termos estabelecidos no documento complementar, rubricado e assinado por todos os outorgantes, que com os respectivos anexos fica a fazer parte integrante da presente escritura, nos termos do n.º 2 do artigo 64.º do Código do Notariado, documento cujo conteúdo declaram conhecer perfeitamente, pelo que é dispensada a sua leitura.

2 – A modificação do contrato de concessão acordada neste acto produz efeitos desde 1 de Janeiro de 2008.

3 – A partir de 1 de Janeiro de 2008, os contratos de fornecimento de gás natural celebrados pela concessionária, considerando que a mesma tem menos de 100 000 clientes, manter-se-ão na titularidade da concessionária, observando-se uma separação contabilística das actividades, de acordo com o disposto nos n.ᵒˢ 2 e 4 do artigo 67.º do Decreto-Lei n.º 140/2006, de 26 de Julho, e de acordo com as disposições do Decreto-Lei n.º 30/2006, de 15 de Fevereiro, aplicáveis à separação de actividades.

4 – Com a modificação do contrato de concessão, o Estado obriga-se a atribuir à concessionária, através da DGEG, uma licença de comercialização de último recurso, nos termos constantes dos n.ᵒˢ 2 e 3 do artigo 67.º do Decreto-Lei n.º 140/2006, de modo que seja possível à mesma sociedade comercializar gás natural a todos os clientes que o solicitem e consumam anualmente quantidades de gás natural inferiores a 2 milhões de metros cúbicos normais na área da concessão, respeitando a regra da separação contabilística das actividades que resulta do disposto no n.º 3 do artigo 31.º do Decreto-Lei n.º 30/2006, de 15 de Fevereiro.

5 – Pelo exercício da actividade de comercialização de último recurso é assegurada à respectiva licenciada uma margem de comercialização que incorpora uma adequada remuneração do fundo de maneio em termos equivalentes aos estabelecidos para os outros activos da concessionária e que lhe assegure o equilíbrio económico e financeiro da actividade em condições de gestão eficiente nos termos da legislação e regulamentação aplicáveis. Considera-se o disposto no presente número como reproduzido na respectiva licença de comercialização de último recurso.

6 – A partir de 1 de Janeiro de 2008, os contratos de fornecimento de gás propano, bem como os activos afectos a essa actividade, passam para a titularidade de uma sociedade a constituir pela concessionária, em regime de domínio total inicial, sociedade à qual será reconhecido, desde que cumpridos todos os requisitos legais e a pedido da mesma, o estatuto de entidade exploradora das instalações de armazenagem e das redes e ramais de distribuição de gás, sendo os activos atrás referidos transferidos pelo seu valor contabilístico líquido.

7 – A concessionária pode promover a constituição de uma sociedade em regime de domínio total inicial para exercer, mediante licença, a actividade de comercialização de gás natural em regime de mercado livre, para actuar de acordo com o calendário de abertura do mercado constante do n.º 1 do artigo 64.º do Decreto-Lei n.º 140/2006.

8 – É reconhecido à concessionária o direito de repercutir, para as entidades comercializadoras de gás ou para os consumidores finais, o valor integral das taxas de ocupação do subsolo liquidado pelas autarquias locais que integram a área da concessão na vigência do anterior contrato de concessão mas ainda não pago ou impugnado judicialmente pela concessionária, caso tal pagamento venha a ser considerado obrigatório pelo órgão judicial competente, após trânsito em julgado da respectiva sentença, ou após consentimento prévio e expresso do concedente.

9 – Para efeitos do estabelecido no número anterior, os valores que vierem a ser pagos pela concessionária em cada ano civil serão repercutidos sobre as entidades comercializadoras utilizadoras das infra-estruturas ou sobre os consumidores finais servidos pelas mesmas, durante os «anos gás» seguintes, nos termos a definir pela ERSE. No caso específico das taxas de ocupação do subsolo, a repercussão será ainda realizada por município, tendo por base o valor efectivamente cobrado pelo mesmo.

10 – No intuito de assegurar o equilíbrio económico e financeiro da actual concessão decorrente da modificação do respectivo regime contratual, o Estado assegura à concessionária a remuneração da actividade concessionada, nos termos a estabelecer pela ERSE, uma reavaliação dos activos da concessão nos termos do artigo 70.º do Decreto-Lei n.º 140/2006, de 26 de Julho, bem como o direito à reavaliação dos activos da concessão e o prolongamento do prazo de concessão, nos termos constantes do novo contrato de concessão anexo.

11 – O Estado assegura ainda à entidade titular da licença de comercialização de último recurso o direito, durante os cinco primeiros períodos regulatórios, a um proveito permitido adicional de € 4/cliente/ano, considerando o número de clientes reportado ao início de cada período regulatório. Considera-se o disposto no presente número como reproduzido na respectiva licença de comercialização de último recurso.

12 – Com a assinatura da presente escritura, do novo contrato de concessão anexo e da atribuição da licença de comercialização de último recurso, a concessionária declara nada ter a reclamar do Estado devido à modificação do contrato de concessão referido no considerando 2), dando-lhe plena quitação para efeitos da reposição do equilíbrio económico e financeiro previsto no contrato de concessão referido no considerando 2).

Assim o disseram e outorgaram.

Verifiquei a qualidade e suficiência dos poderes de representação necessários para este acto, pela forma seguinte:

Quanto ao primeiro outorgante, pela fotocópia do Decreto-Lei n.º ...;

Quanto aos representantes do segundo outorgante, pelos poderes conferidos pelo conselho de administração, constantes da acta n.º ...

Esteve presente a este acto ...

Foram entregues e arquivados os seguintes documentos:

a) ...

b) ...

c) ...

Esta escritura foi lida e o seu conteúdo foi explicado na presença simultânea dos outorgantes, pessoas cujas entidades verifiquei.

CLÁUSULA 1.ª

Definições e interpretação

1 – Para efeitos do presente contrato, incluindo os seus anexos, os termos e siglas abaixo indicados terão o significado que a seguir lhes é apontado, salvo se do contexto resultar sentido diferente:

Ano Gás – período de 12 meses para efeitos de regulação;

Baixa pressão – a pressão igual ou inferior a 4 bar;

Concedente – Estado Português, enquanto signatário do contrato ou primeiro outorgante;

Concessionária – BEIRAGÁS – Companhia de Gás das Beiras, S. A., sociedade signatária do contrato ou segunda outorgante;

Consumidor – cliente final de gás natural;

DGEG – Direcção-Geral de Energia e Geologia;

ERSE – Entidade Reguladora dos Serviços Energéticos;

Distribuição de gás natural – veiculação de gás natural em redes de distribuição de média e de baixa pressão para entrega aos clientes, excluindo a comercialização;

GNL – gás natural na forma liquefeita;

Média pressão – pressão cujo valor relativamente à pressão atmosférica é superior a 4 bar e igual ou inferior a 20 bar;

Ministro – ministro responsável pela área da energia em geral e do gás natural em particular;

RAF – o rácio de autonomia financeira ou o rácio de balanço de fundos próprios, que corresponde ao rácio entre o valor do «capital próprio» e o valor do «activo imobilizado líquido», este entendido como o valor do conjunto das imobilizações corpóreas e incorpóreas, líquidas de amortizações e provisões;

Rede de distribuição – rede utilizada para condução de gás natural, dentro de uma zona de consumo, para o consumidor final. Compreende, nomeadamente, as condutas, as válvulas de seccionamento, os postos de redução de pressão, os aparelhos e os acessórios;

UAG – instalação autónoma de recepção, armazenamento e regaseificação de GNL para emissão em rede de distribuição ou directamente ao cliente final.

2 – As definições constantes do Decreto-Lei n.º 30/2006, de 15 de Fevereiro, e, bem assim, do Decreto-Lei n.º 140/2006, de 26 de Julho, que não estejam em contradição com as constantes do n.º 1 desta cláusula serão igualmente utilizadas para efeitos do presente contrato, prevalecendo, em caso de divergência ou dúvida, sobre as definições expressas no presente contrato.

3 – Neste contrato, a menos que o respectivo contexto imponha expressamente um sentido diverso:

a) As referências a preceitos legais regulamentares ou contratuais serão interpretadas como abrangendo as modificações de que os mesmos sejam objecto, salvo quando essas modificações tenham carácter supletivo;

b) As referências a cláusulas, números ou anexos devem interpretar-se como visando as cláusulas, números ou anexos do presente contrato;

c) As referências a este contrato abrangem os respectivos anexos;

d) As expressões definidas no singular poderão ser utilizadas no plural e vice-versa, com a correspondente alteração do respectivo significado.

4 – As epígrafes das cláusulas do presente contrato são utilizadas por razões de simplificação, não constituindo suporte da interpretação ou integração do mesmo.

5 – Os anexos ao presente contrato fazem parte integrante do mesmo para todos os efeitos legais e contratuais.

6 – Caso alguma das cláusulas do presente contrato venha a ser julgada nula ou por qualquer forma inválida, ineficaz ou inexequível, por uma entidade competente para o efeito, tal nulidade, invalidade, ineficácia ou inexequibili-

dade não afectará a validade das restantes cláusulas do contrato, comprometendo-se as partes a acordar, de boa fé, uma disposição que substitua aquela e que, tanto quanto possível, produza os mesmos efeitos, salvo se os efeitos das referidas cláusulas forem legalmente impossíveis ou proibidos.

7 – Nos casos omissos aplica-se o disposto nas bases de concessão aprovadas pelo Decreto-Lei n.º 140/2006, de 26 de Julho, que integram o seu anexo IV.

8 – Na interpretação e integração do regime do presente contrato entender-se-á que à prevalência do concedente na boa e atempada execução do serviço público corresponde a prevalência do interesse económico da concessionária.

CLÁUSULA 2.ª
Objecto da concessão

1 – A concessão tem por objecto a actividade de distribuição de gás natural em baixa e média pressão, exercida em regime de serviço público, na área de concessão definida na cláusula 4.ª

2 – Integram-se no objecto da concessão:

a) O recebimento, a veiculação e a entrega de gás natural através da rede de média e baixa pressão;

b) A construção, a manutenção, a operação e a exploração de todas as infra-estruturas que integram a RNDGN, na área correspondente à presente concessão, e, bem assim, das instalações necessárias para a sua operação;

c) A promoção da construção, conversão ou adequação e eventual comparticipação de instalações de utilização de gás natural, propriedade dos clientes finais, de modo que seja possível o abastecimento das mesmas a gás natural.

3 – Os custos decorrentes da actividade mencionada na alínea c) do n.º 2, nos termos previstos e aprovados em PDIR, serão incluídos no activo da concessionária, fazendo parte integrante do activo afecto à concessão, nomeadamente para efeitos de remuneração.

4 – Integram-se ainda no objecto da concessão:

a) O planeamento, o desenvolvimento, a expansão e a gestão técnica da RNDGN, na área da concessão;

b) A gestão da interligação da RNDGN com a RNTGN.

5 – Mediante autorização prévia do concedente, a concessionária pode distribuir gás natural a partir de UAG sempre que tal decisão seja fundamentada e corresponda à solução técnica e económica mais adequada ao caso concreto, aplicando-se à distribuição de gás natural a partir de UAG todos os direitos e deveres que pendem sobre a distribuição por condutas.

CLÁUSULA 3.ª

Outras actividades

1 – Sem prejuízo do disposto no artigo 31.º do Decreto-Lei n.º 30/2006, de 15 de Fevereiro, precedendo autorização do concedente, através do Ministro, a conceder caso a caso, a concessionária pode exercer outras actividades para além da que se integra no objecto da concessão, no respeito pela legislação aplicável ao sector do gás natural, com fundamento no proveito daí resultante para a presente concessão ou com vista a optimizar a utilização dos bens afectos à mesma, desde que essas actividades sejam acessórias ou complementares e não prejudiquem a regularidade e a continuidade da prestação do serviço público.

2 – A concessionária é desde já autorizada, nos termos do número anterior, a explorar, directa ou indirectamente, ou a ceder a exploração da capacidade excedentária da rede de telecomunicações instalada para a operação da RNDGN.

3 – Sem prejuízo do estabelecido no número anterior, o concedente fica desonerado de qualquer responsabilidade na eventualidade de a concessionária vir a ser condenada no pagamento a terceiros de quaisquer indemnizações, nomeadamente as resultantes das servidões constituídas.

CLÁUSULA 4.ª

Área e exclusividade da concessão

1 – A concessão tem como âmbito geográfico os concelhos identificados na planta que constitui o anexo n.º 1 do presente contrato.

2 – A presente concessão é exercida em regime de exclusivo, sem prejuízo do direito de acesso de terceiros às várias infra-estruturas que a integram, nos termos previstos no presente contrato e na legislação e regulamentação aplicáveis.

3 – O regime de exclusivo referido no n.º 2 pode ser alterado em conformidade com a política energética aprovada pela União Europeia e aplicável ao Estado Português, comprometendo-se o concedente a promover a reposição do equilíbrio económico e financeiro da concessão, nos termos previstos na cláusula 40.ª

CLÁUSULA 5.ª

Prazo da concessão

1 – A concessão tem a duração de 40 anos contados a partir de 1 de Janeiro de 2008, podendo ser renovada nos termos da base iii das bases de concessão da actividade de distribuição de gás natural anexas ao Decreto-Lei n.º 140/2006, de 26 de Julho.

2 – No cômputo do prazo de concessão não se contam os atrasos na implantação de infra-estruturas ou a suspensão da exploração do serviço devidos a:

a) Casos de força maior;

b) Acções ou omissões imputáveis ao concedente que contrariem a lei ou o presente contrato e que condicionem a regular exploração da concessão;

c) Suspensões da construção ou da exploração do serviço determinadas pelo concedente por razões de interesse público e que não sejam devidas a incumprimento da lei ou deste contrato imputáveis à concessionária;

d) Quaisquer outras circunstâncias consideradas atendíveis pelo Ministro.

3 – A concessionária deve notificar o concedente, através da DGEG, de quaisquer factos que ocorram nos termos do número anterior e que sejam susceptíveis de suspender o cômputo do prazo da concessão.

Cláusula 6.ª
Serviço público

1 – A concessionária deve desempenhar a actividade concessionada de acordo com as exigências de um regular, contínuo e eficiente funcionamento do serviço público e adoptar, para o efeito, os melhores procedimentos, meios e tecnologias utilizados no sector do gás, com vista a garantir, designadamente, a segurança de pessoas e bens e a segurança do abastecimento.

2 – Com o objectivo de assegurar a permanente adequação da concessão às exigências da regularidade, da continuidade e eficiência do serviço público, o concedente reserva-se no direito de alterar, por via legal ou regulamentar, as condições da sua exploração.

3 – Quando, por efeito do disposto no número anterior, se alterem significativamente as condições de exploração da concessão, o concedente compromete-se a promover a reposição do equilíbrio económico e financeiro da concessão, nos termos previstos na cláusula 40.ª, a menos que o mesmo demonstre que a concessionária está em condições de prover a tal reposição recorrendo aos meios resultantes de uma correcta e prudente gestão dos próprios recursos afectos à concessão.

4 – A concessionária deverá respeitar as boas práticas ambientais e a promoção da utilização racional de energia, nos termos da regulamentação em vigor.

Cláusula 7.ª
Direitos e obrigações da concessionária

1 – A concessionária beneficia dos direitos e encontra-se sujeita às obrigações estabelecidas nos Decretos-Leis n.ᵒˢ 30/2006, de 15 de Fevereiro, e 140/

2006, de 26 de Julho, e demais legislação e regulamentação aplicáveis à actividade que integra o objecto da concessão, sem prejuízo dos demais direitos e obrigações estabelecidos no presente contrato.

2 – Assiste à concessionária o direito de repercutir sobre os utilizadores das suas infra-estruturas, quer se trate de entidades comercializadoras de gás ou de consumidores finais, o valor integral de quaisquer taxas, independentemente da sua designação, desde que não constituam impostos directos, que lhe venham a ser cobrados por quaisquer entidades públicas, directa ou indirectamente atinentes à distribuição de gás, incluindo as taxas de ocupação do subsolo cobradas pelas autarquias locais.

3 – Na sequência do estabelecido no n.º 2 e no que respeita às taxas de ocupação do subsolo a liquidar pelas autarquias locais que integram a área da concessão, os valores pagos pela concessionária em cada ano civil serão repercutidos por município sobre as entidades comercializadoras utilizadoras das infra-estruturas ou sobre os consumidores finais servidos pelas mesmas nos termos a definir pela ERSE.

CLÁUSULA 8.ª
Princípios aplicáveis às relações com os utilizadores

1 – A concessionária deve proporcionar aos utilizadores da RNDGN, de forma não discriminatória e transparente, o acesso às respectivas infra-estruturas, nos termos previstos no presente contrato e na legislação e regulamentação aplicáveis, não podendo estabelecer diferenças de tratamento entre os referidos utilizadores que não resultem da aplicação de critérios ou de condicionalismos legais, regulamentares ou técnicos, ou ainda de condicionalismos de natureza contratual desde que aceites pela ERSE.

2 – As condições a integrar nos contratos de uso das infra-estruturas devem respeitar o disposto no Regulamento de Acesso às Redes, às Infra-Estruturas e às Interligações.

3 – O disposto no n.º 1 não impede a concessionária de celebrar contratos a longo prazo, no respeito pelas regras da concorrência e da legislação e regulamentação aplicáveis.

4 – A concessionária deve facultar aos utilizadores da rede as informações de que estes necessitem para o acesso à mesma.

5 – A concessionária tem o direito de cobrar a terceiros que utilizem as redes e demais infra-estruturas e em contrapartida pela prestação dos serviços inerentes uma retribuição por aplicação de tarifas reguladas, definidas nos termos do Regulamento Tarifário.

6 – Os utilizadores devem prestar à concessionária todas as informações que esta considere necessárias à correcta exploração das respectivas infra-estruturas e instalações.

7 – A concessionária deve assegurar o tratamento de dados de utilização da rede no respeito pelas disposições legais de protecção de dados pessoais e preservar a confidencialidade das informações comercialmente sensíveis obtidas no exercício da sua actividade.

8 – A concessionária deve manter um registo, por um prazo de cinco anos, das queixas ou reclamações que lhe tenham sido apresentadas pelos utilizadores.

CLÁUSULA 9.ª

Bens e meios afectos à concessão

1 – Consideram-se afectos à concessão os bens que constituem a RNDGN, na parte correspondente à respectiva área, designadamente:

a) O conjunto de condutas de distribuição de gás natural, a jusante das estações de redução de pressão de 1.ª classe, ou a jusante de unidades autónomas de gás no caso em que o gás natural assim lhe é entregue pela concessionária da RNTGN, com as respectivas tubagens, válvulas de seccionamento, antenas e demais equipamentos de manuseamento;

b) As eventuais unidades autónomas de gás;

c) As instalações afectas à operação de entrega de gás natural a clientes finais, incluindo todo o equipamento de controlo, regulação e medida indispensável à operação e funcionamento do sistema de distribuição de gás natural;

d) As instalações e equipamentos de telecomunicações, telemedida e telecomando afectas à gestão das instalações de distribuição e entrega de gás natural aos consumidores.

2 – Consideram-se ainda afectos à concessão:

a) Os imóveis pertencentes à concessionária em que estejam implantados os bens referidos no número anterior, assim como as servidões constituídas em benefício da concessão;

b) Outros bens móveis ou direitos relativos a bens imóveis utilizados ou relacionados com o exercício da actividade objecto da concessão;

c) Os direitos privativos de propriedade intelectual e industrial de que a concessionária seja titular, desde que os mesmos estejam directa e complementarmente ligados ao objecto da concessão e sejam indispensáveis ao exercício da actividade concessionada;

d) Quaisquer fundos ou reservas consignados à garantia do cumprimento das obrigações da concessionária, por força de obrigação emergente da lei ou deste contrato e enquanto durar essa vinculação;

e) As relações e posições jurídicas directamente relacionadas com a concessão, nomeadamente laborais, de empreitada, de locação, de financiamento e de prestação de serviços;

f) Os activos incorpóreos correspondentes aos investimentos realizados pela concessionária associados aos processos de conversão de clientes finais para gás natural;

g) Todos os outros activos incorpóreos não referidos nos números anteriores cuja incorporação tenha ocorrido antes da publicação do Decreto-Lei n.º 140/2006 e desde que directamente relacionados com a actividade de distribuição.

CLÁUSULA 10.ª

Inventário do património

1 – A concessionária deve elaborar e manter permanentemente actualizado, e à disposição do concedente, um inventário do património afecto à concessão.

2 – No inventário a que se refere o número anterior devem mencionar-se os ónus ou encargos que recaem sobre os bens afectos à concessão.

3 – Os bens e direitos tornados desnecessários à actividade concedida devem ser abatidos ao inventário da concessão nos termos do n.º 2 da cláusula 12.ª

CLÁUSULA 11.ª

Manutenção dos meios afectos à concessão

A concessionária obriga-se a manter, durante o prazo de vigência da concessão, em permanente estado de bom funcionamento, conservação e segurança, os bens e meios afectos à concessão, efectuando para tanto as reparações, renovações, adaptações e modernizações necessárias ao bom desempenho do serviço público concedido.

CLÁUSULA 12.ª

Regime de oneração e transmissão dos bens afectos à concessão

1 – A concessionária não pode onerar ou transmitir, por qualquer forma, os bens que integram a concessão, sem prejuízo do disposto nos números seguintes.

2 – Os bens e direitos que tenham perdido utilidade para a concessão devem ser abatidos ao inventário referido na cláusula 10.ª, mediante prévio pedido de autorização da concessionária ao concedente, que se considera deferida se este não se opuser no prazo de 30 dias contados da recepção do pedido.

3 – A oneração ou transmissão de bens imóveis afectos à concessão fica sujeita a autorização prévia do Ministro.

4 – A oneração ou transmissão de bens ou direitos afectos à concessão em desrespeito do disposto no presente contrato determina a nulidade dos respectivos actos ou contratos.

5 – O valor dos bens transmitidos reverte a favor da concessão na medida em que tiverem sido remunerados através das tarifas ou beneficiado de incentivos ou subsídios concedidos a fundo perdido.

CLÁUSULA 13.ª
Posse e propriedade dos bens

1 – A concessionária detém a posse e propriedade dos bens afectos à concessão até à extinção desta.

2 – Com a extinção da concessão, os bens a ela afectos transmitem-se para o concedente nos termos previstos nos n.ᵒˢ 2 e 3 da cláusula 45.ª

CLÁUSULA 14.ª
Concessionária, objecto social, sede e forma

1 – A concessionária deve ter como objecto social principal, ao longo de todo o período de duração da concessão, o exercício da actividade integrada no objecto da concessão, devendo manter ao longo do mesmo período a sua sede em Portugal e a forma de sociedade anónima, regulada pela lei portuguesa.

2 – O objecto social da concessionária pode incluir o exercício de outras actividades, para além da que integra o objecto da concessão, e, bem assim, a participação no capital de outras sociedades, desde que seja respeitado o disposto na cláusula 3.ª e na legislação aplicável ao sector do gás natural.

CLÁUSULA 15.ª
Acções da sociedade concessionária

1 – Todas as acções representativas do capital social da concessionária são obrigatoriamente nominativas.

2 – A oneração e a transmissão de acções representativas do capital social da concessionária depende, sob pena de nulidade, de autorização prévia do Ministro, a qual não pode ser infundadamente recusada, e considera-se tacitamente concedida se não for recusada, por escrito, no prazo de 30 dias a contar a partir da data da respectiva solicitação.

3 – Exceptua-se do disposto no número anterior a oneração de acções efectuada em benefício das entidades financiadoras da actividade que integra o objecto da presente concessão, e no âmbito dos contratos de financiamento que

venham a ser celebrados pela concessionária para o efeito, desde que as entidades financiadoras assumam, nos referidos contratos, a obrigação de obter a autorização prévia do concedente em caso de execução das garantias de que resulte a transmissão a terceiros das acções oneradas.

4 – A oneração de acções referida no número anterior deve, em qualquer caso, ser comunicada ao concedente, a quem deve ser enviada, no prazo de 30 dias a contar a partir da data em que seja constituída, cópia certificada do documento que formaliza a oneração e, bem assim, informação detalhada sobre quaisquer outros termos e condições que forem estabelecidos.

Cláusula 16.ª

Deliberações dos órgãos da sociedade concessionária e acordos entre accionistas

1 – Ficam sujeitas a autorização prévia do concedente, através do Ministro, as deliberações da concessionária relativas à alteração do objecto social, à transformação, fusão, cisão ou dissolução da sociedade.

2 – Os acordos parassociais celebrados entre os accionistas da concessionária, bem como as respectivas alterações das quais possa resultar, directa ou indirectamente, a modificação das regras relativas à sociedade concessionária estabelecidas no presente contrato, devem ser objecto de aprovação prévia pelo concedente, dada através do Ministro.

3 – As autorizações e aprovações, pelo concedente, previstas na presente cláusula não podem ser infundadamente recusadas e consideram-se tacitamente concedidas se não forem recusadas, por escrito, no prazo de 30 dias a contar a partir da data da respectiva solicitação.

Cláusula 17.ª

Financiamento

1 – A concessionária deve promover o financiamento adequado ao desenvolvimento do objecto da concessão de forma a cumprir cabal e atempadamente todas as obrigações que assume no presente contrato.

2 – A concessionária deve manter no final de cada ano um RAF superior a 20 %.

CLÁUSULA 18.ª
Projectos

1 – A construção e a exploração das infra-estruturas que integram esta concessão ficam sujeitas à aprovação dos respectivos projectos, nos termos da legislação aplicável.

2 – A construção pela concessionária das redes de distribuição previstas em planos municipais ou intermunicipais de ordenamento do território ou em vias públicas não carece de prévia aprovação dos respectivos projectos, devendo a concessionária ponderar todas as interferências junto das câmaras municipais competentes.

3 – Não carecem de aprovação nem de licença as obras urgentes executadas para fazer face a situações em que perigue a segurança de pessoas e bens.

4 – A concessionária é responsável, no respeito pela legislação e regulamentação aplicáveis, pela concepção, projecto e construção de todas as infra-estruturas e instalações abrangidas pela concessão, incluindo a sua remodelação e expansão.

5 – A aprovação de quaisquer projectos pelo concedente não implica a assunção por este de qualquer responsabilidade derivada de erros de concepção, de projecto, de construção ou da inadequação das instalações e do equipamento ao serviço da concessão.

CLÁUSULA 19.ª
Direitos e deveres decorrentes da aprovação dos projectos

1 – A aprovação dos respectivos projectos implica a declaração de utilidade pública dos mesmos e confere à concessionária, nomeadamente, os seguintes direitos:

a) Utilizar, de acordo com a legislação aplicável, os bens do domínio público ou privado do Estado e de outras pessoas colectivas públicas para o estabelecimento ou passagem das respectivas infra-estruturas ou instalações;

b) Constituir, nos termos da legislação aplicável, as servidões sobre os imóveis necessárias ao estabelecimento das respectivas infra-estruturas ou instalações;

c) Proceder à expropriação, por utilidade pública urgente, nos termos da legislação aplicável, dos bens imóveis, ou dos direitos a eles relativos, necessários ao estabelecimento das respectivas infra-estruturas ou instalações.

2 – As licenças e autorizações exigidas por lei para a exploração das infra-estruturas e instalações consideram-se outorgadas à concessionária com a aprovação dos respectivos projectos, sem prejuízo da verificação por parte das entidades licenciadoras da conformidade na sua execução.

3 – Cabe à concessionária o pagamento das indemnizações decorrentes do exercício dos direitos referidos no n.º 1.

4 – No atravessamento de terrenos do domínio público ou do domínio privado do Estado, de terrenos de outras pessoas colectivas de direito público e de terrenos de particulares, a concessionária deve adoptar os procedimentos estabelecidos na legislação aplicável e proceder à reparação de todos os prejuízos que resultem dos trabalhos executados.

CLÁUSULA 20.ª

Planeamento, remodelação e expansão das redes e demais infra-estruturas

1 – O planeamento das redes e demais infra-estruturas está integrado no planeamento da RNDGN, deve ter em conta, em particular, a obrigação de satisfação da procura de utilização das infra-estruturas, devendo ser coordenado com o planeamento da RNTIAT, nos termos previstos na legislação e regulamentação aplicáveis.

2 – Constitui encargo e responsabilidade da concessionária o planeamento, remodelação, desenvolvimento e expansão das redes e demais infra-estruturas de distribuição de gás natural que integram a presente concessão, com vista a assegurar a permanente existência de capacidade nas infra-estruturas, tendo em conta as condições exigíveis à satisfação do consumo na área da concessão, de acordo com a expansão previsional indicada no PDIR.

3 – A concessionária deve observar na remodelação e expansão das infra-estruturas os prazos de execução adequados à permanente satisfação das necessidades do abastecimento de gás natural, identificadas no respectivo PDIR.

4 – Por razões de interesse público, nomeadamente as relativas à segurança, regularidade e qualidade do abastecimento, o concedente poderá determinar a remodelação ou expansão da rede de distribuição objecto deste contrato, sem prejuízo do disposto na cláusula 40.ª

CLÁUSULA 21.ª

Direitos de propriedade industrial e serviços de terceiros

A concessionária deve respeitar, no exercício da sua actividade, as normas relativas à tutela e salvaguarda dos direitos privativos de propriedade industrial, sendo da sua exclusiva responsabilidade os efeitos decorrentes da sua violação.

CLÁUSULA 22.ª

Condições de exploração da concessão

1 – A concessionária, enquanto operadora da RNDGN na área identificada na cláusula 4.ª, é responsável pela exploração e pela manutenção das redes, demais infra-estruturas e respectivas instalações que integram a presente concessão, em condições de segurança, fiabilidade e qualidade de serviço no respeito pela legislação e regulamentação aplicáveis.

2 – A concessionária deve assegurar-se de que o gás natural a transportar na sua rede e demais infra-estruturas cumpre as características técnicas e as especificações de qualidade estabelecidas na regulamentação aplicável e que a sua distribuição é efectuada em condições técnicas adequadas, de forma a garantir a segurança de pessoas e bens.

3 – No âmbito do exercício da actividade concessionada, a concessionária deve gerir os fluxos de gás natural na sua rede e demais infra-estruturas, assegurando a sua interoperacionalidade com as redes e demais infra-estruturas a que esteja ligada, designadamente as instalações dos consumidores finais, no respeito pela regulamentação aplicável.

4 – A concessionária deve garantir, ainda, a oferta de capacidade a longo prazo da respectiva rede de distribuição, contribuindo para a segurança do abastecimento, nos termos do PDIR.

CLÁUSULA 23.ª

Deveres de informação

1 – A concessionária fica obrigada a fornecer ao concedente, através da DGEG e da ERSE, todos os elementos que estas entidades lhe solicitarem relativos à concessão e a outras actividades autorizadas nos termos da cláusula 3.ª, designadamente os elementos necessários à resposta a quaisquer pedidos da Comissão Europeia.

2 – A concessionária deve, em obediência às disposições regulamentares aplicáveis, fornecer ao operador de qualquer outra rede à qual esteja ligada e aos intervenientes no SNGN, observando as disposições regulamentares aplicáveis, as informações necessárias para permitir um desenvolvimento coordenado das diversas redes e um funcionamento seguro e eficiente do SNGN.

Cláusula 24.ª
Participação de desastres e acidentes

1 – A concessionária fica obrigada a participar imediatamente à DGEG todos os desastres e acidentes ocorridos nas suas instalações e, se tal não for possível, no prazo máximo de três dias a contar desde a data da ocorrência.

2 – Sem prejuízo das competências atribuídas às autoridades públicas, sempre que dos desastres ou acidentes resultem mortes, ferimentos graves ou prejuízos materiais importantes, a concessionária deve elaborar, e enviar ao concedente, um relatório técnico com a análise das circunstâncias da ocorrência e com o estado das instalações.

Cláusula 25.ª
Ligações das redes de distribuição à RNTGN e aos consumidores

1 – A ligação das redes de distribuição à RNTGN deve respeitar as condições previstas nos regulamentos aplicáveis.

2 – A ligação das redes de distribuição aos consumidores finais deve respeitar as condições previstas nos regulamentos aplicáveis.

3 – A concessionária pode recusar, nos termos definidos na regulamentação em vigor, o acesso às respectivas redes e infra-estruturas com base na falta de capacidade ou falta de ligação, ou se esse acesso a impedir de cumprir as suas obrigações de serviço público.

4 – A concessionária pode ainda recusar a ligação aos consumidores finais sempre que as instalações e equipamentos de recepção dos mesmos não preencham as disposições legais e regulamentares aplicáveis, nomeadamente as respeitantes aos requisitos técnicos e de segurança.

5 – A concessionária pode impor aos consumidores, sempre que o exijam razões de segurança, a substituição, a reparação ou a adaptação dos respectivos equipamentos de ligação ou de recepção.

6 – A concessionária tem o direito de montar, nas instalações dos consumidores, equipamentos para a recolha de dados e para a realização de operações de telecomando e de telecomunicação, bem como sistemas de protecção nos pontos de ligação da sua rede com essas instalações e de aceder aos equipamentos de medição do gás dos utilizadores ligados às suas instalações, nos termos definidos na regulamentação em vigor.

7 – Os utilizadores da rede de distribuição devem prestar à concessionária todas as informações que esta considere necessárias à ligação dos consumidores finais e à correcta exploração das respectivas infra-estruturas e instalações.

CLÁUSULA 26.ª
**Relacionamento com a concessionária da RNTGN
no âmbito da gestão técnica global do SNGN**

A concessionária fica sujeita às obrigações que decorrem do exercício, por parte da concessionária da RNTGN, das suas competências em matéria de gestão técnica global do SNGN, planeamento da RNTIAT e segurança do abastecimento, nos termos previstos na legislação e regulamentação aplicáveis.

CLÁUSULA 27.ª
Interrupção por facto imputável ao utilizador

A concessionária pode interromper a prestação do serviço público concessionado aos utilizadores, por factos que lhes sejam imputáveis, nos termos das bases da concessão e da regulamentação aplicável, nomeadamente nas situações previstas no Regulamento de Relações Comerciais e no Regulamento da Qualidade de Serviço.

CLÁUSULA 28.ª
Interrupções por razões de interesse público ou de serviço

1 – A prestação do serviço público pode ser interrompida pela concessionária por razões de interesse público, nomeadamente as que decorram da execução de planos nacionais de emergência, declarada ao abrigo da legislação e regulamentação aplicáveis.

2 – A concessionária pode, ainda, interromper a actividade objecto da concessão, por razões de serviço, num determinado ponto de entrega, quando haja necessidade imperiosa de realizar manobras ou trabalhos de ligação, reparação ou conservação das infra-estruturas ou instalações, desde que tenham sido esgotadas todas as possibilidades de alimentação alternativas.

3 – Nas situações previstas nos números anteriores, a concessionária deve avisar a DGEG, a concessionária da RNTGN, os utilizadores das respectivas redes e infra-estruturas e os consumidores que possam vir a ser afectados, alternativamente, por aviso individual, ou por intermédio de meios de comunicação social de grande audiência na região ou por outros meios ao seu alcance que proporcionem uma adequada divulgação, com a antecedência mínima de trinta e seis horas, salvo no caso da realização de trabalhos que a segurança de pessoas e bens torne inadiáveis ou quando haja necessidade urgente de trabalhos para garantir a segurança das redes e demais infra-estruturas de distribuição de gás natural.

CLÁUSULA 29.ª

Medidas de protecção

1 – Sem prejuízo das medidas de emergência que podem ser adoptadas pelo concedente, se se verificar uma situação que ponha em risco a segurança de pessoas ou bens, deve a concessionária promover imediatamente as medidas que entender necessárias em matéria de segurança.

2 – As medidas referidas no número anterior devem ser imediatamente comunicadas à DGEG, às respectivas autoridades concelhias, à autoridade policial da zona afectada e, se for caso disso, à Autoridade Nacional de Protecção Civil.

CLÁUSULA 30.ª

Responsabilidade civil

1 – A concessionária é responsável, nos termos gerais de direito, por quaisquer prejuízos causados ao concedente ou a terceiros, pela culpa ou pelo risco, no exercício da actividade objecto da concessão.

2 – Para os efeitos do disposto no artigo 509.º do Código Civil, entende-se que a utilização das infra-estruturas e das instalações que integram a concessão é feita no exclusivo interesse da concessionária.

CLÁUSULA 31.ª

Cobertura por seguros

1 – Para garantir o cumprimento das suas obrigações, a concessionária fica obrigada a celebrar e manter um seguro de responsabilidade civil.

2 – O montante do seguro mencionado no número anterior tem um valor mínimo obrigatório definido no anexo n.º 2 do presente contrato, cujo montante será actualizado trienalmente.

3 – A concessionária deve apresentar ao concedente, no prazo de 30 dias a contar da data da assinatura do presente contrato, os documentos comprovativos da celebração do seguro e, quando lhe for exigido, apresentar os documentos comprovativos da actualização referida no número anterior.

4 – Para além do seguro referido no n.º 1, a concessionária deve assegurar a existência e a manutenção em vigor das apólices de seguro necessárias para garantir uma efectiva cobertura dos riscos da concessão.

5 – No âmbito da obrigação referida no número anterior, a concessionária fica ainda obrigada a constituir seguros, nos termos a definir no anexo n.º 2 do presente contrato, envolvendo todas as infra-estruturas e instalações que inte-

gram a concessão, contra riscos de incêndio, explosão e danos devido a terramoto ou temporal.

CLÁUSULA 32.ª
Gestão técnica da rede

1 – No âmbito da gestão técnica global do SNGN, nos termos da regulamentação aplicável, a concessionária fica sujeita à gestão técnica global do SNGN, cuja responsabilidade cabe à entidade concessionária da operação da RNTGN.

2 – São direitos da concessionária da RNTGN no âmbito da gestão técnica global do SNGN, nomeadamente:

a) Exigir e receber dos operadores dos mercados e de todos os agentes directamente interessados a informação necessária para o correcto funcionamento da respectiva rede de distribuição;

b) Exigir aos terceiros com direito de acesso às suas infra-estruturas e instalações a comunicação dos seus planos de entrega e de levantamento e de qualquer circunstância que possa fazer variar substancialmente os planos comunicados;

c) Exigir o estrito cumprimento das instruções que emita para a correcta exploração do sistema, a manutenção das instalações e a adequada cobertura da procura;

d) Receber adequada retribuição pelos serviços prestados.

3 – São obrigações da concessionária da RNTGN no exercício da função de gestão técnica global do sistema, nomeadamente:

a) Actuar nas suas relações com os operadores e utilizadores da sua rede e infra-estruturas de forma transparente e não discriminatória;

b) Informar sobre a viabilidade de acesso, solicitado por terceiros, às infra-estruturas da sua rede e instalações;

c) Informar a DGEG, a ERSE e os operadores do SNGN, na forma, nos termos e na periodicidade prevista nos regulamentos, sobre a capacidade disponível da sua rede e infra-estruturas;

d) Monitorizar e reportar à ERSE a efectiva utilização da sua rede e infra-estruturas;

e) Desenvolver protocolos de comunicação com os diferentes operadores do SNGN com vista a criar um sistema de comunicação integrado para controlo e supervisão das operações do SNGN;

f) Emitir instruções sobre as operações de distribuição de forma a assegurar a entrega de gás em condições adequadas e eficientes nos pontos de saída da rede de distribuição, em conformidade com protocolos de actuação e de operação a estabelecer.

CLÁUSULA 33.ª

Planeamento da RNDGN

1 – O planeamento da rede e demais infra-estruturas objecto da presente concessão deve ser efectuado de molde a assegurar a existência de capacidade das infra-estruturas e o desenvolvimento sustentado e eficiente da rede e deve integrar o planeamento da RNTIAT.

2 – O planeamento da RNDGN compete à DGEG e deve ser devidamente coordenado com o planeamento das infra-estruturas e das instalações com que se interliga.

3 – Para efeitos do planeamento previsto nos números anteriores, devem ser elaborados pela concessionária e entregues à DGEG os seguintes documentos:

a) Caracterização da sua rede e infra-estruturas, que deve conter informação técnica que permita conhecer a situação das redes e restantes infra-estruturas, designadamente as capacidades nos vários pontos da rede, assim como o seu grau de utilização;

b) Proposta de plano de desenvolvimento da rede e demais infra-estruturas, que integrará o PDIR a elaborar pelo operador da RNDGN, observando, para além de critérios de racionalidade económica, as orientações de política energética, designadamente o que se encontra definido relativamente à capacidade e ao tipo das infra-estruturas de entrada de gás natural no sistema, as perspectivas de desenvolvimento dos sectores de maior e mais intenso consumo, as conclusões e recomendações contidas nos relatórios de monitorização, os padrões de segurança para planeamento das redes e as exigências técnicas e regulamentares.

4 – A proposta referida no n.º 1 deve ser submetida à concessionária da RNTGN, e por esta à DGEG, com a periodicidade de três anos, até ao final do 1.º trimestre, com início em 2008.

CLÁUSULA 34.ª

Caução

1 – Com a assinatura do presente contrato a concessionária prestou uma caução a favor do concedente no valor de € 1 000 000 como garantia do pontual e integral cumprimento das obrigações emergentes do contrato de concessão e da cobrança das multas aplicadas.

2 – O concedente pode utilizar a caução sempre que a concessionária não cumprir qualquer obrigação assumida no presente contrato.

3 – Sem prejuízo do disposto no número seguinte, o recurso à caução deve ser precedido de despacho do Ministro, não dependendo de qualquer outra formalidade ou de prévia decisão judicial ou arbitral.

4 – O concedente deve ouvir a concessionária, nos termos gerais do direito de audiência, antes de proceder à utilização da caução.

5 – Sempre que o concedente utilize a caução, a concessionária deve proceder à reposição do seu montante integral no prazo de 30 dias a contar da data daquela utilização.

6 – O valor da caução deve ser actualizado no início do 1.º trimestre de cada triénio, com referência à data da celebração do presente contrato, de acordo com o índice mensal de preços no consumidor, no continente, excluindo habitação, publicado pelo Instituto Nacional de Estatística.

7 – A caução só pode ser levantada pela concessionária um ano após a data de extinção deste contrato ou, antes de decorrido aquele prazo, por determinação expressa do concedente, através de despacho do Ministro, mas sempre após a extinção do presente contrato.

8 – A caução a que se refere a presente cláusula bem como outras que a concessionária venha a estar obrigada a constituir a favor do concedente devem ser prestadas por depósito em dinheiro ou por garantia bancária autónoma, à primeira solicitação, cujo texto deve ser previamente aprovado pela DGEG.

CLÁUSULA 35.ª

Fiscalização e regulação

1 – Sem prejuízo das competências atribuídas a outras entidades públicas, cabe à DGEG o exercício dos poderes de fiscalização da concessão, nomeadamente no que se refere ao cumprimento das disposições legais e regulamentares aplicáveis e do presente contrato.

2 – Sem prejuízo das competências atribuídas a outras entidades públicas, cabe à ERSE o exercício dos poderes de regulação da actividade que integra o objecto da concessão, nos termos previstos nas disposições legais e regulamentares aplicáveis.

3 – Para efeitos do disposto nos números anteriores, a concessionária deve prestar todas as informações e facultar todos os documentos que lhe forem solicitados pelas entidades fiscalizadora e reguladora, no âmbito das respectivas competências, bem como permitir o livre acesso dos funcionários e agentes das referidas entidades, devidamente credenciados e no exercício das suas funções, a todas as suas instalações.

CLÁUSULA 36.ª

Seguro de fiscalização

1 – No exercício da actividade fiscalizadora nas instalações da concessionária, o pessoal das entidades fiscalizadora e reguladora fica coberto por um

seguro de acidentes pessoais, a subscrever pela concessionária, de montante a definir no anexo n.º 2 do presente contrato.

2 – Para o cumprimento do disposto no número anterior, as entidades fiscalizadora e reguladora devem comunicar previamente à concessionária a identificação dos fiscais e a data da realização da acção fiscalizadora.

CLÁUSULA 37.ª
Modificação unilateral do contrato

1 – O presente contrato pode ser modificado unilateralmente pelo concedente, por razões de interesse público, sem prejuízo da reposição do respectivo equilíbrio económico e financeiro nos termos previstos na cláusula 40.ª

2 – O contrato de concessão pode também ser alterado por força de disposição legal imperativa, designadamente decorrente das políticas energéticas aprovadas pela União Europeia e aplicáveis ao Estado Português, sem prejuízo da reposição do respectivo equilíbrio económico e financeiro, nos termos previstos na cláusula 40.ª

3 – No exercício do seu direito de modificação unilateral deste contrato, nos termos previstos nos números anteriores, o concedente deve, além de invocar tal direito, concretizar os respectivos fundamentos.

4 – O concedente deve, ainda, ouvir a concessionária, nos termos gerais do direito de audiência, antes de proceder a qualquer modificação a este contrato.

5 – Este contrato pode, ainda, ser modificado por acordo entre o concedente e a concessionária desde que a modificação não envolva a violação do regime jurídico da concessão nem implique a derrogação das respectivas bases.

CLÁUSULA 38.ª
Transmissão e oneração da concessão

1 – A concessionária não pode, sem prévia autorização do concedente, dada através do Ministro, onerar, subconceder, trespassar ou transmitir, por qualquer forma, no todo ou em parte, a concessão ou realizar qualquer negócio jurídico que vise atingir ou tenha por efeito, mesmo que indirecto, idênticos resultados.

2 – Os actos praticados ou os contratos celebrados em violação do disposto no número anterior são nulos, sem prejuízo de outras sanções aplicáveis.

3 – No caso de subconcessão ou de trespasse, a concessionária deve comunicar ao concedente a sua intenção de proceder à subconcessão ou ao trespasse, remetendo-lhe a minuta do respectivo contrato de subconcessão ou de trespasse

que se propõe assinar e indicando todos os elementos do negócio que pretende realizar, bem como o calendário previsto para a sua realização e a identidade do subconcessionário ou do trespassário.

4 – No caso de haver lugar a uma subconcessão devidamente autorizada, a concessionária mantém os direitos e continua sujeita às obrigações decorrentes do presente contrato.

5 – Ocorrendo trespasse da concessão, consideram-se transmitidos para o trespassário todos os direitos e obrigações da concessionária, assumindo aquele ainda os deveres, obrigações e encargos que eventualmente lhe venham a ser impostos pelo concedente como condição para a autorização do trespasse.

6 – A concessionária é responsável pela transferência integral dos seus direitos e obrigações para o trespassário, incluindo as obrigações incertas, ilíquidas ou inexigíveis à data do trespasse, em termos em que não seja afectada ou interrompida a prestação do serviço público concessionado.

CLÁUSULA 39.ª
Equilíbrio económico e financeiro do contrato

1 – É garantido à concessionária o equilíbrio económico e financeiro da concessão, nas condições de uma gestão eficiente.

2 – O equilíbrio económico e financeiro baseia-se no reconhecimento dos custos de investimento, de operação e manutenção e na adequada remuneração dos activos afectos à concessão, tendo em consideração as condições específicas do mercado nacional e do Sistema Nacional de Gás Natural (SNGN).

3 – Após o decurso do primeiro período regulatório e para efeitos de remuneração da concessão nos termos do regulamento tarifário, a concessionária tem direito a uma reavaliação dos activos da concessão, antes do início de cada novo período regulatório, de acordo com a inflação.

4 – As reavaliações efectuadas ao abrigo do disposto no número anterior são autónomas e distintas da reavaliação a que aludem os n.ᵒˢ 3, 4 e 5 do artigo 70.º do Decreto-Lei n.º 140/2006, de 26 de Julho, pelo que observarão as regras e práticas contabilísticas geralmente aceites.

5 – Sem prejuízo do disposto no n.º 3, se durante os quatro períodos regulatórios subsequentes ao primeiro a remuneração fixada pela ERSE não considerar o prémio de risco implícito na taxa de remuneração estabelecida para o primeiro período regulatório, qualquer das partes poderá solicitar a reposição do equilíbrio económico financeiro da concessão.

6 – Nos períodos regulatórios subsequentes ao período considerado no número anterior, a taxa de remuneração fixada pela ERSE deve ter em consideração as taxas de remuneração de outros activos de referência, nomeadamente os activos afectos às actividades de distribuição de electricidade e de transporte de

gás natural em alta pressão, podendo a concessionária, caso contrário, solicitar a reposição do equilíbrio económico financeiro da concessão.

7 – Sem prejuízo do disposto nos números anteriores e na legislação aplicável, a concessionária é responsável, nos termos do presente contrato, por todos os riscos inerentes à concessão.

CLÁUSULA 40.ª
Reposição do equilíbrio económico e financeiro

1 – Tendo em atenção a distribuição de riscos estabelecida no presente contrato, a concessionária tem direito à reposição do equilíbrio económico e financeiro da concessão nos seguintes casos:

a) Modificação unilateral, imposta pelo concedente, das condições de exploração da concessão, ou modificação unilateral por razões de interesse público, nos termos do presente contrato, desde que, em resultado directo da mesma, se verifique para a concessionária um aumento de custos ou uma determinada perda de proveitos;

b) Alterações legislativas que tenham um impacte directo sobre os proveitos ou custos respeitantes à actividade integrada nesta concessão.

2 – Nos casos previstos no número anterior, a concessionária apenas tem direito à reposição do equilíbrio económico e financeiro da concessão na medida em que o impacte sobre os proveitos ou custos não seja susceptível de consideração no âmbito da actividade reguladora ou a concessionária não possa, legitimamente, proceder a tal reposição por recurso aos meios resultantes de uma correcta e prudente gestão.

3 – Havendo lugar à reposição do equilíbrio económico e financeiro da presente concessão, tal reposição pode ter lugar, em termos a acordar entre o concedente e a concessionária, através de uma das seguintes modalidades:

a) Prorrogação do prazo da concessão;

b) Revisão do cronograma ou redução das obrigações de investimento previamente aprovados;

c) Atribuição de compensação directa pelo concedente;

d) Combinação das modalidades anteriores ou qualquer outra forma que seja acordada.

4 – A reposição do equilíbrio económico e financeiro efectuada nos termos desta cláusula será, relativamente ao evento que lhe deu origem, única, completa e final para todo o período da concessão, sem prejuízo de tal reposição poder ser parcialmente diferida em relação a quaisquer efeitos específicos do evento em causa que, pela sua própria natureza, não sejam susceptíveis de uma razoável avaliação imediata ou sobre cuja existência, incidência ou quantificação as partes não hajam ainda chegado a acordo.

5 – Para os efeitos previstos na presente cláusula, a concessionária deve notificar o concedente da ocorrência de qualquer evento que, individual ou cumulativamente, possa dar lugar à reposição do equilíbrio económico e financeiro da concessão, no prazo de 180 dias após a data da sua ocorrência, e solicitar o início de negociações no prazo máximo de 180 dias a contar da citada notificação.

6 – O concedente e a concessionária devem, no prazo máximo de 90, prorrogáveis uma única vez por igual período, tentar alcançar um acordo sobre os termos da reposição do equilíbrio contratual.

7 – Na falta de acordo, pode a concessionária recorrer aos meios de composição de litígios, nos termos previstos na cláusula 52.ª

CLÁUSULA 41.ª

Responsabilidade do concedente por incumprimento

A violação, pelo concedente, das obrigações decorrentes do presente contrato confere à concessionária o direito a ser indemnizada dos prejuízos causados, sem embargo da faculdade de rescisão do contrato.

CLÁUSULA 42.ª

Responsabilidade da concessionária por incumprimento

1 – A violação, pela concessionária, de qualquer das obrigações assumidas no presente contrato fá-la incorrer, nos termos legais, em responsabilidade perante o concedente.

2 – A responsabilidade da concessionária cessa sempre que ocorra caso de força maior, ficando a seu cargo fazer prova da ocorrência.

3 – Consideram-se unicamente casos de força maior os acontecimentos imprevisíveis e irresistíveis cujos efeitos se produzam independentemente da vontade, actuação ou das circunstâncias pessoais da concessionária.

4 – Constituem nomeadamente casos de força maior actos de guerra, hostilidades ou invasão, terrorismo, epidemia, radiação atómica, grave inundação, incêndio, raio, ciclone, tremor de terra e outros cataclismos naturais que afectem o exercício da actividade compreendida na presente concessão.

5 – A ocorrência de um caso de força maior tem por efeito exonerar a concessionária da responsabilidade pelo não cumprimento das obrigações emergentes deste contrato que sejam afectadas pela ocorrência do mesmo, na estrita medida em que o respectivo cumprimento pontual e atempado tenha sido efectivamente impedido ou, salvo no que respeita à segurança das populações, se torne desproporcionadamente oneroso.

6 – No caso de impossibilidade de cumprimento do presente contrato por causa de força maior, o concedente pode proceder à rescisão nos termos fixados na cláusula 49.ª

7 – A concessionária fica obrigada a comunicar ao concedente a ocorrência de qualquer evento qualificável como caso de força maior, bem como a indicar, no mais curto prazo possível, quais as obrigações emergentes do contrato de concessão cujo cumprimento, no seu entender, se encontra impedido ou dificultado por força de tal ocorrência e, bem assim, se for o caso, as medidas que tomou ou pretende tomar para fazer face à situação ocorrida a fim de mitigar o impacte do referido evento e os respectivos custos.

8 – Enquanto esta retoma não for possível, subsistem as obrigações da concessionária na medida em que a sua execução seja materialmente possível.

9 – A concessionária deve, em qualquer caso, tomar imediatamente as medidas que sejam necessárias para assegurar a retoma normal das obrigações suspensas, constituindo estrita obrigação da concessionária mitigar, por qualquer meio razoável e apropriado ao seu dispor, os efeitos da verificação de um caso de força maior.

CLÁUSULA 43.ª

Multas contratuais

1 – Sem prejuízo das situações de incumprimento que podem dar origem a sequestro ou rescisão deste contrato nos termos previstos nas cláusula 44.ª e 49.ª, pelo incumprimento de quaisquer obrigações assumidas no presente contrato, que não ponha em causa a subsistência da relação de concessão, a concessionária pode ser sancionada, por decisão do concedente, pela aplicação de multas contratuais, cujo montante é variável, em função da gravidade da infracção cometida e do grau de culpa do infractor, até € 5 000 000.

2 – A aplicação de multas contratuais está dependente de notificação prévia da concessionária pelo concedente para reparar o incumprimento e do não cumprimento do prazo de reparação fixado nessa notificação nos termos do número seguinte, ou da não reparação integral da falta, pela concessionária, naquele prazo.

3 – O prazo de reparação do incumprimento é fixado pelo concedente de acordo com critérios de razoabilidade e deve ter sempre em atenção a defesa do interesse público e a manutenção em funcionamento da concessão.

4 – A concessionária pode, no prazo fixado na notificação a que se refere o número anterior, e em momento anterior ao da aplicação de quaisquer multas contratuais, exercer por escrito o seu direito de defesa.

5 – É da competência do director-geral de Energia e Geologia a aplicação das multas previstas nesta cláusula, cabendo recurso hierárquico para o Ministro da tutela.

6 – Caso a concessionária não proceda ao pagamento voluntário das multas contratuais que lhe forem aplicadas no prazo de 20 dias a contar da sua fixação e notificação pelo concedente, este pode utilizar a caução para pagamento das mesmas.

7 – O valor máximo das multas estabelecido na presente cláusula deve ser actualizado em Janeiro de cada ano, de acordo com o índice de preços no consumidor no continente, excluindo habitação, publicado pelo Instituto Nacional de Estatística, referente ao ano anterior.

8 – A reclamação ou impugnação do acto de aplicação das multas suspende o prazo referido no n.º 6 acima.

9 – A aplicação de multas não prejudica a aplicação de outras sanções contratuais nem isenta a concessionária de responsabilidade civil, criminal e contra-ordenacional em que incorrer perante o concedente ou terceiro.

CLÁUSULA 44.ª

Sequestro

1 – Em caso de incumprimento grave, pela concessionária, das obrigações emergentes do presente contrato, ou de quaisquer disposições legais aplicáveis à concessão, pode o concedente, através de despacho do Ministro, tomar conta da concessão mediante sequestro.

2 – O sequestro da concessão pode ter lugar, nomeadamente, quando se verifique qualquer das seguintes situações, por motivos imputáveis à concessionária:

a) Estiver iminente, ou ocorrer, a cessação ou interrupção, total ou parcial, do desenvolvimento da actividade objecto da presente concessão;

b) Deficiências graves na organização, no funcionamento ou no regular desenvolvimento da actividade objecto desta concessão, bem como situações de insegurança de pessoas e bens;

c) Deficiências graves no estado geral das infra-estruturas, das instalações e dos equipamentos que comprometam a continuidade ou a qualidade da actividade objecto da presente concessão.

3 – A concessionária fica obrigada a proceder à entrega da concessão no prazo que lhe for fixado pelo concedente quando lhe for comunicada a decisão de sequestro.

4 – Verificando-se qualquer facto que possa dar lugar ao sequestro da concessão, deve observar-se, com as devidas adaptações, o processo de sanação do incumprimento previsto nos n.ºs 4 e 5 da cláusula 49.ª

5 – Verificado o sequestro, a concessionária suporta todos os encargos que resultarem, para o concedente, do exercício da concessão, bem como as despesas extraordinárias necessárias ao restabelecimento da normalidade.

6 – Logo que cessem as razões do sequestro, seja restabelecido o normal funcionamento da concessão e o concedente o julgue oportuno, deve notificar a concessionária para retomar a concessão, no prazo que lhe for fixado.

7 – No caso de o sequestro se manter por seis meses após ter sido restabelecido o normal funcionamento da concessão, a concessionária pode optar pela rescisão da concessão, sendo então aplicável o disposto na cláusula 50.ª

8 – Se a concessionária não retomar a concessão no prazo que lhe for fixado, pode o concedente, através do Ministro, determinar a imediata rescisão do presente contrato.

9 – No caso de a concessionária ter retomado o exercício da concessão e continuarem a verificar-se graves deficiências no mesmo, pode o concedente, através do Ministro, ordenar novo sequestro ou determinar a imediata rescisão do contrato de concessão.

CLÁUSULA 45.ª

Extinção da concessão

1 – A concessão extingue-se por acordo entre o concedente e a concessionária, por rescisão, por resgate e pelo decurso do prazo fixado na cláusula 53.ª

2 – A extinção da concessão determina a transmissão para o concedente de todos os bens e meios a ela afectos, bem como dos direitos e das obrigações inerentes ao seu exercício, sem prejuízo do direito de regresso do concedente sobre a concessionária pelas obrigações por esta assumidas que sejam estranhas à actividade objecto da concessão ou que hajam sido contraídas em violação da lei ou deste contrato ou, ainda, que sejam obrigações vencidas e não cumpridas.

3 – Da transmissão prevista no número anterior excluem-se, além dos bens e meios não afectos à concessão, os fundos ou reservas consignados à garantia ou cobertura de obrigações da concessionária de cujo cumprimento lhe seja dada quitação pelo concedente, a qual se presume se, decorrido um ano sobre a extinção da concessão, não houver declaração em contrário do concedente, através do Ministro.

4 – A tomada de posse da concessão pelo concedente é precedida de vistoria *ad perpetuam rei memoriam*, realizada pelo concedente, através da DGEG, a que assistem representantes da concessionária, destinada à verificação do estado de conservação e manutenção dos bens, devendo ser lavrado o respectivo auto.

5 – Em caso de extinção da concessão, transferem-se para o concedente os direitos detidos pela concessionária sobre terceiros que se revelem necessários para a continuidade da prestação do serviço concedido e, em geral, à tomada de medidas tendentes a evitar a interrupção da prestação do serviço público concessionado.

CLÁUSULA 46.ª

Procedimento no caso de extinção do contrato por termo

1 – O concedente reserva-se no direito de tomar, nos últimos dois anos do prazo da presente concessão, as providências que julgar convenientes para assegurar a continuação do serviço no termo deste contrato ou as medidas necessárias para efectuar, durante o mesmo prazo, a transferência progressiva da actividade objecto desta concessão para a nova concessionária.

2 – Se, no momento do termo do prazo da concessão, o concedente ainda não tiver tomado decisão quanto ao novo modo ou entidade encarregada da gestão do serviço, poderá acordar com a concessionária que esta continue a prestá-lo até ao limite máximo de um ano, mediante prestação de serviços ou qualquer outro título jurídico público contratual.

CLÁUSULA 47.ª

Decurso do prazo da concessão

1 – Decorrido o prazo da concessão, sem necessidade de qualquer comunicação entre as partes nesse sentido, transmitem-se para o concedente todos os bens e meios afectos à concessão, livres de ónus ou encargos, em bom estado de conservação, funcionamento e segurança, sem prejuízo do normal desgaste do seu uso para efeitos do contrato de concessão.

2 – Cessando a concessão pelo decurso do prazo, deve ser paga pelo concedente à concessionária uma indemnização correspondente ao valor contabilístico dos bens afectos à concessão, adquiridos pela concessionária, com referência ao último balanço aprovado, líquido de amortizações e de comparticipações financeiras e subsídios a fundo perdido.

3 – Caso a concessionária não dê cumprimento ao disposto no n.º 1 da presente cláusula, o concedente deve promover a realização dos trabalhos e aquisições que sejam necessários à reposição dos bens aí referidos, correndo os respectivos custos pela concessionária e podendo ser utilizada a caução para os liquidar no caso de a concessionária não proceder ao pagamento voluntário e atempado dos referidos custos, se o Ministro assim o determinar.

CLÁUSULA 48.ª

Resgate da concessão

1 – O concedente poderá, através do Ministro, resgatar a concessão desde que o interesse público o justifique, decorridos 15 anos da data de celebração do presente contrato, mediante notificação feita à concessionária, por carta registada com aviso de recepção com, pelo menos, 1 ano de antecedência.

2 – O concedente assume, decorrido o período de um ano sobre a notificação do resgate, todos os bens e meios afectos à concessão anteriormente à data dessa notificação, incluindo todos os direitos e obrigações inerentes ao exercício da concessão, designadamente aquelas emergentes dos contratos de financiamento e ainda aqueles que tenham sido assumidos pela concessionária após a data de notificação desde que tenham sido previamente autorizados pelo concedente, através do Ministro.

3 – A assunção de obrigações por parte do concedente é efectuada, sem prejuízo do seu direito de regresso sobre a concessionária, pelas obrigações por esta contraídas que tenham exorbitado da gestão normal da concessão.

4 – Pelo resgate, a concessionária tem direito a uma indemnização cujo valor deve atender ao valor contabilístico, à data do resgate, dos bens transmitidos para o concedente, livres de quaisquer ónus ou encargos, e ao valor de eventuais lucros cessantes.

5 – O valor contabilístico dos bens referidos no número anterior, à data do resgate, entende-se líquido de amortizações e de comparticipações financeiras e subsídios a fundo perdido, incluindo-se nestes o valor dos bens cedidos pelo concedente.

6 – Para efeitos do cálculo da indemnização, o valor dos bens que se encontrem anormalmente depreciados ou deteriorados devido a deficiência da concessionária na sua manutenção ou reparação deve ser determinado de acordo com o seu estado de funcionamento efectivo.

CLÁUSULA 49.ª
Rescisão do contrato pelo concedente

1 – O concedente pode rescindir o presente contrato no caso de violação grave, não sanada ou não sanável, das obrigações contratuais da concessionária.

2 – Constituem, nomeadamente, causas de rescisão do contrato por parte do concedente os seguintes factos ou situações:

a) Desvio do objecto e fins da concessão;

b) Suspensão ou interrupção injustificadas da actividade objecto da concessão;

c) Oposição reiterada ao exercício da fiscalização, repetida desobediência às determinações do concedente ou sistemática inobservância das leis e regulamentos aplicáveis à exploração, quando se mostrem ineficazes as demais sanções aplicadas;

d) Recusa em proceder aos investimentos necessários à adequada conservação e reparação das infra-estruturas ou à necessária ampliação da rede;

e) Recusa ou impossibilidade da concessionária em retomar a concessão nos termos do disposto no n.º 8 da cláusula 44.ª ou, quando o tiver feito, continuação das situações que motivaram o sequestro;

f) Cobrança dolosa das tarifas com valor superior aos fixados;

g) Dissolução ou insolvência da concessionária;

h) Transmissão ou oneração da concessão, no todo ou em parte, sem prévia autorização;

i) Recusa da reconstituição atempada da caução.

3 – Não constituem causas de rescisão os factos ocorridos por motivos de força maior.

4 – Verificando-se um dos casos de incumprimento referidos na presente cláusula ou qualquer outro que, nos termos do disposto no n.º 1 desta cláusula, possa motivar a rescisão do contrato, o concedente, através do Ministro, deve notificar a concessionária para, no prazo que razoavelmente lhe for fixado, cumprir integralmente as suas obrigações e corrigir ou reparar as consequências dos seus actos, excepto tratando-se de violação não sanável.

5 – Caso a concessionária não cumpra as suas obrigações ou não corrija ou repare as consequências do incumprimento, nos termos determinados pelo concedente, este pode rescindir o presente contrato mediante comunicação enviada à concessionária, por carta registada com aviso de recepção, sem prejuízo do disposto no número seguinte.

6 – Caso o concedente pretenda rescindir este contrato, designadamente pelos factos referidos na alínea g) do n.º 1, deve, previamente à comunicação referida no número anterior, notificar os principais credores da concessionária que sejam conhecidos para, no prazo que lhes for determinado, nunca superior a três meses, proporem uma solução que possa sobrestar à rescisão, desde que o concedente com ela concorde.

7 – A comunicação da decisão de rescisão referida no n.º 5 desta cláusula produz efeitos imediatos, independentemente de qualquer outra formalidade.

8 – A rescisão prevista no n.º 1 implica a transmissão gratuita de todos os bens e meios afectos à concessão para o concedente, sem qualquer indemnização, e, bem assim, a perda da caução prestada nos termos da cláusula 34.ª, sem prejuízo do direito de o concedente ser indemnizado pelos prejuízos sofridos, nos termos gerais de direito.

CLÁUSULA 50.ª

Rescisão do contrato pela concessionária

1 – A concessionária pode rescindir o presente contrato com fundamento em incumprimento grave das obrigações do concedente se daí resultarem perturbações que ponham em causa o exercício da actividade concedida e cujos efeitos não possam ser objecto de reparação ou, caso esta seja possível, a mesma não ocorra no prazo de seis meses.

2 – A rescisão prevista no número anterior implica a transmissão de todos os bens e meios afectos à concessão para o concedente, sem prejuízo do direito da concessionária de ser ressarcida dos prejuízos que lhe foram causados, incluindo o valor dos investimentos efectuados e lucros cessantes calculados nos termos previstos anteriormente para o resgate.

3 – A rescisão deste contrato produz efeitos reportados à data da sua comunicação ao concedente por carta registada com aviso de recepção.

4 – Para efeitos do disposto no n.º 1 desta cláusula, a concessionária deve previamente notificar o concedente, por carta registada dirigida ao ministro competente, para, no prazo fixado, cumprir integralmente as suas obrigações e corrigir ou reparar as consequências dos seus actos, indicando expressa e claramente as obrigações a corrigir ou as consequências a reparar.

CLÁUSULA 51.ª
Exercício dos poderes do concedente

Os poderes do concedente referidos no presente contrato, excepto quando devam ser exercidos pelo Ministro, devem ser exercidos pela DGEG, sendo os actos praticados pelo respectivo director-geral ou pela ERSE, consoante as competências de cada uma destas entidades.

CLÁUSULA 52.ª
Litígios entre concedente e concessionária

1 – As partes manifestam o seu empenho no bom relacionamento entre si e acordam que, constatada por qualquer delas a existência de um litígio ou diferendo relativo à interpretação, integração, aplicação, execução ou cumprimento do presente contrato, bem como relativamente à respectiva validade, ou à necessidade de precisar, completar ou actualizar o seu conteúdo, ou ainda relativamente a actos administrativos referentes à execução do contrato, nos termos previstos no Código de Processo nos Tribunais Administrativos, será o mesmo, em primeiro lugar, objecto de uma tentativa de resolução amigável.

2 – Caso o diferendo não seja resolvido de uma forma consensual no prazo de 15 dias a contar da data da remissão do litígio para a outra parte para a tentativa de resolução amigável, será o mesmo dirimido por um tribunal arbitral nos termos da presente cláusula.

3 – O tribunal arbitral será constituído nos termos dos números seguintes e, supletivamente, de acordo com a Lei n.º 31/86, de 29 de Agosto.

4 – O tribunal será constituído por um árbitro único se as partes acordarem na respectiva designação ou, na falta desse acordo no prazo de 10 dias, cada

uma das partes designará um árbitro, cabendo aos dois árbitros nomeados, nos 5 dias seguintes, a designação do terceiro árbitro, que presidirá.

5 – Na falta de acordo entre os árbitros designados pelas partes, verificado ao fim de cinco dias, o terceiro árbitro será indicado pelo presidente do Tribunal da Relação de Lisboa, a requerimento de qualquer das partes.

6 – O tribunal arbitral considera-se constituído na data em que o terceiro árbitro aceitar a sua nomeação e comunicar a sua decisão às partes.

7 – Se decorrer mais de um mês sobre a data de indicação do primeiro árbitro sem que o tribunal arbitral se encontre constituído, pode qualquer das partes recorrer ao tribunal judicial competente para a resolução do litígio em causa.

8 – Caso não se verifique acordo quanto ao objecto do litígio, este será o que resultar da petição do demandante e da eventual reconvenção do demandado.

9 – O tribunal arbitral funcionará em Lisboa, cabendo ao árbitro único ou ao árbitro presidente escolher o local em que o mesmo reunirá, e utilizará a língua portuguesa, funcionando o tribunal de acordo com as regras fixadas no presente contrato, com as regras estabelecidas pelo próprio tribunal arbitral e, ainda, subsidiariamente, pelo disposto na Lei n.º 31/86, de 29 de Agosto.

10 – O tribunal arbitral julgará segundo o direito português constituído, podendo as partes recorrer das respectivas decisões.

11 – As decisões do tribunal arbitral devem ser proferidas no prazo de três meses a contar do termo da instrução do processo ou do encerramento da audiência de discussão e julgamento, se a esta houver lugar.

12 – O prazo referido no número anterior é prorrogável, por decisão do árbitro único ou do árbitro presidente, consoante o caso, até ao máximo de seis meses.

13 – No caso de o tribunal arbitral ser constituído por dois árbitros designados pelas partes e um árbitro presidente, as respectivas decisões são tomadas por maioria.

14 – A determinação dos honorários dos árbitros será feita de acordo com a tabela de cálculo dos honorários dos árbitros, anexa ao Regulamento do Centro de Arbitragem da Associação Comercial de Lisboa, tendo por base o valor da causa, o qual será igual ao valor do pedido da parte demandante ou ao cúmulo dos valores deste e do pedido reconvencional da parte demandada, caso haja reconvenção, devendo a repartição pelas partes do montante daqueles honorários constar da decisão que for proferida a final.

15 – Sem prejuízo do disposto nos números anteriores, as partes reservam-se o direito de, na vigência e após o termo do presente contrato, e antes ou na pendência de um litígio instaurado no tribunal arbitral, requerer nos tribunais comuns as providências cautelares previstas na lei de processo civil que entenderem por convenientes para defesa dos seus direitos.

16 – Caso as providências previstas no número anterior sejam requeridas antes de constituído o tribunal arbitral, deve iniciar-se imediatamente o procedimento da sua constituição e ser-lhe submetido o litígio para respectiva resolução.

CLÁUSULA 53.ª

Litígios entre concessionária e utilizadores
ou outros operadores do SNGN

1 – Sem prejuízo das disposições legais que estabelecem a arbitragem obrigatória, os litígios entre a concessionária e utilizadores ou outros intervenientes no SNGN, emergentes dos respectivos contratos ou para superar as dificuldades na celebração de acordos de que, nos termos da lei ou do presente contrato, dependa o exercício de direitos ou o cumprimento de deveres de que são titulares, podem ser resolvidos através da celebração de convenções de arbitragem nos termos fixados na cláusula anterior.

2 – Os actos da concessionária praticados no exercício de poderes administrativos, nos casos em que a lei, os regulamentos ou este contrato lhe conferem essa prerrogativa, são sempre imputáveis, para efeitos do Código de Processo nos Tribunais Administrativos, ao respectivo conselho de administração.

CLÁUSULA 54.ª

Litígios entre concessionária e terceiros

A responsabilidade contratual ou extracontratual geral da concessionária por actos de gestão privada ou de gestão pública efectiva-se nos termos e pelos meios previstos na lei civil e administrativa.

CLÁUSULA 55.ª

Comunicações

Qualquer comunicação entre as partes contratantes relativa ao presente contrato deve ser feita mediante carta registada com aviso de recepção, sem prejuízo da utilização cumulativa de outro meio considerado idóneo para os endereços constantes da identificação das partes no presente contrato.

CLÁUSULA 56.ª

Prazos

1 – Na falta de disposição especial prevista na lei, em regulamentos ou neste contrato, o prazo para os actos a praticar pela concessionária ou pelo concedente, quer por intermédio do Ministro, da DGEG, ou de qualquer outro órgão administrativo, é de 10 dias, sendo que, no caso da ERSE, são-lhe aplicáveis os prazos estabelecidos nos seus Estatutos ou nos seus regulamentos.

2 – Sempre que o exercício de um direito por parte da concessionária dependa de aprovação ou autorização do concedente, quer por intermédio do Ministro, da DGEG ou de qualquer outro órgão administrativo, consideram-se estas concedidas se a decisão não for proferida no prazo de 90 dias a contar da formulação do pedido ou da apresentação do processo para esse efeito, salvo quando, por lei, não for admissível o acto tácito de deferimento ou for estabelecido outro prazo.

3 – Se a concessão da aprovação ou da autorização depender de quaisquer formalidades, designadamente de pareceres de quaisquer outras entidades, os mesmos devem ser solicitados em conjunto, estabelecendo-se um prazo que não deverá exceder 30 dias, salvo nos casos em que as entidades consultadas disponham por lei de prazo superior para emissão dos seus pareceres.

4 – Para efeitos do n.º 2, consideram-se dependentes de aprovação ou autorização do concedente os casos de:

a) Aprovação de projectos;

b) Licenciamento de obras, trabalhos e actividades;

c) Redução de caução.

5 – Para o cômputo dos prazos previstos nesta cláusula, considera-se que os mesmos se suspendem sempre que o procedimento estiver parado por motivo imputável à concessionária.

6 – Os prazos fixados em dias neste contrato são contados nos termos do artigo 72.º do Código do Procedimento Administrativo.

CLÁUSULA 57.ª

Anexos

Integram o presente contrato os seguintes anexos:

a) Anexo n.º 1 – planta;

b) Anexo n.º 2 – seguros.

ANEXO N.º 1

Planta

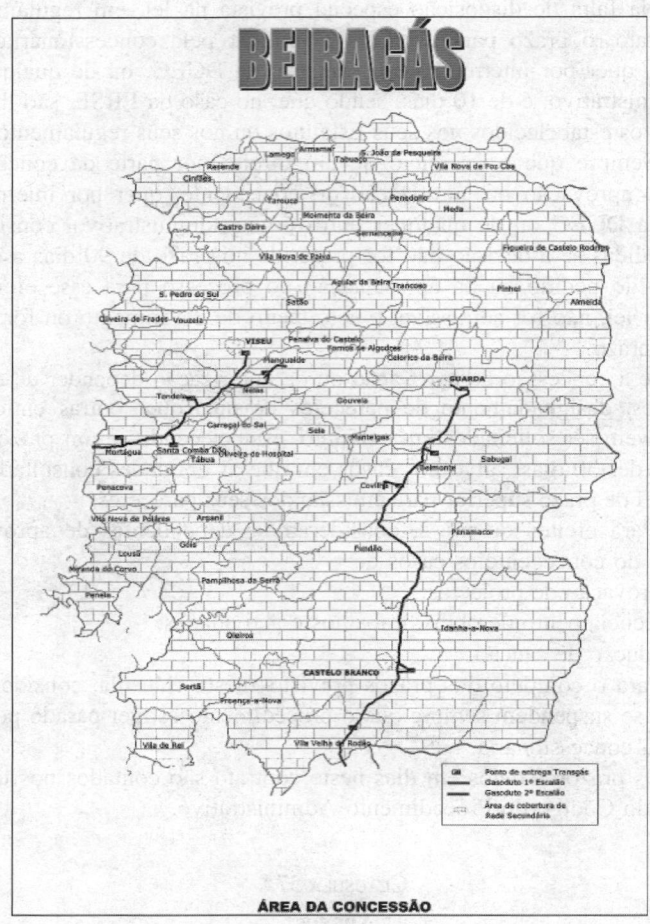

ÁREA DA CONCESSÃO

ANEXO N.º 2

Seguros

1 – Seguro de responsabilidade civil – cláusula 31.ª, n.ᵒˢ 1 e 2.

Montante – valor a fixar por portaria do ministro responsável pela área da energia e actualizável de três em três anos.

2 – Seguros para cobertura dos riscos da concessão (danos próprios) – cláusula 31.ª, n.ᵒˢ 4 e 5.

Montante – o valor dos seguros deverá corresponder aos de reposição, em novo, dos activos da concessão da actividade de distribuição regional de gás natural, atribuída à BEIRAGÁS – Companhia de Gás das Beiras, S. A.

3 – Seguro de responsabilidade civil – cláusula 36.ª

DGEG:

Montante – € 250 000 por pessoa segura;

Número de pessoas seguras – seis;

Número de dias/ano – seis.

ERSE:

Montante e número de pessoas seguras:

€ 560 000 – uma pessoa (director);

€ 400 000 – duas pessoas (consultor);

€ 300 000 – três pessoas (outros);

Número de dias/ano – seis.

Minuta do contrato de concessão da actividade de distribuição de gás natural entre o Estado Português e a LISBOAGÁS GDL – Sociedade Distribuidora de Gás Natural de Lisboa, S. A.

Aos ... dias do mês de ... do ano de 2008, nas instalações do Ministério da Economia e da Inovação, sitas na Rua da Horta Seca, 15, da cidade de Lisboa, compareceram perante mim, ..., investido das funções de oficial público nos actos e contratos em que participem como outorgantes os membros do Governo, nos termos legais:

Como primeiro outorgante o Estado Português, representado pelo Prof. Doutor Manuel António Gomes de Almeida de Pinho, na qualidade de Ministro da Economia e da Inovação, ao abrigo do disposto no n.º 2 do artigo 7.º do Decreto-Lei n.º 140/2006, de 26 de Julho, doravante designado «Estado», e como segunda outorgante a LISBOAGÁS GDL – Sociedade Distribuidora de Gás Natural de Lisboa, S. A., com sede na ..., com o capital social de € ...,00, matriculada na Conservatória do Registo Comercial de ..., sob o n.º ..., pessoa colectiva n.º ..., representada por ... e por ..., na qualidade de ..., doravante desig-nada «concessionária».

Pelos outorgantes na qualidade em que outorgam foi dito:

Considerando:

1) A qualidade da LISBOAGÁS GDL – Sociedade Distribuidora de Gás, natural de Lisboa, S. A., de concessionária da exploração, em regime de serviço público, da rede de distribuição regional de gás natural de Lisboa, bem como da construção e instalação dos inerentes equipamentos;

2) O cumprimento integral, pela concessionária, do contrato de concessão da rede de distribuição regional de gás natural de Lisboa, celebrado com o Estado Português em 16 de Dezembro de 1993, posteriormente alterado por Apostilha outorgada em 3 de Outubro de 1995;

3) As alterações introduzidas ao regime de exercício da actividade de distribuição de gás natural pelos Decretos-Leis n.os 30/2006, de 15 de Fevereiro, e 140/2006, de 26 de Julho, alterações essas decorrentes da implementação das regras comuns para o mercado interno do gás natural objecto da Directiva n.º 2003/55/CE, do Parlamento Europeu e do Conselho, de 26 de Junho;

4) O disposto nos artigos 66.º do Decreto-Lei n.º 30/2006 e 70.º do Decreto-Lei n.º 140/2006, de 26 de Julho;

5) As bases das concessões da actividade de distribuição de gás natural constantes do anexo IV do Decreto-Lei n.º 140/2006;

6) O calendário de abertura do mercado do gás natural fixado no artigo 64.º do Decreto-Lei n.º 140/2006 que completa a transposição da referida Directiva n.º 2003/55/CE, do Parlamento Europeu e do Conselho;

7) A carta da Entidade Reguladora dos Serviços Energéticos (ERSE) à Direcção-Geral de Energia e Geologia de 17 de Janeiro de 2008, sobre a «modificação dos actuais contratos de concessão de distribuição regional de gás», da qual se deu conhecimento à concessionária:

Acordam o seguinte:

1 – O contrato de concessão da rede de distribuição regional de gás natural de Lisboa celebrado entre o Estado e a concessionária por escritura de 16 de Dezembro de 1993, alterado por Apostilha outorgada por escritura de 3 de Outubro de 1995, é modificado nos termos estabelecidos no documento complementar, rubricado e assinado por todos os outorgantes, que com os respectivos anexos fica a fazer parte integrante da presente escritura, nos termos do n.º 2 do artigo 64.º do Código do Notariado, documento cujo conteúdo declaram conhecer perfeitamente, pelo que é dispensada a sua leitura.

2 – A modificação do contrato de concessão acordada neste acto produz efeitos desde 1 de Janeiro de 2008.

3 – A partir de 1 de Janeiro de 2008, os contratos de fornecimento de gás natural celebrados pela concessionária passam para a titularidade de sociedade a constituir pela concessionária em regime de domínio total inicial, de acordo com o disposto nos n.os 2 e 4 do artigo 67.º do Decreto-Lei n.º 140/2006, de 26

de Julho, e de acordo com as disposições do Decreto-Lei n.º 30/2006, de 15 de Fevereiro, aplicáveis à separação de actividades.

4 – Logo que a concessionária comunicar a constituição da sociedade prevista no número anterior, o Estado obriga-se a atribuir-lhe, através da DGEG, uma licença de comercialização de último recurso, nos termos constantes dos n.ºs 2 e 3 do artigo 67.º do Decreto-Lei n.º 140/2006, de modo que seja possível à mesma sociedade comercializar gás natural a todos os clientes que o solicitem e consumam anualmente quantidades de gás natural inferiores a 2 milhões de metros cúbicos normais na área da concessão.

5 – Pelo exercício da actividade de comercialização de último recurso é assegurada à sociedade referida no número anterior uma margem de comercialização que incorpora uma adequada remuneração do fundo de maneio em termos equivalentes aos estabelecidos para os outros activos da concessionária e que lhe assegure o equilíbrio económico e financeiro da actividade em condições de gestão eficiente nos termos da legislação e regulamentação aplicáveis. Considera-se o disposto no presente número como reproduzido na respectiva licença de comercialização de último recurso.

6 – A partir de 1 de Janeiro de 2008, os contratos de fornecimento de gás propano, bem como os activos afectos a essa actividade, passam para a titularidade de uma sociedade a constituir pela concessionária, em regime de domínio total inicial, sociedade à qual será reconhecido, desde que cumpridos todos os requisitos legais e a pedido da mesma, o estatuto de entidade exploradora das instalações de armazenagem e das redes e ramais de distribuição de gás, sendo os activos atrás referidos transferidos pelo seu valor contabilístico líquido.

7 – A concessionária pode promover a constituição de uma sociedade em regime de domínio total inicial para exercer, mediante licença, a actividade de comercialização de gás natural em regime de mercado livre, para actuar de acordo com o calendário de abertura do mercado constante do n.º 1 do artigo 64.º do Decreto-Lei n.º 140/2006.

8 – É reconhecido à concessionária o direito de repercutir, para as entidades comercializadoras de gás ou para os consumidores finais, o valor integral das taxas de ocupação do subsolo liquidado pelas autarquias locais que integram a área da concessão na vigência do anterior contrato de concessão mas ainda não pago ou impugnado judicialmente pela concessionária, caso tal pagamento venha a ser considerado obrigatório pelo órgão judicial competente, após trânsito em julgado da respectiva sentença, ou após consentimento prévio e expresso do concedente.

9 – Para efeitos do estabelecido no número anterior, os valores que vierem a ser pagos pela concessionária em cada ano civil serão repercutidos sobre as entidades comercializadoras utilizadoras das infra-estruturas ou sobre os consumidores finais servidos pelas mesmas, durante os «anos gás» seguintes, nos termos a definir pela ERSE. No caso específico das taxas de ocupação do subsolo,

a repercussão será ainda realizada por município, tendo por base o valor efectivamente cobrado pelo mesmo.

10 – No intuito de assegurar o equilíbrio económico e financeiro da actual concessão decorrente da modificação do respectivo regime contratual, o Estado assegura à concessionária a remuneração da actividade concessionada, nos termos a estabelecer pela ERSE, uma reavaliação dos activos da concessão nos termos do artigo 70.º do Decreto-Lei n.º 140/2006, de 26 de Julho, bem como o direito à reavaliação dos activos da concessão e o prolongamento do prazo de concessão, nos termos constantes do novo contrato de concessão anexo.

11 – O Estado assegura ainda à entidade titular da licença de comercialização de último recurso o direito, durante os cinco primeiros períodos regulatórios, a um proveito permitido adicional de € 4/cliente/ano, considerando o número de clientes reportado ao início de cada período regulatório. Considera-se o disposto no presente número como reproduzido na respectiva licença de comercialização de último recurso.

12 – Com a assinatura da presente escritura, do novo contrato de concessão anexo e da atribuição da licença de comercialização de último recurso, a concessionária declara nada ter a reclamar do Estado devido à modificação do contrato de concessão referido no considerando 2), dando-lhe plena quitação para efeitos da reposição do equilíbrio económico e financeiro previsto no contrato de concessão referido no considerando 2).

Assim o disseram e outorgaram.

Verifiquei a qualidade e suficiência dos poderes de representação necessários para este acto, pela forma seguinte:

Quanto ao primeiro outorgante, pela fotocópia do Decreto-Lei n.º ...;

Quanto aos representantes do segundo outorgante, pelos poderes conferidos pelo conselho de administração, constantes da acta n.º ...

Esteve presente a este acto ...

Foram entregues e arquivados os seguintes documentos:
a) ...
b) ...
c) ...

Esta escritura foi lida e o seu conteúdo foi explicado na presença simultânea dos outorgantes, pessoas cujas entidades verifiquei.

CLÁUSULA 1.ª

Definições e interpretação

1 – Para efeitos do presente contrato, incluindo os seus anexos, os termos e siglas abaixo indicados terão o significado que a seguir lhes é apontado, salvo se do contexto resultar sentido diferente:

Ano Gás – período de 12 meses para efeitos de regulação;

Baixa pressão – a pressão igual ou inferior a 4 bar;

Concedente – Estado Português, enquanto signatário do contrato ou primeiro outorgante;

Concessionária – LISBOAGÁS GDL – Sociedade Distribuidora de Gás Natural de Lisboa, S. A., sociedade signatária do contrato ou segunda outorgante;

Consumidor – cliente final de gás natural;

DGEG – Direcção-Geral de Energia e Geologia;

ERSE – Entidade Reguladora dos Serviços Energéticos;

Distribuição de gás natural – veiculação de gás natural em redes de distribuição de média e de baixa pressão para entrega aos clientes, excluindo a comercialização;

GNL – gás natural na forma liquefeita;

Média pressão – pressão cujo valor relativamente à pressão atmosférica é superior a 4 bar e igual ou inferior a 20 bar;

Ministro – ministro responsável pela área da energia em geral e do gás natural em particular;

RAF – o rácio de autonomia financeira ou o rácio de balanço de fundos próprios, que corresponde ao rácio entre o valor do «capital próprio» e o valor do «activo imobilizado líquido», este entendido como o valor do conjunto das imobilizações corpóreas e incorpóreas, líquidas de amortizações e provisões;

Rede de distribuição – rede utilizada para condução de gás natural, dentro de uma zona de consumo, para o consumidor final. Compreende, nomeadamente, as condutas, as válvulas de seccionamento, os postos de redução de pressão, os aparelhos e os acessórios;

UAG – instalação autónoma de recepção, armazenamento e regaseificação de GNL para emissão em rede de distribuição ou directamente ao cliente final.

2 – As definições constantes do Decreto-Lei n.º 30/2006, de 15 de Fevereiro, e, bem assim, do Decreto-Lei n.º 140/2006, de 26 de Julho, que não estejam em contradição com as constantes do n.º 1 desta cláusula serão igualmente utilizadas para efeitos do presente contrato, prevalecendo, em caso de divergência ou dúvida, sobre as definições expressas no presente contrato.

3 – Neste contrato, a menos que o respectivo contexto imponha expressamente um sentido diverso:

a) As referências a preceitos legais regulamentares ou contratuais serão interpretadas como abrangendo as modificações de que os mesmos sejam objecto, salvo quando essas modificações tenham carácter supletivo;

b) As referências a cláusulas, números ou anexos devem interpretar-se como visando as cláusulas, números ou anexos do presente contrato;

c) As referências a este contrato abrangem os respectivos anexos;

d) As expressões definidas no singular poderão ser utilizadas no plural e vice-versa, com a correspondente alteração do respectivo significado.

4 – As epígrafes das cláusulas do presente contrato são utilizadas por razões de simplificação, não constituindo suporte da interpretação ou integração do mesmo.

5 – Os anexos ao presente contrato fazem parte integrante do mesmo para todos os efeitos legais e contratuais.

6 – Caso alguma das cláusulas do presente contrato venha a ser julgada nula ou por qualquer forma inválida, ineficaz ou inexequível, por uma entidade competente para o efeito, tal nulidade, invalidade, ineficácia ou inexequibilidade não afectará a validade das restantes cláusulas do contrato, comprometendo-se as partes a acordar, de boa fé, uma disposição que substitua aquela e que, tanto quanto possível, produza os mesmos efeitos, salvo se os efeitos das referidas cláusulas forem legalmente impossíveis ou proibidos.

7 – Nos casos omissos aplica-se o disposto nas bases de concessão aprovadas pelo Decreto-Lei n.º 140/2006, de 26 de Julho, que integram o seu anexo IV.

8 – Na interpretação e integração do regime do presente contrato entender-se-á que à prevalência do concedente na boa e atempada execução do serviço público corresponde a prevalência do interesse económico da concessionária.

CLÁUSULA 2.ª
Objecto da concessão

1 – A concessão tem por objecto a actividade de distribuição de gás natural em baixa e média pressão, exercida em regime de serviço público, na área de concessão definida na cláusula 4.ª

2 – Integram-se no objecto da concessão:

a) O recebimento, a veiculação e a entrega de gás natural através da rede de média e baixa pressão;

b) A construção, a manutenção, a operação e a exploração de todas as infra-estruturas que integram a RNDGN, na área correspondente à presente concessão, e, bem assim, das instalações necessárias para a sua operação;

c) A promoção da construção, conversão ou adequação e eventual comparticipação de instalações de utilização de gás natural, propriedade dos clientes finais, de modo que seja possível o abastecimento das mesmas a gás natural.

3 – Os custos decorrentes da actividade mencionada na alínea c) do n.º 2, nos termos previstos e aprovados em PDIR, serão incluídos no activo da concessionária, fazendo parte integrante do activo afecto à concessão, nomeadamente para efeitos de remuneração.

4 – Integram-se ainda no objecto da concessão:

a) O planeamento, o desenvolvimento, a expansão e a gestão técnica da RNDGN, na área da concessão;

b) A gestão da interligação da RNDGN com a RNTGN.

5 – Mediante autorização prévia do concedente, a concessionária pode distribuir gás natural a partir de UAG sempre que tal decisão seja fundamentada e corresponda à solução técnica e económica mais adequada ao caso concreto, aplicando-se à distribuição de gás natural a partir de UAG todos os direitos e deveres que pendem sobre a distribuição por condutas.

CLÁUSULA 3.ª

Outras actividades

1 – Sem prejuízo do disposto no artigo 31.º do Decreto-Lei n.º 30/2006, de 15 de Fevereiro, precedendo autorização do concedente, através do Ministro, a conceder caso a caso, a concessionária pode exercer outras actividades para além da que se integra no objecto da concessão, no respeito pela legislação aplicável ao sector do gás natural, com fundamento no proveito daí resultante para a presente concessão ou com vista a optimizar a utilização dos bens afectos à mesma, desde que essas actividades sejam acessórias ou complementares e não prejudiquem a regularidade e a continuidade da prestação do serviço público.

2 – A concessionária é desde já autorizada, nos termos do número anterior, a explorar, directa ou indirectamente, ou a ceder a exploração da capacidade excedentária da rede de telecomunicações instalada para a operação da RNDGN.

3 – Sem prejuízo do estabelecido no número anterior, o concedente fica desonerado de qualquer responsabilidade na eventualidade de a concessionária vir a ser condenada no pagamento a terceiros de quaisquer indemnizações, nomeadamente as resultantes das servidões constituídas.

CLÁUSULA 4.ª

Área e exclusividade da concessão

1 – A concessão tem como âmbito geográfico os concelhos identificados na planta que constitui o anexo n.º 1 do presente contrato.

2 – A presente concessão é exercida em regime de exclusivo, sem prejuízo do direito de acesso de terceiros às várias infra-estruturas que a integram, nos termos previstos no presente contrato e na legislação e regulamentação aplicáveis.

3 – O regime de exclusivo referido no n.º 2 pode ser alterado em conformidade com a política energética aprovada pela União Europeia e aplicável ao Estado Português, comprometendo-se o concedente a promover a reposição do equilíbrio económico e financeiro da concessão, nos termos previstos na cláusula 40.ª

CLÁUSULA 5.ª

Prazo da concessão

1 – A concessão tem a duração de 40 anos contados a partir de 1 de Janeiro de 2008, podendo ser renovada nos termos da base III das bases de concessão da actividade de distribuição de gás natural anexas ao Decreto-Lei n.º 140/2006, de 26 de Julho.

2 – No cômputo do prazo de concessão não se contam os atrasos na implantação de infra-estruturas ou a suspensão da exploração do serviço devidos a:

a) Casos de força maior;

b) Acções ou omissões imputáveis ao concedente que contrariem a lei ou o presente contrato e que condicionem a regular exploração da concessão;

c) Suspensões da construção ou da exploração do serviço determinadas pelo concedente por razões de interesse público e que não sejam devidas a incumprimento da lei ou deste contrato imputáveis à concessionária;

d) Quaisquer outras circunstâncias consideradas atendíveis pelo Ministro.

3 – A concessionária deve notificar o concedente, através da DGEG, de quaisquer factos que ocorram nos termos do número anterior e que sejam susceptíveis de suspender o cômputo do prazo da concessão.

CLÁUSULA 6.ª

Serviço público

1 – A concessionária deve desempenhar a actividade concessionada de acordo com as exigências de um regular, contínuo e eficiente funcionamento do serviço público e adoptar, para o efeito, os melhores procedimentos, meios e tecnologias utilizados no sector do gás, com vista a garantir, designadamente, a segurança de pessoas e bens e a segurança do abastecimento.

2 – Com o objectivo de assegurar a permanente adequação da concessão às exigências da regularidade, da continuidade e eficiência do serviço público, o concedente reserva-se no direito de alterar, por via legal ou regulamentar, as condições da sua exploração.

3 – Quando, por efeito do disposto no número anterior, se alterem significativamente as condições de exploração da concessão, o concedente compromete-se a promover a reposição do equilíbrio económico e financeiro da concessão, nos termos previstos na cláusula 40.ª, a menos que o mesmo demonstre que a concessionária está em condições de prover a tal reposição recorrendo aos meios resultantes de uma correcta e prudente gestão dos próprios recursos afectos à concessão.

4 – A concessionária deverá respeitar as boas práticas ambientais e a promoção da utilização racional de energia, nos termos da regulamentação em vigor.

CLÁUSULA 7.ª

Direitos e obrigações da concessionária

1 – A concessionária beneficia dos direitos e encontra-se sujeita às obrigações estabelecidas nos Decretos-Leis n.os 30/2006, de 15 de Fevereiro, e 140/2006, de 26 de Julho, e demais legislação e regulamentação aplicáveis à actividade que integra o objecto da concessão, sem prejuízo dos demais direitos e obrigações estabelecidos no presente contrato.

2 – Assiste à concessionária o direito de repercutir sobre os utilizadores das suas infra-estruturas, quer se trate de entidades comercializadoras de gás ou de consumidores finais, o valor integral de quaisquer taxas, independentemente da sua designação, desde que não constituam impostos directos, que lhe venham a ser cobrados por quaisquer entidades públicas, directa ou indirectamente atinentes à distribuição de gás, incluindo as taxas de ocupação do subsolo cobradas pelas autarquias locais.

3 – Na sequência do estabelecido no n.º 2 e no que respeita às taxas de ocupação do subsolo a liquidar pelas autarquias locais que integram a área da concessão, os valores pagos pela concessionária em cada ano civil serão repercutidos por município sobre as entidades comercializadoras utilizadoras das infra-estruturas ou sobre os consumidores finais servidos pelas mesmas nos termos a definir pela ERSE.

CLÁUSULA 8.ª

Princípios aplicáveis às relações com os utilizadores

1 – A concessionária deve proporcionar aos utilizadores da RNDGN, de forma não discriminatória e transparente, o acesso às respectivas infra-estruturas, nos termos previstos no presente contrato e na legislação e regulamentação aplicáveis, não podendo estabelecer diferenças de tratamento entre os referidos utilizadores que não resultem da aplicação de critérios ou de condicionalismos legais, regulamentares ou técnicos, ou ainda de condicionalismos de natureza contratual desde que aceites pela ERSE.

2 – As condições a integrar nos contratos de uso das infra-estruturas devem respeitar o disposto no Regulamento de Acesso às Redes, às Infra-Estruturas e às Interligações.

3 – O disposto no n.º 1 não impede a concessionária de celebrar contratos a longo prazo, no respeito pelas regras da concorrência e da legislação e regulamentação aplicáveis.

4 – A concessionária deve facultar aos utilizadores da rede as informações de que estes necessitem para o acesso à mesma.

5 – A concessionária tem o direito de cobrar a terceiros que utilizem as redes e demais infra-estruturas e em contrapartida pela prestação dos serviços inerentes uma retribuição por aplicação de tarifas reguladas, definidas nos termos do Regulamento Tarifário.

6 – Os utilizadores devem prestar à concessionária todas as informações que esta considere necessárias à correcta exploração das respectivas infra-estruturas e instalações.

7 – A concessionária deve assegurar o tratamento de dados de utilização da rede no respeito pelas disposições legais de protecção de dados pessoais e preservar a confidencialidade das informações comercialmente sensíveis obtidas no exercício da sua actividade.

8 – A concessionária deve manter um registo, por um prazo de cinco anos, das queixas ou reclamações que lhe tenham sido apresentadas pelos utilizadores.

CLÁUSULA 9.ª

Bens e meios afectos à concessão

1 – Consideram-se afectos à concessão os bens que constituem a RNDGN, na parte correspondente à respectiva área, designadamente:

a) O conjunto de condutas de distribuição de gás natural, a jusante das estações de redução de pressão de 1.ª classe, ou a jusante de unidades autónomas de gás no caso em que o gás natural assim lhe é entregue pela concessionária da RNTGN, com as respectivas tubagens, válvulas de seccionamento, antenas e demais equipamentos de manuseamento;

b) As eventuais unidades autónomas de gás;

c) As instalações afectas à operação de entrega de gás natural a clientes finais, incluindo todo o equipamento de controlo, regulação e medida indispensável à operação e funcionamento do sistema de distribuição de gás natural;

d) As instalações e equipamentos de telecomunicações, telemedida e telecomando afectas à gestão das instalações de distribuição e entrega de gás natural aos consumidores.

2 – Consideram-se ainda afectos à concessão:

a) Os imóveis pertencentes à concessionária em que estejam implantados os bens referidos no número anterior, assim como as servidões constituídas em benefício da concessão;

b) Outros bens móveis ou direitos relativos a bens imóveis utilizados ou relacionados com o exercício da actividade objecto da concessão;

c) Os direitos privativos de propriedade intelectual e industrial de que a concessionária seja titular, desde que os mesmos estejam directa e complementarmente ligados ao objecto da concessão e sejam indispensáveis ao exercício da actividade concessionada;

d) Quaisquer fundos ou reservas consignados à garantia do cumprimento das obrigações da concessionária, por força de obrigação emergente da lei ou deste contrato e enquanto durar essa vinculação;

e) As relações e posições jurídicas directamente relacionadas com a concessão, nomeadamente laborais, de empreitada, de locação, de financiamento e de prestação de serviços;

f) Os activos incorpóreos correspondentes aos investimentos realizados pela concessionária associados aos processos de conversão de clientes finais para gás natural;

g) Todos os outros activos incorpóreos não referidos nos números anteriores cuja incorporação tenha ocorrido antes da publicação do Decreto-Lei n.º 140/2006 e desde que directamente relacionados com a actividade de distribuição.

CLÁUSULA 10.ª
Inventário do património

1 – A concessionária deve elaborar e manter permanentemente actualizado, e à disposição do concedente, um inventário do património afecto à concessão.

2 – No inventário a que se refere o número anterior devem mencionar-se os ónus ou encargos que recaem sobre os bens afectos à concessão.

3 – Os bens e direitos tornados desnecessários à actividade concedida devem ser abatidos ao inventário da concessão nos termos do n.º 2 da cláusula 12.ª

CLÁUSULA 11.ª
Manutenção dos meios afectos à concessão

A concessionária obriga-se a manter, durante o prazo de vigência da concessão, em permanente estado de bom funcionamento, conservação e segurança, os bens e meios afectos à concessão, efectuando para tanto as reparações, renovações, adaptações e modernizações necessárias ao bom desempenho do serviço público concedido.

CLÁUSULA 12.ª
Regime de oneração e transmissão dos bens afectos à concessão

1 – A concessionária não pode onerar ou transmitir, por qualquer forma, os bens que integram a concessão, sem prejuízo do disposto nos números seguintes.

2 – Os bens e direitos que tenham perdido utilidade para a concessão devem ser abatidos ao inventário referido na cláusula 10.ª, mediante prévio

pedido de autorização da concessionária ao concedente, que se considera deferida se este não se opuser no prazo de 30 dias contados da recepção do pedido.

3 – A oneração ou transmissão de bens imóveis afectos à concessão fica sujeita a autorização prévia do Ministro.

4 – A oneração ou transmissão de bens ou direitos afectos à concessão em desrespeito do disposto no presente contrato determina a nulidade dos respectivos actos ou contratos.

5 – O valor dos bens transmitidos reverte a favor da concessão na medida em que tiverem sido remunerados através das tarifas ou beneficiado de incentivos ou subsídios concedidos a fundo perdido.

CLÁUSULA 13.ª

Posse e propriedade dos bens

1 – A concessionária detém a posse e propriedade dos bens afectos à concessão até à extinção desta.

2 – Com a extinção da concessão, os bens a ela afectos transmitem-se para o concedente nos termos previstos nos n.ºs 2 e 3 da cláusula 45.ª

CLÁUSULA 14.ª

Concessionária, objecto social, sede e forma

1 – A concessionária deve ter como objecto social principal, ao longo de todo o período de duração da concessão, o exercício da actividade integrada no objecto da concessão, devendo manter ao longo do mesmo período a sua sede em Portugal e a forma de sociedade anónima, regulada pela lei portuguesa.

2 – O objecto social da concessionária pode incluir o exercício de outras actividades, para além da que integra o objecto da concessão, e, bem assim, a participação no capital de outras sociedades, desde que seja respeitado o disposto na cláusula 3.ª e na legislação aplicável ao sector do gás natural.

CLÁUSULA 15.ª

Acções da sociedade concessionária

1 – Todas as acções representativas do capital social da concessionária são obrigatoriamente nominativas.

2 – A oneração e a transmissão de acções representativas do capital social da concessionária depende, sob pena de nulidade, de autorização prévia do

Ministro, a qual não pode ser infundadamente recusada, e considera-se tacitamente concedida se não for recusada, por escrito, no prazo de 30 dias a contar a partir da data da respectiva solicitação.

3 – Exceptua-se do disposto no número anterior a oneração de acções efectuada em benefício das entidades financiadoras da actividade que integra o objecto da presente concessão, e no âmbito dos contratos de financiamento que venham a ser celebrados pela concessionária para o efeito, desde que as entidades financiadoras assumam, nos referidos contratos, a obrigação de obter a autorização prévia do concedente em caso de execução das garantias de que resulte a transmissão a terceiros das acções oneradas.

4 – A oneração de acções referida no número anterior deve, em qualquer caso, ser comunicada ao concedente, a quem deve ser enviada, no prazo de 30 dias a contar a partir da data em que seja constituída, cópia certificada do documento que formaliza a oneração e, bem assim, informação detalhada sobre quaisquer outros termos e condições que forem estabelecidos.

CLÁUSULA 16.ª

Deliberações dos órgãos da sociedade concessionária e acordos entre accionistas

1 – Ficam sujeitas a autorização prévia do concedente, através do Ministro, as deliberações da concessionária relativas à alteração do objecto social, à transformação, fusão, cisão ou dissolução da sociedade.

2 – Os acordos parassociais celebrados entre os accionistas da concessionária, bem como as respectivas alterações das quais possa resultar, directa ou indirectamente, a modificação das regras relativas à sociedade concessionária estabelecidas no presente contrato, devem ser objecto de aprovação prévia pelo concedente, dada através do Ministro.

3 – As autorizações e aprovações, pelo concedente, previstas na presente cláusula não podem ser infundadamente recusadas e consideram-se tacitamente concedidas se não forem recusadas, por escrito, no prazo de 30 dias a contar a partir da data da respectiva solicitação.

CLÁUSULA 17.ª

Financiamento

1 – A concessionária deve promover o financiamento adequado ao desenvolvimento do objecto da concessão de forma a cumprir cabal e atempadamente todas as obrigações que assume no presente contrato.

2 – A concessionária deve manter no final de cada ano um RAF superior a 20 %.

CLÁUSULA 18.ª

Projectos

1 – A construção e a exploração das infra-estruturas que integram esta concessão ficam sujeitas à aprovação dos respectivos projectos, nos termos da legislação aplicável.

2 – A construção pela concessionária das redes de distribuição previstas em planos municipais ou intermunicipais de ordenamento do território ou em vias públicas não carece de prévia aprovação dos respectivos projectos, devendo a concessionária ponderar todas as interferências junto das câmaras municipais competentes.

3 – Não carecem de aprovação nem de licença as obras urgentes executadas para fazer face a situações em que perigue a segurança de pessoas e bens.

4 – A concessionária é responsável, no respeito pela legislação e regulamentação aplicáveis, pela concepção, projecto e construção de todas as infra-estruturas e instalações abrangidas pela concessão, incluindo a sua remodelação e expansão.

5 – A aprovação de quaisquer projectos pelo concedente não implica a assunção por este de qualquer responsabilidade derivada de erros de concepção, de projecto, de construção ou da inadequação das instalações e do equipamento ao serviço da concessão.

CLÁUSULA 19.ª

Direitos e deveres decorrentes da aprovação dos projectos

1 – A aprovação dos respectivos projectos implica a declaração de utilidade pública dos mesmos e confere à concessionária, nomeadamente, os seguintes direitos:

a) Utilizar, de acordo com a legislação aplicável, os bens do domínio público ou privado do Estado e de outras pessoas colectivas públicas para o estabelecimento ou passagem das respectivas infra-estruturas ou instalações;

b) Constituir, nos termos da legislação aplicável, as servidões sobre os imóveis necessárias ao estabelecimento das respectivas infra-estruturas ou instalações;

c) Proceder à expropriação, por utilidade pública urgente, nos termos da legislação aplicável, dos bens imóveis, ou dos direitos a eles relativos, necessários ao estabelecimento das respectivas infra-estruturas ou instalações.

2 – As licenças e autorizações exigidas por lei para a exploração das infra-estruturas e instalações consideram-se outorgadas à concessionária com a aprovação dos respectivos projectos, sem prejuízo da verificação por parte das entidades licenciadoras da conformidade na sua execução.

3 – Cabe à concessionária o pagamento das indemnizações decorrentes do exercício dos direitos referidos no n.º 1.

4 – No atravessamento de terrenos do domínio público ou do domínio privado do Estado, de terrenos de outras pessoas colectivas de direito público e de terrenos de particulares, a concessionária deve adoptar os procedimentos estabelecidos na legislação aplicável e proceder à reparação de todos os prejuízos que resultem dos trabalhos executados.

CLÁUSULA 20.ª
**Planeamento, remodelação e expansão das redes
e demais infra-estruturas**

1 – O planeamento das redes e demais infra-estruturas está integrado no planeamento da RNDGN, deve ter em conta, em particular, a obrigação de satisfação da procura de utilização das infra-estruturas, devendo ser coordenado com o planeamento da RNTIAT, nos termos previstos na legislação e regulamentação aplicáveis.

2 – Constitui encargo e responsabilidade da concessionária o planeamento, remodelação, desenvolvimento e expansão das redes e demais infra-estruturas de distribuição de gás natural que integram a presente concessão, com vista a assegurar a permanente existência de capacidade nas infra-estruturas, tendo em conta as condições exigíveis à satisfação do consumo na área da concessão, de acordo com a expansão previsional indicada no PDIR.

3 – A concessionária deve observar na remodelação e expansão das infra-estruturas os prazos de execução adequados à permanente satisfação das necessidades do abastecimento de gás natural, identificadas no respectivo PDIR.

4 – Por razões de interesse público, nomeadamente as relativas à segurança, regularidade e qualidade do abastecimento, o concedente poderá determinar a remodelação ou expansão da rede de distribuição objecto deste contrato, sem prejuízo do disposto na cláusula 40.ª

CLÁUSULA 21.ª
Direitos de propriedade industrial e serviços de terceiros

A concessionária deve respeitar, no exercício da sua actividade, as normas relativas à tutela e salvaguarda dos direitos privativos de propriedade industrial, sendo da sua exclusiva responsabilidade os efeitos decorrentes da sua violação.

Cláusula 22.ª

Condições de exploração da concessão

1 – A concessionária, enquanto operadora da RNDGN na área identificada na cláusula 4.ª, é responsável pela exploração e pela manutenção das redes, demais infra-estruturas e respectivas instalações que integram a presente concessão, em condições de segurança, fiabilidade e qualidade de serviço no respeito pela legislação e regulamentação aplicáveis.

2 – A concessionária deve assegurar-se de que o gás natural a transportar na sua rede e demais infra-estruturas cumpre as características técnicas e as especificações de qualidade estabelecidas na regulamentação aplicável e que a sua distribuição é efectuada em condições técnicas adequadas, de forma a garantir a segurança de pessoas e bens.

3 – No âmbito do exercício da actividade concessionada, a concessionária deve gerir os fluxos de gás natural na sua rede e demais infra-estruturas, assegurando a sua interoperacionalidade com as redes e demais infra-estruturas a que esteja ligada, designadamente as instalações dos consumidores finais, no respeito pela regulamentação aplicável.

4 – A concessionária deve garantir, ainda, a oferta de capacidade a longo prazo da respectiva rede de distribuição, contribuindo para a segurança do abastecimento, nos termos do PDIR.

Cláusula 23.ª

Deveres de informação

1 – A concessionária fica obrigada a fornecer ao concedente, através da DGEG e da ERSE, todos os elementos que estas entidades lhe solicitarem relativos à concessão e a outras actividades autorizadas nos termos da cláusula 3.ª, designadamente os elementos necessários à resposta a quaisquer pedidos da Comissão Europeia.

2 – A concessionária deve, em obediência às disposições regulamentares aplicáveis, fornecer ao operador de qualquer outra rede à qual esteja ligada e aos intervenientes no SNGN, observando as disposições regulamentares aplicáveis, as informações necessárias para permitir um desenvolvimento coordenado das diversas redes e um funcionamento seguro e eficiente do SNGN.

CLÁUSULA 24.ª
Participação de desastres e acidentes

1 – A concessionária fica obrigada a participar imediatamente à DGEG todos os desastres e acidentes ocorridos nas suas instalações e, se tal não for possível, no prazo máximo de três dias a contar desde a data da ocorrência.

2 – Sem prejuízo das competências atribuídas às autoridades públicas, sempre que dos desastres ou acidentes resultem mortes, ferimentos graves ou prejuízos materiais importantes, a concessionária deve elaborar, e enviar ao concedente, um relatório técnico com a análise das circunstâncias da ocorrência e com o estado das instalações.

CLÁUSULA 25.ª
Ligações das redes de distribuição à RNTGN e aos consumidores

1 – A ligação das redes de distribuição à RNTGN deve respeitar as condições previstas nos regulamentos aplicáveis.

2 – A ligação das redes de distribuição aos consumidores finais deve respeitar as condições previstas nos regulamentos aplicáveis.

3 – A concessionária pode recusar, nos termos definidos na regulamentação em vigor, o acesso às respectivas redes e infra-estruturas com base na falta de capacidade ou falta de ligação, ou se esse acesso a impedir de cumprir as suas obrigações de serviço público.

4 – A concessionária pode ainda recusar a ligação aos consumidores finais sempre que as instalações e equipamentos de recepção dos mesmos não preencham as disposições legais e regulamentares aplicáveis, nomeadamente as respeitantes aos requisitos técnicos e de segurança.

5 – A concessionária pode impor aos consumidores, sempre que o exijam razões de segurança, a substituição, a reparação ou a adaptação dos respectivos equipamentos de ligação ou de recepção.

6 – A concessionária tem o direito de montar, nas instalações dos consumidores, equipamentos para a recolha de dados e para a realização de operações de telecomando e de telecomunicação, bem como sistemas de protecção nos pontos de ligação da sua rede com essas instalações e de aceder aos equipamentos de medição do gás dos utilizadores ligados às suas instalações, nos termos definidos na regulamentação em vigor.

7 – Os utilizadores da rede de distribuição devem prestar à concessionária todas as informações que esta considere necessárias à ligação dos consumidores finais e à correcta exploração das respectivas infra-estruturas e instalações.

CLÁUSULA 26.ª

**Relacionamento com a concessionária da RNTGN
no âmbito da gestão técnica global do SNGN**

A concessionária fica sujeita às obrigações que decorrem do exercício, por parte da concessionária da RNTGN, das suas competências em matéria de gestão técnica global do SNGN, planeamento da RNTIAT e segurança do abastecimento, nos termos previstos na legislação e regulamentação aplicáveis.

CLÁUSULA 27.ª

Interrupção por facto imputável ao utilizador

A concessionária pode interromper a prestação do serviço público concessionado aos utilizadores, por factos que lhes sejam imputáveis, nos termos das bases da concessão e da regulamentação aplicável, nomeadamente nas situações previstas no Regulamento de Relações Comerciais e no Regulamento da Qualidade de Serviço.

CLÁUSULA 28.ª

Interrupções por razões de interesse público ou de serviço

1 – A prestação do serviço público pode ser interrompida pela concessionária por razões de interesse público, nomeadamente as que decorram da execução de planos nacionais de emergência, declarada ao abrigo da legislação e regulamentação aplicáveis.

2 – A concessionária pode, ainda, interromper a actividade objecto da concessão, por razões de serviço, num determinado ponto de entrega, quando haja necessidade imperiosa de realizar manobras ou trabalhos de ligação, reparação ou conservação das infra-estruturas ou instalações, desde que tenham sido esgotadas todas as possibilidades de alimentação alternativas.

3 – Nas situações previstas nos números anteriores, a concessionária deve avisar a DGEG, a concessionária da RNTGN, os utilizadores das respectivas redes e infra-estruturas e os consumidores que possam vir a ser afectados, alternativamente, por aviso individual, ou por intermédio de meios de comunicação social de grande audiência na região ou por outros meios ao seu alcance que proporcionem uma adequada divulgação, com a antecedência mínima de trinta e seis horas, salvo no caso da realização de trabalhos que a segurança de pessoas e bens torne inadiáveis ou quando haja necessidade urgente de trabalhos para garantir a segurança das redes e demais infra-estruturas de distribuição de gás natural.

CLÁUSULA 29.ª

Medidas de protecção

1 – Sem prejuízo das medidas de emergência que podem ser adoptadas pelo concedente, se se verificar uma situação que ponha em risco a segurança de pessoas ou bens, deve a concessionária promover imediatamente as medidas que entender necessárias em matéria de segurança.

2 – As medidas referidas no número anterior devem ser imediatamente comunicadas à DGEG, às respectivas autoridades concelhias, à autoridade policial da zona afectada e, se for caso disso, à Autoridade Nacional de Protecção Civil.

CLÁUSULA 30.ª

Responsabilidade civil

1 – A concessionária é responsável, nos termos gerais de direito, por quaisquer prejuízos causados ao concedente ou a terceiros, pela culpa ou pelo risco, no exercício da actividade objecto da concessão.

2 – Para os efeitos do disposto no artigo 509.º do Código Civil, entende-se que a utilização das infra-estruturas e das instalações que integram a concessão é feita no exclusivo interesse da concessionária.

CLÁUSULA 31.ª

Cobertura por seguros

1 – Para garantir o cumprimento das suas obrigações, a concessionária fica obrigada a celebrar e manter um seguro de responsabilidade civil.

2 – O montante do seguro mencionado no número anterior tem um valor mínimo obrigatório definido no anexo n.º 2 do presente contrato, cujo montante será actualizado trienalmente.

3 – A concessionária deve apresentar ao concedente, no prazo de 30 dias a contar da data da assinatura do presente contrato, os documentos comprovativos da celebração do seguro e, quando lhe for exigido, apresentar os documentos comprovativos da actualização referida no número anterior.

4 – Para além do seguro referido no n.º 1, a concessionária deve assegurar a existência e a manutenção em vigor das apólices de seguro necessárias para garantir uma efectiva cobertura dos riscos da concessão.

5 – No âmbito da obrigação referida no número anterior, a concessionária fica ainda obrigada a constituir seguros, nos termos a definir no anexo n.º 2 do presente contrato, envolvendo todas as infra-estruturas e instalações que integram a concessão, contra riscos de incêndio, explosão e danos devido a terramoto ou temporal.

Cláusula 32.ª

Gestão técnica da rede

1 – No âmbito da gestão técnica global do SNGN, nos termos da regulamentação aplicável, a concessionária fica sujeita à gestão técnica global do SNGN, cuja responsabilidade cabe à entidade concessionária da operação da RNTGN.

2 – São direitos da concessionária da RNTGN no âmbito da gestão técnica global do SNGN, nomeadamente:

a) Exigir e receber dos operadores dos mercados e de todos os agentes directamente interessados a informação necessária para o correcto funcionamento da respectiva rede de distribuição;

b) Exigir aos terceiros com direito de acesso às suas infra-estruturas e instalações a comunicação dos seus planos de entrega e de levantamento e de qualquer circunstância que possa fazer variar substancialmente os planos comunicados;

c) Exigir o estrito cumprimento das instruções que emita para a correcta exploração do sistema, a manutenção das instalações e a adequada cobertura da procura;

d) Receber adequada retribuição pelos serviços prestados.

3 – São obrigações da concessionária da RNTGN no exercício da função de gestão técnica global do sistema, nomeadamente:

a) Actuar nas suas relações com os operadores e utilizadores da sua rede e infra-estruturas de forma transparente e não discriminatória;

b) Informar sobre a viabilidade de acesso, solicitado por terceiros, às infra-estruturas da sua rede e instalações;

c) Informar a DGEG, a ERSE e os operadores do SNGN, na forma, nos termos e na periodicidade prevista nos regulamentos, sobre a capacidade disponível da sua rede e infra-estruturas;

d) Monitorizar e reportar à ERSE a efectiva utilização da sua rede e infra-estruturas;

e) Desenvolver protocolos de comunicação com os diferentes operadores do SNGN com vista a criar um sistema de comunicação integrado para controlo e supervisão das operações do SNGN;

f) Emitir instruções sobre as operações de distribuição de forma a assegurar a entrega de gás em condições adequadas e eficientes nos pontos de saída da rede de distribuição, em conformidade com protocolos de actuação e de operação a estabelecer.

CLÁUSULA 33.ª

Planeamento da RNDGN

1 – O planeamento da rede e demais infra-estruturas objecto da presente concessão deve ser efectuado de molde a assegurar a existência de capacidade das infra-estruturas e o desenvolvimento sustentado e eficiente da rede e deve integrar o planeamento da RNTIAT.

2 – O planeamento da RNDGN compete à DGEG e deve ser devidamente coordenado com o planeamento das infra-estruturas e das instalações com que se interliga.

3 – Para efeitos do planeamento previsto nos números anteriores, devem ser elaborados pela concessionária e entregues à DGEG os seguintes documentos:

a) Caracterização da sua rede e infra-estruturas, que deve conter informação técnica que permita conhecer a situação das redes e restantes infra-estruturas, designadamente as capacidades nos vários pontos da rede, assim como o seu grau de utilização;

b) Proposta de plano de desenvolvimento da rede e demais infra-estruturas, que integrará o PDIR a elaborar pelo operador da RNDGN, observando, para além de critérios de racionalidade económica, as orientações de política energética, designadamente o que se encontra definido relativamente à capacidade e ao tipo das infra-estruturas de entrada de gás natural no sistema, as perspectivas de desenvolvimento dos sectores de maior e mais intenso consumo, as conclusões e recomendações contidas nos relatórios de monitorização, os padrões de segurança para planeamento das redes e as exigências técnicas e regulamentares.

4 – A proposta referida no n.º 1 deve ser submetida à concessionária da RNTGN, e por esta à DGEG, com a periodicidade de três anos, até ao final do 1.º trimestre, com início em 2008.

CLÁUSULA 34.ª

Caução

1 – Com a assinatura do presente contrato a concessionária prestou uma caução a favor do concedente no valor de € 2 500 000 como garantia do pontual e integral cumprimento das obrigações emergentes do contrato de concessão e da cobrança das multas aplicadas.

2 – O concedente pode utilizar a caução sempre que a concessionária não cumprir qualquer obrigação assumida no presente contrato.

3 – Sem prejuízo do disposto no número seguinte, o recurso à caução deve ser precedido de despacho do Ministro, não dependendo de qualquer outra formalidade ou de prévia decisão judicial ou arbitral.

4 – O concedente deve ouvir a concessionária, nos termos gerais do direito de audiência, antes de proceder à utilização da caução.

5 – Sempre que o concedente utilize a caução, a concessionária deve proceder à reposição do seu montante integral no prazo de 30 dias a contar da data daquela utilização.

6 – O valor da caução deve ser actualizado no início do 1.º trimestre de cada triénio, com referência à data da celebração do presente contrato, de acordo com o índice mensal de preços no consumidor, no continente, excluindo habitação, publicado pelo Instituto Nacional de Estatística.

7 – A caução só pode ser levantada pela concessionária um ano após a data de extinção deste contrato ou, antes de decorrido aquele prazo, por determinação expressa do concedente, através de despacho do Ministro, mas sempre após a extinção do presente contrato.

8 – A caução a que se refere a presente cláusula bem como outras que a concessionária venha a estar obrigada a constituir a favor do concedente devem ser prestadas por depósito em dinheiro ou por garantia bancária autónoma, à primeira solicitação, cujo texto deve ser previamente aprovado pela DGEG.

CLÁUSULA 35.ª
Fiscalização e regulação

1 – Sem prejuízo das competências atribuídas a outras entidades públicas, cabe à DGEG o exercício dos poderes de fiscalização da concessão, nomeadamente no que se refere ao cumprimento das disposições legais e regulamentares aplicáveis e do presente contrato.

2 – Sem prejuízo das competências atribuídas a outras entidades públicas, cabe à ERSE o exercício dos poderes de regulação da actividade que integra o objecto da concessão, nos termos previstos nas disposições legais e regulamentares aplicáveis.

3 – Para efeitos do disposto nos números anteriores, a concessionária deve prestar todas as informações e facultar todos os documentos que lhe forem solicitados pelas entidades fiscalizadora e reguladora, no âmbito das respectivas competências, bem como permitir o livre acesso dos funcionários e agentes das referidas entidades, devidamente credenciados e no exercício das suas funções, a todas as suas instalações.

CLÁUSULA 36.ª
Seguro de fiscalização

1 – No exercício da actividade fiscalizadora nas instalações da concessionária, o pessoal das entidades fiscalizadora e reguladora fica coberto por um

seguro de acidentes pessoais, a subscrever pela concessionária, de montante a definir no anexo n.º 2 do presente contrato.

2 – Para o cumprimento do disposto no número anterior, as entidades fiscalizadora e reguladora devem comunicar previamente à concessionária a identificação dos fiscais e a data da realização da acção fiscalizadora.

CLÁUSULA 37.ª
Modificação unilateral do contrato

1 – O presente contrato pode ser modificado unilateralmente pelo concedente, por razões de interesse público, sem prejuízo da reposição do respectivo equilíbrio económico e financeiro nos termos previstos na cláusula 40.ª

2 – O contrato de concessão pode também ser alterado por força de disposição legal imperativa, designadamente decorrente das políticas energéticas aprovadas pela União Europeia e aplicáveis ao Estado Português, sem prejuízo da reposição do respectivo equilíbrio económico e financeiro, nos termos previstos na cláusula 40.ª

3 – No exercício do seu direito de modificação unilateral deste contrato, nos termos previstos nos números anteriores, o concedente deve, além de invocar tal direito, concretizar os respectivos fundamentos.

4 – O concedente deve, ainda, ouvir a concessionária, nos termos gerais do direito de audiência, antes de proceder a qualquer modificação a este contrato.

5 – Este contrato pode, ainda, ser modificado por acordo entre o concedente e a concessionária desde que a modificação não envolva a violação do regime jurídico da concessão nem implique a derrogação das respectivas bases.

CLÁUSULA 38.ª
Transmissão e oneração da concessão

1 – A concessionária não pode, sem prévia autorização do concedente, dada através do Ministro, onerar, subconceder, trespassar ou transmitir, por qualquer forma, no todo ou em parte, a concessão ou realizar qualquer negócio jurídico que vise atingir ou tenha por efeito, mesmo que indirecto, idênticos resultados.

2 – Os actos praticados ou os contratos celebrados em violação do disposto no número anterior são nulos, sem prejuízo de outras sanções aplicáveis.

3 – No caso de subconcessão ou de trespasse, a concessionária deve comunicar ao concedente a sua intenção de proceder à subconcessão ou ao trespasse, remetendo-lhe a minuta do respectivo contrato de subconcessão ou de trespasse

que se propõe assinar e indicando todos os elementos do negócio que pretende realizar, bem como o calendário previsto para a sua realização e a identidade do subconcessionário ou do trespassário.

4 – No caso de haver lugar a uma subconcessão devidamente autorizada, a concessionária mantém os direitos e continua sujeita às obrigações decorrentes do presente contrato.

5 – Ocorrendo trespasse da concessão, consideram-se transmitidos para o trespassário todos os direitos e obrigações da concessionária, assumindo aquele ainda os deveres, obrigações e encargos que eventualmente lhe venham a ser impostos pelo concedente como condição para a autorização do trespasse.

6 – A concessionária é responsável pela transferência integral dos seus direitos e obrigações para o trespassário, incluindo as obrigações incertas, ilíquidas ou inexigíveis à data do trespasse, em termos em que não seja afectada ou interrompida a prestação do serviço público concessionado.

CLÁUSULA 39.ª
Equilíbrio económico e financeiro do contrato

1 – É garantido à concessionária o equilíbrio económico e financeiro da concessão, nas condições de uma gestão eficiente.

2 – O equilíbrio económico e financeiro baseia-se no reconhecimento dos custos de investimento, de operação e manutenção e na adequada remuneração dos activos afectos à concessão, tendo em consideração as condições específicas do mercado nacional e do Sistema Nacional de Gás Natural (SNGN).

3 – Após o decurso do primeiro período regulatório e para efeitos de remuneração da concessão nos termos do regulamento tarifário, a concessionária tem direito a uma reavaliação dos activos da concessão, antes do início de cada novo período regulatório, de acordo com a inflação.

4 – As reavaliações efectuadas ao abrigo do disposto no número anterior são autónomas e distintas da reavaliação a que aludem os n.ºs 3, 4 e 5 do artigo 70.º do Decreto-Lei n.º 140/2006, de 26 de Julho, pelo que observarão as regras e práticas contabilísticas geralmente aceites.

5 – Sem prejuízo do disposto no n.º 3, se durante os quatro períodos regulatórios subsequentes ao primeiro a remuneração fixada pela ERSE não considerar o prémio de risco implícito na taxa de remuneração estabelecida para o primeiro período regulatório, qualquer das partes poderá solicitar a reposição do equilíbrio económico financeiro da concessão.

6 – Nos períodos regulatórios subsequentes ao período considerado no número anterior, a taxa de remuneração fixada pela ERSE deve ter em consideração as taxas de remuneração de outros activos de referência, nomeadamente os activos afectos às actividades de distribuição de electricidade e de transporte de

gás natural em alta pressão, podendo a concessionária, caso contrário, solicitar a reposição do equilíbrio económico financeiro da concessão.

7 – Sem prejuízo do disposto nos números anteriores e na legislação aplicável, a concessionária é responsável, nos termos do presente contrato, por todos os riscos inerentes à concessão.

CLÁUSULA 40.ª
Reposição do equilíbrio económico e financeiro

1 – Tendo em atenção a distribuição de riscos estabelecida no presente contrato, a concessionária tem direito à reposição do equilíbrio económico e financeiro da concessão nos seguintes casos:

a) Modificação unilateral, imposta pelo concedente, das condições de exploração da concessão, ou modificação unilateral por razões de interesse público, nos termos do presente contrato, desde que, em resultado directo da mesma, se verifique para a concessionária um aumento de custos ou uma determinada perda de proveitos;

b) Alterações legislativas que tenham um impacte directo sobre os proveitos ou custos respeitantes à actividade integrada nesta concessão.

2 – Nos casos previstos no número anterior, a concessionária apenas tem direito à reposição do equilíbrio económico e financeiro da concessão na medida em que o impacte sobre os proveitos ou custos não seja susceptível de consideração no âmbito da actividade reguladora ou a concessionária não possa, legitimamente, proceder a tal reposição por recurso aos meios resultantes de uma correcta e prudente gestão.

3 – Havendo lugar à reposição do equilíbrio económico e financeiro da presente concessão, tal reposição pode ter lugar, em termos a acordar entre o concedente e a concessionária, através de uma das seguintes modalidades:

a) Prorrogação do prazo da concessão;

b) Revisão do cronograma ou redução das obrigações de investimento previamente aprovados;

c) Atribuição de compensação directa pelo concedente;

d) Combinação das modalidades anteriores ou qualquer outra forma que seja acordada.

4 – A reposição do equilíbrio económico e financeiro efectuada nos termos desta cláusula será, relativamente ao evento que lhe deu origem, única, completa e final para todo o período da concessão, sem prejuízo de tal reposição poder ser parcialmente diferida em relação a quaisquer efeitos específicos do evento em causa que, pela sua própria natureza, não sejam susceptíveis de uma razoável avaliação imediata ou sobre cuja existência, incidência ou quantificação as partes não hajam ainda chegado a acordo.

5 – Para os efeitos previstos na presente cláusula, a concessionária deve notificar o concedente da ocorrência de qualquer evento que, individual ou cumulativamente, possa dar lugar à reposição do equilíbrio económico e financeiro da concessão, no prazo de 180 dias após a data da sua ocorrência, e solicitar o início de negociações no prazo máximo de 180 dias a contar da citada notificação.

6 – O concedente e a concessionária devem, no prazo máximo de 90, prorrogáveis uma única vez por igual período, tentar alcançar um acordo sobre os termos da reposição do equilíbrio contratual.

7 – Na falta de acordo, pode a concessionária recorrer aos meios de composição de litígios, nos termos previstos na cláusula 52.ª

Cláusula 41.ª
Responsabilidade do concedente por incumprimento

A violação, pelo concedente, das obrigações decorrentes do presente contrato confere à concessionária o direito a ser indemnizada dos prejuízos causados, sem embargo da faculdade de rescisão do contrato.

Cláusula 42.ª
Responsabilidade da concessionária por incumprimento

1 – A violação, pela concessionária, de qualquer das obrigações assumidas no presente contrato fá-la incorrer, nos termos legais, em responsabilidade perante o concedente.

2 – A responsabilidade da concessionária cessa sempre que ocorra caso de força maior, ficando a seu cargo fazer prova da ocorrência.

3 – Consideram-se unicamente casos de força maior os acontecimentos imprevisíveis e irresistíveis cujos efeitos se produzam independentemente da vontade, actuação ou das circunstâncias pessoais da concessionária.

4 – Constituem nomeadamente casos de força maior actos de guerra, hostilidades ou invasão, terrorismo, epidemia, radiação atómica, grave inundação, incêndio, raio, ciclone, tremor de terra e outros cataclismos naturais que afectem o exercício da actividade compreendida na presente concessão.

5 – A ocorrência de um caso de força maior tem por efeito exonerar a concessionária da responsabilidade pelo não cumprimento das obrigações emergentes deste contrato que sejam afectadas pela ocorrência do mesmo, na estrita medida em que o respectivo cumprimento pontual e atempado tenha sido efectivamente impedido ou, salvo no que respeita à segurança das populações, se torne desproporcionadamente oneroso.

6 – No caso de impossibilidade de cumprimento do presente contrato por causa de força maior, o concedente pode proceder à rescisão nos termos fixados na cláusula 49.ª

7 – A concessionária fica obrigada a comunicar ao concedente a ocorrência de qualquer evento qualificável como caso de força maior, bem como a indicar, no mais curto prazo possível, quais as obrigações emergentes do contrato de concessão cujo cumprimento, no seu entender, se encontra impedido ou dificultado por força de tal ocorrência e, bem assim, se for o caso, as medidas que tomou ou pretende tomar para fazer face à situação ocorrida a fim de mitigar o impacte do referido evento e os respectivos custos.

8 – Enquanto esta retoma não for possível, subsistem as obrigações da concessionária na medida em que a sua execução seja materialmente possível.

9 – A concessionária deve, em qualquer caso, tomar imediatamente as medidas que sejam necessárias para assegurar a retoma normal das obrigações suspensas, constituindo estrita obrigação da concessionária mitigar, por qualquer meio razoável e apropriado ao seu dispor, os efeitos da verificação de um caso de força maior.

CLÁUSULA 43.ª
Multas contratuais

1 – Sem prejuízo das situações de incumprimento que podem dar origem a sequestro ou rescisão deste contrato nos termos previstos nas cláusula 44.ª e 49.ª, pelo incumprimento de quaisquer obrigações assumidas no presente contrato, que não ponha em causa a subsistência da relação de concessão, a concessionária pode ser sancionada, por decisão do concedente, pela aplicação de multas contratuais, cujo montante é variável, em função da gravidade da infracção cometida e do grau de culpa do infractor, até € 5 000 000.

2 – A aplicação de multas contratuais está dependente de notificação prévia da concessionária pelo concedente para reparar o incumprimento e do não cumprimento do prazo de reparação fixado nessa notificação nos termos do número seguinte, ou da não reparação integral da falta, pela concessionária, naquele prazo.

3 – O prazo de reparação do incumprimento é fixado pelo concedente de acordo com critérios de razoabilidade e deve ter sempre em atenção a defesa do interesse público e a manutenção em funcionamento da concessão.

4 – A concessionária pode, no prazo fixado na notificação a que se refere o número anterior, e em momento anterior ao da aplicação de quaisquer multas contratuais, exercer por escrito o seu direito de defesa.

5 – É da competência do director-geral de Energia e Geologia a aplicação das multas previstas nesta cláusula, cabendo recurso hierárquico para o Ministro da tutela.

6 – Caso a concessionária não proceda ao pagamento voluntário das multas contratuais que lhe forem aplicadas no prazo de 20 dias a contar da sua fixação e notificação pelo concedente, este pode utilizar a caução para pagamento das mesmas.

7 – O valor máximo das multas estabelecido na presente cláusula deve ser actualizado em Janeiro de cada ano, de acordo com o índice de preços no consumidor no continente, excluindo habitação, publicado pelo Instituto Nacional de Estatística, referente ao ano anterior.

8 – A reclamação ou impugnação do acto de aplicação das multas suspende o prazo referido no n.º 6 acima.

9 – A aplicação de multas não prejudica a aplicação de outras sanções contratuais nem isenta a concessionária de responsabilidade civil, criminal e contra-ordenacional em que incorrer perante o concedente ou terceiro.

CLÁUSULA 44.ª
Sequestro

1 – Em caso de incumprimento grave, pela concessionária, das obrigações emergentes do presente contrato, ou de quaisquer disposições legais aplicáveis à concessão, pode o concedente, através de despacho do Ministro, tomar conta da concessão mediante sequestro.

2 – O sequestro da concessão pode ter lugar, nomeadamente, quando se verifique qualquer das seguintes situações, por motivos imputáveis à concessionária:

a) Estiver iminente, ou ocorrer, a cessação ou interrupção, total ou parcial, do desenvolvimento da actividade objecto da presente concessão;

b) Deficiências graves na organização, no funcionamento ou no regular desenvolvimento da actividade objecto desta concessão, bem como situações de insegurança de pessoas e bens;

c) Deficiências graves no estado geral das infra-estruturas, das instalações e dos equipamentos que comprometam a continuidade ou a qualidade da actividade objecto da presente concessão.

3 – A concessionária fica obrigada a proceder à entrega da concessão no prazo que lhe for fixado pelo concedente quando lhe for comunicada a decisão de sequestro.

4 – Verificando-se qualquer facto que possa dar lugar ao sequestro da concessão, deve observar-se, com as devidas adaptações, o processo de sanação do incumprimento previsto nos n.ºs 4 e 5 da cláusula 49.ª

5 – Verificado o sequestro, a concessionária suporta todos os encargos que resultarem, para o concedente, do exercício da concessão, bem como as despesas extraordinárias necessárias ao restabelecimento da normalidade.

6 – Logo que cessem as razões do sequestro, seja restabelecido o normal funcionamento da concessão e o concedente o julgue oportuno, deve notificar a concessionária para retomar a concessão, no prazo que lhe for fixado.

7 – No caso de o sequestro se manter por seis meses após ter sido restabelecido o normal funcionamento da concessão, a concessionária pode optar pela rescisão da concessão, sendo então aplicável o disposto na cláusula 50.ª

8 – Se a concessionária não retomar a concessão no prazo que lhe for fixado, pode o concedente, através do Ministro, determinar a imediata rescisão do presente contrato.

9 – No caso de a concessionária ter retomado o exercício da concessão e continuarem a verificar-se graves deficiências no mesmo, pode o concedente, através do Ministro, ordenar novo sequestro ou determinar a imediata rescisão do contrato de concessão.

CLÁUSULA 45.ª
Extinção da concessão

1 – A concessão extingue-se por acordo entre o concedente e a concessionária, por rescisão, por resgate e pelo decurso do prazo fixado na cláusula 53.ª

2 – A extinção da concessão determina a transmissão para o concedente de todos os bens e meios a ela afectos, bem como dos direitos e das obrigações inerentes ao seu exercício, sem prejuízo do direito de regresso do concedente sobre a concessionária pelas obrigações por esta assumidas que sejam estranhas à actividade objecto da concessão ou que hajam sido contraídas em violação da lei ou deste contrato ou, ainda, que sejam obrigações vencidas e não cumpridas.

3 – Da transmissão prevista no número anterior excluem-se, além dos bens e meios não afectos à concessão, os fundos ou reservas consignados à garantia ou cobertura de obrigações da concessionária de cujo cumprimento lhe seja dada quitação pelo concedente, a qual se presume se, decorrido um ano sobre a extinção da concessão, não houver declaração em contrário do concedente, através do Ministro.

4 – A tomada de posse da concessão pelo concedente é precedida de vistoria *ad perpetuam rei memoriam*, realizada pelo concedente, através da DGEG, a que assistem representantes da concessionária, destinada à verificação do estado de conservação e manutenção dos bens, devendo ser lavrado o respectivo auto.

5 – Em caso de extinção da concessão, transferem-se para o concedente os direitos detidos pela concessionária sobre terceiros que se revelem necessários para a continuidade da prestação do serviço concedido e, em geral, à tomada de medidas tendentes a evitar a interrupção da prestação do serviço público concessionado.

CLÁUSULA 46.ª

Procedimento no caso de extinção do contrato por termo

1 – O concedente reserva-se no direito de tomar, nos últimos dois anos do prazo da presente concessão, as providências que julgar convenientes para assegurar a continuação do serviço no termo deste contrato ou as medidas necessárias para efectuar, durante o mesmo prazo, a transferência progressiva da actividade objecto desta concessão para a nova concessionária.

2 – Se, no momento do termo do prazo da concessão, o concedente ainda não tiver tomado decisão quanto ao novo modo ou entidade encarregada da gestão do serviço, poderá acordar com a concessionária que esta continue a prestá-lo até ao limite máximo de um ano, mediante prestação de serviços ou qualquer outro título jurídico público contratual.

CLÁUSULA 47.ª

Decurso do prazo da concessão

1 – Decorrido o prazo da concessão, sem necessidade de qualquer comunicação entre as partes nesse sentido, transmitem-se para o concedente todos os bens e meios afectos à concessão, livres de ónus ou encargos, em bom estado de conservação, funcionamento e segurança, sem prejuízo do normal desgaste do seu uso para efeitos do contrato de concessão.

2 – Cessando a concessão pelo decurso do prazo, deve ser paga pelo concedente à concessionária uma indemnização correspondente ao valor contabilístico dos bens afectos à concessão, adquiridos pela concessionária, com referência ao último balanço aprovado, líquido de amortizações e de comparticipações financeiras e subsídios a fundo perdido.

3 – Caso a concessionária não dê cumprimento ao disposto no n.º 1 da presente cláusula, o concedente deve promover a realização dos trabalhos e aquisições que sejam necessários à reposição dos bens aí referidos, correndo os respectivos custos pela concessionária e podendo ser utilizada a caução para os liquidar no caso de a concessionária não proceder ao pagamento voluntário e atempado dos referidos custos, se o Ministro assim o determinar.

CLÁUSULA 48.ª

Resgate da concessão

1 – O concedente poderá, através do Ministro, resgatar a concessão desde que o interesse público o justifique, decorridos 15 anos da data de celebração do presente contrato, mediante notificação feita à concessionária, por carta registada com aviso de recepção com, pelo menos, 1 ano de antecedência.

2 – O concedente assume, decorrido o período de um ano sobre a notificação do resgate, todos os bens e meios afectos à concessão anteriormente à data dessa notificação, incluindo todos os direitos e obrigações inerentes ao exercício da concessão, designadamente aquelas emergentes dos contratos de financiamento e ainda aqueles que tenham sido assumidos pela concessionária após a data de notificação desde que tenham sido previamente autorizados pelo concedente, através do Ministro.

3 – A assunção de obrigações por parte do concedente é efectuada, sem prejuízo do seu direito de regresso sobre a concessionária, pelas obrigações por esta contraídas que tenham exorbitado da gestão normal da concessão.

4 – Pelo resgate, a concessionária tem direito a uma indemnização cujo valor deve atender ao valor contabilístico, à data do resgate, dos bens transmitidos para o concedente, livres de quaisquer ónus ou encargos, e ao valor de eventuais lucros cessantes.

5 – O valor contabilístico dos bens referidos no número anterior, à data do resgate, entende-se líquido de amortizações e de comparticipações financeiras e subsídios a fundo perdido, incluindo-se nestes o valor dos bens cedidos pelo concedente.

6 – Para efeitos do cálculo da indemnização, o valor dos bens que se encontrem anormalmente depreciados ou deteriorados devido a deficiência da concessionária na sua manutenção ou reparação deve ser determinado de acordo com o seu estado de funcionamento efectivo.

CLÁUSULA 49.ª

Rescisão do contrato pelo concedente

1 – O concedente pode rescindir o presente contrato no caso de violação grave, não sanada ou não sanável, das obrigações contratuais da concessionária.

2 – Constituem, nomeadamente, causas de rescisão do contrato por parte do concedente os seguintes factos ou situações:

a) Desvio do objecto e fins da concessão;

b) Suspensão ou interrupção injustificadas da actividade objecto da concessão;

c) Oposição reiterada ao exercício da fiscalização, repetida desobediência às determinações do concedente ou sistemática inobservância das leis e regulamentos aplicáveis à exploração, quando se mostrem ineficazes as demais sanções aplicadas;

d) Recusa em proceder aos investimentos necessários à adequada conservação e reparação das infra-estruturas ou à necessária ampliação da rede;

e) Recusa ou impossibilidade da concessionária em retomar a concessão nos termos do disposto no n.º 8 da cláusula 44.ª ou, quando o tiver feito, continuação das situações que motivaram o sequestro;

f) Cobrança dolosa das tarifas com valor superior aos fixados;

g) Dissolução ou insolvência da concessionária;

h) Transmissão ou oneração da concessão, no todo ou em parte, sem prévia autorização;

i) Recusa da reconstituição atempada da caução.

3 – Não constituem causas de rescisão os factos ocorridos por motivos de força maior.

4 – Verificando-se um dos casos de incumprimento referidos na presente cláusula ou qualquer outro que, nos termos do disposto no n.º 1 desta cláusula, possa motivar a rescisão do contrato, o concedente, através do Ministro, deve notificar a concessionária para, no prazo que razoavelmente lhe for fixado, cumprir integralmente as suas obrigações e corrigir ou reparar as consequências dos seus actos, excepto tratando-se de violação não sanável.

5 – Caso a concessionária não cumpra as suas obrigações ou não corrija ou repare as consequências do incumprimento, nos termos determinados pelo concedente, este pode rescindir o presente contrato mediante comunicação enviada à concessionária, por carta registada com aviso de recepção, sem prejuízo do disposto no número seguinte.

6 – Caso o concedente pretenda rescindir este contrato, designadamente pelos factos referidos na alínea g) do n.º 1, deve, previamente à comunicação referida no número anterior, notificar os principais credores da concessionária que sejam conhecidos para, no prazo que lhes for determinado, nunca superior a três meses, proporem uma solução que possa sobrestar à rescisão, desde que o concedente com ela concorde.

7 – A comunicação da decisão de rescisão referida no n.º 5 desta cláusula produz efeitos imediatos, independentemente de qualquer outra formalidade.

8 – A rescisão prevista no n.º 1 implica a transmissão gratuita de todos os bens e meios afectos à concessão para o concedente, sem qualquer indemnização, e, bem assim, a perda da caução prestada nos termos da cláusula 34.ª, sem prejuízo do direito de o concedente ser indemnizado pelos prejuízos sofridos, nos termos gerais de direito.

CLÁUSULA 50.ª

Rescisão do contrato pela concessionária

1 – A concessionária pode rescindir o presente contrato com fundamento em incumprimento grave das obrigações do concedente se daí resultarem perturbações que ponham em causa o exercício da actividade concedida e cujos efeitos não possam ser objecto de reparação ou, caso esta seja possível, a mesma não ocorra no prazo de seis meses.

2 – A rescisão prevista no número anterior implica a transmissão de todos os bens e meios afectos à concessão para o concedente, sem prejuízo do direito da concessionária de ser ressarcida dos prejuízos que lhe foram causados, incluindo o valor dos investimentos efectuados e lucros cessantes calculados nos termos previstos anteriormente para o resgate.

3 – A rescisão deste contrato produz efeitos reportados à data da sua comunicação ao concedente por carta registada com aviso de recepção.

4 – Para efeitos do disposto no n.º 1 desta cláusula, a concessionária deve previamente notificar o concedente, por carta registada dirigida ao ministro competente, para, no prazo fixado, cumprir integralmente as suas obrigações e corrigir ou reparar as consequências dos seus actos, indicando expressa e claramente as obrigações a corrigir ou as consequências a reparar.

CLÁUSULA 51.ª
Exercício dos poderes do concedente

Os poderes do concedente referidos no presente contrato, excepto quando devam ser exercidos pelo Ministro, devem ser exercidos pela DGEG, sendo os actos praticados pelo respectivo director-geral ou pela ERSE, consoante as competências de cada uma destas entidades.

CLÁUSULA 52.ª
Litígios entre concedente e concessionária

1 – As partes manifestam o seu empenho no bom relacionamento entre si e acordam que, constatada por qualquer delas a existência de um litígio ou diferendo relativo à interpretação, integração, aplicação, execução ou cumprimento do presente contrato, bem como relativamente à respectiva validade, ou à necessidade de precisar, completar ou actualizar o seu conteúdo, ou ainda relativamente a actos administrativos referentes à execução do contrato, nos termos previstos no Código de Processo nos Tribunais Administrativos, será o mesmo, em primeiro lugar, objecto de uma tentativa de resolução amigável.

2 – Caso o diferendo não seja resolvido de uma forma consensual no prazo de 15 dias a contar da data da remissão do litígio para a outra parte para a tentativa de resolução amigável, será o mesmo dirimido por um tribunal arbitral nos termos da presente cláusula.

3 – O tribunal arbitral será constituído nos termos dos números seguintes e, supletivamente, de acordo com a Lei n.º 31/86, de 29 de Agosto.

4 – O tribunal será constituído por um árbitro único se as partes acordarem na respectiva designação ou, na falta desse acordo no prazo de 10 dias, cada

uma das partes designará um árbitro, cabendo aos dois árbitros nomeados, nos 5 dias seguintes, a designação do terceiro árbitro, que presidirá.

5 – Na falta de acordo entre os árbitros designados pelas partes, verificado ao fim de cinco dias, o terceiro árbitro será indicado pelo presidente do Tribunal da Relação de Lisboa, a requerimento de qualquer das partes.

6 – O tribunal arbitral considera-se constituído na data em que o terceiro árbitro aceitar a sua nomeação e comunicar a sua decisão às partes.

7 – Se decorrer mais de um mês sobre a data de indicação do primeiro árbitro sem que o tribunal arbitral se encontre constituído, pode qualquer das partes recorrer ao tribunal judicial competente para a resolução do litígio em causa.

8 – Caso não se verifique acordo quanto ao objecto do litígio, este será o que resultar da petição do demandante e da eventual reconvenção do demandado.

9 – O tribunal arbitral funcionará em Lisboa, cabendo ao árbitro único ou ao árbitro presidente escolher o local em que o mesmo reunirá, e utilizará a língua portuguesa, funcionando o tribunal de acordo com as regras fixadas no presente contrato, com as regras estabelecidas pelo próprio tribunal arbitral e, ainda, subsidiariamente, pelo disposto na Lei n.º 31/86, de 29 de Agosto.

10 – O tribunal arbitral julgará segundo o direito português constituído, podendo as partes recorrer das respectivas decisões.

11 – As decisões do tribunal arbitral devem ser proferidas no prazo de três meses a contar do termo da instrução do processo ou do encerramento da audiência de discussão e julgamento, se a esta houver lugar.

12 – O prazo referido no número anterior é prorrogável, por decisão do árbitro único ou do árbitro presidente, consoante o caso, até ao máximo de seis meses.

13 – No caso de o tribunal arbitral ser constituído por dois árbitros designados pelas partes e um árbitro presidente, as respectivas decisões são tomadas por maioria.

14 – A determinação dos honorários dos árbitros será feita de acordo com a tabela de cálculo dos honorários dos árbitros, anexa ao Regulamento do Centro de Arbitragem da Associação Comercial de Lisboa, tendo por base o valor da causa, o qual será igual ao valor do pedido da parte demandante ou ao cúmulo dos valores deste e do pedido reconvencional da parte demandada, caso haja reconvenção, devendo a repartição pelas partes do montante daqueles honorários constar da decisão que for proferida a final.

15 – Sem prejuízo do disposto nos números anteriores, as partes reservam-se o direito de, na vigência e após o termo do presente contrato, e antes ou na pendência de um litígio instaurado no tribunal arbitral, requerer nos tribunais comuns as providências cautelares previstas na lei de processo civil que entenderem por convenientes para defesa dos seus direitos.

16 – Caso as providências previstas no número anterior sejam requeridas antes de constituído o tribunal arbitral, deve iniciar-se imediatamente o procedimento da sua constituição e ser-lhe submetido o litígio para respectiva resolução.

CLÁUSULA 53.ª

**Litígios entre concessionária e utilizadores
ou outros operadores do SNGN**

1 – Sem prejuízo das disposições legais que estabelecem a arbitragem obrigatória, os litígios entre a concessionária e utilizadores ou outros intervenientes no SNGN, emergentes dos respectivos contratos ou para superar as dificuldades na celebração de acordos de que, nos termos da lei ou do presente contrato, dependa o exercício de direitos ou o cumprimento de deveres de que são titulares, podem ser resolvidos através da celebração de convenções de arbitragem nos termos fixados na cláusula anterior.

2 – Os actos da concessionária praticados no exercício de poderes administrativos, nos casos em que a lei, os regulamentos ou este contrato lhe conferem essa prerrogativa, são sempre imputáveis, para efeitos do Código de Processo nos Tribunais Administrativos, ao respectivo conselho de administração.

CLÁUSULA 54.ª

Litígios entre concessionária e terceiros

A responsabilidade contratual ou extracontratual geral da concessionária por actos de gestão privada ou de gestão pública efectiva-se nos termos e pelos meios previstos na lei civil e administrativa.

CLÁUSULA 55.ª

Comunicações

Qualquer comunicação entre as partes contratantes relativa ao presente contrato deve ser feita mediante carta registada com aviso de recepção, sem prejuízo da utilização cumulativa de outro meio considerado idóneo para os endereços constantes da identificação das partes no presente contrato.

CLÁUSULA 56.ª

Prazos

1 – Na falta de disposição especial prevista na lei, em regulamentos ou neste contrato, o prazo para os actos a praticar pela concessionária ou pelo concedente, quer por intermédio do Ministro, da DGEG, ou de qualquer outro órgão administrativo, é de 10 dias, sendo que, no caso da ERSE, são-lhe aplicáveis os prazos estabelecidos nos seus Estatutos ou nos seus regulamentos.

2 – Sempre que o exercício de um direito por parte da concessionária dependa de aprovação ou autorização do concedente, quer por intermédio do Ministro, da DGEG ou de qualquer outro órgão administrativo, consideram-se estas concedidas se a decisão não for proferida no prazo de 90 dias a contar da formulação do pedido ou da apresentação do processo para esse efeito, salvo quando, por lei, não for admissível o acto tácito de deferimento ou for estabelecido outro prazo.

3 – Se a concessão da aprovação ou da autorização depender de quaisquer formalidades, designadamente de pareceres de quaisquer outras entidades, os mesmos devem ser solicitados em conjunto, estabelecendo-se um prazo que não deverá exceder 30 dias, salvo nos casos em que as entidades consultadas disponham por lei de prazo superior para emissão dos seus pareceres.

4 – Para efeitos do n.º 2, consideram-se dependentes de aprovação ou autorização do concedente os casos de:

a) Aprovação de projectos;

b) Licenciamento de obras, trabalhos e actividades;

c) Redução de caução.

5 – Para o cômputo dos prazos previstos nesta cláusula, considera-se que os mesmos se suspendem sempre que o procedimento estiver parado por motivo imputável à concessionária.

6 – Os prazos fixados em dias neste contrato são contados nos termos do artigo 72.º do Código do Procedimento Administrativo.

CLÁUSULA 57.ª

Anexos

Integram o presente contrato os seguintes anexos:

a) Anexo n.º 1 – planta;

b) Anexo n.º 2 – seguros.

ANEXO N.º 1

Planta

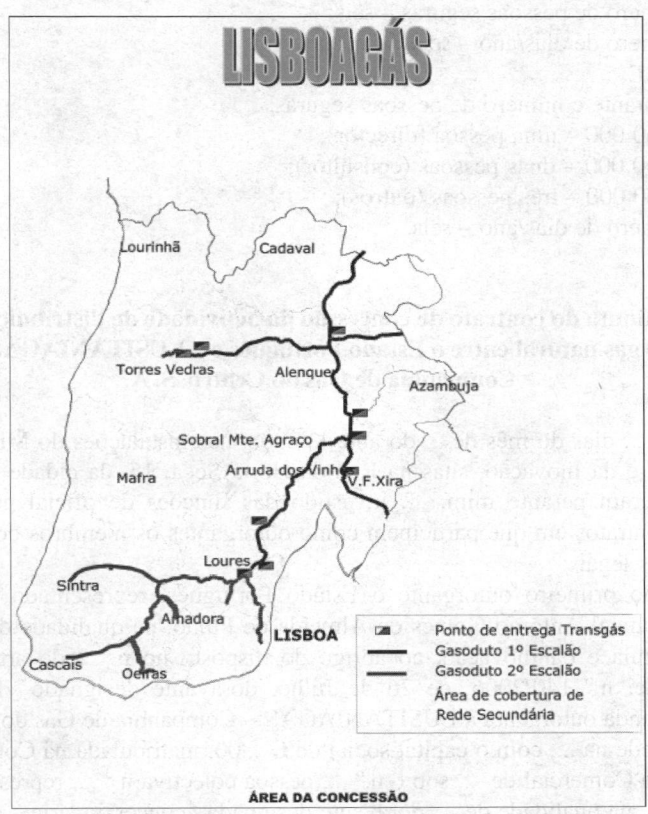

ANEXO N.º 2

Seguros

1 – Seguro de responsabilidade civil – cláusula 31.ª, n.ᵒˢ 1 e 2.

Montante – valor a fixar por portaria do ministro responsável pela área da energia e actualizável de três em três anos.

2 – Seguros para cobertura dos riscos da concessão (danos próprios) – cláusula 31.ª, n.ᵒˢ 4 e 5.

Montante – o valor dos seguros deverá corresponder aos de reposição, em novo, dos activos da concessão da actividade de distribuição regional de gás natural, atribuída à LISBOAGÁS GDL – Sociedade Distribuidora de Gás Natural de Lisboa, S. A.

3 – Seguro de responsabilidade civil – cláusula 36.ª
DGEG:
Montante – € 250 000 por pessoa segura;
Número de pessoas seguras – seis;
Número de dias/ano – seis.
ERSE:
Montante e número de pessoas seguras:
€ 560 000 – uma pessoa (director);
€ 400 000 – duas pessoas (consultor);
€ 300 000 – três pessoas (outros);
Número de dias/ano – seis.

Minuta do contrato de concessão da actividade de distribuição de gás natural entre o Estado Português e a LUSITANIAGÁS – Companhia de Gás do Centro, S. A.

Aos ... dias do mês de ... do ano de 2008, nas instalações do Ministério da Economia e da Inovação, sitas na Rua da Horta Seca, 15, da cidade de Lisboa, compareceram perante mim, ..., investido das funções de oficial público nos actos e contratos em que participem como outorgantes os membros do Governo, nos termos legais:

Como primeiro outorgante o Estado Português, representado pelo Prof. Doutor Manuel António Gomes de Almeida de Pinho, na qualidade de Ministro da Economia e da Inovação, ao abrigo do disposto no n.º 2 do artigo 7.º do Decreto-Lei n.º 140/2006, de 26 de Julho, doravante designado «Estado», e como segunda outorgante a LUSITANIAGÁS – Companhia de Gás do Centro, S. A., com sede na ..., com o capital social de € ...,00, matriculada na Conservatória do Registo Comercial de ..., sob o n.º ..., pessoa colectiva n.º ..., representada por ... e por ..., na qualidade de ..., doravante designada «concessionária».

Pelos outorgantes na qualidade em que outorgam foi dito:

Considerando:

1) A qualidade da LUSITANIAGÁS – Companhia de Gás do Centro, S. A., de concessionária da exploração, em regime de serviço público, da rede de distribuição regional de Gás Natural do Centro, bem como da construção e instalação dos inerentes equipamentos;

2) O cumprimento integral, pela concessionária, do contrato de concessão da rede de distribuição regional de gás natural do Centro, celebrado com o Estado Português em 16 de Dezembro de 1993, posteriormente alterado por Apostilha outorgada em 3 de Outubro de 1995;

3) As alterações introduzidas ao regime de exercício da actividade de distribuição de gás natural pelos Decretos-Leis n.ᵒˢ 30/2006, de 15 de Fevereiro, e 140/2006, de 26 de Julho, alterações essas decorrentes da implementação das regras comuns para o mercado interno do gás natural objecto da Directiva n.º 2003/55/CE, do Parlamento Europeu e do Conselho, de 26 de Junho;

4) O disposto nos artigos 66.º do Decreto-Lei n.º 30/2006 e 70.º do Decreto-Lei n.º 140/2006, de 26 de Julho;

5) As bases das concessões da actividade de distribuição de gás natural constantes do anexo IV do Decreto-Lei n.º 140/2006;

6) O calendário de abertura do mercado do gás natural fixado no artigo 64.º do Decreto-Lei n.º 140/2006 que completa a transposição da referida Directiva n.º 2003/55/CE, do Parlamento Europeu e do Conselho;

7) A carta da Entidade Reguladora dos Serviços Energéticos (ERSE) à Direcção-Geral de Energia e Geologia de 17 de Janeiro de 2008, sobre a «modificação dos actuais contratos de concessão de distribuição regional de gás», da qual se deu conhecimento à concessionária:

Acordam o seguinte:

1 – O contrato de concessão da rede de distribuição regional de gás natural do Centro celebrado entre o Estado e a concessionária por escritura de 16 de Dezembro de 1993, alterado por Apostilha outorgada por escritura de 3 de Outubro de 1995, é modificado nos termos estabelecidos no documento complementar, rubricado e assinado por todos os outorgantes, que com os respectivos anexos fica a fazer parte integrante da presente escritura, nos termos do n.º 2 do artigo 64.º do Código do Notariado, documento cujo conteúdo declaram conhecer perfeitamente, pelo que é dispensada a sua leitura.

2 – A modificação do contrato de concessão acordada neste acto produz efeitos desde 1 de Janeiro de 2008.

3 – A partir de 1 de Janeiro de 2008, os contratos de fornecimento de gás natural celebrados pela concessionária passam para a titularidade de sociedade a constituir pela concessionária em regime de domínio total inicial, de acordo com o disposto nos n.ᵒˢ 2 e 4 do artigo 67.º do Decreto-Lei n.º 140/2006, de 26 de Julho, e de acordo com as disposições do Decreto-Lei n.º 30/2006, de 15 de Fevereiro, aplicáveis à separação de actividades.

4 – Logo que a concessionária comunicar a constituição da sociedade prevista no número anterior, o Estado obriga-se a atribuir-lhe, através da DGEG, uma licença de comercialização de último recurso, nos termos constantes dos n.ᵒˢ 2 e 3 do artigo 67.º do Decreto-Lei n.º 140/2006, de modo que seja possível à mesma sociedade comercializar gás natural a todos os clientes que o solicitem e consumam anualmente quantidades de gás natural inferiores a 2 milhões de metros cúbicos normais na área da concessão.

5 – Pelo exercício da actividade de comercialização de último recurso é assegurada à sociedade referida no número anterior uma margem de comercialização que incorpora uma adequada remuneração do fundo de maneio em termos equivalentes aos estabelecidos para os outros activos da concessionária e que lhe assegure o equilíbrio económico e financeiro da actividade em condições de gestão eficiente nos termos da legislação e regulamentação aplicáveis. Considera-se o disposto no presente número como reproduzido na respectiva licença de comercialização de último recurso.

6 – A partir de 1 de Janeiro de 2008, os contratos de fornecimento de gás propano, bem como os activos afectos a essa actividade, passam para a titularidade de uma sociedade a constituir pela concessionária, em regime de domínio total inicial, sociedade à qual será reconhecido, desde que cumpridos todos os requisitos legais e a pedido da mesma, o estatuto de entidade exploradora das instalações de armazenagem e das redes e ramais de distribuição de gás, sendo os activos atrás referidos transferidos pelo seu valor contabilístico líquido.

7 – A concessionária pode promover a constituição de uma sociedade em regime de domínio total inicial para exercer, mediante licença, a actividade de comercialização de gás natural em regime de mercado livre, para actuar de acordo com o calendário de abertura do mercado constante do n.º 1 do artigo 64.º do Decreto-Lei n.º 140/2006.

8 – É reconhecido à concessionária o direito de repercutir, para as entidades comercializadoras de gás ou para os consumidores finais, o valor integral das taxas de ocupação do subsolo liquidado pelas autarquias locais que integram a área da concessão na vigência do anterior contrato de concessão mas ainda não pago ou impugnado judicialmente pela concessionária, caso tal pagamento venha a ser considerado obrigatório pelo órgão judicial competente, após trânsito em julgado da respectiva sentença, ou após consentimento prévio e expresso do concedente.

9 – Para efeitos do estabelecido no número anterior, os valores que vierem a ser pagos pela concessionária em cada ano civil serão repercutidos sobre as entidades comercializadoras utilizadoras das infra-estruturas ou sobre os consumidores finais servidos pelas mesmas, durante os «anos gás» seguintes, nos termos a definir pela ERSE. No caso específico das taxas de ocupação do subsolo, a repercussão será ainda realizada por município, tendo por base o valor efectivamente cobrado pelo mesmo.

10 – No intuito de assegurar o equilíbrio económico e financeiro da actual concessão decorrente da modificação do respectivo regime contratual, o Estado assegura à concessionária a remuneração da actividade concessionada, nos termos a estabelecer pela ERSE, uma reavaliação dos activos da concessão nos termos do artigo 70.º do Decreto-Lei n.º 140/2006, de 26 de Julho, bem como o direito à reavaliação dos activos da concessão e o prolongamento do prazo de concessão, nos termos constantes do novo contrato de concessão anexo.

11 – O Estado assegura ainda à entidade titular da licença de comercialização de último recurso o direito, durante os cinco primeiros períodos regulatórios, a um proveito permitido adicional de € 4/cliente/ano, considerando o número de clientes reportado ao início de cada período regulatório. Considera-se o disposto no presente número como reproduzido na respectiva licença de comercialização de último recurso.

12 – Com a assinatura da presente escritura, do novo contrato de concessão anexo e da atribuição da licença de comercialização de último recurso, a concessionária declara nada ter a reclamar do Estado devido à modificação do contrato de concessão referido no considerando 2), dando-lhe plena quitação para efeitos da reposição do equilíbrio económico e financeiro previsto no contrato de concessão referido no considerando 2).

Assim o disseram e outorgaram.

Verifiquei a qualidade e suficiência dos poderes de representação necessários para este acto, pela forma seguinte:

Quanto ao primeiro outorgante, pela fotocópia do Decreto-Lei n.º ...;

Quanto aos representantes do segundo outorgante, pelos poderes conferidos pelo conselho de administração, constantes da acta n.º ...

Esteve presente a este acto ...

Foram entregues e arquivados os seguintes documentos:

a) ...

b) ...

c) ...

Esta escritura foi lida e o seu conteúdo foi explicado na presença simultânea dos outorgantes, pessoas cujas entidades verifiquei.

CLÁUSULA 1.ª

Definições e interpretação

1 – Para efeitos do presente contrato, incluindo os seus anexos, os termos e siglas abaixo indicados terão o significado que a seguir lhes é apontado, salvo se do contexto resultar sentido diferente:

Ano Gás – período de 12 meses para efeitos de regulação;

Baixa pressão – a pressão igual ou inferior a 4 bar;

Concedente – Estado Português, enquanto signatário do contrato ou primeiro outorgante;

Concessionária – LUSITANIAGÁS – Companhia de Gás do Centro, S. A., sociedade signatária do contrato ou segunda outorgante;

Consumidor – cliente final de gás natural;

DGEG – Direcção-Geral de Energia e Geologia;

ERSE – Entidade Reguladora dos Serviços Energéticos;

Distribuição de gás natural – veiculação de gás natural em redes de distribuição de média e de baixa pressão para entrega aos clientes, excluindo a comercialização;

GNL – gás natural na forma liquefeita;

Média pressão – pressão cujo valor relativamente à pressão atmosférica é superior a 4 bar e igual ou inferior a 20 bar;

Ministro – ministro responsável pela área da energia em geral e do gás natural em particular;

RAF – o rácio de autonomia financeira ou o rácio de balanço de fundos próprios, que corresponde ao rácio entre o valor do «capital próprio» e o valor do «activo imobilizado líquido», este entendido como o valor do conjunto das imobilizações corpóreas e incorpóreas, líquidas de amortizações e provisões;

Rede de distribuição – rede utilizada para condução de gás natural, dentro de uma zona de consumo, para o consumidor final. Compreende, nomeadamente, as condutas, as válvulas de seccionamento, os postos de redução de pressão, os aparelhos e os acessórios;

UAG – instalação autónoma de recepção, armazenamento e regaseificação de GNL para emissão em rede de distribuição ou directamente ao cliente final.

2 – As definições constantes do Decreto-Lei n.º 30/2006, de 15 de Fevereiro, e, bem assim, do Decreto-Lei n.º 140/2006, de 26 de Julho, que não estejam em contradição com as constantes do n.º 1 desta cláusula serão igualmente utilizadas para efeitos do presente contrato, prevalecendo, em caso de divergência ou dúvida, sobre as definições expressas no presente contrato.

3 – Neste contrato, a menos que o respectivo contexto imponha expressamente um sentido diverso:

a) As referências a preceitos legais regulamentares ou contratuais serão interpretadas como abrangendo as modificações de que os mesmos sejam objecto, salvo quando essas modificações tenham carácter supletivo;

b) As referências a cláusulas, números ou anexos devem interpretar-se como visando as cláusulas, números ou anexos do presente contrato;

c) As referências a este contrato abrangem os respectivos anexos;

d) As expressões definidas no singular poderão ser utilizadas no plural e vice-versa, com a correspondente alteração do respectivo significado.

4 – As epígrafes das cláusulas do presente contrato são utilizadas por razões de simplificação, não constituindo suporte da interpretação ou integração do mesmo.

5 – Os anexos ao presente contrato fazem parte integrante do mesmo para todos os efeitos legais e contratuais.

6 – Caso alguma das cláusulas do presente contrato venha a ser julgada nula ou por qualquer forma inválida, ineficaz ou inexequível, por uma entidade

competente para o efeito, tal nulidade, invalidade, ineficácia ou inexequibilidade não afectará a validade das restantes cláusulas do contrato, comprometendo-se as partes a acordar, de boa fé, uma disposição que substitua aquela e que, tanto quanto possível, produza os mesmos efeitos, salvo se os efeitos das referidas cláusulas forem legalmente impossíveis ou proibidos.

7 – Nos casos omissos aplica-se o disposto nas bases de concessão aprovadas pelo Decreto-Lei n.º 140/2006, de 26 de Julho, que integram o seu anexo IV.

8 – Na interpretação e integração do regime do presente contrato entender-se-á que à prevalência do concedente na boa e atempada execução do serviço público corresponde a prevalência do interesse económico da concessionária.

CLÁUSULA 2.ª

Objecto da concessão

1 – A concessão tem por objecto a actividade de distribuição de gás natural em baixa e média pressão, exercida em regime de serviço público, na área de concessão definida na cláusula 4.ª

2 – Integram-se no objecto da concessão:

a) O recebimento, a veiculação e a entrega de gás natural através da rede de média e baixa pressão;

b) A construção, a manutenção, a operação e a exploração de todas as infra-estruturas que integram a RNDGN, na área correspondente à presente concessão, e, bem assim, das instalações necessárias para a sua operação;

c) A promoção da construção, conversão ou adequação e eventual compartição de instalações de utilização de gás natural, propriedade dos clientes finais, de modo que seja possível o abastecimento das mesmas a gás natural.

3 – Os custos decorrentes da actividade mencionada na alínea c) do n.º 2, nos termos previstos e aprovados em PDIR, serão incluídos no activo da concessionária, fazendo parte integrante do activo afecto à concessão, nomeadamente para efeitos de remuneração.

4 – Integram-se ainda no objecto da concessão:

a) O planeamento, o desenvolvimento, a expansão e a gestão técnica da RNDGN, na área da concessão;

b) A gestão da interligação da RNDGN com a RNTGN.

5 – Mediante autorização prévia do concedente, a concessionária pode distribuir gás natural a partir de UAG sempre que tal decisão seja fundamentada e corresponda à solução técnica e económica mais adequada ao caso concreto, aplicando-se à distribuição de gás natural a partir de UAG todos os direitos e deveres que pendem sobre a distribuição por condutas.

CLÁUSULA 3.ª

Outras actividades

1 – Sem prejuízo do disposto no artigo 31.º do Decreto-Lei n.º 30/2006, de 15 de Fevereiro, precedendo autorização do concedente, através do Ministro, a conceder caso a caso, a concessionária pode exercer outras actividades para além da que se integra no objecto da concessão, no respeito pela legislação aplicável ao sector do gás natural, com fundamento no proveito daí resultante para a presente concessão ou com vista a optimizar a utilização dos bens afectos à mesma, desde que essas actividades sejam acessórias ou complementares e não prejudiquem a regularidade e a continuidade da prestação do serviço público.

2 – A concessionária é desde já autorizada, nos termos do número anterior, a explorar, directa ou indirectamente, ou a ceder a exploração da capacidade excedentária da rede de telecomunicações instalada para a operação da RNDGN.

3 – Sem prejuízo do estabelecido no número anterior, o concedente fica desonerado de qualquer responsabilidade na eventualidade de a concessionária vir a ser condenada no pagamento a terceiros de quaisquer indemnizações, nomeadamente as resultantes das servidões constituídas.

CLÁUSULA 4.ª

Área e exclusividade da concessão

1 – A concessão tem como âmbito geográfico os concelhos identificados na planta que constitui o anexo n.º 1 do presente contrato.

2 – A presente concessão é exercida em regime de exclusivo, sem prejuízo do direito de acesso de terceiros às várias infra-estruturas que a integram, nos termos previstos no presente contrato e na legislação e regulamentação aplicáveis.

3 – O regime de exclusivo referido no n.º 2 pode ser alterado em conformidade com a política energética aprovada pela União Europeia e aplicável ao Estado Português, comprometendo-se o concedente a promover a reposição do equilíbrio económico e financeiro da concessão, nos termos previstos na cláusula 40.ª

CLÁUSULA 5.ª

Prazo da concessão

1 – A concessão tem a duração de 40 anos contados a partir de 1 de Janeiro de 2008, podendo ser renovada nos termos da base III das bases de concessão da actividade de distribuição de gás natural anexas ao Decreto-Lei n.º 140/2006, de 26 de Julho.

2 – No cômputo do prazo de concessão não se contam os atrasos na implantação de infra-estruturas ou a suspensão da exploração do serviço devidos a:

a) Casos de força maior;

b) Acções ou omissões imputáveis ao concedente que contrariem a lei ou o presente contrato e que condicionem a regular exploração da concessão;

c) Suspensões da construção ou da exploração do serviço determinadas pelo concedente por razões de interesse público e que não sejam devidas a incumprimento da lei ou deste contrato imputáveis à concessionária;

d) Quaisquer outras circunstâncias consideradas atendíveis pelo Ministro.

3 – A concessionária deve notificar o concedente, através da DGEG, de quaisquer factos que ocorram nos termos do número anterior e que sejam susceptíveis de suspender o cômputo do prazo da concessão.

CLÁUSULA 6.ª
Serviço público

1 – A concessionária deve desempenhar a actividade concessionada de acordo com as exigências de um regular, contínuo e eficiente funcionamento do serviço público e adoptar, para o efeito, os melhores procedimentos, meios e tecnologias utilizados no sector do gás, com vista a garantir, designadamente, a segurança de pessoas e bens e a segurança do abastecimento.

2 – Com o objectivo de assegurar a permanente adequação da concessão às exigências da regularidade, da continuidade e eficiência do serviço público, o concedente reserva-se no direito de alterar, por via legal ou regulamentar, as condições da sua exploração.

3 – Quando, por efeito do disposto no número anterior, se alterem significativamente as condições de exploração da concessão, o concedente compromete-se a promover a reposição do equilíbrio económico e financeiro da concessão, nos termos previstos na cláusula 40.ª, a menos que o mesmo demonstre que a concessionária está em condições de prover a tal reposição recorrendo aos meios resultantes de uma correcta e prudente gestão dos próprios recursos afectos à concessão.

4 – A concessionária deverá respeitar as boas práticas ambientais e a promoção da utilização racional de energia, nos termos da regulamentação em vigor.

CLÁUSULA 7.ª
Direitos e obrigações da concessionária

1 – A concessionária beneficia dos direitos e encontra-se sujeita às obrigações estabelecidas nos Decretos-Leis n.ºˢ 30/2006, de 15 de Fevereiro, e 140/2006, de

26 de Julho, e demais legislação e regulamentação aplicáveis à actividade que integra o objecto da concessão, sem prejuízo dos demais direitos e obrigações estabelecidos no presente contrato.

2 – Assiste à concessionária o direito de repercutir sobre os utilizadores das suas infra-estruturas, quer se trate de entidades comercializadoras de gás ou de consumidores finais, o valor integral de quaisquer taxas, independentemente da sua designação, desde que não constituam impostos directos, que lhe venham a ser cobrados por quaisquer entidades públicas, directa ou indirectamente atinentes à distribuição de gás, incluindo as taxas de ocupação do subsolo cobradas pelas autarquias locais.

3 – Na sequência do estabelecido no n.º 2 e no que respeita às taxas de ocupação do subsolo a liquidar pelas autarquias locais que integram a área da concessão, os valores pagos pela concessionária em cada ano civil serão repercutidos por município sobre as entidades comercializadoras utilizadoras das infra-estruturas ou sobre os consumidores finais servidos pelas mesmas nos termos a definir pela ERSE.

CLÁUSULA 8.ª
Princípios aplicáveis às relações com os utilizadores

1 – A concessionária deve proporcionar aos utilizadores da RNDGN, de forma não discriminatória e transparente, o acesso às respectivas infra-estruturas, nos termos previstos no presente contrato e na legislação e regulamentação aplicáveis, não podendo estabelecer diferenças de tratamento entre os referidos utilizadores que não resultem da aplicação de critérios ou de condicionalismos legais, regulamentares ou técnicos, ou ainda de condicionalismos de natureza contratual desde que aceites pela ERSE.

2 – As condições a integrar nos contratos de uso das infra-estruturas devem respeitar o disposto no Regulamento de Acesso às Redes, às Infra-Estruturas e às Interligações.

3 – O disposto no n.º 1 não impede a concessionária de celebrar contratos a longo prazo, no respeito pelas regras da concorrência e da legislação e regulamentação aplicáveis.

4 – A concessionária deve facultar aos utilizadores da rede as informações de que estes necessitem para o acesso à mesma.

5 – A concessionária tem o direito de cobrar a terceiros que utilizem as redes e demais infra-estruturas e em contrapartida pela prestação dos serviços inerentes uma retribuição por aplicação de tarifas reguladas, definidas nos termos do Regulamento Tarifário.

6 – Os utilizadores devem prestar à concessionária todas as informações que esta considere necessárias à correcta exploração das respectivas infra-estruturas e instalações.

7 – A concessionária deve assegurar o tratamento de dados de utilização da rede no respeito pelas disposições legais de protecção de dados pessoais e preservar a confidencialidade das informações comercialmente sensíveis obtidas no exercício da sua actividade.

8 – A concessionária deve manter um registo, por um prazo de cinco anos, das queixas ou reclamações que lhe tenham sido apresentadas pelos utilizadores.

CLÁUSULA 9.ª
Bens e meios afectos à concessão

1 – Consideram-se afectos à concessão os bens que constituem a RNDGN, na parte correspondente à respectiva área, designadamente:

a) O conjunto de condutas de distribuição de gás natural, a jusante das estações de redução de pressão de 1.ª classe, ou a jusante de unidades autónomas de gás no caso em que o gás natural assim lhe é entregue pela concessionária da RNTGN, com as respectivas tubagens, válvulas de seccionamento, antenas e demais equipamentos de manuseamento;

b) As eventuais unidades autónomas de gás;

c) As instalações afectas à operação de entrega de gás natural a clientes finais, incluindo todo o equipamento de controlo, regulação e medida indispensável à operação e funcionamento do sistema de distribuição de gás natural;

d) As instalações e equipamentos de telecomunicações, telemedida e telecomando afectas à gestão das instalações de distribuição e entrega de gás natural aos consumidores.

2 – Consideram-se ainda afectos à concessão:

a) Os imóveis pertencentes à concessionária em que estejam implantados os bens referidos no número anterior, assim como as servidões constituídas em benefício da concessão;

b) Outros bens móveis ou direitos relativos a bens imóveis utilizados ou relacionados com o exercício da actividade objecto da concessão;

c) Os direitos privativos de propriedade intelectual e industrial de que a concessionária seja titular, desde que os mesmos estejam directa e complementarmente ligados ao objecto da concessão e sejam indispensáveis ao exercício da actividade concessionada;

d) Quaisquer fundos ou reservas consignados à garantia do cumprimento das obrigações da concessionária, por força de obrigação emergente da lei ou deste contrato e enquanto durar essa vinculação;

e) As relações e posições jurídicas directamente relacionadas com a concessão, nomeadamente laborais, de empreitada, de locação, de financiamento e de prestação de serviços;

f) Os activos incorpóreos correspondentes aos investimentos realizados pela concessionária associados aos processos de conversão de clientes finais para gás natural;

g) Todos os outros activos incorpóreos não referidos nos números anteriores cuja incorporação tenha ocorrido antes da publicação do Decreto-Lei n.º 140/2006 e desde que directamente relacionados com a actividade de distribuição.

CLÁUSULA 10.ª
Inventário do património

1 – A concessionária deve elaborar e manter permanentemente actualizado, e à disposição do concedente, um inventário do património afecto à concessão.

2 – No inventário a que se refere o número anterior devem mencionar-se os ónus ou encargos que recaem sobre os bens afectos à concessão.

3 – Os bens e direitos tornados desnecessários à actividade concedida devem ser abatidos ao inventário da concessão nos termos do n.º 2 da cláusula 12.ª

CLÁUSULA 11.ª
Manutenção dos meios afectos à concessão

A concessionária obriga-se a manter, durante o prazo de vigência da concessão, em permanente estado de bom funcionamento, conservação e segurança, os bens e meios afectos à concessão, efectuando para tanto as reparações, renovações, adaptações e modernizações necessárias ao bom desempenho do serviço público concedido.

CLÁUSULA 12.ª
Regime de oneração e transmissão dos bens afectos à concessão

1 – A concessionária não pode onerar ou transmitir, por qualquer forma, os bens que integram a concessão, sem prejuízo do disposto nos números seguintes.

2 – Os bens e direitos que tenham perdido utilidade para a concessão devem ser abatidos ao inventário referido na cláusula 10.ª, mediante prévio pedido de autorização da concessionária ao concedente, que se considera deferida se este não se opuser no prazo de 30 dias contados da recepção do pedido.

3 – A oneração ou transmissão de bens imóveis afectos à concessão fica sujeita a autorização prévia do Ministro.

4 – A oneração ou transmissão de bens ou direitos afectos à concessão em desrespeito do disposto no presente contrato determina a nulidade dos respectivos actos ou contratos.

5 – O valor dos bens transmitidos reverte a favor da concessão na medida em que tiverem sido remunerados através das tarifas ou beneficiado de incentivos ou subsídios concedidos a fundo perdido.

CLÁUSULA 13.ª

Posse e propriedade dos bens

1 – A concessionária detém a posse e propriedade dos bens afectos à concessão até à extinção desta.

2 – Com a extinção da concessão, os bens a ela afectos transmitem-se para o concedente nos termos previstos nos n.ᵒˢ 2 e 3 da cláusula 45.ª

CLÁUSULA 14.ª

Concessionária, objecto social, sede e forma

1 – A concessionária deve ter como objecto social principal, ao longo de todo o período de duração da concessão, o exercício da actividade integrada no objecto da concessão, devendo manter ao longo do mesmo período a sua sede em Portugal e a forma de sociedade anónima, regulada pela lei portuguesa.

2 – O objecto social da concessionária pode incluir o exercício de outras actividades, para além da que integra o objecto da concessão, e, bem assim, a participação no capital de outras sociedades, desde que seja respeitado o disposto na cláusula 3.ª e na legislação aplicável ao sector do gás natural.

CLÁUSULA 15.ª

Acções da sociedade concessionária

1 – Todas as acções representativas do capital social da concessionária são obrigatoriamente nominativas.

2 – A oneração e a transmissão de acções representativas do capital social da concessionária depende, sob pena de nulidade, de autorização prévia do Ministro, a qual não pode ser infundadamente recusada, e considera-se tacitamente concedida se não for recusada, por escrito, no prazo de 30 dias a contar a partir da data da respectiva solicitação.

3 – Exceptua-se do disposto no número anterior a oneração de acções efectuada em benefício das entidades financiadoras da actividade que integra o objecto da presente concessão, e no âmbito dos contratos de financiamento que

venham a ser celebrados pela concessionária para o efeito, desde que as entidades financiadoras assumam, nos referidos contratos, a obrigação de obter a autorização prévia do concedente em caso de execução das garantias de que resulte a transmissão a terceiros das acções oneradas.

4 – A oneração de acções referida no número anterior deve, em qualquer caso, ser comunicada ao concedente, a quem deve ser enviada, no prazo de 30 dias a contar a partir da data em que seja constituída, cópia certificada do documento que formaliza a oneração e, bem assim, informação detalhada sobre quaisquer outros termos e condições que forem estabelecidos.

CLÁUSULA 16.ª

**Deliberações dos órgãos da sociedade concessionária
e acordos entre accionistas**

1 – Ficam sujeitas a autorização prévia do concedente, através do Ministro, as deliberações da concessionária relativas à alteração do objecto social, à transformação, fusão, cisão ou dissolução da sociedade.

2 – Os acordos parassociais celebrados entre os accionistas da concessionária, bem como as respectivas alterações das quais possa resultar, directa ou indirectamente, a modificação das regras relativas à sociedade concessionária estabelecidas no presente contrato, devem ser objecto de aprovação prévia pelo concedente, dada através do Ministro.

3 – As autorizações e aprovações, pelo concedente, previstas na presente cláusula não podem ser infundadamente recusadas e consideram-se tacitamente concedidas se não forem recusadas, por escrito, no prazo de 30 dias a contar a partir da data da respectiva solicitação.

CLÁUSULA 17.ª

Financiamento

1 – A concessionária deve promover o financiamento adequado ao desenvolvimento do objecto da concessão de forma a cumprir cabal e atempadamente todas as obrigações que assume no presente contrato.

2 – A concessionária deve manter no final de cada ano um RAF superior a 20 %.

CLÁUSULA 18.ª
Projectos

1 – A construção e a exploração das infra-estruturas que integram esta concessão ficam sujeitas à aprovação dos respectivos projectos, nos termos da legislação aplicável.

2 – A construção pela concessionária das redes de distribuição previstas em planos municipais ou intermunicipais de ordenamento do território ou em vias públicas não carece de prévia aprovação dos respectivos projectos, devendo a concessionária ponderar todas as interferências junto das câmaras municipais competentes.

3 – Não carecem de aprovação nem de licença as obras urgentes executadas para fazer face a situações em que perigue a segurança de pessoas e bens.

4 – A concessionária é responsável, no respeito pela legislação e regulamentação aplicáveis, pela concepção, projecto e construção de todas as infra-estruturas e instalações abrangidas pela concessão, incluindo a sua remodelação e expansão.

5 – A aprovação de quaisquer projectos pelo concedente não implica a assunção por este de qualquer responsabilidade derivada de erros de concepção, de projecto, de construção ou da inadequação das instalações e do equipamento ao serviço da concessão.

CLÁUSULA 19.ª
Direitos e deveres decorrentes da aprovação dos projectos

1 – A aprovação dos respectivos projectos implica a declaração de utilidade pública dos mesmos e confere à concessionária, nomeadamente, os seguintes direitos:

a) Utilizar, de acordo com a legislação aplicável, os bens do domínio público ou privado do Estado e de outras pessoas colectivas públicas para o estabelecimento ou passagem das respectivas infra-estruturas ou instalações;

b) Constituir, nos termos da legislação aplicável, as servidões sobre os imóveis necessárias ao estabelecimento das respectivas infra-estruturas ou instalações;

c) Proceder à expropriação, por utilidade pública urgente, nos termos da legislação aplicável, dos bens imóveis, ou dos direitos a eles relativos, necessários ao estabelecimento das respectivas infra-estruturas ou instalações.

2 – As licenças e autorizações exigidas por lei para a exploração das infra-estruturas e instalações consideram-se outorgadas à concessionária com a aprovação dos respectivos projectos, sem prejuízo da verificação por parte das entidades licenciadoras da conformidade na sua execução.

3 – Cabe à concessionária o pagamento das indemnizações decorrentes do exercício dos direitos referidos no n.º 1.

4 – No atravessamento de terrenos do domínio público ou do domínio privado do Estado, de terrenos de outras pessoas colectivas de direito público e de terrenos de particulares, a concessionária deve adoptar os procedimentos estabelecidos na legislação aplicável e proceder à reparação de todos os prejuízos que resultem dos trabalhos executados.

CLÁUSULA 20.ª

Planeamento, remodelação e expansão das redes e demais infra-estruturas

1 – O planeamento das redes e demais infra-estruturas está integrado no planeamento da RNDGN, deve ter em conta, em particular, a obrigação de satisfação da procura de utilização das infra-estruturas, devendo ser coordenado com o planeamento da RNTIAT, nos termos previstos na legislação e regulamentação aplicáveis.

2 – Constitui encargo e responsabilidade da concessionária o planeamento, remodelação, desenvolvimento e expansão das redes e demais infra-estruturas de distribuição de gás natural que integram a presente concessão, com vista a assegurar a permanente existência de capacidade nas infra-estruturas, tendo em conta as condições exigíveis à satisfação do consumo na área da concessão, de acordo com a expansão previsional indicada no PDIR.

3 – A concessionária deve observar na remodelação e expansão das infra-estruturas os prazos de execução adequados à permanente satisfação das necessidades do abastecimento de gás natural, identificadas no respectivo PDIR.

4 – Por razões de interesse público, nomeadamente as relativas à segurança, regularidade e qualidade do abastecimento, o concedente poderá determinar a remodelação ou expansão da rede de distribuição objecto deste contrato, sem prejuízo do disposto na cláusula 40.ª

CLÁUSULA 21.ª

Direitos de propriedade industrial e serviços de terceiros

A concessionária deve respeitar, no exercício da sua actividade, as normas relativas à tutela e salvaguarda dos direitos privativos de propriedade industrial, sendo da sua exclusiva responsabilidade os efeitos decorrentes da sua violação.

Cláusula 22.ª

Condições de exploração da concessão

1 – A concessionária, enquanto operadora da RNDGN na área identificada na cláusula 4.ª, é responsável pela exploração e pela manutenção das redes, demais infra-estruturas e respectivas instalações que integram a presente concessão, em condições de segurança, fiabilidade e qualidade de serviço no respeito pela legislação e regulamentação aplicáveis.

2 – A concessionária deve assegurar-se de que o gás natural a transportar na sua rede e demais infra-estruturas cumpre as características técnicas e as especificações de qualidade estabelecidas na regulamentação aplicável e que a sua distribuição é efectuada em condições técnicas adequadas, de forma a garantir a segurança de pessoas e bens.

3 – No âmbito do exercício da actividade concessionada, a concessionária deve gerir os fluxos de gás natural na sua rede e demais infra-estruturas, assegurando a sua interoperacionalidade com as redes e demais infra-estruturas a que esteja ligada, designadamente as instalações dos consumidores finais, no respeito pela regulamentação aplicável.

4 – A concessionária deve garantir, ainda, a oferta de capacidade a longo prazo da respectiva rede de distribuição, contribuindo para a segurança do abastecimento, nos termos do PDIR.

Cláusula 23.ª

Deveres de informação

1 – A concessionária fica obrigada a fornecer ao concedente, através da DGEG e da ERSE, todos os elementos que estas entidades lhe solicitarem relativos à concessão e a outras actividades autorizadas nos termos da cláusula 3.ª, designadamente os elementos necessários à resposta a quaisquer pedidos da Comissão Europeia.

2 – A concessionária deve, em obediência às disposições regulamentares aplicáveis, fornecer ao operador de qualquer outra rede à qual esteja ligada e aos intervenientes no SNGN, observando as disposições regulamentares aplicáveis, as informações necessárias para permitir um desenvolvimento coordenado das diversas redes e um funcionamento seguro e eficiente do SNGN.

CLÁUSULA 24.ª

Participação de desastres e acidentes

1 – A concessionária fica obrigada a participar imediatamente à DGEG todos os desastres e acidentes ocorridos nas suas instalações e, se tal não for possível, no prazo máximo de três dias a contar desde a data da ocorrência.

2 – Sem prejuízo das competências atribuídas às autoridades públicas, sempre que dos desastres ou acidentes resultem mortes, ferimentos graves ou prejuízos materiais importantes, a concessionária deve elaborar, e enviar ao concedente, um relatório técnico com a análise das circunstâncias da ocorrência e com o estado das instalações.

CLÁUSULA 25.ª

Ligações das redes de distribuição à RNTGN e aos consumidores

1 – A ligação das redes de distribuição à RNTGN deve respeitar as condições previstas nos regulamentos aplicáveis.

2 – A ligação das redes de distribuição aos consumidores finais deve respeitar as condições previstas nos regulamentos aplicáveis.

3 – A concessionária pode recusar, nos termos definidos na regulamentação em vigor, o acesso às respectivas redes e infra-estruturas com base na falta de capacidade ou falta de ligação, ou se esse acesso a impedir de cumprir as suas obrigações de serviço público.

4 – A concessionária pode ainda recusar a ligação aos consumidores finais sempre que as instalações e equipamentos de recepção dos mesmos não preencham as disposições legais e regulamentares aplicáveis, nomeadamente as respeitantes aos requisitos técnicos e de segurança.

5 – A concessionária pode impor aos consumidores, sempre que o exijam razões de segurança, a substituição, a reparação ou a adaptação dos respectivos equipamentos de ligação ou de recepção.

6 – A concessionária tem o direito de montar, nas instalações dos consumidores, equipamentos para a recolha de dados e para a realização de operações de telecomando e de telecomunicação, bem como sistemas de protecção nos pontos de ligação da sua rede com essas instalações e de aceder aos equipamentos de medição do gás dos utilizadores ligados às suas instalações, nos termos definidos na regulamentação em vigor.

7 – Os utilizadores da rede de distribuição devem prestar à concessionária todas as informações que esta considere necessárias à ligação dos consumidores finais e à correcta exploração das respectivas infra-estruturas e instalações.

CLÁUSULA 26.ª

**Relacionamento com a concessionária da RNTGN
no âmbito da gestão técnica global do SNGN**

A concessionária fica sujeita às obrigações que decorrem do exercício, por parte da concessionária da RNTGN, das suas competências em matéria de gestão técnica global do SNGN, planeamento da RNTIAT e segurança do abastecimento, nos termos previstos na legislação e regulamentação aplicáveis.

CLÁUSULA 27.ª

Interrupção por facto imputável ao utilizador

A concessionária pode interromper a prestação do serviço público concessionado aos utilizadores, por factos que lhes sejam imputáveis, nos termos das bases da concessão e da regulamentação aplicável, nomeadamente nas situações previstas no Regulamento de Relações Comerciais e no Regulamento da Qualidade de Serviço.

CLÁUSULA 28.ª

Interrupções por razões de interesse público ou de serviço

1 – A prestação do serviço público pode ser interrompida pela concessionária por razões de interesse público, nomeadamente as que decorram da execução de planos nacionais de emergência, declarada ao abrigo da legislação e regulamentação aplicáveis.

2 – A concessionária pode, ainda, interromper a actividade objecto da concessão, por razões de serviço, num determinado ponto de entrega, quando haja necessidade imperiosa de realizar manobras ou trabalhos de ligação, reparação ou conservação das infra-estruturas ou instalações, desde que tenham sido esgotadas todas as possibilidades de alimentação alternativas.

3 – Nas situações previstas nos números anteriores, a concessionária deve avisar a DGEG, a concessionária da RNTGN, os utilizadores das respectivas redes e infra-estruturas e os consumidores que possam vir a ser afectados, alternativamente, por aviso individual, ou por intermédio de meios de comunicação social de grande audiência na região ou por outros meios ao seu alcance que proporcionem uma adequada divulgação, com a antecedência mínima de trinta e seis horas, salvo no caso da realização de trabalhos que a segurança de pessoas e bens torne inadiáveis ou quando haja necessidade urgente de trabalhos para garantir a segurança das redes e demais infra-estruturas de distribuição de gás natural.

CLÁUSULA 29.ª

Medidas de protecção

1 – Sem prejuízo das medidas de emergência que podem ser adoptadas pelo concedente, se se verificar uma situação que ponha em risco a segurança de pessoas ou bens, deve a concessionária promover imediatamente as medidas que entender necessárias em matéria de segurança.

2 – As medidas referidas no número anterior devem ser imediatamente comunicadas à DGEG, às respectivas autoridades concelhias, à autoridade policial da zona afectada e, se for caso disso, à Autoridade Nacional de Protecção Civil.

CLÁUSULA 30.ª

Responsabilidade civil

1 – A concessionária é responsável, nos termos gerais de direito, por quaisquer prejuízos causados ao concedente ou a terceiros, pela culpa ou pelo risco, no exercício da actividade objecto da concessão.

2 – Para os efeitos do disposto no artigo 509.º do Código Civil, entende-se que a utilização das infra-estruturas e das instalações que integram a concessão é feita no exclusivo interesse da concessionária.

CLÁUSULA 31.ª

Cobertura por seguros

1 – Para garantir o cumprimento das suas obrigações, a concessionária fica obrigada a celebrar e manter um seguro de responsabilidade civil.

2 – O montante do seguro mencionado no número anterior tem um valor mínimo obrigatório definido no anexo n.º 2 do presente contrato, cujo montante será actualizado trienalmente.

3 – A concessionária deve apresentar ao concedente, no prazo de 30 dias a contar da data da assinatura do presente contrato, os documentos comprovativos da celebração do seguro e, quando lhe for exigido, apresentar os documentos comprovativos da actualização referida no número anterior.

4 – Para além do seguro referido no n.º 1, a concessionária deve assegurar a existência e a manutenção em vigor das apólices de seguro necessárias para garantir uma efectiva cobertura dos riscos da concessão.

5 – No âmbito da obrigação referida no número anterior, a concessionária fica ainda obrigada a constituir seguros, nos termos a definir no anexo n.º 2 do presente contrato, envolvendo todas as infra-estruturas e instalações que integram a concessão, contra riscos de incêndio, explosão e danos devido a terramoto ou temporal.

CLÁUSULA 32.ª
Gestão técnica da rede

1 – No âmbito da gestão técnica global do SNGN, nos termos da regulamentação aplicável, a concessionária fica sujeita à gestão técnica global do SNGN, cuja responsabilidade cabe à entidade concessionária da operação da RNTGN.

2 – São direitos da concessionária da RNTGN no âmbito da gestão técnica global do SNGN, nomeadamente:

a) Exigir e receber dos operadores dos mercados e de todos os agentes directamente interessados a informação necessária para o correcto funcionamento da respectiva rede de distribuição;

b) Exigir aos terceiros com direito de acesso às suas infra-estruturas e instalações a comunicação dos seus planos de entrega e de levantamento e de qualquer circunstância que possa fazer variar substancialmente os planos comunicados;

c) Exigir o estrito cumprimento das instruções que emita para a correcta exploração do sistema, a manutenção das instalações e a adequada cobertura da procura;

d) Receber adequada retribuição pelos serviços prestados.

3 – São obrigações da concessionária da RNTGN no exercício da função de gestão técnica global do sistema, nomeadamente:

a) Actuar nas suas relações com os operadores e utilizadores da sua rede e infra-estruturas de forma transparente e não discriminatória;

b) Informar sobre a viabilidade de acesso, solicitado por terceiros, às infra-estruturas da sua rede e instalações;

c) Informar a DGEG, a ERSE e os operadores do SNGN, na forma, nos termos e na periodicidade prevista nos regulamentos, sobre a capacidade disponível da sua rede e infra-estruturas;

d) Monitorizar e reportar à ERSE a efectiva utilização da sua rede e infra-estruturas;

e) Desenvolver protocolos de comunicação com os diferentes operadores do SNGN com vista a criar um sistema de comunicação integrado para controlo e supervisão das operações do SNGN;

f) Emitir instruções sobre as operações de distribuição de forma a assegurar a entrega de gás em condições adequadas e eficientes nos pontos de saída da rede de distribuição, em conformidade com protocolos de actuação e de operação a estabelecer.

CLÁUSULA 33.ª

Planeamento da RNDGN

1 – O planeamento da rede e demais infra-estruturas objecto da presente concessão deve ser efectuado de molde a assegurar a existência de capacidade das infra-estruturas e o desenvolvimento sustentado e eficiente da rede e deve integrar o planeamento da RNTIAT.

2 – O planeamento da RNDGN compete à DGEG e deve ser devidamente coordenado com o planeamento das infra-estruturas e das instalações com que se interliga.

3 – Para efeitos do planeamento previsto nos números anteriores, devem ser elaborados pela concessionária e entregues à DGEG os seguintes documentos:

a) Caracterização da sua rede e infra-estruturas, que deve conter informação técnica que permita conhecer a situação das redes e restantes infra-estruturas, designadamente as capacidades nos vários pontos da rede, assim como o seu grau de utilização;

b) Proposta de plano de desenvolvimento da rede e demais infra-estruturas, que integrará o PDIR a elaborar pelo operador da RNDGN, observando, para além de critérios de racionalidade económica, as orientações de política energética, designadamente o que se encontra definido relativamente à capacidade e ao tipo das infra-estruturas de entrada de gás natural no sistema, as perspectivas de desenvolvimento dos sectores de maior e mais intenso consumo, as conclusões e recomendações contidas nos relatórios de monitorização, os padrões de segurança para planeamento das redes e as exigências técnicas e regulamentares.

4 – A proposta referida no n.º 1 deve ser submetida à concessionária da RNTGN, e por esta à DGEG, com a periodicidade de três anos, até ao final do 1.º trimestre, com início em 2008.

CLÁUSULA 34.ª

Caução

1 – Com a assinatura do presente contrato a concessionária prestou uma caução a favor do concedente no valor de € 2 000 000 como garantia do pontual e integral cumprimento das obrigações emergentes do contrato de concessão e da cobrança das multas aplicadas.

2 – O concedente pode utilizar a caução sempre que a concessionária não cumprir qualquer obrigação assumida no presente contrato.

3 – Sem prejuízo do disposto no número seguinte, o recurso à caução deve ser precedido de despacho do Ministro, não dependendo de qualquer outra formalidade ou de prévia decisão judicial ou arbitral.

4 – O concedente deve ouvir a concessionária, nos termos gerais do direito de audiência, antes de proceder à utilização da caução.

5 – Sempre que o concedente utilize a caução, a concessionária deve proceder à reposição do seu montante integral no prazo de 30 dias a contar da data daquela utilização.

6 – O valor da caução deve ser actualizado no início do 1.º trimestre de cada triénio, com referência à data da celebração do presente contrato, de acordo com o índice mensal de preços no consumidor, no continente, excluindo habitação, publicado pelo Instituto Nacional de Estatística.

7 – A caução só pode ser levantada pela concessionária um ano após a data de extinção deste contrato ou, antes de decorrido aquele prazo, por determinação expressa do concedente, através de despacho do Ministro, mas sempre após a extinção do presente contrato.

8 – A caução a que se refere a presente cláusula bem como outras que a concessionária venha a estar obrigada a constituir a favor do concedente devem ser prestadas por depósito em dinheiro ou por garantia bancária autónoma, à primeira solicitação, cujo texto deve ser previamente aprovado pela DGEG.

CLÁUSULA 35.ª
Fiscalização e regulação

1 – Sem prejuízo das competências atribuídas a outras entidades públicas, cabe à DGEG o exercício dos poderes de fiscalização da concessão, nomeadamente no que se refere ao cumprimento das disposições legais e regulamentares aplicáveis e do presente contrato.

2 – Sem prejuízo das competências atribuídas a outras entidades públicas, cabe à ERSE o exercício dos poderes de regulação da actividade que integra o objecto da concessão, nos termos previstos nas disposições legais e regulamentares aplicáveis.

3 – Para efeitos do disposto nos números anteriores, a concessionária deve prestar todas as informações e facultar todos os documentos que lhe forem solicitados pelas entidades fiscalizadora e reguladora, no âmbito das respectivas competências, bem como permitir o livre acesso dos funcionários e agentes das referidas entidades, devidamente credenciados e no exercício das suas funções, a todas as suas instalações.

CLÁUSULA 36.ª
Seguro de fiscalização

1 – No exercício da actividade fiscalizadora nas instalações da concessionária, o pessoal das entidades fiscalizadora e reguladora fica coberto por um seguro de acidentes pessoais, a subscrever pela concessionária, de montante a definir no anexo n.º 2 do presente contrato.

2 – Para o cumprimento do disposto no número anterior, as entidades fiscalizadora e reguladora devem comunicar previamente à concessionária a identificação dos fiscais e a data da realização da acção fiscalizadora.

CLÁUSULA 37.ª
Modificação unilateral do contrato

1 – O presente contrato pode ser modificado unilateralmente pelo concedente, por razões de interesse público, sem prejuízo da reposição do respectivo equilíbrio económico e financeiro nos termos previstos na cláusula 40.ª

2 – O contrato de concessão pode também ser alterado por força de disposição legal imperativa, designadamente decorrente das políticas energéticas aprovadas pela União Europeia e aplicáveis ao Estado Português, sem prejuízo da reposição do respectivo equilíbrio económico e financeiro, nos termos previstos na cláusula 40.ª

3 – No exercício do seu direito de modificação unilateral deste contrato, nos termos previstos nos números anteriores, o concedente deve, além de invocar tal direito, concretizar os respectivos fundamentos.

4 – O concedente deve, ainda, ouvir a concessionária, nos termos gerais do direito de audiência, antes de proceder a qualquer modificação a este contrato.

5 – Este contrato pode, ainda, ser modificado por acordo entre o concedente e a concessionária desde que a modificação não envolva a violação do regime jurídico da concessão nem implique a derrogação das respectivas bases.

CLÁUSULA 38.ª
Transmissão e oneração da concessão

1 – A concessionária não pode, sem prévia autorização do concedente, dada através do Ministro, onerar, subconceder, trespassar ou transmitir, por qualquer forma, no todo ou em parte, a concessão ou realizar qualquer negócio jurídico que vise atingir ou tenha por efeito, mesmo que indirecto, idênticos resultados.

2 – Os actos praticados ou os contratos celebrados em violação do disposto no número anterior são nulos, sem prejuízo de outras sanções aplicáveis.

3 – No caso de subconcessão ou de trespasse, a concessionária deve comunicar ao concedente a sua intenção de proceder à subconcessão ou ao trespasse, remetendo-lhe a minuta do respectivo contrato de subconcessão ou de trespasse que se propõe assinar e indicando todos os elementos do negócio que pretende realizar, bem como o calendário previsto para a sua realização e a identidade do subconcessionário ou do trespassário.

4 – No caso de haver lugar a uma subconcessão devidamente autorizada, a concessionária mantém os direitos e continua sujeita às obrigações decorrentes do presente contrato.

5 – Ocorrendo trespasse da concessão, consideram-se transmitidos para o trespassário todos os direitos e obrigações da concessionária, assumindo aquele ainda os deveres, obrigações e encargos que eventualmente lhe venham a ser impostos pelo concedente como condição para a autorização do trespasse.

6 – A concessionária é responsável pela transferência integral dos seus direitos e obrigações para o trespassário, incluindo as obrigações incertas, ilíquidas ou inexigíveis à data do trespasse, em termos em que não seja afectada ou interrompida a prestação do serviço público concessionado.

CLÁUSULA 39.ª
Equilíbrio económico e financeiro do contrato

1 – É garantido à concessionária o equilíbrio económico e financeiro da concessão, nas condições de uma gestão eficiente.

2 – O equilíbrio económico e financeiro baseia-se no reconhecimento dos custos de investimento, de operação e manutenção e na adequada remuneração dos activos afectos à concessão, tendo em consideração as condições específicas do mercado nacional e do Sistema Nacional de Gás Natural (SNGN).

3 – Após o decurso do primeiro período regulatório e para efeitos de remuneração da concessão nos termos do regulamento tarifário, a concessionária tem direito a uma reavaliação dos activos da concessão, antes do início de cada novo período regulatório, de acordo com a inflação.

4 – As reavaliações efectuadas ao abrigo do disposto no número anterior são autónomas e distintas da reavaliação a que aludem os n.ºs 3, 4 e 5 do artigo 70.º do Decreto-Lei n.º 140/2006, de 26 de Julho, pelo que observarão as regras e práticas contabilísticas geralmente aceites.

5 – Sem prejuízo do disposto no n.º 3, se durante os quatro períodos regulatórios subsequentes ao primeiro a remuneração fixada pela ERSE não considerar o prémio de risco implícito na taxa de remuneração estabelecida para o primeiro período regulatório, qualquer das partes poderá solicitar a reposição do equilíbrio económico financeiro da concessão.

6 – Nos períodos regulatórios subsequentes ao período considerado no número anterior, a taxa de remuneração fixada pela ERSE deve ter em consideração as taxas de remuneração de outros activos de referência, nomeadamente os activos afectos às actividades de distribuição de electricidade e de transporte de gás natural em alta pressão, podendo a concessionária, caso contrário, solicitar a reposição do equilíbrio económico financeiro da concessão.

7 – Sem prejuízo do disposto nos números anteriores e na legislação aplicável, a concessionária é responsável, nos termos do presente contrato, por todos os riscos inerentes à concessão.

CLÁUSULA 40.ª
Reposição do equilíbrio económico e financeiro

1 – Tendo em atenção a distribuição de riscos estabelecida no presente contrato, a concessionária tem direito à reposição do equilíbrio económico e financeiro da concessão nos seguintes casos:

a) Modificação unilateral, imposta pelo concedente, das condições de exploração da concessão, ou modificação unilateral por razões de interesse público, nos termos do presente contrato, desde que, em resultado directo da mesma, se verifique para a concessionária um aumento de custos ou uma determinada perda de proveitos;

b) Alterações legislativas que tenham um impacte directo sobre os proveitos ou custos respeitantes à actividade integrada nesta concessão.

2 – Nos casos previstos no número anterior, a concessionária apenas tem direito à reposição do equilíbrio económico e financeiro da concessão na medida em que o impacte sobre os proveitos ou custos não seja susceptível de consideração no âmbito da actividade reguladora ou a concessionária não possa, legitimamente, proceder a tal reposição por recurso aos meios resultantes de uma correcta e prudente gestão.

3 – Havendo lugar à reposição do equilíbrio económico e financeiro da presente concessão, tal reposição pode ter lugar, em termos a acordar entre o concedente e a concessionária, através de uma das seguintes modalidades:

a) Prorrogação do prazo da concessão;

b) Revisão do cronograma ou redução das obrigações de investimento previamente aprovados;

c) Atribuição de compensação directa pelo concedente;

d) Combinação das modalidades anteriores ou qualquer outra forma que seja acordada.

4 – A reposição do equilíbrio económico e financeiro efectuada nos termos desta cláusula será, relativamente ao evento que lhe deu origem, única, completa e final para todo o período da concessão, sem prejuízo de tal reposição poder

ser parcialmente diferida em relação a quaisquer efeitos específicos do evento em causa que, pela sua própria natureza, não sejam susceptíveis de uma razoável avaliação imediata ou sobre cuja existência, incidência ou quantificação as partes não hajam ainda chegado a acordo.

5 – Para os efeitos previstos na presente cláusula, a concessionária deve notificar o concedente da ocorrência de qualquer evento que, individual ou cumulativamente, possa dar lugar à reposição do equilíbrio económico e financeiro da concessão, no prazo de 180 dias após a data da sua ocorrência, e solicitar o início de negociações no prazo máximo de 180 dias a contar da citada notificação.

6 – O concedente e a concessionária devem, no prazo máximo de 90, prorrogáveis uma única vez por igual período, tentar alcançar um acordo sobre os termos da reposição do equilíbrio contratual.

7 – Na falta de acordo, pode a concessionária recorrer aos meios de composição de litígios, nos termos previstos na cláusula 52.ª

CLÁUSULA 41.ª
Responsabilidade do concedente por incumprimento

A violação, pelo concedente, das obrigações decorrentes do presente contrato confere à concessionária o direito a ser indemnizada dos prejuízos causados, sem embargo da faculdade de rescisão do contrato.

CLÁUSULA 42.ª
Responsabilidade da concessionária por incumprimento

1 – A violação, pela concessionária, de qualquer das obrigações assumidas no presente contrato fá-la incorrer, nos termos legais, em responsabilidade perante o concedente.

2 – A responsabilidade da concessionária cessa sempre que ocorra caso de força maior, ficando a seu cargo fazer prova da ocorrência.

3 – Consideram-se unicamente casos de força maior os acontecimentos imprevisíveis e irresistíveis cujos efeitos se produzam independentemente da vontade, actuação ou das circunstâncias pessoais da concessionária.

4 – Constituem nomeadamente casos de força maior actos de guerra, hostilidades ou invasão, terrorismo, epidemia, radiação atómica, grave inundação, incêndio, raio, ciclone, tremor de terra e outros cataclismos naturais que afectem o exercício da actividade compreendida na presente concessão.

5 – A ocorrência de um caso de força maior tem por efeito exonerar a concessionária da responsabilidade pelo não cumprimento das obrigações emer-

gentes deste contrato que sejam afectadas pela ocorrência do mesmo, na estrita medida em que o respectivo cumprimento pontual e atempado tenha sido efectivamente impedido ou, salvo no que respeita à segurança das populações, se torne desproporcionadamente oneroso.

6 – No caso de impossibilidade de cumprimento do presente contrato por causa de força maior, o concedente pode proceder à rescisão nos termos fixados na cláusula 49.ª

7 – A concessionária fica obrigada a comunicar ao concedente a ocorrência de qualquer evento qualificável como caso de força maior, bem como a indicar, no mais curto prazo possível, quais as obrigações emergentes do contrato de concessão cujo cumprimento, no seu entender, se encontra impedido ou dificultado por força de tal ocorrência e, bem assim, se for o caso, as medidas que tomou ou pretende tomar para fazer face à situação ocorrida a fim de mitigar o impacte do referido evento e os respectivos custos.

8 – Enquanto esta retoma não for possível, subsistem as obrigações da concessionária na medida em que a sua execução seja materialmente possível.

9 – A concessionária deve, em qualquer caso, tomar imediatamente as medidas que sejam necessárias para assegurar a retoma normal das obrigações suspensas, constituindo estrita obrigação da concessionária mitigar, por qualquer meio razoável e apropriado ao seu dispor, os efeitos da verificação de um caso de força maior.

CLÁUSULA 43.ª
Multas contratuais

1 – Sem prejuízo das situações de incumprimento que podem dar origem a sequestro ou rescisão deste contrato nos termos previstos nas cláusula 44.ª e 49.ª, pelo incumprimento de quaisquer obrigações assumidas no presente contrato, que não ponha em causa a subsistência da relação de concessão, a concessionária pode ser sancionada, por decisão do concedente, pela aplicação de multas contratuais, cujo montante é variável, em função da gravidade da infracção cometida e do grau de culpa do infractor, até € 5 000 000.

2 – A aplicação de multas contratuais está dependente de notificação prévia da concessionária pelo concedente para reparar o incumprimento e do não cumprimento do prazo de reparação fixado nessa notificação nos termos do número seguinte, ou da não reparação integral da falta, pela concessionária, naquele prazo.

3 – O prazo de reparação do incumprimento é fixado pelo concedente de acordo com critérios de razoabilidade e deve ter sempre em atenção a defesa do interesse público e a manutenção em funcionamento da concessão.

4 – A concessionária pode, no prazo fixado na notificação a que se refere o número anterior, e em momento anterior ao da aplicação de quaisquer multas contratuais, exercer por escrito o seu direito de defesa.

5 – É da competência do director-geral de Energia e Geologia a aplicação das multas previstas nesta cláusula, cabendo recurso hierárquico para o Ministro da tutela.

6 – Caso a concessionária não proceda ao pagamento voluntário das multas contratuais que lhe forem aplicadas no prazo de 20 dias a contar da sua fixação e notificação pelo concedente, este pode utilizar a caução para pagamento das mesmas.

7 – O valor máximo das multas estabelecido na presente cláusula deve ser actualizado em Janeiro de cada ano, de acordo com o índice de preços no consumidor no continente, excluindo habitação, publicado pelo Instituto Nacional de Estatística, referente ao ano anterior.

8 – A reclamação ou impugnação do acto de aplicação das multas suspende o prazo referido no n.º 6 acima.

9 – A aplicação de multas não prejudica a aplicação de outras sanções contratuais nem isenta a concessionária de responsabilidade civil, criminal e contra-ordenacional em que incorrer perante o concedente ou terceiro.

CLÁUSULA 44.ª

Sequestro

1 – Em caso de incumprimento grave, pela concessionária, das obrigações emergentes do presente contrato, ou de quaisquer disposições legais aplicáveis à concessão, pode o concedente, através de despacho do Ministro, tomar conta da concessão mediante sequestro.

2 – O sequestro da concessão pode ter lugar, nomeadamente, quando se verifique qualquer das seguintes situações, por motivos imputáveis à concessionária:

a) Estiver iminente, ou ocorrer, a cessação ou interrupção, total ou parcial, do desenvolvimento da actividade objecto da presente concessão;

b) Deficiências graves na organização, no funcionamento ou no regular desenvolvimento da actividade objecto desta concessão, bem como situações de insegurança de pessoas e bens;

c) Deficiências graves no estado geral das infra-estruturas, das instalações e dos equipamentos que comprometam a continuidade ou a qualidade da actividade objecto da presente concessão.

3 – A concessionária fica obrigada a proceder à entrega da concessão no prazo que lhe for fixado pelo concedente quando lhe for comunicada a decisão de sequestro.

4 – Verificando-se qualquer facto que possa dar lugar ao sequestro da concessão, deve observar-se, com as devidas adaptações, o processo de sanação do incumprimento previsto nos n.ºˢ 4 e 5 da cláusula 49.ª

5 – Verificado o sequestro, a concessionária suporta todos os encargos que resultarem, para o concedente, do exercício da concessão, bem como as despesas extraordinárias necessárias ao restabelecimento da normalidade.

6 – Logo que cessem as razões do sequestro, seja restabelecido o normal funcionamento da concessão e o concedente o julgue oportuno, deve notificar a concessionária para retomar a concessão, no prazo que lhe for fixado.

7 – No caso de o sequestro se manter por seis meses após ter sido restabelecido o normal funcionamento da concessão, a concessionária pode optar pela rescisão da concessão, sendo então aplicável o disposto na cláusula 50.ª

8 – Se a concessionária não retomar a concessão no prazo que lhe for fixado, pode o concedente, através do Ministro, determinar a imediata rescisão do presente contrato.

9 – No caso de a concessionária ter retomado o exercício da concessão e continuarem a verificar-se graves deficiências no mesmo, pode o concedente, através do Ministro, ordenar novo sequestro ou determinar a imediata rescisão do contrato de concessão.

CLÁUSULA 45.ª

Extinção da concessão

1 – A concessão extingue-se por acordo entre o concedente e a concessionária, por rescisão, por resgate e pelo decurso do prazo fixado na cláusula 53.ª

2 – A extinção da concessão determina a transmissão para o concedente de todos os bens e meios a ela afectos, bem como dos direitos e das obrigações inerentes ao seu exercício, sem prejuízo do direito de regresso do concedente sobre a concessionária pelas obrigações por esta assumidas que sejam estranhas à actividade objecto da concessão ou que hajam sido contraídas em violação da lei ou deste contrato ou, ainda, que sejam obrigações vencidas e não cumpridas.

3 – Da transmissão prevista no número anterior excluem-se, além dos bens e meios não afectos à concessão, os fundos ou reservas consignados à garantia ou cobertura de obrigações da concessionária de cujo cumprimento lhe seja dada quitação pelo concedente, a qual se presume se, decorrido um ano sobre a extinção da concessão, não houver declaração em contrário do concedente, através do Ministro.

4 – A tomada de posse da concessão pelo concedente é precedida de vistoria *ad perpetuam rei memoriam*, realizada pelo concedente, através da DGEG, a que assistem representantes da concessionária, destinada à verificação do estado de conservação e manutenção dos bens, devendo ser lavrado o respectivo auto.

5 – Em caso de extinção da concessão, transferem-se para o concedente os direitos detidos pela concessionária sobre terceiros que se revelem necessários para a continuidade da prestação do serviço concedido e, em geral, à tomada de medidas tendentes a evitar a interrupção da prestação do serviço público concessionado.

CLÁUSULA 46.ª

Procedimento no caso de extinção do contrato por termo

1 – O concedente reserva-se no direito de tomar, nos últimos dois anos do prazo da presente concessão, as providências que julgar convenientes para assegurar a continuação do serviço no termo deste contrato ou as medidas necessárias para efectuar, durante o mesmo prazo, a transferência progressiva da actividade objecto desta concessão para a nova concessionária.

2 – Se, no momento do termo do prazo da concessão, o concedente ainda não tiver tomado decisão quanto ao novo modo ou entidade encarregada da gestão do serviço, poderá acordar com a concessionária que esta continue a prestá-lo até ao limite máximo de um ano, mediante prestação de serviços ou qualquer outro título jurídico público contratual.

CLÁUSULA 47.ª

Decurso do prazo da concessão

1 – Decorrido o prazo da concessão, sem necessidade de qualquer comunicação entre as partes nesse sentido, transmitem-se para o concedente todos os bens e meios afectos à concessão, livres de ónus ou encargos, em bom estado de conservação, funcionamento e segurança, sem prejuízo do normal desgaste do seu uso para efeitos do contrato de concessão.

2 – Cessando a concessão pelo decurso do prazo, deve ser paga pelo concedente à concessionária uma indemnização correspondente ao valor contabilístico dos bens afectos à concessão, adquiridos pela concessionária, com referência ao último balanço aprovado, líquido de amortizações e de compartipações financeiras e subsídios a fundo perdido.

3 – Caso a concessionária não dê cumprimento ao disposto no n.º 1 da presente cláusula, o concedente deve promover a realização dos trabalhos e aquisições que sejam necessários à reposição dos bens aí referidos, correndo os respectivos custos pela concessionária e podendo ser utilizada a caução para os liquidar no caso de a concessionária não proceder ao pagamento voluntário e atempado dos referidos custos, se o Ministro assim o determinar.

CLÁUSULA 48.ª

Resgate da concessão

1 – O concedente poderá, através do Ministro, resgatar a concessão desde que o interesse público o justifique, decorridos 15 anos da data de celebração do presente contrato, mediante notificação feita à concessionária, por carta registada com aviso de recepção com, pelo menos, 1 ano de antecedência.

2 – O concedente assume, decorrido o período de um ano sobre a notificação do resgate, todos os bens e meios afectos à concessão anteriormente à data dessa notificação, incluindo todos os direitos e obrigações inerentes ao exercício da concessão, designadamente aquelas emergentes dos contratos de financiamento e ainda aqueles que tenham sido assumidos pela concessionária após a data de notificação desde que tenham sido previamente autorizados pelo concedente, através do Ministro.

3 – A assunção de obrigações por parte do concedente é efectuada, sem prejuízo do seu direito de regresso sobre a concessionária, pelas obrigações por esta contraídas que tenham exorbitado da gestão normal da concessão.

4 – Pelo resgate, a concessionária tem direito a uma indemnização cujo valor deve atender ao valor contabilístico, à data do resgate, dos bens transmitidos para o concedente, livres de quaisquer ónus ou encargos, e ao valor de eventuais lucros cessantes.

5 – O valor contabilístico dos bens referidos no número anterior, à data do resgate, entende-se líquido de amortizações e de comparticipações financeiras e subsídios a fundo perdido, incluindo-se nestes o valor dos bens cedidos pelo concedente.

6 – Para efeitos do cálculo da indemnização, o valor dos bens que se encontrem anormalmente depreciados ou deteriorados devido a deficiência da concessionária na sua manutenção ou reparação deve ser determinado de acordo com o seu estado de funcionamento efectivo.

CLÁUSULA 49.ª

Rescisão do contrato pelo concedente

1 – O concedente pode rescindir o presente contrato no caso de violação grave, não sanada ou não sanável, das obrigações contratuais da concessionária.

2 – Constituem, nomeadamente, causas de rescisão do contrato por parte do concedente os seguintes factos ou situações:

a) Desvio do objecto e fins da concessão;

b) Suspensão ou interrupção injustificadas da actividade objecto da concessão;

c) Oposição reiterada ao exercício da fiscalização, repetida desobediência às determinações do concedente ou sistemática inobservância das leis e regulamentos aplicáveis à exploração, quando se mostrem ineficazes as demais sanções aplicadas;

d) Recusa em proceder aos investimentos necessários à adequada conservação e reparação das infra-estruturas ou à necessária ampliação da rede;

e) Recusa ou impossibilidade da concessionária em retomar a concessão nos termos do disposto no n.º 8 da cláusula 44.ª ou, quando o tiver feito, continuação das situações que motivaram o sequestro;

f) Cobrança dolosa das tarifas com valor superior aos fixados;

g) Dissolução ou insolvência da concessionária;

h) Transmissão ou oneração da concessão, no todo ou em parte, sem prévia autorização;

i) Recusa da reconstituição atempada da caução.

3 – Não constituem causas de rescisão os factos ocorridos por motivos de força maior.

4 – Verificando-se um dos casos de incumprimento referidos na presente cláusula ou qualquer outro que, nos termos do disposto no n.º 1 desta cláusula, possa motivar a rescisão do contrato, o concedente, através do Ministro, deve notificar a concessionária para, no prazo que razoavelmente lhe for fixado, cumprir integralmente as suas obrigações e corrigir ou reparar as consequências dos seus actos, excepto tratando-se de violação não sanável.

5 – Caso a concessionária não cumpra as suas obrigações ou não corrija ou repare as consequências do incumprimento, nos termos determinados pelo concedente, este pode rescindir o presente contrato mediante comunicação enviada à concessionária, por carta registada com aviso de recepção, sem prejuízo do disposto no número seguinte.

6 – Caso o concedente pretenda rescindir este contrato, designadamente pelos factos referidos na alínea g) do n.º 1, deve, previamente à comunicação referida no número anterior, notificar os principais credores da concessionária que sejam conhecidos para, no prazo que lhes for determinado, nunca superior a três meses, proporem uma solução que possa sobrestar à rescisão, desde que o concedente com ela concorde.

7 – A comunicação da decisão de rescisão referida no n.º 5 desta cláusula produz efeitos imediatos, independentemente de qualquer outra formalidade.

8 – A rescisão prevista no n.º 1 implica a transmissão gratuita de todos os bens e meios afectos à concessão para o concedente, sem qualquer indemnização, e, bem assim, a perda da caução prestada nos termos da cláusula 34.ª, sem prejuízo do direito de o concedente ser indemnizado pelos prejuízos sofridos, nos termos gerais de direito.

Cláusula 50.ª
Rescisão do contrato pela concessionária

1 – A concessionária pode rescindir o presente contrato com fundamento em incumprimento grave das obrigações do concedente se daí resultarem perturbações que ponham em causa o exercício da actividade concedida e cujos efeitos não possam ser objecto de reparação ou, caso esta seja possível, a mesma não ocorra no prazo de seis meses.

2 – A rescisão prevista no número anterior implica a transmissão de todos os bens e meios afectos à concessão para o concedente, sem prejuízo do direito da concessionária de ser ressarcida dos prejuízos que lhe foram causados, incluindo o valor dos investimentos efectuados e lucros cessantes calculados nos termos previstos anteriormente para o resgate.

3 – A rescisão deste contrato produz efeitos reportados à data da sua comunicação ao concedente por carta registada com aviso de recepção.

4 – Para efeitos do disposto no n.º 1 desta cláusula, a concessionária deve previamente notificar o concedente, por carta registada dirigida ao ministro competente, para, no prazo fixado, cumprir integralmente as suas obrigações e corrigir ou reparar as consequências dos seus actos, indicando expressa e claramente as obrigações a corrigir ou as consequências a reparar.

Cláusula 51.ª
Exercício dos poderes do concedente

Os poderes do concedente referidos no presente contrato, excepto quando devam ser exercidos pelo Ministro, devem ser exercidos pela DGEG, sendo os actos praticados pelo respectivo director-geral ou pela ERSE, consoante as competências de cada uma destas entidades.

Cláusula 52.ª
Litígios entre concedente e concessionária

1 – As partes manifestam o seu empenho no bom relacionamento entre si e acordam que, constatada por qualquer delas a existência de um litígio ou diferendo relativo à interpretação, integração, aplicação, execução ou cumprimento do presente contrato, bem como relativamente à respectiva validade, ou à necessidade de precisar, completar ou actualizar o seu conteúdo, ou ainda relativamente a actos administrativos referentes à execução do contrato, nos termos previstos no Código de Processo nos Tribunais Administrativos, será o mesmo, em primeiro lugar, objecto de uma tentativa de resolução amigável.

2 – Caso o diferendo não seja resolvido de uma forma consensual no prazo de 15 dias a contar da data da remissão do litígio para a outra parte para a tentativa de resolução amigável, será o mesmo dirimido por um tribunal arbitral nos termos da presente cláusula.

3 – O tribunal arbitral será constituído nos termos dos números seguintes e, supletivamente, de acordo com a Lei n.º 31/86, de 29 de Agosto.

4 – O tribunal será constituído por um árbitro único se as partes acordarem na respectiva designação ou, na falta desse acordo no prazo de 10 dias, cada uma das partes designará um árbitro, cabendo aos dois árbitros nomeados, nos 5 dias seguintes, a designação do terceiro árbitro, que presidirá.

5 – Na falta de acordo entre os árbitros designados pelas partes, verificado ao fim de cinco dias, o terceiro árbitro será indicado pelo presidente do Tribunal da Relação de Lisboa, a requerimento de qualquer das partes.

6 – O tribunal arbitral considera-se constituído na data em que o terceiro árbitro aceitar a sua nomeação e comunicar a sua decisão às partes.

7 – Se decorrer mais de um mês sobre a data de indicação do primeiro árbitro sem que o tribunal arbitral se encontre constituído, pode qualquer das partes recorrer ao tribunal judicial competente para a resolução do litígio em causa.

8 – Caso não se verifique acordo quanto ao objecto do litígio, este será o que resultar da petição do demandante e da eventual reconvenção do demandado.

9 – O tribunal arbitral funcionará em Lisboa, cabendo ao árbitro único ou ao árbitro presidente escolher o local em que o mesmo reunirá, e utilizará a língua portuguesa, funcionando o tribunal de acordo com as regras fixadas no presente contrato, com as regras estabelecidas pelo próprio tribunal arbitral e, ainda, subsidiariamente, pelo disposto na Lei n.º 31/86, de 29 de Agosto.

10 – O tribunal arbitral julgará segundo o direito português constituído, podendo as partes recorrer das respectivas decisões.

11 – As decisões do tribunal arbitral devem ser proferidas no prazo de três meses a contar do termo da instrução do processo ou do encerramento da audiência de discussão e julgamento, se a esta houver lugar.

12 – O prazo referido no número anterior é prorrogável, por decisão do árbitro único ou do árbitro presidente, consoante o caso, até ao máximo de seis meses.

13 – No caso de o tribunal arbitral ser constituído por dois árbitros designados pelas partes e um árbitro presidente, as respectivas decisões são tomadas por maioria.

14 – A determinação dos honorários dos árbitros será feita de acordo com a tabela de cálculo dos honorários dos árbitros, anexa ao Regulamento do Centro de Arbitragem da Associação Comercial de Lisboa, tendo por base o valor da causa, o qual será igual ao valor do pedido da parte demandante ou ao cúmulo dos valores deste e do pedido reconvencional da parte demandada, caso haja

reconvenção, devendo a repartição pelas partes do montante daqueles honorários constar da decisão que for proferida a final.

15 – Sem prejuízo do disposto nos números anteriores, as partes reservam-se o direito de, na vigência e após o termo do presente contrato, e antes ou na pendência de um litígio instaurado no tribunal arbitral, requerer nos tribunais comuns as providências cautelares previstas na lei de processo civil que entenderem por convenientes para defesa dos seus direitos.

16 – Caso as providências previstas no número anterior sejam requeridas antes de constituído o tribunal arbitral, deve iniciar-se imediatamente o procedimento da sua constituição e ser-lhe submetido o litígio para respectiva resolução.

CLÁUSULA 53.ª

**Litígios entre concessionária e utilizadores
ou outros operadores do SNGN**

1 – Sem prejuízo das disposições legais que estabelecem a arbitragem obrigatória, os litígios entre a concessionária e utilizadores ou outros intervenientes no SNGN, emergentes dos respectivos contratos ou para superar as dificuldades na celebração de acordos de que, nos termos da lei ou do presente contrato, dependa o exercício de direitos ou o cumprimento de deveres de que são titulares, podem ser resolvidos através da celebração de convenções de arbitragem nos termos fixados na cláusula anterior.

2 – Os actos da concessionária praticados no exercício de poderes administrativos, nos casos em que a lei, os regulamentos ou este contrato lhe conferem essa prerrogativa, são sempre imputáveis, para efeitos do Código de Processo nos Tribunais Administrativos, ao respectivo conselho de administração.

CLÁUSULA 54.ª

Litígios entre concessionária e terceiros

A responsabilidade contratual ou extracontratual geral da concessionária por actos de gestão privada ou de gestão pública efectiva-se nos termos e pelos meios previstos na lei civil e administrativa.

CLÁUSULA 55.ª

Comunicações

Qualquer comunicação entre as partes contratantes relativa ao presente contrato deve ser feita mediante carta registada com aviso de recepção, sem prejuízo da utilização cumulativa de outro meio considerado idóneo para os endereços constantes da identificação das partes no presente contrato.

CLÁUSULA 56.ª

Prazos

1 – Na falta de disposição especial prevista na lei, em regulamentos ou neste contrato, o prazo para os actos a praticar pela concessionária ou pelo concedente, quer por intermédio do Ministro, da DGEG, ou de qualquer outro órgão administrativo, é de 10 dias, sendo que, no caso da ERSE, são-lhe aplicáveis os prazos estabelecidos nos seus Estatutos ou nos seus regulamentos.

2 – Sempre que o exercício de um direito por parte da concessionária dependa de aprovação ou autorização do concedente, quer por intermédio do Ministro, da DGEG ou de qualquer outro órgão administrativo, consideram-se estas concedidas se a decisão não for proferida no prazo de 90 dias a contar da formulação do pedido ou da apresentação do processo para esse efeito, salvo quando, por lei, não for admissível o acto tácito de deferimento ou for estabelecido outro prazo.

3 – Se a concessão da aprovação ou da autorização depender de quaisquer formalidades, designadamente de pareceres de quaisquer outras entidades, os mesmos devem ser solicitados em conjunto, estabelecendo-se um prazo que não deverá exceder 30 dias, salvo nos casos em que as entidades consultadas disponham por lei de prazo superior para emissão dos seus pareceres.

4 – Para efeitos do n.º 2, consideram-se dependentes de aprovação ou autorização do concedente os casos de:

a) Aprovação de projectos;

b) Licenciamento de obras, trabalhos e actividades;

c) Redução de caução.

5 – Para o cômputo dos prazos previstos nesta cláusula, considera-se que os mesmos se suspendem sempre que o procedimento estiver parado por motivo imputável à concessionária.

6 – Os prazos fixados em dias neste contrato são contados nos termos do artigo 72.º do Código do Procedimento Administrativo.

CLÁUSULA 57.ª

Anexos

Integram o presente contrato os seguintes anexos:

a) Anexo n.º 1 – planta;

b) Anexo n.º 2 – seguros.

ANEXO N.º 1

Planta

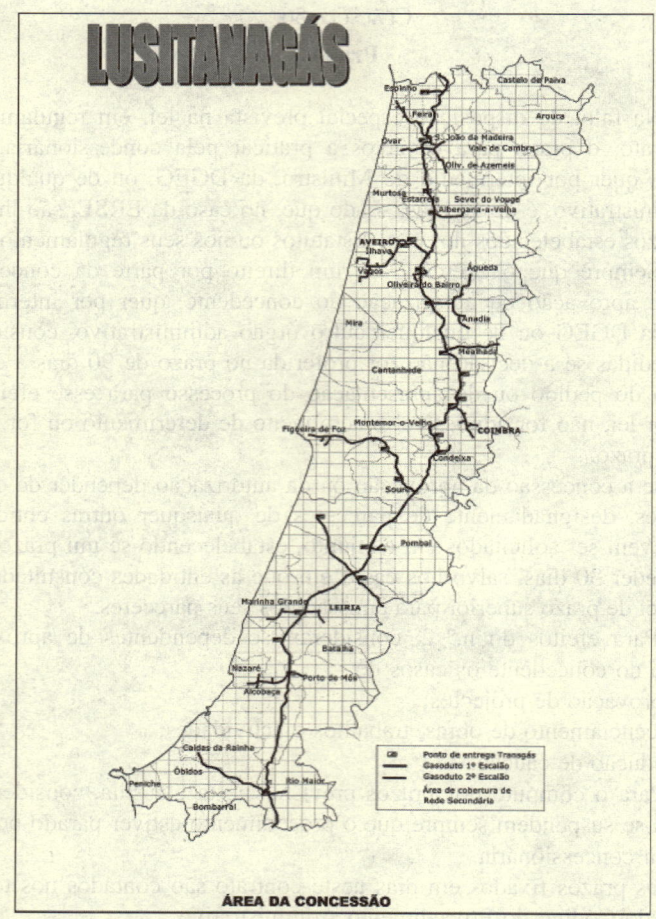

ANEXO N.º 2

Seguros

1 – Seguro de responsabilidade civil – cláusula 31.ª, n.ºˢ 1 e 2.

Montante – valor a fixar por portaria do ministro responsável pela área da energia e actualizável de três em três anos.

2 – Seguros para cobertura dos riscos da concessão (danos próprios) – cláusula 31.ª, n.ºˢ 4 e 5.

Montante – o valor dos seguros deverá corresponder aos de reposição, em novo, dos activos da concessão da actividade de distribuição regional de gás natural, atribuída à LUSITANIAGÁS – Companhia de Gás do Centro, S. A.

3 – Seguro de responsabilidade civil – cláusula 36.ª

DGEG:

Montante – € 250 000 por pessoa segura;

Número de pessoas seguras – seis;

Número de dias/ano – seis.

ERSE:

Montante e número de pessoas seguras:

€ 560 000 – uma pessoa (director);

€ 400 000 – duas pessoas (consultor);

€ 300 000 – três pessoas (outros);

Número de dias/ano – seis.

Minuta do contrato de concessão da actividade de distribuição de gás natural entre o Estado Português e a PORTGÁS – Sociedade de Produção e Distribuição de Gás, S. A.

Aos ... dias do mês de ... do ano de 2008, nas instalações do Ministério da Economia e da Inovação, sitas na Rua da Horta Seca, 15, da cidade de Lisboa, compareceram perante mim, ..., investido das funções de oficial público nos actos e contratos em que participem como outorgantes os membros do Governo, nos termos legais:

Como primeiro outorgante o Estado Português, representado pelo Prof. Doutor Manuel António Gomes de Almeida de Pinho, na qualidade de Ministro da Economia e da Inovação, ao abrigo do disposto no n.º 2 do artigo 7.º do Decreto-Lei n.º 140/2006, de 26 de Julho, doravante designado «Estado», e como segunda outorgante a PORTGÁS – Sociedade de Produção e Distribuição de Gás, S. A., com sede na ..., com o capital social de € ...,00, matriculada na Conservatória do Registo Comercial de ..., sob o n.º ..., pessoa colectiva n.º ..., representada por ... e por ..., na qualidade de ..., doravante designada «concessionária».

Pelos outorgantes na qualidade em que outorgam foi dito:

Considerando:

1) A qualidade da PORTGÁS – Sociedade de Produção e Distribuição de Gás, S. A., de concessionária da exploração, em regime de serviço público, da rede de distribuição regional de gás natural do Norte, bem como da construção e instalação dos inerentes equipamentos;

2) O cumprimento integral, pela concessionária, do contrato de concessão da rede de distribuição regional de gás natural do Norte, celebrado com o Estado Português em 16 de Dezembro de 1993, posteriormente alterado por Apostilha outorgada em 3 de Outubro de 1995;

3) As alterações introduzidas ao regime de exercício da actividade de distribuição de gás natural pelos Decretos-Leis n.ºs 30/2006, de 15 de Fevereiro, e 140/2006, de 26 de Julho, alterações essas decorrentes da implementação das regras comuns para o mercado interno do gás natural objecto da Directiva n.º 2003/55/CE, do Parlamento Europeu e do Conselho, de 26 de Junho;

4) O disposto nos artigos 66.º do Decreto-Lei n.º 30/2006 e 70.º do Decreto-Lei n.º 140/2006, de 26 de Julho;

5) As bases das concessões da actividade de distribuição de gás natural constantes do anexo IV do Decreto-Lei n.º 140/2006;

6) O calendário de abertura do mercado do gás natural fixado no artigo 64.º do Decreto-Lei n.º 140/2006 que completa a transposição da referida Directiva n.º 2003/55/CE, do Parlamento Europeu e do Conselho;

7) A carta da Entidade Reguladora dos Serviços Energéticos (ERSE) à Direcção-Geral de Energia e Geologia de 17 de Janeiro de 2008, sobre a «modificação dos actuais contratos de concessão de distribuição regional de gás», da qual se deu conhecimento à concessionária:

Acordam o seguinte:

1 – O contrato de concessão da rede de distribuição regional de gás natural do Norte celebrado entre o Estado e a concessionária por escritura de 16 de Dezembro de 1993, alterado por Apostilha outorgada por escritura de 3 de Outubro de 1995, é modificado nos termos estabelecidos no documento complementar, rubricado e assinado por todos os outorgantes, que com os respectivos anexos fica a fazer parte integrante da presente escritura, nos termos do n.º 2 do artigo 64.º do Código do Notariado, documento cujo conteúdo declaram conhecer perfeitamente, pelo que é dispensada a sua leitura.

2 – A modificação do contrato de concessão acordada neste acto produz efeitos desde 1 de Janeiro de 2008.

3 – A partir de 1 de Janeiro de 2008, os contratos de fornecimento de gás natural celebrados pela concessionária passam para a titularidade de sociedade a constituir pela concessionária em regime de domínio total inicial, de acordo com o disposto nos n.ºs 2 e 4 do artigo 67.º do Decreto-Lei n.º 140/2006, de 26

de Julho, e de acordo com as disposições do Decreto-Lei n.º 30/2006, de 15 de Fevereiro, aplicáveis à separação de actividades.

4 – Logo que a concessionária comunicar a constituição da sociedade prevista no número anterior, o Estado obriga-se a atribuir-lhe, através da DGEG, uma licença de comercialização de último recurso, nos termos constantes dos n.ᵒˢ 2 e 3 do artigo 67.º do Decreto-Lei n.º 140/2006, de modo que seja possível à mesma sociedade comercializar gás natural a todos os clientes que o solicitem e consumam anualmente quantidades de gás natural inferiores a 2 milhões de metros cúbicos normais na área da concessão.

5 – Pelo exercício da actividade de comercialização de último recurso é assegurada à sociedade referida no número anterior uma margem de comercialização que incorpora uma adequada remuneração do fundo de maneio em termos equivalentes aos estabelecidos para os outros activos da concessionária e que lhe assegure o equilíbrio económico e financeiro da actividade em condições de gestão eficiente nos termos da legislação e regulamentação aplicáveis. Considera-se o disposto no presente número como reproduzido na respectiva licença de comercialização de último recurso.

6 – A partir de 1 de Janeiro de 2008, os contratos de fornecimento de gás propano, bem como os activos afectos a essa actividade, passam para a titularidade de uma sociedade a constituir pela concessionária, em regime de domínio total inicial, sociedade à qual será reconhecido, desde que cumpridos todos os requisitos legais e a pedido da mesma, o estatuto de entidade exploradora das instalações de armazenagem e das redes e ramais de distribuição de gás, sendo os activos atrás referidos transferidos pelo seu valor contabilístico líquido.

7 – A concessionária pode promover a constituição de uma sociedade em regime de domínio total inicial para exercer, mediante licença, a actividade de comercialização de gás natural em regime de mercado livre, para actuar de acordo com o calendário de abertura do mercado constante do n.º 1 do artigo 64.º do Decreto-Lei n.º 140/2006.

8 – É reconhecido à concessionária o direito de repercutir, para as entidades comercializadoras de gás ou para os consumidores finais, o valor integral das taxas de ocupação do subsolo liquidado pelas autarquias locais que integram a área da concessão na vigência do anterior contrato de concessão mas ainda não pago ou impugnado judicialmente pela concessionária, caso tal pagamento venha a ser considerado obrigatório pelo órgão judicial competente, após trânsito em julgado da respectiva sentença, ou após consentimento prévio e expresso do concedente.

9 – Para efeitos do estabelecido no número anterior, os valores que vierem a ser pagos pela concessionária em cada ano civil serão repercutidos sobre as entidades comercializadoras utilizadoras das infra-estruturas ou sobre os consumidores finais servidos pelas mesmas, durante os «anos gás» seguintes, nos termos a definir pela ERSE. No caso específico das taxas de ocupação do subsolo,

a repercussão será ainda realizada por município, tendo por base o valor efectivamente cobrado pelo mesmo.

10 – No intuito de assegurar o equilíbrio económico e financeiro da actual concessão decorrente da modificação do respectivo regime contratual, o Estado assegura à concessionária a remuneração da actividade concessionada, nos termos a estabelecer pela ERSE, uma reavaliação dos activos da concessão nos termos do artigo 70.º do Decreto-Lei n.º 140/2006, de 26 de Julho, bem como o direito à reavaliação dos activos da concessão e o prolongamento do prazo de concessão, nos termos constantes do novo contrato de concessão anexo.

11 – O Estado assegura ainda à entidade titular da licença de comercialização de último recurso o direito, durante os cinco primeiros períodos regulatórios, a um proveito permitido adicional de € 4/cliente/ano, considerando o número de clientes reportado ao início de cada período regulatório. Considera-se o disposto no presente número como reproduzido na respectiva licença de comercialização de último recurso.

12 – Com a assinatura da presente escritura, do novo contrato de concessão anexo e da atribuição da licença de comercialização de último recurso, a concessionária declara nada ter a reclamar do Estado devido à modificação do contrato de concessão referido no considerando 2), dando-lhe plena quitação para efeitos da reposição do equilíbrio económico e financeiro previsto no contrato de concessão referido no considerando 2).

Assim o disseram e outorgaram.

Verifiquei a qualidade e suficiência dos poderes de representação necessários para este acto, pela forma seguinte:

Quanto ao primeiro outorgante, pela fotocópia do Decreto-Lei n.º ...;

Quanto aos representantes do segundo outorgante, pelos poderes conferidos pelo conselho de administração, constantes da acta n.º ...

Esteve presente a este acto ...

Foram entregues e arquivados os seguintes documentos:

a) ...
b) ...
c) ...

Esta escritura foi lida e o seu conteúdo foi explicado na presença simultânea dos outorgantes, pessoas cujas entidades verifiquei.

CLÁUSULA 1.ª
Definições e interpretação

1 – Para efeitos do presente contrato, incluindo os seus anexos, os termos e siglas abaixo indicados terão o significado que a seguir lhes é apontado, salvo se do contexto resultar sentido diferente:

Ano Gás – período de 12 meses para efeitos de regulação;

Baixa pressão – a pressão igual ou inferior a 4 bar;

Concedente – Estado Português, enquanto signatário do contrato ou primeiro outorgante;

Concessionária – PORTGÁS – Sociedade de Produção e Distribuição de Gás, S. A., sociedade signatária do contrato ou segunda outorgante;

Consumidor – cliente final de gás natural;

DGEG – Direcção-Geral de Energia e Geologia;

ERSE – Entidade Reguladora dos Serviços Energéticos;

Distribuição de gás natural – veiculação de gás natural em redes de distribuição de média e de baixa pressão para entrega aos clientes, excluindo a comercialização;

GNL – gás natural na forma liquefeita;

Média pressão – pressão cujo valor relativamente à pressão atmosférica é superior a 4 bar e igual ou inferior a 20 bar;

Ministro – ministro responsável pela área da energia em geral e do gás natural em particular;

RAF – o rácio de autonomia financeira ou o rácio de balanço de fundos próprios, que corresponde ao rácio entre o valor do «capital próprio» e o valor do «activo imobilizado líquido», este entendido como o valor do conjunto das imobilizações corpóreas e incorpóreas, líquidas de amortizações e provisões;

Rede de distribuição – rede utilizada para condução de gás natural, dentro de uma zona de consumo, para o consumidor final. Compreende, nomeadamente, as condutas, as válvulas de seccionamento, os postos de redução de pressão, os aparelhos e os acessórios;

UAG – instalação autónoma de recepção, armazenamento e regaseificação de GNL para emissão em rede de distribuição ou directamente ao cliente final.

2 – As definições constantes do Decreto-Lei n.º 30/2006, de 15 de Fevereiro, e, bem assim, do Decreto-Lei n.º 140/2006, de 26 de Julho, que não estejam em contradição com as constantes do n.º 1 desta cláusula serão igualmente utilizadas para efeitos do presente contrato, prevalecendo, em caso de divergência ou dúvida, sobre as definições expressas no presente contrato.

3 – Neste contrato, a menos que o respectivo contexto imponha expressamente um sentido diverso:

a) As referências a preceitos legais regulamentares ou contratuais serão interpretadas como abrangendo as modificações de que os mesmos sejam objecto, salvo quando essas modificações tenham carácter supletivo;

b) As referências a cláusulas, números ou anexos devem interpretar-se como visando as cláusulas, números ou anexos do presente contrato;

c) As referências a este contrato abrangem os respectivos anexos;

d) As expressões definidas no singular poderão ser utilizadas no plural e vice-versa, com a correspondente alteração do respectivo significado.

4 – As epígrafes das cláusulas do presente contrato são utilizadas por razões de simplificação, não constituindo suporte da interpretação ou integração do mesmo.

5 – Os anexos ao presente contrato fazem parte integrante do mesmo para todos os efeitos legais e contratuais.

6 – Caso alguma das cláusulas do presente contrato venha a ser julgada nula ou por qualquer forma inválida, ineficaz ou inexequível, por uma entidade competente para o efeito, tal nulidade, invalidade, ineficácia ou inexequibilidade não afectará a validade das restantes cláusulas do contrato, comprometendo-se as partes a acordar, de boa fé, uma disposição que substitua aquela e que, tanto quanto possível, produza os mesmos efeitos, salvo se os efeitos das referidas cláusulas forem legalmente impossíveis ou proibidos.

7 – Nos casos omissos aplica-se o disposto nas bases de concessão aprovadas pelo Decreto-Lei n.º 140/2006, de 26 de Julho, que integram o seu anexo IV.

8 – Na interpretação e integração do regime do presente contrato entender-se-á que à prevalência do concedente na boa e atempada execução do serviço público corresponde a prevalência do interesse económico da concessionária.

CLÁUSULA 2.ª
Objecto da concessão

1 – A concessão tem por objecto a actividade de distribuição de gás natural em baixa e média pressão, exercida em regime de serviço público, na área de concessão definida na cláusula 4.ª

2 – Integram-se no objecto da concessão:

a) O recebimento, a veiculação e a entrega de gás natural através da rede de média e baixa pressão;

b) A construção, a manutenção, a operação e a exploração de todas as infra-estruturas que integram a RNDGN, na área correspondente à presente concessão, e, bem assim, das instalações necessárias para a sua operação;

c) A promoção da construção, conversão ou adequação e eventual comparticipação de instalações de utilização de gás natural, propriedade dos clientes finais, de modo que seja possível o abastecimento das mesmas a gás natural.

3 – Os custos decorrentes da actividade mencionada na alínea c) do n.º 2, nos termos previstos e aprovados em PDIR, serão incluídos no activo da concessionária, fazendo parte integrante do activo afecto à concessão, nomeadamente para efeitos de remuneração.

4 – Integram-se ainda no objecto da concessão:

a) O planeamento, o desenvolvimento, a expansão e a gestão técnica da RNDGN, na área da concessão;

b) A gestão da interligação da RNDGN com a RNTGN.

5 – Mediante autorização prévia do concedente, a concessionária pode distribuir gás natural a partir de UAG sempre que tal decisão seja fundamentada e corresponda à solução técnica e económica mais adequada ao caso concreto, aplicando-se à distribuição de gás natural a partir de UAG todos os direitos e deveres que pendem sobre a distribuição por condutas.

CLÁUSULA 3.ª

Outras actividades

1 – Sem prejuízo do disposto no artigo 31.º do Decreto-Lei n.º 30/2006, de 15 de Fevereiro, precedendo autorização do concedente, através do Ministro, a conceder caso a caso, a concessionária pode exercer outras actividades para além da que se integra no objecto da concessão, no respeito pela legislação aplicável ao sector do gás natural, com fundamento no proveito daí resultante para a presente concessão ou com vista a optimizar a utilização dos bens afectos à mesma, desde que essas actividades sejam acessórias ou complementares e não prejudiquem a regularidade e a continuidade da prestação do serviço público.

2 – A concessionária é desde já autorizada, nos termos do número anterior, a explorar, directa ou indirectamente, ou a ceder a exploração da capacidade excedentária da rede de telecomunicações instalada para a operação da RNDGN.

3 – Sem prejuízo do estabelecido no número anterior, o concedente fica desonerado de qualquer responsabilidade na eventualidade de a concessionária vir a ser condenada no pagamento a terceiros de quaisquer indemnizações, nomeadamente as resultantes das servidões constituídas.

CLÁUSULA 4.ª

Área e exclusividade da concessão

1 – A concessão tem como âmbito geográfico os concelhos identificados na planta que constitui o anexo n.º 1 do presente contrato.

2 – A presente concessão é exercida em regime de exclusivo, sem prejuízo do direito de acesso de terceiros às várias infra-estruturas que a integram, nos termos previstos no presente contrato e na legislação e regulamentação aplicáveis.

3 – O regime de exclusivo referido no n.º 2 pode ser alterado em conformidade com a política energética aprovada pela União Europeia e aplicável ao Estado Português, comprometendo-se o concedente a promover a reposição do equilíbrio económico e financeiro da concessão, nos termos previstos na cláusula 40.ª

CLÁUSULA 5.ª
Prazo da concessão

1 – A concessão tem a duração de 40 anos contados a partir de 1 de Janeiro de 2008, podendo ser renovada nos termos da base III das bases de concessão da actividade de distribuição de gás natural anexas ao Decreto-Lei n.º 140/2006, de 26 de Julho.

2 – No cômputo do prazo de concessão não se contam os atrasos na implantação de infra-estruturas ou a suspensão da exploração do serviço devidos a:

a) Casos de força maior;

b) Acções ou omissões imputáveis ao concedente que contrariem a lei ou o presente contrato e que condicionem a regular exploração da concessão;

c) Suspensões da construção ou da exploração do serviço determinadas pelo concedente por razões de interesse público e que não sejam devidas a incumprimento da lei ou deste contrato imputáveis à concessionária;

d) Quaisquer outras circunstâncias consideradas atendíveis pelo Ministro.

3 – A concessionária deve notificar o concedente, através da DGEG, de quaisquer factos que ocorram nos termos do número anterior e que sejam susceptíveis de suspender o cômputo do prazo da concessão.

CLÁUSULA 6.ª
Serviço público

1 – A concessionária deve desempenhar a actividade concessionada de acordo com as exigências de um regular, contínuo e eficiente funcionamento do serviço público e adoptar, para o efeito, os melhores procedimentos, meios e tecnologias utilizados no sector do gás, com vista a garantir, designadamente, a segurança de pessoas e bens e a segurança do abastecimento.

2 – Com o objectivo de assegurar a permanente adequação da concessão às exigências da regularidade, da continuidade e eficiência do serviço público, o concedente reserva-se no direito de alterar, por via legal ou regulamentar, as condições da sua exploração.

3 – Quando, por efeito do disposto no número anterior, se alterem significativamente as condições de exploração da concessão, o concedente compromete-se a promover a reposição do equilíbrio económico e financeiro da concessão, nos termos previstos na cláusula 40.ª, a menos que o mesmo demonstre que a concessionária está em condições de prover a tal reposição recorrendo aos meios resultantes de uma correcta e prudente gestão dos próprios recursos afectos à concessão.

4 – A concessionária deverá respeitar as boas práticas ambientais e a promoção da utilização racional de energia, nos termos da regulamentação em vigor.

CLÁUSULA 7.ª
Direitos e obrigações da concessionária

1 – A concessionária beneficia dos direitos e encontra-se sujeita às obrigações estabelecidas nos Decretos-Leis n.ᵒˢ 30/2006, de 15 de Fevereiro, e 140/2006, de 26 de Julho, e demais legislação e regulamentação aplicáveis à actividade que integra o objecto da concessão, sem prejuízo dos demais direitos e obrigações estabelecidos no presente contrato.

2 – Assiste à concessionária o direito de repercutir sobre os utilizadores das suas infra-estruturas, quer se trate de entidades comercializadoras de gás ou de consumidores finais, o valor integral de quaisquer taxas, independentemente da sua designação, desde que não constituam impostos directos, que lhe venham a ser cobrados por quaisquer entidades públicas, directa ou indirectamente atinentes à distribuição de gás, incluindo as taxas de ocupação do subsolo cobradas pelas autarquias locais.

3 – Na sequência do estabelecido no n.º 2 e no que respeita às taxas de ocupação do subsolo a liquidar pelas autarquias locais que integram a área da concessão, os valores pagos pela concessionária em cada ano civil serão repercutidos por município sobre as entidades comercializadoras utilizadoras das infra-estruturas ou sobre os consumidores finais servidos pelas mesmas nos termos a definir pela ERSE.

CLÁUSULA 8.ª
Princípios aplicáveis às relações com os utilizadores

1 – A concessionária deve proporcionar aos utilizadores da RNDGN, de forma não discriminatória e transparente, o acesso às respectivas infra-estruturas, nos termos previstos no presente contrato e na legislação e regulamentação aplicáveis, não podendo estabelecer diferenças de tratamento entre os referidos utilizadores que não resultem da aplicação de critérios ou de condicionalismos legais, regulamentares ou técnicos, ou ainda de condicionalismos de natureza contratual desde que aceites pela ERSE.

2 – As condições a integrar nos contratos de uso das infra-estruturas devem respeitar o disposto no Regulamento de Acesso às Redes, às Infra-Estruturas e às Interligações.

3 – O disposto no n.º 1 não impede a concessionária de celebrar contratos a longo prazo, no respeito pelas regras da concorrência e da legislação e regulamentação aplicáveis.

4 – A concessionária deve facultar aos utilizadores da rede as informações de que estes necessitem para o acesso à mesma.

5 – A concessionária tem o direito de cobrar a terceiros que utilizem as redes e demais infra-estruturas e em contrapartida pela prestação dos serviços inerentes uma retribuição por aplicação de tarifas reguladas, definidas nos termos do Regulamento Tarifário.

6 – Os utilizadores devem prestar à concessionária todas as informações que esta considere necessárias à correcta exploração das respectivas infra-estruturas e instalações.

7 – A concessionária deve assegurar o tratamento de dados de utilização da rede no respeito pelas disposições legais de protecção de dados pessoais e preservar a confidencialidade das informações comercialmente sensíveis obtidas no exercício da sua actividade.

8 – A concessionária deve manter um registo, por um prazo de cinco anos, das queixas ou reclamações que lhe tenham sido apresentadas pelos utilizadores.

CLÁUSULA 9.ª
Bens e meios afectos à concessão

1 – Consideram-se afectos à concessão os bens que constituem a RNDGN, na parte correspondente à respectiva área, designadamente:

a) O conjunto de condutas de distribuição de gás natural, a jusante das estações de redução de pressão de 1.ª classe, ou a jusante de unidades autónomas de gás no caso em que o gás natural assim lhe é entregue pela concessionária da RNTGN, com as respectivas tubagens, válvulas de seccionamento, antenas e demais equipamentos de manuseamento;

b) As eventuais unidades autónomas de gás;

c) As instalações afectas à operação de entrega de gás natural a clientes finais, incluindo todo o equipamento de controlo, regulação e medida indispensável à operação e funcionamento do sistema de distribuição de gás natural;

d) As instalações e equipamentos de telecomunicações, telemedida e telecomando afectas à gestão das instalações de distribuição e entrega de gás natural aos consumidores.

2 – Consideram-se ainda afectos à concessão:

a) Os imóveis pertencentes à concessionária em que estejam implantados os bens referidos no número anterior, assim como as servidões constituídas em benefício da concessão;

b) Outros bens móveis ou direitos relativos a bens imóveis utilizados ou relacionados com o exercício da actividade objecto da concessão;

c) Os direitos privativos de propriedade intelectual e industrial de que a concessionária seja titular, desde que os mesmos estejam directa e complementarmente ligados ao objecto da concessão e sejam indispensáveis ao exercício da actividade concessionada;

d) Quaisquer fundos ou reservas consignados à garantia do cumprimento das obrigações da concessionária, por força de obrigação emergente da lei ou deste contrato e enquanto durar essa vinculação;

e) As relações e posições jurídicas directamente relacionadas com a concessão, nomeadamente laborais, de empreitada, de locação, de financiamento e de prestação de serviços;

f) Os activos incorpóreos correspondentes aos investimentos realizados pela concessionária associados aos processos de conversão de clientes finais para gás natural;

g) Todos os outros activos incorpóreos não referidos nos números anteriores cuja incorporação tenha ocorrido antes da publicação do Decreto-Lei n.º 140/2006 e desde que directamente relacionados com a actividade de distribuição.

CLÁUSULA 10.ª
Inventário do património

1 – A concessionária deve elaborar e manter permanentemente actualizado, e à disposição do concedente, um inventário do património afecto à concessão.

2 – No inventário a que se refere o número anterior devem mencionar-se os ónus ou encargos que recaem sobre os bens afectos à concessão.

3 – Os bens e direitos tornados desnecessários à actividade concedida devem ser abatidos ao inventário da concessão nos termos do n.º 2 da cláusula 12.ª

CLÁUSULA 11.ª
Manutenção dos meios afectos à concessão

A concessionária obriga-se a manter, durante o prazo de vigência da concessão, em permanente estado de bom funcionamento, conservação e segurança, os bens e meios afectos à concessão, efectuando para tanto as reparações, renovações, adaptações e modernizações necessárias ao bom desempenho do serviço público concedido.

CLÁUSULA 12.ª
Regime de oneração e transmissão dos bens afectos à concessão

1 – A concessionária não pode onerar ou transmitir, por qualquer forma, os bens que integram a concessão, sem prejuízo do disposto nos números seguintes.

2 – Os bens e direitos que tenham perdido utilidade para a concessão devem ser abatidos ao inventário referido na cláusula 10.ª, mediante prévio

pedido de autorização da concessionária ao concedente, que se considera deferida se este não se opuser no prazo de 30 dias contados da recepção do pedido.

3 – A oneração ou transmissão de bens imóveis afectos à concessão fica sujeita a autorização prévia do Ministro.

4 – A oneração ou transmissão de bens ou direitos afectos à concessão em desrespeito do disposto no presente contrato determina a nulidade dos respectivos actos ou contratos.

5 – O valor dos bens transmitidos reverte a favor da concessão na medida em que tiverem sido remunerados através das tarifas ou beneficiado de incentivos ou subsídios concedidos a fundo perdido.

CLÁUSULA 13.ª

Posse e propriedade dos bens

1 – A concessionária detém a posse e propriedade dos bens afectos à concessão até à extinção desta.

2 – Com a extinção da concessão, os bens a ela afectos transmitem-se para o concedente nos termos previstos nos n.ᵒˢ 2 e 3 da cláusula 45.ª

CLÁUSULA 14.ª

Concessionária, objecto social, sede e forma

1 – A concessionária deve ter como objecto social principal, ao longo de todo o período de duração da concessão, o exercício da actividade integrada no objecto da concessão, devendo manter ao longo do mesmo período a sua sede em Portugal e a forma de sociedade anónima, regulada pela lei portuguesa.

2 – O objecto social da concessionária pode incluir o exercício de outras actividades, para além da que integra o objecto da concessão, e, bem assim, a participação no capital de outras sociedades, desde que seja respeitado o disposto na cláusula 3.ª e na legislação aplicável ao sector do gás natural.

CLÁUSULA 15.ª

Acções da sociedade concessionária

1 – Todas as acções representativas do capital social da concessionária são obrigatoriamente nominativas.

2 – A oneração e a transmissão de acções representativas do capital social da concessionária depende, sob pena de nulidade, de autorização prévia do

Ministro, a qual não pode ser infundadamente recusada, e considera-se tacitamente concedida se não for recusada, por escrito, no prazo de 30 dias a contar a partir da data da respectiva solicitação.

3 – Exceptua-se do disposto no número anterior a oneração de acções efectuada em benefício das entidades financiadoras da actividade que integra o objecto da presente concessão, e no âmbito dos contratos de financiamento que venham a ser celebrados pela concessionária para o efeito, desde que as entidades financiadoras assumam, nos referidos contratos, a obrigação de obter a autorização prévia do concedente em caso de execução das garantias de que resulte a transmissão a terceiros das acções oneradas.

4 – A oneração de acções referida no número anterior deve, em qualquer caso, ser comunicada ao concedente, a quem deve ser enviada, no prazo de 30 dias a contar a partir da data em que seja constituída, cópia certificada do documento que formaliza a oneração e, bem assim, informação detalhada sobre quaisquer outros termos e condições que forem estabelecidos.

CLÁUSULA 16.ª

Deliberações dos órgãos da sociedade concessionária e acordos entre accionistas

1 – Ficam sujeitas a autorização prévia do concedente, através do Ministro, as deliberações da concessionária relativas à alteração do objecto social, à transformação, fusão, cisão ou dissolução da sociedade.

2 – Os acordos parassociais celebrados entre os accionistas da concessionária, bem como as respectivas alterações das quais possa resultar, directa ou indirectamente, a modificação das regras relativas à sociedade concessionária estabelecidas no presente contrato, devem ser objecto de aprovação prévia pelo concedente, dada através do Ministro.

3 – As autorizações e aprovações, pelo concedente, previstas na presente cláusula não podem ser infundadamente recusadas e consideram-se tacitamente concedidas se não forem recusadas, por escrito, no prazo de 30 dias a contar a partir da data da respectiva solicitação.

CLÁUSULA 17.ª

Financiamento

1 – A concessionária deve promover o financiamento adequado ao desenvolvimento do objecto da concessão de forma a cumprir cabal e atempadamente todas as obrigações que assume no presente contrato.

2 – A concessionária deve manter no final de cada ano um RAF superior a 20 %.

CLÁUSULA 18.ª

Projectos

1 – A construção e a exploração das infra-estruturas que integram esta concessão ficam sujeitas à aprovação dos respectivos projectos, nos termos da legislação aplicável.

2 – A construção pela concessionária das redes de distribuição previstas em planos municipais ou intermunicipais de ordenamento do território ou em vias públicas não carece de prévia aprovação dos respectivos projectos, devendo a concessionária ponderar todas as interferências junto das câmaras municipais competentes.

3 – Não carecem de aprovação nem de licença as obras urgentes executadas para fazer face a situações em que perigue a segurança de pessoas e bens.

4 – A concessionária é responsável, no respeito pela legislação e regulamentação aplicáveis, pela concepção, projecto e construção de todas as infra-estruturas e instalações abrangidas pela concessão, incluindo a sua remodelação e expansão.

5 – A aprovação de quaisquer projectos pelo concedente não implica a assunção por este de qualquer responsabilidade derivada de erros de concepção, de projecto, de construção ou da inadequação das instalações e do equipamento ao serviço da concessão.

CLÁUSULA 19.ª

Direitos e deveres decorrentes da aprovação dos projectos

1 – A aprovação dos respectivos projectos implica a declaração de utilidade pública dos mesmos e confere à concessionária, nomeadamente, os seguintes direitos:

a) Utilizar, de acordo com a legislação aplicável, os bens do domínio público ou privado do Estado e de outras pessoas colectivas públicas para o estabelecimento ou passagem das respectivas infra-estruturas ou instalações;

b) Constituir, nos termos da legislação aplicável, as servidões sobre os imóveis necessárias ao estabelecimento das respectivas infra-estruturas ou instalações;

c) Proceder à expropriação, por utilidade pública urgente, nos termos da legislação aplicável, dos bens imóveis, ou dos direitos a eles relativos, necessários ao estabelecimento das respectivas infra-estruturas ou instalações.

2 – As licenças e autorizações exigidas por lei para a exploração das infra-estruturas e instalações consideram-se outorgadas à concessionária com a aprovação dos respectivos projectos, sem prejuízo da verificação por parte das entidades licenciadoras da conformidade na sua execução.

3 – Cabe à concessionária o pagamento das indemnizações decorrentes do exercício dos direitos referidos no n.º 1.

4 – No atravessamento de terrenos do domínio público ou do domínio privado do Estado, de terrenos de outras pessoas colectivas de direito público e de terrenos de particulares, a concessionária deve adoptar os procedimentos estabelecidos na legislação aplicável e proceder à reparação de todos os prejuízos que resultem dos trabalhos executados.

CLÁUSULA 20.ª
Planeamento, remodelação e expansão das redes e demais infra-estruturas

1 – O planeamento das redes e demais infra-estruturas está integrado no planeamento da RNDGN, deve ter em conta, em particular, a obrigação de satisfação da procura de utilização das infra-estruturas, devendo ser coordenado com o planeamento da RNTIAT, nos termos previstos na legislação e regulamentação aplicáveis.

2 – Constitui encargo e responsabilidade da concessionária o planeamento, remodelação, desenvolvimento e expansão das redes e demais infra-estruturas de distribuição de gás natural que integram a presente concessão, com vista a assegurar a permanente existência de capacidade nas infra-estruturas, tendo em conta as condições exigíveis à satisfação do consumo na área da concessão, de acordo com a expansão previsional indicada no PDIR.

3 – A concessionária deve observar na remodelação e expansão das infra-estruturas os prazos de execução adequados à permanente satisfação das necessidades do abastecimento de gás natural, identificadas no respectivo PDIR.

4 – Por razões de interesse público, nomeadamente as relativas à segurança, regularidade e qualidade do abastecimento, o concedente poderá determinar a remodelação ou expansão da rede de distribuição objecto deste contrato, sem prejuízo do disposto na cláusula 40.ª

CLÁUSULA 21.ª
Direitos de propriedade industrial e serviços de terceiros

A concessionária deve respeitar, no exercício da sua actividade, as normas relativas à tutela e salvaguarda dos direitos privativos de propriedade industrial, sendo da sua exclusiva responsabilidade os efeitos decorrentes da sua violação.

CLÁUSULA 22.ª
Condições de exploração da concessão

1 – A concessionária, enquanto operadora da RNDGN na área identificada na cláusula 4.ª, é responsável pela exploração e pela manutenção das redes, demais infra-estruturas e respectivas instalações que integram a presente concessão, em condições de segurança, fiabilidade e qualidade de serviço no respeito pela legislação e regulamentação aplicáveis.

2 – A concessionária deve assegurar-se de que o gás natural a transportar na sua rede e demais infra-estruturas cumpre as características técnicas e as especificações de qualidade estabelecidas na regulamentação aplicável e que a sua distribuição é efectuada em condições técnicas adequadas, de forma a garantir a segurança de pessoas e bens.

3 – No âmbito do exercício da actividade concessionada, a concessionária deve gerir os fluxos de gás natural na sua rede e demais infra-estruturas, assegurando a sua interoperacionalidade com as redes e demais infra-estruturas a que esteja ligada, designadamente as instalações dos consumidores finais, no respeito pela regulamentação aplicável.

4 – A concessionária deve garantir, ainda, a oferta de capacidade a longo prazo da respectiva rede de distribuição, contribuindo para a segurança do abastecimento, nos termos do PDIR.

CLÁUSULA 23.ª
Deveres de informação

1 – A concessionária fica obrigada a fornecer ao concedente, através da DGEG e da ERSE, todos os elementos que estas entidades lhe solicitarem relativos à concessão e a outras actividades autorizadas nos termos da cláusula 3.ª, designadamente os elementos necessários à resposta a quaisquer pedidos da Comissão Europeia.

2 – A concessionária deve, em obediência às disposições regulamentares aplicáveis, fornecer ao operador de qualquer outra rede à qual esteja ligada e aos intervenientes no SNGN, observando as disposições regulamentares aplicáveis, as informações necessárias para permitir um desenvolvimento coordenado das diversas redes e um funcionamento seguro e eficiente do SNGN.

Cláusula 24.ª

Participação de desastres e acidentes

1 – A concessionária fica obrigada a participar imediatamente à DGEG todos os desastres e acidentes ocorridos nas suas instalações e, se tal não for possível, no prazo máximo de três dias a contar desde a data da ocorrência.

2 – Sem prejuízo das competências atribuídas às autoridades públicas, sempre que dos desastres ou acidentes resultem mortes, ferimentos graves ou prejuízos materiais importantes, a concessionária deve elaborar, e enviar ao concedente, um relatório técnico com a análise das circunstâncias da ocorrência e com o estado das instalações.

Cláusula 25.ª

Ligações das redes de distribuição à RNTGN e aos consumidores

1 – A ligação das redes de distribuição à RNTGN deve respeitar as condições previstas nos regulamentos aplicáveis.

2 – A ligação das redes de distribuição aos consumidores finais deve respeitar as condições previstas nos regulamentos aplicáveis.

3 – A concessionária pode recusar, nos termos definidos na regulamentação em vigor, o acesso às respectivas redes e infra-estruturas com base na falta de capacidade ou falta de ligação, ou se esse acesso a impedir de cumprir as suas obrigações de serviço público.

4 – A concessionária pode ainda recusar a ligação aos consumidores finais sempre que as instalações e equipamentos de recepção dos mesmos não preencham as disposições legais e regulamentares aplicáveis, nomeadamente as respeitantes aos requisitos técnicos e de segurança.

5 – A concessionária pode impor aos consumidores, sempre que o exijam razões de segurança, a substituição, a reparação ou a adaptação dos respectivos equipamentos de ligação ou de recepção.

6 – A concessionária tem o direito de montar, nas instalações dos consumidores, equipamentos para a recolha de dados e para a realização de operações de telecomando e de telecomunicação, bem como sistemas de protecção nos pontos de ligação da sua rede com essas instalações e de aceder aos equipamentos de medição do gás dos utilizadores ligados às suas instalações, nos termos definidos na regulamentação em vigor.

7 – Os utilizadores da rede de distribuição devem prestar à concessionária todas as informações que esta considere necessárias à ligação dos consumidores finais e à correcta exploração das respectivas infra-estruturas e instalações.

CLÁUSULA 26.ª

Relacionamento com a concessionária da RNTGN no âmbito da gestão técnica global do SNGN

A concessionária fica sujeita às obrigações que decorrem do exercício, por parte da concessionária da RNTGN, das suas competências em matéria de gestão técnica global do SNGN, planeamento da RNTIAT e segurança do abastecimento, nos termos previstos na legislação e regulamentação aplicáveis.

CLÁUSULA 27.ª

Interrupção por facto imputável ao utilizador

A concessionária pode interromper a prestação do serviço público concessionado aos utilizadores, por factos que lhes sejam imputáveis, nos termos das bases da concessão e da regulamentação aplicável, nomeadamente nas situações previstas no Regulamento de Relações Comerciais e no Regulamento da Qualidade de Serviço.

CLÁUSULA 28.ª

Interrupções por razões de interesse público ou de serviço

1 – A prestação do serviço público pode ser interrompida pela concessionária por razões de interesse público, nomeadamente as que decorram da execução de planos nacionais de emergência, declarada ao abrigo da legislação e regulamentação aplicáveis.

2 – A concessionária pode, ainda, interromper a actividade objecto da concessão, por razões de serviço, num determinado ponto de entrega, quando haja necessidade imperiosa de realizar manobras ou trabalhos de ligação, reparação ou conservação das infra-estruturas ou instalações, desde que tenham sido esgotadas todas as possibilidades de alimentação alternativas.

3 – Nas situações previstas nos números anteriores, a concessionária deve avisar a DGEG, a concessionária da RNTGN, os utilizadores das respectivas redes e infra-estruturas e os consumidores que possam vir a ser afectados, alternativamente, por aviso individual, ou por intermédio de meios de comunicação social de grande audiência na região ou por outros meios ao seu alcance que proporcionem uma adequada divulgação, com a antecedência mínima de trinta e seis horas, salvo no caso da realização de trabalhos que a segurança de pessoas e bens torne inadiáveis ou quando haja necessidade urgente de trabalhos para garantir a segurança das redes e demais infra-estruturas de distribuição de gás natural.

CLÁUSULA 29.ª
Medidas de protecção

1 – Sem prejuízo das medidas de emergência que podem ser adoptadas pelo concedente, se se verificar uma situação que ponha em risco a segurança de pessoas ou bens, deve a concessionária promover imediatamente as medidas que entender necessárias em matéria de segurança.

2 – As medidas referidas no número anterior devem ser imediatamente comunicadas à DGEG, às respectivas autoridades concelhias, à autoridade policial da zona afectada e, se for caso disso, à Autoridade Nacional de Protecção Civil.

CLÁUSULA 30.ª
Responsabilidade civil

1 – A concessionária é responsável, nos termos gerais de direito, por quaisquer prejuízos causados ao concedente ou a terceiros, pela culpa ou pelo risco, no exercício da actividade objecto da concessão.

2 – Para os efeitos do disposto no artigo 509.º do Código Civil, entende-se que a utilização das infra-estruturas e das instalações que integram a concessão é feita no exclusivo interesse da concessionária.

CLÁUSULA 31.ª
Cobertura por seguros

1 – Para garantir o cumprimento das suas obrigações, a concessionária fica obrigada a celebrar e manter um seguro de responsabilidade civil.

2 – O montante do seguro mencionado no número anterior tem um valor mínimo obrigatório definido no anexo n.º 2 do presente contrato, cujo montante será actualizado trienalmente.

3 – A concessionária deve apresentar ao concedente, no prazo de 30 dias a contar da data da assinatura do presente contrato, os documentos comprovativos da celebração do seguro e, quando lhe for exigido, apresentar os documentos comprovativos da actualização referida no número anterior.

4 – Para além do seguro referido no n.º 1, a concessionária deve assegurar a existência e a manutenção em vigor das apólices de seguro necessárias para garantir uma efectiva cobertura dos riscos da concessão.

5 – No âmbito da obrigação referida no número anterior, a concessionária fica ainda obrigada a constituir seguros, nos termos a definir no anexo n.º 2 do presente contrato, envolvendo todas as infra-estruturas e instalações que integram a concessão, contra riscos de incêndio, explosão e danos devido a terramoto ou temporal.

CLÁUSULA 32.ª
Gestão técnica da rede

1 – No âmbito da gestão técnica global do SNGN, nos termos da regulamentação aplicável, a concessionária fica sujeita à gestão técnica global do SNGN, cuja responsabilidade cabe à entidade concessionária da operação da RNTGN.

2 – São direitos da concessionária da RNTGN no âmbito da gestão técnica global do SNGN, nomeadamente:

a) Exigir e receber dos operadores dos mercados e de todos os agentes directamente interessados a informação necessária para o correcto funcionamento da respectiva rede de distribuição;

b) Exigir aos terceiros com direito de acesso às suas infra-estruturas e instalações a comunicação dos seus planos de entrega e de levantamento e de qualquer circunstância que possa fazer variar substancialmente os planos comunicados;

c) Exigir o estrito cumprimento das instruções que emita para a correcta exploração do sistema, a manutenção das instalações e a adequada cobertura da procura;

d) Receber adequada retribuição pelos serviços prestados.

3 – São obrigações da concessionária da RNTGN no exercício da função de gestão técnica global do sistema, nomeadamente:

a) Actuar nas suas relações com os operadores e utilizadores da sua rede e infra-estruturas de forma transparente e não discriminatória;

b) Informar sobre a viabilidade de acesso, solicitado por terceiros, às infra-estruturas da sua rede e instalações;

c) Informar a DGEG, a ERSE e os operadores do SNGN, na forma, nos termos e na periodicidade prevista nos regulamentos, sobre a capacidade disponível da sua rede e infra-estruturas;

d) Monitorizar e reportar à ERSE a efectiva utilização da sua rede e infra-estruturas;

e) Desenvolver protocolos de comunicação com os diferentes operadores do SNGN com vista a criar um sistema de comunicação integrado para controlo e supervisão das operações do SNGN;

f) Emitir instruções sobre as operações de distribuição de forma a assegurar a entrega de gás em condições adequadas e eficientes nos pontos de saída da rede de distribuição, em conformidade com protocolos de actuação e de operação a estabelecer.

CLÁUSULA 33.ª
Planeamento da RNDGN

1 – O planeamento da rede e demais infra-estruturas objecto da presente concessão deve ser efectuado de molde a assegurar a existência de capacidade das infra-estruturas e o desenvolvimento sustentado e eficiente da rede e deve integrar o planeamento da RNTIAT.

2 – O planeamento da RNDGN compete à DGEG e deve ser devidamente coordenado com o planeamento das infra-estruturas e das instalações com que se interliga.

3 – Para efeitos do planeamento previsto nos números anteriores, devem ser elaborados pela concessionária e entregues à DGEG os seguintes documentos:

a) Caracterização da sua rede e infra-estruturas, que deve conter informação técnica que permita conhecer a situação das redes e restantes infra-estruturas, designadamente as capacidades nos vários pontos da rede, assim como o seu grau de utilização;

b) Proposta de plano de desenvolvimento da rede e demais infra-estruturas, que integrará o PDIR a elaborar pelo operador da RNDGN, observando, para além de critérios de racionalidade económica, as orientações de política energética, designadamente o que se encontra definido relativamente à capacidade e ao tipo das infra-estruturas de entrada de gás natural no sistema, as perspectivas de desenvolvimento dos sectores de maior e mais intenso consumo, as conclusões e recomendações contidas nos relatórios de monitorização, os padrões de segurança para planeamento das redes e as exigências técnicas e regulamentares.

4 – A proposta referida no n.º 1 deve ser submetida à concessionária da RNTGN, e por esta à DGEG, com a periodicidade de três anos, até ao final do 1.º trimestre, com início em 2008.

CLÁUSULA 34.ª
Caução

1 – Com a assinatura do presente contrato a concessionária prestou uma caução a favor do concedente no valor de € 2 000 000 como garantia do pontual e integral cumprimento das obrigações emergentes do contrato de concessão e da cobrança das multas aplicadas.

2 – O concedente pode utilizar a caução sempre que a concessionária não cumprir qualquer obrigação assumida no presente contrato.

3 – Sem prejuízo do disposto no número seguinte, o recurso à caução deve ser precedido de despacho do Ministro, não dependendo de qualquer outra formalidade ou de prévia decisão judicial ou arbitral.

4 – O concedente deve ouvir a concessionária, nos termos gerais do direito de audiência, antes de proceder à utilização da caução.

5 – Sempre que o concedente utilize a caução, a concessionária deve proceder à reposição do seu montante integral no prazo de 30 dias a contar da data daquela utilização.

6 – O valor da caução deve ser actualizado no início do 1.º trimestre de cada triénio, com referência à data da celebração do presente contrato, de acordo com o índice mensal de preços no consumidor, no continente, excluindo habitação, publicado pelo Instituto Nacional de Estatística.

7 – A caução só pode ser levantada pela concessionária um ano após a data de extinção deste contrato ou, antes de decorrido aquele prazo, por determinação expressa do concedente, através de despacho do Ministro, mas sempre após a extinção do presente contrato.

8 – A caução a que se refere a presente cláusula bem como outras que a concessionária venha a estar obrigada a constituir a favor do concedente devem ser prestadas por depósito em dinheiro ou por garantia bancária autónoma, à primeira solicitação, cujo texto deve ser previamente aprovado pela DGEG.

CLÁUSULA 35.ª
Fiscalização e regulação

1 – Sem prejuízo das competências atribuídas a outras entidades públicas, cabe à DGEG o exercício dos poderes de fiscalização da concessão, nomeadamente no que se refere ao cumprimento das disposições legais e regulamentares aplicáveis e do presente contrato.

2 – Sem prejuízo das competências atribuídas a outras entidades públicas, cabe à ERSE o exercício dos poderes de regulação da actividade que integra o objecto da concessão, nos termos previstos nas disposições legais e regulamentares aplicáveis.

3 – Para efeitos do disposto nos números anteriores, a concessionária deve prestar todas as informações e facultar todos os documentos que lhe forem solicitados pelas entidades fiscalizadora e reguladora, no âmbito das respectivas competências, bem como permitir o livre acesso dos funcionários e agentes das referidas entidades, devidamente credenciados e no exercício das suas funções, a todas as suas instalações.

CLÁUSULA 36.ª
Seguro de fiscalização

1 – No exercício da actividade fiscalizadora nas instalações da concessionária, o pessoal das entidades fiscalizadora e reguladora fica coberto por um

seguro de acidentes pessoais, a subscrever pela concessionária, de montante a definir no anexo n.º 2 do presente contrato.

2 – Para o cumprimento do disposto no número anterior, as entidades fiscalizadora e reguladora devem comunicar previamente à concessionária a identificação dos fiscais e a data da realização da acção fiscalizadora.

Cláusula 37.ª
Modificação unilateral do contrato

1 – O presente contrato pode ser modificado unilateralmente pelo concedente, por razões de interesse público, sem prejuízo da reposição do respectivo equilíbrio económico e financeiro nos termos previstos na cláusula 40.ª

2 – O contrato de concessão pode também ser alterado por força de disposição legal imperativa, designadamente decorrente das políticas energéticas aprovadas pela União Europeia e aplicáveis ao Estado Português, sem prejuízo da reposição do respectivo equilíbrio económico e financeiro, nos termos previstos na cláusula 40.ª

3 – No exercício do seu direito de modificação unilateral deste contrato, nos termos previstos nos números anteriores, o concedente deve, além de invocar tal direito, concretizar os respectivos fundamentos.

4 – O concedente deve, ainda, ouvir a concessionária, nos termos gerais do direito de audiência, antes de proceder a qualquer modificação a este contrato.

5 – Este contrato pode, ainda, ser modificado por acordo entre o concedente e a concessionária desde que a modificação não envolva a violação do regime jurídico da concessão nem implique a derrogação das respectivas bases.

Cláusula 38.ª
Transmissão e oneração da concessão

1 – A concessionária não pode, sem prévia autorização do concedente, dada através do Ministro, onerar, subconceder, trespassar ou transmitir, por qualquer forma, no todo ou em parte, a concessão ou realizar qualquer negócio jurídico que vise atingir ou tenha por efeito, mesmo que indirecto, idênticos resultados.

2 – Os actos praticados ou os contratos celebrados em violação do disposto no número anterior são nulos, sem prejuízo de outras sanções aplicáveis.

3 – No caso de subconcessão ou de trespasse, a concessionária deve comunicar ao concedente a sua intenção de proceder à subconcessão ou ao trespasse, remetendo-lhe a minuta do respectivo contrato de subconcessão ou de trespasse

que se propõe assinar e indicando todos os elementos do negócio que pretende realizar, bem como o calendário previsto para a sua realização e a identidade do subconcessionário ou do trespassário.

4 – No caso de haver lugar a uma subconcessão devidamente autorizada, a concessionária mantém os direitos e continua sujeita às obrigações decorrentes do presente contrato.

5 – Ocorrendo trespasse da concessão, consideram-se transmitidos para o trespassário todos os direitos e obrigações da concessionária, assumindo aquele ainda os deveres, obrigações e encargos que eventualmente lhe venham a ser impostos pelo concedente como condição para a autorização do trespasse.

6 – A concessionária é responsável pela transferência integral dos seus direitos e obrigações para o trespassário, incluindo as obrigações incertas, ilíquidas ou inexigíveis à data do trespasse, em termos em que não seja afectada ou interrompida a prestação do serviço público concessionado.

CLÁUSULA 39.ª
Equilíbrio económico e financeiro do contrato

1 – É garantido à concessionária o equilíbrio económico e financeiro da concessão, nas condições de uma gestão eficiente.

2 – O equilíbrio económico e financeiro baseia-se no reconhecimento dos custos de investimento, de operação e manutenção e na adequada remuneração dos activos afectos à concessão, tendo em consideração as condições específicas do mercado nacional e do Sistema Nacional de Gás Natural (SNGN).

3 – Após o decurso do primeiro período regulatório e para efeitos de remuneração da concessão nos termos do regulamento tarifário, a concessionária tem direito a uma reavaliação dos activos da concessão, antes do início de cada novo período regulatório, de acordo com a inflação.

4 – As reavaliações efectuadas ao abrigo do disposto no número anterior são autónomas e distintas da reavaliação a que aludem os n.os 3, 4 e 5 do artigo 70.º do Decreto-Lei n.º 140/2006, de 26 de Julho, pelo que observarão as regras e práticas contabilísticas geralmente aceites.

5 – Sem prejuízo do disposto no n.º 3, se durante os quatro períodos regulatórios subsequentes ao primeiro a remuneração fixada pela ERSE não considerar o prémio de risco implícito na taxa de remuneração estabelecida para o primeiro período regulatório, qualquer das partes poderá solicitar a reposição do equilíbrio económico financeiro da concessão.

6 – Nos períodos regulatórios subsequentes ao período considerado no número anterior, a taxa de remuneração fixada pela ERSE deve ter em consideração as taxas de remuneração de outros activos de referência, nomeadamente os activos afectos às actividades de distribuição de electricidade e de transporte de

gás natural em alta pressão, podendo a concessionária, caso contrário, solicitar a reposição do equilíbrio económico financeiro da concessão.

7 – Sem prejuízo do disposto nos números anteriores e na legislação aplicável, a concessionária é responsável, nos termos do presente contrato, por todos os riscos inerentes à concessão.

CLÁUSULA 40.ª

Reposição do equilíbrio económico e financeiro

1 – Tendo em atenção a distribuição de riscos estabelecida no presente contrato, a concessionária tem direito à reposição do equilíbrio económico e financeiro da concessão nos seguintes casos:

a) Modificação unilateral, imposta pelo concedente, das condições de exploração da concessão, ou modificação unilateral por razões de interesse público, nos termos do presente contrato, desde que, em resultado directo da mesma, se verifique para a concessionária um aumento de custos ou uma determinada perda de proveitos;

b) Alterações legislativas que tenham um impacte directo sobre os proveitos ou custos respeitantes à actividade integrada nesta concessão.

2 – Nos casos previstos no número anterior, a concessionária apenas tem direito à reposição do equilíbrio económico e financeiro da concessão na medida em que o impacte sobre os proveitos ou custos não seja susceptível de consideração no âmbito da actividade reguladora ou a concessionária não possa, legitimamente, proceder a tal reposição por recurso aos meios resultantes de uma correcta e prudente gestão.

3 – Havendo lugar à reposição do equilíbrio económico e financeiro da presente concessão, tal reposição pode ter lugar, em termos a acordar entre o concedente e a concessionária, através de uma das seguintes modalidades:

a) Prorrogação do prazo da concessão;

b) Revisão do cronograma ou redução das obrigações de investimento previamente aprovados;

c) Atribuição de compensação directa pelo concedente;

d) Combinação das modalidades anteriores ou qualquer outra forma que seja acordada.

4 – A reposição do equilíbrio económico e financeiro efectuada nos termos desta cláusula será, relativamente ao evento que lhe deu origem, única, completa e final para todo o período da concessão, sem prejuízo de tal reposição poder ser parcialmente diferida em relação a quaisquer efeitos específicos do evento em causa que, pela sua própria natureza, não sejam susceptíveis de uma razoável avaliação imediata ou sobre cuja existência, incidência ou quantificação as partes não hajam ainda chegado a acordo.

5 – Para os efeitos previstos na presente cláusula, a concessionária deve notificar o concedente da ocorrência de qualquer evento que, individual ou cumulativamente, possa dar lugar à reposição do equilíbrio económico e financeiro da concessão, no prazo de 180 dias após a data da sua ocorrência, e solicitar o início de negociações no prazo máximo de 180 dias a contar da citada notificação.

6 – O concedente e a concessionária devem, no prazo máximo de 90, prorrogáveis uma única vez por igual período, tentar alcançar um acordo sobre os termos da reposição do equilíbrio contratual.

7 – Na falta de acordo, pode a concessionária recorrer aos meios de composição de litígios, nos termos previstos na cláusula 52.ª

CLÁUSULA 41.ª

Responsabilidade do concedente por incumprimento

A violação, pelo concedente, das obrigações decorrentes do presente contrato confere à concessionária o direito a ser indemnizada dos prejuízos causados, sem embargo da faculdade de rescisão do contrato.

CLÁUSULA 42.ª

Responsabilidade da concessionária por incumprimento

1 – A violação, pela concessionária, de qualquer das obrigações assumidas no presente contrato fá-la incorrer, nos termos legais, em responsabilidade perante o concedente.

2 – A responsabilidade da concessionária cessa sempre que ocorra caso de força maior, ficando a seu cargo fazer prova da ocorrência.

3 – Consideram-se unicamente casos de força maior os acontecimentos imprevisíveis e irresistíveis cujos efeitos se produzam independentemente da vontade, actuação ou das circunstâncias pessoais da concessionária.

4 – Constituem nomeadamente casos de força maior actos de guerra, hostilidades ou invasão, terrorismo, epidemia, radiação atómica, grave inundação, incêndio, raio, ciclone, tremor de terra e outros cataclismos naturais que afectem o exercício da actividade compreendida na presente concessão.

5 – A ocorrência de um caso de força maior tem por efeito exonerar a concessionária da responsabilidade pelo não cumprimento das obrigações emergentes deste contrato que sejam afectadas pela ocorrência do mesmo, na estrita medida em que o respectivo cumprimento pontual e atempado tenha sido efectivamente impedido ou, salvo no que respeita à segurança das populações, se torne desproporcionadamente oneroso.

6 – No caso de impossibilidade de cumprimento do presente contrato por causa de força maior, o concedente pode proceder à rescisão nos termos fixados na cláusula 49.ª

7 – A concessionária fica obrigada a comunicar ao concedente a ocorrência de qualquer evento qualificável como caso de força maior, bem como a indicar, no mais curto prazo possível, quais as obrigações emergentes do contrato de concessão cujo cumprimento, no seu entender, se encontra impedido ou dificultado por força de tal ocorrência e, bem assim, se for o caso, as medidas que tomou ou pretende tomar para fazer face à situação ocorrida a fim de mitigar o impacte do referido evento e os respectivos custos.

8 – Enquanto esta retoma não for possível, subsistem as obrigações da concessionária na medida em que a sua execução seja materialmente possível.

9 – A concessionária deve, em qualquer caso, tomar imediatamente as medidas que sejam necessárias para assegurar a retoma normal das obrigações suspensas, constituindo estrita obrigação da concessionária mitigar, por qualquer meio razoável e apropriado ao seu dispor, os efeitos da verificação de um caso de força maior.

CLÁUSULA 43.ª

Multas contratuais

1 – Sem prejuízo das situações de incumprimento que podem dar origem a sequestro ou rescisão deste contrato nos termos previstos nas cláusula 44.ª e 49.ª, pelo incumprimento de quaisquer obrigações assumidas no presente contrato, que não ponha em causa a subsistência da relação de concessão, a concessionária pode ser sancionada, por decisão do concedente, pela aplicação de multas contratuais, cujo montante é variável, em função da gravidade da infracção cometida e do grau de culpa do infractor, até € 5 000 000.

2 – A aplicação de multas contratuais está dependente de notificação prévia da concessionária pelo concedente para reparar o incumprimento e do não cumprimento do prazo de reparação fixado nessa notificação nos termos do número seguinte, ou da não reparação integral da falta, pela concessionária, naquele prazo.

3 – O prazo de reparação do incumprimento é fixado pelo concedente de acordo com critérios de razoabilidade e deve ter sempre em atenção a defesa do interesse público e a manutenção em funcionamento da concessão.

4 – A concessionária pode, no prazo fixado na notificação a que se refere o número anterior, e em momento anterior ao da aplicação de quaisquer multas contratuais, exercer por escrito o seu direito de defesa.

5 – É da competência do director-geral de Energia e Geologia a aplicação das multas previstas nesta cláusula, cabendo recurso hierárquico para o Ministro da tutela.

6 – Caso a concessionária não proceda ao pagamento voluntário das multas contratuais que lhe forem aplicadas no prazo de 20 dias a contar da sua fixação e notificação pelo concedente, este pode utilizar a caução para pagamento das mesmas.

7 – O valor máximo das multas estabelecido na presente cláusula deve ser actualizado em Janeiro de cada ano, de acordo com o índice de preços no consumidor no continente, excluindo habitação, publicado pelo Instituto Nacional de Estatística, referente ao ano anterior.

8 – A reclamação ou impugnação do acto de aplicação das multas suspende o prazo referido no n.º 6 acima.

9 – A aplicação de multas não prejudica a aplicação de outras sanções contratuais nem isenta a concessionária de responsabilidade civil, criminal e contra-ordenacional em que incorrer perante o concedente ou terceiro.

CLÁUSULA 44.ª
Sequestro

1 – Em caso de incumprimento grave, pela concessionária, das obrigações emergentes do presente contrato, ou de quaisquer disposições legais aplicáveis à concessão, pode o concedente, através de despacho do Ministro, tomar conta da concessão mediante sequestro.

2 – O sequestro da concessão pode ter lugar, nomeadamente, quando se verifique qualquer das seguintes situações, por motivos imputáveis à concessionária:

a) Estiver iminente, ou ocorrer, a cessação ou interrupção, total ou parcial, do desenvolvimento da actividade objecto da presente concessão;

b) Deficiências graves na organização, no funcionamento ou no regular desenvolvimento da actividade objecto desta concessão, bem como situações de insegurança de pessoas e bens;

c) Deficiências graves no estado geral das infra-estruturas, das instalações e dos equipamentos que comprometam a continuidade ou a qualidade da actividade objecto da presente concessão.

3 – A concessionária fica obrigada a proceder à entrega da concessão no prazo que lhe for fixado pelo concedente quando lhe for comunicada a decisão de sequestro.

4 – Verificando-se qualquer facto que possa dar lugar ao sequestro da concessão, deve observar-se, com as devidas adaptações, o processo de sanação do incumprimento previsto nos n.ºs 4 e 5 da cláusula 49.ª

5 – Verificado o sequestro, a concessionária suporta todos os encargos que resultarem, para o concedente, do exercício da concessão, bem como as despesas extraordinárias necessárias ao restabelecimento da normalidade.

6 – Logo que cessem as razões do sequestro, seja restabelecido o normal funcionamento da concessão e o concedente o julgue oportuno, deve notificar a concessionária para retomar a concessão, no prazo que lhe for fixado.

7 – No caso de o sequestro se manter por seis meses após ter sido restabelecido o normal funcionamento da concessão, a concessionária pode optar pela rescisão da concessão, sendo então aplicável o disposto na cláusula 50.ª

8 – Se a concessionária não retomar a concessão no prazo que lhe for fixado, pode o concedente, através do Ministro, determinar a imediata rescisão do presente contrato.

9 – No caso de a concessionária ter retomado o exercício da concessão e continuarem a verificar-se graves deficiências no mesmo, pode o concedente, através do Ministro, ordenar novo sequestro ou determinar a imediata rescisão do contrato de concessão.

CLÁUSULA 45.ª

Extinção da concessão

1 – A concessão extingue-se por acordo entre o concedente e a concessionária, por rescisão, por resgate e pelo decurso do prazo fixado na cláusula 53.ª

2 – A extinção da concessão determina a transmissão para o concedente de todos os bens e meios a ela afectos, bem como dos direitos e das obrigações inerentes ao seu exercício, sem prejuízo do direito de regresso do concedente sobre a concessionária pelas obrigações por esta assumidas que sejam estranhas à actividade objecto da concessão ou que hajam sido contraídas em violação da lei ou deste contrato ou, ainda, que sejam obrigações vencidas e não cumpridas.

3 – Da transmissão prevista no número anterior excluem-se, além dos bens e meios não afectos à concessão, os fundos ou reservas consignados à garantia ou cobertura de obrigações da concessionária de cujo cumprimento lhe seja dada quitação pelo concedente, a qual se presume se, decorrido um ano sobre a extinção da concessão, não houver declaração em contrário do concedente, através do Ministro.

4 – A tomada de posse da concessão pelo concedente é precedida de vistoria *ad perpetuam rei memoriam*, realizada pelo concedente, através da DGEG, a que assistem representantes da concessionária, destinada à verificação do estado de conservação e manutenção dos bens, devendo ser lavrado o respectivo auto.

5 – Em caso de extinção da concessão, transferem-se para o concedente os direitos detidos pela concessionária sobre terceiros que se revelem necessários para a continuidade da prestação do serviço concedido e, em geral, à tomada de medidas tendentes a evitar a interrupção da prestação do serviço público concessionado.

CLÁUSULA 46.ª

Procedimento no caso de extinção do contrato por termo

1 – O concedente reserva-se no direito de tomar, nos últimos dois anos do prazo da presente concessão, as providências que julgar convenientes para assegurar a continuação do serviço no termo deste contrato ou as medidas necessárias para efectuar, durante o mesmo prazo, a transferência progressiva da actividade objecto desta concessão para a nova concessionária.

2 – Se, no momento do termo do prazo da concessão, o concedente ainda não tiver tomado decisão quanto ao novo modo ou entidade encarregada da gestão do serviço, poderá acordar com a concessionária que esta continue a prestá-lo até ao limite máximo de um ano, mediante prestação de serviços ou qualquer outro título jurídico público contratual.

CLÁUSULA 47.ª

Decurso do prazo da concessão

1 – Decorrido o prazo da concessão, sem necessidade de qualquer comunicação entre as partes nesse sentido, transmitem-se para o concedente todos os bens e meios afectos à concessão, livres de ónus ou encargos, em bom estado de conservação, funcionamento e segurança, sem prejuízo do normal desgaste do seu uso para efeitos do contrato de concessão.

2 – Cessando a concessão pelo decurso do prazo, deve ser paga pelo concedente à concessionária uma indemnização correspondente ao valor contabilístico dos bens afectos à concessão, adquiridos pela concessionária, com referência ao último balanço aprovado, líquido de amortizações e de comparticipações financeiras e subsídios a fundo perdido.

3 – Caso a concessionária não dê cumprimento ao disposto no n.º 1 da presente cláusula, o concedente deve promover a realização dos trabalhos e aquisições que sejam necessários à reposição dos bens aí referidos, correndo os respectivos custos pela concessionária e podendo ser utilizada a caução para os liquidar no caso de a concessionária não proceder ao pagamento voluntário e atempado dos referidos custos, se o Ministro assim o determinar.

CLÁUSULA 48.ª

Resgate da concessão

1 – O concedente poderá, através do Ministro, resgatar a concessão desde que o interesse público o justifique, decorridos 15 anos da data de celebração do presente contrato, mediante notificação feita à concessionária, por carta registada com aviso de recepção com, pelo menos, 1 ano de antecedência.

2 – O concedente assume, decorrido o período de um ano sobre a notificação do resgate, todos os bens e meios afectos à concessão anteriormente à data dessa notificação, incluindo todos os direitos e obrigações inerentes ao exercício da concessão, designadamente aquelas emergentes dos contratos de financiamento e ainda aqueles que tenham sido assumidos pela concessionária após a data de notificação desde que tenham sido previamente autorizados pelo concedente, através do Ministro.

3 – A assunção de obrigações por parte do concedente é efectuada, sem prejuízo do seu direito de regresso sobre a concessionária, pelas obrigações por esta contraídas que tenham exorbitado da gestão normal da concessão.

4 – Pelo resgate, a concessionária tem direito a uma indemnização cujo valor deve atender ao valor contabilístico, à data do resgate, dos bens transmitidos para o concedente, livres de quaisquer ónus ou encargos, e ao valor de eventuais lucros cessantes.

5 – O valor contabilístico dos bens referidos no número anterior, à data do resgate, entende-se líquido de amortizações e de comparticipações financeiras e subsídios a fundo perdido, incluindo-se nestes o valor dos bens cedidos pelo concedente.

6 – Para efeitos do cálculo da indemnização, o valor dos bens que se encontrem anormalmente depreciados ou deteriorados devido a deficiência da concessionária na sua manutenção ou reparação deve ser determinado de acordo com o seu estado de funcionamento efectivo.

CLÁUSULA 49.ª
Rescisão do contrato pelo concedente

1 – O concedente pode rescindir o presente contrato no caso de violação grave, não sanada ou não sanável, das obrigações contratuais da concessionária.

2 – Constituem, nomeadamente, causas de rescisão do contrato por parte do concedente os seguintes factos ou situações:

a) Desvio do objecto e fins da concessão;

b) Suspensão ou interrupção injustificadas da actividade objecto da concessão;

c) Oposição reiterada ao exercício da fiscalização, repetida desobediência às determinações do concedente ou sistemática inobservância das leis e regulamentos aplicáveis à exploração, quando se mostrem ineficazes as demais sanções aplicadas;

d) Recusa em proceder aos investimentos necessários à adequada conservação e reparação das infra-estruturas ou à necessária ampliação da rede;

e) Recusa ou impossibilidade da concessionária em retomar a concessão nos termos do disposto no n.º 8 da cláusula 44.ª ou, quando o tiver feito, continuação das situações que motivaram o sequestro;

f) Cobrança dolosa das tarifas com valor superior aos fixados;

g) Dissolução ou insolvência da concessionária;

h) Transmissão ou oneração da concessão, no todo ou em parte, sem prévia autorização;

i) Recusa da reconstituição atempada da caução.

3 – Não constituem causas de rescisão os factos ocorridos por motivos de força maior.

4 – Verificando-se um dos casos de incumprimento referidos na presente cláusula ou qualquer outro que, nos termos do disposto no n.º 1 desta cláusula, possa motivar a rescisão do contrato, o concedente, através do Ministro, deve notificar a concessionária para, no prazo que razoavelmente lhe for fixado, cumprir integralmente as suas obrigações e corrigir ou reparar as consequências dos seus actos, excepto tratando-se de violação não sanável.

5 – Caso a concessionária não cumpra as suas obrigações ou não corrija ou repare as consequências do incumprimento, nos termos determinados pelo concedente, este pode rescindir o presente contrato mediante comunicação enviada à concessionária, por carta registada com aviso de recepção, sem prejuízo do disposto no número seguinte.

6 – Caso o concedente pretenda rescindir este contrato, designadamente pelos factos referidos na alínea g) do n.º 1, deve, previamente à comunicação referida no número anterior, notificar os principais credores da concessionária que sejam conhecidos para, no prazo que lhes for determinado, nunca superior a três meses, proporem uma solução que possa sobrestar à rescisão, desde que o concedente com ela concorde.

7 – A comunicação da decisão de rescisão referida no n.º 5 desta cláusula produz efeitos imediatos, independentemente de qualquer outra formalidade.

8 – A rescisão prevista no n.º 1 implica a transmissão gratuita de todos os bens e meios afectos à concessão para o concedente, sem qualquer indemnização, e, bem assim, a perda da caução prestada nos termos da cláusula 34.ª, sem prejuízo do direito de o concedente ser indemnizado pelos prejuízos sofridos, nos termos gerais de direito.

CLÁUSULA 50.ª

Rescisão do contrato pela concessionária

1 – A concessionária pode rescindir o presente contrato com fundamento em incumprimento grave das obrigações do concedente se daí resultarem perturbações que ponham em causa o exercício da actividade concedida e cujos efeitos não possam ser objecto de reparação ou, caso esta seja possível, a mesma não ocorra no prazo de seis meses.

2 – A rescisão prevista no número anterior implica a transmissão de todos os bens e meios afectos à concessão para o concedente, sem prejuízo do direito da concessionária de ser ressarcida dos prejuízos que lhe foram causados, incluindo o valor dos investimentos efectuados e lucros cessantes calculados nos termos previstos anteriormente para o resgate.

3 – A rescisão deste contrato produz efeitos reportados à data da sua comunicação ao concedente por carta registada com aviso de recepção.

4 – Para efeitos do disposto no n.º 1 desta cláusula, a concessionária deve previamente notificar o concedente, por carta registada dirigida ao ministro competente, para, no prazo fixado, cumprir integralmente as suas obrigações e corrigir ou reparar as consequências dos seus actos, indicando expressa e claramente as obrigações a corrigir ou as consequências a reparar.

CLÁUSULA 51.ª
Exercício dos poderes do concedente

Os poderes do concedente referidos no presente contrato, excepto quando devam ser exercidos pelo Ministro, devem ser exercidos pela DGEG, sendo os actos praticados pelo respectivo director-geral ou pela ERSE, consoante as competências de cada uma destas entidades.

CLÁUSULA 52.ª
Litígios entre concedente e concessionária

1 – As partes manifestam o seu empenho no bom relacionamento entre si e acordam que, constatada por qualquer delas a existência de um litígio ou diferendo relativo à interpretação, integração, aplicação, execução ou cumprimento do presente contrato, bem como relativamente à respectiva validade, ou à necessidade de precisar, completar ou actualizar o seu conteúdo, ou ainda relativamente a actos administrativos referentes à execução do contrato, nos termos previstos no Código de Processo nos Tribunais Administrativos, será o mesmo, em primeiro lugar, objecto de uma tentativa de resolução amigável.

2 – Caso o diferendo não seja resolvido de uma forma consensual no prazo de 15 dias a contar da data da remissão do litígio para a outra parte para a tentativa de resolução amigável, será o mesmo dirimido por um tribunal arbitral nos termos da presente cláusula.

3 – O tribunal arbitral será constituído nos termos dos números seguintes e, supletivamente, de acordo com a Lei n.º 31/86, de 29 de Agosto.

4 – O tribunal será constituído por um árbitro único se as partes acordarem na respectiva designação ou, na falta desse acordo no prazo de 10 dias, cada

uma das partes designará um árbitro, cabendo aos dois árbitros nomeados, nos 5 dias seguintes, a designação do terceiro árbitro, que presidirá.

5 – Na falta de acordo entre os árbitros designados pelas partes, verificado ao fim de cinco dias, o terceiro árbitro será indicado pelo presidente do Tribunal da Relação de Lisboa, a requerimento de qualquer das partes.

6 – O tribunal arbitral considera-se constituído na data em que o terceiro árbitro aceitar a sua nomeação e comunicar a sua decisão às partes.

7 – Se decorrer mais de um mês sobre a data de indicação do primeiro árbitro sem que o tribunal arbitral se encontre constituído, pode qualquer das partes recorrer ao tribunal judicial competente para a resolução do litígio em causa.

8 – Caso não se verifique acordo quanto ao objecto do litígio, este será o que resultar da petição do demandante e da eventual reconvenção do demandado.

9 – O tribunal arbitral funcionará em Lisboa, cabendo ao árbitro único ou ao árbitro presidente escolher o local em que o mesmo reunirá, e utilizará a língua portuguesa, funcionando o tribunal de acordo com as regras fixadas no presente contrato, com as regras estabelecidas pelo próprio tribunal arbitral e, ainda, subsidiariamente, pelo disposto na Lei n.º 31/86, de 29 de Agosto.

10 – O tribunal arbitral julgará segundo o direito português constituído, podendo as partes recorrer das respectivas decisões.

11 – As decisões do tribunal arbitral devem ser proferidas no prazo de três meses a contar do termo da instrução do processo ou do encerramento da audiência de discussão e julgamento, se a esta houver lugar.

12 – O prazo referido no número anterior é prorrogável, por decisão do árbitro único ou do árbitro presidente, consoante o caso, até ao máximo de seis meses.

13 – No caso de o tribunal arbitral ser constituído por dois árbitros designados pelas partes e um árbitro presidente, as respectivas decisões são tomadas por maioria.

14 – A determinação dos honorários dos árbitros será feita de acordo com a tabela de cálculo dos honorários dos árbitros, anexa ao Regulamento do Centro de Arbitragem da Associação Comercial de Lisboa, tendo por base o valor da causa, o qual será igual ao valor do pedido da parte demandante ou ao cúmulo dos valores deste e do pedido reconvencional da parte demandada, caso haja reconvenção, devendo a repartição pelas partes do montante daqueles honorários constar da decisão que for proferida a final.

15 – Sem prejuízo do disposto nos números anteriores, as partes reservam-se o direito de, na vigência e após o termo do presente contrato, e antes ou na pendência de um litígio instaurado no tribunal arbitral, requerer nos tribunais comuns as providências cautelares previstas na lei de processo civil que entenderem por convenientes para defesa dos seus direitos.

16 – Caso as providências previstas no número anterior sejam requeridas antes de constituído o tribunal arbitral, deve iniciar-se imediatamente o procedimento da sua constituição e ser-lhe submetido o litígio para respectiva resolução.

CLÁUSULA 53.ª
**Litígios entre concessionária e utilizadores
ou outros operadores do SNGN**

1 – Sem prejuízo das disposições legais que estabelecem a arbitragem obrigatória, os litígios entre a concessionária e utilizadores ou outros intervenientes no SNGN, emergentes dos respectivos contratos ou para superar as dificuldades na celebração de acordos de que, nos termos da lei ou do presente contrato, dependa o exercício de direitos ou o cumprimento de deveres de que são titulares, podem ser resolvidos através da celebração de convenções de arbitragem nos termos fixados na cláusula anterior.

2 – Os actos da concessionária praticados no exercício de poderes administrativos, nos casos em que a lei, os regulamentos ou este contrato lhe conferem essa prerrogativa, são sempre imputáveis, para efeitos do Código de Processo nos Tribunais Administrativos, ao respectivo conselho de administração.

CLÁUSULA 54.ª
Litígios entre concessionária e terceiros

A responsabilidade contratual ou extracontratual geral da concessionária por actos de gestão privada ou de gestão pública efectiva-se nos termos e pelos meios previstos na lei civil e administrativa.

CLÁUSULA 55.ª
Comunicações

Qualquer comunicação entre as partes contratantes relativa ao presente contrato deve ser feita mediante carta registada com aviso de recepção, sem prejuízo da utilização cumulativa de outro meio considerado idóneo para os endereços constantes da identificação das partes no presente contrato.

CLÁUSULA 56.ª
Prazos

1 – Na falta de disposição especial prevista na lei, em regulamentos ou neste contrato, o prazo para os actos a praticar pela concessionária ou pelo concedente, quer por intermédio do Ministro, da DGEG, ou de qualquer outro órgão administrativo, é de 10 dias, sendo que, no caso da ERSE, são-lhe aplicáveis os prazos estabelecidos nos seus Estatutos ou nos seus regulamentos.

2 – Sempre que o exercício de um direito por parte da concessionária dependa de aprovação ou autorização do concedente, quer por intermédio do Ministro, da DGEG ou de qualquer outro órgão administrativo, consideram-se estas concedidas se a decisão não for proferida no prazo de 90 dias a contar da formulação do pedido ou da apresentação do processo para esse efeito, salvo quando, por lei, não for admissível o acto tácito de deferimento ou for estabelecido outro prazo.

3 – Se a concessão da aprovação ou da autorização depender de quaisquer formalidades, designadamente de pareceres de quaisquer outras entidades, os mesmos devem ser solicitados em conjunto, estabelecendo-se um prazo que não deverá exceder 30 dias, salvo nos casos em que as entidades consultadas disponham por lei de prazo superior para emissão dos seus pareceres.

4 – Para efeitos do n.º 2, consideram-se dependentes de aprovação ou autorização do concedente os casos de:

a) Aprovação de projectos;
b) Licenciamento de obras, trabalhos e actividades;
c) Redução de caução.

5 – Para o cômputo dos prazos previstos nesta cláusula, considera-se que os mesmos se suspendem sempre que o procedimento estiver parado por motivo imputável à concessionária.

6 – Os prazos fixados em dias neste contrato são contados nos termos do artigo 72.º do Código do Procedimento Administrativo.

CLÁUSULA 57.ª
Anexos

Integram o presente contrato os seguintes anexos:
a) Anexo n.º 1 – planta;
b) Anexo n.º 2 – seguros.

ANEXO N.º 1

Planta

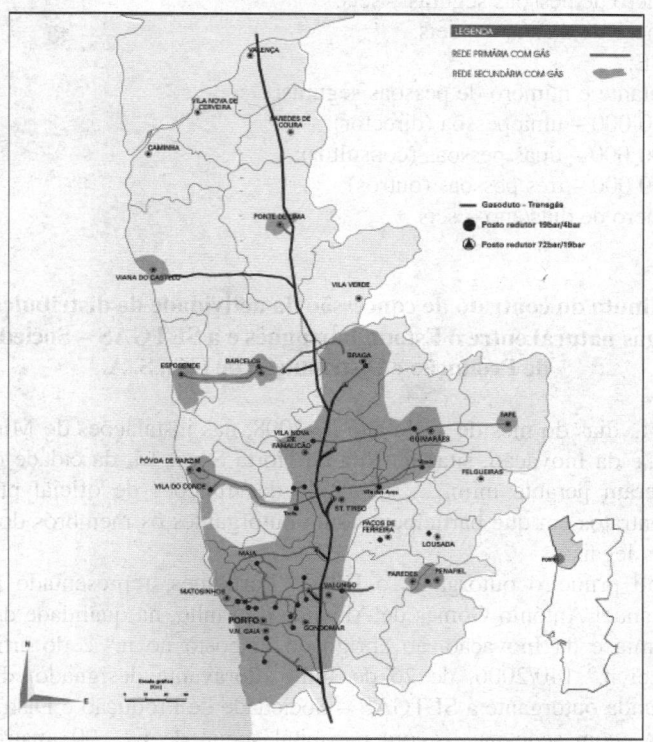

ANEXO N.º 2

Seguros

1 – Seguro de responsabilidade civil – cláusula 31.ª, n.ºˢ 1 e 2.

Montante – valor a fixar por portaria do ministro responsável pela área da energia e actualizável de três em três anos.

2 – Seguros para cobertura dos riscos da concessão (danos próprios) – cláusula 31.ª, n.ºˢ 4 e 5.

Montante – o valor dos seguros deverá corresponder aos de reposição, em novo, dos activos da concessão da actividade de distribuição regional de gás natural, atribuída à PORTGÁS – Sociedade de Produção e Distribuição de Gás, S. A.

3 – Seguro de responsabilidade civil – cláusula 36.ª
DGEG:
Montante – € 250 000 por pessoa segura;
Número de pessoas seguras – seis;
Número de dias/ano – seis.
ERSE:
Montante e número de pessoas seguras:
€ 560 000 – uma pessoa (director);
€ 400 000 – duas pessoas (consultor);
€ 300 000 – três pessoas (outros);
Número de dias/ano – seis.

Minuta do contrato de concessão da actividade de distribuição de gás natural entre o Estado Português e a SETGÁS – Sociedade de Produção e Distribuição de Gás, S. A.

Aos ... dias do mês de ... do ano de 2008, nas instalações do Ministério da Economia e da Inovação, sitas na Rua da Horta Seca, 15, da cidade de Lisboa, compareceram perante mim, ..., investido das funções de oficial público nos actos e contratos em que participem como outorgantes os membros do Governo, nos termos legais:

Como primeiro outorgante o Estado Português, representado pelo Prof. Doutor Manuel António Gomes de Almeida de Pinho, na qualidade de Ministro da Economia e da Inovação, ao abrigo do disposto no n.º 2 do artigo 7.º do Decreto-Lei n.º 140/2006, de 26 de Julho, doravante designado «Estado», e como segunda outorgante a SETGÁS – Sociedade de Produção e Distribuição de Gás, S. A., com sede na ..., com o capital social de € ...,00, matriculada na Conservatória do Registo Comercial de ..., sob o n.º ..., pessoa colectiva n.º ..., representada por ... e por ..., na qualidade de ..., doravante designada «concessionária».

Pelos outorgantes na qualidade em que outorgam foi dito:

Considerando:
1) A qualidade da SETGÁS – Sociedade de Produção e Distribuição de Gás, S. A., de concessionária da exploração, em regime de serviço público, da rede de distribuição regional de gás natural do Sul, bem como da construção e instalação dos inerentes equipamentos;
2) O cumprimento integral, pela concessionária, do contrato de concessão da rede de distribuição regional de gás natural do Sul, celebrado com o Estado Português em 16 de Dezembro de 1993, posteriormente alterado por Apostilha outorgada em 3 de Outubro de 1995;

3) As alterações introduzidas ao regime de exercício da actividade de distribuição de gás natural pelos Decretos-Leis n.ᵒˢ 30/2006, de 15 de Fevereiro, e 140/2006, de 26 de Julho, alterações essas decorrentes da implementação das regras comuns para o mercado interno do gás natural objecto da Directiva n.º 2003/55/CE, do Parlamento Europeu e do Conselho, de 26 de Junho;

4) O disposto nos artigos 66.º do Decreto-Lei n.º 30/2006 e 70.º do Decreto-Lei n.º 140/2006, de 26 de Julho;

5) As bases das concessões da actividade de distribuição de gás natural constantes do anexo IV do Decreto-Lei n.º 140/2006;

6) O calendário de abertura do mercado do gás natural fixado no artigo 64.º do Decreto-Lei n.º 140/2006 que completa a transposição da referida Directiva n.º 2003/55/CE, do Parlamento Europeu e do Conselho;

7) A carta da Entidade Reguladora dos Serviços Energéticos (ERSE) à Direcção-Geral de Energia e Geologia de 17 de Janeiro de 2008, sobre a «modificação dos actuais contratos de concessão de distribuição regional de gás», da qual se deu conhecimento à concessionária:

Acordam o seguinte:

1 – O contrato de concessão da rede de distribuição regional de gás natural do Sul celebrado entre o Estado e a concessionária por escritura de 16 de Dezembro de 1993, alterado por apostilha outorgada por escritura de 3 de Outubro de 1995, é modificado nos termos estabelecidos no documento complementar, rubricado e assinado por todos os outorgantes, que com os respectivos anexos fica a fazer parte integrante da presente escritura, nos termos do n.º 2 do artigo 64.º do Código do Notariado, documento cujo conteúdo declaram conhecer perfeitamente, pelo que é dispensada a sua leitura.

2 – A modificação do contrato de concessão acordada neste acto produz efeitos desde 1 de Janeiro de 2008.

3 – A partir de 1 de Janeiro de 2008, os contratos de fornecimento de gás natural celebrados pela concessionária passam para a titularidade de sociedade a constituir pela concessionária em regime de domínio total inicial, de acordo com o disposto nos n.ᵒˢ 2 e 4 do artigo 67.º do Decreto-Lei n.º 140/2006, de 26 de Julho, e de acordo com as disposições do Decreto-Lei n.º 30/2006, de 15 de Fevereiro, aplicáveis à separação de actividades.

4 – Logo que a concessionária comunicar a constituição da sociedade prevista no número anterior, o Estado obriga-se a atribuir-lhe, através da DGEG, uma licença de comercialização de último recurso, nos termos constantes dos n.ᵒˢ 2 e 3 do artigo 67.º do Decreto-Lei n.º 140/2006, de modo que seja possível à mesma sociedade comercializar gás natural a todos os clientes que o solicitem e consumam anualmente quantidades de gás natural inferiores a 2 milhões de metros cúbicos normais na área da concessão.

5 – Pelo exercício da actividade de comercialização de último recurso é assegurada à sociedade referida no número anterior uma margem de comercialização que incorpora uma adequada remuneração do fundo de maneio em termos equivalentes aos estabelecidos para os outros activos da concessionária e que lhe assegure o equilíbrio económico e financeiro da actividade em condições de gestão eficiente nos termos da legislação e regulamentação aplicáveis. Considera-se o disposto no presente número como reproduzido na respectiva licença de comercialização de último recurso.

6 – A partir de 1 de Janeiro de 2008, os contratos de fornecimento de gás propano, bem como os activos afectos a essa actividade, passam para a titularidade de uma sociedade a constituir pela concessionária, em regime de domínio total inicial, sociedade à qual será reconhecido, desde que cumpridos todos os requisitos legais e a pedido da mesma, o estatuto de entidade exploradora das instalações de armazenagem e das redes e ramais de distribuição de gás, sendo os activos atrás referidos transferidos pelo seu valor contabilístico líquido.

7 – A concessionária pode promover a constituição de uma sociedade em regime de domínio total inicial para exercer, mediante licença, a actividade de comercialização de gás natural em regime de mercado livre, para actuar de acordo com o calendário de abertura do mercado constante do n.º 1 do artigo 64.º do Decreto-Lei n.º 140/2006.

8 – É reconhecido à concessionária o direito de repercutir, para as entidades comercializadoras de gás ou para os consumidores finais, o valor integral das taxas de ocupação do subsolo liquidado pelas autarquias locais que integram a área da concessão na vigência do anterior contrato de concessão mas ainda não pago ou impugnado judicialmente pela concessionária, caso tal pagamento venha a ser considerado obrigatório pelo órgão judicial competente, após trânsito em julgado da respectiva sentença, ou após consentimento prévio e expresso do concedente.

9 – Para efeitos do estabelecido no número anterior, os valores que vierem a ser pagos pela concessionária em cada ano civil serão repercutidos sobre as entidades comercializadoras utilizadoras das infra-estruturas ou sobre os consumidores finais servidos pelas mesmas, durante os «anos gás» seguintes, nos termos a definir pela ERSE. No caso específico das taxas de ocupação do subsolo, a repercussão será ainda realizada por município, tendo por base o valor efectivamente cobrado pelo mesmo.

10 – No intuito de assegurar o equilíbrio económico e financeiro da actual concessão decorrente da modificação do respectivo regime contratual, o Estado assegura à concessionária a remuneração da actividade concessionada, nos termos a estabelecer pela ERSE, uma reavaliação dos activos da concessão nos termos do artigo 70.º do Decreto-Lei n.º 140/2006, de 26 de Julho, bem como o direito à reavaliação dos activos da concessão e o prolongamento do prazo de concessão, nos termos constantes do novo contrato de concessão anexo.

11 – O Estado assegura ainda à entidade titular da licença de comercialização de último recurso o direito, durante os cinco primeiros períodos regulatórios, a um proveito permitido adicional de € 4/cliente/ano, considerando o número de clientes reportado ao início de cada período regulatório. Considera-se o disposto no presente número como reproduzido na respectiva licença de comercialização de último recurso.

12 – Com a assinatura da presente escritura, do novo contrato de concessão anexo e da atribuição da licença de comercialização de último recurso, a concessionária declara nada ter a reclamar do Estado devido à modificação do contrato de concessão referido no considerando 2), dando-lhe plena quitação para efeitos da reposição do equilíbrio económico e financeiro previsto no contrato de concessão referido no considerando 2).

Assim o disseram e outorgaram.

Verifiquei a qualidade e suficiência dos poderes de representação necessários para este acto, pela forma seguinte:

Quanto ao primeiro outorgante, pela fotocópia do Decreto-Lei n.º ...;

Quanto aos representantes do segundo outorgante, pelos poderes conferidos pelo conselho de administração, constantes da acta n.º ...

Esteve presente a este acto ...

Foram entregues e arquivados os seguintes documentos:
a) ...
b) ...
c) ...

Esta escritura foi lida e o seu conteúdo foi explicado na presença simultânea dos outorgantes, pessoas cujas entidades verifiquei.

Cláusula 1.ª
Definições e interpretação

1 – Para efeitos do presente contrato, incluindo os seus anexos, os termos e siglas abaixo indicados terão o significado que a seguir lhes é apontado, salvo se do contexto resultar sentido diferente:

Ano Gás – período de 12 meses para efeitos de regulação;

Baixa pressão – a pressão igual ou inferior a 4 bar;

Concedente – Estado Português, enquanto signatário do contrato ou primeiro outorgante;

Concessionária – SETGÁS – Sociedade de Produção e Distribuição de Gás, S. A., sociedade signatária do contrato ou segunda outorgante;

Consumidor – cliente final de gás natural;

DGEG – Direcção-Geral de Energia e Geologia;

ERSE – Entidade Reguladora dos Serviços Energéticos;

Distribuição de gás natural – veiculação de gás natural em redes de distribuição de média e de baixa pressão para entrega aos clientes, excluindo a comercialização;

GNL – gás natural na forma liquefeita;

Média pressão – pressão cujo valor relativamente à pressão atmosférica é superior a 4 bar e igual ou inferior a 20 bar;

Ministro – ministro responsável pela área da energia em geral e do gás natural em particular;

RAF – o rácio de autonomia financeira ou o rácio de balanço de fundos próprios, que corresponde ao rácio entre o valor do «capital próprio» e o valor do «activo imobilizado líquido», este entendido como o valor do conjunto das imobilizações corpóreas e incorpóreas, líquidas de amortizações e provisões;

Rede de distribuição – rede utilizada para condução de gás natural, dentro de uma zona de consumo, para o consumidor final. Compreende, nomeadamente, as condutas, as válvulas de seccionamento, os postos de redução de pressão, os aparelhos e os acessórios;

UAG – instalação autónoma de recepção, armazenamento e regaseificação de GNL para emissão em rede de distribuição ou directamente ao cliente final.

2 – As definições constantes do Decreto-Lei n.º 30/2006, de 15 de Fevereiro, e, bem assim, do Decreto-Lei n.º 140/2006, de 26 de Julho, que não estejam em contradição com as constantes do n.º 1 desta cláusula serão igualmente utilizadas para efeitos do presente contrato, prevalecendo, em caso de divergência ou dúvida, sobre as definições expressas no presente contrato.

3 – Neste contrato, a menos que o respectivo contexto imponha expressamente um sentido diverso:

a) As referências a preceitos legais regulamentares ou contratuais serão interpretadas como abrangendo as modificações de que os mesmos sejam objecto, salvo quando essas modificações tenham carácter supletivo;

b) As referências a cláusulas, números ou anexos devem interpretar-se como visando as cláusulas, números ou anexos do presente contrato;

c) As referências a este contrato abrangem os respectivos anexos;

d) As expressões definidas no singular poderão ser utilizadas no plural e vice-versa, com a correspondente alteração do respectivo significado.

4 – As epígrafes das cláusulas do presente contrato são utilizadas por razões de simplificação, não constituindo suporte da interpretação ou integração do mesmo.

5 – Os anexos ao presente contrato fazem parte integrante do mesmo para todos os efeitos legais e contratuais.

6 – Caso alguma das cláusulas do presente contrato venha a ser julgada nula ou por qualquer forma inválida, ineficaz ou inexequível, por uma entidade

competente para o efeito, tal nulidade, invalidade, ineficácia ou inexequibilidade não afectará a validade das restantes cláusulas do contrato, comprometendo-se as partes a acordar, de boa fé, uma disposição que substitua aquela e que, tanto quanto possível, produza os mesmos efeitos, salvo se os efeitos das referidas cláusulas forem legalmente impossíveis ou proibidos.

7 – Nos casos omissos aplica-se o disposto nas bases de concessão aprovadas pelo Decreto-Lei n.º 140/2006, de 26 de Julho, que integram o seu anexo IV.

8 – Na interpretação e integração do regime do presente contrato entender-se-á que à prevalência do concedente na boa e atempada execução do serviço público corresponde a prevalência do interesse económico da concessionária.

CLÁUSULA 2.ª
Objecto da concessão

1 – A concessão tem por objecto a actividade de distribuição de gás natural em baixa e média pressão, exercida em regime de serviço público, na área de concessão definida na cláusula 4.ª

2 – Integram-se no objecto da concessão:

a) O recebimento, a veiculação e a entrega de gás natural através da rede de média e baixa pressão;

b) A construção, a manutenção, a operação e a exploração de todas as infra-estruturas que integram a RNDGN, na área correspondente à presente concessão, e, bem assim, das instalações necessárias para a sua operação;

c) A promoção da construção, conversão ou adequação e eventual comparticipação de instalações de utilização de gás natural, propriedade dos clientes finais, de modo que seja possível o abastecimento das mesmas a gás natural.

3 – Os custos decorrentes da actividade mencionada na alínea c) do n.º 2, nos termos previstos e aprovados em PDIR, serão incluídos no activo da concessionária, fazendo parte integrante do activo afecto à concessão, nomeadamente para efeitos de remuneração.

4 – Integram-se ainda no objecto da concessão:

a) O planeamento, o desenvolvimento, a expansão e a gestão técnica da RNDGN, na área da concessão;

b) A gestão da interligação da RNDGN com a RNTGN.

5 – Mediante autorização prévia do concedente, a concessionária pode distribuir gás natural a partir de UAG sempre que tal decisão seja fundamentada e corresponda à solução técnica e económica mais adequada ao caso concreto, aplicando-se à distribuição de gás natural a partir de UAG todos os direitos e deveres que pendem sobre a distribuição por condutas.

CLÁUSULA 3.ª

Outras actividades

1 – Sem prejuízo do disposto no artigo 31.º do Decreto-Lei n.º 30/2006, de 15 de Fevereiro, precedendo autorização do concedente, através do Ministro, a conceder caso a caso, a concessionária pode exercer outras actividades para além da que se integra no objecto da concessão, no respeito pela legislação aplicável ao sector do gás natural, com fundamento no proveito daí resultante para a presente concessão ou com vista a optimizar a utilização dos bens afectos à mesma, desde que essas actividades sejam acessórias ou complementares e não prejudiquem a regularidade e a continuidade da prestação do serviço público.

2 – A concessionária é desde já autorizada, nos termos do número anterior, a explorar, directa ou indirectamente, ou a ceder a exploração da capacidade excedentária da rede de telecomunicações instalada para a operação da RNDGN.

3 – Sem prejuízo do estabelecido no número anterior, o concedente fica desonerado de qualquer responsabilidade na eventualidade de a concessionária vir a ser condenada no pagamento a terceiros de quaisquer indemnizações, nomeadamente as resultantes das servidões constituídas.

CLÁUSULA 4.ª

Área e exclusividade da concessão

1 – A concessão tem como âmbito geográfico os concelhos identificados na planta que constitui o anexo n.º 1 do presente contrato.

2 – A presente concessão é exercida em regime de exclusivo, sem prejuízo do direito de acesso de terceiros às várias infra-estruturas que a integram, nos termos previstos no presente contrato e na legislação e regulamentação aplicáveis.

3 – O regime de exclusivo referido no n.º 2 pode ser alterado em conformidade com a política energética aprovada pela União Europeia e aplicável ao Estado Português, comprometendo-se o concedente a promover a reposição do equilíbrio económico e financeiro da concessão, nos termos previstos na cláusula 40.ª

CLÁUSULA 5.ª

Prazo da concessão

1 – A concessão tem a duração de 40 anos contados a partir de 1 de Janeiro de 2008, podendo ser renovada nos termos da base III das bases de concessão da actividade de distribuição de gás natural anexas ao Decreto-Lei n.º 140/2006, de 26 de Julho.

2 – No cômputo do prazo de concessão não se contam os atrasos na implantação de infra-estruturas ou a suspensão da exploração do serviço devidos a:

a) Casos de força maior;

b) Acções ou omissões imputáveis ao concedente que contrariem a lei ou o presente contrato e que condicionem a regular exploração da concessão;

c) Suspensões da construção ou da exploração do serviço determinadas pelo concedente por razões de interesse público e que não sejam devidas a incumprimento da lei ou deste contrato imputáveis à concessionária;

d) Quaisquer outras circunstâncias consideradas atendíveis pelo Ministro.

3 – A concessionária deve notificar o concedente, através da DGEG, de quaisquer factos que ocorram nos termos do número anterior e que sejam susceptíveis de suspender o cômputo do prazo da concessão.

CLÁUSULA 6.ª
Serviço público

1 – A concessionária deve desempenhar a actividade concessionada de acordo com as exigências de um regular, contínuo e eficiente funcionamento do serviço público e adoptar, para o efeito, os melhores procedimentos, meios e tecnologias utilizados no sector do gás, com vista a garantir, designadamente, a segurança de pessoas e bens e a segurança do abastecimento.

2 – Com o objectivo de assegurar a permanente adequação da concessão às exigências da regularidade, da continuidade e eficiência do serviço público, o concedente reserva-se no direito de alterar, por via legal ou regulamentar, as condições da sua exploração.

3 – Quando, por efeito do disposto no número anterior, se alterem significativamente as condições de exploração da concessão, o concedente compromete-se a promover a reposição do equilíbrio económico e financeiro da concessão, nos termos previstos na cláusula 40.ª, a menos que o mesmo demonstre que a concessionária está em condições de prover a tal reposição recorrendo aos meios resultantes de uma correcta e prudente gestão dos próprios recursos afectos à concessão.

4 – A concessionária deverá respeitar as boas práticas ambientais e a promoção da utilização racional de energia, nos termos da regulamentação em vigor.

CLÁUSULA 7.ª
Direitos e obrigações da concessionária

1 – A concessionária beneficia dos direitos e encontra-se sujeita às obrigações estabelecidas nos Decretos-Leis n.ºˢ 30/2006, de 15 de Fevereiro, e 140/2006, de

26 de Julho, e demais legislação e regulamentação aplicáveis à actividade que integra o objecto da concessão, sem prejuízo dos demais direitos e obrigações estabelecidos no presente contrato.

2 – Assiste à concessionária o direito de repercutir sobre os utilizadores das suas infra-estruturas, quer se trate de entidades comercializadoras de gás ou de consumidores finais, o valor integral de quaisquer taxas, independentemente da sua designação, desde que não constituam impostos directos, que lhe venham a ser cobrados por quaisquer entidades públicas, directa ou indirectamente atinentes à distribuição de gás, incluindo as taxas de ocupação do subsolo cobradas pelas autarquias locais.

3 – Na sequência do estabelecido no n.º 2 e no que respeita às taxas de ocupação do subsolo a liquidar pelas autarquias locais que integram a área da concessão, os valores pagos pela concessionária em cada ano civil serão repercutidos por município sobre as entidades comercializadoras utilizadoras das infra-estruturas ou sobre os consumidores finais servidos pelas mesmas nos termos a definir pela ERSE.

CLÁUSULA 8.ª
Princípios aplicáveis às relações com os utilizadores

1 – A concessionária deve proporcionar aos utilizadores da RNDGN, de forma não discriminatória e transparente, o acesso às respectivas infra-estruturas, nos termos previstos no presente contrato e na legislação e regulamentação aplicáveis, não podendo estabelecer diferenças de tratamento entre os referidos utilizadores que não resultem da aplicação de critérios ou de condicionalismos legais, regulamentares ou técnicos, ou ainda de condicionalismos de natureza contratual desde que aceites pela ERSE.

2 – As condições a integrar nos contratos de uso das infra-estruturas devem respeitar o disposto no Regulamento de Acesso às Redes, às Infra-Estruturas e às Interligações.

3 – O disposto no n.º 1 não impede a concessionária de celebrar contratos a longo prazo, no respeito pelas regras da concorrência e da legislação e regulamentação aplicáveis.

4 – A concessionária deve facultar aos utilizadores da rede as informações de que estes necessitem para o acesso à mesma.

5 – A concessionária tem o direito de cobrar a terceiros que utilizem as redes e demais infra-estruturas e em contrapartida pela prestação dos serviços inerentes uma retribuição por aplicação de tarifas reguladas, definidas nos termos do Regulamento Tarifário.

6 – Os utilizadores devem prestar à concessionária todas as informações que esta considere necessárias à correcta exploração das respectivas infra-estruturas e instalações.

7 – A concessionária deve assegurar o tratamento de dados de utilização da rede no respeito pelas disposições legais de protecção de dados pessoais e preservar a confidencialidade das informações comercialmente sensíveis obtidas no exercício da sua actividade.

8 – A concessionária deve manter um registo, por um prazo de cinco anos, das queixas ou reclamações que lhe tenham sido apresentadas pelos utilizadores.

CLÁUSULA 9.ª

Bens e meios afectos à concessão

1 – Consideram-se afectos à concessão os bens que constituem a RNDGN, na parte correspondente à respectiva área, designadamente:

a) O conjunto de condutas de distribuição de gás natural, a jusante das estações de redução de pressão de 1.ª classe, ou a jusante de unidades autónomas de gás no caso em que o gás natural assim lhe é entregue pela concessionária da RNTGN, com as respectivas tubagens, válvulas de seccionamento, antenas e demais equipamentos de manuseamento;

b) As eventuais unidades autónomas de gás;

c) As instalações afectas à operação de entrega de gás natural a clientes finais, incluindo todo o equipamento de controlo, regulação e medida indispensável à operação e funcionamento do sistema de distribuição de gás natural;

d) As instalações e equipamentos de telecomunicações, telemedida e telecomando afectas à gestão das instalações de distribuição e entrega de gás natural aos consumidores.

2 – Consideram-se ainda afectos à concessão:

a) Os imóveis pertencentes à concessionária em que estejam implantados os bens referidos no número anterior, assim como as servidões constituídas em benefício da concessão;

b) Outros bens móveis ou direitos relativos a bens imóveis utilizados ou relacionados com o exercício da actividade objecto da concessão;

c) Os direitos privativos de propriedade intelectual e industrial de que a concessionária seja titular, desde que os mesmos estejam directa e complementarmente ligados ao objecto da concessão e sejam indispensáveis ao exercício da actividade concessionada;

d) Quaisquer fundos ou reservas consignados à garantia do cumprimento das obrigações da concessionária, por força de obrigação emergente da lei ou deste contrato e enquanto durar essa vinculação;

e) As relações e posições jurídicas directamente relacionadas com a concessão, nomeadamente laborais, de empreitada, de locação, de financiamento e de prestação de serviços;

f) Os activos incorpóreos correspondentes aos investimentos realizados pela concessionária associados aos processos de conversão de clientes finais para gás natural;

g) Todos os outros activos incorpóreos não referidos nos números anteriores cuja incorporação tenha ocorrido antes da publicação do Decreto-Lei n.º 140/2006 e desde que directamente relacionados com a actividade de distribuição.

CLÁUSULA 10.ª
Inventário do património

1 – A concessionária deve elaborar e manter permanentemente actualizado, e à disposição do concedente, um inventário do património afecto à concessão.

2 – No inventário a que se refere o número anterior devem mencionar-se os ónus ou encargos que recaem sobre os bens afectos à concessão.

3 – Os bens e direitos tornados desnecessários à actividade concedida devem ser abatidos ao inventário da concessão nos termos do n.º 2 da cláusula 12.ª

CLÁUSULA 11.ª
Manutenção dos meios afectos à concessão

A concessionária obriga-se a manter, durante o prazo de vigência da concessão, em permanente estado de bom funcionamento, conservação e segurança, os bens e meios afectos à concessão, efectuando para tanto as reparações, renovações, adaptações e modernizações necessárias ao bom desempenho do serviço público concedido.

CLÁUSULA 12.ª
Regime de oneração e transmissão dos bens afectos à concessão

1 – A concessionária não pode onerar ou transmitir, por qualquer forma, os bens que integram a concessão, sem prejuízo do disposto nos números seguintes.

2 – Os bens e direitos que tenham perdido utilidade para a concessão devem ser abatidos ao inventário referido na cláusula 10.ª, mediante prévio pedido de autorização da concessionária ao concedente, que se considera deferida se este não se opuser no prazo de 30 dias contados da recepção do pedido.

3 – A oneração ou transmissão de bens imóveis afectos à concessão fica sujeita a autorização prévia do Ministro.

4 – A oneração ou transmissão de bens ou direitos afectos à concessão em desrespeito do disposto no presente contrato determina a nulidade dos respectivos actos ou contratos.

5 – O valor dos bens transmitidos reverte a favor da concessão na medida em que tiverem sido remunerados através das tarifas ou beneficiado de incentivos ou subsídios concedidos a fundo perdido.

CLÁUSULA 13.ª

Posse e propriedade dos bens

1 – A concessionária detém a posse e propriedade dos bens afectos à concessão até à extinção desta.

2 – Com a extinção da concessão, os bens a ela afectos transmitem-se para o concedente nos termos previstos nos n.ºs 2 e 3 da cláusula 45.ª

CLÁUSULA 14.ª

Concessionária, objecto social, sede e forma

1 – A concessionária deve ter como objecto social principal, ao longo de todo o período de duração da concessão, o exercício da actividade integrada no objecto da concessão, devendo manter ao longo do mesmo período a sua sede em Portugal e a forma de sociedade anónima, regulada pela lei portuguesa.

2 – O objecto social da concessionária pode incluir o exercício de outras actividades, para além da que integra o objecto da concessão, e, bem assim, a participação no capital de outras sociedades, desde que seja respeitado o disposto na cláusula 3.ª e na legislação aplicável ao sector do gás natural.

CLÁUSULA 15.ª

Acções da sociedade concessionária

1 – Todas as acções representativas do capital social da concessionária são obrigatoriamente nominativas.

2 – A oneração e a transmissão de acções representativas do capital social da concessionária depende, sob pena de nulidade, de autorização prévia do Ministro, a qual não pode ser infundadamente recusada, e considera-se tacitamente concedida se não for recusada, por escrito, no prazo de 30 dias a contar a partir da data da respectiva solicitação.

3 – Exceptua-se do disposto no número anterior a oneração de acções efectuada em benefício das entidades financiadoras da actividade que integra o objecto da presente concessão, e no âmbito dos contratos de financiamento que

venham a ser celebrados pela concessionária para o efeito, desde que as entidades financiadoras assumam, nos referidos contratos, a obrigação de obter a autorização prévia do concedente em caso de execução das garantias de que resulte a transmissão a terceiros das acções oneradas.

4 – A oneração de acções referida no número anterior deve, em qualquer caso, ser comunicada ao concedente, a quem deve ser enviada, no prazo de 30 dias a contar a partir da data em que seja constituída, cópia certificada do documento que formaliza a oneração e, bem assim, informação detalhada sobre quaisquer outros termos e condições que forem estabelecidos.

CLÁUSULA 16.ª

**Deliberações dos órgãos da sociedade concessionária
e acordos entre accionistas**

1 – Ficam sujeitas a autorização prévia do concedente, através do Ministro, as deliberações da concessionária relativas à alteração do objecto social, à transformação, fusão, cisão ou dissolução da sociedade.

2 – Os acordos parassociais celebrados entre os accionistas da concessionária, bem como as respectivas alterações das quais possa resultar, directa ou indirectamente, a modificação das regras relativas à sociedade concessionária estabelecidas no presente contrato, devem ser objecto de aprovação prévia pelo concedente, dada através do Ministro.

3 – As autorizações e aprovações, pelo concedente, previstas na presente cláusula não podem ser infundadamente recusadas e consideram-se tacitamente concedidas se não forem recusadas, por escrito, no prazo de 30 dias a contar a partir da data da respectiva solicitação.

CLÁUSULA 17.ª

Financiamento

1 – A concessionária deve promover o financiamento adequado ao desenvolvimento do objecto da concessão de forma a cumprir cabal e atempadamente todas as obrigações que assume no presente contrato.

2 – A concessionária deve manter no final de cada ano um RAF superior a 20 %.

CLÁUSULA 18.ª

Projectos

1 – A construção e a exploração das infra-estruturas que integram esta concessão ficam sujeitas à aprovação dos respectivos projectos, nos termos da legislação aplicável.

2 – A construção pela concessionária das redes de distribuição previstas em planos municipais ou intermunicipais de ordenamento do território ou em vias públicas não carece de prévia aprovação dos respectivos projectos, devendo a concessionária ponderar todas as interferências junto das câmaras municipais competentes.

3 – Não carecem de aprovação nem de licença as obras urgentes executadas para fazer face a situações em que perigue a segurança de pessoas e bens.

4 – A concessionária é responsável, no respeito pela legislação e regulamentação aplicáveis, pela concepção, projecto e construção de todas as infra-estruturas e instalações abrangidas pela concessão, incluindo a sua remodelação e expansão.

5 – A aprovação de quaisquer projectos pelo concedente não implica a assunção por este de qualquer responsabilidade derivada de erros de concepção, de projecto, de construção ou da inadequação das instalações e do equipamento ao serviço da concessão.

CLÁUSULA 19.ª

Direitos e deveres decorrentes da aprovação dos projectos

1 – A aprovação dos respectivos projectos implica a declaração de utilidade pública dos mesmos e confere à concessionária, nomeadamente, os seguintes direitos:

a) Utilizar, de acordo com a legislação aplicável, os bens do domínio público ou privado do Estado e de outras pessoas colectivas públicas para o estabelecimento ou passagem das respectivas infra-estruturas ou instalações;

b) Constituir, nos termos da legislação aplicável, as servidões sobre os imóveis necessárias ao estabelecimento das respectivas infra-estruturas ou instalações;

c) Proceder à expropriação, por utilidade pública urgente, nos termos da legislação aplicável, dos bens imóveis, ou dos direitos a eles relativos, necessários ao estabelecimento das respectivas infra-estruturas ou instalações.

2 – As licenças e autorizações exigidas por lei para a exploração das infra-estruturas e instalações consideram-se outorgadas à concessionária com a aprovação dos respectivos projectos, sem prejuízo da verificação por parte das entidades licenciadoras da conformidade na sua execução.

3 – Cabe à concessionária o pagamento das indemnizações decorrentes do exercício dos direitos referidos no n.º 1.

4 – No atravessamento de terrenos do domínio público ou do domínio privado do Estado, de terrenos de outras pessoas colectivas de direito público e de terrenos de particulares, a concessionária deve adoptar os procedimentos estabelecidos na legislação aplicável e proceder à reparação de todos os prejuízos que resultem dos trabalhos executados.

CLÁUSULA 20.ª

Planeamento, remodelação e expansão das redes e demais infra-estruturas

1 – O planeamento das redes e demais infra-estruturas está integrado no planeamento da RNDGN, deve ter em conta, em particular, a obrigação de satisfação da procura de utilização das infra-estruturas, devendo ser coordenado com o planeamento da RNTIAT, nos termos previstos na legislação e regulamentação aplicáveis.

2 – Constitui encargo e responsabilidade da concessionária o planeamento, remodelação, desenvolvimento e expansão das redes e demais infra-estruturas de distribuição de gás natural que integram a presente concessão, com vista a assegurar a permanente existência de capacidade nas infra-estruturas, tendo em conta as condições exigíveis à satisfação do consumo na área da concessão, de acordo com a expansão previsional indicada no PDIR.

3 – A concessionária deve observar na remodelação e expansão das infra-estruturas os prazos de execução adequados à permanente satisfação das necessidades do abastecimento de gás natural, identificadas no respectivo PDIR.

4 – Por razões de interesse público, nomeadamente as relativas à segurança, regularidade e qualidade do abastecimento, o concedente poderá determinar a remodelação ou expansão da rede de distribuição objecto deste contrato, sem prejuízo do disposto na cláusula 40.ª

CLÁUSULA 21.ª

Direitos de propriedade industrial e serviços de terceiros

A concessionária deve respeitar, no exercício da sua actividade, as normas relativas à tutela e salvaguarda dos direitos privativos de propriedade industrial, sendo da sua exclusiva responsabilidade os efeitos decorrentes da sua violação.

Cláusula 22.ª

Condições de exploração da concessão

1 – A concessionária, enquanto operadora da RNDGN na área identificada na cláusula 4.ª, é responsável pela exploração e pela manutenção das redes, demais infra-estruturas e respectivas instalações que integram a presente concessão, em condições de segurança, fiabilidade e qualidade de serviço no respeito pela legislação e regulamentação aplicáveis.

2 – A concessionária deve assegurar-se de que o gás natural a transportar na sua rede e demais infra-estruturas cumpre as características técnicas e as especificações de qualidade estabelecidas na regulamentação aplicável e que a sua distribuição é efectuada em condições técnicas adequadas, de forma a garantir a segurança de pessoas e bens.

3 – No âmbito do exercício da actividade concessionada, a concessionária deve gerir os fluxos de gás natural na sua rede e demais infra-estruturas, assegurando a sua interoperacionalidade com as redes e demais infra-estruturas a que esteja ligada, designadamente as instalações dos consumidores finais, no respeito pela regulamentação aplicável.

4 – A concessionária deve garantir, ainda, a oferta de capacidade a longo prazo da respectiva rede de distribuição, contribuindo para a segurança do abastecimento, nos termos do PDIR.

Cláusula 23.ª

Deveres de informação

1 – A concessionária fica obrigada a fornecer ao concedente, através da DGEG e da ERSE, todos os elementos que estas entidades lhe solicitarem relativos à concessão e a outras actividades autorizadas nos termos da cláusula 3.ª, designadamente os elementos necessários à resposta a quaisquer pedidos da Comissão Europeia.

2 – A concessionária deve, em obediência às disposições regulamentares aplicáveis, fornecer ao operador de qualquer outra rede à qual esteja ligada e aos intervenientes no SNGN, observando as disposições regulamentares aplicáveis, as informações necessárias para permitir um desenvolvimento coordenado das diversas redes e um funcionamento seguro e eficiente do SNGN.

CLÁUSULA 24.ª

Participação de desastres e acidentes

1 – A concessionária fica obrigada a participar imediatamente à DGEG todos os desastres e acidentes ocorridos nas suas instalações e, se tal não for possível, no prazo máximo de três dias a contar desde a data da ocorrência.

2 – Sem prejuízo das competências atribuídas às autoridades públicas, sempre que dos desastres ou acidentes resultem mortes, ferimentos graves ou prejuízos materiais importantes, a concessionária deve elaborar, e enviar ao concedente, um relatório técnico com a análise das circunstâncias da ocorrência e com o estado das instalações.

CLÁUSULA 25.ª

Ligações das redes de distribuição à RNTGN e aos consumidores

1 – A ligação das redes de distribuição à RNTGN deve respeitar as condições previstas nos regulamentos aplicáveis.

2 – A ligação das redes de distribuição aos consumidores finais deve respeitar as condições previstas nos regulamentos aplicáveis.

3 – A concessionária pode recusar, nos termos definidos na regulamentação em vigor, o acesso às respectivas redes e infra-estruturas com base na falta de capacidade ou falta de ligação, ou se esse acesso a impedir de cumprir as suas obrigações de serviço público.

4 – A concessionária pode ainda recusar a ligação aos consumidores finais sempre que as instalações e equipamentos de recepção dos mesmos não preencham as disposições legais e regulamentares aplicáveis, nomeadamente as respeitantes aos requisitos técnicos e de segurança.

5 – A concessionária pode impor aos consumidores, sempre que o exijam razões de segurança, a substituição, a reparação ou a adaptação dos respectivos equipamentos de ligação ou de recepção.

6 – A concessionária tem o direito de montar, nas instalações dos consumidores, equipamentos para a recolha de dados e para a realização de operações de telecomando e de telecomunicação, bem como sistemas de protecção nos pontos de ligação da sua rede com essas instalações e de aceder aos equipamentos de medição do gás dos utilizadores ligados às suas instalações, nos termos definidos na regulamentação em vigor.

7 – Os utilizadores da rede de distribuição devem prestar à concessionária todas as informações que esta considere necessárias à ligação dos consumidores finais e à correcta exploração das respectivas infra-estruturas e instalações.

CLÁUSULA 26.ª

**Relacionamento com a concessionária da RNTGN
no âmbito da gestão técnica global do SNGN**

A concessionária fica sujeita às obrigações que decorrem do exercício, por parte da concessionária da RNTGN, das suas competências em matéria de gestão técnica global do SNGN, planeamento da RNTIAT e segurança do abastecimento, nos termos previstos na legislação e regulamentação aplicáveis.

CLÁUSULA 27.ª

Interrupção por facto imputável ao utilizador

A concessionária pode interromper a prestação do serviço público concessionado aos utilizadores, por factos que lhes sejam imputáveis, nos termos das bases da concessão e da regulamentação aplicável, nomeadamente nas situações previstas no Regulamento de Relações Comerciais e no Regulamento da Qualidade de Serviço.

CLÁUSULA 28.ª

Interrupções por razões de interesse público ou de serviço

1 – A prestação do serviço público pode ser interrompida pela concessionária por razões de interesse público, nomeadamente as que decorram da execução de planos nacionais de emergência, declarada ao abrigo da legislação e regulamentação aplicáveis.

2 – A concessionária pode, ainda, interromper a actividade objecto da concessão, por razões de serviço, num determinado ponto de entrega, quando haja necessidade imperiosa de realizar manobras ou trabalhos de ligação, reparação ou conservação das infra-estruturas ou instalações, desde que tenham sido esgotadas todas as possibilidades de alimentação alternativas.

3 – Nas situações previstas nos números anteriores, a concessionária deve avisar a DGEG, a concessionária da RNTGN, os utilizadores das respectivas redes e infra-estruturas e os consumidores que possam vir a ser afectados, alternativamente, por aviso individual, ou por intermédio de meios de comunicação social de grande audiência na região ou por outros meios ao seu alcance que proporcionem uma adequada divulgação, com a antecedência mínima de trinta e seis horas, salvo no caso da realização de trabalhos que a segurança de pessoas e bens torne inadiáveis ou quando haja necessidade urgente de trabalhos para garantir a segurança das redes e demais infra-estruturas de distribuição de gás natural.

CLÁUSULA 29.ª

Medidas de protecção

1 – Sem prejuízo das medidas de emergência que podem ser adoptadas pelo concedente, se se verificar uma situação que ponha em risco a segurança de pessoas ou bens, deve a concessionária promover imediatamente as medidas que entender necessárias em matéria de segurança.

2 – As medidas referidas no número anterior devem ser imediatamente comunicadas à DGEG, às respectivas autoridades concelhias, à autoridade policial da zona afectada e, se for caso disso, à Autoridade Nacional de Protecção Civil.

CLÁUSULA 30.ª

Responsabilidade civil

1 – A concessionária é responsável, nos termos gerais de direito, por quaisquer prejuízos causados ao concedente ou a terceiros, pela culpa ou pelo risco, no exercício da actividade objecto da concessão.

2 – Para os efeitos do disposto no artigo 509.º do Código Civil, entende-se que a utilização das infra-estruturas e das instalações que integram a concessão é feita no exclusivo interesse da concessionária.

CLÁUSULA 31.ª

Cobertura por seguros

1 – Para garantir o cumprimento das suas obrigações, a concessionária fica obrigada a celebrar e manter um seguro de responsabilidade civil.

2 – O montante do seguro mencionado no número anterior tem um valor mínimo obrigatório definido no anexo n.º 2 do presente contrato, cujo montante será actualizado trienalmente.

3 – A concessionária deve apresentar ao concedente, no prazo de 30 dias a contar da data da assinatura do presente contrato, os documentos comprovativos da celebração do seguro e, quando lhe for exigido, apresentar os documentos comprovativos da actualização referida no número anterior.

4 – Para além do seguro referido no n.º 1, a concessionária deve assegurar a existência e a manutenção em vigor das apólices de seguro necessárias para garantir uma efectiva cobertura dos riscos da concessão.

5 – No âmbito da obrigação referida no número anterior, a concessionária fica ainda obrigada a constituir seguros, nos termos a definir no anexo n.º 2 do presente contrato, envolvendo todas as infra-estruturas e instalações que inte-

gram a concessão, contra riscos de incêndio, explosão e danos devido a terramoto ou temporal.

CLÁUSULA 32.ª
Gestão técnica da rede

1 – No âmbito da gestão técnica global do SNGN, nos termos da regulamentação aplicável, a concessionária fica sujeita à gestão técnica global do SNGN, cuja responsabilidade cabe à entidade concessionária da operação da RNTGN.

2 – São direitos da concessionária da RNTGN no âmbito da gestão técnica global do SNGN, nomeadamente:

a) Exigir e receber dos operadores dos mercados e de todos os agentes directamente interessados a informação necessária para o correcto funcionamento da respectiva rede de distribuição;

b) Exigir aos terceiros com direito de acesso às suas infra-estruturas e instalações a comunicação dos seus planos de entrega e de levantamento e de qualquer circunstância que possa fazer variar substancialmente os planos comunicados;

c) Exigir o estrito cumprimento das instruções que emita para a correcta exploração do sistema, a manutenção das instalações e a adequada cobertura da procura;

d) Receber adequada retribuição pelos serviços prestados.

3 – São obrigações da concessionária da RNTGN no exercício da função de gestão técnica global do sistema, nomeadamente:

a) Actuar nas suas relações com os operadores e utilizadores da sua rede e infra-estruturas de forma transparente e não discriminatória;

b) Informar sobre a viabilidade de acesso, solicitado por terceiros, às infra-estruturas da sua rede e instalações;

c) Informar a DGEG, a ERSE e os operadores do SNGN, na forma, nos termos e na periodicidade prevista nos regulamentos, sobre a capacidade disponível da sua rede e infra-estruturas;

d) Monitorizar e reportar à ERSE a efectiva utilização da sua rede e infra-estruturas;

e) Desenvolver protocolos de comunicação com os diferentes operadores do SNGN com vista a criar um sistema de comunicação integrado para controlo e supervisão das operações do SNGN;

f) Emitir instruções sobre as operações de distribuição de forma a assegurar a entrega de gás em condições adequadas e eficientes nos pontos de saída da rede de distribuição, em conformidade com protocolos de actuação e de operação a estabelecer.

CLÁUSULA 33.ª

Planeamento da RNDGN

1 – O planeamento da rede e demais infra-estruturas objecto da presente concessão deve ser efectuado de molde a assegurar a existência de capacidade das infra-estruturas e o desenvolvimento sustentado e eficiente da rede e deve integrar o planeamento da RNTIAT.

2 – O planeamento da RNDGN compete à DGEG e deve ser devidamente coordenado com o planeamento das infra-estruturas e das instalações com que se interliga.

3 – Para efeitos do planeamento previsto nos números anteriores, devem ser elaborados pela concessionária e entregues à DGEG os seguintes documentos:

a) Caracterização da sua rede e infra-estruturas, que deve conter informação técnica que permita conhecer a situação das redes e restantes infra-estruturas, designadamente as capacidades nos vários pontos da rede, assim como o seu grau de utilização;

b) Proposta de plano de desenvolvimento da rede e demais infra-estruturas, que integrará o PDIR a elaborar pelo operador da RNDGN, observando, para além de critérios de racionalidade económica, as orientações de política energética, designadamente o que se encontra definido relativamente à capacidade e ao tipo das infra-estruturas de entrada de gás natural no sistema, as perspectivas de desenvolvimento dos sectores de maior e mais intenso consumo, as conclusões e recomendações contidas nos relatórios de monitorização, os padrões de segurança para planeamento das redes e as exigências técnicas e regulamentares.

4 – A proposta referida no n.º 1 deve ser submetida à concessionária da RNTGN, e por esta à DGEG, com a periodicidade de três anos, até ao final do 1.º trimestre, com início em 2008.

CLÁUSULA 34.ª

Caução

1 – Com a assinatura do presente contrato a concessionária prestou uma caução a favor do concedente no valor de € 1 500 000 como garantia do pontual e integral cumprimento das obrigações emergentes do contrato de concessão e da cobrança das multas aplicadas.

2 – O concedente pode utilizar a caução sempre que a concessionária não cumprir qualquer obrigação assumida no presente contrato.

3 – Sem prejuízo do disposto no número seguinte, o recurso à caução deve ser precedido de despacho do Ministro, não dependendo de qualquer outra formalidade ou de prévia decisão judicial ou arbitral.

4 – O concedente deve ouvir a concessionária, nos termos gerais do direito de audiência, antes de proceder à utilização da caução.

5 – Sempre que o concedente utilize a caução, a concessionária deve proceder à reposição do seu montante integral no prazo de 30 dias a contar da data daquela utilização.

6 – O valor da caução deve ser actualizado no início do 1.º trimestre de cada triénio, com referência à data da celebração do presente contrato, de acordo com o índice mensal de preços no consumidor, no continente, excluindo habitação, publicado pelo Instituto Nacional de Estatística.

7 – A caução só pode ser levantada pela concessionária um ano após a data de extinção deste contrato ou, antes de decorrido aquele prazo, por determinação expressa do concedente, através de despacho do Ministro, mas sempre após a extinção do presente contrato.

8 – A caução a que se refere a presente cláusula bem como outras que a concessionária venha a estar obrigada a constituir a favor do concedente devem ser prestadas por depósito em dinheiro ou por garantia bancária autónoma, à primeira solicitação, cujo texto deve ser previamente aprovado pela DGEG.

CLÁUSULA 35.ª
Fiscalização e regulação

1 – Sem prejuízo das competências atribuídas a outras entidades públicas, cabe à DGEG o exercício dos poderes de fiscalização da concessão, nomeadamente no que se refere ao cumprimento das disposições legais e regulamentares aplicáveis e do presente contrato.

2 – Sem prejuízo das competências atribuídas a outras entidades públicas, cabe à ERSE o exercício dos poderes de regulação da actividade que integra o objecto da concessão, nos termos previstos nas disposições legais e regulamentares aplicáveis.

3 – Para efeitos do disposto nos números anteriores, a concessionária deve prestar todas as informações e facultar todos os documentos que lhe forem solicitados pelas entidades fiscalizadora e reguladora, no âmbito das respectivas competências, bem como permitir o livre acesso dos funcionários e agentes das referidas entidades, devidamente credenciados e no exercício das suas funções, a todas as suas instalações.

CLÁUSULA 36.ª
Seguro de fiscalização

1 – No exercício da actividade fiscalizadora nas instalações da concessionária, o pessoal das entidades fiscalizadora e reguladora fica coberto por um

seguro de acidentes pessoais, a subscrever pela concessionária, de montante a definir no anexo n.º 2 do presente contrato.

2 – Para o cumprimento do disposto no número anterior, as entidades fiscalizadora e reguladora devem comunicar previamente à concessionária a identificação dos fiscais e a data da realização da acção fiscalizadora.

CLÁUSULA 37.ª
Modificação unilateral do contrato

1 – O presente contrato pode ser modificado unilateralmente pelo concedente, por razões de interesse público, sem prejuízo da reposição do respectivo equilíbrio económico e financeiro nos termos previstos na cláusula 40.ª

2 – O contrato de concessão pode também ser alterado por força de disposição legal imperativa, designadamente decorrente das políticas energéticas aprovadas pela União Europeia e aplicáveis ao Estado Português, sem prejuízo da reposição do respectivo equilíbrio económico e financeiro, nos termos previstos na cláusula 40.ª

3 – No exercício do seu direito de modificação unilateral deste contrato, nos termos previstos nos números anteriores, o concedente deve, além de invocar tal direito, concretizar os respectivos fundamentos.

4 – O concedente deve, ainda, ouvir a concessionária, nos termos gerais do direito de audiência, antes de proceder a qualquer modificação a este contrato.

5 – Este contrato pode, ainda, ser modificado por acordo entre o concedente e a concessionária desde que a modificação não envolva a violação do regime jurídico da concessão nem implique a derrogação das respectivas bases.

CLÁUSULA 38.ª
Transmissão e oneração da concessão

1 – A concessionária não pode, sem prévia autorização do concedente, dada através do Ministro, onerar, subconceder, trespassar ou transmitir, por qualquer forma, no todo ou em parte, a concessão ou realizar qualquer negócio jurídico que vise atingir ou tenha por efeito, mesmo que indirecto, idênticos resultados.

2 – Os actos praticados ou os contratos celebrados em violação do disposto no número anterior são nulos, sem prejuízo de outras sanções aplicáveis.

3 – No caso de subconcessão ou de trespasse, a concessionária deve comunicar ao concedente a sua intenção de proceder à subconcessão ou ao trespasse, remetendo-lhe a minuta do respectivo contrato de subconcessão ou de trespasse

que se propõe assinar e indicando todos os elementos do negócio que pretende realizar, bem como o calendário previsto para a sua realização e a identidade do subconcessionário ou do trespassário.

4 – No caso de haver lugar a uma subconcessão devidamente autorizada, a concessionária mantém os direitos e continua sujeita às obrigações decorrentes do presente contrato.

5 – Ocorrendo trespasse da concessão, consideram-se transmitidos para o trespassário todos os direitos e obrigações da concessionária, assumindo aquele ainda os deveres, obrigações e encargos que eventualmente lhe venham a ser impostos pelo concedente como condição para a autorização do trespasse.

6 – A concessionária é responsável pela transferência integral dos seus direitos e obrigações para o trespassário, incluindo as obrigações incertas, ilíquidas ou inexigíveis à data do trespasse, em termos em que não seja afectada ou interrompida a prestação do serviço público concessionado.

CLÁUSULA 39.ª
Equilíbrio económico e financeiro do contrato

1 – É garantido à concessionária o equilíbrio económico e financeiro da concessão, nas condições de uma gestão eficiente.

2 – O equilíbrio económico e financeiro baseia-se no reconhecimento dos custos de investimento, de operação e manutenção e na adequada remuneração dos activos afectos à concessão, tendo em consideração as condições específicas do mercado nacional e do Sistema Nacional de Gás Natural (SNGN).

3 – Após o decurso do primeiro período regulatório e para efeitos de remuneração da concessão nos termos do regulamento tarifário, a concessionária tem direito a uma reavaliação dos activos da concessão, antes do início de cada novo período regulatório, de acordo com a inflação.

4 – As reavaliações efectuadas ao abrigo do disposto no número anterior são autónomas e distintas da reavaliação a que aludem os n.ᵒˢ 3, 4 e 5 do artigo 70.º do Decreto-Lei n.º 140/2006, de 26 de Julho, pelo que observarão as regras e práticas contabilísticas geralmente aceites.

5 – Sem prejuízo do disposto no n.º 3, se durante os quatro períodos regulatórios subsequentes ao primeiro a remuneração fixada pela ERSE não considerar o prémio de risco implícito na taxa de remuneração estabelecida para o primeiro período regulatório, qualquer das partes poderá solicitar a reposição do equilíbrio económico financeiro da concessão.

6 – Nos períodos regulatórios subsequentes ao período considerado no número anterior, a taxa de remuneração fixada pela ERSE deve ter em consideração as taxas de remuneração de outros activos de referência, nomeadamente os activos afectos às actividades de distribuição de electricidade e de transporte de

gás natural em alta pressão, podendo a concessionária, caso contrário, solicitar a reposição do equilíbrio económico financeiro da concessão.

7 – Sem prejuízo do disposto nos números anteriores e na legislação aplicável, a concessionária é responsável, nos termos do presente contrato, por todos os riscos inerentes à concessão.

CLÁUSULA 40.ª
Reposição do equilíbrio económico e financeiro

1 – Tendo em atenção a distribuição de riscos estabelecida no presente contrato, a concessionária tem direito à reposição do equilíbrio económico e financeiro da concessão nos seguintes casos:

a) Modificação unilateral, imposta pelo concedente, das condições de exploração da concessão, ou modificação unilateral por razões de interesse público, nos termos do presente contrato, desde que, em resultado directo da mesma, se verifique para a concessionária um aumento de custos ou uma determinada perda de proveitos;

b) Alterações legislativas que tenham um impacte directo sobre os proveitos ou custos respeitantes à actividade integrada nesta concessão.

2 – Nos casos previstos no número anterior, a concessionária apenas tem direito à reposição do equilíbrio económico e financeiro da concessão na medida em que o impacte sobre os proveitos ou custos não seja susceptível de consideração no âmbito da actividade reguladora ou a concessionária não possa, legitimamente, proceder a tal reposição por recurso aos meios resultantes de uma correcta e prudente gestão.

3 – Havendo lugar à reposição do equilíbrio económico e financeiro da presente concessão, tal reposição pode ter lugar, em termos a acordar entre o concedente e a concessionária, através de uma das seguintes modalidades:

a) Prorrogação do prazo da concessão;

b) Revisão do cronograma ou redução das obrigações de investimento previamente aprovados;

c) Atribuição de compensação directa pelo concedente;

d) Combinação das modalidades anteriores ou qualquer outra forma que seja acordada.

4 – A reposição do equilíbrio económico e financeiro efectuada nos termos desta cláusula será, relativamente ao evento que lhe deu origem, única, completa e final para todo o período da concessão, sem prejuízo de tal reposição poder ser parcialmente diferida em relação a quaisquer efeitos específicos do evento em causa que, pela sua própria natureza, não sejam susceptíveis de uma razoável avaliação imediata ou sobre cuja existência, incidência ou quantificação as partes não hajam ainda chegado a acordo.

5 – Para os efeitos previstos na presente cláusula, a concessionária deve notificar o concedente da ocorrência de qualquer evento que, individual ou cumulativamente, possa dar lugar à reposição do equilíbrio económico e financeiro da concessão, no prazo de 180 dias após a data da sua ocorrência, e solicitar o início de negociações no prazo máximo de 180 dias a contar da citada notificação.

6 – O concedente e a concessionária devem, no prazo máximo de 90, prorrogáveis uma única vez por igual período, tentar alcançar um acordo sobre os termos da reposição do equilíbrio contratual.

7 – Na falta de acordo, pode a concessionária recorrer aos meios de composição de litígios, nos termos previstos na cláusula 52.ª

CLÁUSULA 41.ª
Responsabilidade do concedente por incumprimento

A violação, pelo concedente, das obrigações decorrentes do presente contrato confere à concessionária o direito a ser indemnizada dos prejuízos causados, sem embargo da faculdade de rescisão do contrato.

CLÁUSULA 42.ª
Responsabilidade da concessionária por incumprimento

1 – A violação, pela concessionária, de qualquer das obrigações assumidas no presente contrato fá-la incorrer, nos termos legais, em responsabilidade perante o concedente.

2 – A responsabilidade da concessionária cessa sempre que ocorra caso de força maior, ficando a seu cargo fazer prova da ocorrência.

3 – Consideram-se unicamente casos de força maior os acontecimentos imprevisíveis e irresistíveis cujos efeitos se produzam independentemente da vontade, actuação ou das circunstâncias pessoais da concessionária.

4 – Constituem nomeadamente casos de força maior actos de guerra, hostilidades ou invasão, terrorismo, epidemia, radiação atómica, grave inundação, incêndio, raio, ciclone, tremor de terra e outros cataclismos naturais que afectem o exercício da actividade compreendida na presente concessão.

5 – A ocorrência de um caso de força maior tem por efeito exonerar a concessionária da responsabilidade pelo não cumprimento das obrigações emergentes deste contrato que sejam afectadas pela ocorrência do mesmo, na estrita medida em que o respectivo cumprimento pontual e atempado tenha sido efectivamente impedido ou, salvo no que respeita à segurança das populações, se torne desproporcionadamente oneroso.

6 – No caso de impossibilidade de cumprimento do presente contrato por causa de força maior, o concedente pode proceder à rescisão nos termos fixados na cláusula 49.ª

7 – A concessionária fica obrigada a comunicar ao concedente a ocorrência de qualquer evento qualificável como caso de força maior, bem como a indicar, no mais curto prazo possível, quais as obrigações emergentes do contrato de concessão cujo cumprimento, no seu entender, se encontra impedido ou dificultado por força de tal ocorrência e, bem assim, se for o caso, as medidas que tomou ou pretende tomar para fazer face à situação ocorrida a fim de mitigar o impacte do referido evento e os respectivos custos.

8 – Enquanto esta retoma não for possível, subsistem as obrigações da concessionária na medida em que a sua execução seja materialmente possível.

9 – A concessionária deve, em qualquer caso, tomar imediatamente as medidas que sejam necessárias para assegurar a retoma normal das obrigações suspensas, constituindo estrita obrigação da concessionária mitigar, por qualquer meio razoável e apropriado ao seu dispor, os efeitos da verificação de um caso de força maior.

CLÁUSULA 43.ª
Multas contratuais

1 – Sem prejuízo das situações de incumprimento que podem dar origem a sequestro ou rescisão deste contrato nos termos previstos nas cláusula 44.ª e 49.ª, pelo incumprimento de quaisquer obrigações assumidas no presente contrato, que não ponha em causa a subsistência da relação de concessão, a concessionária pode ser sancionada, por decisão do concedente, pela aplicação de multas contratuais, cujo montante é variável, em função da gravidade da infracção cometida e do grau de culpa do infractor, até € 5 000 000.

2 – A aplicação de multas contratuais está dependente de notificação prévia da concessionária pelo concedente para reparar o incumprimento e do não cumprimento do prazo de reparação fixado nessa notificação nos termos do número seguinte, ou da não reparação integral da falta, pela concessionária, naquele prazo.

3 – O prazo de reparação do incumprimento é fixado pelo concedente de acordo com critérios de razoabilidade e deve ter sempre em atenção a defesa do interesse público e a manutenção em funcionamento da concessão.

4 – A concessionária pode, no prazo fixado na notificação a que se refere o número anterior, e em momento anterior ao da aplicação de quaisquer multas contratuais, exercer por escrito o seu direito de defesa.

5 – É da competência do director-geral de Energia e Geologia a aplicação das multas previstas nesta cláusula, cabendo recurso hierárquico para o Ministro da tutela.

6 – Caso a concessionária não proceda ao pagamento voluntário das multas contratuais que lhe forem aplicadas no prazo de 20 dias a contar da sua fixação e notificação pelo concedente, este pode utilizar a caução para pagamento das mesmas.

7 – O valor máximo das multas estabelecido na presente cláusula deve ser actualizado em Janeiro de cada ano, de acordo com o índice de preços no consumidor no continente, excluindo habitação, publicado pelo Instituto Nacional de Estatística, referente ao ano anterior.

8 – A reclamação ou impugnação do acto de aplicação das multas suspende o prazo referido no n.º 6 acima.

9 – A aplicação de multas não prejudica a aplicação de outras sanções contratuais nem isenta a concessionária de responsabilidade civil, criminal e contra-ordenacional em que incorrer perante o concedente ou terceiro.

CLÁUSULA 44.ª

Sequestro

1 – Em caso de incumprimento grave, pela concessionária, das obrigações emergentes do presente contrato, ou de quaisquer disposições legais aplicáveis à concessão, pode o concedente, através de despacho do Ministro, tomar conta da concessão mediante sequestro.

2 – O sequestro da concessão pode ter lugar, nomeadamente, quando se verifique qualquer das seguintes situações, por motivos imputáveis à concessionária:

a) Estiver iminente, ou ocorrer, a cessação ou interrupção, total ou parcial, do desenvolvimento da actividade objecto da presente concessão;

b) Deficiências graves na organização, no funcionamento ou no regular desenvolvimento da actividade objecto desta concessão, bem como situações de insegurança de pessoas e bens;

c) Deficiências graves no estado geral das infra-estruturas, das instalações e dos equipamentos que comprometam a continuidade ou a qualidade da actividade objecto da presente concessão.

3 – A concessionária fica obrigada a proceder à entrega da concessão no prazo que lhe for fixado pelo concedente quando lhe for comunicada a decisão de sequestro.

4 – Verificando-se qualquer facto que possa dar lugar ao sequestro da concessão, deve observar-se, com as devidas adaptações, o processo de sanação do incumprimento previsto nos n.ºs 4 e 5 da cláusula 49.ª

5 – Verificado o sequestro, a concessionária suporta todos os encargos que resultarem, para o concedente, do exercício da concessão, bem como as despesas extraordinárias necessárias ao restabelecimento da normalidade.

6 – Logo que cessem as razões do sequestro, seja restabelecido o normal funcionamento da concessão e o concedente o julgue oportuno, deve notificar a concessionária para retomar a concessão, no prazo que lhe for fixado.

7 – No caso de o sequestro se manter por seis meses após ter sido restabelecido o normal funcionamento da concessão, a concessionária pode optar pela rescisão da concessão, sendo então aplicável o disposto na cláusula 50.ª

8 – Se a concessionária não retomar a concessão no prazo que lhe for fixado, pode o concedente, através do Ministro, determinar a imediata rescisão do presente contrato.

9 – No caso de a concessionária ter retomado o exercício da concessão e continuarem a verificar-se graves deficiências no mesmo, pode o concedente, através do Ministro, ordenar novo sequestro ou determinar a imediata rescisão do contrato de concessão.

CLÁUSULA 45.ª

Extinção da concessão

1 – A concessão extingue-se por acordo entre o concedente e a concessionária, por rescisão, por resgate e pelo decurso do prazo fixado na cláusula 53.ª

2 – A extinção da concessão determina a transmissão para o concedente de todos os bens e meios a ela afectos, bem como dos direitos e das obrigações inerentes ao seu exercício, sem prejuízo do direito de regresso do concedente sobre a concessionária pelas obrigações por esta assumidas que sejam estranhas à actividade objecto da concessão ou que hajam sido contraídas em violação da lei ou deste contrato ou, ainda, que sejam obrigações vencidas e não cumpridas.

3 – Da transmissão prevista no número anterior excluem-se, além dos bens e meios não afectos à concessão, os fundos ou reservas consignados à garantia ou cobertura de obrigações da concessionária de cujo cumprimento lhe seja dada quitação pelo concedente, a qual se presume se, decorrido um ano sobre a extinção da concessão, não houver declaração em contrário do concedente, através do Ministro.

4 – A tomada de posse da concessão pelo concedente é precedida de vistoria ad perpetuam rei memoriam, realizada pelo concedente, através da DGEG, a que assistem representantes da concessionária, destinada à verificação do estado de conservação e manutenção dos bens, devendo ser lavrado o respectivo auto.

5 – Em caso de extinção da concessão, transferem-se para o concedente os direitos detidos pela concessionária sobre terceiros que se revelem necessários para a continuidade da prestação do serviço concedido e, em geral, à tomada de medidas tendentes a evitar a interrupção da prestação do serviço público concessionado.

CLÁUSULA 46.ª
Procedimento no caso de extinção do contrato por termo

1 – O concedente reserva-se no direito de tomar, nos últimos dois anos do prazo da presente concessão, as providências que julgar convenientes para assegurar a continuação do serviço no termo deste contrato ou as medidas necessárias para efectuar, durante o mesmo prazo, a transferência progressiva da actividade objecto desta concessão para a nova concessionária.

2 – Se, no momento do termo do prazo da concessão, o concedente ainda não tiver tomado decisão quanto ao novo modo ou entidade encarregada da gestão do serviço, poderá acordar com a concessionária que esta continue a prestá-lo até ao limite máximo de um ano, mediante prestação de serviços ou qualquer outro título jurídico público contratual.

CLÁUSULA 47.ª
Decurso do prazo da concessão

1 – Decorrido o prazo da concessão, sem necessidade de qualquer comunicação entre as partes nesse sentido, transmitem-se para o concedente todos os bens e meios afectos à concessão, livres de ónus ou encargos, em bom estado de conservação, funcionamento e segurança, sem prejuízo do normal desgaste do seu uso para efeitos do contrato de concessão.

2 – Cessando a concessão pelo decurso do prazo, deve ser paga pelo concedente à concessionária uma indemnização correspondente ao valor contabilístico dos bens afectos à concessão, adquiridos pela concessionária, com referência ao último balanço aprovado, líquido de amortizações e de compartipações financeiras e subsídios a fundo perdido.

3 – Caso a concessionária não dê cumprimento ao disposto no n.º 1 da presente cláusula, o concedente deve promover a realização dos trabalhos e aquisições que sejam necessários à reposição dos bens aí referidos, correndo os respectivos custos pela concessionária e podendo ser utilizada a caução para os liquidar no caso de a concessionária não proceder ao pagamento voluntário e atempado dos referidos custos, se o Ministro assim o determinar.

CLÁUSULA 48.ª
Resgate da concessão

1 – O concedente poderá, através do Ministro, resgatar a concessão desde que o interesse público o justifique, decorridos 15 anos da data de celebração do presente contrato, mediante notificação feita à concessionária, por carta registada com aviso de recepção com, pelo menos, 1 ano de antecedência.

2 – O concedente assume, decorrido o período de um ano sobre a notificação do resgate, todos os bens e meios afectos à concessão anteriormente à data dessa notificação, incluindo todos os direitos e obrigações inerentes ao exercício da concessão, designadamente aquelas emergentes dos contratos de financiamento e ainda aqueles que tenham sido assumidos pela concessionária após a data de notificação desde que tenham sido previamente autorizados pelo concedente, através do Ministro.

3 – A assunção de obrigações por parte do concedente é efectuada, sem prejuízo do seu direito de regresso sobre a concessionária, pelas obrigações por esta contraídas que tenham exorbitado da gestão normal da concessão.

4 – Pelo resgate, a concessionária tem direito a uma indemnização cujo valor deve atender ao valor contabilístico, à data do resgate, dos bens transmitidos para o concedente, livres de quaisquer ónus ou encargos, e ao valor de eventuais lucros cessantes.

5 – O valor contabilístico dos bens referidos no número anterior, à data do resgate, entende-se líquido de amortizações e de comparticipações financeiras e subsídios a fundo perdido, incluindo-se nestes o valor dos bens cedidos pelo concedente.

6 – Para efeitos do cálculo da indemnização, o valor dos bens que se encontrem anormalmente depreciados ou deteriorados devido a deficiência da concessionária na sua manutenção ou reparação deve ser determinado de acordo com o seu estado de funcionamento efectivo.

CLÁUSULA 49.ª
Rescisão do contrato pelo concedente

1 – O concedente pode rescindir o presente contrato no caso de violação grave, não sanada ou não sanável, das obrigações contratuais da concessionária.

2 – Constituem, nomeadamente, causas de rescisão do contrato por parte do concedente os seguintes factos ou situações:

a) Desvio do objecto e fins da concessão;

b) Suspensão ou interrupção injustificadas da actividade objecto da concessão;

c) Oposição reiterada ao exercício da fiscalização, repetida desobediência às determinações do concedente ou sistemática inobservância das leis e regulamentos aplicáveis à exploração, quando se mostrem ineficazes as demais sanções aplicadas;

d) Recusa em proceder aos investimentos necessários à adequada conservação e reparação das infra-estruturas ou à necessária ampliação da rede;

e) Recusa ou impossibilidade da concessionária em retomar a concessão nos termos do disposto no n.º 8 da cláusula 44.ª ou, quando o tiver feito, continuação das situações que motivaram o sequestro;

f) Cobrança dolosa das tarifas com valor superior aos fixados;

g) Dissolução ou insolvência da concessionária;

h) Transmissão ou oneração da concessão, no todo ou em parte, sem prévia autorização;

i) Recusa da reconstituição atempada da caução.

3 – Não constituem causas de rescisão os factos ocorridos por motivos de força maior.

4 – Verificando-se um dos casos de incumprimento referidos na presente cláusula ou qualquer outro que, nos termos do disposto no n.º 1 desta cláusula, possa motivar a rescisão do contrato, o concedente, através do Ministro, deve notificar a concessionária para, no prazo que razoavelmente lhe for fixado, cumprir integralmente as suas obrigações e corrigir ou reparar as consequências dos seus actos, excepto tratando-se de violação não sanável.

5 – Caso a concessionária não cumpra as suas obrigações ou não corrija ou repare as consequências do incumprimento, nos termos determinados pelo concedente, este pode rescindir o presente contrato mediante comunicação enviada à concessionária, por carta registada com aviso de recepção, sem prejuízo do disposto no número seguinte.

6 – Caso o concedente pretenda rescindir este contrato, designadamente pelos factos referidos na alínea g) do n.º 1, deve, previamente à comunicação referida no número anterior, notificar os principais credores da concessionária que sejam conhecidos para, no prazo que lhes for determinado, nunca superior a três meses, proporem uma solução que possa sobrestar à rescisão, desde que o concedente com ela concorde.

7 – A comunicação da decisão de rescisão referida no n.º 5 desta cláusula produz efeitos imediatos, independentemente de qualquer outra formalidade.

8 – A rescisão prevista no n.º 1 implica a transmissão gratuita de todos os bens e meios afectos à concessão para o concedente, sem qualquer indemnização, e, bem assim, a perda da caução prestada nos termos da cláusula 34.ª, sem prejuízo do direito de o concedente ser indemnizado pelos prejuízos sofridos, nos termos gerais de direito.

Cláusula 50.ª

Rescisão do contrato pela concessionária

1 – A concessionária pode rescindir o presente contrato com fundamento em incumprimento grave das obrigações do concedente se daí resultarem perturbações que ponham em causa o exercício da actividade concedida e cujos efeitos não possam ser objecto de reparação ou, caso esta seja possível, a mesma não ocorra no prazo de seis meses.

2 – A rescisão prevista no número anterior implica a transmissão de todos os bens e meios afectos à concessão para o concedente, sem prejuízo do direito da concessionária de ser ressarcida dos prejuízos que lhe foram causados, incluindo o valor dos investimentos efectuados e lucros cessantes calculados nos termos previstos anteriormente para o resgate.

3 – A rescisão deste contrato produz efeitos reportados à data da sua comunicação ao concedente por carta registada com aviso de recepção.

4 – Para efeitos do disposto no n.º 1 desta cláusula, a concessionária deve previamente notificar o concedente, por carta registada dirigida ao ministro competente, para, no prazo fixado, cumprir integralmente as suas obrigações e corrigir ou reparar as consequências dos seus actos, indicando expressa e claramente as obrigações a corrigir ou as consequências a reparar.

CLÁUSULA 51.ª
Exercício dos poderes do concedente

Os poderes do concedente referidos no presente contrato, excepto quando devam ser exercidos pelo Ministro, devem ser exercidos pela DGEG, sendo os actos praticados pelo respectivo director-geral ou pela ERSE, consoante as competências de cada uma destas entidades.

CLÁUSULA 52.ª
Litígios entre concedente e concessionária

1 – As partes manifestam o seu empenho no bom relacionamento entre si e acordam que, constatada por qualquer delas a existência de um litígio ou diferendo relativo à interpretação, integração, aplicação, execução ou cumprimento do presente contrato, bem como relativamente à respectiva validade, ou à necessidade de precisar, completar ou actualizar o seu conteúdo, ou ainda relativamente a actos administrativos referentes à execução do contrato, nos termos previstos no Código de Processo nos Tribunais Administrativos, será o mesmo, em primeiro lugar, objecto de uma tentativa de resolução amigável.

2 – Caso o diferendo não seja resolvido de uma forma consensual no prazo de 15 dias a contar da data da remissão do litígio para outra parte para a tentativa de resolução amigável, será o mesmo dirimido por um tribunal arbitral nos termos da presente cláusula.

3 – O tribunal arbitral será constituído nos termos dos números seguintes e, supletivamente, de acordo com a Lei n.º 31/86, de 29 de Agosto.

4 – O tribunal será constituído por um árbitro único se as partes acordarem na respectiva designação ou, na falta desse acordo no prazo de 10 dias, cada

uma das partes designará um árbitro, cabendo aos dois árbitros nomeados, nos 5 dias seguintes, a designação do terceiro árbitro, que presidirá.

5 – Na falta de acordo entre os árbitros designados pelas partes, verificado ao fim de cinco dias, o terceiro árbitro será indicado pelo presidente do Tribunal da Relação de Lisboa, a requerimento de qualquer das partes.

6 – O tribunal arbitral considera-se constituído na data em que o terceiro árbitro aceitar a sua nomeação e comunicar a sua decisão às partes.

7 – Se decorrer mais de um mês sobre a data de indicação do primeiro árbitro sem que o tribunal arbitral se encontre constituído, pode qualquer das partes recorrer ao tribunal judicial competente para a resolução do litígio em causa.

8 – Caso não se verifique acordo quanto ao objecto do litígio, este será o que resultar da petição do demandante e da eventual reconvenção do demandado.

9 – O tribunal arbitral funcionará em Lisboa, cabendo ao árbitro único ou ao árbitro presidente escolher o local em que o mesmo reunirá, e utilizará a língua portuguesa, funcionando o tribunal de acordo com as regras fixadas no presente contrato, com as regras estabelecidas pelo próprio tribunal arbitral e, ainda, subsidiariamente, pelo disposto na Lei n.º 31/86, de 29 de Agosto.

10 – O tribunal arbitral julgará segundo o direito português constituído, podendo as partes recorrer das respectivas decisões.

11 – As decisões do tribunal arbitral devem ser proferidas no prazo de três meses a contar do termo da instrução do processo ou do encerramento da audiência de discussão e julgamento, se a esta houver lugar.

12 – O prazo referido no número anterior é prorrogável, por decisão do árbitro único ou do árbitro presidente, consoante o caso, até ao máximo de seis meses.

13 – No caso de o tribunal arbitral ser constituído por dois árbitros designados pelas partes e um árbitro presidente, as respectivas decisões são tomadas por maioria.

14 – A determinação dos honorários dos árbitros será feita de acordo com a tabela de cálculo dos honorários dos árbitros, anexa ao Regulamento do Centro de Arbitragem da Associação Comercial de Lisboa, tendo por base o valor da causa, o qual será igual ao valor do pedido da parte demandante ou ao cúmulo dos valores deste e do pedido reconvencional da parte demandada, caso haja reconvenção, devendo a repartição pelas partes do montante daqueles honorários constar da decisão que for proferida a final.

15 – Sem prejuízo do disposto nos números anteriores, as partes reservam-se o direito de, na vigência e após o termo do presente contrato, e antes ou na pendência de um litígio instaurado no tribunal arbitral, requerer nos tribunais comuns as providências cautelares previstas na lei de processo civil que entenderem por convenientes para defesa dos seus direitos.

16 – Caso as providências previstas no número anterior sejam requeridas antes de constituído o tribunal arbitral, deve iniciar-se imediatamente o procedimento da sua constituição e ser-lhe submetido o litígio para respectiva resolução.

CLÁUSULA 53.ª

**Litígios entre concessionária e utilizadores
ou outros operadores do SNGN**

1 – Sem prejuízo das disposições legais que estabelecem a arbitragem obrigatória, os litígios entre a concessionária e utilizadores ou outros intervenientes no SNGN, emergentes dos respectivos contratos ou para superar as dificuldades na celebração de acordos de que, nos termos da lei ou do presente contrato, dependa o exercício de direitos ou o cumprimento de deveres de que são titulares, podem ser resolvidos através da celebração de convenções de arbitragem nos termos fixados na cláusula anterior.

2 – Os actos da concessionária praticados no exercício de poderes administrativos, nos casos em que a lei, os regulamentos ou este contrato lhe conferem essa prerrogativa, são sempre imputáveis, para efeitos do Código de Processo nos Tribunais Administrativos, ao respectivo conselho de administração.

CLÁUSULA 54.ª

Litígios entre concessionária e terceiros

A responsabilidade contratual ou extracontratual geral da concessionária por actos de gestão privada ou de gestão pública efectiva-se nos termos e pelos meios previstos na lei civil e administrativa.

CLÁUSULA 55.ª

Comunicações

Qualquer comunicação entre as partes contratantes relativa ao presente contrato deve ser feita mediante carta registada com aviso de recepção, sem prejuízo da utilização cumulativa de outro meio considerado idóneo para os endereços constantes da identificação das partes no presente contrato.

CLÁUSULA 56.ª

Prazos

1 – Na falta de disposição especial prevista na lei, em regulamentos ou neste contrato, o prazo para os actos a praticar pela concessionária ou pelo concedente, quer por intermédio do Ministro, da DGEG, ou de qualquer outro órgão administrativo, é de 10 dias, sendo que, no caso da ERSE, são-lhe aplicáveis os prazos estabelecidos nos seus Estatutos ou nos seus regulamentos.

2 – Sempre que o exercício de um direito por parte da concessionária dependa de aprovação ou autorização do concedente, quer por intermédio do Ministro, da DGEG ou de qualquer outro órgão administrativo, consideram-se estas concedidas se a decisão não for proferida no prazo de 90 dias a contar da formulação do pedido ou da apresentação do processo para esse efeito, salvo quando, por lei, não for admissível o acto tácito de deferimento ou for estabelecido outro prazo.

3 – Se a concessão da aprovação ou da autorização depender de quaisquer formalidades, designadamente de pareceres de quaisquer outras entidades, os mesmos devem ser solicitados em conjunto, estabelecendo-se um prazo que não deverá exceder 30 dias, salvo nos casos em que as entidades consultadas disponham por lei de prazo superior para emissão dos seus pareceres.

4 – Para efeitos do n.º 2, consideram-se dependentes de aprovação ou autorização do concedente os casos de:

a) Aprovação de projectos;

b) Licenciamento de obras, trabalhos e actividades;

c) Redução de caução.

5 – Para o cômputo dos prazos previstos nesta cláusula, considera-se que os mesmos se suspendem sempre que o procedimento estiver parado por motivo imputável à concessionária.

6 – Os prazos fixados em dias neste contrato são contados nos termos do artigo 72.º do Código do Procedimento Administrativo.

CLÁUSULA 57.ª

Anexos

Integram o presente contrato os seguintes anexos:

a) Anexo n.º 1 – planta;

b) Anexo n.º 2 – seguros.

ANEXO N.º 1

Planta

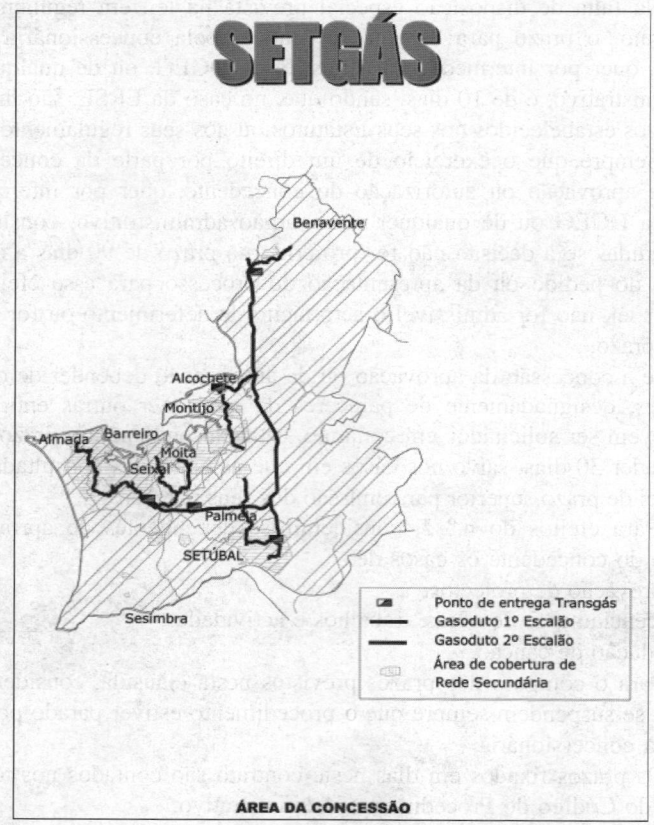

ANEXO N.º 2

Seguros

1 – Seguro de responsabilidade civil – cláusula 31.ª, n.ºˢ 1 e 2.

Montante – valor a fixar por portaria do ministro responsável pela área da energia e actualizável de três em três anos.

2 – Seguros para cobertura dos riscos da concessão (danos próprios) – cláusula 31.ª, n.ºˢ 4 e 5.

Montante – o valor dos seguros deverá corresponder aos de reposição, em novo, dos activos da concessão da actividade de distribuição regional de gás natural, atribuída à SETGÁS – Sociedade de Produção e Distribuição de Gás, S. A.

3 – Seguro de responsabilidade civil – cláusula 36.ª

DGEG:

Montante – € 250 000 por pessoa segura;

Número de pessoas seguras – seis;

Número de dias/ano – seis.

ERSE:

Montante e número de pessoas seguras:

€ 560 000 – uma pessoa (director);

€ 400 000 – duas pessoas (consultor);

€ 300 000 – três pessoas (outros);

Número de dias/ano – seis.

Minuta do contrato de concessão da actividade de distribuição de gás natural entre o Estado Português e a TAGUSGÁS – Empresa de Gás do Vale do Tejo, S. A.

Aos ... dias do mês de ... do ano de 2008, nas instalações do Ministério da Economia e da Inovação, sitas na Rua da Horta Seca, 15, da cidade de Lisboa, compareceram perante mim, ..., investido das funções de oficial público nos actos e contratos em que participem como outorgantes os membros do Governo, nos termos legais:

Como primeiro outorgante o Estado Português, representado pelo Prof. Doutor Manuel António Gomes de Almeida de Pinho, na qualidade de Ministro da Economia e da Inovação, ao abrigo do disposto no n.º 2 do artigo 7.º do Decreto-Lei n.º 140/2006, de 26 de Julho, doravante designado «Estado», e como segunda outorgante a TAGUSGÁS – Empresa de Gás do Vale do Tejo, S. A., com sede na ..., com o capital social de € ...,00, matriculada na Conservatória do Registo Comercial de ..., sob o n.º ..., pessoa colectiva n.º ..., representada por ... e por ..., na qualidade de ..., doravante designada «concessionária».

Pelos outorgantes na qualidade em que outorgam foi dito:

Considerando:

1) A qualidade da TAGUSGÁS – Empresa de Gás do Vale do Tejo, S. A., de concessionária da exploração, em regime de serviço público, da rede de distribuição regional de gás natural de região do Vale do Tejo, bem como da construção e instalação dos inerentes equipamentos;

2) O cumprimento integral, pela concessionária, do contrato de concessão da rede de distribuição regional de gás natural do Vale do Tejo, celebrado com o Estado Português em 22 de Dezembro de 1998;

3) A obrigação assumida pelo Estado no n.º 2 da cláusula 17.ª do contrato de concessão citado no número anterior e da não obtenção por parte da concessionária de parte dos fundos públicos aí previstos;

4) As alterações introduzidas ao regime de exercício da actividade de distribuição de gás natural pelos Decretos-Leis n.ᵒˢ 30/2006, de 15 de Fevereiro, e 140/2006, de 26 de Julho, alterações essas decorrentes da implementação das regras comuns para o mercado interno do gás natural objecto da Directiva n.º 2003/55/CE, do Parlamento Europeu e do Conselho, de 26 de Junho;

5) O disposto nos artigos 66.º do Decreto-Lei n.º 30/2006 e 70.º do Decreto-Lei n.º 140/2006, de 26 de Julho;

6) As bases das concessões da actividade de distribuição de gás natural constantes do anexo IV do Decreto-Lei n.º 140/2006;

7) O calendário de abertura do mercado do gás natural fixado no artigo 64.º do Decreto-Lei n.º 140/2006 que completa a transposição da referida Directiva n.º 2003/55/CE, do Parlamento Europeu e do Conselho;

8) A carta da Entidade Reguladora dos Serviços Energéticos (ERSE) à Direcção-Geral de Energia e Geologia de 17 de Janeiro de 2008, sobre a «modificação dos actuais contratos de concessão de distribuição regional de gás», da qual se deu conhecimento à concessionária:

Acordam o seguinte:

1 – O contrato de concessão da rede de distribuição regional de gás natural do Vale do Tejo celebrado entre o Estado e a concessionária por escritura de 22 de Dezembro de 1998, é modificado nos termos estabelecidos no documento complementar, rubricado e assinado por todos os outorgantes, que com os respectivos anexos fica a fazer parte integrante da presente escritura, nos termos do n.º 2 do artigo 64.º do Código do Notariado, documento cujo conteúdo declaram conhecer perfeitamente, pelo que é dispensada a sua leitura.

2 – A modificação do contrato de concessão acordada neste acto produz efeitos desde 1 de Janeiro de 2008.

3 – A partir de 1 de Janeiro de 2008, os contratos de fornecimento de gás natural celebrados pela concessionária, considerando que a mesma tem menos de 100 000 clientes, manter-se-ão na titularidade da concessionária, observando-se uma separação contabilística das actividades, de acordo com o disposto nos n.ᵒˢ 2 e 4 do artigo 67.º do Decreto-Lei n.º 140/2006, de 26 de Julho, e de acordo com as disposições do Decreto-Lei n.º 30/2006, de 15 de Fevereiro, aplicáveis à separação de actividades.

4 – Com a modificação do contrato de concessão, o Estado obriga-se a atribuir à concessionária, através da DGEG, uma licença de comercialização de

último recurso, nos termos constantes dos n.ºˢ 2 e 3 do artigo 67.º do Decreto-Lei n.º 140/2006, de modo que seja possível à mesma sociedade comercializar gás natural a todos os clientes que o solicitem e consumam anualmente quantidades de gás natural inferiores a 2 milhões de metros cúbicos normais na área da concessão, respeitando a regra da separação contabilística das actividades que resulta do disposto no n.º 3 do artigo 31.º do Decreto-Lei n.º 30/2006, de 15 de Fevereiro.

5 – Pelo exercício da actividade de comercialização de último recurso é assegurada à respectiva licenciada uma margem de comercialização que incorpora uma adequada remuneração do fundo de maneio em termos equivalentes aos estabelecidos para os outros activos da concessionária e que lhe assegure o equilíbrio económico e financeiro da actividade em condições de gestão eficiente nos termos da legislação e regulamentação aplicáveis. Considera-se o disposto no presente número como reproduzido na respectiva licença de comercialização de último recurso.

6 – A partir de 1 de Janeiro de 2008, os contratos de fornecimento de gás propano, bem como os activos afectos a essa actividade, passam para a titularidade de uma sociedade a constituir pela concessionária, em regime de domínio total inicial, sociedade à qual será reconhecido, desde que cumpridos todos os requisitos legais e a pedido da mesma, o estatuto de entidade exploradora das instalações de armazenagem e das redes e ramais de distribuição de gás, sendo os activos atrás referidos transferidos pelo seu valor contabilístico líquido.

7 – A concessionária pode promover a constituição de uma sociedade em regime de domínio total inicial para exercer, mediante licença, a actividade de comercialização de gás natural em regime de mercado livre, para actuar de acordo com o calendário de abertura do mercado constante do n.º 1 do artigo 64.º do Decreto-Lei n.º 140/2006.

8 – É reconhecido à concessionária o direito de repercutir, para as entidades comercializadoras de gás ou para os consumidores finais, o valor integral das taxas de ocupação do subsolo liquidado pelas autarquias locais que integram a área da concessão na vigência do anterior contrato de concessão mas ainda não pago ou impugnado judicialmente pela concessionária, caso tal pagamento venha a ser considerado obrigatório pelo órgão judicial competente, após trânsito em julgado da respectiva sentença, ou após consentimento prévio e expresso do concedente.

9 – Para efeitos do estabelecido no número anterior, os valores que vierem a ser pagos pela concessionária em cada ano civil serão repercutidos sobre as entidades comercializadoras utilizadoras das infra-estruturas ou sobre os consumidores finais servidos pelas mesmas, durante os «anos gás» seguintes, nos termos a definir pela ERSE. No caso específico das taxas de ocupação do subsolo, a repercussão será ainda realizada por município, tendo por base o valor efectivamente cobrado pelo mesmo.

10 – No intuito de assegurar o equilíbrio económico e financeiro da actual concessão decorrente da modificação do respectivo regime contratual, o Estado assegura à concessionária a remuneração da actividade concessionada, nos termos a estabelecer pela ERSE, uma reavaliação dos activos da concessão nos termos do artigo 70.º do Decreto-Lei n.º 140/2006, de 26 de Julho, que incluirá no valor dos activos reavaliados o montante de € 12 116 000 a título de compensação pelos fundos públicos não recebidos pela concessionária nos termos referidos no considerando 3), bem como o direito à reavaliação dos activos da concessão e o prolongamento do prazo de concessão, nos termos constantes do novo contrato de concessão anexo.

11 – O Estado, com vista a garantir o equilíbrio económico financeiro e promover a liberalização, assegura ainda à entidade titular da licença de comercialização de último recurso o direito, durante os cinco primeiros períodos regulatórios, a um proveito permitido adicional de € 4/cliente/ano, considerando o número de clientes reportado ao início de cada período regulatório. Considera-se o disposto no presente número como reproduzido na respectiva licença de comercialização de último recurso.

12 – Com a assinatura da presente escritura, do novo contrato de concessão anexo e da atribuição da licença de comercialização de último recurso, a concessionária declara nada ter a reclamar do Estado devido à modificação do contrato de concessão referido no considerando 2), dando-lhe plena quitação para efeitos da reposição do equilíbrio económico e financeiro previsto no contrato de concessão referido no considerando 2).

Assim o disseram e outorgaram.

Verifiquei a qualidade e suficiência dos poderes de representação necessários para este acto, pela forma seguinte:

Quanto ao primeiro outorgante, pela fotocópia do Decreto-Lei n.º ...;

Quanto aos representantes do segundo outorgante, pelos poderes conferidos pelo conselho de administração, constantes da acta n.º ...

Esteve presente a este acto ...

Foram entregues e arquivados os seguintes documentos:

a) ...

b) ...

c) ...

Esta escritura foi lida e o seu conteúdo foi explicado na presença simultânea dos outorgantes, pessoas cujas entidades verifiquei.

CLÁUSULA 1.ª

Definições e interpretação

1 – Para efeitos do presente contrato, incluindo os seus anexos, os termos e siglas abaixo indicados terão o significado que a seguir lhes é apontado, salvo se do contexto resultar sentido diferente:

Ano Gás – período de 12 meses para efeitos de regulação;

Baixa pressão – a pressão igual ou inferior a 4 bar;

Concedente – Estado Português, enquanto signatário do contrato ou primeiro outorgante;

Concessionária – TAGUSGÁS – Empresa de Gás do Vale do Tejo, S. A., sociedade signatária do contrato ou segunda outorgante;

Consumidor – cliente final de gás natural;

DGEG – Direcção-Geral de Energia e Geologia;

ERSE – Entidade Reguladora dos Serviços Energéticos;

Distribuição de gás natural – veiculação de gás natural em redes de distribuição de média e de baixa pressão para entrega aos clientes, excluindo a comercialização;

GNL – gás natural na forma liquefeita;

Média pressão – pressão cujo valor relativamente à pressão atmosférica é superior a 4 bar e igual ou inferior a 20 bar;

Ministro – ministro responsável pela área da energia em geral e do gás natural em particular;

RAF – o rácio de autonomia financeira ou o rácio de balanço de fundos próprios, que corresponde ao rácio entre o valor do «capital próprio» no qual se considera incluído o valor dos subsídios e incentivos recebidos e o valor do «activo imobilizado líquido», este entendido como o valor do conjunto das imobilizações corpóreas e incorpóreas, líquidas de amortizações e provisões;

Rede de distribuição – rede utilizada para condução de gás natural, dentro de uma zona de consumo, para o consumidor final. Compreende, nomeadamente, as condutas, as válvulas de seccionamento, os postos de redução de pressão, os aparelhos e os acessórios;

UAG – instalação autónoma de recepção, armazenamento e regaseificação de GNL para emissão em rede de distribuição ou directamente ao cliente final.

2 – As definições constantes do Decreto-Lei n.º 30/2006, de 15 de Fevereiro, e, bem assim, do Decreto-Lei n.º 140/2006, de 26 de Julho, que não estejam em contradição com as constantes do n.º 1 desta cláusula serão igualmente utilizadas para efeitos do presente contrato, prevalecendo, em caso de divergência ou dúvida, sobre as definições expressas no presente contrato.

3 – Neste contrato, a menos que o respectivo contexto imponha expressamente um sentido diverso:

a) As referências a preceitos legais regulamentares ou contratuais serão interpretadas como abrangendo as modificações de que os mesmos sejam objecto, salvo quando essas modificações tenham carácter supletivo;

b) As referências a cláusulas, números ou anexos devem interpretar-se como visando as cláusulas, números ou anexos do presente contrato;

c) As referências a este contrato abrangem os respectivos anexos;

d) As expressões definidas no singular poderão ser utilizadas no plural e vice-versa, com a correspondente alteração do respectivo significado.

4 – As epígrafes das cláusulas do presente contrato são utilizadas por razões de simplificação, não constituindo suporte da interpretação ou integração do mesmo.

5 – Os anexos ao presente contrato fazem parte integrante do mesmo para todos os efeitos legais e contratuais.

6 – Caso alguma das cláusulas do presente contrato venha a ser julgada nula ou por qualquer forma inválida, ineficaz ou inexequível, por uma entidade competente para o efeito, tal nulidade, invalidade, ineficácia ou inexequibilidade não afectará a validade das restantes cláusulas do contrato, comprometendo-se as partes a acordar, de boa fé, uma disposição que substitua aquela e que, tanto quanto possível, produza os mesmos efeitos, salvo se os efeitos das referidas cláusulas forem legalmente impossíveis ou proibidos.

7 – Nos casos omissos aplica-se o disposto nas bases de concessão aprovadas pelo Decreto-Lei n.º 140/2006, de 26 de Julho, que integram o seu anexo IV.

8 – Na interpretação e integração do regime do presente contrato entender-se-á que à prevalência do concedente na boa e atempada execução do serviço público corresponde a prevalência do interesse económico da concessionária.

CLÁUSULA 2.ª
Objecto da concessão

1 – A concessão tem por objecto a actividade de distribuição de gás natural em baixa e média pressão, exercida em regime de serviço público, na área de concessão definida na cláusula 4.ª

2 – Integram-se no objecto da concessão:

a) O recebimento, a veiculação e a entrega de gás natural através da rede de média e baixa pressão;

b) A construção, a manutenção, a operação e a exploração de todas as infra-estruturas que integram a RNDGN, na área correspondente à presente concessão, e, bem assim, das instalações necessárias para a sua operação;

c) A promoção da construção, conversão ou adequação e eventual compartização de instalações de utilização de gás natural, propriedade dos clientes finais, de modo que seja possível o abastecimento das mesmas a gás natural.

3 – Os custos decorrentes da actividade mencionada na alínea c) do n.º 2, nos termos previstos e aprovados em PDIR, serão incluídos no activo da concessionária, fazendo parte integrante do activo afecto à concessão, nomeadamente para efeitos de remuneração.

4 – Integram-se ainda no objecto da concessão:

a) O planeamento, o desenvolvimento, a expansão e a gestão técnica da RNDGN, na área da concessão;

b) A gestão da interligação da RNDGN com a RNTGN.

5 – Mediante autorização prévia do concedente, a concessionária pode distribuir gás natural a partir de UAG sempre que tal decisão seja fundamentada e corresponda à solução técnica e económica mais adequada ao caso concreto, aplicando-se à distribuição de gás natural a partir de UAG todos os direitos e deveres que pendem sobre a distribuição por condutas.

CLÁUSULA 3.ª

Outras actividades

1 – Sem prejuízo do disposto no artigo 31.º do Decreto-Lei n.º 30/2006, de 15 de Fevereiro, precedendo autorização do concedente, através do Ministro, a conceder caso a caso, a concessionária pode exercer outras actividades para além da que se integra no objecto da concessão, no respeito pela legislação aplicável ao sector do gás natural, com fundamento no proveito daí resultante para a presente concessão ou com vista a optimizar a utilização dos bens afectos à mesma, desde que essas actividades sejam acessórias ou complementares e não prejudiquem a regularidade e a continuidade da prestação do serviço público.

2 – A concessionária é desde já autorizada, nos termos do número anterior, a explorar, directa ou indirectamente, ou a ceder a exploração da capacidade excedentária da rede de telecomunicações instalada para a operação da RNDGN.

3 – Sem prejuízo do estabelecido no número anterior, o concedente fica desonerado de qualquer responsabilidade na eventualidade de a concessionária vir a ser condenada no pagamento a terceiros de quaisquer indemnizações, nomeadamente as resultantes das servidões constituídas.

CLÁUSULA 4.ª

Área e exclusividade da concessão

1 – A concessão tem como âmbito geográfico os concelhos identificados na planta que constitui o anexo n.º 1 do presente contrato.

2 – A presente concessão é exercida em regime de exclusivo, sem prejuízo do direito de acesso de terceiros às várias infra-estruturas que a integram, nos termos previstos no presente contrato e na legislação e regulamentação aplicáveis.

3 – O regime de exclusivo referido no n.º 2 pode ser alterado em conformidade com a política energética aprovada pela União Europeia e aplicável ao Estado Português, comprometendo-se o concedente a promover a reposição do equilíbrio económico e financeiro da concessão, nos termos previstos na cláusula 40.ª

CLÁUSULA 5.ª
Prazo da concessão

1 – A concessão tem a duração de 40 anos contados a partir de 1 de Janeiro de 2008, podendo ser renovada nos termos da base III das bases de concessão da actividade de distribuição de gás natural anexas ao Decreto-Lei n.º 140/2006, de 26 de Julho.

2 – No cômputo do prazo de concessão não se contam os atrasos na implantação de infra-estruturas ou a suspensão da exploração do serviço devidos a:

a) Casos de força maior;

b) Acções ou omissões imputáveis ao concedente que contrariem a lei ou o presente contrato e que condicionem a regular exploração da concessão;

c) Suspensões da construção ou da exploração do serviço determinadas pelo concedente por razões de interesse público e que não sejam devidas a incumprimento da lei ou deste contrato imputáveis à concessionária;

d) Quaisquer outras circunstâncias consideradas atendíveis pelo Ministro.

3 – A concessionária deve notificar o concedente, através da DGEG, de quaisquer factos que ocorram nos termos do número anterior e que sejam susceptíveis de suspender o cômputo do prazo da concessão.

CLÁUSULA 6.ª
Serviço público

1 – A concessionária deve desempenhar a actividade concessionada de acordo com as exigências de um regular, contínuo e eficiente funcionamento do serviço público e adoptar, para o efeito, os melhores procedimentos, meios e tecnologias utilizados no sector do gás, com vista a garantir, designadamente, a segurança de pessoas e bens e a segurança do abastecimento.

2 – Com o objectivo de assegurar a permanente adequação da concessão às exigências da regularidade, da continuidade e eficiência do serviço público, o concedente reserva-se no direito de alterar, por via legal ou regulamentar, as condições da sua exploração.

3 – Quando, por efeito do disposto no número anterior, se alterem significativamente as condições de exploração da concessão, o concedente compromete-se a promover a reposição do equilíbrio económico e financeiro da concessão,

nos termos previstos na cláusula 40.ª, a menos que o mesmo demonstre que a concessionária está em condições de prover a tal reposição recorrendo aos meios resultantes de uma correcta e prudente gestão dos próprios recursos afectos à concessão.

4 – A concessionária deverá respeitar as boas práticas ambientais e a promoção da utilização racional de energia, nos termos da regulamentação em vigor.

CLÁUSULA 7.ª
Direitos e obrigações da concessionária

1 – A concessionária beneficia dos direitos e encontra-se sujeita às obrigações estabelecidas nos Decretos-Leis n.os 30/2006, de 15 de Fevereiro, e 140/2006, de 26 de Julho, e demais legislação e regulamentação aplicáveis à actividade que integra o objecto da concessão, sem prejuízo dos demais direitos e obrigações estabelecidos no presente contrato.

2 – Assiste à concessionária o direito de repercutir sobre os utilizadores das suas infra-estruturas, quer se trate de entidades comercializadoras de gás ou de consumidores finais, o valor integral de quaisquer taxas, independentemente da sua designação, desde que não constituam impostos directos, que lhe venham a ser cobrados por quaisquer entidades públicas, directa ou indirectamente atinentes à distribuição de gás, incluindo as taxas de ocupação do subsolo cobradas pelas autarquias locais.

3 – Na sequência do estabelecido no n.º 2 e no que respeita às taxas de ocupação do subsolo a liquidar pelas autarquias locais que integram a área da concessão, os valores pagos pela concessionária em cada ano civil serão repercutidos por município sobre as entidades comercializadoras utilizadoras das infra-estruturas ou sobre os consumidores finais servidos pelas mesmas nos termos a definir pela ERSE.

CLÁUSULA 8.ª
Princípios aplicáveis às relações com os utilizadores

1 – A concessionária deve proporcionar aos utilizadores da RNDGN, de forma não discriminatória e transparente, o acesso às respectivas infra-estruturas, nos termos previstos no presente contrato e na legislação e regulamentação aplicáveis, não podendo estabelecer diferenças de tratamento entre os referidos utilizadores que não resultem da aplicação de critérios ou de condicionalismos legais, regulamentares ou técnicos, ou ainda de condicionalismos de natureza contratual desde que aceites pela ERSE.

2 – As condições a integrar nos contratos de uso das infra-estruturas devem respeitar o disposto no Regulamento de Acesso às Redes, às Infra-Estruturas e às Interligações.

3 – O disposto no n.º 1 não impede a concessionária de celebrar contratos a longo prazo, no respeito pelas regras da concorrência e da legislação e regulamentação aplicáveis.

4 – A concessionária deve facultar aos utilizadores da rede as informações de que estes necessitem para o acesso à mesma.

5 – A concessionária tem o direito de cobrar a terceiros que utilizem as redes e demais infra-estruturas e em contrapartida pela prestação dos serviços inerentes uma retribuição por aplicação de tarifas reguladas, definidas nos termos do Regulamento Tarifário.

6 – Os utilizadores devem prestar à concessionária todas as informações que esta considere necessárias à correcta exploração das respectivas infra-estruturas e instalações.

7 – A concessionária deve assegurar o tratamento de dados de utilização da rede no respeito pelas disposições legais de protecção de dados pessoais e preservar a confidencialidade das informações comercialmente sensíveis obtidas no exercício da sua actividade.

8 – A concessionária deve manter um registo, por um prazo de cinco anos, das queixas ou reclamações que lhe tenham sido apresentadas pelos utilizadores.

CLÁUSULA 9.ª
Bens e meios afectos à concessão

1 – Consideram-se afectos à concessão os bens que constituem a RNDGN, na parte correspondente à respectiva área, designadamente:

a) O conjunto de condutas de distribuição de gás natural, a jusante das estações de redução de pressão de 1.ª classe, ou a jusante de unidades autónomas de gás no caso em que o gás natural assim lhe é entregue pela concessionária da RNTGN, com as respectivas tubagens, válvulas de seccionamento, antenas e demais equipamentos de manuseamento;

b) As eventuais unidades autónomas de gás;

c) As instalações afectas à operação de entrega de gás natural a clientes finais, incluindo todo o equipamento de controlo, regulação e medida indispensável à operação e funcionamento do sistema de distribuição de gás natural;

d) As instalações e equipamentos de telecomunicações, telemedida e telecomando afectas à gestão das instalações de distribuição e entrega de gás natural aos consumidores.

2 – Consideram-se ainda afectos à concessão:

a) Os imóveis pertencentes à concessionária em que estejam implantados os bens referidos no número anterior, assim como as servidões constituídas em benefício da concessão;

b) Outros bens móveis ou direitos relativos a bens imóveis utilizados ou relacionados com o exercício da actividade objecto da concessão;

c) Os direitos privativos de propriedade intelectual e industrial de que a concessionária seja titular, desde que os mesmos estejam directa e complementarmente ligados ao objecto da concessão e sejam indispensáveis ao exercício da actividade concessionada;

d) Quaisquer fundos ou reservas consignados à garantia do cumprimento das obrigações da concessionária, por força de obrigação emergente da lei ou deste contrato e enquanto durar essa vinculação;

e) As relações e posições jurídicas directamente relacionadas com a concessão, nomeadamente laborais, de empreitada, de locação, de financiamento e de prestação de serviços;

f) Os activos incorpóreos correspondentes aos investimentos realizados pela concessionária associados aos processos de conversão de clientes finais para gás natural;

g) Todos os outros activos incorpóreos não referidos nos números anteriores cuja incorporação tenha ocorrido antes da publicação do Decreto-Lei n.º 140/2006 e desde que directamente relacionados com a actividade de distribuição.

CLÁUSULA 10.ª
Inventário do património

1 – A concessionária deve elaborar e manter permanentemente actualizado, e à disposição do concedente, um inventário do património afecto à concessão.

2 – No inventário a que se refere o número anterior devem mencionar-se os ónus ou encargos que recaem sobre os bens afectos à concessão.

3 – Os bens e direitos tornados desnecessários à actividade concedida devem ser abatidos ao inventário da concessão nos termos do n.º 2 da cláusula 12.ª

CLÁUSULA 11.ª
Manutenção dos meios afectos à concessão

A concessionária obriga-se a manter, durante o prazo de vigência da concessão, em permanente estado de bom funcionamento, conservação e segurança, os bens e meios afectos à concessão, efectuando para tanto as reparações, renovações, adaptações e modernizações necessárias ao bom desempenho do serviço público concedido.

CLÁUSULA 12.ª

Regime de oneração e transmissão dos bens afectos à concessão

1 – A concessionária não pode onerar ou transmitir, por qualquer forma, os bens que integram a concessão, sem prejuízo do disposto nos números seguintes.

2 – Os bens e direitos que tenham perdido utilidade para a concessão devem ser abatidos ao inventário referido na cláusula 10.ª, mediante prévio pedido de autorização da concessionária ao concedente, que se considera deferida se este não se opuser no prazo de 30 dias contados da recepção do pedido.

3 – A oneração ou transmissão de bens imóveis afectos à concessão fica sujeita a autorização prévia do Ministro.

4 – A oneração ou transmissão de bens ou direitos afectos à concessão em desrespeito do disposto no presente contrato determina a nulidade dos respectivos actos ou contratos.

5 – O valor dos bens transmitidos reverte a favor da concessão na medida em que tiverem sido remunerados através das tarifas ou beneficiado de incentivos ou subsídios concedidos a fundo perdido.

CLÁUSULA 13.ª

Posse e propriedade dos bens

1 – A concessionária detém a posse e propriedade dos bens afectos à concessão até à extinção desta.

2 – Com a extinção da concessão, os bens a ela afectos transmitem-se para o concedente nos termos previstos nos n.ºs 2 e 3 da cláusula 45.ª

CLÁUSULA 14.ª

Concessionária, objecto social, sede e forma

1 – A concessionária deve ter como objecto social principal, ao longo de todo o período de duração da concessão, o exercício da actividade integrada no objecto da concessão, devendo manter ao longo do mesmo período a sua sede em Portugal e a forma de sociedade anónima, regulada pela lei portuguesa.

2 – O objecto social da concessionária pode incluir o exercício de outras actividades, para além da que integra o objecto da concessão, e, bem assim, a participação no capital de outras sociedades, desde que seja respeitado o disposto na cláusula 3.ª e na legislação aplicável ao sector do gás natural.

CLÁUSULA 15.ª
Acções da sociedade concessionária

1 – Todas as acções representativas do capital social da concessionária são obrigatoriamente nominativas.

2 – A oneração e a transmissão de acções representativas do capital social da concessionária depende, sob pena de nulidade, de autorização prévia do Ministro, a qual não pode ser infundadamente recusada, e considera-se tacitamente concedida se não for recusada, por escrito, no prazo de 30 dias a contar a partir da data da respectiva solicitação.

3 – Exceptua-se do disposto no número anterior a oneração de acções efectuada em benefício das entidades financiadoras da actividade que integra o objecto da presente concessão, e no âmbito dos contratos de financiamento que venham a ser celebrados pela concessionária para o efeito, desde que as entidades financiadoras assumam, nos referidos contratos, a obrigação de obter a autorização prévia do concedente em caso de execução das garantias de que resulte a transmissão a terceiros das acções oneradas.

4 – A oneração de acções referida no número anterior deve, em qualquer caso, ser comunicada ao concedente, a quem deve ser enviada, no prazo de 30 dias a contar a partir da data em que seja constituída, cópia certificada do documento que formaliza a oneração e, bem assim, informação detalhada sobre quaisquer outros termos e condições que forem estabelecidos.

CLÁUSULA 16.ª
Deliberações dos órgãos da sociedade concessionária e acordos entre accionistas

1 – Ficam sujeitas a autorização prévia do concedente, através do Ministro, as deliberações da concessionária relativas à alteração do objecto social, à transformação, fusão, cisão ou dissolução da sociedade.

2 – Os acordos parassociais celebrados entre os accionistas da concessionária, bem como as respectivas alterações das quais possa resultar, directa ou indirectamente, a modificação das regras relativas à sociedade concessionária estabelecidas no presente contrato, devem ser objecto de aprovação prévia pelo concedente, dada através do Ministro.

3 – As autorizações e aprovações, pelo concedente, previstas na presente cláusula não podem ser infundadamente recusadas e consideram-se tacitamente concedidas se não forem recusadas, por escrito, no prazo de 30 dias a contar a partir da data da respectiva solicitação.

CLÁUSULA 17.ª

Financiamento

1 – A concessionária deve promover o financiamento adequado ao desenvolvimento do objecto da concessão de forma a cumprir cabal e atempadamente todas as obrigações que assume no presente contrato.

2 – A concessionária deve manter no final de cada ano um RAF superior a 20 %.

CLÁUSULA 18.ª

Projectos

1 – A construção e a exploração das infra-estruturas que integram esta concessão ficam sujeitas à aprovação dos respectivos projectos, nos termos da legislação aplicável.

2 – A construção pela concessionária das redes de distribuição previstas em planos municipais ou intermunicipais de ordenamento do território ou em vias públicas não carece de prévia aprovação dos respectivos projectos, devendo a concessionária ponderar todas as interferências junto das câmaras municipais competentes.

3 – Não carecem de aprovação nem de licença as obras urgentes executadas para fazer face a situações em que perigue a segurança de pessoas e bens.

4 – A concessionária é responsável, no respeito pela legislação e regulamentação aplicáveis, pela concepção, projecto e construção de todas as infra-estruturas e instalações abrangidas pela concessão, incluindo a sua remodelação e expansão.

5 – A aprovação de quaisquer projectos pelo concedente não implica a assunção por este de qualquer responsabilidade derivada de erros de concepção, de projecto, de construção ou da inadequação das instalações e do equipamento ao serviço da concessão.

CLÁUSULA 19.ª

Direitos e deveres decorrentes da aprovação dos projectos

1 – A aprovação dos respectivos projectos implica a declaração de utilidade pública dos mesmos e confere à concessionária, nomeadamente, os seguintes direitos:

a) Utilizar, de acordo com a legislação aplicável, os bens do domínio público ou privado do Estado e de outras pessoas colectivas públicas para o estabelecimento ou passagem das respectivas infra-estruturas ou instalações;

b) Constituir, nos termos da legislação aplicável, as servidões sobre os imóveis necessárias ao estabelecimento das respectivas infra-estruturas ou instalações;

c) Proceder à expropriação, por utilidade pública urgente, nos termos da legislação aplicável, dos bens imóveis, ou dos direitos a eles relativos, necessários ao estabelecimento das respectivas infra-estruturas ou instalações.

2 – As licenças e autorizações exigidas por lei para a exploração das infra-estruturas e instalações consideram-se outorgadas à concessionária com a aprovação dos respectivos projectos, sem prejuízo da verificação por parte das entidades licenciadoras da conformidade na sua execução.

3 – Cabe à concessionária o pagamento das indemnizações decorrentes do exercício dos direitos referidos no n.º 1.

4 – No atravessamento de terrenos do domínio público ou do domínio privado do Estado, de terrenos de outras pessoas colectivas de direito público e de terrenos de particulares, a concessionária deve adoptar os procedimentos estabelecidos na legislação aplicável e proceder à reparação de todos os prejuízos que resultem dos trabalhos executados.

CLÁUSULA 20.ª
**Planeamento, remodelação e expansão das redes
e demais infra-estruturas**

1 – O planeamento das redes e demais infra-estruturas está integrado no planeamento da RNDGN, deve ter em conta, em particular, a obrigação de satisfação da procura de utilização das infra-estruturas, devendo ser coordenado com o planeamento da RNTIAT, nos termos previstos na legislação e regulamentação aplicáveis.

2 – Constitui encargo e responsabilidade da concessionária o planeamento, remodelação, desenvolvimento e expansão das redes e demais infra-estruturas de distribuição de gás natural que integram a presente concessão, com vista a assegurar a permanente existência de capacidade nas infra-estruturas, tendo em conta as condições exigíveis à satisfação do consumo na área da concessão, de acordo com a expansão previsional indicada no PDIR.

3 – A concessionária deve observar na remodelação e expansão das infra-estruturas os prazos de execução adequados à permanente satisfação das necessidades do abastecimento de gás natural, identificadas no respectivo PDIR.

4 – Por razões de interesse público, nomeadamente as relativas à segurança, regularidade e qualidade do abastecimento, o concedente poderá determinar a remodelação ou expansão da rede de distribuição objecto deste contrato, sem prejuízo do disposto na cláusula 40.ª

Cláusula 21.ª
Direitos de propriedade industrial e serviços de terceiros

A concessionária deve respeitar, no exercício da sua actividade, as normas relativas à tutela e salvaguarda dos direitos privativos de propriedade industrial, sendo da sua exclusiva responsabilidade os efeitos decorrentes da sua violação.

Cláusula 22.ª
Condições de exploração da concessão

1 – A concessionária, enquanto operadora da RNDGN na área identificada na cláusula 4.ª, é responsável pela exploração e pela manutenção das redes, demais infra-estruturas e respectivas instalações que integram a presente concessão, em condições de segurança, fiabilidade e qualidade de serviço no respeito pela legislação e regulamentação aplicáveis.

2 – A concessionária deve assegurar-se de que o gás natural a transportar na sua rede e demais infra-estruturas cumpre as características técnicas e as especificações de qualidade estabelecidas na regulamentação aplicável e que a sua distribuição é efectuada em condições técnicas adequadas, de forma a garantir a segurança de pessoas e bens.

3 – No âmbito do exercício da actividade concessionada, a concessionária deve gerir os fluxos de gás natural na sua rede e demais infra-estruturas, assegurando a sua interoperacionalidade com as redes e demais infra-estruturas a que esteja ligada, designadamente as instalações dos consumidores finais, no respeito pela regulamentação aplicável.

4 – A concessionária deve garantir, ainda, a oferta de capacidade a longo prazo da respectiva rede de distribuição, contribuindo para a segurança do abastecimento, nos termos do PDIR.

Cláusula 23.ª
Deveres de informação

1 – A concessionária fica obrigada a fornecer ao concedente, através da DGEG e da ERSE, todos os elementos que estas entidades lhe solicitarem relativos à concessão e a outras actividades autorizadas nos termos da cláusula 3.ª, designadamente os elementos necessários à resposta a quaisquer pedidos da Comissão Europeia.

2 – A concessionária deve, em obediência às disposições regulamentares aplicáveis, fornecer ao operador de qualquer outra rede à qual esteja ligada e aos intervenientes no SNGN, observando as disposições regulamentares aplicáveis,

as informações necessárias para permitir um desenvolvimento coordenado das diversas redes e um funcionamento seguro e eficiente do SNGN.

Cláusula 24.ª
Participação de desastres e acidentes

1 – A concessionária fica obrigada a participar imediatamente à DGEG todos os desastres e acidentes ocorridos nas suas instalações e, se tal não for possível, no prazo máximo de três dias a contar desde a data da ocorrência.

2 – Sem prejuízo das competências atribuídas às autoridades públicas, sempre que dos desastres ou acidentes resultem mortes, ferimentos graves ou prejuízos materiais importantes, a concessionária deve elaborar, e enviar ao concedente, um relatório técnico com a análise das circunstâncias da ocorrência e com o estado das instalações.

Cláusula 25.ª
Ligações das redes de distribuição à RNTGN e aos consumidores

1 – A ligação das redes de distribuição à RNTGN deve respeitar as condições previstas nos regulamentos aplicáveis.

2 – A ligação das redes de distribuição aos consumidores finais deve respeitar as condições previstas nos regulamentos aplicáveis.

3 – A concessionária pode recusar, nos termos definidos na regulamentação em vigor, o acesso às respectivas redes e infra-estruturas com base na falta de capacidade ou falta de ligação, ou se esse acesso a impedir de cumprir as suas obrigações de serviço público.

4 – A concessionária pode ainda recusar a ligação aos consumidores finais sempre que as instalações e equipamentos de recepção dos mesmos não preencham as disposições legais e regulamentares aplicáveis, nomeadamente as respeitantes aos requisitos técnicos e de segurança.

5 – A concessionária pode impor aos consumidores, sempre que o exijam razões de segurança, a substituição, a reparação ou a adaptação dos respectivos equipamentos de ligação ou de recepção.

6 – A concessionária tem o direito de montar, nas instalações dos consumidores, equipamentos para a recolha de dados e para a realização de operações de telecomando e de telecomunicação, bem como sistemas de protecção nos pontos de ligação da sua rede com essas instalações e de aceder aos equipamentos de medição do gás dos utilizadores ligados às suas instalações, nos termos definidos na regulamentação em vigor.

7 – Os utilizadores da rede de distribuição devem prestar à concessionária todas as informações que esta considere necessárias à ligação dos consumidores finais e à correcta exploração das respectivas infra-estruturas e instalações.

CLÁUSULA 26.ª
Relacionamento com a concessionária da RNTGN no âmbito da gestão técnica global do SNGN

A concessionária fica sujeita às obrigações que decorrem do exercício, por parte da concessionária da RNTGN, das suas competências em matéria de gestão técnica global do SNGN, planeamento da RNTIAT e segurança do abastecimento, nos termos previstos na legislação e regulamentação aplicáveis.

CLÁUSULA 27.ª
Interrupção por facto imputável ao utilizador

A concessionária pode interromper a prestação do serviço público concessionado aos utilizadores, por factos que lhes sejam imputáveis, nos termos das bases da concessão e da regulamentação aplicável, nomeadamente nas situações previstas no Regulamento de Relações Comerciais e no Regulamento da Qualidade de Serviço.

CLÁUSULA 28.ª
Interrupções por razões de interesse público ou de serviço

1 – A prestação do serviço público pode ser interrompida pela concessionária por razões de interesse público, nomeadamente as que decorram da execução de planos nacionais de emergência, declarada ao abrigo da legislação e regulamentação aplicáveis.

2 – A concessionária pode, ainda, interromper a actividade objecto da concessão, por razões de serviço, num determinado ponto de entrega, quando haja necessidade imperiosa de realizar manobras ou trabalhos de ligação, reparação ou conservação das infra-estruturas ou instalações, desde que tenham sido esgotadas todas as possibilidades de alimentação alternativas.

3 – Nas situações previstas nos números anteriores, a concessionária deve avisar a DGEG, a concessionária da RNTGN, os utilizadores das respectivas redes e infra-estruturas e os consumidores que possam vir a ser afectados, alternativamente, por aviso individual, ou por intermédio de meios de comunicação social de grande audiência na região ou por outros meios ao seu alcance que proporcionem uma adequada divulgação, com a antecedência mínima de trinta e

seis horas, salvo no caso da realização de trabalhos que a segurança de pessoas e bens torne inadiáveis ou quando haja necessidade urgente de trabalhos para garantir a segurança das redes e demais infra-estruturas de distribuição de gás natural.

CLÁUSULA 29.ª
Medidas de protecção

1 – Sem prejuízo das medidas de emergência que podem ser adoptadas pelo concedente, se se verificar uma situação que ponha em risco a segurança de pessoas ou bens, deve a concessionária promover imediatamente as medidas que entender necessárias em matéria de segurança.

2 – As medidas referidas no número anterior devem ser imediatamente comunicadas à DGEG, às respectivas autoridades concelhias, à autoridade policial da zona afectada e, se for caso disso, à Autoridade Nacional de Protecção Civil.

CLÁUSULA 30.ª
Responsabilidade civil

1 – A concessionária é responsável, nos termos gerais de direito, por quaisquer prejuízos causados ao concedente ou a terceiros, pela culpa ou pelo risco, no exercício da actividade objecto da concessão.

2 – Para os efeitos do disposto no artigo 509.º do Código Civil, entende-se que a utilização das infra-estruturas e das instalações que integram a concessão é feita no exclusivo interesse da concessionária.

CLÁUSULA 31.ª
Cobertura por seguros

1 – Para garantir o cumprimento das suas obrigações, a concessionária fica obrigada a celebrar e manter um seguro de responsabilidade civil.

2 – O montante do seguro mencionado no número anterior tem um valor mínimo obrigatório definido no anexo n.º 2 do presente contrato, cujo montante será actualizado trienalmente.

3 – A concessionária deve apresentar ao concedente, no prazo de 30 dias a contar da data da assinatura do presente contrato, os documentos comprovativos da celebração do seguro e, quando lhe for exigido, apresentar os documentos comprovativos da actualização referida no número anterior.

4 – Para além do seguro referido no n.º 1, a concessionária deve assegurar a existência e a manutenção em vigor das apólices de seguro necessárias para garantir uma efectiva cobertura dos riscos da concessão.

5 – No âmbito da obrigação referida no número anterior, a concessionária fica ainda obrigada a constituir seguros, nos termos a definir no anexo n.º 2 do presente contrato, envolvendo todas as infra-estruturas e instalações que integram a concessão, contra riscos de incêndio, explosão e danos devido a terramoto ou temporal.

CLÁUSULA 32.ª

Gestão técnica da rede

1 – No âmbito da gestão técnica global do SNGN, nos termos da regulamentação aplicável, a concessionária fica sujeita à gestão técnica global do SNGN, cuja responsabilidade cabe à entidade concessionária da operação da RNTGN.

2 – São direitos da concessionária da RNTGN no âmbito da gestão técnica global do SNGN, nomeadamente:

a) Exigir e receber dos operadores dos mercados e de todos os agentes directamente interessados a informação necessária para o correcto funcionamento da respectiva rede de distribuição;

b) Exigir aos terceiros com direito de acesso às suas infra-estruturas e instalações a comunicação dos seus planos de entrega e de levantamento e de qualquer circunstância que possa fazer variar substancialmente os planos comunicados;

c) Exigir o estrito cumprimento das instruções que emita para a correcta exploração do sistema, a manutenção das instalações e a adequada cobertura da procura;

d) Receber adequada retribuição pelos serviços prestados.

3 – São obrigações da concessionária da RNTGN no exercício da função de gestão técnica global do sistema, nomeadamente:

a) Actuar nas suas relações com os operadores e utilizadores da sua rede e infra-estruturas de forma transparente e não discriminatória;

b) Informar sobre a viabilidade de acesso, solicitado por terceiros, às infra-estruturas da sua rede e instalações;

c) Informar a DGEG, a ERSE e os operadores do SNGN, na forma, nos termos e na periodicidade prevista nos regulamentos, sobre a capacidade disponível da sua rede e infra-estruturas;

d) Monitorizar e reportar à ERSE a efectiva utilização da sua rede e infra-estruturas;

e) Desenvolver protocolos de comunicação com os diferentes operadores do SNGN com vista a criar um sistema de comunicação integrado para controlo e supervisão das operações do SNGN;

f) Emitir instruções sobre as operações de distribuição de forma a assegurar a entrega de gás em condições adequadas e eficientes nos pontos de saída da rede de distribuição, em conformidade com protocolos de actuação e de operação a estabelecer.

CLÁUSULA 33.ª
Planeamento da RNDGN

1 – O planeamento da rede e demais infra-estruturas objecto da presente concessão deve ser efectuado de molde a assegurar a existência de capacidade das infra-estruturas e o desenvolvimento sustentado e eficiente da rede e deve integrar o planeamento da RNTIAT.

2 – O planeamento da RNDGN compete à DGEG e deve ser devidamente coordenado com o planeamento das infra-estruturas e das instalações com que se interliga.

3 – Para efeitos do planeamento previsto nos números anteriores, devem ser elaborados pela concessionária e entregues à DGEG os seguintes documentos:

a) Caracterização da sua rede e infra-estruturas, que deve conter informação técnica que permita conhecer a situação das redes e restantes infra-estruturas, designadamente as capacidades nos vários pontos da rede, assim como o seu grau de utilização;

b) Proposta de plano de desenvolvimento da rede e demais infra-estruturas, que integrará o PDIR a elaborar pelo operador da RNDGN, observando, para além de critérios de racionalidade económica, as orientações de política energética, designadamente o que se encontra definido relativamente à capacidade e ao tipo das infra-estruturas de entrada de gás natural no sistema, as perspectivas de desenvolvimento dos sectores de maior e mais intenso consumo, as conclusões e recomendações contidas nos relatórios de monitorização, os padrões de segurança para planeamento das redes e as exigências técnicas e regulamentares.

4 – A proposta referida no n.º 1 deve ser submetida à concessionária da RNTGN, e por esta à DGEG, com a periodicidade de três anos, até ao final do 1.º trimestre, com início em 2008.

CLÁUSULA 34.ª
Caução

1 – Com a assinatura do presente contrato a concessionária prestou uma caução a favor do concedente no valor de € 1 000 000 como garantia do pontual e integral cumprimento das obrigações emergentes do contrato de concessão e da cobrança das multas aplicadas.

2 – O concedente pode utilizar a caução sempre que a concessionária não cumprir qualquer obrigação assumida no presente contrato.

3 – Sem prejuízo do disposto no número seguinte, o recurso à caução deve ser precedido de despacho do Ministro, não dependendo de qualquer outra formalidade ou de prévia decisão judicial ou arbitral.

4 – O concedente deve ouvir a concessionária, nos termos gerais do direito de audiência, antes de proceder à utilização da caução.

5 – Sempre que o concedente utilize a caução, a concessionária deve proceder à reposição do seu montante integral no prazo de 30 dias a contar da data daquela utilização.

6 – O valor da caução deve ser actualizado no início do 1.º trimestre de cada triénio, com referência à data da celebração do presente contrato, de acordo com o índice mensal de preços no consumidor, no continente, excluindo habitação, publicado pelo Instituto Nacional de Estatística.

7 – A caução só pode ser levantada pela concessionária um ano após a data de extinção deste contrato ou, antes de decorrido aquele prazo, por determinação expressa do concedente, através de despacho do Ministro, mas sempre após a extinção do presente contrato.

8 – A caução a que se refere a presente cláusula bem como outras que a concessionária venha a estar obrigada a constituir a favor do concedente devem ser prestadas por depósito em dinheiro ou por garantia bancária autónoma, à primeira solicitação, cujo texto deve ser previamente aprovado pela DGEG.

CLÁUSULA 35.ª

Fiscalização e regulação

1 – Sem prejuízo das competências atribuídas a outras entidades públicas, cabe à DGEG o exercício dos poderes de fiscalização da concessão, nomeadamente no que se refere ao cumprimento das disposições legais e regulamentares aplicáveis e do presente contrato.

2 – Sem prejuízo das competências atribuídas a outras entidades públicas, cabe à ERSE o exercício dos poderes de regulação da actividade que integra o objecto da concessão, nos termos previstos nas disposições legais e regulamentares aplicáveis.

3 – Para efeitos do disposto nos números anteriores, a concessionária deve prestar todas as informações e facultar todos os documentos que lhe forem solicitados pelas entidades fiscalizadora e reguladora, no âmbito das respectivas competências, bem como permitir o livre acesso dos funcionários e agentes das referidas entidades, devidamente credenciados e no exercício das suas funções, a todas as suas instalações.

CLÁUSULA 36.ª
Seguro de fiscalização

1 – No exercício da actividade fiscalizadora nas instalações da concessionária, o pessoal das entidades fiscalizadora e reguladora fica coberto por um seguro de acidentes pessoais, a subscrever pela concessionária, de montante a definir no anexo n.º 2 do presente contrato.

2 – Para o cumprimento do disposto no número anterior, as entidades fiscalizadora e reguladora devem comunicar previamente à concessionária a identificação dos fiscais e a data da realização da acção fiscalizadora.

CLÁUSULA 37.ª
Modificação unilateral do contrato

1 – O presente contrato pode ser modificado unilateralmente pelo concedente, por razões de interesse público, sem prejuízo da reposição do respectivo equilíbrio económico e financeiro nos termos previstos na cláusula 40.ª

2 – O contrato de concessão pode também ser alterado por força de disposição legal imperativa, designadamente decorrente das políticas energéticas aprovadas pela União Europeia e aplicáveis ao Estado Português, sem prejuízo da reposição do respectivo equilíbrio económico e financeiro, nos termos previstos na cláusula 40.ª

3 – No exercício do seu direito de modificação unilateral deste contrato, nos termos previstos nos números anteriores, o concedente deve, além de invocar tal direito, concretizar os respectivos fundamentos.

4 – O concedente deve, ainda, ouvir a concessionária, nos termos gerais do direito de audiência, antes de proceder a qualquer modificação a este contrato.

5 – Este contrato pode, ainda, ser modificado por acordo entre o concedente e a concessionária desde que a modificação não envolva a violação do regime jurídico da concessão nem implique a derrogação das respectivas bases.

CLÁUSULA 38.ª
Transmissão e oneração da concessão

1 – A concessionária não pode, sem prévia autorização do concedente, dada através do Ministro, onerar, subconceder, trespassar ou transmitir, por qualquer forma, no todo ou em parte, a concessão ou realizar qualquer negócio jurídico que vise atingir ou tenha por efeito, mesmo que indirecto, idênticos resultados.

2 – Os actos praticados ou os contratos celebrados em violação do disposto no número anterior são nulos, sem prejuízo de outras sanções aplicáveis.

3 – No caso de subconcessão ou de trespasse, a concessionária deve comunicar ao concedente a sua intenção de proceder à subconcessão ou ao trespasse, remetendo-lhe a minuta do respectivo contrato de subconcessão ou de trespasse que se propõe assinar e indicando todos os elementos do negócio que pretende realizar, bem como o calendário previsto para a sua realização e a identidade do subconcessionário ou do trespassário.

4 – No caso de haver lugar a uma subconcessão devidamente autorizada, a concessionária mantém os direitos e continua sujeita às obrigações decorrentes do presente contrato.

5 – Ocorrendo trespasse da concessão, consideram-se transmitidos para o trespassário todos os direitos e obrigações da concessionária, assumindo aquele ainda os deveres, obrigações e encargos que eventualmente lhe venham a ser impostos pelo concedente como condição para a autorização do trespasse.

6 – A concessionária é responsável pela transferência integral dos seus direitos e obrigações para o trespassário, incluindo as obrigações incertas, ilíquidas ou inexigíveis à data do trespasse, em termos em que não seja afectada ou interrompida a prestação do serviço público concessionado.

CLÁUSULA 39.ª
Equilíbrio económico e financeiro do contrato

1 – É garantido à concessionária o equilíbrio económico e financeiro da concessão, nas condições de uma gestão eficiente.

2 – O equilíbrio económico e financeiro baseia-se no reconhecimento dos custos de investimento, de operação e manutenção e na adequada remuneração dos activos afectos à concessão, tendo em consideração as condições específicas do mercado nacional e do Sistema Nacional de Gás Natural (SNGN).

3 – Após o decurso do primeiro período regulatório e para efeitos de remuneração da concessão nos termos do regulamento tarifário, a concessionária tem direito a uma reavaliação dos activos da concessão, antes do início de cada novo período regulatório, de acordo com a inflação.

4 – As reavaliações efectuadas ao abrigo do disposto no número anterior são autónomas e distintas da reavaliação a que aludem os n.os 3, 4 e 5 do artigo 70.º do Decreto-Lei n.º 140/2006, de 26 de Julho, pelo que observarão as regras e práticas contabilísticas geralmente aceites.

5 – Sem prejuízo do disposto no n.º 3, se durante os quatro períodos regulatórios subsequentes ao primeiro a remuneração fixada pela ERSE não considerar o prémio de risco implícito na taxa de remuneração estabelecida para o primeiro período regulatório, qualquer das partes poderá solicitar a reposição do equilíbrio económico financeiro da concessão.

6 – Nos períodos regulatórios subsequentes ao período considerado no número anterior, a taxa de remuneração fixada pela ERSE deve ter em consideração as taxas de remuneração de outros activos de referência, nomeadamente os activos afectos às actividades de distribuição de electricidade e de transporte de gás natural em alta pressão, podendo a concessionária, caso contrário, solicitar a reposição do equilíbrio económico financeiro da concessão.

7 – Sem prejuízo do disposto nos números anteriores e na legislação aplicável, a concessionária é responsável, nos termos do presente contrato, por todos os riscos inerentes à concessão.

CLÁUSULA 40.ª
Reposição do equilíbrio económico e financeiro

1 – Tendo em atenção a distribuição de riscos estabelecida no presente contrato, a concessionária tem direito à reposição do equilíbrio económico e financeiro da concessão nos seguintes casos:

a) Modificação unilateral, imposta pelo concedente, das condições de exploração da concessão, ou modificação unilateral por razões de interesse público, nos termos do presente contrato, desde que, em resultado directo da mesma, se verifique para a concessionária um aumento de custos ou uma determinada perda de proveitos;

b) Alterações legislativas que tenham um impacte directo sobre os proveitos ou custos respeitantes à actividade integrada nesta concessão.

2 – Nos casos previstos no número anterior, a concessionária apenas tem direito à reposição do equilíbrio económico e financeiro da concessão na medida em que o impacte sobre os proveitos ou custos não seja susceptível de consideração no âmbito da actividade reguladora ou a concessionária não possa, legitimamente, proceder a tal reposição por recurso aos meios resultantes de uma correcta e prudente gestão.

3 – Havendo lugar à reposição do equilíbrio económico e financeiro da presente concessão, tal reposição pode ter lugar, em termos a acordar entre o concedente e a concessionária, através de uma das seguintes modalidades:

a) Prorrogação do prazo da concessão;

b) Revisão do cronograma ou redução das obrigações de investimento previamente aprovados;

c) Atribuição de compensação directa pelo concedente;

d) Combinação das modalidades anteriores ou qualquer outra forma que seja acordada.

4 – A reposição do equilíbrio económico e financeiro efectuada nos termos desta cláusula será, relativamente ao evento que lhe deu origem, única, completa e final para todo o período da concessão, sem prejuízo de tal reposição poder

ser parcialmente diferida em relação a quaisquer efeitos específicos do evento em causa que, pela sua própria natureza, não sejam susceptíveis de uma razoável avaliação imediata ou sobre cuja existência, incidência ou quantificação as partes não hajam ainda chegado a acordo.

5 – Para os efeitos previstos na presente cláusula, a concessionária deve notificar o concedente da ocorrência de qualquer evento que, individual ou cumulativamente, possa dar lugar à reposição do equilíbrio económico e financeiro da concessão, no prazo de 180 dias após a data da sua ocorrência, e solicitar o início de negociações no prazo máximo de 180 dias a contar da citada notificação.

6 – O concedente e a concessionária devem, no prazo máximo de 90, prorrogáveis uma única vez por igual período, tentar alcançar um acordo sobre os termos da reposição do equilíbrio contratual.

7 – Na falta de acordo, pode a concessionária recorrer aos meios de composição de litígios, nos termos previstos na cláusula 52.ª

CLÁUSULA 41.ª
Responsabilidade do concedente por incumprimento

A violação, pelo concedente, das obrigações decorrentes do presente contrato confere à concessionária o direito a ser indemnizada dos prejuízos causados, sem embargo da faculdade de rescisão do contrato.

CLÁUSULA 42.ª
Responsabilidade da concessionária por incumprimento

1 – A violação, pela concessionária, de qualquer das obrigações assumidas no presente contrato fá-la incorrer, nos termos legais, em responsabilidade perante o concedente.

2 – A responsabilidade da concessionária cessa sempre que ocorra caso de força maior, ficando a seu cargo fazer prova da ocorrência.

3 – Consideram-se unicamente casos de força maior os acontecimentos imprevisíveis e irresistíveis cujos efeitos se produzam independentemente da vontade, actuação ou das circunstâncias pessoais da concessionária.

4 – Constituem nomeadamente casos de força maior actos de guerra, hostilidades ou invasão, terrorismo, epidemia, radiação atómica, grave inundação, incêndio, raio, ciclone, tremor de terra e outros cataclismos naturais que afectem o exercício da actividade compreendida na presente concessão.

5 – A ocorrência de um caso de força maior tem por efeito exonerar a concessionária da responsabilidade pelo não cumprimento das obrigações emer-

gentes deste contrato que sejam afectadas pela ocorrência do mesmo, na estrita medida em que o respectivo cumprimento pontual e atempado tenha sido efectivamente impedido ou, salvo no que respeita à segurança das populações, se torne desproporcionadamente oneroso.

6 – No caso de impossibilidade de cumprimento do presente contrato por causa de força maior, o concedente pode proceder à rescisão nos termos fixados na cláusula 49.ª

7 – A concessionária fica obrigada a comunicar ao concedente a ocorrência de qualquer evento qualificável como caso de força maior, bem como a indicar, no mais curto prazo possível, quais as obrigações emergentes do contrato de concessão cujo cumprimento, no seu entender, se encontra impedido ou dificultado por força de tal ocorrência e, bem assim, se for o caso, as medidas que tomou ou pretende tomar para fazer face à situação ocorrida a fim de mitigar o impacte do referido evento e os respectivos custos.

8 – Enquanto esta retoma não for possível, subsistem as obrigações da concessionária na medida em que a sua execução seja materialmente possível.

9 – A concessionária deve, em qualquer caso, tomar imediatamente as medidas que sejam necessárias para assegurar a retoma normal das obrigações suspensas, constituindo estrita obrigação da concessionária mitigar, por qualquer meio razoável e apropriado ao seu dispor, os efeitos da verificação de um caso de força maior.

Cláusula 43.ª

Multas contratuais

1 – Sem prejuízo das situações de incumprimento que podem dar origem a sequestro ou rescisão deste contrato nos termos previstos nas cláusula 44.ª e 49.ª, pelo incumprimento de quaisquer obrigações assumidas no presente contrato, que não ponha em causa a subsistência da relação de concessão, a concessionária pode ser sancionada, por decisão do concedente, pela aplicação de multas contratuais, cujo montante é variável, em função da gravidade da infracção cometida e do grau de culpa do infractor, até € 5 000 000.

2 – A aplicação de multas contratuais está dependente de notificação prévia da concessionária pelo concedente para reparar o incumprimento e do não cumprimento do prazo de reparação fixado nessa notificação nos termos do número seguinte, ou da não reparação integral da falta, pela concessionária, naquele prazo.

3 – O prazo de reparação do incumprimento é fixado pelo concedente de acordo com critérios de razoabilidade e deve ter sempre em atenção a defesa do interesse público e a manutenção em funcionamento da concessão.

4 – A concessionária pode, no prazo fixado na notificação a que se refere o número anterior, e em momento anterior ao da aplicação de quaisquer multas contratuais, exercer por escrito o seu direito de defesa.

5 – É da competência do director-geral de Energia e Geologia a aplicação das multas previstas nesta cláusula, cabendo recurso hierárquico para o Ministro da tutela.

6 – Caso a concessionária não proceda ao pagamento voluntário das multas contratuais que lhe forem aplicadas no prazo de 20 dias a contar da sua fixação e notificação pelo concedente, este pode utilizar a caução para pagamento das mesmas.

7 – O valor máximo das multas estabelecido na presente cláusula deve ser actualizado em Janeiro de cada ano, de acordo com o índice de preços no consumidor no continente, excluindo habitação, publicado pelo Instituto Nacional de Estatística, referente ao ano anterior.

8 – A reclamação ou impugnação do acto de aplicação das multas suspende o prazo referido no n.º 6 acima.

9 – A aplicação de multas não prejudica a aplicação de outras sanções contratuais nem isenta a concessionária de responsabilidade civil, criminal e contra-ordenacional em que incorrer perante o concedente ou terceiro.

CLÁUSULA 44.ª

Sequestro

1 – Em caso de incumprimento grave, pela concessionária, das obrigações emergentes do presente contrato, ou de quaisquer disposições legais aplicáveis à concessão, pode o concedente, através de despacho do Ministro, tomar conta da concessão mediante sequestro.

2 – O sequestro da concessão pode ter lugar, nomeadamente, quando se verifique qualquer das seguintes situações, por motivos imputáveis à concessionária:

a) Estiver iminente, ou ocorrer, a cessação ou interrupção, total ou parcial, do desenvolvimento da actividade objecto da presente concessão;

b) Deficiências graves na organização, no funcionamento ou no regular desenvolvimento da actividade objecto desta concessão, bem como situações de insegurança de pessoas e bens;

c) Deficiências graves no estado geral das infra-estruturas, das instalações e dos equipamentos que comprometam a continuidade ou a qualidade da actividade objecto da presente concessão.

3 – A concessionária fica obrigada a proceder à entrega da concessão no prazo que lhe for fixado pelo concedente quando lhe for comunicada a decisão de sequestro.

4 – Verificando-se qualquer facto que possa dar lugar ao sequestro da concessão, deve observar-se, com as devidas adaptações, o processo de sanação do incumprimento previsto nos n.os 4 e 5 da cláusula 49.ª

5 – Verificado o sequestro, a concessionária suporta todos os encargos que resultarem, para o concedente, do exercício da concessão, bem como as despesas extraordinárias necessárias ao restabelecimento da normalidade.

6 – Logo que cessem as razões do sequestro, seja restabelecido o normal funcionamento da concessão e o concedente o julgue oportuno, deve notificar a concessionária para retomar a concessão, no prazo que lhe for fixado.

7 – No caso de o sequestro se manter por seis meses após ter sido restabelecido o normal funcionamento da concessão, a concessionária pode optar pela rescisão da concessão, sendo então aplicável o disposto na cláusula 50.ª

8 – Se a concessionária não retomar a concessão no prazo que lhe for fixado, pode o concedente, através do Ministro, determinar a imediata rescisão do presente contrato.

9 – No caso de a concessionária ter retomado o exercício da concessão e continuarem a verificar-se graves deficiências no mesmo, pode o concedente, através do Ministro, ordenar novo sequestro ou determinar a imediata rescisão do contrato de concessão.

CLÁUSULA 45.ª

Extinção da concessão

1 – A concessão extingue-se por acordo entre o concedente e a concessionária, por rescisão, por resgate e pelo decurso do prazo fixado na cláusula 53.ª

2 – A extinção da concessão determina a transmissão para o concedente de todos os bens e meios a ela afectos, bem como dos direitos e das obrigações inerentes ao seu exercício, sem prejuízo do direito de regresso do concedente sobre a concessionária pelas obrigações por esta assumidas que sejam estranhas à actividade objecto da concessão ou que hajam sido contraídas em violação da lei ou deste contrato ou, ainda, que sejam obrigações vencidas e não cumpridas.

3 – Da transmissão prevista no número anterior excluem-se, além dos bens e meios não afectos à concessão, os fundos ou reservas consignados à garantia ou cobertura de obrigações da concessionária de cujo cumprimento lhe seja dada quitação pelo concedente, a qual se presume se, decorrido um ano sobre a extinção da concessão, não houver declaração em contrário do concedente, através do Ministro.

4 – A tomada de posse da concessão pelo concedente é precedida de vistoria ad perpetuam rei memoriam, realizada pelo concedente, através da DGEG, a que assistem representantes da concessionária, destinada à verificação do estado de conservação e manutenção dos bens, devendo ser lavrado o respectivo auto.

5 – Em caso de extinção da concessão, transferem-se para o concedente os direitos detidos pela concessionária sobre terceiros que se revelem necessários para a continuidade da prestação do serviço concedido e, em geral, à tomada de medidas tendentes a evitar a interrupção da prestação do serviço público concessionado.

Cláusula 46.ª
Procedimento no caso de extinção do contrato por termo

1 – O concedente reserva-se no direito de tomar, nos últimos dois anos do prazo da presente concessão, as providências que julgar convenientes para assegurar a continuação do serviço no termo deste contrato ou as medidas necessárias para efectuar, durante o mesmo prazo, a transferência progressiva da actividade objecto desta concessão para a nova concessionária.

2 – Se, no momento do termo do prazo da concessão, o concedente ainda não tiver tomado decisão quanto ao novo modo ou entidade encarregada da gestão do serviço, poderá acordar com a concessionária que esta continue a prestá-lo até ao limite máximo de um ano, mediante prestação de serviços ou qualquer outro título jurídico público contratual.

Cláusula 47.ª
Decurso do prazo da concessão

1 – Decorrido o prazo da concessão, sem necessidade de qualquer comunicação entre as partes nesse sentido, transmitem-se para o concedente todos os bens e meios afectos à concessão, livres de ónus ou encargos, em bom estado de conservação, funcionamento e segurança, sem prejuízo do normal desgaste do seu uso para efeitos do contrato de concessão.

2 – Cessando a concessão pelo decurso do prazo, deve ser paga pelo concedente à concessionária uma indemnização correspondente ao valor contabilístico dos bens afectos à concessão, adquiridos pela concessionária, com referência ao último balanço aprovado, líquido de amortizações e de comparticipações financeiras e subsídios a fundo perdido.

3 – Caso a concessionária não dê cumprimento ao disposto no n.º 1 da presente cláusula, o concedente deve promover a realização dos trabalhos e aquisições que sejam necessários à reposição dos bens aí referidos, correndo os respectivos custos pela concessionária e podendo ser utilizada a caução para os liquidar no caso de a concessionária não proceder ao pagamento voluntário e atempado dos referidos custos, se o Ministro assim o determinar.

CLÁUSULA 48.ª
Resgate da concessão

1 – O concedente poderá, através do Ministro, resgatar a concessão desde que o interesse público o justifique, decorridos 15 anos da data de celebração do presente contrato, mediante notificação feita à concessionária, por carta registada com aviso de recepção com, pelo menos, 1 ano de antecedência.

2 – O concedente assume, decorrido o período de um ano sobre a notificação do resgate, todos os bens e meios afectos à concessão anteriormente à data dessa notificação, incluindo todos os direitos e obrigações inerentes ao exercício da concessão, designadamente aquelas emergentes dos contratos de financiamento e ainda aqueles que tenham sido assumidos pela concessionária após a data de notificação desde que tenham sido previamente autorizados pelo concedente, através do Ministro.

3 – A assunção de obrigações por parte do concedente é efectuada, sem prejuízo do seu direito de regresso sobre a concessionária, pelas obrigações por esta contraídas que tenham exorbitado da gestão normal da concessão.

4 – Pelo resgate, a concessionária tem direito a uma indemnização cujo valor deve atender ao valor contabilístico, à data do resgate, dos bens transmitidos para o concedente, livres de quaisquer ónus ou encargos, e ao valor de eventuais lucros cessantes.

5 – O valor contabilístico dos bens referidos no número anterior, à data do resgate, entende-se líquido de amortizações e de comparticipações financeiras e subsídios a fundo perdido, incluindo-se nestes o valor dos bens cedidos pelo concedente.

6 – Para efeitos do cálculo da indemnização, o valor dos bens que se encontrem anormalmente depreciados ou deteriorados devido a deficiência da concessionária na sua manutenção ou reparação deve ser determinado de acordo com o seu estado de funcionamento efectivo.

CLÁUSULA 49.ª
Rescisão do contrato pelo concedente

1 – O concedente pode rescindir o presente contrato no caso de violação grave, não sanada ou não sanável, das obrigações contratuais da concessionária.

2 – Constituem, nomeadamente, causas de rescisão do contrato por parte do concedente os seguintes factos ou situações:

a) Desvio do objecto e fins da concessão;

b) Suspensão ou interrupção injustificadas da actividade objecto da concessão;

c) Oposição reiterada ao exercício da fiscalização, repetida desobediência às determinações do concedente ou sistemática inobservância das leis e regulamentos aplicáveis à exploração, quando se mostrem ineficazes as demais sanções aplicadas;

d) Recusa em proceder aos investimentos necessários à adequada conservação e reparação das infra-estruturas ou à necessária ampliação da rede;

e) Recusa ou impossibilidade da concessionária em retomar a concessão nos termos do disposto no n.º 8 da cláusula 44.ª ou, quando o tiver feito, continuação das situações que motivaram o sequestro;

f) Cobrança dolosa das tarifas com valor superior aos fixados;

g) Dissolução ou insolvência da concessionária;

h) Transmissão ou oneração da concessão, no todo ou em parte, sem prévia autorização;

i) Recusa da reconstituição atempada da caução.

3 – Não constituem causas de rescisão os factos ocorridos por motivos de força maior.

4 – Verificando-se um dos casos de incumprimento referidos na presente cláusula ou qualquer outro que, nos termos do disposto no n.º 1 desta cláusula, possa motivar a rescisão do contrato, o concedente, através do Ministro, deve notificar a concessionária para, no prazo que razoavelmente lhe for fixado, cumprir integralmente as suas obrigações e corrigir ou reparar as consequências dos seus actos, excepto tratando-se de violação não sanável.

5 – Caso a concessionária não cumpra as suas obrigações ou não corrija ou repare as consequências do incumprimento, nos termos determinados pelo concedente, este pode rescindir o presente contrato mediante comunicação enviada à concessionária, por carta registada com aviso de recepção, sem prejuízo do disposto no número seguinte.

6 – Caso o concedente pretenda rescindir este contrato, designadamente pelos factos referidos na alínea g) do n.º 1, deve, previamente à comunicação referida no número anterior, notificar os principais credores da concessionária que sejam conhecidos para, no prazo que lhes for determinado, nunca superior a três meses, proporem uma solução que possa sobrestar à rescisão, desde que o concedente com ela concorde.

7 – A comunicação da decisão de rescisão referida no n.º 5 desta cláusula produz efeitos imediatos, independentemente de qualquer outra formalidade.

8 – A rescisão prevista no n.º 1 implica a transmissão gratuita de todos os bens e meios afectos à concessão para o concedente, sem qualquer indemnização, e, bem assim, a perda da caução prestada nos termos da cláusula 34.ª, sem prejuízo do direito de o concedente ser indemnizado pelos prejuízos sofridos, nos termos gerais de direito.

CLÁUSULA 50.ª

Rescisão do contrato pela concessionária

1 – A concessionária pode rescindir o presente contrato com fundamento em incumprimento grave das obrigações do concedente se daí resultarem perturbações que ponham em causa o exercício da actividade concedida e cujos efeitos não possam ser objecto de reparação ou, caso esta seja possível, a mesma não ocorra no prazo de seis meses.

2 – A rescisão prevista no número anterior implica a transmissão de todos os bens e meios afectos à concessão para o concedente, sem prejuízo do direito da concessionária de ser ressarcida dos prejuízos que lhe foram causados, incluindo o valor dos investimentos efectuados e lucros cessantes calculados nos termos previstos anteriormente para o resgate.

3 – A rescisão deste contrato produz efeitos reportados à data da sua comunicação ao concedente por carta registada com aviso de recepção.

4 – Para efeitos do disposto no n.º 1 desta cláusula, a concessionária deve previamente notificar o concedente, por carta registada dirigida ao ministro competente, para, no prazo fixado, cumprir integralmente as suas obrigações e corrigir ou reparar as consequências dos seus actos, indicando expressa e claramente as obrigações a corrigir ou as consequências a reparar.

CLÁUSULA 51.ª

Exercício dos poderes do concedente

Os poderes do concedente referidos no presente contrato, excepto quando devam ser exercidos pelo Ministro, devem ser exercidos pela DGEG, sendo os actos praticados pelo respectivo director-geral ou pela ERSE, consoante as competências de cada uma destas entidades.

CLÁUSULA 52.ª

Litígios entre concedente e concessionária

1 – As partes manifestam o seu empenho no bom relacionamento entre si e acordam que, constatada por qualquer delas a existência de um litígio ou diferendo relativo à interpretação, integração, aplicação, execução ou cumprimento do presente contrato, bem como relativamente à respectiva validade, ou à necessidade de precisar, completar ou actualizar o seu conteúdo, ou ainda relativamente a actos administrativos referentes à execução do contrato, nos termos previstos no Código de Processo nos Tribunais Administrativos, será o mesmo, em primeiro lugar, objecto de uma tentativa de resolução amigável.

2 – Caso o diferendo não seja resolvido de uma forma consensual no prazo de 15 dias a contar da data da remissão do litígio para a outra parte para a tentativa de resolução amigável, será o mesmo dirimido por um tribunal arbitral nos termos da presente cláusula.

3 – O tribunal arbitral será constituído nos termos dos números seguintes e, supletivamente, de acordo com a Lei n.º 31/86, de 29 de Agosto.

4 – O tribunal será constituído por um árbitro único se as partes acordarem na respectiva designação ou, na falta desse acordo no prazo de 10 dias, cada uma das partes designará um árbitro, cabendo aos dois árbitros nomeados, nos 5 dias seguintes, a designação do terceiro árbitro, que presidirá.

5 – Na falta de acordo entre os árbitros designados pelas partes, verificado ao fim de cinco dias, o terceiro árbitro será indicado pelo presidente do Tribunal da Relação de Lisboa, a requerimento de qualquer das partes.

6 – O tribunal arbitral considera-se constituído na data em que o terceiro árbitro aceitar a sua nomeação e comunicar a sua decisão às partes.

7 – Se decorrer mais de um mês sobre a data de indicação do primeiro árbitro sem que o tribunal arbitral se encontre constituído, pode qualquer das partes recorrer ao tribunal judicial competente para a resolução do litígio em causa.

8 – Caso não se verifique acordo quanto ao objecto do litígio, este será o que resultar da petição do demandante e da eventual reconvenção do demandado.

9 – O tribunal arbitral funcionará em Lisboa, cabendo ao árbitro único ou ao árbitro presidente escolher o local em que o mesmo reunirá, e utilizará a língua portuguesa, funcionando o tribunal de acordo com as regras fixadas no presente contrato, com as regras estabelecidas pelo próprio tribunal arbitral e, ainda, subsidiariamente, pelo disposto na Lei n.º 31/86, de 29 de Agosto.

10 – O tribunal arbitral julgará segundo o direito português constituído, podendo as partes recorrer das respectivas decisões.

11 – As decisões do tribunal arbitral devem ser proferidas no prazo de três meses a contar do termo da instrução do processo ou do encerramento da audiência de discussão e julgamento, se a esta houver lugar.

12 – O prazo referido no número anterior é prorrogável, por decisão do árbitro único ou do árbitro presidente, consoante o caso, até ao máximo de seis meses.

13 – No caso de o tribunal arbitral ser constituído por dois árbitros designados pelas partes e um árbitro presidente, as respectivas decisões são tomadas por maioria.

14 – A determinação dos honorários dos árbitros será feita de acordo com a tabela de cálculo dos honorários dos árbitros, anexa ao Regulamento do Centro de Arbitragem da Associação Comercial de Lisboa, tendo por base o valor da causa, o qual será igual ao valor do pedido da parte demandante ou ao cúmulo dos valores deste e do pedido reconvencional da parte demandada, caso haja

reconvenção, devendo a repartição pelas partes do montante daqueles honorários constar da decisão que for proferida a final.

15 – Sem prejuízo do disposto nos números anteriores, as partes reservam-se o direito de, na vigência e após o termo do presente contrato, e antes ou na pendência de um litígio instaurado no tribunal arbitral, requerer nos tribunais comuns as providências cautelares previstas na lei de processo civil que entenderem por convenientes para defesa dos seus direitos.

16 – Caso as providências previstas no número anterior sejam requeridas antes de constituído o tribunal arbitral, deve iniciar-se imediatamente o procedimento da sua constituição e ser-lhe submetido o litígio para respectiva resolução.

CLÁUSULA 53.ª

Litígios entre concessionária e utilizadores ou outros operadores do SNGN

1 – Sem prejuízo das disposições legais que estabelecem a arbitragem obrigatória, os litígios entre a concessionária e utilizadores ou outros intervenientes no SNGN, emergentes dos respectivos contratos ou para superar as dificuldades na celebração de acordos de que, nos termos da lei ou do presente contrato, dependa o exercício de direitos ou o cumprimento de deveres de que são titulares, podem ser resolvidos através da celebração de convenções de arbitragem nos termos fixados na cláusula anterior.

2 – Os actos da concessionária praticados no exercício de poderes administrativos, nos casos em que a lei, os regulamentos ou este contrato lhe conferem essa prerrogativa, são sempre imputáveis, para efeitos do Código de Processo nos Tribunais Administrativos, ao respectivo conselho de administração.

CLÁUSULA 54.ª

Litígios entre concessionária e terceiros

A responsabilidade contratual ou extracontratual geral da concessionária por actos de gestão privada ou de gestão pública efectiva-se nos termos e pelos meios previstos na lei civil e administrativa.

CLÁUSULA 55.ª

Comunicações

Qualquer comunicação entre as partes contratantes relativa ao presente contrato deve ser feita mediante carta registada com aviso de recepção, sem prejuízo da utilização cumulativa de outro meio considerado idóneo para os endereços constantes da identificação das partes no presente contrato.

CLÁUSULA 56.ª

Prazos

1 – Na falta de disposição especial prevista na lei, em regulamentos ou neste contrato, o prazo para os actos a praticar pela concessionária ou pelo concedente, quer por intermédio do Ministro, da DGEG, ou de qualquer outro órgão administrativo, é de 10 dias, sendo que, no caso da ERSE, são-lhe aplicáveis os prazos estabelecidos nos seus Estatutos ou nos seus regulamentos.

2 – Sempre que o exercício de um direito por parte da concessionária dependa de aprovação ou autorização do concedente, quer por intermédio do Ministro, da DGEG ou de qualquer outro órgão administrativo, consideram-se estas concedidas se a decisão não for proferida no prazo de 90 dias a contar da formulação do pedido ou da apresentação do processo para esse efeito, salvo quando, por lei, não for admissível o acto tácito de deferimento ou for estabelecido outro prazo.

3 – Se a concessão da aprovação ou da autorização depender de quaisquer formalidades, designadamente de pareceres de quaisquer outras entidades, os mesmos devem ser solicitados em conjunto, estabelecendo-se um prazo que não deverá exceder 30 dias, salvo nos casos em que as entidades consultadas disponham por lei de prazo superior para emissão dos seus pareceres.

4 – Para efeitos do n.º 2, consideram-se dependentes de aprovação ou autorização do concedente os casos de:

a) Aprovação de projectos;

b) Licenciamento de obras, trabalhos e actividades;

c) Redução de caução.

5 – Para o cômputo dos prazos previstos nesta cláusula, considera-se que os mesmos se suspendem sempre que o procedimento estiver parado por motivo imputável à concessionária.

6 – Os prazos fixados em dias neste contrato são contados nos termos do artigo 72.º do Código do Procedimento Administrativo.

CLÁUSULA 57.ª

Anexos

Integram o presente contrato os seguintes anexos:

a) Anexo n.º 1 – planta;

b) Anexo n.º 2 – seguros.

ANEXO N.º 1

Planta

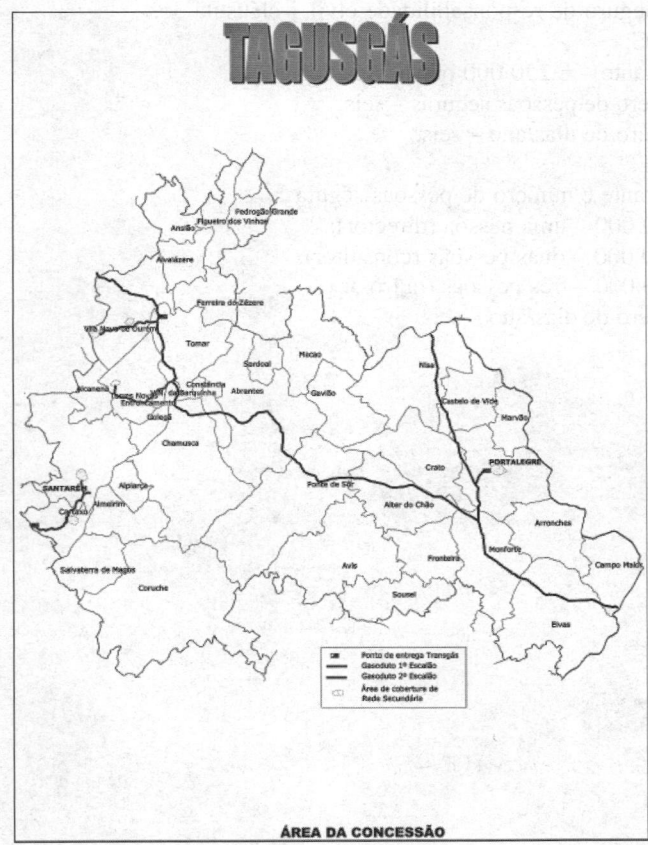

ÁREA DA CONCESSÃO

ANEXO N.º 2

Seguros

1 – Seguro de responsabilidade civil – cláusula 31.ª, n.ᵒˢ 1 e 2.

Montante – valor a fixar por portaria do ministro responsável pela área da energia e actualizável de três em três anos.

2 – Seguros para cobertura dos riscos da concessão (danos próprios) – cláusula 31.ª, n.ᵒˢ 4 e 5.

Montante – o valor dos seguros deverá corresponder aos de reposição, em novo, dos activos da concessão da actividade de distribuição regional de gás natural, atribuída à TAGUSGÁS – Empresa de Gás do Vale do Tejo, S. A.

3 – Seguro de responsabilidade civil – cláusula 36.ª

DGEG:

Montante – € 250 000 por pessoa segura;

Número de pessoas seguras – seis;

Número de dias/ano – seis.

ERSE:

Montante e número de pessoas seguras:

€ 560 000 – uma pessoa (director);

€ 400 000 – duas pessoas (consultor);

€ 300 000 – três pessoas (outros);

Número de dias/ano – seis.

Comercialização

PORTARIA N.º 929/2006,
DE 7 DE SETEMBRO

O Decreto-Lei n.º 140/2006, de 26 de Julho, definiu as condições gerais de exercício, em regime livre, da actividade de comercialização de gás natural, referindo o artigo 34.º deste diploma que o modelo da licença de comercialização e o montante das taxas devidas à Direcção-Geral de Geologia e Energia (DGGE) são definidos por portaria.

Assim:

Nos termos do disposto nos n.ºs 5 e 7 do artigo 34.º do Decreto-Lei n.º 140/2006, de 26 de Julho:

Manda o Governo, pelo Ministro da Economia e da Inovação, o seguinte:

1.º É aprovado o modelo de licença de comercialização de gás natural em regime livre, constante do anexo a esta portaria.

2.º Pela apreciação do procedimento de emissão ou de transmissão da licença de comercialização de gás natural é devida à DGGE uma taxa fixada, respectivamente, em € 2500 e € 1250, devendo estes valores ser actualizados anualmente de acordo com o índice de preços no consumidor, no continente, com exclusão da habitação, publicado pelo Instituto Nacional de Estatística.

3.º O pagamento da taxa a que se refere o número anterior é devida com a apresentação do pedido e liquidada no prazo de 30 dias após a emissão de guia pela DGGE.

O Ministro da Economia e da Inovação, *Manuel António Gomes de Almeida de Pinho*, em 31 de Agosto de 2006.

ANEXO

Modelo da licença de comercialização de gás natural

Nos termos do n.º 1 do artigo 37.º do Decreto-Lei n.º 30/2006, de 15 de Fevereiro, e do n.º 2 do artigo 32.º e dos n.ᵒˢ 12 e 13 do artigo 66.º do Decreto--Lei n.º 140/2006, de 26 de Julho, é concedida à sociedade ... licença de comercialização de gás natural em regime de mercado livre.

A actividade licenciada, compreende:

a) A importação e a exportação ou o comércio intracomunitário de gás natural (GN e GNL);

b) A compra e a venda por grosso de gás natural (GN e GNL); e

c) A venda a retalho de gás natural (GN e GNL).

A) Constituem direitos do titular desta licença:

1) Transaccionar gás natural (GN e GNL) através de contratos bilaterais livremente negociados com outros agentes do mercado de gás natural ou através dos mercados organizados, devendo, neste caso, cumprir os requisitos que lhe permitam a aceder a esses mercados;

2) Ter acesso às infra-estruturas da Rede Nacional de Transporte, Infra-Estruturas de Armazenamento e Terminais de GNL (RNTIAT) e da Rede Nacional de Distribuição de Gás Natural (RNDGN) e às interligações, nos termos legalmente estabelecidos, para venda de gás natural aos respectivos clientes, assumindo o pagamento das respectivas tarifas de acesso nos termos do artigo 69.º do Decreto-Lei n.º 140/2006, de 26 de Julho, e, posteriormente, conforme vier a ser determinado no Regulamento Tarifário a partir da data de entrada em vigor deste regulamento;

3) Contratar livremente com os seus clientes a venda de gás natural.

B) Constituem deveres do titular desta licença:

1) Entregar gás natural à RNTIAT e à RNDGN para fornecimento aos seus clientes cumprindo os procedimentos técnicos e financeiros aplicáveis e aprovados pelo gestor técnico global do Sistema Nacional de Gás Natural (SNGN) e, se for o caso, pelo competente operador de mercado, de acordo com a regulamentação aplicável;

2) Colaborar na promoção das políticas de eficiência energética e de gestão da procura nos termos legalmente estabelecidos;

3) Constituir e manter reservas de segurança de gás natural, relativamente aos contratos para consumo não interruptível celebrados com os seus clientes, nos termos do artigo 49.º do Decreto-Lei n.º 140/2006, de 26 de Julho;

4) Informar mensalmente o gestor técnico global do SNGN da quantidade de reservas constituídas relativas ao mês anterior a que a licenciada esteja obrigada;

5) Aplicar as regras da mudança de comercializador que vierem a ser definidas no âmbito do operador logístico de mudança de comercializador de gás natural logo que este seja constituído;

6) Prestar a informação devida aos clientes, nomeadamente sobre as opções tarifárias mais apropriadas ao seu perfil de consumo;

7) Emitir a facturação discriminada de acordo com a legislação e regulamentação aplicáveis;

8) Proporcionar aos clientes meios de pagamento diversificados;

9) Não discriminar entre clientes e praticar nas suas operações transparência comercial;

10) Manter o registo de todas as operações comerciais, cumprindo os requisitos legais para manutenção de bases de dados;

11) Manter por um prazo de cinco anos o registo das queixas ou reclamações que lhe tenham sido apresentadas pelos respectivos clientes;

12) Prestar à DGGE e à Entidade Reguladora dos Serviços Energéticos (ERSE), consoante as suas competências, a informação prevista na legislação e regulamentação aplicáveis, designadamente sobre consumos e preços das diversas categorias de clientes, com salvaguarda do respectivo sigilo;

13) Manter a capacidade técnica, legal e financeira necessária para o exercício da actividade objecto da presente licença;

14) Cumprir todas as normas, disposições e regulamentos aplicáveis.

C) Contratos celebrados com os clientes:

1) Os contratos celebrados entre o titular desta licença e os clientes devem especificar, entre outros estabelecidos no Regulamento de Relações Comerciais e no Regulamento da Qualidade de Serviço, os seguintes elementos e garantias:

a) A identidade e o endereço do comercializador;

b) Os serviços fornecidos e as suas características;

c) O tipo de serviços de manutenção, caso sejam oferecidos;

d) Os meios através dos quais podem ser obtidas informações actualizadas sobre os preços e as taxas de manutenção aplicáveis;

e) A data de início de venda de gás natural, duração do contrato, as condições de renovação e termo dos serviços e do contrato e a existência de direito de rescisão;

f) A compensação e as disposições de reembolso aplicáveis se os níveis de qualidade dos serviços contratados não forem atingidos;

g) O método a utilizar para a resolução de litígios que deve ser acessível, simples e eficaz;

2) O titular desta licença pode exigir aos seus clientes, nas situações e nos termos previstos na legislação e regulamentação aplicáveis, a prestação de caução a seu favor para garantir o cumprimento das obrigações decorrentes do contrato de compra e venda de gás natural;

3) As condições contratuais devem ser equitativas e previamente conhecidas, devendo, em qualquer caso, ser prestadas antes da celebração ou confirmação do contrato;

4) Os clientes devem ser notificados de modo adequado de qualquer intenção de alterar as condições contratuais e informados do seu direito de rescisão aquando da notificação;

5) O titular da presente licença deve notificar directamente os seus clientes de qualquer aumento dos encargos resultante de alteração de condições contratuais, em tempo útil, que não pode ser posterior ao início de um período normal de facturação, ficando os clientes livres de rescindir os contratos se não aceitarem as novas condições que lhes forem notificadas pelo respectivo comercializador;

6) Os clientes devem receber, relativamente ao seu contrato, informações transparentes sobre os preços e tarifas aplicáveis e as condições normais de acesso e utilização dos serviços do comercializador;

7) As condições gerais devem ser equitativas e transparentes e ser redigidas em linguagem clara e compreensível, assegurando aos clientes escolha quanto aos métodos de pagamento e protecção contra métodos de venda abusivos ou enganadores;

8) Qualquer diferença nos termos e condições de pagamento dos contratos com os clientes deve reflectir os custos dos diferentes sistemas de pagamento para o comercializador;

9) Os clientes não devem ser obrigados a efectuar qualquer pagamento por mudarem de comercializador, sem prejuízo do respeito pelos compromissos contratualmente assumidos;

10) Os clientes devem dispor de procedimentos transparentes, simples e acessíveis para o tratamento das suas queixas, devendo estes permitir que os litígios sejam resolvidos de modo justo e rápido, prevendo, quando justificado, um sistema de reembolso e de indemnização por eventuais prejuízos;

D) Interrupção do fornecimento — a entidade titular desta licença pode interromper o fornecimento nos casos e termos estabelecidos no Regulamento de Qualidade de Serviço e no Regulamento de Relações Comerciais do sector do gás natural.

E) Informação sobre preços de comercialização de gás natural - o titular desta licença fica obrigado a:

a) Publicitar os preços de referência que pratica em cada momento, designadamente nas suas páginas na Internet e em conteúdos promocionais;

b) Enviar à ERSE, trimestralmente, os preços praticados nos meses anteriores e, anualmente, a tabela de preços de referência que se propõe praticar no âmbito da comercialização de gás natural, nos termos da regulamentação aplicável.

F) Extinção e transmissão da licença:

1) A presente licença extingue-se por caducidade ou por revogação;

2) A extinção da licença por caducidade ocorre em caso de dissolução, insolvência ou cessação da actividade do seu titular;

3) A licença pode ser revogada quando o seu titular faltar ao cumprimento dos deveres relativos ao exercício da actividade, nomeadamente:

a) Não cumprir, sem motivo justificado, as determinações impostas pelas autoridades administrativas;

b) Violar reiteradamente o cumprimento das disposições legais e as normas técnicas aplicáveis ao exercício da actividade licenciada;

c) Não cumprir, reiteradamente, a obrigação de envio da informação estabelecida na legislação e regulamentação aplicáveis;

d) Não começar a exercer a actividade no prazo de um ano após a sua emissão ou inscrição ou, tendo-a começado a exercer, a haja interrompido por igual período, sendo esta inactividade confirmada pelo gestor técnico global do SNGN;

4) A transmissão da licença de comercialização depende de autorização da entidade emitente desde que se verifique a manutenção dos pressupostos que determinaram a sua atribuição.

PORTARIA N.º 930/2006,
DE 7 DE SETEMBRO

O Decreto-Lei n.º 140/2006, de 26 de Julho, definiu no n.º 5 do artigo 66.º e no n.º 1 do artigo 67.º a atribuição até 2028 de uma licença para o exercício da actividade de comercialização de gás natural de último recurso de todos os clientes que consumam actualmente quantidades de gás natural iguais ou superiores a dois milhões de metros cúbicos normais, excluindo os produtores de electricidade em regime ordinário, a uma sociedade detida em regime de domínio total pela TRANSGÁS - Sociedade Portuguesa de Gás Natural, S. A.

O n.º 7 do artigo 66.º dispôs que em 1 de Janeiro de 2007, com a atribuição desta licença, passem para a titularidade da mesma sociedade os contratos de fornecimento celebrados com as actuais concessionárias de distribuição regional de gás natural e com os actuais titulares das licenças de distribuição local e, ainda, com os clientes com consumo anual igual ou superior a dois milhões de metros cúbicos normais, excepto com os clientes produtores de electricidade em regime ordinário.

Deste modo, no sentido de concretizar o exercício desta actividade, que é regulada pela Entidade Reguladora dos Serviços Energéticos (ERSE) conforme o disposto no n.º 2 do artigo 40.º do mesmo decreto-lei, estabelece-se o modelo da respectiva licença cujos termos devem constar do contrato celebrado entre o Estado e a TRANSGÁS - Sociedade Portuguesa de Gás Natural, S. A., que modifica o contrato de concessão de serviço público de importação, transporte e fornecimento de gás natural outorgado em 14 de Outubro de 1993.

Assim:

Nos termos do disposto no n.º 7 do artigo 34.º, nos n.os 5 e 7 do artigo 66.º e no n.º 1 do artigo 67.º do Decreto-Lei n.º 140/2006, de 26 de Julho:

Manda o Governo, pelo Ministro da Economia e da Inovação, o seguinte:

1.º Aprovar o modelo de licença de comercialização de gás natural de último recurso, constante do anexo a esta portaria.

2.º A licença é concedida pela Direcção-Geral de Geologia e Energia, independentemente de qualquer formalidade, em 1 de Janeiro de 2007.

O Ministro da Economia e da Inovação, *Manuel António Gomes de Almeida de Pinho*, em 31 de Agosto de 2006.

ANEXO

Modelo de licença de comercialização de gás natural de último recurso a atribuir à Transgás Indústria, S. A.

Nos termos dos artigos 40.º a 43.º, dos n.ᵒˢ 5 e 6 do artigo 66.º e do n.º 1 do artigo 67.º, todos do Decreto-Lei n.º 140/2006, de 26 de Julho, é concedida à sociedade Transgás Indústria, S. A., detida pela TRANSGÁS – Sociedade Portuguesa de Gás Natural, S. A., em regime de domínio total, licença de comercialização de gás natural de último recurso para:

a) Todos os clientes com um consumo anual igual ou superior a dois milhões de metros cúbicos normais que não queiram usufruir do estatuto de cliente elegível, com excepção dos produtores de electricidade em regime ordinário;

b) As concessionárias de distribuição regional, as titulares de licenças de distribuição local de gás natural, bem como as licenciadas de comercialização de último recurso referidas no n.º 2 do artigo 67.º do Decreto-Lei n.º 140/2006, de 26 de Julho.

Esta licença pressupõe o exercício em exclusivo da actividade de comercialização prevista nas alíneas anteriores.

A) Constituem direitos do titular desta licença:

1) Transaccionar gás natural através de contratos bilaterais com outros agentes do mercado de gás natural ou através dos mercados organizados, se cumprir os requisitos que lhe permitam aceder a esses mercados;

2) Ter acesso à Rede Nacional de Transporte, Infra-Estruturas de Armazenamento e Terminais de GNL (RNTIAT) e Rede Nacional de Distribuição de Gás Natural (RNDGN) e às interligações, nos termos legalmente estabelecidos, para venda de gás natural aos respectivos clientes;

3) Receber uma remuneração que assegure o equilíbrio económico e financeiro da actividade licenciada em condições de gestão eficiente, nos termos que vierem a ser regulados pela ERSE.

B) Constituem deveres do titular desta licença:

1) Prestar o serviço público de venda de gás natural a todos os clientes abrangidos pela Rede Pública de Gás Natural (RPGN), que consumam anualmente quantidades de gás natural iguais ou superiores a dois milhões de metros cúbicos normais, com excepção dos centros produtores de electricidade em regime ordinário, e que o solicitem, nos termos da regulamentação aplicável e, ainda, às actuais concessionárias de distribuição regional e às titulares de licenças de distribuição local;

2) Entregar gás natural à RNTIAT e RNDGN para o fornecimento aos seus clientes de acordo com a planificação prevista e cumprindo os procedimentos técnicos e financeiros aplicáveis e aprovados pelo gestor técnico global do Sistema Nacional de Gás Natural (SNGN) e, se for o caso, pelo competente operador de mercado, de acordo com a regulamentação aplicável;

3) Colaborar na promoção das políticas de eficiência energética e de gestão da procura nos termos legalmente estabelecidos;

4) Adquirir gás natural para o exercício da actividade de comercialização nas condições previstas no artigo 42.º do Decreto-Lei n.º 140/2006, de 26 de Julho;

5) Constituir e manter reservas de segurança de gás natural, nos termos do artigo 49.º do Decreto-Lei n.º 140/2006, de 26 de Julho;

6) Informar mensalmente o gestor técnico global do SNGN da quantidade de reservas constituídas relativas ao mês anterior, a que a licenciada esteja obrigada;

7) Aplicar as regras da mudança de comercializador que vierem a ser definidas no âmbito do operador logístico de mudança de comercializador de gás natural logo que este seja constituído;

8) Prestar a informação devida aos clientes, nomeadamente sobre as opções tarifárias mais apropriadas ao seu perfil de consumo;

9) Emitir a facturação discriminada de acordo com o Regulamento de Relações Comerciais;

10) Proporcionar aos clientes meios de pagamento diversificados;

11) Não discriminar entre clientes e praticar nas suas operações transparência comercial;

12) Manter o registo de todas as operações comerciais, cumprindo os requisitos legais de manutenção de bases de dados;

13) Manter por um prazo de cinco anos o registo das queixas ou reclamações que lhe tenham sido apresentadas pelos respectivos clientes;

14) Prestar à Direcção-Geral de Geologia e Energia (DGGE) e à ERSE, consoante as suas competências, a informação prevista na legislação e regulamentação aplicáveis, designadamente sobre consumos e preços das diversas categorias de clientes, com salvaguarda do respectivo sigilo;

15) Manter a capacidade técnica, legal e financeira necessária para o exercício da actividade objecto da presente licença;

16) Cumprir todas as normas, disposições e regulamentos aplicáveis, designadamente o Regulamento de Acesso às Redes, Infra-Estruturas e Interligações, o Regulamento de Qualidade de Serviço, o Regulamento de Relações Comerciais e o Regulamento Tarifário.

C) Contratos celebrados com os clientes:

1) Os contratos celebrados entre o titular desta licença e os clientes devem especificar, entre outros estabelecidos no Regulamento de Relações Comerciais e no Regulamento da Qualidade de Serviço, os seguintes elementos e garantias:

a) A identidade e o endereço do comercializador;

b) Os serviços fornecidos e suas características;

c) O tipo de serviços de manutenção, caso sejam oferecidos;

d) Os meios através dos quais podem ser obtidas informações actualizadas sobre as tarifas e as taxas de manutenção aplicáveis;

e) A data de início de venda de gás natural, a duração do contrato, as condições de renovação e termo dos serviços e do contrato e a existência de direito de rescisão;

f) A compensação e as disposições de reembolso aplicáveis se os níveis de qualidade dos serviços contratados não forem atingidos;

g) O método a utilizar para a resolução de litígios que deve ser acessível, simples e eficaz;

2) O titular desta licença pode exigir aos seus clientes, nas situações e nos termos previstos na legislação e regulamentação aplicáveis, a prestação de caução a seu favor para garantir o cumprimento das obrigações decorrentes do contrato de compra e venda de gás natural;

3) As condições contratuais devem ser equitativas e previamente conhecidas, devendo, em qualquer caso, ser prestadas antes da celebração ou confirmação do contrato;

4) Os clientes devem ser notificados de modo adequado de qualquer intenção de alterar as condições contratuais e informados do seu direito de rescisão aquando da notificação;

5) O titular desta licença deve notificar directamente os seus clientes de qualquer aumento dos encargos resultante de alteração de condições contratuais, em tempo útil que não pode ser posterior a um período normal de facturação após a entrada em vigor do aumento, ficando os clientes livres de rescindir os contratos se não aceitarem as novas condições que lhes forem notificadas pelo respectivo comercializador;

6) Os clientes devem receber, relativamente ao seu contrato, informações transparentes sobre os preços e tarifas aplicáveis e as condições normais de acesso e utilização dos serviços do comercializador;

7) As condições gerais devem ser equitativas e transparentes e ser redigidas em linguagem clara e compreensível, assegurando aos clientes escolha quanto aos métodos de pagamento e protegê-los contra métodos de venda abusivos ou enganadores;

8) Qualquer diferença nos termos e condições de pagamento dos contratos com os clientes deve reflectir os custos dos diferentes sistemas de pagamento para o comercializador;

9) Os clientes devem dispor de procedimentos transparentes, simples e acessíveis para o tratamento das suas queixas, devendo estes permitir que os litígios sejam resolvidos de modo justo e rápido, prevendo, quando justificado, um sistema de reembolso e de indemnização por eventuais prejuízos.

D) Interrupção do fornecimento de gás natural – a entidade titular desta licença pode interromper o fornecimento nos casos e termos estabelecidos no Regulamento de Qualidade de Serviço e no Regulamento de Relações Comerciais do sector do gás natural.

E) Tarifas – as tarifas praticadas pelo titular desta licença são fixadas no Regulamento Tarifário.

F) Prazo – a licença vigora de 1 de Janeiro de 2007 até 31 de Dezembro de 2028.

G) Extinção da licença:

1) A presente licença extingue-se por caducidade, pelo decurso do respectivo prazo e por revogação;

2) A extinção da licença por caducidade ocorre em caso de dissolução, insolvência ou cessação da actividade do seu titular;

3) A licença pode ser revogada quando o seu titular faltar ao cumprimento dos deveres relativos ao exercício da actividade, nomeadamente:

a) Não cumprir, sem motivo justificado, as determinações impostas pelas autoridades administrativas;

b) Violar reiteradamente o cumprimento das disposições legais e as normas técnicas aplicáveis ao exercício da actividade licenciada;

c) Não cumprir, reiteradamente, a obrigação de envio da informação estabelecida na legislação e regulamentação aplicáveis;

d) Não começar a exercer a actividade no início do prazo de vigência da licença ou, tendo-a começado a exercer, a haja interrompido sem justificação ou a justificação não seja aceite pela DGGE.

PORTARIA N.º 1295/2006,
DE 22 DE NOVEMBRO

O Decreto-Lei n.º 140/2006, de 26 de Julho, previu no n.º 2 do artigo 67.º a atribuição de licenças para o exercício da actividade de comercialização de gás natural de último recurso a sociedades detidas em regime de domínio total inicial pelas concessionárias de distribuição regional e pelas detentoras de licenças de distribuição local, em qualquer dos casos desde que tenham mais de 100 000 clientes, ou, no caso de qualquer destas entidades não ter este número mínimo de clientes, directamente às próprias sociedades concessionárias e detentoras de licenças de distribuição, em benefício de todos os clientes, situados nas respectivas áreas, que consumam anualmente quantidades de gás natural inferiores a 2 000 000 m3 normais.

Segundo o n.º 3 do artigo 67.º do Decreto-Lei n.º 140/2006, de 26 de Julho, o prazo de duração de cada uma destas licenças corresponde aos prazos de duração dos correspondentes contratos de concessão ou licenças de distribuição.

Deste modo, no sentido de concretizar o exercício desta actividade, que é regulada pela Entidade Reguladora dos Serviços Energéticos (ERSE), conforme disposto no n.º 2 do artigo 40.º do mesmo decreto-lei, estabelece-se o modelo da respectiva licença.

Assim:

Ao abrigo do disposto no n.º 7 do artigo 34.º e nos n.ºs 2 e 3 do artigo 67.º do Decreto-Lei n.º 140/2006, de 26 de Julho, manda o Governo, pelo Ministro da Economia e da Inovação, o seguinte:

1.º Aprovar o modelo de licença de comercialização de gás natural de último recurso em benefício de clientes que consumam quantidades de gás natural inferiores a 200 0000 m3 normais, constante do anexo a esta portaria.

2.º A licença referida no número anterior é concedida pela Direcção-Geral de Geologia e Energia (DGGE), independentemente de qualquer formalidade, a sociedades detidas em regime de domínio total inicial pelas concessionárias de distribuição regional e pelas detentoras de licenças de distribuição local, em qualquer dos casos desde que tenham mais de 100 000 clientes, ou, no caso de qualquer destas entidades não ter este número mínimo de clientes, directamente às próprias sociedades concessionárias e detentoras de licenças de distribuição.

3.º Compete às interessadas na atribuição da licença indicar à DGGE, até 31 de Julho de 2007, os dados necessários para a sua emissão.

4.º As licenças de comercialização de último recurso a atribuir nos termos desta portaria vigoram a partir de 1 de Janeiro de 2008 até ao termo dos actuais contratos de concessão e licenças de distribuição local.

O Ministro da Economia e da Inovação, *Manuel António Gomes de Almeida de Pinho*, em 8 de Novembro de 2006.

ANEXO

Modelo de licença de comercialização de gás natural de último recurso

Nos termos dos artigos 40.º a 43.º, dos n.ᵒˢ 5 e 6 do artigo 66.º e do n.º 2 do artigo 67.º do Decreto-Lei n.º 140/2006, de 26 de Julho, é concedida à sociedade [...] licença de comercialização de gás natural de último recurso para todos os clientes situados na área da concessão/licença de distribuição local com um consumo anual inferior a 2 000 000 m3 normais que não queiram usufruir do estatuto de cliente elegível;

Esta licença pressupõe o exercício em exclusivo por parte da sociedade licenciada da actividade de comercialização de último recurso.

A) Constituem direitos do titular desta licença:

1) Transaccionar gás natural através de contratos bilaterais com outros agentes do mercado de gás natural ou através dos mercados organizados, se cumprir os requisitos que lhe permitam aceder a esses mercados;

2) Ter acesso à Rede Nacional de Transporte e Infra-Estruturas de Armazenamento e Terminais de GNL (RNTIAT) e à Rede Nacional de Distribuição de Gás Natural (RNDGN) e às interligações, nos termos legalmente estabelecidos, para venda de gás natural aos respectivos clientes;

3) Receber uma remuneração que assegure o equilíbrio económico e financeiro da actividade licenciada em condições de gestão eficiente, nos termos que vierem a ser regulados pela ERSE.

B) Constituem deveres do titular desta licença:

1) Prestar o serviço público de venda de gás natural a todos os clientes situados na área da concessão/licença de distribuição local que consumam anualmente quantidades de gás natural inferior a 2 000 000 m3 normais que não queiram usufruir do estatuto de cliente elegível e que o solicitem nos termos da regulamentação aplicável;

2) Colaborar na promoção das políticas de eficiência energética e de gestão da procura nos termos legalmente estabelecidos;

3) Aplicar as regras da mudança de comercializador que vierem a ser definidas no âmbito do operador logístico de mudança de comercializador de gás natural logo que este seja constituído;

4) Prestar a informação devida aos clientes, nomeadamente sobre as opções tarifárias mais apropriadas ao seu perfil de consumo;

5) Emitir a facturação discriminada de acordo com o Regulamento de Relações Comerciais;

6) Proporcionar aos clientes meios de pagamento diversificados;

7) Não discriminar entre clientes e praticar nas suas operações transparência comercial;

8) Manter o registo de todas as operações comerciais, cumprindo os requisitos legais de manutenção de bases de dados;

9) Manter por um prazo de cinco anos o registo das queixas ou reclamações que lhe tenham sido apresentadas pelos respectivos clientes;

10) Prestar à DGGE e à ERSE, consoante as suas competências, a informação prevista na legislação e regulamentação aplicáveis, designadamente sobre consumos e preços nas diversas categorias de clientes, com salvaguarda do respectivo sigilo;

11) Manter a capacidade técnica, legal e financeira necessária para o exercício da actividade objecto da presente licença;

12) Cumprir todas as normas, disposições e regulamentos aplicáveis, designadamente o Regulamento de Acesso às Redes, Infra-Estruturas e Interligações, o Regulamento de Qualidade de Serviço, o Regulamento de Relações Comerciais e o Regulamento Tarifário.

C) Contratos celebrados com os clientes:

1 – Os contratos celebrados entre o titular desta licença e os clientes devem especificar, entre outros estabelecidos no Regulamento de Relações Comerciais e no Regulamento da Qualidade de Serviço, os seguintes elementos e garantias:

a) A identidade e o endereço do comercializador;

b) Os serviços fornecidos e suas características;

c) O tipo de serviços de manutenção, caso sejam oferecidos;

d) Os meios através dos quais podem ser obtidas informações actualizadas sobre as tarifas e as taxas de manutenção aplicáveis;

e) A data de início de venda de gás natural, a duração do contrato, as condições de renovação e termo dos serviços e do contrato e a existência de direito de rescisão;

f) A compensação e as disposições de reembolso aplicáveis se os níveis de qualidade dos serviços contratados não forem atingidos;

g) O método a utilizar para a resolução de litígios, que deve ser acessível, simples e eficaz.

2 – O titular desta licença pode exigir aos seus clientes, nas situações e nos termos previstos na legislação e regulamentação aplicáveis, a prestação de caução a seu favor, para garantir o cumprimento das obrigações decorrentes do contrato de compra e venda de gás natural.

3 – As condições contratuais devem ser equitativas e previamente conhecidas, devendo, em qualquer caso, ser prestadas antes da celebração ou confirmação do contrato.

4 – Os clientes devem ser notificados de modo adequado de qualquer intenção de alterar as condições contratuais e informados do seu direito de rescisão quando da notificação.

5 – O titular desta licença deve notificar directamente os seus clientes de qualquer aumento dos encargos resultante de alteração de condições contratuais, em tempo útil que não pode ser posterior a um período normal de facturação após a entrada em vigor do aumento, ficando os clientes livres de rescindir os contratos se não aceitarem as novas condições que lhes forem notificadas pelo respectivo comercializador.

6 – Os clientes devem receber, relativamente ao seu contrato, informações transparentes sobre os preços e tarifas aplicáveis e as condições normais de acesso e utilização dos serviços do comercializador.

7 – As condições gerais devem ser equitativas e transparentes e ser redigidas em linguagem clara e compreensível, assegurando aos clientes escolha quanto aos métodos de pagamento e protegê-los contra métodos de venda abusivos ou enganadores.

8 – Qualquer diferença nos termos e condições de pagamento dos contratos com os clientes deve reflectir os custos dos diferentes sistemas de pagamento para o comercializador.

9 – Os clientes devem dispor de procedimentos transparentes, simples e acessíveis para o tratamento das suas queixas, devendo estes permitir que os litígios sejam resolvidos de modo justo e rápido, prevendo, quando justificado, um sistema de reembolso e de indemnização por eventuais prejuízos.

D) Interrupção do fornecimento de gás natural:

A entidade titular desta licença pode interromper o fornecimento nos casos e termos estabelecidos no Regulamento de Qualidade de Serviço e no Regulamento de Relações Comerciais do sector do gás natural.

E) Tarifas:

As tarifas praticadas pelo titular desta licença são fixadas no Regulamento Tarifário.

F) Prazo:

A licença vigora de 1 de Janeiro de 2008 até [...]

G) Extinção da licença:

1 – A presente licença extingue-se por caducidade, pelo decurso do respectivo prazo e por revogação.

2 – A extinção da licença por caducidade ocorre em caso de dissolução, insolvência ou cessação da actividade do seu titular.

3 – A licença pode ser revogada quando o seu titular faltar ao cumprimento dos deveres relativos ao exercício da actividade, nomeadamente:

a) Não cumprir, sem motivo justificado, as determinações impostas pelas autoridades administrativas;

b) Violar reiteradamente o cumprimento das disposições legais e as normas técnicas aplicáveis ao exercício da actividade licenciada;

c) Não cumprir, reiteradamente, a obrigação de envio da informação estabelecida na legislação e regulamentação aplicáveis;

d) Não começar a exercer a actividade no início do prazo de vigência da licença, ou, tendo-a começado a exercer, a haja interrompido, sem justificação ou a justificação não seja aceite pela DGGE.

Lisboa, ... (data).

O Director-Geral de Geologia e Energia, ...

Licença Vigorando se Tomou as os n.º 1.1.1

b) Extinção da licença:

1 — A prorrogação da licença pode ser solicitada pelo cliente o tempo que não pode ser revogada.

2 — A extinção da licença por autoridade ocorre por uma de dissolução, pelo que não deverão ser activadas de ser punir.

a) Licença pode ser revogada quando for culpa falta de cumprimento das deveres assinados em razão da actividade não adequada.

b) Não cumprir com motivo justificado as disciplinas importantes para autoria das actividades.

b) Violar procedimentos o cumprimento da actividade e as normas técnicas típicas ao exercício da actividade licenciada.

c) Para cumprir suficientemente a obrigação do cumprir infracções estabelecida na legislação regulamente aplicável.

d) Não conceder o causa razoável, no prazo do prazo de vigência de licença ou tardos comoções, exercer a sua potenciomento sem justificação ou cumprir por um sua razão geral OCR.

(Direcção Licença)

O Director Geral de Tecnologia e Energia.

DESPACHO N.º 14 553/2007

As condições gerais que integram os actuais contratos de fornecimento de gás natural são pré-elaboradas unilateralmente pelas empresas concessionárias e licenciadas que detêm a responsabilidade pela distribuição e pela comercialização de gás natural em Portugal continental. Esta matéria é agora contemplada no Regulamento de Relações Comerciais (RRC), aprovado pelo despacho n.º 19 624-A/2006, de 25 de Setembro.

De acordo com o disposto no artigo 189.º do RRC compete à Entidade Reguladora dos Serviços Energéticos (ERSE) a aprovação das referidas condições gerais, na sequência de proposta conjunta apresentada pelos comercializadores de último recurso retalhistas de gás natural e após consulta às associações de consumidores de âmbito nacional e interesse genérico e às de interesse específico para o sector do gás natural. Com efeito, esta disciplina resulta do facto de estarmos no âmbito da prestação de um serviço público essencial, não sendo conferida aos clientes qualquer liberdade de negociação das cláusulas contratuais gerais, o que permite caracterizar este tipo de contratos como contratos de adesão. Por sua vez, as condições gerais dos contratos de fornecimento de gás natural são habitualmente constituídas por um conjunto de direitos e obrigações fundamentais das partes, revelando-se num instrumento privilegiado no acesso à informação por parte dos consumidores. A aprovação pela ERSE das condições contratuais gerais procura contribuir para o tratamento uniforme e não discriminatório dos clientes que se inserem numa mesma categoria.

Nos termos do Decreto-Lei n.º 140/2006, de 26 de Julho, que complementa os princípios do Decreto-Lei n.º 30/2006, de 15 de Fevereiro, que estabeleceu as bases de organização e funcionamento do sector do gás natural, prevê-se que os clientes cujo consumo anual de gás natural seja inferior a 10 000 m3 (n) só poderão beneficiar do mercado liberalizado a partir de 1 de Janeiro de 2010. Deste modo, o fornecimento de gás natural a esta categoria de clientes é prestado em cada área de concessão ou de licença, em regime de exclusividade, por cada uma das entidades concessionárias e licenciadas que exercem a actividade de comercialização de último recurso, revelando a necessidade de se proceder à aprovação das condições gerais a integrar os respectivos contratos. Também nos termos do Decreto-Lei n.º 140/2006, a actividade de comercialização de último recurso é exercida transitoriamente pelos operadores das redes de distribuição, devendo ser constituídas sociedades juridicamente distintas no prazo de um ano a contar da data de entrada em vigor do referido diploma.

Relativamente aos clientes com um consumo anual de gás natural superior a 10 000 m3 (n), considera-se que, pelas actividades desenvolvidas, os mesmos dispõem de uma maior facilidade no acesso à informação e maiores liberdade e capacidade de negociação, não se tornando exigível uma medida tão proteccionista como a que assume a aprovação das condições gerais dos contratos de fornecimento a celebrar. Esta situação não prejudica a aplicação das regras sobre os demais aspectos de relacionamento comercial e contratual constantes da legislação e da regulamentação vigentes, bem como do regime previsto em matéria de cláusulas contratuais gerais.

A existência de condições contratuais gerais pré-elaboradas, como característica dos chamados contratos de adesão, também não prejudica o conteúdo das condições particulares de cada contrato, individualizando-o. As condições particulares são objecto de acordo expresso entre as partes de cada contrato, ainda que com observância dos princípios e regras aplicáveis, designadamente em matéria de serviço público.

Refira-se ainda que, de acordo com o anexo A da Directiva n.º 2003/55/ CE, de 26 de Junho, os contratos de fornecimento de gás natural devem especificar alguns elementos identificativos e descritivos do fornecimento e dos serviços prestados. Estas informações podem ser inseridas nas condições gerais dos contratos ou nas suas condições particulares, consoante se trate, respectivamente, de elementos de carácter mais geral, como os indicadores e os padrões de qualidade de serviço ou de aspectos concretos do contrato, como são a identidade e endereço do fornecedor ou a própria data de início do contrato. O conteúdo do anexo A da mencionada directiva foi transposto para o ordenamento jurídico português através do Decreto-Lei n.º 140/2006, encontrando-se igualmente reproduzido no artigo 188.º do RRC.

Algumas das regras de natureza técnica e relativas à segurança aplicáveis ao fornecimento de gás natural assumem uma especial importância para o cliente ou utente deste serviço. As matérias de carácter técnico e sobre segurança não integram as atribuições directas da ERSE. Todavia, com o objectivo primordial de informar o consumidor de gás natural, as condições gerais propriamente ditas consideram algumas normas referentes à instalação de utilização do cliente e à utilização de gás natural. Além da sua importância para a segurança dos consumidores, estas mesmas normas constituem igualmente requisitos legais para a celebração do contrato de fornecimento de gás natural, justificando a sua inserção nas condições contratuais gerais. Esta situação não prejudica que em anexo ao contrato de fornecimento seja entregue ao cliente informação contendo regras essenciais sobre questões técnicas e de segurança, conforme proposto pelos próprios comercializadores de último recurso retalhistas.

Por força da legislação e da regulamentação aplicáveis, o conteúdo das condições gerais que devem integrar os contratos de fornecimento de gás natural a celebrar com os clientes cujo consumo anual seja inferior ou igual a 10 000 m3 é sujeito à aprovação e à fiscalização da ERSE. Um aspecto que pode revelar-se não menos importante e que é objecto do regime vigente em matéria de cláusulas contratuais gerais é a apresentação gráfica das condições contratuais gerais, a qual deve considerar, nomeadamente, o tamanho da letra utilizada para redigir todas as cláusulas contratuais. A este propósito recomenda-se que, na reprodução das condições gerais aprovadas através deste despacho, os comercializadores de último recurso retalhistas atendam a esta preocupação, de modo a permitirem aos seus clientes uma leitura legível e perceptível dos seus principais direitos e obrigações contratuais.

No âmbito do seu parecer, o conselho consultivo da ERSE suscitou a questão da entrada em vigor deste despacho e consequentemente a integração das condições gerais a aprovar nos contratos de fornecimento a celebrar antes de 1 de Janeiro de 2008. Entre as observações apresentadas pela ERSE a este propósito, salientam-se as seguintes considerações:

A legislação aplicável e já anteriormente identificada não estabelece que a regulamentação a aprovar, designadamente pela ERSE, deva aguardar a modificação dos actuais contratos de concessão, conforme proposto;

Verifica-se, inclusivamente, que o Decreto-Lei n.º 140/2006 determina que os regulamentos nele previstos deveriam ser aprovados e publicados no prazo de três meses após a data da sua entrada em vigor;

É essencial referir que as questões associadas ao relacionamento comercial com os clientes não afectam os pressupostos dos contratos de concessão, nomeadamente quanto aos poderes do Estado concedente no que se refere à adopção de regulamentos e outros instrumentos que devem ser seguidos pelas concessionárias na prestação do serviço concedido;

Até à constituição das sociedades a quem devem ser atribuídas a licença de comercializador de último recurso, esta qualidade continuará a ser exercida, transitoriamente, pelas entidades concessionárias e licenciadas de distribuição, dentro das respectivas áreas de concessão ou licença.

Em cumprimento e nos termos do disposto nos n.os 6 a 8 do artigo 189.º do RRC e ao abrigo do previsto no artigo 12.º e no artigo 31.º dos Estatutos da ERSE, aprovados em anexo ao Decreto-Lei n.º 97/2002, de 12 de Abril, o conselho de administração da ERSE deliberou o seguinte:

1.º Aprovar as condições gerais a integrar os contratos de fornecimento de gás natural a celebrar entre os comercializadores de último recurso retalhistas e os clientes com consumo anual inferior ou igual a 10 000 m3 (n), que constituem o anexo ao presente despacho e que dele ficam a fazer parte integrante.

2.º As condições gerais objecto do presente despacho passarão a integrar os contratos de fornecimento de gás natural a celebrar a partir de 1 de Setembro de 2007.

14 de Junho de 2007. – O Conselho de Administração: *Vítor Santos – Maria Margarida de Lucena Corrêa de Aguiar – José Braz.*

ANEXO

Contrato tipo de fornecimento de gás natural a clientes com consumo anual inferior ou igual a 10 000 m3

Condições gerais

CLÁUSULA 1.ª
Objecto do contrato

1 – O presente contrato tem por objecto o fornecimento de gás natural pelo comercializador de último recurso retalhista, doravante designado apenas de comercializador, que se obriga a fornecer ao cliente o gás natural necessário ao abastecimento da sua instalação, mediante o pagamento de um preço nos termos da cláusula 15.ª

2 – A celebração do presente contrato de fornecimento de gás natural não está sujeita à cobrança de quaisquer encargos, salvo os decorrentes das obrigações fiscais.

CLÁUSULA 2.ª
Instalações e utilização de gás natural

1 – O início do fornecimento de gás natural pressupõe que a instalação de utilização do cliente, desde dispositivo de corte do fogo até às válvulas de corte dos aparelhos de queima, incluindo todas as tubagens, os acessórios, equipamentos e contadores necessários ao abastecimento, se encontre no estado de conservação e funcionamento definidos nos termos das regras técnicas e de segurança aplicáveis.

2 – Para efeitos de celebração do presente contrato de fornecimento, a instalação de utilização do cliente deve ser submetida a uma inspecção, a realizar por entidade inspectora reconhecida e credenciada pela Direcção-Geral de Energia e Geologia e a promover pelo cliente, que suportará os respectivos encargos, nos termos da legislação e da regulamentação vigentes.

3 – Cabe ainda ao cliente, enquanto utente ou proprietário do imóvel abastecido por gás natural, ou ao condomínio relativamente às partes comuns de edifício constituído em regime de propriedade horizontal, a promoção de inspecções periódicas, nos termos e nos prazos estabelecidos na legislação e na regulamentação aplicáveis, designadamente sempre que a instalação de utilização seja objecto de quaisquer alterações ou reparações.

4 – Sempre que seja detectada qualquer avaria ou fuga na sua instalação, o cliente deve proceder de imediato ao corte do abastecimento de gás natural, em conformidade com as regras de segurança em vigor e comunicar a ocorrência ao comercializador, podendo fazê-lo também junto do operador da rede de distribuição.

5 – Em caso de fuga, o fornecimento de gás natural será interrompido, devendo ser restabelecido após a eliminação da fuga e a certificação por entidade inspectora que a instalação pode voltar a ser abastecida.

6 – Para efeitos do disposto no número anterior e em outras situações de emergência, estando em causa a segurança de pessoas e bens, o cliente deve permitir o acesso à sua instalação por parte do representante do operador da rede de distribuição da sua zona geográfica, devidamente identificado, não sendo necessário qualquer aviso prévio.

7 – O cliente deverá utilizar o gás natural apenas para consumo na sua instalação, de acordo com as regras aplicáveis, não podendo ceder o gás natural a terceiros, a título gratuito ou oneroso, salvo quando autorizado pelas autoridades administrativas competentes.

8 – O abastecimento de gás natural pelo cliente a partir de uma instalação para outra instalação de utilização distinta, ainda que seja da sua propriedade ou posse é considerada cedência a terceiros nos termos do número anterior.

CLÁUSULA 3.ª
Duração do contrato

O contrato entra em vigor na data de início do fornecimento de gás natural e tem a duração de um mês, salvo outro acordo entre o cliente e o comercializador, constante das condições particulares deste contrato, sendo automática e sucessivamente renovado por iguais períodos, sem prejuízo do direito de denúncia por parte do cliente, a fazer por escrito e a exercer com uma antecedência mínima de 15 dias em relação à data em que termina o contrato ou é renovado.

Cláusula 4.ª
Obrigação de fornecimento

1 – O comercializador obriga-se ao fornecimento de gás natural, dentro da área geográfica abrangida pela sua concessão ou licença, em observância das disposições legais e regulamentares aplicáveis, designadamente quando as instalações de gás estejam devidamente licenciadas e inspeccionadas e se encontre efectuada a respectiva ligação à rede.

2 – Não existe obrigação de fornecimento quando não se encontre regularizado o pagamento de dívidas vencidas provenientes de contratos de fornecimento celebrados entre o mesmo comercializador e o mesmo cliente, independentemente da instalação em causa, salvo se essas dívidas tenham sido contestadas junto dos tribunais ou de entidades com competência para a resolução extrajudicial de conflitos.

Cláusula 5.ª
Continuidade e interrupção do fornecimento

1 – O fornecimento de gás natural deve ser contínuo, só podendo ser interrompido nas situações previstas no Regulamento de Relações Comerciais e no Regulamento da Qualidade de Serviço, designadamente, por casos fortuitos ou de força maior, por razões de interesse público, de serviço, de segurança, por acordo com o cliente ou por facto que lhe seja imputável.

2 – A interrupção do fornecimento por razões de interesse público deve ser precedida de aviso ao cliente, por intermédio de meios de comunicação social de grande audiência na região ou ainda por outros meios ao seu alcance que proporcionem adequada divulgação, com a antecedência mínima de trinta e seis horas.

3 – A interrupção do fornecimento por razões de serviço só pode ter lugar quando esgotadas todas as possibilidades de fornecimento alternativas e sempre que não seja possível acordar com o cliente a ocasião da interrupção esta deve ser comunicada ao cliente por aviso individual ou por intermédio de meios de comunicação social de grande audiência na zona ou ainda por outros meios ao seu alcance que proporcionem adequada divulgação, com a antecedência mínima de trinta e seis horas.

4 – O fornecimento de gás natural poderá ser interrompido, pelo operador da rede de distribuição, sem aviso prévio, quando a sua continuação possa pôr em causa a segurança de pessoas e bens, casos em que deve ser apresentada justificação das medidas tomadas, quando solicitada pelos clientes afectados.

CLÁUSULA 6.ª (¹)

Interrupção do fornecimento por facto imputável ao cliente

1 – A interrupção do fornecimento por facto imputável ao cliente pode ocorrer nas seguintes situações:

a) Não pagamento, no prazo estipulado, dos montantes devidos em caso de mora no pagamento da factura, de acerto de facturação e de procedimento fraudulento;

b) Falta de prestação ou de actualização da caução, quando exigível nos termos da legislação e da regulamentação aplicáveis;

c) Cedência a terceiros, a título gratuito ou oneroso, de gás natural quando não autorizada pelas autoridades administrativas competentes;

d) Impossibilidade de acordar uma data para a leitura extraordinária dos contadores ou impedimento de acesso aos contadores para efeitos de leitura extraordinária, nos termos dos n.ºs 4 e 5 da cláusula 11.ª

e) Impedimento de acesso aos contadores ou à válvula de corte de gás natural;

f) O cliente deixa de ser titular do contrato de fornecimento;

g) Alteração da instalação de utilização não aprovada pela entidade administrativa competente;

h) Incumprimento das disposições legais e regulamentares relativas às instalações de gás natural, no que respeita à segurança de pessoas e bens.

2 – A interrupção do fornecimento, pelos factos previstos no número anterior, só pode ter lugar após um pré-aviso de interrupção, por escrito, a efectuar pelo operador da rede de distribuição, com a antecedência mínima de 10 dias em relação à data em que irá ocorrer, salvo nos casos previstos nas alíneas c) e h) em que deve ser imediata, sem prejuízo de serem comunicadas ao cliente as razões da interrupção.

3 – Do pré-aviso de interrupção devem constar o motivo da interrupção, os meios ao dispor do cliente para evitar a interrupção, as condições de restabelecimento do fornecimento, bem como os preços em vigor dos serviços de interrupção e de restabelecimento.

4 – O comercializador é responsável pelo pagamento dos serviços de interrupção e de restabelecimento junto do operador da rede de distribuição, cobrando-os posteriormente ao cliente.

5 – Os preços dos serviços de interrupção e de restabelecimento do fornecimento de gás natural são aprovados e publicados anualmente pela ERSE.

6 – A interrupção do fornecimento por facto imputável ao cliente não pode ter lugar no último dia útil da semana ou na véspera de um feriado, excepto nos casos previstos nas alíneas c) e h) do n.º 1.

(¹) Artigo alterado pelo Despacho da ERSE n.º 20974/2008, publicado no Diário da República, II Série, n.º 154, de 11 de Agosto.

7 – O cliente pode solicitar o restabelecimento urgente do fornecimento nos prazos máximos estabelecidos no Regulamento da Qualidade de Serviço, mediante o pagamento de uma quantia que é fixada pela ERSE.

8 – Por razões de segurança, em caso de interrupção, as instalações devem ser sempre consideradas em fornecimento, ou seja, como se o fornecimento não tivesse sido interrompido.

9 – É vedado ao cliente utilizar o gás natural durante os períodos de interrupção do fornecimento, obrigando-se aquele a fechar a válvula de segurança e as válvulas de todos os aparelhos de queima.

10 – A interrupção do fornecimento não isenta o cliente da responsabilidade civil e criminal em que eventualmente tenha incorrido.

Cláusula 7.ª
Prestação de caução

1 – Sem prejuízo do disposto no número seguinte, o comercializador pode exigir ao cliente a prestação de uma caução a seu favor, para garantir o cumprimento das obrigações decorrentes do presente contrato.

2 – No caso dos clientes domésticos, o comercializador só tem o direito de exigir a prestação de caução nas situações de restabelecimento do fornecimento, na sequência de interrupção decorrente de incumprimento contratual imputável ao cliente.

3 – Nas situações previstas no número anterior, o cliente pode ainda obstar à prestação da caução se, regularizada a dívida, optar pela transferência bancária como forma de pagamento das suas obrigações contratuais.

4 – Quando prestada a caução ao abrigo do disposto no n.º 2, se o cliente vier posteriormente a optar pela transferência bancária como forma de pagamento ou permanecer em situação de cumprimento contratual, continuadamente durante o período de dois anos, a caução será devolvida.

5 – Salvo outro acordo entre o comercializador e o cliente, a caução é prestada em numerário, cheque ou transferência electrónica ou através de garantia bancária ou seguro-caução.

Cláusula 8.ª (²)
Valor da caução

1 – O valor da caução corresponderá aos valores médios de facturação do cliente, verificados nos últimos 12 meses, num período de consumo igual ao período de facturação acrescido do prazo de pagamento da factura.

2 – Ao cliente que não disponha de histórico de consumo de pelo menos 12 meses, a caução corresponderá ao valor médio de facturação, considerando o

período previsto no número anterior, referente ao escalão ou classe de consumo a que pertence.

3 – Prestada a caução, o comercializador pode exigir a alteração do seu valor quando se verifique um aumento da capacidade utilizada ou do escalão de consumo.

4 – O comercializador utilizará o valor da caução para regularizar o valor que se encontre em dívida.

5 – A utilização do valor da caução impede a interrupção do fornecimento, ainda que o montante da caução não seja suficiente para a liquidação integral da dívida.

6 – Utilizado o valor da caução, o comercializador pode exigir, posteriormente, por escrito, a sua reconstituição ou o seu reforço, em prazo não inferior a 10 dias úteis.

7 – Cessado o contrato, a caução será restituída ao cliente, de forma automática, cuja quantia resultará da actualização do valor da caução, com base no Índice de Preços no Consumidor, depois de deduzidos os montantes eventualmente em dívida.

CLÁUSULA 9.ª
Contadores de gás natural

1 – Os contadores de gás natural, bem como os respectivos acessórios, são fornecidos e instalados pelo operador da rede de distribuição, que é seu proprietário, não podendo ser cobrada qualquer quantia a título de aluguer ou indemnização pelo uso.

2 – O cliente fica fiel depositário do contador, nomeadamente para efeitos da sua guarda e restituição findo o contrato, desde que terceiros não tenham acesso livre ao contador.

3 – Os contadores estão sujeitos a verificação obrigatória nos termos e com a periodicidade estabelecida na legislação e regulamentos em vigor, sendo os encargos com a verificação ou ajuste da responsabilidade do proprietário do contador.

4 – Os contadores podem igualmente ser sujeitos a verificações extraordinárias, sempre que o cliente, o comercializador ou o operador da rede de distribuição suspeitem ou detectem defeito no seu funcionamento.

5 – Solicitada e efectuada a verificação extraordinária, se esta confirmar que o contador funciona dentro dos limites de tolerância, a responsabilidade pelos respectivos encargos é da entidade que solicitou a verificação extraordinária; nas restantes situações a responsabilidade é do proprietário do equipamento.

(²) Artigo alterado pelo Despacho da ERSE n.º 20974/2008, publicado no Diário da República, II Série, n.º 154, de 11 de Agosto.

6 – Os erros de medição do consumo, resultantes de qualquer anomalia verificada no contador, que não tenham origem em procedimento fraudulento, serão corrigidos em função da melhor estimativa dos fornecimentos efectuados durante o período em que a anomalia se verificou, considerando, designadamente, as características da instalação, o seu regime de funcionamento, os valores dos consumos anteriores à data da verificação da anomalia e, se necessário, os valores medidos nos primeiros três meses após a sua correcção.

CLÁUSULA 10.ª (³)

Leitura dos contadores de gás natural

1 – O operador da rede de distribuição, o comercializador e o cliente têm o direito de efectuar a leitura dos contadores e comunicá-la, bem como de verificar os respectivos selos, recebendo qualquer uma das leituras o mesmo valor para efeitos de facturação.

2 – A comunicação das leituras pelo cliente pode ser efectuada através dos meios que sejam disponibilizados para o efeito, nomeadamente a comunicação telefónica e a electrónica.

3 – Sem prejuízo do disposto no n.º 1, é obrigação do operador da rede de distribuição assegurar que o intervalo entre duas leituras por ele realizadas não exceda os 2 meses.

4 – Na realização das leituras, o operador da rede de distribuição efectuará uma das seguintes diligências, utilizando os meios adequados:

a) Avisar o cliente da data em que irá ser realizada a leitura directa do contador;

b) Avisar o cliente de que foi tentada, sem êxito, uma leitura directa do contador.

5 – Os avisos referidos no número anterior devem conter informação, designadamente, sobre os meios disponíveis para o cliente transmitir os seus dados de consumo, fixando um prazo para o efeito.

CLÁUSULA 11.ª (⁴)

Leitura extraordinária

1 – Se, por facto imputável ao cliente, após duas tentativas, não for possível o acesso ao contador, para efeitos de leitura, durante um período que não deve ultrapassar os 6 meses consecutivos, e não existindo qualquer comunica-

---

(³) Artigo alterado pelo Despacho da ERSE n.º 20974/2008, publicado no Diário da República, II Série, n.º 154, de 11 de Agosto.

(⁴) Artigo alterado pelo Despacho da ERSE n.º 20974/2008, publicado no Diário da República, II Série, n.º 154, de 11 de Agosto.

ção por parte do cliente sobre os dados de consumo durante o mesmo período, o operador da rede de distribuição pode promover a realização de uma leitura extraordinária.

2 – O pagamento dos encargos com a leitura extraordinária é da responsabilidade do cliente.

3 – A data para a realização da leitura extraordinária deve ser acordada directamente entre o cliente e o operador da rede de distribuição ou através do comercializador.

4 – Na impossibilidade de acordo sobre uma data para a leitura extraordinária do contador, num prazo máximo de 20 dias após notificação ao cliente, e por facto imputável a este, o fornecimento de gás natural pode ser interrompido nos termos estabelecidos no Regulamento de Relações Comerciais.

5 – Acordada a data para a realização de leitura extraordinária, se não for possível o acesso ao contador para o efeito, por facto imputável ao cliente, o operador da rede de distribuição pode interromper o fornecimento de gás natural nos termos previstos no Regulamento de Relações Comerciais.

6 – Os preços de leitura extraordinária são aprovados e publicados anualmente pela ERSE.

Cláusula 12.ª
Tarifas e preços

1 – Aos fornecimentos de gás natural são aplicadas as tarifas de venda a clientes finais fixadas anualmente pela ERSE nos termos do Regulamento Tarifário.

2 – As tarifas aplicáveis são compostas pelos preços relativos ao termo tarifário fixo e à energia.

3 – No momento da celebração do presente contrato, se a tarifa aplicável depender do escalão de consumo, a escolha do escalão de consumo é um direito do cliente, devendo o comercializador informar e aconselhar o cliente sobre o escalão de consumo que se apresenta mais favorável para a sua instalação.

4 – A adequação do escalão de consumo à instalação do cliente é verificada anualmente pelo operador da rede de distribuição, com base no consumo do ano anterior, sendo ajustado automaticamente para o escalão de consumo correspondente.

5 – Se antes de decorridos 12 meses sobre a data da última verificação anual, o consumo da instalação do cliente ultrapassar o valor anual correspondente ao escalão de consumo, será atribuído um escalão de consumo superior.

6 – Sempre que ocorra uma alteração do escalão de consumo, o cliente deve ser informado pelo comercializador, tendo por base a informação que deve ser prestada a este pelo operador da rede de distribuição.

Cláusula 13.ª (⁵)

Facturação

1 – Salvo acordo em contrário, entre o comercializador e o cliente, a periodicidade da facturação do gás natural é mensal.

2 – O comercializador e o cliente podem acordar numa periodicidade de facturação diferente, desde que o cliente considere que o prazo acordado lhe é mais favorável.

3 – Sempre que a periodicidade de facturação acordada não for cumprida, o pagamento do valor exigido pode ser fraccionado em prestações mensais, a pedido do cliente, considerando o período de facturação apresentado a pagamento, e sem prejuízo das regras sobre a prescrição e a caducidade.

4 – Se o incumprimento da periodicidade de facturação acordada resultar de facto não imputável ao cliente, às prestações mensais previstas no número anterior não devem acrescer quaisquer juros legais ou convencionados.

5 – A facturação do gás natural terá por base a informação sobre os dados de consumo disponibilizada pelo operador da rede de distribuição ao comercializador.

6 – A facturação do gás natural é efectuada em quilowatt-hora (kWh).

7 – Se, no período a que a factura respeita, não tiver havido leitura do contador os dados disponibilizados pelo operador da rede de distribuição para efeitos de facturação serão obtidos por estimativa do consumo, devendo ter em conta o direito do cliente à escolha da metodologia de estimativa a aplicar, entre as opções existentes.

8 – As facturas apresentadas ao cliente devem conter os elementos necessários a uma completa, clara e adequada compreensão dos valores facturados, incluindo a sua desagregação, a qual deve evidenciar, nomeadamente os valores relativos às tarifas de acesso às redes.

9 – A facturação dos preços das tarifas com valor fixo mensal deve considerar o número de dias a que diz respeito a factura, correspondendo o valor a facturar ao produto do número de dias pelo valor diário calculado nos termos estabelecidos pelo Regulamento de Relações Comerciais.

10 – A conversão de m3 para kWh é efectuada através da aplicação ao volume registado no contador (m3) de um factor que depende do Poder Calorífico Superior (PCS) do gás natural e da pressão e temperatura de fornecimento, nos termos do disposto no Guia de Medição, Leitura e Disponibilização de Dados.

11 – A interrupção do fornecimento de gás natural por facto imputável ao cliente não suspende a facturação do termo tarifário fixo e da capacidade utilizada.

(⁵) Artigo alterado pelo Despacho da ERSE n.º 20974/2008, publicado no Diário da República, II Série, n.º 154, de 11 de Agosto.

CLÁUSULA 14.ª ([6])
Acertos de facturação

1 – Os acertos de facturação podem ser motivados, designadamente, pelas seguintes situações: anomalia de funcionamento do contador; procedimento fraudulento; facturação baseada em estimativa de consumo; correcção de erros de medição, leitura e facturação.

2 – O valor apurado com o acerto de facturação deverá ser liquidado em prazo idêntico ao estipulado para pagamento da factura seguinte à comunicação da correcção que motivou o acerto de facturação.

3 – Quando o valor apurado com o acerto de facturação for a favor do cliente, o seu pagamento deve ser efectuado por compensação de crédito na própria factura que tem como objecto o acerto, salvo se o cliente declarar expressamente em outro sentido.

4 – Quando o valor apurado para acerto de facturação for a favor do comercializador, aplica-se o disposto nos n.ᵒˢ 3 e 4 da cláusula 13.ª, considerando para o efeito o número de meses objecto do acerto de facturação.

5 – Os acertos de facturação subsequentes à facturação que tenha tido por base a estimativa de consumos devem utilizar os dados disponibilizados pelo operador da rede de distribuição ou comunicados pelo cliente, recolhidos a partir da leitura directa do contador, e ter em conta os prazos de prescrição e de caducidade.

6 – O comercializador não será responsável pela inobservância do disposto no número anterior se, cumprido o disposto no n.º 4 da cláusula 10.ª e o previsto em matéria de ónus da prova, não for possível, por facto imputável ao cliente, obter os dados de consumo recolhidos a partir da leitura directa do contador.

CLÁUSULA 15.ª ([7])
Pagamento

1 – O comercializador proporcionará ao cliente diversos meios de pagamento, devendo o pagamento ser efectuado nas modalidades acordadas entre o comercializador e o cliente.

2 – O prazo limite de pagamento mencionado na correspondente factura é de 10 dias úteis a contar da data da sua apresentação.

([6]) Artigo alterado pelo Despacho da ERSE n.º 20974/2008, publicado no Diário da República, II Série, n.º 154, de 11 de Agosto.

([7]) Artigo alterado pelo Despacho da ERSE n.º 20974/2008, publicado no Diário da República, II Série, n.º 154, de 11 de Agosto.

3 – O não pagamento da factura dentro do prazo estipulado para o efeito sujeita o cliente ao pagamento de juros de mora, à taxa de juro legal em vigor, calculados a partir do dia seguinte ao do vencimento da factura e pode fundamentar a interrupção do fornecimento de gás natural, nos termos da cláusula 6.ª

4 – Se o valor resultante do cálculo dos juros previstos no número anterior não atingir uma quantia mínima a publicar anualmente pela ERSE, os atrasos de pagamento ficam sujeitos ao pagamento dessa quantia que se destina a cobrir exclusivamente os custos administrativos causados pelo processamento do atraso de pagamento.

CLÁUSULA 16.ª
Cessação do contrato

1 – A cessação deste contrato pode verificar-se:
a) Por acordo entre as partes;
b) Por denúncia do cliente, nos termos da cláusula 3.ª;
c) Pela transmissão a qualquer título das instalações de utilização;
d) Pela interrupção do fornecimento de gás natural, por facto imputável ao cliente, que se prolongue por um período superior a 60 dias, desde que cumprido um pré-aviso de 15 dias;
e) Por morte do titular deste contrato, salvo nos casos de transmissão por via sucessória, ou por extinção da entidade titular deste contrato, desde que esses factos sejam comunicados por escrito ao comercializador;
f) Pela celebração de contrato de fornecimento com outro comercializador.

2 – Nos casos previstos na alínea e) do número anterior, a responsabilidade contratual do cliente manter-se-á até à comunicação da referida transmissão, por escrito, ao comercializador.

3 – O disposto nos números anteriores não exonera o cliente do pagamento dos montantes em dívida à data de cessação do contrato.

CLÁUSULA 17.ª
Procedimentos fraudulentos

1 – Qualquer procedimento susceptível de falsear o funcionamento normal ou a leitura dos contadores de gás natural constitui violação do contrato de fornecimento de gás natural.

2 – A verificação do procedimento fraudulento e o apuramento da responsabilidade civil e criminal que lhe possam estar associadas obedecem às regras constantes da legislação aplicável.

3 – Sem prejuízo do disposto no número anterior, as entidades lesadas com o procedimento fraudulento têm o direito de ser ressarcidas das quantias que venham a ser devidas em razão das correcções efectuadas.

4 – A determinação dos montantes previstos no número anterior considerará o regime de tarifas e preços aplicável ao período durante o qual perdurou o procedimento fraudulento, bem como todos os factos relevantes para a estimativa dos fornecimentos realmente efectuados, designadamente as características da instalação de utilização, o regime de funcionamento e os fornecimentos antecedentes, se os houver.

CLÁUSULA 18.ª

Registo como cliente com necessidades especiais

1 – O cliente poderá solicitar ao comercializador o registo como cliente com necessidades especiais, sendo considerados clientes com necessidades especiais, de acordo com o Regulamento da Qualidade de Serviço, os clientes com limitações no domínio da visão, no domínio da audição, no domínio da comunicação oral e no domínio do olfacto que impossibilitem a identificação do gás natural ou que tenham no seu agregado familiar pessoa com esta deficiência.

2 – O registo previsto no número anterior é voluntário e da exclusiva responsabilidade do cliente.

3 – A solicitação de registo deve ser acompanhada de documentos que comprovem que o cliente reúne as condições necessárias para o efeito.

4 – No caso de cliente com necessidades especiais com incapacidade temporária, o registo tem a validade máxima de um ano, devendo ser renovado ao fim desse período, caso se mantenha a situação que justificou a sua aceitação.

CLÁUSULA 19.ª

Padrões de qualidade de serviço

1 – Os serviços prestados pelo comercializador e pelo operador da rede de distribuição obedecem aos padrões de qualidade estabelecidos no Regulamento da Qualidade de Serviço.

2 – Os padrões individuais de qualidade de serviço de natureza comercial são os seguintes:

a) Activação de fornecimento – deve ser garantido ao cliente que a visita combinada para activação de fornecimento é agendada para uma data nos três dias úteis seguintes à data em que a activação de fornecimento é solicitada, desde que seja necessário proceder somente a operações simples, tais como a instalação do contador ou a abertura da válvula de corte;

b) Visita combinada – a visita à instalação do cliente deve ser iniciada num intervalo de tempo previamente combinado, com a duração máxima de duas horas e meia ou num intervalo de cinco horas, se for garantido ao cliente um pré-aviso com a antecedência de uma hora, por via telefónica, relativamente ao intervalo de quinze minutos em que é expectável o início da visita;

c) Restabelecimento do fornecimento após interrupção por facto imputável ao cliente – ultrapassada a situação que deu origem à interrupção do fornecimento, e efectuados todos os pagamentos devidos, o fornecimento de gás natural deve ser restabelecido nos seguintes prazos:

Até às dezassete horas do dia útil seguinte àquele em que se verificou a regularização da situação, no caso dos clientes domésticos e das pequenas empresas;

No período de oito horas a contar do momento da regularização da situação, para os restantes clientes;

No prazo de quatro horas a contar do momento da regularização da situação, caso o cliente pague o preço para restabelecimento urgente previsto no RRC;

d) Resposta a reclamações – o comercializador e o operador da rede de distribuição devem responder às reclamações que lhe forem apresentadas num prazo máximo de 20 dias úteis.

CLÁUSULA 20.ª

Compensações

1 – O incumprimento pelo comercializador ou pelo operador da rede de distribuição dos padrões de qualidade individual de natureza comercial confere ao cliente o direito a uma compensação.

2 – Quando houver lugar a uma compensação por incumprimento dos padrões de qualidade individual de natureza comercial, a informação e o pagamento automático de compensações ao cliente devem ser efectuados, o mais tardar, na primeira factura emitida após terem decorrido 45 dias contados a partir da data em que ocorreu o facto que fundamenta o direito à compensação.

3 – O comercializador pode exigir ao cliente o pagamento de uma compensação no caso de ausência do cliente na sua instalação no período da visita combinada, devendo este ser previamente informado desta situação.

4 – O incumprimento de padrões individuais de qualidade de serviço de natureza comercial implica, para qualquer deles, o pagamento de uma compensação no valor estabelecido pela ERSE, no âmbito do Regulamento da Qualidade de Serviço, constando das condições particulares deste contrato o valor em vigor à data da sua celebração.

Cláusula 21.ª

Pedidos de informação e reclamações

1 - A apresentação de pedidos de informação e de reclamações pode ser efectuada através de qualquer das modalidades de atendimento disponibilizadas pelo comercializador e pelo operador da rede de distribuição e que são as seguintes: atendimento presencial em centros de atendimento; atendimento telefónico centralizado cujo custo não pode exceder o de uma chamada local; atendimento escrito, incluindo correio electrónico.

2 – Os pedidos de informação e as reclamações devem conter a identificação e o endereço completo do local do consumo, as questões colocadas ou a descrição dos motivos reclamados e demais elementos informativos facilitadores ou complementares para a caracterização da situação questionada ou reclamada.

3 – O comercializador deve responder aos pedidos de informação por escrito no prazo máximo de 15 dias úteis após a data da sua recepção.

4 – O comercializador deve responder às reclamações no prazo máximo de 20 dias úteis após a data da sua recepção.

Cláusula 22.ª

Resolução de conflitos

1 – Sem prejuízo do recurso aos tribunais judiciais, nos termos da lei, se não for obtida junto do comercializador ou do operador da rede de distribuição uma resposta atempada ou fundamentada ou a mesma não resolver satisfatoriamente a reclamação apresentada, o cliente pode solicitar a intervenção de entidades com competências na resolução extrajudicial de conflitos, designadamente da ERSE.

2 – São mecanismos de resolução extrajudicial de conflitos a mediação, a conciliação e a arbitragem voluntária.

3 – Através da mediação e da conciliação pode ser recomendada ou sugerida a resolução de um conflito, enquanto que a decisão arbitral é vinculativa para as partes, revestindo esta o mesmo valor que uma sentença proferida por um tribunal de 1.ª instância.

Cláusula 23.ª

Dados pessoais

1 – Os dados pessoais relativos ao cliente, recolhidos no âmbito do presente contrato, são processados automaticamente e destinam-se à gestão comercial e administrativa dos contratos de fornecimento de gás natural e da prestação de

serviços afins, quando expressamente solicitados pelo cliente, podendo os interessados, devidamente identificados, ter acesso à informação que lhes diga respeito, directamente nos locais de atendimento ou mediante pedido escrito, bem como à sua rectificação, nos termos da lei da protecção de dados pessoais.

2 – Qualquer alteração dos elementos constantes do contrato relativos à identificação, residência ou sede do cliente, deve ser comunicada por este ao comercializador, através de carta registada com aviso de recepção, no prazo de 30 dias a contar da data da alteração, devendo ainda o cliente apresentar comprovativos da alteração verificada, quando tal lhe for exigido pelo comercializador.

3 – O comercializador fica autorizado a proceder ao tratamento dos dados pessoais do cliente nos termos da lei de protecção dos dados pessoais e a disponibilizar esses dados pessoais ao operador da rede de distribuição para cumprimento das obrigações emergentes deste contrato na medida em que tal for necessário para garantir um adequado e seguro fornecimento à instalação do cliente.

CLÁUSULA 24.ª
Legislação e regulamentação aplicáveis

1 – Este contrato submete-se às disposições constantes do Regulamento de Relações Comerciais, do Regulamento Tarifário, do Regulamento da Qualidade de Serviço e de demais legislação e regulamentação aplicáveis.

2 – As condições deste contrato devem ser, nos termos gerais do direito, sistematicamente interpretadas à luz das disposições legais e regulamentares referidas no número anterior.

3 – Em caso de dúvida ou de divergência, considera-se que o sentido interpretativo das condições deste contrato é o que resultar da prevalência das disposições legais e regulamentares enunciadas.

CLÁUSULA 25.ª
Integração

1 – Salvo disposição legal em contrário, considera-se que ao presente contrato são aplicáveis, em caso de omissão ou lacuna, as disposições constantes das leis e regulamentos aplicáveis.

2 – Quaisquer alterações posteriores às leis e regulamentos previstos no número anterior serão automaticamente aplicáveis ao presente contrato.

DESPACHO N.º 9178/2008

De acordo com o disposto no n.º 2 do artigo 63.º do Regulamento de Relações Comerciais (RRC), aplicável ao sector do gás natural, o relacionamento comercial entre o comercializador de último recurso grossista e os comercializadores de último recurso retalhistas é estabelecido através da celebração de um contrato de fornecimento cujas condições gerais são aprovadas pela Entidade Reguladora dos Serviços Energéticos (ERSE), na sequência de proposta conjunta e devidamente justificada a apresentar pelos referidos agentes.

A aprovação das condições gerais do contrato de fornecimento a celebrar entre o comercializador de último recurso grossista e cada um dos comercializadores de último recurso retalhistas tem por base o disposto no Decreto-Lei n.º 30/2006, de 15 de Fevereiro, que estabeleceu as bases de organização e funcionamento do sector do gás natural, complementado pelo Decreto-Lei n.º 140/2006, de 26 de Julho, quando em ambos se prevê que a comercialização de último recurso fica sujeita à regulação da ERSE.

O comercializador de último recurso grossista é chamado a assegurar o aprovisionamento de gás natural aos comercializadores de último recurso retalhistas, com carácter prioritário. Esta obrigação de fornecimento é consagrada legal e regulamentarmente, procurando salvaguardar os princípios da transparência e da não discriminação entre agentes nas mesmas condições, motivando a criação de um suporte contratual, ao nível das suas cláusulas gerais, idêntico para todos os relacionamentos comerciais a estabelecer entre o grossista e os retalhistas. Do mesmo modo, os comercializadores de último recurso retalhistas recebem a obrigação de compra prioritária ao comercializador de último recurso grossista, contribuindo para a manutenção do equilíbrio global do Sistema Nacional de Gás Natural.

O interesse público subjacente à garantia de fornecimento de gás natural, por um lado, e a segurança jurídica e a não de discriminação entre as partes dos relacionamentos comerciais em questão, por outro lado, reforçam a necessidade de submeter à aprovação da ERSE as condições gerais a integrar os contratos de fornecimento a celebrar entre o comercializador de último recurso grossista e os comercializadores de último recurso retalhistas. Neste sentido, salienta-se ainda a indicação expressa nas condições contratuais gerais dos motivos que podem fundamentar a cessação deste tipo de contrato e o estabelecimento de regras sobre a programação das quantidades de gás natural a adquirir por cada um dos comercializadores de último recurso retalhistas, incluindo a possibilidade de reajustamentos às necessidades efectivas, com periodicidade mensal, mas num horizonte anual.

As condições gerais não prejudicam a possibilidade das partes acordarem entre si os detalhes do relacionamento que pretendem estabelecer, sempre sustentado em princípios de boa-fé e de lealdade contratual.

Em cumprimento e nos termos do disposto no n.º 2 do artigo 63.º do RRC e ao abrigo do previsto no artigo 12.º e no artigo 31.º dos Estatutos da ERSE, aprovados em anexo ao Decreto-Lei n.º 97/2002, de 12 de Abril, o Conselho de Administração da ERSE deliberou o seguinte:

1.º Aprovar as condições gerais a integrar os contratos de fornecimento de gás natural a celebrar entre o comercializador de último recurso grossista e os comercializadores de último recurso retalhistas, que constituem o anexo ao presente despacho e que dele ficam a fazer parte integrante.

2.º O presente despacho entra em vigor no dia seguinte ao da sua publicação no Diário da República, 2.ª série.

14 de Março de 2008. – O Conselho de Administração: *Vítor Santos – Maria Margarida de Lucena Corrêa de Aguiar – José Braz.*

ANEXO

Condições gerais do contrato de fornecimento de gás natural entre o comercializador de último recurso grossista e os comercializadores de último recurso retalhistas

CLÁUSULA 1.ª

Objecto

1 – O presente contrato tem por objecto a venda de gás natural pelo comercializador de último recurso grossista ao comercializador de último recurso retalhista, que o destina exclusivamente à sua actividade de comercialização de último recurso retalhista, nos termos e condições previstos nas respectivas licenças.

2 – Todos os aspectos específicos desta compra e venda de gás natural serão acordados pelas partes e definidos nas condições particulares deste contrato.

CLÁUSULA 2.ª

Definições e siglas

1 – Para efeitos do presente contrato, entende-se por:

a) Ano gás – Período compreendido entre as 00:00h de 1 de Julho e as 24h00 de 30 de Junho do ano seguinte.

b) Contrato – Contrato de fornecimento de gás natural entre o comercializador de último recurso grossista e o comercializador de último recurso retalhista.

c) Contrato de longo prazo em regime de *"take or pay"* – Contrato de compra e venda de gás natural com uma duração superior a 10 anos, nos termos do Decreto-Lei n.º 140/2006, de 26 de Julho, que inclui uma cláusula mediante a qual o comprador assume a obrigação de pagar uma certa quantidade de gás natural, mesmo que não a consuma.

d) Distribuição – Veiculação de gás natural através de redes de distribuição de média ou baixa pressão, para entrega às instalações fisicamente ligadas à rede de distribuição, excluindo a comercialização.

e) Interligação – Conduta de transporte que transpõe uma fronteira entre Estados membros vizinhos com a finalidade de interligar as respectivas redes de transporte.

f) Quantidade Estimada Anual – A melhor estimativa do CURr da quantidade de gás natural a utilizar num determinado ano gás.

g) Rede Nacional de Distribuição de Gás Natural – Conjunto de infra-estruturas de serviço público destinado à distribuição de gás natural.

h) Rede Nacional de Transporte de Gás Natural – Conjunto das infra-estruturas de serviço público destinado ao transporte de gás natural.

i) Transporte – Veiculação de gás natural numa rede interligada de alta pressão, para efeitos de recepção e entrega a distribuidores e a instalações fisicamente ligadas à rede de transporte, excluindo a comercialização.

2 – No presente contrato serão utilizadas as seguintes siglas:

a) CURg – Comercializador de Último Recurso Grossista.

b) CURr – Comercializador de Último Recurso Retalhista.

c) ERSE – Entidade Reguladora dos Serviços Energéticos.

d) GNL – Gás Natural Liquefeito.

e) RNDGN – Rede Nacional de Distribuição de Gás Natural.

f) RNTGN – Rede Nacional de Transporte de Gás Natural.

g) RRC – Regulamento de Relações Comerciais.

h) RQS – Regulamento da Qualidade de Serviço.

i) SNGN – Sistema Nacional de Gás Natural.

CLÁUSULA 3.ª

Duração

1 – Sem prejuízo do disposto no número seguinte, o contrato tem a duração de um ano, considerando-se automática e sucessivamente renovado por iguais períodos, salvo denúncia por qualquer uma das partes, nos termos do disposto na cláusula 15.ª

2 – O início e o termo de cada prazo contratual coincidirão com o início e o termo do ano gás, à excepção do primeiro período de vigência do contrato cuja duração será até ao final do ano gás em curso, se tiver início entre 1 de Julho e 31 de Dezembro, ou até ao final do ano gás seguinte se tiver início entre 1 de Janeiro e 30 de Junho.

CLÁUSULA 4.ª

Princípios e regras aplicáveis

1 – Sem prejuízo do disposto nos números seguintes, o relacionamento contratual entre as partes deve observar os seguintes princípios gerais:

a) Igualdade de tratamento e oportunidades.

b) Não discriminação.

c) Transparência e objectividade das regras e decisões relativas ao relacionamento comercial.

d) Imparcialidade nas decisões.

e) Direito à informação e salvaguarda da confidencialidade de informação comercial considerada sensível.

2 – O contrato submete-se às regras constantes da legislação e regulamentos aplicáveis, nomeadamente os seguintes:

a) Regulamento do Acesso às Redes, às Infra-estruturas e às Interligações.

b) Regulamento da Qualidade de Serviço.

c) Regulamento de Relações Comerciais.

d) Regulamento Tarifário.

e) Regulamento de Operação de Infra-estruturas.

3 – Além dos regulamentos anteriormente citados, o contrato submete-se a toda a sub-regulamentação decorrente dos mesmos, bem como ao estabelecido nas condições particulares que o integrem.

CLÁUSULA 5.ª

Obrigação de venda e de aquisição

1 – O CURg obriga-se a vender ao CURr gás natural nos termos destas condições gerais, das demais condições do presente contrato e das disposições legais e regulamentares aplicáveis às suas actividades de comercializador de último recurso.

2 – Sem prejuízo do disposto no número seguinte, o CURr adquirirá ao CURg todo o gás natural de que necessite para fazer face à procura desse gás na área abrangida pela sua licença de comercialização de último recurso e nas condições previstas na mesma licença.

3 – O CURr poderá adquirir gás natural a terceiros sempre que o CURg não esteja em condições de garantir o fornecimento solicitado, nos termos do n.º 3 do artigo 42º do Decreto-Lei n.º 140/2006, de 26 de Julho e da regulamentação aplicável.

CLÁUSULA 6.ª

Fornecimento prioritário

1 – Em conformidade com o disposto na legislação e na regulamentação aplicável, designadamente no RRC, se a quantidade de gás natural disponível num dado momento for insuficiente para satisfazer todos os clientes do CURg, este dará prioridade ao abastecimento dos CURr.

2 – Para efeitos do previsto no número anterior, se não for possível fornecer, na totalidade, os volumes requisitados por todos os CURr, a quantidade de gás natural existente será repartida entre eles, na proporção das respectivas quantidades utilizadas nos últimos 12 (doze) meses, podendo o CURg também tomar em consideração o rateio dos abastecimentos que para cada CURr tenham sido previamente definidos como prioritários, através de listagem actualizada anualmente e enviada ao CURg.

3 – O rateio referido no número anterior deve ser efectuado de modo transparente e não discriminatório.

CLÁUSULA 7.ª

Transferência da propriedade do gás natural

1 – A propriedade do gás natural fornecido pelo CURg transfere-se para o CURr com a entrega do mesmo em quaisquer dos seguintes pontos da RNTGN:

a) Interligações.

b) Ligações com os terminais de GNL (cargas de GNL ou gás natural transportado no estado gasoso na RNTGN).

c) Ligações com as instalações de armazenamento subterrâneo.

2 – Com a transferência da propriedade do gás natural cessará a responsabilidade do CURg pelo risco de perecimento ou perda do mesmo gás, que será transferida para o CURr.

Cláusula 8.ª

Especificações e medição do gás natural

1 – O gás natural a fornecer pelo CURg ao CURr, nos pontos referidos na cláusula anterior, deverá dispor das características de composição e pressão definidas na legislação e regulamentação aplicáveis, salvo disposição específica acordada entre as partes, constante das condições particulares.

2 – As quantidades fornecidas pelo CURg ao CURr são calculadas de acordo com o disposto no Guia de Medição, Leitura e Disponibilização de Dados e no Manual de Procedimentos do Acerto de Contas.

Cláusula 9.ª

Programação do fornecimento de gás natural

1 – As quantidades de gás natural a fornecer pelo CURg ao CURr são determinadas nos termos dos números seguintes.

2 – Anualmente, 60 dias antes do início do ano gás seguinte, o CURr deve fornecer as suas melhores estimativas para a quantidade de gás natural a utilizar nesse ano gás, designada *Quantidade Estimada Anual*, com discriminação mensal.

3 – O CURg disponibilizará ao CURr, em cada Ano Gás, uma *Quantidade Máxima Anual* (QmáxA) superior em 20 % à Quantidade Estimada Anual referida no número anterior.

4 – A *Quantidade Estimada Anual* deverá ser actualizada mensalmente, para cada um dos meses seguintes do mesmo ano gás, ou sempre que solicitado pelo CURg.

5 – Sem prejuízo do disposto no n.º 3, no decorrer de cada ano gás, os aumentos da Quantidade Estimada Anual prevista superiores à percentagem referida no n.º 3 serão aceites pelo CURg até ao limite das quantidades adquiridas no âmbito da sua licença de comercializador de último recurso grossista, numa base de melhores esforços e em conformidade com o disposto no n.º 7.

6 – Caso o CURr preveja, em qualquer ano gás, a utilização de quantidades de gás natural que ultrapassem para esse ano e para o ano gás seguinte as quantidades máximas resultantes da aplicação do disposto nos n.ºs 3, 4 e 5,

reunir-se-á com o CURg para definirem em conjunto as novas QmáxA disponíveis para esse ano gás e para o ano gás seguinte.

7 – O CURg dará prioridade ao CURr na alocação do gás disponível, nos termos da legislação e regulamentação aplicáveis, considerando também o disposto no n.º 2 da cláusula 6ª deste contrato.

8 – O CURg garante ao CURr a disponibilidade de Quantidades Máximas Diárias (QmáxD), função das Quantidades Máximas Anuais em vigor, reajustadas nos termos dos números anteriores, por aplicação da seguinte fórmula: QmáxD (ano i) = QmáxA (ano i) / X, sendo o valor de X definido nas condições particulares.

9 – Sempre que as quantidades efectivamente adquiridas pelo CURr ao CURg forem inferiores à Quantidade Estimada Anual prevista no n.º 2, o CURr poderá ser responsabilizado pelos custos que o CURg venha a suportar em resultado da referida situação.

CLÁUSULA 10.ª

Obrigações no âmbito da utilização das infra-estruturas do SNGN

1 – Nos termos da legislação e da regulamentação aplicáveis, o CURr é responsável por contratar o acesso à RNTGN e à RNDGN, por forma a assegurar a veiculação do gás natural até aos seus clientes.

2 – A contratação do transporte de GNL por rodovia para abastecimento do CURr será efectuada nos termos previstos na regulamentação aplicável.

3 – A metodologia de nomeações respeitantes às aquisições de gás natural, a realizar pelo CURr ao CURg, deverá respeitar os princípios da transparência e da não discriminação, devendo a mesma ser definida nas condições particulares do contrato, nos termos da legislação e da regulamentação aplicáveis.

CLÁUSULA 11.ª

Tarifas e preços

1 – As tarifas e os preços do fornecimento de gás natural do CURg ao CURr são definidos nos termos previstos na legislação aplicável e no Regulamento Tarifário.

2 – Os acertos do preço praticado no fornecimento de gás natural ao CURr serão efectuados nos termos previstos na regulamentação aplicável.

CLÁUSULA 12.ª

Facturação e pagamento

1 – Nos primeiros cinco dias úteis de cada mês contratual, o CURg enviará ao CURr a factura referente aos fornecimentos efectuados no mês contratual anterior.

2 – O CURr pagará a importância de cada factura mensal nos 20 dias seguintes à data da sua apresentação.

3 – O não pagamento da factura dentro do prazo estipulado constitui o CURr em mora, ficando os atrasos de pagamento sujeitos à cobrança de juros de mora à taxa legal em vigor, aplicável aos créditos titulados por empresas comerciais, contados a partir do primeiro dia seguinte ao do vencimento da correspondente factura.

4 – Salvo a verificação de erro óbvio, a contestação fundamentada de qualquer factura pelo CURr não o isenta do pagamento da importância facturada não contestada, devendo o CURg, nesta circunstância, entregar o comprovativo da quitação parcial da dívida.

5 – Poderão existir acertos de facturação motivados pelos seguintes factos:
a) Correcção de estimativas de consumo.
b) Anomalias de funcionamento dos equipamentos de medição.
c) Correcção de erros de medição, leitura e facturação.

6 – O valor apurado com o acerto de facturação deverá ser incluído na factura mensal do mês em que se proceda a esse acerto, sendo o seu prazo de pagamento idêntico ao estipulado para o pagamento da correspondente factura.

CLÁUSULA 13.ª

Interrupção do fornecimento

A interrupção do serviço de fornecimento de gás natural do CURg ao CURr só poderá ocorrer nas seguintes situações:
a) Casos fortuitos ou de força maior.
b) Razões de interesse público.
c) Razões de serviço.
d) Razões de segurança.
e) Por acordo entre as partes.
f) Por facto imputável ao CURr.

CLÁUSULA 14.ª
Força maior

1 – As obrigações de cada uma das partes decorrentes do respectivo contrato consideram-se suspensas sempre que a sua execução for impedida ou retardada por caso fortuito ou de força maior oportunamente invocado nos termos previstos no n.º 8 desta cláusula.

2 – Nenhuma das partes será responsável pelo incumprimento ou retardamento das suas obrigações quando devidamente justificado por caso fortuito ou de força maior.

3 – Consideram-se casos fortuitos ou de força maior aqueles que reúnam as condições de exterioridade, imprevisibilidade e irresistibilidade face às boas práticas ou regras técnicas aplicáveis e obrigatórias.

4 – Não obstante a ocorrência de caso fortuito ou de força maior, como tal definida nos termos do número anterior, a parte impedida de cumprir apenas fica exonerada do cumprimento das obrigações que se tornem impossíveis de ser cumpridas e pelo prazo em que tal impossibilidade persista, desde que permaneça o interesse da outra parte na prestação, mantendo-se a exigibilidade do cumprimento de todas as demais obrigações emergentes do contrato e da lei.

5 – Constituem designadamente caso fortuito ou de força maior os classificados como tal no Regulamento da Qualidade de Serviço, desde que preencham os requisitos indicados no n.º 3 desta cláusula, e afectem o aprovisionamento, o transporte dentro e fora do País, a distribuição ou a comercialização de gás natural.

7 – A ocorrência de um caso fortuito ou de força maior não impede a parte que o invoca de praticar os actos razoavelmente necessários para atenuar, remediar e ultrapassar os efeitos desse caso fortuito ou de força maior.

8 – Para efeitos do disposto no número anterior, a parte que invocar a ocorrência de um caso fortuito ou de força maior deverá comunicar à outra parte, pelo meio mais rápido e viável, confirmando posteriormente por escrito, todos os factos e provas relevantes para efectuar essa apreciação.

9 – Na comunicação referida no número anterior deverão ainda ser indicadas as consequências e efeitos previsíveis, a sua duração, bem como as diligências efectuadas ou a efectuar para atenuar, remediar e ultrapassar os efeitos e consequências desse evento.

10 – Após a recepção da comunicação a que se refere os números anteriores, a outra parte deverá promover uma reunião conjunta a fim de se proceder ao apuramento dos factos, à determinação dos seus efeitos e ao estudo das medidas capazes de os superarem.

11 – Durante a ocorrência de caso fortuito ou de força maior, cada uma das partes suportará os custos e as despesas necessárias à segurança, manutenção,

conservação ou operacionalidade das respectivas instalações e equipamento provocados por essa situação, bem como as necessárias à eventual regularização do cumprimento do contrato.

12 – Se qualquer das partes deixar de cumprir qualquer das obrigações emergentes do contrato, ainda que parcialmente, em consequência da ocorrência de evento cuja relevância, nos termos desta cláusula, não exonere essa parte da responsabilidade pelo seu incumprimento, ou se a parte que pudesse invocar caso fortuito ou de força maior não der cumprimento ao disposto no n.º 8 desta cláusula, a parte lesada tem direito ao pagamento dos prejuízos que fundamentem o direito à indemnização nos termos e pelos meios previstos na lei.

CLÁUSULA 15.ª

Cessação do contrato

A cessação do contrato pode verificar-se nas seguintes situações:

a) Por acordo entre as partes.

b) Verificando-se a sua caducidade, nos termos da cláusula 16.ª.

c) Por revogação ou extinção da licença do CURg ou do CURr, nas condições indicadas no n.º 4 do artigo 37º do Decreto-Lei n.º 140/2006.

d) Por denúncia de qualquer das partes, mediante comunicação escrita, com a antecedência mínima de 10 dias relativamente ao termo do contrato ou à data da sua renovação.

e) Por rescisão, se a parte faltosa mantiver o incumprimento das suas obrigações contratuais sem justa causa, mediante comunicação escrita apresentada à outra parte com pelo menos 10 dias de antecedência relativamente à data da cessação a considerar.

CLÁUSULA 16.ª

Caducidade do contrato

1 – O presente contrato caducará automaticamente no final do prazo de duração do último dos contratos de aprovisionamento de gás natural em regime de *"take or pay"*, celebrados antes da entrada em vigor da Directiva n.º 2003/55/CE, do Parlamento e do Conselho, de 26 de Julho, referidos no Decreto-Lei nº140/2006.

2 – A data da caducidade corresponderá à data da verificação do facto mencionado no número anterior, sem prejuízo da manutenção das obrigações mútuas até à data em que as partes tiverem conhecimento de tal facto.

CLÁUSULA 17.ª
Resolução de conflitos

1 – Qualquer conflito entre as partes, emergente do contrato, mesmo que verse sobre a sua validade ou eficácia ou de alguma das suas cláusulas será decidido por arbitragem voluntária, ainda que, por qualquer motivo, o conflito se verifique após a extinção do contrato.

2 – Salvo diferente acordo entre as partes, em cada caso, os árbitros serão em número de três, sendo que cada parte nomeará um árbitro e estes nomearão de comum acordo um terceiro, que presidirá, e julgarão o diferendo segundo a lei vigente.

3 – Durante o processo de arbitragem cada uma das partes continuará a cumprir as suas obrigações contratuais podendo suspendê-las apenas nos casos indicados no contrato.

4 – A arbitragem funcionará em Lisboa em local escolhido por acordo das partes, e não havendo acordo, pelos árbitros.

CLÁUSULA 18.ª
Notificações e comunicações

As notificações e comunicações a realizar nos termos do contrato serão efectuadas por escrito e entregues em mão contra protocolo, ou enviadas por correio registado, com aviso de recepção, por telegrama, fax ou outro meio electrónico de comunicação escrita com comprovativo de recepção, para os endereços que as partes indiquem nas condições particulares do contrato, ou para quaisquer outros que venham a ser indicados por escrito, para o efeito.

CLÁUSULA 19.ª
Integração

1 – Salvo disposição legal em contrário, considera-se que ao presente contrato são aplicáveis, em caso de omissão ou lacuna, as disposições constantes das leis e regulamentos aplicáveis.

2 – Quaisquer alterações posteriores às leis e regulamentos previstos no número anterior serão automaticamente aplicáveis ao presente contrato.

Crise Energética

DECRETO-LEI N.º 114/2001, DE 7 DE ABRIL

A energia é um bem essencial ao desenvolvimento e ao bem-estar das sociedades modernas, pelo que a garantia de um regular abastecimento energético, ou a minoração dos efeitos de eventuais perturbações nesse abastecimento, constitui uma fundamental preocupação da acção governativa.

Historicamente, já na crise petrolífera verificada nos finais de 1973, Portugal, à semelhança do que aconteceu na maioria dos países da OCDE, adoptou um conjunto de medidas restritivas do consumo dos produtos derivados do petróleo.

Da mesma forma, entre 1974 e 1979, as dificuldades de abastecimento e a subida dos preços da energia, aliadas às condições económicas do País, conduziram à adopção de medidas de restrição do consumo de energia, em especial de combustíveis petrolíferos e de energia eléctrica.

Contudo, em qualquer daquelas situações, a imposição das medidas resultou de resoluções avulsas, não assentando num quadro legislativo específico que as enquadrasse.

Acontecimentos subsequentes, como a crise do golfo Pérsico de 1991, e, mais recentemente, a greve no sector do transporte de combustíveis, colocaram em manifesta evidência a necessidade de consagração de um quadro legislativo organizado e coerente, que seja suportado por um planeamento preventivo e constantemente actualizado, susceptível de, com toda a eficácia e certeza jurídica, constituir um instrumento idóneo para permitir enfrentar situações de crise, prevendo mecanismos adequados atinentes a aplicação de medidas de carácter excepcional.

Com efeito, a imprevisibilidade da ocorrência das situações de crise energética e a flexibilidade instrumental requerida para a sua gestão eficaz justificam plenamente a consagração de um quadro legislativo autónomo enquadrador das medidas e das acções susceptíveis de atenuar os seus efeitos. Estas medidas, na relevância prevalecente dos interesses gerais, poderão passar pela restrição excepcional das condições regulares do abastecimento, da partilha e rateio dos bens energéticos pelos sectores prioritários do tecido social, bem como pelas restrições à circulação de veículos.

A estes factores acrescem as obrigações decorrentes da conexão da política energética a nível das instituições internacionais de que o nosso país é membro de pleno direito, em especial da União Europeia e da Agência Internacional de Energia, podendo, em certas circunstâncias, implicar a execução coordenada de medidas que podem abranger a mobilização da utilização de reservas, a restrição dos consumos e a partilha das disponibilidades de produtos petrolíferos.

O presente diploma tem por finalidade estabelecer o normativo integrador do conceito de crise energética, dos requisitos da respectiva declaração, bem como do planeamento, regulamentação e aplicação das medidas excepcionais a adoptar e respectivo regime sancionatório.

No âmbito deste diploma, a definição da situação de crise energética assenta na ocorrência de dificuldades que perturbem gravemente o funcionamento do mercado, obrigando à aplicação de medidas de excepção destinadas a garantir os abastecimentos de energia essenciais à defesa do País, ao funcionamento do Estado e dos sectores prioritários da economia, bem como à satisfação das necessidades fundamentais da população. Na extensão deste conceito integram-se situações que possam ocorrer dentro ou fora do País, no sistema de aprovisionamento ou nos sistemas logísticos ou de abastecimento.

Por outro lado, a definição da aplicação de medidas de carácter excepcional, que se articulará concertadamente no quadro do planeamento civil de emergência, assenta no primado da sua previsão legal.

Foram ouvidos os órgãos de governo próprio das Regiões Autónomas e as entidades representativas do sector energético.

Assim:

Nos termos da alínea a) do n.º 1 do artigo 198.º da Constituição, o Governo decreta, para valer como lei geral da República, o seguinte:

CAPÍTULO I
Disposições gerais

ARTIGO 1.º
Objecto e âmbito

O presente diploma estabelece as disposições relativas à definição de crise energética, à sua declaração e às medidas de carácter excepcional a aplicar nessa situação.

Artigo 2.º

Situação de crise energética

1 – A situação de crise energética caracteriza-se pela ocorrência de dificuldades no aprovisionamento ou na distribuição de energia que tornem necessária a aplicação de medidas excepcionais destinadas a garantir os abastecimentos energéticos essenciais à defesa, ao funcionamento do Estado e dos sectores prioritários da economia e à satisfação das necessidades fundamentais da população.

2 – As dificuldades referidas no número anterior podem resultar de acontecimentos provocados por acção do homem ou da natureza, ocorridos dentro do País ou fora dele, designadamente em países membros de organizações internacionais em que Portugal se insere.

3 – A previsão de circunstâncias que possam provocar, com elevada probabilidade, aquelas dificuldades é equiparada a uma situação de crise.

Artigo 3.º

Declaração de situação de crise energética

1 – A declaração de situação de crise energética é da competência do Governo e reveste a forma de resolução do Conselho de Ministros.

2 – Quando a situação de crise energética afectar exclusivamente as Regiões Autónomas, a declaração de situação de crise energética é da competência dos respectivos Governos Regionais.

3 – O disposto no número anterior não prejudica que a resolução do Conselho de Ministros possa ser extensiva a todo o território nacional.

4 – A declaração da situação de crise energética é feita sem prejuízo da declaração do estado de sítio ou de emergência, ou da declaração de crise no âmbito da protecção civil, devendo harmonizar-se e articular-se com estas situações.

Artigo 4.º

Âmbito da resolução

A resolução que declarar a situação de crise energética conterá os seguintes elementos:

a) Identificação dos acontecimentos que originam a situação de crise e que fundamentam a declaração;

b) Definição do âmbito temporal e territorial abrangidos na declaração da situação de crise energética;

c) Indicação dos tipos de medidas previstas neste diploma que poderão ser aplicadas para fazer face aos efeitos da crise energética;

d) Identificação, quando necessário, das entidades ou órgãos responsáveis pela aplicação das diversas medidas e atribuição das suas competências.

Artigo 5.º
Competências

1 – No âmbito do disposto nos artigos 3.º e 4.º, compete ao ministro que tutela o sector energético, adiante abreviadamente designado por ministro da tutela:

a) Propor o plano geral de resposta à situação e as medidas necessárias à implementação do plano e coordenar globalmente a sua aplicação, em articulação com os restantes ministros;

b) Propor a activação de estruturas de crise no âmbito do planeamento civil de emergência, nomeadamente a Organização para Emergência Energética criada pela Resolução do Conselho de Ministros n.º 29/92, de 18 de Agosto, para aplicação das medidas previstas e acompanhamento da evolução da situação a nível nacional e internacional;

c) Propor ao Primeiro-Ministro, tendo em conta a avaliação da situação e a sua previsível evolução, a prorrogação ou a cessação da declaração de situação de crise energética.

2 – Sem prejuízo do disposto no número anterior, a definição, regulamentação e implementação das medidas aplicáveis a um sector específico é da competência do respectivo ministro da tutela.

3 – No caso do n.º 2 do artigo 3.º, as competências previstas neste artigo são atribuídas aos órgãos competentes dos Governos Regionais.

Artigo 6.º
Prorrogação e cessação da declaração
da situação de crise energética

1 – A prorrogação ou cessação da declaração de situação de crise energética é da competência do Governo e reveste a forma de resolução do Conselho de Ministros.

2 – A prorrogação da situação de crise energética pode ampliar ou restringir o conjunto de medidas inicialmente previstas na resolução do Conselho de Ministros.

CAPÍTULO II
Medidas excepcionais para aplicação em situação de crise energética

SECÇÃO I
Planos e medidas

ARTIGO 7.º
Princípios gerais

1 – A resposta a uma situação de crise energética requer a formulação de planos e a execução de medidas com a finalidade de optimizar a utilização dos recursos energéticos disponíveis, tendo em atenção as prioridades que forem definidas pelo Governo.

2 – O plano de resposta terá em atenção as obrigações decorrentes dos procedimentos estabelecidos e de deliberações adoptadas nesta matéria a nível de organismos internacionais de que o País participa.

3 – A intervenção da Administração Pública será, tanto quanto possível, supletiva, devendo ser aproveitadas, prioritariamente, as potencialidades auto-reguladoras dos mecanismos de mercado para combater os efeitos da crise.

4 – Todas as entidades, singulares ou colectivas, de direito público ou de direito privado, têm o dever de colaborar na aplicação das medidas adoptadas, observando as leis e regulamentos e acatando as ordens, instruções e conselhos emanados das entidades competentes.

5 – As entidades competentes no âmbito da aplicação das medidas deverão informar e esclarecer as populações sobre a natureza e a finalidade das restrições, consciencializando-as do seu dever de cooperação e da responsabilidade e consequências que decorrem da infracção das medidas.

6 – A desobediência e a resistência às ordens legítimas das entidades competentes sobre aplicações das medidas previstas neste diploma são sancionadas nos termos previstos na lei geral e neste diploma.

ARTIGO 8.º
Princípios relativos aos planos para situações de crise energética

1 – Os sectores relevantes para a gestão de uma crise energética, ou que possam vir a ser especialmente afectados por essa perturbação, devem desenvolver planos sectoriais de resposta a uma situação de crise energética.

2 – Sem prejuízo da coordenação pelo ministro da tutela do plano global de resposta a uma situação concreta, o desenvolvimento e a execução de planos sectoriais são da responsabilidade dos ministros com tutela sobre cada sector.

Artigo 9.º
Princípios relativos às medidas de emergência

1 – A escolha e a efectiva aplicação das medidas excepcionais previstas no presente diploma devem orientar-se pelo respeito dos princípios da necessidade, proporcionalidade e adequação aos fins visados.

2 – As medidas poderão ser aplicadas, quanto ao território e universo potenciais, de forma generalizada ou parcial e de modo uniforme ou diferenciado, tendo em conta os condicionalismos locais e a satisfação prioritária das necessidades essenciais.

3 – As medidas podem ser executadas isoladamente ou de forma combinada, devendo assegurar-se, sempre que possível, que a aplicação de medidas actuando do lado da oferta seja complementada com medidas actuando sobre o lado da procura, por forma a melhor atenuar os desequilíbrios e as tensões existentes no mercado.

4 – As medidas que afectem a livre concorrência no mercado dos bens energéticos serão aplicadas de forma transparente, imparcial e não discriminatória e, quando adequado, deverão ser ponderadas, na medida do possível, em proporção com a participação dos operadores no mercado.

5 – Quando a aplicação de alguma medida implique particular prejuízo de direitos ou legítimos interesses de qualquer entidade privada, assiste-lhe o direito a uma justa indemnização, nos termos da legislação aplicável.

6 – Cada ministério é responsável pela preparação e execução das medidas específicas para a sua área de competência, sem prejuízo da coordenação, necessária à eficácia global da resposta, atribuída ao ministro.

Artigo 10.º
Classificação das medidas excepcionais

1 – Em situação de crise energética poderão ser adoptadas medidas excepcionais, de natureza voluntária ou compulsiva, classificáveis nos seguintes tipos:

a) Medidas para atenuar o desequilíbrio entre a oferta e a procura de energia;
b) Medidas para optimizar a distribuição dos recursos energéticos disponíveis;
c) Medidas complementares.

2 – As medidas para atenuar o desequilíbrio entre a oferta e a procura de energia têm por objectivo reduzir as tensões existentes no mercado em resultado do défice de aprovisionamento, podendo actuar em duas vertentes:

a) Redução da procura de energia;

b) Aumento da oferta de energia.

3 – As medidas para optimizar a distribuição dos recursos energéticos disponíveis têm por objectivo promover a sua repartição equilibrada, garantindo o abastecimento dos consumidores prioritários e a satisfação das necessidades básicas da generalidade da população, podendo traduzir-se em medidas de:

a) Condicionamento dos fornecimentos de energia aos consumidores;

b) Partilha dos recursos entre os operadores, a nível nacional;

c) Partilha dos recursos a nível internacional, em cumprimento de decisões de organismos que vinculem o Estado Português.

4 – As medidas complementares têm por objectivo assegurar a eficácia das medidas adoptadas, previstas nas alíneas a) e b) do n.º 1, apoiando a sua aplicação, podendo traduzir-se em medidas de:

a) Fiscalização e controlo extraordinários;

b) Imposição a entidades públicas e privadas do desempenho de procedimentos e a adopção de mecanismos auxiliares para implementação das medidas extraordinárias.

SECÇÃO II

Medidas para atenuar o desequilíbrio entre a oferta e a procura de energia

Artigo 11.º

Medidas para redução da procura de energia

1 – A redução da procura de energia poderá ser prosseguida através da utilização conjugada ou sequencial de medidas de natureza persuasiva e de natureza compulsiva ou ainda de medidas que contribuam indirectamente para aquela finalidade.

2 – As medidas de natureza persuasiva para redução da procura de energia visam induzir os operadores e consumidores à adopção voluntária de comportamentos de poupança e uso racional de energia mediante, nomeadamente:

a) Campanhas informativas através dos meios de comunicação social;

b) Publicação de folhetos informativos e explicativos;

c) Afixação de cartazes em locais públicos;

d) Acção directa de agentes do Estado ou mandatados pela Administração Pública.

3 – As medidas compulsivas para redução da procura de energia visam os mesmos objectivos de poupança e uso racional da energia mediante a imposição de mecanismos que podem abranger, nomeadamente, as seguintes modalidades:

a) Restrições ao uso de veículos motorizados particulares, designadamente através de proibições de circulação, da proibição do uso de veículos de recreio e de realização de provas desportivas com veículos a motor, da penalização do uso de viaturas particulares em subocupação e da redução dos limites máximos de velocidade;

b) Restrições aos percursos em vazio ou em subocupação de transportes públicos, comerciais e da Administração Pública, impondo a utilização mais eficiente dos meios de transporte;

c) Restrições à utilização de equipamentos consumidores de energia, designadamente pela limitação de horários e níveis da iluminação, do aquecimento e da refrigeração, em edifícios e locais públicos ou privados com acesso público;

d) Imposição de regras de exploração de equipamentos consumidores visando aumentar a eficiência da utilização da energia;

e) Substituição do consumo de um produto deficitário pelo consumo de outra forma energética mais abundante, podendo esta substituição efectuar-se em instalações equipadas para consumir mais de um combustível, ou por transferência da laboração para outra instalação capaz de utilizar o combustível alternativo.

4 - As medidas visando indirectamente a poupança de energia podem consistir, designadamente, em:

a) Introdução de horários diferenciados;

b) Limitação de horários das emissões de televisão e do funcionamento de espectáculos;

c) Agravamento das tarifas e dos preços da energia.

ARTIGO 12.º

Medidas para aumento da oferta de energia

1 – As medidas para aumento da oferta de energia visam diminuir o défice de aprovisionamento e satisfazer a procura de bens energéticos, podendo assumir as seguintes modalidades:

a) Introdução no mercado das reservas obrigatórias de combustíveis, segundo os planos aprovados pelo Governo;

b) Reforço da produção de bens energéticos deficitários e de fontes energéticas alternativas.

2 – Para efeitos da alínea a) do número anterior, os operadores deverão ajustar os seus planos de distribuição, entregando ao mercado os volumes libertados pela redução das reservas que tenha sido determinada.

3 – Para efeitos da alínea b) do n.º 1, os produtores de energia deverão ajustar os rendimentos de fabricação em conformidade com os objectivos procurados, na medida da viabilidade técnica e do custo admissível, podendo o Governo determinar ou autorizar:

a) A flexibilização do cumprimento de determinadas especificações dos produtos energéticos;

b) A derrogação ou suspensão de determinadas normas de emissões;

c) A concessão de apoio técnico e financeiro à produção e utilização de fontes energéticas alternativas.

SECÇÃO III
Medidas para optimizar a distribuição dos recurso energéticos disponíveis

ARTIGO 13.º
Medidas de condicionamento dos fornecimentos de energia aos consumidores

1 – As medidas de condicionamento do fornecimento de energia aos consumidores visam garantir o acesso aos recursos, disciplinando o processo de aquisição e combatendo o açambarcamento, mediante a sujeição do comércio de energia a determinados procedimentos e limitações.

2 – As medidas previstas no número anterior podem concretizar-se, nomeadamente, através de:

a) Limitação das quantidades globais de combustíveis introduzidas no mercado pelos operadores;

b) Fixação de limites máximos para as quantidades de combustíveis a fornecer em cada abastecimento;

c) Determinação de períodos de encerramento de postos de abastecimento de combustíveis;

d) Imposição de procedimentos de venda que dificultem o açambarcamento, designadamente obrigando à devolução de taras na aquisição de gases de petróleo liquefeitos;

e) Repartição dos recursos disponíveis entre os consumidores através de sistemas de racionamento;

f) Cortes periódicos e selectivos de abastecimento de energia distribuída em redes de electricidade e de gás.

Artigo 14.º

**Medidas de repartição dos recursos energéticos
a nível nacional e a nível internacional**

1 – A repartição dos recursos energéticos tem por objectivo equilibrar globalmente as disponibilidades e as necessidades quando ocorrem distorções significativas no aprovisionamento, com a finalidade de satisfazer as necessidades fundamentais do consumo e de minimizar a perturbação da economia.

2 – As medidas de repartição dos recursos energéticos podem efectuar-se a dois níveis:

a) A nível internacional, no âmbito da Agência Internacional de Energia, adiante designada por AIE, sendo a repartição de produtos petrolíferos decidida e calculada a nível de países e a sua implementação intermediada pelos operadores;

b) A nível nacional, o Governo poderá determinar a repartição de recursos entre os operadores energéticos, tendo em atenção a sua participação relativa no mercado em período normal, a conveniência de manter os circuitos habituais de distribuição e a sua eventual contribuição para o esquema de partilha da AIE.

3 - A fim de melhor coordenarem acções e meios, os operadores energéticos poderão reunir-se, durante uma situação de crise, para acordar em acções concertadas, com vista à concretização das medidas previstas no número anterior.

SECÇÃO IV

Medidas complementares

Artigo 15.º

Medidas de apoio à implementação das medidas restritivas

As medidas restritivas previstas neste diploma podem requerer, para sua melhor implementação, o apoio de algumas medidas complementares, nomeadamente:

a) Estabelecimento de uma rede especial de postos de abastecimento de combustíveis destinados a satisfazer os consumos das entidades prioritárias;

b) Definição das entidades prioritárias que serão, total ou parcialmente, isentas da aplicação das medidas ou de determinadas medidas;

c) Obrigação de apoio, por parte de operadores e de outras entidades, aos procedimentos operacionais e burocráticos associados à implementação das medidas, nomeadamente a obrigação de efectuar os controlos e verificações dos requisitos que condicionem os direitos de abastecimento dos seus clientes, nos termos fixados na regulamentação das medidas restritivas;

d) Autorização de constituição de grupos *ad hoc* de cooperação entre os operadores para favorecer a eficácia da resposta à situação de crise, caso seja determinada a repartição de recursos.

Artigo 16.º
Medidas de fiscalização e controlo
da implementação das medidas restritivas

1 – As medidas de fiscalização e controlo estabelecem obrigações e conferem competências excepcionais para reforçar a verificação do cumprimento das medidas restritivas impostas.

2 – Estas medidas podem incluir, nomeadamente:

a) Obrigação de manutenção, pelos operadores e grandes consumidores, de registos de aquisições, consumo e reservas de produtos energéticos;

b) Acesso das entidades administrativas competentes aos registos de compra e venda de energia de todos os intervenientes no mercado;

c) Obrigação de fornecimento de dados estatísticos suplementares, a solicitação e nos prazos fixados pela Direcção-Geral da Energia.

Artigo 17.º
Isenções

1 – Poderão ser isentos, total ou parcialmente, do cumprimento das medidas estabelecidas ou ser inseridos em regimes particulares de abastecimento de energia:

a) As entidades do Estado ou da Administração Pública;

b) As Forças Armadas;

c) As forças de segurança;

d) As entidades públicas ou privadas que prestem serviços de interesse público;

e) Os deficientes e as suas associações;

f) Os representantes diplomáticos;

g) As actividades industriais, comerciais ou profissionais de relevante interesse para a economia nacional ou para o bem-estar da população.

2 – As isenções previstas no número anterior serão definidas nos termos da regulamentação prevista no artigo 24.º do presente diploma.

Artigo 18.º

Obrigação de apoiar a implementação das medidas

1 – Sem prejuízo do disposto no n.º 4 do artigo 7.º do presente diploma, ficam obrigados a disponibilizar os meios humanos e físicos de que disponham e necessários à execução e controlo das medidas previstas neste diploma:

a) Os serviços do Estado e da sua Administração e as autarquias locais;

b) Forças de segurança;

c) Entidades privadas, nomeadamente os operadores e consumidores do sector energético.

2 – O apoio será prestado, nos termos dos planos e respectiva regulamentação, tendo em conta as capacidades existentes, independentemente das atribuições e competências próprias.

3 – As entidades referidas no n.º 1 têm direito a ser compensadas pelos encargos extraordinários suportados com a disponibilização de meios e apoio concedido à execução das medidas estabelecidas, devendo os respectivos pedidos ser apresentados:

a) No caso de entidades públicas, ao ministro da tutela;

b) No caso de entidades privadas, ao Ministro da Economia.

Artigo 19.º

Comissões *ad hoc* de cooperação

As comissões *ad hoc* de cooperação previstas na alínea d) do artigo 15.º podem ser constituídas por iniciativa dos operadores ou da Administração Pública, nos termos da regulamentação prevista neste diploma.

Artigo 20.º

Comissões arbitrais

1 – Sem prejuízo do recurso para os tribunais, poderão ser constituídas comissões para fixação das compensações devidas às entidades privadas em consequência da aplicação de medidas excepcionais previstas por este diploma.

2 – As comissões funcionam junto do Ministro das Finanças e são constituídas por três árbitros, sendo um nomeado pelo Ministro das Finanças, outro pelo requerente e o terceiro por acordo entre as partes ou, na ausência deste, pelo juiz da Relação, nos seguintes termos:

a) A constituição e funcionamento da comissão é requerida ao Ministro das Finanças pelas entidades referidas no n.º 1;

b) Os laudos de fixação das indemnizações só são vinculativos para o Estado quando homologados pelo Ministro das Finanças;

c) Tendo a fixação de compensações sido homologada pelo Ministro das Finanças e notificada ao requerente, esta torna-se definitiva se este não recorrer para o Ministro no prazo de 30 dias;

d) Os interessados podem recorrer para os tribunais, nos termos da lei geral, dos actos do Ministro das Finanças que indeferiu o recurso previsto na alínea anterior.

CAPÍTULO III
Regime sancionatório

Artigo 21.º
Contra-ordenações

1 – Sem prejuízo do disposto no artigo 8.º, bem como dos regimes sancionatórios estabelecidos em diplomas específicos que estabeleçam sanções mais graves, constitui contra-ordenação, punível com as seguintes coimas:

a) De 500 000$ a 9 000 000$, a desobediência ao cumprimento das medidas previstas no artigo 13.º;

b) De 250 000$ a 500 000$, a violação do cumprimento das medidas previstas no artigo 14.º;

c) De 200 000$ a 450 000$, a violação ao cumprimento das medidas previstas no artigo 16.º;

d) De 50 000$ a 500 000$, a violação ao cumprimento das medidas previstas no artigo 12.º

2 – No caso de pessoa singular, o máximo da coima a aplicar é de 750 000$.

3 – A tentativa e a negligência são puníveis.

4 - Em função da gravidade da infracção e da culpa do infractor, podem ser aplicadas as sanções acessórias previstas no n.º 1 do artigo 21.º do Decreto-Lei n.º 433/82, de 27 de Outubro, na redacção que lhe foi dada pelo Decreto-Lei n.º 244/95, de 14 de Setembro.

Artigo 22.º
Processamento e aplicação de coimas

1 – A instauração e instrução dos processos de contra-ordenação é da competência das entidades fiscalizadoras, dentro das suas competências de fiscalização.

2 – O julgamento e a aplicação das coimas e das sanções acessórias é da competência dos órgãos máximos de direcção das entidades fiscalizadoras que tiverem instaurado e instruído os processos de contra-ordenação.

3 – O montante resultante da cobrança das coimas reverte:

a) Em 60% para o Estado;

b) Em 40% para a entidade que tiver aplicado a coima.

CAPÍTULO IV
Disposições finais

Artigo 23.º
Suporte financeiro

As verbas eventualmente necessárias para custear os encargos financeiros emergentes da aplicação das medidas previstas no presente diploma serão disponibilizados pelo Ministério das Finanças, através de rubricas orçamentais específicas.

Artigo 24.º
Regulamentação das medidas

1 – A regulamentação das medidas previstas no presente diploma é aprovada por portaria dos ministros que tutelam os sectores e as áreas objecto de incidência material das medidas adoptadas pela resolução do Conselho de Ministros.

2 – Sem prejuízo das competências atribuídas por lei, as disposições específicas de fiscalização e controlo das medidas previstas no presente diploma serão objecto da regulamentação referida no número anterior.

Artigo 25.º
Entrada em vigor

O presente diploma entra em vigor no dia imediato ao da sua publicação.

Visto e aprovado em Conselho de Ministros de 30 de Novembro de 2000. – *António Manuel de Oliveira Guterres – Jaime José Matos da Gama – Jorge Paulo Sacadura Almeida Coelho – Júlio de Lemos de Castro Caldas – Henrique Nuno Pires Severiano Teixeira – Joaquim Augusto Nunes Pina Moura – Eduardo Luís Barreto Ferro Rodrigues – António Luís Santos Costa -*

Mário Cristina de Sousa – Elisa Maria da Costa Guimarães Ferreira – Luís Manuel Capoulas Santos – Augusto Ernesto Santos Silva – Maria Manuela de Brito Arcanjo Marques da Costa – José Sócrates Carvalho Pinto de Sousa.

Promulgado em 23 de Março de 2001.

Publique-se.

O Presidente da República, JORGE SAMPAIO.

Referendado em 30 de Março de 2001.

O Primeiro-Ministro, *António Manuel de Oliveira Guterres.*

PORTARIA N.º 469/2002,
DE 24 DE ABRIL

A eventual eclosão de uma crise energética no sector dos combustíveis, resultando na escassez dos bens energéticos por falha quer do aprovisionamento externo quer da logística interna, é um risco que deve ser acautelado. Este sentido de prudência aconselha que se preparem atempadamente os mecanismos de implementação das medidas de emergência adequadas para garantir a continuidade dos serviços essenciais à defesa da segurança, da saúde, do bem-estar das populações e da economia nacional que dependam da disponibilidade de produtos petrolíferos.

O artigo 24.º do Decreto-Lei n.º 114/2001, de 7 de Abril, remete para portaria dos ministros competentes com tutela nas áreas abrangidas a regulamentação das medidas adequadas a assegurar aqueles objectivos, no âmbito da distribuição pública de combustíveis.

Assim, ao abrigo do disposto no artigo 24.º do Decreto-Lei n.º 114/2001, de 7 de Abril:

Manda o Governo, pelo Ministro da Economia, o seguinte:

1.º A rede especial de postos de abastecimento, adiante designada por Rede Estratégica de Postos de Abastecimento (REPA), prevista na alínea a) do artigo 15.º do Decreto-Lei n.º 114/2001, de 7 de Abril, destina-se a assegurar o abastecimento de gasolinas, gasóleo e GPL-auto às entidades, adiante designadas por entidades prioritárias, previstas na alínea b) do mesmo artigo, cujo abastecimento, por motivos sociais, económicos ou de segurança, seja especialmente relevante.

2.º Serão definidas, quando ocorra uma situação de perturbação do abastecimento, por despacho do Ministro da Economia:

a) A lista de constituição da REPA;

b) A lista das entidades prioritárias, com respeito pelo n.º 1 do artigo 17.º do Decreto-Lei n.º 114/2001, de 7 de Abril.

3.º As listas previstas no número anterior devem ser afixadas em local bem visível, em todos os postos de abastecimento do continente e nos locais habituais de todas as sedes de concelho e de freguesia do continente.

4.º A REPA participa supletivamente, conjuntamente com os postos de abastecimento não pertencentes à Rede, no abastecimento do público em geral, sem prejuízo do disposto neste diploma.

5.º Os postos de abastecimento pertencentes à REPA ficam obrigados a reservar, para uso exclusivo das entidades prioritárias, e para cada tipo de combustível, pelo menos, uma unidade de abastecimento, nos termos do Regulamento de Construção e Exploração de Postos de Abastecimento de Combustíveis, as quais devem ser inequivocamente assinaladas.

6.º Os postos de abastecimento pertencentes à REPA ficam obrigados a reservar, para uso exclusivo das entidades prioritárias, uma quantidade de cada produto igual a:

a) 10 000 l de gasóleo, ou 20% da sua capacidade de armazenagem de gasóleo, no caso dessa capacidade de armazenagem ser inferior a 50 000 l;

b) 1000 l de gasolina super IO 98 aditivada, ou 10% da sua capacidade de armazenagem de gasolina super sem chumbo aditivada, no caso dessa capacidade ser inferior a 10000 l, desde que esta gasolina seja comercializada nesse posto de abastecimento;

c) 3000 l de gasolinas sem chumbo, ou 30% da sua capacidade de armazenagem de gasolinas sem chumbo, no caso dessa capacidade de armazenagem ser inferior a 10000 l;

d) 2000 l de GPL-auto, ou 20% da sua capacidade de armazenagem de GPL-auto, no caso dessa armazenagem ser inferior a 10000 l.

7.º Quando, para cumprimento dos termos do número anterior, um posto de abastecimento pertencente à REPA só puder abastecer entidades prioritárias, o facto deve ser assinalado inequivocamente mediante avisos bem visíveis afixados no próprio posto e nos seus acessos.

8.º Os postos de abastecimento pertencentes à REPA só podem abastecer clientes ou entidades não prioritárias a partir das unidades de abastecimento que, nos termos do número anterior, não estejam reservadas para abastecimento exclusivo das entidades prioritárias e se a quantidade desse produto que se encontrar armazenada no posto for superior à quantidade mínima referida no n.º 6.º

9.º Verificadas as condições estabelecidas nos números anteriores, os postos de abastecimento pertencentes à Rede só podem abastecer clientes ou entidades não prioritárias até à quantidade máxima de 15 l de produto por cada abastecimento.

10.º Sempre que necessário ao cumprimento destas disposições, o acesso aos postos de abastecimento pertencentes à REPA poderá ser regulado por um agente da autoridade, cujo destacamento será solicitado, para o efeito, através do governo civil do distrito respectivo, o qual permitirá, exclusivamente aos utentes prioritários, o acesso às unidades de abastecimento que lhes estão destinadas.

11.º Cada utente que, na qualidade de entidade prioritária, pretenda aceder a um posto de abastecimento pertencente à REPA, deve comprovar essa qualidade perante o funcionário do posto ou do agente da autoridade previsto no número anterior.

12.º O facto de o utente se apresentar em veículo identificado não dispensa a comprovação das condições referidas no número anterior se ela for requerida pelo agente fiscalizador.

13.º É fixado em 25 l o volume máximo de gasolina ou gasóleo que pode ser fornecido a cada veículo automóvel nos postos de abastecimento não pertencentes à REPA, devendo esse limite ser garantido pelo responsável pela exploração de cada posto de abastecimento pelo processo que for adequado, nomeadamente:

a) Nos postos de abastecimento com sistemas automáticos, por limitação ao montante de pré-pagamento ou por encravamento dos sistemas para esse valor máximo;

b) Nos restantes postos, pelos agentes que efectuam o abastecimento.

14.º O limite previsto na presente portaria deve ser publicitado, nos postos de abastecimento, por afixação em locais visíveis e por outros meios adequados.

15.º Ao abrigo do disposto no artigo 13.º do Decreto-Lei n.º 114/2001, de 7 de Abril, nos postos de abastecimento não é permitido o abastecimento de gasolina e gasóleo em taras, excepto nas seguintes situações:

a) No caso de paralisação do veículo na via pública;

b) No fornecimento de gasóleo agrícola;

c) No fornecimento de gasóleo a embarcações nos postos de abastecimento afectos a instalações portuárias.

16.º A flexibilização das especificações legais dos combustíveis, prevista no artigo 12.º do Decreto-Lei n.º 114/2001, de 7 de Abril, será efectuada, em caso de perturbação do abastecimento, por despacho do Ministro da Economia, o qual poderá definir novos parâmetros ou aceitar genericamente a comercialização de produtos similares que satisfaçam as especificações de outros Estados da União Europeia.

17.º Para todos os efeitos legais e fiscais, as gasolinas e o gasóleo previstos no número anterior serão considerados equivalentes às gasolinas e ao gasóleo cujas especificações são estabelecidas nas respectivas portarias definidoras.

18.º As direcções regionais do Ministério da Economia devem apoiar, na área geográfica de jurisdição respectiva, a actividade de controlo e fiscalização prevista nesta portaria.

19.º A Direcção-Geral da Energia deverá desenvolver, em colaboração com as direcções regionais do Ministério da Economia e com as empresas do sector, os estudos que permitam dispor, a todo o momento, de uma proposta de listagem de postos a incluir na REPA, a submeter a despacho do Ministro da Economia logo que lhe seja determinado numa situação de crise, devendo proceder à sua actualização periódica.

20.º As disposições normativas da presente portaria só serão aplicadas quando for reconhecida uma situação de crise, declarada nos termos do Decreto-Lei n.º 114/2001, de 7 de Abril.

Pelo Ministro da Economia, *Eduardo Guimarães de Oliveira Fernandes*, Secretário de Estado Adjunto do Ministro da Economia, em 26 de Março de 2002.

Eficiência Energética

DECRETO-LEI N.º 78/2006,
DE 4 DE ABRIL

A Directiva n.º 2002/91/CE, do Parlamento Europeu e do Conselho, de 16 de Dezembro, relativa ao desempenho energético dos edifícios, estabelece que os Estados membros da União Europeia devem implementar um sistema de certificação energética de forma a informar o cidadão sobre a qualidade térmica dos edifícios, aquando da construção, da venda ou do arrendamento dos mesmos, exigindo também que o sistema de certificação abranja igualmente todos os grandes edifícios públicos e edifícios frequentemente visitados pelo público.

A certificação energética permite aos futuros utentes obter informação sobre os consumos de energia potenciais, no caso dos novos edifícios ou no caso de edifícios existentes sujeitos a grandes intervenções de reabilitação, dos seus consumos reais ou aferidos para padrões de utilização típicos, passando o critério dos custos energéticos, durante o funcionamento normal do edifício, a integrar o conjunto dos demais aspectos importantes para a caracterização do edifício.

Nos edifícios existentes, a certificação energética destina-se a proporcionar informação sobre as medidas de melhoria de desempenho, com viabilidade económica, que o proprietário pode implementar para reduzir as suas despesas energéticas e, simultaneamente, melhorar a eficiência energética do edifício.

Nos edifícios novos e nos edifícios existentes sujeitos a grandes intervenções de reabilitação, a certificação energética permite comprovar a correcta aplicação da regulamentação térmica em vigor para o edifício e para os seus sistemas energéticos, nomeadamente a obrigatoriedade de aplicação de sistemas de energias renováveis de elevada eficiência energética, dando, assim, cumprimento ao disposto nos artigos 5.º e 6.º da referida Directiva n.º 2002/91/CE, que obriga os Estados membros a garantir a efectiva implementação dos requisitos mínimos regulamentares de desempenho energético por forma a assegurar a respectiva eficiência energética.

As inspecções no âmbito da certificação não se devem, contudo, resumir ao desempenho energético de caldeiras e instalações de ar condicionado. Os sistemas de climatização devem, também, assegurar uma boa qualidade do ar interior, isento de riscos para a saúde pública e potenciador do conforto e da produtividade.

Assim sendo, as inspecções a realizar no âmbito da certificação devem integrar, também, esta componente e, deste modo, contribuir para assegurar a adequada manutenção da qualidade do ar interior, minimizando os riscos de problemas e devolvendo ao público utilizador a confiança nos ambientes interiores tratados com sistemas de climatização.

O Regulamento dos Sistemas Energéticos e de Climatização nos Edifícios (RSECE) e o Regulamento das Características de Comportamento Térmico dos Edifícios (RCCTE) consubstanciam a actual legislação existente, que enquadra os critérios de conformidade a serem observados nas inspecções a realizar no âmbito deste sistema de certificação, estabelecendo, para o efeito, os requisitos que devem ser aferidos relativamente aos seguintes aspectos: eficiência energética, qualidade do ar interior, ensaios de recepção de sistemas após a conclusão da sua construção, manutenção e monitorização do funcionamento dos sistemas de climatização, inspecção periódica de caldeiras e equipamentos de ar condicionado e responsabilidade pela condução dos sistemas.

A certificação energética e da qualidade do ar interior dos edifícios exige significativos meios humanos qualificados e independentes, razão pela qual se decidiu optar pela adopção faseada deste sistema de certificação, começando pelos edifícios maiores e abrangendo, gradualmente, um universo cada vez mais amplo, à medida que a experiência se for consolidando e que a população e a generalidade dos intervenientes, nomeadamente os serviços de projecto, de manutenção e as próprias entidades licenciadoras, se forem adaptando às novas regras.

Optou-se, ainda, por consagrar um modelo de certificação energética que salvaguarda um conjunto de procedimentos simplificados e ágeis no domínio do licenciamento e da autorização das operações de edificação, na linha do esforço de desburocratização que tem vindo a ser prosseguido pelo Governo.

Este decreto-lei vem ainda dar expressão a uma das medidas contempladas na Resolução do Conselho de Ministros n.º 169/2005, de 24 de Outubro, que aprova a Estratégia Nacional para a Energia, no que respeita à linha de orientação política sobre eficiência energética.

Por outro lado, esta é uma iniciativa também muito relevante no combate às alterações climáticas, contribuindo para uma maior racionalização dos consumos energéticos nos edifícios e para a prossecução de uma das medidas do Programa Nacional para as Alterações Climáticas, aprovado pela Resolução do Conselho de Ministros n.º 119/2004, de 31 de Julho, eficiência energética nos edifícios, pelo impulso que é dado ao cumprimento dos regulamentos relativos aos sistemas energéticos e de climatização dos edifícios e às características de comportamento térmico dos edifícios.

Foram ouvidos os órgãos de governo próprio das Regiões Autónomas, a Associação Nacional de Municípios Portugueses, bem como as Ordens dos Engenheiros e dos Arquitectos e a Associação Nacional dos Engenheiros Técnicos.

Assim:

Nos termos da alínea a) do n.º 1 do artigo 198.º da Constituição, o Governo decreta o seguinte:

CAPÍTULO I
Disposições gerais

ARTIGO 1.º
Objecto

1 – O Estado assegura a melhoria do desempenho energético e da qualidade do ar interior dos edifícios através do Sistema Nacional de Certificação Energética e da Qualidade do Ar Interior nos Edifícios.

2 - O presente decreto-lei transpõe parcialmente para a ordem jurídica nacional a Directiva n.º 2002/91/CE, do Parlamento Europeu e do Conselho, de 16 de Dezembro, relativa ao desempenho energético dos edifícios.

ARTIGO 2.º
Objectivo

O Sistema Nacional de Certificação Energética e da Qualidade do Ar Interior nos Edifícios, adiante designado por SCE, tem como finalidade:

a) Assegurar a aplicação regulamentar, nomeadamente no que respeita às condições de eficiência energética, à utilização de sistemas de energias renováveis e, ainda, às condições de garantia da qualidade do ar interior, de acordo com as exigências e disposições contidas no Regulamento das Características de Comportamento Térmico dos Edifícios (RCCTE) e no Regulamento dos Sistemas Energéticos e de Climatização dos Edifícios (RSECE);

b) Certificar o desempenho energético e a qualidade do ar interior nos edifícios;

c) Identificar as medidas correctivas ou de melhoria de desempenho aplicáveis aos edifícios e respectivos sistemas energéticos, nomeadamente caldeiras e equipamentos de ar condicionado, quer no que respeita ao desempenho energético, quer no que respeita à qualidade do ar interior.

Artigo 3.º
Âmbito de aplicação

1 – Estão abrangidos pelo SCE, segundo calendarização a definir por portaria conjunta dos ministros responsáveis pelas áreas da energia, do ambiente, das obras públicas e da administração local, os seguintes edifícios:

a) Os novos edifícios, bem como os existentes sujeitos a grandes intervenções de reabilitação, nos termos do RSECE e do RCCTE, independentemente de estarem ou não sujeitos a licenciamento ou a autorização, e da entidade competente para o licenciamento ou autorização, se for o caso;

b) Os edifícios de serviços existentes, sujeitos periodicamente a auditorias, conforme especificado no RSECE;

c) Os edifícios existentes, para habitação e para serviços, aquando da celebração de contratos de venda e de locação, incluindo o arrendamento, casos em que o proprietário deve apresentar ao potencial comprador, locatário ou arrendatário o certificado emitido no âmbito do SCE.

2 – A calendarização a definir nos termos do número anterior tem por base a tipologia, o fim e a área útil dos edifícios.

3 – Excluem-se do âmbito de aplicação do SCE as infra-estruturas militares e os imóveis afectos ao sistema de informações ou a forças de segurança que se encontrem sujeitos a regras de controlo e confidencialidade.

Artigo 4.º
Definições

As definições necessárias à interpretação e aplicação do presente decreto-lei são as referidas no anexo I, bem como as constantes do RCCTE e do RSECE, no que respeita especificamente às disposições com eles relacionadas.

CAPÍTULO II
Organização e funcionamento do SCE

Artigo 5.º
Supervisão do SCE

A Direcção-Geral de Geologia e Energia e o Instituto do Ambiente são, respectivamente, as entidades responsáveis pela supervisão do SCE no que respeita:

a) À certificação e eficiência energética; e

b) À qualidade do ar interior.

Artigo 6.º

Gestão do SCE

1 – É atribuída à Agência para a Energia (ADENE) a gestão do SCE.

2 – Compete à ADENE:

a) Assegurar o funcionamento regular do sistema, no que respeita à supervisão dos peritos qualificados e dos processos de certificação e de emissão dos respectivos certificados;

b) Aprovar o modelo dos certificados de desempenho energético e da qualidade do ar interior nos edifícios, ouvidas as entidades de supervisão e as associações sectoriais;

c) Criar uma bolsa de peritos qualificados do SCE e manter informação actualizada sobre a mesma no seu sítio da Internet;

d) Facultar, *online*, o acesso a toda a informação relativa aos processos de certificação aos peritos que os acompanham.

3 – Os encargos inerentes à actividade da ADENE no âmbito do Sistema Nacional de Certificação Energética e da Qualidade do Ar Interior nos Edifícios são suportados através da receita obtida pelo registo dos certificados.

Artigo 7.º

Exercício da função de perito qualificado

1 – A função de perito qualificado pode ser exercida, a título individual ou ao serviço de organismos privados ou públicos, por um arquitecto, reconhecido pela Ordem dos Arquitectos, ou por um engenheiro, reconhecido pela Ordem dos Engenheiros, ou por um engenheiro técnico, reconhecido pela Associação Nacional dos Engenheiros Técnicos, nos termos definidos no RCCTE e RSECE, e desde que tenha qualificações específicas para o efeito.

2 – A definição das qualificações específicas, referidas no número anterior, é da competência da associação profissional respectiva com base num protocolo a celebrar com a Direcção-Geral de Geologia e Energia, o Instituto do Ambiente e o Conselho Superior das Obras Públicas, a celebrar no prazo de três meses a contar da data de entrada em vigor do presente decreto-lei.

Artigo 8.º

Competências dos peritos qualificados

1 – Os peritos qualificados conduzem o processo de certificação energética dos edifícios articulando directamente com a ADENE.

2 – Compete aos peritos qualificados:

a) Registar, na ADENE, no prazo de cinco dias, a declaração de conformidade regulamentar emitida no decurso do procedimento de licenciamento ou de autorização, nos termos previstos no RCCTE e RSECE;

b) Avaliar o desempenho energético e a qualidade do ar interior nos edifícios e emitir o respectivo certificado, aquando do pedido de emissão da licença ou autorização de utilização, procedendo ao respectivo registo, na ADENE, no prazo de cinco dias;

c) Proceder à análise do desempenho energético e da qualidade do ar nas auditorias periódicas previstas no RSECE e emitir o respectivo certificado, registando-o na ADENE, no prazo de cinco dias, com menção a medidas de melhoria devidamente identificadas, assumindo a responsabilidade do seu conteúdo técnico;

d) Realizar as inspecções periódicas a caldeiras e a sistemas e equipamentos de ar condicionado, nos termos do RSECE, e emitir o respectivo certificado, registando-o na ADENE, nos termos previstos na alínea anterior.

ARTIGO 9.º

**Obrigações dos promotores ou proprietários
dos edifícios ou equipamentos**

1 – Os promotores ou proprietários dos edifícios obtêm o certificado de desempenho energético e da qualidade do ar interior nos edifícios nos termos do presente decreto-lei, do RCCTE e do RSECE.

2 – Os promotores ou proprietários dos edifícios são responsáveis, perante o SCE, pelo cumprimento de todas as obrigações, quando aplicáveis, decorrentes das exigências do presente decreto-lei, do RCCTE e do RSECE.

3 – Os promotores ou proprietários dos edifícios ou equipamentos abrangidos pelo SCE devem solicitar a um perito qualificado o acompanhamento dos processos de certificação, auditoria ou inspecção periódica.

4 – Os promotores ou proprietários de edifícios ou equipamentos são obrigados a facultar ao perito, ou à ADENE, sempre que para tal solicitados e quando aplicável, a consulta dos elementos necessários à realização da certificação, auditoria ou inspecção periódica, conforme definido no RCCTE e RSECE;

5 – Os proprietários dos edifícios são também obrigados a requerer a inspecção dos sistemas de aquecimento com caldeiras e equipamentos de ar condicionado, conforme estabelecido no RSECE.

6 – Os proprietários dos edifícios de serviços abrangidos pelo RSECE são obrigados a participar, no prazo de cinco dias, qualquer reclamação que lhes seja apresentada a propósito da violação do disposto naquele regulamento.

7 – Os proprietários dos edifícios de serviços abrangidos pelo RSECE são ainda responsáveis pela afixação de cópia de um certificado energético e da qualidade do ar interior, válido, em local acessível e bem visível junto à entrada.

ARTIGO 10.º

Validade dos certificados

O prazo de validade dos certificados para os edifícios que não estejam sujeitos a auditorias ou inspecções periódicas, no âmbito do RSECE, é de 10 anos.

ARTIGO 11.º

Taxa

O registo dos certificados na ADENE está sujeito ao pagamento de uma taxa, a fixar anualmente por portaria conjunta dos membros do Governo responsáveis pelas áreas da energia e do ambiente.

CAPÍTULO III
Fiscalização

ARTIGO 12.º

Garantia da qualidade do SCE

1 – A ADENE fiscaliza o trabalho de certificação do perito qualificado, com base em critérios de amostragem a aprovar pelas entidades responsáveis pela supervisão do SCE.

2 – As actividades de fiscalização referidas no número anterior podem ser contratadas pela ADENE a organismos públicos ou privados.

3 – Sem prejuízo do disposto no n.º 1, a ADENE assegura que a actividade de cada perito seja fiscalizada de cinco em cinco anos.

ARTIGO 13.º

Qualidade do ar interior

1 – A ADENE pode ordenar a fiscalização, por iniciativa própria, nomeadamente, nas seguintes circunstâncias:

a) Sempre que haja indícios de que um edifício representa perigo, quer para os seus utilizadores ou para terceiros, quer para os prédios vizinhos ou serventias públicas;

b) Quando, na sequência de reclamações ou de participações, se afigurar possível que tenha ocorrido ou possa vir a ocorrer uma situação susceptível de colocar em risco a saúde dos utentes.

2 – As actividades de fiscalização podem ser contratadas pela ADENE a organismos públicos ou privados.

CAPÍTULO IV
Contra-ordenações, coimas e sanções acessórias

Artigo 14.º
Contra-ordenações

1 – Constitui contra-ordenação punível com coima de € 250 a € 3740,98, no caso de pessoas singulares, e de € 2500 a € 44891,81, no caso de pessoas colectivas:

a) Não requerer, nos termos e dentro dos prazos legalmente previstos, a emissão de um certificado de desempenho energético ou da qualidade do ar interior num edifício existente;

b) Não requerer, dentro dos prazos legalmente previstos, a inspecção de uma caldeira, de um sistema de aquecimento ou de um equipamento de ar condicionado, nos termos exigidos pelo RSECE;

c) Solicitar a emissão de um novo certificado para o mesmo fim, no caso de já ter sido concretizado o registo previsto na alínea b) do n.º 2 do artigo 8.º;

d) Não facultar os elementos necessários às fiscalizações previstas nos artigos 12.º e 13.º;

e) A emissão de um certificado, pelo perito qualificado, com a aplicação manifestamente incorrecta das metodologias previstas no RSECE, no RCCTE e no presente decreto-lei;

f) A não apresentação dos certificados e da declaração de conformidade regulamentar, para efeitos de registo, nos termos do disposto no artigo 8.º

2 – Constitui contra-ordenação punível com coima de € 125 a € 1900, no caso de pessoas singulares, e de € 1250 a € 25 000, no caso de pessoas colectivas, não facultar aos inspectores os documentos referidos no n.º 4 do artigo 9.º, quando solicitados, independentemente de outras sanções previstas pelo RSECE.

3 – Constitui contra-ordenação punível com coima de € 75 a € 800, no caso de pessoas singulares, e de € 750 a € 12 500, no caso de pessoas colectivas, a falta de afixação, nos edifícios de serviços, com carácter de permanência, em local acessível e bem visível junto à entrada, da identificação do técnico responsável pelo bom funcionamento dos sistemas energéticos e pela manutenção da qualidade do ar interior e de uma cópia de um certificado de desempenho energético e da qualidade do ar interior, válido, conforme previsto no RSECE e no presente decreto-lei.

4 – A tentativa e a negligência são puníveis.

ARTIGO 15.º

Sanções acessórias

1 – Em função da gravidade da contra-ordenação, pode a autoridade competente determinar a aplicação cumulativa da coima com as seguintes sanções acessórias:

a) Suspensão de licença ou de autorização de utilização;

b) Encerramento do edifício;

c) Suspensão do exercício da actividade prevista no artigo 7.º do presente decreto-lei.

2 – As sanções referidas nas alíneas a) a b) do número anterior apenas são aplicadas quando o excesso de concentração de algum poluente for particularmente grave e haja causa potencial de perigo para a saúde pública, nos termos do RSECE.

3 – A sanção referida na alínea c) do n.º 1 é aplicada quando os peritos que praticaram a contraordenação o fizeram com abuso grave das suas funções, com manifesta violação dos deveres que lhes são inerentes e, ainda, nos casos de incorrecta aplicação das metodologias de forma reiterada, e tem a duração máxima de dois anos contados a partir da decisão condenatória definitiva.

4 – A sanção referida no número anterior é notificada à ordem ou associação profissional na qual os peritos em causa estejam inscritos e à ADENE.

ARTIGO 16.º

**Entidades competentes para processamento
das contra-ordenações e aplicação de coimas**

1 – As entidades competentes para a instauração e instrução dos processos de contra-ordenação são, na área da certificação energética, a Direcção-Geral de Geologia e Energia e, para a certificação da qualidade do ar interior, a Inspecção-Geral do Ambiente e do Ordenamento do Território.

2 – Compete ao director-geral de Geologia e Energia e ao inspector-geral do Ambiente e do Ordenamento do Território, nos respectivos domínios de responsabilidade, a aplicação das coimas e das sanções acessórias referidas nos artigos 14.º e 15.º

3 – Nas Regiões Autónomas as entidades competentes para a instauração e instrução de processos de contra-ordenação e aplicação de coimas são as entidades responsáveis pelas áreas da energia e do ambiente.

ARTIGO 17.º
Produto das coimas

1 – O montante das importâncias cobradas em resultado da aplicação das coimas previstas nos artigos anteriores é repartida da seguinte forma:
a) 60% para os cofres do Estado;
b) 40% para a entidade que instruiu o processo de contra-ordenação e aplicou a respectiva coima.

2 – O produto das coimas resultantes das contra-ordenações previstas no artigo 14.º aplicadas nas Regiões Autónomas constitui receita própria destas.

CAPÍTULO V
Disposições finais e transitórias

ARTIGO 18.º
Medidas cautelares

1 – Quando, em edifício existente que ainda não possua plano de manutenção ou sistema centralizado aprovado, se verifique uma situação de perigo iminente ou de perigo grave para o ambiente ou para a saúde pública, a ADENE deve comunicar esse facto à Inspecção-Geral do Ambiente e do Ordenamento do Território e ao delegado concelhio de saúde, que podem determinar as providências que em cada caso se justifiquem para prevenir ou eliminar tal situação.

2 – O disposto do número anterior é também aplicável aos edifícios novos, caso em que a imposição de medidas cautelares cabe à entidade licenciadora, à Inspecção-Geral do Ambiente e do Ordenamento do Território e ao delegado concelhio de saúde, no âmbito das respectivas competências.

3 – As medidas referidas nos números anteriores podem consistir na suspensão do funcionamento do edifício, no encerramento preventivo do edifício ou de parte dele ou, ainda, na apreensão de equipamento, no todo ou parte, mediante selagem, por determinado período de tempo.

4 – A obstrução à execução das providências previstas neste artigo pode dar lugar à interrupção de energia eléctrica, através de notificação aos respectivos distribuidores, a concretizar pela entidade competente, nos termos da legislação aplicável.

5 – O levantamento das medidas cautelares é determinado após vistoria ao edifício da qual resulte terem cessado as circunstâncias que lhe deram origem.

6 – A adopção de medidas cautelares ao abrigo do presente artigo bem como a sua cessação são averbadas no respectivo plano de manutenção da qualidade do ar interior pelo técnico responsável do edifício e comunicadas à entidade que emite a respectiva licença de utilização do edifício, no prazo máximo de 30 dias.

Artigo 19.º
Aplicação nas Regiões Autónomas

O presente decreto-lei aplica-se às Regiões Autónomas dos Açores e da Madeira, sem prejuízo das competências cometidas aos respectivos órgãos de governo próprio e das adaptações que lhe sejam introduzidas por diploma regional.

Artigo 20.º
Disposições transitórias

1 – Todas as medidas regulamentares previstas no presente decreto-lei devem estar publicadas no prazo máximo de oito meses a contar da data da sua entrada em vigor.

2 – Findo o prazo previsto no n.º 2 do artigo 7.º sem que tenham sido celebrados os protocolos ali referidos, as qualificações específicas necessárias ao exercício da função de perito qualificado são as que resultarem de despacho conjunto dos ministros responsáveis pelas áreas da energia, do ambiente e das obras públicas, o qual vigora até à celebração dos protocolos.

Visto e aprovado em Conselho de Ministros de 26 de Janeiro de 2006. – *José Sócrates Carvalho Pinto de Sousa – António Luís Santos Costa – Diogo Pinto de Freitas do Amaral – Fernando Teixeira dos Santos – Alberto Bernardes Costa – Francisco Carlos da Graça Nunes Correia – Manuel António Gomes de Almeida de Pinho – Mário Lino Soares Correia – António Fernando Correia de Campos.*

Promulgado em 5 de Março de 2006.

Publique-se.

O Presidente da República, JORGE SAMPAIO.

Referendado em 6 de Março de 2006.

O Primeiro-Ministro, José Sócrates Carvalho Pinto de Sousa.

ANEXO I
Definições

Área útil – a soma das áreas, medidas em planta pelo perímetro interior das paredes, de todos os compartimentos de um edifício ou de uma fracção autónoma, incluindo vestíbulos, circulações internas, instalações sanitárias, arrumos interiores à área habitável e outros compartimentos de função similar, incluindo armários nas paredes.

Auditoria – método de avaliação da situação energética ou da qualidade do ar interior existente num edifício ou fracção autónoma e que, no âmbito do presente decreto-lei, pode revestir, no que respeita à energia, conforme os casos, as formas de verificação da conformidade do projecto com os regulamentos RCCTE e RSECE ou da conformidade da obra com o projecto e, por acréscimo, dos níveis de consumo de energia dos sistemas de climatização e suas causas, em condições de funcionamento, mas também, no caso da energia como da qualidade do ar, a verificação das condições existentes no edifício em regime pós-ocupacional. Para efeitos do presente decreto-lei, o termo «auditoria» tem significado distinto e não deve ser confundido com o conceito definido na norma NP EN ISO 9000:2000.

Certificado – documento inequivocamente codificado que quantifica o desempenho energético e da qualidade do ar interior num edifício.

Edifício – entende-se por «edifício», para efeitos do presente decreto-lei, quer a totalidade de um prédio urbano, quer cada uma das suas fracções autónomas.

Grandes edifícios – edifícios de serviços com uma área útil de pavimento superior ao limite mínimo definido no RSECE.

Grande intervenção de reabilitação – uma intervenção na envolvente ou nas instalações, energéticas ou outras, do edifício, cujo custo seja superior a 25% do valor do edifício, nas condições definidas no RCCTE.

Pequenos edifícios – todos os edifícios de serviços com área útil inferior ao limite que os define como grandes edifícios.

Plano de acções correctivas da qualidade do ar interior – conjunto de medidas destinadas a atingir, dentro de um edifício ou de uma fracção autónoma, concentrações de poluentes abaixo das concentrações máximas de referência, por forma a garantir a higiene do espaço em causa e a salvaguardar a saúde dos seus ocupantes.

Plano de racionalização energética – conjunto de medidas de racionalização energética, de redução de consumos ou de custos de energia, elaborado na sequência de uma auditoria energética, organizadas e seriadas na base da sua exequibilidade e da sua viabilidade económica.

Potência nominal – a potência térmica que um equipamento é capaz de fornecer nas condições nominais de cálculo e que consta da sua placa de características.

Proprietário – o titular do direito de propriedade do edifício ou de outro direito real sobre o mesmo que lhe permita usar e fruir das suas utilidades próprias ou, ainda, no caso de edifícios ou partes de edifícios destinados ao exercício de actividades comerciais ou de prestação de serviços, excepto nas ocasiões de celebração de novo contrato de venda, locação, arrendamento ou equivalente, as pessoas a quem por contrato ou outro título legítimo houver sido conferido o direito de instalar e ou explorar em área determinada do prédio o seu estabelecimento e que detenham a direcção efectiva do negócio aí prosseguido sempre que a área em causa esteja dotada de sistemas de climatização independentes dos comuns ao resto do edifício.

Sistema de aquecimento – conjunto de equipamentos combinados de forma coerente com vista a promover o aquecimento de um local, incluindo caldeira, tubagem ou condutas de distribuição, bombas ou ventiladores, dispositivos de controlo e todos os demais acessórios e componentes necessários ao seu bom funcionamento.

DECRETO-LEI N.º 79/2006,
DE 4 DE ABRIL

O Regulamento dos Sistemas Energéticos de Climatização em Edifícios (RSECE) foi aprovado pelo Decreto-Lei n.º 118/98, de 7 de Maio, e veio substituir o Decreto-Lei n.º 156/92, de 29 de Julho, que não chegou a ser aplicado e que visava regulamentar a instalação de sistemas de climatização em edifícios. O RSECE procurava introduzir algumas medidas de racionalização, fixando limites à potência máxima dos sistemas a instalar num edifício para, sobretudo, evitar o seu sobredimensionamento, conforme a prática do mercado mostrava ser comum, contribuindo assim para a sua eficiência energética, evitando investimentos desnecessários.

O RSECE exigia também a adopção de algumas medidas de racionalização energética, em função da dimensão (potência) dos sistemas, e considerava a necessidade da prática de certos procedimentos de recepção após a instalação dos sistemas e de manutenção durante o seu funcionamento normal.

A prática da aplicação do RSECE veio a demonstrar alguma indiferença por parte da maioria dos intervenientes no processo. Assim, a instalação de sistemas de climatização foi sendo tratada, maioritariamente, directamente entre fornecedores e clientes, remetendo-se, na prática, a aplicação do Regulamento exclusivamente para o nível da responsabilidade técnica dos projectistas ou dos instaladores ou, simplesmente, dos fornecedores dos equipamentos.

Entretanto, na última década, acentuou-se significativamente a tendência de crescimento da procura de sistemas de climatização no nosso país, desde os mais simples e de pequena dimensão, no sector residencial e dos pequenos serviços, aos sistemas complexos de grandes dimensões, sobretudo em edifícios do sector terciário. Isto surge em resposta à melhoria do nível de vida das populações e do seu maior grau de exigência em termos de conforto, mas, também, como consequência da elevada taxa de crescimento do parque construído.

Da evolução referida resultou para o sector dos edifícios a mais elevada taxa de crescimento dos consumos de energia de entre todos os sectores da economia nacional, nomeadamente para o subsector dos serviços, traduzida em valores médios da ordem dos 12% por ano.

Por sua vez, a não existência de requisitos exigenciais quanto a valores mínimos de renovação do ar, o pouco controlo da conformidade do desempenho das instalações com o respectivo projecto aquando da sua recepção e a continuada falta de uma prática efectiva de manutenção adequada das instalações durante o seu funcionamento normal têm levado ao aparecimento de problemas de qualidade do ar interior, alguns dos quais com impacte significativo ao nível da saúde pública.

No contexto internacional, em relação com o programa de combate às alterações climáticas, Portugal, em articulação com os compromissos da União Europeia no âmbito do Protocolo de Quioto, também assumiu responsabilidades quanto ao controlo das emissões de gases de efeito de estufa. Nesse quadro, há um consenso sobre a importância de melhorar a eficiência energética dos edifícios e de reduzir o consumo de energia e as correspondentes emissões de CO_2 do sector dos edifícios como parte do esforço de redução das emissões a envolver todos os sectores consumidores de energia.

É assim que a União Europeia publicou, em 4 de Janeiro de 2003, a Directiva n.º 2002/91/CE, do Parlamento Europeu e do Conselho, de 16 de Dezembro, relativa ao desempenho energético dos edifícios, que, entre outros requisitos, impõe aos Estados membros o estabelecimento e actualização periódica de regulamentos para reduzir os consumos energéticos nos edifícios novos e reabilitados, impondo, com poucas excepções, a implementação de todas as medidas pertinentes com viabilidade técnica e económica. A directiva adopta, também, a obrigatoriedade de uma verificação periódica dos consumos reais nos edifícios de maior dimensão e a disponibilização desta informação ao público que os utilizar, mediante afixação de um certificado apropriado em local bem visível junto da entrada do edifício.

É neste enquadramento que se impõe a revisão do RSECE com um quádruplo objectivo:

1) Definir as condições de conforto térmico e de higiene que devem ser requeridas (requisitos exigenciais) nos diferentes espaços dos edifícios, em consonância com as respectivas funções;

2) Melhorar a eficiência energética global dos edifícios, não só nos consumos para climatização mas em todos os tipos de consumos de energia que neles têm lugar, promovendo a sua limitação efectiva para padrões aceitáveis, quer nos edifícios existentes, quer nos edifícios a construir ou nas grandes intervenções de reabilitação de edifícios existentes;

3) Impor regras de eficiência aos sistemas de climatização que permitam melhorar o seu desempenho energético efectivo e garantir os meios para a manutenção de uma boa qualidade do ar interior, quer a nível do projecto, quer a nível da sua instalação, quer durante o seu funcionamento, através de uma manutenção adequada;

4) Monitorizar com regularidade as práticas da manutenção dos sistemas de climatização como condição da eficiência energética e da qualidade do ar interior dos edifícios.

O primeiro dos objectivos deve recorrer às orientações e à prática da comunidade internacional, de acordo com o estado da arte dos conhecimentos sobre o conforto térmico e a qualidade do ar interior, na sequência dos valores guia da Organização Mundial de Saúde (OMS) e das normas nacionais e internacionais [International Organization for Standardization (ISO), Comité Européen de Normalisation (CEN)].

O segundo dos objectivos indicados impõe a adopção de métodos detalhados de previsão de consumos energéticos na fase de projecto, o que constitui uma alteração importante na forma como vêm sendo elaborados os respectivos projectos. Tem de ser promovida a formação específica das equipas projectistas como condição da sua competência especializada, reconhecida pelos seus pares, no quadro das respectivas associações profissionais. A responsabilização profissional é necessariamente um dos suportes essenciais à boa introdução das alterações subjacentes aos restantes dois objectivos, para além da integração da monitorização dos desempenhos dos edifícios e sistemas de climatização num esquema de inspecção definido no Sistema Nacional de Certificação Energética e da Qualidade do Ar Interior nos Edifícios (SCE).

O terceiro conjunto de objectivos implica que se ampliem, ao nível do projecto, os requisitos técnicos aplicáveis aos sistemas a conceber. Os projectistas devem favorecer sistemas centralizados como forma de tirar partido de economias de escala, quer a nível de um edifício com várias fracções autónomas, quer a nível de grupos de edifícios, com recurso a redes urbanas de calor e de frio, sempre que possível, e a soluções energeticamente mais eficientes, incluindo as que recorram a sistemas baseados em energias renováveis, mesmo que de custo inicial mais elevado, se tiverem viabilidade económica traduzida por um período de retorno aceitável.

Finalmente, e a nível do próprio projecto, têm de ser previstas as condições e componentes necessárias para uma manutenção e monitorização adequadas, para que se possa concretizar também o quarto e último dos objectivos apontados.

Tal como para a versão anterior, o sucesso do presente Regulamento está sobretudo na sua aplicação na fase de licenciamento, garantindo que os projectos licenciados ou autorizados satisfaçam integralmente os requisitos regulamentares.

Nesta sua reformulação, o RSECE impõe, entretanto, mecanismos mais efectivos de comprovação desta conformidade regulamentar e aumenta as penalizações, sob a forma pecuniária e em termos profissionais, para os casos de incumprimento. Aumenta também o grau de exigência de formação profissional dos técnicos que possam vir a ser responsáveis pela verificação dos requisitos do presente Regulamento, de forma a aumentar o nível da sua competência e a

conferir mais credibilidade e probabilidade de sucesso à satisfação dos objectivos pretendidos. Para além desta intervenção no licenciamento, o RSECE impõe
também mecanismos de auditoria periódica dos edifícios.

A exemplo do que sucedeu no âmbito do Regulamento das Características
de Comportamento Térmico dos Edifícios (RCCTE), optou-se por consagrar um
modelo de certificação energética que salvaguarda um conjunto de procedimentos simplificados e ágeis no domínio do licenciamento e da autorização das
operações de edificação, na linha do esforço de desburocratização que tem vindo a ser prosseguido pelo Governo.

Dada a natureza específica das medidas preconizadas, com novas exigências técnicas e administrativas, cuja eficácia há que salvaguardar desde o início,
impõe-se que a sua adopção seja feita de forma gradual, começando pela sua
aplicação aos edifícios mais consumidores e de maior dimensão e alargando a
sua aplicação sucessivamente a todos os edifícios com sistemas de climatização
abrangidos pelo presente Regulamento, segundo calendário a definir pelos ministros da tutela face à evolução da implementação de cada fase e sempre com o
objectivo último de cumprimento dos prazos fixados para a total implementação
das medidas impostas pela Directiva n.º 2002/91/CE, de 16 de Dezembro,
publicada em 4 de Janeiro de 2003.

No seio da Subcomissão de Regulamentação de Eficiência Energética em
Edifícios foram conduzidos os trabalhos de revisão do Regulamento das Condições Térmicas em Edifícios, pelo que o presente decreto-lei foi elaborado e
concertado com as seguintes entidades: representantes da Faculdade de Engenharia da Universidade do Porto, Faculdade de Arquitectura da Universidade
Técnica de Lisboa, Escola Superior de Tecnologia da Universidade do Algarve,
Instituto Nacional de Engenharia, Tecnologia e Inovação, Instituto Superior
Técnico, associações representativas do sector, Associação Nacional dos Municípios Portugueses, Direcção-Geral de Geologia e Energia, Instituto de
Meteorologia, Laboratório Nacional de Engenharia Civil, Ordem dos Arquitec-
tos e Ordem dos Engenheiros.

Foram ouvidos os órgãos de governo próprio das Regiões Autónomas e a
Associação Nacional de Municípios Portugueses.

Assim:

Nos termos da alínea a) do n.º 1 do artigo 198.º da Constituição, o Governo
decreta o seguinte:

Artigo 1.º
Objecto

1 – É aprovado o Regulamento dos Sistemas Energéticos de Climatização
em Edifícios (RSECE), que se publica em anexo ao presente decreto-lei e que
dele faz parte integrante.

2 – O presente decreto-lei transpõe parcialmente para a ordem jurídica nacional a Directiva n.º 2002/91/CE, do Parlamento Europeu e do Conselho, de 16 de Dezembro, relativa ao desempenho energético dos edifícios.

ARTIGO 2.º
Aplicação nas Regiões Autónomas

1 – O presente decreto-lei aplica-se às Regiões Autónomas, sem prejuízo das competências cometidas aos respectivos órgãos de governo próprio e das adaptações que lhe sejam introduzidas por diploma regional.

2 – As funções de fiscalização e inspecção previstas no presente decreto-lei são exercidas pelos órgãos próprios da administração pública regional.

3 – O produto das coimas resultantes das contra-ordenações previstas no artigo 25.º aplicadas nas Regiões Autónomas constitui receita própria destas.

ARTIGO 3.º
Sistema Nacional de Certificação Energética
e da Qualidade do Ar Interior nos Edifícios

As exigências do RSECE que dependem do Sistema Nacional de Certificação Energética e da Qualidade do Ar Interior nos Edifícios (SCE) ficam condicionadas ao faseamento da entrada em vigor dos respectivos requisitos por ele previsto.

ARTIGO 4.º
Norma revogatória

É revogado o Decreto-Lei n.º 118/98, de 7 de Maio.

ARTIGO 5.º
Entrada em vigor

O presente decreto-lei entra em vigor 90 dias após a data da sua publicação.

Visto e aprovado em Conselho de Ministros de 26 de Janeiro de 2006. – *José Sócrates Carvalho Pinto de Sousa – António Luís Santos Costa – Diogo Pinto de Freitas do Amaral – Fernando Teixeira dos Santos – Alberto Bernardes Costa – Francisco Carlos da Graça Nunes Correia – Manuel António Gomes de Almeida de Pinho – Mário Lino Soares Correia – António Fernando Correia de Campos.*

Promulgado em 5 de Março de 2006.

Publique-se.

O Presidente da República, JORGE SAMPAIO.

Referendado em 6 de Março de 2006.

O Primeiro-Ministro, *José Sócrates Carvalho Pinto de Sousa.*

REGULAMENTO DOS SISTEMAS ENERGÉTICOS DE CLIMATIZAÇÃO EM EDIFÍCIOS

CAPÍTULO I
Objecto e âmbito de aplicação

ARTIGO 1.º
Objecto

O presente Regulamento estabelece:

a) As condições a observar no projecto de novos sistemas de climatização, nomeadamente:

i) Os requisitos em termos de conforto térmico e de qualidade do ar interior e os requisitos mínimos de renovação e tratamento de ar que devem ser assegurados em condições de eficiência energética, mediante a selecção adequada de equipamentos e a sua organização em sistemas;

ii) Os requisitos em termos da concepção, da instalação e do estabelecimento das condições de manutenção a que devem obedecer os sistemas de climatização, para garantia de qualidade e segurança durante o seu funcionamento normal;

iii) A observância dos princípios da utilização racional da energia e da utilização de materiais e tecnologias adequados em todos os sistemas energéticos do edifício, na óptica da sustentabilidade ambiental;

b) Os limites máximos de consumo de energia nos grandes edifícios de serviços existentes;

c) Os limites máximos de consumos de energia para todo o edifício e, em particular, para a climatização, previsíveis sob condições nominais de funcionamento para edifícios novos ou para grandes intervenções de reabilitação de edifícios existentes que venham a ter novos sistemas de climatização abrangidos pelo presente Regulamento, bem como os limites de potência aplicáveis aos sistemas de climatização a instalar nesses edifícios;

d) As condições de manutenção dos sistemas de climatização, incluindo os requisitos necessários para assumir a responsabilidade pela sua condução;

e) As condições de monitorização e de auditoria de funcionamento dos edifícios em termos dos consumos de energia e da qualidade do ar interior;

f) Os requisitos, em termos de formação profissional, a que devem obedecer os técnicos responsáveis pelo projecto, instalação e manutenção dos sistemas de climatização, quer em termos da eficiência energética, quer da qualidade do ar interior (QAI).

Artigo 2.º
Âmbito de aplicação

1 – O presente Regulamento aplica-se:

a) A todos os edifícios ou fracções autónomas não residenciais existentes com área útil superior aos valores limites definidos no presente Regulamento, actualizáveis por portaria conjunta dos ministros responsáveis pelas áreas da economia, das obras públicas, do ambiente e do ordenamento do território e habitação, em função da tipologia do edifício, impondo o valor máximo da globalidade dos seus consumos energéticos efectivos, para climatização, iluminação e em equipamentos típicos, em função do uso dos espaços, designadamente para aquecimento de água sanitária e elevadores, entre outros, em condições normais de funcionamento, bem como os requisitos mínimos de manutenção dos sistemas e de QAI e da respectiva monitorização;

b) No licenciamento de todos os novos edifícios ou fracções autónomas não residenciais com potência instalada prométio (P_m) superior aos valores limites definidos por portaria conjunta dos ministros responsáveis pelas áreas da economia, das obras públicas, do ambiente e do ordenamento do território e habitação, em função da tipologia do edifício, impondo:

i) O valor máximo da globalidade dos seus consumos energéticos específicos previsíveis sob condições nominais de funcionamento para climatização, iluminação e em equipamentos típicos em função do uso dos espaços, designadamente para aquecimento de água sanitária e elevadores;

ii) O limite superior da potência que é permitido instalar nesses edifícios ou fracções autónomas para os respectivos sistemas de climatização (ventilação mecânica, aquecimento e arrefecimento), bem como os limites a partir dos quais se torna obrigatória a centralização de sistemas de climatização em edifícios com mais do que uma fracção autónoma;

iii) Os requisitos mínimos para garantia da QAI e para a instalação e manutenção dos sistemas de climatização;

c) No licenciamento dos novos edifícios residenciais, ou de cada uma das suas fracções autónomas, que sejam projectados para serem dotados de sistemas de climatização com uma potência nominal instalada superior a um limite praseodímio (P_r) fixado e actualizável por portaria conjunta dos ministros responsáveis pelas áreas da economia, das obras públicas, do ambiente e do ordenamento do território e habitação, limitando as necessidades energéticas nominais de aquecimento e arrefecimento;

d) Aos novos sistemas de climatização a instalar em edifícios ou fracções autónomas existentes com uma potência nominal igual ou superior a P_m referida na alínea b), para edifícios de serviços, ou P_r referida na alínea c), para edifícios residenciais, sendo-lhes aplicáveis os mesmos requisitos previstos para os edifícios novos da mesma tipologia;

e) Às grandes intervenções de reabilitação relacionadas com a envolvente, as instalações mecânicas de climatização ou os demais sistemas energéticos dos edifícios de serviços, independentemente de serem ou não, nos termos de legislação específica, sujeitos a licenciamento ou autorização no território nacional, com excepção das situações previstas no n.º 4, sendo-lhes aplicáveis os mesmos requisitos previstos para os edifícios novos da mesma tipologia.

2 – Mesmo que abrangidos pelo disposto no número anterior, estão isentos dos requisitos do presente Regulamento:

a) Pequenos edifícios de serviços existentes ou respectivas fracções autónomas sem sistemas de aquecimento ou de arrefecimento ambiente, ou com sistemas de climatização com potência nominal inferior ao valor P_m referido no número anterior;

b) Igrejas e locais de culto;

c) Edifícios industriais e agrícolas destinados a actividades de produção;

d) Garagens, armazéns ou equivalentes, desde que não climatizados;

e) Edifícios em zonas históricas ou edifícios classificados, sempre que se verifiquem incompatibilidades com as exigências do presente Regulamento;

f) Infra-estruturas militares e imóveis afectos ao sistema de informações ou a forças de segurança que se encontrem sujeitos a regras de controlo e confidencialidade.

3 – No caso de edifícios com mais do que uma fracção autónoma, o presente Regulamento aplica-se individualmente a cada uma delas, caso sejam adoptados sistemas individuais de climatização para cada uma, ou ao edifício como um todo, caso seja adoptado um sistema centralizado de climatização para todo o edifício.

4 – No caso de ampliações de edifícios existentes em que a intervenção na parte original desse edifício não atinja o limiar definido para ser considerada uma grande intervenção de reabilitação, o presente Regulamento aplica-se apenas à zona de ampliação, que deve obedecer aos requisitos correspondentes a um edifício novo do mesmo tipo e área útil, salvaguardando uma integração harmoniosa das partes nova e existente dos sistemas energéticos.

CAPÍTULO II
Princípios gerais, definições e referências

ARTIGO 3.º
Índices e parâmetros de caracterização

1 – A caracterização energética de um edifício ou fracção é feita através de um indicador de consumo específico, expresso em unidades de energia final ou primária por metros quadrados de área útil por ano.

2 – Em casos específicos, a caracterização indicada no número anterior pode ser feita alternativa ou cumulativamente por um indicador que seja específico à função do edifício ou da actividade nele ou em parte dele desenvolvida, segundo lista aprovada por despacho do director-geral de Geologia e Energia.

3 – Para efeitos do disposto nos números anteriores, a contribuição de todas as formas de energia renovável não é incluída no cálculo dos valores dos indicadores referidos, sendo, no entanto, obrigatória a indicação do valor imputável às energias renováveis em causa, expresso nas unidades referidas no n.º 1.

4 – A caracterização da eficiência energética dos edifícios pode também ser feita por um indicador de CO_2 produzido correspondente ao consumo de energia do edifício por metros quadrados de área útil, utilizando para o efeito a informação sobre o mix energético nacional de um ano de referência e os valores de conversão entre energia primária e produção de CO_2 publicados anualmente pela Direcção-Geral de Geologia e Energia.

5 – São também utilizados outros parâmetros com vista a caracterizar a eficiência energética e a qualidade dos sistemas de climatização, nomeadamente a potência instalada e a eficiência nominal de componentes e, ainda, a QAI, nomeadamente a taxa de renovação do ar, a concentração de alguns gases e, em alguns casos, a presença de microrganismos e de partículas em suspensão nos sistemas ou no ar interior.

6 – Para efeitos da fixação dos requisitos energéticos de cada edifício a que o presente Regulamento se aplica, o País é dividido em zonas climáticas de Inverno e de Verão, de acordo com o estabelecido no Regulamento das Características de Comportamento Térmico dos Edifícios (RCCTE).

ARTIGO 4.º
Requisitos exigenciais

1 – Os requisitos exigenciais de conforto térmico de referência para cálculo das necessidades energéticas, no âmbito do presente Regulamento, são os fixados no RCCTE, tendo ainda em conta que a velocidade do ar interior não deve

exceder os 0,2 m/s e que quaisquer desequilíbrios radiativos térmicos devem ser devidamente compensados.

2 – Os requisitos exigenciais da QAI são definidos e actualizáveis periodicamente por portaria conjunta dos ministros responsáveis pelas áreas da economia, das obras públicas, do ambiente, do ordenamento do território e habitação e da saúde em função dos progressos técnicos e das normas nacionais ou europeias aplicáveis e assentam em critérios de sucessivo maior rigor, conforme o que determinarem as seguintes circunstâncias:

a) Valor mínimo de renovação do ar por espaço, em função da sua utilização e do tipo de fontes poluentes nele existentes, nomeadamente as derivadas dos materiais de construção aplicados;

b) Valores máximos das concentrações de algumas substâncias poluentes do ar interior, seja porque estas são reconhecidas como poluentes prioritários, seja porque podem funcionar como indicadores gerais do nível da QAI.

Artigo 5.º
Definições

As definições específicas necessárias à correcta compreensão e aplicação do presente Regulamento constam do anexo I ao presente Regulamento, que dele faz parte integrante, bem como, subsidiariamente e pela ordem indicada, do RCCTE e de outras normas comunitárias ou nacionais.

CAPÍTULO III
Requisitos energéticos

Artigo 6.º
Condições nominais

1 – Os requisitos energéticos são calculados na base de padrões nominais de utilização dos edifícios definidos e actualizáveis por portaria conjunta dos ministros responsáveis pelas áreas da economia, das obras públicas, do ambiente e do ordenamento do território e habitação em função da evolução dos consumos dos edifícios existentes.

2 – As condições nominais a aplicar a um edifício ou a uma sua zona específica podem ser modificadas a título excepcional quando exista a necessidade de soluções específicas, desde que se explicitem as causas especiais que as justifiquem, e que as mesmas sejam aceites pela entidade licenciadora.

3 – Todos os novos edifícios de serviços, bem como os existentes sujeitos a grande reabilitação, devem ter envolventes cujas propriedades térmicas obedecem aos requisitos mínimos de qualidade impostos pelo RCCTE.

ARTIGO 7.º
**Requisitos energéticos para os grandes edifícios
de serviços existentes**

1 – O consumo global específico de energia de um grande edifício de serviços em condições normais de funcionamento, nos termos do n.º 1 do artigo 2.º, é avaliado periodicamente por auditoria energética realizada no âmbito do Sistema Nacional de Certificação Energética e da Qualidade do Ar Interior nos Edifícios (SCE), não podendo ultrapassar o valor definido no presente Regulamento.

2 – O valor referido no número anterior é actualizado por portaria conjunta dos ministros responsáveis pelas áreas da economia, das obras públicas, do ambiente e do ordenamento do território e habitação, a qual também determina a periodicidade da auditoria para cada tipologia e dimensão dos edifícios.

3 – Caso o consumo nominal específico, avaliado de acordo com o n.º 1, ultrapasse o consumo máximo permitido, o proprietário do edifício ou da fracção autónoma deve submeter um plano de racionalização energética (PRE) à aprovação da Direcção-Geral de Geologia e Energia, ou dos órgãos competentes das Regiões Autónomas, ou a outras instituições por aquelas designadas para o efeito, no prazo de três meses a partir da data de conclusão da auditoria energética.

4 – O PRE destina-se a reduzir o consumo específico para valores conformes com os limites máximos permitidos num prazo correspondente a metade da periodicidade estabelecida para as auditorias desse tipo de edifício.

5 – São de execução obrigatória as medidas que apresentem viabilidade económica aceitável, segundo critérios a definir periodicamente por portaria conjunta dos ministros responsáveis pelas áreas da economia, das obras públicas, do ambiente e do ordenamento do território e habitação.

6 – Caso a totalidade das medidas de implementação obrigatória constantes do PRE não seja adoptada no prazo máximo estabelecido no n.º 4, o proprietário do edifício ou fracção autónoma fica sujeito a coima anual de acordo com o artigo 25.º até à demonstração da execução cabal do referido PRE.

7 – Verificado o cumprimento dos requisitos previstos nos números anteriores é emitido o respectivo certificado no âmbito do SCE, cuja validade é fixada na portaria referida no n.º 2.

Artigo 8.º

**Requisitos energéticos para os grandes edifícios
de serviços a construir**

1 – O consumo nominal específico de energia de um novo grande edifício de serviços sujeito ao presente Regulamento, nos termos do n.º 1 do artigo 2.º, é determinado através de uma simulação dinâmica multizona do edifício, utilizando metodologias de simulação que obedeçam aos requisitos estabelecidos no n.º 2 do artigo 13.º e padrões típicos para cada tipologia de edifício definidos e actualizados por portaria conjunta dos ministros responsáveis pelas áreas da economia, das obras públicas, do ambiente e do ordenamento do território e habitação, e não pode ultrapassar o valor máximo definido na mesma portaria.

2 – Após o início da utilização do edifício, ou de cada fracção autónoma, o disposto no artigo 7.º é integralmente aplicável, devendo a primeira auditoria ser realizada durante o seu terceiro ano de funcionamento.

3 – Caso a primeira auditoria referida no número anterior demonstre um consumo superior ao valor máximo permitido, nos termos do n.º 1, o proprietário do edifício ou fracção autónoma fica sujeito a coima anual até reposição do consumo específico dentro dos valores legalmente previstos, salvo demonstração inequívoca da ocorrência de razões estranhas ao projecto e à instalação dos sistemas energéticos para o consumo em excesso.

4 – As grandes intervenções de reabilitação de edifícios de serviços existentes são objecto dos mesmos requisitos dos novos edifícios de serviços.

Artigo 9.º

**Requisitos energéticos para os pequenos edifícios
de serviços existentes**

Os pequenos edifícios de serviços existentes, ou cada uma das suas fracções autónomas com sistemas de climatização abrangidos pelo presente Regulamento, nos termos do n.º 1 do artigo 2.º, não ficam sujeitos a qualquer requisito de limitação de consumo de energia.

Artigo 10.º

**Requisitos energéticos para os pequenos edifícios
de serviços a construir**

1 – Os pequenos edifícios de serviços a construir com sistemas de climatização abrangidos pelo presente Regulamento não podem, conforme o disposto no n.º 1 do artigo 2.º, ultrapassar um consumo nominal específico, baseado em padrões de utilização típicos calculado segundo uma metodologia

de simulação dinâmica simplificada que obedeça aos requisitos definidos e actualizáveis por portaria conjunta dos ministros responsáveis pelas áreas da economia, das obras públicas, do ambiente e do ordenamento do território e habitação e, na componente de climatização, não podem ultrapassar 80% das necessidades de energia nominais máximas permitidas pelo RCCTE, quer para o aquecimento, *Ni*, quer para o arrefecimento, *Nv*.

2 – Ficam também sujeitos aos requisitos definidos no número anterior todas as grandes intervenções de reabilitação de pequenos edifícios de serviços com sistemas de climatização.

3 – Para efeitos do disposto no n.º 1, caso não seja ainda conhecida a utilização final de um pequeno edifício ou fracção autónoma destinada a serviços aquando do processo de licenciamento ou de autorização, este pode ser feito definindo uma qualquer utilização possível compatível com o edifício ou fracção, sem prejuízo de utilização posterior para outro fim.

ARTIGO 11.º

**Requisitos energéticos para os novos edifícios
de habitação com sistemas de climatização**

1 – Os novos edifícios de habitação abrangidos pelo presente Regulamento, conforme o disposto no n.º 1 do artigo 2.º, não podem ultrapassar necessidades nominais específicas, baseadas em padrões de utilização típicos, correspondentes a 80% das necessidades nominais de energia máximas permitidas pelo RCCTE, quer para o aquecimento, quer para o arrefecimento.

2 – Ficam também sujeitas aos requisitos definidos no número anterior todas as grandes intervenções de reabilitação de edifícios de habitação, ou de cada uma das suas fracções autónomas, com sistemas de climatização cuja potência seja superior a P_r.

CAPÍTULO IV

Requisitos para a manutenção
da qualidade do ar interior

ARTIGO 12.º

Garantia da qualidade do ar

1 – Os novos edifícios a construir, abrangidos pelo presente Regulamento, devem ser dotados de meios naturais, mecânicos ou híbridos que garantam as taxas de renovação de ar de referência fixadas na alínea a) do n.º 2 do artigo 4.º

2 – Em todos os edifícios de serviços abrangidos pelo presente Regulamento, durante o seu funcionamento normal, devem ser consideradas as concentrações máximas de referência fixadas na alínea b) do n.º 2 do artigo 4.º para os agentes poluentes no interior dos edifícios.

3 – Nos edifícios de serviços existentes dotados de sistemas de climatização abrangidos pelo presente Regulamento, nos termos do n.º 1 do artigo 2.º, devem ser efectuadas auditorias à QAI, no âmbito do SCE, segundo metodologia por este definida, com periodicidade e complexidade adequadas ao tipo e à dimensão do edifício, estabelecidas por portaria conjunta dos ministros responsáveis pelas áreas da economia, das obras públicas, do ambiente e do ordenamento do território e habitação.

4 – Nas auditorias referidas no número anterior, devem ser medidas as concentrações de todos os poluentes referidos no n.º 2, bem como, quando se justifique, efectuadas medições adicionais de outros poluentes perigosos, químicos ou bacteriológicos, segundo lista e metodologia fixadas na portaria a que se refere o número anterior.

5 – Nos casos de edifícios hospitalares em que, por outras razões específicas, forem feitas auditorias à QAI fora do âmbito do SCE, os respectivos resultados podem substituir os indicados nos n.ºs 3 e 4, desde que satisfaçam, pelo menos, a periodicidade imposta pelo presente Regulamento.

6 – Quando, nas auditorias referidas nos n.ºs 3 a 5, forem detectadas concentrações mais elevadas do que as concentrações máximas de referência fixadas pelo presente Regulamento, o proprietário ou o titular do contrato de locação ou arrendamento do edifício deve preparar um plano de acções correctivas da QAI no prazo máximo de 30 dias a contar da data de conclusão da auditoria, submetendo-o à aprovação do Instituto do Ambiente, ou dos órgãos competentes das Regiões Autónomas, ou a outras instituições por aquelas designadas para o efeito, e deve ainda apresentar os resultados de nova auditoria que comprove que a QAI desse edifício passou a estar de acordo com as concentrações máximas de referência previstas na alínea b) do n.º 2 do artigo 4.º no prazo de 30 dias após a implementação do referido plano.

7 – Quando algum dos prazos referidos no número anterior não for cumprido, ou quando as causas para a insuficiente QAI se deverem a problemas derivados de falta de cumprimento do plano de manutenção exigido no artigo 19.º, ou quando o excesso de concentração de algum poluente for particularmente grave, conforme definido por portaria conjunta dos ministros responsáveis pelas áreas da economia, das obras públicas, do ambiente e do ordenamento do território e habitação, o proprietário do edifício fica sujeito às sanções previstas no presente Regulamento.

8 – No caso de ocorrência de problema grave de QAI, o prazo para a sua correcção pode ser reduzido para oito dias ou, se necessário, pode ser decretado o encerramento imediato do edifício, nos termos da alínea b) do n.º 1 do artigo 26.º

CAPÍTULO V
Requisitos para a concepção das instalações mecânicas de climatização

ARTIGO 13.º
Limitação da potência instalada em novos sistemas de climatização

1 – As potências térmicas de aquecimento ou de arrefecimento dos sistemas de climatização a instalar nos edifícios abrangidos pelo presente Regulamento, nos termos do artigo 2.º, não podem exceder em mais de 40% o valor de projecto estabelecido pelo método de cálculo adoptado para dimensionar os sistemas de climatização do edifício, quer seja por simulação dinâmica multizona, método obrigatório para os grandes edifícios de serviços, quer seja por simulação dinâmica simplificada, do tipo zona única, admissível para os pequenos edifícios de serviços e para os edifícios residenciais.

2 – Os métodos de dimensionamento adoptados devem ser tecnicamente validados e contabilizar explicitamente, pelo menos, os seguintes factores:

a) Para a carga térmica de aquecimento, todos os tipos de perdas contabilizados no método de cálculo das necessidades de aquecimento especificado no RCCTE;

b) Para a carga térmica de arrefecimento, os ganhos sensíveis e latentes, em regime não permanente, devidos à condução através da envolvente opaca e dos envidraçados, à incidência de radiação solar nos envidraçados, às fontes internas de calor, resultantes de ocupantes, iluminação artificial e equipamentos, às infiltrações e renovação mecânica de ar, bem como as cargas derivadas dos próprios componentes do sistema de aquecimento, ventilação e ar condicionado (AVAC), designadamente bombas, ventiladores, sistemas de desumidificação ou de reaquecimento terminal, calculados para cada espaço e para o máximo simultâneo de todas as zonas servidas pelo mesmo sistema.

3 – Em caso de demonstrada necessidade face aos fins a que se destina o edifício, nomeadamente em hospitais, empreendimentos turísticos, quando aplicável, de categoria superior ou igual a 3 estrelas e centros comerciais, onde a falta de capacidade instalada poderia ser inadmissível, é permitido exceder o limite estabelecido no número anterior com a instalação de unidades de reserva.

4 – É admitida a utilização de equipamentos de série com potência térmica de aquecimento ou de arrefecimento no escalão imediatamente superior à obtida por aplicação do disposto no n.º 1.

5 – No caso de serem usados equipamentos para aquecimento e arrefecimento do tipo bomba de calor, é admissível que a potência do equipa-

mento a instalar ultrapasse o limite estabelecido no n.º 1, para uma das potências, garantindo-se a conformidade regulamentar da outra.

ARTIGO 14.º
Requisitos de eficiência energética no projecto de novos sistemas de climatização

1 – Em todos os edifícios de serviços novos, bem como nos existentes sujeitos a grande reabilitação, sempre que a soma das potências de climatização das fracções autónomas num edifício, e para um mesmo tipo de uso, seja superior a 4 P_m, é obrigatoriamente adoptado um sistema de climatização com produção térmica centralizada, aplicando-se as restrições da EN 378-1, a menos que existam dificuldades técnicas ou impedimentos de outra natureza, devidamente justificados e aceites pela entidade licenciadora, ou que seja demonstrada a não viabilidade económica da adopção de um sistema centralizado nesse edifício.

2 – O recurso a sistemas de climatização servindo mais de uma fracção autónoma ou edifício deve salvaguardar o cumprimento do presente Regulamento relativamente a cada fracção autónoma ou edifício e relativamente aos sistemas no seu conjunto.

3 – É obrigatório o recurso a sistemas de climatização que utilizem fontes renováveis, desde que constem de lista publicada especificamente para este efeito por despacho do director-geral de Geologia e Energia, em função da dimensão dos sistemas e da localização do edifício, e actualizável em função dos progressos técnicos e das condições económicas prevalecentes, a menos que seja demonstrada a sua não viabilidade económica.

4 – É obrigatória a ligação de sistemas a redes urbanas de distribuição de calor e de frio, se existirem no local ou nas suas proximidades, a menos que seja aplicável o disposto no número anterior ou que seja demonstrada a não viabilidade económica dessa opção.

5 – É obrigatória a instalação de sistemas próprios de co-geração nos grandes edifícios com áreas úteis superiores ao limite fixado no n.º 7 do artigo 27.º, actualizado periodicamente por portaria conjunta dos ministros responsáveis pelas áreas da economia, das obras públicas, do ambiente, do ordenamento do território e da habitação, sem prejuízo da prioridade das situações previstas nos n.ºˢ 3 e 4, salvo demonstração da sua não viabilidade económica.

6 – A potência eléctrica para aquecimento por efeito de Joule não pode exceder 5% da potência térmica de aquecimento até ao limite de 25 kW por fracção autónoma de edifício, excepto nos casos em que seja demonstrada no projecto a não viabilidade económica da instalação de sistemas alternativos, segundo a metodologia definida no presente Regulamento.

7 – Nos sistemas destinados exclusivamente a arrefecimento é permitida a instalação de equipamento destinado a reaquecimento terminal, cuja potência não pode exceder 10% da potência de arrefecimento a instalar, sendo admissível o recurso a resistência eléctrica dentro das condições especificadas no número anterior.

8 – O recurso a unidades individuais de climatização para aquecimento ou arrefecimento em edifícios de serviços licenciados posteriormente à data da entrada em vigor do Decreto-Lei n.º 118/98, de 7 de Maio, ou em cada uma das suas fracções autónomas, só é permitido nos espaços que apresentem cargas térmicas ou condições interiores especiais em relação às que se verificam na generalidade dos demais espaços da fracção autónoma ou edifício, ou não ultrapassarem 12 kW de potência instalada de ar condicionado por edifício ou fracção autónoma, ou quando houver dificuldades técnicas ou impedimentos fortes de outra qualquer natureza devidamente justificados e aceites pela entidade licenciadora.

9 – É obrigatório o recurso à recuperação de energia no ar de rejeição, na estação de aquecimento, com uma eficiência mínima de 50%, ou recuperação de calor equivalente, sempre que a potência térmica de rejeição em condições de projecto seja superior a 80 kW, excepto nos casos em que seja demonstrada em projecto a não viabilidade económica da sua instalação, segundo a metodologia definida no presente Regulamento.

10 – Nos sistemas de climatização do tipo «tudo ar», com um caudal de ar de insuflação superior a 10 000 m3/h, é obrigatória a instalação de dispositivos que permitam o arrefecimento dos locais apenas com ar exterior quando a temperatura ou a entalpia do ar exterior forem inferiores à do ar de retorno, excepto nos casos em que seja demonstrada a não viabilidade económica da sua instalação, segundo a metodologia definida no presente Regulamento.

11 – Os sistemas de climatização que são objecto do presente Regulamento têm necessariamente de dispor de meios de registo do consumo próprio de energia.

12 – Todo o sistema de climatização comum a várias fracções autónomas ou edifícios tem necessariamente de dispor de dispositivos para contagem dos consumos de energia de cada uma das fracções autónomas ou edifícios servidos pelo sistema.

13 – A eficiência nominal dos equipamentos de aquecimento e de arrefecimento dos sistemas abrangidos pelo presente Regulamento, expressa em termos de energia final, não deve ser inferior aos valores indicados nas directivas europeias aplicáveis transpostas para a legislação nacional.

14 – É obrigatório o recurso à repartição da potência de aquecimento em contínuo ou por escalões, de acordo com o indicado no anexo II, publicado em anexo ao presente Regulamento e que dele faz parte integrante, excepto nos casos em que, pelos seus baixos consumos, seja demonstrada a não viabilidade económica desta repartição, segundo a metodologia definida no presente Regulamento.

15 – Todos os equipamentos dos sistemas de climatização com potência eléctrica instalada superior a 12 kW, ou potência térmica máxima em combustíveis fósseis superior a 100 kW, que integram os sistemas que são objecto do presente Regulamento, têm de dispor de meios de registo individual para contagem dos consumos de energia, autónomos ou através de sistemas centralizados de monitorização.

16 – Os elementos propulsores dos fluidos de transporte, cujos motores devem ter classificação mínima EFF2, conforme classificação nos termos do acordo voluntário entre os fabricantes de motores eléctricos e a Comissão Europeia, são seleccionados de modo que o seu rendimento seja máximo nas condições de funcionamento nominal, e as respectivas potências devem ser adequadas às perdas de carga que têm de vencer, sendo que, no caso dos equipamentos de caudal variável, este requisito se aplica sob condições de funcionamento médio ao longo do respectivo período de funcionamento anual.

17 – Todas as redes de transporte de fluidos e respectivos acessórios e componentes devem ser termicamente isolados, e ter barreira contra vapor no caso das tubagens de água arrefecida, devendo as espessuras de isolamento obedecer aos valores mínimos definidos no anexo III, publicado em anexo ao presente Regulamento e que dele faz parte integrante, em função da dimensão dos componentes a isolar, do tipo de isolamento e da temperatura do fluido em circulação.

18 – É obrigatória a especificação no projecto de todos os acessórios que permitam uma fácil monitorização e manutenção preventiva dos sistemas, de acordo com lista especificada no anexo IV, publicado em anexo ao presente Regulamento e que dele faz parte integrante.

ARTIGO 15.º
Sistemas de regulação e controlo

1 – A adopção de sistemas de regulação e controlo é obrigatória em qualquer sistema de climatização, com vista a garantir, pelo menos, as seguintes funções:

a) Limitação da temperatura de conforto máxima e mínima, conforme o que for aplicável, em qualquer dos espaços ou grupos de espaços climatizados pelo sistema em causa;

b) Regulação da potência de aquecimento e de arrefecimento das instalações às necessidades térmicas dos edifícios;

c) Possibilidade de fecho ou redução automática da climatização, por espaço ou grupo de espaços, em período de não ocupação.

2 – O sistema de regulação e controlo, quando aplicável, deve permitir a sua integração num sistema de gestão técnica de energia, o qual pode sobrepor-se

àquele, alterando as condições ambientais interiores, sempre que tal seja considerado necessário em face do resultado da análise de todos os dados disponíveis, mas sem pôr em causa a QAI.

ARTIGO 16.º

Sistemas de monitorização e de gestão de energia

1 – A monitorização e a gestão de energia são obrigatórias a partir do limiar de potência térmica do sistema de climatização a instalar definido no n.º 6 do artigo 27.º, actualizável por portaria conjunta dos ministros responsáveis pelas áreas da economia, das obras públicas, do ambiente, do ordenamento do território e da habitação.

2 – O sistema de gestão de energia é obrigatório a partir de um limiar de potência térmica do sistema de climatização a instalar, conforme definido e actualizável por portaria conjunta dos ministros responsáveis pelas áreas da economia, das obras públicas, do ambiente, do ordenamento do território e da habitação.

3 – A portaria referida no número anterior fixa também um segundo limiar de potência instalada, a partir do qual o sistema de gestão de energia tem de permitir a optimização centralizada da parametrização do sistema de climatização.

CAPÍTULO VI

Construção, ensaios e manutenção das instalações

ARTIGO 17.º

Equipamentos instalados

1 – O equipamento de série instalado nos sistemas de climatização deve possuir certificado de conformidade, nos termos do disposto no artigo 9.º do Decreto-Lei n.º 113/93, de 10 de Abril.

2 – Os equipamentos devem ostentar chapa de identificação em local bem visível e ser acompanhados de documentação técnica em língua portuguesa.

3 – Os sistemas de climatização devem possuir mecanismos de protecção, de acordo com as instruções dos fabricantes e a regulamentação existente, para cada tipo de equipamento constituinte da instalação.

ARTIGO 18.º

Ensaios de recepção

Todas as instalações dos sistemas sujeitos ao presente Regulamento têm de ser submetidas a ensaios de recepção segundo metodologia definida, actualizável por portaria conjunta dos ministros responsáveis pelas áreas da economia, das obras públicas, do ambiente, do ordenamento do território e da habitação.

ARTIGO 19.º

Condução e manutenção das instalações

1 – Todos os sistemas energéticos dos edifícios, ou fracções autónomas, devem ser mantidos em condições adequadas de operação para garantir o respectivo funcionamento optimizado e permitir alcançar os objectivos pretendidos de conforto ambiental, de QAI e de eficiência energética.

2 – As instalações e equipamentos que são objecto do presente Regulamento devem possuir um plano de manutenção preventiva que estabeleça claramente as tarefas de manutenção previstas, tendo em consideração a boa prática da profissão, as instruções dos fabricantes e a regulamentação existente para cada tipo de equipamento constituinte da instalação, o qual deve ser elaborado e mantido permanentemente actualizado sob a responsabilidade de técnicos com as qualificações e competências definidas no artigo 21.º

3 – Do plano de manutenção preventiva devem constar, pelo menos:

a) A identificação completa do edifício e sua localização;

b) A identificação e contactos do técnico responsável;

c) A identificação e contactos do proprietário e, se aplicável, do locatário;

d) A descrição e caracterização sumária do edifício e dos respectivos compartimentos interiores climatizados, com a indicação expressa:

i) Do tipo de actividade nele habitualmente desenvolvida;

ii) Do número médio de utilizadores, distinguindo, se possível, os permanentes dos ocasionais;

iii) Da área climatizada total;

iv) Da potência térmica total;

e) A descrição detalhada dos procedimentos de manutenção preventiva dos sistemas energéticos e da optimização da QAI, em função dos vários tipos de equipamentos e das características específicas dos seus componentes e das potenciais fontes poluentes do ar interior;

f) A periodicidade das operações de manutenção preventiva e de limpeza;

g) O nível de qualificação profissional dos técnicos que as devem executar;

h) O registo das operações de manutenção realizadas, com a indicação do técnico ou técnicos que as realizaram, dos resultados das mesmas e outros eventuais comentários pertinentes;

i) O registo das análises periódicas da QAI, com indicação do técnico ou técnicos que as realizaram;

j) A definição das grandezas a medir para posterior constituição de um histórico do funcionamento da instalação.

4 – A existência do plano de manutenção preventiva, cuja conformidade com o especificado no número anterior deve ser comprovada pelo SCE, é condição necessária à emissão do certificado emitido por perito qualificado, no âmbito do SCE.

5 – As operações de manutenção, executadas sob a responsabilidade do técnico referido no n.º 2, devem ser executadas por técnicos de manutenção certificados, com as qualificações e competências definidas no artigo 22.º

6 – Todas as alterações introduzidas nas instalações de climatização devem ser obrigatoriamente registadas no projecto e em livro de registo de ocorrências, que faz sempre parte integrante dos procedimentos de manutenção do edifício.

7 – Todos os equipamentos componentes das instalações de climatização têm de estar acessíveis para efeitos de manutenção, assim como as portas de visita para inspecção e limpeza da rede de condutas, se existirem.

8 – Na sala das máquinas deve ser instalado um ou mais diagramas facilmente visíveis em que serepresentem esquematicamente os sistemas de climatização instalados, bem como uma cópia do projecto devidamente actualizado e instruções de operação e actuação em caso de emergência.

ARTIGO 20.º
Auditorias a caldeiras e equipamentos de ar condicionado

1 – Todas as caldeiras de sistemas de aquecimento com potência superior a um limiar definido por despacho do director-geral de Geologia e Energia, em função da fonte de energia que utilizarem, ficam sujeitas a inspecções periódicas com vista à determinação da sua eficiência e análise de eventual recomendação de substituição, em caso de viabilidade económica, mesmo em edifícios não sujeitos a quaisquer outras exigências do presente Regulamento.

2 – Os sistemas de aquecimento com caldeiras de potência nominal superior a 20 kW ficam sujeitos a uma inspecção pontual, a realizar no prazo de seis meses após o decurso de 15 anos desde a data da sua entrada em funcionamento, ou no prazo de 3 anos a contar da data de entrada em vigor do presente Regulamento, para as instalações que já tenham 15 anos de idade nesta data, com vista à determinação da sua eficiência e análise de eventual recomendação de substi-

tuição, em caso deviabilidade económica, mesmo em edifícios não sujeitos a quaisquer outras exigências do presente Regulamento.

3 – Todos os edifícios ou fracções autónomas de edifícios com uma potência de ar condicionado instalada superior a um limiar fixado por despacho do director-geral de Geologia e Energia ficam sujeitas a inspecções periódicas com vista à determinação da sua eficiência e análise de eventual recomendação de substituição, em caso de viabilidade económica.

4 – As inspecções referidas no presente artigo devem ser requeridas pelo proprietário do edifício ou fracção autónoma a elas sujeito, ou seu representante, e realizadas no âmbito do SCE.

Artigo 21.º
Técnico responsável pelo funcionamento

1 – Para cada edifício de serviços, ou fracção autónoma, abrangido pelo presente Regulamento, nos termos do n.º 1 do artigo 2.º, deve existir um técnico responsável pelo bom funcionamento dos sistemas energéticos de climatização, incluindo a sua manutenção, e pela qualidade do seu ar interior, bem como pela gestão da respectiva informação técnica.

2 – O técnico responsável é indicado ao organismo responsável pelo SCE pelo proprietário, pelo locatário ou pelo usufrutuário, se tal obrigação constar expressamente de contrato válido.

3 – A indicação referida no número anterior deve ser acompanhada do respectivo termo de responsabilidade e efectuada no prazo de 10 dias após a emissão do alvará de licença de utilização ou da autorização, ou no prazo de um ano após a entrada em vigor do presente Regulamento, no caso de edifícios ou fracções autónomas já existentes e cuja utilização esteja licenciada ou autorizada.

4 – O proprietário promove a afixação no edifício ou fracção autónoma, com carácter de permanência, da identificação do técnico responsável, em local acessível e bem visível.

5 – A alteração de responsável técnico deve ser comunicada pelo proprietário ou locatário ao SCE, acompanhada da indicação do novo responsável e respectivo termo de responsabilidade, no prazo máximo de 30 dias.

6 – Os técnicos responsáveis referidos no n.º 1 devem ter qualificações técnicas mínimas exigidas para o exercício dessa função, a estabelecer em protocolo entre a Direcção-Geral de Geologia e Energia, o Instituto do Ambiente e as associações profissionais e do sector do AVAC, que salvaguarde a sua formação de base, o seu currículo profissional e a sua adequada actualização profissional em prazo não superior a cinco anos.

7 – Nos pequenos edifícios ou fracções autónomas de serviços, a responsabilidade referida no n.º 1 pode ser assegurada pelo respectivo técnico de manutenção.

ARTIGO 22.º

**Técnico de instalação e manutenção de sistemas
de climatização e de QAI**

1 – A montagem e manutenção dos sistemas de climatização e de QAI é
acompanhada por um técnico de instalação e manutenção de sistemas de
climatização e por um técnico de QAI ou por um técnico que combine ambas as
valências.

2 – O técnico de instalação e de manutenção de sistemas de climatização
até uma potência nominal limite de 4 P_m deve satisfazer uma das seguintes
condições:

a) Habilitação com o curso de formação de Electromecânico de Refrigeração e Climatização do Instituto do Emprego e Formação Profissional (IEFP),
nível II, ou outro equivalente aprovado pelo SCE, e com mais de dois anos de
experiência profissional;

b) Experiência profissional como electromecânico de refrigeração e
climatização com mais de cinco anos de prática profissional devidamente comprovada e aprovação em exame após análise do seu *curriculum vitae* por uma
comissão tripartida a estabelecer em protocolo entre o SCE e as associações
profissionais e do sector de AVAC.

3 – O técnico de instalação e manutenção de sistemas de climatização com
potências nominais superiores a 4 P_m deve satisfazer uma das seguintes condições:

a) Habilitação com o curso de formação de Técnico de Refrigeração e
Climatização do IEFP, nível III, ou com outro curso equivalente aprovado pelo
SCE e com mais de cinco anos de prática profissional, após aproveitamento em
curso de especialização em QAI aprovado pelo SCE;

b) Experiência profissional como electromecânico de refrigeração e
climatização com mais de sete anos de prática profissional devidamente comprovada, após aproveitamento em curso de especialização em qualidade do ar
interior aprovado pelo SCE e aprovação em exame após análise do seu
curriculum vitae por uma comissão tripartida a estabelecer em protocolo entre o
SCE e as associações profissionais e do sector de AVAC.

4 – Na operação de manutenção dos sistemas de climatização que contenham substâncias que empobrecem a camada de ozono, o disposto nos números
anteriores não prejudica a aplicação do Decreto-Lei n.º 152/2005, de 31 de
Agosto.

5 – O técnico de QAI deve satisfazer uma das seguintes condições:

a) Dois anos de experiência profissional devidamente comprovada no sector e ter frequentado, com aproveitamento, curso complementar em QAI, nível II,
aprovado pelo SCE;

b) Aprovação em exame após análise do seu _curriculum vitae_ por uma comissão tripartida a estabelecer em protocolo entre o SCE e as associações profissionais e do sector de AVAC.

6 – Os técnicos referidos no presente artigo devem estar inseridos em empresas de instalação e manutenção de sistemas de climatização ou empresas de higiene ambiental devidamente habilitadas pelo Instituto dos Mercados de Obras Públicas e Particulares e do Imobiliário (IMOPPI) nos termos da legislação aplicável e demonstrar a sua adequada actualização profissional em prazo não superior a cinco anos, segundo protocolo a estabelecer entre a Direcção-Geral de Geologia e Energia, o Instituto do Ambiente e as associações profissionais e do sector do AVAC.

CAPÍTULO VII
Licenciamento

Artigo 23.º
Licenciamento ou autorização de construção

1 – Os procedimentos de licenciamento ou de autorização de operações urbanísticas de edificação devem assegurar a demonstração do cumprimento do presente Regulamento.

2 – O procedimento de licenciamento ou de autorização de edificação deve incluir:

a) O projecto de licenciamento das instalações mecânicas de climatização que descreva as soluções adoptadas e a sua total conformidade com as exigências do presente Regulamento;

b) Uma ficha de sumário da situação do edifício face ao Regulamento dos Sistemas Energéticos e de Climatização dos Edifícios (RSECE), conforme modelo da ficha n.º 1 no anexo V, publicado em anexo ao presente Regulamento e que dele faz parte integrante;

c) Um levantamento dimensional para cada fracção autónoma do edifício, segundo o modelo da ficha n.º 2 do referido anexo V, publicado em anexo ao presente Regulamento e que dele faz parte integrante, que inclui uma descrição sumária das soluções construtivas utilizadas;

d) O cálculo dos valores das necessidades nominais específicas de energia do edifício e das potências máximas que é permitido instalar, nos termos regulamentares;

e) Termo de responsabilidade do técnico responsável pelo projecto declarando a satisfação dos requisitos do presente Regulamento;

f) Declaração de conformidade regulamentar subscrita por perito qualifica-do, no âmbito do SCE.

3 – O requerimento de licença ou autorização de utilização deve incluir o certificado emitido por perito qualificado, no âmbito do SCE.

4 – O disposto nos n.ºs 2 e 3 é aplicável, com as devidas adaptações, às operações urbanísticas de edificação promovidas pela Administração Pública e entidades concessionárias de obras ou serviços públicos, isentas de licenciamento ou autorização.

Artigo 24.º
Responsabilidade pelo projecto e pela execução

A responsabilidade pela demonstração do cumprimento das exigências de-correntes do presente Regulamento tem de ser assumida por um engenheiro, reconhecido pela Ordem dos Engenheiros (OE), ou por um engenheiro técnico, reconhecido pela Associação Nacional dos Engenheiros Técnicos (ANET), com qualificações para o efeito.

CAPÍTULO VIII
Sanções e coimas

Artigo 25.º
Contra-ordenações e aplicação de coimas

1 – Constitui contra-ordenação punível com coima de € 1250 a € 3500, para pessoas singulares, e de € 5000 a € 40 000, para pessoas colectivas:

a) Nos edifícios de serviços existentes, a violação do disposto nos n.ºs 1, 2, 6, 7, 8, 11, 12, 15 e 18 do artigo 14.º, nos artigos 15.º e 17.º e nos n.ºs 6 e 8 do artigo 19.º;

b) Nos edifícios de serviços existentes, a não implementação do plano de acções correctivas da QAI previsto no n.º 6 do artigo 12.º no prazo máximo de 30 dias a partir da data de conclusão de uma auditoria em que sejam detectadas concentrações mais elevadas do que as permitidas, ou quando as causas para a insuficiente QAI detectadas na auditoria se deverem a problemas derivados de falta de cumprimento do plano de manutenção exigido no artigo 19.º;

c) O atraso injustificado na implementação das medidas de carácter obriga-tório aplicadas na sequência das auditorias e inspecções periódicas;

d) A não comunicação à entidade gestora do SCE, no prazo legalmente estabelecido pelo RSECE, a designação dos técnicos responsáveis pelo edifício e pela sua manutenção.

2 – À violação dos consumos máximos permitidos, nos termos dos artigos 7.º e 8.º, corresponde anualmente, durante os dois primeiros anos contados a partir da data de conclusão da auditoria que originou o PRE, por ano ou fracção, a um valor entre 1,5 e 2,5 vezes o custo da diferença entre o consumo real do edifício e o máximo permitido para a respectiva tipologia e localização durante a totalidade do ano correspondente, com um valor mínimo de € 1000 por ano para pessoas singulares e de € 12 500 por ano para pessoas colectivas e um máximo de € 3740,98 por ano para pessoas singulares e de € 44 891,81 por ano para pessoas colectivas, terminando a aplicação da coima anual quando forem tomadas todas as medidas necessárias à correcção do excesso de consumo identificado, conforme comprovação por entidade no âmbito do SCE.

3 – A partir do final do segundo ano de não correcção das causas de excesso de consumo referidas no número anterior, a coima é acrescida, anualmente, de 50% do valor da aplicada no ano anterior, na observância dos respectivos limites legais máximos.

4 – A negligência e a tentativa são puníveis.

5 – A iniciativa para a instauração e instrução dos processos de contra-ordenação previstos nas alíneas a), c) e d) do n.º 1 e nos n.ºs 2 e 3 compete à Direcção-Geral de Geologia e Energia, na sequência de comunicação da entidade competente do SCE, face aos resultados das auditorias a projectos e a instalações onde se indiquem as violações do articulado do presente Regulamento.

6 – A aplicação das coimas correspondentes às contra-ordenações previstas no número anterior é da competência do director-geral de Geologia e Energia.

7 – A iniciativa para a instauração e instrução dos processos de contra-ordenação previstas na alínea b) do n.º 1 compete à Inspecção-Geral do Ambiente e do Ordenamento do Território, na sequência de comunicação da entidade competente do SCE, face aos resultados das auditorias a projectos e a instalações onde se indiquem as violações do articulado do presente Regulamento.

8 – A aplicação das coimas correspondentes às contra-ordenações previstas no número anterior é da competência do inspector-geral do Ambiente e do Ordenamento do Território.

9 – O produto das coimas referidas na alínea b) do n.º 1 reverte em:

a) 60% para os cofres do Estado;

b) 40% para a Inspecção-Geral do Ambiente e do Ordenamento do Território.

10 – O produto das restantes coimas reverte em:

a) 60% para os cofres do Estado;

b) 40% para a Direcção-Geral de Geologia e Energia.

Artigo 26.º
Sanções acessórias

1 – Cumulativamente com a coima, pode a autoridade competente determinar a aplicação das seguintes sanções acessórias, em função da gravidade da contra-ordenação:

a) Suspensão de licença ou autorização de utilização;
b) Encerramento do edifício;
c) Suspensão do exercício das actividades e funções previstas nos artigos 21.º e 22.º

2 – As sanções referidas nas alíneas a) e b) do número anterior apenas são aplicadas quando o excesso de concentração de algum poluente for particularmente grave e haja causa potencial de perigo para a saúde pública.

3 – As sanções referidas na alínea c) do n.º 1 são aplicadas pela autoridade competente no âmbito do SCE, conforme os n.ºs 5 e 7 do artigo 25.º, quando os técnicos que praticaram a contra-ordenação o fizeram com grave abuso da função ou com manifesta e grave violação dos deveres que lhe são inerentes e têm a duração máxima de dois anos contados a partir da decisão condenatória definitiva.

4 – As sanções referidas no número anterior são notificadas à OE ou à ANET, no caso de técnicos nelas inscritos, à entidade competente do SCE e ao IMOPPI, quando as sanções forem aplicadas às empresas ou aos respectivos técnicos.

CAPÍTULO IX
Disposições transitórias

Artigo 27.º
Limites mínimos para aplicação do presente Regulamento

1 – Até à publicação da portaria referida na alínea a) do n.º 1 do artigo 2.º, o presente Regulamento aplica-se a todos os grandes edifícios de serviços existentes com uma área útil superior a 1000 m2.

2 – Para edifícios existentes do tipo centros comerciais, supermercados, hipermercados e piscinas aquecidas cobertas, o limite referido no número anterior é reduzido para 500 m2.

3 – Até à publicação da portaria referida na alínea a) do n.º 1 do artigo 2.º, consideram-se abrangidos pelos requisitos de QAI previstos para os pequenos edifícios de serviços existentes todos os edifícios ou fracções autónomas de edifícios existentes com área útil inferior ao limite fixado nos n.ºs 1 ou 2 do presente artigo, conforme a tipologia do edifício.

4 – Até à publicação da portaria referida na alínea b) do n.º 1 do artigo 2.º, o presente Regulamento aplica-se ao licenciamento de todos os grandes edifícios de serviços novos e para os pequenos edifícios de serviços novos com uma potência instalada P_m superior a 25 kW para climatização.

5 – Até à publicação da portaria referida na alínea c) do n.º 1 do artigo 2.º, o presente Regulamento aplica-se ao licenciamento de todos os edifícios ou fracções autónomas residenciais novos com uma potência instalada P_r superior a 25 kW para climatização.

6 – Até à publicação das portarias referidas no artigo 16.º, é obrigatória a instalação de:

a) Sistema de monitorização a partir de uma potência instalada de 4 P_m;

b) Sistema de gestão de energia a partir de uma potência instalada de 8 P_m;

c) Sistema de gestão de energia com possibilidade de optimização centralizada da parametrização a partir de uma potência instalada de 10 P_m.

7 – Até à publicação da portaria referida no n.º 5 do artigo 14 .º, é obrigatório o estudo da viabilidade económica de sistemas de co-geração nos seguintes tipos de edifícios com mais de 10000 m2 de área útil:

a) Estabelecimentos de saúde com internamento;

b) Empreendimentos turísticos, quando aplicável, de 4 ou mais estrelas;

c) Centros comerciais;

d) Piscinas aquecidas com mais de 200 m2 de plano de água.

Artigo 28.º

Requisitos de conforto térmico

Até à publicação de portaria específica, usam-se os mesmos valores definidos pelo RCCTE, no que se refere aos requisitos de conforto térmico.

Artigo 29.º

Requisitos de qualidade do ar

1 – Até à publicação da portaria referida no n.º 2 do artigo 4.º para satisfação do disposto na respectiva alínea a), no projecto dos novos edifícios dotados de sistemas de climatização com ventilação mecânica abrangidos pelo presente Regulamento devem ser garantidos os caudais mínimos de ar novo que constam do anexo VI publicado em anexo ao presente Regulamento e que dele faz parte integrante, para renovação do ar interior e qualidade do ar aceitável em espaços em que não haja fontes atípicas de poluentes e sem fumadores.

2 – Em espaços onde seja permitido fumar servidos por novas instalações de climatização sujeitas aos requisitos do presente Regulamento, os valores da tabela referidos no mencionado anexo VI passam a, pelo menos, 60 m3/ (h.ocupante), devendo esses espaços ser colocados em depressão relativamente aos espaços contíguos onde não seja permitido fumar.

3 – Em espaços de não fumadores em que sejam utilizados materiais de construção ou de acabamento ou revestimento não ecologicamente limpos, os sistemas de renovação do ar em novas instalações de climatização sujeitas aos requisitos do presente Regulamento devem ser concebidos para poderem forne- cer, se necessário, caudais aumentados em 50% relativamente aos corresponden- tes referidos no n.º 1, por forma a garantir as concentrações máximas de referên- cia de poluentes indicadas no n.º 8 do presente artigo durante o funcionamento normal do edifício.

4 – Em espaços com fontes atípicas de poluentes servidos por novas insta- lações de climatização sujeitas aos requisitos do presente Regulamento, os caudais de ar novo de renovação devem ser suficientes para garantir, em funcionamento normal, as concentrações máximas de referência de poluentes referidas no n.º 8.

5 – Os valores referidos no n.º 1 podem ser aumentados para tipologias específicas, nomeadamente edifícios escolares, hospitais e similares, locais de entretenimento, e outras, sempre que as entidades oficiais que tutelam o sector assim o determinem.

6 – Os caudais de ar novo de renovação referidos nos n.ºs 1 a 5 referem-se a valores efectivamente introduzidos nos espaços ocupados, devendo o dimensionamento dos sistemas ter em conta a eficiência útil de ventilação introduzida.

7 – Até à publicação da portaria referida no n.º 1 do presente artigo, no projecto dos novos edifícios dotados de sistemas de climatização abrangidos pelo presente Regulamento que recorram exclusivamente à ventilação natural devem ser garantidas soluções da envolvente que tenham aberturas permanentes ou controláveis que permitam taxas de renovação médias do ar interior equiva- lentes às referidas nos n.ºs 1 a 4, em total observância do disposto na NP 1037-1.

8 – Até à publicação da portaria referida no n.º 2 do artigo 4.º, para satisfa- ção do disposto na respectiva alínea b), as concentrações máximas de referência de poluentes no interior dos edifícios existentes abrangidos pelo presente Regu- lamento são:

a) As que constam da lista publicada como anexo VII ao presente Regula- mento e que dele faz parte integrante;

b) Para microorganismos, 500 unidades formadoras de colónias (UFC), sen- do detectados bactérias e fungos;

c) 400 Bq/m3 de Radon, sendo a sua pesquisa obrigatória apenas em edifí- cios construídos em zonas graníticas, nomeadamente nos distritos de Braga, Vila Real, Porto, Guarda, Viseu e Castelo Branco.

9 – Em edifícios com sistemas de climatização em que haja produção de aerossóis, nomeadamente onde haja torres de arrefecimento ou humidificadores por água líquida, ou com sistemas de água quente para chuveiros onde a temperatura de armazenamento seja inferior a 60ºC as auditorias da QAI incluem também a pesquisa da presença de colónias de *Legionella* em amostras de água recolhidas nos locais de maior risco, nomeadamente tanques das torres de arrefecimento, depósitos de água quente e tabuleiros de condensação, não devendo ser excedido um número superior a 100 UFC.

10 – Para efeitos das auditorias de QAI especificadas no n.º 3 do artigo 12.º as medições das concentrações referidas no n.º 8 devem ser feitas quando as condições exteriores forem normais, isto é, em que não tenham sido atingidos os níveis de poluição atmosférica exterior que correspondam a metade dos valores limites permitidos no número anterior.

11 – A persistência de poluição atmosférica exterior acima dos níveis definidos no número anterior, nomeadamente em ambientes urbanos ou locais próximos de fontes especiais de poluição, deve justificar a adopção de medidas especiais, incluindo aumento das taxas de renovação ou instalação de dispositivos especiais de limpeza do ar novo ou do ar interior, por forma a atingir valores de concentrações abaixo das indicadas no n.º 8, durante o funcionamento normal do edifício.

12 – Os níveis de poluição interior considerados particularmente graves, nos termos do n.º 7 do artigo 12.º, são os indicados nos n.os 8 e 9 acrescidos de 50%.

ARTIGO 30.º
Métodos de cálculo das necessidades energéticas específicas

1 – Até à publicação das portarias referidas no n.º 1 do artigo 8.º e no n.º 1 do artigo 10.º, as metodologias de cálculo dinâmicas simplificadas a adoptar no âmbito do presente Regulamento, incluindo os métodos de previsão de consumo de energia e os padrões de referência de utilização para cada tipologia de edifício, são os que constam dos anexos VIII e XV, publicados em anexo ao presente Regulamento e que dele fazem parte integrante.

2 – Para efeitos da aplicação do disposto no n.º 2 do artigo 13.º, a norma aplicável à acreditação de programas de simulação detalhados, salvo despacho em contrário do director-geral de Energia e Geologia, é a ASHRAE 140-2004.

ARTIGO 31.º
Valores limites energéticos específicos dos edifícios

1 – Até à publicação da portaria referida no n.º 2 do artigo 7.º, os consumos globais específicos dos edifícios de serviços existentes acima dos quais é necessária

a elaboração obrigatória de um PRE são traduzidos pelo respectivo indicador de eficiência energética (IEE), calculado pela metodologia fixada no anexo IX, publicado em anexo ao presente Regulamento e que dele faz parte integrante.

2 – Os valores limites dos consumos globais específicos dos edifícios são expressos em energia primária de acordo com o anexo X, publicado em anexo ao presente Regulamento e que dele faz parte integrante.

3 – Até à publicação das portarias referidas nos n.os 1 dos artigos 8.º e 10.º, os valores de referência limites dos consumos nominais específicos dos novos edifícios de serviços a construir traduzidos pelo respectivo IEE estão indicados no anexo XI, publicado em anexo ao presente Regulamento e que dele faz parte integrante.

4 – Para edifícios ou fracções autónomas que incluam espaços de mais de uma tipologia das indicadas no número anterior, o valor limite do IEE deve ser calculado numa base proporcional aos limites de cada tipologia, em função da área útil respectiva, ou em função de outros parâmetros ou metodologias de cálculo propostos pelos interessados ou por associações representativas de um sector, desde que devidamente justificados e aceites pelo SCE.

5 – Para as tipologias indicadas no anexo XII, e até à publicação do despacho do director-geral de Geologia e Energia referido no n.º 2 do artigo 3.º, o IEE pode ser alternativamente calculado com base no indicador constante da lista publicada como anexo XII, publicado em anexo ao presente Regulamento e que dele faz parte integrante.

6 – Para tipologias de edifícios que não constem das listas incluídas no presente artigo, os limites são fixados por despacho do director-geral de Geologia e Energia, sob proposta do SCE.

Artigo 32.º
Critério de definição de viabilidade económica das medidas de melhoria de eficiência energética em edifícios

1 – Até à publicação da portaria referida no n.º 5 do artigo 7.º, são de implementação obrigatória todas as medidas de eficiência energética que tenham um período de retorno simples, calculado segundo a metodologia especificada no anexo XIII, publicada em anexo ao presente Regulamento e que dele faz parte integrante, de oito anos ou menor, incluindo como custos elegíveis para o cálculo do período de retorno os correspondentes a um eventual financiamento bancário da execução das medidas.

2 – Até à publicação do despacho do director-geral de Geologia e Energia referido no n.º 3 do artigo 14.º, são de consideração prioritária obrigatória nos edifícios novos e nas grandes reabilitações, salvo demonstração de falta de viabilidade económica pelo projectista, utilizando a metodologia referida no

número anterior, ou por outros impedimentos devidamente justificados e aceites pela entidade licenciadora, os seguintes sistemas de energias alternativas:

a) Sistemas de colectores solares planos para produção de água quente sanitária (AQS);

b) Sistemas de aproveitamento de biomassa ou resíduos, quando disponíveis;

c) Sistemas de aproveitamento da energia geotérmica, sempre que disponível;

d) Sistemas autónomos, combinando solar térmico, solar fotovoltaico, eólico, etc., em locais distantes da rede eléctrica pública.

ARTIGO 33.º

Requisitos de manutenção da qualidade do ar interior

1 – Até à publicação da portaria referida no n.º 3 do artigo 12.º, a periodicidade das auditorias de QAI é a seguinte:

a) De dois em dois anos no caso de edifícios ou locais que funcionem como estabelecimentos deensino ou de qualquer tipo de formação, desportivos e centros de lazer, creches, infantários ou instituições e estabelecimentos para permanência de crianças, centros de idosos, lares e equiparados, hospitais, clínicas e similares;

b) De três em três anos no caso de edifícios ou locais que alberguem actividades comerciais, de serviços, de turismo, de transportes, de actividades culturais, escritórios e similares;

c) De seis em seis anos em todos os restantes casos.

2 – Até à publicação da portaria referida no n.º 4 do artigo 12.º, nas auditorias referidas no n.º 3 do mesmo artigo devem ser tomadas, em casos julgados justificáveis, as seguintes medidas:

a) Avaliação das condições higiénicas do sistema AVAC, por inspecção visual e medição quantitativa da sujidade (poeiras) no interior de condutas e das UTA, incluindo o tabuleiro de condensados e tanques das torres de arrefecimento, caso existam, por forma a evitar a presença de agentes patogénicos transmissíveis por via respiratória em número considerado significativo, pelas normas europeias;

b) Avaliação da capacidade de filtragem do sistema, por verificação do estado dos filtros e da sua eficácia.

Artigo 34.º

**Periodicidade das auditorias energéticas
nos grandes edifícios de serviços existentes**

Até à publicação da portaria referida no n.º 2 do artigo 7.º, a periodicidade das auditorias para quantificação dos consumos energéticos globais nos edifícios é de seis anos.

Artigo 35.º

Ensaios de recepção de instalações

1 – Até à publicação da portaria referida no artigo 18.º, os ensaios de recepção obrigatórios são os definidos no anexo XIV, publicado em anexo ao presente Regulamento e que dele faz parte integrante.

2 – Para cada ensaio devem ser previamente estabelecidos as metodologias de execução e os critérios de aceitação.

3 – Dos ensaios indicados deve ser feito relatório adequado comprovativo da data da sua realização, dos respectivos técnicos responsáveis, bem como dos resultados obtidos que satisfaçam os critérios pretendidos, devidamente validado pelo dono da obra ou seu representante.

4 – Os ensaios que não produzem resultados satisfatórios devem ser repetidos, após as medidas de correcção apropriadas na instalação, até que os critérios pretendidos sejam integralmente satisfeitos.

5 – O relatório referido no n.º 3 é condição necessária para que o edifício, ou as suas fracções autónomas, possam receber licença ou autorização de utilização, devendo ser entregue cópia do mesmo à entidade do SCE a quem for solicitada a emissão do certificado energético, bem como à entidade licenciadora.

Artigo 36.º

**Periodicidade de inspecções a caldeiras
e equipamentos de ar condicionado**

Até à publicação do despacho do director-geral de Geologia e Energia referido no artigo 20.º, a periodicidade das inspecções a realizar é a seguinte:

a) Caldeiras alimentadas a combustíveis líquidos ou sólidos de potência nominal útil de 20 kW a 100 kW – seis anos;

b) Caldeiras alimentadas por combustíveis líquidos ou sólidos não renováveis com uma potência nominal útil superior a 100 kW – dois anos ou um ano, se superior a 500 kW;

c) Caldeiras que utilizem combustíveis gasosos com uma potência nominal útil superior a 100 kW – três anos ou dois anos, se superior a 500 kW;

d) Equipamentos de ar condicionado com uma potência nominal útil superior a 12 kW mas inferior a 100 kW – três anos;

e) Equipamentos de ar condicionado com uma potência nominal útil superior a 100 kW – um ano.

ANEXO I
Definições

a) Aquecimento – forma de climatização pela qual é possível controlar a temperatura mínima num local.

b) Ar condicionado – forma de climatização que permite controlar a temperatura, a humidade, a qualidade e a velocidade do ar num local. Pode também designar, por simplificação corrente, um sistema de arrefecimento servindo apenas um espaço (v. definição de unidade individual).

c) Ar de extracção – ar que é extraído do local pelo sistema de climatização.

d) Ar de infiltração – ar exterior que penetra no local climatizado de forma «natural» através de frinchas ou outras aberturas informais nas diferentes componentes da envolvente, por força das diferenças de pressão que se estabelecem entre o exterior e o interior nas diferentes faces da envolvente em função da sua orientação relativa à direcção do vento. Também designado apenas por infiltrações.

e) Ar de insuflação – ar que é introduzido pelo sistema de climatização no local climatizado.

f) Ar de rejeição ou ar de exaustão – ar que é extraído do local pelo sistema de climatização e que é lançado no exterior. Pode ser todo ou apenas parte do ar de extracção (v. definição de ventilação).

g) Ar de retorno – ar de extracção não rejeitado no exterior e misturado com o ar novo para, após tratamento, se tornar no ar de insuflação.

h) Ar exterior – ar exterior ao espaço ou local climatizado e que se identifica em geral com o ar ambiente (v. definição de ventilação).

i) Ar novo – ar exterior que é introduzido no sistema de climatização para renovação do ar do local com fins de higiene e saúde. Identifica-se no todo ou em parte com o ar de insuflação (v. definição de ventilação).

j) Área útil – soma das áreas, medidas em planta pelo perímetro interior das paredes, de todos os compartimentos de um edifício ou de uma fracção autónoma, incluindo vestíbulos, circulações internas, instalações sanitárias, arrumos interiores à área habitável e outros compartimentos de função similar, incluindo armários nas paredes.

l) Arrefecimento – forma de climatização que permite controlar a temperatura máxima de um local.

m) Auditoria – método de avaliação da situação energética ou da QAI existente num edifício ou fracção autónoma e que, no caso do presente Regulamento, pode revestir, no que respeita à energia, conforme os casos, as formas de verificação da conformidade do projecto com o Regulamento ou da conformidade da obra com o projecto e, por acréscimo, dos níveis de consumo de energia dos sistemas de climatização e suas causas, em condições de funcionamento, mas, também, no caso da energia como da qualidade do ar, a verificação das condições existentes no edifício em regime pósocupacional. Para efeitos do presente Regulamento, o termo «auditoria» tem significado distinto e não deve ser confundido com o conceito correspondente ao contexto da aplicação da norma NP EN ISO 9000-2000.

n) Bomba de calor – máquina térmica, usando o princípio da máquina frigorífica, que extrai o calor a baixa temperatura (arrefecimento) e rejeita o calor a mais alta temperatura (aquecimento), tornando possível o uso útil de um ou simultâneo daqueles dois efeitos.

o) Caldeira – máquina térmica em que um fluido é aquecido, com ou sem mudança de fase, com recurso à queima de combustível sólido, líquido ou gasoso ou à energia eléctrica.

p) Climatização – termo genérico para designar o processo de tratamento do ar ou forma de fazer alterar individual ou conjuntamente a sua temperatura, humidade, qualidade ou velocidade no local. Identifica-se, assim, respectivamente, com as funções aquecimento ou arrefecimento, humidificação ou desumidificação e ventilação. No caso de todas as funções serem passíveis de ser activadas de forma conjugada, tem-se o ar condicionado.

q) Consumo específico de um edifício – energia utilizada para o funcionamento de um edifício durante um ano tipo, sob padrões nominais de funcionamento, por unidade de área ou por unidade de serviço prestado.

r) Consumo nominal – energia necessária para o funcionamento de um sistema ou de um edifício sob condições típicas convencionadas, quer em termos de clima quer em termos de padrão de utilização (horário de funcionamento, densidade de ocupação, taxa de renovação do ar, etc.).

s) Desumidificação – processo de redução da humidade específica do ar.

t) Eficiência de ventilação – razão entre o caudal de ar novo que é insuflado ou entra num dado espaço e o caudal de ar novo que chega efectivamente à zona ocupada desse espaço, definida como o volume correspondente à área útil até um pé-direito útil de 2 m.

u) Eficiência energética nominal (de um equipamento) – razão entre a energia fornecida pelo equipamento para o fim em vista (energia útil) e a energia por ele consumida (energia final) e medida em geral em percentagem, sob condições nominais de projecto. No caso das bombas de calor, a eficiência é geralmente superior a 100% e é designada por COP (Coefficient of Performance).

v) Energia final – energia disponibilizada aos utilizadores sob diferentes formas (electricidade, gás, lenha, etc.) e expressa em unidades com significado comercial (kilowatt-hora, metros cúbicos, quilogramas, etc.).

x) Energia primária – recurso energético que se encontra disponível na natureza (petróleo, hídrica, eólica, biomassa, solar). Exprime-se, normalmente, em termos da massa equivalente de petróleo (quilograma equivalente de petróleo – kgep – ou tonelada equivalente de petróleo – tep). Há formas de energia primária (gás natural, lenha, Sol) que também podem ser disponibilizadas directamente aos utilizadores (energia final).

z) Energia renovável – energia proveniente do Sol (sob a forma de luz, térmica ou fotovoltaica), da biomassa, do vento, da geotermia, hídrica ou das ondas e marés.

aa) Envolvente – componente do edifício que marca a fronteira entre o espaço interior e o ambiente exterior. Está intimamente ligada à arquitectura e à construção da «pele» do edifício propriamente dita mas também depende das relações físicas desta com as fundações, a estrutura e os demais elementos construtivos.

bb) Grandes edifícios – edifícios de serviços com uma área útil de pavimento superior ao limite definido no artigo 27.º do presente Regulamento ou correspondentes alterações por portaria referida no n.º 1 do artigo 2.º, por tipologia de edifício.

cc) Grande intervenção de reabilitação – é uma intervenção na envolvente ou nas instalações, energéticas ou outras, do edifício, cujo custo seja superior a 25% do valor do edifício, nas condições definidas no RCCTE.

dd) Humidificação – processo de aumento da humidade específica do ar.

ee) Mix energético – distribuição percentual das fontes de energia primária na produção da energia eléctrica da rede nacional. É variável anualmente, nomeadamente, em função da hidraulicidade.

ff) Monitorização – acompanhamento do funcionamento de um edifício ou de um sistema mediante um programa de leituras e registos periódicos regulares dos parâmetros característicos pertinentes em tempo real.

gg) Pequenos edifícios – todos os edifícios de serviços com área útil inferior ao limite que os define como grandes edifícios.

hh) Plano de acções correctivas da QAI – conjunto de medidas destinadas a atingir, dentro de um edifício ou de uma fracção autónoma, concentrações de poluentes abaixo das concentrações máximas de referência, por forma a garantir a higiene do espaço em causa e a salvaguardar a saúde dos seus ocupantes.

ii) Plano de racionalização energética – conjunto de medidas de racionalização energética, de redução de consumos ou de custos de energia, elaborado na sequência de uma auditoria energética, organizadas e seriadas na base da sua exequibilidade e da sua viabilidade económica.

jj) Potência térmica nominal de aquecimento – potência térmica que seria necessário fornecer a um local para compensar as perdas térmicas nas condições nominais de cálculo.

ll) Potência térmica nominal de arrefecimento - potência térmica que seria necessário extrair a um local para compensar os ganhos térmicos nas condições nominais de cálculo.

mm) Potência térmica de aquecimento do sistema – potência térmica máxima de aquecimento que o sistema instalado pode fornecer.

nn) Potência térmica de arrefecimento do sistema – potência térmica máxima de arrefecimento que o sistema instalado pode fornecer.

oo) Potência térmica instalada do sistema – potência térmica máxima de aquecimento ou de arrefecimento que o sistema instalado pode fornecer.

pp) Proprietário – titular do direito de propriedade do edifício ou de outro direito real sobre o mesmo que lhe permita usar e fruir das suas utilidades próprias, ou, ainda, no caso de edifícios ou partes de edifícios destinados ao exercício de actividades comerciais ou de prestação de serviços, excepto nas ocasiões de celebração de novo contrato de venda, locação, arrendamento ou equivalente, as pessoas a quem por contrato ou outro título legítimo houver sido conferido o direito de instalar e ou explorar em área determinada do prédio o seu estabelecimento e que detenham a direcção efectiva do negócio aí prosseguido sempre que a área em causa esteja dotada de sistemas de climatização independentes dos comuns ao resto do edifício.

qq) Propulsores de fluidos de transporte – conjuntos motor-ventilador e motor-bomba, incluindo todos os seus acessórios e acoplamentos, utilizados para fazer a movimentação de fluidos gasosos e líquidos, respectivamente, nos sistemas de climatização.

rr) Reaquecimento terminal – aquecimento de ar arrefecido centralmente, à entrada num espaço num edifício multizona, para regulação «fina» da temperatura pretendida nesse espaço.

ss) Recuperação de calor – processo utilizado para aproveitamento do calor transportado pelo fluido de extracção (ar de extracção ou efluente líquido) para aquecimento do fluido admitido no sistema (ar novo ou fluido térmico).

tt) Redes urbanas – circuitos de distribuição de fluidos térmicos (quente e ou frio) numa área confinada em que os fluidos térmicos são preparados numa central comum e disponibilizados para utilização em cada um dos edifícios servidos pela rede. Aqui a energia final é a energia-calor.

uu) Simulação dinâmica detalhada – método de previsão das necessidades de energia correspondentes ao funcionamento de um edifício e respectivos sistemas energéticos que tome em conta a evolução de todos os parâmetros relevantes com a precisão adequada, numa base pelo menos horária, ao longo de todo um ano típico.

vv) Sistema de climatização– conjunto de equipamentos combinados de forma coerente com vista a satisfazer a um ou mais dos objectivos da climatização (ventilação, aquecimento, arrefecimento, humidificação, desumidificação e purificação do ar). No caso de satisfazer a todos, tem-se o ar condicionado.

xx) Sistema centralizado – sistema em que o equipamento necessário para a produção de frio ou calor (e filtragem, humidificação e desumidificação, caso existam) se situa concentrado numa instalação e num local distinto dos locais a climatizar, sendo o frio ou calor (e humidade), no todo ou em parte, transportado por um fluido térmico aos diferentes locais a climatizar.

zz) Sistema de gestão de energia – sistema electrónico para a gestão do sistema de climatização, incluindo a supervisão, monitorização, comando e manutenção dos equipamentos e o uso de energia.

aaa) Unidade individual – equipamento de climatização compacto, repartido e autónomo, de pequena capacidade, servindo apenas uma sala ou uma parte de um edifício ou fracção autónoma (comummente designado também por aparelho de ar condicionado).

bbb) Ventilação – processo de renovação do ar, num dado espaço, por meios naturais ou mecânicos.

ccc) Ventilação híbrida – renovação do ar interior por ar novo atmosférico exterior recorrendo a ventilação natural, sempre que as condições permitam caudais suficientes de renovação, e a ventilação mecânica, quando a ventilação natural é insuficiente, de forma alternativa ou complementar. É caso comum ter a admissão de ar exterior por meios naturais estimulada pela extracção mecânica de ar (exaustão).

ddd) Ventilação mecânica – renovação do ar interior por extracção de ar do espaço (ar de extracção) e insuflação de ar exterior ou de ar tratado numa mistura de ar novo vindo do exterior e de ar de retorno utilizando um sistema de condutas e ventiladores como propulsores do ar.

eee) Ventilação natural – renovação do ar interior por ar novo atmosférico exterior recorrendo apenas a aberturas na envolvente com área adequada, autocontroladas ou por regulação manual e aos mecanismos naturais do vento e das diferenças de temperatura causadoras de movimento de ar.

fff) Zona ocupada – espaço de uma sala onde pode ocorrer a ocupação humana, geralmente o espaço desde o nível do pavimento até cerca de 2 m acima deste.

ANEXO II

Repartição de potências de aquecimento

Número mínimo de escalões das instalações de aquecimento

Potência (kilowatt)	Escalões
Inferior a 100	1
De 100 a 500	2
De 500 a 1000	4
Superior a 1000	Modulante

ANEXO III

Espessuras mínimas de isolamento

Fluido interior quente

Diâmetro exterior (em milímetros)	Temperatura do fluido (em graus centígrados)			
	40 a 65	66 a 100	101 a 150	151 a 200
D ≤ 35	20	20	30	40
35 < D ≤ 60	20	30	40	40
60 < D ≤ 90	30	30	40	50
90 < D ≤ 140	30	40	50	50
140 < D	30	40	50	60

Fluido interior frio

Diâmetro exterior (em milímetros)	Temperatura do fluido (em graus centígrados)			
	−20 a −10	−9.9 a 0	0.1 a 10	>10
D ≤ 35	40	30	20	20
35 < D ≤ 60	50	40	30	20
60 < D ≤ 90	50	40	30	30
90 < D ≤ 140	60	50	40	30
140 < D	60	50	40	30

Condutas e acessórios

Ar	Espessura (em milímetros)
Quente...	20
Frio	30

Equipamentos e depósitos

Superfície (em metros quadrados)	Espessura (em milímetros)
≤2	50
>2	80

Notas

1 – Tubagens e acessórios – os diâmetros indicados são sem isolamento.

2 – As espessuras são válidas para um isolamento com condutibilidade térmica de referência, λ_{ref}, de 0,040 W/(m.K) a 20°C. Se forem utilizados isolamentos com condutibilidade térmica diferente, a espessura deve ser corrigida na proporção directa do respectivo λ em relação ao valor de referência atrás indicado.

3 – Quando os componentes estiverem instalados no exterior, às espessuras é adicionado como mínimo 20 mm para os fluidos frios nos casos em que D > 60 mm, e 10 mm nos restantes casos de fluidos quentes e frios.

4 – Quando o fluido estiver a temperatura inferior à do ambiente, deve ser evitada a formação de condensações superficiais e intersticiais mediante utilização de barreira anti-vapor.

5 – Para tubagens enterradas, pode justificar-se no projecto uma solução diferente da aqui exigida.

6 – Exceptuam-se destes requisitos as tubagens de redes de água quente sanitária sem circulação permanente em anel, em fracções autónomas destinadas à habitação em edifícios sem sistemas centralizados, dado que a sua utilização é muito pontual.

ANEXO IV

Pontos de medição obrigatórios para monitorização das instalações

Em todas as novas instalações de AVAC executadas em edifícios sujeitos ao presente Regulamento devem ser previstos em projecto todos os acessórios necessários à monitorização dos seguintes parâmetros, quando aplicáveis, dependendo do tipo de instalação:

1) Consumo eléctrico de todos os motores com potência superior a 5,5 kW;

2) Estado de colmatagem dos filtros de ar;

3) Estado de colmatagem dos filtros de água;

4) Estado aberto/fechado dos registos corta-fogo;

5) Gases de combustão de caldeiras com potência superior a 100 kW;

6) Temperatura do ar exterior;

7) Temperatura média do ar interior, ou de cada zona controlada a temperatura distinta;

8) Temperatura da água em circuitos primários ida/retorno;

9) Temperatura de insuflação das unidades de tratamento de ar (UTA);

10) QAI por grande zona a climatizar (sempre que existirem espaços especiais com índices de ocupação elevados ou condições de funcionamento específicas, estes devem considerar sistemas de QAI próprios).

ANEXO V

Fichas para licenciamento

Para licenciamento deve ser preenchido para cada edifício um conjunto de fichas conforme o modelo anexo.

FICHA 1

REGULAMENTO DOS

SISTEMAS ENERGÉTICOS E DE CLIMATIZAÇÃO DOS EDIFÍCIOS (RSECE)

(Artigo 23º, nº 2, alínea b))

Declaração de Conformidade Regulamentar

Câmara Municipal de _____

Edifício_____

Localização_____

_____

_____

1) Edifício de Serviços ☐   Edifício Residencial ☐

2) Edifício Novo ☐   Grande Intervenção de Reabilitação ☐
Edifício Existente ☐   Ampliação de Edifício Existente ☐

3) Área Útil de Pavimento Total _____ m²

4) Número de Fracções Autónomas _____

5) Sistema de Climatização centralizado ☐
Sistema de Climatização por Fracção Autónoma ☐
Sistema de AQS centralizado ☐
Potência total instalada (kW): Aquecimento _____ Arrefecimento _____

6) Zona Climática I _____ V _____ Altitude _____ m

Técnico Responsável pelo Projecto:

Nome _____

Morada _____

Membro da OE/ANET com o nº: _____ (riscar o que não interessa)

Data _____

Assinatura _____

Anexos:

1. Termo de Responsabilidade do Técnico Responsável, nos termos do disposto na alínea e) do
nº2 do artigo 23º do RSECE.

2. Declaração de reconhecimento de capacidade profissional para aplicação do RSECE,
emitida pela Ordem dos Engenheiros ou ANET.

3. Levantamento dimensional, excepto residencial (Ficha 8).

4. Demonstração dos Requisitos Mínimos da Envolvente, excepto residencial (Ficha 9).

5. Ficha 2 a 7, conforme aplicável.

(pag 1 de 1)

FICHA 2

REGULAMENTO DOS

SISTEMAS ENERGÉTICOS E DE CLIMATIZAÇÃO DOS EDIFÍCIOS (RSECE)

(Artigo 23º, nº2, alínea d) e artigo 7º)

Declaração de Conformidade Regulamentar

EDIFÍCIOS DE SERVIÇOS EXISTENTES

1) *REQUISITOS ENERGÉTICOS*

Consumos Energéticos médios (anos de _ a _____):

     Electricidade   _____ kWh

     Gás Natural, Propano ou Butano   _____ kWh

     Fuel   _____ kWh

     Gasóleo   _____ kWh

     Combustível sólido   _____ kWh

     Outro   _____ kWh

Indicador de Eficiência Energética   _____ kgep/m².ano

Valor limite Regulamentar do IEE   _____ kgep/m².ano

Necessidade de Plano de Racionalização Energética (PRE)   S/N

Prazo limite para apresentação do PRE   _____

2) *REQUISITOS DE QUALIDADE DO AR INTERIOR*

a) Resultados das medições de QAI:

Parâmetros	Concentração medida	Concentração máxima de referência
Partículas Suspensas no Ar		0,15 mg/m³
Dióxido de Carbono		1800 mg/m³
Monóxido de Carbono		12,5 mg/m³
Ozono		0,2 mg/m³
Formaldeído		0,1 mg/m³
Compostos Orgânicos Voláteis		0,6 mg/m³
Microrganismos -bactérias		500 UFC
Microrganismos - fungos		500 UFC
Legionella (*)		100 UFC
Radon (*)		400 Bq/m³

(*) se aplicável.

b) Plano de Manutenção actualizado e implementado   S/N

c) Técnico Responsável   S/N

Anexo: Certificado Energético e da QAI emitido por perito qualificado no âmbito do SCE

(pag. 1 de 1)

FICHA 3

REGULAMENTO DOS

SISTEMAS ENERGÉTICOS E DE CLIMATIZAÇÃO DOS EDIFÍCIOS (RSECE)

(Artigo 23º, nº 2, alínea d) e artigo 8º)

Declaração de Conformidade Regulamentar - licença ou autorização de construção

GRANDES EDIFÍCIOS DE SERVIÇOS

NOVOS

GRANDES INTERVENÇÕES DE REABILITAÇÃO

AMPLIAÇÕES DE EDIFÍCIOS EXISTENTES

1) *REQUISITOS ENERGÉTICOS*

Método de Simulação Dinâmica Detalhada   _____

Consumo Nominal (c/ padrões nominais)   _____ kWh/m².ano

Indicador de Eficiência Energética   _____ kgep/m².ano

Valor limite Regulamentar do IEE   _____ kgep/m².ano

2) *REQUISITOS DE QUALIDADE DO SISTEMA DE CLIMATIZAÇÃO*

Artigo 13º:

Potência nominal de aquecimento(da simulação)   _____ kW

Potência de aquecimento a instalar   _____ kW

Sobredimensionamento <40%   S/N

Potência nominal arrefecimento(da simulação)   _____ kW

Potência de arrefecimento a instalar   _____ kW

Sobredimensionamento <40%   S/N

Artigo 14º:

1) Sistema centralizado para P>100 kW?   S/N

2) Cumpre EN 378?   S/N

3) Usa fontes renováveis?   S/N

4) Ligado a Rede Urbana de Calor e/ou Frio?
   S/N

5) Tem cogeração? S/N

6) Aquecimento por efeito de Joule < 5% e < 25 kW? S/N

7) Reaquecimento terminal < 10%? S/N

8) Unidades Autónomas com menos de 12 kW? S/N

9) Recuperação de Energia com η ≥ 50%? S/N

10) Arrefecimento gratuito por ventilação? S/N

11) Meios de registo de consumo de energia?
S/N

12) Repartição da potência de aquecimento? S/N

13) Eficiência mínima regulamentar de todos os equipamentos? S/N

14) Isolamento superior ao mínimo exigido? S/N

15) Possibilidade de Monitorização? S/N

Artigos 15º e 16º:

1) Sistemas de regulação e controlo? S/N

2) Sistema de Monitorização? S/N

3) Sistema de Gestão? S/N

4) Sistema de Gestão com parametrização? S/N

(pag. 1 de 2)

3) *REQUISITOS DE QUALIDADE DO AR*

Mapa de taxas de renovação de ar por espaço

Espaço	Ocupação Nominal	Caudal de Ar Novo (m^3/h)

Anexos:

1. Justificação de todos os itens marcados com Não na listagem.

2. Certificado Energético e da QAI emitido por perito qualificado no âmbito do SCE

(pag. 2 de 2)

FICHA 4

REGULAMENTO DOS

SISTEMAS ENERGÉTICOS E DE CLIMATIZAÇÃO DOS EDIFÍCIOS (RSECE)

(Artigo 23.º, n.º 3)

Declaração de Conformidade Regulamentar - licença ou autorização de utilização

---

EDIFÍCIOS DE SERVIÇOS

NOVOS

GRANDES INTERVENÇÕES DE REABILITAÇÃO

AMPLIAÇÕES DE EDIFÍCIOS EXISTENTES

Instalação conforme projecto S/N

Técnico Responsável pela execução do sistema de climatização:

Nome _____

Morada _____

_____

Membro da OE/ANET com o nº: _____ (riscar o que não interessa)

Data _____

Assinatura _____

Equipamentos instalados:

Potência cumpre RSECE? S/N

Eficiências mínimas regulamentares? S/N

Certificado de conformidade? S/N

Chapa de identificação? S/N

Ensaios de Recepção:

a) Estanqueidade da rede da tubagem S/N

b) Estanqueidade da rede de condutas S/N

c) Medição dos caudais de água e de ar S/N

d) Medição da Temperatura e da Humidade Relativa S/N

e) Medição dos consumos S/N

f) Verificação das protecções eléctricas S/N

g) Verificação do sentido de rotação S/N

h) Verificação da Eficiência Nominal S/N

i) Filtros e válvulas anti-retorno S/N

j) Drenagem de condensados S/N

k) Sistema de controle S/N

l) Pontos obrigatórios para monitorização S/N

m) Sistemas especiais S/N

n) Limpeza das redes e componentes S/N

Relatório dos Ensaios, assinado por responsável S/N

(pag. 1 de 2)

Telas Finais entregues S/N

Avaliação da Higiene do Sistema (nº 2 do artigo 33º) S/N

Avaliação da capacidade de filtragem (nº 2 do artigo 33º) S/N

Plano de Manutenção conforme nº 3 do artigo 19º S/N

Técnico Responsável pelo Edifício (Condução e Manutenção):

Nome _____

Morada _____

_____

Membro da _____ com o nº: _____

Data _____

Assinatura _____

Anexos:

1. Termo de Responsabilidade do Técnico Responsável pela construção do sistema de climatização, nos termos do disposto na alínea e) do nº2 do artigo 23º do RSECE.

2. Declaração de reconhecimento de capacidade profissional do técnico responsável pela execução do sistema de climatização, emitida pela Ordem dos Engenheiros ou ANET.

3. Demonstração da competência profissional do Responsável pela Condução e Manutenção do Edifício (SCE).

4. Certificado Energético e da QAI emitido por perito qualificado no âmbito do SCE

(pag. 2 de 2)

FICHA 5

REGULAMENTO DOS

SISTEMAS ENERGÉTICOS E DE CLIMATIZAÇÃO DOS EDIFÍCIOS (RSECE)

(Artigo 23°, n° 2, alínea d))

Declaração da Conformidade Regulamentar - licença ou autorização de construção

---

PEQUENOS EDIFÍCIOS DE SERVIÇOS

NOVOS

GRANDES INTERVENÇÕES DE REABILITAÇÃO

AMPLIAÇÕES DE EDIFÍCIOS EXISTENTES

1) *REQUISITOS ENERGÉTICOS*

Aquecimento:

Nic (c/ padrões nominais)	_____	kWh/m^2.ano
Ni (do RCCTE)	_____	kWh/m^2.ano
Nic < 80% Ni		S/N

Arrefecimento:

Nvc (c/ padrões nominais)	_____	kWh/m^2.ano
Nv (do RCCTE)	_____	kWh/m^2.ano
Nvc < 80% Nv		S/N
IEE= _____	< IEE ref = _____	S/N

2) *REQUISITOS DE QUALIDADE DO SISTEMA DE CLIMATIZAÇÃO*

Artigo 13°:

Potência nominal de aquecimento(da simulação)	_____	kW
Potência de aquecimento a instalar	_____	kW
Sobredimensionamento <40%		S/N
Potência nominal arrefecimento(da simulação)	_____	kW
Potência de arrefecimento a instalar	_____	kW
Sobredimensionamento <40%		S/N

Artigo 14°:

1) Sistema centralizado para P>100 kW?	S/N
2) Cumpre EN 378?	S/N
3) Usa fontes renováveis?	S/N
4) Ligado a Rede Urbana de Calor e/ou Frio?	S/N
5) Aquecimento por efeito de Joule < 5% e < 25 kW?	S/N
6) Reaquecimento terminal < 10%?	S/N
7) Unidades Autónomas com menos de 12 kW?	S/N
8) Recuperação de Energia com η ≥ 50%?	S/N
9) Arrefecimento gratuito por ventilação?	S/N
10) Meios de registo de consumo de energia?	S/N
11) Repartição da potência de aquecimento?	S/N
12) Eficiência mínima regulamentar de todos os equipamentos?	S/N
13) Isolamento superior ao mínimo exigido?	S/N
14) Possibilidade de Monitorização?	S/N

Artigos 15° e 16°:

1) Sistemas de regulação e controlo?	S/N
2) Sistema de Monitorização?	S/N
3) Sistema de Gestão?	S/N
4) Sistema de Gestão com parametrização?	S/N

(pag. 1 de 2)

3) *REQUISITOS DE QUALIDADE DO AR*

Mapa de taxas de renovação de ar por espaço

Espaço	Ocupação Nominal	Caudal de Ar Novo (m^3/h)

Anexos:

1. Justificação de todos os itens marcados com Não na listagem.
2. Certificado Energético e da QAI emitido por perito qualificado no âmbito do SCE

(pag. 2 de 2)

FICHA 6

REGULAMENTO DOS

SISTEMAS ENERGÉTICOS E DE CLIMATIZAÇÃO DOS EDIFÍCIOS (RSECE)

(Artigo 23°, n°2, alínea b) e artigo 11°)

Declaração de Conformidade Regulamentar - licença ou autorização de construção

---

EDIFÍCIOS RESIDENCIAIS COM SISTEMAS DE CLIMATIZAÇÃO

(Por Fracção Autónoma, ou por Edifício se houver sistema centralizado)

NOVOS SISTEMAS

GRANDES INTERVENÇÕES DE REABILITAÇÃO

AMPLIAÇÕES DE EDIFÍCIOS EXISTENTES

1) *REQUISITOS ENERGÉTICOS*

Aquecimento:

Nic (c/ padrões nominais)	_____	kWh/m^2.ano
Ni (do RCCTE)	_____	kWh/m^2.ano
Nic < 80% Ni		S/N

Arrefecimento:

Nvc (c/ padrões nominais)	_____	kWh/m^2.ano
Nv (do RCCTE)	_____	kWh/m^2.ano
Nvc < 80% Nv		S/N

2) *REQUISITOS DE QUALIDADE DO SISTEMA DE CLIMATIZAÇÃO*

Artigo 13°:

Potência nominal de aquecimento(da simulação)	_____	kW
Potência de aquecimento a instalar	_____	kW
Sobredimensionamento <40%		S/N
Potência nominal arrefecimento(da simulação)	_____	kW

Potência de arrefecimento a instalar _____ kW

Sobredimensionamento <40% S/N

Artigo 14°:

1) Usa fontes renováveis? S/N

2) Ligado a Rede Urbana de Calor e/ou Frio?
S/N

3) Aquecimento por efeito de Joule < 5% e < 25 kW? S/N

4) Reaquecimento terminal < 10%? S/N

5) Unidades Autónomas com menos de 12 kW? S/N

6) Recuperação de Energia com η ≥ 50%? S/N

7) Arrefecimento gratuito por ventilação? S/N

8) Meios de registo de consumo de energia? S/N

9) Repartição da potência de aquecimento? S/N

10) Eficiência mínima regulamentar de todos os equipamentos? S/N

11) Isolamento superior ao mínimo exigido? S/N

12) Possibilidade de Monitorização? S/N

(pag. 1 de 2)

Artigos 15° e 16°:

1) Sistemas de regulação e controlo? S/N

2) Sistema de Monitorização? S/N

3) Sistema de Gestão? S/N

4) Sistema de Gestão com parametrização? S/N

3) *REQUISITOS DE QUALIDADE DO AR*

Mapa de taxas de renovação de ar por espaço

Espaço	Ocupação Nominal	Caudal de Ar Novo (m³/h)

Anexos:

1. Justificação de todos os itens marcados com Não na listagem.

2. Certificado Energético e da QAI emitido por perito qualificado no âmbito do SCE

3. Projecto RCCTE é também exigido en separado.

(pag. 2 de 2)

FICHA 7

REGULAMENTO DOS

SISTEMAS ENERGÉTICOS E DE CLIMATIZAÇÃO DOS EDIFÍCIOS (RSECE)

(Artigo 23°, n° 3)

Demonstração da Conformidade Regulamentar – licença ou autorização de utilização

EDIFÍCIOS RESIDENCIAIS COM SISTEMAS DE CLIMATIZAÇÃO

(Por Fracção Autónoma, ou por Edifício se houver sistema centralizado)

NOVOS SISTEMAS

GRANDES INTERVENÇÕES DE REABILITAÇÃO

Instalação conforme projecto	S/N

Técnico Responsável pela execução do sistema de climatização:

Nome _____

Morada _____
_____

Membro da _____ com o n°: _____

Data _____

AMPLIAÇÕES DE EDIFÍCIOS EXISTENTES

Equipamentos instalados:

Potência cumpre RSECE? S/N

Eficiências mínimas regulamentares? S/N

Certificado de conformidade? S/N

Chapa de identificação? S/N

Ensaios de Recepção:

a) Estanqueidade da rede da tubagem S/N

b) Estanqueidade da rede de condutas S/N

c) Medição dos caudais de água e de ar S/N

d) Medição da Temperatura e da Humidade Relativa S/N

e) Medição dos consumos S/N

f) Verificação das protecções eléctricas S/N

g) Verificação do sentido de rotação S/N

h) Verificação da Eficiência Nominal S/N

i) Filtros e válvulas anti-retorno S/N

j) Drenagem de condensados S/N

l) Sistema de controle S/N

m) Pontos obrigatórios para monitorização S/N

n) Sistemas especiais S/N

o) Limpeza das redes e componentes S/N

Relatório dos Ensaios, assinado por responsável S/N

(pag. 1 de 2)

Telas Finais entregues S/N

Avaliação da Higiene do Sistema (n° 2 do artigo 33°) S/N

Avaliação da capacidade de filtragem (n° 2 do artigo 33°) S/N

Plano de Manutenção conforme n° 3 do artigo 19° S/N

Técnico Responsável pelo Sistema de Climatização (Manutenção):	

Nome _____

Morada _____

Membro da _____ com o n°: _____

Data _____

Assinatura _____

Anexos:

1. Termo de Responsabilidade do Técnico Responsável pela construção do sistema de climatização, nos termos do disposto na alínea e) do n°2 do artigo 23° do RSECE.

2. Declaração de reconhecimento de capacidade profissional do técnico responsável pela execução do sistema de climatização, emitida pela Ordem dos Engenheiros ou ANET.

3. Demonstração da competência profissional do Responsável pela Condução e Manutenção do Edifício (SCE).

4. Certificado Energético e da QAI emitido por perito qualificado no âmbito do SCE

(pag. 2 de 2)

FICHA 8

REGULAMENTO DOS

SISTEMAS ENERGÉTICOS E DE CLIMATIZAÇÃO DOS EDIFÍCIOS (RSECE)

(Artigo 23°, n° 2, alínea c))

LEVANTAMENTO DIMENSIONAL

(PARA UMA ÚNICA FRACÇÃO AUTÓNOMA)

(pag. 1 de 1)

---

b) Factores Solares dos Envidraçados Valores Máximos Regulamentares:

Soluções adoptadas - Verão

tipo de protecção solar _____   _____

tipo de protecção solar _____   _____

tipo de protecção solar _____   _____

c) Pontes térmicas planas:

Valor Máximo Regulamentar: U das Soluções adoptadas

_____ $W/m^2.°C$ _____ $W/m^2.°C$

_____ $W/m^2.°C$ _____ $W/m^2.°C$

_____ $W/m^2.°C$ _____ $W/m^2.°C$

Juntar pormenores construtivos definidores de todas as situações de potencial ponte térmica:

☐ caixas de estore (se existirem)

☐ ligações entre paredes exteriores e vigas

☐ ligações entre paredes exteriores e pilares

☐ ligações entre paredes exteriores e lajes de pavimento

☐ ligações entre paredes exteriores e lajes de cobertura

☐ paredes e pavimentos enterrados

☐ montagem de caixilharias

Técnico Responsável:

Nome _____

Data _____

Assinatura _____

(pag. 1 de 1)

FICHA 9

REGULAMENTO DOS

SISTEMAS ENERGÉTICOS E DE CLIMATIZAÇÃO DOS EDIFÍCIOS (RSECE)

(Artigo 6°, n° 3)

COMPROVAÇÃO DE SATISFAÇÃO DOS REQUISITOS MÍNIMOS

PARA A ENVOLVENTE DE EDIFÍCIOS DE SERVIÇOS

Edifício _____

Fracção Autónoma _____

Inércia Térmica _____

a) U máximo   Valores Máximos Regulamentares:

Soluções adoptadas

_____ Paredes Ext. _____ $W/m^2.°C$

_____ Coberturas Ext. _____

$W/m^2.°C$

_____ Pavim. s/ ext. _____ $W/m^2.°C$

_____ Paredes Interiores _____ $W/m^2.°C$

_____ Pavim. Inter. _____ $W/m^2.°C$

_____ Cobert. Inter. _____ $W/m^2.°C$

_____ Pontes Térm. _____ $W/m^2.°C$

FICHA 10   (pag 1 de 1)

REGULAMENTO DOS

SISTEMAS ENERGÉTICOS E DE CLIMATIZAÇÃO DOS EDIFÍCIOS (RSECE)

(Artigo 20.°)

Demonstração da Conformidade Regulamentar

AUDITORIAS A CALDEIRAS E

EQUIPAMENTOS DE AR-CONDICIONADO

Câmara Municipal de _____

Edifício _____

Localização _____

_____

Ar Condicionado

Data de instalação: _____

Data da Auditoria: _____

Combustível: _____

Potência: _____ kW

Eficiência nominal: _____

Sistemas de Aquecimento com 15 anos de idade:

Data de instalação: _____

Data da Auditoria: _____

Combustível: _____

Potência _____ kW

Eficiência nominal: _____

Caldeiras:

Data de instalação: _____

Data da Auditoria: _____

Combustível: _____

Potência: _____ kW

Eficiência nominal: _____

Anexo: Certificado Energético e da QAI emitido por perito qualificado no âmbito do SCE

(pag. 1 de 1)

ANEXO VI

Caudais mínimos de ar novo

Tipo de actividade		Caudais mínimos de ar novo	
		[m³/(h.ocupante)]	[m²/(h.m²)]
Residencial	Salas de estar e quartos	30	
Comercial	Salas de espera	30	
	Lojas de comércio		5
	Áreas de armazenamento		5
	Vestiários		10
	Supermercados	30	5
Serviços de refeições	Salas de refeições	35	
	Cafetarias	35	35
	Bares, salas de *cocktail*	35	35
	Sala de preparação de refeições	30	
Empreendimentos turísticos	Quartos/suites	30	
	Corredores/átrios		5
Entretenimento	Corredores/átrios		5
	Auditório	30	
	Zona do palco, estúdios	30	
	Café/*foyer*	35	35
	Piscinas		10
	Ginásio	35	
Serviços	Gabinetes	35	5
	Salas de conferências	35	20
	Salas de assembleia	30	20
	Salas de desenho	30	
	Consultórios médicos	35	
	Salas de recepção	30	15
	Salas de computador	30	
	Elevadores		15
Escolas	Salas de aula	30	
	Laboratórios	35	
	Auditórios	30	
	Bibliotecas	30	
	Bares	35	
Hospitais	Quartos	45	
	Áreas de recuperação	30	
	Áreas de terapia	30	

ANEXO VII

Concentrações máximas de referência de poluentes no interior dos edifícios existentes

Parâmetros	Concentração máxima de referência (mg/m3)
Partículas suspensas no ar (PM10)	0,15
Dióxido de carbono	1800
Monóxido de carbono	12,5
Ozono	0,2
Formaldeído	0,1
Compostos orgânicos voláteis totais	0,6

ANEXO VIII

Métodos de previsão de consumo de energia

1 – As simulações detalhadas de edifícios sujeitas ao presente Regulamento devem se efectuadas utilizando metodologias que considerem os seguintes elementos mínimos:

a) Características térmicas do edifício (envolvente e divisões internas, etc.);

b) Instalação de aquecimento e fornecimento de água quente, incluindo as respectivas características de isolamento;

c) Instalação de ar condicionado;

d) Ventilação mecânica e natural;

e) Instalação fixa de iluminação;

f) Posição e orientação dos edifícios, incluindo condições climáticas exteriores;

g) Sistemas solares passivos e de protecção solar;

h) Condições climáticas interiores, incluindo as de projecto.

2 – Nos casos em que seja admissível o recurso a metodologias simplificadas de previsão de consumos de energia, a metodologia a adoptar é uma simulação horária anual baseada no modelo monozona descrito de seguida, implementado no programa STE-2005 (simulação térmica de edifícios) distribuído pelo INETI. Este método pode também ser considerado como simulação detalhada multizona desde que aplicado isoladamente a cada zona distinta de um edifício e os respectivos resultados sejam adequadamente adicionados para obter o desempenho energético global do edifício.

O STE-2005 baseia-se numa simulação horária anual (oito mil setecentas e sessenta horas) de um espaço monozona representado por um circuito de analogia reo-eléctrica tal como representado no diagrama seguinte:

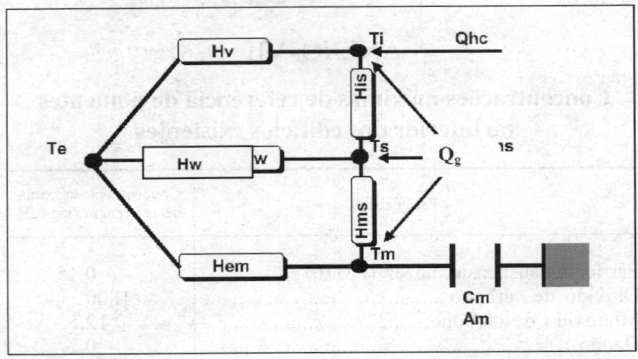

O programa STE-2005 calcula as necessidades de aquecimento e de arrefecimento necessárias para manter o espaço (representado por T_i) à temperatura de referência definida pelo RSECE para as estações de aquecimento e de arrefecimento, conforme apropriado. T_m representa a temperatura média da massa térmica do espaço, T_s representa a temperatura média das superfícies interiores da envolvente do espaço, e T_e representa a temperatura exterior, integrando o STE-2005 uma base de dados interna de anos climáticos horários representativos para todos os concelhos de Portugal (continente e Regiões Autónomas).

Este método efectua um balanço dinâmico do espaço contabilizando, em cada hora, o balanço entre as perdas e os ganhos térmicos, pelos vãos envidraçados e pela envolvente opaca, bem como os ganhos internos:

$$Q_{he} = Q_v + Q_w + Q_{em} + Q_g \dots \qquad [W]$$

As diferentes componentes do balanço térmico, representadas no diagrama através de fluxos e resistências térmicas, são as seguintes:

Q_{he} – energia necessária para a climatização (aquecimento e arrefecimento, conforme o resultado do balanço horário do espaço);

Q_v – ganho ou perda de calor correspondente à renovação do ar, calculada com base na taxa de renovação nominal aplicável, admitindo-se regime permanente, traduzido pela resistência H(índice v);

Q_w – ganho ou perda de calor correspondente às trocas de calor por condução através dos vãos envidraçados, calculada conforme o modelo do RCCTE – anexos iv e v, admitindo-se regime permanente, traduzido pela resistência H_w;

Q_{em} – ganho ou perda de calor correspondente às trocas de calor por condução através da envolvente opaca, sem consideração dos efeitos da radiação solar incidente, admitindo-se regime permanente, traduzido pela resistência H_{em};

Q_g – ganhos totais, incluindo ganhos derivados da ocupação, dos equipamentos e da iluminação, ganhos solares através dos envidraçados, e ganhos solares através da envolvente opaca, sendo esta última parcela calculada a partir da aplicação do conceito de temperatura ar-sol correspondente a cada uma das orientações da envolvente exterior (paredes e cobertura).

A transferência de calor através da envolvente, com base no conceito de temperatura ar-sol, traduz-se pela equação seguinte:

$$Q_{opaco} = U.A.(T_{air-sol} - T_i) = U.A.(T_{ar} + \frac{\alpha.E(ot)}{h_e} - T_i) \quad [W]$$

que pode também ser expressa através de:

$$Q_{opaco} = U.A.(T_{ar} - T_i) + U.A.(\frac{\alpha.E(ot)}{h_e}) \quad [W]$$

O primeiro termo desta equação corresponde a Q_{em}, enquanto o segundo, no modelo adoptado pelo STE-2005, é contabilizado, para cada uma das orientações, em Q_g.

Os ganhos solares através dos envidraçados são calculados por metodologia semelhante à definida no RCCTE (anexos iv e v), para cada orientação:

$$Q_{solar} = S_v Asol(ot) \quad [W]$$

Os ganhos totais (Q_g) são repartidos entre o ar interior do espaço (fracção dos ganhos que contribui imediatamente para a carga térmica) e a envolvente do espaço, a que se associa o fenómeno do armazenamento parcial na massa térmica, em função do grau de inércia térmica do espaço. Esta é classificada de acordo com o disposto no anexo VII do RCCTE (inércia fraca, média ou forte), correspondendo a cada classificação valores convencionados para a capacidade térmica (C_m) e para a área superficial da massa térmica (A_m) que, no modelo adoptado, definem o comportamento dinâmico do espaço simulado. A transferência de calor entre as superfícies interiores e o ar e entre a massa de armazenamento térmico e a superfície são caracterizadas, respectivamente, pelas resistências H_{is} e H_{ms}.

3 – Para a previsão dos consumos de energia, segundo as metodologias especificadas nos n.ºs 1 e 2 deste anexo, devem ser utilizados os padrões de referência de utilização dos edifícios que constam do anexo XV, publicado em anexo ao presente Regulamento e que dele faz parte integrante.

4 – Em casos devidamente justificados, em que haja dados mais precisos sobre o padrão previsto para a utilização do edifício, o projectista pode optar, para a previsão dos consumos, pela utilização desse padrão em vez do especificado no número anterior, desde que tal seja aceite pela entidade licenciadora.

ANEXO IX

Métodos de cálculo do indicador de eficiência energética (IEE)

O IEE é calculado a partir dos consumos efectivos de energia de um edifício durante um ano, convertidos, utilizando os factores de conversão a seguir indicados, para uma base de energia primária. Dado que há variações de clima e, portanto, de consumos de energia de ano para ano, o IEE pode ser calculado com base na média dos consumos dos três anos anteriores à auditoria.

Factores de conversão das fontes de energia utilizadas – os factores de conversão utilizados no cálculo do IEE, até publicação de despacho do director-geral de Geologia e Energia a alterar os valores, em função do mix energético nacional, são os seguintes:

Electricidade: 0,290 kgep/kWh;
Combustíveis sólidos, líquidos e gasosos: 0,086 kgep/kWh;
Correcção climática.

O IEE é calculado pela seguinte fórmula:

$$IEE = IEE_I + IEE_V + \frac{Q_{out}}{Ap}$$

em que:
IEE – indicador de eficiência energética (kgep/m2 . ano);
IEE_I – indicador de eficiência energética de aquecimento (kgep/m2 . ano);
IEE_V – indicador de eficiência energética de arrefecimento (kgep/m2 . ano);
Q_{out} – consumo de energia não ligado aos processos de aquecimento e arrefecimento (kgep/ano);
A_p – área útil de pavimento (m2).

Por sua vez:

$$IEE_I = \frac{Q_{aq}}{A_P} \times F_{CI} \qquad \text{e} \qquad IEE_V = \frac{Q_{arr}}{A_P} \times F_{CV}$$

em que:
Q_{aq} – consumo de energia de aquecimento (kgep/ano);
F_{CI} – factor de correcção do consumo de energia de aquecimento;
Q_{arr} – consumo de energia de arrefecimento (kgep/ano);
F_{CV} – factor de correcção do consumo de energia de arrefecimento.

Para o cálculo dos factores de correcção do consumo de energia de aquecimento e de arrefecimento (F_{CI} e F_{CV}), adopta-se, como região climática de referência, a região I1-V1 norte, 1000 graus-dia de aquecimento e 160 dias de duração da estação de aquecimento.
Correcção da energia de aquecimento (F_{CI}):

$$F_{CI} = \frac{N_{I1}}{N_{Ii}}$$

em que:
N_{I1} – necessidades máximas de aquecimento permitidas pelo RCCTE, calculadas para o edifício em estudo, como se estivesse localizado na zona de referência I1 (kWh/m2 . ano);
N_{Ii} – necessidades máximas de aquecimento permitidas pelo RCCTE, calculadas para o edifício em estudo, na zona onde está localizado o edifício (kWh/m2 . ano).

Correcção da energia de arrefecimento (F_{CV}):

$$F_{CV} = \frac{N_{V1}}{N_{Vi}}$$

em que:

N_{V1} – necessidades máximas de arrefecimento permitidas pelo RCCTE, calculadas para o edifício em estudo, como se estivesse localizado na zona de referência I1-V1 (kWh/m2 . ano);

N_{Vi} – necessidades máximas de arrefecimento permitidas pelo RCCTE, calculadas para o edifício em estudo, na zona onde está localizado o edifício (kWh/m2 . ano).

Os valores dos factores de conversão têm em conta as diferenças de necessidades de aquecimento ou de arrefecimento derivadas da severidade do clima, corrigidas pelo grau de exigência na qualidade da envolvente aplicável a cada zona climática, mesmo que o edifício não esteja sujeito às exigências do RCCTE.

ANEXO X

Valores limite dos consumos globais específicos dos edifícios de serviços existentes

Tipos de actividade	Tipologia do edifício	IEE (kgep/m².ano)
Comercial	Hipermercados	255
	Vendas por grosso	45
	Supermercados	150
	Centros comerciais	190
	Pequenas lojas	75
Serviço de refeições	Restaurantes	170
	Pastelarias	265
	Pronto a comer	210
Empreendimentos turísticos, quando aplicável.	Empreendimentos turísticos, quando aplicável, de 4 ou mais estrelas	60
	Empreendimentos turísticos, quando aplicável de 3 ou menos estrelas	35
Entretenimento	Cinemas e teatros	25
	Discotecas	55
	Bingos e clubes sociais	45
	Clubes desportivos com piscina	35
	Clubes desportivos sem piscina	25
Serviços	Escritórios	40
	Sedes de bancos e seguradoras	70
	Filiais de bancos e seguradoras	60
	Comunicações	40
	Bibliotecas	20
	Museus e galerias	10
	Tribunais	10
	Estabelecimentos prisionais	20
Escolas	Todas	15
Hospitais	Estabelecimentos de saúde com internamento	40
	Estabelecimentos de saúde sem internamento	40

ANEXO XI

Valores de referência limite dos consumos nominais específicos dos novos edifícios de serviços

Tipos de actividade	Tipologia do edifício	Aquecimento e arrefecimento IEE (kgep/m².ano)	Aquecimento IEE (kgep/m².ano)
Comercial	Hipermercados	110	93
	Vendas por grosso	35	27
	Supermercados	70	55
	Centros comerciais	95	58
	Pequenas lojas	35	31
Serviço de refeições	Restaurantes	120	120
	Pastelarias	140	122
	Pronto a comer	170	159
Hotéis	Hotéis de 4 ou mais estrelas	45	30
	Hotéis de 3 ou menos estrelas	25	19
Entretenimento	Cinemas e teatros	10	7
	Discotecas	40	17
	Bingos e clubes sociais	15	14
	Clubes desportivos com piscina	25	20
	Clubes desportivos sem piscina	20	17
Serviços	Escritórios	35	30
	Sedes de bancos e seguradoras	45	38
	Filiais de bancos e seguradoras	35	26
	Comunicações	30	28
	Bibliotecas	15	11
	Museus e galerias	15	10
	Tribunais, ministérios e câmaras municipais	15	14
	Estabelecimentos prisionais	20	17
Escolas	Estabelecimentos de ensino	15	13
Hospitais	Estabelecimentos de saúde com internamento	40	31
	Estabelecimentos de saúde sem internamento	30	21

Tipos de actividade	Tipo de espaço	Perfil de utilização	IEE (kgep/m².ano)
Espaços complementares	Estacionamento	10 horas/dia (segunda a sexta)	12
		9 horas/dia (todos os dias)	15
		10 a 12 horas/dia (todos os dias)	19
	Cozinhas	6 horas/dia (segunda a sexta)	121
		8 horas/dia (segunda a sexta)	159
		6 horas/dia (todos os dias)	174
	Lavandarias	6 horas/dia (segunda a sexta)	218
		8 horas/dia (segunda a sexta)	316
	Armazéns	7 horas/dia (todos os dias)	15
		9 horas/dia (todos os dias)	19

ANEXO XII

Valores alternativos de IEE para algumas tipologias de edifícios

Tipologia do edifício	Indicador IEE alternativo	Edifícios novos	Edifícios existentes
Empreendimentos turísticos, quando aplicável, de 4 ou mais estrelas	kgep/dormida.	11	15
Empreendimentos turísticos, quando aplicável, de 3 ou menos estrelas	kgep/dormida.	6	10
Ensino superior	kgep/aluno.	1	1,5
Estabelecimentos de saúde com internamento	kgep/cama ocupada.	5,5	8,5
Pronto-a-comer	kgep/refeição.	1	2

ANEXO XIII

Método de cálculo do período de retorno para medidas de eficiência energética

A viabilidade económica das medidas de eficiência energética, para efeitos do presente Regulamento, é calculada através do parâmetro «período de retorno simples» (PRS), cuja definição é a seguinte:

$$PRS = \frac{C_a}{P_1}$$

em que:

C_a – custo adicional de investimento, calculado pela diferença entre o custo inicial da solução base, isto é, sem a alternativa de maior eficiência energética, e o da solução mais eficiente, estimada aquando da construção do sistema, com base na melhor informação técnica e orçamental ao dispor do projectista;

P_1 – poupança anual resultante da aplicação da alternativa mais eficiente, estimada com base em simulações anuais, detalhadas ou simplificadas do funcionamento do edifício e seus sistemas energéticos, conforme aplicável em função da tipologia e área útil do edifício, nos termos do presente Regulamento, da situação base e da situação com a solução mais eficiente.

Esta metodologia avalia a situação a custos de energia constantes e iguais aos do momento do investimento e não considera quaisquer custos financeiros nem efeitos da inflação, dada a incerteza inerente à previsão de quaisquer dos parâmetros financeiros necessários à sua consideração numa outra metodologia, porventura mais precisa, mas também necessariamente mais complexa.

Quando várias soluções energeticamente mais eficientes possam ser analisadas em sucessão, conforme vários graus de aumento de eficiência possam ser aplicados, o projectista deve aplicar o modelo de modo a identificar um eventual ponto em que o *PRS* mude de valor menor para valor maior do que o critério regulamentarmente imposto para obrigatoriedade de implementação da medida mais eficiente.

Este modelo só necessita de ser aplicado, para efeitos regulamentares, para demonstrar que uma dada medida não tem viabilidade económica.

ANEXO XIV

Ensaios de recepção de instalações

1 – Antes da recepção das instalações, são de execução obrigatória, no mínimo, os ensaios que constam da lista seguinte, desde que os componentes a que se referem estejam presentes na instalação:

a) Estanqueidade da rede da tubagem: a rede deve manter uma pressão de 1,5 vezes a pressão nominal de serviço durante vinte e quatro horas. O ensaio deve ser feito a 100% das redes;

b) Estanqueidade da rede de condutas: as perdas na rede de condutas têm de ser inferiores a 1,5 l/s.m2 de área de conduta quando sujeitas a uma pressão estática de 400 Pa. O ensaio pode ser feito, em primeira instância, a 10% da rede, escolhida aleatoriamente. Caso o ensaio da primeira instância não seja satisfatório, o ensaio da segunda instância deve ser feito em 20% da instalação, também escolhidos aleatoriamente, para além dos 10% iniciais. Caso esta segunda instância também não satisfaça o critério pretendido, todos os ensaios seguintes devem ser feitos a 100% da rede de condutas;

c) Medição dos caudais de água e de ar: em cada componente do sistema (radiador, ventiloconvector, UTA, registo de insuflação e de extracção), para o que devem ser previstos em projecto os acessórios que permitam estas medições de forma prática e precisa;

d) Medição da temperatura e da humidade relativa (nos circuitos de ar): em complemento das medições indicadas no número anterior;

e) Medição dos consumos: em cada propulsor de fluido, caldeira e máquina frigorífica;

f) Verificação das protecções eléctricas: em todos os propulsores de fluido, caldeira e máquina frigorífica;

g) Verificação do sentido de rotação: em todos os motores e propulsores de fluidos;

h) Verificação da eficiência nominal: em todos os motores e propulsores de fluidos, bem como das caldeiras e máquinas frigoríficas;

i) Verificação de sentidos de colocação de filtros e válvulas anti-retorno: confirmação de que todos estes componentes estão devidamente montados;

j) Drenagem de condensados: deve ser comprovado que os condensados, produzidos em cada local onde possam ocorrer, drenam correctamente;

l) Sistema de controlo: deve ser verificado que este reage conforme esperado em resposta a uma solicitação de sentido positivo ou negativo;

m) Pontos obrigatórios para monitorização: deve ser verificado o funcionamento de todos os pontos indicados no anexo V do presente Regulamento;

n) Sistemas especiais: devem ser verificados todos os componentes especiais e essenciais, tais como sistemas de anti-corrosão das redes de tubagem, bombas de calor desumidificadoras, desgaseificadores, sistemas de detecção de gás,
válvulas de duas e três vias motorizadas, etc.;

o) Limpeza das redes e componentes: deve ser confirmada a limpeza e
desempenho de todos os componentes previstos no n.º 1 do artigo 33.º do presente Regulamento.

2 – A recepção das instalações só pode ter lugar após a entrega das telas
finais, do manual de operação e do relatório dos ensaios descritos no número
anterior.

ANEXO XV

Padrões de referência de utilização dos edifícios

Os padrões de referência de utilização dos edifícios são os representados
de seguida para cada uma das tipologias definidas no n.º 1 do artigo 31.º do
presente Regulamento:

Hipermercados

Perfis variáveis de acordo com os valores das tabelas		
LOJA	**Densidades**	
Ocupação	5 m²/Ocupante	
Iluminação	---------	
Equipamento	13 W/m²	

Perfis Constantes		
	Densidade	**N.º Horas funcionamento**
Iluminação Exterior	-----------	5400
Loja	**Densidades**	**N.º Horas funcionamento**
Sistemas de frio	6 W/m²	**6280**
Armazéns	**Densidades**	**N.º Horas funcionamento**
Iluminação	---------------	
Equipamento	5 W/m²	3260
Ventilação	8 W/m²	
Estacionamento	**Densidade**	**N.º Horas funcionamento**
Iluminação	-------------	
Equipamento	2 W/m²	4200
Ventilação	8 W/m²	

horas	% de Ocupação		
	Segunda a Sexta	Sábados	Domingos e Feriados
0h as 1h	0	0	0
1h as 2h	0	0	0
2h as 3h	0	0	0
3h as 4h	0	0	0
4h as 5h	0	0	0
5h as 6h	0	0	0
6h as 7h	10	10	5
7h as 8h	15	15	15
8h as 9 h	35	35	90
9h as 10h	50	50	95
10h as 11h	65	70	100
11h as 12h	75	85	100
12h as 13h	95	95	85
13h as 14h	95	100	35
14h as 15h	75	100	5
15h as 16h	60	100	0
16h as 17h	60	100	0
17h as 18h	80	100	0
18h as 19h	95	100	0
19h as 20h	100	95	0
20h as 21h	100	80	0
21h as 22h	100	65	0
22h as 23h	75	20	0
23h as 24h	30	10	0

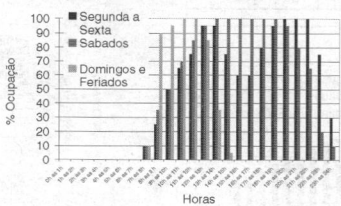

Horas	% de iluminação		
	Segunda a Sexta	Sábados	Domingos e Feriados
0h as 1h	15	15	15
1h as 2h	15	15	15
2h as 3h	15	15	15
3h as 4h	15	15	15
4h as 5h	15	15	15
5h as 6h	15	15	15
6h as 7h	35	35	35
7h as 8h	70	70	70
8h as 9 h	75	75	75
9h as 10h	90	90	90
10h as 11h	90	90	90
11h as 12h	90	90	90
12h as 13h	90	90	90
13h as 14h	90	90	90
14h as 15h	90	90	15
15h as 16h	90	90	15
16h as 17h	90	90	15
17h as 18h	90	90	15
18h as 19h	100	100	15
19h as 20h	100	100	15
20h as 21h	100	100	15
21h as 22h	100	100	15
22h as 23h	100	100	15
23h as 24h	15	15	15

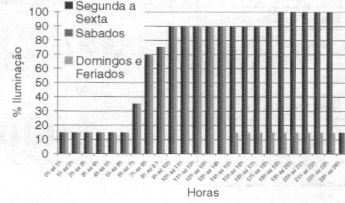

Horas	% de equipamento		
	Segunda a Sexta	Sábados	Domingos e Feriados
0h as 1h	15	15	15
1h as 2h	15	15	15
2h as 3h	15	15	15
3h as 4h	15	15	15
4h as 5h	15	15	15
5h as 6h	90	90	90
6h as 7h	100	100	100
7h as 8h	85	85	85
8h as 9 h	95	95	95
9h as 10h	65	65	65
10h as 11h	75	75	75
11h as 12h	70	70	70
12h as 13h	40	40	40
13h as 14h	45	45	15
14h as 15h	45	45	15
15h as 16h	45	45	15
16h as 17h	60	60	15
17h as 18h	55	55	15
18h as 19h	45	45	15
19h as 20h	50	50	15
20h as 21h	45	45	15
21h as 22h	40	40	15
22h as 23h	35	35	15
23h as 24h	35	35	15

horas	% de Ocupação		
	Segunda a Sexta	Sábados	Domingos e Feriados
0h as 1h	0	0	0
1h as 2h	0	0	0
2h as 3h	0	0	0
3h as 4h	0	0	0
4h as 5h	0	0	0
5h as 6h	0	0	0
6h as 7h	10	10	5
7h as 8h	15	15	15
8h as 9 h	35	35	90
9h as 10h	50	50	95
10h as 11h	65	70	100
11h as 12h	75	85	100
12h as 13h	95	95	85
13h as 14h	95	100	35
14h as 15h	75	100	5
15h as 16h	60	100	0
16h as 17h	60	100	0
17h as 18h	80	100	0
18h as 19h	95	100	0
19h as 20h	100	95	0
20h as 21h	100	80	0
21h as 22h	100	65	0
22h as 23h	75	20	0
23h as 24h	30	10	0

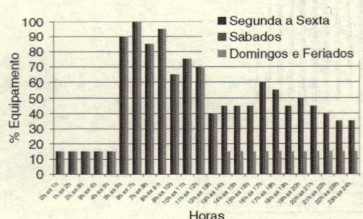

Venda por grosso

Perfis variáveis de acordo com os valores das tabelas	
LOJA	**Densidades**
Ocupação	25 m²/Ocupante
Iluminação	---------
Equipamento	3 W/m²

Perfis Constantes		
	Densidade	N.º Horas funcionamento
Iluminação Exterior	-----------	5400
Loja	**Densidades**	**N.º Horas funcionamento**
Sistemas de frio	3.5 W/m²	**6278**
Armazéns	**Densidades**	**N.º Horas funcionamento**
Iluminação	-----------	
Equipamento	5 W/m²	3260
Ventilação	8 W/m²	
Estacionamento	**Densidade**	**N.º Horas funcionamento**
Iluminação	-----------	
Equipamento	2 W/m²	4200
Ventilação	8 W/m²	

horas	% de iluminação		
	Segunda a Sexta	Sábados	Domingos e Feriados
0h as 1h	15	15	15
1h as 2h	15	15	15
2h as 3h	15	15	15
3h as 4h	15	15	15
4h as 5h	15	15	15
5h as 6h	15	15	15
6h as 7h	35	35	35
7h as 8h	70	70	70
8h as 9 h	75	75	75
9h as 10h	90	90	90
10h as 11h	90	90	90
11h as 12h	90	90	90
12h as 13h	90	90	90
13h as 14h	90	90	90
14h as 15h	90	90	15
15h as 16h	90	90	15
16h as 17h	90	90	15
17h as 18h	90	90	15
18h as 19h	100	100	15
19h as 20h	100	100	15
20h as 21h	100	100	15
21h as 22h	100	100	15
22h as 23h	100	100	15
23h as 24h	15	15	15

horas	% de equipamento		
	Segunda a Sexta	Sábados	Domingos e Feriados
0h as 1h	15	15	15
1h as 2h	15	15	15
2h as 3h	15	15	15
3h as 4h	15	15	15
4h as 5h	15	15	15
5h as 6h	90	90	90
6h as 7h	100	100	100
7h as 8h	85	85	85
8h as 9 h	95	95	95
9h as 10h	65	65	65
10h as 11h	75	75	75
11h as 12h	70	70	70
12h as 13h	40	40	40
13h as 14h	45	45	15
14h as 15h	45	45	15
15h as 16h	45	45	15
16h as 17h	60	60	15
17h as 18h	55	55	15
18h as 19h	45	45	15
19h as 20h	50	50	15
20h as 21h	45	45	15
21h as 22h	40	40	15
22h as 23h	35	35	15
23h as 24h	35	35	15

horas	% de Ocupação		
	Segunda a Sexta	Sábados	Domingos e Feriados
0h as 1h	0	0	0
1h as 2h	0	0	0
2h as 3h	0	0	0
3h as 4h	0	0	0
4h as 5h	0	0	0
5h as 6h	0	0	0
6h as 7h	10	10	10
7h as 8h	15	15	15
8h as 9 h	35	35	35
9h as 10h	50	50	50
10h as 11h	65	70	70
11h as 12h	75	85	85
12h as 13h	95	95	95
13h as 14h	95	100	100
14h as 15h	75	100	100
15h as 16h	60	100	100
16h as 17h	60	100	100
17h as 18h	80	100	100
18h as 19h	95	100	100
19h as 20h	100	95	95
20h as 21h	100	80	80
21h as 22h	100	65	65
22h as 23h	75	20	20
23h as 24h	30	10	10

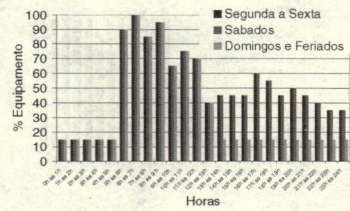

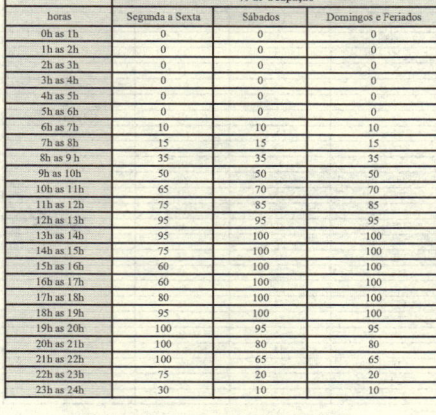

Supermercados

horas	% de iluminação		
	Segunda a Sexta	Sábados	Domingos e Feriados
0h as 1h	15	15	15
1h as 2h	15	15	15
2h as 3h	15	15	15
3h as 4h	15	15	15
4h as 5h	15	15	15
5h as 6h	15	15	15
6h as 7h	35	35	35
7h as 8h	70	70	70
8h as 9 h	75	75	75
9h as 10h	90	90	90
10h as 11h	90	90	90
11h as 12h	90	90	90
12h as 13h	90	90	90
13h as 14h	90	90	90
14h as 15h	90	90	90
15h as 16h	90	90	90
16h as 17h	90	90	90
17h as 18h	90	90	90
18h as 19h	100	100	100
19h as 20h	100	100	100
20h as 21h	100	100	100
21h as 22h	100	100	100
22h as 23h	15	15	15
23h as 24h	15	15	15

Perfis variáveis de acordo com os valores das tabelas

LOJA	Densidades
Ocupação	5 m^2/Ocupante
Iluminação	---------
Equipamento	9 W/m^2

Perfis Constantes

	Densidade	N.º Horas funcionamento
Iluminação Exterior	-----------	5400
Loja	**Densidades**	**N.º Horas funcionamento**
Sistemas de frio	6 W/m^2	6280
Armazéns	**Densidades**	**N.º Horas funcionamento**
Iluminação	-----------	
Equipamento	5 W/m^2	2600
Ventilação	8 W/m^2	
Estacionamento	**Densidade**	**N.º Horas funcionamento**
Iluminação	-----------	
Equipamento	2 W/m^2	3300
Ventilação	8 W/m^2	

horas	% de equipamento		
	Segunda a Sexta	Sábados	Domingos e Feriados
0h as 1h	15	15	15
1h as 2h	15	15	15
2h as 3h	15	15	15
3h as 4h	15	15	15
4h as 5h	15	15	15
5h as 6h	95	95	95
6h as 7h	100	100	100
7h as 8h	85	85	85
8h as 9 h	95	95	95
9h as 10h	65	65	65
10h as 11h	75	75	75
11h as 12h	70	70	70
12h as 13h	40	40	40
13h as 14h	45	45	45
14h as 15h	45	45	45
15h as 16h	45	45	45
16h as 17h	60	60	60
17h as 18h	55	55	55
18h as 19h	45	45	45
19h as 20h	50	50	50
20h as 21h	45	45	45
21h as 22h	40	40	40
22h as 23h	15	15	15
23h as 24h	15	15	15

horas	% de Ocupação		
	Segunda a Sexta	Sábados	Domingos e Feriados
0h as 1h	30	30	30
1h as 2h	25	25	25
2h as 3h	5	5	5
3h as 4h	5	5	5
4h as 5h	5	5	5
5h as 6h	5	5	5
6h as 7h	5	5	5
7h as 8h	5	5	5
8h as 9 h	20	20	20
9h as 10h	35	35	35
10h as 11h	35	45	45
11h as 12h	50	50	50
12h as 13h	95	95	95
13h as 14h	95	100	100
14h as 15h	95	100	100
15h as 16h	80	95	100
16h as 17h	70	95	100
17h as 18h	70	85	95
18h as 19h	80	85	95
19h as 20h	95	95	95
20h as 21h	95	100	100
21h as 22h	95	100	100
22h as 23h	95	95	95
23h as 24h	40	40	40

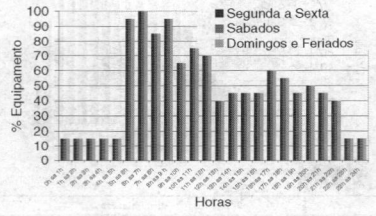

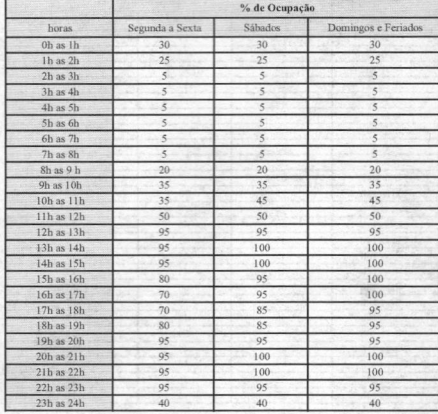

Centros comerciais

Perfis variáveis de acordo com os valores das tabelas	
	Densidades
Ocupação	5 m²/Ocupante
Iluminação	----------
Equipamento	5 W/m²

Perfis Constantes		
	Densidade	**N.º Horas funcionamento**
Iluminação Exterior		5400
Loja	**Densidades**	**N.º Horas funcionamento**
Sistemas de frio	6 W/m²	6280
Armazéns	**Densidades**	**N.º Horas funcionamento**
Iluminação	----------	
Equipamento	5 W/m²	3260
Ventilação	8 W/m²	
Estacionamento	**Densidade**	**N.º Horas funcionamento**
Iluminação	----------	
Equipamento	2 W/m²	4300
Ventilação	8 W/m²	

horas	% de iluminação		
	Segunda a Sexta	Sábados	Domingos e Feriados
0h as 1h	50	50	50
1h as 2h	40	40	40
2h as 3h	20	20	20
3h as 4h	20	20	20
4h as 5h	20	20	20
5h as 6h	20	20	20
6h as 7h	20	20	20
7h as 8h	40	40	40
8h as 9 h	70	70	70
9h as 10h	70	70	70
10h as 11h	100	100	100
11h as 12h	100	100	100
12h as 13h	100	100	100
13h as 14h	100	100	100
14h as 15h	100	100	100
15h as 16h	100	100	100
16h as 17h	100	100	100
17h as 18h	100	100	100
18h as 19h	100	100	100
19h as 20h	100	100	100
20h as 21h	100	100	100
21h as 22h	100	100	100
22h as 23h	100	100	100
23h as 24h	50	50	50

horas	% de equipamento		
	Segunda a Sexta	Sábados	Domingos e Feriados
0h as 1h	40	40	40
1h as 2h	15	15	15
2h as 3h	15	15	15
3h as 4h	15	15	15
4h as 5h	15	15	15
5h as 6h	15	15	15
6h as 7h	15	15	15
7h as 8h	15	15	15
8h as 9 h	60	60	60
9h as 10h	60	60	60
10h as 11h	100	100	100
11h as 12h	100	100	100
12h as 13h	100	100	100
13h as 14h	100	100	100
14h as 15h	100	100	100
15h as 16h	100	100	100
16h as 17h	100	100	100
17h as 18h	100	100	100
18h as 19h	100	100	100
19h as 20h	100	100	100
20h as 21h	100	100	100
21h as 22h	100	100	100
22h as 23h	100	100	100
23h as 24h	40	40	40

Pequenas lojas

Perfis variáveis de acordo com os valores das tabelas	
	Densidades
Ocupação	5 m²/Ocupante
Iluminação	------------
Equipamento	5 W/m²

Perfis Constantes		
	Densidade	N.º Horas funcionamento
Iluminação Exterior	------------	5400

horas	% de Ocupação		
	Segunda a Sexta	Sábados	Domingos e Feriados
0h as 1h	0	0	0
1h as 2h	0	0	0
2h as 3h	0	0	0
3h as 4h	0	0	0
4h as 5h	0	0	0
5h as 6h	0	0	0
6h as 7h	0	0	0
7h as 8h	0	0	0
8h as 9 h	30	30	0
9h as 10h	90	90	0
10h as 11h	90	90	0
11h as 12h	90	90	0
12h as 13h	40	40	0
13h as 14h	40	40	0
14h as 15h	90	90	0
15h as 16h	90	90	0
16h as 17h	90	90	0
17h as 18h	95	95	0
18h as 19h	100	100	0
19h as 20h	15	15	0
20h as 21h	0	0	0
21h as 22h	0	0	0
22h as 23h	0	0	0
23h as 24h	0	0	0

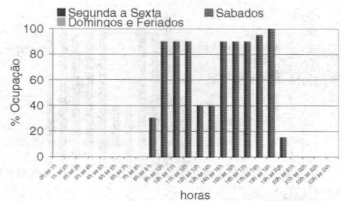

horas	% de iluminação		
	Segunda a Sexta	Sábados	Domingos e Feriados
0h as 1h	5	5	5
1h as 2h	5	5	5
2h as 3h	5	5	5
3h as 4h	5	5	5
4h as 5h	5	5	5
5h as 6h	5	5	5
6h as 7h	5	5	5
7h as 8h	5	5	5
8h as 9 h	25	25	5
9h as 10h	100	100	5
10h as 11h	100	100	5
11h as 12h	100	100	5
12h as 13h	50	50	5
13h as 14h	50	50	5
14h as 15h	95	95	5
15h as 16h	100	100	5
16h as 17h	100	100	5
17h as 18h	100	100	5
18h as 19h	100	100	5
19h as 20h	30	30	5
20h as 21h	5	5	5
21h as 22h	5	5	5
22h as 23h	5	5	5
23h as 24h	5	5	5

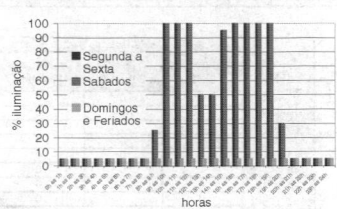

horas	% de equipamento		
	Segunda a Sexta	Sábados	Domingos e Feriados
0h as 1h	5	5	5
1h as 2h	5	5	5
2h as 3h	5	5	5
3h as 4h	5	5	5
4h as 5h	5	5	5
5h as 6h	5	5	5
6h as 7h	5	5	5
7h as 8h	5	5	5
8h as 9 h	50	50	5
9h as 10h	100	100	5
10h as 11h	90	90	5
11h as 12h	90	90	5
12h as 13h	45	45	5
13h as 14h	45	45	5
14h as 15h	90	90	5
15h as 16h	90	90	5
16h as 17h	90	90	5
17h as 18h	90	90	5
18h as 19h	90	90	5
19h as 20h	5	5	5
20h as 21h	5	5	5
21h as 22h	5	5	5
22h as 23h	5	5	5
23h as 24h	5	5	5

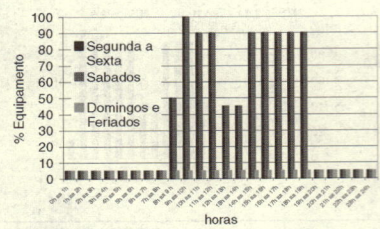

Restaurantes

Perfis variáveis de acordo com os valores das tabelas	
Zona de atendimento e de apoio ao serviço	**Densidades**
Ocupação	5 m²/Ocupante
Iluminação	---------
Equipamento	5 W/m²

Perfis Constantes		
	Densidade	**N.º Horas funcionamento**
Iluminação Exterior	------------	5400
Cozinha	**Densidades**	**N.º Horas funcionamento**
Iluminação	------------	
Equipamento	250 W/m²	6300
Ventilação	8 W/m²	

	% de iluminação		
horas	**Segunada a Sexta**	**Sábados**	**Domingos e Feriados**
0h as 1h	0	0	5
1h as 2h	0	0	0
2h as 3h	0	0	0
3h as 4h	0	0	0
4h as 5h	0	0	0
5h as 6h	0	0	0
6h as 7h	20	20	15
7h as 8h	40	30	30
8h as 9 h	60	55	45
9h as 10h	60	55	50
10h as 11h	90	75	60
11h as 12h	100	80	75
12h as 13h	100	95	95
13h as 14h	100	95	95
14h as 15h	95	85	70
15h as 16h	90	85	60
16h as 17h	90	85	60
17h as 18h	90	90	60
18h as 19h	95	95	75
19h as 20h	95	100	95
20h as 21h	100	100	100
21h as 22h	100	100	90
22h as 23h	80	100	50
23h as 24h	50	70	30

	% de Ocupação		
horas	**Segunada a Sexta**	**Sábados**	**Domingos e Feriados**
0h as 1h	0	0	0
1h as 2h	0	0	0
2h as 3h	0	0	0
3h as 4h	0	0	0
4h as 5h	0	0	0
5h as 6h	0	0	0
6h as 7h	0	0	0
7h as 8h	0	0	0
8h as 9 h	5	5	5
9h as 10h	5	5	5
10h as 11h	20	20	10
11h as 12h	50	45	20
12h as 13h	100	50	25
13h as 14h	90	50	25
14h as 15h	40	35	15
15h as 16h	20	20	20
16h as 17h	25	25	25
17h as 18h	35	35	35
18h as 19h	75	75	55
19h as 20h	75	85	65
20h as 21h	75	85	70
21h as 22h	50	65	35
22h as 23h	35	55	20
23h as 24h	20	35	20

	% de equipamento		
horas	**Segunada a Sexta**	**Sábados**	**Domingos e Feriados**
0h as 1h	45	45	45
1h as 2h	45	45	45
2h as 3h	45	45	45
3h as 4h	45	45	45
4h as 5h	45	45	45
5h as 6h	45	45	45
6h as 7h	60	50	55
7h as 8h	70	60	60
8h as 9 h	85	70	65
9h as 10h	90	75	75
10h as 11h	95	80	90
11h as 12h	100	85	95
12h as 13h	100	90	95
13h as 14h	100	85	95
14h as 15h	90	80	95
15h as 16h	90	85	80
16h as 17h	90	80	55
17h as 18h	90	90	55
18h as 19h	90	95	75
19h as 20h	100	100	80
20h as 21h	100	100	80
21h as 22h	100	100	75
22h as 23h	80	95	60
23h as 24h	50	70	30

Pastelarias

Perfis variáveis de acordo com os valores das tabelas	
Zona de atendimento e de apoio ao serviço	**Densidades**
Ocupação	5 m²/Ocupante
Iluminação	----------
Equipamento	5 W/m²

Perfis Constantes		
	Densidade	**N.º Horas funcionamento**
Iluminação Exterior	----------	5400
Cozinha	**Densidades**	**N.º Horas funcionamento**
Iluminação	----------	
Equipamento	250 W/m²	6500
Ventilação	8 W/m²	

	% de Ocupação		
horas	Segunda a Sexta	Sábados	Domingos e Feriados
0h as 1h	5	5	5
1h as 2h	5	5	5
2h as 3h	5	5	5
3h as 4h	5	5	5
4h as 5h	60	60	60
5h as 6h	60	60	60
6h as 7h	90	90	90
7h as 8h	100	100	100
8h as 9 h	100	100	100
9h as 10h	95	95	95
10h as 11h	90	90	90
11h as 12h	80	80	80
12h as 13h	95	95	95
13h as 14h	95	95	95
14h as 15h	95	95	95
15h as 16h	80	80	80
16h as 17h	85	85	85
17h as 18h	90	90	90
18h as 19h	100	100	100
19h as 20h	100	100	100
20h as 21h	85	85	85
21h as 22h	25	25	25
22h as 23h	5	5	5
23h as 24h	5	5	5

	% de iluminação		
horas	Segunda a Sexta	Sábados	Domingos e Feriados
0h as 1h	5	5	5
1h as 2h	5	5	5
2h as 3h	5	5	5
3h as 4h	5	5	5
4h as 5h	90	90	90
5h as 6h	100	100	100
6h as 7h	100	100	100
7h as 8h	100	100	100
8h as 9 h	100	100	100
9h as 10h	90	90	90
10h as 11h	90	90	90
11h as 12h	95	95	95
12h as 13h	95	95	95
13h as 14h	90	90	90
14h as 15h	90	90	90
15h as 16h	90	90	90
16h as 17h	90	90	90
17h as 18h	100	100	100
18h as 19h	100	100	100
19h as 20h	100	100	100
20h as 21h	80	80	80
21h as 22h	25	25	25
22h as 23h	5	5	5
23h as 24h	5	5	5

	% de equipamento		
horas	Segunda a Sexta	Sábados	Domingos e Feriados
0h as 1h	50	50	50
1h as 2h	50	50	50
2h as 3h	50	50	50
3h as 4h	50	50	50
4h as 5h	100	100	100
5h as 6h	100	100	100
6h as 7h	100	100	100
7h as 8h	100	100	100
8h as 9 h	95	95	95
9h as 10h	85	85	85
10h as 11h	85	85	85
11h as 12h	100	100	100
12h as 13h	100	100	100
13h as 14h	75	75	75
14h as 15h	60	60	60
15h as 16h	60	60	60
16h as 17h	95	95	95
17h as 18h	100	100	100
18h as 19h	60	60	60
19h as 20h	85	85	85
20h as 21h	50	50	50
21h as 22h	50	50	50
22h as 23h	50	50	50
23h as 24h	50	50	50

Pronto-a-comer

Perfis variáveis de acordo com os valores das tabelas	
Zona de atendimento e de apoio ao serviço	**Densidades**
Ocupação	5 m²/Ocupante
Iluminação	---------
Equipamento	30 W/m²

Perfis Constantes		
	Densidade	**N.º Horas funcionamento**
Iluminação Exterior	-----------	5400
Cozinha	**Densidades**	**N.º Horas funcionamento**
Iluminação	-----------	
Equipamento	250 W/m²	6500
Ventilação	8 W/m²	

	% de iluminação		
horas	Segunda a Sexta	Sábados	Domingos e Feriados
0h as 1h	0	0	0
1h as 2h	0	0	0
2h as 3h	0	0	0
3h as 4h	0	0	0
4h as 5h	0	0	0
5h as 6h	65	65	65
6h as 7h	70	70	70
7h as 8h	100	100	100
8h as 9h	100	100	100
9h as 10h	85	85	85
10h as 11h	85	85	85
11h as 12h	100	100	100
12h as 13h	100	100	100
13h as 14h	100	100	100
14h as 15h	80	80	80
15h as 16h	80	80	80
16h as 17h	80	80	80
17h as 18h	80	80	80
18h as 19h	100	100	100
19h as 20h	100	100	100
20h as 21h	100	100	100
21h as 22h	100	100	100
22h as 23h	50	50	50
23h as 24h	10	10	10

	% de Ocupação		
horas	Segunda a Sexta	Sábados	Domingos e Feriados
0h as 1h	0	0	0
1h as 2h	0	0	0
2h as 3h	0	0	0
3h as 4h	0	0	0
4h as 5h	0	0	0
5h as 6h	5	5	5
6h as 7h	5	5	5
7h as 8h	90	90	90
8h as 9 h	75	75	75
9h as 10h	25	25	25
10h as 11h	25	25	25
11h as 12h	90	90	90
12h as 13h	100	100	100
13h as 14h	100	100	100
14h as 15h	70	70	70
15h as 16h	25	25	25
16h as 17h	30	30	30
17h as 18h	35	35	35
18h as 19h	55	55	55
19h as 20h	100	100	100
20h as 21h	100	100	100
21h as 22h	85	85	85
22h as 23h	35	35	35
23h as 24h	30	30	30

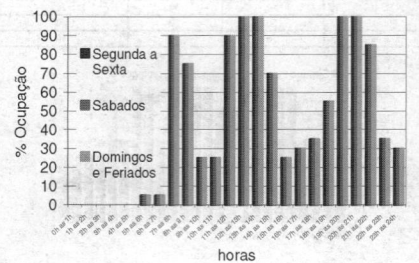

	% de equipamento		
horas	Segunda a Sexta	Sábados	Domingos e Feriados
0h as 1h	50	50	50
1h as 2h	50	50	50
2h as 3h	50	50	50
3h as 4h	50	50	50
4h as 5h	50	50	50
5h as 6h	50	50	50
6h as 7h	50	50	50
7h as 8h	100	100	100
8h as 9 h	100	100	100
9h as 10h	100	100	100
10h as 11h	100	100	100
11h as 12h	100	100	100
12h as 13h	100	100	100
13h as 14h	100	100	100
14h as 15h	75	75	75
15h as 16h	75	75	75
16h as 17h	100	100	100
17h as 18h	100	100	100
18h as 19h	100	100	100
19h as 20h	100	100	100
20h as 21h	50	50	50
21h as 22h	50	50	50
22h as 23h	50	50	50
23h as 24h	50	50	50

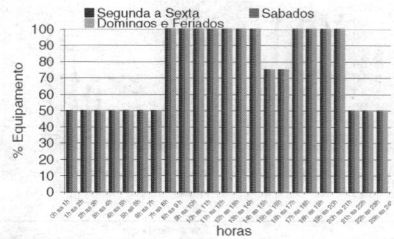

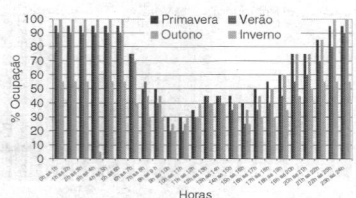

Hotéis de 4 e 5 estrelas

Perfis variáveis de acordo com os valores das tabelas	
	Densidades
Ocupação quatros	27 m^2/Ocupante
Ocupação nas restantes áreas	10 m^2/Ocupante
Iluminação	---------
Equipamento	9 W/m^2

Perfis Constantes		
	Densidade	**N.º Horas funcionamento**
Iluminação Exterior	-----------	5400
Lavandarias	**Densidades**	**N.º Horas funcionamento**
Iluminação	-----------	
Equipamento	500 W/m^2	1560
Ventilação	8 W/m^2	
Cozinhas	**Densidades**	**N.º Horas funcionamento**
Iluminação	-----------	
Equipamento	250 W/m^2	2000
Ventilação	8 W/m^2	
Estacionamento	**Densidade**	**N.º Horas funcionamento**
Iluminação	-----------	
Equipamento	2 W/m^2	4400
Ventilação	8 W/m^2	

	% de iluminação			
horas	**Primavera**	**Verão**	**Outono**	**Inverno**
0h as 1h	90	90	95	80
1h as 2h	65	40	75	55
2h as 3h	45	40	50	45
3h as 4h	45	40	45	45
4h as 5h	45	40	45	45
5h as 6h	45	40	45	45
6h as 7h	45	40	45	45
7h as 8h	45	40	45	45
8h as 9 h	45	40	45	45
9h as 10h	45	40	45	45
10h as 11h	45	40	45	45
11h as 12h	45	40	45	45
12h as 13h	45	40	45	45
13h as 14h	45	40	45	45
14h as 15h	45	40	45	45
15h as 16h	45	40	45	45
16h as 17h	45	40	45	45
17h as 18h	65	40	70	45
18h as 19h	85	55	90	45
19h as 20h	90	70	95	60
20h as 21h	90	90	100	80
21h as 22h	90	90	100	80
22h as 23h	90	90	100	80
23h as 24h	90	90	100	80

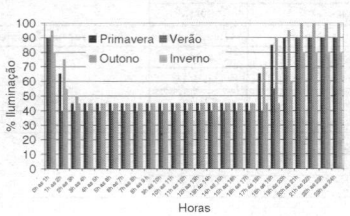

	% de Ocupação			
horas	**Primavera**	**Verão**	**Outono**	**Inverno**
0h as 1h	95	90	100	55
1h as 2h	95	90	100	55
2h as 3h	95	90	100	55
3h as 4h	95	90	100	5
4h as 5h	95	90	100	55
5h as 6h	95	90	100	55
6h as 7h	75	75	70	40
7h as 8h	50	55	45	30
8h as 9 h	50	40	45	30
9h as 10h	30	20	25	20
10h as 11h	30	20	25	30
11h as 12h	35	30	30	40
12h as 13h	45	45	40	40
13h as 14h	45	45	40	40
14h as 15h	45	35	40	40
15h as 16h	40	25	35	25
16h as 17h	50	35	45	30
17h as 18h	55	40	50	30
18h as 19h	60	45	60	35
19h as 20h	75	55	75	45
20h as 21h	75	60	75	50
21h as 22h	85	70	85	55
22h as 23h	95	80	100	55
23h as 24h	95	90	100	55

	% de equipamento			
horas	**Primavera**	**Verão**	**Outono**	**Inverno**
0h as 1h	100	100	100	70
1h as 2h	75	65	75	55
2h as 3h	50	50	60	45
3h as 4h	45	50	55	40
4h as 5h	45	50	55	40
5h as 6h	45	50	55	40
6h as 7h	55	55	65	50
7h as 8h	60	65	65	60
8h as 9 h	70	70	70	70
9h as 10h	75	80	80	75
10h as 11h	80	90	90	85
11h as 12h	70	80	80	65
12h as 13h	55	55	65	50
13h as 14h	70	65	75	60
14h as 15h	80	75	85	65
15h as 16h	75	80	90	75
16h as 17h	65	75	75	65
17h as 18h	60	70	65	45
18h as 19h	65	60	70	50
19h as 20h	75	65	95	70
20h as 21h	100	80	100	70
21h as 22h	100	90	100	70
22h as 23h	100	100	100	70
23h as 24h	100	100	100	70

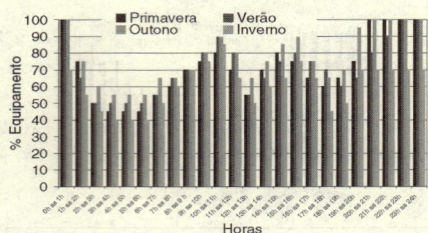

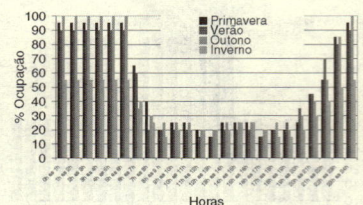

Hotéis de 3 ou menos estrelas

Perfis variáveis de acordo com os valores das tabelas	
	Densidades
Ocupação quatros	10 m²/Ocupante
Ocupação nas restantes áreas	10 m²/Ocupante
Iluminação	----------
Equipamento	3 W/m²

Perfis Constantes		
	Densidade	**N.º Horas funcionamento**
Iluminação Exterior	----------	5400
Lavandarias	**Densidades**	**N.º Horas funcionamento**
Iluminação	----------	
Equipamento	500 W/m²	1560
Ventilação	8 W/m²	
Cozinhas	**Densidades**	**N.º Horas funcionamento**
Iluminação	----------	
Equipamento	250 W/m²	2000
Ventilação	8 W/m²	
Estacionamento	**Densidade**	**N.º Horas funcionamento**
Iluminação	----------	
Equipamento	2 W/m²	4400
Ventilação	8 W/m²	

	% de iluminação			
Horas	**Primavera**	**Verão**	**Outono**	**Inverno**
0h as 1h	90	90	95	80
1h as 2h	65	40	75	55
2h as 3h	45	40	50	45
3h as 4h	45	40	45	45
4h as 5h	45	40	45	45
5h as 6h	45	40	45	45
6h as 7h	45	40	45	45
7h as 8h	45	40	45	45
8h as 9 h	45	40	45	45
9h as 10h	45	40	45	45
10h as 11h	45	40	45	45
11h as 12h	45	40	45	45
12h as 13h	45	40	45	45
13h as 14h	45	40	45	45
14h as 15h	45	40	45	45
15h as 16h	45	40	45	45
16h as 17h	45	40	45	45
17h as 18h	65	40	70	45
18h as 19h	85	55	90	45
19h as 20h	90	70	95	60
20h as 21h	90	90	100	80
21h as 22h	90	90	100	80
22h as 23h	90	90	100	80
23h as 24h	90	90	100	80

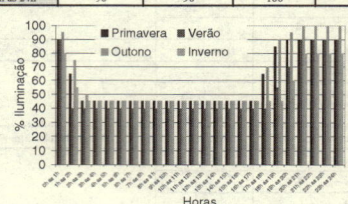

	% de Ocupação			
horas	**Primavera**	**Verão**	**Outono**	**Inverno**
0h as 1h	95	90	100	55
1h as 2h	95	90	100	55
2h as 3h	95	90	100	55
3h as 4h	95	90	100	55
4h as 5h	95	90	100	55
5h as 6h	95	90	100	55
6h as 7h	65	60	35	40
7h as 8h	40	20	30	25
8h as 9 h	20	20	25	15
9h as 10h	25	20	25	20
10h as 11h	25	20	25	20
11h as 12h	20	15	20	20
12h as 13h	15	15	20	20
13h as 14h	25	20	25	20
14h as 15h	25	20	25	25
15h as 16h	25	20	25	25
16h as 17h	15	15	20	20
17h as 18h	20	20	25	15
18h as 19h	20	25	20	15
19h as 20h	25	35	30	20
20h as 21h	45	45	40	30
21h as 22h	55	70	55	40
22h as 23h	85	80	85	50
23h as 24h	95	90	100	55

	% de equipamento			
Horas	**Primavera**	**Verão**	**Outono**	**Inverno**
0h as 1h	10	10	10	10
1h as 2h	10	10	10	10
2h as 3h	10	10	10	10
3h as 4h	10	10	10	10
4h as 5h	10	10	10	10
5h as 6h	10	10	10	10
6h as 7h	55	55	65	50
7h as 8h	60	65	65	60
8h as 9 h	70	70	70	70
9h as 10h	75	80	80	75
10h as 11h	80	90	90	85
11h as 12h	70	80	80	65
12h as 13h	55	55	65	50
13h as 14h	70	65	75	60
14h as 15h	80	75	85	65
15h as 16h	75	80	90	75
16h as 17h	65	75	75	65
17h as 18h	60	70	65	45
18h as 19h	65	60	70	50
19h as 20h	75	65	95	70
20h as 21h	100	80	100	70
21h as 22h	100	90	100	70
22h as 23h	100	100	100	70
23h as 24h	10	10	10	10

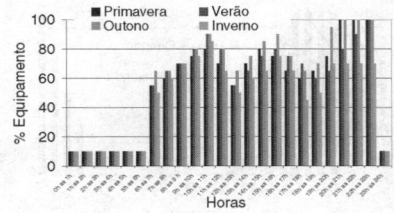

Cinemas e teatros

Perfis variáveis de acordo com os valores das tabelas	
	Densidades
Ocupação	2 m²/Ocupante
Iluminação	------------
Equipamento	2 W/m²

Perfis Constantes		
	Densidade	**N.º Horas funcionamento**
Iluminação Exterior	-----------	5400

horas	% de Ocupação		
	Terça a Quinta	Sextas, Sábados e Segundas	Domingos e feriados
0h as 1h	70	100	70
1h as 2h	25	45	25
2h as 3h	0	0	0
3h as 4h	0	0	0
4h as 5h	0	0	0
5h as 6h	0	0	0
6h as 7h	0	0	0
7h as 8h	0	0	0
8h as 9 h	0	0	0
9h as 10h	0	0	0
10h as 11h	0	0	0
11h as 12h	0	0	0
12h as 13h	0	0	0
13h as 14h	5	25	5
14h as 15h	5	25	5
15h as 16h	25	30	25
16h as 17h	30	35	30
17h as 18h	35	40	35
18h as 19h	55	45	55
19h as 20h	65	55	65
20h as 21h	80	70	80
21h as 22h	95	85	95
22h as 23h	90	100	90
23h as 24h	85	100	85

horas	% de iluminação		
	Terça a Quinta	Sextas, Sábados e Segundas	Domingos e feriados
0h as 1h	70	100	70
1h as 2h	25	45	25
2h as 3h	0	0	0
3h as 4h	0	0	0
4h as 5h	0	0	0
5h as 6h	0	0	0
h as 7h	0	0	0
7h as 8h	0	0	0
8h as 9 h	0	0	0
9h as 10h	0	0	0
10h as 11h	0	0	0
11h as 12h	0	0	0
12h as 13h	0	0	0
13h as 14h	5	25	5
14h as 15h	5	25	5
15h as 16h	25	25	25
16h as 17h	30	30	30
17h as 18h	35	35	35
18h as 19h	45	40	45
19h as 20h	65	45	65
20h as 21h	70	60	70
21h as 22h	100	90	100
22h as 23h	90	100	90
23h as 24h	80	100	80

horas	% de equipamento		
	Terça a Quinta	Sextas, Sábados e Segundas	Domingos e feriados
0h as 1h	70	100	70
1h as 2h	25	45	25
2h as 3h	0	0	0
3h as 4h	0	0	0
4h as 5h	0	0	0
5h as 6h	0	0	0
6h as 7h	0	0	0
7h as 8h	0	0	0
8h as 9 h	0	0	0
9h as 10h	0	0	0
10h as 11h	0	0	0
11h as 12h	0	0	0
12h as 13h	0	0	0
13h as 14h	5	25	5
14h as 15h	5	25	5
15h as 16h	25	25	25
16h as 17h	30	30	30
17h as 18h	35	35	35
18h as 19h	45	40	45
19h as 20h	65	45	65
20h as 21h	70	60	70
21h as 22h	100	90	100
22h as 23h	90	100	90
23h as 24h	80	100	80

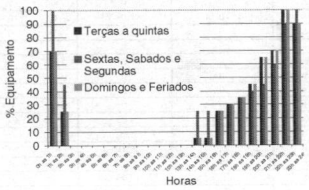

Discotecas

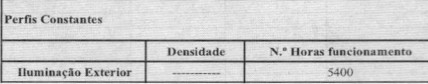

Perfis variáveis de acordo com os valores das tabelas	
	Densidades
Ocupação	2 m²/Ocupante
Iluminação	------------
Equipamento	5 W/m²

Perfis Constantes

	Densidade	N.º Horas funcionamento
Iluminação Exterior	-----------	5400

horas	% de Ocupação		
	Terça e Quarta	Quinta a Domingo e Feriados	Segundas (*)
0h as 1h	90	95	0
1h as 2h	90	100	0
2h as 3h	85	100	0
3h as 4h	65	100	0
4h as 5h	35	85	0
5h as 6h	0	65	0
6h as 7h	0	0	0
7h as 8h	0	0	0
8h as 9 h	0	0	0
9h as 10h	0	0	0
10h as 11h	0	0	0
11h as 12h	0	0	0
12h as 13h	0	0	0
13h as 14h	0	0	0
14h as 15h	0	0	0
15h as 16h	0	0	0
16h as 17h	0	0	0
17h as 18h	0	0	0
18h as 19h	0	0	0
19h as 20h	0	0	0
20h as 21h	15	10	0
21h as 22h	30	25	0
22h as 23h	55	60	0
23h as 24h	80	90	0

horas	% de Iluminação		
	Terça e Quarta	Quinta a Domingo e Feriados	Segundas (*)
0h as 1h	100	100	0
1h as 2h	100	100	0
2h as 3h	100	100	0
3h as 4h	100	100	0
4h as 5h	85	85	0
5h as 6h	65	65	0
6h as 7h	0	0	0
7h as 8h	0	0	0
8h as 9 h	0	0	0
9h as 10h	0	0	0
10h as 11h	0	0	0
11h as 12h	0	0	0
12h as 13h	0	0	0
13h as 14h	0	0	0
14h as 15h	0	0	0
15h as 16h	0	0	0
16h as 17h	0	0	0
17h as 18h	0	0	0
18h as 19h	0	0	0
19h as 20h	0	0	0
20h as 21h	35	35	0
21h as 22h	50	50	0
22h as 23h	80	80	0
23h as 24h	100	100	0

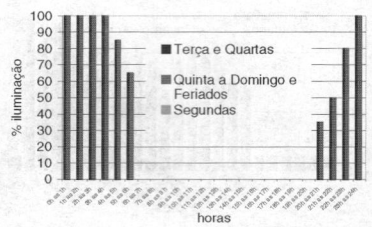

horas	% de equipamento		
	Terça e Quarta	Quinta a Domingo e Feriados	Segundas (*)
0h as 1h	100	100	0
1h as 2h	100	100	0
2h as 3h	100	100	0
3h as 4h	100	100	0
4h as 5h	85	85	0
5h as 6h	65	65	0
6h as 7h	15	15	0
7h as 8h	0	0	0
8h as 9 h	0	0	0
9h as 10h	0	0	0
10h as 11h	0	0	0
11h as 12h	0	0	0
12h as 13h	0	0	0
13h as 14h	0	0	0
14h as 15h	0	0	0
15h as 16h	0	0	0
16h as 17h	0	0	0
17h as 18h	0	0	0
18h as 19h	0	0	0
19h as 20h	0	0	0
20h as 21h	35	35	0
21h as 22h	60	60	0
22h as 23h	75	75	0
23h as 24h	100	100	0

(*) Assumiu-se que Segunda Feira é dia de Descanso

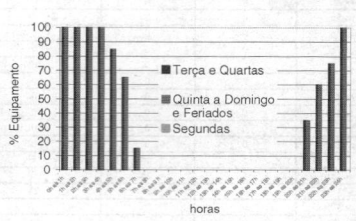

Bingos e clubes sociais

Perfis variáveis de acordo com os valores das tabelas	
	Densidades
Ocupação	15 m²/Ocupante
Iluminação	------------
Equipamento	5 W/m²

Perfis Constantes

	Densidade	N.º Horas funcionamento
Iluminação Exterior	-----------	5400

% de Ocupação			
horas	Segunda a Sexta	Sábados	Domingos e Feriados
0h as 1h	80	100	100
1h as 2h	65	80	80
2h as 3h	0	0	0
3h as 4h	0	0	0
4h as 5h	0	0	0
5h as 6h	0	0	0
6h as 7h	0	0	0
7h as 8h	0	0	0
8h as 9 h	0	0	0
9h as 10h	0	0	0
10h as 11h	0	0	0
11h as 12h	0	0	0
12h as 13h	0	0	0
13h as 14h	0	0	0
14h as 15h	0	0	0
15h as 16h	35	35	35
16h as 17h	40	40	40
17h as 18h	45	45	45
18h as 19h	55	55	55
19h as 20h	55	65	65
20h as 21h	55	75	75
21h as 22h	60	80	80
22h as 23h	80	100	100
23h as 24h	80	100	100

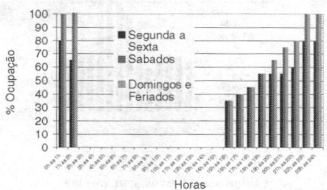

% de equipamento			
horas	Segunda a Sexta	Sábados	Domingos e Feriados
0h as 1h	100	100	100
1h as 2h	50	50	50
2h as 3h	0	0	0
3h as 4h	0	0	0
4h as 5h	0	0	0
5h as 6h	0	0	0
6h as 7h	0	0	0
7h as 8h	0	0	0
8h as 9 h	0	0	0
9h as 10h	0	0	0
10h as 11h	0	0	0
11h as 12h	0	0	0
12h as 13h	0	0	0
13h as 14h	0	0	0
14h as 15h	0	0	0
15h as 16h	20	20	20
16h as 17h	25	25	25
17h as 18h	35	35	35
18h as 19h	45	45	45
19h as 20h	60	60	60
20h as 21h	75	75	75
21h as 22h	85	85	85
22h as 23h	95	95	95
23h as 24h	100	100	100

Clubes desportivos com piscina

% de iluminação			
horas	Segunda a Sexta	Sábados	Domingos e Feriados
0h as 1h	100	100	100
1h as 2h	75	75	75
2h as 3h	0	0	0
3h as 4h	0	0	0
4h as 5h	0	0	0
5h as 6h	0	0	0
6h as 7h	0	0	0
7h as 8h	0	0	0
8h as 9 h	0	0	0
9h as 10h	0	0	0
10h as 11h	0	0	0
11h as 12h	0	0	0
12h as 13h	0	0	0
13h as 14h	0	0	0
14h as 15h	0	0	0
15h as 16h	45	45	45
16h as 17h	55	55	55
17h as 18h	60	60	60
18h as 19h	65	65	65
19h as 20h	80	80	80
20h as 21h	90	90	90
21h as 22h	100	100	100
22h as 23h	100	100	100
23h as 24h	100	100	100

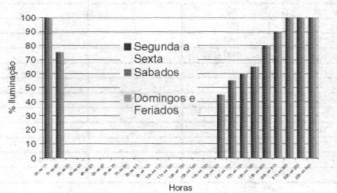

Perfis variáveis de acordo com os valores das tabelas	
	Densidades
Ocupação	7m²/Ocupante
Iluminação	------------
Equipamento	1 W/m²

Perfis Constantes		
	Densidade	**N.º Horas funcionamento**
Iluminação Exterior	------------	5400

	% de Ocupação		
horas	Segunda a Sexta	Sábados	Domingos e Feriados
0h as 1h	0	0	0
1h as 2h	0	0	0
2h as 3h	0	0	0
3h as 4h	0	0	0
4h as 5h	0	0	0
5h as 6h	0	0	0
6h as 7h	0	0	0
7h as 8h	25	25	0
8h as 9 h	75	75	0
9h as 10h	75	75	0
10h as 11h	100	100	0
11h as 12h	100	100	0
12h as 13h	100	100	0
13h as 14h	100	100	0
14h as 15h	100	100	0
15h as 16h	100	100	0
16h as 17h	100	100	0
17h as 18h	100	100	0
18h as 19h	100	100	0
19h as 20h	100	100	0
20h as 21h	50	50	0
21h as 22h	0	0	0
22h as 23h	0	0	0
23h as 24h	0	0	0

	% de equipamento		
horas	Segunda a Sexta	Sábados	Domingos e Feriados
0h as 1h	0	0	0
1h as 2h	0	0	0
2h as 3h	0	0	0
3h as 4h	0	0	0
4h as 5h	0	0	0
5h as 6h	0	0	0
6h as 7h	0	0	0
7h as 8h	15	15	0
8h as 9 h	40	40	0
9h as 10h	45	45	0
10h as 11h	45	45	0
11h as 12h	45	45	0
12h as 13h	35	35	0
13h as 14h	70	70	0
14h as 15h	80	80	0
15h as 16h	90	90	0
16h as 17h	95	95	0
17h as 18h	100	100	0
18h as 19h	50	50	0
19h as 20h	45	45	0
20h as 21h	45	45	0
21h as 22h	30	30	0
22h as 23h	0	0	0
23h as 24h	0	0	0

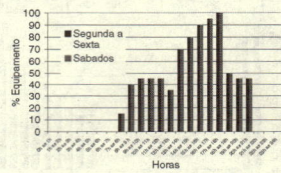

Clubes desportivos sem piscina

	% de iluminação		
horas	Segunda a Sexta	Sábados	Domingos e Feriados
0h as 1h	0	0	0
1h as 2h	0	0	0
2h as 3h	0	0	0
3h as 4h	0	0	0
4h as 5h	0	0	0
5h as 6h	0	0	0
6h as 7h	0	0	0
7h as 8h	15	15	0
8h as 9 h	40	40	0
9h as 10h	45	45	0
10h as 11h	45	45	0
11h as 12h	45	45	0
12h as 13h	35	35	0
13h as 14h	70	70	0
14h as 15h	80	80	0
15h as 16h	90	90	0
16h as 17h	95	95	0
17h as 18h	100	100	0
18h as 19h	50	50	0
19h as 20h	45	45	0
20h as 21h	45	45	0
21h as 22h	30	30	0
22h as 23h	0	0	0
23h as 24h	0	0	0

Perfis variáveis de acordo com os valores das tabelas	
	Densidades
Ocupação	7 m^2/Ocupante
Iluminação	------------
Equipamento	1 W/m^2

Perfis Constantes

	Densidade	N.º Horas funcionamento
Iluminação Exterior	------------	5400

	% de Ocupação		
horas	Segunda a Sexta	Sábados	Domingos e Feriados
0h as 1h	0	0	0
1h as 2h	0	0	0
2h as 3h	0	0	0
3h as 4h	0	0	0
4h as 5h	0	0	0
5h as 6h	0	0	0
6h as 7h	0	0	0
7h as 8h	15	0	0
8h as 9 h	35	0	0
9h as 10h	40	0	0
10h as 11h	55	0	0
11h as 12h	55	0	0
12h as 13h	40	0	0
13h as 14h	100	0	0
14h as 15h	100	0	0
15h as 16h	100	0	0
16h as 17h	100	0	0
17h as 18h	75	0	0
18h as 19h	50	0	0
19h as 20h	50	0	0
20h as 21h	50	0	0
21h as 22h	35	0	0
22h as 23h	30	0	0
23h as 24h	0	0	0

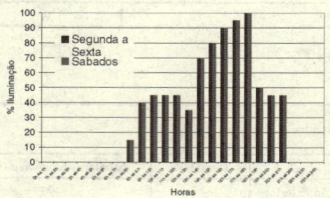

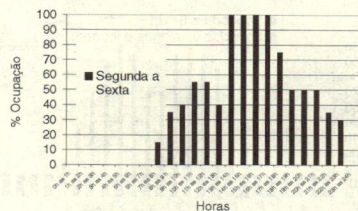

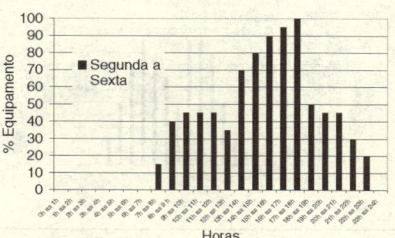

	% de iluminação		
horas	Segunda a Sexta	Sábados	Domingos e Feriados
0h as 1h	0	0	0
1h as 2h	0	0	0
2h as 3h	0	0	0
3h as 4h	0	0	0
4h as 5h	0	0	0
5h as 6h	0	0	0
6h as 7h	0	0	0
7h as 8h	15	0	0
8h as 9 h	40	0	0
9h as 10h	45	0	0
10h as 11h	45	0	0
11h as 12h	45	0	0
12h as 13h	35	0	0
13h as 14h	70	0	0
14h as 15h	80	0	0
15h as 16h	90	0	0
16h as 17h	95	0	0
17h as 18h	100	0	0
18h as 19h	50	0	0
19h as 20h	45	0	0
20h as 21h	45	0	0
21h as 22h	30	0	0
22h as 23h	20	0	0
23h as 24h	0	0	0

Escritórios

Perfis variáveis de acordo com os valores das tabelas	
	Densidades
Ocupação	15 m^2/Ocupante
Iluminação	---------
Equipamento	15 W/m^2

Perfis Constantes		
	Densidade	N.º Horas funcionamento
Iluminação Exterior	-----------	5400
Cozinhas	Densidades	N.º Horas funcionamento
Iluminação	-----------	
Equipamento	250 W/m^2	1560
Ventilação	8 W/m^2	
Estacionamento	Densidade	N.º Horas funcionamento
Iluminação	-----------	
Equipamento	2 W/m^2	2730
Ventilação	8 W/m^2	

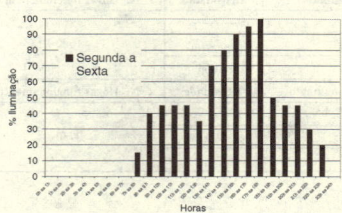

	% de equipamento		
horas	Segunda a Sexta	Sábados	Domingos e Feriados
0h as 1h	0	0	0
1h as 2h	0	0	0
2h as 3h	0	0	0
3h as 4h	0	0	0
4h as 5h	0	0	0
5h as 6h	0	0	0
6h as 7h	0	0	0
7h as 8h	15	0	0
8h as 9 h	40	0	0
9h as 10h	45	0	0
10h as 11h	45	0	0
11h as 12h	45	0	0
12h as 13h	35	0	0
13h as 14h	70	0	0
14h as 15h	80	0	0
15h as 16h	90	0	0
16h as 17h	95	0	0
17h as 18h	100	0	0
18h as 19h	50	0	0
19h as 20h	45	0	0
20h as 21h	45	0	0
21h as 22h	30	0	0

	% de Ocupação	
horas	Segunda a sexta	Fins de semana
0h as 1h	0	0
1h as 2h	0	0
2h as 3h	0	0
3h as 4h	0	0
4h as 5h	0	0
5h as 6h	0	0
6h as 7h	10	0
7h as 8h	20	0
8h as 9 h	50	0
9h as 10h	90	0
10h as 11h	100	0
11h as 12h	100	0
12h as 13h	50	0
13h as 14h	70	0
14h as 15h	90	0
15h as 16h	100	0
16h as 17h	80	0
17h as 18h	50	0
18h as 19h	20	0
19h as 20h	10	0
20h as 21h	0	0
21h as 22h	0	0
22h as 23h	0	0
23h as 24h	0	0

horas	% de iluminação	
	Segunda a sexta	Fins de semana
0h as 1h	5	5
1h as 2h	5	5
2h as 3h	5	5
3h as 4h	5	5
4h as 5h	5	5
5h as 6h	5	5
6h as 7h	10	5
7h as 8h	30	5
8h as 9 h	75	5
9h as 10h	85	5
10h as 11h	100	5
11h as 12h	100	5
12h as 13h	50	5
13h as 14h	85	5
14h as 15h	95	5
15h as 16h	100	5
16h as 17h	95	5
17h as 18h	50	5
18h as 19h	30	5
19h as 20h	25	5
20h as 21h	5	5
21h as 22h	5	5
22h as 23h	5	5
23h as 24h	5	5

Sedes de bancos e seguradoras

Perfis variáveis de acordo com os valores das tabelas	
	Densidades
Ocupação	15 m^2/Ocupante
Iluminação	----------
Equipamento	15 W/m^2

Perfis Constantes		
	Densidade	N.º Horas funcionamento
Iluminação Exterior	----------	5400
Cozinhas	Densidades	N.º Horas funcionamento
Iluminação	----------	
Equipamento	250 W/m^2	1560
Ventilação	8 W/m^2	
Estacionamento	Densidade	N.º Horas funcionamento
Iluminação	----------	
Equipamento	2 W/m^2	2730
Ventilação	8 W/m^2	

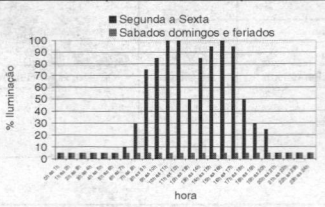

horas	% de equipamento	
	Segunda a sexta	Fins de semana
0h as 1h	15	15
1h as 2h	15	15
2h as 3h	15	15
3h as 4h	15	15
4h as 5h	15	15
5h as 6h	15	15
6h as 7h	30	15
7h as 8h	70	15
8h as 9 h	85	15
9h as 10h	95	15
10h as 11h	100	15
11h as 12h	95	15
12h as 13h	70	15
13h as 14h	70	15
14h as 15h	95	15
15h as 16h	100	15
16h as 17h	90	15
17h as 18h	70	15
18h as 19h	45	15
19h as 20h	25	15
20h as 21h	15	15
21h as 22h	15	15
22h as 23h	15	15
23h as 24h	15	15

horas	% de Ocupação		
	Segunda a Sexta	Sábados	Domingos e Feriados
0h as 1h	5	5	5
1h as 2h	5	5	5
2h as 3h	5	5	5
3h as 4h	5	5	5
4h as 5h	5	5	5
5h as 6h	5	5	5
6h as 7h	25	5	5
7h as 8h	85	10	5
8h as 9 h	95	25	5
9h as 10h	100	30	5
10h as 11h	100	35	5
11h as 12h	95	25	5
12h as 13h	95	15	5
13h as 14h	90	5	5
14h as 15h	95	10	5
15h as 16h	100	15	5
16h as 17h	100	10	5
17h as 18h	70	5	5
18h as 19h	50	5	5
19h as 20h	40	5	5
20h as 21h	20	5	5
21h as 22h	10	5	5
22h as 23h	5	5	5
23h as 24h	5	5	5

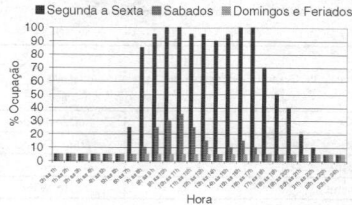

■ Segunda a Sexta ■ Sabados ■ Domingos e Feriados

	% de iluminação		
horas	Segunda a Sexta	Sábados	Domingos e Feriados
0h as 1h	15	15	15
1h as 2h	15	15	15
2h as 3h	15	15	15
3h as 4h	15	15	15
4h as 5h	15	15	15
5h as 6h	15	15	15
6h as 7h	60	15	15
7h as 8h	85	20	15
8h as 9 h	90	25	15
9h as 10h	100	35	15
10h as 11h	100	45	15
11h as 12h	95	35	15
12h as 13h	90	20	15
13h as 14h	95	20	15
14h as 15h	95	35	15
15h as 16h	100	35	15
16h as 17h	100	25	15
17h as 18h	65	15	15
18h as 19h	50	15	15
19h as 20h	40	15	15
20h as 21h	30	15	15
21h as 22h	25	15	15
22h as 23h	15	15	15
23h as 24h	15	15	15

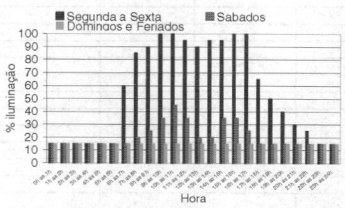

■ Segunda a Sexta ■ Sabados ■ Domingos e Feriados

	% de equipamento		
horas	Segunda a Sexta	Sábados	Domingos e Feriados
0h as 1h	35	35	35
1h as 2h	35	35	35
2h as 3h	35	35	35
3h as 4h	35	35	35
4h as 5h	35	35	35
5h as 6h	35	35	35
6h as 7h	70	40	35
7h as 8h	80	65	35
8h as 9 h	90	75	35
9h as 10h	100	90	35
10h as 11h	100	80	35
11h as 12h	95	60	35
12h as 13h	90	55	35
13h as 14h	95	55	35
14h as 15h	95	65	35
15h as 16h	100	65	35
16h as 17h	100	40	35
17h as 18h	65	40	35
18h as 19h	45	35	35
19h as 20h	45	35	35
20h as 21h	45	35	35
21h as 22h	45	35	35
22h as 23h	35	35	35
23h as 24h	35	35	35

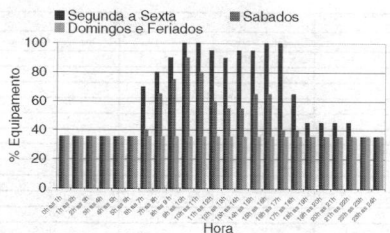

■ Segunda a Sexta ■ Sabados
■ Domingos e Feriados

Filiais de bancos e seguradoras

Perfis variáveis de acordo com os valores das tabelas	
	Densidades
Ocupação	10 m²/Ocupante
Iluminação	------------
Equipamento	10 W/m²

Perfis Constantes		
	Densidade	N.º Horas funcionamento
Iluminação Exterior	------------	5400

	% de Ocupação		
horas	Segunda a Sexta	Sábados	Domingos e Feriados
0h as 1h	0	0	0
1h as 2h	0	0	0
2h as 3h	0	0	0
3h as 4h	0	0	0
4h as 5h	0	0	0
5h as 6h	0	0	0
6h as 7h	25	0	0
7h as 8h	85	0	0
8h as 9 h	95	0	0
9h as 10h	100	0	0
10h as 11h	100	0	0
11h as 12h	95	0	0
12h as 13h	95	0	0
13h as 14h	90	0	0
14h as 15h	95	0	0
15h as 16h	100	0	0
16h as 17h	100	0	0
17h as 18h	70	0	0
18h as 19h	50	0	0
19h as 20h	40	0	0
20h as 21h	20	0	0
21h as 22h	10	0	0
22h as 23h	0	0	0
23h as 24h	0	0	0

■ Segunda a Sexta ■ Sabados ■ Domingos e Feriados

horas	% de iluminação		
	Segunda a Sexta	Sábados	Domingos e Feriados
0h as 1h	0	0	0
1h as 2h	0	0	0
2h as 3h	0	0	0
3h as 4h	0	0	0
4h as 5h	0	0	0
5h as 6h	0	0	0
6h as 7h	60	0	0
7h as 8h	85	0	0
8h as 9 h	90	0	0
9h as 10h	100	0	0
10h as 11h	100	0	0
11h as 12h	95	0	0
12h as 13h	90	0	0
13h as 14h	95	0	0
14h as 15h	95	0	0
15h as 16h	100	0	0
16h as 17h	100	0	0
17h as 18h	65	0	0
18h as 19h	50	0	0
19h as 20h	40	0	0
20h as 21h	30	0	0
21h as 22h	25	0	0
22h as 23h	0	0	0
23h as 24h	0	0	0

horas	% de equipamento		
	Segunda a Sexta	Sábados	Domingos e Feriados
0h as 1h	10	10	10
1h as 2h	10	10	10
2h as 3h	10	10	10
3h as 4h	10	10	10
4h as 5h	10	10	10
5h as 6h	10	10	10
6h as 7h	70	10	10
7h as 8h	80	10	10
8h as 9 h	90	10	10
9h as 10h	100	10	10
10h as 11h	100	10	10
11h as 12h	95	10	10
12h as 13h	90	10	10
13h as 14h	95	10	10
14h as 15h	95	10	10
15h as 16h	100	10	10
16h as 17h	100	10	10
17h as 18h	65	10	10
18h as 19h	35	10	10
19h as 20h	35	10	10
20h as 21h	25	10	10
21h as 22h	20	10	10
22h as 23h	10	10	10
23h as 24h	10	10	10

Comunicações

Perfis variáveis de acordo com os valores das tabelas	
	Densidades
Ocupação	60 m²/Ocupante
Iluminação	----------
Equipamento	10 W/m²

Perfis Constantes		
	Densidade	N.º Horas funcionamento
Iluminação Exterior	----------	5400
Cozinhas	Densidades	N.º Horas funcionamento
Iluminação	----------	
Equipamento	250 W/m²	1560
Ventilação	8 W/m²	
Estacionamento	Densidade	N.º Horas funcionamento
Iluminação	----------	
Equipamento	2 W/m²	2730
Ventilação	8 W/m²	

horas	% de Ocupação		
	Segunda a Sexta	Sábados	Domingos e Feriados
0h as 1h	0	0	0
1h as 2h	0	0	0
2h as 3h	0	0	0
3h as 4h	0	0	0
4h as 5h	0	0	0
5h as 6h	0	0	0
6h as 7h	10	10	5
7h as 8h	20	10	5
8h as 9 h	95	30	5
9h as 10h	100	30	5
10h as 11h	100	30	5
11h as 12h	100	30	5
12h as 13h	50	10	5
13h as 14h	100	10	5
14h as 15h	100	10	5
15h as 16h	100	10	5
16h as 17h	100	10	5
17h as 18h	100	5	5
18h as 19h	80	5	0
19h as 20h	55	5	0
20h as 21h	40	5	0
21h as 22h	10	5	0
22h as 23h	5	5	0
23h as 24h	5	5	0

horas	% de iluminação		
	Segunda a Sexta	Sábados	Domingos e Feriados
0h as 1h	30	30	30
1h as 2h	30	30	30
2h as 3h	30	30	30
3h as 4h	30	30	30
4h as 5h	30	30	30
5h as 6h	40	30	30
6h as 7h	60	30	30
7h as 8h	70	30	10
8h as 9 h	80	5	5
9h as 10h	90	25	5
10h as 11h	100	30	5
11h as 12h	80	25	5
12h as 13h	10	5	5
13h as 14h	10	5	5
14h as 15h	70	25	5
15h as 16h	90	30	5
16h as 17h	80	25	5
17h as 18h	65	5	5
18h as 19h	50	5	5
19h as 20h	50	5	5
20h as 21h	35	15	15
21h as 22h	30	30	30
22h as 23h	30	30	30
23h as 24h	30	30	30

■ Segunda a Sexta ■ Sabados
■ Domingo Feriados

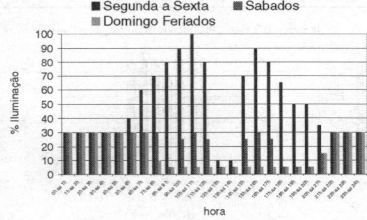

horas	% de Equipamento		
	Segunda a Sexta	Sábados	Domingos e Feriados
0h as 1h	30	30	30
1h as 2h	30	30	30
2h as 3h	30	30	30
3h as 4h	30	30	30
4h as 5h	30	30	30
5h as 6h	40	30	30
6h as 7h	50	45	30
7h as 8h	65	50	30
8h as 9 h	75	55	30
9h as 10h	100	60	30
10h as 11h	100	70	30
11h as 12h	95	65	30
12h as 13h	40	50	30
13h as 14h	40	50	30
14h as 15h	70	55	30
15h as 16h	95	55	30
16h as 17h	85	55	30
17h as 18h	60	45	30
18h as 19h	55	30	30
19h as 20h	50	30	30
20h as 21h	30	30	30
21h as 22h	30	30	30
22h as 23h	30	30	30
23h as 24h	30	30	30

■ Segunda a Sexta
■ Sábados
■ Domingo Feriados

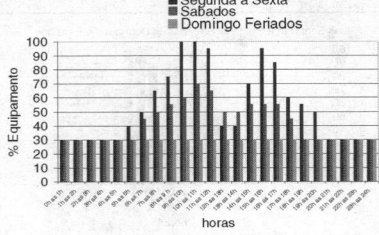

Bibliotecas

Perfis variáveis de acordo com os valores das tabelas

	Densidades
Ocupação	20 m²/Ocupante
Iluminação	------------
Equipamento	2 W/m²

Perfis Constantes

	Densidade	N.º Horas funcionamento
Iluminação Exterior	-----------	5400

horas	% de Ocupação		
	Segunda a Sexta	Sábados	Domingos e Feriados
0h as 1h	0	0	0
1h as 2h	0	0	0
2h as 3h	0	0	0
3h as 4h	0	0	0
4h as 5h	0	0	0
5h as 6h	0	0	0
6h as 7h	0	0	0
7h as 8h	5	0	0
8h as 9 h	15	0	0
9h as 10h	90	0	0
10h as 11h	100	0	0
11h as 12h	95	0	0
12h as 13h	80	0	0
13h as 14h	90	0	0
14h as 15h	100	0	0
15h as 16h	95	0	0
16h as 17h	15	0	0
17h as 18h	5	0	0
18h as 19h	0	0	0
19h as 20h	0	0	0
20h as 21h	0	0	0
21h as 22h	0	0	0
22h as 23h	0	0	0
23h as 24h	0	0	0

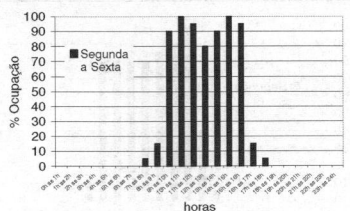

■ Segunda a Sexta

horas	% de iluminação		
	Segunda a Sexta	Sábados	Domingos e Feriados
0h as 1h	0	0	0
1h as 2h	0	0	0
2h as 3h	0	0	0
3h as 4h	0	0	0
4h as 5h	0	0	0
5h as 6h	0	0	0
6h as 7h	0	0	0
7h as 8h	5	0	0
8h as 9 h	40	0	0
9h as 10h	90	0	0
10h as 11h	100	0	0
11h as 12h	95	0	0
12h as 13h	90	0	0
13h as 14h	90	0	0
14h as 15h	100	0	0
15h as 16h	100	0	0
16h as 17h	10	0	0
17h as 18h	5	0	0
18h as 19h	0	0	0
19h as 20h	0	0	0
20h as 21h	0	0	0
21h as 22h	0	0	0
22h as 23h	0	0	0
23h as 24h	0	0	0

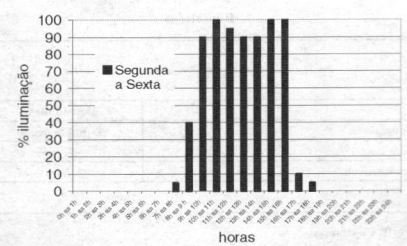

horas	% de equipamento		
	Segunda a Sexta	Sábados	Domingos e Feriados
0h as 1h	0	0	0
1h as 2h	0	0	0
2h as 3h	0	0	0
3h as 4h	0	0	0
4h as 5h	0	0	0
5h as 6h	0	0	0
6h as 7h	0	0	0
7h as 8h	5	0	0
8h as 9 h	40	0	0
9h as 10h	100	0	0
10h as 11h	90	0	0
11h as 12h	85	0	0
12h as 13h	80	0	0
13h as 14h	80	0	0
14h as 15h	80	0	0
15h as 16h	80	0	0
16h as 17h	10	0	0
17h as 18h	0	0	0
18h as 19h	0	0	0
19h as 20h	0	0	0
20h as 21h	0	0	0
21h as 22h	0	0	0
22h as 23h	0	0	0
23h as 24h	0	0	0

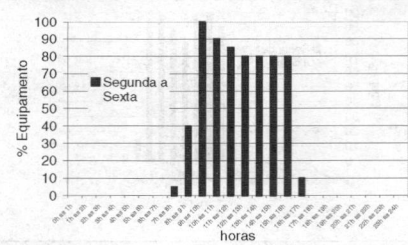

Museus e galerias

Perfis variáveis de acordo com os valores das tabelas	
	Densidades
Ocupação	40 m²/Ocupante
Iluminação	------------
Equipamento	2 W/m²

Perfis Constantes		
	Densidade	N.º Horas funcionamento
Iluminação Exterior	------------	5400

horas	% de Ocupação		
	Segunda a Sexta	Sábados	Domingos e Feriados
0h as 1h	0	0	0
1h as 2h	0	0	0
2h as 3h	0	0	0
3h as 4h	0	0	0
4h as 5h	0	0	0
5h as 6h	0	0	0
6h as 7h	0	0	0
7h as 8h	5	5	5
8h as 9 h	10	15	15
9h as 10h	65	90	90
10h as 11h	90	100	100
11h as 12h	90	95	95
12h as 13h	75	80	80
13h as 14h	85	90	90
14h as 15h	90	100	100
15h as 16h	85	95	95
16h as 17h	15	15	15
17h as 18h	5	5	5
18h as 19h	0	0	0
19h as 20h	0	0	0
20h as 21h	0	0	0
21h as 22h	0	0	0
22h as 23h	0	0	0
23h as 24h	0	0	0

horas	% de iluminação		
	Segunda a Sexta	Sábados	Domingos e Feriados
0h as 1h	0	0	0
1h as 2h	0	0	0
2h as 3h	0	0	0
3h as 4h	0	0	0
4h as 5h	0	0	0
5h as 6h	0	0	0
6h as 7h	0	0	0
7h as 8h	5	5	5
8h as 9 h	40	40	40
9h as 10h	90	90	90
10h as 11h	100	100	100
11h as 12h	95	95	95
12h as 13h	90	90	90
13h as 14h	90	90	90
14h as 15h	100	100	100
15h as 16h	100	100	100
16h as 17h	10	10	10
17h as 18h	5	5	5
18h as 19h	0	0	0
19h as 20h	0	0	0
20h as 21h	0	0	0
21h as 22h	0	0	0
22h as 23h	0	0	0
23h as 24h	0	0	0

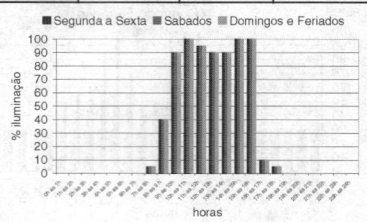

horas	% de equipamento		
	Segunda a Sexta	Sábados	Domingos e Feriados
0h as 1h	0	0	0
1h as 2h	0	0	0
2h as 3h	0	0	0
3h as 4h	0	0	0
4h as 5h	0	0	0
5h as 6h	0	0	0
6h as 7h	0	0	0
7h as 8h	5	5	5
8h as 9 h	40	40	40
9h as 10h	100	100	100
10h as 11h	90	90	90
11h as 12h	85	85	85
12h as 13h	80	80	80
13h as 14h	80	80	80
14h as 15h	80	80	80
15h as 16h	80	80	80
16h as 17h	10	10	10
17h as 18h	0	0	0
18h as 19h	0	0	0
19h as 20h	0	0	0
20h as 21h	0	0	0
21h as 22h	0	0	0
22h as 23h	0	0	0
23h as 24h	0	0	0

horas	% de iluminação		
	Segunda a Sexta	Sábados	Domingos e Feriados
0h as 1h	0	0	0
1h as 2h	0	0	0
2h as 3h	0	0	0
3h as 4h	0	0	0
4h as 5h	0	0	0
5h as 6h	0	0	0
6h as 7h	5	0	0
7h as 8h	10	0	0
8h as 9 h	70	0	0
9h as 10h	80	0	0
10h as 11h	95	0	0
11h as 12h	100	0	0
12h as 13h	40	0	0
13h as 14h	50	0	0
14h as 15h	100	0	0
15h as 16h	80	0	0
16h as 17h	60	0	0
17h as 18h	40	0	0
18h as 19h	0	0	0
19h as 20h	0	0	0
20h as 21h	0	0	0
21h as 22h	0	0	0
22h as 23h	0	0	0
23h as 24h	0	0	0

Tribunais, ministérios e câmaras

Perfis variáveis de acordo com os valores das tabelas	
	Densidades
Ocupação	15 m²/Ocupante
Iluminação	------------
Equipamento	5 W/m²

Perfis Constantes

	Densidade	N.º Horas funcionamento
Iluminação Exterior	-----------	5400

horas	% de Ocupação		
	Segunda a Sexta	Sábados	Domingos e Feriados
0h as 1h	0	0	0
1h as 2h	0	0	0
2h as 3h	0	0	0
3h as 4h	0	0	0
4h as 5h	0	0	0
5h as 6h	0	0	0
6h as 7h	5	0	0
7h as 8h	10	0	0
8h as 9 h	55	0	0
9h as 10h	70	0	0
10h as 11h	80	0	0
11h as 12h	100	0	0
12h as 13h	15	0	0
13h as 14h	35	0	0
14h as 15h	100	0	0
15h as 16h	80	0	0
16h as 17h	65	0	0
17h as 18h	20	0	0
18h as 19h	0	0	0
19h as 20h	0	0	0
20h as 21h	0	0	0
21h as 22h	0	0	0
22h as 23h	0	0	0
23h as 24h	0	0	0

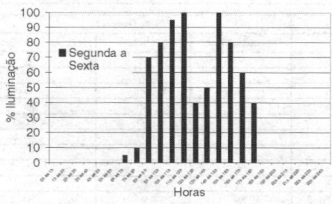

horas	% de equipamento		
	Segunda a Sexta	Sábados	Domingos e Feriados
0h as 1h	0	0	0
1h as 2h	0	0	0
2h as 3h	0	0	0
3h as 4h	0	0	0
4h as 5h	0	0	0
5h as 6h	0	0	0
6h as 7h	5	0	0
7h as 8h	10	0	0
8h as 9 h	70	0	0
9h as 10h	80	0	0
10h as 11h	95	0	0
11h as 12h	100	0	0
12h as 13h	40	0	0
13h as 14h	50	0	0
14h as 15h	100	0	0
15h as 16h	80	0	0
16h as 17h	60	0	0
17h as 18h	40	0	0
18h as 19h	0	0	0
19h as 20h	0	0	0
20h as 21h	0	0	0
21h as 22h	0	0	0
22h as 23h	0	0	0
23h as 24h	0	0	0

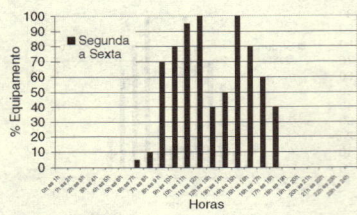

Estabelecimentos prisionais

Perfis variáveis de acordo com os valores das tabelas	
	Densidades
Ocupação	12 m²/Ocupante
Iluminação	----------
Equipamento	5 W/m²

Perfis Constantes		
	Densidade	**N.º Horas funcionamento**
Iluminação Exterior	------------	5400
Lavandarias	**Densidades**	**N.º Horas funcionamento**
Iluminação	------------	
Equipamento	500 W/m²	2000
Ventilação	8 W/m²	
Cozinhas	**Densidades**	**N.º Horas funcionamento**
Iluminação	------------	
Equipamento	250 W/m²	2200
Ventilação	8 W/m²	

	% de Ocupação		
horas	Segunda a Sexta	Sábados	Domingos e Feriados
0h as 1h	90	90	90
1h as 2h	90	90	90
2h as 3h	90	90	90
3h as 4h	90	90	90
4h as 5h	90	90	90
5h as 6h	90	90	90
6h as 7h	90	90	90
7h as 8h	90	90	90
8h as 9 h	90	90	90
9h as 10h	90	90	90
10h as 11h	90	90	90
11h as 12h	90	90	90
12h as 13h	90	90	90
13h as 14h	90	90	90
14h as 15h	100	100	100
15h as 16h	100	100	100
16h as 17h	100	100	100
17h as 18h	90	90	90
18h as 19h	90	90	90
19h as 20h	90	90	90
20h as 21h	90	90	90
21h as 22h	90	90	90
22h as 23h	90	90	90
23h as 24h	90	90	90

	% de iluminação		
horas	Segunda a Sexta	Sábados	Domingos e Feriados
0h as 1h	5	5	5
1h as 2h	5	5	5
2h as 3h	5	5	5
3h as 4h	5	5	5
4h as 5h	5	5	5
5h as 6h	5	5	5
6h as 7h	95	95	95
7h as 8h	95	95	95
8h as 9 h	55	55	55
9h as 10h	55	55	55
10h as 11h	55	55	55
11h as 12h	55	55	55
12h as 13h	55	55	55
13h as 14h	55	55	55
14h as 15h	100	100	100
15h as 16h	100	100	100
16h as 17h	100	100	100
17h as 18h	100	100	100
18h as 19h	100	100	100
19h as 20h	5	5	5
20h as 21h	5	5	5
21h as 22h	5	5	5
22h as 23h	5	5	5
23h as 24h	5	5	5

	% de equipamento		
horas	Segunda a Sexta	Sábados	Domingos e Feriados
0h as 1h	5	5	5
1h as 2h	5	5	5
2h as 3h	5	5	5
3h as 4h	5	5	5
4h as 5h	5	5	5
5h as 6h	5	5	5
6h as 7h	100	100	100
7h as 8h	100	100	100
8h as 9 h	5	5	5
9h as 10h	5	5	5
10h as 11h	100	100	100
11h as 12h	100	100	100
12h as 13h	100	100	100
13h as 14h	5	5	5
14h as 15h	5	5	5
15h as 16h	5	5	5
16h as 17h	5	5	5
17h as 18h	100	100	100
18h as 19h	100	100	100
19h as 20h	5	5	5
20h as 21h	5	5	5
21h as 22h	5	5	5
22h as 23h	5	5	5
23h as 24h	5	5	5

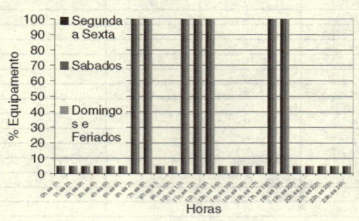

Estabelecimentos de ensino

Perfis variáveis de acordo com os valores das tabelas	
Salas aula e Espaços Comuns	**Densidades**
Ocupação	10 m²/Ocupante
Iluminação	----------
Equipamento	5 W/m²

Perfis Constantes		
	Densidade	**N.º Horas funcionamento**
Iluminação Exterior	----------	5400
Cozinhas	**Densidades**	**N.º Horas funcionamento**
Iluminação	----------	
Equipamento	250 W/m²	1560
Ventilação	8 W/m²	

(*) Os perfis aplicam-se durante os períodos de 2 de Janeiro a 31 de Julho e de 15 de Setembro a 20 de Dezembro. Considerou-se a escola encerrada nos períodos de 1 de Agosto a 14 de Setembro e de 21 de Dezembro a 1 de Janeiro.

horas	% de Ocupação		
	Segunda a Sexta	Sábados	Domingos e Feriados
0h as 1h	0	0	0
1h as 2h	0	0	0
2h as 3h	0	0	0
3h as 4h	0	0	0
4h as 5h	0	0	0
5h as 6h	0	0	0
6h as 7h	0	0	0
7h as 8h	0	0	0
8h as 9 h	5	0	0
9h as 10h	90	0	0
10h as 11h	100	0	0
11h as 12h	100	0	0
12h as 13h	100	0	0
13h as 14h	90	0	0
14h as 15h	90	0	0
15h as 16h	100	0	0
16h as 17h	100	0	0
17h as 18h	100	0	0
18h as 19h	80	0	0
19h as 20h	10	0	0
20h as 21h	0	0	0
21h as 22h	0	0	0
22h as 23h	0	0	0
23h as 24h	0	0	0

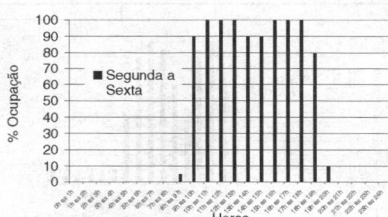

horas	% de iluminação		
	Segunda a Sexta	Sábados	Domingos e Feriados
0h as 1h	0	0	0
1h as 2h	0	0	0
2h as 3h	0	0	0
3h as 4h	0	0	0
4h as 5h	0	0	0
5h as 6h	0	0	0
6h as 7h	0	0	0
7h as 8h	0	0	0
8h as 9 h	15	0	0
9h as 10h	95	0	0
10h as 11h	100	0	0
11h as 12h	100	0	0
12h as 13h	95	0	0
13h as 14h	80	0	0
14h as 15h	80	0	0
15h as 16h	100	0	0
16h as 17h	100	0	0
17h as 18h	90	0	0
18h as 19h	70	0	0
19h as 20h	15	0	0
20h as 21h	0	0	0
21h as 22h	0	0	0
22h as 23h	0	0	0
23h as 24h	0	0	0

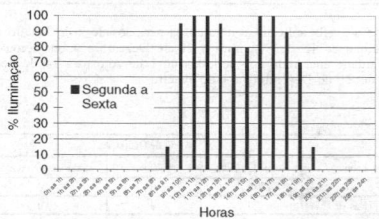

horas	% de equipamento		
	Segunda a Sexta	Sábados	Domingos e Feriados
0h as 1h	0	0	0
1h as 2h	0	0	0
2h as 3h	0	0	0
3h as 4h	0	0	0
4h as 5h	0	0	0
5h as 6h	0	0	0
6h as 7h	0	0	0
7h as 8h	0	0	0
8h as 9 h	15	0	0
9h as 10h	95	0	0
10h as 11h	100	0	0
11h as 12h	100	0	0
12h as 13h	95	0	0
13h as 14h	80	0	0
14h as 15h	80	0	0
15h as 16h	100	0	0
16h as 17h	100	0	0
17h as 18h	90	0	0
18h as 19h	70	0	0
19h as 20h	15	0	0
20h as 21h	0	0	0
21h as 22h	0	0	0
22h as 23h	0	0	0
23h as 24h	0	0	0

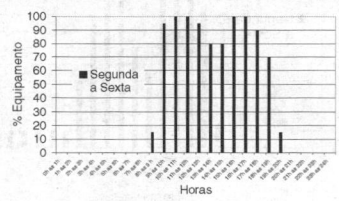

Estabelecimentos de ensino superior

Perfis variáveis de acordo com os valores das tabelas	
Salas aula e Espaços Comuns	**Densidades**
Ocupação	10 · m²/Ocupante
Iluminação	----------
Equipamento	10 W/m²

Perfis Constantes		
	Densidade	**N.º Horas funcionamento**
Iluminação Exterior	----------	5400
Cozinhas	**Densidades**	**N.º Horas funcionamento**
Iluminação	----------	
Equipamento	250 W/m²	1560
Ventilação	8 W/m²	

(*) Os perfis aplicam-se durante os períodos de 2 de Janeiro a 31 de Julho e de 15 de Setembro a 20 de Dezembro. Considerou-se a universidade encerrada nos períodos de 1 de Agosto a 14 de Setembro e de 21 de Dezembro a 1 de Janeiro.

	% de Ocupação		
horas	Segunda a Sexta	Sábados	Domingos e Feriados
0h as 1h	0	0	0
1h as 2h	0	0	0
2h as 3h	0	0	0
3h as 4h	0	0	0
4h as 5h	0	0	0
5h as 6h	0	0	0
6h as 7h	0	0	0
7h as 8h	5	0	0
8h as 9 h	80	0	0
9h as 10h	85	0	0
10h as 11h	100	0	0
11h as 12h	95	0	0
12h as 13h	45	0	0
13h as 14h	70	0	0
14h as 15h	95	0	0
15h as 16h	100	0	0
16h as 17h	90	0	0
17h as 18h	50	0	0
18h as 19h	10	0	0
19h as 20h	10	0	0
20h as 21h	10	0	0
21h as 22h	10	0	0
22h as 23h	10	0	0
23h as 24h	10	0	0

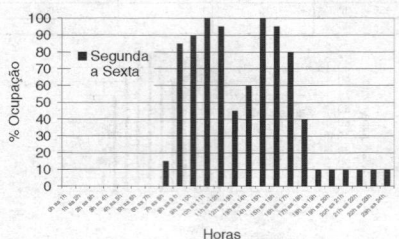

	% de iluminação		
horas	Segunda a Sexta	Sábados	Domingos e Feriados
0h as 1h	0	0	0
1h as 2h	0	0	0
2h as 3h	0	0	0
3h as 4h	0	0	0
4h as 5h	0	0	0
5h as 6h	0	0	0
6h as 7h	0	0	0
7h as 8h	15	0	0
8h as 9 h	85	0	0
9h as 10h	90	0	0
10h as 11h	100	0	0
11h as 12h	95	0	0
12h as 13h	45	0	0
13h as 14h	60	0	0
14h as 15h	100	0	0
15h as 16h	95	0	0
16h as 17h	80	0	0
17h as 18h	40	0	0
18h as 19h	10	0	0
19h as 20h	10	0	0
20h as 21h	10	0	0
21h as 22h	10	0	0
22h as 23h	10	0	0
23h as 24h	10	0	0

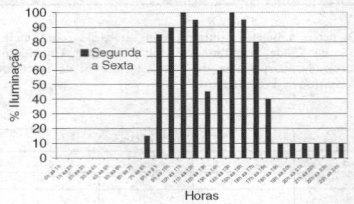

	% de equipamento		
horas	Segunda a Sexta	Sábados	Domingos e Feriados
0h as 1h	0	0	0
1h as 2h	0	0	0
2h as 3h	0	0	0
3h as 4h	0	0	0
4h as 5h	0	0	0
5h as 6h	0	0	0
6h as 7h	0	0	0
7h as 8h	15	0	0
8h as 9 h	85	0	0
9h as 10h	90	0	0
10h as 11h	100	0	0
11h as 12h	95	0	0
12h as 13h	45	0	0
13h as 14h	60	0	0
14h as 15h	100	0	0
15h as 16h	95	0	0
16h as 17h	80	0	0
17h as 18h	40	0	0
18h as 19h	10	0	0
19h as 20h	10	0	0
20h as 21h	10	0	0
21h as 22h	10	0	0
22h as 23h	10	0	0
23h as 24h	10	0	0

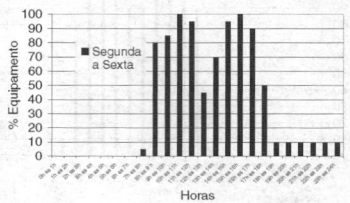

Estabelecimentos de saúde sem internamento

Perfis variáveis de acordo com os valores das tabelas	
	Densidades
Ocupação	10 m²/Ocupante
Iluminação	------------
Equipamento	10 W/m²

Perfis Constantes

	Densidade	N.º Horas funcionamento
Iluminação Exterior	-----------	5400

	% de Ocupação		
horas	Segunda a Sexta	Sábados	Domingos e Feriados
0h as 1h	0	0	0
1h as 2h	0	0	0
2h as 3h	0	0	0
3h as 4h	0	0	0
4h as 5h	0	0	0
5h as 6h	0	0	0
6h as 7h	0	0	0
7h as 8h	50	0	0
8h as 9h	100	0	0
9h as 10h	100	0	0
10h as 11h	100	0	0
11h as 12h	100	0	0
12h as 13h	100	0	0
13h as 14h	100	0	0
14h as 15h	100	0	0
15h as 16h	100	0	0
16h as 17h	100	0	0
17h as 18h	50	0	0
18h as 19h	25	0	0
19h as 20h	25	0	0
20h as 21h	25	0	0
21h as 22h	25	0	0
22h as 23h	25	0	0
23h as 24h	25	0	0

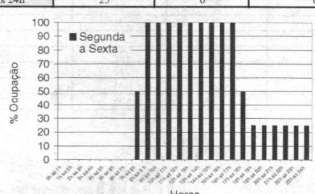

	% de iluminação		
horas	Segunda a Sexta	Sábados	Domingos e Feriados
0h as 1h	0	0	0
1h as 2h	0	0	0
2h as 3h	0	0	0
3h as 4h	0	0	0
4h as 5h	0	0	0
5h as 6h	0	0	0
6h as 7h	0	0	0
7h as 8h	50	0	0
8h as 9h	100	0	0
9h as 10h	100	0	0
10h as 11h	100	0	0
11h as 12h	100	0	0
12h as 13h	100	0	0
13h as 14h	100	0	0
14h as 15h	100	0	0
15h as 16h	100	0	0
16h as 17h	100	0	0
17h as 18h	50	0	0
18h as 19h	10	0	0
19h as 20h	10	0	0
20h as 21h	10	0	0
21h as 22h	10	0	0
22h as 23h	10	0	0
23h as 24h	10	0	0

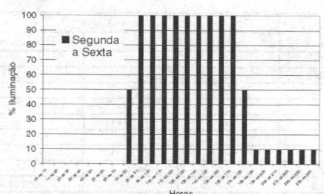

	% de equipamento		
horas	Segunda a Sexta	Sábados	Domingos e Feriados
0h as 1h	0	0	0
1h as 2h	0	0	0
2h as 3h	0	0	0
3h as 4h	0	0	0
4h as 5h	0	0	0
5h as 6h	0	0	0
6h as 7h	0	0	0
7h as 8h	50	0	0
8h as 9h	100	0	0
9h as 10h	100	0	0
10h as 11h	100	0	0
11h as 12h	100	0	0
12h as 13h	100	0	0
13h as 14h	100	0	0
14h as 15h	100	0	0
15h as 16h	100	0	0
16h as 17h	100	0	0
17h as 18h	50	0	0
18h as 19h	35	0	0
19h as 20h	35	0	0
20h as 21h	35	0	0
21h as 22h	35	0	0
22h as 23h	35	0	0
23h as 24h	35	0	0

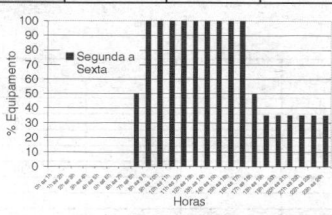

Estabelecimentos de saúde com internamento

Perfis variáveis de acordo com os valores das tabelas	
	Densidades
Ocupação	20 m²/Ocupante
Iluminação	---------
Equipamento	10 W/m²

Perfis Constantes

	Densidade	N.º Horas funcionamento
Iluminação Exterior	-----------	5400
Lavandarias	**Densidades**	**N.º Horas funcionamento**
Iluminação	-----------	
Equipamento	500 W/m²	2000
Ventilação	8 W/m²	
Cozinhas	**Densidades**	**N.º Horas funcionamento**
Iluminação	-----------	
Equipamento	250 W/m²	2200
Ventilação	8 W/m²	

% de Ocupação			
horas	Segunda a Sexta	Sábados	Domingos e Feriados
0h as 1h	50	50	50
1h as 2h	50	50	50
2h as 3h	50	50	50
3h as 4h	50	50	50
4h as 5h	50	50	50
5h as 6h	50	50	50
6h as 7h	50	50	50
7h as 8h	50	50	50
8h as 9 h	100	100	100
9h as 10h	100	100	100
10h as 11h	100	100	100
11h as 12h	100	100	100
12h as 13h	100	100	100
13h as 14h	100	100	100
14h as 15h	100	100	100
15h as 16h	100	100	100
16h as 17h	100	100	100
17h as 18h	50	50	50
18h as 19h	50	50	50
19h as 20h	50	50	50
20h as 21h	50	50	50
21h as 22h	50	50	50
22h as 23h	50	50	50
23h as 24h	50	50	50

% de iluminação			
horas	Segunda a Sexta	Sábados	Domingos e Feriados
0h as 1h	10	10	10
1h as 2h	10	10	10
2h as 3h	10	10	10
3h as 4h	10	10	10
4h as 5h	10	10	10
5h as 6h	10	10	10
6h as 7h	45	45	45
7h as 8h	50	50	50
8h as 9 h	100	100	100
9h as 10h	100	100	100
10h as 11h	100	100	100
11h as 12h	100	100	100
12h as 13h	100	100	100
13h as 14h	100	100	100
14h as 15h	100	100	100
15h as 16h	100	100	100
16h as 17h	100	100	100
17h as 18h	50	50	50
18h as 19h	45	45	45
19h as 20h	45	45	45

% de iluminação			
horas	Segunda a Sexta	Sábados	Domingos e Feriados
20h as 21h	10	10	10
21h as 22h	10	10	10
22h as 23h	10	10	10
23h as 24h	10	10	10

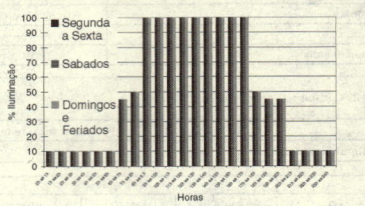

% de equipamento			
horas	Segunda a Sexta	Sábados	Domingos e Feriados
0h as 1h	35	35	35
1h as 2h	35	35	35
2h as 3h	35	35	35
3h as 4h	35	35	35
4h as 5h	35	35	35
5h as 6h	35	35	35
6h as 7h	35	35	35
7h as 8h	50	50	50
8h as 9 h	100	100	100
9h as 10h	100	100	100
10h as 11h	100	100	100
11h as 12h	100	100	100
12h as 13h	100	100	100
13h as 14h	100	100	100
14h as 15h	100	100	100
15h as 16h	100	100	100
16h as 17h	100	100	100
17h as 18h	50	50	50
18h as 19h	35	35	35
19h as 20h	35	35	35
20h as 21h	35	35	35
21h as 22h	35	35	35
22h as 23h	35	35	35
23h as 24h	35	35	35

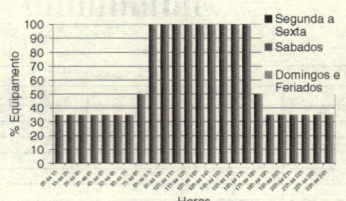

DECRETO-LEI N.º 80/2006,
DE 4 DE ABRIL

O Regulamento das Características de Comportamento Térmico dos Edifícios (RCCTE), aprovado pelo Decreto-Lei n.º 40/90, de 6 de Fevereiro, foi o primeiro instrumento legal que em Portugal impôs requisitos ao projecto de novos edifícios e de grandes remodelações por forma a salvaguardar a satisfação das condições de conforto térmico nesses edifícios sem necessidades excessivas de energia quer no Inverno quer no Verão.

Em paralelo, o RCCTE visava também garantir a minimização de efeitos patológicos na construção derivados das condensações superficiais e no interior dos elementos da envolvente.

Mais de uma dezena de anos passados, verifica-se que o RCCTE constituiu um marco significativo na melhoria da qualidade da construção em Portugal, havendo hoje uma prática quase generalizada de aplicação de isolamento térmico nos edifícios, incluindo nas zonas de clima mais ameno, mesmo para além do que o RCCTE exige, numa prova de que o referido Regulamento conseguiu atingir e mesmo superar os objectivos a que se propunha.

Entretanto, alguns dos pressupostos do RCCTE, tal como definido em 1990, têm vindo a alterar-se.

Enquanto que no final da década de 1980 eram poucos os edifícios que dispunham de meios activos de controlo das condições ambientes interiores, verifica-se actualmente uma penetração muito significativa de equipamentos de climatização, com um número significativo de edifícios novos a preverem equipamentos de aquecimento, mesmo no sector residencial e com um cada vez maior recurso a equipamentos de ar condicionado, sobretudo os de pequena dimensão, quer no sector residencial quer nos edifícios de serviços, dando portanto lugar a consumos reais para controlo do ambiente interior dos edifícios, o que se tem traduzido num crescimento dos consumos de energia no sector dos edifícios bastante acima da média nacional.

Enquanto que a primeira versão do RCCTE pretendia limitar potenciais consumos e era, portanto, relativamente pouco exigente nos seus objectivos concretos devido às questões de viabilidade económica face a potenciais consumos baixos, justifica-se agora uma contabilização mais realista de consumos que com muito maior probabilidade possam ocorrer, evoluindo portanto na direcção de maiores exigências de qualidade térmica da envolvente dos edifícios.

Esta nova versão do RCCTE assenta, portanto, no pressuposto de que uma parte significativa dos edifícios vêm a ter meios de promoção das condições ambientais nos espaços interiores, quer no Inverno quer no Verão, e impõe limites aos consumos que decorrem dos seus potenciais existência e uso. Não se pode, porém, falar em consumos padrão, nomeadamente no subsector residencial, já que a existência de equipamentos ou mesmo de sistemas instalados não significa o seu uso permanente, tendo em conta a frugalidade tradicional no conforto doméstico que o clima naturalmente favorece. Tais valores continuam a ser meras referências estatísticas. Neste contexto, são claramente fixadas as condições ambientais de referência para cálculo dos consumos energéticos nominais segundo padrões típicos admitidos como os médios prováveis, quer em termos de temperatura ambiente quer em termos de ventilação para renovação do ar e garantia de uma qualidade do ar interior aceitável, que se tem vindo a degradar com a maior estanquidade das envolventes e o uso de novos materiais e tecnologias na construção que libertam importantes poluentes. Este Regulamento alarga, assim, as suas exigências ao definir claramente objectivos de provisão de taxas de renovação do ar adequadas que os projectistas devem obrigatoriamente satisfazer.

No contexto internacional, também, é consensual a necessidade de melhorar a qualidade dos edifícios e reduzir os seus consumos de energia e as correspondentes emissões de gases que contribuem para o aquecimento global ou efeito de estufa. Portugal obrigou-se a satisfazer compromissos neste sentido quando subscreveu o Protocolo de Quioto, tendo o correspondente esforço de redução das emissões de ser feito por todos os sectores consumidores de energia, nomeadamente pelo dos edifícios.

Também a União Europeia, com objectivos semelhantes, publicou em 4 de Janeiro de 2003 a Directiva n.º 2002/91/CE, do Parlamento Europeu e do Conselho, de 16 de Dezembro, relativa ao desempenho energético dos edifícios, que, entre outros requisitos, impõe aos Estados membros o estabelecimento e actualização periódica de regulamentos para melhorar o comportamento térmico dos edifícios novos e reabilitados, obrigando-os a exigir, nestes casos, com poucas excepções, a implementação de todas as medidas pertinentes com viabilidade técnica e económica. A directiva adopta ainda a obrigatoriedade da contabilização das necessidades de energia para preparação das águas quentes sanitárias, numa óptica de consideração de todos os consumos de energia importantes, sobretudo, neste caso, na habitação, com um objectivo específico de favorecimento da penetração dos sistemas de colectores solares ou outras alternativas renováveis.

A obrigatoriedade da instalação de painéis solares para a produção de água quente sanitária abre um amplo mercado para o desenvolvimento da energia solar renovável, que tão subutilizada tem sido, contribuindo para a diminuição da poluição e da dependência energética do nosso país.

Os consumidores podem beneficiar de melhores condições de conforto a custos mais baixos. A indústria tem uma nova oportunidade de desenvolvimento na produção de painéis, contadores e outros acessórios. Um novo sector de serviços tem condições para emergir, organizando a venda, a preços competitivos, de água quente solar aos consumidores de edifícios colectivos.

Espera-se que este desenvolvimento da indústria e dos serviços crie nos próximos anos alguns milhares de novos empregos qualificados. A redução dos preços dos sistemas solares que resulta desta criação de mercado beneficia também a opção pela energia solar térmica por parte de um mais amplo leque de utilizadores.

Impõe-se, portanto, que o RCCTE seja actualizado em termos de um nível de exigências adequado aos actuais contextos social, económico e energético, promovendo um novo acréscimo de qualidade térmica dos edifícios num futuro próximo. Para maior flexibilidade de actualização destes objectivos em função dos progressos técnicos e dos contextos económicos e sociais este Regulamento é estruturado por forma a permitir a actualização dos valores dos requisitos específicos, fixados de forma periódica pelos ministérios que tutelam o sector.

Tal como na primeira versão do RCCTE, a chave do sucesso deste Regulamento na sua nova versão está também na sua aplicação na fase de licenciamento, garantindo que os projectos licenciados ou autorizados satisfaçam integralmente os requisitos regulamentares.

Nesta sua reformulação, o RCCTE impõe portanto mecanismos mais efectivos de comprovação desta conformidade regulamentar.

A exemplo do que se sucedeu no âmbito do RSECE, optou-se por consagrar um modelo de certificação energética que salvaguarda um conjunto de procedimentos simplificados e ágeis no domínio do licenciamento e da autorização das operações de edificação, na linha do esforço de desburocratização que tem vindo a ser prosseguido pelo Governo.

Aumenta também o grau de exigência de formação profissional dos técnicos que podem vir a ser responsáveis pela comprovação dos requisitos deste Regulamento, por forma a aumentar a sua competência e dar mais credibilidade e probabilidade de sucesso à satisfação dos objectivos pretendidos com este decreto-lei.

Pretende-se, no entanto, manter uma metodologia de aplicação do regulamento que seja muito semelhante à estabelecida pelo Decreto-Lei n.º 40/90, de 6 de Fevereiro, para capitalizar os hábitos e conhecimentos já existentes no meio técnico nacional, não introduzindo complexidades adicionais.

No seio da Subcomissão de Regulamentação de Eficiência Energética em Edifícios foram conduzidos os trabalhos de revisão do Regulamento das Condições Térmicas em Edifícios, pelo que o presente decreto-lei foi elaborado e concertado com as seguintes entidades: representantes da Faculdade de Engenharia da Universidade do Porto, Faculdade de Arquitectura da Universidade Técnica de Lisboa; Escola Superior de Tecnologia da Universidade do Algarve; Instituto Nacional de Engenharia, Tecnologia e Inovação; Instituto Superior Técnico; associações representativas do sector, Associação Nacional dos Municípios Portugueses, Direcção-Geral de Geologia e Energia; Instituto de Meteorologia; Laboratório Nacional de Engenharia Civil; Ordem dos Arquitectos e Ordem dos Engenheiros.

Foram ouvidos os órgãos de governo próprio das Regiões Autónomas e a Associação Nacional de Municípios Portugueses.

Assim:

Nos termos da alínea a) do n.º 1 do artigo 198.º da Constituição, o Governo decreta o seguinte:

Artigo 1.º
Objecto

1 – É aprovado o Regulamento das Características de Comportamento Térmico dos Edifícios, adiante designado por RCCTE, que se publica em anexo, juntamente com os seus anexos I a IX e que fazem parte integrante do presente decreto-lei.

2 – O presente decreto-lei transpõe parcialmente para a ordem jurídica nacional a Directiva n.º 2002/91/CE, do Parlamento Europeu e do Conselho, de 16 de Dezembro, relativa ao desempenho energético dos edifícios.

Artigo 2.º
Aplicação nas Regiões Autónomas

O presente decreto-lei aplica-se às Regiões Autónomas dos Açores e da Madeira, sem prejuízo das competências cometidas aos respectivos órgãos de governo próprio e das adaptações que lhe sejam introduzidas por diploma regional.

Artigo 3.º
Sistema Nacional de Certificação Energética e da Qualidade do Ar Interior nos Edifícios

As exigências do RCCTE que dependem do Sistema Nacional de Certificação Energética e da Qualidade do Ar Interior nos Edifícios (SCE) ficam condicionadas ao faseamento da entrada em vigor dos respectivos requisitos por ele previstos.

ARTIGO 4.º

Norma revogatória

É revogado o Decreto-Lei n.º 40/90, de 6 de Fevereiro.

ARTIGO 5.º

Entrada em vigor

O presente decreto-lei entra em vigor 90 dias após a sua publicação.

Visto e aprovado em Conselho de Ministros de 26 de Janeiro de 2006. – *José Sócrates Carvalho Pinto de Sousa – António Luís Santos Costa – Diogo Pinto de Freitas do Amaral – Fernando Teixeira dos Santos – Alberto Bernardes Costa – Francisco Carlos da Graça Nunes Correia – Manuel António Gomes de Almeida de Pinho – Mário Lino Soares Correia – António Fernando Correia de Campos.*

Promulgado em 5 de Março de 2006.

Publique-se.

O Presidente da República, JORGE SAMPAIO.

Referendado em 6 de Março de 2006.

O Primeiro-Ministro, *José Sócrates Carvalho Pinto de Sousa.*

REGULAMENTO DAS CARACTERÍSTICAS
DE COMPORTAMENTO TÉRMICO DOS EDIFÍCIOS

CAPÍTULO I
Objecto e âmbito de aplicação

ARTIGO 1.º

Objecto

O presente Regulamento estabelece as regras a observar no projecto de todos os edifícios de habitação e dos edifícios de serviços sem sistemas de climatização centralizados de modo que:

a) As exigências de conforto térmico, seja ele de aquecimento ou de arrefecimento, e de ventilação para garantia de qualidade do ar no interior dos edifícios, bem como as necessidades de água quente sanitária, possam vir a ser satisfeitas sem dispêndio excessivo de energia;

b) Sejam minimizadas as situações patológicas nos elementos de construção provocadas pela ocorrência de condensações superficiais ou internas, com potencial impacte negativo na durabilidade dos elementos de construção e na qualidade do ar interior.

Artigo 2.º
Âmbito de aplicação

1 – O presente Regulamento aplica-se a cada uma das fracções autónomas de todos os novos edifícios de habitação e de todos os novos edifícios de serviços sem sistemas de climatização centralizados, independentemente de serem ou não, nos termos de legislação específica, sujeitos a licenciamento ou autorização no território nacional, com excepção das situações previstas no n.º 9.

2 – Para efeitos do presente Regulamento, entende-se por fracção autónoma de um edifício cada uma das partes de um edifício dotadas de contador individual de consumo de energia, separada do resto do edifício por uma barreira física contínua, e cujo direito de propriedade ou fruição seja transmissível autonomamente.

3 – Quando um grupo de edifícios tiver um único contador de energia, o presente Regulamento aplicase, nos termos do n.º 1, a cada um dos edifícios separadamente.

4 – Nos edifícios com uma única fracção autónoma constituídos por corpos distintos, as exigências do presente Regulamento devem ser verificadas por corpo.

5 – O presente Regulamento também é aplicável às grandes intervenções de remodelação ou de alteração na envolvente ou nas instalações de preparação de águas quentes sanitárias dos edifícios de habitação e dos edifícios de serviços sem sistemas de climatização centralizados já existentes, independentemente de serem ou não, nos termos de legislação específica, sujeitos a licenciamento ou autorização no território nacional, com excepção das situações previstas no n.º 9.

6 – Por grande remodelação ou alteração entendem-se as intervenções na envolvente ou nas instalações cujo custo seja superior a 25% do valor do edifício, calculado com base num valor de referência C_{ref} por metro quadrado e por tipologia de edifício definido anualmente em portaria conjunta dos ministros responsáveis pelas áreas da economia, das obras públicas, do ambiente, do ordenamento do território e habitação, publicada no mês de Outubro e válida para o ano civil seguinte.

7 – Estão ainda sujeitas ao presente Regulamento as ampliações de edifícios existentes, exclusivamente na nova área construída, independentemente de carecerem ou não, nos termos de legislação específica, de licenciamento ou autorização no território nacional, com excepção das situações previstas no n.º 9.

8 – As exigências do presente Regulamento aplicam-se, para cada uma das fracções autónomas dos edifícios, aos espaços para os quais se requerem normalmente condições interiores de conforto, conforme definido no anexo I do presente Regulamento e que dele faz parte integrante.

9 – Excluem-se do âmbito de aplicação do presente Regulamento:

a) Os edifícios ou fracções autónomas destinados a serviços, a construir ou renovar que, pelas suas características de utilização, se destinem a permanecer frequentemente abertos ao contacto com o exterior e não sejam aquecidos nem climatizados;

b) Os edifícios utilizados como locais de culto e os edifícios para fins industriais, afectos ao processo de produção, bem como garagens, armazéns, oficinas e edifícios agrícolas não residenciais;

c) As intervenções de remodelação, recuperação e ampliação de edifícios em zonas históricas ou em edifícios classificados, sempre que se verifiquem incompatibilidades com as exigências deste Regulamento;

d) As infra-estruturas militares e os imóveis afectos ao sistema de informações ou a forças de segurança que se encontrem sujeitos a regras de controlo e confidencialidade.

10 – As incompatibilidades a que se refere a alínea c) do número anterior devem ser convenientemente justificadas e aceites pela entidade licenciadora.

CAPÍTULO II
Definições, índices e parâmetros de caracterização

ARTIGO 3.º
Definições

As definições necessárias à correcta aplicação deste Regulamento constam do anexo II do presente Regulamento, que dele faz parte integrante, e, na sua ausência, sucessivamente dos documentos legais nacionais e comunitários.

ARTIGO 4.º

Índices e parâmetros de caracterização

1 – Para efeitos do presente Regulamento, a caracterização do comportamento térmico dos edifícios faz-se através da quantificação de um certo número de índices e de parâmetros.

2 – Os índices térmicos fundamentais a quantificar são os valores das necessidades nominais anuais de energia útil para aquecimento (Nic), das necessidades nominais anuais de energia útil para arrefecimento (Nvc) e das necessidades nominais anuais de energia para produção de águas quentes sanitárias (Nac), bem como as necessidades globais de energia primária (Ntc).

3 – Os parâmetros complementares a quantificar sob condições específicas são:

a) Os coeficientes de transmissão térmica, superficiais e lineares, dos elementos da envolvente;

b) A classe de inércia térmica do edifício ou da fracção autónoma;

c) O factor solar dos vãos envidraçados;

d) A taxa de renovação de ar.

4 – Para a garantia do conforto térmico e da qualidade do ar no interior dos edifícios e para o cálculo da energia necessária para a produção da água quente sanitária, os índices referidos no n.º 2 são calculados com base em condições de referência definidas no artigo 14.º e actualizáveis por portaria conjunta dos ministros responsáveis pelas áreas da economia, das obras públicas, do ambiente, do ordenamento do território e habitação.

5 – Para efeitos do presente Regulamento, o País é dividido em zonas climáticas de Inverno e de Verão, nos termos do anexo III do presente Regulamento e que dele faz parte integrante, actualizável por portaria conjunta dos ministros responsáveis pelas áreas da economia, das obras públicas, do ambiente, do ordenamento do território e habitação.

CAPÍTULO III

Requisitos energéticos

ARTIGO 5.º

**Limitação das necessidades nominais
de energia útil para aquecimento**

1 – Cada fracção autónoma de um edifício abrangido por este Regulamento não pode, como resultado da sua morfologia, da qualidade térmica da sua

envolvente e tendo em conta o aproveitamento dos ganhos solares e internos e de outras formas de energias renováveis, exceder um valor máximo admissível das necessidades nominais anuais de energia útil para aquecimento (*Ni*), fixado no artigo 15.° e actualizável por portaria conjunta dos ministros responsáveis pelas áreas da economia, das obras públicas, do ambiente, do ordenamento do território e habitação.

2 – A portaria referida no número anterior pode isentar os edifícios de habitação unifamiliar de área útil inferior a um limite máximo *Amv* nela definido, do cumprimento do requisito especificado no número anterior, sem prejuízo do cumprimento dos requisitos definidos no artigo 10.°

ARTIGO 6.°
Limitação das necessidades nominais de energia útil para arrefecimento

1 – Cada fracção autónoma de um edifício abrangido por este Regulamento não pode, como resultado da sua morfologia, da qualidade térmica da sua envolvente e tendo em conta a existência de ganhos solares e internos, exceder um valor máximo admissível das necessidades nominais anuais de energia útil para arrefecimento (*Nv*), fixado no artigo 15.° e actualizável por portaria conjunta dos ministros responsáveis pelas áreas da economia, das obras públicas, do ambiente, do ordenamento do território e habitação.

2 – A portaria referida no número anterior pode isentar os edifícios de habitação unifamiliar de área útil inferior a um limite máximo A_{mv} nela definido, do cumprimento do requisito especificado no número anterior, sem prejuízo do cumprimento dos requisitos definidos no artigo 10.°

ARTIGO 7.°
Limitação das necessidades nominais de energia útil para produção de água quente sanitária

1 – Como resultado dos tipos e eficiências dos equipamentos de produção de água quente sanitária, bem como da utilização de formas de energias renováveis, cada fracção autónoma não pode, sob condições e padrões de utilização nominais, exceder um valor máximo admissível de necessidades nominais anuais de energia útil para produção de águas quentes sanitárias (*Na*), fixado no artigo 15.° e actualizável por portaria conjunta dos ministros responsáveis pelas áreas da economia, das obras públicas, do ambiente, do ordenamento do território e habitação.

2 – O recurso a sistemas de colectores solares térmicos para aquecimento de água sanitária nos edifícios abrangidos pelo RCCTE é obrigatório sempre que haja uma exposição solar adequada, na base de 1 m2 de colector por ocupante convencional previsto, conforme definido na metodologia de cálculo das necessidades nominais de energia para aquecimento de água sanitária referida no artigo 11.º, podendo este valor ser reduzido por forma a não ultrapassar 50% da área de cobertura total disponível, em terraço ou nas vertentes orientadas no quadrante sul, entre sudeste e sudoeste.

3 – Para efeitos do disposto no número anterior, entende-se como exposição solar adequada a existência de cobertura em terraço ou de cobertura inclinada com água cuja normal esteja orientada numa gama de azimutes de 90° entre sudeste e sudoeste, que não sejam sombreadas por obstáculos significativos no período que se inicia diariamente duas horas depois do nascer do Sol e termina duas horas antes do ocaso.

4 – Em alternativa à utilização de colectores solares térmicos podem ser utilizadas quaisquer outras formas renováveis de energia que captem, numa base anual, energia equivalente à dos colectores solares, podendo ser esta utilizada para outros fins que não a do aquecimento de água se tal for mais eficiente ou conveniente.

5 – A portaria referida no n.º 1 pode isentar certos tipos de edifícios do cumprimento dos requisitos especificados neste artigo.

Artigo 8.º
Limitação das necessidades nominais globais de energia primária de um edifício

1 – As necessidades nominais anuais globais (*Ntc*) de cada uma das fracções autónomas de um edifício não podem exceder um valor máximo admissível de energia primária (*Nt*), fixado no artigo 15.º actualizável por portaria conjunta dos ministros responsáveis pelas áreas da economia, das obras públicas, do ambiente, do ordenamento do território e habitação, definido em termos de uma soma ponderada dos valores individuais máximos admissíveis definidos nos artigos 5.º, 6.º e 7.º, convertidos para energia primária em função das formas de energia final utilizadas para cada uso nessas fracções autónomas.

2 – Os factores de conversão entre energia útil e energia primária são definidos periodicamente por despacho do director-geral de Geologia e Energia em função do *mix* energético nacional na produção de electricidade, com um mínimo de três meses de antecedência da data de entrada em vigor para efeitos deste Regulamento.

3 – Os edifícios de habitação unifamiliar abrangidos pelo disposto no n.º 2 do artigo 5.º e no n.º 2 do artigo 6.º ficam isentos dos requisitos do n.º 1.

Artigo 9.º

Requisitos mínimos de qualidade térmica dos edifícios

1 – Os valores máximos admissíveis de *Nic* e *Nvc* especificados nos artigos 5.º e 6.º devem ser satisfeitos sem que sejam ultrapassados os valores limites de qualidade térmica, fixados no artigo 16.º, e actualizáveis por portaria conjunta dos ministros responsáveis pelas áreas da economia, das obras públicas, do ambiente, do ordenamento do território e habitação.

2 – Os valores limite de qualidade térmica referidos no número anterior são relativos aos seguintes parâmetros:

a) Coeficientes de transmissão térmica superficiais máximos da envolvente opaca, que separam a fracção autónoma do exterior, ou de espaços que não requeiram condições de conforto ou de outros edifícios vizinhos;

b) Factores solares dos vãos envidraçados horizontais e verticais com área total superior a 5% da área útil de pavimento do espaço que servem desde que não orientados entre noroeste e nordeste.

Artigo 10.º

Requisitos de qualidade térmica e ambiental de referência para os edifícios de habitação unifamiliar

1 – Para os efeitos previstos nos n.ºˢ 2 dos artigos 5.º e 6.º e no n.º 3 do artigo 8.º, os edifícios de habitação unifamiliar ali referidos devem demonstrar a satisfação do conjunto de características mínimas de referência, fixadas no artigo 16.º, e actualizáveis por portaria conjunta dos ministros responsáveis pelas áreas da economia, das obras públicas, do ambiente, do ordenamento do território e habitação.

2 – As características mínimas de referência referidas no número anterior respeitam aos seguintes parâmetros:

a) Coeficientes de transmissão térmica dos elementos da envolvente;

b) Área e factor solar dos vãos envidraçados;

c) Inércia térmica interior;

d) Protecção solar das coberturas.

3 – Caso um edifício não satisfaça todos os requisitos referidos nos números anteriores, é-lhe aplicável integralmente o disposto nos artigos 5.º a 9.º

1320 Legislação do Sector Energético

Artigo 11.º
Métodos normalizados de cálculo

Os métodos normalizados de cálculo das necessidades nominais de aqueci-mento (*Nic*), de arrefecimento (*Nvc*), de preparação de águas quentes sanitárias (*Nac*) e dos parâmetros de qualidade térmica referidos nos artigos 9.º e 10.º são fixados e actualizados periodicamente em função dos progressos técnicos e das normas nacionais e comunitárias aplicáveis, por portaria conjunta dos ministros responsáveis pelas áreas da economia, das obras públicas, do ambiente, do ordenamento do território e habitação, sendo aplicados os métodos descritos nos anexos IV, V, VI e VII do presente Regulamento, que dele fazem integrante, até à primeira publicação desta portaria.

CAPÍTULO IV
Licenciamento

Artigo 12.º
Licenciamento ou autorização

1 – Os procedimentos de licenciamento ou de autorização de operações urbanísticas de edificação devem assegurar a demonstração do cumprimento do presente Regulamento.

2 – O procedimento de licenciamento ou de autorização de edificação deve incluir:

a) Uma ficha de sumário de demonstração da conformidade regulamentar do edifício face ao RCCTE, conforme o modelo da ficha n.º 1 no anexo VIII do presente Regulamento e que dele faz parte integrante;

b) Um levantamento dimensional para cada fracção autónoma, segundo o modelo da ficha n.º 2 do anexo VIII do presente Regulamento, que dele faz parte integrante, que inclui uma descrição sumária das soluções construtivas utilizadas;

c) O cálculo dos valores das necessidades nominais de energia do edifício, *Nic, Nvc, Nac* e *Ntc*;

d) Uma ficha de comprovação de satisfação dos requisitos mínimos deste Regulamento, nos termos do artigo 9.º, conforme o modelo da ficha n.º 3 do anexo VIII do presente Regulamento, que dele faz parte integrante, e pormeno-res construtivos definidores de todas as situações de ponte térmica, nomeada-mente:

i) Ligação da fachada com os pavimentos térreos;

ii) Ligação da fachada com pavimentos locais «não úteis» ou exteriores;

iii) Ligação da fachada com pavimentos intermédios;

iv) Ligação da fachada com cobertura inclinada ou terraço;

v) Ligação da fachada com varanda;

vi) Ligação entre duas paredes verticais;

vii) Ligação da fachada com caixa de estore;

viii) Ligação da fachada com padieira, ombreira ou peitoril;

e) Termo de responsabilidade do técnico responsável pelo projecto declarando a satisfação dos requisitos deste Regulamento, nos termos do disposto no artigo 13.º;

f) Declaração de conformidade regulamentar subscrita por perito qualificado, no âmbito do SCE.

3 – O requerimento de licença ou autorização de utilização deve incluir o certificado emitido por perito qualificado, no âmbito do SCE.

4 – O disposto nos n.ºs 2 e 3 é aplicável, com as devidas adaptações, às operações urbanísticas de edificação promovidas pela Administração Pública e concessionárias de obras ou serviços públicos, isentas de licenciamento ou autorização.

ARTIGO 13.º
Responsabilidade pelo projecto e pela execução

A responsabilidade pela demonstração do cumprimento das exigências decorrentes do presente Regulamento tem de ser assumida por um arquitecto, reconhecido pela Ordem dos Arquitectos, ou por um engenheiro, reconhecido pela Ordem dos Engenheiros, ou por um engenheiro técnico, reconhecido pela Associação Nacional dos Engenheiros Técnicos, com qualificações para o efeito.

CAPÍTULO V
Disposições finais e transitórias

ARTIGO 14.º
Condições interiores de referência

Até à publicação da portaria referida no n.º 4 do artigo 4.º, as condições interiores de referência são as seguintes:

a) As condições ambientes de conforto de referência são uma temperatura do ar de 20ºC para a estação de aquecimento e uma temperatura do ar de 25ºC e 50% de humidade relativa para a estação de arrefecimento;

b) A taxa de referência para a renovação do ar, para garantia da qualidade do ar interior, é de 0,6 renovações por hora, devendo as soluções construtivas adoptadas para o edifício ou fracção autónoma, dotados ou não de sistemas mecânicos de ventilação, garantir a satisfação desse valor sob condições médias de funcionamento;

c) O consumo de referência de água quente sanitária para utilização em edifícios de habitação é de 40 l de água quente a 60°C por pessoa e por dia.

Artigo 15.º
Valores limites das necessidades nominais de energia útil para aquecimento, para arrefecimento e para preparação de águas quentes sanitárias.

1 – Até à publicação da portaria referida no n.º 1 do artigo 5.º, os valores limites das necessidades nominais de energia útil para aquecimento (*Ni*) de uma fracção autónoma, em kWh/m2 . ano, dependem dos valores do factor de forma (*FF*) da fracção autónoma e dos graus-dias (*GD*) do clima local, e são os seguintes:

a) Para $FF \leq 0,5$, $Ni = 4,5 + 0,0395\ GD$;
b) Para $0,5 < FF \leq 1$, $Ni = 4,5 + (0,021 + 0,037\ FF)\ GD$;
c) Para $1 < FF \leq 1,5$, $Ni = [4,5 + (0,021 + 0,037\ FF)\ GD]\ (1,2 - 0,2\ FF)$;
d) Para $FF > 1,5$, $Ni = 4,05 + 0,068\ 85\ GD$.

em que FF é calculado como indicado no anexo II do presente Regulamento e que dele faz parte integrante e os valores dos *GD* constam do anexo III do presente Regulamento e que dele faz parte integrante.

2 – Até à publicação da portaria referida no n.º 1 do artigo 6.º, os valores limites das necessidades nominais de energia útil para arrefecimento (*Nv*) de uma fracção autónoma dependem da zona climática do local, e são os seguintes:

a) Zona V_1 (norte), $Nv = 16\ kWh/m^2$. ano;
b) Zona V_1 (sul), $Nv = 22\ kWh/m^2$. ano;
c) Zona V_2 (norte), $Nv = 18\ kWh/m^2$. ano;
d) Zona V_2 (sul), $Nv = 32\ kWh/m^2$. ano;
e) Zona V_3 (norte), $Nv = 26\ kWh/m^2$. ano;
f) Zona V_3 (sul), $Nv = 32\ kWh/m^2$. ano;
g) Açores, $Nv = 21\ kWh/m^2$. ano;
h) Madeira, $Nv = 23\ kWh/m^2$. ano.

3 – Até à publicação da portaria referida no n.º 1 do artigo 7.º, o limite máximo para os valores das necessidades de energia para preparação das águas quentes sanitárias (*Na*) é o definido pela equação seguinte:

$$Na = 0,081\ .\ M_{AQS}\ .\ nd/Ap\ (kWh/m^2.\ ano)$$

em que as variáveis correspondem às definições indicadas no anexo VI do presente Regulamento e que dele faz parte integrante.

4 – Até à publicação da portaria referida no n.º 1 do artigo 8.º, uma fracção autónoma é caracterizada pelo indicador necessidades globais anuais nominais específicas de energia primária (*Ntc*), definido pela expressão abaixo indicada, em que os factores de ponderação das necessidades de aquecimento, de arrefecimento e de preparação de AQS têm em conta os padrões habituais de utilização dos respectivos sistemas relativamente aos padrões admitidos no cálculo de Nic e de Nvc, na base dos dados estatísticos mais recentes:

$$Ntc = 0{,}1 \ (Nic/\eta i) \ F_{pui} + 0{,}1 \ (Nvc/\eta v) \ F_{puv} + Nac \ F_{pua} \ (\text{kgep/m}^2. \ \text{ano})$$

5 – Cada fracção autónoma não pode ter um valor de *Ntc* superior ao valor de *Nt*, calculado com base nos valores de *Ni, Nv* e de *Na* especificados nos n.ᵒˢ 1 a 3 e em fontes de energia convencionadas, definido pela equação seguinte:

$$Nt = 0{,}9(0{,}01 \ Ni + 0{,}01 \ Nv + 0{,}15 \ Na) \ (\text{kgep/m}^2. \ \text{ano})$$

6 – Quando um edifício não tiver previsto, especificamente, um sistema de aquecimento ou de arrefecimento ambiente ou de aquecimento de água quente sanitária, considera-se, para efeitos do cálculo de *Ntc* pela fórmula definida no n.º 4, que o sistema de aquecimento é obtido por resistência eléctrica, que o sistema de arrefecimento é uma máquina frigorífica com eficiência (COP) de 3, e que o sistema de produção de AQS é um termoacumulador eléctrico com 50 mm de isolamento térmico em edifícios sem alimentação de gás, ou um esquentador a gás natural ou GPL quando estiver previsto o respectivo abastecimento.

Artigo 16.º

Valores dos requisitos mínimos e de referência das propriedades térmicas da envolvente

1 – Até à publicação da portaria referida no artigo 9.º, os requisitos mínimos de qualidade térmica nele referidos são os definidos nos n.ᵒˢ 1 a 3 do anexo IX do presente Regulamento e que dele faz parte integrante.

2 – Sempre que o valor do parâmetro τ, definido no anexo IV do presente Regulamento, que dele faz parte integrante, for superior a 0,7, ao elemento que separa o espaço interior útil do espaço «não útil» aplicam-se os requisitos mínimos definidos para a envolvente exterior.

3 – Até à publicação da portaria referida no n.º 1 do artigo 10.º, os requisitos mínimos de referência que dispensam a verificação detalhada deste Regulamento nas habitações unifamiliares com uma área útil inferior a A_{mv} são os definidos no n.º 4 do anexo IX do presente Regulamento e que dele faz parte integrante.

Artigo 17.º

Valores limites para aplicação do Regulamento

1 – Até à publicação da portaria referida no n.º 6 do artigo 2.º e até 31 de Dezembro de 2006, o valor de referência C_{ref} do custo de construção referido no n.º 6 do artigo 2.º é de € 630 por metro quadrado.

2 – Até à publicação da portaria referida nos n.os 1 dos artigos 5.º e 6.º, o valor de A_{mv} é de 50 m2.

3 – Até à publicação da portaria referida no n.º 1 do artigo 7.º, ficam isentos da demonstração do cumprimento do valor limite de Na as habitações unifamiliares com menos de 50 m2 desde que satisfaçam os requisitos mínimos impostos no n.º 1 do artigo 10.º

Artigo 18.º

Conversão de energia útil para energia primária

1 – Até à publicação do despacho referido no n.º 2 do artigo 8.º e pelo menos até 31 de Dezembro de 2006, utilizam-se os factores de conversão F_{pu} entre energia útil e energia primária a seguir indicados:

a) Electricidade: F_{pu} = 0,290 kgep/kWh;

b) Combustíveis sólidos, líquidos e gasosos: F_{pu} = 0,086 kgep/kWh.

2 – Os valores indicados no número anterior devem ser afectados pela eficiência nominal dos equipamentos utilizados para os sistemas de aquecimento e de arrefecimento, gi e gv, respectivamente, sob condições nominais de funcionamento, e, na falta de dados mais precisos, podem ser adoptados os seguintes valores de referência:

a) Resistência eléctrica – 1;

b) Caldeira a combustível gasoso – 0,87;

c) Caldeira a combustível líquido – 0,8;

d) Caldeira a combustível sólido – 0,6;

e) Bomba de calor (aquecimento) – 4;

f) Bomba de calor (arrefecimento) – 3;

g) Máquina frigorífica (ciclo de compressão) – 3;

h) Máquina frigorífica (ciclo de absorção) – 0,8.

ANEXO I

Espaços com requisitos de conforto térmico

1 – Para efeitos do disposto no n.º 6 do artigo 2.º, consideram-se todos os espaços úteis interiores dos edifícios sujeitos à aplicação nominal das condições de referência indicadas no n.º 4 do artigo 4.º

2 – Os espaços a seguir indicados, aos quais não se aplicam as condições de referência indicadas no n.º 4 do artigo 4.º, consideram-se espaços «não úteis» e não podem ser incluídos no cálculo dos valores de *Nic, Nvc* e *Ntc*:

a) Sótãos e caves não habitadas, acessíveis ou não;

b) Circulações (interiores ou exteriores) comuns às várias fracções autónomas de um edifício;

c) Varandas e marquisas fechadas, estufas ou solários adjacentes aos espaços úteis;

d) Garagens, armazéns, arrecadações e similares.

3 – Em casos excepcionais devidamente justificados, podem ser aplicadas as condições de referência indicadas no n.º 4 do artigo 4.º a alguns espaços incluídos na listagem do número anterior, devendo então ser considerados espaços úteis para efeitos de aplicação deste Regulamento e, portanto, incluídos no cálculo dos valores de *Nic, Nvc* e de *Ntc*.

ANEXO II

Definições

a) «Águas quentes sanitárias (AQS)» é a água potável a temperatura superior a 35ºC utilizada para banhos, limpezas, cozinha e outros fins específicos, preparada em dispositivo próprio, com recurso a formas de energia convencionais ou renováveis.

b) «Amplitude térmica diária (Verão)» é o valor médio das diferenças registadas entre as temperaturas máxima e mínima diárias no mês mais quente.

c) «Área de cobertura» é a área, medida pelo interior, dos elementos opacos da envolvente horizontais ou com inclinação inferior a 60º que separam superiormente o espaço útil do exterior ou de espaços não úteis adjacentes.

d) «Área de paredes» é a área, medida pelo interior, dos elementos opacos da envolvente verticais ou com inclinação superior a 60º que separam o espaço útil do exterior, de outros edifícios, ou de espaços não úteis adjacentes.

e) «Área de pavimento» é a área, medida pelo interior, dos elementos da envolvente que separam inferiormente o espaço útil do exterior ou de espaços não úteis adjacentes.

f) «Área de vãos envidraçados» é a área, medida pelo interior, das zonas não opacas da envolvente de um edifício (ou fracção autónoma), incluindo os respectivos caixilhos.

g) «Área útil de pavimento» é a soma das áreas, medidas em planta pelo perímetro interior das paredes, de todos os compartimentos de uma fracção autónoma de um edifício, incluindo vestíbulos, circulações internas, instalações sanitárias, arrumos interiores e outros compartimentos de função similar e armários nas paredes.

h) «Coeficiente de transmissão térmica de um elemento da envolvente» é a quantidade de calor por unidade de tempo que atravessa uma superfície de área unitária desse elemento da envolvente por unidade de diferença de temperatura entre os ambientes que ele separa;

i) «Coeficiente de transmissão térmica médio dia-noite de um vão envidraçado» é a média dos coeficientes de transmissão térmica de um vão envidraçado com a protecção aberta (posição típica durante o dia) e fechada (posição típica durante a noite) e que se toma como o valor de base para o cálculo das perdas térmicas pelos vãos envidraçados de uma fracção autónoma de um edifício em que haja ocupação nocturna importante, por exemplo, habitações, estabelecimentos hoteleiros e similares, zonas de internamento de hospitais, etc.

j) «Condutibilidade térmica» é uma propriedade térmica típica de um material homogéneo que é igual à quantidade de calor por unidade de tempo que atravessa uma camada de espessura e de área unitárias desse material por unidade de diferença de temperatura entre as suas duas faces.

l) «COP (*coefficient of performance*)» é a denominação em língua inglesa correntemente adoptada para designar a eficiência nominal de uma bomba de calor.

m) «Corpo de um edifício» é a parte de um edifício que tem uma identidade própria significativa, e que comunica com o resto do edifício através de ligações restritas.

n) «Eficiência nominal (de um equipamento)» é a razão entre a energia fornecida pelo equipamento para o fim em vista (energia útil) e a energia por ele consumida (energia final) e expressa em geral em percentagem, sob condições nominais de projecto.

o) «Energia final» é a energia disponibilizada aos utilizadores sob diferentes formas (electricidade, gás natural, propano ou butano, biomassa, etc.) e expressa em unidades com significado comercial (kWh, m3, kg, ...).

p) «Energia primária» é o recurso energético que se encontra disponível na natureza (petróleo, gás natural, energia hídrica, energia eólica, biomassa, solar). Exprime-se, normalmente, em termos da massa equivalente de petróleo (quilograma equivalente de petróleo – kgep – ou tonelada equivalente de petróleo – tep). Há formas de energia primária (gás natural, lenha, Sol) que também podem ser disponibilizadas directamente aos utilizadores, coincidindo nesses casos com a energia final.

q) «Energia renovável» é a energia proveniente do Sol, utilizada sob a forma de luz, de energia térmica ou de electricidade fotovoltaica, da biomassa, do vento, da geotermia ou das ondas e marés.

r) «Energia útil, de aquecimento ou de arrefecimento» é a energia-calor fornecida ou retirada de um espaço interior. É, portanto, independente da forma de energia final (electricidade, gás, Sol, lenha, etc.).

s) «Envolvente exterior» é o conjunto dos elementos do edifício ou da fracção autónoma que estabelecem a fronteira entre o espaço interior e o ambiente exterior.

t) «Envolvente interior» é a fronteira que separa a fracção autónoma de ambientes normalmente não climatizados (espaços anexos «não úteis»), tais como garagens ou armazéns, bem como de outras fracções autónomas adjacentes em edifícios vizinhos.

u) «Espaço fortemente ventilado» é um local que dispõe de aberturas que permitem a renovação do ar com uma taxa média de pelo menos 6 renovações por hora.

v) «Espaço fracamente ventilado» é um local que dispõe de aberturas que permitem uma renovação do ar com uma taxa média entre 0,5 e 6 renovações por hora.

x) «Espaço não ventilado» é um local que não dispõe de aberturas permanentes e em que a renovação do ar tem uma taxa média inferior a 0,5 renovações por hora.

z) «Espaço não útil» é o conjunto dos locais fechados, fortemente ventilados ou não, que não se encontram englobados na definição de área útil de pavimento e que não se destinam à ocupação humana em termos permanentes e, portanto, em regra, não são climatizados. Incluem-se aqui armazéns, garagens, sótãos e caves não habitados, circulações comuns a outras fracções autónomas do mesmo edifício, etc. Consideram-se ainda como espaços não úteis as lojas não climatizadas com porta aberta ao público.

aa) «Espaço útil» é o espaço correspondente à área útil de pavimento.

bb) «Estação convencional de aquecimento» é o período do ano com início no primeiro decendio posterior a 1 de Outubro em que, para cada localidade, a temperatura média diária é inferior a 15ºC e com termo no último decendio anterior a 31 de Maio em que a referida temperatura ainda é inferior a 15ºC.

cc) «Estação convencional de arrefecimento» é o conjunto dos quatro meses de Verão (Junho, Julho, Agosto e Setembro) em que é maior a probabilidade de ocorrência de temperaturas exteriores elevadas que possam exigir arrefecimento ambiente em edifícios com pequenas cargas internas.

dd) «Factor de forma» é o quociente entre o somatório das áreas da envolvente exterior (A_{ext}) e interior (A_{int}) do edifício ou fracção autónoma com exigências térmicas e o respectivo volume interior (V) correspondente, conforme a fórmula seguinte:

$$FF = [A_{ext} + \Sigma \, (\tau \, A_{int})_i]/V$$

em que τ é definido no anexo IV.

ee) «Factor de utilização dos ganhos térmicos» é a fracção dos ganhos solares captados e dos ganhos internos que contribuem de forma útil para o aquecimento ambiente durante a estação de aquecimento.

ff) «Factor solar de um vão envidraçado» é o quociente entre a energia solar transmitida para o interior através de um vão envidraçado com o respectivo dispositivo de protecção e a energia da radiação solar que nele incide.

gg) «Factor solar de um vidro» é o quociente entre a energia solar transmitida através do vidro para o interior e a energia solar nele incidente.

hh) «Graus-dias de aquecimento (base 20ºC)» é um número que caracteriza a severidade de um clima durante a estação de aquecimento e que é igual ao somatório das diferenças positivas registadas entre uma dada temperatura de base (20ºC) e a temperatura do ar exterior durante a estação de aquecimento. As diferenças são calculadas com base nos valores horários da temperatura do ar (termómetro seco).

ii) «Isolante térmico» é o material de condutibilidade térmica inferior a 0,065 W/m.ºC, ou cuja resistência térmica é superior a 0,30 m2.ºC/W.

jj) «Marquises» são as varandas adjacentes a cozinhas ou outros espaços equivalentes que dispõem de vãos envidraçados exteriores. As marquises não são consideradas espaços úteis no âmbito da aplicação deste Regulamento.

ll) «Mix energético» é a distribuição percentual das fontes de energia primária na produção da energia eléctrica da rede nacional. Este valor é variável anualmente, nomeadamente, em função da hidraulicidade.

mm) «Necessidades nominais de energia útil de aquecimento (Ni_c)» é o parâmetro que exprime a quantidade de energia útil necessária para manter em permanência um edifício ou uma fracção autónoma a uma temperatura interior de referência durante a estação de aquecimento.

nn) «Necessidades nominais de energia útil de arrefecimento (Nv_c)» é o parâmetro que exprime a quantidade de energia útil necessária para manter em permanência um edifício ou uma fracção autónoma a uma temperatura interior de referência durante a estação de arrefecimento.

oo) «Necessidades nominais de energia útil para produção de águas quentes sanitárias (Na_c)» é o parâmetro que exprime a quantidade de energia útil necessária para aquecer o consumo médio anual de referência de águas quentes sanitárias a uma temperatura de 60ºC.

pp) «Necessidades nominais globais de energia primária (*Ntc*)» é o parâmetro que exprime a quantidade de energia primária correspondente à soma ponderada das necessidades nominais de aquecimento (*Nic*), de arrefecimento (Nvc) e de preparação de águas quentes sanitárias (*Nac*), tendo em consideração os sistemas adoptados ou, na ausência da sua definição, sistemas convencionais de referência, e os padrões correntes de utilização desses sistemas.

qq) «Pé-direito» é a altura média, medida pelo interior, entre o pavimento e o tecto de uma fracção autónoma de um edifício.

rr) «Pequenos edifícios» são todos os edifícios de serviços com área útil inferior ao limite que os define como grandes edifícios no RSECE, aprovado pelo Decreto-Lei n.º 79/2006, de 4 de Abril;

ss) «Perímetro enterrado» é o comprimento linear, medido em planta, do contorno exterior de um pavimento ou de uma parede em contacto com o solo.

tt) «Ponte térmica plana» é a heterogeneidade inserida em zona corrente da envolvente, como pode ser o caso de certos pilares e talões de viga.

uu) «Resistência térmica de um elemento de construção» é o inverso da quantidade de calor por unidade de tempo e por unidade de área que atravessa o elemento de construção por unidade de diferença de temperatura entre as suas duas faces.

vv) «Resistência térmica total» é o inverso do coeficiente de transmissão térmica.

xx) «Sistema de climatização centralizado» é o sistema em que o equipamento necessário para a produção de frio ou de calor (e para a filtragem, a humidificação e a desumidificação, caso existam) se situa concentrado numa instalação e num local distinto dos espaços a climatizar, sendo o frio ou calor (e humidade), no todo ou em parte, transportado por um fluido térmico aos diferentes locais a climatizar.

zz) «Sistema de ventilação mecânica» é a instalação que permite a renovação do ar interior por ar novo atmosférico exterior recorrendo a ventiladores movidos a energia eléctrica.

aaa) «Solários (estufas, jardins de Inverno)» são os espaços fechados adjacentes a espaços úteis de uma fracção autónoma, dispondo de uma área envidraçada em contacto com o ambiente exterior e habitualmente destinados à captação de ganhos solares. Os solários (estufas, jardins de Inverno) não são considerados espaços úteis no âmbito da aplicação deste Regulamento.

bbb) «Taxa de renovação do ar» é o caudal horário de entrada de ar novo num edifício ou fracção autónoma para renovação do ar interior, expresso em múltiplos do volume interior útil do edifício ou da fracção autónoma.

ccc) «Temperaturas exteriores de projecto» é a temperatura exterior que não é ultrapassada inferiormente, em média, durante mais do que 2,5% do período correspondente à estação de aquecimento, ou excedida, em média, durante mais do que 2,5% do período correspondente à estação de arrefecimento, sendo portanto as temperaturas convencionadas para o dimensionamento corrente de sistemas de climatização.

ddd) «Volume útil interior» é o volume do espaço fechado definido pelo produto da área útil de pavimento pelo pé-direito útil.

ANEXO III

Zonamento climático

1 – Zonamento climático e dados climáticos de referência:

1.1 – Zonas climáticas. – O País é dividido em três zonas climáticas de Inverno (I_1, I_2 e I_3) e em três zonas climáticas de Verão (V_1, V_2 e V_3). A delimitação destas zonas é a indicada nos subcapítulos seguintes.

As zonas de Verão estão divididas em região Norte e região Sul. A região Sul abrange toda a área a sul do rio Tejo e ainda os seguintes concelhos dos distritos de Lisboa e Santarém: Lisboa, Oeiras, Cascais, Amadora, Loures, Odivelas, Vila Franca de Xira, Azambuja, Cartaxo e Santarém.

1.2 – Zonas climáticas e dados climáticos de referência do continente. – No quadro III.1 indica-se o zonamento climático discriminado por concelhos e nas figuras III.1 e III.2 apresenta-se a correspondente representação gráfica. Nesse quadro constam, ainda, os seguintes dados climáticos de referência de Inverno e de Verão:

Número de graus-dias de aquecimento (na base de 20ºC) correspondente à estação convencional de aquecimento;

Duração da estação de aquecimento;

Temperatura exterior de projecto de Verão;

Amplitude térmica média diária do mês mais quente.

Nos quadros III.2 e III.3 indicam-se as alterações, em função da altitude dos locais, a introduzir relativamente ao zonamento e aos dados climáticos de referência indicados no quadro III.1.

Nos concelhos de Pombal, Leiria e Alcobaça, os locais situados numa faixa litoral com 10 km de largura são incluídos na zona climática de Inverno I1 e adoptam-se os seguintes dados climáticos de referência:

Número de graus-dias (base de 20ºC): 1500ºC.dias;

Duração da estação de aquecimento: seis meses.

QUADRO III.1

Distribuição dos concelhos de Portugal continental segundo as zonas climáticas e correspondentes dados climáticos de referência

Concelho	Zona climática de Inverno	Número de graus-dias (GD) (°C.dias)	Duração da estação de aquecimento (meses)	Zona climática de Verão	Temperatura externa do projecto (°C)	Amplitude térmica (°C)
Abrantes	I_2	1 630	6	V_3	36	17
Águeda	I_1	1 490	6,7	V_1	31	12
Aguiar da Beira	I_3	2 430	7,3	V_2	32	13
Alandroal	I_1	1 320	6	V_3	36	17
Albergaria-a-Velha	I_1	1 470	6,3	V_1	30	11
Albufeira	I_1	1 130	5,3	V_2	33	14
Alcácer do Sal	I_1	1 240	5,3	V_3	35	16
Alcanena	I_2	1 680	6	V_2	33	14
Alcobaça	I_2	1 640	6,3	V_1	29	10
Alcochete	I_1	1 150	5,3	V_3	34	13
Alcoutim	I_1	1 270	5	V_3	34	14
Alenquer	I_1	1 410	5,7	V_2	33	12
Alfandega da Fé	I_3	2 340	7,7	V_3	33	15
Alijó	I_3	2 500	7	V_3	34	16
Aljezur	I_1	1 120	5,3	V_1	30	10
Aljustrel	I_1	1 260	5,7	V_3	35	17
Almada	I_1	1 160	5,3	V_1	31	10
Almeida	I_3	2 540	7,7	V_2	33	16
Almeirim	I_1	1 340	5,7	V_3	35	15
Almodôvar	I_1	1 390	5,7	V_3	35	16
Alpiarça	I_1	1 360	5,7	V_3	35	15
Alter do Chão	I_1	1 340	6	V_3	36	16
Alvaiázere	I_2	1 810	6	V_3	34	14
Alvito	I_1	1 220	5,3	V_3	36	18
Amadora	I_1	1 340	5,7	V_1	31	10
Amarante	I_2	2 040	6,7	V_2	33	13
Amares	I_2	1 690	7	V_2	32	14
Anadia	I_1	1 460	6,3	V_2	32	12
Ansião	I_2	1 780	6	V_2	33	14
Arcos de Valdevez	I_3	2 250	6,7	V_2	32	14
Arganil	I_2	2 050	7	V_2	33	14
Armamar	I_3	2 370	6,3	V_3	35	15
Arouca	I_2	2 050	7	V_1	31	12
Arraiolos	I_1	1 380	5,7	V_3	35	17
Arronches	I_1	1 460	6,3	V_3	35	16
Arruda dos Vinhos	I_1	1 480	5,3	V_2	33	11
Aveiro	I_1	1 390	6	V_1	29	9
Avis	I_1	1 230	5,7	V_3	36	17
Azambuja	I_1	1 360	5,7	V_3	34	13
Baião	I_3	2 150	6,7	V_3	34	13
Barcelos	I_2	1 660	6,7	V_1	31	12
Barrancos	I_1	1 250	5,7	V_3	37	17
Barreiro	I_1	1 150	5,3	V_2	33	11
Batalha	I_2	1 890	6	V_1	31	13
Beja	I_1	1 290	5,7	V_3	36	17
Belmonte	I_2	1 970	7,7	V_2	32	13
Benavente	I_1	1 180	5,3	V_3	34	14
Bombarral	I_1	1 380	5,7	V_1	29	10
Borba	I_1	1 500	6	V_3	36	16
Boticas	I_3	2 600	7,7	V_1	31	14
Braga	I_2	1 800	7	V_2	32	13
Bragança	I_3	2 850	8	V_2	33	15
Cabeceiras de Basto	I_3	2 180	7,3	V_2	32	13
Cadaval	I_2	1 530	5,7	V_1	31	11
Caldas da Rainha	I_1	1 500	6	V_1	30	10
Caminha	I_2	1 930	6,3	V_2	32	12
Campo Maior	I_1	1 330	6,3	V_3	36	17
Cantanhede	I_1	1 470	6,3	V_1	31	11
Carrazeda de Ansiães	I_3	2 500	7,7	V_2	32	16
Carregal do Sal	I_2	1 550	7,3	V_2	32	14
Cartaxo	I_1	1 250	5,3	V_3	35	14
Cascais	I_1	1 230	6	V_1	29	8
Castanheira de Pêra	I_3	2 310	6,3	V_3	34	14
Castelo Branco	I_2	1 650	6,7	V_3	35	15
Castelo de Paiva	I_2	1 680	7	V_1	31	13
Castelo de Vide	I_2	1 620	6,7	V_3	35	14
Castro Daire	I_3	2 410	7	V_2	33	14

Concelho	Zona climática de Inverno	Número de graus-dias (GD) (°C.dias)	Duração da estação de aquecimento (meses)	Zona climática de Verão	Temperatura externa do projecto (°C)	Amplitude térmica (°C)
Castro Marim	I_1	1 100	4,7	V_3	34	13
Castro Verde	I_1	1 230	5,7	V_3	36	17
Celorico da Beira	I_3	2 240	7,7	V_1	30	12
Celorico de Basto	I_2	1 950	7	V_2	33	13
Chamusca	I_2	1 550	6	V_3	35	16
Chaves	I_3	2 560	7,3	V_2	33	17
Cinfães	I_3	2 350	7	V_2	33	13
Coimbra	I_1	1 460	6	V_2	33	13
Condeixa-a-Nova	I_2	1 560	6	V_2	32	13
Constância	I_2	1 590	6	V_3	36	16
Coruche	I_1	1 350	5,7	V_3	35	16
Covilhã	I_3	2 250	7,3	V_2	32	13
Crato	I_1	1 460	6,3	V_3	35	15
Cuba	I_1	1 320	5,7	V_3	36	18
Elvas	I_1	1 410	6	V_3	36	17
Entroncamento	I_1	1 470	6	V_3	35	15
Espinho	I_2	1 530	6,7	V_1	29	9
Esposende	I_2	1 610	6,7	V_1	31	10
Estarreja	I_1	1 420	6,3	V_1	29	10
Estremoz	I_1	1 460	6	V_3	36	16
Évora	I_1	1 390	5,7	V_3	35	17
Fafe	I_2	2 090	7	V_2	32	13
Faro	I_1	1 060	4,3	V_2	32	12
Feira	I_2	1 710	6,7	V_1	30	11
Felgueiras	I_2	1 870	7	V_2	33	13
Ferreira do Alentejo	I_1	1 220	5,7	V_3	36	17
Ferreira do Zêzere	I_2	1 780	6	V_3	34	15
Figueira da Foz	I_1	1 450	6,3	V_1	30	10
Figueira de Castelo Rodrigo	I_3	2 450	8	V_2	33	16
Figueiró dos Vinhos	I_2	2 010	6	V_3	34	14
Fornos de Algodres	I_2	2 060	7,7	V_1	31	13
Freixo de Espada à Cinta	I_3	2 370	8	V_2	33	15
Fronteira	I_1	1 320	6	V_3	36	15
Fundão	I_2	1 990	7	V_3	34	14
Gavião	I_2	1 570	6	V_3	36	17
Góis	I_3	2 190	6,7	V_2	33	15
Golegã	I_1	1 380	6	V_3	35	15
Gondomar	I_2	1 620	7	V_1	30	11
Gouveia	I_3	2 440	8	V_1	30	12
Grândola	I_1	1 320	5,3	V_2	33	14
Guarda	I_3	2 500	8	V_1	31	13
Guimarães	I_2	1 770	7	V_2	32	14
Idanha-a-Nova	I_2	1 520	6,7	V_3	36	18
Ílhavo	I_1	1 440	6,3	V_1	28	9
Lagoa	I_1	980	5	V_2	32	12
Lagos	I_1	970	5	V_1	30	10
Lamego	I_3	2 360	6,3	V_3	35	15
Leiria	I_2	1 610	6	V_1	31	12
Lisboa	I_1	1 190	5,3	V_2	32	11
Loulé	I_1	1 330	5	V_2	33	14
Loures	I_1	1 330	5,7	V_2	32	11
Lourinhã	I_1	1 310	5,7	V_1	28	8
Lousã	I_2	1 890	6,3	V_2	33	14
Lousada	I_2	1 810	7	V_2	32	13
Mação	I_2	1 810	6,3	V_3	35	17
Macedo de Cavaleiros	I_3	2 590	7,7	V_2	33	15
Mafra	I_1	1 410	6	V_1	30	9
Maia	I_2	1 670	7	V_1	30	10
Mangualde	I_2	1 970	7,7	V_2	32	14
Manteigas	I_3	3 000	8	V_1	30	12
Marco de Canaveses	I_2	1 770	7	V_2	33	13
Marinha Grande	I_1	1 500	6,3	V_1	28	9
Marvão	I_2	1 820	6,7	V_3	34	15
Matosinhos	I_2	1 580	6,7	V_1	29	9
Mealhada	I_1	1 470	6	V_2	32	13
Meda	I_3	2 360	7,7	V_2	33	14
Melgaço	I_3	2 770	7,7	V_1	30	14
Mértola	I_1	1 230	5,7	V_3	36	16
Mesão Frio	I_2	1 810	6,3	V_3	35	14
Mira	I_1	1 500	7	V_1	29	10
Miranda do Corvo	I_2	1 780	6	V_2	33	14

Concelho	Zona climática de Inverno	Número de graus-dias (GD) (°C.dias)	Duração da estação de aquecimento (meses)	Zona climática de Verão	Temperatura externa do projecto (°C)	Amplitude térmica (°C)
Miranda do Douro	I_3	2 690	8	V_2	33	15
Mirandela	I_3	2 270	7,3	V_3	34	16
Mogadouro	I_3	2 560	8	V_2	32	14
Moimenta da Beira	I_3	2 620	6,7	V_3	34	15
Moita	I_1	1 130	5,3	V_2	33	12
Monção	I_2	2 000	6,7	V_2	32	14
Monchique	I_1	1 340	5,7	V_1	31	11
Mondim de Basto	I_3	2 450	7	V_2	33	13
Monforte	I_1	1 430	6,3	V_3	35	15
Montalegre	I_3	2 820	7,7	V_1	30	13
Montemor-o-Novo	I_1	1 410	5,3	V_3	35	17
Montemor-o-Velho	I_1	1 410	6,3	V_1	31	12
Montijo	I_1	1 260	5,3	V_3	34	15
Mora	I_1	1 270	5,7	V_3	36	17
Mortágua	I_1	1 460	6,7	V_2	32	12
Moura	I_1	1 310	5,7	V_3	37	18
Mourão	I_1	1 290	5,7	V_3	37	18
Murça	I_3	2 550	7,3	V_2	33	17
Murtosa	I_1	1 400	6,3	V_1	28	8
Nazaré	I_1	1 480	6,3	V_1	28	9
Nelas	I_2	1 770	7,3	V_2	33	15
Nisa	I_2	1 520	6,3	V_3	35	15
Óbidos	I_1	1 370	5,7	V_1	28	8
Odemira	I_1	1 240	5,7	V_1	31	13
Odivelas	I_1	1 320	5,7	V_2	32	11
Oeiras	I_1	1 230	6	V_1	30	10
Oleiros	I_3	2 240	6,7	V_3	34	15
Olhão	I_1	1 010	4,3	V_2	32	12
Oliveira de Azeméis	I_2	1 730	6,7	V_1	30	11
Oliveira de Frades	I_2	1 830	7,3	V_1	31	12
Oliveira do Bairro	I_1	1 410	6,3	V_1	30	11
Oliveira do Hospital	I_2	1 890	7,3	V_2	33	15
Ourique	I_1	1 300	5,7	V_3	34	16
Ovar	I_1	1 480	6,3	V_1	29	9
Paços de Ferreira	I_2	1 990	7,3	V_2	32	13
Palmela	I_1	1 190	5,3	V_3	34	13
Pampilhosa da Serra	I_3	2 230	6,7	V_3	34	15
Paredes	I_2	1 740	7	V_1	31	13
Paredes de Coura	I_3	2 180	6,3	V_2	33	13
Pedrógão Grande	I_2	1 910	6,3	V_3	34	15
Penacova	I_2	1 510	6,3	V_2	33	13
Penafiel	I_2	1 750	7	V_2	32	13
Penalva do Castelo	I_2	2 090	7,7	V_1	31	14
Penamacor	I_2	1 970	7	V_2	34	16
Penedono	I_3	2 780	7,3	V_2	33	14
Penela	I_2	1 920	6	V_2	33	14
Peniche	I_1	1 260	5,7	V_1	26	6
Peso da Régua	I_2	2 040	6,3	V_3	35	15
Pinhel	I_3	2 390	7,7	V_2	32	15
Pombal	I_2	1 580	6	V_2	32	12
Ponte da Barca	I_3	2 230	7	V_2	32	14
Ponte de Lima	I_2	1 790	6,3	V_2	32	13
Ponte de Sor	I_1	1 440	6	V_3	36	17
Portalegre	I_2	1 740	6,7	V_3	34	14
Portel	I_1	1 400	5,7	V_3	36	17
Portimão	I_1	940	5,3	V_1	31	11
Porto	I_2	1 610	6,7	V_1	30	9
Porto de Mós	I_2	1 980	6	V_1	31	13
Póvoa de Varzim	I_2	1 570	6,7	V_1	30	10
Póvoa de Lanhoso	I_2	1 810	7	V_2	32	14
Proença-a-Nova	I_2	1 840	6,3	V_3	35	16
Redondo	I_1	1 400	6	V_3	36	17
Reguengos de Monsaraz	I_1	1 310	6	V_3	37	17
Resende	I_3	2 500	6,7	V_3	34	14
Ribeira de Pena	I_3	2 600	7,7	V_2	32	14
Rio Maior	I_2	1 570	6	V_2	33	13
Sabrosa	I_3	2 380	6,7	V_3	35	16
Sabugal	I_3	2 450	7,3	V_2	33	16
Salvaterra de Magos	I_1	1 250	5,3	V_3	35	15
Santa Comba Dão	I_1	1 420	7,3	V_2	32	13
Santa Marta de Penaguião	I_2	2 100	6,3	V_3	35	15

Concelho	Zona climática de Inverno	Número de graus-dias (GD) (°C.dias)	Duração da estação de aquecimento (meses)	Zona climática de Verão	Temperatura externa do projecto (°C)	Amplitude térmica (°C)
Santarém	I_1	1 440	5,7	V_3	34	14
Santiago do Cacém	I_1	1 320	5,7	V_2	32	14
Santo Tirso	I_2	1 830	7	V_2	32	13
São Brás de Alportel	I_1	1 460	5,3	V_2	33	13
São João da Madeira	I_2	1 670	6,7	V_1	30	11
São João da Pesqueira	I_3	2 310	7	V_3	34	15
São Pedro do Sul	I_2	2 000	7,3	V_2	32	13
Sardoal	I_2	1 830	6	V_2	36	17
Sátão	I_3	2 310	7,3	V_2	32	14
Seia	I_3	2 520	7,7	V_2	32	14
Seixal	I_1	1 130	5,3	V_2	32	11
Sernancelhe	I_3	2 600	7	V_2	33	14
Serpa	I_1	1 330	5,7	V_3	36	17
Sertã	I_2	1 980	6,3	V_3	34	16
Sesimbra	I_1	1 190	5,3	V_2	32	10
Setúbal	I_1	1 190	5,3	V_2	33	12
Sever do Vouga	I_2	1 730	7	V_1	30	12
Silves	I_1	1 180	5,7	V_2	33	14
Sines	I_1	1 150	5,3	V_1	28	10
Sintra	I_1	1 430	6	V_1	29	8
Sobral de Monte Agraço	I_1	1 500	5,7	V_2	32	11
Soure	I_1	1 490	6	V_2	32	13
Sousel	I_1	1 290	6	V_3	36	16
Tábua	I_2	1 620	7	V_2	33	14
Tabuaço	I_3	2 460	6,3	V_3	35	15
Tarouca	I_3	2 670	6,3	V_3	34	15
Tavira	I_1	1 290	4,7	V_2	33	13
Terras de Bouro	I_3	2 420	7	V_2	32	13
Tomar	I_2	1 650	6	V_3	35	15
Tondela	I_2	1 640	7,3	V_2	32	12
Torre de Moncorvo	I_3	2 330	8	V_2	33	15
Torres Novas	I_2	1 540	6	V_3	34	14
Torres Vedras	I_1	1 310	5,7	V_1	30	9
Trancoso	I_3	2 450	7,7	V_2	32	13
Trofa	I_2	1 670	7	V_1	30	11
Vagos	I_1	1 470	6,7	V_1	29	10
Vale de Cambra	I_2	2 100	7	V_1	31	12
Valença	I_2	1 820	6,3	V_2	33	13
Valongo	I_2	1 750	7	V_1	31	12
Valpaços	I_3	2 570	7,3	V_3	34	17
Vendas Novas	I_1	1 320	5,3	V_3	35	16
Viana do Alentejo	I_1	1 300	5,3	V_3	36	18
Viana do Castelo	I_2	1 760	6,3	V_1	31	11
Vidigueira	I_1	1 300	5,7	V_3	36	17
Vieira do Minho	I_3	2 240	7,3	V_2	32	13
Vila de Rei	I_2	1 880	6	V_3	35	16
Vila do Bispo	I_1	960	5	V_1	29	8
Vila do Conde	I_2	1 590	6,7	V_1	30	9
Vila Flor	I_3	2 330	7,7	V_2	33	16
Vila Franca de Xira	I_1	1 220	5,3	V_3	34	13
Vila Nova da Barquinha	I_2	1 560	6	V_3	35	15
Vila Nova de Cerveira	I_2	1 830	6,3	V_2	32	12
Vila Nova de Famalicão	I_2	1 690	7	V_1	31	12
Vila Nova de Foz Côa	I_3	2 210	7,7	V_2	33	15
Vila Nova de Gaia	I_2	1 640	6,7	V_1	30	10
Vila Nova de Ourém	I_2	1 750	6	V_2	33	14
Vila Nova de Paiva	I_3	2 590	7	V_2	33	15
Vila Nova de Poiares	I_2	1 580	6,3	V_2	33	13
Vila Pouca de Aguiar	I_3	2 860	7,7	V_2	33	15
Vila Real	I_3	2 660	7	V_2	33	15
Vila Real de Santo António	I_1	1 060	4,3	V_3	34	12
Vila Velha de Ródão	I_2	1 510	6,7	V_3	35	15
Vila Verde	I_2	1 770	6,7	V_2	32	13
Vila Viçosa	I_1	1 410	6	V_3	36	17
Vimioso	I_3	2 570	8	V_2	33	15
Vinhais	I_3	2 830	7,7	V_2	33	16
Viseu	I_2	1 940	7,3	V_2	33	14
Vizela	I_2	1 760	7	V_2	32	14
Vouzela	I_2	2 010	7,3	V_1	31	12

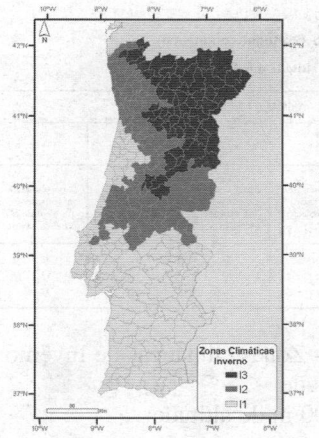

Fig. III.1 — Portugal continental. Zonas climáticas de Inverno.

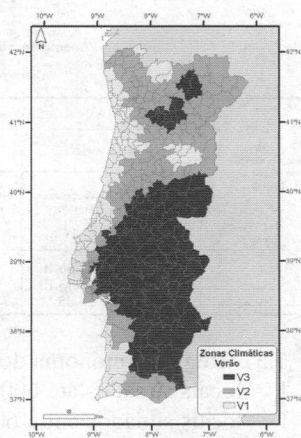

Fig. III.2 — Portugal continental. Zonas climáticas de Verão.

Nos concelhos de Pombal e Santiago do Cacém, os locais situados numa faixa litoral com 15 km de largura são incluídos na zona climática de Verão V_1 e adoptam-se os seguintes dados climáticos de referência:

Temperatura exterior de projecto de Verão: 31°C;
Amplitude térmica média diária do mês mais quente: 10°C.

No concelho de Alcácer do Sal, os locais situados numa faixa litoral com 10 km de largura são incluídos na zona climática de Inverno V_2 e adoptam-se os seguintes dados climáticos de referência:

Temperatura exterior de projecto de Verão: 33°C;
Amplitude térmica média diária do mês mais quente: 13°C.

QUADRO III.2

Zonamento climático de Inverno (Portugal continental)

Alterações em função da altitude dos locais

Zona climática de Inverno do concelho (segundo o quadro m.1)	Altitude (z), do local (m)					
	$z > 400$ e $z \leq 600$		$z > 600$ e $z \leq 1\ 000$		$z > 1\ 000$	
	Zona climática a considerar na altitude z indicada acima	Graus-dias (°C.dias) — Duração na estação de aquecimento (meses)	Zona climática a considerar na altitude z indicada acima	Graus-dias (°C.dias) — Duração na estação de aquecimento (meses)	Zona climática a considerar na altitude z indicada acima	Graus (°C.dias) — Duração na estação de aquecimento (meses)
I_1	I_2	$z + 1\ 500$ — 6,7	I_3	$z + 1\ 700$ — 7,3	I_3	$z + 1\ 900$ — 8
I_2	I_2	Quadro III.1 —	I_3	$z + 1\ 700$ — 7,3	I_3	$z + 1\ 900$ — 8
I_3	I_3	Quadro III.1 —	I_3	Quadro III.1 —	I_3	$z + 1\ 900$ — 8

QUADRO III.3

Zonamento climático de Verão (Portugal continental)

Alterações em função da altitude dos locais

Zona climática de Verão do concelho	Altitude (z) do local (m)							
	$z > 600$ e $z \leq 800$		$z > 800$ e $z \leq 1\,000$		$z > 1\,000$ e $z \leq 1\,200$		$z > 1\,200$	
	Zona climática a considerar na altitude z indicada acima	Temperatura exterior de projecto (°C)	Zona climática a considerar na altitude z indicada acima	Temperatura exterior de projecto (°C)	Zona climática a considerar na altitude z indicada acima	Temperatura exterior de projecto (°C)	Zona climática a considerar na altitude z indicada acima	Temperatura exterior de projecto (°C)
V_1	V_1	Quadro III.1	V_1	30	V_1	29	V_1	27
V_2	V_2	Quadro III.1	V_1	31	V_1	29	V_1	27
V_3	V_2	33	V_1	31	V_1	29	V_1	27

1.3 – Região Autónoma dos Açores. - Zonas climáticas de Inverno:

I_1 – locais situados até 600 m de altitude;

I_2 – locais situados entre 600 m e 1000 m de altitude;

I_3 – locais situados acima de 1000 m de altitude.

Para cada local, o número médio de graus-dias de aquecimento (na base de 20°C) da estação convencional de aquecimento pode ser calculado, em função da respectiva altitude (z), pela seguinte expressão:

GD_{20} (est. aquec.) = $1,5.z + 650$

A duração média da estação convencional de aquecimento, em função da altitude, é dada no quadro III.4.:

QUADRO III.4

Região Autónoma dos Açores

Duração média da estação convencional de aquecimento

Altitude (z) (m)	Duração média (meses)
$z \leq 100$	4
$100 < z \leq 500$	$3 + 0,01\ z$
$z > 500$	8

Zona climática de Verão – V_1 (toda a Região Autónoma dos Açores).

Para cada local, a temperatura exterior de projecto de Verão e a amplitude térmica diária do mês mais quente, em função da respectiva altitude, são dadas no quadro III.5:

QUADRO III.5

Região Autónoma dos Açores

Temperatura exterior de projecto de Verão e amplitude térmica diária do mês mais quente

Altitude (z) (m)	Temperatura exterior de projecto de Verão (°C)	Amplitude térmica do mês mais quente (°C)
$z \leq 600$	25	6
$z > 600$	24	9

1.4 – Região Autónoma da Madeira. – Zonas climáticas de Inverno:
I_1 – locais situados até 800 m de altitude;
I_2 – locais situados entre 800 m e 1100 m de altitude;
I_3 – locais situados acima de 1100 m de altitude.
Para cada local, o número médio de graus-dias de aquecimento da estação convencional de aquecimento pode ser calculado, em função da respectiva altitude (z), pelas seguintes expressões:

$$z < 400 \text{ m} ... GD_{20} \text{ (est. aquec.)} = 2,4 . z + 50$$
$$z \geq 400 \text{ m} ... GD_{20} \text{ (est. aquec.)} = 1,6 . z + 380$$

A duração média da estação convencional de aquecimento, em função da altitude, é dada no quadro III.6:

QUADRO III.6

Região Autónoma da Madeira

Duração média da estação convencional de aquecimento

Altitude (z) (m)	Duração média (meses)
$z \leq 100$	0,3
$100 < z \leq 700$	8-7,7 (700-z)/600
$z > 700$	8

Zona climática de Verão – V_1 (toda a Região Autónoma da Madeira).
Para cada local, a temperatura exterior de projecto de Verão e a amplitude térmica diária do mês mais quente, em função da respectiva altitude, são dadas no quadro III.7:

QUADRO III.7

Região Autónoma da Madeira

Temperatura exterior de projecto de Verão e amplitude térmica diária do mês mais quente

Altitude (z) (m)	Temperatura exterior de projecto de Verão (°C)	Amplitude térmica do mês mais quente (°C)
$z \leq 400$	26	6
$z > 400$	24	9

2 – Energia solar média incidente numa superfície vertical orientada a sul. – Apresentam-se no quadro III.8 os valores de referência da energia solar média incidente numa superfície vertical orientada a sul na estação de aquecimento:

QUADRO III.8

Energia solar média mensal incidente numa superfície vertical orientada a sul na estação de aquecimento

Zona de Inverno	Energia solar média incidente numa superfície vertical orientada a sul na estação de aquecimento G_{Sul} (kWh/m². mês)
I_1:	
Continente	108
Açores	70
Madeira	100
I_2:	
Continente	93
Açores	50
Madeira	80
I_3:	
Continente	90
Açores	50
Madeira	80

3 – Valores médios da temperatura do ar exterior e da intensidade média da radiação solar durante a estação convencional de arrefecimento (Junho a Setembro) – quadro III.9:

QUADRO III.9

Valores médios da temperatura do ar exterior e da intensidade da radiação solar para a estação convencional de arrefecimento (Junho a Setembro)

Zona	θatm	N.	NE.	E.	SE.	S.	SW.	W.	NW.	Horiz.
V₁ N.	19	200	300	420	430	380	430	420	300	730
V₁ S.	21	200	310	420	430	380	440	430	320	760
V₂ N.	19	200	320	450	470	420	470	450	320	790
V₂ S.	23	200	340	470	460	380	460	470	340	820
V₃ N.	22	200	320	450	460	400	460	450	320	800
V₃ S.	23	210	330	460	460	400	470	460	330	820
Açores	21	190	270	360	370	340	370	360	270	640
Madeira	21	200	300	380	380	320	370	380	300	700

ANEXO IV

Método de cálculo das necessidades de aquecimento

1 – Justificação da metodologia de cálculo. – As necessidades nominais de aquecimento de uma fracção autónoma de um edifício são a energia útil que é necessário fornecer-lhe para manter permanentemente no seu interior a temperatura de referência definida no artigo 14.º do RCCTE durante toda a estação convencional de aquecimento. Este valor não representa necessariamente o consumo real dessa zona do edifício, já que, em geral, os seus ocupantes não impõem permanentemente situações exactamente iguais às de referência, podendo mesmo ocorrer diferenças substanciais por excesso ou por defeito entre as condições reais de funcionamento e as admitidas ou convencionadas como de referência para efeitos deste Regulamento.

No entanto, mais do que um método de prever necessidades energéticas reais de um edifício (ou de uma fracção autónoma de um edifício), o valor das necessidades nominais, calculado para condições de referência, constitui uma forma objectiva de comparar edifícios desde a fase do licenciamento, do ponto de vista do comportamento térmico: quanto maior for o seu valor mais frio é o edifício no Inverno, ou mais energia é necessário consumir para o aquecer até atingir uma temperatura confortável.

Este método está definido de acordo com as disposições da norma europeia EN ISO 13790, sendo feitas as adaptações permitidas por essa norma para melhor se ajustar à realidade da construção e da prática de utilização dos edifícios em Portugal. Para simplicidade de cálculo, considera-se todo o edifício (ou fracção autónoma) como uma única zona, todo mantido permanentemente à mesma temperatura de referência.

As necessidades nominais de aquecimento resultam do valor integrado na estação de aquecimento da soma algébrica de três parcelas:
1) Perdas de calor por condução através da envolvente dos edifícios (Q_t);
2) Perdas de calor resultantes da renovação de ar (Q_v);

3) Ganhos de calor úteis (Q_{gu}), resultantes da iluminação, dos equipamentos, dos ocupantes e dos ganhos solares através dos envidraçados.

Embora todas estas parcelas sejam, por natureza, fenómenos instacionários, eles são abordados, no âmbito deste Regulamento, na sua formulação média em regime permanente dado que, como são todas integradas ao longo da estação de aquecimento, os efeitos instacionários compensam-se e podem ser desprezados.

As necessidades anuais de aquecimento do edifício (N_{ic}) são calculadas pela expressão seguinte:

$$N_{ic} = (Q_t + Q_V - Q_{gu})/A_p$$

em que o termo Q_{gu} pode ser substituído, nos termos do capítulo 4.5, pelo resultado produzido pelo programa SLR-P no caso da presença de sistemas especiais, solares passivos, no edifício.

A metodologia de cálculo de cada um dos três termos acima identificados é definida individualmente de seguida.

2 – Perdas de calor por condução através da envolvente. – As perdas de calor pela envolvente durante toda a estação de aquecimento (Q_t), isto é, pelas paredes, pelos envidraçados, pela cobertura e pelo pavimento, devidas à diferença de temperatura entre o interior e o exterior do edifício, resultam da soma de quatro parcelas:

$$Q_t = Q_{ext} + Q_{lna} + Q_{pe} + Q_{pt} \qquad \text{(W)}$$

em que:

Q_{ext} – perdas de calor pelas zonas correntes das paredes, envidraçados, coberturas e pavimentos em contacto com o exterior;

Q_{lna} – perdas de calor pelas zonas correntes das paredes, envidraçados e pavimentos em contacto com locais não aquecidos;

Q_{pe} – perdas de calor pelos pavimentos e paredes em contacto com o solo;

Q_{pt} – perdas de calor pelas pontes térmicas lineares existentes no edifício.

2.1 – Perdas pela envolvente em zona corrente:

2.1.1 – Elementos em contacto com o exterior – as perdas pelas zonas correntes das paredes, pontes térmicas planas, envidraçados, coberturas e pavimentos exteriores (Q_{ext}) são calculadas, em cada momento, para cada um desses elementos, pela expressão:

$$Q_{ext} = U \cdot A \cdot (\theta_i - \theta_{atm}) \qquad \text{(W)}$$

em que:

U – coeficiente de transmissão térmica do elemento da envolvente (em W/m2.°C);

A – área do elemento da envolvente medida pelo interior (em m²);

θ_i – temperatura do ar no interior do edifício (tomada para efeitos do cálculo das necessidades nominais de aquecimento como a temperatura do ar referida no n.º 4 do artigo 4.º deste regulamento) (em ºC);

θ_{atm} – temperatura do ar exterior (em ºC).

Durante toda a estação de aquecimento, a energia necessária para compensar estas perdas é, para cada elemento da envolvente exterior, calculada pela expressão:

$$Q_{ext} = 0,024 \cdot U \cdot A \cdot GD \qquad \text{(kWh)}$$

em que *GD* é o número de graus-dias de aquecimento especificados para cada concelho no anexo III deste Regulamento. O método de cálculo do coeficiente de transmissão térmica (*U*) é descrito no anexo VII e os valores de *U* para os elementos construtivos mais comuns encontram-se compilados na publicação do LNEC *Coeficientes de Transmissão Térmica de Elementos da Envolvente dos Edifícios.*

2.1.2 – Elementos em contacto com locais não aquecidos - as perdas pelas zonas correntes das paredes, envidraçados e pavimentos que separam um espaço aquecido de um local não aquecido (Q_{lna}), por exemplo, armazéns ou arrecadações, garagens, corredores ou escadas de acesso dentro do mesmo edifício, sótãos não habitados (acessíveis ou não), etc., são calculadas, para cada um desses elementos, pela expressão:

$$Q_{lna} = U \cdot A \cdot (\theta_i - \theta_a) \qquad \text{(W)}$$

em que:

U – coeficiente de transmissão térmica do elemento da envolvente (em W/m^2.ºC);

A – área do elemento da envolvente medida pelo interior (em m2);

θ_i – temperatura do ar no interior do edifício (tomada para efeitos do cálculo das necessidades nominais de aquecimento como a temperatura do ar referida no n.º 4 do artigo 4.º) (em ºC);

θ_a – temperatura do ar do local não aquecido (em ºC).

O método de cálculo do coeficiente de transmissão térmica (*U*), é descrito no anexo VII, em que para o cálculo de *U* se adopta um valor da resistência térmica exterior (R_{se}), igual ao da resistência térmica interior (R_{si}).

A temperatura do ar do local não aquecido (θ_a) toma um valor intermédio entre a temperatura atmosférica exterior e a temperatura da zona aquecida a que se aplica o Regulamento.

Admite-se que a temperatura (teta)(índice a) toma o valor:

$$\theta_a = \theta_{atm} + (1 - \tau) \cdot (\theta_i - \theta_{atm}) \qquad \text{(ºC)}$$

em que:

θ_i – temperatura interior (admitida como a temperatura do ar referida no n.º 4 do artigo 4.º);

θ_{atm} – temperatura ambiente exterior (°C);

θ_a – temperatura do local não aquecido (°C);

e o valor de (tau) é dado pela expressão:

$$\tau = \frac{\theta_i - \theta_a}{\theta_i - \theta_{atm}}$$

Dada a dificuldade em conhecer com precisão o valor de θ_a sem fixação de alguns parâmetros de difícil previsão dependentes do uso concreto e real de cada espaço, admite-se que τ pode tomar os valores convencionais indicados na tabela IV.1 para várias situações comuns de espaços não aquecidos, calculados com base nos valores de referência dos coeficientes de transmissão térmica da envolvente preconizados neste Regulamento e em valores típicos das taxas de renovação de ar que neles ocorrem, sem prejuízo de se recorrer a um cálculo mais preciso baseado na metodologia indicada na norma europeia EN ISO 13789.

Nos termos do artigo 2.º deste Regulamento, o método de cálculo pressupõe que, obrigatoriamente, as perdas térmicas sejam calculadas para a envolvente do espaço aquecido, não podendo ser englobados neste quaisquer espaços que, nos termos do anexo I deste Regulamento, não são nem devem ser aquecidos. Todos os elementos da envolvente que limita o espaço útil devem obedecer sempre aos requisitos mínimos de qualidade térmica em vigor.

Durante toda a estação de aquecimento, a energia necessária para compensar estas perdas é, para cada elemento da envolvente em contacto com um local não aquecido, calculada pela expressão:

$$Q_{lna} = 0,024 \cdot U \cdot A \cdot GD \cdot \tau \quad \text{(kWh)}$$

2.2 – Perdas por pavimentos e paredes em contacto com o solo. – As perdas unitárias de calor (por grau centígrado de diferença de temperatura entre os ambientes interior e exterior) através dos elementos de construção em contacto com o terreno (L(índice pe)), são calculadas pela seguinte expressão:

$$L_{pe} = \Sigma \ \psi_j \cdot B_j \quad \text{(W/°C)}$$

onde :

ψ é o coeficiente de transmissão térmica linear (em W/m . °C).

B é o perímetro do pavimento ou o desenvolvimento da parede, medido pelo interior (em m).

Na figura IV.1 define-se o princípio de quantificação da transmissão de calor através dos elementos de construção em contacto com o solo. Os valores do coeficiente ψ são apresentados nas tabelas IV.2 para várias geometrias típicas ou podem ser calculados para situações não previstas usando a metodologia definida na EN 13370.

Durante toda a estação de aquecimento, a energia necessária para compensar estas perdas lineares é, para cada elemento da envolvente em contacto com o solo, calculada pela expressão:

$$Q_{pe} = 0,024 \, L_{pe} \, GD \qquad \text{(kWh)}$$

em que *GD* é o número de graus-dias de aquecimento indicado para cada concelho no anexo III deste Regulamento.

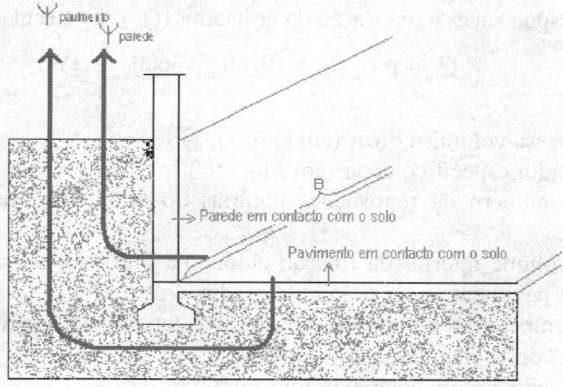

Fig. IV.1 — Elementos de construção em contacto com o solo.

2.3 – Pontes térmicas. – As perdas de calor lineares unitárias (por grau centígrado de diferença de temperatura entre os ambientes interior e exterior) através das pontes térmicas (L_{pt}) são calculadas pela seguinte expressão:

$$L_{pt} = \Sigma \, \psi_j \, . \, B_j \qquad \text{(W/°C)}$$

onde:

ψ_j é o coeficiente de transmissão térmica linear da ponte térmica *j* (em W/m . °C);

Bj é o desenvolvimento linear (comprimento) da ponte térmica *j*, medido pelo interior (em m).

Para efeitos deste Regulamento, a análise limita-se às pontes térmicas bidimensionais, sendo indicados na tabela IV.3 os valores de ψ correspondentes às situações mais correntes na construção em Portugal. Para outras situações muito distintas destas podem ser adoptados valores de ψ calculados por metodologia adequada, segundo a norma EN ISO 10211-1, devidamente justificados pelo responsável pela aplicação deste Regulamento.

Durante toda a estação de aquecimento a energia necessária para compensar estas perdas térmicas lineares é, para cada ponte térmica da envolvente, calculada pela expressão:

$$Q_{pt} = 0,024 \cdot L_{pt} \, GD \qquad \text{(kWh)}$$

3 – Perdas de calor resultantes da renovação do ar:

3.1 – Metodologia de cálculo. – Estas perdas de calor por unidade de tempo correspondentes à renovação do ar interior (Q_{ra}) são calculadas por:

$$Q_{ra} = \rho \, C_p \, R_{ph} \, V \, (\theta_i - \theta_{atm})/3600 \qquad \text{(W)}$$

em que:

ρ – massa volúmica do ar (em kg/m3);

C_p – calor específico do ar (em J/kg . °C);

R_{ph} – número de renovações horárias do ar interior (taxa de renovação nominal);

V – volume interior da fracção autónoma (em m³), ou seja, o produto da área útil de pavimento pelo pé-direito médio;

θ_i – temperatura interior de referência (a temperatura do ar referida no n.º 4 do artigo 4.º deste Regulamento) (em °C);

θ_{atm} – temperatura do ar exterior (em °C).

O termo $(\rho \, C_p)/$ toma o valor de 0,34 W/m³ . °C. Daqui resulta então que:
3600

$$Q_{ra} = 0,34 \cdot Rph \cdot A_p \, P_d \, (\theta_i - \theta_{atm}) \qquad \text{(W)}$$

com:

A_p – área útil de pavimento (m²);

P_d – pé-direito médio (m).

O valor nominal de R_{ph} a utilizar para a verificação regulamentar é o estabelecido pela metodologia descrita no n.º 3.2.

Durante toda a estação de aquecimento, a energia necessária para compensar estas perdas é calculada pela expressão:

$$Q_v = 0,024 \cdot (0,34 \cdot R_{ph}) \cdot A_p \, P_d \cdot GD \qquad \text{(kWh)}$$

ou, no caso de a ventilação ser assegurada por meios mecânicos providos de dispositivos de recuperação de calor do ar extraído:

$$Q_v = 0,024 \cdot (0,34 \cdot R_{ph}) \cdot A_p P_d) \cdot GD \cdot (1 - \eta_v) \qquad \text{(kWh)}$$

em que *GD* é o número de graus-dias de aquecimento (indicado para cada concelho no anexo III deste Regulamento) e η_v é o rendimento do sistema de recuperação de calor (v. n.º 3.2.2).

Quando o edifício dispuser de sistemas mecânicos de ventilação, à energia Q_v calculada pela expressão anterior deve ser adicionada a energia eléctrica E_v necessária ao seu funcionamento, que se considera ligado em permanência durante vinte e quatro horas por dia, durante a estação de aquecimento:

$$E_v = P_v \cdot 24 \cdot 0,03 \, M \qquad \text{(kWh)}$$

em que:

P_v é a soma das potências eléctricas de todos os ventiladores instalados (em W);

M é a duração média da estação convencional de aquecimento, em meses (v. anexo III).

No caso de um ventilador comum a várias fracções autónomas, a energia total correspondente ao seu funcionamento deve ser dividida entre cada uma dessas fracções autónomas, numa base directamente proporcional aos caudais de ar nominais correspondentes a cada uma delas.

3.2 – Determinação da taxa de renovação horária nominal. – Por razões de higiene e conforto dos ocupantes, é necessário que os edifícios sejam ventilados em permanência por um caudal mínimo de ar. A metodologia de cálculo detalhada nos n.ºs 3.2.1 e 3.2.2 é baseada na presunção de que, efectivamente, o edifício, ou fracção autónoma, tem características construtivas ou dispositivos apropriados para garantirem, por ventilação natural ou mecânica, a taxa de renovação mínima necessária de $R_{ph} = 0,6 \, h^{-1}$. Podem ser utilizados outros métodos de cálculo tecnicamente adequados para a determinação dos caudais de ventilação, como por exemplo o especificado na norma EN 13465, desde que sejam justificados através de projecto junto da entidade licenciadora e devidamente aprovados.

3.2.1 – Ventilação natural – sempre que os edifícios estejam em conformidade com as disposições da norma NP 1037-1, o que deve ser objecto de demonstração clara e inequívoca pelo responsável pela aplicação do RCCTE, o valor de R_{ph} a adoptar é de 0,6 h^{-1}. Nomeadamente, as fachadas dos edifícios devem dispor de dispositivos de admissão de ar auto-reguláveis que garantam os caudais nominais especificados nos compartimentos servidos para uma gama de pressões de 10 Pa a 200 Pa e portas exteriores ou para zonas «não úteis» que disponham de vedação por borracha ou equivalente em todo o seu perímetro. Nestes edifícios não pode haver quaisquer meios mecânicos de insuflação ou de extracção de ar, nomeadamente extracção mecânica nas instalações sanitárias.

A presença deste tipo de soluções implica a quantificação da taxa de renovação pela metodologia indicada no n.º 3.2.2.

No caso de o único dispositivo de ventilação mecânica presente no edifício ou fracção autónoma ser o exaustor na cozinha, dado que este só funciona, normalmente, durante períodos curtos, considera‑se que o edifício é ventilado naturalmente. Neste e nos restantes casos de edifícios ventilados naturalmente, o valor de R_{ph} é determinado de acordo com o quadro IV.1, em função da tipologia do edifício, da sua exposição ao vento e da permeabilidade ao ar da sua envolvente. A qualificação da série de caixilharia utilizada deve ser comprovada por ensaio, sem o que deve ser considerada «sem classificação».

QUADRO IV.1

Valores convencionais de R_{ph} (em h^{-1}) para edifícios de habitação

Classe de exposição	Dispositivos de admissão na fachada	Permeabilidade ao ar das caixilharias (de acordo com a norma EN 12207)								Edifícios conformes com a NP 1037-1
		Sem classificação — Caixa de estore		Classe 1 — Caixa de estore		Classe 2 — Caixa de estore		Classe 3 — Caixa de estore		
		Sim	Não	Sim	Não	Sim	Não	Sim	Não	
1	Sim	0,90	0,80	0,85	0,75	0,80	0,70	0,75	0,65	
	Não	1,00	0,90	0,95	0,85	0,90	0,80	0,85	0,75	
2	Sim	0,95	0,85	0,90	0,80	0,85	0,75	0,80	0,70	
	Não	1,05	0,95	1,00	0,90	0,95	0,85	0,90	0,80	0,60
3	Sim	1,00	0,90	0,95	0,85	0,90	0,80	0,85	0,75	
	Não	1,10	1,00	1,05	0,95	1,00	0,90	0,95	0,85	
4	Sim	1,05	0,95	1,00	0,90	0,95	0,85	0,90	0,80	
	Não	1,15	1,05	1,10	1,00	1,05	0,95	1,00	0,90	

Notas

1 — Quando os dispositivos instalados para admissão de ar nas fachadas não garantirem que, para diferenças de pressão entre 20 Pa e 200 Pa, o caudal não varie mais de 1,5 vezes, os valores do quadro IV.1 devem ser agravados de 0,10.

2 — Quando a área de vãos envidraçados for superior a 15 % da área útil de pavimento, os valores do quadro IV.1 devem ser agravados de 0,10.

3 — Se todas as portas do edifício ou fracção autónoma forem bem vedadas por aplicação de borrachas ou equivalente em todo o seu perímetro, os valores indicados no quadro IV.1 para edifícios não conformes com a NP 1037-1 podem ser diminuídos de 0,05.

Para efeitos de aplicação deste Regulamento, o grau de exposição é definido do seguinte modo:

QUADRO IV.2

Classes de exposição ao vento das fachadas do edifício ou da fracção autónoma

Altura acima do solo	Região A			Região B		
	I	II	III	I	II	III
Menor que 10 m	Exp. 1	Exp. 2	Exp. 3	Exp. 1	Exp. 2	Exp. 3
De 10 m a 18 m	Exp. 1	Exp. 2	Exp. 3	Exp. 2	Exp. 3	Exp. 4
De 18 m a 28 m	Exp. 2	Exp. 3	Exp. 4	Exp. 2	Exp. 3	Exp. 4
Superior a 28 m	Exp. 3	Exp. 4	Exp. 4	Exp. 3	Exp. 4	Exp. 4

Notas

Região A — todo o território nacional, excepto os locais pertencentes à região B.

Região B — Regiões Autónomas dos Açores e da Madeira e as localidades situadas numa faixa de 5 km de largura junto à costa e ou de altitude superior a 600 m.

Rugosidade I — edifícios situados no interior de uma zona urbana.

Rugosidade II — edifícios situados na periferia de uma zona urbana ou numa zona rural.

Rugosidade III — edifícios situados em zonas muito expostas (sem obstáculos que atenuem o vento).

3.2.2 – Ventilação mecânica – no caso dos sistemas em que a ventilação recorre a quaisquer sistemas mecânicos, incluindo os sistemas de extracção nas instalações sanitárias, e com excepção do caso da presença apenas de exaustor na cozinha descrita no n.º 3.2.1, a taxa de renovação horária é calculada com base em $\dot{V}_f$, o maior dos dois valores de caudal correspondentes ao caudal insuflado $\dot{V}_{ins}$ ou ao caudal extraído do edifício $\dot{V}_{ev}$. Em sistemas de caudal variável, o caudal a considerar é o caudal $\dot{V}_f$ médio diário.

No entanto, mesmo com ventilação mecânica num edifício, a ventilação natural continua a estar presente, em maior ou menor grau, em função do grau de desequilíbrio entre os caudais insuflados e extraídos mecanicamente. Para que a ventilação natural possa ser desprezada é necessário que a diferença entre aqueles caudais seja superior a 0,1 h^{-1} no caso de edifícios com exposição Exp. 1, 0,25 h^{-1} no caso de edifícios com Exp. 2, e 0,5 h^{-1} no caso de edifícios com Exp. 3 ou 4. Se esta condição não for cumprida, o valor de R_{ph} é determinado de acordo com a expressão:

$$R_{ph} = \frac{\dot{V}_f + \dot{V}_x}{V}$$

Em qualquer edifício com ventilação mecânica, para efeitos deste Regulamento, a taxa de renovação nominal R_{ph} nunca pode ser inferior a 0,6 h^{-1}, não se considerando neste limite o caudal extraído em exaustores de cozinha, cujo funcionamento é apenas pontual.

4 – Ganhos térmicos úteis na estação de aquecimento:

4.1 – Metodologia. – Os ganhos térmicos a considerar no cálculo das necessidades nominais de aquecimento do edifício têm duas origens:

i) Ganhos térmicos associados a fontes internas de calor (Q_i);

ii) Ganhos térmicos associados ao aproveitamento da radiação solar (Q_s).

Os ganhos térmicos brutos (Q_g) são calculados com base na equação seguinte:

$$Qg = Q_i + Q_s \qquad \text{(kWh)}$$

Tendo em conta que nem todos os ganhos térmicos brutos se traduzem num aquecimento útil do ambiente interior, dando origem por vezes apenas a um sobreaquecimento interior, os ganhos térmicos brutos são convertidos em ganhos úteis através do factor de utilização dos ganhos térmicos (η), definido no n.º 4.4, em função da inércia térmica do edifício e da relação entre aqueles e as perdas térmicas totais do edifício:

$$Q_{gu} = \eta \, Q_g \qquad \text{(kWh)}$$

4.2 – Ganhos térmicos brutos resultantes de fontes internas. – Os ganhos térmicos internos (Q_i) incluem qualquer fonte de calor situada no espaço a aquecer, excluindo o sistema de aquecimento, nomeadamente:

Ganhos de calor associados ao metabolismo dos ocupantes;

Calor dissipado nos equipamentos e nos dispositivos de iluminação.

Os ganhos de calor de fontes internas durante toda a estação de aquecimento são calculados com base na equação seguinte:

$$Q_i = q_i . M . A_p \times 0,720 \qquad (\text{kWh})$$

em que:

q_i são os ganhos térmicos internos médios por unidade de área útil de pavimento (em W/m2) (quadro IV.3), numa base de vinte e quatro horas por dia, todos os dias do ano, no caso dos edifícios residenciais, e em cada dia em que haja ocupação, nos edifícios de serviços;

M é a duração média da estação convencional de aquecimento em meses (v. anexo III);

A_p é a área útil de pavimento (em m²).

QUADRO IV.3

Ganhos térmicos internos médios por unidade de área útil de pavimento

Tipo de edifício	q_i(W/m²)
Residencial	4
Serviços dos tipos: escritórios, comércio, restauração, consultórios, serviços de saúde com internamento, etc.	7
Hotéis	4
Outros edifícios com pequena carga de ocupação ...	2

Os ganhos térmicos de fontes internas são muito variáveis. Podem ser adoptados valores diferentes dos indicados no quadro IV.3 desde que devidamente justificados e comprovados e aceites pela entidade licenciadora.

4.3 – Ganhos solares brutos:

4.3.1 – Cálculo dos ganhos solares através dos vãos envidraçados – para efeitos regulamentares, o cálculo dos ganhos solares brutos através dos vãos envidraçados pode ser realizado por uma de duas metodologias:

i) Método detalhado;

ii) Método simplificado.

4.3.1.1 – Método detalhado – na estação de aquecimento, os ganhos solares são calculados pela equação seguinte:

$$Q_s = G_{sul} \sum_j \left[X_j \sum_n A_{snj} \right] . M$$

em que:

G_{sul} é o valor médio mensal da energia solar média incidente numa superfície vertical orientada a sul da área unitária durante a estação de aquecimento (em kwh/m^2 . mês (v. anexo III);

X_j é o factor de orientação para as diferentes exposições (quadro IV.4);

A_{snj} é a área efectiva colectora da radiação solar da superfície n que tem a orientação j (em m^2);

j é o índice que corresponde a cada uma das orientações;

n é o índice que correspondente a cada uma das superficíes com a orientação j;

M é a duração da estação de aquecimento, em meses (anexo III).

QUADRO IV.4

Factor de orientação

	Octante N.	Octantes NE. e NW.	Octantes E. e W.	Octantes SE. e SW.	Octante S.	Horizontal
X	0,27	0,33	0,56	0,84	1	0,89

São consideradas superfícies horizontais as que têm uma inclinação face ao plano horizontal inferior a 60° e superfícies verticais as restantes. No cálculo da área efectiva colectora das superfícies verticais, para cada uma das orientações, efectua-se o somatório das áreas colectoras situadas nesse octante.

O valor de A_s deve ser calculado vão a vão, ou por grupo de vãos com características idênticas de protecção solar e de incidência da radiação solar:

$$A_s = A F_s F_g Fw g_\perp$$

em que:

A é a área total do vão envidraçado, isto é, área da janela, incluindo vidro e caixilho (em m2);

F_s é o factor de obstrução (v. n.º 4.3.3);

F_g é a fracção envidraçada (v. n.º 4.3.4);

F_w é o factor de correcção devido à variação das propriedades do vidro com o ângulo de incidência da radiação solar (v. n.º 4.3.5);

$g_\perp$ é o factor solar do vão envidraçado para radiação incidente na perpendicular ao envidraçado e que tem em conta eventuais dispositivos de protecção solar (v. 4.3.2).

4.3.1.2 – Método de cálculo simplificado – para dispensar um cálculo exaustivo dos coeficientes F para cada orientação, o valor do produto $F_s F_g F_w$ pode ser considerado igual a 0,46 desde que sejam satisfeitas as seguintes condições:

Para cada orientação, tendo em conta o ponto médio de cada uma das fachadas do edifício ou da fracção autónoma, não devem existir obstruções situadas acima de um plano inclinado a 20° com a horizontal e também entre os planos verticais que fazem 60° para cada um dos lados da normal ao ponto médio da fachada, a menos de pequenos obstáculos sem impacte significativo, do tipo postes de iluminação, de telefones ou equivalente;

Os envidraçados não devem ser sombreados por elementos do edifício, como palas, por exemplo, sendo esta aproximação satisfatória quando os elementos horizontais que se projectam sobre a janela têm um comprimento inferior a um quinto da altura da janela e que os elementos verticais adjacentes às janelas não se projectam mais de um quarto da largura da janela.

Nestas condições os ganhos solares brutos através dos vãos envidraçados podem ser calculados pela equação:

$$Q_s = G_{sul} \sum_j \left[X_j.0,46.A_j.g_\perp \right].M$$

4.3.2 – Factor solar do vão envidraçado – o factor solar do vão envidraçado ($g_\perp$) é um valor que representa a relação entre a energia solar transmitida para o interior através do vão envidraçado em relação à radiação solar incidente na direcção normal ao envidraçado.

Para maximizar o aproveitamento da radiação solar, os dispositivos de protecção solar móveis devem estar totalmente abertos e nessas circunstâncias é considerado apenas o valor do factor solar do envidraçado. Sempre que seja previsível a utilização de cortinas ou de outros dispositivos de protecção solar que normalmente permanecem fechados durante a estação de aquecimento, estes devem ser considerados no factor solar do vão envidraçado. Portanto, no cálculo do factor solar de vãos envidraçados do sector residencial, salvo justificação em contrário, deve ser considerada a existência, pelo menos, de cortinas interiores muito transparentes de cor clara ($g_\perp = 0,70$ para vidro simples incolor e $g_\perp = 0,63$ para vidro duplo incolor).

Na tabela IV.4 são apresentados os valores do factor solar de vários envidraçados típicos sem dispositivos de protecção solar. Para calcular o factor solar de outros envidraçados ($g_\perp$) deve ser seguido o método de cálculo especificado na norma EN 410. No valor de $g_\perp$ do vão envidraçado não se considera a obstrução criada pelos perfis porque esta é considerada através do factor de obstrução F_f.

4.3.3 – Factor de obstrução – o factor de obstrução (F_s) varia entre 0 e 1 e representa a redução na radiação solar que incide no vão envidraçado devido ao sombreamento permanente causado por diferentes obstáculos, por exemplo:

Obstruções exteriores ao edifício: outros edifícios, orografia, vegetação, etc.;

Obstruções criadas por elementos do edifício: outros corpos do mesmo edifício, palas, varandas, elementos de enquadramento do vão externos à caixilharia.

No cálculo de F_s devido a obstruções longínquas consideram-se apenas as existentes no momento do licenciamento e as que estão previstas nos planos de pormenor.

O factor de obstrução pode ser calculado pela equação seguinte:

$$F_s = F_h F_o F_f$$

em que:

F_h é o factor de sombreamento do horizonte por obstruções longínquas exteriores ao edifício ou por outros elementos do edifício;

F_o é o factor de sombreamento por elementos horizontais sobrepostos ao envidraçado (palas, varandas);

F_f é o factor de sombreamento por elementos verticais adjacentes ao envidraçado (palas verticais, outros corpos ou partes do mesmo edifício).

Em nenhum caso o produto X_j . F_h . F_o . F_f deve ser menor que 0,27.

a) Sombreamento do horizonte (F_h) – o efeito do sombreamento de obstruções longínquas exteriores ao edifício ou criadas por outros edifícios vizinhos depende do ângulo do horizonte, latitude, orientação, clima local e da duração da estação de aquecimento. O ângulo de horizonte é definido como o ângulo entre o plano horizontal e a recta que passa pelo centro do envidraçado e pelo ponto mais alto da maior obstrução existente entre dois planos verticais que fazem 60° para cada um dos lados da normal ao envidraçado.

O ângulo do horizonte deve ser calculado, em cada edifício ou fracção autónoma, para cada vão (ou para grupos de vãos semelhantes) de cada fachada. Caso não exista informação disponível que permita o cálculo do ângulo de horizonte, F_h deve ser calculado por defeito adoptando um ângulo de horizonte de 45° em ambiente urbano ou de 20° para edifícios isolados fora das zonas urbanas.

Os valores dos factores de correcção de sombreamento para condições climáticas médias típicas e para a estação de aquecimento, para as latitudes de 33° (para a Região Autónoma da Madeira) e 39° (para o continente e Região Autónoma dos Açores) e para os oito octantes principais, constam da tabela IV.5. O ângulo do horizonte deve ser calculado, em cada edifício ou fracção autónoma, para cada vão (ou para grupos de vãos semelhantes) de cada fachada.

b) Sombreamento por elementos verticais e por elementos horizontais sobrepostos ao envidraçado (F_f e F_o) – o sombreamento por elementos horizontais sobrepostos aos vãos envidraçados ou por elementos verticais (palas, varandas, outros elementos do mesmo edifício) depende do comprimento da obstrução (ângulo da obstrução), da latitude, da exposição e do clima local. Os valores dos factores de correcção de sombreamento para a estação de aquecimento F_f e F_o constam das tabelas IV.6 e IV.7, respectivamente.

Caso não existam palas, para contabilizar o efeito de sombreamento do contorno do vão deve ser considerado o valor 0,9 para o produto $F_o \cdot F_f$.

4.3.4 – Fracção envidraçada – a fracção envidraçada (F_g) traduz a redução da transmissão da energia solar associada à existência da caixilharia, sendo dada pela relação entre a área envidraçada e a área total do vão envidraçado. No quadro IV.5 são apresentados valores típicos da fracção envidraçada de diferentes tipos de caixilharia:

QUADRO IV.5

Fracção envidraçada para diferentes tipos de caixilharia

Tipo de caixilharia	F_g	
	Caixilho sem quadrícula	Caixilho com quadrícula
Janelas de alumínio ou aço	0,70	0,60
Janelas de madeira ou PVC	0,65	0,57
Fachadas-cortina de alumínio ou aço	0,90	

4.3.5 - Factor de correcção da selectividade angular dos envidraçados - o factor de correcção da selectividade angular dos envidraçados (F_w) traduz a redução dos ganhos solares causada pela variação das propriedades do vidro com o ângulo de incidência da radiação solar directa. Para o cálculo das necessidades nominais de aquecimento, o factor F_w toma o valor 0,9 para os vidros correntes simples e duplos. Para outros tipos de envidraçados, devem ser utilizados os valores fornecidos pelos fabricantes com base na EN 410.

4.4 – Factor de utilização dos ganhos térmicos. – O factor de utilização dos ganhos térmicos (η) é calculado em função da inércia térmica do edifício e da relação (γ) entre os ganhos totais brutos (internos e solares) e as perdas térmicas totais do edifício, conforme representado nas equações ou figura seguintes:

$$\begin{cases} \eta = \dfrac{1-\gamma^a}{1-\gamma^{a+1}} & se \ \gamma \neq 1 \\[2mm] \eta = \dfrac{a}{a+1} & se \ \gamma = 1 \end{cases}$$

em que <u>a</u> = a:

1,8 — edifícios com inércia térmica fraca;
2,6 — edifícios com inércia térmica média;
4,2 — edifícios com inércia térmica forte;

e

$$\gamma = \frac{\text{Ganhos térmicos brutos}}{\text{Nec. brutas de aquecimento}} = \frac{Q_g}{Q_t + Q_v}$$

GRÁFICO IV.1

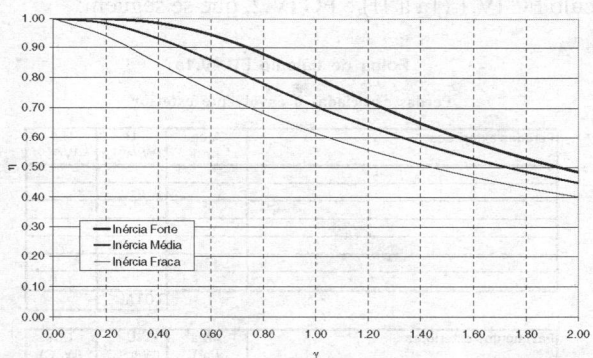

Deve notar-se que valores de γ elevados, que conduzam a valores de η inferiores a 0,8, levam a sérios riscos de sobreaquecimento, pelo que devem ser evitados. Os vãos envidraçados devem dispor sempre de meios eficazes de protecção solar para evitar potenciais sobreaquecimentos na estação de aquecimento.

4.5 – Elementos especiais. – Quando, num edifício, existirem sistemas especiais (solares passivos) de captação de energia solar para aquecimento, do tipo «paredes de armazenamento térmico» (sistemas de ganho indirecto, tipo paredes de trombe sem ventilação), desde que orientados no «quadrante» sul (sul geográfico ±30º), pode ser utilizada outra metodologia de cálculo, do tipo SLR_P do INETI, ou outro devidamente justificado.

Nessa metodologia, o parâmetro SLR (ganhos solares/perdas térmicas) é correlacionado com a denominada «fracção solar» para vários tipos de sistemas de ganho directo e de ganho indirecto, obtendo-se directamente o valor das necessidades de aquecimento (*Nic*).

O cálculo das perdas térmicas e dos ganhos solares é semelhante, devendo ser utilizados os mesmos valores das propriedades dos envidraçados, factores solares e obstruções previstos neste Regulamento.

Em alternativa, o efeito dos sistemas passivos (parede de armazenamento térmico) pode ser simplesmente ignorado, considerando este sistema como um elemento «neutro», não se considerando perdas térmicas através das áreas exteriores das paredes de armazenamento térmico nem estes componentes ficam sujeitos a requisitos mínimos no valor dos coeficientes de transmissão térmica, pois, no balanço global anual, contribuem de forma positiva para o aquecimento ambiente na estação fria. Continuam, no entanto, obrigados aos requisitos mínimos em termos de sombreamento para não penalizarem o desempenho do edifício no Verão.

5 – Folhas de cálculo. – O método de cálculo descrito neste anexo está organizado, para sistematização da forma de apresentação de resultados, nas folhas de cálculo FC IV.1 (1a a 1f) e FC IV.2, que se seguem:

Folha de cálculo FC IV.1a

Perdas associadas à envolvente exterior

Paredes exteriores	Area (m²)	U (W/m²ºC)	U.A (W/ºC)
		TOTAL	

Pavimentos exteriores	Area (m²)	U (W/m²ºC)	U.A (W/ºC)
		TOTAL	

Coberturas exteriores	Area (m²)	U (W/m²ºC)	U.A (W/ºC)
		TOTAL	

Paredes e Pavimentos em contacto com o Solo	Perímetro B (m)	Ψ (W/mºC)	Ψ.B (W/ºC)
		TOTAL	

Pontes Térmicas lineares Ligações entre:	Comp. (m)	Ψ (W/mºC)	Ψ.B (W/ºC)
Fachada com os Pavimentos térreos			
Fachada com Pavimentos			
Fachada com Pavimentos intermédios			
Fachada com Cobertura inclinada ou Terraço			
Fachada com Varanda			
Duas Paredes verticais			
Fachada com Caixa de estore			
Fachada com Padieira, Ombreira ou Peitoril			
Outras			
		TOTAL	

Folha de cálculo FC IV.1b

Perdas associadas à envolvente interior

Paredes em contacto com espaços não-úteis ou edifícios adjacentes	Área (m²)	U (W/m²ºC)	τ (-)	U.A.τ (W/ºC)
		TOTAL		

Pavimentos sobre espaços não-úteis	Área (m²)	U (W/m²ºC)	τ (-)	U.A.τ (W/ºC)
		TOTAL		

Coberturas interiores (tectos sobre espaços não-úteis)	Área (m²)	U (W/m²ºC)	τ (-)	U.A.τ (W/ºC)
		TOTAL		

Vãos envidraçados em contacto com espaços não-úteis	Área (m²)	U (W/m²ºC)	τ (-)	U.A.τ (W/ºC)
		TOTAL		

Pontes térmicas (apenas para paredes de separação para espaços não-úteis com τ > 0,7)	Comprimento (B) (m)	Ψ (W/mºC)	τ (-)	ΨB τ (W/ºC)
			TOTAL	

Perdas pela envolvente interior da Fracção Autónoma (W/ºC) TOTAL [   ]

Incluir obrigatoriamente os elementos que separam a Fracção Autónoma dos seguintes espaços:
Zonas comuns em edifícios com mais de uma Fracção Autónoma;
Edifícios anexos;
Garagens, armazéns, lojas e espaços não-úteis similares;
Sótãos não-habitados.

Folha de cálculo FC IV.1c

Perdas associadas aos vãos envidraçados exteriores

Vãos envidraçados exteriores	Área (m²)	U (W/m²ºC)	U.A (W/ºC)
Verticais:			
Horizontais:			
		TOTAL	

Folha de cálculo FC IV.1d

Perdas associadas à renovação de ar

Área Útil de pavimento (Ap)	[ ]	(m²)
	x	
Pé-direito médio	[ ]	(m)
	=	
Volume interior	(V)	[ ]	(m³)

VENTILAÇÃO NATURAL

Cumpre NP 1037-1?	(S ou N)	[ ]	se SIM: RPH = 0,6
Se NÃO:			
Classe da caixilharia	(s/c, 1, 2 ou 3)	[ ]	**Taxa de Renovação nominal:**
Caixas de estore	(S ou N)	[ ]	
Classe de exposição	(1, 2, 3 ou 4)	[ ]	RPH=
Aberturas auto-reguladas?	(S ou N)	[ ]	
Área de Envidraçados > 15% Ap ?	(S ou N)	[ ]	Ver Quadro IV.1
Portas exteriores bem vedadas?	(S ou N)	[ ]	

VENTILAÇÃO MECÂNICA (excluir exaustor de cozinha)

Caudal de insuflação	V_{ins} - (m³/h)	[ ]	$V_i =$
Caudal extraído	V_{ev} - (m³/h)	[ ]	
Diferença entre V_{ins} e V_{ev}	(m³/h)	[ ] /	V =
Infiltrações	(V_x)	[ ]	(volume int) (RPH)
Recuperador de Calor	(S ou N)	[ ]	se SIM: η = / se NÃO: η = 0
Taxa de Renovação nominal	(mínimo: 0,6)	[ ]	(Vf / V + Vx) (1 - η)
Consumo de electricidade para os ventiladores		[ ]	(Ev=Pv.24.0,03 M (kWh))

Volume	[ ]	
	x	
Taxa de Renovação nominal	[ ]	
	0,34	
	=	
TOTAL	[ ]	(W/ºC)

Folha de cálculo FC IV.1e

Ganhos úteis na estação de aquecimento (Inverno)

Ganhos solares:

Orientação do vão envidraçado	Tipo (simples ou duplo)	Área A (m²)	Factor de Orientação X(-)	Factor Solar do vidro g (-)	Factor de Obstrução Fs(-) Fh.Fo.Ff	Fracção Envidraçada Fg (-)	Factor de Sel. Angular Fw (-)	Área Efectiva Ae (m2)

Área Efectiva Total equivalente na orientação SUL (m²) [   ]
x
Radiação incidente num envidraçado a Sul (Gsul) na Zona [   ] (kWh/m².mês) - do Quadro 8 (Anexo III) [   ]
x
Duração da Estação de Aquecimento (meses) [   ]
=
Ganhos Solares Brutos (kWh/ano) [   ]

Ganhos internos:

Ganhos internos médios (Quadro IV.2) [   ] (W/m²)
x
Duração da Estação de Aquecimento [   ] (meses)
x
Área Útil de pavimento [   ] (m²)
0,72
Ganhos Internos Brutos [   ] (kWh/ano)

Ganhos Totais Úteis:

γ = Ganhos Solares Brutos + Ganhos Internos / Nec. Brutas de Aquecimento (de FC IV.2)

Inércia do edifício: γ =
Factor de Utilização dos Ganhos Solares (η) [   ]
Ganhos Solares Brutos + Ganhos Internos [   ]
x
Ganhos Totais Úteis (kWh/ano) [   ]

Folha de cálculo FC IV.1f

Valor máximo das necessidades de aquecimento (Ni)

FACTOR DE FORMA

Das FC IV.1a e 1c: (Áreas)   m²

Paredes Exteriores
Coberturas Exteriores
Pavimentos Exteriores
Envidraçados Exteriores

Da FC IV.1b: *(Áreas equivalentes A. τ)*

Paredes Interiores
Coberturas Interiores
Pavimentos Interiores
Envidraçados Interiores

Área Total:

Volume (da FC IV.1d):

FF

Graus-Dia no Local (°C.dia)

$Ni = 4,5 + 0,0395\ GD$ para FF < 0,5
$Ni = 4,5 + (0,021 + 0,037\ FF)\ GD$ para 0,5 < FF < 1
$Ni = [4,5 + (0,021 + 0,037\ FF)\ GD]\ (1,2 - 0,2\ FF)$ para 1 < FF < 1,5
$Ni = 4,05 + 0,06885\ GD$ para FF > 1,5

Nec. Nom. de Aquec. Máximas - Ni (kWh/m².ano)

Folha de cálculo FC IV.2

Cálculo do indicador Nic

Perdas térmicas associadas a:	(W/°C)
Envolvente Exterior (da FC IV.1a)	
Envolvente Interior (da FC IV.1b)	
Vãos Envidraçados (da FC IV.1c)	
Renovação de Ar (da FC IV.1d)	

=

Coeficiente Global de Perdas (W/°C)

x

Graus-Dia no Local (°C.dia)

x

0,024

=

Necessidades Brutas de Aquecimento (kWh/ano)

GanhosTotais Úteis (kWh/ano) (da FC IV.1e)

Necessidades de Aquecimento (kWh/ano)

/

Área Útil de pavimento (m²)

=

Nec. Nominais de Aquecimento - Nic (kWh/m².ano)

<

Nec. Nom. de Aquec. Máximas - Ni (kWh/m².ano)

TABELA IV.1

Valores do coeficiente τ (secção 2.1)

Tipo de espaço não útil	A_i /A_u[1]		
	De 0 a 1	De 1 a 10	Maior que 10
1 — Circulação comum:			
1.1 — Sem abertura directa para o exterior	0,6	0,3	0
1.2 — Com abertura permanente para o exterior (por exemplo, para ventilação ou desenfumagem):			
a) Área de aberturas permanentes/volume total < 0,05 m²/m³	0,8	0,5	0,1
b) Área de aberturas permanentes/volume total ≥ 0,05 m²/m³	0,9	0,7	0,3
2 — Espaços comerciais	0,8	0,6	0,2
3 — Edifícios adjacentes	0,6	0,6	0,6
4 — Armazéns	0,95	0,7	0,3
5 — Garagens:			
5.1 — Privada	0,8	0,5	0,3
5.2 — Colectiva	0,9	0,7	0,4
5.3 — Pública	0,95	0,8	0,5
6 — Varandas, marquisas e similares [2]	0,8	0,6	0,2
7 — Coberturas sobre desvão não habitado (acessível ou não) [3]:			
7.1 — Desvão não ventilado	0,8	0,6	0,4
7.2 — Desvão fracamente ventilado	0,9	0,7	0,5
7.3 — Desvão fortemente ventilado		1	

[1] A_i — área do elemento que separa o espaço útil interior do espaço não útil.
   A_u — área do elemento que separa o espaço não útil do ambiente exterior.
[2] Corresponde aos espaços do tipo varandas e marquisas fechadas, ou equivalentes, em que a envolvente de separação com os espaços aquecidos deve satisfazer, obrigatoriamente, os requisitos mínimos de coeficiente de transmissão térmica (U) definidos no anexo ix.
[3] Os valores de τ indicados neste ponto aplicam-se aos desvãos não habitados (não úteis) de coberturas inclinadas, acessíveis ou não. No caso dos desvãos acessíveis, estes podem não ter qualquer uso ou ser utilizados, nomeadamente, como zona de arrecadações ou espaços técnicos. A caracterização da ventilação baseia-se nas definições que constam do anexo ii.

Nota. — Sempre que τ > 0,7, ao elemento que separa o espaço útil interior do espaço não útil aplicam-se os requisitos mínimos definidos no anexo ix para os elementos exteriores da envolvente (v. n.º 2 do artigo 18.º do texto regulamentar).

TABELA IV.2

Coeficientes de transmissão térmica linear

Valores de ψ para elementos em contacto com o terreno

O coeficiente de transmissão térmica linear (ψ) é função da diferença de nível (Z) entre a face superior do pavimento e a cota do terreno exterior. O valor de z é negativo sempre que a cota do pavimento for inferior à do terreno exterior e positivo no caso contrário.

Não se contabilizam perdas térmicas lineares de elementos em contacto com o terreno nas seguintes situações:

Espaços não úteis (locais não aquecidos);

Paredes interiores separando dois espaços úteis ou um espaço útil e um espaço não útil (local não aquecido), desde que $\tau < 0,7$.

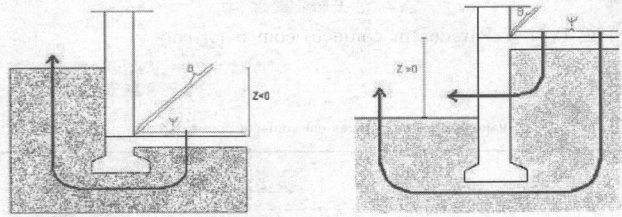

Fig. IV.2 — Pavimento em contacto com o terreno sem isolante térmico.

Tabela IV.2.1

Valores de ψ de pavimentos em contacto com o terreno, sem isolante térmico

Z (m)	ψ $(W/m.°C)$
Menor que − 6	0
De − 6 a − 1,25	0,50
De − 1,20 a 0	1,50
De 0,05 a 1,50	2,50

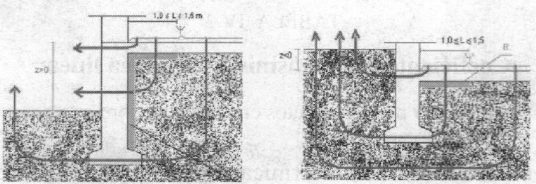

Fig. IV.3 — Pavimentos em contacto com o terreno com isolante
térmico perimetral.

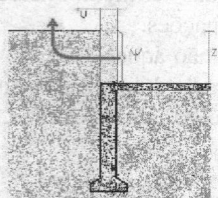

Fig. IV.4 — Parede em contacto com o terreno.

Tabela IV.2.2

Valores de ψ de paredes em contacto com o terreno

z (m)	ψ (W/m.°C) Coeficiente de transmissão térmica da parede U (W/m².°C)					
	De 0,40 a 0,64	De 0,64 a 0,99	De 1 a 1,19	De 1,20 a 1,49	De 1,50 a 1,79	De 1,80 a 2
Menor que − 6	1,55	1,90	2,25	2,45	2,65	2,75
De − 6 a − 3,05	1,35	1,65	1,90	2,05	2,25	2,50
De − 3 a − 1,05	0,80	1,10	1,30	1,45	1,65	1,75
De − 1 a 0	0,30	0,40	0,50	0,60	0,70	0,80

TABELA IV.3

Coeficientes de transmissão térmica linear

Valores de ψ para pontes térmicas lineares

Consideram-se as seguintes configurações tipo:
A) Ligação da fachada com os pavimentos térreos:
Ai – isolamento pelo interior;
Ae – isolamento pelo exterior;
Ar – isolamento repartido ou isolante na caixa de ar de paredes duplas;
B) Ligação da fachada com pavimentos sobre locais não aquecidos ou
exteriores:
Bi – isolamento pelo interior;
Be – isolamento pelo exterior;
Br – isolamento repartido ou isolante na caixa de ar de paredes duplas;

C) Ligação da fachada com pavimentos intermédios:
Ci – isolamento pelo interior;
Ce – isolamento pelo exterior;
Cr – isolamento repartido ou isolante na caixa de ar de paredes duplas;
D) Ligação da fachada com cobertura inclinada ou terraço:
Di – isolamento pelo interior;
De – isolamento pelo exterior;
Dr – isolamento repartido ou isolante na caixa de ar de paredes duplas;
E) Ligação da fachada com varanda:
Ei – isolamento pelo interior;
Ee – isolamento pelo exterior;
Er – isolamento repartido ou isolante na caixa de ar de paredes duplas;
F) Ligação entre duas paredes verticais:
Fi – isolamento pelo interior;
Fe – isolamento pelo exterior;
Fr – isolamento repartido ou isolante na caixa de ar de paredes duplas;
G) Ligação da fachada com caixa de estore:
Gi – isolamento pelo interior;
Ge – isolamento pelo exterior;
Gr – isolamento repartido ou isolante na caixa de ar de paredes duplas;
H) Ligação da fachada com padieira, ombreira ou peitoril:
Hi – isolamento pelo interior;
He – isolamento pelo exterior;
Hr – isolamento repartido ou isolante na caixa de ar de paredes duplas.

Nos quadros seguintes quantificam-se os valores de ψ para as situações mais correntes de pontes térmicas lineares. Nos casos de pontes térmicas lineares não consideradas nesses quadros pode utilizar-se um valor convencional de $\psi = 0,5 \ W/m \ . \ ^{\circ}C$.

Não se contabilizam pontes térmicas lineares ($\psi = 0$) nos seguintes casos:

Paredes interiores intersectando a cobertura e pavimentos, quer sobre o exterior quer sobre espaços não úteis (locais não aquecidos);

Paredes interiores separando um espaço útil de um espaço não útil adjacente desde que $\tau < 0,7$.

A) Ligação da fachada com pavimentos térreos

Isolamento pelo interior

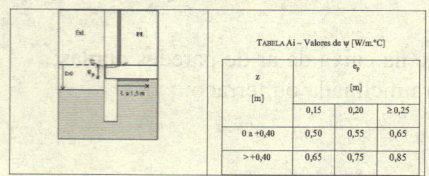

TABELA Ai – Valores de ψ [W/m.°C]

z [m]	c_p [m]		
	0,15	0,20	≥ 0,25
0 a +0,40	0,50	0,55	0,65
> +0,40	0,65	0,75	0,85

Isolamento pelo exterior

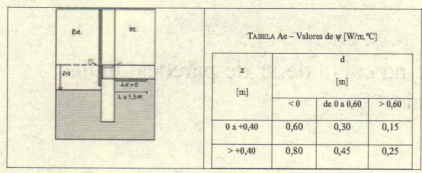

TABELA Ae – Valores de ψ [W/m.°C]

z [m]	d [m]		
	< 0	de 0 a 0,60	> 0,60
0 a +0,40	0,60	0,30	0,15
> +0,40	0,80	0,45	0,25

Isolamento repartido ou isolante na caixa de ar de paredes duplas

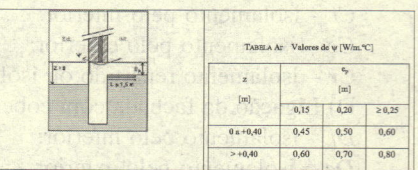

TABELA Ar – Valores de ψ [W/m.°C]

z [m]	c_p [m]		
	0,15	0,20	≥ 0,25
0 a +0,40	0,45	0,50	0,60
> +0,40	0,60	0,70	0,80

Nota. — Quando o pavimento térreo não tem isolante térmico, os valores de ψ para *Ai, Ae* e *Ar* agravam-se em 50 %.

B) Ligação da fachada com pavimentos sobre locais não aquecidos

Isolamento pelo interior

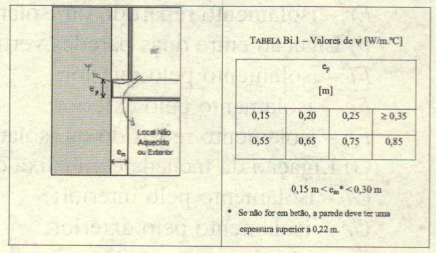

TABELA Bi.1 – Valores de ψ [W/m.°C]

c_p [m]			
0,15	0,20	0,25	≥ 0,35
0,55	0,65	0,75	0,85

$0,15 < c_m{}^* < 0,30$ m

* Se não for em betão, a parede deve ter uma espessura superior a 0,22 m.

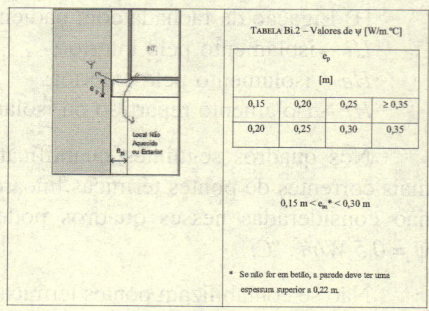

TABELA Bi.2 – Valores de ψ [W/m.°C]

c_p [m]			
0,15	0,20	0,25	≥ 0,35
0,20	0,25	0,30	0,35

$0,15$ m $< c_m{}^* < 0,30$ m

* Se não for em betão, a parede deve ter uma espessura superior a 0,22 m.

Isolamento pelo exterior

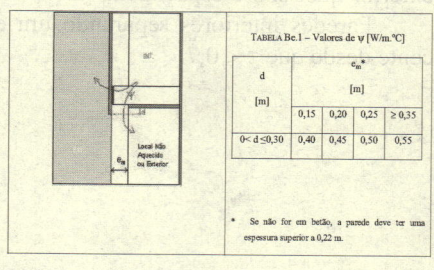

TABELA Be.1 – Valores de ψ [W/m.°C]

d [m]	$c_m{}^*$ [m]			
	0,15	0,20	0,25	≥ 0,35
0< d ≤0,30	0,40	0,45	0,50	0,55

* Se não for em betão, a parede deve ter uma espessura superior a 0,22 m.

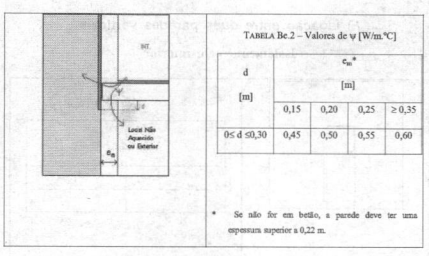

TABELA Be.2 – Valores de ψ [W/m.°C]

d [m]	c_m* [m]			
	0,15	0,20	0,25	≥ 0,35
0≤ d ≤0,30	0,45	0,50	0,55	0,60

* Se não for em betão, a parede deve ter uma espessura superior a 0,22 m.

Isolamento repartido ou isolante na caixa de ar de paredes duplas

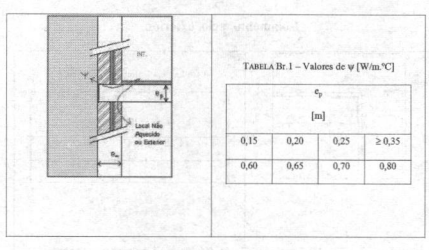

TABELA Br.1 – Valores de ψ [W/m.°C]

c_p [m]			
0,15	0,20	0,25	≥ 0,35
0,60	0,65	0,70	0,80

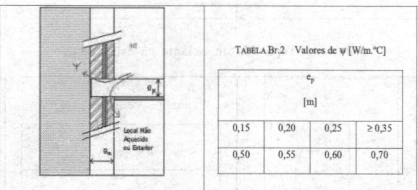

TABELA Br.2 Valores de ψ [W/m.°C]

c_p [m]			
0,15	0,20	0,25	≥ 0,35
0,50	0,55	0,60	0,70

C) Ligação da fachada com pavimentos intermédios
Isolamento pelo interior

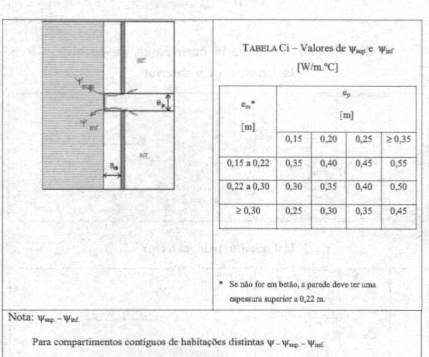

TABELA Ci – Valores de ψ_{sup} e ψ_{inf} [W/m.°C]

c_m* [m]	c_p [m]			
	0,15	0,20	0,25	≥ 0,35
0,15 a 0,22	0,35	0,40	0,45	0,55
0,22 a 0,30	0,30	0,35	0,40	0,50
≥ 0,30	0,25	0,30	0,35	0,45

* Se não for em betão, a parede deve ter uma espessura superior a 0,22 m.

Nota: ψ_{sup} - ψ_{inf}.

Para compartimentos contíguos de habitações distintas ψ - ψ_{sup} - ψ_{inf}.

Para compartimentos contíguos da mesma habitação ψ - ψ_{sup} + ψ_{inf}.

Isolamento pelo exterior

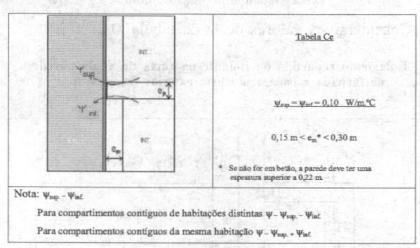

Tabela Ce

$\psi_{sup} = \psi_{inf} = 0,10$ W/m.°C

$0,15 < c_m* < 0,30$ m

* Se não for em betão, a parede deve ter uma espessura superior a 0,22 m

Nota: ψ_{sup} - ψ_{inf}.

Para compartimentos contíguos de habitações distintas ψ - ψ_{sup} - ψ_{inf}.

Para compartimentos contíguos da mesma habitação ψ - ψ_{sup} - ψ_{inf}.

Isolamento repartido ou isolante na caixa de ar de paredes duplas

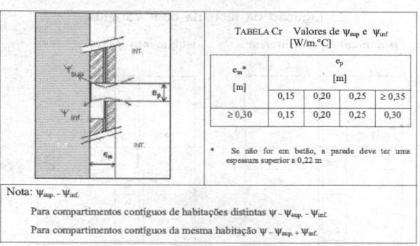

TABELA Cr Valores de ψ_{sup} e ψ_{inf} [W/m.°C]

c_m* [m]	c_p [m]			
	0,15	0,20	0,25	≥ 0,35
≥ 0,30	0,15	0,20	0,25	0,30

* Se não for em betão, a parede deve ter uma espessura superior a 0,22 m

Nota: ψ_{sup} - ψ_{inf}.

Para compartimentos contíguos de habitações distintas ψ - ψ_{sup} - ψ_{inf}.

Para compartimentos contíguos da mesma habitação ψ - ψ_{sup} + ψ_{inf}.

D) Ligação da fachada com cobertura inclinada ou terraço
Isolamento pelo interior da parede de fachada e pelo exterior da cobertura

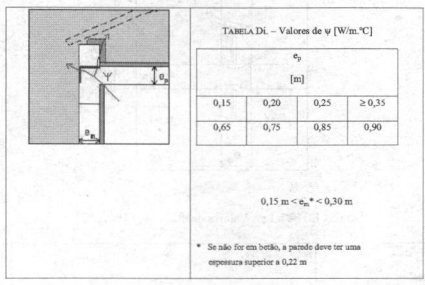

TABELA Di. – Valores de ψ [W/m.°C]

c_p [m]			
0,15	0,20	0,25	≥ 0,35
0,65	0,75	0,85	0,90

$0,15$ m $< c_m* < 0,30$ m

* Se não for em betão, a parede deve ter uma espessura superior a 0,22 m

Isolamento pelo exterior
D.e.1) Isolamento contínuo pelo exterior

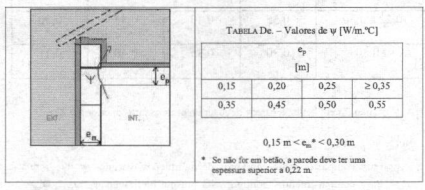

TABELA De. – Valores de ψ [W/m.°C]

c_p [m]			
0,15	0,20	0,25	≥ 0,35
0,35	0,45	0,50	0,55

$0,15$ m $< c_m* < 0,30$ m

* Se não for em betão, a parede deve ter uma espessura superior a 0,22 m

D.e.2) Isolamento não contínuo

Considerar os valores de ψ da tabela *Di.*

Isolamento repartido ou isolante na caixa de ar da parede de fachada e isolamento pelo exterior da cobertura

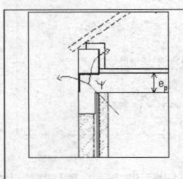

TABELA Dr. – Valores de ψ [W/m.°C]

e_p			
[m]			
0,15	0,20	0,25	≥ 0,35
0,50	0,60	0,70	0,75

E) Ligação da fachada com varanda

Isolamento pelo interior | Isolamento pelo exterior

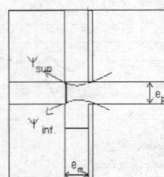
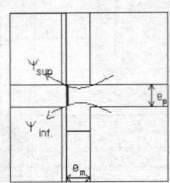

Isolamento repartido ou isolante na caixa de ar de paredes duplas

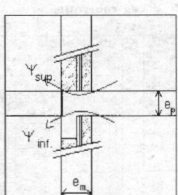

TABELA Ei, Ee e Er – Valores de ψ_{sup} e ψ_{inf} [W/m.°C]

e_m^* [m]	e_p [m]			
	0,15	0,20	0,25	≥ 0,35
*0,15 a 0,22	0,40	0,45	0,50	0,55
0,22 a 0,30	0,35	0,40	0,45	0,50
≥ 0,30	0,30	0,35	0,40	0,45

* Se não for em betão, a parede deve ter uma espessura superior a 0,22 m.

Nota: ψ_{sup} , ψ_{inf}.

Para compartimentos contíguos de habitações distintas ψ , ψ_{sup} , ψ_{inf}.
Para compartimentos contíguos da mesma habitação ψ , ψ_{sup} , ψ_{inf}.

F) Ligação entre duas paredes verticais

Isolamento pelo interior

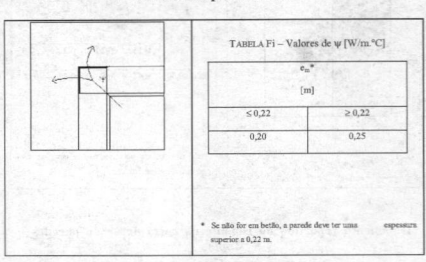

TABELA Fi – Valores de ψ [W/m.°C]

e_m^* [m]	
≤ 0,22	≥ 0,22
0,20	0,25

* Se não for em betão, a parede deve ter uma espessura superior a 0,22 m.

Isolamento pelo exterior

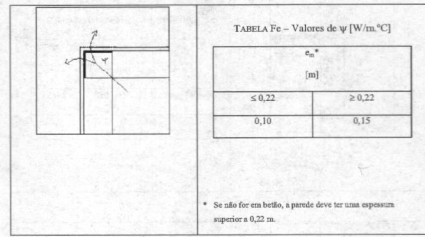

TABELA Fe – Valores de ψ [W/m.°C]

e_m^* [m]	
≤ 0,22	≥ 0,22
0,10	0,15

* Se não for em betão, a parede deve ter uma espessura superior a 0,22 m.

Isolamento repartido ou isolante na caixa de ar

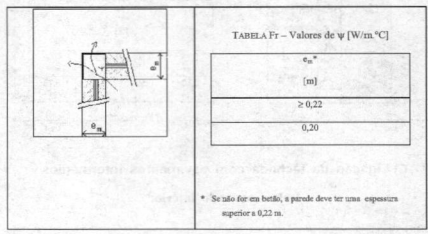

TABELA Fr – Valores de ψ [W/m.°C]

e_m^* [m]
≥ 0,22
0,20

* Se não for em betão, a parede deve ter uma espessura superior a 0,22 m.

G) Ligação da fachada com caixa de estore

Isolamento pelo interior

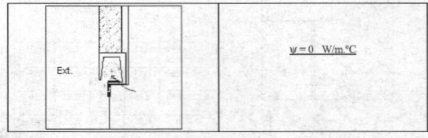

ψ = 0 W/m.°C

Isolamento pelo exterior

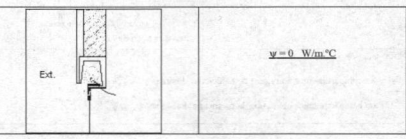

ψ = 0 W/m.°C

Isolamento repartido ou isolante na caixa de ar de paredes duplas

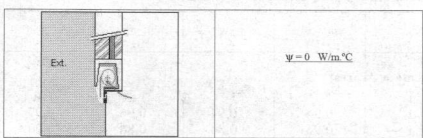

$\psi = 0 \quad W/m.°C$

Nota. — A resistência térmica do isolante da caixa de estore (*R*), deve ser maior ou igual a 0,5 m². °C/W. No caso da caixa de estore apresentar uma configuração diferente da apresentada, considerar $\psi = 1$ W/m . °C.

H) Ligação fachada/padieira ou peitoril

Isolamento pelo interior

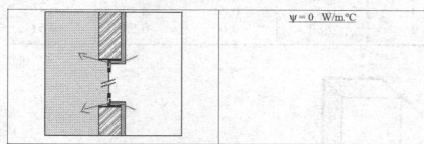

$\psi = 0 \quad W/m.°C$

Isolamento pelo exterior

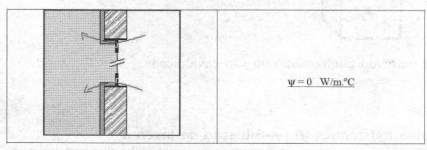

$\psi = 0 \quad W/m.°C$

Isolamento repartido ou isolante na caixa de ar de paredes duplas

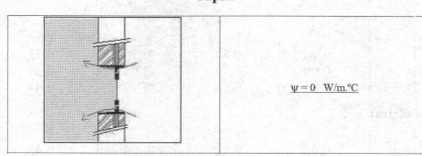

$\psi = 0 \quad W/m.°C$

Nota. — Se não houver contacto do isolante térmico com a caixilharia, considerar o valor de $\psi = 0,2$ W/m . °C.

Em paredes duplas considera-se que há continuidade do isolante térmico quando este for complanar com a caixilharia.

TABELA IV.4

Valores do factor solar dos envidraçados ($g_\perp$)

Tabela IV.4.1

Factor solar de alguns tipos de vidro ($g_{\perp v}$)

Tipo	Factor solar
Vidro simples:	
Incolor:	
4 mm	0,88
5 mm	0,87

Tipo	Factor solar
6 mm	0,85
8 mm	0,82
Colorido na massa (bronze, cinza, verde):	
4 mm	0,70
5 mm	0,65
6 mm	0,60
8 mm	0,55
Reflectante incolor:	
De 4 mm a 8 mm	0,60
Reflectante colorido na massa (bronze, cinza, verde):	
De 4 mm e 5 mm	0,50
De 6 mm e 8 mm	0,45
Vidro duplo:	
Incolor + incolor:	
(4 a 8) mm + 4 mm	0,78
(4 a 8) mm + 5 mm	0,75
Colorido na massa + incolor:	
4 mm + (4 a 8) mm	0,60
5 mm + (4 a 8) mm	0,55
6 mm + (4 a 8) mm	0,50
8 mm + (4 a 8) mm	0,45
Reflectante incolor + incolor:	
(4 a 8) mm + (4 a 8) mm	0,52
Reflectante colorido na massa + incolor:	
(4 e 5) mm + (4 a 8) mm	0,40
(6 e 8) mm + (4 a 8) mm	0,35
Tijolo de vidro (incolor e sem relevos)	0,57

Tabela IV.4.2

Factor solar de alguns tipos de envidraçados plásticos

Tipo	Factor solar
Policarbonato simples:	
Incolor cristalino (transparente):	
De 4 mm a 6 mm	0,85
De 8 mm a 10 mm	0,80
12 mm	0,78
Incolor translúcido:	
De 4 mm a 6 mm	0,50
Policarbonato alveolar incolor:	
Um alvéolo:	
De 6 mm a 8 mm	0,86
De 10 mm a 16 mm	0,84
Dois alvéolos:	
De 6 mm a 16 mm	0,82
Acrílico incolor cristalino (transparente):	
De 4 mm a 6 mm	0,85
De 8 mm a 10 mm	0,80
12 mm	0,78

TABELA IV.5

Valores do factor de sombreamento do horizonte (F_h) — Situação de Inverno

Ângulo do horizonte	Horizontal	N.	NE./NW.	E./W.	SE./SW.	S.
Latitude 39° (continente e Açores)						
0°	1	1	1	1	1	1
10°	0,99	1	0,96	0,94	0,96	0,97
20°	0,95	1	0,96	0,84	0,88	0,90
30°	0,82	1	0,85	0,71	0,68	0,67
40°	0,67	1	0,81	0,61	0,52	0,50
45°	0,62	1	0,80	0,58	0,48	0,45
Latitude 33° (Madeira)						
0°	1	1	1	1	1	1
10°	1	1	0,96	0,96	0,97	0,98
20°	0,96	1	0,91	0,87	0,90	0,93
30°	0,88	1	0,85	0,75	0,77	0,80
40°	0,71	1	0,81	0,64	0,59	0,58
45°	0,64	1	0,80	0,60	0,53	0,51

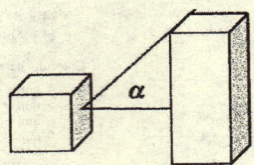

Fig. IV.4.5 — Ângulo de horizonte (α), medido a partir do ponto médio do vão envidraçado.

TABELA IV.6

Valores do factor de sombreamento por elementos horizontais (F_o) — Situação de Inverno

Ângulo da pala	N.	NE./NW.	E./W.	SE./SW.	S.
Latitude 39° (continente e Açores)					
0°	1	1	1	1	1
30°	1	0,94	0,84	0,76	0,73
45°	1	0,90	0,74	0,63	0,59
60°	1	0,85	0,64	0,49	0,44
Latitude 33° (Madeira)					
0°	1	1	1	1	1
30°	1	0,92	0,82	0,68	0,45
45°	1	0,88	0,72	0,60	0,56
60°	1	0,83	0,62	0,48	0,43

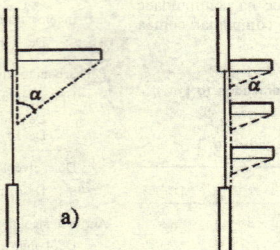

a)

Secção vertical
α — ângulo da pala horizontal, medido a partir do ponto médio do vão envidraçado.

TABELA IV.7

Valores do factor de sombreamento por elementos verticais (F_f) — Situação de Inverno

Posição da pala vertical	Ângulo da pala vertical	N	NE	E	SE	S	SW	W	NW
	0°	1,00	1,00	1,00	1,00	1,00	1,00	1,00	1,00
	30°	1,00	1,00	1,00	0,97	0,93	0,91	0,87	0,89
	45°	1,00	1,00	1,00	0,95	0,88	0,86	0,80	0,84
	60°	1,00	1,00	1,00	0,91	0,83	0,79	0,72	0,80
	0°	1,00	1,00	1,00	1,00	1,00	1,00	1,00	1,00
	30°	1,00	0,89	0,87	0,91	0,93	0,97	1,00	1,00
	45°	1,00	0,84	0,80	0,86	0,88	0,95	1,00	1,00
	60°	1,00	0,80	0,72	0,79	0,83	0,91	1,00	1,00
	0°	1,00	1,00	1,00	1,00	1,00	1,00	1,00	1,00
	30°	1,00	0,89	0,86	0,88	0,85	0,88	0,86	0,89
	45°	1,00	0,84	0,80	0,80	0,76	0,80	0,80	0,84
	60°	1,00	0,80	0,71	0,71	0,65	0,71	0,71	0,80

Secção horizontal

β — ângulo da pala vertical, medido a partir do ponto médio do vão envidraçado

ANEXO V

Método de cálculo das necessidades de arrefecimento

1 – Justificação da metodologia de cálculo. - As necessidades nominais de arrefecimento de uma fracção autónoma de um edifício são a energia útil que é necessário retirar-lhe para manter permanentemente no seu interior a temperatura de referência definida no artigo 14.º deste Regulamento durante toda a estação convencional de arrefecimento, isto é, nos meses de Junho a Setembro, inclusive. Este valor não representa necessariamente o consumo real dessa zona do edifício, já que, em geral, os seus ocupantes não impõem permanentemente situações exactamente iguais às de referência, podendo mesmo ocorrer diferenças substanciais por excesso ou por defeito entre as condições reais de funcionamento e as admitidas ou convencionadas como de referência para efeitos deste Regulamento.

No entanto, mais do que um método de prever necessidades energéticas reais de um edifício (ou de uma fracção autónoma de um edifício), o valor das necessidades nominais, calculado para condições de referência, constitui uma forma objectiva de comparar edifícios desde a fase do licenciamento, do ponto de vista do comportamento térmico: quanto maior for o seu valor mais quente é o edifício no Verão ou mais energia é necessário consumir para o arrefecer até atingir uma temperatura confortável.

O cálculo preciso das necessidades de arrefecimento de um espaço, dada a natureza altamente dinâmica dos fenómenos térmicos em causa, só é possível por meio de simulação dinâmica detalhada. Este tipo de metodologia é exigido no caso do regulamento dos sistemas de climatização (RSECE), mas a sua complexidade é considerada indesejável para o RCCTE, pelo que, neste Regulamento, se utiliza uma metodologia simplificada de cálculo, devidamente validada ao nível europeu, que produz resultados com a aproximação suficiente adequada aos objectivos do RCCTE.

Esta metodologia é complementar à adoptada para o cálculo dos ganhos úteis durante o período de aquecimento (anexo IV, n.º 4.4). Enquanto que, no Inverno, os ganhos úteis contabilizados são aqueles que não provocam o sobreaquecimento do espaço interior, os ganhos não úteis são, precisamente, os que provocam as necessidades de arrefecimento durante o Verão. Portanto, basta aplicar a mesma metodologia descrita no anexo IV para o cálculo da fracção dos ganhos internos e solares úteis, devidamente adaptada às condições interiores e exteriores de Verão, e afectando os ganhos totais no Verão, isto é, os ganhos internos, solares e através da envolvente opaca e transparente, do factor $(1 - \eta)$ definido no referido n.º 4.4 do anexo IV, obtendo-se assim as necessidades nominais anuais de arrefecimento do edifício ou fracção autónoma.

2 – Metodologia de cálculo:

2.1 – Equação de base. – As necessidades nominais de arrefecimento de um edifício ou fracção autónoma (Nv_c) são calculadas pela expressão seguinte:

$$Nv_c = Q_g \cdot (1 - \eta)/A_p$$

em que:

Q_g são os ganhos totais brutos do edifício ou fracção autónoma;

η é o factor de utilização dos ganhos (n.º 4.4 do anexo IV);

A_p é a área útil de pavimento.

Os ganhos totais brutos são obtidos pela soma das seguintes parcelas:

a) As cargas individuais devidas a cada componente da envolvente, devidas aos fenómenos combinados da diferença de temperatura interior-exterior e da incidência da radiação solar (Q_1);

b) As cargas devidas à entrada da radiação solar através dos envidraçados (Q_2);

c) As cargas devidas à renovação do ar (Q_3);

d) As cargas internas, devidas aos ocupantes, aos equipamentos e à iluminação artificial (Q_4).

2.2 – Ganhos pela envolvente. – Os ganhos através da envolvente opaca exterior resultam dos efeitos combinados da temperatura do ar exterior e da radiação solar incidente. Para o seu cálculo adopta-se uma metodologia simplificada baseada na «temperatura ar-Sol», que se traduz, para cada orientação, na seguinte equação:

$$Q_{opaco} = U.A.(\theta_{ar-Sol} - \theta_i) = U.A.(\theta_{atm} + \frac{\alpha.G}{h_e} - \theta_i) \quad \text{[W]}$$

em que:

U — coeficiente de transmissão térmica superficial do elemento da envolvente (em W/m²);
A — área do elemento da envolvente (em m²);
θ_{ar-Sol} — temperatura ar-Sol (°C);
θ_i — temperatura do ambiente interior (°C);
θ_{atm} — temperatura do ar exterior (°C);
α — coeficiente de absorção (para a radiação solar) da superfície exterior da parede (quadro v.5);
G — intensidade de radiação solar instantânea incidente em cada orientação (em W/m²);
h_e — condutância térmica superficial exterior do elemento da envolvente, que toma o valor de 25 W/m².°C.

Esta equação pode também ser expressa através de:

$$Q_{opaco} = U.A.(\theta_{atm} - \theta_i) + U.A.(\frac{\alpha.G}{h_e}) \quad \text{[W]}$$

Em termos de toda a estação convencional de arrefecimento, Q_1 é obtido pela integração dos ganhos instantâneos ao longo dos quatro meses em causa (122 dias), o que conduz à seguinte equação final:

$$Q_1 = 2,928 \ U.A.(\theta_m - \theta_i) + U.A.(\frac{\alpha.Ir}{h_e}) \quad \text{(kWh)}$$

em que:

θ_m — temperatura média do ar exterior na estação convencional de arrefecimento na zona climática de Verão onde se localiza o edifício (v. anexo III);
Ir — intensidade média de radiação total incidente em cada orientação durante toda a estação de arrefecimento (v. anexo III).

Para este cálculo adoptam-se as condições ambientais de referência definidas pelo artigo 16.º deste Regulamento. A primeira parcela desta equação corresponde às perdas pela envolvente opaca e transparente devidas apenas à diferença de temperatura entre o interior e o exterior (folha de cálculo FC V.1a), enquanto a segunda corresponde aos ganhos solares através da envolvente opaca (FC V.1c).

2.3 – Ganhos pelos vãos envidraçados. - Para o cálculo dos ganhos solares através dos envidraçados (folha de cálculo FC V.1b) adoptar-se-á a mesma metodologia definida no anexo IV:

$$Q_s = \sum_j \left[Ir_j \sum_n A_{snj} \right]$$

onde *Ir* é a energia solar incidente nos envidraçados, por orientação (*j*), conforme o anexo III, e as demais variáveis tomam o mesmo significado já descrito no n.º 4.3.1 do anexo IV, com excepção do factor de horizonte (F_h), que se considera igual a 1. Devido a relações angulares distintas entre o Inverno e o Verão, no entanto, os factores F_o, F_f e F_w são obtidos, para a estação de aquecimento, dos quadros V.1 a V.3.

O factor solar do envidraçado deve ser tomado com dispositivos de sombreamento móveis activados a 70%, ou seja, o factor solar do vão envidraçado é igual à soma de 30% do factor solar do vidro mais 70% do factor solar do vão envidraçado com a protecção solar móvel actuada, cujos valores são os indicados no quadro V.4.

São consideradas protecções ligeiramente transparentes as protecções com factor de transparência compreendido entre 5% e 15%, transparentes aquelas em que o factor de transparência está compreendido entre 15% e 25% e muito transparentes aquelas em que o factor de transparência é superior a 25%.

A cor da protecção é definida em função do coeficiente de reflexão da superfície exterior da protecção, complementar do coeficiente de absorção, encontrando-se no quadro V.5 a correspondência com algumas cores típicas, a título ilustrativo.

QUADRO V.1

Valores do factor de sombreamento dos elementos horizontais (F_o) — Situação de Verão

Ângulo da pala	N.	NE./NW.	E./W.	SE./SW.	S.
Latitude 39° (continente e Açores)					
0°	1	1	1	1	1
30°	0,98	0,86	0,75	0,68	0,63
45°	0,97	0,78	0,64	0,57	0,55
60°	0,94	0,70	0,55	0,50	0,52
Latitude 33° (Madeira)					
0°	1	1	1	1	1
30°	0,97	0,84	0,74	0,69	0,68
45°	0,95	0,76	0,63	0,60	0,62
60°	0,92	0,68	0,55	0,54	0,60

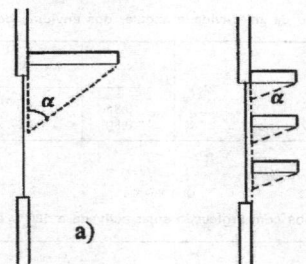

a)

Secção vertical

α — ângulo da pala horizontal, medido a partir do ponto médio do vão envidraçado.

QUADRO V.2

Valores do factor de sombreamento dos elementos verticais (F_f) — Situação de Verão

Posição da pala vertical	Ângulo da pala vertical	N	NE	E	SE	S	SW	W	NW
	0°	1,00	1,00	1,00	1,00	1,00	1,00	1,00	1,00
	30°	1,00	0,86	0,95	0,96	0,91	0,91	0,96	1,00
	45°	1,00	0,78	0,93	0,95	0,87	0,85	0,96	1,00
	60°	1,00	0,69	0,88	0,93	0,84	0,77	0,95	1,00
	0°	1,00	1,00	1,00	1,00	1,00	1,00	1,00	1,00
	30°	1,00	1,00	0,96	0,91	0,91	0,96	0,95	0,86
	45°	1,00	1,00	0,96	0,85	0,87	0,95	0,93	0,78
	60°	1,00	1,00	0,95	0,77	0,84	0,93	0,88	0,69

Posição da pala vertical	Ângulo da pala vertical	N	NE	E	SE	S	SW	W	NW
	0°	1,00	1,00	1,00	1,00	1,00	1,00	1,00	1,00
	30°	1,00	0,86	0,90	0,91	0,82	0,91	0,90	0,86
	45°	1,00	0,78	0,92	0,84	0,74	0,84	0,92	0,78
	60°	1,00	0,69	0,86	0,75	0,67	0,75	0,86	0,69

QUADRO V.3

Valores do factor de correcção da selectividade angular dos envidraçados (F_w) — Situação de Verão

	N.	NE./NW.	E./W.	SE./SW.	S.
Vidro simples	0,85	0,90	0,90	0,90	0,80
Vidro duplo	0,80	0,85	0,85	0,85	0,75

QUADRO V.4

Valores do factor solar de vãos com protecção solar activada a 100 % e vidro incolor corrente ($g_\perp$)

Tipo de protecção	Vidro simples Cor da protecção			Vidro duplo Cor da protecção		
	Clara	Média	Escura	Clara	Média	Escura
Protecções exteriores:						
Portada de madeira	0,04	0,07	0,09	0,03	0,05	0,06
Persiana:						
Réguas de madeira	0,05	0,08	0,10	0,04	0,05	0,07
Réguas metálicas ou plásticas	0,07	0,10	0,13	0,04	0,07	0,09
Estore veneziano:						
Lâminas de madeira	–	0,11	–	–	0,08	–
Lâminas metálicas	–	0,14	–	–	0,09	–
Estore:						
Lona opaca	0,07	0,09	0,12	0,04	0,06	0,08
Lona pouco transparente	0,14	0,17	0,19	0,10	0,12	0,14
Lona muito transparente	0,21	0,23	0,25	0,16	0,18	0,20
Protecções interiores:						
Estores de lâminas	0,45	0,56	0,65	0,47	0,59	0,69
Cortinas:						
Opacas	0,33	0,44	0,54	0,37	0,46	0,55
Ligeiramente transparentes	0,36	0,46	0,56	0,38	0,47	0,56
Transparentes	0,38	0,48	0,58	0,39	0,48	0,58
Muito transparentes	0,70	–	–	0,63	–	–
Portadas de madeira (opacas)	0,30	0,40	0,50	0,35	0,46	0,58
Persianas de madeira	0,35	0,45	0,57	0,40	0,55	0,65
Protecção entre dois vidros — estore veneziano, lâminas delgadas				0,28	0,34	0,40

O quadro V.4 lista o factor solar $g_\perp$ de vãos envidraçados com os dispositivos de protecção solar mais habituais nos quais são utilizados vidros incolores correntes. Caso sejam aplicados vidros especiais diferentes dos incolores correntes, o factor solar dos vãos envidraçados com dispositivos de protecção solar interiores ou com protecção exterior não opaca é obtido pelas equações 1 ou 2, consoante se trate de vãos com vidro simples ou vidro duplo. Caso exista uma protecção solar exterior opaca (tipo persiana), o valor do factor solar do vão com vidros especiais é obtido directamente do quadro V.4. Nos vãos protegidos por mais de uma protecção solar deve ser utilizada a equação 3 ou 4, considerando apenas as protecções solares existentes do lado exterior até ao interior até à primeira protecção solar opaca:

Vidro simples:

$$g_\perp = \frac{g_\perp' g_{\perp v}}{0,85} \quad (1)$$

Vidro duplo:

$$g_\perp = \frac{g_\perp' g_{\perp v}}{0,75} \quad (2)$$

Vidro simples:

$$g_\perp = g_{\perp v} \prod_i \frac{g_\perp'}{0,85} \quad (3)$$

Vidro duplo:

$$g_\perp = g_{\perp v} \prod_i \frac{g_\perp'}{0,75} \quad (4)$$

em que:

$g_\perp$ — factor solar do vão envidraçado;
$g_\perp'$ — factor solar do vão envidraçado com protecção solar e vidro incolor;
$g_{\perp v}$ — factor solar do envidraçado.

Admitir-se-á também o método simplificado, tal como indicado para os ganhos solares na estação de aquecimento, correspondente à consideração de um envidraçado típico médio de cada fachada do edifício ou da fracção autónoma, conforme aplicável, desde que sejam todos semelhantes em termos de protecção solar e em que haja apenas diferenças derivadas da sua localização na fachada.

Cor da superfície exterior da protecção solar

Cor da protecção	Clara	Média	Escura
Coeficiente de absorção solar da superfície exterior da protecção Cor	0,4 Branco. Creme. Amarelo. Laranja. Vermelho-claro.	0,5 Vermelho-escuro. Verde-claro. Azul-claro.	0,8 Castanho. Verde-escuro. Azul-vivo. Azul-escuro. Preto.

2.4 – Perdas por ventilação. – A metodologia de cálculo é igual à indicada no n.º 3 do anexo IV. Na realidade, dado que a temperatura média exterior durante toda a estação de arrefecimento (anexo III) é sempre inferior à temperatura interior de referência, a ventilação é, em média, uma perda, pelo que é contabilizada na folha de cálculo FC V.1a:

$$Q_3 = 2,928 \, (0,34 \, . \, R_{ph} \, . \, A_p \, P_d) \, (\theta_m - \theta_i) \qquad \text{(kWh)}$$

2.5 – Ganhos internos. – A metodologia de cálculo é igual à indicada no n.º 4.2 do anexo IV (folha de cálculo FC V.1d).

$$Q_i = 2,928 \, . \, q_i \, . \, A_p \qquad \text{(kWh)}$$

3 – Folhas de cálculo. – O método de cálculo descrito neste anexo está organizado, para sistematização da forma de apresentação de resultados, nas folhas de cálculo FC V.1 a FC V.5 que se seguem.

Folha de cálculo FC V.1a

Perdas

Perdas associadas às paredes exteriores (U.A)	(FCIV.1a)	☐	(W/ºC)
		+	
Perdas associadas aos pavimentos exteriores (U.A)	(FCIV.1a)	☐	(W/ºC)
		+	
Perdas associadas às coberturas exteriores (U.A)	(FCV.1b)	☐	(W/ºC)
		+	
Perdas associadas aos envidraçados exteriores (U.A)	(FCV.1b)	☐	(W/ºC)
		+	
Perdas associadas à renovação de ar	(FCIV.1d)	☐	(W/ºC)
		=	
Perdas específicas totais	(Q₁ₐ)	☐	(W/ºC)

Temperatura interior de referência		25	(ºC)
		-	
Temperatura média do ar exterior na estação de arrefecimento (Quadro III.9)		☐	(ºC)
		=	
Diferença de temperatura interior-exterior		☐	(ºC)
		x	
Perdas específicas totais	(Q₁ₐ)	☐	(W/ºC)
		x 2,928	
		=	
Perdas térmicas totais	(Q₁ᵦ)	☐	(kWh)

Folha de cálculo FC V.1b

Perdas associadas a coberturas e envidraçados exteriores

Perdas associadas às coberturas exteriores

Coberturas exteriores	Área (m²)	U (W/m²°C)	U.A (W/°C)
		TOTAL	

Perdas associadas aos envidraçados exteriores

Envidraçados exteriores	Área (m²)	U (W/m²°C)	U.A (W/°C)
Verticais:			
Horizontais:			
		TOTAL	

Nota. — O valor de U das coberturas a usar nesta ficha corresponde à situação de Verão.

Folha de cálculo FC V.1c

Ganhos solares pela envolvente opaca

POR ORIENTAÇÃO E HORIZONTAL

Área, A (m²)

U (W/m²°C)

Coeficiente de absorção, α (Quadro V.5)

α U.A (W/°C)

Int. de rad. solar na estação de arrefec. (kWh/m²) (Quadro III.9)

0,04 0,04 0,04 0,04 0,04 0,04 0,04 0,04

Ganhos solares pela envolvente opaca exterior — TOTAL (kWh)

Folha de cálculo FC V.1d

Ganhos solares pelos envidraçados exteriores

POR ORIENTAÇÃO E HORIZONTAL

Área, A (m²)

Factor solar do vão envidraçado

Fracção envidraçada, F_g (Quadro IV.5)

Factor de obstrução, F_s

Factor de selectividade do vidro, F_w (Quadro V.3)

Área efectiva, A_e (m²)

Int. de rad. solar na estação de arrefec. (kWh/m²) (Quadro III.9)

Ganhos solares pelos vãos envidraçados exteriores — TOTAL (kWh)

Folha de cálculo FC V.1e

Ganhos internos

Ganhos internos médios (W/m²) (Quadro IV.3)

×

Área útil de pavimento (m²)

×
2,928

=

Ganhos internos totais (kWh)

Folha de cálculo FC V.1f

Ganhos totais na estação de arrefecimento (Verão)

Ganhos solares pelos vãos envidraçados exteriores (FCV.1d) (kWh)

+

Ganhos solares pela envolvente opaca exterior (FCV.1c) (kWh)

+

Ganhos internos (FCV.1e) (kWh)

=

Ganhos térmicos totais (kWh)

Folha de cálculo FC V.1g

Valor das necessidades nominais de arrefecimento (Nvc)

Ganhos térmicos totais (FCV.1f) (kWh)

/

Perdas térmicas totais (FCV.1a) (kWh)

=

γ

Inércia do edifício

1

Factor de utilização dos ganhos solares, η

=

×

Ganhos térmicos totais (FCV.1e) (kWh)

=

Necessidades brutas de arrefecimento (kWh/ano)

+

Consumo dos ventiladores (Ev=Pv.24.0,03.122 (kWh))
(se houver, exaustor da cozinha excluído)

TOTAL (kWh/ano)

/

Área útil de pavimento (m²)

=

Necessidades nominais de arrefecimento - Nvc (kWh/m².ano)

≤

Necessidades nominais de arref. máximas - Nv (kWh/m².ano)

ANEXO VI

Método de cálculo das necessidades de energia para preparação da água quente sanitária

1 – *Necessidades de energia para preparação das águas quentes sanitárias* (*Nac*). – Para efeitos regulamentares, as necessidades anuais de energia útil para preparação de água quente sanitária (*AQS*) (*Nac*) são calculadas através da seguinte expressão:

$$Nac = (Q_a/\eta_a - E_{solar} - E_{ren})/A_p)$$

em que:

Q_a é a energia útil despendida com sistemas convencionais de preparação de AQS;

η_a é a eficiência de conversão desses sistemas de preparação de AQS;

E_{solar} é a contribuição de sistemas de colectores solares para o aquecimento de AQS;

E_{ren} é a contribuição de quaisquer outras formas de energias renováveis (solar fotovoltaica, biomassa, eólica, geotérmica, etc.) para a preparação de AQS, bem como de quaisquer formas de recuperação de calor de equipamentos ou de fluidos residuais;

A_p é a área útil de pavimento.

A forma de cálculo de cada uma das parcelas da expressão anterior é apresentada nos números seguintes.

2 – *Energia despendida com sistemas convencionais de preparação de* AQS (*Q_a*). – A energia despendida com sistemas convencionais utilizados na preparação das *AQS* durante um ano (*Q_a*) é dada pela expressão seguinte:

$$Q_a = (M_{AQS} \cdot 4187 \cdot \Delta_T \cdot n_d)/(3600000) \qquad \text{(kWh/ano)}$$

em que:

M_{AQS} é o consumo médio diário de referência de AQS;

Δ_T é o aumento de temperatura necessário para preparar as AQS;

n_d representa o número anual de dias de consumo de AQS.

2.1 – Consumo médio diário de referência (*M_{AQS}*). – Nos edifícios residenciais, o consumo médio diário de referência (*M_{AQS}*) é dado pela expressão:

$$M_{AQS} = 40 \text{ l x número de ocupantes}$$

sendo o número convencional de ocupantes de cada fracção autónoma definido no quadro VI.1.

QUADRO VI.1

Número convencional de ocupantes em função da tipologia da fracção autónoma

Tipologia	T0	T1	T2	T3	...	Tn
Número de ocupantes	2	2	3	4	...	$n+1$

Admite-se que os edifícios de serviços sujeitos ao RCCTE são pequenos consumidores de AQS, sendo o respectivo consumo total diário (M_{AQS}), de 100 l. Todavia, são aceites outros valores (incluindo um valor nulo) devidamente justificados pelo projectista e aceites pela entidade licenciadora.

2.2 – Aumento de temperatura (Δ_T). – O aumento de temperatura (Δ_T) necessário à preparação das AQS toma o valor de referência de 45°C. Este valor considera que a água da rede pública de abastecimento é disponibilizada a uma temperatura média anual de 15°C e que deve ser aquecida à temperatura de 60°C.

2.3 – Número anual de dias de consumo de *AQS* (n_d). – O número anual de dias de consumo de *AQS* (n_d) depende do período convencional de utilização dos edifícios e é indicado no quadro VI.2.

QUADRO VI.2

Número anual de dias de consumo de *AQS*

Tipo de edifícios	Utilização	Número de dias de consumo de *AQS*
Edifícios residenciais	Permanente	365
Edifícios de serviços	Permanente	365
	Encerrado um dia por semana	313
	Encerrado um dia e meio por semana	287
	Encerrado dois dias por semana	261

3 – *Eficiência de conversão do sistema de preparação das* AQS (η_a). – A eficiência de conversão do sistema de preparação das *AQS* (η_a), é definida pelo respectivo fabricante com base em ensaios normalizados, podendo ser utilizados os seguintes valores de referência na ausência de informação mais precisa:

Termoacumulador eléctrico com pelo menos 100 mm de isolamento térmico – 0,95;

Termoacumulador eléctrico com 50 mm a 100 mm de isolamento térmico – 0,90;

Termoacumulador eléctrico com menos de 50 mm de isolamento térmico – 0,80;

Termoacumulador a gás com pelo menos 100 mm de isolamento térmico – 0,80;

Termoacumulador a gás com 50 mm a 100 mm de isolamento térmico – 0,75;

Termoacumulador a gás com menos de 50 mm de isolamento térmico – 0,70;

Caldeira mural com acumulação com pelo menos 100 mm de isolamento térmico – 0,87;

Caldeira mural com acumulação com 50 mm a 100 mm de isolamento térmico – 0,82;

Caldeira mural com acumulação com menos de 50 mm de isolamento térmico – 0,65;

Esquentador a gás – 0,50.

Os valores de (η_a) devem ser diminuídos de 0,10 se as redes de distribuição de água quente internas à fracção autónoma não forem isoladas com pelo menos 10 mm de isolamento térmico (ou resistência térmica equivalente da tubagem respectiva).

Para outros sistemas de preparação de *AQS,* nomeadamente sistemas centralizados comuns a várias fracções autónomas de um mesmo edifício, recurso a redes urbanas de aquecimento, etc., a eficiência deve ser calculada e demonstrada caso a caso pelo projectista, sendo aplicáveis nos ramais principais de distribuição de água quente exteriores às fracções autónomas os requisitos de isolamento térmico especificados na regulamentação própria aplicável a este tipo de sistemas (RSECE).

Caso não esteja definido, em projecto, o sistema de preparação das *AQS*, considera-se que a fracção autónoma vai dispor de um termoacumulador eléctrico com 5 cm de isolamento térmico (η_a = 0,90) em edifícios sem alimentação de gás ou um esquentador a gás natural ou GPL (η_a = 0,50) quando estiver previsto o respectivo abastecimento.

4 – *Contribuição de sistemas solares de preparação de* AQS (E_{solar}). – A contribuição de sistemas de colectores solares para o aquecimento da *AQS* (E_{solar}) deve ser calculada utilizando o programa SOLTERM do INETI. A contribuição de sistemas solares só pode sercontabilizada, para efeitos deste Regulamento, se os sistemas ou equipamentos forem certificados de acordo com as normas e legislação em vigor, instalados por instaladores acreditados pela DGGE e, cumu-

lativamente, se houver a garantia de manutenção do sistema em funcionamento eficiente durante um período mínimo de seis anos após a instalação.

5 – *Contribuição de outros sistemas de preparação de* AQS (E_{ren}). – A contribuição de quaisquer outras formas de energias renováveis (E_{ren}) (solar fotovoltaica, biomassa, eólica, geotérmica, etc.) para a preparação de *AQS*, bem como de quaisquer formas de recuperação de calor, de equipamentos ou de fluidos residuais, deve ser calculada com base num método devidamente justificado e reconhecido e aceite pela entidade licenciadora.

ANEXO VII

Quantificação dos parâmetros térmicos

1 – *Cálculo do coeficiente de transmissão térmica* (U):

1.1 – Princípio de cálculo. – O coeficiente de transmissão térmica (U) de elementos constituídos por um ou vários materiais, em camadas de espessura constante, é calculado pela seguinte fórmula:

$$U = \frac{1}{R_{si} + \Sigma_j R_j + R_{se}}$$

em que:

R_j — resistência térmica da camada j (m². °C/W);
R_{si}, R_{se} — resistências térmicas superficiais interior e exterior, respectivamente (m². °C/W).

Tratando-se de camadas de materiais homogéneos, a resistência térmica, *Rj* é calculada como sendo o quociente entre a espessura da camada *j*, d_j (m), e o valor de cálculo da condutibilidade térmica do material que a constitui, λ_j (W/m . °C).

Para as camadas não homogéneas (alvenarias, lajes aligeiradas, espaços de ar, etc.) os valores das correspondentes resistências térmicas devem ser quer calculados de acordo com a metodologia estabelecida na norma europeia EN ISO 6946 quer obtidos directamente em tabelas. Os valores da condutibilidade térmica dos materiais correntes de construção e das resistências térmicas das camadas não homogéneas mais utilizadas constam da publicação do LNEC Coeficientes de Transmissão Térmica de Elementos da Envolvente dos Edifícios.

Os valores das resistências térmicas superficiais em função da posição do elemento construtivo e do sentido do fluxo de calor constam do quadro VII.l:

QUADRO VII.1

Resistências térmicas superficiais

Sentido do fluxo de calor	Resistência térmica superficial (m² . °C/W)		
	Exterior — R_{se}	Local não aquecido (*) R_{se}	Interior — R_{si}
Horizontal (**)...................... Vertical (***):	0,04	0,13	0,13
Ascendente	0,04	0,10	0,10
Descendente.......................	0,04	0,17	0,17

(*) Os valores indicados traduzem o facto de, no caso do cálculo do coeficiente de transmissão térmica de um elemento que separa um local não aquecido de um local aquecido, se adoptar $R_{se} = R_{si}$.
(**) Aplicável a paredes (até mais ou menos 30° com a vertical).
(***) Aplicável a coberturas e pavimentos

Os valores das resistências térmicas dos espaços de ar não ventilados e ventilados são tratados nos n.ᵒˢ 1.2.1 e 1.2.2 deste anexo, respectivamente.

A publicação do LNEC *Coeficientes de Transmissão Térmica de Elementos da Envolvente dos Edifícios* contém uma listagem extensa do valor dos coeficientes de transmissão térmica (*U*) dos elementos de construção mais comuns, obtidos segundo este método de cálculo.

Quando um edifício utilize uma solução construtiva não tabelada nessa publicação, o respectivo valor de U deve ser obtido usando os princípios de cálculo descritos nas normas europeias EN ISO 6946 e EN ISO 13789.

1.2 – Resistência térmica dos espaços de ar em elementos construtivos. – A resistência térmica de um espaço de ar (R_{ar}) é considerada no cálculo do coeficiente de transmissão térmica se o espaço de ar:

Tiver espessura nominal superior a 5 mm, no caso de elementos prefabricados, e a 15 mm, no caso de elementos construtivos realizados em obra;

For delimitado por duas superfícies paralelas, com emitâncias iguais ou superiores a 0,8 (caso dos materiais correntes de construção) e perpendiculares à direcção do fluxo de calor;

Tiver uma espessura (na direcção do fluxo de calor) inferior a um décimo de qualquer das outras duas dimensões;

Não apresentar trocas de ar com o ambiente interior.

A caracterização do grau de ventilação dos espaços de ar faz-se da seguinte forma:

Para as paredes, a partir do quociente entre a área total de orifícios de ventilação (*s*), em milímetros quadrados, e o comprimento da parede (*L*), em metros;

Para as coberturas e elementos inclinados, a partir do quociente entre a área total de orifícios de ventilação (*s*), em milímetros quadrados, e a área do elemento em estudo (*A*), em metros quadrados.

1.2.1 – Resistência térmica de espaços de ar não ventilados. - No quadro VII.2 apresentam-se os valores da resistência térmica dos espaços de ar não ventilados, que devem ser adoptados para o cálculo do coeficiente de transmissão térmica, em função da posição e da espessura do espaço de ar, e do sentido do fluxo de calor:

QUADRO VII.2

Resistência térmica dos espaços de ar não ventilados

Sentido do fluxo do calor	Espessura do espaço de ar (mm)	Resistência térmica R_{ar} (m². °C/W)
Horizontal (*)	5	0,11
	10	0,15
	15	0,17
	De 25 a 100	0,18
Vertical (**) ascendente	5	0,11
	10	0,15
	De 15 a 100	0,16
Vertical (**) descendente	5	0,11
	10	0,15
	15	0,17
	25	0,19
	50	0,21
	100	0,22

(*) Paredes (até mais ou menos 30° com a vertical).
(**) Coberturas e pavimentos.

Um espaço de ar que tenha pequenas aberturas para o ambiente exterior pode também ser considerado não ventilado desde que:

Não exista uma camada de isolante térmico entre ele e o exterior;

As aberturas existentes não permitam a circulação de ar no interior do espaço de ar;

A relação *s/L* seja igual ou inferior a 500 mm2/m, no caso de paredes;

A relação *s/A* seja igual ou inferior a 500 mm2/m2, no caso de elementos horizontais (coberturas ou pavimentos) ou inclinados.

1.2.2 – Resistência térmica de espaços de ar ventilados – quando o elemento de construção incluir espaços de ar ventilados, o valor do seu coeficiente de transmissão térmica depende do grau de ventilação desses espaços.

i) Espaços de ar fracamente ventilados - um espaço de ar considera-se fracamente ventilado desde que:

A relação *s/L* seja superior a 500 mm2/m e igual ou inferior a 1500 mm2/m, no caso de paredes;

A relação *s/A* seja superior a 500 mm2/m2 e igual ou inferior a 1500 mm2/m2, no caso de elementos horizontais ou inclinados.

Nestes casos a resistência térmica do espaço de ar fracamente ventilado é metade do valor correspondente indicado na tabela VII.2.

Todavia, se a resistência térmica do elemento construtivo localizado entre o espaço de ar e o ambiente exterior for superior a 0,15 m2 . ºC/W a resistência térmica do espaço de ar deve tomar o valor de 0,15 m2 . ºC/W.

ii) Espaços de ar fortemente ventilados – um espaço de ar considera-se fortemente ventilado desde que:

A relação *s/L* seja superior a 1500 mm2/m, no caso de paredes;

A relação *s/A* seja superior a 1500 mm2/m2, no caso de elementos horizontais ou inclinados.

Nestes casos a resistência térmica do espaço de ar considera-se nula.

Para além disso, no cálculo do coeficiente de transmissão térmica (U) do elemento com um espaço de ar fortemente ventilado adoptam-se as seguintes convenções:

Não se considera a resistência térmica das camadas que se localizam entre o espaço de ar e o ambiente exterior;

A resistência térmica superficial exterior (R_{se}) toma o valor correspondente da resistência térmica superficial interior (R_{si}) indicado na tabela VII.1.

1.3 – Coeficiente de transmissão térmica de coberturas inclinadas sobre desvão. – No caso de coberturas inclinadas sobre desvão o cálculo é efectuado como se indica a seguir, consoante o desvão é habitado ou não.

i) Desvão habitado – neste caso o desvão habitado é considerado um espaço útil aquecido. A determinação das perdas térmicas correspondentes à cobertura é efectuada com base no coeficiente de transmissão térmica do elemento inclinado (vertentes) da cobertura, calculado como referido no n.º 1.1.

ii) Desvão não habitado (acessível ou não) – no caso dos desvãos não habitados, acessíveis ou não, eventualmente utilizados como zonas de arrecadação, técnicas ou similares, o desvão é considerado um espaço não aquecido, com uma temperatura interior de referência nas condições descritas no n.º 2.1 do anexo IV.

Para a determinação das perdas térmicas nestas situações procede-se ao cálculo, como referido no n.º 1.1, apenas do coeficiente de transmissão térmica do elemento que separa o espaço interior aquecido do desvão não habitado e tem-se em consideração o valor correspondente do coeficiente τ indicado na tabela IV.1 (v. anexo IV).

2 – *Quantificação da inércia térmica interior* (I_t):
2.1 – Princípio de cálculo. – A inércia térmica interior de uma fracção autónoma é função da capacidade de armazenamento de calor que os locais apresentam e depende da massa superficial útil de cada um dos elementos da construção.

A massa superficial útil (M_{si}) de cada elemento de construção interveniente na inércia térmica é função da sua localização no edifício e da sua constituição, nomeadamente do posicionamento e das características das soluções de isolamento térmico e de revestimento superficial. Podem ser definidos os casos genéricos representados na figura VII.1.

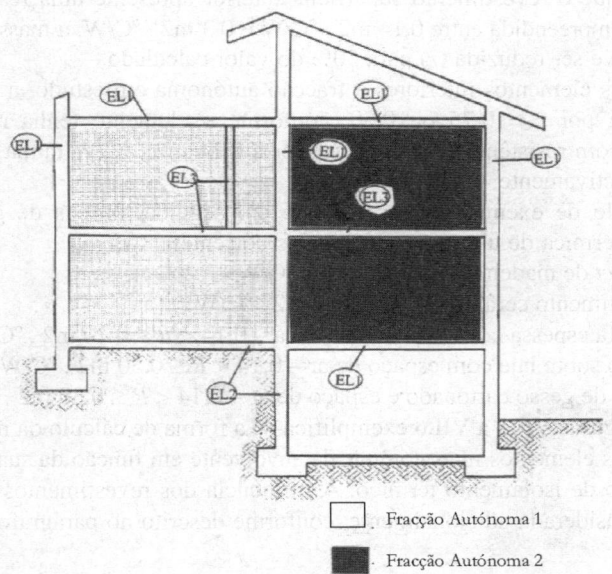

☐ Fracção Autónoma 1

■ Fracção Autónoma 2

Fig. VII.1 — Identificação dos elementos da envolvente para o cálculo da inércia térmica interior.

EL1 – Elemento da envolvente exterior, elemento de construção em contacto com outra fracção autónoma ou com espaços não úteis.

Se estes elementos não possuem isolamento térmico, contabiliza-se metade da sua massa total (m_t): $Msi = mt/2$. No entanto, se existir um isolante térmico (material de condutibilidade térmica inferior a 0,065 W/m . °C, com uma espessura que conduza a uma resistência térmica superior a 0,30 m2 . °C/W), considera-se somente a massa situada do lado interior do isolamento térmico (m_i): $M_{si} = m_i$.

Os valores de M_{si} nunca podem ser superiores a 150 kg/m2.

EL2 – Elementos em contacto com o solo.

Se estes elementos não possuem isolamento térmico, contabiliza-se uma massa M_{si} de 150 kg/m2. Caso contrário, não se toma em consideração senão a massa interior ao isolamento térmico $M_{si} = m_i$, sem ultrapassar o limite de 150 kg/m2.

EL3 – Elementos interiores da fracção autónoma em estudo (paredes e pavimentos interiores).

Considera-se a massa total do elemento $M_{si} = m_t$, com o limite de 300 kg/m2.

Para os elementos de construção da envolvente da fracção autónoma em estudo em que o revestimento superficial interior apresente uma resistência térmica (R), compreendida entre 0,14 m2 . ºC/W e 0,3 m2 . ºC/W, a massa superficial útil (M_{si}) deve ser reduzida (r) para 50% do valor calculado.

Para os elementos interiores à fracção autónoma em estudo, a massa M_{si} é multiplicada por $r = 0,75$ ou $0,50$, conforme o elemento tenha revestimento superficial com resistência térmica superior a 0,14 m2 . ºC/W numa ou em duas faces, respectivamente.

A título de exemplo, apresentam-se em seguida, ordens de grandeza da resistência térmica de alguns revestimentos correntes:

Parquet de madeira – $R \leq 0,14$ m2 . ºC/W;

Revestimento cerâmico – $R \leq 0,14$ m2 . ºC/W;

Alcatifa espessa com base de borracha – $0,14 < R \leq 0,30$ m2 . ºC/W;

Soalho sobre laje com espaço de ar – $0,14 < R \leq 0,30$ m2 . ºC/W;

Placas de gesso cartonado e espaço de ar – $0,14 < R \leq 0,30$ m2 . ºC/W.

Nas figuras VII.2 a VII.6 exemplifica-se a forma de cálculo da massa superficial útil dos elementos mais comuns da envolvente em função da sua localização e da solução de isolamento térmico. A influência dos revestimentos superficiais deve ser considerada adicionalmente, conforme descrito no parágrafo anterior.

A) Paredes exteriores ou em contacto com o solo

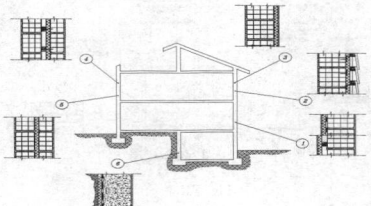

Fig. VII.2

Tipo de parede	M_{si}	
	Com isolamento	Sem isolamento
1 — Isolamento pelo interior, parede simples	0	$m_t/2 \leq 150 \text{ kg/m}^2$
2 e 3 — Isolamento pelo exterior, parede simples	$m_t \leq 150 \text{ kg/m}^2$	$m_t/2 \leq 150 \text{ kg/m}^2$
4 e 5 — Isolamento no espaço de ar, parede dupla	$m_{pi} \leq 150 \text{ kg/m}^2$	$m_{pi}/2 \leq 150 \text{ kg/m}^2$
6 — Parede em contacto com o solo	$m_t \leq 150 \text{ kg/m}^2$	150 kg/m^2

em que:

m_t — massa total da parede (do isolamento para o interior);
m_{pi} — massa do pano interior da parede (do isolamento para o interior).

B) Coberturas

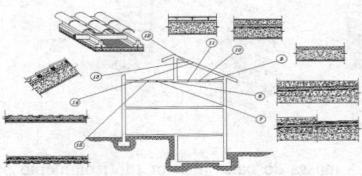

Fig. VII.3

Tipo de cobertura	M_{si}	
	Com isolamento	Sem isolamento
7 e 8 — Terraço, isolamento exterior	$m_t \leq 150 \text{ kg/m}^2$	$m_t/2 \leq 150 \text{ kg/m}^2$
9 a 11 — Laje horizontal, sótão não habitável	$m_t \leq 150 \text{ kg/m}^2$	$m_t/2 \leq 150 \text{ kg/m}^2$
12 a 14 — Cobertura inclinada, sótão habitável	$m_t \leq 150 \text{ kg/m}^2$	$m_t/2 \leq 150 \text{ kg/m}^2$
15 — Terraço, isolamento interior	0	$m_t/2 \leq 150 \text{ kg/m}^2$

em que:

m_t — massa total da cobertura (do isolamento para o interior).

C) Pavimentos exteriores, de separação com espaços não úteis ou em contacto com o solo

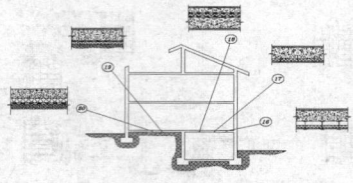

Fig. VII.4

Tipo de pavimento	M_{si}	
	Com isolamento	Sem isolamento
16 e 17 — Isolamento inferior, cave não habitável ou ambiente exterior	$m_t \leq 150\ \text{kg/m}^2$	$m_t/2 \leq 150\ \text{kg/m}^2$
18 — Isolamento intermédio	$m_t \leq 150\ \text{kg/m}^2$	$m_t/2 \leq 150\ \text{kg/m}^2$
19 e 20 — Pavimento em contacto com o solo (isolamento sob o pavimento)	$m_t \leq 150\ \text{kg/m}^2$	$150\ \text{kg/m}^2$

em que:

m_t — massa total do pavimento (do isolamento para o interior).

D) Paredes de separação entre fracções autónomas

Fig. VII.5

em que:

m_i — massa do pano interior (do isolamento para o interior), paredes duplas;
m_t — massa total da parede, paredes simples.

E) Paredes e pavimentos interiores à fracção autónoma

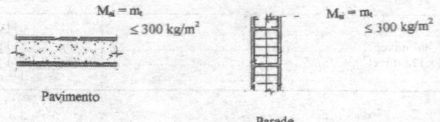

Pavimento

Parede

Fig. VII.6

2.2 – Cálculo da inércia térmica interior. – A massa superficial útil por metro quadrado de área de pavimento (I_t) é então calculada pela seguinte expressão:

$$I_t = \frac{\Sigma M_{si}S_i}{A_p}$$

em que:

M_{si} — massa superficial útil do elemento i (kg/m²);
S_i — área da superfície interior do elemento i (m²);
A_p — área útil de pavimento (m²).

O processo de cálculo está esquematizado no quadro VII.5.

As massas dos diferentes elementos de construção podem ser obtidas em tabelas técnicas ou nas seguintes publicações do LNEC: *Caracterização Térmica de Paredes de Alvenaria – ITE 12* e *Caracterização Térmica de Pavimentos Pré-Fabricados – ITE 11*, ou ainda noutra documentação técnica disponível.

Nota. – As massas indicadas para pavimentos nas publicações do LNEC acima referidas correspondem aos pavimentos em tosco. As massas correspondentes aos revestimentos podem ser obtidas em tabelas técnicas.

QUADRO VII.5

Cálculo da inércia térmica interior (I$_t$)

Elemento de construção	M_{si} (kg/m²)	S_i (m²)	Factor de correcção (r)	M_n r S_i (kg)
Laje de tecto				
Laje de pavimento				
Paredes da envolvente da fracção autónoma em estudo				
Paredes enterradas				
Pavimentos enterrados				
Pavimentos interiores				
Paredes interiores				
Total				

Área útil do pavimento, A$_p$, (m²)

Massa superficial útil por m² de área de pavimento, I$_t$ (kg/m²)

Segundo o valor encontrado para I_t definem-se três classes de inércia de acordo com o quadro VII.6.

QUADRO VII.6

Classe de inércia térmica interior

Classe de inércia	Massa superficial útil por metro quadrado da área de pavimento (kg/m²)
Fraca	$I_t < 150$
Média	$150 \leq I_t \leq 400$
Forte	$I_t > 400$

ANEXO VIII

Fichas para licenciamento ou autorização

Para requerer o licenciamento ou autorização de operações urbanísticas de edificação e o licenciamento ou autorização de utilização deve ser preenchido para cada edifício um conjunto de fichas, conforme o modelo anexo, juntamente com os documentos anexos nelas referidos:

Licença ou autorização de construção – fichas n.ᵒˢ 1 a 3;
Licença ou autorização de utilização – ficha n.º 4.

As habitações unifamiliares abrangidas pelo disposto no artigo 10.º deste Regulamento ficam dispensadas da apresentação da p. 2 da ficha n.º 1, bem como da ficha n.º 2, aquando do pedido de emissão de licença ou autorização de construção:

FICHA N.º 1

REGULAMENTO DAS CARACTERÍSTICAS DE
COMPORTAMENTO TÉRMICO DE EDIFÍCIOS (RCCTE)
Demonstração da Conformidade Regulamentar para
Emissão de Licença ou Autorização Construção
(Nos termos da alínea *a)* do n.º 2 do artigo 12.º)

Câmara Municipal de _____
Edifício _____
Localização _____
_____
_____

N.º de Fracções Autónomas_____ (ou corpos ____)
Para cada Fracção Autónoma* ou corpo, incluir:
   Ficha 2 - Levantamento Dimensional
   Ficha 3 - Comprovação de Satisfação dos Requisitos Mínimos†
   Fichas FCI e FCV (Anexos IV e V do RCCTE)

| **Técnico Responsável:** |
| Nome _____ |
| **Inscrito na:** |
| Ordem dos Arquitectos, com o nº _____ |
| Ordem dos Engenheiros, com o nº _____ |
| Assoc. Nac. dos Eng.ᵒˢ Técnicos com o nº _____ |
| Data _____ |

Anexos:
1. Declaração de reconhecimento de capacidade profissional para aplicação do RCCTE, emitida pela Ordem dos Arquitectos, da Ordem dos Engenheiros ou da ANET.

2. Termo de Responsabilidade do Técnico Responsável, nos termos do disposto na alínea *e)* do n.º 2 do artigo 12.º do RCCTE.~
3. Declaração de conformidade regulamentar subscrita por perito qualificado, no âmbito do SCE, nos termos do disposto na alínea *f)* do n.º 2 do artigo 12.º do RCCTE.

(pag 1 de 2)

---

* Se houver duas ou mais fracções autónomas (FA) exactamente iguais, é suficiente elaborar um único conjunto de Fichas para cada grupo de FA iguais.
~ Em alternativa, pode ser submetida uma única Ficha 3, comum para todas as Fracções Autónomas de um mesmo edifício, mesmo que haja mais do que uma FA distinta.

Mapa de Valores Nominais para o Edifício

| Zona Climática | I_____ | V_____ | Altitude _____ m |
| Graus-dias | _____ ºC.dia | *Duração Aquec.* _____ *Meses* | Temp. de Verão ___ ºC |

Fracção Autónoma Nº	Ap (m²)	Taxa Ren. (RPH)	Nic (kWh/ m².ano)	Ni (kWh/ m².ano)	Nvc (kWh/ m².ano)	Nv (kWh/ m².ano)	Nac (kgep/ m².ano)	Ntc (kgep/ m².ano)	Nt (kgep/ m².ano)

(pag 2 de 2)

FICHA N.º 2

REGULAMENTO DAS CARACTERÍSTICAS TÉRMICAS
DE COMPORTAMENTO TÉRMICO DE EDIFÍCIOS
LEVANTAMENTO DIMENSIONAL,
(,Nos termos do artigo 12.º, n.º 2, alínea b)
(PARA UMA ÚNICA FRACÇÃO AUTÓNOMA)
(ou para um corpo de um edifício)

EDIFÍCIO/FA: _____

| Área Útil de Pavimento .... m² | Pé Direito Médio (ponderado) .... m |

Elementos Correntes da Envolvente

	A (m²)	U (W/m.ºC)
PAVIMENTOS		
sobre exterior		
sobre área não-útil		
Total		
PAREDES		
Exteriores (total)	(ver quadro)	
Interiores		
PONTES TÉRMICAS		
PLANAS		
Total		
COBERTURAS		
tanque		
desvão		
não-ventilado		
ventilado		
inclinadas		
sob área não-útil		
Total		

Elementos em Contacto com o Solo

	Comp. (m)	ψ (W/m.ºC)
PAVIMENTOS		
PAREDES		

Pontes Térmicas

	Comp. (m)	ψ (W/m.ºC)
FACHADA COM PAVIMENTO:		
térreo		
intermédio		
sobre locais não aquecidos		
ou exteriores		
FACHADA COM:		
cobertura		
varanda		
caixa estore		
padieira/padieira		
LIGAÇÃO ENTRE DUAS PAREDES		

COEFICIENTES DE ABSORÇÃO - α	
PAREDE	COBERTURA

PAREDES	ÁREAS (m²) POR ORIENTAÇÃO								
(descrição sumária e valor U)	N	NE	E	SE	S	SW	W	NW	Total
VÃOS ENVIDRAÇADOS (especificar incluindo o tipo de protecção solar e valor Sv)									

ENVIDRAÇADOS   m²

HORIZONTAIS   ....

FICHA N.º 3

**REGULAMENTO DAS CARACTERÍSTICAS DE
COMPORTAMENTO TÉRMICO DE EDIFÍCIOS (RCCTE)**
Demonstração de Satisfação dos Requisitos Mínimos
para a Envolvente de Edifícios
(Nos termos da alínea d) do n.º 2 do artigo 12.º)

Edifício_____

Fracção Autónoma_____

Inércia térmica_____

a) U máximoValores Máximos Regulamentares: Soluções adoptadas

           Fachadas ext.   W/m².°C

           Coberturas ext. _ W/m².°C

           Pavim. s/ ext.   W/m².°C

           Paredes interiores   W/m².°C

           Pavim. inter.   W/m².°C

           Cobert. inter.   W/m².°C

           Pontes Térm.   W/m².°C

b) Factores Solares dos Envidraçados   Valores Máximos Regulamentares:
Soluções adoptadas - Verão

tipo de protecção solar _____   _____

tipo de protecção solar _____   _____

tipo de protecção solar _____   _____

c) Pontes térmicas planas: Valores Máximos Regulamentares: U da
Soluções adoptadas

                   W/m².°C   W/m². °C

                   W/m².°C   W/m². °C

                   W/m².°C   W/m². °C

Juntar pormenores construtivos definidores de todas as situações de potencial ponte térmica:

☐ caixas de estore (se existirem)

☐ ligações entre paredes e vigas

☐ ligações entre paredes e pilares

☐ ligações entre paredes e lajes de pavimento

☐ ligações entre paredes e lajes de cobertura

☐ paredes e pavimentos enterrados

☐ montagem de caixilharias.

Técnico Responsável:

     Nome _____

     Data _____

     Assinatura _____

(pag 1 de 1)

FICHA N.º 4

REGULAMENTO DAS CARACTERÍSTICAS DE

COMPORTAMENTO TÉRMICO DE EDIFÍCIOS (RCCTE)

Demonstração da Conformidade Regulamentar para

Emissão de Licença ou Autorização de Utilização

(Nos termos do artigo 12.º, nº 3)

Construção conforme projecto	**S/N**
Técnico Responsável pela Direcção Técnica da Obra:	
Nome _____	
Morada _____	
_____	
Membro da _____ **com o nº:** _____	
Data _____	

Anexos:

1 – Certificado energético emitido por perito qualificado no âmbito do SCE, conforme o artigo 12.º, n.º 3.

2 – Termo de responsabilidade do técnico responsável pela direcção técnica da obra.

3 – Declaração de reconhecimento de capacidade profissional do técnico responsável pela construção do edifício, emitida pela respectiva associação profissional.

ANEXO IX

Requisitos mínimos de qualidade térmica para a envolvente dos edifícios

1 – Coeficientes de transmissão térmica máximos admissíveis. - Nenhum elemento da envolvente de qualquer edifício pode ter um coeficiente de transmissão térmica em zona corrente (U) superior ao valor correspondente no quadro IX.1.

QUADRO IX.1

Coeficientes de transmissão térmica superficiais máximos admissíveis de elementos opacos

(U-$W/m^{2o}C$)

Elemento da envolvente	Zona climática (*)		
	I_1	I_2	I_3
Elementos exteriores em zona corrente (**):			
Zonas opacas verticais	1,8	1,60	1,45
Zonas opacas horizontais	1,25	1	0,90
Elementos interiores em zona corrente (***):			
Zonas opacas verticais	2	2	1,90
Zonas opacas horizontais	1,65	1,30	1,20

(*) V. anexo III.
(**) Incluindo elementos interiores em situações em que $\tau > 0,7$.
(***) Para outros edifícios e zonas anexas não úteis.

2 – Zonas não correntes da envolvente. – Nenhuma zona de qualquer elemento opaco da envolvente, incluindo zonas de ponte térmica plana, nomea-

damente pilares, vigas, caixas de estore, pode ter um valor de *U*, calculado de forma unidimensional na direcção normal à envolvente, superior ao dobro do dos elementos homólogos (verticais ou horizontais) em zona corrente, respeitando sempre, no entanto, os valores máximos indicados no quadro IX.1.

3 – Factor solar máximo admissível. – Nenhum vão envidraçado da envolvente de qualquer edifício com área total superior a 5% da área útil de pavimento do espaço que serve, desde que não orientado a norte (entre noroeste e nordeste), pode apresentar um factor solar correspondente ao vão envidraçado com o(s) respectivo(s) dispositivo(s) de protecção 100% activo(s) que exceda os valores indicados no quadro IX.2.

QUADRO IX.2

Factores solares máximos admissíveis de vãos envidraçados com mais de 5 % da área útil do espaço que servem

	Zona climática (*)		
	V_1	V_2	V_3
Classe de inércia térmica (**), factor solar:			
Fraca	0,15	0,15	0,10

	Zona climática (*)		
	V_1	V_2	V_3
Média	0,56	0,56	0,50
Forte	0,56	0,56	0,50

(*) V. anexo III.
(**) V. anexo VII.

4 – Valores de referência para dispensa de verificação detalhada do RCCTE em habitações unifamiliares com área útil menor que A_{mv}. – Para serem dispensados de verificação detalhada dos requisitos deste Regulamento, nos termos do disposto nos artigos 5.º, 6.º e 8.º do Regulamento, os edifícios de habitação unifamiliar com área útil inferior a A_{mv} devem satisfazer cumulativamente as seguintes condições:

a) Nenhum elemento opaco da envolvente, em zona corrente, pode ter um coeficiente de transmissão térmica superior ao valor correspondente ao indicado no quadro IX.3, obedecendo também ao limite estabelecido pelo n.º 2 deste anexo em termos de valores locais para as zonas de ponte térmica plana;

b) As coberturas têm de ser de cor clara;

c) A inércia térmica do edifício tem de ser média ou forte;

d) A área dos vãos envidraçados não pode exceder 15% da área útil de pavimento do edifício;

e) Os vãos envidraçados com mais de 5% da área útil do espaço que servem e não orientados no quadrante norte devem ter factores solares que não excedam os valores indicados no quadro IX.4.

QUADRO IX.3

Coeficientes de transmissão térmica de referência

$(U\text{-}W/m^2 {}^oC)$

Elemento da envolvente	Zona climática (*)			
	I_1	I_2	I_3	RA (**)
Elementos exteriores em zona corrente:				
Zonas opacas verticais	0,70	0,60	0,50	1,40
Zonas opacas horizontais	0,50	0,45	0,40	0,80
Elementos interiores em zona corrente (***):				
Zonas opacas verticais	1,40	1,20	1	2
Zonas opacas horizontais	1	0,90	0,80	1,25
Envidraçados (***)	4,30	3,30	3,30	4,30

(*) V. anexo III.
(**) Regiões Autónomas da Madeira e dos Açores, apenas para edifícios na zona I_1.
(***) Para outros zonas anexas não úteis.
(****) Valor médio dia-noite (inclui efeito do dispositivo de protecção nocturna) para vãos envidraçados verticais; os vãos envidraçados horizontais consideram-se sempre como se instalados em locais sem ocupação nocturna.

QUADRO IX.4

Factores solares máximos admissíveis em envidraçados com mais de 5 % da área útil do espaço que servem

Zonas climáticas:

$$V_1 - 0,25;$$
$$V_2 - 0,20;$$
$$V_3 - 0,15.$$

Nota. — Estes valores do factor solar são correspondentes ao vão envidraçado com o(s) respectivo(s) dispositivo(s) de protecção 100 % activo(s).

Outros Diplomas

LEI N.º 23/96,
DE 26 DE JULHO

Cria no ordenamento jurídico alguns mecanismos destinados a proteger o utente de serviços públicos essenciais(¹)

Artigo 1.º

Objecto e âmbito

1 – A presente lei consagra regras a que deve obedecer a prestação de serviços públicos essenciais em ordem à protecção do utente.

2 – São os seguintes os serviços públicos abrangidos:

a) Serviço de fornecimento de água;

b) Serviço de fornecimento de energia eléctrica;

c) Serviço de fornecimento de gás natural e gases de petróleo liquefeitos canalizados;

d) Serviço de comunicações electrónicas;

e) Serviços postais;

f) Serviço de recolha e tratamento de águas residuais;

g) Serviços de gestão de resíduos sólidos urbanos.

3 – Considera-se utente, para os efeitos previstos nesta lei, a pessoa singular ou colectiva a quem o prestador do serviço se obriga a prestá-lo.

4 – Considera-se prestador dos serviços abrangidos pela presente lei toda a entidade pública ou privada que preste ao utente qualquer dos serviços referidos no n.º 2, independentemente da sua natureza jurídica, do título a que o faça ou da existência ou não de contrato de concessão.

_____

(¹) O presente diploma foi republicado, com alterações, pela Lei n.º 12/2008, de 26 de Fevereiro

Artigo 2.º

Direito de participação

1 – As organizações representativas dos utentes têm o direito de ser consultadas quanto aos actos de definição do enquadramento jurídico dos serviços públicos e demais actos de natureza genérica que venham a ser celebrados entre o Estado, as regiões autónomas ou as autarquias e as entidades concessionárias.

2 – Para esse efeito, as entidades públicas que representem o Estado, as regiões autónomas ou as autarquias nos actos referidos no número anterior devem comunicar atempadamente às organizações representativas dos utentes os respectivos projectos e propostas, de forma que aquelas se possam pronunciar sobre estes no prazo que lhes for fixado e que não será inferior a 15 dias.

3 – As organizações referidas no n.º 1 têm ainda o direito de ser ouvidas relativamente à definição das grandes opções estratégicas das empresas concessionárias do serviço público, nos termos referidos no número anterior, desde que este serviço seja prestado em regime de monopólio.

Artigo 3.º

Princípio geral

O prestador do serviço deve proceder de boa fé e em conformidade com os ditames que decorram da natureza pública do serviço, tendo igualmente em conta a importância dos interesses dos utentes que se pretende proteger.

Artigo 4.º

Dever de informação

1 – O prestador do serviço deve informar, de forma clara e conveniente, a outra parte das condições em que o serviço é fornecido e prestar-lhe todos os esclarecimentos que se justifiquem, de acordo com as circunstâncias.

2 – O prestador do serviço informa directamente, de forma atempada e eficaz, os utentes sobre as tarifas aplicáveis pelos serviços prestados, disponibilizando-lhes informação clara e completa sobre essas tarifas.

3 – Os prestadores de serviços de comunicações electrónicas informam regularmente, de forma atempada e eficaz, os utentes sobre as tarifas aplicáveis aos serviços prestados, designadamente as respeitantes às redes fixa e móvel, ao acesso à Internet e à televisão por cabo.

Artigo 5.º

Suspensão do fornecimento do serviço público

1 – A prestação do serviço não pode ser suspensa sem pré-aviso adequado, salvo caso fortuito ou de força maior.

2 – Em caso de mora do utente que justifique a suspensão do serviço, esta só poderá ocorrer após o utente ter sido advertido, por escrito, com a antecedência mínima de 10 dias relativamente à data em que ela venha a ter lugar.

3 – A advertência a que se refere o número anterior, para além de justificar o motivo da suspensão, deve informar o utente dos meios que tem ao seu dispor para evitar a suspensão do serviço e, bem assim, para a retoma do mesmo, sem prejuízo de poder fazer valer os direitos que lhe assistam nos termos gerais.

4 – A prestação do serviço público não pode ser suspensa em consequência de falta de pagamento de qualquer outro serviço, ainda que incluído na mesma factura, salvo se forem funcionalmente indissociáveis.

Artigo 6.º

Direito a quitação parcial

Não pode ser recusado o pagamento de um serviço público, ainda que facturado juntamente com outros, tendo o utente direito a que lhe seja dada quitação daquele, salvo o disposto na parte final do n.º 4 do artigo anterior.

Artigo 7.º

Padrões de qualidade

A prestação de qualquer serviço deverá obedecer a elevados padrões de qualidade, neles devendo incluir-se o grau de satisfação dos utentes, especialmente quando a fixação do preço varie em função desses padrões.

Artigo 8.º

Consumos mínimos e contadores

1 – São proibidas a imposição e a cobrança de consumos mínimos.

2 – É proibida a cobrança aos utentes de:

a) Qualquer importância a título de preço, aluguer, amortização ou inspecção periódica de contadores ou outros instrumentos de medição dos serviços utilizados;

b) Qualquer outra taxa de efeito equivalente à utilização das medidas referidas na alínea anterior, independentemente da designação utilizada;

c) Qualquer taxa que não tenha uma correspondência directa com um encargo em que a entidade prestadora do serviço efectivamente incorra, com excepção da contribuição para o audiovisual;

d) Qualquer outra taxa não subsumível às alíneas anteriores que seja contrapartida de alteração das condições de prestação do serviço ou dos equipamentos utilizados para esse fim, excepto quando expressamente solicitada pelo consumidor.

3 – Não constituem consumos mínimos, para efeitos do presente artigo, as taxas e tarifas devidas pela construção, conservação e manutenção dos sistemas públicos de água, de saneamento e resíduos sólidos, nos termos do regime legal aplicável.

ARTIGO 9.º

Facturação

1 – O utente tem direito a uma factura que especifique devidamente os valores que apresenta.

2 – A factura a que se refere o número anterior deve ter uma periodicidade mensal, devendo discriminar os serviços prestados e as correspondentes tarifas.

3 – No caso do serviço de comunicações electrónicas, e a pedido do interessado, a factura deve traduzir com o maior pormenor possível os serviços prestados, sem prejuízo do legalmente estabelecido em matéria de salvaguarda dos direitos à privacidade e ao sigilo das comunicações.

ARTIGO 10.º

Prescrição e caducidade[2]

1 – O direito ao recebimento do preço do serviço prestado prescreve no prazo de seis meses após a sua prestação.

2 – Se, por qualquer motivo, incluindo o erro do prestador do serviço, tiver sido paga importância inferior à que corresponde ao consumo efectuado, o direito do prestador ao recebimento da diferença caduca dentro de seis meses após aquele pagamento.

3 – A exigência de pagamento por serviços prestados é comunicada ao utente, por escrito, com uma antecedência mínima de 10 dias úteis relativamente à data-limite fixada para efectuar o pagamento.

4 – O prazo para a propositura da acção ou da injunção pelo prestador de serviços é de seis meses, contados após a prestação do serviço ou do pagamento inicial, consoante os casos.

---

[2] A redacção do presente artigo foi alterada pela Lei n.º 24/2008, de 2 de Junho

5 – O disposto no presente artigo não se aplica ao fornecimento de energia eléctrica em alta tensão.

ARTIGO 11.º
Ónus da prova

1 – Cabe ao prestador do serviço a prova de todos os factos relativos ao cumprimento das suas obrigações e ao desenvolvimento de diligências decorrentes da prestação dos serviços a que se refere a presente lei.

2 – Incide sobre o prestador do serviço o ónus da prova da realização das comunicações a que se refere o artigo 10.º, relativas à exigência do pagamento e do momento em que as mesmas foram efectuadas.

ARTIGO 12.º
Acerto de valores cobrados

Sempre que, em virtude do método de facturação utilizado, seja cobrado ao utente um valor que exceda o correspondente ao consumo efectuado, o valor em excesso é abatido da factura em que tenha sido efectuado o acerto, salvo caso de declaração em contrário, manifestada expressamente pelo utente do serviço.

ARTIGO 13.º
Carácter injuntivo dos direitos

1 – É nula qualquer convenção ou disposição que exclua ou limite os direitos atribuídos aos utentes pela presente lei.

2 – A nulidade referida no número anterior apenas pode ser invocada pelo utente.

3 – O utente pode optar pela manutenção do contrato quando alguma das suas cláusulas seja nula.

ARTIGO 14.º
Direito ressalvado

Ficam ressalvadas todas as disposições legais que, em concreto, se mostrem mais favoráveis ao utente.

ARTIGO 15.º
Resolução de litígios([³])

Quando as partes, em caso de litígio resultante da prestação de um serviço público essencial, optem por recorrer a mecanismos de resolução extrajudicial de conflitos, suspende-se no seu decurso o prazo para a interposição da acção judicial ou da injunção.

ARTIGO 16.º
Disposições finais

O elenco das organizações representativas dos utentes, com direito de participação nos termos do artigo 2.º, será certificado e actualizado pelo departamento governamental competente, nos termos das disposições regulamentares da presente lei.

([³]) A redacção do presente artigo foi alterada pela Lei n.º 24/2008, de 2 de Junho

DECRETO-LEI N.º 521/99,
DE 10 DE DEZEMBRO

O Decreto-Lei n.º 262/89, de 17 de Agosto, que estabelece as normas relativas ao projecto, execução, abastecimento e manutenção das instalações de gás combustível em imóveis, designadas, abreviadamente, por instalações de gás, na sua aplicação nem sempre se revelou eficaz, já que não foram previstos os mecanismos para assegurar a comprovação da conformidade dos projectos e da respectiva execução nem foram estabelecidas as regras para a realização de inspecções regulares.

Esta situação veio a causar dificuldades na desejável conversão das instalações de gás, surgindo, assim, alguns problemas que impedem a sua eficaz utilização para gás natural.

A importância da matéria justifica que, volvidos 10 anos sobre a publicação daquele diploma, se proceda agora à sua revisão.

Esta revisão constitui um factor essencial para o reforço das medidas de segurança relativamente às instalações de gás, ao mesmo tempo que simplifica o processo de licenciamento.

Para além da actualização dos aspectos que dizem respeito à obrigatoriedade de existência nos projectos de construção, ampliação, recuperação ou reconstrução de edifícios de instalações dimensionadas para gás natural, destaca-se, entre as soluções ora consagradas, a relevância do papel dado às entidades inspectoras.

A comprovação da conformidade dos projectos e a obrigatoriedade de realização de inspecções às instalações de gás constituem, pois, instrumentos importantes para melhor garantir a segurança e protecção das pessoas e bens.

Assim:

Nos termos da alínea a) do n.º 1 do artigo 198.º da Constituição, o Governo decreta o seguinte:

Artigo 1.º
Instalações de gás em edifícios

1 – Os projectos de construção, ampliação, recuperação ou reconstrução de edifícios situados no território continental, que sejam apresentados nos respectivos

municípios para aprovação, devem incluir obrigatoriamente uma instalação de gás que abranja todos os fogos.

2 – Excluem-se da obrigação estabelecida no número anterior os edifícios unifamiliares destinados a habitação própria do requerente quando não inseridos em áreas urbanizadas ou sujeitas a planos de urbanização dotados de infra-estruturas exteriores de gás, desde que aquele solicite a dispensa de apresentação do projecto de instalação de gás à respectiva câmara municipal.

3 – Excluem-se ainda da obrigação estabelecida no n.º 1 as edificações destinadas à actividade industrial, quando o requerente solicite à respectiva câmara municipal a dispensa de apresentação do projecto, com fundamento no facto de não prever a utilização de gás na actividade que irá desenvolver.

4 – O licenciamento industrial de uma actividade a exercer nas edificações a que se refere o número anterior deve incluir o respectivo projecto de gás, quando esteja prevista a utilização de gás nessa actividade.

ARTIGO 2.º

Definições

Para efeitos do presente diploma, entende-se por:

a) Gases combustíveis – os produtos gasosos ou liquefeitos obtidos a partir da refinação do petróleo bruto, do tratamento de hidrocarbonetos naturais, dos efluentes da indústria petroquímica e do tratamento de carvões, os respectivos gases de substituição e os resultantes da fermentação de biomassa;

b) Entidade distribuidora – as entidades concessionárias, as entidades exploradoras ou quaisquer outras que estejam legalmente autorizadas a comercializar gases combustíveis.

ARTIGO 3.º

Características dos gases combustíveis

1 – Os parâmetros caracterizadores dos gases combustíveis são estabelecidos por portaria do Ministro da Economia.

2 – As características do gás combustível a considerar na elaboração do projecto, bem como a pressão de alimentação das instalações, são as da empresa concessionária de distribuição de gás natural da área abrangida pelo município licenciador.

3 – Nas áreas não concessionadas para a distribuição de gás natural, o projecto deve ser efectuado com base nas características do gás natural e na pressão de alimentação utilizadas na respectiva distribuição, nos termos da legislação aplicável.

4 – Para efeitos da elaboração e da execução de qualquer projecto, os projectistas e as empresas instaladoras devem certificar-se dos valores dos parâmetros referidos nos números anteriores.

ARTIGO 4.º

Projectos

1 – O projecto das instalações de gás em edifícios deve ser apresentado pelo requerente, em triplicado, numa entidade inspectora de instalações de gás.

2 – O projecto é apreciado pela entidade inspectora, sendo a sua conformidade com a legislação aplicável comprovada mediante a devolução ao requerente de dois exemplares visados.

3 – Um dos exemplares visados a que se refere o número anterior deve ser apresentado na entidade competente para licenciamento do edifício, sem o que a respectiva licença de obras não pode ser concedida.

4 – O projecto das instalações de gás deve ser elaborado por técnicos qualificados para o efeito, em conformidade com as disposições legais aplicáveis.

5 – O projecto deve apresentar, devidamente organizadas, as peças escritas e desenhadas necessárias à verificação e execução da obra.

6 – O projectista das instalações de gás é responsável pelas soluções técnicas adoptadas, pelo dimensionamento das tubagens e selecção dos materiais adequados, tendo em consideração as características do gás a distribuir e as características dos diversos aparelhos utilizados, devendo juntar ao projecto termo de responsabilidade.

7 – A terminologia, a simbologia e as unidades utilizadas devem respeitar as normas europeias e portuguesas e as disposições legais aplicáveis, designadamente as que integram este diploma e sua regulamentação.

8 – Os encargos com a aprovação do projecto são da responsabilidade do requerente.

9 – As alterações ao projecto aprovado devem ser apresentadas à entidade inspectora, ficando a sua conformidade sujeita às disposições estabelecidas no pressente artigo.

ARTIGO 5.º

Constituição das instalações de gás dos edifícios

1 – Os elementos que constituem as instalações de gás dos edifícios referidos nos n.ᵒˢ 1 e 2 do artigo 1.º são definidos por portaria dos Ministros do Equipamento, do Planeamento e da Administração do Território e da Economia.

2 – Os elementos que constituem as instalações de gás em edifícios industriais são da responsabilidade do projectista, tendo em atenção os objectivos da unidade industrial.

ARTIGO 6.º
Dimensionamento das instalações de gás

1 – O projectista deve dimensionar as tubagens entre o ponto de abastecimento e os diferentes pontos de utilização, por forma a permitir a passagem dos caudais necessários ao regular abastecimento de gás aos aparelhos de utilização, tendo em atenção o estipulado nos n.ºs 2 e 3 do artigo 3.º , não podendo exceder a pressão de alimentação indicada pela empresa distribuidora.

2 – Os restantes componentes, a incorporar nas instalações de gás, devem ser dimensionados de acordo com o disposto no número anterior, tendo em conta as características técnicas desses componentes, nomeadamente no que se refere a pressões de serviço e a caudais nominais.

3 – O projectista deve certificar-se de que as condições de ventilação dos locais e a evacuação dos produtos de combustão satisfazem os requisitos das normas técnicas aplicáveis.

ARTIGO 7.º
Execução das instalações de gás

1 – A instalação de gás deve ser executada por uma entidade instaladora qualificada e credenciada, nos termos da legislação aplicável.

2 – A direcção técnica das obras de execução de instalações de gás só pode ser exercida por técnicos qualificados e detentores de licença, nos termos da legislação aplicável.

3 – Os profissionais de gás afectos aos quadros das empresas instaladoras devem ser qualificados e detentores de licença, em conformidade com o estabelecido na legislação aplicável.

ARTIGO 8.º
Materiais

Devem ser utilizados nas instalações de gás equipamentos e materiais correspondentes a modelos ou tipos oficialmente aprovados.

Artigo 9.º
Rede do edifício

1 – A rede do edifício deve ser dotada de ligação à terra, em conformidade com as normas aplicáveis.

2 – A coluna montante do edifício deve ser dimensionada e instalada em conformidade com os requisitos legais aplicáveis.

3 – O dispositivo de contagem de gás de cada consumidor é da propriedade da empresa distribuidora.

4 – Todas as derivações de fogo devem possuir, no seu início e no exterior do local de consumo, uma válvula de corte, só manobrável pela empresa distribuidora.

5 – Imediatamente a montante de cada contador, e alojado na caixa deste, deve ser instalado um redutor de segurança.

6 – A instalação do redutor de segurança previsto no número anterior não é obrigatória nos edifícios alimentados por redes de pressão igual ou inferior a 50 mbar.

7 – O contador deve ser instalado em caixa fechada de dimensões normalizadas, situada no exterior do local de consumo e com grau de acessibilidade 1, de acordo com o regulamento em vigor na matéria, excepto nos casos de conversão e de reconversão em que tal seja claramente inviável.

Artigo 10.º
Válvula de corte geral

1 – Na entrada de cada edifício, e sempre que possível com acesso pelo exterior do mesmo, deve existir uma válvula de corte geral cuja concepção só permita o seu rearme pela empresa distribuidora.

2 – As válvulas de corte geral devem ficar contidas numa caixa de visita fechada, embutida na parede, cuja tampa deve conter a inscrição da palavra «gás», indelével e legível do exterior, de acordo com as normas aplicáveis.

3 – É proibido o accionamento indevido da válvula de corte geral.

Artigo 11.º
Verificações finais

1 – Sempre que sejam executadas novas instalações de gás, ou quando as existentes sofram alteração, a entidade instaladora emite um termo de responsabilidade, em conformidade com o modelo a aprovar por despacho do director-geral da Energia.

2 – As empresas distribuidoras de gás podem exigir da entidade instaladora que os ensaios e demais verificações de segurança sejam efectuados na presença de um seu representante.

3 – O termo de responsabilidade previsto no n.º 1 é emitido, em triplicado, destinando-se o original ao proprietário, o duplicado à empresa distribuidora e o triplicado à empresa instaladora.

ARTIGO 12.º
Abastecimento da instalação

1 – A empresa distribuidora do gás só pode iniciar o abastecimento quando na posse do termo de responsabilidade previsto no artigo anterior e depois de a entidade inspectora ter procedido a uma inspecção das partes visíveis, aos ensaios da instalação e à verificação das condições de ventilação e de evacuação dos produtos de combustão, por forma a garantir a regular utilização do gás em condições de segurança.

2 – A entidade inspectora, caso considere que a instalação de gás não apresenta deficiências, emite um certificado de inspecção em conformidade com modelo a aprovar no respectivo estatuto.

3 – Se a entidade inspectora considerar que as instalações de gás apresentam deficiências, deverá, por escrito, informar o proprietário para que este proceda às necessárias correcções.

4 – Caso o proprietário manifeste desacordo sobre o resultado da inspecção, a entidade inspectora deverá, por escrito, informar a direcção regional do Ministério da Economia (DRME) territorialmente competente, justificando o seu relatório da inspecção.

5 – Na posse do relatório referido no número anterior, a DRME procede à vistoria das instalações, devendo decidir sobre a reclamação no prazo de 30 dias.

6 – Na circunstância de a DRME considerar a instalação conforme, a sua decisão substitui o certificado referido no n.º 2 deste artigo.

7 – O certificado de inspecção é emitido em duplicado, destinando-se o original ao proprietário e o duplicado à empresa distribuidora.

ARTIGO 13.º
Manutenção das instalações

1 – As instalações de gás, quando abastecidas, estão sujeitas a manutenção, a qual deve, nomeadamente, integrar:

a) A conservação da parte visível das instalações em bom estado de funcionamento, de acordo com as recomendações estabelecidas pela empresa distribuidora do gás;

b) A promoção de inspecções periódicas executadas por entidades inspectoras reconhecidas para o efeito pela Direcção-Geral da Energia.

2 – A obrigação referida na alínea a) do número anterior, assim como os respectivos custos, recai sobre os utentes.

3 – Incumbe aos proprietárias ou senhorios o cumprimento da obrigação prevista na alínea b) do n.º 1.

4 – Sempre que, em resultado das inspecções previstas na alínea b)do n.º 1, sejam detectadas deteriorações, falhas ou deficiências de funcionamento nas instalações de gás, definidas nos termos do artigo 5.º , deve a entidade inspectora dar conhecimento desses factos, e imediato, à empresa distribuidora.

5 – Recebida pela empresa distribuidora a comunicação a que se refere o número anterior, deverá esta, ou os seus agentes de distribuição, proceder, com urgência, à verificação do estado de manutenção da instalação de gás.

6 – No caso previsto no número anterior, a empresa distribuidora ou os seus agentes de distribuição só poderão manter ou restabelecer o abastecimento do gás após verificação do bom estado de funcionamento das instalações a que se refere o n.º 4.

7 – Sempre que, em resultado da inspecção das instalações de gás, a entidade inspectora detectar fugas ou deficiências de funcionamento nos aparelhos, deverá esta informar, por escrito, o proprietário dos equipamentos.

Artigo 14.º
Inspecções extraordinárias

1 – Sem prejuízo das inspecções periódicas previstas na alínea b)do n.º 1 do artigo anterior, quaisquer instalações de gás nos edifícios e fogos existentes à data da publicação do presente diploma ficam sujeitas a uma inspecção extraordinária nas seguintes condições:

a) Quando, tendo estado abrangidas pelo âmbito da aplicação do Decreto-Lei n.º 262/89, de 17 de Agosto, na redacção que lhe foi dada pelos Decretos-Leis n.ºs 219/91, de 17 de Junho, e 178/92, de 14 de Agosto, não tiver sido cumprido o disposto nos seus artigos 11.º e 12.º ;

b) Quando tenham sido convertidas para a utilização do gás natural e não tenha sido cumprido o disposto nos artigos referidos na alínea anterior;

c) Quando as instalações de gás estejam integradas em edifícios localizados na área geográfica da «concessão da rede de distribuição regional de gás natural de Lisboa» e tenham de ser convertidas para a utilização de gás natural por força da aplicação das disposições conjugadas dos Decretos-Leis n.ºs 33/91, de 16 de Janeiro, e 333/91, de 6 de Setembro.

2 – A promoção das inspecções previstas na alínea a) do número anterior é da responsabilidade do proprietário e do utente do edifício.

3 – A promoção e realização das inspecções previstas nas alíneas b) e c) do n.º 1 incumbem à entidade concessionária, podendo, para efeitos da sua realização, contratar os serviços das entidades inspectoras referidas na alínea b) do n.º 1 do artigo 13.º

4 – As inspecções previstas nos números anteriores abrangem as instalações de gás nos edifícios, incluindo o interior dos fogos, os aparelhos de queima, a ventilação e a exaustão dos produtos de combustão.

5 – Os encargos com as inspecções extraordinárias são suportados do seguinte modo:

a) No caso das inspecções realizadas ao abrigo da alínea a) do n.º 1, pelos proprietários do edifício, quanto às partes comuns da instalação, e, quanto aos respectivos fogos, pelos utentes;

b) Pela entidade concessionária, no caso das inspecções realizadas ao abrigo das alíneas b) e c) do n.º 1.

ARTIGO 15.º

Fiscalização

A fiscalização do cumprimento das disposições constantes do presente diploma é da competência das delegações regionais do Ministério da Economia (DRME).

ARTIGO 16.º

Contra-ordenações

1 – Constitui contra-ordenação, punível com coima:

a) De 50 000$ a 500 000$, a violação do disposto nos n.ºs 2 e 3 do artigo 10.º e no n.º 1 do artigo 13.º ;

b) De 150 000$ a 2 000 000$, a violação do disposto nos n.ºs 2 e 3 do artigo 3.º, nos artigos 6.º,7.º e 8.º, nos n.ºs 1, 2, 4, 5 e 7 do artigo 9.º,no n.º 1 do artigo 10.º, nos n.ºs 1 e 3 do artigo 11.º, nos n.ºs 4, 5, 6 e 7 do artigo 13.º e no n.º 1 do artigo 14.º, bem como o impedimento ou obstrução à realização de qualquer inspecção extraordinária;

c) De 200 000$ a 3 000 000S, a violação do disposto no n.º 1 do artigo 1.º e nos n.ºs 1, 2, 3 e 4 do artigo 12.º

2 – A negligência e a tentativa são puníveis.

3 – No caso de pessoa singular, o máximo de coima a aplicar é de 750 000$.

4 – Em função da gravidade da infracção e da culpa do infractor podem ser aplicadas as sanções acessórias previstas no n.º 1 do artigo 21.º do Decreto-Lei n.º 433/82, de 27 de Outubro, com a redacção que lhe foi dada pelo Decreto-Lei n.º 244/95, de 14 de Setembro.

ARTIGO 17.º

Instrução do processo e aplicação das coimas e sanções acessórias

1 – A instrução dos processos de contra-ordenação é da competência da DRME territorialmente competente.

2 – A aplicação das coimas e das sanções acessórias é da competência do director regional da DRME.

3 – O produto resultante da aplicação das coimas tem a seguinte distribuição:

a) 60% para o Estado;

b) 30% para a DRME;

c) 10% para a DGE.

ARTIGO 18.º

Regulamentação dos procedimentos aplicáveis às inspecções

1 – Os procedimentos aplicáveis à inspecção periódica ou extraordinária das instalações de gás em edifícios e dos fogos que os constituem, bem como à respectiva manutenção, incluindo forma de realização, periodicidade, planeamento geográfico e prazos, são estabelecidos por portaria do Ministro da Economia.

2 – O estatuto das entidades inspectoras é aprovado por portaria do Ministro da Economia.

3 – As taxas devidas pela comprovação da conformidade dos projectos e pela realização das inspecções periódicas, incluindo a sua forma de cálculo, a determinação do valor e a forma de pagamento, são estabelecidas por portaria do Ministro da Economia.

ARTIGO 19.º

Norma transitória

1 – Enquanto não for publicada a portaria a que se refere o n.º 2 do artigo anterior, e sem prejuízo do disposto no n.º 3 do artigo 14.º , as inspecções devem ser realizadas nos seguintes termos:

a) Por técnicos de gás devidamente reconhecidos, os quais devem emitir documento comprovativo no que se refere às inspecções periódicas previstas na alínea b) do n.º 1 do artigo 13.º ;

b) Pelas empresas concessionárias de distribuição regional de gás natural, ou seus agentes, no que se refere às inspecções extraordinárias previstas nas alíneas b) e c) do n.º 1 do artigo 14.º

2 – Igualmente, até que seja publicada a portaria referida no número anterior, os projectos são apresentados, em triplicado, nas câmaras municipais, sob responsabilidade do projectista, o qual deve anexar uma declaração de conformidade com as normas aplicáveis.

3 – Enquanto não forem publicadas as portarias previstas nos artigos 3.º e 5.º, mantêm-se em vigor as Portarias n.ºs 867/89, de 7 de Outubro, e 163-A/90, de 28 de Fevereiro.

Artigo 20.º

Revogação

É revogado o Decreto-Lei n.º 262/89, de 17 de Agosto.

Artigo 21.º

Entrada em vigor

O presente diploma entra imediatamente em vigor.

Visto e aprovado em Conselho de Ministros de 8 de Outubro de 1999. – *António Manuel de Oliveira Guterres – António Luciano Pacheco de Sousa Franco – Jorge Paulo Sacadura Almeida Coelho – João Cardona Gomes Cravinho – José Eduardo Vera Cruz Jardim – Joaquim Augusto Nunes de Pina Moura.*

Promulgado em 19 de Novembro de 1999.

Publique-se.

O Presidente da República, Jorge Sampaio.

Referendado em 25 de Novembro de 1999.

O Primeiro-Ministro, *António Manuel de Oliveira Guterres.*

PORTARIA N.º 362/2000,
DE 20 DE JUNHO

O Decreto-Lei n.º 521/99, de 10 de Dezembro, que estabeleceu as normas a que ficam sujeitos os projectos de instalações de gás a incluir nos projectos de construção, ampliação ou reconstrução de edifícios, veio prever a adopção de mecanismos para assegurar a comprovação da conformidade dos projectos das referidas instalações e da sua execução, bem como os procedimentos para a realização de inspecções regulares.

Na publicação do referido diploma, estiveram, entre outras, razões relacionadas com o reforço das medidas de segurança relativamente às instalações de gás, simplificando, ao mesmo tempo, o seu processo de licenciamento. Nesta linha de razões, conferiu especial relevância ao papel das entidades inspectoras que passam a assegurar a conformidade dos projectos e a realização de inspecções às instalações de gás, a fim de melhor se proteger e garantir a salvaguarda das pessoas e bens.

Com efeito, o n.º 1 do artigo 18.º do citado diploma remeteu para portaria do Ministro da Economia a aprovação dos procedimentos aplicáveis à inspecção periódica ou extraordinária das instalações de gás em edifícios e dos fogos que os constituem, bem como à respectiva manutenção, incluindo forma de realização, periodicidade, planeamento geográfico e prazos.

Da mesma forma, o artigo 11.º do Decreto-Lei n.º 125/97, de 23 de Maio, que estabeleceu as disposições relativas ao projecto, à construção e à exploração das redes e ramais de distribuição alimentadas com gases combustíveis da terceira família, remeteu para diploma específico a definição de entidade responsável pela realização das inspecções periódicas das redes e ramais de distribuição de gás.

Por seu turno, o n.º 2 do artigo 18.º do Decreto-Lei n.º 521/99, de 10 de Dezembro, remeteu igualmente para portaria do Ministro da Economia a aprovação do estatuto das entidades inspectoras das redes e ramais de distribuição e instalações de gás.

A presente portaria, regulamentando aquelas disposições, visa estabelecer os procedimentos aplicáveis às inspecções das instalações e das redes e ramais de gás, bem como proceder à aprovação do estatuto das entidades inspectoras das redes e ramais de distribuição e instalações de gás.

Assim:

Ao abrigo dos n.ºˢ 1 e 2 do artigo 18.º do Decreto-Lei n.º 521/99, de 10 de Dezembro, e do n.º 5 do artigo 11.º do Decreto-Lei n.º 125/97, de 23 de Maio:

Manda o Governo, pelo Ministro da Economia, o seguinte:

1.º São aprovados os Procedimentos Relativos às Inspecções e à Manutenção das Redes e Ramais de Distribuição e Instalações de Gás, que constituem o anexo I desta portaria e dela ficam a fazer parte integrante.

2.º É aprovado o Estatuto das Entidades Inspectoras das Redes e Ramais de Distribuição e Instalações de Gás, que constitui o anexo II desta portaria e dela fica a fazer parte integrante.

O Ministro da Economia, *Joaquim Augusto Nunes Pina Moura*, em 23 de Maio de 2000.

ANEXO I

Procedimentos Relativos às Inspecções e à Manutenção das Redes e Ramais de Distribuição e Instalações de Gás

Artigo 1.º
Objectivo e âmbito

O presente anexo estabelece as regras aplicáveis aos procedimentos a que devem obedecer as inspecções e a manutenção das redes e ramais de distribuição e instalações de gás.

Artigo 2.º
Definições

1 – Para efeitos do presente diploma, entende-se por:

a) «Defeitos críticos» as não conformidades devidas ao incumprimento do estabelecido nos regulamentos e normas técnicas aplicáveis que, pela sua natureza, determinam, após detecção, a sua reparação imediata ou a interrupção do fornecimento de gás;

b) «Defeitos não críticos» as não conformidades devidas ao incumprimento do estabelecido nos regulamentos e normas técnicas aplicáveis que, pela sua natureza, não necessitam de reparação imediata após a sua detecção, nem obrigam à interrupção do fornecimento do gás;

c) «Entidade concessionária» entidade titular de um contrato de concessão para o transporte ou distribuição de gás natural;

d) «Entidades distribuidoras» as entidades concessionárias, as entidades exploradoras ou quaisquer outras que estejam legalmente autorizadas a comercializar gases combustíveis;

e) «Entidades exploradoras» as entidades que, sendo ou não proprietárias das instalações de armazenagem e das redes e ramais de distribuição de gás, procedem à exploração técnica das mesmas;

f) «Entidades inspectoras igualmente designadas por organismos de inspecção de acordo com a norma NP EN 45 004» as pessoas colectivas que procedem:

I) À apreciação dos projectos das instalações de gás;

II) À inspecção das redes e ramais de distribuição e instalações de gás;

III) À inspecção de equipamentos e outros sistemas de utilização de gases combustíveis em redes e ramais de distribuição e em instalações de gás;

IV) À verificação das condições de funcionamento dos aparelhos de gás e das condições de ventilação e evacuação dos produtos de combustão;

g) «Instalação de gás» sistema instalado num edifício, constituído pelo conjunto de tubagens, acessórios, equipamentos e aparelhos de medida, que assegura a distribuição de gás desde o dispositivo de corte geral do edifício, inclusive, até às válvulas de corte dos aparelhos de gás, inclusive;

h) «Ramal ou ramal de distribuição» sistema constituído por tubagens, válvulas e acessórios, que abastece instalações de gás em edifícios;

i) «Rede de distribuição» sistema constituído por tubagens, válvulas e acessórios, através do qual se processa a alimentação dos ramais de distribuição.

2 – Para efeitos do presente diploma, são ainda adoptadas as demais definições estabelecidas no Regulamento Técnico Relativo ao Projecto, Construção, Exploração e Manutenção das Instalações de Gás Combustível Canalizado em Edifícios, aprovado pela Portaria n.º 361/98, de 26 de Junho.

Artigo 3.º

Inspecções a instalações de gás

1 – Devem realizar-se inspecções a instalações de gás sempre que ocorra uma das seguintes situações:

a) Alterações no traçado, na secção ou na natureza da tubagem, nas partes comuns ou no interior dos fogos;

b) Fuga de gás combustível;

c) Novo contrato de fornecimento de gás combustível.

2 – As inspecções periódicas devem ser feitas de acordo com o disposto no artigo 13.º do Decreto-Lei n.º 521/99, de 10 de Dezembro, com a seguinte periodicidade:

a) Dois anos, para as instalações de gás afectas à indústria turística e de restauração, a escolas, a hospitais e outros serviços de saúde, a quartéis e a quaisquer estabelecimentos públicos ou particulares com capacidade superior a 250 pessoas;

b) Três anos, para instalações industriais com consumos anuais superiores a 50 000 m3 de gás natural, ou equivalente noutro gás combustível;

c) Cinco anos, para instalações de gás executadas há mais de 20 anos e que não tenham sido objecto de remodelação.

3 – Sem prejuízo do disposto nos números anteriores, quaisquer instalações de gás podem ser sujeitas a uma inspecção extraordinária nas seguintes condições:

a) Quando, tendo estado abrangidas pelo âmbito da aplicação do Decreto--Lei n.º 262/89, de 17 de Agosto, na redacção que lhe foi dada pelos Decretos--Leis n.ᵒˢ 219/91, de 17 de Junho, e 178/92, de 14 de Agosto, não tiver sido cumprido o disposto nos seus artigos 11.º e 12.º;

b) Quando tenham sido convertidas para a utilização do gás natural e não tenha sido cumprido o disposto nos artigos referidos na alínea anterior;

c) Quando as instalações de gás estejam integradas em edifícios localizados na área geográfica da «concessão da rede de distribuição regional de gás natural de Lisboa» e tenham de ser convertidas para utilização de gás natural por força da aplicação das disposições conjugadas dos Decretos-Leis n.os 33/91, de 16 de Janeiro, e 333/91, de 6 de Setembro.

4 - A promoção e realização das inspecções previstas neste artigo são efectuadas em conformidade com os artigos 13.º e 14.º do Decreto-Lei n.º 521/99, de 10 de Dezembro.

ARTIGO 4.º

Competência e realização das inspecção das instalações de gás

1 – As inspecções das instalações de gás devem ser realizadas pelas entidades inspectoras reconhecidas para o efeito pela Direcção-Geral da Energia (DGE), a solicitação dos proprietários ou utentes em conformidade com o disposto no Decreto-Lei n.º 521/99, de 10 de Dezembro.

2 – As entidades inspectoras devem, obrigatoriamente, verificar:

a) O cumprimento do projecto da instalação de gás e, subsidiariamente, dos regulamentos e procedimentos técnicos aplicáveis;

b) Os termos de responsabilidade exigíveis nos termos da legislação aplicável;

c) A estanquidade das instalações, a existência, o posicionamento, a acessibilidade, o funcionamento e a estanquidade dos dispositivos de corte e dos reguladores de pressão, com ou sem segurança incluída;

d) A protecção anticorrosiva, no caso das tubagens à vista, e o isolamento eléctrico da tubagem;

e) A natureza dos materiais no âmbito da sua classificação de resistência ao fogo e a localização e tipo de iluminação dos locais sensíveis devido à eventual existência de fugas de gás;

f) O funcionamento e lubrificação dos dispositivos de corte;

g) O livre escape das descargas de gás, caso exista, o valor das pressões a jusante, com ou sem consumo de gás, os reguladores de pressão e os limitadores de pressão ou de caudal;

h) A ventilação, a limpeza, a iluminação, os avisos de informação e o estado de materiais utilizados nos locais técnicos;

i) A limpeza das redes de ventilação, na base e no topo das caleiras, e a purga da drenagem inferior das colunas montantes;

j) A ventilação, a limpeza, a iluminação, os avisos de informação e os materiais de construção da caixa dos contadores;

k) O funcionamento dos contadores;

l) O estado, o prazo de validade, a estanquidade, o comprimento das ligações dos aparelhos a gás e a acessibilidade dos respectivos dispositivos de corte;

m) A estabilidade das chamas dos aparelhos a gás, incluindo o retorno, o descolamento, as pontas amarelas e o caudal mínimo;

n) A ventilação dos locais e a exaustão dos produtos de combustão.

3 – Se na inspecção forem detectadas anomalias que colidam com a legislação vigente, será a entidade inspeccionada notificada das correcções a introduzir, não sendo emitido o respectivo certificado de inspecção até que as mesmas sejam executadas e verificadas.

4 – Se as anomalias forem caracterizadas como defeitos críticos, a entidade inspectora deve notificar o promotor da inspecção para que a sua eliminação seja imediata, bem como comunicar à entidade distribuidora para cessar o fornecimento de gás enquanto as mesmas não forem solucionadas.

5 – Se as anomalias forem caracterizadas como defeitos não críticos, a entidade inspectora deve notificar o promotor da inspecção para, dentro do prazo máximo, estabelecido no artigo 11.º do presente anexo, proceder à sua correcção, após a qual deve realizar nova inspecção.

6 – As intervenções de correcção das anomalias devem ser realizadas, em todos os casos, por uma entidade instaladora ou montadora credenciada pela DGE.

Artigo 5.º
Do abastecimento das novas instalações de gás

1 – A entidade distribuidora só pode iniciar o abastecimento quando na posse do termo de responsabilidade emitido pela entidade instaladora e depois

de a entidade inspectora ter procedido a uma inspecção das partes visíveis, aos ensaios da instalação e à verificação das condições de ventilação e de evacuação dos produtos de combustão, por forma a garantir a regular utilização do gás em condições de segurança.

2 – Sendo detectados defeitos no decurso da inspecção que antecede o início do abastecimento, a entidade distribuidora deverá notificar o proprietário de modo que este tome as medidas necessárias à correcção das anomalias e solicite novamente a intervenção da entidade inspectora.

3 – Se não forem encontradas não conformidades com a legislação e as normas aplicáveis, a entidade inspectora deve emitir um certificado de inspecção conforme o modelo respectivo, anexo ao Estatuto das Entidades Inspectoras.

Artigo 6.º

Inspecção de redes e ramais de distribuição

1 – As inspecções de redes e ramais de distribuição são realizados a pedido da entidade distribuidora.

2 – A entidade inspectora deve verificar o cumprimento do disposto no Regulamento Técnico Relativo ao Projecto, Construção, Exploração e Manutenção de Redes de Distribuição de Gases Combustíveis, aprovado pela Portaria n.º 386/94, de 16 de Junho, e proceder em conformidade com os artigos 30.º, 31.º e 32.º deste Regulamento.

3 – A entidade inspectora deve, ainda, proceder em conformidade com o disposto no artigo 11.º do Estatuto das Entidades Inspectoras.

Artigo 7.º

Inspecção periódica às redes e ramais de distribuição de gás

1 – A entidade inspectora deve cumprir o disposto no artigo 12.º do Estatuto das Entidades Inspectoras das Redes e Ramais de Distribuição e Instalações de Gás.

2 – Nas inspecções periódicas de redes e ramais de distribuição de gás, a entidade inspectora deve verificar, no mínimo:

a) O estado de conservação e a conformidade com os regulamentos e normas técnicas aplicáveis;

b) O funcionamento dos dispositivos de corte e o seu estado de conservação;

c) A existência de fugas de gás através de ensaios de estanquidade ou outros métodos adequados de pesquisa de fugas, conforme se mostrar aplicável.

3 – A realização de inspecções a pedido da entidade concessionária é de carácter voluntário e não a isenta da exclusiva responsabilidade prevista no artigo 33.º do Regulamento referido no artigo 6.º

Artigo 8.º
Manutenção e reparação das instalações de gás

1 – Toda a instalação de gás, qualquer que seja a data da sua execução, deve ser sujeita a acções de manutenção e reparação, se for caso disso.

2 – As intervenções de manutenção e de reparação de defeitos devem ser realizadas, em todos os casos, por uma entidade instaladora credenciada pela DGE.

3 – A promoção da inspecção e da reparação de defeitos, dentro dos prazos estabelecidos, são da responsabilidade do proprietário, do condomínio ou utente, nos termos da legislação aplicável, excepto no caso da inspecção extraordinária.

4 – A responsabilidade pela conservação das instalações e os respectivos encargos recaem sobre os utentes para as partes visíveis da instalação do fogo, incluindo a ventilação e exaustão dos produtos de combustão, e sobre o proprietário ou o condomínio para a parte da instalação das zonas comuns.

5 – Após a reparação das instalações de gás, deve ser emitido pela entidade instaladora novo termo de responsabilidade conforme o disposto no n.º 1 de artigo 11.º do Decreto-Lei n.º 521/99, de 10 de Dezembro.

6 – A entidade distribuidora só pode retomar o abastecimento quando na posse do duplicado do termo de responsabilidade referido no número anterior, bem como na posse do certificado de inspecção emitido pela entidade inspectora.

Artigo 9.º
Instruções gerais dos ensaios

1 – Os procedimentos dos ensaios a efectuar nas instalações de gás devem constar dos manuais das entidades inspectoras e das entidades distribuidoras.

2 – Os ensaios de resistência e de estanquidade devem ser realizados em conformidade com o disposto no Regulamento Técnico Relativo ao Projecto, Construção, Exploração e Manutenção das Instalações de Gás Combustível Canalizado em Edifícios, aprovado pela Portaria n.º 361/98, de 26 de Junho.

3 – A verificação das condições de ventilação e de exaustão dos produtos de combustão deve obedecer ao disposto na NP 1037 ou outras normas técnicas aplicáveis aceites pelas entidades oficiais competentes.

4 – Os manuais de procedimentos devem ser postos à disposição das entidades administrativas competentes para o efeito, sempre que estas os solicitem.

Artigo 10.º

Defeitos críticos e defeitos não críticos

1 – São considerados defeitos críticos:

a) Fuga de gás que pela sua natureza ou localização ponha em causa as condições de segurança da utilização e que tenha sido detectada mediante água sabonosa, detectores de gás, leitura de contador ou outros métodos adequados;

b) Tubo flexível não metálico não conforme com as normas técnicas aplicáveis ou que apresente sinais visíveis de deterioração, ou fora do prazo de validade, ou, ainda, sem abraçadeiras de aperto nas extremidades;

c) Tubo flexível metálico não conforme às normas técnicas aplicáveis ou com sinais visíveis de deterioração;

d) Aparelhos a gás do tipo A (não ligados) ou do tipo B (ligados não estanques) em locais destinados a quartos de dormir e a casas de banho;

e) Aparelhos a gás do tipo A (não ligados) ou do tipo B (ligados não estanques), sem conduta de evacuação dos produtos de combustão, em locais com o volume total inferior a 8 m3.

2 – São considerados defeitos não críticos, a eliminar no prazo máximo de três meses:

a) Tubagens de gás em contacto com cabos eléctricos;

b) Tubagens de gás que sejam utilizadas como circuito de terra de instalações eléctricas;

c) Falta dos dispositivos de corte dos aparelhos;

d) Aparelhos a gás com funcionamento deficiente relativamente ao comportamento da chama, incluindo retorno, descolamento ou pontas amarelas;

e) Falta de válvula de corte geral do edifício ou válvula com a acessibilidade de grau 3;

f) Falta de válvula de corte do fogo ou válvula com a acessibilidade de grau 3;

g) Utilização de tubagens, acessórios e equipamento não permitidos no Regulamento, à data da sua instalação;

h) Tubagens de gás em lugares não permitidos na legislação ou que não satisfaçam as disposições regulamentares;

i) Não conformidade da válvula de corte geral;

j) Não conformidade da válvula de corte do fogo;

k) Contador de gás com *by-pass*, quando este não satisfizer as condições regulamentares;

l) Contador de gás danificado, parado ou não cumprindo o especificado no Regulamento;

m) Não conformidade das válvulas de corte aos aparelhos;

n) Inadequada iluminação interior e exterior dos locais técnicos e das caixas dos contadores;

o) Caixas de contadores com portas sem orifícios de ventilação e que não obedeçam ao Regulamento;

p) Aparelhos a gás do tipo B (ligados não estanques), sem conduta de evacuação dos produtos de combustão, em locais com o volume total igual ou superior a 8 m3, exceptuando-se os aparelhos de aquecimento instantâneo de água quente sanitária de potência útil não superior a 8,7 KW e com caudal máximo de 5 l/min de água quente, bem como os aparelhos de aquecimento de água de acumulação com potência útil não superior a 4,65 KW e cuja capacidade útil não seja superior a 50 L, que estejam instalados antes da data de entrada em vigor do presente Regulamento;

q) Aparelhos a gás do tipo A (não ligados), em local sem chaminé ou sem abertura permanente para evacuação dos produtos de combustão, sendo o volume total do local igual ou superior a 8 m3;

r) Não conformidades da ventilação dos locais onde estão montados e a funcionar os aparelhos a gás;

s) Não conformidades da exaustão dos produtos de combustão, ou da altura mínima da tubagem de saída dos gases de combustão dos aparelhos de aquecimento instantâneo de água sanitária, ou, ainda, da sua inclinação em relação à horizontal.

3 – A simultaneidade de dois ou mais defeitos não críticos referidos nas alíneas c), k) e p) do número anterior deve ser considerada como um defeito crítico.

4 – A simultaneidade de três ou mais defeitos não críticos referidos nas alíneas a), e), f), l), n), o) e q) do n.º 2 deve ser considerada como um defeito crítico.

5 – No caso de detecção de defeitos críticos, ou considerados como tal nos termos dos n.ºs 3 e 4, não pode ser iniciado o fornecimento de gás, ou, no caso de já se ter iniciado, deverá ser suspenso.

ANEXO II

Estatuto das Entidades Inspectoras das Redes e Ramais de Distribuição e Instalações de Gás

ARTIGO 1.º

Objecto

O Estatuto das Entidades Inspectoras das Redes e Ramais de Distribuição e Instalações de Gás em Edifícios, adiante designadas por entidades inspectoras, tem por objecto:

a) Definir o conceito destas entidades e as suas atribuições;
b) Estabelecer as condições para o seu reconhecimento;
c) Regulamentar o exercício da respectiva actividade.

ARTIGO 2.º
Definições

Para efeitos do presente Estatuto, entende-se por:
a) «Entidade distribuidora» as entidades concessionárias, as entidades exploradoras ou quaisquer outras que estejam legalmente autorizadas a comercializar gases combustíveis;
b) «Entidade inspectora» igualmente designada «organismo de inspecção de acordo com a norma NP EN 45 004» as pessoas colectivas que procedem:
I) À apreciação dos projectos das instalações de gás;
II) À inspecção das redes e ramais de distribuição e instalações de gás;
III) À inspecção de equipamentos e outros sistemas de utilização de gases combustíveis em redes e ramais de distribuição e em instalações de gás;
IV) À verificação das condições de funcionamento dos aparelhos de gás e das condições de ventilação e evacuação dos produtos de combustão.

ARTIGO 3.º
Atribuições

1 – Constituem atribuições das entidades inspectoras:
a) Apreciar os projectos das instalações de gás com a finalidade de verificar a sua conformidade com os regulamentos técnicos e outros requisitos de segurança que lhes sejam aplicáveis;
b) Inspeccionar, tendo em vista a entrada em serviço, a execução das redes e ramais de distribuição, das instalações de gás, e verificar os materiais, equipamentos e aparelhos de gás;
c) Realizar as inspecções periódicas ou extraordinárias, nos termos da legislação aplicável.
2 – As entidades inspectoras, no âmbito das acções referidas no número anterior, têm a faculdade de assistir à realização dos ensaios e demais verificações finais efectuadas pelas entidades instaladoras.
3 – A correcção das anomalias resultantes de uma inspecção deve ser verificada pela entidade inspectora que realizou a inspecção.
4 – As atribuições compreendidas no presente artigo serão exercidas a solicitação da Direcção-Geral da Energia (DGE), das direcções regionais do Ministério da Economia (DRE), das entidades distribuidoras ou dos proprietários ou utentes das instalações.

Artigo 4.º

Condições de acesso

1 – As entidades inspectoras só podem exercer a respectiva actividade desde que estejam devidamente reconhecidas e inscritas em cadastro próprio da DGE.

2 – Para efeitos do estabelecido no número anterior, as entidades candidatas devem apresentar a seguinte documentação:

a) Requerimento dirigido ao director-geral da Energia, solicitando o seu reconhecimento e inscrição;

b) Certidão do registo comercial, de onde constem os nomes das pessoas que obrigam a pessoa colectiva;

c) Declaração, devidamente assinada, do compromisso de respeitar as disposições legais relativas à actividade, nomeadamente no que respeita aos requisitos impostos nos regulamentos técnicos vigentes;

d) Cópia autenticada da apólice de seguro de responsabilidade civil prevista no artigo 6.º do presente Estatuto;

e) Declaração, devidamente assinada e autenticada, do compromisso de manutenção de um quadro mínimo de pessoal, nos termos previstos no n.º 2 do artigo 9.º;

f) Documento comprovativo da certificação no âmbito do Sistema Português de Qualidade (SPQ), de acordo com a NP EN 45 004, podendo ser protestada a sua apresentação dentro do prazo máximo de um ano.

3 – As entidades inspectoras ainda não certificadas pelo SPQ podem ser provisoriamente inscritas na DGE pelo prazo de um ano, desde que, para além da apresentação dos documentos referidos no número anterior, façam prova de:

a) Possuir capacidade técnica e administrativa para a realização das inspecções, incluindo o organograma e fluxograma dos seus procedimentos, de forma a permitir validar o seu reconhecimento;

b) Possuir procedimentos técnicos escritos, destinados a serem usados nos diversos tipos de inspecção que se propõem realizar, e os equipamentos técnicos mínimos necessários para a realização das inspecções.

4 – As entidades inspectoras reconhecidas são sujeitas a auditorias a realizar no âmbito do SPQ.

5 – No âmbito das auditorias a efectuar, a análise da demonstração da capacidade técnica e administrativa para realização das inspecções e a análise dos procedimentos técnicos são efectuadas por uma comissão integrando representantes da DGE e do Instituto Português da Qualidade (IPQ).

Artigo 5.º
Concessão do reconhecimento

1 – O reconhecimento como entidade inspectora é concedido por despacho do director-geral da Energia, após análise do processo de candidatura nos termos do presente Estatuto.

2 – O reconhecimento é dado por tempo indeterminado, mantendo-se a sua validade enquanto se verificarem os requisitos que estiveram na base do seu reconhecimento, designadamente a certificação de qualidade obtida no âmbito do SPQ.

3 – O despacho do director-geral da Energia no qual é concedido o reconhecimento nos termos do n.º 1 deve ser publicado no *Diário da República*, 2.ª série.

Artigo 6.º
Seguro de responsabilidade civil

1 – A entidade inspectora deve celebrar, obrigatoriamente, um seguro de responsabilidade civil para cobrir os danos materiais e corporais sofridos por terceiros, resultantes de deficiências das inspecções realizadas.

2 – A garantia do seguro mencionado no número anterior terá um valor mínimo obrigatório de 250 000 000$00.

3 – O valor referido no número anterior será objecto de actualização periódica pelo Ministro da Economia, sob proposta da DGE.

Artigo 7.º
Deveres

1 – São deveres das entidades inspectoras:

a) Desempenhar as suas atribuições com isenção e competência tendo em vista a salvaguarda da segurança de pessoas e bens, observando o cumprimento das disposições técnicas e legais aplicáveis;

b) Colaborar com a DGE, com as DRE e as com entidades distribuidoras na elaboração das regras e procedimentos técnicos para a realização das inspecções;

c) Prestar à DGE e às DRE todas as informações que lhes sejam solicitadas, dentro do âmbito do seu reconhecimento;

d) Elaborar os relatórios referidos no artigo 14.º do presente Estatuto;

e) Elaborar um manual dos procedimentos, a que se refere a alínea b) do n.º 3 do artigo 4.º, que deverá ser facultado às entidades administrativas competentes sempre que for solicitado.

2 – As entidades inspectoras devem manter registos de cada uma das inspecções realizadas, conservando-os durante um período nunca inferior a cinco anos.

3 – Os registos das inspecções devem estar disponíveis para consulta por qualquer das entidades referidas no n.º 4 do artigo 3.º deste Estatuto.

Artigo 8.º
Suspensão e cancelamento do reconhecimento

1 – O reconhecimento da entidade inspectora pode ser suspenso ou cancelado pela DGE, nos seguintes casos:

a) Quando se verifique alteração dos pressupostos que determinaram a sua concessão;

b) Por incumprimento dos deveres estabelecidos para o exercício da actividade;

c) Em consequência de auditoria efectuada.

2 – No caso de cancelamento do reconhecimento, deve a entidade inspectora entregar à DGE, nos 60 dias imediatos, todos os processos, arquivos e demais documentação relativos às suas atribuições.

3 – A suspensão ou cancelamento do reconhecimento são determinados por despacho do director-geral da Energia.

4 – A suspensão é aplicada por um prazo de 120 dias, devendo a entidade inspectora, nesse prazo, corrigir a actuação que justificou o procedimento sob pena de o reconhecimento ser cancelado.

5 – A suspensão e o cancelamento do reconhecimento devem ser comunicados pela DGE às DRE e às entidades distribuidoras, sendo o cancelamento publicado no *Diário da República*, 2.ª série.

6 – A suspensão e o cancelamento serão registados no cadastro da DGE previsto no n.º 1 do artigo 4.º

Artigo 9.º
Pessoal técnico e equipamento

1 – O pessoal técnico das entidades inspectoras deve:

a) Ser constituído por profissionais devidamente credenciados pela DGE de acordo com o disposto no Decreto-Lei n.º 263/89, de 17 de Agosto;

b) Pertencer ao quadro técnico da entidade inspectora.

2 – O quadro mínimo de pessoal técnico deve ser composto por:

a) Um director técnico, licenciado ou bacharel em Engenharia, a quem compete dirigir as acções de inspecção, credenciado como projectista ou técnico de gás;

b) Projectistas e técnicos de gás em número adequado à actividade.

3 – As acções de inspecção serão realizadas por técnicos de gás com experiência profissional e formação específica nas diferentes áreas de actuação.

4 – Sempre que se justifique, nomeadamente nas acções que se destinem a inspeccionar instalações de utilização não doméstica com potência instalada superior a 50 KW, o técnico de gás poderá fazer-se acompanhar por um projectista.

5 – A apreciação dos projectos é exclusivamente reservada ao grupo profissional dos projectistas.

6 – As entidades inspectoras poderão recorrer ao serviço de técnicos especializados sempre que se trate de instalações de características particulares.

7 – As entidades inspectoras deverão manter os seus equipamentos devidamente aferidos, de acordo com a regulamentação aplicável.

ARTIGO 10.º

Incompatibilidades

1 – As entidades inspectoras, bem como o seu pessoal, não podem exercer a actividade de projectista, fornecedor, montador, instalador ou de técnico responsável por redes, ramais e instalações de gás, quer directamente quer por interposta pessoa.

2 – O pessoal das entidades inspectoras que tenha exercido qualquer das actividades indicadas no número anterior não pode, no prazo de um ano a contar da data em que tiver deixado de exercer essas actividades, fazer qualquer inspecção a redes, ramais e instalações de gás que tenham sido montadas ou instaladas por eles ou por entidades para as quais tenham trabalhado.

3 – Sem prejuízo das atribuições das entidades distribuidoras de gás natural, as entidades distribuidoras, instaladoras e montadoras, bem como o seu pessoal, não podem actuar como entidades inspectoras das redes, ramais e instalações de gás executadas, abastecidas ou exploradas por si ou por interposta pessoa.

4 – O pessoal da entidade inspectora deve exercer a sua actividade com isenção, integridade profissional e competência.

5 – O pessoal das entidades inspectoras não pode, no prazo de um ano a contar da data em que deixou de exercer actividade nessas entidades, actuar por conta própria, ou para distribuidoras, montadoras ou instaladoras, em redes, ramais e instalações de gás nas quais tenha tido intervenção.

6 – O pessoal da entidade inspectora fica obrigado a segredo profissional em relação a todos os documentos e demais informações de que tiver tomado conhecimento no exercício das suas funções.

Artigo 11.º

**Inspecção à execução de redes e ramais
de distribuição e instalações de gás**

1 – Na execução de inspecções às redes e ramais de distribuição e instalações de gás, as entidades inspectoras devem solicitar às entidades instaladoras cópia dos termos de responsabilidade.

2 – Sendo encontradas anomalias, devem as entidades inspectoras comunicar de imediato o facto às entidades instaladoras, consoante o caso, para que as mesmas corrijam as anomalias encontradas.

Artigo 12.º

Inspecções periódicas às redes em ramais de distribuição de gás

1 – Na execução das inspecções periódicas às redes e ramais de distribuição do gás, as entidades inspectoras devem solicitar ao proprietário das redes e ramais de distribuição de gás cópia dos termos de responsabilidade da entidade instaladora que executou a obra.

2 – No caso de inexistência dos termos de responsabilidade, para as redes e ramais instalados antes da entrada em vigor do Decreto-Lei n.º 125/97, de 23 de Maio, e se não forem encontradas anomalias nas redes e ramais de distribuição de gás, pode a entidade inspectora emitir o certificado da inspecção periódica, assinalando nele este facto.

3 – Sendo encontradas anomalias, devem as entidades inspectoras comunicar de imediato o facto à DRE competente.

Artigo 13.º

Inspecções periódicas às instalações de gás

1 – Na execução das inspecções às instalações de gás, devem as entidades inspectoras solicitar aos respectivos proprietários cópias dos termos de responsabilidade da entidade instaladora.

2 – No caso de inexistência dos termos de responsabilidade e se não forem encontradas anomalias nas instalações de gás, pode a entidade inspectora emitir o certificado da inspecção periódica, assinalando nele este facto.

3 – Sendo encontradas anomalias que possam pôr em causa a segurança de pessoas e bens, devem as entidades inspectoras comunicar de imediato o facto à entidade distribuidora para que se abstenha de fornecer gás ou cesse o fornecimento enquanto as anomalias não forem solucionadas.

4 – Os encargos com a realização da inspecção referida no n.º 1 serão integralmente suportados pelos respectivos proprietários ou utentes.

ARTIGO 14.º

Certificado de inspecção

1 – Após a realização de qualquer inspecção, as entidades inspectoras devem elaborar um relatório de inspecção e emitir um certificado de inspecção de acordo com os modelos que constituem os anexos I e II deste Estatuto e que dele ficam a fazer parte integrante, sempre que o resultado da inspecção demonstre que as instalações observadas cumprem as condições regulamentares.

2 – Se na inspecção forem encontradas deficiências que colidam com a legislação vigente, será a entidade inspeccionada notificada das correcções a introduzir, não sendo emitido o certificado de inspecção até que as correcções sejam executadas e verificadas.

3 – O certificado de inspecção e o relatório referidos no n.º 1 devem ser enviados à entidade que requereu a inspecção, no prazo máximo de 15 dias contados a partir da data da mesma.

4 – Cabe ao técnico de gás que dirigir ou executar a inspecção assinar o respectivo certificado de inspecção ou a notificação referida no n.º 2 deste artigo.

ARTIGO 15.º

Prazos

1 – A entidade inspectora deve apreciar os projectos de instalações de gás no prazo máximo de 10 dias úteis, sendo obrigatória a notificação ao requerente do resultado da mesma.

2 – Se a entidade inspectora solicitar esclarecimentos considerados imprescindíveis à apreciação do projecto, o prazo referido no número anterior fica suspenso, reiniciando-se após resposta do requerente.

3 – Se o requerente não apresentar os esclarecimentos a que se refere o número anterior no prazo de 30 dias, ou se os apresentar e eles não forem suficientes, o projecto não é aprovado e as cópias não são visadas.

4 – A entidade inspectora deve efectuar as inspecções previstas no presente Estatuto no prazo máximo de 10 dias úteis.

5 – Os prazos a que se refere o presente artigo são contados a partir da data da aceitação do pedido ou da solicitação dos esclarecimentos por parte da entidade inspectora.

Artigo 16.º
Relação entre as entidades inspectoras e os serviços oficiais

1 – As entidades inspectoras devem colaborar com as entidades administrativas competentes, nomeadamente com a DGE e as DRE, e com as entidades distribuidoras na elaboração de relatórios de acidentes e na prestação de outros serviços e informações que lhe sejam solicitados com carácter extraordinário.

2 – As entidades inspectoras devem elaborar um relatório anual, mencionando, nomeadamente, o número de redes, ramais e instalações de gás inspeccionadas e certificadas e enviar cópia do mesmo, em suporte informático, à DRE territorialmente competente.

Artigo 17.º
Fiscalização

1 – A competência para o controlo e a fiscalização do cumprimento das disposições do presente Estatuto cabe à DGE e às DRE.

2 – Dos actos praticados pelas entidades inspectoras no exercício das suas atribuições cabe reclamação para a DRE territorialmente competente, a interpôr no prazo de 15 dias a contar da data do seu conhecimento.

3 – Sempre que as reclamações apresentadas estejam relacionadas com as situações estabelecidas no n.º 1 do artigo 8.º devem ser comunicadas à DGE.

4 – A DGE informará as DRE ou outra entidade que possa estar envolvida no âmbito da reclamação mencionada no número anterior do teor que vier a ser proferido sobre a reclamação.

ANEXO I

Certificado de inspecção

(redes e ramais)

Inicial ☐
Periódica ☐
Extraordinária ☐
Outras ☐

A entidade inspectora ... (^{1}), com sede em ..., reconhecida pela Direcção-Geral da Energia ao abrigo do despacho n.° ..., declara haver inspeccionado em .../.../... a seguinte instalação:

Rede ... (^{2})
Ramal ... (^{2})

a solicitação de ... (^{3}), no âmbito de uma inspecção ... (^{4}), tendo verificado que a mesma havia sido projectada por ... e instalada por ..., a qual emitiu o termo de responsabilidade n.° ...

Certifica que a rede/ramal de distribuição de gás cumpre as normas técnicas e regulamentos aplicáveis e que foi sujeita aos ensaios e verificações regulamentares, não apresentando qualquer inconformidade.

..., ... de ... de ...

... (assinatura e carimbo) (^{5}).

(^{1}) Denominação da entidade inspectora.
(^{2}) Identificação completa do objecto da inspecção.
(^{3}) Identificação de quem solicitou a inspecção.
(^{4}) Natureza da inspecção: inicial/periódica/extraordinária/outras.
(^{5}) As assinaturas são as do técnico de gás e do director técnico da entidade inspectora.

ANEXO II
Certificado de inspecção das instalações de gás

Inicial ☐
Periódica ☐
Extraordinária ☐
Outras ☐

A entidade inspectora ... (^{1}), com sede em ..., reconhecida pela Direcção-Geral da Energia ao abrigo do despacho n.º ..., declara haver inspeccionado em .../.../... a instalação de gás/os aparelhos a gás/as condições de ventilação e exaustão de produtos de combustão (^{2}) situada em ... (^{3}), a solicitação de ... (^{4}).

No âmbito de inspecção ...(^{5}), verificou-se que a mesma havia sido projectada por ... e instalada por ..., a qual emitiu o respectivo termo de responsabilidade n.º ...

Certifica que a instalação de gás/os aparelhos a gás/as condições de ventilação e exaustão de produtos de combustão (^{2}) cumpre as normas técnicas e regulamentos aplicáveis e que foi sujeita aos ensaios e verificações regulamentares, não apresentando qualquer inconformidade.

..., ... de ... de ...

... (assinatura e carimbo) (^{6}).

(^{1}) Denominação da entidade inspectora.
(^{2}) Cortar o que não interessa.
(^{3}) Identificação completa do objecto da inspecção.
(^{4}) Identificação de quem solicitou a inspecção.
(^{5}) Natureza da inspecção: inicial/periódica/extraordinária/outras.
(^{6}) As assinaturas são as do técnico de gás e a do director técnico da entidade inspectora.

REGULAÇÃO

DECRETO-LEI N.º 97/2002,
DE 12 DE ABRIL

A Directiva n.º 96/92/CE, do Parlamento Europeu e do Conselho, de 19 de Dezembro, e a Directiva n.º 98/30/CE, do Parlamento Europeu e do Conselho, de 22 de Junho, que estabeleceram, respectivamente, as regras comuns relativas aos mercados internos da electricidade e do gás natural – baseados na abertura progressiva à concorrência, sem prejuízo das obrigações de serviço público e no direito de acesso de produtores e de consumidores às redes de transporte e distribuição –, conferiram às autoridades reguladoras um papel de crucial importância na garantia das obrigações de serviço público e na implementação dos mecanismos tendentes a assegurar a igualdade de tratamento, a transparência e a não discriminação no acesso às redes e no relacionamento entre os diversos operadores, no respeito pelas regras da concorrência consagradas no Tratado da União Europeia.

Na maior parte dos países, esses objectivos têm sido prosseguidos por meio da criação de entidades reguladoras sectoriais, destacadas da administração directa do Estado e dotadas de maior ou menor independência, tanto orgânica como funcional.

Essa solução das «entidades reguladoras independentes» foi ditada tanto pela preocupação de separar os papéis do «Estado regulador» e do «Estado operador» (dada a permanência de uma forte posição do Estado nos sectores em vias de liberalização), de modo a garantir a imparcialidade da regulação, como pelo objectivo de tornar a regulação independente dos ciclos e conjunturas político-eleitorais, reforçando assim a confiança dos operadores e consumidores.

Ao abrigo dessa filosofia e no que respeita ao sector eléctrico, o Decreto-Lei n.º 182/95, de 27 de Julho, que estabeleceu as disposições aplicáveis à organização do Sistema Eléctrico Nacional e ao exercício das actividades de produção, transporte e distribuição de energia eléctrica, determinou que a regulação do Sistema Eléctrico Público (SEP) e das suas relações com o Sistema Eléctrico não Vinculado (SENV) incumbiria a uma entidade reguladora independente. Na concretização deste preceito, pelo Decreto-Lei n.º 187/95, de 27 de Julho, veio a ser criada a Entidade Reguladora do Sector Eléctrico (ERSE), com a natureza de pessoa colectiva de direito público dotada de autonomia administrativa e financeira e de património próprio e com vincadas característi- cas de independência, sem paralelo entre nós, integrando-a seguramente no con- ceito das «entidades administrativas independentes» que viria a ser constitucio- nalizado na revisão constitucional de 1997.

A ERSE entrou em funcionamento no início de 1997, tendo vindo a exer- cer as suas funções de regulação no quadro das competências que lhe foram conferidas pela legislação do sector eléctrico, particularmente pelo Decreto-Lei n.º 187/95, de 27 de Julho, e pelos seus Estatutos aprovados pelo Decreto-Lei n.º 44/97, de 20 de Fevereiro.

Entretanto, no que respeita ao sector do gás natural, o Decreto-Lei n.º 14/ 2001, de 27 de Janeiro, que procedeu à transposição da Directiva n.º 98/30/CE, do Parlamento Europeu e do Conselho, de 22 de Junho, estabelecendo as regras comuns para a concretização de um mercado concorrencial de gás natural, prevê que a aplicação dos mecanismos regulatórios para a boa execução dos seus princípios, mormente no que respeita à garantia do cumprimento do adequado funcionamento do mercado do gás natural, seja atribuída a uma entidade regula- dora independente.

Com efeito, a natureza de serviço público que a actividade do gás natural reveste no nosso país, prestado actualmente quase exclusivamente sob a forma de concessão, em regime de exclusivo (sendo que o actual quadro legislativo já prevê, em determinadas condições, a atribuição de licenças de distribuição de gás natural através de redes locais autónomas), a par da necessidade da sua evolução para a integração no mercado interno de energia, requer um sistema regulatório adequado. Este sistema, não podendo deixar de ter em conta a natu- reza e a especificidade do sector do gás natural em Portugal, ilustradas no seu estatuto de «mercado emergente», deverá assumir-se como um instrumento idó- neo para compatibilizar o desenvolvimento sustentado de um sector de interesse estratégico para o País com a garantia das regras do serviço público e o equilí- brio entre os interesses dos operadores e os interesses dos consumidores.

Independentemente da necessidade de uma lei quadro para o sector do gás natural, anunciada no preâmbulo do mesmo Decreto-Lei n.º 14/2001, de 27 de Janeiro, o actual desenvolvimento do sector do gás natural em Portugal e a necessidade da sua preparação para um mercado comunitário de energia aberto e concorrencial justificam, desde já, que as funções de regulação do sector passem a competir a uma entidade reguladora independente, tal como no sector eléctrico, dentro dos parâmetros estabelecidos no actual quadro legislativo e dos respecti- vos contratos de concessão.

No contexto europeu, particularmente dos Estados-Membros da União Europeia, a regulação das actividades da electricidade e do gás natural tem, na grande maioria dos casos, evoluído no sentido da sua união numa mesma entidade reguladora. A adopção desta solução justifica-se plenamente, porquanto, existindo entre estas actividades um conjunto de afinidades relacionadas com o modo e a condição do seu exercício, importa conferir-lhe uma unidade e uma coerência harmonizadora na aplicação dos princípios que lhes são comuns, sem deixar de ter em conta as especificidades de cada um. Pelas mesmas razões, tem plena justificação que esta solução seja também adoptada entre nós para o sector energético nacional.

Presentemente, o sector do gás natural não está regulado em Portugal, o que constitui uma excepção no seio da União Europeia. Torna-se, pois, necessário e urgente regular este sector de actividade, tal como acontece nos outros países da União.

Nesta linha, e dando cumprimento ao estabelecido na Resolução do Conselho de Ministros n.º 154/2001, de 19 de Outubro, que aprova o Programa E4 - Eficiência Energética e Energias Endógenas, o presente diploma vem atribuir à Entidade Reguladora do Sector Eléctrico a regulação das actividades do gás natural, com o consequente alargamento das suas atribuições e competências, passando a denominar-se por Entidade Reguladora dos Serviços Energéticos, com a preservação da sigla ERSE.

Com efeito, a criação de raiz de uma nova entidade reguladora para os sectores da electricidade e do gás natural só se justificaria se a transformação e adaptação da ERSE, sendo por certo a solução mais simples e económica, não se revelasse satisfatória do ponto de vista regulatório ou institucional. Ora, nada aponta para isso. Além de mais, essa solução permite pôr ao serviço da regulação integrada dos dois sectores a experiência da ERSE na regulação do sector eléctrico, bem como os recursos humanos e logísticos entretanto reunidos.

A racionalidade e simplicidade desta solução não preclude, porém, a possibilidade de aproveitar a ocasião para introduzir na organização e no regime da entidade reguladora as alterações que se revelem necessárias, tanto para clarificar aspectos menos conseguidos como para aperfeiçoar as suas características de independência e reforçar a sua fiabilidade pública.

No essencial, as alterações legislativas ora introduzidas dizem respeito à nova designação da Entidade Reguladora, à extensão das suas atribuições quanto à regulação das actividades do gás natural e à definição das competências neste domínio, à partilha dos custos de funcionamento da Entidade Reguladora entre os dois sectores e à recomposição, competências e funcionamento dos seus órgãos. Neste aspecto destaca-se a reformulação do conselho consultivo e do conselho tarifário, os quais, tendo em conta a representação dos agentes dos sectores da electricidade e do gás natural, passam a organizar-se em secções específicas para cada uma destas actividades. Finalmente, pelo seu significado, importa sublinhar a expressa consagração de obrigações da entidade reguladora para com a Assembleia da República, reforçando a sua legitimação pública.

O que importa sublinhar especialmente é que a solução seguida não se traduz na «captura» da regulação do gás natural pela entidade reguladora da electricidade nem na homogeneização dos respectivos regimes regulatórios, antes consiste na reestruturação da entidade reguladora de modo a torná-la efectivamente uma entidade comum aos dois sectores, sem prejuízo, porém, das especificidades e peculiaridades dos regimes de regulação de cada um. A unicidade orgânica não se traduz em uniformidade regulatória.

O presente diploma é também urgente, porque importa considerar o protocolo, assinado em 14 de Novembro de 2001, entre os Ministros da Economia de Portugal e de Espanha. Este protocolo prevê que, paralelamente à criação do mercado ibérico de electricidade, processo já em andamento, tendo como meta temporal 1 de Janeiro de 2003, se inicie a reflexão conjunta sobre o mercado ibérico de gás natural e a ausência de um regulador português neste sector enfraquece a posição negocial do Estado Português.

A especificidade do sector do gás natural, designadamente a fase emergente que o caracteriza em Portugal, é, aliás, contemplada no presente diploma, mantendo na esfera do Governo e da Direcção-Geral da Energia as competências relativas a preços até que seja iniciado o processo de liberalização do sector.

Foram ouvidos os órgãos de governo próprio das Regiões Autónomas.

Assim:

Nos termos da alínea a) do n.º 1 do artigo 198.º da Constituição, o Governo decreta o seguinte:

Artigo 1.º
Transformação da ERSE

1 – A Entidade Reguladora do Sector Eléctrico (ERSE), criada pelo Decreto-Lei n.º 187/95, de 27 de Julho, e cujos Estatutos foram aprovados pelo Decreto-Lei n.º 44/97, de 20 de Fevereiro, passa a denominar-se por Entidade Reguladora dos Serviços Energéticos, conservando a sigla ERSE.

2 – A ERSE é a autoridade reguladora dos sectores do gás natural e da electricidade ao nível nacional, nos termos do presente diploma, ressalvada a competência das Regiões Autónomas.

3 – As referências feitas na legislação à ERSE passam a considerar-se feitas à Entidade Reguladora dos Serviços Energéticos.

4 – As competências da ERSE são exercidas nas Regiões Autónomas dos Açores e da Madeira nos termos definidos em diploma específico.

Artigo 2.º

Estatutos

São aprovados os novos Estatutos da ERSE, anexos ao presente diploma, que dele fazem parte integrante.

Artigo 3.º

Alterações ao quadro legislativo no sector do gás natural

1 – São transferidas para a ERSE ou passam a depender de parecer prévio da mesma, conforme os casos, as competências atribuídas ao Governo e à Direcção-Geral da Energia pela lei ou pelos contratos de concessão e licenças referidas nos artigos 12.º a 23.º dos Estatutos anexos ao presente diploma.

2 – Ficam sujeitas ao regime de homologação oficial, idêntico ao das tarifas de fornecimento de gás aos consumidores finais em baixa pressão, as taxas de ligação, activação e conversão de equipamento de queima e outras taxas cobradas aos mesmos consumidores.

3 – Os valores das tarifas a aplicar aos consumidores finais em baixa pressão, estabelecidos nos termos da lei, bem como as taxas referidas no número anterior, entram em vigor 30 dias após a sua publicação oficial.

4 – Passa a ser obrigatória para as entidades concessionárias da distribuição a elaboração de regulamentos de exploração e fornecimento com os elementos previstos na lei e nos contratos de concessão.

5 – Haverá para o sector do gás natural um regulamento tarifário, um regulamento da qualidade do serviço, um regulamento das relações comerciais e um regulamento de acesso às redes, às interligações e às instalações de armazenamento.

Artigo 4.º

Exercício das competências da ERSE em relação ao sector do gás natural

1 – O exercício das competências da ERSE relativamente ao sector do gás natural só se inicia após a constituição da secção do conselho consultivo relativa ao gás natural, nos termos dos Estatutos, o qual deve estar formado no prazo de 60 dias após a entrada em vigor do presente diploma.

2 – A referida secção do conselho consultivo considera-se constituída quando estejam designados pelo menos dois terços dos seus membros.

Artigo 5.º
Órgãos da ERSE

1 – Os membros dos órgãos da ERSE em funções na data da publicação do presente diploma mantêm-se no exercício das mesmas até ao termo do prazo para que foram nomeados, sem prejuízo da possibilidade de renovação dos seus mandatos nos termos legalmente estabelecidos.

2 – As modificações introduzidas pelos novos estatutos no regime dos membros do conselho de administração não são aplicáveis aos membros em exercício da ERSE na data da publicação do presente diploma.

3 – Ao conselho de administração da ERSE compete promover a constituição do conselho consultivo e do conselho tarifário na nova composição resultante dos Estatutos da ERSE, anexos ao presente diploma.

Artigo 6.º
Disposições transitórias

As competências relativas a tarifas de fornecimento de gás natural mantêm-se atribuídas ao Governo ou à Direcção-Geral da Energia, nos termos dos respectivos contratos de concessão, até ao término do estatuto de mercado emergente, estabelecido nos termos da Directiva n.º 98/30/CE, de 22 de Junho.

Artigo 7.º
Revogação de legislação

São revogados os Estatutos da ERSE, aprovados pelo Decreto-Lei n.º 44/97, de 20 de Fevereiro, bem como o Decreto-Lei n.º 187/95, de 27 de Julho, na redacção do Decreto-Lei n.º 44/97, de 20 de Fevereiro, com excepção do seu artigo 4.º

Visto e aprovado em Conselho de Ministros de 7 de Fevereiro de 2002. – *António Manuel de Oliveira Guterres – Guilherme d'Oliveira Martins – Luís Garcia Braga da Cruz – José Sócrates Carvalho Pinto de Sousa – Alberto de Sousa Martins – António José Martins Seguro.*

Promulgado em 14 de Março de 2002.

Publique-se.

O Presidente da República, Jorge Sampaio.

Referendado em 21 de Março de 2002.

O Primeiro-Ministro, em exercício, *Jaime José Matos da Gama.*

ESTATUTOS DA ENTIDADE REGULADORA
DOS SERVIÇOS ENERGÉTICOS

CAPÍTULO I
Disposições gerais

ARTIGO 1.º
Natureza, finalidade e sede

1 – A Entidade Reguladora dos Serviços Energéticos (ERSE) é uma pessoa colectiva de direito público dotada de autonomia administrativa e financeira e de património próprio.

2 – A ERSE tem por finalidade a regulação dos sectores do gás natural e da electricidade, nos termos dos presentes Estatutos e no quadro da lei, dos contratos de concessão e das licenças existentes.

3 – A ERSE tem sede em Lisboa.

ARTIGO 2.º
Regime e independência

1 – A ERSE rege-se pelos presentes Estatutos, pelas disposições legais que lhe sejam especificamente aplicáveis e, subsidiariamente, pelo regime jurídico das entidades públicas empresariais, ressalvadas as regras incompatíveis com a natureza daquela.

2 – A ERSE é independente no exercício das suas funções, no quadro da lei, sem prejuízo dos princípios orientadores de política energética fixados pelo Governo, nos termos constitucionais e legais, e dos actos sujeitos a tutela ministerial, nos termos previstos na lei e no presente diploma.

ARTIGO 3.º
Atribuições

1 – São atribuições gerais da ERSE:

a) Proteger os direitos e interesses dos consumidores em relação a preços, serviços e qualidade de serviço;

b) Implementar a liberalização do sector eléctrico, preparar a liberalização do sector do gás natural e fomentar a concorrência de modo a melhorar a eficiência das actividades sujeitas à sua regulação;

c) Assegurar a objectividade das regras de regulação e a transparência das relações comerciais entre operadores e entre estes e os consumidores;

d) Velar, sem prejuízo das competências atribuídas a outras entidades, designadamente à Direcção-Geral da Energia (DGE) e às direcções regionais do Ministério da Economia, pelo cumprimento por parte dos operadores dos sectores do gás natural e da electricidade das obrigações de serviço público e demais obrigações estabelecidas nas leis e nos regulamentos, bem como nos contratos de concessão e nas licenças;

e) Contribuir para a progressiva melhoria das condições técnicas, económicas e ambientais nos sectores regulados, estimulando, nomeadamente, a adopção de práticas que promovam a utilização eficiente da electricidade e do gás natural e a existência de padrões adequados de qualidade do serviço e de defesa do meio ambiente;

f) Contribuir para a progressiva adaptação do enquadramento regulatório ao desenvolvimento dos sectores da electricidade e do gás natural e ao atempado cumprimento da legislação comunitária aplicável, no sentido da realização do mercado interno da energia;

g) Coordenar com a entidade competente a aplicação da lei da concorrência no sector da energia;

h) Promover a informação e o esclarecimento dos consumidores de energia, em coordenação com as entidades competentes;

i) Arbitrar e resolver os litígios que surjam no âmbito da electricidade e do gás natural, nos termos definidos na lei;

j) Acompanhar a actividade das entidades reguladoras afins, bem como as experiências estrangeiras de regulação da energia, e estabelecer relações com entidades reguladoras congéneres e com os organismos comunitários e internacionais relevantes;

k) Promover a investigação sobre o mercado da electricidade e do gás natural e sobre a sua regulação e desenvolver as iniciativas e estabelecer os protocolos de associação ou de cooperação que se revelarem adequados, sem prejuízo da sua independência.

2 – No âmbito específico do sector eléctrico, a ERSE, sem prejuízo das competências atribuídas a outras entidades, tem as seguintes atribuições:

a) Garantir a existência de condições que permitam satisfazer de forma eficiente a procura de energia eléctrica;

b) Garantir à entidade concessionária da Rede Nacional de Transporte (RNT) e aos titulares de licença vinculada de distribuição e de produção de energia eléctrica a existência de condições que lhes permitam, no âmbito de uma gestão adequada e eficiente, a obtenção do equilíbrio económico-financeiro necessário ao cumprimento das obrigações previstas no contrato de concessão e nas respectivas licenças.

3 – No âmbito específico do sector do gás natural, a ERSE, sem prejuízo das competências atribuídas a outras entidades, tem as seguintes atribuições:

a) Garantir a existência de condições que permitam satisfazer de forma eficiente a procura de gás natural;

b) Garantir às entidades concessionárias e licenciadas a existência de condições que lhes permitam, no âmbito de uma gestão adequada e eficiente, a obtenção do equilíbrio económico-financeiro necessário ao cumprimento das obrigações previstas no contrato de concessão e nas respectivas licenças.

4 – Incumbe ainda à ERSE:

a) Colaborar com a Assembleia da República e com o Governo na formulação das políticas e dos diplomas respeitantes ao sector energético;

b) Proceder à divulgação do quadro regulatório em vigor e das suas competências e iniciativas, bem como dos direitos e obrigações dos operadores e dos consumidores de gás natural e electricidade.

Artigo 4.º

Princípio da especialidade

1 – A capacidade jurídica da ERSE abrange os direitos e obrigações necessários à prossecução das suas atribuições.

2 – A ERSE não pode exercer actividades ou usar os seus poderes fora das suas atribuições nem dedicar os seus recursos a finalidades diversas das que lhe estão cometidas.

Artigo 5.º

Coadjuvação de outras autoridades

A ERSE dispõe da cooperação das autoridades e serviços competentes em tudo o que for necessário ao desempenho das suas funções, designadamente da DGE e da Direcção-Geral do Comércio e da Concorrência.

Artigo 6.º

Obrigações dos operadores

1 – Incumbe às entidades concessionárias ou licenciadas e aos demais operadores prestar à ERSE toda a cooperação que esta lhes solicite para o cabal desempenho das suas funções, designadamente as informações e os documentos que lhes sejam solicitados, os quais devem ser fornecidos no prazo máximo de 30 dias, salvo se outro prazo menor for estabelecido por motivos de urgência, devidamente fundamentados.

2 – Em especial, no âmbito das actividades reguladas, constitui obrigação das entidades concessionárias ou licenciadas de serviço público enviar à ERSE os seguintes documentos:

a) Os planos de investimento e de expansão a médio prazo;

b) Os orçamentos e planos de actividades, bem como os relatórios e as contas anuais;

c) Os contratos de fornecimento das entidades concessionárias das redes de transporte;

d) Os contratos tipo de fornecimento entre as entidades concessionárias e licenciadas das redes de distribuição e os respectivos clientes.

3 – No que respeita ao gás natural, incumbe ainda às entidades concessionárias e licenciadas de serviço público enviar à ERSE:

a) Um relatório trimestral sobre as quantidades e os preços do gás adquirido no trimestre anterior e um relatório semestral, em Julho e Dezembro de cada ano, sobre a previsão das quantidades e dos preços de gás que contam adquirir;

b) Um relatório anual sobre a evolução da cobertura territorial e populacional do abastecimento de gás natural.

4 – A ERSE pode proceder à divulgação da informação colhida nos termos deste artigo, sem prejuízo do respeito pelas informações que revelem segredo comercial ou industrial ou relativo à propriedade intelectual.

ARTIGO 7.º
Cooperação com outras entidades

A ERSE pode estabelecer relações de cooperação ou associação, no âmbito das suas atribuições, com outras entidades públicas ou privadas, nacionais ou estrangeiras, nomeadamente no quadro da União Europeia, desde que isso não implique delegação ou partilha das suas competências reguladoras ou potencial limitação à sua independência e imparcialidade.

CAPÍTULO II
Competências

SECÇÃO I
Competências relativamente ao sector eléctrico

ARTIGO 8.º
Competências em relação ao SEP

Compete à ERSE, em relação ao Sistema Eléctrico Público (SEP):

a) Preparar e emitir o regulamento tarifário, bem como proceder à sua revisão, ouvida a Direcção-Geral do Comércio e da Concorrência, no respeito pelos princípios estabelecidos no Decreto-Lei n.º 182/95, de 27 de Julho;

b) Estabelecer periodicamente, nos termos do regulamento tarifário, ouvida a Direcção-Geral do Comércio e da Concorrência, os valores das tarifas e dos preços a aplicar;

c) Proceder à publicação dos valores e preços a aplicar, nos termos do número anterior, no *Diário da República*, 2.ª série;

d) Apresentar uma proposta para as disposições de natureza comercial do regulamento da qualidade de serviço, bem como das suas alterações, sem prejuízo do disposto no artigo 41.º do Decreto-Lei n.º 182/95, de 27 de Julho, com consulta à entidade concessionária da RNT e às entidades titulares de licença vinculada de distribuição de energia eléctrica;

e) Verificar a integral aplicação do regulamento da qualidade de serviço;

f) Determinar que a entidade concessionária da RNT e as entidades titulares de licença vinculada de distribuição de energia eléctrica compensem os consumidores quando os padrões de qualidade de serviço não forem cumpridos;

g) Emitir parecer para a selecção de novos produtores vinculados ao SEP e para o estabelecimento do respectivo contrato de vinculação, no âmbito do processo de expansão da capacidade do sistema electroprodutor vinculado, nos termos do Decreto-Lei n.º 183/95, de 27 de Julho;

h) Emitir parecer para a modificação de contratos de vinculação ou para a prorrogação do seu prazo, nos termos do Decreto-Lei n.º 183/95, de 27 de Julho;

i) Dar parecer à DGE sobre os planos de expansão do sistema electroprodutor do SEP, preparados pela entidade concessionária da RNT;

j) Emitir parecer sobre o estado de necessidade que exige a contratação imediata de um produtor vinculado para os efeitos do previsto no artigo 14.º do Decreto-Lei n.º 182/95, de 27 de Julho, por forma a assegurar a continuidade do abastecimento de energia eléctrica aos clientes do SEP, nos termos do plano de expansão;

k) Emitir parecer sobre a minuta tipo do contrato de vinculação de distribuidores, sujeita a homologação da DGE, nos termos do Decreto-Lei n.º 184/95, de 27 de Julho;

l) Emitir parecer sobre o caderno de encargos preparado pela entidade concessionária da RNT para a selecção de novos distribuidores vinculados em média tensão (MT) e alta tensão (AT);

m) Estabelecer, em documento anexo à minuta do contrato de vinculação de novos distribuidores vinculados em baixa tensão (BT), as condições a que esse contrato deve obedecer, para cumprimento dos princípios estabelecidos no artigo 29.º do Decreto-Lei n.º 182/95, de 27 de Julho;

n) Estabelecer, para o mesmo efeito do número anterior, além da definição de condições contratuais específicas, mecanismos apropriados de regulação, nos termos do artigo 20.º do Decreto-Lei n.º 184/95, de 27 de Julho;

o) Emitir parecer sobre a construção de ligações transfronteiriças com tensão inferior ou igual a 110 kV por um distribuidor vinculado em MT e AT, para efeitos de autorização pela DGE, nos termos do Decreto-Lei n.º 184/95, de 27 de Julho;

p) Emitir parecer sobre a construção de linhas a tensão superior a 110 kV por distribuidor vinculado em MT e AT, quando não exista acordo entre este e a entidade concessionária da RNT, para os efeitos de autorização pela DGE;

q) Decidir sobre diferendos entre uma entidade titular de licença vinculada de distribuição de energia eléctrica em MT e AT e a entidade concessionária da RNT sobre a solução para realizar novas ligações entre as redes de ambas;

r) Emitir parecer sobre a transmissão para a entidade concessionária da RNT de relações jurídicas e de meios afectos ao exercício da actividade de distribuição vinculada em MT e AT, nos termos do Decreto-Lei n.º 184/95, de 27 de Julho;

s) Assegurar, por competência própria ou através das entidades competentes, nos casos em que considere ter havido uma infracção ao cumprimento das condições comerciais de funcionamento do SEP praticada pela entidade concessionária da RNT ou por uma entidade detentora de licença vinculada, que são tomadas as acções correctivas adequadas para a reposição da situação de normalidade;

t) Solicitar ao presumível infractor, para os efeitos do disposto na alínea anterior, a identificação das acções adequadas à reposição da situação de normalidade;

u) Definir à entidade em causa, quando considere que as acções propostas não são adequadas ao cumprimento das suas obrigações, por despacho sujeito a notificação, às entidades a quem possa respeitar, as acções que a mesma deve executar para a reposição da situação de normalidade;

v) Adoptar as medidas que considere apropriadas se as acções definidas nas alíneas anteriores não forem executadas ou não houver razoável cumprimento do calendário estabelecido para a sua execução;

w) Emitir parecer sobre os padrões de segurança de transporte estabelecidos pela entidade concessionária da RNT;

x) Exigir à entidade concessionária da RNT, se assim o entender, um relatório anual sobre a exploração do sistema de produção e transporte;

y) Emitir pareceres sobre os planos de expansão do sistema electroprodutor vinculado e sobre os planos de investimento na RNT.

Artigo 9.º
Competências em relação ao Sistema Eléctrico não Vinculado

Compete à ERSE, em relação ao Sistema Eléctrico não Vinculado (SENV):

a) Definir as regras de acesso ao SENV, de acordo com os princípios estabelecidos no Decreto-Lei n.º 182/95, de 27 de Julho;

b) Assegurar o cumprimento das regras de funcionamento do SENV;

c) Emitir parecer sobre a construção de linhas a tensão superior a 110 kV por um distribuidor não vinculado, para os efeitos de autorização pela DGE, nos termos do Decreto-Lei n.º 184/95, de 27 de Julho.

Artigo 10.º
Competências comuns aos dois subsistemas do sector eléctrico

Compete à ERSE, em relação ao SEP e ao SENV:

a) Preparar e emitir o regulamento de relações comerciais, bem como as suas actualizações, nos termos do Decreto-Lei n.º 182/95, de 27 de Julho;

b) Estabelecer as regras para definição da parcela das necessidades de potência e energia que as entidades titulares de licença vinculada de distribuição de energia eléctrica em MT e AT podem adquirir a entidades exteriores ao SEP, nos termos do Decreto-Lei n.º 184/95, de 27 de Julho;

c) Estabelecer o valor da quantidade mínima de energia consumida anualmente que permita a um consumidor pedir autorização de adesão ao SENV;

d) Definir os prazos de pré-aviso para passagem de um cliente do SEP ao SENV, ou vice-versa;

e) Conceder autorização de adesão ao SENV aos clientes do SEP que tenham apresentado o respectivo pedido;

f) Preparar e emitir o regulamento do despacho, bem como as suas actualizações, sob proposta da entidade concessionária da RNT, por sua iniciativa ou desta entidade;

g) Fiscalizar o cumprimento do regulamento do despacho, podendo para o efeito solicitar o apoio da entidade concessionária da RNT ou de qualquer entidade titular de licença vinculada de produção;

h) Auditar o despacho dos centros electroprodutores que se encontrem sujeitos a despacho centralizado;

i) Preparar e emitir o regulamento do acesso às redes e às interligações, bem como as suas actualizações;

j) Fiscalizar o cumprimento do regulamento do acesso às redes e às interligações, podendo para o efeito solicitar o apoio da entidade concessionária da RNT, de qualquer entidade titular de licença vinculada de distribuição ou de entidades titulares de licença não vinculada;

l) Exigir à entidade concessionária da RNT ou a qualquer entidade detentora de licença informação que se integre no âmbito das suas atribuições e competências.

Artigo 11.º

Processamento de contra-ordenações e aplicação de coimas e sanções acessórias

1 – Compete à ERSE processar as contra-ordenações e aplicar as devidas coimas e sanções acessórias nas situações referidas:

a) Nas alíneas e), f), l) e m) do n.º 1 do artigo 50.º do Decreto-Lei n.º 183/95, de 27 de Julho;

b) Nas alíneas d), f), h), l) e m) do n.º 1 do artigo 50.º do Decreto-Lei n.º 184/95, de 27 de Julho;

c) Nas alíneas a), b), c), e) e f) do n.º 1 do artigo 24.º, nos termos dos n.os 1, alínea b), e 2 do artigo 25.º do Decreto-Lei n.º 185/95, de 27 de Julho;

d) Em qualquer outra disposição que preveja uma infracção punível com sanção administrativa e corresponda ao incumprimento das medidas determinadas pela ERSE.

2 – Compete igualmente à ERSE propor à DGE a suspensão da licença sempre que do julgamento de um processo de contra-ordenação da sua competência entenda haver lugar para a aplicação dessa sanção.

3 – Compete ainda à ERSE:

a) Participar aos organismos competentes as infracções às normas de defesa da concorrência de que tome conhecimento no desempenho das suas funções;

b) Participar às autoridades competentes outras infracções de que tome conhecimento no desempenho das suas funções.

SECÇÃO II
Competências relativamente ao sector do gás natural

ARTIGO 12.º
Competências genéricas

1 – Sem prejuízo das competências atribuídas a outras entidades, designadamente à DGE e às direcções regionais do Ministério da Economia, compete à ERSE velar pelo cumprimento por parte das empresas do sector do gás natural das obrigações estabelecidas na lei e nos regulamentos, bem como nos contratos de concessão e nas licenças, nomeadamente as obrigações de serviço público.

2 – Para os efeitos do número anterior, sem prejuízo do disposto na presente secção e tendo em conta a vigência do regime derrogatório previsto na Directiva n.º 98/30/CE, consideram-se conferidas à ERSE as competências para a aplicação e fiscalização das disposições de natureza tarifária e comercial, da qualidade de serviço e da regulamentação das condições de acesso às redes, às interligações e ao armazenamento de gás natural, incluindo o gás natural liquefeito.

3 – Compete à ERSE a aplicação dos mecanismos previstos no artigo 12.º do Decreto-Lei n.º 14/2001, de 27 de Janeiro, de acordo com uma regulação adequada e eficaz, em condições de controlo e transparência que permitam evitar qualquer abuso de posição dominante e qualquer comportamento predatório.

ARTIGO 13.º
Competências quanto às concessões e licenças de serviço público

1 – No que respeita às concessões, compete à ERSE dar parecer ao Governo, prévio à competente decisão governamental, sobre:

a) A atribuição de novas concessões de distribuição regional e as minutas dos cadernos de encargos e dos respectivos contratos de concessão;

b) A autorização de cessão, alienação ou oneração das concessões;

c) A rescisão dos contratos de concessão, bem como o eventual sequestro ou resgate da concessão;

d) O estabelecimento anual do valor mínimo do seguro obrigatório de responsabilidade civil das concessionárias;

e) A autorização às concessionárias para alterar o destino do fundo de reconversão e manutenção das infra-estruturas.

2 – A ERSE emite parecer sobre os planos de investimento das entidades concessionárias, especialmente do ponto de vista do cumprimento do contrato de concessão e da ampliação das prestações do serviço público.

3 – Compete ainda à ERSE, de acordo com as obrigações de serviço público e as necessidades de desenvolvimento do sector:

a) Determinar às concessionárias das redes de distribuição regional o início do abastecimento de gás natural aos respectivos utentes logo que o mesmo seja viável técnica e economicamente;

b) Determinar às mesmas concessionárias a expansão da cobertura da rede de abastecimento, de acordo com o previsto nos respectivos contratos de concessão.

4 - As competências previstas neste artigo são, com as necessárias adaptações, exercidas em relação às entidades titulares de licenças de redes locais autónomas de serviço público.

ARTIGO 14.º
Competências quanto a preços e tarifas

1 – Compete à ERSE em matéria de tarifas e preços:

a) Homologar os preços acordados entre a entidade concessionária da rede de transporte em alta pressão e as concessionárias das redes de distribuição regional, as entidades titulares de licenças de redes locais autónomas de serviço público, as entidades electroprodutoras e os grandes clientes;

b) Autorizar a revisão dos contratos de fornecimento da concessionária da rede de transporte de alta pressão;

c) Proceder à revisão dos contratos de fornecimento da entidade concessionária da rede de transporte quando se verifique que a respectiva taxa de rendibilidade excede a taxa prevista no contrato de concessão;

d) Homologar ou fixar, nos termos do regulamento tarifário, as tarifas propostas pelas entidades concessionárias das redes de distribuição regional ou das entidades titulares de licenças de redes locais autónomas de serviço público para o fornecimento de gás aos consumidores industriais, comerciais e domésticos;

e) Homologar as revisões dos preços efectuadas pelas entidades concessionárias ou licenciadas de serviço público;

f) Homologar as taxas de ligação, activação, conversão de equipamento de queima e outras taxas legalmente autorizadas ou previstas nos contratos de concessão ou nas licenças de serviço público cobradas aos consumidores finais em baixa pressão.

2 – Compete à ERSE velar pelo cumprimento das normas tarifárias estabelecidas nos contratos de concessão e nas licenças de serviço público.

3 – Compete ainda à ERSE definir as regras de contabilidade analítica adequadas à separação contabilística de actividades das concessionárias.

4 – A ERSE procede à aprovação e revisão do regulamento tarifário.

5 – As decisões da ERSE relativas a tarifas e preços são publicadas na 2.ª série do *Diário da República* e divulgadas através de brochuras e do website da ERSE.

Artigo 15.º
Competências sobre o relacionamento comercial dos operadores

1 – O relacionamento comercial entre as concessionárias e as entidades licenciadas de serviço público, e entre elas e os consumidores, processa-se nos termos da legislação aplicável ao sector do gás natural, nomeadamente das bases das concessões, bem como nos contratos de concessão e nas licenças.

2 – No quadro legal previsto no número anterior, compete à ERSE proceder à aprovação do regulamento de relações comerciais, assim como às suas revisões.

3 – As entidades concessionárias ou licenciadas podem apresentar à ERSE propostas de revisão do referido regulamento.

Artigo 16.º
Competência em matéria de qualidade do serviço

1 – Para garantir a qualidade do serviço compete especialmente à ERSE proceder à aprovação do regulamento da qualidade do serviço, assim como às suas revisões, no quadro da legislação aplicável e dos contratos de concessão, e velar pela sua execução.

2 – O regulamento da qualidade do serviço estabelecerá regras nomeadamente sobre:

a) Características técnicas do gás natural a fornecer aos consumidores;

b) Condições adequadas a uma exploração eficiente e qualificada das redes e das instalações de gás natural;

c) Atendimento dos clientes;

d) Interrupções do serviço;

e) Padrões mínimos de qualidade;

f) Informações a prestar aos clientes;

g) Compensações e penalizações por incumprimento dos padrões de qualidade estabelecidos no regulamento;

h) Auditorias e os relatórios de qualidade;

i) Os contratos tipo de fornecimento das entidades concessionárias das redes de distribuição;

j) Os modelos de facturas a fornecer aos clientes domésticos pelas concessionárias das redes de distribuição, tendo em conta a sua conformidade jurídico-fiscal.

3 – Compete também à ERSE aprovar os regulamentos de exploração e fornecimento elaborados pelas entidades concessionárias ou licenciadas de serviço público, nomeadamente quanto a padrões de qualidade e segurança.

4 – Por forma a ajuizar continuadamente a adequação dos padrões de segurança e qualidade em vigor, a ERSE deve receber das entidades concessionárias e licenciadas um relatório anual sobre a exploração do sistema de transporte e distribuição.

ARTIGO 17.º

Acesso às redes, às interligações e às instalações de armazenamento

1 – Compete à ERSE aprovar o regulamento de acesso às redes, às interligações e às instalações de armazenamento previsto no artigo 9.º do Decreto-Lei n.º 14/2001, de 27 de Janeiro, bem como proceder à sua revisão.

2 – O regulamento de acesso às redes, às interligações e às instalações de armazenamento estabelecerá, nomeadamente, segundo critérios objectivos, transparentes e não discriminatórios, tarifas, condições e obrigações para a utilização do direito de acesso à rede interligada e ao armazenamento a observar pelas empresas de gás natural e pelos clientes elegíveis.

3 – O regulamento previsto no presente artigo estabelece, ainda, as condições em que, nos termos do artigo 11.º do Decreto-Lei n.º 14/2001, de 27 de Janeiro, as empresas de gás natural podem recusar o acesso à rede, as interligações e às instalações de armazenamento.

4 – A publicação e a entrada em vigor do regulamento de acesso às redes, às interligações e às instalações de armazenamento deve obedecer aos prazos estabelecidos no artigo 14.º do Decreto-Lei n.º 14/2001, de 27 de Janeiro.

ARTIGO 18.º

Competência sancionatória

1 – Compete à ERSE em matéria sancionatória:

a) Proceder ao processamento das contra-ordenações e aplicação de coimas e de sanções acessórias nas situações referidas nas alíneas e), f), l) e m) do n.º 1 do artigo 50.º do Decreto-Lei n.º 183/95, de 27 de Julho;

b) Proceder ao processamento das contra-ordenações e aplicação de coimas e de sanções acessórias nas situações referidas nas alíneas d), f), h), l) e m) do n.º 1 do artigo 50.º do Decreto-Lei n.º 184/95, de 27 de Julho;

c) Proceder ao processamento das contra-ordenações e aplicação de coimas nas situações referidas nas alíneas a), b), c), e) e f) do n.º 1 do artigo 24.º, nos termos dos n.os 1, alínea b), e 2, do artigo 25.º do Decreto-Lei n.º 185/95, de 27 de Julho.

2 – Compete ainda à ERSE:

a) Propor ao Governo a aplicação das sanções previstas nos contratos de concessão ou nas licenças, bem como a punição das infracções às leis e regulamentos cuja implementação ou supervisão não caibam à ERSE;

b) Propor ao órgão competente a suspensão da licença sempre que do julgamento de um processo de contra-ordenação da sua competência entenda haver lugar para aplicação dessa sanção;

c) Participar aos organismos competentes as infracções às normas de defesa da concorrência de que tome conhecimento no desempenho das suas funções;

d) Participar às autoridades competentes outras infracções de que tome conhecimento no desempenho das suas funções.

SECÇÃO III
Competências comuns

Artigo 19.º
Competência consultiva

1 – A ERSE pronunciar-se-á sobre todos os assuntos da sua esfera de atribuições que lhe sejam submetidos pela Assembleia da República ou pelo Governo e pode, por sua iniciativa, sugerir ou propor medidas de natureza política ou legislativa nas matérias atinentes às suas atribuições.

2 – A ERSE responderá no prazo máximo de 60 dias às consultas que lhe sejam feitas pelas concessionárias ou entidades licenciadas sobre assuntos da sua competência.

Artigo 20.º
Queixas dos consumidores

1 – A ERSE deve regularmente inspeccionar os registos das queixas e reclamações dos consumidores apresentadas às entidades concessionárias ou licenciadas, as quais devem preservar adequados registos das mesmas.

2 – A ERSE pode ordenar a investigação das queixas ou reclamações dos consumidores que lhe sejam apresentadas ou que sejam apresentadas às entidades concessionárias ou licenciadas, desde que se integrem no âmbito das suas competências.

3 – A ERSE pode igualmente recomendar às entidades concessionárias ou licenciadas as providências necessárias à reparação das justas queixas dos utentes.

Artigo 21.º

Cumprimento das obrigações legais ou contratuais

1 – Nos casos em que considere haver incumprimento das obrigações do serviço público, das obrigações legais e contratuais em geral ou dos padrões de segurança e qualidade regulamentarmente definidas, a ERSE pode recomendar às entidades concessionárias ou licenciadas a adopção das competentes medidas correctivas.

2 – Se as acções definidas não forem executadas ou não houver cumprimento do calendário estabelecido para a sua execução, a ERSE pode, conforme os casos, accionar ou propor ao Governo o accionamento das medidas sancionatórias previstas para a violação da lei ou o incumprimento do contrato de concessão ou das condições da licença.

Artigo 22.º

Inquéritos

A ERSE pode determinar, por sua iniciativa ou mediante solicitação do Ministro da Economia, a realização de sindicâncias, inquéritos ou auditorias às entidades concessionárias ou licenciadas, desde que os mesmos tenham por objecto matérias que se enquadrem no âmbito das suas competências.

Artigo 23.º

Procedimento regulamentar

1 – Antes da aprovação ou alteração de qualquer regulamento cuja emissão seja da sua competência e sem prejuízo da consulta do conselho consultivo ou do conselho tarifário, a ERSE deve comunicar esse processo à DGE, às entidades concessionárias ou licenciadas e às associações de consumidores de interesse genérico, nos termos da Lei n.º 24/96, de 31 de Julho, facultando-lhes o acesso aos textos respectivos e disponibilizando-os no seu *website*.

2 – Para os efeitos do número anterior, é fixado um prazo de 30 dias durante o qual os interessados podem emitir os seus comentários e apresentar sugestões.

3 - As entidades previstas no n.º 1 podem ter acesso a todas as sugestões que tenham sido apresentadas nos termos do presente artigo.

4 – O relatório preambular dos regulamentos fundamenta as decisões tomadas, com necessária referência às críticas ou sugestões que tenham sido feitas ao projecto.

5 – Os regulamentos da ERSE que contenham normas de eficácia externa são publicados na 2.ª série do *Diário da República* e disponibilizados no *website* daquela.

ARTIGO 24.º

Arbitragem

1 – A ERSE deve fomentar a arbitragem voluntária para a resolução de conflitos de natureza comercial ou contratual entre as entidades concessionárias e licenciadas de produção, transporte e de distribuição e entre elas e os consumidores.

2 – Para cumprimento do disposto no número anterior, a ERSE pode cooperar na criação de centros de arbitragem e estabelecer acordos com centros de arbitragem.

ARTIGO 25.º

Prazos

1 – Os pareceres da ERSE previstos no presente diploma devem ser emitidos no prazo de 60 dias sobre a apresentação do respectivo pedido, salvo se o Governo estabelecer prazo menor por motivos de urgência, podendo a decisão ser tomada sem precedência de parecer se este não for emitido no prazo estabelecido.

2 – As decisões da ERSE que consistam na aprovação ou homologação de propostas das concessionárias ou entidades licenciadas devem ser tomadas no prazo de 60 dias, entendendo-se haver aprovação ou decisão favorável no caso de falta de pronúncia dentro desse prazo.

3 – Não existe o valor jurídico positivo para a omissão referida no número anterior quando existam contra-interessados ou quando as decisões vierem a consubstanciar actos administrativos nulos.

CAPÍTULO III
Organização da ERSE

SECÇÃO I
Enumeração dos órgãos

Artigo 26.º
Órgãos da ERSE

São órgãos da ERSE:
a) O conselho de administração;
b) O fiscal único;
c) O conselho consultivo;
d) O conselho tarifário.

SECÇÃO II
Conselho de administração

Artigo 27.º
Função

O conselho de administração é o órgão colegial responsável pela definição e pelo acompanhamento da actividade reguladora da ERSE.

Artigo 28.º
Composição, designação e estatuto

1 – O conselho de administração é composto por um presidente e dois vogais.

2 – O presidente e os vogais são nomeados por resolução do Conselho de Ministros, sob proposta do Ministro da Economia, de entre pessoas que possuam qualificações adequadas e reconhecida competência técnica e profissional.

3 – Os membros do conselho de administração são nomeados por um período de cinco anos, renovável por uma vez.

4 – Os membros do conselho de administração estão sujeitos ao estatuto do gestor público em tudo o que não resultar dos presentes Estatutos, e a sua remuneração será estabelecida por despacho conjunto dos Ministros das Finanças, da Economia e da Reforma do Estado e da Administração Pública.

ARTIGO 29.º
Impedimentos e incompatibilidades

1 – Não pode ser nomeado para o conselho de administração da ERSE quem seja ou tenha sido membro dos corpos gerentes das empresas dos sectores da electricidade ou do gás natural nos últimos dois anos ou seja ou tenha sido trabalhador ou colaborador permanente das mesmas com funções de direcção ou chefia no mesmo período de tempo.

2 – Os membros do conselho de administração não podem ter interesses de natureza financeira ou participações nas empresas reguladas dos sectores do gás natural e da electricidade.

3 – Os membros do conselho de administração estão sujeitos às incompatibilidades e aos impedimentos dos titulares de altos cargos públicos.

4 – Os membros do conselho de administração exercem as suas funções em regime de exclusividade, excepto no que se refere ao exercício de funções docentes no ensino superior em tempo parcial.

5 – Após o termo das suas funções, os membros do conselho de administração ficam impedidos, pelo período de dois anos, de desempenhar qualquer função ou prestar qualquer serviço às empresas dos sectores regulados.

6 – Durante o período de impedimento estabelecido no número anterior, a ERSE continuará a abonar aos ex-membros do conselho de administração em dois terços da remuneração correspondente ao cargo, cessando esse abono a partir do momento em que estes sejam contratados ou nomeados para o desempenho, remunerado, de qualquer função ou serviço público ou privado.

ARTIGO 30.º
Independência dos membros

1 – Sem prejuízo do disposto no n.º 2 do artigo 2.º, os membros do conselho de administração são independentes no exercício das suas funções, não estando sujeitos a instruções ou orientações específicas.

2 – Os membros do conselho de administração não podem ser exonerados do cargo antes de terminar o mandato, salvo nos casos de:

a) Incapacidade permanente ou incompatibilidade superveniente do titular;

b) Falta grave comprovadamente cometida pelo titular no desempenho das suas funções ou no cumprimento de quaisquer outras obrigações inerentes ao cargo;

c) Trânsito em julgado de sentença a que corresponda condenação pela prática de qualquer crime que ponha em causa a idoneidade para o exercício da função.

3 – O mandato dos membros do conselho de administração caducará caso esse órgão seja dissolvido ou a ERSE seja legalmente extinta ou fundida com outra entidade reguladora.

4 – O conselho de administração só pode ser dissolvido por resolução do Conselho de Ministros nos seguintes casos:

a) Graves irregularidades no funcionamento do órgão;

b) Considerável excesso das despesas realizadas sobre as orçamentadas sem justificação adequada.

5 – No caso de cessação do mandato, os membros do conselho de administração mantêm-se no exercício das suas funções até à efectiva substituição, salvo declaração ministerial de cessação de funções.

6 – Em caso de cessação individual de mandato, o novo membro é sempre nomeado pelo período de cinco anos.

7 – Em caso de cessação colectiva, por efeito de dissolução do conselho de administração, os novos membros são nomeados para os seguintes mandatos: o presidente, por cinco anos, e os vogais, por dois e três anos, respectivamente.

ARTIGO 31.º

Competência

1 – Compete ao conselho de administração:

a) Definir a orientação geral da ERSE e acompanhar a sua execução;

b) Aprovar os regulamentos externos necessários ao exercício das suas funções;

c) Elaborar os pareceres e tomar as deliberações previstas no presente diploma;

d) Praticar os demais actos necessários à prossecução dos fins da ERSE.

2 – Compete ao conselho de administração no que respeita ao funcionamento da ERSE:

a) Aprovar os regulamentos internos necessários ao exercício das suas funções;

b) Elaborar os planos de actividade e os orçamentos, bem como os relatórios de actividade e contas;

c) Definir a organização dos serviços e os quadros do respectivo pessoal e proceder ao seu recrutamento;

d) Administrar o património da ERSE, arrecadar as receitas e autorizar a realização de despesas;

e) Proceder à aquisição de bens e à contratação de serviços necessários ao exercício de funções da ERSE.

ARTIGO 32.º
Funcionamento

1 – O conselho de administração reúne ordinariamente uma vez por semana e extraordinariamente sempre que convocado pelo presidente, por iniciativa própria ou a solicitação dos vogais.

2 – As votações não admitem abstenção.

3 – As actas são aprovadas e assinadas por todos os membros presentes.

ARTIGO 33.º
Competência do presidente

1 – Compete ao presidente do conselho de administração:

a) Coordenar a actividade do conselho de administração e as relações deste com os demais órgãos e serviços da ERSE;

b) Convocar e presidir às reuniões do conselho de administração;

c) Representar a ERSE quando a lei não exija outra forma de representação;

d) Assegurar as relações da ERSE com o Governo e demais autoridades.

2 – Nas suas ausências ou impedimentos, o presidente é substituído pelo vogal mais antigo.

3 – O presidente pode delegar o exercício de parte das suas competências em qualquer dos restantes membros do conselho de administração.

4 – Considera-se delegada no presidente ou no seu substituto legal a prática dos actos de gestão corrente, bem como dos que, pela sua urgência, não possam aguardar a reunião do conselho, carecendo estes últimos de ratificação do conselho na primeira reunião subsequente.

5 – Sem prejuízo do disposto no n.º 4 do artigo 14.º do CPA, o presidente ou o seu substituto legal poderão opor o veto às deliberações que reputem contrárias à lei, aos estatutos ou ao interesse público, com a consequente suspensão da eficácia da deliberação até que sobre ela se pronuncie o Ministro da Economia.

ARTIGO 34.º
Representação da ERSE

1 – A ERSE é representada pelo presidente do conselho de administração.

2 – A ERSE obriga-se através do seu conselho de administração, pela assinatura conjunta de dois dos seus membros, sendo um deles o presidente ou o seu substituto legal.

3 – Em assuntos de gestão corrente bastará a assinatura de um membro do conselho de administração.

4 - Sem prejuízo do disposto nos números anteriores, a ERSE pode ainda obrigar-se pela assinatura de mandatários, no âmbito restrito dos poderes que lhe hajam sido conferidos.

SECÇÃO II
Fiscal único

ARTIGO 35.º
Função

O fiscal único é o responsável pelo controlo da legalidade e economicidade da gestão financeira e patrimonial da ERSE e de consulta do conselho de administração nesse domínio.

ARTIGO 36.º
Nomeação

O fiscal único é nomeado por despacho conjunto dos Ministros das Finanças e da Economia, devendo ser designado um revisor oficial de contas ou uma sociedade de revisores oficiais de contas.

ARTIGO 37.º
Mandato e estatuto

1 – O mandato do fiscal único tem a duração de três anos e é renovável por iguais períodos mediante despacho dos membros do Governo competentes para a respectiva nomeação.

2 – No caso de cessação do mandato, o fiscal único mantém-se no exercício das suas funções até à efectiva substituição, salvo declaração ministerial de cessação de funções.

3 – A remuneração do fiscal único é estabelecida por despacho conjunto dos Ministros das Finanças, da Economia e da Reforma do Estado e da Administração Pública, ouvida a Câmara dos Revisores Oficiais de Contas.

Artigo 38.º
Competência

Ao fiscal único compete:

a) Acompanhar e controlar a gestão financeira da ERSE;

b) Examinar periodicamente as contas da ERSE e fiscalizar a observância das normas contabilísticas na sua preparação;

c) Dar parecer sobre o orçamento e sobre as contas anuais da ERSE;

d) Pronunciar-se sobre a aquisição, a oneração e a alienação ou o arrendamento de bens imóveis;

e) Pronunciar-se sobre qualquer assunto que lhe seja apresentado pelo conselho de administração.

Artigo 39.º
Cooperação dos órgãos e serviços da ERSE

O fiscal único pode obter dos demais órgãos e serviços da ERSE todos os documentos e informações que considere necessários para o exercício da sua competência.

SECÇÃO III
Conselho consultivo

Artigo 40.º
Função

O conselho consultivo é o órgão de consulta, apoio e participação na definição das linhas gerais de actuação da ERSE.

Artigo 41.º
Composição e nomeação

1 – O conselho consultivo tem a seguinte composição:

a) Um representante do Ministro da Economia, que preside;

b) Um representante do Ministro das Finanças;

c) Um representante do Ministro do Ambiente e do Ordenamento do Território;

d) Um representante do membro do Governo que tutele a defesa do consumidor;

e) Um representante da Associação Nacional dos Municípios;

f) Um representante do Instituto do Consumidor;

g) Um representante da DGE;

h) Um representante do Instituto do Ambiente;

i) Um representante do Conselho da Concorrência;

j) Dois representantes das associações de defesa do consumidor com representatividade genérica, nos termos da Lei n.º 24/96, de 31 de Julho;

k) Um representante das entidades titulares de licença vinculada de produção de electricidade;

l) Um representante da entidade concessionária da RNT;

m) Um representante da entidade titular de licença vinculada de distribuição de energia eléctrica em MT e AT;

n) Um representante das entidades titulares de licença vinculada de distribuição de energia eléctrica em BT;

o) Um representante das entidades titulares de licença não vinculada de produção de electricidade;

p) Um representante dos clientes não vinculados de electricidade;

q) Um representante da entidade titular da concessão de serviço público de transporte e fornecimento de gás natural através da rede de alta pressão;

r) Um representante das entidades concessionárias das redes de distribuição regional de gás natural;

s) Um representante dos titulares de licença de distribuição de serviço público de gás natural;

t) Um representante dos grandes consumidores industriais de gás natural;

u) Um representante dos consumidores de gás natural para produção de electricidade.

2 – O conselho consultivo integra ainda:

a) Um representante do Governo Regional dos Açores;

b) Um representante do Governo Regional da Madeira;

c) Um representante das empresas do sistema eléctrico da Região Autónoma dos Açores;

d) Um representante das empresas do sistema eléctrico da Região Autónoma da Madeira;

e) Um representante dos consumidores da Região Autónoma dos Açores;

f) Um representante dos consumidores da Região Autónoma da Madeira.

3 – A nomeação dos membros do conselho consultivo é da competência das entidades representadas, e no caso dos representantes mencionados nas alíneas j), k, n) o), p), r), s) t) e u) do n.º 1 e e) e f) do n.º 2 as nomeações serão feitas em reunião dos interessados convocada pelo presidente do conselho de administração.

4 – A designação dos membros do conselho consultivo é da competência das entidades referidas nos números anteriores, devendo ser efectuada nos 30

dias anteriores ao termo do mandato dos membros cessantes ou nos 30 dias subsequentes à vagatura.

5 – A nomeação dos membros do conselho consultivo é feita por um período de três anos, renovável, sem prejuízo de poderem ser substituídos a qualquer momento pelas entidades que os nomeiam.

ARTIGO 42.º
Organização

1 – O conselho consultivo compreende duas secções:

a) A secção do sector eléctrico, composta pelos representantes mencionados nas alíneas a) a p) do n.º 1 e os mencionados no n.º 2, ambos do artigo anterior;

b) A secção do sector do gás natural, composta pelos representantes previstos nas alíneas a) a j) e q) a u) do n.º 1 do artigo anterior.

2 – O plenário e as secções do conselho consultivo são presididas pelo representante do Ministro da Economia.

ARTIGO 43.º
Competência

1 - Compete ao conselho consultivo, reunido em plenário, dar parecer sobre:

a) O plano de actividades e o orçamento da ERSE;

b) O relatório de actividades e as contas da ERSE;

c) Outras matérias comuns ao sector da electricidade e ao sector do gás natural.

2 – À secção do sector eléctrico compete pronunciar-se sobre as seguintes matérias:

a) Propostas dos pareceres da ERSE relativos à fixação dos padrões de segurança da produção e do transporte de energia eléctrica;

b) Propostas sobre a aprovação ou alteração dos regulamentos cuja emissão seja da competência da ERSE no âmbito do sector eléctrico, com excepção do regulamento tarifário;

c) Definição das regras para acesso ao SENV, nos termos do artigo 10.º do presente diploma;

d) Outras matérias relacionadas com o sector eléctrico que lhe sejam submetidas pelo conselho de administração, à excepção das compreendidas na competência do conselho tarifário.

3 – À secção do sector do gás natural compete pronunciar-se sobre as seguintes matérias:

a) Propostas sobre a aprovação ou alteração dos regulamentos cuja emissão seja da competência da ERSE no âmbito do gás natural, à excepção do regulamento tarifário;

b) Propostas relativas aos padrões de segurança e qualidade dos sistemas de transporte, armazenamento, distribuição e fornecimento de gás natural;

c) Propostas sobre a emissão de pareceres cuja competência seja da ERSE e que o conselho de administração entenda submeter-lhe;

d) Outras matérias que o conselho de administração entenda submeter-lhe, à excepção das compreendidas na competência do conselho tarifário.

4 – Os pareceres do conselho consultivo não são vinculativos.

Artigo 44.º

Funcionamento

1 – O conselho consultivo reúne ordinariamente uma vez por trimestre.

2 – Extraordinariamente, o conselho reúne sob convocação do seu presidente, por sua iniciativa, a pedido do presidente do conselho de administração ou de pelo menos um terço dos seus membros.

3 – Os membros do conselho de administração podem participar sem voto nas reuniões do conselho consultivo.

4 – O conselho aprova o seu regulamento interno.

5 – As funções do conselho consultivo não são remuneradas, sem prejuízo do pagamento das ajudas de custo e de senhas de presença.

6 – O valor das senhas de presença é estabelecido por despacho conjunto dos Ministros das Finanças, da Economia e da Reforma do Estado e da Administração Pública.

SECÇÃO IV

Conselho tarifário

Artigo 45.º

Função

O conselho tarifário é o órgão consultivo específico para as funções da ERSE relativas a tarifas e preços.

Artigo 46.º

Composição

1 – O conselho tarifário tem a seguinte composição:

a) Um representante da entidade concessionária da RNT;

b) Um representante da entidade titular de licença vinculada de distribuição de energia eléctrica em MT e AT;

c) Um representante das entidades titulares de licença vinculada de distribuição de electricidade em BT;

d) Um representante da entidade titular da concessão do transporte de gás natural através da rede de alta pressão;

e) Um representante das entidades concessionárias de distribuição regional de gás natural;

f) Um representante das entidades licenciadas para distribuição de gás em regime de serviço público;

g) Um representante dos clientes não vinculados de electricidade;

h) Um representante dos grandes consumidores industriais de gás natural;

i) Três representantes das associações de defesa do consumidor com representatividade genérica, nos termos da Lei n.º 24/96, de 31 de Julho;

j) Um representante do Instituto do Consumidor.

2 – O conselho tarifário integra ainda:

a) Um representante das empresas do sistema eléctrico da Região Autónoma dos Açores;

b) Um representante das empresas do sistema eléctrico da Região Autónoma da Madeira;

c) Um representante dos consumidores da Região Autónoma dos Açores;

d) Um representante dos consumidores da Região Autónoma da Madeira.

3 – A designação dos membros do conselho tarifário é da competência das entidades referidas nos números anteriores, devendo ser efectuada nos 30 dias anteriores ao termo do mandato dos membros cessantes ou nos 30 dias subsequentes à vagatura.

4 – A designação dos representantes referidos nas alíneas c), e), f), g), h) e i) do n.º 1 e c) e d) do n.º 2 é efectuada em reunião das entidades interessadas convocada pelo presidente do conselho de administração da ERSE.

5 – No caso de correspondência, os membros do conselho tarifário podem ser os mesmos do conselho consultivo.

6 – A nomeação dos membros do conselho tarifário é feita por um período de três anos, renovável, podendo ser substituídos a todo o tempo pelas entidades que os designaram.

ARTIGO 47.º
Organização

1 – O conselho tarifário compreende duas secções:

a) A secção do sector eléctrico, composta pelos membros indicados nas alíneas a), b), c), g), i) e j) do n.º 1 e os mencionados no n.º 2, ambos do artigo anterior;

b) A secção do sector do gás natural, composta pelos membros referidos nas alíneas d), e), f, h), i) e j) do n.º 1 do artigo anterior.

2 – Pode haver reuniões plenárias do conselho tarifário para tratar de questões comuns às duas secções.

3 – O conselho tarifário e as suas secções são presididas pelo representante do Instituto do Consumidor.

ARTIGO 48.º
Competência

1 – Compete ao conselho tarifário emitir parecer, através das suas secções especializadas, sobre a aprovação e revisão dos regulamentos tarifários, bem como sobre a fixação de tarifas e preços.

2 – As propostas para fixação de tarifas e preços são apresentadas pelo conselho de administração à secção competente do conselho tarifário com a antecedência prevista no regulamento tarifário relativamente à data prevista para a sua entrada em vigor.

3 – A secção competente do conselho tarifário emite parecer no prazo previsto no regulamento tarifário correspondente.

4 – Os pareceres referidos no presente artigo são aprovados por maioria, não sendo vinculativos.

5 – Os pareceres do conselho tarifário são publicitados pela ERSE e disponibilizados para consulta no seu *website*.

ARTIGO 49.º
Funcionamento

1 – As secções do conselho tarifário reúnem ordinariamente uma vez por ano, por convocação do seu presidente.

2 – Extraordinariamente, as secções do conselho tarifário reúnem por convocação do presidente, por sua iniciativa, a pedido de pelo menos um terço dos seus membros ou a pedido do presidente do conselho de administração.

3 – O conselho tarifário, em plenário, aprova o seu regulamento interno.

4 – As funções do conselho tarifário não são remuneradas, sem prejuízo do pagamento das ajudas de custo e de senhas de presença.

5 – O valor das senhas de presença é estabelecido por despacho conjunto dos Ministros das Finanças, da Economia e da Reforma do Estado e da Administração Pública.

CAPÍTULO IV
Receitas, orçamento e contas

ARTIGO 50.º
Receitas

1 – Constituem receitas da ERSE:

a) As contribuições da entidade concessionária da RNT e da entidade concessionária da rede de transporte de gás natural que sejam necessárias para financiar o orçamento da ERSE, na proporção que anualmente vier a ser fixada no mesmo, atendendo à relevância e impacte de cada um dos sectores regulados no respectivo funcionamento;

b) 40% do produto das coimas, cuja aplicação seja da sua competência, nos termos da lei, revertendo os restantes 60% a favor do Estado;

c) As importâncias cobradas por trabalhos ou serviços prestados pela ERSE, bem como pela venda de estudos ou outras publicações;

d) Os rendimentos da alienação, oneração ou aplicação financeira de bens próprios;

e) Outras receitas que lhe caibam nos termos da lei.

2 – As entidades referidas na alínea a) do n.º 1 transferem para a ERSE, no início de cada trimestre, um quarto do respectivo montante anual previsto na alínea a) do número anterior.

3 – As contribuições referidas na alínea a) do n.º 1 são incluídas nas tarifas a praticar pela entidade concessionária da RNT e pela entidade titular da concessão de serviço público de transporte de gás natural através da rede de alta pressão.

4 – Em caso de incumprimento a cobrança das importâncias em dívida pode ser efectuada coercivamente pelo processo das execuções fiscais.

ARTIGO 51.º

Orçamento

1 – O conselho de administração elabora anualmente o projecto de orçamento da ERSE, que se integra no Orçamento do Estado.

2 – O projecto de orçamento da ERSE é submetido a apreciação do fiscal único e do conselho consultivo e à aprovação posterior do Ministro da Economia.

3 – O orçamento é publicado e disponibilizado no *website* da ERSE.

ARTIGO 52.º

Relatório e contas

1 – O conselho de administração elabora um relatório e as contas no final de cada ano, que submete a parecer do fiscal único e do conselho consultivo.

2 – Na elaboração das contas devem ser seguidas as normas do Plano Oficial de Contabilidade Pública.

3 – No caso de as despesas terem excedido o montante previsto no orçamento o conselho de administração deve justificar os desvios ocorridos.

4 – O relatório e as contas, com os pareceres referidos no n.º 1, são submetidos à aprovação dos Ministros das Finanças e da Economia, até ao final do mês de Março do ano seguinte àquele a que dizem respeito.

5 – O relatório e as contas são publicados e disponibilizados para consulta no *website* da ERSE.

CAPÍTULO V
Serviços e pessoal

ARTIGO 53.º

Serviços

A ERSE dispõe de serviços de apoio administrativo e técnico, definidos por regulamento submetido a aprovação dos Ministros das Finanças, da Economia e da Reforma do Estado e da Administração Pública.

ARTIGO 54.º

Estatuto do pessoal

1 – O pessoal da ERSE está sujeito ao regime jurídico do contrato individual de trabalho, com as ressalvas previstas neste diploma, sendo abrangido pelo regime geral da segurança social.

2 – As condições de prestação e de disciplina do trabalho são definidas em regulamento próprio da ERSE, com observância das disposições legais imperativas do regime do contrato individual de trabalho e das normas relativas à negociação colectiva.

3 – O regulamento de carreiras e o regime retributivo do pessoal da ERSE carece de homologação dos Ministros das Finanças, da Economia e da Reforma do Estado e da Administração Pública.

4 – A ERSE pode ser parte em instrumentos de negociação colectiva de trabalho.

5 – O pessoal da ERSE está abrangido pelas incompatibilidades do pessoal da função pública, não podendo em qualquer caso exercer funções nas empresas dos sectores da electricidade ou do gás natural.

ARTIGO 55.º

Outro pessoal

1 – A ERSE pode solicitar, nos termos da lei geral, a colaboração de pessoal pertencente aos quadros das empresas integrantes do SEP, das empresas concessionárias do gás natural e de empresas públicas, bem como de pessoal vinculado à Administração Pública, conforme os casos.

2 – O pessoal requisitado manterá o estatuto que tinha nos seus serviços ou empresas, podendo optar pelo vencimento de origem ou pelo correspondente às suas funções na ERSE e gozando das regalias inerentes, inclusive a contagem de tempo de serviço para todos os efeitos previstos na lei, como se continuasse no serviço ou emprego de origem.

3 – A opção pelo vencimento correspondente às funções na ERSE, ao abrigo do disposto no número anterior, não prejudica que os cálculos para a aposentação sejam feitos sobre a remuneração do lugar de origem.

4 – O pessoal destacado será necessariamente proveniente dos quadros do Ministério da Economia ou das empresas concessionárias do sector da electricidade ou do gás, os quais continuarão a assegurar as respectivas remunerações e demais direitos e regalias.

5 – O exercício de funções na ERSE por funcionários públicos apenas pode ser exercida mediante requisição ou destacamento, a solicitação da ERSE e autorizada nos termos gerais aplicáveis.

6 – A requisição ou o destacamento dos outros trabalhadores serão autorizados, a solicitação da ERSE, pela entidade de gestão das empresas que o trabalhador pertence e com a concordância deste.

ARTIGO 56.º
Actividade de fiscalização

1 – Os trabalhadores da ERSE que desempenham funções de fiscalização, quando se encontrem no exercício das suas funções, serão equiparados aos agentes de autoridade, tendo as seguintes prerrogativas:

a) Podem identificar, para posterior actuação, as entidades que infrinjam as leis e regulamentos sujeitos à fiscalização da ERSE;

b) Podem reclamar o auxílio das autoridades administrativas quando o julguem necessário ao desempenho das suas funções;

c) Têm acesso às instalações eléctricas e de gás natural, assim como aos documentos e livros das entidades concessionárias e das entidades titulares de licenças de produção ou distribuição de energia eléctrica ou de distribuição de gás natural.

2 – Aos trabalhadores da ERSE que desempenhem as funções a que se refere o número anterior serão atribuídos cartões de identificação, cujo modelo e condições de emissão serão objecto de portaria do Ministro da Economia.

ARTIGO 57.º
Contratação de serviços externos e protocolos de cooperação

1 – A ERSE pode contratar, em regime de prestação de serviços, a cooperação de empresas ou especialistas para a elaboração de estudos, pareceres, auditorias ou outras tarefas necessárias ao exercício das suas funções.

2 – De igual modo a ERSE pode estabelecer protocolos de cooperação com centros de investigação públicos ou privados na área da regulação em geral, ou do gás natural e da electricidade em particular, ou bem assim com as empresas concessionárias do gás natural e as empresas integrantes do SEP.

3 – Os contratos e protocolos referidos nos números anteriores, quando os respectivos encargos excederem o valor de € 5000 por entidade, devem ser aprovados pelo conselho de administração e referenciados expressamente nas contas do exercício a que respeitem.

CAPÍTULO VI
Tutela, responsabilidade e controlo judicial

ARTIGO 58.º
Tutela

1 – Sem prejuízo da sua independência orgânica e funcional, a ERSE está sujeita, nos termos dos presentes estatutos, à tutela do Ministro da Economia e, quando for caso disso, do Ministro das Finanças.

2 – Carecem de aprovação ministerial:

a) O relatório de actividades e as contas;

b) O regulamento dos serviços;

c) O regulamento de recrutamento de pessoal e a tabela das respectivas remunerações.

ARTIGO 59.º
Relatório ao Governo e à Assembleia da República
e audições parlamentares

1 – A ERSE enviará ao Governo, para ser presente igualmente à Assembleia da República, um relatório anual sobre as suas actividades de regulação.

2 – O presidente do conselho de administração corresponderá, sempre que lhe for solicitado, aos pedidos de audição que sejam dirigidos pela comissão competente da Assembleia da República, para prestar informações ou esclarecimentos sobre as suas actividades.

ARTIGO 60.º
Responsabilidade jurídica

Os titulares dos órgãos da ERSE e os seus funcionários e agentes respondem criminal e disciplinarmente pelos actos e omissões que pratiquem no exercício das suas funções, nos termos da lei em vigor.

ARTIGO 61.º
Controlo judicial

1 – A actividade da ERSE de natureza administrativa fica sujeita à jurisdição administrativa, nos termos da respectiva legislação.

2 – As sanções por infracções contra-ordenacionais são impugnáveis, nos termos gerais, junto dos tribunais judiciais.

ARTIGO 62.º

Fiscalização do Tribunal de Contas

A ERSE está sujeita à jurisdição do Tribunal de Contas, nos termos da legislação competente.

DECRETO-LEI N.º 139/2007,
DE 27 DE ABRIL

No quadro das orientações definidas pelo Programa de Reestruturação da Administração Central do Estado (PRACE) e dos objectivos do Programa do Governo no tocante à modernização administrativa e à melhoria da qualidade dos serviços públicos, com ganhos de eficiência, importa concretizar o esforço de racionalização estrutural consagrado no Decreto-Lei n.º 208/2006, de 27 de Outubro, que aprovou a Lei Orgânica do Ministério da Economia e da Inovação, avançando na definição dos modelos organizacionais dos serviços que integram a respectiva estrutura.

A nova orgânica do Ministério responsável pelas áreas da energia e dos recursos geológicos procura responder não só aos desafios de simplificação e modernização das estruturas públicas e de favorecimento da melhoria competitiva das empresas mas, também, aos novos enquadramentos legislativos do sector energético, cujos grandes princípios estão traduzidos nos Decretos-Leis n.ºs 29/2006, 30/2006 e 31/2006, todos de 15 de Fevereiro, relativos à electricidade, ao gás natural e ao petróleo, respectivamente, e prevendo já a necessária modernização legislativa do sector dos recursos geológicos.

É neste novo contexto que se cria a Direcção-Geral de Energia e Geologia, cuja orgânica interna visa contribuir para a concepção, promoção e avaliação das políticas relativas à energia e aos recursos geológicos, numa óptica da modernização da economia, da garantia do abastecimento, da maximização do contributo dos recursos endógenos e da protecção do ambiente, isto é do desenvolvimento sustentável.

O processo de reestruturação da Direcção-Geral de Energia e Geologia tem, assim, como objectivo responder a todos os desafios que a actualidade e o futuro colocam, tais como a simplificação administrativa, a automatização de procedimentos e a optimização na gestão dos recursos, numa perspectiva de aumento da eficiência dos serviços e, consequentemente, de melhoria da qualidade do serviço prestado.

Assim:

Nos termos da alínea a) do n.º 1 do artigo 198.º da Constituição, o Governo decreta o seguinte:

ARTIGO 1.º

Natureza

A Direcção-Geral de Energia e Geologia, abreviadamente designada por DGEG, é um serviço central da administração directa do Estado, dotado de autonomia administrativa.

ARTIGO 2.º

Missão e atribuições

1 – A DGEG tem por missão contribuir para a concepção, promoção e avaliação das políticas relativas à energia e aos recursos geológicos, numa óptica do desenvolvimento sustentável e de garantia da segurança do abastecimento.

2 – A DGEG prossegue as seguintes atribuições:

a) Contribuir para a definição, realização e avaliação da execução das políticas energética e de identificação e exploração dos recursos geológicos, visando a sua valorização e utilização apropriada e acompanhando o funcionamento dos respectivos mercados, empresas e produtos;

b) Promover e participar na elaboração do enquadramento legislativo e regulamentar adequado ao desenvolvimento dos sistemas, processos e equipamentos ligados à produção, transporte, distribuição e utilização da energia, em particular visando a segurança do abastecimento, diversificação das fontes energéticas, a eficiência energética e a preservação do ambiente;

c) Promover e participar na elaboração do enquadramento legislativo e regulamentar, relativo ao desenvolvimento das políticas e medidas para a prospecção, aproveitamento, protecção e valorização dos recursos geológicos e o respectivo contexto empresarial e contratual;

d) Apoiar a participação do MEI no domínio comunitário e internacional, na área da energia e dos recursos geológicos, bem como promover a transposição de directivas comunitárias e acompanhar a implementação das mesmas;

e) Proceder a acções de fiscalização nos domínios da energia e recursos geológicos, nos termos da legislação aplicável aos respectivos sectores;

f) Apoiar o Governo na tomada de decisão em situações de crise ou de emergência, no âmbito da lei, e proporcionar os meios para o funcionamento permanente da Comissão de Planeamento Energético de Emergência.

Artigo 3.º

Órgãos

A DGEG é dirigida por um director-geral, coadjuvado por dois subdirectores-gerais.

Artigo 4.º

Director-geral

1 – Sem prejuízo das competências que lhe forem conferidas por lei ou nele delegadas ou subdelegadas, compete ainda ao director-geral:

a) Presidir à Comissão Consultiva da Entidade Gestora das Reservas Estratégicas de Produtos Petrolíferos (EGREP);

b) Presidir à Comissão Permanente de Emergência Energética (CPEE) e definir e proporcionar as condições necessárias ao funcionamento desta Comissão;

c) Aprovar e apresentar superiormente o plano e o relatório de actividades e o balanço social da DGEG, bem como submeter à aprovação das entidades competentes o orçamento e contas anuais da DGEG.

2 – Os subdirectores-gerais exercem as competências que neles forem delegadas ou subdelegadas pelo director-geral, devendo este identificar quem compete substituí-lo nas suas faltas e impedimentos.

Artigo 5.º

Tipo de organização interna

A organização interna dos serviços obedece ao modelo de estrutura hierarquizada.

Artigo 6.º

Receitas

1 – A DGEG dispõe das receitas provenientes de dotações que lhe forem atribuídas no Orçamento do Estado.

2 – A DGEG dispõe ainda das seguintes receitas próprias:

a) O produto da prestação de serviços;

b) O produto resultante da edição ou venda de publicações e de dados relativos à energia e aos recursos geológicos;

c) Os prémios e outras compensações pecuniárias devidos pela outorga de contratos de prospecção, pesquisa e exploração de recursos geológicos, na percentagem que vier a ser definida por despacho do ministro responsável pelas áreas da energia e dos recursos geológicos;

d) As compensações a atribuir pelos concessionários de recursos geológicos, na percentagem que vier a ser definida por despacho do ministro responsável pelas áreas da energia e dos recursos geológicos;

e) O produto das taxas, coimas e outros valores de natureza pecuniária que, por lei, lhe sejam consignados;

f) Os subsídios, subvenções, comparticipações, doações e legados concedidos por entidades públicas e privadas;

g) Quaisquer outras receitas que por lei, contrato ou outro título lhe sejam atribuídas.

ARTIGO 7.º

Despesas

Constituem despesas da DGEG as que resultem de encargos decorrentes da prossecução das atribuições que lhe estão cometidas, nomeadamente:

a) As respeitantes à execução de protocolos entre a DGEG e entidades sem fins lucrativos nas áreas de interesse comum;

b) As relativas à organização, patrocínio, co-financiamento ou participação, em iniciativas de interesse público, exposições, congressos ou outros eventos e projectos que se integram no âmbito das suas actividades;

c) As inerentes à representação sectorial do Estado Português em organizações internacionais na área da energia e dos recursos geológicos.

ARTIGO 8.º

Quadro de cargos de direcção

Os lugares de direcção superior de 1.º e 2.º graus e de direcção intermédia de 1.º grau constam do mapa anexo ao presente decreto-lei, do qual fazem parte integrante.

ARTIGO 9.º

Sucessão

A DGEG sucede nas atribuições da Direcção-Geral de Geologia e Energia.

ARTIGO 10.º

Pessoal com funções de fiscalização

1 – O pessoal que se encontre no exercício de funções de fiscalização deve ser portador de cartão de identificação especial, de modelo aprovado pelo ministro responsável pela área da energia e dos recursos geológicos.

2 – Os funcionários na situação prevista no número anterior são considerados agentes de autoridade, gozando dos seguintes direitos e prerrogativas:

a) Acesso e livre trânsito nas instalações e equipamentos que produzam, utilizem ou armazenem produtos energéticos, nas que tenham sido objecto de apoio financeiro ao investimento mediante contrato em que intervenha a DGEG e, ainda, em todas as áreas de prospecção, pesquisa e exploração de depósitos minerais e de recursos hidrogeológicos;

b) Examinar livros, documentos e arquivos relativos às matérias inspeccionadas;

c) Proceder à selagem de quaisquer instalações ou equipamentos quando isso se mostre necessário face às infracções detectadas;

d) Levantar autos de notícia por infracção ao cumprimento de normas e regulamentos cuja fiscalização seja da competência da DGEG;

e) Solicitar o apoio das autoridades administrativas e policiais para cumprimento das respectivas funções.

ARTIGO 11.º

Efeitos revogatórios

Nos termos do artigo 5.º do Decreto-Lei n.º 201/2006, de 27 de Outubro, considera-se revogado, na data de entrada em vigor do presente decreto-lei, o Decreto-Lei n.º 15/2004, de 14 de Janeiro.

ARTIGO 12.º

Entrada em vigor

O presente decreto-lei entra em vigor no 1.º dia do mês seguinte ao da sua publicação.

Visto e aprovado em Conselho de Ministros de 11 de Janeiro de 2007. – *José Sócrates Carvalho Pinto de Sousa – Emanuel Augusto dos Santos – Manuel António Gomes de Almeida de Pinho.*

Promulgado em 4 de Abril de 2007.

Publique-se.

O Presidente da República, Aníbal Cavaco Silva.

Referendado em 5 de Abril de 2007.

O Primeiro-Ministro, *José Sócrates Carvalho Pinto de Sousa.*

REGULAMENTOS ERSE

DESPACHO N.º 22674 - A / 2002

Em 29 de Janeiro de 2002, o Conselho de Administração da ERSE, aprovou através do Despacho n.º 04/02, o Regulamento de Mediação e Conciliação de Conflitos da ERSE (RMC). A aprovação deste regulamento constituiu um elemento prévio e indispensável à inscrição da ERSE junto do Instituto do Consumidor (IC), como entidade que faz uso da mediação e da conciliação como procedimentos de resolução extrajudicial de conflitos de consumo, o que veio a permitir a sua integração na denominada EEJ-net (rede europeia extrajudicial), vocacionada para a resolução transfronteiriça de conflitos.

Esta iniciativa surgiu de um movimento generalizado de incentivo à utilização de mecanismos de resolução extrajudicial de conflitos, que tem vindo a ser apreciado tanto a nível comunitário como nacional. As principais vantagens assinaladas em relação ao recurso a mecanismos de resolução alternativa de conflitos, são a celeridade, informalidade e os reduzidos custos que os acompanham.

A Recomendação da Comissão Europeia n.º 98/257/CE, de 30 de Março, prevê um conjunto de princípios aplicáveis aos organismos responsáveis pela resolução extrajudicial de litígios de consumo. Na sequência desta recomendação foram publicados o Decreto-lei n.º 166/99, de 4 de Abril e a Portaria n.º 328/2000, de 9 de Junho, tendo esta última aprovado o Regulamento do Registo das Entidades que Pretendam Instituir Procedimentos de Resolução Extrajudicial de Conflitos de Consumo Através de Serviços de Mediação, de Comissões de Resolução de Conflitos ou de Provedores do Cliente.

Posteriormente foi ainda publicada a Recomendação da Comissão Europeia n.º 2001/310/CE, de 4 de Abril, relativa aos princípios aplicáveis aos organismos envolvidos na resolução consensual de litígios apresentados pelo consumidor.

No sector eléctrico, particularmente na área do relacionamento comercial e contratual, o legislador aderiu igualmente às vias alternativas de resolução de conflitos, incumbindo a ERSE de fomentar o recurso a mecanismos de resolução extrajudicial, *maxime* a arbitragem voluntária. Neste contexto, a ERSE viu consagrada a possibilidade de fazer uso da mediação e da conciliação dos conflitos que lhe são submetidos, actividade que tem vindo a desenvolver desde que iniciou as suas funções.

No decurso do corrente ano a ERSE viu estendidas as suas competências regulatórias, incluindo as de resolução de conflitos, às Regiões Autónomas dos Açores e Madeira através do Decreto-lei n.º 69/2002, de 25 de Março. Por sua vez, o Decreto-lei n.º 97/2002, de 12 de Abril, transformou a ERSE em Entidade Reguladora dos Serviços Energéticos e aprovou, em anexo, os respectivos estatutos, alargando as suas competências ao sector do Gás Natural. Também em relação a este sector a ERSE recebeu da lei a faculdade de fomentar o recurso aos mecanismos de resolução alternativa de conflitos, em moldes semelhantes aos conferidos relativamente ao sector eléctrico.

Assim e com o objectivo de o harmonizar ao quadro legislativo ora vigente, cumpre proceder à alteração do Regulamento de Mediação e Conciliação de Conflitos da ERSE (RMC).

Nestes termos, O Conselho de Administração da ERSE deliberou o seguinte:

1º Aprovar o Regulamento de Mediação e Conciliação de Conflitos da ERSE (RMC), o qual consta de anexo ao presente despacho e dele passa a fazer parte integrante.

2º O Regulamento de Mediação e Conciliação de Conflitos da ERSE (RMC), entrará em vigor no dia seguinte ao da sua publicação em *Diário da República*.

3º O Despacho n.º 4/02, de 29 de Janeiro, considera-se revogado na data de entrada em vigor do presente despacho.

11 de Outubro de 2002 – O conselho de Administração: *António Jorge Viegas de Vasconcelos – João José Esteves Santana – Carlos Martins Robalo.*

ANEXO

REGULAMENTO DE MEDIAÇÃO E CONCILIAÇÃO DE CONFLITOS DA ERSE

Artigo 1.º
Objecto

O presente regulamento estabelece as regras aplicáveis aos procedimentos de mediação e conciliação de conflitos de natureza comercial e contratual emergentes do relacionamento entre:

a) A entidade concessionária da RNT, as entidades titulares de licenças de produção ou distribuição e os consumidores de energia eléctrica, ocorridos em território Português.

b) As entidades concessionárias e licenciadas e entre elas e os consumidores de gás natural, ocorridos em território continental Português.

ARTIGO 2.º

Natureza

1. Para efeitos do presente regulamento, a mediação e a conciliação são procedimentos de resolução extrajudicial de conflitos, com carácter voluntário, cujas decisões são da responsabilidade das partes em conflito, na medida em que a solução para o conflito concreto não é imposta pela ERSE.

2. Através da mediação e da conciliação, a ERSE pode, respectivamente, recomendar a resolução do conflito e sugerir às partes que encontrem de comum acordo uma solução para o conflito, em conformidade com o disposto nos artigos 6.º e 7.º.

3. A mediação e a conciliação de conflitos são realizadas por funcionários da ERSE, designados para o efeito.

ARTIGO 3.º

Competências da ERSE

1. Sem prejuízo do recurso a outras instâncias, a mediação e a conciliação de conflitos podem ser solicitadas à ERSE sempre que se trate de um conflito emergente do relacionamento previsto no artigo 1.º.

2. Para efeitos do número anterior, considera-se que existe um conflito quando, na sequência de reclamação apresentada junto da entidade com quem se relaciona, não tenha sido obtida uma resposta atempada ou fundamentada ou a mesma não resolva satisfatoriamente a pretensão do reclamante.

ARTIGO 4.º

Princípios aplicáveis

Os procedimentos de mediação e de conciliação de conflitos devem assegurar o respeito pelos princípios da independência, da imparcialidade, da transparência, do contraditório, da eficácia, da legalidade, da liberdade, da representação e da equidade, de acordo com o disposto nas Recomendações da Comissão Europeia n.os 98/257/CE, de 30 Março, e 2001/310/CE, de 4 de Abril.

Artigo 5.º

Iniciativa

1. A intervenção da ERSE através dos procedimentos de mediação e de conciliação de conflitos depende de solicitação do interessado, individualmente ou através de entidades representativas dos seus interesses.

2. Para efeitos do número anterior, a intervenção da ERSE deve ser solicitada por escrito, invocando os factos que motivaram a reclamação e apresentando todos os elementos de prova de que se disponha.

3. Os pedidos de intervenção dirigidos à ERSE devem ser redigidos, preferencialmente, em língua portuguesa ou inglesa, sendo as mesmas utilizadas nas diligências realizadas pela ERSE.

4. A intervenção da ERSE através dos procedimentos descritos no presente artigo não suspende quaisquer prazos de recurso às instâncias judiciais e outras que se mostrem competentes.

5. Salvo disposição em contrário, e nos termos da lei, a adesão do consumidor ao procedimento de mediação ou de conciliação não o priva do direito de recorrer aos órgãos jurisdicionais competentes para resolver o conflito.

6. O presente regulamento aplica-se igualmente quando um conjunto de reclamantes com interesses homogéneos solicita a intervenção da ERSE com vista à resolução de conflitos com objecto idêntico, desde que obtida a aceitação expressa de cada um dos reclamantes.

Artigo 6.º

Avaliação preliminar

1. Recebida e registada a reclamação na ERSE, a reclamação é submetida a uma avaliação preliminar, tendo em vista o seu enquadramento jurídico em face dos factos apresentados e dos elementos de prova fornecidos.

2. Concluída a avaliação preliminar da reclamação, a ERSE realizará uma das seguintes diligências:

a) Solicita à entidade reclamada que se pronuncie sobre a reclamação.

b) Solicita ao reclamante que preste informações e esclarecimentos complementares.

c) Arquiva a reclamação, informando e esclarecendo o reclamante.

3. No âmbito das diligências previstas no número anterior, as partes em conflito devem ser informadas pela ERSE, nomeadamente, sobre o seguinte:

a) O direito de aceitar ou recusar a solução recomendada ou sugerida.

b) O recurso à mediação e à conciliação não exclui a possibilidade de recorrer ao sistema judicial e a outros procedimentos de resolução extrajudicial de conflitos, sendo admissível a desistência do procedimento a qualquer momento.

c) No caso de conciliação, a solução sugerida poderá ser menos favorável do que uma resolução por via judicial e mediante a aplicação das normas legais vigentes.

d) O direito de procurar aconselhamento independente antes de aceitar ou recusar a solução recomendada ou sugerida.

e) O valor jurídico da solução acordada ou recomendada.

Artigo 7.º
Instrução

1. Iniciado o procedimento de mediação, a entidade responsável pelo objecto da reclamação deverá disponibilizar à ERSE, no prazo máximo de 20 dias úteis, as informações solicitadas para a devida apreciação do conflito.

2. Se a reclamação for total ou parcialmente contestada pela entidade reclamada, a ERSE realizará uma das seguintes providências:

a) Recomenda a resolução do conflito, o que pode incluir uma proposta de solução.

b) Solicita novos elementos junto do reclamante.

c) Sugere a conciliação das partes, visando que as partes encontrem uma solução de comum acordo.

d) Esclarece o reclamante, a entidade reclamada ou ambos sobre a legislação e a regulamentação aplicáveis ao caso concreto.

3. Em qualquer das situações previstas no número anterior, deve ser assegurado às partes o direito de conhecer as posições e os factos invocados pela outra parte, bem como, se for esse o caso, as declarações dos peritos.

4. As diligências referidas nos números anteriores podem ser efectuadas por qualquer meio de comunicação à distância ou, quando tal se justifique, através de contacto presencial com uma ou ambas as partes, podendo ainda a ERSE decidir pela deslocação ao local que esteja associado ao conflito.

Artigo 8.º
Encargos

A intervenção da ERSE através dos procedimentos de mediação e de conciliação de conflitos é gratuita.

Artigo 9.º

Cessação dos procedimentos

1. Salvo casos excepcionais, a instrução dos procedimentos de mediação e de conciliação deverá estar concluída no prazo máximo de 120 dias.

2. Os resultados do procedimento da mediação serão sempre comunicados, por escrito, ao reclamante, salvo quando as circunstâncias concretas justifiquem a utilização de outro meio.

3. Os resultados da conciliação em cujo procedimento a ERSE tenha tido intervenção serão reproduzidos em documento escrito e entregue às partes.

4. A decisão final relativa aos procedimentos de mediação e de conciliação deve ser fundamentada e comunicada aos interessados no prazo de 30 dias após a sua adopção.

5. Sem prejuízo do disposto no n.º 1 do artigo 7.º, se as partes em conflito não prestarem as informações e os esclarecimentos necessários e solicitados, a ERSE determinará a cessação dos procedimentos de mediação e de conciliação iniciados, decorrido o prazo previsto no n.º 1.

Artigo 10.º

Contra-ordenações e crimes

Sempre que no âmbito de um procedimento de mediação ou de conciliação de conflitos se verificar a existência de factos que possam constituir contra-ordenação ou crime público, a ERSE tomará as providências necessárias, designadamente a sua comunicação às autoridades competentes.

DESPACHO N.º 19 624-A/2006

A Entidade Reguladora dos Serviços Energéticos (ERSE), no cumprimento das competências que lhe foram atribuídas pelos seus Estatutos anexos ao Decreto-Lei n.º 97/2002, de 12 de Abril, deu início em 2004 ao procedimento de consulta pública da regulamentação do sector do gás natural. A primeira fase do procedimento de consulta pública teve por base um "documento de discussão pública", integrando a totalidade das questões regulamentares. Este documento integrou o elenco das questões submetidas a consulta, devidamente enquadradas no normativo do sector, elaboradas pela ERSE, tendo sido tornado público e amplamente divulgado pela ERSE, designadamente através da sua página na Internet e junto dos interessados directos do sector. Esta primeira fase de consulta pública culminou com uma audição pública realizada em 18 de Março de 2004. No âmbito das questões suscitadas no referido documento, a ERSE recebeu de diversas entidades do sector respostas, comentários e sugestões, sendo levados em consideração na elaboração dos projectos dos regulamentos.

No desenvolvimento desta primeira fase da consulta pública, a ERSE procedeu em 2006 à regulamentação do sector do gás natural. Para o efeito, a ERSE elaborou uma proposta de regulamentação normativa, contemplando o Regulamento de Relações Comerciais, o Regulamento Tarifário, o Regulamento do Acesso às Redes, às Infra-Estruturas e às Interligações e o Regulamento da Qualidade de Serviço. Esta proposta regulamentar foi submetida a consulta pública e foi objecto de ampla divulgação, tendo sida acompanhada de um "documento justificativo" das opções regulamentares propostas pela ERSE. No âmbito desta consulta pública, a proposta regulamentar e o documento justificativo foram especificamente enviados às entidades administrativas competentes, às empresas do sector e às associações de defesa dos consumidores, nos termos previstos no artigo 23.º dos Estatutos da ERSE.

Além dos pareceres do conselho consultivo e do conselho tarifário, durante o prazo de consulta pública a ERSE recebeu comentários e sugestões das diversas entidades supra-referidas, que se identificam no documento de "discussão dos comentários à proposta de regulamentação do sector do gás natural". O processo de consulta pública concluiu-se com uma audição pública, aberta a todos os interessados e devidamente anunciada pelos meios mais adequados, na qual todos os participantes tiveram a oportunidade de expressar as suas opiniões sobre a proposta regulamentar.

Os regulamentos que agora se aprovam pelo presente despacho decorrem do processo de consulta pública e as opções adoptadas fundamentam-se no "documento justificativo" que acompanhou a proposta regulamentar, bem como no documento de "discussão dos comentários à proposta de regulamentação do sector do gás natural". Os comentários e sugestões recolhidos no âmbito de consulta pública foram tornados públicos pela ERSE. A identificação de cada um dos comentários e sugestões, incluindo os seus autores, bem como a sua consideração nos textos dos regulamentos ora aprovados, constam do documento de "discussão dos comentários à proposta de regulamentação do sector do gás natural" que, juntamente com o documento de justificação da proposta regulamentar, supra-referido, fica a fazer parte integrante da justificação preambular do presente despacho, devendo ser considerado nos termos gerais do direito para efeitos de interpretação do normativo dos regulamentos.

O processo de regulamentação que pelo presente despacho se concretiza com a aprovação dos regulamentos supra-identificados assenta nos princípios e normas jurídicas que integram o quadro legislativo do sector do gás natural, designadamente:

Na Directiva n.º 2003/55/CE, de 26 de Junho, que estabeleceu as regras comuns no âmbito do mercado interno do gás natural;

Nos Estatutos da ERSE, anexos ao Decreto-Lei n.º 97/2002, de 12 de Abril;

No Decreto-Lei n.º 30/2006, de 16 de Fevereiro, que estabeleceu os princípios gerais relativos à organização e ao funcionamento do Sistema Nacional de Gás Natural (SNGN), ao exercício das actividades de recepção, armazenamento, transporte, distribuição e comercialização de gás natural e à organização dos mercados organizados de gás natural;

No Decreto-Lei n.º 140/2006, de 26 de Julho, que no desenvolvimento do Decreto-Lei n.º 30/2006 estabeleceu os regimes jurídicos das actividades nele referidas, incluindo as bases das concessões e as disposições relativas à abertura de mercado;

Na Portaria n.º 929/2006, de 7 de Setembro, que aprovou o modelo de licença de comercialização de gás natural em regime livre;

Na Portaria n.º 930/2006, de 7 de Setembro, que aprovou o modelo de licença de comercialização de gás natural de último recurso;

No Regulamento (CE) n.º 1775/2005, de 3 de Novembro.

O Regulamento de Relações Comerciais, considerando o quadro legal referido, designadamente os artigos 23.º, 33.º, 39.º, 42.º, 43.º, 59.º e 71.º do Decreto-Lei n.º 30/2006, de 16 de Fevereiro, e os artigos 54.º e 60.º do Decreto-Lei n.º 140/ 2006, de 26 de Julho, integra as matérias previstas nestes artigos. Na habilitação deste normativo, o Regulamento de Relações Comerciais estrutura-se em capítulos que organizam e sistematizam regulamentarmente as seguintes matérias:

Capítulo I, "Princípios e disposições";
Capítulo II, "Sujeitos intervenientes no relacionamento comercial";
Capítulo III, "Operadores das infra-estruturas";
Capítulo IV, "Comercializador do SNGN, comercializador de último recurso grossista, comercializadores de último recurso retalhistas e comercializadores";
Capítulo V, "Mecanismo de compensação pela uniformidade tarifária";
Capítulo VI, "Ligações às redes";
Capítulo VII, "Medição, leitura e disponibilização de dados";
Capítulo VIII, "Escolha de comercializadores, modalidades de contratação e funcionamento dos mercados organizados de gás natural";
Capítulo IX, "Relacionamento comercial com os clientes de gás natural";
Capítulo X, "Garantias administrativas e resolução de conflitos";
Capítulo XI, "Disposições finais e transitórias".

Este Regulamento prevê um elenco de "manuais de procedimentos", que serão aprovados pela ERSE com base em propostas das entidades abrangidas. A aprovação deste documento não prejudica a entrada imediata em vigor do Regulamento.

O Regulamento Tarifário, considerando os artigos 24.º, 25.º, 35.º, 42.º, 43.º, 55.º, 56.º, 59.º e 71.º do Decreto-Lei n.º 30/2006, de 16 de Fevereiro, e os artigos 54.º e 58.º do Decreto-Lei n.º 140/2006, de 26 de Julho, estabelece os critérios e métodos para cálculo e fixação de tarifas. Na habilitação deste normativo, o Regulamento Tarifário estrutura-se em capítulos que organizam e sistematizam regulamentarmente as seguintes matérias:

Capítulo I, "Disposições e princípios gerais";
Capítulo II, "Actividades e contas das empresas reguladas";
Capítulo III, "Tarifas reguladas";
Capítulo IV, "Proveitos das actividades reguladas";
Capítulo V, "Processo de cálculo das tarifas reguladas";
Capítulo VI, "Procedimentos";
Capítulo VII, "Garantias administrativas e reclamações";
Capítulo VIII, "Disposições finais e transitórias".

No âmbito da concretização do princípio da aditividade tarifária, foi estabelecido um regime transitório de convergência para as tarifas aditivas. Foi ainda consagrado o princípio de uniformidade tarifária, estando-lhe associado um mecanismo de compensação, estabelecido no equilíbrio e na salvaguarda do princípio da aditividade tarifária. Considerando o calendário de abertura de mercado, previsto no Decreto-Lei n.º 140/2006, de 26 de Julho, e o regime provisório estabelecido no seu artigo 69.º, foi estabelecido um regime transitório para a fixação de tarifas pela ERSE ao abrigo deste Regulamento. Para além do calendário referido, justifica-se conceder um prazo para que as empresas se possam adaptar à nova estrutura tarifária, permitindo-lhes organizar e tratar a informação para ser enviada à ERSE e indispensável para fixação de tarifas ao abrigo da estrutura tarifária estabelecida no Regulamento Tarifário.

O Regulamento do Acesso às Redes, às Infra-Estruturas e às Interligações, considerando o quadro legal supra-referido, designadamente os artigos 24.°, 34.°, 59.° e 71.° do Decreto-Lei n.° 30/2006, de 16 de Fevereiro, bem como os artigos 54.° e 55.° do Decreto-Lei n.° 140/2006, de 26 de Julho, estabelece, segundo critérios objectivos e não discriminatórios, as condições técnicas e comerciais segundo as quais se processa o acesso às redes de transporte e de distribuição, às instalações de armazenamento, aos terminais de recepção, armazenamento e regaseificação de GNL e às interligações. Na habilitação deste normativo, o Regulamento do Acesso às Redes, às Infra-Estruturas e às Interligações estrutura-se em capítulos que organizam e sistematizam regulamentarmente as seguintes matérias:

Capítulo I, "Disposições e princípios gerais";
Capítulo II, "Acesso às infra-estruturas";
Capítulo III, "Investimentos nas infra-estruturas";
Capítulo IV, "Capacidade das infra-estruturas";
Capítulo V, "Divulgação da informação";
Capítulo VI, "Garantias administrativas e resolução de conflitos";
Capítulo VII, "Disposições finais e transitórias".

O Regulamento da Qualidade de Serviço, considerando os artigos 22.°, 23.°, 32.°, 33.°, 39.°, 42.°, 59.° e 71.° do Decreto-Lei n.° 30/2006, de 16 de Fevereiro, e os artigos 54.° e 59.° do Decreto-Lei n.° 140/2006, de 26 de Julho, estabelece os padrões da qualidade de serviço de natureza técnica e comercial. Na habilitação deste normativo, o Regulamento da Qualidade de Serviço estrutura-se em capítulos que organizam e sistematizam regulamentarmente as seguintes matérias:

Capítulo I, "Disposições gerais";
Capítulo II, "Disposições de natureza técnica";
Capítulo III, "Disposições de natureza comercial";
Capítulo IV, "Relatórios de qualidade de serviço";
Capítulo V, "Informação e auditorias";
Capítulo VI, "Situações de exclusão de aplicação";
Capítulo VII, "Disposições finais e transitórias".

Dos regulamentos do sector do gás natural, cuja competência é da ERSE, fica por aprovar o Regulamento de Operação das Infra-Estruturas. A aprovação deste Regulamento tem por base uma proposta apresentada pelos operadores das infra-estruturas. Esta proposta, atempadamente solicitada pela ERSE aos operadores, encontra-se em fase de elaboração, sendo posteriormente analisada e aprovada pela ERSE em tempo oportuno.

Os Regulamentos ora aprovados entram imediatamente em vigor, considerando os regimes transitórios estabelecidos em cada um, tendo em conta o calendário de abertura de mercado e os regimes provisórios ou de modificação dos contratos de concessão previstos no Decreto-Lei n.º 140/2006, de 26 de Julho.

Assim:

Ao abrigo das disposições conjugadas dos artigos 22.º, 23.º, 24.º, 25.º, 32.º, 33.º, 34.º, 35.º, 39.º, 42.º, 43.º, 55.º, 56.º, 59.º e 71.º do Decreto-Lei n.º 30/2006, de 16 de Fevereiro, dos artigos 54.º, 55.º, 58.º e 59.º e do n.º 1 do artigo 63.º do Decreto-Lei n.º 140/2006, de 26 de Julho, e dos artigos 14.º, 15.º, 16.º e 17.º e da alínea b) do n.º 1 do artigo 31.º dos Estatutos da ERSE, anexos ao Decreto-Lei n.º 97/2002, de 12 de Abril, o conselho de administração da ERSE deliberou:

1.º Aprovar o Regulamento de Relações Comerciais, o Regulamento Tarifário, o Regulamento do Acesso às Redes, às Infra-Estruturas e às Interligações e o Regulamento da Qualidade de Serviço, que constam, respectivamente, dos anexos i, ii, iii e iv do presente despacho e que dele ficam a fazer parte integrante.

2.º Tornar público e divulgar, na sua página na Internet, o documento "Discussão dos comentários à proposta de regulamentação do sector do gás natural", que fica a fazer parte integrante da justificação preambular do presente despacho.

3.º Os Regulamentos ora aprovados entram em vigor no dia seguinte ao da sua publicação no Diário da República, 2.ª série, sem prejuízo do estabelecido em cada um dos Regulamentos quanto à entrada em vigor das suas diversas disposições e dos regimes transitórios nestes estabelecidos.

11 de Setembro de 2006. – O Conselho de Administração: *António Jorge Viegas de Vasconcelos, presidente – Maria Margarida de Lucena Corrêa de Aguiar, vogal – Vítor Santos, vogal.*

ANEXO I

Regulamento de Relações Comerciais

CAPÍTULO I
Princípios e disposições gerais

ARTIGO 1.º

Objecto

O presente regulamento, editado ao abrigo do n.º 1 do artigo 63.º do Decreto-Lei n.º 140/2006, de 26 de Julho, e do n.º 2 do artigo 15.º dos Estatutos da Entidade Reguladora dos Serviços Energéticos (ERSE), anexos ao Decreto-Lei n.º 97/2002, de 12 de Abril, tem por objecto estabelecer as disposições aplicáveis às relações comerciais entre os vários sujeitos intervenientes no Sistema Nacional de Gás Natural (SNGN).

ARTIGO 2.º
Âmbito de aplicação

1 – Estão abrangidos pelo âmbito de aplicação do presente regulamento:

a) Os consumidores ou clientes;

b) Os comercializadores;

c) Os comercializadores de último recurso retalhistas;

d) O comercializador de último recurso grossista;

e) O comercializador do SNGN;

f) O operador logístico de mudança de comercializador;

g) Os operadores das redes de distribuição;

h) O operador da rede de transporte;

i) Os operadores de armazenamento subterrâneo;

j) Os operadores de terminal de recepção, armazenamento e regaseificação de GNL;

k) Os operadores de mercados organizados.

2 – Estão abrangidas pelo presente regulamento as seguintes matérias:

a) Identificação dos sujeitos intervenientes no sector do gás natural e respectivas actividades e funções;

b) Regras de relacionamento comercial aplicáveis aos operadores das infra-estruturas, comercializadores, comercializadores de último recurso retalhistas, comercializador de último recurso grossista e comercializador do SNGN;

c) Condições comerciais de ligações às redes;

d) Regras relativas à medição, leitura e disponibilização de dados de consumo de gás natural;

e) Escolha de comercializador, modalidades de contratação e funcionamento dos mercados de gás natural;

f) Regras de relacionamento comercial dos comercializadores, comercializadores de último recurso retalhistas e comercializador de último recurso grossista com os respectivos clientes;

g) Garantias administrativas e resolução de conflitos.

Artigo 3.º
Siglas e definições

1 – No presente regulamento são utilizadas as seguintes siglas:
a) AP – Alta pressão;
b) BP – Baixa pressão;
c) DGGE – Direcção Geral de Geologia e Energia;
d) ERSE – Entidade Reguladora dos Serviços Energéticos;
e) GNL – Gás natural liquefeito;
f) MP – Média pressão;
g) RARII – Regulamento de Acesso às Redes, às Infra-estruturas e às Interligações;
h) RNDGN – Rede Nacional de Distribuição de Gás Natural;
i) RNTGN – Rede Nacional de Transporte de Gás Natural;
j) RNTIAT – Rede Nacional de Transporte, Infra-Estruturas de Armazenamento e Terminais de GNL;
k) RPGN – Rede Pública de Gás Natural;
l) RT – Regulamento Tarifário;
m) SNGN – Sistema Nacional de Gás Natural;
n) SPGN – Sistema Público de Gás Natural;
o) RQS – Regulamento da Qualidade de Serviço;
p) UAG – Unidade Autónoma de GNL.

2 – Para efeitos do presente regulamento, entende-se por:

a) Agente de mercado – entidade que transacciona gás natural nos mercados organizados ou por contratação bilateral, correspondendo às seguintes entidades: comercializadores, comercializador do SNGN, comercializadores de último recurso retalhistas, comercializador de último recurso grossista e clientes elegíveis que adquirem gás natural nos mercados organizados ou por contratação bilateral;

b) Alta pressão – pressão cujo valor, relativamente à pressão atmosférica, é superior a 20 bar;

c) Ano gás – período compreendido entre as 0 horas de 1 de Julho e as 24 horas de 30 de Junho do ano seguinte;

d) Armazenamento subterrâneo de gás natural – conjunto de cavidades, equipamentos e redes que, após recepção do gás na interface com a RNTGN, permite armazenar o gás natural na forma gasosa em cavidades subterrâneas, ou reservatórios especialmente construídos para o efeito e, posteriormente, voltar a injectá-lo na RNTGN através da mesma interface de transferência de custódia.

e) Autoconsumos – quantidades de gás natural, em termos energéticos, consumidas nas infra-estruturas em virtude dos processos que lhes são inerentes;

f) Baixa pressão – pressão cujo valor, relativamente à pressão atmosférica, é inferior a 4 bar;

g) Capacidade – caudal de gás natural, expresso em termos de energia por unidade de tempo;

h) Comercialização – Compra e venda de gás natural a clientes, incluindo a revenda;

i) Contrato de longo prazo em regime de *"take or pay"* – Contrato de fornecimento de gás com uma duração superior a 10 anos, nos termos do Decreto-Lei n.º 140/2006, de 26 de Julho, que inclui uma cláusula mediante a qual o comprador assume a obrigação de pagar uma certa quantidade contratada de gás natural, mesmo que não a consuma;

j) Dia gás – período compreendido entre as 0 e as 24 horas do mesmo dia;

k) Distribuição – veiculação de gás natural através de redes de distribuição de média ou baixa pressão, para entrega às instalações fisicamente ligadas à rede de distribuição, excluindo a comercialização;

l) Gestão Técnica Global do Sistema – conjunto de actividades e responsabilidades de coordenação do SNGN, de forma a assegurar a segurança e continuidade do abastecimento de gás natural;

m) Infra-estruturas – infra-estruturas da RPGN, nomeadamente os terminais de recepção, armazenamento e regaseificação de GNL, os armazenamentos subterrâneos de gás natural, as redes de transporte e distribuição e as unidades autónomas de gás natural;

n) Instalação de gás natural – instalação privada instalada a jusante da RPGN para uso de um ou mais clientes finais;

o) Interligação – conduta de transporte que transpõe uma fronteira entre estados membros vizinhos com a finalidade de interligar as respectivas redes de transporte;

p) Média pressão – pressão cujo valor, relativamente à pressão atmosférica, é igual ou superior a 4 bar e igual ou inferior a 20 bar;

q) Mercados organizados – os sistemas com diferentes modalidades de contratação que possibilitam o encontro entre a oferta e a procura de gás natural e de instrumentos cujo activo subjacente seja gás natural ou activo equivalente;

r) Poder calorífico superior – quantidade de calor produzida na combustão completa, a pressão constante, de uma unidade de massa ou de volume do gás combustível, considerando que os produtos de combustão cedem o seu calor até atingirem a temperatura inicial dos reagentes e que toda a água formada na combustão atinge o estado líquido;

s) Quantidades excedentárias – diferença entre as quantidades de gás natural adquiridas no âmbito dos contratos de aprovisionamento de longo prazo em regime de take or pay celebrados antes da entrada em vigor da Directiva n.º 2003/55/CE, do Parlamento e do Conselho, de 26 de Junho e as quantidades necessárias a assegurar a obrigação de fornecimento de gás natural à actividade de Compra e Venda de Gás Natural para Fornecimento aos Comercializadores de último recurso do comercializador de último recurso grossista e aos centros electroprodutores com contrato de fornecimento outorgado em data anterior à publicação do Decreto-Lei n.º 140/2006, de 26 de Julho;

t) Rede de distribuição regional – parte da RNDGN afecta a uma concessionária de distribuição de gás natural;

u) Rede de distribuição local – rede de distribuição de um pólo de consumo servida por uma ou mais UAG;

v) Rede Nacional de Distribuição de Gás Natural – o conjunto das infra--estruturas de serviço público destinadas à distribuição de gás natural;

w) Rede Nacional de Transporte de Gás Natural – o conjunto das infra--estruturas de serviço público destinadas ao transporte de gás natural;

x) Rede Nacional de Transporte, Infra-Estruturas de Armazenamento e Terminais de GNL – o conjunto das infra-estruturas de serviço público destinadas à recepção e ao transporte em gasoduto, ao armazenamento subterrâneo e à recepção, ao armazenamento e à regaseificação de GNL;

y) Rede Pública de Gás Natural – o conjunto das infra-estruturas de serviço público destinadas à recepção, ao transporte e à distribuição em gasoduto, ao armazenamento subterrâneo e à recepção, ao armazenamento e à regaseificação de GNL;

z) Terminal de GNL – o conjunto de infra-estruturas ligadas directamente à rede de transporte destinadas à recepção e expedição de navios metaneiros, armazenamento, tratamento e regaseificação de GNL e à sua posterior emissão para a rede de transporte, bem como o carregamento de GNL em camiões cisterna e navios metaneiros;

aa) Transporte – veiculação de gás natural numa rede interligada de alta pressão, para efeitos de recepção e entrega a distribuidores e a instalações fisicamente ligadas à rede de transporte, excluindo a comercialização.

ARTIGO 4.º

Prazos

1 – Sem prejuízo de outra indicação específica, os prazos estabelecidos no presente regulamento que não tenham natureza administrativa são prazos contínuos.

2 – Os prazos previstos no número anterior contam-se nos termos gerais previstos no Código Civil.

3 – Os prazos de natureza administrativa fixados no presente regulamento que envolvam entidades públicas contam-se nos termos do Código do Procedimento Administrativo.

Artigo 5.º
Princípios gerais de relacionamento comercial

O relacionamento comercial entre as entidades que operam no SNGN, entre estas entidades e os respectivos clientes, bem como com os demais sujeitos intervenientes, deve processar-se de modo a que sejam observados os seguintes princípios gerais:

a) Garantia da oferta de gás natural nos termos adequados às necessidades dos consumidores;

b) Igualdade de tratamento e de oportunidades;

c) Não discriminação;

d) Transparência e objectividade das regras e decisões relativas ao relacionamento comercial;

e) Imparcialidade nas decisões;

f) Direito à informação e salvaguarda da confidencialidade da informação comercial considerada sensível.

Artigo 5.º-A
Ónus da prova(¹)

1 – Nos termos da lei, cabe aos operadores das infra-estruturas, comercializador de último recurso grossista, comercializadores de último recurso retalhistas e comercializadores a prova de todos os factos relativos ao cumprimento das suas obrigações e execução das diligências inerentes à prestação dos serviços previstos no presente regulamento.

2 – Ao abrigo do disposto no número anterior, o ónus da prova sobre a realização das comunicações relativas à exigência do pagamento e do momento em que as mesmas foram efectuadas incide sobre os operadores e comercializadores mencionados no número anterior.

(¹) O presente artigo foi aditado pelo Despacho da ERSE n.º 15544/2008, publicado no Diário da República, II Série, n.º 107, de 4 de Junho

CAPÍTULO II
Sujeitos intervenientes no relacionamento comercial

Artigo 6.º
Consumidores ou clientes

1 – O consumidor ou cliente é a pessoa singular ou colectiva que compra gás natural para consumo próprio.

2 – Para efeitos do presente regulamento, considera-se que os conceitos de cliente e de consumidor são utilizados como tendo o mesmo significado.

3 – As classes de clientes são as seguintes:

a) Clientes domésticos;

b) Clientes não-domésticos com consumo anual inferior ou igual a 10 000 m3 (n);

c) Clientes não-domésticos com consumo anual superior a 10 000 m3 (n) e inferior a 2 milhões de m3 (n);

d) Clientes com consumo anual igual ou superior a 2 milhões de m3 (n), designados por grandes clientes.

4 – O cliente é considerado doméstico ou não doméstico consoante o gás natural se destine, respectivamente, ao consumo privado no agregado familiar ou a uma actividade profissional ou comercial, considerando o disposto na Lei n.º 24/96, de 31 de Julho, relativamente ao conceito de consumidor.

5 – O cliente elegível é o cliente livre de escolher o seu comercializador de gás natural, nos termos da legislação aplicável.

Artigo 7.º
Comercializadores

1 – Os comercializadores são entidades titulares de licença de comerciali-zação de gás natural que exercem a actividade de comercialização livremente, sem prejuízo do disposto no capítulo iv e no capítulo ix do presente regulamento.

2 – Os comercializadores podem adquirir gás natural para abastecimento dos seus clientes, através da celebração de contratos bilaterais ou da participa-ção nos mercados organizados.

3 – O relacionamento comercial entre os comercializadores e os operadores das infra-estruturas é estabelecido através da celebração de contratos de uso das infra-estruturas, nos termos previstos no RARII.

Artigo 8.º

Comercializadores de último recurso retalhistas

1 – Os comercializadores de último recurso retalhistas são as entidades titulares de licença de comercialização de último recurso que estão obrigadas a assegurar o fornecimento de gás natural a todos os consumidores com consumo anual inferior a 2 milhões de m3 ligados à rede que, por opção ou por não reunirem as condições de elegibilidade para manter uma relação contratual com outro comercializador, ficam sujeitos ao regime de tarifas e preços regulados.

2 – Os comercializadores de último recurso retalhistas desenvolvem as suas actividades nos termos previstos no capítulo iv do presente regulamento.

3 – A comercialização de último recurso retalhista encontra-se atribuída por lei, transitoriamente, aos operadores das redes de distribuição, dentro das suas áreas de actuação, definidas pelo respectivo contrato de concessão ou licença.

Artigo 9.º

Comercializador de último recurso grossista

1 – O comercializador de último recurso grossista é a entidade titular de licença de comercialização de último recurso que está obrigada a assegurar o fornecimento de gás natural aos comercializadores de último recurso retalhistas, bem como aos grandes clientes que, por opção ou por não reunirem as condições, não exerçam o seu direito de elegibilidade.

2 – O comercializador de último recurso grossista desenvolve as suas actividades nos termos previstos no capítulo iv do presente regulamento.

Artigo 10.º

Comercializador do SNGN

1 – O comercializador do SNGN é a entidade titular dos contratos de longo prazo e em regime de take or pay celebrados antes da entrada em vigor da Directiva n.º 2003/55/CE, do Parlamento e do Conselho, de 26 de Junho, nos termos definidos no Decreto-Lei n.º 140/2006, de 26 de Julho.

2 – O comercializador do SNGN desenvolve as suas actividades nos termos previstos no capítulo iv do presente regulamento.

Artigo 11.º

Operador logístico de mudança de comercializador

1 – O operador logístico de mudança de comercializador é a entidade responsável pela gestão do processo de mudança de comercializador e pelas actividades de gestão e leitura dos equipamentos de medição, nos termos da legislação aplicável.

2 – Enquanto não for definido o regime de exercício da actividade previsto no artigo 44.º do Decreto-Lei n.º 140/2006, de 26 de Julho, as atribuições referidas no número anterior são desenvolvidas, transitoriamente, pelas seguintes entidades:

a) A gestão do processo de mudança de comercializador é desenvolvida pelo operador da RNTGN.

b) As actividades de gestão e leitura dos equipamentos de medição são desenvolvidas pelos operadores das redes, relativamente aos equipamentos de medição das instalações ligadas às suas redes.

Artigo 12.º

Operadores de terminal de recepção, armazenamento e regaseificação de GNL

Os operadores de terminal de recepção, armazenamento e regaseificação de GNL são as entidades concessionárias do respectivo terminal, sendo responsáveis por assegurar a sua exploração e manutenção, bem como a sua capacidade de armazenamento e regaseificação em condições de segurança, fiabilidade e qualidade de serviço, nos termos previstos no capítulo iii deste regulamento.

Artigo 13.º

Operadores de armazenamento subterrâneo

Os operadores de armazenamento subterrâneo de gás natural são as entidades concessionárias do respectivo armazenamento subterrâneo, responsáveis pela exploração e manutenção das capacidades de armazenamento e das infra-estruturas de superfície, em condições de segurança, fiabilidade e qualidade de serviço, nos termos previstos no capítulo iii deste regulamento.

ARTIGO 14.º

Operador da rede de transporte

1 – O operador da rede de transporte é a entidade concessionária da RNTGN, responsável pela exploração, manutenção e desenvolvimento da rede de transporte em condições de segurança, fiabilidade e qualidade de serviço, bem como das suas interligações com outras redes, quando aplicável, devendo assegurar a capacidade da rede a longo prazo para atender pedidos razoáveis de transporte de gás natural.

2 – O operador da RNTGN desempenha as suas actividades nos termos previstos no capítulo iii deste regulamento.

ARTIGO 15.º

Operadores das redes de distribuição

1 – Os operadores das redes de distribuição são as entidades concessionárias ou titulares de licenças de distribuição de serviço público da RNDGN, responsáveis pela exploração, manutenção e desenvolvimento da rede de distribuição em condições de segurança, fiabilidade e qualidade de serviço, numa área específica, bem como das suas interligações com outras redes, quando aplicável, devendo assegurar a capacidade da rede a longo prazo para atender pedidos razoáveis de distribuição de gás natural.

2 – Os operadores das redes de distribuição desenvolvem as suas actividades nos termos previstos no capítulo iii deste regulamento.

ARTIGO 16.º

Operadores de mercados organizados

Os operadores dos mercados organizados são as entidades que mediante autorização exercem a actividade de gestão de mercados organizados de contratação de gás natural, nos termos previstos no capítulo viii deste regulamento.

CAPÍTULO III
Operadores das infra-estruturas

SECÇÃO I
Disposições gerais

ARTIGO 17.º
Princípios gerais

O exercício pelos operadores das infra-estruturas das actividades estabelecidas na secção ii e seguintes do presente capítulo está sujeito à observância dos seguintes princípios gerais:

a) Salvaguarda do interesse público, incluindo a manutenção da segurança de abastecimento;

b) Igualdade de tratamento e de oportunidades;

c) Não discriminação;

d) Independência no exercício das suas actividades;

e) Transparência das decisões, designadamente através de mecanismos de informação e de auditoria.

ARTIGO 18.º
Independência

1 – Tendo em vista garantir a independência dos operadores das infra-estruturas, os responsáveis pelas actividades devem dispor de independência no exercício das suas competências funcionais.

2 – Para efeitos do disposto no número anterior, os operadores das infra-estruturas devem elaborar Códigos de Conduta com as regras a observar no exercício das suas actividades.

3 – Os Códigos de Conduta referidos no número anterior devem estabelecer as regras a observar pelos operadores das infra-estruturas no que se refere à independência, imparcialidade, isenção e responsabilidade dos seus actos, designadamente no relacionamento entre eles e com os agentes de mercado.

4 – Os operadores das infra-estruturas devem publicar, designadamente na sua página na Internet, os Códigos de Conduta referidos no n.º 2 e enviar um exemplar à ERSE, no prazo de 150 dias a contar da data da constituição das sociedades decorrentes da separação das actividades imposta pelo Decreto-Lei n.º 30/2006, de 15 de Fevereiro.

ARTIGO 19.º

Informação

1 – Os operadores das infra-estruturas, no desempenho das suas actividades, devem assegurar o registo e a divulgação da informação de forma a:

a) Concretizar os princípios da igualdade, da transparência e da independência enunciados no artigo 17.º e no artigo 18.º;

b) Justificar perante as entidades com as quais se relacionam as decisões tomadas.

2 – Para efeitos do disposto no número anterior, os operadores das infra-estruturas deverão submeter à aprovação da ERSE uma proposta fundamentada sobre a lista de informação comercialmente sensível obtida no exercício das suas actividades, que pretendam considerar de natureza confidencial, no prazo de 150 dias a contar da data da constituição das sociedades decorrentes da separação das actividades imposta pelo Decreto-Lei n.º 30/2006, de 15 de Fevereiro.

3 – Para efeitos do disposto no número anterior, os operadores das infra-estruturas devem tomar, na sua organização e funcionamento internos, as providências necessárias para que fiquem limitadas aos serviços, ou às pessoas que directamente intervêm em cada tipo específico de actividade e operação, as informações de natureza confidencial aprovadas pela ERSE de que hajam tomado conhecimento em virtude do exercício das suas funções, as quais ficam sujeitas a segredo profissional.

4 – O disposto no número anterior não é aplicável sempre que:

a) Os operadores das infra-estruturas e as pessoas indicadas no número anterior tenham de prestar informações ou fornecer outros elementos à ERSE, no âmbito das respectivas competências específicas;

b) Exista qualquer outra disposição legal que exclua o cumprimento desse dever;

c) A divulgação de informação ou o fornecimento dos elementos em causa tiverem sido autorizados por escrito pela entidade a que respeitam.

ARTIGO 20.º

Auditoria

1 – A verificação e o acompanhamento da prossecução dos princípios gerais consagrados na presente secção bem como a adequada aplicação dos Códigos de Conduta referidos no artigo 18.º, são assegurados através de mecanismos de auditoria.

2 – Para efeitos do disposto no número anterior, os operadores das infra-estruturas devem proceder à realização de auditorias ao seu funcionamento, para cada ano gás.

3 – Os resultados das auditorias referidas no número anterior devem ser enviados à ERSE, até 30 de Setembro.

4 – O disposto no n.º 2 não prejudica a possibilidade da ERSE determinar aos operadores das infra-estruturas a realização de auditorias externas por entidades independentes.

SECÇÃO II
Operadores de terminal de recepção, armazenamento e regaseificação de GNL

ARTIGO 21.º
Actividades dos operadores de terminal de recepção, armazenamento e regaseificação de GNL

1 – Os operadores de terminal de recepção, armazenamento e regaseificação de GNL asseguram o desempenho das suas atribuições através da Actividade de Recepção, Armazenamento e Regaseificação de GNL.

2 – No desempenho da sua actividade, os operadores de terminal de recepção, armazenamento e regaseificação de GNL devem individualizar as seguintes funções:

a) Recepção de GNL;
b) Armazenamento de GNL;
c) Regaseificação de GNL.

3 – A separação das funções referidas no número anterior deve ser realizada em termos contabilísticos.

ARTIGO 22.º
Actividade de recepção, armazenamento e regaseificação de GNL

1 – A actividade de Recepção, Armazenamento e Regaseificação de GNL deve assegurar a operação dos terminais de recepção, armazenamento e regaseificação de GNL em condições técnicas e económicas adequadas.

2 – No âmbito da actividade de Recepção, Armazenamento e Regaseificação de GNL, compete aos operadores de terminal de GNL, nomeadamente:

a) Assegurar a exploração e manutenção do terminal e da capacidade de armazenamento em condições de segurança e fiabilidade, assegurando o cumprimento dos padrões de qualidade de serviço que lhe sejam aplicáveis nos termos do RQS;

b) Gerir os fluxos de gás natural no terminal e no armazenamento, assegurando a sua interoperacionalidade com a rede de transporte a que está ligado, no quadro da Gestão Técnica Global do SNGN;

c) Permitir o acesso a todos os agentes de mercado numa base não discriminatória e transparente, respeitando o disposto no RARII, devendo facultar a informação necessária;

d) Facultar aos agentes de mercado as informações de que necessitem para o acesso ao terminal;

e) Receber do operador da rede de transporte, no quadro da Gestão Técnica Global do SNGN, dos operadores de mercado e de todos os agentes directamente interessados toda a informação necessária à gestão das suas infra-estruturas;

f) Fornecer ao operador da rede de transporte, no quadro da Gestão Técnica Global do SNGN, e aos agentes de mercado as informações necessárias ao funcionamento seguro e eficiente do SNGN;

g) Preservar a confidencialidade das informações comercialmente sensíveis obtidas no exercício das suas actividades;

h) Medir o GNL recebido no terminal, o GNL entregue ao transporte por rodovia e o gás natural injectado na rede de transporte.

3 – No âmbito da operação do terminal de GNL, o tratamento das perdas e autoconsumos de gás natural é efectuado nos termos do disposto no RARII.

ARTIGO 23.º
**Procedimentos relativos à utilização do terminal
de GNL e troca de informação**

1 – Os procedimentos relativos à utilização do terminal de GNL e a troca de informação entre o operador do terminal, o operador da rede de transporte, na sua actividade de Gestão Técnica Global do SNGN e os agentes de mercado deverão constar do Manual de Procedimentos da Operação do Sistema, nos termos previstos no Regulamento de Operação das Infra-Estruturas.

2 – Os procedimentos relativos à divulgação das capacidades disponíveis ou à programação da utilização do terminal relativa a descargas de navios, abastecimentos de camiões cisterna ou regaseificação e emissão de gás natural para a rede de transporte, são objecto do RARII.

SECÇÃO III
Operadores de armazenamento subterrâneo de gás natural

ARTIGO 24.º
Actividade dos operadores de armazenamento subterrâneo de gás natural

Os operadores de armazenamento subterrâneo de gás natural asseguram o desempenho das suas atribuições através da actividade de Armazenamento Subterrâneo de gás natural.

ARTIGO 25.º
Actividade de armazenamento subterrâneo de gás natural

1 – A actividade de armazenamento subterrâneo de gás natural deve assegurar a operação do armazenamento subterrâneo de gás natural em condições técnicas e económicas adequadas.

2 – No âmbito da actividade de armazenamento subterrâneo de gás natural, compete aos operadores de armazenamento subterrâneo de gás natural, nomeadamente:

a) Assegurar a exploração, integridade técnica e manutenção da infra-estrutura de armazenamento subterrâneo em condições de segurança e fiabilidade, assegurando o cumprimento dos padrões de qualidade de serviço que lhe sejam aplicáveis nos termos do RQS;

b) Gerir a injecção, armazenamento e extracção de gás natural, de acordo com as solicitações dos agentes de mercado, assegurando a sua interoperacionalidade com a rede de transporte a que está ligado, no quadro da actividade de Gestão Técnica Global do SNGN;

c) Permitir o acesso a todos os agentes de mercado numa base não discriminatória e transparente, respeitando o disposto no RARII, devendo facultar a informação necessária;

d) Facultar aos agentes de mercado as informações de que necessitem para o acesso ao armazenamento subterrâneo;

e) Receber do operador da rede de transporte, no quadro da actividade de Gestão Técnica Global do SNGN, dos operadores de mercado e de todos os agentes directamente interessados toda a informação necessária à gestão das suas infra-estruturas;

f) Fornecer ao operador da rede de transporte, no quadro da actividade de Gestão Técnica Global do SNGN, e aos agentes de mercado as informações necessárias ao funcionamento seguro e eficiente do sistema nacional de gás natural;

g) Preservar a confidencialidade das informações comercialmente sensíveis obtidas no exercício das suas actividades;

h) Medir o gás natural injectado, armazenado e extraído no armazenamento subterrâneo.

3 – No âmbito da operação do armazenamento subterrâneo, o tratamento das perdas e autoconsumos de gás natural é efectuado nos termos do disposto no RARII.

Artigo 26.º
Funções dos operadores de armazenamento subterrâneo de gás natural

1 – No desempenho da sua actividade, os operadores de armazenamento subterrâneo de gás natural devem individualizar as seguintes funções:

a) Injecção de gás natural;

b) Armazenamento de gás natural;

c) Extracção de gás natural.

2 – A separação das funções referidas no número anterior deve ser realizada em termos contabilísticos.

Artigo 27.º
Procedimentos relativos à utilização do armazenamento subterrâneo de gás natural e troca de informação

1 – Os procedimentos relativos à utilização do armazenamento subterrâneo de gás natural e a troca de informação entre o operador do armazenamento subterrâneo, o operador da rede de transporte, na sua actividade de Gestão Técnica Global do SNGN e os agentes de mercado deverão constar do Manual de Procedimentos da Operação do Sistema, nos termos previstos no Regulamento de Operação das Infra-Estruturas.

2 – Os procedimentos relativos à divulgação das capacidades disponíveis ou à programação da utilização do armazenamento subterrâneo relativa a injecções e extracções de gás natural para a rede de transporte, são objecto do RARII.

SECÇÃO IV
Operador da rede de transporte

SUBSECÇÃO I
Disposições gerais

ARTIGO 28.º
Actividades do operador da rede de transporte

1 – No desempenho das suas atribuições, o operador da rede de transporte deve individualizar as seguintes actividades:

a) Transporte de gás natural;

b) Gestão Técnica Global do SNGN;

c) Acesso à RNTGN.

2 – A separação das actividades referidas no n.º 1 deve ser realizada em termos contabilísticos.

SUBSECÇÃO II
Actividades do operador da rede de transporte

ARTIGO 29.º
Actividade de Transporte de gás natural(²)

1 – A actividade de Transporte de gás natural deve assegurar a operação das infra-estruturas de transporte de gás natural em condições técnicas e económicas adequadas.

2 – No âmbito da actividade de Transporte de gás natural, compete ao operador da rede de transporte, nomeadamente:

a) Propor o planeamento e promover o desenvolvimento das infra-estruturas da RNTGN de forma a assegurar a capacidade técnica adequada ao sistema nacional de gás natural, contribuindo para a segurança do fornecimento.

b) Assegurar a exploração, integridade técnica e manutenção da rede de transporte, salvaguardando a segurança, fiabilidade, eficiência e qualidade de serviço.

(²) A redacção do presente artigo foi alterada pelo Despacho da ERSE n.º 15544/2008, publicado no Diário da República, II Série, n.º 107, de 4 de Junho

c) Permitir o acesso a todos os agentes de mercado numa base não discriminatória e transparente, respeitando o disposto no RARII, devendo facultar a informação necessária.

d) Assegurar que os custos considerados na actividade de transporte de gás natural relativos à contratação pelos agentes de mercado do transporte de GNL por camião cisterna correspondem a soluções economicamente eficientes.

e) Prestar e receber informação dos agentes de mercado e operadores das infra-estruturas às quais se encontra ligado, com vista a assegurar interoperacionalidade dos componentes do SNGN.

f) Preservar a confidencialidade das informações comercialmente sensíveis obtidas no exercício das suas actividades.

3 – No âmbito da operação da rede de transporte, o tratamento das perdas e autoconsumos é efectuado nos termos do disposto no RARII.

Artigo 30.º

Actividade de Gestão Técnica Global do SNGN

1 – A actividade de Gestão Técnica Global do SNGN compreende as seguintes funções:

a) Gestor Técnico Global do SNGN;

b) Acerto de Contas.

2 – A separação das funções referidas no número anterior deve ser realizada em termos contabilísticos.

Artigo 31.º

Atribuições do Gestor Técnico Global do SNGN

1 – O Gestor Técnico Global do SNGN é a função da actividade de Gestão Técnica Global do SNGN que assegura a coordenação do funcionamento das infra-estruturas do SNGN e das infra-estruturas ligadas a este sistema, abrangendo, entre outras, as seguintes atribuições:

a) Gerir os fluxos de gás natural na rede de transporte, de acordo com as solicitações dos agentes de mercado, em coordenação com os operadores das restantes infra-estruturas do sistema nacional de gás natural, no quadro da Gestão Técnica Global do SNGN;

b) Monitorizar a utilização das infra-estruturas do sistema nacional de gás natural e monitorizar o nível de reservas necessárias à garantia de segurança de abastecimento no curto e médio prazo;

c) Determinar e verificar as quantidades mínimas de gás que cada agente de mercado deve possuir nas infra-estruturas, proporcionais às quantidades de gás transaccionadas, de modo a garantir as condições mínimas exigíveis ao bom funcionamento do sistema;

d) Verificar tecnicamente a operação do SNGN, após recebidas as informações relativas às programações e nomeações;

e) Informar sobre a viabilidade de acesso solicitado por terceiros às infra-estruturas da RNTIAT;

f) Coordenar os planos de manutenção e indisponibilidades das infra-estruturas do SNGN em cooperação com todos os intervenientes;

g) Gerir os congestionamentos nas infra-estruturas, incluindo as interligações com outros sistemas internacionais de transporte de gás natural, nos termos do disposto no RARII;

h) Coordenar os fluxos de informação entre os diversos agentes com vista à gestão integrada das infra-estruturas do sistema de gás natural, nomeadamente os processos associados às programações e às nomeações.

2 – No cumprimento das suas atribuições, o Gestor Técnico Global do SNGN deve observar o estabelecido no Regulamento de Operação das Infra-estruturas.

Artigo 32.º
Atribuições do Acerto de Contas

1 – O Acerto de Contas é a função da actividade de Gestão Técnica Global do SNGN que procede às repartições e balanços associados ao uso das infra-estruturas, bem assim como à determinação das existências dos agentes de mercado nas infra-estruturas, permitindo identificar desequilíbrios e assegurar a sua resolução nos termos previstos no artigo 35.º

2 – O Acerto de Contas é responsável pela definição dos procedimentos de liquidação associados à execução dos contratos bilaterais.

3 – Constitui atribuição do Acerto de Contas a divulgação pública, de forma célere e não discriminatória, da informação sobre as matérias referidas nos números anteriores.

4 – O exercício da função de Acerto de Contas deve obedecer ao disposto no Manual de Procedimentos do Acerto de Contas.

Artigo 33.º
Repartições

1 – As repartições são realizadas pelos operadores das infra-estruturas respectivas, procedendo, em coordenação com o Acerto de Contas, à atribuição dos volumes de gás aí processados aos respectivos agentes de mercado.

2 – As repartições são realizadas para cada dia gás, com base nas medições ou estimativas e nas nomeações referentes aos pontos de entrada e saída de cada infra-estrutura.

3 – Os critérios a aplicar nas repartições devem ser objectivos, transparentes e não discriminatórios e devem constar do Manual de Procedimentos do Acerto de Contas.

4 – Realizadas no dia gás seguinte à ocorrência dos consumos, as repartições deverão ser enviadas ao Acerto de Contas para realização dos balanços diários dos agentes de mercado.

ARTIGO 34.º
Balanços

1 – Com base nas repartições, os operadores das infra-estruturas em coordenação com o Acerto de Contas realizam balanços diários de cada agente de mercado nas respectivas infra-estruturas.

2 – Através dos balanços diários são calculadas as existências finais de cada agente de mercado em cada uma das infra-estruturas, tendo em conta as respectivas existências no início do dia gás, as quantidades de gás que deram entrada e saída na infra-estrutura respectiva, as perdas e autoconsumos, e os valores de intercâmbios realizados com outros agentes de mercado, de acordo com a seguinte expressão:

$$EF = EI + E - S - PA + I$$

em que:

EF – existências finais;
EI – existências iniciais;
E – entradas;
S – saídas;
PA – perdas e autoconsumos;
I – intercâmbios.

3 – As existências finais calculadas de acordo com o número anterior correspondem às quantidades de gás natural de cada agente de mercado nas diversas infra-estruturas do sistema no fim de cada dia gás, permitindo ao Acerto de Contas apurar os desequilíbrios individuais dos agentes de mercado na rede de transporte.

4 – O cálculo dos balanços diários deve ocorrer, no limite, no dia gás seguinte ao do cálculo das repartições.

5 – O processo de apuramento dos balanços diários deve constar do Manual de Procedimentos do Acerto de Contas.

ARTIGO 35.º
Desequilíbrios

1 – Um agente de mercado é considerado em desequilíbrio individual quando as suas existências na rede de transporte estão fora dos limites máximos e mínimos estabelecidos.

2 – Na situação de desequilíbrio individual compete ao agente de mercado repor as suas existências de acordo com o estabelecido no n.º 4, estando sujeito às penalidades decorrentes do mecanismo de incentivo à reposição de equilíbrios individuais.

3 – Os limites máximos e mínimos para as existências de cada agente de mercado em cada infra-estrutura, bem como o mecanismo de incentivo à reposição de equilíbrios, referidos no número anterior, são estabelecidos no âmbito do Manual de Procedimentos do Acerto de Contas.

4 – Em caso de desequilíbrio individual, compete aos agentes de mercado tomarem as medidas ou adoptarem as nomeações adequadas para reporem as suas existências dentro dos níveis estabelecidos pelos operadores das infra-estruturas, nomeadamente:

a) Comprar ou vender gás a outros agentes de mercado;

b) Trocar gás com outros agentes de mercado;

c) Solicitar a extracção ou injecção gás natural no armazenamento subterrâneo;

d) Solicitar a regaseificação de GNL no terminal de GNL e a correspondente emissão de gás natural para a rede de transporte.

5 – No caso de desequilíbrios graves ou situações excepcionais que ponham em risco a segurança do sistema ou do abastecimento, compete ao Gestor Técnico Global do SNGN recorrer aos meios previstos para repor as variáveis do sistema dentro dos seus valores normais de funcionamento, de acordo com planos de actuação de emergência previamente definidos e estabelecidos no Regulamento de Operação das Infra-Estruturas.

ARTIGO 36.º
Manual de Procedimentos do Acerto de Contas

1 – O Manual de Procedimentos do Acerto de Contas descreve o sistema de acerto de contas, designadamente as regras e procedimentos relativos, entre outras, às seguintes matérias:

a) Recolha, registo e divulgação da informação relativa a todos os aspectos associados a repartições, balanços e desequilíbrios, designadamente no relacionamento do operador da rede de transporte, operadores das restantes infra-estruturas e operadores de mercado com os agentes de mercado;

b) Condições para a adesão ao Sistema de Acerto de Contas;

c) Modalidades e procedimentos de cálculo do valor das garantias a prestar pelos agentes de mercado;

d) Relacionamento entre a função Acerto de Contas e a função Gestor Técnico Global do SNGN;

e) Informação a transmitir pelo Acerto de Contas aos agentes de mercado;

f) Informação a receber pelo Acerto de Contas dos agentes de mercado;

g) Informação a tornar pública pelo Acerto de Contas a respeito de factos susceptíveis de influenciar o regular funcionamento do mercado ou a formação dos preços;

h) Processo e critérios a aplicar nas repartições;

i) Processo e critérios de apuramento dos balanços diários;

j) Processo e critérios para definição dos limites máximos e mínimos estabelecidos para as existências de cada agente de mercado em cada infra-estrutura do sistema;

k) Mecanismo de incentivo à reposição do equilíbrio individual por parte dos agentes de mercado que se encontrem em desequilíbrio individual;

l) Tipificação das situações excepcionais e dos procedimentos a adoptar;

m) Procedimentos de liquidação associados à execução dos contratos bilaterais;

n) Descrição funcional dos programas informáticos utilizados;

o) Procedimentos destinados a preservar a confidencialidade da informação comercialmente sensível.

2 – O Manual de Procedimentos do Acerto de Contas é aprovado pela ERSE, na sequência de proposta a apresentar pelo operador da rede de transporte, no prazo de 180 dias a contar da data de entrada em vigor do presente regulamento.

3 – A ERSE, por sua iniciativa, ou mediante proposta do operador da rede de transporte, pode proceder à alteração do Manual de Procedimentos do Acerto de Contas, ouvindo previamente as entidades a quem este Manual se aplica nos prazos estabelecidos pela ERSE.

4 – O operador da rede de transporte deve disponibilizar a versão actualizada do Manual de Procedimentos do Acerto de Contas, designadamente na sua página na Internet.

ARTIGO 37.º

**Códigos de conduta do Gestor Técnico Global
do SNGN e do Acerto de Contas**

Para efeitos do disposto no n.º 3 do artigo 18.º, o operador da rede de transporte deve elaborar Códigos de Conduta para os responsáveis pelas funções

Gestor Técnico Global do SNGN e Acerto de Contas, sendo objecto de divulgação e envio à ERSE nos termos do n.º 4 do mesmo artigo.

Artigo 38.º
Actividade de Acesso à RNTGN

A actividade de Acesso à RNTGN assegura a contratação do acesso às infra-estruturas da RNTGN, relativo às entregas a clientes ligados à rede de transporte.

SUBSECÇÃO III
Facturação entre o operador da rede de transporte e os operadores das redes de distribuição

Artigo 39.º
Facturação

1 – O operador da rede de transporte factura aos operadores das redes de distribuição regionais e locais a utilização da rede de transporte relativamente às suas entregas a cada operador, por aplicação da tarifa de Uso da Rede de Transporte do operador da rede de transporte às quantidades medidas nos pontos de medição definidos nas alíneas a) e h) do artigo 122.º do presente regulamento.

2 – O operador da rede de transporte factura aos operadores das redes de distribuição regionais e locais a tarifa de Uso Global do Sistema, considerando as quantidades medidas nos pontos de medição definidos nas alíneas a) e h) do artigo 122.º do presente regulamento.

Artigo 40.º
Modo e prazo de pagamento das facturas

O modo, os meios e o prazo de pagamento das facturas entre o operador da rede de transporte e os operadores das redes de distribuição são objecto de acordo entre as partes.

Artigo 41.º
Mora

1 – O não pagamento da factura dentro do prazo estipulado para o efeito constitui a parte devedora em mora.

2 – Os atrasos de pagamento ficam sujeitos a cobrança de juros de mora à taxa de juro legal em vigor, calculados a partir do primeiro dia seguinte ao do vencimento da correspondente factura.

SUBSECÇÃO IV

Transporte de GNL por camião cisterna([3])

ARTIGO 41.º-A

Informação a prestar ao operador da rede de transporte

1 – Os agentes de mercado que recorram ao transporte de GNL por camião cisterna devem apresentar ao operador da rede de transporte cópia dos contratos de transporte que tenham celebrado, no prazo de oito dias após a data da sua celebração.

2 – Com base nos contratos referidos no número anterior, o agente de mercado deve informar o operador da rede de transporte sobre o número de cargas e a distância a percorrer para efectuar o transporte por camião cisterna que prevê efectuar no ano gás seguinte, indicando para cada percurso, os seguintes preços unitários:

a) Por carga transportada.

b) Por km percorrido.

c) Por tempo decorrido para além do tempo estabelecido para descarga.

d) Outros que se considerem relevantes.

ARTIGO 41.º-B

Custos de transporte de GNL por camião cisterna

1 – Os agentes de mercado transferem para o operador da rede de transporte os custos em que tenham incorrido no âmbito dos contratos referidos no artigo anterior, fazendo acompanhar cópia das facturas e de toda a informação que permita ao operador da rede de transporte verificar a adequação dos valores facturados.

2 – A informação e os procedimentos necessários à verificação dos valores facturados são definidos pelo operador da rede de transporte.

3 – Independentemente da origem da carga, o custo máximo aceitável para o transporte de GNL por camião cisterna, para efeitos de consideração no cálculo

---

([3]) A presente subsecção foi aditada pelo Despacho da ERSE n.º 15544/2008, publicado no Diário da República, II Série, n.º 107, de 4 de Junho

das tarifas de uso da rede de transporte, corresponde ao custo de transporte a partir do terminal de GNL em Sines.

4 – Nos casos em que o operador da rede de transporte considere que os valores facturados não são aceitáveis, designadamente porque se afastam significativamente do custo médio dos contratos de transporte de GNL por camião cisterna, compete à ERSE decidir sobre o valor a considerar para efeitos de cálculo da tarifa de uso da rede de transporte.

ARTIGO 41.º-C
Pagamento dos custos de transporte de GNL por camião cisterna

1 – Os custos suportados pelos agentes de mercado com o transporte de GNL por camião cisterna nos termos do artigo anterior, serão pagos pelo operador da rede de transporte aos agentes de mercado no prazo de 30 dias a contar da data de recepção da cópia das facturas e da documentação complementar necessária para a verificação dos valores facturados.

2 – Os atrasos no pagamento, previsto no número anterior, por facto imputável ao operador da rede de transporte, conferem ao agente de mercado o direito de receber juros de mora, à taxa de juro legal em vigor, calculados a partir do primeiro dia seguinte ao do vencimento do prazo estabelecido no número anterior.

SECÇÃO V
Operadores das Redes de Distribuição

SUBSECÇÃO I
Disposições gerais

ARTIGO 42.º
Actividades dos operadores das redes de distribuição

1 – No desempenho das suas atribuições, os operadores das redes de distribuição devem individualizar as seguintes actividades:

a) Distribuição de gás natural;
b) Acesso à RNTGN e à RNDGN.

2 – A separação das actividades referidas no número anterior deve ser realizada em termos contabilísticos.

ARTIGO 43.º

Códigos de conduta dos operadores das redes de distribuição

Tendo em vista dar cumprimento ao disposto no n.º 3 do artigo 18.º, os operadores das redes de distribuição devem elaborar de forma coordenada os referidos Códigos de Conduta, sendo objecto de divulgação e envio à ERSE nos termos do n.º 4 do mesmo artigo.

SUBSECÇÃO II

Actividades dos operadores das redes de distribuição

ARTIGO 44.º

Actividade de distribuição de gás natural

1 – A actividade de distribuição de gás natural deve assegurar a operação das redes de distribuição de gás natural em condições técnicas e económicas adequadas.

2 – No âmbito da actividade de distribuição de gás natural, compete aos operadores das redes de distribuição, nomeadamente:

a) Propor o planeamento, a construção e a gestão da rede, de forma a permitir o acesso de terceiros, e gerir de forma eficiente as infra-estruturas;

b) Proceder à manutenção das redes de distribuição;

c) Coordenar o funcionamento das redes de distribuição de forma a assegurar a veiculação de gás natural dos pontos de entrada até aos pontos de entrega, observando os níveis de qualidade de serviço regulamentarmente estabelecidos, no quadro da Gestão Técnica Global do SNGN;

d) Garantir a existência de capacidade disponível de forma a permitir a realização do direito de acesso às redes, nas condições previstas no RARII, contribuindo para a segurança de abastecimento;

e) Facultar aos agentes de mercado as informações de que necessitem para o acesso às redes;

f) Assegurar a não discriminação entre agentes de mercado na utilização das redes;

g) Assegurar o cumprimento dos padrões de qualidade de serviço que lhe sejam aplicáveis nos termos do RQS;

h) Fornecer ao operador da rede de transporte, aos agentes de mercado e aos clientes as informações necessárias ao funcionamento seguro e eficiente, bem como ao desenvolvimento coordenado das diversas redes;

i) Coordenar os fluxos de informação entre os diversos agentes com vista à gestão integrada das infra-estruturas do sistema de gás natural, nomeadamente os processos associados às programações e às nomeações;

j) Preservar a confidencialidade das informações comercialmente sensíveis obtidas no exercício da sua actividade.

3 – No âmbito da operação das redes de distribuição, o tratamento das perdas e autoconsumos é efectuado nos termos do disposto no RARII.

Artigo 45.º
Actividade de Acesso à RNTGN e à RNDGN

A actividade de Acesso à RNTGN e à RNDGN assegura a contratação do acesso à RNTGN e à RNDGN, relativo às entregas a clientes ligados às redes de distribuição.

SECÇÃO VI
Interrupção do serviço prestado pelos operadores das infra-estruturas

Artigo 46.º
Disposição geral

1 – A prestação de serviços pelos operadores das infra-estruturas prevista no presente capítulo deve ser efectuada de acordo com os princípios da regularidade e continuidade de serviço, devendo obedecer aos padrões de qualidade estabelecidos no Regulamento da Qualidade de Serviço.

2 – O disposto no número anterior não prejudica a possibilidade de existência de interrupções na prestação de serviços disponibilizados pelos operadores das infra-estruturas nas situações previstas na presente secção.

Artigo 47.º
Interrupção do serviço prestado pelos operadores do terminal de recepção, armazenamento e regaseificação de GNL e armazenamento subterrâneo de gás natural

Os serviços de recepção, armazenamento e regaseificação de GNL e de armazenamento subterrâneo de gás natural só podem ser interrompidos nas condições previstas nos respectivos contratos de uso das infra-estruturas.

Artigo 48.º
Interrupção do serviço prestado pelos operadores das redes

A interrupção do serviço prestado pelos operadores das redes que afecte o fornecimento de gás natural pode ocorrer pelas seguintes razões:
a) Casos fortuitos ou de força maior;
b) Razões de interesse público;
c) Razões de serviço;
d) Razões de segurança;
e) Facto imputável ao cliente;
f) Acordo com o cliente.

Artigo 49.º
Interrupções por casos fortuitos ou de força maior

Consideram-se interrupções por casos fortuitos ou de força maior as decorrentes de situações que reúnam condições de exterioridade, imprevisibilidade e irresistibilidade face às boas práticas ou regras técnicas aplicáveis.

Artigo 50.º
Interrupções por razões de interesse público

1 – Consideram-se interrupções por razões de interesse público, nomeadamente, as que decorram de execução de planos nacionais de emergência energética, declarada ao abrigo de legislação específica, designadamente do planeamento nacional de emergência e das crises energéticas, bem como as determinadas por entidade administrativa competente, sendo que, neste último caso, o restabelecimento do fornecimento de gás natural fica sujeito a autorização prévia dessa entidade.

2 – Na ocorrência do disposto no número anterior, os operadores das redes devem avisar as entidades que possam vir a ser afectadas pela interrupção, por intermédio de meios de comunicação social de grande audiência na região ou por outros meios ao seu alcance que proporcionem uma adequada divulgação, com a antecedência mínima de trinta e seis horas.

ARTIGO 51.º

Interrupções por razões de serviço

1 – Consideram-se interrupções por razões de serviço as que decorram da necessidade imperiosa de realizar manobras, trabalhos de ligação, reparação ou conservação da rede.

2 – As interrupções por razões de serviço só podem ter lugar quando esgotadas todas as possibilidades de alimentação alternativa.

3 – Os operadores das redes têm o dever de minimizar o impacte das interrupções junto dos clientes, adoptando, para o efeito, nomeadamente os seguintes procedimentos:

a) As intervenções nas redes devem ser efectuadas, sempre que possível, com a rede em carga;

b) Pôr em prática procedimentos e métodos de trabalho que, sem pôr em risco a segurança de pessoas e bens, minimizem a duração da interrupção;

c) Acordar com os clientes a afectar a ocasião da interrupção, sempre que a razão desta e o número de clientes a afectar o possibilite;

d) Comunicar a interrupção às entidades que possam vir a ser afectadas, por aviso individual, ou por intermédio de meios de comunicação social de grande audiência na região ou ainda por outros meios ao seu alcance que proporcionem uma adequada divulgação, com a antecedência mínima de trinta e seis horas, devendo, ainda, o meio de comunicação ter em conta a natureza das instalações consumidoras.

4 – Caso não seja possível o acordo previsto na alínea c) do número anterior, as interrupções terão lugar na data indicada pelo operador da rede, devendo este desenvolver todos os esforços para encontrar um período para a realização da intervenção que minimize o impacte das interrupções junto dos clientes.

5 – As situações de excepção, que não permitam o cumprimento do disposto nos números anteriores, devem ser comunicadas à ERSE, sempre que possível, antes da sua ocorrência.

6 – A duração máxima das interrupções por razões de serviço é de 8 horas por ano, para cada cliente.

ARTIGO 52.º

Interrupções por razões de segurança

1 – O serviço prestado pelos operadores das redes pode ser interrompido quando a sua continuação possa pôr em causa a segurança de pessoas e bens, nomeadamente para garantir a segurança ou estabilidade do sistema de gás natural.

2 – Por solicitação das entidades afectadas, os operadores das redes devem apresentar justificação das medidas tomadas, incluindo, se aplicável, o plano de contingência em vigor no momento da ocorrência.

Artigo 53.º
Interrupções por facto imputável ao cliente(⁴)

1 – O serviço prestado pelos operadores das redes pode ser interrompido por facto imputável ao cliente nas seguintes situações:

a) O cliente deixa de ser titular de um contrato de fornecimento ou, no caso de um agente de mercado, de um contrato de uso das redes;

b) Impedimento de acesso aos equipamentos de medição;

c) Impossibilidade de acordar data para leitura extraordinária dos equipamentos de medição, nos termos referidos no artigo 153.º do presente regulamento;

d) Alteração da instalação de utilização não aprovada pela entidade administrativa competente;

e) Incumprimento das disposições legais e regulamentares relativas às instalações de gás natural, no que respeita à segurança de pessoas e bens;

f) Cedência de gás natural a terceiros, quando não autorizada nos termos do artigo 192.º do presente regulamento;

g) Quando solicitado pelo comercializador de último recurso retalhista ou pelo comercializador de último recurso grossista, nos termos do artigo 217.º

2 – A interrupção do serviço prestado pelos operadores das redes nas condições previstas no número anterior, só pode ter lugar após pré-aviso, com uma antecedência mínima de 10 dias relativamente à data em que irá ocorrer, salvo no caso previsto nas alíneas e) e f), caso em que deve ser imediata, sem prejuízo de comunicação ao cliente desse facto.

3 – A interrupção do serviço prestado pelos operadores das redes nas situações previstas na alínea a) do n.º 1 não pode ocorrer antes de decorridos os prazos definidos na metodologia a adoptar na gestão do processo de mudança de comercializador aprovada pela ERSE, nos termos do capítulo viii do presente regulamento.

4 – Do pré-aviso referido no n.º 2 devem constar o motivo da interrupção do serviço, os meios ao dispor do cliente para evitar a interrupção, as condições de restabelecimento, bem como os preços dos serviços de interrupção e restabelecimento.

_____

(⁴) A redacção do presente artigo foi alterada pelo Despacho da ERSE n.º 15544/2008, publicado no Diário da República, II Série, n.º 107, de 4 de Junho

Artigo 54.º
Preços dos serviços de interrupção e de restabelecimento

1 – Os comercializadores, os comercializadores de último recurso retalhistas, o comercializador de último recurso grossista e os clientes que sejam agentes de mercado são responsáveis pelo pagamento dos serviços de interrupção e de restabelecimento aos operadores das redes, sem prejuízo do direito de regresso sobre os seus clientes.

2 – Os clientes podem solicitar o restabelecimento urgente do serviço prestado pelo operador da rede nos prazos máximos estabelecidos no RQS, mediante o pagamento de uma quantia a fixar pela ERSE.

3 – Os preços dos serviços de interrupção e de restabelecimento são publicados anualmente pela ERSE.

4 – Para efeitos do disposto nos n.os 2 e 3, os operadores das redes devem apresentar proposta fundamentada à ERSE, até 15 de Março de cada ano.

CAPÍTULO IV
Comercializador do SNGN, comercializador de último recurso grossista, comercializadores de último recurso retalhistas e comercializadores

SECÇÃO I
Disposições gerais

Artigo 55.º
Comercialização de gás natural

1 – O exercício da actividade de comercialização de gás natural consiste na compra e venda de gás natural, para comercialização a clientes ou outros agentes de mercado.

2 – A comercialização de gás natural pode ser exercida pelos seguintes tipos de comercializadores:
a) Comercializador do SNGN;
b) Comercializador de último recurso grossista;
c) Comercializadores de último recurso retalhistas;
d) Comercializadores.

Artigo 56.º

Acesso e utilização das infra-estruturas

1 – O acesso às infra-estruturas integrantes do SNGN e a sua utilização pelo comercializador do SNGN, pelo comercializador de último recurso grossista, pelos comercializadores de último recurso retalhistas e pelos comercializadores obedece às condições definidas no RARII.

2 – O relacionamento comercial com os operadores das infra-estruturas do SNGN utilizadas pelo comercializador do SNGN, pelo comercializador de último recurso grossista, pelos comercializadores de último recurso retalhistas e pelos comercializadores processa-se de acordo com o estabelecido nos contratos de uso das infra-estruturas, celebrados nos termos previstos no RARII.

Artigo 57.º

Consumos do SPGN

1 – Para efeitos do presente regulamento, consideram-se consumos do SPGN os realizados pelas seguintes entidades:

a) Clientes não elegíveis;

b) Clientes elegíveis que não exerçam esse direito.

2 – Integram o conceito definido no número anterior os consumos abastecidos pelos comercializadores de último recurso retalhistas, bem como os consumos de clientes abastecidos pelo comercializador de último recurso grossista, no âmbito da actividade de comercialização de último recurso a grandes clientes.

SECÇÃO II

Comercializador do SNGN

Artigo 58.º

Actividade do comercializador do SNGN

O comercializador do SNGN é responsável pela compra e venda de gás natural no âmbito da gestão de contratos de longo prazo em regime de *take or pay* celebrados em data anterior à entrada em vigor da Directiva n.º 2003/55/CE, do Parlamento e do Conselho, de 26 de Junho.

ARTIGO 59.º
Compra e venda de gás natural no âmbito da gestão de contratos de longo prazo

1 – O comercializador do SNGN, no âmbito da actividade definida no artigo 58.º adquire exclusivamente gás natural nas quantidades e condições definidas contratualmente nos contratos de longo prazo em regime de *take or pay* celebrados em data anterior à entrada em vigor da Directiva n.º 2003/55/CE, do Parlamento e do Conselho, de 26 de Junho, designados por:

a) Contrato de fornecimento de gás natural com origem na Argélia, celebrado em 16 de Abril de 1994, válido até 2020, relativamente ao aprovisionamento através da ligação entre a Rede Nacional de Transporte de Gás Natural e as redes fora do território nacional;

b) Contrato de fornecimento de gás natural liquefeito com origem na Nigéria, celebrado em 1998, válido até 2020, relativamente ao aprovisionamento através do terminal de recepção, armazenamento e regaseificação de GNL;

c) Contrato de fornecimento de gás natural liquefeito com origem na Nigéria, celebrado em 17 de Junho de 1999, válido até 2023, relativamente ao aprovisionamento através do terminal de recepção, armazenamento e regaseificação de GNL;

d) Contrato de fornecimento de gás natural liquefeito com origem na Nigéria, celebrado em Fevereiro de 2002, válido até 2025/6, relativamente ao aprovisionamento através do terminal de recepção, armazenamento e regaseificação de GNL.

2 – O comercializador do SNGN vende gás natural às seguintes entidades:

a) Comercializador de último recurso grossista, no âmbito da actividade de Compra e Venda de Gás Natural para Fornecimento aos Comercializadores de Último Recurso;

b) Centros electroprodutores com contrato de fornecimento outorgado em data anterior à publicação do Decreto-Lei n.º 140/2006, de 26 de Julho;

c) Outras entidades, caso se verifique a existência de quantidades excedentárias após a venda de gás natural às entidades referidas nas alíneas anteriores.

3 – A venda de gás natural pelo comercializador do SNGN está sujeita às seguintes obrigações:

a) Fornecimento com carácter prioritário à actividade de Compra e Venda de Gás Natural para Fornecimento aos Comercializadores de Último Recurso do comercializador de último recurso grossista;

b) Fornecimento aos centros electroprodutores com contrato de fornecimento outorgado em data anterior à publicação do Decreto-Lei n.º 140/2006, de 26 de Julho.

4 – Nas situações em que as quantidades globais adquiridas no âmbito dos contratos de longo prazo em regime de take or pay, não sejam suficientes para satisfazer as necessidades de gás natural da actividade de Compra e Venda de Gás Natural para Fornecimento aos Comercializadores de Último Recurso do comercializador de último recurso grossista e os consumos dos centros electroprodutores com contrato de fornecimento outorgado em data anterior à publicação do Decreto-Lei n.º 140/2006, de 26 de Julho, o comercializador do SNGN deverá observar as seguintes regras:

a) São asseguradas prioritariamente as necessidades de gás natural da actividade de Compra e Venda de Gás Natural para Fornecimento aos Comercializadores de Último Recurso do comercializador de último recurso grossista, até ao limite das quantidades contratuais tituladas nos contratos de longo prazo em regime de take or pay celebrados em data anterior à entrada em vigor da Directiva n.º 2003/55/CE, do Parlamento e do Conselho, de 26 de Junho;

b) A diferença entre as quantidades globais disponíveis nos contratos de longo prazo em regime de take or pay e as quantidades previstas na alínea anterior serão objecto de afectação por cada uma das restantes entidades que beneficiam de obrigação de fornecimento pelo comercializador do SNGN, em respeito da proporcionalidade directa entre os respectivos consumos globais abastecidos no último ano gás e a quantidade apurada de gás natural disponível para fornecimento.

Artigo 60.º
Venda de gás natural através de leilões(⁵)

1 – Sem prejuízo do cumprimento das obrigações estabelecidas no artigo anterior, e com o objectivo de facilitar a entrada no mercado de gás natural, o comercializador do SNGN promove a realização de leilões anuais de gás natural para satisfação de consumos nacionais, com o seguinte calendário e quantidades mínimas a disponibilizar nos anos seguintes:

a) 2009 – 300 milhões de m3 (n).
b) 2010 – 300 milhões de m3 (n).
c) 2011 – 300 milhões de m3 (n).

2 – A participação nos leilões é limitada aos seguintes agentes de mercado:

a) Comercializadores em regime de mercado.
b) Clientes elegíveis.

(⁵) A redacção do presente artigo foi alterada pelo Despacho da ERSE n.º 15544/2008, publicado no Diário da República, II Série, n.º 107, de 4 de Junho

3 – O gás natural adquirido nos leilões destina-se a ser consumido exclusivamente em instalações situadas em território nacional, excluindo os centros electroprodutores em regime ordinário.

4 – Os termos e condições de realização dos leilões são aprovados pela ERSE, na sequência de proposta apresentada pelo comercializador do SNGN, até 30 de Setembro do ano anterior ao da disponibilização do gás natural.

SECÇÃO III
Comercializador de último recurso grossista

ARTIGO 61.º
Actividades do comercializador de último recurso grossista

1 – O comercializador de último recurso grossista assegura o desempenho das seguintes actividades:

a) Compra e Venda de Gás Natural para Fornecimento aos Comercializadores de Último Recurso;

b) Comercialização de Último Recurso a Grandes Clientes.

2 – A actividade de Compra e Venda de Gás Natural para Fornecimento aos Comercializadores de Último Recurso, prevista na alínea a) do número anterior, corresponde à aquisição de gás natural nas quantidades e condições definidas no Decreto-Lei n.º 140/2006, de 26 de Julho, e à sua venda aos comercializadores de último recurso retalhistas e à actividade de Comercialização de Último Recurso a Grandes Clientes.

3 – A actividade de Comercialização de Último Recurso a Grandes Clientes, prevista na alínea b) do n.º 1, corresponde à aquisição de gás natural para fornecimento aos grandes clientes e compreende as seguintes funções:

a) Compra e venda de gás natural;

b) Compra e venda do acesso à RNTGN e à RNDGN;

c) Comercialização de gás natural.

4 – A separação de actividades e funções referidas nos números anteriores deve ser realizada em termos contabilísticos.

Artigo 62.º
**Aquisição de gás natural pelo comercializador
de último recurso grossista**([6])

1 – O comercializador de último recurso grossista tem a obrigação de adquirir gás natural no âmbito da actividade de Compra e Venda de Gás Natural para Fornecimento aos Comercializadores de Último Recurso ao comercializador do SNGN, até aos montantes disponíveis no âmbito da gestão de contratos de longo prazo em regime de take or pay celebrados em data anterior à entrada em vigor da Directiva n.º 2003/55/CE, do Parlamento e do Conselho, de 26 de Junho.

2 – Sempre que as quantidades referidas no número anterior se revelarem insuficientes para atender aos consumos globais dos comercializadores de último recurso retalhistas e dos grandes clientes, o comercializador de último recurso grossista, no âmbito da actividade de Compra e Venda de Gás Natural para Fornecimento aos Comercializadores de Último Recurso, deverá assegurar prioritariamente as necessidades de gás natural dos comercializadores de último recurso retalhistas.

3 – Sempre que as quantidades de gás natural disponíveis no âmbito da gestão de contratos de longo prazo em regime de take or pay celebrados em data anterior à entrada em vigor da Directiva n.º 2003/55/CE, do Parlamento e do Conselho, de 26 de Junho, se revelem insuficientes para, respeitando a prioridade estabelecida no número anterior, atender às necessidades de gás natural da actividade de Comercialização de Último Recurso a Grandes Clientes, o comercializador de último recurso grossista no âmbito desta actividade poderá adquirir as quantidades em falta para satisfação das necessidades de consumo da carteira de grandes clientes por recurso à participação em mercados organizados ou através de contratação bilateral, em condições aprovadas pela ERSE.

4 – Nas situações descritas no número anterior, o comercializador de último recurso grossista, no âmbito da sua actividade de Comercialização de Último Recurso a Grandes Clientes, deve enviar à ERSE a informação necessária à avaliação das condições de aquisição de gás natural.

([6]) A redacção do presente artigo foi alterada pelo Despacho da ERSE n.º 15544/2008, publicado no Diário da República, II Série, n.º 107, de 4 de Junho

Artigo 63.º

**Relacionamento comercial do comercializador
de último recurso grossista**

1 – O relacionamento comercial entre o comercializador de último recurso grossista, no âmbito da sua actividade de Comercialização de Último Recurso a Grandes Clientes, e os clientes processa-se de acordo com as regras constantes do capítulo ix do presente regulamento.

2 – O relacionamento comercial entre o comercializador de último recurso grossista, no âmbito da actividade de Compra e Venda de Gás Natural para Fornecimento aos Comercializadores de Último Recurso, e os comercializadores de último recurso retalhistas é estabelecido através da celebração de um contrato de fornecimento, cujas condições gerais são aprovadas pela ERSE, na sequência de proposta conjunta e devidamente justificada a apresentar pelos comercializadores de último recurso retalhistas e pelo comercializador de último recurso grossista.

3 – A proposta prevista no número anterior deve ser remetida à ERSE até 180 dias após a aprovação do presente regulamento.

4 – O relacionamento comercial entre o comercializador de último recurso grossista e os operadores das infra-estruturas é estabelecido através da celebração de contratos de uso das infra-estruturas, nos termos previstos no RARII.

Artigo 64.º

Facturação

1 – A facturação das quantidades de gás natural fornecidas pelo comercializador de último recurso grossista aos comercializadores de último recurso retalhistas tem periodicidade mensal.

2 – Os encargos com as quantidades fornecidas pelo comercializador de último recurso grossista, no âmbito da sua actividade de Compra e Venda de Gás Natural para Fornecimento aos Comercializadores de Último Recurso, aos comercializadores de último recurso retalhistas e à actividade de Comercialização de Último Recurso a Grandes Clientes, são calculados nos termos previstos no RT.

Artigo 65.º

Pagamento

1 – As formas e os meios de pagamento das facturas pelo fornecimento do comercializador de último recurso grossista aos comercializadores de último recurso retalhistas devem ser objecto de acordo entre as partes.

2 – O prazo de pagamento das facturas previstas no número anterior é de 20 dias a contar da data de apresentação da factura.

3 – O não pagamento da factura dentro do prazo estipulado constitui os comercializadores de último recurso retalhistas em mora, ficando os atrasos de pagamento sujeitos à cobrança de juros de mora à taxa legal em vigor, contados a partir do primeiro dia seguinte ao do vencimento da correspondente factura.

SECÇÃO IV
Comercializadores de último recurso retalhistas

Artigo 66.º
Actividade do comercializador de último recurso retalhista

1 – O comercializador de último recurso retalhista, na sua actividade de comercialização de último recurso de gás natural, assegura o desempenho das seguintes funções:

a) Compra e venda de gás natural;
b) Compra e venda do acesso à RNTGN e à RNDGN;
c) Comercialização de gás natural.

2 – A função de compra e venda de gás natural do comercializador de último recurso retalhista corresponde à aquisição de gás natural necessária à satisfação dos consumos dos seus clientes, de acordo com o estabelecido no artigo 67.º, e o seu fornecimento aos clientes nos termos previstos no capítulo ix do presente regulamento.

3 – A função de compra e venda do acesso às infra-estruturas da RNTGN e da RNDGN do comercializador de último recurso retalhista, corresponde à transferência para os operadores da RNDGN dos valores relativos ao uso global do sistema, uso da rede de transporte e uso da rede de distribuição dos seus clientes.

4 – A função de comercialização de gás natural do comercializador de último recurso retalhista engloba a estrutura comercial afecta à venda de gás natural aos seus clientes, bem como a contratação, a facturação e o serviço de cobrança do fornecimento de gás natural.

Artigo 67.º
Aquisição de gás natural(⁷)

1 – Os comercializadores de último recurso retalhistas são responsáveis pela aquisição de gás natural para abastecer os seus clientes.

(⁷) A redacção do presente artigo foi alterada pelo Despacho da ERSE n.º 15544/2008, publicado no Diário da República, II Série, n.º 107, de 4 de Junho

2 – Os comercializadores de último recurso retalhistas obrigam-se a adquirir ao comercializador de último recurso grossista, no âmbito da sua actividade de Compra e Venda de Gás Natural para Fornecimento aos Comercializadores de Último Recurso, as quantidades de gás natural necessárias à satisfação dos consumos dos seus clientes.

3 – Sempre que as quantidades de gás natural disponibilizadas pelo comercializador de último recurso grossista no âmbito da actividade de Compra e Venda de Gás Natural para Fornecimento aos Comercializadores de Último Recurso não forem suficientes para assegurar os fornecimentos aos seus clientes, nos termos definidos no artigo 59.º, o comercializador de último recurso retalhista poderá contratar as quantidades em falta através de:

a) Celebração de contratos bilaterais com outros comercializadores, observando o disposto na Secção V do Capítulo VIII do presente regulamento.

b) Participação em mercados organizados, nos termos previstos na Secção IV do Capítulo VIII do presente regulamento.

4 – Para efeitos do número anterior, o comercializador de último recurso retalhista deverá submeter à ERSE para aprovação, sempre que tal ocorra e num prazo não superior a 30 dias, as condições detalhadas de aquisição de gás natural nas modalidades previstas no número anterior, para efeitos da sua repercussão nas tarifas de fornecimento a clientes do SPGN.

Artigo 68.º
Informação sobre a aquisição de energia

1 – Para efeitos do disposto no artigo 67.º, o comercializador de último recurso retalhista deverá fornecer à ERSE a informação necessária à avaliação das condições de aquisição de gás natural para satisfação dos consumos dos seus clientes, devendo detalhar separadamente as quantidades e respectivas condições de compra de gás natural, por modalidade de contratação.

2 – O detalhe a que se refere o número anterior deve explicitar, designadamente, os seguintes aspectos:

a) Preços, quantidades e horizonte temporal de cada um dos contratos celebrados;

b) Quantidades de gás natural contratadas e respectivos preços no âmbito do mercado organizado.

3 – No caso da participação em mercados organizados e sempre que tal for possível, o comercializador de último recurso retalhista deve enviar a informação mencionada no número anterior com carácter prévio à contratação, que poderá vir a ser objecto de confirmação a enviar posteriormente à ERSE.

ARTIGO 69.º

**Relacionamento comercial dos comercializadores
de último recurso retalhistas**

1 – O relacionamento comercial entre os comercializadores de último recurso retalhistas e os seus clientes processa-se de acordo com as regras constantes do capítulo ix do presente regulamento.

2 – O relacionamento comercial entre os comercializadores de último recurso retalhistas e os operadores das infra-estruturas é estabelecido através da celebração de contratos de uso das infra-estruturas, nos termos previstos no RARII.

SECÇÃO V

Comercializadores

ARTIGO 70.º

Aquisição de gás natural

1 – O comercializador é responsável pela aquisição de gás natural para abastecer os consumos dos clientes agregados na sua carteira, bem como para a satisfação de contratos bilaterais em que actue como agente vendedor.

2 – Para efeitos do número anterior, o comercializador pode adquirir gás natural através das seguintes modalidades de contratação:

a) Contratação em mercados organizados, nos termos previstos na secção iv do capítulo viii do presente regulamento;

b) Contratação bilateral, nos termos previstos na secção v do capítulo viii do presente regulamento;

c) Contratação com entidades externas ao SNGN.

ARTIGO 71.º

Relacionamento comercial dos comercializadores

1 – O relacionamento comercial entre os comercializadores e os seus clientes processa-se de acordo com as regras constantes do capítulo ix do presente regulamento.

2 – O relacionamento comercial entre os comercializadores e os operadores das infra-estruturas é estabelecido através da celebração de contratos de uso das infra-estruturas, nos termos previstos no RARII.

Artigo 72.º
Informação sobre preços

1 – Os comercializadores devem publicitar os preços que se propõem praticar, utilizando para o efeito as modalidades de atendimento e de informação aos clientes previstas no Regulamento da Qualidade de Serviço.

2 – Os comercializadores devem enviar à ERSE, a seguinte informação sobre preços:

a) A tabela de preços de referência que se propõem praticar, com a periodicidade anual;

b) Os preços efectivamente praticados nos meses anteriores, com a periodicidade trimestral.

3 – O conteúdo e a desagregação de informação a enviar pelos comercializadores é aprovada pela ERSE, na sequência de consulta aos comercializadores.

4 – A ERSE divulga periodicamente informação sobre os preços de referência relativos aos fornecimentos dos comercializadores, designadamente na sua página na Internet, com vista a informar os clientes das diversas opções de preço disponíveis no mercado.

CAPÍTULO V
Mecanismo de compensação pela uniformidade tarifária

Artigo 73.º
Âmbito de aplicação

1 – O presente capítulo estabelece a forma como se processam as relações comerciais no âmbito do mecanismo de compensação pela uniformidade tarifária no SNGN.

2 – As entidades abrangidas pelo presente capítulo são as seguintes:

a) Os comercializadores de último recurso retalhistas;

b) Os operadores das redes de distribuição.

Artigo 74.º
**Tarifas abrangidas pelo mecanismo de compensação
pela uniformidade tarifária**

1 – Nos termos estabelecidos no Regulamento Tarifário estão abrangidas pelo mecanismo de compensação pela uniformidade tarifária as seguintes tarifas:

a) Tarifa de energia;
b) Tarifa de uso da rede de distribuição;
c) Tarifa de comercialização;
d) Tarifa de venda a clientes finais.

2 – No âmbito de aplicação da uniformidade tarifária no SNGN, tendo em conta o princípio da aditividade tarifária, existem compensações aos operadores das redes de distribuição e aos comercializadores de último recurso retalhistas pela aplicação das tarifas referidas no número anterior.

Artigo 75.º
Apuramento das compensações com a uniformidade tarifária

1 – As compensações aos operadores das redes de distribuição e aos comercializadores de último recurso retalhistas pela aplicação das tarifas sujeitas a uniformidade tarifária no SNGN são publicadas anualmente pela ERSE e determinadas de acordo com o estabelecido no Regulamento Tarifário.

2 – Para cada operador da rede de distribuição e para cada comercializador de último recurso retalhista é calculada a respectiva compensação pela uniformidade tarifária, por aplicação das tarifas mencionadas no artigo 74.º, podendo originar, consoante o caso, pagamentos ou recebimentos.

3 – Os operadores das redes de distribuição e os comercializadores de último recurso retalhistas, cujo valor da compensação pela uniformidade tarifária seja negativo, devem pagar, respectivamente, aos restantes operadores das redes de distribuição e comercializadores de último recurso retalhistas os valores das compensações pela uniformidade tarifária estabelecidos pela ERSE.

4 – Os valores mensais a transferir entre as entidades mencionadas no artigo 73.º são determinadas de acordo com o estabelecido no Regulamento Tarifário.

Artigo 76.º
Pagamento das compensações com a uniformidade tarifária

1 – As formas e os meios de pagamento das compensações com a uniformidade tarifária devem ser objecto de acordo entre as entidades envolvidas no mecanismo de compensação pela uniformidade tarifária no SNGN.

2 – O prazo de pagamento dos valores mensais respeitantes às compensações pela uniformidade tarifária é de 25 dias a contar do último dia do mês a que dizem respeito.

3 – O não pagamento dentro do prazo estipulado para o efeito constitui a entidade em falta em mora.

4 – Os atrasos de pagamento ficam sujeitos a cobrança de juros de mora à taxa de juro legal em vigor, calculados a partir do primeiro dia seguinte ao do vencimento do pagamento de cada valor mensal.

CAPÍTULO VI
Ligações às redes

SECÇÃO I
Disposições gerais

ARTIGO 77.º
Objecto

1 – O presente Capítulo tem por objecto as condições comerciais aplicáveis ao estabelecimento das ligações às redes de:
 a) Terminais de recepção, armazenamento e regaseificação de GNL;
 b) Instalações de armazenamento, designadamente de armazenamento subterrâneo;
 c) Instalações de clientes;
 d) Pólos de consumo existentes, conforme definidos no n.º 1 do artigo 100.º;
 e) Novos pólos de consumo, conforme definidos no n.º 1 do artigo 103.º

2 – São ainda objecto deste capítulo as condições comerciais para o estabelecimento de ligações entre as redes dos diferentes operadores de rede, designadamente as ligações entre a rede de transporte e as redes de distribuição de gás natural.

ARTIGO 78.º
Condições técnicas e legais

1 – As condições técnicas para as ligações às redes, são as estabelecidas na legislação aplicável.
2 – As instalações para as quais se requisita a ligação não podem ser ligadas às redes sem a prévia emissão de licença ou autorização por parte das entidades competentes.

Artigo 79.º
Definição de ligação

Para efeitos de aplicação do presente capítulo, considera-se como ligação à rede o conjunto das infra-estruturas físicas, canalizações e acessórios, que permitem a ligação entre instalação a ligar e a rede existente.

Artigo 80.º
Obrigação de ligação

1 – O operador da rede de transporte e os operadores das redes de distribuição, dentro das suas áreas de intervenção, são obrigados a proporcionar a ligação às suas redes das instalações dos clientes, dos terminais de recepção, armazenamento e regaseificação de GNL e das instalações de armazenamento de gás natural que o requisitem, uma vez reunidos os requisitos técnicos e legais necessários à sua exploração.

2 – O operador da rede de transporte e o operador da rede de distribuição devem estabelecer as ligações entre as respectivas redes, de forma a permitir a veiculação de gás natural para abastecimento dos clientes ligados às redes de distribuição, de acordo com os planos de desenvolvimento das redes elaborados pelos respectivos operadores e tendo presente a coordenação do planeamento legalmente definida.

Artigo 81.º
Rede existente

Consideram-se redes existentes, para efeitos de estabelecimento de ligações, as redes já construídas e em exploração no momento da requisição de ligação à rede.

Artigo 82.º
Elementos de ligação

1 – Para efeitos de aplicação do presente capítulo, consideram-se elementos necessários à ligação, as seguintes infra-estruturas:

a) Rede a construir, que é constituída pelos troços necessários para efectuar a ligação entre a rede já existente e os ramais de distribuição necessários para satisfazer a ligação de uma ou mais instalações;

b) Ramais de distribuição, constituídos pelos troços de tubagem destinados a assegurarem em exclusivo a ligação de uma instalação ou pequeno conjunto de instalações.

2 – Não integram as infra-estruturas necessárias à ligação quaisquer elementos a jusante da válvula de corte geral da instalação que requisita a ligação, bem como as alterações na instalação necessárias à satisfação dessa mesma requisição.

SECÇÃO II
Ligação de instalações de clientes

SUBSECÇÃO I
Disposições gerais

Artigo 83.º
Definição do ponto de ligação à rede para determinação de encargos de ligação

1 – Sem prejuízo dos números seguintes, o ponto de ligação à rede é indicado, consoante o caso, pelo operador da rede de transporte ou pelo operador da rede de distribuição.

2 – Para efeitos de cálculo dos encargos com o estabelecimento da ligação, o ponto de ligação à rede das instalações de clientes cujo consumo anual se preveja ser igual ou inferior a 10 000 m3 (n), deverá ser o ponto da rede existente que, no momento da requisição da ligação, se encontra fisicamente mais próximo da referida instalação, independentemente de aí existirem as condições necessárias à satisfação das características de ligação constantes da requisição.

3 – Para efeitos de cálculo dos encargos com o estabelecimento da ligação à rede de instalações cujo consumo anual se preveja ser superior a 10 000 m3 (n), o ponto de ligação à rede deverá ser o ponto da rede com condições técnicas e operativas para satisfazer a requisição de ligação, devendo o facto ser justificado pelo operador da rede ao requisitante da ligação.

4 – Nas situações previstas no número anterior, sempre que necessário, o operador da rede de transporte e o operador da rede de distribuição em causa devem coordenar-se para garantir que o ponto de ligação à rede indicado ao requisitante é aquele que corresponde à solução técnica e economicamente mais vantajosa para o SNGN.

ARTIGO 84.º

Requisição de ligação

1 – A requisição de uma ligação à rede é feita através do preenchimento de um formulário, elaborado e disponibilizado pelo respectivo operador de rede.

2 – Sem prejuízo do disposto no artigo 115.º, do formulário referido no número anterior, além da identificação do requisitante da ligação, devem constar, entre outros, os seguintes elementos:

a) Capacidade máxima para fornecimento de gás natural;

b) As características técnicas da instalação a ligar;

c) Outros elementos necessários à satisfação de condições solicitadas pelo requisitante, designadamente a necessidade de alimentação alternativa.

3 – O formulário previsto nos números anteriores, bem como a lista de informação referida no artigo 115.º, devem ser disponibilizados a todos os interessados, designadamente através da Internet, sendo objecto de envio à ERSE previamente à sua disponibilização aos interessados.

4 – No caso de edifícios ou conjuntos de edifícios funcionalmente interligados, incluindo os constituídos em regime de propriedade horizontal, ao conjunto das suas instalações de utilização corresponde uma única requisição de ligação à rede.

ARTIGO 85.º

Capacidade máxima

1 – A capacidade máxima é o caudal para o qual a ligação deve ser construída e a rede a montante deve ter capacidade de alimentar, nas condições estabelecidas na legislação e regulamentação vigente.

2 – Construída a ligação, a capacidade máxima passa a ser considerada uma característica da instalação de utilização, condicionando o valor da capacidade a contratar pela instalação.

3 – No caso referido no n.º 4 do artigo anterior, a capacidade máxima será referida à ligação do edifício às redes, depois de aplicados os necessários factores de simultaneidade, devendo ser atribuída uma capacidade máxima específica a cada instalação de utilização.

ARTIGO 86.º

Modificações na instalação a ligar à rede

Sem prejuízo do estabelecido relativamente à integração de pólos de consumo nas redes de distribuição, as modificações na instalação a ligar à rede que se tornem necessárias para a construção da ligação são da responsabilidade e encargo do requisitante da ligação.

SUBSECÇÃO II
Elementos necessários à ligação

ARTIGO 87.º
Classificação dos elementos necessários à ligação

Os elementos necessários para proporcionar a ligação de uma instalação à rede são os enumerados no artigo 82.º do presente capítulo.

ARTIGO 88.º
Rede a construir

Considera-se rede a construir para ligação de instalações de clientes os troços de tubagem e acessórios necessários à satisfação de uma requisição de ligação ou conjunto de requisições, que se desenvolvem entre a rede existente e os ramais de distribuição e que, uma vez construídos, integram o conceito de rede existente.

ARTIGO 89.º
Ramais de distribuição

1 – Consideram-se ramais de distribuição para ligação de instalações de clientes os troços de tubagem destinados a assegurarem em exclusivo a ligação de uma instalação ou pequeno conjunto de instalações consumidoras de gás natural e que se desenvolvem entre os troços principais de rede e a válvula de corte geral da instalação a ligar.

2 – Os ramais de distribuição definidos nos termos do número anterior, não podem ser utilizados, no momento da sua construção ou em momento posterior, para assegurar a ligação de instalações que não se encontrem mencionadas na requisição de ligação.

3 – No caso de ligação à rede de instalações de clientes cujo consumo anual se preveja ser igual ou inferior a 10 000 m3 (n), o comprimento dos ramais de distribuição é limitado a um valor máximo a aprovar pela ERSE.

4 – Para efeitos do disposto no número anterior, os operadores das redes de distribuição devem apresentar à ERSE proposta conjunta e fundamentada, no prazo de 90 dias após a data de entrada em vigor do presente regulamento.

SUBSECÇÃO III

Encargos

ARTIGO 90.º

Tipos de encargos de ligação à rede

A ligação à rede pode tornar necessário o pagamento de encargos relativos a:

a) Rede a construir, de acordo com os termos e condições mencionadas no artigo 92.º;

b) Ramais de distribuição, de acordo com os termos e condições mencionadas no artigo 91.º;

c) Alterações de ligações já existentes, de acordo com os termos e condições mencionadas no artigo 93.º

ARTIGO 91.º

Encargos com os ramais de distribuição

1 – Os encargos com a construção dos ramais de distribuição de novas ligações são responsabilidade do operador de rede, considerando, quando aplicável, o comprimento máximo definido nos termos do artigo 89.º

2 – Nas situações em que o ramal fisicamente construído excede o comprimento máximo definido no artigo 89.º, a diferença entre a extensão física do ramal e o comprimento máximo é considerada no apuramento dos encargos com a rede a construir.

ARTIGO 92.º

Encargos com a rede a construir

1 – Os encargos resultantes da construção de troços de tubagem e acessórios que integram o conceito de rede a construir são função da extensão desses mesmos troços, por aplicação de um preço regulado a cada metro linear de construção.

2 – Os encargos mencionados no número anterior são responsabilidade do requisitante da ligação.

3 – No caso de requisição conjunta abrangendo mais do que uma instalação, a repartição de encargos entre requisitantes é efectuada por acordo entre requisitantes, devendo ser considerados para efeitos de repartição de encargos, entre outros, os seguintes aspectos:

a) Número de requisitantes;

b) Capacidade utilizada por cada requisitante individualmente considerado e capacidade total constante da requisição.

4 – Compete à ERSE aprovar anualmente o preço regulado previsto no n.º 1, mediante proposta conjunta e fundamentada dos operadores das redes de distribuição, a apresentar até 15 de Março de cada ano relativamente ao ano-gás subsequente.

ARTIGO 93.º
Encargos com alteração de ligações existentes

1 – Nas situações em que sejam necessárias alterações aos ramais de distribuição de ligações já existentes, que venham a demonstrar-se tecnicamente exigíveis para atender à evolução dos consumos da instalação em causa, os respectivos encargos são apurados por orçamentação directa e constituem responsabilidade do requisitante.

2 – No caso de alterações da ligação à rede de instalações de clientes, cujo consumo anual se preveja ser igual ou inferior a 10 000 m3 (n), a responsabilidade pelos encargos mencionados no número anterior é limitada ao comprimento máximo dos ramais de distribuição conforme definido no artigo 89.º

3 – Para efeitos de aplicação do número anterior, sempre que a extensão de obra a realizar exceda o comprimento máximo dos ramais de distribuição, a parcela dos encargos a atribuir ao requisitante corresponde ao rácio entre o comprimento máximo e a extensão total de obra.

ARTIGO 94.º
Orçamento

1 – O operador de rede, na sequência da requisição de ligação à rede ou de pedido de alteração de ligação existente, deve apresentar ao requisitante um orçamento relativo aos encargos devidos para proporcionar a ligação ou a satisfação da alteração solicitada.

2 – O orçamento deve ser discriminado considerando, designadamente, as seguintes informações:

a) Identificação dos elementos necessários à ligação, mencionando as respectivas características técnicas e dimensionamento, bem como o encargo total exigível ao requisitante com cada elemento;

b) Identificação do ponto de ligação à rede, para efeitos do cálculo dos encargos com o estabelecimento da ligação à rede;

c) Tipo, quantidade e custo dos principais materiais, equipamentos e mão de obra utilizados, nas situações em que seja necessária orçamentação directa.

3 – O orçamento deve ainda conter informação relativa a:

a) Trabalhos e serviços excluídos do orçamento;

b) Encargos devidos com o estabelecimento da ligação que não decorram directamente dos valores de capacidade requisitada e da extensão dos elementos necessários à ligação e com a realização de obras de construção propriamente ditas, designadamente encargos devidos a terceiros para a satisfação do pedido de ligação à rede, desde que devidamente justificados;

c) Condições de pagamento;

d) Prazo de execução da ligação e validade do orçamento.

4 – O orçamento deve ser apresentado ao requisitante, por escrito, nos prazos seguintes:

a) No caso de clientes que requisitem uma ligação ou alteração de ligação já existente, para os quais se prevê consumo anual igual ou inferior a 10 000 m3 (n), no prazo de 30 dias úteis ou, sempre que a natureza dos estudos a realizar não possibilite o seu cumprimento, em prazos previamente acordados com o requisitante;

b) No caso de clientes que requisitem uma ligação ou alteração de ligação já existente, para os quais se prevê consumo anual superior a 10 000 m3 (n), em prazo acordado previamente com o requisitante.

5 – Mediante acordo entre o requisitante e o operador de rede, para ligações de clientes que requisitem uma ligação e para os casos em que se prevê consumo anual igual ou inferior a 10 000 m3 (n), o orçamento pode ser substituído por uma estimativa orçamental, com validade e eficácia idênticas à do orçamento, sem prejuízo de a referida estimativa incluir uma cláusula de reserva que permita a sua revisão, com base em factos supervenientes devidamente fundamentados que inviabilizem, nomeadamente, o traçado inicialmente orçamentado.

Artigo 95.º
Estudos para a elaboração do orçamento

1 – O operador da rede à qual se requisita a ligação tem o direito de ser ressarcido dos encargos que tenha suportado com a realização de estudos necessários para a elaboração do orçamento para ligação à rede.

2 – Compete à ERSE estabelecer as condições e os valores dos encargos suportados com a realização dos estudos necessários para a elaboração do orçamento.

3 – Para efeitos do disposto no número anterior, os operadores das redes devem apresentar proposta conjunta e fundamentada à ERSE, no prazo de 90 dias após a data de entrada em vigor do presente regulamento e sempre que considerem necessário proceder à alteração das regras em vigor.

ARTIGO 96.º
Pagamento dos encargos de ligação

1 – As condições de pagamento ao operador da rede à qual se solicitou a ligação dos encargos decorrentes do estabelecimento da ligação devem ser objecto de acordo entre as partes.

2 – Na ausência do acordo previsto no número anterior, as condições de pagamento dos encargos devem ser estabelecidas em observância dos seguintes princípios:

a) No caso de clientes que requisitem uma ligação e para os quais se prevê consumo anual igual ou inferior a 10 000 m3 (n), as condições de pagamento do estabelecimento da ligação à rede devem ter em conta os prazos de execução das obras de ligação da instalação, podendo ser solicitado ao requisitante o pagamento prévio dos encargos como condição para a construção, sempre que os prazos de execução das obras não excedam 20 dias úteis;

b) Para as situações previstas na alínea anterior e cujos prazos de execução das obras sejam superiores a 20 dias úteis, o pagamento deverá ser faseado, havendo lugar a um pagamento inicial prévio à referida construção não superior a 50% do valor total dos encargos orçamentados;

c) No caso de clientes que requisitem uma ligação para os quais se prevê consumo anual superior a 10 000 m3 (n), o pagamento deverá ser faseado, havendo lugar a um pagamento inicial prévio à referida construção não superior a 50% do valor total dos encargos orçamentados.

d) Nos casos previstos nas alíneas b) e c), o pagamento devido com a conclusão da construção da ligação não poderá ser inferior a 10% do valor global do orçamento.

SUBSECÇÃO IV
Construção e propriedade dos elementos necessários à ligação

ARTIGO 97.º
Construção dos elementos necessários à ligação

1 – No caso de clientes que requisitem uma ligação e para os quais se prevê consumo anual igual ou inferior a 10 000 m3 (n), a construção dos elementos necessários à ligação é da responsabilidade do operador da rede.

2 – No caso de clientes que requisitem uma ligação para os quais se prevê consumo anual superior a 10 000 m3 (n), mediante acordo com o operador de rede, o requisitante poderá optar por promover a construção dos elementos necessários à ligação, em respeito das normas técnicas aplicáveis e do estudo e

projecto efectuados pelo operador de rede, na elaboração do orçamento, sendo essas obras realizadas por entidades certificadas e aceites pelo operador de rede.

3 – Para efeitos do número anterior, as manobras de colocação em carga dos elementos necessários à ligação que venham a ser construídos são da responsabilidade do operador de rede, depois de aceite por este último a obra de construção promovida pelo requisitante.

4 – Nas situações expressas no n.º 2, o requisitante tem o direito de ser ressarcido dos valores que tenha suportado e que lhe não sejam atribuíveis, nos termos do referido acordo.

5 – Sem prejuízo da fiscalização pelas entidades competentes, o operador da rede à qual se solicitou a ligação pode inspeccionar tecnicamente a construção dos elementos necessários à ligação, promovida pelo requisitante nos termos do acordo estabelecido, e solicitar a realização dos ensaios que entenda necessários, nos termos previstos na legislação e regulamentação vigentes.

Artigo 98.º
Propriedade dos elementos necessários à ligação

1 – Depois de construídos, os elementos necessários à ligação integram a propriedade do respectivo operador de rede, logo que forem considerados por este em condições técnicas de exploração.

2 – O operador de rede torna-se responsável pela manutenção dos elementos necessários à ligação uma vez integrados nas suas redes, nas condições técnicas e de segurança definidas legal e regulamentarmente.

SUBSECÇÃO V
Ligação de instalações de grandes clientes

Artigo 99.º
Ligação de instalações de grandes clientes

1 – As condições de ligação às redes de instalações de grandes clientes são objecto de acordo entre o requisitante e o operador de rede à qual se pretende efectuar a ligação.

2 – Na ausência do acordo referido no número anterior, compete à ERSE decidir sobre os termos em que se procede à repartição de encargos, com base em princípios de equidade, transparência, igualdade de tratamento e racionalidade técnico-económica da ligação a estabelecer.

3 – Para efeitos do número anterior, as partes devem remeter à ERSE toda a informação necessária à decisão de repartição de encargos e à definição das demais condições para o estabelecimento da ligação.

4 – As condições de ligação de instalações de grandes clientes que resultem de acordo entre o requisitante e o operador de rede devem ser comunicadas à ERSE até ao final dos meses de Janeiro e Julho, relativamente ao semestre precedente, preferencialmente em formato electrónico, devendo especificar, designadamente, os seguintes elementos:

a) Identificação das instalações ligadas por cada acordo celebrado;

b) Número de clientes abrangidos por cada acordo celebrado;

c) Extensão, em metros, e tipificação dos elementos de ligação construídos;

d) Encargos com a construção dos elementos de ligação, esclarecendo a sua repartição entre requisitantes e operador de rede, discriminados por tipo de elemento de ligação;

e) Outros encargos com o estabelecimento da ligação suportados pelos requisitantes e pelo operador de rede.

SECÇÃO III
Integração de pólos de consumo existentes e ligação de novos pólos de consumo

SUBSECÇÃO I
Integração de pólos de consumo existentes

Artigo 100.º
Pólos de consumo existentes

1 – Para efeitos do presente capítulo, consideram-se pólos de consumo existentes o conjunto de instalações de utilização já servidas por fornecimento de outros gases combustíveis e que se encontram no âmbito geográfico das concessões ou licenças de distribuição de gás natural.

2 – Para efeitos de integração nas redes de distribuição de gás natural, os pólos de consumo existentes podem ser dos seguintes tipos:

a) Redes de distribuição de gases combustíveis, bem como as instalações de utilização a si ligadas, construídas após 1999 e de acordo com as especificações técnicas constantes do Decreto-Lei n.º 521/99, de 10 de Dezembro, sendo utilizadas para veicular outros gases combustíveis, mas estando preparadas para veicular gás natural;

b) Redes de distribuição de gases combustíveis, bem como as instalações de utilização a si ligadas, construídas antes da publicação do Decreto-Lei n.º 521/99, de 10 de Dezembro, e não preparadas para veicular gás natural;

c) Pólos de consumo constituídos por instalações de utilização não servidas por redes de distribuição de gases combustíveis.

3 – No âmbito da integração de pólos de consumo existentes são apenas consideradas as instalações de utilização com um consumo anual previsional igual ou inferior a 10 000 m3 (n) de gás natural.

Artigo 101.º
Integração nas redes de pólos de consumo existentes

1 – O operador da rede de distribuição, no âmbito da área da concessão ou da licença que lhe está atribuída, pode acordar com outras entidades a aquisição de activos destinados à distribuição de gases combustíveis, para os integrar nas redes de distribuição de gás natural por si exploradas, sendo os respectivos custos aceites para efeitos de regulação, nos termos do Regulamento Tarifário.

2 – Nos casos previstos no número anterior, poderá haver lugar a custos com a reconversão dos activos a integrar nas redes de distribuição, bem como nas instalações de utilização que, para efeitos de regulação serão aceites, de acordo com o Regulamento Tarifário, nos seguintes termos:

a) Nas situações descritas na alínea a) do n.º 2 do artigo 100.º, serão apenas considerados os eventuais custos com a conversão de aparelhos de queima nas instalações de utilização à data da integração do pólo de consumo em que se inserem;

b) Nas situações descritas na alínea b) do n.º 2 do artigo 100.º, serão considerados os eventuais custos com a conversão de activos de rede, das instalações de utilização e dos respectivos aparelhos de queima nas instalações à data da integração do pólo de consumo em que se inserem;

c) Nas situações descritas na alínea c) do n.º 2 do artigo 100.º, serão aceites os custos com o eventual estabelecimento das instalações de utilização dos clientes, bem como os que decorrem da conversão de aparelhos de queima nas instalações à data da integração do pólo de consumo em que se inserem.

Artigo 102.º
Propriedade das redes de pólos de consumo existentes

1 – Depois de construídos ou convertidos, os elementos de rede de pólos de consumo existentes passam a integrar a propriedade do respectivo operador de rede, estabelecendo-se o limite dessa propriedade na válvula de corte geral da instalação de utilização.

2 – Todos os elementos a jusante da válvula de corte geral da instalação de utilização, ainda que tenham sido objecto de comparticipação pelo operador de rede nos custos de construção ou conversão, são propriedade do detentor da instalação de utilização em causa, não integrando a rede do respectivo operador de rede.

SUBSECÇÃO II
Ligação de novos pólos de consumo

ARTIGO 103.º
Novos pólos de consumo

1 – Para efeitos do presente capítulo, consideram-se novos pólos de consumo o conjunto de instalações de utilização ainda não servidas pelo fornecimento de gás natural ou qualquer outro gás combustível.

2 – Os novos pólos de consumo devem respeitar as disposições constantes Decreto-Lei n.º 521/99, de 10 de Dezembro, e demais regulamentação aplicável, devendo obrigatoriamente estar preparadas para veicular gás natural.

ARTIGO 104.º
Ligação de núcleos habitacionais, urbanizações, loteamentos, parques industriais e comerciais

1 – Integram o conceito de novos pólos de consumo de gás natural as ligações às redes de núcleos habitacionais, urbanizações, loteamentos, parques industriais e comerciais.

2 – As condições comerciais para integração dos novos pólos de consumo, conforme definidos no número anterior, designadamente quanto à partilha de encargos, são objecto de acordo entre o operador de rede respectivo e o promotor dos núcleos habitacionais, urbanizações, loteamentos, parques industriais e comerciais.

ARTIGO 105.º
Encargos com a ligação ou integração de novos pólos de consumo

1 – No caso de ligação às redes do operador de rede de distribuição de novos pólos de consumo, não são considerados quaisquer encargos com conversão de activos, incluindo as eventuais alterações internas às instalações de utilização dos clientes.

2 – Os encargos suportados pelo operador de rede de distribuição com a aquisição das redes de distribuição em novos pólos de consumo devem ser objecto de registo discriminado.

SUBSECÇÃO III
Informação e auditorias

Artigo 106.º
Registo de informação

1 – Para efeitos de aplicação das disposições regulamentares constantes do presente Regulamento e do Regulamento Tarifário, os operadores das redes de distribuição devem registar de forma autónoma a informação respeitante à integração de pólos de consumo existentes e à ligação de novos pólos de consumo.

2 – A informação referida no número anterior deve conter, no mínimo:

a) Identificação da natureza do pólo de consumo a ligar ou a integrar na rede de distribuição, mencionando se se trata de um novo pólo de consumo, conforme definido na subsecção ii da presente secção, ou de um pólo de consumo existente, conforme definido na subsecção i;

b) Número de clientes abrangidos por cada pólo de consumo a ligar ou a integrar na rede de distribuição;

c) Extensão, em metros, e tipificação dos elementos de rede já existente em cada pólo de consumo a ligar ou a integrar na rede de distribuição;

d) Encargos com a aquisição da rede existente no pólo de consumo a ligar ou a integrar na rede de distribuição;

e) Encargos com a conversão de aparelhos de queima e número de instalações de consumo em que tal conversão ocorreu;

f) Encargos com a conversão ou construção de instalações de utilização, bem como o número situações em que tal ocorreu;

g) Outros encargos com a conversão ou construção de instalações de utilização.

3 – A informação mencionada nos números anteriores deve ser mantida de forma a permitir a sua auditoria por um período não inferior a 10 anos e ser remetida à ERSE até final do mês de Setembro de cada ano referente ao ano gás anterior.

Artigo 107.º
Auditoria

1 – Sem prejuízo das competências de outras entidades administrativas no âmbito do licenciamento técnico das instalações, a ERSE, ou entidade por si designada, poderá promover a realização de auditorias às condições de integração nas redes de distribuição de pólos de consumo existentes ou de novos pólos de consumo.

2 – As auditorias referidas no número anterior destinam-se a verificar que são cumpridos, na integração nas redes de distribuição de pólos de consumo existentes ou de novos pólos de consumo, os seguintes princípios:

a) Cumprimento das disposições regulamentares sobre ligações às redes e integração de pólos de consumo existentes ou de novos pólos de consumo;

b) Igualdade de tratamento e de oportunidades e não existência de condições discriminatórias;

c) Promoção da eficiência na afectação de recursos do SNGN, designadamente pela adopção de práticas e mecanismos de negociação transparentes na integração de pólos de consumo existentes ou de novos pólos de consumo;

d) Inexistência de relacionamentos empresariais entre o operador de rede e entidades detentoras pólos de consumo existentes ou promotoras de novos pólos de consumo, bem como com as entidades que procedem às conversões de activos, que configurem uma actuação concertada contrária à promoção da concorrência nos termos da legislação nacional.

SECÇÃO IV
Ligação à rede de terminais e de instalações de armazenamento

Artigo 108.º
Rede receptora

1 – Sem prejuízo do disposto no número seguinte, a ligação às redes do SNGN de terminais de recepção, armazenamento e regaseificação de GNL, bem como de instalações de armazenamento, designadamente o armazenamento subterrâneo, é efectuada à rede de transporte.

2 – Mediante acordo entre o requisitante de ligação e os operadores de rede de transporte e de distribuição, a ligação de terminais de recepção, armazenamento e regaseificação de GNL, bem como de instalações de armazenamento subterrâneo pode ser efectuada à rede de distribuição, desde que essas sejam as condições técnica e economicamente mais vantajosas para o SNGN.

ARTIGO 109.º
Requisição de ligação

1 – As ligações às redes de terminais de recepção, armazenamento e regaseificâçao de GNL, bem como de instalações de armazenamento subterrâneo são requisitadas no âmbito dos planos de desenvolvimento do SNGN, mediante comunicação escrita ao operador da rede de transporte ou ao operador da rede de distribuição, conforme o caso, a qual deve conter a informação necessária à sua avaliação.

2 – Para efeitos do número anterior e sem prejuízo do disposto no artigo 115.º, os operadores de rede devem informar os interessados dos elementos a apresentar, necessários à avaliação do pedido de ligação às suas redes.

ARTIGO 110.º
Construção, encargos e pagamento das ligações

1 – As condições para a construção, repartição de encargos e pagamento dos elementos necessários à ligação às redes de terminais de recepção, armazenamento e regaseificação de GNL, bem como de instalações de armazenamento subterrâneo, são estabelecidas por acordo entre operador da rede receptora e os operadores das instalações a ligar.

2 – O acordo previsto no número anterior deve respeitar os princípios de equidade, transparência e igualdade de tratamento, devendo igualmente assegurar condições de eficiência técnica e económica comprovada para o SNGN em cada situação particular.

3 – Na falta do acordo, previsto no n.º 1, compete à ERSE decidir, numa base equitativa, a repartição dos encargos, na sequência da apresentação de propostas pelas entidades envolvidas.

4 – Para efeitos do número anterior, as partes devem remeter à ERSE toda a informação necessária à decisão de repartição de encargos e à definição das demais condições para o estabelecimento da ligação.

ARTIGO 111.º
Propriedade das ligações

Depois de construídas, as ligações às redes de terminais de recepção, armazenamento e regaseificação de GNL, bem como as ligações às redes de instalações de armazenamento subterrâneo, integram a propriedade do operador de rede respectivo.

SECÇÃO V
Ligação entre a rede de transporte e as redes de distribuição

Artigo 112.º
Condições para o estabelecimento de ligação

1 – As condições para o estabelecimento de ligações entre a rede de transporte e as redes de distribuição são objecto de acordo entre os respectivos operadores de rede, respeitando os princípios da transparência e igualdade de tratamento, bem como as condições de eficiência técnica e económica comprovada para cada situação em particular.

2 – Na ausência do acordo referido no número anterior, compete à ERSE decidir dos termos em que se procede à repartição de encargos, com base em princípios de equidade, transparência, igualdade de tratamento e racionalidade técnico-económica da ligação a estabelecer, na sequência de apresentação de proposta pelas entidades envolvidas.

3 – Para efeitos do número anterior, os operadores de rede envolvidos devem remeter à ERSE toda a informação necessária à decisão de repartição de encargos e à definição das demais condições para o estabelecimento da ligação.

Artigo 113.º
Propriedade das ligações

Após a sua construção, cada elemento necessário à ligação fica a fazer parte integrante das redes de transporte ou de distribuição.

SECÇÃO VI
Informação no âmbito das ligações às redes

Artigo 114.º
Informação a prestar pelos operadores das redes

1 – A obrigação de ligação inclui deveres de informação e aconselhamento por parte do respectivo operador de rede, designadamente sobre o nível de pressão a que deve ser efectuada a ligação, de modo a proporcionar as melhores condições técnicas e económicas, considerando, entre outros elementos, a capacidade máxima e as características da rede e da instalação a ligar.

2 – O cumprimento do dever de informação inclui, designadamente, a elaboração e publicação de folhetos informativos sobre o processo de ligação às

redes a disponibilizar aos interessados na requisição de uma ligação, contendo, entre outras, informações relativas a:

a) Elementos necessários para proporcionar a ligação;

b) Orçamento e exigibilidade de encargos com a realização de estudos para orçamentação;

c) Construção dos elementos de ligação;

d) Encargos com a ligação.

3 – Os folhetos informativos previstos no número anterior devem ser remetidos à ERSE.

Artigo 115.º
Informação a prestar por clientes e requisitantes

1 – Os requisitantes de novas ligações às redes ou de alterações de ligações existentes devem disponibilizar, ao operador da rede à qual pretendem estabelecer a ligação, a informação técnica necessária à elaboração dos estudos para avaliar a possibilidade de facultar a ligação ou de alterar a ligação já existente.

2 – No caso de instalações de clientes, para as quais se prevê consumo anual superior a 10 000 m3 (n), a informação prevista no número anterior deve incluir as características técnicas específicas das instalações, designadamente no que respeita a consumos ou capacidades de injecção de gás natural nas redes.

3 – Para efeitos do disposto nos n.ºs 1 e 2, os operadores da rede devem propor, no prazo de 120 dias após a data de entrada em vigor do presente regulamento, para aprovação pela ERSE, uma lista com os elementos necessários a incluir na requisição de ligação, que poderá ser diferenciada por pressão de fornecimento, tipo de instalação e consumo previsto anual.

4 – O operador de rede a que a instalação está ligada pode, sempre que o considere necessário, solicitar a actualização da informação prevista nos números anteriores.

5 – A informação prevista nos números anteriores, bem como a que integra a requisição de ligação à rede e a que consta de orçamento aceite pelo requisitante, são consideradas para efeitos de caracterização da instalação em causa.

Artigo 116.º
Identificação da instalação ligada à rede

Constituem elementos de identificação da instalação ligada à rede:

a) O respectivo código universal de instalação, definido nos termos do artigo 118.º, o qual será atribuído pelo respectivo operador de rede, uma vez concluídos os trabalhos necessários para proporcionar a ligação da instalação e estando os elementos necessários à ligação integrados na exploração da rede;

b) A informação prestada nos termos do artigo anterior, bem como a que integra a requisição de ligação à rede e a que consta de orçamento aceite pelo requisitante.

ARTIGO 117.º
Informação sobre as redes de distribuição e de transporte

Os operadores de rede devem enviar semestralmente à ERSE, até ao final dos meses de Janeiro e Julho, relativamente ao semestre precedente, preferencialmente em formato electrónico, para os diferentes níveis de pressão, as seguintes informações:

a) O número de novas ligações efectuadas nas redes por si exploradas, desagregado por tipo de ligação;

b) O valor das comparticipações de clientes relativas a novas ligações às suas redes, com desagregação que permita identificar a extensão de rede construída para satisfazer as requisições em causa, bem como os encargos por cada tipo de elemento necessário à ligação;

c) A extensão total dos troços de rede construídos, expressa em metros, bem como a extensão dos troços de rede construídos, expressa em metros, em que os requisitantes comparticiparam nos respectivos encargos;

d) Prazos médios de execução dos trabalhos de ligação às redes de instalações de utilização, desagregados por pressão de fornecimento, tipo de instalação e respectivo consumo previsto anual;

e) O número de pedidos de alteração de ligações existentes e respectivos encargos.

ARTIGO 118.º
Codificação universal de instalações

1 – A cada instalação objecto de ligação à rede será atribuído um código universal de instalação.

2 – A um código universal de instalação podem corresponder mais do que um ponto de medição ou mais do que uma ligação física à rede.

3 – A atribuição do código universal de instalação é da responsabilidade das entidades que operam as redes de transporte e distribuição.

4 – Compete à ERSE aprovar a metodologia a observar na codificação universal das instalações.

5 – Para efeitos do disposto no número anterior, os operadores de rede devem apresentar à ERSE uma proposta conjunta, no prazo de 120 dias após a data de entrada em vigor do presente regulamento.

CAPÍTULO VII
Medição, leitura e disponibilização de dados

SECÇÃO I
Disposições gerais

Artigo 119.º
Medição

As variáveis relevantes para a facturação são objecto de medição ou determinadas a partir de valores medidos.

Artigo 120.º
Fornecimento e instalação de equipamentos de medição

1 – Os equipamentos de medição, designadamente os contadores e os respectivos acessórios, devem ser fornecidos e instalados:

a) Pelo operador da rede de transporte, nos pontos de ligação das suas redes às redes de distribuição;

b) Pelo operador da rede de transporte, nos pontos de ligação dos clientes fisicamente ligados à rede de transporte;

c) Pelos operadores das redes de distribuição, nos pontos de ligação aos clientes que estejam fisicamente ligados às redes de distribuição;

d) Pelo operador da rede de transporte nos pontos de ligação das instalações de recepção, armazenamento e regaseificação de GNL e das instalações de armazenamento de gás natural;

e) Pelo operador das instalações de recepção, armazenamento e regaseificação de GNL, nos pontos de entrada ou saída daquelas instalações a partir do transporte por via marítima;

f) Pelo operador das instalações de recepção, armazenamento e regaseificação de GNL, nos pontos de saída daquela infra-estrutura para transporte de GNL por rodovia;

g) Pelo operador de rede de distribuição nos pontos de entrada das instalações de recepção de GNL a partir do transporte por rodovia;

h) Pelo operador de rede de distribuição nos pontos de saída das instalações de armazenamento de GNL para a rede de distribuição.

2 – Os equipamentos de medição podem incluir equipamentos de cromatografia e os equipamentos necessários à telecontagem.

3 – O fornecimento e a instalação dos equipamentos de medição constituem encargo das entidades referidas no n.º 1, enquanto proprietárias dos mesmos, as quais não podem cobrar qualquer quantia a título de aluguer ou indemnização pelo uso dos referidos aparelhos.

4 – Os clientes ficam fiéis depositários dos equipamentos de medição, nomeadamente para efeitos da sua guarda e restituição findo o contrato, desde que terceiros não tenham acesso livre ao equipamento.

5 – O disposto no n.º 1 não prejudica que, por acordo com o operador da rede, o detentor da instalação possa instalar e proceder à manutenção do respectivo equipamento de medição, desde que sejam cumpridas as especificações técnicas estabelecidas no Guia de Medição, Leitura e Disponibilização de Dados, previsto no artigo 157.º, bem como a legislação em vigor sobre controlo metrológico.

6 – O disposto no n.º 1 não impede a instalação, por conta do interessado, de um segundo equipamento de características idênticas ou superiores às do equipamento fornecido nos termos previstos no mesmo n.º 1.

7 – Os equipamentos de medição e os restantes acessórios devem ser selados.

8 – Sem prejuízo do disposto na legislação e regulamentação aplicáveis, a localização dos equipamentos de medição deve obedecer ao disposto no Guia de Medição, Leitura e Disponibilização de Dados.

Artigo 121.º
Características dos equipamentos de medição

1 – Sem prejuízo do disposto no n.º 3, as características dos equipamentos de medição instalados nos pontos de entrega correspondentes a instalações de clientes são estabelecidas no Guia de Medição, Leitura e Disponibilização de Dados.

2 – As características dos equipamentos de medição instalados nos pontos de medição previstos nas alíneas a), c), d) e i) do artigo 122.º são objecto de acordo entre as partes.

3 – Os equipamentos de medição instalados nos pontos de medição devem incluir dispositivos de indicação dos valores das variáveis medidas que permitam a sua fácil consulta.

Artigo 122.º

Pontos de medição de gás natural

No âmbito do presente Capítulo e para efeitos de medição, leitura e disponibilização de dados, são considerados pontos de medição de gás natural:

a) As ligações da rede de transporte às redes de distribuição;

b) As ligações às redes das instalações de clientes;

c) As ligações às redes das instalações de recepção, designadamente os terminais de recepção, armazenamento e regaseificação de GNL;

d) As ligações às redes das instalações de armazenamento de gás natural, designadamente de armazenamento subterrâneo;

e) Os postos de recepção e enchimento de GNL a partir do transporte por via marítima nos terminais de recepção, armazenamento e regaseificação de GNL;

f) Os postos de enchimento para transporte de GNL por rodovia nos terminais de recepção, armazenamento e regaseificação de GNL;

g) Os postos de recepção de GNL a partir do transporte por rodovia que se encontram ligados a redes de distribuição;

h) As ligações das instalações de armazenamento e regaseificação de GNL às redes de distribuição;

i) As interligações entre a Rede Nacional de Transporte de Gás Natural e as redes fora do território nacional.

Artigo 123.º

Verificação obrigatória dos equipamentos de medição

1 – A verificação dos equipamentos de medição é obrigatória nos termos e com a periodicidade estabelecida na legislação em vigor sobre controlo metrológico e no Guia de Medição, Leitura e Disponibilização de Dados.

2 – Os encargos com a verificação ou ajuste do equipamento de medição são da responsabilidade do proprietário do equipamento.

3 – O proprietário do equipamento de medição deve, quando solicitado pelo cliente, informá-lo sobre a data em que foi efectuada a última verificação do equipamento de medição, bem como do seu resultado.

Artigo 124.º

Verificação extraordinária dos equipamentos de medição

1 – Os equipamentos de medição podem ser sujeitos a uma verificação extraordinária, sempre que qualquer das partes suspeite ou detecte defeito no seu funcionamento.

2 – A verificação extraordinária deve realizar-se em laboratório acreditado, nos termos da legislação em vigor sobre controlo metrológico e do Guia de Medição, Leitura e Disponibilização de Dados.

3 – Os encargos com a verificação extraordinária dos equipamentos de medição são da responsabilidade das seguintes entidades:

a) Da entidade que solicitou a verificação extraordinária, nos casos em que a verificação efectuada ao equipamento vier a comprovar que o mesmo funciona dentro dos limites de tolerância definidos;

b) Do proprietário do equipamento, nas restantes situações.

SECÇÃO II
Grandezas a considerar para efeitos de facturação

SUBSECÇÃO I
Grandezas a medir ou determinar
para facturação do acesso às redes

Artigo 125.º
Grandezas a medir ou a determinar
para facturação do acesso das redes

As grandezas a medir ou a determinar para efeitos de aplicação das tarifas de acesso às redes são as seguintes:

a) Capacidade utilizada;
b) Energia.

Artigo 126.º
Capacidade utilizada

1 – A capacidade utilizada corresponde ao máximo consumo diário registado nos 12 meses anteriores, incluindo o mês a que a factura respeita, em kWh/dia.

2 – A capacidade utilizada não pode ser superior ao caudal diário correspondente à potência instalada no local de consumo.

3 – Salvo acordo escrito celebrado pelas partes, a capacidade utilizada por ponto de entrega em MP ou AP não pode ter um valor, em kWh/dia, inferior a 50% da potência instalada no local de consumo, em kW, considerando uma utilização diária da potência instalada de 24 horas.

4 – Na mudança de comercializador, a capacidade utilizada a considerar no momento da mudança corresponde ao último valor desta grandeza utilizado

na facturação do uso de redes, sendo considerada, para efeitos de actualização da capacidade utilizada, o máximo consumo diário registado nos 12 meses anteriores, incluindo o mês a que a factura respeita.

Artigo 127.º

Energia

1 – A energia é objecto de medição nos pontos de medição nos termos do presente capítulo, em kWh.

2 – Quando o equipamento de medição meça unicamente o volume de gás natural no ponto de medição, a energia será determinada através das seguintes grandezas:

a) Poder calorífico superior do gás natural;

b) Volume de gás natural medido no ponto de medição.

3 – A determinação do poder calorífico superior do gás natural deve cumprir o disposto no Regulamento da Qualidade de Serviço e no Guia de Medição, Leitura e Disponibilização de Dados.

4 – A existência de dispositivos de registo da pressão e da temperatura no ponto de medição depende do equipamento de medição instalado, nos termos do artigo 121.º

5 – A determinação da energia a partir das grandezas medidas referidas no n.º 2 é efectuada pela multiplicação das mesmas, considerando a aplicação de factores de correcção nos termos definidos no Guia de Medição, Leitura e Disponibilização de Dados.

6 – Os factores de correcção de volume e o poder calorífico superior utilizados na determinação da energia devem ser comunicados ao cliente, juntamente com os dados de consumo, com a factura de gás natural.

SUBSECÇÃO II

**Grandezas a medir ou a determinar
para facturação do uso do terminal de GNL**

Artigo 128.º

**Grandezas a medir ou a determinar para facturação
do uso do terminal de GNL**

As grandezas a medir ou a determinar para efeitos da aplicação das tarifas de uso do terminal de recepção, armazenamento e regaseificação de GNL, são as seguintes:

a) Energia armazenada no terminal de GNL;
b) Energia entregue pelo terminal de GNL;
c) Capacidade de regaseificação utilizada.

ARTIGO 129.º
Energia armazenada no terminal de GNL

1 – A energia armazenada corresponde às existências de energia no terminal de recepção, armazenamento e regaseificação de GNL, em cada dia, em kWh.
2 – A energia armazenada é determinada às 24 horas de cada dia.

ARTIGO 130.º
Energia entregue pelo terminal de GNL

1 – A energia entregue pelo terminal de GNL é a quantidade de gás natural entregue pelo operador da infra-estrutura sob a forma liquefeita, para o transporte por rodovia, ou sob a forma gasosa, para o transporte por gasoduto, em kWh.
2 – A medição da energia entregue pelo terminal de GNL é feita nos termos do artigo 127.º

ARTIGO 131.º
Capacidade de regaseificação utilizada

A capacidade de regaseificação utilizada é o maior valor da quantidade diária de gás natural medido no ponto de entrega à rede de transporte, durante um intervalo de doze meses, incluindo o mês a que respeita a factura, em kWh/dia.

SUBSECÇÃO III
**Grandezas a medir ou a determinar para facturação
do uso do armazenamento subterrâneo**

ARTIGO 132.º
**Grandezas a medir ou a determinar para facturação
do uso do armazenamento subterrâneo**

As grandezas a medir ou a determinar para efeitos de aplicação da tarifa de uso do armazenamento subterrâneo são as seguintes:

a) Energia injectada;
b) Energia extraída;
c) Energia armazenada.

Artigo 133.º
Energia injectada na infra-estrutura de armazenamento subterrâneo

1 – A energia injectada é a energia entregue a uma infra-estrutura de armazenamento subterrâneo, a partir da rede de transporte de gás natural, em kWh.

2 – A medição da energia injectada é feita nos termos do artigo 127.º

Artigo 134.º
Energia extraída da infra-estrutura de armazenamento subterrâneo

1 – A energia extraída é a energia entregue por uma infra-estrutura de armazenamento subterrâneo na rede de transporte de gás natural, em kWh.

2 – A medição da energia extraída é feita nos termos do artigo 127.º

Artigo 135.º
Energia armazenada na infra-estrutura de armazenamento subterrâneo

1 – A energia armazenada corresponde ao valor das existências de energia numa determinada infra-estrutura de armazenamento, num dia, em kWh.

2 – As existências de energia armazenada são determinadas às 24 horas de cada dia.

SECÇÃO III
**Instalações de recepção e de armazenamento
de gás natural e interligações**

Artigo 136.º
Medição, leitura e disponibilização de dados

1 – As regras aplicáveis à medição, leitura e disponibilização de dados, relativamente às instalações de recepção, armazenamento e regaseificação de GNL e às instalações de armazenamento, são estabelecidas por acordo entre o operador da rede e o operador da respectiva infra-estrutura.

2 – As regras aplicáveis à medição, leitura e disponibilização de dados relativas aos pontos de medição entre a Rede Nacional de Transporte de Gás Natural e as redes fora do território nacional, são estabelecidas por acordo entre os respectivos operadores de rede.

SECÇÃO IV
Fronteira da Rede Nacional de Transporte com as redes de distribuição

ARTIGO 137.º
Infra-estruturas de telecomunicações

Salvo acordo em contrário, os custos com a instalação, a operação e a manutenção de infra-estruturas de telecomunicações necessárias à leitura remota dos equipamentos de medição das instalações de ligação das redes de distribuição à rede de transporte constituem encargo do operador da rede de transporte.

ARTIGO 138.º
Leitura dos equipamentos de medição

1 – Qualquer das partes tem a possibilidade de efectuar a leitura dos equipamentos de medição, bem como de verificar os respectivos selos.
2 – A leitura dos equipamentos de medição deve ser efectuada de modo remoto.

ARTIGO 139.º
Energia transitada nos pontos de medição de gás natural

A energia transitada em cada ponto de medição de gás natural para efeitos de facturação é obtida a partir das mais recentes indicações recolhidas dos equipamentos de medição.

ARTIGO 140.º
Medição da quantidade máxima diária

Na fronteira entre a rede de transporte e as redes de distribuição, a medição da quantidade máxima diária é feita por ponto de entrega da rede de transporte às redes de distribuição.

ARTIGO 141.º

Correcção de erros de medição e de leitura

1 – Sempre que, havendo um único equipamento de medição, este apresente defeito de funcionamento ou, havendo duplo equipamento de medição que cumpra as normas metrológicas aplicáveis, a avaria seja simultânea, a medida será corrigida por acordo entre as partes.

2 – Nas instalações equipadas com duplo equipamento de medição, em que apenas um apresente defeito de funcionamento comprovado, consideram-se, para efeitos de facturação, as indicações dadas pelo outro equipamento de medição, desde que cumpra as normas metrológicas aplicáveis.

3 – A correcção de erros de leitura será objecto de acordo entre os operadores das redes.

SECÇÃO V

Pontos de entrada nas redes
de distribuição abastecidas a partir de GNL

ARTIGO 142.º

Pontos de entrada nas redes de distribuição abastecidas a partir de GNL

1 – Definem-se como pontos de entrada nas UAG os pontos de trasfega de GNL a partir de transporte por rodovia para o armazenamento de GNL na UAG.

2 – Definem-se como pontos de entrada nas redes de distribuição abastecidas a partir de GNL os pontos de regaseificação de GNL e injecção nos gasodutos das redes de distribuição.

ARTIGO 143.º

Leitura dos equipamentos de medição

Cabe ao operador da rede de distribuição abastecida a partir de GNL efectuar a leitura dos equipamentos de medição situados nos pontos referidos no artigo 142.º, bem como de verificar os respectivos selos.

ARTIGO 144.º

Energia transitada nos pontos de medição de gás natural

A energia transitada em cada ponto de medição de gás natural para efeitos de facturação é obtida a partir das mais recentes indicações recolhidas dos equipamentos de medição.

Artigo 145.º

Correcção de erros de medição e de leitura

1 – Nos pontos de entrada do armazenamento de GNL das redes de distribuição abastecidas a partir de GNL, sempre que, havendo um único equipamento de medição, este apresente defeito de funcionamento ou, havendo duplo equipamento de medição que cumpra as normas metrológicas aplicáveis, a avaria seja simultânea, a medida será corrigida por acordo entre as partes.

2 – Nas instalações equipadas com duplo equipamento de medição, em que apenas um apresente defeito de funcionamento comprovado, consideram-se, para efeitos de facturação, as indicações dadas pelo outro equipamento de medição, desde que cumpra as normas metrológicas aplicáveis.

3 – A correcção de erros de leitura será objecto de acordo entre os operadores das redes e os agentes de mercado que utilizem a armazenagem de GNL.

SECÇÃO VI

Comercializadores de último recurso e comercializadores

Artigo 146.º

**Determinação das quantidades de energia
fornecidas pelos comercializadores**

1 – As quantidades de energia fornecidas pelos comercializadores em cada dia gás são calculadas a partir das quantidades medidas nos pontos de medição dos seus clientes.

2 – Nos pontos de medição que não disponham de equipamentos de medição com registo diário, aplicam-se os perfis de consumo aprovados pela ERSE, nos termos previstos no artigo 157.º

3 – As quantidades de energia fornecidas pelos comercializadores para satisfação dos consumos dos seus clientes em cada dia gás são determinadas com base nas quantidades obtidas de acordo com os números anteriores, ajustadas para perdas e autoconsumos no referencial da entrada na rede de transporte, nos termos previstos no RARII.

Artigo 147.º

**Determinação das quantidades de energia fornecidas no âmbito
da actividade de comercialização de último recurso a grandes clientes**

1 – As quantidades de energia fornecidas pelo comercializador de último recurso grossista no âmbito da actividade de comercialização de último recurso

a grandes clientes em cada dia gás são calculadas a partir das quantidades medidas nos pontos de medição dos seus clientes.

2 – As quantidades de energia fornecidas no âmbito da actividade de comercialização de último recurso a grandes clientes para satisfação dos consumos dos seus clientes em cada dia gás são determinadas com base nas quantidades referidas no número anterior, ajustadas para perdas e autoconsumos, no referencial de entrada na rede de transporte e no referencial de entrada na rede de distribuição, para cada uma das redes de distribuição, nos termos previstos no RARII.

ARTIGO 148.º

Determinação das quantidades de energia fornecidas pelos comercializadores de último recurso retalhistas

1 – As quantidades de energia fornecidas pelos comercializadores de último recurso retalhistas são calculadas, para cada uma das redes de distribuição, por diferença entre as quantidades medidas na entrada da rede de distribuição e as seguintes quantidades:

a) As quantidades fornecidas pelos comercializadores e pelo comercializador de último recurso grossista no âmbito da actividade de comercialização de último recurso a grandes clientes, aos seus clientes ligados em cada rede de distribuição, calculadas nos termos dos artigos 146.º e 147.º

b) As quantidades relativas aos clientes elegíveis que participam directamente no mercado ajustadas para perdas e autoconsumos no referencial de entrada da respectiva rede de distribuição, nos termos do RARII.

2 – Para efeitos de acerto de contas, as quantidades fornecidas pelos comercializadores de último recurso retalhistas devem ser ajustadas para o referencial de entrada da rede de transporte, aplicando os factores de ajustamento para perdas e autoconsumos, nos termos do RARII.

SECÇÃO VII
Clientes

SUBSECÇÃO I
Medição

ARTIGO 149.º
Infra-estruturas de telecomunicações

Salvo acordo em contrário, os custos com a instalação, a operação e a manutenção de infra-estruturas de telecomunicações necessárias à leitura remota do equipamento de medição das instalações dos clientes constituem encargo:

a) Do operador da rede de transporte, nos pontos de medição dos clientes que se encontrem fisicamente ligados à rede de transporte;

b) Dos operadores das redes de distribuição, nos pontos de medição dos clientes que se encontrem fisicamente ligados às suas redes.

ARTIGO 150.º
Sistemas de telecontagem

1 – Nos pontos de medição dos clientes que se encontrem fisicamente ligados à rede de transporte, os equipamentos de medição devem dispor de características técnicas que permitam a sua integração em sistemas centralizados de telecontagem.

2 – Nos pontos de medição dos clientes com consumo anual igual ou superior a 2 milhões de m3 (n) de gás natural, que se encontrem ligados à rede de distribuição, o respectivo operador de rede deve instalar equipamentos de medição com características técnicas que permitam a sua integração em sistemas centralizados de telecontagem.

3 – A instalação de equipamento de medição com características técnicas que permitam a sua integração em sistemas centralizados de telecontagem em pontos de medição não incluídos nos n.ºs 1 e 2 está dependente da aprovação da ERSE.

4 – Para efeitos do número anterior, compete à ERSE aprovar os programas de substituição dos equipamentos de medição, na sequência de propostas a apresentar pelos respectivos operadores das redes de distribuição.

5 – Os custos associados à execução dos programas de substituição dos equipamentos de medição referidos nos números anteriores são aprovados pela ERSE.

6 – Os sistemas de telecontagem devem ser sujeitos a auditorias por entidades externas e independentes garantindo-se que o período entre auditorias não excede os dois anos.

7 – Os resultados das auditorias referidos no número anterior devem ser comunicados à ERSE, no prazo de 30 dias após a sua conclusão.

ARTIGO 151.º

Correcção de erros de medição

1 – Os erros de medição da energia, resultantes de qualquer anomalia verificada no equipamento de medição, que não tenham origem em procedimento fraudulento, serão corrigidos em função da melhor estimativa das grandezas durante o período em que a anomalia se verificou.

2 – Para efeitos da estimativa prevista no número anterior, são consideradas relevantes as características da instalação, o seu regime de funcionamento, os valores das grandezas anteriores à data de verificação da anomalia e, se necessário, os valores medidos nos primeiros três meses após a sua correcção.

3 – Caso exista dupla medição, nos termos do n.º 6 do artigo 120.º, e apenas um equipamento apresente defeito de funcionamento comprovado, serão consideradas as indicações dadas pelo equipamento que não apresente defeito de funcionamento.

4 – Os erros de medição resultantes de qualquer anomalia verificada no equipamento de medição, com origem em procedimento fraudulento, ficam sujeitos ao disposto no artigo 218.º

SUBSECÇÃO II

Leitura dos equipamentos de medição

ARTIGO 152.º

Leitura dos equipamentos de medição([8])

1 – As indicações recolhidas por leitura directa dos equipamentos de medição prevalecem sobre quaisquer outras.

2 – Os operadores das redes são as entidades responsáveis pela leitura dos equipamentos de medição das instalações dos clientes ligadas às suas redes.

([8]) A redacção do presente artigo foi alterada pelo Despacho da ERSE n.º 15544/2008, publicado no Diário da República, II Série, n.º 107, de 4 de Junho

3 – Sem prejuízo do estabelecido no número anterior, têm a faculdade de efectuar a leitura dos equipamentos de medição e a sua comunicação, bem como de verificar os respectivos selos, as seguintes entidades:

a) O cliente;

b) O comercializador, o comercializador de último recurso retalhista ou o comercializador de último recurso grossista com contrato de fornecimento com o cliente.

4 – A comunicação das leituras recolhidas pelo cliente pode ser efectuada através dos meios que o operador da rede disponibilize para o efeito, nos termos previstos no RQS.

5 – A leitura dos equipamentos de medição da responsabilidade dos operadores das redes deve respeitar as seguintes regras:

a) Para os clientes em baixa pressão com consumo anual inferior ou igual a 10 000 m3 (n), o intervalo entre duas leituras não deve exceder os dois meses;

b) Para os restantes clientes, quando não disponham de equipamento de telecontagem, a periodicidade de leitura deve ser mensal.

6 – No caso dos clientes em baixa pressão com consumo anual igual ou inferior a 10 000 m3 (n), os operadores das redes de distribuição devem efectuar, pelo menos, uma das seguintes diligências, utilizando os meios que considerem adequados:

a) Avisar os clientes da data em que irá ser efectuada uma leitura directa do equipamento de medição;

b) Avisar os clientes de que foi tentada, sem êxito, uma leitura directa do equipamento de medição.

7 – Os avisos previstos no número anterior devem conter informação, designadamente sobre os meios disponíveis para o cliente transmitir ao operador da rede de distribuição os seus dados de consumo, fixando um prazo para o efeito.

8 – Os operadores das redes de distribuição não são responsáveis pelo incumprimento da periodicidade de leitura, caso este tenha ocorrido por facto imputável ao cliente.

9 – No caso dos clientes em baixa pressão com consumo anual igual ou inferior a 10 000 m3 (n), considera-se facto imputável ao operador da rede de distribuição caso este não cumpra nenhuma das diligências mencionadas no n.º 6.

Artigo 153.º
Leitura extraordinária dos equipamentos de medição[9]

1 – Se, por facto imputável ao cliente, após duas tentativas, não for possível o acesso ao equipamento de medição, para efeitos de leitura, durante um

---

[9] A redacção do presente artigo foi alterada pelo Despacho da ERSE n.º 15544/2008, publicado no Diário da República, II Série, n.º 107, de 4 de Junho

período que não deve ultrapassar os 6 meses consecutivos, e não existindo qualquer comunicação por parte do cliente sobre os dados de consumo durante o mesmo período, o operador da rede pode promover a realização de uma leitura extraordinária.

2 – Nas situações previstas no número anterior, o pagamento dos encargos com a leitura extraordinária é da responsabilidade do cliente.

3 – A data de realização da leitura extraordinária deve ser acordada entre as partes.

4 – Na impossibilidade de acordo sobre uma data para a leitura extraordinária dos equipamentos de medição, num prazo máximo de 20 dias após notificação, os operadores das redes podem interromper o fornecimento, nos termos do artigo 53.º do presente regulamento.

5 – Acordada a data para a realização da leitura extraordinária, se não for possível o acesso ao equipamento de medição para o efeito, por facto imputável ao cliente, os operadores das redes podem interromper o fornecimento de gás natural, nos termos do artigo 53.º do presente regulamento.

ARTIGO 154.º
Preços de leitura extraordinária

1 – Os preços de leitura extraordinária são publicados anualmente pela ERSE.

2 – Para efeitos do número anterior, os operadores das redes devem apresentar proposta fundamentada à ERSE, até 15 de Março de cada ano.

ARTIGO 155.º
Estimativa de valores de consumo

1 – Nos casos em que não existam leituras dos equipamentos de medição de clientes, podem ser utilizados métodos para estimar o consumo.

2 – O método utilizado tem como objectivo aproximar o melhor possível os consumos facturados dos valores reais de consumo.

3 – O método de estimativa de valores de consumo utilizado pelos operadores de redes é estabelecido no Guia de Medição, Leitura e Disponibilização de Dados, previsto no artigo 159.º

ARTIGO 156.º
Correcção de erros de leitura do equipamento de medição

Aos erros de leitura do equipamento de medição é aplicável, com as necessárias adaptações, o estabelecido no artigo 151.º relativo a erros de medição.

SUBSECÇÃO III
Perfis de consumo

ARTIGO 157.º
Perfis de consumo

1 – Às entregas a clientes de comercializadores ou a clientes que sejam agentes de mercado, e que não disponham de equipamentos de medição com registo diário, aplicam-se perfis de consumo.

2 – Os perfis de consumo referidos no número anterior são aprovados pela ERSE.

3 – Para efeitos do número anterior, os operadores das redes devem enviar à ERSE proposta conjunta até 30 de Abril de cada ano.

SUBSECÇÃO IV
Disponibilização de dados de consumo

ARTIGO 158.º
Disponibilização de dados de consumo de clientes

1 – A metodologia a adoptar na disponibilização de dados de consumo de clientes deve constar do Guia de Medição, Leitura e Disponibilização de Dados.

2 – A metodologia prevista no número anterior deve garantir que a disponibilização de informação seja efectuada de modo transparente e não discriminatório.

3 – O processo de disponibilização de dados de consumo de clientes deve ser objecto de auditorias externas, com uma periodicidade que garanta que não decorrem mais de dois anos entre auditorias, devendo os resultados das mesmas ser enviados à ERSE.

SECÇÃO VIII
Guia de Medição, Leitura e Disponibilização de Dados

ARTIGO 159.º
Guia de Medição, Leitura e Disponibilização de Dados

1 – Sem prejuízo do disposto no presente Capítulo, as regras e os procedimentos a observar na medição, leitura e disponibilização de dados devem integrar o Guia de Medição, Leitura e Disponibilização de Dados.

2 – O guia referido no número anterior é aprovado pela ERSE.

3 – Para efeitos do disposto no número anterior, o operador do terminal de recepção, armazenamento e regaseificação de GNL, o operador do armazenamento subterrâneo, o operador logístico de mudança de comercializador, o operador da rede de transporte e os operadores das redes de distribuição devem apresentar à ERSE proposta conjunta devidamente fundamentada, no prazo de 180 dias após a data de entrada em vigor do presente regulamento.

4 – O Guia de Medição, Leitura e Disponibilização de Dados pode ser alterado mediante proposta das entidades previstas no número anterior, bem como na sequência de solicitação da ERSE a qualquer das entidades referidas no número anterior.

5 – O Guia de Medição, Leitura e Disponibilização de Dados, depois de aprovado pela ERSE, deve ser objecto de divulgação pelas entidades referidas no n.º 3, designadamente por publicitação e disponibilização nas suas páginas na Internet.

Artigo 160.º
Conteúdo do Guia de Medição, Leitura e Disponibilização de Dados

1 – O Guia de Medição, Leitura e Disponibilização de Dados referido no artigo 159.º deve contemplar, entre outras, regras sobre as seguintes matérias:

a) Fornecimento e instalação de equipamentos de medição, de acordo com os princípios gerais definidos a este respeito para cada ponto de medição no presente regulamento;

b) Características dos equipamentos de medição, designadamente a classe de precisão mínima e as grandezas complementares de correcção de volume a medir;

c) Verificação extraordinária dos equipamentos de medição;

d) Recolha de indicações dos equipamentos de medição, designadamente periodicidade de leitura;

e) Correcção de erros de medição e de leitura;

f) Marcação de leituras extraordinárias;

g) Estimação dos consumos das instalações de clientes;

h) Aplicação de estimativas de consumo sempre que não ocorra a leitura dos equipamentos de medição;

i) Correcção do volume pelo efeito da temperatura, pressão e factor de compressibilidade;

j) Determinação do poder calorífico superior, para efeitos de facturação;

k) Aplicação de perfis de consumo a clientes;

l) Facturação, nos termos previstos no presente regulamento, quando os equipamentos de medição se revelem inadequados à opção tarifária dos clientes;

m) Disponibilização pelas entidades que operam as redes dos dados de consumo recolhidos nos pontos de medição dos clientes;

n) Medição, leitura e disponibilização de dados de instalações de recepção, armazenamento e regaseificação.

2 – As regras a observar na implementação e operação dos sistemas de telecontagem constantes do Guia de Medição, Leitura e Disponibilização de Dados, incluem, entre outras, as seguintes matérias:

a) Especificação técnica dos equipamentos de medição e telecontagem;

b) Procedimentos de verificação e aferição do sistema de medição;

c) Procedimentos de verificação e manutenção do sistema de comunicações e telecontagem;

d) Procedimentos a observar na parametrização e partilha dos dados de medição;

e) Situações em que é possível efectuar a parametrização remota dos equipamentos de medição e respectivos procedimentos a adoptar;

f) Procedimentos relativos à correcção de erros de medição, leitura e de comunicação de dados à distância;

g) Regras e procedimentos a seguir sempre que não seja possível a recolha remota de dados;

h) Regras a adoptar na realização de auditorias externas ao funcionamento dos sistemas de telecontagem.

CAPÍTULO VIII
Escolha de comercializador, modalidades de contratação e funcionamento dos mercados de gás natural

SECÇÃO I
Disposições gerais

ARTIGO 161.º
Objecto

1 – O presente Capítulo tem por objecto a definição das modalidades de contratação de gás natural pelos clientes, bem como as condições comerciais aplicáveis à escolha de comercializador de gás natural e ao processo de mudança de comercializador.

2 – São ainda objecto deste Capítulo as condições comerciais para a operação e para o acesso às plataformas de mercados organizados de gás natural, bem como as condições comerciais aplicáveis à celebração de contratos bilaterais.

Artigo 162.º
Clientes elegíveis

São elegíveis para escolha de comercializador de gás natural as instalações consumidoras de gás natural que reúnam as características definidas na legislação em vigor para o efeito.

Artigo 163.º
Instalação consumidora

Para efeitos do presente capítulo, considera-se instalação consumidora:

a) A instalação de consumo de gás natural licenciada pelas entidades competentes nos termos da regulamentação aplicável;

b) O conjunto de instalações consumidoras licenciado nos termos da alínea anterior e que, de acordo com o respectivo licenciamento, obedeça a uma exploração conjunta, nomeadamente, centros comerciais, complexos desportivos, recintos de espectáculos, parques de campismo e similares;

c) O conjunto de instalações de gás natural cujo licenciamento permita um só ponto de ligação à rede, não se incluindo neste conceito os edifícios em propriedade horizontal a que correspondam mais do que uma instalação de consumo individualmente considerada para efeitos de medição de gás natural.

SECÇÃO II
Modalidades de contratação

Artigo 164.º
Contratação de gás natural

1 – Para efeitos do presente capítulo entende-se por contratação de gás natural a celebração de contrato de fornecimento com entidade legalmente habilitada a comercializar gás natural, a celebração de contrato bilateral ou o acesso a mecanismos de contratação em mercados organizados, destinados a assegurar os consumos próprios ou de terceiros, consoante a natureza das entidades contratantes.

2 – Os agentes de mercado estão sujeitos ao cumprimento das disposições do Manual de Procedimentos do Acerto de Contas, previsto na secção iv do capítulo iii do presente regulamento.

ARTIGO 165.º

Modalidades de contratação

1 – As modalidades de contratação de gás natural são as seguintes:

a) A celebração de contrato de fornecimento de gás natural entre clientes e comercializadores, nos termos previstos no capítulo ix do presente regulamento;

b) A celebração de contrato de fornecimento de gás natural entre clientes e o comercializador de último recurso grossista, no âmbito da actividade de comercialização de último recurso a grandes clientes, ou os comercializadores de último recurso retalhistas, nos termos previstos no capítulo ix do presente regulamento;

c) A contratação de gás natural através de plataformas de negociação dos mercados organizados, nos termos previstos na secção iv do presente capítulo;

d) A celebração de contrato bilateral nos termos previstos na secção v do presente capítulo.

2 – No caso dos clientes, as modalidades de contratação previstas nas alíneas a), c) e d) do número anterior são reservadas aos clientes elegíveis.

3 – A contratação de gás natural pelos clientes nos termos previstos nas alíneas c) e d) do n.º 1 pressupõe que os direitos e obrigações decorrentes do acesso às infra-estruturas são individualmente atribuídos ao cliente, nos termos definidos no presente regulamento e no RARII.

4 – Os clientes não elegíveis ou os clientes elegíveis que não pretendam exercer esse direito celebram um contrato de fornecimento com uma das seguintes entidades:

a) Comercializador de último recurso grossista, no caso de clientes com consumo anual superior a 2 milhões de m3 de gás natural;

b) Comercializador de último recurso retalhista da área geográfica onde se localiza a sua instalação nas situações não abrangidas pela alínea anterior.

5 – Os clientes que, após cessação do contrato de fornecimento de gás natural com um comercializador, não obtenham de nenhum outro fornecedor condições para a celebração de novo contrato de fornecimento de gás natural têm o direito de celebrar contrato de fornecimento com o comercializador de último recurso grossista ou com o comercializador de último recurso retalhista da área geográfica onde se localiza a sua instalação, respectivamente nas situações referidas nas alíneas a) e b) do número anterior.

6 – Com a celebração de um contrato de fornecimento, uma das partes compromete-se a disponibilizar e a outra a receber gás natural contratado aos preços e condições fixadas no mesmo contrato.

7 – No caso dos clientes elegíveis que adquiram gás natural nos mercados organizados ou através de contratos bilaterais, o relacionamento comercial com os operadores das diferentes infra-estruturas é assegurado de acordo com o esta-

belecido no contrato de uso das infra-estruturas respectivas, nos termos estabelecidos no RARII.

8 – O fornecimento de gás natural através de contratos de fornecimento com o comercializador de último recurso grossista, no âmbito da actividade de comercialização de último recurso a grandes clientes, com os comercializadores de último recurso retalhistas ou com os comercializadores isenta o cliente da celebração de qualquer contrato de uso das redes.

9 – Nos termos do disposto no número anterior, o comercializador de último recurso grossista, no âmbito da actividade de comercialização de último recurso a grandes clientes, os comercializadores de último recurso retalhistas ou os comercializadores são responsáveis pelo cumprimento das obrigações decorrentes do acesso às redes dos seus clientes, designadamente pelo pagamento dos encargos decorrentes do acesso às redes, relativamente aos operadores das redes a que as instalações dos seus clientes se encontrem ligadas, bem como das obrigações relativas à utilização de outras infra-estruturas integrantes do SNGN.

SECÇÃO III
Escolha e mudança de comercializador

Artigo 166.º
Escolha de comercializador

1 – A escolha pelo cliente do comercializador de gás natural, para cada instalação consumidora, efectua-se mediante a celebração de um contrato com uma entidade legalmente habilitada a fornecer gás natural ou pela contratação em mercado organizado de quantidades de gás natural destinadas aos seus respectivos consumos.

2 – Para efeitos do número anterior, a verificação das condições de elegibilidade compete:

a) Ao operador logístico de mudança de comercializador no caso de o cliente escolher o seu comercializador de gás natural por recurso à modalidade de contratação prevista na alínea a) do n.º 1 do artigo 165.º;

b) Ao Acerto de Contas no caso de o cliente escolher o seu fornecedor de gás natural por recurso às modalidades de contratação previstas nas alíneas c) e d) do n.º 1 do artigo 165.º

3 – A mudança de comercializador processa-se nos termos previstos na presente secção.

ARTIGO 167.º
Princípios gerais da mudança de comercializador

1 – O cliente tem o direito de mudar de comercializador de gás natural até 4 vezes em cada período de 12 meses consecutivos, não podendo ser exigido o pagamento de qualquer encargo pela mudança.

2 – O limite ao número de mudanças de comercializador estabelecido no número anterior não se aplica aos clientes que sejam agentes de mercado.

3 – A mudança de comercializador de gás natural deve observar os princípios da transparência, objectividade e tratamento não discriminatório, bem como as regras de protecção de dados definidas em legislação aplicável.

4 – A mudança de comercializador de gás natural deve considerar os procedimentos necessários para o efeito, a aprovar pela ERSE.

5 – Para efeitos de apuramento dos valores a repercutir em cada contrato, na mudança de comercializador, envolvendo facturações que abranjam um período inferior ao acordado para facturação, designadamente, dos encargos de acesso à rede, considerar-se-á uma distribuição diária uniforme desses encargos.

6 – A existência de valores em dívida de um cliente junto de um comercializador de gás natural não deve impedir a mudança para outro comercializador, sem prejuízo do disposto nos números seguintes.

7 – A existência de valores em dívida vencida para com o operador da rede a que a instalação consumidora do cliente se encontra ligada, ou para com o comercializador de último recurso retalhista ou comercializador de último recurso grossista, que não tenham sido contestadas junto de tribunais ou de entidades com competência para a resolução extrajudicial de conflitos, impede o cliente de escolher um outro comercializador de gás natural.

8 – O processo de mudança de comercializador deve ser objecto de auditorias externas realizadas por entidades independentes, com uma periodicidade que garanta que não decorrem mais de dois anos entre auditorias, sendo os respectivos resultados enviados à ERSE, no prazo de 30 dias após a sua conclusão.

ARTIGO 168.º
Gestão do processo de mudança de comercializador

1 – A função de gestão do processo de mudança do comercializador é assegurada pelo operador logístico de mudança de comercializador de gás natural.

2 – Os procedimentos e os prazos a adoptar na gestão do processo de mudança de comercializador, considerando os princípios gerais referidos no artigo anterior, bem como a informação a disponibilizar aos agentes envolvidos nas respectivas mudanças e as condições de acesso ao registo do ponto de entrega, são aprovados pela ERSE.

3 – Para efeitos do disposto no número anterior, o operador logístico de mudança de comercializador de gás natural deve apresentar à ERSE proposta fundamentada no prazo de 120 dias a contar da data de entrada em vigor do presente regulamento.

ARTIGO 169.º

Informação no âmbito da mudança de comercializador

1 – O operador logístico de mudança de comercializador de gás natural deve enviar à ERSE, até ao dia 15 de cada mês, informação referente a:

a) Número de clientes que no mês findo solicitaram a mudança de comercializador, por carteira de comercializador de destino e de origem;

b) Número de clientes que no mês findo solicitaram a celebração de um contrato de fornecimento com o comercializador de último recurso grossista e com cada um dos comercializadores de último recurso retalhistas;

c) Composição agregada das carteiras de cada comercializador, por nível de pressão e tipo de fornecimento, no mês findo.

2 – A informação referida no número anterior deve conter, nomeadamente, os seguintes elementos:

a) Número de clientes por carteira de cada comercializador e por nível de pressão de fornecimento e classes de consumo;

b) Número de mudanças de comercializador, por nível pressão de fornecimento e classes de consumo;

c) Consumo realizado no mês findo, por carteira de comercializador e por nível pressão de fornecimento e classes de consumo.

3 – A informação constante dos números anteriores deve ser fornecida pelo operador logístico de mudança de comercializador de gás natural aos operadores das redes e das infra-estruturas integrantes do SNGN em formato e frequência a definir por acordo entre as partes.

SECÇÃO IV

Mercados organizados

ARTIGO 170.º

Princípios e disposições gerais

O funcionamento dos mercados organizados baseia-se nos princípios da transparência, da concorrência, da liquidez, da objectividade, da auto-organização e do auto-financiamento dos mercados.

ARTIGO 171.º

Mercados organizados

Os mercados organizados são os seguintes:

a) Mercados a prazo, que compreendem as transacções referentes a quantidades de gás natural com entrega posterior ao dia seguinte da contratação, de liquidação quer por entrega física, quer por diferenças;

b) Mercados diários, que compreendem as transacções referentes a quantidades de gás natural com entrega no dia seguinte ao da contratação, de liquidação necessariamente por entrega física.

ARTIGO 172.º

Operadores de mercado

1 – Os operadores de mercado são as entidades responsáveis pela gestão dos mercados organizados, constituídos nos termos da legislação aplicável ao exercício da actividade.

2 – A actividade dos operadores de mercado deve ser exercida em obediência aos princípios da transparência, objectividade e independência.

3 – Para assegurar a observância dos princípios enunciados no número anterior, os operadores de mercado devem implementar sistemas internos de controlo e promover a realização de auditorias externas por entidades independentes, bem como justificar as decisões tomadas perante todos os agentes de mercado.

4 – Os procedimentos de actuação dos operadores de mercado obedecem a regras próprias, previstas no artigo 175.º, devendo ser disponibilizados a todos os interessados.

ARTIGO 173.º

Agentes dos mercados organizados

1 – A admissão de agentes de mercado nos mercados organizados processa-se de acordo com as regras próprias definidas pelos operadores de mercado, considerando o disposto no artigo 175.º

2 – Podem ser admitidos aos mercados organizados, além das entidades legalmente habilitadas para o efeito, os agentes de mercado.

ARTIGO 174.º
Condições de participação nos mercados organizados

As condições de participação dos diversos agentes nos mercados organizados de gás natural, incluindo os direitos, obrigações e prestação de garantias são definidas nas regras próprias dos mercados organizados previstas no artigo 175.º

ARTIGO 175.º
Regras dos mercados organizados

1 – Os operadores de mercado devem assegurar a existência e a divulgação a todos os interessados e ao público em geral das regras de participação e operação nos mercados organizados.

2 – As regras mencionadas no número anterior são sujeitas a registo ou autorização pelas entidades competentes, nos termos da legislação aplicável a mercados organizados, sem prejuízo dos processos de concertação e cooperação estabelecidos entre as entidades de supervisão competentes.

ARTIGO 176.º
Comunicação da contratação em mercados organizados

1 – Os operadores de mercado devem comunicar ao Acerto de Contas, para cada membro participante, as quantidades físicas de gás natural contratadas.

2 – A comunicação referida no número anterior deverá considerar as quantidades físicas desagregadas por dia gás, individualizando as quantidades em que o agente de mercado actua como comprador e como vendedor.

3 – O formato, o conteúdo e os procedimentos a observar na apresentação de comunicações das quantidades físicas contratadas a que se refere o n.º 1 são estabelecidos no âmbito do Manual de Procedimentos do Acerto de Contas.

SECÇÃO V
Contratação bilateral

ARTIGO 177.º
Contratos bilaterais

1 – Os contratos bilaterais podem ser estabelecidos entre as seguintes entidades:

a) Um comercializador de gás natural e um cliente que seja agente de mercado;

b) Comercializador de último recurso grossista ou comercializador de último recurso retalhista e um comercializador de gás natural;

c) Dois comercializadores de último recurso, incluindo o comercializador de último recurso grossista;

d) Dois comercializadores;

e) Um comercializador, incluindo o comercializador de último recurso grossista no âmbito da actividade de comercialização de último recurso a grandes clientes e os comercializadores de último recurso retalhistas, e uma entidade externa ao SNGN.

2 – Os contratos bilaterais mencionados nas alíneas b), c) e e) do número anterior, nesta última sempre que envolva um comercializador de último recurso, são sujeitos a aprovação pela ERSE.

3 – Com a celebração de um contrato bilateral, uma das partes compromete-se a vender e a outra a comprar as quantidades contratadas de gás natural, ajustadas para perdas e auto-consumos, aos preços e condições fixadas no mesmo contrato.

ARTIGO 178.º

Comunicação de celebração de contratos bilaterais

1 – Os signatários de contratos bilaterais devem comunicar ao Acerto de Contas, a celebração de contratos bilaterais, indicando os períodos em que o contrato é executado.

2 – As partes contraentes podem acordar que uma das partes assume a responsabilidade pela comunicação de informação relativa à execução do contrato referida no número anterior.

3 – A comunicação das quantidades físicas associadas a contratos bilaterais deve observar as seguintes regras:

a) Os comercializadores contraentes de contratos bilaterais apresentarão ao Acerto de Contas, comunicações de concretização de cada contrato bilateral, indicando a origem do gás natural a fornecer e o respectivo período de execução;

b) Nos casos em que intervenham comercializadores como entidades adquirentes, deve ser indicada a origem e as quantidades de gás natural contratado;

c) O formato, o conteúdo e os procedimentos a observar na apresentação de comunicações de concretização de contratos bilaterais são estabelecidos no Manual de Procedimentos do Acerto de Contas;

d) Os agentes de mercado que tenham celebrado contratos bilaterais podem proceder a alterações às quantidades programadas nos termos previstos no Manual de Procedimentos do Acerto de Contas.

ARTIGO 179.º

Procedimentos de liquidação dos contratos bilaterais

O processo de liquidação relativo às quantidades de gás natural contratadas através de contratos bilaterais é da responsabilidade exclusiva dos contraentes.

SECÇÃO VI

Informação sobre o mercado

ARTIGO 180.º

Informação a prestar pelos operadores de mercado

1 – Sem prejuízo das regras próprias dos mercados organizados, os operadores de mercado devem assegurar o registo e a divulgação da informação relevante sobre o funcionamento do mercado aos agentes dos mercados organizados, ao público em geral e às entidades de supervisão e regulação.

2 – Sem prejuízo das regras próprias definidas para os mercados organizados quanto ao respectivo conteúdo e forma de divulgação, a informação sobre os mercados organizados deve ser baseada nos seguintes princípios:

a) A informação a recolher e a divulgar sistematicamente incluirá todos os factos considerados relevantes para a formação dos preços no mercado;

b) A informação é divulgada simultaneamente a todos os intervenientes no mercado;

c) A informação deve ser organizada de modo a assegurar a confidencialidade da informação comercialmente sensível relativa a cada agente em particular, sem prejuízo da observância do princípio da transparência sobre o funcionamento do mercado.

ARTIGO 181.º

Informação a prestar no âmbito da contratação bilateral

1 – O Acerto de Contas informará os agentes de mercado, na parte que lhes diz respeito, da recepção da comunicação de celebração de contratos bilaterais e da quantidade de gás natural admissível no SNGN, em função de eventuais restrições técnicas, observando o disposto no Manual de Procedimentos do Acerto de Contas.

2 – As obrigações de informação por parte dos agentes de mercado contraentes de contratos bilaterais são estabelecidas no Manual de Procedimentos do Acerto de Contas.

ARTIGO 182.º
Informação sobre condições do mercado

1 – Os agentes de mercado, que sejam membros de mercados organizados ou que se tenham constituído como contraentes em contratos bilaterais, devem informar o Acerto de Contas de todos os factos susceptíveis de influenciar de forma relevante o funcionamento do mercado ou a formação dos preços.

2 – Os factos mencionados no número anterior incluem, designadamente:

a) Os planos de indisponibilidades dos centros electroprodutores que consumam gás natural;

b) As indisponibilidades não planeadas nas instalações de recepção, armazenamento e regaseificação de GNL, que inviabilizem a disponibilização de gás natural no âmbito do SNGN;

c) Outros factos que possam determinar restrições não previstas na participação dos comercializadores e demais agentes fornecedores no mercado, designadamente os que decorram da ruptura, verificada ou iminente, dos abastecimentos de gás natural nos mercados de aprovisionamento ou nas infra-estruturas e equipamentos que asseguram o transporte de gás natural até aos pontos de entrada do SNGN.

3 – Os operadores das redes de transporte e de distribuição devem igualmente informar o Acerto de Contas, de quaisquer ocorrências, designadamente incidentes e constrangimentos, que possam impedir a normal exploração das suas redes e o cumprimento da contratação de gás natural efectuada.

4 – A comunicação ao Acerto de Contas de todos os factos susceptíveis de influenciar de forma relevante o funcionamento do mercado ou a formação dos preços pelos agentes mencionados no presente artigo deve ser imediata.

5 – Compete ao Acerto de Contas a divulgação pública dos factos de que tenha conhecimento nos termos do presente artigo, de forma célere e não discriminatória.

CAPÍTULO IX
Relacionamento comercial com os clientes de gás natural

SECÇÃO I
Disposições gerais

ARTIGO 183.º
Objecto

O presente Capítulo tem por objecto as regras aplicáveis ao relacionamento comercial entre comercializadores, comercializadores de último recurso retalhistas ou comercializador de último recurso grossista e os clientes com os quais tenham celebrado contrato de fornecimento de gás natural.

ARTIGO 184.º
Informação e protecção dos consumidores

1 – Além do disposto no artigo 188.º, relativo ao contrato de fornecimento, os clientes devem receber informações transparentes sobre as condições normais de utilização dos serviços associados ao fornecimento de gás natural, nomeadamente sobre as tarifas e preços mais adequados ao seu consumo, bem como sobre os impactes ambientais relacionados com os fornecimentos de gás natural efectuados.

2 – No exercício da actividade de comercialização deverá ser assegurada a protecção dos consumidores, designadamente quanto à prestação do serviço de fornecimento de gás natural, ao direito à informação, à repressão de cláusulas abusivas e à resolução de litígios, nos termos da legislação aplicável.

ARTIGO 185.º
Relacionamento comercial com os clientes

1 – As regras aplicáveis ao relacionamento comercial entre comercializadores, comercializadores de último recurso retalhistas ou comercializador de último recurso grossista e os respectivos clientes são as previstas no presente capítulo, sem prejuízo de outra legislação aplicável, designadamente em matéria de protecção dos consumidores.

2 – O relacionamento comercial com os clientes é assegurado pelo comercializador, comercializador de último recurso retalhista ou comerciali-

zador de último recurso grossista com quem celebrou um contrato de fornecimento de gás natural, sem prejuízo do disposto nos números seguintes.

3 – As matérias relativas a ligações às redes, avarias e leitura dos equipamentos de medição podem ser tratadas directamente com o operador da rede de
distribuição a cujas redes a instalação do cliente se encontra ligada.

4 – Considerando o disposto no número anterior, os comercializadores,
comercializadores de último recurso retalhistas e comercializador de último recurso grossista devem informar os seus clientes das matérias a tratar directamente pelo operador da rede de transporte ou pelo operador da rede de distribuição
da área geográfica onde se localizam as respectivas instalações, indicando os
meios de contacto adequados para o efeito.

SECÇÃO II
Obrigações de serviço público

ARTIGO 186.º
Obrigações de serviço público

Os comercializadores, comercializadores de último recurso retalhistas e
comercializador de último recurso grossista devem observar no exercício das
suas actividades o disposto neste regulamento e na demais legislação aplicável
em matéria de obrigações de serviço público, nomeadamente no que se refere à
segurança do fornecimento, regularidade, qualidade e preço dos fornecimentos,
bem como à protecção do ambiente, onde se incluem a eficiência energética,
considerando o regime de comercialização de cada um deles.

ARTIGO 187.º
Obrigação de fornecimento

1 – Os comercializadores de último recurso retalhistas ficam sujeitos à
obrigação de fornecimento de gás natural, nas áreas abrangidas pela concessão
ou licença, a todos os clientes que o requisitem, nos termos estabelecidos no
Decreto-Lei n.º 30/2006, de 15 de Fevereiro, no presente regulamento e com
observância das demais exigências legais e regulamentares.

2 – O comercializador de último recurso grossista fica sujeito à obrigação
de fornecimento aos clientes nas condições referidas no artigo 62.º do presente
regulamento.

3 – A obrigação de fornecimento prevista nos números anteriores só existe
quando as instalações de gás estiverem devidamente licenciadas e inspeccionadas, nos termos da legislação aplicável, e efectuada a respectiva ligação à rede.

4 – Sem prejuízo do disposto no número anterior, não existe obrigação de fornecimento quando não se encontre regularizado o pagamento de dívidas vencidas provenientes de contratos de fornecimento celebrados entre o mesmo comercializador de último recurso retalhista ou grossista e o mesmo cliente, independentemente da instalação em causa, desde que essas dívidas não tenham sido contestadas junto dos tribunais ou de entidades com competência para a resolução extrajudicial de conflitos.

SECÇÃO III
Contrato de fornecimento de gás natural

Artigo 188.º
Contrato de fornecimento

1 – Os contratos de fornecimento de gás natural celebrados entre os comercializadores e os seus clientes devem especificar, nomeadamente os seguintes aspectos:

a) A identidade e o endereço do comercializador;

b) Os serviços fornecidos e os níveis de qualidade desses serviços, bem como a data de início do fornecimento;

c) Outro tipo de serviços que sejam contemplados no contrato, designadamente serviços de manutenção;

d) A possibilidade de registo como cliente com necessidades especiais, nos termos previstos no RQS;

e) Os meios através dos quais pode ser obtida informação actualizada sobre as tarifas e preços e outros encargos eventualmente aplicáveis;

f) A duração do contrato, as condições de renovação e termo do contrato e dos serviços que lhe estejam associados;

g) Os indicadores e padrões de qualidade de serviço aplicáveis, bem como as compensações e as disposições de reembolso aplicáveis quando os padrões de qualidade de serviço estabelecidos ou contratados não forem observados;

h) Os prazos máximos de resposta a pedidos de informação e reclamações a observar pelos comercializadores;

i) O método a utilizar para efeitos de resolução de eventuais conflitos.

2 – As condições contratuais devem ser equitativas e previamente conhecidas do consumidor antes da celebração ou confirmação do contrato de fornecimento.

3 – As condições contratuais devem ainda ser redigidas em linguagem clara e compreensível, sem carácter enganador ou abusivo, em conformidade com o regime jurídico vigente em matéria de cláusulas contratuais gerais.

4 – Os comercializadores devem informar directamente, de forma antecipada e fundamentada, os seus clientes de qualquer intenção de alterar as condições contratuais vigentes, incluindo as alterações que consistam no aumento de preços livremente acordados entre as partes, caso em que deve ser informado em momento anterior ao período normal de facturação que incluiria esse aumento.

5 – Os clientes são livres de rescindir os contratos celebrados com os comercializadores sempre que não aceitem as novas condições contratuais que lhes forem comunicadas, nos termos do número anterior, devendo ser informados do direito à rescisão do contrato nas referidas circunstâncias.

6 – A cessação do contrato de fornecimento por iniciativa do comercializador só poderá ocorrer depois de decorrido um prazo definido na metodologia a adoptar na gestão do processo de mudança de comercializador.

Artigo 189.º
Contrato de fornecimento a celebrar pelos comercializadores de último recurso retalhistas e comercializador de último recurso grossista[10]

1 – Além do disposto no artigo 188.º, os contratos de fornecimento a celebrar pelos comercializadores de último recurso retalhistas e pelo comercializador de último recurso grossista, no âmbito da actividade de comercialização a grandes clientes, ficam sujeitos às regras previstas nos números seguintes.

2 – O fornecimento de gás natural é formalizado por contrato, titulado por documento escrito, devendo o seu clausulado obedecer ao estabelecido no presente regulamento.

3 – Sem prejuízo do disposto no número anterior, no caso de fornecimento a clientes com consumo anual inferior ou igual a 10 000m3 (n) pode ser acordada outra forma de celebração do contrato de fornecimento de gás natural, legalmente admitida, sem prejuízo de posterior suporte durável, nos termos da lei.

4 – Para efeitos do disposto no número anterior, os comercializadores de último recurso retalhistas devem remeter ao cliente, por escrito, as condições gerais e particulares que vão integrar o contrato de fornecimento de gás natural.

5 – O contrato celebrado ao abrigo do disposto no n.º 3 considera-se aceite pelo cliente se este não declarar expressamente o contrário no prazo de 15 dias após a efectiva recepção das condições gerais e particulares do contrato de fornecimento de gás natural e desde que já se tenha iniciado o fornecimento respectivo.

---

[10] A redacção do presente artigo foi alterada pelo Despacho da ERSE n.º 15544/2008, publicado no Diário da República, II Série, n.º 107, de 4 de Junho

6 – As condições gerais do contrato de fornecimento de gás natural a celebrar entre comercializadores de último recurso retalhistas e clientes com consumo anual inferior ou igual a 10 000 m3 (n) são aprovadas pela ERSE, na sequência de proposta conjunta apresentada pelos comercializadores de último recurso retalhistas.

7 – As propostas dos comercializadores de último recurso retalhistas, relativas às condições gerais do contrato de fornecimento, devem ser apresentadas à ERSE, no prazo de 60 dias após a entrada em vigor do presente regulamento.

8 – A aprovação pela ERSE das condições gerais do contrato de fornecimento deve ser antecedida de consulta às associações de consumidores de âmbito nacional e de interesse genérico e às de interesse específico para sector do gás natural, as quais devem pronunciar-se no prazo de 20 dias úteis após o envio do pedido de consulta.

9 – Sempre que considerem necessário, os comercializadores de último recurso retalhistas submeterão à aprovação da ERSE alterações às condições gerais em vigor.

10 – A celebração do contrato de fornecimento de gás natural não deverá ficar sujeita à cobrança de quaisquer encargos.

11 – Para cada instalação será definida a pressão de fornecimento, a capacidade utilizada ou o escalão de consumo e a opção tarifária a considerar para efeitos de facturação.

12 – Salvo acordo entre as partes, o contrato de fornecimento tem por objecto uma instalação de gás.

13 – A cessação do contrato de fornecimento pode verificar-se:

a) Por acordo entre as partes;

b) Por denúncia por parte do cliente, nos termos previstos no artigo 190.º;

c) Pela celebração de contrato de fornecimento com outro comercializador, sem prejuízo do disposto nos números seguintes;

d) Pela transmissão, a qualquer título, das instalações de utilização nos termos previstos no artigo 191.º;

e) Pela interrupção do fornecimento de gás natural, por facto imputável ao cliente, desde que a interrupção se prolongue por um período superior a 60 dias e desde que cumprido um pré-aviso ao cliente faltoso, com a antecedência de 15 dias;

f) Por morte ou extinção do titular do contrato, salvo nos casos de transmissão por via sucessória, quando aplicável.

14 – Com a cessação antecipada do contrato de fornecimento, ao abrigo da situação prevista na alínea c) do número anterior, o cliente pode ser responsabilizado pelos custos eventualmente suportados pelo comercializador de último recurso para assegurar o cumprimento do contrato cessante, excepto quando a cessação do contrato coincida com o exercício pela primeira vez do direito à elegibilidade, com referência a cada instalação consumidora, independentemente do momento em que tenha lugar.

15 – Os custos previstos no número anterior são aprovados, caso a caso, pela ERSE, mediante proposta fundamentada do respectivo comercializador de último recurso.

16 – O disposto nos n.ºˢ 14 e 15 do presente artigo não se aplica aos contratos de fornecimento de gás natural a clientes com consumo anual inferior ou igual a 10 000 m3 (n).

ARTIGO 190.º
Duração do contrato

1 – Salvo acordo entre as partes, o contrato de fornecimento de gás natural celebrado entre os comercializadores de último recurso retalhistas e os clientes com consumo anual inferior ou igual a 10 000 m3 (n) tem a duração de um mês, sendo automática e sucessivamente renovado por iguais períodos, sem prejuízo do direito de denúncia por parte do cliente, a qual deverá ser exercida com uma antecedência mínima de 15 dias em relação à data do termo do contrato ou da sua renovação.

2 – A duração dos contratos de fornecimento celebrados com os clientes com consumo anual superior a 10 000 m3 (n) é objecto de acordo entre as partes, sem prejuízo da observância das regras da concorrência.

ARTIGO 191.º
Transmissão das instalações de utilização

1 – No caso de transmissão, a qualquer título, das instalações de utilização, a responsabilidade contratual do cliente manter-se-á até à celebração de novo contrato de fornecimento de gás natural ou até à comunicação da referida transmissão, por escrito, aos comercializadores de último recurso retalhistas.

2 – Comunicada a transmissão da instalação de utilização, se o novo utilizador não proceder à celebração do contrato de fornecimento no prazo de 15 dias, os operadores das redes podem interromper o fornecimento de gás natural nos termos do artigo 53.º

ARTIGO 192.º
Cedência de gás natural a terceiros

1 – O cliente não pode ceder a terceiros, a título gratuito ou oneroso, gás natural que adquire, salvo quando for autorizado pelas autoridades administrativas competentes.

2 – Para efeitos de aplicação do presente artigo, considera-se cedência de gás natural a terceiros a veiculação de gás natural entre instalações de utilização distintas, ainda que tituladas pelo mesmo cliente.

3 – A cedência de gás natural a terceiros, prevista no presente artigo, pode constituir fundamento para a interrupção do fornecimento de gás natural, nos termos do artigo 53.º

SECÇÃO IV
Prestação de caução

ARTIGO 193.º
Prestação de caução

1 – Os comercializadores de último recurso retalhistas e o comercializador de último recurso grossista podem exigir aos seus clientes a prestação de caução a seu favor, para garantir o cumprimento das obrigações decorrentes do contrato de fornecimento de gás natural.

2 – O não exercício do direito previsto no número anterior, aquando da celebração do contrato de fornecimento, não prejudica que o comercializador de último recurso retalhista e o comercializador de último recurso grossista venham a exigir posteriormente a prestação da caução, designadamente quando se verifique um aumento da capacidade utilizada ou do escalão de consumo.

3 – No caso dos clientes domésticos, os comercializadores de último recurso retalhistas só têm o direito de exigir a prestação de caução nas situações de restabelecimento do fornecimento, na sequência de interrupção decorrente de incumprimento contratual imputável ao cliente.

4 – Os clientes domésticos podem obstar à prestação de caução exigida nos termos do número anterior, se, regularizada a dívida objecto do incumprimento, optarem pela transferência bancária como forma de pagamento das suas obrigações para com os comercializadores de último recurso retalhistas.

5 – Quando prestada a caução ao abrigo do disposto no n.º 3, se o cliente vier posteriormente a optar pela transferência bancária como forma de pagamento ou permanecer em situação de cumprimento contratual, continuadamente durante o período de dois anos, a caução será objecto de devolução, findo este prazo.

ARTIGO 194.º
Meios e formas de prestação da caução

Salvo acordo entre as partes, a caução é prestada em numerário, cheque ou transferência electrónica ou através de garantia bancária ou seguro-caução.

Artigo 195.º
Cálculo do valor da caução[11]

1 – O valor da caução deve corresponder aos valores médios de facturação, por cliente, verificados nos últimos 12 meses, num período de consumo igual ao período de facturação acrescido do prazo de pagamento da factura.

2 – Para os clientes que ainda não disponham de histórico de consumo de pelo menos 12 meses, o valor da caução deverá corresponder ao consumo médio, nos períodos de consumo definidos no número anterior, referente ao escalão ou classe de consumo a que pertence o cliente.

3 – Para efeitos do disposto no número anterior, os comercializadores de último recurso retalhistas e o comercializador de último recurso grossista devem enviar à ERSE, até 31 de Março de cada ano, informação actualizada sobre os valores dos consumos médios para cada um dos escalões ou classes de consumo a utilizar no cálculo do valor das cauções no ano gás seguinte.

Artigo 196.º
Alteração do valor da caução

Prestada a caução, os comercializadores de último recurso retalhistas e o comercializador de último recurso grossista podem exigir a alteração do seu valor quando se verifique um aumento da capacidade utilizada ou do escalão de consumo, nos termos previstos no artigo 195.º

Artigo 197.º
Utilização da caução

1 – Os comercializadores de último recurso retalhistas e o comercializador de último recurso grossista devem utilizar o valor da caução para a satisfação do seu crédito.

2 – A utilização do valor da caução impede os comercializadores de último recurso retalhistas e o comercializador de último recurso grossista de exercerem o direito de solicitar a interrupção do fornecimento, ainda que o montante constitutivo da caução não seja suficiente para a liquidação integral do débito.

3 – Accionada a caução, os comercializadores de último recurso retalhistas e o comercializador de último recurso grossista podem exigir a sua reconstituição

---

[11] A redacção do presente artigo foi alterada pelo Despacho da ERSE n.º 15544/2008, publicado no Diário da República, II Série, n.º 107, de 4 de Junho

ou o seu reforço em prazo não inferior a dez dias úteis, por escrito, nos termos do disposto no artigo 195.º

ARTIGO 198.º
Restituição da caução

1 – A caução deve ser restituída ao cliente, de forma automática, no termo ou data de resolução do contrato de fornecimento.

2 – A caução prestada nos termos do presente regulamento considera-se válida até ao termo ou resolução do contrato de fornecimento, qualquer que seja a entidade que nessa data assegure o serviço de fornecimento de gás natural, ainda que não se trate daquela com quem o cliente contratou inicialmente o serviço, podendo o cliente exigir desse comercializador a restituição da caução.

3 – Cessado o contrato de fornecimento de gás natural por qualquer das formas legal ou contratualmente estabelecidas, a quantia a restituir relativa à caução, prestada através de numerário, ou outro meio de pagamento à vista, resultará da actualização do valor da caução, com base no Índice de Preços no Consumidor, depois de deduzidos os montantes eventualmente em dívida.

4 – Para efeitos do disposto no n.º 3, a referida actualização terá por base o último índice mensal de preços no consumidor, publicado pelo Instituto Nacional de Estatística, excepto habitação, relativo a Portugal continental.

SECÇÃO V
Facturação e pagamento

ARTIGO 199.º
Facturação[12]

1 – A facturação apresentada pelos comercializadores, comercializadores de último recurso retalhistas e o comercializador de último recurso grossista aos seus clientes tem por base a informação sobre os dados de consumo disponibilizada pelos operadores das redes, nos termos do capítulo vii deste regulamento.

2 – Para efeitos do disposto no número anterior, os dados disponibilizados pelos operadores das redes que sejam obtidos por utilização de estimativas de consumo devem ter em conta o direito do cliente à escolha da metodologia a

---

[12] A redacção do presente artigo foi alterada pelo Despacho da ERSE n.º 15544/2008, publicado no Diário da República, II Série, n.º 107, de 4 de Junho

aplicar, de entre as opções existentes, no momento da celebração do contrato de fornecimento.

3 – A facturação dos preços das tarifas com valor fixo mensal deve considerar o número de dias a que diz respeito a factura, correspondendo o valor a facturar ao produto do número de dias pelo valor diário, apurado através do produto do encargo mensal por um factor igual ao quociente entre o número de meses do ano e o número de dias do ano.

4 – A facturação de gás natural é efectuada em kWh, sem prejuízo do disposto no n.º 4 do artigo 213.º.

Artigo 200.º
Periodicidade da facturação[13]

1 – Salvo acordo em contrário, a periodicidade da facturação do gás natural entre os comercializadores, comercializadores de último recurso retalhistas e comercializador de último recurso grossista e os seus clientes é mensal.

2 – As partes podem, nos termos do número anterior, acordar num prazo de periodicidade diferente do previsto, desde que o cliente considere que o prazo lhe é mais favorável.

3 – Sempre que a periodicidade da facturação acordada nos termos dos números anteriores não for observada, o pagamento do valor exigido pode ser fraccionado em prestações mensais, a pedido do cliente, considerando o período de facturação apresentado a pagamento, sem prejuízo do regime aplicável em sede de prescrição e caducidade.

4 – Se o incumprimento da periodicidade da facturação resultar de facto não imputável ao cliente, às prestações mensais previstas no número anterior não devem acrescer quaisquer juros legais ou convencionados.

Artigo 201.º
Preços a aplicar pelos comercializadores

1 – Os preços dos fornecimentos de gás natural dos comercializadores aos seus clientes são acordados livremente entre as partes.

2 – Sem prejuízo do disposto no número anterior, os preços praticados pelos comercializadores incluem uma parcela que corresponde às tarifas de acesso às redes, estabelecidas nos termos do Regulamento Tarifário.

---

[13] A redacção do presente artigo foi alterada pelo Despacho da ERSE n.º 15544/2008, publicado no Diário da República, II Série, n.º 107, de 4 de Junho

3 – Os preços das tarifas de acesso às redes resultam da soma dos preços das tarifas aplicadas a seguir indicadas:

a) Tarifa de Uso Global do Sistema;
b) Tarifa de Uso da Rede de Transporte;
c) Tarifas de Uso da Rede de Distribuição.

Artigo 202.º

Tarifas a aplicar pelos comercializadores de último recurso retalhistas e pelo comercializador de último recurso grossista

1 – Aos fornecimentos dos comercializadores de último recurso retalhistas e do comercializador de último recurso grossista aos seus clientes são aplicadas as tarifas de Venda a Clientes Finais, estabelecidas nos termos do Regulamento Tarifário.

2 – Os preços das tarifas de Venda a Clientes Finais resultam da soma dos preços das tarifas aplicadas a seguir indicadas:

a) Tarifa de Energia;
b) Tarifa de Uso Global do Sistema;
c) Tarifa de Uso da Rede de Transporte;
d) Tarifas de Uso da Rede de Distribuição;
e) Tarifa de Comercialização.

Artigo 203.º

Estrutura das tarifas

1 – As tarifas aplicáveis aos clientes com medição de registo diário são compostas pelos preços relativos a:

a) Termo tarifário fixo;
b) Capacidade utilizada;
c) Energia.

2 – As tarifas aplicáveis aos restantes clientes são compostas pelos preços relativos a:

a) Termo tarifário fixo;
b) Energia.

Artigo 204.º

Opções tarifárias

1 – As opções tarifárias são estabelecidas no Regulamento Tarifário.

2 – Para efeitos do disposto no número anterior, os comercializadores de último recurso retalhistas e o comercializador de último recurso grossista devem informar e aconselhar o cliente sobre a opção tarifária que se apresenta mais favorável para o seu caso específico.

3 – Sem prejuízo do disposto no artigo 206.º, a opção tarifária do cliente não pode ser alterada durante um período mínimo de um ano, salvo acordo em contrário entre as partes.

ARTIGO 205.º
Alteração da capacidade utilizada

1 – Sem prejuízo do disposto no artigo 126.º, nos casos em que nas instalações dos clientes com registo de medição diário se tenha procedido a investimentos com vista à utilização mais racional do gás natural, da qual tenha resultado uma redução de capacidade utilizada com carácter permanente, o pedido de redução da capacidade utilizada deve ser satisfeito no mês seguinte.

2 – O aumento de capacidade utilizada, por um cliente abrangido pelo número anterior, antes de decorrido o prazo de 12 meses, concede aos comercializadores de último recurso retalhistas e ao comercializador de último recurso grossista o direito de actualizar a capacidade utilizada para o valor anterior à redução, bem como o de cobrar, desde a data da redução, a diferença entre o encargo de capacidade utilizada que teria sido facturado se não houvesse redução e o efectivamente cobrado.

ARTIGO 206.º
Escalões de consumo

1 – Na celebração de novos contratos de fornecimento em que a tarifa aplicável depende do escalão de consumo, a escolha do escalão de consumo é um direito do cliente, devendo os comercializadores de último recurso retalhistas informar e aconselhar o cliente sobre o escalão de consumo que se apresenta mais favorável para a sua instalação.

2 – Quando a tarifa aplicável depende do escalão de consumo, o operador das redes deve verificar anualmente a adequação do escalão de consumo da instalação do cliente considerado para efeitos de facturação.

3 – A verificação referida no número anterior é efectuada com base no consumo verificado no ano anterior, devendo a primeira verificação ocorrer 12 meses após a celebração do contrato de fornecimento.

4 – Se antes de decorridos 12 meses sobre a data da última verificação, o consumo de uma determinada instalação tiver ultrapassado o valor anual que

corresponde ao escalão de consumo atribuído nos termos do n.º 2, o operador da rede deve atribuir-lhe um escalão de consumo superior.

5 – Os comercializadores, os comercializadores de último recurso retalhistas e o comercializador de último recurso grossista devem informar os clientes sempre que ocorra uma alteração do escalão de consumo atribuído às suas instalações.

6 – Para efeitos do número anterior, o operador das redes deve informar os comercializadores sobre a alteração do escalão de consumo dos respectivos clientes.

7 – Os escalões de consumo referidos no presente artigo são definidos no Regulamento Tarifário.

Artigo 207.º
Facturação dos encargos do termo fixo mensal

Os encargos do termo fixo mensal são facturados de acordo com os preços fixados para cada nível de pressão, tipo de leitura e escalão de consumo, em euros por mês.

Artigo 208.º
Facturação da capacidade utilizada em fornecimentos com registo de medição diário ou mensal

1 – Nos fornecimentos de gás natural com registo de medição diário, o valor da capacidade utilizada, calculado de acordo com o estabelecido no capítulo vii do presente regulamento, é facturado por aplicação do respectivo preço definido para cada opção tarifária e por nível de pressão, em euros por kWh/dia, por mês.

2 – Para efeitos de facturação, considera-se como capacidade utilizada de um conjunto de pontos de entrega a uma instalação consumidora, a soma das capacidades utilizadas dos vários pontos de entrega, mesmo no caso de existência de um contrato único.

Artigo 209.º
Facturação de energia

A energia fornecida é facturada por aplicação dos preços definidos por período tarifário, por escalão de consumo, por tipo de leitura e por nível de pressão, em euros por kWh.

ARTIGO 210.º
Acertos de facturação[14]

1 – Os acertos de facturação podem ser motivados, designadamente pelas seguintes situações:
a) Facturação baseada em estimativa de consumo;
b) Anomalia de funcionamento do equipamento de medição;
c) Procedimento fraudulento;
d) Correcção de erros de medição, leitura e facturação.

2 – O valor apurado com o acerto de facturação nos contratos celebrados com os comercializadores de último recurso retalhistas deverá ser liquidado em prazo idêntico ao estipulado para pagamento da factura seguinte à data de comunicação da correcção que motivou o acerto de facturação.

3 – Quando o valor apurado com o acerto de facturação for a favor do cliente, o seu pagamento deve ser efectuado por compensação de crédito na própria factura que tem por objecto o acerto, salvo declaração expressa em sentido diverso por parte do cliente.

4 – Quando o valor apurado no âmbito do acerto de facturação for a favor do comercializador de último recurso retalhista, aplica-se o disposto nos n.os 3 e 4 do artigo 200.º, considerando para o efeito o número de meses objecto do acerto de facturação.

5 – Os acertos de facturação a efectuar pelos comercializadores de último recurso retalhistas subsequentes à facturação que tenha tido por base a estimativa de consumos devem utilizar os dados disponibilizados pelo operador de rede, ou comunicados pelo cliente, recolhidos a partir de leitura directa do equipamento de medição, e ter em conta os prazos de prescrição e de caducidade.

6 – O comercializador de último recurso retalhista não será responsável pela inobservância do disposto no número anterior se, cumprido o disposto nos n.os 6 e 7 do artigo 152.º, bem como do n.º 1 do artigo 5.º-A do presente regulamento, não foi possível obter os dados de consumo recolhidos a partir de leitura directa do equipamento de medição, por facto imputável ao cliente.

7 – Para efeitos de acertos de facturação, no início e fim dos contratos celebrados com os comercializadores de último recurso retalhistas e comercializador de último recurso grossista, aplica-se o disposto no n.º 3 do artigo 199.º.

---

[14] A redacção do presente artigo foi alterada pelo Despacho da ERSE n.º 15544/ 2008, publicado no Diário da República, II Série, n.º 107, de 4 de Junho

Artigo 211.º
Facturação durante a interrupção do fornecimento

A interrupção do fornecimento de gás natural por facto imputável ao cliente não suspende a facturação do termo tarifário fixo e da capacidade utilizada.

Artigo 212.º
Facturação em períodos que abranjam mudança de tarifário

1 – A facturação em períodos que abranjam mudança de tarifário deve obedecer às regras constantes dos números seguintes.

2 – Para efeitos de aplicação dos respectivos preços, os dados de consumo de gás natural obtidos a partir de leitura ou de estimativa devem ser distribuídos pelos períodos anterior e posterior à data de entrada em vigor do novo tarifário, de forma diária e uniforme, aplicando-se os preços vigentes no período de facturação a que a factura respeita.

3 – A facturação do termo tarifário fixo e da capacidade utilizada deve ser efectuada por aplicação dos preços vigentes no período de facturação a que a factura respeita.

Artigo 213.º
Factura de gás natural

1 – As facturas a apresentar pelos comercializadores, comercializadores de último recurso retalhistas e comercializador de último recurso grossista aos seus clientes devem informar os seus clientes da desagregação dos valores facturados, evidenciando, no caso dos clientes elegíveis, nomeadamente, os valores relativos às tarifas de acesso às redes.

2 – Através da factura, inserindo-as no seu conteúdo ou acompanhando o seu envio aos clientes, podem ser disponibilizadas informações consideradas essenciais ao fornecimento de gás natural, devendo ser evitada a utilização da factura para fins promocionais de outros produtos ou serviços que não os relacionados com o fornecimento de gás natural.

3 – Sempre que ocorra uma interrupção de fornecimento à instalação do cliente, este deve ser informado através da factura da data e duração da interrupção, nos termos previstos no RQS.

4 – Nos casos em que é utilizado o m3 como unidade de medida do gás natural, a factura deve conter informação clara sobre o modo de conversão daquela unidade de medida para kWh, para efeitos de facturação.

5 – Os comercializadores de último recurso retalhistas devem ainda submeter à apreciação prévia da ERSE o formato e conteúdo das facturas a apresentar aos respectivos clientes.

Artigo 214.º
Pagamento

1 – Os comercializadores, os comercializadores de último recurso retalhistas e o comercializador de último recurso grossista devem proporcionar aos seus clientes diversos meios de pagamento, devendo o pagamento ser efectuado nas modalidades acordadas entre as partes.

2 – Os comercializadores, os comercializadores de último recurso retalhistas e o comercializador de último recurso grossista são responsáveis pelo cumprimento das obrigações decorrentes do uso das infra-estruturas pelos seus clientes, designadamente pelo pagamento das tarifas reguladas aplicáveis pelos operadores das infra-estruturas utilizadas para fornecimento de gás natural aos seus clientes.

3 – Os comercializadores, os comercializadores de último recurso retalhistas e o comercializador de último recurso grossista são responsáveis pelo pagamento de eventuais compensações definidas nos termos do RQS perante os seus clientes, uma vez recebidos os valores dos operadores das redes.

Artigo 215.º
Prazos de pagamento[15]

O prazo limite de pagamento mencionado na correspondente factura dos comercializadores de último recurso retalhistas é de:

a) 10 dias úteis, a contar da data de apresentação da factura, para os clientes em baixa pressão com consumo anual inferior ou igual a 10 000 m3 (n);

b) 30 dias, a contar da data de apresentação da factura, para os restantes clientes.

---

[15] A redacção do presente artigo foi alterada pelo Despacho da ERSE n.º 15544/2008, publicado no Diário da República, II Série, n.º 107, de 4 de Junho

ARTIGO 216.º

Mora

1 – O não pagamento da factura dentro do prazo estipulado para o efeito constitui o cliente em mora.

2 – Os atrasos de pagamento ficam sujeitos a cobrança de juros de mora à taxa de juro legal em vigor, calculados a partir do dia seguinte ao do vencimento da factura.

3 – Tratando-se de clientes com consumo anual inferior ou igual a 10 000 m3 (n) do comercializador de último recurso retalhista se o valor resultante do cálculo dos juros previsto no número anterior não atingir uma quantia mínima a publicar anualmente pela ERSE, os atrasos de pagamento podem ficar sujeitos ao pagamento dessa quantia, de modo a cobrir exclusivamente os custos de processamento administrativo originados pelo atraso.

4 – Para efeitos do número anterior, os comercializadores de último recurso retalhistas devem apresentar proposta fundamentada à ERSE, até 15 de Março de cada ano.

SECÇÃO VI

Interrupção do fornecimento de gás natural por facto imputável ao cliente

ARTIGO 217.º

Interrupção do fornecimento de gás natural por facto imputável ao cliente[16]

1 – Além do disposto no artigo 53.º deste regulamento, o comercializador de último recurso retalhista e o comercializador de último recurso grossista podem solicitar ao operador da rede a interrupção do fornecimento de gás natural por facto imputável ao cliente nas seguintes situações:

a) Falta de pagamento no prazo estipulado dos montantes devidos, nos termos dos artigos 210.º, 216.º e 218.º;

b) Falta de prestação ou de actualização da caução, quando seja exigível nos termos dos artigos 193.º e 196.º

2 – A interrupção do fornecimento por facto imputável ao cliente, só pode ter lugar após pré-aviso a efectuar pelo operador de rede, com uma antecedência mínima de 10 dias relativamente à data em que irá ocorrer.

---

[16] A redacção do presente artigo foi alterada pelo Despacho da ERSE n.º 15544/2008, publicado no Diário da República, II Série, n.º 107, de 4 de Junho

3 – No caso dos clientes com consumo anual inferior ou igual a 10 000 m3 (n), a interrupção de fornecimento por facto imputável ao cliente, não pode ter lugar no último dia útil da semana, ou na véspera de um feriado.

4 – Do pré-aviso referido no número anterior devem constar os motivos da interrupção do fornecimento, os meios ao dispor do cliente para evitar a interrupção, as condições de restabelecimento, bem como os preços dos serviços de interrupção e restabelecimento.

5 – A falta de pagamento dos montantes apurados em resultado do acerto de facturação, previsto no artigo 210.º, não deve permitir a interrupção do fornecimento de gás natural quando seja invocada a prescrição ou caducidade, nos termos e meios previstos na lei.

SECÇÃO VII
Procedimentos fraudulentos

ARTIGO 218.º
Procedimentos fraudulentos

1 – Qualquer procedimento susceptível de falsear o funcionamento normal ou a leitura dos equipamentos de medição constitui violação do contrato de fornecimento de gás natural.

2 – A verificação do procedimento fraudulento e o apuramento da responsabilidade civil e criminal que lhe possam estar associadas obedecem ao disposto na lei.

3 – Sem prejuízo do disposto no número anterior, as entidades lesadas com o procedimento fraudulento têm o direito de serem ressarcidas das quantias que venham a ser devidas em razão das correcções efectuadas.

4 – A determinação dos montantes previstos no número anterior deve considerar o regime de tarifas e preços aplicável ao período durante o qual perdurou o procedimento fraudulento, bem como todos os factos relevantes para a estimativa dos fornecimentos realmente efectuados, designadamente as características da instalação, o seu regime de funcionamento e os fornecimentos antecedentes, se os houver.

CAPÍTULO X
Garantias administrativas e resolução de conflitos

SECÇÃO I
Garantias administrativas

Artigo 219.º
Admissibilidade de petições, queixas e denúncias

Sem prejuízo do recurso aos tribunais, as entidades interessadas podem apresentar junto da ERSE quaisquer petições, queixas ou denúncias contra acções ou omissões das entidades reguladas que intervêm no SNGN, que possam constituir inobservância das regras previstas no presente regulamento e não revistam natureza contratual.

Artigo 220.º
Forma e formalidades

As petições, queixas ou denúncias, previstas no artigo anterior, são dirigidas por escrito à ERSE, devendo das mesmas constar obrigatoriamente os fundamentos de facto que as justificam, bem como, sempre que possível, os meios de prova necessários à sua instrução.

Artigo 221.º
Instrução e decisão

À instrução e decisão sobre as petições, queixas ou denúncias apresentadas aplicam-se as disposições constantes do Código do Procedimento Administrativo.

SECÇÃO II
Resolução de conflitos

Artigo 222.º
Disposições gerais

1 – Os interessados podem apresentar reclamações junto da entidade com quem se relacionam contratual ou comercialmente, sempre que considerem que

os seus direitos não foram devidamente acautelados, em violação do disposto no presente regulamento e na demais legislação aplicável.

2 – As regras relativas à forma e meios de apresentação de reclamações previstas no número anterior, bem como sobre o seu tratamento, são as definidas nos termos do Regulamento da Qualidade de Serviço.

3 – Sem prejuízo do recurso aos tribunais, judiciais e arbitrais, nos termos da lei, se não for obtida junto da entidade do SNGN com quem se relacionam uma resposta atempada ou fundamentada ou a mesma não resolver satisfatoriamente a reclamação apresentada, os interessados podem solicitar a sua apreciação pela ERSE, individualmente ou através de organizações representativas dos seus interesses.

4 – A intervenção da ERSE deve ser solicitada por escrito, invocando os factos que motivaram a reclamação e apresentando todos os elementos de prova de que se disponha.

5 – A ERSE promove a resolução de conflitos através da mediação, conciliação e arbitragem voluntária.

Artigo 223.º
Arbitragem voluntária

1 – Os conflitos emergentes do relacionamento comercial e contratual previsto no presente regulamento podem ser resolvidos através do recurso a sistemas de arbitragem voluntária.

2 – Para efeitos do disposto no número anterior, as entidades que intervêm no relacionamento comercial no âmbito do SNGN podem propor aos seus clientes a inclusão no respectivo contrato de uma cláusula compromissória para a resolução dos conflitos que resultem do cumprimento de tais contratos.

3 – Ainda para efeitos do disposto no n.º 1, a ERSE pode promover, no quadro das suas competências específicas, a criação de centros de arbitragem.

4 – Enquanto tais centros de arbitragem não forem criados, a promoção do recurso ao processo de arbitragem voluntária deve considerar o previsto na legislação aplicável.

Artigo 224.º
Mediação e conciliação de conflitos[17]

1 – A mediação e a conciliação são procedimentos de resolução extrajudicial de conflitos, com carácter voluntário, cujas decisões são da respon-

---

[17] A redacção do presente artigo foi alterada pelo Despacho da ERSE n.º 15544/2008, publicado no Diário da República, II Série, n.º 107, de 4 de Junho

sabilidade das partes em conflito, na medida em que a solução para o conflito concreto não é imposta pela ERSE.

2 – Através da mediação e da conciliação, a ERSE pode, respectivamente, recomendar a resolução do conflito e sugerir às partes que encontrem de comum acordo uma solução para o conflito.

3 – As regras aplicáveis aos procedimentos de mediação e conciliação são as constantes do Regulamento de Mediação e Conciliação de Conflitos aprovado pela ERSE.

4 – A intervenção da ERSE através dos procedimentos descritos no presente artigo, relativamente aos conflitos de consumo, suspende os prazos de recurso às instâncias judiciais, nos termos da lei.

CAPÍTULO XI
Disposições finais e transitórias

ARTIGO 225.º
Sanções administrativas

Sem prejuízo da responsabilidade civil, criminal e contratual a que houver lugar, o incumprimento do disposto no presente regulamento é cominado nos termos do regime sancionatório estabelecido na legislação aplicável.

ARTIGO 226.º
Pareceres interpretativos da ERSE

1 – As entidades que integram o Sistema Nacional de Gás Natural podem solicitar à ERSE pareceres interpretativos sobre a aplicação do presente regulamento.

2 – Os pareceres emitidos nos termos do número anterior não têm carácter vinculativo.

3 – As entidades que solicitarem os pareceres não estão obrigadas a seguir as orientações contidas nos mesmos, mas, sempre que aplicável, tal circunstância será levada em consideração no julgamento das petições, queixas ou denúncias, quando estejam em causa matérias abrangidas pelos pareceres.

4 – O disposto no número anterior não prejudica a prestação de informações referentes à aplicação do presente regulamento às entidades interessadas, designadamente aos consumidores.

Artigo 227.º
Norma remissiva

Aos procedimentos administrativos previstos no presente regulamento, não especificamente nele regulados, aplicam-se as disposições do Código do Procedimento Administrativo.

Artigo 228.º
Fiscalização e aplicação do regulamento

1 – A fiscalização e a aplicação do cumprimento do disposto no presente regulamento é da competência da ERSE.

2 – No âmbito da fiscalização deste regulamento, a ERSE goza das prerrogativas que lhe são conferidas pelo Decreto-Lei n.º 97/2002, de 12 de Abril, e estatutos anexos a este diploma, bem como pelo Decreto-Lei n.º 30/2006, de 15 de Fevereiro.

3 – As primeiras auditorias externas mencionadas no artigo 158.º e no artigo 167.º referem-se ao ano gás com início em 1 de Julho de 2007.

Artigo 229.º
Facturação de gás natural em kWh

O disposto no n.º 4 do artigo 213.º do presente regulamento só entra em vigor com a aprovação pela ERSE das tarifas e preços aplicáveis aos clientes finais.

Artigo 230.º
Entrada em vigor

1 – O presente regulamento entra em vigor no dia seguinte ao da sua publicação.

2 – Sem prejuízo do estabelecido no número anterior, até à publicação dos Manuais de Procedimentos e demais documentos previstos no presente regulamento as disposições deles dependentes são transitoriamente aplicadas pelos respectivos destinatários considerando, com as devidas adaptações, o regime provisório estabelecido no artigo 69.º do Decreto-Lei n.º 140/2006, de 26 de Julho, acomodado aos princípios constantes do regulamento.

ANEXO II
Regulamento tarifário

CAPÍTULO I
Disposições e princípios e gerais

ARTIGO 1.º
Objecto

O presente regulamento, editado ao abrigo do n.º 1 do artigo 63.º do Decreto-Lei n.º 140/2006, de 26 de Julho, e do n.º 2 do artigo 15.º dos Estatutos da ERSE, anexos ao Decreto-Lei n.º 97/2002, de 12 de Abril, estabelece as disposições aplicáveis aos critérios e métodos para a formulação de tarifas e preços de gás natural a aplicar pelas entidades por ele abrangidas, à definição das tarifas reguladas e respectiva estrutura, ao processo de cálculo e determinação das tarifas, à determinação dos proveitos permitidos, aos procedimentos a adoptar para a fixação das tarifas, sua alteração e publicitação, bem como às obrigações das entidades do Sistema Nacional de Gás Natural, nomeadamente, em matéria de prestação de informação.

ARTIGO 2.º
Âmbito

1 – O presente regulamento tem por âmbito as tarifas a aplicar nas seguintes relações comerciais:

a) Utilização do terminal de recepção, armazenamento e regaseificação de gás natural liquefeito.

b) Utilização do armazenamento subterrâneo de gás natural.

c) Utilização da rede de transporte.

d) Utilização da rede de distribuição.

e) Entregas do operador da rede de transporte aos operadores das redes de distribuição.

f) Fornecimentos do comercializador de último recurso grossista aos comercializadores de último recurso retalhistas.

g) Fornecimentos do comercializador de último recurso grossista no âmbito da actividade de Comercialização a grandes clientes.

h) Fornecimentos dos comercializadores de último recurso retalhistas a clientes finais.

2 – Estão abrangidos pelo âmbito de aplicação do presente regulamento:

a) Os consumidores ou clientes.

b) Os comercializadores de último recurso retalhistas.

c) O comercializador de último recurso grossista.

d) O comercializador do SNGN.

e) O operador logístico de mudança de comercializador.

f) Os operadores das redes de distribuição.

g) O operador da rede de transporte.

h) Os operadores de armazenamento subterrâneo.

i) Os operadores de terminal de recepção, armazenamento e regaseificação de GNL.

ARTIGO 3.º
Siglas e definições

1 – No presente regulamento são utilizadas as seguintes siglas:

a) AP – Alta pressão.

b) ASG – Armazenamento subterrâneo de gás natural.

c) BP – Baixa pressão.

d) BP> – Baixa pressão para fornecimentos anuais superiores a 10 000 m3 (n) por ano.

e) BP< – Baixa pressão para fornecimentos anuais inferiores ou iguais a 10 000 m3 (n) por ano.

f) CIF – Custo, seguro e frete.

g) ERSE – Entidade Reguladora dos Serviços Energéticos.

h) GNL – Gás natural liquefeito.

i) INE – Instituto Nacional de Estatística.

j) MP – Média pressão.

k) POC – Plano oficial de contabilidade.

l) RPGN – Rede Pública de Gás Natural.

m) RNDGN – Rede Nacional de Distribuição de Gás Natural.

n) RNTGN – Rede Nacional de Transporte de Gás Natural.

o) RNTIAT – Rede Nacional de Transporte, Infra-estruturas de Armazenamento e Terminais de GNL.

p) RT – Regulamento Tarifário.

q) SNGN – Sistema Nacional de Gás Natural.

2 – Para efeitos do presente regulamento, entende se por:

a) Activo fixo – imobilizados corpóreo e incorpóreo, conforme definidos no âmbito do Plano Oficial de Contabilidade. Os activos corpóreos e incorpóreos a considerar para efeitos de regulação são os que resultarem do processo de reavaliação ao abrigo do Decreto-Lei n.º 140/2006, de 26 de Julho, à data do início da nova concessão e ao custo de aquisição ou construção para os bens adquiridos posteriormente.

b) Agente de mercado – entidade que transacciona gás natural nos mercados organizados ou por contratação bilateral, correspondendo às seguintes entidades: comercializadores, comercializador do SNGN, comercializadores de último recurso retalhistas, comercializador de último recurso grossista e clientes elegíveis que adquirem gás natural nos mercados organizados ou por contratação bilateral.

c) Alta pressão – pressão cujo valor, relativamente à pressão atmosférica, é superior a 20 bar.

d) Ano gás – período compreendido entre as 00:00h de 1 de Julho e as 24:00h de 30 de Junho do ano seguinte.

e) Armazenamento subterrâneo de gás natural – conjunto de cavidades, equipamentos e redes que, após recepção do gás na interface com a RNTGN, permite armazenar o gás natural na forma gasosa em cavidades subterrâneas, ou reservatórios especialmente construídos para o efeito e, posteriormente, voltar a injectá-lo na RNTGN através da mesma interface de transferência de custódia.

f) Capacidade utilizada – é a quantidade máxima diária de gás natural que os operadores de redes colocam à disposição no ponto de entrega, registada num período de 12 meses, em kWh/dia.

g) Capacidade de regaseificação utilizada no terminal de GNL – valor máximo do consumo medido no ponto de entrega do terminal de GNL, na rede de transporte, registado no período de um dia, durante o intervalo de 12 meses, incluindo o mês a que a factura respeita, em kWh/dia.

h) Cliente – pessoa singular ou colectiva que compra gás natural para consumo próprio.

i) Comercializador – entidade titular de licença de comercialização de gás natural que exerce a actividade de Comercialização livremente.

j) Comercializador do SNGN – entidade titular dos contratos de longo prazo e em regime de take or pay celebrados antes da entrada em vigor da Directiva n.º 2003/55/CE, do Parlamento e do Conselho, de 26 de Junho, nos termos definidos no Decreto-Lei n.º 140/2006, de 26 de Julho.

k) Comercializador de último recurso grossista – entidade titular de licença de comercialização de último recurso que está obrigada a assegurar o fornecimento de gás natural aos comercializadores de último recurso retalhistas, bem como aos grandes clientes que, por opção ou por não reunirem as condições, não exerçam o seu direito de elegibilidade.

l) Comercializador de último recurso retalhista – entidade titular de licença de comercialização de último recurso que está obrigada a assegurar o fornecimento de gás natural a todos os consumidores com consumo anual inferior a 2 milhões de m3 (n) ligados à rede que, por opção ou por não reunirem as condições de elegibilidade para manter uma relação contratual com outro comercializador, ficam sujeitos ao regime de tarifas e preços regulados.

m) Comparticipações – subsídios a fundo perdido e comparticipações de clientes aos investimentos.

n) Distribuição – veiculação de gás natural através de redes de distribuição de média ou baixa pressão, para entrega às instalações fisicamente ligadas à rede de distribuição, excluindo a comercialização.

o) Energia armazenada na infra-estrutura de armazenamento subterrâneo – valor diário das existências de energia numa determinada infra-estrutura de armazenamento subterrâneo, atribuíveis a cada utilizador, determinadas às 24 horas de cada dia, em kWh.

p) Energia armazenada no terminal de GNL – valor diário das existências de energia no terminal de GNL, atribuíveis a cada utilizador, determinadas às 24 horas de cada dia, em kWh.

q) Energia em períodos de ponta – energia do gás natural entregue no período definido como ponta, medido ou determinado a partir de grandezas medidas (volume, temperatura e pressão), em kWh.

r) Energia entregue – energia do gás natural entregue, medido ou determinado a partir de grandezas medidas (volume, temperatura e pressão), em kWh.

s) Energia entregue pelo terminal de GNL – energia associada ao volume de gás natural entregue pelo terminal de GNL, em kWh.

t) Energia extraída na infra-estrutura de armazenamento – energia associada ao volume de gás natural entregue, por uma infra-estrutura de armazenamento, na rede de transporte de gás natural, em kWh.

u) Energia injectada na infra-estrutura de armazenamento – energia associada ao volume de gás natural entregue, a uma infra-estrutura de armazenamento, a partir da rede de transporte de gás natural, em kWh.

v) Fornecimentos a clientes – quantidades envolvidas na facturação das tarifas de venda a clientes finais.

w) Gestão Técnica Global do Sistema – conjunto de actividades e responsabilidades de coordenação do SNGN, de forma a assegurar a segurança e continuidade do abastecimento de gás natural.

x) Grandes clientes – clientes com consumo anual igual ou superior a 2 milhões de m3 (n).

y) Índice de Preços Implícitos no Consumo Privado – variação dos preços no Consumo Final das Famílias, divulgada pelo INE, nas contas nacionais trimestrais.

z) Média pressão – pressão cujo valor, relativamente à pressão atmosférica, é igual ou superior a 4 bar e igual ou inferior a 20 bar.

aa) Mercados organizados – os sistemas com diferentes modalidades de contratação que possibilitam o encontro entre a oferta e a procura de gás natural e de instrumentos cujo activo subjacente seja gás natural ou activo equivalente.

bb) Operador de terminal de recepção, armazenamento e regaseificação de GNL – entidade concessionária do respectivo terminal, sendo responsável por assegurar a sua exploração e manutenção, bem como a sua capacidade de armazenamento e regaseificação em condições de segurança, fiabilidade e qualidade de serviço.

cc) Operador de armazenamento subterrâneo de gás natural – entidade concessionária do respectivo armazenamento subterrâneo, responsável pela exploração e manutenção das capacidades de armazenamento e das infra-estruturas de superfície, em condições de segurança, fiabilidade e qualidade de serviço.

dd) Operador da rede de distribuição – entidade concessionária da Rede Nacional de Transporte de Gás natural, responsável pela exploração, manutenção e desenvolvimento da rede de transporte em condições de segurança, fiabilidade e qualidade de serviço, bem como das suas interligações com outras redes, quando aplicável, devendo assegurar a capacidade da rede a longo prazo para atender pedidos razoáveis de transporte de gás natural.

ee) Operador da rede de transporte – entidade concessionária da Rede Nacional de Transporte de gás natural, responsável pela exploração, manutenção e desenvolvimento da rede de transporte em condições de segurança, fiabilidade e qualidade de serviço, bem como das suas interligações com outras redes, quando aplicável, devendo assegurar a capacidade da rede a longo prazo para atender pedidos razoáveis de transporte de gás natural.

ff) Período tarifário – intervalo de tempo durante o qual vigora um preço de um termo tarifário.

gg) Quantidades excedentárias de gás natural – diferença entre as quantidades de gás natural adquiridas no âmbito dos contratos de aprovisionamento de longo prazo em regime de take or pay celebrados antes da entrada em vigor da Directiva n.º 2003/55/CE, do Parlamento e do Conselho, de 26 de Junho e as quantidades necessárias a assegurar a obrigação de fornecimento de gás natural à actividade de Compra e Venda de Gás Natural para Fornecimento aos Comercializadores de Último Recurso do comercializador de último recurso grossista e aos centros electroprodutores com contrato de fornecimento outorgado em data anterior à publicação do Decreto-Lei n.º 140/2006, de 26 de Julho.

hh) Rede Nacional de Distribuição de Gás Natural – o conjunto das infra-estruturas de serviço público destinadas à distribuição de gás natural.

ii) Rede Nacional de Transporte de Gás Natural – o conjunto das infra-estruturas de serviço público destinadas ao transporte de gás natural.

jj) Rede Nacional de Transporte, Infra-estruturas de Armazenamento e Terminais de GNL – o conjunto das infra-estruturas de serviço público destinadas à recepção e ao transporte em gasoduto, ao armazenamento subterrâneo e à recepção, ao armazenamento e à regaseificação de GNL.

kk) Rede Pública de Gás Natural – o conjunto das infra-estruturas de serviço público destinadas à recepção, ao transporte e à distribuição em gasoduto, ao armazenamento subterrâneo e à recepção, armazenamento e regaseificação de GNL.

ll) Sistema Público de Gás Natural – Subsistema do SNGN que compreende os comercializadores de último recurso retalhistas, o comercializador de último recurso grossista, os consumidores não elegíveis, bem como os consumidores elegíveis que não exerçam esse direito.

mm) Terminal de GNL – o conjunto de infra-estruturas ligadas directamente à rede de transporte destinadas à recepção e expedição de navios metaneiros, armazenamento, tratamento e regaseificação de GNL e à sua posterior emissão para a rede de transporte, bem como o carregamento de GNL em camiões cisterna e navios metaneiros.

nn) Transporte – veiculação de gás natural numa rede interligada de alta pressão, para efeitos de recepção e entrega a distribuidores e a instalações fisicamente ligadas à rede de transporte, excluindo a comercialização.

oo) Utilizador – pessoa singular ou colectiva que entrega gás natural na rede ou que é abastecida através dela, incluindo os clientes agentes de mercado, os comercializadores, o comercializador de último recurso grossista e os comercializadores de último recurso retalhistas.

ARTIGO 4.º

Prazos

1 – Sem prejuízo de outra indicação específica, os prazos estabelecidos no presente regulamento que não tenham natureza administrativa são prazos contínuos.

2 – Os prazos previstos no número anterior contam-se nos termos do Código Civil.

3 – Os prazos de natureza administrativa fixados no presente regulamento que envolvam entidades públicas contam-se nos termos do Código do Procedimento Administrativo.

ARTIGO 5.º

Princípios gerais

O presente regulamento fundamenta-se no respeito pelos seguintes princípios:

a) Igualdade de tratamento e de oportunidades.

b) Harmonização dos princípios tarifários, de modo que o mesmo sistema tarifário se aplique igualmente a todos os clientes.

c) Transparência e simplicidade na formulação e fixação das tarifas.

d) Inexistência de subsidiações cruzadas entre actividades e entre clientes, através da adequação das tarifas aos custos e da adopção do princípio da aditividade tarifária.

e) Transmissão dos sinais económicos adequados a uma utilização eficiente das redes e demais infra-estruturas do SNGN.

f) Protecção dos clientes face à evolução das tarifas, assegurando simultaneamente o equilíbrio económico e financeiro às actividades reguladas em condições de gestão eficiente.

g) Criação de incentivos ao desempenho eficiente das actividades reguladas das empresas.

h) Contribuição para a promoção da eficiência energética e da qualidade ambiental.

CAPÍTULO II

Actividades e contas das empresas reguladas

Artigo 6.º

Actividade reguladas

1 – O presente regulamento abrange as seguintes actividades reguladas, definidas nos termos do Regulamento das Relações Comerciais:

a) Actividade de Recepção, Armazenamento e Regaseificação de GNL, exercida pelos operadores de terminal de recepção, armazenamento e regaseificação de GNL, inclui as seguintes funções:

i) Recepção de GNL.

ii) Armazenamento de GNL.

iii) Regaseificação de GNL.

b) Actividade de Armazenamento Subterrâneo de gás natural exercida pelos operadores de armazenamento subterrâneo de gás natural.

c) Actividade de Operação Logística de Mudança de Comercializador exercida pelo operador logístico de mudança de comercializador.

d) Actividade de Gestão Técnica Global do Sistema exercida pelo operador da rede de transporte.

e) Actividade de Transporte de gás natural exercida pelo operador da rede de transporte.

f) Actividade de Acesso à RNTGN exercida pelo operador da rede de transporte.

g) Actividade de Distribuição de gás natural exercida pelos operadores das redes de distribuição.

h) Actividade de Acesso à RNTGN e à RNDGN exercida pelos operadores das redes de distribuição.

i) Actividade de Compra e Venda de gás natural no âmbito da gestão dos contratos de aprovisionamento de longo prazo em regime de take or pay celebrados em data anterior à publicação da Directiva 2003/55/CE, de 26 de Junho exercida pelo comercializador do SNGN.

j) Actividade de Compra e Venda de gás natural para fornecimento aos comercializadores de último recurso, exercida pelo comercializador de último recurso grossista.

k) Actividade de Comercialização de último recurso a grandes clientes, exercida pelo comercializador de último recurso grossista, inclui as seguintes funções:

i) Compra e Venda de gás natural a grandes clientes.

ii) Compra e Venda do Acesso à RNTGN e à RNDGN a grandes clientes.

iii) Comercialização de gás natural a grandes clientes.

l) Actividade de Comercialização de gás natural, exercida pelos comercializadores de último recurso retalhistas, inclui as seguintes funções:

i) Compra e Venda de gás natural.

ii) Compra e Venda do Acesso à RNTGN e à RNDGN.

iii) Comercialização de gás natural.

Artigo 7.º

Contas reguladas

1 – Os operadores de terminal de recepção, armazenamento e regaseificação de GNL, os operadores de armazenamento subterrâneo de gás natural, o operador da rede de transporte de gás natural, o operador logístico de mudança de comercializador de gás natural, os operadores das redes de distribuição de gás natural, o comercializador do SNGN, o comercializador de último recurso grossista e os comercializadores de último recurso retalhistas de gás natural devem manter actualizada a contabilidade para efeitos de regulação, adiante denominada de contas reguladas, nos termos estabelecidos no presente regulamento.

2 – As contas reguladas devem obedecer às regras estabelecidas no presente regulamento e nas normas e metodologias complementares emitidas pela ERSE.

3 – A ERSE, sempre que para efeitos da adequada aplicação do presente regulamento julgar conveniente, pode emitir normas e metodologias complementares que permitam especificar, detalhar ou clarificar a informação disponibilizada nas contas reguladas.

4 – As normas e metodologias complementares emitidas pela ERSE aplicam se às contas do ano gás em que são publicadas e às dos anos gás seguintes.

5 – As contas reguladas enviadas anualmente à ERSE, de acordo com o estabelecido no Capítulo VI do presente regulamento, são aprovadas pela ERSE constituindo as contas reguladas aprovadas.

6 – As contas reguladas, enviadas à ERSE para aprovação, devem ser preparadas tomando sempre como base as contas reguladas aprovadas, do ano gás anterior.

CAPÍTULO III
Tarifas reguladas

SECÇÃO I
Disposições gerais

ARTIGO 8.º
Definição das tarifas

O presente regulamento define as seguintes tarifas:

a) Tarifa de Acesso às Redes.

b) Tarifa de Venda a Clientes Finais a aplicar por cada comercializador de último recurso retalhista.

c) Tarifa de Venda a Clientes Finais a aplicar no âmbito da actividade de Comercialização de último recurso a grandes clientes.

d) Tarifa de Energia da actividade de Compra e Venda de gás natural para fornecimento aos comercializadores de último recurso.

e) Tarifa de Energia a aplicar por cada comercializador de último recurso.

f) Tarifa de Uso do Terminal de Recepção, Armazenamento e Regaseificação de GNL.

g) Tarifa de Uso do Armazenamento Subterrâneo.

h) Tarifa de Uso Global do Sistema.

i) Tarifa de Uso da Rede de Transporte.

j) Tarifa de Uso da Rede de Distribuição de cada operador de rede de distribuição:

i) Tarifa de Uso da Rede de Distribuição em MP.

ii) Tarifa de Uso da Rede de Distribuição em BP.

k) Tarifa de Comercialização a aplicar por cada comercializador de último recurso.

ARTIGO 9.º

Fixação das tarifas

1 – As tarifas referidas no artigo anterior são estabelecidas de acordo com as metodologias definidas no Capítulo IV e no Capítulo V e com os procedimentos definidos no Capítulo VI.

2 – O operador do terminal de recepção, armazenamento e regaseificação de GNL, o operador do armazenamento subterrâneo, o operador da rede de transporte, os operadores das redes de distribuição e os comercializadores de último recurso podem propor à ERSE tarifas que proporcionem níveis de proveitos inferiores aos estabelecidos pela ERSE.

3 – As tarifas referidas no número anterior devem ser oferecidas de forma não discriminatória.

4 – No caso das tarifas estabelecidas ao abrigo do n.º 2, a correspondente redução nos proveitos não é considerada para efeitos de determinação dos ajustamentos anuais previstos no Capítulo IV.

SECÇÃO II

Estrutura do tarifário

ARTIGO 10.º

Tarifas e proveitos

1 – As tarifas previstas no presente Capítulo nos termos do Quadro 1 e do Quadro 2 são estabelecidas por forma a proporcionarem os proveitos definidos no Capítulo IV.

2 – A tarifa de Uso do Terminal de Recepção, Armazenamento e Regaseificação de GNL a aplicar pelo operador de terminal de GNL às suas entregas e quantidades armazenadas deve proporcionar os proveitos permitidos da actividade de Recepção, armazenamento e regaseificação de GNL.

3 – A tarifa de Uso do Armazenamento Subterrâneo a aplicar pelos operadores de armazenamento subterrâneo às suas recepções, entregas e quantidades armazenadas deve proporcionar os proveitos permitidos da actividade de Armazenamento subterrâneo de gás natural.

4 – A tarifa de Uso Global do Sistema a aplicar pelo operador da rede de transporte às suas entregas em AP e à energia entrada nas redes de distribuição abastecidas a partir de GNL deve proporcionar os proveitos permitidos da actividade de Gestão técnica global do sistema do operador da rede de transporte.

5 – A tarifa de Uso da Rede de Transporte a aplicar pelo operador da rede de transporte às entregas em AP e à energia entrada nas redes de distribuição

abastecidas a partir de GNL deve proporcionar os proveitos permitidos da actividade de Transporte de gás natural.

6 – As tarifas de Uso da Rede de Distribuição em MP e de Uso da Rede de Distribuição em BP devem proporcionar os proveitos permitidos das actividades de Distribuição de gás natural de cada operador de rede.

7 – As tarifas de Uso da Rede de Distribuição são aplicadas às entregas do nível de pressão em que é efectuada a entrega e dos níveis de pressão inferiores.

8 – As tarifas de Comercialização a aplicar pelos comercializadores de último recurso aos fornecimentos aos seus clientes devem proporcionar os proveitos permitidos das funções de Comercialização de gás natural de cada comercializador de último recurso.

9 – A tarifa de Uso Global do Sistema a aplicar às entregas dos operadores de redes de distribuição deve proporcionar os proveitos a recuperar por cada operador de redes de distribuição relativos à Gestão técnica global do sistema.

10 – A tarifa de Uso da Rede de Transporte a aplicar às entregas dos operadores das redes de distribuição devem proporcionar os proveitos a recuperar por cada operador de redes de distribuição relativos ao transporte de gás natural.

11 – Os proveitos a recuperar pelos operadores das redes de distribuição definidos nos n.ºˢ 6, 9 e 10 coincidem com os proveitos permitidos da actividade de Acesso à RNTGN e à RNDGN.

12 – Os proveitos a recuperar pelo operador da rede de transporte definidos nos n.ºˢ 4 e 5 coincidem com os proveitos permitidos da actividade de Acesso à RNTGN.

13 – A tarifa de Energia a aplicar aos fornecimentos a comercializadores de último recurso retalhistas e aos fornecimentos à actividade de Comercialização de último recurso a grandes clientes, deve proporcionar os proveitos permitidos na actividade de Compra e Venda de gás natural para fornecimento aos comercializadores de último recurso, do comercializador de último recurso grossista.

14 – A tarifa de Energia a aplicar pelos comercializadores de último recurso aos fornecimentos a clientes finais, deve proporcionar os proveitos permitidos das funções de Compra e Venda de gás natural de cada comercializador de último recurso.

15 – Os comercializadores de último recurso retalhistas e o comercializador de último recurso grossista, este último no âmbito da comercialização de último recurso a grandes clientes, aplicam aos fornecimentos a clientes finais em MP e BP as tarifas referidas nos n.ºˢ 6, 9 e 10 e aos fornecimentos a clientes finais em AP as tarifas referidas nos n.ºˢ 4 e 5, que lhes permitem recuperar os proveitos permitidos da função de Compra e Venda do Acesso à RNTGN e à RNDGN.

16 – As tarifas de Venda a Clientes Finais dos comercializadores de último recurso resultam da adição das tarifas referidas nos n.ºˢ 6, 8, 9, 10 e 14 para os

fornecimentos em MP e BP e nos n.ºs 4, 5, 8 e 14 para os fornecimentos em AP, nos termos do artigo 11.º

17 – As tarifas de Acesso às Redes em AP aplicam se às entregas do operador da rede de transporte e resultam da adição das tarifas referidas nos n.ºs 4 e 5 do presente artigo, nos termos do artigo 12.º

18 – As tarifas de Acesso às Redes em MP e BP aplicam se às entregas dos operadores das redes de distribuição e resultam da adição das tarifas referidas nos n.ºs 6, 9 e 10 do presente artigo, nos termos do artigo 12.º

19 – Os preços das tarifas estabelecidas no presente regulamento são definidos anualmente com excepção das tarifas de Energia e das tarifas de Venda a Clientes Finais para fornecimentos em AP, MP e BP>.

20 – Os preços da tarifa de Energia referida no n.º 13 são definidos trimestralmente.

21 – Os preços da tarifa de Energia referida no n.º 14 e das tarifas de Venda a Clientes Finais referidas no n.º 16, são definidos trimestralmente para os fornecimentos em AP, MP e BP>.

22 – A equivalência entre tarifas e proveitos, referidos nos números anteriores, aplica-se sem prejuízo do disposto na Secção IX do Capítulo IV.

QUADRO 1

Tarifas e proveitos do operador da rede de transporte
e dos operadores das redes de distribuição

Operador da rede de transporte		Operadores das redes de distribuição		Clientes
Proveitos	Tarifas	Proveitos	Tarifas	Níveis de pressão
Actividade de Gestão técnica global do sistema	UGS$_{ORT}$			AP
		Proveitos a recuperar pelas tarifas de UGS	UGS$_{ORD}$	MP
				BP
Actividade de Transporte de gás natural	URT$_{ORT}$			AP
		Proveitos a recuperar pelas tarifas de URT	URT$_{ORD}$	MP
				BP
		Actividade de Distribuição de gás natural	URD$_{MP}$	MP
				BP
			URD$_{BP}$	BP

Legenda:
UGS$_{ORT}$ Tarifa de Uso Global do Sistema do operador da rede de transporte
UGS$_{ORD}$ Tarifa de Uso Global do Sistema dos operadores das redes de distribuição
URT$_{ORT}$ Tarifa de Uso da Rede de Transporte do operador da rede de transporte
URT$_{ORD}$ Tarifa de Uso da Rede de Transporte dos operadores das redes de distribuição
URD$_{MP}$ Tarifa de Uso da Rede de Distribuição em MP
URD$_{BP}$ Tarifa de Uso da Rede de Distribuição em BP

QUADRO 2

Tarifas e proveitos da comercialização de último recurso retalhista e a grandes clientes

Comercialização de último recurso retalhista e a grandes clientes		Clientes
Proveitos	Tarifas	Nível de pressão / escalão de consumo
Função de Compra e Venda do Acesso à RNTGN e à RNDGN	$UGS_{ORT} + URT_{ORT}$	AP
	$UGS_{ORD} + URT_{ORD} + URD_{MP,D}$	MP_D
	$UGS_{ORD} + URT_{ORD} + URD_{MP,M}$	MP_M
	$UGS_{ORD} + URT_{ORD} + URD_{MP} + URD_{BP>,D}$	$BP>_D$
	$UGS_{ORD} + URT_{ORD} + URD_{MP} + URD_{BP>,M}$	$BP>_M$
	$UGS_{ORD} + URT_{ORD} + URD_{MP} + URD_{BP<,O}$	BP<
Função de Compra e Venda de gás natural	E	AP
		MP
		BP
Função de Comercialização de gás natural	C_{GC}	$> 2x10^6 \ m^3 \ (n)$
	C_{MC}	$> 10\ 000 \ m^3 \ (n)$ e $< 2x10^6 \ m^3 \ (n)$
	$C_{BP<}$	BP<

Legenda:
E — Tarifa de Energia
UGS_{ORT} — Tarifa de Uso Global do Sistema do operador da rede de transporte
UGS_{ORD} — Tarifa de Uso Global do Sistema dos operadores das redes de distribuição
URT_{ORT} — Tarifa de Uso da Rede de Transporte do operador da rede de transporte
URT_{ORD} — Tarifa de Uso da Rede de Transporte dos operadores das redes de distribuição
$URD_{MP,D}$ — Tarifa de Uso da Rede de Distribuição em MP, para clientes com leitura diária
$URD_{MP,M}$ — Tarifa de Uso da Rede de Distribuição em MP, para clientes com leitura mensal
URD_{MP} — Tarifa de Uso da Rede de Distribuição em MP, aplicável às entregas a clientes em BP
$URD_{BP>,D}$ — Tarifa de Uso da Rede de Distribuição em BP>, para clientes com leitura diária
$URD_{BP>,M}$ — Tarifa de Uso da Rede de Distribuição em BP>, para clientes com leitura mensal
$URD_{BP<,O}$ — Tarifa de Uso da Rede de Distribuição em BP<, para clientes com periodicidade de leitura superior a 1 mês
C_{GC} — Tarifa de Comercialização para clientes com consumo anual superior ou igual a 2 milhões de m3 (n)
C_{MC} — Tarifa de Comercialização para clientes com consumo anual superior a 10 000 m3 (n) e inferior a 2 milhões de m3 (n)
$C_{BP<}$ — Tarifa de Comercialização para clientes em BP< [consumo anual inferior ou igual a 10 000 m3 (n)]

Artigo 11.º

Tarifas a aplicar aos clientes dos comercializadores de último recurso

1 – As tarifas de Venda a Clientes Finais aplicam-se aos fornecimentos de cada comercializador de último recurso retalhista e aos fornecimentos do comercializador de último recurso grossista, no âmbito da actividade de Comercialização de último recurso a grandes clientes.

2 – As tarifas de Venda a Clientes Finais resultam da adição das tarifas de Energia, de Uso Global do Sistema, de Uso da Rede de Transporte, de Uso da Rede de Distribuição e de Comercialização, aplicáveis por cada comercializador de último recurso retalhista e pelo comercializador de último recurso grossista, no âmbito da actividade de Comercialização de último recurso a grandes clientes, conforme estabelecido no Quadro 3, sem prejuízo do número seguinte.

3 – O conjunto de proveitos a proporcionar pelas tarifas de Venda a Clientes Finais de cada comercializador de último recurso retalhista coincide com o conjunto de proveitos resultante da aplicação das tarifas referidas nos números anteriores aos fornecimentos aos seus clientes.

4 – O conjunto de proveitos a proporcionar pelas tarifas de Venda a Clientes Finais do comercializador de último recurso grossista, no âmbito da actividade de Comercialização de último recurso a grandes clientes, coincide com o conjunto de proveitos resultante da aplicação das tarifas referidas no n.º 1 e no n.º 2.

QUADRO 3

Tarifas incluídas nas tarifas de venda a clientes finais da comercialização de último recurso retalhista e a grandes clientes

Tarifas por actividade	Tarifas de Venda a Clientes Finais		
	AP	MP	BP
E	X	X	X
UGS_{ORT}	X	-	-
UGS_{ORD}	-	X	X
URT_{ORT}	X	-	-

Tarifas por actividade	Tarifas de Venda a Clientes Finais		
	AP	MP	BP
URT_{ORD}	-	X	X
URD_{MP}	-	X	X
URD_{BP}	-	-	X
C	X	X	X

Legenda:
E — Tarifa de Energia
UGS_{ORT} — Tarifa de Uso Global do Sistema do operador da rede de transporte
UGS_{ORD} — Tarifa de Uso Global do Sistema dos operadores das redes de distribuição
URT_{ORT} — Tarifa de Uso da Rede de Transporte do operador da rede de transporte
URT_{ORD} — Tarifa de Uso da Rede de Transporte dos operadores das redes de distribuição
URD_{MP} — Tarifa de Uso da Rede de Distribuição em MP
URD_{BP} — Tarifa de Uso da Rede de Distribuição em BP
C — Tarifa de Comercialização

Artigo 12.º

**Tarifas a aplicar às entregas do operador da rede de transporte
e dos operadores das redes de distribuição**

1 – As tarifas de Acesso às Redes aplicam-se às entregas do operador da rede de transporte e dos operadores das redes de distribuição.

2 – As tarifas de Acesso às Redes resultam da adição das tarifas de Uso global do sistema, de Uso da rede de transporte e de Uso da rede de distribuição, aplicáveis pelo operador da rede de transporte e pelos operadores das redes de distribuição, conforme estabelecido no Quadro 4.

QUADRO 4

**Tarifas incluídas nas tarifas de acesso às redes do operador
da rede de transporte e dos operadores das redes de distribuição**

Tarifas por actividade	Tarifas aplicáveis às entregas do operador da rede de transporte e dos operadores das redes de distribuição		
	AP	MP	BP
UGS_{ORT}	X	-	-
UGS_{ORD}	-	X	X
URT_{ORT}	X	-	-
URT_{ORD}	-	X	X
URD_{MP}	-	X	X
URD_{BP}	-	-	X

Legenda:
UGS_{ORT} Tarifa de Uso Global do Sistema do operador da rede de transporte
UGS_{ORD} Tarifa de Uso Global do Sistema dos operadores das redes de distribuição
URT_{ORT} Tarifa de Uso da Rede de Transporte do operador da rede de transporte
URT_{ORD} Tarifa de Uso da Rede de Transporte dos operadores das redes de distribuição
URD_{MP} Tarifa de Uso da Rede de Distribuição em MP
URD_{BP} Tarifa de Uso da Rede de Distribuição em BP

Artigo 13.º

**Tarifas a aplicar às entregas do operador da rede de transporte
aos operadores das redes de distribuição**

1 – As tarifas a aplicar pelo operador da rede de transporte às entregas aos operadores das redes de distribuição coincidem com as tarifas a aplicar a clientes em AP, como definidas no artigo 12.º

2 – No caso das redes de distribuição abastecidas a partir de GNL, as tarifas referidas no número anterior aplicam-se às entradas de gás natural nas redes de distribuição, medidas na infra-estrutura de regaseificação de GNL.

Artigo 14.º
Estrutura geral das tarifas

1 – Sem prejuízo do estabelecido nas Secções seguintes, as tarifas definidas na presente Secção são compostas pelos seguintes preços:

a) Preços do termo tarifário fixo, definidos em euros por mês.

b) Preços de capacidade utilizada, definidos em euros por kWh/dia, por mês.

c) Preços de energia com diferenciação entre períodos de ponta e fora de ponta, definidos em euros por kWh.

2 – Os preços definidos no número anterior podem ser diferenciados segundo os seguintes critérios:

a) Nível de pressão.

b) Período tarifário.

c) Escalão de consumo anual.

Artigo 15.º
Estrutura geral das tarifas reguladas por actividade

A estrutura geral dos preços que compõem as tarifas por actividade estabelecidas no presente Capítulo consta do Quadro 5.

QUADRO 5
Estrutura geral das tarifas por actividade

Tarifas por Actividade	Preços das tarifas										
	TCu	ΔTWp	TW	TF	TW_{CUR}	TCu_{RAR}	TW_{RAR}	TWa_{RAR}	TWa_{UAS}	TWi	TWe
E	-	-	X	-							
UGS_{ORT}	-	-	X	-							
UGS_{ORD}	-	-	X	-							
URT_{ORT}	X	X	X	-							
URT_{ORD}	-	X	X	-							
URD_{MP}	X	X	X	X							
URD_{BP}	X	X	X	X							
C	-	-	-	X							
E_{CUR}					X	-	-	-	-	-	-
UTRAR					-	X	X	X			
UAS					-	-	-	-	X	X	X

Legenda:

E	Tarifa de Energia
UGS$_{ORT}$	Tarifa de Uso Global do Sistema do operador da rede de transporte
UGS$_{ORD}$	Tarifa de Uso Global do Sistema dos operadores das redes de distribuição
URT$_{ORT}$	Tarifa de Uso da Rede de Transporte do operador da rede de transporte
URT$_{ORD}$	Tarifa de Uso da Rede de Transporte dos operadores das redes de distribuição
URD$_{MP}$	Tarifa de Uso da Rede de Distribuição em MP
URD$_{BP}$	Tarifa de Uso da Rede de Distribuição em BP
C	Tarifa de Comercialização
E$_{CUR}$	Tarifa de Energia da actividade de Compra e Venda de gás natural para fornecimento aos comercializadores de último recurso
UTRAR	Tarifa de Uso do Terminal de Recepção, Armazenamento e Regaseificação de GNL
UAS	Tarifa de Uso do Armazenamento Subterrâneo
TCu	Preço de capacidade utilizada
DTWp	Acréscimo do preço de energia em períodos de ponta
TW	Preço de energia
TF	Preço do termo tarifário fixo
TW$_{CUR}$	Preço de energia da tarifa de Energia da actividade de Compra e Venda de gás natural para fornecimento aos comercializadores de último recurso
TCu$_{RAR}$	Preço de capacidade de regaseificação utilizada no terminal de GNL
TW$_{RAR}$	Preço de energia entregue pelo terminal de GNL
TWa$_{RAR}$	Preço da energia armazenada no terminal de GNL
TWa$_{UAS}$	Preço da energia armazenada na infra-estrutura de armazenamento
TWi	Preço da energia injectada na infra-estrutura de armazenamento
TWe	Preço da energia extraída da infra-estrutura de armazenamento

Artigo 16.º

**Estrutura geral das tarifas de Venda a Clientes Finais
dos comercializadores de último recurso**

1 – A estrutura geral das tarifas de Venda a Clientes Finais dos comercializadores de último recurso é a constante do Quadro 6, coincidindo com a estrutura geral das tarifas por actividade a aplicar pelos comercializadores de último recurso, apresentada no Quadro 3 do artigo 11.º e no Quadro 5 do artigo 15.º, após a sua conversão para o respectivo nível de pressão de fornecimento.

2 – Nos fornecimentos a clientes sem registo de medição diário, os preços das tarifas por actividade são agregados conforme apresentado no Quadro 6.

3 – As tarifas de Venda a Clientes Finais aplicáveis aos fornecimentos em AP, MP e BP> com registo de medição diário são compostas pelos seguintes preços:

a) Preços do termo tarifário fixo, definidos em euros por mês.

b) Preços de capacidade utilizada, definidos em euros por kWh/dia, por mês.

c) Preços de energia com diferenciação entre períodos de ponta e fora de ponta, definidos em euros por kWh.

4 – As tarifas de Venda a Clientes Finais aplicáveis aos fornecimentos em MP e BP> com registo de medição mensal são compostas pelos seguintes preços:

a) Preços de capacidade utilizada e do termo tarifário fixo, definidos em euros por mês.

b) Preços de energia com diferenciação entre períodos de ponta e fora de ponta, definidos em euros por kWh.

5 – As tarifas de Venda a Clientes Finais aplicáveis aos fornecimentos em BP são compostas pelos seguintes preços:

a) Preços de capacidade utilizada e do termo fixo, definidos em euros por mês.

b) Preços de energia, definidos em euros por kWh.

QUADRO 6

Estrutura geral das tarifas de venda a clientes finais

Tarifas de Venda a Clientes Finais		Preços das tarifas			
Tarifas	Periodicidade de leitura	TCu	ΔTWp	TW	TF
AP	D	URT_{ORT}	URT_{ORT}	E UGS_{ORT} URT_{ORT}	C
MP_D	D	URD_{MP}	URT_{ORD} URD_{MP}	E UGS_{ORD} URT_{ORD} URD_{MP}	URD_{MP} C
MP_M	M	→	URT_{ORD} URD_{MP}	E UGS_{ORD} URT_{ORD} URD_{MP}	URD_{MP} C
$BP>_D$	D	$URD_{BP>}$	URT_{ORD} URD_{MP} $URD_{BP>}$	E UGS_{ORD} URT_{ORD} URD_{MP} $URD_{BP>}$	$URD_{BP>}$ C
$BP>_M$	M	→	URT_{ORD} URD_{MP} $URD_{BP>}$	E UGS_{ORD} URT_{ORD} URD_{MP} $URD_{BP>}$	$URD_{BP>}$ C
BP<	O	→	→	E UGS_{ORD} URT_{ORD} URD_{MP} $URD_{BP<}$	$URD_{BP<}$ C

Legenda:
D — Leitura com periodicidade diária (ou medição com registo diário)
M — Leitura com periodicidade mensal
O — Leitura com periodicidade superior a 1 mês
TCu — Preço de capacidade utilizada
ΔTWp — Acréscimo do preço de energia em períodos de ponta
TW — Preço de energia
TF — Preço do termo tarifário fixo
E — Tarifa de Energia
UGS_{ORT} — Tarifa de Uso Global do Sistema do operador da rede de transporte
UGS_{ORD} — Tarifa de Uso Global do Sistema dos operadores das redes de distribuição
URT_{ORT} — Tarifa de Uso da Rede de Transporte do operador da rede de transporte
URT_{ORD} — Tarifa de Uso da Rede de Transporte dos operadores das redes de distribuição
URD_{MP} — Tarifa de Uso da Rede de Distribuição em MP
$URD_{BP>}$ — Tarifa de Uso da Rede de Distribuição em BP>
$URD_{BP<}$ — Tarifa de Uso da Rede de Distribuição em BP<
C — Tarifa de Comercialização
→ — à Conversão para outros termos tarifários

Artigo 17.º

**Estrutura geral das opções transitórias das tarifas de Venda
a Clientes Finais dos comercializadores de último recurso**

1 – Durante um período transitório, correspondente ao primeiro período de regulação, prorrogável por despacho da ERSE por períodos sucessivos de 1 ano, até ao máximo de 3, com fundamento na necessidade de permitir a convergência das tarifas em vigor à data da publicação do presente regulamento para o sistema tarifário ora estabelecido, determinam-se as opções tarifárias das tarifas de Venda a Clientes Finais de aplicação transitória, cuja estrutura geral consta do Quadro 7.

2 – As opções tarifárias transitórias apenas estão disponíveis como opção para os clientes que no ano anterior tenham optado por essa tarifa.

QUADRO 7

**Estrutura geral das opções transitórias das tarifas
de venda a clientes finais**

Tarifas de Venda a Clientes Finais		Preços das tarifas			
Tarifas	Opção tarifária	TCu	ΔTWp	TW	TF
MP	Trinómia	URD_{MP}	$\rightarrow$	E UGS_{ORD} URT_{ORD} URD_{MP}	URD_{MP} C
MP	Binómia	$\rightarrow$	$\rightarrow$	E UGS_{ORD} URT_{ORD} URD_{MP}	URD_{MP} C
BP>	Trinómia	$URD_{BP>}$	$\rightarrow$	E UGS_{ORD} URT_{ORD} URD_{MP} $URD_{BP>}$	$URD_{BP>}$ C
BP>	Binómia	$\rightarrow$	$\rightarrow$	E UGS_{ORD} URT_{ORD} URD_{MP} $URD_{BP>}$	$URD_{BP>}$ C

Legenda:
TCu — Preço de capacidade utilizada
ΔTWp — Acréscimo do preço de energia em períodos de ponta
TW — Preço de energia
TF — Preço do termo tarifário fixo
E — Tarifa de Energia
UGS_{ORD} — Tarifa de Uso Global do Sistema dos operadores das redes de distribuição

URT$_{ORD}$ Tarifa de Uso da Rede de Transporte dos operadores das redes de distribuição
URD$_{MP}$ Tarifa de Uso da Rede de Distribuição em MP
URD$_{BP>}$ Tarifa de Uso da Rede de Distribuição em BP>
C   Tarifa de Comercialização
→   à Conversão para outros termos tarifários

Artigo 18.º
Estrutura geral das tarifas de Acesso às Redes

1 – A estrutura geral das tarifas de Acesso às Redes a aplicar às entregas do operador da rede de transporte e dos operadores das redes de distribuição em cada nível de pressão consta do Quadro 8, coincidindo com a estrutura geral das tarifas por actividade a aplicar pelo operador da rede de transporte e pelos operadores das redes de distribuição, apresentada no Quadro 4 do artigo 12.º e no Quadro 5 do artigo 15.º, após a sua conversão para o respectivo nível de pressão de entrega.

2 – Nas entregas a clientes com medição sem discriminação diária, os preços das tarifas por actividade são agregados conforme apresentado no Quadro 8.

QUADRO 8

Estrutura geral das tarifas de acesso às redes

Tarifas de Acesso às Redes		Preços das tarifas			
Nível de pressão	Periodicidade de leitura	TCu	ΔTWp	TW	TF
AP	D	URT$_{ORT}$	URT$_{ORT}$	UGS$_{ORT}$ URT$_{ORT}$	-
MP$_D$	D	URD$_{MP}$	URT$_{ORD}$ URD$_{MP}$	UGS$_{ORD}$ URT$_{ORD}$ URD$_{MP}$	URD$_{MP}$
MP$_M$	M	→	URT$_{ORD}$ URD$_{MP}$	UGS$_{ORD}$ URT$_{ORD}$ URD$_{MP}$	URD$_{MP}$
BP>$_D$	D	URD$_{BP>}$	URT$_{ORD}$ URD$_{MP}$ URD$_{BP>}$	UGS$_{ORD}$ URT$_{ORD}$ URD$_{MP}$ URD$_{BP>}$	URD$_{BP>}$
BP>$_M$	M	→	URT$_{ORD}$ URD$_{MP}$ URD$_{BP>}$	UGS$_{ORD}$ URT$_{ORD}$ URD$_{MP}$ URD$_{BP>}$	URD$_{BP>}$
BP<	O	→	→	UGS$_{ORD}$ URT$_{ORD}$ URD$_{MP}$ URD$_{BP<}$	URD$_{BP<}$

Legenda:

D	Leitura com periodicidade diária (ou medição com registo diário)
M	Leitura com periodicidade mensal
O	Leitura com periodicidade superior a 1 mês
TCu	Preço de capacidade utilizada
ΔTWp	Acréscimo do preço de energia em períodos de ponta
TW	Preço de energia
TF	Preço do termo tarifário fixo
UGS_{ORT}	Tarifa de Uso Global do Sistema do operador da rede de transporte
UGS_{ORD}	Tarifa de Uso Global do Sistema dos operadores das redes de distribuição
URT_{ORT}	Tarifa de Uso da Rede de Transporte do operador da rede de transporte
URT_{ORD}	Tarifa de Uso da Rede de Transporte dos operadores das redes de distribuição
URD_{MP}	Tarifa de Uso da Rede de Distribuição em MP
$URD_{BP>}$	Tarifa de Uso da Rede de Distribuição em BP>
$URD_{BP<}$	Tarifa de Uso da Rede de Distribuição em BP<
$\rightarrow$	à Conversão para outros termos tarifários

ARTIGO 19.º
Períodos de ponta

1 – Para efeitos do presente regulamento, os períodos de ponta são definidos para o período de regulação.

2 – O operador da rede de transporte e os operadores das redes de distribuição devem enviar à ERSE a informação necessária para a determinação dos períodos de ponta nos termos do Capítulo VI.

SECÇÃO III
Tarifas de Acesso às Redes

ARTIGO 20.º
Objecto

1 – A presente Secção estabelece as tarifas de Acesso às Redes que devem proporcionar os seguintes proveitos:

a) Proveitos permitidos da actividade de Acesso à RNTGN.

b) Proveitos permitidos da actividade de Acesso à RNTGN e à RNDGN.

2 – As tarifas de Acesso às Redes a aplicar pelo operador da rede de transporte resultam da adição das tarifas de Uso Global do Sistema e de Uso da Rede de Transporte.

3 – As tarifas de Acesso às Redes a aplicar pelos operadores das redes de distribuição resultam da adição das tarifas de Uso Global do Sistema, de Uso da Rede de Transporte e de Uso das Redes de Distribuição.

Artigo 21.º

Estrutura geral das tarifas de Acesso às Redes aplicáveis às entregas em AP, MP e BP> com medição de registo diário ou mensal

1 – As tarifas de Acesso às Redes aplicáveis às entregas em AP, MP e BP> com registo de medição diário são compostas pelos seguintes preços:

a) Preços do termo tarifário fixo, definidos em euros por mês.

b) Preços de capacidade utilizada, definidos em euros por kWh/dia, por mês.

c) Preços de energia com diferenciação entre períodos de ponta e fora de ponta, definidos em euros por kWh.

2 – As tarifas de Acesso às Redes aplicáveis às entregas em MP e BP> com medição com registo mensal são compostas pelos seguintes preços:

a) Preços de capacidade utilizada e do termo fixo, definidos em euros por mês.

b) Preços de energia com diferenciação entre períodos de ponta e fora de ponta, definidos em euros por kWh.

3 – Os preços de contratação, leitura, facturação e cobrança, incluídos no termo fixo mensal, dependem da periodicidade de registo do equipamento de medição, a qual pode ser diária ou mensal.

4 – Os preços de capacidade utilizada e do termo fixo e da energia podem apresentar diferenciação por escalão de consumo.

5 – Os fornecimentos em BP> superiores a um limiar de consumo a aprovar pela ERSE podem optar pelas tarifas de Acesso às Redes em MP.

Artigo 22.º

Estrutura geral das tarifas de Acesso às Redes aplicáveis às entregas em BP com periodicidade de leitura superior a um mês

1 – As tarifas de Acesso às Redes aplicáveis às entregas em BP< com periodicidade de leitura superior à mensal são compostas pelos seguintes preços:

a) Preços de capacidade utilizada e do termo fixo, definidos em euros por mês.

b) Preços de energia, definidos em euros por kWh.

2 – Os preços de capacidade utilizada e do termo fixo e da energia podem apresentar diferenciação por escalão de consumo.

3 – Os escalões de consumo, referidos no número anterior, são publicados pela ERSE, anualmente.

Artigo 23.º

Capacidade utilizada e energia a facturar

A capacidade utilizada e a energia a facturar são determinadas de acordo com o estabelecido no Regulamento de Relações Comerciais.

SECÇÃO IV
Tarifas de Venda a Clientes Finais dos comercializadores de último recurso

ARTIGO 24.º
Objecto

1 – A presente Secção estabelece as tarifas de Venda a Clientes Finais de cada comercializador de último recurso retalhista e do comercializador de último recurso grossista, no âmbito da actividade de Comercialização de último recurso a grandes clientes, que devem proporcionar os seguintes proveitos:

a) Proveitos a recuperar relativos ao Uso global do sistema, ao Uso da rede de transporte e ao Uso da rede de distribuição, que coincidem com os proveitos permitidos da actividade de Compra e Venda do Acesso à RNTGN e à RNDGN de cada comercializador de último recurso.

b) Proveitos permitidos das funções de Compra e Venda de gás natural e de Comercialização de gás natural, de cada comercializador de último recurso retalhista.

c) Proveitos permitidos das funções de Compra e Venda de gás natural a grandes clientes e de Comercialização de gás natural a grandes clientes, da actividade de Comercialização de último recurso a grandes clientes.

2 – As tarifas de Venda a Clientes Finais a aplicar aos fornecimentos de cada comercializador de último recurso resultam da adição das tarifas de Energia, de Uso Global do Sistema, de Uso da Rede de Transporte, de Uso da Rede de Distribuição e de Comercialização.

ARTIGO 25.º
Opções tarifárias

1 – As tarifas de Venda a Clientes Finais apresentam, em cada nível de pressão, as opções tarifárias e os tipos de fornecimento indicados no Quadro 9.

2 – Para os fornecimentos em MP e BP> são estabelecidos preços de acordo com a periodicidade de registo do equipamento de medição a qual pode ser diária ou mensal.

3 – Para os fornecimentos em MP e BP> com periodicidade de leitura diária os preços do termo tarifário fixo apresentam diferenciação consoante o consumo anual seja superior a 2 milhões de m3 (n) ou inferior a este valor.

4 – Para os fornecimentos em MP e BP com periodicidade de leitura mensal ou superior os preços podem apresentar diferenciação por escalão de consumo.

5 – Os escalões de consumo referidos no número anterior são publicados pela ERSE, anualmente.

6 – Os fornecimentos em BP> superiores a um limiar de consumo a aprovar pela ERSE podem optar pelas opções tarifárias em MP.

QUADRO 9

Opções tarifárias das tarifas de venda a clientes finais

Nível Pressão	Opções tarifárias ou tipo de fornecimento	Termo tarifário fixo (TF)	Capacidade utilizada (TCu)	Energia em períodos de ponta (ΔTWp)	Energia (TW)
BP<	Leitura O	e	-	-	e
BP>	Leitura M	e	-	e	e
	Leitura D	d	d	d	d
MP	Leitura M	e	-	e	e
	Leitura D	d	d	d	d
AP	Tarifa única	d	d	d	d

Notas:
d Existência de preços aplicáveis directamente
e Existência de preços aplicáveis por escalões de consumo
- Não aplicável
Leitura O Leitura de periodicidade superior à mensal
Leitura M Leitura mensal
Leitura D Leitura diária
TCu Preço de capacidade utilizada
ΔTWp Acréscimo do preço de energia em períodos de ponta
TW Preço de energia
TF Preço do termo tarifário fixo

ARTIGO 26.º

Opções tarifárias transitórias

1 – As tarifas de Venda a Clientes Finais de aplicação transitória de cada comercializador de último recurso apresentam, sem prejuízo do artigo anterior, em cada nível de pressão, as opções tarifárias e os tipos de fornecimento indicados no Quadro 10.

2 – Estas opções tarifárias transitórias estão disponíveis ao abrigo do disposto no artigo 17.º

3 – Os clientes com registo de leitura diário e com consumos anuais iguais ou superiores a 2 milhões de m3 (n) podem optar, transitoriamente, pela tarifa trinómia de MP.

4 – Os clientes com registo de leitura diário e com consumos anuais inferiores a 2 milhões de m3 (n) podem optar, transitoriamente, pela tarifa trinómia ou pela tarifa binómia do respectivo nível de pressão.

5 – Os clientes com periodicidade de leitura mensal podem optar, transitoriamente, pela tarifa binómia.

6 – Para cada nível de pressão são estabelecidos preços por escalão de consumo.

7 – Os escalões de consumo referidos no número anterior são publicados pela ERSE, anualmente.

QUADRO 10

Opções tarifárias transitórias das tarifas de venda a clientes finais

Nível Pressão/Consumo anual	Opções Tarifárias ou Tipo de Fornecimento	Termo Tarifário Fixo (TF)	Capacidade utilizada (TCu)	Energia (TW)
BP>	Binómia	e	-	e
	Trinómia	e	e	e
MP	Binómia	e	-	e
	Trinómia	e	e	e

Notas:
e Existência de preços aplicáveis por escalões de consumo
- Não aplicável
TCu Preço de capacidade utilizada
TW Preço de energia
TF Preço do termo tarifário fixo

Artigo 27.º
Estrutura geral das tarifas de Venda a Clientes Finais

1 – As opções tarifárias das tarifas de Venda a Clientes Finais aplicáveis a fornecimentos dos comercializadores de último recurso são compostas total ou parcialmente pelos seguintes preços nos termos estabelecidos no artigo 25.º e no artigo 26.º:

a) Preços do termo tarifário fixo, definidos em euros por mês.

b) Preços de capacidade utilizada, definidos em euros por kWh/dia, por mês.

c) Preços de energia com diferenciação entre períodos de ponta e fora de ponta, definidos em euros por kWh.

2 – Os preços de contratação, leitura, facturação e cobrança, incluídos no termo fixo mensal, dependem da periodicidade de registo do equipamento de medição a qual pode ser diária ou mensal.

3 – Nas opções tarifárias aplicáveis a clientes com leitura de periodicidade mensal ou superior os preços podem apresentar diferenciação por escalão de consumo.

Artigo 28.º
Capacidade utilizada e energia a facturar

A capacidade utilizada e a energia a facturar são determinadas de acordo com o estabelecido no Regulamento de Relações Comerciais.

SECÇÃO V
Tarifas de Energia

Artigo 29.º
Objecto

1 – A presente Secção estabelece a tarifa de Energia a aplicar pelo comercializador de último recurso grossista, que deve proporcionar os proveitos permitidos da actividade de Compra e Venda de gás natural para fornecimento aos comercializadores de último recurso.

2 – A presente Secção estabelece a tarifa de Energia a aplicar pelo comercializador de último recurso grossista aos seus fornecimentos a grandes clientes que deve proporcionar os proveitos permitidos da função de Compra e Venda de gás natural a grandes clientes.

3 – A presente Secção estabelece a tarifa de Energia a aplicar pelos comercializadores de último recurso retalhistas aos fornecimentos aos seus clientes que deve proporcionar os proveitos permitidos das funções de Compra e Venda de gás natural de cada comercializador de último recurso retalhista.

Artigo 30.º
Estrutura geral

1 – As tarifas de Energia são as seguintes:

a) tarifa de Energia da actividade de Compra e Venda de gás natural para fornecimento aos comercializadores de último recurso.

b) tarifa de Energia do comercializador de último recurso grossista no âmbito da actividade de Comercialização de último recurso a grandes clientes.

c) tarifa de Energia dos comercializadores de último recurso retalhistas.

2 – As tarifas de Energia são compostas por um preço aplicável à energia, definido em euros por kWh.

3 – Os preços das tarifas de Energia são referidos à saída da rede de transporte.

4 – Os preços das tarifas de energia são estabelecidos trimestralmente.

5 – Sem prejuízo do número anterior os preços da tarifa de Energia dos comercializadores de último recurso retalhistas aplicável aos fornecimentos em BP< são estabelecidos anualmente.

Artigo 31.º
Conversão da tarifa de Energia para os vários níveis de pressão

O preço da tarifa de Energia dos comercializadores de último recurso retalhistas e do comercializador de último recurso grossista, no âmbito da actividade de Comercialização de último recurso a grandes clientes, é convertido para os vários níveis de pressão de fornecimento dos clientes, tendo em conta os factores de ajustamento para perdas e autoconsumos.

Artigo 32.º
Energia a facturar

A energia a facturar nas tarifas de Energia é determinada de acordo com o estabelecido no Regulamento de Relações Comerciais.

SECÇÃO VI
Tarifa de Uso do Terminal de Recepção, Armazenamento e Regaseificação de Gás Natural Liquefeito

Artigo 33.º
Objecto

A presente Secção estabelece a tarifa de Uso do Terminal de Recepção, Armazenamento e Regaseificação de GNL, a aplicar aos respectivos utilizadores, que deve proporcionar os proveitos permitidos da actividade de Recepção, armazenamento e regaseificação de GNL.

Artigo 34.º
Estrutura geral

1 – A tarifa de Uso do Terminal de Recepção, Armazenamento e Regasei-ficação de GNL é composta pelos seguintes preços:

a) Preço de capacidade de regaseificação utilizada, definido em euros por kWh/dia, por mês.

b) Preço de energia, definido em euros por kWh.

c) Preço diário de energia armazenada, definido em euros por kWh.

d) Preço do termo fixo de carregamento de camiões cisterna, em euros por operação de carregamento.

2 – Os preços da tarifa de Uso do Terminal de Recepção, Armazenamento e Regaseificação de GNL são referidos às saídas da infra-estrutura.

Artigo 35.º
Conversão da tarifa de Uso do Terminal de Recepção, Armazenamento e Regaseificação de GNL para os vários pontos de entrega da infra-estrutura

1 – Os preços da tarifa de Uso do Terminal de Recepção, Armazenamento e Regaseificação de GNL são aplicados nos pontos de entrega da infra-estrutura, tendo em conta os factores de ajustamento para perdas e autoconsumos, de acordo com o Quadro 11.

2 – A tarifa convertida, aplicável às entregas na rede de transporte, é constituída pelos termos de recepção, armazenamento e de regaseificação de gás natural e a sua estrutura tem um preço de capacidade utilizada, um preço de energia armazenada sob a forma de GNL e um preço de energia entregue.

3 – A tarifa convertida, aplicável às entregas por transporte rodoviário, é constituída pelos termos de recepção, armazenamento e de carregamento de gás natural e a sua estrutura tem um preço de energia armazenada sob a forma de GNL, um preço de energia entregue e um termo fixo pela operação de carregamento.

QUADRO 11

Preços da tarifa de uso do terminal de recepção, armazenamento e regaseificação de gnl a aplicar nos vários pontos de entrega

Tarifas	Preços da tarifa de Uso do Terminal de Recepção, Armazenamento e Regaseificação de GNL				Aplicação
	TCu	TWa	TW	TFcc	
Termo de Recepção	-	-	X	-	-
Termo de Armazenamento	-	X	-	-	-
Termo de Regaseificação (inclui termo de carregamento de GNL)	X	-	X	-	(regaseificação de GNL)
				X	(carregamento de GNL)
UTRAR	X	X	X	-	Entregas OTRAR na RNTGN
UTRAR nas entregas a camiões cisterna	-	X	X	X	Entregas OTRAR a camiões cisterna

Legenda:
TCu Preço de capacidade utilizada
TWa Preço de energia armazenada
TW Preço da energia
TFcc Preço do termo fixo de carregamento de camiões cisterna
OTRAR Operador do terminal de recepção, armazenamento e regaseificação de GNL
UTRAR Tarifa de Uso do Terminal de Recepção, Armazenamento e Regaseificação de GNL

Artigo 36.º
Capacidade utilizada, energia armazenada e energia a facturar

A capacidade utilizada, a energia armazenada e a energia a facturar são determinadas de acordo com o estabelecido no Regulamento de Relações Comerciais.

SECÇÃO VII
Tarifas de Uso do Armazenamento Subterrâneo

Artigo 37.º
Objecto

A presente Secção estabelece as tarifas de Uso do Armazenamento Subterrâneo, a aplicar aos respectivos utilizadores, que devem proporcionar os proveitos permitidos da actividade de Armazenamento subterrâneo de gás natural.

Artigo 38.º
Estrutura geral

1 – As tarifas de Uso do Armazenamento Subterrâneo são compostas pelos seguintes preços:
a) Preço de energia injectada, definido em euros por kWh.
b) Preço de energia extraída, definido em euros por kWh.
c) Preço diário de energia armazenada, definido em euros por kWh.
2 – O preço diário de energia armazenada é diferenciado por período tarifário.
3 – Os preços das tarifas de Uso do Armazenamento Subterrâneo, são referidos à fronteira do armazenamento subterrâneo com a rede a que está ligado.

Artigo 39.º
Períodos tarifários

1 – Para efeitos do presente regulamento os períodos tarifários são definidos para o período de regulação.
2 – Os operadores de armazenamento subterrâneo devem enviar à ERSE a informação necessária para a determinação dos períodos tarifários nos termos do Capítulo VI.

Artigo 40.º
Energia armazenada, energia injectada e energia extraída a facturar

A energia armazenada, a energia injectada e a energia extraída a facturar são determinadas de acordo com o estabelecido no Regulamento de Relações Comerciais.

SECÇÃO VIII
Tarifa de Uso Global do Sistema

Artigo 41.º
Objecto

1 – A presente Secção estabelece a tarifa de Uso Global do Sistema a aplicar aos operadores das redes de distribuição directamente ligados à rede de transporte, às entregas aos clientes directamente ligados à rede de transporte e à entrada de energia nas redes de distribuição abastecidas por GNL, que deve proporcionar ao operador da rede de transporte os proveitos permitidos da actividade de Gestão técnica global do sistema.

2 – A presente Secção estabelece também as tarifas de Uso Global do Sistema, a aplicar às entregas dos operadores das redes de distribuição, que devem proporcionar os proveitos a recuperar relativos à actividade de Gestão técnica global do sistema imputáveis às entregas dos operadores das redes de distribuição.

Artigo 42.º
Estrutura geral

1 – As tarifas de Uso Global do Sistema são as seguintes:

a) tarifa de Uso Global do Sistema do operador da rede de transporte, para as entregas em AP e para a energia entrada nas redes de distribuição abastecidas a partir de GNL.

b) tarifa de Uso Global do Sistema dos operadores das redes de distribuição, para as restantes entregas.

2 – As tarifas de Uso Global do Sistema são compostas por um preço de energia, definido em euros por kWh.

3 – O preço de energia da tarifa de Uso Global do Sistema é referido à saída da RNTGN.

4 – No caso dos operadores das redes de distribuição abastecidos através de GNL, o preço de energia, referido no número anterior, é aplicado à entrada na rede de distribuição.

Artigo 43.º

**Conversão da tarifa de Uso Global do Sistema a aplicar
pelos operadores de redes para os vários níveis de pressão**

Os preços da tarifa de Uso Global do Sistema são convertidos para os vários níveis de pressão, tendo em conta os factores de ajustamento para perdas e autoconsumos aplicáveis a cada rede de distribuição.

Artigo 44.º

Energia a facturar

A energia a facturar é determinada de acordo com o estabelecido no Regulamento de Relações Comerciais.

SECÇÃO IX

Tarifas de Uso da Rede de Transporte

Artigo 45.º

Objecto

1 – A presente Secção estabelece a tarifa de Uso da Rede de Transporte, a aplicar às entregas do operador da rede de transporte aos operadores das redes de distribuição e aos clientes directamente ligados à rede de transporte e à energia entrada nas redes de distribuição abastecidas por GNL, que deve proporcionar os proveitos permitidos da actividade de Transporte de gás natural do operador da rede de transporte.

2 – A presente Secção estabelece também as tarifas de Uso da Rede de Transporte, a aplicar às entregas dos operadores das redes de distribuição, que devem proporcionar os proveitos a recuperar relativos ao transporte de gás natural.

Artigo 46.º

Estrutura geral

1 – As tarifas de Uso da Rede de Transporte são as seguintes:

a) Tarifa de Uso da Rede de Transporte do operador da rede de transporte, para as entregas em AP e para a energia entrada nas redes de distribuição abastecidas a partir de GNL.

b) Tarifa de Uso da Rede de Transporte dos operadores das redes de distribuição, para as restantes entregas.

2 – As tarifas de Uso da Rede de Transporte são compostas pelos seguintes preços:

a) Preços de capacidade utilizada, definidos em euros por kWh/dia, por mês.

b) Preços de energia com diferenciação entre períodos de ponta e fora de ponta, definidos em euros por kWh.

3 – O preço de capacidade utilizada não se aplica nas tarifas de Uso da Rede de Transporte dos operadores das redes de distribuição aplicáveis às entregas em MP e BP.

4 – Os preços da tarifa de Uso da Rede de Transporte do operador da rede de transporte, aplicáveis às entregas em AP, são referidos à saída da RNTGN.

5 – Os preços da tarifa de Uso da Rede de Transporte do operador da rede de transporte, aplicáveis a energia entrada nas redes de distribuição abastecidas a partir de GNL, são referidos à entrada dessa rede de distribuição.

6 – Os preços da tarifa de Uso da Rede de Transporte dos operadores das redes de distribuição, aplicáveis às entregas em MP e BP, são referidos à entrada das redes de distribuição.

7 – Os períodos tarifários a considerar nas entregas do operador da rede de transporte às entregas em AP e à energia entrada nas redes de distribuição abastecidas a partir de GNL e às entregas dos operadores das redes de distribuição, bem como nos fornecimentos a clientes dos comercializadores de último recurso, coincidem com os aplicáveis nas tarifas de Acesso às Redes e nas tarifas de Venda a Clientes Finais, nos termos da Secção II do presente Capítulo.

ARTIGO 47.º
Conversão das tarifas de Uso da Rede de Transporte para os vários níveis de pressão

1 – Os preços da tarifa de Uso da Rede de Transporte do operador da rede de transporte aplicam-se às entregas em AP e à energia entrada nas redes de distribuição abastecidas por GNL.

2 – Os preços da tarifa de Uso da Rede de Transporte dos operadores das redes de distribuição aplicam-se às suas entregas em MP e BP.

3 – Os preços da tarifa de Uso da Rede de Transporte dos operadores das redes de distribuição são convertidos para os níveis de pressão de MP e BP de acordo com o Quadro 12.

4 – A conversão referida no número anterior tem em conta os factores de ajustamento para perdas e autoconsumos.

5 – A tarifa convertida é constituída por um preço de energia com diferenciação entre períodos de ponta e fora de ponta.

6 – Nas entregas a clientes em BP< o preço de energia não apresenta diferenciação, sendo o acréscimo do preço de energia em períodos de ponta convertido num único preço de energia, de acordo com o Quadro 12.

7 – As conversões referidas no n.º 6 – são efectuadas por aplicação de perfis de consumo.

QUADRO 12

Preços das tarifas de uso da rede de transporte dos operadores das redes de distribuição a aplicar nos vários níveis de pressão e opções tarifárias

| Tarifas | Periodicidade de leitura | Preços da tarifa de Uso da Rede de Transporte dos ORD | | Aplicação |
		ΔTWp	TW	
URT$_{ORD}$		X	X	-
MP	D	X	X	Entregas ORD, Fornecimentos CUR
MP	M	X	X	Entregas ORD, Fornecimentos CUR
BP>	D	X	X	Entregas ORD, Fornecimentos CUR
BP>	M	X	X	Entregas ORD, Fornecimentos CUR
BP<	O	→	X	Entregas ORD, Fornecimentos CUR

Legenda:
URT$_{ORD}$ Tarifa de Uso da Rede de Transporte dos Operadores das Redes de Distribuição
ΔTWp Acréscimo do preço de energia em períodos de ponta
TW Preço de energia
CUR Comercializadores de último recurso
ORD Operadores das redes de distribuição
D Leitura com periodicidade diária (ou medição com registo diário)
M Leitura com periodicidade mensal
O Leitura com periodicidade superior a 1 mês
→ Conversão para outros termos tarifários

Artigo 48.º
Capacidade utilizada e energia a facturar

A capacidade utilizada e a energia a facturar são determinadas de acordo com o estabelecido no Regulamento de Relações Comerciais.

SECÇÃO X
Tarifas de Uso da Rede de Distribuição

Artigo 49.º
Objecto

A presente Secção estabelece as tarifas de Uso da Rede de Distribuição, a aplicar às entregas dos operadores das redes de distribuição, que devem proporcionar os proveitos permitidos da actividade de Distribuição de gás natural.

Artigo 50.º
Estrutura geral

1 – As tarifas de Uso da Rede de Distribuição são as seguintes:

a) Tarifa de Uso da Rede de Distribuição em MP, aplicável às entregas em MP e BP.

b) Tarifas de Uso da Rede de Distribuição em BP, aplicáveis às entregas em BP.

2 – As tarifas de Uso da Rede de Distribuição são compostas pelos seguintes preços:

a) Preços de capacidade utilizada, definidos em euros por kWh/dia.

b) Preços de energia com diferenciação entre períodos de ponta e fora de ponta, definidos em euros por kWh.

c) Preços do termo fixo, definido em euros por mês.

Artigo 51.º
Tarifa de Uso da Rede de Distribuição em MP

Os preços da tarifa de Uso da Rede de Distribuição em MP são referidos à saída das redes de distribuição em MP.

Artigo 52.º
Conversão das tarifas de Uso da Rede de Distribuição em MP

1 – Os preços da tarifa de Uso da Rede de Distribuição em MP são convertidos para as várias opções tarifárias de MP e BP de acordo com o Quadro 13.

2 – A conversão referida no número anterior tem em conta os factores de ajustamento para perdas e autoconsumos e os perfis de consumo.

3 – Nas entregas a clientes em MP e BP> com leitura mensal, o preço da capacidade utilizada, é convertido em preço de energia com diferenciação entre

períodos de ponta e fora de ponta e preço do termo fixo, de acordo com os perfis de consumo.

4 – Nas entregas a clientes em BP< com leitura de periodicidade superior a um mês, o preço da capacidade utilizada e do acréscimo do preço de energia em períodos de ponta são convertidos em preço de energia e preço do termo fixo, de acordo com os perfis de consumo.

5 – Sem prejuízo do número anterior o termo fixo, em euros por mês, só é aplicável a clientes directamente ligados à rede de distribuição em MP.

6 – Os preços de contratação, leitura, facturação e cobrança, incluídos no termo fixo mensal, dependem da periodicidade de registo do equipamento de medição a qual pode ser diária ou mensal.

QUADRO 13

Preços da tarifa de uso da rede de distribuição em MP no nível de pressão e opções tarifárias de MP e BP

Tarifas	Periodicidade de leitura	Preços da tarifa de Uso da Rede de Distribuição em MP			
		TCu	ΔTWp	TW	TF
URD$_{MP}$		x	x	x	x
MP	D	x	x	x	x
MP	M	→	x	x	x
BP>	D	x	x	x	-
BP>	M	→	x	x	-
BP<	O	→	→	x	-

Legenda:
URD$_{MT}$ Tarifa de Uso da Rede de Distribuição em MP.
D Periodicidade de leitura diária.
M Periodicidade de leitura mensal.
O Periodicidade de leitura superior a mensal.
TCu Preço da capacidade utilizada.
ΔTWp acréscimo do preço de energia em períodos de ponta.
TW Preço da energia.
TF Preço do termo fixo.
x Termo tarifário aplicável no respectivo nível de pressão e tipo de fornecimento.
- Termo tarifário não aplicável.
→ Conversão para outros termos tarifários.

Artigo 53.º
Tarifas de Uso da Rede de Distribuição em BP

1 – As tarifas de Uso da Rede de Distribuição em BP são as seguintes:
a) Tarifa de Uso da Rede de Distribuição em BP>.
b) Tarifa de Uso da Rede de Distribuição em BP<.

2 – Os preços da tarifa de Uso da Rede de Distribuição em BP> são convertidos para aplicação nas várias opções tarifárias de BP> de acordo com o Quadro 14.

3 – A conversão referida no número anterior tem em conta os factores de ajustamento para perdas e autoconsumos e os perfis de consumo.

4 – Nas entregas a clientes em BP> com leitura mensal, o preço da capacidade utilizada é convertido em preço de energia com diferenciação entre períodos de ponta e fora de ponta e preço do termo fixo, de acordo com os perfis de consumo.

5 – Os preços da tarifa de Uso da Rede de Distribuição em BP< são convertidos para aplicação nas várias opções tarifárias de BP<, tendo em conta os factores de ajustamento para perdas e autoconsumos e os perfis de consumo, de acordo com o Quadro 15.

6 – Nas entregas a clientes em BP< com leitura de periodicidade superior a um mês, os preços da capacidade utilizada e do acréscimo do preço de energia em períodos de ponta são convertidos em preços de energia e preços do termo fixo de acordo com os perfis de consumo.

7 – Os preços de contratação, leitura, facturação e cobrança, incluídos no termo fixo mensal, dependem da periodicidade de registo do equipamento de medição a qual pode ser diária, mensal ou superior.

QUADRO 14

Preços da tarifa de uso da rede de distribuição em BP>

Tarifas	Periodicidade de leitura	Preços da tarifa de Uso da Rede de Distribuição em BP>			
		TCu	ΔTWp	TW	TF
URD$_{BP>}$		x	x	x	x
BP>	D	x	x	x	x
BP>	M	→	x	x	x

Legenda:
URD$_{BP>}$ Tarifa de Uso da Rede de Distribuição em BP>
D Periodicidade de leitura diária
M Periodicidade de leitura mensal
TCu Preço da capacidade utilizada
ΔTWp acréscimo do preço de energia em períodos de ponta
TW Preço da energia
TF Preço do termo fixo
x Termo tarifário aplicável no respectivo nível de pressão e tipo de fornecimento
→ Conversão para outros termos tarifários

QUADRO 15

Preços da tarifa de uso da rede de distribuição em BP

Tarifas	Periodicidade de leitura	Preços da tarifa de Uso da Rede de Distribuição em BP<			
		TCu	ΔTWp	TW	TF
URD$_{BP<}$		x	x	x	x
BP<	O	→	→	x	x

Legenda:
URD$_{BP<}$ Tarifa de Uso da Rede de Distribuição em BP<
O Periodicidade de leitura superior a mensal
TCu Preço da capacidade utilizada
ΔTWp acréscimo do preço de energia em períodos de ponta
TW Preço da energia
TF Preço do termo fixo
x Termo tarifário aplicável no respectivo nível de pressão e tipo de fornecimento
→ Conversão para outros termos tarifários

Artigo 54.º

Capacidade utilizada, energia e termo fixo a facturar

A capacidade utilizada, a energia e o termo fixo a facturar são determinadas de acordo com o estabelecido no Regulamento de Relações Comerciais.

SECÇÃO XI

Tarifas de Comercialização

Artigo 55.º

Objecto

1 – A presente Secção estabelece as tarifas de Comercialização, a aplicar aos fornecimentos a clientes dos comercializadores de último recurso retalhistas, que devem proporcionar os proveitos permitidos das funções de Comercialização de gás natural de cada comercializador de ultimo recurso retalhista.

2 – A presente Secção estabelece as tarifas de Comercialização, a aplicar aos fornecimentos a clientes do comercializador de último recurso grossista, que devem proporcionar os proveitos permitidos da função de Comercialização de gás natural da actividade de Comercialização de último recurso a grandes clientes.

Artigo 56.º

Estrutura geral

1 – As tarifas de Comercialização dos comercializadores de último recurso retalhistas são compostas por um termo tarifário fixo com preços definidos em euros por mês, diferenciados pelos seguintes escalões de consumo:

a) Tarifa de Comercialização em BP< para consumos inferiores ou iguais a 10 000 m3 (n) por ano.

b) Tarifa de Comercialização para consumos superiores a 10 000 m3 (n) por ano e inferiores a 2 milhões de m3 (n) por ano.

2 – A Tarifa de Comercialização da actividade de Comercialização de último recurso a grandes clientes, é composta por um termo tarifário fixo com preços definidos em euros por mês.

CAPÍTULO IV
Proveitos das actividades reguladas

SECÇÃO I
Proveitos dos operadores de terminal de recepção, armazenamento e regaseificação de GNL

ARTIGO 57.º
Proveitos da actividade de Recepção, Armazenamento e Regaseificação de GNL

1 – Os proveitos permitidos da actividade de Recepção, Armazenamento e Regaseificação de GNL de cada operador de terminal de GNL, no ano *t*, são dados pela seguinte expressão:

$$\tilde{R}_{UTRAR,t}^{OT} = \tilde{R}_{UTRAR,t}^{recGNL} + \tilde{R}_{UTRAR,t}^{armGNL} + \tilde{R}_{UTRAR,t}^{regGNL} \tag{1}$$

$$\tilde{R}_{UTRAR,t}^{recGNL} = \tilde{R}_{Rec,t}^{OT} - \alpha_{Rec,t}^{OT} \times \Delta R_{UTRAR,t-2}^{OT} \tag{2}$$

$$\tilde{R}_{UTRAR,t}^{armGNL} = \tilde{R}_{Arm,t}^{OT} - \alpha_{Arm,t}^{OT} \times \Delta R_{UTRAR,t-2}^{OT} \tag{3}$$

$$\tilde{R}_{UTRAR,t}^{regGNL} = \tilde{R}_{RegGNL,t}^{OT} - \alpha_{RegGNL,t}^{OT} \times \Delta R_{UTRAR,t-2}^{OT} \tag{4}$$

em que:

$\tilde{R}_{UTRAR,t}^{OT}$ Proveitos permitidos da actividade de Recepção, Armazenamento e Regaseificação de GNL do operador de terminal de GNL, previstos para o ano gás *t*.

$\tilde{R}_{UTRAR,t}^{recGNL}$ Proveitos a recuperar pelo operador do terminal de GNL por aplicação dos termos de recepção da tarifa de Uso do Terminal de Recepção, Armazenamento e Regaseificação de GNL, previstos para o ano gás *t*.

$\tilde{R}_{UTRAR,t}^{armGNL}$ Proveitos a recuperar pelo operador do terminal de GNL por aplicação dos termos de armazenamento da tarifa de Uso do Terminal de Recepção, Armazenamento e Regaseificação de GNL, previstos para o ano gás *t*.

$\tilde{R}_{UTRAR,t}^{regGNL}$ Proveitos a recuperar pelo operador do terminal de GNL por aplicação dos termos de regascificação da tarifa de Uso do Terminal de Recepção, Armazenamento e Regaseificação de GNL, previstos para o ano gás *t*.

$\tilde{R}_{\mathrm{Re}\,c,t}^{OT}$ Proveitos permitidos da função de Recepção de ML do operador de terminal de GNL, previstos para o ano gás t, calculados de acordo com o artigo 58.°

$\alpha_{\mathrm{Re}\,c,t}^{OT}$ Parâmetro que traduz o peso relativo dos proveitos permitidos da função de Recepção de GNL do operador de terminal de GNL, previstos para o ano gás t, no total dos proveitos permitidos para as 3 funções da actividade de Recepção, Armazenamento e Regaseificação de GNL, previstos para o ano gás t.

$\Delta R_{UTRAR,t-2}^{OT}$ Ajustamento no ano gás t, dos proveitos da actividade de Recepção, Armazenamento e Regaseificação de GNL do operador de terminal de GNL,tendo em conta os valores facturados no ano gás t-2.

$\tilde{R}_{Arm,t}^{OT}$ Proveitos permitidos da função de Armazenamento de GNL do operador de terminal de GNL,previstos para o ano gás t, calculados de acordo com o artigo 59.°

$\alpha_{Arm,t}^{OT}$ Parâmetro que traduz o peso relativo dos proveitos permitidos da função de Armazenamento de GNL do operador de terminal de GNL, previstos para o ano gás t, no total dos proveitos permitidos para as 3 funções da actividade de Recepção, Armazenamento e Regascificação de GNL, previstos para o ano gás t.

$\tilde{R}_{\mathrm{Re}\,gGNL,t}^{OT}$ Proveitos permitidos da função de Regascificação de GNL do operador de terminal de GNL, previstos para o ano gás t, calculados de acordo com o artigo 60.°

$\alpha_{\mathrm{Re}gGNL,t}^{OT}$ Parâmetro que traduz o peso relativo dos proveitos permitidos da função de Regaseificação de GNL do operador de terminal de GNL, previstos para o ano gás t, no total dos proveitos permitidos para as 3 funções da actividade de Recepção, Armazenamento e Regaseificação de GNL, previstos para o ano gás t.

Salvo indicação em contrário, os valores são expressos em euros.

2 – Os parâmetros $\left(\alpha_{\mathrm{Re}c,t}^{OT}, \alpha_{Arm,t}^{OT} \ e\ \alpha_{\mathrm{Re}gGNL,t}^{OT} \right)$ são calculados de acordo com a seguinte expressão:

$$\alpha_{x,t}^{OT} = \frac{\tilde{R}_{x,t}^{OT}}{\tilde{R}_{\mathrm{Re}\,c,t}^{OT} + \tilde{R}_{Arm,t}^{OT} + \tilde{R}_{\mathrm{Re}\,gGNL,t}^{OT}} \tag{5}$$

com:

    x função x da actividade de Recepção, Armazenamento e Regaseificação de GNL (x = Rec, Arm e RegGNL).

em que:

$\tilde{R}^{OT}_{\text{Rec},t}$ Proveitos permitidos da função de Recepção de GNL do operador de terminal de GNL, previstos para o ano gás *t*, calculados de acordo com o artigo 58.°

$\tilde{R}^{OT}_{\text{Arm},t}$ Proveitos permitidos da função de Armazenamento de GNL do operador de terminal de GNL, previstos para o ano gás *t*, calculados de acordo com o artigo 59.°

$\tilde{R}^{OT}_{\text{RegGNL},t}$ Proveitos permitidos da função de Regaseificação de GNL do operador de terminal de GNL, previstos para o ano gás *t*, calculados de acordo com o artigo 60.°

3 – O ajustamento $\left(\Delta R^{OT}_{UTRAR,t-2}\right)$ é determinado pela seguinte expressão:

$$\Delta R^{OT}_{UTRAR,t-2} = \left(Rf^{OT}_{UTRAR,t-2} - \tilde{R}^{OT}_{UTRAR,t-2}\right) \times \left(1 + \frac{i^{E}_{t-1}}{100}\right)^{2} \tag{6}$$

em que:

$Rf^{OT}_{UTRAR,t-2}$ Proveitos facturados pelo operador de terminal de GNL pela aplicação das tarifas de Uso do Terminal de Recepção, Armazenamento e Regaseificação de GNL do ano gás *t*-2.

$\tilde{R}^{OT}_{UTRAR,t-2}$ Proveitos permitidos da actividade de Recepção, Armazenamento e Regaseificação de GNL do operador de terminal de GNL, previstos para cálculo das tarifas do ano gás *t*-2.

i^{E}_{t-1} Taxa de juro EURIBOR a três meses, em vigor no último dia do mês de Dezembro do ano gás *t*-1, acrescida de meio ponto percentual.

O ajustamento $\left(\Delta R^{OT}_{RAR,t-2}\right)$ não se aplica nos dois primeiros anos de aplicação deste regulamento.

Artigo 58.º ([1])

Proveitos da função de Recepção de GNL

1 – Os proveitos permitidos da função de Recepção de GNL, do operador de terminal de GNL, são dados pela seguinte expressão:

$$\tilde{R}_{Rec,t}^{OT} = \tilde{C}C_{Rec,t} + \tilde{C}E_{Rec,t} - \tilde{S}_{Rec,t} + (Amb_{Rec,t-2} - ACI_{Rec,t-2}) \times \left(1 + \frac{i_{t-1}^{E}}{100}\right)^{2} - \Delta R_{Rec,t-2}^{OT} \qquad (7)$$

em que:

$\tilde{R}_{Rec,t}^{OT}$ — Proveitos permitidos da função de Recepção de GNL, previstos para o ano gás t

$\tilde{C}C_{Rec,t}$ — Custos com capital afectos à função de Recepção de GNL, previstos para o ano gás t

$\tilde{C}E_{Rec,t}$ — Custos de exploração afectos à função de Recepção de GNL, previstos para o ano gás t

$\tilde{S}_{Rec,t}$ — Proveitos da função de Recepção de GNL que não resultam da aplicação do termo de recepção de GNL da tarifa de Uso do Terminal de Recepção, Armazenamento e Regaseificação de GNL, previstos para o ano gás t

$Amb_{Rec,t-2}$ — Custos relacionados com a promoção de desempenho ambiental no ano gás t-2, aceites pela ERSE, calculados de acordo com a Secção X do presente capítulo

$ACI_{Rec,t-2}$ — Proveitos provenientes da atribuição da capacidade das infra-estruturas, em situação de congestionamento nos termos previstos no Regulamento do Acesso às Redes, às Infraestruturas e às Interligações, no ano gás t-2

i_{t-1}^{E} — Taxa de juro EURIBOR a três meses, em vigor no último dia do mês de Dezembro do ano gás t-1, acrescida de meio ponto percentual

$\Delta R_{Rec,t-2}^{OT}$ — Ajustamento no ano gás t, dos proveitos da função de Recepção de GNL, tendo em conta os valores ocorridos no ano gás t-2.

Salvo indicação em contrário, os valores são expressos em euros.

([1]) Artigo alterado pelo Despacho n.º 18397/2008, publicado no Diário da República, II série, n.º 131, de 9 de Julho.

2 – Os custos com capital $\left(\tilde{C}C_{Rec,t}\right)$ são calculados de acordo com a seguinte expressão:

$$\tilde{C}C_{Rec,t} = \frac{\sum_{n=1}^{t-1}\left(\left(Am_{Rec,n} + Act_{Rec,n} \times \frac{ra_{Rec,r}}{100} - \tilde{C}C_{Rec,n}\right) \times \prod_{j=n+1}^{t-1}\left(1 + \frac{ra_{Rec,r}}{100} \times \left(1 - \frac{I_j}{100}\right)\right)\right) + \sum_{n=t}^{N}\frac{\tilde{A}m_{Rec,n} + \tilde{A}ct_{Rec,n} \times \frac{ra_{Rec,r}}{100}}{\left(1 + \frac{ra_{Rec,r}}{100}\right)^{(n-t+1)}}}{\sum_{n=t}^{N}\frac{\tilde{Q}_n}{\left(1 + \frac{rq_{Rec,r}}{100}\right)^{(n-t+1)}}} \times \times \tilde{Q}_t \qquad (8)$$

em que:

N	Número de anos desde o primeiro ano de regulação até final da concessão
$Am_{Rec,n}$	Amortização do activo fixo afecto à função de Recepção de GNL, deduzida da amortização do activo comparticipado, no ano gás n
$Act_{Rec,n}$	Valor médio do activo fixo afecto à função de Recepção de GNL, líquido de amortizações e comparticipações, no ano gás n, dado pela média aritmética simples dos valores no início e no fim do ano gás
$ra_{Rec,r}$	Taxa de remuneração do activo fixo afecto à função de Recepção de GNL, fixada para o período de regulação r, em percentagem
I_j	Taxa de imposto sobre o rendimento, em vigor no ano j em percentagem
$\tilde{C}C_{Rec,n}$	Custo com capital afecto à função de Recepção de GNL, considerado para cálculo dos proveitos permitidos do ano gás n
$\tilde{A}m_{Rec,n}$	Amortização do activo fixo afecto à função de Recepção de GNL, deduzida da amortização do activo comparticipado, previsto para o ano gás n do período de previsão N
$\tilde{A}ct_{Rec,n}$	Valor médio do activo fixo afecto à função de Recepção de GNL, líquido de amortizações e comparticipações, previsto para o ano gás n do período de previsão N, dado pela média aritmética simples dos valores no início e no fim do ano gás
$\tilde{Q}_n$	Quantidade de gás natural prevista injectar no gasoduto, pelo operador de terminal de GNL, para o ano gás n do período de previsão N, em m³
$rq_{Rec,r}$	Taxa de actualização das quantidades previstas até final do período de previsão N, associadas à actividade, fixada para o período de regulação r, em percentagem
$\tilde{Q}_t$	Quantidade de gás natural prevista injectar no gasoduto, pelo operador de terminal de GNL, para o ano gás t, em m³.

3 – Os activos fixos líquidos de amortizações e comparticipações $\left(\tilde{A}ct_{Rec,n}\right)$, referidos no número anterior, correspondem aos valores aceites para efeitos de regulação.

4 – Os custos de exploração incluem, nomeadamente, os custos relativos a materiais diversos, fornecimentos e serviços externos e pessoal.

5 – Os custos relacionados com a promoção do desempenho ambiental $\left(\tilde{A}m_{Rec,n}\right)$ e os proveitos provenientes da atribuição da capacidade das infra-estruturas, em situação de congestionamento $\left(ACI_{Rec,t-2}\right)$ não se aplicam nos dois primeiros anos de vigência deste regulamento.

6 – O ajustamento $\left(\Delta R_{Rec,t-2}^{OT}\right)$ é determinado pela seguinte expressão:

$$\Delta R_{Rec,t-2}^{OT} = \left(\tilde{R}_{Rec,t-2}^{OT} - R_{Rec,t-2}^{OT}\right) \times \left(1 + \frac{i_{t-1}^{E}}{100}\right)^{2} \tag{9}$$

em que:

$\tilde{R}_{Rec,t-2}^{OT}$ Proveitos permitidos da função de Recepção de GNL, do operador de terminal de GNL, previstos para cálculo das tarifas do ano gás *t*-2

$R_{Rec,t-2}^{OT}$ Proveitos da função de Recepção de GNL calculados de acordo com a expressão (7), com base nos valores verificados no ano gás *t*-2, excepto na componente de custos com capital a qual se mantém constante

i_{t-1}^{E} Taxa de juro EURIBOR a três meses, em vigor no último dia do mês de Dezembro do ano gás *t*-1, acrescida de meio ponto percentual.

O ajustamento $\left(\Delta R_{Rec,t-2}^{OT}\right)$ não se aplica nos dois primeiros anos de vigência deste regulamento.

ARTIGO 59.º (²)
Proveitos da função de Armazenamento de GNL

1 – Os proveitos permitidos da função de Armazenamento de GNL, do operador de terminal de GNL, são dados pela seguinte expressão:

$$\tilde{R}^{OT}_{Arm,t} = \tilde{C}C_{Arm,t} + \tilde{C}E_{Arm,t} - \tilde{S}_{Arm,t} + \left(Amb_{Arm,t-2} - ACI_{Arm,t-2}\right) \times \left(1 + \frac{i^{E}_{t-1}}{100}\right)^{2} - \Delta R^{OT}_{Arm,t-2} \qquad (10)$$

em que:

$\tilde{R}^{OT}_{Arm,t}$	Proveitos permitidos da função de Armazenamento de GNL, previstos para o ano gás t
$\tilde{C}C_{Arm,t}$	Custos com capital afectos à função de Armazenamento de GNL, previstos para o ano gás t
$\tilde{C}E_{Arm,t}$	Custos de exploração afectos à função de Armazenamento de GNL, previstos para o ano gás t
$\tilde{S}_{Arm,t}$	Proveitos da função de Armazenamento de GNL que não resultam da aplicação do termo de armazenamento da tarifa de Uso do Terminal de Recepção, Armazenamento e Regaseificação de GNL, previstos para o ano gás t
$Amb_{Arm,t-2}$	Custos relacionados com a promoção de desempenho ambiental no ano gás t-2, aceites pela ERSE, calculados de acordo com a Secção X do presente capítulo
$ACI_{Arm,t-2}$	Proveitos provenientes da atribuição da capacidade das infra-estruturas, em situação de congestionamento nos termos previstos no Regulamento do Acesso às Redes, às Infraestruturas e às Interligações, no ano gás t-2
i^{E}_{t-1}	Taxa de juro EURIBOR a três meses, em vigor no último dia do mês de Dezembro do ano gás t-1, acrescida de meio ponto percentual
$\Delta R^{OT}_{Arm,t-2}$	Ajustamento no ano gás t, dos proveitos da função de Armazenamento de GNL,tendo em conta os valores ocorridos no ano gás t-2.

Salvo indicação em contrário, os valores são expressos em euros.

(²) Artigo alterado pelo Despacho n.º 18397/2008, publicado no Diário da República, II série, n.º 131, de 9 de Julho.

2 – Os custos com capital $\left(\tilde{C}C_{Arm,t}\right)$ são calculados de acordo com a seguinte expressão:

$$\tilde{C}C_{Arm,t} = \frac{\sum_{n=1}^{t-1}\left(\left(Am_{Arm,n} + Act_{Arm,n} \times \frac{ra_{Arm,r}}{100} - \tilde{C}C_{Arm,n}\right) \times \Pi_{j=n+1}^{t-1}\left(1 + \frac{ra_{Arm,r}}{100} \times \left(1 - \frac{I_j}{100}\right)\right)\right) + \sum_{n=t}^{N}\frac{\tilde{A}m_{Arm,n} + \tilde{A}ct_{Arm,n} \times \frac{ra_{Arm,r}}{100}}{\left(1 + \frac{ra_{Arm,r}}{100}\right)^{(n-t+1)}}}{\sum_{n=t}^{N}\frac{\tilde{Q}_n}{\left(1 + \frac{rq_{Arm,r}}{100}\right)^{(n-t+1)}}} \times \tilde{Q}_t \qquad (11)$$

em que:

N — Número de anos desde o primeiro ano de regulação até final da concessão

$Am_{Arm,n}$ — Amortização do activo fixo afecto à função de Armazenamento de GNL, deduzida da amortização do activo comparticipado, no ano gás n

$Act_{Arm,n}$ — Valor médio do activo fixo afecto à função de Armazenamento de GNL, líquido de amortizações e comparticipações, no ano gás n, dado pela média aritmética simples dos valores no início e no fim do ano gás

$ra_{Arm,r}$ — Taxa de remuneração do activo fixo afecto à função de Armazenamento de GNL, fixada para o período de regulação r, em percentagem

$\tilde{C}C_{Arm,n}$ — Custo com capital afecto à função de Armazenamento de GNL, considerado para cálculo dos proveitos permitidos do ano gás n

I_j — Taxa de imposto sobre orendimento, em vigor no ano j, em percentagem

$\tilde{A}m_{Arm,n}$ — Amortização do activo fixo afecto à função de Armazenamento de GNL, deduzida da amortização do activo comparticipado, previsto para o ano gás n do período de previsão N

$\tilde{A}ct_{Arm,n}$ — Valor médio do activo fixo afecto à função de Armazenamento de GNL, líquido de amortizações e com participações, previsto para o ano gás n do período de previsão N, dado pela média aritmética simples dos valores no início e no fim do ano gás

$\tilde{Q}_n$ — Quantidade de gás natural prevista injectar no gasoduto, pelo operador de terminal de GNL, para o ano gás n do período de previsão N, em m³

$ra_{Arm,r}$ — Quantidade de gás natural prevista injectar no gasoduto, pelo operador de terminal de GNL, para o ano gás n do período de previsão N, em m³

$rq_{Arm,r}$ Taxa de actualização das quantidades previstas até final do período de previsão *N*, associadas à actividade, fixada para o período de regulação *r*, em percentagem

$\tilde{Q}_t$ Quantidade de gás natural prevista injectar no gasoduto, para o ano gás *t*, em m³.

3 – Os activos fixos líquidos de amortizações e comparticipações $\left(\tilde{A}ct_{Arm,n}\right)$, referidos no número anterior, correspondem aos valores aceites para efeitos de regulação.

4 – Os custos de exploração incluem, nomeadamente, os custos relativos a materiais diversos, fornecimentos e serviços externos e pessoal.

5 – Os custos relacionados com a promoção do desempenho ambiental $\left(Amb_{Arm,t-2}\right)$ e os proveitos provenientes da atribuição da capacidade das infra-estruturas, em situação de congestionamento $\left(ACI_{Arm,t-2}\right)$ não se aplicam nos dois primeiros anos de vigência deste regulamento.

6 – O ajustamento $\left(\Delta R_{Arm,t-2}^{OT}\right)$ é determinado pela seguinte expressão:

$$\Delta R_{Arm,t-2}^{OT} = \left(\tilde{R}_{Arm,t-2}^{OT} - R_{Arm,t-2}^{OT}\right) \times \left(1 + \frac{i_{t-1}^{E}}{100}\right)^2 \tag{12}$$

em que:

$\tilde{R}_{Arm,t-2}^{OT}$ Proveitos permitidos da função de Armazenamento de GNL, do operador de terminal de GNL, previstos para cálculo das tarifas do ano gás *t*-2

$R_{Arm,t-2}^{OT}$ Proveitos da função de Armazenamento de GNL calculados de acordo com a expressão (10), com base nos valores verificados no ano gás *t*-2, excepto na componente de custos com capital a qual se mantém constante

i_{t-1}^{E} Taxa de juro EURIBOR a três meses, em vigor no último dia do mês de Dezembro do ano gás *t*-9, acrescida de meio ponto percentual.

O ajustamento $\left(\Delta R_{Arm,t-2}^{OT}\right)$ não se aplica nos dois primeiros anos de vigência deste regulamento.

Artigo 60.º (³)

Proveitos da função de Regaseificação de GNL

1 – Os proveitos permitidos da função de Regaseificação de GNL, do operador de terminal de GNL, são dados pela seguinte expressão:

$$\tilde{R}_{RegGNL,t}^{OT} = \tilde{R}_{Reg,t}^{OT} + \tilde{C}_{IC,t}^{OT} \tag{13}$$

em que:

$\tilde{R}_{RegGNL,t}^{OT}$ — Proveitos permitidos da função de Regaseificação de GNL, do operador de terminal de GNL, previstos para o ano gás t

$\tilde{R}_{Reg,t}^{OT}$ — Proveitos permitidos da função de Regaseificação de GNL, do operador de terminal de GNL, previstos para o ano gás t

$\tilde{C}_{IC,t}^{OT}$ — Custos associados às ilhas para abastecimento de camiões cisternas, previstos para o ano gás t.

2 – Os proveitos permitidos com a Regaseificação de GNL, do operador de terminal de GNL, são dados pela seguinte expressão:

$$\tilde{R}_{Reg,t}^{OT} = \tilde{C}C_{Reg,t} + \tilde{C}E_{Reg,t} - \tilde{S}_{Rec,t} + \left(Amb_{Reg,t-2} - ACI_{Reg,t-2}\right) \times \left(1 + \frac{i_{t-1}^{E}}{100}\right)^{2} - \Delta R_{Rec,t-2}^{OT} \tag{14}$$

em que:

$\tilde{R}_{Reg,t}^{OT}$ — Proveitos permitidos da função de Regaseificação de GNL, do operador de terminal de GNL, previstos para o ano gás t

$\tilde{C}C_{Reg,t}$ — Custos com capital afectos à função de Regaseiflcação de GNL, previstos para o ano gás t

$\tilde{C}E_{Reg,t}$ — Custos de exploração afectos à função de Regaseificação de GNL, previstos para o ano gás t

$\tilde{S}_{Rec,t}$ — Proveitos com a função de Regaseificação de GNL que não resultam da aplicação do termo de regaseificação da tarifa de Uso do Terminal de Recepção, Armazenamento e Regaseificação de GNL, previstos para o ano gás t

$Amb_{Reg,t-2}$ — Custos relacionados com a promoção de desempenho ambiental no ano gás t-2, aceites pela ERSE, calculados de acordo com a Secção X do presente capítulo

---

(³) Artigo alterado pelo Despacho n.º 18397/2008, publicado no Diário da República, II série, n.º 131, de 9 de Julho.

$ACI_{Reg,t-2}$ Proveitos provenientes da atribuição da capacidade das infra-estruturas, em situação de congestionamento nos termos previstos no Regulamento do Acesso às Redes, às Infra-estruturas e às Interligações,no ano gás t-2

i_{t-1}^{E} Taxa de juro EURIBOR a três meses, e m vigor no último dia do mês de Dezembro do ano gás t-1, acrescida de meio ponto percentual

$\Delta R_{Rec,t-2}^{OT}$ Ajustamento no ano gás t, dos proveitos com a função de Regaseificação de GNL, do operador de terminalde GNL, tendo em conta os valores ocorridos no ano gás t-2.

Salvo indicação em contrário, os valores são expressos em euros.

3 – Os custos com capital $(\tilde{C}C_{Reg,n})$ são calculados de acordo com a seguinte expressão:

$$\tilde{C}C_{Reg,t} = \frac{\sum_{n=1}^{t-1}\left(\left(Am_{Reg,n}+Act_{Reg,n}\times\frac{ra_{Reg,r}}{100}-\tilde{C}C_{Reg,n}\right)\times\prod_{j=n+1}^{t-1}\left(1+\frac{ra_{Reg,r}}{100}\times\left(1-\frac{I_j}{100}\right)\right)\right)+\sum_{n=t}^{N}\frac{\bar{A}m_{Reg,n}+\bar{A}ct_{Reg,n}\times\frac{ra_{Reg,r}}{100}}{\left(1+\frac{ra_{Reg,r}}{100}\right)^{(n-t+1)}}}{\sum_{n=t}^{N}\frac{\bar{Q}_n}{\left(1+\frac{ra_{Reg,r}}{100}\right)^{(n-t+1)}}}\times\bar{Q}_t \quad (15)$$

em que:

N Número de anos desde o primeiro ano de regulação até final da concessão

$Am_{Reg,n}$ Amortização do activo fixo afecto à função de Regaseificação de GNL, deduzida da amortização do activo comparticipado, no ano gás n

$Act_{Reg,n}$ Valor médio do activo fixo afecto à função de Regaseificação de GNL, líquido de amortizações e com participações, no ano gás n, dado pela média aritmética simples dos valores no início e no fim do ano gás

$ra_{Reg,r}$ Taxa de remuneração do activo fixo afecto à função de Regaseificação de GNL, fixada para o período de regulação r, em percentagem

$\tilde{C}C_{Reg,n}$ Custo com capital afecto à função de Regaseificação de GNL, considerado para cálculo dos proveitos permitidos do ano gás n

I_j Taxa de imposto sobre orendimento, em vigor no ano j, em percentagem

$\tilde{A}m_{Reg,n}$ Amortização do activo fixo afecto à função de Regaseificação de GNL, deduzida da amortização do activo comparticipado, previsto para o ano gás n do período de previsão N

$\tilde{A}ct_{Reg,n}$ Valor médio do activo fixo afecto à função de Regaseificação de GNL, líquido de amortizações e comparticipações, previsto para o ano gás n do período de previsão N dado pela média aritmética simples dos valores no início e no fim do ano gás

$\tilde{Q}_n$ Quantidade de gás natural prevista injectar no gasoduto, para o ano gás n do período de previsão N, em m³

$rq_{Reg,r}$ Taxa de actualização das quantidades previstas até final do período de previsão N, associadas à actividade, fixada para o período de regulação r, em percentagem

$\tilde{Q}_t$ Quantidade de gás natural prevista injectar no gasoduto, para o ano gás t, em m³.

4- Os activos fxoslíquidos de amortizações e comparticipações $\left(\tilde{A}ct_{Reg,n}\right)$, referidos no número anterior, eeFFespendeffl aos valeres aceites para efeitos de reclulação.

5 – Os custos de exploração incluem, nomeadamente, os custos relativos a materiais diversos, fornecimentos e serviços externos e pessoal.

6 – Os custos relacionados com a promoção do desempenho ambiental $\left(Amb_{Reg,t-2}\right)$ e os proveitos provenientes da atribuição da capacidade das infra-estruturas, em situação de congestionamento $\left(ACI_{Reg,t-2}\right)$ não se aplicam nos dois primeiros anos de vigência deste regulamento.

7 – O ajustamento $\left(\Delta R^{OT}_{Rec,t-2}\right)$ é determinado pela seguinte expressão:

$$\Delta R^{OT}_{Reg,t-2} = \left(\tilde{R}^{OT}_{Reg,t-2} - R^{OT}_{Reg,t-2}\right) \times \left(1 + \frac{i^{E}_{t-1}}{100}\right)^2 \tag{16}$$

em que:

$\tilde{R}^{OT}_{Reg,t-2}$ Proveitos permitidos da função de Regaseificação de GNL, do operador de terminal de GNL, previstospara cálculo das tarifas do ano gás t-2

$R^{OT}_{Reg,t-2}$ Proveitos da função de Regaseiflcação de GNL calculados de acordo com a expressão (14), com base nos valores verificados no ano gás t-2, excepto na componente de custos com capital a qual se mantém constante

i_{t-1}^E Taxa de juro EURIBOR a trés meses, em vigor no último dia do mês de Dezembro do ano gás *t*-1, acrescida de meio ponto percentual.

O ajustamento $\left(\Delta R_{Reg,t-2}^{OT}\right)$ não se aplica nos dois primeiros anos de aplicação deste regulamento.

8 – Os custos associados às ilhas para abastecimento de camiões cisternas incluem, nomeadamente, os custos de exploração e os custos de investimento.

SECÇÃO II
Proveitos dos operadores de armazenamento subterrâneo de gás natural

Artigo 61.º
Proveitos da actividade de Armazenamento Subterrâneo de gás natural

1 – Os proveitos permitidos da actividade de Armazenamento Subterrâneo de gás natural, de cada operador de armanezamento subterrâneo, são dados pela seguinte expressão:

$$\tilde{R}_{AS,t}^{OAS} = \tilde{A}m_{AS,t} + \tilde{A}ct_{AS,t} \times \frac{r_{AS,r}}{100} + \tilde{C}E_{AS,t} - \tilde{S}_{AS,t} + \left(Amb_{AS,t-2} - ACI_{AS,t-2}\right) \times \left(1 + \frac{i_{t-1}^E}{100}\right)^2 - \Delta R_{AS,t-2}^{OAS} \qquad (17)$$

em que:

$\tilde{R}_{UAS,t}^{OAS}$ Proveitos pomdidos da actividade de Armazenamento Subterrâneo de gás natural, previstos para o ano gás *t*.

$\tilde{A}m_{AS,t}$ Amortização do activo fixo afecto a esta actividade deduzida da amortização do activo comparticipado, previsto para o ano gás *t*.

$\tilde{A}ct_{AS,t}$ Valor médio do activo fixo afecto a esta actividade, liquido de amortizações e comparticipações, previsto para o ano gás *t*, dado pela média aritmética simples dos valores no início e no fim do ano gás.

$r_{AS,r}$ Taxa de remuneração do activo fixo afecto a esta actividade, fxada para o período de regulação *r* em percentagem.

$\tilde{C}E_{AS,t}$ Custos de exploração afectos a esta actividade, previstos para o ano gás *t*.

$\tilde{S}_{AS,t}$ Proveitos desta actividade, que não resultam da aplicação da tarifa de Uso do Armazenamento Subterrâneo, previstos para o ano gás *t*.

$Amb_{AS,t-2}$ — Custos relacionados com a promoção de desempenho ambiental, no ano gás t-2, aceites pela ERSE, calculados de acordo com a Secção X do presente capítulo.

$ACI_{AS,t-2}$ — Proveitos provenientes da atribuição da capacidade das infra-estruturas, em situação de congestionamento nos termos previstos no Regulamento do Acesso às Redes, às Infra-estruturas e às Interligações, no ano gás t-2.

i_{t-1}^E — Taxa de juro EURIBOR a três meses, em vigor no último dia do mês de Dezembro do ano gás t-1, acrescida de meio ponto percentual.

$\Delta R_{UAS,t-2}^{OAS_s}$ — Ajustamento no ano gás t, dos proveitos da actividade de Armazenamento Subterrâneo de gás natural, tendo em conta os valores ocorridos no ano gàs t-2.

Salvo indicação em contrário, os valores são expressos em euros.

2 – Os activos fixos líquidoss de amortizações e comparticipações $\left(\tilde{A}ct_{AS,n}\right)$, referidos no número anterior, correspondem aos valores aceites para efeitos de regulação.

3 – Os custos de exploração incluem, nomeadamente, os custos relativos a materiais diversos, fornecimentos e serviços externos e pessoal.

4 – Os custos relacionados com a promoção do desempenho ambiental $\left(Amb_{AS,t-2}\right)$ e os proveitos provenientes da atribuição da capacidade das infra-estruturas, em situação de congestionamento $\left(ACI_{AS,t-2}\right)$ não se aplicam nos dois primeiros anos de aplicação deste regulamento.

5 – O ajustamento $\left(\Delta R_{UAS,t-2}^{OAS}\right)$ é determinado pela seguinte expressão:

$$\Delta R_{UAS,t-2}^{OAS} = \left(Rf_{UAS,t-2}^{OAS} - R_{UAS,t-2}^{OAS}\right) \times \left(1 + \frac{i_{t-1}^E}{100}\right)^2 \tag{18}$$

em que:

$Rf_{UAS,t-2}^{OAS}$ — Proveitos facturados por aplicação da tarifa de Uso do Armazenamento Subterrâneo do ano gás t-2.

$R_{UAS,t-2}^{OAS}$ — Proveitos da actividade de Armazenamento Subterrâneo de gás natural calculados de acordo coma expressão (17), com base nos valores verificados no ano gás t-2, excepto na componente de custos com capital a qual se mantém constante.

i_{t-1}^E — Taxa de juro EURIBOR a três meses, em vigor no último dia do mês de Dezembro do ano gás t-1, acrescida de meio ponto percentual.

O ajustamento $\left(\Delta R_{UAS,t-2}^{OAS}\right)$ não se aplica nos dois primeiros anos de aplicação deste regulamento.

SECÇÃO III
Proveitos do operador logístico de mudança de comercializador

ARTIGO 62.º
Proveitos da actividade de Operação Logística
de Mudança de Comercializador

1 – Os proveitos permitidos da actividade de Operação Logística de Mudança de Comercializador, no ano gás *t*, são dados pela expressão:

$$\tilde{R}_{OMC,t}^{OLMC} = \tilde{A}m_{OMC,t} + \tilde{A}ct_{OMC,t} \times \frac{r_{OMC,r}}{100} + \tilde{C}E_{OMC,t} - \tilde{S}_{OMC,t} - \Delta R_{OMC,t-2}^{OLMC} \qquad (19)$$

em que:

$\tilde{R}_{OMC,t}^{OLMC}$ Proveitos permitidos da actividade de Operação Logística de Mudança de Comercializado, previstos para o ano gás *t*

$\tilde{A}m_{OMC,t}$ Amortização do activo fixo afecto a esta actividade, deduzida da amortização do activo comparticipado, previsto para o ano gás *t*

$\tilde{A}ct_{OMC,t}$ Valor médio do activo fixo afecto a esta actividade, líquido de amortizações e comparticipações, previsto para o ano gás *t*, dado pela média aritmética simples dos valores no início e no fim do ano gás

$r_{OMC,r}$ Taxa de remuneração do activo fixo afecto a esta actividade, fixada para o período de regulação *r*, em percentagem

$\tilde{C}E_{OMC,t}$ Custos de exploração afectos a esta actividade, previstos para o ano gás *t*

$\tilde{S}_{OMC,t}$ Outros proveitos desta actividade, previstos para o ano gás *t*

$\Delta R_{OMC,t-2}^{OLMC}$ Ajustamento no ano gás *t*, dos proveitos da actividade de Operação Logística de Mudança de Comercializador, tendo em conta os valores ocorridos no ano gás *t*-2.

Salvo indicação em contrário, os valores são expressos em euros.

2 – Os activos fixos líquidos de amortizações e comparticipações $\left(\tilde{A}ct_{OMC,t}\right)$, referidos no número anterior, correspondem aos valores aceites para efeitos de regulação.

3 – Os custos de exploração incluem, nomeadamente, os custos relativos a fornecimentos e serviços externos, materiais diversos e pessoal.

4 – O ajustamento $\left(\Delta R_{OMC,t-2}^{OLMC}\right)$ é determinado a partir da seguinte expressão:

$$\Delta R_{OMC,t-2}^{OLMC} = \left(\tilde{R}_{OMC,t-2}^{OLMC} - R_{OMC,t-2}^{OLMC}\right) \times \left(1 + \frac{i_{t-1}^{E}}{100}\right)^{2} \tag{20}$$

em que:

$\tilde{R}_{OMC,t-2}^{OLMC}$ Proveitos permitidos da actividade de Operação Logística de Mudança de Comercializador, previstos para cálculo das tarifas do ano gás t-2

$R_{OMC,t-2}^{OLMC}$ Proveitos da actividade de OPeração Logística de Mudança de Comercializador, calculados de acordo com a expressão (19), com base nos valores verificados no ano gás t-2

i_{t-1}^{E} Taxa de juro EURIBOR a três meses, em vigor no último dia do mês de Dezembro do ano gás t-1, acrescida de meio ponto percentual.

O ajustamento $\left(\Delta R_{OMC,t-2}^{OLMC}\right)$ não se aplica nos dois primeiros anos de aplicação deste regulamento.

SECÇÃO IV
Proveitos do operador da rede de transporte de gás natural

Artigo 63.º
Proveitos da actividade de Acesso à RNTGN

1 – Os proveitos permitidos da actividade de Acesso à RNTGN, no ano gás t, são dados pela expressão:

$$\tilde{R}_{ARNT,t}^{ORT} = \tilde{R}_{UGS,t}^{ORT} + \tilde{R}_{URT,t}^{ORT} \tag{21}$$

em que:

$\tilde{R}_{ARNT,t}^{ORT}$ Proveitos permitidos da actividade de Acesso à RNTGN, previstos para o ano gás t

$\tilde{R}_{UGS,t}^{ORT}$ Proveitos permitidos da actividade de Gestão Técnica Global do Sistema, previstos para o ano gás t, calculados de acordo com o artigo 64.º

$\tilde{R}_{URT,t}^{ORT}$ — Proveitos permitidos da actividade de Transporte de gás natural, previsto para o ano gás *t*, calculados de acordo com o artigo 65.°

Salvo indicação em contrário, os valores são expressos em euros.

ARTIGO 64.°
Proveitos da actividade de Gestão Técnica Global do Sistema

1 – Os proveitos permitidos da actividade de Gestão Técnica Global do Sistema, ano gás *t*, são dados pela expressão:

$$\tilde{R}_{UGS,t}^{ORT} = \tilde{R}_{GTGS,t}^{ORT} + \tilde{R}_{OMC,t}^{OLMC} + \tilde{EE}_{GTGS,t}^{ORT} - \Delta R_{UGS,t-2}^{ORT} \qquad (22)$$

em que:

$\tilde{R}_{UGS,t}^{ORT}$ — Proveitos permitidos da actividade de Gestão Técnica Global do Sistema, previstos para o ano gás *t*

$\tilde{R}_{GTGS,t}^{ORT}$ — Custos da gestão técnica global do sistema, previstos para o ano gás *t*

$\tilde{R}_{OMC,t}^{OLMC}$ — Proveitos permitidos da actividade de Operação Logística de Mudança de Comercializador, previstos para o ano gás *t,* calculados de acordo com o artigo 62.°

$\tilde{EE}_{GTGS,t}^{ORT}$ — Custos previstos com o Plano de Promoção da Eficiência no Consumo, para o ano gás t, aprovados pela ERSE, de acordo com o artigo 97.° do presente capítulo

$\Delta R_{UGS,t-2}^{ORT}$ — Ajustamento no ano gás t, dos proveitos da actividade de Gestão Técnica Global do Sistema, tendo em conta os valores ocorridos no ano gás *t*-2.

Salvo indicação em contrário, os valores são expressos em euros.

2 – Os custos de gestão técnica global do sistema $\left(\tilde{R}_{GTGS,t}^{ORT} \right)$ são dados pela seguinte expressão:

$$\tilde{R}_{GTGS,t}^{ORT} = \tilde{Am}_{GTGS,t} + \tilde{Act}_{GTGS,t} \times \frac{r_{GTGS,t}}{100} + \tilde{CE}_{GTGS,t} + \tilde{REG}_{GTGS,t} + \tilde{CGQ}_{GTGS,t} - \tilde{S}_{GTGS,t} \qquad (23)$$

em que:

$\tilde{Am}_{GTGS,t}$ — Amortização do activo fixo afecto a esta actividade, deduzida da amortização do activo comparticipado, prevista para o ano gás *t*

$\tilde{Act}_{GTGS,t}$ — Valor médio do activo fixo afecto a esta actividade, líquido de amortizações e comparticipações, previsto para o ano gás *t*, dado pela média aritmética simples dos valores no início e no fim do ano gás

$r_{GTGS,t}$ Taxa de remuneração do activo fixo afecto a esta actividade, fixada para o período de regulação, em percentagem

$\widetilde{CE}_{GTGS,t}$ Custos de exploração afectos a esta actividade, previstos para o ano gás t

$\widetilde{REG}_{GTGS,t}$ Custos com a ERSE afectos à regulação do sector do gás natural, previstos para o ano gás t

$\widetilde{CGQ}_{GTGS,t}$ Custos com a gestão de sistema, nomeadamente, das quantidades de gás utilizadas para fazer face à operação intradiária do sistema, de acordo com as regras estabelecidas no Regulamento de Operação das Infra-estruturas.

$\widetilde{S}_{GTGS,t}$ Proveitos desta actividade que não resultam da aplicação da tarifa de Uso Global do Sistema, previstos para o ano gás t

3 – Os activos fixos líquidos de amortizações e comparticipações $\left(\widetilde{Act}_{GTGS,t}\right)$ correspondem aos valores aceites para efeitos de regulação.

4 – Os custos de exploração incluem, nomeadamente, os custos relativos a fornecimentos e serviços externos, materiais diversos e pessoal

5 – O ajustamento $\left(\Delta R^{ORT}_{UGS,t-2}\right)$ previsto na expressão (22) é determinado a partir da seguinte expressão:

$$\Delta R^{ORT}_{UGS,t-2} = \left(Rf^{ORT}_{UGS,t-2} - R^{ORT}_{UGS,t-2}\right) \times \left(1 + \frac{i^{E}_{t-1}}{100}\right)^{2} \qquad (24)$$

em que:

$Rf^{ORT}_{UGS,t-2}$ Proveitos facturados por aplicação da tarifa de Uso Global do Sistema do ano gás t-2

$R^{ORT}_{GTGS,t-2}$ Proveitos permitidos da actividade de Gestão Técnica Global do Sistema, calculados de acordo com a expressão (22), com base nos valores verificados no ano gás t-2

i^{E}_{t-1} Taxa de juro EURIBOR a três meses, em vigor no último dia do mês de Dezembro do ano gás t-1, acrescida de meio ponto percentual.

O ajustamento $\left(\Delta R^{ORT}_{UGS,t-2}\right)$ não se aplica nos dois primeiros anos de aplicação deste regulamento.

Artigo 65.º (⁴)

Proveitos da actividade de Transporte de gás natural

1 – Os proveitos permitidos da actividade de Transporte de gás natural, no ano t, são dados pela seguinte expressão:

$$\tilde{R}_{URT,t}^{ORT} = \tilde{C}C_{T,t} + \tilde{C}E_{T,t} - \tilde{S}_{T,t} + \left(Amb_{T,t-2} - ACI_{T,t-2}\right) \times \left(1 + \frac{i_{t-1}^{E}}{100}\right)^2 - \Delta R_{URT,t-2}^{ORT} \quad (25)$$

em que:

$\tilde{R}_{URT,t}^{ORT}$ Proveitos permitidos da actividade de Transporte de gás natural, previstos para o ano gás *t*

$\tilde{C}C_{T,t}$ Custos com capital afectos a esta actividade, previstos para o ano gás *t*

$\tilde{C}E_{T,t}$ Custos de exploração afectos a esta actividade, previstos para o ano gás *t*

$\tilde{S}_{T,t}$ Proveitos desta actividade que não resultam da aplicação das tarifas de Uso da Rede de Transporte, previstos para o ano gás *t*

$Amb_{T,t-2}$ Custos relacionados com a promoção de desempenho ambiental no ano gás *t*-2, aceites pela ERSE, calculados de acordo com a Secção X do presente capítulo

$ACI_{T,t-2}$ Proveitos provenientes da atribuição da capacidade das infra-estruturas, em situação de congestionamento, nos termos previstos no Regulamento do Acesso às Redes, às infra-estruturas e às Interligações, no ano gás *t*-2

i_{t-1}^{E} Taxa de juro EURIBOR a três meses, em vigor no último dia do mês de Dezembro do ano gás *t*-1, acrescida de meio ponto percentual

$\Delta R_{URT,t-2}^{ORT}$ Ajustamento no ano gás *t*, dos proveitos da actividade de Transporte de gás natural, tendo em conta os valores ocorridos no ano gás *t*-2.

Salvo indicação em contrário, os valores são expressos em euros.

(⁴) Artigo alterado pelo Despacho n.º 18397/2008, publicado no Diário da República, II série, n.º 131, de 9 de Julho.

2 – Os custos com capital $\left(\widetilde{CC}_{T,t}\right)$ são calculados de acordo com a seguinte expressão:

$$\tilde{C}c_{T,t} = \frac{\sum_{n=1}^{t-1}\left(\left(Am_{T,n} + Act_{T,n} \times \frac{ra_{T,r}}{100} - \tilde{C}c_{T,n}\right) \times \prod_{j=n+1}^{t-1}\left(1 + \frac{ra_{T,r}}{100} \times \left(1 - \frac{I_j}{100}\right)\right)\right) + \sum_{n=t}^{N}\frac{\tilde{A}m_{T,n} + \tilde{A}ct_{T,n} \times \frac{ra_{T,r}}{100}}{\left(1 + \frac{ra_{T,r}}{100}\right)^{(n-t+1)}}}{\sum_{n=t}^{N}\frac{\tilde{Q}_n}{\left(1 + \frac{rq_{T,r}}{100}\right)^{(n-t+1)}}} \times \tilde{Q}_t \qquad (26)$$

em que:

N	Número de anos desde o primeiro ano de regulação até final da concessão
$Am_{T,n}$	Amortização do activo fixo afecto à actividade de Transporte de gás natural, deduzida da amortização do activo comparticipado, no ano gás n
$Act_{T,n}$	Valor médio do activo fixo afecto à actividade de Transporte de gás natural, líquido de amortizações e comparticipações, no ano gás n, dado pela média aritmética simples dos valores no início e no fim do ano gás
$ra_{T,r}$	Taxa de remuneração do activo fixo afecto à actividade de Transporte de gás natural, fixada para o período de regulação r, em percentagem
$\tilde{C}C_{T,n}$	Custo com capital afecto a esta função, considerado para cálculo dos proveitos permitidos do ano gás n
I_j	Taxa de imposto sobre o rendimento, em vigor no ano j, em percentagem
$\tilde{A}m_{T,n}$	Amortização do activo fixo afecto à actividade de Transporte de gás natural deduzida da amortização do activo comparticipado, previsto para o ano gás n do período de previsão N
$\tilde{A}ct_{T,n}$	Valor médio do activo afecto à actividade de Transporte de gás natural, líquido de amortizações e comparticipações, previsto para o ano gás n do período de previsão N, dado pela média aritmética simples dos valores no início e no fim do ano gás
$\tilde{Q}_n$	Quantidade de gás natural na entrada da rede de transporte, prevista para o ano gás n, do período de previsão N, em m³.

$rq_{T,r}$ Taxa de actualização das quantidades previstas até final do período de previsão N, associadas à actividade de Transporte de gás natural, fixada para o período de regulação r, em percentagem

$\tilde{Q}_t$ Quantidade de gás natural na entrada da rede de transporte prevista para o ano gás t, em m³.

3 – Os activos fixos líquidos de amortizações e comparticipações $\left(\tilde{A}ct_{T,n}\right)$ correspondem aos valores aceites para efeitos de regulação.

4 – Os custos de exploração incluem, nomeadamente, os custos relativos a materiais diversos, fornecimentos e serviços externos e pessoal. Nos fornecimentos e serviços externos incluem-se os custos com transporte de GNL por rodovia.

5 – Os custos relacionados com a promoção do desempenho ambiental $\left(Amb_{T,t-2}\right)$ e os proveitos provenientes da atribuição da capacidade das infra-estruturas, em situação de congestionamento $\left(ACI_{T,t-2}\right)$ não se aplicam nos dois primeiros anos de aplicação deste regulamento.

6 – O ajustamento $\left(\Delta R_{URT,t-2}^{ORT}\right)$ é determinado pela seguinte expressão:

$$\Delta R_{URT,t-2}^{ORT} = \left(Rf_{URT,t-2}^{ORT} - R_{URT,t-2}^{ORT}\right) \times \left(1 + \frac{i_{t-1}^{E}}{100}\right)^2 \tag{27}$$

em que:

$Rf_{URT,t-2}^{ORT}$ Proveitos facturados por aplicação das tarifas de Uso da Rede de Transporte de gás natural do ano gás t-2

$R_{URT,t-2}^{ORT}$ Proveitos da actividade de Transporte de gás natural calculados de acordo com a expressão (25), com base nos valores verificados no ano gás t-2, excepto na componente de custos com capital a qual se mantém constante

i_{t-1}^{E} Taxa de juro EURIBOR a três meses, em vigor no último dia do mês de Dezembro do ano gás t-1, acrescida de meio ponto percentual.

O ajustamento $\left(\Delta R_{URT,t-2}^{ORT}\right)$ não se aplica nos dois primeiros anos de aplicação deste regulamento.

SECÇÃO V
Proveitos dos operadores das redes de distribuição de gás natural

ARTIGO 66.º
Proveitos da actividade de Acesso à RNTGN e à RNDGN

1 – Os proveitos permitidos da actividade de Acesso à RNTGN e à RN DGN, do operador de rede de distribuição k, no ano gás t, são dados pela expressão:

$$\widetilde{R}_{ARNTD,t}^{ORD_k} = \widetilde{R}_{UGS,k,t}^{ORD_k} + \widetilde{R}_{URT,t}^{ORD_k} + \widetilde{R}_{URD,t}^{ORD_k} \tag{28}$$

em que:

$\widetilde{R}_{ARNTD,t}^{ORD_k}$	Proveitos permitidos da actividade de Acesso à RNTGN e à RNDGN, previstos para o ano gás t
$\widetilde{R}_{UGS,t}^{ORD_k}$	Proveitos a recuperar epelo operador da rede de distribuição k, por aplicação da tarifa de Uso Global do Sistema, RUGS, previstos para o ano gás t, calculados de acordo com o artigo 67.º
$\widetilde{R}_{URT,t}^{ORD_k}$	Proveitos a recuperar pelo operador da rede de distribuição k, por aplicação da tarifa de Uso da Rede de Transporte, previstos para o ano gás t, calculados de acordo com o artigo 68.º
$\widetilde{R}_{URD,t}^{ORD_k}$	Proveitos da actividade de Distribuição de gás natural, do operador da rede de distribuição k, previstos para o ano gás t, calculados de acordo com o artigo 69.º

ARTIGO 67.º
Proveitos a recuperar pelos operadores da rede de distribuição por aplicação da tarifa de Uso Global do Sistema

1 – Os proveitos a recuperar pelo operador da rede de distribuição k, por aplicação da tarifa de Uso Global do Sistema, são dados pela expressão:

$$\widetilde{R}_{UGS,t}^{ORD_k} = \widetilde{C}_{UGS,t}^{ORD_k} - \Delta R_{UGS,t-2}^{ORD_k} \times \left(1 + \frac{i_{t-1}^{E}}{100}\right)^2 \tag{29}$$

em que:

$\tilde{R}_{UGS,t}^{ORD_k}$ Proveitos a recuperar epelo operador da rede de distribuição *k*, por aplicação da tarifa de Uso Global do Sistema a aplicar pelos operadores da rede de distribuição, previstos para o ano gás t

$\tilde{C}_{UGS,t}^{ORD_k}$ Custos do operador da rede de distribuição *k*, pelo uso global do sistema, previstos para o ano gás *t*

$\Delta R_{UGS,t-2}^{ORD_k}$ Ajustamento resultante da diferença entre os valores facturados pelo operador da rede de distribuição *k* por aplicação da tarifa de Uso Global do Sistema do ano gás *t*-2, e os valores pagos ao operador da rede de transporte pelo uso global do sistema

i_{t-1}^{E} Taxa de juro EURIBOR a três meses, em vigor no último dia do mês de Dezembro do ano gás *t*-1, acrescida de meio ponto percentual.

Salvo indicação em contrário, os valores são expressos em euros.

2 – O ajustamento $\left(\Delta R_{UGS,t-2}^{ORD_k}\right)$, é calculado de acordo com a seguinte expressão:

$$\Delta R_{UGS,t-2}^{ORD_k} = \left(Rf_{UGS,t-2}^{ORD_k} + CUT_{UGS,t-2}^{ORD_k} - C_{UGS,t-2}^{ORD_k}\right) \qquad (30)$$

em que:

$Rf_{UGS,t-2}^{ORD_k}$ Valor facturado pelo operador da rede de distribuição *k*, por aplicação da tarifa de Uso Global do Sistema aplicada pelos operadores da rede de distribuição do ano gás *t*-2

$CUT_{URT,t-2}^{ORD_k}$ Compensação, do operador da rede de distribuição *k*, pela aplicação da tarifa de Uso Global do Sistema, no ano gás *t*-2, calculada de acordo com o artigo 81.°

$C_{UGS,t-2}^{ORD_k}$ Valor pago pelo operador da rede de distribuição *k*, ao operador da rede de transporte, no ano gás *t*-2, pelo uso global do sistema

O ajustamento $\left(\Delta R_{UGS,t-2}^{ORD_k}\right)$ não se aplica nos dois primeiros anos de aplicação deste regulamento.

Artigo 68.º
Proveitos a recuperar pelos operadores da rede de distribuição por aplicação da tarifa de Uso da Rede de Transporte

1 – Os proveitos a recuperar por aplicação da tarifa de Uso da Rede Transporte, são dados pela expressão:

$$\widetilde{R}_{URT,t}^{ORD_k} = \widetilde{C}_{URT,t}^{ORD_k} - \Delta R_{URT,t-2}^{ORD_k} \times \left(1 + \frac{i_{t-1}^{E}}{100}\right)^2 \tag{31}$$

em que:

$\widetilde{R}_{URT,t}^{ORD_k}$ Proveitos a recuperar pelo operador da rede de distribuição k, por aplicação das tarifas de Uso da Rede de Transporte a aplicar pelos operadores da rede de distribuição às entregas a clientes, previstos para o ano gás t

$\widetilde{C}_{URT,t}^{ORD_k}$ Custos do operador da rede de distribuição k, pelo uso da rede de transporte, previstos para o ano gás t

$\Delta R_{URT,t-2}^{ORD_k}$ Ajustamento resultante da diferença entre os valores facturados pelo operador da rede de distribuição k, por aplicação das tarifas de Uso da Rede de Transporte do ano gás t-2 e os valores pagos ao operador da rede de transporte pelo uso da rede de transporte do ano gás t-2

i_{t-1}^{E} Taxa de juro EURIBOR a três meses, em vigor no último dia do mês de Dezembro do ano gás t-1, acrescida de meio ponto percentual.

Salvo indicação em contrário, os valores são expressos em euros.

2 – O ajustamento $\left(\Delta R_{URT,t-2}^{ORD_k}\right)$ é calculado de acordo com a seguinte expressão:

$$\Delta R_{URT,t-2}^{ORD_k} = \left(Rf_{URT,t-2}^{ORD_k} + CUT_{URT,t-2}^{ORD_k} - C_{URT,t-2}^{ORD_k}\right) \tag{32}$$

em que:

$Rf_{URT,t-2}^{ORD_k}$ Valor facturado pelo operador da rede de distribuição k, por aplicação da tarifa de Uso da Rede de Transporte aplicada pelos operadores da rede de distribuição às entregas a clientes, no ano gás t-2

$CUT_{URT,t-2}^{ORD_k}$ Compensação, do operador da rede de distribuição k, pela aplicação da tarifa de Uso da Rede de Transporte, no ano gás t-2, calculada de acordo com o artigo 82.º

$C_{URT,t-2}^{ORD_k}$ — Valor pago pelo operador da rede de distribuição k, ao operador da rede de transporte, no ano gás t-2, pelo uso da rede de transporte

O ajustamento $\left(\Delta R_{URT,t-2}^{ORD_k}\right)$ não se aplica nos dois primeiros anos de aplicação deste regulamento.

Artigo 69.º (⁵)

Proveitos da actividade de Distribuição de gás natural

1 – Os proveitos da actividade de Distribuição de gás natural do operador da rede de distribuição k, no ano gás t, são dados pela expressão:

$$\tilde{R}_{URD,t}^{ORD_k} = \tilde{C}C_{D,t}^k + \tilde{C}E_{D,t}^k - \tilde{S}_{D,t}^k + Amb_{D,t-2}^k \times \left(1 + \frac{i_{t-1}^E}{100}\right)^2 - \Delta R_{URD,t-2}^{ORD_k} \qquad (33)$$

em que:

$\tilde{R}_{URD,t}^{ORD_k}$ — Proveitos permitidos da actividade de Distribuição de gás natural, previstos para o ano gás t

$\tilde{C}C_{D,t}^k$ — Custos com capital afectos à actividade de Distribuição de gás natural, previstos para o ano gás t

$\tilde{C}E_{D,t}^k$ — Custos de exploração afectos à actividade de Distribuição de gás natural, previstos para o ano gás t

$\tilde{S}_{D,t}^k$ — Proveitos afectos à actividade de Distribuição de gás natural, que não resultam da aplicação das tarifas de Uso da Rede de Distribuição, previstos para o ano gás t

$Amb_{D,t-2}^k$ — Custos relacionados com a promoção de desempenho ambiental no ano gás t-2, do operador da rede de distribuição k, aceites pela ERSE, calculados de acordo com a Secção X do presente capítulo

i_{t-1}^E — Taxa de juro EURIBOR a três meses, em vigor no último dia do mês de Dezembro do ano gás t-1, acrescida de meio ponto percentual

$\Delta R_{D,t-2}^{ORD_k}$ — Ajustamento no ano gás t, dos proveitos da actividade de Distribuição de gás natural, tendo em conta os valores ocorridos no ano gás t-2.

Salvo indicação em contrário, os valores são expressos em euros.

_____

(⁵) Artigo alterado pelo Despacho n.º 18397/2008, publicado no Diário da República, II série, n.º 131, de 9 de Julho.

2 – Os custos com capital $\left(\tilde{C}C_{D,t}^k\right)$ são calculados de acordo com a seguinte expressão:

$$\tilde{C}C_{D,t}^k = \frac{\sum_{n=1}^{t-1}\left(\left(Am_{D,n}^k + Act_{D,n}^k \times \frac{ra_{D,r}^k}{100} - \tilde{C}C_{D,n}^k\right) \times \prod_{j=n+1}^{t-1}\left(1 + \frac{ra_{D,r}^k}{100} \times \left(1 - \frac{I_j}{100}\right)\right)\right) + \sum_{n=t}^{N} \frac{\tilde{A}m_{D,n}^k + \tilde{A}ct_{D,n}^k \times \frac{ra_{D,r}^k}{100}}{\left(1 + \frac{ra_{D,r}^k}{100}\right)^{(n-t+1)}}}{\sum_{n=t}^{N} \frac{\tilde{Q}_n^k}{\left(1 + \frac{rq_{D,r}^k}{100}\right)^{(n-t+1)}}} \times \tilde{Q}_t^k \quad (34)$$

em que:

N	Número de anos desde o primeiro ano de regulação até final da concessão
$Am_{D,n}^k$	Amortização do activo fixo afecto à actividade de Distribuição de gás natural, deduzida da amortização do activo comparticipado, previsto para o ano gás n do período de previsão N
$Act_{D,n}^k$	Valor médio do activo fixo afecto à actividade de Distribuição de gás natural, líquido de amortizações e comparticipações, no ano gás n, dado pela média aritmética simples dos valores no início e no fim do ano gás
$ra_{D,r}^k$	Taxa de remuneração do activo fixo afecto à actividade de Distribuição de gás natural, fixada para o período de regulação r, em percentagem
$\tilde{C}C_{D,n}^k$	Custo com capital afecto à actividade de Distribuição de gás natural, considerado para cálculo dos proveitos permitidos do ano gás n
I_j	Taxa de imposto sobre o rendimento, em vigor no ano j em percentagem
$\tilde{A}m_{D,n}^k$	Amortização do activo fixo afecto à actividade de Distribuição de gás natural, deduzida da amortização do activo comparticipado, previsto para o ano gás n do período de previsão N
$\tilde{A}ct_{D,n}^k$	Valor médio do activo fixo afecto à actividade de Distribuição de gás natural, líquido de amortizações e comparticipações, previsto para o ano gás n do período de previsão N, dado pela média aritmética simples dos valores no início e no fim do ano gás
$\tilde{Q}_n^k$	Quantidade de gás natural na entrada da rede de distribuição k prevista para o ano gás n do período de previsão N, em m³

$rq_{D,r}^k$ — Taxa de actualização das quantidades previstas até final do período de previsão N, associadas à actividade de Distribuição de gás natural, fixada para o período de regulação r, em percentagem

$\tilde{Q}_t^k$ — Quantidade de gás natural na entrada da rede de distribuição k prevista na rede de distribuição k, no ano gás t, em m³

3 – Os activos fixos líquidos de amortizações e comparticipações $(\tilde{A}ct_{D,n}^k)$ correspondem aos valores aceites para efeitos de regulação.

4 – Os custos de exploração incluem, nomeadamente, os custos relativos a materiais diversos, fornecimentos e serviços externos e pessoal.

5 – Os custos relacionados com a promoção do desempenho ambiental $(Amb_{D,n}^k)$ não se aplicam nos dois primeiros anos de aplicação deste regulamento.

6 - O ajustamento $\left(\Delta R_{URD,t-2}^{ORD_k}\right)$ é determinado pela seguinte expressão:

$$\Delta R_{URD,t-2}^{ORD_k} = \left(Rf_{URT,t-2}^{ORD} + CUT_{URD,t-2}^{ORD_k} - R_{URT,t-2}^{ORD_k}\right) \times \left(1 + \frac{i_{t-1}^E}{100}\right)^2 \tag{35}$$

em que:

$Rf_{URT,t-2}^{ORD}$ — Proveitos facturados por aplicação das tarifas de Uso da Rede de Distribuição no ano gás t-2

$CUT_{URD,t-2}^{ORD_k}$ — Compensação, do operador da rede de distribuição k, pela aplicação das tarifas de Uso da Rede de Distribuição, no ano gás t-2, calculada de acordo com o artigo 83.°

$R_{URT,t-2}^{ORD_k}$ — Proveitos da actividade de Distribuição de gás natural, calculados de acordo com a expressão (33) com base nos valores verificados no ano gás t-2, excepto na componente de custos com capital a qual se mantém constante

i_{t-1}^E — Taxa de juro EURIBOR a três meses, em vigor no último dia do mês de Dezembro do ano gás t-1, acrescida de meio ponto percentual.

O ajustamento $\left(\Delta R_{URD,t-2}^{ORD_k}\right)$ não se aplica nos dois primeiros anos de aplicação deste regulamento.

SECÇÃO VI
Proveitos do comercializador do SNGN

Artigo 70.º
Proveitos da actividade de Compra e Venda de gás natural no âmbito da gestão dos contratos de aprovisionamento de longo

1 – Os proveitos permitidos da actividade de Compra e Venda de gás natural no âmbito da gestão dos contratos de aprovisionamento de longo prazo em regime de take or pay celebrados em data anterior à publicação da Directiva 2003/55/CE, de 26 de Junho, no ano gás *t*, são dados pela expressão:

$$\widetilde{R}_{CVGN,t}^{CSNGN} = \widetilde{C}_{GN,t}^{CSNGN} + \widetilde{C}_{UTRAR,t}^{CSNGN} + \widetilde{C}_{UAS,t}^{CSNGN} + \widetilde{C}f_{CVGN,t}^{CSNGN} - \Delta R_{CVGN,t-2}^{CSNGN} \qquad (36)$$

em que:

$\widetilde{R}_{CVGN,t}^{CSNGN}$ — Proveitos permitidos da actividade de Compra e Venda de gás natural no âmbito da gestão dos contratos de aprovisionamento de longo prazo em regime de take or pay celebrados em data anterior à publicação da Directiva 2003/55/CE, de 26 de Junho, previstos para o ano gás *t*

$\widetilde{C}_{GN,t}^{CSNGN}$ — Custos com a aquisição de gás natural no âmbito dos contratos de aprovisionamento de longo prazo, referidos no 2 – deste artigo, previstos para o ano gás *t*

Custos com a utilização do terminal de GNL, revistos para o ano gás *t*

$\widetilde{C}_{UTRAR,t}^{CSNGN}$ — Custos com a utilização do armazenamento subterrâneo de gás natural, previstos para o ano gás *t*

$\widetilde{C}f_{CVGN,t}^{CSNGN}$ — Custos de funcionamento afectos a esta actividade, previstos para o ano gás *t*

$\Delta R_{CVGN,t-2}^{CSNGN}$ — Ajustamento dos proveitos desta actividade, tendo em conta os valores ocorridos no ano gás *t*-2

Salvo indicação em contrário, os valores são expressos em euros.

2 – Os custos com aquisição de gás natural $\left(\widetilde{C}_{GN.t}^{CSNGN} \right)$ resultam da importação de gás natural no âmbito da gestão dos contratos de aprovisionamento de longo prazo em regime de *take or pay* celebrados em data anterior à publicação da Directiva 2003/55/CE, de 26 de Junho, designados por:

a) Contrato de fornecimento de gás natural com origem na Argélia, celebrado em 16 de Abril de 1994, válido até 2020.

b) Contrato de fornecimento de gás natural liquefeito com origem na Nigéria, celebrado em 1998, válido até 2020.

c) Contrato de fornecimento de gás natural liquefeito com origem na Nigéria, celebrado em 17 de Junho de 1999, válido até 2023.

d) Contrato de fornecimento de gás natural liquefeito com origem na Nigéria, celebrado em Fevereiro de 2002, válido até 2025/6.

3 – Os custos de funcionamento $\left(\widetilde{Cf}_{CVGN,t}^{C_{SNGN}}\right)$ incluem, nomeadamente, custos com fornecimentos e servicos externos e custos com pessoal.

4 – O ajustamento $\left(\Delta R_{CVGN,t-2}^{C_{SNGN}}\right)$ é calculado de acordo com a seguinte expressão:

$$\Delta R_{CVGN,t-2}^{C_{SNGN}} = \left[Rf_{CUR_G,t-2}^{C_{SNGN}} + C_{CE,t-2}^{C_{SNGN}} + \left(Rf_{M,t-2}^{C_{SNGN}} - GC_{CVGN,t-2}^{C_{SNGN}} \right) - R_{CVGN,t-2}^{C_{SNGN}} \right] \times \left(1 + \frac{i_{t-1}^{E}}{100} \right)^2 \quad (37)$$

em que:

$Rf_{CUR_G,t-2}^{C_{SNGN}}$ — Proveitos facturados ao comercializador de último recurso grossista, no-ano gás *t*-2

$C_{CE,t-2}^{C_{SNGN}}$ — Custos com a aquisição de gás natural no âmbito dos contratos de aprovisionamento de longo razo em regime de *take or pay* celebrados em data anterior à publicação da Directiva 2003/55/CE, de 26 de Junho, com o uso do terminal de GNL e com acesso ao armazenamento subterrâneo de gás natural imputados aos centros electroprodutores com contratos de fornecimento celebrados em data anterior à publicação do Decreto-Lei n.º 140/2006, de 26 de Julho, no ano gás *t*-2

$Rf_{M,t-2}^{C_{SNGN}}$ — Proveitos facturados no mercado a comercializadores e a clientes que sejam agentes no mercado, incluindo exportações, resultantes das quantidades excedentárias de gás natural no ano gás *t*-2

$GC_{CVGN,t-2}^{C_{SNGN}}$ — Ganhos comerciais correspondentes à venda de quantidades excedentárias de gás natural, no ano t-2

$R_{CVGN,t-2}^{C_{SNGN}}$ — Proveitos da actividade de Compra e Venda de gás natural no âmbito da gestão dos contratos de aprovisionamento de longo prazo em regime de *take or pay* celebrados em data anterior à publicação da Directiva 2003/55/CE, de 26 de Junho, calculados de acordo com a expressão (36) tendo em conta os valores ocorridos no ano gás *t*-2

i_{t-1}^{E} Taxa de juro EURIBOR a três meses, em vigor no último dia do mês de Dezembro do ano gás t-1, acrescida de meio ponto percentual

5 – Os ganhos comerciais $\left(GC_{CVGN,t-2}^{CSNGN} \right)$ correspondem à venda de quantidades excedentárias de gás natural obtidos por ordem crescente do preço de aquisição de gás natural dos respectivos contratos, estabelecidos no n.° 2 deste artigo depois de satisfeitos os consumos dos comercializadores de último recurso, são calculados de acordo com a seguinte expressão:

$$GC_{CVGN,t-2}^{CSNGN} = \left[Rf_{M,t-2}^{CSNGN} - \left(C_{GN,t-2}^{CSNGN} + C_{UTRAR,t-2}^{CSNGN} + C_{UAS,t-2}^{CSNGN} \right) \right] \times 0,5 \quad (38)$$

em que:

$Rf_{M,t-2}^{CSNGN}$ Proveitos facturados no mercado a comercializadores e a clientes que sejam agentes no mercado, incluindo exportações, resultantes das quantidades excedentárias de gás natural nos termos estabelecido no Regulamento das Relações Comerciais, no ano gás t-2

$C_{GN,t-2}^{CSNGN}$ Custos com a aquisição de gás natural no âmbito dos contratos de aprovisionamento de longo prazo, referidos no n.° 2 deste artigo, no ano gás t-2, imputados às quantidades excedentárias de gás natural

$C_{UTRAR,t-2}^{CSNGN}$ Custos com a utilização do terminal de GNL, no ano ás t-2, imputados às quantidades excedentárias de ás natural

$C_{UAS,t-2}^{CSNGN}$ Custos com a utilização do armazenamento subterrâneo de gás natural, no ano gás t-2, imputados às quantidades excedentárias de gás natural.

O ajustamento $\left(\Delta R_{CVGN,t-2}^{CSNGN} \right)$ não se aplica nos dois primeiros anos de aplicação deste regulamento.

SECÇÃO VII
Proveitos do comercializador de último recurso grossista

ARTIGO 71.º
Proveitos da actividade de Compra e Venda de gás natural para fornecimento aos comercializadores de último recurso

1 – Os proveitos permitidos da actividade de Compra e Venda de gás natural para fornecimento aos comercializadores de último recurso no ano gás *t*, são dados pela expressão:

$$\tilde{R}_{CV,t}^{CUR\ G} = \tilde{R}_{CVGN,t}^{C_{SNGN}} - C_{CE,t}^{C_{SNGN}}$$

$$\tilde{R}_{CV,t}^{CUR\ G} = \tilde{C}_{GN,t}^{CUR\ GC} + \sum_{k=1}^{K} \tilde{C}_{GN,t}^{CUR\ k}$$

(39)

em que:

$\tilde{R}_{TVFC,t}^{CUR_{GC}}$ — Proveitos da actividade de Compra e Venda de gás natural para fornecimento aos comercializadores de último recurso, previstos para o ano gás *t*

$\tilde{R}_{CVGN,t}^{C_{SNGN}}$ — Proveitos permitidos da actividade de Compra e Venda de gás natural no âmbito da gestão dos contratos de aprovisionamento de longo prazo em regime de *take or pay* celebrados em data anterior à publicação da Directiva 2003/55/CE, de 26 de Junho, previstos para o ano gás t, calculados de acordo com o Artigo 70.º

$C_{CE,t}^{C_{SNGN}}$ — Custos com a aquisição de gás natural no âmbito dos contratos de aprovisionamento de longo prazo em regime de *take or pay* celebrados em data anterior à publicação da Directiva 2003/55/CE, de 26 de Junho, com o uso do terminal de GNL e com n acesso ao armazenamento subterrâneo de gás natural imputados aos centros electroprodutores com contratos de fornecimento celebrados em data anterior à publicação do Decreto-Lei n.º 140/2006, de 26 de Julho, previstos para o ano gás *t*

$\tilde{C}_{GN,t}^{CUR_{GC}}$ — Custos com a aquisição de gás natural ao comercializador do SNGN, no âmbito da actividade de Compra e Venda de gás natural para fornecimento aos comercializadores de último recurso, previstos para o ano gás *t*, para fornecimento ao comervializador de último recurso a grandes clientes

$\widetilde{C}_{GN,t}^{CUR_k}$ Custos com a aquisição de gás natural ao comercializador do SNGN, no âmbito da actividade de Compra e Venda de gás natural para fornecimento aos comercial izadores de último recurso, previstos para o ano gás *t* para fornecimento ao comercializador de último recurso retalhista *k*

Salvo indicação em contrário, os valores são expressos em euros.

Artigo 72.º

Proveitos da actividade de Comercialização
de último recurso a grandes clientes

1 – Os proveitos permitidos da actividade de Comercialização de último recurso a grandes clientes, no ano gás *t*, são dados pela expressão:

$$\widetilde{R}_{TVCF,t}^{CUR\,GC} = \widetilde{R}_{CVGN,t}^{CUR\,GC} + \widetilde{R}_{ARNTD,t}^{CUR\,GC} + \widetilde{R}_{C,t}^{CUR\,GC} \tag{40}$$

em que:

$\widetilde{R}_{TVFC,t}^{CURGC}$ Proveitos da actividade de Comercialização de último recurso a grandes clientes, previstos para o ano gás *t*

$\widetilde{R}_{CVGN,t}^{CURGC}$ Proveitos da função de Compra e Venda de gás natural a grandes clientes, previstos para o ano gás *t*, calculados de acordo com o artigo 73.º

$\widetilde{R}_{ARNTD,t}^{CURGC}$ Proveitos da função de Compra e Venda do Acesso à RNTGN e à RNDGN a grandes clientes, previstos para o ano gás *t*, calculados de acordo com o artigo 74.º

$\widetilde{R}_{C,t}^{CURGC}$ Proveitos da função de Comercialização de gás natural a grandes clientes, previstos para o ano gás *t*, calculados de acordo com o artigo 75.º

Salvo indicação em contrário, os valores são expressos em euros.

Artigo 73.º
Proveitos da função de Compra e Venda de gás natural a grandes clientes

1 – Os proveitos permitidos da função de Compra e Venda de gás natural a grandes clientes, no ano *t*, são dados pela expressão:

$$\tilde{R}^{CURGC}_{CVGN,t} = \tilde{C}^{CURGC}_{GN,CURG,t} + \tilde{C}^{CURGC}_{GN,OF,t} + \tilde{C}^{CURGC}_{UTRAR,t} + \tilde{C}^{CURGC}_{UAS,t} - \Delta R^{CURGC}_{CVGN,t-2} - \Delta R^{CURGC}_{TVCF,t-2} \qquad (41)$$

em que:

$\tilde{R}^{CURGC}_{CVGN,t}$	Proveitos permitidos da função de Compra e Venda de gás natural a grandes clientes, previstos para o ano gás *t*
$\tilde{C}^{CURGC}_{GN,CURG,t}$	Custos com a aquisição de gás natural à actividade de Compra e Venda de gás natural para fornecimento aos comercializadores de último recurso, previstos para o ano gás *t*, calculados de acordo com o estabelecido no artigo 100.° e no artigo 101.°
$\tilde{C}^{CURGC}_{GN,OF,t}$	Custos com a aquisição de gás natural em mercados organizados ou através de contratação bilateral, em condições aprovadas pela ERSE, previstos para o ano gás *t*
$\tilde{C}^{CURGC}_{UTRAR,t}$	Custos com a utilização dos terminais de recepção, armazenamento e regaseificação de GNL, previstos para o ano gás *t*
$\tilde{C}^{CUR_k}_{UAS,t}$	Custos com a utilização do armazenamento subterrâneo de gás natural, previstos para o ano gás *t*
$\Delta R^{CURGC}_{CVGN,t-2}$	Ajustamento dos proveitos da função de Compra e Venda de gás natural a grandes clientes, tendo em conta os valores ocorridos no ano gás *t*-2
$\Delta R^{CURGC}_{TVCF,t-2}$	Ajustamento no ano gás *t* dos proveitos da função de Compra e Venda de gás natural a grandes clientes, relativos ao ano gás *t*-2, resultantes da convergência tarifaria para tarifas aditivas, calculados de acordo com o artigo 118.°

Salvo indicação em contrário, os valores são expressos em euros.

2 – O ajustamento $\left(\Delta R^{CURGC}_{CVGN,t-2}\right)$, previsto na expressão (41), é determinado a partir da seguinte expressão:

$$\Delta R^{CURGC}_{CVGN,t-2} = \left(\tilde{R}^{CURGC}_{CVGN,t-2} - R^{CURGC}_{CVGN,t-2}\right) \times \left(1 + \frac{i^{E}_{t-1}}{100}\right)^2 \qquad (42)$$

em que:

$\tilde{R}^{CURGC}_{CVGN,t-2}$ Proveitos da função de Compra e Venda de gás natural a grandes clientes, previstos para cálculo das tarifas do ano gás *t-*2

$R^{CURGC}_{CVGN,t-2}$ Proveitos da função de Compra e Venda de gás natural a grandes clientes, tendo em conta os valores ocorridos no ano gás *t-*2

i^{E}_{t-1} Taxa de juro EURIBOR a três meses, em vigor no último dia do mês de Dezembro do ano gás *t-*1, acrescida de meio ponto percentual.

O ajustamento $\left(\Delta R^{CURGC}_{CVGN,t-2}\right)$ não se aplica nos dois primeiros anos de aplicação deste regulamento.

Artigo 74.º

**Proveitos da função de Compra e Venda do Acesso
à RNTGN e à RNDGN a grandes clientes**

1 – Os proveitos permitidos da função de Compra e Venda do Acesso à RNTGN e à RNDGN a grandes clientes, no ano gás *t*, são dados pela seguinte expressão:

$$\tilde{R}^{CUR\,GC}_{ARNTD,\,t} = \tilde{R}^{CUR\,GC}_{UGS,t} + \tilde{R}^{CUR\,GC}_{URT,t} + \tilde{R}^{CURGC}_{URD,t} \qquad (43)$$

em que:

$\tilde{R}^{CURGC}_{ARNTD,t}$ Proveitos permitidos da função de Compra e Venda do Acesso à RNTGN e à RNDGN a grandes clientes, previstos para o ano gás *t*

$\tilde{R}^{CURGC}_{UGS,t}$ Proveitos a recuperar por aplicação da tarifa de Uso Global do Sistema, no ano *t*

$\tilde{R}^{CURGC}_{URT,t}$ Proveitos a recuperar por aplicação das tarifas de Uso da Rede de Transporte, no ano *t*

$\tilde{R}^{CURGC}_{URD,t}$ Proveitos a recuperar por aplicação das tarifas de Uso da Rede de Distribuição, no ano *t*

Salvo indicação em contrário, os valores são expressos em euros.

Artigo 75.º (⁶)

Proveitos da função de Comercialização de gás natural a grandes clientes

1 – Os proveitos permitidos da função de Comercialização de gás natural a grandes clientes, no ano gás t, são dados pela seguinte expressão:

$$\tilde{R}_{C,t}^{CURGC} = \tilde{C}E_{C,t}^{CURGC} + \tilde{A}m_{C,t}^{CURGC} - \tilde{S}_{C,t}^{CURGC} + \tilde{D}_{C,t}^{CURGC} - \Delta R_{C,t-2}^{CURGC} \qquad (44)$$

em que:

$\tilde{R}_{C,t}^{CURGC}$ Proveitos permitidos da função de Comercialização de gás natural a grandes clientes, previstos para o ano gás t

$\tilde{C}E_{C,t}^{CURGC}$ Custos de exploração da função de Comercialização de gás natural a grandes clientes, aceites ern condições de gestão eficiente, previstos para o ano gás t

$\tilde{A}m_{C,t}^{CURGC}$ Amortizações do activo fixo deduzidas das amortizações do activo comparticipado da função de Comercialização de gás natural a grandes clientes, previstas para o ano gás t

$\tilde{S}_{C,t}^{CURGC}$ Proveitos afectos a esta função, que não resultam da aplicação das tarifas de Comercialização de gás natural a grandes clientes, previstos para o ano gás t

$\tilde{D}_{C,t}^{CURGC}$ Margem de comercialização calculada por aplicação do diferencial médio entre o prazo médio de pagamentos e o prazo médio de recebimentos das funções de Compra e Venda de gás natural a grandes clientes, de Compra e Venda do Acesso à RNTGN e à RNDG N agrandes clientes e de Comercialização de gás natural a grandes clientes, prevista para o ano gás t

$\Delta R_{C,t-2}^{CURGC}$ Ajustamento no ano gás t dos proveitos permitidos da função de Comercialização de gás natural a grandes clientes, relativo a o ano gás t-2.

Salvo indicação em contrário, os valores são expressos em euros.

2 – Os custos de exploração da função de comercialização de gás natural a grandes clientes ($\tilde{C}E_{C,t}^{CURGC}$) que incluem, nomeadamente, os custos relativos a fornecimentos e serviços externos e custos com pessoal, são fixados para o primeiro ano gás do período de regulação e evoluem nos restantes anos gás do período de regulação de acordo com a seguinte expressão:

(⁶) Artigo alterado pelo Despacho n.º 18397/2008, publicado no Diário da República, II série, n.º 131, de 9 de Julho.

$$\check{C}E_{C,t}^{CURGC} = \begin{cases} \check{C}E_{C,1}^{CURGC} & t = 1 \\ \check{C}E_{C,t-1}^{CURGC} \times \left[1 + \dfrac{IPC_{t-1} - X_{C,i}^{GC}}{100}\right] & t = 2, 3 \end{cases} \quad (45)$$

em que:

$\check{C}E_{C,1}^{CURGC}$ Custos de exploração aceites em condições de gestão eficiente, da função de Comercialização de gás natural a grandes clientes, previstos para o primeiro ano gás base do período de regulação

$\check{C}E_{C,t-1}^{CURGC}$ Custos de exploração aceites em condições de gestão eficiente, da função de Comercialização de gás natural a grandes clientes, previstos para o ano gás t-1

IPC_{t-1} Índice de Preços no Consumidor em vigor no último dia do mês de Dezembro do ano t-1

$X_{C,i}^{GC}$ Parâmetro de eficiência associado aos custos de exploração da função de Comercialização de gás natural a grandes clientes, em percentagem

i Número sequencial do ano gás no período de reguAção.

3 – A margem de comercialização $(\widetilde{D}_{C,t}^{CURGC})$ | prevista na expressão (44)é determinada a partir da seguinte expressão:

$$\widetilde{D}_{C,t}^{CURGC} = \left(\check{C}_{GN,CURG,t}^{CURGC} + \check{C}_{GN,OF,t}^{CURGC} + \check{C}_{UTRAR,t}^{CURGC} + \check{C}_{UAS,t}^{CURGC} + \check{R}_{UGS,t}^{CURGC} + \check{R}_{URT,t}^{CURGC} + \check{R}_{URD,t}^{CURGC} + \check{C}F_{C,t}^{CURGC} - \check{S}_{C,t}^{CURGC} \right) \quad (46)$$

$$\times \left[\frac{\left(\check{C}L_{CVGN,t}^{CURGC} + \check{C}L_{ARNTD,t}^{CURGC} + \check{C}L_{C,t}^{CURGC} + \check{O}D_{C,t}^{CURGC} \right)}{\left(\check{V}_{CVGN,t}^{CURGC} + \check{V}_{ARNTD,t}^{CURGC} + PS_{C,t}^{CURGC} \right)} - \frac{\left(\check{F}_{CVGN,t}^{CURGC} + \check{F}_{ARNTD,t}^{CURGC} + \check{F}_{C,t}^{CURGC} + \check{O}C_{C,t}^{CU\,RGC} \right)}{\left(\check{C}_{CVGN,t}^{CURGC} + \check{C}_{ARNTD,t}^{CURGC} + \check{F}SE_{C,t}^{CURGC} \right)} \right] \times \frac{i_{t-1}^E}{100}$$

em que:

$\check{C}_{GN,CURG,t}^{CURGC}$ Custos com a aquisição de gás natural à actividade de Compra e Venda de gás natural para fornecimento aos comercializadores de último recurso, para o ano gás t, calculados de acordo com o estabelecido no Artigo 100.° e no Artigo 101.°

$\check{C}_{GN,OF,t}^{CURGC}$ Custos com a aquisição de gás natural em mercados organizados ou através de contratação bilateral, e m condições aprovadas pela ERSE, previstos para o ano gás t

$\tilde{C}^{CUR_{GC}}_{UTRAR,t}$	Custos com a utilização dos terminais de recepção, armazenamento e regaseificação de GN L, previstos para o ano gás t
$\tilde{C}^{CUR_{GC}}_{UAS,t}$	Custos com a utilização do armazenamento subterrâneo de gás natural, previstos para o ano gás t
$\tilde{R}^{CUR_{GC}}_{UGS,t}$	Proveitos a recuperar por aplicação da tarifa de Uso Global do Sistema, previstos para o ano gás t
$\tilde{R}^{CUR_{GC}}_{URT,t}$	Proveitos a recuperar por aplicação das tarifas de Uso da Rede de Transporte, previstos para o ano gás t
$\tilde{R}^{CUR_{GC}}_{URD,t}$	Proveitos a recuperar por aplicação das tarifas de Uso da Rede de Distribuição, previstos para o ano gás t
$\tilde{C}E^{CUR_{GC}}_{C,t}$	Custos de exploração da função de Comercialização de gás natural aceites em condições de gestão eficiente, previstos para o ano gás t
$\tilde{S}^{CUR_{GC}}_{C,t}$	Proveitos afectos a esta função, que não resultam da aplicação das tarifas de Comercialização, previstos para o ano gás t
$\tilde{C}L^{CUR_{GC}}_{CVGN,t}$	Saldo de Clientes da função de Compra e Venda de gás natural a grandes clientes, previstos para o ano gás t
$\tilde{C}L^{CUR_{GC}}_{ARNTD,t}$	Saldo de Clientes da função de Compra e Venda do Acesso à RNTGN e à RNDGN a grandes clientes, previstos para o ano gás t
$\tilde{C}L^{CUR_{GC}}_{C,t}$	Saldo de Clientes da função de Comercialização de gás natural a grandes clientes, previstos para o ano gás t
$\tilde{O}D^{CUR_{GC}}_{C,t}$	Saldo de Outros devedores da função de Comercialização de gás natural a grandes clientes, previstos para o ano gás t
$\tilde{V}^{CUR_{GC}}_{CVGN,t}$	Total das Vendas de gás natural da função de Compra e Venda de gás natural a grandes clieníes, previstas pura o ano gás t, acrescidas de IVA à taxa em vigo,
$\tilde{V}^{CUR_{GC}}_{ARNTD,t}$	Total dos proveitos por aplicação das tarifas de acesso da função de Compra e Venda do Acesso à RNTGN e à RNDGN a grandes clientes, previstos para o ano gás t, acrescidas de IVA à taxa e m vigor
$P\tilde{S}^{CUR_{GC}}_{C,t}$	Total das Prestações de serviços da função de Comercialização de gás natural a grandes clientes, previstas para o ano gás t, acrescidas de IVA à taxa em vigor
$\tilde{F}^{CUR_{GC}}_{CVGN,t}$	Saldo de Fornecedores da função de Compra e Venda de gás natural a grandes clientes, previstos para o ano gás t

$\tilde{F}^{CURGC}_{ARNTD,t}$ Saldo de Fornecedores da função de Compra e Venda do Acesso à RNTG N e à RNDGN a grandes clientes,previstos para o ano gás t

$\tilde{F}^{CURGC}_{C,t}$ Saldo de Fornecedores da função de Comercialização de gás natural a grandes clientes, previstos para o ano gás t

$\tilde{O}C^{CURGC}_{C,t}$ Saldo de Outros credores da função de Comercialìzação de gás natural a grandes clientes, previstos para o ano gás t

$\tilde{C}^{CURGC}_{CVGN,t}$ Total das Compras de gás natural da função de Compra e Venda de gás natural a grandes clientes, previstas para o ano gás t, acrescidas de IVA à taxa e m vigor

$\tilde{C}^{CURGC}_{ARNTD,t}$ Total dos custos por aplicação das tarifas de acesso da função de Compra e Venda do Acesso à RNTG N e à RNDGN a grandes clientes, previstos para o ano gás t, acrescidas de IVA à taxa em vigor.

$\tilde{F}SE^{CURGC}_{C,t}$ Total dos Fornecimentos e serviços externos e de Outros custos operacionais da função de Comercialização de gás natural a grandes clientes, previstos para o ano gás t, acrescidos de IVA à taxa em vigor

i^{E}_{t-1} Taxa de juro EURIBOR a três meses, e m vigor no último dia do mês de Março do ano gás t-1,acrescida,de um spread a fixar para o período de regulação.

4 – O ajustamento $(\Delta R^{CURGC}_{C,t-2})$ previsto na expressão (44)é determinado a partir da seguinte expressão:

$$\Delta R^{CURGC}_{C,t-2} = \left(Rf^{CURGC}_{C,t-2} - R^{CURGC}_{C,t-2} \right) \times \left(1 + \frac{i^{E}_{t-1}}{100} \right)^{2} \tag{47}$$

em que:

$Rf^{CURGC}_{C,t-2}$ Proveitos facturados, por aplicação das tarifas de Comercialização, no ano gás t-2

$R^{CURGC}_{C,t-2}$ Proveitos permitidos da função de Comercialização de gás natural a grandes clientes, calculados através da expressão (44), com base nos custos ocorridos no ano gás t-2

i^{E}_{t-1} Taxa de juro EURIBOR a três meses, em vigor no último dia do mês de Dezembro do ano gás t-1, acrescida de meio ponto percentual

O ajustamento $(\Delta R^{CURGC}_{C,t-2})$ não se aplica nos dois primeiros anos deste regulamento.

SECÇÃO VIII
Proveitos dos comercializadores de último recurso retalhistas

Artigo 76.º
Proveitos da actividade de Comercialização de gás natural

1 – Os proveitos permitidos da actividade de Comercialização de gás natural, no ano gás t, são dados pela expressão:

$$\widetilde{R}_{TVCF,t}^{CUR_k} = \widetilde{R}_{CVGN,t}^{CUR_k} + \widetilde{R}_{ARNTD,t}^{CUR_k} + \widetilde{R}_{C,t}^{CUR_k} \tag{46}$$

em que:

$\widetilde{R}_{TVFC,t}^{CUR_k}$ — Proveitos permitidos da actividade de Comercialização de gás natural, do comercializador de último recurso retalhista k, previstos para o ano gás t

$\widetilde{R}_{CVGN,t}^{CUR_k}$ — Proveitos da função de ComPra e Venda de gás natural, do comercializador de último recurso retalhista k, previstos para o ano gás t, calculados de acordo com o artigo 77.º

$\widetilde{R}_{ARNTD,t}^{CUR_k}$ — Proveitos da função de Compra e Venda do Acesso à RNTGN e à RNDGN, do comercializador de último recurso retalhista k, previstos para o ano gás t, calculados de acordo com o artigo 78.º

$\widetilde{R}_{C,t}^{CUR_k}$ — Proveitos da função de Comercialização de gás natural, do comercializador de último recurso retalhista k, previstos para o ano gás t, calculados de acordo com o artigo 79.º

Salvo indicação em contrário, os valores são expressos em euros.

Artigo 77.º
Proveitos da função de Compra e Venda de gás natural

1 – Os proveitos permitidos da função de Compra e Venda de gás natural, do comercializador de último recurso retalhista k, são determinados de acordo com a seguinte expressão:

$$\widetilde{R}_{CVGN,t}^{CUR\,k} = \widetilde{C}_{GN,CUR_G,t}^{CUR\,k} + \widetilde{C}_{GN,OF,t}^{CUR\,k} + \widetilde{C}_{UTRAR,t}^{CUR\,k} + \widetilde{C}_{UAS,t}^{CUR\,k} - \Delta R_{BP<,t-1}^{CUR\,k} - \Delta R_{CVGN,\,t-2}^{CUR\,k} - \Delta R_{TVCF,t-2}^{CUR\,k} \tag{47}$$

em que:

$\widetilde{R}_{CVGN,t}^{CUR_k}$ Proveitos permitidos da função de Compra e Venda de gás natural, do comercializador de último recurso retalhista k, previstos para o ano t

$\widetilde{C}_{GN,CUR_G,t}^{CUR_k}$ Custos com a aquisição de gás natural à actividade de Compra e Venda de gás natural para fornecimento aos comercializadores de último recurso, previstos para o ano gás t, calculados de acordo com o estabelecido no artigo 100.° e no artigo 101.°

$\widetilde{C}_{GN,OF,t}^{CUR_k}$ Custos com a aquisição de gás natural em mercados organizados ou através de contratação bilateral, em condições aprovadas pela ERSE, previstos para o ano gás t

$\widetilde{C}_{UTRAR,t}^{CUR_k}$ Custos com a utilização dos terminais de recepção, armazenamento e regaseificação de GNL, previstos para o ano gás t

$\widetilde{C}_{UAS,t}^{CUR_k}$ Custos com a utilização do armazenamento subterrâneo de gás natural, previstos para o ano gás t

$\Delta R_{BP<,t-1}^{CUR_k}$ Ajustamento dos proveitos da tarifa de Energia de cada comercializador de último recurso retalhista k, no âmbito dos fornecimentos aos consumidores de BP com consumo anual inferior ou igual a 10 000 m³ (n), no ano gás t, por aplicação do valor anualizado equivalente aos ajustamentos trimestrais referentes no ano gás t-1, determinado nos termos do artigo 106.°

$\Delta R_{CVGN,t-2}^{CUR_k}$ Ajustamento dos proveitos da função de Compra e Venda de gás natural do comercializador de último recurso retalhista k, tendo em conta os valores ocorridos no ano gás t-2, resultantes da convergência tarifaria

$\Delta R_{TVCF,t-2}^{CUR_k}$ Ajustamento no ano gás t dos proveitos da função de Comercialização de gás natural do comercializador de último recurso retalhista k, relativos ao ano gás t-2, resultantes da convergência tarifária para tarifas aditivas, calculados de acordo com o artigo 121.°

Salvo indicação em contrário, os valores são expressos em euros.

2 – O ajustamento $\left(\Delta R_{CVGN,t-2}^{CUR_k}\right)$, previsto na expressão (47), é determinado a partir da seguinte expressão:

$$\Delta R_{CVGN,t-2}^{CUR_k} = \left[\left(\widetilde{R}_{CVGN,t-2}^{CUR_k} - R_{CVGN,t-2}^{CUR_k}\right)\times\left(1+\frac{i_{t-1}^{E}}{100}\right) - \Delta R_{BP<,prov}^{CUR_k}\right]\times\left(1+\frac{i_{t-1}^{E}}{100}\right) \qquad (48)$$

em que:

$\widetilde{R}_{CVGN,t-2}^{CUR_k}$ Proveitos da função de Compra e Venda de gás natural do comercializador de último recurso retalhista *k*, previstos para cálculo das tarifas do ano gás *t*-2

$R_{CVGN,t-2}^{CUR_k}$ Proveitos da função de Compra e Venda de gás natural, do comercializador de último recurso retalhista *k*, tendo em conta os valores ocorridos no ano gás *t*-2

i_{t-1}^{E} Taxa de juro EURIBOR a três meses, em vigor no último dia do mês de Dezembro do ano gás *t*-1, acrescida de meio ponto percentual

$\Delta R_{BP<,prov}^{CUR_k}$ Valor do ajustamento dos proveitos da tarifa de Energia de cada comercializador de último recurso retalhista k, no âmbito dos fornecimentos aos consumidores de BP com consumo anual inferior ou igual a 10 000 m³ (n), calculado em *t*-2 de acordo com o Artigo 106.º, incluído nos proveitos regulados do ano gás em curso como sendo o valor $\left(\Delta R_{BP<,t-1}^{CUR_k} \right)$.

3 – O ajustamento $\Delta R_{BP<,t-1}^{CUR_k}$, não se aplica no primeiro ano de aplicação deste regulamento.

4 – Os ajustamentos $\Delta R_{CVGN,t-2}^{CUR_k}$ e $\Delta R_{TVCF,t-2}^{CUR_k}$ não se aplicam nos dois primeiros anos de aplicação deste regulamento.

Artigo 78.º
Proveitos da função de Compra e Venda do Acesso à RNTGN e à RNDGN

1 – Os proveitos permitidos da função de Compra e Venda do Acesso à RNTGN e à RNDGN do comercializador de último recurso retalhista *k*, no ano gás *t*, são dados pela seguinte expressão:

$$\widetilde{R}_{ARNTD,t}^{CUR_k} = \widetilde{R}_{UGS,t}^{CUR_k} + \widetilde{R}_{URT,t}^{CUR_k} + \widetilde{R}_{URD,t}^{CUR_k} \tag{49}$$

em que:

$\widetilde{R}_{ARNTD,t}^{CUR_k}$ Proveitos permitidos da função de Compra e Venda do Acesso à RNTGN e à RNDGN do comercializador de último recurso retalhista *k*, previstos para o ano gás *t*

$\widetilde{R}_{UGS,t}^{CUR_k}$ Proveitos a recuperar pelo comercializador de último recurso retalhista *k*, por aplicação da tarifa de Uso Global do Sistema, no ano *t*

$\tilde{R}_{URT,t}^{CUR_k}$ Proveitos a recuperar pelo comercializador de último recurso retalhista k, por aplicação das tarifas de Uso da Rede de Transporte, no ano t

$\tilde{R}_{URD,t}^{CUR_k}$ Proveitos a recuperar pelo comercializador de último recurso retalhista k, por aplicação das tarifas de Uso da Rede de Distribuição, no ano t

Salvo indicação em contrário, os valores são expressos em euros.

Artigo 79.º [7]

Proveitos da função de Comercialização de gás natural

1 – Os proveitos permitidos da função de Comercialização de gás natural, no ano gás t, são dados pela seguinte expressão:

$$\tilde{R}_{C,t}^{CUR_k} = \sum_j \tilde{R}_{C_{j,t}}^{CUR_k} = \sum_j \left(\tilde{C}E_{C_{j,t}}^{CUR_k} + \tilde{A}m_{C_{j,t}}^{CUR_k} - \tilde{S}_{C_{j,t}}^{CUR_k} + \tilde{D}_{C_{j,t}}^{CUR_k} + CLI_{C_{j,p_0}}^{CUR_k} - \Delta k_{C_{j,t-2}}^{CUR_k} \right) \quad (50)$$

em que:

$\tilde{R}_{C,t}^{CUR_k}$ Proveitos permitidos da função de Comercialização de gás natural do comercializador de último recurso retalhista k, previstos para o ano gás t

$\tilde{R}_{C_{j,t}}^{CUR_k}$ Proveitos permitidos da função de Comercialização de gás natural do co mercializador de último recurso retalhista k, para o escalão de consumo j, previstos para o ano gás t

j Escalão de consumo, em que:
j = M C se consumo anual > 10 000 m³ (n) de GN ou clientes em MP
j = OC se clientes em BP com consumo anual ≤ 10 000 m³ (n) de GN

$\tilde{C}E_{C_{j,t}}^{CUR_k}$ Custos de exploração da função de Comercialização de gás natural aceites em condições de gestão eficiente, para o escalão de consumo j, previstos para o ano gás

$\tilde{A}m_{C_{j,t}}^{CUR_k}$ Amortizações do activo fixo deduzidas das amortizações do activo com padicipado, da função de Comercialização de gás natural, para o escalão de consumo j, previstas para o ano gás t

---

[7] Artigo alterado pelo Despacho n.º 18397/2008, publicado no Diário da República, II série, n.º 131, de 9 de Julho.

$\tilde{S}^{CUR_k}_{C_{j,t}}$ — Proveitos afectos a esta função que não resultam da aplicação das tarifas de Comercialização, para o escalão de consumo j, previstos para o ano gás t

$\tilde{D}^{CUR_k}_{C_{j,t}}$ — Margem de comercialização calculada por aplicação do diferencial médio ponderado entre os prazos médios de pagamentos e os prazos médios de recebimentos da função de Comercialização de gás natural, para o escalão de consumo j, prevista para o ano gás t

$CLI^{CUR_k}_{C_{j,p_0}}$ — Proveito permitido adicional estabelecido na licença de comercialização de cada comercializadorde último recurso, a vigorar durante os kperíodos de regulação previstos na respectiva licença, considerando o número de clientes para o escalão de consumo j, reportado ao início de cada período de regulação (p_o

$\Delta R^{CUR_k}_{C_{j,t-2}}$ — Ajustamento no ano gás t dos proveitos permitidos da função de Comercialização de gás natural, para o escalão de consumo j, relativo ao ano gás t-2.

Salvo indicação em contrário, os valores são expressos em euros.

2 – Os custos de exploração da função de Comercialização de gás natural ($\tilde{C}E^{CUR_k}_{C_{j,t}}$) que incluem, nomeadamente, os custos relativos afornecimentos e serviços externos e custos com pessoal, são fixados para o primeiro ano gás do período de regulação e evoluem nos restantes anos gás do período de regulação de acordo com a seguinte expressão:

$$\tilde{C}E^{CUR_k}_{C_{j,t}} = \begin{cases} \tilde{C}E^{CUR_k}_{C_{j,1}} & t = 1 \\ \tilde{C}E^{CUR_k}_{C_{j,t-1}} \times \left[1 + \dfrac{IPC_{t-1} - X^{CUR_k}_{C,i}}{100} \right] & \\ & t = 2, 3 \end{cases} \quad (51)$$

em que:

$\tilde{C}E^{CUR_k}_{C_{j,1}}$ — Custos de exploração aceites em condições de gestão eficiente, da função de comercialização de gás natural, para o escalão de consumo j, previstos para o primeiro ano gás base do período de regulação

$\tilde{C}E^{CUR_k}_{C_{j,t-1}}$ — Custos de exploração aceites em condições de gestão eficiente, da função de Comercialização de gás natural, para o escalão de consumo j, previstos para o ano gás t-1

IPC_{t-1} Índice de Preços no Consumidor e m vigor no último dia do mês de Dezembro do ano t-1

$X_{C,i}^{CUR_k}$ Parâmetro de eficiência associado aos custos de exploração da função de Comercialização de gás natural, em percentagem

i Número sequencial do ano gás no período de regulação

A margem de comercialização $(\widetilde{D}_{C_{j,t}}^{CUR_k})$ prevista na expressão (50) é determinada para o escalão de consumo j, a partir da seguinte expressão:

$$\widetilde{D}_{C_{j,t}}^{CUR_k} = \left(\tilde{C}_{GN,CURG_{j,t}}^{CUR_k} + \tilde{C}_{GN,OF_{j,t}}^{CUR_k} + \tilde{C}_{UTAR_{j,t}}^{CUR_k} + \tilde{C}_{UAS_{j,t}}^{CUR_k} + \tilde{R}_{UGS_{j,t}}^{CUR_k} + \tilde{R}_{URT_{j,t}}^{CUR_k} + \tilde{R}_{URD_{j,t}}^{CUR_k} + \tilde{C}E_{C_{j,t}}^{CUR_k} - \tilde{S}_{C_{j,t}}^{CUR_k} \right)$$

$$(52)$$

$$\times \left(\frac{\sum_{k=1}^{n}\left(\tilde{C}L_{CVGN,t}^{CUR_k} + \tilde{C}L_{ARNTD,t}^{CUR_k} + \tilde{C}L_{C,t}^{CUR_k} + \tilde{O}D_{C,t}^{CUR_k} \right)}{\sum_{k=1}^{n}\left(\tilde{V}_{CVGN_{j,t}}^{CUR_k} + \tilde{V}_{ARNTD_{j,t}}^{CUR_k} + P\tilde{S}_{C_{j,t}}^{CUR_k} \right)} - \frac{\sum_{k=1}^{n}\left(\tilde{F}_{CVGN,t}^{CUR_k} + \tilde{F}_{ARNTD,t}^{CUR_k} + \tilde{F}_{C,t}^{CUR_k} + \tilde{O}\tilde{O}_{C,t}^{CUR_k} \right)}{\sum_{k=1}^{n}\left(\tilde{C}_{CVGN_{j,t}}^{CUR_k} + \tilde{C}_{ARNTD_{j,t}}^{CUR_k} + \tilde{C}_{C,t}^{CUR_k} + \tilde{F}SE_{CVGN_{j,t}}^{CUR_k} + \tilde{F}SE_{ARNTD_{j,t}}^{CUR_k} + \tilde{F}SE_{C_{j,t}}^{CUR_k} \right)} \right)$$

$$\times i_{t-1}^{E}$$

em que:

$\tilde{C}_{GN,CURG_{j,t}}^{CUR_k}$ Custos com a aquisição de gás natural à actividade de Compra e Venda de gás natural para fornecimento aos com ercializadores de último recurso para o escalão de consurno j, previstos para o ano gás t, calculados de acordo com o estabelecido no artigo 100.º e no artigo 101.º

$\tilde{C}_{GN,OF_{j,t}}^{CUR_k}$ Custos com a aquisição de gás natural em mercados organizados ou através de contratação bilateral, em condições aprovadas pela ERSE para o escalão de consumo j, previstos para o ano gás t

$\tilde{C}_{UTAR_{j,t}}^{CUR_k}$ Custos com a utilização dos terminais de recepção, armazenamento e regaseificação de GNL para o escalão de consumo j, previstos para o ano gás t

$\tilde{V}_{CVGN,t}^{CURGC}$ Custos com a utilização do armazenamento subterrâneo de gás natural para o escalão de consumo j, previstos para o ano gás t

$\tilde{V}_{ARNTD,t}^{CURGC}$ Proveitos a recuperar pelo comercializador de último recurso retalhista k, por aplicação d a tarifa de Uso Global do Sistema para o escalão de consumo j, previstos para o ano gás t

$P\tilde{S}_{C,t}^{CURGC}$ Proveitos a recuperar pelo comercializador de último recurso retalhista k, por aplicação das tarifas de Uso da Rede de Transporte para o escalão de consumo j, previstos para o ano gás t

$\tilde{F}_{CVGN,t}^{CURGC}$ Proveitos a recuperar pelo com ercializador de último recurso retalhista k, por aplicação das tarifas de Uso da Rede de Distribuição para o escalão de consumo j, previstos para o ano gás t

$\tilde{F}^{CUR_{GC}}_{ARNTD,t}$ — Custos de exploração aceites em condições de gestão eficiente, da função de Comercialização de gás natural, para o escalão de consu mo j, previstos para o primeiro ano gás base do período de regulação

$\tilde{F}^{CUR_{GC}}_{C,t}$ — Proveitos afectos a esta função, que não resultam da aplicação da tarifa de Comercialização, para o escalão de consumo j, previstos para o ano gás t

$\tilde{O}C^{CUR_{GC}}_{C,t}$ — Saldo de Clientes da função de Compra e Venda de gás natural, previsto para o ano gás t

Saldo de Clientes da função de Compra e Venda do Acesso à RNTG N e à RNDGN, previsto para o ano gás t

$\tilde{C}^{CUR_{GC}}_{CVGN,t}$ — Saldo de Clientes da função de Comercialização de gás natural previsto para o ano gás t

$\tilde{C}^{CUR_{GC}}_{ARNTD,t}$ — Saldo de Outros devedores da função de Comercialização de gás natural previsto para o ano gás t

$\tilde{F}SE^{CUR_{GC}}_{C,t}$ — Total das Vendas de gás natural da função de Compra e Venda de gás natural, para o escalão de consumo j, previstas para o ano gás t, acrescidas de IVA à taxa em vigor

i^{E}_{t-1} — Total dos proveitos por aplicação das tarifas de acesso às redes de transporte e de distribuição da função de Compra e Venda do Acesso à RNTGN e à RNDGN, para o escalão de consumo j, previstos para o ano gás t, acrescidos de IVA à taxa em vigor

$\tilde{P}S^{CUR_k}_{C_{j,t}}$ — Total das Prestações de serviços da função de Comercialização de gás natural para o escalão de consumo j, previstas para o ano gás t, acrescidas de IVA à taxa em vigor

$\tilde{F}^{CUR_k}_{CVGN,t}$ — Saldo de Fornecedores da função de Compra e Venda de gás náural, previsto para o ano gás t

$\tilde{F}^{CUR_k}_{ARNTD,t}$ — Saldo de Fornecedores da função do Acesso à RNTGN e à RNDG N, previsto para o ano gás t

$\tilde{F}^{CUR_k}_{C,t}$ — Saldo de Fornecedores da função de Comercialização de gás natural, previsto para o ano gás t

$\tilde{O}C^{CUR_k}_{C,t}$ — Saldo de Outros credores da função de Comercialização de gás natural, previsto para o ano gás t

$\tilde{C}^{CUR_k}_{CVGN_{j,t}}$ — Total das Compras de gás natural da função de Compra e Venda de gás natural, para o escalão de consumo j, previstas para o ano gás t, acrescidas de IVA à taxa e m vigor

$\tilde{C}_{ARNTD_{j,t}}^{CUR_k}$ — Total das Compras de gás natural da função de Compra e Venda do Acesso à RNTGN e à R N D G N, para o escalão de consu m oj, previstas para o ano gás t, acrescidas de IVA à taxa em vigor

$\tilde{C}_{C_{j,t}}^{CUR_k}$ — Total das Compras de gás natural da função de Comercialização de gás natural, para o escalão de consumoj,previstas para o ano gás t, acrescidas de IVA à taxa em vigor

$\tilde{F}SE_{CVGN_{j,t}}^{CUR_k}$ — Total dos Fornecimentos e serviços externos e de Outros custos operacionais da função de Compra e Venda de gás natural, para o escalão de consumo j, previstos para o ano gás t, acrescidos de IVA à taxa em vigor.

$\tilde{F}SE_{ARNTD_{j,t}}^{CUR_k}$ — Total dos Fornecimentos e serviços externos e de Outros custos operacionais da função de Compra e Venda do Acesso à RNTGN e à RNDGN, para o escalão de consumo j, previstos para o ano gás t, acrescidos de IVA à taxa em vigor.

$\tilde{F}SE_{C_{j,t}}^{CUR_k}$ — Total dos Fornecimentos e serviços externos e de Outros custos operacionais da função de Comercialização de gás natural, para o escalão de consumo j, previstos para o ano gás t, acrescidos de IVA à taxa em vigor.

i_{t-1}^{E} — Taxa de juro EURIBOR a três meses, em vigor no último dia do mês de Março do ano gás t-1, acrescida de um spread a fixar para o período de regulação

k — Número de comercializadores de último recurso retalhistas, no ano gás t

3 – O proveito permitido $(CLI_{C_{j,p_0}}^{CUR_k})$ previsto na expressão (50) é determinado a partir da seguinte expressão:

$$CLI_{C_{j,p_0}}^{CUR_k} = NumCli_{C_{j,p_0}} \times Vac \qquad (53)$$

em que:

$NumCli_{C_{j,p_0}}$ — Número de clientes, para o escalão de consumoj,reportado ao início de cada período de regulação

Vac — Valor adicional por cliente estabelecido na respectiva licença de comercialização de cada com ercializadorde último recurso, em euros por cliente por ano.

4 – O ajustamento $(\Delta R_{C_{j,t-2}}^{CUR_k})$ previsto na expressão (50) é determinado a partir da seguinte expressão:

$$\Delta R_{C_{j,t-2}}^{CUR_k} = (Rf_{C_{j,t-2}}^{CUR_k} + CUT_{C_{j,t-2}}^{CUR_k} - R_{C_{j,t-2}}^{CUR_k}) \times \left(1 + \frac{i_{t-1}^E}{100}\right)^2 \tag{54}$$

em que:

$Rf_{C_{j,t-2}}^{CUR_k}$ Proveitos facturados, pelo com ercialìz a d or d e último recurso retalhista k, para o escalão de consumo j, por aplicação da tarifa de Comercialização, no ano gás t-2

$CUT_{C_{j,t-2}}^{CUR_k}$ Compensação, do comercializador de último recurso retalhista k, pela aplicação das tarifas de comercialização, para o escalão de consumo j, no ano gás t-2, calculada de acordo com o artigo 84°

$R_{C_{j,t-2}}^{CUR_k}$ Proveitos permitidos da função de Comercialização de gás natural do comercializador de último recurso retalhista k, calculados através da expressão (50), para o escalão de consumo j, com base nos custos ocorridos no ano gás t-2

i_{t-1}^E Taxa de juro EURIBOR a três meses, em vigor no último dia do mês de Dezembro do ano gás t-1, acrescida de meio ponto percentual.

O ajustamento $(\Delta R_{C_{j,t-2}}^{CUR_k})$ não se aplica nos dois primeiros anos deste regulamento.

SECÇÃO IX
Compensação pela aplicação da uniformidade tarifária

Artigo 80.°
Compensação pela aplicação da tarifa de Energia

1 – A compensação, do comercializador de último recurso retalhista k, pela aplicação da tarifa de Energia, é dada pela expressão:

$$CUT_{TE,t}^{CUR_k} = \tilde{R}_{CVGN,t}^{CUR_k} - \tilde{Rf}_{TE,t}^{CUR_k} \tag{55}$$

em que:

$CUT_{TE,t}^{CUR_k}$ Compensação, do comercializador de último recurso retalhista k, pela aplicação da tarifa de Energia, no ano gás t

$\tilde{R}_{CVGN,t}^{CUR_k}$ Proveitos permitidos da função de Compra e Venda de gás natural, previstos para o ano *t*, calculado de acordo com o artigo 77.º

$\tilde{R}f_{TE,t}^{CUR_k}$ Proveitos a facturar por aplicação da tarifa de Energia, no ano gás *t*

Salvo indicação em contrário, os valores são expressos em euros.

ARTIGO 81.º

Compensação pela aplicação da tarifa de Uso Global do Sistema

1 – A compensação, do operador da rede de distribuição *k*, pela aplicação da tarifa de Uso Global do Sistema, é dada pela expressão:

$$CUT_{UGS,t}^{ORD_k} = \tilde{R}_{UGS,t}^{ORD_k} - \tilde{R}f_{UGS,t}^{ORD_k} \tag{56}$$

em que:

$CUT_{UGS,t}^{ORD_k}$ Compensação, do operador da rede de distribuição *k*, pela aplicação da tarifa de Uso Global do Sistema, no ano gás *t*

$\tilde{R}_{UGS,t}^{ORD_k}$ Proveitos a recuperar pelo operador da rede de distribuição *k*, por aplicação da tarifa de Uso Global do Sistema a aplicar pelos operadores da rede de distribuição, previstos para o ano gás *t*, calculados de acordo com o artigo 67.º

$\tilde{R}f_{UGS,t}^{ORD_k}$ Proveitos a facturar, pelo operador da rede de distribuição *k*, por aplicação da tarifa de Uso Global do Sistema a aplicar pelos operadores da rede de distribuição, no ano gás *t*

Salvo indicação em contrário, os valores são expressos em euros.

Artigo 82.º
Compensação pela aplicação da tarifa de Uso da Rede de Transporte

1 – A compensação, do operador da rede de distribuição *k*, pela aplicação das tarifas de Uso da Rede de Transporte, é dada pela expressão:

$$CUT_{URT,t}^{ORD_k} = \tilde{R}_{URT,t}^{ORD_k} - \tilde{R}f_{URT,t}^{ORD_k} \tag{57}$$

em que:

$CUT_{URT,t}^{ORD_k}$	Compensação, do operador da rede de distribuição pela aplicação das tarifas de Uso da Rede de Transporte, no ano gás *t*
$\tilde{R}_{URT,t}^{ORD_k}$	Proveitos a recuperar, pelo operador da rede de distribuição *k*, por aplicação da tarifa de Uso da Rede de Transporte a aplicar pelos operadores da rede de distribuição às entregas a clientes, previstos para o ano gás *t* calculados de acordo com o artigo 68.º
$\tilde{R}f_{URT,t}^{ORD_k}$	Proveitos a facturar, pelo operador da rede de distribuição *k*, por aplicação da tarifa de Uso da Rede de Transporte a aplicar pelos operadores da rede de distribuição às entregas a clientes, no ano gás *t*

Salvo indicação em contrário, os valores são expressos em cures.

Artigo 83.º
Compensação pela aplicação das tarifas de Uso da Rede de Distribuição

1 – A compensação, do operador da rede de distribuição *k*, pela aplicação das tarifas de Uso da Rede de Distribuição, é dada pela expressão:

$$CUT_{URD,t}^{ORD_k} = \tilde{R}_{URD,t}^{ORD_k} - \tilde{R}f_{URD,\,t}^{ORD_k} \tag{58}$$

em que:

$CUT_{URD,t}^{ORD_k}$	Compensação, do operador da rede de distribuição *k*, pela aplicação das tarifas de Uso da Rede de Distribuição, no ano gás *t*
$\tilde{R}_{URD,t}^{ORD_k}$	Proveitos permitidos da actividade de Distribuição de gás natural, previstos para o ano gás t, calculados de acordo com o artigo 69.º
$\tilde{R}f_{URD,t}^{ORD_k}$	Proveitos a facturar por aplicação das tarifas de Uso da Rede de Distribuição, no ano gás *t*

Salvo indicação em contrário, os valores são expressos em euros.

Artigo 84.º

Compensação pela aplicação das tarifas de Comercialização

1 – A compensação, do comercializador de último recurso retalhista k, pela aplicação das tarifas de Comercialização, é dada pela expressão:

$$CUT_{C,t}^{CURk} = \sum_j \left(\widetilde{R}_{C_{j,t}}^{CURk} - \widetilde{Rf}_{C_{j,t}}^{CURk} \right) \tag{59}$$

em que:

$CUT_{C,t}^{CURk}$ Compensação, do comercializador de último recurso retalhista *k*, pela aplicação das tarifas de Comercialização, no ano gás *t*

$\widetilde{R}_{C_{j,t}}^{CURk}$ Proveitos permitidos da função de Comercialização de gás natural, do Comercializador de último recurso retalhista *k*, no escalão de consumo *j*, previstos para o ano gás *t*, calculados de acordo com o artigo 79.º

$\widetilde{Rf}_{C_{j,t}}^{CURk}$ Proveitos a facturar, pelo Comercializador de último recurso retalhista *k*, por aplicação da tarifa de Comercialização no escalão de consumo *j*, no ano gás *t*

Salvo indicação em contrário, os valores são expressos em euros.

Artigo 85.º

Compensação tarifária dos comercializadores de último recurso retalhistas

1 – A compensação mensal do comercializador de último recurso retalhista *k*, no ano *t*, resulta da seguinte expressão:

$$CUT_{m,t}^{CURk} = \frac{CUT_{TE,t}^{CURk} + CUT_{C,t}^{CURk}}{12} \tag{60}$$

em que:

$CUT_{TE,t}^{CURk}$ Compensação, do comercializador de último recurso retalhista *k* pela aplicação da tarifa de Energia, no ano gás *t*, calculada de acordo com a expressão (52) do artigo 80.º

$CUT_{C,t}^{CUR_k}$ — Compensação, do comercializador de último recurso retalhista k, pela aplicação das tarifas de Comercialização, no ano gás t, calculada de acordo com a expressão (56) do artigo 84.°

2 – Os montantes das compensações referidas no número anterior serão objecto de facturação entre os comercializadores de último recurso retalhistas, nos termos a definir pela ERSE.

ARTIGO 86.°

Compensação tarifária dos operadores da rede de distribuição

1 – A compensação mensal do operador da rede de distribuição k, no ano t, resulta da seguinte expressão:

$$CUT_{m,t}^{ORD_k} = \frac{CUT_{UGS,t}^{ORD_k} + CUT_{URT,t}^{ORD_k} + CUT_{URD,t}^{ORD_k}}{12} \qquad (61)$$

em que:

$CUT_{UGS,t}^{ORD_k}$ — Compensação, do operador de rede de distribuição k, pela aplicação da tarifa de Uso Global do Sistema, no ano gás t, calculada de acordo com a expressão (53) do artigo 81.°

$CUT_{URT,t}^{ORD_k}$ — Compensação, do operador de rede de distribuição k, pela aplicação das tarifas de Uso da Rede de Transporte, no ano gás t, calculada de acordo com a expressão (54) do artigo 82.°

$CUT_{URD,t}^{ORD_k}$ — Compensação, do operador de rede de distribuição k, pela aplicação das tarifas de Uso da Rede de Distribuição, no ano gás t, calculada de acordo com a expressão (55) do artigo 83.°

2 – Os montantes das compensações referidas no número anterior serão objecto de facturação entre os operadores da rede de distribuição, nos termos a definir pela ERSE.

SECÇÃO X

Incentivo à promoção do desempenho ambiental

ARTIGO 87.°

Planos de Promoção do Desempenho Ambiental

1 – Os Planos de Promoção do Desempenho Ambiental são mecanismos de incentivo à melhoria do desempenho ambiental.

2 – Podem apresentar Planos de Promoção do Desempenho Ambiental as seguintes entidades:

a) Operador de terminal de recepção, armazenamento e regaseificação de GNL.

b) Operador do armazenamento subterrâneo.

c) Operador da rede de transporte de gás natural.

d) Operadores das redes de distribuição de gás natural.

3 – Os Planos de Promoção do Desempenho Ambiental devem ser apresentados até 15 de Dezembro do ano gás que antecede o início de cada período de regulação.

4 – A apresentação dos Planos de Promoção do Desempenho Ambiental é condição necessária para a aceitação dos custos previstos no artigo 58.º, artigo 59.º, artigo 60.º, artigo 61.º, artigo 65.º e artigo 69.º

5 – Os Planos de Promoção do Desempenho Ambiental são realizados para cada período de regulação.

Artigo 88.º
Conteúdo dos Planos de Promoção do Desempenho Ambiental

1 – Os Planos de Promoção do Desempenho Ambiental devem conter os seguintes elementos:

a) Descrição detalhada dos objectivos a atingir.

b) Descrição detalhada das acções a desenvolver.

c) Estimativa, devidamente justificada, dos custos com as acções a desenvolver, discriminadas por nível de pressão ou função regulada, quando aplicável.

d) Descrição detalhada dos benefícios ambientais esperados com cada acção.

e) Descrição dos indicadores de realização e eficiência a atingir.

2 – Consideram-se indicadores de realização os indicadores que permitam medir o sucesso da medida proposta em termos de cumprimento dos objectivos, nomeadamente os ambientais.

3 – Consideram-se indicadores de eficiência os indicadores que permitam aferir se os incentivos estão a ser utilizados de modo eficiente, ou seja, que cumprindo o objectivo previsto, apresentem os menores custos.

Artigo 89.º
Custos máximos dos Planos de Promoção do Desempenho Ambiental

A ERSE aprova, até 1 de Setembro do ano que antecede cada período de regulação, os custos máximos que podem ser aceites, para efeitos tarifários, com cada Plano de Promoção do Desempenho Ambiental.

Artigo 90.º

Aprovação dos Planos de Promoção do Desempenho Ambiental

1 – Cabe à ERSE a aprovação dos Planos de Promoção do Desempenho Ambiental.

2 – A ERSE aprovará o tipo de medidas a implementar e os custos máximos a considerar para efeitos tarifários.

3 – Na aprovação das medidas, a ERSE só considerará as que contribuam para a melhoria directa do desempenho ambiental das entidades indicadas no artigo 87.º e que não sejam impostas por lei.

4 – Para efeitos do disposto no número anterior e a título indicativo, a ERSE privilegiará, entre outras, as medidas que reúnam os seguintes critérios:

a) Sejam voluntárias.

b) Resultem de estudos ou colaborações de natureza científica com entidades empenhadas na preservação e melhoria do ambiente.

c) Tenham carácter permanente, mesmo após ter cessado o incentivo.

Artigo 91.º

**Apresentação dos relatórios de execução dos Planos
de Promoção de Desempenho Ambiental**

1 – A apresentação dos relatórios de execução dos Planos de Promoção do Desempenho Ambiental é condição necessária para a aceitação dos custos previstos no artigo 58.º, artigo 59.º, artigo 60.º, artigo 61.º, artigo 65.º e artigo 69.º

2 – O relatório de execução de cada Plano de Promoção do Desempenho Ambiental deve ser apresentado pelas entidades que tenham um Plano de Promoção de Desempenho Ambiental.

3 – Os relatórios de execução dos Planos de Promoção de Desempenho Ambiental são realizados para cada ano do período de regulação.

4 – O relatório de execução do Plano de Promoção do Desempenho Ambiental deve ser apresentado à ERSE até 15 de Dezembro do ano gás seguinte àquele a que diz respeito.

Artigo 92.º

**Conteúdo dos Relatórios de Execução dos Planos
de Promoção de Desempenho Ambiental**

1 – Os relatórios de execução dos Planos de Promoção de Desempenho Ambiental devem conter os seguintes elementos:

a) Descrição detalhada do nível de cumprimento dos objectivos propostos no Plano.

b) Descrição detalhada das acções desenvolvidas.

c) Descrição dos custos com as medidas desenvolvidas, discriminadas por nível de pressão ou função, quando aplicável.

d) Comparação dos custos reais com os custos orçamentados.

e) Descrição detalhada dos benefícios ambientais alcançados com cada acção.

f) Valores verificados para os indicadores de realização previstos no Plano.

g) Valores verificados para os indicadores de eficiência previstos no Plano.

ARTIGO 93.º

Aprovação dos Relatórios de Execução do Plano de Promoção do Desempenho Ambiental

1 – Cabe à ERSE a aprovação dos relatórios de execução dos Planos de Promoção do Desempenho Ambiental.

2 – A ERSE aprovará os custos a considerar para efeitos tarifários.

ARTIGO 94.º

Registo contabilístico

1 – Os custos relativos aos Planos de Promoção do Desempenho Ambiental devem ser individualizados em termos de registos contabilísticos das entidades que os promovam.

2 – Os montantes relativos aos custos operacionais e ao investimento, inscritos nos Planos de Promoção do Desempenho Ambiental, não podem ser considerados noutras actividades reguladas.

3 – Cabe às entidades referidas no artigo 87.º, que estejam a executar um Plano, garantirem o disposto no número anterior.

ARTIGO 95.º

Reafectação de custos

1 – Durante a execução dos Planos de Promoção do Desempenho Ambiental, as entidades indicadas no artigo 87.º podem solicitar a reafectação de custos entre acções previstas no Plano, bem como entre anos de exercício.

2 – Para efeitos do número anterior, o pedido de reafectação, a dirigir à ERSE, deve incluir os seguintes elementos:

a) Justificação para a reafectação solicitada.

b) Reorçamentação para os anos que ainda estejam por executar.

ARTIGO 96.º
Divulgação e fiscalização

1 – A ERSE divulga, designadamente através da sua página na internet, as acções, bem como os seus resultados, desenvolvidas no âmbito dos Planos de Promoção do Desempenho Ambiental, identificando os custos operacionais, os investimentos e os benefícios ambientais alcançados.

2 – Para efeitos do número anterior, a ERSE pode realizar acções de inspecção e fiscalização das medidas que beneficiaram dos incentivos.

SECÇÃO XI
Incentivo à Promoção da Eficiência no Consumo

ARTIGO 97.º
Plano de Promoção da Eficiência no Consumo

1 – O Plano de Promoção da Eficiência no Consumo é composto por um conjunto de medidas que tenham por objectivo a melhoria da eficiência no consumo de gás natural.

2 – A ERSE estabelece as regras para aprovação dos procedimentos associados ao Plano, bem como das regras a seguir na avaliação das medidas para a promoção da eficiência no consumo.

3 – Os procedimentos e regras referidos no número anterior, devem ser estabelecidos em norma complementar, a aprovar pela ERSE.

4 – Até à aprovação das regras referidas no n.º 2, os operadores de rede e os comercializadores de último recurso podem apresentar propostas de medidas de promoção da eficiência no consumo de gás natural.

ARTIGO 98.º
Custos com o Plano de Promoção da Eficiência no Consumo

1 – Os custos com o Plano de Promoção da Eficiência no Consumo são considerados para efeitos tarifários, nos termos do artigo 64.º

2 – Para além dos custos que resultam dos projectos seleccionados, podem ser considerados custos administrativos relativos à gestão do Plano de Promoção da Eficiência no Consumo.

Artigo 99.º

Divulgação

A ERSE divulga, designadamente através da sua página na internet, as acções realizadas no âmbito do Plano de promoção da Eficiência no Consumo, identificando os custos e os benefícios alcançados.

CAPÍTULO V
Processo de cálculo das tarifas reguladas

SECÇÃO I
Metodologia de cálculo das tarifas de Energia

Artigo 100.º
**Metodologia de cálculo da tarifa de Energia da actividade
de Compra e Venda de gás natural para fornecimento
aos comercializadores de último recurso**

1 – A tarifa de Energia da actividade de Compra e Venda de gás natural para fornecimento aos comercializadores de último recurso, é estabelecida por forma a proporcionar os proveitos permitidos da actividade de Compra e Venda de gás natural para fornecimento aos comercializadores de último recurso, previstos no artigo 71.º

2 – Os preços da tarifa de Energia da actividade de Compra e Venda de gás natural para fornecimento aos comercializadores de último recurso, são calculados por forma a proporcionar os proveitos, de acordo com a seguinte expressão:

$$\widetilde{R}_{CV,t}^{CUR\,G} = \left(\sum_k W_{k_t} + W_{GC_t} \right) \times TW_{CUR,t}^{EG} \tag{59}$$

com:

k Comercializador de último recurso retalhista k

em que:

$\widetilde{R}_{CV,t}^{CUR_G}$ Proveitos permitidos da actividade de Compra e Venda de gás natural para fornecimento aos comercializadores de último recurso, previstos para o ano gás t

W_{k_t} Energia dos fornecimentos ao comercializador de último recurso retalhista k, prevista para o ano gás t

W_{GC_t} Energia dos fornecimentos à actividade de Comercialização de último recurso a grandes clientes, prevista para o ano gás t

$TW_{CUR,t}^{EG}$ Preço de energia da tarifa de Energia da actividade de Compra e Venda de gás natural para fornecimento aos comercializadores de último recurso, aplicável às entregas aos comercial izadores de último recurso, no ano gás t

3 – As quantidades de energia a considerar no cálculo da tarifa de Energia da actividade de Compra e Venda de gás natural para fornecimento aos comercializadores de último recurso, são as quantidades fornecidas a cada comercializador de último recurso, previstas para o ano gás t, no referencial de entrada na RNTGN.

4 – As quantidades de energia referidas no número anterior são determinadas de acordo com as disposições do Regulamento de Relações Comerciais.

5 – Os preços da tarifa de Energia da actividade de Compra e Venda de gás natural para fornecimento aos comercializadores de último recurso, são estabelecidos anualmente e revistos trimestralmente.

6 – No primeiro trimestre de cada ano gás os preços da tarifa de Energia da actividade de Compra e Venda de gás natural para fornecimento aos comercializadores de último recurso são os estabelecidos no n.º 2 deste artigo e nos restantes trimestres do ano gás o preço a aplicar é revisto nos termos do artigo 101.º

ARTIGO 101.º
Metodologia de cálculo da revisão trimestral das tarifas de Energia da actividade de Compra e Venda de gás natural para fornecimento aos comercializadores de último recurso

1 – Os preços da tarifa de Energia da actividade de Compra e Venda de gás natural para fornecimento aos comercial izadores de último recurso, são revistos de modo a proporcionar os proveitos indicados na seguinte expressão:

$$\widetilde{R}_{CV_{q,t}}^{CUR\,G} = \left(\sum_k W_{k_{q,t}} + W_{GC_{q,t}} \right) \times TW_{CUR_{q,t}}^{EG} \tag{60}$$

com:

k Comercializador de último recurso retalhista k

q Trimestre q de cada ano gás, com q = 2.º trimestre, 3.º trimestre ou 4.º trimestre

em que:

$\tilde{R}_{CV_{q,t}}^{CURG}$ — Proveitos a facturar na actividade de Compra e Venda de gás natural para fornecimento aos comercial izadores de último recurso, revistos para o trimestre q e seguintes, do ano gás t

$W_{kq,t}$ — Energia dos fornecimentos ao comercializador de último recurso retalhista k, prevista no trimestre q, para esse trimestre e para os restantes trimestres até final do ano gás t

$W_{GCq,t}$ — Energia dos fornecimentos a clientes no âmbito da actividade de Comercialização de último recurso a grandes clientes, prevista no trimestre q, para esse trimestre e para os restantes trimestres até final do ano gás t

$TW_{CUR_{q,t}}^{EG}$ — Preço de energia da tarifa de Energia da actividade de Compra e Venda de gás natural para fornecimento aos comercializadores de último recurso, aplicável às entregas aos comercializadores de último recurso, no trimestre q e seguintes, do ano gás t

2 – O ajuste a aplicar aos preços da tarifa de Energia da actividade de Compra e Venda de gás natural para fornecimento aos comercializadores de último recurso, é determinado de acordo com a seguinte expressão:

$$\Delta TW_{CUR_{q,t}}^{EG} = TW_{CUR_{q,t}}^{EG} - TW_{CUR_{q-1,t}}^{EG} \tag{61}$$

em que:

$\Delta TW_{CUR_{q,t}}^{EG}$ — Ajuste do preço de energia da tarifa de Energia da actividade de Compra e Venda de gás natural para fornecimento aos comercializadores de último recurso, aplicável às entregas aos comercializadores de último recurso, no trimestre q e seguintes, do ano gás t

$TW_{CUR_{q,t}}^{EG}$ — Preço de energia da tarifa de Energia da actividade de Compra e Venda de gás natural para fornecimento aos comercializadores de último recurso, aplicável às entregas aos comercializadores de último recurso, a vigorar no trimestre q e seguintes, do ano gás t

$TW_{CUR_{q-1,t}}^{EG}$ — Preço de energia da tarifa de Energia da actividade de Compra e Venda de gás natural para fornecimento aos comercializadores de último recurso, aplicável ás entregas aos comercializadores de último recurso, em vigor no trimestre q-1 do ano gás t.

Artigo 102.º

Metodologia de cálculo da tarifa de Energia da actividade de Comercialização de último recurso a grandes clientes

1 – A tarifa de Energia da actividade de Comercialização de último recurso a grandes clientes é estabelecida por forma a proporcionar os proveitos permitidos da função de Compra e Venda de gás natural a grandes clientes da actividade de Comercialização de último recurso a grandes clientes, previstos no artigo 73.º

2 – Os preços da tarifa de Energia da actividade de Comercialização de último recurso a grandes clientes, aplicável aos fornecimentos a clientes com consumos anuais iguais ou superiores a 2 milhões de m³ (n), são calculados por forma a proporcionar os proveitos, de acordo com a seguinte expressão:

$$\widetilde{R}_{CVGN,t}^{CUR_{GC}} = \sum_k \sum_n \sum_i W_{k n_{i,t}} \times \prod_j \left(1 + \gamma_j^k\right) \times TW_t^{EGC} + W_{AP_t} \times TW_t^{EGC} \qquad (62)$$

com:

n	Nível de pressão n (n = MP e BP)
i	Opção tarifária i do nível de pressão n
j	Nível de pressão j (j = M P e BP com j $\geq$ n)
k	Rede de distribuição k

em que, com n = MP e BP:

$\widetilde{R}_{CVGN,t}^{CUR_{GC}}$	Proveitos permitidos da função de Compra e Venda de gás natural a grandes clientes da actividade de Comercialização de último recurso a grandes clientes, previstos para o ano gás t
$W_{k n_{i,t}}$	Energia fornecida no âmbito da actividade de Comercialização de último recurso a grandes clientes, a clientes com um consumo anual igual ou superior a 2 milhões de m³ (n), ligados na rede de distribuição k, da opção tarifária i do nível de pressão n, prevista para o ano gás t
W_{AP_t}	Energia fornecida no âmbito da actividade de Comercialização de último recurso a grandes clientes, a clientes com um consumo anual igual ou superior a 2 milhões de m³ (n), ligados na rede de transporte em AP, prevista para o ano gás t
TW_t^{EGC}	Preço de energia da tarifa de Energia da actividade de Comercialização de último recurso a grandes clientes, no ano gás t
γ_j^k	Factor de ajustamento para perdas e autoconsumos na rede de distribuição k, no nível de pressão j

3 – As quantidades a considerar no cálculo da tarifa de Energia da actividade de Comercialização de último recurso a grandes clientes são as energias fornecidas aos clientes finais do comercializador de último recurso grossista, no âmbito da actividade de Comercialização de último recurso a grandes clientes, previstas para o ano gás *t*, referidas à saída da rede de transporte ou, no caso dos clientes ligados nas redes de distribuição abastecidas por GNL, à entrada dessa rede de distribuição, através dos respectivos factores de ajustamento para perdas e autoconsumos.

4 – Os preços da tarifa de Energia da actividade de Comercialização de último recurso a grandes clientes são os que resultam da conversão dos preços calculados no n.º 2, para os vários níveis de pressão e opções tarifárias, por aplicação dos factores de ajustamento para perdas e autoconsumos.

5 – Os preços da tarifa de Energia da actividade de Comercialização de último recurso a grandes clientes são estabelecidos anualmente e revistos trimestralmente.

6 – N o primeiro trimestre de cada ano gás os preços da tarifa de Energia da actividade de Comercialização de último recurso a grandes clientes são os estabelecidos no n.º 2 deste artigo e nos restantes trimestres do ano o preço a aplicar é revisto nos termos do artigo 103.º

Artigo 103.º
Metodologia de cálculo da revisão trimestral das tarifas de Energia da actividade de Comercialização de último recurso a grandes clientes

1 – Os preços da tarifa de Energia da actividade de Comercializaão de último recurso a grandes clientes aplicável aos fornecimentos a clientes com consumos anuais iguais ou superiores a 2 milhões de m^3 (n), são revistos trimestralmente de modo a proporcionar os proveitos indicados na seguinte expressão:

$$\widetilde{R}_{CVGN_{q,t}}^{CUR_{GC}} = \sum_k \sum_n \sum_i W_{k\,n_{i_{q,t}}} \times \prod_j \left(1 + \gamma_j^k\right) \times TW_{q,t}^{EGC} + W_{AP_{q,t}} \times TW_{q,t}^{EGC} \qquad (63)$$

com:

n   Nível de pressão *n* (*n* = MP e BP)

i   Opção tarifária *i* do nível de pressão *n*

j   Nível de pressão *j* (*j* = MP e BPcom *j* ≥ *n*)

k   Rede de distribuição *k*

q   Trimestre *q* de cada ano gás, com *q* = 2.º trimestre, 3.º trimestre ou 4.º trimestre

em que, com n = MP e BP:

$\widetilde{R}^{CUR_{GC}}_{CVGN_{q,t}}$ Proveitos a facturar no âmbito da função de Compra e Venda de gás natural a grandes clientes da actividade de Comercialização de último recurso a grandes clientes, revistos para o trimestre q e seguintes, do ano gás t

$W_{kn_{i_{q,t}}}$ Energia fornecida no âmbito da actividade de Comercialização de último recurso a grandes clientes, a clientes com um consumo anual igual ou superior a 2 milhões de m^3 (n), ligados na rede de distribuição k, da opção tarifária i do nível de pressão n, prevista para o trimestre q e seguintes do ano gás t

$W_{AP_{q,t}}$ Energia fornecida no âmbito da actividade de Comercialização de último recurso a grandes clientes, a clientes com um consumo anual igual ou superior a 2 milhões de m^3 (n), ligados na rede de transporte em AP, prevista para o trimestre q e seguintes do ano gás t

$TW^{EGC}_{q,t}$ Preço de energia da tarifa de Energia da actividade de Comercialização de último recurso a grandes clientes, para o trimestre q e seguintes do ano gás t

γ^{k}_{j} Factor de ajustamento para perdas e autoconsumos na rede de distribuição k, no nível de pressão j

2 – O ajuste a aplicar aos preços da tarifa de Energia da actividade de Comercialização de último recurso a grandes clientes é determinado de acordo com a seguinte expressão:

$$\Delta TW^{EGC}_{q,t} = TW^{EGC}_{q,t} - TW^{EGC}_{q-1,t} \qquad (64)$$

em que:

$\Delta TW^{EGC}_{q,t}$ Ajuste do preço de energia da tarifa de Energia da actividade de Comercialização de último recurso a grandes clientes, no trimestre q e seguintes, do ano gás t

$TW^{EGC}_{q,t}$ Preço de energia da tarifa de Energia da actividade de Comercialização de último recurso a grandes clientes, a vigorar no trimestre q e seguintes, do ano gás t

$TW^{EGC}_{q-1,t}$ Preço de energia da tarifa de Energia da actividade de Comercialização de último recurso a grandes clientes, em vigor no trimestre q-1 do ano gás t.

Artigo 104.º

Metodologia de cálculo da tarifa de Energia dos comercializadores de último recurso retalhistas

1 – A tarifa de Energia dos comercializadores de último recurso retalhistas é estabelecida por forma a proporcionar os proveitos permitidos da função de Compra e Venda de gás natural dos comercial izadores de último recurso retalhistas, previstos no artigo 77.º

2 – Os preços da tarifa de Energia dos comercializadores de último recurso retalhistas, aplicável aos fornecimentos a clientes com consumos anuais inferiores a 2 milhões de m³ (n), são calculados por forma a proporcionar, de forma agregada, os proveitos definidos no artigo 77.º, de acordo com as seguintes expressões:

$$\widetilde{R}_{CVGN,t}^{CUR} = \sum_k \left(\widetilde{R}_{CVGN,t}^{CUR_k} + \Delta R_{BP<,t-1}^{CUR_k} \right) \tag{65}$$

$$\widetilde{R}_{CVGN,t}^{CUR} = \sum_n \sum_i W_{i_{n,t}} \times \prod_j \left(1 + \gamma_j^k\right) \times TW_t^E \tag{66}$$

com:

n Nível de pressão n (n = MP e BP)

i Opção tarifária i do nível de pressão n

j Nível de pressão j (j = MP e BP com $j \geq n$)

k Rede de distribuição k

em que, com n = MP e BP:

$\widetilde{R}_{CVGN,t}^{CUR}$ Proveitos a recuperar por aplicação da tarifa de Energia dos comercializadores de último recurso retalhistas, previstos para o ano gás t

$\widetilde{R}_{CVGN,t}^{CUR_k}$ Proveitos permitidos da função de Compra e Venda de gás natural do comercializador de último recurso retalhista k, previstos para o ano gás t

$W_{k n_{i,t}}$ Energia fornecida a clientes do comercializador de último recurso retalhista k na opção tarifária i, do nível de pressão n, prevista para o ano gás t

$\Delta R^{CURk}_{BP<,t-1}$ Ajustamento dos proveitos da tarifa de Energia de cada comercializador de último recurso retalhista k, no âmbito dos fornecimentos aos consumidores em BP<, previsto para o ano gás t, por aplicação do valor anualizado equivalente aos ajustamentos trimestrais referentes ao ano gás t-1, determinado nos termos do artigo 106.°

TW^E_t Preço de energia da tarifa de Energia dos comercial izadores de último recurso retalhistas, no ano gás t

γ^k_j Factor de ajustamento para perdas e autoconsumos na rede de distribuição k, no nível de pressão j

3 – As quantidades a considerar no cálculo da tarifa de Energia dos comerei alizadores de último recurso retalhistas são as energias fornecidas aos clientes de cada comercializador de último recurso retalhista, previstas para o ano gás t, referidas à saída da rede de transporte ou, no caso dos clientes ligados nas redes de distribuição abastecidas por GNL, à entrada dessa rede de distribuição, através dos respectivos factores de ajustamento para perdas e autoconsumos.

4 – Os preços da tarifa de Energia a aplicar pelos comerei alizadores de último recurso retalhistas aos seus fornecimentos a clientes são os que resultam da conversão dos preços calculados no n.° 2, para os vários níveis de pressão e opções tarifárias, por aplicação dos factores de ajustamento para perdas e autoconsumos.

5 – Os preços da tarifa de Energia dos comercializadores de último recurso retalhistas são estabelecidos anualmente e revistos trimestralmente.

6 – No primeiro trimestre de cada ano gás os preços da tarifa de Energia dos comercializadores de último recurso retalhistas são os estabelecidos no n.° 2 deste artigo e nos restantes trimestres do ano o preço a aplicar é revisto nos termos do artigo 105.°

7 – Aos fornecimentos a clientes em BP cujo consumo anual seja inferior ou igual a 10 000 m³ (n) não se aplicam as revisões trimestrais de preços, devendo o preço anual estabelecido no n.°2 deste artigo incorporar o ajuste anual determinado no artigo 106.°

Artigo 105.º

Metodologia de cálculo da revisão trimestral da tarifa de Energia dos comercializadores de último recurso retalhistas

1 – O s preços da tarifa de Energia dos comercial izadores de último recurso retalhistas, aplicável aos fornecimentos a clientes com consumos anuais inferiores a 2 milhões de m^3 (n) e superiores a 10 000 m^3 (n), são revistos trimestralmente de modo a proporcionar os proveitos indicados na seguinte expressão:

$$\widetilde{R}^{CUR}_{CVGN_{q,t}} = \sum_k \sum_n \sum_i W_{kn_{i_{q,t}}} \times \prod_j \left(1 + \gamma_j^k\right) \times TW^E_{q,t} \tag{67}$$

com:

n	Nível de pressão n (n = MP e BP)
i	Opção tarifária i do nível de pressão n
j	Nível de pressão j (j = MP e BP com $j \geq n$)
k	Rede de distribuição k
q	Trimestre q de cada ano gás, com q = 2.º trimestre, 3.º trimestre ou 4.º trimestre

em que, com n = MP e BP:

$\widetilde{R}^{CUR}_{CVGN_{q,t}}$	Proveitos a facturar por aplicação da tarifa de Energia dos comercializadores de último recurso retalhistas, revistos para o trimestre q e seguintes, do ano gás t
$W_{kn_{i_{q,t}}}$	Energia fornecida a clientes do comercializador de último recurso retalhista k na opção tarifária i do nível de pressão n, prevista para o trimestre q e seguintes, do ano gás t
$TW^E_{q,t}$	Preço de energia da tarifa de Energia dos comercializadores de último recurso retalhistas, para o trimestre q e seguintes, do ano gás t
γ_j^k	Factor de ajustamento para perdas e autoconsumos na rede de distribuição k, no nível de pressão j

2 – O ajuste a aplicar aos preços da tarifa de Energia dos comercializadores de último recurso retalhistas aplicável aos fornecimentos a clientes com consumo anual superior a 10 000 m^3 (n) é determinado de acordo com a seguinte expressão:

$$\Delta TW_{q,t}^{E} = TW_{q,t}^{E} - TW_{q-1,t}^{E} \tag{68}$$

em que:

$\Delta TW_{q,t}^{E}$ — Ajuste do preço de energia da tarifa de Energia dos comercializadores de último recurso retalhistas aplicável aos fornecimentos a clientes com consumo anual superior a 10 000 m³ (n), no trimestre q e seguintes, do ano gás t

$TW_{q,t}^{E}$ — Preço de energia da tarifa de Energia dos comercializadores de último recurso retalhistas aplicável aos fornecimentos a clientes com consumo anual superior a 10 000 m³ (n), a vigorar no trimestre q e seguintes, do ano gás t

$TW_{q-1,t}^{E}$ — Preço de energia da tarifa de Energia dos comercializadores de último recurso retalhistas aplicável aos fornecimentos a clientes com consumo anual superior a 10 000 m³ (n), em vigor no trimestre q-1 do ano gás t

ARTIGO 106.º
Metodologia de cálculo do ajuste anual da tarifa de Energia dos comercializadores de último recurso retalhistas a aplicar aos fornecimentos em BP com consumo anual inferior ou igual a 10 000 m³ (n)

1 – O ajuste anual da tarifa de Energia dos comercial izadores de último recurso retalhistas no âmbito dos fornecimentos em BP< e a aplicar ao preço de energia é dado pela seguinte expressão:

$$\Delta TW_{BP<,t-1}^{E} = \frac{TW_{t-1}^{E} + \sum_{q=2}^{4} TW_{q,t-1}^{E}}{4} - TW_{t-1}^{E} \tag{69}$$

com:

q — Trimestre q de cada ano gás, com $q = 2$ para o 2.º trimestre, $q = 3$ para o 3.º trimestre e $q = 4$ para o 4.º trimestre

em que:

$\Delta TW_{BP<,t-1}^{E}$ — Ajuste anual do preço da tarifa de Energia dos comercializadores de último recurso retalhistas a aplicar aos fornecimentos em BP<, referente ao ano gás t-1 e a recuperar nas tarifas do ano gás t

TW_{t-1}^{E} Preço de energia da tarifa de Energia dos comercializadores de último recurso retalhistas, no ano gás t-1, calculado nos termos do artigo 104.º

$TW_{q,t-1}^{E}$ Preço de energia da tarifa de Energia dos comercializadores de último recurso retalhistas aplicável aos fornecimentos em BP >, em vigor no trimestre q do ano gás t-1, calculado nos termos do artigo 105.º

2 – O ajustamento dos proveitos da tarifa de Energia de cada comercializador de último recurso retalhista k, no âmbito dos fornecimentos aos consumidores de BP <, no ano gás t, por aplicação do valor anualizado equivalente aos ajustamentos trimestrais referentes ao ano gás t-1, referidos no artigo 77.º e no artigo 104.º, é determinado de acordo com a seguinte expressão:

$$\Delta R_{BP<,t-1}^{CURk} = -\left[\sum_{i} W_{k\,BP<,i,t} \times \left(1+\gamma_{MP}^{k}\right)\left(1+\gamma_{BP}^{k}\right) \times \left(\Delta TW_{BP<,t-1}^{E}\right)\right] \tag{70}$$

com:

i Opção tarifária i do tipo de fornecimento BP<

k Rede de distribuição k

em que:

$\Delta R_{BP<,t-1}^{CURk}$ Ajustamento dos proveitos da tarifa de Energia de cada comercializador de último recurso retalhista k, no âmbito dos fornecimentos em BP <, no ano gás t, por aplicação do valor anualizado equivalente aos ajustamentos trimestrais referentes ao ano gás t-1

$W_{k\,BP<,i,t}$ Energia fornecida a clientes do comercializador de último recurso retalhista k na opção tarifária i, de BP <, prevista para o ano gás t

SECÇÃO II

Metodologia de cálculo da tarifa de Uso do Terminal de Recepção, Armazenamento e Regaseificação de GNL

Artigo 107.º

Metodologia de cálculo da tarifa de Uso do Terminal de Recepção, Armazenamento e Regaseificação de GNL

1 – Os preços da tarifa de Uso do Terminal de Recepção, Armazenamento e Regaseificação de GNL são calculados por forma a que o seu produto pelas quantidades físicas envolvidas proporcione o montante de proveitos permitidos ao operador do terminal de GNL, definidos no artigo 57.º, de acordo com as seguintes expressões:

$$\tilde{R}_{UTRAR,t}^{OT} = \tilde{R}_{UTRAR,t}^{recGNL} + \tilde{R}_{UTRAR,t}^{armGNL} + \tilde{R}_{UTRAR,t}^{regGNL} \tag{71}$$

$$\tilde{R}_{UTRAR,t}^{recGNL} = \left(W_t^{cist} + W_t^{regGNL}\right) \times \left(1 + \gamma_{RAR}\right) \times TW_{UTRAR,t}^{recGNL} \tag{72}$$

$$\tilde{R}_{UTRAR,t}^{armGNL} = \sum_{\forall d \in t} Wa_{t,d}^{armGNL} \times TWa_{UTRAR,t}^{armGNL} \tag{73}$$

$$\tilde{R}_{UTRAR,t}^{regGNL} = Cu_t^{regGNL} \times TCu_{UTRAR,t}^{regGNL} + W_t^{regGNL} \times TW_{UTRAR,t}^{regGNL} + NC_t \times TFcc_{UTRAR,t}^{regGNL} \tag{74}$$

em que:

$\tilde{R}_{UTRAR,t}^{OT}$ Proveitos permitidos da actividade de Recepção, armazenamento é regaseificação de GNL, previstos para o ano gás t

$\tilde{R}_{UTRAR,t}^{recGNL}$ Proveitos a recuperar pelo operador do terminal de GNL por aplicação dos termos de recepção da tarifa de Uso do Terminal de Recepção, Armazenamento e Regaseificação de GNL, previstos para o ano gás t

$\tilde{R}_{UTRAR,t}^{armGNL}$ Proveitos a recuperar pelo operador do terminal de GNL por aplicação dos termos de armazenamento da tarifa de Uso do Terminal de Recepção, Armazenamento e Regaseificação de GNL, previstos para o ano gás t

$\tilde{R}_{UTRAR,t}^{regGNL}$ Proveitos a recuperar pelo operador do terminal de GNL por aplicação dos termos de regaseificação da tarifa de Uso do Terminal de Recepção, Armazenamento e Regascificação de GNL, previstos para o ano gás t

W_t^{cist} — Energia das entregas de GNL ao transporte por rodovia, previstas para o ano gás t

W_t^{regGNL} — Energia das entregas na RNTGN, previstas para o ano gás t

$TW_{UTRAR,t}^{recGNL}$ — Preço de energia do termo de recepção de GNL da tarifa de Uso do Terminal de Recepção, Armazenamento e Regaseificação de GNL, no ano gás t

$Wa_{t,d}^{armGNL}$ — Energia armazenada no terminal de GNL, prevista para cada dia d, no ano gás t.

$TWa_{UTRAR,t}^{armGNL}$ — Preço de energia armazenada do termo de armazenamento de GNL da tarifa de Uso do Terminal de Recepção, Armazenamento e Regaseificação de GNL, para cada dia, no ano gás t

Cu_t^{regGNL} — Capacidade utilizada das entregas na RNTGN, previstas para o ano gás t

$TCu_{UTRAR,t}^{regGNL}$ — Preço de capacidade utilizada do termo de regaseificação e carregamento de GNL da tarifa de Uso do Terminal de Recepção, Armazenamento e Regaseificação de GNL, no ano gás t

$TW_{UTRAR,t}^{regGNL}$ — Preço de energia do termo de regaseificação e carregamento de GNL da tarifa de Uso do Terminal de Recepção, Armazenamento e Regaseificação de GNL, no ano gás t

NC_t — Número de carregamentos de camiões cisterna no terminal de GNL, previsto para o ano gás t

$TFcc_{UTRAR,t}^{regGNL}$ — Preço do termo fixo, aplicável ao carregamento de camiões cisterna, do termo de regaseificação e carregamento de GNL da tarifa de Uso do Terminal de Recepção, Armazenamento e Regaseificação de GNL, para cada carregamento, no ano gás t

γ_{RAR} — Factor de ajustamento para perdas e autoconsumos na recepção, armazenamento e regaseificação de GNL.

2 – O preço $TFcc_{UTRAR,t}^{regGNL}$ é determinado com base na estrutura de activos e custos de exploração afectos à ilha de carga de camiões cisterna e num número anual de carregamentos de referência, correspondendo a um regime de funcionamento esperado para o terminal de GNL.

3 – A estrutura de preços de capacidade utilizada e de energia do termo de regaseificação e carregamento de GNL da tarifa de Uso do Terminal de Recepção, Armazenamento e Regaseificação de GNL deve repercutir a estrutura de custos incrementais de capacidade e de energia, por aplicação de um factor multiplicativo, através das seguintes expressões:

$$TCu_{UTRAR,t}^{regGNL} = f_{UTRAR,t}^{regGNL} \times Ci\,Cu_{UTRAR}^{regGNL} \qquad (75)$$

$$TW_{UTRAR,t}^{regGNL} = f_{UTRAR,t}^{regGNL} \times Ci\,W_{UTRAR}^{regGNL} \qquad (76)$$

em que:

$Ci\,Cu_{UTRAR}^{regGNL}$ Custo incremental da capacidade utilizada na regaseificação de GNL

$Ci\,W_{UTRAR}^{regGNL}$ Custo incremental de energia na regaseificação de GNL

$f_{UTRAR,t}^{regGNL}$ Factor a aplicar ao custo incremental de capacidade e de energia da regaseificação de GNL, no ano gás t

SECÇÃO III
Metodologia de cálculo das tarifas de Uso do Armazenamento Subterrâneo

ARTIGO 108.º
Metodologia de cálculo das tarifas de Uso do Armazenamento Subterrâneo

1 – Os preços das tarifas de Uso do Armazenamento Subterrâneo são calculados por forma a que o seu produto pelas quantidades fisicas envolvidas proporcione o montante de proveitos permitidos aos operadores de armazenamento subterrâneo, definidos no artigo 61.º, de acordo com as seguintes expressões:

$$\widetilde{R}_{UAS,t}^{OAS} = \widetilde{R}_{UAS,t}^{IE} + \widetilde{R}_{UAS,t}^{AS} \qquad (77)$$

$$\widetilde{R}_{UAS,t}^{IE} = \left(W_t^I + W_t^E\right) \times TW_{UAS,t} \qquad (78)$$

$$\widetilde{R}_{UAS,t}^{AS} = \sum_{\forall p \in t}\ \sum_{\forall d \in p} Wa_{d,t} \times TWa_{UAS,p,t} \qquad (79)$$

em que:

$\widetilde{R}_{UAS,t}^{OAS}$ Proveitos permitidos da actividade de Armazenamento subterrâneo, previstos para o ano gás t

$\widetilde{R}_{UAS,t}^{IE}$ Proveitos a recuperar pelo operador do armazenamento subterrâneo por aplicação dos termos de injecção e extracção da tarifa de Uso do Armazenamento Subterrâneo, previstos para o ano gás t

$\tilde{R}_{UAS,t}^{AS}$ Proveitos a recuperar pelo operador do armazenamento subterrâneo por aplicação dos termos de armazenamento da tarifa de Uso do Armazenamento Subterrâneo, previstos para o ano gás t

W_t^I Energia das injecções no armazenamento subterrâneo, previstas para o ano gás t

W_t^E Energia das extracções do armazenamento subterrâneo, previstas para o ano gás t

$TW_{UAS,t}$ Preço de energia da tarifa de Uso do Armazenamento Subterrâneo, no ano gás t

$Wa_{d,t}$ Energia armazenada prevista para cada dia d, do período tarifário p, no ano gás t

$TWa_{UAS,p,t}$ Preço de energia armazenada da tarifa de Uso do Armazenamento Subterrâneo, para cada dia d, do período tarifário p, no ano gás t

2 – Os proveitos a recuperar pelos operadores de armazenamento subterrâneo pela aplicação de cada termo da tarifa de Uso do Armazenamento Subterrâneo às injecções e extracções de energia e à energia armazenada, referidos no número anterior, são determinados com base na estrutura de custos da actividade de Armazenamento subterrâneo de gás natural, para o ano gás t, determinados no artigo 61.º

SECÇÃO IV
Metodologia de cálculo das tarifas de Uso da Rede de Transporte

Artigo 109.º
Metodologia de cálculo das tarifas de Uso da Rede de Transporte a aplicar pelo operador da rede de transporte

1 – Os preços das tarifas de Uso da Rede de Transporte a aplicar pelo operador da rede de transporte às entregas em AP e à energia entrada nas redes de distribuição abastecidas a partir de GNL são calculados por forma a que o seu produto pelas quantidades físicas envolvidas proporcione o montante de proveitos permitidos ao operador da rede de transporte, definidos no artigo 65.º, de acordo com as seguintes expressões:

$$\tilde{R}_{URT,t}^{ORT} = Cu_t \times TCu_{URT,t}^{ORT} + Wp_t \times \Delta TWp_{URT,t}^{ORT} + W_t \times TW_{URT,t}^{ORT} \tag{80}$$

em que:

$\tilde{R}_{URT,t}^{ORT}$ Proveitos permitidos da actividade de Transporte de gás natural, previstos para o ano gás t

Cu_t Capacidade utilizada das entregas em AP e das quantidades associadas à energia entrada nas redes de distribuição abastecidas a partir de GNL, previstas para o ano gás t

$TCu_{URT,t}^{ORT}$ Preço da capacidade utilizada da tarifa de Uso da Rede de Transporte, no ano gás t

W_t Energia das entregas em AP e das quantidades associadas à energia entrada nas redes de distribuição abastecidas a partir de GNL, prevista para o ano gás t

$TW_{URT,t}^{ORT}$ Preço de energia da tarifa de Uso da Rede de Transporte, no ano gás t

Wp_t Energia em períodos de ponta das entregas em AP e das quantidades associadas à energia entrada nas redes de distribuição abastecidas a partir de GNL, prevista para o ano gás t

$\Delta TWp_{URT,t}^{ORT}$ Acréscimo do preço de energia em períodos de ponta da tarifa de Uso da Rede de Transporte, no ano gás t.

2 – A estrutura dos preços de capacidade utilizada e de energia da tarifa de Uso da Rede de Transporte devem repercutir a estrutura dos custos incrementais por aplicação de um factor multiplicativo, através das seguintes expressões:

$$TCu_{URT,t}^{ORT} = f_t^{URT} \times Ci\,Cu^{URT} \tag{81}$$

$$TW_{URT,t}^{ORT} = f_t^{URT} \times Ci\,Wfp^{URT} \tag{82}$$

$$\Delta TWp_{URT,t}^{ORT} = f_t^{URT} \times Ci\,Wp^{URT} - TW_{URT,t}^{ORT} \tag{83}$$

em que:

$Ci\,Cu^{URT}$ Custo incremental da capacidade utilizada na rede de transporte.

$Ci\,Wp^{URT}$ Custo incremental da energia em períodos fora de ponta na rede de transporte.

$Ci\,Wfp^{URT}$ Custo incremental da energia em períodos fora de ponta na rede de transporte

f_t^{URT} Factor a aplicar ao custo incremental de capacidade e de energia da rede de transporte, no ano gás t

Wfp_t　　Energia em períodos fora de ponta das entregas em AP e das quantidades associadas à energia entrada nas redes de distribuição abastecidas a partir de GNL, prevista para o ano gás t

3 – As quantidades das entregas em AP estabelecidas no n.º 1 devem ser referidas à saída da RNTGN e as quantidades associadas à energia entrada nas redes de distribuição abastecidas a partir de GNL devem ser referidas à entrada da respectiva rede de distribuição.

Artigo 110.º

**Metodologia de cálculo das tarifas de Uso da Rede de Transporte
a aplicar pelos operadores das redes de distribuição**

1 – Os preços da tarifa de Uso da Rede de Transporte a aplicar por cada operador de rede de distribuição às entregas a clientes são os que resultam da conversão dos preços calculados no n.º 2, para os vários níveis de pressão e opções tarifárias, por aplicação dos factores de ajustamento para perdas e autoconsumos, e tendo por base os perfis de consumo referidos no n.º 5 –.

2 – Os preços das tarifas de Uso da Rede de Transporte a aplicar por cada operador de redes de distribuição a considerar para a conversão, referida no número anterior, são calculados por forma a que o seu produto pelas quantidades físicas definidas no n.º 4 – proporcione o montante de proveitos a recuperar pelos operadores das redes de distribuição, determinados para cada rede de distribuição, definidos no artigo 68.º, de acordo com as seguintes expressões:

$$\widetilde{R}^{ORD}_{URT,t} = \sum_k \widetilde{R}^{ORD_k}_{URT,t} = \sum_k \widetilde{Rf}^{ORD_k}_{URT,t} \tag{84}$$

$$\widetilde{Rf}^{ORD_k}_{URT,t} = \left[\sum_i Wp^{MP}_{k_{i_t}} \times \left(1+\gamma^{MP}_k\right) + \sum_i Wp^{BP}_{k_{i_t}} \times \left(1+\gamma^{BP}_k\right) \times \left(1+\gamma^{MP}_k\right)\right] \times \Delta TWp^{ORD}_{URT,t} +$$
$$\left[\sum_i W^{MP}_{k_{i_t}} \times \left(1+\gamma^{MP}_k\right) + \sum_i W^{BP}_{k_{i_t}} \times \left(1+\gamma^{BP}_k\right) \times \left(1+\gamma^{MP}_k\right)\right] \times TW^{ORD}_{URT,t} \tag{85}$$

com:

k　　Rede de distribuição k.

i　　Opção tarifária i.

em que:

$\tilde{R}_{URT,t}^{ORD}$ — Proveitos a facturar pelos operadores das redes de distribuição por aplicação da tarifa de Uso da Rede de Transporte às entregas a clientes, previstos para o ano gás t

$\tilde{R}_{URT,t}^{ORD_k}$ — Proveitos a recuperar pelo operador da rede de distribuição k por aplicação da tarifa de Uso da Rede de Transporte a aplicar pelos operadores das redes de distribuição às entregas a clientes, previstos para o ano gás t

$\tilde{R}f_{URT,t}^{ORD_k}$ — Proveitos a facturar pelo operador da rede de distribuição k por aplicação da tarifa de Uso da Rede de Transporte a aplicar pelos operadores das redes de distribuição às entregas a clientes, previstos para o ano gás t

$Wp_{k_{i_t}}^{MP}$ — Energia em períodos de ponta das entregas a clientes em MP do operador da rede de distribuição k, da opção tarifária i, prevista para o ano gás t

$W_{k_{i_t}}^{MP}$ — Energia das entregas a clientes em MP do operador da rede de distribuição k, da opção tarifária i, prevista para o ano gás t

$Wp_{k_{i_t}}^{BP}$ — Energia em períodos de ponta das entregas a clientes em BP do operador da rede de distribuição k, da opção tarifária i, prevista para o ano gás t

$W_{k_{i_t}}^{BP}$ — Energia das entregas a clientes em BP do operador da rede de distribuição k, da opção tarifária i, prevista para o ano gás t

$\Delta TWp_{URT,t}^{ORD}$ — Acréscimo do preço da energia em períodos de ponta da tarifa de Uso da Rede de Transporte dos operadores da rede de distribuição, no ano gás t

$TW_{URT,t}^{ORD}$ — Preço de energia da tarifa de Uso da Rede de Transporte dos operadores da rede de distribuição, no ano gás t

γ_k^{MP} — Factor de ajustamento para perdas e autoconsumos em MP na rede de distribuição k

γ_k^{BP} — Factor de ajustamento para perdas e autoconsumos em BP na rede de distribuição k

3 – A estrutura dos preços de energia das tarifas de Uso da Rede de Transporte coincide com a estrutura dos custos incrementais de energia na rede de transporte prevista no artigo 109.º

4 – As quantidades a considerar no cálculo das tarifas de Uso da Rede de Transporte são as energias das entregas a clientes em cada rede de distribuição, por período tarifário, previstas para o ano gás *t*, devidamente ajustadas para perdas e autoconsumos e referidas à saída da RNTGN ou, no caso das redes de distribuição abastecidas a partir de GNL, referidas à entrada da respectiva rede de distribuição.

5 – Para efeitos do número anterior, nas entregas a clientes com periodicidade de leitura superior a um mês, são considerados perfis de consumo.

SECÇÃO V
Metodologia de cálculo da tarifa de Uso Global do Sistema

Artigo 111.º
Metodologia de cálculo da tarifa de Uso Global do Sistema a aplicar pelo operador da rede de transporte

1 – O operador da rede de transporte recupera os proveitos no âmbito da tarifa de Uso Global do Sistema por aplicação da tarifa definida no presente artigo às suas entregas em AP e às quantidades associadas à energia entrada nas redes de distribuição abastecidas a partir de GNL.

2 – Os preços da tarifa de Uso Global do Sistema a aplicar pelo operador da rede de transporte, são calculados por forma a que o seu produto pelas quantidades físicas envolvidas proporcione o montante de proveitos a recuperar pelo operador da rede de transporte, definidos no artigo 64.º, de acordo com a seguinte expressão:

$$\tilde{R}_{UGS,t}^{ORT} = W_t \times TW_t^{UGS} \tag{86}$$

em que:

$\tilde{R}_{UGS,t}^{ORT}$ Proveitos permitidos da actividade de Gestão técnica global do sistema ao operador da rede de transporte, previstos para o ano gás *t*

TW_t^{UGS} Preço de energia da tarifa de Uso Global do Sistema, no ano gás *t*

W_t Energia entregue, prevista para o ano gás *t*

3 – As entregas estabelecidas no número anterior devem ser referidas à entrada nas redes de distribuição.

4 – Para efeitos do n.º 3 –, incluem-se as quantidades associadas à energia entrada nas redes de distribuição abastecidas a partir de GNL.

Artigo 112.º
Metodologia de cálculo da tarifa de Uso Global do Sistema
a aplicar pelos operadores das redes de distribuição

1 – Os preços da tarifa de Uso Global do Sistema a aplicar pelos operadores das redes de distribuição às entregas a clientes são os que resultam da conversão dos preços calculados no n.º 2, para os vários níveis de pressão e opções tarifárias, por aplicação dos factores de ajustamento para perdas e autoconsumos.

2 – Os preços da tarifa de Uso Global do Sistema a considerar para a conversão referida no número anterior, são calculados por forma a que o seu produto pelas quantidades físicas definidas no n.º 3 – proporcione o montante de proveitos a recuperar por cada operador da rede de distribuição, definido no artigo 67.º, de acordo com a seguinte expressão:

$$\tilde{R}_{UGS,t}^{ORD} = \sum_k \tilde{R}_{UGS,t}^{ORDk} = \sum_k \tilde{R}f_{UGS,t}^{ORDk} \tag{87}$$

$$\tilde{R}f_{UGS,t}^{ORDk} = \sum_i \left[W_{ki_t}^{BP} \times \left(1 + \gamma_k^{BP}\right) \times \left(1 + \gamma_k^{MP}\right) \times TW_t^{UGS} + W_{ki_t}^{MP} \times \left(1 + \gamma_k^{MP}\right) \times TW_t^{UGS} \right] \tag{88}$$

com:

i Opções tarifárias i de cada nível de pressão MP e BP.

em que:

$\tilde{R}_{UGS,t}^{ORD}$ Proveitos a recuperar pelos operadores das redes de distribuição por aplicação da tarifa de Uso Global do Sistema, previstos para o ano gás t

$\tilde{R}_{UGS,t}^{ORDk}$ Proveitos a recuperar pelo operador da rede de distribuição k por aplicação da tarifa de Uso Global do Sistema a aplicar pelos operadores das redes de distribuição, previstos para o ano gás t

$\tilde{R}f_{UGS,t}^{ORDk}$ Proveitos a facturar pelo operador da rede de distribuição k por aplicação da tarifa de Uso Global do Sistema a aplicar pelos operadores das redes de distribuição, previstos para o ano gás t

$W_{ki_t}^{MP}$ Energia entregue a clientes em MP, na rede de distribuição k, na opção tarifária i, prevista para o ano gás t

$W_{ki_t}^{BP}$ Energia entregue a clientes em Br na rede de distribuição k, na opção tarifária i, prevista para o ano gás t

TW_t^{UGS}　　Preço de energia da tarifa de Uso Global do Sistema, a aplicar pelos operadores das redes de distribuição, no ano gás t

γ_k^{MP}　　Factor de ajustamento para perdas e autoconsumos em MP, para o operador de rede de distribuição k

γ_k^{BP}　　Factor de ajustamento para perdas e autoconsumos em BP, para o operador de rede de distribuição k

3 – As quantidades a considerar no cálculo da tarifa de Uso Global do Sistema são a energia entregue a clientes, prevista para o ano gás t.

SECÇÃO VI
Metodologia de cálculo das tarifas de Uso da Rede de Distribuição

Artigo 113.º
Metodologia de cálculo das tarifas de Uso da Rede de Distribuição a aplicar pelos operadores das redes de distribuição

1 – Os preços das tarifas de Uso da Rede de Distribuição a aplicar pelos operadores das redes de distribuição às entregas a clientes são os que resultam da conversão dos preços calculados no n.º 2, para os níveis de pressão a jusante e opções tarifárias por aplicação dos factores de ajustamento para perdas e autoconsumos e tendo por base os perfis de consumo referidos no n.º 5 –.

2 – Os preços das tarifas de Uso da Rede de Distribuição em MP e de Uso da Rede de Distribuição em BP, a considerar para a conversão referida no número anterior, são calculados por forma a que o seu produto pelas quantidades fisicas definidas no n.º 4 proporcione o montante de proveitos permitidos na actividade de Distribuição de gás natural, definidos no artigo 69.º, de acordo com as seguintes expressões:

$$\widetilde{R}_{URD,t}^{ORD} = \sum_k \widetilde{R}_{URD,t}^{ORD_k} = \sum_k \widetilde{Rf}_{URD,t}^{ORD_k} \tag{89}$$

$$\widetilde{Rf}_{URD,t}^{ORD_k} = \widetilde{Rf}_{URD_{MP,t}}^{ORD_k} + \widetilde{Rf}_{URD_{BP,t}}^{ORD_k} \tag{90}$$

em que:

$\widetilde{R}_{URD,t}^{ORD}$　　Proveitos permitidos da actividade de Distribuição de gás natural, dos operadores da rede de distribuição, previstos para o ano gás t

$\widetilde{R}_{URD,t}^{ORD_k}$ — Proveitos permitidos da actividade de Distribuição de gás natural, do operador da rede de distribuição k, previstos para o ano gás t

$\widetilde{Rf}_{URD,t}^{ORD_k}$ — Proveitos a facturar pelo operador da rede de distribuição k, por aplicação das tarifas de Uso da Rede de Distribuição, previstos para o ano gás t

$\widetilde{Rf}_{URD\ MP,t}^{ORD_k}$ — Proveitos a facturar pelo operador da rede de distribuição k, por aplicação da tarifa de Uso da Rede de Distribuição em MP, previstos para o ano gás t

$\widetilde{Rf}_{URD\ BP,t}^{ORD_k}$ — Proveitos a facturar pelo operador da rede de distribuição k, por aplicação da tarifa de Uso da Rede de Distribuição em BP, previstos para o ano gás t

e

$$\widetilde{Rf}_{URD\ MP,t}^{ORD_k} = \sum_i \left(Cu_{k_{i,t}}^{MP} \times TCu_{MP,t}^{URD} + Wp_{K_{i,t}}^{MP} \times \Delta TWp_{MP,t}^{URD} + W_{k_{i,t}}^{MP} \times TW_{MP,t}^{URD} \right) +$$
$$+ \sum_L \sum_i NC_{k_{L_{i,t}}}^{MP} \times TF_{MP_{L,t}}^{URD} + \tag{91}$$
$$+ \sum_i \left[Wp_{k_{i,t}}^{BP} \times \left(TCu_{MP,t}^{URD} \times \delta_k + \Delta TWp_{k\ MP,t}^{URD} \right) + W_{k_{i,t}}^{BP} \times TW_{MP,t}^{URD} \right] \times \left(1 + \gamma_k^{BP} \right)$$

$$\widetilde{Rf}_{URD\ BP,t}^{ORD_k} = \sum_i \left(Cu_{k_{i,t}}^{BP>} \times TCu_{BP>,t}^{URD} + Wp_{k_{i,t}}^{BP>} \times \Delta TWp_{BP>,t}^{URD} + W_{k_{i,t}}^{BP>} \times TW_{BP>,t}^{URD} \right) +$$
$$+ \sum_i \left(Cu_{k_{i,t}}^{BP<} \times TCu_{BP<,t}^{URD} + Wp_{k_{i,t}}^{BP<} \times \Delta TWp_{BP<,t}^{URD} + W_{k_{i,t}}^{BP<} \times TW_{BP<,t}^{URD} \right) + \tag{92}$$
$$+ \sum_L \sum_i \left(NC_{k_{L_{i,t}}}^{BP>} \times TF_{BP>L,t}^{URD} \right) + \sum_L \sum_i \left(NC_{k_{L_{i,t}}}^{BP<} \times TF_{BP<L,t}^{URD} \right)$$

com:

i — Opções tarifárias i de cada nível de pressão MP e BP.

L — Tipo de sistema de medição ou periodicidade de leitura L ($L = D,M$ e O).

k — Rede de distribuição k.

em que, com m = MP, BP > e BP <:

$TCu_{m,t}^{URD}$ — Preço da capacidade utilizada da tarifa de Uso da Rede de Distribuição, no nível de pressão ou tipo de fornecimento m, no ano gás t

$\Delta TWp_{m,t}^{URD}$ — Acréscimo de preço da energia em períodos de ponta da tarifa de Uso da Rede de Distribuição, no nível de pressão ou tipo de fornecimento m, no ano gás t

$TW^{URD}_{k_{m,t}}$ Preço de energia da tarifa de Uso da Rede de Distribuição, no nível de pressão ou tipo de fornecimento m, no ano gás t

$TF^{URD}_{m_{L,t}}$ Preço do termo fixo da tarifa de Uso da Rede de Distribuição, no nível de pressão ou tipo de fornecimento m, na opção de leitura L, no ano gás t

$Cu^{m}_{k_{i,t}}$ Capacidade utilizada das entregas a clientes do nível de pressão ou tipo de fornecimento m, do operador da rede distribuição k, da opção tarifária i, previstas para o ano gás t

$Wp^{m}_{k_{i,t}}$ Energia em períodos de ponta das entregas a clientes do nível de pressão ou tipo de fornecimento m, do operador da rede distribuição k, da opção tarifária i, previstas para o ano gás t

$W^{m}_{k_{i,t}}$ Energia das entregas a clientes do nível de pressão ou tipo de fornecimento m, do operador da rede distribuição k, da opção tarifária i, previstas para o ano gás t

$NC^{m}_{k_{L_{i,t}}}$ Número de clientes ligados à rede de distribuição, do operador da rede distribuição k no nível de pressão ou tipo de fornecimento m, na opção de leitura L, no ano gás t

γ^{m}_{k} Factor de ajustamento para perdas e autoconsumos, no nível de pressão ou tipo de fornecimento m, para o operador da rede de distribuição k

δ_{k} Factor que relaciona, por efeito de simultaneidade, a energia em períodos de ponta entregue a clientes da rede de distribuição em BP com a capacidade diária máxima do ano em cada ponto de ligação da rede de BP à rede de MP, na rede de distribuição k

3 – A estrutura dos preços das tarifas de Uso da Rede de Distribuição deve repercutir a estrutura dos custos incrementais por aplicação de um factor multiplicativo comum de acordo com as seguintes expressões:

$$TCu^{URD}_{m,t} = f^{URD}_{t} \times Ci\,Cu^{URD}_{m} \tag{93}$$

$$\Delta TWp^{URD}_{m,t} = f^{URD}_{t} \times Ci\,Wp^{URD}_{m} - TW^{URD}_{m,t} \tag{94}$$

$$TF^{URD}_{m_{L,t}} = f^{URD}_{t} \times CiNC^{URD}_{m} + CiMed_{L_{t}} \tag{95}$$

$$TW^{URD}_{m_{t}} = CiWfp^{URD}_{m} \tag{96}$$

em que:

$Ci\,Cu_m^{URD}$	Custo incremental de capacidade utilizada, do nível de pressão ou tipo de fornecimento m
$Ci\,Wp_m^{URD}$	Custo incremental de energia em períodos de ponta do nível de pressão ou tipo de fornecimento m
$CiNC_m^{URD}$	Custo incremental, por cliente, ligado ao troço periférico, não incorporado no preço da ligação, do nível de pressão ou tipo de fornecimento m
$CiMed_{L_t}$	Custo incremental, por cliente, associado à medição, leitura e processamento de dados, no ano gás t
f_t^{URD}	Factor a aplicar aos custos incrementais das capacidades, energias e dos termos fixos das redes de distribuição em MP e BP, no ano gás t
$CiWfp_m^{URD}$	Custo incremental de energia em período fora de ponta, do nível de pressão ou tipo de fornecimento m

4 – As quantidades a considerar no cálculo das tarifas de Uso da Rede de Distribuição são as capacidades utilizadas, as energias por período tarifário, devidamente ajustadas para perdas e autoconsumos até à entrada de cada uma das redes, e o número de clientes ligados nessa rede, em função do nível de pressão.

5 – Para efeitos do número anterior, nas entregas a clientes com periodicidade de leitura superior a um mês são considerados perfis de consumo.

SECÇÃO VII
Metodologia de cálculo das tarifas de Comercialização

ARTIGO 114.º
Metodologia de cálculo da tarifa de Comercialização da actividade de comercialização de último recurso a grandes clientes

1 – O preço da tarifa de Comercialização da actividade de Comercialização de último recurso a grandes clientes é calculado por forma a que o seu produto pelas quantidades fsicas definidas no n.º 2 proporcione o montante de proveitos permitidos na função de Comercialização de gás natural a grandes clientes, definidos no artigo 75.º, de acordo com as seguintes expressões:

$$\widetilde{R}_{C_t}^{CURGC} = \sum_j \sum_n \sum_i \left(NC_{j_{n_{i,t}}} \times TF_t^{CGC} \right) \tag{97}$$

com:

j Rede de transporte ou rede de distribuição, j.

n Nível de pressão n (n = AP, MP e BP).

i Opções tarifárias i do nível de pressão n.

em que:

$\tilde{R}_{C_t}^{CUR_{GC}}$ Proveitos permitidos da função de Comercialização de gás natural a grandes clientes, previstos para o ano gás t

TF_t^{CGC} Preço do termo fixo da tarifa de Comercialização da actividade de Comercialização de último recurso a grandes clientes, no ano gás t

$NC_{j\,n_{i,t}}$ Número de clientes, em cada mês, da actividade de Comercialização de último recurso a grandes clientes, ligados à rede j, no nível de pressão n e da opção tarifária i, previsto para o ano gás t

2 – As quantidades a considerar no cálculo da tarifa de Comercialização da actividade de Comercialização de último recurso a grandes clientes correspondem ao número de clientes do comercializador de último recurso grossista no âmbito da actividade de Comercialização de último recurso a grandes clientes, na rede de transporte ou em cada rede de distribuição e em cada nível de pressão.

<h3 style="text-align:center">ARTIGO 115.º</h3>

<h2 style="text-align:center">Metodologia de cálculo da tarifa de Comercialização
dos comercializadores de último recurso retalhistas</h2>

1 – Os preços da tarifa de Comercialização dos comercializadores de último recurso retalhistas são calculados por forma a que o seu produto pelas quantidades físicas definidas no n.º 2 proporcione o montante de proveitos permitidos a cada comercializador de último recurso retalhista na função de Comercialização de gás natural, definidos no artigo 79.º, de acordo com as seguintes expressões:

$$\tilde{R}_{C_{j,t}}^{CUR} = \sum_k \tilde{R}_{C_{j,t}}^{CUR_k} = \sum_k \tilde{R}f_{C_{j,t}}^{CUR_k} \tag{98}$$

$$\tilde{R}f_{C_{j,t}}^{CUR_k} = \sum_m \sum_i \left(NC_{m_{i_{j,t}}}^k \times TF_{j_t}^C \right) \tag{99}$$

com:

m Nível de pressão m (m = MP e BP).

i Opções tarifárias i do nível de pressão m.

j Escalão de consumo ($j = MC$, se consumo anual > 10 000 m³ (n) ou clientes em MP, e $j = OC$, se clientes em BP com consumo anual ≤ 10 000 m³ (n)).

em que:

$\widetilde{R}_{C_{j,t}}^{CUR}$ Proveitos permitidos da função de Comercialização de gás natural dos comercializadores de último recurso retalhistas, no escalão de consumo j, previstos para o ano gás t

$\widetilde{R}_{C_{j,t}}^{CUR_k}$ Proveitos permitidos da função de Comercialização de gás natural, do comercializador de último recurso retalhista k, no escalão de consumo j, previstos para o ano gás t

$\widetilde{Rf}_{C_{j,t}}^{CUR_k}$ Proveitos a facturar pelo comercializador de último recurso retalhista k por aplicação da tarifa de Comercialização, no escalão de consumo j, previstos para o ano gás t

$TF_{j_t}^{C}$ Preço do termo fixo da tarifa de Comercialização, dos comercial izadores de último recurso retalhistas, a aplicar a clientes do esca-lão de consumo j, no ano gás t

$NC_{m_{ij,t}}^{k}$ Número de clientes em cada mês, no escalão de consumo j, do comercializador de último recurso retalhista k, no nível de pressão m e da opção tarifária i, previsto para o ano gás t

2 – As quantidades a considerar no cálculo da tarifa de Comercialização dos comercializadores de último recurso retalhistas correspondem ao número de clientes de cada comercializador de último recurso retalhista, em cada nível de pressão e opção tarifária, de acordo com o respectivo consumo anual.

SECÇÃO VIII

Metodologia de cálculo das tarifas de Venda a Clientes Finais dos comercializadores de último recurso

SUBSECÇÃO I

Metodologia de cálculo das tarifas de Venda a Clientes Finais da actividade de Comercialização de último recurso a grandes clientes

Artigo 116.º

Metodologia de cálculo das tarifas de Venda a Clientes Finais da actividade de Comercialização de último recurso a grandes clientes

1 – Os preços das tarifas de Venda a Clientes Finais aplicáveis pelo comercializador de último recurso grossista, no âmbito da actividade de Comercialização de último recurso a grandes clientes, a fornecimentos a clientes com consumo anual igual ou superior a 2 milhões de m³ (n), são calculados por forma a que o seu produto pelas quantidades fisicas definidas no n.º 2 – proporcione o montante de proxeitos a recuperar pelo comercializador de último recurso, no âmbito da comercialização de último recurso a grandes clientes de acordo com a seguinte expressão:

$$\widetilde{R}_{TVCF,t}^{CURGC} = \widetilde{R}_{CVGN,t}^{CURGC} + \widetilde{R}_{UGS,t}^{CURGC} + \widetilde{R}_{URT,t}^{CURGC} + \widetilde{R}_{URD,t}^{CURGC} + \widetilde{R}_{C,t}^{CURGC} \qquad (100)$$

em que:

$\widetilde{R}_{TVCF,t}^{CURGC}$ Proveitos permitidos do comercializador de último recurso grossista, na actividade de Comercialização de último recurso a grandes clientes, por aplicação das tarifas de Venda a Clientes Finais, previstos para o ano gás t

$\widetilde{R}_{CVGN,t}^{CURGC}$ Proveitos a recuperar pelo comercializador de último recurso grossista, no âmbito da actividade de Comercialização de último recurso a grandes clientes, por aplicação da tarifa de Energia da actividade de Comercialização de último recurso a grandes clientes, coincidindo com os proveitos permitidos na função de Compra e Venda de gás natural a grandes clientes, previstos para o ano gás t

$\widetilde{R}_{UGS,t}^{CURGC}$ Proveitos a recuperar pelo comercializador de último recurso grossista, no âmbito da actividade de Comercialização de último recurso a grandes clientes, por aplicação das tarifas de Uso Global do Sistema, previstos para o ano gás t

$\tilde{R}_{URT,t}^{CURGC}$ — Proveitos a recuperar pelo comercializador de último recurso grossista, no âmbito da actividade de Comercialização de último recurso a grandes clientes, por aplicação das tarifas de Uso da Rede de Transporte, previstos para o ano gás t

$\tilde{R}_{URD,t}^{CURGC}$ — Proveitos a recuperar pelo comercializador de último recurso grossista, no âmbito da actividade de Comercialização de último recurso a grandes clientes, por aplicação das tarifas de Uso da Rede de Distribuição, previstos para o ano gás t

$\tilde{R}_{C,t}^{CURGC}$ — Proveitos a recuperar pelo comercializador de último recurso grossista, no âmbito da actividade de Comercialização de último recurso a grandes clientes, por aplicação da tarifa de Comercialização, coincidindo com os proveitos permitidos na função de Comercialização de gás natural a grandes clientes, previstos para o ano gás t

e

com:

n — Nível de pressão n (n = AP, MP e BP).

n' — Nível de pressão n' (n' = MP e BP).

i — Escalão de consumo i de cada opção tarifária do nível de pressão MP e BP

em que:

$\tilde{R}_{TVCF,t}^{CURGC}$ — Proveitos a recuperar pelo comercializador de último recurso grossista, no âmbito da actividade de Comercialização de último recurso a grandes clientes, por aplicação das tarifas de Venda a Clientes Finais, no ano gás t

$W_{n_{D_t}}$ — Energia dos fornecimentos do comercializador de último recurso grossista, no âmbito da actividade de Comercialização de último recurso a grandes clientes, a clientes com registo de medição diário, no nível de pressão n, prevista para o ano gás t, não incluindo as opções tarifárias de aplicação transitória

$TW_{n_{D_t}}^{TVCFGC}$ — Preço de energia na tarifa de Venda a Clientes Finais da actividade de Comercialização de último recurso a grandes clientes, aplicável a clientes, no nível de pressão n, com registo de medição diário, no ano gás t

Wp_{nD_t} — Energia em períodos de ponta dos fornecimentos no âmbito da actividade de Comercialização de último recurso a grandes clientes a clientes, com registo de medição diário, no nível de pressão n, prevista para o ano gás t, não incluindo as opções tarifárias de aplicação transitória.

$\Delta TWp_{nD_t}^{TVCFGC}$ — Acréscimo de preço da energia em períodos de ponta na tarifa de Venda a Clientes Finais da actividade de Comercialização de último recurso a grandes clientes, aplicável a clientes, no nível de pressão n, com registo de medição diário, no ano gás t

Cu_{nD_t} — Capacidade utilizada dos fornecimentos no âmbito da actividade de Comercialização de último recurso a grandes clientes a clientes, com registo de medição diário, no nível de pressão n, prevista para o ano gás t, não incluindo as opções tarifárias de aplicação transitória.

$TCc_{nD_t}^{TVCFGC}$ — Preço da capacidade utilizada na tarifa de Venda a Clientes Finais da actividade de Comercialização de último recurso a grandes cliente, no nível de pressão n, com registo de medição diário, no ano gás t

NC_{nD_t} — Número de clientes no âmbito da actividade de Comercialização de último recurso a grandes clientes, com registo de medição diário, no nível de pressão n, previsto para o ano gás t, não incluindo as opções tarifárias de aplicação transitória.

$TF_{D_t}^{TVCFGC}$ — Preço do termo tarifário fixo, na tarifa de Venda a Clientes Finais da actividade de Comercialização de último recurso a grandes clientes, no nível de pressão n, com registo de medição diário, no ano gás t

$W_{n'TRI_{i,t}}$ — Energia dos fornecimentos do comercializador de último recurso grossista, no âmbito da actividade de Comercialização de último recurso a grandes clientes, no nível de pressão n', do escalão de consumo i e na opção tarifária de aplicação transitória trinómia, prevista para o ano gás t

$TW_{n'TRI_{i,t}}^{TVCFGC}$ — Preço de energia na tarifa de Venda a Clientes Finais da actividade de Comercialização de último recurso a grandes clientes, no nível de pressão n', no escalão de consumo i, na opção tarifária de aplicação transitória trinómia, no ano gás t

$NC_{n'TRI_{i,t}}$ — Número de clientes no âmbito da actividade de Comercialização de último recurso a grandes clientes, no nível de pressão n', no escalão de consumo i, na opção tarifária de aplicação transitória trinómia, previsto para o ano gás t

$TF^{TVCFGC}_{n'TRI_{i,t}}$ — Preço do termo tarifário fixo na tarifa de Venda a Clientes Finais da actividade de Comercialização de último recurso a grandes clientes, aplicável a clientes, no nível de pressão n', no escalão de consumo i, na opção tarifária de aplicação transitória trinómia, no ano gás t

$Cu_{n'TRI_{i,t}}$ — Capacidade utilizada dos fornecimentos do comercializador de último recurso grossista, no âmbito da actividade de Comercialização de último recurso a grandes clientes, no nível de pressão n', no escalão de consumo i, na opção tarifária de aplicação transitória trinómia, prevista para o ano gás t

$TCu^{TVCFGC}_{n'TRI_{i,t}}$ — Preço da capacidade utilizada na tarifa de Venda a Clientes Finais da actividade de Comercialização de último recurso a grandes clientes, no nível de pressão n', no escalão de consumo i, na opção tarifária de aplicação transitória trinómia, no ano gás t

2 – As quantidades a considerar no cálculo das tarifas de Venda a Clientes Finais da actividade de Comercialização de último recurso a grandes clientes são determinadas pelo número de clientes, pelas capacidades utilizadas, capacidades e energias, por período tarifário, relativas aos fornecimentos a clientes do comercializador de último recurso grossista, no âmbito da actividade de Comercialização de último recurso a grandes clientes, discriminadas por rede de transporte ou distribuição, por escalão de consumo, opção tarifária, periodicidade de leitura e nível de pressão, previstas para o ano gás t.

3 – Os preços das tarifas de Venda a Clientes Finais da actividade de Comercialização de último recurso a grandes clientes devem resultar da soma dos preços das seguintes tarifas por actividade, aplicáveis em cada rede, de transporte e de distribuição, em cada nível de pressão e periodicidade de leitura, e por opção tarifária, pelo comercializador de último recurso grossista: tarifa de Uso Global do Sistema, tarifa de Uso da Rede de Transporte, tarifas de Uso da Rede de Distribuição, tarifa de Energia e tarifa de Comercialização.

4 – Os preços das tarifas de Venda a Clientes Finais da actividade de Comercialização de último recurso a grandes clientes são estabelecidos anualmente no âmbito do presente artigo, sendo os preços de energia revistos trimestralmente, de forma aditiva, no âmbito do artigo 103.º

Artigo 117.º

Mecanismo de limitação de acréscimos resultantes da convergência das tarifas de Venda a Clientes Finais da actividade de Comercialização de último recurso a grandes clientes para tarifas aditivas

1 – A aplicação do sistema tarifário aditivo às tarifas de Venda a Clientes Finais da actividade de Comercialização de último recurso a grandes clientes, nos termos do n.º 3 – do artigo 116.º, deve ser efectuada de forma gradual, através da utilização do mecanismo estabelecido no presente artigo.

2 – Para efeitos de convergência para tarifas aditivas, calculam-se as seguintes variações tarifárias:

a) Variação tarifária global

$$\delta_{GC} = \frac{\tilde{R}_{TVCF,t}^{CUR\,GC}}{\displaystyle\sum_n \sum_x Tx_{n_D\,t-1}^{GC} \times Qx_{n_{D_t}}^{GC_k} + \sum_{n'} \sum_i \sum_x Tx_{n'\ TRI_{i,t-1}}^{GC} \times Qx_{n'\ TRI_{i,t}}^{GC}} \tag{102}$$

e

$$\tilde{R}_{TVCF,t}^{CUR\,GC} = \sum_n \sum_x Tx_{n_{D_t}}^{GC} \times Qx_{n_{D_t}}^{GC} + \sum_{n'} \sum_i \sum_x Tx_{n'\ TRI_{i,t}}^{GC} \times Qx_{n'\ TRI_{i,t}}^{GC} \tag{103}$$

com:

n Nível de pressão n (n = AP, MP e BP).

n' Nível de pressão n' (n' = MP e BP).

i Escalão de consumo i de cada opção tarifária do nível de pressão MP e BP.

x Termo tarifário da opção tarifária correspondente ao escalão de consumo i, do nível de pressão n ou n'.

D Tipo de sistema de medição e periodicidade de leitura diária.

em que:

δ_{GC} Variação tarifária global das tarifas de Venda a Clientes Finais da actividade de Comercialização de último recurso a grandes clientes.

$\tilde{R}_{TVCF,t}^{CUR\,GC}$ Proveitos permitidos do comercializador de último recurso grossista por aplicação das tarifas de Venda a Clientes Finais da actividade de Comercialização de último recurso a grandes clientes, no ano gás t.

$Tx_{n_{D_t}}^{GC}$ Preço do termo tarifário da opção tarifária aplicável a clientes ligados do nível de pressão *n*, no ano gás *t*.

$Qx_{n_{D_t}}^{GC}$ Quantidade do termo tarifário da opção tarifária aplicável a clientes do nível de pressão n, prevista para o ano gás t.

$Tx_{n'\ TRI_{i,t}}^{GC}$ Preço do termo tarifário aplicável a clientes do escalão de consumo *i*, na opção tarifária de aplicação transitória trinómia, do nível de pressão *n'*, no ano gás *t*.

$Qx_{n'\ TRI_{i,t}}^{GC}$ Quantidade do termo tarifário aplicável a clientes do escalão de consumo *i*, na opção tarifária de aplicação transitória trinómia, do nível de pressão *n'*, prevista para o ano gás *t*.

b) Variação por opção tarifária associada à aplicação de tarifa aditivas

$$\delta_n^{GC,a} = \frac{\sum_x Tx_{n_{D_t}}^{GC,a} \times Qx_{n_{D_t}}^{GC}}{\sum_x Tx_{n_{D_{t-1}}}^{GC} \times Qx_{n_{D_t}}^{GC}} \qquad (104)$$

com:

a   Relativo a tarifas aditivas.

em que:

$\delta_n^{GC,a}$ Variação tarifária da opção tarifária aplicável a clientes no nível de pressão n, associada à aplicação de tarifas aditivas da actividade de Comercialização de último recurso a grandes clientes.

$Tx_{n_{D_t}}^{GC,a}$ Preço do termo tarifário da opção tarifária aplicável a clientes no nível de pressão n, resultante da aplicação de tarifas aditivas da actividade de Comercialização de último recurso a grandes clientes, no ano gás *t*.

$Tx_{n_{D_t}}^{GC}$ Preço do termo tarifário da opção tarifária aplicável a clientes ligados no nível de pressão *n*, resultante da aplicação das tarifas de Venda a Clientes Finais da actividade de Comercialização de último recurso a grandes clientes, no ano gás *t*.

$Qx_{n_{D_t}}^{GC}$ Quantidade do termo tarifário x da opção tarifária aplicável a clientes do nível de pressão n, no âmbito da actividade de Comercialização de último recurso a grandes clientes, prevista para o ano gás *t*.

3 – Para as tarifas de Venda a Clientes Finais da actividade de Comercialização de último recurso a grandes clientes as variações tarifárias por opção tarifária do nível de pressão n (δ_n^{GC}) são determinadas de acordo com a seguinte expressão:

$$\delta_n^{GC} = Min\left[\delta_n^{GC,a}; \Theta_n^{GC} \times \frac{IP_t}{IP_{t-1}}\right] \text{ se } \delta_n^{GC,a} \geq \delta^{GC} \tag{105}$$

$$\delta_n^{GC} = \delta^{GC} - fd^{GC} \times \left(\delta^{GC} - \delta_n^{GC,a}\right) \text{ se } \delta_n^{GC,a} < \delta^{GC} \tag{106}$$

onde cada fd^{GC} é determinado por forma a serem recuperados os proveitos totais associados às tarifas de Venda a Clientes Finais da actividade de Comercialização de último recurso a grandes clientes estabelecidos no artigo 116.º,

com:

a Relativo a tarifas aditivas

em que:

δ_n^{GC} Variação tarifária da opção tarifária aplicável, no âmbito da actividade de Comercialização de último recurso a grandes clientes, a clientes no nível de pressão n, associada à aplicação das tarifas de Venda a Clientes Finais da actividade de Comercialização de último recurso a grandes clientes.

$\dfrac{IP_t}{IP_{t-1}}$ Evolução do índice de preços implícitos no consumo privado, no ano gás t.

Θ_n^{GC} Factor que estabelece o limite máximo da variação tarifária da opção tarifária aplicável a clientes no âmbito da actividade de Comercialização de último recurso a grandes clientes, no nível de pressão n, no ano gás t, em função da evolução do índice de preços implícitos no consumo privado.

fd^{GC} Parâmetro que traduz a proporção da descida tarifária relativa associada à aplicação de tarifas aditivas, para o comercializador de último recurso grossista no âmbito da actividade de Comercialização de último recurso a grandes clientes.

4 – Para efeitos de determinação das variações dos preços de cada opção tarifária calculam-se as variações de preços associadas à aplicação de tarifas aditivas de acordo com a seguinte expressão:

$$\delta x_n^{GC,a} = \frac{Tx_{n_{D_t}}^{GC,a}}{Tx_{n_{D_{t-1}}}^{GC}}$$ (107)

com:

a   Relativo a tarifas aditivas.

em que:

$\delta x_n^{GC,a}$ Variação do preço do termo tarifário *x*, da opção tarifária aplicá-vel, no âmbito da actividade de Comercialização de último recur-so a grandes clientes, a clientes ligados no nível de pressão n, associada à aplicação de Comercialização de último recurso a grandes clientes.

5 – Os preços de cada opção tarifária são determinados de acordo com as seguintes expressões:

$$Tx_D^{GC} = \delta x_n^{GC} \times Tx_{n_{D_{t-1}}}^{GC}$$ (108)

com:

$$\delta x_n^{GC} = Min\left[\delta x_n^{GC,a}; \Theta x_n^{GC} \times \frac{IP_t}{IP_{t-1}}\right] \text{ se } \delta x_n^{GC,a} \geq \delta_n^{GC}$$ (109)

$$\delta x_n^{GC} = \delta_n^{GC} - fd_n^{GC} \times \left(\delta_n^{GC} - \delta x_n^{GC,a}\right) \text{ se } \delta x_n^{GC,a} < \delta_n^{GC}$$ (110)

onde fd_n^{GC} é determinado por forma a serem recuperados os proveitos da opção tarifária aplicável a clientes ligados no nível de pressão n, no âmbito da activi-dade de Comercialização de último recurso a grandes clientes,

em que:

δx_n^{GC} Variação do preço do termo tarifário *x*, da opção tarifária aplicável no nível de pressão *n*, no âmbito da actividade de Comercializa-ção de último recurso a grandes clientes.

Θx_n^{GC} Factor que estabelece o limite máximo da variação de cada preço, da opção tarifária aplicável, no âmbito da actividade de Comercia-lização de último recurso a grandes clientes correspondente ao nível de pressão *n*, no ano gás *t*, em função da evolução do índice de preços implícitos no consumo privado.

fd_n^{GC} — Parâmetro que traduz a proporção da descida tarifária relativa dos preços no nível de pressão n, associada à aplicação de tarifas aditivas da actividade de Comercialização de último recurso a grandes clientes.

6 – Exceptuam-se da aplicação deste mecanismo as opções tarifárias de aplicação transitória, as quais estão sujeitas a uma evolução tarifária indexada à das opções das tarifas com estrutura aditiva, nos termos da seguinte expressão:

$$\delta_{n_{TRI}}^{GC} = \left(1 + \mu_n^{GC}\right) \times \delta_n^{GC} \tag{111}$$

em que:

$\delta_{TRI_n}^{GC}$ — Variação tarifária da opção tarifária de aplicação transitória trinómia, aplicável a clientes do nível de pressão *n*, da actividade de Comercialização de último recurso a grandes clientes.

μ_n^{GC} — Factor aplicável à variação tarifária da opção tarifária de aplicação transitória da actividade de Comercialização de último recurso a grandes clientes, tal que $\mu_n^{GC} \geq 0$ e $\delta_{n_{TRI}}^{GC} \geq \dfrac{IP_t}{IP_{t-1}}$

δ_n^{GC} — Variação da opção tarifária das tarifas de Venda a Clientes Finais da actividade de Comercialização de último recurso a grandes clientes aplicável a clientes do nível de pressão n, que substitui a opção tarifária de aplicação transitória trinómia.

7 – Os factores μ_n^{GC}, determinados no número anterior, serão estabelecidos no processo de fixação de tarifas.

Artigo 118.º

Ajustamentos resultantes da convergência para um sistema tarifário aditivo nas tarifas de Venda a Clientes Finais da actividade de Comercialização de último recurso a grandes clientes

1 – A existência de tarifas de Venda a Clientes Finais da actividade de Comercialização de último recurso a grandes clientes com preços transitoriamente diferentes dos que resultam da aplicação do princípio da aditividade, nos termos estabelecidos no artigo anterior, conduz à necessidade de ajustar os proveitos facturados por aplicação das tarifas de Venda a Clientes Finais aos proveitos permitidos e a recuperar pelo comercializador de último recurso grossista, no âmbito da actividade de Comercialização de último recurso a grandes clientes, através do estabelecido no presente artigo.

2 – Os ajustamentos resultantes da convergência para um sistema tarifário aditivo, a incorporar nos proveitos permitidos da função de Compra e Venda de gás natural a grandes clientes da actividade de Comercialização de último recurso a grandes clientes no ano gás t e previstos no artigo 73.°, são dados pela seguinte expressão:

$$\Delta R_{TVCF,t-2}^{CURGC} = \left[Rf_{TVCF,t-2}^{CURGC} - \left(Rf_{CVGN,t-2}^{CURGC} + Rf_{UGS,t-2}^{CURGC} + Rf_{URT,t-2}^{CURGC} + Rf_{URD,t-2}^{CURGC} + Rf_{C,t-2}^{CURGC}\right)\right] \times \left(1 + \frac{E_{t-1}}{100}\right)^2 \quad (112)$$

em que:

$\Delta R_{TVCF,t-2}^{CURGC}$ Ajustamento resultante da convergência para tarifas aditivas, no ano gás t-2, a incorporar nos proveitos do ano gás t, da actividade de Comercialização de último recurso a grandes clientes.

$Rf_{TVCF,t-2}^{CURGC}$ Proveitos facturados pelo comercializador de último recurso grossista, no âmbito da actividade de Comercialização de último recurso a grandes clientes, por aplicação das tarifas de Venda a Clientes Finais, no ano gás t-2.

$Rf_{CVGN,t-2}^{CURGC}$ Proveitos facturados pelo comercializador de último recurso grossista, no âmbito da actividade de Comercialização de último recurso a grandes clientes, por aplicação da tarifa de Energia da actividade de Comercialização de último recurso a grandes clientes, no ano gás t-2.

$Rf_{UGS,t-2}^{CURGC}$ Proveitos facturados pelo comercializador de último recurso grossista, no âmbito da actividade de Comercialização de último recurso a grandes clientes, por aplicação da tarifa de Uso Global do Sistema, no ano gás t-2.

$Rf_{URT,t-2}^{CURGC}$ Proveitos facturados pelo comercializador de último recurso grossista, no âmbito da actividade de Comercialização de último recurso a grandes clientes, por aplicação das tarifas de Uso da Rede de Transporte, no ano gás t-2.

$Rf_{URD,t-2}^{CURGC}$ Proveitos facturados pelo comercializador de último recurso grossista, no âmbito da actividade de Comercialização de último recurso a grandes clientes, por aplicação das tarifas de Uso da Rede de Distribuição, no ano gás t-2.

$Rf_{C,t-2}^{CURGC}$ Proveitos facturados pelo comercializador de último recurso grossista, no âmbito da actividade de Comercialização de último recurso a grandes clientes, por aplicação das tarifas de Comercialização da actividade de Comercialização de último recurso a grandes clientes, no ano gás t-2.

i_{t-1}^{E}　　　Taxa de juro EURIBOR a três meses, em vigor no último dia do mês de Dezembro do ano gás *t*-1, acrescida de meio ponto percentual.

SUBSECÇÃO II
Metodologia de cálculo das tarifas de Venda a Clientes Finais dos comercializadores de último recurso retalhistas

ARTIGO 119.º
Metodologia de cálculo das tarifas de Venda a Clientes Finais dos comercializadores de último recurso retalhistas

1 – Os preços das tarifas de Venda a Clientes Finais de cada comercializador de último recurso retalhista, aplicáveis a fornecimentos a clientes com consumo anual inferior a 2 milhões de m³ (n), são calculados por forma a que o seu produto pelas quantidades fi sicas definidas no n.º 2 – proporcione o montante de proveitos a recuperar pelo comercializador último recurso retalhista, no âmbito dos fornecimentos aos seus clientes de acordo com a seguinte expressão:

$$\tilde{R}_{TVCF,t}^{CUR} = \sum_{k} \tilde{R}_{TVCF,t}^{CUR_k} = \sum_{k} \tilde{R}f_{TVCF,t}^{CUR_k} = \sum_{k} \left(\tilde{R}f_{CVGN,t}^{CUR_k} + \tilde{R}f_{UGS,t}^{CUR_k} + \tilde{R}f_{URT,t}^{CUR_k} + \tilde{R}f_{URD,t}^{CUR_k} + \tilde{R}f_{C,t}^{CUR_k} \right) \quad (113)$$

em que:

$\tilde{R}_{TVCF,t}^{CUR}$　　Proveitos permitidos dos comercializadores de último recurso retalhistas na actividade de Comercialização de gás natural, previstos para o ano gás *t*.

$\tilde{R}_{TVCF,t}^{CUR_k}$　　Proveitos permitidos do comercializador de último recurso k na actividade de Comercialização de gás natural, previstos para o ano gás *t*.

$\tilde{R}f_{TVCF,t}^{CUR_k}$　　Proveitos a facturar pelo comercializador de último recurso k por aplicação das tarifas de Venda a Clientes Finais, previstos para o ano gás *t*.

$\tilde{R}f_{CVGN,t}^{CUR_k}$　　Proveitos a facturar pelo comercializador de último recurso *k*, por aplicação da tarifa de Energia, previstos para o ano gás *t*.

$\tilde{R}f_{UGS,t}^{CUR_k}$　　Proveitos a facturar pelo comercializador de último recurso *k*, por aplicação da tarifa de Uso Global do Sistema, previstos para o ano gás *t*.

$\widetilde{Rf}_{URT,t}^{CUR_k}$ — Proveitos a facturar pelo comercializador de último recurso k, por aplicação das tarifas de Uso da Rede de Transporte, previstos para o ano gás *t*.

$\widetilde{Rf}_{URD,t}^{CUR_k}$ — Proveitos a facturar pelo comercializador de último recurso k, por aplicação das tarifas de Uso da Rede de Distribuição, previstos para o ano gás *t*.

$\widetilde{Rf}_{C,t}^{CUR_k}$ — Proveitos a facturar pelo comercializador de último recurso k, por aplicação da tarifa de Comercialização, previstos para o ano gás *t*.

e

$$
\begin{aligned}
\widetilde{Rf}_{TVCF,t}^{CUR_k} = \sum_n & \left(W_{n_{D_t}}^k \times TW_{n_{D_t}}^{TVCF_k} + Wp_{n_{D_t}}^k \times \Delta TWp_{n_{D_t}}^{TVCF_k} + Cu_{n_{D_t}}^k \times TCu_{n_{D,t}}^{TVCF_k} + \right. \\
& \left. + NC_{n_{D_t}}^k \times TF_{n_{D_t}}^{TVCF_k} \right) + \\
& + \sum_{n'} \left[\sum_L \sum_i \left(W_{n'L_{i,t}}^k \times TW_{n'L_{i,t}}^{TVCF_k} + NC_{n'L_{i,t}}^k \times TF_{n'L_{i,t}}^{TVCF_k} \right) + \sum_i \left(Wp_{n'M_{i,t}}^k \times \Delta TWp_{n'M_{i,t}}^{TVCF_k} \right) \right] + \\
& + \sum_{n'} \left[\sum_s \sum_i \left(W_{n's_{i,t}}^k \times TW_{n's_{i,t}}^{TVCF_k} + NC_{n's_{i,t}}^k \times TF_{n's_{i,t}}^{TVCF_k} \right) + \sum_i \left(Cu_{n'TRI_{i,t}}^k \times TCu_{n'TRI_{i,t}}^{TVCF_k} \right) \right]
\end{aligned} \tag{114}
$$

com:

n — Nível de pressão *n* (*n* = AP, MP e BP).

n' — Nível de pressão *n'* (*n'* = MP e BP).

k — Comercializador de último recurso retalhista k, para fornecimentos a clientes com consumo anual inferior a 2 milhões de m³ (n).

D — Tipo de sistema de medição e periodicidade de leitura diário.

L — Tipo de sistema de medição e periodicidade de leitura *L* (*L* = mensal (M) e superior a mensal (O)).

s — Opção tarifária de aplicação transitória *s* (*s* = trinómia (TRI) e binómia) de cada nível de pressão MP e BP.

i — Escalão de consumo i de cada opção tarifária do nível de pressão MP e BP.

em que:

$W_{n_{D_t}}^k$ — Energia fornecida a clientes do comercializador de último recurso k, com registo de medição diário, no nível de pressão *n*, prevista para o ano gás *t*, não incluindo as opções tarifárias de aplicação transitória.

$TW_{nD_t}^{TVCF_k}$ — Preço da energia na tarifa de Venda a Clientes Finais, do comercializador de último recurso k, com registo de medição diário, no nível de pressão n, no ano gás t.

$Wp_{nD_t}^k$ — Energia em períodos de ponta dos clientes do comercializador de último recurso k, com registo de medição diário, no nível de pressão n, prevista para o ano gás t, não incluindo as opções tarifárias de aplicação transitória.

$\Delta TWp_{nD_t}^{TVCF_k}$ — Acréscimo de preço da energia em períodos de ponta na tarifa de Venda a Clientes Finais, do comercializador de último recurso k, com registo de medição diário, no nível de pressão n, no ano gás t.

$Cu_{nD_t}^k$ — Capacidade utilizada dos clientes do comercializador de último recurso k com registo de medição diário, no nível de pressão n, prevista para o ano gás t, não incluindo as opções tarifárias de aplicação transitória.

$TCu_{nD_t}^{TVCF_k}$ — Preço da capacidade utilizada na tarifa de Venda a Clientes Finais, do comercializador de último recurso k, com registo de medição diário, no nível de pressão n, no ano gás t.

$NC_{nD_t}^k$ — Número de clientes do comercializador de último recurso k, com consumo anual superior a 10 000 m³ (n) e com registo de medição diário, no nível de pressão n, previsto para o ano gás t, não incluindo as opções tarifárias de aplicação transitória.

$TF_{nD_t}^{TVCF_k}$ — Preço do termo tarifário fixo, na tarifa de Venda a Clientes Finais, do comercializador de último recurso k, aplicável a clientes com consumo anual superior a 10 000 m³ (n) e com registo de medição diário, no nível de pressão n, no ano gás t.

$W_{n'L_{i,t}}^k$ — Energia fornecida a clientes do comercializador de último recurso k, no escalão de consumo i, com periodicidade de leitura L, no nível de pressão n', prevista para o ano gás t, não incluindo as opções tarifárias de aplicação transitória.

$TW_{n'L_{i,t}}^{TVCF_k}$ — Preço da energia na tarifa de Venda a Clientes Finais, do comercializador de último recurso k, no escalão de consumo i, com periodicidade de leitura L, no nível de pressão n', no ano gás t.

$NC_{n'L_{i,t}}^k$ — Número de clientes do comercializador de último recurso k, no escalão de consumo i, com periodicidade de leitura L, no nível de pressão n', previsto para o ano gás t, não incluindo as opções tarifárias de aplicação transitória.

$TF^{TVCF_k}_{n'L_{i,t}}$ Preço do termo tarifário fixo na tarifa de Venda a Clientes Finais, do comercializador de último recurso k, no escalão de consumo i, com periodicidade de leitura L, no nível de pressão n', no ano gás t.

$Wp^k_{n'M_{i,t}}$ Energia em períodos de ponta dos clientes do comercializador de último recurso k, no escalão de consumo i, com periodicidade de leitura mensal, no nível de pressão n', prevista para o ano gás t, não incluindo as opções tarifárias de aplicação transitória.

$\Delta TWp^{TVCF_k}_{n'M_{i,t}}$ Acréscimo de preço da energia em períodos de ponta na tarifa de Venda a Clientes Finais, do comercializador de último recurso k, no escalão de consumo i, com periodicidade de leitura mensal, no nível de pressão n', no ano gás t.

$W^k_{n's_{i,t}}$ Energia fornecida a clientes do comercializador de último recurso k, no escalão de consumo i, na opção tarifária de aplicação transitória s, no nível de pressão n', prevista para o ano gás t.

$TW^{TVCF_k}_{n's_{i,t}}$ Preço da energia na tarifa de Venda a Clientes Finais, do comercializador de último recurso k, no escalão de consumo i, na opção tarifária de aplicação transitória s, no nível de pressão n', no ano gás t.

$NC^k_{n's_{i,t}}$ Número de clientes do comercializador de último recurso k, no escalão de consumo i, na opção tarifária de aplicação transitória s, no nível de pressão n', previsto para o ano gás t.

$TF^{TVCF_k}_{n's_{i,t}}$ Preço do termo tarifário fixo na tarifa de Venda a Clientes Finais, do comercializador de último recurso k, no escalão de consumo i, na opção tarifária de aplicação transitória s, no nível de pressão n', no ano gás t.

$Cu^k_{n'TRI_{i,t}}$ Capacidade utilizada dos clientes do comercializador de último recurso k, no escalão de consumo i, na opção tarifária de aplicação transitória trinómia, no nível de pressão n', prevista para o ano gás t.

$TCu^{TVCF_k}_{n'TRI_{i,t}}$ Preço da capacidade utilizada na tarifa de Venda a Clientes Finais, do comercializador de último recurso k, no escalão de consumo i, na opção tarifária de aplicação transitória trinómia, no nível de pressão n', no ano gás t.

2 – As quantidades a considerar no cálculo das tarifas de Venda a Clientes Finais são determinadas pelo número de clientes, pelas capacidades utilizadas e energias, por período tarifário, relativas aos fornecimentos a clientes de cada comercializador de último recurso retalhista, discriminadas por escalão de consumo, opção tarifária, periodicidade de leitura e nível de pressão, previstas para o ano gás t.

3 – Os preços das tarifas de Venda a Clientes Finais devem resultar da soma dos preços das tarifas por actividade, aplicáveis em cada rede de distribuição em cada nível de pressão e periodicidade de leitura, e por opção tarifária, pelos comercial izadores de último recurso retalhistas: tarifa de Uso Global do Sistema, tarifa de Uso da Rede de Transporte, tarifas de Uso da Rede de Distribuição, tarifa de Energia e tarifa de Comercialização.

4 – Os preços das tarifas de Venda a Clientes Finais determinados no âmbito do presente artigo, são estabelecidos anualmente, sendo os termos de energia revistos trimestralmente, de forma aditiva, no âmbito do artigo 105.°

ARTIGO 120.°
Mecanismo de limitação de acréscimos resultantes da convergência das tarifas de Venda a Clientes Finais dos comercializadores de último recurso retalhistas para tarifas aditivas

1 – A aplicação do sistema tarifário aditivo às tarifas de Venda a Clientes Finais de cada comercializador de último recurso retalhista, nos termos do n.° 3 – do artigo 119.°, deve ser efectuada de forma gradual, através da utilização do mecanismo estabelecido no presente artigo.

2 – Para efeitos de convergência para tarifas aditivas, calculam-se as seguintes variações tarifárias:

a) Variação tarifária global

$$\delta = \frac{\widetilde{R}^{CUR}_{TVCF,t}}{\sum\limits_{k}\left(\sum\limits_{n}\sum\limits_{L}\sum\limits_{i}\sum\limits_{x}Tx^{k}_{n\,L_{i},t-1}\times Qx^{k}_{n\,L_{i},t}+\sum\limits_{n'}\sum\limits_{s}\sum\limits_{i}\sum\limits_{x}Tx^{k}_{n'\,s_{i},t-1}\times Qx^{k}_{n'\,s_{i},t}\right)} \quad (115)$$

e

$$\widetilde{R}^{CUR}_{TVCF,t} = \sum\limits_{k}\left(\sum\limits_{n}\sum\limits_{L}\sum\limits_{i}\sum\limits_{x}Tx^{k}_{n\,L_{i},t}\times Qx^{k}_{n\,L_{i},t}+\sum\limits_{n'}\sum\limits_{s}\sum\limits_{i}\sum\limits_{x}Tx^{k}_{n'\,s_{i},t}\times Qx^{k}_{n'\,s_{i},t}\right) \quad (116)$$

com:

n   Nível de pressão n (n = AP, MP e BP).

n'   Nível de pressão n' (n' = MP e BP).

k   Comercializador de último recurso k.

i   Escalão de consumo i de cada opção tarifária do nível de pressão MP e BP.

x   Termo tarifário x da opção tarifária correspondente à periodicidade de leitura L e escalão de consumo i, do nível de pressão n ou n'.

L   Tipo de sistema de medição e periodicidade de leitura L (L = diária mensal e superior a mensal).

s   Opção tarifária de aplicação transitória s (s = trinómia e binómia) de cada nível de pressão MP e BP.

em que:

δ Variação tarifária global das tarifas de Venda a Clientes Finais dos comercializadores de último recurso.

$\widetilde{R}_{TVCF,t}^{CUR}$ Proveitos permitidos dos comercializadores de último recurso retalhistas na actividade de Comercialização de gás natural, previstos para o ano gás t.

$Tx_{n\,L_{i,t}}^{k}$ Preço do termo tarifário x da opção tarifária correspondente á periodicidade de leitura L e escalão de consumo i, do nível de pressão n, no ano gás t.

$Qx_{n\,L_{i,t}}^{k}$ Quantidade do termo tarifário x da opção tarifária correspondente à periodicidade de leitura L e escalão de consumo i, do nível de pressão n, prevista para o ano gás t.

$Tx_{n'\,s_{i,t}}^{k}$ Preço do termo tarifário x do escalão de consumo i, na opção tarifária de aplicação transitória s, do nível de pressão n', no ano gás t.

$Qx_{n'\,s_{i,t}}^{k}$ Quantidade do termo tarifário x do escalão de consumo i, na opção tarifária de aplicação transitória s, do nível de pressão n', prevista para o ano gás t.

b) Variação por opção tarifária associada à aplicação de tarifas aditivas

$$\delta_{n_{o_i}}^{k\,a} = \frac{\sum_{x} Tx_{n_{o_{i},t}}^{a} \times Qx_{n_{o_{i},t}}^{k}}{\sum_{x} Tx_{n_{o_{i},t-1}}^{k} \times Qx_{n_{o_{i},t}}^{k}} \tag{117}$$

com:

a   Relativo a tarifas aditivas.

em que:

$\delta^{k\,a}_{n_{o_i}}$ Variação tarifária da opção tarifária o (correspondente à periodicidade de leitura L ou opção tarifária de aplicação transitória s), no escalão de consumo i, do nível de pressão n, associada à aplicação de tarifas aditivas pelo comercializador de último recurso k.

$Tx^{a}_{n_{o_{i,t}}}$ Preço do termo tarifário x da opção tarifária o (correspondente à periodicidade de leitura L ou opção tarifária de aplicação transitória s), do escalão de consumo i, do nível de pressão n, resultante da aplicação de tarifas aditivas, no ano gás t.

$Tx^{k}_{n_{o_{i,t}}}$ Preço do termo tarifário x da opção tarifária o (correspondente à periodicidade de leitura L ou opção tarifária de aplicação transitória s), do escalão de consumo i, do nível de pressão n, resultante da aplicação das tarifas de Venda a Clientes Finais do comercializador de último recurso k, no ano gás t.

$Qx^{k}_{n_{o_{i,t}}}$ Quantidade do termo tarifário x da opção tarifária o (correspondente à periodicidade de leitura L ou opção tarifária de aplicação transitória s), do escalão de consumo i, do nível de pressão n, relativa aos clientes do comercializador de último recurso k, prevista para o ano gás t.

3 – As variações tarifárias por escalão de consumo i da opção tarifária associada à periodicidade de leitura L, do nível de pressão n $(\delta^{k}_{n_{L_i}})$;   são determinadas de acordo com a seguinte expressão:

$$\delta^{k}_{n\,L_i} = Min\left[\delta^{k\,a}_{n\,L_i}; \Theta_{n\,L_i} \times \frac{IP_t}{IP_{t-1}}\right] \text{ se } \delta^{k\,a}_{n\,L_i} \geq \delta \qquad (118)$$

$$\delta^{k}_{n\,L_i} = \delta - fd \times \left(\delta - \delta^{k\,a}_{n\,L_i}\right) \text{ se } \delta^{k\,a}_{n_{L_i}} < \delta \qquad (119)$$

onde cada fd é determinado por forma a serem recuperados os proveitos totais agregados associados às tarifas de Venda a Clientes Finais dos comercial izadores de último recurso estabelecidos no artigo 119.°,

com:

a   Relativo a tarifas aditivas.

em que:

$\delta^{k}_{n L_i}$ Variação tarifária da opção tarifária correspondente à periodicidade de leitura *L*, no escalão de consumo *i*, do nível de pressão n, associada à aplicação das tarifas de Venda a Clientes Finais do comercializador de último recurso *k*.

$\dfrac{IP_t}{IP_{t-1}}$ Evolução do índice de preços implícitos no consumo privado, no ano gás *t*.

$\Theta_{n L_i}$ Factor que estabelece o limite máximo da variação tarifária da opção tarifária correspondente à periodicidade de leitura *L*, no escalão de consumo *i*, do nível de pressão *n*, no ano gás *t*, em função da evolução do índice de preços implícitos no consumo privado.

fd   Parâmetro que traduz a proporção da descida tarifária relativa associada à aplicação de tarifas aditivas.

4 – Para efeitos de determinação das variações dos preços de cada opção tarifária calculam-se as variações de preços associadas à aplicação de tarifas aditivas de acordo com a seguinte expressão:

$$\delta x^{k\,a}_{n\,L_i} = \frac{Tx^{a}_{n\,L_{i,t}}}{Tx^{k}_{n\,L_{i,t-1}}} \tag{120}$$

com:

a   Relativo a tarifas aditivas.

em que:

$\delta x^{k\,a}_{n\,L_i}$ Variação do preço do termo tarifário *x*, da opção tarifária correspondente à periodicidade de leitura *L*, no escalão de consumo *i*, do nível de pressão *n*, associada à aplicação de tarifas aditivas pelo comercializador de último recurso *k*.

5 – Os preços de cada opção tarifária são determinados de acordo com as seguintes expressões:

$$Tx^{k}_{n\,L_{i,t}} = \delta x^{k}_{n\,L_i} \times Tx^{k}_{n\,L_{i,t-1}} \tag{121}$$

com:

$$\delta x_{n\,L_i}^{k} = Min\left[\delta x_{n\,L_i}^{k\,a}; \Theta x_{n\,L_i} \times \frac{IP_t}{IP_{t-1}}\right] \text{ se } \delta x_{n\,L_i}^{k\,a} \geq \delta_{n\,L_i}^{k} \tag{122}$$

$$\delta x_{n\,L_i}^{k} = \delta_{n\,L_i}^{k} - fd_{n\,L_i} \times \left(\delta_{n\,L_i}^{k} - \delta x_{n\,L_i}^{k\,a}\right) \text{se } \delta x_{n\,L_i}^{k\,a} < \delta_{n\,L_i}^{k} \tag{123}$$

onde $fd_{n\,L_i}$ é determinado por forma a serem recuperados os proveitos da opção tarifária do comercializador de último recurso k correspondente à periodicidade de leitura L, no escalão de consumo i, no nível de pressão n,

com:

a   Relativo a tarifas aditivas.

em que:

$\delta x_{n\,L_i}^{k}$ Variação do preço do termo tarifário *x*, da opção tarifária corres-pondente à periodicidade de leitura *L*, no escalão de consumo *i*, do nível de pressão *n* do comercializador de último recurso *k*.

$\Theta x_{n\,L_i}$ Factor que estabelece o limite máximo da variação de cada preço, da opção tarifária correspondente à periodicidade de leitura *L*, no escalão de consumo *i*, do nível de pressão n, no ano gás t, em função da evolução do índice de preços implícitos no consumo privado.

$fd_{n\,L_i}$ Parâmetro que traduz a proporção da descida tarifária relativa dos preços da opção tarifária correspondente à periodicidade de leitura *L*, no escalão de consumo *i*, do nível de pressão *n*, associada à aplicação de tarifas aditivas.

6 – Exceptuam-se da aplicação deste mecanismo as opções tarifárias de aplicação transitória, as quais estão sujeitas a uma evolução tarifária indexada à das opções das tarifas com estrutura aditiva, nos termos da seguinte expressão:

$$\delta_{n'\,s_i}^{k} = \left(1 + \mu_{n'\,s_i}^{k}\right) \times \delta_{n'\,D_i}^{k} \tag{124}$$

com:

D   Tipo de sistema de medição com registo diário dos dados de consumo.

n'   Nível de pressão *n'* (*n'* = MP e BP)

em que:

$\delta_{n'_{s_i}}^{k}$ Variação tarifária da opção tarifária de aplicação transitórias, no escalão de consumo i, do nível de pressão n; do comercializador de último recurso k.

$\mu_{n'_{s_i}}^{k}$ Factor aplicável à variação tarifária da opção tarifária de aplicação transitória dos comercial izadores de último recurso, tal que

$$\mu_{n'_{s_i}}^{k} \geq 0 \text{ e } \delta_{n'_{s_i}}^{k} \geq \frac{IP_t}{IP_{t-1}}$$

$\delta_{n'_{D_i}}^{k}$ Variação da opção tarifária das tarifas de Venda a Clientes Finais do comercializador de último recurso k aplicável a clientes com medição com registo diário, que substitui a opção tarifária de aplicação transitória s, no escalão de consumo i, do nível de pressão n'.

7 – Os factores $\mu_{n'_{s_i}}^{k}$, determinados no número anterior, serão estabelecidos no processo de fixação de tarifas.

ARTIGO 121.º

Ajustamentos resultantes da convergência para um sistema tarifário aditivo nas tarifas de Venda a Clientes Finais dos comercializadores de último recurso retalhistas

1 – A existência de tarifas de Venda a Clientes Finais de cada comercializador de último recurso retalhista com preços transitoriamente diferentes dos que resultam da aplicação do princípio da aditividade, nos termos estabelecidos no artigo anterior, conduz à necessidade de ajustar os proveitos facturados por aplicação das tarifas de Venda a Clientes Finais aos proveitos permitidos e a recuperar por cada comercializador de último recurso retalhista, através do estabelecido no presente artigo.

2 – Os ajustamentos resultantes da convergência para um sistema tarifário aditivo, a incorporar nos proveitos permitidos da função de Compra e Venda de gás natural de cada comercializador de último recurso retalhista no ano gás t e previstos no artigo 77.º, são dados pela seguinte expressão:

$$\Delta R_{TVCF,t-2}^{CUR_k} = \left[Rf_{TVCF,t-2}^{CUR_k} + CUT_{TE,t-2}^{CUR_k} - \left(Rf_{CVGN,t-2}^{CUR_k} + Rf_{UGS,t-2}^{CUR_k} + Rf_{URT,t-2}^{CUR_k} + Rf_{URD,t-2}^{CUR_k} + \right. \right.$$
$$\left. \left. + Rf_{C,t-2}^{CUR_k} \right) \right] \times \left(1 + \frac{i_{t-1}^{E}}{100} \right)^2 \tag{125}$$

em que:

$\Delta R_{TVCF,t-2}^{CUR_k}$ — Ajustamento resultante da convergência para tarifas aditivas, no ano gás t-2, a incorporar nos proveitos do ano gás t, do comercializador de último recurso k.

$Rf_{TVCF,t-2}^{CUR_k}$ — Proveitos facturados pelo comercializador de último recurso k por aplicação das tarifas de Venda a Clientes Finais, no ano gás t-2.

$CUT_{TE,t-2}^{CUR_k}$ — Compensação do comercializador de último recurso retalhista k, pela aplicação da tarifa de Energia, no ano gás t-2, calculada de acordo com o artigo 80.º

$Rf_{CVGN,t-2}^{CUR_k}$ — Proveitos facturados pelo comercializador de último recurso k por aplicação da tarifa de Energia, no ano gás t-2.

$Rf_{UGS,t-2}^{CUR_k}$ — Proveitos facturados pelo comercializador de último recurso k por aplicação da tarifa de Uso Global do Sistema, no ano gás t-2.

$Rf_{URT,t-2}^{CUR_k}$ — Proveitos facturados pelo comercializador de último recurso k por aplicação das tarifas de Uso da Rede de Transporte, no ano gás t-2.

$Rf_{URD,t-2}^{CUR_k}$ — Proveitos facturados pelo comercializador de último recurso k por aplicação das tarifas de Uso da Rede de Distribuição, no ano gás t-2.

$Rf_{C,t-2}^{CUR_k}$ — Proveitos facturados pelo comercializador de último recurso k por aplicação das tarifas de Comercialização, no ano gás t-2.

i_{t-1}^E — Taxa de juro EURIBOR a três meses, em vigor no último dia do mês de Dezembro do ano gás t-1, acrescida de meio ponto percentual.

CAPÍTULO VI
Procedimentos

SECÇÃO I
Disposições Gerais

Artigo 122.º
Frequência de fixação das tarifas

1 – As tarifas estabelecidas nos termos do presente regulamento são fixadas uma vez por ano e ajustadas trimestralmente nos termos previstos no presente regulamento.

2 – Os procedimentos associados à fixação e actualização das tarifas são definidos na Secção X deste capítulo.

3 – A título excepcional, por decisão da ERSE, pode ocorrer uma revisão antecipada.

4 – Os procedimentos associados a uma fixação excepcional são definidos na Secção XI deste capítulo.

Artigo 123.º
Período de regulação

1 – O período de regulação é de três anos.

2 – Para cada período de regulação são fixados os valores dos parâmetros incluídos nas expressões que estabelecem os montantes de proveitos permitidos em cada uma das actividades dos operadores de recepção, armazenamento e regaseificação de GNL, dos operadores de armazenamento subterrâneo, do operador de transporte de gás natural, do operador de mudança logística de comercializador, dos operadores de distribuição de gás natural, do comercializador do SNGN, do comercializador de último recurso grossista e dos comercializadores de último recurso retalhistas.

3 – Para além dos parâmetros definidos no número anterior, são fixados os valores de outros parâmetros referidos no presente regulamento, designadamente os relacionados com a estrutura das tarifas.

4 – Os procedimentos associados à fixação normal dos parâmetros, prevista nos n.os 2 e 3, são definidos na Secção XII deste capítulo.

5 – A título excepcional, podem ser revistos os parâmetros de um dado período de regulação no decorrer do referido período.

6 – Os procedimentos associados à revisão excepcional, prevista no número anterior, são definidos na Secção XIII deste capítulo.

SECÇÃO II

Informação periódica a fornecer à ERSE pelos operadores de terminal de recepção, armazenamento e regaseificação de GNL

ARTIGO 124.º

Informação a fornecer à ERSE pelos operadores de terminal de recepção, armazenamento e regaseificação de GNL

1 – Os operadores de terminal de recepção, armazenamento e regaseificação de GNL devem apresentar à ERSE as contas reguladas, elaboradas de acordo com o presente regulamento e com as regras estabelecidas nas normas e metodologias complementares emitidas pela ERSE, incluindo toda a informação que permita identificar, de forma clara, os custos, proveitos, activos, passivos e capitais próprios associados à actividade de Recepção, Armazenamento e Regaseificação de GNL, bem como os restantes elementos necessários à aplicação do presente regulamento.

2 – Os operadores de terminal de recepção, armazenamento e regaseificação de GNL devem apresentar à ERSE, até 15 de Dezembro de cada ano, as contas reguladas verificadas no ano gás anterior (*t 2*), incluindo balanço, demonstração de resultados, respectivos anexos e os investimentos acompanhados por um relatório, elaborado por uma empresa de auditoria, comprovando que as contas e as regras contabilísticas para efeitos de regulação observam o estabelecido no presente regulamento e nas normas e metodologias complementares.

3 – As contas reguladas a enviar à ERSE, pelos operadores de terminal de recepção, armazenamento e regaseificação de GNL, até 15 de Dezembro de cada ano, devem conter a seguinte informação:

a) Estimativa do balanço, da demonstração de resultados e do orçamento de investimentos, para o ano gás em curso (*t 1*).

b) Valores previsionais do balanço, da demonstração de resultados, para o ano seguinte (*t*).

c) Valores previsionais dos investimentos, transferências para exploração, comparticipações e amortizações do exercício, desagregado pelas funções de Recepção, de Armazenamento e de Regaseificação, para todos os anos seguintes até final da concessão.

4 – Os valores do balanço e da demonstração de resultados para o ano gás seguinte são elaborados considerando que se mantêm em vigor as tarifas estabelecidas para o ano gás em curso (*t 1*).

5 – Os investimentos referidos nos n.ºs 2 e 3, para além dos valores em euros, devem ser acompanhados por uma caracterização física das obras, com indicação das datas de entrada em exploração.

6 – Os operadores de terminal de recepção, armazenamento e regaseificação de GNL devem enviar à ERSE, até 15 de Dezembro de cada ano, os diagramas de carga de gás natural relativos ao ano gás anterior (*t* 2), com discriminação diária e por utilizador, em unidades de volume e de energia, relativamente a:

a) GNL recepcionado, por origem.

b) GNL entregue para enchimento de navios metaneiros, no terminal.

c) GNL armazenado no início e no final de cada período (ano gás ou dia, conforme o caso).

d) GNL carregado em camiões cisterna.

e) Gás natural regaseificado e injectado no gasoduto.

7 – Os operadores de terminal de recepção, armazenamento e regaseificação de GNL devem ainda enviar à ERSE, até 15 de Dezembro de cada ano, informação discriminada por utilizador, relativamente ao ano gás anterior (*t* 2), sobre:

a) Número e data das descargas de navios metaneiros, em cada mês.

b) Número mensal de carregamentos em camiões cisterna.

8 – Os operadores de terminal de recepção, armazenamento e regaseificação de GNL devem enviar à ERSE, até 15 de Dezembro de cada ano, os balanços de gás natural relativos ao ano gás anterior (*t* 2), ao ano gás em curso (*t 1*) e para os anos gás seguintes até final da concessão, em unidades de volume e de energia, com a seguinte desagregação:

a) GNL recepcionado, por origem.

b) GNL entregue para enchimento de navios metaneiros, no terminal.

c) GNL armazenado no início e no final de cada ano gás.

d) GNL carregado em camiões cisterna.

e) Gás natural regaseificado e injectado no gasoduto.

f) Trocas comerciais de gás natural no armazenamento de GNL no terminal, entre utilizadores.

9 – Para efeitos de aceitação dos custos relacionados com a promoção do desempenho ambiental, os operadores de terminal de recepção, armazenamento e regaseificação de GNL devem apresentar à ERSE, até 15 de Dezembro do ano gás que antecede o início de cada período de regulação, um "Plano de Promoção do Desempenho Ambiental" de acordo com o previsto na Secção X do Capítulo IV.

10 – Os operadores de terminal de recepção, armazenamento e regaseificação de GNL, com vista à fixação de tarifas, devem enviar à ERSE, até 15 de Dezembro de cada ano, informação sobre quantidades facturadas, suficientemente discriminada em capacidade de regaseificação utilizada, energia entregue pelo terminal de GNL e energia armazenada em cada dia no terminal de GNL, verificadas durante o ano gás *t-2*, com desagregação mensal.

11 – As quantidades referidas no número anterior devem ser discriminadas entre entregas à rede de transporte e entregas em GNL a camiões cisterna.

12 – Os operadores de terminal de recepção, armazenamento e regaseificação de GNL, com vista à fixação de tarifas, devem enviar à ERSE, até 15 de Dezembro do ano que antecede o início de cada período de regulação, a informação sobre custos incrementais referidos no artigo 107.º

13 – Os operadores de terminal de recepção, armazenamento e regaseificação de GNL, com vista à fixação de tarifas, devem enviar à ERSE, até 15 de Dezembro do ano que antecede o início de cada período de regulação, o valor anual dos investimentos realizados ou previstos bem como as quantidades a satisfazer por esses investimentos, discriminadas por variável de facturação, por forma a, nomeadamente, sustentar o cálculo dos custos incrementais referidos no número anterior.

14 – A desagregação da informação referida neste artigo e no artigo seguinte deve permitir a aplicação do presente regulamento, sem prejuízo do cumprimento das normas e metodologias complementares a emitir pela ERSE.

Artigo 125.º
Desagregação da informação contabilística da actividade de Recepção, Armazenamento e Regaseificação de GNL

1 – Os operadores de terminal de recepção, armazenamento e regaseificação de GNL relativamente à actividade de Recepção, Armazenamento e Regaseificação de GNL devem apresentar para cada ano gás os custos, os proveitos e as imobilizações desagregados pelas funções de Recepção, de Armazenamento e de Regaseificação.

2 – A informação referida no número anterior deve ser acompanhada das chaves e critérios de repartição subjacentes à sua elaboração e discriminada por forma a evidenciar as seguintes rubricas:

a) Valores brutos e amortizações acumuladas do imobilizado corpóreo e incorpóreo, desagregado por rubrica de imobilizado.

b) Imobilizado corpóreo e incorpóreo, em curso, desagregado por rubrica de imobilizado.

c) Valores brutos e amortizações acumuladas das comparticipações desagregados por rubrica de imobilizado.

d) Transferências para exploração, regularizações, alienações e abates desagregados por rubrica de imobilizado.

e) Amortizações do exercício relativas ao imobilizado aceite para regulação, desagregadas por rubrica de imobilizado.

f) Amortização do exercício das comparticipações desagregadas por rubrica de imobilizado.

g) Restantes custos operacionais desagregados de forma a permitir identificar a sua natureza.

h) Proveitos com a aplicação do termo de recepção da tarifa de Uso do Terminal de Recepção, Armazenamento e Regaseificação de GNL.

i) Proveitos com a aplicação do termo de armazenamento da tarifa de Uso do Terminal de Recepção, Armazenamento e Regaseificação de GNL.

j) Proveitos com a aplicação do termo de regaseificação da tarifa de Uso do Terminal de Recepção, Armazenamento e Regaseificação de GNL.

k) Trabalhos para a própria empresa desagregados de forma a permitir identificar a sua natureza.

l) Outros proveitos que não resultem da aplicação da tarifa de Uso do Terminal de Recepção, Armazenamento e Regaseificação de GNL, desagregados de forma a permitir identificar a sua natureza.

3 – A informação referida no número anterior deverá ser desagregada até ao 4.º nível de acordo com o POC.

4 – Os proveitos com a aplicação da tarifa de Uso do Terminal de Recepção, Armazenamento e Regaseificação de GNL devem ser desagregados por entregas à RNTGN e a camiões cisternas.

5 – Os operadores de terminal de recepção, armazenamento e regaseificação de GNL, devem individualizar os custos, proveitos, activos e passivos associados às ilhas para abastecimento de camiões cisternas.

6 – Os operadores de terminal de recepção, armazenamento e regaseificação de GNL, relativamente à actividade de Recepção, Armazenamento e Regaseificação de GNL, devem apresentar, para cada ano gás, os custos incorridos nesta actividade com a promoção do desempenho ambiental, de acordo com o relatório de execução do "Plano de Promoção do Desempenho Ambiental", conforme o previsto na Secção X do Capítulo IV, desagregados por função sempre que aplicável.

SECÇÃO III
Informação periódica a fornecer à ERSE pelos operadores de armazenamento subterrâneo de gás natural

ARTIGO 126.º
Informação a fornecer à ERSE pelos operadores de armazenamento subterrâneo de gás natural

1 – Os operadores de armazenamento subterrâneo de gás natural devem apresentar à ERSE as contas reguladas, elaboradas de acordo com o presente regulamento e com as regras estabelecidas nas normas e metodologias complementares emitidas pela ERSE, incluindo toda a informação que permita identificar, de forma clara, os custos, proveitos, activos, passivos e capitais próprios

associados à actividade dos operadores de armazenamento subterrâneo de gás natural, bem como os restantes elementos necessários à aplicação do presente regulamento.

2 – Os operadores de armazenamento subterrâneo de gás natural devem apresentar à ERSE, até 15 de Dezembro de cada ano, as contas reguladas verificados no ano gás anterior (t 2), incluindo balanço, demonstração de resultados, respectivos anexos e os investimentos, acompanhados por um relatório, elaborado por uma empresa de auditoria, comprovando que as contas e as regras contabilísticas para efeitos de regulação observam o estabelecido no presente regulamento e nas normas e metodologias complementares.

3 – As contas reguladas a enviar à ERSE pelos operadores de armazenamento subterrâneo de gás natural, até 15 de Dezembro de cada ano, devem conter a seguinte informação:

a) Estimativa do balanço, da demonstração de resultados e do orçamento de investimentos, para o ano gás em curso (t 1).

b) Valores previsionais do balanço, da demonstração de resultados e dos investimentos, para o ano gás seguinte (t).

4 – Os valores do balanço e da demonstração de resultados para o ano gás seguinte (t) são elaborados considerando que se mantêm em vigor as tarifas estabelecidas para o ano gás em curso (t 1).

5 – Os investimentos referidos nos n.ºs 2 e 3, para além dos valores em euros, devem ser acompanhados por uma caracterização física das obras, com indicação das datas de entrada em exploração.

6 – Os operadores de armazenamento subterrâneo de gás natural devem enviar à ERSE, até 15 de Dezembro de cada ano, os balanços de gás natural relativos ao ano gás anterior (t 2), com discriminação diária, ao ano gás em curso (t 1) e ao ano gás seguinte (t), com valores anuais.

7 – Os balanços de gás natural referidos no ponto anterior devem conter a seguinte informação suficientemente discriminada, por utilizador, em unidades de volume e de energia:

a) Gás natural armazenado no início e no final de cada período (ano ou dia gás, conforme o caso).

b) Gás natural injectado nas cavernas.

c) Gás natural extraído das cavernas.

d) Trocas comerciais de gás na infra-estrutura de armazenamento subterrâneo, entre utilizadores.

8 – Para efeitos de aceitação dos custos relacionados com a promoção do desempenho ambiental, os operadores de armazenamento subterrâneo de gás natural devem apresentar à ERSE, até 15 de Dezembro do ano gás que antecede o início de cada período de regulação, um "Plano de Promoção do Desempenho Ambiental", de acordo com o previsto na Secção X do Capítulo IV.

9 – Os operadores de armazenamento subterrâneo de gás natural, com vista à fixação de tarifas, devem enviar à ERSE, até 15 de Dezembro de cada ano, a informação sobre quantidades facturadas, suficientemente discriminada em valores mensais de energia injectada no armazenamento subterrâneo, energia extraída no armazenamento subterrâneo e energia armazenada em cada dia no armazenamento subterrâneo, verificadas durante o ano gás *t-2*.

10 – Os operadores de armazenamento subterrâneo de gás natural, com vista à fixação de tarifas, devem enviar à ERSE, até 15 de Dezembro do ano que antecede cada período de regulação, informação que permita obter a estrutura de custos referida no artigo 108.º

11 – Os operadores de armazenamento subterrâneo de gás natural devem enviar à ERSE até 15 de Dezembro de cada ano, a informação necessária à caracterização da utilização das infra-estruturas de armazenamento com vista à fixação dos períodos tarifários referidos no artigo 39.º

12 – A desagregação da informação referida neste artigo e no artigo seguinte deve permitir a aplicação do presente regulamento, sem prejuízo do cumprimento das normas e metodologias complementares a emitir pela ERSE.

Artigo 127.º
Desagregação da informação contabilística da actividade de Armazenamento Subterrâneo de Gás Natural

1 – Os operadores de armazenamento subterrâneo de gás natural devem apresentar para cada ano gás os custos, os proveitos e as imobilizações discriminados por forma a evidenciar as seguintes rubricas:

a) Valores brutos e amortizações acumuladas do imobilizado corpóreo e incorpóreo, desagregado por rubrica de imobilizado.

b) Imobilizado corpóreo e incorpóreo, em curso, desagregado por rubrica de imobilizado.

c) Valores brutos e amortizações acumuladas das comparticipações desagregados por rubrica de imobilizado.

d) Transferências para exploração, regularizações, alienações e abates desagregados por rubrica de imobilizado.

e) Amortizações do exercício relativas ao imobilizado aceite para regulação, desagregadas por rubrica de imobilizado.

f) Amortização do exercício das comparticipações desagregadas por rubrica de imobilizado.

g) Restantes custos operacionais desagregados de forma a permitir identificar a sua natureza.

h) Proveitos com a aplicação da tarifa de Uso do Armazenamento Subterrâneo, por comercializador.

i) Trabalhos para a própria empresa desagregados de forma a permitir identificar a sua natureza.

j) Outros proveitos da actividade de Armazenamento Subterrâneo de gás natural que não resultem da aplicação da tarifa de Uso do Armazenamento Subterrâneo, desagregados de forma a permitir identificar a sua natureza.

2 – A informação referida no número anterior deverá ser desagregada até ao 4.º nível de acordo com o POC e ser acompanhada das chaves e critérios de repartição subjacentes à repartição entre custos com a injecção e extração de energia e energia armazenada..

3 – Os operadores de Armazenamento Subterrâneo de gás natural, relativamente à actividade de Armazenamento Subterrâneo de gás natural, devem apresentar para cada ano gás os custos incorridos nesta actividade com a promoção do desempenho ambiental, conforme o relatório de execução do "Plano de Promoção do Desempenho Ambiental", de acordo com o previsto na Secção X do Capítulo IV.

SECÇÃO IV

Informação periódica a fornecer à ERSE pelo operador logístico de mudança de comercializador

ARTIGO 128.º

Informação a fornecer à ERSE pelo operador logístico de mudança de comercializador

1 – O operador logístico de mudança de comercializador deve apresentar à ERSE as contas reguladas, elaboradas de acordo com o presente regulamento e com as regras estabelecidas nas normas e metodologias complementares emitidas pela ERSE, incluindo toda a informação que permita identificar, de forma clara, os custos, proveitos, activos, passivos e capitais próprios associados à actividade de Operação Logística de Mudança de Comercializador de gás natural, bem como os restantes elementos necessários à aplicação do presente regulamento.

2 – O operador logístico de mudança de comercializador deve apresentar à ERSE, até 15 de Dezembro de cada ano, as contas reguladas verificados no ano gás anterior (*t* 2), incluindo balanço, demonstração de resultados, respectivos anexos e os investimentos acompanhados por um relatório, elaborado por uma empresa de auditoria, comprovando que as contas e as regras contabilísticas para efeitos de regulação observam o estabelecido no presente regulamento e nas normas e metodologias complementares.

3 – As contas reguladas a enviar à ERSE pelo operador logístico de mudança de comercializador, até 15 de Dezembro de cada ano, devem conter a seguinte informação:

a) Estimativa do balanço, da demonstração de resultados e do orçamento de investimentos, para o ano gás em curso (*t 1*).

b) Valores previsionais do balanço, da demonstração de resultados e dos investimentos, para o ano gás seguinte (*t*).

4 – A desagregação da informação referida neste artigo e no artigo seguinte deve permitir a aplicação do presente regulamento, sem prejuízo do cumprimento das normas e metodologias complementares a emitir pela ERSE.

Artigo 129.º

Desagregação da informação contabilística da actividade de Operação Logística de Mudança de Comercializador

1 – O operador logístico de mudança de comercializador deve apresentar, para cada ano gás, os custos, os proveitos e as imobilizações discriminados por forma a evidenciar as seguintes rubricas:

a) Valores brutos e amortizações acumuladas do imobilizado corpóreo e incorpóreo, desagregado por rubrica de imobilizado.

b) Imobilizado corpóreo e incorpóreo, em curso, desagregado por rubrica de imobilizado.

c) Valores brutos e amortizações acumuladas das comparticipações desagregados por rubrica de imobilizado.

d) Transferências para exploração, regularizações, alienações e abates desagregados por rubrica de imobilizado.

e) Amortizações do exercício relativas ao imobilizado aceite para regulação, desagregadas por rubrica de imobilizado.

f) Amortização do exercício das comparticipações desagregadas por rubrica de imobilizado.

g) Restantes custos operacionais desagregados de forma a permitir identificar a sua natureza.

h) Proveitos da actividade de Operação Logística de Mudança de Comercializador, transferidos da actividade de Gestão Técnica Global do Sistema.

i) Trabalhos para a própria empresa desagregados de forma a permitir identificar a sua natureza.

j) Outros proveitos da actividade de Operação Logística de Mudança de Comercializador que não resultem de transferências da actividade de Gestão Técnica Global do Sistema, com a desagregação que permita identificar a sua natureza.

2 – A informação referida no número anterior deverá ser desagregada até ao 4.º nível de acordo com o POC.

SECÇÃO V
Informação periódica a fornecer à ERSE pelo operador da rede de transporte de gás natural

ARTIGO 130.º
Informação a fornecer à ERSE pelo operador da rede de transporte de gás natural

1 – O operador da rede de transporte de gás natural deve apresentar à ERSE as contas reguladas, elaboradas de acordo com o presente regulamento e com as regras estabelecidas nas normas e metodologias complementares emitidas pela ERSE, incluindo toda a informação que permita identificar, de forma clara, os custos, os proveitos, os activos, os passivos e os capitais próprios associados às actividades do operador da rede de transporte de gás natural, bem como os restantes elementos necessários à aplicação do presente regulamento.

2 – O operador da rede de transporte de gás natural deve apresentar à ERSE, até 15 de Dezembro de cada ano, as contas reguladas verificados no ano gás anterior (*t* 2), incluindo balanço, demonstração de resultados, respectivos anexos e os investimentos, por actividade, acompanhados por um relatório, elaborado por uma empresa de auditoria, comprovando que as contas e as regras contabilísticas para efeitos de regulação observam o estabelecido no presente regulamento e nas normas e metodologias complementares.

3 – As contas reguladas a enviar à ERSE pelo operador da rede de transporte de gás natural, até 15 de Dezembro de cada ano, devem conter a seguinte informação:

a) Estimativa do balanço, da demonstração de resultados e do orçamento de investimentos, por actividade, para o ano gás em curso (*t 1*).

b) Valores previsionais do balanço, da demonstração de resultados, por actividade, para o ano gás seguinte (*t*).

c) Valores previsionais dos investimentos, transferências para exploração, compartiçipações e amortizações do exercício para os anos gás seguintes até final da concessão.

4 – As chaves e critérios de repartição subjacentes à elaboração das demonstrações financeiras por actividade.

5 – Os valores do balanço e da demonstração de resultados para o ano gás seguinte (*t*) são elaborados considerando que se mantêm em vigor as tarifas estabelecidas para o ano gás em curso (*t 1*).

6 – Os investimentos referidos nos n.ºs 2 e 3, para além dos valores em euros, devem ser acompanhados por uma caracterização física das obras, com indicação das datas de entrada em exploração.

7 – O operador da rede de transporte de gás natural deve enviar à ERSE, até 15 de Dezembro de cada ano, os balanços de gás natural relativos ao ano gás anterior (*t 2*), com discriminação diária, ao ano gás em curso (*t 1*) e para os anos gás seguintes, com valores anuais, até final da concessão.

8 – Os balanços de gás natural, referidos no ponto anterior, devem conter a seguinte informação suficientemente discriminada, por utilizador, em unidades de volume e de energia:

a) Existências de gás natural na RNTGN no início e no final de cada período (ano ou dia gás, conforme o caso).

b) Gás natural injectado na RNTGN, por ponto de entrada.

c) Gás natural extraído da RNTGN, por ponto de entrega.

d) Trocas comerciais de gás no gasoduto, entre utilizadores.

9 – Para efeitos de aceitação dos custos relacionados com a promoção do desempenho ambiental, o operador de transporte de gás natural, deve apresentar à ERSE, até 15 de Dezembro do ano gás que antecede o início de cada período de regulação, um "Plano de Promoção do Desempenho Ambiental", de acordo com o previsto na Secção X do Capítulo IV.

10 – O operador da rede de transporte, com vista à fixação de tarifas, deve enviar à ERSE, até 15 de Dezembro de cada ano, a seguinte informação sobre quantidades facturadas, suficientemente discriminada em valores mensais de energia, capacidade utilizada, energia em períodos de ponta e número de clientes, verificadas durante o ano gás *t-2*:

a) Entregas a cada operador de rede de distribuição directamente ligada à rede de transporte.

b) Entregas a clientes directamente ligados à rede de transporte.

11 – O operador da rede de transporte, com vista à fixação de tarifas, deve enviar à ERSE, até 15 de Dezembro de cada ano, informação sobre a energia, capacidade utilizada e energia em períodos de ponta, à entrada nas redes de distribuição abastecidas a partir de GNL, com desagregação mensal, utilizada no âmbito da facturação da tarifa do Uso da Rede de Transporte e da tarifa do Uso Global do Sistema, verificadas durante o ano gás *t-2*.

12 – O operador da rede de transporte de gás natural, com vista à fixação de tarifas, deve enviar à ERSE, até 15 de Dezembro de cada ano, os custos incrementais de capacidade e de energia referidos no artigo 109.º

13 – O operador da rede de transporte de gás natural, com vista à fixação de tarifas, deve enviar à ERSE, até 15 de Dezembro do ano gás que antecede o início de cada período de regulação, o valor anual dos investimentos realizados ou previstos bem como a energia diária e anual, discriminada por ponto de entrada e por ponto de saída, por forma a, nomeadamente, sustentar o cálculo dos custos incrementais referidos no número anterior.

14 – O operador da rede de transporte de gás natural deve enviar à ERSE, até 15 de Dezembro de cada ano, a informação necessária à caracterização da

utilização das infra-estruturas da rede de transporte com vista à fixação do período de ponta para efeitos tarifários, referido no artigo 19.º

15 – A desagregação da informação referida neste artigo, no artigo 131.º e
no artigo 132.º deve permitir a aplicação do presente regulamento, sem prejuízo
do cumprimento das normas e metodologias complementares a emitir pela ERSE.

ARTIGO 131.º
**Desagregação da informação contabilística da actividade
de Transporte de gás natural**

1 – O operador da rede de transporte de gás natural, relativamente à actividade de Transporte de gás natural, deve apresentar, para cada ano gás, a informação discriminada por forma a evidenciar as seguintes rubricas:

a) Valores brutos e amortizações acumuladas do imobilizado corpóreo e
incorpóreo, desagregado por rubrica de imobilizado.

b) Imobilizado corpóreo e incorpóreo, em curso, desagregado por rubrica
de imobilizado.

c) Valores brutos e amortizações acumuladas das comparticipações desagregados por rubrica de imobilizado.

d) Transferências para exploração, regularizações, alienações e abates desagregados por rubrica de imobilizado.

e) Amortizações do exercício relativas ao imobilizado aceite para
regulação, desagregadas por rubrica de imobilizado.

f) Amortização do exercício das comparticipações desagregadas por rubrica de imobilizado.

g) Custos associados ao planeamento, operação e manutenção da rede de
transporte.

h) Custos com o transporte de GNL por rodovia.

i) Custos incorridos nesta actividade com a promoção do desempenho
ambiental, conforme o relatório de execução do "Plano de Promoção do Desempenho Ambiental", de acordo com o previsto na Secção X do Capítulo IV.

j) Restantes custos desagregados de forma a permitir identificar a sua natureza.

k) Proveitos com a aplicação das tarifas de Uso da Rede de Transporte.

l) Proveitos provenientes da atribuição da capacidade das infra-estruturas,
em situação de congestionamento, nos termos previstos no Regulamento do
Acesso às Redes, às Infra-estruturas e às Interligações.

m) Trabalhos para a própria empresa desagregados de forma a permitir
identificar a sua natureza.

n) Outros proveitos decorrentes da actividade de Transporte de gás natural
e que não resultam da aplicação das tarifas de Uso da Rede de Transporte,
desagregados de forma a permitir identificar a sua natureza.

2 – A informação referida no número anterior deverá ser desagregada até ao 4.º nível de acordo com o POC.

Artigo 132.º
Desagregação da informação contabilística da actividade de Gestão Técnica Global do Sistema

1 – O operador da rede de transporte de gás natural, relativamente à actividade de Gestão Técnica Global do Sistema, deve apresentar para cada ano gás, a informação discriminada por forma a evidenciar as seguintes rubricas:

a) Valores brutos e amortizações acumuladas do imobilizado corpóreo e incorpóreo, desagregado por rubrica de imobilizado.

b) Imobilizado corpóreo e incorpóreo, em curso, desagregado por rubrica de imobilizado.

c) Valores brutos e amortizações acumuladas das comparticipações desagregados por rubrica de imobilizado.

d) Transferências para exploração, regularizações, alienações e abates desagregados por rubrica de imobilizado.

e) Amortizações do exercício relativas ao imobilizado aceite para regulação, desagregadas por rubrica de imobilizado.

f) Amortização do exercício das comparticipações desagregadas por rubrica de imobilizado.

g) Custos do operador de mudança de comercializador.

h) Custos com a gestão de sistema, nomeadamente, das quantidades de gás natural utilizadas para fazer face à operação intradiária do sistema, de acordo com as regras estabelecidas no Regulamento de Operação das Infra-estruturas.

i) Custos relativos ao "Plano de Promoção da Eficiência no Consumo" aprovados pela ERSE, de acordo com o estabelecido na artigo 98.º do Capítulo IV deste regulamento.

j) Restantes custos do exercício associados à actividade de Gestão Técnica Global do Sistema desagregados de forma a permitir identificar a sua natureza.

k) Proveitos com a aplicação da tarifa de Uso Global do Sistema.

l) Trabalhos para a própria empresa desagregados de forma a permitir identificar a sua natureza.

m) Outros proveitos decorrentes da actividade de Gestão Técnica Global do Sistema que não resultem da aplicação da tarifa de Uso Global do Sistema, desagregados de forma a permitir identificar a sua natureza.

2 – A informação referida no número anterior deverá ser desagregada até ao 4.º nível de acordo com o POC.

SECÇÃO VI
Informação periódica a fornecer à ERSE pelos operadores da rede de distribuição de gás natural

Artigo 133.º
Informação a fornecer à ERSE pelos operadores da rede de distribuição de gás natural

1 – Os operadores da rede de distribuição de gás natural devem fornecer à ERSE as contas reguladas, elaboradas de acordo com o presente regulamento e com as regras estabelecidas nas normas e metodologias complementares emitidas pela ERSE, incluindo toda a informação que permita identificar de forma clara os custos, proveitos, activos, passivos e capitais próprios, por actividade, bem como os restantes elementos necessários à aplicação do presente regulamento.

2 – A informação a enviar à ERSE referida no número anterior deve excluir os custos, proveitos, activos, passivos e capitais próprios relacionados com outras actividades, nomeadamente, gás propano e telecomunicações e ser acompanhada dos respectivos critérios de repartição.

3 – Os operadores da rede de distribuição de gás natural devem fornecer à ERSE, até 15 de Dezembro de cada ano, as contas reguladas verificadas no ano gás anterior ($t\ 2$), incluindo balanço, demonstração de resultados, respectivos anexos e os investimentos, por actividade, acompanhados de um relatório elaborado por uma empresa de auditoria comprovando que as contas e as regras contabilísticas para efeitos de regulação se encontram nos termos do estabelecido no presente regulamento e nas normas e metodologias complementares.

4 – As contas reguladas a enviar à ERSE pelos operadores da rede de distribuição de gás natural, até 15 de Dezembro de cada ano, devem conter a seguinte informação:

a) Estimativa do balanço, da demonstração de resultados e do orçamento de investimentos, por actividade, para o ano gás em curso ($t\ 1$).

b) Valores previsionais do balanço e da demonstração de resultados, para o ano gás seguinte (t).

c) Valores previsionais dos investimentos, transferências para exploração, amortizações e comparticipações, por actividade para cada um dos anos gás seguintes, até final da concessão.

5 – Os valores do balanço e da demonstração de resultados estimados, para o ano gás seguinte (t), são elaborados considerando que se mantêm em vigor as tarifas estabelecidas para o ano gás em curso ($t\ 1$).

6 – Os operadores da rede de distribuição devem enviar à ERSE, até 15 de Dezembro de cada ano, os balanços de gás natural relativos ao ano gás anterior

(*t 2*), com discriminação diária, ao ano gás em curso (*t 1*) e para cada um dos anos gás seguintes, com valores anuais, até final da concessão.

7 – Os balanços de gás natural, referidos no ponto anterior, devem conter a seguinte informação, discriminada por nível de pressão, em unidades de volume e de energia:

a) Gás natural injectado na rede de distribuição, por ponto de entrada.

b) Gás natural extraído da rede de distribuição, por pontos de entrega agregados por tipo de leitura.

8 – Para efeitos de aceitação dos custos relacionados com a promoção do desempenho ambiental, os operadores das redes de distribuição de gás natural, devem apresentar à ERSE, até 15 de Dezembro do ano gás que antecede o início de cada período de regulação, um "Plano de Promoção do Desempenho Ambiental", de acordo com o previsto na Secção X do Capítulo IV.

9 – Os operadores das redes de distribuição, com vista à fixação de tarifas, devem enviar à ERSE, até 15 de Dezembro de cada ano, a seguinte informação sobre quantidades facturadas, discriminada mensalmente, por nível de pressão, por tipo de leitura (telecontagem, mensal ou outra periodicidade) e por escalão de consumo e em energia, capacidade utilizada, energia em períodos de ponta e número de clientes, verificadas durante o ano gás *t-2*:

a) Entregas ao comercializador de último recurso grossista e a cada comercializador de último recurso retalhista.

b) Entregas a outros comercializadores ou clientes que sejam agentes de mercado.

10 – O operadores da rede de distribuição, com vista à fixação de tarifas, devem enviar à ERSE, até 15 de Dezembro do ano que antecede o início de cada período de regulação, os custos incrementais referidos no artigo 113.º

11 – Os operadores das redes de distribuição, com vista à fixação de tarifas, devem enviar à ERSE, até 15 de Dezembro do ano que antecede o início de cada período de regulação, o valor anual dos investimentos realizados ou previstos bem como a energia diária e anual, discriminada por ponto de entrada, e o número de clientes, por forma a, nomeadamente, sustentar o cálculo dos custos incrementais referidos no número anterior.

12 – Os operadores das redes de distribuição, com vista à fixação de tarifas, devem enviar à ERSE, até 15 de Dezembro do ano que antecede o início de cada período de regulação, os custos incrementais associados à medição, leitura e processamento de dados, incluindo os equipamentos de medição, relativos aos vários tipos de periodicidade de leitura e de equipamentos de medição, referidos no artigo 113.º

13 – Os operadores das redes de distribuição, com vista à fixação de tarifas, devem enviar à ERSE, até 15 de Dezembro de cada ano, os perfis de consumo, a que se referem o artigo 110.º e artigo 113.º, para clientes com registo de medição não diário, discriminados por nível de pressão, opção de leitura e escalão de consumo.

14 – Nos anos gás correspondentes ao primeiro período de regulação, a informação referida no n.º 9 – deve adicionalmente ser discriminada por calibre de contador, para clientes com consumos anuais entre 10 000 m3 (n) e 2 milhões de m3 (n).

15 – Os operadores das redes de distribuição devem enviar à ERSE, até 15 de Dezembro de cada ano, a informação necessária à caracterização da utilização das infra-estruturas da respectiva rede de distribuição com vista à fixação do período de ponta para efeitos tarifários, referido no artigo 19.º

16 – Os operadores das redes de distribuição devem enviar à ERSE, até 15 de Dezembro de cada ano, informação sobre o coeficiente de simultaneidade dos consumos nas redes de distribuição em BP, referido no artigo 113.º

17 – Os operadores das redes de distribuição devem enviar à ERSE, até 15 de Dezembro do primeiro ano do período de regulação, proposta fundamentada relativa ao limiar de consumo a partir do qual as tarifas de MP podem ser ofere-cidas de forma opcional aos clientes em BP, tendo em consideração princípios de equidade.

18 – A desagregação da informação referida neste artigo, no artigo 134.º e no artigo 135.º deve permitir a aplicação do presente regulamento, sem prejuízo do cumprimento das normas e metodologias complementares a emitir pela ERSE.

ARTIGO 134.º
Desagregação da informação contabilística da actividade
de Distribuição de gás natural

1 – Os operadores da rede de distribuição de gás natural, relativamente à actividade de Distribuição de gás natural, devem apresentar, para cada ano gás, a informação discriminada por forma a evidenciar as seguintes rubricas:

a) Valores brutos e amortizações acumuladas do imobilizado corpóreo e incorpóreo, desagregado por rubrica de imobilizado.

b) Imobilizado corpóreo e incorpóreo, em curso, desagregado por rubrica de imobilizado.

c) Valores brutos e amortizações acumuladas das comparticipações desa-gregados por rubrica de imobilizado.

d) Transferências para exploração, regularizações, alienações e abates de-sagregados por rubrica de imobilizado.

e) Amortizações do exercício relativas ao imobilizado aceite para regulação, desagregadas por rubrica de imobilizado.

f) Amortização do exercício das comparticipações desagregadas por rubri-ca de imobilizado.

g) Custos associados ao planeamento, operação e manutenção da rede de distribuição.

h) Custos incorridos nesta actividade com a promoção do desempenho ambiental, conforme o relatório de execução do "Plano de Promoção do Desempenho Ambiental", de acordo com o previsto na Secção X do Capítulo IV.

i) Restantes custos desagregados de forma a permitir identificar a sua natureza.

j) Proveitos com a aplicação das tarifas de Uso da Rede de Distribuição.

k) Trabalhos para a própria empresa desagregados de forma a permitir identificar a sua natureza.

l) Outros proveitos decorrentes da actividade de Distribuição de gás natural e que não resultam da aplicação das tarifas de Uso da Rede de Distribuição, desagregados de forma a permitir identificar a sua natureza.

m) Montante da compensação pela aplicação das tarifas de Uso da Rede de Distribuição.

2 – A informação referida no número anterior deverá ser desagregada até ao 4.º nível de acordo com o POC.

ARTIGO 135.º
**Desagregação da informação contabilística
da actividade de Acesso à RNTGN**

1 – Os operadores da rede de distribuição, relativamente à actividade de Acesso à RNTGN, devem apresentar, para cada ano gás, a seguinte repartição de custos:

a) Custos relacionados com o uso da rede de transporte.

b) Custos relacionados com o uso global do sistema.

2 – Os operadores da rede de distribuição, relativamente à actividade de Acesso à RNTGN, devem apresentar para cada ano gás a seguinte repartição de proveitos:

a) Proveitos decorrentes da aplicação da tarifa de Uso da Rede de Transporte, por termo de capacidade, variável e fixo.

b) Proveitos decorrentes da aplicação da tarifa de Uso Global do Sistema, por termo de energia.

3 – Os operadores da rede de distribuição devem apresentar, para cada ano gás o montante de compensação pela aplicação da tarifa de Uso Global do Sistema e pela aplicação da tarifa de Uso da Rede de Transporte.

SECÇÃO VII
Informação periódica a fornecer à ERSE
pelo comercializador do SNGN

ARTIGO 136.º
Informação a fornecer à ERSE pelo comercializador do SNGN

1 – O comercializador do SNGN deve enviar à ERSE as contas reguladas, elaboradas de acordo com o presente regulamento e com as regras estabelecidas nas normas e metodologias complementares emitidas pela ERSE, incluindo toda a informação que permita identificar, de forma clara, os custos, proveitos, activos, passivos e capitais próprios associados à actividade de Compra e Venda de gás natural, no âmbito da gestão dos contratos de aprovisionamento de longo prazo em regime de take or pay celebrados em data anterior à publicação da Directiva 2003/55/CE, de 26 de Junho, bem como os restantes elementos necessários à aplicação do presente regulamento.

2 – O comercializador do SNGN deve enviar à ERSE, até 15 de Dezembro de cada ano, as contas reguladas verificadas no ano gás anterior (*t 2*), incluindo balanço, demonstração de resultados, respectivos anexos, acompanhados de um relatório, elaborado por uma empresa de auditoria, comprovando que as contas e as regras contabilísticas para efeitos de regulação se encontram nos termos do estabelecido no presente regulamento e nas normas e metodologias complementares.

3 – O comercializador do SNGN deve enviar à ERSE os contratos de aprovisionamento de longo prazo em regime de take or pay celebrados em data anterior à publicação Directiva 2003/55/CE, de 26 de Junho.

4 – O comercializador do SNGN deve enviar à ERSE, até 15 de Dezembro de cada ano, as quantidades (em unidades de energia e de volume) e os preços CIF, na fronteira portuguesa ou à entrada do terminal de GNL, das importações de gás natural ao abrigo dos contratos de aprovisionamento de longo prazo em regime de take or pay celebrados em data anterior à publicação da Directiva 2003/55/CE, de 26 de Junho, referentes ao ano gás anterior (*t 2*) devidamente auditados por entidade externa, discriminados mensalmente e por contrato de fornecimento.

5 – O comercializador do SNGN deve enviar à ERSE, até 15 de Dezembro de cada ano, as quantidades (em unidades de energia e de volume) e os preços CIF, na fronteira portuguesa ou à entrada do terminal de GNL, das importações de gás natural ao abrigo dos contratos de aprovisionamento de longo prazo em regime de *take or pay* celebrados em data anterior à publicação da Directiva 2003/55/CE, de 26 de Junho, estimadas para o ano gás em curso (*t 1*) e previstas para o ano gás seguinte (*t*), discriminados mensalmente e por contrato de forne-

cimento, assim como os restantes custos associados, nomeadamente, custos com o uso do terminal de GNL e custos com o acesso ao armazenamento subterrâneo de gás natural.

6 – A informação referida no número anterior deve ser revista trimestralmente, para os trimestres seguintes do ano gás *t*, e enviada à ERSE, até 15 dias após o início de cada trimestre.

7 – O exposto no número anterior não se aplica no último trimestre do ano gás *t*.

Artigo 137.º
**Desagregação da informação contabilística da actividade de Compra
e Venda de gás natural, no âmbito da gestão dos contratos
de aprovisionamento de longo prazo em regime de *take or pay* celebrados
em data anterior à publicação da Directiva 2003/55/CE, de 26 de Junho**

1 – O comercializador SNGN, relativamente à actividade de Compra e Venda de gás natural, no âmbito da gestão dos contratos de aprovisionamento de longo prazo em regime de *take or pay* celebrados em data anterior à publicação do da Directiva 2003/55/CE, de 26 de Junho, deve apresentar para cada ano gás, a seguinte repartição de custos:

a) Custos com a aquisição de gás natural no âmbito dos contratos de aprovisionamento de longo prazo em regime de *take or pay* celebrados em data anterior à publicação da Directiva 2003/55/CE, de 26 de Junho, por fornecedor.

b) Custos com o uso do terminal de GNL.

c) Custos com o acesso ao armazenamento subterrâneo de gás natural.

d) Custos com a aquisição de gás natural no âmbito dos contratos de aprovisionamento de longo prazo em regime de take or pay celebrados em data anterior à publicação da Directiva 2003/55/CE, de 26 de Junho, com o uso do terminal de GNL e com o acesso ao armazenamento subterrâneo de gás natural imputados às vendas aos centros electroprodutores com contratos de fornecimento celebrados em data anterior à publicação do Decreto-Lei n.º 140/2006, de 26 de Julho.

e) Custos com a aquisição de gás natural no âmbito dos contratos de aprovisionamento de longo prazo em regime de *take or pay* celebrados em data anterior à publicação da Directiva 2003/55/CE, de 26 de Junho, com o uso do terminal de GNL e com o acesso ao armazenamento subterrâneo de gás natural imputados às quantidades excedentárias de gás natural

f) Restantes custos associados à actividade de Compra e Venda de gás natural, no âmbito da gestão dos contratos de aprovisionamento de longo prazo em regime de *take or pay* celebrados em data anterior à publicação da Directiva 2003/55/CE, de 26 de Junho, com a desagregação que permita identificar a sua natureza.

2 – O comercializador do SNGN, relativamente à actividade de Compra e Venda de gás natural, no âmbito da gestão dos contratos de aprovisionamento de longo prazo em regime de *take or pay* celebrados em data anterior à publicação da Directiva 2003/55/CE, de 26 de Junho, deve apresentar, para cada ano gás, a seguinte repartição de proveitos:

a) Proveitos com a venda de gás natural ao comercializador de último recurso grossista.

b) Valores facturados no mercado a comercializadores e a clientes que sejam agentes no mercado, incluindo exportações, resultantes das quantidades excedentárias de gás natural,

c) Ganhos comerciais com a venda das quantidades excedentárias de gás natural.

d) Outros proveitos decorrentes da actividade de Compra e Venda de gás natural, no âmbito da gestão dos contratos de aprovisionamento de longo prazo em regime de *take or pay* celebrados em data anterior à publicação da Directiva 2003/55/CE, de 26 de Junho, que não resultam da venda de gás natural ao comercializador de último recurso grossista, no âmbito da gestão dos contratos de aprovisionamento de longo prazo em regime de *take or pay* celebrados em data anterior à publicação da Directiva 2003/55/CE, de 26 de Junho, com a desagregação que permita identificar a sua natureza.

3 – A informação referida no número anterior deverá ser desagregada até ao 4.º nível de acordo com o POC.

SECÇÃO VIII

Informação periódica a fornecer à ERSE pelo comercializador de último recurso grossista

Artigo 138.º

Informação a fornecer à ERSE pelo comercializador de último recurso grossista

1 – O comercializador de último recurso grossista deve enviar à ERSE as contas reguladas, elaboradas de acordo com o presente regulamento e com as regras estabelecidas nas normas e metodologias complementares emitidas pela ERSE, incluindo toda a informação que permita identificar, de forma clara, os custos, proveitos, activos, passivos e capitais próprios associados à actividade de Compra e Venda de gás natural para fornecimento aos comercializadores de último recurso e à actividade de Comercialização de último recurso a grandes clientes, bem como os restantes elementos necessários à aplicação do presente regulamento.

2 – O comercializador de último recurso grossista deve enviar à ERSE, até 15 de Dezembro de cada ano, as contas reguladas verificadas no ano gás anterior (t 2), incluindo balanço, demonstração de resultados, respectivos anexos, acompanhados de um relatório, elaborado por uma empresa de auditoria, comprovando que as contas e as regras contabilísticas para efeitos de regulação se encontram nos termos do estabelecido no presente regulamento e nas normas e metodologias complementares.

3 – As contas reguladas a enviar à ERSE pelo comercializador de último recurso grossista, até 15 de Dezembro de cada ano, devem conter a seguinte informação:

a) Estimativa do balanço e da demonstração de resultados, para o ano gás em curso (t 1).

b) Valores previsionais do balanço e da demonstração de resultados para o ano gás seguinte (t).

4 – Os valores do balanço e da demonstração de resultados estimados para o ano gás seguinte (t) são elaborados considerando que se mantêm em vigor as tarifas estabelecidas para o ano gás em curso (t 1).

5 – O comercializador de último recurso grossista deve enviar à ERSE, até 15 de Dezembro de cada ano, o balanço de gás natural relativo ao ano gás anterior (t 2), com discriminação diária, ao ano gás em curso (t 1) e para cada um dos anos seguintes, com valores anuais, até final da concessão.

6 – Os balanços de gás natural, mencionados no ponto anterior, devem conter a seguinte informação, em unidades de volume e de energia:

a) Quantidade de gás adquirido, por fornecedor, com discriminação mensal.

b) Volume de gás fornecido, por cliente, com discriminação mensal.

7 – Quantidades envolvidas na facturação do uso do armazenamento subterrâneo e na facturação do uso do terminal de GNL.

8 – O comercializador de último recurso grossista, relativamente à função de Comercialização de gás natural a grandes clientes, com vista à fixação de tarifas, deve enviar à ERSE, até 15 de Dezembro de cada ano, informação sobre quantidades facturadas a clientes finais, suficientemente discriminada mensalmente, por rede a que os clientes estejam ligados, nível de pressão e em energia, capacidade utilizada, energia em períodos de ponta e número de clientes, verificadas durante o ano gás *t-2*.

9 – A desagregação da informação referida neste artigo, no artigo 137.º, no artigo 140.º, no artigo 141.º e no artigo 142.º deve permitir a aplicação do presente regulamento, sem prejuízo do cumprimento das normas e metodologias complementares a emitir pela ERSE.

10 – O comercializador de último recurso grossista deve enviar à ERSE, até 15 de Dezembro, os critérios utilizados na repartição das demonstrações financeiras por actividade e na actividade de Comercialização de Último Recurso a grandes clientes os critérios utilizados na repartição por funções.

Artigo 139.º

**Desagregação da informação contabilística da actividade
de Compra e venda de gás natural para fornecimento
aos comercializadores de último recurso**

1 – O comercializador de último recurso grossista deve apresentar, a informação discriminada por forma a evidenciar as seguintes rubricas:

a) Custos com a aquisição de gás natural ao comercializador do SNGN, no âmbito da actividade de Compra e Venda de gás natural para fornecimento aos comercializadores de último recurso.

b) Vendas de gás natural aos comercializadores de último recurso retalhistas, por comercializador.

c) Vendas de gás natural ao comercializador único recurso grossista para fornecimento a grandes clientes.

Artigo 140.º

**Desagregação da informação contabilística na função
de Compra e Venda de gás natural a grandes clientes**

1 – O comercializador de último recurso grossista deve apresentar, para cada ano gás, a seguinte repartição de custos:

a) Custos com a aquisição de gás natural à actividade de Compra e Venda de gás natural para fornecimento aos comercializadores de último recurso.

b) Custos com a aquisição de gás natural através de contratos bilaterais, por fornecedor.

c) Custos com a aquisição de gás natural nos mercados organizados.

d) Custos com o uso dos terminais de GNL.

e) Custos com o acesso aos armazenamentos subterrâneos de gás natural.

f) Restantes custos associados à função de Compra e Venda de gás natural a grandes clientes, com a desagregação que permita identificar a sua natureza.

2 – O comercializador de último recurso grossista deve apresentar, para cada ano gás, a seguinte repartição de proveitos:

a) Proveitos decorrentes da aplicação da tarifa de Venda a Clientes Finais.

b) Restantes proveitos associados à função de Compra e Venda de gás natural a grandes clientes, com a desagregação que permita identificar a sua natureza.

3 – A informação referida nos n.º 1 -e no n.º 2 – deverá ser desagregada até ao 4º nível de acordo com o POC.

ARTIGO 141.º
**Desagregação da informação contabilística da função
de Compra e Venda do Acesso à RNTGN e à RNDGN**

1 – O comercializador de último recurso grossista, relativamente à função de Compra e Venda do Acesso à RNTGN e à RNDGN, deve apresentar para cada ano gás a seguinte repartição de custos:

a) Custos com o uso global do sistema.

b) Custos com o uso da rede de transporte de gás natural.

c) Custos com o uso da rede de distribuição de gás natural.

Artigo 142.º ([8])
**Desagregação da informação contabilística da função
de Comercialização de gás natural a grandes clientes**

1 – O comercializador de último recurso grossista, relativamente à função de Comercialização de gás natural a grandes clientes, deve apresentar, para cada ano gás, a informação discriminada por forma a evidenciar as seguintes rubricas:

a) Custos desagregados de forma a permitir identificar a sua natureza.

b) Proveitos da aplicação da tarifa de Comercialização a grandes clientes.

c) Outros proveitos decorrentes da função de Comercialização de gás natural a grandes clientes que não resultam da aplicação da tarifa de Comercialização, desagregados de forma a permitir identificar a sua natureza.

2 – A informação referida no número anterior deverá ser desagregada até ao 4.º nível de acordo com o POC.

ARTIGO 143.º
**Informação trimestral a fornecer à ERSE pelo comercializador
de último recurso grossista no âmbito da actividade
de Comercialização de último recurso a grandes clientes**

1 – O comercializador de último recurso grossista no âmbito da actividade de Comercialização de último recurso a grandes clientes deve enviar, trimestralmente, para os trimestres seguintes até final do ano gás *t*, a seguinte informação:

a) Custos e respectivas quantidades com a aquisição de gás natural à actividade de Compra e Venda de gás natural para fornecimento aos comercializadores de último recurso.

([8]) Artigo alterado pelo Despacho n.º 18397/2008, publicado no Diário da República, II série, n.º 131, de 9 de Julho.

b) Custos e respectivas quantidades com a aquisição de gás natural através de contratos bilaterais, por fornecedor.

c) Custos e respectivas quantidades com a aquisição de gás natural nos mercados organizados.

d) Custos com o uso dos terminais de GNL e quantidades adquiridas através de contratos bilaterais e nos mercados organizados.

e) Custos com o acesso aos armazenamentos subterrâneos de gás natural e quantidades adquiridas através de contratos bilaterais e nos mercados organizados.

2 – A informação referida no número anterior deve ser enviada à ERSE até 15 dias após o início de cada trimestre.

3 – O exposto no número anterior não se aplica no último trimestre do ano gás *t*.

SECÇÃO IX
Informação periódica a fornecer à ERSE pelos comercializadores de último recurso retalhistas de gás natural

Artigo 144.º
Informação a fornecer à ERSE pelo comercializador de último recurso retalhista de gás natural

1 – Os comercializadores de último recurso retalhistas de gás natural devem enviar à ERSE as contas reguladas, elaboradas de acordo com o presente regulamento e com as regras estabelecidas nas normas e metodologias complementares emitidas pela ERSE, incluindo toda a informação que permita identificar de forma clara os custos, proveitos, activos, passivos e capitais próprios, bem como os restantes elementos necessários à aplicação do presente regulamento.

2 – A informação a enviar à ERSE referida no número anterior deve excluir os custos, proveitos, activos, passivos e capitais próprios relacionados com outras actividades, nomeadamente, gás propano e telecomunicações e ser acompanhada dos respectivos critérios de repartição.

3 – Os comercializadores de último recurso retalhistas devem enviar à ERSE, até 15 de Dezembro de cada ano, as contas reguladas verificadas no ano gás anterior (*t* 2), incluindo balanço, demonstração de resultados, respectivos anexos e os investimentos, acompanhados de um relatório, elaborado por uma empresa de auditoria, comprovando que as contas e as regras contabilísticas para efeitos de regulação se encontram nos termos do estabelecido no presente regulamento e nas normas e metodologias complementares.

4 – Os comercializadores de último recurso retalhistas apenas devem repartir as demonstrações de resultados, os investimentos, os activos fixos e as comparticipações por função.

5 – Os comercializadores de último recurso retalhistas devem enviar à ERSE, até 15 de Dezembro, as chaves e critérios de repartição utilizados na elaboração das demonstrações financeiras por função.

6 – As contas reguladas a enviar à ERSE pelo comercializador de último recurso retalhista, até 15 de Dezembro de cada ano, devem conter a seguinte informação:

a) Estimativa do balanço, da demonstração de resultados e do orçamento de investimentos, para o ano gás em curso (*t 1*).

b) Valores previsionais do balanço, da demonstração de resultados e dos investimentos, para o ano gás seguinte (*t*).

7 – Os valores do balanço e da demonstração de resultados estimados para o ano gás seguinte (*t*), são elaborados considerando que se mantêm em vigor as tarifas estabelecidas para o ano gás em curso (*t 1*).

8 – Os comercializadores de último recurso retalhistas devem enviar à ERSE, até 15 de Dezembro de cada ano, o balanço de gás natural relativo ao ano gás anterior (*t 2*), com discriminação diária, ao ano gás em curso (*t 1*) e ao ano gás seguinte (*t*), com valores anuais.

9 – Os balanços de gás natural mencionados no ponto anterior devem conter a seguinte informação, em unidades de energia e de volume:

a) Quantidade de gás natural adquirido ao comercializador de último recurso grossista, com discriminação mensal.

b) Quantidade de gás natural fornecido a clientes finais, com discriminação mensal, por nível de pressão e por rede de transporte e distribuição.

10 – Os comercializadores de último recurso retalhistas, devem enviar à ERSE, até 15 de Dezembro de cada ano, a informação relativa aos fornecimentos de gás natural aos clientes, discriminada em quantidade, número e tipo de clientes, estimada para o ano gás em curso (*t-1*) e prevista para o ano gás seguinte (*t*).

11 – Os comercializadores de último recurso retalhistas, com vista à fixação de tarifas, devem enviar à ERSE, até 15 de Dezembro de cada ano, informação sobre quantidades facturadas a clientes finais, discriminada mensalmente por nível de pressão, opção tarifária, tipo de leitura e escalão de consumo e em energia, capacidade utilizada, energia em períodos de ponta e número de clientes, verificadas durante o ano gás anterior (*t-2*).

12 – A desagregação da informação referida neste artigo, no artigo 145.º, no artigo 146.º e no artigo 147.º deve permitir a aplicação do presente regulamento, sem prejuízo do cumprimento das normas e metodologias complementares a emitir pela ERSE.

Artigo 145.º

Desagregação da informação contabilística da função de Compra e Venda de gás natural dos comercializadores de último recurso retalhistas

1 – Os comercializadores de último recurso retalhistas, relativamente à função de Compra e Venda de gás natural, devem apresentar para cada ano gás a seguinte repartição de custos:

a) Custos com a aquisição de gás natural à actividade de Compra e Venda de gás natural para fornecimento aos comercializadores de último recurso.

b) Custos com a aquisição de gás natural através de contratos bilaterais, por fornecedor.

c) Custos com a aquisição de gás natural nos mercados organizados.

d) Custos com o uso dos terminais de GNL.

e) Custos com o acesso aos armazenamentos subterrâneos de gás natural.

f) Restantes custos associados à função de Compra e Venda de gás natural, com a desagregação que permita identificar a sua natureza.

2 – Os comercializadores de último recurso retalhistas devem apresentar, para cada ano gás, a seguinte repartição de proveitos:

a) Proveitos decorrentes da aplicação da tarifa de Venda a Clientes Finais descriminadas por tipo de cliente.

b) Restantes proveitos associados à função de Compra e Venda de gás natural a grandes clientes, com a desagregação que permita identificar a sua natureza.

3 – A informação referida nos n.º 1 -e no n.º 2 – deverá ser desagregada até ao 4º nível de acordo com o POC.

4 – O comercializador de último recurso retalhista deve apresentar, para cada ano gás o montante de compensação pela aplicação da tarifa de Energia.

Artigo 146.º

Desagregação da informação contabilística da função de Compra e Venda do Acesso à RNTGN e à RNDGN dos comercializadores de último recurso retalhistas

1 – Os comercializadores de último recurso retalhistas, relativamente à função de Compra e Venda do Acesso à RNTGN e à RNDGN, devem apresentar para cada ano gás a seguinte repartição de custos:

a) Custos com o uso global do sistema.

b) Custos com o uso da rede de transporte de gás natural.

c) Custos com o uso da rede de distribuição de gás natural.

ARTIGO 147.º (⁹)

Desagregação da informação contabilística da função de Comercialização de gás natural dos comercializadores de último recurso retalhistas

1 – Os comercializadores de último recurso retalhistas, relativamente à função de Comercialização de gás natural, devem apresentar, para cada ano gás, os custos, os proveitos e as imobilizações desagregados por escalão de consumo.

2 – A informação referida no número anterior deve ser acompanhada das chaves e critérios de repartição subjacentes à sua elaboração e discriminada por forma a evidenciar as seguintes rubricas:

a) Custos desagregados de forma a permitir identificar a sua natureza.

b) Proveitos da aplicação da tarifa de Comercialização.

c) Outros proveitos decorrentes da função de Comercialização de gás natural e que não resultam da aplicação da tarifa de Comercialização, desagregados de forma a permitir identificar a sua natureza.

3 – A informação referida no número anterior deverá ser desagregada até ao 4.º nível de acordo com o POC.

4 – Os comercializadores de último recurso retalhistas devem apresentar, para cada ano gás, o montante da compensação pela aplicação da tarifa de Comercialização, por escalão de consumo.

ARTIGO 148.º

Informação trimestral a fornecer à ERSE pelo comercializador de último recurso retalhista de gás natural

1 – Os comercializadores de último recurso retalhistas devem enviar, trimestralmente, para os trimestres seguintes até final do ano gás *t*, a seguinte informação:

a) Custos e respectivas quantidades com a aquisição de gás natural à actividade de Compra e Venda de gás natural para fornecimento aos comercializadores de último recurso.

b) Custos e respectivas quantidades com a aquisição de gás natural através de contratos bilaterais, por fornecedor.

c) Custos e respectivas quantidades com a aquisição de gás natural nos mercados organizados.

d) Custos com o uso dos terminais de GNL e quantidades adquiridas através de contratos bilaterais e nos mercados organizados..

e) Custos com o acesso aos armazenamentos subterrâneos de gás natural e quantidades adquiridas através de contratos bilaterais e nos mercados organizados.

(⁹) Artigo alterado pelo Despacho n.º 18397/2008, publicado no Diário da República, II série, n.º 131, de 9 de Julho.

2 – A informação referida no número anterior deve ser enviada à ERSE até 15 dias após o início de cada trimestre.

3 – O exposto no número anterior não se aplica no último trimestre do ano gás *t*.

SECÇÃO X
Fixação das Tarifas

Artigo 149.º
Fixação das tarifas

1 – A ERSE, com vista à definição dos activos fixos a remunerar, nos termos do estabelecido no Capítulo IV, procede a uma análise da informação recebida dos operadores de terminal de recepção, armazenamento e regaseificação de GNL, dos operadores de armazenamento subterrâneo de gás natural, do operador da rede de transporte de gás natural, do operador logístico de mudança de comercializador de gás natural, dos operadores da rede de distribuição de gás natural, do comercializador de último recurso grossista e dos comercializadores de último recurso retalhistas, designadamente a relativa aos investimentos verificados no ano gás anterior (*t-2*), aos investimentos estimados para o ano gás em curso (*t-1*) e aos investimentos previstos para cada um dos anos gás seguintes, até final da concessão.

2 – A ERSE, com vista à definição dos custos e proveitos aceites para efeitos de regulação, procede a uma análise da informação recebida dos operadores de terminal de recepção, armazenamento e regaseificação de GNL, dos operadores de armazenamento subterrâneo de gás natural, do operador da rede de transporte de gás natural, do operador logístico de mudança de comercializador de gás natural, dos operadores da rede de distribuição de gás natural, do comercializador do SNGN, do comercializador de último recurso grossista e dos comercializadores de último recurso retalhistas, nos termos das secções anteriores do presente Capítulo.

3 – A apreciação, referida no número anterior, conduz a uma definição dos custos e proveitos a considerar para efeitos de regulação.

4 – A ERSE estabelece o valor dos proveitos permitidos para cada uma das actividades dos operadores de terminal de recepção, armazenamento e regaseificação de GNL, dos operadores de armazenamento subterrâneo de gás natural, do operador da rede de transporte de gás natural, do operador logístico de mudança de comercializador de gás natural, dos operadores da rede de distribuição de gás natural, do comercializador do SNGN, do comercializador de último recurso grossista e dos comercializadores de último recurso retalhistas, até 15 de Abril de cada ano.

5 – A ERSE elabora proposta de tarifas reguladas, para o período compreendido entre 1 de Julho do ano em curso e 30 de Junho do ano seguinte, até 15 de Abril de cada ano.

6 – A ERSE envia a proposta à Autoridade da Concorrência.

7 – A ERSE envia a proposta ao Conselho Tarifário, para efeitos de emissão do parecer previsto no artigo 48.º dos Estatutos da ERSE, anexo ao Decreto-Lei n.º 97/2002, de 12 de Abril.

8 – A proposta referida no n.º 5 – é, igualmente, enviada aos operadores de terminal de recepção, armazenamento e regaseificação de GNL, aos operadores de armazenamento subterrâneo de gás natural, ao operador da rede de transporte de gás natural, ao operador logístico de mudança de comercializador de gás natural, aos operadores da rede de distribuição de gás natural, ao comercializador do SNGN, ao comercializador de último recurso grossista e aos comercializadores de último recurso retalhistas.

9 – O Conselho Tarifário emite o parecer sobre a proposta tarifária até 15 de Maio.

10 – A ERSE, tendo em atenção os eventuais comentários e sugestões da Autoridade da Concorrência e o parecer do Conselho Tarifário, procede à aprovação do tarifário para o ano seguinte.

11 – A ERSE envia o tarifário aprovado, nos termos do número anterior, para a Imprensa Nacional, com vista à sua publicação até 15 de Junho, no Diário da República, II Série.

12 – A ERSE procede à divulgação do parecer do Conselho Tarifário, acompanhado de uma nota explicativa das razões de uma eventual não consideração de propostas constantes do parecer, através da sua página na internet.

13 – A ERSE procede à divulgação a todos os interessados das tarifas e preços através de brochuras e da sua página na internet.

ARTIGO 150.º

Tarifas para o primeiro ano gás do novo período de regulação

1 – A ERSE, com base na informação económico financeira recebida nos termos do artigo 154.º, define os activos a remunerar e os custos relevantes para regulação do operador de terminal de recepção, armazenamento e regaseificação de GNL, dos operadores de armazenamento subterrâneo de gás natural, do operador da rede de transporte de gás natural, do operador logístico de mudança de comercializador de gás natural, dos operadores da rede de distribuição de gás natural, do comercializador do SNGN, do comercializador de último recurso grossista e dos comercializadores de último recurso retalhistas, para o primeiro ano gás do novo período de regulação.

2 – A apreciação da informação apresentada nos termos dos números anteriores conduz a uma definição dos valores a adoptar na fixação das tarifas do primeiro ano gás do novo período de regulação (*t*) até 15 de Abril.

3 – O disposto no artigo anterior é aplicável à fixação das tarifas para o primeiro ano gás do novo período de regulação.

4 – Havendo motivos suficientes, a ERSE pode alterar as datas previstas neste artigo.

SECÇÃO XI
Fixação excepcional das tarifas

ARTIGO 151.º
Início do processo

1 – A ERSE, em qualquer momento, pode iniciar um processo de alteração das tarifas, por sua iniciativa ou na sequência de aceitação de pedido apresentado pelo operador de terminal de recepção, armazenamento e regaseificação de GNL, pelos operadores de armazenamento subterrâneo de gás natural, pelo operador da rede de transporte de gás natural, pelo operador logístico de mudança de comercializador de gás natural, pelos operadores da rede de distribuição de gás natural, pelo comercializador do SNGN, pelo comercializador de último recurso grossista, pelos comercializadores de último recurso retalhistas ou por associações de consumidores com representatividade genérica dos termos da Lei n.º 24/96, de 31 de Julho.

2 – O processo de alteração das tarifas fora do período normal estabelecido na Secção X do presente Capítulo pode ocorrer se, nomeadamente, no decorrer de um determinado ano, o montante previsto de proveitos resultantes da aplicação de uma ou mais tarifas reguladas nesse ano se afastar significativamente do montante que serviu de base ao estabelecimento das referidas tarifas, pondo em risco o equilíbrio económico financeiro das empresas reguladas no curto prazo.

3 – As novas tarifas são estabelecidas para o período que decorre até ao fim do próximo mês de Junho.

4 – A ERSE dá conhecimento da decisão de iniciar uma revisão excepcional das tarifas à Autoridade da Concorrência, ao Conselho Tarifário, aos operadores de terminal de recepção, armazenamento e regaseificação de GNL, aos operadores de armazenamento subterrâneo de gás natural, ao operador da rede de transporte de gás natural, ao operador logístico de mudança de comercializador, aos operadores da rede de distribuição de gás natural, ao comercializador do SNGN, ao comercializador de último recurso grossista, aos comercializadores de último recurso retalhistas e às associações de consumidores.

Artigo 152.º
Fixação excepcional das tarifas

1 – A ERSE solicita aos operadores de terminal de recepção, armazenamento e regaseificação de GNL, aos operadores de armazenamento subterrâneo de gás natural, ao operador da rede de transporte de gás natural, ao operador logístico de mudança de comercializador, aos operadores da rede de distribuição de gás natural, ao comercializador do SNGN, ao comercializador de último recurso grossista e aos comercializadores de último recurso retalhistas a informação que considera necessária ao estabelecimento das novas tarifas.

2 – A ERSE, com base na informação referida no número anterior, elabora proposta de novas tarifas.

3 – A ERSE envia a proposta à Autoridade da Concorrência.

4 – A ERSE envia a proposta ao Conselho Tarifário, para efeitos de emissão do parecer previsto no artigo 48.º dos Estatutos da ERSE, anexo ao Decreto-Lei n.º 97/2002, de 12 de Abril.

5 – A proposta referida no n.º 2 é, igualmente, enviada aos operadores de terminal de recepção, armazenamento e regaseificação de GNL, aos operadores de armazenamento subterrâneo de gás natural, ao operador da rede de transporte de gás natural, ao operador logístico de mudança de comercializador, aos operadores da rede de distribuição de gás natural, ao comercializados do SNGN, ao comercializador de último recurso grossista e aos comercializadores de último recurso retalhistas.

6 – O Conselho Tarifário emite o parecer sobre a proposta tarifária no prazo máximo de 30 dias contínuos após recepção da proposta.

7 – A ERSE, tendo em atenção os eventuais comentários e sugestões da Autoridade da Concorrência procede à aprovação final das novas tarifas.

8 – A ERSE envia as tarifas aprovadas, nos termos do número anterior para a Imprensa Nacional, com vista a publicação no *Diário da República*, II Série.

9 – A ERSE procede, igualmente, à divulgação do parecer do Conselho Tarifário, acompanhado de uma nota explicativa das razões de eventual não consideração de propostas constantes do parecer.

SECÇÃO XII
Fixação dos parâmetros para novo período de regulação

Artigo 153.º
Balanços de gás natural

1 – O operador de terminal de recepção, armazenamento e regaseificação de GNL, o os operadores de armazenamento subterrâneo de gás natural, o operador da rede de transporte de gás natural, os operadores da rede de distribuição de gás natural, o comercializador de último recurso grossista e os comercializadores de último recurso retalhistas devem enviar à ERSE, até 15 de Dezembro do ano anterior ao início de um novo período de regulação, o balanço de gás natural referente ao ano gás anterior ($t\,2$), ao ano gás em curso ($t\,1$) e os balanços de gás natural previstos para cada um dos anos seguintes até final da concessão.

2 – Os balanços de gás natural apresentados por cada entidade devem referir-se apenas às actividades desenvolvidas pela respectiva entidade e devem conter toda a informação necessária para a aplicação do presente regulamento.

3 – Os balanços previsionais de gás natural, apresentados de acordo com o previsto nos artigos anteriores, são sujeitos à apreciação da ERSE.

Artigo 154.º
Informação económico-financeira

1 – O operador de terminal de recepção, armazenamento e regaseificação de GNL, o os operadores de armazenamento subterrâneo de gás natural, o operador da rede de transporte de gás natural, o operador logístico de mudança de comercializador de gás natural, os operadores da rede de distribuição de gás natural, o comercializador de último recurso grossista e os comercializadores de último recurso retalhistas devem enviar à ERSE, até 15 de Dezembro do ano anterior ao início de um novo período de regulação, as contas reguladas verificadas no ano gás anterior (t-2), incluindo balanço, demonstração de resultados, respectivos anexos e os investimentos, por actividade, acompanhados por um relatório, elaborado por uma empresa de auditoria, comprovando que as contas e as regras contabilísticas para efeitos de regulação observam o estabelecido no presente regulamento e nas normas e metodologias complementares.

2 – O operador de terminal de recepção, armazenamento e regaseificação de GNL, os operadores de armazenamento subterrâneo de gás natural, o operador da rede de transporte de gás natural, o operador logístico de mudança de comercializador de gás natural, os operadores da rede de distribuição de gás natural, o comercializador de último recurso grossista e os comercializadores de

último recurso retalhistas, devem enviar à ERSE, até 15 de Dezembro do ano anterior ao início de um novo período de regulação, a seguinte informação:

a) Estimativa do balanço, da demonstração de resultados e do orçamento de investimentos, por actividade, para o ano gás em curso (*t 1*).

b) Valores previsionais do balanço, da demonstração de resultados e dos investimentos, por actividade, para cada um dos anos gás do novo período de regulação.

c) Valores previsionais dos investimentos, transferências para exploração, comparticipações e amortizações do exercício para os anos gás seguintes até final da concessão.

3 – Os valores do balanço e da demonstração de resultados estimados para o ano gás em curso (*t 1*) e previstos para cada um dos anos do período de regulação são elaborados considerando que se mantêm em vigor as tarifas estabelecidas para o ano gás em curso (*t 1*).

4 – Os investimentos referidos nos n.ºs 1 e 2, para além dos valores em euros, são acompanhados por uma adequada caracterização física das obras, com indicação das datas de entrada em exploração das obras mais significativas.

ARTIGO 155.º
Fixação dos valores dos parâmetros

1 – A ERSE, com base na informação disponível, designadamente a informação recebida nos termos dos artigos anteriores, estabelece valores para os parâmetros referidos nos n.ºs 2 e 3 do artigo 123.º

2 – A ERSE envia aos operadores de terminal de recepção, armazenamento e regaseificação de GNL, aos operadores de armazenamento subterrâneo de gás natural, ao operador da rede de transporte de gás natural, ao operador logístico de mudança de comercializador de gás natural, aos operadores da rede de distribuição de gás natural, ao comercializador de último recurso grossista e aos comercializadores de último recurso retalhistas, os valores dos parâmetros estabelecidos.

3 – A ERSE envia ao Conselho Tarifário os valores dos parâmetros, para efeitos de emissão de parecer.

4 – O Conselho Tarifário emite parecer no prazo máximo de 30 dias contínuos.

5 – O parecer do Conselho Tarifário é tornado público pela ERSE.

6 – Havendo motivos suficientes, a ERSE pode alterar as datas previstas neste artigo.

SECÇÃO XIII
Revisão excepcional dos parâmetros de um período de regulação

ARTIGO 156.º
Início do processo

1 – A ERSE, em qualquer momento, pode iniciar um processo de alteração dos parâmetros relativos a um período de regulação em curso, por sua iniciativa ou na sequência de aceitação de pedido apresentado pelo operadores de terminal de recepção, armazenamento e regaseificação de GNL, pelos operadores de armazenamento subterrâneo de gás natural, pelo operador da rede de transporte de gás natural, pelo operador logístico de mudança de comercializador de gás natural, pelos operadores da rede de distribuição de gás natural, pelo comercializador do SNGN, pelo comercializador de último recurso grossista e pelos comercializadores de último recurso retalhistas.

2 – A ERSE dá conhecimento da sua intenção de iniciar uma revisão excepcional dos parâmetros ao Conselho Tarifário, aos operadores de terminal de recepção, armazenamento e regaseificação de GNL, aos operadores de armazenamento subterrâneo de gás natural, ao operador da rede de transporte de gás natural, ao operador logístico de mudança de comercializador de gás natural, aos operadores da rede de distribuição de gás natural, ao comercializador do SNGN, ao comercializador de último recurso grossista e aos comercializadores de último recurso retalhistas, indicando as razões justificativas da iniciativa.

3 – O Conselho Tarifário emite parecer sobre a proposta da ERSE, no prazo de 30 dias contínuos.

4 – Os operadores de terminal de recepção, armazenamento e regaseificação de GNL, os operadores de armazenamento subterrâneo de gás natural, o operador da rede de transporte de gás natural, o operador logístico de mudança de comercializador de gás natural, os operadores da rede de distribuição de gás natural, o comercializador do SNGN, o comercializador de último recurso grossista e os comercializadores de último recurso retalhistas podem enviar à ERSE comentários à proposta referida no n.º 2, no prazo de 30 dias contínuos.

5 – A ERSE, com base nas respostas recebidas nos termos dos artigos anteriores, decide se deve prosseguir o processo de revisão excepcional dos parâmetros.

6 – A ERSE dá conhecimento da sua decisão ao Conselho Tarifário, aos operadores de terminal de recepção, armazenamento e regaseificação de GNL, aos operadores de armazenamento subterrâneo de gás natural, ao operador da rede de transporte de gás natural, ao operador logístico de mudança de comercializador de gás natural, aos operadores da rede de distribuição de gás

natural, ao comercializador do SNGN, ao comercializador de último recurso grossista, aos comercializadores de último recurso retalhistas e às associações de consumidores com representatividade genérica nos termos da Lei n.º 24/96, de 31 de Julho.

Artigo 157.º
Fixação dos novos valores dos parâmetros

1 – No caso de a ERSE decidir prosseguir o processo de revisão, com vista ao estabelecimento dos novos valores para os parâmetros, solicita a informação necessária aos operadores de terminal de recepção, armazenamento e regaseificação de GNL, aos operadores de armazenamento subterrâneo de gás natural, ao operador da rede de transporte de gás natural, ao operador logístico de mudança de comercializador de gás natural, aos operadores da rede de distribuição de gás natural, ao comercializador do SNGN, ao comercializador de último recurso grossista e aos comercializadores de último recurso retalhistas. A ERSE, com base na informação disponível, estabelece os novos valores para os parâmetros.

2 – A ERSE envia os valores estabelecidos nos termos do número anterior aos operadores de terminal de recepção, armazenamento e regaseificação de GNL, aos operadores de armazenamento subterrâneo de gás natural, ao operador da rede de transporte de gás natural, ao operador logístico de mudança de comercializador de gás natural, aos operadores da rede de distribuição de gás natural, ao comercializador do SNGN, ao comercializador de último recurso grossista e aos comercializadores de último recurso retalhistas.

3 – As entidades referidas no número anterior enviam, no prazo de 30 dias contínuos, comentários aos valores estabelecidos pela ERSE.

4 – A ERSE analisa os comentários recebidos, revendo eventualmente os valores estabelecidos.

5 – A ERSE envia aos operadores de terminal de recepção, armazenamento e regaseificação de GNL, aos operadores de armazenamento subterrâneo de gás natural, ao operador da rede de transporte de gás natural, ao operador logístico de mudança de comercializador de gás natural, aos operadores da rede de distribuição de gás natural, ao comercializador do SNGN, ao comercializador de último recurso grossista e aos comercializadores de último recurso retalhistas os novos valores estabelecidos nos termos do número anterior.

6 – A ERSE envia ao Conselho Tarifário os valores estabelecidos nos termos do n.º 5, para efeitos de emissão do parecer.

7 – O Conselho Tarifário emite parecer no prazo máximo de 30 dias contínuos.

8 – A ERSE estabelece os valores definitivos depois de receber o parecer do Conselho Tarifário, enviando-os aos operadores de terminal de recepção,

armazenamento e regaseificação de GNL, aos operadores de armazenamento subterrâneo de gás natural, ao operador da rede de transporte de gás natural, ao operador logístico de mudança de comercializador de gás natural, aos operadores da rede de distribuição de gás natural, ao comercializador do SNGN, ao comercializador de último recurso grossista, aos comercializadores de último recurso retalhistas e às associações de consumidores com representatividade genérica dos termos da Lei n.º 24/96, de 31 de Julho.

9 – O parecer do Conselho Tarifário é tornado público pela ERSE.

SECÇÃO XIV

Documentos complementares ao Regulamento Tarifário

ARTIGO 158.º
Documentos

Sem prejuízo de outros documentos estabelecidos no presente regulamento, são previstos os seguintes documentos complementares decorrentes das disposições deste regulamento:

a) Tarifas em vigor a publicar nos termos da lei, no *Diário da República*, II Série.

b) Parâmetros estabelecidos para cada período de regulação.

c) Normas e metodologias complementares.

ARTIGO 159.º
Elaboração e divulgação

1 – Sempre que a ERSE entender que se torna necessário elaborar um documento explicitando regras ou metodologias necessárias para satisfação do determinado no presente regulamento, informa o Conselho Tarifário da sua intenção de proceder à respectiva publicação.

2 – A ERSE dá também conhecimento às entidades reguladas, solicitando a sua colaboração.

3 – Os documentos referidos no número anterior são tornados públicos, nomeadamente através da página da ERSE na internet.

CAPÍTULO VII
Garantias administrativas e reclamações

SECÇÃO I
Garantias administrativas

ARTIGO 160.º
Admissibilidade de petições, queixas e denúncias

Sem prejuízo do recurso ao tribunais, as entidades interessadas podem apresentar junto da ERSE quaisquer petições, queixas ou denúncias contra acções ou omissões das entidades reguladas que intervêm no SNGN, que possam constituir inobservância das regras previstas no presente regulamento e não revistam natureza contratual.

ARTIGO 161.º
Forma e formalidades

As petições, queixas ou denúncias, previstas no artigo anterior, são dirigidas por escrito à ERSE, devendo das mesmas constar obrigatoriamente os fundamentos de facto que justificam, bem como, sempre que possível, os meios de prova necessários à sua instrução.

ARTIGO 162.º
Instrução e decisão

À instrução e decisão sobre as petições, queixas ou denúncias apresentadas aplicam-se as disposições constantes do Código do Procedimento Administrativo.

CAPÍTULO VIII
Disposições finais e transitórias

SECÇÃO I
Disposições transitórias

Artigo 163.º
Informação a enviar nos primeiros anos de aplicação do Regulamento Tarifário

Nos primeiros dois anos do primeiro período de regulação as quantidades facturadas, a que se refere o número 10 – do artigo 124.º, o número 9 – do artigo 126.º, o número 10 – do artigo 130.º, o número 11 – do artigo 130.º, o número 9 – do artigo 133.º, o número 8 – do artigo 144.º e o número 11 – do artigo 144.º, devem ser substituídas pelas quantidades previstas facturar em t e t-1, para as variáveis de facturação que não existam antes da entrada em vigor do Regulamento Tarifário.

Artigo 164.º
Manutenção do equilíbrio económico e financeiro dos operadores das infra-estruturas

1 – O cálculo dos custos com capital referido no artigo 58.º, no artigo 59.º, no artigo 60.º, no artigo 65.º e no artigo 69.º do presente regulamento, conduz a um perfil de recuperação desses custos, em função de quantidades de gás natural previstas consumir até ao final da respectiva concessão ou licença de distribuição de gás natural autónoma de serviço público, assegurando a manutenção do equilíbrio económico e financeiro do contrato.

2 – No caso de, pela aplicação das regras estabelecidas em qualquer dos artigos referidos no número anterior, o cálculo das tarifas de gás natural para o primeiro ano gás conduza a uma variação tarifária significativa face às tarifas de gás natural em vigor, calculadas antes da aplicação das estabelecidas no presente regulamento, a ERSE pode, durante um período de tempo a estabelecer, ajustar os perfis de recuperação dos custos de capital referidos no n.º 1, de modo a ser possível, até final do referido período de tempo, convergir para o perfil inicial de recuperação dos custos.

3 – Para efeitos do disposto no número anterior, a ERSE justifica, na proposta de tarifas e preços para o gás natural e outros serviços para o primeiro ano de regulação e parâmetros para o primeiro período de regulação a enviar ao

Conselho Tarifário, às empresas reguladas e às demais entidades previstas no presente regulamento, a necessidade da alteração do perfil de recuperação dos custos de capital inicialmente previstos.

SECÇÃO II
Disposições finais

ARTIGO 165.º
Pareceres interpretativos da ERSE

1 – As entidades que integram o sistema gasista podem solicitar à ERSE pareceres interpretativos sobre a aplicação do presente regulamento.

2 – Os pareceres emitidos nos termos do número anterior não têm carácter vinculativo.

3 – As entidades que solicitarem os pareceres não estão obrigadas a seguir as orientações contidas nos mesmos, sendo tal circunstância levada em consideração no julgamento das petições, queixas ou denúncias.

4 – O disposto no número anterior não prejudica a prestação de informações referentes à aplicação do presente regulamento às entidades interessadas, designadamente aos consumidores.

ARTIGO 166.º
Norma remissiva

Aos procedimentos administrativos previstos neste Regulamento e não especificamente regulados aplicam se as disposições do Código de Procedimento Administrativo.

ARTIGO 167.º
Fiscalização e aplicação do Regulamento

1 – A fiscalização e aplicação do cumprimento do disposto no presente regulamento é da competência da ERSE.

2 – No âmbito da fiscalização deste regulamento, a ERSE goza das prerrogativas que lhe são conferidas pelo Decreto-Lei n.º 97/2002, de 12 de Abril, e estatutos anexos ao mesmo diploma.

ARTIGO 168.º

Entrada em vigor

1 – As disposições do presente regulamento entram em vigor no dia seguinte ao da data de publicação deste regulamento, sem prejuízo do disposto nos números seguintes.

2 – As tarifas das actividades de transporte, de armazenamento subterrâneo e de recepção, armazenamento e regaseificação de GNL serão fixadas pela ERSE, ao abrigo das disposições do presente regulamento, para entrarem em vigor a partir de 1 de Julho de 2007.

3 – Até à data referida no número anterior as concessionárias devem aplicar o regime provisório estabelecido no artigo 69.º do Decreto-Lei n.º 140/2006, de 26 de Julho.

4 – As restantes tarifas previstas no presente regulamento serão aprovadas pela ERSE ao abrigo das disposições e procedimentos estabelecidos neste regulamento, para entrarem em vigor a partir de 1 de Julho de 2008.

5 – Até à data de entrada em vigor das tarifas aprovadas pela ERSE a que se refere o número anterior, as tarifas são determinadas e fixadas segundo o regime dos actuais contratos de concessão e licenças, aplicando-se-lhes o regime provisório estabelecido no artigo 69.º do Decreto-Lei n.º 140/2006, de 26 de Julho, por analogia e com as necessárias adaptações, considerando a natureza das suas actividades.

6 – Para efeitos do número anterior, as empresas reguladas abrangidas pelo presente regulamento devem enviar à ERSE, para homologação, as respectivas tarifas, acompanhadas da respectiva fundamentação, até 30 de Novembro de 2007.

7 – As tarifas homologadas pela ERSE só podem entrar em vigor 15 dias após a data da sua homologação.

ANEXO III
Regulamento do Acesso às Redes, às Infra-Estruturas e às Interligações

CAPÍTULO I
Disposições e princípios gerais

Artigo 1.º
Objecto

O presente regulamento, editado ao abrigo do artigo 63.º do Decreto-Lei n.º 140/2006, de 26 de Julho, e do artigo 17.º dos Estatutos da ERSE, anexos ao Decreto Lei n.º 97/2002, de 12 de Abril, tem por objecto estabelecer, segundo critérios objectivos, transparentes e não discriminatórios, as condições técnicas e comerciais segundo as quais se processa o acesso às redes de transporte e de distribuição, às instalações de armazenamento subterrâneo de gás natural, aos terminais de GNL e à interligações, adiante, abreviadamente, designadas de infra estruturas.

Artigo 2.º
Âmbito

1 – Estão abrangidas pelo âmbito de aplicação do presente regulamento as seguintes entidades:
a) Os clientes elegíveis.
b) Os comercializadores.
c) O comercializador de último recurso grossista.
d) Os comercializadores de último recurso retalhistas.
e) Os operadores dos terminais de GNL.
f) Os operadores dos armazenamentos subterrâneos de gás natural.
g) O operador da rede de transporte.
h) Os operadores das redes de distribuição.
2 – As condições a que deve obedecer o acesso às infra-estruturas incluem:
a) As condições em que é facultado ou restringido o acesso.
b) A retribuição a que os operadores das infra-estruturas têm direito por proporcionarem o acesso às suas infra-estruturas.
c) As condições de utilização das infra-estruturas.

Artigo 3.º

Siglas e definições

1 – No presente regulamento são utilizadas as seguintes siglas:

a) AP – Alta pressão.

b) BP – Baixa pressão.

c) ERSE – Entidade Reguladora dos Serviços Energéticos.

d) GNL – Gás natural liquefeito.

e) MP – Média pressão.

f) RNDGN – Rede Nacional de Distribuição de Gás Natural.

g) RNTGN – Rede Nacional de Transporte de Gás Natural.

h) RPGN – Rede Pública de Gás Natural.

i) SNGN – Sistema Nacional de Gás Natural.

j) UAG – Unidade Autónoma de GNL.

2 – Para efeitos do presente regulamento entende-se por:

a) Agente de mercado – entidade que transacciona gás natural nos mercados organizados ou por contratação bilateral, correspondendo às seguintes entidades: comercializadores, comercializador do SNGN, comercializadores de último recurso retalhistas, comercializador de último recurso grossista e clientes elegíveis que adquirem gás natural nos mercados organizados ou por contratação bilateral.

b) Alta pressão – pressão cujo valor, relativamente à pressão atmosférica, é superior a 20 bar.

c) Ano gás – período compreendido entre as 00:00h de 1 de Julho e as 24:00h de 30 de Junho do ano seguinte.

d) Armazenamento subterrâneo de gás natural – conjunto de cavidades, equipamentos e redes que, após recepção do gás na interface com a RNTG, permite armazenar o gás natural na forma gasosa em cavidades subterrâneas, ou reservatórios especialmente construídos para o efeito e, posteriormente, voltar a injectá-lo na RNTG através da mesma interface de transferência de custódia.

e) Autoconsumos – quantidades, em termos energéticos, de gás natural consumidas nas infra-estruturas em virtude dos processos que lhes são inerentes.

f) Baixa pressão – pressão cujo valor, relativamente à pressão atmosférica, é inferior a 4 bar.

g) Capacidade – caudal de gás natural, expresso em termos de energia por unidade de tempo.

h) Cliente – pessoa singular ou colectiva que compra gás natural para consumo próprio.

i) Cliente elegível – cliente livre de escolher o seu comercializador de gás natural.

j) Comercializador – entidade titular de licença de comercialização de gás natural que exerce a actividade de comercialização livremente.

k) Comercializador de último recurso grossista – entidade titular de licença de comercialização de último recurso que está obrigada a assegurar o fornecimento de gás natural aos comercializadores de último recurso retalhistas bem como aos grandes clientes que, por opção ou por não reunirem as condições, não exerçam o seu direito de elegibilidade.

l) Comercializador de último recurso retalhista – entidade titular de licença de comercialização de último recurso que está obrigada a assegurar o fornecimento de gás natural a todos os clientes com consumo anual inferior a 2 milhões de m3 normais ligados à rede que, por opção ou por não reunirem as condições de elegibilidade para manter uma relação contratual com outro comercializador, ficam sujeitos ao regime de tarifas e preços regulados.

m) Comercializador do SNGN – entidade titular dos contratos de longo prazo e em regime de *take or pay* celebrados antes da entrada em vigor da Directiva n.º 2003/55/CE, do Parlamento e do Conselho, de 26 de Junho, nos termos definidos no Decreto-Lei n.º 140/2006, de 26 de Julho.

n) Contrato de longo prazo em regime de take or pay – Contrato de fornecimento de gás com uma duração superior a 10 anos, nos termos do Decreto-Lei n.º 140/2006, de 26 de Julho, que inclui uma cláusula mediante a qual o comprador assume a obrigação de pagar uma certa quantidade contratada de gás natural, mesmo que não a consuma.

o) Dia gás – período compreendido entre as 00:00h e as 24:00h do mesmo dia.

p) Distribuição – veiculação de gás natural através de redes de distribuição de média ou baixa pressão, para entrega às instalações de gás natural fisicamente ligadas à RNDGN, excluindo a comercialização.

q) Grande cliente – cliente com consumo anual igual ou superior a 2 milhões de m3 normais.

r) Infra-estruturas – infra-estruturas da RPGN, nomeadamente os terminais de GNL, as instalações de armazenamento subterrâneo de gás natural, as redes de transporte e de distribuição e as UAG.

s) Instalação de gás natural – instalação privada instalada a jusante da RPGN para uso de um ou mais clientes.

t) Interligação – conduta de transporte que transpõe uma fronteira entre estados membros vizinhos com a finalidade de interligar as respectivas redes de transporte.

u) Média Pressão – pressão cujo valor, relativamente à pressão atmosférica, é igual ou superior a 4 bar e igual ou inferior a 20 bar.

v) Operador da rede de distribuição – entidade concessionária ou titular de licença de distribuição de serviço público da RNDGN, responsáveis pela exploração, manutenção e desenvolvimento da rede de distribuição em condições de segurança, fiabilidade e qualidade de serviço, numa área específica, bem como das suas interligações com outras redes, quando aplicável, devendo assegurar a capacidade da rede a longo prazo para atender pedidos razoáveis de distribuição de gás natural.

w) Operador da rede de transporte – entidade concessionária da RNTGN, responsável pela exploração, manutenção e desenvolvimento da rede de transporte em condições de segurança, fiabilidade e qualidade de serviço, bem como das suas interligações com outras redes, quando aplicável, devendo assegurar a capacidade da rede a longo prazo para atender pedidos razoáveis de transporte de gás natural.

x) Operador do armazenamento subterrâneo de gás natural – entidade concessionária do respectivo armazenamento subterrâneo, responsável pela exploração e manutenção das capacidades de armazenamento e das infra-estruturas de superfície, em condições de segurança, fiabilidade e qualidade de serviço.

y) Operador do terminal de GNL – entidade concessionária do respectivo terminal, responsável por assegurar a sua exploração e manutenção, bem como a sua capacidade de armazenamento e regaseificação em condições de segurança, fiabilidade e qualidade de serviço.

z) Perdas – descarga ou queima de gás natural para efeitos de controlo de pressão ou intervenção nas instalações, no qual o gás natural é queimado ou dispersado de forma controlada e voluntária.

aa) Rede Nacional de Distribuição de Gás Natural – conjunto das infra-estruturas de serviço público destinadas à distribuição de gás natural.

bb) Rede Nacional de Transporte de Gás Natural – conjunto das infra-estruturas de serviço público destinadas ao transporte de gás natural.

cc) Rede Pública de Gás Natural – conjunto das infra-estruturas de serviço público destinadas à recepção, ao transporte e à distribuição em gasoduto, ao armazenamento subterrâneo e à recepção, armazenamento e regaseificação de GNL.

dd) Terminal de GNL – conjunto de infra-estruturas ligadas directamente à RNTGN destinadas à recepção e expedição de navios metaneiros, armazenamento, tratamento e regaseificação de GNL e à sua posterior emissão para a rede de transporte, bem como o carregamento de GNL em camiões cisterna e em navios metaneiros.

ee) Transporte – veiculação de gás natural numa rede interligada de alta pressão, para efeitos de recepção e entrega a distribuidores ou instalações de gás natural fisicamente ligadas à RNTGN, excluindo a comercialização.

ff) Uso das infra-estruturas – utilização das infra-estruturas nos termos do presente regulamento.

3 – Quando no presente regulamento se utiliza o termo "infra-estruturas" sem as distinguir significa que a disposição em causa se aplica a todas as infra-estruturas referidas no artigo 1.º

ARTIGO 4.º

Prazos

1 – Sem prejuízo de outra indicação específica, os prazos estabelecidos no presente regulamento, que não tenham natureza administrativa, são prazos contínuos.

2 – Os prazos previstos no número anterior contam-se nos termos gerais do Código Civil.

3 – Os prazos de natureza administrativa fixados no presente regulamento que envolvam entidades públicas contam-se nos termos do Código do Procedimento Administrativo.

ARTIGO 5.º

Princípios gerais

O acesso às infra-estruturas processa-se em obediência aos seguintes princípios gerais:

a) Salvaguarda do interesse público, incluindo a manutenção da segurança de abastecimento.

b) Garantia da oferta de gás natural nos termos adequados às necessidades dos clientes, quantitativamente e qualitativamente.

c) Igualdade de tratamento e de oportunidades.

d) Não discriminação.

e) Transparência e objectividade das regras e decisões relativas ao acesso às infra-estruturas.

f) Imparcialidade nas decisões.

g) Direito à informação.

h) Reciprocidade no uso das interligações por parte das entidades responsáveis pela gestão das redes com que o SNGN se interliga.

i) Pagamento das tarifas aplicáveis.

CAPÍTULO II
Acesso às infra-estruturas

SECÇÃO I
Acesso às infra-estruturas

Artigo 6.º
Condições de acesso às infra-estruturas

1 – Têm direito de acesso às infra-estruturas da RPGN todos os agentes de mercado.

2 – O acesso às infra-estruturas da RPGN é formalizado com a celebração, por escrito, dos seguintes contratos de uso das infra-estruturas, nos termos definidos no presente Capítulo:

a) Contrato de Uso do Terminal de GNL.
b) Contrato de Uso do Armazenamento Subterrâneo de Gás Natural.
c) Contrato de Uso da Rede de Transporte.
d) Contrato de Uso das Redes de Distribuição.

SECÇÃO II
Contratos de uso das infra-estruturas

Artigo 7.º
Entidades celebrantes dos contratos de uso das infra-estruturas

1 – Os agentes de mercado devem celebrar um contrato de uso das infra-estruturas com o operador da infra-estruturas a que pretendem ter acesso.

2 – No caso de clientes pertencentes a carteiras de comercializadores ou de comercializadores de último recurso, os contratos de uso das infra-estruturas devem ser estabelecidos entre os comercializadores ou comercializadores de último recurso e os operadores das infra-estruturas a que os clientes pretendam ter acesso.

3 – Os comercializadores de último recurso retalhistas constituídos no âmbito de sociedades concessionárias ou detentoras de licenças de distribuição com menos de 100 000 clientes sem separação jurídica de actividades estão isentos de celebrar um Contrato de Uso das Redes de Distribuição, enquanto esta actividade estiver atribuída ao operador da rede de distribuição a que pretendem ter acesso.

ARTIGO 8.º

Condições a integrar nos contratos de uso das infra-estruturas

1 – Os contratos de uso das infra-estruturas devem integrar as condições relacionadas com o uso das infra-estruturas e diferem consoante o tipo de agente de mercado em causa:

a) Cliente elegível.

b) Comercializadores.

c) Comercializador de último recurso grossista.

d) Comercializadores de último recurso retalhistas.

2 – Os contratos de uso das infra-estruturas devem integrar, nomeadamente, as seguintes condições:

a) A periodicidade de facturação, a forma e o prazo de pagamento das facturas pelos operadores das infra-estruturas.

b) O prazo mínimo para denúncia do contrato de uso das infra-estruturas por parte do agente de mercado, prevista no artigo 10.º

c) As entidades a que os operadores das infra-estruturas devem comunicar a cessação dos contratos de uso das infra-estruturas, previstas no artigo 11.º

d) O valor da garantia a que se refere o artigo 12.º, bem como as situações em que pode ser exigida a sua alteração ou reforço.

e) Os procedimentos a adoptar em caso de procedimento fraudulento, aplicável ao Contrato de Uso da Rede de Transporte e ao Contrato de Uso das Redes de Distribuição.

f) As condições em que o fornecimento do serviço pode ser interrompido nos terminais de GNL e nas instalações de armazenamento subterrâneo de gás natural, aplicável ao Contrato de Uso do Terminal de GNL e ao Contrato de Uso do Armazenamento Subterrâneo de Gás Natural.

g) A data de entrada em vigor.

3 – Os contratos de uso das infra-estruturas aplicáveis aos comercializadores, ao comercializador de último recurso grossista e aos comercializadores de último recurso retalhistas devem ainda integrar, nomeadamente, as seguintes condições:

a) Os meios de comunicação e os prazos a estabelecer entre os comercializadores, o comercializador de último recurso grossista ou os comercializadores de último recurso retalhistas e os operadores das infra-estruturas com os quais celebraram o contrato, de forma a assegurar um elevado nível de informação aos seus clientes.

b) Os meios de comunicação a estabelecer e os procedimentos a observar para assegurar a prestação de serviços aos clientes que impliquem a intervenção conjunta ou a necessidade de coordenação entre os comercializadores, o comercializador de último recurso grossista ou os comercializadores de último recurso retalhistas e os operadores das infra-estruturas.

4 – As condições dos contratos de uso das infra-estruturas devem observar, designadamente, o disposto nos seguintes regulamentos:

a) Regulamento de Relações Comerciais.

b) Regulamento Tarifário.

c) Regulamento da Qualidade de Serviço.

d) Regulamento de Operação das Infra-estruturas.

e) Regulamento da RNTGN.

f) Regulamento de Armazenamento Subterrâneo.

g) Regulamento de Terminal de Recepção, Armazenamento e Regaseificação de GNL.

Artigo 9.º

Condições gerais dos contratos de uso das infra-estruturas

1 – As condições gerais que devem integrar os contratos de uso das infra-estruturas são aprovadas pela ERSE, após consulta aos agentes de mercado, na sequência de proposta apresentada pelo operador da infra-estrutura a que o contrato diz respeito, sem prejuízo do disposto no número seguinte.

2 – A proposta das condições gerais do Contrato de Uso das Redes de Distribuição deve ser conjunta dos operadores das redes de distribuição.

3 – As propostas referidas no n.º 1 devem ser apresentadas à ERSE no prazo de 150 dias após a entrada em vigor do presente regulamento.

4 – A divulgação das condições gerais que devem integrar os contratos de uso das infra-estruturas processa se nos termos do artigo 44.º

5 – A ERSE, por sua iniciativa, ou mediante proposta dos operadores das infra-estruturas, pode proceder à alteração das condições gerais previstas no n.º 1, ouvindo previamente as entidades a que este se aplica.

Artigo 10.º

Duração dos contratos de uso das infra-estruturas

1 – Os contratos de uso das infra-estruturas têm a duração de um ano gás, com vigência até ao final do ano gás, considerando-se automática e sucessivamente renovados por iguais períodos, salvo denúncia do agente de mercado.

2 – A denúncia, prevista no número anterior, deve ser feita por escrito, com a antecedência mínima estabelecida nas condições gerais que devem integrar o respectivo contrato de uso das infra-estruturas.

ARTIGO 11.º

Cessação dos contratos de uso das infra-estruturas

1 – Os contratos de uso das infra-estruturas podem cessar por:
a) Acordo entre as partes.
b) Caducidade por:
i) Denúncia do agente de mercado.
ii) Extinção da licença de comercializador.
c) Rescisão por:
i) Incumprimento das disposições aplicáveis, designadamente as constantes do presente Regulamento, do Regulamento de Relações Comerciais, do Regulamento da Qualidade de Serviço e do Regulamento de Operação das Infra-estruturas.
ii) Incumprimento do disposto no Regulamento da RNTGN, Regulamento de Armazenamento Subterrâneo e no Regulamento de Terminal de Recepção, Armazenamento e Regaseificação de GNL.
iii) Incumprimento do disposto no contrato de uso das infra-estruturas.

2 – Com a cessação do contrato de uso das infra-estruturas extinguem-se todos os direitos e obrigações das partes, sem prejuízo do cumprimento dos encargos emergentes do contrato cessado, conferindo aos operadores das infra-estruturas o direito de interromperem o fornecimento e de procederem ao levantamento do material e equipamento que lhes pertencer.

3 – A rescisão do contrato de uso das infra-estruturas deve ser precedida de um aviso prévio ao agente de mercado, concedendo a este um prazo mínimo de 8 dias para regularizar a situação que constitui causa para o incumprimento.

ARTIGO 12.º

Direito à prestação de garantia

1 – Os operadores das infra-estruturas, enquanto entidades titulares dos contratos de uso das infra-estruturas, têm direito à prestação de garantia por parte dos agentes de mercado.

2 – A garantia prestada visa assegurar o cumprimento das obrigações decorrentes dos contratos de uso das infra-estruturas.

3 – As regras aplicáveis à utilização e restituição da garantia são as estabelecidas no respectivo contrato de uso das infra-estruturas.

4 – Salvo acordo entre as partes, a garantia é prestada em numerário, cheque, transferência electrónica, garantia bancária ou seguro-caução.

5 – O valor da garantia prestada, bem como as situações em que pode ser exigida a sua alteração ou reforço, são estabelecidos no âmbito dos contratos de uso das infra-estruturas.

Artigo 13.º

Prestação de informação pelos operadores das infra-estruturas no âmbito dos contratos de uso das infra-estruturas

Os operadores das infra-estruturas devem fornecer aos agentes de mercado, com os quais celebraram contratos de uso das infra-estruturas, informações sobre alterações nas condições de fornecimento de gás natural, relativamente ao estabelecido nos contratos de uso das infra estruturas e na legislação aplicável, nomeadamente:

a) Interrupções programadas do fornecimento de gás natural com origem nas suas infra estruturas, com indicação da data e hora de início, duração prevista e objectivos da interrupção.

b) Problemas de pressão existentes numa determinada área, com indicação da sua causa e data prevista para a sua resolução.

c) Iniciativas dos operadores das redes com intervenção nas instalações dos clientes, como sejam a substituição de equipamentos de medição ou a realização de leituras extraordinárias.

SECÇÃO III

Retribuição pelo uso das infra-estruturas e serviços

Artigo 14.º

Retribuição pelo uso das infra-estruturas e serviços

1 – Os operadores das infra-estruturas têm o direito de receber uma retribuição pelo uso das suas instalações físicas e serviços inerentes, pela aplicação das tarifas relativas ao uso de cada infra-estrutura, nos termos definidos no Regulamento Tarifário.

2 – As tarifas referidas no número anterior são publicadas em conjunto com as restantes tarifas do sector do gás natural, nos termos definidos no Regulamento Tarifário.

3 – Os períodos tarifários aplicáveis na facturação das tarifas referidas no n.º 1 são publicados pela ERSE no despacho anual que estabelece as tarifas e preços do gás natural para o ano gás seguinte.

4 – As grandezas a utilizar para cálculo das tarifas referidas no n.º 1 são determinadas nos termos definidos no Regulamento de Relações Comerciais.

5 – Compete aos operadores das respectivas infra-estruturas cobrar os valores relativos às tarifas referidas no n.º 1, nos termos previstos nos contratos de uso das infra-estruturas estabelecidos na Secção anterior.

ARTIGO 15.º

**Entidades responsáveis pela retribuição pelo uso
das infra-estruturas e serviços**

1 – Os clientes são responsáveis pelo pagamento das tarifas referidas no n.º 1 do artigo anterior e de todas as obrigações e direitos, nomeadamente serviços regulados previstos no Regulamento das Relações Comerciais, de acordo com os preços publicados anualmente pela ERSE, sem prejuízo do disposto no número seguinte.

2 – Nos fornecimentos de gás natural a clientes constituídos nas carteiras dos comercializadores, do comercializador de último recurso grossista ou dos comercializadores de último recurso retalhistas, considera-se que a responsabilidade pelo pagamento das tarifas, pela apresentação da garantia e todas as obrigações e direitos, nomeadamente, serviços regulados e compensações, referidos no n.º 1, são transferidas do cliente para o respectivo comercializador, comercializador de último recurso grossista ou comercializador de último recurso retalhista.

3 – As responsabilidades dos comercializadores, do comercializador de último recurso grossista e dos comercializadores de último recurso retalhistas, relativas aos seus clientes, identificadas no número anterior, cessam quando comunicado, ao operador das infra estruturas com o qual celebraram o contrato de uso das infra-estruturas, que ocorreu a cessação do contrato estabelecido entre o comercializador, o comercializador de último recurso grossista ou o comercializador de último recurso retalhista e o cliente.

4 – Nos casos referidos no n.º 2, os operadores das infra-estruturas emitem uma factura única para cada comercializador, comercializador de último recurso grossista ou comercializador de último recurso retalhista, com o qual celebraram o contrato de uso das infra-estruturas, que corresponde à soma das retribuições pelo uso das infra-estruturas e serviços de cada cliente.

5 – Sempre que um cliente constituído na carteira de um comercializador, comercializador de último recurso grossista ou comercializador de último recurso retalhista tenha direito a compensações por incumprimento dos padrões de qualidade de serviço, referidas no n.º 1, os operadores das redes com os quais esse comercializador, comercializador de último recurso grossista ou comercializador de último recurso retalhista celebrou contrato, devem prestar ao actual comercializador, comercializador de último recurso grossista ou comercializador de último recurso retalhista as compensações, devendo este transferi-las para o cliente.

SECÇÃO IV
Informação para efeitos do acesso às infra-estruturas

ARTIGO 16.º
Informação para efeitos do acesso às infra-estruturas

1 – Os operadores das infra-estruturas devem disponibilizar, aos agentes de mercado, informação técnica que lhes permita caracterizar as suas infra-estruturas.

2 – Da informação para efeitos do acesso a divulgar pelos operadores das infra-estruturas deve constar, nomeadamente:

a) Descrição pormenorizada e localização geográfica das infra-estruturas, com indicação de todos os pontos relevantes da RPGN, definidos no artigo 17.º

b) Características dos principais equipamentos.

c) Valores máximos e mínimos da utilização mensal da capacidade, nos últimos três anos.

d) Fluxos médios mensais em todos os pontos relevantes da RPGN, definidos no artigo 17.º, nos últimos três anos gás.

e) Os valores da capacidade técnica, da capacidade máxima efectiva considerando as restrições técnicas, da capacidade disponível para fins comerciais e da capacidade efectivamente utilizada.

f) Identificação e justificação dos principais congestionamentos e restrições da capacidade das infra-estruturas

g) Informação relativa à qualidade do fornecimento de gás natural, nomeadamente a pressão e as características do gás natural estabelecidas no Regulamento da Qualidade de Serviço.

h) Indicadores de continuidade de serviço previstos no Regulamento da Qualidade de Serviço.

3 – A informação apresentada deve ainda permitir, aos agentes de mercado, a identificação dos principais desenvolvimentos futuros.

4 – Os operadores das infra-estruturas devem manter um registo dos pedidos de informação que lhes são dirigidos relativamente à caracterização das suas infra-estruturas.

5 – A informação divulgada para efeitos do acesso às infra estruturas deve considerar as necessidades reveladas pelos agentes de mercado nos pedidos de informação referidos no número anterior.

6 – A informação para efeitos do acesso às infra-estruturas deve estar disponível aos agentes de mercado, nomeadamente nas suas páginas de Internet e nos centros de atendimento dos operadores das infra-estruturas que deles disponham.

7 – A informação para efeitos do acesso às infra-estruturas deve ser divulgada anualmente, através da publicação de documentos específicos, por

parte do respectivo operador das infra-estruturas, contendo informação reportada ao final do ano gás anterior, respeitantes a:

a) Terminais de GNL.

b) Instalações de armazenamento subterrâneo de gás natural.

c) RNTGN, incluindo as ligações com as restantes infra-estruturas e as interligações com o sistema de gás natural com o qual a RNTGN está interligada.

d) RNDGN, incluindo as UAG e as ligações com as redes de distribuição em BP.

8 – Os operadores das infra-estruturas devem estabelecer mecanismos de troca de informação recíproca, de forma a assegurar a coerência entre as informações acerca das suas infra estruturas.

9 – Os documentos referidos no n.º 7 devem ser enviados à ERSE, até dia 30 de Setembro de cada ano.

10 – Os documentos referidos no n.º 7 devem ser divulgados nos termos previstos no artigo 44.º

ARTIGO 17.º
Pontos relevantes da RPGN

1 – O operador da rede de transporte, na sua actividade de Gestão Técnica Global do SNGN, considerando o Regulamento CE n.º 1775/2005, de 28 de Setembro, deve elaborar anualmente, em coordenação com os operadores das infra-estruturas, uma proposta de lista dos pontos relevantes da RPGN.

2 – A lista dos pontos relevantes da RPGN deve incluir pelo menos:

a) Os pontos de entrada na RNTGN, nomeadamente as interligações e as ligações com os terminais de GNL.

b) Os pontos de ligação às instalações de armazenamento subterrâneo de gás natural.

c) Os pontos de ligação da RNTGN com a RNDGN.

d) Os pontos de ligação entre diferentes níveis de pressão das redes de distribuição.

e) Os pontos de ligação entre as UAG e as respectivas redes de distribuição local.

f) Os pontos essenciais, considerando-se para tal todos os pontos que, com base na experiência, possam registar congestionamento físico.

3 – O operador da rede de transporte deve colocar a proposta de lista dos pontos relevantes da RPGN a consulta aos agentes de mercado e a outras entidades interessadas, nomeadamente na sua página de Internet, com o objectivo de identificar as suas necessidades e de promover a sua participação neste processo.

4 – Na sequência do processo de consulta previsto no número anterior, o operador da rede de transporte deve elaborar a lista dos pontos relevantes da RPGN, a enviar à ERSE para aprovação até dia 30 de Abril de cada ano.

5 – A lista dos pontos relevantes da RPGN deve ser acompanhada de um relatório do qual constem todas as sugestões apresentadas pelos agentes de mercado e outras entidades interessadas no processo de consulta e as respectivas respostas por parte do operador da rede de transporte.

6 – A divulgação da lista dos pontos relevantes da RPGN, depois de aprovada pela ERSE, processa se nos termos do artigo 44.º

SECÇÃO V
Ajustamento para perdas e autoconsumos

ARTIGO 18.º
Ajustamento para perdas e autoconsumos

1 – O ajustamento para perdas e autoconsumos relaciona a energia nas entradas e nas saídas das infra-estruturas, sendo a sua diferença identificada como perdas e autoconsumos que ocorrem na referida infra-estrutura.

2 – Os operadores das infra-estruturas assumem, face aos agentes de mercado, o risco de fugas de gás natural e furtos na infra-estrutura que operam.

3 – Os operadores das infra-estruturas contabilizam, nos pontos de entrada das suas infra estruturas, a quantidade de gás natural para os ajustamentos de perdas e autoconsumos de acordo com o disposto no artigo seguinte.

4 – Para efeitos da determinação da quantidade de gás natural que deve ser colocada na RPGN através do mercado organizado ou contratação bilateral, os ajustamentos para perdas e autoconsumos são aplicados às quantidades de gás natural dos consumos previstos dos clientes, nos termos do disposto nos artigos seguintes.

5 – Para efeitos de tarifas, os ajustamentos para perdas e autoconsumos são aplicados aos valores dos preços das tarifas relativas a cada infra-estrutura, nos termos definidos no Regulamento Tarifário.

6 – Os factores de ajustamento para perdas e autoconsumos são diferenciados em função da infra-estrutura a que reportam, nomeadamente, os terminais de GNL, as instalações de armazenamento subterrâneo de gás natural, as UAG, a RNTGN e as redes de distribuição em MP e em BP.

7 – O operador da rede de transporte, na sua actividade de Gestão Técnica Global do SNGN, em coordenação com os operadores das infra-estruturas, deve apresentar à ERSE propostas de valores dos factores de ajustamento para perdas e autoconsumos relativos às infra-estruturas referidas no número anterior, até ao dia 15 de Dezembro de cada ano, devidamente justificadas.

8 – A ERSE publica os valores dos factores de ajustamento para perdas e autoconsumos no despacho anual que estabelece as tarifas e preços do gás natural para o ano gás seguinte.

Artigo 19.º
Factores de ajustamento para perdas e autoconsumos

A quantidade de gás natural que os agentes de mercado devem colocar à entrada de cada infra estrutura para garantir a quantidade de gás natural desejada à saída deve ser ajustada em função dos factores de ajustamento para perdas e autoconsumos de cada uma das infra estruturas envolvidas, de acordo com as seguintes fórmulas:

a) Terminais de GNL, $E_{E\,TRAR} = E_{S\,TRAR} \times (1 + \gamma_{TRAR})$,

em que:

$E_{E\,TRAR}$ – Quantidade de gás natural colocada na entrada do terminal de GNL.

$E_{S\,TRAR}$ – Quantidade de gás natural na saída do terminal de GNL.

γ_{TRAR} – Factor de ajustamento para perdas e autoconsumos relativo ao terminal de GNL.

b) Instalações de armazenamento subterrâneo de gás natural $E_{E\,AS} = E_{S\,AS} \times (1 + \gamma_{AS})$

em que:

$E_{E\,AS}$ – Quantidade de gás natural colocada na entrada da instalação de armazenamento subterrânea de gás natural.

$E_{S\,AS}$ – Quantidade de gás natural na saída da instalação de armazenamento subterrâneo de gás natural.

γ_{AS} – Factor de ajustamento para perdas e autoconsumos relativo à instalação de armazenamento subterrâneo de gás natural.

c) UAG, $E_{E\,UAG} = E_{S\,UAG} \times (1 + \gamma_{UAG})$,

em que:

$E_{E\,UAG}$ – Quantidade de gás natural colocada na entrada da UAG.

$E_{S\,UAG}$ – Quantidade de gás natural na saída da UAG.

γ_{UAG} – Factor de ajustamento para perdas e autoconsumos relativo à UAG.

d) RNTGN, $E_{E\,RT} = E_{S\,RT} \times (1 + \gamma_{RT})$

em que:

$E_{E\,RT}$ – Quantidade de gás natural colocada na entrada da RNTGN.

$E_{S\,RT}$ – Quantidade de gás natural na saída da RNTGN.

γ_{RT} – Factor de ajustamento para perdas e autoconsumos relativo à RNTGN.

e) Redes em MP, $E_{E\,RMP} = E_{S\,RMP} \times (1 + \gamma_{RMP})$,

em que:

$E_{E\,RMP}$ – Quantidade de gás natural colocada na entrada da rede em MP.

$E_{S\,RMP}$ – Quantidade de gás natural na saída da rede em MP.

γ_{RMP} – Factor de ajustamento para perdas e autoconsumos relativo à rede em MP.

f) Redes em BP, $E_{E\,RBP} = E_{S\,RBP} \times (1 + \gamma_{RBP})$,
em que:
$E_{E\,RBP}$ – Quantidade de gás natural colocada na entrada da rede em BP.
$E_{S\,RBP}$ – Quantidade de gás natural na saída da rede em BP.
γ_{RBP} – Factor de ajustamento para perdas e autoconsumos relativos à rede em BP.

Artigo 20.º
Quantidades ajustadas para perdas e autoconsumos nos terminais de GNL

1 – A quantidade de gás natural que os agentes de mercado devem colocar à entrada dos terminais de GNL para garantir a quantidade de gás natural entregue à instalação do cliente deve ser ajustada em função do ponto de saída do gás natural e dos factores de ajustamento para perdas e autoconsumos, de acordo com as seguintes expressões:

a) Cliente ligado à RNTGN: $E_{E\,TRAR} = E_{C\,CF} \times (1 + \gamma_{TRAR}) \times (1 + \gamma_{RT})$.
b) Cliente ligado à rede em MP: $E_{E\,TRAR} = E_{C\,CF} \times (1 + \gamma_{TRAR}) \times (1 + \gamma_{RT}) \times (1 + \gamma_{RMP})$.
c) Cliente ligado à rede em BP: $E_{E\,TRAR} = E_{C\,CF} \times (1 + \gamma_{TRAR}) \times (1 + \gamma_{RT}) \times (1 + \gamma_{RMP}) \times (1 + \gamma_{RBP})$.
d) Injecção nas instalações de armazenamento subterrâneo de gás natural: $E_{E\,TRAR} = E_{C\,CF} \times (1 + \gamma_{TRAR}) \times (1 + \gamma_{RT}) \times (1 + \gamma_{AS})$.

2 – Para efeitos do número anterior, cada operador da rede de distribuição aplica os factores de ajustamento válidos para a sua rede de distribuição.
3 – A sigla EC CF corresponde à quantidade de gás natural consumida pela instalação do cliente ou à quantidade injectada nas instalações de armazenamento subterrâneo de gás natural.

Artigo 21.º
Quantidades ajustadas para perdas e autoconsumos nas instalações de armazenamento subterrâneo de gás natural

1 – A quantidade de gás natural que os agentes de mercado devem extrair das instalações de armazenamento subterrâneo de gás natural para garantir a quantidade de gás natural entregue à instalação do cliente deve ser ajustada em função do ponto de saída do gás natural e dos factores de ajustamento para perdas e autoconsumos, de acordo com as seguintes expressões:

a) Cliente ligado à RNTGN: $E_{E\,AS} = E_{C\,CF} \times (1 + \gamma_{AS}) \times (1 + \gamma_{RT})$.
b) Cliente ligado à rede em MP: $E_{E\,AS} = E_{C\,CF} \times (1 + \gamma_{AS}) \times (1 + \gamma_{RT}) \times (1 + \gamma_{RMP})$.
c) Cliente ligado à rede em BP: $E_{E\,AS} = E_{C\,CF} \times (1 + \gamma_{AS}) \times (1 + \gamma_{RT}) \times (1 + \gamma_{RMP}) \times (1 + \gamma_{RBP})$

2 – Para efeitos do número anterior, cada operador da rede de distribuição aplica os factores de ajustamento válidos para a sua rede de distribuição.

Artigo 22.º

Quantidades ajustadas para perdas e autoconsumos na RNTGN

1 – A quantidade de gás natural que os agentes de mercado devem colocar à entrada da RNTGN para garantir a quantidade de gás natural entregue à instalação do cliente deve ser ajustada em função do ponto de saída do gás natural e dos factores de ajustamento para perdas e autoconsumos, de acordo com as seguintes expressões:

a) Cliente ligado à RNTGN: $E_{E\,RT} = E_{C\,CF} \times (1 + \gamma_{RT})$.
b) Cliente ligado à rede em MP: $E_{E\,RT} = E_{C\,CF} \times (1 + \gamma_{RT}) \times (1 + \gamma R_{MP})$.
c) Cliente ligado à rede em BP: $E_{E\,RT} = E_{C\,CF} \times (1 + \gamma_{RT}) \times (1 + \gamma_{RAP}) \times (1 + \gamma_{RBP})$.
d) Injecção nas instalações de armazenamento subterrâneo de gás natural: $E_{E\,RAP} = E_{C\,CF} \times (1 + \gamma_{RAP}) \times (1 + \gamma_{AS})$.

2 – Para efeitos do número anterior, cada operador da rede de distribuição aplica os factores de ajustamento válidos para a sua rede de distribuição.

Artigo 23.º

Quantidades ajustadas para perdas e autoconsumos na rede em MP

1 – A quantidade de gás natural que os agentes de mercado devem colocar à entrada da rede em N IP para garantir a quantidade de gás natural entregue à instalação do cliente deve ser ajustada em função do ponto de saída do gás natural e dos factores de ajustamento para perdas e autoconsumos, de acordo com as seguintes expressões:

a) Cliente ligado à rede em MP: $E_{E\,RMP} = E_{C\,CF} \times (1 + \gamma_{RMP})$.
b) Cliente ligado à rede em BP: $E_{E\,RMP} = E_{C\,CF} \times (1 + \gamma_{RMP}) \times (1 + \gamma_{RBP})$.

2 – Para efeitos do número anterior, cada operador da rede de distribuição aplica os factores de ajustamento válidos para a sua rede de distribuição.

Artigo 24.º

Quantidades ajustadas para perdas e autoconsumos na rede em BP

1 – A quantidade de gás natural que os agentes de mercado devem colocar à entrada da rede em BP para garantir a quantidade de gás natural entregue à instalação do cliente deve ser ajustada em função do ponto de saída do gás natural e dos factores de ajustamento para perdas e autoconsumos, de acordo com a seguinte expressão:

a) Cliente ligado à rede em BP: $E_{E\,RBP} = E_{C\,CF} \times (1 + \gamma_{RBP})$.

2 – Para efeitos do número anterior, cada operador da rede de distribuição aplica os factores de ajustamento válidos para a sua rede de distribuição.

ARTIGO 25.º

Quantidades ajustadas para perdas e autoconsumos nas UAG

1 – A quantidade de gás natural que os agentes de mercado devem colocar à entrada das UAG para garantir a quantidade de gás natural entregue à instalação do cliente deve ser ajustada em função do ponto de saída do gás natural e dos factores de ajustamento para perdas e autoconsumos, de acordo com as seguintes expressões:

a) Cliente ligado à rede em MP: $E_{E\,UAG} = E_{C\,CF} \times (1+ \gamma_{UAG}) \times (1+ \gamma_{RMP})$.
b) Cliente ligado à rede em BP: $E_{E\,UAG} = E_{C\,CF} \times (1+ \gamma_{UAG}) \times (1+ \gamma_{RMP}) \times (1+ \gamma_{RBP})$.

2 – Para efeitos do número anterior, cada operador da rede de distribuição aplica os factores de ajustamento válidos para a sua rede de distribuição.

CAPÍTULO III

Investimentos nas infra-estruturas

ARTIGO 26.º

Projectos de investimento e relatórios de execução do orçamento

1 – Os operadores das infra-estruturas devem enviar à ERSE os projectos de investimento que pretendem efectuar nas suas infra-estruturas, identificando as infra-estruturas abrangidas e a calendarização da sua execução.

2 – Os projectos de investimento devem contemplar os três anos gás seguintes ao ano gás em que são apresentados, devendo incluir o orçamento de investimentos para o ano gás seguinte ao de apresentação dos projectos.

3 – Para o primeiro ano gás dos projectos de investimento, os operadores das infra-estruturas devem descrever o orçamento de investimentos nas suas infra-estruturas a executar no ano gás seguinte, contendo uma identificação exaustiva dos activos em que irão investir, da calendarização das obras e dos respectivos valores de investimento previstos.

4 – Devem ser elaborados projectos de investimento relativos às seguintes infra-estruturas, por parte do respectivo operador:

a) Terminais de GNL.
b) Instalações de armazenamento subterrâneo de gás natural.

c) RNTGN, incluindo as ligações com as restantes infra-estruturas e as interligações com o sistema de gás natural com o qual a RNTGN está interligada a nível internacional.

d) RNDGN, incluindo as UAG e as ligações com as redes de distribuição em BP.

5 – Os operadores das infra-estruturas devem estabelecer mecanismos de troca de informação recíproca de forma a assegurar a coerência entre os projectos de investimento nas suas infra estruturas, designadamente da informação relativa às alternativas de ligação.

6 – O operador da rede de transporte deve prever, em conjunto com o operador do sistema de gás natural com o qual a sua rede está interligada a nível internacional, a prestação recíproca de informação de forma a assegurar a coerência entre os projectos de investimento nas suas infra-estruturas, designadamente da informação relativa às alternativas de ligação.

7 – Os operadores das infra-estruturas devem enviar os projectos de investimento à ERSE, incluindo o orçamento de investimentos para o ano gás seguinte, para aprovação, para efeitos de reconhecimento na base de activos e para cálculo das tarifas, até ao dia 15 de Dezembro de cada ano, de acordo com as normas complementares previstas no Regulamento Tarifário.

8 – Até ao dia 1 de Novembro de cada ano, os operadores das infra-estruturas devem ainda enviar à ERSE o relatório de execução do orçamento do ano gás anterior, com indicação dos respectivos valores de investimento realizados, de acordo com as normas complementares previstas no Regulamento Tarifário.

9 – Os orçamentos de investimentos e os relatórios de execução do orçamento do ano gás anterior, referidos no número anterior, devem, nomeadamente, identificar:

a) A caracterização física das obras.

b) A data de entrada em exploração.

c) Os valores de investimento, desagregados por ano gás e pelos vários tipos de equipamento de cada obra.

10 – Para o segundo e terceiro anos, os projectos de investimento nas infra-estruturas devem apresentar as alternativas de desenvolvimento das mesmas, identificando para cada alternativa:

a) A lista das obras a executar e respectiva justificação.

b) O prazo de execução.

c) O valor orçamentado.

d) A repartição dos encargos, para projectos que envolvam outras entidades.

11 – Os projectos de investimento, após aprovação da ERSE, devem ser divulgados nos termos previstos no artigo 44.º

Artigo 27.º
Realização de investimentos nas infra-estruturas

1 – Os investimentos nas infra-estruturas devem ser realizados de acordo com os procedimentos estabelecidos no Decreto-Lei n.º 223/2001, de 9 de Agosto, alterado pelo Decreto-Lei n.º 234/2004, de 15 de Dezembro, que procede à transposição para a ordem jurídica interna da Directiva 93/38/CEE, do Conselho, de 14 de Junho, relativa à coordenação dos processos de celebração de contratos nos sectores da água, da energia, dos transportes e das telecomunicações, com as alterações que lhe foram introduzidas pela Directiva 98/4/CE do Parlamento Europeu e do Conselho, de 16 de Fevereiro.

2 – Os investimentos aprovados, após efectuados e os activos terem passado à exploração, passam a ser considerados para efeitos de cálculo da retribuição dos operadores das infra estruturas, nos termos previstos no Regulamento Tarifário.

3 – Para efeitos do número anterior, os investimentos nas infra-estruturas devem ser realizados de acordo com as regras comunitárias de contratação pública:

a) Os investimentos realizados na sequência de concurso público, são automaticamente aceites pela ERSE para efeitos de reconhecimento nas tarifas.

b) Os investimentos realizados na sequência de concurso com recurso à prévia qualificação de fornecedores são igualmente aceites para efeitos de repercussão nas tarifas, ficando condicionados a análise da ERSE.

CAPÍTULO IV
Capacidade das infra-estruturas

SECÇÃO I
Determinação e divulgação da capacidade das infra-estruturas

Artigo 28.º
Definição de capacidade das infra-estruturas

1 – Para efeitos de acesso à RNTGN, define-se como capacidade de uma infra estrutura o caudal de gás natural, expresso em termos de energia por unidade de tempo.

2 – Para efeitos do acesso aos terminais de GNL, entende-se por capacidade não só o caudal de gás natural, expresso em termos de energia por unidade de tempo, mas também os períodos de utilização associados ao acesso ao porto para trasfega de GNL e ao carregamento de camiões cisterna.

3 – Para efeitos do acesso às instalações de armazenamento subterrâneo de gás natural, entende-se por capacidade não só o caudal de gás natural, expresso em termos de energia por unidade de tempo, mas também a capacidade de armazenamento subterrâneo de gás natural, expressa em termos de energia, a qual corresponde à quantidade máxima de gás natural que os agentes de mercado podem colocar no armazenamento subterrâneo, num determinado período temporal.

ARTIGO 29.º

Metodologia dos estudos para a determinação
da capacidade das infra-estruturas

1 – Os operadores das infra-estruturas devem disponibilizar informação sobre a capacidade das infra-estruturas disponível para fins comerciais, nomeadamente nos pontos relevantes da RPGN definidos no Capítulo II, Secção IV, artigo 17.º, aos agentes de mercado.

2 – Para efeitos do número anterior, os operadores das infra-estruturas devem efectuar os estudos necessários à determinação da capacidade das infra-estruturas que pode ser usada livremente pelos agentes de mercado para fins comerciais, simulando diferentes cenários de entrada de gás natural nas suas infra-estruturas e consumo, para os diferentes regimes sazonais.

3 – A proposta de metodologia a usar nos estudos previstos no número anterior é aprovada pela ERSE, na sequência de proposta elaborada pelo operador de cada infra-estrutura.

4 – A proposta referida no número anterior deve ser apresentada à ERSE no prazo de 150 dias após a entrada em vigor do presente regulamento.

5 – Os operadores das infra-estruturas podem apresentar à ERSE propostas de alteração à metodologia referida no n.º 3 sempre que o considerem necessário.

6 – A metodologia prevista no n.º 3 deve referir os estudos a efectuar para determinação da capacidade das infra-estruturas que pode ser utilizada livremente para fins comerciais para cada um dos meses do ano gás seguinte, bem como os estudos que servirão de base às suas actualizações mensais e semanais.

7 – A metodologia utilizada nos estudos para a determinação da capacidade disponível nas ligações entre infra-estruturas deve, sempre que possível, ser acordada entre os respectivos operadores das infra-estruturas.

8 – A metodologia utilizada nos estudos para a determinação da capacidade disponível nas interligações deve, sempre que possível, ser acordada entre o operador da rede de transporte e o operador do sistema de gás natural com o qual a sua rede está interligada, tendo em conta as recomendações e as regras aplicáveis na União Europeia relativas à gestão das redes interligadas.

9 – A divulgação da metodologia de determinação da capacidade das infra-estruturas que pode ser utilizada livremente para fins comerciais, depois de aprovada pela ERSE, processa se nos termos do artigo 213.º

ARTIGO 30.º
Determinação dos valores da capacidade das infra-estruturas

1 – Os estudos a efectuar pelos operadores das infra-estruturas, previstos no artigo anterior, devem evidenciar para os pontos relevantes da RPGN, definidos no Capítulo II, Secção IV, artigo 17.º, os seguintes valores:

a) Capacidade técnica máxima.

b) Capacidade máxima efectiva considerando as restrições técnicas.

c) Capacidade disponível para fins comerciais.

d) Capacidade prevista na RNTGN e no terminal de GNL de Sines, no âmbito dos contratos de aprovisionamento de gás natural de longo prazo e em regime de *take or pay*, celebrados em data anterior à publicação da Directiva n.º 2003/55/CE, do Parlamento e do Conselho, de 26 de Junho.

e) Identificação e justificação dos principais congestionamentos previstos.

2 – Os estudos efectuados e os valores indicativos da capacidade disponível nas infra estruturas deles resultantes, relativos a cada um dos meses do ano gás seguinte, devem ser enviados à ERSE até 30 de Abril de cada ano.

3 – Os operadores das infra-estruturas devem actualizar os valores da capacidade das infra-estruturas disponível para fins comerciais para cada mês, com detalhe semanal, e para cada semana, com detalhe diário.

ARTIGO 31.º
Divulgação dos valores da capacidade das infra-estruturas

1 – Com base nos estudos e na informação previstos no n.º 2 do artigo anterior, os respectivos operadores das infra-estruturas devem proceder à divulgação dos valores indicativos da capacidade disponível para fins comerciais nos pontos relevantes da RPGN, definidos no Capítulo II, Secção IV, artigo 17.º, relativos ao ano gás seguinte.

2 – Os respectivos operadores das infra-estruturas devem ainda proceder à divulgação das actualizações mensais e semanais dos valores indicativos da capacidade disponível para fins comerciais referidos no n.º anterior, sempre que os referidos valores sejam inferiores a 50% da capacidade técnica máxima.

3 – Sempre que os operadores das infra-estruturas identifiquem a necessidade de rever os valores aprovados da capacidade disponível para fins comerciais das suas infra-estruturas, devem apresentar à ERSE novos valores, acompanhados da justificação das alterações efectuadas.

4 – A divulgação dos valores referidos nos números anteriores processa-se nos termos do artigo 45.º

SECÇÃO II
Atribuição da capacidade das infra-estruturas

Artigo 32.º
Fases de relacionamento no acesso às infra-estruturas

Para efeitos do acesso às infra-estruturas, utilização e funcionamento do SNGN, definem-se quatro fases no relacionamento entre os agentes de mercado e os operadores das infra estruturas:

a) Fase prévia de celebração dos contratos de uso das infra-estruturas entre os agentes de mercado e os operadores das infra-estruturas que pretendam utilizar, nos termos da Secção II do Capítulo II do presente regulamento.

b) Fase anterior ao dia gás para, tendo em vista a concretização do acesso, atribuição de capacidade das infra-estruturas, que inclui as programações e as nomeações, estabelecidas, nomeadamente as referidas no artigo 36.º e no artigo 37.º do presente regulamento.

c) Fase associada ao dia gás na qual se incluem todos os procedimentos associados à operação do SNGN e à gestão no dia gás dos fluxos de gás natural, estabelecidos no Regulamento de Operação das Infra-estruturas.

d) Fase posterior ao dia gás em que se realizam os processos de repartição dos volumes de gás natural processados por cada agente de mercado nas diversas infra-estruturas e de apuramento de balanço das existências de cada agente de mercado, referidos no Regulamento de Relações Comerciais. Nesta fase desenvolve-se ainda o processo de apuramento e resolução de desequilíbrios nas referidas existências.

Artigo 33.º
Princípios gerais da atribuição da capacidade das infra-estruturas

1 – Para que possa ser atribuída capacidade das infra-estruturas a um determinado agente de mercado, este deve ter previamente celebrado um contrato de uso da infra-estrutura que pretende utilizar, nos termos da Secção II do Capítulo II, e deve participar no processo de atribuição de capacidade.

2 – Deve ser posta à disposição dos agentes de mercado a capacidade máxima das infra estruturas, no respeito dos padrões de segurança do funcionamento das mesmas.

3 – Para assegurar a disponibilização da capacidade máxima das infra-
-estruturas, ao longo do processo de atribuição da capacidade e até à nomeação
para o dia gás, qualquer capacidade previamente atribuída a um determinado
agente de mercado que não seja objecto de programação ou nomeação posterior
considera-se livre e à disposição dos restantes agentes de mercado.

4 – A capacidade atribuída numa programação é firme desde que objecto
de programação ou nomeação no horizonte temporal seguinte.

5 – A atribuição da capacidade das infra-estruturas e a resolução de eventuais congestionamentos devem ser realizadas utilizando mecanismos objectivos e transparentes, não discriminatórios, baseados em critérios de mercado, que
forneçam sinais económicos eficazes aos agentes de mercado envolvidos e que
satisfaçam os demais princípios estabelecidos no Regulamento CE n.º 1775/
2005, de 28 de Setembro.

6 – A resolução de congestionamentos nas infra-estruturas rege-se pelos
princípios descritos no mecanismo estabelecido no artigo 41.º

Artigo 34.º

**Capacidade das infra-estruturas associada aos contratos
de aprovisionamento de gás natural de longo prazo existentes**

1 – Considera-se atribuída aos respectivos agentes de mercado a capacidade
na RNTGN e no terminal de GNL de Sines que, tendo sido objecto de programação ou de nomeação, é utilizada no âmbito dos contratos de aprovisionamento de
gás natural de longo prazo e em regime de *take or pay*, celebrados em data anterior à
publicação da Directiva n.º 2003/55/CE, do Parlamento e do Conselho, de 26 de
Junho, celebrados com agentes externos ao SNGN e que são designados por:

a) Contrato de fornecimento de gás natural com origem na Argélia, celebrado em 16 de Abril de 1994, válido até 2020, relativamente ao aprovisionamento através da ligação entre a RNTGN e as redes fora do território nacional.

b) Contrato de fornecimento de GNL com origem na Nigéria, celebrado em
1998, válido até 2020, relativamente ao aprovisionamento através do terminal
de GNL de Sines.

c) Contrato de fornecimento de GNL com origem na Nigéria, celebrado em
17 de Junho de 1999, válido até 2023, relativamente ao aprovisionamento através do terminal de GNL de Sines.

d) Contrato de fornecimento de GNL com origem na Nigéria, celebrado em
Fevereiro de 2002, válido até 2025/6, relativamente ao aprovisionamento através do terminal de GNL de Sines.

2 – Sem prejuízo do disposto no número anterior, os respectivos agentes
de mercado estão obrigados a participar no processo de programações e nomeações.

3 – Aplica-se à capacidade referida no n.º 1 o princípio geral estabelecido no nº 3 do artigo anterior, considerando-se livre e à disposição dos restantes agentes de mercado qualquer capacidade que não tenha sido objecto de programação ou nomeação.

4 – A atribuição de capacidade referida no n.º 1 mantém-se nas situações em que ocorram congestionamentos na RNTGN ou no terminal de GNL de Sines, não estando esta sujeita ao pagamento dos valores das licitações que resultem dos leilões de atribuição de capacidade previstos no mecanismo de resolução de congestionamentos, estabelecido no artigo 41.º

ARTIGO 35.º
Atribuição da capacidade das infra-estruturas

1 – Com o objectivo de optimizar a operação do SNGN, modelar e estimar os fluxos diários de gás natural, a atribuição da capacidade das infra-estruturas a cada agente de mercado assenta num conjunto de processos, anteriores ao dia gás, que correspondem às programações e às nomeações para o dia gás seguinte.

2 – Os agentes de mercado, com base em procedimentos previsionais de utilização das infra estruturas, informam o operador da rede de transporte, na sua actividade de Gestão Técnica Global do SNGN, e os respectivos operadores das infra-estruturas sobre a capacidade que prevêem utilizar de cada infra-estrutura no horizonte ou período em causa em cada uma das programações ou nomeações, devendo apresentar comprovativo da programação.

3 – O comprovativo referido no número anterior deverá incluir informação relevante relativa aos consumos a abastecer e às fontes de aprovisionamento.

4 – Com base na informação referida no número anterior e nas disponibilidades do SNGN, o operador da rede de transporte, em coordenação com operadores das restantes infra estruturas, programa a operação do SNGN e informa os agentes de mercado sobre a viabilidade das suas solicitações de capacidade, de acordo com os mecanismos de atribuição da capacidade estabelecidos no artigo 38.º, no artigo 39.º e no artigo 40.º

5 – Os mecanismos referidos no número anterior podem prever as situações em que são devidas compensações aos agentes de mercado no caso de incumprimento da atribuição de capacidade por responsabilidade dos operadores das infra-estruturas.

6 – No caso de uma programação ou nomeação não ser viável, resultando em congestionamento das infra-estruturas, a capacidade disponível é atribuída de acordo com o mecanismo de resolução de congestionamentos estabelecido no artigo 41.º

Artigo 36.º
Programações nos pontos de entrada e de saída da RNTGN

1 – As programações nos pontos de entrada e de saída da RNTGN são processos de informação periódica em que os agentes de mercado comunicam ao operador da rede de transporte, na sua actividade de Gestão Técnica Global do SNGN e aos respectivos operadores das infra-estruturas a capacidade das infra-estruturas que pretendem utilizar, num determinado período temporal.

2 – As programações referidas no número anterior são enviadas ao operador da rede de transporte e aos respectivos operadores das infra estruturas de acordo com o especificado no mecanismo de atribuição de capacidades nos pontos de entrada e de saída da RNTGN, nos termos do artigo 38.º, com diferentes periodicidades e horizontes temporais, designadamente:

a) Programação anual, com detalhe mensal.

b) Programação mensal, com horizonte de três meses e detalhe semanal.

c) Programação semanal, com detalhe diário.

3 – As programações enviadas ao operador da rede de transporte e aos respectivos operadores das infra-estruturas devem especificar, nomeadamente, a seguinte informação:

a) Tipo de programação: anual, mensal ou semanal.

b) Período abrangido.

c) Pontos de entrada e de saída das diversas infra-estruturas.

d) Quantidades de gás natural a processar, agrupando os consumos previsíveis das carteiras de clientes.

4 – Os operadores dos armazenamentos subterrâneos de gás natural, os operadores dos terminais de GNL e os operadores das redes de distribuição planeiam a utilização das capacidades disponíveis na interface da sua infra-estrutura com a RNTGN, de acordo com as programações enviadas pelos agentes de mercado e com o mecanismo de atribuição de capacidade na RNTGN referido no artigo 38.º, informando o operador da rede de transporte sobre as quantidades agregadas nas respectivas interfaces.

5 – O operador da rede de transporte na posse de todas as programações relativas à utilização da RNTGN, verifica a exequibilidade conjunta das programações recebidas e decide sobre a sua viabilidade.

6 – Compete ao operador da rede de transporte aprovar cada uma das programações do SNGN, de acordo com o mecanismo de atribuição de capacidade na RNTGN referido no artigo 38.º, e informar os respectivos operadores das infra-estruturas e os agentes de mercado sobre a capacidade atribuída.

7 – Na hipótese de uma programação inviável, que resulte em congestionamento das infra-estruturas, aplica-se o estabelecido no mecanismo de resolução de congestionamentos descrito no artigo 41.º

Artigo 37.º
Nomeações nos pontos de entrada e de saída da RNTGN

1 – As nomeações nos pontos de entrada e de saída da RNTGN são processos de informação diária em que os agentes de mercado comunicam ao operador da rede de transporte, na sua actividade de Gestão Técnica Global do SNGN e aos operadores das infra-estruturas a capacidade da respectiva infra estrutura que pretendem utilizar no dia gás seguinte.

2 – O período a que as nomeações dizem respeito corresponde ao dia gás, período de compensação em que se supõe verificar-se um equilíbrio entre os consumos e os volumes entregues para o seu abastecimento por parte de todos os agentes de mercado.

3 – As nomeações enviadas aos operadores das infra-estruturas devem especificar, nomeadamente, a seguinte informação:

a) Período abrangido.

b) Pontos de entrada e de saída das diversas infra-estruturas.

c) Quantidades de gás natural a processar no dia gás seguinte, agrupando os consumos previsíveis das carteiras de clientes.

4 – Os operadores dos armazenamentos subterrâneos de gás natural, os operadores dos terminais de GNL e os operadores das redes de distribuição planeiam a utilização das capacidades disponíveis na interface da sua infra-estrutura com a RNTGN, de acordo com as nomeações enviadas pelos agentes de mercado e com o mecanismo de atribuição de capacidade na RNTGN referido no artigo 38.º, informando o operador da rede de transporte sobre as quantidades agregadas nas respectivas interfaces.

5 – O operador da rede de transporte, na posse de todas as nomeações relativas à utilização da RNTGN, verifica a exequibilidade conjunta das nomeações recebidas e decide sobre a sua viabilidade.

6 – Compete ao operador da rede de transporte aprovar cada uma das nomeações do SNGN, de acordo com o mecanismo de atribuição de capacidade na RNTGN referido no artigo 38.º, e informar os operadores das infra-estruturas e agentes de mercado sobre a capacidade atribuída.

7 – Na hipótese de uma nomeação inviável que resulte em congestionamento das infra estruturas, a capacidade disponível a cada agente de mercado é atribuída de acordo com o estabelecido no mecanismo de resolução de congestionamentos, descrito no artigo 41.º

Artigo 38.º
Mecanismo de atribuição da capacidade da RNTGN

1 – A proposta de mecanismo de atribuição da capacidade da RNTGN deve ser elaborada, pelo operador da rede de transporte, na sua actividade de Gestão Técnica Global do SNGN, em coordenação com os restantes operadores das infra estruturas, para os seguintes pontos da RPGN:

a) Pontos de entrada da RNTGN a partir das interligações internacionais.

b) Pontos de entrada da RNTGN a partir dos terminais de GNL.

c) Pontos de extracção e de injecção de gás natural nas instalações de armazenamento subterrâneo de gás natural.

d) Pontos de entrada das UAG.

2 – A proposta de mecanismo de atribuição da capacidade nos pontos referidos no número anterior deve descrever os procedimentos a adoptar:

a) Por parte dos agentes de mercado, no processo de informação ao operador da rede de transporte e aos respectivos operadores das infra-estruturas sobre as capacidades que pretendem solicitar no âmbito dos diferentes processos de programação e de nomeação.

b) Por parte dos operadores das infra-estruturas, nos diferentes processos de programação e de nomeação, no planeamento da utilização das capacidades disponíveis na interface da sua infra-estrutura com a RNTGN, de acordo com as programações ou nomeações enviadas pelos agentes de mercado.

c) Por parte do operador da rede de transporte durante os diferentes processos de programação e de nomeação, na verificação da exequibilidade conjunta das quantidades agregadas nos pontos de interface das diferentes infra estruturas com a RNTGN.

d) Por parte do operador da rede de transporte no processo de decisão sobre a viabilidade de cada uma das programações ou nomeações, com a correspondente aprovação ou decisão de realização de um leilão de atribuição de capacidade.

e) Por parte do operador da rede de transporte na informação aos respectivos operadores das infra-estruturas e aos agentes de mercado sobre a capacidade atribuída, após a aprovação da programação ou nomeação.

3 – A proposta do mecanismo de atribuição da capacidade da RNTGN, no que se refira aos pontos de interligação internacionais, deve ser coordenada entre o operador da rede de transporte e o operador do sistema de gás natural com o qual a sua rede está interligada.

4 – A proposta do mecanismo de atribuição da capacidade da RNTGN deve ser apresentada pelo operador da rede de transporte à ERSE, para aprovação, no prazo de 150 dias após a entrada em vigor do presente regulamento.

5 – A divulgação do mecanismo de atribuição da capacidade da RNTGN, depois de aprovado pela ERSE, ouvindo previamente as entidades a que este se aplica, processa se nos termos do artigo 45.º

6 – A ERSE, por sua iniciativa, ou mediante proposta do operador da rede de transporte em coordenação com os restantes operadores das infra-estruturas, pode proceder à alteração do mecanismo de atribuição da capacidade da RNTGN, ouvindo previamente as entidades a que este se aplica.

ARTIGO 39.º
Mecanismo de atribuição da capacidade de trasfega e de enchimento dos camiões-cisterna nos terminais de GNL

1 – São estabelecidos no mecanismo de atribuição da capacidade de trasfega e de enchimento dos camiões-cisterna nos terminais de GNL, os procedimentos específicos associados à programação e à nomeação relativos:

a) À recepção e expedição de navios metaneiros.

b) À trasfega de GNL.

c) Ao enchimento de camiões-cisterna.

2 – A programação e nomeação dos terminais de GNL, referida no número anterior, é da responsabilidade dos respectivos operadores das infra-estruturas.

3 – O mecanismo de atribuição da capacidade de trasfega e de enchimento dos camiões-cisterna nos terminais de GNL deve cumprir os princípios estabelecidos no artigo 33.º e deve conter os procedimentos dos operadores dos terminais de GNL na atribuição da capacidade das referidas infra-estruturas, bem como os procedimentos a desenvolver pelos agentes de mercado para informar os referidos operadores e o operador da rede de transporte, na sua actividade de Gestão Técnica Global do SNGN, da utilização pretendida dos terminais de GNL.

4 – A proposta de mecanismo de atribuição da capacidade de trasfega e de enchimento dos camiões-cisterna nos terminais de GNL deve ser elaborada em conjunto pelos respectivos operadores.

5 – A proposta de mecanismo referido no número anterior deve ser apresentada pelos operadores dos terminais de GNL à ERSE, para aprovação, no prazo de 150 dias após a entrada em vigor do presente regulamento.

6 – A divulgação do mecanismo de atribuição da capacidade de trasfega e de enchimento dos camiões-cisterna nos terminais de GNL, depois de aprovado pela ERSE, ouvindo previamente as entidades a que este se aplica, processa se nos termos do artigo 45.º

7 – A ERSE, por sua iniciativa, ou mediante proposta dos operadores dos terminais de GNL, pode proceder à alteração do mecanismo de atribuição da capacidade de trasfega e de enchimento dos camiões-cisterna nos terminais de GNL, ouvindo previamente as entidades a que este se aplica.

ARTIGO 40.º

Mecanismo de atribuição da capacidade de armazenamento subterrâneo de gás natural

1 – São estabelecidos no mecanismo de atribuição da capacidade de armazenamento subterrâneo de gás natural, os procedimentos específicos associados às respectivas programações.

2 – A atribuição da capacidade de armazenamento subterrâneo de gás natural é da responsabilidade dos respectivos operadores das infra-estruturas.

3 – O mecanismo de atribuição da capacidade de armazenamento subterrâneo de gás natural deve cumprir os princípios estabelecidos no artigo 33.º e deve conter os procedimentos dos operadores dos armazenamentos subterrâneos de gás natural na atribuição da capacidade das referidas infra-estruturas, bem como os procedimentos a desenvolver pelos agentes de mercado para informar os referidos operadores e o operador da rede de transporte, na sua actividade de Gestão Técnica Global do SNGN, da utilização pretendida da capacidade de armazenamento subterrâneo de gás natural.

4 – A proposta de mecanismo de atribuição da capacidade de armazenamento subterrâneo de gás natural deve ser elaborada em conjunto pelos respectivos operadores.

5 – A proposta de mecanismo referido no número anterior deve ser apresentada pelos operadores dos armazenamentos subterrâneos de gás natural à ERSE, para aprovação, no prazo de 150 dias após a entrada em vigor do presente regulamento.

6 – A divulgação do mecanismo de atribuição da capacidade de armazenamento subterrâneo de gás natural, depois de aprovado pela ERSE, ouvindo previamente as entidades a que este se aplica, processa se nos termos do artigo 45.º

7 – A ERSE, por sua iniciativa, ou mediante proposta dos operadores dos armazenamentos subterrâneos de gás natural, pode proceder à alteração do mecanismo de atribuição da capacidade de armazenamento subterrâneo de gás natural, ouvindo previamente as entidades a que este se aplica.

SECÇÃO III
Resolução de congestionamentos

Artigo 41.º
Mecanismo de resolução de congestionamentos

1 – Caso se verifique a inviabilidade de uma programação ou nomeação na RNTGN, nos terminais de GNL ou nas instalações de armazenamento subterrâneo de gás natural, resultando em congestionamento dessas infra-estruturas, a atribuição da capacidade da infra-estrutura em questão aos diferentes agentes de mercado durante o período de congestionamento decorre como resultado de um leilão de atribuição da capacidade organizado pelo operador da rede de transporte, na sua actividade de Gestão Técnica Global do SNGN.

2 – Os agentes de mercado aos quais foi atribuída capacidade como resultado da realização de leilões devem notificar o operador da rede de transporte da sua intenção de utilizar essa capacidade nas programações subsequentes e na nomeação para o dia gás ou libertar essa capacidade para que possa ser colocada posteriormente a leilão.

3 – A capacidade disponível para programações ou para nomeações, subsequentes à realização de um leilão de capacidade, corresponde à capacidade entretanto libertada nos termos do número anterior.

4 – Os valores das licitações que resultem de leilões de atribuição da capacidade, no âmbito do processo de nomeação para o dia gás, só serão efectivamente pagos caso se verifique que subsiste a situação de congestionamento que originou o leilão.

5 – A proposta do mecanismo de resolução de congestionamento, incluindo a organização dos leilões de atribuição da capacidade de cada infra-estrutura para os diferentes horizontes e detalhes temporais, deve ser elaborada pelo operador da rede de transporte em coordenação com os restantes operadores das infra-estruturas.

6 – A proposta do mecanismo de resolução de congestionamento deve ser coordenada entre o operador da rede de transporte e o operador do sistema de gás natural com o qual a sua rede está interligada.

7 – A proposta do mecanismo referido no número anterior deve ser apresentada pelo operador da rede de transporte à ERSE, para aprovação, no prazo de 150 dias após a entrada em vigor do presente regulamento.

8 – A divulgação do mecanismo de resolução de congestionamento, depois de aprovado pela ERSE, ouvindo previamente as entidades a que este se aplica, processa se nos termos do artigo 45.º

9 – A ERSE, por sua iniciativa, ou mediante proposta do operador da rede de transporte pode proceder à alteração do mecanismo de resolução de congestionamento, ouvindo previamente as entidades a que este se aplica.

Artigo 42.º

**Receitas provenientes da atribuição da capacidade
das infra-estruturas em caso de congestionamento**

1 – As eventuais receitas provenientes da atribuição da capacidade das infra-estruturas, em caso de congestionamento e em resultado de leilões de capacidade, devem ser utilizadas para as seguintes finalidades:

a) Investimentos nas infra-estruturas para manter ou aumentar a sua capacidade.

b) Para efeitos do cálculo da tarifa de acesso a cada infra-estrutura, nos termos do Regulamento Tarifário.

2 – O operador da rede de transporte, na sua actividade de Gestão Técnica Global do SNGN, em coordenação com os restantes operadores das infra-estruturas, deve enviar anualmente à ERSE para aprovação até ao dia 1 de Novembro a proposta de finalidade das eventuais receitas provenientes da atribuição da capacidade de cada infra-estruturas no ano gás anterior, de acordo com o estabelecido no número anterior.

Artigo 43.º

Informação sobre congestionamento das infra-estruturas

1 – As situações de congestionamento nas infra-estruturas devem ser divulgadas publicamente pelo operador da respectiva infra-estrutura, nomeadamente na sua página de Internet e comunicadas à ERSE.

2 – A comunicação à ERSE referida no número anterior deve ser acompanhada de um relatório com o estudo da situação em concreto, analisando comparativamente as soluções de melhoria da infra-estrutura que permitam ultrapassar em definitivo a situação de congestionamento em causa.

3 – As análises referidas no número anterior devem ser devidamente qualificadas e quantificadas, apresentando informação nomeadamente sobre os seguintes aspectos:

a) Acções a executar sobre a infra-estrutura.

b) Prazos de implementação.

c) Custos de execução.

CAPÍTULO V
Divulgação da informação

Artigo 44.º
Informação geral relativa às infra-estruturas

1 – Os operadores das infra-estruturas devem publicar e manter disponível a todos os interessados, nomeadamente nas respectivas páginas de Internet, informação relativa às seguintes matérias:

a) As condições gerais do Contrato de Uso do Terminal de GNL, do Contrato de Uso do Armazenamento Subterrâneo de Gás Natural, do Contrato de Uso da Rede de Transporte e do Contrato de Uso das Redes de Distribuição, previstos no artigo 6.º

b) As informações para efeitos do acesso às infra-estruturas, previstas no artigo 16.º

c) A lista dos pontos relevantes da RPGN, prevista no artigo 17.º

d) Os projectos de investimento nas infra-estruturas, previstos no artigo 26.º

Artigo 45.º
Informação relativa à capacidade das infra-estruturas

1 – Os operadores das infra-estruturas devem publicar e disponibilizar a todos os interessados, nomeadamente nas respectivas páginas de Internet, informação relativa às seguintes matérias:

a) As metodologias de determinação das capacidades disponíveis para fins comerciais nas infra-estruturas, previstas no artigo 29.º

b) Os valores das capacidades disponíveis para fins comerciais nas infra-estruturas determinados anualmente e actualizados mensal e semanalmente, bem como os estudos que serviram à sua determinação, previstos no artigo 30.º

c) O mecanismo de atribuição da capacidade da RNTGN, previsto no artigo 38.º

d) O mecanismo de atribuição da capacidade de trasfega e de enchimento dos camiões-cisterna nos terminais de GNL, previsto no artigo 39.º

e) O mecanismo de atribuição da capacidade de armazenamento subterrâneo de gás natural, previsto no artigo 40.º

f) O mecanismo de resolução de congestionamentos, previsto no artigo 41.º

CAPÍTULO VI
Garantias administrativas e resolução de conflitos

SECÇÃO I
Garantias administrativas

ARTIGO 46.º
Admissibilidade de petições, queixas e denúncias

Sem prejuízo do recurso aos tribunais, as entidades interessadas podem apresentar junto da ERSE quaisquer petições, queixas ou denúncias contra acções ou omissões das entidades reguladas que intervêm no SNGN, que possam constituir inobservância das regras previstas no presente regulamento e não revistam natureza contratual.

ARTIGO 47.º
Forma e formalidades

As petições, queixas ou denúncias, previstas no artigo anterior, são dirigidas por escrito à ERSE, devendo das mesmas constar obrigatoriamente os fundamentos de facto que as justificam, bem como, sempre que possível, os meios de prova necessários à sua instrução.

ARTIGO 48.º
Instrução e decisão

À instrução e decisão sobre as petições, queixas ou denúncias apresentadas aplicam-se as disposições constantes do Código do Procedimento Administrativo.

SECÇÃO II
Resolução de conflitos

ARTIGO 49.º
Disposições gerais

1 – Os interessados podem apresentar reclamações junto da entidade com que se relacionam contratual ou comercialmente, sempre que considerem que os

seus direitos não foram devidamente acautelados, em violação do disposto no presente regulamento e na demais legislação aplicável.

2 – As regras relativas à forma e meios de apresentação de reclamações previstas no número anterior, bem como sobre o seu tratamento, são as definidas nos termos do Regulamento da Qualidade de Serviço.

3 – Sem prejuízo do recurso aos tribunais, judiciais e arbitrais, nos termos da lei, se não for obtida junto da entidade do SNGN com que se relacionam uma resposta atempada ou fundamentada ou a mesma não resolver satisfatoriamente a reclamação apresentada, os interessados podem solicitar a sua apreciação pela ERSE, individualmente ou através de organizações representativas dos seus interesses.

4 – A intervenção da ERSE deve ser solicitada por escrito, invocando os factos que motivaram a reclamação e apresentando todos os elementos de prova de que se disponha.

5 – A ERSE tem por objecto promover a resolução de conflitos através da mediação, conciliação e arbitragem voluntária.

Artigo 50.º
Arbitragem voluntária

1 – Os conflitos emergentes do relacionamento comercial e contratual previsto no presente regulamento podem ser resolvidos através do recurso a sistemas de arbitragem voluntária.

2 – Para efeitos do disposto no número anterior, as entidades que intervêm no relacionamento comercial no âmbito do SNGN podem propor aos seus clientes a inclusão no respectivo contrato de uma cláusula compromissória para a resolução dos conflitos que resultem do cumprimento de tais contratos.

3 – Ainda para efeitos do disposto no n.º 1, a ERSE pode promover, no quadro das suas competências específicas, a criação de centros de arbitragem.

4 – Enquanto tais centros de arbitragem não forem criados, a promoção do recurso ao processo de arbitragem voluntária deve considerar o previsto na legislação aplicável.

Artigo 51.º
Mediação e conciliação de conflitos

1 – A mediação e a conciliação são procedimentos de resolução extrajudicial de conflitos, com carácter voluntário, cujas decisões são da responsabilidade das partes em conflito, na medida em que a solução para o conflito concreto não é imposta pela ERSE.

2 – Através da mediação e da conciliação, a ERSE pode, respectivamente, recomendar a resolução do conflito e sugerir às partes que encontrem de comum acordo uma solução para o conflito.

3 – As regras aplicáveis aos procedimentos de mediação e conciliação são as constantes do Regulamento de Mediação e Conciliação de Conflitos aprovado pela ERSE.

4 – A intervenção da ERSE através dos procedimentos descritos no presente artigo não suspende quaisquer prazos de recurso às instâncias judiciais e outras que se mostrem competentes.

CAPÍTULO VII
Disposições finais e transitórias

Artigo 52.º
Sanções administrativas

Sem prejuízo da responsabilidade civil, criminal e contratual a que houver lugar, a infracção ao disposto no presente regulamento é cominada nos termos do regime sancionatório estabelecido na legislação aplicável.

Artigo 53.º
Pareceres interpretativos da ERSE

1 – As entidades que integram o SNGN podem solicitar à ERSE pareceres interpretativos sobre a aplicação do presente regulamento.

2 – Os pareceres emitidos nos termos do número anterior não têm carácter vinculativo.

3 – As entidades que solicitaram os pareceres não estão obrigadas a seguir as orientações contidas nos mesmos, mas, sempre que aplicável, tal circunstância será levada em consideração no julgamento das petições, queixas ou denúncias, quando estejam em causa matérias abrangidas pelos pareceres.

4 – O disposto no número anterior não prejudica a prestação de informações referentes à aplicação do presente regulamento às entidades interessadas, designadamente aos clientes.

ARTIGO 54.º

Norma remissiva

Aos procedimentos administrativos previstos no presente regulamento, não especificamente nele regulados, aplicam-se as disposições do Código do Procedimento Administrativo.

ARTIGO 55.º

Fiscalização e aplicação do regulamento

1 – A fiscalização e a aplicação do cumprimento do disposto no presente regulamento é da competência da ERSE.

2 – No âmbito da fiscalização do presente regulamento, a ERSE goza das prerrogativas que lhe são conferidas pelo Decreto-Lei n.º 97/2002, de 12 de Abril, e estatutos anexos a este diploma, bem como pelo Decreto-Lei n.º 30/2006, de 15 de Fevereiro.

ARTIGO 56.º

Entrada em vigor

1 – O presente regulamento entra em vigor no dia seguinte ao da sua publicação.

2 – Sem prejuízo do estabelecido no número anterior, até à publicação dos documentos previstos no presente regulamento as disposições deles dependentes são transitoriamente aplicadas pelos respectivos destinatários considerando, com as devidas adaptações, o regime provisório estabelecido no artigo 69.º do Decreto-Lei n.º 140/2006, de 26 de Julho, acomodado aos princípios constantes do regulamento.

ANEXO IV

Regulamento da qualidade de serviço

CAPÍTULO I
Disposições gerais

SECÇÃO I
Princípios e disposições gerais

ARTIGO 1.º
Objecto

O presente regulamento, editado ao abrigo do artigo 59.º do Decreto-Lei n.º 140/2006, de 26 de Julho, e do artigo 16.º dos Estatutos da Entidade Reguladora dos Serviços Energéticos, anexos ao Decreto-Lei n.º 97/2002, de 12 de Abril, tem por objecto estabelecer os padrões de qualidade de serviço de natureza técnica e comercial a que devem obedecer os serviços prestados no Sistema Nacional de Gás Natural.

ARTIGO 2.º
Âmbito de aplicação

1 – As disposições do presente regulamento têm o seguinte âmbito de aplicação:

a) Prestação do serviço de transporte de gás natural.

b) Prestação do serviço de distribuição de gás natural.

c) Prestação do serviço de armazenamento subterrâneo de gás natural.

d) Prestação do serviço de recepção, armazenamento e regaseificação de gás natural liquefeito.

e) Relacionamento entre os operadores das infra-estruturas.

f) Relacionamento dos comercializadores, comercializador de último recurso grossista e dos comercializadores de último recurso retalhistas com os operadores das infra-estruturas.

g) Relacionamento dos clientes com os operadores das infra-estruturas, os comercializadores, o comercializador de último recurso grossista e os comercializadores de último recurso retalhistas.

h) Fornecimento de gás natural aos clientes.

2 – Estão abrangidas pelo âmbito de aplicação do presente regulamento:

a) Operadores de terminal de recepção, armazenamento e regaseificação de gás natural liquefeito.

b) Operadores de armazenamento subterrâneo de gás natural.

c) Operador da rede de transporte de gás natural.

d) Operadores das redes de distribuição de gás natural.

e) Comercializadores.

f) Comercializador de último recurso grossista.

g) Comercializadores de último recurso retalhistas.

h) Clientes.

Artigo 3.º
Siglas e definições

1 – No presente regulamento são usadas as seguintes siglas:

a) DGGE – Direcção Geral de Geologia e Energia.

b) ERSE – Entidade Reguladora dos Serviços Energéticos.

c) GNL – Gás natural liquefeito.

d) IW – Índice de Wobbe.

e) PCS – Poder calorífico superior.

f) RNTGN – Rede Nacional de Transporte de Gás Natural.

g) SNGN – Sistema Nacional de Gás Natural.

2 – Para efeitos do presente regulamento entende-se por:

a) Alimentação individual da instalação do cliente – infra-estrutura por onde transita o gás natural consumido exclusivamente na instalação de utilização de um cliente.

b) Ano gás – período compreendido entre as 00:00 h de 1 de Julho e as 24:00 h de 30 de Junho do ano seguinte.

c) Armazenamento subterrâneo de gás natural – conjunto de cavidades, equipamentos e redes que, após recepção do gás na interface com a Rede Nacional de Transporte de Gás Natural, permite armazenar o gás natural na forma gasosa em cavidades subterrâneas, ou reservatórios especialmente construídos para o efeito e, posteriormente, voltar a injectá-lo na Rede Nacional de Transporte de Gás Natural através da mesma interface de transferência de custódia.

d) Cliente – pessoa singular ou colectiva que compra gás natural para consumo próprio.

e) Cliente doméstico – cliente que compra gás natural para uso não profissional ou comercial.

f) Comercializador – entidade titular de licença de comercialização de gás natural que exerce a actividade de comercialização livremente.

g) Comercializador de último recurso grossista – entidade titular de licença de comercialização de último recurso que está obrigada a assegurar o fornecimento de gás natural aos comercializadores de último recurso retalhistas no âmbito da sua actividade de gestão de contratos de longo prazo em regime de *take or pay* celebrados em data anterior à publicação do Decreto-Lei n.º 30/ 2006, de 15 de Fevereiro, bem como aos clientes com consumos anuais iguais ou superiores a 2 000 000 m3 (n) que, por opção ou por não reunirem as condições, não exerçam o seu direito de elegibilidade.

h) Comercializador de último recurso retalhista – entidade titular de licença de comercialização de último recurso que está obrigada a assegurar o fornecimento de gás natural a todos os clientes ligados à rede com consumo anual inferior a 2 000 000 m3 (n) que, por opção ou por não reunirem as condições de elegibilidade para manter uma relação contratual com outro comercializador, ficam sujeitos ao regime de tarifas e preços regulados.

i) Condições de referência – condições de acordo com a norma ISO 13443/ 96 Natural Gas Standard Reference Conditions. Para efeitos deste regulamento, consideram-se as seguintes condições de referência: 0°C de temperatura, 1,01325 bar de pressão absoluta e 25°C de temperatura inicial de combustão.

j) Impurezas – materiais sólidos, líquidos ou gasosos cuja concentração ou presença no gás natural pode interferir com a integridade ou a operação das redes ou dos equipamentos de gás que estejam em conformidade com a Directiva 90/396/CEE.

k) Índice de Wobbe – razão entre o poder calorífico superior e a raiz quadrada da densidade relativa do gás.

l) Infra-estruturas – infra-estruturas da Rede Pública de Gás Natural, nomeadamente os terminais de recepção, armazenamento e regaseificação de GNL, os armazenamentos subterrâneos de gás natural, as redes de transporte e distribuição e as unidades autónomas de gás natural.

m) Instalação de gás natural – instalação privada instalada a jusante da Rede Pública de Gás Natural para uso de um ou mais clientes.

n) Nomeação – processo de comunicação diário entre os utilizadores, os operadores das infra estruturas e o Gestor de Sistema sobre a previsão de utilização das infra-estruturas num determinado dia.

o) Operador da rede de distribuição – entidade concessionária ou titular de licença de distribuição de serviço público da Rede Nacional de Distribuição de Gás Natural, responsável pela exploração, manutenção e desenvolvimento da rede de distribuição em condições de segurança, fiabilidade e qualidade de serviço, numa área específica, bem como das suas interligações com outras redes, quando aplicável, devendo assegurar a capacidade da rede a longo prazo para atender pedidos razoáveis de distribuição de gás natural.

p) Operador da rede de transporte – entidade concessionária da Rede Nacional de Transporte de Gás Natural, responsável pela exploração, manutenção e desenvolvimento da rede de transporte em condições de segurança, fiabilidade e qualidade de serviço, bem como das suas interligações com outras redes, quando aplicável, devendo assegurar a capacidade da rede a longo prazo para atender pedidos razoáveis de transporte de gás natural.

q) Operador de armazenamento subterrâneo de gás natural – entidade concessionária do respectivo armazenamento subterrâneo, responsável pela exploração e manutenção das capacidades de armazenamento e das infra-estruturas de superfície, em condições de segurança, fiabilidade e qualidade de serviço.

r) Operador de terminal de recepção, armazenamento e regaseificação de GNL – entidade concessionária do respectivo terminal, sendo responsável por assegurar a sua exploração e manutenção, bem como a sua capacidade de armazenamento e regaseificação em condições de segurança, fiabilidade e qualidade de serviço.

s) Pequena empresa – cliente não doméstico com consumo anual igual ou inferior a 10 000 m3 (n).

t) Poder calorífico superior – quantidade de calor produzida na combustão completa, a pressão constante, de uma unidade de massa ou de volume do gás combustível, considerando que os produtos de combustão cedem o seu calor até atingirem a temperatura inicial dos reagentes e que toda a água formada na combustão atinge o estado líquido.

u) Rede Nacional de Transporte de Gás Natural – conjunto das infra-estruturas de serviço público destinadas ao transporte de gás natural.

v) Utilizador – pessoa singular ou colectiva que entrega gás natural na rede ou que é abastecida através dela, incluindo os clientes agentes de mercado, os comercializadores, o comercializador de último recurso grossista e os comercializadores de último recurso retalhistas.

ARTIGO 4.º

**Casos fortuitos ou de força maior e operação
do sistema em regime excepcional**

A aplicação do presente regulamento nas situações decorrentes de casos fortuitos ou de força maior e no período em que o sistema se encontrar a operar em regime excepcional obedece ao estabelecido no Capítulo VI.

ARTIGO 5.º

Responsabilidade pela qualidade de serviço

1 – Os operadores das infra-estruturas, os comercializadores, o comercializador de último recurso grossista e os comercializadores de último recurso

retalhistas são responsáveis pela qualidade de serviço prestada aos clientes, na medida das obrigações inerentes à respectiva actividade.

2 – Os comercializadores, o comercializador de último recurso grossista e os comercializadores de último recurso retalhistas respondem pela qualidade de serviço aos clientes com quem celebrem um contrato de fornecimento, sem prejuízo do direito de regresso sobre os operadores das infra-estruturas com quem estabeleceram contratos de uso de infra-estruturas.

3 – Os comercializadores, o comercializador de último recurso grossista e os comercializadores de último recurso retalhistas devem informar os seus clientes dos direitos e das obrigações que lhes são conferidos pelo presente regulamento.

4 – Os comercializadores, o comercializador de último recurso grossista e os comercializadores de último recurso retalhistas devem informar os seus clientes sobre as matérias, no âmbito da qualidade de serviço, que devem ser tratadas directamente com o respectivo operador da rede.

5 – Os comercializadores, o comercializador de último recurso grossista, os comercializadores de último recurso retalhistas e os operadores das infra-estruturas devem cooperar entre si, na medida das respectivas obrigações inerentes à actividade, para o cumprimento do presente regulamento.

Artigo 6.º
Nível de qualidade de serviço dos clientes

1 – Os clientes têm direito à qualidade de serviço segundo os níveis estabelecidos no presente regulamento, designadamente através de padrões de qualidade de serviço e de compensações associadas ao incumprimento de padrões individuais.

2 – Sem prejuízo do disposto no número anterior, o cliente deve tomar as medidas que considera adequadas para minimizar as consequências nas suas instalações das falhas de qualidade de serviço.

3 – O comercializador de último recurso grossista, os comercializadores de último recurso retalhistas, o operador da rede de transporte e os operadores das redes de distribuição podem acordar contratualmente com os clientes sobre a instalação de equipamentos destinados à obtenção de níveis de qualidade de serviço superiores aos estabelecidos no presente regulamento, mediante o pagamento pelo cliente dos respectivos encargos.

CAPÍTULO II
Disposições de natureza técnica

SECÇÃO I
Continuidade de serviço

SUBSECÇÃO I
Continuidade e interrupção de fornecimento

ARTIGO 7.º
Fornecimento em regime contínuo

1 – Os operadores das infra-estruturas devem proceder, sempre que possível, de forma a não interromper o fornecimento de gás natural.

2 – Nos termos do Regulamento de Relações Comerciais, a interrupção do serviço prestado pelos operadores das redes que afecte o fornecimento de gás natural pode ocorrer pelas seguintes razões:

a) Casos fortuitos ou de força maior.
b) Razões de interesse público.
c) Razões de serviço.
d) Razões de segurança.
e) Facto imputável ao cliente.
f) Acordo com o cliente.

ARTIGO 8.º
Definição de interrupção

1 – Define-se interrupção de fornecimento de gás natural como a ausência de fornecimento de gás natural a uma infra-estrutura de rede ou à instalação do cliente.

2 – O início da interrupção corresponde, consoante as situações, a um dos seguintes instantes que ocorrer em primeiro lugar:

a) Instante identificado automaticamente pelos equipamentos da infra-estrutura, a partir do qual se verifica o incumprimento das disposições contratuais, nomeadamente limites de pressão ou de caudal.

b) Instante em que o cliente ou operador da infra-estrutura a jusante comunica a interrupção de fornecimento de gás natural.

c) Instante em que o operador da rede corta o fornecimento ao cliente, por actuação na válvula de corte.

3 – O fim da interrupção corresponde ao momento em que é restabelecido o fornecimento de gás natural ao cliente ou à infra-estrutura afectada pela interrupção, sem prejuízo do disposto no número seguinte.

4 – Sempre que estejam reunidas por parte do operador da rede as condições técnicas necessárias ao restabelecimento do fornecimento, mas este não possa ser efectuado por facto não imputável ao operador da rede, a interrupção é dada como finda para cálculo dos indicadores definidos no presente regulamento.

5 – Nos casos referidos no número anterior que resultem da ausência do cliente na sua instalação, o operador da rede deve deixar um aviso ao cliente com informação sobre o ocorrido, bem como os procedimentos a adoptar para regularizar o fornecimento.

6 – Para efeitos do disposto no número anterior, o operador da rede deve deslocar-se à instalação do cliente no prazo máximo de 3 horas, após comunicação do cliente, com o objectivo de repor o fornecimento.

ARTIGO 9.º

Classes de interrupções

Para efeitos de aplicação deste regulamento, define-se:

a) Interrupção prevista como aquela em que o operador da rede consegue atribuir previamente uma data para a sua ocorrência e avisar os clientes com a antecedência estabelecida no Regulamento de Relações Comerciais.

b) Interrupção acidental como aquela em que o operador da rede não consegue atribuir previamente uma data para a sua ocorrência.

c) Interrupção controlável como aquela em que a sua ocorrência pode ser evitada pela actuação do operador da rede, nomeadamente através de uma adequada manutenção e gestão das infra-estruturas.

d) Interrupção não controlável como aquela em que a sua ocorrência não pode ser evitada pela actuação do operador da rede.

ARTIGO 10.º

Identificação das classes de interrupção consoante as causas

1 – Para efeitos de cálculo dos indicadores, as classes de interrupção são identificadas consoante as causas que lhe dão origem, conforme estabelecido no quadro seguinte.

Classe		Causa
Não controlável	Prevista	Razões de segurança Razões de interesse público
	Acidental	Caso fortuito ou de força maior
Controlável	Prevista	Razões de serviço
	Acidental	Outras causas, onde se incluem as avarias

2 – As interrupções por facto imputável ao cliente ou por acordo com o cliente não são consideradas para efeitos de cálculo dos indicadores.

ARTIGO 11.º

Registo de interrupções de fornecimento

1 – O operador da rede de transporte e os operadores das redes de distribuição devem registar todas as interrupções.

2 – No registo referido no número anterior deve constar a causa e a classe atribuída à interrupção.

3 – Os procedimentos a observar no registo das interrupções devem respeitar o estabelecido em norma complementar, a publicar nos termos do artigo 70.º

SUBSECÇÃO II

Indicadores e padrões de qualidade geral

ARTIGO 12.º

Indicadores gerais para o terminal de recepção, armazenamento e regaseificação de GNL

1 – Os operadores de terminal de recepção, armazenamento e regaseificação de GNL devem proceder, trimestralmente, à caracterização da continuidade de serviço da infra-estrutura que operam, devendo para o efeito determinar os seguintes indicadores gerais:

a) Tempo médio efectivo de descarga de navios metaneiros (h): quociente entre o somatório dos tempos efectivos de descarga e o número total de descargas.

b) Tempo médio de atraso de descarga de navios metaneiros (h): quociente entre o somatório dos tempos de atraso de descarga e o número de descargas com atraso.

c) Tempo médio efectivo de enchimento de camiões cisterna (h): quociente entre o somatório dos tempos de enchimento e o número total de enchimentos.

d) Tempo médio de atraso de enchimento de camiões cisterna (h): quociente entre o somatório dos tempos de atraso de enchimento e o número de enchimentos com atraso.

e) Cumprimento das nomeações de injecção de gás natural: quociente entre o número de nomeações cumpridas e o número total de nomeações relativas à injecção de gás natural para a rede de transporte.

f) Cumprimento das nomeações energéticas de injecção de gás natural, determinado com base no erro quadrático médio da energia armazenada no terminal de GNL nomeada relativamente à energia regaseificada, de acordo com a fórmula que se segue.

$$1 - \sum_{d=1}^{m} \frac{\sqrt{\left(\sum_{u=1}^{n} W_{u,d}^{regGNLn} - W_{d}^{regGNL} \right)^2}}{W_{d}^{regGNL}}{m}$$

em que:

$\overline{W_{d}^{regGNL}}$	Energia regaseificada no dia d
$W_{u,d}^{regGNLn}$	Energia armazenada no terminal de GNL, nomeada para o utilizador u em cada dia d do período em análise
m	Número total de dias do período em análise
n	Número total de utilizadores

2 – Os procedimentos a observar no cálculo dos indicadores gerais devem respeitar o estabelecido em norma complementar, a publicar nos termos do artigo 70.º

3 – Os operadores de terminal de recepção, armazenamento e regaseificação de GNL devem enviar à ERSE, 45 dias após o fim de cada trimestre, a informação estabelecida no Anexo II do presente regulamento, do qual faz parte integrante.

Artigo 13.º
Indicadores gerais para o armazenamento subterrâneo

1 – Os operadores de armazenamento subterrâneo devem proceder, trimestralmente, à caracterização da continuidade de serviço da infra-estrutura que operam, devendo para o efeito determinar os seguintes indicadores gerais:

a) Cumprimento das nomeações de extracção de gás natural: quociente entre o número de nomeações cumpridas e o número total de nomeações.

b) Cumprimento das nomeações de injecção de gás natural: quociente entre o número de nomeações cumpridas e o número total de nomeações.

c) Cumprimento energético de armazenamento: determinado com base no erro quadrático médio da energia extraída e injectada no armazenamento subterrâneo nomeada relativamente à energia extraída e injectada, de acordo com a fórmula que se segue.

$$1 - \sum_{d=1}^{m} \frac{\sqrt{\left[\left(\sum_{u=1}^{n} W_{u,d}^{En} - W_d^E\right) - \left(\sum_{u=1}^{n} W_{u,d}^{In} - W_d^I\right)\right]^2}}{W_d^E - W_d^I}$$

em que:

$W_{u,d}^{In}$	Energia das injecções no armazenamento subterrâneo, nomeada para o utilizador u em cada dia d do período em análise
W_d^I	Energia das injecções do armazenamento no dia d
$W_{u,d}^{En}$	Energia das extracções do armazenamento subterrâneo, nomeada para o utilizador u em cada dia d do período em análise
W_d^E	Energia das extracções do armazenamento no dia d
m	Número total de dias do período em análise
n	Número total de utilizadores

2 – Os operadores de armazenamento subterrâneo devem enviar à ERSE, 45 dias após o fim de cada trimestre, a informação estabelecida no Anexo II do presente regulamento.

3 – Os procedimentos a observar no cálculo dos indicadores gerais devem respeitar o estabelecido em norma complementar, a publicar nos termos do artigo 70.º

Artigo 14.º

Indicadores gerais para a rede de transporte

1 – O operador da rede de transporte deve proceder, trimestralmente, à caracterização da continuidade de serviço da rede que opera, devendo para o efeito determinar os seguintes indicadores gerais:

a) Número médio de interrupções por ponto de saída: quociente do número total de interrupções nos pontos de saída, durante determinado período, pelo número total dos pontos de saída, no fim do período considerado.

b) Duração média das interrupções por ponto de saída (min/ponto de saída): quociente da soma das durações das interrupções nos pontos de saída, durante determinado período, pelo número total de pontos de saída existentes no fim do período considerado.

c) Duração média de interrupção (min/interrupção): quociente da soma das durações das interrupções nos pontos de saída, pelo número total de interrupções nos pontos de saída, no período considerado.

2 – Os indicadores gerais definidos no número anterior devem ser calculados diferenciando as interrupções controláveis previstas, controláveis acidentais, não controláveis previstas e não controláveis acidentais.

3 – Os procedimentos a observar no cálculo dos indicadores gerais devem respeitar o estabelecido em norma complementar, a publicar nos termos do artigo 70.º

4 – O operador da rede de transporte deve enviar à ERSE, 45 dias após o fim de cada trimestre, a informação estabelecida no Anexo II do presente regulamento.

ARTIGO 15.º

Indicadores gerais para as redes de distribuição

1 – Os operadores das redes de distribuição devem proceder, trimestralmente, à caracterização da continuidade de serviço da rede que operam, devendo para o efeito determinar os seguintes indicadores gerais:

a) Número médio de interrupções por cliente: quociente do número total de interrupções a clientes, durante determinado período, pelo número total de clientes existentes, no fim do período considerado.

b) Duração média das interrupções por cliente (min/cliente): quociente da soma das durações das interrupções nos clientes, durante determinado período, pelo número total de clientes existentes no fim do período considerado.

c) Duração média das interrupções (min/interrupção): quociente da soma das durações das interrupções nos clientes, pelo número total de interrupções nos clientes no período considerado.

2 – Os indicadores gerais definidos no número anterior devem ser calculados diferenciando as interrupções controláveis previstas, controláveis acidentais, não controláveis previstas e não controláveis acidentais.

3 – Os procedimentos a observar no cálculo dos indicadores gerais devem respeitar o estabelecido em norma complementar, a publicar nos termos do artigo 70.º

4 – Os operadores das redes de distribuição devem enviar à ERSE, 45 dias após o fim de cada trimestre, a informação estabelecida no Anexo II do presente regulamento.

ARTIGO 16.º

Padrões para a rede de distribuição

1 – Os indicadores para as redes de distribuição previstos no n.º 1 do artigo 15.º não devem exceder os valores que constam do quadro seguinte, em cada ano gás.

Indicadores	Classes de interrupções (Artigo 10.º)			
	Controláveis previstas			Controláveis acidentais
	Lisboagás		Outros operadores das redes	
	Renovação da rede	Outras situações		
Número médio de interrupções por 1000 clientes	não definido	3,25	não definido	não definido
Duração média das interrupções (min/interrupção)	420	360	360	300

2 – Os padrões referidos no número anterior aplicam-se aos operadores das redes de distribuição com mais de 100 000 clientes no ano gás anterior ao ano gás a que se referem.

3 – Para efeitos de avaliação dos indicadores gerais de continuidade de serviço da rede de concessão da distribuição regional de gás natural de Lisboa, a respectiva entidade concessionária deve enviar à ERSE, no prazo de 90 dias após cada ano gás, um relatório com a descrição das acções de reconversão da rede de gás de cidade para gás natural, o número de clientes abrangidos e a caracterização da rede intervencionada.

SUBSECÇÃO III

Indicadores e padrões de qualidade individual

ARTIGO 17.º

Indicadores individuais

1 – Os operadores das redes de distribuição devem determinar, em cada trimestre e para todos os clientes, os seguintes indicadores individuais de continuidade de serviço:

a) Número de interrupções controláveis previstas: somatório das interrupções controláveis previstas sentidas na instalação do cliente no período em análise.

b) Número de interrupções não controláveis: somatório das interrupções não controláveis sentidas na instalação do cliente no período em análise.

c) Número de interrupções controláveis acidentais: somatório das interrupções controláveis acidentais sentidas na instalação do cliente no período em análise.

d) Duração de interrupções controláveis previstas (h): somatório da duração das interrupções controláveis previstas sentidas na instalação do cliente no período em análise.

e) Duração de interrupções não controláveis (h): somatório da duração das interrupções não controláveis sentidas na instalação do cliente no período em análise.

f) Duração de interrupções controláveis acidentais (h): somatório da duração das interrupções controláveis acidentais sentidas na instalação do cliente no período em análise.

2 – Para efeitos do número anterior, a recolha, o registo e o tratamento da informação devem permitir identificar para cada cliente as interrupções de fornecimento na sua instalação, nomeadamente no que se refere à data de ocorrência, duração e causa.

3 – Os procedimentos a observar no cálculo dos indicadores individuais devem observar o estabelecido em norma complementar, a publicar nos termos do artigo 70.º.

4 – Sempre que ocorra uma interrupção nas instalações dos clientes, os clientes afectados devem ser informados, na factura emitida 45 dias após a ocorrência das interrupções, da data e hora da sua ocorrência, da sua duração e causa.

SECÇÃO II
Características do fornecimento de gás natural

Artigo 18.º
Características do gás natural

1 – A monitorização das características do gás natural deve ser realizada pelos operadores das infra-estruturas nas quais se verifica a recepção de gás natural no SNGN, a entrega de gás natural nos pontos de entrada da RNTGN e a mistura de gás natural de diferentes proveniências.

2 – O gás natural, nos pontos de entrada da RNTGN, deve respeitar as seguintes gamas de variação admissíveis, para as características:

a) Índice de Wobbe, calculado nas condições de referência:

i) IW mínimo = 48,17 MJ/m3 (n).

ii) IW máximo = 57,66 MJ/m3 (n).

b) Densidade, calculada nas condições de referência:

i) d mínima = 0,5549.

ii) d máxima = 0,7001.

3 – O gás natural, nos pontos de entrada da RNTGN, deve respeitar os seguintes limites máximos para as características:

a) Ponto de orvalho da água = -5°C à pressão máxima de serviço.

b) Sulfureto de hidrogénio = 5 mg/m3 (n).

c) Enxofre total = 50 mg/m3 (n).

4 – Devem ser monitorizadas as seguintes características do gás natural:

a) Concentração de oxigénio.

b) Ponto de orvalho de hidrocarbonetos para pressões até à pressão máxima de serviço.

c) Concentração de sulfureto de carbonilo.

d) Concentração de impurezas.

e) Concentração mínima de metano.

5 – Os operadores referidos no n.º 1 devem garantir que as características do gás asseguram a interoperacionalidade das suas infra-estruturas com as demais infra-estruturas a que se encontrem ligadas.

ARTIGO 19.º

Pressão de fornecimento

Os níveis de pressão do gás natural do SNGN devem assegurar um contínuo funcionamento das infra-estruturas, atendendo aos limites de pressão do bom funcionamento das mesmas e dos equipamentos dos clientes.

ARTIGO 20.º

Metodologia de verificação das características do gás natural

1 – A verificação das características do gás natural deve ser feita nos seguintes pontos do SNGN:

a) Nos pontos de entrada da RNTGN com ligação a redes internacionais.

b) Nos terminais de recepção, armazenamento e regaseificação após a regaseificação do gás natural para injecção na rede

c) Nos armazenamentos subterrâneos após o tratamento do gás natural para injecção na rede.

d) Em pontos da rede de transporte ou das redes de distribuição onde se realize a mistura de gases com características diferentes.

2 – Os operadores das infra-estruturas, às quais pertencem os pontos referidos no número anterior, devem apresentar à ERSE uma metodologia de monitorização que deve incluir, de forma justificada:

a) Métodos e procedimentos adoptados para a monitorização do gás natural.

b) Periodicidade ou continuidade da amostragem.

c) Especificação dos equipamentos de monitorização, nomeadamente quanto a classes de exactidão e planos de calibração.

3 – As metodologias de monitorização devem ser enviadas à ERSE, 120 dias após a entrada em vigor do presente regulamento.

4 – Sempre que ocorram alterações da metodologia de monitorização, os operadores devem enviar à ERSE as respectivas alterações com apresentação da justificação para as mesmas.

5 – Os resultados da monitorização das características do gás natural devem ser enviados à ERSE, 45 dias após o fim de cada trimestre.

ARTIGO 21.º
**Metodologia de verificação do nível de pressão
de fornecimento aos clientes**

1 – Os operadores das redes de distribuição devem elaborar e aplicar uma metodologia de monitorização dos níveis de pressão de fornecimento aos clientes.

2 – A metodologia de monitorização dos níveis de pressão deve demonstrar de forma explícita e justificada que os métodos e procedimentos de monitorização escolhidos garantem a verificação dos níveis de pressão de fornecimento de gás natural aos clientes finais.

3 – A metodologia de monitorização dos níveis de pressão deve apresentar, de forma justificada:

a) Número e tipo de pontos de medição escolhidos.

b) Periodicidade de monitorização.

c) Período de monitorização.

d) Caracterização dos equipamentos que constituem o sistema de monitorização.

4 – As metodologias de monitorização devem ser enviadas à ERSE, 120 dias após a entrada em vigor do presente regulamento.

5 – Sempre que ocorram alterações da metodologia de monitorização, os operadores devem enviar à ERSE as respectivas alterações com apresentação da justificação para as mesmas.

6 – Os resultados da monitorização da pressão das redes devem ser enviados à ERSE, 45 dias após o fim de cada trimestre.

CAPÍTULO III
Disposições de natureza comercial

SECÇÃO I
Atendimento

ARTIGO 22.º
Condições gerais de atendimento

1 – Os operadores das redes de transporte e de distribuição, o comercializador de último recurso grossista, os comercializadores de último recurso retalhistas e os comercializadores devem adoptar modalidades de atendimento adequadas às necessidades e dimensionadas segundo as solicitações que garantam aos interessados o acesso célere aos seus serviços.

2 – A todos os clientes finais deve ser assegurado um atendimento telefónico gratuito para a comunicação de leituras e um atendimento telefónico permanente e gratuito para a comunicação de avarias e emergências.

ARTIGO 23.º
Modalidades de atendimento

1 – Os operadores das redes de distribuição e os comercializadores de último recurso retalhistas, nas matérias que lhes dizem respeito, devem assegurar aos clientes domésticos e às pequenas empresas as seguintes modalidades de atendimento:

a) Atendimento presencial em centros de atendimento.

b) Atendimento telefónico centralizado.

c) Atendimento escrito, incluindo o correio electrónico.

2 – Aos restantes clientes não abrangidos no número anterior, os operadores das redes, os comercializadores de último recurso grossista, os comercializadores de último recurso retalhistas e os comercializadores devem disponibilizar modalidades de atendimento que considerem adequadas a este tipo de clientes e que assegurem um atendimento completo e eficaz.

3 – Os comercializadores devem disponibilizar aos clientes pelo menos um dos meios de atendimento especificados no n.º 1, que garanta um atendimento comercial completo.

4 – Os operadores das redes de distribuição e os comercializadores de último recurso retalhistas podem assegurar as modalidades de atendimento previstas através dos mesmos meios de atendimento, sem prejuízo do disposto relativamente à separação contabilística e jurídica de actividades.

Artigo 24.º
Atendimento presencial

As instalações de atendimento presencial devem ser dimensionadas de modo a assegurar um atendimento eficaz e um relacionamento comercial completo, permitindo nomeadamente a celebração de contratos, a realização de pagamentos, a requisição de serviços, a apresentação de pedidos de informação e de reclamações e a comunicação de avarias.

Artigo 25.º
Atendimento telefónico centralizado

1 – Os sistemas de atendimento telefónico centralizado devem ser dimensionados de modo a assegurar um atendimento eficaz e um relacionamento comercial completo, ressalvadas as situações de obrigatoriedade de atendimento presencial.

2 – O atendimento telefónico dos operadores das redes de distribuição e dos comercializadores de último recurso retalhistas, para outras comunicações que não as leituras, emergências e avarias, encontra-se sujeito a um custo para o cliente o qual não pode exceder o de uma chamada local.

SECÇÃO II
Informação aos clientes

Artigo 26.º
Cumprimento do dever de informação

1 – Os clientes de gás natural têm o direito de solicitar ao seu comercializador, ao seu comercializador de último recurso grossista ou ao seu comercializador de último recurso retalhista informações sobre aspectos técnicos ou comerciais relacionados com o serviço de fornecimento de gás natural, bem como sobre os serviços conexos.

2 – Os comercializadores, o comercializador de último recurso grossista e os comercializadores de último recurso retalhistas devem disponibilizar aos interessados informação rigorosa e actualizada, designadamente sobre as seguintes matérias, que lhes sejam aplicáveis:

a) Contratos de fornecimento de gás natural.

b) Opções tarifárias ou preços à disposição dos clientes finais de gás natural, bem como aconselhamento sobre as opções mais convenientes, tendo em conta as informações que estes possam prestar sobre os equipamentos e respectiva utilização para as suas instalações.

c) Serviços disponíveis.

d) Modalidades de facturação e pagamento.

e) Padrões de qualidade de serviço e eventuais compensações pelo incumprimento dos mesmos.

f) Apresentação e tratamento de reclamações.

g) Factos imputáveis aos clientes que podem justificar a interrupção do fornecimento de gás natural ou a cessação do contrato de fornecimento de gás natural e encargos associados à reposição do serviço.

h) Procedimentos associados à resolução de conflitos.

i) Entidades competentes e regime de preços vigentes relativamente à segurança das instalações, reparações e inspecções obrigatórias.

3 – Os comercializadores, o comercializador de último recurso grossista e os comercializadores de último recurso retalhistas que promovam a venda de gás natural através de métodos de venda agressivos, tais como contratos celebrados à distância, vendas ao domicílio e métodos de venda equiparados, devem publicar códigos de conduta que estabeleçam as práticas a utilizar neste tipo de vendas, assegurando o cumprimento dos princípios consagrados na Lei.

4 – Os comercializadores, o comercializador de último recurso grossista e os comercializadores de último recurso retalhistas devem promover a divulgação prévia junto dos seus clientes, de alterações nas condições de prestação do serviço de fornecimento de gás natural, designadamente sobre as matérias referidas no n.º 2 do presente artigo, nos termos definidos no Regulamento de Relações Comerciais.

5 – O operador da rede de transporte, os operadores das redes de distribuição, os comercializadores, o comercializador de último recurso grossista e os comercializadores de último recurso retalhistas devem assegurar aos interessados informação completa sobre as condições técnicas e comerciais associadas ao estabelecimento de ligações à rede.

6 – Os operadores das redes de distribuição e os comercializadores de último recurso retalhistas devem disponibilizar informação aos interessados sobre o acesso aos seus serviços, designadamente aos centros de atendimento presencial e de atendimento telefónico centralizado.

7 – O comercializador de último recurso grossista e os comercializadores de último recurso retalhistas devem igualmente promover a divulgação das tarifas em vigor.

8 – Sempre que se verifiquem interrupções de fornecimento de gás natural em resultado de avarias na rede, os comercializadores, o comercializador de último recurso grossista e os comercializadores de último recurso retalhistas, quando solicitados, devem assegurar informação aos clientes sobre as causas da

interrupção, bem como a hora prevista para o restabelecimento do fornecimento de gás natural.

Artigo 27.º
Divulgação de informação na Internet

1 – Os comercializadores, o comercializador de último recurso grossista e os comercializadores de último recurso retalhistas devem possuir uma página própria de Internet.

2 – Na página de Internet referida no número anterior deve ser disponibilizado um conjunto mínimo de informações, nomeadamente sobre as seguintes matérias que lhes sejam aplicáveis:

a) Contactos do respectivo comercializador e operadores de rede.

b) Modalidades de atendimento e respectivo horário de funcionamento.

c) Serviços disponibilizados.

d) Preços e opções tarifárias disponíveis.

e) Códigos de conduta referidos no n.º 3 do artigo 26.º

f) Entidades competentes relativamente à segurança das instalações, reparações e inspecções obrigatórias, bem como o regime de preços vigentes.

Artigo 28.º
Elaboração de folhetos informativos

1 – Os operadores das redes de distribuição devem elaborar folhetos informativos relativos a assuntos técnicos, de segurança ou de actividades específicas dos operadores das redes, nomeadamente sobre as seguintes matérias:

a) Segurança na utilização do gás natural.

b) Actuação em caso de emergência.

c) Ligações às redes, incluindo local e tipo de alimentação adequados para a obtenção no nível de qualidade de serviço pretendido.

d) Padrões individuais de qualidade de serviço aplicáveis e respectivas compensações.

e) Métodos de estimativa de consumo utilizados para efeitos de facturação.

f) Clientes com necessidades especiais e clientes prioritários.

2 – Os comercializadores de último recurso retalhistas devem elaborar folhetos informativos relativos a questões contratuais, nomeadamente sobre as seguintes matérias:

a) Contratação do fornecimento de gás natural.

b) Modalidades de facturação e pagamento.

c) Apresentação e tratamento de reclamações.

d) Utilização eficiente do gás natural.

3 – Os operadores das redes de distribuição e os comercializadores de último recurso retalhistas podem promover a elaboração de folhetos informativos comuns.

4 – Os operadores das redes de distribuição e os comercializadores de último recurso retalhistas devem consultar as associações de consumidores sobre os folhetos com informação do interesse dos consumidores.

5 – No caso das propostas das associações de consumidores não serem aceites, a razão da não aceitação deve ser transmitida às associações.

6 – Após a publicação dos folhetos informativos, os operadores das redes de distribuição e os comercializadores de último recurso retalhistas devem enviar à ERSE, para conhecimento, um exemplar de cada um dos folhetos.

ARTIGO 29.º
Divulgação dos folhetos informativos

1 – Os comercializadores e os comercializadores de último recurso retalhistas devem divulgar os folhetos mencionados no n.º 1 do artigo anterior por ocasião da celebração de novos contratos, bem como durante a vigência do contrato e sempre que se verifiquem alterações das matérias a que as publicações dizem respeito.

2 – Os comercializadores de último recurso retalhistas devem divulgar os folhetos mencionados no n.º 2 do artigo anterior aos clientes finais de gás natural por ocasião da celebração de novos contratos, bem como durante a vigência do contrato e sempre que se verifiquem alterações das matérias a que as publicações dizem respeito.

3 – Os folhetos informativos devem estar disponíveis a todo o tempo, nomeadamente através da Internet.

4 – A disponibilização dos folhetos informativos aos clientes de gás natural deve ser gratuita.

SECÇÃO III
Pedidos de informação e reclamações

ARTIGO 30.º
Condições gerais

1 – Sempre que qualquer entidade abrangida pelo presente regulamento considere não terem sido devidamente acautelados os seus direitos ou satisfeitas as suas expectativas respeitantes às exigências de qualidade de serviço definidas

legal e regulamentarmente, pode apresentar a sua reclamação junto da entidade com quem se relaciona.

2 – Os pedidos de informação e as reclamações devem conter a identificação e o endereço completo do local de consumo, as questões colocadas ou a descrição dos motivos reclamados e demais elementos informativos facilitadores ou complementares para a caracterização da situação questionada ou reclamada.

3 – A recepção de pedidos de informação e de reclamações deve ser assegurada pelas diversas modalidades de atendimento previstas no presente regulamento.

4 – O operador da rede de transporte, os operadores das redes de distribuição, o comercializador de último recurso grossista e os comercializadores de último recurso retalhistas devem responder aos pedidos de informação apresentados por escrito no prazo máximo de 15 dias úteis após a data da sua recepção.

5 – O operador da rede de transporte, os operadores das redes de distribuição, o comercializador de último recurso grossista e os comercializadores de último recurso retalhistas devem responder às reclamações no prazo máximo de 20 dias úteis após a data da sua recepção.

6 – Caso a reclamação não tenha sido integralmente decidida a favor das pretensões do reclamante, a entidade que recebeu a reclamação deve informar o reclamante relativamente ao seu direito de reclamação junto da ERSE.

Artigo 31.º

Reclamações relativas a facturação ou cobrança

1 – Sempre que seja recebida pelo comercializador de último recurso grossista ou pelo comercializador de último recurso retalhista uma reclamação relativa a facturação, é suspenso o prazo de pagamento da respectiva factura relativamente ao valor reclamado, sem prejuízo do pagamento parcial atempado do valor não reclamado.

2 – O comercializador de último recurso grossista ou o comercializador de último recurso retalhista devem dar conhecimento ao cliente de que o prazo de pagamento se suspende até à finalização do tratamento da reclamação.

Artigo 32.º

Reclamações relativas a medição

1 – A apresentação de uma reclamação relativa à medição de gás natural deve ser acompanhada da descrição dos factos indiciadores de que os respectivos equipamentos podem estar a funcionar fora das tolerâncias regulamentarmente definidas.

2 – O operador da rede de transporte e os operadores das redes de distribuição devem no prazo máximo de 20 dias úteis após a data de recepção da reclamação responder à mesma, identificando, caso haja informação que o permita, as possíveis causas da ocorrência.

3 – Caso o operador da rede de transporte ou os operadores das redes de distribuição não possuam dados que permitam identificar a origem do ocorrido devem, no prazo máximo de 20 dias úteis, após a data de recepção da reclamação, efectuar uma visita de verificação à instalação do cliente.

4 – Na sequência da visita referida no número anterior, deverá ser elaborado um relatório fundamentado e compreensível sobre o funcionamento dos equipamentos de medição existentes na instalação visitada.

5 – Do relatório referido no número anterior deve constar:

a) A descrição da anomalia verificada, se for confirmada a sua existência.

b) As diligências técnicas efectuadas para a verificação da anomalia, com dados quantificados sempre que tal seja aplicável.

6 – Do relatório referido no número anterior deverá ser entregue cópia ao cliente aquando da visita à sua instalação ou enviada posteriormente num prazo não superior a 5 dias úteis, acompanhada de informação sobre a possibilidade de requerer uma verificação extraordinária, bem como dos respectivos encargos, caso a mesma não confirme o funcionamento dos equipamentos fora das tolerâncias admitidas regulamentarmente.

7 – Se após a intervenção do pessoal técnico do operador da rede de distribuição persistirem dúvidas sobre o funcionamento dos equipamentos de medição dentro do intervalo regulamentar, o cliente pode solicitar uma verificação extraordinária dos mesmos, nos termos previstos no Regulamento de Relações Comerciais.

ARTIGO 33.º
Reclamações relativas às características do fornecimento

1 – A apresentação de reclamações relativas às características do fornecimento, nomeadamente pressão e gás natural fornecido, deve ser acompanhada da descrição dos factos indiciadores de que as mesmas se encontram fora das tolerâncias regulamentarmente definidas, nomeadamente através de factos que caracterizem as anomalias verificadas.

2 – O operador da rede de transporte ou os operadores das redes de distribuição devem, no prazo máximo de 20 dias úteis após a data de recepção da reclamação, responder ao cliente ou efectuar uma visita de verificação à instalação do cliente, efectuando as diligências ao seu alcance para identificar a causa dos factos reclamados.

3 – No caso de ser comprovada a falta de qualidade do fornecimento, deverá ser enviada notificação ao cliente reclamante incluindo, quando aplicável, o seguinte:

a) Informação detalhada que caracterize a não conformidade dos parâmetros do gás fornecido ou da pressão.

b) Período durante o qual o fornecimento foi efectuado de forma deficiente.

c) Acções correctivas e preventivas previstas e em curso e o respectivo prazo de implementação.

4 – No caso de não se confirmar o incumprimento das características regulamentares do gás fornecido ou da pressão, esta informação deve ser comunicada ao cliente, acompanhada da descrição detalhada das diligências efectuadas que conduziram a essa conclusão e, sempre que possível, incluindo informações quantitativas sobre as matérias objecto de reclamação.

ARTIGO 34.º
Registos do cliente

Os registos produzidos por sistemas de registo e medida da qualidade de serviço instalados pelos clientes podem constituir meio de prova nas reclamações, desde que os equipamentos estejam devidamente selados e calibrados por entidade competente.

SECÇÃO IV
Indicadores e padrões gerais de qualidade comercial

ARTIGO 35.º
Indicadores e padrões gerais

1 – A avaliação da qualidade de serviço comercial prestada, pelo operador da rede de transporte, pelos operadores das redes de distribuição, pelo comercializador de último recurso grossista e pelos comercializadores de último recurso retalhistas, deve ser efectuada com base nos seguintes indicadores gerais:

a) Tempo de espera no atendimento presencial.

b) Tempo de espera no atendimento telefónico centralizado.

c) Frequência das leituras dos contadores.

d) Tempo de resposta a situações de emergência.

e) Tempo de resposta a situação de avaria na alimentação individual da instalação do cliente.

f) Tempo de resposta a pedidos de informação.

2 – A cada indicador geral referido no número anterior, à excepção do referido na alínea c), está associado um padrão para cada ano gás, de acordo com os artigos seguintes.

3 – O cálculo dos indicadores referidos no n.º 1 e a verificação do cumprimento do respectivo padrão devem ser efectuados de acordo com o estabelecido nos artigos seguintes e no Anexo I do presente regulamento, do qual faz parte integrante.

ARTIGO 36.º

Tempo de espera no atendimento presencial

1 – Considera-se tempo de espera no atendimento presencial, o tempo que medeia entre o instante da atribuição do número de ordem de atendimento e o início do atendimento.

2 – Este indicador aplica-se aos agentes que, nos termos da artigo 23.º, têm obrigatoriedade de dispor de atendimento presencial, e ao operador da rede de transporte caso este opte por ter esta modalidade de atendimento.

3 – Em cada ano gás, cada entidade referida no número anterior deve assegurar um tempo de espera no atendimento presencial inferior a 20 minutos em, pelo menos, 85% dos atendimentos efectuados.

ARTIGO 37.º

Tempo de espera no atendimento telefónico centralizado

1 – Considera-se tempo de espera no atendimento telefónico centralizado, o tempo que medeia entre o primeiro sinal de chamada e o atendimento efectivo.

2 – Este indicador aplica-se aos agentes que, nos termos do artigo 23.º, têm obrigatoriedade de dispor de atendimento telefónico centralizado e ao operador da rede de transporte caso este opte por ter esta modalidade de atendimento.

3 – Para efeitos do número anterior, em cada ano gás, as entidades referidas no número anterior devem assegurar um tempo de espera para atendimento telefónico centralizado inferior a 60 segundos em, pelo menos, 85% dos atendimentos efectuados.

ARTIGO 38.º

Frequência das leituras dos contadores

1 – A frequência das leituras dos contadores é aferida pelo quociente entre o somatório do número de intervalos entre leituras com duração igual ou inferior

a 60 dias e o produto do número total de contadores por seis, representada pela seguinte expressão:

$$\frac{\sum_{i=1}^{C} \operatorname{int} ervalo_{\leq 60}}{C_{med} \ x \ 6} \times 100$$

em que:

Intervalo$_{\leq 60}$ Intervalo entre leituras consecutivas em que o número de dias é igual ou inferior a 60. Só são considerados os intervalos em que a data de início do intervalo ocorre no ano gás em análise

C Número de contadores com contrato de fornecimento nesse ano gás (mesmo que o contrato não tenha vigorado durante todo o ano gás)

C_{med} Média aritmética simples do número de contadores no final do ano gás e o número de contadores no início do ano gás

2 – Este indicador aplica-se aos operadores das redes de distribuição e considera as leituras dos contadores dos clientes domésticos e pequenas empresas.

3 – Os operadores das redes de distribuição devem fornecer à ERSE a informação adicional constante do Anexo II do presente regulamento.

ARTIGO 39.º

Tempo de resposta a situações de emergência

1 – O tempo de resposta a situações de emergência refere-se à prontidão do operador da rede de transporte e dos operadores das redes de distribuição de gás natural para fazer face a situações de emergência.

2 – Considera-se situação de emergência quando se encontram em risco pessoas ou bens.

3 – O tempo de resposta corresponde ao tempo que medeia entre a comunicação ao operador referido no n.º 1 e o instante de chegada ao local.

4 – Em cada ano gás, o tempo de resposta a situações de emergência do operador da rede de transporte deve ser inferior a 90 minutos em, pelo menos, 80% das situações de emergência.

5 – Em cada ano gás, o tempo de resposta a situações de emergência de cada operador das redes de distribuição deve ser inferior a 60 minutos em, pelo menos, 80% das situações de emergência.

Artigo 40.º

Tempo de resposta a situações de avaria na alimentação individual da instalação do cliente

1 – O tempo de resposta a situações de avaria na alimentação individual da instalação do cliente refere-se ao tempo de chegada dos técnicos do operador da rede de transporte ou do operador da rede de distribuição à instalação do cliente.

2 – Em cada ano gás, o operador da rede de distribuição de gás natural deve responder às situações de avaria na alimentação individual da instalação dos clientes domésticos no tempo máximo de 4 horas em, pelo menos, 90% das situações de avaria na instalação individual destes clientes.

3 – Em cada ano gás, o operador da rede de transporte ou o operador da rede de distribuição de gás natural deve responder às situações de avaria na alimentação individual na instalação dos clientes não domésticos no tempo máximo de 3 horas em, pelo menos, 90% das situações de avaria na instalação individual destes clientes.

Artigo 41.º

Tempo de resposta a pedidos de informação por escrito

1 – O operador da rede de transporte, os operadores das redes de distribuição de gás natural, o comercializador de último recurso grossista e os comercializadores de último recurso retalhistas devem responder aos pedidos de informação efectuados por escrito, num prazo máximo de 15 dias úteis.

2 – Sempre que os agentes referidos no número anterior não possam, justificadamente, cumprir o prazo de 15 dias úteis, devem informar o cliente, relativamente ao prazo expectável de resposta e, sempre que se justifique, indicar uma pessoa para contacto.

SECÇÃO V
Qualidade individual

SUBSECÇÃO I
Indicadores e padrões individuais

Artigo 42.º
Indicadores e padrões

1 – O operador da rede de transporte, os operadores das redes de distribuição, o comercializador de último recurso grossista e os comercializadores de último recurso retalhistas devem cumprir os indicadores individuais e respectivos padrões, relativos às seguintes matérias, quando aplicáveis:

a) Activação de fornecimento.

b) Visita combinada.

c) Restabelecimento do fornecimento após interrupção por facto imputável ao cliente.

d) Resposta a reclamações.

2 – Os indicadores e respectivos padrões individuais devem integrar de forma expressa o clausulado dos contratos de fornecimento de gás natural, nos termos dos artigos seguintes.

3 – O cálculo dos indicadores referidos no n.º 1 e a verificação do cumprimento do respectivo padrão devem ser efectuados de acordo com o estabelecido nos artigos seguintes e no Anexo I do presente regulamento.

Artigo 43.º
Activação de fornecimento

1 – O operador da rede de distribuição deve garantir aos clientes domésticos ou pequenas empresas que a visita combinada para activação de fornecimento é agendada para uma data nos 3 dias úteis seguintes à data em que a activação de fornecimento é solicitada.

2 – O incumprimento do prazo referido no número anterior, por facto imputável ao operador da rede de distribuição, confere ao cliente o direito à compensação previsto no artigo 47.º

3 – Para efeitos de aplicação deste indicador, consideram-se as situações em que para efectuar a activação do fornecimento o operador da rede de distribuição necessita apenas de proceder a operações simples, tais como, a instalação do contador ou a abertura da válvula de corte.

4 – Se, por facto imputável ao cliente, houver necessidade de realizar um novo agendamento para a realização do serviço, deve ser considerado um novo acontecimento, contando-se como um novo prazo.

ARTIGO 44.º
Visita combinada

1 – A marcação das visitas combinadas às instalações dos clientes deve ser efectuada por acordo entre o comercializador, o comercializador de último recurso grossista ou o comercializador de último recurso retalhista e o cliente.

2 – Para efeitos do número anterior, a comunicação entre os comercializadores, comercializador de último recurso grossista ou comercializadores de último recurso retalhistas e os operadores das redes de distribuição deve ser célere e expedita, através dos meios que estas entidades acordarem entre si.

3 – O cliente deve ser previamente informado de todos os encargos associados à realização da visita que lhe sejam imputáveis, bem como do direito a eventuais compensações aplicáveis.

4 – O operador da rede de distribuição deve iniciar a visita à instalação do cliente num dos seguintes prazos:

a) Num intervalo de tempo previamente combinado, com a duração máxima de duas horas e meia.

b) Num intervalo de cinco horas, se o operador garantir ao cliente um pré-aviso com a antecedência de uma hora, por via telefónica, relativamente ao intervalo de 15 minutos em que é expectável o início da visita.

5 – O operador da rede de distribuição está obrigado a disponibilizar a modalidade de visita indicada na alínea a) do número anterior.

6 – No caso do operador da rede de distribuição disponibilizar ambas as modalidades de visita previstas no n.º 4 cabe ao cliente a escolha da modalidade pretendida.

7 – O incumprimento dos prazos referidos no n.º 4, por facto imputável ao operador da rede de distribuição, confere ao cliente o direito à compensação prevista no artigo 47.º

8 – A ausência do cliente na sua instalação no período da visita combinada confere ao operador da rede de distribuição o direito à compensação prevista no artigo 50.º

Artigo 45.º

**Restabelecimento do fornecimento após interrupção
por facto imputável ao cliente**

1 – Os factos imputáveis aos clientes que podem conduzir à interrupção do fornecimento são definidos no Regulamento de Relações Comerciais.

2 – Ultrapassada a situação que deu origem à interrupção do fornecimento, e efectuados todos os pagamentos determinados legalmente, o operador da rede de distribuição deve repor o fornecimento de gás natural, nos seguintes prazos:

a) Até às 17 horas do dia útil seguinte àquele em que se verificou a regularização da situação, no caso dos clientes domésticos e das pequenas empresas.

b) No período de oito horas a contar do momento da regularização da situação, para os restantes clientes.

c) No prazo de quatro horas a contar do momento da regularização da situação, caso o cliente pague o preço para restabelecimento urgente previsto no Regulamento de Relações Comerciais.

3 – O incumprimento dos prazos indicados no número anterior, por facto imputável ao operador da rede de distribuição, confere ao cliente o direito à compensação prevista no artigo 47.º

Artigo 46.º

Resposta a reclamações

1 – O operador da rede de transporte, os operadores das redes de distribuição, o comercializador de último recurso grossista e os comercializadores de último recurso retalhistas devem responder às reclamações que lhe forem apresentadas, no prazo máximo de 20 dias úteis.

2 – Para efeitos do número anterior, quando as reclamações digam respeito a matérias da responsabilidade dos operadores das redes, a comunicação entre os comercializadores, o comercializador de último recurso grossista ou os comercializadores de último recurso retalhistas e os operadores das redes deve ser célere e expedita, através dos meios que estas entidades acordarem entre si.

3 – Na impossibilidade do cumprimento do prazo indicado no n.º 1, o comercializador de último recurso grossista ou o comercializador de último recurso retalhista devem informar o seu cliente das diligências efectuadas, bem como dos factos que impossibilitaram a resposta no prazo indicado, indicando o prazo expectável para a resposta e, sempre que possível, uma pessoa para contacto.

4 – O incumprimento do prazo indicado no n.º 1 ou a ausência de resposta no prazo expectável indicado ao cliente, nos termos previstos no número anterior, conferem ao cliente o direito à compensação nos termos previstos no artigo 47.º

SUBSECÇÃO II
Compensações

ARTIGO 47.º
Direito de compensação

1 – O incumprimento pelo operador da rede de transporte, pelo operador da rede de distribuição ou pelo comercializador de último recurso retalhista de indicadores de qualidade individual de natureza comercial definidos no artigo 42.º, confere ao cliente o direito à compensação estabelecida no artigo 48.º

2 – A apresentação sucessiva de reclamações sobre um mesmo assunto só pode ter efeitos cumulativos, para efeitos de pagamento de compensações, desde que tenham sido ultrapassados os prazos estabelecidos no artigo anterior para resposta às reclamações anteriormente apresentadas.

3 – A mudança de comercializador de gás natural não prejudica o direito dos clientes à compensação.

ARTIGO 48.º
Valor das compensações relativas à qualidade individual

1 – Sem prejuízo do estabelecimento de valores mais elevados nos contratos de fornecimento de gás natural, o incumprimento dos indicadores de qualidade individual de natureza comercial, implica, para qualquer deles, o pagamento de uma compensação aos clientes no valor de 20 euros, por cada incumprimento.

2 – Os clientes estão obrigados ao pagamento de uma compensação aos operadores das redes de distribuição ou aos comercializadores de último recurso retalhistas, de igual montante ao indicado no número anterior, sempre que por factos que lhe sejam imputados não estejam presentes nas suas instalações nos intervalos acordados para o efeito.

ARTIGO 49.º
Pagamento de compensações ao cliente

1 – Quando houver lugar ao pagamento de compensações por incumprimento dos indicadores de qualidade individual de natureza comercial, a informação e o pagamento de compensações aos clientes deve ser efectuada, o mais tardar, na primeira factura emitida após terem decorrido 45 dias contados a partir da data em que ocorreu o facto que fundamenta o direito à compensação.

2 – Para efeitos do número anterior, o comercializador, ou o comercializador de último recurso grossista ou o comercializador de último recurso retalhista deve comunicar essa informação ao seu cliente e proceder ao crédito de modo automático do valor da compensação no prazo indicado no número anterior.

3 – O disposto nos números anteriores não impede que seja acordado um regime de pagamento mais favorável ao cliente.

Artigo 50.º
Pagamento de compensações aos operadores das redes

1 – O comercializador, ou o comercializador de último recurso grossista ou o comercializador de último recurso retalhista deve assegurar o pagamento da compensação prevista no n.º 8 do artigo 44.º ao operador da rede de transporte ou ao operador da rede de distribuição da área geográfica onde se localizam as instalações dos clientes.

2 – O pagamento da compensação referida no número anterior é efectuado pelos clientes ao respectivo comercializador, ou comercializador de último recurso grossista ou comercializador de último recurso retalhista, sem prejuízo do disposto no número seguinte.

3 – O comercializador pode optar por não cobrar o respectivo valor aos seus clientes, sem prejuízo do disposto no n.º 1.

Artigo 51.º
Situações de exclusão do pagamento de compensações

1 – O operador da rede de transporte, os operadores das redes de distribuição, o comercializador de último recurso grossista e os comercializadores de último recurso retalhistas não estão obrigados ao pagamento de compensações quando os clientes afectados não diligenciem no sentido de permitir ao operador o desenvolvimento das acções necessárias ao cumprimento dos padrões individuais de qualidade de serviço.

2 – Nos termos do número anterior, o operador da rede de transporte, os operadores das redes de distribuição, o comercializador de último recurso grossista e os comercializadores de último recurso retalhistas não são obrigados a pagar compensações nas seguintes situações:

a) Impossibilidade comprovada de aceder às instalações do cliente, caso se revele indispensável ao cumprimento dos padrões individuais de qualidade.

b) Não disponibilização pelo cliente da informação indispensável ao tratamento das reclamações, nomeadamente a identificação e morada do local de consumo.

c) Inobservância, pelo cliente, dos procedimentos definidos regulamentarmente para solicitação de serviços ou apresentação de reclamações.

3 – Para efeitos do disposto na alínea a) do número anterior, caso não seja possível aceder às instalações, deve ser deixado um aviso ao cliente, nomeadamente com a indicação da hora em que foi tentada a visita às instalações do cliente.

SECÇÃO VI
Avaliação do grau de satisfação dos clientes

Artigo 52.º
Avaliação do grau de satisfação dos clientes

1 – Sem prejuízo dos estudos ou inquéritos que as entidades abrangidas pelo presente regulamento efectuem, cabe à ERSE a avaliação do grau de satisfação dos clientes, através de estudos, inquéritos ou outras acções que tenha por convenientes.

2 – As metodologias utilizadas pela ERSE na avaliação do grau de satisfação dos clientes são objecto de publicação.

3 – Para efeitos do disposto no n.º 1, a ERSE elabora e publica um relatório com a identificação dos trabalhos desenvolvidos, metodologias utilizadas, bem como os respectivos resultados.

4 – O relatório referido no número anterior deve ser publicado pela ERSE na sua página na Internet e divulgado pelos comercializadores, comercializador de último recurso grossista e comercializadores de último recurso retalhistas através dos meios de informação e atendimento disponibilizados aos seus clientes.

SECÇÃO VII
Clientes com necessidades especiais e clientes prioritários

Artigo 53.º
Clientes com necessidades especiais

Para efeitos do presente regulamento, são considerados clientes com necessidades especiais:

a) Clientes com limitações no domínio da visão – cegueira total ou hipovisão.

b) Clientes com limitações no domínio da audição – surdez total ou hipoacusia.

c) Clientes com limitações no domínio da comunicação oral.

d) Clientes com limitações no domínio do olfacto que impossibilitem a identificação de gás natural ou clientes que tenham no seu agregado familiar pessoa com esta deficiência.

ARTIGO 54.º

Clientes prioritários

1 – Para efeitos do presente regulamento, são considerados clientes prioritários aqueles para quem a interrupção do fornecimento de gás natural causa graves alterações no normal funcionamento da entidade visada, tais como:

a) Hospitais, centros de saúde ou outras entidades que prestem serviços equiparados.

b) Estabelecimentos de ensino básico.

c) Instalações de segurança nacional.

d) Instalações destinadas ao abastecimento de gás natural de transportes públicos colectivos.

e) Bombeiros.

f) Protecção civil.

g) Forças de segurança.

h) Instalações penitenciárias.

2 – Estão excluídas todas as instalações que pertencendo aos clientes prioritários não sirvam os fins que justificam o seu carácter prioritário.

3 – Sem prejuízo dos direitos especiais consignados aos clientes prioritários, estes devem tomar medidas de precaução adequadas à sua situação, nomeadamente no que se refere a sistemas alternativos de alimentação de socorro ou de emergência.

ARTIGO 55.º

Registo dos clientes com necessidades especiais e clientes prioritários

1 – Os operadores das redes de distribuição ficam obrigados a manter actualizado um registo dos clientes com necessidades especiais e dos clientes prioritários.

2 – O registo previsto no número anterior é voluntário e da exclusiva responsabilidade do cliente.

3 – A solicitação de registo deve ser acompanhada de documentos que comprovem que os clientes reúnem as condições indicadas nos artigos anteriores.

4 – A solicitação do registo é efectuada junto do comercializador de último recurso grossista, ou do comercializador de último recurso retalhista ou do

comercializador com o qual o cliente celebrou o contrato de fornecimento de gás natural.

5 – O comercializador de último recurso grossista, o comercializador de último recurso retalhista ou o comercializador deve informar o operador da rede de distribuição, a cujas redes estejam ligadas as instalações dos clientes com necessidades especiais ou dos clientes prioritários.

6 – No caso dos clientes com necessidades especiais com incapacidade temporária, o registo tem a validade máxima de um ano, devendo ser renovado ao fim desse período caso se mantenha a situação que justificou a sua aceitação.

Artigo 56.º
Deveres para com os clientes com necessidades especiais

1 – Os comercializadores de último recurso retalhistas ou os comercializadores, relativamente aos clientes com necessidades especiais, têm de adoptar as medidas e os meios de comunicação adequados às especificidades destes clientes, tendo em vista garantir o exercício do direito daqueles à informação e a um relacionamento comercial de qualidade.

2 – Os operadores das redes de distribuição, relativamente aos clientes com necessidades especiais mencionados na alínea d) do artigo 53.º, devem instalar e manter operacionais equipamentos que permitam a detecção e sinalização de fugas nas instalações dos clientes com limitações no domínio do olfacto que impossibilitem a identificação de gás natural.

3 – Os operadores das redes de distribuição devem consultar, quanto ao conteúdo do folheto referido na alínea f) do n.º 1 do artigo 28.º, o Secretariado Nacional para a Reabilitação e Integração das Pessoas com Deficiência, bem como as associações de promoção e de defesa das pessoas com deficiência que sejam indicadas por aquele organismo.

4 – Os operadores das redes de distribuição e os comercializadores de último recurso retalhistas devem promover anualmente a divulgação dos folhetos informativos sobre clientes com necessidades especiais, junto das entidades referidas no número anterior.

Artigo 57.º
Deveres para com os clientes prioritários

1 – O comercializador de último recurso grossista, os comercializadores de último recurso retalhistas ou os comercializadores, relativamente aos clientes prioritários, têm o dever de informar individualmente e com a antecedência mínima estabelecida no Regulamento de Relações Comerciais das interrupções de fornecimento previstas, objecto de pré-aviso.

2 – Os operadores das redes de distribuição, relativamente aos clientes prioritários, têm o dever de restabelecer o fornecimento de gás natural prioritariamente, em caso de interrupção por razões não imputáveis a estes clientes.

3 – Para efeitos do n.º 1 o cliente deve acordar com o seu comercializador de último recurso grossista, comercializador de último recurso retalhista ou comercializador um meio de comunicação adequado.

CAPÍTULO IV
Relatórios da qualidade de serviço

ARTIGO 58.º
Elaboração de relatórios

O operador da rede de transporte, os operadores das redes de distribuição, o comercializador de último recurso grossista e os comercializadores de último recurso retalhistas devem elaborar anualmente relatórios da qualidade de serviço.

ARTIGO 59.º
Teor dos relatórios

1 – O relatório da qualidade de serviço do operador da rede de transporte deve incluir, nomeadamente, informação sobre as seguintes matérias:

a) Indicadores gerais e características do gás natural referidos no artigo 14.º e no artigo 18.º

b) Informação quantitativa e qualitativa sobre dos incidentes mais significativos.

c) Número e natureza das reclamações apresentadas, discriminadas por tipo de entidade reclamante.

d) Descrição das acções mais relevantes realizadas no ano gás anterior para a melhoria da qualidade de serviço.

2 – O relatório da qualidade de serviço dos operadores das redes de distribuição, do comercializador de último recurso grossista e dos comercializadores de último recurso retalhistas deve incluir informação, nomeadamente sobre as seguintes matérias que lhes sejam aplicáveis:

a) Indicadores gerais referidos no artigo 15.º e indicadores individuais referidos no artigo 17.º

b) Características do fornecimento de gás natural referidas no artigo 18.º e no artigo 19.º

c) Indicadores gerais referidos no artigo 35.º e indicadores individuais referidos no artigo 42.º

d) Número e montante total das compensações pagas aos clientes por incumprimento dos padrões individuais de qualidade de serviço no ano gás a que respeita o relatório, com discriminação por indicador, nível de pressão ou tipo de cliente.

e) Número e montante total das compensações pagas aos operadores das redes de distribuição em resultado do incumprimento pelos clientes do disposto no presente regulamento.

f) Número e natureza das reclamações apresentadas, discriminadas por tipo de entidade.

g) Número de clientes prioritários e clientes com necessidades especiais registados e iniciativas realizadas para melhorar a qualidade do relacionamento comercial com estes clientes.

h) Descrição das acções mais relevantes realizadas no ano gás anterior para a melhoria da qualidade de serviço.

i) Caracterização quantitativa e qualitativa dos incidentes mais significativos.

3 – A informação referida no n.º 2 deve, sempre que possível e quando aplicável, ser publicada de forma discriminada por concelho, por nível de pressão e por escalões de consumo.

4 – O conteúdo e a forma de apresentação dos relatórios da qualidade de serviço devem ser adequados ao público a que se destinam, podendo ser elaborados documentos distintos com a informação considerada mais relevante para os diferentes segmentos de clientes.

ARTIGO 60.º

Publicação

1 – O operador da rede de transporte, os operadores das redes de distribuição, o comercializador de último recurso grossista e os comercializadores de último recurso retalhistas devem, até 15 de Novembro, publicar o respectivo relatório da qualidade de serviço relativo ao ano gás anterior e enviar um exemplar do mesmo à ERSE.

2 – O operador da rede de transporte, os operadores das redes de distribuição, o comercializador de último recurso grossista e os comercializadores de último recurso retalhistas devem colocar os respectivos relatórios da qualidade de serviço à disposição das associações de consumidores e do público em geral, utilizando, designadamente, as novas tecnologias de informação, sendo obrigatória a sua disponibilização nas respectivas páginas na Internet.

Artigo 61.º
Relatório da qualidade de serviço da ERSE

No âmbito das actividades de verificação da aplicação do presente regulamento, a ERSE publicará, anualmente, um relatório da qualidade de serviço, o qual deve caracterizar e avaliar a qualidade de serviço das actividades de recepção, armazenamento e regaseificação de GNL, de armazenagem subterrânea, de transporte, de distribuição e de comercialização de gás natural.

CAPÍTULO V
Informação e auditorias

Artigo 62.º
Recolha e registo de informação

1 – Os operadores das infra-estruturas, o comercializador de último recurso grossista, os comercializadores de último recurso retalhistas e os comercializadores estão obrigados a proceder à recolha e registo da informação sobre qualidade de serviço necessária à verificação do cumprimento deste regulamento, nas matérias que lhes são aplicáveis.

2 – As entidades referidas no n.º 1 devem manter acessível, durante um período mínimo de dez anos, a informação sobre qualidade de serviço necessária à verificação do cumprimento deste regulamento.

Artigo 63.º
Envio de informação à ERSE

1 – Os operadores de terminal de recepção, armazenamento e regaseificação de GNL, os operadores de armazenamento subterrâneo de gás natural, o operador da rede de transporte, os operadores das redes de distribuição, o comercializador de último recurso grossista, os comercializadores de último recurso retalhistas e os comercializadores estão obrigados a enviar à ERSE, trimestralmente e anualmente, a informação quantitativa e qualitativa que permita a verificação do cumprimento deste regulamento, referida no Anexo II do presente regulamento, do qual faz parte integrante.

2 – A informação a enviar deve ser acompanhada de documento de análise qualitativa do qual deve constar, nomeadamente, a justificação dos valores apresentados e a identificação dos factores que influenciaram esses resultados.

3 – Sempre que, posteriormente ao envio da informação, haja necessidade de correcção da mesma, por parte das entidades referidas no n.º 1, as respectivas correcções devem ser enviadas à ERSE com identificação inequívoca dos valores alterados e justificação da sua alteração.

4 – O envio de informação deve ser realizado em suporte electrónico.

Artigo 64.º
Auditorias

1 – Os operadores de terminal de recepção, armazenamento e regaseificação de GNL, os operadores de armazenamento subterrâneo de gás natural, o operador da rede de transporte, os operadores das redes de distribuição, o comercializador de último recurso grossista e os comercializadores de último recurso retalhistas estão obrigados a realizar auditorias aos seus sistemas e procedimentos de recolha e de registo da informação sobre qualidade de serviço, bem como às metodologias e critérios utilizados no cálculo dos indicadores de qualidade previstos no presente regulamento e que lhes sejam aplicáveis.

2 – As auditorias devem ser asseguradas por entidades externas e independentes.

3 – As auditorias devem ser realizadas com um intervalo máximo de dois anos.

4 – O relatório de auditoria deve ser enviado à ERSE, num prazo máximo de três meses após a realização da auditoria.

5 – O relatório de auditoria deve conter, nomeadamente, os resultados da auditoria e a identificação dos sistemas, dos procedimentos auditados e da metodologia utilizada.

6 – Sempre que do relatório de auditoria constem observações e não conformidades, a entidade auditada deve enviar à ERSE, conjuntamente com o relatório de auditoria, informação adicional relativamente a:

a) Actividades a desenvolver e datas previstas para a sua implementação, de forma a solucionar as situações de não conformidade e as observações identificadas.

b) Análise das situações de não conformidade e observações identificadas e avaliação do impacte das mesmas no desempenho da qualidade de serviço.

CAPÍTULO VI
Situações de exclusão de aplicação

SUBSECÇÃO I
Casos fortuitos ou de força maior

ARTIGO 65.º
Casos fortuitos ou de força maior

1 – Excluem-se, para efeitos de aplicação do presente regulamento, as situações de incumprimento dos padrões de qualidade originadas por casos fortuitos ou de força maior.

2 – Para efeitos do presente regulamento, consideram-se casos fortuitos ou de força maior aqueles que reúnam as condições de exterioridade, imprevisibilidade e irresistibilidade face às boas práticas ou regras técnicas aplicáveis e obrigatórias.

3 – Entre outros, consideram-se casos fortuitos ou de força maior:

a) Intervenção de terceiros, desde que devidamente comprovada, e somente se o operador das infra-estruturas tiver cumprido com todas as normas técnicas e boas práticas aplicáveis.

b) Declaração do estado de guerra ou insurreição.

c) Catástrofe natural de intensidade ou magnitude que supere o limite exigido pelas boas práticas ou regras existentes à data do dimensionamento de determinada infra estrutura.

d) Sabotagem ou malfeitoria.

ARTIGO 66.º
Procedimentos a adoptar perante casos fortuitos ou de força maior

1 – Sempre que se verifique um caso fortuito ou de força maior, o operador de terminal de recepção, armazenamento e regaseificação de GNL, o operador de armazenamento subterrâneo de gás natural, o operador da rede de transporte ou os operadores das redes de distribuição devem informar a DGGE e a ERSE o mais rapidamente possível, por qualquer meio, sobre as medidas que se propõem adoptar para fazer face à situação.

2 – O operador de terminal de recepção, armazenamento e regaseificação de GNL, o operador de armazenamento subterrâneo de gás natural, o operador da rede de transporte ou os operadores das redes de distribuição devem adoptar os procedimentos necessários para repor a operação do sistema em situação normal com a brevidade possível.

3 – Um incidente só pode ser classificado como caso fortuito ou de força maior se a sua causa for devidamente identificada e justificada às entidades referidas no n.º 1.

SUBSECÇÃO II
Operação do sistema em regime excepcional

ARTIGO 67.º
Declaração de operação do sistema em regime excepcional

1 – Nas situações em que, após ocorrência de casos fortuitos ou de força maior, não for possível repor a operação do sistema em situação normal num curto período de tempo, a ERSE pode declarar, mediante solicitação do operador das infra-estruturas, o regime de operação excepcional.

2 – Para efeitos do número anterior, cabe ao operador de terminal de recepção, armazenamento e regaseificação de GNL, ao operador de armazenamento subterrâneo de gás natural ou aos operadores das redes solicitar a operação do sistema em regime excepcional, a qual deve ser devidamente fundamentada incluindo, designadamente, a descrição da situação, os meios afectos à reposição da situação normal e os constrangimentos que impedem a retoma da situação normal de modo mais célere.

3 – A ERSE, após comunicação ao operador da infra-estrutura cuja operação é declarada em regime excepcional, deve dar ampla divulgação da decisão tomada, nomeadamente através da sua página na Internet.

4 – O operador da infra-estrutura, após recepção da decisão da ERSE, deve também efectuar a sua divulgação, nomeadamente através da sua página na Internet.

ARTIGO 68.º
**Aplicação do regulamento durante a operação
do sistema em regime excepcional**

Durante o período em que estiver declarada a operação do sistema em regime excepcional, a aplicação do regulamento fica suspensa para a região e serviços abrangidos pela declaração referida, designadamente para cálculo de indicadores e verificação de padrões de qualidade de serviço.

CAPÍTULO VII
Disposições finais e transitórias

ARTIGO 69.º
Sanções administrativas

Sem prejuízo da responsabilidade civil, criminal e contratual a que houver lugar, o incumprimento do disposto no presente regulamento é cominado nos termos do regime sancionatório estabelecido na legislação aplicável.

ARTIGO 70.º
Normas complementares

1 – As normas complementares previstas no presente regulamento são aprovadas pela ERSE.

2 – Para efeitos do número anterior, os operadores das infra-estruturas devem apresentar à ERSE, para aprovação, no prazo máximo de 90 dias após a entrada em vigor do presente regulamento, uma proposta de normas complementares nas matérias que lhes digam respeito.

ARTIGO 71.º
Norma transitória

A aplicação dos indicadores de qualidade de serviço inicia-se no dia 1 de Julho de 2007.

ARTIGO 72.º
Entrada em vigor

Sem prejuízo do disposto no número anterior, o presente regulamento entra em vigor no dia seguinte ao da sua publicação.

ANEXO I

Procedimentos de cálculo dos indicadores gerais e individuais de qualidade comercial

I – Introdução

Este anexo estabelece os procedimentos a observar no cálculo dos indicadores gerais e individuais de qualidade comercial.

II – Cálculo dos indicadores gerais

1 – Para o cálculo dos indicadores gerais deve ser considerado o relacionamento do operador da rede de transporte e dos operadores das redes de distribuição com os clientes ligados às respectivas redes e o relacionamento do comercializador de último recurso grossista ou dos comercializadores de último recurso retalhistas com seus clientes.

2 – Nas situações em que as funções de operador da rede de distribuição e de comercializador de último recurso retalhista são desempenhadas pela mesma entidade, é calculado um único indicador.

3 – Os indicadores gerais são calculados para cada ano gás.

4 – Excluem-se dos tempos considerados para efeitos de cálculo dos indicadores os períodos de tempo em que a realização dos serviços solicitados ao operador da rede ou ao comercializador de último recurso grossista ou ao comercializador de último recurso retalhista, esteja dependente da actuação do cliente ou de terceiros, nomeadamente de autorização de entidade administrativa competente.

A – *Tempo de espera no atendimento presencial*

1 – O indicador relativo ao tempo de espera nos centros de atendimento caracteriza o atendimento nos centros de atendimento do operador da rede de distribuição ou do comercializador de último recurso retalhista. O indicador é determinado para os dois centros de atendimento com maior número de atendimentos, independentemente do tipo de centro (pode incluir a loja do cidadão).

2 – Caso o operador da rede de transporte opte por ter atendimento presencial, então este indicador também lhe é aplicável.

3 – O indicador é determinado pelo tempo que medeia entre o instante de atribuição da "senha" que estabelece o número de ordem de atendimento e o início deste, devendo considerar-se a soma de todos os tempos de espera que ocorram em cada atendimento.

B – Tempo de espera no atendimento telefónico centralizado

1 – O tempo de espera no atendimento telefónico centralizado aplica-se aos operadores das redes de distribuição e aos comercializadores de último recurso retalhistas e deve ser calculado tendo em conta o tempo que decorre entre o primeiro sinal de chamada e o instante em que a chamada é atendida.

2 – Caso o operador da rede de transporte opte por ter atendimento telefónico centralizado, então este indicador também lhe é aplicável.

3 – Considera-se atendimento telefónico centralizado aquele atendimento que permite uma relação comercial completa, ressalvadas as situações de obrigatoriedade de atendimento presencial, e que permite o registo e gestão automática de chamadas.

4 – Para efeitos do cálculo deste indicador, a mera indicação de que a chamada se encontra em lista de espera não deve ser considerada como atendimento efectivo. No entanto, um atendimento automático que permita ao cliente usufruir dos serviços do atendimento telefónico centralizado já deve ser considerado atendimento.

5 – No cálculo deste indicador deve ainda considerar-se o seguinte:

a) O tempo de espera deverá corresponder à soma de todos os tempos de espera associados ao mesmo atendimento.

b) As situações em que se verifique uma desistência, por parte do cliente, após terem sido ultrapassados os 60 segundos de espera, são contabilizadas para efeitos de cálculo do indicador como tendo tido um tempo de espera superior a 60 segundos.

c) Nas situações de afluência anormal de chamadas, em que se opte por barrar o acesso ao atendimento telefónico centralizado, para efeitos de verificação do cumprimento do padrão, todas as chamadas barradas durante esse período devem ser consideradas como tendo um tempo de espera superior a 60 segundos.

C – Frequência de leituras dos contadores

1 – Este indicador afere o cumprimento do intervalo máximo de 60 dias entre leituras consecutivas.

2 – Este indicador considera todos os contadores de clientes domésticos e de pequenas empresas, independentemente da sua localização.

D – Tempo de resposta a situações de emergência

1 – O cálculo do indicador relativo ao tempo de resposta a situações de emergência pretende medir a prontidão da resposta do operador da rede de transporte e dos operadores das redes de distribuição às situações de emergência,

considerando o tempo necessário para chegar ao local, após a comunicação ao operador.

2 – São consideradas situações de emergência aquelas em que se encontram em risco pessoas e bens.

E – Tempo de resposta a situação de avaria na alimentação individual da instalação do cliente

O cálculo do indicador relativo ao tempo de resposta a uma situação de avaria na alimentação individual da instalação do cliente pretende medir o tempo que o operador da rede de transporte e os operadores das redes de distribuição necessitam para chegar ao local após comunicação do cliente da existência de uma avaria. No cálculo deste indicador devem ser consideradas exclusivamente as situações em que a avaria se situa na alimentação individual do cliente, ou seja, não se trata de uma avaria na rede nem na instalação do cliente.

F – Tempo de resposta a pedidos de informação por escrito

1 – O cálculo do indicador relativo ao tempo de resposta a pedidos de informação apresentados por escrito pretende avaliar as situações em que o operador da rede de transporte, os operadores das redes de distribuição, o comercializador de último recurso grossista e os comercializadores de último recurso retalhistas demoram, no máximo, 15 dias úteis a responder aos pedidos de informação por escrito.

2 – Em situações complexas a empresa pode enviar uma carta ao cliente a informar que não será possível responder ao pedido de informação no prazo de 15 dias úteis, indicando um novo prazo estimado de resposta, as razões pelas quais não será possível a resposta, as diligências entretanto efectuadas e, preferencialmente, uma pessoa de contacto.

3 – Os casos referidos no número anterior devem ser contabilizados para cálculo deste indicador sendo que o tempo de referência deixa de ser 15 dias úteis, passando a ser o prazo estabelecido pela própria empresa.

4 – Para o cálculo deste indicador, consideram-se os pedidos de informação recebidos por escrito no ano gás em análise.

III – Cálculo dos indicadores individuais do relacionamento comercial

G – Activação do fornecimento

1 – No cálculo do indicador relativo à activação do fornecimento, consideram-se somente as situações em que é necessária a deslocação do operador da rede de distribuição à instalação do cliente com o objectivo de colocar o contador ou abrir uma válvula de corte para que se possa iniciar o fornecimento.

2 – Este serviço é definido somente para os clientes domésticos e para as pequenas empresas, sendo desempenhado pelo operador da rede de distribuição.

3 – Não são considerados para efeito de cálculo deste indicador os casos em que a activação do fornecimento não é executada na data acordada, por facto imputável ao cliente.

4 – As situações em que, a pedido do cliente, a activação ocorrer para além do prazo de 3 dias úteis são consideradas como tendo cumprido o padrão. No entanto, tal só sucede se a opção for do próprio cliente.

H – Reposição do fornecimento após interrupção por facto imputável ao cliente

No cálculo do indicador relativo à reposição do fornecimento são consideradas somente as situações em que o fornecimento se encontrava interrompido por facto imputável ao cliente. Este indicador individual é aplicável ao operador da rede de transporte e aos operadores das redes de distribuição.

I – Visitas combinadas a instalações de clientes

1 – No cálculo do indicador relativo às visitas combinadas a instalações de clientes pretende-se medir o cumprimento, pelo operador da rede de distribuição, do intervalo combinado com o cliente para uma visita à sua instalação. Para efeitos de cálculo do indicador são contempladas todas as causas que justificam a visita, independentemente do serviço a efectuar, com excepção da assistência técnica a avarias na alimentação individual do cliente e da realização de leituras dos contadores durante o ciclo normal de leitura.

2 – Este indicador aplica-se somente aos clientes domésticos e pequenas empresas.

J – Resposta a reclamações

1 – No cálculo do indicador relativo às respostas a reclamações pretende-se medir o tempo de resposta a uma reclamação.

2 – Este indicador aplica-se ao operador da rede de transporte, aos operadores das redes de distribuição, ao comercializador de último recurso grossista e aos comercializadores de último recurso retalhistas.

3 – Devem ser consideradas no cálculo todas as reclamações apresentadas, quer de natureza comercial, quer de natureza técnica.

4 – As cartas que somente notificam a recepção da reclamação não devem ser consideradas respostas para efeito de cálculo deste indicador.

5 – Em situações complexas a empresa pode enviar uma carta ao cliente a informar que não será possível responder à reclamação no prazo de 20 dias úteis, indicando um novo prazo estimado de resposta, as razões pelas quais não será possível a resposta, as diligências entretanto efectuadas e, preferencialmente, uma pessoa de contacto.

TABELA RESUMO DOS INDICADORES
E PADRÕES GERAIS DE QUALIDADE COMERCIAL

Indicador geral de qualidade comercial	Padrão	Aplicação
Percentagem em que o tempo de espera no atendimento presencial, é inferior ou igual a 20 minutos (%)	85	CURR CURG[1] ORD ORT[1]
Percentagem em que o tempo de espera no atendimento telefónico é inferior ou igual a 60 segundos (%)	85	CURR CURG[1] ORD ORT[1]
Frequência de leituras dos contadores (clientes domésticos e pequenas empresas) (%)	não definido	ORD
Percentagem em que a assistência técnica após comunicação pelos clientes domésticos de avaria na sua instalação é inferior ou igual a 4 horas (%)	90	ORD
Percentagem em que a assistência técnica após comunicação pelos clientes não domésticos de avaria na sua instalação é inferior ou igual a 3 horas (%)		ORD ORT
Percentagem em que o tempo de resposta a situações de emergência é inferior ou igual a 90 minutos (%)	80	ORT
Percentagem em que o tempo de resposta a situações de emergência é inferior ou igual a 60 minutos (%)	80	ORD

Percentagem em que o tempo de resposta a pedidos de informação escritos é inferior ou igual a 15 dias úteis (%)	100	CURR CURG ORD ORT

[1] Aplicável no caso de decidirem ter um centro de atendimento telefónico centralizado ou atendimento presencial.
CURR — comercializador de último recurso retalhista.
CURG — comercializador de último recurso grossista.
ORD — operador da rede de distribuição.
ORT — operador da rede de transporte.

IV – TABELA RESUMO DOS INDICADORES
INDIVIDUAIS DE QUALIDADE COMERCIAL

Indicador individuais de qualidade comercial	Aplicação
Activação de fornecimento aos clientes domésticos e pequenas empresas, até 3 dias úteis após o momento do agendamento	ORD
Visita combinada às instalações dos clientes (intervalo de 2,5 horas ou intervalo de 5 horas com pré-aviso telefónico 1 hora)	C CURG CURR ORD
Restabelecimento do fornecimento após interrupção por facto imputável ao cliente (clientes domésticos e pequenas empresas - até às 17h00 do dia útil seguinte; restantes clientes - 8 horas); restabelecimento urgente - 4 horas	ORD ORT
Resposta a reclamações, no prazo máximo de 20 dias úteis	CURR CURG ORD ORT

C — comercializador.
CURG — comercializador grossista de último recurso.
CURR — comercializador de último recurso retalhista.
ORD — operador da rede de distribuição.
ORT — operador da rede de transporte.

ANEXO II

Informação a enviar à ERSE pelas empresas

I – Introdução

Este anexo estabelece a informação a enviar à ERSE pelos intervenientes no SNGN.

II – Informação de qualidade técnica

A – Operadores de terminal de recepção, armazenamento e regaseificação de GNL

Os operadores de terminal de recepção, armazenamento e regaseificação de GNL devem enviar à ERSE, trimestralmente, a seguinte informação:

1 – A listagem das descargas dos navios metaneiros, discriminando nomeadamente:

i) O tempo efectivo de descarga.

ii) As situações em que houve lugar a pagamento por atrasos na descarga.

2 – A listagem dos enchimentos de camião cisterna, discriminando nomeadamente:

i) O tempo de enchimento de cada camião.

ii) As situações em que houve lugar a pagamento por atraso no enchimento.

3 – A listagem das nomeações de injecção de gás natural na rede, discriminando nomeadamente:

i) A quantidade e a energia nomeadas.

ii) A quantidade e a energia após repartição.

4 – Resultados das acções de monitorização das características do gás natural.

B – Operadores de armazenamento subterrâneo

Os operadores de armazenamento subterrâneo devem enviar à ERSE, trimestralmente, a seguinte informação:

5 – A listagem das nomeações de extracção e injecção de gás natural na rede, discriminando nomeadamente:

i) A quantidade e a energia nomeadas.

ii) A quantidade e a energia após repartição.

6 – Resultados das acções de monitorização das características do gás natural.

C – Operador da rede de transporte

O operador da rede de transporte deve enviar à ERSE, trimestralmente, a seguinte informação:

1 – Listagem das interrupções ocorridas, identificando nomeadamente, para cada interrupção:

i) O ponto de saída afectado (clientes ou operador da rede de distribuição).

ii) A duração da interrupção.

iii) A causa da interrupção.

iv) O nível de pressão.

2 – Resultados das acções de monitorização das características do gás natural.

D – Operadores das redes de distribuição

Os operadores das redes de distribuição devem enviar à ERSE, trimestralmente, a seguinte informação:

1 – Listagem das interrupções ocorridas, identificando nomeadamente, para cada interrupção:

i) O número de clientes afectados.

ii) A duração da interrupção.

iii) A causa da interrupção.

iv) A classe de interrupção, segundo a classificação estabelecida no regulamento.

v) O nível de pressão.

vi) Infra-estrutura em que teve origem.

2 – Resultados das acções de monitorização das características do gás.

3 – Resultados das acções de monitorização da pressão.

Para acompanhamento das acções de reconversão da rede e caracterização da rede em termos de rede de gás natural e rede de gás de cidade, o operador da rede de distribuição Lisboagás deve enviar anualmente à ERSE, no prazo de 90 dias após cada ano gás, um relatório com a descrição das acções realizadas e caracterização da rede em termos de comprimento de rede e número de clientes.

III – Informação de qualidade comercial

A informação a enviar à ERSE deve ser discriminada por tipo de cliente (doméstico, pequena empresa e outros)

A – Envio trimestral de informação à ERSE

O operador da rede de transporte, os operadores das redes de distribuição, o comercializador de último recurso grossista, os comercializadores de último recurso retalhistas devem enviar trimestralmente informação de qualidade comercial à ERSE, nomeadamente sobre as seguintes matérias que lhe sejam aplicáveis:

a) Indicadores gerais de qualidade comercial referidos no artigo 35.º

b) Número de incumprimentos dos indicadores individuais de qualidade comercial referidos no artigo 42.º

c) Número e montante das compensações pagas aos clientes por incumprimento de cada um dos padrões individuais de qualidade comercial, devendo a informação ser apresentada de forma desagregada por tipo de cliente.

d) Número e montante das compensações pagas aos operadores das redes, devendo a informação ser desagregada por tipo de cliente.

e) Número e tipificação dos clientes com necessidades especiais e clientes prioritários.

B – Envio anual de informação à ERSE

1 – O operador da rede de transporte, os operadores das redes de distribuição, o comercializador de último recurso grossista, os comercializadores de último recurso retalhistas e os comercializadores devem enviar anualmente informação de qualidade comercial à ERSE, sobre indicadores gerais de qualidade comercial referidos no artigo 35.º e os indicadores individuais e compensações associadas referidos no artigo 42.º

2 – O operador da rede de distribuição deve enviar anualmente à ERSE a distribuição do número de clientes domésticos e pequenas empresas pelo intervalo máximo de leituras consecutivas por cliente (considerar intervalos com duração de 30 dias).

IV – TABELA RESUMO DA INFORMAÇÃO
A ENVIAR PERIODICAMENTE À ERSE

Informação	Entidade visada
Indicadores de qualidade geral	OT, OA, ORT, ORD, CURG e CURR
Indicadores de qualidade individual	ORT, ORD, CURG, CURR
Compensações pagas por incumprimento dos padrões individuais de qualidade	ORD, CURG, CURR, C
Quantias recebidas por incumprimento dos compromissos assumidos pelos clientes	ORD, CURG, CURR, C
Número de clientes com necessidades especiais registados	ORD
Número de clientes prioritários registados	ORD, ORT
Lista das interrupções verificadas com identificação da data de ocorrência, do equipamento indisponível, da causa, da duração e da energia não fornecida	OT, OA, ORT, ORD
Identificação, para cada interrupção, dos clientes afectados	OT, OA, ORT
Identificação, para cada interrupção, do número de clientes afectados	ORD
Relatório relativo à reconversão da rede de gás de cidade para gás natural	Lisboagás
Lista dos pontos de interligação entre a rede de transporte e as redes de distribuição e as instalações dos clientes finais	ORT
Número de clientes ligados à rede de distribuição	ORD
Resultados das acções de monitorização das características do gás natural	OT, AO, ORT, ORD
Resultados das acções de monitorização da pressão de fornecimento	ORD

OT — operador do terminal de GNL.
OA — operador do armazenamento subterrâneo.
ORT — operador da rede de transporte.
ORD — operador da rede de distribuição.
CURG — comercializador de último recurso grossista.
CURR — comercializador de último recurso retalhista.
C — comercializador.

DESPACHO N.º 14 669-AZ/2007

A Entidade Reguladora dos Serviços Energéticos (ERSE) procedeu, através do Despacho n.º 19 264-A/2006, publicado no Suplemento do *Diário da República*, 2.ª série, de 25 de Setembro, à publicação do Regulamento de Relações Comerciais, do Regulamento Tarifário, do Regulamento do Acesso às Redes, às Infra-estruturas e à Interligações e do Regulamento da Qualidade de Serviço cuja competência para elaboração e aprovação lhe foi atribuída pelos Decreto-Lei n.º 30/2006, de 15 de Fevereiro, e Decreto-Lei n.º 140/2006, de 26 de Julho.

Do elenco dos regulamentos cuja competência lhe foi atribuída pelos citados diplomas, faltou aprovar o Regulamento de Operação das Infra-Estruturas, por razões que estão associadas à natureza técnica específica deste regulamento, bem como ao processo de transmissão de activos no âmbito da Rede Nacional de Transporte, Infra-Estruturas de Armazenamento e Terminais de GNL (RNTIAT). Este regulamento, cuja habilitação material está prevista no artigo 56.º do Decreto-Lei n.º 140/2006, de 26 de Julho, estabelece os critérios e procedimentos de gestão dos fluxos de gás natural, a prestação de serviços de sistema e as condições técnicas que permitam aos operadores da RNTIAT a gestão destes fluxos, assegurando a sua interoperacionalidade com as redes a que estejam ligados, bem como os procedimentos destinados a garantir a sua concretização e verificação.

A proposta consolidada deste regulamento, elaborado pela ERSE, teve por base uma proposta que lhe foi enviada pela entidade concessionária da Rede Nacional de Transporte de Gás Natural (RNTGN), na sua função de gestão técnica global de RNTGN, a solicitação da ERSE por razões que estão associadas às competências técnicas desta concessionária.

Para efeitos da aprovação deste regulamento, a ERSE deu início ao procedimento previsto no artigo 23.º dos seus Estatutos, enviando uma proposta do texto do regulamento, acompanhado de um documento justificativo do seu normativo, ao Conselho Consultivo da ERSE, à Direcção-Geral de Energia e Geologia, às associações de consumidores, à entidade concessionária da RNTGN e às demais empresas reguladas do Sistema Nacional de Gás Natural (SNGN). O texto do regulamento, assim como o documento justificativo, foram igualmente publicitados na página da ERSE na Internet.

No regulamento que agora se aprova foram tidos em consideração o parecer do Conselho Consultivo da ERSE e os comentários recebidos no âmbito da consulta pública do procedimento, designadamente dos operadores. No documento «Discussão dos Comentários à Consulta Pública da ERSE relativa à Proposta de Regulamento de Operação das Infra-Estruturas» que, juntamente com o documento justificativo da proposta supra identificado, fica por apropriação a fazer parte integrante deste despacho, identificam-se todos os comentários recebidos, a resposta da ERSE aos mesmos, bem como a justificação dos que foram acolhidos no texto do regulamento e os que não puderam ser aceites.

Assente nas razões dos documentos supra referidos, o regulamento que agora se aprova, balizado nos princípios do Decreto-Lei n.º 30/2006, de 15 de Fevereiro, bem como âmbito material que lhe foi estabelecido pelo artigo 56.º do Decreto-Lei n.º 140/2006, de 26 de Julho, organiza-se da seguinte forma:

Capítulo I – Disposições e princípios gerais;

Capítulo II – Programação da Operação da RNTIAT;

Capítulo III – Operação de RNTIAT no dia gás;

Capítulo IV – Coordenação de Indisponibilidades;

Capítulo V – Registo e divulgação de informação;

Capítulo VI – Garantias administrativas e resolução de conflitos;

Capítulo VII – Disposições finais e transitórias.

Ao abrigo das disposições conjugadas do artigo 71.º do Decreto-Lei n.º 30/2006, de 15 de Fevereiro, do artigo 56.º e do n.º 1 do artigo 63.º do Decreto-Lei n.º 140/2006, de 26 de Julho, e do n.º 1 do artigo 31.º dos Estatutos da ERSE anexos ao Decreto-Lei n.º 97/2002, de 12 de Abril, o Conselho de Administração deliberou:

1.º Aprovar o Regulamento de Operação das Infra-Estruturas (ROI) para o sector do gás natural, que constitui o Anexo do presente despacho e que dele fica a fazer parte integrante.

2.º Proceder à publicitação, na página da ERSE na internet, do parecer do Conselho Consultivo da ERSE.

3.º Proceder à publicitação, na página da ERSE na internet, do documento «Discussão dos Comentários à Consulta Pública da ERSE relativa à Proposta de Regulamentos de Operação das Infra-Estruturas», cuja fundamentação fica a fazer parte da justificação preambular deste despacho.

4.º O regulamento ora aprovado entra em vigor no dia seguinte ao da sua publicação no *Diário da República*, 2.ª série.

6 de Junho de 2007. – O Conselho de Administração: *Vítor Santos – Maria Margarida de Lucena Corrêa de Aguiar – José Braz.*

ANEXO
Regulamento de Operação das Infra-Estruturas

CAPÍTULO I
Disposições e princípios gerais

SECÇÃO I
Disposições gerais

ARTIGO 1.º
Objecto

O presente regulamento, editado ao abrigo do artigo 56.º do Decreto-Lei n.º 140/2006, de 26 de Julho, do n.º 3 do artigo 51.º do Decreto Lei n.º 30/2006, de 15 de Fevereiro, e dos Estatutos da Entidade Reguladora dos Serviços Energéticos (ERSE), anexos ao do Decreto-Lei n.º 97/2002, de 12 de Abril, tem por objecto estabelecer os critérios e os procedimentos de gestão de fluxos de gás natural, a prestação dos serviços de sistema e as condições técnicas que permitem aos operadores das infra-estruturas da RNTIAT a gestão destes fluxos, assegurando a sua interoperacionalidade com as redes a que estejam ligados, bem como os procedimentos destinados a garantir a sua concretização e verificação, consagrando os direitos e as obrigações dos agentes de mercado.

ARTIGO 2.º
Âmbito

Estão abrangidas pelo âmbito de aplicação do presente regulamento as seguintes entidades:
a) Os clientes elegíveis;
b) Os comercializadores;
c) O comercializador de último recurso grossista;
d) O comercializador do SNGN;
e) Os comercializadores de último recurso retalhistas;
f) Os operadores de terminais de recepção, armazenamento e regaseificação de GNL;
g) Os operadores de armazenamento subterrâneo;
h) O operador da rede de transporte;
i) Os operadores das redes de distribuição.

Artigo 3.º

Siglas e definições

1 – No presente regulamento são utilizadas as seguintes siglas:

a) ERSE – Entidade Reguladora dos Serviços Energéticos;

b) GNL – Gás natural liquefeito;

c) RNDGN – Rede Nacional de Distribuição de Gás Natural;

d) RNTGN – Rede Nacional de Transporte de Gás Natural;

e) RNTIAT – Rede Nacional de Transporte, Infra-estruturas de Armazenamento e Terminais de GNL;

f) RPGN – Rede Pública de Gás Natural;

g) SNGN – Sistema Nacional de Gás Natural.

2 – Para efeitos do presente regulamento entende-se por:

a) Agente de mercado – entidade que transacciona gás natural nos mercados organizados ou por contratação bilateral, correspondendo às seguintes entidades: comercializadores, comercializador do SNGN, comercializadores de último recurso retalhistas, comercializador de último recurso grossista e clientes elegíveis que adquirem gás natural nos mercados organizados ou por contratação bilateral;

b) Ano gás – período compreendido entre as 00:00h de 1 de Julho e as 24:00h de 30 de Junho do ano seguinte;

c) Armazenamento subterrâneo de gás natural – conjunto de cavidades, equipamentos e redes que, após recepção do gás na interface com a RNTG, permite armazenar o gás natural na forma gasosa em cavidades subterrâneas, ou reservatórios especialmente construídos para o efeito e, posteriormente, voltar a injectá-lo na RNTG através da mesma interface de transferência de custódia;

d) Capacidade – caudal de gás natural, expresso em termos de energia por unidade de tempo;

e) Cliente elegível – cliente livre de escolher o seu comercializador de gás natural;

f) Comercializador – entidade titular de licença de comercialização de gás natural que exerce a actividade de comercialização livremente;

g) Comercializador de último recurso grossista – entidade titular de licença de comercialização de último recurso que está obrigada a assegurar o fornecimento de gás natural aos comercializadores de último recurso retalhistas bem como aos grandes clientes que, por opção ou por não reunirem as condições, não exerçam o seu direito de elegibilidade;

h) Comercializador de último recurso retalhista – entidade titular de licença de comercialização de último recurso que está obrigada a assegurar o fornecimento de gás natural a todos os clientes com consumo anual inferior a 2 milhões de m3 normais ligados à rede que, por opção ou por não reunirem as condições de elegibilidade para manter uma relação contratual com outro comercializador, ficam sujeitos ao regime de tarifas e preços regulados;

i) Dia gás – período compreendido entre as 00:00h e as 24:00h do mesmo dia;

j) Distribuição – veiculação de gás natural através de redes de distribuição de média ou baixa pressão, para entrega às instalações de gás natural fisicamente ligadas à RNDGN, excluindo a comercialização;

k) Infra-estruturas – infra-estruturas da RPGN, nomeadamente os terminais de GNL, as instalações de armazenamento subterrâneo de gás natural, as redes de transporte e de distribuição e as unidades autónomas de gás natural;

l) Interligação – conduta de transporte que transpõe uma fronteira entre estados membros vizinhos com a finalidade de interligar as respectivas redes de transporte;

m) Nomeação – Processo de informação diária em que os agentes de mercado comunicam ao operador da rede de transporte, na sua actividade de Gestão Técnica Global do SNGN e aos operadores das infra-estruturas a capacidade que pretendem utilizar, nos pontos de entrada e de saída da respectiva infra-estrutura, no dia gás seguinte;

n) Operador de armazenamento subterrâneo de gás natural – entidade concessionária do respectivo armazenamento subterrâneo, responsável pela exploração e manutenção das capacidades de armazenamentoe das infra-estruturas de superfície, em condições de segurança, fiabilidade e qualidade de serviço;

o) Operador da rede de distribuição – entidade concessionária ou titular de licença de distribuição de serviço público da RNDGN, responsável pela exploração, manutenção e desenvolvimento da rede de distribuição em condições de segurança, fiabilidade e qualidade de serviço, numa área específica, bem como das suas interligações com outras redes, quando aplicável, devendo assegurar a capacidade da rede a longo prazo para atender pedidos razoáveis de distribuição de gás natural;

p) Operador da rede de transporte – entidade concessionária da RNTGN, responsável pela exploração, manutenção e desenvolvimento da rede de transporte em condições de segurança, fiabilidade e qualidade de serviço, bem como das suas interligações com outras redes, quando aplicável, devendo assegurar a capacidade da rede a longo prazo para atender pedidos razoáveis de transporte de gás natural;

q) Operador de terminal de GNL – entidade concessionária do respectivo terminal, responsável por assegurar a sua exploração e manutenção, bem como a sua capacidade de armazenamento e regaseificação em condições de segurança, fiabilidade e qualidade de serviço;

r) Rede Nacional de Distribuição de Gás Natural – conjunto das infra-estruturas de serviço público destinadas à distribuição de gás natural;

s) Rede Nacional de Transporte de Gás Natural — conjunto das infra-estruturas de serviço público destinadas ao transporte de gás natural;

t) Rede Nacional de Transporte, Infra-estruturas de Armazenamento e Terminais de GNL – conjunto das infra-estruturas de serviço público destinadas à recepção e ao transporte em gasoduto, ao armazenamento subterrâneo e à recepção, ao armazenamento e à regasificação de GNL;

u) Rede Pública de Gás Natural – conjunto das infra-estruturas de serviço público destinadas à recepção, ao transporte e à distribuição em gasoduto, ao armazenamento subterrâneo e à recepção, armazenamento e regaseificação de GNL;

v) Renomeação – Processo de alteração de nomeações já aceites, com o objectivo de, uma vez aceite como viável pelo operador da rede de transporte, introduzir modificações ao Programa de Operação da RNTIAT;

w) Sistema – conjunto de redes e de infra-estruturas de recepção e de entrega de gás natural, ligadas entre si e localizadas em Portugal, e de interligações a sistemas de gás natural vizinhos;

x) Sistema Nacional de Gás Natural – conjunto de princípios, organizações, agentes e infra-estruturas relacionados com as actividades abrangidas pelo Decreto-Lei n.º 30/2006, de 15 de Fevereiro, no território nacional;

y) Terminal de GNL – conjunto de infra-estruturas ligadas directamente à RNTGN destinadas à recepção e expedição de navios metaneiros, armazenamento, tratamento e regaseificação de GNL e à sua posterior emissão para a rede de transporte, bem como o carregamento de GNL em camiões cisterna e em navios metaneiros;

z) Transporte – veiculação de gás natural numa rede interligada de alta pressão, para efeitos de recepção e entrega a distribuidores ou instalações de gás natural fisicamente ligadas à RNTGN, excluindo a comercialização.

ARTIGO 4.º

Prazos

1 – Sem prejuízo de outra indicação específica, os prazos estabelecidos no presente regulamento, que não tenham natureza administrativa, são prazos contínuos.

2 – Os prazos previstos no número anterior contam-se nos termos gerais do Código Civil.

3 – Os prazos de natureza administrativa fixados no presente regulamento que envolvam entidades públicas contam-se nos termos do Código do Procedimento Administrativo.

SECÇÃO II
Princípios gerais

ARTIGO 5.º
Competência para a operação das infra-estruturas

A competência para a operação das infra-estruturas da RNTIAT é dos respectivos operadores, devidamente coordenados através do Gestor Técnico Global do SNGN, segundo os critérios de segurança, fiabilidade e qualidade de serviço adequados.

ARTIGO 6.º
Gestão do sistema

1 — O exercício pelo operador da rede de transporte da função de Gestor Técnico Global do SNGN está sujeito, para além da gestão eficiente do sistema, à observância dos seguintes princípios:

a) Salvaguarda do interesse público, incluindo a manutenção da segurança de abastecimento;

b) Igualdade de tratamento e de oportunidades;

c) Não discriminação;

d) Transparência e objectividade das regras e decisões, designadamente através de mecanismos de informação e de auditoria;

e) Imparcialidade nas decisões;

f) Maximização dos benefícios que podem ser extraídos da operação técnica conjunta das infra-estruturas da RNTIAT;

g) No cumprimento das suas atribuições, o Gestor Técnico Global do SNGN deve observar o estabelecido no Regulamento de Relações Comerciais, no Regulamento da Qualidade de Serviço e no Regulamento do Acesso às Redes, às Infra-estruturas e às Interligações, bem como na demais regulamentação aplicável.

2 – A aplicação das regras estabelecidas no presente regulamento tem como pressupostos e limites os direitos e princípios estabelecidos no Decreto-Lei n.º 30/2006, de 15 de Fevereiro e no Decreto-Lei n.º 140/2006, de 26 de Julho e da regulamentação técnica aplicável ao sector.

3 – O Gestor Técnico Global do SNGN, deve respeitar critérios que assegurem a manutenção de níveis de segurança e de qualidade de serviço adequados, em conformidade com o disposto no presente regulamento, no Regulamento do Acesso às Redes, às Infra-estruturas e às Interligações, no Regulamento da Qualidade de Serviço, no Regulamento de Relações Comerciais, no Regulamento da

RNTGN, no Regulamento de Armazenamento Subterrâneo, no Regulamento do Terminal de Recepção, Armazenamento e Regaseificação de GNL e nas recomendações técnicas consagradas internacionalmente.

ARTIGO 7.º

Atribuições do Gestor Técnico Global do SNGN

1 – As atribuições do Gestor Técnico Global do SNGN são as estabelecidas no Regulamento de Relações Comerciais.

2 – Os mecanismos relativos aos procedimentos a adoptar pelo Gestor Técnico Global do SNGN no exercício das suas atribuições são definidos no Manual de Procedimentos da Operação do Sistema.

ARTIGO 8.º

Manual de Procedimentos da Operação do Sistema

1 – O Manual de Procedimentos de Operação do Sistema estabelece os detalhes de carácter procedimental associados ao funcionamento do sistema integrado e à operação das infra-estruturas que o integram.

2 – O Manual de Procedimentos da Operação do Sistema deve, nomeadamente, integrar as seguintes matérias:

a) Critérios de operação da RNTIAT no dia gás;

b) Limites admissíveis para as variáveis de controlo e segurança a registar na operação das infra-estruturas da RNTIAT, bem como as metodologias para a sua monitorização;

c) Elaboração do Programa de Operação da RNTIAT, tendo como base a capacidade atribuída nos processos de nomeação;

d) Mecanismos de renomeação, bem como a modificação dos Programas de Operação da RNTIAT resultantes das renomeações;

e) Critérios de selecção dos agentes de mercado obrigados a apresentar nomeações com discriminação horária;

f) Critérios de constituição das reservas operacionais e mecanismos para a sua utilização;

g) Tipificação de incidentes passíveis de restringir a capacidade efectiva das infra-estruturas da RNTIAT;

h) Planos de Actuação no âmbito da operação em situações de contingência;

i) Planos de reposição do fornecimento de gás;

j) Formato e conteúdo das Instruções de Operação;

k) Metodologia para os protocolos de comunicação a adoptar no âmbito da operação das infra-estruturas da RPGN;

l) Procedimentos relativos à gestão da trasfega de GNL, bem como o seu transporte por rodovia;

m) Metodologia para a elaboração do Plano Anual de Manutenção da RNTIAT e do Plano de Indisponibilidades da RNTIAT;

n) Metodologia para a gestão de informação associada à operação das infra-estruturas da RNTIAT, designadamente a troca de informação entre operadores das infra-estruturas e agentes de mercado;

o) Disposições relativas a equipamentos e sistemas informáticos de programação e simulação associados à operação das infra-estruturas.

3 – O Manual de Procedimentos da Operação do Sistema é aprovado pela ERSE, na sequência de proposta a apresentar pelo operador da rede de transporte, no prazo de 90 dias a contar da data de entrada em vigor do presente regulamento, ouvindo previamente as entidades a quem este manual se aplica.

4 – A ERSE, por sua iniciativa, ou mediante proposta do operador da rede de transporte, pode proceder à alteração do Manual de Procedimentos da Operação do Sistema ouvindo previamente as entidades a quem este manual se aplica, nos prazos estabelecidos pela ERSE.

5 – O operador da rede de transporte deve disponibilizar a versão actualizada do Manual de Procedimentos da Operação do Sistema a qualquer agente, nomeadamente na sua página da Internet.

6 – Cabe ao Gestor Técnico Global do SNGN a aplicação e a implementação das disposições e medidas referidas no Manual de Procedimentos da Operação do Sistema considerando-se de cumprimento obrigatório.

7 – As entidades a quem se aplique o Manual de Procedimentos da Operação do Sistema devem cumprir as suas disposições, designadamente, prestando ao Gestor Técnico Global do SNGN toda a informação com impacto na operação da RNTIAT e na coordenação de indisponibilidades.

ARTIGO 9.º

**Sistemas informáticos e de comunicação
do Gestor Técnico Global do SNGN**

1 – O operador da rede de transporte deve manter operacionais os sistemas informáticos e de comunicação afectos ao Gestor Técnico Global do SNGN, designadamente os que asseguram a operação da RNTIAT e a sua simulação.

2 – A proposta de Manual de Procedimentos da Operação do Sistema a apresentar à ERSE pelo operador da rede de transporte deve contemplar soluções concretas, previamente analisadas entre todos os operadores, que assegurem o cumprimento do disposto no número anterior.

CAPÍTULO II
Programação da Operação da RNTIAT

Artigo 10.º
Critérios gerais de Operação

1 – O Gestor Técnico Global do SNGN é responsável pelo estabelecimento de critérios objectivos de operação, como base para a análise e elaboração do Programa de Operação da RNTIAT.

2 – Os critérios referidos no número anterior são definidos tendo em conta, nomeadamente:

a) Pressões admissíveis para operação da RNTGN;

b) Níveis de existências admissíveis nas diversas infra-estruturas da RNTIAT;

c) Caudais admissíveis de operação das diversas infra-estruturas da RNTIAT.

3 – A metodologia para o estabelecimento dos critérios de operação e os valores referidos no número anterior, bem como os mecanismos de divulgação, são estabelecidos no Manual de Procedimentos da Operação do Sistema.

Artigo 11.º
Programa de Operação da RNTIAT

O Programa de Operação da RNTIAT, elaborado com base nas nomeações aceites como viáveis para o dia gás e nos termos estabelecidos no Manual de Procedimentos da Operação do Sistema, contém o conjunto das quantidades de gás natural a transportar na RNTGN, discriminado os perfis de:

a) Injecção de gás natural na RNTGN por intermédio das interligações transfronteiriças, terminais de recepção, armazenagem e regaseificação de GNL e armazenamentos subterrâneos de gás natural;

b) Extracção de gás natural da RNTGN para entrega nas redes de distribuição, clientes ligados directamente à RNTGN, interligações transfronteiriças e armazenamentos subterrâneos de gás natural.

Artigo 12.º
Modificações ao Programa de Operação da RNTIAT

1 – No sentido de contribuir para uma eficiente operação do sistema, os agentes de mercado com dimensão de consumos associada que o justifique, são

obrigados a apresentar nomeações com discriminação horária e podem recorrer, durante o dia gás, aos mecanismos de renomeação de acordo com o especificado no Manual de Procedimentos da Operação do Sistema.

2 – As dimensões dos consumos, ou outros critérios de selecção dos agentes de mercado obrigados a apresentar nomeações com discriminação horária, são definidos no Manual de Procedimentos da Operação do Sistema.

3 – O número e duração dos períodos horários em que podem ocorrer as renomeações, bem como os procedimentos associados à sua comunicação e troca de informação, são estabelecidos no Manual de Procedimentos da Operação do Sistema.

4 – Em resultado das renomeações aceites como viáveis, o operador da rede de transporte pode introduzir modificações ao Programa de Operação da RNTIAT.

CAPÍTULO III
Operação da RNTIAT no dia gás

SECÇÃO I
Disposições gerais

ARTIGO 13.º
Definição e âmbito da operação da RNTIAT

A operação da RNTIAT no dia gás é efectuada com base na monitorização das suas condições de operação e visa os seguintes objectivos:

a) A permanente comparação das condições efectivas de operação da RNTIAT com o Programa de Operação da RNTIAT estabelecido e, se necessário, a modificação do mesmo;

b) A manutenção ou reposição dos valores de pressão, existências e caudais de gás natural dentro dos limites estabelecidos no Manual de Procedimentos da Operação do Sistema, respeitando os níveis de segurança e de qualidade de serviço regulamentares;

c) A detecção e diagnóstico atempado de incidentes ou de situações passíveis de colocar em risco a segurança da RNTIAT e a identificação de medidas tendentes a minimizar o impacto da sua ocorrência, nomeadamente nos casos em que possa estar em causa a continuidade do abastecimento de gás natural, ou redução da capacidade de resposta do sistema às necessidades dos agentes de mercado.

Artigo 14.º

Participação na operação da RNTIAT

1 – Os operadores das infra-estruturas da RNTIAT devem prestar assistência permanente, na sua esfera de competência, à operação da RNTIAT, nomeadamente:

a) Cumprindo as disposições estabelecidas no Manual de Procedimentos da Operação do Sistema;

b) Operando e assegurando a manutenção das suas infra-estruturas, mantendo o Gestor Técnico Global do SNGN permanentemente informado das respectivas condições de operação;

c) Executando as instruções de operação;

d) Actuando, no âmbito das suas competências, na reposição de serviço em caso de incidente.

2 – Compete ao Gestor Técnico Global do SNGN coordenar a operação da RNTIAT com as entidades nacionais ou estrangeiras relevantes.

Artigo 15.º

Reservas operacionais

1 – Tendo em vista a gestão da RNTGN em condições de permanente segurança e fiabilidade, cada agente de mercado deve constituir uma reserva operacional, permitindo ao Gestor Técnico Global do SNGN manter as variáveis do sistema nos valores normais de funcionamento.

2 – Os quantitativos que decorrem desta obrigação são determinados anualmente pelo Gestor Técnico Global do SNGN nos termos estabelecidos no Manual de Procedimentos da Operação do Sistema.

3 – Os mecanismos a implementar para a utilização das reservas operacionais são estabelecidos no Manual de Procedimentos da Operação do Sistema.

4 – As reservas operacionais são de uso exclusivo do Gestor Técnico Global do SNGN.

5 – A utilização das reservas operacionais, referidas no número 1, pressupõe a necessidade de o operador da rede de transporte definir a sua localização e as condições necessárias à sua utilização.

6 – As condições de alteração dos quantitativos destas reservas são referidas no Manual de Procedimentos da Operação do Sistema, nomeadamente quanto à sua transferência entre agentes.

7 – Os auto-consumos associados ao uso das infra-estruturas da RNTIAT no armazenamento e mobilização de reservas operacionais são periodicamente avaliados e repostos pelos agentes do mercado, nos termos descritos no Manual de Procedimentos de Operação do Sistema.

8 – Os custos incorridos pelo uso das infra-estruturas da RNTIAT no armazenamento e na mobilização das reservas operacionais são considerados serviços de sistema, constituindo assim custos da gestão global do sistema e são repercutidos na tarifa de uso global do sistema.

9 – Em caso de cessão de actividade por parte dos agentes do mercado, estes têm direito à devolução da respectiva reserva operacional constituída.

ARTIGO 16.º
Variáveis de controlo e segurança

1 – A supervisão do estado de funcionamento da RNTIAT é feita através da observação das seguintes variáveis: pressão, temperatura, existências, caudais e qualidade do gás natural, bem assim como da disponibilidade de operação dos equipamentos das respectivas infra-estruturas.

2 – Os limites admissíveis das variáveis de controlo e segurança são estabelecidos no Manual de Procedimentos da Operação do Sistema.

ARTIGO 17.º
Reposição de fornecimento de gás natural

1 – O Gestor Técnico Global do SNGN deve estabelecer planos específicos que integrem medidas concretas de actuação, com o objectivo de minimizar as consequências para os utilizadores do SNGN após a ocorrência de uma interrupção de fornecimento de gás natural.

2 – Os planos de reposição de fornecimento de gás natural devem ser estabelecidos em coordenação com os operadores das infra-estruturas a montante e a jusante da RNTGN e com os agentes de mercado, integrando o Manual de Procedimentos de Operação do Sistema.

ARTIGO 18.º
Comunicações para a operação da RNTIAT

1 – As comunicações no âmbito da operação da RNTIAT devem ser efectuadas exclusivamente em língua portuguesa, excepto quando o interlocutor não pertença ao SNGN ou seja um operador das infra-estruturas com as quais a RNTGN se encontra interligada.

2 – Todas as comunicações telefónicas efectuadas ou recebidas no centro de despacho do Gestor Técnico Global do SNGN devem ser objecto de gravação e ficar disponíveis durante um período de um ano, sendo posteriormente apagadas de forma permanente.

3 – As comunicações relevantes relacionadas com a operação da RNTIAT devem ser objecto de registo utilizando o suporte e formato acordados, constantes do Manual de Procedimentos da Operação do Sistema.

4 – As comunicações relevantes no âmbito da operação da RNTIAT podem ser, nomeadamente sobre:

a) Informação sobre o Programa de Operação da RNTIAT para o dia gás;

b) Renomeações;

c) Instruções de operação, emitidas pelo Gestor Técnico Global do SNGN;

d) Avisos recebidos pelo Gestor Técnico Global do SNGN, designadamente sobre as seguintes matérias:

i) Comissionamento de equipamentos;

ii) Testes funcionais;

iii) Funcionamento em regimes especiais;

iv) Indisponibilidades;

v) Intervenções na RNTIAT ou interligações;

e) Comunicações de ocorrências emitidas pelo Gestor Técnico Global do SNGN, pelos operadores das infra-estruturas da RNTIAT, pelos operadores das redes de distribuição, pelos agentes de mercado ou pelo operador das interligações;

f) Informações emitidas pelas entidades abrangidas pela aplicação do presente regulamento, destinadas à comunicação de factos relevantes para a operação da RNTIAT.

Artigo 19.º

Instruções de operação

1 – Para a concretização do Programa de Operação da RNTIAT estabelecido para o dia gás, o Gestor Técnico Global do SNGN poderá emitir instruções de operação.

2 – As instruções de operação são classificadas em função do seu teor, nomeadamente:

a) Instruções para executar programas de operação;

b) Instruções de renomeação;

c) Instruções para realizar testes ou inspecções;

d) Instruções para garantir ou repor condições de segurança;

e) Instruções de operação em situações de contingência.

3 – O Gestor Técnico Global do SNGN deve emitir as instruções de operação com uma antecedência que permita a sua execução, de acordo com o disposto no Manual de Procedimentos da Operação do Sistema.

4 – Os operadores das infra-estruturas da RNTIAT e das redes de distribuição devem executar as instruções de operação emitidas pelo Gestor Técnico

Global do SNGN nos termos previstos no Manual de Procedimentos da Operação do Sistema, excepto nos casos em que considerem haver risco para a segurança de pessoas ou bens, devendo informar imediatamente o Gestor Técnico Global do SNGN do ocorrido.

SECÇÃO II
Operação normal do Sistema

ARTIGO 20.º
Modulação da operação da RNTGN

1 – O Gestor Técnico Global do SNGN deve modular o funcionamento da RNTGN, em função do consumo e das injecções e extracções da RNTGN, assegurando o cumprimento do Programa de Operação da RNTIAT.

2 – A modulação referida no número anterior deve atender a eventuais restrições de natureza técnica, intrínseca às infra-estruturas da RNTIAT.

3 – Para efectuar a modulação da operação, o Gestor Técnico Global do SNGN deve atender ao Programa de Operação da RNTIAT, devidamente actualizado, com o objectivo de optimizar o funcionamento das infra-estruturas da RNTIAT e, se necessário, mobilizar as reservas operacionais ao seu dispor.

4 – Para efeitos do disposto nos números anteriores, o Gestor Técnico Global do SNGN deve manter registos auditáveis das alterações efectuadas e das respectivas justificações.

ARTIGO 21.º
Segurança e disponibilidade da RNTIAT

1 – O Gestor Técnico Global do SNGN deve avaliar o nível de segurança e disponibilidade das infra-estruturas da RNTIAT, de acordo com os critérios definidos no Manual de Procedimentos da Operação do Sistema, estabelecendo em colaboração com os operadores das infra-estruturas da RNTIAT, as medidas preventivas necessárias, de forma a evitar a ocorrência de desequilíbrios graves ou situações excepcionais que ponham em risco a segurança e a integridade da RNTGN ou do seu abastecimento.

2 – Para efeitos do número anterior, o Gestor Técnico Global do SNGN deve antecipar as ocorrências que possam provocar a violação dos critérios de segurança definidos no Manual de Procedimentos da Operação do Sistema, através da monitorização da RNTIAT.

3 – O Gestor Técnico Global do SNGN deve emitir instruções de operação ou adoptar eventuais medidas de modo a garantir que os critérios referidos no número anterior não sejam ultrapassados.

ARTIGO 22.º
Gestão de desequilíbrios individuais na RNTGN

1 – De acordo com o disposto no Regulamento de Relações Comerciais, um agente de mercado é considerado em desequilíbrio individual quando as suas existências na rede de transporte estão fora dos limites máximos e mínimos estabelecidos.

2 – Na situação de desequilíbrio individual compete ao agente de mercado repor, o mais rapidamente possível, as suas existências de acordo com o estabelecido no Regulamento de Relações Comerciais, estando sujeito às penalidades decorrentes do mecanismo de incentivo à reposição de equilíbrios individuais, disposto no Manual de Procedimentos de Acerto de Contas.

SECÇÃO III
Operação em situações de contingência

ARTIGO 23.º
Planos de actuação em situações de contingência

1 – A operação em situações de contingência corresponde à operação da RNTIAT nas situações em que, por um acentuado acumular das diferenças entre as quantidades de gás que são injectadas e extraídasda RPGN ou por incidentes inesperados que, pela sua natureza, afectem a capacidade das infra-estruturas, não é possível garantir a segurança e a manutenção da integridade das infra-estruturas da RPGN cumprindo o Programa de Operação da RNTIAT previsto e as capacidades atribuídas nos mecanismos de programação e nomeação.

2 – Na operação do sistema em situações de contingência, compete ao Gestor Técnico Global do SNGN recorrer aos meios previstos nos Planos de Actuação em situações de contingência, definidos no Manual de Procedimentos de Operação do Sistema, de forma a repor as variáveis do sistema em valores normais de funcionamento do SNGN.

3 – Mediante solicitação do operador das infra-estruturas, a ERSE pode declarar o regime de operação excepcional, nos termos estabelecidos no Regulamento da Qualidade de Serviço, nas situações provocadas por casos fortuitos ou de força maior, em que não seja possível repor a operação normal do sistema num curto período de tempo.

SECÇÃO IV
Operação em situações de emergência

ARTIGO 24.º
Operação em situações de emergência

As situações de emergência definidas nos termos do Decreto-Lei n.º 140/2006, de 26 de Julho, no âmbito da segurança de abastecimento, não se enquadram no âmbito de aplicação do presente Regulamento.

CAPÍTULO IV
Coordenação de indisponibilidades

ARTIGO 25.º
Objectivos

A coordenação de indisponibilidades visa os seguintes objectivos:
a) A optimização do funcionamento das infra-estruturas da RNTIAT;
b) A garantia da segurança e qualidade do fornecimento dos consumos.

ARTIGO 26.º
Plano Anual de Manutenção da RNTIAT

1 – Para efeitos da coordenação de indisponibilidades, o Gestor Técnico Global do SNGN deve elaborar o Plano Anual de Manutenção da RNTIAT para o ano gás seguinte, que inclui as indisponibilidades programadas de:
a) Infra-estruturas da RNTIAT;
b) Interligações e ou redes na sua imediata vizinhança;
c) Redes de distribuição.
2 – Para atingir os objectivos referidos no artigo anterior, as indisponibilidades constantes do Plano Anual de Manutenção da RNTIAT devem ser articuladas globalmente, atendendo aos seguintes critérios:
a) As indisponibilidades dos elementos da RNTIAT devem condicionar o mínimo possível, quer do ponto de vista económico, quer do ponto de vista da segurança da RNTIAT, a capacidade de operação dessas infra-estruturas e a satisfação dos consumos;
b) A indisponibilidade total ou parcial de uma ou mais infra-estruturas da RNTIAT, resultantes do Plano Anual de Manutenção, não devem implicar uma

operação fora dos limites estabelecidos das restantes infra-estruturas da RNTIAT.

3 – Para além dos critérios referidos no número anterior, devem ainda ser considerados os resultantes das restrições e dos condicionalismos estabelecidos no Manual de Procedimentos da Operação do Sistema.

4 – O Manual de Procedimentos da Operação do Sistema deve estabelecer a data limite para a elaboração e divulgação do Plano Anual de Manutenção da RNTIAT.

ARTIGO 27.º

Plano de indisponibilidades

1 – Compete ao Gestor Técnico Global do SNGN o estabelecimento e a coordenação do Plano de Indisponibilidades da RNTIAT.

2 – À medida que são solicitadas novas indisponibilidades, estas são incorporadas no Plano de Indisponibilidades, que abrange também todas as alterações dos períodos de indisponibilidade inicialmente previstos no Plano Anual de Manutenção da RNTIAT.

3 – O Gestor Técnico Global do SNGN deve estabelecer os contactos necessários com as entidades responsáveis pela coordenação das indisponibilidades das infra-estruturas da RNTIAT, das interligações e das redes com as quais a RNTGN está interligada, por forma a assegurar que toda a informação relevante esteja disponível nos prazos adequados para ser considerada no referido plano ou permitir ajustamentos aos planos internos daquelas entidades.

4 – O estabelecimento e a coordenação do Plano de Indisponibilidades da RNTIAT deve respeitar os critérios estabelecidos nas alíneas a) e b) do n.º 2 e n.º 3 do artigo anterior.

5 – A divulgação do Plano de Indisponibilidades da RNTIAT é efectuada nos termos estabelecidos no artigo 29.º

CAPÍTULO V

Registo e divulgação de informação

ARTIGO 28.º

Registo de informação

1 – O Gestor Técnico Global do SNGN deve manter registos actualizados da informação relativa à operação do sistema.

2 – A informação a considerar para efeitos do disposto no número anterior é o que resulta do relacionamento entre o Gestor Técnico Global do SNGN e os seguintes agentes:

a) Os agentes de mercado;

b) Os operadores das infra-estruturas da RNTIAT;

c) Os operadores das redes de distribuição;

d) Os operadores das redes com as quais a RNTGN está interligada.

3 – Os fluxos de informação cujo conteúdo seja objecto de registo devem ser descritos no Manual de Procedimentos da Operação do Sistema.

4 – O Gestor Técnico Global do SNGN deve divulgar relatórios mensais caracterizadores da operação real ocorrida, nomeadamente através da sua página na Internet.

5 – O Gestor Técnico Global do SNGN deve enviar à ERSE, quando solicitado, um relatório justificativo de todas as decisões adoptadas.

6 – O relatório justificativo referido no número anterior deve, em obediência aos princípios gerais estabelecidos na Secção II do Capítulo 1, conter toda a informação necessária à caracterização e fundamentação das decisões adoptadas.

7 – A informação registada deve ser conservada durante um período mínimo de 5 anos.

ARTIGO 29.º

Divulgação de informação

1 – Sem prejuízo do cumprimento da legislação aplicável, e da confidencialidade exigível, é objecto de divulgação, por parte do Gestor Técnico Global do SNGN, a informação necessária para caracterizar e fundamentar as decisões tomadas no âmbito da operação da RNTIAT, nomeadamente:

a) Diagrama diário do consumo agregado, real e previsto, com discriminação horária;

b) Diagrama diário dos fluxos de gás natural nos pontos de ligação da RNTGN com as restantes infra-estruturas da RNTIAT e com as redes internacionais com que se encontre interligada, com discriminação horária;

c) Diagrama mensal das existências totais de gás natural no SNGN, com discriminação diária;

d) Plano Anual de Manutenção da RNTIAT para o ano seguinte;

e) Declarações de indisponibilidade da RNTIAT;

f) Plano de Indisponibilidades da RNTIAT;

g) Capacidade disponível nos diversos pontos de ligação à RNTGN;

h) Capacidade utilizada nos diversos pontos de ligação à RNTGN;

i) Condicionamentos técnicos de operação;

j) Incidentes na RNTIAT;

k) Entrada em serviço de novas instalações da RNTIAT.

2 – O conteúdo e a periodicidade da informação divulgada, o meio de divulgação e a identificação das entidades às quais a informação deve ser enviada, são objecto das regras definidas no Manual de Procedimentos da Operação do Sistema.

Artigo 30.º

Uso de informação

1 – O Gestor Técnico Global do SNGN, os operadores das infra-estruturas da RNTIAT, os operadores das redes de distribuição, e os operadores das redes com as quais a RNTGN está interligada devem trocar entre si as informações necessárias à correcta operação da RNTIAT indispensáveis ao conveniente desempenho das suas funções.

2 – O uso da informação fornecida ao abrigo do n.º 1 deve obedecer às disposições do Regulamento de Relações Comerciais, designadamente as relativas à informação de natureza confidencial.

CAPÍTULO VI

Garantias administrativas e resolução de conflitos

SECÇÃO I

Garantias administrativas

Artigo 31.º

Admissibilidade de petições, queixas ou reclamações

Sem prejuízo do recurso aos tribunais, as entidades interessadas podem apresentar junto da ERSE quaisquer petições, queixas ou denúncias contra acções ou omissões das entidades reguladas que intervêm na RNTIAT, que possam constituir inobservância das disposições previstas no presente regulamento e não revistam natureza contratual.

Artigo 32.º

Forma e formalidades

As petições, queixas ou reclamações previstas no artigo anterior são dirigidas por escrito à ERSE, devendo das mesmas constar obrigatoriamente os fundamentos de facto que as justificam, bem como, sempre que possível, os meios de prova necessários à sua instrução.

Artigo 33.º
Instrução

1 – A instrução e decisão sobre as petições, queixas ou reclamações apresentadas cabe aos órgãos competentes da ERSE, aplicando-se as disposições constantes do Código de Procedimento Administrativo.

2 – Os interessados têm o dever de colaborar com a ERSE, facultando-lhe todas as informações e elementos de prova que tenham ria sua posse relacionados com os factos a ela sujeitos, bem como o de proceder à realização das diligências necessárias para o apuramento da verdade que não possam ou não tenham de ser feitas por outras entidades.

Artigo 34.º
Decisões da ERSE

1 – Os actos da ERSE que decidam sobre qualquer petição, queixa ou reclamação apresentadas são obrigatórios para as entidades reguladas e agentes de mercado que intervêm na RNTIAT, logo que devidamente notificados.

2 – As decisões da ERSE previstas no número anterior não prejudicam o recurso pelos interessados aos tribunais ou à arbitragem voluntária prevista neste Capítulo, para efeitos da indemnização dos danos causados.

Artigo 35.º
Impugnação das decisões da ERSE

1 – Sem prejuízo do disposto nos números seguintes, as decisões e deliberações da ERSE podem ser impugnadas junto dos tribunais administrativos competentes.

2 – Das decisões e deliberações de órgãos da ERSE pode reclamar-se nos termos previstos no Código do Procedimento Administrativo.

3 – As reclamações são dirigidas ao Conselho de Administração da ERSE.

4 – As reclamações devem ser fundamentadas e, sempre que possível, acompanhadas da indicação dos meios de prova adequados.

SECÇÃO II
Reclamações junto das entidades reguladas que intervêm na RNTIAT

Artigo 36.º
Apresentação de reclamações

1 – Sem prejuízo do disposto no Regulamento da Qualidade de Serviço e no Regulamento de Relações Comerciais, os interessados podem apresentar reclamações junto das entidades reguladas que intervêm na RNTIAT com quem se relacionam contratual ou comercialmente, sempre que considerem que os seus direitos não foram devidamente acautelados, em violação do disposto no presente regulamento e na demais legislação aplicável.

2 – As reclamações podem ser apresentadas por escrito e devem conter os elementos previstos, para o efeito, no Regulamento da Qualidade de Serviço.

Artigo 37.º
Tratamento das reclamações

1 – As entidades reguladas que intervêm na RNTTAT devem responder às reclamações que lhes são dirigidas, nos prazos e nos termos previstos no Regulamento da Qualidade de Serviço.

2 – Sempre que o tratamento de uma reclamação implique a realização de diligências, designadamente visitas a instalações ligadas directamente à RNTGN, medições ou verificações de equipamento de medição, o reclamante deve ser informado previamente dos seus direitos e obrigações, bem como dos resultados obtidos com as referidas diligências.

3 – O reclamante deve ainda ser informado das acções correctivas que deverá realizar se a causa da ocorrência reclamada for identificada na sua instalação consumidora de gás natural, bem como sobre os encargos que eventualmente tenha de suportar em função do resultado das diligências que podem ser solicitadas.

SECÇÃO III
Resolução de conflitos

Artigo 38.º
Disposições gerais

1 – Sem prejuízo do recurso aos tribunais, judiciais e arbitrais, nos termos da lei geral, se não for obtida junto das entidades concessionárias da RNTIAT

com quem se relacionam uma resposta atempada ou fundamentada ou a mesma não resolver satisfatoriamente a reclamação apresentada, os interessados podem solicitar a sua apreciação pela ERSE, individualmente ou através de organizações representativas dos seus interesses.

2 – A intervenção da ERSE deve ser solicitada por escrito, invocando os factos que motivaram a reclamação e apresentando todos os elementos de prova de que se disponha.

3 – A ERSE tem por objecto promover a resolução de conflitos através da mediação, conciliação e arbitragem voluntária.

ARTIGO 39.º

Arbitragem voluntária

1 – Os conflitos emergentes do relacionamento comercial e contratual previsto no presente regulamento podem ser resolvidos através do recurso a sistemas de arbitragem voluntária.

2 – Para efeitos do disposto no número anterior, as entidades que intervêm no relacionamento comercial no âmbito do SNGN podem propor aos seus clientes a inclusão no respectivo contrato de uma cláusula compromissória para a resolução dos conflitos que resultem do cumprimento de tais contratos.

3 – Ainda para efeitos do disposto no n.º 1, a ERSE pode promover, no quadro das suas competências específicas, a criação de centros de arbitragem.

4 – Enquanto tais centros de arbitragem não forem criados, a promoção do recurso ao processo de arbitragem deve considerar o previsto na lei geral aplicável.

ARTIGO 40.º

Mediação e conciliação de conflitos

1 – Através da mediação e da conciliação, a ERSE pode, respectivamente, recomendar a resolução do conflito e sugerir às partes que encontrem de comum acordo uma solução para o conflito.

2 – As regras aplicáveis aos procedimentos de mediação e conciliação são as constantes do Regulamento de Mediação e Conciliação de Conflitos aprovado pela ERSE.

3 – No âmbito dos procedimentos de resolução extrajudicial de conflitos, identificados nos números anteriores, as entidades reguladas que intervêm na RNTIAT responsáveis pelo objecto da reclamação devem disponibilizar à ERSE, no prazo máximo de 20 dias úteis, as informações que lhe sejam solicitadas para a devida apreciação do conflito.

4 – Sem prejuízo do disposto no número anterior, a não prestação, por ambas as partes em conflito, das informações necessárias e solicitadas, determinará a cessação dos procedimentos de mediação ou conciliação iniciados.

5 – A intervenção da ERSE através dos procedimentos descritos no presente artigo não suspende quaisquer prazos de recurso às instâncias judiciais e outras que se mostrem competentes.

CAPÍTULO VII
Disposições finais e transitórias

Artigo 41.º
Sanções administrativas

Sem prejuízo da responsabilidade civil, criminal e contratual a que houver lugar, a infracção ao disposto no presente regulamento é cominada nos termos do regime sancionatório previsto nos Estatutos da ERSE.

Artigo 42.º
Pareceres interpretativos da ERSE

1 – As entidades que integram a RNTIAT podem solicitar à ERSE pareceres interpretativos sobre a aplicação do presente regulamento.

2 – Os pareceres emitidos nos termos do número anterior não têm carácter vinculativo.

3 – As entidades que solicitarem os pareceres não estão obrigadas a seguir as orientações contidas nos mesmos, mas tal circunstância será levada em consideração no julgamento das petições, queixas ou denúncias, quando estejam em causa matérias abrangidas pelos pareceres.

4 – O disposto no número anterior não prejudica a prestação de informações referentes à aplicação do presente regulamento às entidades interessadas, designadamente aos consumidores.

Artigo 43.º
Norma transitória

Enquanto não for publicado o Manual de Procedimentos da Operação do Sistema, mantêm-se em vigor as regras vigentes relativas às matérias por ele abrangidas.

ARTIGO 44.º

Norma remissiva

Aos procedimentos administrativos previstos no presente regulamento, não especificamente nele regulados, aplicam-se as disposições do Código do Procedimento Administrativo.

ARTIGO 45.º

Fiscalização e aplicação do Regulamento

1 – A fiscalização e a aplicação do cumprimento do disposto do presente regulamento são da competência da ERSE.

2 – No âmbito da fiscalização deste regulamento, a ERSE goza das prerrogativas que lhe são conferidas pelo Decreto-Lei n.º 97/2002, de 12 de Abril, e estatutos anexos a este diploma, bem como pelos Decretos-Lei n.os 30/2006, de 15 de Fevereiro e 140/2006, de 26 de Julho.

ARTIGO 46.º

Entrada em vigor

O presente regulamento entra em vigor no dia seguinte à data da sua publicação no *Diário da República*.

DESPACHO N.º 7927/2008

O Regulamento do Acesso às Redes, às Infra-estruturas e às Interligações do sector do gás natural (RARII), aprovado pelo Despacho ERSE n.º 19 624-A/ 2006, de 11 de Setembro, publicado em suplemento ao Diário da República, 2.ª Série, de 25 de Setembro, estabelece as condições técnicas e comerciais segundo as quais se processa o acesso às redes de transporte e de distribuição, às instalações de armazenamento subterrâneo de gás natural, aos terminais de GNL e às interligações.

O Capítulo IV do RARII, nos seus artigos 29.º, 38.º, 39.º e 40.º, prevê que a ERSE, mediante proposta dos operadores das respectivas infra-estruturas, aprove as metodologias a adoptar para a determinação da capacidade nas infra-estruturas do Sistema Nacional de Gás

Natural (SNGN) – RNTGN, Terminal de GNL e Armazenamento Subterrâneo – e dos mecanismos de atribuição de capacidade respectivos.

Em cumprimento do estabelecido nas referidas disposições, a entidade concessionária da Rede Nacional de Transporte de Gás Natural (RNTGN), apresentou à ERSE as propostas relativas às referidas metodologias.

A ERSE procedeu à análise das referidas propostas, tendo-lhes introduzido as alterações necessárias. As propostas, integrando as alterações da ERSE, foram enviadas, para comentários, às empresas reguladas abrangidas pela aplicação dos referidos documentos.

Na sequência da análise dos comentários recebidos, foi enviada à entidade concessionária da RNTGN uma última versão dos documentos, para comentários finais.

Culminando este processo, o presente despacho tem por finalidade proceder à aprovação das metodologias supra referidas.

Assim:

Ao abrigo das disposições conjugadas dos artigos 29.º, 38.º, 39.º e 40.º do Regulamento do Acesso às Redes, às Infra-estruturas e às Interligações do sector do gás natural e da alínea b) do n.º 1 do artigo 31.º dos Estatutos da ERSE, anexos ao Decreto-Lei n.º 97/2002, de 12 de Abril, o Conselho de Administração da ERSE deliberou:

1 – Aprovar os seguintes documentos complementares ao RARII:

a) Metodologia dos Estudos para a Determinação da Capacidade no Terminal de GNL;

b) Metodologia dos Estudos para a Determinação da Capacidade na RNTGN;

c) Metodologia dos Estudos para a Determinação da Capacidade no Armazenamento Subterrâneo de Gás Natural;

d) Mecanismo de Atribuição da Capacidade no Terminal de GNL;

e) Mecanismo de Atribuição da Capacidade na RNTGN;

f) Mecanismo de Atribuição da Capacidade no Armazenamento Subterrâneo de Gás Natural;

2 – A ERSE procede à publicitação dos documentos ora aprovados na sua página na Internet.

3 – As entidades abrangidas pela aplicação destes documentos ficam obrigadas à sua publicitação, designadamente na sua página na Internet.

4 – O presente despacho entra em vigor no dia seguinte ao da sua publicação.

22 de Fevereiro de 2008. – O Conselho de Administração: *Vítor Santos – Maria Margarida de Lucena Corrêa de Aguiar – José Braz.*

DESPACHO N.º 11209/2008

O capítulo VI do Regulamento de Relações Comerciais (RRC), aprovado pelo Despacho n.º 19 624-A/2006, publicado no suplemento ao Diário da República, 2.ª Série, de 25 de Setembro de 2006, definiu as condições comerciais para o estabelecimento de ligações às redes de transporte e distribuição de gás natural de instalações consumidoras e restantes infra-estruturas integradas no Sistema Nacional de Gás Natural (SNGN), remetendo para aprovação da ERSE, na sequência de propostas apresentadas pelos operadores de redes, as seguintes matérias:

a) Valor do comprimento máximo do ramal de distribuição, regulamentando o artigo 89.º do RRC.

b) Valor dos encargos com a rede a construir, regulamentando o artigo 92.º do RRC.

c) Valores dos encargos suportados com a realização dos estudos necessários para orçamentação de ligações às redes, regulamentando o artigo 95.º do RRC.

d) Elementos necessários a incluir na requisição de ligação, regulamentando o artigo 115.º do RRC.

e) Metodologia de codificação universal das instalações, regulamentando o artigo 118.º do RRC.

A ERSE optou por considerar de modo conjunto as matérias constantes do capítulo VI do RRC do sector do gás natural que se encontram sujeitas a sub-regulamentação, assim resultando num conjunto de disposições integrado e de aplicação sistemática. Tendo em vista uma melhor sistematização e enquadramento das matérias a sub-regulamentar optou-se por incluir no presente Despacho algumas disposições constantes do RRC.

Havendo a percepção que a principal componente da estrutura de custos com o desenvolvimento das redes se prende com o factor distância, os encargos a suportar pelos requisitantes de ligações às redes estão relacionados com a distância da instalação à rede existente. Desta forma oneram-se mais as requisições de ligação de instalações mais afastadas da rede existente, favorecendo-se as que se encontram mais próximas, uma vez que induzem menos custos de entrada que a média e aumentam a base de diluição dos custos de operação das redes. Por essas razões, o requisitante é chamado a comparticipar na rede a construir em função da distância (euros por metro) e é isento de qualquer encargo com o ramal de distribuição (promovendo a entrada dos clientes que se encontram próximos da rede). No caso de ligações à rede de instalações de clientes cujo consumo anual previsto seja igual ou inferior a 10 000 m3 (n) o comprimento dos ramais de distribuição é limitado a 10 metros.

Importa, ainda, reter que o presente Despacho efectua a primeira fixação de valores e condições a aplicar no âmbito do estabelecimento de ligações às redes. Assim, considerando que a disponibilidade de informação e de elementos de suporte às decisões a tomar carece de desenvolvimento e melhor adequação, a ERSE considera razoável que os valores e as condições constantes do presente Despacho assumam um carácter transitório, devendo ser objecto de reanálise aquando da fixação das tarifas e preços para vigorar no ano gás de 2010/2011, primeiro ano do próximo período de regulação.

De acordo com o previsto no RRC, foram apresentadas propostas de sub-regulamentação pelos seguintes operadores das redes de transporte e de distribuição: REN Gasodutos, Portgás, Duriensegás, Lusitaniagás, Beiragás, Tagusgás, Lisboagás, Dianagás, Setgás, Paxgás e Medigás.

A proposta da ERSE para as disposições que integram o presente despacho, bem como o documento que sustenta as opções tomadas, foi submetida à apreciação do Conselho Tarifário e do Conselho Consultivo da ERSE, tendo obtido parecer favorável de ambos os Conselhos.

Nestes termos:
Ao abrigo dos artigos 89.º, 92.º, 95.º, 115.º e 118.º do Regulamento de Relações Comerciais, na sequência de propostas apresentadas pelos operadores de redes de distribuição e de transporte, ouvidos o Conselho Tarifário e o Conselho Consultivo, nos termos dos artigos 23.º e 31.º dos Estatutos da ERSE anexos ao Decreto-Lei n.º 97/2002, o Conselho de Administração da ERSE deliberou o seguinte:

1.º Aprovar o comprimento máximo do ramal de distribuição, constante do anexo ao presente despacho que dele faz parte integrante.

2.º Aprovar o valor dos encargos a suportar pelo requisitante de ligação à rede, referentes a rede a construir, para vigorar até 30 de Junho de 2009, constante do anexo ao presente despacho.

3.º Estabelecer os valores dos encargos com a realização dos estudos necessários para orçamentação de ligações às redes, constantes do anexo ao presente despacho.

4.º Aprovar a lista com os elementos necessários a incluir na requisição de ligação, constante do anexo ao presente despacho.

5.º Estabelecer a metodologia de codificação universal das instalações, constante do anexo ao presente despacho.

6.º O presente despacho entra em vigor 30 dias após a data da sua publicação no Diário da República.

7 de Abril de 2008. - O Conselho de Administração: *Vítor Santos – Maria Margarida de Lucena Corrêa de Aguiar – José Braz.*

ANEXO

Condições comerciais de ligação às redes e codificação de instalações de gás natural

SECÇÃO I
Disposições Gerais

Artigo 1.º
Objecto

As presentes disposições, nos termos previstos nos artigos 89.º, 92.º, 95.º, 115.º e 118.º do Regulamento de Relações Comerciais, têm por objecto as seguintes matérias:
a) Comprimento máximo do ramal de distribuição;
b) Encargos com a rede a construir;
c) Encargos com estudos para orçamentação de ligações às redes;
d) Informação a prestar por clientes e requisitantes de ligação à rede;
e) Codificação universal de instalações.

Artigo 2.º
Rede existente

Consideram-se redes existentes, para efeitos de estabelecimento de ligações, as redes já construídas e em exploração no momento da requisição de ligação à rede.

Artigo 3.º
Definição do ponto de ligação à rede
para determinação de encargos de ligação

1 – Sem prejuízo dos números seguintes, o ponto de ligação à rede é indicado, consoante o caso, pelo operador da rede de transporte ou pelo operador da rede de distribuição.

2 – Para efeitos de cálculo dos encargos com o estabelecimento da ligação, o ponto de ligação à rede das instalações de clientes cujo consumo anual se preveja ser igual ou inferior a 10 000 m3 (n), deverá ser o ponto da rede existente que, no momento da requisição da ligação, se encontra fisicamente mais próximo da referida instalação, independentemente de aí existirem as condições necessárias à satisfação das características de ligação constantes da requisição.

3 – Para efeitos de cálculo dos encargos com o estabelecimento da ligação à rede de instalações cujo consumo anual se preveja ser superior a 10 000 m3 (n), o ponto de ligação à rede deverá ser o ponto da rede com condições técnicas e operativas para satisfazer a requisição de ligação, devendo o facto ser justificado pelo operador da rede ao requisitante da ligação.

4 – Nas situações previstas no número anterior, sempre que necessário, o operador da rede de transporte e o operador da rede de distribuição em causa devem coordenar-se para garantir que o ponto de ligação à rede indicado ao requisitante é aquele que corresponde à solução técnica e economicamente mais vantajosa para o Sistema Nacional de Gás Natural (SNGN).

Artigo 4.º

Capacidade máxima

1 – A capacidade máxima é o caudal para o qual a ligação deve ser construída e a rede a montante deve ter capacidade de alimentar, nas condições estabelecidas na legislação e regulamentação vigente.

2 – Construída a ligação, a capacidade máxima passa a ser considerada uma característica da instalação de utilização, condicionando o valor da capacidade a contratar pela instalação.

3 – No caso de edifícios ou conjuntos de edifícios funcionalmente interligados, incluindo os constituídos em regime de propriedade horizontal, a capacidade máxima será referida à ligação do edifício às redes, depois de aplicados os necessários factores de simultaneidade, devendo ser atribuída uma capacidade máxima específica a cada instalação de utilização.

SECÇÃO II
Elementos necessários à ligação

ARTIGO 5.º
Classificação dos elementos necessários à ligação

1 – Consideram-se elementos necessários à ligação as seguintes infra-estruturas:

a) Rede a construir, constituída pelos troços necessários para efectuar a ligação entre a rede já existente e os ramais de distribuição necessários para satisfazer a ligação de uma ou mais instalações;

b) Ramais de distribuição, constituídos pelos troços de tubagem destinados a assegurarem em exclusivo a ligação de uma instalação ou pequeno conjunto de instalações.

2 – Não integram as infra-estruturas necessárias à ligação quaisquer elementos a jusante da válvula de corte geral da instalação que requisita a ligação, bem como as alterações na instalação necessárias à satisfação dessa mesma requisição.

ARTIGO 6.º
Rede a construir

Considera-se rede a construir para ligação de instalações de clientes os troços de tubagem e acessórios necessários à satisfação de uma requisição de ligação ou conjunto de requisições, que se desenvolvem entre a rede existente e os ramais de distribuição e que, uma vez construídos, integram o conceito de rede existente.

ARTIGO 7.º
Ramais de distribuição

1 – Consideram-se ramais de distribuição para ligação de instalações de clientes os troços de tubagem destinados a assegurarem em exclusivo a ligação de uma instalação ou pequeno conjunto de instalações consumidoras de gás natural e que se desenvolvem entre os troços principais de rede e a válvula de corte geral da instalação a ligar.

2 – Os ramais de distribuição definidos nos termos do número anterior, não podem ser utilizados, no momento da sua construção ou em momento posterior, para assegurar a ligação de instalações que não se encontrem mencionadas na requisição de ligação.

3 - No caso de ligação à rede de instalações de clientes cujo consumo anual se preveja ser igual ou inferior a 10 000 m3 (n) e para efeitos de repartição de encargos, o comprimento dos ramais de distribuição é limitado a 10 metros de acordo com o estabelecido no artigo 9.º.

SECÇÃO III

Encargos com a rede a construir e comprimento máximo do ramal de distribuição

ARTIGO 8.º

Encargos com a rede a construir

1 - Os encargos com a rede a construir (E) são determinados de acordo com as seguintes expressões:

a) Instalações com consumo anual previsto inferior ou igual a 10 000 m3 (n)

$$E = L(rede) \times P(rede)*0,5 + Max(0\ (L(ramal)-10))* P(ramal).$$

Em que:

L(rede) e L(ramal) representam, respectivamente, os comprimentos, em metros, da rede a construir e do ramal de distribuição.

P(rede) e P(ramal) representam, respectivamente, os preços de construção da rede a construir e do ramal de distribuição aceites pela ERSE em €/m.

b) Instalações com consumo anual previsto superior a 10 000 m3 (n), exceptuando instalações de grandes clientes

$$E = L(rede) \times P(rede)*0,5$$

2 – Os encargos com a rede a construir para vigorar até 30 de Junho de 2009, são os seguintes:

a) Troço do ramal de distribuição que excede o comprimento máximo: 32 €/m;

b) Rede a construir: 48,5 €/m.

ARTIGO 9.º

Comprimento máximo do ramal de distribuição

1 – Para clientes com consumo anual previsto igual ou inferior a 10 000 m3 (n), os encargos relativos à construção do ramal da rede de distribuição são suportados pelo operador da rede de distribuição desde que o ramal não exceda os 10 metros.

2 – Para os clientes referidos no número anterior em que o ramal de distribuição exceda o comprimento máximo definido de 10 metros, o troço que exceda esse comprimento será valorizado nos termos definidos no artigo 8.º, sendo esse valor suportado pelo requisitante.

3 – Para os clientes com consumo anual superior a 10 000 m3 (n) e inferior a 2 milhões de m3 (n), os encargos relativos à construção do ramal de distribuição são suportados pelo operador da rede de distribuição.

SECÇÃO IV
Estudos para a elaboração de orçamentos de ligação à rede

Artigo 10.º
Estudos para a elaboração do orçamento nas ligações à rede de transporte

1 - Os estudos necessários à elaboração do orçamento para ligação à rede de transporte podem compreender, designadamente, o estudo prévio de engenharia, que incluirá entre outros, os seguintes elementos:

a) Estudo de traçado;

b) Definição de servidões e expropriações;

c) Estudos de análise de capacidade do sistema;

d) Definição de implantação de estações de linha e estação de regulação e medida;

e) Definição do tipo e capacidade da estação de regulação e medida;

f) Definição do tipo de edifícios, para estações de linha e estação de regulação e medida;

g) Estudos de engenharia, incluindo lista de materiais e trabalhos de construção;

h) Planeamento.

2 – O valor dos estudos de orçamentação para ligação à rede de transporte será acordado directamente entre o requisitante e o operador da rede de transporte, considerando a especificidade de cada caso.

Artigo 11.º
Encargos dos estudos para a elaboração do orçamento de ligação à rede de distribuição

1 – Os encargos com os estudos de orçamentação da ligação às redes de distribuição são os seguintes:

a) 25 €, nos casos em que exista rede de distribuição nas imediações da instalação a abastecer;

b) Os valores indicados no quadro seguinte, nos casos em que não exista rede de distribuição nas imediações da instalação a abastecer.

Distância da instalação à rede (metros)	Encargos (euros)
< 500	410
501 a 1000	740
1001 a 2500	1450
2501 a 5000	1955
5001 a 10000	2550
10001 a 20000	3350

SECÇÃO V
Informação a prestar nas ligações às redes

Artigo 12.º
Informação a prestar aos operadores das redes

1 – Os requisitantes de novas ligações às redes ou de alterações de ligações existentes devem disponibilizar, ao operador da rede à qual pretendem estabelecer a ligação, a informação técnica necessária à elaboração dos estudos para avaliar a possibilidade de ligação à rede.

2 – A informação a facultar pelos requisitantes de ligações às redes de distribuição é a seguinte:

a) Clientes com consumo anual previsto inferior ou igual a 10 000 m3 (n):

i) Tipo e características da instalação (vivenda unifamiliar, edifício colectivo ou outro, n.º de pisos, n.º de fogos, existência de aquecimento central a gás);

ii) Potência nominal individualizada dos equipamentos a gás (kW);

iii) Planta topográfica com a localização proposta ou em alternativa coordenada georreferenciada do ponto de entrega.

b) Clientes com consumo anual previsto superior a 10 000 m3 (n):

i) Potência requisitada (kW);

ii) Consumos previstos:

– Consumo médio mensal (kWh).

– Potência máxima (kW).

– Sazonalidade ou características especiais para o diagrama de consumo.

– Diagrama do consumo semanal em percentagem (nos períodos das 22 às 8h, das 8 às 18h das 18 às 22h).

– Regime de laboração frequente (Dias úteis, Sábados e Domingos).

3 – A informação a facultar pelos requisitantes de ligações à rede de transporte de instalações alimentadas em alta pressão é a seguinte:

a) Planta de localização da instalação a ligar com indicação do ponto de entrega;

b) Tipo de instalação (central de cogeração, central de ciclo combinado com turbinas a gás, processo, matéria prima);

c) Tempo de paragem (semanas/ano);

d) Caudal máximo horário (m3 (n)/h);

e) Caudal médio diário (m3 (n)/dia);

f) Pressão mínima de abastecimento (igual ou superior a 20 bar relativos);

g) Pressão máxima de abastecimento (igual ou inferior a 45 bar relativos);

h) Existência ou não de condicionantes à odorização do gás;

i) Existência ou não de combustíveis alternativos.

SECÇÃO VI
Codificação universal de instalações

ARTIGO 13.º
Codificação universal de instalações

1 – A codificação universal de instalações corresponde à atribuição de um código universal e único a cada instalação ou infra-estrutura de gás natural, adoptando-se a designação de Código Universal de Instalação (CUI).

2 – Uma vez atribuído, o Código Universal de Instalação passa a ser uma característica de cada instalação ou infra-estrutura de gás natural, independentemente da sua utilização ou propriedade.

3 – Estão abrangidas pela codificação de instalações, as seguintes entidades:

a) As entidades que já disponham ou pretendam dispor de uma ligação física às redes que integram o SNGN;

b) Os operadores de infra-estruturas fisicamente ligadas às redes do SNGN;

c) O operador da rede de transporte e os operadores das redes de distribuição;

d) As entidades externas ao SNGN, que pretendam transaccionar gás natural com entidades no SNGN.

ARTIGO 14.º
Estrutura do Código Universal de Instalações

1 – O Código do Universal de Instalações é constituído por vinte caracteres alfanuméricos, repartidos pelos seguintes quatro campos específicos:

a) Campo de definição do código do país;

b) Campo de definição do código identificador do operador da rede;

c) Campo de atribuição livre;

d) Campo de verificação do código numérico atribuído.

2 – O código numérico atribuído compreende o campo de definição do código identificador do operador da rede e o campo de atribuição livre.

3 – O campo de definição do código do país compreende dois caracteres alfabéticos, em maiúsculas, destinados a identificar o país onde a instalação se encontra situada, sendo apurados de acordo com a norma UNE-en ISO 3116-1.

4 – O campo de definição do código identificador do operador da rede compreende quatro caracteres numéricos, destinados a identificar o operador da rede que atribui o código universal de instalação, sendo determinado em respeito pelos seguintes princípios:

a) O código identificador do operador da rede é atribuído pelo operador da rede de transporte para cada um dos operadores das redes existentes, devendo a lista completa dos códigos atribuídos ser divulgada na página da Internet do operador da rede de transporte;

b) O primeiro dos quatro caracteres numéricos que compõem o código identificador do operador da rede deverá ser o dígito 1;

c) Para efeitos de atribuição do código de operador da rede, o operador da rede de transporte deverá incluir na lista de códigos de operador da rede a publicar o código respeitante ao operador da rede de transporte;

d) O código identificador do operador da rede deverá ser único para cada operador e uma vez atribuído deverá manter-se inalterado, sendo inutilizado quando eliminado.

5 – O campo de atribuição livre compreende doze caracteres numéricos e designa-se por código livre, sendo determinado em respeito pelos seguintes princípios:

a) A atribuição do código livre é responsabilidade do operador da rede relativamente a cada instalação ligada ou a ligar às redes por si operadas;

b) Exceptuam-se do disposto na alínea anterior, as instalações de terminal de recepção, armazenamento e regaseificação de GNL, as instalações de armazenamento subterrâneo, bem como as instalações externas ao SNGN, para as quais o código livre é atribuído pelo operador da rede de transporte independentemente da rede à qual a instalação se encontra ligada;

c) O código livre deverá ser único para cada instalação ou infra-estrutura e uma vez atribuído deverá manter-se inalterado, sendo inutilizado quando eliminado.

6 – O campo de verificação do código atribuído compreende dois caracteres alfabéticos, em maiúsculas, destinados a verificar o código numérico atribuído e apurados separadamente, sendo determinados em respeito pelo seguinte algoritmo:

a) Divisão do código numérico, de dezasseis dígitos, pelo valor de 529, apurando-se o respectivo resto da divisão;

b) Divisão do resto apurado na divisão anterior, pelo valor de 23, apurando-se os respectivos quociente (A) e resto (B);

c) Ao quociente (A) e ao resto (B) apurados será atribuído um carácter de acordo com os respectivos valores numéricos apurados de acordo com a seguinte tabela:

Valor de A,B	0	1	2	3	4	5	6	7	8	9	10	11	12	13	14	15	16	17	18	19	20	21	22
Carácter	T	R	W	A	G	M	Y	F	P	D	X	B	N	J	Z	S	Q	V	H	L	C	K	E

Artigo 15.º
Atribuição do código universal de instalação

A atribuição do código universal de instalação deve respeitar os seguintes critérios:

a) A todas as instalações e infra-estruturas deve ser atribuído um código universal de instalação;

b) A um código universal de instalação pode corresponder mais do que um ponto de medição ou mais do que uma ligação física às redes do SNGN.

Artigo 16.º
Manutenção do código universal de instalação

O operador da rede de transporte e os operadores das redes de distribuição devem manter actualizada a base de dados dos códigos universais de instalação por si atribuídos, bem como a restante informação que esteja associada a cada código em particular.

Artigo 17.º
Divulgação do código universal de instalação

1 – O operador da rede de transporte e os operadores das redes de distribuição são responsáveis por divulgar às entidades interessadas os códigos universais de instalação por si atribuídos, devendo estes constar dos documentos por si emitidos, designadamente das respectivas facturas de uso das redes.

2 – A troca de informação sobre uma determinada instalação ou infra-estrutura deve incluir o código universal de instalação.

ARTIGO 18.º

Implementação do código universal de instalação

O operador da rede de transporte e os operadores das redes de distribuição deverão implementar a aplicação do código universal de instalação, de forma faseada, nos seguintes termos:

a) Até 30 de Junho de 2008, deverão ser atribuídos obrigatoriamente os respectivos códigos universais às instalações de terminal de recepção, armazenamento e regaseificação de GNL, às instalações de armazenamento subterrâneo, às instalações externas ao SNGN, bem como às instalações consumidoras com consumo anual igual ou superior a 1 milhão de metros cúbicos de gás natural;

b) Até 31 de Dezembro de 2008, deverão ser atribuídos os respectivos códigos universais às instalações consumidoras de clientes com consumo anual superior a 10 000 m3 (n);

c) Até 30 de Junho de 2009, deverão ser atribuídos os respectivos códigos universais às instalações consumidoras de clientes com consumo anual previsto inferior ou igual a 10 000 m3 (n);

d) A partir de 30 de Junho de 2008, deverão ser atribuídos obrigatoriamente os respectivos códigos universais a todas as instalações ou infra-estruturas que solicitem ligação às redes do SNGN.

DESPACHO N.º 17630/2008

A Entidade Reguladora dos Serviços Energéticos (ERSE) resultou da transformação da Entidade Reguladora do Sector Eléctrico, operada pelo Decreto-Lei n.º 97/2002, de 12 de Abril. Por via desta transformação, a ERSE passou a ter atribuições na regulação dos sectores da electricidade e do gás natural. No elenco das competências conferidas à ERSE pelos seus Estatutos anexos ao citado diploma integraram-se, entre outras, a fixação ou homologação das tarifas e preços para o gás natural a praticar pelas empresas reguladas do sector do gás natural. No entanto, o artigo 6.º deste diploma manteve transitoriamente atribuídas ao Governo ou à Direcção-Geral de Energia e Geologia as competências relativas a tarifas de fornecimento de gás natural, até ao termo do estatuto de mercado emergente, estabelecido nos termos da Directiva n.º 98/30/CE, de 22 de Junho.

Complementando as disposições do Decreto-Lei n.º 30/2006, de 15 de Fevereiro, que estabeleceu as bases gerais da organização e do funcionamento do Sistema Nacional de Gás Natural (SNGN), o Decreto-Lei n.º 140/2006, de 26 de Julho, pelo n.º 1 do seu artigo 63.º, atribuiu à ERSE a competência para a elaboração, aprovação e aplicação do Regulamento Tarifário do Sector do Gás Natural. Por via da conjugação das disposições destes diplomas, a ERSE passou a poder, de imediato, exercer as competências em matéria de aprovação do Regulamento Tarifário e da fixação ou homologação de tarifas, cujo exercício lhe tinha sido diferido pela disposição transitória do Decreto-Lei n.º 97/2002, de 12 de Abril. Sem prejuízo das suas competências tarifárias, o exercício de imediato destas pela ERSE ficou balizado pelas disposições transitórias do Decreto-Lei n.º 140/2006, de 26 de Julho, considerando, nomeadamente, a modificação dos contratos de concessão em vigor e o calendário de abertura de mercado estabelecido pelo seu artigo 64.º.

Dando cumprimento ao n.º 3 do artigo 63.º do Decreto-Lei n.º 140/2006, que determinou a aprovação dos regulamentos nele referidos, no prazo de três meses a partir da data da entrada em vigor, a ERSE, na sequência do procedimento regulamentar previsto no artigo 23.º dos seus Estatutos, anexos ao Decreto-Lei n.º 97/2002, de 12 de Abril, pelo despacho n.º 19 624-A/2006, publicado em suplemento ao Diário da República, 2.ª série, de 25 de Setembro de 2006, aprovou, entre outros regulamentos da sua esfera de competências, o Regulamento Tarifário do Sector do Gás Natural. No quadro da norma que habilitou o âmbito da sua elaboração e aprovação, estabelecida pelo artigo 58.º do Decreto-Lei n.º 140/2006, de 26 de Julho, o Regulamento Tarifário incorporou os princípios do sistema tarifário consagrados no artigo 55.º do Decreto-Lei n.º 30/2006, de 15 de Fevereiro, aplicáveis ao cálculo e à fixação de tarifas. Considerando as disposições transitórias do Decreto-Lei n.º 140/2006, de 26 de Julho e o regime transitório fixado no artigo 168.º do Regulamento Tarifário, a ERSE fixou, através do Despacho n.º 13315/2007 publicado no Diário da República, 2.ª Série, de 27 de Junho, as tarifas de Uso do Terminal de Recepção, Armazenamento e Regaseificação de Gás Natural (GNL), Uso do armazenamento Subterrâneo, Uso da Rede de Transporte, Uso Global do Sistema e de Acesso às Redes de Alta Pressão, para vigorarem entre 1 de Julho de 2007 e 30 de Junho de 2008.

Durante o ano de 2007 os preços das tarifas de Venda a Cliente Finais continuaram a ser homologados pelo Ministério da Economia e Inovação mediante proposta das empresas concessionárias e licenciadas.

No primeiro semestre de 2008 passou a caber à ERSE, em regime transitório, homologar as tarifas de venda dos fornecimentos de gás natural, designadamente as tarifas de venda a clientes finais para vigorarem nos primeiro e segundo trimestres, tendo sido aplicado nos termos do Regulamento Tarifário um regime semelhante ao que vigorou até essa data. As tarifas de venda a clientes finais a vigorarem nos 1.º e 2.º trimestres de 2008 foram aprovadas através dos Despachos n.º 731/2008, de 17 de Janeiro e n.º 11830/2008 de 24 de Abril, respectivamente.

De acordo com as referidas disposições legais, e uma vez verificados todos os pressupostos legais para o efeito, a partir de 1 de Julho de 2008 passarão a vigorar as tarifas aprovadas pela ERSE no quadro das suas competências e nos termos do Regulamento Tarifário.

Assim, a ERSE desencadeou o procedimento para a fixação de tarifas previsto no artigo 149.º do Regulamento Tarifário. Com base na análise da informação que lhe foi enviada pelas empresas reguladas, a ERSE procedeu à elaboração da proposta de tarifas e preços de gás natural para o Ano Gás de 2008-2009.

Esta proposta integrou o documento da ERSE com a designação supra-referida, o qual contém a fundamentação detalhada das opções da ERSE, que, por apropriação, fica a fazer parte integrante da justificação preambular deste despacho. Esta proposta foi estruturada em sete capítulos, onde se apresentam os pressupostos e as justificações da ERSE conducentes à fixação das tarifas para o Ano Gás 2008-2009. Neste quadro de fundamentação:

§ O Capítulo 1 procede ao enquadramento normativo da proposta;

§ O Capítulo 2 procede ao enquadramento económico;

§ O Capítulo 3 apresenta os pressupostos dos proveitos permitidos para cada actividade;

§ O Capítulo 4 apresenta as tarifas e preços de gás natural e das actividades reguladas a vigorarem no Ano Gás 2008-2009;

§ O Capítulo 5 apresenta os factores de ajustamentos para perdas e autoconsumos;

§ O Capítulo 6 apresenta os preços dos serviços regulados para vigorarem no Ano Gás em 2008-2009;

§ O Capítulo 7 apresenta a análise do impacte das decisões propostas.

Nos termos do artigo 149.º do Regulamento Tarifário, esta proposta foi enviada:

a) À Autoridade da Concorrência, para comentários;

b) Ao Conselho Tarifário da ERSE, para efeitos do parecer previsto no artigo 48.º dos Estatutos da ERSE;

c) Às empresas reguladas.

O Conselho Tarifário emitiu o seu parecer, que foi genericamente favorável à proposta da ERSE de tarifas e de preços, tendo formulado algumas recomendações. Este parecer, com a aprovação das tarifas pelo presente despacho, passa a ser divulgado pela ERSE na sua página de Internet, acompanhado dos comentários da ERSE sobre o mesmo, bem como dos demais documentos justificativos que fundamentam as tarifas ora aprovadas.

Este documento fica, juntamente com os documentos justificativos que fundamentam as tarifas ora aprovadas, a fazer parte integrante da fundamentação deste despacho.

Nestes termos, considerando os comentários das entidades supra-referidas e o parecer do Conselho Tarifário da ERSE, o Conselho de Administração da ERSE, ao abrigo das disposições conjugadas dos artigos 58.º e 63.º, n.º 1, do Decreto-Lei n.º 140/2006, de 26 de Julho, das disposições conjugadas do n.º 2 do artigo 168.º e do artigo 149.º do Regulamento Tarifário do Sector do Gás Natural, aprovado pelo despacho n.º 19 624-A/2006, publicado em suplemento ao Diário da República, 2.ª série, de 25 de Setembro de 2006, e do n.º 1 do artigo 31.º dos Estatutos da ERSE, deliberou:

1.º Aprovar os parâmetros para a definição das tarifas que constam do Anexo ao presente despacho;

2.º Aprovar, para vigorarem no Ano Gás de Julho de 2008 a Junho de 2009, os valores das tarifas e preços de:

a) Uso do Terminal de Recepção, Armazenamento e Regaseificação de Gás Natural Liquefeito (GNL);

b) Uso do Armazenamento Subterrâneo;

c) Uso da Rede de Transporte;

d) Uso Global do Sistema;

e) Uso da Rede de Distribuição em média pressão e baixa pressão;

f) Comercialização dos comercializadores de último recurso;

g) Energia dos comercializadores de último recurso;

h) Acesso às Redes;

i) Venda a Clientes Finais dos comercializadores de último recurso.

3.º Aprovar os preços de serviços regulados do gás natural para vigorarem no período referido no n.º 2;

4.º Os valores dos parâmetros, tarifas e preços referidos nos números anteriores constam do Anexo do presente despacho, que dele fica a fazer parte integrante;

5.º Determinar a publicitação, na página da ERSE na Internet, do parecer do Conselho Tarifário da ERSE, assim como do documento com os comentários da ERSE sobre o mesmo e dos diversos documentos que fundamentam as tarifas, que ficam a fazer parte integrante da fundamentação do presente despacho;

6.º Os valores das tarifas e dos preços regulados aprovados pelo presente despacho entram em vigor a 1 de Julho de 2008.

12 de Junho de 2008 – O Conselho de Administração: *Vitor Santos – Maria Margarida de Lucena Corrêa de Aguiar – José Braz.*

ANEXO

I – Tarifas e preços de gás natural para o ano gás 2007-2008

A tarifa de Uso do Terminal de Recepção, Armazenamento e Regaseificação de Gás Natural Liquefeito (GNL) a aplicar pelo operador do terminal de recepção, armazenamento e regaseificação de GNL às entregas à rede nacional de transporte de gás natural e às entregas a camiões cisterna é apresentada em I.1.

A tarifa de Uso do Armazenamento Subterrâneo a aplicar pelos operadores de armazenamento subterrâneo aos utilizadores da infra-estrutura de armazenamento subterrâneo é apresentada em I.2.

As tarifas por actividade a aplicar pelo operador da rede de transporte de gás natural às entregas aos operadores das redes de distribuição e aos clientes directamente ligados à rede de transporte, à energia entrada nas redes de distribuição abastecidas por GNL e às entregas a redes internacionais, são apresentadas em I.3.

As tarifas por actividade a aplicar pelos operadores das redes de distribuição de gás natural às suas entregas são apresentadas em I.4.

As tarifas por actividade a aplicar pelo comercializador de último recurso grossista aos seus fornecimentos são apresentadas em I.5.

As tarifas por actividade a aplicar pelos comercializadores de último recurso retalhistas aos seus fornecimentos são apresentadas em I.6.

As tarifas de venda a Clientes Finais de gás natural a aplicar pelos comercializadores de último recurso aos seus fornecimentos são apresentadas em I.7.

As tarifas de Acesso às Redes de gás natural a aplicar pelos operadores de redes às suas entregas são apresentadas em I.8.

I.1 – Tarifa de Uso do Terminal de Recepção, Armazenamento e Regaseificação de GNL

Os preços da tarifa de Uso do Terminal de Recepção, Armazenamento e Regaseificação de GNL (UTRAR) a aplicar pelo operador do terminal de recepção, armazenamento e regaseificação de GNL às entregas à rede nacional de transporte de gás natural, resultante da adição das parcelas de recepção, de armazenamento e de regaseificação de GNL, apresentadas em I.1.1, I.1.2 e I.1.3, são os seguintes:

TARIFA DE UTRAR NAS ENTREGAS À RNTGN	PREÇOS
Capacidade utilizada EUR/(kWh/dia)/mês	0,003476
Energia armazenada (EUR/kWh/dia)	0,00005152
Energia (EUR/kWh)	0,00031854

Os preços da tarifa de Uso do Terminal de Recepção, Armazenamento e Regaseificação de GNL a aplicar pelo operador do terminal de recepção, armazenamento e regaseificação de GNL às entregas a camiões cisterna, resultante da adição das parcelas de recepção, de armazenamento e de carregamento de camiões cisterna de GNL, apresentadas em I.1.1, I.1.2 e I.1.3, são os seguintes:

TARIFA DE UTRAR NAS ENTREGAS A CAMIÕES CISTERNA	PREÇOS
Energia armazenada (EUR/kWh/dia)	0,00005152
Energia (EUR/kWh)	0,00021891
Termo fixo de carregamento dos camiões cisterna (EUR/camião)	134,35

I.1.1 Preços da parcela de recepção de GNL

O preço da parcela de recepção de GNL é o seguinte:

PARCELA DE RECEPÇÃO	PREÇOS
Energia (EUR/kWh)	0,00021891

I.1.2 – Preços da parcela de armazenamento de GNL

O preço da parcela de armazenamento de GNL é o seguinte:

PARCELA DE RECEPÇÃO	PREÇOS
Energia (EUR/kWh)	0,00021891

I.1.3 Preços da parcela de regaseificação de GNL
e carregamento de camiões cisterna

Os preços da parcela de regaseificação de GNL incluindo o carregamento de camiões cisterna são os seguintes:

PARCELA REGASEIFICAÇÃO	PREÇOS
Capacidade utilizada EUR/(kWh/dia)/mês	0,003476
Energia (EUR/kWh)	0,00009963
Termo fixo de carregamento dos camiões cisterna (EUR/camião)	134,35

I.2 Tarifa de uso do armazenamento subterrâneo

O preço da tarifa de Uso do Armazenamento Subterrâneo a aplicar pelos operadores de armazenamento subterrâneo aos utilizadores da infra-estrutura de armazenamento subterrâneo é o seguinte:

USO DO ARMAZENAMENTO SUBTERRÂNEO	PREÇOS
Energia injectada (EUR/kWh)	0,00019848
Energia extraída (EUR/kWh)	0,00019848
Energia armazenada (EUR/kWh/dia)	0,00001942

I.3 Tarifas por actividade a aplicar
pelo operador da rede de transporte

As tarifas por actividade a aplicar pelo operador da rede de transporte de gás natural às entregas aos operadores das redes de distribuição e aos clientes directamente ligados à rede de transporte, à energia entrada nas redes de distribuição abastecidas por GNL e às entregas a redes internacionais, são as seguintes:

I.3.1 Tarifa de uso global do sistema

O preço da tarifa de Uso Global do Sistema é o seguinte:

USO GLOBAL DO SISTEMA	PREÇOS
Energia (EUR/kWh)	0,00024788

I.3.2 Tarifa de uso da rede de transporte

Os preços da tarifa de Uso da Rede de Transporte a aplicar pelo operador da rede de transporte de gás natural às entregas aos operadores das redes de distribuição e aos clientes directamente ligados à rede de transporte e à energia entrada nas redes de distribuição abastecidas por GNL, são os seguintes:

USO DA REDE DE TRANSPORTE	PREÇOS
Capacidade utilizada EUR/(kWh/dia)/mês	0,028806
Energia (EUR/kWh)	0,00000667
Acréscimo do preço de energia em períodos de ponta (EUR/kWh)	0,00023341

Os preços da tarifa de Uso da Rede de Transporte a aplicar pelo operador da rede de transporte de gás natural às entregas a redes internacionais são os seguintes:

USO DA REDE DE TRANSPORTE ENTREGAS INTERNACIONAIS	PREÇOS
Capacidade utilizada EUR/(kWh/dia)/mês	0,022214
Energia (EUR/kWh)	0,00000667
Acréscimo do preço de energia em períodos de ponta (EUR/kWh)	0,00023341

Excluem-se do âmbito de aplicação desta tarifa as entregas associadas a acordos internacionais de cedência de capacidade na Rede de Transporte anteriores ao Decreto-Lei n.º 140/2006, de 26 de Julho.

I.4 Tarifas por actividade a aplicar
pelos operadores da rede de distribuição

As tarifas por actividade a aplicar pelos operadores da rede de distribuição de gás natural às suas entregas são as seguintes:

I.4.1 Tarifas de uso global do sistema

Os preços da tarifa de Uso Global do Sistema a aplicar pelos operadores das redes de distribuição de gás natural às suas entregas, são os seguintes:

TARIFAS DE USO GLOBAL DO SISTEMA				Energia (EUR/kWh)
Tarifas	Leitura	Escalão	(m³/ano)	
UGS_{ORD}				0,00024788
MP	Diária			0,00024788
	Mensal			0,00024788
BP>	Diária			0,00024788
	Mensal			0,00024788
BP<	Outra	Escalão 1	0 - 220	0,00024788
		Escalão 2	221 - 500	0,00024788
		Escalão 3	501 - 1.000	0,00024788
		Escalão 4	1.001 - 10.000	0,00024788

I.4.2 Tarifas de uso da rede de transporte

Os preços da tarifa de Uso da Rede de Transporte a aplicar pelos operadores das redes de distribuição de gás natural às suas entregas são os seguintes:

USO DA REDE DE TRANSPORTE A APLICAR PELOS OPERADORES DE REDE DE DISTRIBUIÇÃO				Energia	
Tarifas	Leitura	Escalão	(m³/ano)	Fora de Ponta (EUR/kWh)	Ponta (EUR/kWh)
URT_{ORD}				0,00002720	0,00162287
MP	Diária			0,00002720	0,00162287
	Mensal			0,00002720	0,00162287
BP>	Diária			0,00002720	0,00162287
	Mensal			0,00002720	0,00162287
BP<	Outra	Escalão 1		0,00155541	
		Escalão 2		0,00155562	
		Escalão 3		0,00155643	
		Escalão 4		0,00155753	

I.4.3 Tarifas de uso das redes de distribuição

I.4.3.1 Tarifas de uso das redes de distribuição em MP

Os preços da tarifa de Uso da Rede de Distribuição a aplicar pelos operadores das redes de distribuição em MP às entregas em MP e BP são os seguintes:

USO DA REDE DE DISTRIBUIÇÃO EM MP

Tarifas	Leitura	Escalão	(m³/ano)	Termo tarifário fixo Leitura Diária (€/mês)	Termo tarifário fixo Leitura Mensal (€/mês)	Energia Fora de Ponta (€/kWh)	Energia Ponta (€/kWh)	Capacidade Utilizada (€/(kWh/dia)/mês)
URD$_{MP}$				204,70	204,70	0,00000657	0,00037122	0,027490
MP	Diária			204,70		0,00000657	0,00037122	0,027490
	Mensal		10.000 - 100.000		379,64	0,00240570	0,00277034	
			≥ 100.001		295,57	0,00440496	0,00476961	
BP>	Diária					0,00000657	0,00310503	
	Mensal		10.000 - 100.000			0,00000657	0,00310503	
BP<	Outra	Escalão 1	0 - 220			0,00297404		
		Escalão 2	221 - 500			0,00297445		
		Escalão 3	501 - 1.000			0,00297603		
		Escalão 4	1.001 - 10.000			0,00297816		

I.4.3.2 Tarifas de uso das redes de distribuição em BP >

Os preços da tarifa de Uso da Rede de Distribuição a aplicar pelos operadores das redes de distribuição em BP > às entregas em BP > são os seguintes:

USO DA REDE DE DISTRIBUIÇÃO EM BP >

Tarifas	Leitura	Escalão	(m³/ano)	Termo tarifário fixo Leitura Diária (€/mês)	Termo tarifário fixo Leitura Mensal (€/mês)	Energia Fora de Ponta (€/kWh)	Energia Ponta (€/kWh)	Capacidade Utilizada (€/(kWh/dia)/mês)
URD$_{BP>}$				67,76	67,76	0,00003751	0,00271476	0,029144
BP>	Diária			67,76		0,00003751	0,00271476	0,029144
	Mensal		10.000 - 100.000		203,77	0,00283533	0,00551258	
			≥ 100.001		147,10	0,00470054	0,00737779	

I.4.3.3 Tarifas de uso das redes de distribuição em BP <

Os preço das tarifa de Uso da Rede de Distribuição a aplicar pelos operadores das redes de distribuição em BP < às entregas em BP < são os seguintes:

USO DA REDE DE DISTRIBUIÇÃO EM BP <

Tarifas	Leitura	Escalão	(m³/ano)	Termo tarifário fixo (€/mês)	Energia Fora de Ponta (€/kWh)	Energia Ponta (€/kWh)	Capacidade Utilizada (€/(kWh/dia)/mês)
URD$_{BP<}$				0,22	0,00003751	0,00453508	0,029144
BP<	Outra	Escalão 1	0 - 220	0,22	0,03737725		
		Escalão 2	221 - 500	0,22	0,03545807		
		Escalão 3	501 - 1.000	0,74	0,02833082		
		Escalão 4	1.001 - 10.000	2,38	0,02516011		

I.5 Tarifas por actividade a aplicar pelo comercializador
de último recurso grossista

As tarifas por actividade a aplicar pelo comercializador de último recurso grossista aos seus fornecimentos são as seguintes:

I.5.1 Tarifa de energia da actividade de compra e venda de gás natural para fornecimento aos comercializadores de último recurso

O preço da tarifa de Energia a aplicar pelo comercializador de último recurso grossista aos comercializadores de último recurso é o seguinte:

ENERGIA	(EUR/kWh)
Comercializadores de último recurso retalhistas	0,02122699

I.5.2 Tarifa de energia da actividade de comercialização de último recurso a grandes clientes

Os preços da tarifa de Energia a aplicar pelo comercializador de último recurso grossista a grandes clientes são os seguintes:

ENERGIA	(EUR/kWh)
Alta Pressão	0,02122699
Média Pressão	0,02122699

Ao abrigo dos artigos 21.º e 25.º do Regulamento Tarifário, os consumidores ligados em Baixa Pressão com consumos anuais superiores ou iguais a 2 milhões de m^3 (n) podem optar pelas tarifas de Média Pressão. Como tal, aos grandes clientes do comercializador de último recurso grossista apenas se aplicam tarifas em Média e Alta Pressão.

I.5.3 Tarifa de comercialização da actividade de comercialização de último recurso a grandes clientes

O preço da tarifa de Comercialização a aplicar pelo comercializador de último recurso grossista a grandes clientes é o seguinte:

COMERCIALIZAÇÃO	PREÇOS
Termo tarifário fixo (EUR/mês)	2.351,81

I.6 Tarifas por actividade a aplicar pelos comercializadores de último recurso retalhistas

As tarifas por actividade a aplicar pelos comercializadores de último recurso retalhistas aos seus fornecimentos são as seguintes:

I.6.1 Tarifa de energia dos comercializadores de último recurso retalhistas

Os preços da tarifa de Energia a aplicar pelos comercializadores de último recurso retalhistas aos fornecimentos aos seus clientes são os seguintes:

ENERGIA	(EUR/kWh)
Média Pressão	0,02122699
Baixa Pressão > 10 000 m^3	0,02122699
Baixa Pressão < 10 000 m^3	0,02153021

I.6.2 Tarifas de comercialização dos comercializadores de último recurso retalhistas

Os preços das tarifas de Comercialização a aplicar pelos comercializadores de último recurso retalhista aos fornecimentos de gás natural aos seus clientes são os seguintes:

I.6.2.1 Tarifa de comercialização em Bp< para consumos inferiores ou iguais a 10 000 M3 (n) por ano

COMERCIALIZAÇÃO	PREÇOS
Termo tarifário fixo (EUR/mês)	2,34

I.6.2.2 Tarifa de comercialização para consumos superiores a 10 000 m^3 (n) por ano e inferiores a 2 Milhões de m^3 (n) por ano

COMERCIALIZAÇÃO	PREÇOS
Termo tarifário fixo (EUR/mês)	10,28

I.7 Tarifas de venda a clientes finais de gás natural

Os preços das tarifas de Venda a Clientes Finais de gás natural a aplicar pelos comercializadores de último recurso aos seus fornecimentos são os seguintes:

I.7.1 Tarifas de venda a clientes finais do comercializador de último recurso grossista

Os preços das tarifas de Venda a Clientes Finais a aplicar pelo comercializador de último recurso grossista aos fornecimentos de gás natural aos seus clientes são os seguintes:

TARIFAS DE VENDA A CLIENTES FINAIS EM ALTA PRESSÃO					TRANSGÁS
Leitura	Termo tarifário fixo	Energia		Capacidade Utilizada	Termo tarifário fixo
		Fora de Ponta	Ponta		
	(€/mês)	(€/kWh)	(€/kWh)	(€/(kWh/dia)/mês)	(€/dia)
Diária	2.351,81	0,021482	0,021715	0,028806	77,3199

TARIFAS DE VENDA A CLIENTES FINAIS EM MÉDIA PRESSÃO > 2.000.000 m³ POR ANO					TRANSGÁS
Leitura	Termo tarifário fixo	Energia		Capacidade Utilizada	Termo tarifário fixo
		Fora de Ponta	Ponta		
	(€/mês)	(€/kWh)	(€/kWh)	(€/(kWh/dia)/mês)	(€/dia)
Diária	2.556,51	0,021509	0,023469	0,027490	84,0498

Ao abrigo dos artigos 21.º e 25.º do Regulamento Tarifário, os consumidores ligados em Baixa Pressão com consumos anuais superiores ou iguais a 2 milhões de m³ (n) podem optar pelas tarifas de Média Pressão. Como tal, aos grandes clientes do comercializador de último recurso grossista apenas se aplicam tarifas em Média e Alta Pressão.

I.7.2 Tarifas transitórias de venda a clientes finais do comercializador de último recurso grossista

Os preços das tarifas transitórias de Venda a Clientes Finais a aplicar pelo comercializador de último recurso grossista aos fornecimentos de gás natural aos seus clientes são os seguintes:

TARIFAS TRANSITÓRIAS DE VENDA A CLIENTES FINAIS EM MP > 2.000.000 m3 POR ANO			TRANSGÁS
Tarifa	Energia	Capacidade Utilizada	Termo tarifário fixo
	(€/kWh)	(€/(kWh/dia)/mês)	(€/dia)
Tarifa A	0,023268	0,037668	
Tarifa B	0,023201	0,037668	
Carris/STCP	0,042364		

Ao abrigo dos artigos 21.º e 25.º do Regulamento Tarifário, os consumido-res ligados em Baixa Pressão com consumos anuais superiores ou iguais a 2 milhões de m³ (n) podem optar pelas tarifas de Média Pressão.

Como tal, aos grandes clientes do comercializador de último recurso grossista apenas se aplicam tarifas em Média e Alta Pressão.

I.7.3 Tarifas de venda a clientes finais dos comercializadores de último recurso retalhistas

Os preços das tarifas de Venda a Clientes Finais a aplicar pelos comercializadores de último recurso retalhistas aos fornecimentos de gás natural aos seus clientes são os seguintes:

I.7.3.1 Tarifas de venda a clientes finais dos comercializadores de último recurso retalhistas para fornecimentos superiores a 10 000 m³

TARIFAS DE VENDA A CLIENTES FINAIS EM MÉDIA PRESSÃO

Leitura	(m³/ano)		Termo tarifário fixo (€/mês)	Energia		Capacidade Utilizada (€/(kWh/dia)/mês)	Termo tarifário fixo (€/dia)
				Fora de Ponta (€/kWh)	Ponta (€/kWh)		
Diária			214,98	0,021509	0,023469	0,027490	7,0678
Mensal	10.000 -	100.000	305,85	0,025907	0,027867		10,0554
	≥ 100.001		389,92	0,023908	0,025868		12,8193

TARIFAS DE VENDA A CLIENTES FINAIS EM BAIXA PRESSÃO > 10.000 m³ POR ANO

Leitura	(m³/ano)		Termo tarifário fixo (€/mês)	Energia		Capacidade Utilizada (€/(kWh/dia)/mês)	Termo tarifário fixo (€/dia)
				Fora de Ponta (€/kWh)	Ponta (€/kWh)		
Diária			78,04	0,021546	0,028918	0,029144	2,5658
Mensal	10.000 -	100.000	157,38	0,026209	0,033581		5,1742
	≥ 100.001		214,05	0,024344	0,031715		7,0373

I.7.3.2 Tarifas de venda a clientes finais dos comercializadores de último recurso retalhistas para fornecimentos inferiores ou iguais a 10 000 m³

I.7.3.2.1 Beiragás

TARIFAS DE VENDA A CLIENTES FINAIS EM BAIXA PRESSÃO < 10.000 m³ POR ANO — **BEIRAGÁS**

Escalão	(m³/ano)		Termo tarifário fixo (€/mês)	Energia (€/kWh)	Termo tarifário fixo (€/dia)
Escalão 1	0 -	220	2,14	0,069057	0,0704
Escalão 2	221 -	500	3,30	0,061771	0,1083
Escalão 3	501 -	1.000	5,61	0,045904	0,1844
Escalão 4	1.001 -	10.000	5,61	0,045904	0,1844

I.7.3.2.2 Dianagás

TARIFAS DE VENDA A CLIENTES FINAIS EM BAIXA PRESSÃO < 10.000 m³ POR ANO				DIANAGÁS
Escalão	(m³/ano)	Termo tarifário fixo (€/mês)	Energia (€/kWh)	Termo tarifário fixo (€/dia)
Escalão 1	0 - 220	2,55	0,064387	0,0838
Escalão 2	221 - 500	2,94	0,061766	0,0966
Escalão 3	501 - 1.000	4,04	0,054641	0,1327
Escalão 4	1.001 - 10.000	6,03	0,049780	0,1981

I.7.3.2.3 Dourogás

TARIFAS DE VENDA A CLIENTES FINAIS EM BAIXA PRESSÃO < 10.000 m³ POR ANO				DOUROGÁS
Escalão	(m³/ano)	Termo tarifário fixo (€/mês)	Energia (€/kWh)	Termo tarifário fixo (€/dia)
Escalão 1	0 - 220	2,55	0,063685	0,0838
Escalão 2	221 - 500	2,55	0,062296	0,0838
Escalão 3	501 - 1.000	3,08	0,054641	0,1012
Escalão 4	1.001 - 10.000	4,72	0,051474	0,1551

I.7.3.2.4 Duriensegás

TARIFAS DE VENDA A CLIENTES FINAIS EM BAIXA PRESSÃO < 10.000 m³ POR ANO				DURIENSEGÁS
Escalão	(m³/ano)	Termo tarifário fixo (€/mês)	Energia (€/kWh)	Termo tarifário fixo (€/dia)
Escalão 1	0 - 220	2,55	0,063750	0,0838
Escalão 2	221 - 500	2,61	0,061766	0,0857
Escalão 3	501 - 1.000	3,22	0,054641	0,1059
Escalão 4	1.001 - 10.000	4,91	0,050515	0,1615

I.7.3.2.5 Lisboagás

TARIFAS DE VENDA A CLIENTES FINAIS EM BAIXA PRESSÃO < 10.000 m³ POR ANO				LISBOAGÁS
Escalão	(m³/ano)	Termo tarifário fixo (€/mês)	Energia (€/kWh)	Termo tarifário fixo (€/dia)
Escalão 1	0 - 220	1,65	0,067886	0,0542
Escalão 2	221 - 500	2,63	0,063599	0,0864
Escalão 3	501 - 1.000	5,65	0,047449	0,1856
Escalão 4	1.001 - 10.000	5,65	0,047449	0,1856

I.7.3.2.6 Medigás

TARIFAS DE VENDA A CLIENTES FINAIS EM BAIXA PRESSÃO < 10.000 m³ POR ANO				MEDIGÁS
Escalão	(m³/ano)	Termo tarifário fixo (€/mês)	Energia (€/kWh)	Termo tarifário fixo (€/dia)
Escalão 1	0 - 220	2,55	0,064043	0,0838
Escalão 2	221 - 500	2,90	0,061766	0,0953
Escalão 3	501 - 1.000	3,95	0,054641	0,1299
Escalão 4	1.001 - 10.000	5,91	0,049322	0,1942

I.7.3.2.7 Lusitaniagás

TARIFAS DE VENDA A CLIENTES FINAIS EM BAIXA PRESSÃO < 10.000 m³ POR ANO				LUSITÂNIAGÁS
Escalão	(m³/ano)	Termo tarifário fixo (€/mês)	Energia (€/kWh)	Termo tarifário fixo (€/dia)
Escalão 1	0 - 220	1,65	0,067549	0,0542
Escalão 2	221 - 500	1,65	0,067549	0,0542
Escalão 3	501 - 1.000	6,03	0,049503	0,1981
Escalão 4	1.001 - 10.000	6,37	0,048448	0,2094

I.7.3.2.8 Paxgás

TARIFAS DE VENDA A CLIENTES FINAIS EM BAIXA PRESSÃO < 10.000 m³ POR ANO				PAXGÁS
Escalão	(m³/ano)	Termo tarifário fixo (€/mês)	Energia (€/kWh)	Termo tarifário fixo (€/dia)
Escalão 1	0 - 220	2,55	0,064329	0,0838
Escalão 2	221 - 500	2,92	0,061766	0,0961
Escalão 3	501 - 1.000	4,00	0,054641	0,1315
Escalão 4	1.001 - 10.000	5,98	0,049783	0,1964

I.7.3.2.9 Portgás

TARIFAS DE VENDA A CLIENTES FINAIS EM BAIXA PRESSÃO < 10.000 m³ POR ANO				PORTGÁS
Escalão	(m³/ano)	Termo tarifário fixo (€/mês)	Energia (€/kWh)	Termo tarifário fixo (€/dia)
Escalão 1	0 - 220	1,77	0,067071	0,0582
Escalão 2	221 - 500	3,98	0,055984	0,1309
Escalão 3	501 - 1.000	5,48	0,051147	0,1801
Escalão 4	1.001 - 10.000	10,87	0,042334	0,3575

I.7.3.2.10 Setgás

TARIFAS DE VENDA A CLIENTES FINAIS EM BAIXA PRESSÃO < 10.000 m³ POR ANO				SETGÁS
Escalão	(m³/ano)	Termo tarifário fixo (€/mês)	Energia (€/kWh)	Termo tarifário fixo (€/dia)
Escalão 1	0 - 220	1,65	0,069265	0,0542
Escalão 2	221 - 500	1,65	0,069265	0,0542
Escalão 3	501 - 1.000	5,84	0,046938	0,1919
Escalão 4	1.001 - 10.000	5,84	0,046938	0,1920

I.7.3.2.11 Tagusgás

TARIFAS DE VENDA A CLIENTES FINAIS EM BAIXA PRESSÃO < 10.000 m³ POR ANO				TAGUSGÁS
Escalão	(m³/ano)	Termo tarifário fixo (€/mês)	Energia (€/kWh)	Termo tarifário fixo (€/dia)
Escalão 1	0 - 220	2,09	0,067412	0,0687
Escalão 2	221 - 500	3,32	0,061766	0,1092
Escalão 3	501 - 1.000	5,62	0,046927	0,1849
Escalão 4	1.001 - 10.000	5,62	0,046927	0,1849

I.7.3.3 Tarifas Transitórias De Venda A Clientes Finais Dos Comercializadores De Último Recurso Retalhistas Para Fornecimentos Superiores A 10 0⁰⁰ M3

Os preços das tarifas transitórias de Venda a Clientes Finais a aplicar pelos comercializadores de último recurso retalhistas aos fornecimentos superiores a 10 000 m³ de gás natural aos seus clientes são os seguintes:

I.7.3.3.1 Beiragás, Dianagás, Duriensegás, Lisboagás, Lusitaniagás, Medigás, Paxgas, Setgás e Tagusgás.

TARIFAS TRANSITÓRIAS DE VENDA A CLIENTES FINAIS EM BP > 10.000 m³ POR ANO

Tarifa	Escalão	(m³/ano)		Termo tarifário fixo (€/mês)	Energia (€/kWh)	Capacidade Utilizada (€/(kWh/dia)/mês)	Termo tarifário fixo (€/dia)
	Escalão 1	10.000	50.000	19,08	0,043149		0,6273
	Escalão 2	50.001	100.000	58,14	0,041654		1,9116
	Escalão 3	100.001	350.000	149,49	0,040305		4,9147
Tarifa Base	Escalão 4	350.001	750.000	307,28	0,037134		10,1023
	Escalão 5	750.001	1.250.000	431,76	0,034222		14,1948
	Escalão 6	1.250.001	1.750.000	581,26	0,032294		19,1099
	Escalão 7	1.750.001	2.000.000	1.025,80	0,030194		33,7249
	Escalão 3	100.001	350.000	149,49			4,9147
	Escalão 4	350.001	750.000	307,28			10,1023
Tarifa A	Escalão 5	750.001	1.250.000	431,76	0,036063		14,1948
	Escalão 6	1.250.001	1.750.000	581,26			19,1099
	Escalão 7	1.750.001	2.000.000	1.025,80			33,7249
Tarifa Cogeração					0,033844	0,047961	

TARIFAS TRANSITÓRIAS DE VENDA A CLIENTES FINAIS EM MÉDIA PRESSÃO

Tarifa	Escalão	(m³/ano)		Termo tarifário fixo (€/mês)	Energia (€/kWh)	Capacidade Utilizada (€/(kWh/dia)/mês)	Termo tarifário fixo (€/dia)
	Escalão 1	10.000	50.000	19,08	0,043149		0,6273
	Escalão 2	50.001	100.000	58,14	0,041654		1,9116
	Escalão 3	100.001	350.000	149,49	0,040305		4,9147
Tarifa Base	Escalão 4	350.001	750.000	307,28	0,037134		10,1023
	Escalão 5	750.001	1.250.000	431,76	0,034222		14,1948
	Escalão 6	1.250.001	1.750.000	581,26	0,032294		19,1099
	Escalão 7	1.750.001	2.000.000	1.025,80	0,030194		33,7249
	Escalão 3	100.001	350.000	149,49			4,9147
	Escalão 4	350.001	750.000	307,28			10,1023
Tarifa A	Escalão 5	750.001	1.250.000	431,76	0,036063		14,1948
	Escalão 6	1.250.001	1.750.000	581,26			19,1099
	Escalão 7	1.750.001	2.000.000	1.025,80			33,7249
Tarifa Cogeração					0,033844	0,047961	

I.7.3.3.2 Dourogás

TARIFAS TRANSITÓRIAS DE VENDA A CLIENTES FINAIS EM BP > 10.000 m³ POR ANO						DOUROGÁS
Tarifa	Escalão	(m³/ano)	Termo tarifário fixo (€/mês)	Energia (€/kWh)	Capacidade Utilizada (€/(kWh/dia)/mês)	Termo tarifário fixo (€/dia)
Tarifa Base	Escalão 1	10.000 - 20.000	15,09	0,046918		0,4961
	Escalão 2	20.001 - 50.000	32,70	0,044878		1,0750
	Escalão 3	50.001 - 100.000	65,39	0,042394		2,1499
	Escalão 4	100.001 - 350.000	125,76	0,040260		4,1345
	Escalão 5	350.001 - 750.000	251,51	0,038185		8,2689
	Escalão 6	750.001 - 1.250.000	402,42	0,034621		13,2303
	Escalão 7	1.250.001 - 1.750.000	503,03	0,032262		16,5379
	Escalão 8	1.750.001 - 2.000.000	838,38	0,029782		27,5632

TARIFAS TRANSITÓRIAS DE VENDA A CLIENTES FINAIS EM MÉDIA PRESSÃO						DOUROGÁS
Tarifa	Escalão	(m³/ano)	Termo tarifário fixo (€/mês)	Energia (€/kWh)	Capacidade Utilizada (€/(kWh/dia)/mês)	Termo tarifário fixo (€/dia)
Tarifa Base	Escalão 1	10.000 - 20.000	15,09	0,046918		0,4961
	Escalão 2	20.001 - 50.000	32,70	0,044878		1,0750
	Escalão 3	50.001 - 100.000	65,39	0,042394		2,1499
	Escalão 4	100.001 - 350.000	125,76	0,040260		4,1345
	Escalão 5	350.001 - 750.000	251,51	0,038185		8,2689
	Escalão 6	750.001 - 1.250.000	402,42	0,034621		13,2303
	Escalão 7	1.250.001 - 1.750.000	503,03	0,032262		16,5379
	Escalão 8	1.750.001 - 2.000.000	838,38	0,029782		27,5632

I.7.3.3.3 Portgás

TARIFAS TRANSITÓRIAS DE VENDA A CLIENTES FINAIS EM BP > 10.000 m³ POR ANO						PORTGÁS
Tarifa	Escalão	(m³/ano)	Termo tarifário fixo (€/mês)	Energia (€/kWh)	Capacidade Utilizada (€/(kWh/dia)/mês)	Termo tarifário fixo (€/dia)
Tarifa Base	Escalão 1	10.000 - 80.000	48,22	0,040640		1,5852
	Escalão 2	80.001 - 350.000	48,22	0,034640		1,5852
	Escalão 3	350.001 - 2.000.000	48,22	0,024600		1,5852

TARIFAS TRANSITÓRIAS DE VENDA A CLIENTES FINAIS EM MÉDIA PRESSÃO						PORTGÁS
Tarifa	Escalão	(m³/ano)	Termo tarifário fixo (€/mês)	Energia (€/kWh)	Capacidade Utilizada (€/(kWh/dia)/mês)	Termo tarifário fixo (€/dia)
Tarifa Base	Escalão 1	10.000 - 80.000	48,22	0,040640		1,5852
	Escalão 2	80.001 - 350.000	48,22	0,034640		1,5852
	Escalão 3	350.001 - 2.000.000	48,22	0,024600		1,5852

I.8 Tarifas de acesso às Redes

Os preços das tarifas de Acesso às Redes de gás natural a aplicar pelos operadores de redes às suas entregas são os seguintes

I.8.1 Tarifa de Acesso à Rede Nacional de Transporte de Gás Natural

Os preços da tarifa de Acesso à Rede Nacional de Transporte de Gás Natural a aplicar pelo operador da rede de transporte de gás natural às entregas aos operadores das redes de distribuição e aos clientes directamente ligados à rede de transporte e à energia entrada nas redes de distribuição abastecidas por GNL, resultante da adição das tarifas de Uso Global do Sistema e de Uso da Rede de Transporte, são os seguintes:

TARIFAS DE ACESSO ÀS REDES EM ALTA PRESSÃO

Leitura	Energia		Capacidade Utilizada	Termo tarifário fixo
	Fora de Ponta	Ponta		
	(€/kWh)	(€/kWh)	(€/(kWh/dia)/mês)	(€/dia)
Diária	0,000255	0,000488	0,028806	

I.8.2 Tarifa de Acesso à Rede Nacional de Transporte de Gás Natural a aplicar às entregas a redes internacionais

Os preços da tarifa de Acesso à Rede Nacional de Transporte de Gás Natural a aplicar pelo operador da rede de transporte de gás natural às entregas a redes internacionais, resultante da adição das tarifas de Uso Global do Sistema e de Uso da Rede de Transporte a aplicar às entregas a redes internacionais, são os seguintes:

TARIFAS DE ACESSO ÀS REDES EM ALTA PRESSÃO PARA ENTREGAS INTERNACIONAIS

Leitura	Energia		Capacidade Utilizada	Termo tarifário fixo
	Fora de Ponta	Ponta		
	(€/kWh)	(€/kWh)	(€/(kWh/dia)/mês)	(€/dia)
Diária	0,000255	0,000488	0,022214	

Excluem-se do âmbito de aplicação desta tarifa as entregas associadas a acordos internacionais de cedência de capacidade na Rede de Transporte anteriores ao Decreto-Lei n.º 140/2006, de 26 de Julho.

I.8.3 Tarifas de acesso às redes a aplicar pelos operadores das redes de distribuição

Os preços das tarifas de Acesso às Redes a aplicar pelos operadores das redes de distribuição às suas entregas em média e baixa pressão são os seguintes:

TARIFAS DE ACESSO ÀS REDES EM MÉDIA PRESSÃO

Leitura	(m³/ano)	Termo tarifário fixo	Energia		Capacidade Utilizada	Termo tarifário fixo
			Fora de Ponta	Ponta		
		(€/mês)	(€/kWh)	(€/kWh)	(€/(kWh/dia)/mês)	(€/dia)
Diária		204,70	0,000282	0,002242	0,027490	6,7299
Mensal	10.000 - 100.000	295,57	0,004680	0,006640		9,7174
	≥ 100.001	379,64	0,002681	0,004641		12,4814

TARIFAS DE ACESSO ÀS REDES EM BP > 10.000 m³ POR ANO		Termo tarifário fixo	Energia		Capacidade Utilizada	Termo tarifário fixo
Leitura	(m³/ano)		Fora de Ponta	Ponta		
		(€/mês)	(€/kWh)	(€/kWh)	(€/(kWh/dia)/mês)	(€/dia)
Diária		67,76	0,000319	0,007691	0,029144	2,2278
Mensal	10.000 - 100.000	147,10	0,004982	0,012354		4,8362
	≥ 100.001	203,77	0,003117	0,010488		6,6994

TARIFA DE ACESSO ÀS REDES EM BP < 10.000 m³ POR ANO		Termo tarifário fixo	Energia	Termo tarifário fixo
Escalão	(m³/ano)	(€/mês)	(€/kWh)	(€/dia)
Escalão 1	0 - 220	0,22	0,042155	0,0071
Escalão 2	221 - 500	0,22	0,040236	0,0071
Escalão 3	501 - 1.000	0,74	0,033111	0,0244
Escalão 4	1.001 - 10.000	2,38	0,029944	0,0783

II – Parâmetros para a definição das tarifas

Os valores dos parâmetros para o período de regulação 2007-2008 a 2009-2010 são apresentados em II.1.

A percentagem da facturação da tarifa de Uso do Armazenamento Subterrâneo recebida pelo operador de armazenamento subterrâneo Transgás Armazenagem, a transferir mensalmente para o operador de armazenamento subterrâneo REN Armazenagem é apresentada em II.2.

Os valores dos factores de ajustamento para perdas e autoconsumos definidos no Regulamento de Acesso às Redes, às Infra-estruturas e às Interligações são apresentados em II.3.

Os períodos tarifários da tarifa de Uso da Rede de Transporte a aplicar pelo operador da rede de transporte de gás natural às entregas aos operadores das redes de distribuição e aos clientes directamente ligados à rede de transporte, à energia entrada nas redes de distribuição abastecidas por GNL e às entregas a redes internacionais, previstos no Artigo 46.º do Regulamento Tarifário, são apresentados em II.4.

Os períodos tarifários da tarifa de Uso da Rede de Distribuição a aplicar pelos operadores das redes de distribuição de gás natural às suas entregas, previstos no Artigo 50.º do Regulamento Tarifário, são apresentados em II.5.

II.1 Parâmetros para o período de regulação 2007-2008 a 2009-2010

Os valores dos parâmetros utilizados no cálculo das tarifas das actividades de Recepção, Armazenamento e Regaseificação de GNL, de Armazenamento Subterrâneo de gás natural, da actividade de Gestão Técnica Global do Sistema e da actividade de Transporte de gás natural, para o período de regulação de 2007-2008 a 2009-2010, são os seguintes:

Actividade de Recepção, Armazenamento e Regaseificação de GNL

- Taxa de remuneração do activo fixo, fixada para o período de regulação r, em percentagem – 80%
- Taxa de actualização das quantidades previstas até final do período de previsão N, fixada para o período de regulação r, em percentagem – 15,0%

Actividade de Armazenamento Subterrâneo de gás natural

- Taxa de remuneração do activo fixo, fixada para o período de regulação r, em percentagem – 8,0%

Actividade de Gestão Técnica Global do Sistema

- Taxa de remuneração do activo fixo, fixada para o período de regulação r, em percentagem – 8,0%

Actividade de Transporte de gás natural

- Taxa de remuneração do activo fixo, fixada para o período de regulação r, em percentagem – 8,0%
- Taxa de actualização das quantidades previstas até final do período de previsão N, fixada para o período de regulação r, em percentagem – 11,0%

Os valores dos parâmetros utilizados no cálculo das tarifas das actividades de Distribuição de gás natural e de Comercialização de gás natural, para os anos gás 2008-2009 e 2009-2010, são os seguintes:

Actividade de Distribuição de gás natural

- Taxa de remuneração do activo fixo, fixada para o período de regulação r, em percentagem – 9,0%
- Taxa de actualização das quantidades previstas até final do período de previsão N, fixada para o período de regulação r, em percentagem – 9,0%

Actividade de Comercialização de gás natural

- Taxa de juro para a margem de comercialização – Euribor a 3 meses, dia 31 de Março do ano do início do ano gás, acrescida de 1,5% – 6,227%

II.2 – Transferências do operador de armazenamento subterrâneo Transgás Armazenagem para o operador de armazenamento subterrâneo REN Armazenagem

A percentagem da facturação da tarifa de Uso do Armazenamento Subterrâneo recebida pelo operador de armazenamento subterrâneo Transgás Armazenagem a transferir mensalmente para o operador de armazenamento subterrâneo REN Armazenagem é 32%.

II.3 – Factores de ajustamento para perdas e autoconsumos definidos no Regulamento de Acesso às Redes, às Infra-estruturas e às Interligações

Os valores dos factores de ajustamento para perdas e autoconsumos nas infra-estruturas da RPGN, definidos no Regulamento de Acesso às Redes, às Infra-estruturas e às Interligações, são os seguintes:

Infra-estrutura	Factor de ajustamento para perdas e autoconsumos para o ano gás de 2007-2008 (%)
RNTGN	0,11
Terminal de GNL de Sines.	0,00
Armazenamento subterrâneo	0,90
Rede de Distribuição em média pressão . . .	0
Rede de Distribuição em baixa pressão	0
Redes de distribuição locais abastecidas a partir de Unidades Autónomas de Gás Natural (UAG) com tecnologia de vaporização forçada	2,7
Redes de distribuição locais abastecidas a partir de Unidades Autónomas de Gás Natural (UAG) com tecnologia de vaporização atmosférica	1,7

II.4 – Períodos tarifários da tarifa de Uso da Rede de Transporte

Os períodos tarifários da tarifa de Uso da Rede de Transporte a aplicar pelo operador da rede de transporte de gás natural às entregas aos operadores das redes de distribuição e aos clientes directamente ligados à rede de transporte, à energia entrada nas redes de distribuição abastecidas por GNL e às entregas a redes internacionais, previstos no Artigo 46.º do Regulamento Tarifário, são diferenciados da seguinte forma:

Período de ponta – todos os dias úteis.

Período fora de ponta – todos os fins-de-semana e feriados.

II.5 – Períodos tarifários da tarifa de Uso da Rede de Distribuição

Os períodos tarifários da tarifa de Uso da Rede de Distribuição a aplicar pelos operadores das redes de distribuição de gás natural às suas entregas, previstos no Artigo 50.º do Regulamento Tarifário, são diferenciados da seguinte forma:

a) Período de ponta – Setembro a Julho.
b) Período fora de ponta – Agosto.

III – Preços de serviços regulados previstos no Regulamento de Relações Comerciais

Os valores dos preços de leitura extraordinária, da quantia mínima a pagar em caso de mora e dos preços dos serviços de interrupção e restabelecimento do fornecimento de gás natural a vigorar entre 1 de Julho de 2008 e 30 de Junho de 2009 são apresentados nos pontos seguintes.

III.1 – Preços de leitura extraordinária

1. O preço a cobrar pela realização de leituras extraordinárias dos consumos de gás natural, previsto no artigo 154.º do Regulamento de Relações Comerciais, é o constante do quadro seguinte.

Clientes	Horário	Valor (EUR)
Baixa Pressão................ Média Pressão	Dias úteis (09:00 às 18:00 horas)	9,14

2. Aos valores constantes do quadro anterior é acrescido o IVA à taxa legal em vigor.

3. Os encargos de leitura extraordinária constantes do quadro anterior não são aplicáveis aos clientes integrados no sistema de telecontagem.

III.2 – Quantia mínima a pagar em caso de mora

1. Os valores da quantia mínima a pagar em caso de mora pelos clientes com consumo anual até 10 000 m³ (n), prevista no artigo 216.º do Regulamento de Relações Comerciais, são os constantes do quadro seguinte.

Atraso no pagamento	Valor (EUR)
Até 8 dias.............................	1,25
Mais de 8 dias	1,85

2. Os prazos referidos no quadro anterior são prazos contínuos.

III.3 – Preços dos serviços se interrupção e restabelecimento do fornecimento de gás natural

1. Os valores dos preços dos serviços de interrupção e restabelecimento do fornecimento de gás natural, previstos no artigo 54.º do Regulamento de Relações Comerciais, são os constantes do quadro seguinte.

Clientes	Serviços	Valor (EUR)
Baixa Pressão........ Consumo anual até 10000 m3 (n)............	Intervenção ao nível do Ponto de Alimentação:	
	Dias úteis (09:00 às 18:00 horas)	39,70
	Intervenção ao nível do Ponto de Alimentação, fora do horário laboral:	
	Dias úteis (18:00 às 22:00 horas)	45,69
	Sábado	48,66
	Serviço urgente de restabelecimento do fornecimento.	8,96

2. Aos valores constantes do quadro anterior é acrescido o IVA à taxa legal em vigor.

3. Nos termos previstos no Regulamento da Qualidade de Serviço, o restabelecimento urgente de fornecimento deverá ser efectuado no prazo máximo de quatro horas a contar do momento em que foi regularizada a situação que motivou a interrupção do fornecimento.

ÍNDICE GERAL

IV – REGULAMENTOS ERSE